JN496546

connect® ECONOMICS

McGraw-Hill's Connect Plus® Economics, a proven digital solution that will help you achieve your course goals of improving student readiness, enhancing student engagement, and increasing their comprehension of content, is available with **Karlan and Morduch's *Economics*!**

You can utilize publisher-provided materials, or add your own materials, to design a complete course to help your students achieve higher outcomes.

PROVEN EFFECTIVE

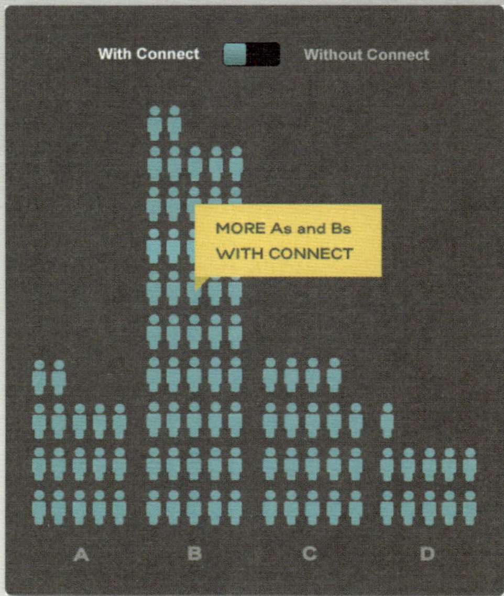

Instructor access includes:

- Simple **assignment management**, allowing you to spend more time teaching.
- **Auto-graded** assignments, quizzes, and tests.
- **Detailed visual reporting** where student and section results can be viewed and analyzed.
- Sophisticated **online testing** capability.
- A **filtering and reporting** function that allows you to easily assign and report on materials that are correlated to learning outcomes, Bloom's taxonomy, and more.
- **Instructor materials** to help supplement your course.

Student access includes:

- Easy **online access** to homework, tests, and quizzes.
- **Immediate feedback** and 24-hour tech support.
- **Quick access to lectures**, additional practice materials, an eBook, and more!

Connect Plus Economics for Karlan and Morduch includes many components proven to increase student success. Connect's unique **graphing tool** allows students to complete relevant graphing exercises and problems associated with the end-of-chapter materials. McGraw-Hill's adaptive learning component, **LearnSmart™**, provides assignable modules that help students master core concepts and come to class more prepared. **Smartbook™** is the world's first and only adaptive reading experience, an eBook powered by LearnSmart that adapts to each student's individual needs. **Tegrity** is a lecture capture program that allows instructors to capture lectures and make them available online – students can even search the lectures for specific terms!

See the next two pages for more details on LearnSmart, the graphing tool, eBooks, and Tegrity lecture capture – all available with Connect Plus Economics!

Get Connected.

FEATURES

LearnSmart™

McGraw-Hill LearnSmart is an adaptive learning program that identifies what an individual student knows and doesn't know. LearnSmart's adaptive learning path helps students learn faster, study more efficiently, and retain more knowledge. Reports available for both students and instructors indicate where students need to study more and assess their success rate in retaining knowledge.

Graphing Tool

The graphing tool within Connect Economics provides opportunities for students to draw, interact with, manipulate, and analyze graphs in their online auto-graded assignments, as they would with pencil and paper. The Connect graphs are identical in presentation to the graphs in the book, so students can easily relate their assignments to their reading material.

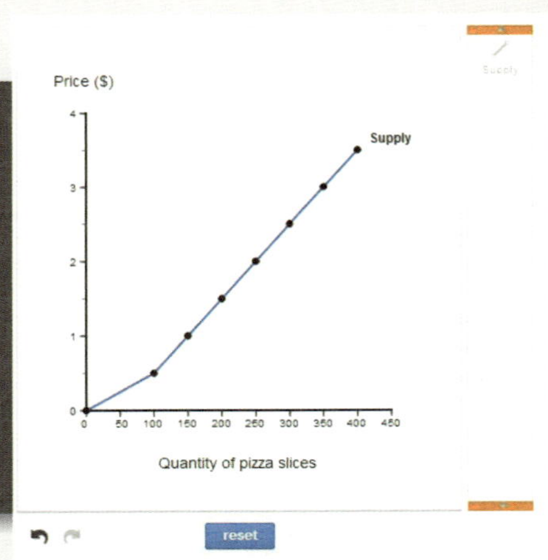

Get Engaged.

eBooks

Connect Plus includes a media-rich eBook that allows you to share your notes with your students. Your students can insert and review their own notes, highlight the text, search for specific information, and interact with media resources. SmartBook is an adaptive eBook that is personalized for each student. Highlighted sections change depending on a student's knowledge, backed by LearnSmart, so students always know what to focus on.

Tegrity Lecture Capture

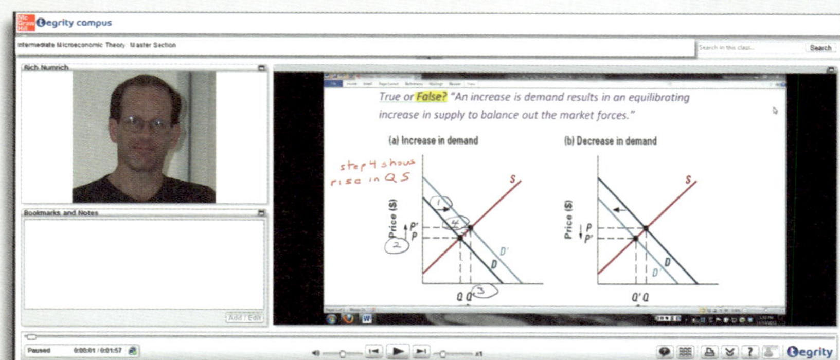

Make your classes available anytime, anywhere with simple, one-click recording. Students can search for a word or phrase and be taken to the exact place in your lecture that they need to review.

현실을 담은

경제학원론

ECONOMICS

현실을 담은

경제학원론

ECONOMICS

Dean Karlan · Jonathan Morduch · Meredith L. Startz

성효용 · 민세진 · 윤미경 · 최숙희 · 한현옥 옮김

Mc Graw Hill Education

ECONOMICS

Korean Language Edition Copyright © 2017 by McGraw-Hill Education Korea, Ltd.
All rights reserved. No part of this publication may be reproduced or distributed in any form or by any means, or stored in a database or retrieval system, without prior written permission of the publisher.

1 2 3 4 5 6 7 8 9 10 MHE-KOREA 20 17

Original: ECONOMICS
By Dean Karlan, Jonathan Morduch & Meredith L. Startz
ISBN 978-0-07-351149-8

Korean ISBN 979-11-321-0098-0 93320

Printed in Korea

현실을 담은 경제학원론

발 행 일	2017년 1월 10일 1쇄
저 자	Dean Karlan, Jonathan Morduch & Meredith L. Startz
역 자	성효용, 민세진, 윤미경, 최숙희, 한현옥
발 행 인	신디존스(CINDY JONES)
발 행 처	맥그로힐에듀케이션코리아 유한회사
주 소	서울시 마포구 양화로 45, 8층 801호 (서교동, 메세나폴리스)
전 화	02)325-2351
등록번호	제2013-000122호(2012.12.28)
I S B N	979-11-321-0098-0
판 매 처	지필미디어
문 의	031)957-4504
정 가	39,000원

• 잘못된 책은 바꾸어 드립니다.
• 이 책은 맥그로힐에듀케이션코리아 유한회사가 한국어판에 대한 출판, 판매의 독점계약에 의해 발행한 것이므로 내용, 사진, 그림 등의 전부나 일부의 무단 복제 및 무단 전사를 금합니다.
• 역자와의 합의 하에 인지는 생략합니다.

저자 소개

딘 칼란(Dean Karlan)

딘 칼란은 예일 대학교 경제학과 교수이자 IPA(Innovation for Poverty Action)라는 비영리단체의 단체장이고 설립자다. 딘은 2002년에 2가지 목표로 IPA를 설립했다. 하나는 전 세계 빈곤과 여러 사회적 문제 해결에 사용할 수 있는 방법과 사용할 수 없는 방법에 대해 배우는 데 도움이 되고, 또 성공적 방법을 여러 곳에서 시행하는 것이다. 현재 IPA는 전 세계 45개 이상 국가에서 800명의 직원과 함께 활동하고 있다. 딘의 개인적인 연구 관심 분야는 미시금융(microfinance)이 어떻게 작동하고 더 잘 작동하게 하는 방법을 배우기 위해 현장실험(field experiment)을 사용하는 것이다. 그의 연구는 행동경제학의 아이디어를 적용하고, 자금 모금(fundraising), 투표, 건강, 교육 문제를 포함한다. 예를 들어, 최근 연구에서 미시신용(microcredit)이 가난한 사람들의 삶에 미치는 영향을 연구하고, 미국에서 사람들의 대출 관리에 좀 더 도움이 되는 금융상품 개발을 하고 있다. 딘은 stickK.com의 대표이자 공동 창업자다. stickK.com은 체중 감량이나 과제를 제때 마치는 것과 같은 개인적 목표를 달성하기 위해 commitment 계약을 사용하도록 돕는 신생 기업(start-up)이다. 딘은 슬론(Sloan) 재단 연구위원이며, 2007년에 젊은 과학자 대통령상(Presidential Early Career Award for Scientists and Engineers)을 수상했다. 개발경제 학술지(*Journal of Development Economics*) 공동 편집위원장이며, 미국 경제 학술지: 응용경제학(*American Economic Journal: Applied Economics*) 편집위원으로 활동하고 있다. 버지니아 대학(University of Virginia)에서 학사 학위(BA)를 받았으며, 시카고 대학(University of Chicago)에서 공공정책학 석사(MPP)와 경영학 석사(MBA)를, MIT에서 경제학 박사(PhD) 학위를 받았다. 2011년에는 《*More Than Good Intentions: Improving the Ways the World's Poor Borrow, Save, Farm, Learn, and Stay Healthy*》을 공동 저술했다.

조너선 모두크(Jonathan Morduch)

조너선 모두크는 뉴욕 대학교 바그너(Wagner) 공공서비스 대학원(New York University's Wagner Graduate School of Public Service) 교수로 재직하고 있다. 금융의 경계를 확장하는 혁신과 금융시장이 경제성장과 불평등에 미치는 영향에 관심을 갖고 있다. 조너선은 아시아에 살면서 일해왔지만, 최신 연구에서 1년간 경기의 부침(浮沈)에 대응하는 캘리포니아, 미시시피, 오하이오, 켄터키, 뉴욕 주에 거주하는 가족들을 조사하고 있다. 이 새로운 연구는 《*Portfolios of the Poor: How the World's Poor Live on $2 a day*》(프린스턴 대학 출판사, 2009)에서 아이디어가 시작되었다. 공동 저술한 이 책은 방글라데시, 인도, 남아프리카공화국에 거주하는 가족들이 하루 2달러 이하로 어떻게 1년을 살아가는지 설명한다. 조너선의 금융시장에 관한 연구는 《*The Economics of Microfinance*와 *Banking the World*》(두 권 모두 MIT 출판사에서 발간)에 수록되어 있다. 뉴욕 대학교(NYU) FAI(Financial Access Initiative) 연구센터 센터장이다. 이 연구센터는 저소득 지역의 금융 접근성을 확장하는 연구를 지원하고 있다. 조너선의 아이디어는 국제연맹(United Nation), 세계은행(World Bank), 다른 국제기구와의 작업을 통해 정책으로 형성되어왔다. 2009년에 브뤼셀 자유 대학교(Free University of Brussels)에서 미시금융에 관한 그의 업적을 인정해 명예박사를 수여했다. 브라운 대학에서 경제학 학사, 하버드 대학에서 경제학 박사를 받았다.

칼란과 모두크는 2001년에 처음 만난 이후 친구이자 동료로 지내고 있다. 이 책을 집필하기 전에는 함께 금융제도에 대한 연구를 하기도 했다. 중산층과 빈곤층의 금융 접근성에 대한 새로운 방향에 대해 함께 저술했고, 페루에 여성의 소기업 창업 대출을 위한 금융 계약의 유인을 연구하기 위한 실험실을 설립했다. 2006년에는 센딜 멀레이너선(Sendhil Mullainathan)과 함께 FAI라는 센터를 설립했다. 이 센터는 은행 접근성이 떨어지는 세계 성인들의 절반을 위한 금융 해결법에 대한 지식을 확장하는 데 전념하고 있다. 이 책은 일상생활과 더 넓은 세상에서 문제 해결을 돕기 위해 경제학을 사용하고자 하는 이들의 공유된 열정을 반영한다.

저자 서문

우리는 학생들에게 경제학의 핵심 개념을 전달하고 경제사상의 새로운 아이디어를 소개하려는 교수들에게 이 경제학(*Economics*) 책을 추천한다. 이 책은 학생들이 경제학을 지역사회와 세계의 문제를 이해하고, 분석하며, 해법을 제시할 수 있도록 도와주는 공통된 맥락(common thread)으로 인식하도록 구성되었다.

왜 경제학을 가르치는가?

경제학은 문제 해결에 도움을 준다

경제 원칙은 학생들로 하여금 일상적인 상황을 이해하고 대응할 수 있도록 도와준다. 또 경제적 아이디어는 의료보험제도를 개선하고 정부의 재정건전성을 유지하는 것과 같은 커다란 사회적 문제를 다루는 데 도움을 준다. 우리는 학생들에게 경제적 아이디어가 어떻게 세상을 만들어가는지 보여주고, 경제제도를 발전시키는 데 도움이 되는 다양한 실용적 통찰을 제공한다.

이 책은 대부분의 장에서 현실 문제를 다루며, 이러한 문제들을 해결하도록 도와주는 공통된 맥락으로서 경제학적 사고를 소개한다. 문제를 해결하는 방식의 교수법은 직관적이고도 학생들에게 유익한 방법으로 문제에 접근함으로써 경제학의 기본 개념을 간결하게 가르칠 수 있다.

이 책은 학생들이 배우는 내용들이 현실 세계에서 왜 문제가 되는지를 직접적으로 알려준다. 교수와 학생들은 강의실에서 논의되는 것과 실제로 세계에서 벌어지는 것 사이에 존재하는 벽이 허물어지는 것을 발견할 것이다.

간결하고 직관적 방식으로 기본 개념을 설명하고, 쟁점에 대한 논의를 현실적이고 생생하게 풀어나가기 때문에 학습 교재를 보다 편리하게 사용할 수 있다. 각 장은 익숙한 교과과정으로 구성되었지만, 지나치게 추상적이거나 단순화된 개념에 대해서는 실증 사례를 제시했다. 이 책의 혁신적이고 실증적인 구성 방식으로 인해 최근의 연구 결과로부터 도출된 흥미로운 발견뿐 아니라 게임이론, 재무경제학, 행동경제학, 정치경제학의 영역에서 연구한 결과도 접하게 될 것이다. 이러한 접근 방법을 통해 경제원론에서의 기초 개념이 경제학 연구의 새로운 발전과 연계되고, 이해하기 쉬운 설명으로 이어진다.

모든 장에서는 다음의 3가지 기본적 책무를 수행한다.

- **경제학이 실생활의 문제를 해결하는 방식 보이기:** 이 책은 현실의 인간과 그들의 결정을 설명하는 방식으로 경제학에 접근하고, 다양한 문제들을 해결할 수 있는 일련의 도구를 제공함으로써 학생들의 관심을 유도할 것이다. 우리는 학생들에게 경제학이 세상을 보다 좋은 곳으로 만들 수 있다는 것을 보여줄 것이지만, 보다 개선된 상태가 무엇을 의미하는지에 대해서는 스스로 결론에 도달해야 한다.
- **실제 상황을 다루는 분석도구로서 경제 원칙 가르치기:** 이 책은 학생들의 경험에 반향을 일으키는 예시와 쟁점에 주목한다. 응용이 중시되기 때문에 학생들이 획득한 분석도구의 설명력이 강화된다. 실증적인 예를 책 곳곳에 제시하며, 경제학의 기초 개념을 설명하는 데 도움을 주는 수수께끼, 변칙적 사례, 가능한 사건이 응용사례를 통해 소개된다. 이러

한 구성 방식의 주된 목적은 학생들로 하여금 경제학의 기초 개념을 직관적으로 파악하게 하는 것이다.

- **학생들의 관심 사항에 초점 맞추기:** 학생들은 세계화된 디지털 시대에 살고 있다. 그들은 자신들이 살고 있는 지역과 국제 문제를 잘 인지하고 있을 뿐 아니라 관심도 많다. 이 책은 글로벌한 관점에서 미국을 주요 사례로 제시한다. 우리는 경제학의 핵심 원칙을 고수하지만, 새로운 아이디어가 경제이론의 '기본원칙'을 발전시키는 방법을 학생들과 공유하려 한다. 우리는 학생들의 관심을 유발하는 방식으로 게임이론, 행동경제학, 실험적이고 실증적인 접근 방법 등을 설명한다.

경제학의 새로운 주제를 탐구하는 독립된 장들을 제공하는데, 이는 중요한 문제를 해결하는 데 도움을 주는 길잡이로 경제학을 가르치려는 노력의 일환이다. 우리는 학부 교과과정에서 정치경제, 게임이론, 행동경제학, 불평등 같은 주제들이 점차 중시되는 변화를 관찰했다. 또한 비전공자들이 흔히 놓칠 수 있는 중요한 개념을 포함해 새로운 아이디어와 증거를 학생들과 공유할 수 있는 방법을 교수들에게 제공하는 것이 중요하다고 생각했다. 제한된 강의 시간에 어떤 내용을 가르칠 것인가는 교수들의 선택사항이다. 다만, 새로운 개념과 경제학의 가장 흥미로운 부분을 학생들에게 소개하는 방법에 대해서는 많은 교수들로부터 의견을 수렴했다.

우리는 이 책의 토론과 집필 방식이 명쾌하고, 간결하며, 접근성이 뛰어나고, 강의하기 쉽고, 재미있게 읽을 수 있도록 구성했다고 자부한다. 이 책이 학생들의 경제학 공부를 고취시키고, 다른 전공을 선택하더라도 학생들에게 유익한 지식을 제공할 것으로 기대한다.

저술 동기

우리는 누구인가?

이 책은 경제학자로서, 교수로서, 정책조언자로서 일해온 우리의 경험을 바탕으로 쓰여졌다. 우리는 연구 중심 대학에 종사하면서 비정부조직(NGO), 정부, 국제기구, 기부단체, 기업 등에 폭넓은 자문을 하고 있다. 우리 연구의 상당 부분은 시장경제의 작동 방식을 개선하는 데 집중되어 있으며, 미국과 6개 대륙에 있는 파트너들과 연구를 통해 경제학의 새로운 아이디어를 탐구하고 있다. 이 책은 그와 같은 연구 정신을 반영하고 있으며, 학생들에게 현실 문제에 관심을 갖도록 하고, 해법을 강구하기 위해 분석도구를 사용하게 하며, 궁극적으로 현실 세계에서 무엇이 왜 그렇게 작동되고 있는지를 알게 해준다.

왜 우리는 이 책을 저술했는가?

이 책의 뛰어난 점 중 하나는 세계 여러 나라의 교수들과 교감의 시간을 가졌다는 것이다. 우리는 그들의 창조성과 열정에 고무되었고, 그들의 교수법으로부터 많은 것을 배웠다.

우리가 자주 던진 질문 중 하나는 왜 그들이 경제학에 관심을 갖게 되었는가 하는 것이다. 우리도 공감하는 공통의 반응은 사회과학으로서 경제학의 논리와 힘에 대한 매력이었다. 또 우리는 종종 교수들이 어떤 것에 대해 다소 상이하게 설명한다는 것을 알고 있으며, 그것은 곧 사업, 정치, 혹은 일상생활에서 복잡한 사건을 이치에 닿게 하는 도구로서 경제학이 그들에게 다가가는 방법이다. 우리는 경제학이 중시하는 그러한 방법을 학생들과 공유하는 방식을 교수들에게 제공하기 위해 이 책을 집필했다.

포괄적이고도 매력적인 방식으로, 이 책은 생활 속 중요한 쟁점을 성찰할 수 있도록 견고한 토대를 학생들에게 제공할 것이다. 이 책에서 배운 도구들을 통해 크고 작은 방식으로 학생들이 처한 환경을 비판적으로 평가하고, 보다 나은 삶을 개척하는 데 도움이 되기를 바란다.

딘 칼란(Dean Karlan)
예일 대학교(Yale University)

조너선 모두크(Jonathan Morduch)
뉴욕 대학교(New York University)

역자 소개

성 효 용

성신여자대학교 경제학교 교수
State University of New York at Binghamton 경제학 박사

민 세 진

동국대학교 경제학과 교수
University of California-Los Angeles 경제학 박사

윤 미 경

가톨릭대학교 국제학부 교수
University of Oxford 경제학 박사

최 숙 희

한양사이버대학교 경제금융학과 교수
Cornell University 공공정책학 박사

한 현 옥

부산대학교 경제학부 교수
University of Wisconsin-Madison 경제학 박사

역자 서문

이 책은 딘 칼란(Dean Karlan) 예일대 교수와 조너선 모두크(Jonathan Morduch) 뉴욕대 교수의 경제학(*Economics*)을 번역한 것이다. 저자들은 뛰어난 연구와 풍부한 경험을 바탕으로 이 책을 저술했으며, 복잡한 세상을 이해할 수 있도록 도와주는 공통된 맥락으로 경제학을 설명하고 있다. 그들은 학생들이 경제학의 기본 원리를 활용해 현실 문제를 분석하고 바람직한 대안을 도출할 수 있기를 기대한다. 각 장에서 소개되는 경제이론과 관련된 풍부한 사례는 저자들의 이러한 의도를 반영하고 있다. 특히 행동경제학과 2008년에 시작된 글로벌 금융 위기를 별도의 장에서 다룬 것은 이 책이 다른 경제학원론 교과서와 차별화된 부분이기도 하다. '다른 관점에서 보기'와 '사례를 통해 알아보기'는 이론과 현실의 조화로운 접목이 돋보인다. 경제이론에 대한 명쾌하고도 친절한 설명과 사례를 통한 확인으로 학생들은 경제학에 흥미를 갖게 될 것이다.

이 책은 크게 경제학자처럼 생각하기, 미시경제학, 거시경제학의 세 영역으로 나뉘며, 총 10부 35장으로 구성되어 있다. '경제학자처럼 생각하기'는 경제학 연구에 필수적인 분석 도구와 직관, 그리고 수요 공급의 기본 원리를 설명하는 6개 장으로 되어 있다. 미시경제학은 개인과 기업의 의사결정과 공공경제학을 소개하는 17개 장으로 되어 있다. 거시경제학은 거시경제지표, 성장과 실업, 경기변동, 금융제도, 국제금융체제와 제도, 개방경제하의 거시경제이론과 개발경제학 등을 다루는 12개 장으로 되어 있다. 각 장은 독립적이면서도 서로 긴밀하게 연계되어 있으며, '개념 확인하기'와 연습문제를 통해 각 장에서 학습한 내용의 이해도를 점검한다.

이 책의 역자들은 모두 경제학을 전공으로 하는 교수들로 주된 관심 분야는 미시경제학과 거시경제학에 걸쳐 다양하게 분포되어 있다. 역자들의 세부 전공을 고려해 번역을 분담했기에 역서의 정확성과 전문성을 높일 수 있었고, 특히 경제학을 처음 공부하는 학생들에게 경제학의 기초 개념을 정확히 전달하기 위해 노력했다. 다만, 이 책에서 소개되는 사례들이 주로 미국을 대상으로 하기 때문에 다소 생소한 부분이 있고, 필요한 경우에는 역자들의 부연 설명을 통해 이해도를 높이고자 했다. 한국에서의 유사한 사례를 통해 경제 원리의 일반성을 확인할 수 있고, 적용 사례가 존재하지 않을 경우 새로운 제도의 가능성을 검토하는 계기가 될 수 있을 것이다.

최근 한국 경제는 저출산 및 고령화, 양극화, 저성장, 세계경제의 침체 등으로 어려운 국면에 처해 있다. 부디 이 책이 경제학을 처음 공부하는 학생들은 물론 경제학을 전공하지 않지만 한국 경제의 발전적 미래를 위해 고민하고 노력하는 모든 이에게 도움이 되기를 바란다. 끝으로 이 책이 출간되기까지 아낌없는 격려와 지원을 해주신 이상덕 상무와 송은영 이사에게 감사드린다.

2017년 1월 역자 일동

공통된 맥락으로서의 경제학

이 책은 학생들이 자신이 속한 지역과 전 세계 문제를 이해하고, 분석하고, 해결하는 데 기본적인 경제학 원리를 어떻게 사용할 수 있는지 보여준다. 몇 가지 기본적인 교육 원리에 따라 내용을 구성하고 접근했다.

- **구체적인 것으로 추상적인 것 가르치기:** 학생들과 관련된 흥미로운 질문들은 핵심 원리를 배우고자 하는 동기를 유발한다. 가능할 때마다 보기와 사례에서 이론으로 이끌어간다.
- **최근 아이디어와 미디어 사용하기:** 이 책은 학생들에게 바로 지금 전 세계와 경제학에서 실제 무엇이 일어나고 있는지에 대한 시각을 제공한다. 최근 콘텐트, 방법, 미디어를 포함한다.
- **문제 해결 방식 취하기:** 이 책은 실제 사람들과 그들의 결정을 설명하는 방법으로 경제학을 보여주며, 여러 가지 유형의 문제들을 해결하는 데 사용할 수 있는 도구를 제공한다. 문제 해결 방식을 보완하기 위해 학생들을 현실적 질문으로 이끄는 좋은 장 마무리 문제(end-of-chapter problems sets)들을 제시하기 위해 특별히 노력했다. 장의 내용과 자연스럽게 연결되는 적어도 2개의 복습문제와 각 학습목표별로 2개의 문제를 제시했다. 또한 Connect에 각 학습목표별로 4개의 추가적인 문제가 있다.

경제학자가 생각하는 방법에 대한 4가지 질문

이 책에서는 경제학자들이 새로운 도전을 분류하고 체계적으로 분석하기 위해 던지는 4가지 질문을 토대로 논의한다. 이 4가지 질문을 살펴본 후 실제 문제를 다루기 위해 어떻게 사용될 수 있는지 다양한 보기와 사례 연구들에 대한 일관된 문제 해결 방식으로 이 책에서 내내 사용한다. 올바른 질문법을 가르침으로써 이 책은 학생들이 소비자로서, 피고용인으로서, 사업가로서, 투표자로서 직면할 의사결정을 할 수 있는 방법을 제공한다.

질문 1: 원하는 요구사항과 이와 관련된 제약조건은 무엇인가? 이 질문은 희소성 개념을 도입시킨다. 주어진 상황에서 의사결정을 견인하는 선호와 자원에 대해 비판적으로 생각하도록 한다. 효용함수, 예산제약, 전략적 행동, 합리성과 행동경제학에 대한 사고를 확장하는 새로운 아이디어에 대한 논의와 연결된다.

질문 2: 상충관계에 있는 것들은 무엇인가? 이 질문은 기회비용에 초점을 맞춘다. 의사결정을 할 때, 즉각적인 금융비용과 편익을 넘는 요인들을 포함해 상충관계를 이해하라는 것이다. 상충관계의 고려는 한계적인 의사결정, 매몰 비용, 비화폐적 비용, 할인에 대한 논의로 이어진다.

질문 3: 다른 사람들은 어떻게 반응할 것인가? 이 질문은 본인과 다른 사람 모두의 유인에 초점을 맞추도록 한다. 개별적인 선택이 예상되는 방식과 예상되지 않은 방식으로 합쳐지며, 유인이 변할 때 어떤 일이 생기는지 고려한다. 이 질문은 수요와 공급, 탄력성, 경쟁, 조세, 게임이론, 화폐정책과 재정정책으로 이어진다.

질문 4: 모든 사람들이 아직 실행하지 않은 이유는 무엇인가? 이 질문은 효율성과 관련된다. 시장이 바람직한 재화와 서비스를 제공한다는 가정에서 출발해 왜 좋은 생각처럼 보이는 것이 이미 실행되고 있지 않은가, 학생들이 신중하게 생각하게 한다. 앞에 3가지 질문에 대한 대답을 다시 한 번 생각하고 상충관계, 유인 또는 다른 요인 또는 진짜 시장 실패가 발생했는지에 대해 놓친 것이 없는지 찾아보기를 권장한다. 이 질문은 공공재, 외부효과, 정보 격차, 독점, 차익거래, 경제가 장기와 단기에서 어떻게 작동하는지를 포함한 넓은 영역의 주제와 연결된다.

독창적인 포함 범위(coverage)

이 책은 경제학의 핵심적 원리를 보여주지만, 또한 새로운 아이디어가 경제이론의 기초를 확장하는 방법을 학생들과 공유하고자 한다. 각 장의 순서는 핵심적 원리에 따라 전통적인 방식을 따른다. 그러나 개인의 의사결정(3부문)에 관한 장이 기업의 의사결정(4부문)에 대한 장보다 먼저 나타난다. 개인이 직면한 선택에 대해 먼저 생각함으로써 학생들이 자신들의 경험과 좀 더 밀접하게 연관된 아이디어와 관련지을 수 있을 것이다. 이런 방식으로 이 책의 구성이 핵심적인 경제적 아이디어를 좀 더 직관적으로 만들고 학생들이 기업, 집단, 정부의 선택을 궁극적으로 더 잘 이해할 수 있도록 한다. 이 책은 개인에서 공공으로 점차 진행되어 학생들이 개별적인 의사결정에 대한 탄탄한 토대 위에 집합적인 결정에 대한 이해를 형성할 수 있도록 한다.

이 책은 경제이론을 확장하는 새로운 아이디어에 초점을 맞춘 몇 개의 독자적인 장을 제시하고 있어 핵심 원리 강의 계획에 미묘한 변화(nuance)와 깊이를 더할 수 있다.

8 행동경제학: 좀 더 자세히 의사결정 살피기

"[이 장이] 다른 장보다 짧아서 더 적은 시간에 가르칠 수 있어 좋다. 학생들에게 아주 매력적인 이 주제의 소개를 유연하게 한 번의 수업으로 할 수 있도록 한다."
– 제니퍼 빈센트(Jennifer Vincent), 챔프레인 대학(Champlain College)

9 게임이론과 전략적 사고

"학생들에게 익숙할 수 있는 아주 좋은 예를 사용하여…."
– 그레그 살즈먼(Greg Salzman), 알비온 대학(Albion College)

10 정보

"탁월한 정보경제학 소개 – 읽기 쉽고 흥미로움. 독립된 장이라는 점이 아주 중요하다. 원론 교과서에 환영할 만한 추가."
– 맥스 그룬범(Max Grunbaum Nagiel), 데이토나 주립대학교(Daytona State College)

11 시간과 불확실성

"학생들은 이 주제에서 다른 주제보다 더 많이 실수하지만 사업 문제나 보건경제학을 생각할 때 아주 중요하고… 이자율을 생각하는 것의 토대가 된다. [이 장은] 또한 개념과 관련된 많은 '놀라운(gee whiz)' 사실을 포함해 편안한 장소에서 가벼운 토론에 도움이 된다."
– 애슐리 허드슨(Ashley Hodgson), 성 올라프 대학(St. Olaf College)

22 정치적 선택

"원론 수준의 다른 교과서에서는 볼 수 없는 신선한 장이다. 원론 수업 수강생들이 이해할 수 있게 아주 분명하고 단순하게 분석을 제시하고 있다."
– 제이슨 루드벡(Jason Rudbeck), 조지아 대학교(University of Georgia)

23 공공정책과 선택 설계

"학생들이 강한 흥미를 갖기 바란다. 내 경우는 그랬다."
– 칼라 린치(Karla Lynch), 노스캐롤라이나 텍사스 대학(North Centrol Texas College)

35 개발경제학

"이 장은 학생들의 관심을 끄는 방식으로 우리 시대 가장 중요한 이슈 중 하나를 다루고 있다. 전 세계 빈곤이라는 주제에 학생들이 관심을 갖도록 한다."
– 존 케인(John Kane), 뉴욕 오스위고 주립대학교(State University of New York–Oswego)

이 책의 가장 중요한 특징은 학생들이 경제학의 기본적 분석틀을 확실하게 이해하도록 하는 것이다. 때로는 수학을 이용해 내용을 확실히 할 필요가 있기에, 경제학을 이해하는 데 중요한 수학을 설명하는 6개 부록을 포함한다.

부록 A 핵심 수학: 그래프와 기울기 이해하기
부록 B 핵심 수학: 선형 방정식 활용하기
부록 C 핵심 수학: 퍼센트 변화, 기울기와 탄력성 계산하기
부록 D 핵심 수학: 선형곡선하의 면적
부록 E 무차별곡선 활용하기
부록 F 핵심 수학: 복리 계산

현대적인 교수법

거의 모든 교과서에 있는 일반적인 특성에 더해 이 책은 현대적인 교수법을 돕는 여러 가지 독창적인 특징을 포함한다.

흥미로운 사례로 각 장을 시작한다

각 장(章)은 흥미로운 사례를 소개하는 것으로 시작한다. 장을 시작하는 사례들은 소비자, 투표자, 사업가, 가족 일원이 직면한 이슈를 보여주며, 흥미로운 방식으로 제시된다. 그런 다음 사례를 통해 직면한 경제적 문제를 형성하고 해결하는 데 도움이 되는 원리로 학생들을 이끌어간다. 각 장(章)의 특징을 소개하는 사례들은 다음과 같다:

- 소액대출에 영향 주기
- 티셔츠 원산지
- 모바일의 전 세계적 확산
- 커피가 유행이 되다
- 파손된 레이저 포인터가 인터넷 혁명의 시작
- 나눔의 계절
- 20달러가 정확히 20달러가 아닐 때?
- 쓰레기 투기자 주의
- 학자금 대출의 해결책?
- 대학교는 가치가 있는가?
- 캘리포니아의 노동시장

사례를 통해 알아보기

바자 경쟁

바자(Bazaar)는 전 세계에서 가장 활기차고 다채로운 곳이다. 여행객들은 과일, 꽃, 가구, 직물처럼 한 가지 특정한 유형의 제품에 특화된 거대한 바자를 보고 놀라곤 한다. 많은 도시에 수백 개, 심지어 수천 개 가게들이 동일한 가격에 동일한 제품을 판매하는 거대한 시장이 있다.

이러한 경향을 이해하기 어려울 수 있다. 우리는 미국에서 비슷한 것들을 보곤 한다. 예를 들어, 한 마을의 모든 자동차 딜러들이 같은 도로에 위치할 수 있다. 이는 다른 브랜드 차를 시험운전하고 싶어 하는 잠재적인 고객을 끌어들일 기회를 증가시킨다. 그러나 쉐보레 딜러 옆에 있

어떻게 생각하십니까?

판매를 위한 신장

자발적인 거래에 참가하기 위해 구매자와 판매자가 함께 모일 때, 시장은 그렇지 않았다면 존재하지 않았을 가치를 창출한다. 잘 작동하는 시장이 잉여를 극대화한다는 발상은 중요한 기술적인 사실이다. 그러나 사람들은 잉여를 극대화하는 것을 넘어서는 도덕적 그리고 정치적인 우선순위가 있다. 사실, 다수의 중요한 공공정책의 문제는 경제적 효율성과 기타 목표 사이의 상충관계를 중심으로 다룬다.

예를 들어, 미국(그리고 다수의 다른 국가들) 법은 시장 거래의 특정 형태를 금지한다. 다음

어떻게 생각하십니까?

1. 국립공원 방문에 대한 수요가 현재 가격에서 비탄력적이고, 따라서 요금 인상은 공원 사용에 큰 효과를 미치지 않을 것 같다는 크리스트의 주장에 동의하는가? 대체재의 가용성과 가격처럼, 가격탄력성에 영향을 주는 요인들에 대해 생각해보라.
2. 다음의 상충관계에 대해 어떻게 저울질할 것인가?

이 책의 특징

- **사례를 통해 알아보기:** 역사, 학술적 연구, 현장에서의 일화 등에서 찾은 간단한 사례나 정책적 질문을 설명한다.
- **다른 관점에서 보기:** 다른 시각에서 경제적 개념을 보여준다. 이 특징은 특정한 상황, 재밌는 이야기, 또는 표준적인 아이디어의 특이한 적용을 다른 방식으로 생각하는 것이다.
- **어떻게 생각하십니까?:** 공공정책이나 학생과 관련한 이슈에 대해 시사점을 주는 사례 연구를 제시한다. 이 특징은 관련 데이터나 역사적 증거를 제시하고 학생들이 자신의 입장을 옹호하기 위해 경제 분석과 실증적인 주장을 사용하도록 한다. 교수가 과제로 내주거나 수업 토론에 사용할 수 있는 답이 정해지지 않은 질문을 학생들에게 던진다.
- **더 찾아보기:** 가까이에 있는 주제와 관련된 과목, 자원, 직업으로 학생들을 이끈다. 이를 통해 학생들이 일하면서 그리고 소비자로서 배운 것을 어떻게 적용할 수 있는지 보여준다.

- **이해를 돕기 위해:** 학생들이 헷갈릴 수 있는 개념이나 용어 사용에 대한 추가적인 설명을 제시한다. 헷갈리는 아이디어와 용어를 바로잡기보다는 흔한 오해를 환기하고 학생들이 좀 더 깊은 수준에서 경제 용어와 추론을 이해하는 데 필요한 도움을 준다.

> **이해를 돕기 위해**
> 이 장에서는 때때로 독점이 '가격을 선택'한다고 할 것이다. 어떨 때는 독점이 판매할 수 있는 재화의 수량을 통제한다고 말할 것이다. 이 2가지 선택은 동일한 것이라는 것을 이해하는 것이 중요하다. 각각의 가능한 가격은 수요곡선에 있는 특정한 수량에 대응되며, 반대도 성립된다. 독점은 가격을 설정하고 그 가격에서 소비자들이 수요하는 수량을 구매하도록 하여 시장을 통제할 수 있다. 또는 공급량을 제약하고 가격이 수요량과 공급량이 일치되도록 조정되게 해 시장을 통제할 수 있다. 따라서 독점이 가격을 선택하든, 공급량을 선택하든 상관없이 가격과 수량의 조합은 동일하게 나타난다.

- **개념 확인하기:** 학생들이 계속 책을 읽기 전에 배운 내용에 대해 스스로 질문할 수 있는 기회를 각 장 마지막에 제시한다. 개념 확인하기 질문은 관련 학습목표에 맞춰져 있고 학생들에게 미리 만들어진 복습 도구와 학습 방법을 제시한다.

> **✓ 개념 확인하기**
> ❒ 효율적인 시장에서 총잉여의 크기와 배분에 대해 무엇을 말할 수 있는가? **[LO 5.5]**
> ❒ 시장이 균형가격과 거래량으로부터 이탈하게 만드는 간섭이 경제적 순손실을 만드는 이유는 무엇인가? **[LO 5.7]**
> ❒ 시장이 '실종'된다고 말하는 것은 무엇을 의미하는가? **[LO 5.8]**

좋은 자료가 학습을 돕는다

각 장은 학생들이 개념을 확실하게 하고 이해도를 시험할 수 있는 표준적인 장 마무리뿐 아니라 이 개념을 기반으로 확장된 새로운 아이디어도 포함한다. 저자들은 양질의 과제와 시험문제를 돕는 학습 교재에 특별히 신경 썼다.

- **요약:** 각 장에서 핵심적인 내용을 부각시키고 강조한다.
- **주요 용어:** 각 장에서 중요한 용어를 정리한다.
- **복습문제:** 학생들이 복습하고 각 장에서 다룬 개념을 응용할 수 있도록 한다. 복습문제는 이론이나 공식에 관한 단순한 문제부터 정해진 답이 없는 서술적인 질문까지 다룬다.
- **응용문제:** 과제로 낼 수 있으며 주로 수리적인 문제다. 모든 응용문제는 Connect®Economics와 통합되어 있어 온라인 과제와 채점이 가능하다.
- **Quick-scan barcodes:** 온라인 자료, 관련 논문, 비디오, 학생들에게 유용한 다른 자료에 모바일로 쉽게 연결할 수 있다. 독자들은 스마트폰을 이용해 각 장 마지막에 있는 QR코드를 스캔하거나 www.mhhe.com/karlanmorduch에 있는 'Online Learning Center'와 'Connect Economics'에서 자료에 접근할 수 있다.
- **경제학 학습용 앱(Study Econ app):** 학생들이 언제나 이용할 수 있는 학습 자료를 제공한다. 장별 요약, 용어 학습용 카드, 주요 그래프, 수학 학습, 장별 퀴즈, 그 밖에 유용한 자료를 안드로이드와 iOS 모두에서 다운받아 사용할 수 있는 편리한 앱을 제공한다.
- **온라인 그래프 학습 자료:** 인터랙티브 방식의 그래프 연습을 제공해 학생들이 관련 경제학 개념에 맞춰 그래프와 수학 기법을 사용할 수 있도록 돕는다. 여백에 단순한 표시로 각 장의 개념 이해를 돕는 개인용 연습문제가 있는 곳을 나타냈다. 개인용 연습문제는 'Connect Economics'에 있다.

> 소비자 잉여, 생산자 잉여 및 총잉여에 대한 이해를 향상시키기 위해서는 온라인 대화형 그래픽 도우미를 이용하라.

완전한 디지털 통합

칼란과 모두크 제품은 처음부터 인쇄와 디지털 형식으로 동시에 만들어져, 교과서와 직접 해보는 학습 교재 간 완전한 디지털 통합이 가능하다. '원고 단계'에서 Connect에 콘텐츠를 저술해 디지털 환경에서 '작동'하지 않으면 인쇄판에서 내용을 다시 쓸 수 있었고, 그 결과 사용자들에게 토털 디지털 솔루션(total digital solution)을 제공할 수 있다. 모든 디지털 콘텐츠는 장별 학습목표에 태그되어 있고, 모든 과제와 학습용 교재를 쉽게 다운받거나 온라인으로 접근할 수 있다. 게다가 다음 페이지에서 볼 수 있듯이, 이 책은 쉽고 신뢰할 만한 유용성을 갖춘 일관된 학습용과 교수용 제품을 제공한다.

Digital Solutions

McGraw-Hill Connect® Economics

덜 관리하고 더 가르치고 더 잘 배우기

*Connect Economics*는 과제 관리를 보다 수월하게 하여 강사들이 가르치는 데 더 많은 시간을 할애할 수 있도록 하는 많은 효과적인 도구와 특징을 제공하는 온라인 과제와 평가방법이다. *Connect Economics*를 이용해 학생들은 언제 어디서나 과제를 수행할 수 있어 학습 과정이 더욱 수월하고 효율적이 되도록 한다.

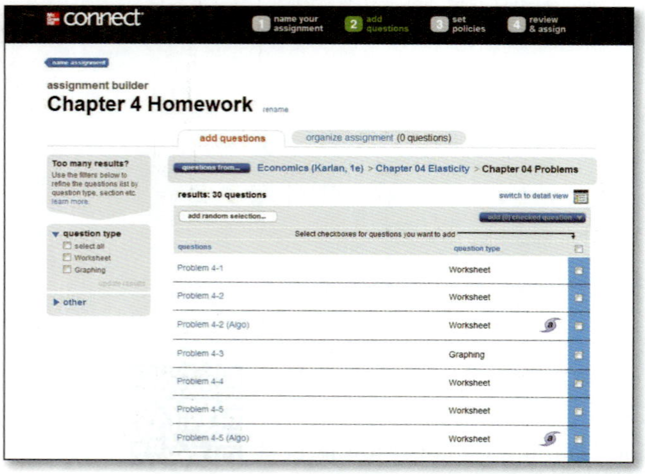

손쉬운 과제 관리

*Connect Economics*를 이용하면 과제 만들기가 더 쉬워져 가르치는 데는 더 많은 시간을, 관리하는 데는 시간이 덜 들도록 한다. 과제 관리 기능을 통해:

- 장 마무리 문제와 문제은행 문제들로 손쉽게 과제를 만들어 학생들에게 줄 수 있다.
- 좀 더 효율적으로 강의 관리를 할 수 있도록 교수 계획, 학생의 진도 상태 보고(student progress reporting), 과제 채점을 능률적으로 사용할 수 있다.
- 온라인으로 과제를 제출하고 채점해 종이를 사용하지 않을 수 있다.

Smart Grading

*Connect Economics*는 학생들이 필요할 때, 필요한 장소에 피드백과 연습 자료들을 제공해 좀 더 효율적으로 배울 수 있게 돕는다. 채점 기능은 강사들이:

- 자동으로 과제 점수를 매김으로써 학생들에게 즉각적인 피드백을 주고 정답과 나란히 비교할 수 있게 한다.
- 각 반응을 보고 검토하고, 수동으로 학점을 변경하거나 학생들이 검토할 수 있는 코멘트를 남길 수 있다.
- 연습용 시험과 즉각적인 퀴즈를 통해 수업시간에 가르친 개념을 강화할 수 있다.

Instructor Library

Connect Economics Instructor Library는 수업이나 수업 이후 학생들의 관심을 증가시키는 추가적인 자료들의 보관소다. 강의를 향상시킬 수 있는 어떤 자료든 선택하고 사용할 수 있다.

Student Study Center

Connect Economics Student Study Center는 학생들이 추가적인 자료를 얻을 수 있는 곳이다. Student Study Center는 학생들이 강의, 연습용 자료물, e북, 학습용 질문 등에 쉽게 접근할 수 있게 한다.

Student Progress Tracking

*Connect Economics*는 개별 학생, 단원, 분반이 어떻게 진행되고 있는지에 대해 지속적으로 알려줘 강의와 면담 시간을 좀 더 생산적으로 사용할 수 있도록 한다. 진도 추적(progress-tracking) 기능은 강사들이

- 즉시 점수를 볼 수 있게 하고 과제나 성적표로 개인이나 집단의 성과를 추적할 수 있게 한다.
- 학습목표에 따른 학생 혹은 수업의 성과를 즉각적으로 볼 수 있게 한다.
- AACSB와 같은 많은 기관에서 요구하는 데이터를 수집하고 보고서를 만들 수 있게 한다.

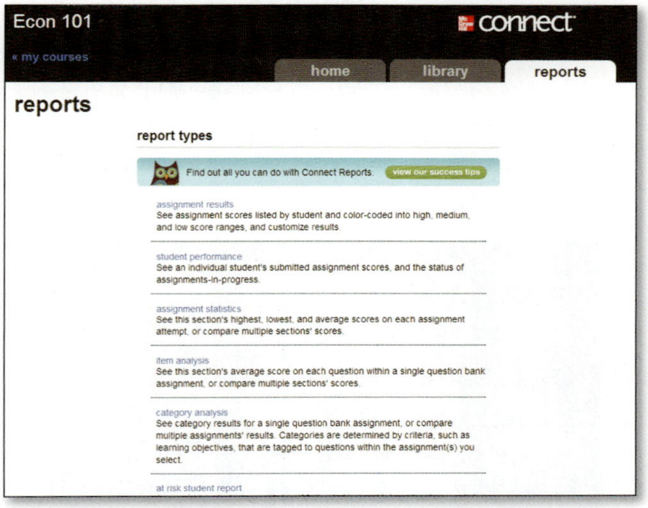

McGraw–Hill Connect® Plus Economics

맥그로힐은 *Connect Plus Economics*로 학생들이 교과서를 통해 배우는 경험을 새롭게 했다. e북과 *Connect Economics, Connect Plus Economics*의 매끈한 통합으로 모든 *connect Economics features*에 더해 다음과 같은 것을 제공한다.

- 언제 어디서나 교과서를 볼 수 있는 통합된 e북
- 학생들이 풀어야 하는 문제와 해당 문제와 관련된 내용이 있는 e북의 위치 간 동태적 연결
- 즉시 주요 개념을 찾아 연결할 수 있는 강력한 탐색 기능

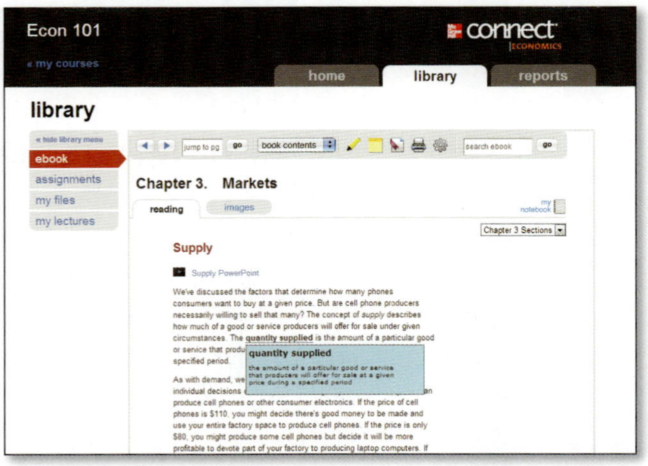

요약하면, *Connect Plus Economics*와 *Connect Economics*는 강사와 학생에게 시간과 에너지를 최적화할 수 있는 강력한 도구와 특징을 제공해 강사들이 강의 내용, 교수법, 학생들의 학습법에 집중할 수 있게 한다. 철저하게 검증한 최신 기술 시스템은 강사들이 학생들을 다가올 세상에 준비시키는 것을 도와준다.

Connect에 대해 더 자세히 알고 싶다면 **www.mcgrawhillcon nect.com,**이나 **local McGraw-Hill** 판매처에 연락하기 바란다.

LearnSmart Advantage

LEARNSMART® McGraw-Hill Education에서 새로 나온 LearnSmart Advantage는 LearnSmart에 의해 작동되는 일련의 적응적 학습 제품(adaptive learning product)으로 가장 널리 사용되고 있는 우수한 적응적 학습 자료(adaptive learning resources)다. 학점을 올리고, 과목에 대한 집중도를 높이고, 기억 복귀(memory recall)를 강화하는 데 가시적인 결과를 내기 위해 개발한 LearnSmart Advantage 시리즈는 수업 준비부터 첫 번째 적응적 읽기 경험까지, 학습 전 과정에 걸쳐 있다. 학생들에게는 보다 스마트한 학습 경험, 강사에게는 유용한 보고 도구로서 LearnSmart Advantage는 다른 제품과 다르게 배움의 깊이를 더해가도록 하고 있다. Karlan/Morduch 교재와 함께 사용 가능한 LearnSmart Advantage 제품은 다음과 같다.

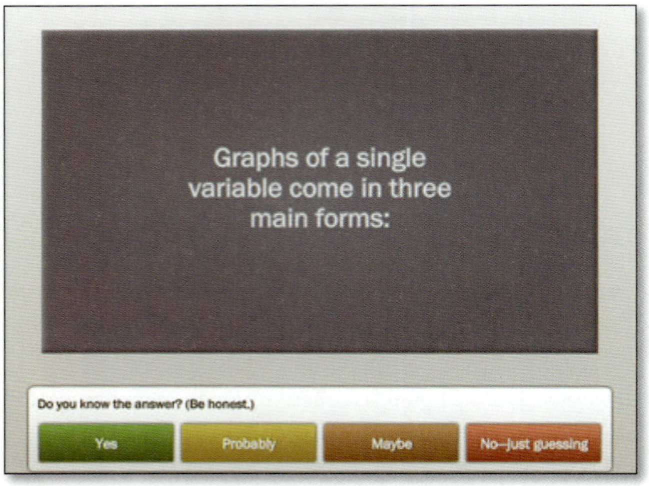

LearnSmart

LearnSmart는 가장 효과적이고 성공적인 적응적 학습 자료로 기억 복귀를 강화하고 학생들이 수업에 집중할 수 있게 하고 학점을 올리는 것으로 알려져 있다. 학생들이 아는 것과 알지 못하는 것을 구분하고, 잊기 쉬운 개념을 연마시키면서, LearnSmart는 개인별 학습과정을 만들어 학생들의 필요에 지속적으로 맞춰간다. 그 결과 학생들이 더 영리하게 공부하고 더 많은 지식을 보유한다. 보고서는 강사들에게 유용한 통찰력을 제공해 귀중한 수업시간이 좀 더 높은 수준의 개념과 토론에 사용될 수 있게 한다.

LearnSmart Achieve

LearnSmart Achieve는 지속적인 적응적 학습 경험과 학생들이 새로운 개념 습득에 전념하는 데 필요한 자료를 결합하는 혁신적인 새로운 학습 시스템이다. 이 프로그램은 학생들의 성취도에 따라 개별적으로 각 학생들의 필요에 맞추어진 인터랙티브 콘텐트를 제공해 적절한 학습 경험을 만든다. 강의자를 위한 편리한 시간 관리 특징과 보고서는 학생들이 주제에서 벗어나지 않도록 한다.

SmartBook

SmartBook은 최초이자 유일한 적응적 읽기 경험(adaptive reading experience)다. SmartBook은 읽기를 수동적이고 일차적인 경험에서 재밌고 동태적인 것으로 바꿔, 학생들이 중요한 개념을 완전히 이해하고 유지할 수 있게 하여 좀 더 준비된 상태로 수업에 참여하게 한다. 유용한 보고서는 강사들에게 학생들이 교과서 내용을 얼마나 따라가고 있는지 이해하게 하고 강의 시간이나 과제를 만드는 데 도움이 된다.

이 혁신적인 기술 묶음은 McGraw-Hill Eduction에서만 사용 가능하다. 더 자세히 알고 싶다면, **learnsmart.prod.customer.mcgraw-hill.com**이나 대표에게 연락하기 바란다.

Tegrity Campus: Lecture 24/7

Tegrity Campus는 학생들이 공부하고 과제를 수행 시, 찾아볼 수 있게 모든 강의를 자동으로 탐색 가능한 형식으로 캡처해 수업에 일주일 24시간 내내(24/7) 접근 가능하게 하는 서비스다. 간단한 one-click start-and-stop process로 모든 컴퓨터 화면과 해당 오디오를 캡처할 수 있다. PC나 맥에 기반한 사용하기 쉬운 브라우저로 수업의 어떤 부분도 학생들이 재생할 수 있다.

학생들이 수업 자료를 더 많이 보고, 듣고, 경험할수록, 더 잘 배운다는 것을 교육자들은 안다. 연구 결과가 증명한다. Tegrity Campus의 독창적인 탐색 특징을 사용해 학생들은 빠르게 핵심 순간을 기억할 수 있다. 이 탐색 기능은 학생들이 효율적으로 필요한 것을, 필요할 때 학기 전체 강의 녹음에서 찾을 수 있도록 돕는다. 학생들이 공부하는 모든 시간이 즉각적으로 배우는 순간이 되도록 하라.

Tegrity에 대해 더 자세히 알고 싶다면, **http://tegritycampus.mhhe.com**에서 2분짜리 데모 플래시를 보기 바란다.

McGraw-Hill Create

맞춤형 출판의 미래가 여기 있다. McGraw-Hill Create는 새로운 self-service 웹사이트로 맥그로힐의 포괄적인 학제 간 콘텐트와 다른 제3자의 자료를 이용해 빠르고 쉽게 맞춤형 수업 자료를 만들 수 있게 한다. 본인만의 맞춤형 책을 만들기도 쉽다. 강사로서:

- 본인 강좌에 가장 알맞게 콘텐트를 선택하고 배열할 수 있다.
- 다른 출처의 자료와 결합하고 본인의 콘텐트를 업로드할 수 있다.
- 원하는 만큼 수업 자료를 편집하고 업데이트할 수 있다.
- 몇 분 만에 검토용 PDF 파일이나 며칠 내 검토용 인쇄본을 받을 수 있다.

www.mcgrawhillcreate.com에서 만들기 시작하라.

CourseSmart

CourseSmart는 교수들이 e교과서를 찾고 검토하는 새로운 방법이다. 디지털 수업 자료들을 얻고자 하는 학생들에도 좋은 선택지다. CourseSmart는 다양한 교재 출판사에서 발간되는 수백 개의 강좌에서 가장 많이 사용하는 수천 개의 교과서를 제공한다. 온라인으로 교과서를 검토하고 비교할 수 있는 유일한 곳이다. CourseSmart에서 학생들은 인쇄 버전보다 50%까지 비용을 절약할 수 있고, 환경에 미치는 영향을 줄일 수 있고, 문자 검색, notes and highlighting, note를 공유할 수 있는 이메일 도구 등을 포함한 아주 효과적인 학습용 웹 도구에 접근할 수 있다. 각 제목별로 완전한 기술 지원도 포함되어 있다. eBook을 찾는 것은 쉽다. **www.CourseSmart.com**을 방문해 제목, 저자 또는 ISBN으로 검색해보라.

부록(supplements)

모든 부록은 처음부터 매끄럽게 통합되어 이 책을 보완할 수 있도록 개발되었다. 다음 보충 자료들은 쉽게 다운받거나 www.mhhe.comkarlanmorduch에 있는 'Online Learning Center'와 '*Connect*'에서 사용할 수 있다. 강사용 자료는 보완상 이유로 비밀번호를 사용해야 한다.

학생용

'*Online Content*'는 추가적 주제나 좀 더 깊이 있는 정보를 제공한다. 예를 들어, 일부 특징 상자가 장에 짧고 미리보기 형식으로 제공되며 좀 더 자세한 내용은 온라인에 제공된다. 또 정부 차입에 대한 설명이 29장 다음에 나오고 파생상품에 대한 좀 더 많은 논의가 30장 뒤에 나온다. 마지막으로 온라인 *Guide to Data Source*는 학생들이 관련 데이터를 찾는 연습을 할 수 있는 기회가 되는 간단한 연습문제와 함께 경제 데이터 출처에 대한 정보를 제공한다.

서던 뉴햄프셔 대학교(Southern New Hampshire University)에 근무하는 그레그 랜돌프(Greg Randolph)가 만든 객관식 퀴즈는 중요한 과제를 수행하기 전에 학생들이 자신이 알고 있는 수준을 시험할 수 있게 한다.

몬태나 주립대학교(Montana State University)에 근무하는 그레고리 질핀(Gregory Gilpin)이 만든 학생용 파워포인트(*Student PowerPoint*)는 각 장의 주요 내용과 그래프에 대한 복습을 제공한다.

Study Econ 모바일 앱과 바코드

맥그로힐은 칼란과 모두크의 경제학을 배우는 새로운 모바일 학습용 앱을 제공한다. Study Econ 앱은 모든 용어의 학습용 카드, 간단한 수학 복습, 주요 그래프, 개별적으로 만드는 자가 퀴즈(self-quizzes), 장 요약, 흔한 실수를 포함한다. 안드로이드와 iOS 모두에서 사용할 수 있다. 추가적인 정보를 위해서는 이 책 뒤 안쪽을 참조할 것. 앱스토어에서 이 앱의 시험 버전을 오늘 다운받기 바란다!

더 나은 교육 방법을 위한 새로운 기술의 이점을 활용 가능한 바코드(또는 QR코드)가 매 장 마지막에 있다. 스마트폰과 태블릿을 사용하는 학생들에게 이 바코드는 각 장의 논의 내용이나 뉴스 피드와 관련된 동영상과 같은 더 많은 자료에 즉시 접근할 수 있게 한다.

강사용

문제은행

챔플레인 대학(Champlain College)에 근무하는 제니퍼 빈센트(Jennifer Vincent)가 만들었다. 문제은행은 수천 개의 좋은 객관식 문제를 포함한다. 각 문제는 대응되는 학습목표, 난이도, 경제학적 개념, AACSB 학습 범주, 블룸의 분류학(Bloom's Taxonomy) 목적과 태그되어 있다. 모든 문제 은행의 콘텐츠는 Connect에서 사용할 수 있다. 문제은행은 유연하고 사용하기 쉬운 시험 출제 프로그램인 EZ Test에서도 사용할 수 있다. 여러 버전의 시험을 만들 수 있고 모든 시험은 WebCT, BlackBoard, Page Out과 같은 강의 관리 시스템에 사용할 수 있게 추출할 수 있다. Test Online은 EZ Test에서 만든 시험문제와 퀴즈를 온라인에서 쉽게 관리할 수 있게 하는 서비스다. 이 프로그램은 윈도와 맥에서 사용할 수 있다.

파워포인트

몬태나 주립대학교(Montana State University)에 근무하는 그레고리 질핀(Gregory Gilpin)이 만들었다. 파워포인트는 수업에 최대한 유용하게 만들어졌다. 각 파워포인트는 중요한 정보를 다루고 책과 동일한 재기발랄한 그림을 제공한다. 파워포인트는 맛보기 연습문제, 강의용 노트 등을 포함한다.

강사용 매뉴얼

다음을 포함한다.

- **학습목표:** 각 장별 학습목표를 나열한다.
- **장의 개요:** 빨리 검토할 수 있도록 장의 개요를 보여준다.
- **강의를 넘어서:** 수업시간에 토론을 시작하고 학생들을 참여시킬 수 있는 아이디어와 활동을 팀 연습문제와 수업 외 사용할 수 있는 과제와 함께 제공한다. 뉴햄프셔 대학교(New Hampshire University)에 근무하는 그레그 랜돌프(Greg Randolph)가 만들었다.
- **해답:** 장 마지막 문제에 대한 해답을 제공한다. 다이애나 벡(Diana Beck), 뉴욕 대학교(New York University), 아만다 프리먼(Amanda Freeman), 캔자스 주립대학교(Kansas State University), 빅터 매더슨(Victor Matheson), 홀리 크로스 대학(College of the Holy Cross)이 만들었다. 모든 장 마지막 문제에 대한 해답은 퍼기 달턴(Peggy Dalton), 프로스트버그 주립대학교(Frostburg State University), 로라 매그호니(Laura Maghoney), 솔라노 지역사회 대학(Solano Community College), 대니얼 라우슨(Daniel Lawson), 오클랜드 지역사회 대학(Oakland Community College)이 정확도를 검토했다.

감사의 글

많은 분들이 이 책을 발간하는 데 도움을 주었다. '마을 전체가 돕는다'고 하지만 우리는 종종 도시 전체의 도움을 받은 것처럼 느낀다.

메레디스 스타츠(Meredith Startz)에게 특히 감사한다. 메레디스는 집필을 처음 시작할 때부터 함께 했다. 메레디스는 필리핀에서 미시금융에 관한 'Innovation for Poverty Action' 프로젝트부터 일하기 시작했는데, 우리는 곧 그녀가 경제학이 세상을 어떻게 더 나은 곳을 만들 수 있는지에 대해 일반인에게 소개하고자 하는 열정이 있음을 알았다. 그래서 그녀는 미국으로 돌아와 이 저술에 참여했다. 메레디스가 학부에서 받은 훈련 때문에 그녀는 아이디어를 분명하게 하고 처음 접하는 학생들이 이해하기 쉽도록 우리에게 도움을 줬다. 메레디스의 글이 각 장에 섞여 있으며, 이 책의 제목에 그녀의 이름을 추가할 수 있어 기쁘다.

이 저술의 최초 영감은 맥그로힐에듀케이션(McGraw-Hill Edcation)의 Director for Economics, Finance, and the Decision Science인 더글러스 레이너(Douglas Reiner)로부터 왔다. 그는 문제를 해결하는 방법으로써 경제학을 가르치는 비전을 만드는 데 우리와 함께했다. 더글러스는 교실에서 일어나는 것과 우리 국가와 전 세계에서 일어나는 것 간의 벽을 허물라고 했다. 그는 미국과 전 세계 뉴스와 최신 연구로부터 얻은 사례들을 사용하고 이러한 사례들로 각 장을 시작할 수 있는 자신감을 주었다. 더글러스는 일상생활에서의 문제와 사회의 좀 더 거대한 도전에 대한 실제적인 해결책을 제시하고자 하는 연구자로서의 경험을 학생들과 공유하도록 격려해주었다.

맥그로힐의 Executive Director of Development인 앤 토버트(Ann Torbert)는 모범적인 편집자였다. 그녀는 매 페이지의 설명을 개선하고 큰 그림과 주요 세부 사항 모두에 주의를 기울이도록 했다. 앤의 우아함과 전문성으로 이 책은 한층 근사해졌고, 진행 과정이 수월할 수 있었다.

열정적인 일단의 공동 작업자들이 학생 독자에게 알맞고 흥미로운 방식으로 내용을 구성할 수 있도록 도왔다. 테드 버넷(Ted Barnett)은 거시경제 장의 서술을 이끌어 자산 가격 거품(asset price bubbles)과 전 세계 금융위기를 적절하게 다룰 수 있도록 했다. 금융위기는 이 책을 저술한 시점에서 여전히 진행 중인 사건이다. 케리 브레넌(Kerry Brennan)의 창의성과 세부 사항에 대한 관심은 미시경제 장을 서술하는 데 중요한 역할을 했다. 그녀는 다소 색다르고 이해를 돕는 사례를 찾는 훌륭한 안목을 갖춰 많은 사례들이 장을 시작하는 이야기와 다른 관점에서 보기로 이 책에 포함되었다. 멜라니 모텐(Melanie Morten)과 존 로저(John Loser)는 거시경제학 부문에 값진 전문 지식을 제공하고 이 부문에 생기를 불어넣었으며, 학생들이 일상의 경험과 연결하도록 도왔다. 앤드루 힐리스(Andrew Hillis)는 전체 집필에 영향을 미치는 최근 학생의 관점을 도입하고 책 전체에 걸쳐 그림을 통한 설명이 분명해지도록 개선했다.

다른 많은 재능 있는 사람들이 이 과제 내내 비정기적으로 기여했다. 재밌고 흥미로운 방법으로 개념을 설명하는 데 도움이 되는 훌륭한 이야기에 항상 관심을 가져준 유서프 시디키(Yusuf Siddiquee), 설번 구마(Selvan Kumar), 한나 트래시먼(Hannah Trachtman), 카림 해그가(Kareem Haggag), 제니퍼 서버스키(Jennifer Serverski), 알렉스 바틱(Alex Bartik), 마틴 로템버그(Martin Rotemberg), 도그 패커슨(Doug Parkerson)에게 특히 감사한다. 앤드루 라이트(Andrew Wright)가 매 장에서 보여준 신중한 관심에도 사의를 표한다.

본문과 장 마지막 내용에 여러 가지 다양한 기여를 하고 갑작스러운 요청에도 기꺼이 피드백을 해준 다이애너 벡(Diana Beck, Newy York University), 빅터 매디슨(Victor Matheson, College of the Holy Cross), 존 케인(John Kane, State Unviersity of New York-Oswego), 아만다 프리먼(Amanda Freeman, Kansas State University)에게 감사한다. Connect 자료를 준비하면서 광범위한 작업을 한 퍼기 달턴(Peggy Dalton, Frostburg Stagte University)과 철자를 검토해준 로라 매그호니(Laura Maghoney, Solano Community College)와 대니얼 라우슨(Daniel lawson, Oakland

Community College)에게도 깊은 감사를 드린다. 원고가 조판된 후 내용을 검토해준 리사 글로에이즈(Lisa Gloege, Grand Rapids Community College), 데이비드 퀴지마노(David Cusimano, Delgado Community College), 제니퍼 페이트(Jennifer Pate, Loyola Marymount University), 아만다 프리먼(Amanda Freeman)에게도 고마움을 표한다. 또 LearnSmart 콘텐츠를 작성한 퍼기 달턴, 러셀 켈로지(Russell Kellogg, University of Colorado Denver)와 정확도를 검사한 존 노드스트롬(John Nordstrom, College of Wesern Idaho), 크리스토퍼 머시러시(Christopher Mushrush, Illinois State University)에게 감사한다.

이 책을 만들 때 맥그로힐에듀케이션에서 열심히 도와준 사람들에게도 고마움을 표한다. 마케팅 매니저인 카티 화이트 호니케(Katie White Hoenicke)는 학교를 방문하고 판매팀과 일하면서 우리가 여러 방면에서 중요한 비전을 교류할 수 있도록 이끌었다. 개발 에디터인 앨리사 링컨(Alyssa Lincoln)은 수없이 많은 세부적인 것들—검토, 사진, 디지털 제품과 전체 패키지와 여러 측면—을 관리해주었다. 콘텐츠 프로젝트 매니저 로리 코터스(Lori Koetters)는 우리의 원고를 세련되고 완성도 있게 바꿔주었다. 역시 콘텐츠 프로젝트 매니저인 매리언 무스니(Marianne Musni)는 능숙하게 디지털 계획을 이끌었다. 교재에 수반되는 디지털 자료에 도움을 준 도그 루비(Doug Ruby), 디지털 콘텐츠 디렉터(Director of Digital Content), 이코노믹(Economics), 파이낸스(Finance)와 ODS, 케빈 섀넌(Kevin Shanahan), 디지털 개발 에디터(Digital Devolopment Editor), 매건 멀로니(Megan Maloney), 디지털 개발 에디터에게도 감사를 전한다.

감사!

이 교과서는 몇 년에 걸친 기나긴 개발 과정을 거쳤으며, 개발 과정에서 이 책을 읽은 교수와 학생들의 값진 피드백이 있었다. 저자와 맥그로힐에듀케이션은 초점 집단(focus group), 심포지엄에 참석하거나, 이 교과서를 검토하거나, 강의 점검에 참여한 모든 사람들에게 감사드린다.

Focus Group Attendees

SPRING 2012

Michael Applegate
Oklahoma State University–Stillwater Campus

Camelia Bouzerdan
Middlesex Community College

Howard Cochran
Belmont University

Marwan El Nasser
State University of New York–Fredonia

Brent Evans
Mississippi State University

Chris Fant
Spartanburg Community College

Tawni Ferrarini
Northern Michigan University

Irene Foster
George Washington University

Bill (Wayne) Goffe
State University of New York–Oswego

Oskar Harmon
University of Connecticut–Stamford

David Hickman
Frederick Community College

Shuyi Jiang
Emmanuel College

Ahmad Kader
University of Nevada–Las Vegas

Joel Kazy
State Fair Community College

Al Mickens
State University of New York–Old Westbury

Nara Mijid
Central Connecticut State University

Rebecca Moryl
Emmanuel College

Emlyn Norman
Texas Southern University

Christian Nsiah
Black Hills State University

Robert Pennington
University of Central Florida–Orlando

Andrew Perumal
University of Massachusetts–Boston

Gregory Pratt
Mesa Community College

Timothy Reynolds
Alvin Community College

Michael Rolleigh
Williams College

Michael Salemi
University of North Carolina–Chapel Hill

Sovathana Sokhom
Loyola Marymount University

Abdulhamid Sukar
Cameron University

Marieta Velikova
Belmont University

Melissa Wiseman
Houston Baptist University

Jeff Woods
University of Indianapolis

FALL 2012

Cindy Clement
University of Maryland–College Park

Chifeng Dai
Southern Illinois University–Carbondale

Eric Eide
Brigham Young University–Provo

John Kane
State University of New York–Oswego

Karla Lynch
North Central Texas College

Martin Milkman
Murray State University

Max Grunbaum Nagiel
Daytona State College–Daytona Beach

Naveen Sarna
Northern Virginia Community College–Alexandria

Marilyn Spencer
Texas A&M University–Corpus Christi

Terry von Ende
Texas Tech University

SPRING 2013

Mark Abajian
San Diego Mesa College

Rashid Al-Hmoud
Texas Tech University

Bruce Brown
California State Polytechnic University–Pomona

Sanjukta Chaudhuri
University of Wisconsin–Eau Claire

Young Back Choi
Saint John's University

Rafael Donoso
Lone State College–North Harris

Harry Ellis
University of North Texas

Abdollah Ferdowsi
Ferris State University

Michael Gootzeit
University of Memphis

Onur Ince
Appalachian State University

Dennis Jansen
Texas A&M University

Christine Tarasevich
Del Mar College

Noreen Templin
Butler Community College

Tarteashia Williams
Valencia College–West Campus

Ranita Wyatt
Pasco-Hernando Community College–West Campus

Ceren Ertan Yoruk
Sage College of Albany

Symposia Attendees

SPRING 2012

Richard Agesa
Marshall University

Frank Albritton
Seminole State College–Sanford

Ali Ataiifar
Delaware County Community College

Prasun Bhattacharjee
East Tennessee State University–Johnson City

Michael Bonnal
University of Tennessee–Chattanooga

Anne Bresnock
Orange Coast College

Catherine Chambers
University of Central Missouri

Britton Chapman
State College of Florida–Manatee

Chiuping Chen
American River College

Colonel Floyd Duncan
Virginia Military Institute

Maxwell Eseonu
Virginia State University

Herbert Flaig
Milwaukee Area Technical College

Shelby Frost
Georgia State University

Deborah Gaspard
Southeast Community College

Kirk Gifford
Brigham Young University–Idaho

Scott Houser
Colorado School of Mines

Jim Lee
Texas A&M University–Corpus Christi

Michael McIlhon
Century Community and Technical College

Daniel Morvey
Piedmont Technical College

Jan Ojdana
University of Cincinnati

Ronald O'Neal
Camden County College

Debashis Pal
University of Cincinnati–Cincinnati

Saied Sarkarat
West Virginia University–Parkersburg

Jesse Schwartz
Kennesaw State University

Souren Soumbatiants
Franklin University

Darryl Thorne
Valencia College East

Jose Vazquez
University of Illinois–Champaign

Chuck Zalonka
Oklahoma State University–Oklahoma City

SPRING 2013

Gary Benson
Southwest Community College

Laura Jean Bhadra
Northern Virginia Community College–Manassas

Karen Gebhardt
Colorado State University

Gregory Gilpin
Montana State University–Bozeman

Tina Mosleh
Ohlone College

Thaddaeus Mounkurai
Daytona State College–Daytona Beach

Chris Mushrush
Illinois State University

John Nordstrom
College of Western Idaho

Gregory Randolph
Southern New Hampshire University

Mitchell Redlo
Monroe Community College

Amanda Ross
West Virginia University–Morgantown

Jeffery Vicek
Parkland College

Jennifer Ward-Batts
Wayne State University

Product Reviewers

SUMMER 2009

Otis Gilley
Louisiana Technical University

George Greenlee
St. Petersburg College

Gregrey Hunter
California Polytechnic University–Pomona

Douglas Miller
University of Missouri–Columbia

Edward Millner
Virginia Commonwealth University

Brennan Platt
Brigham Young University

William Prosser
Cayuga Community College

Michael Salemi
University of North Carolina–Chapel Hill

Jesse Schwartz
Kennesaw State University

Albert Sumell
Youngstown State University

Jennifer Vincent
Champlain College

FALL 2010

Andrew Cassey
Washington State University

Jim Cox
Georgia Perimeter College

David Eaton
Murray State University

Russell Evans
Oklahoma State University

Michael Fenick
Broward College

Fran Lara Garib
San Jacinto College

Juan Alejandro Gelves
Midwestern State University

Otis Gilley
Louisiana Technical University

Dennis Heiner
College of Southern Idaho

Andrew Helms
Washington College

Gregrey Hunter
California Polytechnic University–Pomona

Kyle Hurst
University of Colorado–Denver

Barbara Heroy John
University of Dayton

John Kane
State University of New York–Oswego

Delwin Long
San Jacinto College

Karla Lynch
North Central Texas College

Gregory Miller
Wallace Community College–Selma

Steven Peterson
University of Idaho

Brennan Platt
Brigham Young University

Jesse Schwartz
Kennesaw State University

Albert Sumell
Youngstown State University

Philip Isak Szmedra
Georgia Southwestern State University

Christine Tarasevich
Del Mar College

Nora Underwood
University of Central Florida

Jennifer Vincent
Champlain College

SUMMER 2011

Andrew Cassey
Washington State University

John Kane
State University of New York–Oswego

Karla Lynch
North Central Texas College

Jason Rudbeck
University of Georgia

FALL 2011

Galina Hale
Federal Reserve Bank of San Francisco

John Kane
State University of New York–Oswego

Karla Lynch
North Central Texas College

Victor Matheson
College of the Holy Cross

Nora Underwood
University of Central Florida

FALL 2012

Terence Alexander
Iowa State University

Clifford Althoff
Joliet Junior College

Radha Bhattacharya
California State University–Fullerton

Fidelis Ezeala-Harrison
Jackson State University

Daniel Kuester
Kansas State University

Daniel Lawson
Oakland Community College

Richard Le
Cosumnes River College

Katie Lotz
Lake Land College

Karla Lynch
North Central Texas College

Thaddeus Mounkurai
Daytona State College–Daytona Beach

Michael Ryan
Gainesville State College

Ravi Samitamana
Daytona State College

Mark Showalter
Brigham Young University

George Tvelia
Suffolk County Community College

Nora Underwood
University of Central Florida

Jim Wollscheid
University of Arkansas–Fort Smith

SPRING 2013

Tom Adamson
Midland University

Diane Anstine
North Central College

Roberto Ayala
California State Polytechnic University–Pomona

Jim Barbour
Elon University

Susan Bell
Seminole State College

Dale Bremmer
Rose-Hulman Institute of Technology

Ken Brown
University of Northern Iowa

Laura Bucila
Texas Christian University

Kalyan Chakraborty
Emporia State University

Ron Cheung
Oberlin College

Dmitriy Chulkov
Indiana University–Kokomo

Matt Critcher
University of Arkansas Community College–Batesville

Thomas Davidson
Principia College

Eric Eide
Brigham Young University–Provo

Joseph Franklin
Newberry College

Paul Graf
Indiana University

David Hedrick
Central Washington University–Ellensburg

Ashley Hodgson
St. Olaf College

Vanessa Holmes
Pennsylvania State University–Scranton

James Hornsten
Northwestern University

Kyle Hurst
University of Colorado–Denver

Jonathan Ikoba
Scott Community College

Russell Janis
University of Massachusetts–Amherst

James Johnson
University of Arkansas Community College–Batesville

Mahbubul Kabir
Lyon College

Tsvetanka Karagyozova
Lawrence University

Brandon Koford
Weber State University

Gary Langer
Roosevelt University

Willis Lewis
Winthrop University

Qing Li
College of the Mainland

Tin-Chun Lin
Indiana University Northwest–Gary

Lucy Malakar
Lorain County Community College

Arindam Mandal
Siena College

Daniel Marburger
Arkansas State University–Jonesboro

John Martin
Boise State University

Geri Mason
Seattle Pacific University

Bryan McCannon
Saint Bonaventure University

Hannah McKinney
Kalamazoo College

Mitch Mitchell
Bladen Community College

Muhammad Mustafa
South Carolina State University

Tony Mutsune
Iowa Wesleyan College

Camille Nelson
Oregon State University

Serkan Ozbeklik
Claremont McKenna College

Jennifer Pate
Loyola Marymount University

Claudiney Pereira
Tulane University

Germain Pichop
Oklahoma City Community College

Sanela Porca
University of South Carolina–Aiken

Randall Rojas
University of California–Los Angeles

Robert Rycroft
University of Mary Washington

Gregory Saltzman
Albion College

Abdelkhalik Shabayek
Lane College

Cheri Sides
Lane College

Megan Silbert
Salem College

David Spigelman
University of Miami

Brad Stamm
Cornerstone University

Rebecca Stein
University of Pennsylvania

John Stone
Weber State University

Karl Strauss
Saint Bonaventure University

Chuck Stull
Kalamazoo College

Kiril Tochkov
Texas Christian University

Demetri Tsanacas
Ferrum College

Craig Walker
Oklahoma Baptist University

Suthathip Yaisawarng
Union College

Jim Yates
Darton College

Daehyun Yoo
Elon University

Digital Faculty Consultants

Jeff Forrest
St. Louis Community College

Laura Maghoney
Solano Community College

Per Norander
Missouri State University

Jeff Vance
Sinclair Community College

Class Testers

INSTRUCTORS

Richard Agesa
Marshall University

Anne Bresnock
Orange Coast College

Chiuping Chen
American River College

John Kane
State University of New York–Oswego

Jim Lee
Texas A&M University–Corpus Christi

Bryan McCannon
Saint Bonaventure University

Martin Milkman
Murray State University

Kolleen Rask
College of the Holy Cross

Jesse Schwartz
Kennesaw State University

Jennifer Vincent
Champlain College

STUDENTS

Dominique Addeo
State University of New York–Oswego

Brandon Agostinelli
State University of New York–Oswego

Gina Agostinelli
State University of New York–Oswego

Abigail Allard
State University of New York–Oswego

Jahvon Allison
Marshall University

Tyler Alsey
American River College

Mehrdad Alvandi
American River College

Karin Anderson
American River College

Brittany Arsenault
State University of New York–Oswego

Michael Asofsky
State University of New York–Oswego

Charlene Assam
State University of New York–Oswego

Natasha Atrez
Orange Coast College

Inna Aydinyan
Champlain College

Hitesh Bansal
American River College

Glenn Barbee
State University of New York–Oswego

Ryah Baroudi
American River College

Brandon Barrera
American River College

Joel Barrera
American River College

Alan Barrile
State University of New York–Oswego

Paul Basaraba
American River College

John Behuniak
State University of New York–Oswego

Tatiana Belfield
State University of New York–Oswego

Octavio Bernal
Orange Coast College

Chris Berry
Murray State University

Kevin Black
State University of New York–Oswego

Jane Boggeman
College of the Holy Cross

Clara Bonetti
American River College

Amber Booth
Murray State University

John Borrino
State University of New York–Oswego

Mary Boyle
American River College

Neil Brennan
State University of New York–Oswego

Ryan Bringewatt
College of the Holy Cross

Christian Brown
Murray State University

Dustin Brown
State University of New York–Oswego

Emmanuel Brown
American River College

Rebekah Carson
Marshall University

Sarah Carton
State University of New York–Oswego

Shinlan Chang
Texas A&M University-Corpus Christi

Xiu Qin Chen
State University of New York–Oswego

Yuanxi Chen
Orange Coast College

Robert Chevalier
College of the Holy Cross

Nicholas Chiaramonte
State University of New York–Oswego

Denise Clark
American River College

Rebekah Colling
State University of New York–Oswego

Christian Colon
American River College

Michael Compton
American River College

Brendan Connallon
College of the Holy Cross

Kenya Corona
American River College

Lindsey Cuadra
American River College

Hunter Cummings
American River College

Jake Daye
Orange Coast College

Cody Dean
American River College

Jennifer Decker
State University of New York–Oswego

Thomas DeJohn
State University of New York–Oswego

Steven DenBleyker
State University of New York–Oswego

Ronnie DeSarro
State University of New York–Oswego

Olivia DiCapua
State University of New York–Oswego

Sophia Ding
American River College

Steven Do
Orange Coast College

Tuan Duong
Texas A&M University–Corpus Christi

Anna Druchik
American River College

Paige Edgar
State University of New York–Oswego

Tiffany Elkins
Murray State University

Matt Ewanow
State University of New York–Oswego

Yvonne Fairbanks
American River College

Jessica Falconiere
State University of New York–Oswego

Sam Farfaglia
State University of New York–Oswego

Anna Farris
Murray State University

Michael Farris
Kennesaw State University

Charles Ferguson
American River College

Teddy Flanagan
American River College

Corrine Frederick
Marshall University

David Fresenius
Orange Coast College

Megan Gallagher
State University of New York–Oswego

Anatoliy Gerasimchuk
American River College

Chris Gilbert
Murray State University

Albert Sterling Green
State University of New York–Oswego

Leslie Green
State University of New York–Oswego

Jessica Ann Greer
American River College

Larysa Grinchenko
American River College

Viktoriya Grom
American River College

Amanda Hagen
State University of New York–Oswego

Kelsey Hall
Champlain College

Nakela Harris
State University of New York–Oswego

Julia Heck
State University of New York–Oswego

Joe Hensler
American River College

Kou Michael Her
American River College

Dan Herbst
American River College

Mike Herholtz
State University of New York–Oswego

Colin Hines
State University of New York–Oswego

Kayla Hoff
Orange Coast College

Bryan Hopkins
State University of New York–Oswego

Miquel Hopkins
Murray State University

Jamie Huerta
American River College

Sheila Hurd
American River College

Joshua Ingman
American River College

Peyman Javidan
American River College

Yanni Jimenez
American River College

James Johnson
American River College

Lavon Johnson
State University of New York–Oswego

Victoria Johnson
Murray State University

Emily Jordan
Marshall University

Pete Kandra
Kennesaw State University

Elham Karami
American River College

Kelly Kearns
State University of New York–Oswego

Spencer Kendall
American River College

Yanqing Kong
Texas A&M University–Corpus Christi

Preston Kopecko
American River College

Tyler Kurkela
State University of New York–Oswego

Tuan Le Tran Dinh
American River College

Hang Le
Orange Coast College

Alex Leana
State University of New York–Oswego

Molly Leary
State University of New York–Oswego

JungHyun Lee
State University of New York–Oswego

Kevin Linares
State University of New York–Oswego

Lue Lo
American River College

Tommy LoBasso
Orange Coast College

Robert LoCurto
State University of New York–Oswego

Courtney Lubin
State University of New York–Oswego

Julie Lukoskie
American River College

Kevin Madrigal
College of the Holy Cross

Peter Maero
American River College

Elaine Maghet
Orange Coast College

Patrick Maloney
College of the Holy Cross

Nick Manna
State University of New York–Oswego

Kim Maroon
Texas A&M University–Corpus Christi

Brandon Marshall
American River College

Thomas McCauley
College of the Holy Cross

Franklin McCullough
Kennesaw State University

Mike McDermott
State University of New York–Oswego

Katie McKiernan
State University of New York–Oswego

Emily McKnight
Murray State University

Bianca Meneses
American River College

Paul Mihevc
State University of New York–Oswego

Syed Mohammed
Texas A&M University–Corpus Christi

Dy Moncada
Orange Coast College

Tiana Morris
State University of New York–Oswego

Alan Mueller
Kennesaw State University

Daniel Musico
State University of New York–Oswego

Avneel Nand
American River College

Louis Nguyen
Orange Coast College

Dylan Niewiemski
State University of New York–Oswego

Michael Noone
College of the Holy Cross

Matthew Owens
American River College

Matthew Palmer
State University of New York–Oswego

Yiping Pang
American River College

Andy Paro
State University of New York–Oswego
Samuel Pascal
State University of New York–Oswego
Sasa Paunovic
American River College
Joseph Pecoraro
State University of New York–Oswego
Rene Grajeda Perez
American River College
Kenneth Peterkin
Champlain College
Hieu Pham
Orange Coast College
Adam Phelps
Murray State University
Nikolay Popov
American River College
Paige Porupski
Murray State University
Nicholas Prasad
American River College
Shahin Ravani
American River College
Katie Regin
State University of New York–Oswego
Victor Reid-Vera
American River College
Caitlynn Robisch
State University of New York–Oswego
Jordan Robison
Murray State University
Genevieve Rountee-Russo
American River College
John Rubayiza
College of the Holy Cross
Ambar Sabino
College of the Holy Cross
Maysa Saleh
American River College
Mattie Sanz
American River College
Jacob Saslow
State University of New York–Oswego
Shelley Sauter
American River College
Michael Schaeffer
State University of New York–Oswego
Andrew Scheuer
State University of New York–Oswego
Gina Schultz
State University of New York–Oswego
Alan Segura
American River College
Stephanie Siewe
American River College
James Shea
College of the Holy Cross
Matthew Shikitino
State University of New York–Oswego
Salvador Silahua
American River College
Christopher Smith
American River College
Jon Smith
College of the Holy Cross
Lisa Smith
Murray State University
Tom Smith
State University of New York–Oswego
Shahram Sobhi
American River College
Kevin Stein
State University of New York–Oswego
Greg Stitt
State University of New York–Oswego
Cameron Storto
State University of New York–Oswego
Thanetrat Suphapakorn
Texas A&M University–Corpus Christi
Robert Surratt
American River College
Alper Tastan
Texas A&M University–Corpus Christi
Koya Temiloluwa
State University of New York–Oswego
Gina Terrell
State University of New York–Oswego
Samantha Thomas
Orange Coast College
Emily Thompson
Champlain College
Zachary Timm
State University of New York–Oswego
Juwlor Topor
American River College
Dustin Stephen
Travella American River College
Stephen Truong
Orange Coast College
David M. Turner
State University of New York–Oswego
Crystal Vail
American River College
Samuel Voight
American River College
Derek Walker
American River College
Ruiqi Wang
Murray State University
Maya Wilcox
Marshall University
Rachel Williams
State University of New York–Oswego
Ashley Willis
Marshall University
Briena Wilson
Marshall University
Adam Woods
Orange Coast College
William Wright
Texas A&M University–Corpus Christi
Chengdi Xin
Texas A&M University–Corpus Christi
Chong Yang
American River College
Gloria Yepes
Orange Coast College
Jufang Zhang
American River College
Cuifen Zhuang
State University of New York–Oswego

경제학을 가르치는 아이디어를 만들어가고 이러한 아이디어를 이 책으로 바꾸게 도와준 모든 이에게도 감사드린다.

딘 칼란
예일 대학교

조너선 모두크
뉴욕 대학교

차 례

PART 3
개인 의사결정

PART 5
공공경제학

PART 9
금융 체계와 금융기관

Part One

경제학의 파워

제1부의 2개 장(章)에서는

경제학 공부에 필요한 도구와 직관력에 대해 소개한다. 제1장에서는 경제 문제 해결을 위한 기본적인 개념에 대해 소개하면서 4가지 질문을 제시한다. 또한 우리는 자료와 정책 분석에 대한 경제학자들의 태도를 실증적 분석(positive analysis)과 규범적 분석(normative analysis)으로 구분한다. 전자는 세상이 실제로 작동하는 원리를 규명하는 것이고, 후자는 세상이 어떻게 되어야 한다는 당위성을 분석하는 것이다.

2장에서는 사람들이(국가들이) 보유한 자원과 재능을 어떻게 가장 효율적으로 사용할 수 있는지를 설명하기 위해 절대우위(absolute advantage)와 비교우위(comparative advantage)의 개념에 대해 다룬다. 배관이 막혔을 때 배관공을 고용해야만 하는가, 또는 여러분이 스스로 고쳐야 하는가? 여러분은 유명 가수가 될 것인가, 아니면 경제학자가 될 것인가? 개인과 국가 차원에서 교역으로 인해 어떻게 모든 사람들의 생활수준이 개선될 수 있는가를 보이기 위해 이러한 아이디어들을 발전시킨다.

이 부분은 단지 시작에 불과하다. 우리는 이러한 분석 도구를 사용해 사람들이 자원을 관리하고 상호작용하는 방법을 보다 심층적으로 이해하고, 나아가 모든 종류의 까다로운 문제에 대한 통찰력을 획득할 것이다. 경제학적 아이디어는 매일매일의 생활에서 접하는 개인적인 결정뿐만 아니라 단순한 경제 문제로부터 정치적, 환경적, 문화적 이슈까지 다양한 주제를 통해 공통된 맥락을 구성한다. 경제학은 돈에 대한 연구 이상의 것이며, 이 책을 통해 습득한 지식이 경제학 수업 이상으로 세상의 이치를 깨닫게 해준다는 사실을 발견하기 바란다.

Chapter 01

경제학과 일상생활

학습목표

LO 1.1 희소성의 경제학적 개념에 대해 설명하기

LO 1.2 기회비용과 한계의사결정의 경제학적 개념에 대해 설명하기

LO 1.3 경제적 유인의 경제학적 개념에 대해 설명하기

LO 1.4 효율성의 경제학적 개념에 대해 설명하기

LO 1.5 상관관계와 인과관계 구별하기

LO 1.6 좋은 경제모형의 특성 열거하기

LO 1.7 실증적 분석과 규범적 분석 구별하기

소액대출에 영향 주기

2006년 10월 13일 아침, 방글라데시 경제학자 무하마드 유누스(Muhammad Yunus)는 노르웨이 오슬로(Oslo)로부터 뜻밖의 전화를 받았다. 그날 이후 노벨상 위원회는 유누스가 1976년에 설립한 그라민 은행(Grameen Bank)과 유누스의 2006년 노벨 평화상 공동 수상을 발표했다. 노벨 평화상의 과거 수상자들로는 가난한 사람들과 나병환자를 50년 동안 보살핀 테레사 수녀(Mother Teresa); 인종차별에 평화적으로 항거한 마틴 루터 킹 주니어(Martin Luther King, Jr.); 종교적·문화적 저항을 상징화하는 티베트 불교 지도자인 달라이 라마(Dalai Lama)가 있다. 경제학자인 유누스와 그의 은행은 작은 회사를 위해 무엇을 했는가?

그라민은 일반적인 은행이 아니었다. 그라민 은행은 다른 은행처럼 대출과 저축예금 서비스를 제공하고 그에 대한 수수료를 받았다. 그러나 세계에서 가장 가난한 국가 중 가장 가난한 마을의 가장 가난한 사람들에게 금융 서비스를 제공했다. 부유한 국가의 사람들은 너무 작은 금액이어서 이걸로 무엇을 할 수 있을지 상상하기조차 어려운 소액대출이었다: 유누스가 제공한 대출의 첫 번째 집단은 총액이 불과 27달러였다. 그라민 은행이 생기기 전에 다른 은행들은 이런 빈민지역에서 일하는 것을 꺼려했다. 다른 은행들은 아주 작은 금액을 빌려주기 위해 수고한다는 것이 가치가 없다고 믿었다; 많은 사람들이 빈민층은 빌린 돈을 갚지 않을 거라 생각했다.

유누스는 이에 동의하지 않았다. 심지어 아주 작은 소액대출이더라도 가난한 사람들에게 작은 사업을 확장시킬 수 있고—재봉틀을 사거나, 지역시장에 내다팔 우유를 생산하기 위해 소를 산다거나—그리고 돈을 더 벌 수 있게 해준다는 신념이 있었다. 결과적으로 가난한 사람들의 삶은 좀 더 편안하고 안전해졌으며, 아이들은 더 나은 미래를 꿈꾸게 되었다. 유누스는 대출을 상환할 수 있도록 요구했고, 그가 설립한 은행은 이윤을 얻도록 만들었다.

유누스는 회의론자들이 잘못되었다는 것을 증명했으며, 오늘날 그라민 은행은 800만 명 이상의 고객을 보유하고 있다. 그라민 은행의 보고서에 따르면, 대출의 98%가 상환되었다—부유한 국가의 은행 가운데 몇 안 되는 은행들이 회수하는 비율보다 더 높은 비율에 해당한다. 또한 그라민 은행은 뉴욕 시와 네브라스카 주의 오마하에서 최근에 시작한 신생 기업을 포함해 거의 모든 대륙의 빈민지역에 서비스를 제공하기 시작한 다른 은행들을 자극하는 안정적인 수익률을 발표하고 있다.

무하마드 유누스는 경제학자로 훈련받았다. 그는 내슈빌의 밴더빌트 대학에서 박사 학위를 받았으며, 방글라데시에서 교수가 되기 전에는 테네시에서 강의를 했다. 방글라데시가 대기근으로 고통받을 때, 유누스는 가르치는 것에 환멸을 느끼게 되었다. 추상적인 방정식과 정형화된 그래프가 그를 둘러싼 고통에 대해 무엇을 할 수 있었던가?

궁극적으로 유누스는 경제학적 사고는 정말로 중요시되는 어려운 문제들을 해결하기 위한 열쇠를 거머쥔다는 것을 깨달았다. 그라민 은행의 위대함은 전통적인 자선단체도, 전통적인 은행도 아니다. 그보다는 세계를 더 나은 곳으로 만들어주는 기본적인 경제학적 통찰력으로 이어주는 사업이다.[1]

이 책에서는, 경제학자들이 의료 개혁에서부터 기후변화, 빈곤 탈출까지 전 세계가 해결해야 할 과제와 씨름하기 위해 사용하는 도구에 대해 소개하고자 한다. 물론, 이런 도구들은 노벨상을 위해서만 존재하는 것은 아니다. 경제학은 또한 여러분을 요령 있는 소비자로 만들어주기 위해 도와주거나, 새로운 휴대전화 앱을 성공적으로 시작할 수 있도록 도와주거나, 또는 단순히 여러분의 시간과 돈을 현명하게 사용할 수 있도록 도와준다. 이 책을 통해 여러분이 이론을 단순히 암기하는 것이 아니라 여러분 자신의 삶에서 직면하는 모든 결정에 대해 아이디어를 적용할 수 있게 해준다.

경제학의 기본 통찰력

사람들은 경제학을 생각할 때 종종 주식시장, 실업률 또는 '중앙은행이 단기 금융시장 금리를 올렸다'와 같은 내용을 언론에서 발표하는 것을 떠올린다. 물론 이런 주제들도 포함하고 있지만, 경제학이 포괄하는 분야는 훨씬 광범위하다.

경제학 사람들이 자원을 개인적으로나 집단적으로 어떻게 운영하는지 연구하는 학문

경제학은 사람들이 자원을 어떻게 관리하는가를 연구한다. 자원을 어떻게 배분하느냐에 대한 결정은 개별적으로 이루어질 수 있으나 가족 내에서, 기업, 정부 그리고 다른 조직 내 구성원들의 그룹에 의해서도 이루어진다. 경제학에서 자원은 현금과 금광처럼 물질적인 것만이 아니다. 자원은 시간, 아이디어, 기술, 일 경험 그리고 심지어 인간관계와 같이 무형의 것이기도 하다.

미시경제학 개인과 기업이 자원을 어떻게 활용하는가를 연구하는 분야

거시경제학 지역적, 국가적, 국제적 규모의 경제를 연구하는 경제학의 분야

전통적으로, 경제학은 2개의 광범위한 분야로 나뉘어왔다: 미시경제학과 거시경제학. **미시경제학**(microeconomics)은 개인과 기업이 자원을 어떻게 활용하는가를 연구한다. **거시경제학**(macroeconomics)은 지역적, 국가적, 국제적 규모의 경제를 연구한다. 미시경제학과 거시경제학은 밀접한 관련이 있으며 상호의존적이다; 경제가 어떻게 작동하는지 온전히 이해하기 위해 둘 다 필요하다.

경제학은 사람들이 선택 가능한 것들을 비교하고 그들의 목표를 달성하기 위한 최선의 방식

으로 목적의식을 가지고 행동한다. 인간으로서 야망을 가지고 있고, 그 야망을 실현하기 위해 계획을 세운다. 빈틈없이 전략을 짜고, 자원을 정리한다. 가장 효과적인 방법으로 목적을 달성하는 선택을 할 때, 경제학자들은 **합리적 행동**(rational behavior)을 보여준다고 주장한다. 이 가정은 완벽하지 않다. 이 책에서 나중에 보게 되겠지만, 사람들은 때때로 근시안적이거나 그들의 선택에 대한 정보가 부족할 수 있다. 그럼에도 불구하고 합리적 행동의 가정은 세상에 대해 많은 것을 설명하도록 도와준다.

합리적 행동 가장 효과적인 방법으로 목적을 달성하는 선택을 하는 것

월 스트리트(Wall Street)부터 월마트(Walmart)에 이르기까지, 미국의 주의사당부터 방글라데시의 마을까지 일상에서 경제학이 사용된다. 구두 쇼핑부터 야구 경기까지, 병원 운영부터 행정관청 운영까지, 모든 것에 경제학적 아이디어를 적용한다. 이런 주제들과 관련된 것이 문제해결을 위한 일반적인 방법에 해당한다.

경제학자들은 다음의 4가지 질문을 하면서 문제를 해결하려는 경향이 있다:

1. 원하는 요구사항과 이와 관련된 제약조건은 무엇인가?
2. 상충관계에 있는 것들은 무엇인가?
3. 다른 사람들은 어떻게 반응할 것인가?
4. 모든 사람들이 아직 실행하지 않은 이유는 무엇인가?

이상의 4가지 질문들이 내포하는 것은 1장에서 살펴볼 중요한 경제학적 개념에 해당한다. 사람들이 어떻게 행동하는가에 대한 어느 정도 상식적 가정에 근거하더라도, 위의 질문들과 잠재적인 개념은 모든 종류의 까다로운 문제에 대해 놀라울 정도로 통찰하게 한다. 이런 내용은 이 책에서 반복적으로 언급하게 되는 경제적 문제의 해결을 위해 매우 중요하다. 1장에서는 경제학의 기초 개념을 개괄적으로 소개할 것이다.

희소성

질문 1: 원하는 요구사항과 이와 관련된 제약조건은 무엇인가?

LO 1.1 희소성의 경제학적 개념에 대해 설명하기

일반적으로 대부분의 사람들은 원하는 것을 달성하기 위해 의사결정을 한다. 물론, 여러분이 원하는 모든 것을 얻을 수 있는 것은 아니다. 사람들은 많은 것을 원하지만, 제한된 자원에 의해 제약을 받는다. 경제학자들은 이용 가능한 자원으로 얻을 수 있는 것보다 더 많이 원하는 상태를 **희소성**(scarcity)이라고 정의한다. 희소성은 어쩔 수 없는 현실이다. 여러분이 쓸 수 있는 시간과 돈도 그만큼밖에 없다. 여러분은 다양한 방법으로 자원을 사용할 수 있지만—공부를 하거나 TV를 보거나, 승용차를 사거나 라스베이거스로 여행을 가거나—주어진 시간 내에서 여러분은 가능한 일들을 고정된 범위에서 선택할 수 있다. 희소성은 또한 집단의 차원에서 세상을 설명한다. 사회적으로, 꽤 많은 것들을 생산할 수 있고, 생산된 재화들을 많은 사람들에게 어떻게 나눌 것인지를 결정해야 한다.

희소성 이용 가능한 자원으로 얻을 수 있는 것보다 많이 원하는 상태

복잡한 경제 문제를 풀기 위한 첫 번째 질문은, '원하는 요구사항과 관련된 제약조건은 무엇인가?'다. 합리적 행동과 희소성이 주어졌을 때 사람들은 원하는 것을 얻기 위해 노력하지만, 부족한 자원으로 선택이 제한된다는 것을 예상할 수 있다. 여러분이 이번 여름에 전국을 돌면서

장거리 자동차 여행으로 가능한 한 많은 시간을 보내기를 원한다고 가정하자. 여러분은 방학 기간인 3개월이라는 시간과 머물 곳, 음식, 휘발류 등의 비용을 지불하기에는 부족한 돈에 의해 제약받게 된다. 합리적으로 행동한다면, 한 달 동안의 장거리 여행에 드는 비용을 충당하기 위해 두 달 동안 밤낮으로 일하는 선택을 할 수 있다. 이제 여러분이 한 달 동안만 여행한다고 하면 여러분의 시간, 활동, 지출에 대해 우선순위를 정해야 한다.

1976년으로 돌아가 무하마드 유누스의 입장이 되어보자. 유누스는 아주 가난하지만 기업가적인 방글라데시 마을 사람을 보고 대출을 이용해 그들의 삶을 개선할 수 있다고 생각한다. 은행들은 이 마을 사람들을 위해 금융 서비스를 제공하려고 하지 않았는가? 이 수수께끼를 풀기 위해 우선 경제학자들의 첫 번째 질문을 적용할 수 있다: **원하는 요구사항과 제약조건은 무엇인가?** 이 경우, 관련된 것은 전통적인 방글라데시 은행과 빈곤한 방글라데시 마을 사람들이다.

2가지 모두 살펴보자:

- 은행은 원리금을 상환할 사람들에게 대출해줌으로써 이윤을 창출하길 원한다. 은행은 지점을 운영하거나 한정된 대출 가능 금액으로 제한받게 된다. 따라서 은행은 상환할 가능성이 높은 고객들에게 우선순위를 두어 대출해줄 것이라고 예상할 수 있다. 1976년 이전에는, 대출 가능한 고객이란 시골에서 멀리 떨어져 있는 극빈층이 아닌, 방글라데시 도시의 부자를 의미했다.
- 마을 사람들은 소득을 증가시키기 위한 기회를 원한다. 마을 사람들은 의욕이 충만하고 사업 아이디어가 있지만, 대부분의 은행은 대출금을 상환하기에 너무 가난하다고 판단됨으로써 창업 비용을 빌리는 능력이 제약된다.

원하는 요구사항과 이와 관련된 제약에 대해 분석하는 것은 가난한 방글라데시 사람들이 왜 대출받지 못하는지에 대한 소중한 정보를 제공한다. 은행은 이윤을 창출해주는 고객들의 우선순위를 정함으로써 제한된 자금을 관리하고 이윤을 창출하기를 원했다. 방글라데시 마을 사람들은 그들의 소득을 증가시키기를 원했지만, 부족한 창업 비용 때문에 사업 기회를 끝까지 살리지 못했다. 이는 유익한 정보지만, 유누스 박사가 기대했던 해결책을 내놓지 못하고 있다. 수수께끼를 풀기 위한 다음 단계를 위해, 경제학자들이 종종 궁금해하는 다른 질문으로 넘어가자.

기회비용과 한계의사결정

질문 2: 상충관계에 있는 것들은 무엇인가?

LO 1.2 기회비용과 한계의사결정의 경제학적 개념에 대해 설명하기

일상에서의 모든 결정은 비용과 편익 간 상충관계의 경중과 관련이 있다. 다양한 선택에 직면해 어떤 것을 얻기 위해 다른 것을 포기할 만한 가치가 있는지 결정한다. 우리는 편익이 비용보다 큰 경우에만 선택하게 된다. 선택한 것으로부터의 잠재적 편익은 보통 인지하기 수월하다: 한 달 동안의 자동차 여행이 재미있을 수 있다; 대출을 받는 은행 고객들은 그들의 사업을 확장시킬 기회를 갖는다. 반면, 결정에 따르는 비용은 항상 명확한 것은 아니다.

자동차 여행의 비용이 단순히 휘발유, 숙박, 음식에 지출된 비용과 같다고 생각할지도 모른다. 그렇지만 계산에서 누락된 것이 있다. 어떤 선택에 대한 진정한 비용은 여러분이 그것을 얻

기 위해 지불해야만 하는 금액만이 아니라, 그러한 선택으로 인해 여러분이 포기한 것도 포함해야 한다. 여러분이 장거리 자동차 여행을 가지 않았다면, 동일한 여행 시간과 경비를 가지고 대형 스크린 TV를 사서 친구들과 집에서 영화를 볼 수 있었을 것이다. 장거리 자동차 여행의 진정한 비용은 TV를 소유한 뒤 한 달 동안 여러분의 친구들과 시간을 보내면서 느끼게 되는 즐거움이다. 합리적으로 행동한다면, 여러분은 가장 좋은 대안보다 더 가치 있다고 느낄 경우에만 자동차 여행을 떠나야 한다. 이런 결정은 개인 선호도의 문제이기도 하다. 사람들은 장거리 여행 또는 TV와 같은 선택에 대해 다른 가치를 부여하기 때문에 다른 결정을 내린다.

경제학자들은 무언가를 얻기 위해 포기해야 하는 것의 진정한 가치를 **기회비용**(opportunity cost)이라고 말한다. 바꿔 말하면, 기회비용은—최선의 선택을 위해 포기한 '기회'에 해당하는—차선의 가치에 해당한다.

기회비용 어떤 것을 얻기 위해 포기해야 하는 것의 가치로서 차선 대안의 가치

장거리 자동차 여행으로 돌아가보자. 여러분이 친구와 같이 여행을 떠나기로 했고, 그 친구의 계획 B가 새로운 컴퓨터를 구입하고 여름 학기를 수강하고 사촌을 방문하는 것이라고 하자. 친구의 여름방학에 대한 기회비용은 여러분의 여름방학에 대한 기회비용과 다르다. 그 친구에게 기회비용은 새로운 컴퓨터를 구입함으로써 느끼는 기쁨 더하기 학점이 어떻게 나오든 여름학기 수강으로부터의 편익 더하기 사촌과 함께 보내면서 느끼는 즐거움을 모두 더한 만족감을 포함한다. 그 친구가 합리적으로 행동한다면, 포기하는 것보다 더 큰 가치를 준다는 믿음이 있는 경우에만 장거리 자동차 여행을 여러분과 같이 떠날 것이다.

기회비용은 상충관계를 보다 명확하게 생각할 수 있도록 도와준다. 만약 누군가 여러분에게 자동차 여행 비용이 얼마냐고 물었을 때 단지 휘발유, 숙박, 음식 비용만을 열거한다면, 여러분은 당면한 상충관계의 가장 중요하고 흥미로운 점을 포착하는 데 실패할 것이다. 예를 들어, 기회비용은 법률회사의 변호사와 법무사가 동일한 가격으로 동일한 여행을 계획할 때 매우 다른 상충관계에 직면하게 되는 이유를 이해하도록 도와준다. 법률회사의 변호사는 높은 연봉을 받기 때문에 일하는 대신 무급 휴가를 선택하는 경우 더 많은 돈을 포기해야 한다. 연봉이 낮은 법무사의 여행에 대한 기회비용은 변호사보다 낮기 때문에, 법무사가 직면하게 되는 결정은 매우 다르다.

경제학자들은 달러 가치로 기회비용을 표현하곤 한다. 여러분이 식당에서 사용할 수 있는 15달러 가치의 상품권을 받았다고 가정하자. 피자 또는 스파게티만 있는 간편 메뉴를 가지고 있는 식당에서 메뉴별 음식값은 각각 15달러라고 한다. 상품권은 이 식당에서만 사용할 수 있기 때문에 피자 대신 포기해야 하는 메뉴는 스파게티이고, 반대의 경우도 마찬가지다. 여러분이 만약 상품권을 갖고 있지 않다면, 피자에 대해서는 15달러를 기꺼이 지불하지만 스파게티에 대해서는 10달러 이상 지불하길 원하지 않는다고 하자.

피자를 선택한 것에 대한 기회비용은 얼마인가? 메뉴의 가격이 15달러라 하더라도, 최선의 대안인 스파게티에 부여한 값이 10달러이기 때문에 피자의 기회비용은 10달러다. 스파게티를 선택하는 경우의 기회비용은 얼마인가? 여러분이 피자에 부여한 값이 15달러이기 때문에 스파게티의 기회비용은 15달러다. 여러분은 어떤 선택을 할 것인가? 피자 선택의 기회비용은 10달러고, 스파게티 선택의 기회비용은 15달러다. 합리적으로 행동하는 여러분은 기회비용이 낮은 피자를 선택할 것이다.

이런 상충관계를 좀 더 단순하게 설명하는 방법은 스파게티보다 피자를 선호한다고 말하는

것이다. 스파게티를 얻기 위해 여러분이 더 좋아하는 것을 포기해야 하기 때문에 스파게티의 기회비용이 더 높다는 것이다. 그러나 다수의 선택에 직면해서 미묘한 차이가 있을 때에는 기회비용의 개념이 도움이 된다.

예를 들어, 상품권으로 스파게티만 구입할 수 있다고 가정하자. 이제 스파게티를 선택하는 것에 대한 기회비용은 무엇인가? 상품권으로 다른 것을 구입할 수 없기 때문에 스파게티 선택의 기회비용은 0달러다. 이제 피자의 기회비용은 15달러가 된다. 이 경우 여러분은 다른 상품을 구입할 수 있고 15달러를 피자 구입하는 데 지불해야 하기 때문이다. 따라서 여러분이 피자를 더 좋아하더라도 이와 같은 특수한 상황에서는 더 낮은 기회비용을 갖는 스파게티를 선택해야 한다.

기회비용에 대해 생각하기 시작하면, 여러분은 모든 곳에서 기회비용을 인식하게 된다. 중요한 도덕적인 질문과 관련된 기회비용의 응용 사례를 보기 위해 어떻게 생각하십니까?의 '실제 생활에서의 기회비용'을 읽어보자.

어떻게 생각하십니까?

실제 생활에서의 기회비용

이 책을 통해 '어떻게 생각하십니까?'에서는 중요한 정책이나 생활에서의 결정에 대한 여러분의 의견을 묻는다. 이 박스에서는 가치와 도덕적 합리성이 내재한 경제 분석과 사실을 결합하기 위해 필요한 질문들을 제시할 것이다. 실생활에서 직면하게 되는 어렵고도 곤란한 질문들이다. 여러분의 가치와 목표에 따라 많은 정답이 존재한다.

철학자 피터 싱어(Peter Singer)는 기회비용은 삶과 죽음의 문제가 될 수 있다고 주장한다. 여러분이 판촉사원이고, 더운 여름날 회의에 참석하기 위해 운전하고 가는 도중 호숫가를 지나게 되었다고 상상해보자. 호수에서 수영하고 있는 아이가 익사 중이라는 것을 갑작스럽게 알게 되었다. 호수 근처에 보이는 사람은 아무도 없다.

여러분에게는 오직 한 가지 선택만 놓여 있다. 자동차를 세우고 아이를 구하기 위해 호수에 들어간다면 여러분은 회의에 늦게 될 것이고, 판매를 성공시킬 좋은 기회를 놓치게 되어 250달러를 잃게 될 것이다. 아이의 생명을 구하는 것에 대한 기회비용은 250달러다.

회의에 참석하게 된다면 여러분은 250달러의 소득을 얻게 될 것이지만 호수로 뛰어들어 아이의 생명을 구하는 기회를 잃게 된다. 회의 참석에 대한 기회비용은 아이의 생명이다.

어떻게 생각하는가? 대부분의 사람들은 주저하지 않는다. 사람들은 자동차를 세우고 호수에 들어가 익사하는 아이를 구한다고 주저 없이 바로 말한다. 결국, 아이의 생명은 250달러 이상의 가치에 해당한다.

이제는 여러분이 새로운 아이팟 구입을 위해 250달러를 지출할 것인가를 고민하고 있다고 해보자. 아이팟을 구입하는 대신 250달러로 황열병으로 고생하는 다른 나라 어린이들의 치료를 위해 자선단체에 기부할 수도 있다. 250달 기부로 한 아이의 생명을 구할 수 있다고 가정하자.(사실, 한 아이의 생명을 구하기 위한 250달러는 많은 경우 현실에서는 매우 부족한 금액이다) 아이팟 한 개 구입의 기회비용은 얼마인가? 피터 싱어의 말에 따르면, 회의 참석을 위해 바로 가는 것의 기회비용과 동일하다고 한다: 아이의 생명.

물론 두 경우는 완전히 똑같지는 않지만, 호수에 뛰어드는 첫 번째 선택이 대부분의 사람들에게 아주 분명해 보이는 반면, 두 번째 경우는 훨씬 덜 명백한 이유는 무엇인가?

어떻게 생각하십니까?

1. 피터 싱어에 의해 제시된 두 가지 상황—판촉 회의와 익사하는 아이 vs. 아이팟과 황열병 백신—이 어떤 면에서 다른가?
2. 피터 싱어는 아이팟을 구입하는 것과 같은 선택 행위로 놀라울 정도로 도덕적인 결정이라고 주장한다. 여러분은 동의하는가? 어떤 결정을 할 때 여러분은 일반적으로 어떤 종류의 기회비용을 고려하는가?
3. 돈을 어떻게 지출하는가를 결정할 때 사람들이 당면하게 되는 상충관계에 대한 피터 싱어의 분석에서 어떤 점이 누락되었는가?

상충관계를 이해하기 위한 또 하나의 중요한 원리는 합리적인 사람은 한계적으로 결정한다는 것이다. **한계의사결정**(marginal decision making), 즉 한계적 방식으로 결정한다는 것은 합리적인 사람이라면 과거에 이루어진 선택의 편익과 비용에 구애받지 않고 새로운 선택에 따른 추가적인 편익과 비용만을 비교한다는 것을 의미한다.

한계의사결정 연관된 과거 선택의 편익과 비용에 구애받지 않고 어떤 선택의 추가 편익과 추가 비용만을 비교하는 결정

예를 들면, 놀이공원 입장료가 20달러고 놀이기구 1회 승차에 2달러를 추가로 내야 한다고 가정하자. 만약 여러분이 공원 밖에 서 있다면, 놀이공원 입장료와 놀이기구 1회 승차 요금을 지불해야 하기 때문에 놀이기구를 처음 한 번 탈 때의 비용이 22달러다. 공원에 일단 들어오고 나면, 추가로 타는 놀이기구 승차의 한계비용은 2달러다. 이제부터는 롤러코스터를 두 번째 또는 세 번째 계속해서 탈 것인가를 결정하는 것은 추가 승차의 기회비용과 한 번 더 탈 때 느끼게 되는 기쁨 또는 만족감만을 비교해야 한다.

이 내용은 명백하게 들릴 수 있지만, 실제로는 대다수의 사람들이 한계적으로 결정하지 않는다. 여러분이 놀이공원에 입장했는데, 들어간 직후 아프기 시작했다고 가정해보자. 2달러로 20분 동안 무언가 다른 일을 하는 것이 롤러코스터 한 번 더 타는 것보다 큰 기쁨을 가져다준다면, 합리적인 선택은 공원을 떠나는 것이다. 이 상황에서의 관련된 상충관계는 또 하나의 놀이기구를 타는 것이 가져다주는 추가 편익 대(對) 추가 비용이다. 입장료 20달러 또는 이미 놀이기구를 타는 데 지불한 금액을 되돌려받지 못한다. 경제학자들은 이미 발생되어 회수할 수 없는 비용을 **매몰비용**(sunk cost)이라 부른다. 매몰비용은 다음에 무엇을 해야 할지에 대한 한계 결정에 영향을 미치지 않아야 한다. 그러나 많은 사람들은 입장료 20달러를 심리적으로 정당화하기 위해 놀이기구를 몇 번 더 타야 한다고 느낀다.

매몰비용 지불되면 회수할 수 없는 비용

상충관계는 어떤 재화와 서비스를 생산할 것인가에 대한 결정에서 중요한 역할을 한다. 1장을 시작할 때 언급한 사례로 돌아가, 방글라데시 은행에 이 아이디어를 적용해보자: 소액대출과 관련된 상충관계는 무엇인가?

- 일반적인 은행에서 가난한 사람들에 대한 소액대출의 기회비용은 부유층 고객 대상의 대출로부터 발생하는 수익금이다.
- 가난한 대출자들에게는 대출의 기회비용이 대출에 대한 수수료와 이자로 지불되는 금액과 은행을 방문하면서 소요되는 시간을 비롯해 모든 것이 해당한다. 물론 대출을 받지 못했다면 소규모 사업을 시작하거나 음식 또는 가축을 구입하지 못했을 텐데, 대출의 기회비용은 그런 일들을 가능하게 해주는 모든 편익에 해당한다.

이런 상충관계 분석을 기초로, 일반적인 은행들이 가난한 방글라데시 사람들에게 대출을 많이 해주지 않는 이유에 대해 알아볼 수 있다. 은행들은 가난한 사람들이 위험한 고객이라고 인지하기 때문에, 은행이 매우 높은 수수료를 부과하지 않는다면 빈민층에 대한 소액대출의 기회비용이 편익보다 크다고 판단한다. 반면, 가난한 마을 사람들의 입장에서 볼 때, 높은 수수료는 대출의 기회비용이 편익보다 높다는 것을 의미하기 때문에 은행이 제시한 조건으로 대출을 받으려고 하지 않는다.

이 질문에 대한 대답은 첫 번째 질문에 대한 답으로 연결된다: 그들이 당면한 상충관계를 올바로 평가하기 위해서는 각자가 직면한 욕구와 제약조건을 알아야 한다. 이제 유누스 박사가 관찰한 상황으로 이어지는 동기부여와 상충관계에 대해 이해했으니, 유누스 박사가 그라민 은행을 설립했을 때 그 자신에게 던진 세 번째 질문으로 넘어가보자.

경제적 유인

질문 3: 다른 사람들은 어떻게 반응할 것인가?

LO 1.3 경제적 유인의 경제학적 개념에 대해 설명하기

여러분은 피자를 먹고 싶은 생각에 메뉴가 단순한 식당으로 돌아가기로 결정했다. 그런데 그 식당에 도착했을 때, 가격이 변했다는 것을 발견했다. 피자가 15달러가 아니라 50달러가 되었다.

어떻게 할 것인가? 여러분이 갖고 있는 상품권은 15달러까지만 유효하다. 피자를 먹기 위해 50달러를 쉽게 지불할 능력이 없거나 스파게티를 아주 싫어하지 않는다면, 여러분은 아마도 피자를 주문하지 않을 것이다. 여러분이 피자를 선택하는 것보다 더 가치 있는 것에 35달러를 지출하기 위한 다양한 방법을 생각할 수 있을 것이다. 하지만 만약 피자 가격이 약간만 올랐다면—예를 들어, 피자 가격이 18달러라면—어떻게 될까? 이 경우는 힘든 결정이 될 것이다.

상충관계가 변함에 따라, 사람들이 당면하게 되는 선택도 변하게 될 것이다. 식당 사장은 메뉴 가격을 설정할 때, 가격 변화에 대해 사람들이 어떻게 반응할 것인가를 고려해야 한다. 피자가 인기 있는 것을 안다면, 식당 사장은 이윤을 높이기 위해 가격을 더 높이려고 시도할지도 모른다. 하지만 가격을 올리면 피자 주문량은 감소할 것이다.

소량이더라도 많은 사람들이 직면하게 되는 상충관계가 변화한다면, 관련된 모든 사람들의 조합된 변화는 결국 큰 변화가 될 수 있다. 변화된 상충관계에 대한 집단적인 반응은 경제학에서 핵심적인 아이디어이며, 이 책의 거의 모든 장(章)에서 다룰 것이다. 많은 사람들에게 영향을 주는 상충관계에 대해 '다른 사람들은 어떻게 반응할 것인가?'라는 질문은 어떤 결정이 세상에 어떻게 영향을 주는가에 대한 완전한 그림을 제공한다. 정부가 새로운 정책을 집행할 때 무슨 일이 발생하는가? 회사에서 신제품을 출시했을 때 시장의 반응은 어떠한가? 이런 질문들 가운데 어떤 질문에 답하든 한 개인, 일개 기업 또는 어떤 정책입안자의 행동보다는 대규모 반응을 고려해야 한다.

상충관계에 대한 질문에 답하면서, 경제학자들은 흔히 2가지 가정을 세운다. 첫 번째는 사람들이 경제적 유인에 반응한다는 것이다. **경제적 유인**(incentive)이란 사람들이 당면한 선택의 손익구조를 바꿈으로써 특정 방향으로 행동하도록 이끄는 수단이다. 긍정적인 유인은 사람들로 하여금 무언가를 좀 더 하도록 만든다. 부정적인 유인(의욕상실)은 사람들이 무언가를 덜 하

경제적 유인 사람들이 당면한 선택의 손익 구조를 바꿈으로써 특정 방향으로 행동하도록 이끄는 수단

게 만든다. 예를 들면, 스파게티 가격의 하락은 기회비용을 낮추기 때문에 스파게티를 주문하는 사람들에게 긍정적인 유인을 창출한다. 피자에 대해 더 많이 지불하게 하는 변화는, 사람들로 하여금 더 많은 대체 구매를 포기하도록 하기 때문에 피자 구입에 부정적 유인으로 작용한다.

상충관계에 대해 경제학자가 제시하는 두 번째 가정은 외부와 단절된 상태에서는 아무것도 일어나지 않는다는 것이다. 즉, 다른 사람들로부터의 반응을 이끌어내지 못하면 세상의 한 가지도 변화시킬 수 없다는 것이다. 비록 작지만 여러분이 행동을 변화시킨다면, 여러분 주변 사람들의 유인구조가 바뀌고, 궁극적으로 그들의 행동이 달라질 것이다. 여러분이 신제품을 만들었다면, 경쟁자들은 그것을 복제할 것이다. 여러분이 가격을 올리면, 소비자들은 덜 구입하게 될 것이다. 만약 여러분이 재화와 서비스에 과세한다면, 사람들은 그 제품을 덜 생산하게 될 것이다.

다른 사람들이 어떻게 반응할 것인가라는 질문을 통해 가격 또는 정책 변화의 바람직하지 않은 부작용을 예측함으로써 안 좋은 결정을 방지할 수 있다. 이러한 질문은 긍정적 반응을 가져오는 변화를 만들기 위해 사용되기도 한다. 무하마드 유누스가 그라민 은행을 세울 당시, 그는 마을 사람들과 전통적인 은행이 직면하고 있는 경제적 유인을 신중하게 고려하면서, 어떻게 부작용을 일으키지 않고 그러한 경제적 유인을 변화시킬 수 있는지를 세심하게 고려해야 했다.

은행들이 마을 사람들을 위험한 고객으로 보는 이유는 사람들이 너무 가난해 담보로 은행에 제공할 만한 것이 아무것도 없다는 점이다. 담보물은 대출자가 집이나 자동차 같은 것을 대금업자에게 저당 잡히는 소유물이다. 대출자가 대출금을 갚지 못하게 되면, 대금업자는 담보물을 보유하게 된다. 담보물을 상실할 위험은 대출자에게 상환하도록 긍정적인 유인을 주면서 대출금을 갚지 않는 선택을 할 때의 비용을 증가시킨다. 전통적인 은행들이 가난한 방글라데시 사람들에게 대출을 고려할 때 담보물 상실의 위험이 없다면, 마을 사람들은 대출금을 상환할 가능성이 적다는 결론을 내렸다.

유누스는 마을 사람들이 대출금을 상환하는 긍정적인 유인을 창출하는 다른 방식이 필요하다고 생각했다. 유누스의 가장 잘 알려진 해법은 5명으로 구성된 그룹 단위로 융자해주는 것이다. 그룹에 속해 있는 각 개인은 다른 구성원들의 성공에 의존하게 되었다. 한 개인이 대출금을 상환하지 못하면, 그룹 내의 그 누구도 은행으로부터 다시는 대출을 받을 수 없었기 때문이다.

집단 책임이라는 유누스의 아이디어는 단순했지만, 엄청난 의미가 있었다. 유누스는 대출자가 대출금을 상환하고자 하는 강한 경제적 유인이 있다고 결론지었다: 그룹의 다른 사람들—어려울 때 서로 도우면서 의지하고 매일을 같이 살아가는 마을 사람들—과의 관계를 깨는 것을 원하지 않았다. 이는 결국 은행들이 당면하게 되는 상충관계를 변화시켰고, 은행들은 가난한 사람들에게 저금리로 대출을 해주었다. 마을 사람들이 새로운 종류의 융자에 대해 어떻게 반응하는지, 그리고 은행들이 마을 사람들의 반응에 어떻게 반응하는지에 대해 스스로 질문함으로써, 유누스는 그의 아이디어가 가난한 사람들에게 은행대출 서비스를 확산시키는 데 아주 중요한 핵심 요소라는 것을 예견할 수 있었다.

유누스 박사의 예견은 적중했다. 가난한 마을 사람들이 그라민 제도하에서 그들의 대출금을 상환하는 것을 보여줌으로써 다른 은행들에 소액대출자들이 믿을 만한 고객이라는 확신을 주었다. 소액융자, 저축 예금 계좌 및 다른 금융 서비스를 빈민층에 제공하는 은행들이 전 세계로 확산되었다. 유누스의 창의성과 경제적 유인에 대한 사려 깊음의 결과로, 가난한 사람들도 금융 서비스를 받을 수 있게 되었고, 은행들은 그들에게 제공하는 서비스로부터 수익을 거두었다. 오늘날 유누스와 그라민 은행에 의해 개척된 혁신과 전통이 지속되면서 소액대출자들에게 적당한 인센티브를 제공하는 다른 아이디어들이 훨씬 더 효과적이라는 것이 증명되기도 했다.

이 책을 통해 여러분은 기업의 이윤을 증가시키는 것으로부터 환경보호에 이르기까지 경제적 유인의 힘이 어떻게 작동하는지에 대한 많은 사례를 보게 될 것이다. 하지만 엄청난 경제 혁신에 빠져들기 전에, 문제 해결 과정에서 도출된 해법에 대해 최종적으로 검증을 해야 한다.

효율성

질문 4: 모든 사람들이 아직 실행하지 않은 이유는 무엇인가?

LO 1.4 효율성의 경제학적 개념에 대해 설명하기

사람들은 합리적으로 행동하려는 경향이 있다. 쿠폰을 모으고, 자동차를 구입하기 전에 모델을 비교하고, 대학에서 전공을 선택할 때 고민한다. 비록 치밀하게 기계로 계산하지는 않더라도 대체로 상충관계를 비교하고, 경제적 유인에 반응하고, 가능한 방식 가운데 가장 효과적인 방식으로 원하는 것을 얻기 위한 기회들을 엿본다.

사업에도 똑같이 적용된다. 세상에는 이윤을 창출하기 위해 시도하는 많은 사업이 존재한다. 고객이 재화 또는 서비스를 원할 때, 어떤 사업은 재화나 서비스를 제공함으로써 수익을 얻는 기회를 갖게 될 것이다. 이런 사실은 마지막 가정으로 이어진다: **정상적인 상황에서라면, 개인과 기업은 사람들이 원하는 것을 제공하고자 한다.** 진정한 영리 목적의 기회가 존재한다면, 누군가는 그것을 기회로 활용할 것이고, 일반적으로 이것은 생각보다 빨리 현실로 나타난다.

효율성 사회에 가장 큰 경제적 가치를 가져오는 재화와 서비스를 생산하기 위해 기술이 허용하는 한 가장 생산적인 방식으로 자원을 이용하는 것

이 마지막 가정은 **효율성**(efficiency)의 아이디어로부터 나온다. 효율성은 사회에 가장 큰 경제적 가치를 가져오는 재화와 서비스를 생산하기 위해 기술이 허용하는 한 가장 생산적인 방식으로 자원을 이용하는 상황을 표현한다. 효율성을 높인다는 것은 사람들이 원하는 물건을 생산하기 위해 자원을 더 잘 활용하는 방법을 찾는다는 의미다.

효율성의 정의는 몇 가지 질문을 제기한다. 예를 들면, 가치를 어떻게 결정하는가? 자원이 의미하는 바는 정확히 무엇인가? 이 책을 통해 이런 문제들에 대해 더 자세히 알아볼 것이다. 지금은 넓은 시각으로 보고자 한다: 누군가 원하는 것은 가치가 있는 것이고, 자원은 자연 자원(물과 나무처럼)으로부터 인적 자원(재능 및 지식과 같은)에 이르기까지, 가치가 있는 물건을 만들기 위해 사용되는 것이다. 이런 넓은 의미의 시각은 중요한 아이디어로 이어진다: 경제가 효율적으로 작동할 때, 자원은 이미 가치 있는 재화나 서비스로 배분되고 있는 것이다.

이제 여러분이 세상을 변화시키거나 수백만 달러를 벌 수 있는 신제품, 새로운 정책, 신기술 또는 사업 모델과 같은 미개발의 기회를 인지했다고 생각했을 때 스스로에게 물어보자: 만약 아주 훌륭한 생각이라면, 모든 사람들이 아직 실행하지 않은 이유는 무엇인가? 한 가지 가능한 대답은 이전에 그것에 대해 생각해본 사람이 아무도 없다고 단순하게 답하는 것이다. 물론 이런 상황도 가능하다. 하지만 여러분이 그러한 기회를 보았다면, 이 세상의 수많은 똑똑한 사람들 가운데 최소한 한 사람 정도는 그 기회를 보았을 거라고 생각되지 않는가?

오해하지 말자: 세상에 새로운 것을 할 기회가 전혀 없다고 말하는 것이 아니다. 훌륭한 새로운 아이디어는 항상 나온다. 이런 아이디어들은 지속적으로 진행되고 있다. 하지만 다른 사람들이 아이디어에 대해 이미 생각해봤을 가능성이 높고, 만약 그들이 그 아이디어를 기회로 활용하

지 않는다면 여러분이 무언가를 놓쳤을지도 모른다는 것을 암시한다. 여러분이 해야 할 첫 번째 일은 경제학자들의 질문 가운데 앞의 3가지 질문으로 되짚어가는 것이다: 여러분은 사람들의 요구와 제약에 대해 오판했거나, 사람들이 당면한 상충관계를 헛짚었거나, 또는 사람들이 경제적 유인에 어떻게 반응하는가에 대해 오해한 적이 있는가?

경제학자들의 질문에 대해 되돌아보고 무언가를 여전히 생각하고 있다면, 고민해야 할 내용이 몇 가지 더 있다. 정상적인 상황에서 경제는 효율적으로 작동하고 있고, 개인이나 기업은 사람들이 원하는 물건들을 제공한다. 정상적이지 않은 상황하에서 작동하는 경우는 어떤 것들이 있는가?

- **혁신:** 혁신은 여러분이 바라는 설명이 적중했을 때를 말한다. 여러분의 아이디어가 너무 새로워서 아직 사용되지 못했을 수도 있다. 만약 여러분이 아주 새로운 아이디어를 생각해냈다면, 신기술이든 신사업 모델이든 사람들은 전에 존재하지 않았기 때문에 아직 그 아이디어를 기회로 활용하지 못할 수 있다.
- **시장실패:** 시장실패(market failure)란 비효율성의 중요한 원인이 된다. 때때로 사람들과 기업들은 무언가가 기회로부터 편익을 획득할 수 없도록 만들거나, 그들에게 추가 비용을 부과하기 때문에 기회로 활용하는 것에 실패한다. 예를 들어, 다른 사람들이 신속하게 복제하는 것을 막지 못하거나 소수의 대기업들이 이미 시장을 독점한 경우에는, 여러분의 훌륭한 새로운 아이디어가 작동하지 않을 수 있다. 경제학자들은 이런 상황을 시장실패라고 하며, 이와 관련해서는 나중에 심도 있게 논의할 것이다.
- **개입:** 강력한 힘—대개 정부—이 시장에 개입하는 경우, 정상적인 방식으로 거래가 이루어질 수 없다. 다수의 경제 정책이 의도했거나 의도하지 않았거나 수익성 있는 기회를 잘 이용하는 사람들의 능력을 방해한다는 내용에 대해서는 나중에 다룰 것이다.
- **이윤 이외의 목표:** 여러분의 아이디어가 이윤을 창출하지 않을 수도 있다. 개인과 정부는 당연히 이윤 이외의 목표—예를 들어, 위대한 예술을 창조하거나 사회정의를 향상시키는 것—를 가지고 있다. 그러나 여러분의 아이디어가 이윤을 발생시키지도 못한다면, 아무도 그 아이디어를 이용하지 않는다는 것이 별로 놀랍지 않다.

무하마드 유누스는 스스로에게 '왜 사람들은 가난한 사람들에게 대출해주지 않는가?'라고 질문했을 때, 우선은 담보물 부족과 관련된 시장실패를 알아냈으며, 이를 개선하기 위해 집단 책임이라는 아이디어를 생각해냈다. 하지만 그는 '왜 모든 은행이 집단 책임 아이디어를 사용하지 않는가?'라고 스스로에게 질문해야 했다.

유누스가 찾아내지 못한 다른 시장실패가 있을 수 있다. 어떤 정부 정책은 시장실패를 방지할 수도 있다. 일반적인 은행은 시장실패에 대해 고려해왔으며 여전히 이윤을 창출하지 못한다고 결론 지었을 수 있다. 유누스는 당연히 이윤 창출이 주 관심사가 아니었다. 가난한 사람들을 도와주는 데 관심이 있었다. 그러나 소액대출이 집단 책임임에도 은행에 이윤을 가져다줄 수 없었다면, 왜 아직 소액대출을 아무도 하지 않았는가에 대한 설명이 된다.

다행히 이런 대답 가운데 아무것도 적절하지 않았다. 모든 사람들이 아직 실행하지 않은 이유는 무엇인가?에 대한 대답 가운데 한 사례가 해당되는데, 여기서 이 아이디어가 진정으로 새로웠던 때였다. 확장할 수 있도록 충분한 이윤을 창출하고 더 많은 고객들에게 서비스를 제공하면서, 그라민 은행은 대출을 통해 방글라데시의 매우 가난한 사람들을 도와줄 수 있었다. 오늘날 방글라데시의 2,000만 명 이상이 그라민 은행과 다른 조직들로부터 소액대출을 받을 수 있게 되었다. 전 세계를 통해, 2억 명 이상의 저소득층 고객들이 동일한 기회를 즐기고 있다. 때때로 아주 훌륭한 새로운 아이디어인 것 같은 무언가가 바로 그것이다.

✓ 개념 확인하기

이 책의 모든 장(章)에서 개념 확인하기를 발견하게 될 것이다. 개념 확인하기의 질문들은 다음에 나올 내용을 이해하기 위해 확인하는 것이다. 이 질문 중 답하는 데 어려움이 있다면, 해당 부분으로 돌아가서 복습하자. 이 아이디어들에 대해 이해할 때까지 다음 내용으로 이동하지 말기 바란다.

- ❒ 제약조건들은 의사결정에 어떤 영향을 미치는가? **[LO 1.1]**
- ❒ 기회비용은 무엇을 나타내는가? **[LO 1.2]**
- ❒ 사람들이 의사결정을 할 때 당면하게 되는 상충관계를 변화시키는 그 어떤 것의 이름은 무엇인가? **[LO 1.3]**
- ❒ 상품이 시장에 아직 존재하지 않는 이유를 설명해주는 4가지 이유를 제시하라. **[LO 1.4]**

경제학자의 문제 해결 도구상자

앞에서 논의한 4가지 질문은 경제학의 기초적인 통찰력의 일부에 해당한다. 이런 질문들을 이용해 세상이 어떻게 작동하는가를 이해하는 것은 절반 정도에 해당한다. 1장의 후반부에서는 이런 통찰력을 실제 상황에 적용하기 위해 경제학자가 사용하는 도구에 대해 설명할 것이다.

세상에서 작용하는 기초적인 경제 개념을 정밀하게 찾아내는 것은 종종 여러분이 생각하는 것만큼 명확하지 않다. 유사 이래, 사람들은 주변의 세상을 관찰해왔으며 유쾌하게—또는 때때로 비극적으로—틀렸다고 입증되는 결론을 도출해왔다. 이제 우리는 태양이 지구를 중심으로 돌지 않는다는 것을 안다. 마녀가 사람들에게 저주의 눈길을 주었기 때문에 가뭄이 일어나는 것이 아니다. 하지만 지식인들도 한때는 이런 사실을 믿었다. 사람들 주변에서 관찰되는 패턴으로부터 어떤 의미를 도출하는 것이 인간 본성이지만, 우리의 결론이 항상 맞는 것은 아니다.

우리는 경제 분석을 통해 이론과 관찰을 연결시키고, 어떤 결론을 도출하기 전에 엄밀한 검증 과정을 거친다. 여기서 우리는 인과관계를 규명하기 위해 이론과 사실이 어떻게 결합되는가를 살펴본다. 현재 그대로 있는 것과 어떠해야 한다고 생각하는 방법에 대한 차이를 구분할 것이다. 여러분은 개인 생활에서의 선택으로부터 기업 결정 및 정책 분석에 이르기까지 다양한 상황에 이런 도구들을 적용할 수 있다.

상관관계와 인과관계

LO 1.5 상관관계와 인과관계 구별하기

대부분의 스포츠 팬들은 자기 팀이 경기에서 이기도록 도와주기 위해 그들이 입는 행운의 셔츠를 가지고 있다. 열렬한 팬은 자기 팀이 NBA(역자 주: 미국 프로 농구 경기) 결승이나 슈퍼볼(역자 주: 매년 미국 프로 미식축구의 우승팀을 결정하는 경기)에서 승리했을 때 입고 있었기 때문에 그의 셔츠가 확실히 행운이라고 주장할지도 모른다. 이런 미신은 인간의 일반적인 성향에 대한 과장적 표현에 해당한다: 2가지 사건이 동시에 발생하는 것을 볼 때, 한 사건이 다른 사건의 원인이 된다고 추정하는 경향이 있다. 그러나 경제학자들은 무엇이 어떤 것의 원인인가에 대해 특히 조심하려고 노력한다.

단순히 동시에 일어나는 사건과 분명한 인과관계가 있는 사건을 구별하기 위해 2가지 다른 용어를 사용한다. 2가지 사건 또는 변수들 간에 일관된 관계가 관찰되었을 때에는 이들 간에 **상관관계**(correlation)가 존재한다고 한다. 만약 두 사건 또는 변수가 동시에 발생하는 경향이 있거나 같은 방향으로 움직인다면, 양(+)의 상관관계가 있다고 말한다. 비옷을 입는 것은 비와 양(+)의 상관관계가 있다. 만약 어떤 사건 또는 변수가 관련된 사건 또는 변수와 반대 방향으로 변한다면, 음(−)의 상관관계가 있다고 한다. 더운 날씨는 사람들이 반코트를 입는 것과 음(−)의 상관관계가 있다. 두 변수 간에 일관된 관계가 없는 경우에는 상관관계가 없다고 한다.

상관관계 두 사건이나 변수 간 지속적으로 관찰되는 관계

상관관계와 인과관계는 다르다. **인과관계**(causation)는 한 사건이 다른 사건을 촉발하는 것을 의미한다. 앞의 예에서 보았듯이, 인과관계와 상관관계는 동시에 일어나기도 한다. 사람들이 어떤 옷을 입을 것인가의 선택은 날씨에 따라 결정되기 때문에, 날씨와 의류는 종종 상관관계가 있다.

인과관계 한 사건이 다른 사건을 일으켰을 때 두 사건의 관계

유감스럽게도 상관관계와 인과관계는 직접적인 방식으로 항상 함께 나타나지는 않는다. 상관관계와 인과관계는 3가지 방식에서 혼동될 수 있다: 인과관계 없는 상관관계, 누락 변수, 그리고 역의 인과관계.

인과관계 없는 상관관계. 슈퍼볼 경기의 결과가 주식시장의 상황을 예측하는가? 몇 년 전, 어떤 사람들은 이것이 가능하다고 생각했을 수도 있다. 슈퍼볼은 내셔널 풋볼 콘퍼런스(NFC)의 최우수 팀과 아메리칸 풋볼 콘퍼런스(AFC)의 최우수 팀이 겨루는 경기다(역자 주: 미국 프로 미식축구 연맹(National Football League)에는 NFC와 AFC 두 단체가 속해 있다). 오랫동안 AFC 팀이 우승했을 때, 주식시장은 불경기인 해였다; NFC가 우승했을 때, 주식시장은 호황이었다. 실제로 이런 패턴은 1967년부터 1997년까지 85% 들어맞았다.

그렇다면 슈퍼볼 경기의 결과에 근간을 둔 여러분의 투자 전략이 좋은 생각이라고 할 수 있는가? 그렇게 생각하지 않는다. 그럴듯한 인과관계가 없기 때문이다. 주식시장 결과는 수 년 동안의 슈퍼볼 경기 결과와 우연히 관련되었지만, 주식시장 결과가 슈퍼볼 경기 결과에 기인할 수

경제학자들은 상관관계와 인과관계 사이를 구별하기 위해 특히 주의하려고 한다.

DILBERT © 2011 Scott Adams. Used By permission of UNIVERSAL UCLICK. All rights reserved.

있다는 논리적인 설명이 불가하다. 기묘한 우연의 일치를 충분히 오랫동안 조사한다면 결국에는 무언가를 발견하게 될 것이다.

누락 변수. 다음 문장을 고려해보자: 소방관들의 존재와 심한 화상을 입은 사람들 간에 양(+)의 상관관계가 있다. 이 문장은 소방관들이 화상을 초래한다는 의미인가? 물론 아니다. 소방관들이 사람들에게 화상을 입히지 않는다는 것을 알고 있다; 소방관들은 사람들을 구하기 위해 노력한다. 대신 둘 다 관찰된 결과에 따르면, 어떤 공통의 내부 요소(혹은 **변수**)가 있음이 틀림없다—이 경우에는 화재.

밀접한 연관성이 있는 두 사건은 동일한 내부 요소에 의해 둘 다 촉발되기 때문에 때때로 동시에 발생한다. 각 사건은 제3의 요소와 인과관계가 있지만, 서로 관련된 것은 아니다. 원인과 결과 스토리에서 중요한 부분에 해당한다는 사실에도 불구하고 분석에서 제외되기 때문에, 내부 요소는 **누락 변수**(*omitted variable*)로 불린다. 다른 관점에서 보기의 '아이스크림은 소아마비를 일으키는가?'는 여름 별미인 아이스크림에 대해 잘못 판단해 반대하는 운동을 하는 몇몇 의사들을 납득시키는 것이 누락 변수와 관련되어 있다는 것을 보여준다.

다른 관점에서 보기

아이스크림은 소아마비를 일으키는가?

'다른 관점에서 보기'는 경제학적 개념을 다른 관점에서 보는 방법을 제시한다. 때때로 우스운 이야기가 되기도 하고, 때로는 상황을 다른 관점에서 생각하게 할 것이고, 때로는 표준적인 생각에 대해 기이한 사례를 적용해보게 될 것이다. 약간 기이한 것을 기억하는 데 도움을 주어 그 기억이 오래 지속되게 하는데, 이런 상황이 여러분에게도 적용되기를 바란다.

매년 미국에서는 소아마비로 수천 명의 어린이가 죽거나 불구가 된다. 소아마비의 원인이 무엇인지 알려지기 전에는 의사들이 소아마비 감염이 아이스크림을 많이 먹는 아이들에게 더 흔하게 나타날지도 모른다고 관찰했다. 이런 상관관계를 관찰하게 되면서 이 2가지 사이에 인과관계가 있다고 가정하도록 했다. 어떤 의사들은 소아마비에 걸릴 위험성을 줄여주는 식단을 추천하면서 아이스크림을 먹지 말라고 권고했다. 대부분의 부모들은 당연히 의사들의 충고를 받아들였다.

이젠 한 사람에게서 다른 사람에게로 전해지는 바이러스가 소아마비의 원인이 된다는 것이 밝혀졌다. 바이러스는 오염된 음식과 물을 통해 퍼져나간다—예를 들면, 더러운 수영장이나 식수대—어린이가 아이스크림을 몇 개 먹는지와는 아무런 관련이 없었다. 소아마비 백신은 1952년에 개발되었다.

아이스크림의 혼란은 누락 변수에 의해 야기되었다: 더운 날씨. 더운 날에는 아이들이 수영장과 식수대 사용을 더 많이 하게 된다. 또한 더운 날씨에는 아이들이 아이스크림도 더 많이 먹게 된다. 따라서 소아마비는 아이스크림 먹는 것과 상관관계가 있지만, 아이스크림이 원인이 되지는 않는다.

Source: http://www.nytimes.com/2009/08/06/technology/06stats.html?_r=1.

역의 인과관계. 상관관계와 인과관계 간의 혼란과 관련된 제3의 원천은 역의 인과관계라고 불린다: A는 B를 야기했고, B는 A를 야기했는가? 두 사건이 항상 동시에 발생했을 때, 무엇이 다른 무엇을 초래했는가를 판단하기 어려워진다.

비와 비옷 간의 상관관계로 돌아가보자. 비에 대해 아무것도 모른다면, 비는 비옷과 같이 나타난다는 것을 관찰하게 되고, 비옷을 입는 것(A)은 비(B)를 야기한다고 결론 내릴 수 있다. 이 경우 인과관계는 다른 방식으로 나타나지만, 관찰된 것으로는 아무것도 말해주지 못한다는 것을 안다.

2개의 연관된 사건의 발생 시점은 단서를 제공하기도 한다. A가 B 전에 발생한다면, B가 A를 초래한다기보다는 A가 B를 야기한다는 것을 암시하기도 한다. 오후에 비가 내리기 전, 아침에 집을 나서면서 비옷을 들고 나오는 것이 먼저 발생하기도 한다. 순차적인 시기에도 불구하고, 아침에 비옷을 먼저 준비했기 때문에 오후에 비가 내리는 것은 아니다. 이 경우 B에 대한 예측은 A를 일으키는 원인이 된다.

경제학자들과 비경제학자들 모두에게 중요한 교훈은 액면 그대로 관찰하지 말라는 것이다. 왜 두 사건이 관련되어 있는지를 설명할 수 있어야 한다. 그러기 위해 여러분은 경제학자의 도구상자에 있는 또 다른 도구가 필요하다: 모형.

모형

LO 1.6 좋은 경제모형의 특성 열거하기

모형은 복잡한 상황을 단순화해 중요한 부분을 간략하게 묘사한 것이다. 경제학에서 모형은 사람들이, 기업들이, 정부가 자원을 다룰 때 어떤 결정을 하는가와 그들의 결정이 어떻게 상호작용하는가를 나타낸다. 경제모형은 구입할 자동차를 결정하는 것과 같은 기본적인 상황뿐만 아니라 글로벌 경기침체를 야기하는 것과 같은 복잡한 상황을 나타내기도 한다.

모형 복잡한 상황의 중요한 부분을 간략하게 나타낸 것

모형이 복잡한 문제를 단순화하기 때문에, 가장 중요한 부분에 우리의 관심을 집중시킬 수 있다. 모형은, 주어진 상황의 모든 세부 사항을 포함하지 않는다. 문제를 해결하기 전에 완벽할 정도로 정밀하게 전 세계를 묘사해야 한다면, 우리는 절대로 정답을 얻을 수 없게 되는 사소한 것에 당황하게 될 것이다. 핵심 내용을 중심으로 상황을 세심하게 단순화함으로써 대략 맞다는 유용한 답을 얻을 수 있다.

경제에 대한 가장 기본적인 모형 가운데 하나는 **경제순환모형**(circular flow model)이다. 경제는 매일 수십억 건의 거래가 발생하며, 경제순환모형은 어떻게 이런 모든 거래가 동시에 일어나는가를 보여준다. 모형은 중요한 패턴을 보기 위해 복잡한 것을 단순화해준다. 〈그림 1-1〉은 **경제순환모형도**(*circular-flow diagram*)로 경제 거래의 순환 흐름을 보여준다.

경제순환모형 시장을 통해 경제 주체 간에 자원과 자금이 어떻게 순환하는지 간략하게 나타낸 모형

경제순환모형의 가장 단순한 형태는 경제에서 가장 중요한 형태인 가계와 기업으로 초점을 좁힌다:

- 가계는 2가지 측면에서 매우 중요하게 작동한다. 첫째, 가계는 기업에 토지와 노동을 공급하고 자본을 투자한다(토지, 노동, 자본은 **생산요소**(*factors of production*)라고 한다). 둘째, 가계는 기업이 생산하는 재화와 서비스를 구입한다.

그림 1-1
경제순환모형도

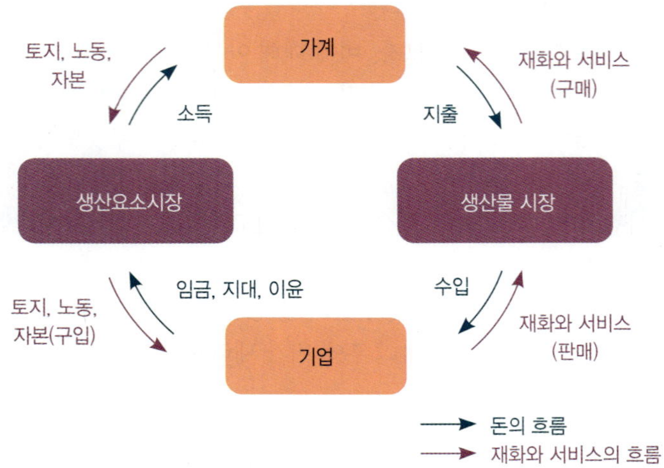

- **기업**도 필수적으로 중요하게 작동하지만, 가계와 반대 방향으로 작동한다: 기업들은 가계로부터 공급되는 토지, 노동, 자본을 임대하거나 구입하고, 재화와 서비스를 판매한다. 경제순환모형은 가계와 기업이 생산과 소비 둘 다에 밀접하게 연결되어 있다는 것을 나타낸다.

또한 경제순환모형은 가계와 기업을 연결하는 2개의 시장으로 초점이 좁혀져 있다:

- **재화와 서비스시장**: 재화와 서비스의 구입 및 판매와 관련된 모든 활동을 반영하고 있다. 재화와 서비스시장에서, 가계는 노동 공급의 대가로 받은 임금과 토지 및 자본으로부터 획득한 소득을 지출하고, 기업은 재화와 서비스 판매로부터 수입을 얻는다.
- **생산요소시장**: 가계는 토지, 노동, 자본을 제공하고, 기업은 이들 생산요소를 고용하고 구입 또는 임대한다.

경제순환모형은 이런 모든 것을 모아서 보여준다. 지금까지 묘사한 거래는 2개의 연결고리로 나타낸 것의 일부에 해당한다. 하나는 경제 전반에 걸쳐 흐름으로 나타나는 생산요소와 산출물의 연결고리다. 투입요소는 기업이 재화를 생산하기 위해 이용하는 토지, 노동, 자본이다. 산출물은 기업이 생산요소를 이용해 생산하는 재화와 서비스를 말한다.

다른 연결고리는 돈의 흐름을 나타낸다. 가계는 생산요소를 제공함으로써 기업으로부터 받은 돈으로 재화와 서비스를 구입한다. 기업은 재화와 서비스를 판매함으로써 수입을 얻는다—다음 차례로 기업은 생산요소를 구입하거나 임대하기 위해 그 돈을 이용한다.

연결고리들을 따라 이동하다 보면 약간 어지러울 수도 있다. 이해를 돕기 위해, 경제에 유통하는 것처럼 여러분의 지갑에 있는 5달러의 흐름을 살펴보자. 여러분은 여러 가지 방식에 의해 5달러를 지출할 수 있다. 거리를 걷다 보면 동네 제과점의 창문으로 도넛 한 상자를 볼 수도 있다. 여러분이 도넛을 사기 위해 지불하는 5달러는 제과점의 수입이 된다. 도넛은 제과점의 산출물이다.

여러분이 갖고 있는 5달러에 대한 이야기는 이것으로 끝난 것이 아니다. 더 많은 도넛을 만들기 위해, 제과점은 생산요소시장에서 재료를 구입하기 위해 5달러를 지불한다. 제과점을 임대하기 위해 지불한 임대료로 지출되기도 하고 제빵 보조원의 임금으로 지불되기도 한다. 제과점의 지출은 공간 임대 또는 노동을 제공한 대가로 받게 되는 가계의 소득이 된다. 제과점에서 5달러로 임금 또는 임대료를 지불하면, 이러한 행위는 경제순환모형의 순환 과정 속에서 이루어진다.

경제순환모형에서 보여준 것처럼, 경제모형은 실제 경제에서 어떤 일이 발생하는가를 거의 사실에 가깝게 보여준다. 이 책의 후반부에서 특정 질문을 중심으로 다른 모형에 대해 논의하게 될 것이다—예를 들면, 정부가 증세했을 때 휘발유 가격은 얼마나 올라가는가 또는 앞으로 10년 안에 경제가 얼마나 빠르게 성장할 것인가. 경제모형들은 복잡한 질문에 대해 선명한 답을 얻도록 이끈다. 무엇이 적절한 경제모형으로 만드는가? 적절한 모형은 중요하지 않은 상세한 것을 배제할 수 있고, 상황이 발생했을 때 중요한 측면에 초점을 맞추는 모형이라고 언급했다. 유용한 경제모형은 다음의 3가지를 수행해야 한다.

1. **좋은 모형은 원인과 결과를 예측한다.** 경제순환모형은 경제의 기본 모형에 대해 유용한 설명을 해준다. 하지만 종종 더 깊이 다루기를 원한다. 우리는 경제모형이 경제 연관성을 묘사할 뿐만 아니라 미래에 어떤 일이 일어날 것인가 예측하기를 원한다. 그러기 위해서는 원인과 결과를 정확하게 파악해야 한다. 만약 경제모형이 A가 B를 초래한다고 하면, 여러분은 그 이유를 설명할 수 있어야 한다. 3장에서는 가격이 상승함에 따라 수요량이 감소하는 경제학의 핵심 모형을 학습할 것이다. 왜 그럴까? 어떤 아이템의 비용이 증가하지만 그것을 소유함으로써 얻게 되는 편익이 동일하다면, 사람들의 상충관계는 더 이상 그럴 만한 가치가 없다고 결정할 것이기 때문이다.
2. **좋은 모형은 명백한 가정을 설정한다.** 비록 모형들이 실제 세계와 비교할 때 너무 단순하더라도, 단순화 가정을 명확히 하는 것이 중요하다. 그렇게 하는 것은 모형이 실제 사건을 정확하게 예측할 때와 그렇지 못했을 때를 알게 하는 데 도움을 준다. 예를 들면, 앞에서 경제학자들은 사람들이 합리적으로 행동한다고 가정한다는 것을 언급했다. 이런 가정이 항상 참인 것은 아니라는 것을 알지만 많은 상황에서 거의 들어맞기 때문에 이 가정을 수용한다. 이러한 가정하에서 사람들이 합리적으로 행동하지 않았을 때 모형이 맞지 않게 된다는 것을 알 수 있다.
3. **좋은 모형은 실제 세계를 정확하게 묘사한다.** 모형이 실제 세계에서 어떤 일이 일어나는지 정확하게 설명하지 못한다면, 그 모형은 무언가 잘못된 것이다. 실제 세상을 의도적으로 단순화했기 때문에 우리는 모형이 완벽하게 정확하지 않다는 것을 받아들인다. 그러나 모형이 통상 진실이 아닌 것을 예측한다면, 이 모형은 유용하지 않다. 어떤 모형이 현실적인지 어떻게 설명할 수 있는가? 경제학자들은 실제 세상에서 일어나는 사건을 관측하고 수집된 자료를 분석해 모형의 진위를 검증한다. 사례를 통해 알아보기의 '역사 속 모형 검증하기'를 읽고 수백 년에 걸쳐 검증되어온 모형을 관찰해보자.

사례를 통해 알아보기

역사 속 모형 검증하기

사례를 통해 알아보기는 여러분이 공부하는 개념이 실제 세계와 얼마나 관련되어 있는가를 보여준다. 사례를 통해 알아보기는 데이터를 활용해 모형을 검증할 수 있는 기회가 된다. 사례를 통해 알아보기에서는 사업이나 정책에 대한 의문점을 해결하기 위한 경제학적 개념을 사용하게 되는 상황을 설명해주기도 하고, 흥미로운 연구 아이디어나 경험을 보여준다. 비디오나 뉴스 기사 같은 온라인 콘텐츠에 대한 링크들을 활용하라.

19세기 초 경제학자인 토마스 맬더스는 인구 성장과 식량 생산의 상관관계를 묘사한 모형을 만들었다. 이 모형은 인구가 식량 공급보다 많아짐에 따라 대규모 기아 현상이 발생할 거라고 예측했다. 유명한 책 《인구론(*An Essay on the Principle of Population*)》에서 맬더스는 다음과 같이 주장했다:

> 인류의 생존을 위해 생산하는 지구의 힘에 비해 인구의 힘은 너무 강력하기 때문에 조기 사망이 어떠한 형태로든 인류를 덮칠 것이다. ……[거]대한 피할 수 없는 기근이 만연해진다……

맬더스가 이런 글을 쓴 이후, 실제 수백만 명의 인구가 기근으로 사망했다. 그러나 이런 기근이 맬더스가 예측한 방식의 인구 성장과 관련되어 있는 것은 아니다. 대신, 1800년에 10억 명이 채 안 되었던 세계 인구가 오늘날 거의 70억 명으로 증가했다. 동시에 영양 수준은 거의 모든 국가에서 향상되었다.

맬더스의 모형은 스토리의 중요한 부분이 배제되었다: 인간의 재주와 기술 진보. 세계의 인구가 증가함에 따라 사람들은 양질의 식량을 더 많은 땅에서 효율적으로 경작하는 새로운 기술을 발견했다. 사람들은 인구 증가를 억제하기 위한 개선된 방법도 발견했다.

그렇다고 해서 맬더스의 아이디어가 소멸된 것은 아니다. 오늘날 신맬더스주의이론(neo-Malthusian theory)은 인구가 세계의 생산능력을 여전히 앞지를 것이라고 주장한다. 이 이론은 환경 파괴에 따른 토질의 악화와 같은 현대의 우려를 강조하는 맬더스 모형을 계승한다. 다른 경제학자들은 휘발유처럼 비재생성 자원이 고갈될 것이라고 주장한다. 또한 일부 학자들은 세계의 농부들이 충분히 식량을 생산하더라도, 신선한 물과 같은 지역 자원의 불공평한 이용으로 인해 기근과 전쟁이 발생할 것이라고 경고한다.

이러한 주장을 비판하는 사람들은 맬더스의 재앙이 임박할 때마다 인류는 기지를 발휘해 어떻게든 재앙을 피할 수 있었다는 점을 지적한다. 2차 세계대전 이후 인구의 급격한 증가로 인류는 대기근에 직면할 것으로 예상되었지만, 식량 생산을 증가시키는 녹색혁명(Green Revolution)에 의해 피해갈 수 있었다.

그러면 신맬더스주의이론은 정확한가, 아니면 일부 중요한 요소를 간과하고 있는가? 이 질문의 대답을 위한 데이터는 시간이 가져다줄 것이다.

Source: T. R. Malthus, An Essay on the Principle of Population, 1798.

실증적 분석과 규범적 분석

LO 1.7 실증적 분석과 규범적 분석 구별하기

경제학은 신념에 기초한 판단과 사실에 대해 사람들이 종종 혼란스러워하는 연구 분야다. 다음 주장에 대해 생각해보자:

주장 #1: 근로소득세는 사람들이 일하고자 하는 근로 시간을 감소시킨다.

주장 #2: 근로소득세는 감소되거나 폐지되어야 한다.

많은 사람들이 이 두 주장을 가리지 못한다. 일부 사람들은 두 번째 주장이 첫 번째 주장으로부터 논리적으로 떠오른다는 것을 느낀다. 다른 사람들은 두 번째 주장에 동의하지 않기 때문에 첫 번째 주장이 사실일 리가 없다고 가정한다.

그러나 주의 깊게 읽는다면, 첫 번째 문장은 인과관계에 대한 주장이라는 것을 알게 될 것이다. 따라서 자료와 증거에 의해 진실과 거짓이 증명될 수 있다. 세상이 실제로 어떻게 작동하는지 사실에 근거한 주장을 **실증적 주장**(positive statement)이라고 한다.

실증적 주장 세상이 실제로 어떻게 작용하는지에 대한 사실에 근거한 서술

한편, 두 번째 문장은 진위를 증명할 수 없다. 대신, 그것은 어떻게 되어야만 한다는 것을 나타낸다. 하지만 오직 어떤 목표와 이해, 그리고 도덕적 신념을 공유할 때만 그러한 판단이 가능하다. 세상이 어떻게 되어야 한다는 견해를 피력하는 주장을 **규범적 주장**(normative statement)이라고 한다.

규범적 주장 세상이 어떻게 되어야 한다는 견해를 피력하는 주장

실증적 주장: 고성능 폭약(TNT) 10킬로톤의 폭발력을 지닌 핵무기는 10km가량의 낙진 반경을 형성할 것이다.

규범적 주장: 미국이 2차 세계대전 당시 핵무기를 사용한 것은 정당했다.

이 두 주장에 대해 사람들이 동의하지 않더라도, 첫 번째 주장은 과학적 사실의 문제인 반면, 두 번째 주장은 도덕적이고 정치적인 신념에 전적으로 의존한다. 첫 번째 진술은 두 번째 진술에 대한 의견을 어느 정도 알려줄 수 있지만, 여러분은 여전히 전자에는 동의하지만 후자에는 동의하지 않을 수 있다.

이 장의 초반부에, 중요한 정책이나 삶의 결정과 관련해 여러분의 의견을 묻는 '어떻게 생각하십니까?'를 소개했다. 이후부터 여러분은 결론을 내리기 위해 두 종류의 분석을 결합하고, '사례를 통해 알아보기'에서 제기되는 질문에 대해 규범적 분석 및 실증적 분석의 차이에 대한 여러분의 이해를 활용해 답을 구하게 된다. 어떻게 생각하십니까의 '대학교육의 비용'을 통해 시도해 보자.

어떻게 생각하십니까?

대학교육의 비용

2009~2010년에 대학교육의 연 평균비용이 공립대학의 경우 1만2804달러, 사립대학의 경우 3만 2184달러에 이르는 것으로 나타났다. 학생들은 등록금 납부를 위해 몇 가지 방안을 선택할 수 있다. 정부 또는 민간 대출을 받거나, 지불을 연기하기 위해 2가지를 결합한 대출을 받거나, 아

니면 소득이나 저축을 이용해 비용을 부담하는 것이다.

정부 대출의 자격을 얻은 학생들은 졸업 후 정부기관이나 비영리단체 같은 특정 분야에 취업하게 되면 대출 상환 면제 가능성과 대출금에 대한 저금리 혜택 같은 편익을 받을 수 있다.

학생들 대상 대부는 논란의 여지가 있는 주제다. 일부 사람들은 금리상한선과 대출금을 상환하지 못하는 학생들을 보호하는 것과 같은 민간대부기관에 대한 통제를 더욱 강화해야 한다고 주장한다. 학생 대상 대출 프로그램은 대출금을 받지 못하면 대학에 갈 형편이 안 되는 학생들을 지원해야 한다고 주장하기도 한다. 더욱이 많은 부채를 안고 졸업하는 경우 낮은 임금의 공공 서비스 일자리에 취업하는 것을 막는다고 주장한다.

다른 의견을 가진 사람들은 기존의 대부 시스템에 문제가 없다고 주장한다. 대학 학위를 취득한 대출자들은 높은 미래 소득이 보장되기 때문에 이자율이 높더라도 부채를 처리할 수 있다고 주장한다. 과잉 규제는 대부업체로 하여금 학생 대출을 꺼리게 하고, 이는 학생들에게 보다 나은 금융 서비스를 제공한다는 취지에도 어긋난다.

어떻게 생각하십니까?

4가지 기본 질문을 통해 경제학자들은 이 문제를 심도 있게 관찰할 것을 요구한다. 여러분은 실증적 분석(특정 정책이 실행된 후 어떤 일이 발생할 것인가)과 규범적 분석(주어진 가치와 목표하에 어떻게 되어야 한다는 것)을 이용해 답변할 수 있다. 여러분은 각 범주에 해당하는 답변에 대해 설명할 수 있다.

1. 대학 선택과 대출 옵션을 고려하는 학생들에게 적용되는 동기부여와 제약은 무엇인가? 대부업체에 적용되는 동기부여와 제약은 무엇인가?
2. 학생들이 대학등록금을 내는 방법을 결정할 때 당면하게 되는 기회비용은 무엇인가? 전적으로 대학에 다니지 않거나 일하면서 대학을 마치거나를 선택함으로써 등록금 대출을 받지 말아야 하는가?
3. 학자금 대출에 대한 이자율 상한에 대해 정부가 제한을 두는 것에 대해 예비 학생들은 어떻게 반응하는가? 학자금 융자를 제안하는 민간 은행들은 어떻게 반응하는가?
4. 정부가 대부업체의 학자금 대출에 대한 이자율 상한에 대해 아직까지 시행하지 않은 이유는 무엇이라고 생각하는가? 이 정책에 대한 예기치 않은 부작용이 있을 거라고 생각하는가?
5. 앞의 1번에서 4번까지의 질문에 대응하는 여러분의 논지를 생각해보라. 규범적 주장에 근거한 것은 어떤 부분이 해당하고 실증적 주장에 근거한 것은 어떤 부분이 해당하는가?

Source: "Trends in college pricing," http://nces.ed.gov/fastfacts/display.asp?id=76; "How much student debt is too much?" http://roomfordebate.blogs.nytimes.com/2009/06/14/how-much-student-debt-is-too-much/?scp=1&sq=student%20loans&st=cse.

이 책을 통해 여러분은 여러분에게 유익한 경제학을 위해 특정의 도덕적 또는 정치적 견해를 받아들여야만 한다는 것은 아니라는 점을 명심하기 바란다. 이 책의 목표는 실증적 분석을 위해 이용하는 경제학적 개념에 대한 도구상자를 제공하는 것이다. 또한 경제분석 결과에 근거한 규범적 사고를 위해 요구되는 중요한 결정을 강조한다. 경제학은 여러분의 목표와 신념에 상관없이 여러분이 더 효과적인 정책을 계획하고 더 나은 결정을 하도록 도와준다.

✓ 개념 확인하기

❒ 두 변수들이 정(+)의 상관관계에 있을 때가 의미하는 것은 무엇인가? **[LO 1.5]**
❒ 좋은 경제모형의 특징은 무엇인가? **[LO 1.6]**
❒ 실증적 주장과 규범적 주장의 차이는 무엇인가? **[LO 1.7]**

결론

경제학자들은 다양한 사람들로부터 제기되는 다양한 문제에 접근한다. 경제학의 기저를 이루는 것은 합리적 행동에 대한 기본 원칙이다.—사람들은 가장 효과적인 방식으로 그들의 목표를 달성하기 위한 선택을 한다.

이 장을 통해 문제 해결을 위해 요구되는 4개의 질문뿐만 아니라, 경제학자들이 사용하는 기본 개념을 소개했다. 이 책 전반에 걸쳐, 여러분은 다음의 개념과 질문을 반복해서 보게 될 것이다:

1. 희소성: 원하는 요구사항과 관련된 제약은 무엇인가?
2. 기회비용: 상충관계에 있는 것들은 무엇인가?
3. 경제적 유인: 다른 사람들은 어떻게 반응할 것인가?
4. 효율성: 모든 사람들이 아직 실행하지 않은 이유는 무엇인가?

후반부의 장에서 더 복잡한 문제들을 다룰 때, 여러분이 이해할 수 있는 방식으로 문제를 다루기 위해 이러한 4개의 질문을 이용하길 바란다.

주요 용어

거시경제학 p.4
경제순환모형 p.17
경제적 유인 p.10
경제학 p.4
규범적 주장 p.21
기회비용 p.7
매몰비용 p.9
모형 p.17
미시경제학 p.4
상관관계 p.15
실증적 주장 p.21
인과관계 p.15
한계의사결정 p.9
합리적 행동 p.5
효율성 p.12
희소성 p.5

요약

LO 1.1 희소성의 경제학적 개념에 대해 설명하기

경제학자들은 일반적으로 희소성의 조건하에서 합리적으로 행동하고 생활한다고 가정한다. 원하는 요구사항과 관련된 제약은 무엇인가?라는 질문에 대한 대답을 통해 여러분이 분석하고 있는 상황에서 각각으로부터 예상되는 것이 무엇인가를 말해준다. 합리적 행동과 희소성이 주어졌을 때, 이용 가능한 한정된 자원(제약)하에서 원하는 것(경제적 유인)을 얻기 위해 일한다는 것을 예상한다.

LO 1.2 기회비용과 한계의사결정의 경제학적 개념에 대해 설명하기

다른 무엇인가를 얻기 위해 무엇인가를 포기해야 할 때 상충관계가 발생한다. 상충관계가 무엇인가?에 대한 대답을 통해 결

정과 관련된 비용과 편익에 대해 알려준다. 무엇인가 선택한다는 것의 총비용은 기회비용에 해당한다. 합리적인 사람은 선택으로부터의 추가적인 편익과 이에 따르는 추가 비용을 비교함으로써 '한계적으로' 결정한다고 경제학자들은 가정한다. 상충관계에 직면했을 때 합리적으로 행동한다면, 한계편익이 기회비용보다 더 큰 것을 항상 선택하게 된다. 합리적인 사람은 기회비용이 한계편익보다 큰 경우에는 선택하지 않는다.

LO 1.3 경제적 유인의 경제학적 개념에 대해 설명하기

상충관계 변화에 대한 공통의 반응은 경제학의 중심 아이디어에 해당한다. 다른 사람들은 어떻게 반응할 것인가?라는 질문은 특정한 결정이 세상에 어떤 영향을 미치는가에 대한 완성된 전체 그림을 제공해준다. 사람들은 경제적 유인의 변화에 반응하기 때문에 어떤 결정이 이에 따르는 반응을 유발할 것이라고 가정한다.

LO 1.4 효율성의 경제학적 개념에 대해 설명하기

효율성은 사회에 최상의 경제 가치를 가져다주는 재화와 서비스를 생산하기 위해 이용 가능한 가장 생산적인 방법으로 자원이 활용될 때 발생한다. 다시 말해, 효율성은 사람들이 원하는 것을 생산하기 위해 자원이 활용되는 것을 의미한다. 정상적인 상황하에서 시장은 효율적이다.

따라서 불가능한 기회인 것같이 보일 때, 여러분은 질문해야만 한다: 만약 훌륭한 아이디어라면, 왜 아직 다른 사람들이 하지 않았을까? 시장은 일반적으로 자원을 효율적으로 배분한다. 그렇지 않을 경우 시장 실패가 발생하게 되고, 정부는 경제에 개입하게 되고, 이윤보다는 다른 목표가 있거나, 아니면 혁신을 위한 진정한 기회가 존재할 수 있다.

LO 1.5 상관관계와 인과관계 구별하기

두 사건 간에 일관되게 관찰된 관계가 존재할 때, 상관관계가 있다고 한다. 한 사건이 다른 사건을 야기하는 인과관계와는 다르다. 상관관계와 인과관계를 혼동하게 되는 3가지 공통 사항으로 인과관계 없는 상관관계, 생략된 변수, 역인과관계가 있다.

LO 1.6 좋은 경제모형의 특성 열거하기

모형은 복잡한 상황을 대표하는 중요한 부분으로 단순화한 것이다. 경제학에서 모형은 일반적으로 사람들이, 기업들이, 정부가 자원을 어떻게 활용하고 의사결정이 어떻게 상호 관련되어 있는가에 대한 의사결정이 어떻게 이루어지는가를 보여준다. 경제순환모형은 가계와 기업의 거래가 경제 전반에 걸쳐 어떻게 유통되는가를 보여준다. 성공적인 경제모형은 인과관계를 예측하고, 세상을 정확하게 묘사하고, 가정을 명확하게 설명할 수 있어야 한다. 경제학자들은 모형을 수락하거나 거부하는 데 이용될 수 있는 자료를 수집하고 세상에서 발생하는 일들을 관찰함으로써 모형을 검증한다.

LO 1.7 실증적 분석과 규범적 분석 구별하기

세상이 실제로 어떻게 작동하는지에 대한 사실에 근거한 서술을 실증적 주장이라고 한다. 세상이 어떻게 되어야 한다는 견해를 피력하는 주장을 규범적 주장이라고 한다. 경제학은 사람들이 종종 규범적인 주장과 실증적인 주장을 혼동하는 분야다. 그러나 경제학적 개념 및 모형을 이용하기 위해 특정 도덕적 견해나 정치적 견해를 받아들여야 하는 것은 아니다.

복습문제

1. 여러분이 면접에서 입을 새로운 옷을 구입하기 위해 쇼핑을 하고 있다고 가정하자. 하지만 당신의 예산은 빠듯하다. 이러한 경우 여러분의 욕구와 예산 제약은 무엇인가? 이렇듯 자원이 희소한 상황에서 이성적으로 행동하는 것은 무엇을 의미하는가? **[LO 1.1]**
2. 여러분은 수업 일정이 빠듯한 학생이다. 여러분은 아르바이트를 하고 있고, 상사는 업무 스케줄을 당신이 설정하도록 허락해주었다. 이러한 상황에서 당신에게 희소한 자원은 무엇인가? 얼마 동안의 시간을 일하는 데 사용해야 하는가? **[LO 1.1]**
3. 이 장에서 배운 희소성의 정의에 대해 생각해보자. 여러분의 인생에서 희소한 것들을 3가지 나열해보라. **[LO 1.1]**
4. 여러분의 면접 의상을 쇼핑할 때, 당신이 직면한 상충관계에는 어떤 것들이 있는가? 무엇이 새로운 옷을 구입하는 것에 대한 기회비용이고 편익인가? 어떻게 비용과 편익의 균형을 이룰 수 있는가? **[LO 1.2]**
5. 여러분은 아침 8시 30분에 수업이 있지만 매우 피곤하다. 늦잠을 잘 것인지, 아니면 수업에 출석할 것인지를 어떻게 결정해야 하는가? **[LO 1.2]**
6. 오늘은 금요일 밤이다. 당신은 이미 30달러짜리 콘서트표를 구입했다. 하지만 친구가 콘서트에 가는 대신 페인트 볼 게임을 하러 가자고 초대를 했다. 페인트 볼 게임의 입

장료는 25달러고, 그에 대해 당신은 25달러만큼의 즐거움을 얻을 것으로 예상된다. 당신의 콘서트표는 환불할 수 없다. 이 경우, 페인트 볼을 하러 나가는 것에 대한 여러분의 기회비용은 얼마인가? **[LO 1.2]**

7. 여러분은 두 군데에서 일자리 제의를 받았고, 이 둘 간의 상충관계를 따져보고 있다고 가정하자. 업체 A에서는 4만5000달러의 연봉에 건강보험과 2주간의 유급휴가를 제공한다. 업체 B에서는 3만 달러의 연봉과 4주간의 유급휴가를 제공하지만 건강보험 혜택은 주지 않는다. **[LO 1.2]**
   a. 업체 A와 B를 다닐 때의 편익을 각각 나열하라.
   b. 업체 A와 B를 다닐 때의 기회비용을 각각 나열하라.
8. 여러분의 예전 이웃은 이사 갈 때 당신에게 잔디 깎는 기계를 주었다. 여러분은 올여름에 부업으로 이 기계를 이용해 이웃의 잔디를 깎아주려고 생각 중이다. 잔디 깎는 요금으로 얼마를 책정할지와 이러한 행동이 가치가 있는지에 대해 생각해본다면, 여러분이 고려해야 할 기회비용은 무엇인가? **[LO 1.2]**
9. 여러분의 일상에 동기를 부여하는 몇 가지 경우를 생각해보자. 여러분은 이러한 동기들에 대해 어떻게 반응하는가? **[LO 1.3]**
10. 여러분은 영업사원들을 관리한다. 당신의 사원들은 이미 직원 할인 혜택을 받고 있다. 직원들의 생산성을 향상시킬 수 있는 긍정적 유인과 부정적 유인을 제시하라. **[LO 1.3]**
11. 여러분의 상사는 직원들을 2인 1조로 편성해 가장 실적이 우수한 팀에게 보너스를 지급하려고 한다. 왜 여러분의 상사는 개인적인 보너스 대신에 팀별로 성과급을 지급하려고 하는가? **[LO 1.3]**
12. 특정한 행동에 대해 유인을 제공하는 공공 정책(법이나 조세 정책, 공공 서비스 등)에 대해 생각해보자. 그 공공정책은 무엇이며, 정책의 주체는 누구인지, 그리고 그 정책이 무엇을 장려하거나 억제하려는 것인지 설명하라. 그 정책이 잘 작동하는가? **[LO 1.3]**
13. 왜 개인이나 기업은 사람들이 원하는 재화와 서비스를 제공하는가? **[LO 1.4]**
14. 여러분은 주식시장에서 많은 돈을 벌 수 있는 확실한 방법을 가르쳐준다는 프로그램에 대한 광고를 본 적이 있을 것이다. 왜 모든 사람들이 아직 그렇게 하지 않았을까? 이렇게 생각해본다면 과연 여러분은 이 광고를 믿을 것인가? 그 이유는 무엇인가? **[LO 1.4]**
15. 여러분의 일생에서 경제적으로 큰 영향을 미친 기술, 경영, 문화에 대한 혁신 사례들을 설명하라. **[LO 1.4]**
16. 왜 사람들은 인과관계의 상관관계에 대해 혼동하는가? **[LO 1.5]**
17. 긍정적인 상관관계에 있는 것과 부정적인 상관관계에 있는 예시를 2가지씩 나열하라. **[LO 1.5]**
18. 원인과 결과를 예측하기 위해 좋은 경제모형이 중요한 이유는 무엇인가? **[LO 1.6]**
19. 명확하게 가설을 검증하기 위해 좋은 경제모형이 중요한 이유는 무엇인가? **[LO 1.6]**
20. 여러분이 알고 있는 경제모형을 설명하라. 그 모형은 어떤 인과관계를 예측하는 것인가? **[LO 1.6]**
21. 여러분이 알고 있는 경제모형을 설명하라. 그 모형이 설명하려는 가설은 무엇인가? 그 가설은 타당한가? **[LO 1.6]**
22. 규범적 주장과 실증적 주장의 차이는 무엇인가? **[LO 1.7]**
23. 성공적인 경제모형은 규범적 주장과 실증적 주장 중에 무엇을 더 잘 설명하는가? 왜 그런가? **[LO 1.7]**
24. 여러분이 좋아하는 취미를 규범적 주장과 실증적 주장으로 설명하라. **[LO 1.7]**

응용문제

McGraw Hill connect ECONOMICS

1. 왜 재화와 자원이 희소한지에 대해 생각해보자. 재화와 자원은 항상 혹은 일시적이거나 계절적인 그 고유한 성질에 의해 희소할 수 있고, 인위적으로 만들어졌기 때문에 희소할 수도 있다. 아래의 재화들을 두 종류로 나눠보자. 어떤 것이 인위적으로 희소(AS)하게 됐는지, 혹은 그 자체로 희소(IS)한지 표시하라. **[LO 1.1]**
   a. 모든 공기
   b. 토지
   c. 특허품
   d. 피카소의 원작
2. 여러분은 맨해튼의 새로운 아파트를 알아보고 있다. 여러분의 월급은 4000달러고, 월급의 25%를 초과해 월세로 지출하면 안 된다. 생활정보지에서 원룸을 우연히 발견했다. 위치와 교통비용에 대해 무차별하며, 교통비용은 모두 동일하다. **[LO 1.1]**

첼시	$1,200
배터리 파크	2,200
이자드	950
미드타운	1,500

a. 여러분의 예산 제약에 부합하는 아파트는 어디인가? (모두 골라라)
b. 여러분은 월급의 25%만을 월세로 지출하며, 맨해튼에서 거주하며 일하고 있기 때문에 1000달러 상당의 생활수당을 받는다고 가정하자. 여러분의 예산과 부합하는 아파트는 어디인가?

3. 스웨터의 가격이 15달러라고 가정하자. 추가적인 스웨터를 구입하는 것에 대한 줄리아의 편익은 아래의 표와 같다. 줄리아는 첫 번째 스웨터의 구입에서 가장 큰 편익을 느끼고, 추가적으로 구입할수록 편익은 감소한다. 만약 줄리아가 합리적이라면, 그녀는 몇 벌의 스웨터를 구매하겠는가? **[LO 1.2]**

	한계편익(달러)
첫 번째 스웨터	50
두 번째 스웨터	35
세 번째 스웨터	30
네 번째 스웨터	23
다섯 번째 스웨터	12
여섯 번째 스웨터	8

4. 수공예품 전시회에서 스웨터는 15달러에 판매된다. 앨리는 스웨터를 제작했고, 그녀의 한계비용은 아래의 표와 같다. 추가적인 스웨터를 만들수록 앨리의 비용은 증가한다. 만약 앨리가 합리적이라면, 그녀는 얼마만큼의 스웨터를 판매하겠는가? **[LO 1.2]**

	한계비용(달러)
첫 번째 스웨터	5
두 번째 스웨터	8
세 번째 스웨터	12
네 번째 스웨터	18
다섯 번째 스웨터	25
여섯 번째 스웨터	32

5. 여러분은 작년에 새로운 상품을 개발해 500만 달러의 수익을 벌어들일 것으로 예상했다. 지금까지 상품 개발을 위해 300만 달러를 지출했으나, 아직 미완성 단계다. 한편 여러분은 올해 새로운 상품의 수익이, 실제로는 400만 달러가 될 것이라고 새롭게 전망했다. 여러분은 신상품 개발의 완성을 위해 기꺼이 얼마를 지출하겠는가? **[LO 1.2]**
a. 0달러
b. 최대 100만 달러
c. 최대 400만 달러
d. 무제한

6. 다음의 예시를 살펴보자. 각각이 긍정적 유인인지, 부정적 유인인지 설명하라. **[LO 1.3]**
a. 국경일에 근로한 것에 대한 초과 근무 수당
b. 마약 범죄에 대한 처벌
c. 쓰레기 투기에 대한 과태료
d. 자녀들이 좋은 성적을 받았을 때 부모들이 주는 용돈

7. 가격을 변동시키는 다음 상황에 대해 생각해보자. 각각의 상황과 관련된 재화를 소비하는 것에 대한 기회비용은 증가하는가, 감소하는가? **[LO 1.3]**

수요 증가의 예	재화
a. 영화관에서 학생 할인 제공	영화표
b. 수입산 탄산음료에 세금 부과	탄산음료
c. 옥수수에 대한 보조금이 절반으로 감소	옥수수 보조금
d. 학생 건강 센터에서 무료 독감백신 접종	독감백신

8. 여러분의 절친한 친구는 드라이브스루 바를 운영할 생각이다. 다른 이들이 그 친구의 아이디어를 이용하지 않는 이유를 가장 잘 설명한 것을 제시하라: 진정한 혁신, 시장 실패, 정부 개입, 수익성 없음 **[LO 1.4]**

9. 여러분의 친구는 자가용으로 국경을 이동하는 사람들에게 장거리 자동차 서비스를 제공하는 사업을 구상 중이다. 다른 이들이 그 친구의 아이디어를 이용하지 않는 이유를 가장 잘 설명한 것을 제시하라: 진정한 혁신, 시장 실패, 정부 개입, 수익성 없음 **[LO 1.4]**

10. 다음의 상황이 인과관계, 누락 변수 혹은 역인과관계에 상관없이 상관관계에 의해 잘 설명되는지 골라라. **[LO 1.5]**
a. 경찰이 많은 도시일수록 범죄율이 높다.
b. 다수의 퇴직자들은 여름에 모두가 에어컨을 사용하는 지역에 거주한다.
c. 하계올림픽보다 동계올림픽 기간에 더 많은 사람들이 독감에 걸린다.

d. 지난 5년 동안 펑스터니 필(Punxsutawney Phil)은 그라운드 호그데이에 자신의 그림자를 보았으며, 봄은 늦게 왔다(역자 주: 그라운드호그 데이(Groundhog Day)는 봄이 멀지 않았다는 것을 알리는 우리나라의 경칩에 해당하는 날. 미국과 캐나다에서 펑스터니 필(다람쥐과의 두더지와 비슷한 동물)이 겨울잠에서 깨어난다는 날(2월 2일)에 열리는 기념일. 이날 해가 나서 펑스터니 필이 자기 그림자를 보게 되면, 그로부터 6주 정도가 지나서 완연한 봄이 온다고 함).

11. 다음의 두 관계가 긍정적 혹은 부정적 상관관계에 있는지, 아니면 상관이 없는지 설명하라. **[LO 1.5]**
   a. 공부 시간과 시험 성적
   b. 예방접종과 질병
   c. 탄산음료에 대한 선호와 음악에 대한 선호
   d. 소득과 교육 수준

12. 다음 주장은 경제모형의 한 부분이다. 각각의 주장이 인과관계를 예측한 것인지, 혹은 모형에 대한 가정인지 구분하라. **[LO 1.6]**
   a. 인간은 합리적이다.
   b. 재화의 가격이 감소하면 사람들은 더 많이 구매할 것이다.
   c. 대기근은 식량의 공급량보다 인구수가 더 많아 발생한 것이다.
   d. 기업은 이윤을 극대화한다.

13. 다음 보기에서 좋은 경제모형의 특징을 골라라. **[LO 1.6]**
   a. 주어진 상황에 대한 모든 세부적인 요인들을 포함하는 것
   b. A는 B의 원인이라고 예측하는 것
   c. 대략적으로 정확한 가정을 취하는 것
   d. 현실을 완전히 설명할 수 있는 것
   e. 일반적으로 옳은 사실을 예측할 수 있는 것

14. 다음의 주장들이 실증적인지 혹은 규범적인지 구분하라.(실증적 주장은 언제나 참은 아니며, 이는 단지 도덕적인 판단보다는 사실적인 주장일 뿐임) **[LO 1.7]**
   a. 제때 빚을 갚는 사람은 그렇지 않은 사람들보다 빚을 덜 질 것이다.
   b. 힘들게 일하는 것은 미덕이다.
   c. 모든 사람들은 제때 빚을 갚아야 한다.
   d. 중국은 세계에서 인구가 가장 많다.
   e. 중국의 한 아이 정책(한 가정에서 자녀를 한 명만 낳는 것)은 폭발적인 경제성장을 견인했다.
   f. 낮은 세금은 국가에 이롭다.

15. 경제학원론의 중간고사 결과를 받았고, 시험지에 담당교수가 다음과 같은 문구를 적었다. '학생의 중간고사 성적은 70점이고, 이는 평균점수입니다. 점수를 올리고 싶다면 공부를 더 해야 합니다.' **[LO 1.7]**
   a. 첫 번째 문장은 실증적인가, 규범적인가?
   b. 두 번째 문장은 실증적인가, 규범적인가?

미주

1. "Grameen Bank at a glance," Grameen Bank, October 2011, http://www.grameen-info.org/index.php?option=com_content&task=view&id=453&Itemid=527.

◀ 세계의 모바일 윈도우–이 장의 내용과 관련된 응용사례를 찾으려면 여러분의 스마트폰으로 이 코드를 스캔하라. (QR코드 리더가 필요하면, 여러분의 앱스토어에서 ScanLife를 활용하라.)

여러분의 모바일 앱스토어를 방문하여 Karlan and Morduch Study Econ app.을 다운로드 하라. ▶

Chapter 02

특화와 교환

학습목표

LO 2.1 생산가능곡선 구성하기와 생산가능곡선을 이동시키는 원인이 무엇인지 설명하기

LO 2.2 절대우위와 비교우위에 대해 정의하기

LO 2.3 특화에 대해 정의하고 사람들이 왜 특화하는지 설명하기

LO 2.4 비교우위로부터 거래 이득이 어떻게 발생하는지 설명하기

티셔츠 원산지

이용 가능한 자원을 어떻게 최대한으로 활용할 수 있을까? 이는 가장 기본적인 경제학 질문 가운데 하나다. 공장의 관리자들은 생산을 증가시키기 위한 방법을 찾을 때 이런 질문을 한다. 경제 정책을 계획하는 경우 국가 지도자들은 이용 가능한 자원을 최대한 활용하기 위해 자문을 구한다. 사회운동가가 빈곤을 감소시키기 위한 방법을 찾을 때나 환경운동가가 환경을 보존하기 위한 방법을 찾을 때도 조언을 구한다. 일상생활에서 어떤 방식으로 무엇을 할 것인가 생각할 때, 그리고 우리의 재능을 최대한 이용하는지를 어떻게 확신하는지 스스로에게 묻는 질문이기도 하다.

이런 질문을 이해하기 위해, 자원을 최대로 활용하는 상태(국제무역의 타당성 및 국가 간 생산의 전문화)로부터 시작하자. 이 장을 마치고 나서는 여러분이 직접 컴퓨터를 수리하거나 전문가에게 맡기고 수리비를 지불하는 선택에 대해 어떤 결정이 합리적인 판단인가를 비롯해 모든 경우에 동일한 아이디어가 어떻게 적용되는지 이해하게 되기를 바란다.

다음과 같은 간단한 질문으로 시작해보자: 여러분의 티셔츠는 어디서 만들어졌는가? 가격표 태그를 보라. 여러분이 한 번도 가본 적도 없으며 가볼 생각도 해본 적 없는 곳에서 만들어진다. 중국? 말레이시아? 온두라스? 스리랑카?

'메이드 인(made in)'이라는 라벨은 원산지의 일부만을 나타낸다. 여러분이 입고 있는 셔츠가 어디서 만들어져 어디를 거쳐 배송되고 판매되었는지에 대한 기록은 우리가 알지 못하는 국가까지 연결되어 세계적으로 확산될 가능성이 있다. 보통의 일반 티셔츠를 생각해보자: 목화는 아프리카 서부의 말리(Mali) 공화국에서 생산되어 실로 만들어지기 위해 파키스탄(Pakistan)으로 이동되었을 수 있다. 직물용 실은 옷감으로 만들어지기 위해 중국으로 보내져서 옷감이 되고 옷으로 만들어졌을 것이다. 셔츠는 여러분 가까이에 있는 상점으로 배송되기 위해 미국(또는 한국)으로 옮겨졌을 것이다. 몇 년 전에 여러분이 옷장을 청소할 때, 여러분의 셔츠를 자선단체에 기부했을지도 모르고, 이 옷은 아프리카 서부의 말리에 있는 중고 의류 제조업체로 배송될 수도

있다. 이제 여러분 셔츠의 제작 및 유통과정에 대한 여행이 시작되었다.

물론, 셔츠에 대한 이야기만은 아니다. 신발, 컴퓨터, 자동차 등 제조품도 이와 유사하다. 오늘날 우리가 사용하는 재화와 서비스는 농장, 탄광, 공장, 무역상 및 상점으로 구성되어 매우 복잡한 글로벌 네트워크를 거쳐 우리에게 전달된다. 아주 간단한 티셔츠까지 왜 세계 전역에 전파되어 있는가? 중국에서 목화가 재배되고 말리에서 바느질이 이루어지기보다는 목화가 재배되고 중국에서 바느질이 이루어지는 이유는 무엇인가? 미국(또는 한국)에서 셔츠를 만들게 되면 여러분이 구입하는 셔츠가 국가에서 국가로 그 먼 길을 여행하지 않아도 될 텐데, 미국(또는 한국)에서 완성된 재화를 만들지 않는 이유는 무엇인가?

이 장에서는 누가 어떤 재화를 왜 생산하는가에 대한 기초적인 경제학적 질문들을 강조한다. 전 세계 수백만의 사람과 기업들이 재화와 서비스를 적절한 조합으로 소비자들에게 공급하기 위해 그들의 활동을 조정하는 것은 거의 마술처럼 느껴진다. 이런 적당한 조합은 우연히 일어나는 것도 아니고, 모든 사람에게 어디로 가서 무엇을 하라고 말해주는 전지전능한 설계자가 하는 것도 아니다. 전 세계 생산 라인이 사람들 자신의 삶을 개선시키기 위해 그들 자신의 이기심으로 행동하는 모든 곳에서 나오는 사람들의 자연스러운 결과물이다. 경제학자들은 이런 조정 메커니즘을 보이지 않는 손(invisible hand)이라고 하는데, 이는 18세기 경제 사상가인 애덤 스미스에 의해 처음으로 제시된 개념이다.

누가 그리고 왜 생산하는가를 이해하기 위해서, 지난 수 세기 동안 셔츠에 대한 이야기가 어떻게 변화해왔는지 살펴보자. 1800년대의 대부분은, 미국 사람들이 미국산 셔츠를 입었다. 그러나 오늘날 대부분의 셔츠는 중국, 방글라데시, 그리고 저임금의 다른 나라에서 만들어진 제품이다. 지난 수 세기 동안 미국의 근로자들은 셔츠 만드는 기술이 뒤떨어졌는가? 절대로 그렇지 않다. 사실, 이 장에서 다루게 되겠지만, 중국 근로자의 셔츠 만드는 기술이 미국 근로자보다 더 낫다는 의미는 아니다. 재화를 가장 낮은 기회비용으로 생산하는 국가나 회사 또는 개인에 의해 각 상품이 생산된다는 것이다.

국가 및 기업은 가장 낮은 기회비용을 가진 재화에 특화하고, 그들이 소비하길 원하는 재화의 조합을 얻고자 서로 거래한다. 거래의 이득에 의해 발생되는 결과물은 배분되고, 이로 인해 모든 사람들은 더 나아지게 된다. 국가 간의 교통 및 통신이 개선되어 무역이 이루어진다는 것은 놀라운 일이 아니다.

이 장에서 언급되는 개념은 한 나라의 부(富)나 국제무역에만 적용되는 것은 아니다. 이 개념들은 대부분의 사람들이 직면하게 되는 매일매일의 선택에도 적용된다. 추수감사절 만찬에서 어떤 그릇을 이용할 것이며, 누가 요리를 해야 하는가? 이런 질문을 할 때 이용되는 개념은 때때로 오해를 받을 수도 있어 미묘할 수 있다. 이 장을 통해 여러분 삶의 모든 분야에서 자원을 더 잘 관리하는 데 도움을 줄 수 있는 통찰력을 얻게 되길 기대한다.

생산가능

1장에서는 모형에 대해 알아보았다. 좋은 모형이란 중요한 측면에 초점을 맞출 수 있도록 하기 위해 가정을 단순화해 복잡한 상황을 이해하도록 도와준다. 여러분이 짐작하듯이, 200년 전에는 미국 사람들이 직접 생산했던 셔츠를 왜 오늘날에는 중국 사람들이 미국 사람들을 위해 생산하는가에 대한 스토리는 복잡하다. 그러나 이를 단순화해 모형을 설정하면, 유용한 직관을 얻을 수 있다.

미국과 중국이 셔츠와 밀, 2가지 재화만 생산한다고 가정하자.(물론 현실에서는 다양한 재화를 생산하지만, 지금은 세부 사항에 얽매이지 않기 위해 단순하게 가정한다) 셔츠와 같이 관심 있는 물건에 초점을 맞추기 위해, 모형에서는 '셔츠 이외의 물건'으로 밀을 이용한다.

이 모형에서 우리는 **생산가능곡선**(*production possibilities frontier*)이라는 도구를 이용해 생산에 관한 실험을 수행하고자 한다. 이 도구는 국제무역과 아무런 관련이 없는 다양한 다른 맥락에서도 이용된다. 오늘날 미국인들이 중국으로부터 셔츠를 구입하는 이유를 설명하는 지난 수 세기 동안의 변화를 드러내기 위해 이 도구를 이용한다.

생산가능곡선 그리기

LO 2.1 생산가능곡선 구성하기와 생산가능곡선을 이동시키는 원인이 무엇인지 설명하기

1800년대의 미국으로 돌아가보자. 단순 모형에서, 200만 명의 미국인 근로자들이 존재하고, 이들은 두 곳의 일자리 중 하나를 선택할 수 있다. 셔츠 공장 또는 밀 농장. 셔츠 공장에서 각 근로자는 하루에 셔츠 한 장씩을 생산한다. 밀 농장에서는 각 근로자는 하루에 밀 2부셸(bushel, 역자 주: 곡물이나 과일의 중량 단위로, 1부셸은 영국에서는 28.1226kg, 미국에서는 27.2154kg에 해당한다)을 생산한다.

모든 사람이 밀 농장에서 일한다면 어떻게 될까? 미국은 매일 400만 부셸의 밀을 생산한다(근로자 1인당 2부셸 × 200만 근로자). 이것은 하나의 '생산 가능'에 해당한다. 〈그림 2-1〉의 (A)의 점 A로 나타낸다. 그 대신, 모든 근로자들이 셔츠 공장에서 일하게 된다면 어떤 일이 발생하겠는가? 미국은 매일 200만 장의 셔츠를 생산하게 된다(근로자 1인당 셔츠 1장 × 200만 근로자). 이 생산 가능은 〈그림 2-1〉의 점 E로 표시된다.

물론 미국은 셔츠만 또는 밀만 생산하지 않을 것이다. 모든 근로자가 동일한 상품을 생산해야 할 이유는 없다. 〈그림 2-1〉의 (B)에 제시되었듯이, 미국인 근로자가 생산할 수 있는 셔츠와 밀의 다양한 조합이 존재한다. 예를 들면, 근로자의 4분의 1이 셔츠 공장으로 간다면, 그들은 50만 장의 셔츠(근로자 1인당 1장의 셔츠 × 50만 근로자)를 생산하고, 나머지 근로자 들은 300만 부셸의 밀(근로자 1인당 2부셸 × 150만 근로자)을 생산한다. 이런 생산 가능은 〈그림 2-1〉의 (B)에서 점 B로 나타낸다. 100만 근로자는 셔츠(100만 장의 셔츠)를 생산하고 다른 100만 근로자는 밀(200만 부셸)을 생산한다. 이 생산 가능은 점 C로 표시된다.

〈그림 2-1〉 그래프상의 점과 같이 다양한 방식으로 셔츠와 밀 간에 노동력 구성을 재배치할 수 있다. 충분한 점들로 채우게 되면, 〈그림 2-2〉에 제시된 녹색선을 만들 수 있다. 이 선을 **생산가능곡선**(PPF; production possibilities frontier)이라고 한다. 이용 가능한 모든 자원을 활용해 생산할 수 있는 산출물들의 가능한 모든 조합을 보여주는 직선이나 곡선이다. 우리의 예에서 이 선은 미국의 모든 근로자들을 활용해 생산할 수 있는 셔츠와 밀의 모든 조합점을 나타낸다. 점 T와 같은 직선 안의 점들은 달성 가능하지만 이용 가능한 자원을 최대로 활용한 것이 아니다.

생산가능곡선 한 경제가 모든 이용 가능한 자원들을 사용해 최대로 생산한 두 산출물의 모든 조합을 보여주는 직선이나 곡선

그림 2-1

가능한 생산 조합

(A) 하나의 재화를 생산하는 경우

생산 가능	밀 (100만 부셸)	셔츠 (100만 장)
A	4	0
E	0	2

(B) 두 재화를 생산하는 경우

생산 가능	밀 (100만 부셸)	셔츠 (100만 장)
B	3	0.5
C	2	1.0
D	1	1.5

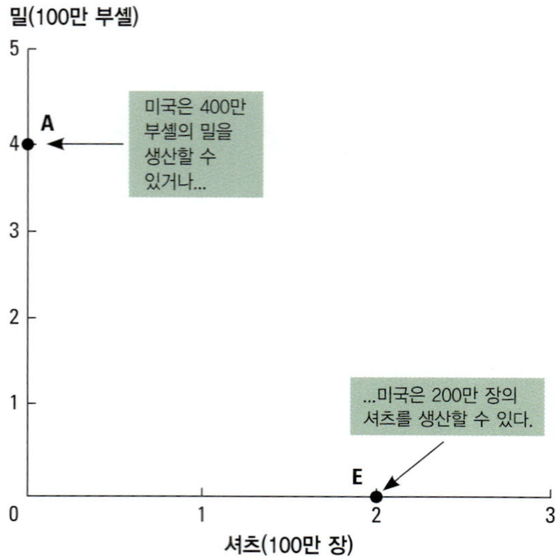

미국이 모든 자원을 하나의 재화 생산에만 투입하는 경우로, 최대로 생산 가능한 셔츠의 숫자 또는 최대로 생산 가능한 밀 생산량을 나타낸다.

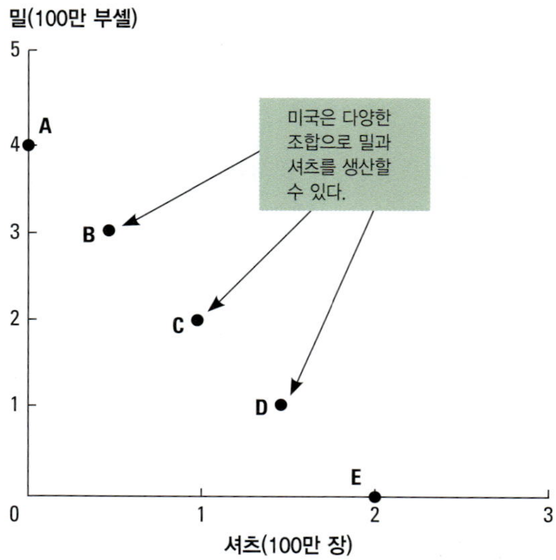

각 재화의 생산에 자원을 배정함으로써, 미국은 밀과 셔츠의 생산을 다양한 조합으로 생산할 수 있다.

생산가능곡선은 1장에서 제기된 경제학자들의 질문 가운데 첫 번째 질문에 답하는 데 도움을 준다: 원하는 요구사항과 관련된 제약조건은 무엇인가? 미국인들은 셔츠와 밀을 소비하기를 원한다(물론, 다른 상품들도 소비하기를 원한다; 분석을 위해 단순화한 것임을 잊지 말기 바란다). 생산가능곡선은 생산에 대한 제약조건을 나타내는 방법을 설명해준다. 〈그림 2-2〉의 점 U와 같은 생산가능곡선 밖에 표시된 셔츠와 밀의 조합점들은 미국에서 생산이 불가능하다. 셔츠와 밀의 조합이 어떻게 배열되든 점 U의 조합을 생산하기 위한 근로시간 또는 근로자가 충분하지 않다.

생산가능곡선은 경제학자들의 두 번째 질문도 강조한다: 상충관계에 있는 것들은 무엇인가? 각 근로자는 하루에 셔츠 한 장 또는 밀 2부셸을 생산할 수 있다. 다시 말해, 밀 생산량과 셔츠 생산량 간에 상충관계가 존재한다. 추가로 셔츠 한 장을 원한다면, 근로자는 하루 동안 밀 경작을 그만두어야 한다. 따라서 셔츠 한 장의 기회비용은 2부셸의 밀이다. 근로자 한 사람이 밀 한 부셸을 경작하기 위해서는 반나절이 걸리므로, 한 부셸의 밀에 대한 기회비용은 셔츠 반 장이다. 기회비용은 생산가능곡선의 기울기로 나타낸다. 생산가능곡선상의 상향 이동은 셔츠의 생

그림 2-2
생산가능곡선

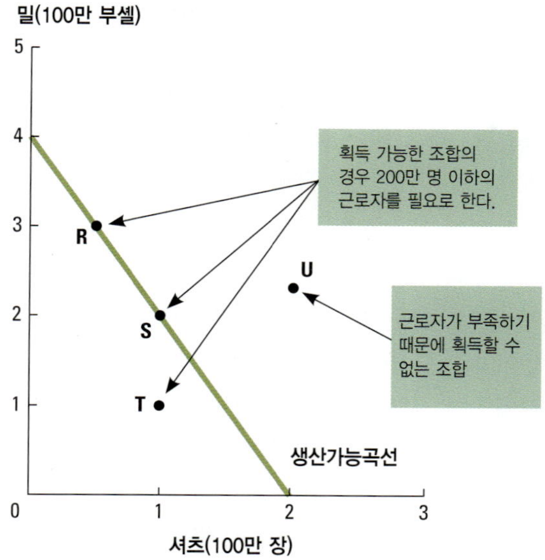

점 R, S, T와 같은 생산가능곡선 아래 또는 선상의 점들은 미국에서 이용 가능한 자원을 활용해 생산 가능한 재화들의 조합을 나타낸다. U와 같은 곡선 바깥의 점들은 자원이 부족하기 때문에 불가능하다.

산을 줄이면서 밀을 더 많이 생산하는 것을 의미한다. 〈그림 2-2〉에 나타나 있듯이, 생산가능곡선의 기울기는 −2인 것을 알 수 있다. 셔츠 한 장의 기회비용은 항상 2부셸의 밀이라는 뜻이다.

> 기울기 측정과 해석하는 방법을 복습하기 위해 이 장의 뒤에 나오는 부록 A '핵심 수학: 그래프와 기울기 이해하기'를 참고하라.

생산가능곡선을 방정식으로도 표현할 수 있다. 매일 생산하는 셔츠의 양을 X라고 하고 밀 생산량을 Y라고 하자. 총 근로자는 200만 명이기 때문에 셔츠와 밀을 생산하는 근로자의 합은 항상 200만 명이 된다. 각 근로자는 한 장의 셔츠를 만드는 데 하루가 걸리고 1부셸의 밀을 생산하는 데 반나절이 걸리기 때문에 셔츠 만드는 근로자의 숫자는 X가 되고, 밀을 경작하는 근로자의 숫자는 Y의 $\frac{1}{2}$이 된다. 따라서 $X + \frac{1}{2}Y = 200$만이라는 형식의 방정식을 구성할 수 있다. 이 방정식이 참(true)이 되는 X와 Y의 어떤 조합도 생산가능곡선상의 점으로 나타난다.

좀 더 일반적으로는, X재와 Y재가 있고, a는 X재(여기서, 셔츠) 한 단위를 생산하기 위해 필요한 근로자의 숫자이고, b는 Y재(여기서, 밀) 한 단위를 생산하기 위해 필요한 근로자의 수를 나타낸다면, 다음과 같은 방정식을 얻는다.

방정식 2-1

$$aX + bY = \text{총자원}$$

이 방정식은 생산가능곡선의 기울기를 나타내기 위해서 Y로 표시할 수 있다. 양변으로부터 aX를 빼고 b로 나누면 점-기울기(point-slope) 형태로 나타내는 방정식을 구하게 된다. 이 명칭은 직선상의 한 점과 기울기를 방정식의 형태로 표현했다는 사실을 시사한다. X항 앞의 $-(\frac{a}{b})$는 X재의 기회비용인 생산가능곡선의 기울기를 나타낸다.

방정식 2-2

$$Y = -\left(\frac{a}{b}\right)X + \left(\frac{\text{총 자원}}{b}\right)$$

선형 방정식에 대한 복습을 위해 3장의 뒤에 나오는 부록 B '핵심 수학: 선형 방정식 활용하기'를 참고하라.

지금까지는 모든 근로자들이 각 재화에 대해 동일한 생산량을 생산할 수 있다고 가정했다. 현실에서의 일부 근로자들은 셔츠를 만드는 데 능숙하고 민첩하기도 하지만, 다른 근로자들은 농사에 천부적 재능이 있기도 하다. 지금까지 다룬 단순 모형에 이러한 현실을 반영한다면 어떻게 될까?

모든 근로자들이 밀 농사를 짓고 있으며 아무도 셔츠 제작에 참여하지 않는다는 것으로부터 시작하자. 셔츠 제작에 천부적 재능이 있는 근로자를 재배치한다면, 너무 많은 밀을 포기하지 않으면서 많은 셔츠를 얻을 수 있다. 다시 말해, 시작 단계에 만드는 셔츠의 기회비용은 매우 낮다. 이제 모든 근로자들이 셔츠를 만든다고 상상해보자. 이 경우 최고의 농부들만 밀 생산에 남겨지게 된다. 셔츠 제작에 남은 근로자들의 대부분을 재배치시킨다면, 단 몇 장의 추가 셔츠를 얻기 위해 많은 양의 밀을 포기하게 된다. 마지막 몇 장의 셔츠를 얻기 위한 기회비용이 매우 높게 된다.

생산에 필요한 자원으로 토지와 기계를 포함시키면, 모형이 약간 달라진다. 하지만 유사한 패턴이 유지된다는 것을 발견하게 된다: 각 자원이 추가로 배당됨에 따라 재화 한 단위의 추가 생산에 대한 기회비용은 증가하게 된다. 예를 들면, 더 많은 밀을 생산하기 위해서는 근로자들뿐 아니라 농장 토지도 재배치해야 한다. 더 많은 셔츠를 생산하기 위해서는 새로운 공장을 세우고 재봉틀을 더 구입해야 한다.

다시 한 번, 모든 사람들이 밀 농사를 짓는다고 시작해보자. 밀 생산량을 최고로 확대할 경우 일부 농부들은 밀 농사에 적합하지 않은 토지에서 농사를 짓게 될지도 모른다. 토지가 늪 같은 습지거나 지나친 경작으로 토지의 영양소가 고갈되었을 수 있다. 이런 메마른 땅에서 경작하는 농부들이 셔츠 제작으로 이동했을 때, 이 경제는 소량의 밀 생산만을 포기하고 대신에 많은 양의 셔츠를 생산하게 된다. 그에 반해, 아주 소량의 밀이 비옥한 토지에서 최상으로 경작되는 경우에는, 마지막 소수의 농부들을 셔츠 제작을 위해 재배치할 경우 밀 생산이 상대적으로 크게 감소할 것이다.

모든 근로자들이 생산에 오직 하나의 투입물만 사용하는 가장 간단한 모형으로 돌아가서, 이런 기회비용의 증가를 생산가능곡선으로 설명할 수 있다. 〈그림 2-3〉에 제시되었듯이, 이런 이동으로 일직선 대신 오목한 곡선(concave curve)을 얻는다. 〈그림 2-3〉의 (A)는 3가지 유형의 근로자가 있는 경우를 묘사하고 있다:

- 모든 밀 생산에 대해, 일부는 한 장의 셔츠를 생산할 수 있다; 점 C_1과 점 C_2 사이의 어떤 점에 해당한다.
- 모든 밀 생산에 대해, 일부는 오직 2분의 1장의 셔츠를 생산할 수 있다(점 C_2와 점 C_3 사이).
- 모든 밀 생산에 대해, 일부는 오직 4분의 1장의 셔츠를 생산할 수 있다(점 C_3과 점 C_4 사이).

그림 2-3

오목한 생산가능곡선

(A) 생산가능곡선(PPF) 구성하기　　(B) 생산가능곡선(PPF)

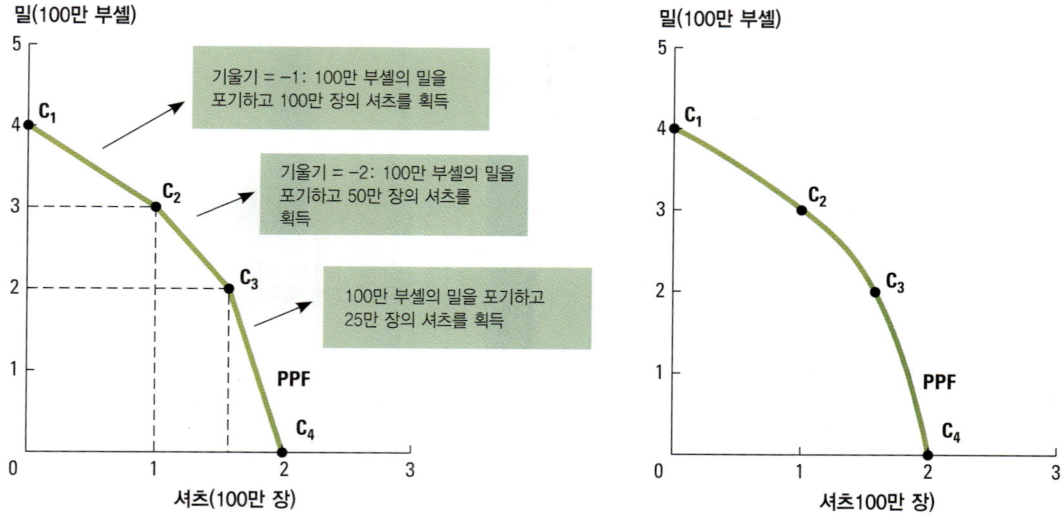

점 C_1에서, 모든 근로자들은 밀을 생산하고, 셔츠를 만들기 위해 최고의 재봉사로 교체할 경우 셔츠 생산량이 크게 증가하게 될 것이다. 그러나 셔츠 제작을 위해 훌륭한 농부를 더 많이 교체함에 따라, 셔츠 생산량의 증가는 상대적으로 밀 생산의 손실을 감소시킨다. 결과적으로 PPF의 기울기는 C_2에서 C_3로, 다시 C_3에서 C_4로 가팔라진다.

현실에서는 각각의 근로자가 조금씩 다른 기술을 가지고 있기 때문에, 밀에 대한 셔츠 제작의 기회비용이 조금씩 다르다. 결과적으로, 부드러운 곡선의 형태인 생산가능곡선을 그리게 된다.

다시 말해, 곡선 아래로 내려감에 따라 셔츠를 더 잘 만드는 사람들로부터 밀 농사를 더 잘 짓는 사람으로 이동하게 된다. 밀 경작으로 본 셔츠 제작의 기회비용은 증가하고, 생산가능곡선의 기울기는 가팔라진다(C_1과 C_2 사이는 −1, C_2와 C_3 사이는 −2, C_3과 C_4 사이는 −4).

현실에서는 3가지 유형의 근로자만 존재하는 것은 아니다. 각각의 근로자는 조금씩 다른 기술을 가지고 있다. 다수의 가능성이 〈그림 2-3〉의 (B)에 제시된 것처럼 부드러운 곡선으로 만들어준다. 생산가능곡선상의 각 점에서 기울기는 교체되는 다음 근로자의 기술을 바탕으로, 밀을 더 얻거나 셔츠를 더 얻기 위한 기회비용을 나타낸다.

생산 가능한 조합 가운데 선택하기

한 경제에서 선택하게 되는 재화의 조합에 대해 생산가능곡선이 설명하고자 하는 것은 무엇인가? 앞에서, 생산가능곡선상의 점들뿐 아니라 생산가능곡선 안쪽의 점들에서도 생산이 가능하다는 것을 언급했다. 그러나 생산가능곡선 안쪽의 생산점을 선택하는 것은 그 경제에 존재하는 모든 근로자를 투입할 경우 더 많은 밀을 생산할 수 있거나, 더 많은 셔츠를 만들 수 있거나, 또는 두 재화 모두를 더 많이 생산할 수 있다는 것을 의미한다. 예를 들면 〈그림 2-4〉에서, 미국은 점 B_1에서 점 B_2로 이동할 때 셔츠를 포기하지 않고도 밀을 더 많이 생산할 수 있다. 이런 이동은 점 B_2에서 점 B_3로 이동할 때도 유사하게 할 수 있다. 그러나 생산가능곡선에 도달하게 되면, 다

그림 2-4
효율적인 생산 조합 선택하기

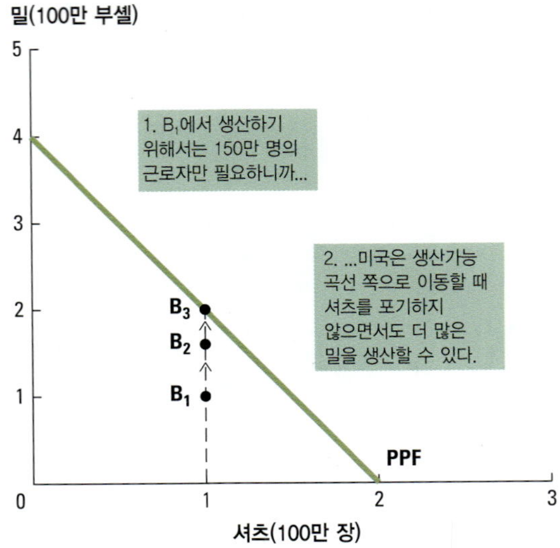

미국은 점 B_1에 도달하기 위해 단지 150만 명의 근로자가 필요하다. 더 많은 근로자를 고용하게 된다면, 점 B_2에 도달할 수 있게 되고 셔츠를 포기하지 않으면서 밀을 더 많이 생산할 수 있다. 점 B_3(또는 생산가능곡선상의 어떤 점)에 도달할 때까지 그리고 더 이상 남아 있는 노동자가 없을 때까지 더 많은 근로자를 고용할 수 있게 된다.

효율적 생산점 이용 가능한 자원을 모두 동원할 때 가능한 최대한의 생산 조합들

른 재화를 더 얻기 위해서는 한 재화를 포기해야 한다. 이용 가능한 자원을 모두 동원할 때 가능한 최대의 생산을 나타내기 때문에, 생산가능곡선상에 있는 B_3와 같은 점들을 **효율적**(efficient)이라고 한다. 이용 가능한 자원을 모두 동원하지 않았기 때문에, 생산가능곡선 내부의(안의) 점들은 비효율적(inefficient)이라고 한다.

현실 세계에서 경제가 항상 효율적인 것은 아니다. 다양한 문제로 인해 근로자가 실직되기도 하고 다른 자원이 유휴 상태로 남아 있기도 하다. 앞으로 공부하게 될 장들에서 이런 문제들을 상세히 다룰 것이다. 우선은, 생산이 항상 효율적이라고 가정한다. 일반적으로 사람들과 기업들은 이용 가능한 모든 자원을 최대로 동원해 최고의 가치를 창출하기 위해 노력하기 때문에 효율성은 합리적인 가정으로 받아들인다.

효율성 가정을 바탕으로, 생산가능곡선 내부의 점보다는 곡선상의 점을 선택할 것이라고 예상할 수 있다. 생산가능곡선은 곡선상의 어떤 점이 미래의 생산 가능이 될 것인지에 대해서는 나타내지 못한다. 예를 들면, 〈그림 2-5〉에서 F_1을 선택할 것인가? 아니면 미국은 밀을 조금 생산하고 셔츠를 더 많이 생산하기 위해 F_2로 이동할 것인가? 지금의 상황에서 추가 정보 없이는 F_1이 더 나은지 F_2가 더 나은지 선택하기 어렵다. 미국 경제가 완벽하게 자급자족된다면, 미국 사람들이 소비하고자 하는 셔츠와 밀이 어떤 조합이냐에 따라 결정된다. 만약에 다른 나라들과의 무역이 이루어진다면, 그 나라의 생산 가능과 소비자들에 의해서도 선택이 이루어진다. 이에 대해서는 이 장의 후반부에서 보게 될 것이다.

생산가능곡선의 이동

지금까지 1800년대 미국에서 생산 가능한 티셔츠와 밀의 조합에 대해 설명하기 위해 단순 모형을 구축했다. 그러나 1800년대 이후 놀랄 만한 생산력 증대를 비롯해 많은 것들이 변화해왔다. 생산가능곡선은 이러한 변화가 제약 조건과 상충한계에 미치는 영향을 이해하는 데 유용한 분석 도구다. 2가지 중요한 요소가 미국의 생산 가능의 변화를 초래했다.

우선, 더 많은 근로자들이 존재한다. 오늘날 미국의 인구는 1800년대보다 훨씬 더 많아졌다. 더 많은 근로자들이 있다는 것은 셔츠와 밀을 생산할 수 있는 사람들이 더 많아졌다는 것을 의미한다. 그래프를 통해 생산가능곡선 자체가 바깥으로 이동하는 것으로 변화를 나타낼 수 있다. 〈그림 2-6〉의 (A)는 각 근로자가 여전히 하루에 한 장의 셔츠 또는 두 부셸의 밀을 생산할 수 있다는 전제하에 미국의 인구가 2배로 증가했을 때 생산가능곡선이 어떻게 변화하는가를 보여준다.

그러나 생산력의 놀라운 증가는 지난 수 세기 동안 이루어진 엄청난 기술진보에 있다. 1810년대, 보스턴의 프랜시스 캐봇 로웰(Francis Cabot Lowell)이라는 사업가는 영국 방직공장의 선진 기술을 배우고 모방하기 위해 영국을 여행한 뒤 근로자들이 전에 만든 것보다 더 많은 면직물을 짤 수 있게 해주는 동력 방적기(power loom)를 가져왔다.

〈그림 2-6〉의 (B)에 제시되어 있듯이 하루에 한 장의 셔츠를 만드는 기술에서 3장의 셔츠를 생산하게 되는 기술 변화를 생산가능곡선을 통해 기술진보로 나타낼 수 있다. 밀 생산률이 동일

생산가능곡선의 회전과 이동에 대한 복습을 위해서는 3장 다음에 제시된 부록 B '핵심 수학: 선형 방정식 활용하기'를 참고하라.

그림 2-5

효율적인 조합 가운데 선택하기

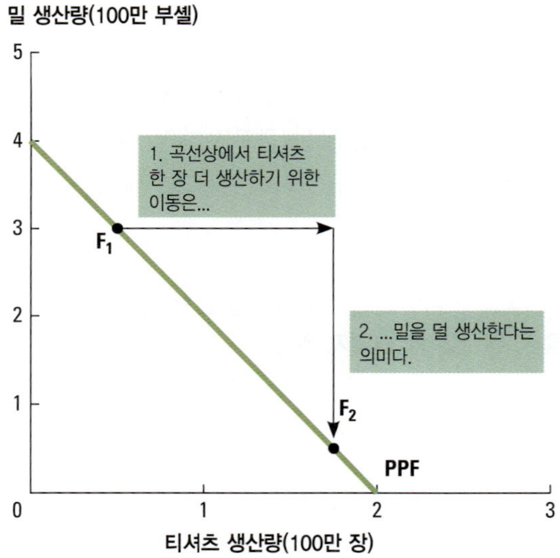

생산가능곡선상의 모든 점에서, 미국은 전 사업장의 모든 근로자를 고용한다. 미국이 각 점에서 이용 가능한 모든 자원을 활용하기 때문에, 곡선상의 점들 간 선택은 다른 나라들과의 교역이 없는 상태에서 어떤 재화를 더 선호하는가가 중요하다. 미국은 소비자들이 원하는 조합에 따라, 점 F_1처럼 더 많은 밀과 더 적은 티셔츠를 선택할 수도 있고, 점 F_2처럼 더 많은 티셔츠와 더 적은 밀을 선택할 수도 있다.

그림 2-6

생산가능곡선 이동

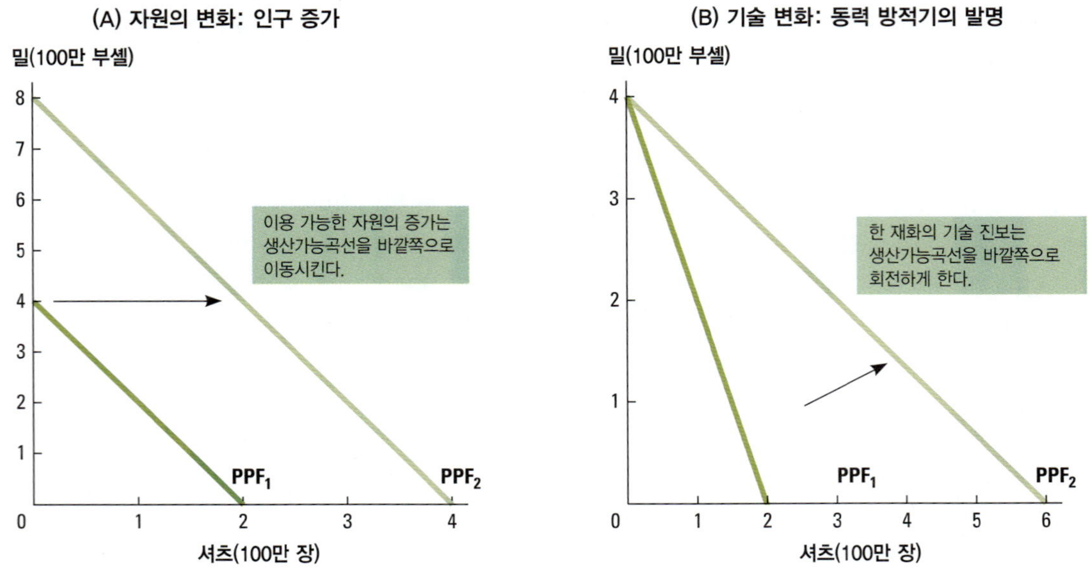

자원 증가로 생산 가능은 확대된다. 근로 인구가 증가하게 되면, 그 나라는 두 상품 모두 전보다 더 많이 생산하게 된다. 이는 생산가능곡선을 바깥쪽으로 이동하게 한다. 인구가 두 배로 증가하게 되면, 셔츠와 밀을 최대로 생산가능하게 한다.

기술이 진보할 때 생산 가능은 확대된다. 방직업에서 동력 방직기를 도입하게 되면, 근로자는 동일한 시간에 셔츠를 더 많이 생산할 수 있다. 이는 생산가능곡선을 바깥쪽으로 회전하게 한다. 셔츠 생산량이 증가하는 반면에 밀 생산은 동일하게 유지되므로, 생산가능곡선의 기울기는 변화한다.

하게 유지되는 동안 셔츠 생산률이 증가함에 따라, 생산가능곡선의 형태는 변화한다. 이 경우, 셔츠 생산에 할당된 근로자의 수가 일정하게 주어졌음에도 불구하고 전보다 더 많은 셔츠가 생산되므로 x축을 따라 바깥쪽으로 회전한다. 모든 근로자가 밀 농사를 지을 때를 제외하고 모든 점에서, 이 나라는 기술 진보 덕분에 동일한 근로자의 수로 더 많이 생산하게 된다.

✓ 개념 확인하기

- ❒ 개인이나 국가는 생산가능곡선 바깥쪽에 위치한 재화의 조합을 생산할 수 있는가? 그렇다면 왜 그런지 설명하라. 그렇지 않다면 왜 그렇지 않은지 설명하라. **[LO 2.1]**
- ❒ 신기술의 결과로 인한 생산성의 증가는 생산가능곡선을 안쪽으로 이동시키는가 또는 바깥쪽으로 이동시키는가? **[LO 2.2]**

절대우위와 비교우위

1810년 동력 방적기와 인구 증가로 무장된 미국은 면 셔츠 생산에서 대단히 매력적인 생산자였다. 1세기 넘게 세계에서 가장 큰 의류 제조업자였다. 그 이후 미국의 인구는 크게 증가했고, 제조 기술은 훨씬 더 진보했다. 그런데 오늘날 중국산 제품이 세계 의류 수출품의 30%를 차지하고 있는 이유는 무엇인가?

지금까지는 개별 생산자들이 직면한 주요 상충관계를 강조하기 위해 가장 단순한 생산 모형을 가지고 살펴보았다. 국가 간에 무역이 없다면, 미국은 미국산 제품만 소비할 수 있다. 그러나 현실에서 재화는 전 세계적으로 만들어지고 있다. 미국 사람들이 미국에서 생산된 것보다 더 많은 셔츠를 구입하기를 원한다면, 다른 나라로부터 수입할 수 있다. 이런 조건하에서, 어떤 나라가 어떤 재화를 생산할 것인가를 어떻게 예측할 수 있는가?

자원을 다수의 생산자들 사이에 어떻게 배분할 것인가를 이해하는 것은, 대기업이 특화된 중소기업과 일하는 것을 이해한다거나 미국과 같이 부유하고 생산성이 높은 국가가 매우 가난하면서 생산성이 낮은 국가와 교역을 하는 이유를 이해하는 단계에 해당한다. 여기서 우리는 교역이 교역에 참여한 모든 사람(국가)들을 이롭게 하도록 총생산을 증가시킨다는 것을 보게 될 것이다. 왜 그런지 이해하기 위해 오늘날 미국에서 판매되는 대부분의 티셔츠가 중국산 제품인 이유가 무엇인가라는 질문으로 넘어가보자.

절대우위

LO 2.2 절매우위와 비교우위에 대해 정의하기

지난 2세기 동안 셔츠 제작 및 밀 경작 기술이 증가해 오늘날 미국인 근로자 한 사람이 하루에 50장의 셔츠 또는 200부셸의 밀을 생산할 수 있다고 가정하자. 한편, 중국인 근로자 한 사람은 25벌의 셔츠만 생산하거나(미국인 근로자는 아마도 옷감이 쾌속으로 절단되는 기술을 사용하기 때문에) 또는 50부셸의 밀을 생산한다(미국인 농부는 아마도 중국 농부는 사용하지 못하는 비료와 농약을 사용하기 때문에). 말하자면, 동일한 숫자의 근로자가 주어졌을 때 미국은 중국보다 2배의 셔츠를 만들거나 4배의 밀을 생산할 수 있다.

생산자가 주어진 자원으로 다른 이들보다 더 많은 재화나 서비스를 생산할 수 있다면, 이 생산자는 **절대우위**(absolute advantage)가 있다. 지금까지의 단순 모형에서 보면, 셔츠와 밀 생산에서 미국의 근로자당 생산량이 중국보다 많기 때문에 미국은 셔츠와 밀 생산에서 중국에 대해 절대우위에 있다.

절대우위 주어진 자원으로 다른 이들보다 더 많은 재화나 서비스를 생산할 수 있는 능력

비교우위

절대우위가 이야기의 끝이 아니다. 만약 그렇다면, 미국은 전 세계에서 소비하고 있는 셔츠를 아직도 생산하고 있을 것이다. 미국에서 생산하는 모든 티셔츠와 관련해, 문제는 밀 생산에 이용할 수 있었던 자원을 셔츠 생산에 이용한다는 것이다. 물론, 중국에도 똑같이 적용될 수 있다. 그러나 티셔츠와 밀 생산에 대한 단순 모형에 따르면, 미국에서는 셔츠 한 장의 기회비용이 4부셸의 밀이다(200부셸 ÷ 50장 셔츠 = 셔츠 한 장당 4부셸).; 중국에서는 셔츠 한 장의 기회비용은 단지 2부셸의 밀이다(50부셸 ÷ 25장 셔츠 = 셔츠 한 장당 2부셸). 미국은 한 장의 셔츠를 생산하기 위해 중국보다 더 많은 것을 포기해야 한다.

생산자가 다른 이들에 비해 더 낮은 기회비용으로 재화나 서비스를 생산할 수 있을 때, 그 재화와 서비스 생산에서 **비교우위**(comparative advantage)에 있다고 한다. 미국에서 셔츠 생산의 기회비용은 밀 4부셸이지만 중국은 단지 밀 2부셸이기 때문에 중국은 셔츠 생산에서 미국에

비교우위 다른 이들에 비해 더 낮은 기회비용으로 재화나 서비스를 생산할 수 있는 능력

대해 비교우위에 있다.

한편, 미국은 밀 생산에서 중국보다 비교우위에 있다. 미국이 밀 1부셸을 생산할 때마다, 4분의 1장의 셔츠를 생산하기 위한 기회를 포기하는 것이다(50장 셔츠 ÷ 200부셸 = 밀 1부셸당 1/4 셔츠). 그러나 중국의 경우 밀 1부셸 생산의 기회비용은 더 크다: 2분의 1장의 셔츠다(25장 셔츠 ÷ 50부셸 = 밀 1부셸당 1/2 셔츠). 미국은 중국보다 밀 생산에서 낮은 기회비용(1/4 셔츠가 1/2 셔츠보다 적기 때문에)에 직면하기 때문에, 밀 생산에서 비교우위에 있다고 한다.

절대우위를 갖지 않으면서도 비교우위를 가질 수 있다. 미국은 셔츠와 밀의 생산에서 모두 중국보다 절대우위에 있다. 그러나 셔츠 제작보다 밀 생산에서 더 큰 우위를 가지고 있다: 중국에서 근로자 한 사람이 생산하는 밀 생산량보다 4배를 생산할 수 있지만(200 대 50 부셸) 한 사람이 생산하는 셔츠보다는 2배 생산할 수 있다(50 대 25). 말하자면 두 재화의 생산을 잘하지만, 밀 생산을 '더 잘한다(more better)'. ('more better'는 문법에 맞지 않지만, 이 개념을 적절하게 표현하기 위해서 사용했다.) 중국은 절대우위를 갖지 않으면서도, 셔츠 생산을 '덜 못하기(less worse)' 때문에 셔츠 생산에서 비교우위에 있다.

밀 생산의 기회비용이 셔츠 생산의 기회비용의 역수(inverse)라는 사실을 여러분은 알아챘을 것이다(미국의 경우, 4분의 1은 4의 역수다; 중국의 경우 2분의 1은 2의 역수다). 수학적으로, 한 나라가 두 재화의 생산에 비교우위를 갖는 것은 불가능하다는 것을 의미한다. 각 생산자의 기회비용은 다른 재화를 생산하는 데 상대적인 능력에 의해 결정된다. 논리상 B보다 A를 더 잘하고, 동시에 A보다 B를 더 잘한다고 할 수는 없다(그리고 수학적으로, X가 Y보다 크다면, $\frac{1}{x}$은 $\frac{1}{y}$보다 작을 것이다). 마찬가지로 미국은 중국에 비해 셔츠보다 밀을 더 잘 생산하고, 동시에 밀보다 셔츠를 더 잘 생산한다고 할 수 없다. 결과적으로 모든 재화의 생산에 비교우위를 갖는 생산자는 없으며, 각 생산자는 어떤 재화의 생산에 비교우위를 갖는다.

가정에서 일어나는 좀 더 가까운 예를 통해 이런 국제무역 시나리오를 확인할 수 있다. 여러분 가정에서 추수감사절 만찬을 준비할 때, 요리를 잘 만드는 최고의 요리사가 모든 것을 만드는가? 여러분 가정이 소규모 가족이라면, 한 사람이 만찬 준비를 다 할 것이다. 그러나 만약 대규모 가족이라면, 여러분은 여러 명의 요리사가 필요할 것이다. 할머니는 단연코 가장 경험이 많은 요리사지만, 감자 깍는 일은 언제나 손주들에게 맡긴다. 손주들이 할머니보다 감자를 더 잘 깎아서 맡기는 걸까? 그렇게 생각하는 사람은 없을 것이다. 할머니는 추수감사절 만찬 준비와 관련된 모든 것에서 절대우위를 갖는다. 여전히 손주들은 감자 껍질 까기에 비교우위를 갖게 될 것이고, 이 시간 동안 할머니는 까다로운 파이 크러스트를 만드는 데 서두르지 않고 여유를 갖게 될 것이다.

일상생활의 모든 곳에서 비교우위를 적용하는 예를 찾을 수 있다. 스포츠도 예외는 아니다; 또 다른 예로, 다른 관점에서 보기의 '유명한 야구 투수 베이브 루스'의 사례를 읽어 보자.

다른 관점에서 보기

유명한 야구 투수 베이브 루스

여러 개의 다른 포지션에서 경기를 해야 하는 야구감독은 의사결정을 어떻게 할까? 한 가지 방법은 각 포지션에 최고의 선수를 배치하는 것이다. 그러나 모든 포지션에서 요구하는 기술은 유사하다. 한 선수가 다수의 포지션에서 절대우위를 갖고 있을 때는 어떻게 결정해야 하는가? 한 가지 대답은 비교우위를 적용하는 것이다.

뉴욕 양키스의 야구감독이었던 밀러 허긴스(Miller Huggins)가 1920년 베이브 루스(Babe Ruth)라는 선수를 영입했을 때 직면하게 된 선택에 대해 살펴보자. 루스는 훌륭한 투수였다. 1918년 그는 월드 시리즈에서 연속 이닝을 무실점으로 던진 기록(1961년까지 깨지지 않은 기록)을 가지고 있다. 그는 그 당시 어렵지 않게 그의 세대에서 가장 뛰어난 투수 가운데 한 명이 될 수 있었다. 그러나 루스는 투수로서의 삶을 마감하지는 못했다. 베이브 루스는 팀에서 최고의 투수이면서 최고의 타자였다. 현실적인 관점에서 말하면, 그는 둘 다 할 수는 없었기 때문에(투구는 너무 많은 에너지를 요구함), 밀러 허긴스는 선택을 해야 했다.

비록 루스가 둘 다의 포지션에서 절대(absolute)우위를 갖더라도, 그는 타자로서 비교(comparative)우위를 가졌다. 루스의 투수로서의 기회비용은 타자로서 경기에 참여했을 때 양키스가 승리한 게임의 숫자였다. 허긴스는 루스의 투수로서의 기회비용이 타자로서의 기회비용보다 높았다고 결정했다. 루스는 언제나 최고의 타자 가운데 한 사람이다. 1920년 그는 54개의 홈런을 쳤다. 그해에, 오직 다른 한 팀(team)의 선수들이 친 홈런을 모두 더한 숫자만큼의 홈런을 루스 혼자 쳤다.

밀러 허긴스가 그랬던 것처럼, 좋은 감독은 선수들의 비교우위에 따라 포지션을 배정해야 한다. 중요한 점은 어떤 선수가 특정의 포지션에서 최고인가의 문제가 아니라, 어떤 다른 포지션에서 팀이 놓쳐서는 안 될 선수가 누구인가의 문제다. 경기장의 특별한 곳을 주장하는 선수에 대해서, 올바른 논쟁은 어떤 포지션에서의 최고의 선수가 아니라, 다른 포지션에서 실력 발휘를 덜 하는 선수가 누구냐는 것이다.

Source: "Biography," BabeRuth.com, http://www.baberuth.com/biography/.

✓ 개념 확인하기

- ❒ 어떤 재화의 생산에 절대우위를 갖는다는 것은 무엇을 의미하는가? **[LO 2.2]**
- ❒ 어떤 재화의 생산에 비교우위를 갖는다는 것은 무엇을 의미하는가? **[LO 2.2]**
- ❒ 동일한 재화를 생산하는 데 절대우위를 갖는 생산자는 한 명 이상이 될 수 있는가? 그렇다면 왜 그런가, 또는 그렇지 않다면 왜 아닌가? **[LO 2.2]**

왜 무역을 하는가?

미국은 셔츠와 밀 생산에서 충분히 자급자족할 능력이 있다. 사실, 지금까지의 단순 모형에서, 두 재화 둘 다의 생산에서 절대우위를 갖는다. 그러면 왜 중국으로부터 셔츠를 수입하는가? 두 나라가 비교우위에 있는 재화를 생산하는 데 특화한 다음에 서로 무역거래를 하게 되면 더 많은 재화를 소비할 수 있다는 것에 대해 살펴보고자 한다.

특화

LO 2.3 특화에 대해 정의하고 사람들이 왜 특화하는지 설명하기

만약 여러분이 200년 전에 살았다면, 아마도 오늘날 상상조차 할 수 없는 바쁜 그런 일들로 하루 일과를 보내야 했을 것이다. 여러분은 소의 젖을 짜고, 우물에서 물을 퍼 올리고, 장작을 패고, 고기를 오래 보관하기 위해 절이고, 구멍 난 양말을 수선하고, 지붕을 수리했을 것이다. 오늘날의 삶의 모습과 대조된다. 우리가 사용하는 거의 모든 것은 특정한 재화 또는 서비스를 제공하기 위해 전문화하는 누군가로부터 생산된다. 여러분은 버터를 직접 만들지 않고 컴퓨터의 부속품이 어떻게 구성되는가에 대해 알고 싶지 않을 것이다. 여러분이 옷을 직접 만들어 입지도 않을 것이며, 밀을 직접 농사짓지도 않을 것이다. 오늘날, 우리는 매일 필요한 물건들을 얻기 위해 상호 의존하고 있다.

단순 모형에서, 미국과 중국이 고립되어 생산한다면 각 나라는 그 나라의 소비자들이 선호하는 상품의 조합들로, 셔츠 일부와 밀 일부를 생산한다. 미국에 1억5,000만 명의 근로자가 있고 중국은 8억 명의 근로자가 있다고 가정하자. 앞에서의 예와 같이, 미국의 근로자 한 사람은 50장의 셔츠 또는 200부셸의 밀을 생산할 수 있고, 중국의 근로자 한 사람은 25장의 셔츠 또는 50부셸의 밀을 생산할 수 있다. 미국 소비자들의 선호에 근거해서, 미국 근로자들이 50억 장의 셔츠와 100억 부셸의 밀을 생산하기 위해 나뉘었다. 중국에서는, 근로자들이 100억 장의 셔츠와 200억 부셸의 밀을 생산하기 위해 배정되었다. 중국의 근로자 1인당 생산성이 낮다고 하더라도 더 많은 근로자가 있고, 그렇기 때문에 재화의 총생산량이 더 크다(셔츠와 밀의 양은 비현실적으로 크기 때문에, 그들이 생산하는 재화는 오직 하나라고 가정한다. 물론 현실에서는 다양한 재화를 생산하지만, 이런 단순화 가정은 현실 세계에 초점을 맞추어 적용할 수 있도록 도와준다).

특화 특정 재화 생산에 모든 시간을 쓰는 것

각 나라가 비교우위를 갖는 재화를 생산하는 데 초점을 맞춘다면, 총생산은 증가한다. 이런 방식으로 집중하는 것을 **특화**(specialization)라고 하는데, 이는 특정 재화 생산에 모든 자원이 쓰여지는 것을 의미한다. 각 나라가 비교우위에 따라 특정 재화의 생산에 특화되었을 때, 총생산가능은 각 나라의 소비자들이 원하는 재화들의 조합에 해당하는 재화를 나라마다 자체적으로 생산하는 것보다 더 크다.

미국과 중국이 자국의 국민이 소비하길 원하는 재화를 자체적으로 생산해 자급자족한다면, '특화하지 않은 경우(without specialization)'로 〈표 2-1〉의 상단에 제시되어 있듯이, 두 나라의 생산량을 합해 150억 장의 티셔츠와 300억 부셸의 밀을 생산할 수 있다. 대신, 중국이 셔츠 생산에 모든 자원을 투입하고 미국은 밀 농사에 모든 자원을 투입한다면 어떻게 될까? '특화한 경우(with specialization)'가 〈표 2-1〉의 하단에 제시되어 있다:

미국

근로자 1인당 200부셸 × 1억5,000명의 근로자 = 300억 부셸

중국

근로자 1인당 25장의 셔츠 × 8억 명의 근로자 = 200억 부셸

	국가	밀 (10억 부셸)	티셔츠 (10억 장)
특화하지 않은 경우	미국	10	5
	중국	20	10
	전체	**30**	**15**
특화한 경우	미국	30	0
	중국	0	20
	전체	**30**	**20**

표 2-1
특화한 경우의 생산과 특화하지 않은 경우

중국과 미국이 하나의 재화 생산에 각각 특화한 경우, 두 나라는 동일한 근로자와 동일한 기술을 이용해 50억 장의 티셔츠를 추가로 생산할 수 있다.

특화에 의해, 두 나라 전체의 밀 생산량은 예전과 같지만, 추가로 50억 장의 셔츠를 생산할 수 있다. 특화는 동일한 숫자의 근로자와 동일한 기술을 이용해 총생산을 증가시킨다.

이런 규칙은 모든 종류의 재화와 서비스에 적용된다. 예를 들어, 치과의사가 비가 새는 지붕을 고치기 위해 지붕을 수리하는 사람을 고용하는 이유와 지붕을 고치는 사람은 충치를 치료하기 위해 치과의사를 찾는 이유를 설명해준다. 맥도널드 사례에 적용된 특화의 힘에 대한 예를 보려면, 사례를 통해 알아보기의 '특화 출처'를 읽어보자.

사례를 통해 알아보기

특화 출처

헨리 포드(Henry Ford)는, 각 근로자가 다른 작업을 하는 다음 근로자까지의 라인으로 이동하기 전에 각 자동차에 대해 본인에게 배정된 업무만을 하게 하는, 자동차 제조의 조립라인 방식을 개척했다. 포드는 각 근로자가 이 방식으로 특화했을 때, 시간은 덜 소요하면서 더 많은 자동차를 생산할 수 있다는 것을 증명했다. 레스토랑에서도 같은 원리를 활용한다: 매니저, 종업원, 셰프들 간에 업무를 나눈다면, 더 많은 고객들에게 빠르게 서빙할 수 있다. 패스트푸드 식당은 훨씬 더 많이 특화를 적용한다.

맥도널드는 설립자 딕(Dick)과 맥 맥도널드(Mac McDonald)가 음식 준비에 근본적으로 새로운 방식을 시도하기로 결정했을 때인 1948년에 설립되었다. 조립라인 공장에서 영감을 받아, 그들은 레스토랑 사업에 포드의 특화 개념을 적용했다. 일반 음식 준비에 여러 명의 종업원을 배정하는 대신, 요리를 준비하기 위해 필요한 과정을 여러 개로 분리해 각각의 주문을 분야로 나누었다. 어떤 종업원은 석쇠에 굽는 작업의 전문가가 되었다; 다른 종업원이 겨자와 케첩을 추가했다. 다른 종업원은 감자 튀김기를 작동했고, 또 다른 종업원은 밀크셰이크를 혼합했다.

혼자서 일하는 어떤 종업원은 어떻게 햄버거를 굽고, 양념을 추가하고, 감자를 튀기고, 그리고 밀크셰이크를 혼합하는지 거의 확실히 배울 수 있었을 것이다. 레스토랑마다, 특수하게 숙련된 종업원은 요리를 만드는 모든 단계에서 다른 모든 사람보다 빠를 수 있다. 하지만 각각의 종업원에게 특정 업무만을 할당하는 방식으로, 맥도널드 설립자는 음식 준비의 양과 속도에서 대혁신을 일으켰다. 특화의 힘을 연결한다는 것은 종업원들이 더 많은 햄버거를 굽게 하고, 더 많은 감자를 튀기게 하고, 더 많은 배고픈 고객들에게 식사를 제공하게 해준다.

Source: Bric Schlosser, Fast Food Nation (Boston: Houghton Mifflin, 2002), pp. 19-20.

거래의 이득

LO 2.4 비교우위로부터 거래 이득이 어떻게 발생하는지 설명하기

국가별로 비교우위를 갖는 재화의 생산에 특화했을 때 총생산은 증가한다. 여기서 특화와 관련된 문제는 각 생산자가 오직 한 가지 재화(단순 모형에서 미국은 밀 생산, 중국은 셔츠)를 생산한다는 것이다. 미국은 숨김없이 모든 것을 드러내기를 원하지 않고, 중국이 굶주리기를 원하지 않는다면, 이 두 나라는 무역을 해야 한다.

중국과 미국이 200억 부셸의 밀과 75억 장의 셔츠를 교역하기로 협정을 맺었다고 가정하자. 결과적으로, 각 나라는 이전과 같은 양의 밀과 추가로 25억 장의 셔츠를 더 증가시키게 되었다. 특정 생산에 특화되고, 생산된 재화와 서비스가 교환될 때 발생하는 산출물의 개선을 **거래의 이득**(gains from trade)이라고 한다.

거래의 이득 생산자가 특정 생산에 특화되고 특화 생산된 재화와 서비스가 교환될 때 발생하는 산출물의 개선

〈그림 2-7〉은 거래의 이득이 한 나라의 소비에 어떻게 영향을 미치는가를 보여준다. 거래 이전에는 미국과 중국이 생산가능곡선 밖의 재화의 조합을 소비하는 것이 불가능했다. 특화된 생산자 간에 거래가 발생된 이후에는, 이전에는 이룰 수 없는 재화의 조합점으로 두 나라의 소비가 증가한다. 미국과 중국 둘 다 이전과 동일한 양의 밀을 소비한다면, 무역 개방 이후에 25억 장의 티셔츠를 추가로 더 소비할 수 있게 된다.

〈그림 2-7〉에서, 미국-중국 간 거래의 이득은 미국에서 25억 장의 셔츠와 중국에서 25억 장의 셔츠로 균등하게 분배된다. 현실에서는 분배가 달라질 수 있다; 모두를 이롭게 하기 위한 무역 협정에 대해 이득이 동일할 필요는 없다. 만약 중국이 40억 장의 셔츠와 미국이 10억 장의 셔

그림 2-7

특화와 거래의 이득

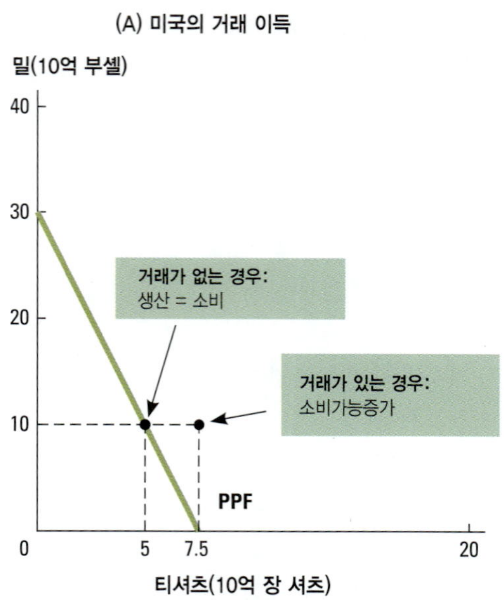

특화와 거래가 없는 국가의 경우, 생산과 소비 둘 다 생산가능곡선 상의 점으로 제한된다. 특화와 거래로부터 이득이 달성됨으로써 미국은 250만 장의 티셔츠를 얻는다.

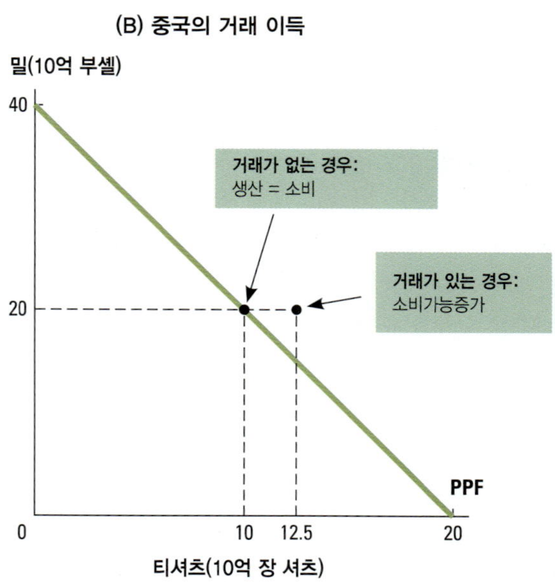

무역 개방을 통해, 생산가능곡선상에서 생산했을 때와 비교할 때 중국도 250만 장의 티셔츠를 얻는다.

츠를 추가로 얻게 된다면(또는 반대의 경우), 두 나라는 단독으로 생산했을 때보다 여전히 더 나아질 것이다.

전반적으로, 재화 생산의 기회비용이 국가 간에 다르고, 그들의 기회비용이 감소하는 거래 가격이 형성되는 한 두 나라 간 거래의 여지가 있다. 예를 들면, 중국과 미국이 티셔츠를 기꺼이 거래하기를 원하는 가격은 중국의 티셔츠 생산에 대한 기회비용과 미국의 티셔츠 생산에 대한 기회비용 사이의 가격으로 감소해야 한다. 만약 중국이 티셔츠에 특화하는 나라인 경우, 미국의 기회비용보다 높은 가격을 책정할 수 없다. 만약에 그렇게 되면, 미국은 티셔츠를 직접 만들 것이다. 반대로, 중국은 티셔츠 제작의 기회비용을 충당하는 가격을 받아야 하거나, 그렇지 않으면 거래를 하지 않게 될 것이다.

사람들이 교환에 참여하도록 이끄는 요구사항에 대해 논의해보자. 사람들은 특화하고 거래했을 대, 모든 사람들이 자급자족했을 때 얻게 되는 재화보다 재화를 더 많이 얻게 된다. 따라서 거래는 전적으로 개인의 이익에 의해 참여하게 한다. 미국이 중국과의 거래로부터 이로워지는 것처럼(비록 미국이 밀과 셔츠 둘 다의 생산에 절대우위를 갖는다 하더라도), 숙련 근로자 또는 대기업은 특화된 기업으로서의 소기업이나 덜 숙련된 근로자와의 거래를 통해 이득을 보게 된다.

예를 들면, 빌 게이츠가 마이크로소프트사의 최고경영자(CEO)가 되었을 때, 비록 그는 컴퓨터를 스스로 신속하게 수리할 수 있음에도 불구하고, IT 기술자가 수리하도록 했을 것이다. 빌이 한 시간 동안 컴퓨터를 수리할 수 있지만, 마이크로소프트사의 운영으로부터 다른 곳으로 집중을 돌리는 한 시간마다 회사의 이윤은 1000달러씩 내려간다고 하자. IT 기사는 시간당 단지 50달러를 벌게 되고, 빌이 그 일을 하고 싶은 간절함이 두세 배 있더라도, 빌은 IT 기사를 고용해 마이크로소프트사의 생산성 향상을 유지하도록 그의 시간을 쓰는 것이 여전히 가치가 있다. 빌은 컴퓨터 수리에 절대우위를 갖지만, 이윤 손실에 대한 기회비용은 IT 기사가 비교우위를 갖는 것을 의미한다(빌의 비교우위는 마이크로소프트사 운영에 있다). 특화를 통해 모든 사람이 더 나아지게 된다.

특화와 거래로부터의 이득에도 불구하고, 모든 사람이 이런 거래가 어떠한 상황에서도 적용되는 명백한 선택이라고 생각하지 않는다. 이는 1장의 질문 4를 떠올리게 한다: 모든 사람들이 아직 실행하지 않은 이유는 무엇인가? 일부 사람들은 다양한 이유로 거래의 이득을 포기하는 것이 가치 있다고 주장한다. 어떻게 생각하십니까?의 '자급자족은 미덕인가?'를 참고하라.

어떻게 생각하십니까?

자급자족은 미덕인가?

왜 미국은 다른 나라들과 거래를 해야 하는가? 만약 세계의 다른 나라가 내일 모두 사라진다면, 미국은 아마도 스스로 해결할 수 있을 것이다. 넓고 비옥한 토지, 천연자원, 사람들, 그리고 제조 능력을 갖추고 있기 때문이다. 사실 많은 연구자들이 자급자족이 가능한 땅의 미국인들에게 부여된 가치를 문화적 특성으로 여긴다.

특화와 거래의 이득에 대해 알고 있는 것을 바탕으로, 교환의 가치와 자급자족의 가치에 대해 어떻게 생각하는가? 경제학자들은 자유국제무역에 우호적인 의견을 지지하는 경향이 있다; 그들은 거래로 인해 두 나라 모두 경제적으로 나아지게 된다고 주장한다. 진지하고 가치 있는 주장은 다른 쪽에서도 제기되어왔다. 다음과 같이 민족적 자급자족에 대해 지속적으로 제안되어온 몇 가지 이유가 있다.

- **국가 유산.** 많은 사람들은 국가에 의해 가족 농장이 없어지거나 역사적으로 중요한 산업(예를 들면, 미국의 자동차 생산)을 위탁하는 것은 도가 지나치다고 생각한다. 국가가 산업을 잃었을 때 그 국가의 문화를 잃은 것인가?
- **안전.** 일부 사람들은 중요한 재화 생산에 의존하고 있는 국가에는 무역거래로 인해 전쟁에 투입된 것처럼 한 나라와 싸우게 되므로 거래는 국가를 약화시킨다고 우려한다. 다른 나라로부터의 음식 공급에 의존하는 것이 안전한가? 혹은 이런 종류의 의존은 안전을 위협하는 위협요소를 안고 있는가? 강철이나 우라늄 또는 석유를 다른 나라에 의존하는 것은 어떻게 생각하는가?
- **품질관리와 윤리.** 재화가 다른 나라로부터 수입되었을 때, 국내에서 재화가 생산되는 경우보다 생산 기준을 통제하는 것이 더 어렵다. 일부 사람들은 국제무역이 소비자 안전과 환경규제를 약화시키거나, 혹은 미국에서 비윤리적이거나 불법으로 간주되는 노동조건을 조성한다고 주장한다.

어떻게 생각하십니까?

1. 자유무역에 반대하는 위의 의견들 가운데 동의하는 내용이 있는가? 그렇다면 왜 그런가? 거래의 이득보다 자급자족이 더 가치 있을 때는 언제인가?
2. 거래와 자급자족 간의 선택이 양자택일의 문제인가? 이런 주제의 양쪽에 대해 우려하는 것을 지적하는 중도의 온건한 접근법이 존재하는가?

비교우위 추이

지금까지 다루어온 생산 가능과 거래에 대한 단순 모형은 미국 사람들이 오늘날 중국으로부터 셔츠를 수입하는 이유를 이해하도록 해준다. 그러나 이 장의 앞부분에서 미국이 세계의 다른 나라에 셔츠를 판매했던 200년 전에는 거래가 항상 그랬던 것은 아니었다는 것을 설명했다. 왜 이런 변화가 있었는지 이해하기 위해, 단순 모형에 비교우위 추이에서의 이동을 적용시킬 수 있다. 이런 이동은 다른 국가의 경제와 거래 패턴에서 현저한 변화를 야기시킨다.

산업혁명이 시작되었을 때, 영국은 세계 의류 제조업을 주도했다. 19세기, 미국은 신기술(생산성을 높여주는)과 값싼 노동력(생산비용을 절감시키는)의 조합을 통해 비교우위의 기회를 잡았다. 서서히, 의류 분야의 비교우위는 미국으로부터 다른 나라로 이동했다. 1930년대까지, 전세계 면 제품의 40%는, 시골에서 올라온 근로자들이 저임금으로 긴 노동시간을 기꺼이 했던, 일본에서 만들어졌다. 1970년대 중반에는 임금이 일본보다 훨씬 낮은 홍콩, 타이완 그리고 한국으로 의류 제조업이 이동했다. 그러고 나서 섬유산업은, 수백만의 젊은 여성들이 홍콩의 임금보다 90% 정도 낮은 임금을 받고 일하기 위해 그들의 농장을 떠난, 1990년대 초에 중국으로 이동했다. 이런 산업과 일자리의 점진적인 재배치에 대해 긍정적인 면이 존재한다: 궁극적으로 고임금 일자리가 저임금 일자리를 대체했고, 이런 국가들은 상당한 경제성장을 경험했다.

의류 생산의 비교우위를 잃는 것은 처음에는 나쁜 일처럼 들린다. 그러나 우리가 지금까지 보아온 모형으로부터 파악했듯이, 여러분은 다른 하나에서의 비교우위를 획득하지 않고 한 가지 재화에서의 비교우위를 잃지 않는다. 의류 제조업에서의 변화는, 자동차 제작이나 컴퓨터 프로그래밍 또는 금융 서비스를 제공하는 것과 같이, 옷을 만드는 것보다 나은 임금을 지불하는 산업에서 더 숙련되고 뛰어난 나라의 근로자들에 의해 움직인다. 이는 옷을 만드는 기회비용이 증가하고, 더 나은 임금을 지불하는 산업에서 덜 숙련된 근로자들이 기꺼이 낮은 임금으로 섬유 공장에서 일하고자 하는 나라로 의류 생산의 기회비용이 이동한다는 것을 의미한다.

대부분의 역사학자들은 의류 생산에서 성공의 징조였던 비교우위를 상실하는 것이 실패의 전조가 아니라는 것에 동의할 것이다. 영국, 미국, 일본, 한국 그리고 홍콩과 같이 과거의 섬유 생산자들이었던 모든 나라들이 의류 제조업의 중심이었을 때보다 지금 더 잘살고 있다.

그러나 이런 변화들은 특히 일자리가 해외로 사라지는 것을 지켜보았던 섬유공장의 근로자들에게는 성공으로 보이지 않았다. 다른 나라에서 좀 더 저렴할 수 있는 업무를 '외부에 위탁(outsource)'하는 것처럼, 동일한 논쟁이 오늘날 다른 산업에서 전개되고 있다. 사례를 통해 알아보기의 '비교우위: 좋은 놈, 나쁜 놈, 못생긴 놈'에서는 특정 재화의 생산에 있는 비교우위를 국가가 상실하는 것이 걱정할 만한 일인가에 대해 논의하고 있다.

사례를 통해 알아보기

비교우위: 좋은 놈, 나쁜 놈, 못생긴 놈

여러분이 대기업의 고객 서비스 라인으로 전화했을 때, 인도나 필리핀에 있는 누군가와 통화하게 될 가능성이 많다는 것을 알아챘을 것이다. 30년 전에는 상황이 이렇지 않았다—미국 소비자들의 콜센터는 거의 대부분 미국 내에 위치해 있었다.

미국은 콜센터 운영을 잘 못해서 '나빠진(worse)' 것이 아니다. 사실, 미국은 콜센터 운영에서 절대우위를 갖고 있을 것이다. 많은 미국 기업이 콜센터를 해외로 이전함으로써 이윤을 더 취하게 되는 이유를 이해하기 위해, 이 장 끝부분의 QR코드를 스캔하거나 온라인을 통해 읽기를 계속하라.

사례를 통해 알아보기의 내용은 짧게 소개되기도 하고, 각 장에 소개되어 미리보기 형태이기도 하고 그리고 온라인 형태의 전 문장이 제공되기도 한다. 전체 스토리를 찾기 위해 짧은 형태의 상자 끝부분에 있는 안내를 참고하라.

✓ 개념 확인하기

- ❒ 왜 사람들 또는 국가들은 특화하는가? **[LO 2.3]**
- ❒ 어떻게 두 국가는 서로 거래를 통해 이득을 보는가? **[LO 2.4]**
- ❒ 어느 재화에서나 비교우위를 갖지 않는 것이 가능한가? 그렇다면 왜 그런가, 또는 그렇지 않다면 왜 아닌가? **[LO 2.4]**

결론

특화와 거래는 모든 사람을 더 이롭게 한다. 이윤을 창출하거나 지역사회에서 가장 큰 차이를 만들기 위해 노력하는 개인들에 의해 주도된 경제에서, 사람들이 비교우위를 좋은 기회로 활용하기 위해 특화하는 것은 결코 놀라운 일이 아니다. 사람들이 자신의 직업을 선택하듯, 미국과 중국의 경우처럼 이 원리가 국가들에서도 실제로 적용된다.

재화 생산을 조정하는 데는 정부의 개입이 필요하지 않다. 위대한 경제사상가 애덤 스미스는 조정 메커니즘을 설명하기 위해 '보이지 않는 손'이라는 용어를 제안했다:

> 우리의 저녁식사를 기대하게 해주는 것은 푸줏간 주인, 양조업자 또는 제빵사의 선행으로부터 나오는 것이 아니라, 그들의 [이기심(self-interest)]으로부터 나온다.......자기 자신의 이득만을 의도하고, 많은 다른 경우에서처럼, 자신의 의도에 전혀 없었던 목적 달성을 촉진하기 위해 보이지 않는 손에 의해 이끌려진 상태에 있다(A. Smith, An Inquiry into the Nature and Causes of the Wealth of Nations, 1776).

'보이지 않는 손'의 기능은 자유 경쟁, 완전한 정보, 그리고 현실에서는 사실이 아닌 것과 같은 많은 가정에 의존한다. 이 책의 후반부에서는 이런 가정에 대해 논의하고, 가정들이 작동했을 때와 작동하지 않았을 때에 대해서도 다룰 것이다.

대부분의 사람들은 일상생활에서 특화와 거래의 확산을 당연한 것으로 여긴다. 혜택과 그 혜택이 어디서 오는지 생각해보라. 이 장에서는 거래의 이득이 내포하고 있는 논리를 드러내고자 했으며, 사람들이 만든 가정의 원인을 살피고자 시도했다. 우리가 더 나아갈수록—특히 시장에서의 정부 개입과 국제무역 같은 주제로 돌아갈 때—경제적 교환에서 사람들을 서로 교감하게 해주는 근본적인 인센티브를 기억하기 위해 노력하라.

주요 용어

거래의 이득 p.44	생산가능곡선 p.31	특화 p.42
비교우위 p.39	절대우위 p.39	효율적 생산점 p.35

요약

LO 2.1 생산가능곡선 구성하기와 생산가능곡선을 이동시키는 원인이 무엇인지 설명하기

생산가능곡선은 한 개인이나 경제가 주어진 시간, 자원, 그리고 기술을 사용해 생산한 두 재화의 모든 조합을 보여준다. 생산가능곡선은 재화의 최대로 달성 가능한 조합을 모두 보여주는 직선이나 곡선이다. 재화와 서비스의 생산자는 동일한 양의 자원으로 더 높은 생산수준을 달성할 수 있기 때문에 생산가능곡선 안의 재화 조합은 선택하지 않는다. 이용 가능한 자원 이상을 요구하는 생산가능곡선 밖의 조합점은 선택할 수 없다. 생산가능곡선상의 조합점 간 선택은 선호의 문제다.

생산가능곡선의 이동은 인구 변화 및 다른 자원뿐만 아니라 기술 변화에 의해 야기될 수 있다. 기술 능력 및 인구의 증가는 PPF를 바깥으로 이동시킨다. 한편, 이런 요소의 감소는 PPF를 안쪽으로 이동시킨다.

LO 2.2 절대우위와 비교우위에 대해 정의하기

생산자는 주어진 자원을 가지고 다른 사람들보다 산출량을 더 많이 생산할 수 있을 때 그 재화 생산에 절대우위를 갖는다. 만약 여러분이 동일한 재화를 생산하는 두 사람 또는 국가를 비교할 때 좀 더 생산적인 개인 또는 국가는 절대우위를 갖는다.

사람들 또는 국가들은 다른 생산자들과 상대적으로 비교해 다른 재화를 생산하는 것보다 어떤 재화를 생산하는 것이 더 나을 때 비교우위를 갖는다. 무언가에 절대우위를 갖고 있든지 없든지와 상관없이, 누구나 어떤 재화에 비교우위를 갖는다.

LO 2.3 특화에 대해 정의하고 사람들이 왜 특화하는지 설명하기

특화는 특정 재화 생산에 모든 시간 또는 대부분의 시간을 쓰는 것을 의미한다. 사람들 또는 국가들이 비교우위를 갖는 재화 생산에 특화했을 때 생산수준이 가장 높다. 특화는 동일한 수의 근로자들과 동일한 기술을 이용해 총생산을 증가시킨다.

LO 2.4 비교우위로부터 거래 이득이 어떻게 발생하는지 설명하기

특화와 교환으로 야기되는 총생산의 증가를 거래의 이득이라고 한다. 특화와 거래가 있는 경우, 두 당사자들은 생산과 소비를 증가시킬 수 있고, 각 당사자는 더 나아지게 된다. 비교우위 추이의 이동은 다른 나라의 경제와 무역 패턴에서 중요한 변화를 초래한다. 비록 이런 변화가 관련된 개별 근로자와 산업에는 고통스러울 수 있더라도, 이런 변화는 전반적인 경제성장을 나타낸다.

복습문제

1. 당신은 지역의 자선행사를 위해 쿠키와 컵케이크를 판매하려 한다. 이때의 생산가능곡선을 그려라. **[LO 2.1]**
2. 당신은 애견 숍에서 2명의 직원을 관리하고 있다. 직원들은 애견 목욕과 미용을 담당한다. 당신이 2명의 직원과 함께 애견 목욕과 미용 업무에 대한 생산가능곡선을 그려본다면, 이 생산가능곡선은 직선의 형태겠는가? 이유를 설명하라. **[LO 2.1]**
3. 다시 제과 판매로 돌아가(문제 1), 당신의 제과를 도울 자원봉사자가 한 명 늘었다고 가정하자. 당신과 자원봉사자 중 한 명이 쿠키와 컵케이크 제작에 절대우위가 있다고 하는 것은 어떤 의미인가? 한 사람이 쿠키와 컵케이크 제작에 모두 절대우위를 지닐 수 있는가? **[LO 2.2]**
4. 당신과 자원봉사자 중 한 명이 쿠키와 컵케이크 제작에 비교우위가 있다고 하는 것은 어떤 의미인가? 한 사람이 쿠키와 컵케이크 제작에 모두 비교우위를 지닐 수 있는가? **[LO 2.2]**
5. 당신이 쿠키를 제작하는 것에 대해 비교우위를 지니고, 자원봉사자는 컵케이크를 굽는 것에 대해 비교우위가 있다고 가정하자. 쿠키와 컵케이크를 만드는 것에 대해 자원봉사자와 당신은 어떻게 분업을 할 것인가? 특화를 통해 어떻게 이득을 얻는지와 그 이유를 설명하라. **[LO 2.3]**
6. 당신은 꽃가게에서 2명의 직원을 두고 있고, 이들은 꽃을 진열하거나 고객의 요구에 맞는 꽃다발을 만드는 일을 하고 있다. 어떻게 직원들을 조직하고 일을 배분해야 하는지 설명하라. **[LO 2.3]**
7. 두 국가는 동일한 두 재화를 생산하고, 동일한 생산가능곡선을 가지고 있다고 가정하자. 이들 국가 간에 무역이 이뤄지겠는가? 그 이유를 설명하라. **[LO 2.4]**
8. 브라질은 세계 최대의 커피 생산지 중 하나이며, 커피는 브라질의 주된 수출품이다. 20년 안에 브라질은 커피를 생산하지 않으며, 수입을 할 것이라고 가정해보자. 왜 브라질의 무역 패턴은 변화했을까? **[LO 2.4]**

응용문제

1. 당신의 친구인 샘은 주말에 대학 동창회 연회를 위한 애피타이저를 주문받았다. 그녀의 재료는 무제한이지만, 애피타이저를 준비할 시간은 6시간밖에 없다. 샘은 시간당 300개의 미니 샌드위치나 150개의 훈제연어를 얹은 멜론 슬라이스를 만들 수 있다. **[LO 2.1]**
   a. 샘의 생산가능곡선을 그려라.
   b. 대학 측에서 놀이 시간 이후로 연회를 늦췄다고 가정하자. 이로 인해 샘은 애피타이저 준비를 위해 4시간을 더 사용할 수 있다. 이에 따른 그녀의 새로운 생산가능곡선을 그려라.
   c. 추가적인 시간과 더불어, 친구인 크리스가 멜론 자르는 것을 도와준다고 가정하자. 샘은 이제 시간당 300개의 미니 샌드위치와 300개의 멜론 애피타이저를 만들 수 있다. 멜론 애피타이저 만들기의 생산성이 증가함에 따라, 그 영향을 보여주는 새로운 생산가능곡선을 그려라.
2. 당신의 친구인 샘은 대학교 동창회 연회를 위한 애피타이저를 주문받았다. 그녀의 재료는 무제한이지만, 애피타이저를 준비할 시간은 6시간밖에 없다. 샘은 시간당 300개의 미니 샌드위치나 150개의 훈제연어를 얹은 멜론 슬라이스를 만들 수 있다. **[LO 2.1]**
   a. 하나의 미니 샌드위치를 만드는 것에 대한 샘의 기회비용은 무엇인가?
   b. 하나의 멜론 애피타이저를 만드는 것에 대한 샘의 기회비용은 무엇인가?
   c. 연회가 연기되어, 샘에게 4시간이 더 주어졌다고 가정하자. 하나의 미니 샌드위치를 만드는 것에 대한 샘의 기회비용은 무엇인가?
   d. 연회가 연기되어, 샘에게 4시간이 더 주어졌다고 가정하자. 하나의 멜론 슬라이스를 만드는 것에 대한 샘의 기회비용은 무엇인가?
   e. 친구인 크리스가 멜론 자르는 것을 도와준다고 가

정하자. 샘은 이제 시간당 300개의 미니 샌드위치와 300개의 멜론 애피타이저를 만들 수 있다. 하나의 미니 샌드위치를 만드는 것에 대한 샘의 기회비용은 무엇인가?

f. 친구인 크리스가 멜론 자르는 것을 도와준다고 가정하자. 샘은 이제 시간당 300개의 미니 샌드위치와 300개의 멜론 애피타이저를 만들 수 있다. 하나의 멜론 애피터이저를 만드는 것에 대한 샘의 기회비용은 무엇인가?

3. 캐나다에서 목재와 생선을 생산한다고 가정하자. 캐나다에는 1800만 명의 노동자가 있고, 각각의 노동자는 하루에 10개의 목재와 20마리의 생선을 생산할 수 있다. **[LO 2.1]**
   a. 캐나다에서 하루에 생산할 수 있는 목재의 최대량은 얼마인가?
   b. 캐나다에서 하루에 잡을 수 있는 생선의 최대량은 얼마인가?
   c. 이 책의 32~33페이지를 참조해 생산가능곡선을 나타내는 등식을 서술하라.
   d. 6만 개의 목재를 생산했을 때, 생선은 몇 마리 잡을 수 있는지 방정식을 이용해 답하라.

4. 〈그림 2P-1〉은 숙제를 하는 것에 대한 주간 생산가능곡선이다(숙제는 보고서를 쓰는 것과 문제풀이집을 푸는 것이다). **[LO 2.1]**
   a. 생산가능곡선의 기울기는 얼마인가?
   b. 하나의 문제를 푸는 것에 대한 기회비용은 무엇인가?
   c. 한 장의 보고서를 작성하는 것에 대한 기회비용은 무엇인가?

그림 2P-1

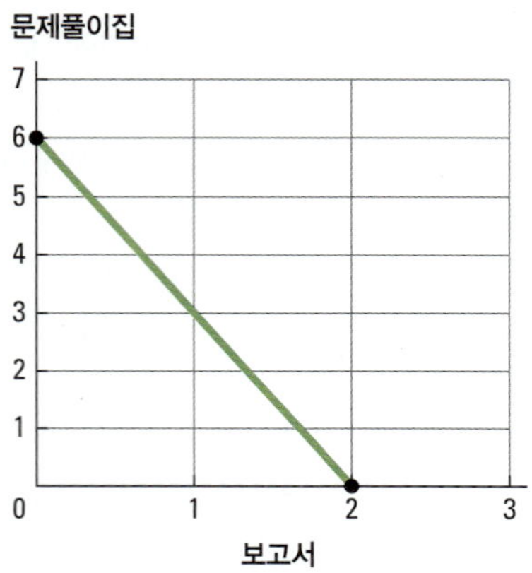

5. 〈그림 2P-2〉의 생산가능곡선을 보며 다음 질문에 답하라. **[LO 2.1]**
   a. 점 A와 B 사이에서, 생산가능곡선의 기울기는 얼마인가?
   b. 점 B와 C 사이에서, 생산가능곡선의 기울기는 얼마인가?
   c. 망치를 생산하는 것에 대한 기회비용은 점 A와 B, 점 B와 C의 구간 중 어느 곳이 더 큰가?
   d. 드라이버를 생산하는 것에 대한 기회비용은 점 A와 B, 점 B와 C의 구간 중 어느 곳이 더 큰가?

6. 다음 중 〈그림 2P-3〉의 점 중에 해당하는 것을 골라라. **[LO 2.1]**
   - 생산이 가능하고 효율적이다.
   - 생산은 가능하지만 비효율적이다.
   - 생산이 불가능하다.

그림 2P-2

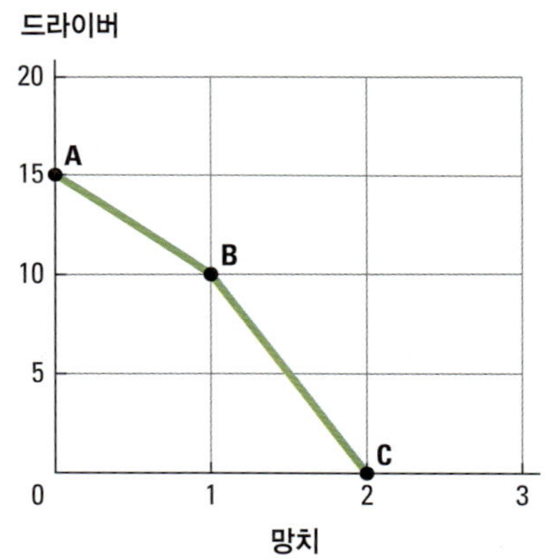

그림 2P-3

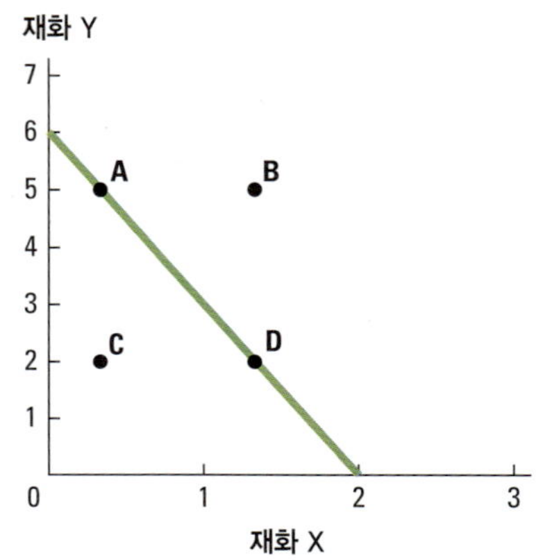

그림 2P-4

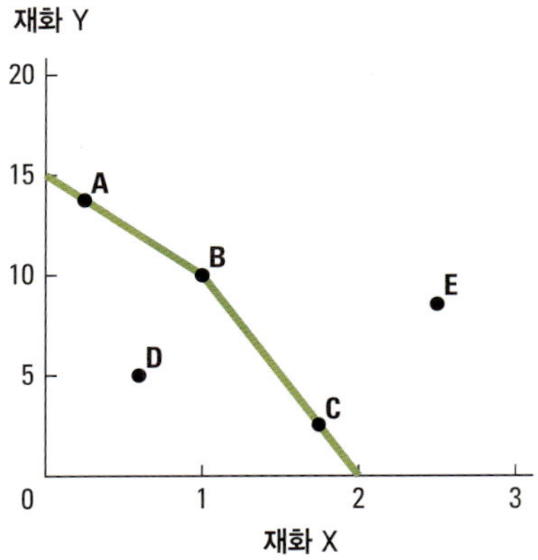

표 2P-1

	적십자사	WIC
긴급 식량	300	200
구급상자	50	20

7. 다음 중 〈그림 2P-4〉의 점 중에 해당하는 것을 골라라. **[LO 2.1]**
   - 생산이 가능하고 효율적이다.
   - 생산은 가능하지만 비효율적이다.
   - 생산이 불가능하다.
8. 적십자사와 WIC(Women, Infants, and Children) 프로그램에서는 노숙자에게 긴급 식량과 구급상자를 나눠준다. 〈표 2P-1〉은 뉴욕 시의 노숙자 쉼터에 제공할 각 단체의 긴급 구호품에 대한 한 주간 생산 가능 단위를 보여준다. **[LO 2.1]**
   뉴욕 시의 노숙자 쉼터는 한 주에 20개의 구급상자가 필요하다. 현재 그들은 적십자사와 WIC로부터 각각 10개씩 지원받고 있다. 각 단체는 남은 자원으로 뉴욕 시의 노숙자 쉼터에 얼마만큼의 식량을 지원할 수 있는가?
9. 3명의 자원봉사자들은 쿠키와 컵케이크를 판매할 준비를 하고 있다. 다이애너는 시간당 27개의 쿠키 혹은 18개의 컵케이크를 만들 수 있다. 앤디는 시간당 25개의 쿠키 혹은 17개의 컵케이크를 만들 수 있다. 샘은 시간당 10개의 쿠키 혹은 12개의 컵케이크를 만들 수 있다. **[LO 2.2]**
   a. 누가 쿠키를 만드는 것에 대해 절대우위를 갖는가?
   b. 누가 컵케이크를 만드는 것에 대해 절대우위를 갖는가?

그림 2P-5

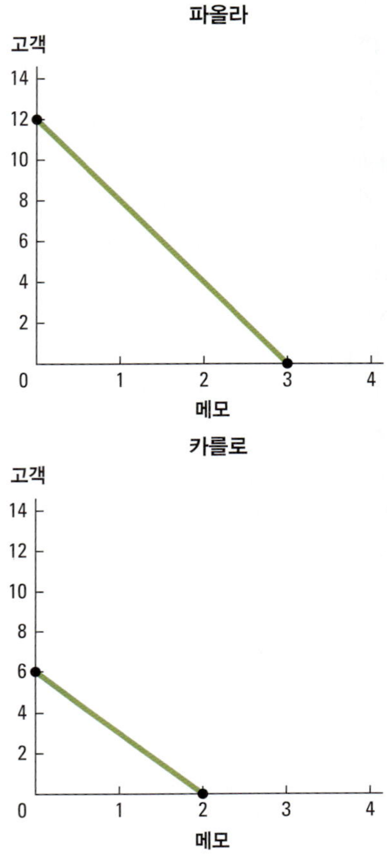

10. 파올라와 카를로는 동료다. 고객과 상담하고 메모를 작성하는 것에 대한 그들의 생산가능곡선은 〈그림 2P-5〉와 같다. **[LO 2.2]**
    a. 고객과 상담하는 것에 대해 절대우위를 갖는 사람은 누구인가?
    b. 메모를 작성하는 것에 대해 절대우위를 갖는 사람은 누구인가?
    c. 고객과 상담하는 것에 대해 비교우위를 갖는 사람은 누구인가?
    d. 메모를 작성하는 것에 대해 비교우위를 갖는 사람은 누구인가?
11. 보고서 작성과 발표가 있는 프로젝트를 2명의 학생이 한 조가 되어 수행하게 되었다. 스티브는 하루에 보고서를 한 장 작성하거나, 3분의 발표를 준비할 수 있다. 안나는 하루에 보고서를 2장 작성하거나, 1분의 발표를 준비할 수 있다. **[LO 2.2]**

a. 누가 보고서 작성에 대해 비교우위를 갖는가?

b. 스티브가 작문 과외를 받아 하루에 보고서를 3장씩 작성할 수 있게 되었다고 가정하자. 이제 누가 보고서 작성에 대해 비교우위를 갖는가?

12. 레스토랑의 매니저가 라훌과 헨리에트라는 2명의 신입사원을 채용했으며, 각자에게 어떤 업무를 맡길지 고민하고 있다고 가정하자. 라훌은 시간당 20파운드의 채소를 다지거나 100개의 그릇을 닦을 수 있다. 헨리에트는 시간당 30파운드의 채소를 다지거나 120개의 그릇을 닦을 수 있다. **[LO 2.3]**

    a. 누가 채소를 다져야 하는가?

    b. 누가 설거지를 해야 하는가?

13. 도미니카 공화국과 니카라과는 커피와 럼주를 생산한다. 도미니카 공화국은 연간 2만 톤의 커피나 1만 배럴의 럼주를 생산할 수 있다. 니카라과는 3만 톤의 커피나 5,000 배럴의 럼주를 생산할 수 있다. **[LO 2.3]**

    a. 도미니카 공화국과 니카라과는 각 나라가 커피나 럼주의 생산에 특화한다는 내용의 무역 협정을 체결했다고 가정하자. 어느 국가가 커피의 생산에 특화되어 있는가? 어느 국가가 럼주의 생산에 특화되어 있는가?

    b. 양국이 커피를 거래할 때 책정되는 최소 가격과 최대 가격은 각각 얼마인가?

14. 엘리노와 그녀의 여동생 조안나는 가족 농장에서 달걀을 수집하거나 우유를 거두는 일을 해야 한다. 엘리노는 한 주간 9다스의 달걀을 수집하거나 3갤런의 우유를 거둘 수 있다. 조안나는 한 주간 2다스의 달걀을 수집하거나 2갤런의 우유를 거둘 수 있다. **[LO 2.3]**

    a. 가족은 자매가 한 주간 2갤런의 우유를 거둬들이고, 가능한 한 많은 달걀을 수집하기를 원한다. 현재 엘리노와 조안나는 각각 1갤런의 우유를 거둬들였고, 그녀들이 할 수 있는 한 최대 개수의 달걀을 수집했다. 가족은 한 주간 몇 다스의 달걀을 수집할 수 있겠는가?

    b. 만약 자매들이 특화를 한다면, 누가 우유를 거둬들이는 일에 특화하겠는가?

    c. 만약 자매들이 특화를 한다면, 이 가족은 한 주에 몇 다스의 달걀을 수집할 수 있는가?

15. 러시아와 스웨덴은 각각 종이와 자동차만 생산한다고 가정하자. 러시아는 연간 8톤의 종이나 400만 대의 자동차를 생산할 수 있다. 스웨덴은 연간 25톤의 종이나 500만 대의 자동차를 생산할 수 있다. **[LO 2.4]**

    a. 각 나라의 생산가능곡선을 그려라.

    b. 두 나라는 매년 200만 대의 자동차를 원한다. 그리고 200만 대의 자동차 생산을 유지하면서도 가능한 한 많은 종이를 생산하고 싶어 한다. 생산가능곡선상에 이 점을 찾아 'A'라고 표시하라.

    c. 두 나라가 재화의 생산에 특화했다고 가정하자. 어느 나라가 자동차를 생산하겠는가?

    d. 특화 이후, 두 나라는 6톤의 종이에 대해 200만 대의 자동차를 거래하길 원한다고 가정하자. 각 나라의 생산가능곡선에서 새로운 소비점을 찾아 'B'라고 표시하라.

16. 마야와 맥스는 이웃이다. 이들은 마당에서 상추와 토마토를 기른다. 마야는 올여름에 상추 45통 또는 9파운드의 토마토를 재배할 수 있다. 맥스는 올여름에 상추 42통 또는 6파운드의 토마토를 재배할 수 있다. 만약 마야와 맥스가 특화해 거래를 한다면, 상추의 단위로 나타낸 토마토의 가격은 다음과 같다: 1파운드의 토마토는 상추 ______ 통과 _____ 통 사이일 것이다. **[LO 2.4]**

더 찾아보기

http://www.agclassroom.org/gan/timeline/farm_tech.htm

http://www.nber.org/chapters/c8007.pdf?new_window=1

https://www.cia.gov/library/publications/the-world-factbook/geos/us.html

◀ 세계의 모바일 윈도우-이 장의 내용과 관련된 응용사례를 찾으려면 여러분의 스마트폰으로 이 코드를 스캔하라. (QR코드 리더가 필요하면, 여러분의 앱스토어에서 ScanLife를 활용하라.)

여러분의 모바일 앱스토어를 방문하여 Karlan and Morduch Study Econ app.을 다운로드 하라. ▶

Appendix A

핵심 수학: 그래프와 기울기 이해하기

학습목표

LO A.1 사분면에 x축과 y축을 그리고 그래프 위에 점 표시하기

LO A.2 기울기를 구하기 위해 자료 이용하기

LO A.3 기울기의 경사도와 방향에 대해 이해하고, 이 선이 지닌 의미 설명하기

그래프 그리기

LO A.1 사분면에 x축과 y축을 그리고 그래프 위에 점 표시하기

그래프는 자료를 시각적으로 나타내는 방법이다. 이 책에서는 경제적인 관계를 표현하고 이를 해석하기 위해 그래프를 사용한다. 예를 들어, 기회비용과 생산의 상충관계를 탐구하기 위해 생산가능곡선을 이용한다. 또한 기업에서 직면하고 있는 생산에 관한 의사결정에 대해 알아보기 위해 평균비용, 가변비용, 한계비용 등의 그래프를 이용한다. 그리고 모든 경제학자들이 즐겨 사용하는 것으로 수요와 공급, 그리고 이로 인해 결정되는 가격과 수량의 관계를 나타내는 그래프에 대해 공부한다.

단일변수 그래프

단일변수 그래프는 세 종류가 있다. 단일변수 그래프로는 막대 그래프, 원형 도표, 선 그래프가 있다. 여러분은 학교에서 이들 세 종류의 그래프를 모두 만들어본 적이 있을 것이다. 혹은 과학 박람회의 포스터나 프레젠테이션에서 그래프를 보았거나 리포트를 작성하면서 그래프를 사용했을 것이다. 이들 그래프는 여러 정보를 표현할 수 있기 때문에 다양한 목적으로 사용될 수 있다. 여러분은 경제학을 배우거나 이 책을 보면서 이러한 그래프를 자주 접했을 것이다.

가장 널리 알려진 단일변수 그래프는 〈그림 A-1〉과 같은 막대 그래프(bar graph)일 것이다. 막대 그래프의 막대를 이용해 변수의 크기와 빈도를 나타낼 수 있다. 그래프의 이름이 막대 그래프인 것도 이러한 이유 때문이다. 막대의 크기를 표시한 y축의 숫자는 변수의 값을, x축은 변수의 종류를 표시한다. 예를 들어 〈그림 A-1〉의 막대 그래프는 5개 주요 뉴스 사이트의 월간 방문객 수를 보여준다. 막대들이 일렬로 배치되어 있기 때문에 각 뉴스 사이트별 월간 방문객 수를 비교하기가 쉽다. 그래프에서 Yahoo! News와 CNN의 막대가 더 크다는 것은 사이트의 방

그림 A-1

2010년 상위 5대 뉴스 사이트 그래프에서 알 수 있듯이, 닐슨(Nielsen)사에 따르면 Yahoo! News는 가장 많은 방문객 수를 기록했다. 상위 5대 뉴스 사이트에는 전통적인 뉴스 전달지와 인터넷 신문사가 모두 포함되어 있다.

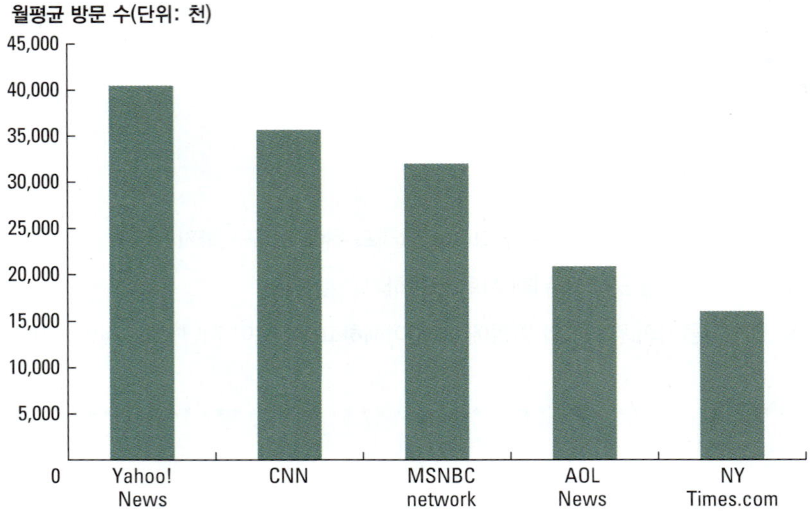

Source: http://www.journalism.org/analysis_report/top_25.

문객 수가 NY Times.com보다 많다는 것을 의미한다.

막대 그래프의 용도는 다양하다. 학급의 성적 분포를 표현할 수도 있고, 도시의 월간 평균기온을 나타낼 수도 있다. 변수의 크기가 중요하다면 막대 그래프를 사용하는 것이 유용하다.

원형 도표(pie charts)는 대개 특정 요소가 전체에서 차지하는 크기를 보여주기 위해 사용된다. 원형 도표는 원의 형태를 하고, 각 변수에 해당하는 크기만큼 부채꼴로 원을 나눈다. 〈그림 A-2〉는 전체 자동차 판매시장에서 상위 10개 자동차업체(토요타, 제너럴 모터스, 포드 등)가 차지하는 판매량의 비율을 보여준다. 부채꼴의 넓이가 넓은 제너럴 모터스와 토요타는 작은 부채꼴을 지닌 메르세데스-벤츠와 비교할 때 더 큰 자동차 판매사라고 할 수 있다.

원형 도표를 가장 보편적으로 사용하는 곳은 예산 관련 분야다. 원형으로 나타낸 정부와 기업의 수입과 지출에 대한 그래프를 본 적이 있을 것이다. 선거철에 모든 뉴스 미디어에서 발표하는 후보자별 지지율에 대한 원형 도표도 봤을 것이다.

마지막으로 선(시계열) 그래프(line or time-series graph)가 있다. 이 그래프는 단일변수의 추세를 표현할 때 유용하다. 경제학에서는 시간의 경과에 따라 변수가 변화하는 추세를 나타내기 위해 선 그래프를 가장 많이 사용한다. 몇십 년간의 물가상승률이나 GDP, 정부 부채 등은 선 그래프로 표현하는 대표적인 변수들이다.

〈그림 A-3〉은 1960년 이래로 멕시코의 GDP 성장률을 시계열 그래프로 보여주고 있다. 이러한 방식으로 자료를 나타내면, 멕시코는 1960년대와 1970년대에는 GDP 성장률이 높았지만(언제나 4% 이상의 높은 성장률을 보임) 그 이후로는 GDP 성장세가 둔화된 것을 쉽게 알 수 있다.

그림 A-2

자동차 시장점유율 이 원형 도표는 각 자동차 제조사 간 상대적인 시장점유율을 보여준다. 부채꼴의 넓이는 각 제조사의 시장점유율을 나타낸다. 제너럴 모터스는 가장 큰 점유율을 지닌 반면, 메르세데스-벤츠는 작은 비율을 차지하고 있다.

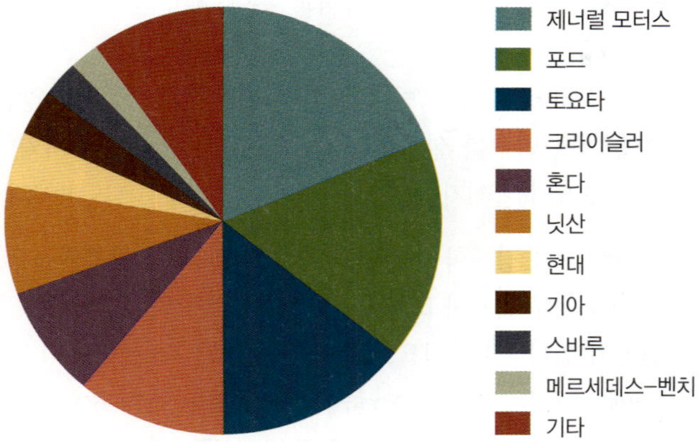

Source: **WSJ Markets Data Center, http://online.wsj.com/mdc/public/page/2_3022-autosales.html**

단일변수 그래프는 궁극적으로는 한계를 지니고 있다. 경제학과 관련된 가장 근본적인 문제들을 다루기 위해서는 2가지 변수(가격과 수량 등)를 동시에 분석할 수 있어야 한다.

그림 A-3

멕시코의 GDP 성장률 선 그래프는 보통 하나의 변수가 시간에 따라 어떻게 변화하는가를 보여준다. 이것은 변수의 추세를 확인하는 데 매우 유용하다. 멕시코의 GDP 성장률은 전반적으로 매우 변동이 심했지만, 1980년 이전에는 평균보다 높은 수준을 기록했다.

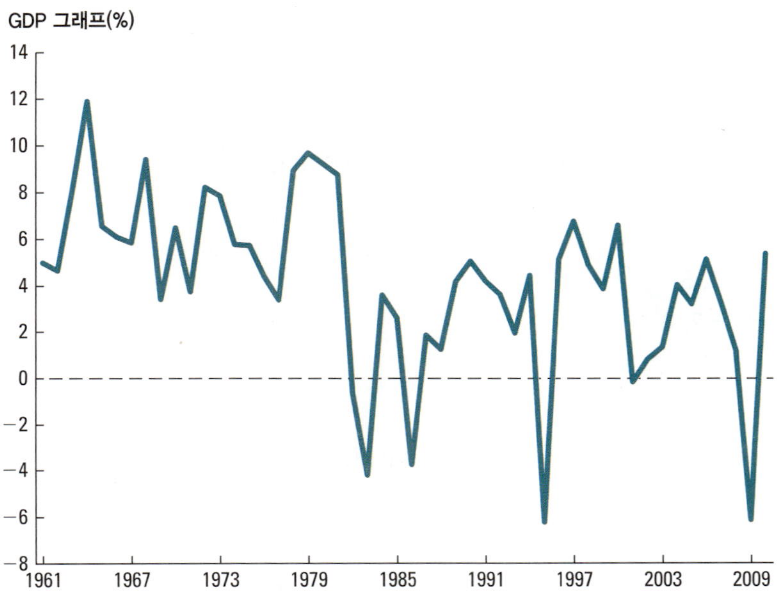

Source: **World Bank World Development Indicators.**

2변수 그래프

2개 혹은 여러 개의 변수를 그래프에 표현하기 위해서는 **데카르트 좌표계**(*Cartesian coordinate system*)가 필요하다. 2차원의 좌표계는 2개의 축으로 구성되는데, x(수평)축과 y(수직)축으로 이루어져 있다. 각각의 축에 경제변수에 따라 가격과 수량, 투입과 산출 같은 새로운 명칭을 부여할 수 있다.

경우에 따라서는 아무렇게나 두 축에 변수를 설정해도 된다. 그렇지 않은 경우에는 논리나 관습에 따라 각각의 축에 어떤 변수를 설정하는지 정해진다. 여러분이 기억하면 유용한 내용으로 경제학에서는 일반적인 2가지 관례가 있다.

1. **가격은 y축, 수량은 x축:** 경제학에서 가격과 수량에 대한 관계를 나타내는 그래프를 그릴 때, 가격은 항상 y축에 위치하고 수량은 항상 x축에 위치한다.
2. **x축은 y축의 '원인이 된다':** 일반적으로 하나의 변수가 다른 변수의 값에 영향을 받을 때, '종속'변수는 y축에 두고 '독립'변수는 x축에 둔다. 예를 들어 시험 성적과 공부 시간의 관계를 조사하고자 한다면, x축에는 공부 시간을 두고 y축에는 시험성적을 두어야 한다. 공부 시간은 성적에 영향을 미치고, 일반적으로 이 명제의 역은 관계가 없기 때문이다. 그러나 종종 반대의 경우가 참일 수도 있다. 예컨대 경제학에서 가격(언제나 y축 변수)은 수요량(언제나 x축 변수)을 변화시킨다고 말한다.

2개의 축이 교차하는 점을 **원점**(*origin*)이라고 한다. 원점의 오른쪽에서는 x좌표의 값이 양수고, 원점의 왼쪽에서는 x좌표의 값이 음수다. 마찬가지로 원점의 위쪽에서는 y좌표의 값이 양수이고, 원점의 아래쪽에서는 y좌표의 값이 음수다.

한 점을 표시하기 위해서는 x좌표와 y좌표의 순서쌍을 알아야 한다. x좌표 값을 먼저 쓰고, 이어서 y좌표 값을 쓴다: (x, y). 〈그림 A-4〉와 같이 2개의 축은 4개의 사분면을 만든다.

제1사분면: (x, y) x좌표값과 y좌표값이 모두 양수다.
제2사분면: $(-x, \mathrm{y})$ x좌표값은 음수이고, y좌표값은 양수다.
제3사분면: $(-x, -y)$ x좌표값과 y좌표값 모두 음수다.
제4사분면: $(x, -y)$ x좌표값은 양수이고, y좌표값은 음수다.
원점: (0, 0)원점에서는 x좌표와 y좌표값이 모두 0이다.

〈그림 A-5〉는 다음의 점들에 대한 그래프다.

제1사분면: (2, 3)
제2사분면: (−2, 3)
제3사분면:(−2, −3)
제4사분면: (2, −3)

여러분은 경제학을 공부하면서 제1사분면만 이용해 그래프를 그렸을 것이다. 이는 경제변수가 음수를 갖는 것은 상식적으로 이치에 맞지 않기 때문이다. 예를 들어, 경제학에서 가장 중요하게 사용하는 그래프 중 하나는 가격과 수요량 혹은 공급량의 관계에 대한 것이다. 음의 가격과 수량은 고려할 필요가 없기 때문에 수요 및 공급곡선을 그릴 때 제1사분면만 사용한다.

그림 A-4

4개의 사분면 데카르트 좌표계는 두 변수값을 동시에 나타내는 방법이다. 각각의 사분면에 따라 x좌표와 y좌표가 양수 혹은 음수를 띤다.

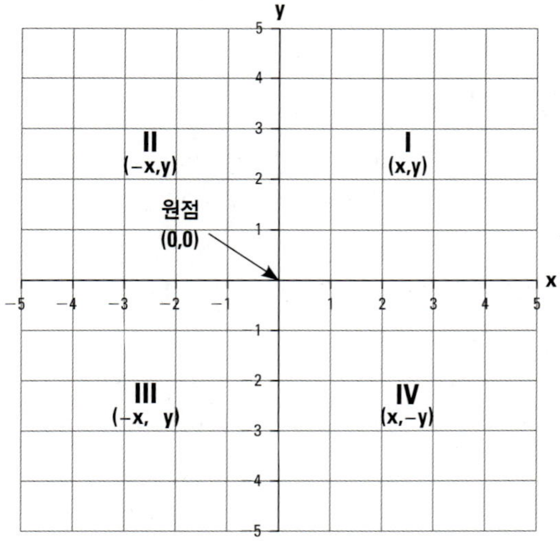

그림 A-5

그래프에 좌표 나타내기

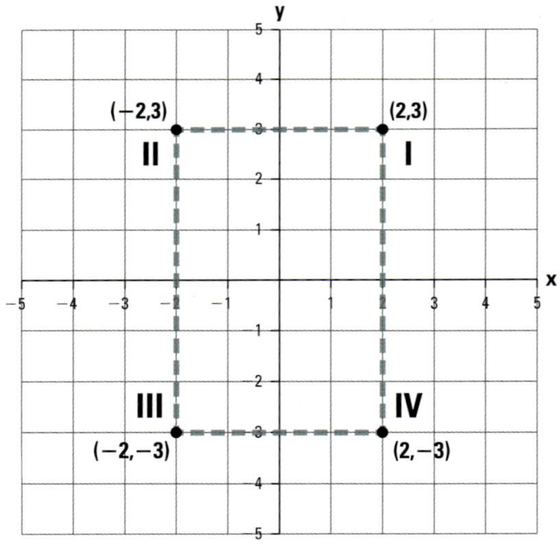

각각의 순서쌍은 데카르트 좌표계에 나타낼 수 있다.

〈그림 A-6〉에서 제1사분면의 그래프는 야구장의 핫도그 가격과 야구장을 방문한 가족이 구입하고자 하는 핫도그 수량의 관계를 보여준다. y축에는 가격이 표시되어 있고, 가족이 구입하고자 하는 핫도그의 수량은 x축에 나타나 있다. 예를 들어 순서쌍(3, 2)은 핫도그의 가격이 2달러일 때, 가족은 3개의 핫도그를 구입하고자 한다는 의미다.

이 수요곡선을 더 연장할 수 있지만, 이는 논리적으로 현실에는 존재할 수 없는 가격과 수량

그림 A-6

그래프가 내포하는 논리에 대해 생각하기

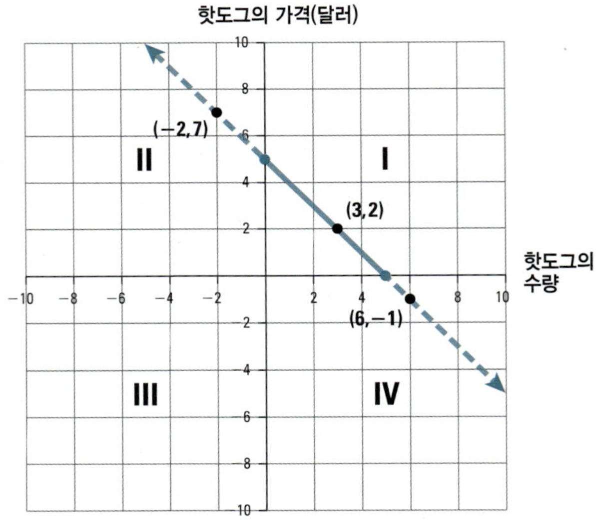

그래프 위에 표시된 4개의 사분면에 있는 점들이 모여 선을 이룬다.

의 조합이다. 예컨대 수요곡선을 제2사분면으로 확장한다면 순서쌍(−2, 7)에 도달할 수 있다. 만일 수요곡선을 제4사분면으로 확장한다면 순서쌍(6, −1)에 도달할 수 있을 것이다. 그러나 마이너스 2개의 핫도그나 마이너스 1달러의 가격은 현실에서 존재하지 않는다.

우리는 임의적인 점을 갖고 그래프를 그리는 것이 아님을 기억하자. 현실적으로 존재하는 변수들 간의 실질적인 관계를 나타내기 위해 그래프를 그리는 것이다. (−2, 7)이나 (6, −1) 모두 수요 방정식을 따르면 수요곡선에 존재할 수 있는 좌표지만, 현실에서는 존재할 수 없다. 따라서 이러한 가격-수량의 관계를 그래프로 나타낼 때, 그래프를 제1사분면으로 제한한다.

그러나 앞으로 학습하게 될 일부 변수들(이익 등)은 논리적으로 음의 값이 될 수 있다. 이런 경우에는 그래프를 여러 개의 사분면에 걸쳐 그릴 것이다.

기울기

〈그림 A-7〉의 표와 그래프는 변수 x와 y간의 관계를 나타낸다. 모든 x는 y에 대응한다. 표 안에 있는 좌표를 표시할 때, x와 y값에는 일관된 관계가 있다는 것을 발견할 수 있다. 이 경우 x값이 1씩 증가할 때마다 y값은 0.5씩 증가한다는 것을 알아차렸을 것이다. 우리는 이 관계를 그래프의 기울기로 나타낼 수 있다.

기울기 수평거리(x 변화량) 대비 수직거리(y 변화량)

기울기(slope)는 수평거리(x값의 변화량)에 대한 수직거리(y값의 변화량)의 비율이다. 기울기를 구하기 위한 그래프 위의 한 점을 점 1이라 하고 그 좌표를 (x_1, y_1)이라 하자. 또 다른 한 점을 점 2라 하고 그 좌표를 (x_2, y_2)라 하자. x_2에서 x_1을 뺀 것만큼이 수평거리다. 또한 y_2에서 y_1을 뺀 것만큼이 수직거리다.

그림 A-7
직선의 기울기

X	Y
−4	2
−2	3
0	4
2	5
4	6

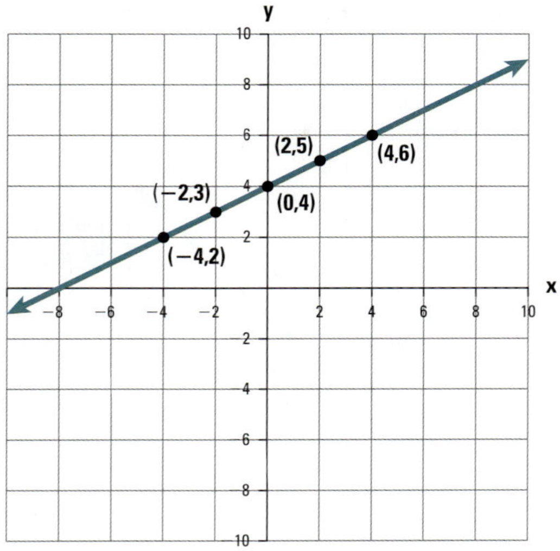

기울기로 그래프의 형태에 대해 알 수 있고, 이는 x와 y값의 변화량에 의해 결정된다.

$$\text{수평거리} = \Delta x = (x_2 - x_1)$$
$$\text{수직거리} = \Delta y = (y_2 - y_1)$$

수직거리(rise)를 높이라 하고, **수평거리**(run)는 너비라 한다. '너비분의 높이'를 외우면 기울기 계산법을 쉽게 기억할 수 있다.

수직거리 y의 변화량으로 계산되는 세로축 값의 차이

수평거리 x의 변화량으로 계산되는 가로축 값의 차이

$$\text{기울기} = \frac{\text{높이}}{\text{너비}} = \frac{\Delta y}{\Delta x} = \frac{(y_2 - y_1)}{(x_2 - x_1)}$$

x값과 y값의 관계가 선형(그래프의 형태가 직선)이라면 기울기는 일정하다. 즉 변수 x의 값이 1단위 변화할 때마다 변수 y값의 변화량이 일정하다는 의미다. 그러므로 이 경우 기울기를 계산하기 위해 직선상의 어느 점이나 2개 선택해 계산해도 무방하다. 다시 말해 그래프상의 어느 점에서나 기울기는 동일하기 때문에, 아무 점이나 선택해서 기울기를 구할 수 있다.

기울기는 두 변수의 관계에 대한 중요한 정보를 담고 있다. 앞서 말했듯이 기울기로 두 변수 간 관계의 방향을 알 수 있으며(두 변수가 같은 방향으로 움직이는지 아닌지), 그 관계의 크기(x값의 변화에 대해 y값이 얼마나 변화하는지)도 알 수 있다.

기울기 구하기

LO A.2 기울기를 구하기 위해 자료 이용하기

〈그림 A-8〉에서 점 (2, 3)과 점 (4, 5) 사이의 너비 혹은 수평거리는 4 빼기 2, 즉 2다. 두 점의 높이 혹은 수직거리는 5 빼기 3, 즉 2다. 그러므로 〈그림 A-8〉 그래프의 기울기는 다음과 같다.

그림 A-8
기울기 구하기

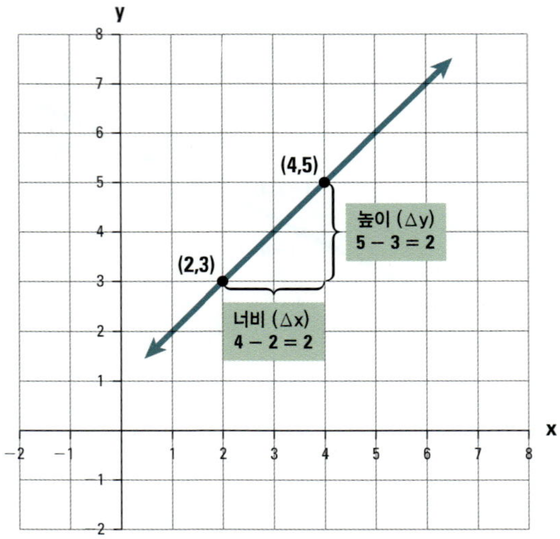

y값의 변화량을 x값의 변화량으로 나누면(너비분의 높이) 기울기를 구할 수 있다.

$$기울기 = \frac{(y_2 - y_1)}{(x_2 - x_1)} = \frac{(5-3)}{(4-2)} = \frac{2}{2} = 1$$

〈그림 A-7〉로 돌아가 동일한 방법으로 기울기를 계산해보자. x와 y값의 관계가 선형이기 때문에 기울기를 구하기 위한 2개의 점을 아무 곳에서나 선택할 수 있다. 점 1로 (2, 5)를 선택하고 이를 (x_1, y_1)이라고 하자. 점 2로는 (4, 6)을 선택하고 이를 (x_2, y_2)라고 하자.

$$\frac{(y_2 - y_1)}{(x_2 - x_1)} = \frac{(6-5)}{(4-2)} = \frac{1}{2} = 0.5$$

어떤 점을 점 1로 할지, 점 2로 할 것인가는 상관없다. 정반대로 y_2를 5로 정하고, y_1에 6을 놓아도 된다. 중요한 것은 y_1과 x_1이 동일한 순서쌍이어야 하고, y_2와 x_2가 동일한 순서쌍이어야 한다는 점이다. 이것이 사실임을 증명하기 위해 (2, 5)를 점 2로 정한 후 다시 기울기를 계산해보자. 여전히 기울기는 0.5다.

$$\frac{(y_2 - y_1)}{(x_2 - x_1)} = \frac{(5-6)}{(2-4)} = \frac{(-1)}{(-2)} = \frac{1}{2} = 0.5$$

〈그림 A-7〉에 있는 표의 다른 점 2개를 다시 사용해 기울기를 구해보자. 점(−4, 2)와 점(0, 4)를 이용한다. 답으로 0.5가 나오는가?

기울기의 방향

LO A.3 기울기의 경사도와 방향에 대해 이해하고, 이 선이 지닌 의미 설명하기

기울기의 방향은 우리가 나타내고자 하는 두 변수의 관계에 대한 중요한 사실을 알려준다. 예를 들어, 아이들은 나이가 들수록 키가 자란다. 만약 이 관계를 그래프로 나타낸다면, 나이가 들수록 키가 감소하기보다는 증가하는 것을 보여주는 우상향의 그래프가 나올 것이다. 물론 아이들이 성장할수록 키가 작아지는 것이 아니라 커지는 것은 자명한 사실이다. 그러나 우리가 사전에 이해하지 못하고 있는 변수의 관계에 대한 그래프를 본다면, 그래프의 기울기로 두 변수에 어떤 관계가 있는지 알 수 있다.

기울기의 방향과 이를 계산하는 법을 배우기 위해 〈그림 A-9〉의 그래프 A와 B를 살펴보자.

그래프 A에서 x값이 1에서 2로 증가할 때 y값 또한 2에서 4로 증가하고 있음을 알 수 있다. 만약 그래프를 해석하는 방향을 바꾼다면, x값이 2에서 1로 감소할 때 y값 또한 4에서 2로 감소하고 있음을 알 수 있다. 다시 말해 x값과 y값은 동일한 방향으로 이동한다. 그러므로 x와 y는 양의 상관관계(positive relationship)에 있다. 당연히 그래프의 기울기는 양의 값을 갖는다.

$$\text{기울기} = \frac{\Delta y}{\Delta x} = \frac{2}{1} = 2$$

그래프의 기울기가 양수라면 x값이 증가함에 따라 y값 또한 증가하거나, x값이 감소함에 따라 y값 또한 감소한다. 그래프가 우상향할 때 기울기는 양수다.

이제 그래프 B를 살펴보자. 이 경우 x값이 1에서 2로 증가할 때 y값은 4에서 2로 감소한다.

그림 A-9

기울기의 방향

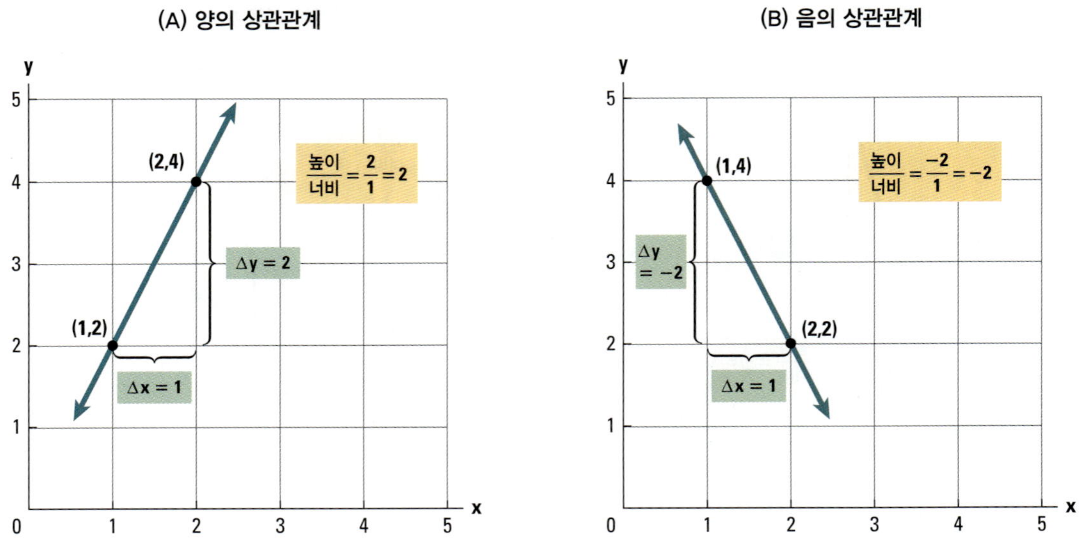

그래프가 우상향하면 기울기의 값은 양수다. x값이 증가함에 따라 y값 또한 증가한다. 혹은 x값이 감소함에 따라 y값 또한 감소한다.

그래프가 우하향하면 기울기의 값은 음수다. x값이 증가함에 따라 y값은 감소한다. 혹은 x값이 감소함에 따라 y값은 증가한다.

만약 그래프를 다른 방향으로 살펴본다면 x값이 2에서 1로 감소할 때 y값은 2에서 4로 증가한다. 그러므로 x와 y는 반대 방향으로 이동한다. 그러므로 x와 y는 음의 상관관계에 있다. 그래프의 기울기는 음의 값을 갖는다.

$$\text{기울기} = \frac{\Delta y}{\Delta x} = \frac{-2}{1} = -2$$

그래프의 기울기가 음수라면 x값이 증가함에 따라 y값은 감소하거나, x값이 감소함에 따라 y값은 증가한다. 그래프가 우하향할 때 기울기는 음수다.

3장에서는 가격과 수량 변수 양의 상관관계와 음의 상관관계의 응용에 대해 배울 것이다. 이를 다음과 같이 미리 살펴보자.

- **공급곡선**을 학습하며 가격과 수량 간 양의 상관관계에 대해 알아볼 것이다. 그리고 이러한 양의 상관관계가 지닌 의미에 대해 공부할 것이다. 예를 들어 재화의 가격이 증가함에 따라 공급자는 더 많은 수량의 재화를 시장에 공급할 것이다. 그러므로 공급곡선은 우상향한다.
- **수요곡선**을 학습하며 가격과 수량 간 음의 상관관계에 대해 알아볼 것이다. 그리고 이러한 음의 상관관계가 지닌 의미에 대해 공부할 것이다. 예를 들어, 재화의 가격이 증가함에 따라 소비자는 더 적은 수량의 재화를 구매할 것이다. 그러므로 수요곡선은 우하향한다.

이러한 예시를 통해 어느 집단을 대표하고 어떤 상황에 처했는지에 따라 두 변수(가격과 수량 등)가 하나 이상의 관계를 지닐 수도 있다는 것을 알 수 있다.

그림 A-10

기울기의 경사

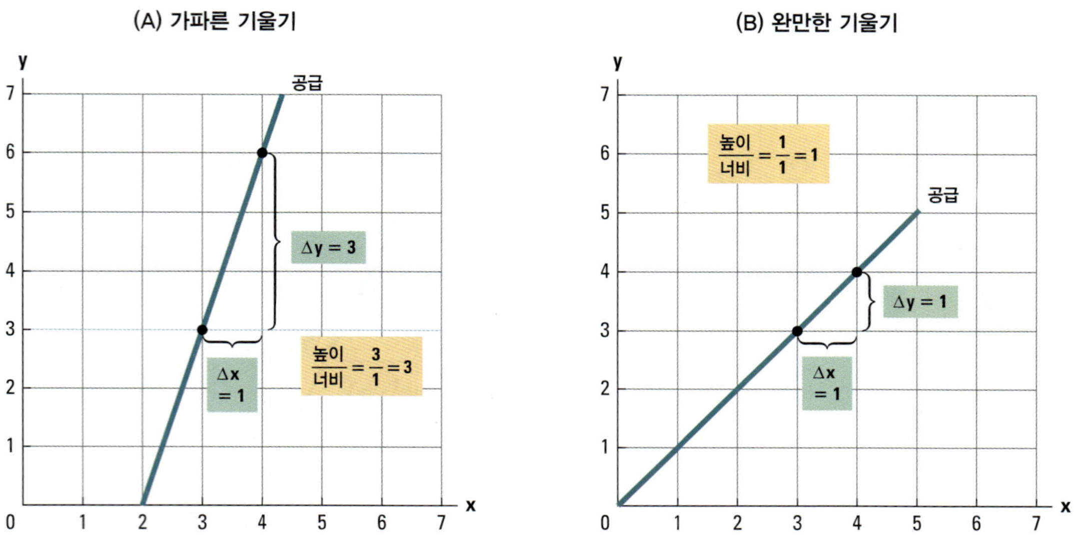

기울기가 클수록 그래프는 더 가파르다. 그래프 A는 그래프 B보다 더 가파르다.

기울기의 값이 0에 가까울수록 그래프는 더 완만하다. 그래프 B는 그래프 A보다 더 완만하다.

기울기의 경사

변수들 간 관계의 **방향**(*direction*)과 더불어, 기울기의 **경사**(*steepness*) 또한 중요한 의미를 지닌다. 이는 *x*값의 변화량이 주어졌을 때, *y*값이 얼마나 변화하는가에 대해 알려준다.

〈그림 A-10〉에서 2개의 그래프를 보면 *x*와 *y* 사이에는 양의 상관관계(우상향의 기울기)가 존재한다. 그리고 두 그래프에서 *x*값들 간의 거리인 Δx는 동일하다. 그러나 *x*값이 한 단위 변화함에 따라 발생하는 *y*값의 변화량의 크기는 그래프 B보다 그래프 A에서 더 크다. 다시 말해 그래프 A의 기울기가 더 **가파르고**(*steeper*), 그래프 B의 기울기는 **완만하다**(*flatter*).

수리적으로 기울기의 값이 0에 가까울수록 그래프는 더 완만하다. 기울기값이 양수와 음수일 때 모두 그 값이 0에 가까울수록 완만하다는 것을 명심하자. 따라서 그래프의 기울기 −1은 기울기 1과 반대 방향이지만 경사도는 동일하다. 하지만 기울기 −5의 그래프는 기울기 −1이나 기울기 1의 그래프보다 가파르다.

일반적으로 기울기는 *x*값이 한 단위 변화할 때마다 *y*값이 얼마나 변하는지 설명하기 위해 사용된다. 경제학에서는 때때로 *y*값이 한 단위 변할 때마다 *x*값이 얼마나 변하는지에 대해서도 연구를 한다. 예를 들어 4장에서 가격(*y*축 변수)의 변화에 따른 수량(*x*축 변수)의 변화량에 대해 알아볼 것이다.

주요 용어

기울기 p.58
수직거리 p.59
수평거리 p.59

응용문제

1. *x*축과 *y*축을 이용해 사분면을 그려라. 그래프를 이용해 다음의 각 좌표를 표시하라. **[LO A.1]**
   a. (1, 4)
   b. (−2, 1)
   c. (−3, −3)
   d. (3, −2)
2. *x*축과 *y*축을 이용해 사분면을 그려라. 그래프를 이용해 다음의 각 좌표를 표시하라. **[LO A.1]**
   a. (0, 4)
   b. (0, −2)
   c. (1, 0)
   d. (−3, 0)
3. 〈그림 AP-1〉의 '수요'곡선을 참조해 2개의 열에 각각 가격과 수량이 나타나도록 표를 만들어라. 이 '수요'곡선의 기울기는 얼마인가? **[LO A.2]**
4. 〈그림 AP-2〉의 '수요'곡선을 참조해 2개의 열에 각각 가격과 수량이 나타나도록 표를 만들어라. 이 '수요'곡선의 기울기는 얼마인가? **[LO A.2]**
5. 〈표 AP-1〉을 참조해 가격과 수량을 각각 *y*축, *x*축으로 하는 그래프를 그려라. 그래프의 명칭을 '수요'곡선으로 명명하고, 그 곡선의 기울기를 구하라. **[LO A.2]**
6. 〈표 AP-2〉를 참조해 가격과 수량을 각각 *y*축, *x*축으로 하는 그래프를 그려라. 그래프의 명칭을 '수요'곡선으로 명명하고, 그 곡선의 기울기를 구하라. **[LO A.2]**

그림 AP-1

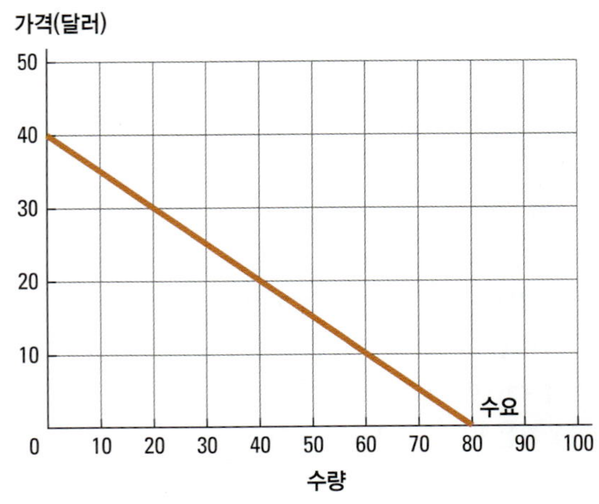

그림 AP-2

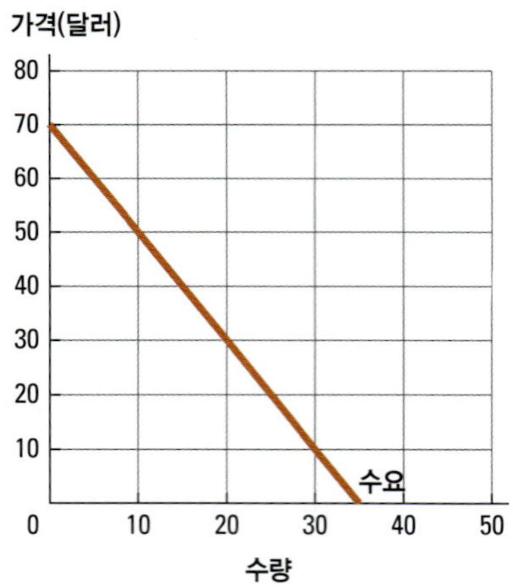

표 AP-1

가격(달러)	수량
0	120
2	100
4	80
6	60
8	40
10	20
12	0

표 AP-2

가격(달러)	수량
0	5
5	4
10	3
15	2
20	1
25	0

7. 〈그림 AP-3〉의 '공급'곡선을 참조해 2개의 열에 각각 가격과 수량이 나타나도록 표를 만들어라. 이 '공급'곡선의 기울기는 얼마인가? **[LO A.2]**
8. 〈그림 AP-4〉의 '공급'곡선을 참조해 2개의 열에 각각 가격과 수량이 나타나도록 표를 만들어라. 이 '공급'곡선의 기울기는 얼마인가? **[LO A.2]**

그림 AP-3

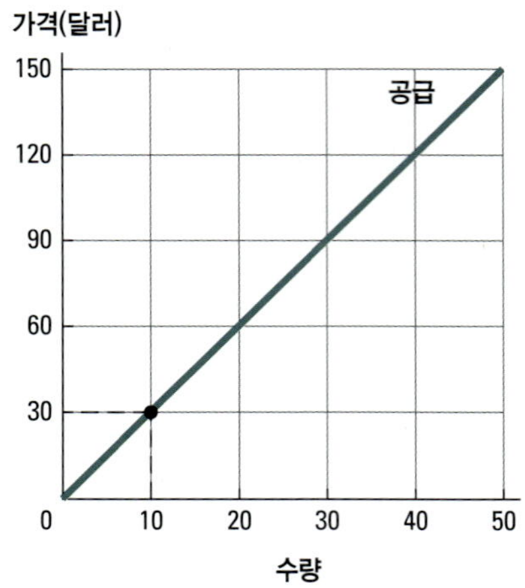

그림 AP-4

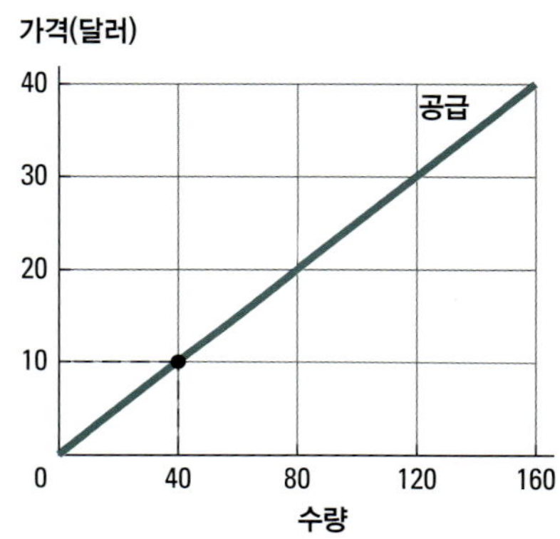

9. 〈표 AP-3〉을 참조해 가격과 수량을 각각 y축, x축으로 하는 그래프를 그려라. 그래프의 명칭을 '공급'곡선으로 명명하고, 그 곡선의 기울기를 구하라. **[LO A.2]**
10. 〈표 AP-4〉를 참조해 가격과 수량을 각각 y축, x축으로 하는 그래프를 그려라. 그래프의 명칭을 '공급'곡선으로 명명하고, 그 곡선의 기울기를 구하라. **[LO A.2]**

표 AP-3

가격(달러)	수량
0	0
25	5
50	10
75	15
100	20
125	25

11. 다음의 각 예시들이 나타내는 기울기는 어느 방향인가? **[LO A.3]**
    a. 쌀의 가격이 올라갈수록 소비자들은 쌀을 덜 구매한다.
    b. 온도가 증가할수록 수영장의 이용객 수는 증가한다.
    c. 농부가 비료를 더 많이 사용할수록 토마토의 수확량은 증가한다.
12. 다음의 각 수식을 기울기의 경사도가 낮은 순에서 높은 순으로 정리하라. **[LO A.3]**
    a. $y = -3x+9$
    b. $y = 4x+2$
    c. $y = 0.5x+4$

표 AP-4

가격(달러)	수량
0	0
2	8
4	16
6	24
8	32
10	40
12	48

Part Two

수요와 공급

제2부의 4개 장(章)에서는

일반적인 경제 분석의 기본을 형성하는 시장에 대한 기본 개념을 소개하며, 3장에서는 수요와 공급을 설명한다. 우리가 상점에 가서 무엇인가를 사려고 결정할 때 그것은 해당 재화에 대한 수요를 의미한다. 반면, 상점 입장에서는 그 재화를 우리에게 공급하는 것이다. 수요와 공급 간 상호작용은 우리가 지불하는 가격과 얼마만큼 사고 팔릴지를 결정한다.

제2부의 나머지 장에서는 다양한 질문에 응답하기 위해 수요와 공급을 이용할 것이다. 애플이 아이폰의 가격을 대폭 낮추자 왜 사람들은 상점에 몰려들었을까? 왜 정부는 시장에서의 가격에 제한을 두려고 할까?

제1부와 함께 제2부에서 소개하는 4개의 장은 경제 문제 해결의 기본 개념에 대해 설명한다. 이러한 생각을 가장 간단한 형태로 소개하면서 동일 개념은 본문 전체를 통해 설명할 것이다. 그리고 서로 다른 문제에 직면할 경우 이러한 개념을 기반으로 한다.

Chapter 3

시장

학습목표

LO 3.1 경쟁시장의 특성에 대한 정의 확인하기

LO 3.2 수요곡선의 도출과 수요를 결정하는 외부 요소 기술하기

LO 3.3 수요곡선의 이동과 수요곡선상의 움직임 구별하기

LO 3.4 공급곡선의 도출과 공급을 결정하는 외부 요소 기술하기

LO 3.5 공급곡선의 이동과 공급곡선상의 움직임 구별하기

LO 3.6 시장균형을 도출하기 위한 수요와 공급의 상호작용 설명하기

LO 3.7 수요와 공급의 변화가 균형가격과 거래량에 미치는 영향 평가하기

모바일의 전 세계적 확산

이제 휴대폰은 지갑이나 열쇠처럼 결코 집에 두고 나와서는 안 되는 물건이 되었다. 좋든 싫든 휴대폰은 일상생활의 필수품이 되었다.

1990년대 후반만 해도 휴대폰은 미국인의 30% 이상이 즐겨 쓰는 사치품이었다. 1980년대에는 크고 무거운 장비였으며, 개인용으로는 거의 사지 않는 물건이었다. 하지만 25년도 채 지나지 않아 이렇게 비싼 공상과학 기술은 상대적으로 값싸고 보편적인 편의성을 갖게 되었다. 오늘날 미국인 100명 중 90명이 휴대폰을 가지고 있다. 그리고 사실상 전 세계 70억 명 중 절반 이상이 휴대폰 가입자다.[1] 예를 들어, 아프리카에서 휴대폰 사용은 1년에 20% 증가했고, 2011년에는 4억 명의 사용자를 기록했다.[2] 이러한 휴대폰의 놀랄 만한 성장 덕분에 친구와 가족에게 더 쉽게 다가갈 수 있게 되었다. 또한 소도시 상인이 멀리 도시에 있는 기업과 연락할 수 있게 되어 새로운 경제적 가능성이 생겼다.

하나의 생산품이 어떻게 고가에서 저가로, 희소한 것에서 흔한 것으로 이렇게 빨리 변화할 수 있게 되었을까? 그 대답은 부분적으로 수요와 공급의 관계에서 얻을 수 있다. 3장에서는 수요와 공급의 상호작용이 경쟁시장에서 사고 팔리는 재화의 거래량과 가격을 어떻게 결정하는지 보여준다.

사람들이 어떻게 새로운 물건을 보유하게 되는지는 익숙한 이야기다. 처음 휴대폰이 출시되었을 때는 비싸고 희소한 물건이었다. 하지만 시간이 흐르면서 기술 혁신 덕분에 가격이 낮아졌고, 유행하게 되었으며, 판매가 증가했다. 이러한 변화 속에서 시장은 가격을 신호로 소비자와 생산자의 지속적인 의사소통을 가능하게 한다. 가격의 등락은 소비자가 원하는 거래량과 일치할 때까지 계속된다.

휴대폰의 비약적인 사용 증가를 설명하려면, 신호로서 기능하는 가격 외에 더 많은 설명이 필요하다. 기술 변화, 유행 추세, 경기 기복과 같이 수요와 공급에 영향을 미치는 외부 압력도 변화를 가져온다. 시장은 균형에서 벗어나는 일 없이 이러한 변화를 조절하는 놀라운 능력을 가지고 있다.

이번 장에서는 소비자와 생산자가 직면한 상충관계를 조사하는 것에서부터 논의를 시작하려고 한다. 휴대폰 산업에서 수요와 공급을 도출하는 것은 특이한 일이 아니다. 사실 수요와 공급 이론으로 요약되는 시장의 기능은 이 책에서 설명하는 거의 모든 것의 기반이라고 할 수 있다. 수요와 공급 이론을 이해하는 것은 생산자가 판매하려고 하는 가격부터, 가장 싼 주유소를 찾는 것, 하이브리드 자동차의 부족까지 모든 문제를 해결하는 데 매우 유용하다.

시장

2장에서는 복잡한 경제적 상호작용을 조정하는 '보이지 않는 손'의 힘에 대해 논의했다. 보이지 않는 손에 의해 조직화된 경제의 가장 중요한 특성은 중앙 집중적인 계획 당국이 아니라 개인이 의사를 결정한다는 점이다. 이러한 경제를 흔히 '**시장경제**(market economy)'라고 부른다.

시장경제 중앙집중적인 권력 기관의 계획이 아니라 사적인 개인과 기업의 의사결정으로 자원 배분이 이루어지는 경제

시장이란?

시장의 정의는 무엇인가? 농산물시장이나 쇼핑몰처럼 생산자와 소비자가 직접 만나는 물리적인 공간을 시장으로 생각할 수 있다. 그러나 교환을 위해 서로 반드시 가까이에 있을 필요는 없다. 예를 들어, 아마존닷컴(amazon.com) 같은 온라인 판매자나 전 세계에서 팔리지만 남아메리카에서 재배한 과일을 생각해보자. '**시장**(market)'이라는 용어는 물리적 공간이 아니라 특정 재화와 서비스를 거래하려는 소비자와 판매자를 일컫는다.

시장 특정 재화나 서비스를 거래하는 구매자들과 판매자들

시장에 포함되는 소비자와 판매자는 문맥(context)에 따라 달라진다. 당신이 사는 지역 쇼핑몰에서 옷가게의 관리자는 그 지역에 살고 있고 있는 사람들과 경쟁 가게, 창고 세일, 온라인 판매자처럼 티셔츠를 파는 다른 장소를 티셔츠 시장으로 생각할 것이다. 반면 의류 브랜드 업계의 CEO는 중국에 있는 의류 봉제공장과 전 세계에 살고 있는 소비자의 패션 취향까지 포함시킬 것이다. 어디까지의 경계가 적절한지는 행해지는 거래의 범위에 따라 달라진다.

경쟁시장이란?

LO 3.1 경쟁시장의 특성에 대한 정의 확인하기

가정을 단순화하는 것은 중요한 생각에 초점을 맞추는 데 도움이 된다. 3장에서는 '시장은 경쟁적'이라는 간단한 가정부터 논의를 시작할 것이다. **경쟁시장**(competitive market)은 정보가 완전히 제공되고, 가격을 수용하는 소비자와 판매자는 쉽게 표준적인 재화와 서비스를 거래한다. 이러한 복합적인 정의를 하나씩 살펴보자. 지금 4개의 모퉁이마다 주유소가 하나씩 있는 교차로를 향해 운전하고 있다고 상상해보자. 이러한 시나리오는 완벽한 경쟁시장의 4가지 특성을

경쟁시장 완벽한 정보를 갖춘 가격 수용적 구매자와 판매자가 동일한 재화나 서비스를 거래하는 시장

잘 보여준다.

첫 번째, 각각의 주유소에서 판매하는 휘발유는 모두 같다. 당신의 차는 어디서 주유를 하느냐와 상관없이 모두 동일하게 달린다. 이것은 판매되는 휘발유가 **표준화된 재화**라는 것을 의미한다. 어떠한 재화나 서비스 2단위는 특성이 같고 서로 교환할 수 있다. 그리고 경쟁시장에서 사고 팔리는 재화는 표준화되어 있다.

표준화된 재화 어떤 두 단위를 비교해도 동일한 성질을 갖고 있고 서로 맞바꿀 수 있는 특성의 재화

두 번째, 각 주유소의 휘발유 가격은 눈에 띌 만큼 크게 표시되어 있다. 당신은 운전하면서 1리터의 휘발유가 각각의 주유소에서 얼마인지 즉시 알 수 있다. 경쟁시장에서 당신은 사고 팔리는 재화의 가격과 특성에 대해 완전한 정보(*full information*)를 가지고 있다.

세 번째, 교차로에 있는 4개의 주유소 중 어디라도 선택할 수 있다. 4개의 주유소는 거리가 매우 가깝고, 주유하기 위해 특별한 장비가 필요하거나 주유소에 들어가기 위해 입장료를 지불할 필요가 없다. 경쟁시장에서는 **거래비용**(full information)—재화나 서비스의 판매를 위해 동의하거나 수행하는 과정에서 소비자나 판매자에 의해 발생한 비용—이 없다. 따라서 경쟁시장에서는 사고파는 특권을 위해 아무것도 지불할 필요 없다. 당신은 쉽게 4개의 주유소에서 주유를 할 수 있다.

거래비용 재화나 서비스의 거래에 동의하고 실행하는 데 발생하는 비용

마지막으로 당신은 각각의 주유소에서 1리터의 휘발유 가격이 같다는 것을 알고 있다. 왜일까? 1장에서 세 번째 경제학자의 질문을 기억해보자. 만약 한 개의 주유소가 휘발유 가격을 올리려고 노력한다면, 나머지 3개의 주유소는 어떻게 반응할까? 모든 주유소가 표준화된 휘발유를 제공한다고 가정하면, 소비자는 주어진 가격에서 4개의 주유소에 대해 차별이 없다. 만약 한 개의 주유소가 휘발유 가격을 올리면, 모든 운전자는 이곳을 대신해서 더 싼 곳으로 가므로 가격을 올린 주유소는 결국 소비자를 잃게 된다. 이런 이유 때문에 어느 개인 판매자도 시장 가격을 바꿀 수 있는 힘을 가지고 있지 않다. 경제학 용어로, 시장가격에 영향력을 행사할 수 없는 소비자나 판매자를 '**가격 수용자**(price taker)'라고 한다.

가격 수용자 시장 가격에 영향을 줄 수 없는 구매자나 판매자

운전자도 가격 수용자다. 만약 당신이 주유하기 전에 어느 한 주유소에서 가격 할인을 협상하려고 노력한다면, 당신이 얻을 것은 없다. 주유소 사장은 차라리 기다렸다가 더 많이 지불하려는 다른 소비자에게 기름을 판매할 것이다. 가격은 가격이다. 당신의 선택은 받아들이느냐, 거절하느냐 양자택일이다. 경쟁시장에서 소비자와 판매자 모두 가격 수용자다.

한 개의 교차로에 있는 주유소에 대해 생각해보면서 완전 경쟁시장의 4가지 특성에 대해 배웠다. 〈표 3-1〉은 완전 경쟁시장의 4가지 특성, 즉 표준화된 재화, 완전 정보, 거래비용 없음과 가격 수용 참여자를 요약한 것이다.

현실에서는 아주 소수의 시장만이 완전히 경쟁적이다. 심지어 같은 교차로에 있는 주유소조차 경쟁적이지 않다. 아마도 한 곳은 에탄올이 적게 들어간 휘발유를 사용하기 때문에 1리터당 몇 원 더 받을 수도 있다. 또한 단골에게 적립 제도를 제공하거나 배고픈 운전자를 유인하기 위

표 3–1
완전 경쟁시장의 4가지 특성

표준화된 재화	어떤 2단위의 재화도 같은 특징을 가지며 교환할 수 있다.
완전 정보	시장 참여자는 해당 재화의 가격과 특징에 대해 모든 것을 알고 있다.
거래비용 없음	시장에서 거래할 때 참여 비용이 없다.
참여자가 가격 수용자	소비자나 판매자 모두 시장가격에 영향을 줄 수 있는 힘이 없다.

해 던킨도넛을 줄 수도 있다. 뒷장에서는 현실 세계의 시장이 구조화된 다양한 측면과 완전 경쟁에 도달하지 못할 때 왜 문제가 되는지에 대해 공부할 것이다.

휴대폰시장도 완전 경쟁시장이 아니다. 휴대폰은 표준화된 재화가 아니다. 어떤 모델은 더 멋져 보이거나, 더 좋은 카메라 기능을 갖췄거나, 애플리케이션이나 전화요금제에 대해 다르게 접근한다. 당신은 2리터의 휘발유에 대해서는 차별이 없을 수 있지만, 가격이 같은 2개의 서로 다른 휴대폰에 대해서는 완전히 차별을 두지 않는 것이 어렵다. 게다가 제한된 서비스 제공자만 있다는 사실은 판매자가 항상 가격 수용자가 아니라는 것을 의미한다. 만약 오직 하나의 네트워크만 당신이 살고 있는 지역에서 우수한 품질을 제공하거나 일반적인 휴대폰에 대해 독점적인 거래를 한다면 할증 가격을 부과할 것이다.

그렇다면 현실 세계의 시장은 완전 경쟁이 드문데, 왜 완전 경쟁을 가정하는 것일까? 3장에서 다루는 경쟁시장의 단순 모형은 완전히 경쟁적이지 않은 시장에서조차 유용한 통찰력을 제공하기 때문이다. 당신이 완전 경쟁을 잘 이해하면, 시장이 완전 경쟁이 아닐 때 왜 문제가 되는지 더 잘 이해할 수 있다. 현실의 휴대폰시장은 완전 경쟁과 거리가 멀다. 그러나 3장의 마지막 부분에서 현실의 휴대폰시장이 어떻게 작동하는지에 대해 완전 경쟁의 단순한 모형이 많은 것을 말해주고 있다는 것에 동의하게 된다.

✓ 개념 확인하기

- ❒ 시장은 무엇인가? 경쟁시장의 특징은 무엇인가? **[LO 3.1]**
- ❒ 경쟁시장의 참여자들을 '가격 수용자'라고 부르는 이유는 무엇인가? **[LO 3.1]**

수요

수요(*demand*)는 일정한 조건하에서 사람들이 사려는 의사가 있고 살 수 있는 무엇인가의 수량을 의미한다. 어떤 사람이 당신에게 다가와 새로운 휴대폰이 좋은지 질문한다고 가정해보자. 당신의 대답은 무엇인가? 당신은 '그렇고 말고!'라고 생각하지만, 상식적인 사람으로서 아마도 당신은 '얼마인지'를 먼저 물을 수 있다. 당신이 무엇인가를 원하는지 또는 당신이 얼마나 원하는지의 여부는 그것을 위해 얼마를 지불할 수 있는지에 달려 있다.

현재 대부분의 미국인은 휴대폰을 갖고 있지만, 그리 오래된 일은 아니다. 모형의 단순화를 위해 휴대폰의 특징이 표준화되어 있고 요금제도 한 가지 유형이라고 가정해보자. 그리고 당신을 1990년대 중반의 소비자라고 생각해보자. 휴대폰 가격은 499달러로 광고하고 있지만 당신은 그 정도의 가치는 아니라고 생각한다. 시간이 지나 가격이 399달러, 그리고 299달러로 하락하지만, 당신은 여전히 사지 않는다. 그러다가 199달러가 되었을 때 당신은 고민하기 시작한다. 그리고 휴대폰 가격이 125달러 이하로 하락하자 당신은 구입을 결정한다.

각각의 사람들은 서로 다른 가격에서 첫 번째 휴대폰을 구매했다. 주어진 시간과 가격에서, 누군가는 휴대폰을 구매하려는 의사가 있지만 다른 사람들은 그렇지 않다. 만약 우리가 이러한 개인의 모든 선택을 합치면, 전반적인 시장 수요(*market demand*)를 도출할 수 있다. 특정 기간 동안에 주어진 가격에서 시장에 있는 소비자들이 구매하려는 특정 재화의 수량이 **수요량**(quantity demanded)이다. 거의 모든 재화에서 가격이 낮아질수록 수요량은 증가한다.

수요량 어떤 재화나 서비스에 대해 일정 기간 동안 주어진 가격에서 구매자가 사고자 하는 양

가격과 수요량 사이의 반비례 관계는 경제학자들이 '**수요의 법칙**'이라고 부를 만큼 중요하다. 수요의 법칙 첫 번째 필요조건은 세테리스 파리부스(*ceteris paribus*, 라틴어로 '다른 모든 조건이 동일하다'의 의미)로 알려져 있다. 즉 수요의 법칙은 다른 모든 조건이 동일할 때 가격이 하락함에 따라 수요량은 증가한다는 의미다. 경제학자들은 어떤 경제에서 단 한 가지 변화의 효과를 구분하기 위해 세테리스 파리부스 아이디어에 의존한다. 만약 다른 모든 조건이 같지 않다면, 수요량에 영향을 주는 다른 변화가 수반되기 때문에 가격 변화 같은 무엇인가의 실제 효과를 알아내기가 어렵게 된다. 예를 들어, 소득이 증가하면 휴대폰 수요는 증가한다고 알려져 있다. 그렇다면 소득과 가격이 동시에 증가할 때 휴대폰 판매에 어떤 변화가 있을지 즉시 예상하기는 어렵다. 그러므로 수요의 법칙에 대해 말할 때 가격 변화를 제외한 다른 것은 변하지 않는다는 것을 내포한다는 사실을 기억해야 한다.

수요의 법칙 다른 모든 조건이 일정할 때, 가격이 하락하면 수요량은 증가하는 수요의 성질

수요의 법칙은 경제학자들이 시장에 도입해 만들어진 법이 아니다. 개인적으로 결정의 기저를 이루는 실제를 설명하기 때문에 사실이라고 할 수 있다. 핵심은 구매를 결정할 때 사람들이 직면하는 상충관계(*trade-offs*)에 대해 생각하는 것이다.

재화의 가격이 하락할 때 무슨 일이 벌어지는가? 첫 번째, 그것을 구매함으로써 얻게 되는 편익은 재화 자체가 변하지 않았기 때문에 같다. 그러나 가격이 하락했을 때 해당 재화를 얻기 위해 다른 재화의 구매를 포기할 필요가 없기 때문에 기회비용은 줄어들었다. 편익은 동일하면서 기회비용이 줄어들면, 이러한 상충관계는 갑자기 더 좋은 것으로 보이기 시작한다. 비용과 편익 사이의 상충관계가 편익 쪽으로 기울게 되면, 더 많은 사람들이 그 재화를 구매하려고 한다.

물론 첫 번째 휴대폰을 사려는 사람들이 결정하는 데 고려해야 할 것은 가격 하락뿐만이 아니다. 어떤 사람들은 월급이 올랐을 때 휴대폰을 구매하려고 한다. 다른 사람들은 그들의 친구들 대부분이 휴대폰을 보유한 시점에서 휴대폰을 사는데 이 경우 소득과 기대, 성향 등이 영향을 미친다. 경제학자들은 이러한 요소들을 '비가격 결정 요인(*nonprice determinants*)'이라고 한다. 이것들의 잠재 효과에 대해서는 나중에 살펴보자. 우선 가격과 수요량 사이의 관계에 대해 집중적으로 알아보자.

수요곡선

LO 3.2 수요곡선의 도출과 수요를 결정하는 외부 요소 기술하기

수요의 법칙에 따르면, 휴대폰 수요량은 개별 가격대에서 서로 달라진다. 이 때문에 수요는 다양한 가격대에서 소비자가 구매할 의사가 있는 특정 재화나 서비스 거래량을 보여주는 **수요계획표**(demand schedule)로 표현할 수 있다. 〈그림 3-1〉의 화면 (A)는 미국에서 가상 1년 동안 휴대폰의 수요계획표다(휴대폰이 표준화된 재화라고 가정한 것을 기억하자. 휴대폰 가격이 하락할 때 새것을 하나 더 사기를 원한다는 기본 원칙은 여전히 유지된다). 수요계획표는 가격 이외의 것은 모두 동일하다고 가정한다.

수요계획표 어떤 재화나 서비스의 가격과 수요량의 관계를 보여주는 표

〈그림 3-1〉의 화면 (B)는 수요계획표에 나타난 가격과 거래량의 조합을 도표의 점으로 나타낸 것이다. 이 도표, **수요곡선**(demand curve)은 수요계획표를 시각적으로 보여준다. 즉, 다양한 가격대에서 소비자의 수요에 따라 특정 재화나 서비스의 거래량을 보여주는 도표다. 수요곡선은 소비자의 구매 의사(*willingness to buy*)이기도 하고, 주어진 거래량에 대해 소비자가 지불

수요곡선 어떤 재화나 서비스의 가격과 수요량의 관계를 보여주는 도표

그림 3-1

수요계획표와 수요곡선

(A) 수요계획표

휴대폰 (100만 대)	가격 (달러)
30	180
60	160
90	140
120	120
150	100
180	80
210	60
240	40
270	20

수요계획표는 다양한 가격대별로 각 연도에 수요되는 휴대폰의 수량을 보여준다. 가격이 하락함에 따라 소비자는 더 많은 휴대폰 구입을 원한다.

(B) 수요곡선

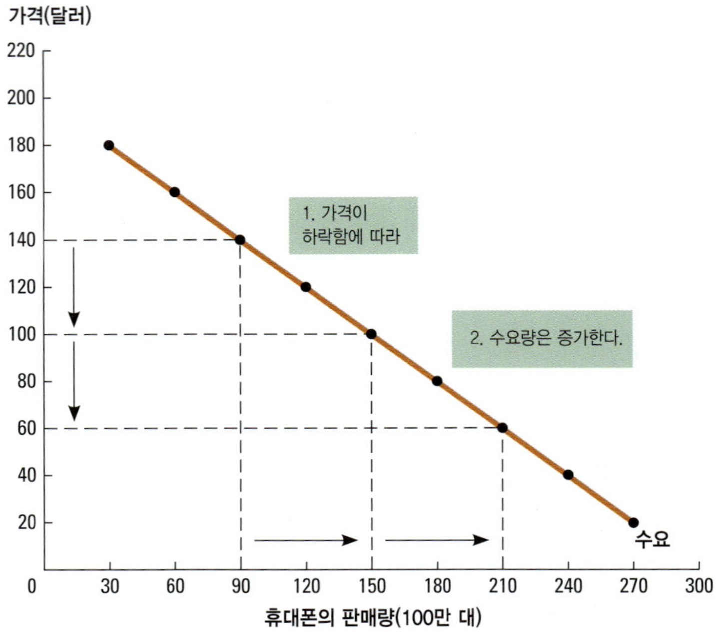

수요곡선은 미국에서의 휴대폰 수요계획표를 도표로 보여주는 것이다. 수요계획표의 각각은 곡선상에 점으로 표시된다.

하려는 최고 수량이다.

> 3장에서 설명하는 수요곡선과 기타 자료는 선과 선형 방정식을 광범위하게 이용하기 때문에, 3장 다음에 있는 부록 B '핵심 수학: 선형 방정식 활용하기'에서 그 개념을 복습할 필요가 있다.

수요곡선에서 x축(수평 축)은 수량, y축(수직 축)은 가격을 나타낸다. 가격과 수량의 반비례 관계를 반영해 수요곡선은 기울기가 우하향한다. 〈그림 3-1〉의 수요곡선은 수요계획표의 정보와 정확하게 일치한다.

수요의 결정 요인

수요곡선은 다른 모든 것은 일정한 가운데 수요 가격과 수요량의 관계를 보여준다. 만약 다른 모든 것이 일정하지 않다면—즉 수요 변화를 결정하는 비가격 요소 중 하나—수요곡선은 이동한다.

우하향 기울기의 수요곡선은 사람들이 (1) 재화로부터 얻게 될 것으로 기대되는 편익과 (2) 해당 재화를 사기 위해 직면한 기회비용 사이의 상충관계를 나타낸다. 그러므로 주어진 가격에서 균형을 변화시키는 어떤 요소는 사람들의 구매 의사를 변하게 해서 구매 결정도 바뀐다.

수요의 비가격 결정 요인은 소비자 선호, 상대 재화의 가격, 소득, 미래 가격에 대한 예상과 시장에서 소비자의 수와 같이 5가지 범주로 구분된다. 〈표 3-2〉는 각 요소의 영향을 요약해 보여준다. 이러한 각각의 비가격 결정 요인은 해당 재화의 가격이 같아도 구매하려는 재화의 편익이나 기회비용에 영향을 미친다.

표 3-2 수요 결정 요인

결정 요인	수요 증가의 예	수요 감소의 예
소비자 선호	'국산품 애용' 캠페인은 국가적 자긍심에 호소해 국산 운동화 수요 증가	대장균 발생으로 시금치 수요 감소
상대 재화의 가격	핫도그 가격의 하락으로 보완재인 소스 수요 증가	택시요금의 하락으로 대체재인 지하철 탑승 수요 감소
소득	경기침체로 소득 감소, 열등재인 간 쇠고기 수요 증가	경기침체로 소득 감소, 정상재인 스테이크 수요 감소
예상	태풍으로 전 세계 파파야 작물의 일부 파괴, 가격 상승 기대, 파파야 현재 수요 증가	신형 스마트폰 판매 개시 발표에 현재 모델 수요 감소
소비자의 수	기대 수명 증가로 요양원과 의료 서비스 수요 증가	출산율 하락으로 아기 기저귀 수요 감소

이해를 돕기 위해

비록 5개의 요소가 상대 재화의 가격과 미래 가격에 대한 예상처럼 가격과 관련된 논의를 포함하고 있지만, 해당 재화에 대한 수요에 대해 현재 가격의 영향으로부터 5개의 요소를 구분하기 위해 '비가격 결정 요인'이라고 부른다.

소비자 선호(consumer preferences). 소비자 선호는 재화를 구매할지 여부를 결정하는 개인적 취향을 의미한다. 사람들이 왜 좋아하는지를 알거나 그들의 선호에 반드시 동의할 필요는 없다. 단지 호불호가 그들의 구매에 영향을 미친다는 것을 알아둘 필요는 있다. 주어진 가격에서 어떤 소비자는 친구와의 수다나 일을 위해 사용하거나, 다른 개인적 선호를 근거로 하여 다른 사람들보다 휴대폰의 편리함을 좀 더 누릴 수 있다.

어떤 소비자 선호는 성격상의 특성이나 사회·문화적 태도와 신념 등과 같이 시간에 따라 매우 일정하기도 하다. 예를 들어 은둔자는 휴대폰에 관심이 없으며, 반면 끊임없이 일하는 경영자는 한두 개의 휴대폰은 필수라고 생각한다. 다른 선호는 외부적 사건이나 유행에 맞춰 시간에 따라 변한다. 만약 당신의 친구들이 이미 휴대폰을 보유하고 있을 때 하나 더 휴대폰을 보유하는 것은 매우 유용하다. 휴대폰 수요는 9·11 테러 같은 응급상황에서 가족과 통화하기를 원하는 사람 때문에 크게 증가했다.[3]

상대 재화의 가격(prices of related goods). 특정 재화의 수요에 영향을 미치는 다른 요소로 상대 재화의 가격이 있다. 상대 재화의 종류에는 대체재와 보완재가 있다.

대체재 어떤 재화와 충분히 비슷한 성격을 갖고 있어 그 재화 대신 구매될 수 있는 재화

대체재(substitutes)는 쌀과 파스타처럼 소비자가 유사한 목적으로 구매할 수 있는 재화다. 만약 쌀 가격이 2배로 오르고 파스타 가격은 그대로라면, 파스타의 기회비용이 감소했기 때문에 파스타의 수요는 증가한다. 당신은 같은 금액으로 쌀을 덜 살 수 있으므로 파스타를 살 때 잠재적인 쌀을 덜 포기하게 되는 것이다. 만약 두 재화가 매우 비슷하다면, '**유사 대체재**(*close substitutes*)'라고 할 수 있다. 연어와 송어같이 비슷한 생선은 유사 대체재로 고려될 수 있다.

첫 번째 휴대폰을 살지 여부를 결정하려는 대부분의 미국인에게 가장 가까운 대체재는 유선전화기다. 하지만 휴대폰과 유선전화는 아주 유사한 대체재는 아니다. 휴대폰과 유선전화는 집

이나 회사에서 같은 목적으로 사용할 수 있지만, 산책할 때 사용할 수 있는 것은 휴대폰뿐이다. 그래도 유선전화 서비스의 가격이 갑자기 급등하면 휴대폰에 대한 수요는 증가할 것이다.

사실 많은 개발도상국가에서 유선전화 서비스에 대한 고가의 비용은 왜 휴대폰이 매우 빠르게 확산되는지를 설명하는 하나의 이유가 된다. 미국의 대부분 가구에서는 휴대폰을 갖기 이전부터 이미 유선전화기를 보유하고 있었다. 많은 빈곤 국가에서 유선전화는 소수에게만 제공될 만큼 매우 비싸기에 휴대폰을 종종 '**뛰어넘기 기술**(*leapfrog technology*)'이라 부른다. 사람들은 전화기가 없는 상황에서 바로 휴대폰으로 옮겨감으로써 전통 기술의 전체 단계를 뛰어넘는 것이다.

보완재 함께 소비되기 때문에 한 재화를 구매한 소비자가 다른 재화도 구매할 가능성이 높을 때 그러한 재화들

같이 소비되는 상대 재화, 따라서 한 재화의 구매로 다른 재화도 구매 가능성이 높아지는 것을 '**보완재**(complements)'라고 한다. 땅콩버터와 젤리, 시리얼과 우유, 자동차와 휘발유는 모두 보완재다. 이들 2개의 재화 중 하나의 재화 가격이 상승하면 다른 재화의 수요는 감소할 것이다. 왜? 소비자는 첫 번째 재화의 구매를 줄이게 되고, 그에 따라 다른 재화도 덜 원하게 될 것이기 때문이다. 반대로 두 재화 중 한 재화의 가격이 하락하면 다른 재화에 대한 수요는 증가할 것이다. 예를 들어, 새 휴대폰의 가격이 하락하면 그에 따라 소비자는 휴대폰 액세서리를 구매할 것이다.

정상재 소득이 증가함에 따라 수요가 증가하는 재화

소득(incomes). 당연히 소득액은 재화와 서비스의 수요에 영향을 미친다. 월급이 많아질수록 원하는 것을 더 살 수 있고, 월급이 줄어들수록 소비도 줄여야 한다. 대부분의 재화는 **정상재**(normal goods)이며, 소득 증가는 수요 증가를 초래한다. 마찬가지로 소득 감소는 정상재의 수요 감소를 초래한다. 일반적으로 휴대폰은 정상재다. 만약 어떤 사람이 휴대폰을 살 수 없는 상황이라면, 소득이 증가할 때 구입할 가능성이 높다. 만약 누군가가 이미 휴대폰을 갖고 있다면 소득이 증가할 때 좀 더 신형으로, 마음에 드는 것으로 바꿀 가능성이 높다.

열등재 소득이 증가함에 따라 수요가 감소하는 재화

어떤 재화는 정상재와 반대로 **열등재**(inferior goods)다. 소득이 증가함에 따라 수요가 감소한다. 대체로 소득이 증가할 때 열등재보다 좀 더 비싸고, 마음에 드는 대체재로 바꾼다. 일반적으로 즉석 면류와 통조림 같은 값싼 식자재와 양판점 브랜드는 열등재다. 소득이 증가하면 이러한 재화를 좀 더 신선하고 좀 더 값비싼 재료로 바꾸게 마련이다. 경기침체기에 대부분의 사람들은 소득 감소를 겪는다. 따라서 열등재의 수요는 경제 상황에 따라 영향을 받는다. 이번에는 '라면 판매로 경기 불황을 예측할 수 있는가?'라는 사례를 통해 알아보자.

사례를 통해 알아보기

라면 판매로 경기 불황을 예측할 수 있는가?

만약 당신이 자취하는 대학생의 부엌 찬장을 열었다면, 무엇을 발견하게 될까? 대부분의 학생들은 확실히 건강에 도움이 되지 않는 라면이나 즉석식품을 즐겨 먹을 것이다. 값싼 칼로리로 포장된, 맛있는 간식은 매우 싸다.

라면은 열등재의 한 예다. 대부분의 학생들처럼 예산이 부족할 때 라면은 잘 팔린다. 소득이 증가하면 라면 판매는 하락하고, 더 비싼 음식이 라면을 대체한다.

태국에서는 심지어 전반적인 경기 상황에 대한 지수로 라면을 사용하곤 한다. 마마면 지수(Mama Noodles Index)는 가장 인기 있는 라면의 판매를 추적하는 것이다. 소득이 감소할 때 열등재의 수요가 증가하기 때문에 라면 판매의 호조는 소득 감소와 다가오는 불황의 신호라고

할 수 있다. 사실 태국 경제의 관측자는 마마면 지수는 경제 상황의 변화를 반영하는 상당히 괜찮은 작업이라고 밝히고 있다. 그러나 심각한 경제 불황에서는 열등재의 수요도 줄어들 수 있다. 태국 경제가 불안정한 경우에는 예상대로 마마면 지수가 올라가지만, 2009년 초의 극심한 경기침체 때는 마마면 지수가 예상외로 15% 하락했다.

그렇다면 라면은 열등재인가, 정상재인가? 태국에서 이 질문에 대한 정답을 구하려면 당신이 누구인지, 또는 소득이 얼마나 심각하게 줄어들었는지에 달려 있다. 라면과 좀 더 비싼 음식 중에서 선택하는 중산층에게 라면은 열등재다. 하지만 충분히 먹을 만큼 음식을 살 수 있는지 여부를 고민하는 빈곤층에게는 라면이 정상재다. 그들은 소득이 증가하면 더 많은 라면을 살 것이고, 소득이 감소하면 라면도 사치품이 될 수밖에 없다.

Source: "Using their noodles," Associated Press, September 5, 2005, http://www.theage.com.au/news/world/using-their-noodles/2005/09/04/1125772407287.html; "Downturn bites into instant-noodle market as customers tighten belts," *The Nation*, March 20, 2009, http://www.nationmultimedia.com/business/Downturn-bites-into-instant-noodle-market-as-custo-30098402.html.

예상(expectations). 미래에 대한 소비자 예상의 변화—특히 미래가격—는 수요에 영향을 준다. 만약 소비자가 미래에 가격이 하락할 것으로 예상하면 그들은 나중까지 구매를 연기할 것이고, 현재 수요는 감소한다. 할인을 할 때까지 새 휴대폰 구매를 미루거나, 휴대폰 차기 모델이 이전 모델보다 더 싸고 빠를 것으로 기대해 스마트폰 구매를 미루는 상황을 생각해보자. 미래에 가격이 하락할 것으로 기대할 때 수요는 감소한다.

반대로 소비자가 미래에 가격이 오를 것으로 예상하면 그들은 더 비싸지기 전에 즉시 해당 재화를 구매하려고 할 것이다. 이러한 추론은 주식시장이나 주택시장처럼 투기적 시장에서 종종 발생한다. 소비자는 가격 상승을 기대하면서 주식이나 주택을 구매하고 이익이 발생했을 때 팔 수 있다. 이러한 시장에서 가격이 낮고 오를 것으로 기대할 때 수요는 증가한다.

소비자의 수(number of buyers). 수요곡선은 잠재 소비자의 특정한 숫자의 수요를 나타낸다. 일반적으로 시장에서 잠재 소비자 수의 증가는 수요를 증가시킬 것이고, 소비자 수의 감소는 수요를 감소시킬 것이다. 이민자 수의 증가나 출산율 하락 같은 중요한 인구 변동은 수요의 전국적인 변화를 가져온다. 10대와 대학생이 증가하면 휴대폰 수요도 증가한다.

수요곡선의 이동

LO 3.3 수요곡선의 이동과 수요곡선의 움직임 구별하기

수요의 5개 비가격 결정 요인 중 하나가 변하면 수요곡선에 어떤 변화가 발생할까? 전체 수요곡선은 오른쪽이나 왼쪽으로 이동한다. 비가격 결정 요인이 각각의 가격에서 수요량에 영향을 주기 때문에 수요곡선 이동은 수직적이라기보다 수평적이다. 주어진 가격에서의 수요량이 더 높아지면(또는 더 낮아지면) 그 가격에 상응하는 곡선상의 점은 더 오른쪽(또는 왼쪽)에 있다.

예를 들어, 경제 성장 과정에서 사람들의 소득이 증가하면 어떤 일이 발생할지 생각해보자. 소득의 증가에 따라 휴대폰 가격이 반드시 변화하는 것은 아니다. 하지만 더 많은 사람들은 주어진 가격에서 새로운 것을 사려 하고, 모든 가능한 가격에서 수요량은 높아진다. 〈그림 3-2〉의

그림 3-2

수요곡선상의 움직임 대 수요곡선의 이동

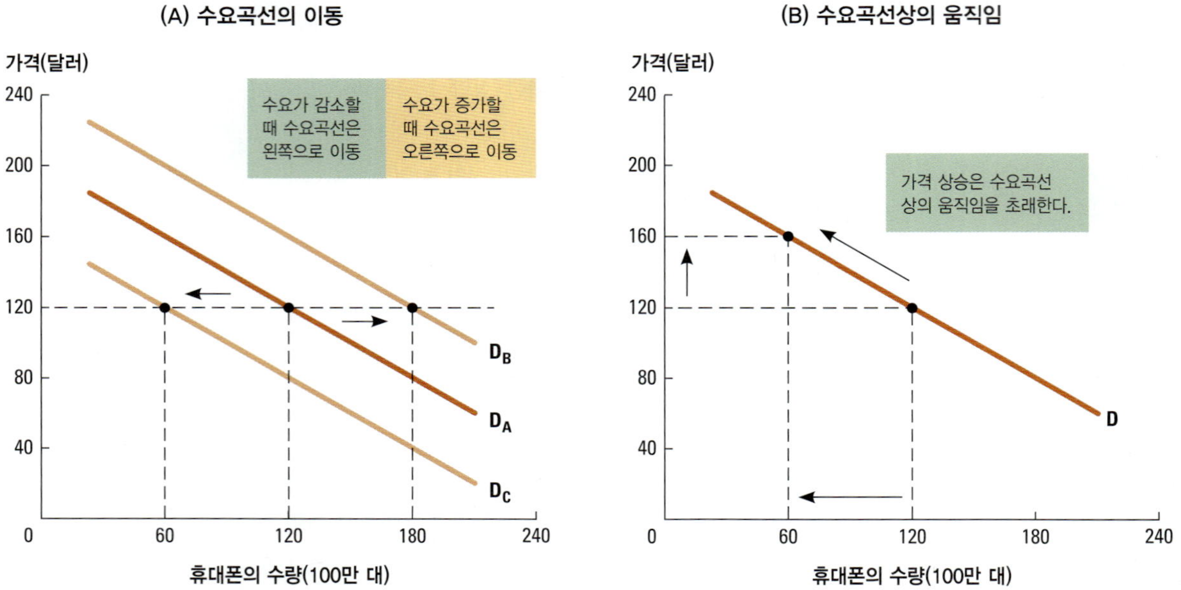

외부 요소의 변화는 전체 수요곡선을 이동시킨다. D_A에서 D_B로의 이동은 소비자가 각각의 가격에서 휴대폰을 더 사기를 원한다는 의미로, 수요 증가를 나타낸다. D_A에서 D_C로의 이동은 소비자가 각각의 가격에서 휴대폰을 덜 사기를 원한다는 의미로, 수요 감소를 나타낸다.

가격 변동은 수요곡선상의 움직임을 초래하지만, 수요곡선 자체는 일정하게 유지된다.

화면 (A)는 수요곡선이 D_A에서 D_B로 오른쪽 이동하고 있다. 반대로 경기 불황에 사람들이 돈을 아끼기 시작하면 모든 가격에서 수요량은 감소할 것이고, 수요곡선은 D_A에서 D_C로 왼쪽 이동한다.

전체 수요곡선이 움직이는 것인지, 주어진 수요곡선상에서 움직이는 것인지 구분하는 것은 매우 중요하다. 중요한 점을 기억하자. **수요곡선의 이동은 비가격 결정 요인의 변화에 의해 일어난다.** 예를 들어 불황은 소득을 낮추고, 전체 수요곡선이 왼쪽으로 움직인다. 우리가 '수요 감소'라고 말할 때 이것은 수요곡선의 왼쪽 이동을 말하는 것이다.

반대로 다른 모든 것은 동일하고, 즉 수요의 비가격 결정 요인은 변화가 없고 휴대폰 가격이 상승하는 경우를 가정해보자. 수요곡선은 단지 현재의 시장가격이 아닌 모든 가능한 가격에서 소비자가 소비하는 수량을 의미하기 때문에 가격이 오를 때 어떤 일이 일어나는지 알기 위해 곡선을 이동할 필요는 없다. 대신 실제로 시장에서 무슨 일이 일어나는지 기술하기 위해 수요곡선상의 다른 점을 간단히 살펴보자.

새로운 가격에서 소비자가 구매하기를 원하는 수량을 찾기 위해 이전 가격에서 새 가격으로 기존 수요곡선을 따라 이동해보자. 만약 휴대폰 가격이 상승하면 〈그림 3-2〉의 화면 (B)가 보여주는 것처럼 수요곡선을 따라 새로운 가격점을 향해 위로 움직이는 새로운 수요량을 발견하게 된다. 수요곡선은 이미 어떤 가격에서든지 소비자가 구매하려는 것을 묘사하고 있기 때문에 가격 변동은 수요곡선 자체를 이동시키지 않는다.

요약하면, 〈그림 3-2〉의 화면 (A)는 비가격 결정 요인 변화의 결과로 **수요의 이동**을 보여주고, 화면 (B)는 가격 변화의 결과로서 **수요곡선상의 움직임**을 보여준다.

경제학자들은 수요곡선의 이동과 수요곡선상의 움직임을 구분하기 위해 특별한 용어를 사용해 설명하고 있다. 비가격 결정 요인 중 하나에 의한 변화는 '**수요 증가**' 또는 '**수요 감소**'를 초래한다. 즉 전체 수요곡선의 이동을 의미한다. 수요곡선상의 움직임과 수요곡선의 이동을 구분하기 위해 가격 변동은 '**수요량의 증가**' 또는 '**수요량의 감소**'를 초래한다. '수요 변화'는 '수요량의 변화'와 다르다는 것을 명심하자. 용어에서 이러한 외견상의 작은 차이를 관찰하면 수많은 혼동을 방지할 수 있다.

가격과 비가격 결정 요인 변화의 효과를 이해하는 것은 사업가와 정책입안자에게는 핵심적이다. 예를 들어 당신이 휴대폰 제조사협회와 산업체 로비 단체, 그리고 휴대폰 수요 독려를 원하는 협회 회원들을 담당하고 있다고 가정해보자. 당신은 우선 캠페인을 홍보하는 것부터 출발할 수 있다. 하지만 당신이 수요의 결정 요인을 이해하고 있다면, 캠페인 홍보는 휴대폰 보유의 실질 또는 인지된 편익을 증가시키면서 소비자의 선호를 바꾸는 것에 겨냥해야 한다. 다시 말해, 성공적인 캠페인 홍보는 휴대폰의 수요곡선을 오른쪽으로 이동시킨다. 마찬가지로 당신이 경제를 활성화하기 위해 감세를 고려 중인 의회 대표라면, 감세가 소비자의 가처분소득을 증가시키고 모든 정상재의 수요를 증가시킨다는 것을 안다. 다시 말해, 소득 증가의 결과는 휴대폰의 수요곡선을 오른쪽으로 이동시킨다.

✓ 개념 확인하기

❒ 5개의 수요 결정 요인은 무엇인가? **[LO 3.2]**

❒ 수요 변화와 수요량 변화의 차이는 무엇인가? **[LO 3.3]**

공급

주어진 가격에서 얼마만큼의 휴대폰을 소비자가 구매하기를 원하는지 결정하는 요소에 대해 논의했다. 그러나 휴대폰 생산자는 마땅히 그만큼을 판매하려고 할 것인가? 공급의 개념은 주어진 조건에서 생산자가 판매를 위해 얼마만큼의 재화나 서비스를 제공하려는지를 설명한다. **공급량**(quantity supplied)은 특정 기간 동안 주어진 가격에서 생산자가 판매를 위해 제공하려는 특정 재화나 서비스의 수량을 의미한다.

공급량 어떤 재화나 서비스에 대해 일정 기간 동안 주어진 가격에서 생산자가 팔고자 하는 양

수요에서처럼 각각 생산자의 개인 결정을 합쳐 전체 시장 공급을 알 수 있다. 당신이 휴대폰이나 다른 가전제품을 생산할 수 있는 공장을 소유하고 있다고 상상해보자. 만약 휴대폰 가격이 110달러라면 충분한 자금이 있는지, 그리고 휴대폰 생산을 위해 전체 공장부지를 사용할 것인지 결정해야 한다. 만약 휴대폰 가격이 80달러라면 휴대폰 일부를 생산하고, 나머지는 좀 더 수익을 낼 수 있는 노트북 컴퓨터를 생산하기로 결정한다. 만약 휴대폰 가격이 55달러로 하락하면 오직 노트북 컴퓨터만 생산해 더 많은 돈을 벌기로 결정하게 된다. 각각의 생산자는 휴대폰을 공급하는 것이 가치 있는지 결정하는 가격대가 서로 다르다. 다른 모든 것이 동일하고, 가격이 상승함에 따라 공급량은 증가하며, 그 반대도 마찬가지라는 이러한 규칙이 바로 '**공급의 법칙**(law of supply)'이다(실제로는 휴대폰 생산에서 노트북이나 기타 재화로 생산을 변경하는

공급의 법칙 다른 모든 조건이 일정할 때, 가격이 상승하면 공급량도 증가하는 공급의 성질

것은 비용이 든다. 그러나 간단한 사실만으로도 기본 사실을 설명할 수 있다. 즉 재화의 가격이 상승할수록 그 재화의 생산자는 더 많이 판매하려고 한다는 것이다).

수요에서처럼 재화를 생산하기 위한 결정은 생산자가 해당 재화를 판매함으로써 받게 되는 편익과, 그것을 생산하기 위해 들어간 시간과 자원에 대한 기회비용 간에 상충관계가 있기 때문에 공급은 가격에 따라 달라진다. 시장가격이 상승하고 다른 요소들이 일정하게 유지될 때 기회비용에 비해 생산에 따른 편익은 늘어나고, 생산에 따른 상충관계는 더 많이 생산하도록 만들게 된다. 예를 들어 휴대폰 가격이 상승하고 원재료의 가격이 같다면 기존 휴대폰 생산자는 새로운 공장을 추가하고, 새로운 회사는 휴대폰시장에 진입하기 위해 물색하기 시작한다. 이것은 다른 모든 산업에 해당하는 사실이다. 만약 항공 여행자가 더 높은 가격을 지불할 의사가 있다면 항공사는 항공편의 빈도 수를 늘릴 것이고, 새로운 노선을 추가할 것이며, 더 많은 승객을 실어 나르기 위해 새로운 비행기를 구매할 것이다. 하지만 가격이 하락하면 그들은 항공편 계획표를 축소하고 새 비행기 주문을 취소할 것이다.

공급곡선

LO 3.4 공급곡선의 도출과 공급을 결정하는 외부 요소 기술하기

공급계획표 어떤 재화나 서비스의 가격과 공급량의 관계를 보여주는 표

수요처럼 공급은 표나 그림으로 표현할 수 있다. **공급계획표**(supply schedule)는 다양한 가격대에서 생산자가 공급하는 특정 재화나 서비스의 수량을 보여주는 표고, **공급곡선**(supply

그림 3-3
공급계획표와 공급곡선

(A) 공급계획표

휴대폰의 수량 (100만 대)	가격 (달러)
270	180
240	160
210	140
180	120
150	100
120	80
90	60
60	40
30	20

공급계획표는 다양한 가격대별 각 연도에 공급되는 휴대폰의 수량을 보여준다.

(B) 공급곡선

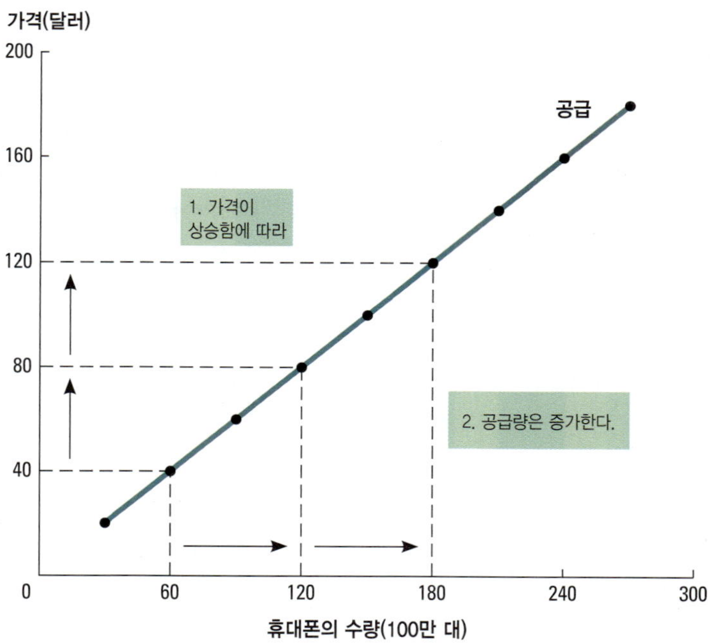

공급곡선은 미국에서의 휴대폰 공급계획표를 도표로 보여주는 것이다. 다양한 가격대에서 공급자가 생산하려는 휴대폰의 수량을 보여준다.

curve)은 공급계획표의 정보를 담은 도표다. 수요곡선이 소비자의 구매 의사를 보여준 것처럼 공급곡선은 생산자의 **판매 의사**(*willingness to sell*)뿐 아니라 주어진 수량을 공급하기 위해 생산자가 받아야 하는 최소 가격을 보여준다. 〈그림 3-3〉은 미국 휴대폰 제공자의 공급계획표와 그들의 휴대폰 공급곡선을 보여주고 있다.

공급곡선 어떤 재화나 서비스의 가격과 공급량의 관계를 보여주는 도표

공급의 결정 요인

공급의 법칙은 가격이 변함에 따라 생산자가 공급하려고 하는 수량이 어떻게 변하는지를 묘사한다. 그러나 주어진 가격에서 공급량을 결정하는 것은 무엇일까? 수요처럼 비가격 요인이 생산에 따른 기회비용과 그에 따라 공급자의 재화나 서비스를 공급하려는 의사를 결정한다. 공급의 비가격 결정 요인이 변할 때 전체 공급곡선은 이동하는데, 이러한 이동은 모든 가격에서 공급된 재화의 수량을 반영한다.

공급의 비가격 결정 요인은 상대 재화의 가격, 기술 수준, 투입재의 가격, 예상과 공급자 수와 같이 5가지 범주로 구분할 수 있다. 이들 요소는 주어진 편익(가격) 대비 생산의 기회비용에 따라 생산자가 직면한 상충관계를 결정한다. 〈표 3-3〉은 다양한 생산품의 공급이 결정 요소의 변화에 어떻게 대응하는지 보여준다.

상대 재화의 가격(prices of related goods). 휴대폰이나 노트북을 생산할 수 있는 당신의 공장으로 되돌아가보자. 휴대폰 가격이 하락했을 때 휴대폰 생산을 줄이고 노트북 생산을 늘렸던 것처럼 노트북의 가격은 상승하는 반면, 휴대폰의 가격은 일정하다면 당신은 똑같은 선택을 하게 될 것이다.

상대 재화의 가격은 생산의 기회비용에 영향을 미치기 때문에 공급을 결정한다. 휴대폰을 생산하기로 선택할 때 다른 것을 생산해 얻는 이득을 포기하는 것이다. 만약 다른 것의 가격이 상승하면, 당신이 포기하는 이익도 증가한다. 예를 들어 자신의 농지에 밀이나 옥수수를 재배하는 농

표 3-3 공급 결정 요인

결정 요인	공급 증가의 예	공급 감소의 예
상대 재화의 가격	휘발유 가격 상승, 자동차 제조업체는 더 작고 더 에너지 효율적인 차 생산을 늘린다.	청정 에너지 생산 가격 하락, 전력회사는 화력발전소를 이용한 전력 공급량을 줄인다.
기술 수준	로봇 장치는 생산성을 증가시키고 비용을 낮춘다 → 재화의 공급 증가	새로운 기술은 옥수수로 에탄올로 만들 수 있게 되고, 농부는 옥수수는 더 많이, 콩은 더 적게 재배 → 콩의 공급 감소
투입재의 가격	토마토 가격 하락은 살사소스 생산비용을 줄인다 → 살사소스 공급 증가	최저임금의 인상은 식품 공장의 노동 비용을 증가시킨다 → 식품 공급의 감소
예상	새로운 연구는 파파야 섭취의 건강 편익을 발견한다. 파파야 수요 증가를 가져온다. 더 많은 농부는 파파야 재배를 늘리고 공급 증가	주택가격 상승 기대, 건설업자는 현재의 공급 자제(주택가격이 상승할 때 주택을 건설하기 위해) → 가까운 장래의 주택 공급은 감소
공급자의 수	보조금 지급으로 옥수수 생산의 이익 증가, 더 많은 농부가 옥수수 생산 → 옥수수 공급 증가	새로운 라이선스 사용료로 음식점 운영비 상승; 소규모 음식점 폐점 → 음식점 공급 감소

부를 상상해보자. 만약 옥수수 가격이 상승하면, 밀을 재배하기 위한 땅은 옥수수를 재배하기 위한 땅의 크기를 더 줄이는 것이기 때문에 농부가 재배하려는 밀(대체 곡물)의 양은 줄어든다.

기술 수준(technology). 기술 혁신은 주어진 상품을 만들기 위해 더 적은 자원을 사용하게 하여 더 효율적으로 생산하게 만든다. 그 결과 생산비용을 낮추고, 각각의 가격에서 공급하려는 수량은 증가한다.

기술 혁신은 휴대폰의 인기를 변화시키는 데 매우 중요한 역할을 한다. 화면, 건전지와 무선 통신망의 구성 및 전자정보 처리 과정에서 기술 혁신이 빠르게 발전함에 따라 유용하고 소비자 친화적인 휴대폰의 생산비용은 급락해왔다. 그 결과, 생산자는 더 낮은 가격에 더 많은 휴대폰을 공급하려고 한다.

투입재의 가격(prices of inputs). 재화를 생산하기 위해 사용된 투입재의 가격은 중요한 비용의 일부다. 투입재의 가격이 상승하면 생산비용은 증가하고, 주어진 가격에서 생산자가 공급하려는 수량은 감소한다. 예를 들어 아주 적은 양의 금과 은이 휴대폰의 내부에 사용된다. 따라서 귀금속의 가격이 오르면 휴대폰 제조 비용은 증가하고, 주어진 가격에서 생산자가 제조하려는 총수량도 줄어든다. 반대로 투입재 가격이 하락하면 휴대폰의 공급은 증가한다.

1980년대에 이러한 최첨단 기술은 4000달러였다.

Source: C. Borland/Photolink/Getty Images

예상(expectations). 미래 가격에 대한 공급자의 예상도 공급량에 영향을 미친다. 예를 들어 부동산 가격이 미래에 오를 것으로 예상될 때 부동산 개발업자는 주택건설 계획 착수를 미루면서 기다릴 것이고, 가까운 미래에 주택 공급은 줄어든다. 반면, 미래의 주택 가격이 하락할 것으로 예상되면 주택건설 계획은 완공을 서두를 것이고, 이에 따라 주택 공급이 증가한다.

공급자 수(number of sellers). 시장의 공급곡선은 주어진 시장의 다양한 가격에서 특정 생산자들이 공급하려는 재화의 수량을 나타낸다. 이는 시장의 판매자 수가 공급곡선의 고정된 것 중 하나로 고려된다는 것을 의미한다. 만약 어떤 재화의 가격이 상승하면 시장의 판매자들이 더 많이 공급하려고 결정한다는 것을 이미 알고 있다. 이것은 단기(in the short run) 가격에 따라 판매자 수가 변한다는 것을 의미하지는 않는다.

그러나 시장에는 판매자의 수를 변화시키고, 공급곡선의 이동을 가져오는 비가격(nonprice) 요소가 있다. 예를 들어, 휴대폰 생산자는 반드시 엄격한 면허증 교부 조건에 부합해야 한다고 가정해보자. 이러한 면허증 교부 조건이 줄어들면, 더 많은 회사들이 주어진 가격에서 일정량의 휴대폰을 공급하기 위해 시장에 진입할 것이다. 따라서 기존 생산자는 그 가격에서 공급하려는 휴대폰의 수에 합해서 추가 생산해야 한다.

공급곡선의 이동

LO 3.5 공급곡선의 이동과 공급곡선상의 움직임 구별하기

수요에서처럼 가격 변동은 공급자로 하여금 같은 공급곡선에서 다른 점으로 이동하게 한다. 반면 공급의 비가격 결정 요인의 변동은 공급곡선 자체를 이동시킨다. 비가격 결정 요인의 변화는 공급을 늘리거나 줄이고 반면, 가격의 변동은 공급량을 늘리거나 줄인다.

비가격 결정 요인 중 한 개만 변동해도 주어진 가격에서 공급을 늘리거나 줄일 수 있는데, 이러한 이동은 〈그림 3-4〉의 화면 (A)에서 볼 수 있다. 공급 증가는 곡선을 오른쪽으로, 공급 감소는 곡선을 왼쪽으로 이동시킨다. 예를 들어 휴대폰 생산비용을 줄이는 건전지 기술 향상은 전체 공급곡선을 S_A에서 S_B로 오른쪽으로 이동시키므로 모든 가격대에서 휴대폰 공급량은 이전보다 높아진다. 반대로 휴대폰에 필요한 금 가격 상승은 생산비용을 증가시켜 공급곡선이 S_A에서 S_C로 왼쪽으로 이동한다.

수요에서처럼 이러한 공급곡선 이동은 〈그림 3-4〉의 화면 (B)에 나타난 것처럼 공급곡선상에서 움직이는 것과 구분해야 한다. 만약 휴대폰 가격이 변하는데 비가격 결정 요인은 동일하게 유지된다면, 새 가격에 맞춰 공급곡선을 따라 움직여 새로운 수량이 공급된다.

그림 3-4

공급곡선상의 움직임 대 공급곡선의 이동

(A) 공급곡선의 이동

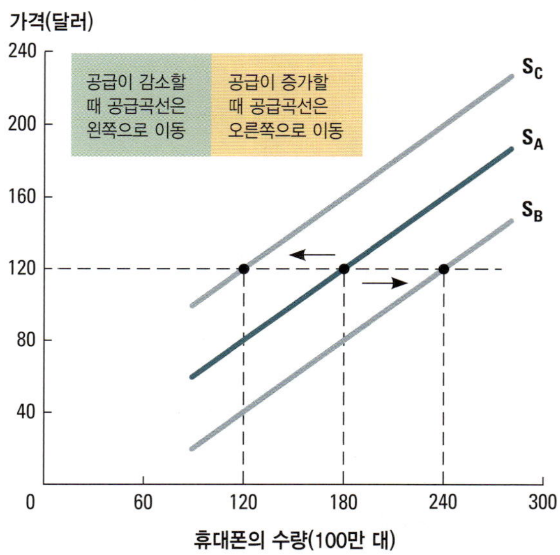

외부 요소의 변화는 전체 공급곡선을 이동시킨다. S_A에서 S_B로의 이동은 생산자가 각각의 가격에서 휴대폰을 더 공급하기를 원한다는 의미로, 공급 증가를 나타낸다. 그리고 S_A에서 S_C로의 이동은 생산자가 각각의 가격에서 휴대폰을 덜 공급하려 한다는 의미로, 공급 감소를 나타낸다.

(B) 공급곡선상의 움직임

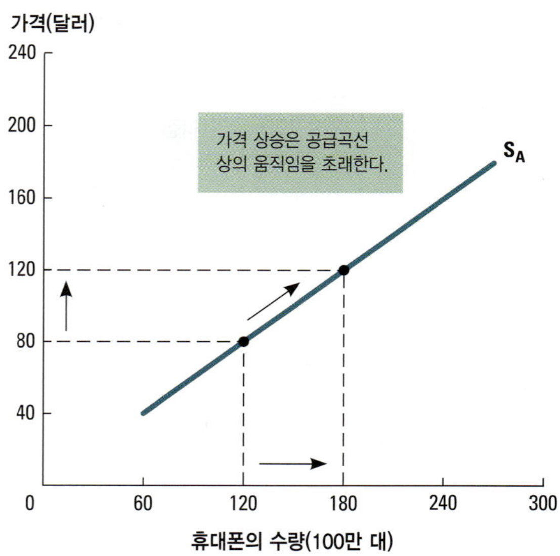

가격 변동은 공급곡선상의 움직임을 초래하지만, 공급곡선 자체는 일정하게 유지된다.

✓ 개념 확인하기

❒ 공급법칙이 가격과 공급량의 관계에 대해 설명하는 것은 무엇인가? **[LO 3.4]**

❒ 투입재의 가격이 상승할 때 공급곡선의 이동은 어느 방향으로 나타나는가? **[LO 3.5]**

시장균형

이제까지 생산자의 공급량과 소비자의 수요량에 영향을 미치는 요소에 대해 설명했는데, 실제로 시장에서 무슨 일이 일어나는지 알려면 2가지 개념을 결합해야 한다. 즉 실제 상황에서 교환되는 재화의 가격과 수량은 수요와 공급의 **상호작용**에 의존한다는 것이다.

이러한 명백한 사실을 파악하기 위해 잠시만 기다려보자. 구매 없이는 판매도 없다. 다른 사람이 그것을 사지 않는 한, 당신은 그 어떤 것도 팔 수 없다. 이 점이 명백한 사실이어도 시장의 함의(implication)는 심오하다. 시장이 제대로 작동할 때 공급량은 정확히 수요량과 일치한다.

균형 시장의 공급량과 수요량이 같은 상태. 도표상에서는 수요곡선과 공급곡선이 교차하는 점에서 발생함

균형가격 공급량과 수요량이 같아지는 가격

균형거래량 균형가격에서의 공급량과 수요량

도표에서 수요와 공급의 수렴은 수요곡선과 공급공선이 교차하는 점에서 발생하는데, 이 교차점을 시장 **균형**(equilibrium)이라고 한다. 균형점에서의 가격은 **균형가격**(equilibrium price)이고 이 지점에서의 수량은 **균형거래량**(equilibrium quantity)이다. 공급량과 수요량이 일치하게 되는 이 교차점을 주어진 가격에서 그들이 서로 교환하려는 재화의 거래량에 대해 소비자와 판매자가 '일치하는' 지점으로 생각할 수 있다. 균형가격보다 높은 가격에서, 판매자는 소비자가 구매하기 원하는 것보다 더 많이 판매하기를 원한다. 반면 균형가격보다 낮은 가격에서, 소비자는 판매자가 판매하려는 것보다 더 많이 구매하기를 원한다. 모든 판매자는 균형가격과 거래량에서 소비자를 찾고 아무도 여분의 재화나 빈 쇼핑카트 주변에 서 있지 않기 때문에

그림 3–5

미국 휴대폰의 시장균형

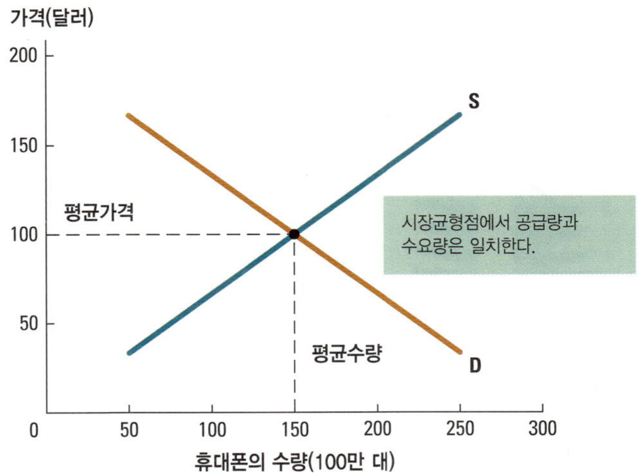

공급곡선이 수요곡선과 교차하는 점이 균형점이다. 이 예에서 균형가격은 100달러고, 균형거래량은 1억5,000개다. 이 지점에서 생산자가 판매하려는 만큼의 휴대폰을 정확하게 소비자는 구매하려고 한다.

균형가격은 '시장청산가격(*market-clearing price*)'이라고도 한다.

실제로 모든 것이 항상 순조롭게 작동하는 것은 아니다. 심지어 잘 작동하고 있는 시장에서도 단기적 '마찰'은 때때로 균형에 도달하는 과정을 둔화시키기도 한다. 그 결과, 똑똑한 사업가는 미래의 판매를 위해 약간의 재고를 갖고 있기도 하고, 소비자는 특정 상품을 사러 갈 필요가 있다. 대체로 균형 개념은 시장이 어떻게 기능하는지 설명할 때 놀라울 정도로 정확하고 또 중요하다.

〈그림 3-5〉는 미국 휴대폰의 시장균형을 보여주고 있다. 〈그림 3-1〉과 〈그림 3-3〉에서 본 시장 수요와 시장 공급의 결합에 의해 구성된다. 이 시장에서 균형가격은 100달러고, 균형거래량은 1억5,000개다.

균형에 도달하기

LO 3.6 시장균형을 도출하기 위해 수요와 공급의 상호작용 설명하기

시장은 어떻게 균형에 도달할까? 판매자는 직관적으로 얼마를 받아야 할지 알고 있을까? 대답은 '아니요!'다. 대신 그들은 시행착오나 소비자에 대한 과거 경험을 통해 가격을 책정하려고 한다. 고객의 행동에 대응해 판매자는 가격을 올리거나 낮추고, 소비자와 판매자가 직면하는 동기부여는 자연스럽게 균형을 향해 움직인다.

〈그림 3-6〉에서는 처음 가격이 균형가격보다 위에 있는 경우와 아래에 있는 경우, 2개의 도표를 보여준다. 화면 (A)에서 휴대폰 공급자는 휴대폰 한 대에 160달러를 받을 수 있다고 생각했기 때문에 2억4,000만 대의 휴대폰을 생산하지만, 소비자는 단지 6,000만 명뿐이라는 것을

그림 3–6

휴대폰시장에서 균형에 도달하기

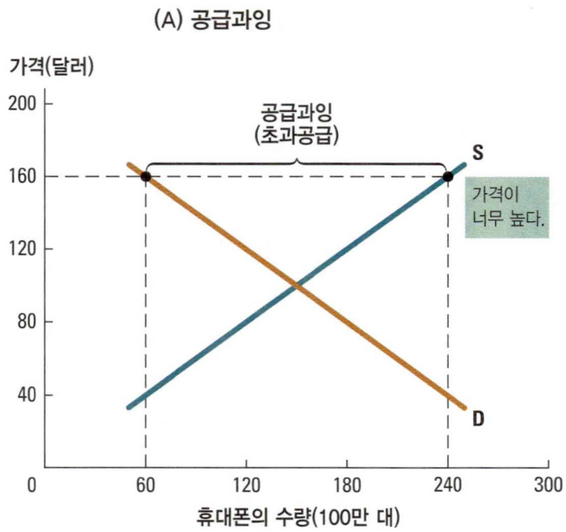

휴대폰의 초기 가격이 균형점보다 위에 있을 때 생산자는 소비자가 원하는 것보다 더 많이 공급하기를 원한다. 공급량과 수요량의 격차를 '공급과잉' 또는 '초과공급'이라고 한다.

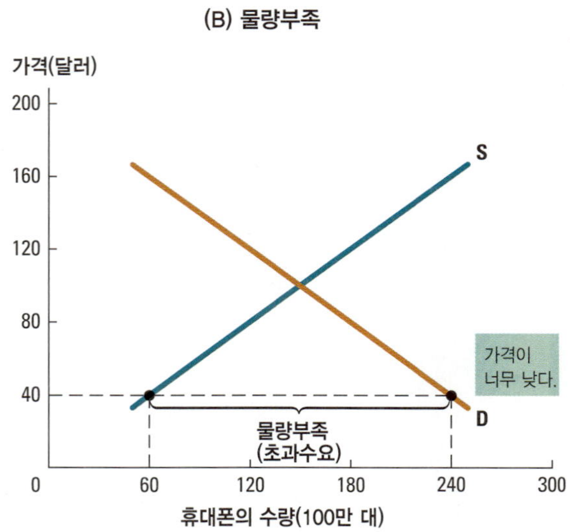

휴대폰의 초기 가격이 균형점보다 아래에 있을 때 소비자는 판매자가 생산하기를 원하는 것보다 더 많이 구매하기를 원한다. 수요량과 공급량의 거리를 '물량부족' 또는 '초과수요'라고 한다.

공급과잉(초과공급) 공급량이 수요량보다 많은 상태

알게 된다(수요곡선과 공급곡선을 통해 160달러에서의 수요량과 공급량을 알 수 있다). 공급량이 수요량보다 많을 때 **공급과잉**(surplus) 또는 **초과공급**(excess supply)이 발생한다. 제조업자의 창고에는 여분의 휴대폰이 쌓이게 된다. 그들은 재고를 판매하기 원하고, 더 많은 고객을 끌어들이기 위해 가격을 낮추어야 한다. 그들은 수요량이 공급량에 도달할 때까지 가격을 낮출 동기부여를 가지고 있다.

〈그림 3-6〉의 화면 (B)에서 휴대폰 생산자가 정반대의 실수를 했다고 가정해보자. 휴대폰 공급자는 휴대폰 한 대에 단지 40달러를 받을 수 있다고 생각하고 6,000만 대의 휴대폰을 만들었지만, 그 가격에서 소비자가 실제로 구매하려는 수량은 2억4,000만 대라는 것을 알게 된다. 수요량이 공급량보다 많을 때 **물량부족**(shortage) 또는 **초과수요**(excess demand)가 발생한다. 생산자는 휴대폰을 사기 위해 기다리는 사람들을 보게 될 것이고, 좀 더 높은 가격을 부과해 더 많은 이익을 낼 수 있다는 사실을 금방 깨닫게 된다. 그들은 공급량과 같아지도록 수요량이 줄어들고 아무도 대기자가 없을 때까지 가격을 인상할 동기부여를 가지고 있다.

물량부족(초과수요) 수요량이 공급량보다 많은 상태

그리하여 균형가격 위아래의 어떤 가격에서도 판매자는 가격을 인상하거나 인하할 동기부여에 직면한다. 그 누구도 시장균형을 조작하거나 어떤 가격을 부과할지에 대한 비밀정보를 공유할 필요가 없다. 대신 이익에 대한 동기부여가 공급과잉이나 물량부족이 없는 균형가격을 향해 움직인다. '사례를 통해 알아보기'의 '2003년의 프리우스(Prius) 물량부족'에서는 생산자가 잘못된 가격을 부과했지만, 시장이 문제를 해결한 사례를 보여준다.

사례를 통해 알아보기

2003년의 프리우스(Prius) 물량부족

2003년, 토요타(Toyota)는 첫 번째 주류 하이브리드(hybrid) 자동차인 프리우스(Prius)를 미국 자동차시장에 선보였다. 하이브리드 자동차는 휘발유와 전기를 병용해 운전하는데, 가다 서다를 반복하는 교통 상황에서는 전기 배터리를 사용한다. 프리우스는 다른 경쟁차보다 높은 연비를 보여주었다. 일반적으로 1갤런(3.8리터)의 기름으로 40~50마일(약 64~80km)을 주행했다. 그러나 대부분의 가정에서 비싼 자동차 가격에 비해 연료 절감이 더 크게 작용했다. 결국 이 자동차의 주요 매력은 친환경적인 디자인이었다.

2003년 10월 판매대리점에 있던 프리우스가 모두 매진될 정도로 프리우스는 큰 성공을 거두었다. 하지만 토요타는 수요를 상당히 과소평가했고, 구매를 원하는 고객은 종종 6개월 이상 대기자 명단에 이름을 올려놓아야 했다. 몇 년 후 휘발유 가격이 급등했을 때 소비자가 점차 좋은 연비에 흥미를 보임에 따라 프리우스의 수요는 더욱 증가했다. 설비 증설에는 시간이 걸리기 때문에 단기적으로 토요타는 물량부족을 해소할 수 없었다.

대신 시장이 문제를 해결하는 방법을 찾았다. 수요와 공급이 균형을 이룰 수 있도록 소비자와 판매자 사이에 가격이 신호 역할을 하는데, 공급보다 수요가 많으면 가격은 상승한다. 프리우스 구매자는 자동차의 가격을 올리기 시작했다. 판매대리점은 곧 제조사가 권장한 가격보다 수천 달러 더 책정했다. 한동안은 중고 프리우스 가격이 새 차 권장 가격보다 더 높을 정도였다. 결국 토요타는 프리우스 생산 설비를 확장해 물량부족에 대응했다. 토요타는 계속 더 큰 공장으로 자동차 생산을 이전했다. 2008년에 총생산량은 100만 대였지만, 수요 증가가 공급 증가를 앞질러

물량부족은 계속되었다. 토요타는 수요를 따라잡기 위해 재빨리 움직였고, 판매자는 행복하게 웃돈(premium)을 부과했다.

Source: "Wait time for Prius buyers diminishing," *CNNMoney*, November 6, 2006, http://money.cnn.com/2006/11/06/autos/prius/index.htm.

균형의 변화

LO 3.7 수요와 공급의 변화가 균형가격과 거래량에 미치는 영향 평가하기

비가격 요소가 변화할 때 수요곡선과 공급곡선에 어떤 일이 발생하는지 공부했다. 균형가격과 거래량은 수요와 공급의 상호작용에 의해 결정되기 때문에 두 곡선 중 하나가 이동하면 시장균형이 변한다. 어떤 변화는 단지 수요곡선만 이동시키고 어떤 것은 단지 공급곡선에만, 그리고 어떤 변화는 수요곡선과 공급곡선에 모두 영향을 미친다. 비가격 요소 하나의 변화가 시장균형에 미치는 효과를 결정하기 위해 스스로에게 몇 가지 질문을 해보자.

1. 변화가 수요에 영향을 주는가? 그렇다면 수요는 증가하는가, 또는 감소하는가?
2. 변화가 공급에 영향을 주는가? 그렇다면 공급은 증가하는가, 또는 감소하는가?
3. 수요와 공급의 변화의 조합은 균형가격과 거래량에 어떻게 영향을 미치는가?

HINT

수요나 공급이 증가하거나 감소한다는 것은 곡선상의 움직임이 아니라 전체 곡선의 이동을 의미한다. 즉, 수요량의 변화다.

수요 이동(shifts in demand). 유선전화 서비스는 휴대폰의 대체재다. 따라서 유선전화 서비스 가격이 갑자기 급등하면 휴대폰 수요는 증가한다. 다시 말해, 수요곡선이 오른쪽으로 이동한다. 유선전화 서비스 가격은 휴대폰 제조사가 직면하는 비용이나 예상을 변화시키지는 않기 때문에 아마도 휴대폰 공급에는 영향을 주지 않으므로 공급곡선은 그대로다. 〈그림 3-7〉은 휴대폰시장균형에 미치는 유선전화 가격 상승의 효과를 보여준다. 새로운 수요곡선은 다른 점에서 공급곡선과 교차하므로 균형가격과 거래량은 변한다. 새로운 균형가격은 120달러고, 새로운 균형거래량은 1억8,000만 대다.

비가격 요소 하나의 변화에 대해 위의 3가지 질문의 대답을 다음과 같이 요약할 수 있다.

1. **수요가 증가/감소하는가?** 예. 유선전화 서비스 가격의 변화는 모든 가격대에서 휴대폰 수요가 증가한다.
2. **공급이 증가/감소하는가?** 아니요. 유선전화 서비스 가격의 변화는 공급의 비가격 결정 요인에 전혀 영향을 주지 않고 공급곡선은 그대로다.
3. **수요와 공급의 변화의 조합은 균형가격과 거래량에 어떤 영향을 미치는가?** 수요 증가는 수요곡선을 오른쪽으로 이동시키고, 변화가 없는 공급곡선의 약간 위에 있는 지점에서 균형점을 이룬다. 수요와 공급이 '일치하는' 새로운 지점에서 가격은 120달러고, 거래량은 1억 8,000만 대다.

수요 이동을 더 잘 이해하기 위해 온라인 그래프 학습자료를 활용하라.

그림 3-7
휴대폰 수요 이동

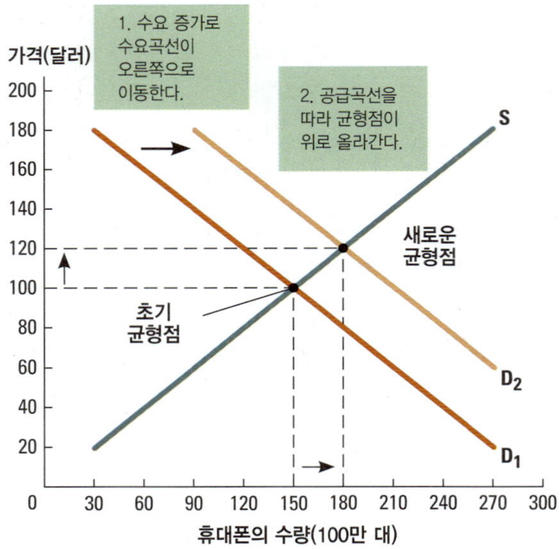

모든 가격에서 외부 요소가 휴대폰 수요를 증가시킬 때 수요곡선은 오른쪽으로 이동한다. 이러한 수요 증가는 새로운 균형점을 초래하게 되어 소비자는 좀 더 상승한 가격에서 더 많은 휴대폰을 구매한다.

그림 3-8
휴대폰 공급 이동

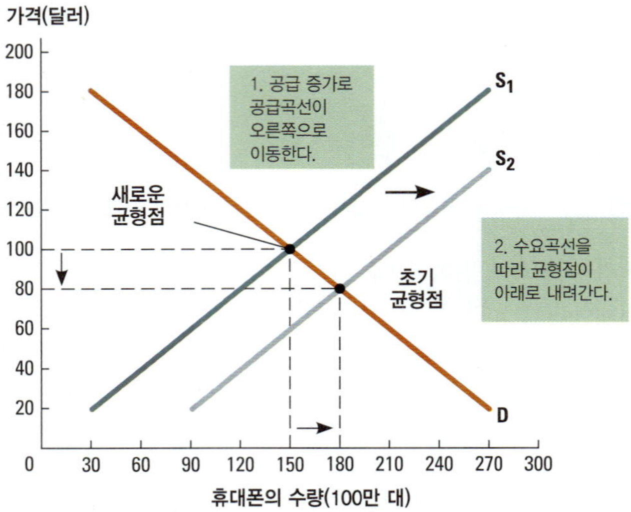

모든 가격에서 외부 요소가 휴대폰 공급에 영향을 미칠 때 공급곡선은 이동한다. 위의 예처럼 공급은 증가하고 새로운 균형점에 도달하게 되어 소비자는 좀 더 하락한 가격에서 더 많은 휴대폰을 구매한다.

공급 이동(shifts in supply). 만약 건전지 기술 혁신으로 휴대폰 제조사가 동일한 건전지 수명에 대해 좀 더 낮은 가격으로 제조할 수 있게 되면 무슨 일이 일어날 것인가? 다른 것들은 어떻게 반응할 것인지 다시 한 번 질문하는 것은 시장 반응을 예상하는 데 도움이 된다. 새로운 기술이 수요에는 큰 영향을 주지 않는다. 고객은 아마도 자신의 휴대폰 건전지 가격이 얼마인지에 대해서는 아무 생각이 없고, 건전지 수명이 똑같다면 주의도 기울이지 않을 것이다. 그러나 좀 더 저렴한 건전지는 틀림없이 생산비용을 줄이고, 주어진 가격에서 제조사가 공급하려는 휴대폰 수가 증가한다. 따라서 수요곡선은 그대로고, 공급곡선은 오른쪽으로 이동한다. 〈그림 3-8〉은 공급곡선의 이동과 새로운 균형점을 보여준다. 새로운 공급곡선은 새로운 균형점에서 수요곡선과 교차하고 가격은 180달러이며, 거래량은 1억8,000만 대다.

휴대폰시장에 미치는 건전지 기술 혁신의 변화 효과를 다시 한 번 3단계로 분석할 수 있다.

1. 수요가 증가/감소하는가? 아니요. 수요의 비가격 결정 요인은 건전지 기술 혁신의 영향을 받지 않는다.
2. 공급이 증가/감소하는가? 예. 건전지 기술 혁신이 생산비용을 낮추므로 공급이 증가한다.
3. 수요와 공급의 변화의 조합은 균형가격과 거래량에 어떤 영향을 미치는가? 공급 증가는 공급곡선을 오른쪽으로 이동시키고, 변화가 없는 수요곡선의 좀 더 아래에 있는 지점에서 균형점을 이룬다. 새로운 균형가격은 80달러고, 거래량은 1억8,000만 대다.

공급 이동을 더 잘 이해하기 위해 온라인 그래프 학습자료를 활용하라.

표 3-4 수요나 공급의 변화가 균형가격과 거래량에 미치는 효과

수요나 공급의 변화 예	균형가격과 거래량에 미치는 효과	곡선 이동
성공적인 '국산품 애용' 캠페인은 포드자동차 수요를 증가시킨다.	수요곡선이 오른쪽으로 이동한다. 균형가격과 거래량은 모두 증가한다.	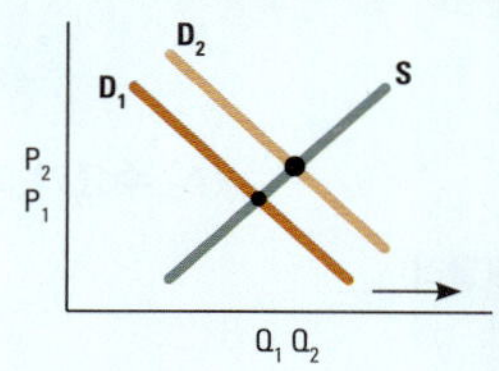
대장균 발생은 시금치 수요를 감소시킨다.	수요곡선이 왼쪽으로 이동한다. 균형가격과 거래량은 모두 감소한다.	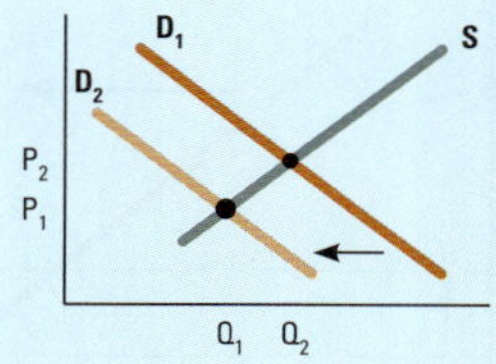
로봇 사용은 생산비용을 감소시킨다.	공급곡선은 오른쪽으로 이동한다. 균형가격은 하락하고 거래량은 증가한다.	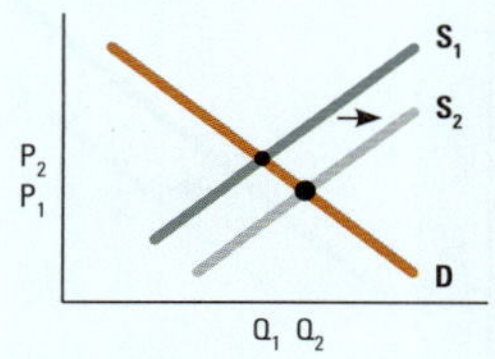
최저임금 인상은 노동비용을 증가시킨다.	공급곡선은 왼쪽으로 이동한다. 균형가격은 상승하고 거래량은 감소한다.	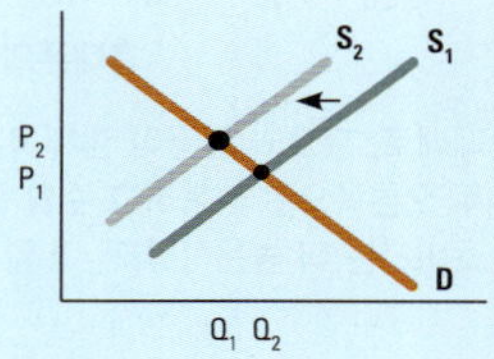

〈표 3-4〉는 수요나 공급의 변화가 균형가격과 거래량에 미치는 효과를 요약해서 보여주고 있다.

수요와 공급 모두 이동(shifts in both demand and supply). 이제까지 수요나 공급 하나만 이동하는 예를 살펴보았다. 그러나 휴대폰시장에서 (유선전화 비용의 급등과 같은) 수요와 (건전지 기술 혁신 같은) 공급을 이동시키는 요소는 동시에 발생할 가능성이 높다. 또 하나의 변화가 수요와 공급 모두에 영향을 미칠 수도 있다.

예를 들어, 생산비용을 낮출 뿐 아니라 새로운 건전지 기술이 휴대폰 건전지의 수명을 연장하는 경우를 가정해보자. 더 저렴한 건전지는 공급을 증가시킨다. 공급 증가로 거래량은 증가하는 반면, 가격은 하락한다. **소비자가 어떻게 반응할지** 질문해보면, 주어진 가격대에서 건전지 수명이 길어지면 소비자는 휴대폰이 더 가치 있게 여겨지므로 건전지 수명 연장이 수요를 증가시킨다는 것을 알 수 있다. 그 결과, 수요곡선과 공급곡선 모두 오른쪽으로 이동한다. 〈그림 3-9〉의 화면 (A)와 (B)는 두 번의 변화 효과로 더욱 상승한 가격과 더욱 늘어난 거래량에서 새로운 균형점이 형성된다는 것을 보여준다.

도표를 보지 않고도 위의 예에서 균형거래량이 증가한다는 것을 예상할 수 있다. 수요 증가와 공급 증가 모두 독립적으로 균형거래량을 증가시킨다. 이러한 결합은 확실히 그렇게 할 것이

그림 3-9
수요와 공급 모두 이동

수요와 공급의 증가는 2개의 곡선 모두 오른쪽으로 이동시키고, 그 결과 더 많은 수량이 거래된다. 그러나 가격 이동의 방향은 수요와 공급 중 어느 것이 더 많이 증가하는지에 의존한다.

(A) 수요가 더 많이 증가 **(B) 공급이 더 많이 증가**

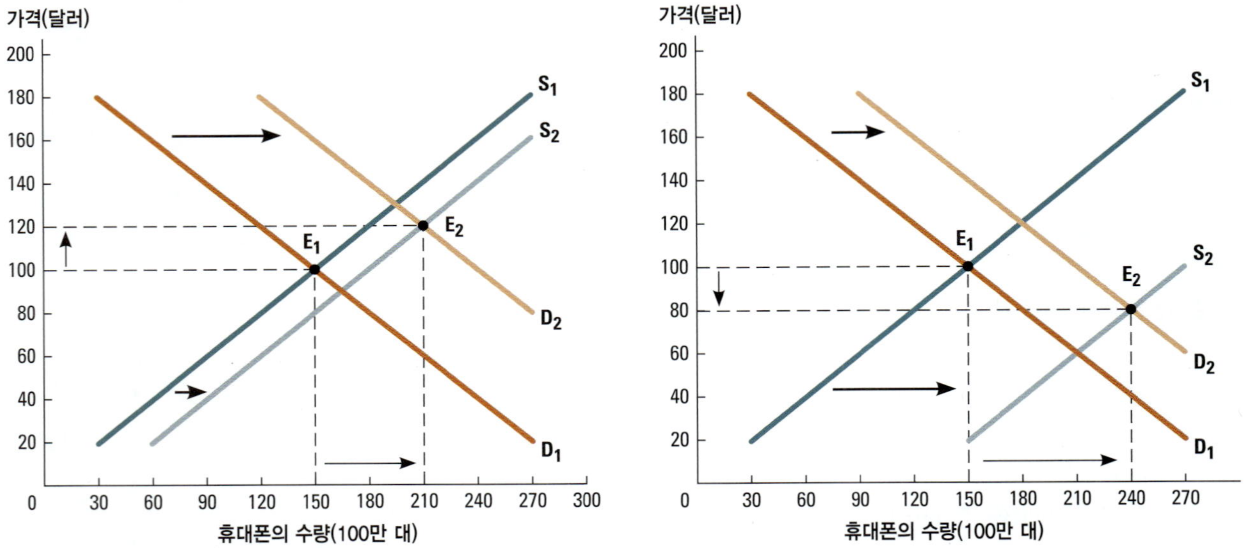

때때로, 수요와 공급이 함께 이동한다. 이 예에서는 2개의 곡선이 모두 오른쪽으로 이동하고 수요 증가가 더 많다. 새로운 균형점에서 E_2, 소비자는 더 높은 가격에 더 많은 휴대폰을 구매한다.

때때로 수요와 공급이 함께 이동한다. 이 예에서는 2개의 곡선이 모두 오른쪽으로 이동하고 공급 증가가 더 많다. 새로운 균형점에서 E_2, 소비자는 더 낮은 가격에 더 많은 휴대폰을 구매한다.

표 3-5
수요와 공급이 동시에 변할 때 가격과 거래량의 변화 예측

공급 변화	수요 변화	가격 변화	거래량 변화
감소	감소	?	⬇
감소	증가	⬆	?
증가	증가	?	⬆
증가	감소	⬇	?

지만, 더 많은 정보 없이 균형가격의 변화를 예상할 수 없다. 다른 것들이 동일하다면 수요 증가는 가격 상승을 가져오지만, 공급 증가는 가격 하락을 유도한다. 균형가격에 미치는 순효과를 알려면 〈그림 3-9〉의 화면 (A)가 보여주는 것처럼 수요 이동이 공급 이동보다 더 큰지를 알아야 하는데, 화면 (B)가 보여주는 것처럼 그 반대도 마찬가지다.

일반화해보자. 수요와 공급이 같이 이동할 때 곡선이 얼마나 이동하는지 알지 못해도 거래량 변화의 방향이나 가격 변화의 방향 중 하나는 예상할 수 있다. 〈표 3-5〉는 수요와 공급 이동의 결과를 예상할 수 있는 몇 가지 규칙을 알려준다. 수요와 공급이 같은 방향으로 이동하면 거래량의 변화 방향은 알 수 있지만 가격 변화의 방향은 알 수 없다. 반면, 수요와 공급이 반대 방향으로 이동하면 가격의 변화 방향은 알 수 있지만 거래량 변화의 방향은 알 수 없다.

이러한 규칙의 뒤에 있는 직관에 대해 생각해보는 것은 그것들을 기억하는 데 도움이 된다. 수요와 공급이 동시에 이동하는 상황을 고려할 때마다 스스로에게 '소비자와 판매자가 무엇에 일치하는지' 질문해야 한다. 예를 들어, 수요와 공급 모두 증가할 때 소비자와 판매자는 주어진 가격에서 그들이 교환하려는 거래량이 많아지는 것에 '일치한다'. 수요와 공급 모두 감소할 때 그 반대도 사실이다. 소비자와 판매자는 주어진 가격에서 그들이 교환하려는 거래량이 줄어드는 것에 일치한다.

수요와 공급이 반대로 이동하는 경우—하나는 증가하고 다른 하나는 감소할 때—이러한 추론을 적용하는 것은 더 까다로운 일이다. 수요자와 판매자가 무엇에 '일치하는지'를 알아내기 위해 수요 증가가 무엇을 의미하는지 바꾸어 말해보려고 노력해야 한다. 소비자가 같은 가격에 더 많은 양을 구매하려 한다고 말해보는 것도 하나의 방법이다. 또 다른 방법은 소비자가 같은 수량을 사기 위해 더 높은 가격을 지불하려고 한다고 말해보는 것이다. 따라서 수요가 증가하고 공급이 감소할 때 소비자는 같은 수량에 대해 더 지불하려고 한다. 또 판매자는 그들이 더 높은 가격을 받을 때만 동일 수량을 판매하려고 한다. 다시 말해, 소비자와 판매자는 주어진 수량에서 좀 더 높은 가격에 '일치한다'. 따라서 균형가격은 상승한다.

수요와 공급의 동시적인 이동을 더 잘 이해하기 위해 온라인 그래프 학습자료를 활용하라.

수요가 감소하고 공급이 증가할 때 그 반대도 사실이다. 소비자는 가격이 낮아질 때만 같은 수량을 구매하려 하고, 판매자는 더 낮은 가격에서 동일 수량을 공급하려 한다. 소비자와 판매자는 주어진 수량에서 좀 더 낮은 가격에 '일치'하므로 균형가격은 하락한다.

물론 이전 절에서 기술한 3가지 질문을 통해 수요와 공급이 동시에 이동할 때의 효과를 알아낼 수 있다. 〈그림 3-9〉의 화면 (A)와 (B) 사례처럼 도표에 각 곡선의 이동을 그리고 새로운 균형을 찾는다.

3장을 마무리하기 전에 개발도상국에서 휴대폰이 수요와 공급에 어떤 영향을 미치는지에 대한 정보를 얻기 위해 '사례를 통해 알아보기'의 '사람에게 물고기 한 마리를 주어라'를 읽어보자.

사례를 통해 알아보기

사람에게 물고기 한 마리를 주어라

휴대폰은 기술적인 사치품인가, 아니면 실용적인 필수품인가? 언제 어디서나 친구들에게 전화하거나 문자를 보낼 수 없는 생활은 상상조차 하기 힘들 것이다. 그러나 휴대폰이 대피소, 음식, 식수만큼 중요할까? 인도에서는 최근 소통하는 능력이 그들의 기본적인 욕구를 충족하도록 도울 수 있다는 연구 결과를 발표했다.

경쟁시장에서, 특정 재화의 가격은 공급량과 수요량이 동일한 지점에서 결정된다. 이러한 모형은 시장 어디서나 소비자와 판매자가 가격에 대해 완전히 알고 있으므로 그들의 행동을 조정할 수 있다고 가정한다. 만약 소비자와 판매자가 가격에 대한 좋은 정보가 없으면 어떤 지역에서는 물량부족이, 다른 지역에서는 공급과잉이 나타날 수 있다.

경제학자 로버트 젠슨(Robert Jensen)이 인도 남서쪽 케랄라(Kerala) 지역의 생선시장을 조사했을 때 하나의 균형가격에 도달하지 못한다는 것을 알게 되었다. 대신 각 지역 생선시장은 그들의 균형가격을 가지고 있다. 이 지역에서는 대부분의 사람들이 일일 소득으로 낚시에 의존하고 있으며, 어부들은 하나의 지역 시장에 생선을 판매하는 경향이 있다. 그래서 특정한 날 그 시장에서 일반적인 가격을 받는다. 만약 그날 그 시장에 소수의 소비자만 있다면, 어부는 결국 너무 많은 생선이 남게 된다. 동시에 이웃 마을의 어부가 그날 소량의 생선만 잡았다면, 그 지역 시장의 소비자는 좀 더 비싼 가격을 지불할 의사가 있음에도 빈손으로 집에 돌아가야 한다. 주변 시장에 물량부족이나 공급과잉이 있는지 알지 못하기 때문에 어부들은 균형에 도달하기 위해 소비자들과 그들의 가격을 조정할 수 없다.

젠슨은 어부들이 휴대폰을 사용해 이 문제를 해결할 수 있다는 사실을 알아냈다. 낚시하면서 시장 사람들과 소통해 그날 어디에서 가장 수익을 올릴 수 있는지 파악하는 것이다. 그들은 이런 정보를 생선을 판매하기 위해 가장 적절한 마을을 찾아가는 데 이용했다. 이후 각 마을에서는 공급이 수요와 좀 더 일치하기 시작했고, 가격은 모든 마을에 걸쳐 단일화되었다. 게다가 올바른 정보는 생선시장의 효율적인 균형에 도달하는 데 일조했다. 판매자는 평균 8% 더 수익을 얻게 되었고, 소비자는 평균 4% 낮은 가격을 지불했다. 어부들은 소득이 증가했고, 소비자도 충분히 이득이 되었다.

'사람에게 물고기 한 마리를 주면 그는 하루 동안 먹을 수 있다. 사람에게 물고기 잡는 법을 가르쳐주면, 그는 평생 동안 먹을 수 있다'는 속담이 있는데, 여기에 이렇게 덧붙여본다. '사람에게 휴대폰을 주면….'

Source: R. Jensen, "The digital provide: Information (technology), market performance, and welfare in the South Indian fisheries sector," *The Quarterly Journal of Economics*, vol. CXXII (2007), issue 3.

✓ 개념 확인하기

- ❒ 시장균형은 무엇인가? **[LO 3.6]**
- ❒ 공급곡선이 오른쪽으로 이동하고 수요곡선은 그대로라면, 균형가격과 거래량에는 무슨 일이 발생하는가? **[LO 3.7]**

결론

이제 '수요(supply)'와 '공급(demand)'이라는 단어에 꽤 익숙해졌을 것이다. 정당한 이유를 위해 이 주제에 대해 오랜 시간 연구했다. 수요와 공급의 이해는 경제 문제를 해결하는 기초로, 이러한 이해 없이 현명한 경제적 선택을 하기는 곤란할 것이다.

비록 시장이 항상 완전히 경쟁적이지 않더라도 정확하게 얼마나 많은 현실 세계 현상이 수요와 공급의 간단한 규칙을 이용해 묘사될 수 있는지 알게 되면 놀랄 것이다. 4장에서는 가격 변화와 정부정책에 대해 소비자와 생산자가 어떻게 대응하는지 설명하기 위해 이러한 규칙을 이용할 것이다.

주요 용어

가격 수용자 p.71
거래비용 p.71
경쟁시장 p.70
공급계획표 p.80
공급곡선 p.81
공급과잉(초과공급) p.86
공급량 p.79
공급의 법칙 p.79
균형 p.84

균형가격 p.84	수요계획표 p.73	시장경제 p.70
균형거래량 p.84	수요곡선 p.73	열등재 p.76
대체재 p.75	수요량 p.72	정상재 p.76
물량부족(초과수요) p.86	수요의 법칙 p.73	표준화된 재화 p.71
보완재 p.76	시장 p.70	

요약

LO 3.1 경쟁시장의 특성에 대한 정의 확인하기

시장은 특정 재화나 서비스를 거래하는 소비자와 판매자 집단이다. 경쟁시장에서 다수의 소비자와 판매자는 표준화된 재화와 서비스를 거래한다. 그들은 재화에 대한 완전한 정보를 갖고 있고, 시장에서 교환에 참가하는 비용은 없다. 경쟁시장의 참가자는 재화의 일반 가격에 영향을 미칠 수 없으므로 가격 수용자다.

LO 3.2 수요곡선의 도출과 수요를 결정하는 외부 요소 기술하기

수요곡선은 소비자가 다양한 가격대에서 수요가 필요한 특정 재화나 서비스의 수량을 보여주는 도표다. 또 주어진 수량에 대해 소비자가 지불하려는 최고의 의향을 보여준다. 수요의 법칙은 대부분 재화의 경우 가격이 하락할수록 수요량은 증가한다는 것을 말해준다. 이러한 관계는 우하향 기울기의 수요곡선을 만든다.

여러 개의 비가격 요소들은 소비자 선호, 상대 재화의 가격, 소득, 미래 가격에 대한 예상 등 주어진 가격에서 재화에 대한 소비자의 수요에 일조한다. 전체 시장에서 소비자 수는 총수요를 증가시키거나 감소시킬 수 있는데, 이런 요소 중 하나가 변할 때 수요곡선은 왼쪽이나 오른쪽으로 이동한다.

LO 3.3 수요곡선의 이동과 수요곡선상의 움직임 구별하기

수요를 움직이는 비가격 요소 중 하나가 변하면 전체 곡선은 왼쪽이나 오른쪽으로 이동한다. 이러한 이동으로 주어진 가격에서 수요량은 변화한다. 수요가 증가하면 곡선은 오른쪽으로 이동하고, 수요가 감소하면 곡선은 왼쪽으로 이동한다.

근본적인 수요 관계가 동일하게 유지될 때 재화 가격 변화는 곡선이 이동하는 것이 아니라 곡선상에서 움직이게 된다.

LO 3.4 공급곡선의 도출과 공급을 결정하는 외부 요소 기술하기

공급곡선은 생산자가 다양한 가격대에서 공급하는 특정 재화나 서비스의 수량을 보여주는 도표다. 또 주어진 수량에 대해 생산자가 반드시 받아야 하는 최소한의 가격을 보여준다. 공급의 법칙은 가격이 상승할수록 공급량은 증가한다는 것을 보여주는데, 이러한 관계는 우상향 기울기의 공급곡선을 만들게 된다.

여러 개의 비가격 요소들은 주어진 가격에서 재화의 공급을 결정한다. 즉 상대 재화의 가격, 기술 수준, 투입재의 가격, 예상과 공급자 수 등이 해당된다. 만약 이런 요소 중 하나가 변할 때 공급곡선은 왼쪽이나 오른쪽으로 이동한다.

LO 3.5 공급곡선의 이동과 공급곡선상의 움직임 구별하기

수요처럼 비가격 결정 요인 중 하나가 변하면 전체 공급곡선은 왼쪽이나 오른쪽으로 이동한다. 그 결과, 주어진 가격에서 공급량은 이전보다 더 많아지거나 적어진다. 공급이 증가할 때 곡선은 오른쪽으로 이동하고, 공급이 감소할 때 곡선은 왼쪽으로 이동한다.

공급곡선의 이동은 공급곡선상의 움직임과 다르다. 재화의 가격은 상승하지만 비가격 결정 요인은 동일할 때 곡선을 따라 움직인다.

LO 3.6 시장균형을 도출하기 위한 수요와 공급의 상호작용 설명하기

시장이 균형을 이룰 때 공급량과 수요량은 일치한다. 개별적인 소비자와 판매자가 직면하는 동기부여는 경쟁시장이 균형에 도달하도록 한다. 만약 일반 가격이 너무 높으면 공급과잉이 되고, 판매자는 초과공급을 없애기 위해 가격을 낮출 것이다. 또 일반 가격이 너무 낮으면 물량부족이 되고, 소비자는 초과수요가 없어질 때까지 가격을 올릴 것이다.

LO 3.7 수요와 공급의 변화가 균형가격과 거래량에 미치는 영향 평가하기

수요나 공급을 결정하는 근본적 요소가 한 개 이상 변하면 한 개나 2개의 곡선이 이동해 새로운 균형가격과 거래량에 도달한다.

균형가격과 거래량의 변화를 계산하기 위해 우선 변화가 수요에 영향을 주는지 살펴보고, 만약 그렇다면 곡선이 어느 방향으로 이동하는지 결정해야 한다. 그 다음에는 그 변화가 공급에 영향을 주는지 살펴보고, 만약 그렇다면 곡선이 어느 방향으로 이동하는지 결정해야 한다. 마지막으로 두 곡선이 교차하는 새로운 균형점을 결정해야 한다.

복습문제

1. 당신이 정기적으로 참가하는 경쟁시장을 생각해보자. 각각 경쟁시장의 특성에 대해 이 시장이 어떻게 이러한 요건을 충족시키는지 설명하라. **[LO 3.1]**
2. 당신이 정기적으로 참가하는 비경쟁시장을 생각해보자. 이 시장이 충족하지 않는 경쟁시장의 특성은 어떤 것이 있는지 설명하라. **[LO 3.1]**
3. 수요곡선이 왜 우하향인지 설명하라. **[LO 3.2]**
4. 다음 예에서 수요에 영향을 미치는 요소의 이름을 말하고, 새로운 휴대폰의 수요에 미치는 영향을 기술하라. **[LO 3.2]**
   a. 신형이면서 개선된 휴대폰 모델이 내년에 출시된다는 소식을 당신이 듣게 된다.
   b. 조부모가 당신에게 500달러를 준다.
   c. 새 휴대폰 구매에 포함된 문자메시지 패키지에 대해 이동통신은 휴일 할인을 발표한다.
   d. 친구가 새 휴대폰이 얼마나 좋은지 당신에게 말하고, 당신도 그것을 사라고 제안한다.
5. 다음 사건을 생각해보자.
   a. 할인 기간에 휴대폰 가격이 25% 내려간다.
   b. 직장에서 25% 수입이 늘어난다.
   어떤 사건이 수요곡선의 이동을 설명하는가? 어떤 것이 수요곡선상의 움직임을 설명하는가? 이들의 차이는 무엇인가? **[LO 3.3]**
6. 수요의 변화와 수요량의 변화의 차이는 무엇인가? **[LO 3.3]**
7. 공급곡선이 왜 우상향인지 설명하라. **[LO 3.4]**
8. 다음 예에서 공급에 영향을 미치는 요소의 이름을 말하고, 휴대폰의 공급에 미치는 영향을 기술하라. **[LO 3.4]**
   a. 경제 전망은 휴대폰 수요가 장래에 증가할 것이라고 제안한다.
   b. 플라스틱 가격이 상승한다.
   c. 새로운 화면 기술 혁신은 휴대폰 제조비용을 줄인다.
9. 다음 사건을 생각해보자.
   a. 벌레가 성행해 미국 워싱턴 주에 있는 다수의 사과농장이 피해를 본다.
   b. 사과 수요가 감소해 가격이 하락한다.
   어떤 사건이 공급곡선의 이동을 설명하는가? 어떤 것이 공급곡선상의 움직임을 설명하는가? 이들의 차이는 무엇인가? **[LO 3.5]**
10. 공급의 변화와 공급량 변화의 차이는 무엇인가? **[LO 3.5]**
11. 시장이 균형을 이룰 때 수요와 공급의 관계는 어떤가? 휴대폰 회사와 소비자가 직면하는 동기부여가 어떻게 휴대폰시장이 균형에 도달하도록 하는지 설명하라. **[LO 3.6]**
12. 균형가격을 종종 '시장청산가격'이라고 부르는 이유는 무엇인지 설명하라. **[LO 3.6]**
13. 경제 호황으로 소득이 증가한다고 가정해보자. 휴대폰 수요와 공급에 어떤 일이 발생하는지 설명하고, 균형가격과 거래량의 변화 방향을 예측하라. **[LO 3.7]**
14. 경제 호황이 휴대폰 회사에서 일하는 판매 대표자의 임금을 상승시킨다고 가정해보자. 휴대폰 수요와 공급에 어떤 일이 발생하는지 설명하고, 균형가격과 거래량의 변화 방향을 예측하라. **[LO 3.7]**
15. 경제 호황으로 소득이 증가하고, 동시에 휴대폰 회사에서 일하는 판매 대표자의 임금을 상승시킨다고 가정해보자. 휴대폰 수요와 공급에 어떤 일이 발생하는지 설명하고, 균형가격과 거래량의 변화 방향을 예측하라. **[LO 3.7]**

응용문제

Mc Graw Hill connect ECONOMICS

1. 농산물 직거래장터에서 오이를 구매한다고 가정해보자. 다음의 각 문장에 대해 경쟁시장의 어떤 특성을 설명하는 것인지 설명하라. 선택 항목 : 표준화된 재화, 완전 정보, 거래 비용 없음과 참가자가 가격 수용자 **[LO 3.1]**
   a. 모든 농부는 가판대 앞에 잘 보이도록 가격을 표시해 둔다.
   b. 오이는 각각의 가판대에서 동일한 가격이다.
   c. 농부들 사이를 오가거나 구매하는 데 아무런 어려움이 없다.

d. 당신과 다른 고객들은 모두 어떤 오이를 살지에 대해 무차별적이다.

2. 미술 박람회와 인접한 공간에서 2명의 화가가 동일 가격에 그림을 팔고 있다고 가정해보자. 그날 저녁때까지 한 화가는 그림을 거의 다 팔았고, 다른 화가는 하나도 팔지 못했다. 다음 중 경쟁시장의 어떤 특성을 충족하지 못했고, 그 결과를 가장 잘 설명한 것을 골라라. **[LO 3.1]**
   a. 표준화된 재화
   b. 완전 정보
   c. 거래비용 없음
   d. 참가자가 가격 수용자
3. 〈표 3P-1〉의 수요계획표를 이용해 대학가 피자 조각에 대한 매일의 수요곡선을 그려라. **[LO 3.2]**
4. 자동차시장을 가정해보자. 수요 결정 요인 중 어떤 것이 다음 각각의 항목에 대해 영향을 주는가? 선택 항목 : 소비자 선호, 상대 재화의 가격, 소득, 미래가격에 대한 예상, 소비자의 수 **[LO 3.2]**
   a. 환경운동가들은 '한 가정에 한 대의 자동차' 캠페인을 성공적으로 시작한다.
   b. 베이비붐 세대가 16년 전에 생겨났다.
   c. 한 경제가 수백만 개의 일자리를 잃으면서 정리해고가 증가한다.
   d. 석유 부족은 휘발유 가격 급등을 야기한다.
   e. 통근열차표 구매자에 대한 보답으로 정부는 세금 환급 혜택을 준다.
   f. 정부는 자동차산업을 구제하고 생산비용을 지원하기 위한 대규모 계획을 발표한다.
5. 만약 노트북 가격 하락이 휴대폰 수요의 증가를 불러온다면 노트북과 휴대폰은 대체재인가, 보완재인가? **[LO 3.2]**

표 3P-1

가격(달러)	수요량(조각)
0.00	350
0.50	300
1.00	250
1.50	200
2.00	150
2.50	100
3.00	50
3.50	0

6. 만약 소득 증가가 맥주 수요의 감소를 불러온다면, 맥주는 정상재인가, 열등재인가? **[LO 3.2]**
7. 옥수수시장을 가정해보자. 다음 사건들이 각각 수요곡선의 이동 또는 수요곡선상의 움직임을 야기하는지 대답하라. 만약 수요곡선의 이동을 야기한다면, 어느 방향인지 설명하라. **[LO 3.3]**
   a. 옥수수 생산 지역의 가뭄으로 옥수수 공급이 감소한다.
   b. 정부는 옥수수로 만들어지는 바이오 연료에 대해 새로운 지원을 발표한다.
   c. 전 세계적인 침체는 주식으로 옥수수에 의존하는 빈곤 국가의 소비자 소득을 감소시킨다.
   d. 옥수수 씨앗의 새로운 교잡품종은 $1m^2$당 생산되는 옥수수의 양을 15% 증가시킨다.
   e. 소고기 생산자협회의 캠페인 홍보는 옥수수 사료를 먹은 소고기의 건강한 편익을 강조한다.
8. 〈그림 3P-1〉의 수요곡선은 지역 옷가게 한 곳의 1개월 스웨터시장을 보여준다. 다음 각각의 항목에 대해 새로운 결과를 도출하라. **[LO 3.3]**
   a. 스웨터가 유행에 뒤처진다.
   b. 양모 섬유가 부족하다.
   c. 올겨울은 유난히 길고 춥다.
   d. 스웨터 판매사가 할인 혜택을 제공한다.
9. 〈표 3P-2〉의 공급계획표를 이용해 대학가 피자 조각에 대한 매일의 공급곡선을 그려라. **[LO 3.4]**
10. 자동차시장을 가정해보자. 공급 결정 요인 중 어떤 것이 다음 각각의 항목에 대해 영향을 주는가? 선택 항목 : 상대 재화의 가격, 기술 수준, 투입재의 가격, 예상과 공급자 수 **[LO 3.4]**

그림 3P-1

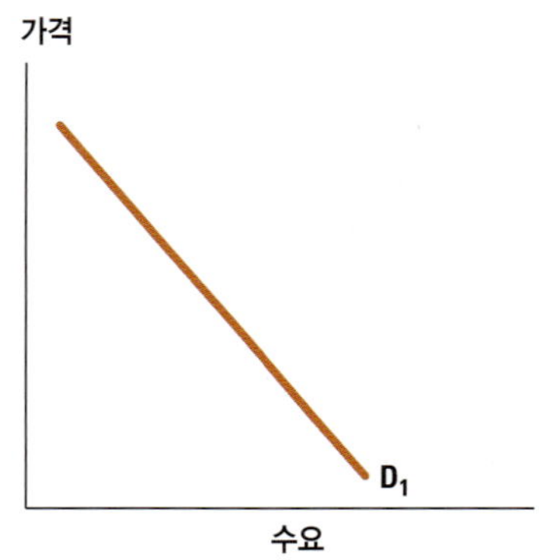

표 3P-2

가격(달러)	공급량(조각)
0.00	0
0.50	50
1.00	100
1.50	150
2.00	200
2.50	250
3.00	300
3.50	350

a. 철강 관세는 철강 가격을 상승시킨다.
b. 로봇 공학의 기술혁신은 효율성을 증가시키고, 비용을 줄인다.
c. 경제의 하강국면으로 공장이 문을 닫는다.
d. 정부는 통근열차표 구매자에게 세금 환급 혜택을 주는 계획을 발표한다.
e. 트럭 가격이 하락하면서 공장은 더 많은 자동차를 생산한다.
f. 정부는 효율성 표준을 극적으로 수정할 것이라고 발표한다. 이것은 자동차 제조사가 자동차를 생산하는 데 훨씬 더 어렵게 만든다.

11. 옥수수시장을 가정해보자. 다음 사건이 각각 공급곡선의 이동 또는 공급곡선상의 움직임을 야기하는지 대답하라. 만약 공급곡선의 이동을 야기한다면, 어느 방향인지 설명하라. **[LO 3.5]**
a. 가뭄이 옥수수 생산 지역을 강타한다.
b. 정부는 옥수수로 만들어지는 바이오 연료에 대해 새로운 지원을 발표한다.
c. 전 세계적인 침체는 주식으로 옥수수에 의존하는 빈곤 국가의 소비자 소득을 감소시킨다.
d. 옥수수 씨앗의 새로운 교잡품종은 $1m^2$당 생산되는 옥수수의 양을 15% 증가시킨다.
e. 소고기 생산자협회의 캠페인 홍보는 옥수수 사료를 먹은 소고기의 건강한 편익을 강조한다.

12. 〈그림 3P-2〉의 공급곡선은 지역 수공예시장의 1개월 스웨터시장을 보여준다. 다음 각각의 항목에 대해 새로운 결과를 도출하라. **[LO 3.5]**
a. 양모 가격이 상승한다.

그림 3P-2

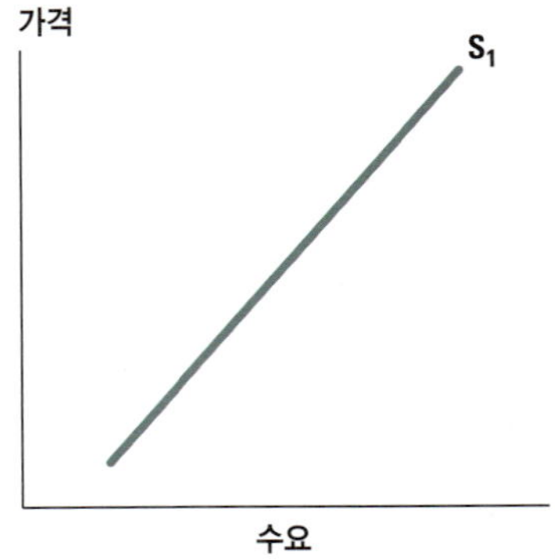

b. 스웨터 수요가 감소한다.
c. 다음 달부터 추운 겨울이 시작될 것으로 예상된다.
d. 스웨터 수요가 증가한다.

13. 〈표 3P-3〉의 수요와 공급계획표를 참고하라. **[LO 3.6]**
a. 만약 피자 가게가 한 조각당 3.5달러를 책정한다면, 초과공급 또는 초과수요가 있는가? 초과공급량 또는 초과수요량은 어느 정도인가?
b. 만약 피자 가게가 한 조각당 1달러를 책정한다면, 초과공급 또는 초과수요가 있는가? 초과공급량 또는 초과수요량은 어느 정도인가?
c. 이 시장에서 균형가격과 거래량은 얼마인가?

〈그림 3P-3〉은 작은 마을의 1주일당 CD시장을 보여준다. 문제 14부터 문제 16까지 답하기 위해 이 도표를 이용하라.

14. 20달러의 가격에서 다음의 어떤 항목이 발생하는가? **[LO 3.6]**
a. 균형
b. 초과수요
c. 초과공급
d. CD 공급되지 않음
e. CD 수요되지 않음

15. 10달러의 가격에서 다음의 어떤 항목이 발생하는가? **[LO 3.6]**
a. 균형
b. 초과수요
c. 초과공급
d. CD 공급되지 않음
e. CD 수요되지 않음

16. CD의 균형가격과 거래량은 얼마인가? **[LO 3.6]**

17. 〈그림 3P-4〉는 자동차시장의 수요와 공급을 보여준다. 다음 각각의 항목에 대해 새로운 시장 결과를 그리고, 균

표 3P-2

가격 (달러)	수요량 (조각)	공급량 (조각)
0.00	350	0
0.50	300	50
1.00	250	100
1.50	200	150
2.00	150	200
2.50	100	250
3.00	50	300
3.50	0	350

그림 3P-3

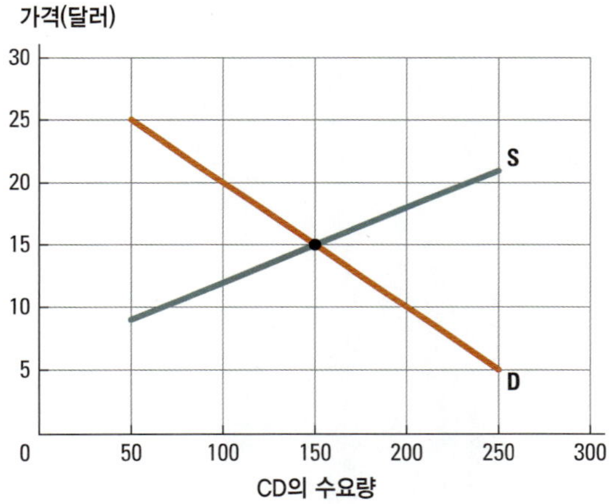

형가격과 거래량이 증가하는지 또는 감소하는지 말하라. **[LO 3.7]**

a. 환경운동가들은 '한 가정에 한 대의 자동차' 캠페인을 성공적으로 시작한다.
b. 철강 관세는 철강 가격을 상승시킨다.
c. 베이비붐 세대가 16년 전에 생겨났다.
d. 석유 부족은 휘발유 가격 급등을 야기한다.
e. 로봇 공학의 기술 혁신은 효율성을 증가시키고 비용

그림 3P-4

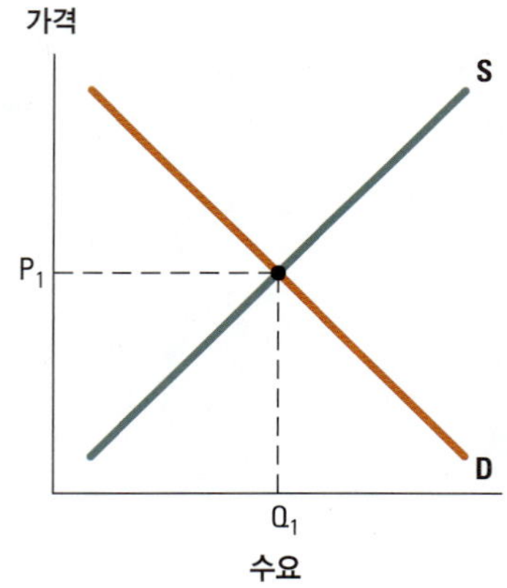

을 줄인다.
f. 통근열차표 구매자에 대해 정부는 세금 환급 혜택을 준다.

18. 다음 각각의 변화가 균형가격과 거래량을 증가시키는지 또는 감소시키는지, 그 효과를 예측할 수 없는지 말하라. **[LO 3.7]**
   a. 수요는 증가하고, 공급은 일정하게 유지된다.
   b. 공급은 증가하고, 수요는 일정하게 유지된다.
   c. 수요는 감소하고, 공급은 일정하게 유지된다.
   d. 공급은 감소하고, 수요는 일정하게 유지된다.
   e. 수요는 증가하고, 공급도 증가한다.
   f. 수요는 감소하고, 공급도 감소한다.
   g. 수요는 증가하고, 공급은 감소한다.
   h. 수요는 감소하고, 공급은 증가한다.

미주

1. http://www.itu.int/ITU-D/ict/statistics/at_glance/KeyTelecom.html
2. 상게서
3. G. Wright and M. Groppe, "Some businesses benefiting from 9-11," *The Baxter Bulletin*, August 29, 2002, http://www.biometricgroup.com/in_the_news/baxter_bulletin.html, retrieved June 14, 2009.

◀ 세계의 모바일 윈도우–이 장의 내용과 관련된 응용사례를 찾으려면 여러분의 스마트폰으로 이 코드를 스캔하라. (QR코드 리더가 필요하면, 여러분의 앱스토어에서 ScanLife를 활용하라.)

여러분의 모바일 앱스토어를 방문하여 Karlan and Morduch Study Econ app.을 다운로드 하라. ▶

Appendix B

핵심 수학: 선형 방정식 활용하기

학습목표

LO B.1 직선 방정식을 이해하기 위해 선형 방정식 사용하기

LO B.2 이동과 회전을 설명하기 위해 선형 방정식 사용하기

LO B.3 균형을 해결하기 위해 선형 방정식 사용하기

변수 간 관계는 도표나 표뿐만 아니라, 대수 방정식으로 나타낼 수 있다. 이러한 3가지 표현 모두에 익숙하게 변환할 수 있어야 한다. 부록 A(2장 다음)에서 도표를 다루었다; 만약 그것을 읽지 않았다면, 이제 읽어보고 싶을 것이다.

직선 방정식 이해하기

LO B.1 직선 방정식을 이해하기 위해 선형 방정식 사용하기

만약 두 변수의 관계가 선형이라면, 직선 방정식으로 나타낼 수 있고, 그것은 흔히 다음과 같이 쓴다:

방정식 B-1

$$y = mx + b$$

기울기-절편 형태에서, m은 직선의 기울기고, b는 y절편이다.

모든 선형 방정식은 그 직선의 기울기와 y절편에 대한 정보를 제공한다. 부록 A에서 논의했듯이, 기울기는 수직거리(y의 변화) 대 수평거리(x의 변화)의 비율이라는 것을 알 것이다. y절편이 말하는 것은 무엇인가? 직선이 y축과 교차하는 지점이다. 바꿔 말하면, x가 0일 때 y값이다. 이러한 값을 아는 것은 방정식을 도표로 변환하는 데 유용하다. 또 도표 없이 제시되는 실질 경제 관계에 대한 정보를 얻게 해준다.

여러 다른 형태로 재배열되는 직선 방정식을 알게 될지라도, 만약 y가 방정식의 왼쪽에 있다면 x와 곱해지는 숫자가 무엇이든(x의 계수로 알려진) 기울기라는 것을 기억하자. 만약 x앞에 숫자를 볼 수 없다면, 기울기는 1이다. x배수에 더해지거나 빼지는 숫자는 y절편을 나타내는 상

표 B-1
선형 방정식의 사례

데카르트 좌표계(Cartesian coordinate system)에서 직선의 경사와 위치는 기울기와 절편 2가지에 의해 결정된다. 기울기는 경사를 나타낸다; 절편은 직선이 위치하는 곳을 결정한다.

방정식	기울기	y절편
$y = 6x + 4$	6	4
$y = -x - 2$	−1	−2
$y = 10 - 2x$	−2	10
$y = -4x$	−4	0

수다. 만약 이 숫자를 볼 수 없다면, y절편은 0이다. 〈표 B-1〉에서 몇 개의 사례를 살펴보자.

도표를 방정식으로 변환하기

도표를 대수 방정식으로 변환하기 위해 〈그림 B-1〉을 살펴보자. 이러한 관계를 나타내는 방정식은 무엇인가?

이 방정식을 도출하기 위해서는 기울기와 y절편의 값을 찾아낼 필요가 있다. 직선을 따르는 어느 점에서의 기울기를 계산할 수 있다.

$$\text{기울기} = \frac{\Delta y}{\Delta x} = \frac{(y_2 - y_1)}{(x_2 - x_1)}$$
$$= \frac{(6-5)}{(4-2)} = \frac{1}{2} = 0.5$$

직선이 y축과 교차하는 곳을 알기 위해 도표를 살펴보면 y절편이 4라는 것을 알 수 있다. 그러므로 만약 $y = mx + b$ 형태로 방정식을 쓴다면, $y = 0.5x + 4$다. 표, 도표와 방정식은 x와 y의 관계에 대해 모두 동일한 정보를 제공해준다.

방정식을 도표로 변환하기

이제 역으로 작업해보자. 방정식으로 시작해 우리에게 어떤 정보를 주는지 보자.

다음 방정식은 $y = mx + b$ 형태이고, P와 Q는 각각 y와 x를 대체한다.

$$P = -5Q + 25$$

이 방정식을 살펴보면, −5의 기울기와 25의 y절편인 직선을 나타낸다. 이 방정식이 수요와 공급을 나타낸다는 것을 알지만, 어떤 것인지는 확신할 수 없다고 가정하자. 이것이 수요 방정식인지 공급 방정식인지 어떻게 말할 수 있을 것인가? 쉽다. 기울기가 음(−)이다. P와 Q의 관계가 음(−)이고, 직선이 우하향일 것이라는 말하기 위해 도표를 필요로 하지 않는다. 그러므로 방정식은 공급이라기보다는 수요를 나타내야 한다.

y절편이 25이기 때문에 수요곡선은 25에서 y축과 교차한다. 이는 가격이 25일 때 수요량은 0이라는 것을 말해준다. 소비자가 양(+)의 수량을 수요하기 위해 가격은 25보다 적어야 한다.

만약 방정식에 의해 나타난 관계에 대해 더 알 필요가 있다면 수요곡선을 그릴 수 있다. 25가 y절편이라는 것을 알고 있으므로 〈그림 B-2〉에서 보여주는 것처럼, 도표를 그리기 위해 점(0, 25)을 사용할 수 있다.

그림 B-1

도표를 대수 방정식으로 변환하기

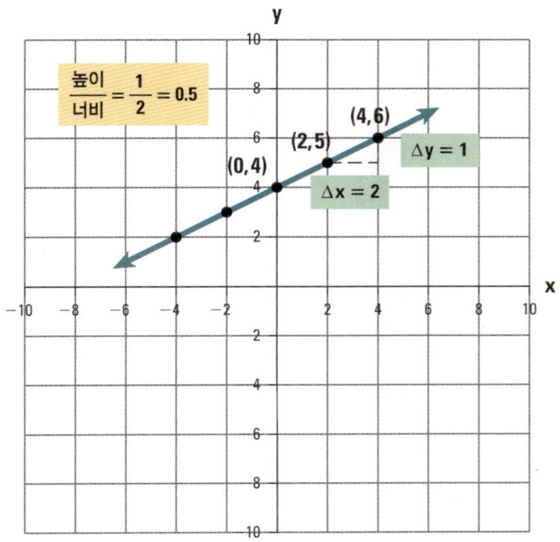

도표의 정보를 이용해 $y = mx + b$ 형태로 직선 방정식을 쉽게 세울 수 있다. 기울기, m은 직선의 너비 대비 높이에 의해 계산된다. y절편 값은 방정식의 b를 제공한다.

그림 B-2

대수 방정식을 도표로 변환하기

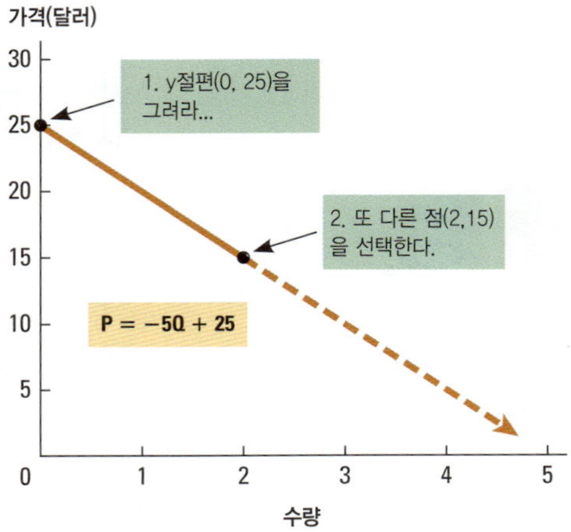

$y = mx + b$ 형태의 직선 방정식을 그리는 첫 번째 단계는 b에 의해 주어진 y절편을 그리는 것이다. 그 다음에 직선의 또 다른 점을 나타내는 순서쌍을 얻기 위해, x나 y의 아무 값을 선택하고 다른 변수에 대해 방정식을 풀어서 또 다른 점을 고른다. 이러한 두 점 연결로 직선을 그릴 수 있다.

직선을 그리기 위해서는 단지 두 점이 필요하고, 이미 y절편 하나를 가지고 있다. 두 번째 점을 찾기 위해, 아무 Q값을 넣어 상응하는 P에 대해 푼다(혹은 그 반대도 같다). 예를 들면, 만약 Q = 2이고 P에 대해 풀면 다음을 얻을 수 있다:

$$P = -5(2) + 25$$
$$P = -10 + 25$$
$$P = 15$$

이제 점 (2, 15)을 표시할 수 있고, 그것을 (0, 25)에서의 y절편과 연결한다.

임의의 점을 택할 수도 있지만, y절편뿐만 아니라 x절편을 알아두면 편리하다. 수요곡선에서 이것은 가격이 0일 때, 수요량이 얼마인지 말해준다. 이러한 절편을 찾기 위해 P = 0으로 놓고, Q에 대해 풀면:

$$0 = -5Q + 25$$
$$-25 = -5Q$$
$$5 = Q$$

이제 점 (5, 0)을 표시할 수 있고, 수요곡선을 그리기 위해 그것을 (0, 25)와 연결한다.

절편을 찾는 것은 다른 유형의 도표를 해석하는 데도 유용하다. 생산가능곡선에서 만약 모든 자원을 한 재화의 생산에 사용하고, 다른 재화는 생산하지 않는다면, 그 재화는 얼마만큼 생산될 것인지를 절편이 말해준다. 예를 들면, 〈그림 B-3〉에서 보여주는 생산가능곡선에서 모든

그림 B-3

생산가능곡선을 해석하기 위해 절편 사용하기

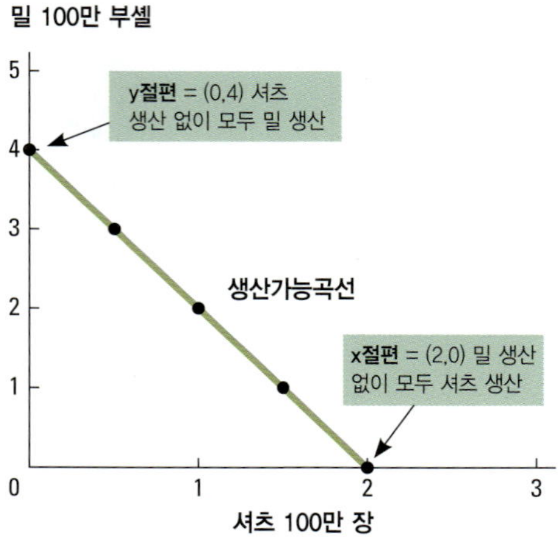

생산가능곡선의 절편들은 한 재화를 생산하기 위해 경제의 모든 자원을 투입해 한 국가가 생산할 수 있는 그 재화의 최대 수량을 나타낸다. 이 경우, 한 재화나 다른 재화의 생산에 모든 근로자들이 매진해 그 경제는 밀 400만 부셸이나 셔츠 200만 장 중 하나를 생산할 수 있다.

근로자가 셔츠 생산에 매진하고 밀을 생산하지 않음으로써 티셔츠 200만 장이 생산될 수 있다는 것을 알고 y절편을 찾을 수 있다. 그렇지 않으면, 모든 근로자가 밀 재배에 매진하고 셔츠를 생산하지 않음으로써 밀 400만 부셸(bushel, 8갤런에 해당하는 양)이 생산될 수 있다는 것을 알고 x절편을 찾을 수 있다.

2장에서, 생산가능곡선의 기울기는 두 재화의 상충관계를 나타낸다는 것을 배웠다. 기울기를 계산하기 위해 필요한 2개의 점으로 절편을 이용할 수 있다.

$$\text{기울기} = \frac{\Delta y}{\Delta x} = \frac{(400\text{만} - 0)}{(0 - 200\text{만})} = \frac{4}{-2} = -2$$

2장에서, 상충관계를 나타내기 때문에 생산가능곡선의 기울기는 음(−)이라는 것을 배웠다: 약간의 셔츠를 포기하지 않고 밀을 더 생산할 수 없다. 밀의 증가는 셔츠의 감소를 의미하기 때문에, 두 변수는 반대 방향으로 움직이고 음(−)의 관계를 가진다. 이러한 생산가능곡선은 일정한 기울기를 가지고, 그것은 두 재화의 상충관계 역시 일정하다는 것을 의미한다. 밀 측면에서 역시 셔츠 생산의 기회비용으로 생각할 수 있다.

뒤바뀐 *x*와 *y*의 방정식

이제까지는 방정식의 왼쪽에 P(혹은 y)를 두고 수요와 공급곡선을 나타내왔다. 예를 들면, 수요곡선은 P = −5Q + 25로 주어진다. 그러나 몇몇 곳에서, 수요와 공급 방정식은 방정식의 왼쪽에 Q(혹은 x)를 둔다는 것을 알 것이다.

여러분이 이것을 보았을 때, 기울기와 y절편이 주어짐에 따라 그 방정식을 읽을 수가 없다. 대신, 방정식이 이와 같은 형태일 때 기울기의 역수와 x절편을 갖게 된다.

그림 B-4
같은 직선, 다른 방정식 형태

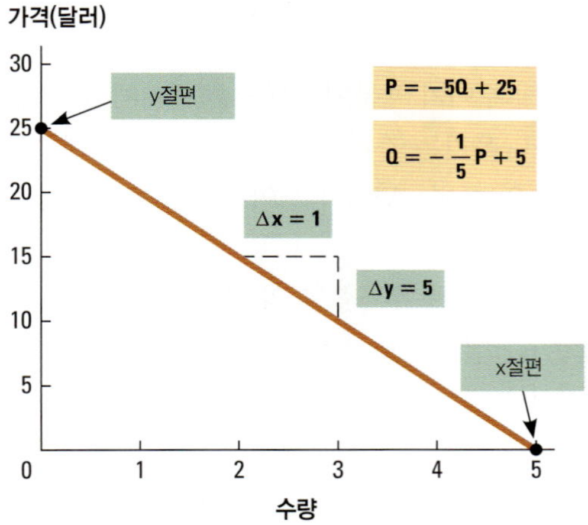

P나 Q에 대해 방정식을 푸는 것과 상관없이 그 결과인 직선은 동일하다.

다시 수요 방정식을 살펴보자. 만약 Q에 대해 풀기 위해 그 방정식을 재배열한다면, $x = ny + a$ 형태의 방정식을 갖게 된다.

$$P = -5Q + 25$$
$$P - 25 = -5Q$$
$$-\frac{1}{5}P + 5 = Q \quad \text{or} \quad Q = -\frac{1}{5}P + 5$$

초기 방정식이 최종 방정식과 동일한 근원적인 관계를 나타낸다는 것을 알 것이다. 예를 들면, 기울기는 −5지만 Q에 대해 풀었던 재배열된 형태에서, P에 곱해지는 계수는 기울기의 역수 혹은 −1/5이다. $x = ny + a$ 형태의 방정식을 가질 때, $n = 1/m$, m은 $y = mx + b$ 형태로 표현된 동일 방정식으로부터 직선의 기울기를 말하기 위해 이러한 관찰을 일반화할 수 있다. 또한 25가 y절편이라는 것을 알 것이다. 그러나 재배열된 형태에서, a는 x절편을 나타내고, 그것은 5이다. 〈그림 B-4〉의 도표는 이러한 2개의 방정식이 같은 직선의 다른 측면을 나타낸다는 것을 보여준다.

P = −5Q + 25는 Q = −1/5P + 5와 같은 방정식이라는 것을 명심하라; 우리는 간단히 P 대신 Q에 대해 풀어 그것을 재배열했다.

이동과 회전

LO B.2 이동과 회전을 설명하기 위해 선형 방정식 사용하기

여러분 학교의 카페에는 샐러드 바가 있는 델리가 있고, 샐러드의 가격은 추가한 재료의 숫자에 달려 있다. 이러한 관계는 다음과 같은 방정식으로 나타낸다:

$$y = 0.5x + 4$$

y = 샐러드의 총가격
x = 추가한 재료의 수

변수가 샐러드 가격과 재료의 수이기 때문에, 음(−)은 이치에 맞지 않는다: 여러분의 샐러드에 음(−)의 당근을 가질 수 없고, 우리는 카페가 샐러드를 사기 위해 여러분에게 지불하는 것을 의심한다. 그러므로 〈그림 B-5〉의 화면 (A)에서 보여지는 것처럼, 1사분면에 이 방정식의 그래프를 따로 떼어낼 수 있다.

y절편 4는 만약 여러분이 0의 재료를 추가할 때의 샐러드 가격이다. 다른 말로, 상추 한 접시의 가격이 4달러다. 기울기 0.5는 샐러드에 추가된 재료의 비용을 나타낸다. 추가된 각 재료의 비용은 50센트다. (2, 5)는 직선을 따르는 점이라는 사실은 2가지 재료를 추가한 샐러드의 가격이 5달러라는 것을 보여준다.

6개 재료를 추가한 샐러드는 얼마인가?

$$y = 0.5(6) + 4$$
$$y = 3 + 4$$
$$y = 7$$

6개 재료를 추가한 샐러드는 7달러고, (6, 7)은 도표의 또 다른 점이다.

이제, 추가 재료 없이 상추 한 접시의 기본 가격이 5달러로 올랐을 때, 도표에 무슨 일이 일

그림 B-5

절편 변화에 따른 직선의 이동

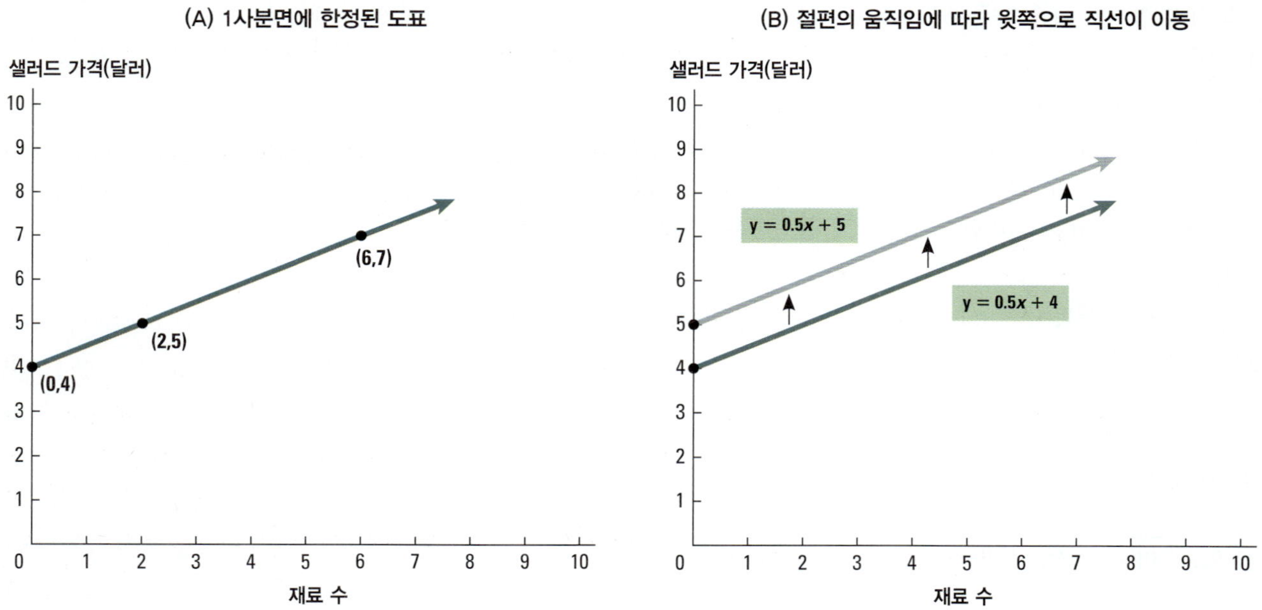

쉽게 절편을 변화하기 위해, 첫 번째로 직선의 값을 1사분면에 한정한다. 이것은 직선의 y절편을 분명하게 보여줄 것이다.

y절편이 분명해질 때, 직선 방정식에 의해 표시된 새로운 절편으로 직선을 이동할 수 있다.

어나는지 보자. 이러한 기본 가격은 y절편에 의해 표시되고, 그것은 4에서 5로 바뀐다. 추가적인 각 재료의 가격은 여전히 50센트이기 때문에 도표의 기울기는 변하지 않는다.

그리하여 방정식은 $y = 0.5(6) + 5$로 변한다. 다시 처음부터 시작하기보다는, 〈그림 B-5〉의 화면 (B)에서 보여주는 것처럼, y절편의 변화를 고려해 간단히 원래의 직선을 이동(shift)할 수 있다.

대신, 상추 가격은 그대로 4달러를 유지하지만, 추가적인 재료의 가격이 각각 1달러로 오른다고 가정하자. 이것은 도표와 방정식을 어떻게 변화시킬 것인가?

만약 추가 재료 없이 상추의 가격은 4달러를 유지한다면, y절편 역시 동일하게 유지할 것이다. 그러나 기울기는 변할 것이고, 50센트에서 1달러로 오른다. 〈그림 B-6〉은 기울기의 이러한 변화는 도표에서 직선을 회전(pivot)하게 할 것이다.

방정식도 변화한다. 이때, 기울기로 0.5 대신 1을 대체한다. 그리하여 $y = x + 4$이다(x의 계수가 없는 것은 기울기가 1이라는 것을 기억하자).

만약 상추의 기본 가격이 5달러로 상승하고, 추가적인 재료 가격이 1달러로 오른다면 무슨 일이 일어날 것인가? 절편과 기울기의 변화를 나타내기 위해 직선을 이동하고 회전해야 한다. 〈그림 B-7〉은 양쪽 모두의 변화를 보여준다.

이 책을 통해 여러 곳에서, 두 변수 간 관계에서 변화를 나타내기 위해 직선을 이동하거나 회전할 필요가 있을 것이다. 예를 들면, 수요의 비가격 결정 요인이 변할 때, 어느 주어진 가격에서 사람들이 한 재화의 수량을 더 많이 혹은 더 적게 수요하는 것을 보이기 위해 수요곡선을 이동할 필요가 있다는 것을 3장에서 보았다. 소비자가 가격 변화에 더 많이 혹은 더 적게 반응할 때, 기울기의 변화를 나타내기 위해 수요곡선을 회전할 필요가 있다.

그림 B–6

기울기 변화로 직선의 회전

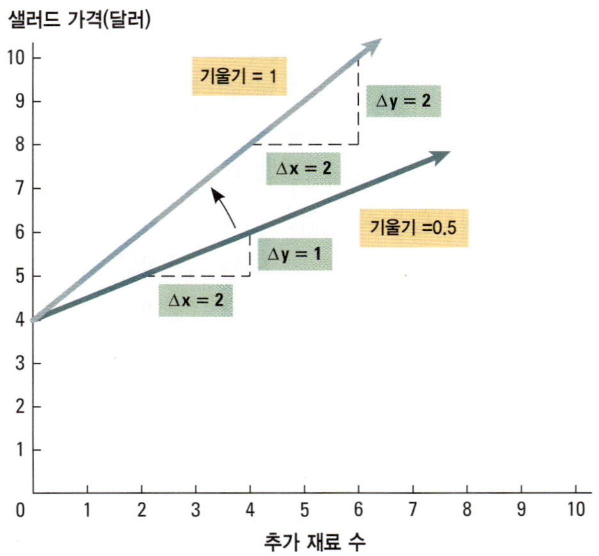

기울기의 변화는 직선 방정식을 회전시킬 것이다. 기울기의 증가는 직선을 위쪽으로 회전시킬 것이다; 기울기의 감소는 직선을 아래쪽으로 회전시킬 것이다

그림 B-7
이동과 회전

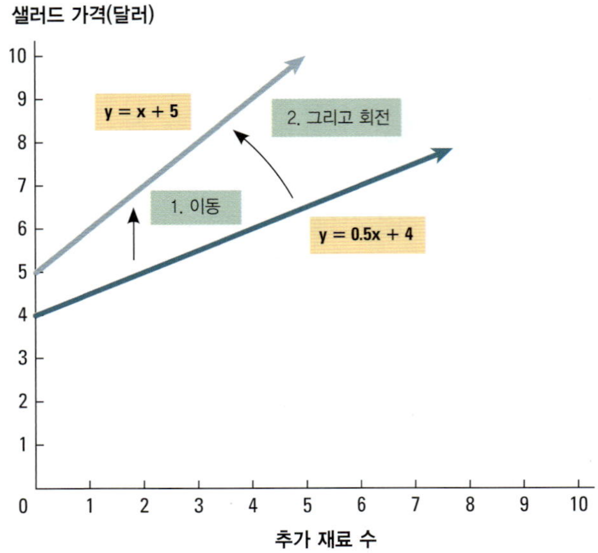

기울기와 절편의 변화를 다루기 위해 첫 번째로 직선을 새로운 절편으로 이동하고, 그 다음에 직선을 새로운 기울기를 반영해 회전시킨다.

균형 해결하기

LO B.3 균형을 해결하기 위해 선형 방정식 사용하기

하나의 도표는 동일한 두 변수의 다양한 관계를 보여준다. 이 책에서 가장 흔한 경우는 가격과 수량 간 수요관계와 공급관계 둘 다를 보여주는 도표다.

〈그림 B-8〉의 화면 (A)는 수요와 공급계획표의 자료를 보여준다. P가 상승하면 수요량은 감소한다는 것을 3장에서 보았다. P와 Q는 반대 방향으로 움직이므로 관계는 음(−)이다. 이러한 값들은 화면 (B)에 표시되어 있고, 수요곡선에 대해 우하향 직선을 가진다. 역으로 P가 상승하면 공급량은 증가한다. 이러한 점들을 표시하면 우상향 공급곡선을 도출한다.

동일한 변수의 다양한 방정식을 보이기 위해 하나의 도표를 이용할 때, 그들 관계에 대해 무엇인가 의미 있는 것을 보여주기 위해 하나의 도표를 이용한다. 예를 들면, 동일한 도표에 수요와 공급을 보여줄 때, 우리는 일반적으로 수요량과 공급량이 동일한 가격에서 서로 일치하는 점인 균형점을 찾아내기를 원한다.

여러 가지 방법으로 균형점을 찾을 수 있다. 만약 수요와 공급 자료를 보여주는 계획표가 있다면, 균형을 찾는 가장 쉬운 방법은 수요량과 공급량이 일치하는 것에 해당하는 가격의 위치를 찾아내는 것이다. 〈그림 B-8〉의 화면 (A)에서 그 가격은 무엇인가? 가격 80에서, 공급계획표뿐만 아니라 수요계획표에서 Q는 60이다.

수요와 공급 둘 다를 보여주는 도표를 살펴봄으로써 균형점을 쉽게 찾을 수 있다. 두 직선이 교차하는 유일한 점이 균형이다.

그림 B-8

수요와 공급

(A) 수요와 공급계획표

가격 (달러)	수요량	공급량
20	180	0
30	160	10
40	140	20
50	120	30
80	60	60
90	40	70
100	20	80
110	0	90

수요와 공급계획표는 주어진 가격에서 수요량과 공급량을 보여준다.

(B) 계획표의 도표화

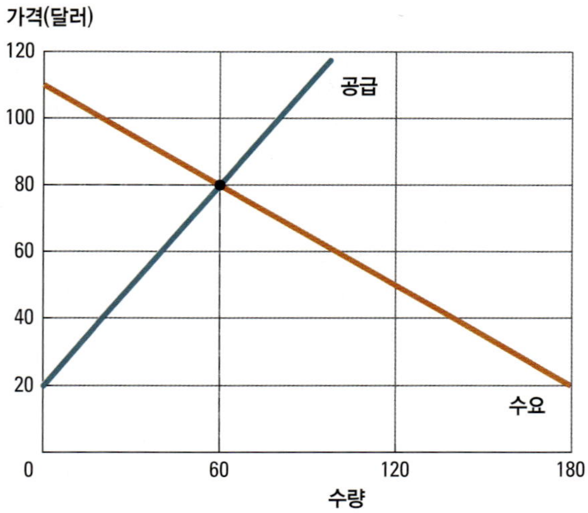

계획표의 값을 도표화하는 것은 우하향 수요곡선과 우상향 공급곡선을 제공한다.

그러나 때때로 도표를 그리거나 다른 가격을 연결해 점들의 전체 계획표를 계산하는 것 없이 방정식만으로 균형을 찾는 것이 유용하다. 여러분에게 방정식만 주어지고 도표나 계획표는 주어지지 않을 때, 일반적으로 이러한 방법을 이용하기를 원할 것이다. 그러나 연습을 위해 우선 〈그림 B-8〉로부터 수요곡선과 공급곡선을 도출하고, 그 다음에 균형점을 찾아보자.

$y = mx + b$ 형태의 방정식으로서 수요와 공급을 나타내는 것으로 시작한다. y = 가격이고 x = 수량이다. 각 방정식에 대해 기울기(m)와 y절편(b)을 결정할 필요가 있다.

우선, 수요곡선: y절편은 무엇인가? $x = 0$일 때 y의 값이다. 〈그림 B-8〉의 화면 (A)에서, Q가 0일 때, P는 110이라는 것을 알 수 있다. 수요곡선의 y절편은 110이다. 이제 기울기를 알 필요가 있다. 이것은 선형관계이고, 기울기가 일정하기 때문에 아무 두 점을 이용해 기울기를 결정할 수 있다. (180, 20)과 (160, 30)을 이용하자.

$$\frac{\Delta y}{\Delta x} = \frac{(P_2 - P_1)}{(Q_2 - Q_1)} = \frac{(20 - 30)}{(180 - 160)} = \frac{-10}{20} = -0.5$$

그리하여 수요곡선은 다음과 같다: P = −0.5Q + 110

공급곡선을 도출하기 위해 같은 절차를 사용할 것이다. 공급계획표를 살펴보면 Q가 0일 때 P는 20이다. y절편은 20이다. 기울기를 결정하기 위해 (0, 20)과 (10, 30)을 이용하자.

$$\frac{\Delta y}{\Delta x} = \frac{(P_2 - P_1)}{(Q_2 - Q_1)} = \frac{(20 - 30)}{(0 - 10)} = \frac{-10}{-10} = 1$$

그리하여 공급곡선은 다음과 같다: P = Q + 20

이제, 균형을 해결하기 위해 수요과 공급 방정식을 이용할 수 있다. 균형은 수요곡선과 공급곡선이 둘 다 있는 점을 나타낸다; 도표에서는 두 곡선이 교차하는 지점이다. 이것은 수요곡선의 P와 공급곡선의 P가 일치해야 한다는 것이고, Q에 대해서도 마찬가지라는 것을 의미한다. 그러므로 각각에 대해 두 방정식이 일치하도록 설정해 이 점을 찾는다는 것은 이치에 맞는다.

$$P_D = -0.5Q + 110$$
$$P_S = Q + 20$$
$$P_D = P_S,$$

그러므로,

$$-0.5Q + 110 = Q + 20$$

Q에 대한 숫자 값으로 풀 수 있다.

$$1.5Q + 20 = 110$$
$$1.5Q = 90$$
$$Q = 60$$

이제 Q값을 알고, P값을 얻기 위해 수요나 공급 방정식 중 하나에 그것을 넣을 수 있다. 공급 방정식을 이용하자.

$$P = 20 + Q$$
$$P = 20 + 60$$
$$P = 80$$

방정식을 이용해 균형을 해결하는 것은 수요와 공급계획표를 이용해 우리가 찾아낸 동일한 점을 얻을 수 있다: P = 80이고 Q = 60($80, 60)이다.

응용문제

1. 수요 방정식을 도출하기 위해 〈그림 BP-1〉의 수요곡선을 이용하라. **[LO B.1]**
2. 수요 방정식을 도출하기 위해 〈표 BP-1〉의 수요계획표를 이용하라. **[LO B.1]**
3. 공급 방정식을 도출하기 위해 〈그림 BP-2〉의 공급곡선을 이용하라. **[LO B.1]**
4. 공급 방정식을 도출하기 위해 〈표 BP-2〉의 공급계획표를 이용하라. **[LO B.1]**
5. 방정식 P = 2Q + 3을 그려라. 이것은 공급곡선인가, 혹은 수요곡선인가? **[LO B.1]**
6. 방정식 P = −8Q + 10을 그려라. 이것은 공급곡선인가, 혹은 수요곡선인가? **[LO B.1]**

그림 BP-1

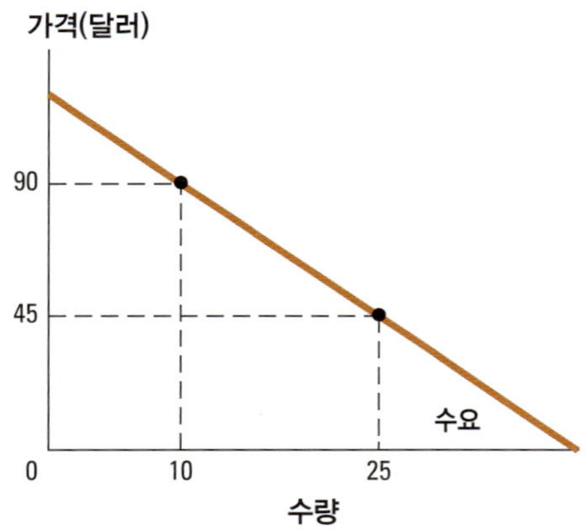

표 BP-1

가격(달러)	수량
0	320
10	280
20	240
30	200
40	160
50	120
60	80
70	40
80	0

그림 BP-2

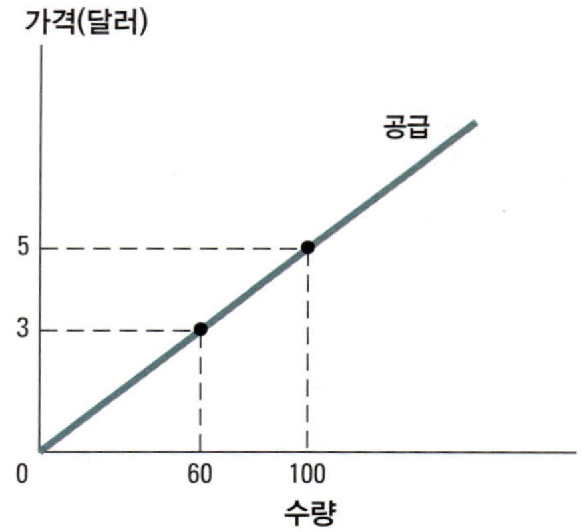

표 BP-2

가격(달러)	수량
100	0
200	25
300	50
400	75
500	100
600	125

7. 방정식 Q = 5 − 0.25P를 재배열하고, 도표를 그려라. 이것은 공급곡선인가, 혹은 수요곡선인가? **[LO B.1]**
8. 방정식 Q = 0.2P를 재배열하고, 도표를 그려라. 이것은 공급곡선인가, 혹은 수요곡선인가? **[LO B.1]**
9. 여러분 지역의 놀이공원 입장료는 하루에 20달러다. 입장료는 롤러코스터를 제외한 모든 놀이기구를 포함한다. 롤러코스터는 추가적으로 1회당 2달러의 비용이 든다. **[LO B.2]**
   a. 여러분이 타는 놀이기구 숫자의 함수로, 여러분이 얼마를 지출할 것인지 나타내는 방정식을 작성하라: S = 놀이기구에 대한 총지출; Q = 탑승한 롤러코스터의 숫자
   b. 만약 롤러코스터를 4회 탄다면, 놀이기구에 대한 총지출은 얼마인가?
   c. 놀이기구에 대한 총지출과 탑승한 롤러코스터의 수의 관계를 도표로 그려라.
   d. 만약 입장료가 25달러로 상승한다면, 무엇이 변화하는지 보이기 위해 (c) 부분에 도표를 다시 그려라.

e. 증가한 입장료 25달러를 포함하기 위해 (a) 부분에 방정식을 다시 작성하라.

f. 입장료가 25달러로 증가한 이후 만약 롤러코스터를 4회 탄다면, 놀이기구에 대한 총지출은 얼마인가?

10. 다음의 두 방정식을 이용하라: **[LO B.3]**

(1) $P = 12 - 2Q$

(2) $P = 3 + Q$

a. 균형가격과 수량을 구하라.

b. 수요와 공급 방정식을 그려라. 균형점을 보여라.

11. 〈표 BP-3〉을 참고하라: **[LO B.3]**

a. 수요와 공급 방정식을 도출하기 위해 표의 정보를 이용하라.

b. 균형을 해결하기 위해 수요와 공급 방정식을 이용하라.

c. 수요곡선과 공급곡선을 그려라. 균형점을 보여라.

표 BP-3

가격	수요량	공급량
0	12	0
20	10	4
40	8	8
60	6	12
80	4	16
100	2	20
120	0	24

Chapter 4

탄력성

학습목표

LO 4.1 중간 점 이용법을 사용해 수요의 가격탄력성 계산하기

LO 4.2 수요의 가격탄력성 결정 요인이 탄력성의 정도에 어떤 영향을 주는지 설명하기

LO 4.3 중간 점 이용법을 사용해 공급의 가격탄력성 계산하기

LO 4.4 공급의 가격탄력성 결정 요인이 탄력성의 정도에 어떤 영향을 주는지 설명하기

LO 4.5 수요의 교차탄력성을 계산하고, 탄력성의 부호 해석하기

LO 4.6 수요의 소득탄력성을 계산하고, 탄력성의 부호 해석하기

커피가 유행이 되다

1990년대 호황으로 고가의 에스프레소 음료 판매량이 늘어남에 따라 커피 전문점 열풍이 미국 중산층을 관통했다. 미국인들은 스타벅스(Starbucks)를 매일 순례하게 되었다. 그곳에서는 한 잔의 커피가 영화음악, 민트와 자선단체풍의 물병 등으로 완비된 '스타벅스의 경험'으로 변경되었다. 15년 동안 스타벅스 사업모델은 크게 성공했다. 1992년부터 2007년까지, 이 회사는 1만 5,000개 이상의 매장을 개설했다.

그러나 2008년 미국 경제가 휘청거리자 스타벅스의 성장률은 사상 최저로 떨어졌다. 경쟁자와 고객은 "커피 한 잔 값이 얼마여야 많은 것인가?"라고 질문하기 시작했다. 아마도 스타벅스 경영진은 10년 이상의 과정 속에서 그 질문을 스스로에게 자문해왔을 것이다. 이 회사의 경이로운 수준의 확장 상황에서, 적어도 경제에 문제가 생기기 시작할 때까지 그들은 올바른 대답을 찾아야 했다.

스타벅스 같은 사업은 어떻게 가격 결정을 할 것인가? 그들은 어떻게 예상을 하고 환경변화에 대응할 것인가? 3장에서 만약 스타벅스가 라테의 가격을 올리면—아마도 에티오피아의 악천후 영향으로 커피 공급량이 줄어—소비자의 수요량은 감소한다는 것을 배웠다. 4장은 탄력성의 개념을 도입하고자 하고, 그것은 가격 변화가 소비자에게 얼마만큼 영향을 주는지를 보여준다.

휴대폰시장처럼, 고급 커피시장은 완벽히 경쟁적이지는 않다. 스타벅스 같은 대규모 회사의 경영자는 가격을 책정할 수 있는 능력이 있고, 수익을 극대화할 수 있는 가격을 선택하려고 노력한다. 그들은 또한 시장 조건의 변화에 대응하려고 한다: 만약 커피 원두 가격이 라테 비용을 오르게 한다면, 판매는 얼마나 감소할 것인가? 경기침체기에 소비자는 커피 소비를 얼마만큼 줄일 것인가? 던킨도너츠(Dunkin' Donuts)와 맥도널드(McDonald's) 같은 경쟁자가 더 저렴한 가격에 커피를 제공한다면, 고객을 얼마나 잃을 것인가? 심지어 완벽히 경쟁적인 시장에서, 생

산자는 경제적 조건과 시장가격의 변화에 대응해 그들의 수입이 얼마나 변할 것인지 예측하기를 원한다.

비영리 서비스 제공자 또한 종종 가격탄력성에 대해 생각할 필요가 있다. 예를 들어, 비영리 병원은 너무 많은 환자들을 잃지 않으면서 비용을 충당하기 위한 요양 가격을 책정하기를 원한다. 유사하게, 비영리 단과대학과 종합대학교는 비용을 충당하고, 학생들에게 계속 교육을 제공할 수 있기를 원한다. 이 같은 논의를 언급하기 위한 능력은 공공기관이나 민간기관이나 모두 대단히 중요하다. 스타벅스 라테 가격을 책정하는 것에 대한 이해는 자연보호구역을 보존하는 비용을 충당하기 위해 국립공원의 입장료를 올릴 것인지를 파악하는 것과 같은 종류의 생각을 요구한다. 이러한 도전을 해결하는 것은 **탄력성**(*Elasticity*)이라는 도구에 달려 있고, 그것은 가격과 소득의 변화에 수요와 공급이 얼마나 반응하는지를 측정한다.

4장에서는 가격 변화가 수요량이나 공급량에 미치는 효과를 측정하는 법을 배울 것이다. 사업가나 정책입안자들이 탄력성을 정확히 측정할 수 없을 때 사용하는 몇 가지 규칙에 여러분도 익숙해질 것이다. 수요와 공급에 대해 알고 있는 것을 이용해 탄력성이 양(+)인지 음(−)인지에 주목해 재화의 형태를 다르게 분류할 수 있다. 또한 가격 상승이 한 기관의 총수입을 올리는지 줄이는지 말하기 위해 가격탄력성의 근사치를 사용하는 법에 대해 배울 것이다.

탄력성이란?

만약 스타벅스가 라테의 가격을 올린다면, 라테의 수요량이 떨어질 것으로 예상할 수 있다. 비록 3장에서 가격 상승이 경쟁시장에서 수요량 감소를 초래한다고 했지만, 얼마나 움직일지는 아직까지 말할 수 없었다. 이러한 질문이 4장의 주제다.

탄력성 소비자와 생산자가 시장 조건들의 변화에 어느 정도 반응하는지 측정하는 방식

탄력성(Elasticity)은 소비자와 생산자가 시장 조건 변화에 어떻게 반응하는지 측정한 것이다. 이 개념은 수요와 공급에 적용할 수 있고, 한 재화 가격의 변화, 상대 재화의 가격 변화, 혹은 소득 변화에 대한 반응을 측정하는 데 사용된다.

가장 일반적으로 사용되는 탄력성의 측정은 **수요의 가격탄력성**과 **공급의 가격탄력성**이다. 이러한 2가지 개념은 한 재화의 가격이 변할 때, 수요량과 공급량이 얼마만큼 변할지를 설명해준다. **수요의 교차탄력성**은 다른 재화의 가격이 변할 때, 한 재화의 수요량에 무슨 일이 일어나는지 설명해준다. 또 다른 측정인 **수요의 소득탄력성**은 소비자의 소득 변화에 반응하는 수요량이 얼마인지 측정한다. 수요의 가격탄력성에서 시작해보자.

수요의 가격탄력성

수요의 가격탄력성 어떤 재화나 서비스의 가격이 변할 때 그 수요량의 변화 정도

수요의 가격탄력성(Price elasticity of demand)은 한 재화나 서비스 가격이 변할 때 그것의 수요량 변화의 크기를 설명한다. 3장에서 배웠듯이, 가격이 증가할 때 수요량은 일반적으로 감소한다. 그러나 아직까지 얼마만큼 감소하는지 말할 수 없었다. 수요의 가격탄력성은 수요와 공급의 이해 간극을 메운다.

수요의 가격탄력성에 대해 생각하는 다른 방법은 가격 변화에 대한 소비자의 민감도를 측정하는 것이다. 소비자의 구매 결정이 가격에 의해 크게 영향을 받을 때, 수요곡선이 더(more) 탄력적이라고 하고, 약간의 가격 변화가 수요량을 크게 변화시킨다는 의미다. 소비자가 가격 변화에 크게 민감하지 않을 때—즉, 가격에 상관없이 거의 동일한 양을 구매할 때—덜(less) 탄력적이라고 한다.

수요의 가격탄력성 계산하기

LO 4.1 중간 점 이용법을 사용해 수요의 가격탄력성 계산하기

스타벅스가 침체기 동안 판매량 감소에 직면하는 도전을 생각해보자. 이러한 상황에서, 사업체는 할인을 제공해 가격을 낮추려 할 것이다. 그러나 할인이 작동할 것인가? 스타벅스 경영자는 할인의 결과로 얼마만큼의 구매 증가를 기대할 수 있을 것인가? 다시 말해, 소비자들이 할인에 어떻게 반응할 것인가? 이 질문에 대답하는 능력은 사업을 위해 중요한 도구다. 그렇게 하기 위해, 스타벅스 커피에 대한 수요의 가격탄력성을 알 필요가 있다.

스타벅스가 커피 한 잔에 일반적으로 2달러를 책정했다고 하자. 만약 특별 할인으로 1.50달러에 커피를 제공하면 무슨 일이 벌어질까? 할인 전, 스타벅스는 매일 1,000만 잔을 팔았다고 가정하자. 이제, 소비자가 할인에 반응해 하루에 1,500만 잔으로 수요량이 증가한다고 하자. 〈그림 4-1〉은 커피 수요곡선의 두 점으로 할인 전후의 수요량을 표시한 것이다. 할인 결과에 기초해 스타벅스 가격에 대한 소비자의 민감도에 대해 무엇을 말할 수 있을 것인가?

그림 4-1
커피 수요의 가격탄력성

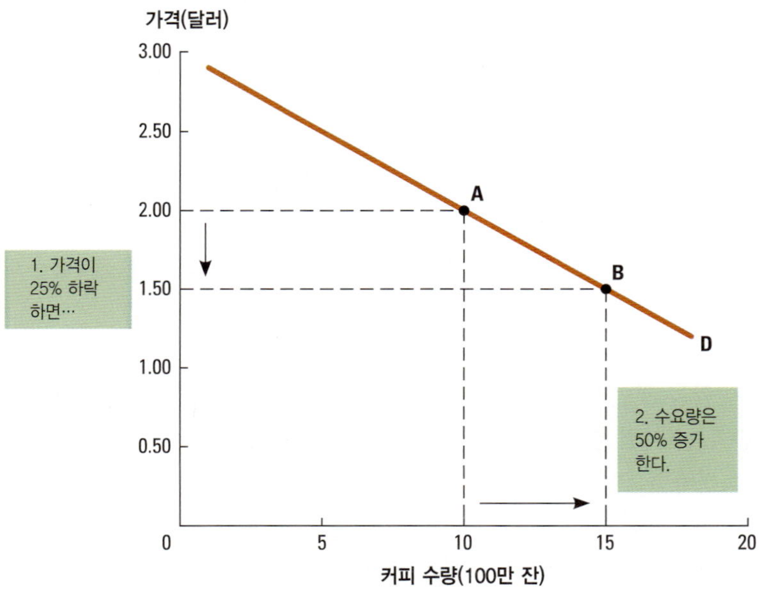

커피 가격이 한 잔에 2달러일 때, 소비자는 1,000만 잔을 수요한다. 만약 가격이 1.50달러로 하락하면 수요량은 1,500만 잔으로 늘어난다.

수학적으로, 가격탄력성은 주어진 가격의 백분율(%) 변화에 대응해 한 재화의 수요량에서의 백분율(%) 변화다. 수식은 다음과 같다:

방정식 4-1

$$\text{수요의 가격탄력성} = \frac{\text{수요량의 \% 변화}}{\text{가격의 \% 변화}}$$

HINT

백분율 변화는 초기 수준과 종료 수준의 차이를 초기 수준으로 나눈 것이고, 백분율(%)로 표현된다. 그래서 수량의 백분율 변화는 다음과 같이 표현할 수 있다:

$$\text{수량의 \% 변화} = \left[\frac{(Q_2 - Q_1)}{Q_1}\right] \times 100$$

유사하게, 가격의 % 변화는 다음과 같이 표현된다:

$$\text{가격의 \% 변화} = \left[\frac{(P_2 - P_1)}{P_1}\right] \times 100$$

만약 원래의 할인 판매량과 가격을 〈방정식 4-1〉에 대입하면 무엇을 발견하게 될 것인가? 가격은 25% 감소했고, 수요량은 50% 증가했다. 수요의 가격탄력성은 −2.0이다.

$$\text{수요의 가격탄력성} = \frac{(1{,}500\text{만} - 1{,}000\text{만})/1{,}000\text{만 잔}}{(1.50 - 2.00)/2.00} = \frac{50\%}{-25\%} = -2.0$$

수요의 가격탄력성은 항상 음(−)이다. 왜 그럴까? 가격과 수요량은 반대 방향으로 움직이기 때문이다. 즉 가격의 양(+) 변화는 수요량의 음(−) 변화를 야기하고, 그 반대도 마찬가지다. 그러나 경제학자들은 편의를 위해 종종 음(−)의 부호를 떼고, 양(+)으로 수요의 가격탄력성을 표시한다. 속지 말자! 정상적인 상황에서, 음의 부호가 표시되건 아니건 수요의 가격탄력성은 항상 음(−)이다.

이해를 돕기 위해

어떤 책은 탄력성을 음의 부호로 표시한다; 하지만 대부분은 그렇지 않다. 탄력성 측정을 생각하는 다른 방법은 절대값을 사용하는 것이다. 숫자의 절대값은 0으로부터의 거리고, 혹은 부호와 관계없는 숫자다. 예를 들어, 4와 −4의 절대값은 모두 4다. 탄력성의 절대값은 반응의 '크기'를 측정하고, 반면 부호는 그것의 방향을 측정한다. 변화의 방향을 알고 있다고 가정한다면, 때때로 오직 절대값만 표시된다.

탄력성을 측정하는 데 왜 %를 사용하는지 의문이 들 수도 있다. 왜 가격 변화에 대한 수요량 변화를 비교하지 않는 것인가? 그 대답은 백분율(%)이 어떤 현실적인 문제를 피할 수 있도록 하기 때문이다. 만약 한 사람은 커피를 12온스 컵으로 측정하고, 반면 다른 사람은 주전자나 갤런(3.8리터)으로 측정하면 무슨 일이 벌어질지 생각해보자. 백분율 없이는, 우리가 사용하는 측정 단위에 따라, 가격탄력성은 여러 개의 다른 측정치를 가지게 된다. 이러한 문제를 피하기 위해 경제학자들은 수량의 **절대값 변화**보다 수량의 **% 변화**를 사용한다. 그 결과, 커피에 대한 수요의 가격탄력성은 컵이나 주전자, 갤런 등 무엇으로 측정하든 동일하다.

중간 점 이용법 사용하기

유감스럽게도, 백분율을 사용할 때조차 측정상의 문제가 있다: 수요곡선상을 따라 어느 방향으로 움직이느냐에 따라 대답이 변한다. 가격이 2달러에서 1.50달러로 하락했을 때, 수요의 가격탄력성은 −2.0이었다:

$$\text{수요의 가격탄력성} = \frac{(1{,}500\text{만} - 1{,}000\text{만})/1{,}000\text{만 잔}}{(1.50 - 2.00)/2.00} = \frac{50\%}{-25\%} = -2.0$$

만약 다른 방향으로 수요의 가격탄력성을 계산한다면, 어떤 일이 발생할까? 스타벅스가 할인행사를 끝내고, 가격을 원래로 되돌려 1.50달러에서 2달러로 올렸다고 가정하자. 수요량은 1,500만 잔에서 1,000만 잔으로 줄어들게 된다. 2달러에서 1.50달러로 가격이 25%($0.50/$2.00 = 25%) 하락한 반면, 1.50달러에서 2달러로 가격 상승은 33%($0.50/$1.50 = 33%)다. 유사하게, 1,500만 잔에서 1,000만 잔으로의 감소는 33%인 반면, 1,000만 잔에서 1500만 잔으로의 증가는 50%다. 이 숫자들을 방정식에 대입하면 수요의 가격탄력성은 −1.0이 된다.

$$\text{수요의 가격탄력성} = \frac{(1{,}000\text{만} - 1{,}500\text{만})/1{,}500\text{만 잔}}{(2.00 - 1.50)/2.00} = -\frac{33\%}{33\%} = -1.0$$

이것이 골칫거리다. 가격과 수량 모두 동일하게 변화(0.50달러와 500만 잔)해 수요곡선의 동일한 두 지점에서 움직였지만, 하나는 수요의 가격탄력성이 −2.0이고, 다른 하나는 가격탄력성이 −1.0이다. 이동의 방향과 상관없이, 수요곡선 두 지점 사이의 수요의 가격탄력성을 측정하는 일관된 방법을 알아보자.

중간 점 이용법(mid-point method)은 이러한 문제를 해결한다: 두 점 사이 중간 점의 % 변화를 측정한다. 중간 점 이용법을 사용해 수량의 % 변화는 기존과 새 수량의 평균으로 수량의 변화를 나누어 계산한다.

중간 점 이용법 탄력성을 계산할 때 수요나 공급의 두 점 사이의 점 대비 백분율 변화를 측정하는 방법

방정식 4–2

$$\text{수량의 \% 변화} = \frac{\text{수량의 변화}}{\text{수량의 평균}}$$

이 방정식의 분모에서, 중간 점(평균) 수량은 2개의 수량을 더해 2로 나눈 것과 동일하다. 같은 방법으로 중간 점 가격을 구할 수 있다.

$$\text{수량의 중간 점} = \frac{(Q_1+Q_2)}{2}$$

$$\text{가격의 중간 점} = \frac{(P_1+P_2)}{2}$$

앞의 예에서, 커피 수요는 2달러의 1,000만 잔에서 1.50달러의 1,500만 잔이었다. 따라서 평균(중간 전) 수량은 1,250만 잔이고, 평균(중간 점) 가격은 1.75달러다.

중간 점 이용법을 사용해 수요의 가격탄력성을 구하는 공식은 〈방정식 4-3〉과 같다.

방정식 4–3 중간 점 이용법

$$\text{수요의 가격탄력성} = \frac{(Q_2-Q_1)/[(Q_1+Q_2)/2]}{(P_2-P_1)/[(P_1+P_2)/2]}$$

〈방정식 4-3〉을 이용하면, 수요의 가격탄력성은 낮은 가격에서 높은 가격으로 이동하건 혹은 그 반대로 이동하건 동일해진다. 가격이 하락하는 경우의 탄력성은 다음과 같다:

$$\text{수요의 가격탄력성} = \frac{(1{,}500\text{만} - 1{,}000\text{만})/1{,}250\text{만 잔}}{(1.50 - 2.00)/1.75} = \frac{40\%}{-29\%} = -1.38$$

가격이 상승하는 경우의 탄력성은 다음과 같다:

$$\text{수요의 가격탄력성} = \frac{(1{,}000\text{만} - 1{,}500\text{만})/1{,}250\text{만 잔}}{(2.00 - 1.50)/1.75} = -\frac{40\%}{29\%} = -1.38$$

이제 수요의 가격탄력성의 측정은 일관된다.

수요의 가격탄력성 결정 요인

LO 4.2 수요의 가격탄력성 결정 요인이 탄력성의 정도에 어떤 영향을 주는지 설명하기

만약 가격이 3달러에서 1.5달러로 하락하면, 라테(혹은 여러분이 선택한 음료)의 수요량은 어떻게 변할까? 이제, 만약 면 양말의 가격이 한 상자당 10달러에서 5달러로 하락하면, 면 양말의 수요량은 어떻게 변할까? 비록 라테와 면 양말 모두 50%의 가격 하락이지만, 후자보다 전자가 더 많이 구매 습관을 바꿀지는 의심스럽다. 양말은 양말이고, 5달러의 절약이 여러분을 서두르게 하여 2배 더 사게 하지는 않을 것이다.

여기에 깔려 있는 생각은 소비자는 다른 것보다 어떤 재화나 서비스의 가격 변화에 더 민감하다는 것이다. 왜 수요의 가격탄력성이 모든 재화와 서비스에 대해 동일하지 않은가? 다수의 요소들이 가격 변화에 대한 소비자의 반응을 결정한다. 대체재의 가용성, 상대적 필요 및 상대 가격과 가격 변화에 적응하기 위해 필요한 시간 등이 수요의 가격탄력성에 영향을 준다.

랍스터(바닷가재) 수요량을 줄이기 위해 이러한 가격 변화를 기대할 수 있을까

"피트, 좋은 생각이야!"

www.CartoonStock.com. Used with permission.

대체재의 가용성(Availability of substitutes). 3장의 서로를 구별할 수 있지만, 비슷하게 사용하는 재화가 대체재라는 것을 상기하자. 가까운 대체재가 있는 한 재화의 가격이 증가할 때, 소비자는 그것을 대신해 대체재를 구매할 것이다. 만약 특정 재화를 대신할 가까운 대체재가 가능하다면, 그 재화의 수요는 단지 먼 대체재만 있는 경우보다 더 탄력적이다. 예를 들어, 크랜베리 주스에 대한 수요의 가격탄력성은 상대적으로 탄력적일 가능성이 높다; 만약 그 가격이 너무 높다면, 다수의 소비자는 포도 주스로 바꿀 것이다.

필요 정도(Degree of necessity). 한 재화가 기본 필수품일 때, 사람들은 심지어 가격이 올라도 그것을 사게 마련이다. 양말 수요는 그렇게 탄력적이지는 않으며, 겨울의 주택 난방 수요도 그렇다. 이러한 재화의 가격이 상승할 때 사람들이 그 재화를 좋아하지 않더라도, 안락함의 기본 수준을 유지하기 위해 그것들을 살 것이다. 그리고 가격이 하락할 때 그들은 훨씬 더 많은 양말을 사거나 실내를 더 뜨겁게 하지는 않을 것이다.

휴가, 고가의 자동차와 보석 같은 사치품의 수요는 훨씬 더 탄력적일 가능성이 높다. 많은 사람들은 이것들의 가격이 상승하면, 이러한 재화 없이도 쉽게 행동할 수 있다. 그러나 필수품

의 정의는 여러분의 표준과 환경에 달려 있다는 것을 명심하자. 플로리다에서 냉방은 필수이며, 난방은 사치다; 알래스카는 그 반대다.

소득 대비 비용(Cost relative to income). 다른 모든 것이 같고, 만약 소비자가 한 재화에 대해 소득의 매우 적은 비중을 소비한다면, 그 재화에 대한 수요는 다른 것에 비해 덜 탄력적일 것이다. 예를 들어, 많은 사람들은 약간의 돈으로 1년 치 소금 공급이 가능하다. 가격이 2배로 뛰어도 1년 치 소금 공급은 여전히 10달러보다 적기 때문에, 소비자는 소금 소비를 신경 쓰지는 않을 것이다.

그 반대도 사실이다: 해변으로 3주간 호화스러운 휴가를 가는 것처럼 만약 한 재화의 비용이 소득에서 큰 부분을 차지한다면, 그 재화의 수요는 더 탄력적이다. 해변에 가까이 있는 고급 호텔 숙박 가격이 2배가 되면, 사람들은 대부분 그들의 휴가 기간에 다른 결정을 할 것이다.

적응 시간(Adjustment time). 재화는 종종 단기에서보다 장기에서 더 탄력적 수요를 보인다. 때때로, 가격 변화에 적응하는 것은 시간을 필요로 한다. 휘발유 가격의 상승에 여러분이 어떻게 반응하는지 고려해보자. 주말 장거리 자동차 여행을 취소하겠지만 학교, 직장과 식품점에 가는 등 일상적인 운전은 해야 한다. 그러나 1년쯤 지나면 여러분은 버스 정기 승차권이나 자전거를 사거나, 좀 더 연료 효율적인 자동차를 구하거나, 혹은 직장이나 학교 근처로 이사하는 것과 같이 휘발유 소비를 좀 더 줄이는 다른 선택사항을 고려할 것이다.

시장의 범위(Scope of the market). 앞서 말한 결정 요인에 대한 중요한 점은, 재화나 서비스시장을 여러분이 어떻게 정의하느냐에 따라 각각 달라진다. 좀 더 광범위하게 정의되는 과일에 대한 대체재보다 바나나 대체재가 더 많기 때문에 바나나에 대한 수요의 가격탄력성은 높을 수 있지만, 과일에 대한 수요의 가격탄력성은 여전히 낮다. 기본 필수품으로서 물은 비록 매우 낮은 수요의 가격탄력성을 가지지만, 병입한 생수에 대한 수요는 극단적으로 탄력적이다.

수요의 가격탄력성 이용하기

현실에서 어떤 결정을 내릴 때, 우리는 종종 정확한 수요의 가격탄력성을 알지 못한다. 그러나 양말 가격 변화보다 라테 가격 변화에 소비자가 다르게 반응하는 것을 알기 위해 항상 정확하게 수요의 가격탄력성을 측정할 필요는 없다. 대신, 사업가와 기타 의사결정자는 종종 그들이 직면한 수요곡선의 형태에 대해 일반적인 무엇인가를 알고 있다. 탄력성의 여러 범주로 재화를 구분하는 것은 완전한 정보가 없는 상황에서 실제 가격 결정을 가능하게 한다.

극단적으로, 수요는 완전 탄력적이거나 완전 비탄력적이다. 수요가 **완전 탄력적**(perfectly elastic)일 때, 수요곡선은 〈그림 4-2〉의 화면 (A)에서처럼 수평이다. 이 도표는 가격이 아주 조금 상승할 때 수요가 영(0)으로 떨어지기 때문에 소비자가 가격에 매우 민감하다는 것을 나타낸다. 수요가 **완전 비탄력적**(perfectly inelastic)일 때, 수요곡선은 〈그림 4-2〉의 화면 (B)에서처럼 수직이다. 이 경우, 가격이 얼마든 수요량은 동일하다. 이 2개의 극단은 현실에서 드물게 발생한다.

완전 탄력적 수요 수요곡선이 수평선이어서 특정 가격에서는 수요량이 어떤 수치도 될 수 있으나 가격이 상승하면 수요량이 0으로 떨어지는 수요

완전 비탄력적 수요 수요곡선이 수직선이어서 가격에 관계없이 수요량이 일정한 수요

이 2개의 극단 사이에, 탄력성은 일반적으로 3개의 수량화할 수 있는 범주로 구분된다: 탄력적, 비탄력적, 그리고 단위 탄력적. 수요의 가격탄력성의 절대값이 1보다 크면 관련 수요는 **탄력**

탄력적 가격탄력성의 절대값이 1보다 큰 수요

그림 4-2
완전 탄력적 수요와 완전 비탄력적 수요

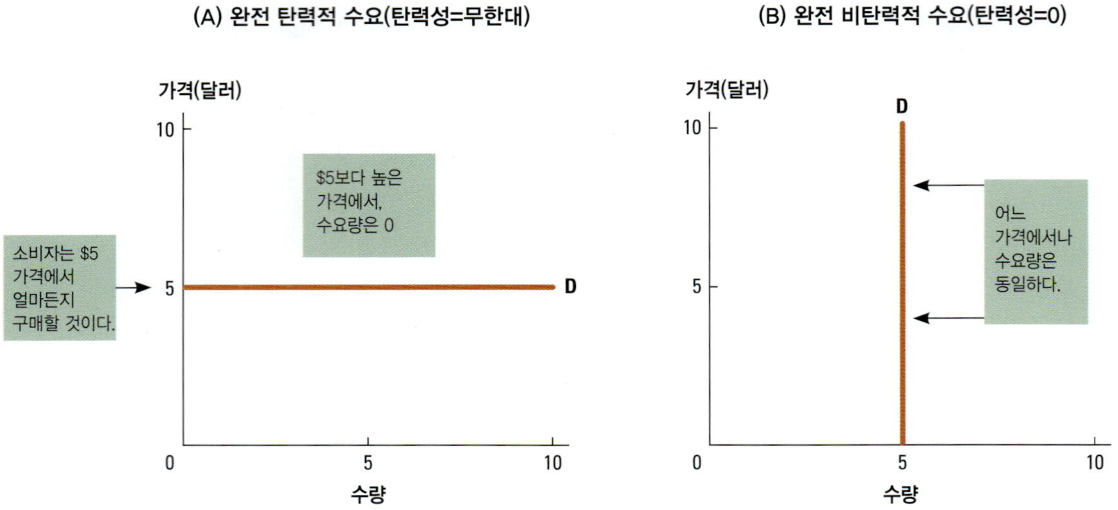

수요가 완전 탄력적일 때, 수요곡선은 수평이다. 5달러보다 위의 가격에서, 소비자는 그 재화의 조금도 구매하지 않을 것이다.

수요가 완전 비탄력적일 때, 수요곡선은 수직이다. 가격에 상관없이, 소비자는 항상 그 재화의 동일한 수량을 수요한다.

그림 4-3
탄력적 수요, 비탄력적 수요와 단위 탄력적 수요

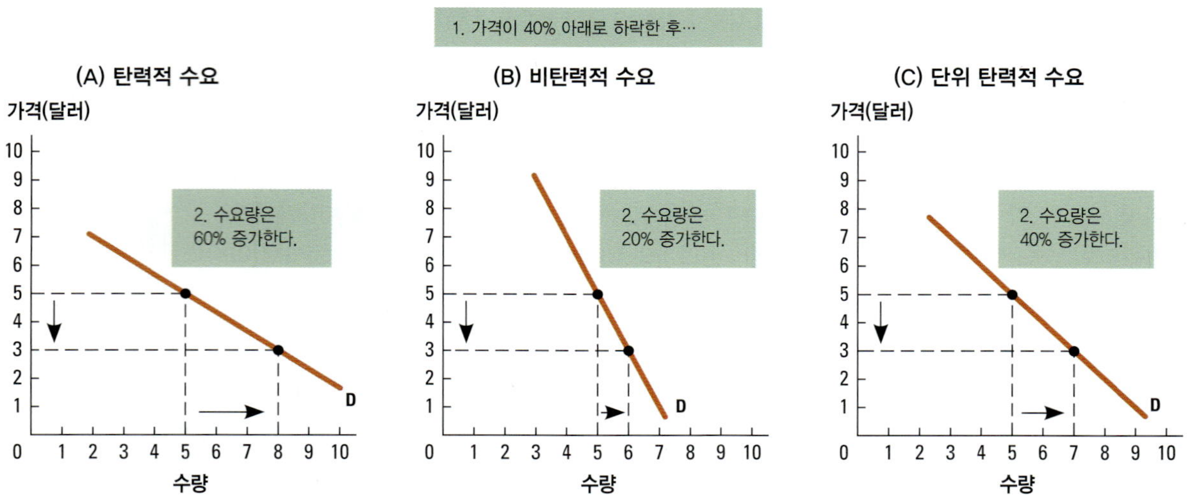

탄력적 수요곡선에서, 가격의 작은 변화는 수요량의 큰 변화를 가져온다. 그 결과 수요의 가격탄력성은 1보다 크다.

비탄력적 수요곡선에서, 가격의 큰 변화는 수요량의 작은 효과를 가져온다. 그 결과 수요의 가격탄력성은 1보다 작다.

단위 탄력적 수요곡선에서, 가격의 % 변화는 수요량의 % 변화와 일치하고, 따라서 수요의 가격탄력성은 정확하게 1이다.

적이라고 한다. 탄력적 수요에서, 재화의 가격에 대한 주어진 % 변화는 수요량에 대해 더 큰 % 변화를 초래한다. 예를 들어, 가격이 40% 변하면 수요량은 60% 변하게 된다. 〈그림 4-3〉의 화면 (A)는 탄력적 수요를 보여준다.

수요의 가격탄력성 절대값이 1보다 작으면 수요는 **비탄력적**이라고 한다. 비탄력적 수요에서, 재화의 가격에 대한 주어진 % 변화는 수요량에 대해 더 작은 % 변화를 초래한다. 예를 들어, 가격이 40% 변하면 수요량은 20% 변하게 된다. 〈그림 4-3〉의 화면 (B)는 비탄력적 수요를 보여준다.

비탄력적 가격탄력성의 절대값이 1보다 작은 수요

만약 수요의 가격탄력성 절대값이 정확하게 1이면, 수요는 **단위 탄력적**(unit-elastic)이라고 한다. 즉 가격의 % 변화는 수요량의 동일한 % 변화를 야기한다. 예를 들어, 가격이 40% 변하면 수요량은 40% 변하게 된다. 〈그림 4-3〉의 화면(C)는 단위 탄력적 수요를 보여준다.

단위 탄력적 가격탄력성의 절대값이 정확히 1인 수요

4장의 뒷부분에서 탄력적, 비탄력적 그리고 단위 탄력적이라는 용어는 단지 수요의 가격탄력성뿐 아니라, 여러 종류의 탄력성을 기술하는 데 사용될 수 있다. 비록 이러한 범주가 학술적으로 들릴지라도, 현실의 사업가와 의사결정자에게는 그것들이 중대한 함축성을 가진다. 사례를 통해 알아보기의 '모기장 사용료를 부과하는 것이 말라리아를 줄이는가?'는 수요의 가격탄력성이 탄력인지 비탄력적인지를 아는 것이 삶과 죽음의 문제가 되는 사례를 기술하고 있다.

탄력적, 비탄력적과 단위 탄력적 수요를 더 잘 이해하기 위해 온라인 그래프 학습자료를 활용하라.

사례를 통해 알아보기

모기장 사용료를 부과하는 것이 말라리아를 줄이는가?

말라리아는 전 세계에서 매년 수백만 명의 아이들을 죽게 만든다. 말라리아로부터 아이들을 보호하는 백신은 없다. 이 질병으로부터 벗어나는 한 가지 방법은 살충제로 처리한 모기장 안에서 자는 것이다. 모기장은 질병을 옮기는 모기로부터 사람들을 보호해 말라리아를 예방한다.

말라리아와 싸우기 위해 모기장 사용 홍보를 원하는 단체들은 현실적인 문제에 직면한다: 모기장 사용료를 부과하는 것이 무료로 모기장을 나누어주는 것보다 질병의 감소에 더 효과적일까?

모기장을 무료로 받은 사람들보다 사용료를 지불한 사람이 모기장에 더 가치를 두어 더 많이 사용한다고, 사용료 부과를 지지하는 사람들은 주장한다. 이러한 주장은 모기장을 진짜로 원하지 않는 사람들에게서 버려지는 모기장이 더 적어지고, 그것을 구매하기 원하는 사람들이 더 자주 모기장을 사용할 것이라고 기대한다. 게다가 만약 사람들이 모기장에 대해 가격을 지불하면 제공하는 단체는 더 많이 배포할 수 있는 여유가 생긴다. 다른 한편으로, 수요의 법칙은 가격이 상승할수록 수요량은 적어지게 된다고 말한다. 이용료 부과가 사람들로 하여금 모기장을 더 많이 사용하게 함에도 이는 다른 사람들이 모기장을 갖지 못하게 할 수 있고, 그리하여 말라리아 예방 캠페인의 목적을 약화시킨다.

이 문제를 해결하기 위해, 보건단체들은 모기장에 대한 수요의 가격탄력성을 알 필요가 있다. 하버드 공공의료 대학의 경제학자 제시카 코언(Jessica Cohen)과 스탠퍼드 대학의 경제학자 파스칼린 듀파스(Pascaline Dupas)는 양쪽 방법을 사용해 모기장에 대한 수요의 가격탄력성을 측정하기 위한 실험을 했다. 그 결과 사용료를 부과하는 것이 모기장 수요량을 크게 감소시킨다는 것이 드러났다. 실험 결과, 가격이 무료에서 0.75달러로 상승할 때, 모기장을 가진 사람 수는 75% 감소했다. 또한 무료로 받은 사람들보다 그 가격에서 모기장을 산 사람이 좀 더 효과적으

로 사용하는 것도 아니었다.

만약 수익이 이 캠페인의 목표였다면, 0.75달러에 팔린 소수의 모기장은 무료로 나누어준 다수의 모기장보다 많은 수입을 발생시켰을 것이다. 그러나 목표는 이윤 창출이 아닌, 말라리아로부터 사람들을 보호하는 것이었다. 사회적 임무를 수행하는 단체들에게 모기장 무료 배포가 요금을 부과하는 것보다 더 효과적인 듯하다.

Source: Cohen and P. Dupas, "Free distribution or cost sharing? Evidence from a randomized malaria prevention experiment," *Quarterly Journal of Economics* 125, no. 1 (February 2010): 1-45.

총수입 기업이 재화나 서비스의 판매로부터 거둔 수입으로, 경쟁시장에서 판매 수량에 단위당 판매 가격을 곱해서 계산됨

가격 변화의 수량효과와 가격효과를 더 잘 이해하기 위해 온라인 그래프 학습자료를 활용하라.

한 재화의 수요가 탄력적인지 혹은 비탄력적인지 아는 것은 경영자가 가격 상승이 총수입의 증가를 가져올지 혹은 감소를 가져올지 결정할 수 있게 하기 때문에, 사업에서 대단히 유용하다. **총수입**(Total revenue)은 재화와 서비스로부터 회사가 얻게 되는 총액으로, 판매한 수량과 각 단위에 지불된 가격을 곱해서 계산된다. 이 숫자는 명백한 이유로 중요하다: 판매자가 무엇인가를 판매할 때, 그들이 얼마를 받게 될지 말해준다.

가격 상승은 2가지 측면에서 총수입에 영향을 미친다:

- 가격 상승은 **수량효과**, 혹은 더 적은 단위의 재화가 판매되어 수입 감소를 초래한다.
- 가격 상승은 **가격효과**, 혹은 판매되는 각 단위당 더 높은 가격을 받게 되어 수입 증가를 초래한다.

〈그림 4-4〉는 수량효과와 가격효과를 보여준다. 수량효과가 가격효과보다 클 때, 〈그림

그림 4-4

총수입에 대한 가격 상승 효과

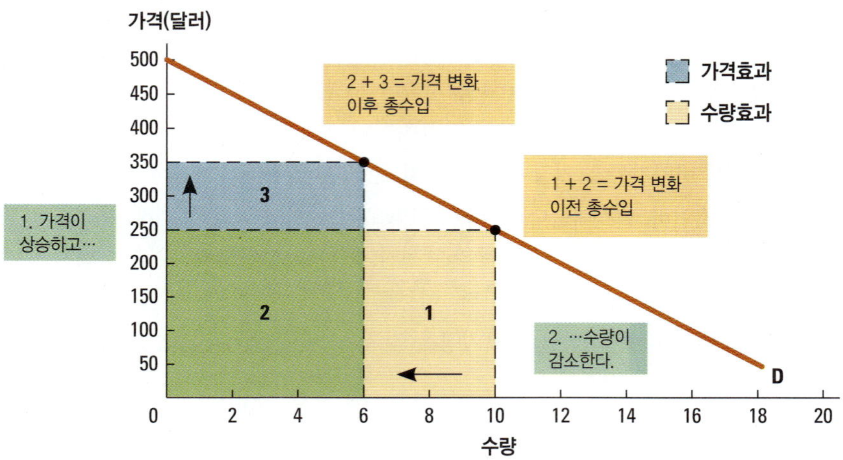

색깔이 있는 사각형들은 2개의 다른 가격에서의 총수입을 보여준다. 250달러에서 350달러로 가격이 상승할 때, 총수입은 2가지 측면에서 영향을 받는다. 파란색 사각형은 판매한 각 단위로부터 얻게 되는 총수입의 증가를 나타낸다(가격효과). 노란색 사각형은 판매된 단위 수가 줄어들어 총수입이 감소하게 된다(수량효과). 수요의 탄력성은 어느 효과가 더 큰지를 결정한다. 이 경우, 노란색 사각형이 파란색 사각형보다 크므로, 수량효과가 가격효과보다 더 크고 총수입이 감소한다.

그림 4-5

탄력성과 총수입의 변화

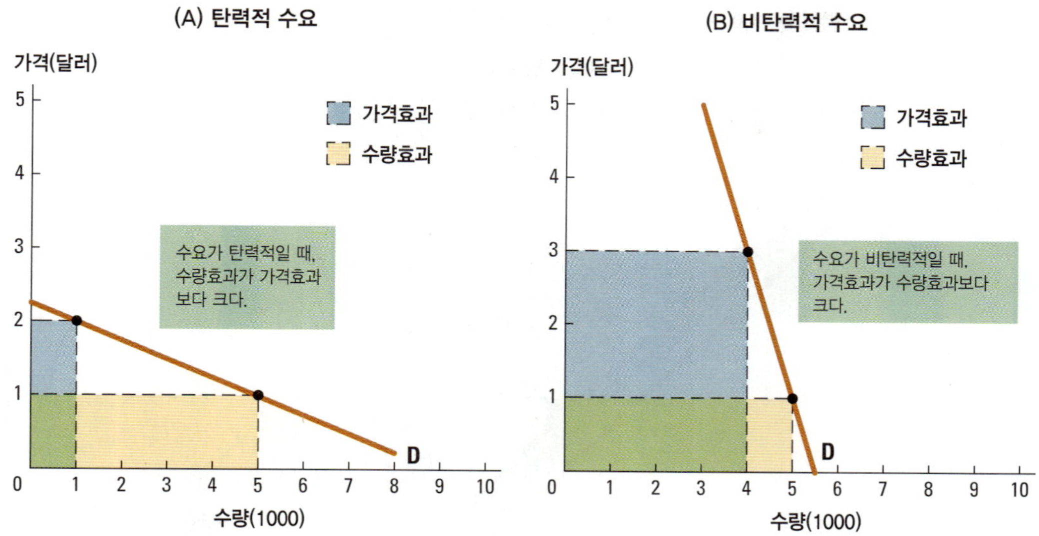

이 시장에서 수요는 탄력적이다. 1달러 가격에 5000단위가 판매되었고, 총수입은 5000달러. 가격이 2달러로 상승하면, 단지 1000단위가 판매되었고, 총수입은 2000달러. 수량효과가 가격효과보다 크다.

이 시장에서 수요는 비탄력적이다. 1달러 가격에 5000단위가 판매되었고, 총수입은 5000달러. 가격이 3달러로 상승하면, 단지 1000단위가 줄어들어 4000단위가 판매되었다. 가격효과가 수량효과보다 크기 때문에, 총수입은 1만2000달러로, 7000달러 증가한다.

4-4〉에 나타난 것처럼 가격 상승은 총수입 하락을 가져온다. 가격효과가 수량효과보다 클 때, 가격 상승은 총수입을 증가시킨다.

수요가 탄력적일 때 가격 상승은 총수입을 하락시킨다. 수요가 탄력적일 때 가격 변화는 수요량의 더 큰 % 변화를 가져온다. 다시 말해, 수량효과가 가격효과보다 크다. 따라서 수요가 탄력적일 때 가격 상승은 비례적으로 더 크게 수요량이 감소하고, 총수입이 줄어든다.

역으로, 수요가 비탄력적일 때 가격의 % 변화는 수요량의 % 변화보다 크다. 가격효과가 수량효과보다 크고 총수입이 늘어난다. 비탄력적 수요에서 가격이 상승할 때, 소비자는 그 재화를 덜 구매하겠지만, 수요량 변화는 가격 변화보다 비례적으로 더 적다. 〈그림 4-5〉는 가격과 수량효과 사이의 상충관계를 보여준다. 화면 (A)에서는 1달러의 가격 변화가 수요량 4000을 증가시키는 탄력적 수요를 보여주고 있으며, 화면 (B)의 비탄력적 수요에서는 2달러의 가격 하락이 수요량을 단지 1000 증가시킨다.

마지막으로 한 가지 분명히 할 것이 있다. 지금까지 **수요곡선상의 특정한 한 지점에서의** 탄력성을 묘사해왔다. 그러나 많은 재화의 경우, 탄력성은 곡선에 따라 변한다. 따라서 커피에 대한 수요의 가격탄력성이 1.38이라고 했을 때, 그것은 1.50달러에서 2달러로의 가격 변화에 대한 1.38인 것이다. 만약 2달러에서 2.50달러로 가격이 변하면 탄력성은 달라질 것이다.

이러한 사실 이면의 추론은 상식적이다. 라테 가격이 10센트로 급락하고, 매일 한 잔을 구매하는 습관이 생겼다고 가정해보자. 만약 아침에 커피 가게를 갔는데, 밤사이 가격이 20센트로 올랐다면 여러분은 어떻게 할 것인가? 여러분은 어깨를 으쓱한 뒤 그래도 커피를 살 것이다.

그림 4-6

수요곡선상의 탄력성 변화

(A) 수요와 수입계획표

가격 (달러)	수량	총수입 (달러)
50	0	0
45	1	45
40	2	80
35	3	105
30	4	120
25	5	125
20	6	120
15	7	105
10	8	80
5	9	45
0	10	0

이 표는 화면 (B)와 (C) 도표의 수치를 보여준다. 가격이 하락하면 수요량은 항상 증가한다. 총수입은 가격이 25달러로 하락할 때까지 증가하지만, 더 낮은 가격에서 총수입은 감소한다.

(B) 가격탄력성

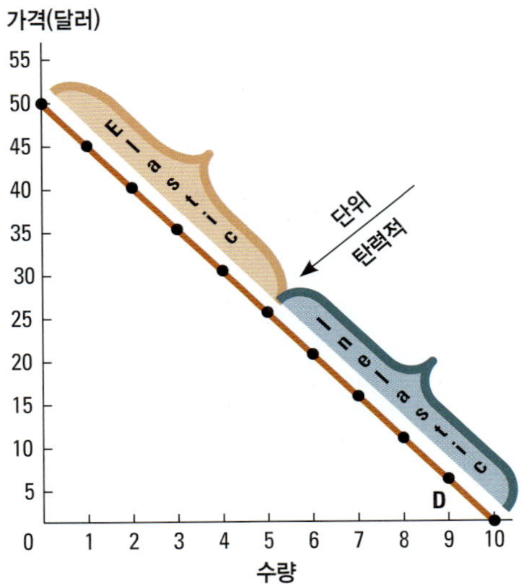

수요의 가격탄력성은 수요곡선에 따라 달라진다. 특정 가격보다 위의 점에서 수요는 탄력적이다; 아래 점에서 수요는 비탄력적이다.

(C) 총수입

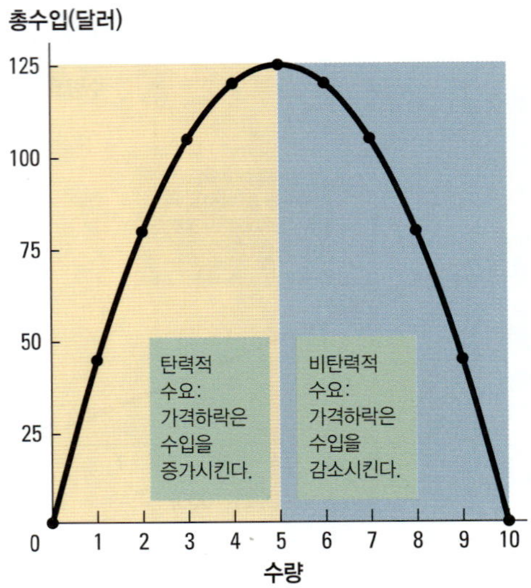

이 도표는 위 수요곡선에 따른 총수입을 보여준다. 총수입은 처음에 증가하지만, 수요가 탄력적에서 비탄력적으로 이동함에 따라 감소하기 시작한다.

이제, 라테 가격이 10달러고, 여러분은 가끔 대접할 때만 커피를 구매한다고 가정해보자. 만약 여러분이 커피 가게에 들렀는데 가격이 20달러로 올랐다면 여러분은 어떻게 할 것인가? 아마도 여러분은 정말로 라테를 원하는지 매우 신중하게 고려할 것이다. 2가지 사례 모두 같은 재화에 대해 100%의 가격 변화지만, 반응은 다르다. 일리가 있다: 전자는 라테 가격이 단지 10센트 더 부담하는 것이고, 후자는 추가적으로 10달러 더 부담하는 것이다.

라테에 대한 여러분의 반응은 일반적인 규칙을 설명해준다: 가격이 높을 때 수요는 더 탄력적인 경향이고, 가격이 낮을 때 더 비탄력적인 경향이 있다. 이것은 〈그림 4-3〉에서 보여주는 3가지 도표에 대해 중요한 경고를 한다. 비록 화면 (A)의 탄력적 수요곡선이 화면 (B)의 비탄력적 수요곡선보다 기울기가 급경사일지라도, 기울기는 탄력성과 같지 않다.

사실, 수요의 가격탄력성은 선형 수요곡선상의 다른 지점에서 각각 다르다. 도표로 생각해보면 간단하다. 〈그림 4-6〉을 보자. 화면 (B)의 사선은 일정한 기울기지만, 가격과 수량의 % 변화는 곡선의 양 끝점에서 매우 다르다. 예를 들어, 45달러에서 40달러로의 변화는 10달러에서 5달러로의 변화보다 훨씬 더 적은 차이(%)를 보이지만, 곡선의 기울기는 두 지점에서 동일하다.

선형의 수요곡선에 따라 이동하며 수입은 처음에 증가하고, 그 다음에는 가격이 상승할수록 감소한다. 화면 (C)는 화면 (A)의 계획표로부터 계산을 이용해 화면 (B)의 수요곡선과 관련된 총수입곡선을 도표화한 것이다. 가격이 높으면, 가격을 낮추는 것이 수입을 증가하게 한다. 예를 들어, 가격이 45달러에서 40달러로 하락하면, 총수입은 거의 2배 증가한다. 그러나 가격이 낮으면, 가격을 낮추는 것이 수입을 더 감소하게 한다. 가격이 10달러에서 5달러로 하락하면 총수입은 80달러에서 45달러로 줄어든다.

수요의 가격탄력성은 현실에서 여러 가지로 적용할 수 있다. 어떻게 생각하십니까?의 '국립공원의 입장료를 올려야 할 것인가?'에서 논의한 문제를 살펴보자.

> 기울기 대 탄력성에 대해 보충하기 위해 4장 다음에 있는 부록 C '핵심 수학: 퍼센트 변화, 기울기와 탄력성 계산하기'를 학습하라.

어떻게 생각하십니까?

국립공원 입장료, 왜 폐지했나?

환경부는 2007년 1월1일을 기하여 국립공원 입장료를 폐지했다. 이로서 1970년에 도입된 후 지금까지 유지되어 온 입장료가 전면 폐지된 것이다. 환경부에 의하면 2005년 한 해 동안 전국 19개 국립공원이 걷어들인 입장료 수입은 271억 원으로 전체 국립공원관리비용의 22%에 해당한다.

환경부는 국립공원의 공공성을 제고하고, 사회적 갈등을 해소하며, 국민에게 문화 휴식공간을 제공한다는 의미에서 입장료를 폐지한다고 밝혔다. … 중간 생략 …

국립공원 입장료가 폐지되었다고 해서 국립공원이 보다 잘 관리될 가능성은 전혀 없다. 국립공원을 찾는 사람이 늘어 자연훼손이 증가할 것이 분명하기 때문이다. 국립공원 입장료 폐지는 자원관리 정책의 측면에서 볼 때 대단한 퇴보인데, 그 이유는 아래와 같다.

첫째, 입장료 부과는 이용하는 사람이 비용을 부담한다는 측면에서 형평성(fairness) 측면에서 좋은 것이다. 입장료를 폐지하면 공원을 전혀 사용하지 않는 사람도 공원을 자주 이용하는 사람과 동등하게 비용을 부담하는 부당한 결과를 가져온다.

둘째, 입장료를 부과함에 따라 개인은 자기 돈을 들여서 국립공원을 가든지, 다른 리크리에이션 활동을 하든지 하는 선택권(free choice)을 갖는데, 이렇게 지출의 자유를 부여하는 것이 개인의 선택을 존중하는 민주사회 원칙에 부합한다.

셋째, 입장료를 부과하면 각 국립공원은 입장료 수입을 공원의 시설관리 운영 등 목적에 사용하게 되는데, 이런 방식은 중앙정부의 예산을 배정 받아 사업을 하는 것 보다 유연성(flexibility) 측면에서 우수하다.

넷째, 국립공원이 입장료를 부과하면 각 공원은 입장료에 상응하는 책임감을 갖게 되어 공원관리에 주인의식(accountability)을 갖게 된다.

다섯째, 입장료를 받지 않으면 국립공원 관리는 세금으로 감당하는 수밖에 없는데, 그러면 결국 '공유지의 비극'(Tragedy of the Commons)이 발생하게 된다. 국립공원이든 박물관이든 입장료를 폐지하면 사람들이 많이 몰려드는데, 관리가 어려운 국립공원에 많은 사람들이 몰려들면 결국 자연을 파괴하기 마련이다. … 중간 생략 …

국립공원 입장료 폐지에 부응해서 경기도 광주시도 1월1일부터 관내의 남한산성 도립공원의 입장료 징수를 중단했다. 그러자 입장객 수가 늘어났고, 관통도로를 이용하는 차량도 늘어났다고 한다. 행락객이 증가하는 봄철이 되면 어떤 일이 일어날지는 불을 보듯 뻔하다. 그야말로 모든 분야에 '공유지의 비극'의 발생하는 것이다.

이상돈, 첨단환경기술 15권 2호 (통권165), 2007.2.1, 환경관리연구소

✓ 개념 확인하기

- ❒ 수요의 가격탄력성을 계산하는 공식은 무엇인가? **[LO 4.1]**
- ❒ 수요의 가격탄력성을 계산하기 위해 중간 점 이용법을 사용해야 하는 이유는 무엇인가? **[LO 4.1]**
- ❒ 만약 수요가 비탄력적이라면, 가격 상승은 총수입을 증가시킬 것인가? 혹은 감소시킬 것인가? **[LO 4.2]**

공급의 가격탄력성

커피 소비의 증가로 커피 원두의 가격이 상승할 때 무슨 일이 발생하는가? 가격 변화에 대해 커피시장은 어떻게 반응할 것인가? 공급의 법칙에 기초해, 커피 재배자는 커피 생산 증가를 통해 가격 상승에 반응한다. 하지만 얼마만큼 생산량을 증가시키는가?

공급의 가격탄력성 어떤 재화나 서비스의 가격이 변할 때 그 공급량의 변화 정도

공급의 가격탄력성(Price elasticity of supply)은 한 재화나 서비스 가격이 변할 때 그것의 공급량 변화의 크기를 설명한다. 수요의 가격탄력성이 가격 변화에 대한 소비자의 민감도를 측정하는 것처럼, 공급의 가격탄력성은 가격 변화에 대한 생산자의 반응 정도를 측정한다.

3장에서 배운 대로, 가격이 증가할 때 생산자는 더 많은 수량을 공급한다; 가격이 하락할 때 생산자는 더 적은 수량을 공급한다. 한 재화에 대한 수요의 가격탄력성은 수요곡선을 따라 움직일 때 얼마만큼의 수요량이 변하는지를 말해주는 것처럼, 공급의 가격탄력성은 공급곡선을 따라 움직일 때 얼마만큼의 공급량이 변하는지를 말해준다.

공급의 가격탄력성 계산하기

LO 4.3 중간 점 이용법을 사용해 공급의 가격탄력성 계산하기

공급의 가격탄력성은 수요의 가격탄력성과 같은 방식으로 측정된다: 공급의 % 변화를 가격의 % 변화로 나누어 구한다(〈방정식 4-4〉를 보라).

방정식 4–4

$$\text{공급의 가격탄력성} = \frac{\text{공급량의 \% 변화}}{\text{가격의 \% 변화}}$$

공급곡선을 따라 위로 이동하든 혹은 아래로 이동하든 탄력성이 동일하기 위해서는 〈방정식 4-5〉와 같이 중간 점 이용법을 사용해야 한다.

방정식 4–5 중간 점 이용법

$$\text{공급의 가격탄력성} = \frac{(Q_2 - Q_1)/[(Q_1 + Q_2)/2]}{(P_2 - P_1)/[(P_1 + P_2)/2]}$$

커피 원두의 가격이 파운드당 1달러에서 1.20달러로 상승할 때, 1년간 커피 원두 생산은 9000만 파운드에서 1억 파운드로 증가한다고 가정하자. 중간 점 이용법을 사용해, 공급량의 %

변화는 다음과 같다:

$$\text{공급량의 \% 변화} = \frac{(1\text{억} - 9000\text{만})}{9500\text{만}} = 11\%$$

가격의 % 변화는 다음과 같다:

$$\text{가격의 \% 변화} = \frac{(1.2 - 1.0)}{1.1} = 18\%$$

따라서 공급곡선의 이 점에서의 공급의 가격탄력성은 다음과 같다:

$$\text{공급의 가격탄력성} = \frac{11\%}{18\%} = 0.6$$

탄력성 0.6이 의미하는 바는, 적어도 단기에는 커피 원두의 공급이 상대적으로 비탄력적이라는 것이다. 이러한 결과는 이치에 맞는가? 커피는 자라는 데 장시간이 소요된다. 커피 농장은 커피를 심은 후 4~6년 동안 충분한 산출물을 생산하지 않는다. 커피 재배자가 재빨리 생산을 증가시킬 수 없기 때문에, 커피 공급은 비탄력적이다.(가격이 1달러에서 1.20달러로 오르는 대신 만약 가격이 1.20달러에서 1달러로 하락하면, 중간 점 이용법을 사용하면 탄력성은 동일하다는 것을 기억하자.)

HINT

- 수요탄력성은 양수를 음수로 나누어 구하거나, 혹은 음수를 양수로 나누어 계산하므로 항상 음(−)이다.
- 다른 한편으로, 공급탄력성은 양수를 또 다른 양수로 나누어 구하거나, 혹은 음수를 또 다른 음수로 나누어 계산한다. 어느 경우든 공급탄력성은 항상 양(+)이다.

이러한 규칙은 여러분의 수학연산을 검토할 때 도움이 된다는 것을 기억하자.

수요와 공급탄력성에는 한 가지 중요한 차이가 있다: 수요의 가격탄력성은 항상 음(−)이고 공급의 가격탄력성은 항상 양(+)이다. 이유는 간단하다: 수요량은 항상 가격과 반대 방향으로 움직이지만, 공급량은 가격과 같은 방향으로 움직인다.

수요의 가격탄력성에서처럼, 공급의 가격탄력성도 3가지 범주로 구분할 수 있다.

가격탄력성을 더 잘 이해하기 위해 온라인 그래프 학습자료를 활용하라.

- 만약 탄력성의 절대값이 1보다 크다면, **탄력적**이다.
- 만약 탄력성의 절대값이 1보다 작으면, **비탄력적**이다.
- 만약 탄력성의 절대값이 정확하게 1이면, **단위 탄력적**이다.

극단적으로, 공급은 **완전 탄력적**(*perfectly elastic*)이거나(주어진 가격에서의 공급량은 얼마든지이고, 다른 가격에서 공급량은 0), 혹은 **완전 비탄력적**(*perfectly inelastic*)이다(가격에 상관없이 공급량이 동일하다).

공급의 가격탄력성 결정 요인

LO 4.4 공급의 가격탄력성 결정 요인이 탄력성의 정도에 어떤 영향을 주는지 설명하기

공급이 탄력적인지 혹은 비탄력적인지는 가격 변화에 반응해 생산량을 변경할 수 있는 공급자의 능력에 달려 있다. 3가지 요소가 생산을 확대하는 공급자의 능력에 영향을 준다: 투입재의 가용성, 생산과정의 유연성과 가격 변화에 적응하기 위해 필요한 시간 등이다. 마지막 요소—시간—는 또한 수요의 가격탄력성 결정 요인이기도 하다. 소비자가 그들의 습관을 바꾸기 위해 시간이 필요한 것처럼, 공급자도 생산을 늘리기 위해 시간이 필요하다.

투입재의 가용성(Availability of input). 어떤 재화의 생산은 단지 여분의 투입재를 추가함으로써 쉽게 확대할 수 있다. 예를 들어, 제과점은 더 많은 빵을 생산하기 위해, 빵 한 덩어리당 동일한 비용으로, 쉽게 여분의 밀가루와 효모균을 구매할 수 있다. 그러나 다른 재화의 공급을 늘리는 것은 어렵고, 종종 불가능하기도 하다. 만약 피카소의 그림 값이 올라가면, 화가를 살아 돌아오게 할 수 없기 때문에 어느 누구도 그 그림을 더 생산해낼 수 없다.

다시 말해서, 공급탄력성은 투입재의 공급탄력성에 달려 있다. 재화를 더 많이 생산하기 위한 여분의 투입재를 점차 구하기 어려워져서 기존 수량보다 더 많은 비용이 든다면, 생산자는 공급량 증가를 꺼리게 될 것이다. 추가로 발생하는 어려움을 생산자가 해결하기 위해서는 점차 더 비싼 가격이 요구된다.

생산과정의 유연성(Flexibility of the production process). 생산자가 특정 재화의 공급량을 조정하기 위한 가장 쉬운 방법은 가격이 상승할 때 다른 재화로부터 생산 능력을 가져오거나, 혹은 가격이 하락할 때 다른 재화로 생산 능력을 재할당하는 것이다. 농부들은 상대적으로 간단하게 이런 종류의 대체재를 찾을 수 있다: 옥수수 가격이 높을 때 그들은 더 많은 옥수수를 심는다; 옥수수 가격이 낮을 때 더 수익을 낼 수 있는 작물로 땅을 재할당한다. 다른 생산자는 훨씬 덜 유연성을 가진다. 만약 여러분이 토요타용 특수 부품을 제조하는 회사를 소유하고 있다면, 포드용 부품 제조를 시작하기 위해서는 새로운 기계 부품을 살 필요가 있고, 전체 생산을 다른 형태로 바꾸어야 한다.

적응 시간(Adjustment time). 수요에서처럼, 공급은 단기에서보다 장기에서 더 탄력적이다. 즉, 생산자는 단기보다 장기에 더 조정을 잘할 수 있다. 단기적으로, 디즈니랜드에 있는 호텔 객실 수는 고정되어 있다; 중기와 장기적으로, 노후화된 객실을 개조하거나 새 호텔을 건설할 수 있다. 새로운 회사가 가동하거나 오래된 회사가 문을 닫게 됨에 따라, 시간이 흐르면서 생산 능력 또한 증가하거나 감소할 수 있다.

✓ 개념 확인하기

- ❐ 공급의 가격탄력성은 어떻게 계산하는가? **[LO 4.3]**
- ❐ 공급의 가격탄력성의 3가지 결정 요인은 무엇인가? **[LO 4.4]**

기타 탄력성

한 재화의 수요량은 그 재화의 가격보다 훨씬 민감하다. 사람들이 똑똑하고, 유연하고, 항상 기회를 최대한 활용하는 방법을 주시하고 있기 때문에 수요량은 다른 재화의 가격, 소비자가 얻는 소득처럼 변화하는 환경에 또한 반응한다. 기타 2가지의 수요탄력성에 대해, **수요의 교차탄력성**과 **수요의 소득탄력성**을 생각해보자.

수요의 교차탄력성

LO 4.5 수요의 교차탄력성을 계산하고, 탄력성의 부호 해석하기

재화의 대체 가능성은 가격탄력성에 영향을 미친다. 즉, 한 재화의 구매를 시작하려는 혹은 그만두려는 소비자의 의향은 같은 목적으로 제공되는 다른 재화의 가용성에 달려 있다. 예를 들어, 스타벅스 라테의 가격이 오를 때, 어떤 사람들은 던킨도너츠에서 일반 커피를 살 것이기 때문에, 스타벅스 라테가 상대적으로 가격탄력적 수요를 가지고 있다고 예상한다. 다시 한 번, 1장에서 공부한 4가지 경제학자의 질문을 상기해 **"다른 사람들은 어떻게 반응할 것인가?"**라고 질문하는 것이 이 상황을 이해하는 핵심이다.

만약 던킨도너츠 커피 가격은 하락하지만 스타벅스 라테의 가격은 그대로 유지된다면 무슨 일이 발생할 것인가? **수요의 교차탄력성**(Cross-price elasticity of demand)은 다른 재화의 가격이 변할 때, 한 재화의 수요량이 어떻게 변하는지를 설명한다. 라테와 일반 커피는 대체재이기 때문에, 일반 커피의 가격이 하락할 때, 어떤 사람들은 라테에서 일반 커피로 바꿈에 따라, 라테 수요량은 감소할 것으로 예상된다. 그 반대도 마찬가지다: 만약 던킨도너츠 커피 가격은 상승하고 스타벅스 라테의 가격은 그렇지 않다면, 어떤 사람들은 일반 커피에서 상대적으로 저렴한 라테로 바꿈에 따라, 라테 수요량은 증가할 것으로 예상된다.

수요의 교차탄력성 한 재화에 대한 수요량이 다른 재화의 가격 변화에 따라 어떻게 달라지는지 측정하는 지표

방정식 4-6

$$\text{수요의 교차탄력성} = \frac{\text{A 수요량의 \% 변화}}{\text{B 가격의 \% 변화}}$$

두 재화가 대체재일 때, 그들 수요의 교차탄력성은 양(+)이다. 즉, 한 재화의 가격 상승은 다른 재화의 수요량을 증가시킨다. 다른 한편으로는, 한 재화의 가격 하락은 다른 재화의 수요량을 감소시킨다. 탄력성의 정도는 두 대체재가 얼마나 가까운지에 달려 있다. 만약 그들이 매우 가까운 대체재이면 한 재화의 가격 변화는 다른 재화의 수요량에 큰 변화를 야기하고, 그래서 교차가격탄력성은 높아진다. 만약 그들이 매우 가까운 대체재가 아니라면, 교차가격탄력성은 낮아진다.

교차가격 탄력성은 음(−)일 수 있다. 항상 음(−)이기 때문에 절대값으로 표현되는 수요의 가격탄력성과 달리, 교차가격 탄력성의 부호는 두 재화의 관계에 대해 말해준다. 두 재화가 대체재일 때, 그들의 교차가격 탄력성은 양(+)이다. 그러나 두 재화가 보완재일 때(즉, 그들은 같이 소비될 때), 그들의 교차가격 탄력성은 음(−)이 된다.

예를 들어, 사람들이 더 많은 커피를 마실 때 그들은 커피크림도 더 원한다. 커피와 크림은 대체재가 아닌, 보완재다. 그래서 커피 수요가 증가하면, 다른 것이 동일할 때 커피크림 수요는 증가할 것이다. 두 재화와 이런 식으로 연결되어 있으면, 한 재화의 가격 상승이 두 재화 모두의 수요량을 감소시키기 때문에, 그들의 교차가격 탄력성은 음(−)이 된다. 다시, 탄력성의 상대적 크기는 두 재화가 얼마나 강하게 연결되어 있는지를 말해준다. 만약 두 재화가 강한 보완재라면, 그들의 교차가격 탄력성은 큰 숫자의 음(−)이 된다. 만약 두 재화가 느슨하게 연결되어 있다면, 그들의 교차가격 탄력성은 0에 가까운 음(−)이 된다.

수요의 소득탄력성

LO 4.6 수요의 소득탄력성을 계산하고, 탄력성의 부호 해석하기

얼마나 부유한가에 상관없이, 사람들이 대략 동일한 수량을 구매하는 재화가 있다. 소금, 치약과 화장지가 그 예다. 이러한 재화는 사람들이 직장에서 월급을 더 많이 받게 될 때, 구매를 서두르는 종류의 생산품이 아니다. 그러나 다른 재화들은 소득 변화에 매우 민감하다. 만약 여러분의 월급이 올라가면, 여러분은 새 옷이나 멋진 식당에서 식사를 하는 데 돈을 쓸 것이다.

수요의 소득탄력성 소비자의 소득 변화에 수요량이 어느 정도 반응하는지 측정하는 지표

한 재화에 대한 **수요의 소득탄력성**(Income elasticity of demand)은 소비자의 소득 변화에 반응해 수요량이 얼마나 변할지를 설명해준다. 〈방정식 4-7〉에서처럼, 소득의 % 변화 대비 수요량의 % 변화로 표시된다:

방정식 4–7

$$\text{수요의 소득탄력성} = \frac{\text{수요량의 \% 변화}}{\text{소득의 \% 변화}}$$

소득 증가는 정상재의 수요를 늘리고, 열등재의 수요를 줄인다고 하는 3장의 내용을 상기하자. 소득탄력성은 이러한 재화의 수요가 얼마나 변하는지를 말해준다.

예를 들어, 스타벅스 프라푸치노(Starbucks Frappuccino®)는 소득 변화에 상당히 민감한 정상재다. 사람들이 부유해질 때, 이와 같은 작은 사치품을 더 사려고 할 것이다. 그러므로 멋진 아이스커피 음료에 대한 수요의 소득탄력성은 양(+)이고(음료는 정상재이기 때문), 상대적으로 크다(음료는 좀 더 저렴한 다수의 대체재가 있는 필수품이 아니기 때문에).

일반 커피 또한 일반적으로 정상재이고, 따라서 그것의 소득탄력성은 양(+)이다. 그러나 일반 커피는 프라푸치노보다 덜 탄력적일 것이다. 사람들은 대부분 직장에 가기 전 매일 마시는 커피를 사치품보다는 필수품으로 간주하고, 소득과 상관없이 커피를 살 것이다. 프라푸치노에 대한 수요는 소득탄력적이고, 반면 일반 커피에 대한 수요는 상대적으로 소득비탄력적이다. 이와 같은 정상재는 소득이 증가함에 따라 수요량이 증가하기 때문에, 소득탄력성이 양(+)이다. 필수품과 사치품 모두 정상재다. 만약 그 재화가 필수품이면, 수요의 소득탄력성은 1보다 작은 양(+)이다. 만약 그 재화가 사치품이면, 수요의 소득탄력성은 1보다 큰 양(+)이다.

수요의 교차탄력성처럼, 수요의 소득탄력성도 양(+)일 뿐만 아니라 음(−)이다. 소득이 증가함에 따라 수요량이 감소하기 때문에, 열등재에 대한 수요의 소득탄력성은 음(−)이다.

2009년 스타벅스는 새로운 소매상품, VIA®인스턴트커피를 도입했다. 몇몇 커피 애호가들은

표 4-1 4가지 탄력성 측정

측정	방정식	음(−)	양(+)	더 탄력적	덜 탄력적
수요의 가격탄력성	$\frac{\text{수요량의 \% 변화}}{\text{가격의 \% 변화}}$	항상	불가능	시간이 지나 대체 가능한 재화와 사치품	단기에서, 유일한 제품과 필수품
공급의 가격탄력성	$\frac{\text{공급량의 \% 변화}}{\text{가격의 \% 변화}}$	불가능	항상	시간이 지나 유연한 생산	단기에서, 생산 제약
교차가격 탄력성	$\frac{\text{A 수요량의 \% 변화}}{\text{B 가격의 \% 변화}}$	보완재	대체재	거의 완벽한 대체재와 강한 연계의 보완재	느슨하게 연계된 재화
소득탄력성	$\frac{\text{수요량의 \% 변화}}{\text{소득의 \% 변화}}$	열등재	정상재	가까운 대체재가 있는 사치품	유일한 제품과 필수품

비웃기도 했지만, 다른 사람들은 경제적으로 어려운 시기에 맞게 상황 판단이 빠른 움직임이라고 생각했다. 인스턴트 커피믹스는 어떤 곳에서는 열등재다: 소득이 증가함에 따라 사람들이 더 비싼 음료를 마시고 인스턴트커피의 소비는 감소한다. 그러나 경제 침체기에 긴축 재정으로, 사람들이 더 비싼 음료를 감축함에 따라 인스턴트커피 소비가 증가한다. 적어도, 이것이 바로 스타벅스가 노린 부분이다. 이 시나리오에서, 인스턴트커피의 소득탄력성은 작은 음(−)이다. 사람들이 부유해짐에 따라 재빨리 포기하는 덜 매력적인 열등재는 큰 음(−)의 소득탄력성을 가진다.

다시 한 번, 한 재화의 탄력성의 부호와 크기는 그 재화에 대해 많은 것을 말해준다. 〈표 4-1〉은 4가지 형태의 탄력성에 대해 우리가 배운 것을 요약해서 보여준다.

만약 이러한 논의에 대해 특별히 관심이 있다면, 가격 분석가로 일하는 것을 고려해보라. 더 찾아보기의 '가격 분석가'를 참조하라.

더 찾아보기

가격 분석가

대부분의 산업에서, 경쟁 기업의 가격을 주시하고 그에 따라 반응하는 것은 중요한 과제다. 대규모 사업체는 이러한 중요한 기능을 수행하기 위해 가격 분석가를 고용한다. 그들 제품에 부과되는 적절한 가격을 기업이 결정할 수 있도록 돕기 위해, 가격 분석가는 탄력성과 시장에 관한 그들의 지식을 사용한다.

더 자세히 알고 싶다면 4장 끝부분의 QR코드를 스캔하거나 온라인을 통해 읽기를 계속하라.

✓ 개념 확인하기

- ❐ 대체재에 대한 수요의 교차탄력성은 왜 양(+)인가? **[LO 4.5]**
- ❐ 수요의 소득탄력성이 한 재화가 정상재인지, 열등재인지에 의존하는 이유는 무엇인가? **[LO 4.6]**

결론

수요와 **공급**은 경제학에서 가장 일상적인 단어지만, 이러한 개념을 현실에 적용하기 위해서는 약간의 정교함이 필요하다. 탄력성은 우리가 공부하게 될 수요와 공급의 개념을 사업이나 정책 질문에 적용할 수 있도록 돕는 여러 개념 중 첫 번째다. 4장에서, 수입을 극대화하기 위해 가격을 책정하는 데, 탄력성이 어떻게 사용되는지 배웠다. 다음 장에서는 시장에 대한 정부 개입의 효과를 예상하기 위해 탄력성을 사용할 것이고, 탄력성을 도출하는 소비자와 생산자의 선택에 대해 더 자세히 알아볼 것이다.

주요 용어

공급의 가격탄력성 p.124	수요의 교차탄력성 p.127	중간 점 이용법 p.115
단위 탄력적 p.119	수요의 소득탄력성 p.128	총수입 p.120
비탄력적 p.119	완전 비탄력적 수요 p.117	탄력성 p.112
수요의 가격탄력성 p.112	완전 탄력적 수요 p.117	탄력적 p.118

요약

LO 4.1 중간 점 이용법을 사용해 수요의 가격탄력성 계산하기

탄력성은 시장 상황의 변화에 대한 소비자와 생산자의 반응도를 측정한다. 한 재화나 서비스에 대한 탄력성을 이해하는 것은 경제적 의사결정자들이 시장 상황 변화의 결과를 예상하고 수입을 극대화하기 위해 가격을 책정하도록 한다.

수요의 가격탄력성은 한 재화나 서비스의 가격이 변할 때, 그것의 수요량 변화의 크기다. 탄력성은 상반되는 측정단위와 변화의 방향에 대한 문제점을 피하기 위해 중간 점 이용법을 사용한 %로 계산된다. 가격이 상승함에 따라 수요량이 줄어들기 때문에, 수요의 가격탄력성은 거의 언제나 음(−)이다. 음(−)의 부호 없이, 일반적으로 절대값으로 표시된다.

LO 4.2 수요의 가격탄력성 결정 요인이 탄력성의 정도에 어떤 영향을 주는지 설명하기

일반적으로 가까운 대체재가 없거나, 기본 필수품이거나, 혹은 소비자의 소득에서 차지하는 비중이 상대적으로 적은 재화에 대한 수요는 비탄력적이다.

수요는 또한 단기에서 그리고 광범위하게 정의된 시장에서 비탄력적이다. 수요가 탄력적일 때 한 재화 가격의 % 변화는 수요량의 더 큰 % 변화를 초래한다; 탄력성의 절대값은 1보다 크다. 수요가 비탄력적일 때, 가격의 % 변화는 수요량의 더 작은 % 변화를 초래한다; 탄력성의 절대값은 1보다 작다. 수요가 단위 탄력적일 때, 가격의 % 변화와 수요량의 % 변화는 일치하고, 탄력성은 정확하게 1이 된다.

LO 4.3 중간 점 이용법을 사용해 공급의 가격탄력성 계산하기

공급의 가격탄력성은 한 재화나 서비스의 가격이 변할 때, 그것의 공급량 변화의 크기다. 가격이 상승함에 따라 공급량이 늘어나기 때문에, 공급의 가격탄력성은 거의 언제나 양(+)이 된다.

LO 4.4 공급의 가격탄력성 결정 요인이 탄력성의 정도에 어떤 영향을 주는지 설명하기

생산과정에서 여분의 투입재를 구하기 어렵고 생산과정이 유연하지 않을 때, 공급은 일반적으로 비탄력적이다. 공급은 또한 단기에서 비탄력적이다. 가격탄력성의 절대값이 1보다 클 때 공급은 탄력적인 것으로 간주된다; 탄력성의 절대값이 1보다 작을 때 비탄력적이다; 탄력성이 정확하게 1일 때 단위 탄력적이다.

LO 4.5 수요의 교차탄력성을 계산하고, 탄력성의 부호 해석하기

수요의 교차탄력성은 다른 재화 가격의 주어진 % 변화에 반응하는 수요량의 % 변화다. 만약 두 재화가 대체재라면, 두 재화의 수요 교차가격 탄력성은 양(+)이고, 보완재라면 음(−)이다.

LO 4.6 수요의 소득탄력성을 계산하고, 탄력성의 부호 해석하기

수요의 소득탄력성은 소득의 주어진 % 변화에 반응하는 수요량의 % 변화다. 정상재에 대해 수요의 소득탄력성은 양(+)이고, 열등재에 대해 음(−)이다.

복습문제

1. 여러분은 라테 가격을 올린다면, 판매가 얼마나 변할지 추정하기를 원하는 커피점 관리자에게 조언을 하고 있다. 금액과 용량보다는 %를 사용해 탄력성을 측정해야 이유를 설명하라. **[LO 4.1]**
2. 커피점 관리자가 계산을 할 때, 중간 점 이용법을 사용해 탄력성을 측정해야 하는 이유를 설명하라. **[LO 4.1]**
3. 여러분이 봄방학 여행을 위한 돈을 모으기 위해 수학 과외교사로 일하고 있다. 우선, 수학 과외에 대한 수요의 가격탄력성이 탄력적일 수 있는지 이유를 설명하라. 그리고 수학 과외에 대한 수요의 가격탄력성이 비탄력적일 수 있는지 이유를 설명하라. **[LO 4.2]**
4. 여러분이 봄방학 여행을 위한 돈을 모으기 위해 수학 과외교사로 일하고 있다. 여러분은 가능한 한 많은 돈을 모으기를 원한다. 여러분은 과외 가격을 올려야 할 것인가, 혹은 내려야 할 것인가? 설명하라. **[LO 4.2]**
5. 여러분은 다량의 커피를 생산하는 케냐 정부에 고급 커피 원두의 공급을 검토하기 위해 고용되었다. 공급의 가격탄력성이 0.85라는 것을 여러분이 알아챘다고 가정하자. 이 숫자를 케냐 정부에게 설명하라. **[LO 4.3]**
6. 대학 농구 경기의 입장권 가격이 계속 오르고 있지만, 입장권의 공급은 그대로라는 것을 여러분이 알고 있다. 공급이 가격 변화에 반응하지 않는 이유를 설명하라. **[LO 4.3]**
7. 다음 중 어떤 것이 6개월 동안 더 가격탄력적 공급인가: 맨해튼 시내의 부동산 혹은 시골 오클라호마의 부동산? 이유를 설명하라. **[LO 4.4]**
8. 이발 기술처럼, 어떤 숙련 노동은 비용이 들고 취득하기까지 장시간 소요되는 면허증이나 자격증을 요구한다. 만약 이러한 면허증 조건이 제거된다면, 이발에 대한 공급의 가격탄력성에는 어떤 일이 발생할지 설명하라. **[LO 4.4]**
9. 수요의 종이컵과 플라스틱 커피 뚜껑 간 교차가격 탄력성과 설탕과 인공감미료 간 교차가격 탄력성이 모두 매우 탄력적이라고 할 수 있지만, 전자는 음(−)이고, 후자는 양(+)이다. 이러한 이유는 무엇인가? **[LO 4.5]**
10. 여러분이 소비하는, 양(+)의 교차가격 탄력성을 가지는 연관된 2가지의 재화를 말하라. 만약 전자의 가격이 오르면, 후자의 소비에는 어떤 일이 발생할 것인가? **[LO 4.5]**
11. 여러분이 소비하는, 음(−)의 교차가격 탄력성을 가지는 연관된 2가지의 재화를 말하라. 만약 전자의 가격이 오르면, 후자의 소비에는 어떤 일이 발생할 것인가? **[LO 4.5]**
12. 식사 시 치즈가 중요하고 전통적인 프랑스에서, 프랑스인은 미국인보다 1인당 치즈 소비가 6배 더 많다. 치즈의 수요가 더 소득탄력적인 국가는 어디인가? 왜 그런가? **[LO 4.6]**
13. 여러분이 소비하는 양(+)의 수요의 소득탄력성을 가지는 재화를 한 가지만 말하라. 만약 여러분의 소득이 증가할 때 어떤 일이 발생할 것인가? **[LO 4.6]**
14. 여러분이 소비하는 음(−)의 수요의 소득탄력성을 가지는 재화를 한 가지만 말하라. 만약 여러분의 소득이 증가할 때 어떤 일이 발생할 것인가? **[LO 4.6]**

응용문제

1. 초콜릿 바의 가격이 1달러일 때, 수요는 10만 개다. 가격이 1.50달러일 때 수요는 6만 개로 감소한다. 다음의 지시대로 수요의 가격탄력성을 계산하고, 정답을 절대값으로 표시하라. **[LO 4.1]**
   a. 가격이 1달러에서 1.50달러로 상승한다고 가정하자. % 변화로 수요의 가격탄력성을 계산하라.
   b. 가격이 1.50달러에서 1달러로 하락한다고 가정하자. % 변화로 수요의 가격탄력성을 계산하라.
   c. 가격이 1달러에서 1.50달러로 상승한다고 가정하자. 중간 점 이용법을 사용해 수요의 가격탄력성을 계산하라.
   d. 가격이 1.50달러에서 1달러로 하락한다고 가정하자. 중간 점 이용법을 사용해 수요의 가격탄력성을 계산하라.
2. 만약 3000달러와 5000달러 사이의 중고차에 대한 수요의 가격탄력성이 −1.2(중간 점 이용법을 사용)라고 한다면, 중고차의 가격이 5000달러에서 3000달러로 하락할 때 수요량의 % 변화는 얼마인가? **[LO 4.1]**

그림 4P-1

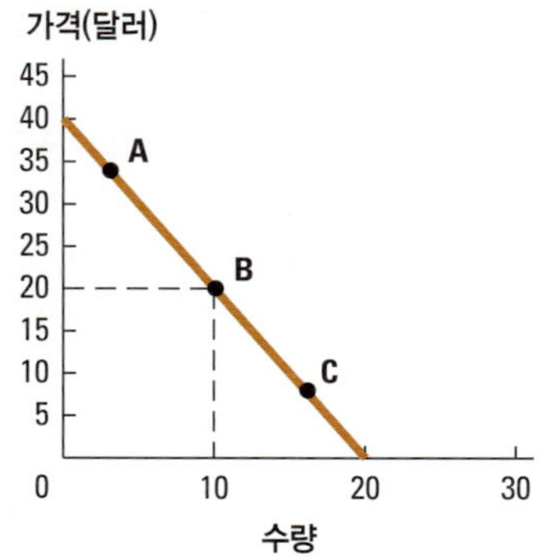

3. 〈그림 4P-1〉의 도표에 3개의 점이 표시되어 있다. **[LO 4.2]**
   a. A점에서, 수요는 ______이다.
   b. B점에서, 수요는 ______이다.
   c. C점에서, 수요는 ______이다.
4. 다음 중 어떤 것이 단기에서 더 탄력적 수요인가? **[LO 4.2]**
   a. 석류 주스? 혹은 마시는 물?
   b. 시리얼? 혹은 캘로그 라이스크리스피?
   c. 쾌속정? 혹은 고급 초콜릿?
5. 다음 각각의 경우 수요가 탄력적, 비탄력적 혹은 단위 탄력적인지를 결정하라. **[LO 4.2]**
   a. 만약 가격이 10% 증가하고 수요량이 15% 감소한다면, 수요는 ______이다.
   b. 만약 가격이 10% 하락하고 수요량이 5% 증가한다면, 수요는 ______이다.
6. 다음 각각의 경우 수요량이 증가할지 혹은 감소할지, 그리고 얼마나 변하는지 결정하라. **[LO 4.2]**
   a. 만약 수요의 가격탄력성이 −1.3이고 가격이 2% 증가한다면, 수요량은 ___% _____한다.
   b. 만약 수요의 가격탄력성이 −0.3이고 가격이 2% 감소한다면, 수요량은 ___% _____한다.

문제 7–8은 〈표 4P-1〉의 수요계획표를 참조한다. 각각의 가격 변화에 대해 수요가 탄력적, 단위 탄력적 혹은 비탄력적인지를 말하고, 총수입이 증가할지, 감소할지 혹은 그대로 유지할지를 말하라.

7. 가격이 10달러에서 20달러로 증가한다. 수요는 ______이고 총수입은 _____한다. **[LO 4.2]**
8. 가격이 70달러에서 60달러로 하락한다. 수요는 ______이고 총수입은 _____한다. **[LO 4.2]**

표 4P-1

가격(달러)	수요량
80	0
70	50
60	100
50	150
40	200
30	250
20	300
10	350
0	400

문제 9–12는 〈그림 4P-2〉를 참조한다.

9. 60달러에서 50달러로의 가격 변화에 대한 가격효과와 수량효과를 그려라. 어느 효과가 더 큰가? 총수입은 증가하는가 혹은 감소하는가? 계산은 필요하지 않다. **[LO 4.2]**
10. 30달러에서 20달러로의 가격 변화에 대한 가격효과와 수량효과를 그려라. 어느 효과가 더 큰가? 총수입은 증가하는가 혹은 감소하는가? 계산은 필요하지 않다. **[LO 4.2]**
11. 60달러에서 70달러로의 가격 변화에 대한 가격효과와 수량효과를 그려라. 어느 효과가 더 큰가? 총수입은 증가하는가 혹은 감소하는가? 계산은 필요하지 않다. **[LO 4.2]**
12. 10달러에서 20달러로의 가격 변화에 대한 가격효과와 수량효과를 그려라. 어느 효과가 더 큰가? 총수입은 증가하

그림 4P-2

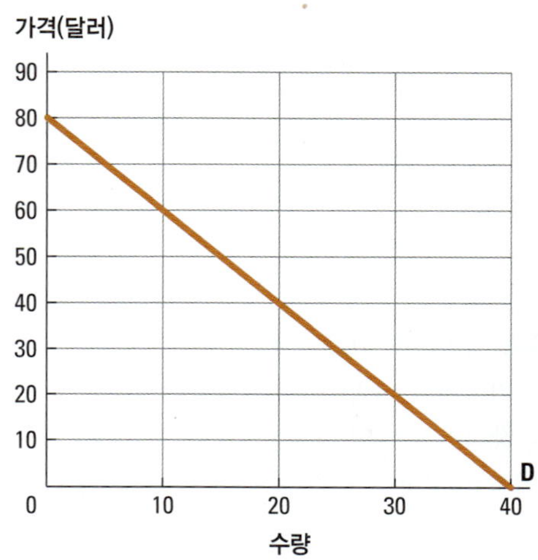

그림 4P–3

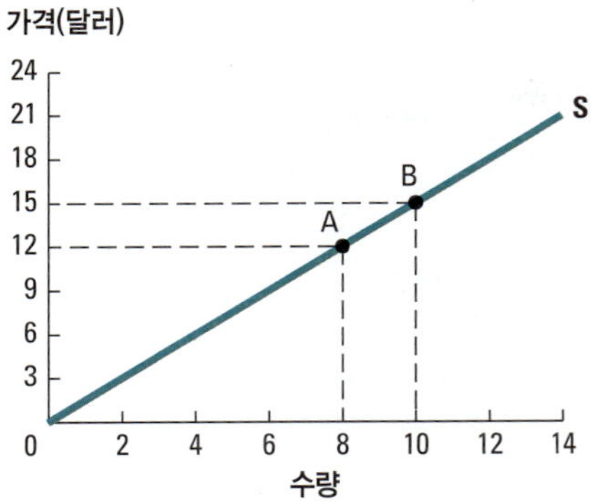

는가 혹은 감소하는가? 계산은 필요하지 않다. **[LO 4.2]**

13. 중간 점 이용법을 사용해, A점과 B점 사이의 공급의 가격탄력성을 계산하기 위해 〈그림 4P-3〉의 도표를 이용하라. **[LO 4.3]**

14. 만약 이발 가격이 15달러이면, 제공된 이발 숫자는 100이다. 만약 이발당 가격이 30달러로 상승하면, 이발사는 더 오랜 시간 일을 할 것이고, 이발에 대한 공급은 300으로 늘어날 것이다. 15달러와 30달러 사이의 이발에 대한 공급의 가격탄력성은 무엇인가? **[LO 4.3]**

15. 다음 중 어떤 것이 단기에서 더 탄력적 공급인가? **[LO 4.4]**
    a. 병원? 혹은 이동 진료소?
    b. 순종인 개? 혹은 애완용 토끼?
    c. 교내 수업? 혹은 온라인 수업?

16. 다음 각각의 경우 공급이 탄력적, 비탄력적 혹은 단위 탄력적인지를 결정하라. **[LO 4.4]**
    a. 만약 가격이 10% 증가하고 공급량이 15% 증가한다면, 공급은 ______이다.
    b. 만약 가격이 10% 하락하고 공급량이 5% 감소한다면, 공급은 ______이다.

17. 다음 각각의 경우 공급량이 증가할지 혹은 감소할지 그리고 얼마나 변하는지 결정하라. **[LO 4.4]**
    a. 만약 공급의 가격탄력성이 1.3이고 가격이 2% 증가한다면, 공급량은 ___% _____한다.
    b. 만약 공급의 가격탄력성이 0.3이고 가격이 2% 감소한다면, 공급량은 ___% _____한다.

18. 땅콩버터의 1병당 가격이 2달러에서 3달러로 상승한다고 가정하자. **[LO 4.5]**
    a. 구매된 젤리량은 2,000만 병에서 1,500만 병으로 하락한다. 땅콩버터와 젤리 사이의 수요의 교차탄력성은 얼마인가? 이들은 보완재인가 혹은 대체재인가?
    b. 구매된 젤리량은 1,500만 병에서 2,000만 병으로 증가한다. 땅콩버터와 젤리 사이의 수요의 교차탄력성은 얼마인가? 이들은 보완재인가 혹은 대체재인가?

19. 다음 각각의 한 쌍에 대해, 수요의 교차탄력성이 양수(+)인지 혹은 음수(–)인지 예상하라. **[LO 4.5]**
    a. 비누와 손 세정제
    b. CD와 MP3
    c. 이불 시트와 베갯잇

20. 가족의 평균 소득이 1년에 3만 달러에서 4만 달러로 증가할 때, 가족의 평균 화장지 구매는 1년에 100통에서 105통으로 늘어난다. **[LO 4.6]**
    a. 화장지에 대한 수요의 소득탄력성을 계산하라.
    b. 화장지는 정상재인가 혹은 열등재인가?
    c. 화장지에 대한 수요는 소득 탄력적인가 혹은 소득 비탄력적인가?

21. 다음 각각의 경우 정상재인지 혹은 열등재인지, 그리고 소득 탄력적인지 혹은 소득 비탄력적인지 결정하라. **[LO 4.6]**
    a. 만약 소득이 10% 증가하고 한 재화의 수요량이 5% 증가하면, 그 재화는 _____이고 _____이다.
    b. 만약 소득이 10% 증가하고 한 재화의 수요량이 20% 감소하면, 그 재화는 _____이고 _____이다.

◀ 세계의 모바일 윈도우–이 장의 내용과 관련된 응용사례를 찾으려면 여러분의 스마트폰으로 이 코드를 스캔하라. (QR코드 리더가 필요하면, 여러분의 앱스토어에서 ScanLife를 활용하라.)

여러분의 모바일 앱스토어를 방문하여 Karlan and Morduch Study Econ app.을 다운로드 하라. ▶

Appendix C

핵심 수학: 퍼센트 변화, 기울기와 탄력성 계산하기

학습목표

LO C.1 퍼센트 변화를 계산하는 법 이해하기

LO C.2 탄력성을 계산하기 위해 기울기 이용하기

탄력성의 개념과 관련된 수학은 광범위한 주제를 다룬다. 탄력성을 계산하기 위해 퍼센트(%) 변화를 계산할 필요가 있다. 직선의 형태와 탄력성에 대해 말하기 위해 기울기와 변수들 간 관계, 특히 가격과 수량을 이해할 필요가 있다.

퍼센트(백분율) 변화

LO C.1 퍼센트 변화를 계산하는 법 이해하기

4장에서, 모든 형태의 탄력성을 계산했다. 만약 여러분이 퍼센트 변화를 계산하는 데 완전히 익숙지 않다면, 탄력성은 주눅들게 하는 방법일 수 있다. 퍼센트 변화는 기존 값에서 새로운 값으로 한 변수의 상대적인 변화를 나타낸다. 일반적으로, 공식은 쉽게 말하면 '새로운 값 빼기 원래 값, 원래 값으로 나누고 100을 곱한다'로 줄일 수 있다.

수학적으로 동등한 것은 〈방정식 C-1〉과 같다. X_1은 아무 변수 X의 원래 값을 나타내고, X_2는 이 변수의 새로운 값이다.

방정식 C–1

$$\text{퍼센트 변화} = \left[\frac{(X_2 - X_1)}{X_1}\right] \times 100$$

전체적으로, 다양한 종류의 변수의 퍼센트 변화를 계산하기 위해 이 방법을 사용할 수 있다. 예를 들면, 수량의 퍼센트 변화는 다음과 같이 표현된다:

$$\text{수량의 퍼센트 변화} = \left[\frac{(Q_2 - Q_1)}{Q_1}\right] \times 100$$

Q_2는 수요량의 새로운 값을 나타내고, Q_1은 원래 수요량이다.

유사하게, 가격의 퍼센트 변화는 다음과 같이 표현된다:

$$\text{가격의 퍼센트 변화} = \left[\frac{(P_2 - P_1)}{P_1}\right] \times 100$$

연습을 위해 한 가지 사례를 보자: 몇 주 동안, 여러분은 새 신발 가격을 관찰하고 있다. 신발은 보통 때는 80달러지만, 60달러에 할인하고 있다. 가격의 변화를 알기 위해 우선 새 가격(60달러)에서 원래 가격(80달러)을 빼서 신발 가격의 퍼센트 변화를 찾으면, −20달러다. 얼마나 변화한 것인지 알기 위해 −20달러 가격 변화를 원래 가격(80달러)으로 나눈다. 이것은 소수가 되기 때문에 퍼센트 변화를 얻기 위해 100을 곱한다:

$$\frac{\$60 - \$80}{\$80} = -0.25$$

$$-0.25 \times 100 = -25\%$$

이 경우, 20달러의 가격 하락은 25%의 가격 인하였다. 괜찮은 할인이다!

이 경우, 퍼센트 변화는 음(−)이고, 그것은 새 가격이 원래보다 더 낮아지는 것을 보여준다는 것에 주목하자. 대신, 만약 신발 가격이 상승한다면 관련된 퍼센트 변화는 양(+)의 값일 것이다.

퍼센트 변화를 계산하는 것에 익숙해지는 최선의 방법은 많이 연습하는 것이다. 부록 끝부분에 연습을 위한 추가적인 문제들을 실었으며, 또한 일상생활에서 접하는 가격 변화를 계산하기 위해 스스로 도전해볼 수 있다.

기울기와 탄력성

LO C.2 탄력성을 계산하기 위해 기울기 이용하기

부록 A에서, '수학 핵심: 그래프와 기울기 이해하기', 기울기의 방향은 나타내는 두 변수의 관계에 대해 무엇인가 의미가 있다는 것을 말해준다고 배웠다: x와 y가 같은 방향으로 움직일 때, 정(+)의 관계가 있다고 한다. 당연히, 이것은 직선의 기울기는 양수를 의미한다. 직선의 기울기가 양수일 때 x가 증가하면 y도 증가하고, x가 감소하면 y도 감소한다. 유사하게, x와 y가 반대 방향으로 움직일 때 부(−)의 관계가 있다고 한다. 직선의 기울기는 음수다. 직선의 기울기가 음수일 때 x가 증가하면 y가 감소하고, x가 감소하면 y는 증가한다.

3장에서, 공급곡선에서 가격과 수량이 정(+)의 관계임을 알았다. 수요곡선에서 가격과 수량이 부(−)의 관계임을 알았다. 가격과 수량과 같은 두 변수는 서로 하나 이상의 관계를 가지며, 그들이 나타내는 선택과 어떤 상황이냐에 달려 있다.

기울기의 경사 또한 중요하다. 숫자상으로, 기울기를 나타내는 숫자가 0에 가까울수록 곡선은 더 평평해질 것이다. 양수와 음수 모두 0에 가까울 수 있다는 것을 기억하자. 비록 하나는 우하향이고, 다른 것은 우상향이더라도, −1의 기울기는 1의 기울기와 똑같이 가파르다. 상대적으로, −5 기울기의 직선은 −1 기울기의 직선 혹은 1 기울기 직선보다 더 가파르다. 단지 방정식을 관찰해 직선이 얼마나 가파른지 말할 수 있다. 만약 이러한 생각이 여전히 다소 모호하다면, 기울기의 경사와 탄력성의 개념을 이해하기 위해 부록 A를 참고하자.

기울기와 탄력성의 방법이 연관되어 있더라도, 그들 사이에 2가지 기본적인 수학적 차이가 있다:

그림 C-1

P의 변화에 대응하는 Q의 변화 측정

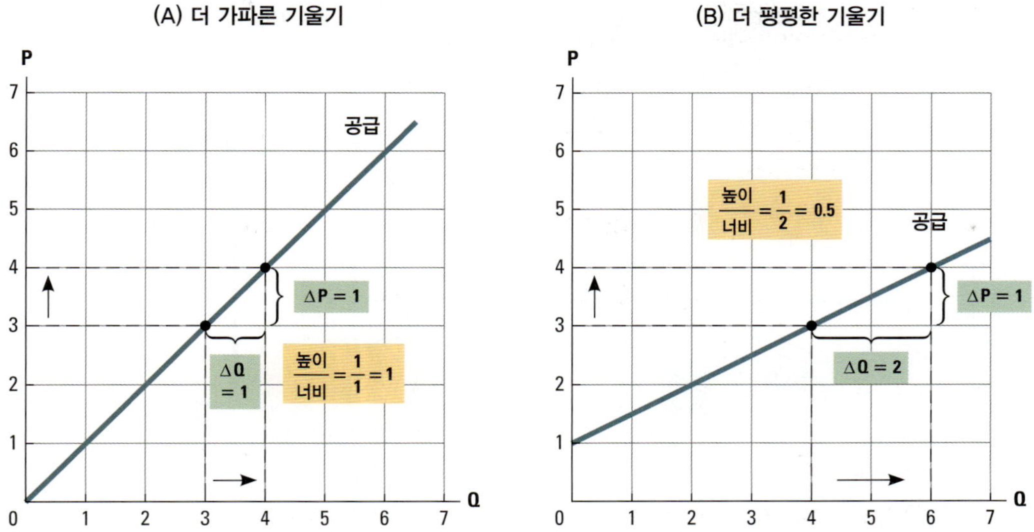

화면 (A)의 더 가파른 기울기는 수요량의 변화에 대응해 가격이 화면 (B)보다 화면 (A)가 더 적게 변화한다는 것을 보여준다.

화면 (B) 더 평평한 기울기는 수요량의 변화에 대응해 가격이 화면 (A)보다 화면 (B)가 더 많이 변화한다는 것을 보여준다.

1. 기울기는 x의 변화당 y의 변화를 설명하고, 반면 탄력성은 y의 변화당 x의 변화에 근거해 측정한다.
2. 일반적으로 절대값(단위-기반) 변화보다, 퍼센트 변화로 탄력성을 측정한다.

y 1단위의 변화에 대응해 x가 얼마나 변하는지에 관심이 있는 이유는 무엇인가? 이러한 차이를 알기 위해, 〈그림 C-1〉을 살펴보자. 이것은 〈그림 A-10〉(부록 A)과 유사하지만, x와 y변수를 재화의 수량(Q)과 가격(P)으로 대체한다.

4장에서, 가격탄력성은 가격 변화에 대해 공급(혹은 수요)이 어떻게 반응하는지를 측정하는 것이다. 다른 말로, 가격 변화에(y축에서) 수량이(x축에서) 어떻게 반응하는지를 측정한다. 그래서 이제, 동일한 가격 변화(수직거리)에 수량 변화(수평거리)가 얼마인지 관찰하자.

〈그림 C-1〉에서, 가격이 P_1에서 P_2로 이동할 때, 공급량은 화면 (B)에서 보다 화면(A)에서 더 적게 변한다. 화면 (A)에서 가격이 P_1에서 P_2로 증가할 때, 수량은 Q_1에서 Q_2로 1단위 증가한다. 반대로, 화면 (B)는 P의 동일한 변화에 Q_1에서 Q_2로 2단위 증가한다. 이것은 가격 변화에 대해 화면 (B)에 비해 화면 (A)가 공급이 더 적게 반응한다는 것을 의미한다.

Y/X, 혹은 X/Y?

기울기는 $\Delta y/\Delta x$로 보여진다는 것을 언급했다. 그에 반해 탄력성은 흔히 $\%\Delta Q/\%\Delta P$로 보여지고, 이는 $\Delta x/\Delta y$와 일치한다. 어떤 의미에서, 탄력성은 기울기의 거울에 비치는 상으로서 계산된다. 이것을 묘사하는 가장 쉬운 방법은 수직선과 수평선에 대한 기울기와 탄력성의 차이를 보는 것이다.

그림 C-2

수평선과 수직선의 기울기 대 탄력성

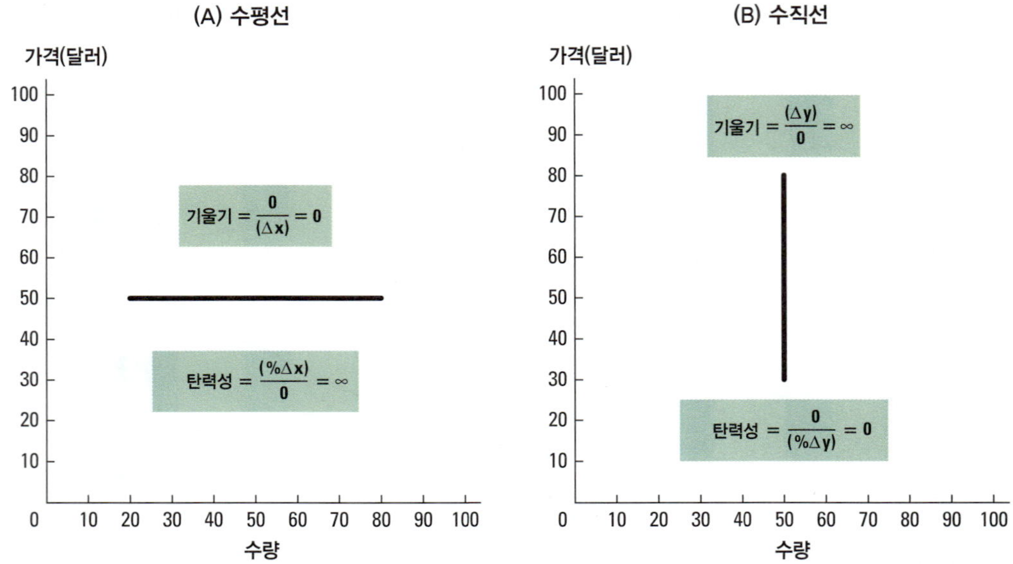

직선이 수평일 때, 기울기는 0이고 관련된 탄력성은 무한대다. 다른 말로, 수요나 공급은 단일 가격에서만 발생한다.

직선이 수직일 때, 기울기는 무한대고 탄력성은 0이다. 가격과 상관없이 수요량이나 공급량은 동일하다.

〈그림 C-2〉에서, 화면(A)에 그려진 수평선은 기울기가 0이다. x 한 단위의 변화는 y에 0의 변화를 초래하기 때문이다. 그러므로 기울기는 $0/(\Delta x)$으로 계산된다. 0은 아무 숫자로 나누어도 0이다. 그러나 수평선을 수요량에 대해 가격을 연관시키는 수요곡선으로 생각한다면, 가격탄력성은 무한대다.

어떻게 기울기가 0이고 탄력성이 무한대일 수 있을 것인가? 기울기는 x의 변화에 반응해 y가 얼마만큼 변화하는지를 측정한다는 것을 기억하자. 그러나 탄력성은 P(y축에서) 변화에 대한 Q(x축에서)의 민감도를 측정한다. 기울기 계산에서 x는 분모인 반면, 탄력성 계산에서는 분자다. 그 다음에, 수평선에서 P의 변화가 전혀 없기 때문에, 탄력성은 $(\%\Delta x)/0$이다. 0으로 나누는 것은 수학적으로 정의되지 않거나 혹은 무한대로 알려져 있다.

수직선을 살필 때, 그 반대도 사실이다. 그래프가 수직일 때, y변화에 대해 x의 변화는 0이다. 그러므로 기울기는 $(\Delta y)/0$으로 계산된다. 이 경우, 기울기는 정의되지 않는다(무한대다). 그러나 탄력성은 $0/(\%\Delta y)$이 될 것이다. 다시 한 번, 0을 아무 숫자로 나누어도 0이다.

탄력성은 일정한 기울기의 직선을 따라 변한다

기울기와 탄력성의 두 번째 중요한 수학적 차이는, 일반적으로 기울기는 절대적인 변화로 측정하지만 탄력성은 퍼센트 변화로 측정한다는 것이다. 이것은 직선을 따라 다른 점에서, 기울기는 일정하지만 탄력성은 변한다는 것을 의미한다.

예를 들면, 〈표 C-1〉의 수요계획표를 살펴보자. 우선, 두 쌍의 점의 기울기를 계산하자. 수요계획표 상단 2개의 가격과 수량을 이용해 계산하면, 이 점들 간 기울기는 −1이다.

표 C-1
수요계획표

가격(달러)	수량
80	0
70	10
60	20
50	30
40	40
30	50
20	60
10	70
0	80

$$\text{기울기 \#1} = \frac{\Delta P_1}{\Delta Q_1} = \frac{(0-10)}{(80-70)} = \frac{-10}{10} = -1$$

그 다음에, 다른 두 점을 뽑자. 수량 30과 20과 각각의 가격을 이용해 계산하면 기울기는 여전히 −1이다.

$$\text{기울기 \#2} = \frac{\Delta P_2}{\Delta Q_2} = \frac{(30-20)}{(50-60)} = \frac{10}{-10} = -1$$

선택하는 수요곡선상의 두 점이 무엇이든 기울기는 동일하다. 수요곡선이 선형이기 때문에 기울기는 일정하다.

이제 동일한 두 쌍의 점에 대해 탄력성을 계산해보자. 탄력성을 계산하기 위해 3장에서 설명한 중간 점 이용법을 사용할 것이다:

$$\text{탄력성} = \frac{\%\Delta Q}{\%\Delta P} = \frac{\Delta Q/Q_{\text{중간 점}}}{\Delta P/P_{\text{중간 점}}}$$

수요곡선의 상단에서 시작하고, 80에서 70으로 가격 변화에 대해 수요의 가격탄력성을 계산하자. 중간 점 이용법을 사용하면 다음과 같다:

$$\frac{\Delta Q/Q_{\text{중간 점}}}{\Delta P/P_{\text{중간 점}}} = \frac{(0-10)/5}{(80-70)/60} = \frac{-10/5}{10/60} = \frac{-2}{0.17} = -11.8$$

이제, 30에서 20으로 가격 변화에 대해 수요곡선 하단에서 수용의 가격탄력성을 계산하자.

$$\frac{\Delta Q/Q_{\text{중간 점}}}{\Delta P/P_{\text{중간 점}}} = \frac{(50-60)/55}{(30-20)/25} = \frac{-10/55}{10/25} = \frac{-0.18}{0.4} = -0.45$$

비록 두 계산 모두 10달러의 가격 변화에 반응하는 10단위의 수령 변화를 나타내지만, 선형 수요곡선을 따라 탄력성은 변한다. 수요곡선을 따라 아래로 이동하는 것은 덜 탄력적이라는 의미다. 동일한 Q나 P의 변화가 직선의 두 점에서 중간 점의 다른 퍼센트(%)이기 때문이다.

응용문제

1. 다음 각각의 사례에서 퍼센트 변화를 계산하라. **[LO C.1]**
   a. 8에서 12
   b. 16에서 14
   c. 125에서 120
   d. 80에서 90
2. 다음 사례에서 가격의 퍼센트 변화를 찾아내라. **[LO C.1]**
   a. 4달러 가격의 샌드위치가 5달러로 상승한다.
   b. 소파의 가격이 750달러에서 500달러로 할인해 판매한다.
3. 다음 질문에 대답하기 위해 〈그림 CP-1〉을 이용하라. 계산할 때 중간 점 이용법을 사용하라. **[LO C.2]**
   a. 0달러에서 20달러로 가격 변화에 대해 수요의 가격탄력성은 얼마인가?
   b. 20달러에서 40달러로 가격 변화에 대해 수요의 가격탄력성은 얼마인가?
   c. 40달러에서 60달러로 가격 변화에 대해 수요의 가격탄력성은 얼마인가?
4. 다음 질문에 대답하기 위해 〈표 CP-1〉을 이용하라. 계산할 때 중간 점 이용법을 사용하라. **[LO C.2]**
   a. 4달러에서 8달러로 가격 변화에 대해 수요의 가격탄력성은 얼마인가?
   b. 8달러에서 16달러로 가격 변화에 대해 수요의 가격탄력성은 얼마인가?
   c. 20달러에서 24달러로 가격 변화에 대해 수요의 가격탄력성은 얼마인가?

그림 CP-1

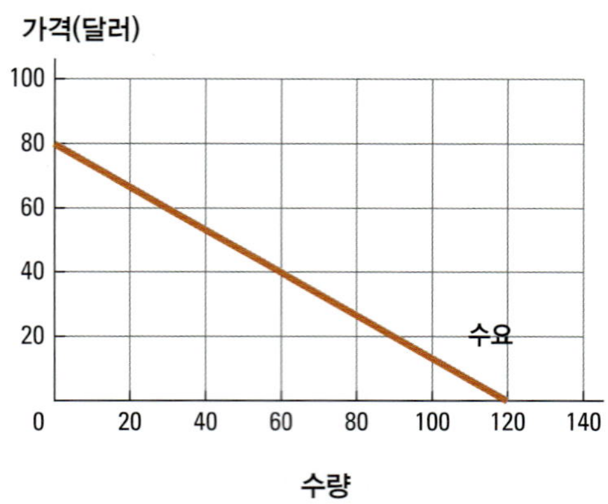

5. 다음 질문에 대답하기 위해 〈표 CP-2〉을 이용하라. 계산할 때 중간 점 이용법을 사용하라. **[LO C.2]**
   a. 2달러에서 3달러로 가격 변화에 대해 수요의 가격탄력성은 얼마인가? 2달러에서 3달러로 가격 변화에 대해 수요곡선의 기울기는 얼마인가?
   b. 3달러에서 5달러로 가격 변화에 대해 수요의 가격탄력성은 얼마인가? 3달러에서 5달러로 가격 변화에 대해 수요곡선의 기울기는 얼마인가?
   c. 6달러에서 7달러로 가격 변화에 대해 수요의 가격탄력성은 얼마인가? 6달러에서 7달러로 가격 변화에 대해 수요곡선의 기울기는 얼마인가?

표 CP-1

가격(달러)	수량
0	60
4	50
8	40
12	30
16	20
20	10
24	0

표 CP-2

가격(달러)	수량
0	56
1	48
2	42
3	35
4	28
5	21
6	14
7	7
8	0

Chapter 5

효율성

학습목표

LO 5.1 주어진 가격에서 수요와 공급을 결정하기 위해 지불의사와 판매의사 이용하기
LO 5.2 도표나 표에 근거해 소비자 잉여 계산하기
LO 5.3 도표나 표에 근거해 생산자 잉여 계산하기
LO 5.4 도표나 표에 근거해 총잉여 계산하기
LO 5.5 잉여로 효율성을 정의하고, 효율적과 비효율적 상황 확인하기
LO 5.6 정책결정에 따른 편익의 배분 설명하기
LO 5.7 경제적 순손실을 정의하고 계산하기
LO 5.8 실종된 시장을 바로잡는 것이 모두를 더 나아지게 만드는 이유 설명하기

파손된 레이저 포인터가 인터넷 혁명의 시작

1995년, 젊은 소프트웨어 개발자 피에르 오미다이어(Pierre Omidyar)는 노동절 주말 동안 그가 옥션웹(AuctionWeb)이라 부르는 웹사이트를 개발하는 데 시간을 보냈다. 그는 사람들이 온라인 판매를 위해 중고품을 올리고 최고가 경매로 처분할 수 있는 사이트를 만들 생각이었다. 곧, 그는 첫 번째 물건을 옥션웹에서 14.83달러에 팔았다. 그것은 파손된 레이저 포인터로, 그가 시험용으로 사이트에 올린, 아무도 살 것이라고 기대하지 않은 것이었다. 피에르가 포인터가 파손되었다고 말하자 경매자는 '파손된 레이저 포인터 수집가'라고 설명했다.

알다시피, 옥션웹은 우리가 이베이(eBay)라고 알고 있는 대단히 성공한 회사가 되었다. 2011년, 이베이에서 팔린 물품의 총가치는 거의 686억 달러였다; 전 세계 1억 명의 사람들이 실제 사용자들이었다.

이베이의 첫 번째 판매 이야기는 그것을 움직이게 만드는 것에 통찰력을 준다. 사람들은 어떤 특이한 물건(파손된 레이저 포인터처럼)에 관심을 갖지만, 주어진 충분히 많은 사람들 속에서, 판매를 원하는 사람들은 구매를 원하는 사람들을 찾을 수 있다. 구매자와 판매자가 일치하고 거래가 이루어질 때, 각자는 더 나아진 것이다. 구매자는 원하는 것을, 판매자는 돈을 얻는다. 양쪽 모두 그러한 거래에 참여함으로써 편익을 얻기 때문에, 그들이 서로를 찾을 수 있는 시장을 제공하는 이베이에 수수료를 지불할 의사가 있다.

이베이의 성공은 경제학의 가장 기본적인 생각 중 하나에 근거하고, 그것의 중요성은 회사 그 자체를 뛰어넘는다: **자발적인 교환은 가치를 창출하고 참여자 모두를 더 나아지게 할 수 있다.** 이 원칙은 그들 스스로 제조하거나 재배하지 않지만, 생산자와 소비자 간 거래를 촉진하는 다양한

사업에 적용된다—식료품점부터 투자은행, 온라인 소매업자까지.

그러나 이 원칙은 한 가지 의문점을 제기한다: 그들이 물건을 사고팔 때, 사람들이 더 나아지는지 우리가 어떻게 알 수 있을 것인가? 그들이 얼마만큼 더 나아지는지에 대해 무엇을 말할 수 있을 것인가?

이 질문에 답하기 위해, 거래에 기인하는 편익의 크기와 그것을 얻는 사람을 설명해주는 도구가 필요하다. 5장에서는 잉여(surplus)의 개념을 소개할 것이다. 잉여는 그들이 지불할 의사가 있는 것보다 더 적은 가격에 무엇인가를 구매하거나, 그들이 수락할 의사가 있는 것보다 더 많은 가격에 무엇인가를 판매할 때 사람들이 받게 되는 편익을 측정한다. 잉여는 성공적인 거래로부터 사람들이 얻게 되는 편익을 알아보는 최선의 방법이다.

잉여는 또한 경쟁시장의 균형가격과 거래량이 왜 특별한지 보여준다: 그들은 참여자들의 총후생수준(total well-being)을 극대화한다. 심지어 우리가 총후생수준과 다른 결과(편익 배분에서의 불평등)에 관심을 가질 때, 잉여는 다른 생각과 정책을 비교하는 척도를 제공해준다. 예를 들어, 잉여의 계산은 세금과 최저임금 같은 정책으로부터 편익을 얻는 사람과 잃는 사람을 분명하게 보여준다. 총잉여를 극대화한다는 의미에서, 효율성(*efficiency*)은 시장 제도의 가장 강력한 특징의 하나다. 더 놀라운 점은, 중앙집권적 조정 없이도 달성된다는 것이다.

잉여는 또한 사람들이 서로 거래할 수 있도록 하는 것이 어떻게 그들을 더 나아지게 만들 수 있는지 보여준다. 종종, 재화와 서비스에 대한 새로운 시장을 창출하는 것이(1장에서 방글라데시의 그라민 은행이 했던 것처럼) 혹은 기존 시장을 개선하는 것이(이베이가 인터넷으로 했던 것처럼) 사람들을 돕는 좋은 방법이 될 수 있다. 후생수준을 개선하기 위해 경제적 교환의 힘을 어떻게 그리고 언제 이용하는지를 아는 것은 사업가와 마찬가지로 공공적인 문제 해결자에게 중요한 도구다.

지불의사와 판매의사

LO 5.1 주어진 가격에서 수요와 공급을 결정하기 위해 지불의사와 판매의사 이용하기

이베이는 사람들이 판매를 위해 물품을 광고하는 웹페이지를 개설할 수 있도록 하는 온라인 경매 플랫폼이다. 그 물품을 사기 원하는 사람들은 특정한 가격을 지불하기 위해 입찰가를 제시한다. 이러한 분권화된 시장은 모든 종류의 거래를 지원한다: 부동산부터 중고차, 희귀한 책(기이한 사례의 하나로서), 성모 마리아처럼 보인다고 전해지는 반쯤 먹은 치즈 샌드위치까지, 2만 8000달러에 팔렸다.

누가 이베이를 이용할 것인가? 그들이 원하는 것은 무엇인가? 기본적으로, 그들은 특정한 재화를 사거나 팔기를 원하는 사람들이다. 파손된 레이저 포인터나 10년 된 치즈 샌드위치를 사기 원하는 사람들에게 무슨 일이 벌어지는지 우리는 확신할 수 없고, 그래서 조금 더 전형적인 무엇인가에 집중하자. 디지털카메라는 어떤가?(3장에서 했던 것처럼, 수천 개의 조금씩 서로 다른 모델이 아닌, 단지 한 종류의 디지털카메라만 있다고 단순하게 가정하자)

이베이에 판매한다고 올라온 디지털카메라를 여러분이 본다고 상상하자. 누가 그것에 입찰

할 것인가? 그들의 욕구와 제약은 무엇인가? 분명 입찰하는 사람들은 카메라를 원하는 사람들이다. 그러나 그들은 또한 카메라 가격에 신경 쓰일 것이다: 만약 여러분이 100달러로 카메라를 얻을 수 있고 다른 100달러로 다른 것을 소비할 수 있다면, 왜 카메라에 200달러를 소비하겠는가? 잠재 구매자는 가능한 한 적게 지불하기를 원하지만 이러한 일반적인 선호도 위에, 각각의 구매자는 지불할 의사가 있는 최대 가격을 생각하고 있다.

경제학자들은 이러한 최대 가격을 구매자의 **지불의사**(willingness to pay) 혹은 **유보가격**(reservation price)이라고 한다. 경제학자들은 이러한 2개의 용어를 모두 사용한다; 이 책에서는 '지불의사'를 사용한다. 이보다 높은 가격은 구매자가 구매를 포기하고 "차라리 이 돈으로 다른 물건을 사겠소"라고 말하는 시점이다. 각각의 잠재 구매자는 가능한 한 낮고 최대 **지불의사**보다 높지 않은 가격에서 카메라를 구매하기 원한다. 이베이에서, 경매의 지불의사를 볼 수 있다. 한 생산품의 가격이 입찰자의 지불의사보다 아래에 있을 때, 그는 입찰을 계속할 것이다. 현행 가격이 그의 지불의사를 넘어설 때, 그는 손을 뗄 것이다.

지불의사(유보가격) 구매자가 어떤 재화나 서비스에 대해 지불할 의사가 있는 최대한의 가격

물론, 구매자는 단지 절반의 이야기뿐이다. 누가 맨 먼저 이베이에 판매를 위해 카메라를 올렸는가? 디지털카메라를 위해 작동하는 시장을 창출하기 위해, 누군가는 그것을 팔기를 원해야 한다. 구매자는 가능한 한 낮은 가격에서 카메라를 사기를 원하는 반면, 판매자는 가능한 한 높은 가격에서 팔기를 원한다. 만약 여러분이 더 비싸게 팔 수 있다면, 왜 돈을 덜 받겠는가? 각각의 잠재 구매자가 지불의사를 가진 것처럼, 각각의 잠재 판매자는 **판매의사**를 가지고 있다. **판매의사**(willingness to sell)는 판매자가 재화나 서비스의 교환에서 수락할 의사가 있는 최소 가격이다. 판매자는 항상 가능한 한 높은 가격에서 팔기를 원하고, 최소보다 낮은 가격에서는 결코 팔지 않는다. 판매자가 물품을 올렸을 때 그들이 책정한 '유보가격(reserve price)'을 통해 이베이 경매에서 판매의사를 알 수 있다. 이러한 유보가격은 판매자가 어떤 입찰에도 수락하지 않을 최저가를 책정한다. 만약 더 높은 입찰가가 나오지 않는다면, 판매를 중단한다.

판매의사 판매자가 어떤 재화나 서비스 판매를 받아들일 의사가 있는 최소한의 가격

지금까지는 좋다: 구매자는 낮은 가격에 사기를 원하고, 판매자는 높은 가격에 팔기를 원한다. 그러려면 시장에서 어떻게 해야 하는가? 지불의사와 판매의사가 수요와 공급곡선의 형태를 만드는 실제적인 힘이라는 것을 살펴보려고 한다.

지불의사와 수요곡선

카메라 잠재 구매자로 돌아가서, 이베이에 올라온 카메라에 입찰하기 위해 그들이 어떻게 선택하는지 좀 더 자세히 살펴보자. 단순히 이러한 특정 카메라에 입찰하려는 5명의 구매자가 있다고 상상하자.

- 첫 번째 잠재 구매자는 조류 관찰자이며, 그가 발견한 희귀한 새를 찍기 위해 좋은 카메라를 사고 싶어 한다. 그는 카메라에 500달러까지 지불할 의사가 있다.
- 그 다음 입찰자는 아마추어 사진작가다; 그는 구식 카메라가 있지만, 새로운 모델에 대해 250달러를 지불할 의사가 있다.
- 세 번째 입찰자는 부동산 대리인이고, 보유 자산에 대한 더 멋진 사진을 위해 200달러 혹은 그 이하를 지불할 의사가 있다.
- 네 번째는 기자이고, 신문사가 제공한 것보다 더 새 것을 갖고 싶지만, 150달러보다 많이

그림 5-1

지불의사와 수요곡선

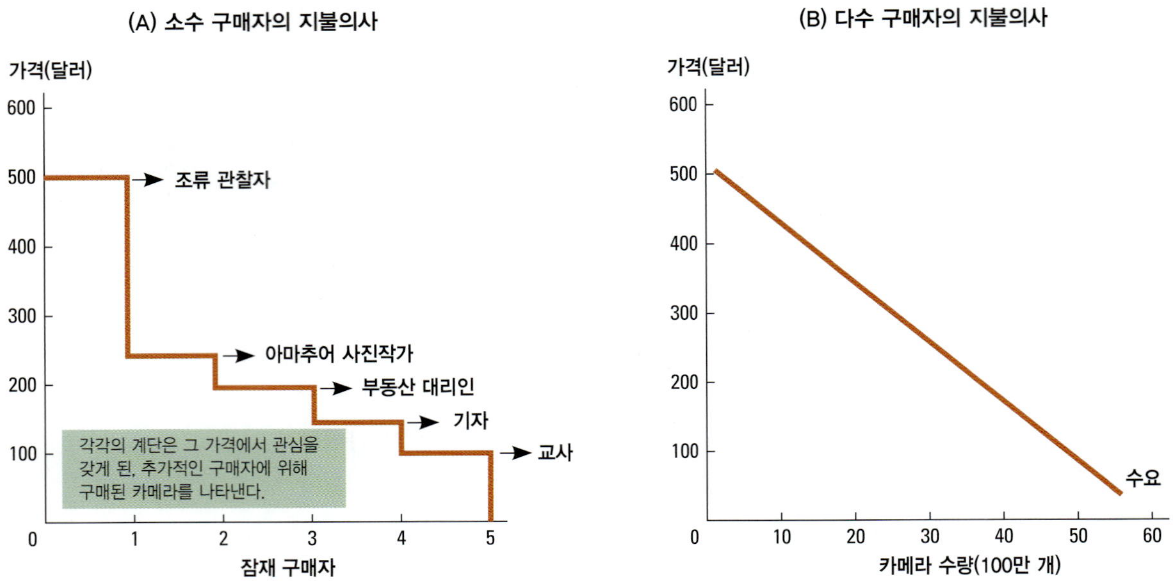

주어진 가격에서, 더 높은 지불의사를 가진 구매자는 구매할 것이고, 더 낮은 지불의사를 가진 사람들은 구매하지 않을 것이다. 만약 가격이 350달러일 때, 오직 한 명만 살 것이다. 만약 가격이 50달러일 때, 5명 모두 살 것이다. 대충 달러 금액으로 표시된 제한된 구매자 수가 있기 때문에, 이러한 수요곡선은 매끈한 선이라기보다는 계단식 형태를 띤다.

디지털카메라의 특정 모델에 대한 실제 시장에서, 특정 가격에 수요되는 수백만 개의 카메라가 있다. 화면 (A)에서 본 계단은 그들이 사라져 매끈한 선이 될 때까지 점차 작아진다.

지불할 의사는 없다.

- 마지막은 교사이고, 생일에 부모님이 선물한 이베이 상품권 금액인 100달러보다 더 많이 소비하지 않을 것이다.

잠재 구매자 각각의 지불의사를 도표에 기입할 수 있다. 〈그림 5-1〉 화면 (A)에서, 그 가격에 입찰할 의사가 있는 구매자 수 대비 카메라의 가능한 가격을 그렸다. 각자의 지불의사는 최대치(*maximum*)라는 것을 상기하자—그는 또한 더 낮은 가격에서 카메라를 구매할 의사가 있다. 따라서 100달러에서 5명 모두 입찰할 의사가 있다; 350달러에서는 오직 한 명만 입찰할 것이다.

좀 더 자세히 보면, 화면 (A)의 도표가 y축의 가격, x축의 수량과 가격이 하락함에 따라 수요량이 증가하는 사선 등 수요곡선과 많이 비슷하다는 것을 알 것이다. 사실, 5명의 잠재 구매자를 나타내고 있을지라도, 이것은 수요곡선이다. 만약 우리가 더 큰 시장에서 동일한 활동을 하고 단지 5명이 아닌 수백만 명의 지불의사를 그려낸다면, 〈그림 5-1〉 화면 (B)에서 보이는 것처럼 매끈한 수요곡선을 얻게 된다.

각 구매자의 지불의사가 다른 요인에 의해 도출될지라도, 상충관계(*trade-offs*)는 무엇인가?라는 질문에 의해 그들 결정 모두의 이면의 동기를 설명할 수 있다. 이베이에서 카메라를 사는 데 소비된 돈은 다른 것에 소비할 수 없다. 지불의사는 한 사람이 카메라로부터 얻게 될 편익과 또 다른 대안에 돈을 소비하는 편익—다른 말로, 기회비용이 일치하는 지점이다.

최대 지불의사보다 위의 가격에서, 기회비용은 편익보다 크다; 낮은 가격에서, 편익이 기회비용보다 더 크다. 예를 들어, 250달러는 아마추어 사진작가가 카메라로부터 얻게 되는 즐거움이 우표 수집을 위해 250달러 가치의 우표를 사서 얻게 될 즐거움과 동일한 지점이다. 모든 사람은 카메라가 아닌 다른 것을 갖기를 원하므로, 이러한 동일한 논리는 수요곡선에 표시된 각각의 잠재 구매자에게 적용될 수 있다.

5명의 개별 구매자 중 누군가가 실제로 카메라를 구매할지 찾아내기 위해서는 시장가격을 알아야 한다. 시장가격을 알기 위해, 디지털카메라의 공급에 대한 무엇인가를 알아야 한다. 그러므로 이제 공급곡선을 조사해보자.

판매의사와 공급곡선

수요곡선의 형태가 잠재 구매자의 지불의사에 의해 도출된 것처럼, 디지털카메라 공급곡선의 형태는 잠재 판매자의 판매의사에 의해 도출된다. 단순히, 이베이에 판매를 위해 그들의 카메라를 올린 5명의 특정한 판매자를 상상하자.

- 첫 번째 미래의 판매자는 만화책 수집가다. 그는 생일선물로 받은 카메라가 있지만, 그의 관심은 만화책을 사기 위한 돈을 모으는 것이다. 그는 최소한 50달러에 그의 카메라를 팔 의사가 있다.
- 두 번째는 디지털카메라를 만드는 큰 회사의 판매 대리인이다. 100달러 혹은 이상으로 무엇이든 판매하도록 위임을 받았다.
- 다음은 자연풍경을 찍는 전문 사진작가이고, 그는 여러 대의 카메라가 있지만 200달러 이하에서는 아무것도 팔지 않을 것이다; 원하는 가격이 아니면 차라리 조카에게 선물로 줄 것이다.
- 또 다른 판매자는 작은 회사의 판매 대리인인데, 이 회사는 이제 막 카메라 사업을 시작했고, 큰 회사보다 생산비용이 훨씬 높다; 300달러 이상은 받아야 수익을 낼 수 있다.
- 다섯 번째 판매자는 미술교사이고, 그는 친구가 선물한 카메라에 감상적으로 애착을 가지고 있다. 적어도 400달러가 아니면 카메라를 팔지 않을 것이다.

도표에 그들의 판매의사를 표시해 5명의 대표적인 개인을 나타낼 수 있다. 〈그림 5-2〉 화면 (A)는 잠재 가격과 각각의 가격에서 입찰될 카메라의 수에 관한 도표다. 이 도표는 단지 5명 판매자를 나타내는 공급곡선이다. 수요곡선처럼, 만약 실제 세계에서 판매를 위한 수백만 대의 디지털카메라를 추가한다면, 화면 (B)와 같이 매끄러운 곡선을 볼 수 있다.

판매자의 판매의사는 그들이 직면한 **상충관계**(*trade-offs*), 그리고 특히 판매의 기회비용에 의해 결정된다. 카메라 판매의 기회비용은 판매자가 카메라를 가짐으로써 얻을 수 있는 즐거움이거나 혹은 2명의 제조업자의 경우, 그것을 제조하기 위해 필요한 돈으로 다른 것을 함으로써 얻게 되는 즐거움이다. 각각 판매자의 기회비용은 다른 요인에 의해 결정되는데, 카메라에 감상적 애착을 지닌 교사처럼, 그들 모두는 엄밀하게 금전적인 것만은 아니다.

판매자가 단지 처리하기를 원하는 물품에 대해, 시작 가격은 1센트일 것이다. 만약 기회비용이 0이면, 없는 것보다는 조금이라도 있는 것이 낫다! 다른 한편으로, 제조업자가 신상품을 생산하고 판매하는 시장에서 신상품을 계속 생산할 만한 가치가 있을 만큼 최소 가격은 충분히

그림 5-2

판매의사와 공급곡선

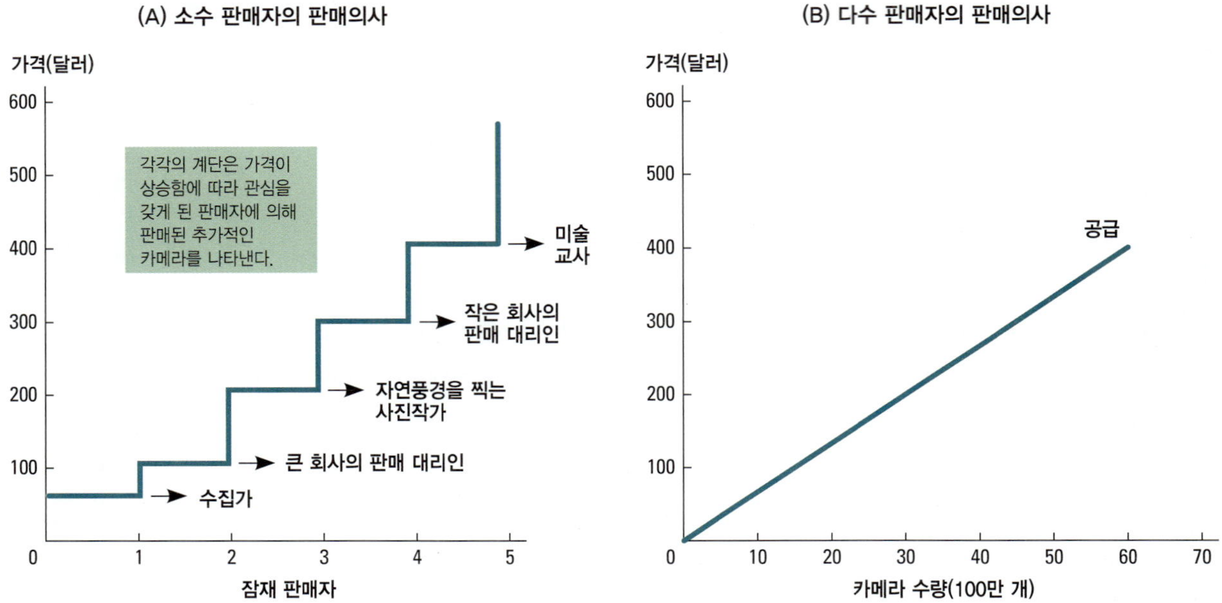

주어진 가격에서, 더 높은 판매의사를 가진 판매자는 팔지 않는 반면, 더 낮은 판매의사를 가진 사람들은 판매한다. 가격 200달러에서, 오직 3명만이 판매하는 반면, 가격 400달러에서 5명 모두 판매할 것이다. 만약 서로 다른 판매의사를 가진 다수의 판매자가 있다면, 공급곡선은 매끈하게 보일 것이다.

디지털카메라의 특정 모델에 대한 실제 시장에서, 특정 가격에 공급되는 수백만 개의 카메라가 있다. 화면 (A)에서 본 계단은 그들이 사라져 매끈한 선이 될 때까지 점차 작아진다.

높아야 한다. 만약 판매가격이 생산비용을 충당할 수 없다면, 제조업자는 그 물품 제조를 중단할 것이다—그렇지 않으면, 판매할 때마다 실제적으로 손해를 보게 된다.(가끔, 생산비용보다 낮게 판매하는 제조업자도 있지만, 그것은 단지 그들이 실수로 만들었고 이미 생산된 재화를 처리할 때뿐이다.)

5명의 잠재 구매자와 5명의 잠재 판매자를 통해, 두 그룹이 거래를 하기 위해 시장에서 무슨 일이 벌어질지 이해해야 한다. 그러나 먼저 현실 세계에서, 구매자의 지불의사와 판매자의 판매의사가 어떻게 상호작용하는지 생각해보기 위해 사례를 통해 알아보기의 '흥정과 엄포'를 보자.

사례를 통해 알아보기

흥정과 엄포

여러분이 벼룩시장을 방문한 적이 있거나 중고차를 사본 적이 있다면, 아마도 가격 흥정을 해봤을 것이다. 세계 어디든 재화에 대한 가격 흥정은 일상생활에 없어서는 안 될 부분이다. 부유한 국가에서도, 임금과 승진에 대한 협상은 다반사다—직원은 그들의 시간과 기술을 팔기 위해 제안하고, 고용주는 그들을 사기 위해 제안한다. 어느 협상에서든, 판매자는 가능한 한 높게 판매하려 하고, 구매자는 가능한 한 낮게 사려고 한다. 그들은 어떻게 합의에 도달할 것인가?

지불의사라는 발상은 다수의 협상 전략을 설명한다. 일반적으로, 판매자는 실제로 수락할 의사가 있는 최소한보다 훨씬 높은 가격에서 시작할 것이다. 비슷하게, 구매자는 실제로 지불할 의사가 있는 것보다 훨씬 낮은 제안으로 출발한다. 각각이 생각하는 가격을 밝히는 것은 합리적이지 않다. 이것이 시간을 낭비하는 것은 아닌가? 그들 모두 중간 어딘가에서 끝나게 될 것이라는 것을 안다. 왜 그 지점에서 시작하지 않는 것인가?

벼룩시장 상인의 입장에서 생각해보자. 만약 여러분이 잠재 고객이 얼마나 지불할 의사가 있는지 확실히 알았다면, 여러분은 그 금액보다 조금 부족한데도 수락하겠는가? 아마도 아닐 것이다. 미래의 구매자로서, 상인은 여러분의 실제 지불의사를 모르게 하려는 강한 동기부여를 가지고 있다. 상인도 마찬가지다. 그는 수락할 최소 가격을 잠재 구매자에게 숨기려 한다. 가장 유리한 가격에서 끝나기를 희망하면서, 양쪽은 그들의 실제 유보가격에서 멀리 떨어져 입찰을 시작할 것이다. 또한 동일한 원칙은 가끔 가격을 깎으려는 사람들에 의해 사용되는 속임수를 설명한다: 여러분의 지불의사에 대해 엄포를 놓는다. 물품 가격이 여러분의 최대 지불의사 위에 있다면, 여러분은 무엇을 할 것인가? 이베이에서, 여러분은 입찰을 중지할 것이다; 벼룩시장에서 떠나버린다. 협상 자리에서 떠나는 것은 현재 가격이 지불의사보다 높다는 신호다—그것이 사실이든 아니든, 만약 판매자가 더 높은 가격을 얻을 수 없다는 것을 깨닫는다면, 그는 가끔 완전히 판매를 못하는 것보다 합의를 보려고 할 것이다. 다른 한편으로, 만약 여러분이 비열한 엄포가라면, 혹은 만약 여러분의 제안 가격이 판매자의 판매의사보다 아래에 있다면 거래는 성사되지 못할 것이다.

다음번에 여러분이 노동조합 임금 협상에서 '노동자가 협상에서 떠났다'거나 민사소송 당사자가 '중재로부터 철수'했다는 소식을 듣게 된다면, 여러분은 그들이 최저 혹은 최고가에 대해 신호를 보내고 있다는 것을 알 것이다.

✓ 개념 확인하기

- ❒ 지불의사는 어떻게 기회비용에 의해 결정되는가? **[LO 5.1]**
- ❒ 지불의사와 수요곡선의 관계는 무엇인가? **[LO 5.1]**

잉여 측정

잉여 거래로부터 누가 얼마나 편익을 얻는지를 측정하는 방식

잉여(surplus)는 거래에서 편익을 얻는 사람과 얼마만큼인지를 측정하는 하나의 방법이다. 경제학자들은 매우 간단한 개념을 설명하기 위해 이 단어를 사용한다: 만약 여러분이 지불하려는 것보다 낮은 가격에 무엇인가를 얻는다면, 혹은 여러분이 수락하는 최소보다 더 높은 가격에서 판매하게 된다면, 이것은 좋은 일이다. 여러분이 제값을 지불할 의사가 있는 어떤 것을 할인해 구매할 때의 기분을 생각해보자. 필요하다면 지불해야 하지만, 그렇지 않았던 '보너스' 가치가 잉여다. 구매자와 판매자, 개별적 혹은 집단적으로 양쪽의 잉여에 대해 이야기할 수 있다.

잉여는 구매자나 판매자가 거래하려는 가격과 실제 가격의 차이다. 누군가 물건을 사는 것과 돈을 유지하는 것 사이에 완전히 무차별적인 가격으로서 지불의사를 생각해보자. 높은 가격에서, 그는 물건을 사지 않는다; 낮은 가격에서는 구매하는 것을 선호한다. 이러한 '무차별 가격'과 실제 가격의 거리를 봄으로써, 구매자(혹은 판매자)가 거래를 통해 얻게 되는 추가적인 가치를 기술할 수 있다.

잉여는 간단한 발상이지만, 놀랄 만큼 강력하다. 가격 그 자체보다, 구매자와 판매자가 시장에 참여함으로써 얻게 되는 가치를 판정하는 더 좋은 기준이다. 이것이 사실인지 알기 위해, 다른 관점에서 보기의 '사라지는 것으로부터 인터넷을 지키기 위해 여러분이 얼마를 지불해야 할 것인가?'를 읽어보자.

다른 관점에서 보기

사라지는 것으로부터 인터넷을 지키기 위해 여러분이 얼마를 지불해야 할 것인가?

무엇인가에 얼마를 지불하는지보다 잉여가 왜 더 좋은 가치판정 기준인가? 인터넷 대 컴퓨터 특정 모델에 대해 지불하는 것의 차이를 생각해보자.

많은 사람들은 아주 적은 금액 혹은 심지어 무료로 인터넷에 접속할 수 있다. 집에서 초고속 인터넷 접속을 위해 월 이용료를 지불하고 있지만, 거의 모든 사람들이 학교, 도서관 혹은 커피점에서 무료로 인터넷을 사용한다. 일단 여러분이 온라인에 접속하면 무료로 정보, 오락과 서비스를 제공할 수백만 개의 웹사이트가 있다. 다른 한편으로, 컴퓨터 소유주는 특정한 종류의 컴퓨터에 대해 많은 돈을 지불한다. 예를 들어, 소비자는 맥북(MacBook) 노트북에 대해 999달러를 지불한다. 이것이 맥북보다 인터넷 접속에 덜 가치를 둔다는 것을 의미하는 것인가? 아마도 아닐 것이다.

단순히 가격을 측정하는 것이 실제 가치를 정확히 포착하는 것에 미흡한 이유를 알기 위해, 여러분이 소유한 특정한 종류의 컴퓨터가 시장에서 사라지는 것을 막기 위해 얼마를 지불해야 하는지에 대해 생각해보자. 여러분은 무엇인가를 지불할 것이다: 결국 여러분이 그것을 선택한 이유가 있고, 기술 규격, 외관 등 여러분이 선호하는 조합을 얻기 위해 좀 더 지불할 의사가 있다. 그러나 만약 가격이 매우 비싸졌다면, 여러분은 돈을 더 지불하기보다는 비슷한 형태의 다른 컴퓨터를 사기 원할 것이다. 무엇인가를 구매해 능력을 유지하기 위해 현재 가격을 넘어 지불하는 최대로 추가하는 금액, 이러한 차이가 소비자 잉여다. 지불의사와 실제 가격의 차이다.

이제, 인터넷에 대해 동일한 질문을 고려해보자. 인터넷이 내일 사라진다거나 혹은 적어도 여러분이 어떤 방법으로든 접속할 수 없게 될 것이라고 상상해보자. 인터넷이 사라지는 것을 막기 위해 얼마를 지불할 것인가? 이는 이메일, 구글 검색 및 지도, 페이스북, 트위터, 유튜브, 동영상 기능과 온라인 쇼핑을 할 수 없다는 것을 의미한다. 여러분이 현재 소비하는 금액이 아주 적을지라도, 여러분이 지불하려는 금액은 인터넷에 두는 실제 가치를 나타낸다. 이것이 잉여의 마법이다.

소비자 잉여

LO 5.2 도표나 표에 근거해 소비자 잉여 계산하기

소비자 잉여 소비자가 재화나 서비스를 구매할 때 얻게 되는 순 편익으로, 지불의사 가격과 실제 가격의 차이로 측정됨

5명의 이베이 구매자로 돌아가, 그들이 주어진 가격에서 카메라를 구매해 얻게 되는 잉여를 계산해보자. 이베이에서 카메라의 현재 가격은 160달러라고 가정하자. 조류 관찰자는 500달러까지 입찰할 의사가 있었다. 그러므로 카메라를 구매함으로써 얻게 되는 **소비자 잉여**(consumer surplus)는 지불의사와 실제로 지불한 160달러 사이의 차이인 340달러다. 만약 가격이 160달러

라면, 다른 2명의 잠재 구매자 또한 카메라를 구매한다: 부동산 대리인(200달러까지 지불할 의사)과 아마추어 사진작가(250달러까지 지불할 의사). 그들이 얻는 소비자 잉여는 각각 40달러와 90달러다. 가격이 100달러 이상으로, 그리고 150달러 이상으로 상승할 때 다른 2명의 잠재 구매자는 입찰에서 손을 뗄 것이고, 따라서 그들은 아무것도 구매하지 않고 아무것도 지불하지 않는다. 그들의 소비자 잉여는 0이다.

구매자가 시장에서 얻은 전체 편익을 묘사하기 위해 각각의 개별 소비자 잉여를 더할 수 있다.(혼란스럽게도, 경제학자들은 개별적 잉여와 집단적 잉여에 대해 동일한 단어를 사용하지만, 한 사람의 소비자 잉여인지 시장에 있는 모든 소비자에 대한 총소비자 잉여인지를 문맥상 말할 수 있어야 한다.) 만약 디지털카메라 시장이 오직 5명의 개인으로 구성되어 있다면, 총소비자 잉여는 다음과 같다:

$$\$340 + \$90 + \$40 + \$0 + \$0 = \$470$$

〈그림 5-3〉 화면 (A)는 가격이 160달러일 때, 5명 개인의 소비자 잉여를 보여준다. 소비자 잉여는 수요곡선 아래와 균형가격의 수평선 위 면적에 의해 도표로 표현된다.

선형곡선하의 면적에 대해 보충하기 위해 5장 다음에 있는 부록 D '핵심수학: 선형곡선하의 면적'을 학습하라.

시장가격의 변화는 구매자에게 어떤 영향을 미칠 것인가? 구매자들은 항상 가격이 낮아지는 것을 선호하기 때문에 가격 하락은 그들을 더 나아지게 하고, 가격 상승은 그들을 더 좋지 못하게 한다. 어떤 사람들은 가격이 오를 때 결코 구매하지 않을 것이고, 이것은 그들의 잉여가 0이 된다는 것을 의미한다. 구매하는 사람들은 더 낮은 가격에서 그들이 가졌던 잉여보다 더 적은 개별 잉여를 가질 것이다. 가격이 하락할 때, 그 반대가 사실이다. 소비자 잉여를 측정하는 것은 가격이 변할 때 구매자들이 얼마나 나아지는지 혹은 좋지 못한지를 말해준다.

〈그림 5-3〉 화면 (B)는 만약 이베이에서 카메라의 현재 가격이 100달러로 하락하면, 총소비자 잉여에 무슨 일이 발생하는지 보여준다. 화면 (A)와 (B)를 비교해보면 가격이 하락할 때 소비자 잉여를 나타내는 면적이 더 커진다는 것을 알 수 있다. 이미 구매할 의사가 있는 구매자 3명의 소비자 잉여는 각각 60달러씩 증가하고, 추가적으로 2명의 구매자가 시장에 합류한다. 기자의 지불의사는 150달러이기 때문에 기자는 50달러의 소비자 잉여를 얻는다. 교사는 가격이 정확히 지불의사와 일치하기 때문에, 교사는 카메라를 구매하지만 소비자 잉여는 얻지 못한다. 카메라 가격이 160달러일 때, 소비자 잉여는 470달러였다. 카메라 가격이 100달러로 하락할 때 5명 개인의 총소비자 잉여는 230달러 증가해 700달러와 일치한다:

$$\$470 + \$60 + \$60 + \$60 + \$50 + \$0 = \$700$$

생산자 잉여

LO 5.3 도표나 표에 근거해 생산자 잉여 계산하기

구매자처럼, 판매자는 그들이 거래하려는 의사가 있는 가격과 실제 가격 사이의 거리가 증가하기를 원한다. 최소한의 판매의사보다 시장가격이 높을 때, 판매자는 더 좋아지게 된다. **생산자 잉여**(producer surplus)는 생산자가 재화나 서비스의 판매로부터 받는 순편익이고, 이것은 판매의사와 실제 가격 사이의 차이로 측정된다. 판매자가 실제로 재화를 직접 생산하거나, 혹은

생산자 잉여 생산자가 재화나 서비스의 판매로부터 얻는 순 편익으로서 생산자의 판매의사 가격과 실제 가격의 차이로 측정

그림 5-3
소비자 잉여

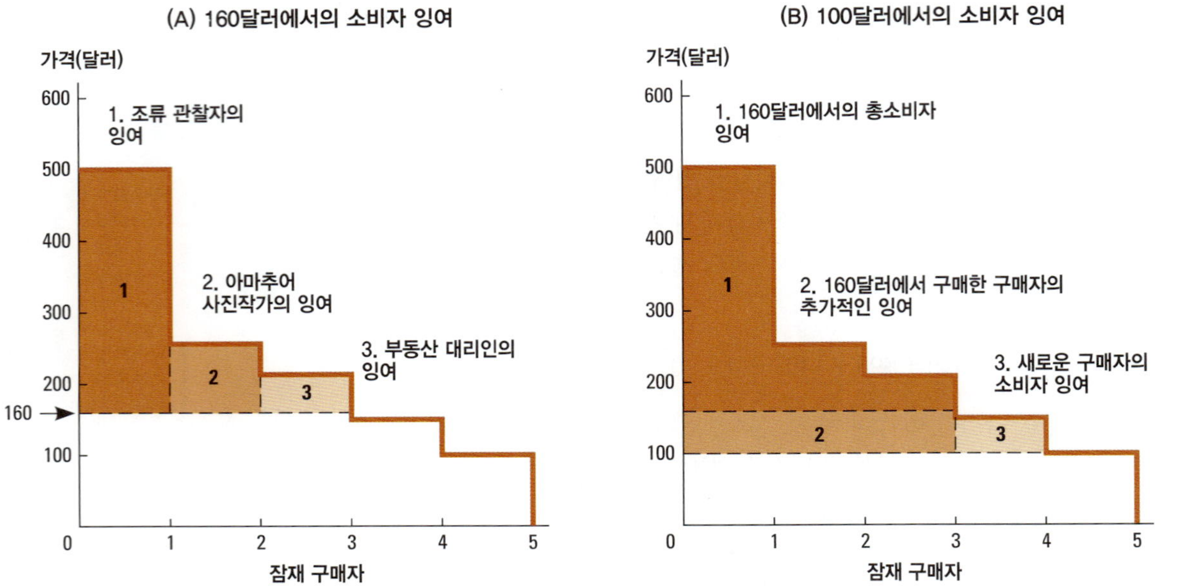

이 도표는 가격이 160달러일 때 카메라시장의 소비자 잉여를 보여준다. 음영 처리된 부분이 각 구매자에 대한 지불의사와 시장가격의 차이다. 구매자가 더 많이 지불할수록 더 낮은 가격에서 소비자 잉여는 더 커진다. 이 가격에서 총소비자 잉여는 470달러다.

카메라 가격이 100달러로 하락할 때, 소비자 잉여는 증가한다. 면적 1은 기존 가격에서의 소비자 잉여다. 면적 2는 양쪽 가격에서 구매할 의사가 있었던 사람들이 받는 추가적인 잉여다. 면적 3은 가격이 하락할 때, 시장에 진입한 2명의 새로운 구매자가 받는 잉여다. 3군데의 통합가격이 100달러일 때 총소비자 잉여다. 가격이 하락할 때 총소비자 잉여는 470달러에서 700달러로 증가한다.

이베이에서 간접적으로 판매하는지와 상관없이 생산자 잉여라고 한다.

만약 5명의 잠재 판매자가 이베이에서 카메라의 현재 가격이 160달러라는 것을 안다면, 그들 중 2명은 판매를 할 것이고, 그들이 수락하려는 최소 가격보다 더 많이 얻게 되기 때문에 만족할 것이다.

만화책 수집가의 판매의사는 50달러이므로 생산자 잉여는 110달러다. 가격 100달러에 판매의사가 있는 큰 회사의 판매 대리인은 60달러의 잉여를 가진다. 이 가격에서 거래를 하지 않을 나머지 3명의 잠재 판매자는 0의 잉여를 가진다.

만약 시장이 오직 5명의 판매자로 구성되어 있다면, 이 가격에서의 총생산자 잉여는 다음과 같다:

$$\$110 + \$60 + \$0 + \$0 + \$0 = \$170$$

시장가격 변화는 구매자에게 주는 영향과 반대로 판매자에게 영향을 준다. 판매자는 항상 가격이 오르는 것을 선호하고, 그래서 가격 하락은 그들을 더 좋지 못하게 만든다. 가격이 하락할 때, 어떤 사람들은 결코 판매를 하지 않을 것이다; 그들의 잉여는 0이 된다. 시장가격이 상승할 때 그 반대가 사실이고, 판매자는 더 좋아지게 된다. 생산자 잉여를 측정하는 것은 가격이 변할 때 판매자들이 얼마나 좋아지는지 혹은 좋지 못한지를 말해준다.

〈그림 5-4〉 화면 (B)는 가격이 160달러에서 100달러로 하락하면, 총생산자 잉여에 무슨 일이 발생하는지 보여준다. 2명의 판매자는 여전히 판매하지만, 그들의 잉여는 줄어든다. 총생산자 잉여는 50달러로 하락한다. 생산자 잉여는 균형가격의 수평선 아래와 공급곡선 위의 면적에 의해 도표로 표현된다. 가격이 높을수록 면적은 넓어지고, 생산자 잉여는 커진다.

총잉여

LO 5.4 도표나 표에 근거해 총잉여 계산하기

이제, 주어진 어떤 가격에서도 소비자 잉여와 생산자 잉여를 계산하는 방법을 이해할 것이다. 그러나 실제 시장가격이 어떻게 될 것인가 알아내기 위해, 수요곡선과 공급곡선을 함께 놓고 그들이 교차하는 지점을 찾아내야 한다.

이베이에서 디지털카메라에 대해 단지 5명의 구매자와 판매자인 시장을 넘어 전체 시장으로 확대하자. 이러한 대규모 시장을 표현하기 위해, 〈그림 5-1과 5-2〉의 매끄러운 수요와 공급곡선을 떠올려보자. 〈그림 5-5〉에 수요와 공급을 함께 놓게 되면, 균형가격은 200달러고, 거래된 카메라의 균형 거래량은 3,000만 개다.(디지털카메라의 표준화된 모델과 3장에서 서술된 경쟁시장의 기타 다른 특징을 가정한다.)

> 소비자, 생산자와 총잉여를 더 잘 이해하기 위해 온라인 그래프 학습자료를 활용하라.

총소비자 잉여는 수요곡선 아래와 균형가격의 위인 면적으로 도표에 표시된다. 그것은 〈그림

그림 5-4
생산자 잉여

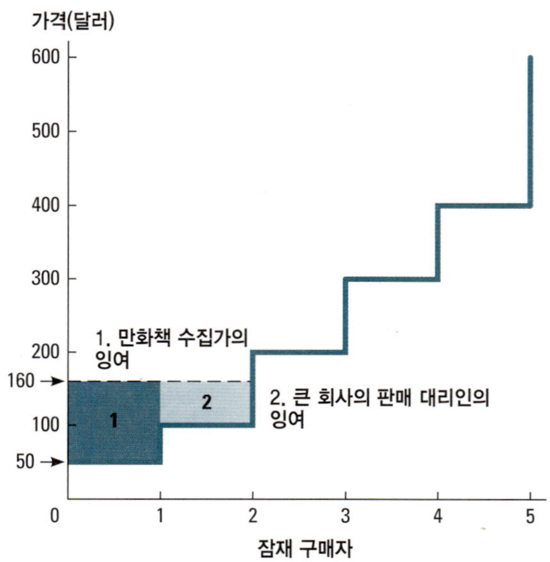

이것은 시장의 모든 잠재 판매자의 판매의사를 보여준다. 공급곡선과 시장가격 사이의 음영 처리된 부분(1+2)은 170달러의 총생산자 잉여를 보여준다.

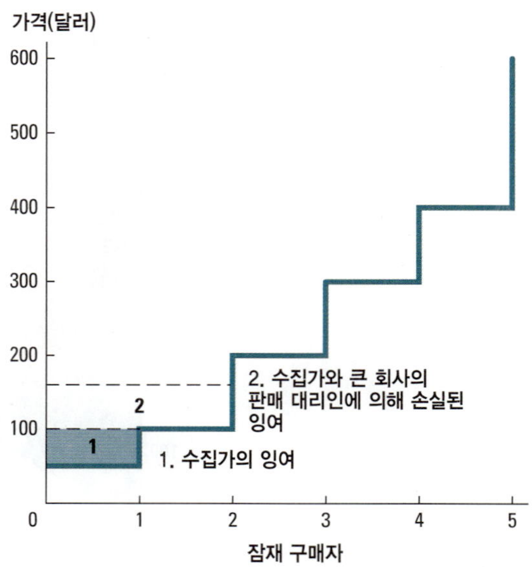

판매자는 항상 가격이 오르는 것을 선호하기 때문에, 가격이 100달러로 하락할 때 생산자 잉여는 줄어든다. 100달러에서 2명의 판매자는 여전히 판매하지만, 더 적은 돈을 받기 때문에 그들은 만족하지 못하게 된다. 면적 1은 새로운 생산자 잉여를 보여준다: 50달러. 면적 2는 2명 판매자의 잉여 감소를 보여준다.

5-5〉에서 황금색으로 음영 처리된 면적이다. 총생산자 잉여는 공급곡선 위와 균형가격의 아래인 면적으로 도표에 표시되는데, 푸른색으로 음영 처리된 면적이다.

총잉여 재화나 서비스의 거래에 참여함 모든 사람이 받는 편익을 측정하는 지표

2개를 합쳐, 소비자 잉여와 생산자 잉여 2개의 면적은 이베이에서 디지털카메라 3,000만 개 판매에 의해 창출된 총잉여를 이루게 된다. **총잉여**는 재화나 서비스의 교환에 모든 사람들이 참가함으로써 받게 되는 종합 편익의 측정이다.

총잉여를 시장의 존재로 인해 창출된 가치로 생각할 수도 있다. 총잉여는 모든 개인 참가자가 받는 편익(조류 관찰자의 소비자 잉여 300달러 + 만화책 수집가의 잉여 150달러 + 기타 등등)을 더해서 계산된다. 그러나 이러한 편익은 오직 시장에서 교환에 참가한 결과로 존재하게 된다.

제로섬 게임 한 사람이 이득을 보면 다른 사람은 그만큼 손실을 보게 되어 거래의 순 가치가 0인 상황

사람들은 때때로 경제를 화폐, 재화와 웰빙의 고정된 수량으로 잘못 생각하고, 그래서 유일한 문제는 사람들 사이에서 어떻게 배분할 것인가이기 때문에 이는 중요한 핵심이다. 그런 발상은 **제로섬 게임**(zero-sum game)을 나타낸다. 제로섬 게임은 한 사람이 얻을 때마다, 다른 사람은 동일한 수량의 손해가 나는 상황이고, 그래서 거래의 순가치는 0이다. 카드놀이는 제로섬 게임의 예다: 한 경기자가 승리하는 한 논리적으로 다른 경기자는 손해를 봐야 한다.

잉여의 개념은 경제가 일반적으로 카드놀이처럼 작동하지 않는다는 것을 보여준다. 이베이에서 카메라를 판매하는 것과 같은 자발적인 거래는 승자나 패자가 없다. 오히려 구매자와 판매자가 잉여를 얻기 때문에 그들은 모두 승자다. 모두가 이전보다 더 나아지게 된다. 총잉여는 0보다 작을 수 없다. 만약 그렇다면, 사람들은 사거나 판매하는 것을 중단한다.

그림 5-5

시장균형에서의 잉여

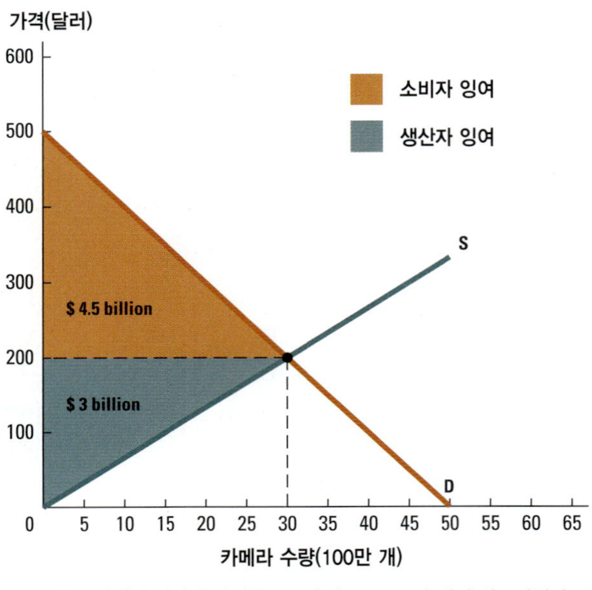

시장균형에서 카메라 가격은 200달러고 3,000만 개가 사고팔렸다. 소비자 잉여는 수요곡선과 시장가격 사이의 면적으로 표시되고 이것은 45억 달러다. 생산자 잉여는 공급곡선과 시장가격 사이의 면적과 같고 이것은 30억 달러다. 총잉여는 합쳐서 75억 달러다.

규칙으로서, 시장은 가치를 창출하지만 그 가치의 배분은 더 복잡한 일이다. 다음 절에서 시장거래로부터 그리고 시장균형에서의 이탈로부터 초래된 웰빙에 대해 잉여가 시사하는 점을 살펴볼 것이다. 다음 6장에서는 보통의 정부 정책이 경쟁시장에서 시행될 때, 정부 정책의 효과를 평가하기 위해 이러한 수단을 사용할 것이다. 나중에, 경쟁시장이 어떻게 운영되는지에 대한 가정에 대해 다시 살펴볼 것이고, 이러한 가정이 현실에서 사실이 아닐 때 잉여에 무슨 일이 일어나는지 논의할 것이다. 우선, 지금까지 5장에서 우리가 직면한 일부 발상을 현실에서 간추리기 위해, 사례를 통해 알아보기의 '전파는 2000만 달러의 비용이 든다'를 읽어보자.

사례를 통해 알아보기

전파는 2000만 달러의 비용이 든다

이베이에서 개인 구매자와 판매자의 행동에 대한 경매 과정을 보았다. 그러나 경매는 중요한 공공정책 수단이 될 수도 있다. 예를 들어, 공중파를 방송하는 권리를 판매함으로써, 미국 정부가 거의 2000만 달러를 증가시켰던 2008년 여름의 경매를 떠올려보자. 이 경매가 어떻게 잉여의 개념을 적용하는지 배우기 위해, 5장 끝부분의 QR코드를 스캔하거나 온라인을 통해 읽기를 계속하라.

✓ 개념 확인하기

- ❒ 소비자의 지불의사가 한 재화의 시장가격보다 아래인 20달러일 때 얻게 되는 소비자 잉여는 무엇인가? **[LO 5.2]**
- ❒ 판매자의 판매의사가 한 재화의 시장가격보다 아래인 40달러일 때 얻게 되는 생산자 잉여는 무엇인가? **[LO 5.3]**
- ❒ 재화와 서비스 시장에서 총잉여가 0 아래로 결코 떨어지지 않는 이유는 무엇인가? **[LO 5.4]**

대안들을 비교하기 위해 잉여 사용하기

경쟁시장에서, 구매자와 판매자는 자연스럽게 균형가격에 대한 그들의 방식을 찾을 것이다. 이베이 사례에서, 디지털카메라 구매자와 판매자는 구매를 원하는 사람 수와 판매를 원하는 사람 수가 짝을 맞출 때까지 서로 다른 가격을 제안하면서 자유롭게 협상을 계속할 것이다. 이것이 시장에 작용하는 보이지 않는 손이고, 가격을 조정하거나 책정하기 위해 어떤 이베이 관리자도 필요로 하지 않는다. 그러나 지금 알아보려고 하는 것처럼, 보이지 않는 손의 마법은 거기서 멈추지 않는다.

시장균형과 효율성

LO 5.5 잉여로 효율성을 정의하고, 효율적과 비효율적 상황 확인하기

잉여의 개념은 시장균형에 대해 무엇인가를 매우 중요하게 인정하게 한다: 구매자가 완벽히 판매자와 짝을 이룬다는 점에서뿐만이 아니다; 또한 총잉여가 극대화된다는 점이다. 다시 말해, 균형은 시장의 모든 참가자의 총후생수준을 가능한 한 크게 한다.

왜 그런지 알아보기 위해, 만약 어떤 이유로 시장이 균형에서 벗어난다면 잉여에 무슨 일이 벌어지는지 살펴보자. 입찰의 골칫거리를 없애기 위해, 이베이 관리자가 카메라 가격을 책정한다고 가정하자. 그는 300달러가 합리적인 가격이라고 결정한다. 잠재 구매자와 판매자는 이러한 상황에 대해 어떻게 반응할 것인가? 〈그림 5-6〉이 이것을 보여준다. 200달러의 균형가격에서 1,000만 개의 카메라를 원했던 구매자들은 300달러에서 더 이상 구매 의사가 없고, 소비자 잉여를 0으로 줄인다. 이것은 구매자에게 1,000만 개의 카메라를 팔았던 판매자 또한 놓치게 되고 생산자 잉여도 0이 된다는 것을 의미한다. 여전히 팔리는 2,000만 개의 카메라에 대해 구매자는 더 높은 가격을 지불하고 잉여를 손실하게 된다. 2,000만 개 카메라의 판매자는 더 높은 가격으로 인해 편익을 얻고, 소비자가 손실한 잉여를 얻게 된다. 전반적으로, 이제는 1,000만 개의 카메라가 덜 팔리기 때문에, 시장의 총잉여는 균형가격에서의 그것보다 낮아지게 된다.

이베이 관리자가 이번에는 디지털카메라를 100달러에 팔기로 결정한다면 무슨 일이 발생할 것인가? 〈그림 5-7〉에서처럼, 100달러와 200달러 사이의 가격에서, 구매자는 4,000만 개의 카메라를 구매하려고 하지만, 판매자는 단지 1,500만 개만 판매하려고 한다(균형에 비해). 1,500만 대의 카메라가 덜 팔리기 때문에, 구매자와 판매자는 판매를 통해 얻은 잉여를 손실한다. 여전히 거래된 1,500만 개에 대해, 소비자는 낮은 가격(면적 2)에서 구매함으로써 15억 달러(100달러×1,500만)의 잉여를 얻는다. 그것은 낮은 가격에서 판매를 하지 못해 남아 있는 판매자의 손실된 잉여와 정확히 일치한다. 균형에서 거래를 한 구매자와 판매자는 더 이상 그렇게 할 수 없고, 18.75억 달러의 종합 잉여를 손실한다. 이것을 나누어보면, 시장에서 더 이상 구매하지 못한 1,500만 구매자는 11.25억 달러(면적 4)의 잉여 손실이고, 판매자는 7.5억 달러(면적 5)의 잉

그림 5-6
잉여 배분의 변화

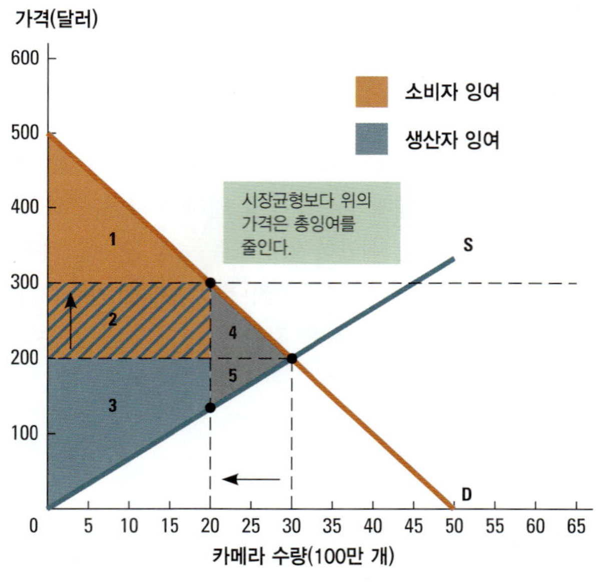

가격이 시장균형보다 위로 오를 때 더 적은 거래가 이루어진다. 면적 2의 잉여는 여전히 발생한 거래를 위해 더 높은 가격을 지불한 결과로서, 소비자로부터 생산자로 이전된다. 면적 4와 5는 거래 감소로 인한 결과로서, 소비자와 생산자 양쪽의 손실이다.

그림 5-7

가격이 균형보다 아래일 때의 잉여

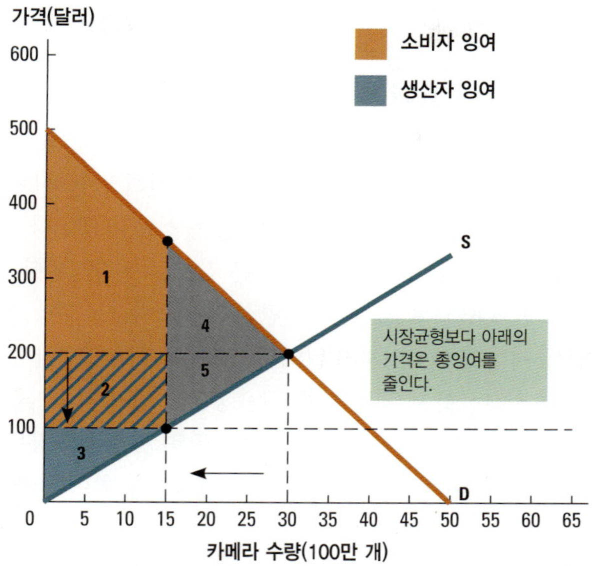

카메라 가격이 100달러로 하락할 때, 구매자는 4,000만 개를 구매하려고 하지만, 판매자는 단지 1,500만 개를 팔려고 한다. 거래를 하는 사람들에게 성공적인 구매자는 낮은 가격에 구매함으로써, 15억 달러의 잉여(면적 2)를 얻고, 반면 판매자는 동일한 잉여가 손실된다. 균형에서 거래했던 구매자와 판매자는 더 이상 그렇게 할 수 없고, 18.75억 달러의 종합 잉여를 손실한다. 면적 4와 5의 잉여는 거래 감소로 인한 결과로서, 소비자와 생산자 양쪽의 손실이다. 총잉여는 75억 달러에서 56.25억 달러로 감소한다.

여 손실이다. 총 18.75억 달러(면적 4 + 5) 잉여 손실은 가격 상한 이전의 총잉여에서 공제된다. 총잉여는 75억 달러에서 56.25억 달러로 감소한다.

가격이 300달러(균형가격보다 위)일 때 혹은 가격이 100달러(균형가격보다 아래)일 때, 두 경우 모두에서 총잉여는 시장균형에 비해 감소한다. 사실, 균형가격이 아닌 다른 어떤 가격에서 동일한 결과를 얻는다. 어떤 사람들은 더 이상 사거나 팔려고 하지 않기 때문에, 높거나 낮은 가격은 발생하는 거래를 적게 만든다는 것이 핵심이다. 자발적인 거래로부터 얻어진 가치는 더 이상 존재하지 않는다. 그 결과 완전하게 경쟁적인, 제대로 작동하는 시장의 균형은 총잉여를 극대화한다.

다시 말해, 이는 균형일 때 시장이 **효율적**이라는 뜻이다: 어떤 사람을 더 나빠지게 하지 않고서 누군가를 더 나아지게 할 수 있는 교환은 없다. 효율성은 시장 체계의 가장 강력한 특징 중 하나다. 더 놀라운 점은, 중앙집권적인 조정 없이 달성된다는 것이다.

효율적 시장 어떠한 거래도 모두를 동시에 더 만족스러운 상황으로 이끌지 못하는 방식. 즉, 어떤 사람에게 이득이 되는 거래는 다른 사람에게 손해를 끼칠 수밖에 없는 방식

총잉여 배분의 변화

LO 5.6 정책결정에 따른 편익의 배분 설명하기

총잉여의 감소는 이베이 관리자의 간섭으로 균형에서 벗어나 디지털카메라 가격이 이동했을 때 발생하는 단지 흥미로운 것만은 아니다. 다른 결과는 이루어진 거래에 대해 소비자로부터 생산자

로 잉여를 재할당하거나, 혹은 그 반대로다. 가격이 상승했을 때, 판매자는 구매자의 비용으로 어떤 웰빙을 얻는다. 가격이 하락했을 때, 구매자는 판매자의 비용으로 어떤 웰빙을 얻는다. 두 경우 모두 한 집단에서 다른 집단으로 웰빙의 이전은 줄어든 총잉여의 비용에서 나왔다.

인위적으로 높은 가격이 시장에 부과될 때, 소비자 잉여에 대한 좋지 않은 소식이다. 거래의 감소로 소비자는 잉여가 손실되고, 구매자는 남아 있는 거래에 대해 더 높은 가격을 지불해야 한다. 생산자의 상황은 더 복잡하다. 균형 아래에서 발생했고 더 이상 그렇게 하지 않는 거래로부터 그들은 어떤 잉여를 손실한다. 다른 한편으로, 그들은 여전히 발생하는 거래에 대해 더 높은 가격을 받음으로써 더 많은 잉여를 얻는다. 2가지 효과는 서로 경쟁한다. 어떤 효과가 '우세하는지'에 따라 전반적으로 생산자 잉여가 증가할지 혹은 감소할지 결정된다.

그 이유를 알기 위해 〈그림 5-6〉으로 돌아가자. 면적 2는 소비자로부터 생산자로 이전된 잉여다. 면적 4와 5는 더 이상 거래가 이루어지지 않아 발생한 소비자와 생산자 각각의 잉여 손실을 나타낸다. 면적 2가 면적 5보다 클지 혹은 작을지는 생산자 잉여가 증가할지 혹은 감소할지를 알려줄 것이다. 이것은 수요곡선과 공급곡선의 형태에 달려 있다. 이 경우, 면적 2는 면적 5보다 크다. 인위적으로 높은 가격의 효과는 판매자를 더 나아지게 한다(구매자를 심지어 더 많이 나빠지게 하는 비용으로).

〈그림 5-7〉에서 볼 수 있듯이, 가격이 시장균형보다 낮을 때 반대 상황이 발생한다(더 적은 생산자만 판매의사가 있으므로). 더 적은 거래가 발생하고, 소비자와 생산자 모두 놓친 거래로부터 어떤 잉여가 손실된다. 여전히 거래되는 것에 대해 소비자는 덜 지불하고, 생산자는 덜 지불받게 되며, 잉여를 손실한 생산자의 비용으로 소비자는 잉여를 얻는다. 그리하여, 시장균형 아래의 가격은 항상 생산자의 잉여를 줄어들게 한다. 그 가격은 소비자의 잉여를 증가시키거나 혹은 감소시킨다. 더 낮은 가격에서 구매한 사람과 더 이상 구매할 수 없는 사람들이 잃은 것의 비교에 의해 얼마만큼의 잉여가 얻어지는지에 따라 결과가 달라진다.

분권화된 가상의 시장으로서 이베이의 생각에 반대로인 경우처럼, 우리는 이베이 관리자가 곧 그들 자신의 가격을 부과하기 시작한다고 기대하지 않는다. 그러나 정부나 다른 기관이 시장에 최저가 혹은 최고가를 부과하기로 결정할 때가 가끔 있다. 결국, 효율성은 우리가 관심을 가지는 유일한 것이 아니다; 다수의 근본적인 공공정책의 문제는 경제적 효율성과 공평과 형평성과 같은 다른 관심사 사이의 가능한 상충관계를 중심으로 다룬다. 6장에서 이것에 대해 좀 더 상세히 다룰 것이다.

경제적 순손실

LO 5.7 경제적 순손실을 정의하고 계산하기

경제적 순손실 거래량이 시장의 균형 거래량보다 적어서 발생하는 총잉여의 상실분

균형으로부터 시장을 이탈하게 하는 간섭은 생산자나 소비자 둘 중 하나에게 편익을 주지만, 항상 총잉여의 감소를 불러온다. 그 잉여는 어디로 간 것인가? 그것은 사라지고, **경제적 순손실**(deadweight loss)만 남는다. 경제적 순손실은 사거나 팔리는 재화의 수량이 시장균형 거래량보다 적을 때 발생하는 총잉여의 손실이다. 〈그림 5-8〉은 이베이에서 카메라 판매에 대한 경제적 순손실을 보여준다. 균형가격과 거래량으로부터의 시장을 이탈하게 하는 간섭은 경제적 순손실을 만든다. 더 적은 교환이 발생하고, 그래서 잉여를 창출하기 위한 기회가 더 적어진다.

그림 5-8
경제적 순손실

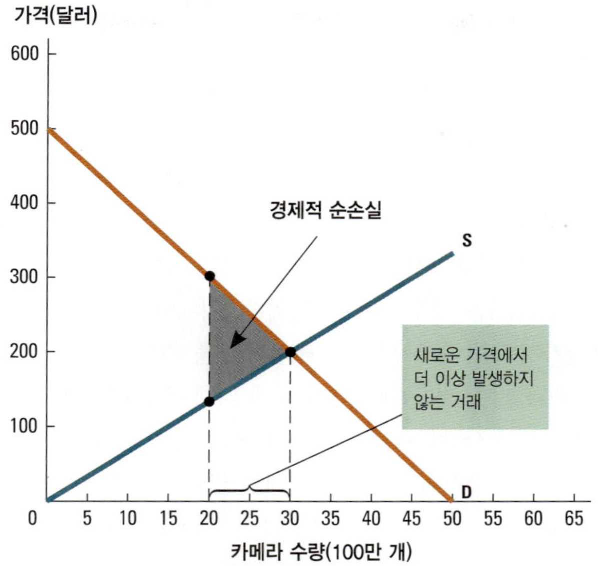

경제적 순손실은 가격이 균형으로부터 이탈할 때 더 적어진 거래의 결과로서 생산자와 소비자 모두에게서 손실된 잉여를 나타낸다. 여기서, 경제적 순손실은 회색으로 음영 처리된 면적과 같다.

간섭 이전 시장균형의 총잉여에서 시장 간섭 이후의 총잉여를 공제해 계산할 수 있다. 혹은 도표의 삼각형 면적을 알아내 직접 경제적 순손실을 계산할 수 있다. 6장에서는 경제적 순손실이 세금과 재화의 가격 통제 같은 메커니즘을 통해, 시장에 대한 정부 간섭의 비용을 이해하는 데 매우 중요한 개념이라는 것을 배울 것이다.

수요와 공급 그래프의 경제적 순손실을 더 잘 이해하기 위해 온라인 그래프 학습자료를 활용하라.

실종된 시장

LO 5.8 실종된 시장을 바로잡는 것이 모두를 더 좋아지게 만드는 이유 설명하기

가격 변화는 이전 사례에서 경제적 순손실의 간접 원인이다. 그러나 직접 원인은 실제적으로 거래된 카메라의 수량의 감소다. 비균형가격은 발생하는 거래를 적어지게 하고, 균형에서의 거래로부터 창출된 잉여가 손실된다. 이제 다른 면을 보자: 더 많은 자발적인 거래는 더 많은 잉여를 의미한다. 발생할 수 있는 거래를 가능하게 하여, 이베이의 발명은 기존에 존재하지 않던 잉여를 창출해왔다는 것이 이야기의 더 깊은 교훈이다.

교환을 원하지만 할 수 없었던 사람들이 있을 때, 한 가지 혹은 다른 이유로 상호 편익을 위한 기회를 놓치는 것이다. 이러한 상황에서, 시장이 '실종'되었다고 한다: 특정 재화나 서비스를 교환하려는 잠재 구매자와 판매자를 위한 장소가 없다. 수량이 균형보다 적은 시장의 특별한 사례로서 실종된 시장을 생각할 수 있다. 이 경우, 수량이 0이나 0에 가깝다. 잘 작동하는 시장이 존재했다면 얻을 수 있었던 것보다 총잉여가 적다는 것을 의미한다.

시장은 다양한 이유로 실종될 수 있다. 때로는 공공정책이 시장을 존재하지 못하게 하는데 예를 들어, 특정 재화나 서비스의 생산 또는 판매가 금지되는 경우다. 그러나 시장은 다른 형태의 방해로 사라지거나 줄어들 수 있다: 잠재 구매자와 판매자 사이의 정확한 정보나 소통의 부재 혹은 교환을 가능하게 하는 기술의 미흡 등.

이베이는 새로운 기술이 어떻게 시장을 발명하거나 확장해 새로운 가치를 창출할 수 있는지 보여주는 사례다. 잠재 구매자와 판매자가 온라인에서 서로를 찾을 수 있도록 하는 이베이 같은 회사와 인터넷이 존재하기 전에는 거래를 위한 사람들의 범위가 무척 한정되었다. 여분의 물건을 처분하기 위해 창고 세일을 할 수 있다; 만약 흔치 않은 물건을 사려고 한다면, 지역에 있는 가게를 찾아가거나 신문광고를 한다. 만약 다른 국가에 있는 어떤 사람이 희귀한 물건이나 좋은 가격을 제시한다면, 그것을 찾기는 매우 어려운 일이다. 이베이는 더 많은 구매자가 판매자를 찾게 하고 그 반대도 마찬가지이며, 상호 이익이 되는 거래를 촉진한다.

새로운 시장을 창출하거나 기존 것을 개선하는 것에 의해 총잉여가 증가한다는 발상은 공공정책에서 중요한 시사점을 준다. 사람들이 정보를 공유하고 사업을 더 효율적으로 할 수 있도록 도와주는 정책과 기술은 웰빙을 증가시킬 수 있다. 예를 들어, 그라민 은행에 의해 소규모 대출을 위한 시장을 만드는 것과 인도 어촌에 휴대폰에 대한 접근을 확대하는 것과 같은 발상은 가난한 사람들을 돕기 위해 파이 조각들을 단지 재분배하는 것이 아니다. 대신 그들은 전체 파이를 크게 만든다.

새로운 기술, 새로운 전략, 신규 고객 확장이 거기에 참가하는 사람들에게 가치를 가져오는 시장을 창출하는 다수의 현실 상황에 대해 생각해보자. 어떻게 생각하십니까?의 '판매를 위한 신장'으로 설명되는 것처럼 시장이 존재하지 않지만 만들어질 수 있었던, 어떤 논쟁이 되는 상황에 대해 생각해보자.

어떻게 생각하십니까?

판매를 위한 신장

자발적인 거래에 참가하기 위해 구매자와 판매자가 함께 모일 때, 시장은 그렇지 않았다면 존재하지 않았을 가치를 창출한다. 잘 작동하는 시장이 잉여를 극대화한다는 발상은 중요한 기술적인 사실이다. 그러나 사람들은 잉여를 극대화하는 것을 넘어서는 도덕적 그리고 정치적인 우선순위가 있다. 사실, 다수의 중요한 공공정책의 문제는 경제적 효율성과 기타 목표 사이의 상충관계를 중심으로 다룬다.

예를 들어, 미국(그리고 다수의 다른 국가들) 법은 시장거래의 특정 형태를 금지한다. 다음 사례를 고려해보자:

- 의료적 이식을 위한 장기를 사고파는 것은 불법이다.
- 코카인과 헤로인 같은 특정 마약을 사고파는 것은 불법이다.
- 입양을 위해 아이들을 사고파는 것은 불법이다.
- 핵무기 장치 같은 특정 형태의 무기를 사고파는 것은 불법이다.

어느 측면에서 보면, 이들은 실종된 시장의 모든 사례다. 시장이 실종될 때 발생할 수 있는 자발적인 거래를 가능하게 하여 잉여를 창출하기 위한 기회를 놓치게 된다. 예를 들어, 장기 기관 시장은 다수의 사람들을 더 나아지게 할 수 있다. 어떤 건강한 사람들은 그들의 신장을 판매해 잉여를 얻는다: 2개의 신장과 돈이 없는 것보다 하나 남아 있는 신장과 돈을 갖는 것이 더 낫다. 한편, 신장병이 있는 어떤 사람들은 건강한 신장의 기증에 대해 행복하게 지불한다. 법이 이러한 거래 발생을 금지하기 때문에, 양쪽 모두 잉여를 놓치게 된다.

만약 잉여 극대화가 가장 높은 목표라면, 장기 기관과 그런 다른 재화가 시장에서 거래되도록 허락해야 하는 것이 타당하다. 그러나 그들은 잉여 극대화보다 다른 목표를 더 높게 생각하기 때문에, 장기 기관에 대한 시장을 허락하는 것은 많은 사람들의 도덕적 본능에 위배된다.

어떻게 생각하십니까?

1. 법이 장기 기관 거래를 막아야 한다는 것에 동의하는가?
2. 마약, 아이들과 핵무기에 대해서는 어떤가?
3. 이러한 재화에 대한 시장이 결국 잉여를 극대화하지 않게 되는 이유라도 있는가?
4. 여러분의 대답을 도출하기 위해 어떤 가치와 가정을 했는가?

✓ 개념 확인하기

- ❐ 효율적인 시장에서 총잉여의 크기와 배분에 대해 무엇을 말할 수 있는가? **[LO 5.5]**
- ❐ 시장이 균형가격과 거래량으로부터 이탈하게 만드는 간섭이 경제적 순손실을 만드는 이유는 무엇인가? **[LO 5.7]**
- ❐ 시장이 '실종'된다고 말하는 것은 무엇을 의미하는가? **[LO 5.8]**

결론

5장에서는 지불의사와 판매의사의 개념을 소개했으며, 이는 개별 구매자와 판매자가 거래를 만들도록 선택할 때를 설명하는 데 도움이 된다. 소비자와 생산자 잉여를 측정하는 데 그것이 무슨 의미인지 논의했으며, 이는 총잉여를 극대화하기 때문에 시장균형이 효율적이라는 것을 설명했다.

다음 장에서, 잉여와 경제적 순손실은 사업적 발상과 공공정책에 대한 시사점을 이해하는 데 강력한 수단이다. 정책으로부터 누가 편익을 얻는가? 그것에 의해 누가 손해를 보는가? 전반적인 경제에 무슨 효과가 있는가? 잉여, 효율성과 편익의 배분이라는 용어는 논란이 되는 결정의 진상을 규명하는 데 특히 도움이 된다. 나중에, 시장균형에 대한 효율성의 규칙이 항상 유효한 것은 아닌 중요한 사례를 기술하고, 잉여가 이러한 사례들을 이해하는 데 어떻게 도움이 될지 알게 될 것이다.

주요 용어

경제적 순손실 p.156
생산자 잉여 p.149
소비자 잉여 p.148
잉여 p.147
제로섬 게임 p.152
지불의사(유보가격) p.143
총잉여 p.152
판매의사 p.143
효율적 시장 p.155

요약

LO 5.1 주어진 가격에서 수요와 공급을 결정하기 위해 지불의사와 판매의사 이용하기

지불의사(또한 때때로 유보가격으로 알려진)와 판매의사는 한 개인이 특정 재화나 서비스에 두는 가치를 설명한다. 지불의사는 구매자가 특정 재화나 서비스에 대해 지불하려는 최대 가격이다. 판매의사는 판매자가 특정 재화나 서비스에 대한 거래를 수락하려는 최소 가격이다. 가격이 소비자의 지불의사보다 낮을 때에만 소비자는 구매할 것이고, 가격이 생산자의 판매의사보다 높을 때에만 생산자는 판매할 것이다.

LO 5.2 도표나 표에 근거해 소비자 잉여 계산하기

잉여는 거래로부터 누가 편익인지 그리고 얼마만큼인지 측정하는 한 가지 방법이다. 소비자 잉여는 소비자가 재화나 서비스의 구매로부터 얻는 순편익이고, 각각의 소비자의 지불의사와 실제 가격 사이의 차이에 의해 측정된다. 도표적으로, 수요곡선 아래와 시장가격 위의 면적과 같다.

LO 5.3 도표나 표에 근거해 생산자 잉여 계산하기

생산자 잉여는 생산자가 재화나 서비스의 판매로부터 얻는 순편익의 측정이고, 생산자의 판매의사와 실제 가격 사이의 차이에 의해 측정된다. 도표적으로, 공급곡선 위와 시장 가격 아래의 면적과 같다.

LO 5.4 도표나 표에 근거해 총잉여 계산하기

총잉여는 재화나 서비스의 교환에 참가하는 모든 사람들이 받는 종합 편익의 측정이다. 소비자 잉여와 생산자 잉여를 더해서 계산한다. 도표적으로, 수요와 공급곡선 사이의 총면적인 균형 거래량의 왼쪽과 같다.

LO 5.5 잉여로 효율성을 정의하고, 효율적과 비효율적 상황 확인하기

만약 어떤 사람을 더 나빠지게 하지 않고서 누군가를 더 나아지게 할 수 있는 교환이 존재하지 않는다면, 시장은 **효율적**이다. 효율적인 시장은 총잉여를 극대화하지만, 소비자와 생산자 사이에서 잉여가 어떻게 배분되는지에 대해서는 말해주지 않는다. 경쟁시장에서 효율성은 균형가격과 거래량에서만 달성된다; 가격 상승과 가격 하락은 모두 사고 팔리는 수량을 줄일 것이고, 총잉여는 감소할 것이다.

LO 5.6 정책결정에 따른 편익의 배분 설명하기

시장균형보다 위거나 아래인 가격은 총잉여를 감소시킬 뿐만 아니라 생산자와 소비자 사이의 잉여를 다르게 재배분한다. 균형보다 위의 가격은 항상 소비자 잉여를 줄인다; 어떤 생산자는 이득을 얻고, 다른 자들은 손해를 보고, 생산자 잉여의 전체 효과는 수요곡선과 공급곡선의 형태에 달려 있다. 균형보다 아래의 가격은 항상 생산자 잉여를 줄인다; 어떤 소비자는 이득을 얻지만 다른 사람들은 손해를 본다.

LO 5.7 경제적 순손실을 정의하고 계산하기

경제적 순손실은 사거나 팔리는 재화의 수량이 시장균형 거래량보다 적을 때 발생하는 총잉여의 손실이다. 균형가격과 거래량으로부터 시장을 이탈하게 하는 간섭은 경제적 순손실을 불러온다. 교환이 더 적어지게 되고, 그래서 잉여 창출을 위한 기회가 더 적어진다.

LO 5.8 실종된 시장을 바로잡는 것이 모두를 더 좋아지게 만드는 이유 설명하기

사람들이 재화와 서비스의 상호 이익이 되는 거래에 참여하고 싶지만, 그들을 위한 시장이 존재하지 않게 때문에 그렇게 할 수 없는 상황일 때, 시장은 '실종'이다. 수량이 균형보다 적은 시장의 특별한 사례로서 실종된 시장을 생각할 수 있다. 이 경우, 수량은 0이다. 실종된 시장은 정부의 간섭, 혹은 정보와 기술의 부족을 포함해 다양한 이유로 발생할 수 있다. 실종된 시장이 채워질 때, 사람들은 거래를 할 수 있고, 그것은 잉여를 창출한다.

복습문제

1. 빌은 전문 사진작가다. 그의 카메라가 파손되었고, 몇 시간 안에 새것을 사지 않으면 중요한 마감시간을 놓칠 것이다. 리사는 카메라를 가지고 있지 않지만, 다음 달 무도회에서 사진을 찍기 위해 카메라를 원하는 고등학생이다. 오늘 특정 카메라에 대해 더 높은 지불의사를 가진 사람은 누구라고 생각하는가? 이유는 무엇인가? **[LO 5.1]**
2. 여러분은 새 소파시장에 있고, 구매하기를 원하는 2개의 소파 광고를 발견했다. 한 판매자는 작은 아파트로 이사를 가고, 소파가 새로운 공간에 적합하지 않기 때문에 팔려고 한다고 광고에서 언급했다. 다른 판매자는 소파가 다른 가구들과 어울리지 않아 팔려고 한다고 말한다. 여러분은 어느 판매자로부터 구매하기를 원하는가? 이유는 무엇인가?(힌트: 누가 더 의욕을 가진 판매자인지 생각하라. **[LO 5.1]**
3. 여러분이 벼룩시장에 있고 구식 레코드 한 상자를 살지를 고려하고 있다고 가정하자. 여러분은 가격을 낮추려고 협상하지만, 판매자는 여러분이 친구에게 50달러까지 지불할 의사가 있다고 말하는 것을 엿듣는다. 이제 여러분의 소비자 잉여는 만약 판매자가 여러분의 말을 엿듣지 않았다면, 발생했을 것보다 더 낮아질 가능성이 높은 이유는 무엇인가? **[LO 5.2]**
4. 균형인 시장을 고려하자. 이 시장의 공급이 증가한다고 가정하자. 이것은 소비자 잉여에 어떤 영향을 주는지 설명하라. **[LO 5.2]**
5. 여러분은 현재 팔기를 원하는 TV를 가지고 있다. 가격을 붙여 창고 세일에서 팔려고 노력할 수도 있고, 이베이에서 경매로 처분할 수도 있다. 어느 방법이 더 높은 생산자 잉여를 산출할 것이라고 생각하는가? 이유는 무엇인가? **[LO 5.3]**
6. 균형인 시장을 고려하자. 이 시장의 수요가 감소한다고 가정하자. 이것은 생산자 잉여에 어떤 영향을 주는지 설명하라. **[LO 5.3]**
7. 하와이로 가는 항공권시장을 보자. 미국 본토의 심각한 겨울은 열대지방 휴가에 대한 수요를 증가시키고, 수요곡선이 오른쪽으로 이동한다. 공급곡선은 그대로 유지된다. 총잉여는 증가하는가 혹은 감소하는가?(힌트: 일반적인 수요와 공급곡선을 스케치하고, 수요곡선이 오른쪽으로 이동할 때 총잉여를 나타내는 삼각형의 크기에 무슨 일이 일어나는지 관찰하라) **[LO 5.4]**
8. 여러분은 울타리를 페인트칠해야 하는데 이런 일을 무척 싫어한다. 그래서 옆집 아이에게 돈을 주고 일을 시키기로 결정한다. 100달러까지 지불할 의사가 있지만, 협상하기 위해 50달러를 제안한다. 뜻밖에도, 아이는 50달러의 제안을 수락한다. 여러분은 친구에게 이 엄청난 거래에 대해 말했다. 그런데 친구는 여러분이 누군가를 이용했다는 사실에 충격을 받는다. 여러분이 옆집 아이를 속인 것이 아니라는 것을 확실히 하기 위해 친구에게 무슨 말을 할 수 있는가? **[LO 5.4]**
9. 뉴욕 시는 시의 특정 일부에 대해 본질적으로 임대에 대한 가격 상한, 임대를 통제하는 정책 상한을 오랫동안 해왔다. 아파트 시장은 효율적인가 혹은 비효율적인가? 이것은 총잉여의 크기에 무엇을 시사하는가? **[LO 5.5]**
10. 균형가격과 거래량에서 총잉여는 극대화된다. 수요가 증가할 때 가격은 상승한다. 만약 수요 증가로 인해 가격이 상승한다면, 총잉여는 어떻게 여전히 극대화되는지 설명하라. **[LO 5.5]**
11. 2008년 여름에 휘발유 가격이 급등했을 때, 여러 미국 대통령 후보자들은 저렴한 연료를 유지하기 위해 전국적인 가격 상한을 실행하자고 제안했다. 이러한 정책이 생산자와 소비자 잉여에 어떤 영향을 주는가? 이것이 총잉여에 어떤 영향을 주는가? **[LO 5.6]**
12. 밀에 대한 최소 거래 가격을 책정해 어려움을 겪고 있는 농부를 도우려는 정책에 대해 생각해보자. 이것은 농부의 잉여를 증가시키는 효과적인 방법인지 설명하라. **[LO 5.6]**
13. 만약 임대료 통제가 주택에 대한 소비자와 공급자 모두의 경제적 순손실을 초래한다면, 소비자는 왜 때때로 이 정책에 찬성하는가? **[LO 5.7]**
14. 필수품 시장과 사치품 시장에서, 두 시장의 균형보다 가격이 5% 위에 있다고 가정하자.(공급 조건을 포함해) 다른 모든 것은 동일하고, 어느 시장의 경제적 순손실이 더 클 것으로 예상하는지 설명하라. **[LO 5.7]**
15. 여러분의 할머니는 옛날식 창고 세일을 좋아하고, 왜 모

든 사람들이 이베이에 흥분하는지 이해하지 못한다. 같은 동네에 살고 있지 않은 사람들이 중고 물품을 사고팔 수 있는 시장을 창조하는 것이 왜 창고 세일 시장보다 더 총잉여를 증가시키는지 그녀에게 설명하라. **[LO 5.8]**

16. 주이의 초등학교에서, 아이들은 점심이나 점심 재료를 다른 학생들과 바꾸는 것이 허락되지 않는다. 구내 식당 감시자는 밀착 감시하고 이러한 정책을 엄격하게 강요한다. 주이가 교장선생님에게 이 정책의 비효율성에 대해 논쟁할 수 있도록 도와주어라. **[LO 5.8]**

응용문제

1. 〈표 5P-1〉과 〈표 5P-2〉에 근거해 다음의 질문에 대해 대답하라. **[LO 5.1]**
   a. 가격 10달러에서 수요량은 얼마인가? 가격 10달러에서 공급량은 얼마인가?
   b. 가격 25달러에서 수요량은 얼마인가? 가격 25달러에서 공급량은 얼마인가?
2. 소비자 6명의 지불의사에 대한 계단 도표를 구성하기 위해 다음의 정보를 이용하라. **[LO 5.1]**

	1단위당 지불의사
프레드	8
앤	2
모건	16
안드레	12
카라	2
핸슨	4

3. 판매자 6명의 판매의사에 대한 계단 도표를 구성하기 위해 다음의 정보를 이용하라. **[LO 5.1]**

	1단위당 판매의사
조지프	25
주안	20
크리스틴	60
피터	10
캔디스	25
솔로몬	50

4. 〈표 5P-1〉에 근거해 가격이 17달러일 때 각각 소비자의 소비자 잉여를 계산하라. 이 가격에서 총소비자 잉여는 얼마인가? **[LO 5.2]**
5. 시장이 균형일 때, 소비자 잉여를 도출하기 위해 〈그림 5P-1〉에 표시된 시장을 이용하라. 균형가격에서 소비자 잉여의 가치는 얼마인가? **[LO 5.2]**
6. 시장가격이 8달러일 때, 소비자 잉여를 도출하기 위해 〈그림 5P-1〉에 표시된 시장을 이용하라. 이 가격에서 소비자 잉여의 가치는 얼마인가? **[LO 5.2]**
7. 〈그림 5P-1〉에 근거해 어떤 가격보다 같거나 클 때, 소비자 잉여는 0달러인가? **[LO 5.2]**
8. 〈표 5P-2〉에 근거해 가격이 12달러일 때 각각 생산자의 생산자 잉여를 계산하라. 이 가격에서 총생산자 잉여는 얼마인가? **[LO 5.3]**
9. 시장이 균형일 때, 생산자 잉여를 도출하기 위해 〈그림 5P-1〉에 표시된 시장을 이용하라. 균형가격에서 생산자 잉여의 가치는 얼마인가? **[LO 5.3]**
10. 시장가격이 5달러일 때, 생산자 잉여를 도출하기 위해 〈그림 5P-1〉에 표시된 시장을 이용하라. 이 가격에서 생산자 잉여의 가치는 얼마인가? **[LO 5.3]**

표 5P-1

구매자	A	B	C	D	E	F	G	H	I
1단위당 지불의사	$6	$27	$13	$21	$33	$35	$12	$13	$22

표 5P-2

판매자	A	B	C	D	E	F	G	H	I
1단위당 판매의사	$21	$4	$30	$14	$12	$15	$51	$9	$23

그림 5P-1

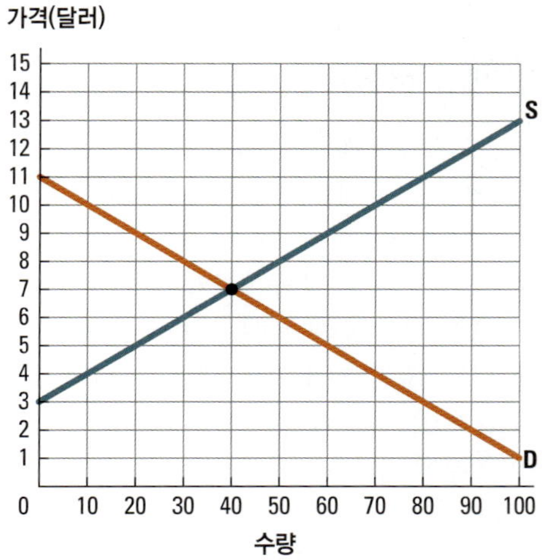

그림 5P-2

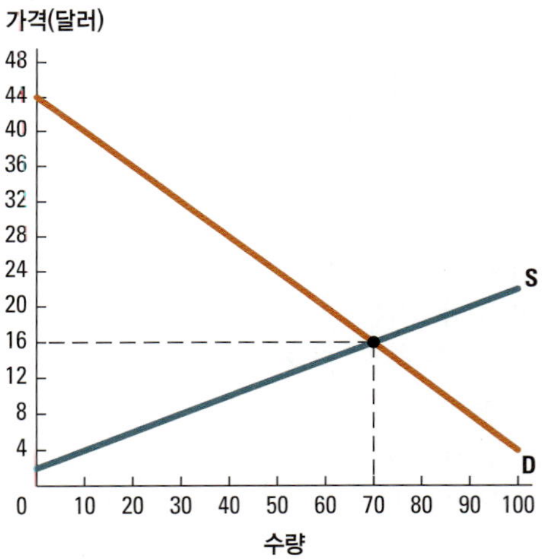

그림 5P-3

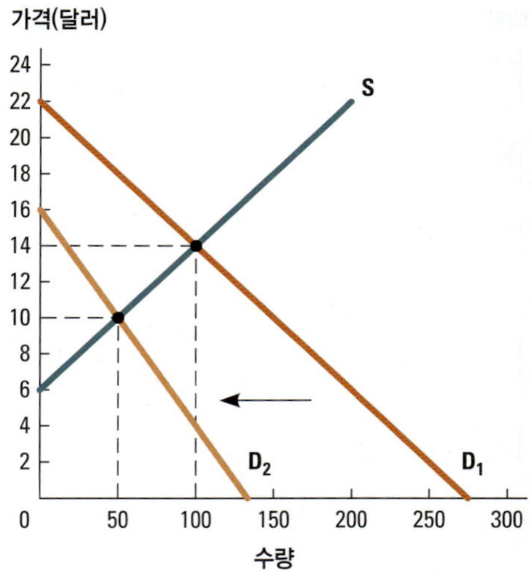

그림 5P-4

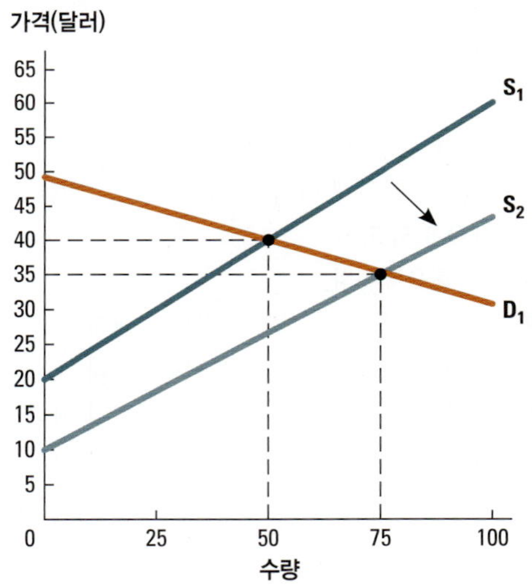

11. 〈그림 5P-1〉에 근거해 어떤 가격보다 작거나 같을 때 생산자 잉여는 0달러인가? **[LO 5.3]**
12. 〈그림 5P-2〉에서 시장의 존재의 가치는 얼마인가? **[LO 5.4]**
13. 〈그림 5P-3〉의 시장을 고려하자. **[LO 5.4]**
    a. 수요가 D_1일 때, 총잉여를 계산하라.
    b. 수요가 D_2로 감소할 때, 총잉여를 계산하라.
14. 〈그림 5P-4〉의 시장을 고려하자. **[LO 5.4]**
    a. 공급이 S_1일 때, 총잉여를 계산하라.
    b. 공급이 S_2로 증가할 때, 총잉여를 계산하라.
15. 〈그림 5P-5〉의 시장을 고려하자. **[LO 5.5]**
    a. 만약 시장이 균형가격과 거래량에서 작동하고 있다면, 소비자 잉여와 생산자 잉여를 그려라. 만약 시장이 균형가격과 거래량에서 작동하고 있다면, 총잉여를 계산하라.
    b. 만약 가격이 30달러일 때, 소비자 잉여와 생산자 잉여를 계산하라.
    c. 만약 가격이 10달러일 때, 소비자 잉여와 생산자 잉여를 계산하라.
16. 와인시장이 균형에서 작동하고 있다고 가정하자. 다음 각 상황에 대해, 새로운 시장 결과가 효율적인지 혹은 비효율적인지 말하라. **[LO 5.5]**
    a. 새로운 보고서는 와인이 심장 건강에 도움이 된다는 것을 보여준다.

그림 5P-5

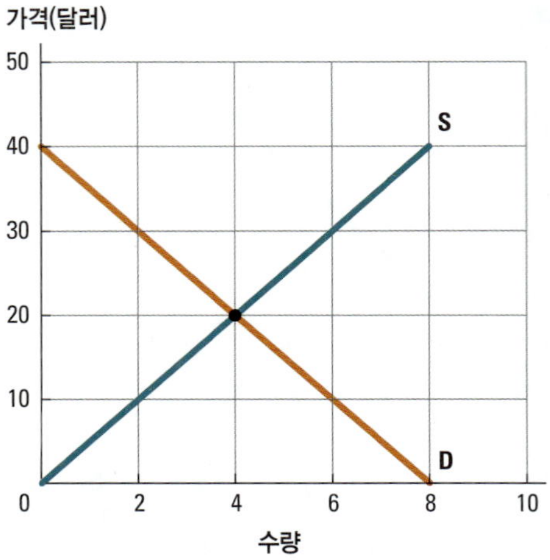

b. 정부는 와인의 최저가격을 책정하고, 그것은 현재 가격을 상승시킨다.
c. 예상 밖의 늦서리로 포도 수확을 망쳤다.
d. 포도 따는 일꾼이 더 높은 임금을 요구하고, 이는 와인 가격을 상승시킨다.

17. 〈그림 5P-6〉에 근거해 다음 중에서 사실인 것을 모두 선택하라. **[LO 5.5, 5.6]**
   a. 시장이 효율적이다.
   b. 총잉여는 시장균형에서의 그것보다 크다.
   c. 총잉여는 시장균형에서의 그것보다 작다.
   d. 생산자 잉여는 시장균형에서의 그것보다 작다.
   e. 소비자 잉여는 시장균형에서의 그것보다 작다.

그림 5P-6

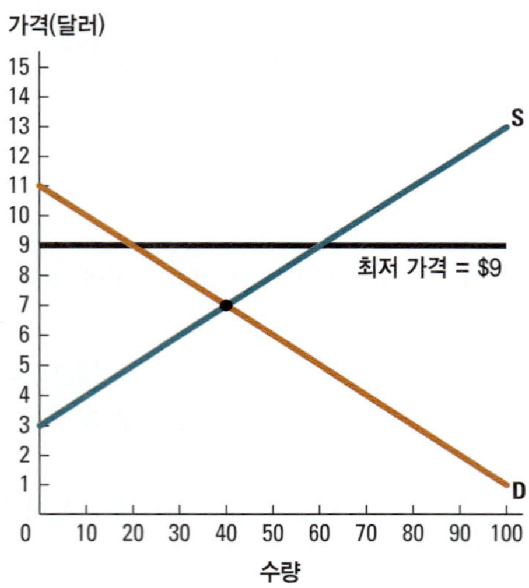

18. 다음 중 더 이상의 정보 없이 소비자 잉여가 시장균형보다 감소한다고 말할 수 있는 상황은 어떤 것인가? **[LO 5.6]**
   a. 지방정부가 소규모 대출에 대한 이자율(즉, 가격)을 균형 이자율 아래로 만드는 법을 통과한다.
   b. 연방정부는 유제품의 가격을 균형보다 위로 올리는 법을 시행한다.
   c. 지방정부가 새 주택 구매자가 구매 가격에 추가적으로 5%를 더 지불해야 하는 지방세를 통과한다.
   d. 정부가 식료품 지급 프로그램을 통해 식료품 구매의 실효 가격을 낮춘다.

19. 다음의 질문에 대답하기 위해 〈그림 5P-7〉의 시장에서 표시가 되어 있는 면적을 이용하라. **[LO 5.6]**
   a. 시장균형에서 소비자 잉여는 어떤 면적인가?
   b. 시장균형에서 생산자 잉여는 어떤 면적인가?
   c. 균형과 비교해 만약 가격이 P_2라면, 소비자가 손실하는 면적은 어떤 것인가?
   d. 균형과 비교해 만약 가격이 P_2라면, 생산자가 손실하는 면적은 어떤 것인가?
   e. 균형과 비교해 만약 가격이 P_2라면, 생산자가 얻는 면적은 어떤 것인가?
   f. 균형과 비교해 만약 가격이 P_2라면, 총잉여는 어느 면적만큼 감소하는가?

20. 〈그림 5P-8〉은 파운드당 가격이 0.80달러일 때의 면화시장을 보여준다. 이러한 정책으로 초래된 경제적 순손실을 계산하라. **[LO 5.7]**

21. 〈그림 5P-9〉의 시장을 고려하자. **[LO 5.7]**
   a. 정부가 시장에서 25달러의 최소 가격을 책정한다고 가정하자. 경제적 순손실을 계산하라.

그림 5P-7

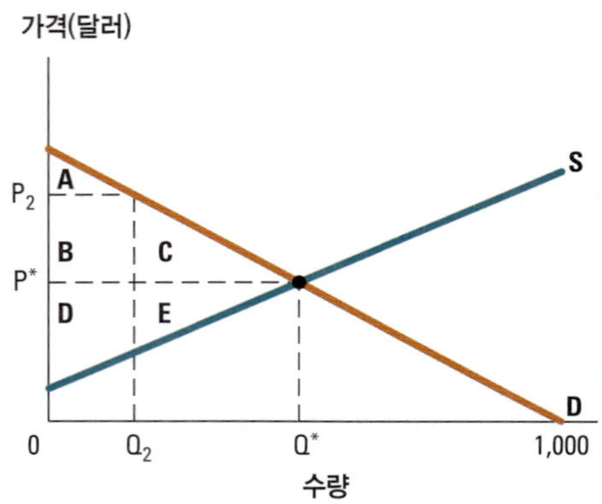

b. 정부가 시장에서 25달러의 최고 가격을 책정한다고 가정하자. 경제적 순손실을 계산하라.

그림 5P-8

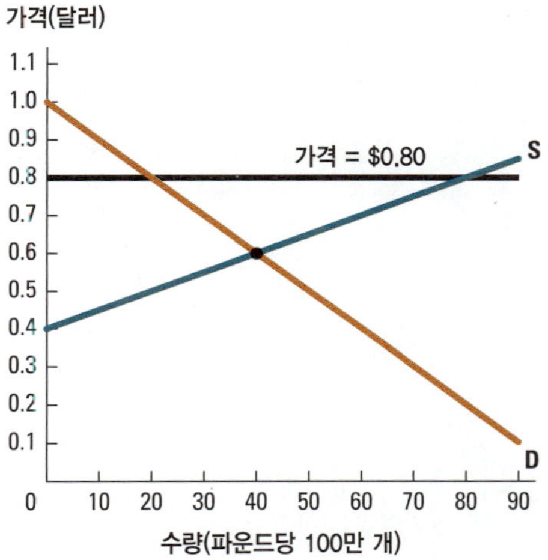

그림 5P-9

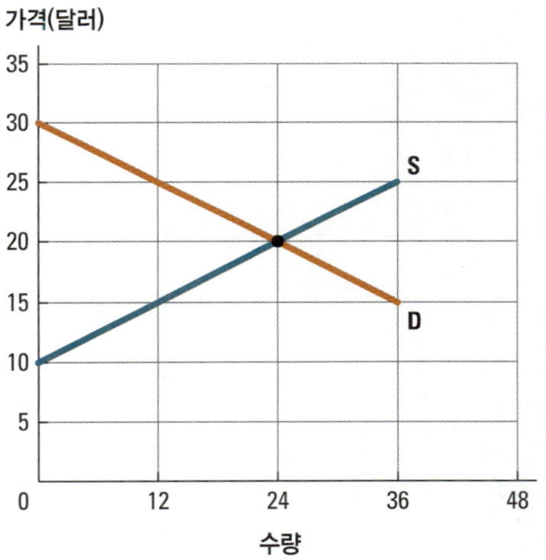

그림 5P-10

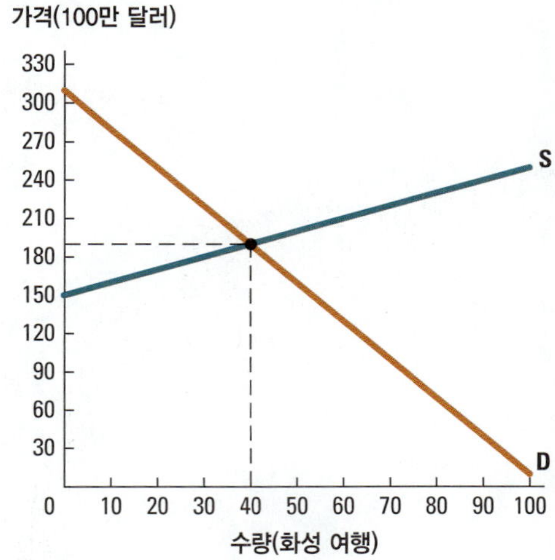

22. 화성으로 가는 여행 서비스가 사고 팔리도록 허용되는 기술이 존재하지 않기 때문에, 화성 여행시장이 실종된 것으로 생각할 수 있다. 어떤 사람이 이러한 서비스가 제공 가능할 수 있는 우주 여행 기술을 발명했다고 가정하자. 〈그림 5P-10〉는 화성 여행에 대한 시장 견적을 보여준다. 실종된 시장이 가능해짐에 따라 창출될 수 있는 잉여를 계산하라. **[LO 5.8]**
23. 〈그림 5P-10〉의 화성 여행시장을 고려하자. 소비자들은 이 여행에 대해 결국 각자 가격 19만 달러를 지불한다는 것을 알았다고 가정하고, 그들이 이러한 여행을 가능하게 하는 우주 프로그램을 지원하기 위해 전체적으로 얼마를 투자할 의사가 있는가? **[LO 5.8]**

참고문헌

http://news.bbc.co.uk/2/hi/4034787.stm

◀ 세계의 모바일 윈도우–이 장의 내용과 관련된 응용사례를 찾으려면 여러분의 스마트폰으로 이 코드를 스캔하라. (QR코드 리더가 필요하면, 여러분의 앱스토어에서 ScanLife를 활용하라.)

여러분의 모바일 앱스토어를 방문하여 Karlan and Morduch Study Econ app.을 다운로드 하라. ▶

Study Econ
McGraw Hill

Appendix D

핵심 수학: 선형곡선하의 면적

학습목표

LO D.1 선형곡선하의 면적을 찾아 잉여 계산하기

선형곡선하의 면적

LO D.1 선형곡선하의 면적을 찾아 잉여 계산하기

5장에서는 잉여의 개념을 소개했다. 잉여는 시장에서 거래로 인해 발생하는 후생수준의 이득과 손해를 측정한다. 종종 잉여를 숫자로 계산할 필요가 있다. 그렇게 하기 위해서는 선형곡선하의 면적을 찾아내는 법을 알아야 하므로 약간의 기하학을 복습할 것이다.

도표에서, 잉여는 수요곡선이나 공급곡선과 시장가격 사이의 면적을 나타낸다. 이러한 곡선들과 시장가격 사이의 면적은 삼각형 형태를 띤다. 잉여를 찾아내기 위해서는 삼각형의 면적을 계산할 필요가 있다:

방정식 D–1

$$\text{삼각형의 면적} = \frac{1}{2} \times \text{삼각형의 밑변} \times \text{삼각형의 높이} = \frac{1}{2}\text{bh}$$

그 다음에, 핵심은 밑변으로 사용할 길이와 높이를 계산하는 것이다.

〈그림 D-1〉의 화면 (A)에서, 소비자 잉여는 수요곡선 아래와 시장가격 위의 음영 처리된 삼각형이다.

이 삼각형의 밑변은 균형점으로부터 y축까지의 수평거리고, $(12-0) = 12$다. 높이는 균형가격으로부터 수요곡선의 y절편까지의 수직거리고, $(50-20) = 30$이다. 그러므로 소비자 잉여인 삼각형의 면적은 다음과 같다:

$$\frac{1}{2} \times (12 \times 30) = \$180$$

생산자 잉여는 〈그림 D-1〉의 화면 (B)에서 시장가격 아래와 공급곡선 위의 음영 처리된 면적이다. 삼각형의 밑변은 다시 균형점으로부터 y축까지의 수평거리고, $(12-0) = 12$다. 높이는 균형가격으로부터 공급곡선의 y절편까지의 수직거리고, $(20-0) = 20$이다. 그러므로 생산자 잉여인 삼각형의 면적은 다음과 같다:

그림 D-1
곡선 아래 면적 측정하기

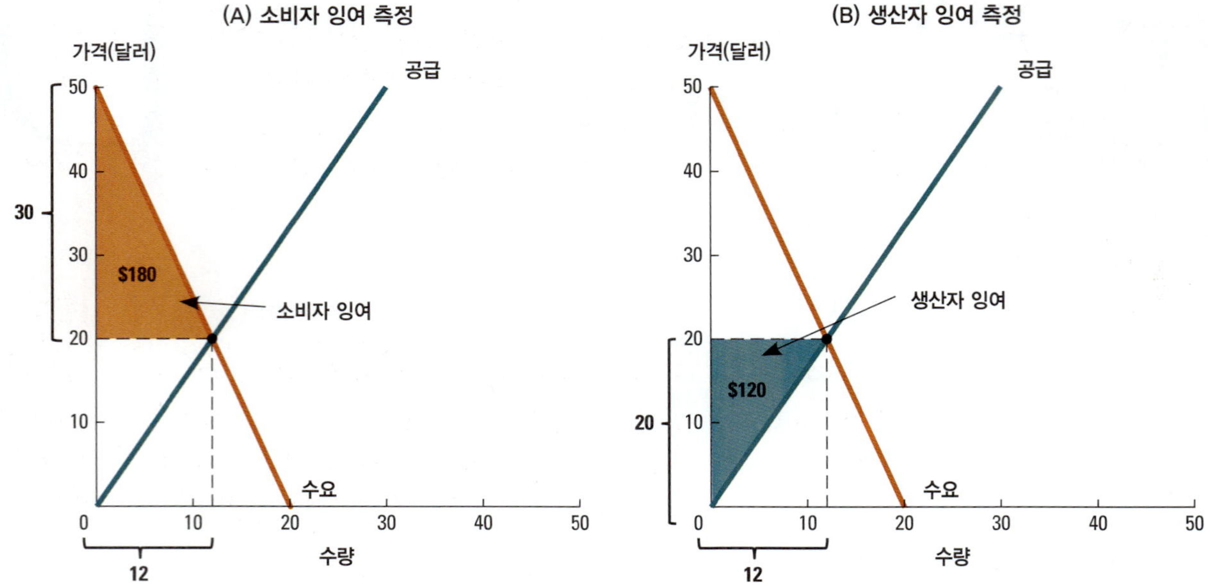

소비자 잉여는 시장가격 위와 수요곡선 아래의 삼각형 면적이다.

다른 한편으로, 생산자 잉여의 측정은 시장가격 아래와 공급곡선 위의 면적이다.

$$\frac{1}{2} \times (12 \times 20) = \$120$$

총잉여는 소비자 잉여 더하기 생산자 잉여라는 것을 5장에서 배웠다:

$$총잉여 = \$180 + \$120 = \$300$$

또한 2개의 삼각형을 아우르는 더 큰 삼각형 면적을 계산해 직접 총잉여를 계산할 수 있다. 이제, 이 삼각형의 계산은 약간 다르다. 밑변은 공급과 수요곡선의 y절편 사이 공간이다. 밑변은 50이다. 다른 한편으로, 삼각형의 높이는 y축으로부터 균형점까지의 거리다. 그리하여 면적은 $1/2 \times 50 \times 12 = 300$달러고, 이전과 동일한 결과다.

가끔 특이한 형태의 잉여 면적들을 보게 될 것이다. 그들을 익숙한 직사각형과 삼각형으로 세분화해 항상 이들을 계산할 수 있다. 그 다음에 길이 곱하기 너비(직사각형에 대해)와 1/2bh(삼각형에 대해)를 이용해 각 면적을 계산하고 총면적을 구하기 위해 그 결과를 더한다.

응용문제

1. 다음 질문에 대답하기 위해 〈그림 DP-1〉의 도표를 사용하라. **[LO D.1]**
   a. 소비자 잉여는 얼마인가?
   b. 생산자 잉여는 얼마인가?
   c. 총잉여는 얼마인가?
2. 다음 질문에 대답하기 위해 수요와 공급 방정식을 사용하라. **[LO D.1]**

   방정식 1:

   $$P = 50 - 4Q$$

   방정식 2:

   $$P = 2 + 2Q$$

   a. 균형가격은 얼마인가? 균형수량은 얼마인가?
   b. 수요와 공급곡선을 그리고 균형점을 보여라.
   c. 소비자 잉여는 얼마인가?
   d. 생산자 잉여는 얼마인가?
   e. 총잉여는 얼마인가?

그림 DP-1

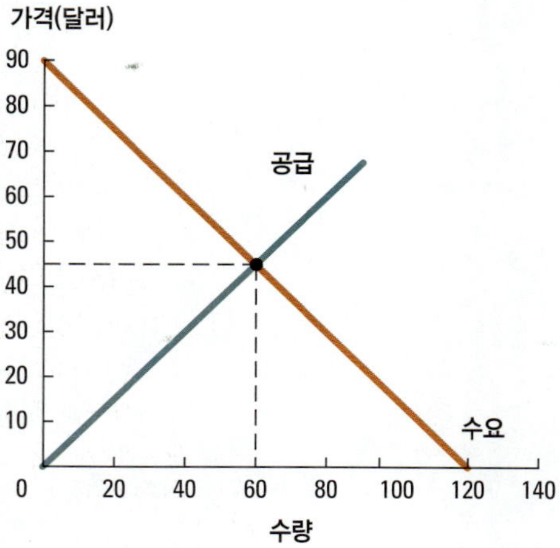

Chapter 6

정부 개입

학습목표

LO 6.1 가격상한이 균형가격과 수량에 미치는 영향 계산하기

LO 6.2 가격하한이 균형가격과 수량에 미치는 영향 계산하기

LO 6.3 조세가 균형가격과 수량에 미치는 영향 계산하기

LO 6.4 보조금이 균형가격과 수량에 미치는 영향 계산하기

LO 6.5 탄력성과 기간(time period)이 시장 개입 효과에 미치는 영향 설명하기

전 세계를 먹여 살려라. 한 번에 가격통제 한 번

2003년 봄, 전 세계적인 식량부족으로 식품 가격이 치솟았다. 몇 달 만에 밀, 쌀, 옥수수 가격이 140%까지 올랐다. 미국에서는 푸드 스탬프에 의존해 사는 사람의 수가 1960년대 이후 최대치에 도달했다. 6월에는 달걀, 유제품 같은 기본적인 식료품 가격이 치솟아 미국의 저소득층은 큰 어려움에 직면했다. 많은 사람들이 고기와 신선한 과일을 포기했으며, 유효기간이 지난 식품을 싸게 구매하는 사람들도 나타났다.[1]

식료품 가격의 상승으로 전 세계에서 문제가 발생했다. 〈이코노미스트〉는 정치적 낙진에 대한 기사를 실었다:

> [코트디부아르에서] 2일간 폭력사태로 정부는 예정된 선거를 연기했다… 아이티에서는 "우리는 굶주리고 있다"고 외치는 시위자들로 인해 총리가 사임했다; 카메룬에서는 24명이 폭동으로 죽었다; 이집트 대통령은 군인들에게 빵을 굽기 시작하라고 명령했다;[그리고] 필리핀에서는 쌀을 비축하는 경우 종신형에 처했다.[2]

굶주림, 곤궁, 분노 폭발에 직면한 많은 정부는 이 위기에 대응해야 한다고 느꼈다. 그러나 무엇을 할 수 있는가? 국가마다 대응 방식은 매우 다양했다. 많은 국가에서 식료품을 비싸게 파는 것을 불법화했다. 어떤 나라는 기본적인 필수품의 가격을 보조했다. 미국과 유럽에서는 정책입안자들이 농부들에게 더 많이 생산하도록 지불해 식료품 부족을 줄이고자 노력했다. 이러한 대응은 적합했을까? 정부가 이런 상황에서 뭔가를 해야 한다면 그것은 무엇인가?

식료품은 기본적인 생필품이기 때문에 정책입안자에게는 까다로운 문제다. 가격이 너무 높으면 사람들이 굶주린다. 가격이 너무 낮으면 농부들이 망하고, 이는 미래에 식량부족 위험을 높인다. 그래서 디지털카메라나 라테 같은 제품의 가격이 올라가거나 내려가는 것에 정책입안자들은 크게 걱정하지 않으나, 식품 가격에 대해서는 종종 관심을 보인다. 그러나 가격을 낮추거

나 높이거나 또는 안정화하고자 하는 시도는 역효과를 불러오거나 의도하지 않은 부작용을 유발한다. 때로는 해결책이 문제 자체보다 더 나쁜 결과를 가져온다.

이 장에서는 정부가 시장에 개입하고자 할 때 종종 사용하는 정책 이면의 논리와 정책의 결과—의도한 것과 의도하지 않은 것 모두—에 대해 살펴보고자 한다. **가격통제**로부터 시작하고자 하고자 하는데, 가격통제란 어떤 가격보다 더 높게 또는 낮게 재화를 판매하는 것을 불법화하는 것이다. 그 다음에 **조세**와 **보조금**에 대해 살펴볼 것이다. 이는 특정한 재화의 생산을 활성화하거나 위축시킨다. 이러한 수단들은 실업에서부터 주택 소유, 공기오염, 교육까지 광범위한 문제에 자주 적용된다. 좋든 나쁘든 이것들은 근로자, 소비자, 사업가, 유권자로서의 우리 일상에 큰 영향을 미친다.

왜 개입하는가?

3장에서 시장은 균형으로 수렴함을 배웠다. 시장이 제대로 작동할 때, 가격은 수요량과 공급량이 일치될 때까지 조정된다. 균형에서 모든 사람은 자신이 기꺼이 지불하고자 했던 것을 얻는다. 5장에서는 균형가격과 수량이 총잉여를 극대화한다는 것을 배웠다. 따라서 균형에서는 누군가에게 피해를 주지 않으면서 몇몇 사람의 상태를 개선할 방법이 없다.

그런데 왜 개입하는가? 왜 시장의 보이지 않는 손이 가격을 결정하게 하고 자원을 배분하도록 하지 않는가? 어떤 사람은 시장에 맡기는 것이 바로 우리가 해야 할 일이라고 주장할 수 있다. 또 다른 사람은 정부가 때로는 개입해야 한다고 생각한다. 그리고 현실은 세계 모든 국가가 어떤 방식으로든 시장에 개입한다는 것이다.

개입하는 3가지 이유

정부 개입 근거는 다음과 같은 3가지 범주로 나눌 수 있다: 시장실패의 교정, 잉여 배분의 변화, 특정 재화 소비의 진작 또는 억제. 이 장에서 상이한 정책에 대해 논의할 때, 이 중 어떤 이유로 개입을 하는지 생각해보자.

시장실패의 교정. 수요와 공급 모형은 시장이 효율적으로 작동한다고 가정한다. 그러나 실제 세상은 항상 그렇지 않다. 예를 들어, 재화를 생산하는 생산자가 경쟁자가 없고 비효율적으로 높은 가격을 부과할 수 있는 단 하나만 있을 수 있다. 또 다른 경우에는 재화나 서비스를 사용하는 사람이 다른 사람에게 자신이 지불한 가격에 포함되지 않는 비용을 유발한다. 자동차를 운전할 때 발생하는 매연이 공기를 오염시키는 것과 같은 경우다. 효율적이고 경쟁적인 시장이라는 가정이 충족되지 않는 상황을 **시장실패**라고 한다. 시장실패가 존재하는 경우, 개입을 통해 실제 총잉여가 증대될 수 있다. 나중에 시장실패에 대해 더 많이 논의할 것이다. 이 장은 효율적이고 경쟁적인 시장에 정부가 개입했을 때 효과를 분석하는 것에만 한정한다.

시장실패 효율적이고 경쟁적인 시장의 가정이 유지되지 않는 상황

잉여 배분의 변화. 효율적인 시장은 총잉여를 극대화하지만, 효율적인 결과가 여전히 불공정해 보일 수 있다.(물론 공정성 정의에 대해 논란이 있다.) 따라서 시장에 개입하는 또 다른 근거는

잉여 배분을 변화시키는 것이다.

예를 들어, 노동시장이 효율적이라고 할지라도, 임금이 너무 낮아 고용주는 높은 이윤을 얻지만 일부 근로자는 빈곤선에 미치지 못하는 생활을 할 수 있다. 정부는 최저 임금을 설정해 노동시장에 개입하는 방식으로 대응할 수 있다. 이 정책은 잉여 배분에 변화를 가져와 고용주의 이윤은 감소시키고 근로자의 소득은 증대시킨다. 합리적인 사람들은 특정 집단(예를 들어 최저 임금을 받는 근로자)에게 이득이 되는 정책이 정당화될 수 있는지 여부에 대해 논쟁을 벌일 수 있고 종종 그런다. 우리는 이러한 정책의 편익과 비용을 정확하게 묘사하는 데 초점을 맞출 것이다. 경제학은 누구의 후생이 증가되고, 누구의 후생이 감소되었으며, 누가 예상치 못한 방식으로 영향을 받게 될지를 예측하는 데 도움이 될 수 있다.

소비 진작 또는 억제. 많은 사람들이 어떤 재화가 '좋다', '나쁘다'를 문화, 건강, 종교 또는 다른 가치에 근거해 판단한다. 극단적으로 마약 같은 어떤 '나쁜' 재화는 사용이 금지된다. 많은 경우 정부는 금지 대신 세금을 사용해 나쁜 재화의 소비를 억제시킨다. 흔히 사용되는 예가 담배와 술이다; 많은 정부가 세금을 높게 매겨 흡연과 음주를 줄이고자 한다. 어떤 경우에는 다른 사람에게 유발하는 비용(환경오염이나 간접흡연으로 인한 비용)을 최소화하는 것이 소비를 억제시키고자 하는 이유 중 하나이기도 하다.

다른 한편으로 정부는 보조금을 사용해 사람들로 하여금 '좋은' 재화나 서비스를 더 많이 소비하도록 권장한다. 예를 들어, 많은 정부가 공공 자금을 학교와 백신 접종에 사용해 교육을 진작시키고 좀 더 많은 부모들이 질병으로부터 자녀를 보호하도록 한다.

4가지 실제 개입 사례

이 장에서는 정부가 식량시장에 어떻게 개입했거나 개입할 수 있었는지에 대한 4가지 실제 사례를 살펴보고자 한다. 각 사례에서 개입의 이유를 생각하고 직접적인 결과와 간접적인 결과가 무엇이었거나 무엇이 될 수 있었는지를 생각해보고자 한다. 4가지 사례는 다음과 같다.

1. 멕시코의 가정에서는 토르티야가 중요한 음식이다. 멕시코 정부가 많은 가정에서 토르티야를 구매할 수 있도록 하기 위해 토르티야에 **최고 가격제**를 시행했을 때 어떤 일이 생겼는가?
2. 신선한 우유 공급을 위해 미국 정부는 유제품 생산 농가를 보호하고자 한다. 정부가 우유에 **최저 가격제**를 시행했을 때 어떤 일이 생겼는가?
3. 많은 미국인이 과식과 불균형한 영양 섭취로 인한 건강 문제로 고생한다. 일부 주에서는 식품에 특정한 지방 사용을 금지하는 방법으로 대응했다; 다른 주는 식당에서 파는 음식의 영양분을 공지하도록 했다. 만약 정부가 고지방 또는 고칼로리 식품에 세금을 부과했다면 어떤 결과가 나타났을까?
4. 토르티야에 최고 가격을 부과하는 대신 멕시코 정부가 토르티야 생산자에게 **보조금**을 줬다면 어떤 결과가 나타났을까?

이러한 실제 사례를 살펴보면서, 실증적인 분석과 규범적인 분석 방식 모두를 적용해보기 바란다. 두 방식의 차이는 다음과 같다:

- **실증적인** 분석은 사실에 관한 것이다. 정책이 본래의 목적을 실제로 달성하는가?
- **규범적인** 분석은 가치와 견해에 관한 것이다. 이 정책이 좋다고 생각하는가?

완전히 좋거나 완전히 나쁜 정책은 거의 없다. 핵심 질문은 개입에 따른 **상충관계**(*trade-off*)가 무엇인가? 하는 것이다. 편익이 비용을 능가하는가?

✓ 개념 확인하기

❐ 정부가 시장에 개입하고자 하는 3가지 근거는 무엇인가?

가격통제

여러분이 경제정책 자문관이고 식료품 가격이 상승하고 있다고 하자. 어떤 자문을 하겠는가? 만약 여러분이 소득이 낮은 소비자가 많은 지역에 살고 있다면, 모든 사람들이 충분한 식량을 얻을 수 있는 조치를 하고자 할 수 있다. 사용할 수 있는 정책 수단 중 하나가 **가격통제**다. 가격통제란 어떤 재화에 법적 최고 가격이나 최저 가격을 설정하는 규제다. 가격통제의 직접적인 효과는 시장에 변화가 생겼을 때 재화의 가격을 높게 또는 낮게 유지해 시장이 새로운 균형에 도달하지 못하도록 한다.

가격통제 어떤 재화에 대해 법적 최고 가격이나 최저 가격을 설정하는 규제

가격통제는 서로 상반된 2가지 유형으로 나눌 수 있는데 가격상한제와 가격하한제다. 이 개념에 대해서는 잉여에 관한 장에서 간섭하기 좋아하는 이베이 매니저가 디지털카메라 가격을 정하는 경우에 이미 본 적이 있다. 실제 이베이는 절대 그러지 않지만 정부는 가끔, 특히 식량과 관련된 경우에 그런다. 잘 작동하고 있는 경쟁적인 시장에 개입하기 위해 가격통제를 사용하는 경우 그 효과는 무엇인가?

가격상한

LO 6.1 가격상한이 균형가격과 수량에 미치는 영향 계산하기

가격상한이란 어떤 재화가 팔릴 수 있는 법적 최고 가격이다. 많은 나라에서 모두가 기본적인 생활을 할 수 있도록 하기 위해 주요 식료품, 휘발유, 전기 등에 가격상한을 부과한다.

가격상한 어떤 재화가 팔릴 수 있는 법적 최고 가격

오래전 멕시코 정부는 주된 식량이 구매 가능한 수준에서 유지되도록 보장하고자 토르티야에 가격상한을 실시했다. 〈그림 6-1〉의 (A)는 가격상한이 없는 경우 가상적인 토르티야 시장을 보여준다. 균형가격은 파운드당 0.50달러이며, 균형수량은 5000만 파운드다.

토르티야 가격이 상승하자 멕시코 정부는 가격상한을 파운드당 0.25달러로 정했다. 이는 〈그림 6-1〉 (B)에 나타나 있다. 이러한 개입에 대해 생산자와 소비자는 어떻게 반응했을까? 가격이 하락할 때 소비자는 토르티야를 더 많이 구매하고자 할 것이다. 이 예에서 가격은 0.50달러에서 0.25달러로 하락했으며, 그 결과 수요량이 5000만 파운드에서 7500만 파운드로 증가했다.

그러나 예상할 수 있듯이, 낮아진 가격은 공급하고자 하는 토르티야가 줄어듦을 의미한다. 가격이 0.25달러로 하락할 때, 공급량은 5000만 파운드에서 2500만 파운드로 줄어든다. 낮아진 가격은 늘어난 수요량과 줄어든 공급량을 의미한다. 수요와 공급은 더 이상 균형 상태에 있

그림 6-1

가격상한이 있는 경우와 없는 경우 시장

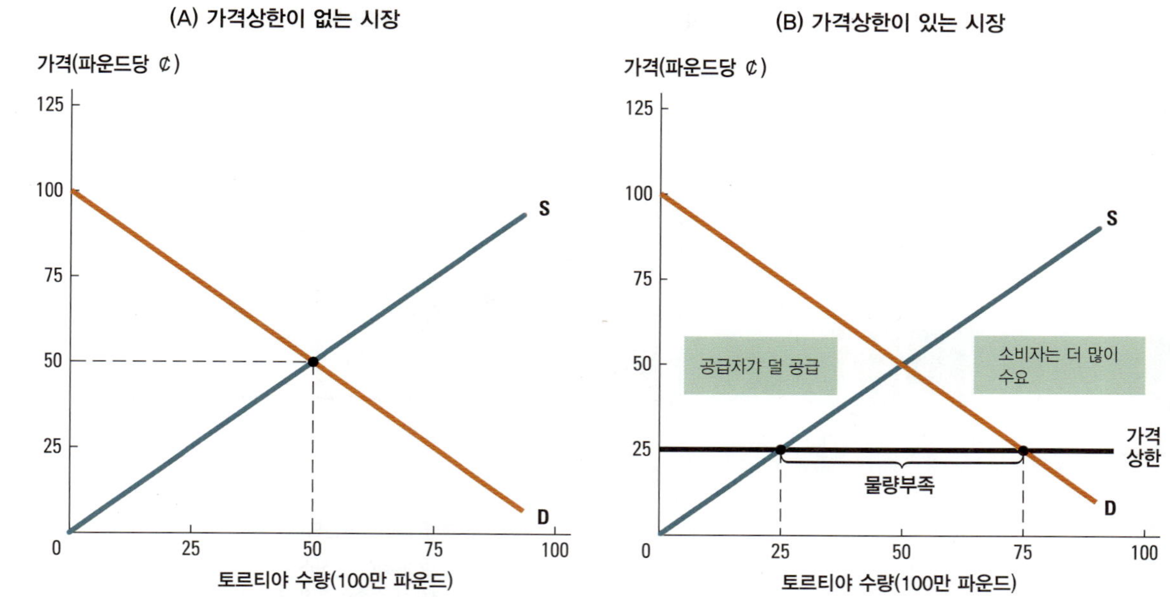

정부 개입이 없는 경우 멕시코 토르티야 시장은 파운드당 50센트와 5000만 파운드에서 균형에 이른다.

정부 개입 후, 25센트의 가격상한으로 토르티야 가격은 균형 아래에서 유지된다. 이 가격에서 소비자는 공급자가 공급하고자 하는 양(2500만 파운드)보다 더 많은 토르티야(7500만 파운드)를 사고자 하며, 그 결과 토르티야에 대한 물량부족이 발생한다.

지 않다. 가격상한은 토르티야 물량부족을 초래했으며, 그 부족량은 공급량과 수요량의 차이인 5000만 파운드의 토르티야다.

가격상한을 통해 소비자에게 저렴한 가격에 토르티야를 공급하고자 한 목표가 달성되었는가? 그렇기도, 그렇지 않기도 하다. 소비자들은 파운드당 25센트라는 낮은 가격에 토르티야를 살 수 있었지만, 사고자 하는 양은 공급자들이 공급하고자 하는 양의 3배다. 소비자 잉여와 공급자 잉여에 어떤 변화가 발생했는지 살펴보면, 가격상한의 전체적인 효과를 평가할 수 있다. 그래프를 보지 않아도 가격상한은 생산자 잉여를 감소시킨다는 것을 알 수 있다: 낮아진 가격에서 공급자들은 적은 양의 토르티야를 판매한다. 또한 생산자 잉여와 소비자 잉여가 합쳐진 총잉여가 감소할 것이라는 점을 알 수 있다. 시장이 균형에서 벗어났기 때문이다. 균형가격에서 발생했을 일부 거래가 발생하지 않았으며, 이러한 상호 이익이 되는 거래로 인해 발생할 수 있었던 잉여가 완전히 사라졌다. 이를 **경제적 순손실**(deadweight loss)이라 하며 〈그림 6-2〉 면적 1로 나타낼 수 있다. 5장에서 논의했듯이 경제적 순손실은 거래되는 재화의 양이 시장균형거래량보다 적어 발생하는 총잉여의 손실을 나타낸다.

경제적 순손실 거래량이 시장의 균형거래량보다 적어서 발생하는 총잉여의 상실분

소비자 잉여가 증가될지 감소될지는 그래프를 보지 않으면 알 수 없다. 이는 공급곡선과 수요곡선의 형태에 따라 다르다. 소비자는 발생되지 않은 거래로 인해 잉여가 줄어든다. 그러나 여전히 발생하는 거래로부터 소비자는 0.50달러 대신 0.25달러를 지불해 잉여를 얻는다.(생산자는 낮은 가격으로 인해 같은 크기의 잉여를 잃는다.)

생산자로부터 소비자로의 직접적인 잉여 이전은 〈그림 6.2〉의 면적 2로 나타난다. 면적 2의

그림 6.2
가격상한의 후생 효과

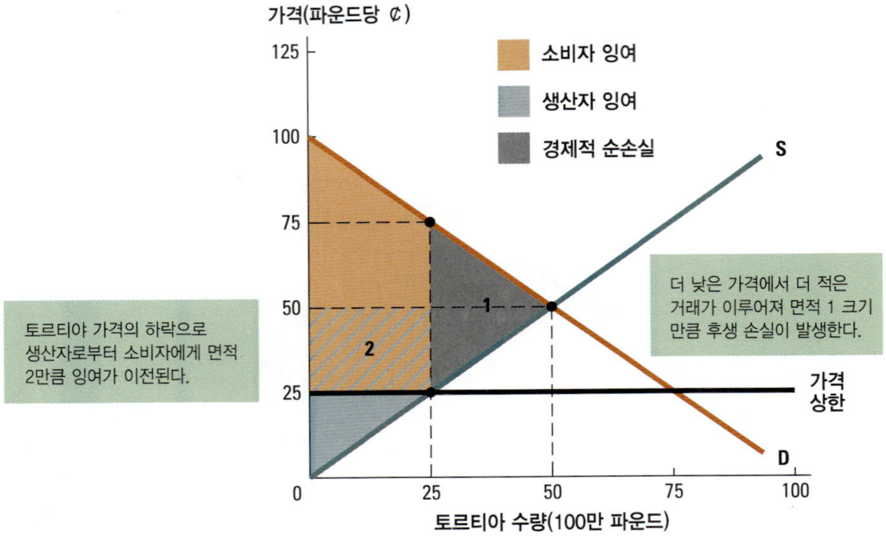

가격상한으로 토르티야의 총거래량이 균형수량보다 2500만 파운드 줄어든다. 이로 인해 경제적 순손실이 발생한다. 또한 가격상한은 생산자로부터 소비자에게로 잉여를 이전시킨다: 소비자는 더 낮은 가격을 지불함으로써 이득을 얻고, 생산자는 더 낮은 가격에 팔게 되어 손실을 본다.

크기가 면적 1의 반(균형에서 소비자 잉여로 발생했을 경제적 순손실의 일부)보다 크다는 것은 가격상한이 달성하고자 한 목표, 소비자 후생의 순증가가 달성되었음을 나타낸다. 이 정책은 가치가 있는가? 소비자가 잉여를 얻은 반면 생산자가 잃은 잉여의 크기가 소비자가 얻은 잉여보다 크다. 이는 총잉여가 감소됐음을 의미한다. 지불할 만한 가치가 있는 대가인가? 합리적인 사람들이 의견을 달리할 수 있는 규범적인 질문이다.

가격상한 분석에서 고려해야 할 또 다른 요인은 희소한 토르티야가 어떻게 배분되었는가 하는 점이다. 가격상한으로 물량부족이 발생했기 때문에, 재화는 배급되어야 한다. 이는 여러 가지 방법으로 시행할 수 있다. 한 가지 가능한 방법은 재화를 똑같이 배급해 각 가정에서 주당 동일한 양의 토르티야를 사도록 하는 것이다. 이 방법은 제2차 세계대전 중 미국에서 식량이 배급되었던 방식이다.

다른 가능한 방법은 선착순으로 할당하는 것이다. 이 방법은 사람들이 줄을 서서 시간을 낭비하도록 한다. 다른 방법으로 정부에 의해 선택된 사람들이나 판매자의 친구 또는 가족에게 재화가 배급될 수 있다. 마지막으로, 물량부족은 희소한 자원의 배분을 책임지고 있는 사람에게 뇌물을 줄 수 있으므로 〈그림 6.2〉보다 더 많은 경제적 순손실이 발생할 수 있다. 경제학자들은 이를 **지대추구행위**(rent-seeking behavior)라고 하며, 가격상한 반대 논리로 종종 인용한다.

때로는 선의로 가격상한을 사용한다. 어떻게 생각하십니까?의 '급여일 대출(payday loan)에 상한 두기'에서는 논란이 되는 급여일 대출 이자율에 대한 가격상한의 비용과 편익을 어떻게 비교할 수 있는지 질문을 던진다.

어떻게 생각하십니까?

급여일 대출에 상한 두기

2008년에 시작된 세계적인 금융위기 이후 정책입안자들은 금융 관행을 개혁하기 위한 여러 가지 제안을 고려해왔다. 일부 사람들이 무책임한 대출—신용카드, 모기지, 소비자 대출 등을 통한—이 금융위기를 유발한 일부 요인이라고 보았기 때문에 소비자에 대한 소액대출에 많은 관심을 가졌다.

가장 논란이 되는 대출 형태 중 하나가 단기 현금 대출인 급여일 대출(payday loan)—대체로 1000달러 미만—인데 이는 대출자가 다음번 급여에서 대출금을 갚도록 되어 있다. 30분 이내에 현금을 챙겨 대출센터에서 나올 수 있기 때문에 많은 차입자들이 이러한 대출을 좋아한다. 급여일 대출은 주로 신용이 나쁜 사람들이 사용하기 때문에, 대부업자는 높은 수수료나 이자율(대출 부도 위험을 반영하는)을 부과한다. 급여일 대출 센터는 대출을 받을 수 있는 방법이 많지 않은 사람들이 살고 있는 소득수준이 낮은 지역에 위치하는 경향이 있다.

2008년 미 의회는 급여일 대출의 연 이자율에 대해 30% 이자율 상한을 두는 방안을 고려했다. 이자율이란 사실상 대출에 대한 '가격'이므로 이 조치는 대출 서비스에 가격상한을 두는 것과 같다. 이 가격상한안을 찬성하는 사람들은 이자율을 제한하는 것이 사람들이 감당할 수 없는 대출을 하고 결국 이 대출을 갚기 위해 다시 대출을 받는 악순환의 함정에 빠지게 하는 '약탈적인' 대부업자들로부터 취약계층 소비자들을 보호할 것이라고 주장했다.

가격상한을 반대하는 사람들은 이자율 상한이 많은 급여일 대출 대부업자들을 망하게 할 것이라고 반박했다. 급여일 대출을 제대로 사용하는 사람들은 이로 인한 대출량 감소로 피해를 볼 것이다. 다른 선택지가 없는 차입자들은 공과금 등을 지불할 수 없게 되거나 은행 계좌에 있는 금액 이상을 인출하도록 몰리게 된다. 반대하는 사람들은 이러한 방식으로 빚과 벌금이 쌓여 급여일 대출보다 더 비싼 값을 치르게 될 수 있다고 주장한다.

앞서 말했듯이, 미국의 15개 주가 급여일 대출을 금지하거나 이자율 상한을 설정했다. 예를 들어, 2008년 오하이오 주는 급여일 대출 연 이자율에 28% 상한을 두었다. 다른 주들은 여전히 급여일 대출 제약을 심하게 하고 있지 않다. 미주리 주에서 대부업자는 단기 대출에 대해 75%까지 이자율을 부과할 수 있다. www.paydaylaoninfo.org/state-information에서 각 주의 단기 대출 규제에 대해 알 수 있다.

어떻게 생각하십니까?

1. 급여일 대출로 인터넷 탐색을 하면 '즉각적인', '쉬운', '간편한' 대출을 약속하는 여러 사이트를 찾을 수 있다. 당신이 살고 있는 주에서 가장 낮은 이자율은 어떻게 되는가? 그 가격에 대출을 받겠는가?
2. 가격상한은 가격을 못 오르게 하나, 동시에 물량부족을 유발해 급여일 대출업자에서 차입자로 잉여가 이전된다. 그래도 급여일 대출 이자율에 상한을 두는 것에 찬성하겠는가?
3. 이러한 정책이 수요자(차입자)와 판매자(대부업자)에게 어떤 결과를 가져오겠는가?
4. 차입 여부를 제대로 판단하는 차입자에게 피해를 주지 않으면서 높은 이자율로 인한 잠재적인 피해자를 막을 수 있는 방법이 있는가?

Source: "Payday loan consumer information," Consumer Federation of America's PayDay Loan website, http://www.paydayloaninfo.org.

그림 6-3

유효하지 않은 가격상한

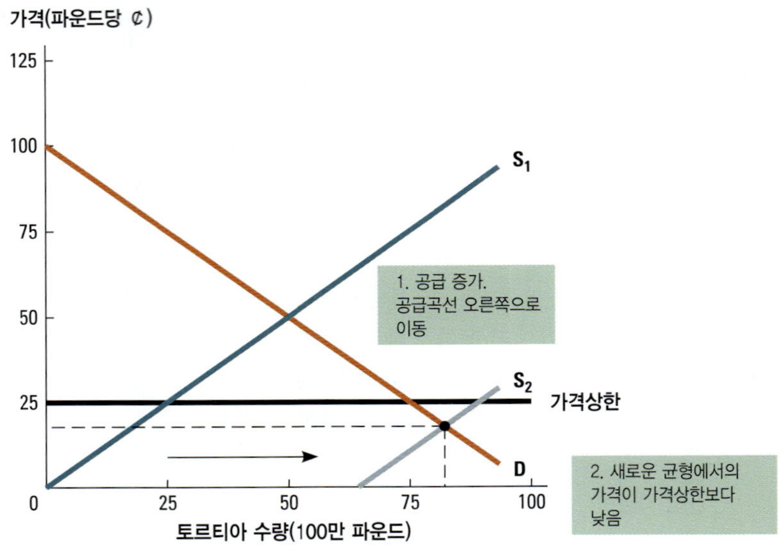

가격상한은 가격을 균형가격 이하로 유지하기 위한 것이다. 그러나 시장에서의 변화로 균형가격이 상한 이하로 떨어질 수 있다. 이 경우 공급량과 수요량이 일치하므로 가격상한은 더 이상 물량 부족을 유발하지 않는다.

가격상한이 항상 시장 결과에 영향을 미치는 것은 아니다. 만약에 가격상한이 시장 균형가격보다 높게 설정되면 가격상한은 유효하지 않다. 즉 현재 균형이 가격상한 허용 범위 안에 있기 때문에 가격상한이 수요자와 공급자의 행태를 제약하지 않는다. 이 경우 균형가격과 수량에서 거래가 이루어진다.

가격상한이 처음 시행되었을 때는 대체로 유효했음에도 불구하고(그렇지 않다면 왜 도입했겠는가?), 시간이 지남에 따라 시장에서 변화가 일어나 가격상한이 유효하지 않게 될 수 있다. 옥수수 가격이 하락해 토르티야 생산 비용이 하락했다고 가정해보자. 〈그림 6-3〉은 이러한 변화로 인해 토르티야 공급곡선이 이동해 균형가격이 가격상한보다 낮아지는 것을 보여주고 있다. 새로운 균형에서 파운드당 20센트에 8000만 파운드의 토르티야가 거래되고, 가격상한은 유효하지 않게 된다.

가격하한

LO 6.2 가격하한이 균형가격과 수량에 미치는 영향 계산하기

가격하한 어떤 재화가 팔릴 수 있는 법적 최저 가격

가격하한이란 어떤 재화가 팔릴 수 있는 법적 최저 가격이다. 미국에서는 오랜 기간 일부 농산물에 대해 가격하한을 실시해왔다. 그 근거는 농사를 짓는 것은 위험성을 내포한 사업이나—악천후, 흉작, 불안정한 가격에 영향을 받음—사람들이 충분한 먹거리를 확보하기 위해서는 중요한 사업이라는 것이다. 가격하한은 어려움 속에서 농사를 짓는 사람들에게 최소 소득을 보장해 계속 농사를 짓도록 하고 안정적인 식량 공급을 보장하는 방법으로 여겨진다.

미국에서는 유제품에 대한 가격하한을 60년 이상 유지해오고 있다; 우유가격지지제도(Milk Price Support Program)가 1949년 농업법(Agricultural Act)과 함께 시작되었다. 우유시장에서 이 제도가 어떤 영향을 미치는가? 〈그림 6-4〉 (A)는 규제를 받지 않는 가상적인 우유시장을 보여준다. 이 경우 연간 균형거래량은 150억 갤런이고 균형가격은 갤런당 2.50달러다.

정부가 가격하한을 실시해 우유 가격이 갤런당 3달러 아래로 내려갈 수 없다고 가정하자. 〈그림 6-4〉 (B)가 이 상황을 보여준다. **생산자와 수요자가 어떻게 반응할까?** 갤런당 3달러에서 유제품 생산업자는 우유 생산량을 150억 갤런에서 200억 갤런으로 증가시키고자 할 것이므로 공급곡선을 따라 위로 움직인다. 그러나 이 가격에서 소비자들은 우유 소비량을 150억 갤런에서 100억 갤런으로 줄이고자 할 것이므로 수요곡선을 따라 위로 움직인다. 그 결과 가격하한은 공급량과 수요량 차이와 같은 크기의 우유 초과 공급을 유발한다. 이 경우 초과 공급은 100억 갤런이다.

정부는 유제품 생산업자를 돕고 안정적인 소득을 지원하고자 하는 이 제도의 목적을 달성했는가? 답은 그렇기도, 그렇지 않기도 하다. 자신이 생산한 우유를 팔 수 있는 생산자는 더 높은 가격에 더 많은 양을 팔아 만족스러워할 것이다. 그러나 수요가 공급에 못 미치기 때문에 생산한 우유를 팔 수 없는 생산자는 좋아하지 않을 것이다. 소비자도 더 높은 가격에 더 적은 양의 우유를 구매하게 되므로 만족스럽지 않을 것이다.

총잉여의 변화가 소비자와 생산자들 간에 어떻게 배분되는지 엄밀하게 분석하기 위해 잉여

그림 6-4

가격하한이 있는 경우와 없는 경우 시장

(A) 가격하한이 없는 경우 **(B) 가격하한이 있는 경우**

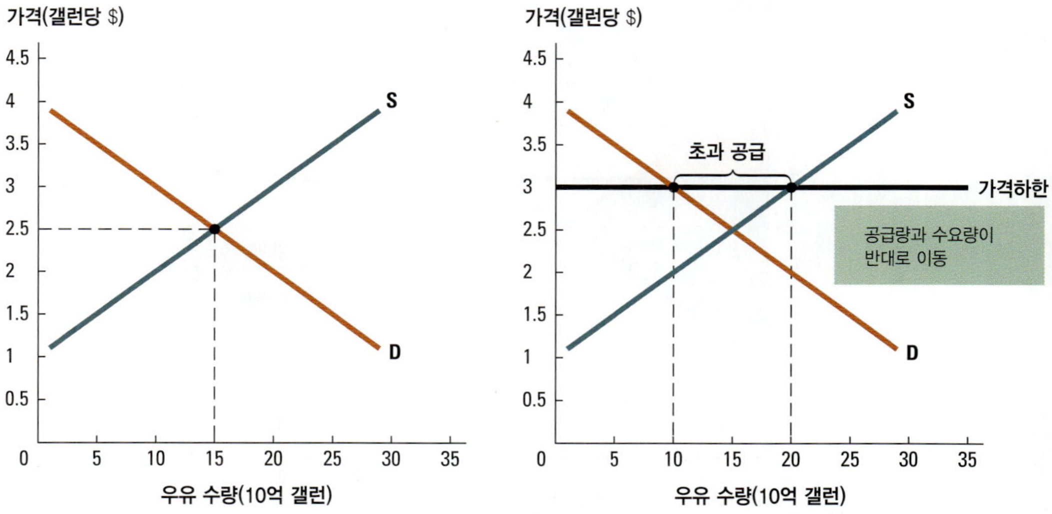

정부 개입이 없는 경우, 우유시장의 균형에서 갤런당 2.50달러에 150억 갤런이 거래된다.

가격하한은 우유 가격을 균형가격 이상으로 올린다. 새로운 가격인 갤런당 3달러에서 소비자들은 공급자들이 공급하고자 하는 양보다 적게 구입하고자 하여 100억 갤런의 초과 공급이 발생한다.

개념을 다시 한 번 적용해보자. 가격하한이 실시되기 전에 150억 갤런의 우유가 거래되었다. 그러나 가격하한이 실시된 후 겨우 100억 갤런만 거래된다. 거래될 수 있었던 50억 갤런의 우유가 거래되지 못함에 따라 총잉여가 감소한다. 〈그림 6-5〉의 면적 1이 이 경제적 순손실을 나타낸다.

가격상한처럼 가격하한은 잉여 배분을 변화시키나, 이 경우 소비자들이 손해를 보고 생산자들이 이득을 얻는다. 가격하한이 실효성을 가질 때 구매하는 소비자들은 3달러 이상을 기꺼이 지불하고자 하는 사람들이다. 이들은 같은 우유를 더 높은 가격에 구매하게 되어 소비자 잉여는 감소하고 이 감소된 잉여는 그들에게 우유를 판매하는 생산자들에게 직접적으로 이전된다. 이 잉여의 이전이 〈그림 6-5〉의 면적 2로 나타난다. 전체적으로 생산자가 이익을 보는지 여부는 이 면적이 경제적 순손실에서의 생산자의 몫보다 큰지 작은지에 달려 있다. 면적 2가 면적 1에서 생산자가 잃은 몫을 나타내는 것보다 크기 때문에 이 경우 가격하한 정책은 생산자의 후생을 증가시켰다.

생산자 잉여의 증대를 위해 총잉여와 소비자 잉여의 감소라는 비용을 지불할 가치가 있는가? 한 가지 고려해야 할 요인은 생산자들 사이에 추가된 잉여가 어떻게 배분되는가 하는 것이다. 높은 가격에 우유를 팔 수 있는 생산자들은 만족할 것이다. 그러나 생산한 우유를 팔지 못한 생산자들은 초과 생산분을 처리할 수 없게 된다. 이들은 가격하한 실시 이전보다 더 나쁜 상태가 될 수 있다. 초과 공급이 존재하기 때문에 소비자들은 친밀도, 정치적 성향 또는 다른 의사결정 방식에 따라 선호하는 공급자에게 구매할 수도 있다.

곤경에 빠진 생산자들을 보호하기 위해 정부가 남은 우유를 모두 구매해 모든 생산자에게

그림 6-5
가격하한의 후생 효과

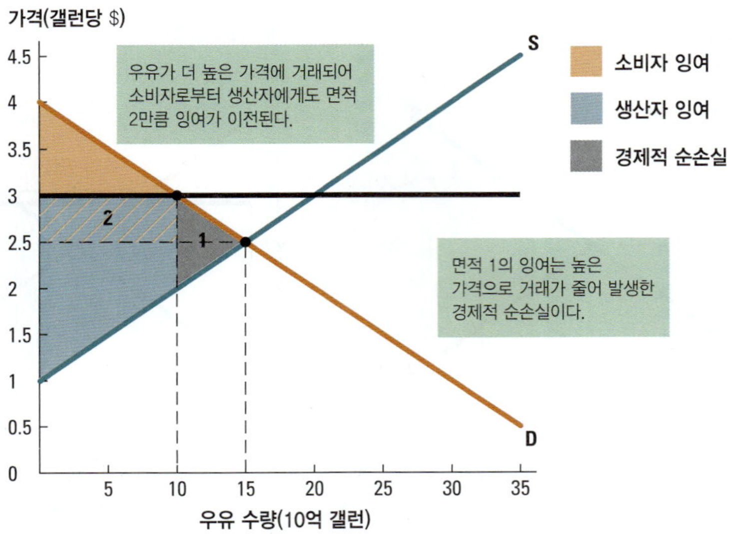

가격하한으로 총 우유 거래량이 균형과 비교해 50억 갤런 감소한다. 그 결과 경제적 순손실이 발생한다. 또한 가격하한은 소비자로부터 생산자로 잉여가 이전되도록 한다: 이 예에서 생산자는 더 높은 가격에 팔 수 있어 이득을 얻고 소비자는 더 높은 가격을 지불하게 되어 손해를 본다.

그림 6.6
유효하지 않은 가격하한

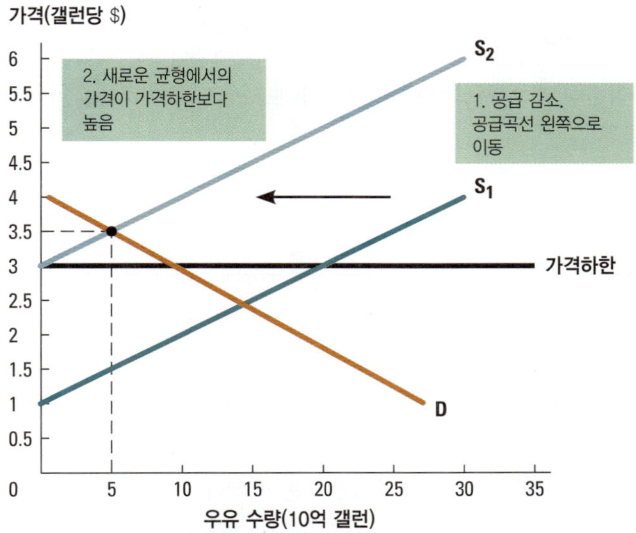

가격하한은 가격을 균형가격 이상으로 올리기 위해 설정되나 공급의 변화로 균형가격이 하한 이상으로 상승할 수 있다. 이 경우, 가격하한으로 인해 발생한 초과 공급이 사라지고 공급량과 수요량이 일치된다.

이득이 되도록 할 수도 있다. 실제 미국의 우유가격지지정책이 그렇다. 농업부가 생산자에게 시장가격과 상관없이 일정한 가격에 우유를 사겠다고 보장한다. 물론 우유를 구매하는 것은 납세자에게 비용을 부과하는 것이므로 가격하한을 반대하는 주장으로 종종 사용된다. 얼마나 많은 우유를 정부가 구매해야 하는가? 그 답은 가격하한에 의해 발생한 모든 초과 공급량이다. 가상적인 우유 가격하한의 경우 정부는 3달러에 100억 갤런의 우유를 구매해야 한다. 이 예에서 가격하한을 유지하기 위한 납세자 부담 비용은 매년 300억 달러가 될 것이다.

가격하한이 항상 유효한 것은 아니다. 실제로 최근 미국 내 유제품 시장의 가격은 대체로 가격하한보다 높았다. 그러나 시장에서의 변화에 반응해 가격하한이 유효하게 될 수도 있다. 2007년 에탄올 수요 증대가 우유시장에 미친 영향을 생각해보자. 에탄올은 옥수수로부터 만들어지는 연료 첨가제다. 갑작스러운 에탄올에 대한 수요 증가는 옥수수 가격을 높였으며, 이는 낙농가의 가축 사료비를 증가시켰다. 그 결과 우유 공급곡선이 왼쪽으로 이동해 우유 균형가격이 가격상한 3달러보다 높은 3.50달러가 되었다. 〈그림 6-6〉는 공급 감소로 인해 가격하한이 유효하지 않게 되는 경우를 보여주고 있다.

✓ 개념 확인하기

- ❒ 가격상한으로 물량부족이 발생하는 이유를 설명하라. **[LO 6.1]**
- ❒ 어떤 경우 가격상한이 유효하지 않게 되는가? **[LO 6.1]**
- ❒ 정부가 어떻게 구매를 통해 가격하한을 유지할 수 있는지 설명하라. **[LO 6.2]**

세금과 보조금

세금은 정부가 공공사업에 지출할 수 있는 수입을 올리는 주요한 수단이다. 또한 세금과 보조금은 시장실패를 교정하거나 특정 제품의 생산과 소비를 증대 또는 감소시키는 데 사용될 수 있다. 앞서 말했듯이, 가격하한과 가격상한처럼 세금과 보조금도 의도치 않은 결과를 가져올 수 있다.

세금

LO 6.3 조세가 균형가격과 수량에 미치는 영향 계산하기

부유한 국가에서는 별로 문제가 되지 않는 굶주림에 대한 논의로 이 장을 시작했다. 미국은 사실 비만, 심장 질환, 당뇨처럼 과식이나 불균형한 영양 섭취와 관련된 질병이라는 정반대의 문제를 가지고 있다.

이와 같은 새로운 유형의 식량 위기에 정책입안자는 어떻게 대응할 수 있겠는가? 2008년 캘리포니아 주에서는 심장 질환과 관련한 문제들을 줄이기 위한 노력의 일환으로 식당에서 트랜스지방을 사용하는 것을 금지했다. 트랜스지방은 인공적으로 생산된(부분적으로 경화된, partially hydrogenated) 불포화지방이다. 제품의 보관 기간을 늘리기 위해 튀긴 음식이나 포장 식품에 사용되는데 과도하게 섭취하는 경우 건강에 좋지 않다고 알려져 있다. 수십 년 동안, 트랜스지방은 판매용으로 만들어진 감자튀김을 바삭하게 하고 페이스트리는 겹겹이 잘 벗겨지게 하는 데 핵심적이었다.

캘리포니아 주가 트랜스지방을 금지하기보다 세금을 부과했다면 어떻게 되었을까? 어떤 제품에 세금을 매기면, 구매자나 판매자는 판매 가격에 더해 정부에 추가로 지불해야 한다. 트랜스지방세에 대해 사람들이 어떻게 반응할 것이라고 생각되는가? 세금은 2가지 주된 효과가 있다. 첫 번째는 과세된 제품의 생산과 소비를 줄인다. 두 번째는 제품을 계속 구매하고 생산하는 사람들이 지불한 세금을 통해 정부 수입이 증대된다. 따라서 세금은 트랜스지방의 소비를 줄이고 새로운 공공 수입원을 제공할 것으로 기대할 수 있다.

〈그림 6-7〉은 초콜릿 위즈뱅 시장에 트랜스지방세가 미치는 효과를 통해 이 시나리오를 보여준다. 아주 맛있는 가상의 초콜릿 위즈뱅은 불행히도 트랜스지방 함유량이 많다. 현재 3,000만 개의 위즈뱅이 매년 개당 50센트에 팔리고 있다고 가정하자.

판매자에게 세금 부과. 캘리포니아 정부가 트랜스지방세 20센트를 부과하고 판매자가 세금을 납부해야 한다고 가정하자. 구매자와 판매자는 어떻게 반응하겠는가? 조세의 효과는 가격통제보다 좀 더 복잡하기 때문에 단계적으로 살펴보자.

1. **판매자에게 부과된 세금은 공급에 영향을 미치는가?** 그렇다. 공급이 감소된다.
   판매자에게 세금이 부과되었을 때, 위즈뱅을 팔 때마다 개당 20센트를 정부에 납부해야 한다. 판매자는 시장가격보다 20센트 덜 받는 것처럼 행동할 것이다. 다시 말해 동일한 양을 공급하기 위해서는 세금이 부과되기 전보다 가격이 20센트 더 높아야 한다.
   〈그림 6-7〉은 새로운 공급곡선(S_2)을 추가해 공급 변화를 그래프로 보여주고 있다.(사

그림 6-7

판매자에게 부과된 세금의 효과

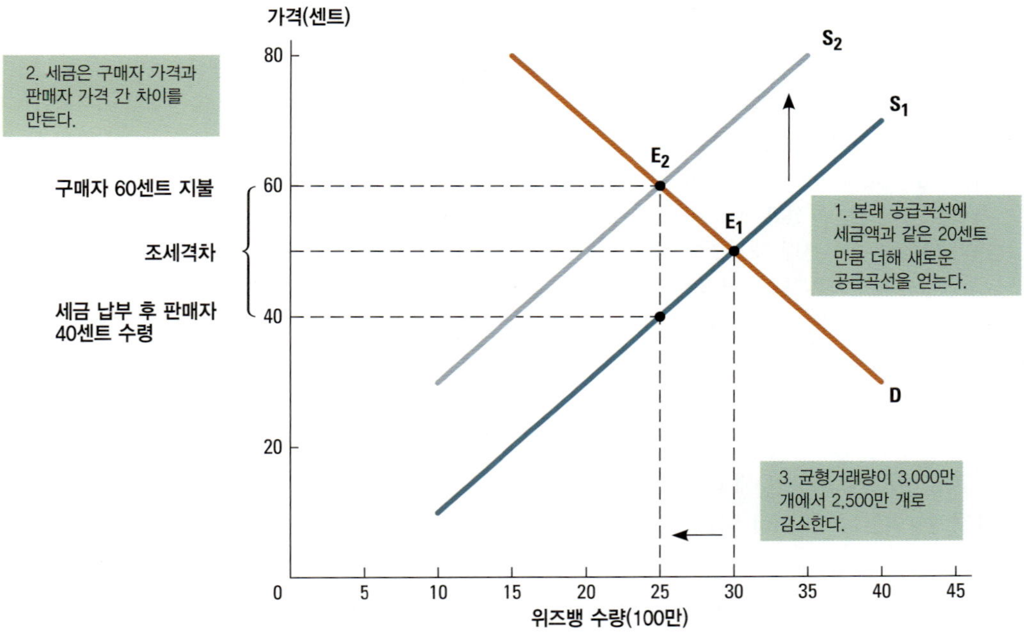

판매자에게 부과된 세금으로 인해 세금액과 같은 20센트가 본래 공급곡선에 추가된 새로운 공급곡선이 나타난다. 그 결과 균형거래량은 감소하고 균형가격은 증가한다. 균형거래량에서 구매자가 지불하는 가격은 세금 납부 후 판매자가 받는 가격과 달라진다. 이 '조세격차(tax wedge)'는 세금액, 20센트와 같다.

실 이 '이동'은 실제 곡선의 이동이 아니고, 새로운 균형가격을 보여주는 방법이다. 이해를 돕기 위해 박스를 참조하자) 새로운 공급곡선은 세금액과 동일한 20센트만큼 위로 이동했다. 주어진 모든 시장가격에서, 판매자는 세금 부과 전 공급곡선에서 20센트 낮은 가격에서 공급할 양과 같은 양을 공급할 것이다. 곡선 S_2에서 가격이 60센트일 때 공급량은 곡선 S_1에서 가격이 40센트였을 때와 같을 것이다. 곡선 S_2에서 가격이 50센트일 때 공급량은 곡선 S_1에서 가격이 30센트일 때와 같다.

2. **판매자에게 부과된 세금은 수요에 영향을 미치는가?** 그렇지 않다. 수요는 변하지 않는다.
   세금은 비가격 수요 결정 요인을 변화시키지 않으므로 수요는 동일하다. 주어진 가격에서, 구매자가 사고자 하는 위즈뱅의 양은 변하지 않는다. 그러나 수요곡선은 변하지 않아도 수요량은 변할 수 있음—실제 변한다—을 기억하라.
3. **판매자에게 부과된 세금은 시장 균형에 어떤 영향을 미치는가?** 균형가격은 올라가고 수요량은 감소한다.
   새로운 공급곡선으로 인해 수요곡선을 따라 균형가격이 상승한다. 새로운 균형가격에서 구매자가 지불하는 가격은 60센트다. 가격이 상승했기 때문에 구매자는 위즈뱅을 덜 수요할 것이므로, 수요량은 3,000만 개에서 2,500만 개로 감소한다. 새로운 균형가격에서 수요량은 감소하고 가격은 증가되었다. 세금은 일반적으로 판매되는 재화나 서비스의 양을 감소시켜 시장을 축소한다.

이해를 돕기 위해

3장 '시장'에서 곡선의 이동과 동일 곡선상의 이동을 구분했다. 곡선의 이동은 주어진 가격에서 수요량이나 공급량의 근본적인 변화를 나타낸다. 동일 곡선상의 이동은 단순히 다른 수량과 가격점으로의 변화를 보여준다. 세금으로 수요곡선이나 공급곡선의 이동 또는 곡선상의 이동이 발생하는가?

그 답은 실제로는 모두 아니다. 그 이유는 다음과 같다. 세금이 부과되면, 곡선을 실제로 이동시키기보다는 두 번째 곡선을 추가한다. 어떤 변화가 일어나는지 이해하기 위해 본래 곡선이 여전히 필요하다. 세금 때문에 판매자가 실제로 받는 가격은 위즈뱅을 팔 때 가격보다 20센트 적다. 판매자가 받는 가격을 나타내는 곡선과 구매자가 지불하는 가격을 나타내는 곡선이 필요하다. 〈그림 6-7〉에서 판매자가 받는 가격은 본래 곡선 S_1에 표시되나, 구매자가 지불하는 가격은 새로운 공급곡선 S_2에 표시된다는 점에 주목하자. 본래 공급곡선은 실제로는 움직이지 않으나, 세금으로 인해 구매자가 지불하는 가격이 판매자가 받는 가격과 다르다는 것을 나타내기 위해 두 번째 곡선을 추가한 것이다. 시장이 균형을 이루기 위해서는 60센트 가격에서의 구매자의 수요량과 40센트 가격에서의 공급자의 공급량이 같아야 한다.

〈그림 6-7〉에 표시된 새로운 균형을 보자. 구매자가 판매자에게 지불하는 가격이 새로운 균형가격, 60센트다. 그러나 판매자는 받은 가격을 다 가질 수 없다. 대신 정부에 세금을 납부해야 한다. 세금이 20센트이기 때문에 세금 납부 후 판매자가 받는 가격은 겨우 40센트다. 궁극적으로 판매자는 소비자가 지불한 모든 가격을 받지 않는다. 세금이 구매자와 판매자 간 **조세격차**를 가져오기 때문이다. **조세격차**는 구매자가 지불한 가격과 판매자가 받은 가격의 차이로 세금액과 같다. 〈그림 6-7〉에서 조세격차는 〈식 6-1〉처럼 계산된다.

조세격차 세금 때문에 발생하는 구매자가 지불한 가격과 판매자가 받은 가격의 차이

식 6–1

$$조세격차 = P_{구매자} - P_{판매자} = 세금$$

정부는 새로운 균형점에서 〈식 6-2〉처럼 계산되는 조세 수입을 거둔다. 구체적으로 정부는 2,500만 개의 위즈뱅 하나당 20센트 또는 총 500만 달러를 받는다. 그래프에서 정부 수입은 〈그림 6-8〉의 녹색 면적과 같다.

식 6–2

$$정부\ 조세\ 수입 = 세금 \times Q_{세후}$$

가격통제와 마찬가지로 세금은 경제적 순손실을 가져오며 잉여를 재배분한다. 〈그림 6-8〉에서 거래 감소로 유발된 경제적 순손실을 확인할 수 있다. 세전 균형가격에서 기꺼이 거래를 했을 구매자와 판매자가 잃어버린 잉여를 나타낸다.

그러나 잉여의 재배분에 대한 논의는 조금 까다롭다. 세금이 부과되면 생산자와 소비자 모두 잉여가 감소된다. 계속 구매하는 소비자는 같은 초콜릿에 대해 세금이 부과되기 전 균형보다 더 높은 가격을 지불하고, 계속 판매하는 생산자는 같은 초콜릿을 팔면서 덜 받게 된다. 그러나 이렇게 잃어버린 잉여와 경제적 순손실의 차이는 '사라지지' 않는다. 대신 정부의 수입으로 들어간다. 〈그림 6-8〉에서 정부 수입을 나타내는 면적은 세금 부과 후에도 거래를 하는 구매자와 판매자들이 잃어버린 잉여와 같다. 이 수입을 생산자나 소비자 또는 이 시장 밖에 있는 사람들에게 잉여를 돌려줄 수 있는 서비스에 사용할 수 있다.

그림 6-8

조세에 따른 정부 수입과 경제적 순손실

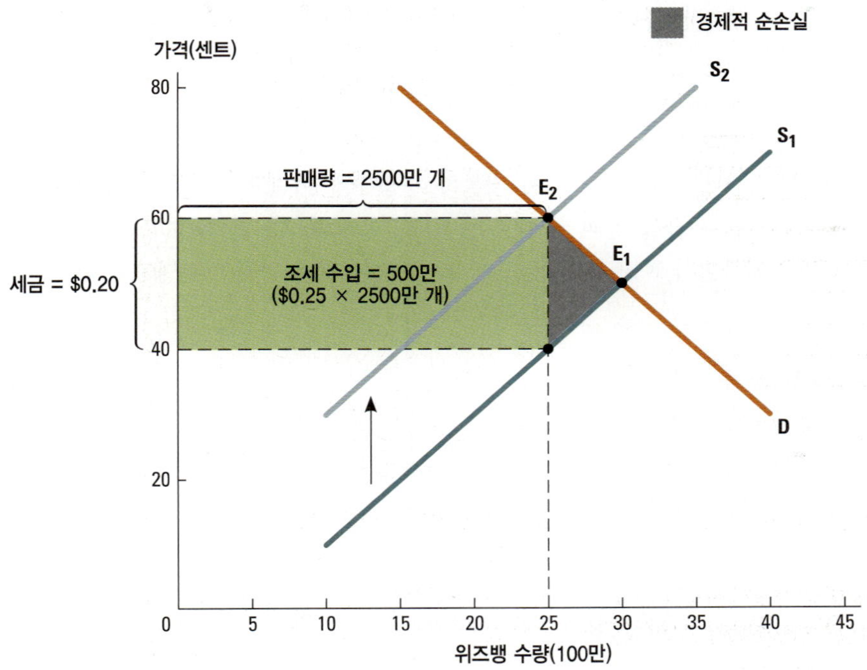

종량세 수입은 세금과 조세 부과 후 새로운 균형에서 거래되는 수량을 곱한 것이다. 조세 수입액은 소비자와 공급자가 잃어버린 잉여에 해당된다. 조세로 인해 발생하지 않은 거래는 경제적 순손실을 나타낸다.

구매자에게 부과된 세금. 판매자 대신 구매자에게 세금이 부과되면 어떻게 되겠는가? 놀랍게도 그 결과는 동일하다. 캘리포니아 주가 20센트의 판매세를 부과하고 구매자에게 지불하도록 했다고 가정해보자. 이 경우 공급곡선이 아니라 수요곡선이 세금 액수만큼 이동하나 새로운 균형 가격과 수량은 동일하다(〈그림 6-9〉 참고).

이 결과를 다시 확인하기 위해 구매자에게 부과된 세금의 효과를 단계별로 확인해보자.

1. **구매자에게 부과된 세금이 공급곡선에 영향을 미치는가?** 그렇지 않다. 공급곡선은 그대로다. 세금이 생산자 유인을 변화시키지 않으므로 공급곡선은 그대로다. 비가격 공급곡선 결정 요인 중 영향을 받는 것은 없다.
2. **구매자에게 부과된 세금은 수요곡선에 영향을 미치는가?** 그렇다. 수요가 감소한다. 세금을 포함하는 경우 구매 단위당 구매자가 지불해야 하는 가격은 원래 가격보다 20센트 더 높기 때문에 수요가 감소한다. 〈그림 6-9〉에서 볼 수 있듯이 원래 수요곡선을 D_1이라 할 때, 세금을 고려해 두 번째 수요곡선 D_2를 그린다. 새로운 수요곡선은 세금 부과 후 구매자가 지불하는 가격을 나타낸다. 주어진 가격에서 구매자는 실제 가격이 20센트 더 높은 것처럼 행동한다. 예를 들어 D_2곡선에서 가격이 40센트일 때, 수요량은 D_1곡선에서 가격이 60센트일 때와 같다. D_2곡선에서 가격이 30센트일 때 수요량은 50센트일 때와 같다.

3. **구매자에게 부과된 세금은 시장 균형에 어떻게 영향을 미치는가?** 균형가격과 수량 모두 감소한다.

새로운 수요곡선에서 균형점은 공급곡선보다 아래에 있다. 균형가격은 50센트에서 40센트로 하락하고, 수요량과 공급량은 3,000만 개에서 2,500만 개로 감소한다. 시장 균형가격이 판매자에게 부과된 경우처럼 올라가는 대신 하락했음에도 불구하고, 실제 구매자와 판매자가 지불하는 액수는 누가 세금을 내느냐와 상관없이 동일하다. 구매자가 세금을 내는 경우, 판매자에게 40센트를 지불하고 정부에 20센트를 지불해 총 60센트를 지불한다. 판매자가 세금을 낼 때, 구매자는 판매자에게 60센트를 지불하고 판매자는 20센트를 정부에 지불한다. 어떤 경우든 구매자는 60센트를 지불하고 판매자는 40센트를 받는다.

〈그림 6-9〉에서 볼 수 있듯이, 구매자에게 부과된 세금은 판매자에게 세금이 부과되었을 때와 마찬가지로 조세격차를 가져온다. 새로운 균형점에서, 판매자가 받는 가격은 40센트다. 구매자는 40센트를 판매자에게 지불하고 20센트는 정부에 납부한다. 그 결과 총실효가격은 60센트다. 다시 한 번 조세격차는 20센트이며, 세금과 정확하게 일치한다.

식 6–3

$$조세격차 = \$0.60 - \$0.40 = \$0.20$$

그림 6–9

구매자에게 부과된 세금의 효과

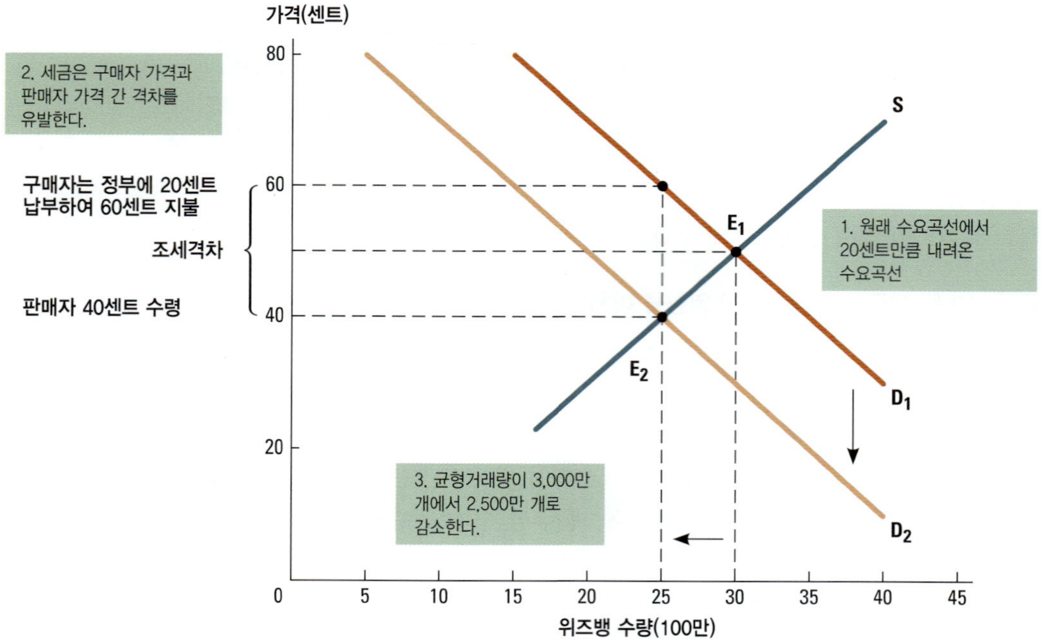

구매자에게 부과된 세금으로 원래 수요곡선보다 20센트만큼 아래로 움직인 새로운 수요곡선이 나타난다. 그 결과 균형거래량은 감소하고 소비자가 지불하는 균형가격은 증가한다. 이러한 결과는 판매자에게 세금이 부과된 경우와 동일하다.

또한 정부는 판매자에게 세금을 부과했을 때처럼 판매되는 위즈뱅 단위당 20센트를 거둬들인다. 세후 균형거래량은 2,500만 개이고, 정부는 500만 달러를 조세 수입으로 거둬들인다.

식 6–4

$$\text{조세 수입} = \$0.20 \times 25{,}000{,}000 = \$5{,}000{,}000$$

위즈뱅에 부과된 세금의 전체 효과는 무엇인가? 세금이 구매자에게 부과되든 판매자에게 부과되든 상관없이 모든 세금은 다음과 같은 4가지 효과를 가져온다.

1. 균형거래량이 감소한다. 조세 부과의 목적인 위즈뱅 소비 감소 목표가 달성된다.
2. 구매자는 위즈뱅에 더 많이 지불하고 판매자는 덜 받는다. 이는 조세격차를 가져오고, 그 크기는 구매자가 지불하는 가격과 판매자가 받는 가격 간 차이와 같다.
3. 정부는 세금과 새로운 균형거래량을 곱한 것과 같은 액수의 조세 수입을 거둬들인다. 이 경우 캘리포니아 주 정부는 추가적으로 500만 달러의 수입을 얻는다. 이는 비만 관련 질병으로 유발되는 공공보건비용을 조달하는 데 사용될 수 있다.
4. 세금은 경제적 순손실을 유발한다. 이는 정부 수입액이 세금으로 인한 총잉여 감소보다 항상 작다는 것을 의미한다.

세금을 평가함에 있어 조세의 목적—이 경우 트랜스지방 소비 감소—과 그로 인한 시장에서의 잉여 감소를 비교 평가해야 한다.

세금은 누가 부담하는가? 세금의 효과는 누가 세금을 지불하느냐에 따라 달라지지 않는다. 세금이 구매자에게 부과되든 판매자에게 부과되든 그 비용은 분담된다. 그렇지만 누가 더 많은 부담을 지게 되는가?

앞의 사례에서는 동등하게 부담했다. 구매자는 세금 부과 전에 위즈뱅 단위당 50센트를 지불했으나 세금 부과 후 60센트를 지불한다. 따라서 구매자는 20센트 세금 중 10센트를 부담한다. 판매자는 세금 부과 전 위즈뱅 단위당 50센트를 받았지만 세금 부과 후 40센트를 받는다. 그 결과, 판매자 역시 20센트 세금 중 10센트를 부담한다. 〈그림 6-10〉 (A)는 반반 부담하는 경우를 보여준다.

하지만 종종 세금을 똑같이 부담하지는 않는다. 때로는 어떤 집단이 다른 집단보다 더 많이 부담한다. 〈그림 6-10〉 (B)와 같은 위즈뱅 시장과 위 사례를 비교해보기 바란다. 이 경우 세전 구매자는 50센트를 지불했다. 세후에는 54센트를 지불해 구매자의 조세 부담은 위즈뱅당 4센트다. 반면, 판매자는 세후 겨우 34센트를 받아 조세 부담이 16센트로 구매자의 4배에 이른다. 〈그림 6-10〉 (C)는 반대 경우로, 구매자가 판매자보다 더 많은 부담을 진다. 그 결과 구매자가 66센트를 지불하고 판매자는 48센트를 받는다. 구매자와 판매자가 감당하는 상대적인 조세 부담을 **조세귀착**(tax incidence)이라고 한다.

조세귀착 구매자와 판매자에게 부과되는 세금의 상대적 부담

조세귀착을 결정하는 요인은 무엇인가? 그 답은 공급곡선과 수요곡선의 상대적 탄력성과 관련 있다. 4장에서 가격탄력성은 가격 변화에 대해 공급량이나 수요량이 얼마나 반응하는가를 나타낸다는 것을 배웠다. 세금은 구매자와 판매자 모두에게 실질적으로 가격을 변화시키므로, 수요와 공급의 상대적 반응 정도가 조세 부담을 결정한다. 근본적으로 가격에 더 탄력적인 쪽이

그림 6-10

조세귀착과 상대적 탄력성

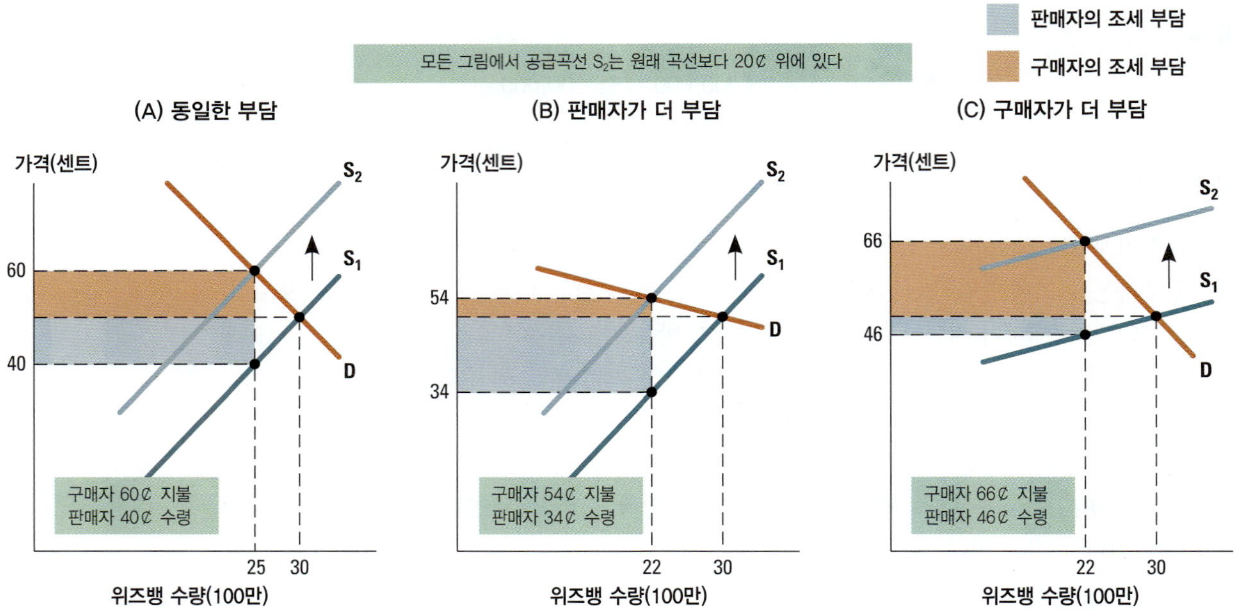

공급과 수요가 동일한 상대적 탄력성을 가지고 있을 때 구매자와 판매자는 세금을 동일하게 부담한다.

수요가 공급보다 더 탄력적인 경우, 판매자가 구매자보다 더 많은 세금을 부담한다.

공급이 수요보다 더 탄력적인 경우, 구매자는 판매자보다 더 많은 세금을 부담한다.

가격 변화에 더 잘 적응할 수 있어 조세 부담이 적을 것이다.

〈그림 6-10〉 (B)는 수요가 더 탄력적인 경우를 가정한다: 많은 소비자들이 쉽게 위즈뱅을 포기하고 건강에 더 좋은 간식을 살 수 있다. 이 경우 위즈뱅 생산자는 세금의 더 많은 부분을 부담한다. 〈그림 6-10〉 (C)는 수요가 덜 탄력적인 경우를 가정한다: 소비자들이 위즈뱅에 너무 빠져 있어서 가격이 높아도 구매할 것이다. 이 경우 구매자가 세금의 더 많은 부분을 부담한다.

조세에 따른 시장 결과—새로운 균형수량과 가격—는 어느 쪽에 세금을 부과하는지와 상관없이 동일함을 기억하라. 따라서 조세 부담도 시장의 어느 쪽에 세금을 부과하든 상관없이 동일할 것이다. 〈그림 6-10〉 (C)에서 판매자에게 세금이 부과되었음에도 불구하고 구매자가 더 많은 부담을 지고 있다. 조세의 실제 경제적 귀착은 '법적 귀착'—즉 누가 법적으로 납부 책임이 있는가—과 관련이 없다.

이는 조세를 둘러싼 공적 논쟁 시 기억해야 할 중요한 점이다. 어떤 정치가가 오염 물질을 방출하는 기업에 오염세 등을 부과해 환경 피해를 책임지도록 해야 한다고 주장할 수 있다. 오염세에 대해 어떻게 생각하는지와 상관없이, 오염 물질을 배출하는 기업에 세금을 부과하는 것이 그들에게 세금 곧 부담을 다 지도록 하는 것이 아니라는 점을 기억하라. 이러한 생산자들로부터 구매하는 소비자들이 더 높은 가격을 지불하게 되어 세금의 일부를 부담할 수 있다. 정책입안자들은 구매자와 판매자들 사이에 조세 부담이 어떻게 분담될지 거의 통제할 수 없다.

보조금

LO 6.4 보조금이 균형가격과 수량에 미치는 영향 계산하기

보조금 어떤 재화의 생산자나 소비자에게 정부가 추가 금액을 지불하는 정책

보조금은 세금과 반대로 정부가 생산자나 소비자에게 추가 금액을 지불하는 정책이다. 정부는 특정 재화나 서비스의 생산이나 소비를 진작시키기 위해 보조금을 사용한다. 또는 물량부족이나 초과 공급을 유발하지 않고 특정 집단에 이익을 주기 위해 가격통제 대안으로 보조금을 사용하기도 한다.

멕시코의 굶주린 사람들이 충분한 토르티야를 살 수 없을 때 어떻게 해야 하는가 하는 문제로 돌아가보자. 만약 정부가 토르티야에 가격상한을 시행하는 대신 보조금을 지급하면 어떻게 되겠는가?

〈그림 6-11〉은 앞에서 논의했던 토르티야시장을 보여준다. 보조금이 지급되기 전 시장에서 파운드당 70센트, 5000만 파운드가 거래되는 균형 상태에 있다. 정부가 토르티야 생산자에게 파운드당 35센트의 보조금을 주기로 했다고 가정해보자. 이 보조금에 대해 구매자와 판매자는 어떻게 반응하겠는가? 세금과는 반대로 반응할 것이다. 세금의 경우 공급량과 수요량은 감소했고, 정부는 수입을 얻었다. 보조금의 경우 공급량과 수요량은 증가하고, 정부는 지출을 한다.

세금의 효과를 살펴보았을 때와 마찬가지로 3단계로 토르티야에 보조금 35센트가 지급되었

그림 6-11

판매자에게 지급된 보조금의 효과

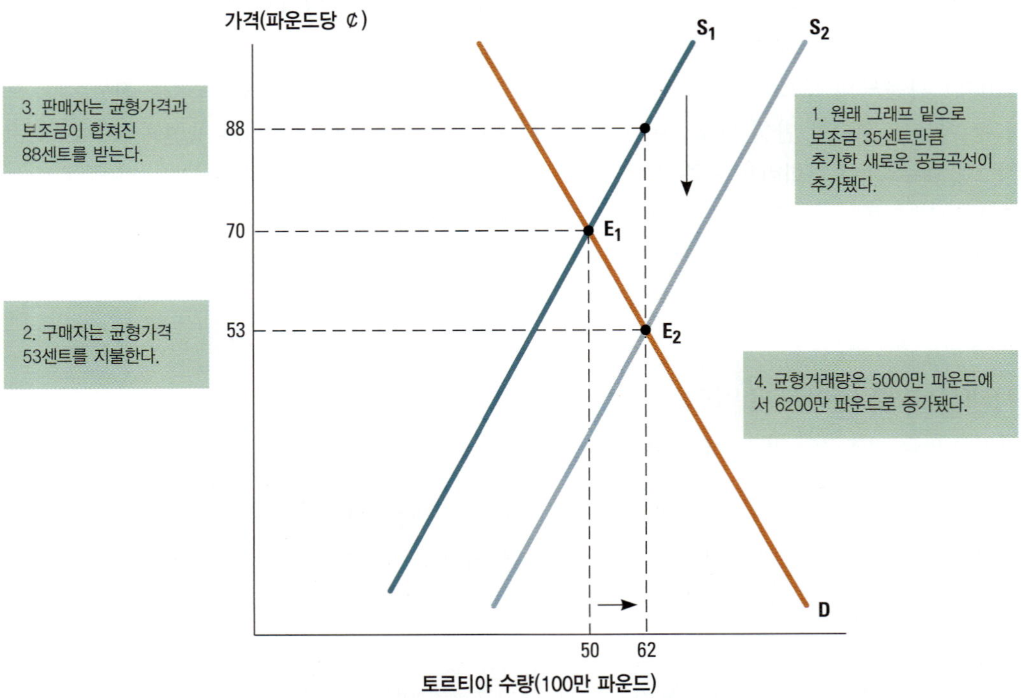

보조금은 세금과 반대 효과를 가져온다. 원래 공급곡선 아래로 35센트만큼 이동한 새로운 공급곡선이 추가됐다. 이는 균형가격을 하락시키고 균형 공급량과 수요량을 증가시킨다.

을 경우 효과를 구할 수 있다.

1. **판매자에게 지급된 보조금은 공급곡선에 영향을 미치는가?** 그렇다. 공급이 증가된다.
   생산자가 보조금을 받는 경우, 판매 단위당 실제 받는 가격은 시장가격보다 높다. 따라서 주어진 시장가격에서 생산자들은 가격이 35센트 더 높은 것처럼 행동할 것이다. 달리 표현하면, 판매자가 동일한 양을 공급하기 위해서는 시장가격이 보조금이 없을 때보다 35센트 낮아도 된다. 그 결과 새로운 공급곡선은 원래 곡선보다 35센트 밑에 그려진다. 〈그림 6-11〉에서 S_2가 보조금이 지급되는 경우 새로운 공급곡선을 나타낸다.
2. **판매자에게 지급된 보조금은 수요곡선에 영향을 미치는가?** 그렇지 않다. 수요는 그대로다.
   소비자는 보조금에 의해 직접적인 영향을 받지 않으므로 수요곡선은 그대로다.
3. **판매자에게 지급된 보조금은 시장 균형에 어떤 영향을 미치는가?** 균형가격은 하락하고 균형거래량은 증가한다.
   새로운 공급곡선에 의한 균형거래량은 소비자가 수요곡선을 따라 새로운 균형점으로 이동함에 따라 증가한다. 보조금 지급 후 새로운 균형에서 공급량은 5000만 파운드에서 6200만 파운드로 증가한다. 세금의 경우처럼 판매자가 지불하는 가격과 판매자가 받는 가격은 보조금 지급 후 달라진다. 보조금이 두 가격 간 격차를 만들었기 때문이다. 그러나 이번에는 판매자가 보조금 지급 전 균형가격인 70센트도 더 높은 가격을 받으며, 구매자는 더 낮은 가격을 지불한다. 구매자는 파운드당 53센트를 지불하고 판매자는 파운드당 88센트를 받는다. 정부가 그 차액인 35센트를 지불한다.

보조금은 구매자와 판매자 모두에게 이득이 되어 시장 내 총잉여가 증가된다. 그러나 보조금은 정부에 비용을 부담시키며, 궁극적으로 납세자가 그 비용을 부담한다. 이 예에서 정부는 6200만 파운드의 토르티야에 대해 파운드당 35센트를 지불해 총 2170만 달러를 지불한다. 이만한 비용을 감수할 만큼 보조금이 가치 있는가? 그 답은 증가된 토르티야 생산과 소비자 비용 감소를 보조금의 기회비용—즉 정부나 납세자가 2170만 달러를 사용할 수 있는 다른 용도—과 비교해 얼마나 가치를 두느냐에 따라 달라진다. '바이오 연료 보조금의 의도치 않은 결과'라는 사례를 통해 알아보기에서 볼 수 있듯이, 때로는 예상치 못한 비용 발생으로 보조금의 분명한 이득이 사라질 수 있다.

사례를 통해 알아보기

바이오 연료 보조금의 의도치 않은 결과

미국은 휘발유보다 깨끗한 에탄올 같은 '바이오연료' 생산에 보조금을 지급한다. 보조금의 목적은 오염 감소다. 그리고 바라던 대로 보조금은 에탄올 생산을 크게 증대시켰다. 〈타임(*Time*)〉에서 마이클 그룬월드(Micahel Grunwald)는 간접적으로 바이오연료가 실제로는 오염을 증가시킬 수 있다고 주장했다:

> 대부분의 바이오연료의 근본적인 문제는 지금까지 연구자들이 간과해왔으나 놀랍도록 단순하다. 연료를 재배하기 위해 땅을 사용하는 것이 엄청난 양의 탄소를 저장하는 삼림, 습지, 초지의 파괴로 이어졌다… 연쇄 반응에 의해 너무나 광범위해 감지하기 어려운 더 많

은 삼림 파괴가 발생한다. 미국 농부들은 옥수수의 5분의 1을 에탄올 생산자에게 팔고 그래서 콩 재배자가 옥수수로 변경하고 그래서 브라질 콩 재배자가 소 목초지로 경작지를 확대하고 다시 목축업자는 아마존으로 쫓겨간다.

그룬월드의 주장에 의하면, 정책입안자들이 미처 예상치 못했던 시장 반응의 복잡한 연결을 통해 에탄올 보조금이 공기 오염 저감이라는 목표와는 상반된 결과를 가져오고 있다. 불행히도, 의도치 않은 결과가 항상 시장 개입에 따른 부차적인 결과는 아니다. 때로는 전체 내용을 바꿀 수도 있다.

Source: M. Grunwald, "The clean energy scam," Time, March 27, 2008, http://www.time.com/time/magazine/article/0,9171,1725975,00.html. The New York Times had a follow-up in its environmental blog: http://green.blogs.nytimes.com/2008/11/03/the-biofuel-debate-good-bad-or-too-soon-to-tell/.

세금의 경우처럼, 보조금의 효과는 생산자와 소비자 어느 쪽에 지불하느냐와 상관없이 동일하다. 만약 소비자가 토르티야 파운드당 35센트를 보조금으로 받으면 수요곡선은 본래 곡선보다 35센트 위에 위치하고, 공급곡선은 변함없을 것이다. 균형 결과는 생산자가 보조금을 받는 경우와 동일할 것이다. 거래량은 5000만 파운드에서 6200만 파운드로 증가하고, 구매자는 파운드당 53센트를 지불하고, 판매자는 88센트를 받는다.

세금의 경우와 마찬가지로, 보조금 이익이 구매자와 판매자 간에 나눠지는 방법은 수요곡선과 공급곡선의 상대적 탄력성에 따라 달라진다. 가격에 좀 더 탄력적인 쪽이 더 많은 이익을 가져간다. 앞의 예에서는 양쪽이 거의 같은 이익을 얻는다. 구매자는 파운드당 17센트, 판매자는 18센트 이득을 본다. 세금처럼 누가 보조금에 따른 이익을 얼마나 얻느냐 하는 것은 보조금을 누가 받느냐에 따르지 않는다는 점에 주목해야 한다. 때때로 보조금에 대한 논쟁에서, 더 받을 만하다는 이유로 구매자나 판매자에게 보조금을 줘야 한다는 주장을 듣게 된다. 이 주장은 완전 경쟁시장(경쟁시장이 아닐지라도)에서 타당하지 않다.

요약하면, 보조금은 구매자나 판매자 어느 쪽에 지불되는가와 상관없이 다음과 같은 효과를 가져온다.

1. 균형거래량이 증가해 보조금을 주는 재화의 생산과 소비 진작이라는 목표를 달성한다.
2. 구매자는 덜 지불하고 판매자는 더 받는다. 보조금으로 구매자 가격과 판매자 가격 간 격차가 발생한다.
3. 정부가 보조금을 지불해야 하며 그 비용은 보조금과 새로운 균형거래량을 곱한 것과 동일하다.

✓ 개념 확인하기

- ❒ 조세격차란 무엇인가? **[LO 6.3]**
- ❒ 보조금은 균형거래량에 어떤 영향을 미치는가? 판매자가 받는 가격과 구매자가 지불하는 가격에 어떤 영향을 미치는가? **[LO 6.4]**
- ❒ 보조금을 구매자나 판매자 중 누구에게 주는가가 중요한가? 그 이유는? **[LO 6.4]**

정부 개입 평가

LO 6.5 탄력성과 기간이 시장 개입 효과에 미치는 영향 설명하기

이 장의 서두에서 정책입안자가 시장에 개입하기로 결정하는 3가지 이유에 대해 논의했다. 가격통제, 세금, 보조금 시행으로 정책 목표를 달성했는지 판단하기 위해서는 의도치 않은 결과를 포함한 각 개입의 효과에 대해 평가해야 한다.

시장 개입으로 기대되는 결과에 대한 몇 가지 원칙을 정리했다. 〈표 6-1〉에 가격통제, 세금, 보조금의 주요 효과를 정리했다. 일반적으로 다음과 같이 말할 수 있다.

- 가격통제는 공급량과 수요량에 상반되는 영향을 미치며 물량부족이나 공급 초과를 유발한다. 그에 반해 세금과 보조금은 수요량과 공급량을 같은 방향으로 변화시키며, 시장에서 공급량과 수요량이 일치되는 점에서 균형을 이루도록 한다.
- 세금은 특정 재화를 덜 사거나 팔게 하며, 정부 수입을 늘리고, 구매자와 공급자 모두에게 비용을 부과한다.
- 보조금은 특정 재화를 더 사거나 팔게 하며, 정부에 금전적 비용을 부과하고, 구매자와 공급자 모두에게 이익을 준다.

다음 절에서는 시장 개입의 좀 더 복잡한 세부 내용에 대해 살펴보고자 한다. 이러한 세부 내용은 중요하다. 개입의 세부 내용이 종종 성공한 정책과 실패한 정책 간 차이를 가져온다.

조세나 보조금의 효과는 얼마나 큰가?

시장 개입의 이유와 상관없이 시장 개입으로 균형거래량과 가격이 얼마나 변화하는가를 정확하

표 6-1 정부 개입: 요약

개입	이유	가격에 미치는 영향	수량에 미치는 효과	누가 이득을 보고 손실을 보는가?
가격하한	생산자의 소득 보호	가격하한보다 가격이 낮을 수 없음	수요량이 감소하고 공급량이 증대해 초과 공급 발생	재화를 판매하는 생산자의 수입은 증대하나 팔지 못한 생산자는 초과 물량 보유
가격상한	소비자 비용을 낮게 유지	가격상한보다 가격이 높아질 수 없음	수요량이 증대하고 공급량이 감소해 물량 부족 발생	재화를 구매한 소비자는 이득을 보나 그렇지 않은 소비자들은 물량부족에 시달림
세금	특정 행위를 위축시키거나 행위 결과에 대가를 지불; 정부 수입 증대	가격 인상	균형거래량 감소	정부 수입 증대; 세금이 사회적으로 바람직하지 않은 행위를 줄이는 경우 사회적 이익 증대. 세금이 부과된 재화의 구매자와 판매자 비용 분담. 수요와 공급의 가격탄력성에 따라 어느 쪽이 더 많은 부담을 하는지 결정
보조금	특정 행위 진작; 특정 집단에 이익 제공	가격 하락	균형거래량 증대	구매자는 더 낮은 가격에 더 많이 구매. 보조금이 사회적으로 바람직한 행위를 진작시키는 경우 사회적 이익 증대. 정부와 궁극적으로 납세자가 비용 부담

게 아는 것이 중요하다. 세금이나 보조금이 균형거래량에 미치는 효과를 미리 예상할 수 있는가? 만약 공급과 수요의 가격탄력성을 안다면, 그렇다. 공급이나 수요가 더 탄력적일수록 수량의 변화는 더 크다. 이 원칙은 구매자와 판매자의 가격 변화에 대한 반응도를 측정하는 가격탄력성 정의에서 그대로 도출되고, 세금이나 보조금은 실질적인 가격을 변화시킨다.

〈그림 6-12〉는 공급과 수요의 가격탄력성 4가지 조합 아래 세금 20센트가 위즈뱅 수요량에 미치는 영향을 보여준다.

- (A)에서 공급과 수요 모두 상대적으로 비탄력적이다. 이 경우 세금 부과는 균형거래량을 감소시키나 많이 감소되지는 않는다. 구매자와 판매자 모두 세금을 납부해야 함에도 거래를 계속한다.
- (B)에서는 수요가 공급보다 더 탄력적이다. 그래서 공급곡선이 20센트 더 올라갔을 때 거래량의 변화는 (A)보다 더 크다.
- (C)에서 공급이 탄력적이며 수요는 상대적으로 비탄력적이다. 공급자가 세금 비용에 더 많이 반응하므로 거래량의 변화는 (A)보다 크다.
- 마지막으로 (D)는 공급과 수요가 모두 탄력적일 때 어떻게 되는가를 보여준다. 이 경우 거래량은 두 번째, 세 번째 경우보다 더 많이 감소한다.

세금이나 보조금 효과의 크기를 예상하기 위해서는 정책입안자가 공급과 수요의 가격탄력성 모두를 알아야 한다. 앞에서 보았듯이, 이 정보를 통해 누가 더 많은 부담을 지고 더 많은 이득을 보는가를 알 수 있다.

그림 6-12

가격의 탄력성과 세금 20센트의 효과

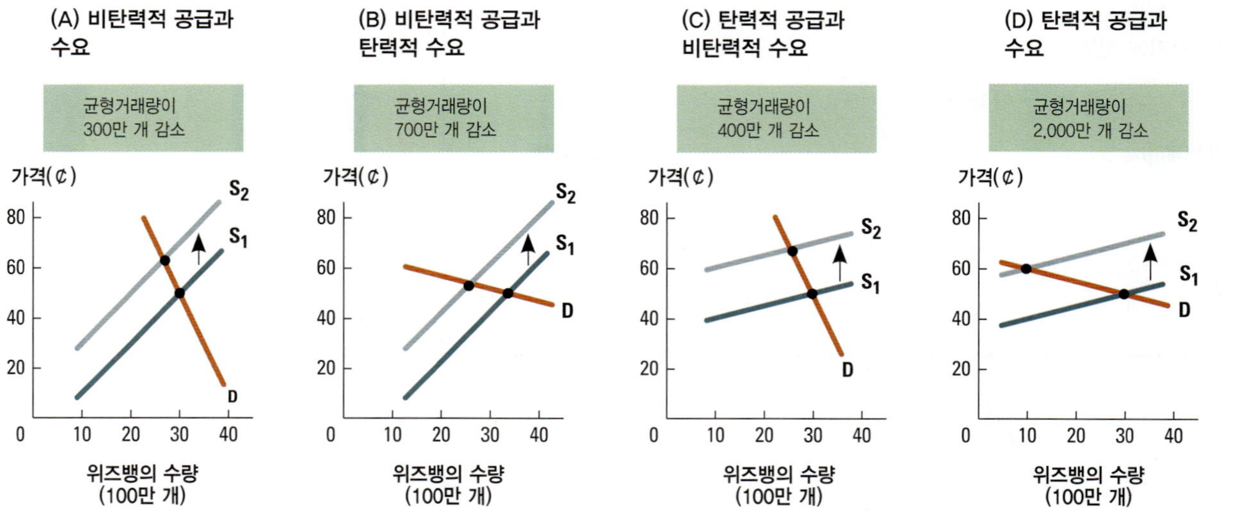

(A) 공급과 수요가 모두 상대적으로 가격에 덜 민감할 때, 세금으로 인해 균형거래량은 많이 감소하지 않는다.

(B) 공급이 비탄력적이나 수요는 상대적으로 탄력적인 경우, 세금으로 인해 균형거래량은 (A)보다 더 많이 감소한다.

(C) 비탄력적인 수요에 비해 공급이 상대적으로 탄력적인 경우, 세금으로 인해 균형거래량은 (A)보다 더 감소한다.

(D) 수요와 공급이 모두 상대적으로 탄력적일 때, 균형거래량이 가장 많이 감소한다. 구매자와 판매자 모두 세금으로 인한 가격 변화에 크게 반응한다.

만약 정부의 역할에 관심이 있다면, 더 찾아보기의 '공공 경제학'을 읽고 이 분야에 대해 더 알아보기 바란다.

더 찾아보기

공공 경제학

사업을 어떻게 하느냐보다 선거나 입법에 더 관심이 있는가? 만약 그렇다면 공공정책에 바탕이 되는 경제학을 이해하는 것이 아주 중요하다는 것을 인식하기 바란다. 잘 만들어진 정책들이 훌륭한 결과를 가져옴에도 불구하고 의도는 좋았으나 잘못 설계된 정책은 심각한 역효과를 가져올 수 있다.

공공정책의 경제학에 대해 더 공부하기 위해 공공경제학 과목을 수강하는 것을 고려해보기 바란다. 이 책에서도 정책 이슈를 다루겠지만 정치가, 분석가, 전문가 또는 제대로 된 정보를 가진 유권자가 되고자 한다면 배워야 할 것들이 훨씬 많다.

장기와 단기 영향

가격통제는 재화나 서비스의 가격을 변화시킬 뿐만 아니라 물량부족이 초과 공급을 유발한다. 구매자와 판매자가 가격 변화에 대응하기 위해서는 시간이 필요하므로 때로는 가격통제의 전체적인 효과는 장기에만 분명할 수 있다.

정부가 사람들이 덜 운전하도록 하여 공기오염을 줄이고자 휘발유에 가격하한을 시행하는 경우를 가정해보자. 〈그림 6-13〉의 (A)는 가격하한이 휘발유시장에 미치는 단기적 영향을 보여준다. 단기에는 휘발유 수요량이 많이 변하지 않는다. 사람들이 불필요한 운행을 줄이려고 함에

그림 6-13

장기와 단기에 정부 개입

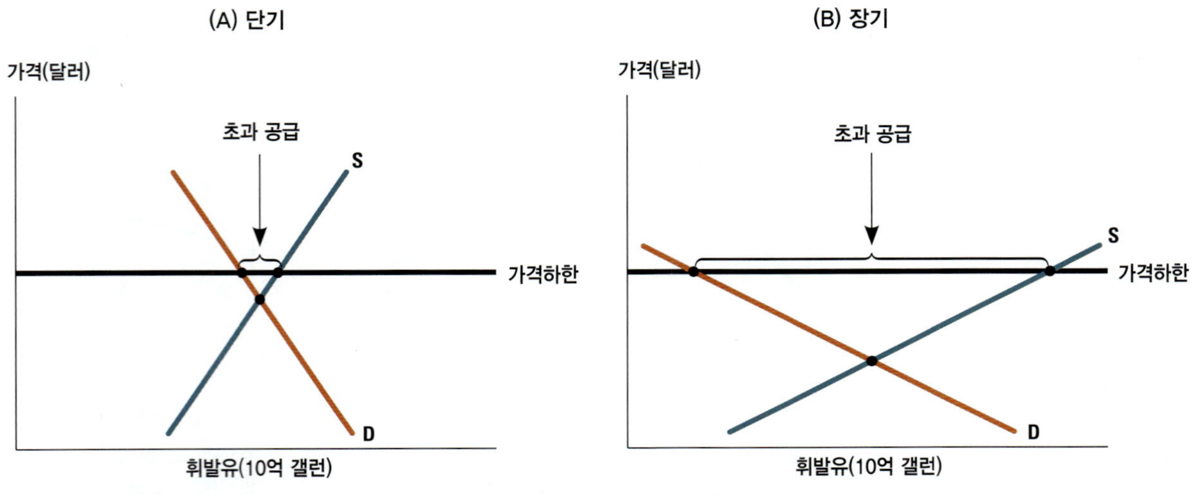

단기에는 휘발유 공급이나 수요가 탄력적이지 않아 가격하한이 공급량에 미치는 효과는 상대적으로 작다.

장기에는 휘발유 공급과 수요 모두 가격통제에 반응해 변한다. 그 결과 공급량에 미치는 장기적 효과는 단기적 효과보다 훨씬 크다.

도 불구하고 수요의 많은 부분이 출근하거나 시장에 가는 것과 같이 바꾸기 힘든 운전 습관이기 때문이다. 휘발유 생산자가 사용하지 않는 유전을 많이 가지고 있지 않는 한 생산량을 쉽게 증가시키기 어려울 것이다. 단기에는 수요와 공급이 탄력적이지 않고 가격하한은 초과 공급만 유발한다.

공급과 수요의 가격탄력성을 결정하는 요인 중 하나가 탄력성이 측정되는 기간이다. 수요와 공급 모두 장기 탄력성이 단기보다 크다. 수요 측면에서 소비자는 중기에는 버스 패스를 사거나 가까운 곳에서 장을 보는 등 생활방식을 약간 변화시킬 수 있다. 장기적으로는 더 큰 변화를 취할 수 있다. 예를 들어, 새 차를 사려고 할 때 연비가 좋은 차를 사려고 할 것이다. 새 직장이나 집으로 이사한다면, 예전보다 출근 거리를 좀 더 중요하게 고려할 수 있다.

장기적으로 공급도 더 탄력적이 될 것이다. 높은 가격은 생산자가 더 생산할 이유이기에 원유 탐사에 투자하거나 새로운 유정을 파거나, 기존 유정에서 원유를 끌어올릴 수 있는 생산 규모를 늘릴 것이다. 〈그림 6-13〉의 (B)는 가격하한이 휘발유시장에 미치는 장기적 영향을 보여준다. 공급과 수요 모두 단기보다 장기에서 더 탄력적이므로 휘발유 초과 공급은 단기보다 장기에 훨씬 크다.

가격하한의 목표가 소비자 운전을 덜 하도록 해 대기오염을 줄이고자 하는 것이라면 단기에는 그 영향이 실망스러울 수 있다: 휘발유 사용량이 조금 감소할 것이다. 그러나 장기에는 휘발유 사용량이 훨씬 많이 줄 것이고 정책은 성공적으로 보일 것이다. 그러나 가격하한을 시행하는 이유가 휘발유 공급자를 지원하기 위한 것이라면, 단기 반응은 효과가 좋은 것처럼 잘못 보일 수 있다. 공급자들이 더 비싼 가격에 거의 비슷한 양을 팔 것이기 때문이다. 그러나 장기에는 수요량이 감소함에 따라 점점 더 많은 생산자들이 초과 공급분을 보유할 것이고, 정책이 성공적이지 않은 것으로 보이기 시작할 것이다.

유럽과 미국의 농부들은 많은 보조금을 받는다. 보조금 없이는 대부분의 농부들이 농사를 지을 수 없다. 비판자는 보조금이 특정 식품의 가격을 보조금이 없는 경우보다 상승하도록 하여 시장의 왜곡을 가져온다고 주장한다. 어떻게 생각하십니까?의 '농업 보조금'에서 이를 둘러싼 논쟁을 읽어보기 바란다.

어떻게 생각하십니까?

농업 보조금

부유한 많은 나라에서는 국내 농업 생산을 진작시키기 위해 가격하한과 보조금으로 많은 지출을 한다. 예를 들어, 유럽의 공동 농업 정책(CAP; Common Agricultural Policy)과 관련된 비용이 현재 유럽연합 예산의 거의 반을 차지해 연간 약 500억 달러가 소요된다.

CAP는 다음과 같은 목적을 수행하기 위해 1957년에 설립되었다.

1. 기술 진보, 농업 생산의 합리적 개발, 그리고 생산요소, 특히 노동의 최적 활용을 통해 농업 생산력 증진
2. 특히 농업 종사자들의 개인 소득의 증대를 통해 농업 인구의 적정한 생활수준 보장
3. 시장 안정
4. 일정한 공급 보장

5. 합리적인 소비자 가격 보장

지지자들은 이러한 목표가 중요하고 가치 있다고 생각한다. 그러나 CAP는 여러 가지 이유로 거센 비판을 받고 있다. CAP가 납세자에게 높은 비용을 부담시키고, 농부의 유인을 왜곡시켜 농작물의 초과 공급을 유발하며, 유럽의 보조금을 받는 작물과 경쟁관계에 있는 농작물을 생산하는 빈곤한 나라의 농부들에게 피해를 주고, 대규모 농업사업자에게 공공자금이 흘러간다는 것이다.

이러한 정책을 사용하는 나라는 EU만이 아니다. 매년 미국 농업법(Farm Bill)은 농작물 가격 지지를 위해 수십억 달러를 배분한다. 일본 역시 농업시장에 많이 개입한다.

어떻게 생각하십니까?

1. 앞서 말한 유럽의 공동 농업 정책(CAP)의 목표에 찬성하는가? 이 정책으로 인해 유발되는 시장 왜곡을 감수할 가치가 있는 목표는 무엇이라 생각하는가?
2. 부유한 나라에서 자국의 농업 정책이 빈곤한 나라에 미치는 영향을 고려해야 할 의무가 있는가, 아니면 자국 농업의 이익이 더 중요한가?

Source: "Cap explained," European Commission website, 2009, http://ec.europa.eu/agricultrue/publi/capexplained/cap_en.pdf

✓ 개념 확인하기

- ❒ 재화에 대한 수요가 비탄력적인 경우, 세금이 거래량에 미치는 효과는 크게 나타나겠는가, 아니면 작게 나타나겠는가? 구매자와 판매자 중 누가 더 많은 세금 부담을 지는가? **[LO 6.5]**
- ❒ 담배세는 장기에 더 효과적이겠는가, 아니면 단기에 더 효과적이겠는가? 이유를 설명하라. **[LO 6.5]**

결론

뉴스를 듣다 보면, 경제학은 모두 사업과 주식시장에 관한 것처럼 보일 수 있다. 사업은 중요하다. 그러나 가장 중요하고 어려우며 유용한 많은 경제학 원리의 적용이 공공정책과 관련된다.

이 장에서 정부 개입이 일상생활에 미치는 영향을 이해하는 데 필요한 기본적인 분석 도구를 배웠다. 물론 실제 세상은 복잡하기 때문에 이 주제에 대한 마지막은 아니다. 나중에, 시장과 정부 정책의 편익을 평가하는 방법에 대해 논의한다. 또한 시장실패와 정부가 시장실패를 교정해야 하는지 언제 해야 하는지에 대해 논의할 것이다.

주요 용어

요약

LO 6.1 가격상한이 균형가격과 수량에 미치는 영향 계산하기

정부는 다음과 같은 한 가지 또는 그 이상의 이유로 시장에 종종 개입한다: 시장실패를 교정하거나, 시장의 이익 배분을 변화시키거나, 특정 재화와 서비스의 소비를 줄이거나 진작시키기 위해서다. 정부는 공공 수입을 증대시키기 위해 재화와 서비스에 세금을 부과하기도 한다.

가격상한은 재화를 팔 수 있는 최고 법정 가격이다. 유효한 최고 가격은 법적으로 강제되는 가격 수준에서의 공급자 공급보다 수요자 수요가 더 많아서 물량부족이 발생한다. 이 정책으로 일부 소비자는 더 낮은 가격에 원하는 재화를 살 수 있어 이득을 보지만, 다른 소비자들은 원하는 재화를 구할 수 없다. 공급자들은 최고 가격이 없었더라면 팔았을 가격보다 낮은 가격에서 덜 팔아 손해를 본다.

LO 6.2 가격하한이 균형가격과 수량에 미치는 영향 계산하기

가격하한은 재화를 팔 수 있는 최저 법정 가격이다. 가격하한에서 수요자의 수요보다 공급자의 공급이 더 많아 가격하한은 초과 공급을 유발한다. 이 정책은 더 높은 가격에 재화를 팔 수 있었던 공급자들에게는 이득이 되지만, 다른 공급자들은 팔지 못한 재화를 보유하게 된다. 소비자들은 더 높은 가격에 덜 구매하게 되어 손해를 본다. 정부는 가격하한을 유지하기 위해 종종 초과 공급분을 구매해 납세자에게 비용을 부담시킨다.

LO 6.3 조세가 균형가격과 수량에 미치는 영향 계산하기

세금은 구매자나 판매자가 재화를 사고팔 때 정부에 추가적인 가격을 지불하도록 한다. 세금은 시장의 규모를 축소시켜 조세가 부과된 재화의 소비와 생산을 위축시킨다. 이러한 효과는 세금이 구매자에게 부과되든 판매자에게 부과되든 상관없이 동일하다. 조세 부담은 소비자와 생산자가 나눠 지고 정부는 판매량과 세금의 곱과 같은 액수의 수입을 얻는다.

LO 6.4 보조금이 균형가격과 수량에 미치는 영향 계산하기

보조금은 정부가 구매자나 판매자에게 재화의 판매 단위당 주는 지불액이다. 보조금은 시장의 규모를 증대시켜 보조금을 받는 재화의 소비와 생산을 증대시킨다. 이 효과는 보조금이 구매자에게 지불되나 판매자에게 지불되나 상관없이 동일하다. 소비자와 생산자 모두 보조금으로 이익을 보지만 납세자가 그 비용을 부담해야 한다.

LO 6.5 탄력성과 기간(time period)이 시장 개입 효과에 미치는 영향 설명하기

정부 개입이 시장에 미치는 영향을 평가할 때, 정책이 의도한 결과와 의도하지 않은 결과를 모두 고려하는 것이 중요하다. 세금이나 보조금 영향의 크기와 부담이나 이득의 분포는 공급과 수요의 가격탄력성에 따라 달라질 것이다. 게다가 정부 개입의 효과는 소비자와 공급자가 새로운 유인에 반응하면 행동을 변화시킬 것이므로, 시간이 변함에 따라 달라질 것이다.

복습문제

1. 여러분은 빵에 가격상한을 시행하고 있는 이집트 정부의 자문관이다. 불행히도 여전히 많은 가족들이 필요로 하는 빵을 구매할 수 없다. 정부 관료에게 왜 가격상한이 빵 소비를 증대시키지 못하는지 설명하라. **[LO 6.1]**
2. 여러분이 살고 있는 시에는 오랫동안 주택 가격에 가격상한을 부과해왔다. 최근에 인구가 감소해 주택 수요가 감소했다. 수요의 감소는 가격상한 효율성에 어떤 영향을 미치겠는가? **[LO 6.1]**
3. 미국에서 시금치에 대한 가격하한을 유지하고 있다고 가정하자. 왜 이 정책이 시금치 재배업자의 수입을 감소시킬 수 있는가? **[LO 6.2]**
4. 콜롬비아에서 커피 원두에 대한 가격하한이 시행되고 있다고 가정하자. 가격하한으로 새로운 재배업자가 시장에 진입해 커피 원두를 생산한다면 경제적 순손실 규모는 어떻게 되겠는가? **[LO 6.2]**
5. 많은 주에서 담배 구매 시 세금을 부과한다. 흡연자가 담배 구매 시 추가로 지불하는 것에 불만이 있다고 하자. 만약 정부가 흡연자 대신 담배를 판매하는 가게에 세금을 부과한다면 흡연자에게 도움이 되겠는가? 그 이유를 설명하라. **[LO 6.3]**
6. 담배세를 생각해보자. 조세귀착이 구매자와 판매자 중 어느 쪽에 더 많이 발생할 것으로 생각되는가? 그 이유는? **[LO 6.3]**
7. 필리핀에서 쌀 생산이 수요보다 적어 다른 나라로부터 쌀을 수입해야 한다. 이 경우 필리핀 정부는 쌀 생산자에게

보조금을 주는 것을 고려해볼 수 있다. 이 정책의 잠재적 이득은 무엇인가? 비용은 무엇인가? **[LO 6.4]**

8. 보조금은 시장에서 소비자 잉여와 생산자 잉여를 증가시키고 거래량을 증대시킬 것이다. 그런데 왜 보조금(미국에서의 옥수수 생산 보조금 같은 것)이 비효율적이라고 생각되는가? **[LO 6.4]**
9. 정부에서 휘발유에 가격상한을 시행한다고 가정하자. 가격상한 시행 한 달 후 휘발유 부족이 발생했으나 그 크기가 정책에 반대했던 사람들이 경고했던 수준보다 적다. 반대자들의 예측이 왜 여전히 맞을 수 있는지 설명하라. **[LO 6.5]**
10. 예산 부족으로 청량음료에 세금을 부과하기로 했다. 여러분은 예산 분석가다. 세금이 부과된 첫 해와 두 번째 해 중 언제 조세 수입을 더 많이 거두겠는가? **[LO 6.5]**

응용문제

Mc Graw Hill connect ECONOMICS

1. 많은 사람들이 휘발유 가격이 올라가는 것을 걱정하고 있다. 정부가 현재 가격보다 아래에 휘발유 가격의 상한을 두는 방법을 고려하고 있다고 가정하자. 이 정책으로 다음 중 어떤 결과가 나타날 것으로 예상되는가? 해당되는 모든 것을 골라라. **[LO 6.1]**
   a. 운전자들은 휘발유를 더 많이 구매할 것이다.
   b. 휘발유 수요량은 증가할 것이다.
   c. 주유소에 휘발유를 사려는 사람들이 긴 줄을 서게 될 것이다.
   d. 정유사가 원유를 생산할 수 있는 능력을 증대시키고자 할 것이다.
2. 〈그림 6P-1〉은 균형 상태의 시장을 보여준다.
   a. 12달러에 가격상한을 표시하라. 이 가격에서 물량부족은 얼마인가? 경제적 순손실을 그리고 계산하라. **[LO 6.1]**
   b. 4달러에 가격상한을 표시하라. 이 가격에서 물량부족은 얼마인가? 경제적 순손실을 그리고 계산하라. **[LO 6.1]**
3. 수십 년간의 남획으로 전 세계 대구(흰살 생선의 한 종류) 공급이 급격하게 감소했다. 양식한 큰 넙치가 자연산 대구의 대안으로 여겨진다. **[LO 6.1]**
   a. 〈그림 6P-2〉 그래프에 대구 남획이 양식한 큰 넙치 시장에 미치는 효과를 보여라.

   패스트푸드 체인점에서는 피시앤칩스에 사용하기 위해 흰살 생선을 구매한다. 감소된 대구 공급으로 이미 타격을 받은 패스트푸드 체인에서 공격적으로 로비를 해 양식한 큰 넙치에 가격통제를 하려고 한다. 그 결과 의회에서 이전 가격 수준—남획으로 대구 공급이 줄어들기 전 가격—으로 큰 넙치에 가격상한을 부과하려고 한다.

   b. 그래프에 의회가 가격통제 정책을 채택하는 경우, 양식한 큰 넙치 시장에 어떤 일이 생길지 보여라. 가격상한, 수요량, 공급량 그리고 경제적 순손실을 그리고 표시하라.
4. 방울양배추 증진 조직에서 정부를 설득해 방울양배추 부셸당 8달러의 가격하한을 실시하도록 했다. 수요는 P = 9 − Q이며 공급은 P = 2다. 여기에서 Q의 단위는 1,000부셸이다. **[LO 6.2]**
   a. 방울양배추의 균형가격과 수량은?

그림 6P-1

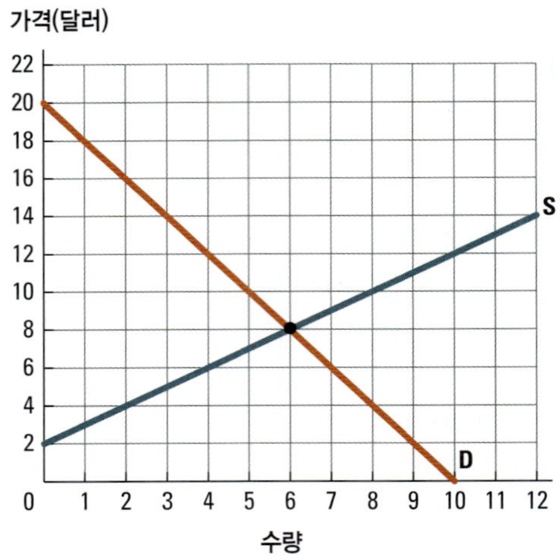

그림 6P-2

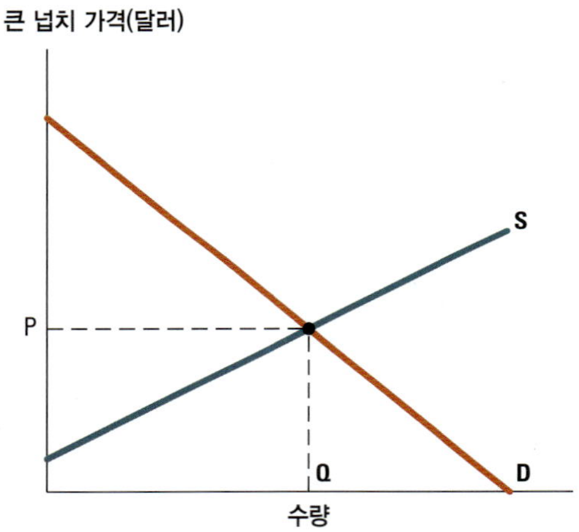

표 6P-1

가격 (달러)	수요량 (1000파운드)	공급량 (1000파운드)
6	5	80
5	20	70
4	35	60
3	50	50
2	65	40
1	80	30

b. 가격하한이 실시되는 경우 가격과 수량은?
c. 가격상한이 실시되는 경우 방울양배추의 초과 공급은 얼마나 되겠는가?

5. 풍자의 나라 시민들의 전통적인 식습관은 소고기를 많이 포함하며 목축업자가 이 나라 경제의 중요한 부분을 차지한다. 정부에서 가격하한으로 목축업자를 지원하기로 결정했다. 가격하한은 초과 공급 분을 정부가 사들이는 방법으로 유지될 것이다. 〈표 6P-1〉은 소고기의 공급과 수요를 보여준다. 수량의 단위는 1000파운드다. **[LO 6.2]**
   a. 파운드당 4달러를 유지하기 위해 정부는 얼마나 많은 양의 소고기를 구매해야 하는가?
   b. 이 지원 방식을 유지하기 위해 정부는 얼마나 많은 돈이 필요한가?
6. 〈표 6p-2〉는 어떤 재화의 공급량과 수요량에 대한 정보를 보여주고 있다. **[LO 6.3]**
   a. y축은 가격, x축은 수량으로 하여 수요와 공급곡선을 그려라.
   b. 균형가격과 수량은 얼마인가?
   c. 정부가 이 재화에 단위당 15달러의 세금을 부과했다. 새로운 공급곡선을 그려라.
   d. 새로운 균형수량은 얼마인가? 소비자는 얼마를 지불하는가? 세금 부과 후 공급자는 얼마를 받는가?
   e. 이 가격 변화에 따른 수요의 가격 탄력성을 구하라.
   f. 수요가 덜 탄력적이라면(공급은 일정), 경제적 순손실은 작아지겠는가, 커지겠는가? **[LO 6.5]**
7. 어느 도시에서 패스트푸드 치즈버거에 대한 주간 공급과 수요가 〈그림 6P-3〉과 같다. 재정적자를 줄이기 위해 시장은 패스트푸드점에 판매세를 부과하는 방안을 제시했다. **[LO 6.3]**

표 6P-2

가격(달러)	수요량	공급량
45	10	160
40	20	140
35	30	120
30	40	100
25	50	80
20	60	60
15	70	40
10	80	20
5	90	0

   a. 시장의 제안에 의하면 치즈버거에 60센트 판매세를 부과하고 소비자가 세금을 납부한다. 이 치즈버거시장에서 새로운 결과는?(얼마에 얼마나 많은 치즈버거가 팔리겠는가?) 이 결과를 그래프에 표시하라.
   b. 소비자가 부담하는 세금 부담은 얼마나 되는가? 생산자가 부담하는 것은?
   c. 이렇게 제안된 세금에 따른 경제적 순손실은 얼마나 되는가?
   d. 정부의 조세 수입은 얼마나 되는가?

그림 6P-3

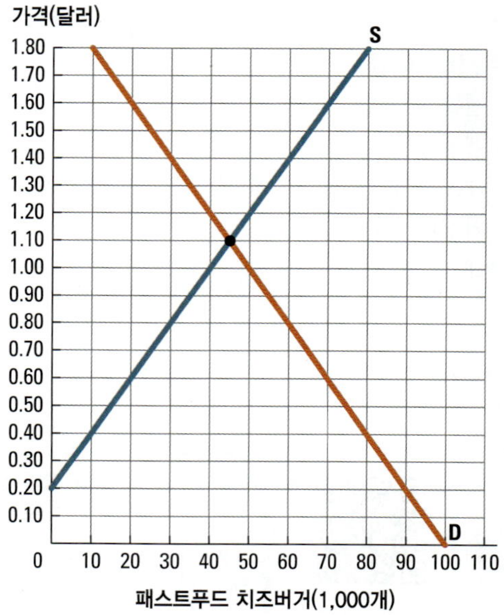

그림 6P-4

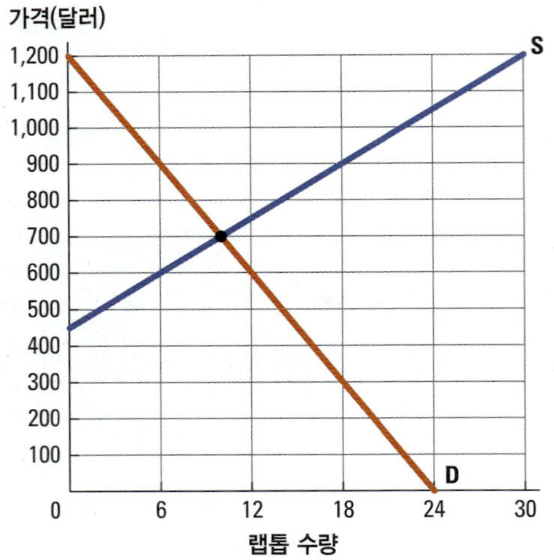

e. 세금 부과에 따른 소비자 잉여 감소는 얼마나 되는가?

8. 〈그림 6P-4〉는 랩톱에 대한 수요와 공급을 보여준다. 수량의 단위는 1000이다. 정부가 랩톱당 300달러의 보조금을 주기로 했다고 가정하자. **[LO 6.4]**
   a. 새로운 균형에서 거래되는 랩톱의 수량은 얼마일까?
   b. 보조금이 지급되는 경우 소비자가 지불하는 가격은 얼마일까?
   c. 보조금이 지급되는 경우 판매자가 받는 가격은 얼마일까?
   d. 정부는 보조금을 위해 얼마를 지불해야 하는가?

9. 정부가 랩톱 생산자에게 보조금을 지급하는 경우를 가정하자. 이 정책으로부터 이익을 보는지 손해를 보는 설명하라. **[LO 6.4]**
   a. 랩톱 구매자
   b. 랩톱 판매자
   c. 데스크톱 컴퓨터 판매자(랩톱 제조업자와 다르다고 가정)
   d. 데스크톱 컴퓨터 구매자

10. 건강상의 이유로 풍자의 나라 정부에서 시민들이 소비하는 브로콜리 양을 증대하고자 한다. 다음 정책 중 이 정책 목적 달성을 위해 사용할 수 있는 것은? **[LO 6.1, 6.4]**
    a. 브로콜리 재배업자를 지원하기 위한 가격하한
    b. 소비자들이 브로콜리를 계속 구매할 수 있도록 보장하는 가격상한
    c. 브로콜리를 구매하는 사람에게 지불하는 보조금

11. 다음 시나리오는 어떤 재화의 공급과 수요의 가격탄력성을 나타낸다. 어떤 경우 보조금이 소비를 가장 많이 증대시키겠는가? 하나만 골라라. **[LO 6.5]**
    a. 탄력적 수요, 비탄력적 공급
    b. 비탄력적 수요, 비탄력적 공급
    c. 탄력적 수요, 탄력적 공급
    d. 비탄력적 수요, 탄력적 공급

12. 다음 시나리오는 어떤 재화의 공급과 수요의 가격탄력성을 나타낸다. 다른 조건이 일정할 때(균형가격, 균형수량, 세금의 크기) 어떤 경우 정부 수입이 가장 많겠는가? 하나만 골라라. **[LO 6.5]**
    a. 탄력적 수요, 비탄력적 공급
    b. 비탄력적 수요, 비탄력적 공급
    c. 탄력적 수요, 탄력적 공급
    d. 비탄력적 수요, 탄력적 공급

미주

1. http://www.time.com/time/magazine/article/0,9171,1727720,00.html; and http://www.nytimes.com/2008/06/22/nyregion/22food.html.
2. "The new face of hunger," *The Economist*, April 17, 2008

◀ 세계의 모바일 윈도우—이 장의 내용과 관련된 응용사례를 찾으려면 여러분의 스마트폰으로 이 코드를 스캔하라. (QR코드 리더가 필요하면, 여러분의 앱스토어에서 ScanLife를 활용하라.)

여러분의 모바일 앱스토어를 방문하여 Karlan and Morduch Study Econ app.을 다운로드 하라. ▶

Part Three

개인 의사결정

제3부의 5개 장(章)에서는

소비자들이 어떻게 의사결정을 하는지 공부한다. 우리는 매일 많은 결정을 한다. 비싼 저녁을 먹거나 특정 목적을 위해 기부를 하는 것처럼 상대적으로 사소한 결정이 있는가 하면, 진로를 상담하기 위해 지도교수를 만나거나 집을 살까 고민하는 등 크고 중요한 일도 있다. 비록 경제학의 문제가 아닌 것처럼 느껴질지 모르겠지만, 남은 인생을 함께 보내고 싶은 어떤 사람을 선택할 때가 올 수도 있다.

어떤 선택이 옳은 것인지 어떻게 확신할 수 있을까? 다른 사람들은 어떻게 할까? 제3부의 5개 장(章)은 이러한 질문을 통해 경제학이 어떻게 도움이 될 수 있는지 보여준다.

7장은 경제학자들이 사람들이 어떻게 의사결정을 하는지 이해하는 데 이용하는 기본적인 개념을 소개한다. 의사결정은 그 중요성이나 비용에 관계없이 '**효용**'을 바탕으로 내려진다. 대부분의 경우, 사람들이 결정을 내릴 때는 효용을 극대화하려는 욕구에 좌우된다.

그러나 좋은 의도를 효과적인 결과로 연결하는 것이 항상 쉬운 것은 아니다. 사람들은 이행할 수 없는 결정을 종종 내리고, 전혀 합리적이지 않은 선택을 하기도 한다. 8장에서는 왜 사람들이 그다지 재미있지 않은 영화를 끝까지 보고, 계획했던 건강한 샐러드 대신 기름진 파히타를 주문하는지에 대해 설명한다. 이는 행동경제학의 영역에 속한다. 행동경제학은 의사결정에 영향을 미치는 사회적, 심리적 요소를 도입함으로써 우리가 의사결정 과정을 이해하는 데 도움을 준다. 행동경제학은 개인의 일상적 선택뿐 아니라 정부정책이나 비즈니스에서도 좋은 의도가 좋은 결과로 실현되도록 이용될 수 있다.

우리가 의사결정을 할 때는 그것이 일상에 관한 것이건, 정치나 비즈니스에 관한 것이건 다른 이들이 어떤 의사결정을 하는지가 중요하다. 이러한 사고를 '**전략적**' 사고라고 한다. 9장에서는 게임이론과 전략적 사고의 이점에 대해 공부한다. 이기는 전략은 선거 유세를 할 때나 가게의 장소를 정할 때, 또는 상사와 까다로운 협상을 해야 할 때 등 중요한 경우가 많다. 옳은 의사결정은 선거에 이기게 하고, 이윤을 높이며, 임금 인상을 경험하게 할 것이다.

전체적으로 보면 의사결정에서 가장 중요한 요소 중 하나는 적절한 정보를 갖고 있는 것이다. 10장에서는 이러한 정보에 대해 다룬다. 새로운 도시를 방문했을 때 어디서 식사할지 어떻게 결정할 것인가? 여러분이 회사의 관리자라면, 어떻게 모두가 열심히 일하도록 할 것인가?

중고차를 사거나 보험에 가입하려고 할 때 어떤 것을 생각해야 하는가? 10장에서는 정보가 어떻게 의사결정과 계약에 영향을 미치고, 시장이 어떻게 좋은 정보가 드러나도록 하는지 살펴볼 것이다. 정보가 충분하지 않을 때 시장은 효율적인 결과를 이끌기에 실패할 수 있다. 이 경우 공공정책을 통해 효율성을 개선할 가능성이 생길 수 있다.

11장에서는 의사결정에서 또 다른 요소인 '시간'과 '위험'에 대해 알아본다. 어떤 의사결정은 저축이나 대학 진학처럼 미래에 그 편익이나 비용이 발생한다. 또 어떤 의사결정은 위험을 안고 있어 예컨대, 출고되어 받은 차가 내일 길에서 서버릴 수도 있고 몇 년 동안 전혀 결함 없이 잘 달릴 수도 있다. 비즈니스와 정부의 성공은 알려져 있지 않은 것들에 그들이 얼마나 잘 대비되어 있는가에 달려 있는 경우가 많다. 11장에서는 인생의 불확실성에 대해 어떻게 생각을 조직할지에 대한 개념적 도구를 소개한다.

제3부에서 다루는 문제들은 경제학의 핵심에 해당한다. 이를 통해 여러분은 경제학이 매일의 생활에서 더 나은 선택을 하고, 사회 전체적으로는 공유된 목적을 달성하는 것을 돕는 힘을 가졌다는 것을 알게 될 것이다.

Chapter 7

소비자 행위

학습목표

LO 7.1 어떤 사람이 어떤 재화와 행동에서 가장 큰 효용을 느끼는지 현시선호가 나타내는 의미 설명하기

LO 7.2 예산제약이 효용 극대화에 어떤 영향을 미치는지 설명하기

LO 7.3 소득의 변화가 소비자의 선택에 어떤 영향을 미치는지 설명하기

LO 7.4 가격의 변화가 소비자의 선택에 어떤 영향을 미치는지 보이고, 소득효과와 대체효과 구분하기

LO 7.5 효용이 외부의 인식으로부터 영향 받는 경로를 개관하고, 사람들이 어떻게 이타주의나 상호주의로부터 효용을 얻는지 설명하기

나눔의 계절

매년 연말이면 수백만의 미국인들은 선물의 광풍에 휩싸인다. 상점들은 가족과 친구들이 좋아할 만한 선물을 찾는 손님들로 가득 찬다.

이러한 행복한 연말 풍경 이야기를 다르게 표현할 수도 있다. 매년 연말이면 수백만의 미국인들은 비효율적인 지출의 광풍에 휩싸인다. 이 두 번째 표현에 따르면 선물은 낭비일 뿐이다. 선물을 주는 사람은 받는 사람이 좋아할 수도 있고 좋아하지 않을 수도 있는 물건에 돈을 쓰는 것이다. 최선의 경우는 그 선물을 받는 사람이 돈으로 받았더라면 본인이 직접 구매했을 물건일 때다. 그러나 대부분의 경우 선물을 주는 사람은 받는 사람이 진정 무엇을 원하는지에 대한 불완전한 판단을 할 수밖에 없고, 특별히 그 판단이 틀렸다면 그 선물은 옷장 구석에 처박혀 다시는 볼 일이 없게 될 것이다.(또 다른 사람에게 선물할 가능성이 있기는 하다)

인정하기 싫을 수도 있지만, 이 두 번째 표현이 첫 번째보다 현실에 더 가까울 것이다. 조엘 월드포겔(Joel Waldfogel)이라는 경제학자는 본인의 강의를 수강하는 학생들을 대상으로 설문조사를 한 적이 있는데, 그 결과 선물을 받은 사람이 느끼는 선물의 가치는 그 물건의 본래 가격의 65~90%에 머물렀다. 달리 말해 어떤 사람이 20달러 어치 선물을 샀다면, 사실은 선물을 주기보다는 받을 사람한테 대신 18달러를 현금으로 주고 차액은 본인이 챙기는 것이 더 나았을 것이라는 뜻이다. 월드포겔은 《스크루지 경제학(*Scroogenomics*)》이라는 책에 선물의 비효율성에 대해 썼는데, 모순되게도 이 책 역시 휴가 시즌에 수천 명의 사람들에게 선물로 주어졌다.

어떤 연말 풍경 이야기가 더 정확할까? 그 대답을 얻기 위해서는 미시경제학적 사고의 핵심에 있는 '효용'의 개념을 알아봐야 한다. **효용**은 어떤 사람이 선물을 받거나 식사를 하거나 무엇

인가 재미있는 것을 경험하는 것과 같은 어떤 것에 부여하는 가치를 표현하는 방법이다. 선물 주기의 어려운 점은 받는 사람이 그 선물에 정확히 어느 정도의 가치를 부여하는지 알기 어렵다는 사실이다. 어떤 사람은 iPad를 좋아할 수도 있고, 또 다른 사람은 운동화를 좋아할 수도 있다. 여러분이 선물에 돈을 쓸 때, 선물을 받는 사람은 무엇이 그만큼의 돈으로 가장 큰 기쁨을 가져다줄지 여러분보다 더 잘 알고 있을 것이다. 이러한 생각은 더 심각한 문제에도 적용될 수 있다. 수조 달러의 해외 원조나 정부의 복지 지출이 식품이나 건강보험처럼 우리가 '바람직'하다고 생각하는 것을 지원하는 데 정말 쓰여야 하는 것일까? 아니면 지원받을 가계를 믿고 단순히 현금을 지급해 그들이 무엇에 돈을 쓸지 직접 선택하도록 해야 할까?

그냥 현금을 주고, 받은 사람이 그 돈으로 무엇을 할지 정하는 것이 어떨까? 하지만 더 넓은 관점에서 보면 현금이 물품보다 낫지 않을 수도 있다. 정부 복지 지출의 경우, 만약 현금으로 지급된다면 그 돈이 엉뚱한 사람의 수중에 들어가거나 납세자가 생각할 때 긴요하지 않은 곳에 쓰이게 될 가능성이 있는 것이다.

하지만 개인적인 선물의 경우는 어떠한가? 선물을 받는 사람은 주는 사람이 자기를 이만큼 아끼고 생각해서 선물을 골랐다는 것 때문에 선물에 정서적인 가치를 느낄 수도 있다. 또는 선물은 주고받는 사람의 관계나 주는 사람이 받는 사람의 선호에 대해 얼마나 잘 알고 있는지를 드러내기 때문에 중요할 수 있다. 최선의 상황은 받는 사람이 그 존재를 알지 못했거나 스스로는 살 생각을 못했을 어떤 것을 선물해서 현금보다 나을 때다. 만약 여러분이 친구에게 보여준 영화가 그 친구는 전혀 모르던 영화지만 결과적으로 가장 좋아하는 영화가 되었을 때, 선물은 분명 효용을 증진시키는 효과가 있을 것이다.

이 장에서는 **효용**의 의미와 효용이 어떻게 의사결정을 유발하는지에 대해 탐구할 것이다. 효용은 먹거나 자는 단순한 기쁨으로부터 도덕적으로 행동하거나 다른 사람의 기대에 부응하는 복잡한 사회적 가치까지 포괄한다. 경제학자들이 **효용**을 어떻게 정의하는지, 사람들이 느끼는 주관적 가치에 대한 추상적 개념이 실용적인 경제적 분석에 어떻게 이용되는지 보게 될 것이다. 효용은 경제학이 다른 분야의 학문들과 차별되는 부분 중 하나다. 비록 효용이란 단어를 쓰지 않았지만 1장에서 6장까지 제기했던 대부분 질문들의 뿌리에는 효용이 있다. 이 장을 읽고 앞으로 되돌아간다면 '**필요**'를 만족시키고 '**상충**'되는 것들 가운데 내리는 결정을 어떻게 설명하는지가 경제학에서 가장 중요한 사고임을 알 수 있다. 바로 그것이 **효용 극대화**다.

효용의 기본 개념

앞서 논의한 선물의 곤란한 점은 경제적 분석에서 중요한 점 한 가지를 일깨워준다. 바로 20달러가 저절로, 그 자체로 가치 있지는 않다는 점이다. 그보다 20달러는 그 돈으로 살 수 있는 물건들을 대표한다. 예를 들어 음식, 음악, 미용실에서 머리 자르기, 월세의 일부나 나중에 그러한 것들을 살 수 있는 저축 같은 것들을 대표하는 것이다. 어떤 사람이 여러분한테 20달러를 준다면, 아마 여러분은 별로 어렵지 않게 본인에게 이득이 되는 방향으로 그 돈을 어떻게 쓸지 결정할 수 있을 것이다. 대부분의 사람들은 최소한 일상적인 것들에 관해 무엇을 좋아하고 싫어하는지 잘 알고 있다.

그러나 내가 아닌 다른 사람이 20달러로 무엇을 하고 싶은지 아는 것은 훨씬 어렵다. 만약 여러분이 갖고 싶은 것을 다른 사람에게 사준다면 어렵지 않겠지만, 여러분을 가장 행복하게 해주는 무엇이 다른 사람을 가장 행복하게 해주는 것과 일치할 가능성은 낮다. 선호도와 상황, 소득 등이 제각각 다르기 때문에 서로 다른 물건이나 행동을 취하고 싶어 하거나 우선시하게 된다.

효용과 의사결정

일단 좀 쉬운 이야기로 시작해보자. 다른 사람들이 무엇을 좋아하는지는 잊고, '여러분'이 무엇으로 행복할지만 생각하는 것이다. 주말이라고 상상하자. 여러분은 해야 할 일은 전혀 없이 완벽하게 자유로운 주말을 맞고 있다. 무엇을 할 것인가? 경제학자들이 던지는 첫 번째 질문을 상기하자. 여러분이 '**원하는 바와 제약조건**'은 무엇인가? 이 상황에서 '**제약조건**'은 명확하다. 하루라는 시간과 빼 쓸 수 있는 은행 계좌의 돈이다. 하지만 '**원하는 바**'는 그렇지 않다. 이 장에서 우리는 무엇인가를 '원한다'는 것이 어떤 의미인지 더 자세히 알아볼 것이다.

휴일에 할 수 있는 일은 거의 무궁무진하다. 하루 종일 TV를 볼 수도 있고, 두꺼운 러시아 소설을 읽을 수도 있다. 상점에 가서 새 운동화를 살 수도 있고, 공부를 할 수도 있다. 다가오는 선거에서 여러분이 지지하는 후보를 홍보하기 위해 전화를 걸 수도 있고, 300캔의 토마토 수프를 욕조 안에 모두 넣은 뒤 목욕을 할 수도 있다. 수많은 가능성 중 여러분은 주어진 시간과 돈으로 어떻게 가장 **원하는 바**를 선택할 것인가?

이는 꽤나 복잡한 질문이다. 각 선택 후보는 서로 매우 다른 좋거나 나쁜 감정들을 복합적으로 일으키게 된다. 여러분이 하루 종일 TV를 본다면 느긋하게 쉬었다고 느낄 것이다. 반대로 러시아 소설을 읽는 데에 하루를 쓴다면 정신을 고양한 것에 대해 스스로 뿌듯하게 느끼고, 매력적인 문학 전공자와 《**카라마조프의 형제들**》에 대해 가볍게 토론할 가능성을 기대하며 좋아할 수도 있다.

여하튼 여러분은 어떤 행동이 (또한 그로부터 누릴 수 있는 감정이나 느낌이) 여러분에게 전반적으로 가장 좋을지 결정해야 한다. 러시아 소설, TV, 토마토 수프 목욕은 아주 다른 것들이다. 하지만 우리는 매일의 생활 가운데 주어진 시간을 어떻게 보내고 가진 돈을 어떻게 쓸지에 관한 대안들을 비교하기 때문에, 서로 다른 대안들로부터 느끼는 가치를 비교할 수 있는 나만의 기준이 있다. 때로 그러한 가치 평가는 잠재의식 속에서만 발생할 수도 있다. 아무리 그것이 가능하다 할지라도 토마토 수프 목욕을 할 것인가 매일 심각하게 고민하지는 않을 것처럼 말이다. 반대로 어떤 경우에는 결정을 위한 가치 판단이 뚜렷하게 자각되고, 이를 위해 깊이 생각하고 폭넓게 조사해야 할 때도 있다. 자동차를 살 것인지, 산다면 어떤 차를 살 것인지 결정할 때가 그러하다.

우리에게 필요한 것은 독서와 TV 보기 간, 또는 TV 보기와 추가 수입을 위한 부업 갖기 간 비교할 수 있는 보편적인 측정 기준이다. 분명 그런 것이 여러분의 마음속에 존재할 것이다. 그렇지 않다면 의식적으로든 무의식적으로든 의사결정을 할 수 없을 것이기 때문이다. 경제학자들은 그러한 측정 기준을 '**효용**'이라 부른다. 효용은 어떤 사람이 무엇인가로부터 느끼는 만족의 양을 잰 것이다.

효용 사람이 어떤 것으로부터 느끼는 만족의 양을 측정하는 개념

사람들은 재화나 서비스 소비나 경험으로부터 효용을 느낀다. 맛있는 간식에서 효용을 느낄

수도 있고, 친구와 수다를 떨거나 축구 경기에서 득점을 하는 것처럼 기쁜 느낌이나 경험을 '소비'함으로써 효용을 느낄 수도 있다. 음식이나 옷, 휴대폰, 마사지처럼 구매한 것들로부터 효용을 느낄 수도 있고, 음악을 듣거나 새로운 것을 배우고 선행을 하는 것처럼 화폐 가치로 평가하기 어려운 것들로부터 효용을 느낄 수도 있다. 요약하자면 여러분이 좋아하는 것이 효용을 증가시킨다. 어떤 것이 달갑지 않고 공짜라 하더라도 소비하고자 하지 않는다면, 그런 것은 여러분의 효용을 감소시킨다.

효용이라는 개념은 경제학의 기반과 같다. 앞장에서 휴대폰이나 스타벅스 라테를 사는 예를 떠올려보자. 사람들은 자신에게 주어진 모든 대안들 가운데 가장 큰 효용을 가져다 주리라 생각하는 것을 고르는 의사결정을 한다. 즉, 여러분이 스타벅스의 라테를 산다면 그것은 에스프레소나 탄산음료, 또는 그만한 돈으로 살 수 있는 다른 어떤 것보다도 라테가 큰 효용을 준다고 생각하기 때문이다.

경제학자들은 이러한 의사결정 방식을 '**효용 극대화**'라 일컫는다. 사람이 '**합리적인 효용 극대자**'라고 생각하는 것이 경제학의 기본적인 가정이다. 뒷장에서 이 가정이 완화되는 경우를 설명할 것이다. 사람들이 의사결정을 할 때 정보가 충분하지 않거나 자제력이 부족할 수 있다는 사실을 반영하기 위해서다. 그러나 효용 극대화는 경제학에서 개인이 어떻게 행동하는가를 생각할 때 언제나 출발점이 된다.

이 장을 공부하면서 효용이 심오한 개념임을 깨닫기 바란다. 효용은 인생에서 가장 어려운 선택이나 다른 사람들이 그러한 선택에 영향을 미치는 양상까지 포괄해 설명할 수 있다. 예를 들어, 사람들은 달갑지 않은 일도 하게 마련이다. 그것이 사람들이 효용을 극대화하는 데 실패했기 때문일까? 전혀 그렇지 않다. 더 넓은 관점에서 보면, 사람들은 궁극적으로 가장 큰 효용을 일으킬 것이라 '믿는' 것을 하고 있는 것을 알 수 있다. 때때로 그런 결정은 단기적으로 좋아 보이는 것과 장기적으로 생산적이거나 도덕적이거나 기쁜 것 간의 상충 관계를 반영한다. 사람들은 건강과 아이스크림 간, 개인적 안전과 국가 안보를 위한 군 입대 간, 현재 소비와 미래를 위한 저축 간 같은 갈등의 무게를 잰다. 효용이라는 개념을 통해 우리는 그러한 풍부하고 복잡한 내적 계산에 대해 생각할 수 있다.

현시선호

LO 7.1 어떤 사람이 어떤 재화와 행동들에서 가장 큰 효용을 느끼는지 현시선호가 나타내는 의미 설명하기

효용을 측정하는 것은 어렵다. 만약 여러분이 가진 돈이 얼마인지 궁금하다면 은행 계좌를 열어 정확하게 알 수 있다. 그러나 효용은 주관적이고 애매모호하다. 스스로에게조차도 왜 저것보다 이것이 나에게 더 많은 효용을 주는지 설명할 수 없을 때도 있다. 당연히 다른 사람들이 어떤 것으로부터 얼마만큼의 효용을 얻는지 저울로 재듯 알 수 없다. 하지만 과학자들은 효용을 측정할 수 있는 도구를 개발하려고 노력해왔다. 특별히 각 나라의 행복에 관해 신경과학의 차원에서 접근한 방법을 다음의 '사례를 통해 알아보기'에서 소개한다.

사례를 통해 알아보기

행복의 과학

효용의 측정은 경제학자만의 관심사는 아니다. 심리학자나 신경과학자도 각기 다른 활동을 하거나 다른 문화적 환경에 처해 있는 사람들의 정신 상태를 비교할 수 있는 방법을 고민해왔다. 그 결과 점점 더 많은 경제학자와 심리학자, 신경과학자가 합심해서 '행복의 과학' 분야를 연구하고 있다.

예를 들어, 'World Database of Happiness'라는 웹사이트에 조사 자료들이 편집되어 있는데, 웹사이트(www1.eur.nl/fsw/happiness/hap_nat/maps/Map_AverageHappiness.php)를 통해 각 나라의 '평균 행복도'를 볼 수 있다. 이 자료에 따르면 코스타리카가 가장 높은 평균 행복도를 보이고 있으며 탄자니아, 토고, 짐바브웨 등이 가장 낮은 평균 행복도를 나타낸다. 이런 연구들은 각기 다른 나라의 어떤 속성이 사람들을 더 행복하거나 덜 행복하게 만드는지 이해하는 데 도움이 될 수 있다. 또한 그에 대한 지식은 국민을 더 행복하게 만들 수 있는 공공정책을 입안하는 데에도 기여할 수 있다.

평균 행복도에 대한 세계지도를 만드는 데 이용된 설문에는 답변자가 지금 얼마나 행복한지, 자신의 삶에 대해 어느 정도 만족하는지에 대한 질문이 포함된다. 또한 연구자들은 답변자들이 기록장을 가지고 다니게 하고 하루 중 임의의 시간에 알림 문자를 발송해 그 시점에 하고 있는 활동에 대해 얼마나 행복하게 느끼는지 기록하도록 부탁하기도 한다. 그 결과 연구자들은 사람들이 평균적으로 어떤 때 행복한지, 예컨대 출근할 때, 아이들을 돌볼 때, 운동을 할 때, 저녁식사를 준비할 때 중 어떠한 활동을 할 때 더 행복하게 느끼는지 알 수 있다.

신경과학자들은 뇌영상 촬영술을 이용해 서로 다른 상황에서 뇌의 어떤 부분이 반응하는지 직접 관찰하고 행복에 대한 정보를 수집한다. 신경계의 움직임을 관찰함으로써 행복이라는 주관적 감정이 어떻게 일어나는지 더 잘 알 수 있다.

행복을 연구하는 경제학자들은 신경과학의 기법을 차용해 효용에 대한 연구를 혁신할 수 있기를 바라고 있다. 미래에는 의사결정과 관련된 뇌의 실제 작용에 대한 더 객관적인 자료를 이용할 수 있을 것이다. 요원한 일이긴 하지만, 어떤 학자들은 언젠가 사람들 간 비교할 수 있는 효용의 측정 방법을 만들어낼 수 있을 것이라 기대하고 있다. 여러분이 이러한 것들에 흥미를 느낀다면 **행동경제학**이나 **신경경제학**, 또는 **경제심리학** 등의 학제 간 연구 분야를 알아보기 바란다.

Sources: The World Database of Happiness, http://worlddatabaseofhappiness.eur.nl; D. Kahneman et al., "The Day Reconstruction Method: Instrument documentation," 2004, http://www.krueger.princeton.edu/drm_documentation_july_2004.pdf.

어떻게 하면 다른 사람들이 느끼는 효용에 대해 좀 더 정확하게 말할 수 있을까? 그 대답은 매우 간단하다. 사람들이 실제로 무엇을 하는지 관찰하는 것이다. 합리적인 사람이라면 가장 큰 효용을 가져다주는 행동을 할 것이라 가정하고 말이다. 만약 어떤 사람이 아이스크림 주문대에서 잠시 멈추었다가 초콜릿 아이스크림을 주문하는 것을 봤다면 그 사람은 딸기나 초콜릿 칩 아이스크림보다 초콜릿 아이스크림으로부터 더 큰 효용을 느끼기 때문이라고 결론 내릴 수 있다. 또 어떤 사람이 액션 영화의 표를 사는 것을 봤다면 그 사람은 달리 볼 수 있는 로맨틱 코미디보다 액션 영화에서 더 큰 효용을 얻는다고 판단할 수 있다.

현시선호 사람들의 선호는 그들의 선택이나 행동을 관찰함으로써 알 수 있다는 생각

경제학에서는 이를 '**현시선호**'라고 한다. 사람들의 행동을 관찰함으로써 무엇이 그 사람들의 효용을 극대화하는지 알 수 있다. 어떤 사람이 무엇을 선택한다는 사실이 그 사람이 다른 선택 가능한 대안 중 무엇을 가장 선호한다는 것을 '드러낸다.' 물론 그러한 추론은 특정 인물이나 상황에 고유한 것이다. 사람들은 저마다 좋아하는 아이스크림 종류가 다르다. 같은 사람이라도 오늘은 액션 영화를 보고 싶지만 내일은 로맨틱 코미디를 보고 싶을 수도 있다.

현시선호는 언뜻 당연한 듯 들릴 수 있다. 그러나 사실 이러한 생각은 경제학에 고유한 것이고 논란거리가 될 가능성도 있다. 만약 경제학이 다른 학문 분야, 예컨대 심리학이나 인류학, 정치학 등과 어떻게 겹치는지 알고 싶다면, 경제학의 사고방식과 그 한계에 대해 이해할 필요가 있다.

앞의 예로 돌아가보자. 여러분은 자유로운 주말에 러시아 소설을 읽는 대신 하루 종일 TV를 보았다. 그리고 친구한테 이렇게 말한다. "나는 정말로 《카라마조프의 형제들》을 끝내고 싶었는데, 어쩌다 보니 하루 종일 TV만 봤어." 경제학자의 관점에서 보면 여러분은 자신한테 완전히 정직한 것은 아니었다. 현시선호에 따르면, 바로 옆에 있는 《카라마조프의 형제들》을 펼쳐보지도 않고 TV를 보았다는 것은 '**정말**' 원한 것이 TV 시청이었다는 것을 말해준다. 그렇지 않다면, 왜 그랬겠는가?

사소할 수도 있지만, 좀 더 심각한 예를 들어볼 수도 있다. 만약 누군가 여러분한테 "나는 정말 담배를 끊고 싶은데, 어쩌다 보니 계속 피우고 있다"라고 말한다고 생각해보자. 현시선호에 따르면 이는 그 사람이 담배를 끊는 것보다 계속 피우는 것에서 얻는 효용이 실제로 더 크다는 것을 뜻한다. 만약 여러분이 정책 입안자로서 담배에 어느 정도의 세금을 부과할지나 담배 광고를 금지할 것인지를 결정한다고 할 때, 여러분은 사람들이 '말하는 것'과 실제로 '행동하는 것' 가운데 어디에 더 무게를 두어야 할지 심각하게 생각해야 한다. 담배의 경우 신체적인 중독 때문에 사람들은 장기적으로 원하는 것을 지금 당장 실행하기 어려워한다. 그렇다면 친구나 정책 입안자가 일부 대안을 제거해버림으로써 담배를 끊고 싶어 하는 사람을 도울 가능성도 있다. 이 문제는 이 장의 후반에서 다시 논의하겠다.

담배처럼 까다로운 경우가 있기는 하지만, 현시선호는 사람들이 원하는 것에 대한 이해를 높여준다. 이때 사람들 간 비교는 하지 않았음을 주목하자. 우리는 오로지 한 개인이 무엇을 선호하는지에 대해서만 논의했다. 다시 말해, 두 사람이 모두 딸기 아이스크림보다 초콜릿 아이스크림을 좋아한다고 말할 수는 있지만, 한 사람이 다른 한 사람보다 초콜릿 아이스크림을 더 좋아한다고 말할 수는 없다.

효용함수

현시선호가 사람들의 효용을 평가하는 데 좋은 도구이기는 하지만, 사람들을 쫓아다니면서 모든 행동을 관찰할 수는 없는 노릇이다.(이는 불가능하기도 하지만 불쾌한 일이 될 수 있다) 그보다는 현시선호가 경제학적 분석에 유용하도록 하는 더 격식 있는 방법이 필요하다. 사람들이 어떻게 선택을 하는지 체계적으로 분석하기 위해 경제학자들은 '**효용함수**'라는 것을 만들었다. 효용함수란 어떤 사람이 재화와 서비스 조합 소비로부터 느끼는 총효용을 계산하는 수식이다.

효용함수 어떤 사람이 재화와 서비스의 소비 묶음으로부터 느끼는 총효용을 계산하는 수식

소비 가능한 재화와 서비스의 특정 조합을 '**소비 묶음**'이라 부른다. 효용함수는 각 소비 조합을 그 소비로부터 발생하는 효용 수준으로 대응시키는 지도라고 볼 수 있다.

소비 묶음 소비자가 선택할 수 있는 재화의 특정 조합

앞에서 효용이란 주관적인 것이고 쉽사리 수량으로 표현할 수 없다고 했다. 하지만 효용함수는 선호를 양적으로 표현한다. 이러한 모순을 이해하는 데 중요한 사실은 효용함수에 들어가는 효용의 측정 방식이 절대적이 아니라 '상대적'이라는 점이다. 만약 특정 활동이 어떤 사람에게 3이라는 효용을 준다면, 이는 그 사람에게 효용이 2로 평가된 활동보다 더 높은 효용을, 효용이 4로 평가된 활동보다는 더 낮은 효용을 가져다준다는 의미일 뿐이다. 숫자 자체는 아무 뜻이 없고, 그 사람이 어떤 활동을 더 좋아하고 덜 좋아하는지 순서를 매기는 데 중요한 것이다.

이러한 생각을 저녁식사라는 활동에 적용해보자. 새라가 파스타와 브로콜리, 아이스크림을 저녁으로 먹는다고 가정한다. 이제 새라에게 저녁식사의 각 음식으로부터 느낀 효용을 평가하라고 부탁한다. 새라는 파스타 1인분에 3이라는 효용을, 브로콜리 1인분에 2, 아이스크림 한 숟가락에 8이라는 효용을 느낀다고 답한다.(효용에 대한 구체적인 숫자는 임의적이다. 중요한 것은, 새라가 각각의 음식에 대해 다른 것보다 얼마나 많고 적은 효용을 얻는가 이해할 수 있는 숫자의 상대적인 크기다.) 새라는 저녁으로 파스타 1인분과 브로콜리 2인분, 아이스크림 두 숟가락을 먹는다. 그러면 새라의 저녁 효용함수는 다음과 같다.

$$\text{총 효용} = (3 \times 1 \text{ 파스타}) + (2 \times 2 \text{ 브로콜리}) + (8 \times 2 \text{ 아이스크림})$$
$$= 3 + 4 + 16 = 23$$

이러한 분석은 몇 가지 질문을 유발한다. 더 많은 음식을 먹으면 더 큰 효용이 발생할 테니 새라는 음식을 계속 먹어야 하는 걸까? 파스타든 브로콜리든 아이스크림든 양(+)의 효용을 더 해준다면 음식 먹는 것을 멈출 이유가 없지 않은가? 또한 아이스크림이 가장 큰 효용을 주고 있다면 새라는 파스타나 브로콜리는 관두고 아이스크림만 먹는 것이 낫지 않을까? 우리는 현실적으로 아이스크림을 무한정 먹는 것이 좋지 않을 뿐 아니라 어떤 사람의 효용도 극대화할 수 없다는 것에 동의할 것이다. 그렇다면 이 분석에서 놓친 것은 무엇인가?

✓ 개념 확인

- ❒ 사람들이 실제로 무엇을 선택하는지 관찰하면 그들의 선호에 대해 어떠한 것을 알 수 있을까? 이러한 접근을 무엇이라 부르나? **[LO 7.1]**
- ❒ 소비 가능한 재화와 서비스의 특정 조합을 무엇이라 하나? **[LO 7.1]**

한계효용

언제, 또 왜 새라가 아이스크림 먹는 것을 중단해야 할지 이해하기 위해서는 한계효용에 대해 알아야 한다. 1장에서 의사결정은 '한계' 상황에서 내려야 한다는 이야기를 했다. **한계효용**은 재화나 서비스 한 단위를 추가로 소비할 때 발생하는 총효용의 변화량이다.

한계효용 재화나 서비스 한 단위의 추가 소비로 발생하는 총효용의 변화분

아이스크림의 경우, 여러분이 가장 좋아하는 종류의 아이스크림 한 숟가락을 먹을 때의 만족감을 상상해보자. 이제 두 번째 숟가락을 먹는다. 이 두 번째 숟가락이 첫 번째 숟가락만큼 맛있을까? 아마 첫 번째 숟가락만큼 맛있지는 않을 것이다. 달리 말하면, 아이스크림 두 번째 숟

가락의 한계효용은 첫 번째 숟가락의 한계효용보다 작다. 이번에는 세 번째 숟가락을 먹어보자. 아마 처음 두 숟가락보다도 확실히 덜 맛있을 것이다. 네 번째 숟가락은? 추가적인 만족감이 거의 없을 수도 있다. 다섯 번째, 여섯 번째는? 추가적 만족감은 점점 줄어들 것이다. 어쩌면 아이스크림 여섯 번째 숟가락 이후에는 설탕을 너무 많이 섭취했다는 느낌이 들 수도 있다.

한계효용 체감 재화나 서비스에 대한 소비가 연속적으로 증가할 때, 소비로 발생하는 추가적인 효용은 이전 단위 소비로부터의 추가 효용보다 적은 경향이 있다는 원칙

재화나 서비스를 연속적으로 소비할 때 한 단위 추가 소비로 얻게 되는 추가적인 효용은 그 전 단위 소비로부터의 추가 효용보다 작다는 원칙을 '**한계효용 체감**'이라고 부른다. 음식의 종류에 대한 한계효용 체감은 특히 뚜렷한데, 이는 우리의 신체가 추가 음식 소비에 대해 생화학적 반응을 하기 때문이다. 위는 배가 차기 시작한다고 신호를 보내고, 미각은 새로운 맛에 대한 감흥을 점점 잃는다. 경제학자들은 한계효용 체감이 음식뿐만 아니라 대부분의 재화와 서비스에 적용된다고 생각한다. 추운 지역으로 이사를 했는데, 두꺼운 스웨터가 한 벌도 없다고 상상해보자. 스웨터 한 벌을 산다면 훨씬 안락할 테지만, 열 번째 스웨터는 그렇게 큰 차이를 가져오지 못할 것이다.

경우에 따라 한계효용 체감 정도가 커서 한계효용이 음(−)의 값을 가질 수도 있다. 여러분이 아이스크림을 일곱 번째 숟가락 먹을 때 먹는 것과 먹지 않는 것의 차이를 느끼지 못하는 단계에 이를 수 있다. 그리고 느끼해서 더 이상 먹고 싶지 않다면 이 여덟 번째 숟가락은 총효용을 '감소'시킬 수 있다. 즉 '음(−)의 한계효용'을 갖는 것이다.

〈그림 7-1〉은 이러한 생각을 보여주고 있다. (A)는 아이스크림을 한 숟가락씩 먹을 때 총효용을 나타낸다. 곡선의 기울기가 처음에 위를 향해 있다가 추가적인 아이스크림 소비가 가져오는 효용의 양이 줄어들면서 점점 평평해지는 것을 알 수 있다. 아이스크림 일곱 번째 숟가락에 위치한 A점에서 총효용은 정점을 찍고 그때 곡선의 기울기는 완전히 평평하다. A점을 지나면 각 숟가락은 음(−)의 한계효용을 갖고, 총효용 곡선의 기울기는 우하향한다.

〈그림 7-1〉 (B)는 같은 생각을 보여주되 총효용 대신 아이스크림 각 숟가락의 한계효용을 보여준다. 이 도표의 선은 우하향해 숟가락을 거듭할수록 한계효용이 감소하고 있음을 나타낸다. A점에서 한계효용은 0이 된다. 즉 일곱 번째 숟가락으로부터는 아무런 추가 만족을 얻지 못하는 것이다. 여덟 번째 숟가락에서는 한계효용이 음(−)이 된다. A점은 (A)와 (B)의 중요한 연결고리다. 한계효용이 0일 때 그 재화의 소비로부터 얻을 수 있는 최대치의 총효용을 달성하는 것이다.

여러분이 할 수 있거나 살 수 있는 많은 것들이 한계효용 체감 현상을 보이지만, 모든 것이 궁극적으로 음(−)의 한계효용을 보이는 것은 아니다. 예를 들어, 대부분의 사람들이 더 많은 저축을 하는 것으로부터 음(−)의 효용을 느끼는 일은 결코 없을 것이다. 만약 여러분한테 저축한 돈이 전혀 없다면 첫 1000달러 저축의 한계효용은 매우 클 것이다. 그러나 여러분이 이미 100만 달러를 갖고 있다면 추가적인 1000달러의 한계효용은 그다지 크지 않을 것이다. 100만 달러를 갖는 인생과 100만1000달러를 갖는 인생에는 큰 차이가 없기 때문이다. 그러나 은행 계좌의 금액이 마술처럼 불어났을 때 총효용이 '감소'할 것이라 상상하기는 어렵다. 설령 여러분이 사고 싶은 것을 모두 사서 더 이상 살 게 없는 상황이더라도 남은 돈을 다른 사람에게 주고 그러한 이타적인 행동을 한 것으로부터 만족을 느낄 수 있기 때문이다.

대부분의 구매 결정 상황에서 한계효용이 음(−)에 가까워지는 경우는 발생하지 않을 것이다. 매일매일 누군가 여러분에게 무제한으로 공짜 아이스크림이나 스웨터 또는 현찰을 주지는 않는

그림 7-1
한계효용 체감

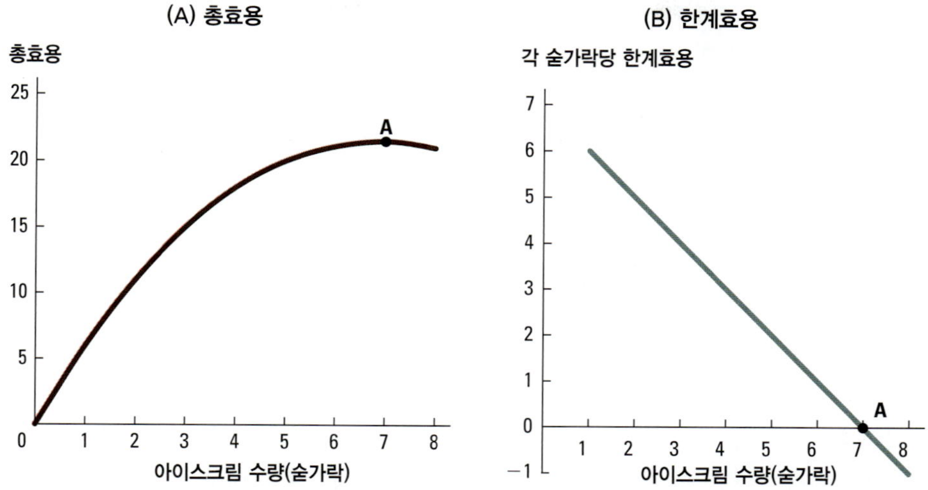

아이스크림 첫 숟가락은 효용을 크게 증가시킨다. 그러나 아이스크림을 먹을수록 추가 숟가락이 총효용에 미치는 영향은 점점 줄어들어 A점부터는 결국 아이스크림을 더 먹으면 덜 행복해지는 상황이 발생한다.

아이스크림 추가 숟가락으로부터의 추가 효용인 한계효용은 지속적으로 감소해 A점을 지나면 음(−)이 된다.

다. 보통 여러분은 구매할 대상에 대해 대가를 지불하거나 일을 해야 한다. 아이스크림 일곱 번째 숟가락을 사기 훨씬 전에 여러분은 그 돈을 다른 것에 쓰는 데 한계효용이 더 크겠다고 결정할 가능성이 높다. 바로 이 점이 이 장에서 가장 중요한 내용으로 연결된다. 즉, '**한계효용 체감**'을 '**원하는 바와 제약조건**'과 결합하면 어떻게 될 것인가다.

제약조건 안에서의 효용 극대화

LO 7.2 예산제약이 효용 극대화에 어떤 영향을 미치는지 설명하기

자유로운 휴일의 예로 돌아가보자. 현실에서 여러분이 하루 종일 한 가지 일만 할 가능성은 매우 낮다. 그보다는 몇 가지 다른 일을 할 것이다. 운전하고 상점가에 가서 운동화를 사고, 점심을 먹은 후 새로 산 운동화를 신고 좀 달려본 다음, TV를 보면서 휴식을 취할 수 있다. 《카라마조프의 형제들》을 조금 읽고, 친구들과 저녁을 먹으러 외출할 수도 있다. 이 특정한 시간 계획이 여러분이 정확하게 원하는 것이 아니라면, 여러분이 선택할 수 있는 수많은 조합이 존재할 것이다. 주어진 시간과 돈으로 어떠한 활동 조합을 선택할 것인가?

한계효용은 선택과 결부된 '**상충**' 관계를 환기시킴으로써 이러한 종류의 의사결정을 합리적으로 이해하는 데 도움을 준다. 여러분은 왜 상점가에서 한 시간 더 머무르지 않았을까? 그것은 4시간 동안 상점가를 돌아다닌 후 한 시간을 추가로 그곳에 머무르는 데서 오는 한계효용이 새 운동화를 신고 신나게 달리기를 하는 것의 한계효용보다 작았기 때문이다. 여러분은 왜 한 시간 더 달리기를 하지 않았을까? 그것은 여러분이 피곤해져서 한 시간을 더 달리는 것의 한계효용이 TV를 보는 것의 한계효용보다 작았기 때문이다. 다른 모든 선택도 같은 방법으로 설명할

수 있다.

물론 여러분이 한 활동에 지칠 때까지 기다렸다가 다음 선택을 하는 방식으로 연쇄적 결정을 내릴 필요는 전혀 없다. 사람들은 어떤 재화나 활동 묶음이 종합적으로 가장 큰 효용을 줄 것인지 미리 생각해서 결정을 할 수 있다. 한 가지에 치우치는 것은 또 다른 대안보다 좋지 않을 수도 있다는 것을 예상할 수 있기 때문이다. 하루를 어떻게 쓸지에 대한 선택은 실제로는 재화와 활동의 '조합'을 고르는 것이다. 즉, 주어진 시간과 돈의 제약하에서 효용을 극대화하는 조합을 선택하는 것이다. 만약 여러분이 하루를 현명하게 썼다면 종합적으로 더 큰 총효용을 일으키는 또 다른 상품이나 활동의 조합이란 존재하지 않는다.

여러분이 하지 않기로 결정했지만 양(+)의 효용을 일으키는 것들은 많이 있다. 그것들도 좋긴 하지만, 그 기회비용(더 좋은 어떤 것을 포기하는 비용)이 편익보다 크기 때문에 선택하지 않은 것이다. 사람들은 원하는 바가 많지만, 동시에 쓸 수 있는 시간과 돈에 제약을 받기 마련이다. 사람들이 합리적인 효용 극대자라면, 이러한 제약 안에서 가능한 한 가장 큰 총효용을 일으키는 재화와 활동의 묶음에 가지고 있는 자원을 쓰는 최적화 행위를 하려 할 것이다.

제약조건하에서 효용을 극대화한다는 사고는 수량적 모형으로 그려볼 수 있다. 모든 수량적 모형은 어느 정도 간소화가 필요하다. 코디가 매달 꼭 지출해야 할 것들을 모두 지불하고 나면 120달러가 남는다고 상상해보자. 코디가 돈을 쓸 수 있는 방법은 15달러짜리 영화 관람과 30달러짜리 콘서트 관람 2가지뿐이라고 가정한다. 코디가 자신의 예산 내에서 영화와 콘서트를 조합할 수 있는 방법은 몇 가지가 있다. 예를 들어, 콘서트장에 가는 대신 120달러를 모두 영화 보는 데 쓸 수도 있고, 영화를 4편(60달러) 보고 콘서트장에 두 번(60달러) 갈 수도 있다. 이러한 가능

그림 7-2
예산제약

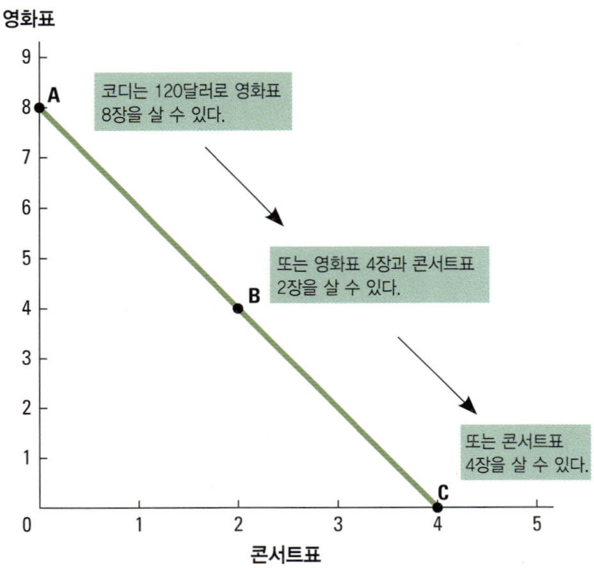

예산제약은 주어진 예산에서 살 수 있는 재화의 조합을 나타낸다. 선 위의 각 묶음의 비용은 코디가 예산으로 갖고 있는 금액과 정확히 일치한다.

예산제약 소비자가 자신의 예산 내에서 살 수 있는 재화와 서비스의 조합을 나타내는 선

조합을 선으로 표현한 것이 〈그림 7-2〉의 '예산제약' 또는 '예산선'이다. **'예산제약'**은 소비자가 자신의 소득으로 살 수 있는 재화와 서비스의 모든 조합을 나타낸다.(만약 이 도표가 2장의 생산 가능 경계 도표와 비슷해 보인다면, 이는 우연의 일치가 아니다. 예산제약과 생산 가능 경계는 비슷한 생각을 표현하기 때문이다. 둘 다 제한된 자원이라는 제약 안에서 어떤 조합을 선택한다는 개념이다.)

코디가 가장 효과적인 방법으로 목적을 달성하는 합리적인 소비자라면 효용을 극대화하는 영화표와 콘서트표의 조합에 예산을 쓸 것이다. 코디가 매달 세 번은 영화를 보려 한다고 하자. 그래서 처음 3편의 영화에 95의 효용 점수를 부여하고, 이후 네 번째 영화에는 80점, 다섯 번째 영화에는 65점을 매긴다.(효용이 상상 속 측정 방법이라는 점을 상기하자. 여기의 숫자들은 코디의 정신 세계 밖에서는 아무 의미가 없고, 단지 그의 상대적 선호를 알려주는 방법에 불과하다.) 궁극적으로 영화 보기에 지쳐 여덟 번째는 갈 생각이 전혀 없게 되고, 여덟 번째 영화의 한계효용은 음(−)인 −10이다. 이러한 숫자들은 〈표 7-1〉의 (A)에 포함되어 있다.

콘서트의 경우, 코디가 매달 한 번도 콘서트장에 가지 않는다면 우울할 거라며 첫 번째 콘서트에 100점을 부여한다. 두 번째 콘서트도 괜찮아서 85점을 부여하지만, 콘서트 역시 갈수록 시들해져 각 콘서트에서 코디가 느끼는 한계효용은 계속 체감할 것이다. 세 번째 콘서트표를 샀을 때 코디는 이 정도면 충분하다고 느끼고 네 번째부터는 추가 효용을 느끼지 못한다. 〈표 7-1〉의 (B)는 각 콘서트표로부터 코디가 느끼는 한계효용을 보여준다.

〈그림 7-3〉의 (A)와 같이 각 추가 표에 대한 한계효용을 모두 더한 결과 코디에게 최적의 조합은 콘서트 2번과 영화 4편임을 알 수 있다. 이 조합이 선택 가능한 대안 중 가장 큰 총효용을 일으키는 조합이다. 코디가 합리적인 효용 극대자라면 그러한 선택을 할 것으로 기대할 수 있다.

경제학자들이 사람들에게 살 수 있는 것에 효용 등급을 매겨보라고 부탁하지는 않는다. 그

표 7-1 총효용 극대화

(A) 영화표의 효용		
영화표 수	한계효용	총효용
1	95	95
2	95	190
3	95	285
4	80	365
5	65	430
6	35	465
7	10	475
8	−10	465

처음 몇 장의 영화표를 살 때 코디의 효용은 급격히 증가해 일곱 번째 표를 살 때 정점에 이른다. 이후 총효용은 감소한다.

(B) 콘서트표의 효용		
콘서트표 수	한계효용	총효용
1	100	100
2	85	185
3	25	210
4	0	210

처음 2장의 콘서트표로부터 코디는 큰 효용을 느낀다. 그러나 세 번째 장 이후로는 추가적인 효용을 느끼지 못한다.

그림 7-3
효용 극대화

(A) 총효용 극대화

묶음	콘서트표	콘서트표의 효용	영화표	영화표의 효용	총효용
A	0	0	8	465	465
B	1	100	6	465	565
C	2	185	4	385	570
D	3	210	2	190	400
E	4	210	0	0	210

이 표는 코디가 살 수 있는 모든 묶음을 보여준다. 각 묶음으로부터 얻는 총효용은 콘서트표와 영화표의 장수에 달렸다.

(B) 예산제약하에서의 효용

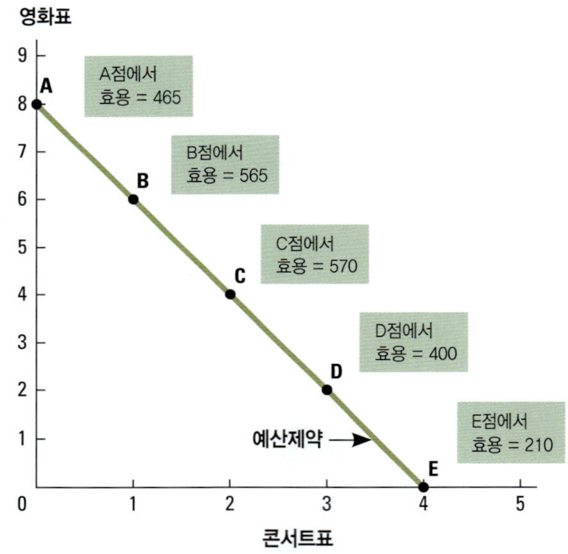

예산제약 위의 각 묶음은 (A)의 각 줄에 대응된다. 각 묶음의 비용은 같지만 코디의 선호에 따라 효용은 각기 다르다.

대신 경제학자들은 각기 다른 형태의 효용함수를 써서 사람들이 어떻게 행동할 것인지 예측한다. 현실에서 사람들의 집단이 어떻게 행동하는지 데이터를 보고 집단 간 비교하기도 한다. 이러한 과정을 통해 사람들의 선택을 좌우하는 원하는 바와 제약조건에 대해 경제학자들이 얼마나 잘 이해하고 있는지 평가할 수 있다.

물론 현실의 삶은 그 어떤 모형보다 훨씬 복잡하다. 실제로 사람들은 2개가 아닌 수천 개의 서로 다른 가능성 중 선택하며, 이 가능성들은 수백만 개의 조합을 만들어낸다. 하지만 원칙은 동일하다. 합리적 소비자는 가능한 한 가장 큰 총효용을 일으키는 재화와 서비스의 조합에 예산을 쓸 것이다.

또 다른 복잡한 요소가 있다. 예산 자체가 하늘에서 떨어지는 것은 아니라는 사실이다. 예산은 소비 훨씬 이전에 어떤 직업을 갖고 얼마나 일할 것인지에 대해 내린 선택에 달려 있다. 실생활에서 어떻게 효용을 극대화할 것인지에 대한 결정에는 일과 예산이라는 상충관계 안에서의 선택도 포함된다. 즉, 더 열심히 일해서 쓸 수 있는 돈을 늘리는 것과 여가를 즐기고 돈은 덜 벌기로 하는 것 중 어떤 것에서 더 큰 효용을 느낄 것인가의 문제가 있는 것이다. 이 주제는 뒤에서 다시 다루기로 한다.

✓ 개념 확인하기

- ❒ 만약 어떤 것이 음(−)의 한계효용을 갖는다면 그것을 소비할 때 여러분의 총효용은 어떻게 변할 것인가? **[LO 7.2]**
- ❒ 예산제약이란 무엇인가? **[LO 7.2]**

소득과 가격 변화에의 반응

소득은 항상 변한다. 성실하게 일한 것에 대해 임금이 인상되기도 하지만, 사업이 잘 안 되어 사장이 여러분에게 일을 덜 시키는 대신 임금을 깎을 수도 있다. 이렇게 소득이 변하면 여러분의 구매 결정이 바뀔 가능성이 높다. 가격 변화도 마찬가지다. 어느 날 라테 가격이 50센트 인하된다면 여러분은 더 많은 라테를 사려할 것이다. 이러한 예에서 알 수 있듯이, 합리적인 효용 극대자는 소득이나 가격 같은 여건이 변하면 행위를 바꾼다.

소득 변화

LO 7.3 소득의 변화가 소비자의 선택에 어떤 영향을 미치는지 설명하기

소득이 오르면 더 많은 재화와 서비스의 묶음을 살 수 있게 된다. 소득이 내리면 더 적은 재화와 서비스 묶음을 사야 하며, 소비자는 어딘가에서 소비를 줄여야 한다. 이러한 변화는 예산선 전체를 이동시켜 구매 가능한 대안의 새로운 범위를 보이는 방식으로 나타낼 수 있다.

어째서 이러한 일이 발생할까? 코디가 생일 선물로 할아버지, 할머니에게 60달러를 받았다고 해보자. 그리고 코디는 생일 선물로 받은 현찰을 포함해 가진 돈 전부인 180달러를 콘서트표를 사는 데 쓰기로 결정했다고 하자. 그러면 추가 현찰 덕분에 콘서트표를 4장이 아니라 6장 살 수 있다. 만약 영화표만 사기로 했다면 전보다 4장을 더 살 수 있다. 돈이 더 많기 때문에 코디는 어떤 상황에서도 콘서트표든 영화표든 더 살 수 있다. 예산선 전체가 기울기를 유지한 채 60달러에 상응하는 만큼 바깥 방향으로 이동하게 되는 것이다. 그 결과 코디는 생일 선물로 현찰을 받기 전보다 영화표나 콘서트표 또는 둘 다 더 살 수 있다.

왜 기울기가 유지될까? 코디가 더 많은 돈을 갖게 되긴 했지만, 콘서트표와 영화표의 가격 비율은 변하지 않았다. 여전히 영화표는 15달러이고 콘서트표는 30달러다. 바뀐 것은 오로지 코디가 더 많은 표를 살 수 있게 되었다는 것뿐이다. 〈그림 7-4〉는 소득 증가의 효과를 보여준다.

그림 7-4
소득 증가의 효과

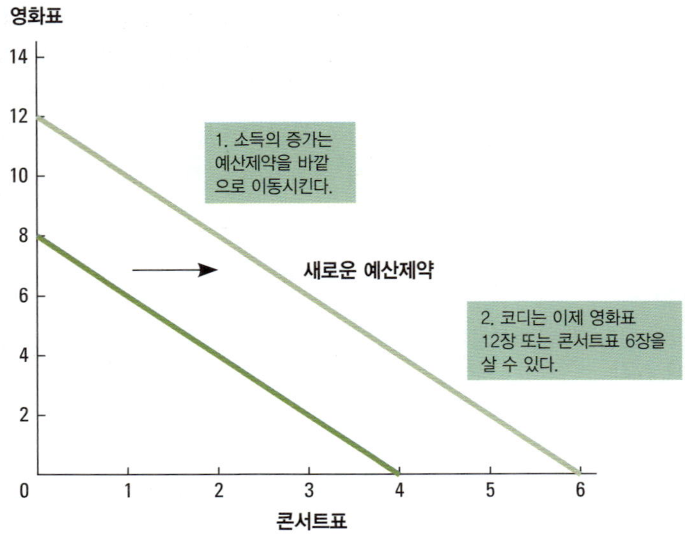

선물로 인해 코디의 소득이 증가하면, 코디는 더 많은 재화를 살 수 있다. 예산제약은 바깥으로 이동하고 코디는 이제 영화표 12장 또는 콘서트표 6장을 살 수 있다.

가격의 변화

LO 7.4 가격의 변화가 소비자의 선택에 어떤 영향을 미치는지 보이고, 소득효과와 대체효과 구분하기

소득은 변함없는데 재화의 가격이 변한다면 어떻게 될까? 일반적으로 가격의 변화는 2가지 중요한 효과인 소득효과와 가격효과를 유발한다.

이 2가지 효과의 차이점을 알아보기 전에 정상재와 열등재에 대해 간단히 복습해보자. 정상재는 소득이 증가할 때 수요가 증가하는 재화였다. 만약 코디가 소득이 증가할 때 영화표와 콘서트표 모두 더 산다면 영화표와 콘서트표는 정상재라는 의미다. 반대로 **열등재**는 소득이 증가할 때 수요가 감소하는 재화다.(대학생들이 흔하게 먹는 즉석 라면은 전형적인 열등재다.)

소득효과 가격 하락으로 인해 실질적으로 부유해짐으로써 발생하는 소비의 변화

소득효과. '**소득효과**'는 가격 하락으로 인해 실질적으로 부유해짐으로써 발생하는 소비의 변화를 뜻한다. 영화표 한 장에 15달러였는데 10달러로 가격이 떨어진다면 코디는 영화표 한 장마다 5달러씩 '더 부유'해진다. 만약 코디가 예전처럼 영화표를 4장 산다면 지난달과 비교해 20달러가 남는 셈이다.

어떤 것이든 가격이 떨어지면 〈그림 7-5〉에 나타난 것처럼 예산선이 바깥쪽으로 회전하게 된다. 왜 평행하게 바깥쪽으로 이동하지 않고 회전하는 것일까? 코디의 생일 전 예산제약 120달러로 돌아가보자. 만약 코디가 그 돈을 모두 영화표를 사는 데 쓴다면 낮아진 영화표 가격에서 12장을 살 수 있다. 가격이 낮아지기 전보다 4장을 더 살 수 있는 것이다. 하지만 그 돈을 모두 콘서트표를 사는 데 쓸 경우 여전히 4장밖에 살 수 없다. 콘서트표 가격은 변함이 없기 때문이다.

일반적으로 재화의 가격이 떨어지면 그 재화를 사오던 소비자들은 더 많은 것을 살 수 있게

그림 7-5
가격 변화의 효과

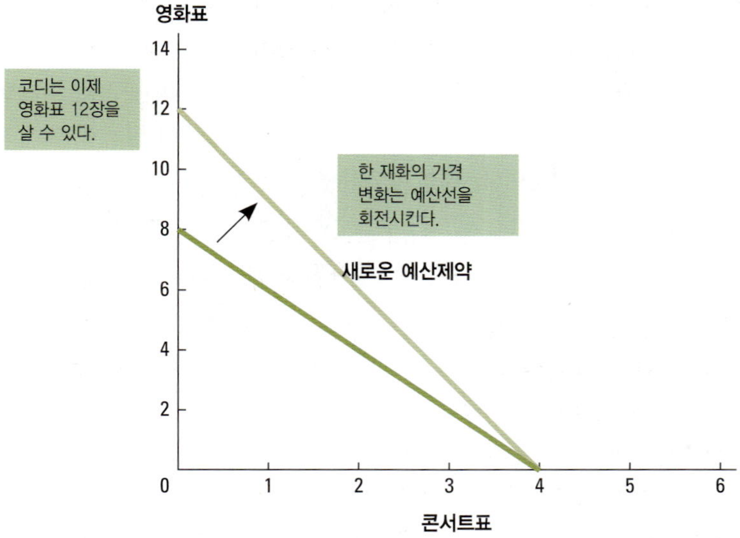

한 재화의 가격이 변하면 예산제약이 회전해 새로운 소비 묶음을 나타낸다. 기울기의 변화는 두 재화의 상대 가격이 변화했음을 의미한다.

된다. 재화가 싸지면 소비자의 돈은 늘어난 셈이다. 이것을 소득효과라고 한다.

대체효과. **대체효과**란 재화 간 상대 가격이 변함으로써 발생하는 소비의 변화를 말한다. 앞의 예에서 보면, 영화는 콘서트에 '비해' 싸졌다. 이러한 변화는 예산선의 기울기가 변한 것으로 나타난다. 이러한 상대적인 가격 변화 때문에 코디는 더 많은 영화를 보고 더 적은 콘서트를 보려할 것이다. 즉, 코디는 상대적으로 싸진 재화로 상대적으로 비싸진 재화를 '대체'할 것이고, 이 때문에 이러한 현상을 '대체' 효과라고 한다.

대체효과 재화 간 상대 가격이 변함으로써 발생하는 소비의 변화

이 상황을 달리 표현하면, 콘서트와 영화의 기회비용이 변했다고 할 수 있다. 영화가 한 편에 15달러, 콘서트표가 30달러일 때는 콘서트 한 번의 기회비용은 영화 2편이었다. 그러나 영화표 값이 10달러로 떨어지면, 콘서트 한 번의 기회비용은 영화 3편으로 증가한다. 거꾸로 말하면, 영화 한 편의 기회 비용은 콘서트 1/2번에서 1/3번으로 감소한다.

다른 각도에서 분석해보자. 코디가 각 재화에 쓰는 돈 1달러당 한계효용이 변화하는 상황으로 생각하는 것이다. 영화표 가격이 떨어지면 영화 한 편의 한계효용은 일정한데 영화는 싸졌으므로 영화표 1달러당 한계효용은 증가한다. 물론 콘서트표 1달러당 한계효용에는 변함이 없다. 코디가 같은 돈으로 얻을 수 있는 효용이 영화의 경우 커졌기 때문에 더 많은 예산을 영화에 쓰고자 할 것이다.

물론 사람들이 가격이 오른 재화를 '더' 소비하고자 할 때가 있다. 이는 '베블렌 재화'로 알려진 재화들에 대해 그렇다. 베블렌 재화는 가격이 높을수록 수요량이 더 커지는 재화다. 보통 사치스럽고 비싸기 때문에 사람들이 사고 싶어 하는 재화들이다. 구매자는 다른 사람들에게 자신이 사치스럽고 비싼 재화를 살 수 있다는 것을 보여주기 위해 그러한 재화를 산다.

베블렌 재화는 이 장의 앞부분에서 논의한 효용의 의미와 충돌하는 면이 있다. 앞에서 우리는 혼자든 아니든 관계없이 같은 선택을 한다고 가정한 것이다. 여러분이 손목시계를 살 때자신만 그 시계를 볼 수 있다면 시간이 정확한 저렴한 시계 대신에 명품 시계를 사겠는가? 어떤 가방을 메고 있는지 아무도 보지 않는다면 필요한 것을 다 넣어 다닐 수 있는 50달러짜리 가방이 있는데 왜 200달러짜리 가방을 사겠는가? 물론 여러분이 명품의 품질과 내구성, 디자인 자체를 좋아할 수도 있지만, 명품이 팔리는 이유의 일정 부분은 다른 사람들이 명품에 대해 반응을 보이는 것으로부터 효용을 느끼기 때문이다. 베블렌 재화는 효용이란 우리가 지금까지 논의한 것과 달리 개인적으로만 측정하는 것이 아닐 수 있음을 시사한다.

위의 예는 여러분의 효용이 다른 사람에 의해 영향을 받을 수 있는 많은 사례 중 하나다. 다른 사람들에 대한 인식은 사람들이 명품을 사는 이유를 이해하는 데 도움을 준다. 다른 사람들에 대한 인식은 또한 사람들의 기부 행태나 선물에도 영향을 미치고, 우리가 일상에서 다른 사람들과 어떻게 교류하는지에도 간여한다. 이러한 예들은 효용이라는 개념이 매우 광범위하게 적용될 수 있다는 것을 보여준다. 다음 절에서 더 자세히 알아보자.

✓ 개념 확인하기

- ❒ 소득이 증가하면 예산제약은 어떻게 변화하는가? **[LO 7.3]**
- ❒ 가격이 오르면 정상재의 소비는 어떻게 변화하는가? **[LO 7.4]**
- ❒ 정상재의 가격이 오를 때 소득효과와 대체효과에는 어떤 차이가 있는가? **[LO 7.4]**

효용과 사회

경제학에 대한 흔한 오해 중 한 가지는 효용 극대화가 인간을 스스로의 내적 세계만 들여다보고 있는 소비 기계로 가정한다는 것이다. 사실 효용의 개념은 그보다 훨씬 포괄적이고 유연하다. 부러움, 사회적 지위, 친절 등 지극히 인간적인 감정을 이해하는 데 도움을 준다.

예를 하나 들어보자. 명절에 스크루지 경제학 유형의 낭비를 피하기 위해 누구라도 원할 만한 선물을 이모나 삼촌에게 드리는 것은 어떨까? 예컨대, 염소 같은 것을 말이다. 진짜 염소를 친척한테 선물하자는 말이 아니다. 옥스팜(Oxfam)이라는 자선단체는 아프리카나 남아메리카의 가난한 가족에게 이모나 삼촌의 이름으로 염소를 보낼 수 있다. 가난한 사람들에게는 염소 한 마리가 큰 도움이 될 수 있다. 젖이나 비료를 공급하고 상황이 좋지 않을 때는 팔 수 있기 때문에 저축 기능도 할 수 있다. 옥스팜은 '선물 받는 분들'에게 여러분이 그들을 대신해 염소를 보냈다는 것을 알려주는 상냥한 카드를 보낼 것이다.

많은 기관들이 이러한 종류의 '기부-선물' 기회를 제공한다. 염소나 다른 유용한 것을 곤궁한 사람들에게 보내면서 그러한 기부를 다른 누군가에게 주는 선물 대신으로 하는 것이다. 이러한 삼자 간 교환을 효용과 연결할 수 있을까? 이모나 삼촌은 여러분의 기부 행위에 부분적으로라도 동참했다는 것에 기쁨을 느낄 것이고, 여러분 자신도 선행에 대한 기쁨을 누릴 것이다. 또한 이모나 삼촌이 사회적 인식이 높고 관대하다는 점을 알게 되어 약간의 감동을 느낄 수도 있다. 물론 염소를 받은 가족은 쓸모가 많은 무엇인가를 받는다.

옥스팜 사례에서 알 수 있듯이 사람들은 다양한 것으로부터 효용을 느낀다. 심리학과 경제학을 동시에 동원해야 하는 차원으로 말이다. 어떤 사람들은 명성에만 신경 써서 다른 사람들이 볼 때에만 선행을 하지만, 다른 많은 사람들은 좋은 마음으로 선행을 한다. 매년 사람들은 같은 도시에 살 수도, 아주 먼 곳에 살 수도 있는 완전히 낯선 사람들에게 기부를 한다. 다음 절에서는 그러한 행위의 동기에 대해 다룬다.

효용과 사회적 지위

LO 7.5 효용이 외부의 인식으로부터 영향 받는 경로를 개관하고, 사람들이 어떻게 이타주의나 상호주의로부터 효용을 얻는지 설명하기

뭔가를 소비하며 얻은 효용은 그 자체의 직접적 편익으로만 결정되지 않을 수 있다. 만약 그렇다면 디자이너의 가방은 훨씬 팔기 어려울 것이다. 초콜릿 아이스크림 같은 것이 우리가 그것을 먹는 것을 남이 보든 말든 그 효용에 차이가 없는 드문 사례다. 효용은 많은 경우에 2가지 차원에서 발생한다. 즉, 해당 상품이 일으키는 **'직접적 영향'**과 그 상품에 대한 **'다른 사람들의 반응'**이 우리에게 미치는 영향이다. 전반적인 효용은 외부로부터의 인식과 우리 내부의 선호가 섞여 결정되고, 2가지 모두 의사결정에 영향을 미친다. 여러분이 어떤 휴대전화를 사용할지, 어떤 상표의 옷을 입을지, 어떤 차를 운전할지는 개인적 특성이나 미적 감각, 또는 사회적 지위를 나타내기 의한 여러분의 노력에 일부분 달려 있다.

새 차 살 때를 생각해보자. 비포장도로를 달릴 수 있는 SUV와 하이브리드 차 프리우스 간에는 분명한 차이가 있다. SUV는 험한 지형을 쉽게 지날 수 있지만, 프리우스는 비포장도로에서 고전할 것이다. 프리우스가 모험적인 여행에 이상적인 차가 아닐 수 있지만, SUV가 리터당 8km도 주행하지 못할 때 프리우스는 리터당 20km 정도를 달릴 수 있다. 만약 여러분 마음속 결정만 중요하다면, 아마 이러한 자동차의 특성만 고려해 최종 결정을 내릴 것이다.

그러나 효용 계산은 이보다 많은 것을 포함한다. 연비도 물론 중요하지만 사람들이 차를 사는 데에는 다른 이유도 있다. 예컨대, 어떤 사람이 프리우스를 운전하고 도심을 지난다면 그 사람을 본 다른 사람들은 그 사람의 특성에 대해 이런저런 추측을 할 것이다. 그것이 맞든 틀리든 말이다. 모든 개인에게 들어맞지는 않겠지만, 평균적인 프리우스 운전자는 건강하고 친환경적인 삶을 산다는 가정이 완전히 틀린 것은 아니다. 프리우스 소유자는 그런 특성을 갖는 사람이라고 인식될 것에 조금이라도 끌렸다고 짐작해볼 수 있다.

아무 연관도 없는 낯선 사람들이 여러분에 대해 어떤 의견을 갖는지보다 중요한 것은, 여러분과 가까운 사람들의 인식이다. 여러분이 오랫동안 환경단체 회원이라면, 단체의 회의에 큰 SUV를 요란스럽게 몰고 오는 것보다는 새 프리우스를 타고 나타나는 것에서 더 큰 효용을 느낄 것이다. 하지만 야외 활동 클럽에서는 SUV가 더 높은 점수를 따지 않을까.

효용이 다른 사람들의 견해로부터 영향을 받는다는 생각은 새로운 것이 아니다. 효용은 사회적 지위와 관련이 있고, 어떤 사람들은 자신이 얼마나 부자인지 과시하는 것으로부터 많은 효용을 얻기 때문에 그런 사람들은 부를 드러낼 만한 재화들을 산다. 이것이 기부 활동과 어떻게 관련되는지 다른 시각에서 보기의 '과시적 소비와 과시적 기부'를 읽어보자.

다른 시각에서 보기

과시적 소비와 과시적 기부

사람들이 최고의 공학 기술 때문에 페라리를 사고, 맛이 더 좋기 때문에 크리스털(Cristal) 샴페인을 고르고, 립스틱이나 열쇠를 나르기에 더 효율적이기 때문에 루이 비통 핸드백을 구입할까? 일반적으로 사람들은 어떤 재화의 가격이 오르면 그 재화를 적게 사려 한다. 하지만 어떤 경우 사람들은 비싼 물건일수록 부를 과시할 수 있기 때문에 더 비쌀수록 좋아하기도 한다.

소스테인 베블렌은 이러한 현상을 '과시적 소비'라고 이름 붙였다. 19세기 말 미국의 이른바 '도금 시대'를 살고 있는 경제학자로서 베블렌은 주위의 부자들이 부를 과시하기 위해 말도 안 될 정도로 호사스럽게 사는 것을 목격했다. 최근에는 진화심리학자인 조프리 밀러가 과시적 소비의 뿌리를 생물학에서 찾을 수 있다는 주장을 하기도 했다. 더 자세히 알고 싶다면 이 장 끝부분의 QR코드를 스캔하거나 온라인을 통해 읽기를 계속하라.

참고의 틀. 효용은 다른 사람들이 어떻게 생각하는지뿐 아니라 사람들이 얼마나 많이 갖고 있는지에도 영향을 받는다. 하는 일이 완전히 같다면 평균 연봉이 4만 달러인 회사에서 3만6000달러를 받고 싶은가, 아니면 평균 연봉이 3만 달러인 회사에서 3만4000달러를 받고 싶은가? 이는 언뜻 쉬운 질문일 수 있다. 효용에 영향을 주는 것은 다른 사람의 연봉이 아니라 내 연봉이므로 더 많은 연봉에서 더 큰 효용을 얻으리라 생각할지도 모르겠다. 하지만 사람들이 이러한 상황에 대해 질문받았을 때, 80%는 후자가 더 행복할 것 같다고 대답했다.

이것을 어떻게 설명할 수 있을까? 만약 우리의 효용이 아이스크림을 먹을 때의 기쁨과 같은 것으로만 결정된다면 더 많은 연봉은 더 큰 효용을 가져올 것이다. 3만4000달러보다는 3만6000달러를 벌 때 아이스크림을 더 많이 살 수 있기 때문이다. 그러나 만약 우리의 효용이 다른 사람들이 나를 어떻게 바라보는지에도 영향을 받는다면 대부분의 시간을 같이 보내는 동료들에 비해 2000달러를 더 받는 것을 선호할 수도 있다는 사실이 설명된다. 어쩌면 동료보다 약간 더 새 차를 타고 매일 출근을 하거나 약간 더 멋진 휴대전화로 전화를 받고 약간 더 멋진 휴가를 계획하는 것에서 효용을 얻고 있을지도 모른다.

효용은 여러분이 스스로를 누구와 비교하는지에도 달려 있다. 여러분이 3만4000달러를 벌고 있다면, 여러분의 참조의 틀이 다른 회사에서 연봉 4만 달러를 받는 동창이 아니라 연봉 3만 달러의 같은 회사 동료일 때 더 큰 효용을 느낄 것이다. 만약 스스로를 포춘 500 회사의 최고 경영자와 비교한다면 3만4000달러를 버는 것을 상당히 불행하게 여길 것이다. 이러한 생각은 마음 불편한 시사점을 준다. 단순히 참조의 틀을 바꾸는 것만으로 효용을 얻을 수도, 잃을 수도 있다는 것이다. 더 자세히 알고 싶다면 어떻게 생각하십니까?의 '수준 맞는 집단 고르기'를 읽어보자.

어떻게 생각하십니까?

수준 맞는 집단 고르기

여러분은 메이저리그에서 가장 못하는 선수가 되고 싶은가, 마이너리그에서 가장 잘하는 선수가 되고 싶은가? 동네 합창단의 각광받는 독창자가 되고 싶은가, 명망 있는 대도시 합창단의 그저 그런 단원이 되고 싶은가?

근대적인 통신수단이 발달하기 전에는 이러한 질문이 크게 문제되지 않았다. 모두의 참조의 틀은 꽤나 지역적이고 한정적이었기 때문이다. 그러나 기술은 모든 것을 바꿔놓았다. 각종 서비스를 통해 MP3를 내려받을 수 있고 실시간으로 전송되는 음악을 듣게 되면서 우리의 참조의 틀은 훨씬 넓어졌다. 동네 교회 합창단의 최고 소프라노는 아마 사람들이 마돈나와 그녀를 비교할 수 없었을 때 훨씬 신났을지도 모른다. 그리고 그녀 스스로 마돈나와 비교할 수 없었을 때 더 행복했을 것이다.

이는 지역의 운동선수나 배우, 요리사, 코미디언, 정치인 등 많은 직업의 사람들에게도 해당된다. 직업적 성취로부터 느끼는 효용이 상대적인 지위에 의해 영향을 받는 한, 우리의 참조의 틀이 넓어지면 넓어질수록 승자는 점점 줄어들게 된다. 물질적인 부도 마찬가지다. 어떤 사람들은 오지에 TV가 보급되면 그곳 사람들은 훨씬 더 부유한 사회와 오지를 비교하게 되어 덜 행복해질 것이라 주장하기도 한다.

그러나 한편으로 우리는 스스로 참조의 틀을 결정할 힘을 갖고 있다. 적은 수지만 그녀의 목소리에 감동하는 교회 신도들 앞에서 노래하는 것을 즐길 것인지, 아니면 집에 틀어박혀 〈아메리칸 아이돌〉 예선에 떨어졌다고 우울해하고 있을지는 그녀 자신에게 달린 것이다.

어떻게 생각하십니까?

1. 못하는 팀에서 가장 잘하는 선수가 되고 싶은가, 아니면 잘하는 팀에서 가장 못하는 선수가 되고 싶은가? 어째서 그런가?
2. 스스로를 슈퍼스타와 비교해서 얻는 편익이 있는가? 그러한 편익은 부정적인 측면과 비교해 어떠한가?

물론 효용 극대화는 우리 자신만큼이나 이기적일 수도, 이기적이지 않을 수도 있다. 연말에 구세군 냄비에 얼마간의 돈을 넣은 뒤 구세군의 따뜻한 미소를 본다면 그러한 것에서도 효용을 느낄 것이다. 이는 또한 상호 이익이 되는 교환이기도 하다. 여러분은 기쁨을 느끼고 기부한 돈은 필요한 사람들에게 전달될 것이기 때문이다. 효용은 우리의 가장 착한 면을 따를 때도, 반대로 가장 하찮은 성향을 따를 때도 생겨난다. 따라서 효용은 진정 고귀한 행동을 설명하는 데에도 도움이 된다.

효용과 이타주의

2010년 강도 7의 지진이 아이티를 흔들어 30만 명이 넘는 사람들이 사망하고 음식이나 깨끗한 물도 없는 수백만 명의 이재민이 발생했다. 지진 직후 2주 동안 북아메리카에 사는 사람들은 구조를 위해 5억 달러가 넘는 돈을 기부했다. 2008년 경기 침체가 극심한 동안에도 미국인들은 3억 달러가 넘는 돈을 자선단체에 기부했다. 사람들은 종교단체나 학교, 예술기관이나 재난 구조 등 다양한 곳에 돈을 보냈다. 이 금액은 사람들이 자원봉사자로서 기부한 그들의 시간과 전문성의 가치는 포함하고 있지 않다. 또한 사람들이 매일 가족이나 친구들, 그리고 낯선 사람들에게 베푸는 무수한 친절함이나 이타적인 행동도 포함하고 있지 않다.

경제학에서는 이러한 타인에 대한 대규모의 배려를 어떻게 설명할까? 난민촌의 아픈 사람들을 치료하기 위해 해외로 돌아다니는 의사들의 행동을 어떻게 설명할 수 있을까? 연로한 친지를 보살피는 사람들은? 방과 후 수업에서 아이들의 숙제를 도와주는 자원봉사자들은? 사람들이 자신에게 직접적인 이득이 없는데도 다른 사람들을 위해 '사심 없는' 행동을 할 때, 이러한 행동을 '이타주의'적이라고 한다. 경제학자들이 말하는 **'이타주의'**란 다른 사람의 효용이 증가할 때 본인의 효용이 증가하기 때문에 취하는 행동의 동기를 뜻한다.

이타주의 다른 사람의 효용이 증가할 때 본인의 효용이 증가하기 때문에 취하는 행동의 동기

사람들은 좋은 일을 할 때는 다방면에서 효용을 얻는다. 외국의 난민촌 환자들을 돌보는 의사는 다른 사람을 돕는 것으로부터 효용을 얻을 것이다. 그 의사가 대부분의 보통 사람들과 같다면 모임에서 자신의 활동에 대해 다른 사람들에게 이야기하는 것으로부터도 효용을 얻을 것이다. 자신의 선행에 대해 다른 사람들에게 말하고 싶은 욕구는 최소한 부분적으로 선행의 동기가 될 수 있다. 이타적인 동기와 이기적인 동기, 자신의 모습이 다른 사람에게 비치는 모습에 신경을 쓰느라 생기는 동기는 완벽하게 공존할 수 있다. 예를 들어, 친구를 위해 콘서트표를 한 장 더 산다면, 친구가 좋아해서 본인이 느끼는 이타적인 기쁨뿐만 아니라 좋은 동행자가 있어 콘서트를 더 즐기게 되는 효용 증가가 동시에 발생할 수 있다.

2006년에 시작된 프로덕트 레드(Product RED)는 사람들이 프로덕트 레드의 상표가 붙은 물건을 살 때마다 2달러씩 AIDS 퇴치 활동에 기부되는 캠페인이었다. 사람들이 이타주의적이기만 하다면 이러한 캠페인은 존재할 수 없다. 진정한 이타주의자라면 5달러가 기부되는 20달러짜리 티셔츠 한 벌을 사는 것보다 10달러짜리 티셔츠를 사고 10달러는 기부를 할 수 있기 때문이다. 더 나아가 어떤 사람은 아예 티셔츠를 사지 않고 20달러를 모두 해당 단체에 직접 기부할 수도 있다. 캠페인용 티셔츠를 입는 것이 다른 사람들의 기부를 부추기는 유일한 방법이라고 생각하는 경우가 아니라면, 여러분이 캠페인용 티셔츠를 산다는 것은 AIDS 퇴치에 대한 이타주의적 마음 이외의 어떤 것으로부터도 효용을 얻는다는 것을 나타낸다. 그런 티셔츠를 입으면 마음이 따뜻해져서일 수도 있고, 티셔츠 디자인이 좋아서일 수도 있다.

경제학자들은 기부 행위의 기저에 깔린 이유를 알아내기 위해 실험을 해왔다. 이러한 실험의 일부 결과가 사례를 통해 알아보기의 '우리는 왜 기부하는가'에 소개되어 있다.

사례를 통해 알아보기

우리는 왜 기부하는가

경제학자들은 최근 기부 심리에 대한 이해를 위해 실험이라는 방법을 사용해오고 있다. 한 실험에서 연구자들은 집집마다 방문해 기부를 권하는 사람들을 다양화했다. 어떤 집에는 젊고 매력적인 사람이, 다른 집에는 볼품없는 사람이 방문한 것이다. 결과는 젊고 매력적인 사람의 기부 모금 실적이 훨씬 좋았다. 방문 모금자가 매력적이라는 사실이 다른 어떤 요인보다 기부에 중요한 영향을 미쳤다. 기부 결정이라는 이성적인 결정에 방문 모금자의 외모가 영향을 미쳐서는 안 될 것 같지만, 사람들은 부지불식간에 뛰어난 용모에 반응할 가능성이 있는 것이다. 이를 심리학자들은 '후광 효과'라고 부른다.

또 다른 실험에서는 연구자들이 다른 수준의 '매칭 그랜트' 방식을 무작위로 사람들에게 시도해보았다. 한 집단에는 3가지 방식의 매칭 그랜트가 제안되었는데, 첫 번째 방식에서는 실험 대

상자가 1달러를 기부하면 제삼자가 3달러를 추가하고, 두 번째는 2달러 추가, 세 번째는 1달러가 추가되는 방식이었다. 또 다른 집단에는 아무런 매칭 그랜트가 제안되지 않았다. 그 결과 매칭 그랜트를 제안받은 사람들은 그렇지 않은 사람들보다 더 많이 기부했는데, 단 매칭 그랜트 방식은 영향을 미치지 않았다. 2:1이나 3:1의 매칭을 제안받은 사람들이 1:1 매칭을 제안받은 사람들보다 뚜렷하게 더 많이 기부하지는 않은 것이다. 결론적으로 사람들에게 매칭 그랜트가 기부의 촉매가 되기는 하지만 그 규모는 상관없는 것으로 나타났다.

기부금의 효과 역시 경제학자들이 연구하는 질문 중 하나인데, 결과는 충격적이다. 다양한 용도의 국제 원조 자금에 대해 실험한 결과 투입 자금 대비 효과에 뚜렷한 차이가 발견되었다.(이에 관해서는 '개발경제학' 부분에서 더 자세히 알 수 있다)

이러한 결과는 마음 불편한 가능성을 암시한다. 가장 모금을 잘하는 자선단체가 가장 효과적인 활동을 하는 곳이라는 법은 없으며, 오히려 모금 기술이 좋은 곳일 수도 있다는 점이다. 사람들이 왜 기부를 하는지, 또 어떤 자선단체의 활동이 효과적인지에 대한 경제학 연구 결과가 더 축적되면 언젠가는 이 2가지를 결합해 가장 좋은 성과를 내는 자선단체에 사람들이 더 많이 기부할 수 있도록 유도할 수 있는 길을 찾을지도 모른다. 예컨대, GuideStar(www.guidestar.org)라는 웹사이트에서는 자선단체의 효율성에 등급을 매기고 있다. GiveWell(www.givewell.org)에서도 사람들이 자신의 돈을 가장 잘 쓸 수 있는 자선단체를 찾을 수 있도록 돕는 일을 하고 있다.

Sources: Dean Karlan and John List, "Does price matter in charitable giving? Evidence from a large-scale natural field experiment," *American Economic Review* 97, no. 5 (December 2007), pp. 1774–1793; Craig Landry et al., "Toward an understanding of the economics of charity: Evidence from a field experiment," *The Quarterly Journal of Economics* 121, no. 2 (May 2006), pp. 747–782.

경제학자들이 '사람들은 합리적이고 자신의 이익을 위해 행동한다고 가정한다'고 할 때, 그것이 사람들이 이기적이라고 가정한다는 뜻은 아니다. 경제학자들은 사람들이 효용을 극대화한다고 생각한다는 것뿐이다. 현시선호 관점에서 보면 많은 사람들이 전혀 이기적이지 않은 일들로부터 효용을 얻는다는 것을 알 수 있다.

효용과 상호주의

현시선호 차원에서 많은 사람들이 인과응보로부터 효용을 얻는다는 것도 알 수 있다. 만약 어떤 연구자가 여러분한테 실험에 참가해달라고 부탁했다고 하자. 또 다른 사람과 같이 실험을 할 텐데, 여러분은 그 사람에 대해 전혀 모르고 만날 일도 전혀 없다. 연구자가 여러분한테 10달러를 주면서 그 금액 내에서 얼마라도 그 사람에게 줄 수 있다고 말한다. 물론 전혀 주지 않아도 된다. 단, 그 사람에게 주는 금액은 3배가 되어 전달될 것이라고 알려준다. 예를 들어, 여러분이 3달러를 그 사람에게 주겠다고 하면 그 사람은 9달러를 받게 되는 것이다. 그러고 나면 그 사람은 받은 돈 안에서 일부든 전부든 다시 여러분에게 되돌려줄 수 있는 기회를 갖게 될 것이라고 연구자가 여러분한테 설명한다. 만약 여러분이 그 사람과 의논할 수 있다면 여러분은 10달러 모두를 그 사람에게 보낼 테니 전달받은 30달러 중 반인 15달러를 되돌려달라고 협상할 수 있을 것이다. 그러나 이러한 의논은 불가능하다. 이 경우 어떻게 할 것인가?

연구자들이 실제로 사람들에게 이와 같은 실험을 해본 결과, 첫 번째 사람이 더 많은 돈을 줄수록 받은 사람이 더 많이 되돌려주는 것으로 나타났다. 즉 사람들은 친절에 친절로 보답함으로써 효용을 얻는 것이다. 친절로 보답하는 것으로부터 그 자신에게 직접 득이 되는 것이 없더라도 말이다.

상호주의 다른 주체의 행위를 비슷한 행위로 반응하는 것

이러한 성향을 '**상호주의**'라고 일컫는다. 상호주의는 다른 사람의 행위를 비슷한 행위로 반응하는 것을 말한다. 상호주의에 따르면, 나에게 좋은 일을 한 사람에게 좋은 일을 하게 된다.(이는 이타주의와는 다르다. 이타주의는 단순히 다른 사람이 잘되기를 바라는 경우이기 때문이다)

상호주의는 악행에 반응할 때에도 적용된다. 사람들이 상처를 받았을 때 다른 사람의 효용을 끌어내리려는 행동을 하는 것은 '**부정적 상호주의**'에 해당된다. 만약 여러분이 밤에 시끄러운 음악을 틀어 잠을 못 자게 하는 이웃의 치약을 훔친다면 그러한 경우가 부정적 상호주의다.

사람들은 편익을 다소 포기하더라도 종종 상호주의적 행동을 취한다. 이를 이해하기 위해 위의 실험으로 다시 돌아가보자. 여러분은 10달러를 받고 전혀 알지 못하는 사람에게 나눠줄 수 있다. 이번에는 받을 사람이 그 금액 제안을 거절할 수 있는 권리를 갖는다. 만약 받을 사람이 여러분이 제안한 금액를 거절하면 두 사람 모두 한 푼도 갖지 못하게 된다.

이론적으로 보면 받을 사람은 어떤 금액이라도 받아들여야 맞다. 여러분이 단 1달러를 제안했더라도, 한 푼도 받지 않는 것보다는 낫기 때문이다. 그러나 실제로 실험을 해보니 받을 사람들은 제안 금액이 '너무 낮다'고 생각할 경우 쉽게 거절했다. 받을 사람은 '공평하지 않게' 행동한 사람을 벌주기 위해 기꺼이 공돈을 포기할 용의가 있었다. 이 결과는 두 사람이 서로 누구인지도 모르고 그러한 실험을 계속할 것도 아닌데, 따라서 그러한 벌주기가 앞으로의 일에 전혀 영향을 주지 않는 상황에서 나온 것이다. 즉, 공평성이란 이상적인 기준으로서 사람들이 이를 위해 희생할 용의가 있다는 것을 알 수 있다. 비록 그렇게 하는 것이 합리적이지는 않더라도 말이다.

상호주의는 일상의 상호작용을 이끈다. 시험공부를 도와준 친구한테 피자를 배달해주거나 가게에서 무료 시식을 한 식품을 사는 것은 상호주의적 행동이다. 이타주의나 사회적 지위와 함께 상호주의는 효용이라는 개념에 조금은 변덕스럽고 동시에 인간적인 깊이를 더하는 것이다.

✓ 개념 확인하기

- ❒ 어떤 재화나 서비스를 소비할 때 그 소비로부터의 직접적인 영향 이외에 효용을 일으키는 경우를 두 예로 들어보자. **[LO 7.5]**

결론

이 장의 내용은 경제학적 분석의 핵심에 해당된다. 뒤에 나오는 (그리고 앞의 장들도) 모든 내용은 어떤 측면에서 사람들이 주어진 자원의 한계 안에서 그들의 효용을 극대화하려 한다는 가정에 기반을 두고 있다.

다음 장에서는 흔한 의사결정에서도 어려운 문제를 많이 만나게 된다는 것을 다룰 것이다. 편익과 비교해서 비용은 언제 발생하는가? 위험은 무엇인가? 나는 상황에 대해 정확히 알고 있는 것일까? 같은 목표를 위해 경쟁하는 사람은 없는가?

효용 극대화는 매우 유연한 개념이다. 여러분은 사람들이 자신만의 편익이라는 좁은 정의를 벗어난 선호를 갖고 있다는 것을 알게 될 것이다. 물론 때때로 예상치 못한, 다소 비합리적인 목표를 추구할 때도 있지만, 사람들이 희소성하에서 그들이 원하는 것을 추구한다는 핵심적인 생각은 경제학 분석의 전부라 할 수 있다.

주요 용어

대체효과 p.217
상호주의 p.224
소득효과 p.216
소비 묶음 p.209
예산제약 p.213
이타주의 p.222
한계효용 p.209
한계효용 체감 p.210
현시선호 p.208
효용 p.205
효용함수 p.208

요약

LO 7.1 어떤 사람이 어떤 재화와 행동에서 가장 큰 효용을 느끼는지 현시선호가 나타낸다는 의미 설명하기

효용은 어떤 것으로부터 느끼는 만족의 양을 재는 가상의 측정 방식이다. 사람들은 구매할 수 있는 것들로부터도 효용을 느끼지만 금전적 가치를 갖고 있지 않는 것들로부터도 효용을 느낀다. 사람들은 선택 가능한 모든 대안 중 가장 큰 효용을 일으키는 것을 선택하는 의사결정을 한다. 경제학자들은 그러한 의사결정 방식을 효용 극대화라고 표현한다. 경제학자들은 개인의 선호는 그 사람의 선택에 의해 발현된다고 일반적으로 가정하는데, 이를 현시선호라 부른다. 즉, 사람들이 실제로 한 것들을 관찰하면, 합리적인 개인으로서 그 사람들이 그들에게 가장 큰 효용을 가져다주는 것들을 한 것이라고 가정할 수 있다는 것이다.

LO 7.2 예산제약이 효용 극대화에 어떤 영향을 미치는지 설명하기

예산제약은 고정된 예산 아래 개인이 선택할 수 있는 모든 소비 묶음을 표시한 선이다. 예산선의 기울기는 해당 두 재화의 가격 비율과 같다. 합리적인 개인은 예산으로 충당할 수 있는 한도 내에서 효용을 극대화할 것이다.

LO 7.3 소득의 변화가 소비자의 선택에 어떤 영향을 미치는지 설명하기

개인의 소득이 증가하면 예산선이 바깥쪽으로 이동해 소비자가 평균적으로 더 많은 재화를 소비할 수 있게 된다. 반대로 소득이 감소하면 소비자는 평균적으로 더 적은 재화를 소비할 수밖에 없다.

LO 7.4 가격의 변화가 소비자의 선택에 어떤 영향을 미치는지 보이고, 소득효과와 대체효과 구분하기

재화의 가격이 변하면 2가지 효과를 통해 최적의 소비가 바뀐다. 가격 하락으로 인해 실질적인 부가 증가함으로써 소비가 변하는 것이 소득효과다. 가격이 하락하면 마치 소득이 증가한 것처럼 소비자가 더 많은 양을 살 수 있게 되기 때문이다. 반면, 재화 간 상대적인 가격이 변화해 발생하는 소비의 변화는 대체효과다. 한 재화의 가격이 다른 재화와 비교해 전보다 상대적으로 싸지면 소비자들은 그 재화를 더 사려는 경향이 있다.

LO 7.5 효용이 외부의 인식으로부터 영향 받는 경로를 개관하고, 사람들이 어떻게 이타주의나 상호주의로부터 효용을 얻는지 설명하기

소비자가 어떤 것으로부터 얼마나 효용을 얻는지는 다른 사람들이 그 선택에 대해 어떻게 인식하는지에 영향을 받는다. 어떤 사람들은 다른 사람들에게 비싼 물건을 살 수 있다고 보여주기 위해 비싼 물건을 산다. 효용은 참조의 틀에도 영향을 받는다. 예를 들어, 여러분이 주변 사람들과 비슷하게 벌고 있으면 행복하다고 느낄 가능성이 높다.

이타주의는 다른 사람의 효용이 증가할 때 본인의 효용이

증가하는 행동의 동기를 뜻한다. 상호주의는 비용이 다소 발생하더라도 눈에는 눈, 이에는 이로 대응할 때 효용을 느끼는 것을 말한다.

복습문제

1. 여러분은 다음 중 어떤 것들로부터 양(+)의 효용을 느끼는가? **[LO 7.1]**
   a. 직접 하는 스포츠 경기
   b. 명망 있는 장학금을 받는 것
   c. 새 TV 구매
   d. 양배추 싹 먹기
   e. a-d 모두
2. 여러분이 운동하는 체육관에서 같은 시간에 역도와 요가 두 강좌를 제공한다. 두 강좌 모두 여러분의 회원증으로 이용할 수 있고 빈자리도 있다. 여러분은 한 친구가 근력을 키우기 위해 역도 강좌에 들어가고 싶다고 말하면서도 항상 요가 강좌에 참여하고 있는 것을 보았다. 그 친구는 어떤 강좌에서 더 큰 효용을 얻을까? 여러분은 그것을 어떻게 알 수 있나? **[LO 7.1]**
3. 에비가 생일 선물로 무한정 롤러코스터를 탈 수 있는 이용권을 받았다. 〈표 7P-1〉에 표시된 에비의 효용 정보로부터 에비가 롤러코스터를 왜 3번만 탈 것인지 설명해보자.
4. 댄은 용돈을 사탕과 장난감에 쓰고 싶다. 댄이 사탕과 장난감의 어떤 소비 묶음을 살 수 있을지 제약하는 3가지 요소에는 어떤 것들이 있을까? **[LO 7.2]**
5. 에반은 놀이공원에서 40달러를 쓸 수 있다. 롤러코스터는 한 번 타는 데 10달러가 든다. 〈표 7P-2〉에 제시된 에반의 효용 정보를 이용해 에반이 롤러코스터를 왜 3번만 탈 것인지 설명해보자.

표 7P-1

롤러코스터 타는 횟수	총효용
1	20
2	35
3	45
4	40

표 7P-2

롤러코스터 타는 횟수	총효용
1	20
2	35
3	45
4	40

6. 치즈 한 덩어리가 10달러이고, 빵 한 덩어리가 5달러라고 하자. 빵의 단위로 표현한 치즈 한 덩어리를 살 때의 기회비용은 무엇인가? 소득이 20% 감소했을 때 빵의 단위로 표현한 치즈 한 덩어리를 살 때의 기회비용은 어떻게 변하는가? **[LO 7.3]**
7. 시모나는 노래 학원과 무용 학원에 한 달에 200달러를 쓴다. 그런데 다음 달 시모나가 가장 좋아하는 무용 강사가 다른 도시로 이사하고 지금 살고 있는 아파트 월세가 오른다. 이러한 변화가 각각 시모나의 노래 학원과 무용 학원에 대한 예산제약에 어떤 영향을 미치겠는가? **[LO 7.3]**
8. 줄리언은 매달 식물 화분과 생화를 산다. 두 재화 모두 정상재다. 생화의 가격이 떨어지면 줄리언은 식물 화분을 적게 산다. 소득효과와 대체효과 중 어느 효과가 더 강한가? **[LO 7.4]**
9. 새라는 매달 오락을 위한 예산을 책과 영화에 쓴다. 애초에 새라의 효용을 극대화하는 책과 영화의 조합은 한 달에 책 2권과 영화 5편이었다. 이제 책 가격이 내렸다고 가정하자. 새라의 새로운 효용 극대화 조합은 책 4권과 영화 5편이 되었다. 이러한 상황에서 영화가 정상재인지 알 수 있는가? **[LO 7.4]**
10. 노인들을 위한 무료 급식을 위해 기금을 모금하는 한 단체에서는 기부자에게 가방을 나눠준다. 새미는 기부받은 돈을 기부자에게 나눠줄 가방에 쓰는 것이 낭비라고 생각한다. 그 돈으로 더 많은 식사를 제공할 수 있기 때문이다. 기부자에게 가방을 나눠주는 것이 그 단체로서는 어떻게 재무적으로 합리적일 수 있는지 새미에게 설명해보라. **[LO 7.5]**
11. 친구가 "작은 연못의 큰 물고기가 되기보다는 큰 연못의 작은 물고기가 되고 싶어"라고 말했다. 이 말은 어떤 개념을 표현하고 있는가? **[LO 7.5]**

응용문제

connect ECONOMICS

1. 총효용은 한계효용이(양(+)일 때, 0일 때, 음(−)일 때) 극대화된다. **[LO 7.1]**
2. 〈표 7P-3〉은 존이 아이스크림을 먹을 때의 총효용이다. 각각의 추가 숟가락의 한계효용을 나타내는 세 번째 열의 빈칸을 채우라. **[LO 7.1]**
3. 여러분은 영화관에 가는 것을 좋아한다. 여러분의 생일에 친구가 팝콘 없는 영화 3편 또는 팝콘 2봉지에 영화 2편을 제안했다. 〈표 7P-4〉는 영화와 팝콘에 대한 여러분의 효용을 나타낸다. 여러분은 어떤 제안을 선택하겠는가? **[LO 7.1]**
4. 〈그림 7P-1〉의 청바지와 티셔츠에 대한 예산제약을 참고하라. 다음 중 어떤 묶음을 살 수 있는가? **[LO 7.2]**
   a. 청바지 3벌, 티셔츠 1벌
   b. 청바지 2벌, 티셔츠 4벌
   c. 청바지 2벌, 티셔츠 3벌
   d. 청바지 1벌, 티셔츠 4벌
5. 페트라는 480달러로 DVD와 책을 살 수 있다. 책은 한 권이 24달러이고 DVD는 15달러이다. **[LO 7.2]**
   a. 예산제약식을 써보자. 이때, x = 책이고 y = DVD다.
   b. 위의 예산제약식을 이용해 페트라가 DVD를 8개 살 때 책은 몇 권 살 수 있는지 계산하라.

표 7P-3

아이스크림의 양(숟가락)	총효용	마지막 숟가락의 한계효용
1	10	
2	17	
3	21	
4	23	
5	23	

표 7P-4

영화 편수	총효용	팝콘 봉지 개수	총효용
1	10	1	5
2	15	2	5
3	18	3	4

그림 7P-1

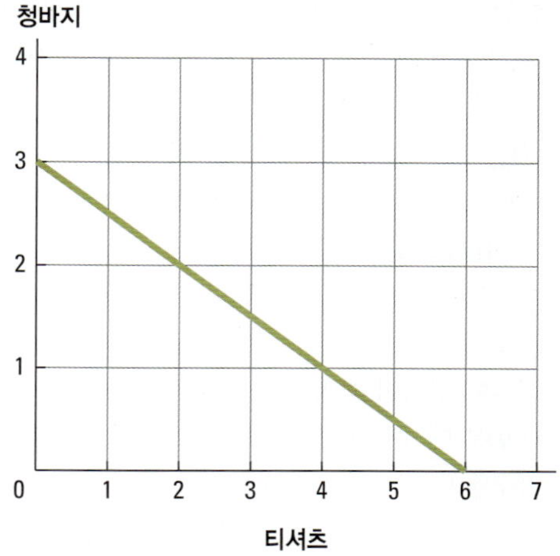

6. 조던은 1년에 몇 번 언니네를 방문한다. 조던의 방문 예산은 600달러이고, 버스표나 기차표를 살 수 있다. 버스표는 40달러이고 기차표는 120달러이다. **[LO 7.2, 7.3]**
   a. 조던의 예산제약을 도표로 그려보자.
   b. 조던이 3번은 기차를 탄다면 언니네를 총 몇 번 방문할 수 있는가?
   c. 조던의 방문 예산이 360달러로 줄었다고 해보자. 새로운 예산제약을 도표로 그려보라.
   d. 조던이 각 연도의 총 방문 횟수를 줄이고 싶지 않다면 기차를 몇 번 탈 수 있겠는가?
7. 마리아는 안마나 손톱 손질을 받을 수 있는 300달러 상품권을 가지고 있다. 안마는 100달러고 손톱손질은 30달러이다. **[LO 7.3, 7.4]**
   a. 마리아의 예산제약식을 써보자. 이때, x = 안마고 y = 손톱 손질이다.
   b. 마리아가 상품권의 반을 친구에게 주기로 했다. 새로운 예산제약식을 써보자.
   c. 상품권의 반을 친구에게 준 뒤 상품권을 처음 써보기도 전에 안마 가격이 50% 올랐다. 새로운 예산제약식을 써보자.
8. 매년 헤더는 친구들을 위해 송년 파티를 연다. 파티 예산은 200달러이다. 헤더는 예산을 한 접시에 25달러인 배달 음식과 한 시간에 50달러인 오락에 쓴다. **[LO 7.4]**
   a. 배달 음식과 오락에 대한 헤더의 예산제약을 도표로 그려보자.
   b. 오락 제공 회사에서 단골인 헤더에게 감사의 뜻으로 올해 파티에는 가격을 50% 깎아주기로 했다. 앞의 도표에 새로운 예산제약을 그려보자.

c. 배달 음식과 오락이 정상재라 가정하면, 오락 가격의 할인으로 헤더는 배달 음식과 오락 각각을 더 주문할까, 덜 주문할까? 아니면 헤더가 각각의 재화에 대한 결정을 어떻게 할지 확실히 알 수 없는가?

9. 히데키는 야구장과 영화관을 즐겨 찾는다. 야구장표는 15달러이고 영화표는 10달러다. 히더키의 예산은 180달러이다. **[LO 7.4]**
   a. 야구장표와 영화표에 대한 히데키의 예산제약을 도표로 그려보자.
   b. 홈팀이 성적이 좋아 야구장표 값이 20달러로 올랐다. 새로운 예산제약을 그려보자.
   c. 야구장표와 영화표가 정상재라 가정하면 히데키는 야구장표와 영화표 각각을 더 살까, 덜 살까? 아니면 히데키가 각각의 재화에 대한 결정을 어떻게 할지 확실히 알 수 없는가?

10. 다음 중 어떤 재화로부터의 효용이 다른 사람들의 의견에 영향을 받는가?
   a. MP3
   b. 새 차
   c. 운동화
   d. 강의실에 들고 가는 노트북 컴퓨터

11. 다음 각각의 예가 이타주의나 상호주의 어디에 해당하는지 알아보자.
   a. 통조림 몇 개를 동네 불우이웃돕기 단체에 갖다준다.
   b. 시험공부를 도와준 친구가 버리는 가구를 함께 날라준다.
   c. 청소부 물고기와 큰 포식 물고기의 생물학적 공생 관계. 청소부 물고기는 포식 물고기의 기생충을 잡아 먹고, 포식 물고기는 청소부 물고기를 보호한다.

추가 자료

http://www.slate.com/articles/business/moneybox/2011/12/scarves_no_surfing_lessons_yes_the_economist_s_guide_to_efficient_gift_giving_.html

https://www.amherst.edu/media/view/104699/original/christmas.pdf

◀ 세계의 모바일 윈도우–이 장의 내용과 관련된 응용사례를 찾으려면 여러분의 스마트폰으로 이 코드를 스캔하라. (QR코드 리더가 필요하면, 여러분의 앱스토어에서 ScanLife를 활용하라.)

여러분의 모바일 앱스토어를 방문하여 Karlan and Morduch Study Econ app.을 다운로드 하라. ▶

Study Econ
McGraw Hill

Appendix E

무차별곡선

학습목표

LO E.1 한계대체율이 무차별곡선의 모양과 어떤 관련이 있는지 설명하기

LO E.2 무차별곡선의 4가지 특성 이해하기

LO E.3 소비자의 효용이 극대화되는 점에 대해 설명하기

LO E.4 소득과 가격의 변화가 효용 극대화에 어떤 영향을 미치는지 설명하기

선호 체계를 그림으로 나타내기

'소비자 행위' 부분에서 효용에 관한 복잡한 내용을 살펴보았다. 사람들이 얼마만큼 선물할지 어떻게 결정하고, 재화의 소비가 다른 사람들의 의견에 어떤 영향을 받으며, 얼마나 쓸 수 있는지 주어진 상태에서 어떻게 효용을 극대화하는지 등에 대해 배웠다. 이 부록에서는 사람들의 의사결정을 설명하는 데 경제학자들이 사용하는 중요한 수단인 '무차별곡선'에 대해 공부한다.

'무차별곡선'은 효용을 시각적으로 표현하는 방법이다. 무차별곡선을 어떻게 이용할지와 무차별곡선에 다양한 모양과 크기가 있다는 것을 보게 될 것이다. 무차별곡선은 사람들이 어떻게 효용을 극대화하는지, 소득과 가격의 변화에 어떻게 대응하는지 등을 포함한 소비자 선택의 다양한 문제에 적용될 수 있다.

소비 묶음과 무차별곡선

LO E.1 한계대체율이 무차별곡선의 모양과 어떤 관련이 있는지 설명하기

본문에 나오는 코디가 한 달 동안 어떻게 돈을 쓰면 가장 잘 쓰는 것인지 결정하는 문제를 살펴보자. 전과 같이 코디는 영화표와 콘서트표에 쓸 수 있는 120달러를 갖고 있다. 영화표는 10달러고 콘서트표는 40달러다. 이 상황에서 다양한 선택이 가능하다. 대부분의 돈을 영화표에 쓰고 콘서트표에는 거의 쓰지 않을 수도 있고, 콘서트표를 잔뜩 사고 영화는 보지 않을 수도 있다. 물론 그 중간의 조합을 선택할 수도 있다.

소비 가능한 각 조합을 **소비 묶음**이라고 한다. '소비자 행위' 부분에서 이 소비 묶음은 효용 함수에 대입되었다. 효용 함수는 어떤 사람이 특정 재화 조합으로부터 얻는 효용의 양을 생성하는 함수다. 효용을 구하는 것은 각 소비 묶음을 일일이 효용 함수에 대입해 계산해내야 하는 고된 과정이다.

다행히 도표를 이용하는 방법도 있다. 다양한 소비 묶음으로부터의 효용을 곡선으로 나타냄

그림 E-1

무차별곡선

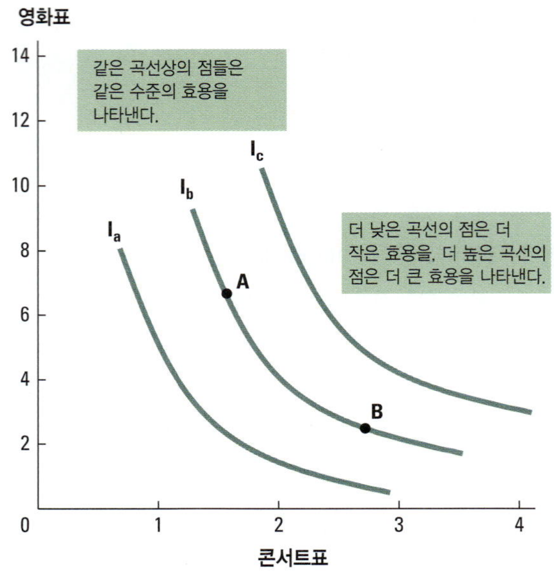

무차별곡선은 대화와 서비스의 다양한 조합들로부터의 효용을 나타낸다. 같은 무차별곡선상의 점들은 같은 효용을 나타낸다. 높은 무차별곡선은 더 큰 효용을 나타낸다.

무차별곡선 소비자에게 동일한 수준의 효용을 일으키는 모든 소비 조합을 나타내는 곡선

으로써 그 묶음을 시각적으로 쉽게 비교할 수 있다. '**무차별곡선**(indifference curve)'은 소비자에게 동일한 수준의 효용을 일으키는 모든 소비 조합을 나타내는 곡선으로, 바로 그러한 시각적 표현을 가능하게 해준다. 무차별곡선의 명칭은 이 곡선이 한 소비자가 완전히 무차별하게 느끼는 모든 대안을 보여주기 때문에 생겼다. '무차별'하다는 말은 소비자가 그 대안들에 관심이 없다는 뜻이 아니라, 같은 곡선상의 소비 묶음 간에 아무런 실질적 차이를 느끼지 못한다는 뜻이다. 달리 말하면, 같은 곡선상의 어떤 묶음도 똑같이 받아들인다.

〈그림 E-1〉은 코디의 무차별곡선 몇 개를 보여준다. 한 곡선의 각 점은 같은 곡선의 다른 점들과 같은 정도로 코디에게 만족감을 주는 점이다. 만약 코디의 소비가 곡선 I_b상에서 A점에서 B점으로 이동한다면, 영화표 수는 줄어들지만 충분히 많은 콘서트표 수가 늘어나 코디로 하여금 두 점 사이에서 무차별하게 느끼게 만든다. 그러나 코디의 소비가 다른 곡선의 점으로 이동한다면 더 이상 무차별하지 않을 것이다. 예를 들어, 더 높은 곳에 위치한 무차별곡선 I_c상의 점으로 이동한다면 코디의 효용은 커질 것이다. 반대로 더 낮은 곳에 위치한 무차별곡선 I_a상의 점으로 이동하면 코디의 효용은 작아진다.

무차별곡선의 모양은 한계효용 체감 원칙으로부터 결정된다. 곡선의 양 끝에서 코디는 한 재화를 많이 포기하고 다른 재화를 조금 얻는 것에 무차별하다. 이는 한계효용 체감 때문이다. 영화표가 많이 있을 때는 나중에 산 몇 장에 대해서는 그렇게 큰 효용을 얻지 못한다. 그러나 이럴 때 콘서트표 한 장은 큰 효용을 줄 것이다. 그 결과 곡선의 기울기는 매우 가파르다. 곡선의 다른 한 끝에서는 반대 상황이 벌어진다. 같은 수준의 효용을 느끼기 위해서는 추가적인 영화표로부터 얻는 효용을 보상하기 위해 많은 콘서트표를 포기하려 할 것이다.

어떤 점에서든 무차별곡선의 기울기는 코디가 한 재화를 포기하기 위해 다른 재화를 얼마나 많이 필요로 할지 보여준다. 달리 말하면, 무차별곡선의 기울기는 코디가 두 재화 사이에 교환 또는 대체하고자 하는 비율을 나타낸다. 이를 '**한계대체율**(marginal rate of substitution, MRS)'이라 한다. 한계대체율은 소비자가 효용 수준을 일정하게 유지하면서 두 재화(일반적으로 X와 Y라고 부른다) 간 대체하고자 하는 비율이기 때문에 두 재화의 한계효용의 비율로도 나타낼 수 있다. 한계대체율은 또한 무차별곡선 한 점에서의 기울기의 절대값과도 같다. 결국 기울기란 x축을 따라 한 단위 변할 때 y축 변수가 얼마나 변하는지의 비율이기 때문이다.

한계대체율 소비자가 효용 수준을 일정하게 유지하면서 두 재화 간 대체하고자 하는 비율

식 E–1

$$\text{기울기의 절대값} = \text{MRS} = \frac{\text{MU}_\text{X}}{\text{MU}_\text{Y}}$$

무차별곡선의 특성

LO E.2 무차별곡선의 4가지 특성 이해하기

무차별곡선의 작용에 본질적인 몇 가지 특성이 있다. 만약 여러분이 다른 경제학 강의를 듣는다면 이러한 규칙들이 수학적으로 어떻게 증명되는지 알겠지만, 일단은 이것들을 직관적으로 어떻게 이해하는지 살펴보자.

- **소비자는 더 높은 무차별곡선을 더 낮은 무차별곡선보다 선호한다.** 더 높은 무차별곡선은 더 많은 재화를 포함하고 있으며, 보통의 소비자는 더 많이 소비함으로써 더 큰 효용을 얻게 되므로 더 높은 무차별곡선은 더 낮은 무차별곡선보다 소비자에게 더 큰 효용을 주는 소비 묶음을 나타낸다. 제약이 없다면 더 많은 재화에 더 큰 효용을 얻을 수 있는데 더 낮은 무차별곡선상의 소비 묶음을 선택하는 것은 합리적이지 않다.
- **무차별곡선은 교차하지 않는다.** 각각의 무차별곡선은 특정 수준의 효용을 주는 모든 소비 묶음을 나타낸다. 10의 효용을 주는 묶음을 나타내는 한 곡선이 있고 20의 효용을 주는 묶음을 나타내는 다른 곡선이 있다고 가정해보자. 만약 이 두 곡선이 교차한다면, 교차점에 있는 소비 묶음은 동시에 10의 효용과 20의 효용을 주게 될 것이다. 이는 앞뒤가 맞지 않는다.
- **무차별곡선은 보통 우하향한다.** 두 재화 모두 갖고 싶은 것이라면, 소비자는 항상 각 재화를 더 적게 갖는 것보다 더 많이 갖는 것을 선호할 것이다. 우하향하는, 즉 음(−)의 기울기를 갖는 무차별곡선은 한 재화를 덜 갖게 될 때 소비자의 효용이 감소하므로 이를 보상하기 위해서는 다른 재화를 더 많이 원할 것이라는 사실을 나타낸다.
- **무차별곡선은 보통 안쪽으로 휘어 있다.** 그릇의 한쪽처럼 안으로 휘어 있는 곡선은 한계효용 체감의 특성으로부터 도출된다. 곡선의 가장 위쪽에서는 소비자가 y축의 재화는 많이 가지고 있어서 x축의 재화를 약간 소비하기 위해 y축 재화를 많이 내놓을 의사가 있을 것이기 때문에 기울기기가 가파르다. 곡선이 우하향하면서 소비자는 y축 재화를 점점 적게 갖게 되고 y축 재화를 포기하기 위해서는 점점 더 많은 x축 재화를 요구하게 된다. 따라서 무차별곡선의 기울기는 평평해진다.

효용 함수가 소비자에게 유일하고 그 소비자의 선호를 나타내듯이 특정한 재화들에 대한 무차별곡선도 보편적인 것이란 없다. 특정 사람에 대한 무차별곡선이 있을 뿐이다. 코디와 친구 타샤가 둘 다 같은 돈으로 몇 장의 영화표를 살지 결정할 때, 만약 타샤가 영화로부터 얻는 효용이 더 크다면 무차별곡선상의 모든 점에서 타샤는 영화표를 위해 더 많은 콘서트표를 포기할 용의가 있을 것이다.

완전 대체재와 완전 보완재

무차별곡선은 2가지 특수한 경우에 직선이 된다. 3장에서 많은 재화들이 대체재와 보완재를 갖는다는 점을 언급했다. '대체재'는 비슷한 특성이 있어 비슷한 욕구를 만족시키는 두 재화다. 귤과 오렌지, 차와 커피, 석탄과 천연가스가 대체재의 사례다. 많은 재화들이 이러한 일반적인 대체재지만, 일부는 너무 비슷해서 '완전 대체재'로 불리는 것들이 있다. 제조사가 다른 우유가 좋은 사례다. 아마도 여러분은 비슷한 가격의 서로 다른 제조사의 우유를 구별할 수 없을 것이다. 산지가 다른 토마토나 감자, 다른 많은 재화들 역시 완전 대체재가 될 수 있다.

완전 대체재는 본질적으로 같기 때문에 한계효용 체감은 완전 대체재에는 적용되지 않는다. 예컨대, 여러분이 A사의 우유 5통을 갖고 있는데 친구가 자신이 갖고 있는 B사 우유 2통을 여러분의 우유 2통과 바꾸자고 한다고 해보자. 여러분이 두 제조사 우유의 차이를 구분하지 못한다면 바꿀 이유가 거의 없을 것이다. 여러분의 A사 우유를 같은 양의 B사 우유로 바꿔서 얻는 편익은 없을 것이기 때문이다.

가격이 같다면 여러분이 이미 한 제조사의 우유를 아무리 많이 갖고 있더라도 어떤 제조사의 우유를 갖든지 항상 무차별할 것이다. 여러분은 두 제조사의 우유에 완전히 무차별하다. 어떤 한 제조사의 우유에 돈을 다 쓸 수도 있고, 반씩 살 수도 있고, 무차별곡선상의 어느 점에서도 A사 우유 한 통과 B사 우유 한 통을 바꿔도 여전히 같은 효용을 얻을 것이다. 이것은 무차별곡선상 어떤 점에서도 한계대체율이 1이라는 것을 의미한다. 그 결과 완전 대체재의 무차별곡선은 〈그림 E-2〉의 (A)와 같이 항상 직선이다. 두 제조사 우유의 경우에는 A사 우유 한 통을 B사 우유 한 통과 바꿀 수 있기 때문에 무차별곡선의 기울기 절대값은 1이다.

그러나 한계대체율이 항상 1인 것은 아니다. 일반적으로 무차별곡선의 기울기는 두 재화의 상대적 가치에 달려 있다. 화폐를 예로 들어보자. 대부분의 경우에 5달러 지폐를 갖든 1달러 지폐를 5장 갖든 무차별할 것이다. 어느 쪽을 갖든 5달러어치의 물건을 살 수 있기 때문이다. 이들을 교환하는 것을 개의치 않는다면 1달러 지폐와 5달러 지폐 간 한계대체율은 5(또는 무엇을 y축으로 둘 것인가에 따라 1/5)가 되고, 무차별곡선은 비슷한 가격의 우유 경우보다 훨씬 더 가파를 것이다.

완전 보완재는 대체재와 달리 같이 소비되어야 하는 재화들이다. 한 쌍의 신발, 양말, 장갑 등은 모두 완전 보완재다. 각각의 경우 한 짝만 갖는 것은 전혀 소용이 없다(마이클 잭슨처럼 장갑 한 짝만 끼는 것을 좋아하는 경우를 제외하면). 야외에서 핫도그를 먹기 위해 준비할 때, 여러분은 일반적으로 핫도그 개수에 맞는 충분한 빵을 가져가려 할 것이다. 핫도그보다 빵이 많은 것은 여러분의 효용을 증가시키지 않기 때문이다.

그림 E-2

완전 대체재와 완전 보완재

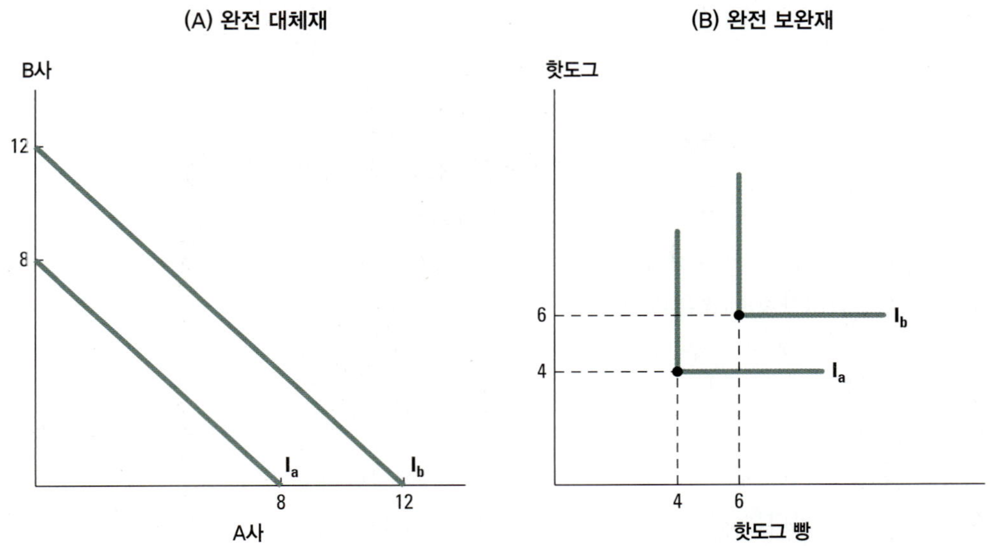

두 재화가 완전 대체재이기 때문에 소비자는 동일한 효용을 유지하기 위해 1:1로 교환해도 상관없다.

소비자가 각 재화를 한 개씩 가지면 어떤 재화든 한쪽을 추가로 갖게 되는 것은 효용을 증가시키지 않는다. 완전 보완재는 다른 한 재화가 같이 있지 않으면 소용이 없기 때문이다.

보완재의 관계는 일부는 수평선이고 일부는 수직선인 L자 모양의 무차별곡선을 만든다. 6개의 핫도그와 6개의 핫도그 빵이 있는데, 빵이 한 개 더 생겼다고 해보자. 그 추가적인 빵으로 아무것도 할 수 없다면 여러분의 효용은 핫도그 6개와 핫도그 빵 6개를 가졌을 때와 같을 것이다. 그것은 빵이 8개나 12개로 늘어났을 때에도 마찬가지다. 여전히 핫도그와 핫도그 빵을 6개씩 가질 때와 같은 효용을 얻을 것이다. 반대로 핫도그만 많아졌을 때에도 마찬가지다. 대부분의 경우 빵 없이 핫도그만 많아지는 것도 별 소용이 없다. 이러한 완전 보완재의 관계는 〈그림 E-2〉의 (B)와 같은 L자 모양 무차별곡선을 유발한다.

소비자 선택의 이해

무차별곡선의 형태가 다양하긴 하지만 효용 극대화에서 무차별곡선의 역할은 언제나 같다. '소비자 행위' 부분에서 효용을 극대화하는 영화표와 콘서트표의 조합을 찾아본 바 있다. 예산선에서 각 조합을 찾고, 소비자(이 경우 코디)가 각 조합의 재화로부터 얻는 효용을 더했다. 그 결과 가장 큰 효용을 주는 소비 묶음이 맞는 선택이었다.

하지만 이렇게 계산하는 것은 길고 지루한 과정이다. 이 부록에 소개된 한계대체율과 무차별곡선을 이용하면 소비자가 어떻게 효용을 극대화하는지에 대한 더 명확한 그림을 머리 속에 그릴 수 있다. 궁극적으로 2가지 방법은 같은 결과를 도출할 것이다.

마지막 구매의 한계효용 같게 맞추기

LO E.3 소비자의 효용이 극대화되는 점에 대해 설명하기

최적 소비 상황에 접근하는 또 다른 방법은 효용을 산다고 가상하고 가진 돈으로 최대의 가치를 얻고자 하는 것이다. 즉, 지출된 화폐 한 단위에 대한 한계효용을 극대화하는 것이다. 이러한 기준에 맞는 소비 묶음을 어떻게 선택할 수 있을까?

이 문제를 '한계적 의사결정'의 관점에서 살펴보자. 합리적 소비자인 코디는 소비하기 전에 스스로 자문할 것이다. "이 돈을 다른 데 쓰는 것이 나을까?" 코디가 아무것도 사지 않은 상태에서 시작해 1달러당 가장 큰 한계효용을 주는 것을 기준으로 다음에 무엇을 살 것인지를 선택한다고 해보자. 1달러당 한계효용은 재화 한 단위를 더 소비할 때 얻는 추가 효용을 그 재화 단위의 가격으로 나누어 계산할 수 있다. 〈표 E-1〉의 (A)는 콘서트 관람의 한계효용을, (B)는 영화 관람의 한계효용을 나타낸다.

〈표 E-1〉의 (C)를 보면, 아무것도 사지 않은 상태에서 시작할 때 코디의 최선의 선택은 우선 콘서트표 한 장을 사는 것이다. 그러고 나면 다음 구매 때 1달러당 가장 높은 한계효용을 주는 재화는 영화표다. 코디는 계속해서 구매할 때마다 1달러당 가장 높은 한계효용을 주는 재화를 선택할 것이다. 언제 멈출까? 예산이 한계에 부딪쳤을 때다. 이 지점에서 각 재화에 지출할 1달러당 한계효용이 같아지는 것은 우연이 아니다.

코디가 아무것도 사지 않은 상태에서 구매 결정을 시작하는 것이 아니라, 무작위로 소비 묶음을 한 개 고르고 그것을 다른 묶음으로 바꿀 때 더 많은 효용을 줄지 분석한다고 해보자. 만약 영화표 12장만 있는 소비 묶음에서 시작한다면, 돈의 일부를 콘서트표에 지출함으로써 더 많은 효용을 얻을 수 있다. 첫 번째 콘서트표의 1달러당 한계효용이 마지막 40달러어치 영화표들로부터 얻는 1달러당 한계효용보다 크기 때문이다. 코디는 지출 용도를 바꿀 때 얻는 한계효용이 더 이상 커지지 않을 때까지 계속해서 이러한 교환을 할 수 있다. 교환을 멈추는 지점에서 각 재화로부터 얻는 1달러당 한계효용은 같다.

'최적 소비는 X재에 지출된 1달러당 한계효용이 Y재에 지출된 1달러당 한계효용과 같은 점에서 발생한다.'

X재에 지출된 1달러당 한계효용은 한계효용을 가격으로 나눈 것으로 표현할 수 있다: MU_X/P_X. 따라서 최적 소비는 다음과 같은 상황에서 형성된다.

식 E–2

$$\text{최적 소비} = \frac{MU_X}{P_X} = \frac{MU_Y}{P_Y}$$

위의 사례에서 코디는 콘서트와 영화에 대한 지출 1달러당 한계효용이 영화 4편과 콘서트 2번일 때 같아졌다.

표 E-1
한계효용을 일치시키기

(A) 콘서트표의 한계효용 계산			
표 수	효용	비용(달러)	한계효용/달러
0	0	0	—
1	70	40	1.75
2	130	80	1.5
3	185	120	1.375

(B) 영화표의 한계효용 계산			
표 수	효용	비용(달러)	한계효용/달러
0	0	0	—
1	17	10	1.7
2	34	20	1.7
3	50	30	1.6
4	65	40	1.5
5	79	50	1.4

이 표들은 각 표의 구매로 얻을 수 있는 코디의 한계효용을 나타낸다. 이 숫자들은 다음에서 최적 표 수를 구하는 데 이용된다.

(C) 구매 결정				
선택	다음 영화표 구매로부터의 잠재 한계효용/달러	다음 콘서트표 구매로부터의 잠재 한계효용/달러	무엇을 살 것인가?	총비용(달러)
1	1.7	1.75	콘서트	40
2	1.7	1.5	영화	50
3	1.7	1.5	영화	60
4	1.6	1.5	영화	70
5	1.5	1.5	둘 다 산다!	120

각 구매는 코디에게 특정 양의 1달러당 한계효용을 일으킨다. 각 소비 선택에서 코디는 1달러당 한계효용이 가장 큰 것을 선택한다. 각 재화로부터의 1달러당 한계효용이 같아지는 점에서 코디는 둘 중 하나를 구매하고, 총효용은 극대화된다.

가장 높은 무차별곡선 찾기

더 높은 곳에 위치한 무차별곡선상의 소비 묶음이 더 높은 효용을 주기 때문에, 소비자는 낮은 곳보다는 높은 곳에 위치한 무차별곡선상의 소비 묶음을 선호한다. 따라서 최적 소비를 찾는 마지막 방법은 예산 제약 안에 있으면서 가장 높은 무차별곡선상에 있는 소비 묶음을 찾는 것이다.

〈그림 E-3〉은 코디의 예산 제약과 몇 개의 무차별곡선을 나타낸다. 곡선 I_1상에는 예산 제약 안에 있는 소비 묶음이 많이 있고 심지어 예산선상의 묶음도 있다. 그러나 예산 제약 이내에서 가장 높이 있는 무차별곡선은 I_2이고, 이 곡선은 예산선을 살짝 스쳐 지나가 단 한 개의 점에서 만난다는 것을 알 수 있다. 더 낮은 위치의 곡선상의 소비 묶음은 선택할 이유가 없고, 더 높은 곡선 I_3상의 소비 묶음은 예산 범위 내에 있지 않다.

'최적 소비 묶음인 C점에서 예산선의 기울기와 무차별곡선의 기울기는 같다.' 서로 접하는 것이다. 이 둘이 어디서 만나는지 찾기 위해서는 약간의 수학이 필요하다.

일반적으로 X재와 Y재에 대한 예산선의 기울기는 다음과 같이 표현된다.

식 E-3

$$\text{예산선의 기울기} = \frac{P_X}{P_Y}$$

같은 재화에 대한 무차별곡선의 기울기를 나타내는 수식은 다음과 같다.

그림 E-3

최적 소비 묶음

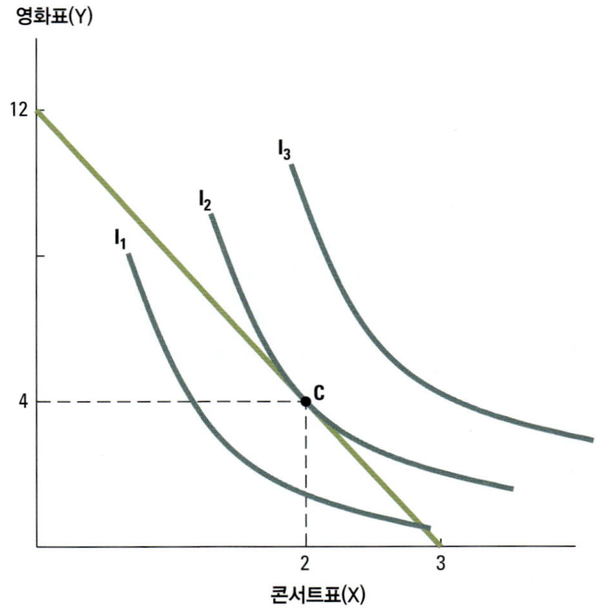

그림은 코디의 무차별곡선을 몇 개 나타낸다. 곡선 I_1과 I_2에는 예산 이내의 소비 묶음이 있지만, 가장 높은 효용을 나타내는 곡선 I_3은 코디가 예산으로 감당할 수 없다. I_2는 예산선과 살짝 스치면서 코디가 살 수 있는 가장 높은 효용을 나타낸다.

$$\text{무차별곡선의 기울기} = \text{MRS} = \frac{MU_X}{MU_Y}$$

최적 소비 상태에서 예산선과 무차별곡선은 접하고, 예산선의 기울기와 무차별곡선의 기울기가 같으므로 위의 두 식을 합치면 다음 관계가 도출된다.

식 E-5

$$\text{최적 소비} = \frac{P_X}{P_Y} = \frac{MU_X}{MU_Y}$$

이 식을 X재와 Y재 각각으로 정리하면 〈식 E-2〉에서 구한 수식과 정확하게 같은 관계를 찾을 수 있다.

$$\text{최적 소비} = \frac{MU_X}{P_X} = \frac{MU_Y}{P_Y}$$

가장 높은 곳에 위치한 무차별곡선을 찾는 것은 각 재화에 지출된 1달러당 한계효용이 같은 소비 묶음을 찾는 것과 같다. 즉, 소비 선택에서 어떤 방법을 택하든 같은 결론에 도달할 것이다.

다음 절에서는 환경의 변화에 소비자가 어떻게 반응할지 이해하는 데 무차별곡선을 이용해 효용 극대화 문제를 푸는 것이 유용함을 보여줄 것이다. '소비자 행위' 부분에서 가격이나 소득의 변화가 전반적인 소비에 어떤 영향을 미칠 것인지에 대해 일반적인 서술만 봤지만, 이제 환경 변화에 따른 소비자의 결정을 더 자세히 살펴볼 수 있다.

소비자는 변화에 어떻게 대응하는가

예산은 변한다. 가격도 오르거나 내릴 수 있다. 소비자들은 소득이나 가격의 변화에 소비 결정을 조정해 대응한다. 이 절에서는 소득과 가격의 변화에 어떻게 최적 선택 접근법을 적용할 것인지 공부한다. 궁극적으로는 앞장에서와 같은 결과를 얻게 될 것이지만, 여기에서는 무차별곡선을 이용해 소비자 결정에 대한 더 완성도 높은 개념적 접근을 취할 것이다.

소득 변화에의 대응

LO E.4 소득과 가격의 변화가 효용 극대화에 어떤 영향을 미치는지 설명하기

'소비자 행위'의 부분에서 소득이 증가하면 예산 제약이 바깥쪽으로, 감소하면 안쪽으로 이동하는 것을 보았다. 따라서 두 재화 모두 소득이 증가할 때 더 수요하는 정상재라면 소득이 증가하면 소비가 늘었다. 이 결과는 '다다익선'이기 때문에 소득이 커지면 사람들이 더 많이 사는 것이 논리적이라는 믿음으로 도출된 것이다.

무차별곡선을 이용하면 왜 이것이 사실인지 확인할 수 있다. '소비자 행위'의 내용과 결과는 같겠지만, 이번에는 무차별곡선을 이용해 소득 변화가 있을 때 영화표와 콘서트표를 사는 상황을 다시 생각해보자.

그림 E-4

정상재의 경우 소득의 증가

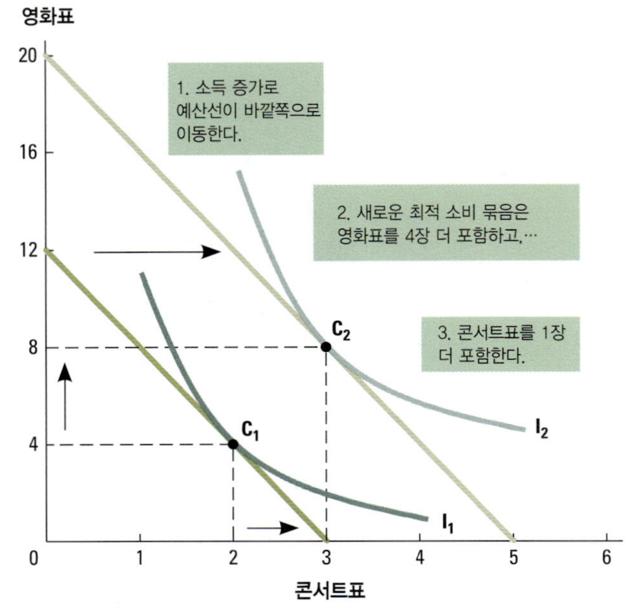

코디의 소득이 증가하면 예산선은 기울기가 유지된 채 바깥쪽으로 이동한다. 코디는 새 예산선이 가장 높은 곳의 무차별곡선과 만나는 C_2점에서 소비할 것이다. 새로운 소비 묶음은 더 많은 영화표와 더 많은 콘서트표를 포함하고 있어 두 재화 모두 정상재임을 알 수 있다.

그림 E-5

가격 하락의 전반적 효과

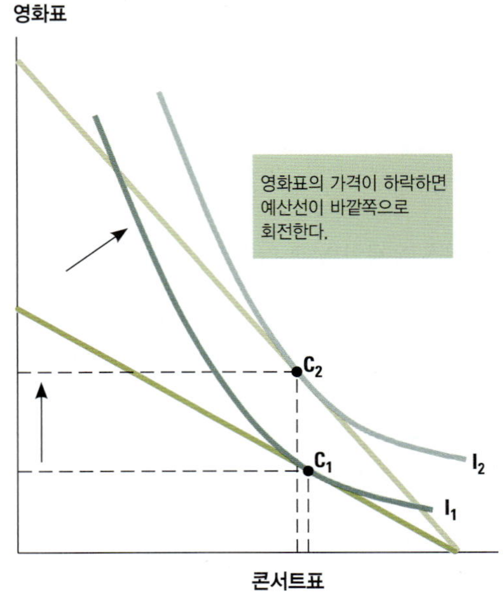

한 재화의 가격이 하락하면 예산선은 바깥쪽으로 회전해 소비 가능한 새로운 소비 묶음을 나타낸다. 예산선의 기울기가 변한 것은 두 재화의 상대 가격 변화를 반영한다.

코디가 생일 선물로 80달러를 받으면, 이러한 소득 증가로 코디는 전보다 더 많은 표들을 포함한 더 높은 무차별곡선에 이를 수 있다. 다른 모든 최적 선택 상황과 마찬가지로 목표는 새로운 예산 제약에 접하는 무차별곡선을 찾는 것이다. 이 과정은 〈그림 E-4〉에 나타나 있다. 코디의 소득이 80달러 증가하면 영화표 8장과 콘서트표 3장을 살 것이다.

가격 변화에의 대응

'소비자 행위' 부분에서 가격 변화가 예산선을 회전시킨다는 것을 보았다. 어떤 의미에서 가격의 변화는 소득의 변화와 비슷하다. 예컨대, 한 재화의 가격이 상승하면 전과 같은 수량의 재화들을 살 수 없다. 여러분이 소득을 잃은 것과 같은 영향이 있다.

곧 가격 변화의 영향을 두 부분으로 나누어 살펴볼 테지만, 우선 가격 변화의 전반적인 영향을 알아보자. 계속 나온 영화표-콘서트표 상황에서 가까운 영화관에서 영화표를 5달러로 할인해주는 특별 행사를 진행한다고 해보자. 그 결과 예산선은 바깥쪽으로 회전한다. 이제 가격 변화 이전의 최적 소비 묶음은 더 이상 최적이 아니다. 소비자는 더 높은 무차별곡선으로 이동할 수 있다. 〈그림 E-5〉는 이러한 영향을 나타낸다. 코디의 무차별곡선은 I_1에서 I_2로 이동한다. 예산선이 변했지만 최적화 과정은 같기 때문에 새로운 예산선에 접하는 무차별곡선을 찾기만 하면 된다.

그림 E-6

가격 하락에 따른 소득효과와 대체효과

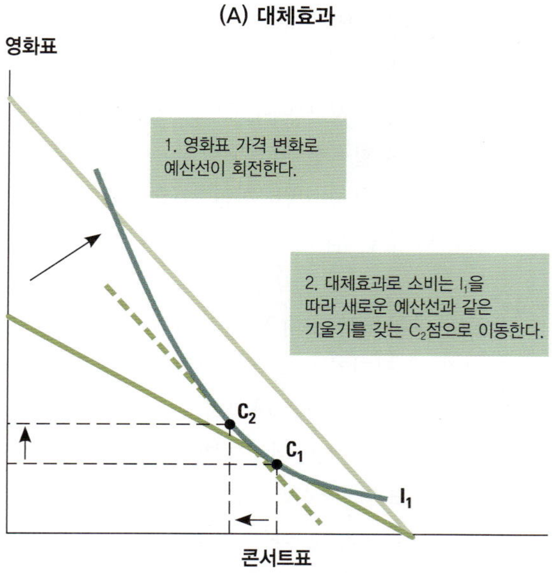

대체효과로 인해 최적 소비점은 '같은' 무차별곡선을 따라 이동하되, 가격이 하락한 재화(영화표)의 소비는 증가하고 다른 재화(콘서트표)의 소비는 하락한다. 만약 대체효과만 작용한다면 소비는 C_2점으로 이동할 것이다. 녹색 점선은 새로운 예산선의 기울기와 같다.

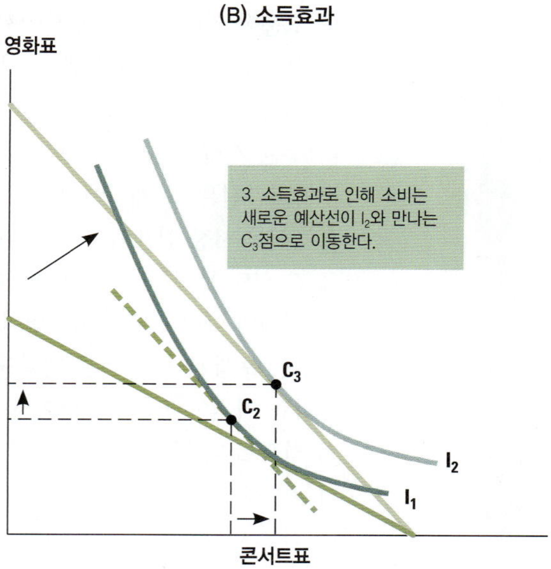

소득효과로 인해 가격이 하락한 재화(영화표)의 소비는 또 증가하지만, 가격 변화가 없었던 재화(콘서트표)의 소비는 대체효과와 반대 방향의 영향을 받는다. 소득효과와 대체효과가 작용한 결과 영화표 소비는 증가한다.

소득효과와 대체효과. '소비자 행위' 부분에서 가격 변화로 인한 소비의 변화는 소득효과와 대체효과 두 부분으로 나누어 생각할 수 있다고 언급했다. 재화의 유형에 따라 가격 변화에 따른 소득효과와 대체효과는 최적 소비 묶음에 다른 영향을 미친다. 정상재의 경우 가격이 상승하면 소득효과가 대체효과에 더해져 덜 소비된다.

무차별곡선을 이용해 가격 변화의 효과를 알아보자. 〈그림 E-6〉은 가격 변화에 대한 전반적인 대응을 무차별곡선과 함께 두 단계로 나타낸다. 한 단계는 대체효과고 또 다른 단계는 소득효과다.

(A)는 첫 번째 단계를 나타낸다. 상대 가격 변화에 따른 소비 변화(대체효과)는 녹색 점선(새로운 예산선과 평행)으로 표시된 가상의 예산선 기울기와 한계대체율이 같은 점까지 기존 무차별곡선을 따라 소비가 이동하는 것으로 나타난다. (B)는 두 번째 단계를 나타내는데, 구매력 증가에 따라 달성 가능하게 된 가장 높은 무차별곡선으로의 소비 이동(소득효과)을 보인다. 이 새로운 소비 묶음은 C_3점으로 나타나고, C_3점은 더 많은 영화표를 포함하고 있다.

무차별곡선은 소득효과와 대체효과를 이해하는 데 도움이 된다. 이전에는 가격 변화에 대한 소비자의 대응을 일반적으로 서술할 수밖에 없었지만, 무차별곡선이 있어 소득효과와 대체효과로 인한 소비의 변화를 정확하게 파악할 수 있다.

무차별곡선을 이용한 수요곡선의 도출

무차별곡선은 또한 경제학에서 가장 기본적인 개념 중 하나인 개인 수요곡선을 이해하는 데에도 도움이 된다. '시장' 부분에서 수요곡선이 소개될 때에는 소비자는 가격에 따라 특정 수량을 소비할 것이라고만 서술했다. 사실 이 숫자들은 무차별곡선에서 도출된다.

무차별곡선은 소비자가 어디에서 가장 큰 효용을 얻는지 보여주고, 소비자는 가장 큰 효용을 주는 재화의 양을 수요할 것이기에 수요곡선이 무차별곡선에서 도출되는 것은 자연스럽다. 무차별곡선은 각 개인에게 고유한 것이므로 여기서 수요곡선이란 '개인' 수요곡선이다. 개인 수요곡선이 시장 전체의 수요를 나타내지는 않는다. 이 점을 염두에 두고 코디의 영화표와 콘서트표 간 선택 문제를 다시 한 번 살펴보자.

원래의 예산 120달러와 영화표 가격 10달러의 상황에서 코디의 최적 소비 묶음에는 영화표가 4장 포함된다. 이것은 영화표 가격이 10달러일 때 코디가 영화표 4장을 수요한다는 뜻이다. 영화표 가격이 5달러로 떨어지면 어떤 일이 생기는가? 예산선이 바깥쪽으로 회전한 결과 코디의 최적 소비 묶음은 영화표 5장을 더 포함한다. 낮아진 가격에서 코디는 영화표 9장을 수요한다. 이 정보면 수요곡선을 그릴 수 있다. 가격이 10달러일 때 4장을 수요하는 것이 수요 계획의 한 점을 나타내고, 가격이 5달러일 때 9장을 수요하는 것이 또 다른 점을 나타낸다. 두 점 사이의 선을 연장해 코디의 수요곡선을 그리는 것이다. 〈그림 E-7〉은 이러한 방법으로 그려진 영화표에 대한 수요곡선을 나타낸다.

그림 E-7

무차별곡선을 이용해 수요곡선 그리기

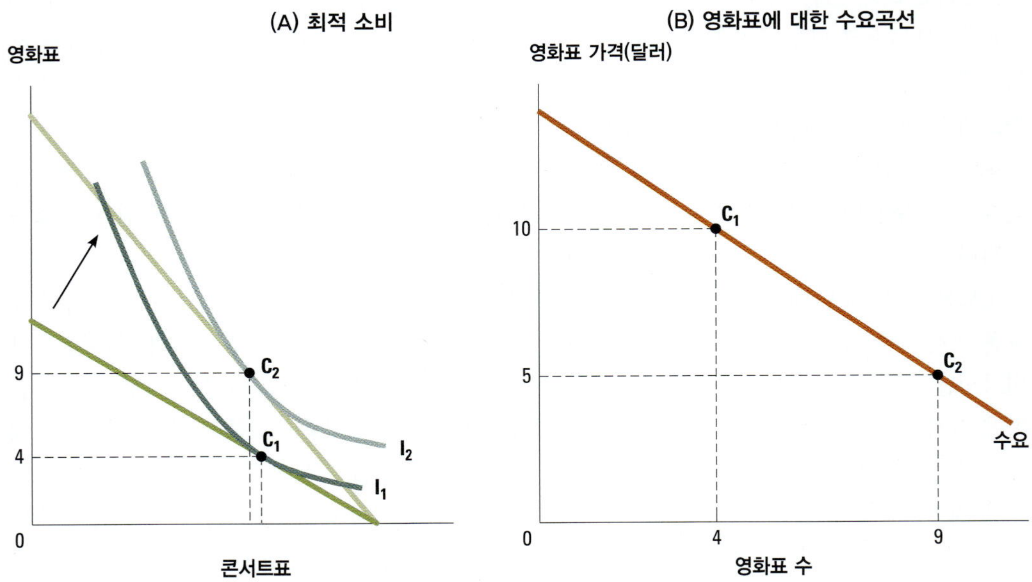

영화표 가격이 10달러에서 5달러로 떨어지면 예산선이 회전해 영화표의 최적 소비량은 4장에서 9장으로 늘어난다.

2개의 최적 소비점으로 영화표에 대한 수요곡선을 그릴 수 있다.

결론

개인이 효용을 극대화한다는 생각은 경제학에서 가장 강력한 개념 중 하나다. 무차별곡선은 처음에는 복잡해 보이지만 효용 극대화 개념을 훨씬 이해하기 쉽게 만들어준다. 수요곡선에서 가격 변화까지, 무차별곡선을 이용해 소비자가 어떻게 구매 결정을 하고 그러한 선택으로 얼마나 만족할지 설명할 수 있다.

주요 용어

무차별곡선 p.230
한계대체율 p.231

요약

LO E.1 한계대체율이 무차별곡선의 모양과 어떤 관련이 있는지 설명하기

무차별곡선은 동일한 수준의 효용을 일으키는 모든 소비조합을 나타내는 곡선이다. 이것이 소비자들이 진정으로 무차별하게 느끼는 모든 대안을 보여주기 때문에 무차별곡선이라 명명되었다.

어떤 점에서든 무차별곡선의 기울기는 소비자가 한 재화를 포기하기 위해 다른 재화를 얼마나 많이 필요로 할지 보여준다. 무차별곡선의 기울기는 소비자가가 두 재화 사이에 교환 또는 대체하고자 하는 비율을 나타낸다. 이를 한계대체율이라 부른다. 한계대체율은 소비자가 해당 소비 묶음의 두 재화로부터 얻는 상대적인 만족을 나타내기 때문에 두 재화의 한계효용의 비율로도 나타낼 수 있다. 또한 한계대체율은 무차별곡선상 특정 점의 기울기의 절대값과도 같다. 기울기는 x축 변수에 한 단위가 변화가 있을 때 y축 변수가 얼마나 변하는지에 대한 비율이다.

LO E.2 무차별곡선의 4가지 특성 이해하기

무차별곡선은 일반적으로 4개의 특성을 갖고 있다. 소비자는 더 높은 무차별곡선을 더 낮은 무차별곡선보다 선호한다. 무차별곡선은 교차하지 않고 보통 우하향하며, 안쪽으로 휘어져 있다.

LO E.3 소비자의 효용이 극대화되는 점에 대해 설명하기

소비자는 예산선이 가장 높은 무차별곡선과 접하는 점에서 효용을 극대화한다. 즉, 효용 극대화점에서 무차별곡선의 기울기가 예산선의 기울기와 같다.

이 점은 또한 다른 두 방법으로도 찾을 수 있다. (1) 예산선 위의 각 소비 묶음에서 얻을 수 있는 효용을 계산해 가장 큰 수치를 보이는 소비 묶음을 찾는다. (2) 소비 묶음 안 재화들의 한계효용이 같은 점을 찾는다.

LO E.4 소득과 가격의 변화가 효용 극대화에 어떤 영향을 미치는지 설명하기

소득이 변하면 예산선이 평행 이동한다. 소득이 증가하면 보통 최적 소비 묶음 재화들의 소비는 증가한다. 소득이 감소하면 반대 결과가 나타난다. 가격이 변하면 예산선이 회전한다. 가격이 감소하면 최적 소비 묶음은 평균적으로 더 많은 재화를 포함하고, 가격이 오르면 더 적은 재화들을 포함한다.

복습문제

1. 무차별곡선이 수직선이면 y축 재화의 수량이 소비자 효용이 영향을 미치는가? **[LO E.1]**
2. 두 친구가 한 달의 여가 계획을 세우고 있다. 한 친구는 영화관에서 일하면서 10장의 무료 영화표를 받고, 다른 한 친구는 콘서트장에서 일하면서 10장의 무료 콘서트표

를 받는다. 첫 번째 사람의 영화와 콘서트 간 한계대체율에 대해 어떤 것을 예측할 수 있는가? 두 번째 사람에 대해서는 어떠한가? 이것이 각 사람의 무차별곡선의 기울기와 어떻게 연관 지을 수 있는가? **[LO E.1]**

3. 여러분의 친구는 초콜릿을 많이 갖고 껌은 조금 갖고 있다. 그런데도 초콜릿을 한 개 더 늘리기 위해 갖고 있는 껌 모두를 포기할 수 있다고 말한다. 친구의 선호는 무차별곡선의 어떤 특성에 위반되는가? **[LO E.2]**
4. 예산선이 무차별곡선과 2개의 다른 점에서 교차하고 있다. 둘 중 어느 것이라도 최적 소비 묶음이 될 수 있는가? 이유를 설명해보자. **[LO E.3]**
5. 댄은 열등재인 땅콩 버터 바른 빵과 정상재인 닭 샐러드 샌드위치를 소비한다. 댄의 월급이 올랐을 때, 닭 샐러드 샌드위치 대비 땅콩 버터 바른 빵 소비 비율은 증가하겠는가, 감소하겠는가? **[LO E.4]**

응용문제

1. 여러분의 조카는 막대사탕과 탱탱공을 좋아한다. 조카의 선호를 나타내는 〈그림 EP-1〉의 무차별곡선을 보고, 무차별곡선이 위에서 언급한 4개의 특성을 따른다고 할 때 소비 묶음 A-D의 효용 순위를 정하라. **[LO E.1]**
2. 〈표 EP-1〉은 MP3와 라테를 소비하는 사람의 구매 가능한 소비 묶음을 나타낸다. **[LO E.2]**
   a. 어느 소비 묶음이 가장 낮은 무차별곡선상에 있나?
   b. 어느 소비 묶음이 가장 높은 무차별곡선상에 있나?

그림 EP-1

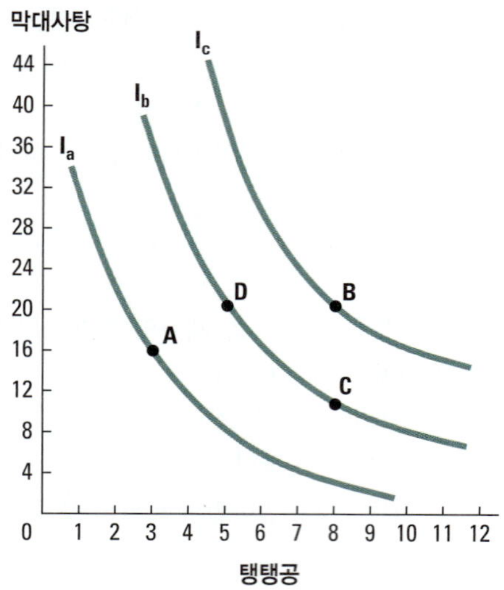

표 EP-1

소비 묶음	MP3 개수	라테 개수	총효용
A	13	8	20
B	3	2	12
C	13	10	23
D	6	3	15
E	9	4	17
F	6	1	12
G	17	9	23
H	4	0	11

3. 다음에 묘사된 선호가 L자 모양, 안쪽으로 휜 모양, 직선의 무차별곡선 중 어떤 것으로 표현될지 결정해보라. **[LO E.2]**
   a. 에드거는 찍어 먹을 소스가 있을 때에만 당근을 먹는다.
   b. 앤드루는 아침식사로 시리얼 먹는 것을 좋아하는데, 쌀로 만든 시리얼이든 옥수수로 만든 시리얼이든 상관없다.
   c. 이즈켈은 도넛과 커피를 같이 먹는 것을 정말 좋아하지만, 각각 먹는 것도 좋아한다.
4. 한 소비자가 가게에서 탄산음료와 스포츠음료를 사고 있다. 각 음료의 가격은 1달러다. 이 사람은 10달러를 쓸 수 있다. 〈표 EP-2〉의 한계효용을 바탕으로 이 소비자의 최

표 EP-2

수량	탄산음료의 한계효용	스포츠음료의 한계효용
1	10	8
2	8	7
3	6	6
4	5	5
5	4	4
6	3	3
7	2	2

적 소비 묶음을 구하라. **[LO E.3]**

5. 한 소비자가 한 개에 4달러인 스테이크와 1파운드에 1달러인 감자를 사고 있다. 이 사람은 40달러를 쓸 수 있다. 〈그림 EP-2〉에 이 소비자의 예산선을 그려라. **[LO E.3]**
6. 효용을 극대화할 때 소득이 증가하는데도 같은 무차별곡선에 머무는 것이 가능한가? 한 재화의 가격이 하락하는 경우에는 어떠한가? **[LO E.4]**
7. 다음 문장에 대한 정오를 판별하라: 소득효과는 소비 묶음이 새로운 예산선에 접하는 또 다른 무차별곡선으로 이동하기 전에 기존 무차별곡선을 따라 움직이면서 나타나는 재화 소비의 변화다. **[LO E.4]**

그림 EP-2

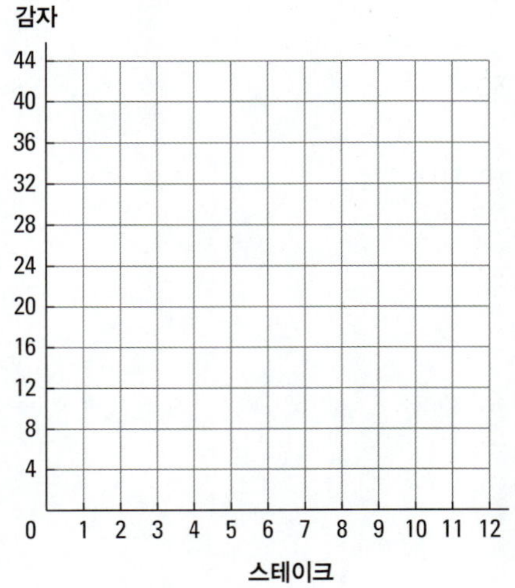

행동경제학

Chapter 8

학습목표

LO 8.1 시간 불일치를 정의하고, 미루는 습관이나 다른 자기 통제의 문제점을 시간 불일치를 이용해 설명하기

LO 8.2 앞으로 무엇을 할 것인지 결정할 때 매몰비용이 왜 고려되어서는 안 되는지 설명하기

LO 8.3 사람들이 종종 평가절하하는 기회비용의 종류를 이해하고 그러한 평가절하가 의사결정을 왜 왜곡하는지 설명하기

LO 8.4 대체 가능을 정의하고, 재무적 의사결정에서 대체 가능이 왜 중요한지 설명하기

20달러가 정확히 20달러가 아닐 때?

다음과 같은 상황을 가정해보자. 여러분은 아침에 오늘 저녁 공연하는 콘서트표를 샀다. 표의 가격은 20달러다. 콘서트장에 도착해 표를 꺼내려는데, 표가 없다! 오는 길에 어디에서인가 떨어뜨린 모양이다. 짜증이 밀려온다. 콘서트장 입구에서 20달러에 표를 다시 살 수는 있다. 여러분은 어떻게 할 것인가?

1번: 그럴 수도 있지. 한 장 더 사야겠군.
2번: 이 콘서트에 40달러나 쓰는 건 말도 안 돼. 다른 걸 해야겠어.

여러분이 2번처럼 반응했다면 다른 많은 사람들도 그렇다라는 것을 알기 바란다. 비슷한 상황에 대한 실험 연구에서 46%의 사람들이 다른 것을 하겠다고 응답했다. 그러나 54%의 사람들은 짜증을 가라앉히고 다시 그 콘서트표를 사겠다고 대답했다.

이제 조금 다른 상황을 그려보자. 여러분은 현장에서 콘서트표를 사기로 하고 콘서트장에 도착했다. 표를 사려고 지갑을 꺼냈는데, 이게 어찌된 일인가? 분명히 아침에 봤을 때 지갑에 10달러짜리가 10장 있었는데, 지금 보니 8장밖에 없다. 영문을 알 수는 없지만, 짜증이 밀려온다. 어떻게 할 것인가?

1번: 그럴 수도 있지. 어쨌든 표는 사야지.
2번: 아이고, 콘서트는 잊어버리자.

이번에는 12%의 사람들만이 콘서트 볼 계획을 포기하겠다며 2번이라고 응답했다. 88%의 사람이 여전히 콘서트를 보겠다고 답한 것이다.

여러분은 두 상황이 '완전히 같다'는 것을 눈치챘을 것이다. 두 경우 모두 여러분이 보고 싶었던 콘서트 현장에 도착했고, 그 콘서트는 여러분에게 20달러의 가치가 있으며, 생각보다 20달러만큼 재산이 줄어들었다는 것을 알게 된 상황이다.

현금이 매우 부족한 처지라면 두 상황 중 어떠한 경우라도 콘서트를 포기할 것이다. 그러나 현금이 부족한 처지가 아니라면 콘서트를 포기하는 것은 두 상황 모두에서 말이 되지 않는다. 객관적으로 볼 때, 20달러를 잃어버렸다는 사실은 20달러를 콘서트표로 바꾸기 전이나 바꾼 후에나 다를 것이 없기 때문이다. 그러나 감정적으로는 차이가 있는 모양이다(두 상황 모두에서 여러분이 콘서트표를 산다고 해도 표를 잃어버리고 나서 사는 것이 조금 더 짜증나지 않겠는가). 상대적으로 소수지만, 적지 않은 사람들이 이러한 감정적 차이 때문에 표를 잃어버렸을 때에는 콘서트를 포기하면서 돈을 잃어버렸을 때에는 포기하지 않았다.

이는 합리적인 행동이라고 볼 수 없다. 겉보기에 불합리한 행동은 이외에도 많다.

- 살을 빼겠다고 하면서 달콤한 디저트를 주문한다.
- 현금을 쓸 때보다 신용카드를 사용할 때 돈을 더 많이 쓴다.
- 전혀 재미가 없는데도 영화를 고집스럽게 끝까지 본다.

경제학에서 정의한 합리적인 인간이라면 이렇게 행동할 리가 없는데, 실제로는 많은 사람들이 그러고 있다. 하지만 지금까지 이 책에서는 사람들이 효용을 극대화하기 위해 합리적으로 행동한다고 가정하지 않았던가? 그렇다면 무엇이 잘못된 것일까?

사람이 합리적인 효용 극대자라는 가정은 쉬운 개념이 아니다. 이 가정은 많은 경우 유용할 만큼은 맞지만, 항상 맞는 것은 아니다. 사실 합리적 효용 극대자라는 가정에서 벗어나는 예외적 경우가 어느 정도로 중요한지는 경제학에서 현재 열렬히 논쟁 중인 문제다. 지난 몇십 년 동안 경제학은 심리학과 생물학으로부터 사람들이 경제적 생각을 행동으로 옮기는 일상의 결정을 실제로 어떻게 내리는지 배워왔다. 그 결과 의사결정에 관한 경제학의 모형을 확장하는 이론과 이를 아우르는 경제학의 학문 분야가 탄생했고, 그 분야가 바로 이 장의 주제인 '행동경제학'이다.

'행동경제학'은 단순히 사람들의 의사결정 과정에 대한 학문적 지식만 축적하는 것이 아니다. 행동경제학의 내용은 저축을 더 한다든지, 더 건강해진다든지, 기부를 더 많이 한다든지 같은 사람들이 바라는 것을 실천할 수 있도록 돕는 실용적이고 활용하기 쉬운 수단을 개발하는 것을 포함한다. 사실 여러분은 인식하지도 못하는 사이에 이미 그러한 수단들을 이용하고 있을지도 모른다.

행동경제학 개인의 의사결정 모형을 심리학적 통찰을 이용해 확장하는 경제학의 분야

즉 **'행동경제학'**은 개인의 의사결정 모형을 심리학적 통찰을 이용해 확장하는 경제학의 분야다. 행동경제학은 매우 광범위하지만, 이 장에서는 3가지 흥미로운 응용 사례, 시간 불일치, 비용에 대한 비합리적 사고, 돈의 대체 가능성 망각 등을 다루기로 한다.

유혹과 미루는 습관

여러분은 행동경제학자들이 흥미로워할 문제들의 예를 7장에서 이미 접했다. 토요일 아침에 일어나 하루를 유용하고도 생산적으로 보내는 문제 말이다. 운동을 할까, 청소를 할까, 아니면 공

부를 할까 고민했는데, 토요일 저녁이 되고 보니 여러분은 여전히 잠옷바람으로 드라마 재방송을 보고 있는 것이다. 어떻게 이런 일이 있을 수 있을까?

7장에서 봤듯이, 이러한 흔한 현상을 설명할 수 있는 한 가지 방법은 '**현시 선호**'다. 즉, 여러분이 '무엇을 하고 싶다고 생각'한 것에 관계없이 '진짜 하고 싶었던 것'은 TV 보기라고 여러분의 행동이 드러낸다는 설명이다. 이러한 현상을 설명하는 또 다른 방법은 여러분이 단순히 합리적으로 행동하지 않았다는 점이다.

하지만 둘 중 어떤 설명도 썩 만족스럽지는 않다. 많은 사람들이 어떤 것을 원하면서도 끊임없이 다른 것을 하는 자신을 발견하는 내적 갈등을 겪은 경험이 있을 것이다. 공부를 하고 싶은데 게임을 한다든지, 다이어트를 하고 싶은데 달콤한 디저트를 먹는다든지, 저축을 하고 싶은데 돈을 쓰기만 한다든지 하는 등 예는 무수히 많다. 현시 선호 차원에서 사람의 행동은 그 사람의 진정한 선호를 드러낸다고 본다면 스스로를 판단한 바와 어긋나게 된다. 반면 그러한 갈등은 사람이 비합리적이기 때문이라고 해버리면 설명을 포기하는 것 같고 더 나아가 사람들의 결정을 예측할 능력이 전혀 없다는 뜻이 되어버린다.

여기 제3의 방법이 있다. 기존의 모형을 조금 개선해 미루는 습관이나 유혹과 어떻게 싸우는지 더 정확하게 예측할 수 있도록 하는 것이다. 시간 불일치나 자신과의 경쟁, 맹세 등을 모형의 개선에 이용할 수 있다.

시간 불일치, 자신과의 경쟁, 맹약

LO 8.1 시간 불일치를 정의하고, 미루는 습관이나 다른 자기 통제의 문제점을 시간 불일치를 이용해 설명하기

사람이 유혹에 굴복하는 이유를 설명하는 한 가지 방법은 사람들이 2가지의 일관되지 않은 선호 집합을 갖고 있다는 것이다.

- 선호의 한 집합은 우리가 미래에 무엇을 '**원하고 싶어 할지**'에 관한 것이다. 즉, 시험에 대비해 충분히 공부한다든지, 체중을 줄인다든지, 저축을 충분히 한다든지 등이 그러하다.
- 선호의 다른 한 집합은 그 미래가 다가왔을 때 우리가 무엇을 '**원할지**'에 관한 것이다. 게임을 한다든지, 달콤한 디저트를 먹는다든지, 쇼핑을 한다든지 등이 그러하다.

행동경제학자들은 사람들이 오직 결정의 시점이 다르기 때문에 무엇을 원하는지에 대한 마음을 바꿀 때 '**시간 불일치**'라는 용어를 사용한다.

시간 불일치 오직 결정의 시점이 다름으로 인해 무엇을 원하는지에 대한 마음을 바꾸는 상황

시간 불일치에 대한 전형적인 사례를 들어보자. 어떤 연구자들이 지금 진행되고 있는 연구에 참여해준 것에 감사하는 뜻으로 여러분에게 간식을 대접하려고 한다. 그리고 다음 주 연구 활동이 끝나고 여러분이 사과를 먹을지 초콜릿 케이크를 먹을지 묻는다. 연구자들이 이렇게 질문하면 대부분의 사람들은 사과를 고른다고 한다. 그러나 막상 다음 주가 되어 연구자들이 여전히 사과를 먹을지 물어보면 대부분 초콜릿 케이크로 바꾼다. 시간에 일관된 선호를 갖는 사람이라면 간식을 먹기 한참 전에 질문을 받든, 간식을 먹는 시점에서 질문을 받든 같은 간식을 택할 것이다. 만약 다음 주에 사과가 먹고 싶을 것이라고 말하고, 간식을 당장 먹을 시점에서 초콜릿 케이크로 바꾼다면 우리는 '**시간 불일치**'를 보이는 것이다.

행동경제학은 시간 불일치와 자신을 통제하는 전략에 대한 직관을 줄 수 있다.

CALVIN AND HOBBES © 1990 Watterson. Dist. By UNIVERSAL UCLICK. Reprinted with permission. All rights reserved.

시간 불일치는 미루는 습관이나 자기 통제의 부족을 설명하는 데 도움이 된다. 이는 마치 우리의 생각 안에 2명의 자아가 존재하는 것과 같다. 해야 할 일을 완료하고 건강하게 음식을 섭취하는 등 앞날에 대한 명확한 시야를 갖는 '미래지향적 자아'와, 지금 이곳에서 맞닥뜨린 유혹에 후퇴해버리는 '현재 지향적 자아' 말이다. 물론 만화에 나오는 호랑이 '홉스'가 '캘빈'에게 얘기하는 것처럼 '문제는 미래가 계속해서 현재로 바뀌는 것'이다. 아무리 여러분의 미래지향적 자아가 현명한 결정을 내린다고 해도 미래가 현재가 되면 현재 지향적 자아가 행동을 결정하게 된다. 연구자들이 그 다음 주 연구 활동을 마치고 "여러분을 위해 사과를 준비했지만 여러분이 원한다면 초콜릿 케이크를 드실 수도 있어요"라고 말한다면, 현재 지향적 자아는 결정권을 갖고 케이크로 돌아선다.

이처럼 시간 불일치를 두 자아의 싸움으로 생각할 수도 있다. 달리 말하면 각기 다른 시점에 일관되지 않은 결정을 보이는 사람은 비합리적이지도, 합리적이지도 않다. 그보다는 미래지향적 자아와 현재 지향적 자아가 각각의 목적을 합리적으로 추구하고 있다고 볼 수 있다.

시간 불일치의 문제를 인지하는 사람들은 유혹을 제거하기 위한 방법을 모색한다. 밤에 감자칩을 너무 많이 먹는다면, 가게에 갔을 때 감자칩을 사지 않으면 된다. 인터넷 이용에 너무 많은 시간을 쓰고 있다면, 특정 웹사이트를 이용하는 데 시간 제한을 걸 수 있는 소프트웨어를 이용할 수 있다. 물론 어떤 방법도 완벽하지는 않다. 밤늦게라도 가게에 달려갈 수 있고, 시간 제한 소프트웨어를 제거할 수도 있기 때문이다. 그러나 이러한 수단은 의지 박약 현재 지향적 자아에 약간의 걸림돌은 될 것이다. 간단하지만 나쁜 행동에 더 많은 대가를 치르게 하는 방법이다. 즉, 우리 자신이 나쁜 행동을 덜 소비하도록 하기 위해 경제학과 수요의 법칙(가격이 올라가면 수요량은 감소한다!)을 이용하는 것이다.

미래지향적 자아와 현재 지향적 자아 간 역학 관계를 이용해 시간 불일치의 문제를 완화한 예를 사례를 통해 알아보기의 '내일 더 내세요'에서 확인해보자.

사례를 통해 알아보기

내일 더 내세요

여러분은 자원봉사를 한다든지, 기부를 한다든지 좋은 일을 하고 싶은데 자꾸 미룬 경험이 있는가? 이는 여러분만의 문제가 아니다. 자선단체들은 정말 선한 지지자들조차도 송금하는 것을 잊어버릴 수 있다는 것을 알고 있다. 그 때문에 많은 자선단체들은 매달 기부금이 자동 인출되도록 하기를 권한다.

이것을 시간 불일치의 예로 볼 수 있다. 여러분의 미래지향적 자아는 자선단체에 정기적으로 기부하고 싶지만, 현재 지향적 자아는 실천을 못한다. 기부금 자동 인출 신청은 미래지향적 자아를 위한 좋은 전략이 된다. 현재 지향적 자아가 언제든 자동 인출을 취소할 수 있지만 보통은 너무 게을러서 하기 어려울 것이다. 평균적으로 자동 인출을 통한 기부가 부정기적 기부보다 많은 것은 당연한 결과다.

스웨덴의 경제학자 안나 브레만(Anna Breman)과 자선단체인 디아코니아(Diakonia)는 최근 공동 연구를 통해 한 단계 더 나아간 기부 방식의 실험을 시행했다. 자선단체는 기존의 정기적 기부자들이 더 많이 기부하기를 당연히 원한다. 만약 자선단체들이 기부자들에게 '미래에' 기부금을 늘리겠느냐고 묻는다면 지금 증액하도록 요청하는 것과 다른 결과를 가져올까? 브레만과 디아코니아는 1,000명의 정기 기부자들을 두 집단으로 나누어, 첫 번째 집단은 당장 기부금을 증액해도 되겠느냐고 묻고 두 번째 집단은 2개월 후부터 기부금이 증액되도록 해도 되겠느냐고 물었다.

결과는 두 번째 집단이 첫 번째 집단보다 3분의 1 더 기부금을 증액하는 것으로 나타났다. 이는 개인 기부금에 의존하는 자선단체로서는 상당한 차이다. 디아코니아의 기부자들은 오늘은 케이크를 달라고 하고 다음 주에는 사과를 부탁하는 사람들처럼 지금 당장보다는 2개월 후에 더 많은 돈을 낼 용의가 있었던 것이다.

물론 기부자의 현재 지향적 자아는 언제든지 기부금 증액을 취소할 수 있다. 그러나 관성의 힘이란 강력한 것이다. 정기적 기부자들은 평균적으로 7년간 약정 금액을 지속적으로 기부하는 경향이 있다. 그렇다면 단순히 더 기부해달라고 부탁하는 대신 모금 전략을 개선해 내일 더 내달라고 부탁하는 것이 나을 것이다.

Source: Anna Breman, "Give more tomorrow," 2006, http://econpapers.repec.org/article/eeepubeco/v_3a95_3ay_3a2011_3ai_3a11_3ap_3a1349-1357.htm.

맹약수단 자발적으로 추후의 선택을 제약함으로써 미래에 더 나은 결정을 내릴 수 있도록 하는 전략이나 방법

미래지향적 자아와 현재 지향적 자아가 경쟁해서 발생하는 문제는 **'맹약수단'**이란 것을 이용하면 경감할 수 있다. 맹약수단이란 자발적으로 추후의 선택을 제약함으로써 미래에 더 나은 결정을 내릴 수 있도록 하는 전략이나 방법을 말한다. 맹약수단의 고전적인 사례는 고대 그리스의 서사시인 '오딧세이'에 등장한다. 주인공 오디세우스와 선원들이 탄 배가 사이렌이라는 바다 요정들이 많은 해역을 지나게 되어 있는데, 사이렌은 아름다운 노래로 선원들을 홀려 바다로 뛰어

들게 만드는 마법을 가진 것으로 알려져 있었다. 오디세우스는 사이렌의 노래를 들어보고 싶었지만 그의 미래지향적 자아는 그 노래를 듣는 시점의 현재 지향적 자아를 신뢰할 수 없었다. 그래서 오디세우스는 사이렌의 바다에 접어들기 전에 선원들에게 명령해 그를 돛대에 묶도록 했다. 즉, 오디세우스는 그의 현재 지향적 자아가 노래는 듣되 바다에 뛰어들지는 않게끔, 말 그대로 속박되는 맹약수단을 만든 것이다.

좀 더 일상적인 맹약수단의 사례로는 임의의 마감일 설정을 들 수 있다. 한 경영전문대학원의 교수가 학생들을 대상으로 실험을 한 적이 있다. 교수는 학생들에게 학기 중 숙제가 3번 있는데 숙제 제출 마감일은 각자 알아서 정할 수 있다고 했다. 마감일을 지키지 못하면 학점이 깎인다고도 했다. 그러자 학기 마지막 날을 마감일로 정해도 아무 불이익이 없었음에도 대부분의 학생들이 마감일을 학기 중에 같은 간격으로 배정했다. 즉, 학생들은 그들의 현재 지향적 자아는 숙제를 끝까지 꾸물거리고 미루다가 다 못할 수도 있다고 인식하고, 골고루 분포된 임의의 마감일을 설정하는 맹약수단을 이용해 한 학기 내내 숙제를 미루지 않을 수 있도록 유인을 만든 것이다.

맹약수단의 또 다른 예는 사례를 통해 알아보기의 '스스로 만드는 계약'에서 찾을 수 있다.

사례를 통해 알아보기

스스로 만드는 계약

여러분의 현재 지향적 자아와 미래지향적 자아의 싸움에서 맹약전략이 항상 먹히는 것은 아니다. 만약 식당에서 달콤한 디저트를 주문하면 팔굽혀펴기를 100회 해서 스스로를 벌주겠다고 '맹약'할 수는 있다. 하지만 정말 그렇게 하겠는가? 식당에서 집에 돌아올 즈음이면 현재 지향적 자아는 지휘권을 찾게 되고 그런 벌칙이 의미 없다고 정해버릴 수 있다. 여러분도 오디세우스처럼 스스로를 속박할 무엇인가가 필요하다.

(이 책 저자 중 한 명이 설립하고 부분적으로 소유하고 있는) stickK.com이란 웹사이트가 한 가지 방법이 될 수 있다. 여러분은 이 사이트에서 측정 가능한 목표를 설정할 수 있다. 예컨대, 12월 1일까지 특정 몸무게 이하에 도달하겠다고 정한다. 그리고 믿을 만한 친구를 심판으로 지정한다. 그 친구는 여러분을 다독이기만 하는 사람이 아니라 여러분이 목표에 도달하지 못하면 책망할 수 있는 부류여야 한다. 다음 단계에서는 목표에 도달하지 못했을 때 돈을 얼마 내놓을지 정하고 신용카드 번호를 입력해 여차해도 빠져나오지 못하게 설정한다.

이 웹사이트는 마지막 단계에 추가적 재미가 숨어 있다. 여러분이 결코 기부하고 싶지 않은 단체를 지정하는 것이다. 목표를 달성하지 못하면 stickK는 여러분의 신용카드에서 돈을 빼내 여러분이 싫어하는 단체에 줘버린다.

금연이나 체중 감량같이 흔한 목표도 있지만, stickK에서는 여러 가지 창의적인 목표도 제안하고 있다.

- 뉴욕에서는 외국인에게 더 천천히 말하기
- 더 이상 연애 폐인이 되지 않기(가장 친한 친구를 정해 '폐인' 여부를 판단할 수 있게 한다)
- 외출할 때 전등이나 에어컨을 꺼서 에너지 절약하기
- 공부 더 하기

- 공부 덜 하기
- 2개월 동안 머리카락 자르지 않기

이 글을 쓰고 있는 시점에서 14만 명이 넘는 사람들이 이러한 계약을 맺어 약 930만 달러 이상의 기부금이 모금되었다.

Source: www.stickK.com

✓ 개념 확인하기

❒ 미루는 습관을 어떻게 시간 불일치로 설명할 수 있는가? **[LO 8.1]**

❒ 맹약전략이란 무엇이며, 이것이 어떻게 시간 불일치 문제를 극복하게 하는가?**[LO 8.1]**

비용에 대한 비합리적인 생각

사람들이 결정을 내리기 위해 어떻게 비용과 편익을 비교하는지에 대해 1장에서 논의한 바 있다. 어떤 것을 하는 편익이 그 기회비용보다 크다면 합리적인 사람은 그것을 할 것이라 가정한다. 만약 어떤 것을 하는 편익이 기회비용보다 작다면 합리적인 사람은 그것을 선택하지 않을 것이다. 그러나 현실에서 비용과 편익을 항상 합리적으로 비교하지는 않는다. 이 절에서는 사람들이 비용을 고려할 때 흔히 범하는 2가지 실수에 대해 논의하겠다. 그 2가지 실수는 매몰비용을 무시하지 못하는 것과 기회비용을 과소평가하는 것이다.

이러한 실수는 심리학자들이 **'인지편향'**이라 부르는 것 때문에 발생한다. 인지편향이란 지속적으로 잘못된 결정을 유발하는 행동에서 드러나는 체계적 양식이다. 인지편향은 행동경제학에서 자주 등장한다. 따라서 여러분이 다음 서술하는 덫에 빠지는 사람이라면 너무 자책할 필요 없다. 사람의 두뇌는 특정 상황에서는 합리적으로 생각하기 쉽지 않도록 형성되어 있는 것 같기 때문이다.

매몰비용의 오류

LO 8.2 앞으로 무엇을 할 것인지 결정할 때 매몰비용이 왜 고려되어서는 안 되는지 설명하기

영화가 정말 재미없는데도 영화표 값을 '낭비'하기 싫어 끝까지 본 경험이 있는가? 영화표 값을 낭비하기 싫어서라는 논리는 그럴 듯하지만 결함이 있다. 이는 경제학자들이 **'매몰비용 오류'**라고 부르는 것의 사례다. **매몰비용**이란 이미 지불되어 회수할 수 없는 비용을 뜻한다. 이미 상영이 시작된 영화의 표 값은 매몰비용이다. 기회비용과 편익을 비교할 때 매몰비용을 고려하는 것은 논리에 맞지 않지만, 사람들은 매몰비용의 손실을 인정하고 받아들이기 어려워 의사결정에 매몰비용을 포함해 고려하는 경우가 많다.

매몰비용 지불되면 회수할 수 없는 비용

의사결정에 매몰비용을 고려하는 것이 왜 오류인지 이해하기 위해 다음의 선택 상황을 생각해보자. 지금부터 90분의 시간이 있는데, 여러분이라면 공짜인데 정말 재미없는 영화를 보겠는가, 아니면 다른 것을 하겠는가? 아마 다른 것을 하고 싶을 것이다. 커피를 마시면서 친구와 어울리든가, 차라리 돈 주고 재미있는 영화를 보는 편이 나을 것이다. 아무리 공짜라도 재미없는

일단 여러분이 영화를 보기 시작하면 영화가 좋든 나쁘든 영화표에 쓴 돈은 매몰비용이 된다.

Source: image100/Alamy

영화에 시간을 쓰는 것은 아깝다. 그런데 여러분은 영화가 시작하자마자 재미없을 것이라는 것을 감지했는데 이미 영화표 값은 지불한 상황에 처해 있다. 영화표 값은 이미 날아갔다. 그리고 영화의 나머지 부분을 보기 위해 돈을 추가로 지불해야 하는 것도 아니다.

그렇다면 도대체 왜 많은 사람들이 고집스럽게 앉아 영화를 끝까지 보는 것일까? 사람들이 매몰비용을 비합리적으로 계산에 넣기 때문이다. 영화가 재미없어서 보는 데에 아무런 즐거움을 얻지 못하기 때문에 영화표 값은 '이미' 낭비되었다고 깨닫는 대신, 영화 보기를 그만두고 '나갈 때에만' 영화표 값이 낭비되는 것이라고 생각하는 경향이 있다.

이 장 첫머리의 사례도 비슷한 심리적 약점으로 설명할 수 있다. 많은 사람들이 잃어버린 표를 대체하는 표를 또 '살 때에만' 잃어버린 표 값이 낭비되었다고 느끼는 모양이다. 합리적인 사람이라면 잃어버린 표 값은 이미 낭비되었으므로 앞으로 어떻게 할지 결정하는 계산에서 무시할 것이다. 이제 중요한 것은 콘서트표 20달러라는 '미래'의 비용이 콘서트를 즐기는 '미래'의 편익보다 클 것인가 하는 점이다. 이러한 상황은 표를 잃어버렸을 때나 20달러를 잃어버렸을 때나 완벽하게 같다.

비싼 수리비가 계속 들어가는 오래된 차에 집착하는 것도 매몰비용 오류에 해당될 수 있다. 차를 수리하기 위해 이미 1000달러를 썼는데, 바로 그 다음 달에 브레이크가 고장 나서 2000달러가 또 들어가야 하는 상황이다. 아무래도 중고차로 파는 가격보다 수리비가 더 들 것 같다. 만약 미래 비용과 미래 편익만 고려한다면 차를 팔고 다른 차를 사는 것이 맞다. 하지만 많은 사람들이 차를 팔면 지난달 쓴 1000달러를 '낭비'하게 된다고 느낀다.

매몰비용 오류는 돈에만 적용되는 것이 아니다. 관계가 나빠졌는데도 여자친구나 남자친구와 헤어지지 못했던 경험이 있는가? 그동안 쏟아부은 시간과 노력이 '낭비'되는 것이 싫어서 말이다.

기회비용의 과소평가

LO 8.3 사람들이 종종 평가절하하는 기회비용의 종류를 이해하고 그러한 평가절하가 의사결정을 왜 왜곡하는지 설명하기

어떤 기회를 선택한다는 것은 다른 기회의 이득을 선택하지 않는다는 것을 의미한다. 모든 것에는 기회비용이 따른다. 어떤 때에는 기회비용이 명확하다. 여러분이 식당에서 가격이 비슷한 두 요리 중 한 가지를 선택한다면, 그 요리 선택의 기회비용은 명백하게 다른 요리를 먹었다면 느꼈을 즐거움이 된다.

그러나 기회비용이 분명하지 않은 경우도 많다. 어떤 선택에 대한 편익은 눈앞에 분명하게 보일 때가 많다. 예를 들어 옷 가게에서 입어보는 100달러짜리 재킷의 편익은 꽤나 명확하다. 이

와 달리 기회비용은 시각화하기가 쉽지 않다. 그 100달러로 달리 무엇을 할 수 있을까? 열심히 생각한다면 더 좋아하는 대안을 생각해낼 수도 있을 것이다. 하지만 그런 대안들은 추상적이고 멀리 있는 데 반해 눈앞의 재킷은 구체적이고 즉각적이다. 그 결과 여러분은 그 재킷으로부터의 편익은 과대평가하고 기회비용은 과소평가할 수 있다.

특히 사람들은 기회비용이 시간과 같이 금전적인 것이 아닐 때 과소평가하는 경향이 강하다. 재미없는 영화를 끝까지 보고 앉아 있을 때, 사람들은 단순히 매몰비용 오류에만 빠지는 것이 아니라 그들이 쓰고 있는 시간의 기회비용을 인식하지 못하는 것이다. 즉, 회수할 수 없는 금전적 비용(영화표 값)에 가치를 부여하는 실수를 범할 뿐만 아니라 비금전적 기회비용(시간)을 고려하지 못하는 오류를 범한다. 재미없는 영화를 끝까지 보는 것은 그 시간에 다른 것을 했더라면 얻을 수 있었던 효용을 잃는 것이기 때문이다.

종종 간과되는 비금전적 기회비용의 또 다른 사례로는 '**소유의 암묵적 비용**'이 있다. 소유의 암묵적 비용이란 사람들이 일단 소유한 것에 더 가치를 두는 경향이 있는 인지편향을 일컫는 말이다. 여러분이 소유한 모든 것은 언제든 팔 수 있기 때문에 기회비용을 갖고 있다. 어떤 물건을 계속 소유하면 그 물건에 대해 누군가 지불할 용의가 있는 금액만큼의 기회비용이 발생하는 셈이다. 만약 여러분에게 더 이상 사용하지 않는 자전거가 있는데, 그 자전거를 온라인 장터에 팔면 200달러는 받을 수 있다고 하자. 만약 그 자전거가 여러분이 소유한 것이 아니라면 200달러를 내고 사고자 하지 않을 것이다. 그렇다면 어째서 자전거를 계속 갖고 있는가? 여러분은 자전거를 계속 갖고 있기 위해 사실상 200달러를 '지불'하고 있는 것이나 다름없다. 만약 여러분이 기회비용에 대해 명확하게 생각한다면 아마 팔려고 할 것이다.

또 다른 예로 만약 여러분이 경품으로 한 농구 경기의 제일 좋은 좌석표를 받았는데, 그 표를 팔면 400달러를 받을 수 있다고 하자. 여러분은 그 좌석표를 경품으로 받은 것이 아니라면 결코 400달러씩이나 주고 살 리 없지만, 그럼에도 팔지 않고 직접 경기를 보러 가겠다고 선택할 가능성이 있다. 지갑에서 돈을 직접 꺼낸 순간은 기억하기 쉽지만, 지갑에 돈을 더할 기회를 버린 것도 돈을 쓴 것이나 다름없다는 것을 생각하기는 훨씬 어려운 듯하다.

노련한 투자가들조차도 소유의 암묵적 비용을 간과할 때가 많다. 그들이 이미 보유하고 있지 않다면 절대로 매수할 것 같지 않는 주식을 고집스럽게 들고 있을 때가 많으니 말이다.

✓ 개념 확인하기

- ❒ 매몰비용이란 무엇인가? 왜 매몰비용은 의사결정에서 기회비용에 포함되지 않는가? **[LO 8.2]**
- ❒ 소유의 암묵적 비용이란 무엇인가? **[LO 8.3]**

대체 가능의 망각

LO 8.4 대체 가능을 정의하고, 재무적 의사결정에서 대체 가능이 왜 중요한지 설명하기

어떤 것이 '**대체 가능**'하면, 그것은 쉽게 교환되거나 교체될 수 있다는 뜻이다. 많은 상품이 대체 가능하다. 구리 1톤은 다른 구리 1톤과 교환될 수 있고, 원유 1배럴은 다른 원유 1배럴과 교환될 수 있다. 대체 가능의 가장 깔끔한 사례는 돈이다. 선물로 받았든, 길에서 주웠든, 일해서 벌

대체 가능 쉽게 교환되거나 교체될 수 있음

었든 1달러는 1달러다. 또한 1달러가 지갑에 있든, 동전 모아놓은 통에 10센트짜리 10개로 있든, 은행 계좌를 확인할 때 컴퓨터 화면상으로 보든 1달러는 1달러다. 즉, 이 모든 상황에서의 1달러는 1달러고, 따라서 돈은 대체 가능하다.

너무 분명한 것을 말하는 것 같지만, 사실은 그렇지 않다. 많은 사람들이 돈이 대체 가능하다는 것을 잊고는 다소 종종 이상하고 비합리적인 결정을 내리기 때문이다.

돈에 대한 정신적 범주 만들기

돈에 대한 정신적 범주를 만드는 것은 때때로 자기 훈육을 위해 유용하다. 예를 들어, 여러분이 휴가를 위해 저축을 하고자 한다면 별도의 은행 계좌를 열고 저금을 시작하려고 할 수 있다. 스스로에게 이 계좌의 돈은 '휴가용'이라고 약속함으로써 일상적인 지출을 위해 이 계좌를 건드릴 유혹을 줄이는 것이다. 어떤 사람들은 봉투나 단지에 물리적으로 '월세'나 '식료품'이라고 써서 붙이기도 한다. 물론 월세 봉투에 있는 돈은 월세 내기 하루 전날 밤 놀러 나가는 데에 쉽게 쓰일 수도 있다. 하지만 여러분이 그 점을 '망각'한다면 살던 집에서 쫓겨날 위험에서 벗어날 수 있다. 이처럼 돈을 정신적 범주로 갈라놓는 것이 지출을 관리하고 예산을 초과하지 않는 데 도움이 된다.

하지만 어떤 경우에는 이렇게 돈에 정신적 범주를 두는 것이 이롭지 않다. 어떤 사람이 부업으로 번 돈 5000달러를 가지고 있으면서 신용카드 빚을 2000달러 유지하고 있다고 하자. 이 사람은 정신적으로 이 빚에 대한 이자를 정기적인 '지출'로 분류하고 매달 지불하면서 저축은 깨고 싶지 않을 수 있다. 하지만 통상적으로 그렇듯이 신용카드 대출의 이자율이 저축 계좌의 이자율보다 높다면 저축을 줄여 카드 빚을 갚는 것이 낫다. 저축을 3000달러로 낮추고 신용카드 빚을 다 갚으면 이자로 내던 돈을 아낄 수 있기 때문이다. 그 사람은 아낀 돈을 저축에 보탤 수도 있고, 맛있는 것을 사 먹든지 책이나 노래를 사든지 원하는 대로 쓸 수 있다. 그런데도 많은 사람들이 저축으로 빚을 갚지 않는다. 장기적으로 그러한 결정이 본인들을 더 가난하게 만드는데도 말이다.

한 신용카드 회사는 아예 이용자들이 대출을 분류할 수 있도록 했다. 이는 이용자들에게 좋을 수도, 좋지 않을 수도 있다.

어떻게 생각하십니까?

신용카드 범주: 더 현실적인가, 더 헷갈리는가?

미국의 체이스 은행은 2009년 블루프린트(Blueprint)라는 새로운 신용카드 상품을 출시했다. 이 상품은 행동재무학을 전공한 경제학자의 도움을 받아 설계되었는데, 이 카드의 이용자들은 지출 내역을 분류해 어떤 범주의 지출을 즉각 지불하고 어떤 범주의 지출은 빚으로 넘길 것인지 결정할 수 있다. 또한 이용자는 즉각 지불하지 않는 범주의 지출에 대해서는 상환 계획을 짤 수도 있다.

블루프린트에 대한 일련의 TV 광고에서는 사람들이 식료품이나 휘발유, 월세 같은 정기적인 지출은 즉각 지불하는 반면, 약혼반지같이 일생에 한 번 있을 지출에 대해서는 특별한 상환 계획을 짜는 모습을 보여준다. 이러한 광고들은 많은 사람들이 어쩌다 한 번 있는 큰 지출에 대해서는 이자를 내가면서 빚을 지는 것에 큰 거부감이 없지만 일상적 지출 때문에 빚을 지는 것은 불편하게 생각한다는 일반적인 직관과 맞아떨어진다. 체이스 은행의 블루프린트는 사람들이 돈에 대해 갖는 사고방식에 바탕을 두고 있다. 즉, 마치 별도의 봉투를 만들어 '월세'를 따로 챙겨두듯이 이용자들이 자신의 재무 상황을 잘 관리할 수 있도록 돕는 것이다.

하지만 다른 관점에서 보면 이 상품은 돈의 대체 가능을 간과할 때나 의미가 있다. 돈이 대체 가능하면 범주를 나눈다는 것은 무의미하다. 경제학적 논리로 보자면 여러분이 500달러의 신용카드 청구서를 받아 300달러만 지불한다면 나머지 200달러에 대한 이자는 그것이 식료품 지출 때문이든 약혼반지 때문이든 상관없이 같다는 것이다. 블루프린트의 위험성은 이 상품이 빚의 종류에 대한 가상적인 범주를 부추겨 재무 상황에 대한 잘못된 인식을 유발할 수 있다는 점이다. 즉, 사람들이 어쩌다 발생하는 큰 지출에 대해서는 나중에 빚을 갚아도 된다고 생각하게 되어 좀 더 열심히 저축해 갚는 것이 나은데도 고금리의 카드 빚을 용인하고 넘어갈 가능성이 생길 수 있다.

어떻게 생각하십니까?

1. 객관적으로 봤을 때 비합리적인 결과를 야기하는 데도 위의 예처럼 사람들이 그들이 재무 상황에 대해 실제로 (잘못) 생각하는 부분과 맥을 같이하는 상품을 은행이 고안해야 할까?
2. 은행은 이용자들에게 항상 합리적인 경제적 의사결정을 요구하는 상품만 고안해야 할까?
3. 여러분은 블루프린트 이용자가 더 많은 빚을 지게 될 것 같은가, 아니면 더 적은 빚을 지게 될 것 같은가?

Source: http://www.chaseblueprint.com/.

돈을 정신적 범주로 나누게 되면 뜻하지 않은 위험을 지게 될 수 있다. 행동경제학자들의 연구에 따르면, 최근 갑자기 돈이 생긴 사람들은 그 돈을 부주의하게 쓰는 경향이 있다. 예를 들어 카지노에서 돈을 딴 사람이 "카지노 돈으로 도박을 한다"고 말하면서 그 사람이 도박을 시작할 때 가지고 있었던 돈으로는 하지 않았을 더 큰 위험의 도박을 하는 경우들이 있다. 일단 돈을 땄으면 그 돈은 더 이상 '카지노의 돈'이 아니라 본인의 돈이기 때문에 이런 식으로 돈을 구분하는 것은 비합리적이다. 이러한 비합리적인 행동은 투자자들에게 자금을 신탁받은 펀드 매니저들에게서도 나타난다. 그들 역시 투자를 처음 시작할 때의 돈과 시장에서 벌어들인 돈을 구분하는 잘못된 경향을 보인다는 것이다. 그 결과 좋은 수익률을 보인 직후 부주의한 투자 결정을 내리는 경우가 많다고 한다.

돈의 대체 가능을 망각해서 생기는 비합리적인 의사결정의 또 다른 예는 사례를 통해 알아보기의 '지불 방식 효과'에서 찾을 수 있다.

사례를 통해 알아보기

지불 방식 효과

50달러짜리 지폐가 1달러짜리 지폐 50장과 다를까? 지갑에 들어가는 정도의 차이를 빼고 말이다. 현금으로 50달러를 쓰는 것이 신용카드로 50달러를 쓰는 것과 다를까? 이에 대한 대답은 이론적으로 '아니다'다. 하지만 현실에서 사람들은 지불 방식에 따라 매우 다른 구매 결정을 내리는 것으로 나타났다. 더 자세히 알고 싶다면 이 장 끝부분의 QR코드를 스캔하거나 온라인을 통해 읽기를 계속하라.

✓ 개념 확인

- ❐ 돈은 왜 대체 가능한가? **[LO 8.4]**
- ❐ 돈의 대체 가능을 망각하면 왜 바람직하지 않은 재무적 결정을 내릴 수도 있는가? **[LO 8.4]**

결론

사람들이 효용을 극대화하기 위해 합리적으로 행동한다는 가정에서도 많은 것을 알 수 있지만, 실제 생활에서 보이는 이상한 행동을 설명할 수 있는 모형을 세우기 위해서는 '효용 극대화'에 대한 더 넓은 이해가 필요하다는 것을 행동경제학을 통해 알 수 있었다. 사람들은 복잡하고 예상에서 벗어난, 때로는 최적이 아닌 경제적 결정을 내리곤 한다. 인간의 이러한 성향을 이해하면 의사결정에서 빈번히 발생하는 실수를 피할 수도 있다. 또한 이러한 이해를 통해 사람들이 더 나은 선택을 하도록 유도하는 상품이나 정책을 고안할 수도 있다.

이 장에서 살펴본 행동은 편향이나 실수로 보일 수도 있지만, 이들은 교정될 수 있는 실수들이다. 목표한 바에 이르거나 더 나은 선택에 도움이 되는 전략 역시 살펴보았다. 뒷장('공공정책과 선택설계')에서는 사람들이 바람직한 선택을 하고 목표를 추구할 수 있도록 돕는 공공정책에 대해 논의할 것이다.

주요 용어

대체 가능 p.253
매몰비용 p.251
맹약수단 p.249
시간 불일치 p.247
행동경제학 p.246

요약

LO 8.1 시간 불일치를 정의하고, 미루는 습관이나 다른 자기 통제의 문제점을 시간 불일치를 이용해 설명하기

시간 불일치는 오직 결정의 시점이 다름으로써 무엇을 원하는지에 대한 마음을 바꿀 때 나타난다. 보통 지금 원하는 것이 스스로를 위해 미래에 원할 것과 일치하지 않을 때 발생한다. 시간 불일치로 미루는 습관이나 유혹에 굴복하는 행동을 설명할 수 있다. 시간 불일치의 성향을 갖는 사람은 열심히 일하고 건강하게 먹는 것과 같은 가치 있는 목표를 갖는 '미래지향적 자아'와 빈둥빈둥 물러나 있고 싶어 하는 '현재 지향적 자아' 간의 내적 전투를 경험한다고 볼 수 있다. 맹약수단 같은 것들은 이러한 내적 전투를 이해하는 데 도움이 된다.

LO 8.2 앞으로 무엇을 할 것인지 결정할 때 매몰비용이 왜 고려되어서는 안 되는지 설명하기

경제학자들은 통상 사람들이 어떤 행동의 편익이 그 기회비용보다 클 때에만 그 행동을 한다고 가정한다. 그러나 사람들은 이미 지불해 회수할 수 없는 비용인 기회비용에 가치를 부여하는 비합리적 성향을 갖고 있다. 사람들이 매몰비용을 고려하지

않고 앞으로 발생할 비용만 따진다면 더 나은 결정을 내릴 수 있을 것이다.

LO 8.3 사람들이 종종 평가절하하는 기회비용의 종류를 이해하고 그러한 평가절하가 의사결정을 왜 왜곡하는지 설명하기

사람들은 어떤 행동을 하는 데 드는 시간이나 어떤 것을 소유하는 데 드는 암묵적 비용과 같이 추상적이고 비금전적인 기회비용을 종종 평가절하한다. 예를 들어, 소유하고 있는 어떤 물건을 내다팔면 받을 수 있는 금액이 만약 그 물건을 사려고 한다면 본인이 낼 용의가 있는 금액보다 높은데도 팔지 않고 갖고 있는 경우가 그러하다. 경제학적으로 보면 그 물건을 팔지 않는다는 것은 팔 수 있는 가격을 내고 산 것이나 다름없다.

LO 8.4 대체 가능을 정의하고, 재무적 의사결정에서 대체 가능이 왜 중요한지 설명하기

어떤 것이 '**대체 가능**'하면, 그것은 쉽게 교환되거나 교체될 수 있다는 뜻이다. 대체 가능성이 가장 뛰어난 것은 돈이다. 하지만 사람들은 돈이 대체 가능하지 않은 것처럼 행동할 때가 많다. 대신 사람들은 머리 속에 돈에 대한 정신적 범주를 만든다. 이러한 정신적 범주를 만드는 것이 때로는 저축이나 예산 관리에 도움이 되지만, 저금리의 저축을 고금리의 대출 상환에 쓰지 않는 것처럼 바람직하지 않은 재무적 결정을 야기하기도 한다.

복습문제

1. 시간 불일치에 해당하는 여러분의 경험을 서술해보자. 미래지향적 자아의 목표를 달성하기 위해 여러분은 무엇을 했거나 할 수 있었는가? **[LO 8.1]**
2. 성적을 향상시키겠다고 다짐하면서 공부할 시간을 내지 못하는 친구가 있다. 그 친구에게 시간 불일치가 어떻게 그 친구의 선택에 영향을 주는지 설명하고, 목표를 달성하기 위해 무엇을 할 수 있는지 제안해보자.
3. 뷔페식당에 돈을 내고 들어와서 몇 접시의 음식을 맛있게 먹었다. 이제 더 이상 배고프지 않은데 낸 돈의 가치를 충분히 하려면 더 먹어야 할 것같이 느끼고 있다. 이러한 생각이 합리적인가? 왜 그런지 설명해보자.
4. 앨다는 방학 때 친한 사촌 집에 놀러 가기 위해 2000달러를 낼 용의가 있다. 한 달 전 1200달러를 내고 여정을 예약했다. 방학이 되었는데 앨다는 출발하기 전에 중요한 과제를 끝내기 위해 하루가 더 필요한 상황이다. 앨다가 여정을 취소하면 800달러를 환불받을 수 있고, 이틀 후에 출발하는 여정을 잡으려면(이미 지불한 2000달러에 더하여) 1000달러를 내야 한다. 앨다가 어떻게 해야 할지 설명해보자.
5. 어떤 미술사 교수가 유명한 화가의 작품을 포함해서 미술 작품 몇 점을 소유하고 있다. 그 교수는 그 화가가 유명해지기 전에 작품을 구매했기 때문에 그리 높지 않은 가격으로 살 수 있었다. 그중 한 작품은 현재 200만 달러의 가치가 있다. 그 교수에게 같은 작품을 지금 200만 달러 주고 사겠느냐고 물으면 그러지 않겠다고 답한다. 그 교수가 작품을 소유하고 있는 것이 합리적인가? 왜 그런지 설명해보자.
6. 챈드라는 살사댄스 강좌를 3번 참가할 수 있는 상품권을 받았다. 첫 번째 강좌에 들어가고 나서 챈드라는 자신이 살사와 맞지 않다는 것을 알았지만, 비용이 드는 것이 아니므로 두 번째 강좌도 들어가려 한다. 챈드라의 논리를 평가해보자.
7. 친구가 가구를 교체하기 위해 신용카드 빚을 더 지려고 한다. 신용카드 빚의 한 달 이자율은 15%다. 그런데 가구점에서 자체적으로 분납할 수 있는 기회를 제공하는데, 분납을 하면 가구 값을 매달 10% 더 내는 셈이다. 친구가 어떻게 하면 더 합리적으로 금전을 운영할지 설명해보자.
8. 도라와 비키는 바텐더다. 도라는 봉사료를 당장 현찰로 받는 것을 좋아한다. 신용카드로 지불되는 봉사료는 결제가 완료될 때까지 바텐더에게 지급되지 않는데, 결제가 완료되려면 며칠 걸린다. 그럼에도 비키는 손님들이 신용카드로 봉사료를 지불하기를 바란다. 비키가 신용카드를 통한 봉사료 지급을 더 좋아하는 이유는 무엇일까?
   *미국의 식당에서는 손님을 응대하는 종업원에 대한 봉사료(tip)를 별도로 받는 경우가 대부분인데, 손님이 현찰을 식탁에 두고 가기도 하지만, 신용카드 영수증에 봉사료를 직접 기입해 지불하기도 한다.

응용문제

1. 다음 중 어떤 상황이 시간 불일치에 해당할까? **[LO 8.1]**
   a. 커서 의사가 되겠다고 말한 아이가 한 달 후 소방관에 관한 책을 읽고 나서 소방관이 되겠다고 한다.
   b. 어떤 학생이 《전쟁과 평화》 읽는 것을 끝내려고 계속 시도한다. 다음 주가 되어서도
   c. 부모가 아이를 미술 학원에 보내려고 했다가 대신 댄스학원에 보낸다.

   d. 피아노를 처음 배우는 사람이 한 주에 3번씩 연습하려고 계획을 세우고는 종종 한 번만 연습한다.
2. 여러분은 저축을 더 하고 싶다. 다음 중 어떤 방법이 시간 불일치를 극복하도록 도울 것 같은가? **[LO 8.1]**
   a. 얼마의 금액을 저축할 것인지 결정하는 것
   b. 저축 계좌를 여는 것
   c. 저축할 날을 달력에 표시해두는 것
   d. 입출금 계좌에서 저축 계좌로 자동 이체를 신청하는 것
3. 여러분은 지금 지루해지기 시작한 모임에 참석하고 있다. 다음 중 어떤 정보가 계속 앉아 있을지, 아니면 자리를 뜰지 결정하는 데 관련이 있을까? **[LO 8.2]**
   a. 같은 시간에 다른 모임이 진행되고 있는데 그 모임은 재미있다고 들었다.
   b. 모임에서 먹은 저녁식사가 그저 그랬다.
   c. 아직 후식을 먹지 않았는데 맛있어 보인다.
   d. 모임 참가비로 30달러를 이미 냈다.
   e. 다른 모임에 가려면 10달러를 내야 한다.
4. 여러분은 영화 DVD를 수집하는데 지금 막 40달러를 내고 새 영화를 샀다. 여러분은 감독판을 사고 싶었는데 집에 와서 보니 산 영화가 극장판이다. DVD를 판 가게는 '교환 환불 안 됨' 원칙이다. 하지만 여러분이 그 DVD를 온라인에서 팔면 30달러를 받을 수 있다. 감독판은 50달러이다. 감독판이 극장판보다 여러분에게 얼마나 더 가치가 있어야 산 DVD를 팔고 감독판을 사겠는가? **[LO 8.2]**
5. 친구들과 볼링을 치고 있는 중이다. 이미 한 경기를 쳤고, 한 경기 더 칠 것인지 정하려고 한다. 각 경기는 한 사람에 6달러씩 소요되고, 볼링 신발을 빌리는 데 경기 수와 관계없이 5달러가 든다. 한 경기 더 치는 데 한 시간이 걸릴 것 같은데, 그렇게 되면 아르바이트에 늦을 것이다. 아르바이트를 한 시간 덜 하면 12달러 덜 벌게 된다. 이러한 상황에서 여러분이 한 경기를 더 치기로 결정하려면 그 경기에 대해 여러분이 느끼는 가치가 화폐 단위로 얼마가 되어야 하겠는가? **[LO 8.3]**
6. 직장의 송년 회식에서 160기가바이트 iPod이 경품으로 걸린 추첨 행사에 여러분은 2달러를 내고 참가했다. 그런데 당첨이 되었다. 온라인에서 찾아보니 사용하지 않은 160기가바이트 iPod을 200달러에 팔 수 있다는 것을 알게 되었다. **[LO 8.3]**
   a. iPod을 획득하는 데에 대한 기회비용은 무엇이었나?
   b. 여러분이 iPod을 사용하기로 할 때 기회비용은 무엇인가?
7. 제이미는 유럽 여행을 가려고 저축하고 있다. 제이미는 은행 계좌에 4500달러를 모았는데 이 계좌의 이자율은 2%다. 제이미는 이번 휴가에는 이 돈을 쓰고 싶지 않아서 휴가 비용 1500달러를 대출받았다. 정확하게 1년 후에 상환할 계획이다. 이 대출의 이자율은 5%다. **[LO 8.4]**
   a. 제이미가 1500달러를 은행 계좌에서 인출해 썼다면 포기하게 되는 이자는 얼마인가?
   b. 1500달러를 대출받으면 이자가 얼마인가?
   c. 제이미가 저축한 돈을 쓰는 대신 대출을 받으면 이번 휴가 비용은 얼마인 셈인가?
8. 여러분한테 신용카드 빚이 500달러 있고, 연 이자율은 10%다. 여러분은 연 이자율 3%인 은행 계좌를 만들어 저축을 시작하려 한다. 여러분은 좀 전에 월급을 받아 200달러의 여유 자금이 생겨 빚을 줄이거나 저축을 시작할 수 있다. **[LO 8.4]**
   a. 200달러를 모두 신용카드 빚을 줄이는데 쓴다면 1년 후 신용카드 빚의 잔고는 총 얼마일까? 그 1년 동안 추가적인 신용카드 지출은 없다고 가정한다.
   b. 200달러를 모두 은행 계좌에 넣고 1년 동안 추가 저축을 하지 않는다면, 1년 후 은행 계좌의 잔고는 얼마일까? 이 경우 신용카드 빚의 잔고는 얼마일까? 역시 그 1년 동안 추가적인 신용카드 지출은 없다고 가정한다.
   c. 200달러를 은행 계좌에 넣고 신용카드 빚을 줄이지 않는다면 1년 후 얼마를 손해 보는 셈인가?

미주

1. http://duke.edu/~dandan/Papers/PI/deadlines.pdf.

◀ 세계의 모바일 윈도우—이 장의 내용과 관련된 응용사례를 찾으려면 여러분의 스마트폰으로 이 코드를 스캔하라. (QR코드 리더가 필요하면, 여러분의 앱스토어에서 ScanLife를 활용하라.)

여러분의 모바일 앱스토어를 방문하여 Karlan and Morduch Study Econ app.을 다운로드 하라. ▶

Chapter 9

게임이론과 전략적 사고

학습목표

LO 9.1 전략적 행동을 정의하고 전략적 게임의 구성요소 기술하기

LO 9.2 죄수의 딜레마에서 비협조가 우월전략인 이유 설명하기

LO 9.3 반복 경기가 어떻게 협조를 가능하게 하는지 설명하기

LO 9.4 역진귀납법이 어떻게 의사결정을 하는 데 사용될 수 있는지 설명하기

LO 9.5 순차 게임을 풀기 위해 의사결정 나무 사용하기

LO 9.6 선발자의 이점을 정의하고, 실행 속에서 그것을 확인하기

LO 9.7 반복 게임에서 참을성 있는 경기자가 더 많은 협상력을 가지는 이유 설명하기

LO 9.8 맹약전략이 어떻게 경기자들의 선택을 제한해 그들의 목표를 달성하도록 만드는지 설명하기

쓰레기 투기자 주의

인도 위의 초콜릿바 포장지든, 고속도로를 따라 울타리에 걸쳐진 비닐봉지든 모든 쓰레기는 눈에 거슬린다. 사람들은 대부분 지저분한 것보다는 깨끗한 거리, 공원과 바다를 선호하는데, 왜 쓰레기가 있는 것인가?

맑은 날 야외 테이블에서 점심을 먹고 있다고 상상하자. 바람이 불어와 샌드위치 포장지가 땅에 떨어질 때, 막 점심을 끝냈다. 그것을 주우려 했지만, 바람은 포장지를 더 멀리 날려보낸다. 서둘렀으나, 휴지통에 그 포장지를 넣지 않았다고 붙잡혀 처벌될 것 같진 않다. 게다가, 주위에 다른 쓰레기도 있다; 여러분의 포장지는 전반적인 환경에 큰 차이를 만들지 않는다. 그래서 약간의 죄책감을 느끼면서 떠나버린다.

문제는 다른 사람들이 바람에 흩날리는 여러분의 쓰레기를 보자마자, 그들 역시 쓰레기를 쉽게 버릴 것 같다는 것이다. 그 다음에는 더 많은 쓰레기로 연결될 수 있다. 그 결과 갈수록 더 지저분해지고, 쓰레기가 흩뿌려진 지역사회가 된다.

이는 역설적이다. 모든 사람들이 깨끗한 환경을 원하지만, 개인적 동기부여는 가끔 환경을 더럽게 만든다. 시간이 지나, 모든 사람들이 단지 약간 더 더럽게 만들게 되면, 그 결과는 매우 나쁘게 된다. 사람들이 여기저기 쓰레기를 버리는 순간 여러분도 더 많이 버리게 될 것이다. 그것은 최선의 결과가 아니지만, 어쩐지 일이 그렇게 풀린다. 모든 사람들이 자발적으로 쓰레기를 버리지 않기로 동의하는 건 불가능하기 때문에 문제는 악화된다.

Source: ⓐ Nancy Hixson/shutterstock.com

어떻게 이 문제를 바로잡을 것인가? 한 가지 아이디어는 쓰레기를 버리는 것에 반대하는 강력한 규범을 만드는 것이다. 지역사회를 깨끗하게 유지하는 것이 좋은 것이라는 공유의식을 강화하기 위해 가족, 학교, 교회와 기타 시민 단체를 독려한다. 이제는 상징이 된 '텍사스를 못살게 굴지 마시오'라는 슬로건은 원래 길가의 쓰레기에 대항해 사회적 규범을 만들려고 노력하는 텍사스 교통국의 요청으로 개발되었다.

동남아시아 싱가포르 정부는 다른 경로를 택했다; 엄청난 범칙금을 부과해 쓰레기를 버리지 못하게 미연에 방지하고 있다. 만약 여러분이 싱가포르에서 쓰레기통이 아닌 다른 곳에 쓰레기를 던지다 잡히면 1400달러의 벌금을 내야 할 것이다. 벌금에 더하여, 싱가포르 당국은 일반적으로 '시정작업 명령'이라는 것을 부과한다. 공개적으로 망신을 주기 위해 철저한 감시 아래 밝은 녹색 조끼를 입고 밖에서 쓰레기를 줍도록 한다. 만약 여러분이 자동차 밖으로 쓰레기가 가득 찬 봉지를 던지는 것처럼, 좀 더 큰 무엇인가를 버리려 한다면 자동차를 뺏기는 동시에 3만5000달러의 벌금 또는 1년간 수감생활을 해야 한다.

이러한 엄벌로 인해, 싱가포르는 일반적으로 미국의 대도시보다 깨끗하다. 예를 들어, 뉴욕 시에서 여러분은 때때로 쓰레기통을 찾기 위해 몇 블록을 걸어야 하고, 쓰레기 투기에 대한 뉴욕의 벌금(50달러에서 250달러)은 싱가포르만큼 부담스럽진 않다. 쓰레기 투기에 많은 비용이 들게 함으로써, 싱가포르는 시민들에게 선택의 여지 없이 쓰레기통에 쓰레기를 버리도록 하여 쓰레기 문제를 해결한다. 비록 싱가포르의 정책은 엄하지만, 당국은 많은 벌금이 그들이 원하는 깨끗한 결과를 얻도록 돕는다고 주장한다. 자발적으로 쓰레기 투기를 그만두도록 하는 데 집단적으로 실패했기 때문에, 그 결과는 달성하기 불가능했다. 한술 더 떠서, 마침내 당국은 드물게 벌금을 강화해야 한다. 벌금 효과 덕분에 쓰레기를 함부로 투기하는 사람은 거의 없다.

싱가포르가 쓰레기 투기 줄이는 방법을 찾아내는 동안, 다수의 장소는 무거운 벌금과 규칙을 통해 단순히 해결할 수 없는 쓰레기 문제를 안고 있다. 쓰레기가 국경을 가로질러 이동하거나 바다에 떠다닐 때, 실행 가능한 국제적인 해결책을 만들기 어렵다. 깊고 깊은 주립 혹은 국립 공원과 자연보호구역에서, 쓰레기를 줍는 것은 어렵다. 그러나 싱가포르의 사례처럼 사람들이 동기와 유인을 갖도록 하는 것은 함께 대응하는 데 큰 도움이 된다.

9장에서는 쓰레기 투기 문제가 **죄수의 딜레마**(*prisoners' dilemma*)의 사례라는 것을 알게 될 것이다. 죄수의 딜레마는 사람들이 모두에게 결코 이상적이 아닌 결과를 가져오는 합리적인 선택을 하도록 만드는 전략 게임이다. '게임'으로 그들을 생각하도록 하는 선택이 사소한 것 같지만, 경제학자들은 일상적인 용도보다 더 넓은 의미에서 **게임**이라는 용어를 사용한다: 경제학자들에게 게임은 체스, 모노폴리(Monopoly) 혹은 포커와 같이 오락을 추구하는 것뿐만 아니라, 경기자들이 그들의 목표를 달성하기 위해 디자인된 전략을 추구하는 어떤 상황도 마찬가지다. 9장에서 알게 되는 것처럼, 이러한 종류의 게임은 환경보호부터 사업과 전쟁까지 온갖 종류의 현실 상황에서 갑자기 등장한다.

게임과 전략적 행동

LO 9.1 전략적 행동을 정의하고 전략적 게임의 구성요소 기술하기

경제학자들은 적어도 두 사람이 포함된 모든 상황에서, 전략적으로 생각하는 것이 요구될 때 **게임**(game)이라는 단어를 사용한다. 서로 다른 상황에서 사람들이 어떻게 전략적으로 행동하는지 연구하는 학문을 **게임이론**(game theory)이라고 한다.

게임 최소한 2명이 연루되어 전략적으로 생각해야 하는 상황

게임이론 다양한 환경에서 사람들이 어떻게 전략적으로 행동하는지를 연구하는 경제학 분야

그들이 직면한 상충관계를 살피고, 가능한 한 가장 효과적인 방법으로 목표를 추구할 때, 사람들은 합리적으로 행동한다는 것을 배웠다. 여러분이 직면한 상충관계는 다른 사람이 만드는 선택에 의해 결정될 때, 합리적으로 행동하는 것은 **전략적으로 행동하기**(behaving strategically)를 내포한다. 전략적으로 행동하는 것은 여러분 자신과 다른 사람의 결정 사이에 상호작용을 예상해 목표를 달성하기 위해 행동하는 것을 의미한다. 여러분의 결과가 다른 사람의 선택에 달려 있을 때, 다른 사람은 어떻게 반응할 것인가?라고 질문하는 것이 좋은 결정을 내리는 핵심이다. 이것은 경제학자들이 고려하는 4가지 핵심 질문 중 하나로 1장에서 소개되었다.

전략적으로 행동하기 목표를 달성하기 위해 본인과 다른 경제 주체 간 상호 작용을 예측해 행동하는 것

규칙, 전략과 보수

모든 게임은 3가지 특징을 공유한다: 규칙, 전략과 보수다. 규칙(rules)은 게임에서 허락되는 행동을 정의한다. 예를 들어, 체스에서 각각의 말은 특정 방향으로 이동하게 되어 있다. 현실에서 사람들의 행동은 제정된 법과 자연법 모두에 의해 제약된다. 두 기업이 경쟁할 때 각 기업이 직면하는 비용 구조는 규칙으로 볼 수 있다. 대통령 선거에서 규칙은 선거인단과 과반수 투표제의 작용을 포함한다. 환경 게임에서 자연의 법칙은 인간이 만드는 결정을 제약하고 안내하는 규칙으로 볼 수 있다.

전략(*strategies*)은 경기자들이 목표를 달성하기 위해 따르는 행동 계획이다. 모노폴리에서, 판자 산책로(Boardwalk)와 파크 플레이스(Park Place)에 호텔을 짓기 위해 혹은 철로와 전력계 큰손이 되기 위해, 가능한 한 저렴한 부동산을 많이 사기로 결정한다. 이러한 모든 전략은 같은 목적에 대한 서로 다른 접근이다: 다른 경기자를 파산시키면서 가짜 돈을 얻기 위해. 두 기업이 경쟁할 때, 전략은 한 재화의 특정한 수량을 생산하는 것을 포함한다. 선거 캠페인의 한 가지 전략은 후보자에게 투표하도록 사람들을 격려하기 위해 희망적인 언어와 이미지를 사용한다.

보수(*payoffs*)는 특정한 행동으로부터 얻게 되는 보상이다. 실제로 금전적(특정 직업의 월급, 혹은 좋은 사업 결정으로 얻은 이윤) 혹은 비금전적인 것이다. 체스에서 보수는 승리하는 것이다. 선거 캠페인에서 가장 중요한 보수는 일반적으로 당선되는 것이다.

✓ 개념 확인하기

❐ 전략은 무엇인가? **[LO 9.1]**

일회 게임과 죄수의 딜레마

LO 9.2 죄수의 딜레마에서 비협조가 우월전략인 이유 설명하기

죄수의 딜레마 두 사람이 합리적 의사 결정을 한 결과가 두 사람 모두에게 이상적이지 않은 결과를 가져오는 게임 상황

고전적인 **죄수의 딜레마**(prisoners' dilemma)는 두 사람 모두에게 결코 이상적이 아닌 결과를 가져오는 합리적인 선택을 하도록 만드는 전략 게임이다. 동일한 아이디어는 2명 이상의 상황이나 개인이 아닌 조직에도 적용될 수 있다.

죄수의 딜레마라는 이름은 '법과 질서(Law and Order)'나 기타 경찰 드라마의 사건에서 상상할 수 있는 상황에서 유래한다: 여러분과 공범은 심각한 범죄와 경범죄 둘 다의 혐의로 체포되었다. 경찰은 따로 떨어진 곳에 여러분을 가둔다. 심각한 범죄에 대해서는 둘 중 하나를 유죄로 판결할 만한 증거가 부족하지만, 경범죄에 대해서는 두 명 모두를 유죄로 판결할 증거를 가지고 있다고, 경찰관이 여러분에게 솔직하게 설명한다. 그는 심각한 범죄 혐의로 적어도 한 명을 잡기를 원하고, 따라서 여러분에게 거래를 제안한다: 만약 여러분이 두 명 모두가 했다고 자백하고, 여러분의 공범은 자백을 하지 않으면 여러분은 1년 수감으로 벌을 면하고, 반면 공범은 중죄 범행으로 최대 20년까지 받게 된다.

만약 여러분과 공범이 동시에 자백하면 어떻게 될까? 경찰관은 유죄판결을 얻기 위해 더 이상 증거가 필요하지 않기 때문에, 1년 수감 거래는 없었던 것이 된다. 협조에 대한 보상으로 최고형은 면하게 될 것이라고 말한다. 두 명 모두 10년 형을 선고받는다. 만약 둘 다 자백하지 않는다면 어떻게 될까? 경찰관은 한숨을 쉰다: 두 명 모두 경범죄만 유죄판결되어 2년씩 수감된다. 한 가지 생각이 여러분에게 떠오른다. 경찰관은 여러분의 공범에게도 동일한 거래를 제안할 것인가? "물론," 그는 헛웃음으로 확인해준다.

여러분은 생각한다. '만약 공범이 자백할 때 내가 자백하면 10년 형, 내가 자백하지 않으면 20년 형이 된다. 그러나 만약 공범이 자백하지 않고 내가 자백하면 1년 형, 내가 자백하지 않으면 2년 형이 선고된다. 그러므로 공범이 무엇을 하건 내가 자백하는 것이 더 낫다.' 비록 여러분이 같은 범죄자지만, 여러분은 공범이 같은 논리를 사용할 것이라는 것을 곧 깨닫게 된다. 두 명 모두 자백할 것이고, 두 명 모두 10년 형을 받게 될 것이라는 의미다. 만약 여러분과 공범이 둘 다 입을 다물고 어떻게든 협조하기로 동의한다면 여러분은 이러한 결과를 피할 수 있고, 각자는 2년 형으로 자유로워진다.

〈그림 9-1〉은 **의사결정 행렬**(*decision matrix*)로 이러한 곤경을 요약한다. 상단 행(1행)을 가로질러 수평적으로 읽으면, 공범이 자백한다면 여러분의 선택은 세 번째 선호하는 결과(10년 수감)와 네 번째 선택(20년) 간에 있다. 하단 행(2행)은 만약 공범이 자백하지 않으면, 여러분의 선택은 첫 번째 선택 결과(1년 형)과 두 번째 선택(2년 형) 간에 있다. 1열과 2열을 수직적으로 읽으면, 공범이 선택할 수 있는 동일한 결과를 보여준다. 여러분 각자가 직면하는 동기 유인은 두 명 모두 자백할 것이고, 상단 왼쪽 박스로, 여러분의 세 번째 선택 결과를 얻는 것으로 끝난다는 것을 의미한다. 만약 서로 협조한다면, 하단 오른쪽 박스로, 여러분의 두 번째 선택 결과로 끝날 수 있다.

이러한 생각이 선거에 어떻게 반영되는지 알아보자. 이를테면, 2004년 조지 부시(George Bush)와 존 케리(John Kerry)의 대통령 선거운동을 보자(최근 누군가에겐 가장 부정적인 것의

그림 9-1

죄수의 딜레마

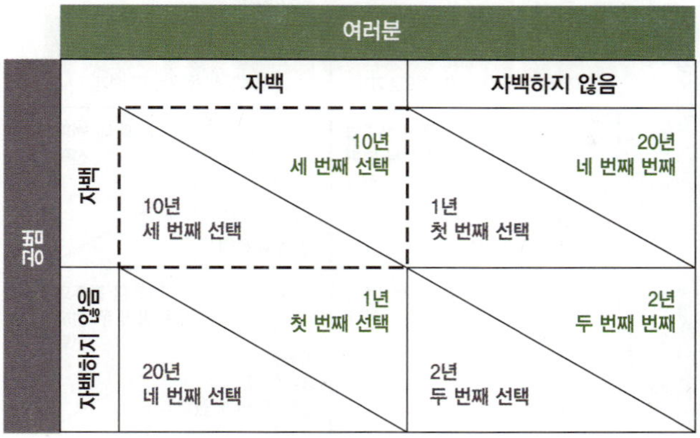

(만약 공범이 자백하면) 20년 형보다 10년 형을 선호하고, (만약 공범이 자백하지 않으면) 2년 형보다 1년 형을 선호하기 때문에, 죄수의 딜레마에서 여러분은 항상 자백을 선택한다. 여러분의 공범도 같은 계산을 한다. 두 명 모두 자백하는 것이 우월전략이고, 따라서 두 명 모두 10년 형으로 끝나게 된다. 반면 만약 여러분들이 어떻게든 협조하기로 동의한다면, 두 명 모두 단지 2년 형을 받을 수 있다.

하나로 생각되는). 만약 여러분이 부시 선거운동에 참여하고 있다면, 여러분의 생각 과정은 다음과 같을 것이다: '케리 상원의원 측이 상대 후보 공격을 위주로 하는 선거운동을 했을 때 우리도 그를 다시 공격하거나, 혹은 그렇지 않으면 우리가 타격을 입을 것이다. 만약 케리 상원의원 측이 상대 후보를 공격하는 선거전으로 가지 않는다면 어찌할 것인가? 만약 우리가 공격하고 그가 우리를 공격하지 않으면, 우리는 선거에서 이기는 그의 기회를 제거하게 된다. 그래서 상원의원 케리가 어떻게 하든 우리는 상대 후보를 공격하는 선거전으로 가는 것이 더 낫다.' 상원의원 케리 선거운동에 참여하고 있는 누구든 같은 생각을 할 것이다. 그 결과: 양쪽 모두 상대 후보를 공격하는 선거전으로 가고, 두 후보 모두의 평판은 치명적인 타격을 입고, 투표자들은 정치 과정에 더욱더 환멸을 느낀다.

의사결정 행렬로 이러한 상황을 분석할 수 있다(〈그림 9-2〉를 보라). 우선, 보수를 정의해야 한다. 무엇보다도, 각각의 후보자는 비등한 경주에 직면하는 것보다 쉽게 이기는 것을 선호한다. 쉽게 이기는 것이 그들의 우선순위다. 그리고 각각은 크게 지는 것보다 비등한 경주에 직면하는 것을 선호한다. 크게 지는 것은 그들의 마지막 선택이다. 각각의 경우, 지저분한 선거운동은 지불할 가치가 있는 가격이다. 그러나 만약 둘 다 상대 후보를 공격하는 선거전으로 가서 그들의 평판에 타격을 입는 비등한 경주(상단 왼쪽 사분면)와 양쪽 모두 긍정적인 선거전으로 유지해 평판을 높이는 비등한 경주(하단 오른쪽 사분면)가 주어진 선택이라면, 양쪽 후보자 모두 긍정적인 선거전의 비등한 경주를 선호한다.

본래 죄수의 딜레마처럼, 양쪽 후보자는 그들의 선택사항을 살피고 다른 쪽이 무엇을 하든 상대 후보를 공격하는 선거전으로 가는 게 더 낫다는 것을 깨닫는다. 그 결과, 만약 그들이 협조할 수 있다면 그들의 두 번째 선택 결과를 가질 수 있는 것 대신, 양쪽 모두 그들의 세 번째 결과로 끝나게 된다.

그림 9-2
대통령 선거운동에서 죄수의 딜레마

		케리	
		상대 후보를 공격하는 선거전으로 가기	긍정적인 선거전으로 유지하기
부시	상대 후보를 공격하는 선거전으로 가기	비등한 경주와 나쁜 평판 세 번째 선택 비등한 경주와 나쁜 평판 세 번째 선택	패배 네 번째 선택 승리 첫 번째 선택
	긍정적인 선거전으로 유지하기	승리 첫 번째 선택 패배 네 번째 선택	비등한 경주와 좋은 평판 두 번째 선택 비등한 경주와 좋은 평판 두 번째 선택

만약 부시가 상대 후보를 공격하는 선거전으로 가면, 압도적으로 패배하는 것보다 비등한 경주를 유지하는 것(심지어 그의 평판에 타격을 받더라도)을 선호하기 때문에, 케리는 상대 후보를 공격하는 선거전으로 가는 것을 선택할 것이다. 만약 부시가 긍정적인 선거전으로 유지하면, 케리는 비등한 경주에 직면하는 것보다 압도적으로 승리하는 것(심지어 그의 평판에 타격을 받더라도)을 택할 것이다. 부시 또한 같은 계산을 한다. 그 결과, 그들 모두가 긍정적인 선거전을 유지해 비등한 경주를 하는 것을 더 선호하지만, 양쪽 후보자 모두 상대 후보를 공격하는 선거전으로 가서 비등한 경주로 끝난다.

그림 9-3
쓰레기 투기의 보수

		여러분	
		쓰레기 투기	투기하지 않음
이웃	쓰레기 투기	−10 세 번째 선택 −10 세 번째 선택	−15 네 번째 선택 0 첫 번째 선택
	투기하지 않음	0 첫 번째 선택 −15 네 번째 선택	−5 두 번째 선택 −5 두 번째 선택

쓰레기를 투기하거나 그렇지 않거나의 결정을 표현하기 위해, 여러분과 이웃이 쓰레기 투기에 대한 선택의 다양한 결과(보수)를 점수로 매긴다. 만약 여러분이 쓰레기를 투기할지 말지에 대한 여러분의 선택을 살핀다면, 주어진 상황에서 여러분은 투기를 선호한다는 것을 알 수 있다. 주변에 이미 쓰레기가 있는지 여부와 상관없이 쓰레기통을 찾는 수고를 더는 것을 택한다. 이웃도 같은 상충관계에 직면한다; 따라서 양쪽 모두 쓰레기를 투기한다. 만약 양쪽 모두가 쓰레기를 투기하지 않기로 결정한다면, 깨끗한 거리를 누릴 수 있기 때문에 더 좋다는 것을 주목하자.

9장의 시작에서 묘사된 쓰레기 투기 '게임' 역시 의사결정 행렬로 보여질 수 있다. 장단점을 보여주기 위해 다양한 결과를 점수로 매긴다. 정확한 숫자는 중요한 것이 아니다. 대신 중요한 것은 상대적인 규모이고, 점수가 양(+)인지, 음(−)인지 혹은 0인지다. 의사결정자는 그들이 얻을 수 있는 최대치를 얻고자 한다(혹은 가능한 한 적은 점수를 손해 보고자 한다). 〈그림 9-3〉에서, 만약 여러분이 쓰레기를 날아가도록 둔다고 결정할 때, 여러분과 이웃이 직면한 결정에서의 보수를 보여준다(쓰레기를 투기하는 지역사회의 다른 모든 사람들의 대표로서, 이웃을 생각할 수 있다). 이웃이 쓰레기를 투기하거나 말거나 상관없이, 쓰레기 투기는 더 큰 보수를 가져온다. 다시 그 결과는 세 번째 선택 결과이고, 비록 만약 여러분과 이웃이 협력할 수 있다면, 잠재 쓰레기 투기자들이 그들의 두 번째 선택 결과를 얻을 수 있었다.

우월전략 찾기

본래 죄수의 딜레마에서, 공범이 어떤 선택을 하든 여러분은 자백하는 것이 더 낫다. 한 가지 전략이 다른 경기자가 무슨 전략을 선택하든 상관없이 따르는 최선의 것일 때, **우월전략**(dominant strategy)이라고 한다. 상대 후보를 공격하는 선거전으로 가는 것이 선거운동에서 두 후보자의 우월전략이고, 그 결과, 양쪽 후보자 모두 좋아 보이지 않는다.

우월전략 게임 상황에서 다른 참가자들이 무슨 전략을 쓰든지 관계없이 가장 좋은 전략

물론, 모든 게임이 각 경기자를 위한 우월전략의 특징을 갖는 것은 아니다. 익숙한 아이들 게임, 가위바위보를 생각해보자(〈그림 9-4〉). 여러분이 아는 것처럼, 바위는 가위를 이기고, 가위는 보를 이기고, 보는 바위를 이긴다. 두 경기자가 동시에 움직이기 때문에, 상대편의 선택을 예측하는 것은 어렵다. 의사결정 행렬의 행과 열을 읽어보면, 상대편이 무엇을 내든 상관없이 여러분에게 최선이 되는 유일한 전략이 없다는 것을 보여준다.

그림 9–4
우월전략이 없는 게임

경기자 A \ 경기자 B	바위	보	가위
바위	무승부	B 승리	A 승리
보	A 승리	무승부	B 승리
가위	B 승리	A 승리	무승부

경기자 B의 최선의 선택은 경기자 A가 하려는 계획에 달려 있다. 동시에 움직이기 때문에, 아무도 다른 경기자의 선택을 모른다. 언제나 최선인 한 가지 전략은 없고, 따라서 우월전략은 존재하지 않는다.

균형에 도달하기

3장의 수요와 공급에서 균형의 개념을 기억하자: 다른 모든 구매자와 판매자가 하는 행동이 주어진 상황에서, 더 지불하기를 원하는 유인을 가진 구매자도 없고, 더 낮게 판매하려는 유인을 가진 판매자도 없을 때 균형가격과 수량은 시장 균형에 도달한다. 균형의 개념은 게임이론에서 종종 사용된다: 특히 **내쉬균형**(Nash equilibrium)이라 부르는 특별한 균형의 형태는 모든 다른 경기자의 선택이 주어진 상황에서, 모든 경기자들이 그들이 할 수 있는 최선의 전략을 선택할 때 도달한다. 다시 말해, 다른 경기자가 하는 행동이 주어진 상황에서, 어떠한 경기자도 전략을 바꾸는 유인이 없을 때 그 게임에서의 한 점이다. 이 개념은 유명한 게임이론가 존 내쉬(John Nash)의 이름을 따서 명명한 것이다.

내쉬균형 다른 게임 참가자들의 선택이 주어져 있을 때 각 게임 참가자가 최선의 전략을 구사한 결과 달성되는 균형

가위바위보와 같은 게임에서, 내쉬균형은 없다. 여러분이 친구와 경기를 한다고 하자. 만약 친구가 가위를 내고 여러분이 바위를 낸다면, 여러분은 바꿀 유인이 없지만(바위가 가위를 이긴다), 친구는 보로 바꿀 유인이 있다(보가 바위를 이긴다). 비록, 만약 친구가 보로 바꾼다면, 여러분은 가위로 바꿀 유인을 가진다(가위가 보를 이긴다). 기타 등등. 여러분이 다른 경기자의 행동을 파악하자마자, 둘 중 누구도 전략을 바꾸려는 유인이 없는 안정적인 결과가 없다.

죄수의 딜레마에서, 안정적인 결과가 있다: 양쪽 모두 자백한다. 그리고 죄수의 딜레마로부터 알 수 있는 것처럼, 게임의 균형 결과가 반드시 참가자들에게 좋은 것은 아니다. 참가자들은 독립적으로 행동하고, 단지 그들 자신의 개별적 이익을 추구하기 때문에, 이러한 부정적(negative)-부정적(negative) 결과를 **비협조균형**(*noncooperative equilibrium*)이라고 한다.

심지어 각자의 행동이 자신의 이익을 위한 것임에 불구하고, 어떤 게임은 안정적인 긍정적(positive)-긍정적(positive) 결과를 가져온다. 운전 '게임'을 생각해보자: 한 섬에 단지 두 명의 운전자가 있는데 여러분이 그중 한 명이고, 각자는 서로를 향해 운전하고 있다고 가정하자. 만약 여러분이 오른쪽으로 운전을 하고, 다른 운전자가 왼쪽으로 운전을 한다면 정면 충돌한다(두 명 모두 가장 원하지 않는 결과). 이것은 균형이 아니다; 여러분의 결정은 다른 운전자가 대신에 오른쪽으로 운전할 유인을 준다. 두 명 모두 오른쪽으로 운전할 때, 사고를 피할 수 있고(여러분이 가장 원하는 결과), 둘 중 어느 누구도 바꾸려는 유인이 없다. 오른쪽으로 운전하는 것은 따라서 긍정적-긍정적 결과다.

이러한 사례에서 알 수 있듯이, 게임은 하나 이상의 균형 결과를 가질 수 있다. 두 명 모두 왼쪽으로 운전하는 것 역시 균형이다. 실제로 영국, 일본, 호주 같은 국가에서 운전자에 의해 도달되는 운전 게임의 균형 결과다. 이러한 사례는 또한 균형 결과에 도달하기 위해 우월전략을 가질 필요가 없다는 것도 말해준다: 오른쪽으로 운전하거나 왼쪽으로 운전하는 것 어느 것도 우월전략이 아니다. 최선의 결정은 다른 경기자의 행동에 달려 있다.

맹약을 통해 경쟁 피하기

죄수의 딜레마에 대한 논의에서, 게임의 경기자는 만약 그들이 협조한다면 더 나아진다고 거듭 강조했다. 그러면, 그들이 그렇게 하지 않는 이유는 무엇인가? 그들이 분리되어 있고, 서로 이야기를 나눌 수 없기 때문에, 간단하지 않다(부시와 케리는 전화를 걸어 서로 긍정적인 선거운동을 하자고 동의해야 했다). 문제는 단순히 신뢰가 아니다. 즉, 여러분과 공범은 사전에 자백하지

않기로 거래를 만들지만, 공범이 먼저 자백을 하여 약속을 깨는 것에 대해 우려한다.

문제는 그것보다 훨씬 더 심각하다. 심지어 공범이 자백하지 않을 것이라고 여러분이 완전히 확신해도, 여러분은 여전히 자백할 것이다(공범이 어떻게 하든, 여러분은 자백하는 것이 더 낫다는 것을 기억하자. 그것이 우월전략인 이유다). 죄수의 딜레마와 같은 형태의 게임에서, 두 경기자 모두 이탈에 대한 강한 유인을 가지기 때문에, 협조하기로 미리 계획된 동의는 작동하기 어렵다.

이 문제에 대한 한 가지 해결책은 이탈에 대한 보복을 만들어 경기자의 보수를 줄이는 것이다. 이러한 전략이 작동하기 위해서, 보복이 협조하지 않는 유인보다 더 클 만큼 좋지 않아야 한다. 이것이 가능할 것인가? 그것은 특정한 게임의 상황에 달려 있다. 본래 죄수의 딜레마에서, 여러분과 공범은 같은 범죄조직의 일원이고, 다른 일원에 대해 증언하는 모든 일원은 징벌로서 죽음을 당하는 것에 동의한다고 상상하자. 이것은 자백의 보수를 극적으로 변화시킨다: 짧아지는 수감, 그러나 결과적으로 죽음을 당하는 것에 대한 예상. 이러한 선택 사항에서는 '자백하지 않는다'가 훨씬 더 매력적으로 보이기 시작한다.

이 같은 동의는 만약 그들이 주어진 전략에서 이탈하면, 장래 보복에 따르기로 경기자들이 동의하는 **맹약전략**(commitment strategy)의 사례 중 하나다. 보수를 바꿈으로써 장래의 보복에 동의하는 것은 경기자들이 그렇지 않다면 유지하기 힘든, 상호 이익이 되는 균형에 도달하게 한다.

맹약전략 향후 주어진 전략에서 벗어나면 벌칙을 받겠다고 합의하는 것

상대 후보를 공격하는 선거운동의 사례는 어떤가? 애석하게도, 맹약전략이 작동하기 어렵다. 만약 그들 중 하나가 상대 후보를 공격하는 선거전으로 가면, 투표자들은 긍정적인 선거전으로 유지하자는 약속을 깬 것에 분노할 것이라는 아이디어에서, 경쟁자 정치인은 종종 깨끗한 선거운동에 대한 세간의 이목을 끌어 국민의 지지를 얻는다. 그러나 이러한 전략이 작동하기 위해서는, 상대 후보를 공격하는 선거전에서 얻는 선거 이점보다 투표자들의 분노가 더 커야 한다. 수많은 합의가 만들어졌지만 지켜지지 않았던 것을 통해, 일반적으로 이러한 사례는 나타나지 않는다.

공익에서 경쟁 촉진하기

맹약전략을 통해 긍정적-긍정적 결과에 도달하는 것은 모두에게 편익이 될 수 있다. 예를 들어, 선거 게임에서 만약 정치인들이 어떻게든 긍정적인 선거전을 유지하기로 동의한다면, 대중에게는 편익이 될 수 있다. 투표자들은 상대 후보를 공격하는 선거운동에 따른 불유쾌를 피하고자 하고, 정치에 대한 투표율과 대중의 관심은 올라간다.

그러나 죄수의 딜레마 게임의 변형으로서, 경기자들이 협조하는 것을 막는 것이 공익을 제공하는 경우도 있다. 본래 죄수의 딜레마에 대해 우리가 생각하는 맹약전략은 현실에서 그리 먼 것은 아니다: 공동체의 어느 누구도 당국과 이야기하는 것을 금지하는 오메르타(*omertà*)의 유명한 암호는 검사가 마피아 일원을 자백하도록 설득하고, 그들의 마피아 보스에 대해 증언하도록 하는 것을 어렵게 만든다. 자백에 대한 보수를 늘리고, 죄수들이 그들 스스로의 이익을 추구할 수 있는 결과에 이르게 하기 위한 시도에서, 증인보호 프로그램이 고안된 이유가 그것이다.

좀 더 일상의 사례, 사업의 세계를 고려하자: 한 마을에 단지 두 개의 주유소, 코노코

(Conoco)와 엑손(Exxon)이 있다. 각각은 높은 가격과 낮은 가격 부과 중 선택할 수 있다. 4가지 가능한 결과와 보수를 보여주고, 〈그림 9-5〉의 의사결정 행렬에서 시각화해 보여준다:

- 만약 두 주유소 모두 낮은 가격을 부과하면, 그들 모두는 낮은 이윤을 얻는다.
- 만약 두 주유소 모두 높은 가격을 부과하면, 그들 모두는 높은 이윤을 얻는다.
- 만약 엑손이 높은 가격을 부과하고 코노코는 낮은 가격을 부과하면, 마을에 있는 모든 사람들은 코노코에서 휘발유를 산다. 코노코 주유소는 매우 높은 이윤을 올리고, 엑손 주유소는 손해를 본다.
- 만약 엑손이 낮은 가격을 부과하고 코노코는 높은 가격을 부과하면, 반대 현상이 발생한다: 모든 사람들이 엑손에서 휘발유를 사기에 매우 높은 이윤을 올리고, 반면 코노코는 고객을 얻지 못해 손해를 본다.

이제 분석은 익숙하다: 이 게임은 낮은 가격을 부과하는 우월전략을 가진 죄수의 딜레마의 또 다른 응용이다. 만약 그들이 높은 가격을 유지하기로 동의한다면 더 나아질 수 있지만, 두 주유소 모두 낮은 가격을 부과할 것이다. 이러한 비협조균형은 경기자, 두 주유소에는 좋지 않은 소식이다. 그러나 낮은 가격을 지불하게 된 마을 사람들에게는 좋은 소식이다.

그들 모두가 높은 이윤을 얻는 균형에 도달하기 위해, 그들이 협조하는 방법에 대해 노력하는 두 주유소의 소유주를 예상할 수 있다(다음 절에서 발생 가능한 한 가지 방법에 대해 배우게 될 것이다). 그러나 마을의 소비자들은 선택의 여지가 없고 높은 가격을 지불해야 하기 때문에, 이런 일로부터 발생하는 결과를 방지하려고 한다. 이런 비즈니스 맥락에서 협조에 대한 더 부정적인 단어인 담합(*collusion*)이 있고, 반면 더 긍정적인 단어인 경쟁(*competition*)이 비협조균형을

그림 9–5

두 기업 경쟁에서의 죄수의 딜레마

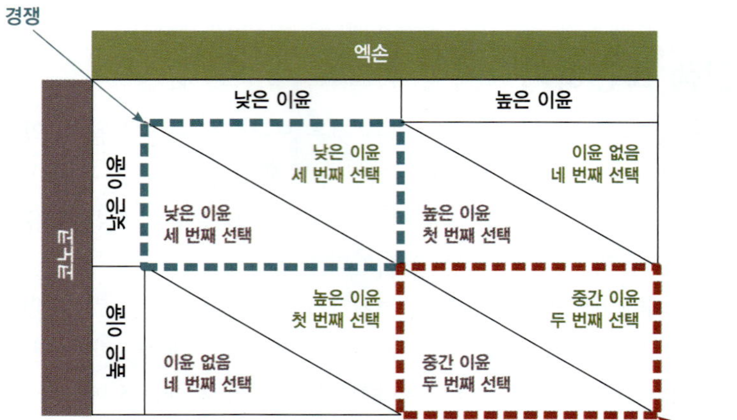

각각의 주유소는 가장 많은 이윤을 얻고자 한다. 심지어 만약 그들이 높은 가격 책정에 협조해 얻게 될 이윤보다 이윤이 적게 되는 균형으로 끝나게 되더라도, 각각은 가격 경쟁에 대한 우월전략을 가지고 있다. 이것은 주유소로서는 좋지 않은 일이고, 소비자에게는 좋은 것이다. 만약 주유소가 높은 가격을 부과하기로 협조할 수 있다면(혹은 '담합'), 이는 그들에게 좋은 일이다. 그러나 소비자들에게는 좋지 않은 일이다.

설명하기 위해 사용된다.

나중에, 사실 담합이 흔한 문제라는 것을 알게 된다: 기업들은 종종 더 높은 가격을 부과하기 위해 담합하려는 방법을 찾으려 노력하고, 반면 소비자를 대표해 정부는 그들을 멈추게 하는 방법을 찾으려 노력한다. 게임이론 언어로, 담합을 금지하는 것은 가격 경쟁 게임의 규칙을 바꾸는 것이다.

✓ 개념 확인하기

- ❒ 죄수의 딜레마 게임을 고려하자. 만약 한 죄수가 다른 죄수가 자백하지 않을 것이라는 것을 확실히 안다면, 그는 무엇을 해야 하는가? 이유는 무엇인가? **[LO 9.2]**
- ❒ 내쉬균형의 차별적인 특징은 무엇인가? **[LO 9.2]**
- ❒ 만약 두 명의 사업가가 동일한 재화나 서비스를 판매하고 있다면, 만약 그들이 가격에 협조한다면 누가 이익을 얻는가? 만약 가격으로 경쟁한다면 누가 이익을 얻는가? **[LO 9.2]**

죄수의 딜레마의 반복 경기

LO 9.3 반복 경기가 어떻게 협조를 가능하게 하는지 설명하기

지금까지, 한 번에 동시에 결정하는 죄수의 딜레마 모형을 공부해왔다. 게임의 원래 형태에서, 두 명의 공범이 20년 형의 수감에 대한 가능성에 직면하는데, 이것은 정말로 한 번의 결정이다. 그러나 대통령 선거운동의 사례는 다르다: 긍정적인 선거전으로 갈지 상대 후보를 공격하는 선거전으로 갈지에 대한 결정은 선거운동의 시작점에서 간단히 한 번만 만들어지지 않고, 매일 검토된다. 주유소 주인은 매일 혹은 시시각각으로 가격을 결정한다. 경제학자들은 한 번 이상 계속되는 게임을 **반복 게임**(repeated game)이라고 부른다.

반복 게임 한 번 이상 계속되는 게임

게임이 반복될 때 전략과 유인은 종종 상당히 다르게 작용한다. 특히 경기자들이 더 이상 상호 이익이 되는 균형에 도달하기 위해 맹약전략을 필요로 하지 않는다. 왜 그런지 알기 위해, 두 주유소 얘기로 돌아가자. 여러분이 엑손 주유소를 운영하고 있다고 가정하자. 어느 날 아침 여러분은 "오늘 나는 가격을 올리려고 한다. 처음엔 약간 손해를 보겠지만, 코노코 주유소 관리자가 장기적으로는 둘 다 모두에게 더 편익이 되는 기회를 보게 될 것이기 때문에, 그러한 위험을 감수할 만한 가치가 있다"라고 생각한다. 게임의 1회에서, 엑손은 '높은 가격' 전략을 사용한다.

이제 여러분이 코노코 주유소를 운영하고 있다고 가정하자. 엑손 주유소가 가격을 올리는 것을 보자마자, 여러분은 '좋아, 휘발유를 사기 위해 사람들이 여기로 올 것이기 때문에, 더 많은 돈을 벌기 시작할 것이다. 그러나 가만있어보자. 그것은 오랫동안 지속될 수 없다. 엑손 주유소가 손해를 보기 시작할 때, 가격을 다시 내리는 것 말고 다른 선택의 여지가 없을 것이다. 만약 나 역시 가격을 올리면 엑손 관리자는 높은 가격을 계속 유지할 것이고, 우리는 모두 더 많은 이윤을 얻을 것이다'라고 생각한다. 게임의 2회에서, 엑손과 코노코 양쪽 모두 '높은 가격' 전략을 사용한다.

게임의 3회에서는 무슨 일이 발생할 것인가? 양쪽 모두의 주유소 관리자는 '만약 다른 주유소가 높은 가격을 유지한다면, 나는 가격을 내림으로써 더 많은 돈을 벌 수 있다. 그러나 그렇지

않다면, 어떻게 될 것인가? 만약 내가 가격을 내리면, 다른 주유소도 가격을 내리려고 할 것이다. 그래서 나는 높은 가격을 유지할 것이고, 다른 주유소가 같은 행동을 하는지 지켜볼 것이다' 라고 생각할 것이다. 게임의 3회에서, 다시 한 번 두 주유소는 '높은 가격'을 사용한다. 4회, 5회, 6회, 기타 등등에 대해서 같은 이유가 성립된다. 두 경기자의 협조 아래 가격은 높게 유지된다.

TFT전략

TFT전략 반복 게임에서 게임 참가자가 반대편 참가자가 그 전 단계에서 취한 행동을 그대로 따라 하는 전략

엑손과 코노코 관리자의 생각 과정은 **TFT**(tit-for-tat)**전략** 유형의 한 예다. TFT전략은 간단한 아이디어다: 다른 경기자가 행한 것을 여러분이 동일하게 반응하는 것이다. TFT전략의 변종이 반복 죄수의 딜레마 유형의 게임에서 매우 효과적이라는 것이 판명된다. 만약 다른 경기자가 협조적으로 움직이면(주유소 사례에서, 높은 가격 책정), 그러면 여러분은 협조적인 움직임으로 반응한다(역시 가격을 올린다). 만약 다른 경기자가 비협조적으로 움직임으로 이탈하면(가격을 낮춘다), 여러분은 비협조적인 움직임으로 반응한다(역시 가격을 낮춘다). TFT전략을 경기하는 두 경기자 모두 재빠르게 협조를 지속하는 방향으로 그들의 방법을 찾을 수 있다.

반복 경기 게임에서는 협조를 달성하기 위해 경기자들에게 공공의 맹약전략이나 분명한 동의를 체결할 필요가 없다. 예를 들어, 마을 두 주유소의 휘발유 가격은 두 경기자의 합리적인 게임 운영으로 무기한 높게 유지할 수 있다. 사실, 가격을 높게 유지하기 위한 분명한 동의는 불법(담합)이고, 가격을 높게 유지하기 위한 공공의 맹약은 소비자들이 마음에 들어하지 않는다. 대신, 기업은 때때로 TFT전략을 사용해 그들의 경쟁자를 안심시키는 절묘한 방법을 찾고, 그렇게 함으로써 경쟁자가 가격을 낮추어 균형을 위협하는 위험을 줄이게 된다. 한 가지 흔한 방식을 읽기 위해, 사례를 통해 알아보기의 '가격-일치 보증은 무엇을 보장하는가?'를 읽어보자.

사례를 통해 알아보기

가격-일치 보증은 무엇을 보장하는가?

몇몇 회사는 만약 여러분이 다른 어느 곳에서 더 낮은 가격을 찾아낸다면, 그 가격에 맞추어준다고 광고한다. 이것이 암시하는 바는 그들이 마을에서 가장 낮은 가격이라는 것을 확신한다는 의미다. 그러나 여기에서 진행되는 실제 게임은 더 교묘하고, 반드시 소비자에게 좋은 것은 아니다. 사실, 게임이론은 가격-일치 보증(price-matching guarantees)이 낮은 가격이 아닌, 높은 가격을 보장한다는 것을 제시한다.

이 책을 쓰고 있는 현재까지, 주택개조 사업에서 경쟁하는 두 거대 점포 홈디포(Home Depot)와 로우스(Lowes)는 거의 동일한 가격-일치 정책을 펼치고 있다. 두 점포는 경쟁자의 광고 가격에 맞춰줄 뿐만 아니라 10% 깎아준다고 약속한다. 역설적으로, 이러한 보증은 두 기업 어느 곳도 가격을 낮출 유인을 가지고 있지 않다는 것을 의미한다. 사실, 가격-일치 정책은 기업이 TFT전략을 사용하고 있다는 것을 분명하고 공공적으로 신호를 보내는 것이다.

예를 들면, 두 기업이 동일한 잔디 깎는 기계에 300달러를 제안하고 있다고 상상하자. 만약 로우스가 가격을 250달러로 낮추기로 결정하면, 무슨 일이 발생하는가? 홈디포의 가격-일치 제안은 소비자가 홈디포에서 25달러 더 적게(더 낮은 가격, 추가 10% 할인) 혹은 225달러에 잔디 깎는 기계를 얻을 수 있다는 것을 의미한다. 그 결과, 로우스는 가격을 낮춰서 얻는 이득이 없다.

동일한 논리가 홈디포에도 적용된다.

홈디포와 로우스의 비용 대비 가격의 경제적 조사에 대해서는 잘 모른다. 그러나 이러한 사례는 가격-일치에서 발생하는 놀라운 결과를 통찰하게 해준다. 게임이론은 낮은 가격 보장이 반드시 낮은 가격을 보장하는 것은 아니라는 것을 보여준다. 가격을 고정하기 위한 명백한 협조는 불법이기 때문에, 기업의 최선의 선택사항은 TFT전략에 참여하는 것이다. 합법적으로 구속력이 있는 가격-일치 정책을 고안하고 공표함으로써, 그 기업은 TFT전략을 따를 것이라는, 믿을 수 있는 위협을 개발한 것이다. 그 결과, 가격은 높게 유지되고, 고객의 비용으로 두 기업은 편익을 얻는다.

TFT전략은 극단적으로 강력한 아이디어다. 오직 긍정적인 선거전에 대해서만 긍정적인 선거전을 행함으로써 각 선거운동은 반복적으로 다른 후보자에게 보답해 정치 선거운동이 깨끗해질 수 있다는 것을 보장하지 않는 이유는 무엇인가? 2가지 이유가 있다. 하나는 휘발유를 판매하는 것과 달리, 선거운동은 무기한 계속되지 않는다—선거일이 가까워질수록 게임은 1회 게임처럼 되고, 이탈하려는 유인이 커진다. 다른 이유는 선거 게임의 경기자는 다른 경기자 대비 좀 더 잘하는 것(상대방보다 더 많은 표를 얻는 것)에 주로 관심이 있고, 주유소는 절대적인 보수(가능한 한 더 많은 이윤을 얻는 것)에 더 많은 관심이 있다.

비록 TFT전략이 모든 상황에 작동하는 것은 아니지만, 많은 상황을 다루는 데 놀라울 정도로 효과적인 수단이다. 사실, 정치학 교수인 로버트 액셀로드(Robert Axelrod)는 서로 대항해 다른 전략에 기반한 컴퓨터 프로그램을 수십 번 돌리는 시합을 개최했다. 그의 목표는 반복 죄수의 딜레마 게임에서 어떤 전략이 가장 큰 보수를 주는지 찾아내는 것이었다. 수학자 아나톨 라포포르트(Anatol Rapoport)가 제출한 14번의 경쟁 전략 중 가장 성공적인 것은 TFT전략이었다.

다른 관점에서 보기의 'TFT전략과 인간의 감정'은 다수의 인간 감정이 고대 조상에 의해 진행된 TFT 게임으로부터 진화했다는 이론을 설명하고 있다.

다른 관점에서 보기

TFT전략과 인간의 감정

연민, 감사, 복수, 죄책감, 용서와 같은 감정을 느끼는 이유는 무엇인가? 상호 이타성 이론을 발전시킨 로버트 트리버스(Robert Trivers)와 같은 진화 생물학자는 조상들이 생존하는 데 도움이 된 '게임'에서 TFT전략을 수행함으로써 협조를 달성하는 데 있어, 이러한 감정이 도움이 되도록 진화해왔다고 추측한다.

여러분이 선사시대의 수렵인이라고 상상하자. 어느 날 여러분은 먹을 수 있는 것보다 더 많은 음식을 가지고 성공적으로 돌아오고, 반면 이웃은 빈손으로 돌아온다. 여러분은 협조적이거나(이웃과 음식을 공유), 비협조적(모든 음식을 게걸스럽게 혼자 다 먹는다)일 수 있다. 다음 날, 아마드 여러분의 이웃은 성공적이고 여러분은 그렇지 못하고, 이웃은 동일한 결정을 해야 한다. 이와 같은 상황에서, 만약 여러분이 비협조적(각자가 교대로 굶고 배부르게 먹는 경우)이기보다는 협조적(음식을 공유해 둘 다 매일 잘 먹는)으로 유지할 수 있다면, 여러분과 이웃의 관계는 더 좋아질 것이다.

지속되는 협력을 달성하기 위해 요구되는 것은 무엇인가? 우선, 운이 나쁘고 배고픈 이웃에게 약간의 음식을 나눠줄 만큼 충분히 연민을 느낄 필요가 있다. 그 다음에 이웃은 감사를 느낄 필요가 있고, 여러분의 호의에 보답해 다음 날 여러분에게 음식을 나눠준다. 만약 여러분의 이웃이 하루 비협조적으로 이탈해 여러분과 음식을 공유하기를 거부한다면, 여러분은 그 다음 날 음식을 공유하지 않음으로써 보복하는 복수의 감정이 필요하다. 그리고 만약 이웃이 나중에 죄책감을 느끼고 그 다음 날 여러분과 공유한다면, 여러분은 상호 공유하는 일상으로 다시 돌아가는 용서와 같은 감정을 필요로 한다.

물론, 인간이 감정을 경험하는 능력을 가진 이유가 무엇인지 아무도 확실히 모른다. 그러나 우리의 많은 감정이 반복 죄수의 딜레마 게임에서 TFT 형태의 전략을 직관적으로 행하도록 돕는 데 필요한 것이라는 점은 흥미롭다.

✓ 개념 확인하기

❒ TFT전략이 경기자들이 협조를 달성하는 데 어떤 도움을 주는가? **[LO 9.3]**

순차 게임

지금까지, 경기자들이 동시적으로 결정을 하는 게임을 분석했다. 죄수의 딜레마와 가위바위보와 같은 게임에서, 각각의 경기자는 다른 경기자가 행동하는 것을 알기 전에 어떤 전략을 적용할지 결정한다. 그러나 많은 실제 상황에서는, 한 사람이나 한 기업이 다른 사람보다 먼저 결정을 해야 한다. 경기자들이 동시가 아니라 순차적으로 움직임에 따라 이러한 것을 순차 게임(sequential games)이라고 한다.

미래로 생각하고 역으로 작업하기

LO 9.4 역진귀납법이 어떻게 의사결정을 하는 데 사용될 수 있는지 설명하기

순차 게임에서, 전략적 행동의 특히 중요한 부분은 '미래로 생각하고 역으로 작업하기'다. 우선 여러분은 미래로 생각해야(*think forward*) 한다: 여러분이 고려하는 상황의 모든 가능한 결과는 무엇인가? 그들 중 무엇을 선호하는가? 그 다음에 여러분은 역으로 작업해야(*work backward*) 한다: 여러분이 선호하는 결과를 달성하기 위해 어떤 선택을 필요로 하는가?

역진귀납법 최적의 전략을 결정하기 위해 문제를 최종 선택으로부터 역순으로 분석하는 과정

역으로 문제를 분석하는 이 과정이 **역진귀납법**(backward induction)이다. 최적 전략을 결정하기 위해 최종 선택부터 시작하고, 그 다음에 최종에서 두 번째, 기타 등등이 진행된다. 이것은 여러분이 무의식적으로 줄곧 자연적으로 해온 것들이다.

간단한 예를 들기 위해, 여러분은 다음 학기에 수강할 수업을 선택하려고 노력하고 있다고 가정하자. 선택사항이 아주 많다. 여러분은 무엇을 해야 할 것인가? 우선 미래를 생각해야 한다. 여러분이 퓰리처상 수상 기자가 되는 것을 열망한다고 하자. 이제 역으로 작업해야 한다. 퓰리처상을 수상하기 위해 여러분은 무엇을 할 필요가 있는가? 여러분은 최고의 신문사에서 일할

그림 9-6
결정을 내리기 위해 역진귀납법 사용하기

질문: 다음 학기에 무슨 과목을 수강해야 하는가?

열망: 퓰리처상 수상

Q. 퓰리처상을 수상하기 위해 여러분은 무엇을 해야 하는가?
A. 여러분은 최고의 신문사에서 일해야 한다.

↓

Q. 최고의 신문사에서 어떻게 직업을 얻기 위해 여러분은 무엇을 해야 하는가?
A. 언론학과 대학원 졸업장을 얻어야 한다.

↓

Q. 언론학과 대학원 학위를 얻기 위해 여러분은 무엇을 해야 하는가?
A. 영어 전공의 대학 졸업장을 얻어야 한다

↓

Q. 영어 전공 대학 졸업장을 얻기 위해 여러분은 무엇을 해야 하는가?
A. 논픽션 글쓰기의 선행 수업을 수강해야 한다.

그러므로 여러분은 다음 학기에 논픽션 글쓰기 입문을 수강해야 한다.

필요가 있다. 어떻게 최고의 신문사에서 직업을 얻을 것인가? 언론학과 대학원 졸업장이 필요하다. 언론학과 대학원 과정에 어떻게 들어갈 것인가? 영어 전공의 대학 졸업장이 필요하다. 이것은 여러분이 논픽션 글쓰기의 선행 수업을 수강할 것을 요구한다. 따라서 다음 학기에 글쓰기 입문을 수강해야 한다.

〈그림 9-6〉에서 보여지는 추리의 과정이 역진귀납법의 사례다: 여러분이 원하는 결과로 시작하고, 그 다음에 여러분이 그 결과를 달성하기 위해 해야 하는 각각의 선택을 결정하는 것에 맞춰 역으로 작업한다.

시장진입 저지: 순차 게임

LO 9.5 순차 게임을 풀기 위해 의사결정 나무 사용하기

여러분 자신의 결정에 반응해 다른 경기자들이 내리는 결정에 의해 여러분의 열망이 영향을 받을 때, 역진귀납법은 순차 게임에서 특히 유용한 과정이다. 이것은 특히 기업에서 사실이다; 많은 기업은 순차 '게임'에서 전략적 결정을 내려야 한다. 하나의 사례는 시장에 진입하는 것과 관련이 있다. 맥도널드 회사가 현재 패스트푸드점이 없는 작은 마을에 매장을 오픈하는 것을 고려하고 있다고 상상하자. 또한 맥도널드는 대신 다른 곳에 투자해 10%를 얻을 수 있다는 것을 알기 때문에, 적어도 10% 투자 수익률을 낼 것으로 기대되는 장소만을 고려한다고 상상하자.

회사 경영진은 가능성이 있는 2곳에 대해 토지를 구입할지 결정하려고 한다: 부동산 가격은 비싸지만, 고객의 접근이 더 편리한 마을의 중심, 혹은 땅값이 저렴하지만 거기에 가기 위해 고객이 운전해야 하는 마을의 외곽. 회사의 계산은(이 사례에서 가상적인) 마을 외곽의 새로운 맥도널드는 20%의 수익을 창출하고, 반면 마을 중심에서는 15%의 수익을 얻을 것이라는 것을 보여준다. 만약 맥도널드가 이 시점에서 분석을 끝낸다면, 외곽에 건설할 것이다.

그러나 전략적으로 생각해 회사 경영진은 버거킹 또한 같은 마을에 진입하는 것을 고려하고 있을 가능성에 대해 생각할 것이다. 만약 2개의 경쟁 패스트푸드점이 하나는 마을 중심에, 다른

하나는 외곽에 있다면, 대부분의 고객은 외곽까지 운전해서 가지 않을 것이므로 중심에 있는 식당은 훨씬 더 좋을 것이라고 맥도널드의 계산은 보여준다: 중심에 있는 것은 12%의 수익을 얻고, 반면 외곽의 것은 단지 2%의 수익을 얻는다. 만약 외곽에서 2개가 경쟁한다면, 각각은 8%의 수익을 얻을 것이다; 만약 중심에서 2개가 경쟁한다면, 각각 4%를 얻을 것이다.

버거킹이 시장에 진입할지 말지에 대한 불확실성이 주어졌을 때, 맥도널드는 무엇을 해야 할 것인가? 만약 맥도널드가 외곽에 매장을 오픈하면, 버거킹이 12% 수익에 매료되어 중심에 매장을 오픈할 것으로 예상할 수 있다. 이것은 맥도널드의 수익률을 2%로 감소시킨다. 그러나 만약 맥도널드가 중심에 오픈한다면, 버거킹이 시장에 전혀 진입하지 않을 것이라고 확신할 것이다. 맥도널드가 이미 중심에 들어서면, 버거킹이 만약 중심에 오픈하면 단지 4%의 수익을 얻고, 외곽에 오픈하면 2%를 얻는다. 버거킹은 차라리 10% 수익을 낼 수 있는 다른 곳에 투자하고, 여기에 건설하지 않을 것이라고 맥도널드는 자신 있게 예측할 수 있다.

〈그림 9-7〉에서처럼, 의사결정 나무(decision tree)라고 불리는 도표를 이용해 맥도널드가 직면하는 결정을 분석할 수 있다. 이 게임에서 맥도널드가 선발자이므로, 첫 번째 의사결정 마디는 마을의 중심 혹은 마을 외곽에 개장할지에 대한 선택을 보여준다. 맥도널드의 결정이 어느 쪽이든, 그 다음에 버거킹은 마을 외곽이나 마을 중심에 개장할지, 혹은 진입하지 않을지를 결

그림 9-7

시장진입에 대한 의사결정 나무

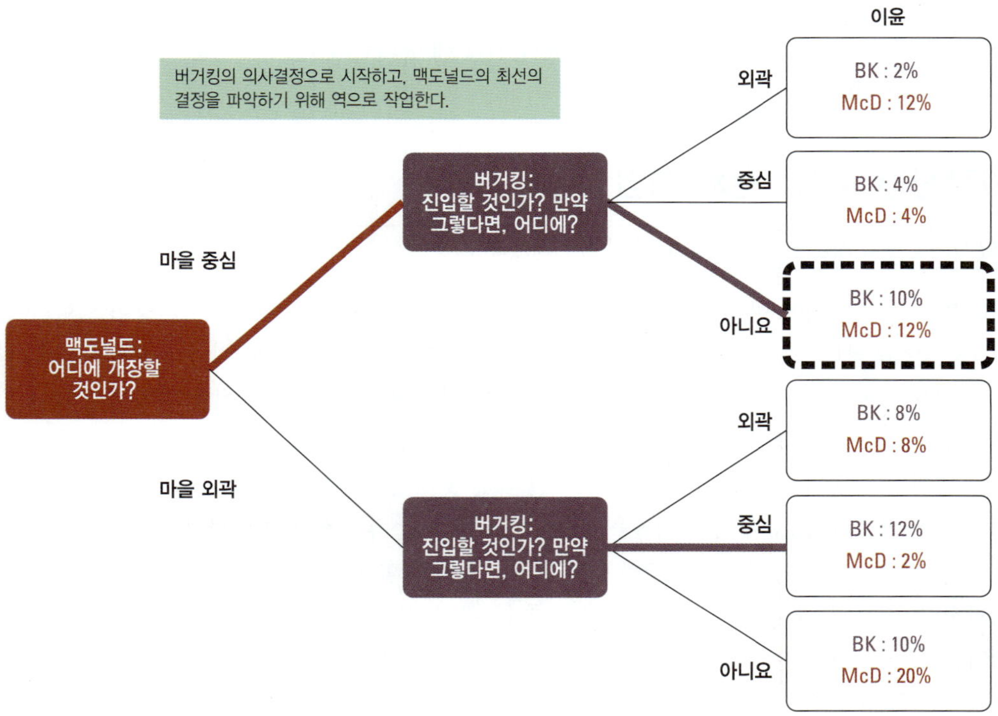

오른쪽 열은 맥도널드와 버거킹 결정에 따른 6가지의 잠재적 결과를 보여준다. 버거킹의 선택으로 시작하고, 각 상황에서 버거킹이 선호하는 선택을 확인해 6가지의 잠재적 결과를 2개로 줄일 수 있다. 이것이 맥도널드가 직면하게 될 2개의 가능한 결과이고, 게임의 1단계에서 어떤 선택을 하느냐에 달려 있다. 그런 다음 이 중에서 맥도널드가 어느 결과를 선호하는지 확인할 수 있다.

정할 수 있다. 그 결정은 나무의 두 번째 단계에서 나타난다.

맥도널드의 행동을 위한 최선의 과정을 결정하기 위해 역진귀납법을 이용할 수 있다. 의사결정 나무의 오른쪽에서 시작하면, 만약 맥도널드가 외곽에 개장하면 버거킹은 중심에 개장할 것이라는 것을 알 수 있다. 그러나 만약 맥도널드가 중심에 개장하면 버거킹은 시장에 전혀 진입하지 않을 것이다. 의사결정 나무는 맥도널드가 실제로 직면하는 선택은 처음에 생각했던 것처럼, 시내에서의 15% 수익률과 외곽에서의 20% 수익률이 아니라는 것을 보여준다. 대신에, 선택은 시내에서의 15% 수익률 혹은 외곽에서의 2% 수익률이다. 경쟁자가 없는 상황에서, 비록 중심에 오픈하는 것이 맥도널드의 최선의 선택은 아니지만, 경쟁자가 시장에 진입하는 것을 저지하기 때문에, 그것은 최선의 전략적(strategic) 의사결정이다.

순차 게임에서 선발자의 이점

LO 9.6 선발자의 이점을 정의하고, 실행 속에서 그것을 확인하기

시장진입 게임에서, 선발자 맥도널드는 15% 수익률을 얻고, 반면 후발자 버거킹은 10%의 수익으로 기타 다른 곳에 투자하도록 강요받게 된다. 만약 버거킹이 먼저 마을에 도착했다면, 중심에 오픈하고 시장진입으로부터 맥도널드를 저지하는, 맥도널드의 상황과 같은 처지에 자신이 놓일 수 있었다. 이 게임에서, 마을에 먼저 도착한 기업이 더 높은 수익을 얻게 된다; 두 번째로 도착한 기업은 더 적은 것에 만족한다. 이것이 **선발자의 이점**이 있는 게임이고, 먼저 선택한 경기자가 후발자보다 더 높은 보수를 얻는다.

선발자의 이점 게임 상황에서 가장 먼저 선택한 사람이 뒤따라 선택한 사람에 비해 누리게 되는 편익

선발자의 이점은 1회 순차 게임에서 대단히 중요할 수 있다. 한 기업이 노조와 임금을 협상하는 임금협상 게임을 고려하자. 사실상 두 단체는 근로자의 임금 결정에 의해 산출되는 잉여(*surplus*)의 분할에 대한 협상을 하고 있다(이 문맥에서의 잉여는 사람들이 거래로부터 얻는 편익을 나타낸다는 것을 기억하자). 만약 이것이 1회 게임이고, 기업이 먼저 움직인다면, 단지 1%의 잉여를 제안하고 노조는 선택을 해야 한다: 제안을 수락하거나 혹은 거절한다. 거절하는 경우 파업을 하고 생산을 중단해 양쪽 모두 0의 잉여를 남긴다. 1%가 0보다 낫다고 계산해 노조는 마지못해 제안을 수락한다. 〈그림 9-9〉의 의사결정 나무는 이러한 계산을 나타낸다.

그림 9-8

최후통첩 게임의 의사결정 나무

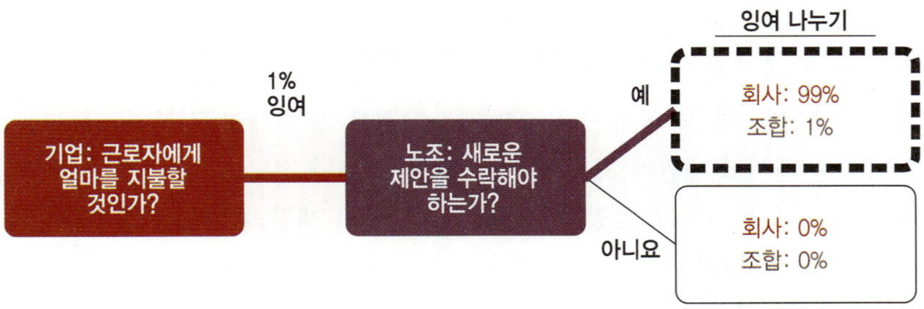

최후통첩 게임에서 본 것처럼, 매우 강력한 선발자의 이점이 있을 때, 이러한 의사결정 나무는 간단한 결과를 보여준다. 기업은 '받아들이든가 혹은 거부하든가'의 제안을 하고, 노조는 그것이 0보다 큰 제안은 항상 수락할 것이다. 1% 잉여는 낮지만, 0은 더 좋지 않다.

그러나 만약 노조가 먼저 움직이면, 잉여의 99%를 요구할 수 있다. 기업은 근로자들이 파업해 전혀 돈을 얻을 수 없는 위험보다는 그 요구액을 지불한다고 가정한다. 이것은 경제학자들이 **최후통첩 게임**(*ultimatum game*)이라 부르는 것의 사례다: 한 경기자가 제안을 하고, 다른 경기자는 수락할지 혹은 거절할지를 단순히 선택한다. 다음 절에서 보는 것처럼, 1회 게임을 여러 회 게임으로 바꾸는 반대 제안(counteroffers)을 하는 능력이 극적으로 상황을 바꾼다.

반복 순차 게임

LO 9.7 반복 게임에서 참을성 있는 경기자가 더 많은 협상력을 가지는 이유 설명하기

지속적인 협력을 가능하게 하여 죄수의 딜레마와 같은 동시 게임의 본질을 반복 경기가 바꾼다는 것을 배웠다. 반복 경기는 또한 선발자의 이점을 줄임으로써 순차 게임의 결과를 바꿀 수 있다.

반대 제안(counteroffers)을 하는 능력은 선발자의 이점이 모든 것을 이기는 게임에서, 참을성이 승리하는 전략인 게임으로 협상을 변형시킨다. 왜 그런가? 거의 모든 사례에서, 미래에 정해진 총계의 가치는 현재의 동일한 총계의 가치보다 적다. 협상은 시간이 걸린다; 경기자들이 합의에 도달하기 전에 개최되는 매회 협상에 대해, 그들이 나누는 잉여의 가치는 내려간다. 기업과 노조의 임금협상에서, 이러한 가치의 감소는 협상이 진행되는 동안 잃어버린 생산 시간으로 생각할 수 있다. 이러한 상황에서, 현재의 돈 대비 미래 돈의 가치에 더 무게를 두는 사람, 더 참을성이 있는 경기자가 이점을 가진다. 더 오래 지속하려는 경기자는 더 많은 협상력을 가지고, 그래서 더 좋은 보수를 받는다.

현실에서 다수의 임금 협상은 수년간 계속되지 않는다(비록 몇몇은 그렇지만). 만약 각 경기자가 다른 경기자가 얼마나 참을성이 있는지를 안다면, 양측은 모든 회를 경기할 필요가 없다. 대신에, 기업은 만약 양측이 모든 회를 경기해 결국 발생하게 될 몫을 간단하게 제안한다. 그 경우, 잉여는 각 경기자의 참을성의 비율로 나누어진다.

순차 게임의 맹약

LO 9.8 맹약전략이 어떻게 경기자들의 선택을 제한해 그들의 목표를 달성하도록 만드는지 설명하기

죄수의 딜레마와 같은 동시 게임에서 신뢰할 만한 맹약을 만드는 것은 보수를 바꿀 수 있고, 다른 경기자의 전략에 영향을 줄 수 있다는 것을 상기하자. 이것은 순차 게임에서도 마찬가지다. 한 장군이 승리의 기회를 높이기 위해, 역설적으로 그 자신의 선택을 제한함으로써 맹약전략을 사용했던 군사전략 사례를 생각해보자.

16세기 초, 스페인의 왕을 위해 땅을 요구할 작정으로 스페인 정복자 에르난 코르테스(Hernán Cortés)는 멕시코 해안에 도착했다. 그 땅은 엄청난 전투 병력을 가진, 강력한 아즈텍 제국(Aztec empire)이 통치하고 있었다. 〈그림 9-9〉는 이 게임의 의사결정 나무를 보여준다. 각 상대는 전진하거나 후퇴하는 것을 선택할 수 있고, 아즈텍이 먼저 움직인다. 코르테스의 도착에 어떻게 반응할지 결정한다. 만약 아즈텍이 후퇴하면, 그들은 코르테스가 전진해 그들의 땅을 차지할 것임을 알고 있다. 만약 아즈텍이 전진하면, 코르테스는 2가지 선택이 있다: 후퇴해 살아남든가 혹은 전진해 끝까지 싸운다.

그림 9-9

코르테스와 아즈텍의 의사결정 나무

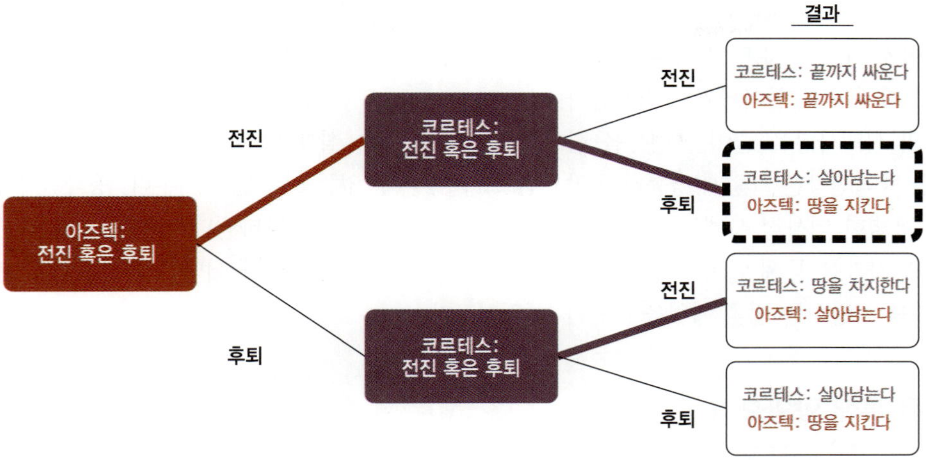

아즈텍은 만약 그들이 후퇴하면, 코르테스가 전진하여 그들의 땅을 차지할 것이라는 것을 안다. 그러나 만약 그들이 전진하면, 그들은 코르테스가 후퇴해 살아서 군대를 지킬 것이라고 추측할 수 있다. 이것을 알기 때문에 코르테스가 후퇴할 것을 기대하면서, 아즈텍은 그들의 땅을 지키기 위해 전진할 것이다.

코르테스가 얼마나 용감하고 열성적으로 병사들에게 요청했든 아즈텍은 만약 스페인 병사들이 끝까지 싸우게 되는 상황에 직면한다면, 그들이 배로 안전하게 후퇴하는 것을 선호한다고 예상한다. 따라서 아즈텍은 전진하기로 결정할 것이다. 만약 양쪽 경기자 모두 합리적으로 행동한다면, 이 게임의 결과는 코르테스가 후퇴하는 것이다.

그림 9-10

배 불태우기의 의사결정 나무

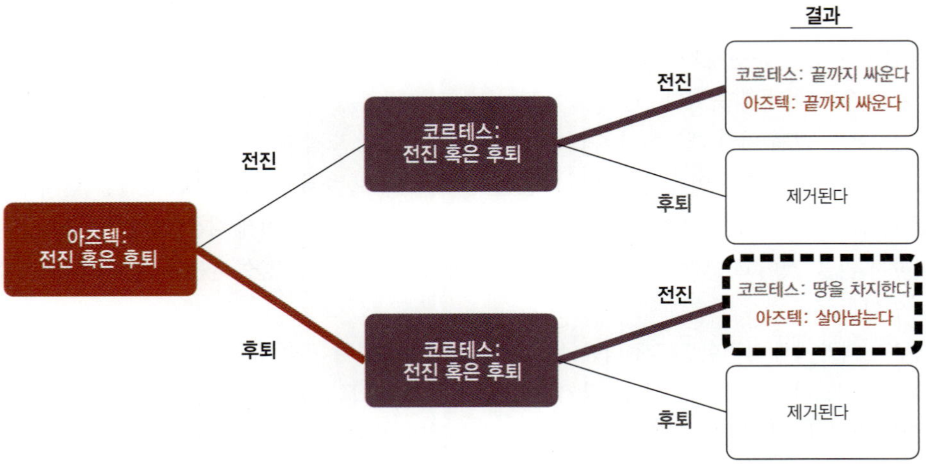

코르테스는 배를 불태워서 후퇴 가능성을 제거한다. 아즈텍은 그들이 무엇을 하든, 스페인 군대는 전진하는 것 말고 다른 선택의 여지가 없다는 것을 안다. 아즈텍은 끝까지 싸우기보다는 후퇴해 그들의 땅을 코르테스에게 양도하는 것을 선호한다.

아즈텍의 계산을 예상하고, 코르테스는 극단적으로 조치한다: 그는 배를 불태워, 두려워하는 병사들의 후퇴 가능성을 차단한다. 〈그림 9-10〉은 이러한 과감한 조치가 어떻게 의사결정 나무를 바꾸는지 보여준다. 새로운 시나리오 아래 이제 아즈텍은 만약 그들이 공격하면 코르테스는 끝까지 싸우는 것 말고 다른 선택이 없다는 것을 안다. 아즈텍은 전진해 죽음의 위험에 처하는 것보다 후퇴해 살아남기로 결정한다.

그의 선택사항을 줄이는 행동을 함으로써, 코르테스는 상대의 전략을 변화하도록 만든다; 그러한 맹약전략은 그렇게 행동하지 않으면 그가 가질 수 없는 보수를 가져온다. 맹약전략에 대한 이 유명한 역사적 사례는 종종 '배 불태우기(배수진 치기)'를 나타낸다. 맹약전략의 다른 적용으로, 사례를 통해 알아보기의 '닥터 스트레인지러브 혹은: 우리가 어떻게 걱정을 멈추고 행동장치를 사랑하는 법을 배웠을 것인가'를 읽어보자.

사례를 통해 알아보기

닥터 스트레인지러브 혹은: 우리가 어떻게 걱정을 멈추고 행동장치를 사랑하는 법을 배웠을 것인가

두 차의 운전자가 서로를 향해 엄청난 속도로 달려가는 '치킨 게임'을 생각해보자. 만약 둘 중 하나가 방향을 틀지 않으면 그들은 정면 충돌할 것이다. 강심장을 필요로 한다. 일반적으로, 한 사람이 겁을 먹고 다른 차로부터 길에서 벗어나려고 해 게임에서 지고, '치킨(겁쟁이)'이 된다. 분명히, 이것은 한 사람이 이기기를 양쪽 모두 기다리면서 방향을 돌리는 데 너무 오래 걸리는 것과 같이, 약간의 전략적 계산착오가 정말로 매우 잘못된 상황으로 가도록 할 수 있는 게임이다.

치킨 게임은 냉전시대에 왜 미국과 소련이 막대한 핵무기 비축을 축적해왔는지를 이해하는 데 사용되어왔다. 때때로 '상호 확증 파괴(mutually assured destruction)'로 표현되는 그들의 전략은 각자 상대방을 파괴할 만큼 충분히 치명적인 탄두를 축적하는 것이다. 군사와 정치 전략가는 만약 한 국가가 공격하면, 다른 국가가 더 큰 힘으로 반격한다고 추정했다. 이는 세계적 규모의 정면 충돌 사고처럼, 서로 자멸하게 된다. 주어진 상호 파괴의 이러한 위협 속에서, 전략가들은 그들이 얼마나 좋지 않은 관계인지와 상관없이, 어느 국가도 다른 국가를 공격하는 위험을 감수하지 않을 것이라고 판단했다. 이것은 충돌이 임박할 때, 다른 운전자가 방향을 돌릴 거라고 장담하는 양쪽 운전자와 매우 비슷하다. 냉전시대에 사는 많은 사람들은 이러한 논리를 안심시키는 것을 찾아내지 못했다.

여러분은 어떻게 치킨 게임에서 승리할 것인가? 멕시코에 도착한 후 배를 불태운 스페인 장군 코르테스로부터 교훈을 얻을 수 있다. 다른 운전자가 다 보는 데서 창밖으로 핸들을 던져 직선으로 계속 운전하는 전략에 대한 여러분의 맹약을 신호로 보낸다. 이제 다른 경기자는 여러분이 후퇴하지 않을 것이고 그래서 방향을 돌려 패배하거나 혹은 정면 충돌하는 선택에 직면한다는 것을 안다.

핵무기 맥락에서 그러한 맹약전략은 우스꽝스럽게 1964년의 고전 영화 〈닥터 스트레인지러브〉로 영화화되었다. '지구 최후의 날 장치'를 만드는 소련을 모델로 한 영화다. 만약 핵탄두가 소련 영토 내에서 폭발하면, 이 장치는 미국에 대한 전면 공격을 자동으로 시작한다. 미국은 만약 소련을 공격한다면 소련이 세계를 파괴한다는 것을 확실히 알고 있다. 이론상, 소련이 결코 공격당하지 않는다는 것을 보장해야 한다. 영화는 세계가 핵폭탄의 버섯구름으로 휩싸이는 것으로 끝난다. 결국, 최후의 날 장치는 상호 파괴를 방지하기보다는 그것을 확인하게 된다.

현실에서, 아무도 아직 최후의 날 장치를 발명하지 않았지만, 냉전시대 이후 핵전쟁의 공포는 멀어지고 있다. 그러나 냉전의 유산은 몇 번이고 다시 세계를 멸망시킬 만큼 충분한 핵탄두가 여전히 많다는 것이다. 주요 핵 보유국은 세계가 그들의 핵 비축량을 줄이는 합의에 이르기 위해 애쓰고 있다. 그것은 새로운 군비 경쟁의 가능성과 또 다른 핵 치킨 게임이 항상 존재한다는 것을 의미한다.

Source: http://www.thenation.com/article/dr-strangelove .

✓ 개념 확인하기

- ❒ 같은 마을에 버거킹이 진입할 가능성이 맥도널드의 전략을 바꾸는 이유는 무엇인가? **[LO 9.5]**
- ❒ 만약 버거킹이 그 마을에 식당을 차리기 위한 첫 번째 체인점이라면, 버거킹이 더 좋아지는 이유는 무엇인가? **[LO 9.6]**
- ❒ 순차 게임에서 더 좋은 결과를 얻기 위해 어떻게 여러분의 선택을 줄일 수 있는가? **[LO 9.7]**
- ❒ 반복 경기가 협상 게임에서의 선발자의 이점을 희석하는 이유는 무엇인가? **[LO 9.8]**

결론

9장에서는 전략적 게임의 개념을 소개했다. 많은 실제 상황은 마치 관련된 규칙, 전략과 잠재적인 보수로 구성된 전략적 게임처럼 분석될 수 있다.

게임이론은 처음에는 직관적으로 보이는 않는 결과의 이면에 있는 논리를 설명할 수 있다. 예를 들어, 때때로 동시 게임의 두 경기자는 양쪽 모두를 더 나쁘게 하는 방법으로 행동하는 것을 선택한다. 게임이 동시가 아니라 차례로 경기하게 되면, 선발자의 결정은 전체 게임의 결과를 좌우할 수 있다. 그러나 반복 경기에서 선발자의 이점은 약화된다. 서로 소통하고 전략에 동의할 수 있는 경기자들은 종종 그들이 홀로 행동해서 얻는 결과보다 더 나은 결과를 획득할 수 있다. 만약 한쪽이 이탈해 앞서고 싶어 한다면, 그러한 합의는 결렬된다.

역진귀납법은 또 다른 유용한 분석 수단이다; 여러분의 결정을 세분화하고 어떻게 다른 사람의 결정에 영향을 주는지 추측해 최종 보수를 구성할 수 있도록 해준다.

현실 문제를 해결하려고 할 때 사회적이든 개인적이든, 사업적이든, 이러한 전략적 논의를 통해 생각하는 것이 도움이 된다. 그렇게 하는 것은 주어진 규칙과 제약하에 게임을 '경기'하는 법을 알 수 있도록 돕는다. 또한 가능한 한 더 나은 결과를 얻기 위해 규칙과 제약을 바꾸는 법을 알 수 있도록 돕는다.

9장에서의 다수의 분석은 다른 사람이 무엇을 하고 따라서 어떻게 행동하는지를 추측하는 한 경기자와 관련되어 있다. 다음 장에서는 한 경기자가 무엇을 하기 위해 계획하는 것을 아는 것이 항상 쉽지 않고 정보의 부족이 실제 경제적 결과라는 것을 배우게 될 것이다.

주요 용어

TFT전략 p.270	맹약전략 p.267	우월전략 p.265
게임 p.261	반복 게임 p.269	전략적으로 행동하기 p.261
게임이론 p.261	선발자의 이점 p.275	죄수의 딜레마 p.262
내쉬균형 p.266	역진귀납법 p.272	

요약

LO 9.1 전략적 행동을 정의하고 전략적 게임의 구성요소 기술하기

만약 사람들이 그들 자신과 다른 사람의 결정의 상호작용을 예상해 목표를 달성하기 위해 필요한 선택을 한다면, 그들은 **전략적으로 행동하는** 것이다. 경제학자들은 전략적으로 생각하는 것과 관련된 것을 필요로 하는 상황을 설명하기 위해 게임 용어를 사용한다. 게임은 경기자들이 취할 수 있도록 허락된 행동을 정의하는 **규칙**; 경기자가 바라는 목표를 달성하기 위해 따르는, **전략** 혹은 행동 계획; 그리고 특정한 행동을 취함으로써 얻게 되는 보상인 **보수**를 가진다.

LO 9.2 죄수의 딜레마에서 비협조가 우월전략인 이유 설명하기

죄수의 딜레마는 서로에게 이익이 될 때에도 두 사람이 협력을 하기 어려운 상황이다. 각 경기자는 협력하거나 그렇지 않은 선택을 할 수 있다. 각각은 상호 비협조보다 상호 협조를 선호하지만, 다른 경기자가 무슨 전략을 선택하든 상관없이 그것의 보수가 더 높기 때문에, 비협조가 우월전략이다. 이 게임에서, 자신의 이익을 추구하는 것이 모든 사람을 더 좋지 않게 만든다. 경기자들은 때때로 만약 균형에서 이탈하면 보복을 따르기로 동의하는, **맹약전략**을 통해 상호 이익이 되는 **균형**에 도달할 수 있다.

LO 9.3 반복 경기가 어떻게 협조를 가능하게 하는지 설명하기

반복 게임에서, 경기자들은 1회에 이탈하는 자에 대해 다음 회에 서로에게 보복해 서로를 벌할 수 있다. 그 결과, 1회 게임에서 그들이 그렇게 할 수 없었던 때에도, 경기자들은 때때로 상호 이익이 되는 균형에 도달할 수 있다. 반복 게임의 일반적인 전략은 **TFT전략**으로서, 그것은 한 경기자가 상대가 전 회에 했던 동일한 행동을 취한다. 이탈하는 것이 그들에게 게임의 모든 장래의 모든 회에서 덜 이익이 되는 균형을 가져오기 때문에, 이 TFT전략으로 경기를 하는 누구나 협력하려는 강한 유인을 가진다.

LO 9.4 역진귀납법이 어떻게 의사결정을 하는 데 사용될 수 있는지 설명하기

역진귀납법은 최선의 전략을 결정하기 위해 역으로 문제를 분석하는 과정이다. 최종 선택에서 시작하고, 그 다음에 최종에서 두 번째, 기타 등등으로 진행된다. 이러한 문제 해결 수단은 우선 여러분이 도달하려는 목표를 선택하고, 그 다음에 그것에 도달하기 위해 취해야 하는 단계를 결정해 장래의 다른 결과에 대한 선택사항을 고르는 데 사용될 수 있다.

LO 9.5 순차 게임을 풀기 위해 의사결정 나무 사용하기

많은 상황에서, 한 사람이나 기업은 다른 사람보다 먼저 결정을 내려야 한다. 이러한 상황은 동시라기보다는 순차적으로 경기자들이 움직이는 게임으로서 나타낼 수 있다. 각자가 얻는 보수가 여전히 다른 사람의 결정에 달려 있기 때문에, 먼저 움직이는 경기자는 다른 경기자가 반응해 내리는 결정을 예상해야 한다. 이러한 결정은 의사결정 나무의 마디로 그려질 수 있고, 그것은 각 선택사항에 따르는 선택이나 보수로 갈라진다. **역진귀납법**은 의사결정 나무를 분석하고 게임의 각 단계에서 최선의 행동을 결정하기 위해 사용될 수 있다.

LO 9.6 선발자의 이점을 정의하고, 실행 속에서 그것을 확인하기

선발자의 이점이 있는 게임에서, 먼저 움직이는 경기자가 다른 경기자보다 높은 보수를 얻는다. 선발자의 이점의 최후통첩 사례는 첫 번째 제안을 만드는 사람이 거의 모든 것을 얻는 1회 협상 게임이다. 제안과 반대 제안이 여러 회에 걸쳐 협상하는 능력은 선발자의 이점을 희석한다.

LO 9.7 반복 게임에서 참을성 있는 경기자가 더 많은 협상력을 가지는 이유 설명하기

반대 제안(counteroffers)을 하는 능력은 선발자의 이점이 모든 것을 이기는 게임에서, 참을성의 게임으로 협상을 변형시킨다. 협상은 시간이 걸리기 때문에, 경기자들이 합의에 도달하기 전에 개최되는 매회 협상에 대해, 그들이 나누는 보수의 가치는 내려간다. 그리하여, 더 참을성이 있는 경기자(현재의 돈 대비 미래 돈의 가치에 더 무게를 두는 사람)는 참을성이 덜한 경기자보다 이점을 가진다. 결국, 잉여는 각 경기자의 참을성의 비중으로 나누어지게 될 것이다.

LO 9.8 맹약전략이 어떻게 경기자들의 선택을 제한해 그들의 목표를 달성하도록 만드는지 설명하기

순차 게임에서, 여러분의 선택을 제한해 상대의 행동을 바꿀 수 있다. 예를 들면, 퇴로를 차단하는 것과 같은 맹약전략은 믿을 수 없는 위협에서 믿을 수 있는 것으로 바꾸고, 상대의 선택사항과 관련된 보수를 바꾼다.

복습문제

1. 시험을 치르는 것은 게임으로 고려될 수 있다. 이 게임의 규칙, 전략과 보수에 대해 설명하라. **[LO 9.1]**
2. 대통령 선거에 이기기 위해 전략적 행동이 요구되는 이유를 설명하라. **[LO 9.1]**
3. 펠릭스와 샘은 룸메이트다. 그들은 모두 깨끗한 접시를 원하지만, 서로 접시 닦는 일을 미루기만 한다. 펠릭스와 샘은 결국 지저분한 접시로 가득한 싱크대가 될 것 같은 이유를 설명하기 위해 〈그림 9Q-1〉에 있는 의사결정 행렬을 사용하라. 그들의 선호는 가장 낮은 1부터 가장 높은 4로 순위가 매겨진다. **[LO 9.2]**

그림 9Q-1

		펠릭스	
		접시 세척	접시를 세척하지 않음
샘	접시 세척	2 / 2	4 / 1
	접시를 세척하지 않음	1 / 4	3 / 3

4. 메기가 살고 있는 연못을 두 이웃이 공유하고 있다. 물고기 스스로 보충할 정도의 물고기 양을 유지하기 위해 그들은 각자가 낚시할 수 있는 물고기 양에 대해 합의를 했다. 만약 한 이웃이 물고기 양을 약간만 늘리면, 메기의 양은 여전히 보충이 가능하다. 만약 두 이웃 모두 물고기 양을 늘리면, 물고기 양은 지속할 수 없을 것이다. 두 이웃 모두 그들이 낚시하는 양을 속여서 늘리고 싶지만, 다른 이웃은 합의를 지키기를 원한다. **[LO 9.2]**
   a. 비협조적인 결과는 무엇이고, 이런 일이 일어나는 이유는 무엇인가?
   b. 협조적인 결과는 무엇이고, 이웃들은 어떻게 이러한 결과를 달성할 수 있는가?
5. 여러분의 룸메이트가 방 청소하는 것을 공유하도록 동기를 부여하기 위해 어떻게 TFT전략을 사용할 수 있는지 설명하라. **[LO 9.3]**
6. 토니와 칼라는 새로운 동료다. 그들은 매주 목요일 밤에 함께 외출하는 계획을 세운다. 그들의 첫 번째 목요일 밤 외출에, 토니는 맥주 한 피처를 사서 칼라와 나누었다. 칼라는 목요일 밤의 외출이 새로운 동료와의 즐거운 시간은 물론 공짜 맥주까지 마실 수 있어 신이 났다. 칼라가 왜 실망할 것 같은지 설명하라. **[LO 9.3]**
7. 여러분의 목표가 승진이라고 가정하자. 지금 곧 그 목적을 위해 무슨 일을 해야 하는지를 결정하기 위해 역진귀납법을 사용하고, 여러분 논리의 각 단계를 설명하라. **[LO 9.4]**
8. 여러분은 친구와 게임을 하고 있다. 여러분 차례지만, 여러분은 우월전략을 가지고 있지 않다. 여러분의 보수는 여러분의 움직임 이후 친구가 무엇을 하는지에 달려 있다. 여러분은 무엇을 해야 할지 결정하기 위해 동전을 던지는 것을 생각하고 있다. 여러분이 동전에 손을 막 뻗으려고 하는데, 친구가 우월전략을 가지고 있다는 것을 깨닫는다. 이제 역진귀납법을 이용하는 것이 어떻게 여러분의 다음번 움직임을 결정할 것인지 설명하라. **[LO 9.4]**
9. 멜리사는 질이 지난주 역사 시험에서 그녀를 컨닝하도록 해주었다. 이제 멜리사는 질이 그녀에게 50달러를 지불하지 않으면, 그 일을 알린다고 협박하고 있다. 멜리사가 침묵하도록 질이 멜리사에게 지불할지 여부를 설명하기 위해 〈그림 9Q-2〉의 의사결정 나무를 이용하라. **[LO 9.5]**
10. 니콜라스는 급료 인상을 요구한다. 그의 상사는 그의 요구를 승인할지 여부를 결정해야 한다. 만약 니콜라스는

급료가 인상되지 않으면, 그대로 직장에 남을지 혹은 퇴사할지 결정해야 한다. 이러한 순차 게임에서 의사결정 나무를 구성하고, 심지어 급료가 오르지 않아도 그대로 직장에 남는 것이 니콜라스의 우월전략인 보수 구조를 선택하라. **[LO 9.5]**

11. 일자리 제의는 선발자의 이점이 있는 1회 협상 게임으로 생각할 수 있다: 회사는 여러분에게 일정한 월급의 일자리를 제안하고, 여러분은 받아들이든 말든 할 수 있다. 여러분이 반대 제안을 만들 수 없음에도 불구하고, 회사는 이 게임에서 모든 잉여를 차지하지 않을 것이라는 이유를 설명하라. **[LO 9.6]**
12. 뮤리엘은 그녀의 직업을 좋아하지만, 상사는 형편없을 만큼 적은 상여금을 준다. 뮤니엘은 최근에 더 좋은 보상의 새로운 일자리를 제안받았고, 친구는 그녀가 받아들일 의향이 있는지 알고 싶어 한다. "그것은 올해의 상여금이 넉넉한지 여부에 달려 있다. 두고보자. 다음주에 알게 될 것이다." 뮤니엘이 새로운 일자리를 수락할 것 같은 이유를 설명하라. 만약 그녀가 그대로 직장에 남고 더 나은 보상을 원한다면, 그녀의 전략을 어떻게 개선할 수 있을 것인가? **[LO 9.6]**
13. 여러분이 이민을 가기 위해 차를 빨리 판매해야 한다고 가정하자. 만약 여러분이 곧 이민 간다는 것을 알아차린다면, 중고차 중개인으로부터 더 낮은 제안을 받을 것 같은 이유를 설명하라. **[LO 9.7]**
14. 할은 일자리 제의에 대해 임금협상을 하고 있다. 할의 잠재 고용주가 먼저 제안을 한다. 할은 그 제안을 수락할 것을 알지만, 1~2주 생각할 시간을 달라고 요청한다. 만약 그 제안이 할에게 받아들여졌지만, 그는 왜 이렇게 행동을 했는가? **[LO 9.7]**
15. 군사적으로, 전투에서 후퇴와 극도로 불명예스러운 기타 비겁한 행동에 대한 행동 강령을 대부분 가지고 있다. 전사는 항복하기보다는 전투에서 용감하게 죽는 것이 기대된다; 만약 그들이 후퇴한다면, 그들은 엄청난 사회적 낙인에 직면한다. 역설적으로, 이러한 강령은 전사가 전투에서 승리하도록 도울 수 있다. 설명하라. **[LO 9.8]**

그림 9Q-2

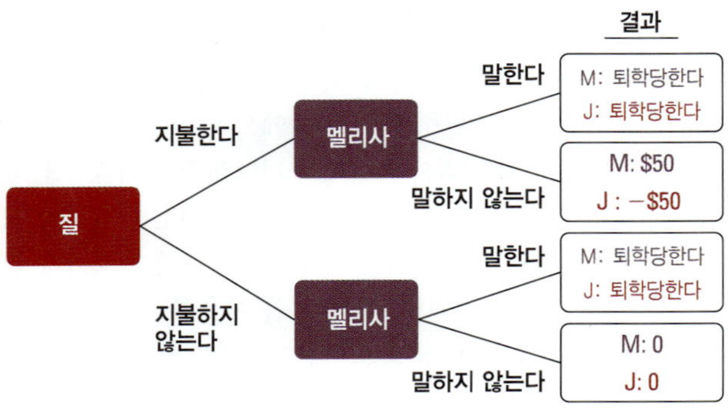

그림 9Q-3

주유소 A \ 주유소 B	낮은 가격	높은 가격
높은 가격	A: $35,000 / B: $35,000	A: $125,000 / B: $65,000
낮은 가격	A: $65,000 / B: $125,000	A: $95,000 / B: $95,000

16. 한 마을의 두 주유소는 더 많이 판매하기 위해 가격을 낮추는 것을 각자 고려하고 있다. 이것이 각 주유소의 이윤에 어떻게 영향을 주는지는 다른 주유소 또한 가격을 낮추는지 여부에 달려 있다. 〈그림 9Q-3〉의 의사결정 행렬은 각 경기자가 무엇을 결정하느냐에 달라지는 보수를 보여준다.

    두 주유소 모두 가격을 내리고, 둘 모두 역시 이윤을 낮추는 최악의 시나리오라는 것을 스스로 발견한다고 가정하자. 이제 주유소 A는 새로운 낮은 가격을 유지하기로 했다고 광고에 공표한다. 주유소 A는 왜 이렇게 행동하는가? 어떤 결과를 기대하는가? **[LO 9.8]**

응용문제

McGraw Hill connect ECONOMICS

1. 다음 각각이 규칙인지, 전략인지, 혹은 보수인지 말하라. **[LO 9.1]**
    a. 체스에서, 여러분이 상대의 킹을 포획할 때 게임에서 승리한다.
    b. 모노폴리에서, 경기자는 새로운 것을 사기 위해 현금을 마련하려고 자주 기존의 재산을 담보로 빌린다.
    c. 체스에서, 루크(rook) 말은 곧바로 직진, 후진 혹은 둘 중 하나의 방향의 모든 공간으로 이동할 수 있지만, 대각선으로는 이동할 수 없다.
    d. 가위바위보에서 여러분은 항상 바위를 낸다.

2. 샤론은 경매장에 간다. 다음 각각이 규칙인지, 전략인지, 혹은 보수인지 말하라. **[LO 9.1]**
   a. 입찰은 20달러씩 올려야 한다.
   b. 가장 높은 입찰이 경매된 물건을 가져간다.
   c. 그녀가 입찰에 응하기 앞서 입찰이 거의 막 끝나려 할 때까지 샤론은 기다린다.
   d. 경매에서 얻은 돈은 자선단체에 보내진다.
3. 〈그림 9P-1〉에서, 경기자 A의 우월전략은 무엇인가? 경기자 B의 우월전략은 무엇인가? **[LO 9.2]**
4. 한 마을의 두 주유소는 더 많이 판매하기 위해 가격을 낮추는 것을 각자 고려하고 있다. 이것이 각 주유소의 이윤에 어떻게 영향을 주는지는 다른 주유소 또한 가격을 낮추는지 여부에 달려 있다. 〈그림 9P-2〉의 의사결정 행렬은 각 경기자가 무엇을 결정하느냐에 따라 달라지는 보수를 보여준다. 모든 내쉬균형을 확인하라. **[LO 9.2]**
5. 상황 *a* 혹은 상황 *b* 중에서 어떤 것이 TFT전략이 협조를 유지하는 데 더 성공적일 것 같은가? **[LO 9.3]**
   a. 상대적으로 좋지 않은 경기자가 모든 에피소드에서 제거되는 실제 TV 쇼에서 경기자 간 상호 지원 합의
   b. 이웃 국가 간 평화 조약
6. 다음 중 어느 것이 TFT전략의 사례인가? **[LO 9.3]**
   a. 여러분의 친구는 올해 여러분에게 생일카드를 보내는 것을 잊었고, 그래서 여러분은 그녀의 다음번 생일에 카드를 보내지 않기로 결심한다.
   b. 여러분의 친구는 지난주 수업 노트를 여러분에게 빌려주었고, 그래서 여러분은 이번주에 다시 수업을 빠지려고 결심한다.
   c. 여러분과 룸메이트는 화장지, 우유, 기타 공유하는 물건을 교대로 산다.
   d. 여러분의 독서클럽은 여러분이 읽기를 원하지 않는 책을 선택하고, 그래서 여러분은 이달에 참여하지 않기로 결심한다.
7. 〈그림 9P-3〉의 역진귀납법을 이용해 가상의 대학생이 1학년 때 어떤 수업을 들어야 하는지 결정하라. 그녀는 경제학을 전공하고자 한다고 가정한다. **[LO 9.4]**
8. 미국의 미니애폴리스에서 덴마크의 코펜하겐으로 여행할 필요가 있다; 이제 화요일 아침이다. 여러분은 늦어도 수요일 오후 4시까지는 코펜하겐에 도착해야 한다. 〈표 9P-1〉에서 역진귀납법을 이용해 여행 일정을 선택하라. 여행 각 구간의 항공편을 기입하라. **[LO 9.4]**
9. 〈그림 9P-4〉에서 보여주는 순차 게임에서, 경기자 A는 게임의 마지막에 가장 높은 보수를 달성하기 위해 지금 어떤 선택을 해야 하는가? **[LO 9.5]**

그림 9P-1

		경기자 B	
		전략 1	전략 2
경기자 A	전략 1	−2 / −2	−3 / 1
	전략 2	1 / −3	0 / 0

그림 9P-2

		주유소 B	
		낮은 가격	높은 가격
주유소 A	높은 가격	\$35,000 / \$35,000	\$65,000 / \$125,000
	낮은 가격	\$125,000 / \$65,000	\$95,000 / \$95,000

그림 9P-3

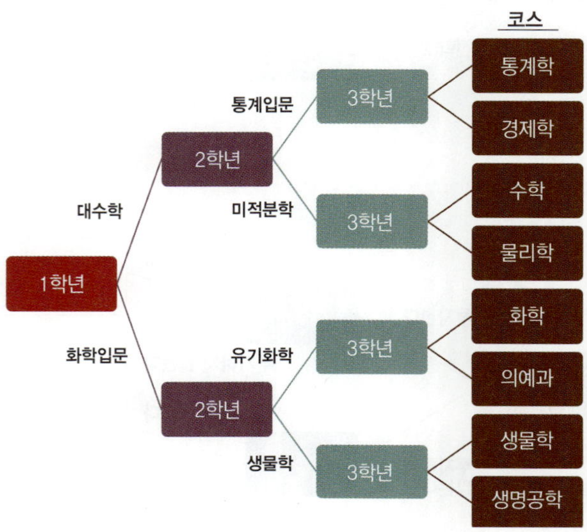

표 9P-1

항공편	출발	도착
13	미니애폴리스 5:45pm	시카고 7:15pm
456	미니애폴리스 7:00pm	시카고 8:35pm
1252	미니애폴리스 3:45pm	뉴욕 6:15pm
368	미니애폴리스 5:50pm	뉴욕 8:20pm
8120	시카고 5:20pm	런던 7:30pm
905	시카고 6:00pm	런던 8:05pm
1644	시카고 7:10pm	런던 9:45pm
2004	뉴욕 8:05pm	런던 9:30pm
1968	뉴욕 10:30pm	런던 11:45pm
44	뉴욕 11:10pm	런던 12:30pm
952	런던 9:00pm	코펜하겐 11:55pm
803	런던 11:15pm	코펜하겐 2:25pm
15	런던 1:45pm	코펜하겐 4:55pm
681	런던 3:05pm	코펜하겐 6:00pm

그림 9P-4

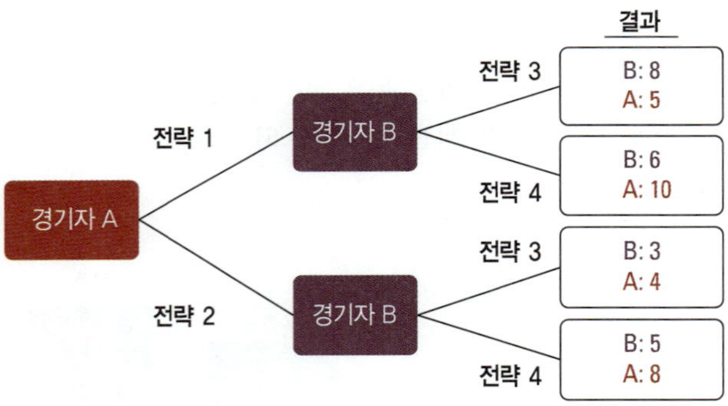

그림 9P-5

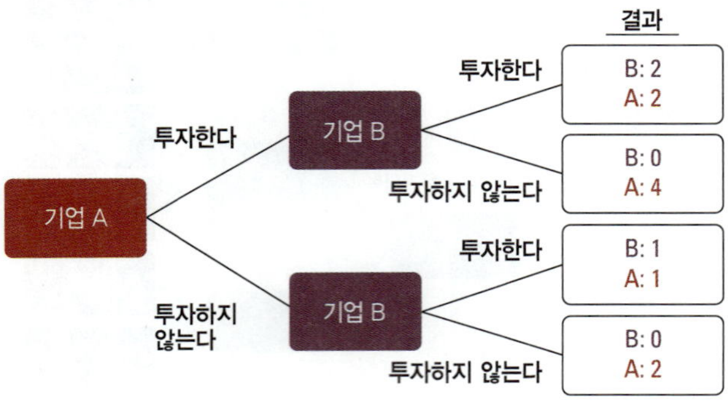

그림 9P-6

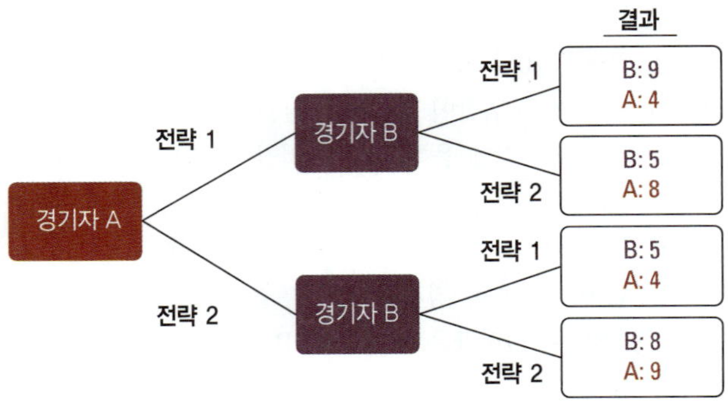

10. 기업 A는 새로운 시장으로 확장할 수 있도록 하기 위해 기반 시설에 투자할지 여부를 고려 중이다. 기업 B는 시장에 진입할지 여부를 고려 중이다. 기업들은 각각 다른 기업의 보수를 안다고 가정한다. 〈그림 9P-5〉를 이용해 다음의 항목에서 발생할 결과를 선택하라. **[LO 9.5]**
   a. A 투자한다, B 진입한다.
   b. A 투자한다, B 진입하지 않는다.
   c. A 투자하지 않는다, B 진입한다.
   d. A 투자하지 않는다, B 진입하지 않는다.
11. 〈그림 9P-6〉에서 보여주는 순차 게임에서, 경기자 A는 선발자의 이점을 가지는가? **[LO 9.6]**
12. 다음 중에서 선발자의 이점의 사례는 어느 것인가? **[LO 9.6]**
   a. 한 주택에 대해 여러분이 제안한다. 판매자는 단지 제안을 수락하거나 거절한다.
   b. 여러분과 룸메이트는 허드렛일을 나누고 있다. 쪽지에 허드렛일이 써 있고, 모자 속에서 꺼낸다. 여러분이 첫 번째로 꺼낸다.
   c. 복권을 사기 위한 줄에서 여러분이 첫 번째다.
   d. 다른 근로자가 휴가 신청이 계획되어 있지 않는 한, 여러분이 좋을 때 언제나 휴가 신청을 할 수 있다. 올해 여러분이 처음으로 휴가 신청서를 제출한다.
13. 어느 경기자가 더 높은 협상력을 가진 것 같은가: 쓰레기가 규칙적으로 수집되어야 한다는 화난 시민의 요구에 대응하는 시정부 혹은 환경미화원 노조? 여러분의 대답을 설명하라. **[LO 9.7]**
14. 어느 경기자가 더 높은 협상력을 가진 것 같은가: 새로운 부품 공급자를 찾고 있는 대규모 기업 혹은 부품을 팔려고 애쓰는 신생 기업? 여러분의 대답을 설명하라. **[LO 9.7]**

그림 9P-7

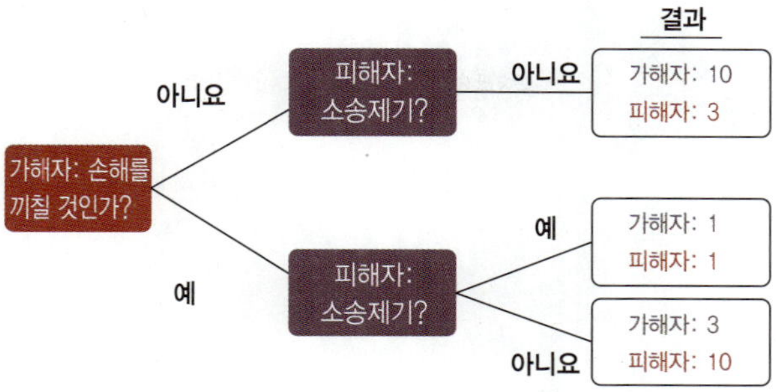

15. 〈그림 9P-7〉은 한 경기자가 다른 경기자의 재산에 손해를 끼칠지 여부를 결정하는 순차 게임을 보여준다. 그 다음에 손해를 입은 경기자는 변호사 비용이 드는 소송을 제기할지 여부를 선택한다. **[LO 9.8]**
   a. 이 '게임'에서 예상되는 결과는 무엇인가?
   b. 만약 피해자가 피해를 입을 때마다 항상 소송을 제기한다는 법적 구속력이 있는 서약을 가지고 있다면, 예상되는 결과는 무엇인가?
16. 두 기업이 새로운 시장에 진입할지 여부를 고려 중이다. 〈그림 9P-8〉의 의사결정 행렬은 한 기업 혹은 두 기업 모두, 혹은 두 기업 모두 시장에 진입하지 않는지 여부에 따라 달라지는 각 기업의 보수를 보여준다. 기업 A는 코스타리카에 있고, 기업 B는 니카라과에 있다. **[LO 9.8]**
   a. 만약 기업 A가 진입한다면, 기업 B는 무엇을 해야 하는가?
   b. 만약 기업 B가 진입한다면 기업 A는 무엇을 해야 하는가?
   c. 니카라과 정부가 기업 B가 입은 이윤 손실에 대해 보장할 것이라는 보도자료를 발표한다고 가정하자. 이러한 정책은 니카라과 정부에 얼마만큼 비용이 들게 할 것인가?

그림 9P-8

		기업 B	
		진입한다	진입하지 않는다
기업 A	진입하지 않는다	−$1M, −$1M	$3M, $0
	진입한다	$0, $3M	$0, $0

◀ 세계의 모바일 윈도우–이 장의 내용과 관련된 응용사례를 찾으려면 여러분의 스마트폰으로 이 코드를 스캔하라. (QR코드 리더가 필요하면, 여러분의 앱스토어에서 ScanLife를 활용하라.)

여러분의 모바일 앱스토어를 방문하여 Karlan and Morduch Study Econ app.을 다운로드 하라. ▶ Study Econ McGraw Hill

Chapter 10

정보

학습목표

LO 10.1 정보 비대칭을 정의하고 그것이 경제적 의사결정에 문제가 되는 이유 설명하기
LO 10.2 역선택을 정의하고 그것이 어떻게 비대칭 정보에 의해 초래되는지 설명하기
LO 10.3 도덕적 해이를 정의하고 그것이 어떻게 비대칭 정보에 의해 초래되는지 설명하기
LO 10.4 선별과 신호 발송을 구별하고 각각의 적용 기술하기
LO 10.5 평판이 어떻게 정보 문제를 해결하는 데 도움이 되는지 설명하기
LO 10.6 통계적 차별이 어떻게 정보 문제를 해결하는 데 사용되는지 설명하기
LO 10.7 정보 비대칭 문제를 극복하는 데 교육과 규제의 사용과 한계 토의하기

학자금 대출의 해결책?

1970년대, 예일 대학교의 행정관리는 교육비를 지불하기 위해 노력하는 학생들이 직면한 많은 문제를 해결하는 학자금 대출을 그들이 찾아냈다고 생각했다. 그것이 어떻게 작동하는지 보자: 학생들은 그 계획에 참여하기를 선택할 수 있고, 개인 융자를 상환하는 대신 졸업 후 매년 그들 소득의 작은 퍼센트(%)를 상환한다. 그들 **전체 졸업반**의 부채가 청산되었을 때, 지불할 의무가 끝나게 된다.

그 아이디어는 학생들이 좋은 대우를 받지 못하는 경향이 있는 공무원이 되지 않으려는 유인을 제거하는 것이었다. 대학교는 학생들이 개인적인 융자를 갚느라 힘든 시간을 보내는 것을 깨달았다. 그들의 새로운 계획 아래, 저소득 졸업생은 단지 작은 금액만 지불한다; 고소득 졸업생은 차액을 메워야 한다. 대학교 행정관리는 모든 졸업반에 몇몇 산업계 거물과 몇몇 사회복지사 및 선교사가 있다고 생각했다. 모든 사람의 부채를 분산해 균등하게 나누는 것이다. 투자 은행가와 기업 변호사는 그들이 지불해야 하는 추가적인 돈을 거의 피할 수 없었지만, 교사와 예술가는 그들의 낮은 월 지급액으로 엄청난 편익을 얻었다.

좋은 생각인가? 만약 예라고 한다면, 여러분은 그렇게 생각하는 유일한 사람은 아닐 것이다. 그 계획은 나중에 노벨 경제학상을 받은 예일의 경제학자 제임스 토빈(James Tobin)에 의해 지지되었고, 시카고 대학교 경제학자(그리고 또 다른 노벨 경제학상 수상자) 밀턴 프리드먼(Milton Friedman)에 의해 초기에 제안된 생각에서 나온 것이다. 불행하게도 거의 30년 후, 단 하나의 졸업반도 공동의 부채를 청산하는 데 성공하지 못했다. 그 프로그램은 완전 실패작으로 여겨졌고, 대학교는 다수의 부채를 취소하도록 압력을 받았다.

무엇이 잘못된 걸까? 2가지 문제가 있다. 첫 번째는 프로그램이 선택적이었다: 학생들은 참

여하지 않는 것을 선택할 수 있었고, 일반적인 방법으로 개별적으로 부채를 청산할 수 있었다. 행정관리는 학생들의 대표적인 횡단면은 그 프로그램에 참여하기를 원한다고 추정했다. 그들은 학생들이 대학 졸업 후 인생 계획이 있고, 그들의 소득이 높을지 낮을지 여부에 대해 상당히 좋은 감각을 가지고 있다는 사실을 간과했다. 은행 업무나 의대에 간 사람들은 많은 소득을 예상할 수 있다; 교사나 종교인을 택한 사람들은 적은 소득을 예상할 수 있다. 낮은 소득이 예상되는 학생들에게 형편만큼만 지불하기 때문에, 그 프로그램은 상당히 좋은 거래로 보였다. 고소득이 예상되는 학생들에게, 그렇게 매력적인 전망이 아니었다: 아마도 본인 융자금뿐만 아니라 가난한 동기의 것까지 상환해야 할 것이다. 당연히, 고소득이 예상되는 많은 학생들은 그 프로그램에 참여하는 것을 선택하지 않았다. 크고 작은 기여에 따른 계획된 분산은 발생하지 않았다.

게다가 두 번째 문제가 곧 명백하게 드러났다: IRS(미국 국세청)와 달리, 대학교는 동문의 급료로부터 지급액을 자동으로 거두어들일 수 없었다. 대학교는 모교에 대한 감정이 좋은 프로그램 참여자에 의존해야 했다. 그들은 기꺼이 소득을 신고했고 그들의 부채를 상환하는 사람들이지만, 이것이 그렇게 잘되지 않았다는 것을 듣는 것은 놀라운 일이 아니다. 모든 참여자가 약속을 잘 지킨 것은 아니었다. 대학교는 동문을 추적하려 애썼고, 얼마를 내야 하는지 알아낸 뒤 지불을 강요했지만 잘 되지 않았다.

이러한 2가지 문제는 정보의 불균형이라는 일반적인 주제다. 학생들이 그 프로그램에 참여할지 여부를 결정했을 때, 그들이 투자 은행가가 될 가능성이 얼마나 되는지 알았지만, 대학교는 알지 못했다(비록 대학교가 학생들의 직업 의향에 대해 알았다고 해도, 장래의 투자 은행가에게 참여하도록 강요할 수는 없었다. 그러나 그 프로그램이 불균형적으로 금융 전공자는 없고, 교육과 예술 분야 전공자로 채워졌다는 것을 그들이 알았을 때, 경종이 울렸다). 그러고 나서, 프로그램 참여자들이 졸업하고 일을 시작함에 따라 대학교는 그들이 얼마나 벌고, 그들이 내야 하는 것보다 적게 상환하는지를 알 수 없었다. 정보 누락으로 야기된 문제는 단지 요행이나 느슨한 집행이 아니었다; 프로그램 디자인에 내재된 것이다.

지금까지, 경제적 의사결정자는 그들이 결정을 내릴 때 완전한 정보를 알고 있다고 일반적으로 가정해왔다. 10장에서는 정보 불균형이 대출기관과 대출자, 구매자와 판매자, 고용주와 근로자 등 모든 종류의 거래에서 문제를 일으킬 수 있다는 것을 배울 것이다. 거래를 하는 당사자들이 다른 정보에 접속할 때, 시장은 종종 비효율적이고, 심지어 완전히 무너질 수 있다는 것을 배우게 될 것이다. 또, 즉각적으로 식별할 수 없는 정보를 사람들이 알아내려고 애쓰거나 공유하고, 그래서 제한된 정보에 직면해 더 좋은 결정을 내릴 수 있는 몇 가지 방법을 탐색할 것이다.

정보: 지식은 힘인가?

멋진 MP3 플레이어를 구매하기를 원하는가? 단돈 20달러! 환상적인 거래! 이제 여러분이 우리에게 20달러를 주고, 미안하지만 그 플레이어는 오직 10곡만 저장된다고 알린다. 또 고장이 났다. 미안하다. 그러나 여러분은 돈을 돌려받을 수 없다.

지금까지 'MP3 플레이어에 대해 얼마의 지불 의사가 있는가'와 같이 질문할 때, 여러분의 돈으로 무엇을 얻게 될지 정확하게 안다고 가정해왔다. 일반적으로, 합리적인 경제적 선택을 내리기 위해, 사람들은 그들이 무엇 사이에서 선택을 하고 있는지 알 필요가 있다. 사람들이 그들과 다른 관련 경제 행위자들이 직면한 선택에 대해 완전히 알고 있을 때, 그들은 **완전 정보**(complete information)를 가지고 있다고 말한다.

완전 정보 모든 관련된 경제 주체가 직면한 선택들에 대해 충분한 정보를 갖춘 상태

불행하게도, 사람들은 좀처럼 완벽히 완전 정보를 가지기 어렵다. 때때로, 그들은 선택을 수용할 만한 충분히 좋은 정보를 가진다. 그러나 대부분의 경우, 사람들은 정말로 문제가 될 정도로 잘 알지 못한다. 그들이 다 알지 못했기 때문에, 나중에 후회하는 결정을 내린 사람들을 아마도 주변에서 보았을 것이다. 그들은 조잡한 물건을 샀거나, 부채를 떼어먹으려는 사람으로 판명이 난 지인에게 돈을 빌려주었거나, 형편없는 배관이나 지붕이 새는 새 아파트로 이사를 갔다.

물론, 몇몇 선택은 진정으로 위험하다. 여러분이 주식이나 부동산에 투자할 때, 투자가 어떻게 실현될지에 대해 완벽한 정보를 가질 수 없다. 이러한 상황에도 불구하고, 시장은 여전히 잘 작동한다. 예를 들어, 여러분이 집의 홍수 피해 가능성에 대비해 연간 보험에 가입할 때, 여러분과 보험회사 모두 다음 12개월 안에 정확하게 비가 얼마나 내릴지 완벽한 정보를 가질 수 없다. 10장에서, 몇몇 사람은 다른 사람보다 더 좋은 정보를 가지고, 이점을 얻기 위해 그것을 이용하는 상황에서 위험 감수와 관련된 결정을 구별한다.

정보 비대칭

LO 10.1 정보 비대칭을 정의하고 그것이 경제적 의사결정에 문제가 되는 이유 설명하기

한 사람이 다른 사람보다 더 많은 것을 알 때 문제가 발생할 가능성이 있고, 이런 상황을 **정보 비대칭**(information asymmetry)이라 한다. 정비공에게 여러분의 차를 맡기는 상황을 생각해보자. 정비공은 차의 상태를 잘 알지만 여러분은 아주 조금 알고 있다. 그는 전체 제동 장치를 교체할 필요가 있다고 여러분에게 말할 수 있고, 그가 진실을 말하는지 알지 못하는 여러분은 그 금액을 모두 지불할 것이다.

정보 비대칭 어떤 사람이 다른 사람보다 더 많이 알고 있는 상황

그러한 정보 비대칭이 문제를 일으키는 이유를 알기 위해, 원하는 것과 그것과 연관된 제약을 고려해보자. 여러분은 가능한 한 가장 낮은 가격에서 차를 고치고 싶지만 차가 정확히 어떻게 기능하는지 혹은 왜 고장이 났는지에 대한 무지에 의해 제약된다. 정비공은 가능한 한 많은 돈을 벌기를 원한다. 그는 단지 도덕적 양심과, 만약 그가 제동 장치 작동에 대한 여러분의 지식을 과소평가한 것으로 판명된다면 그의 평판과 그의 사업에 대한 가능한 손해에 대한 관심에 의해 제약된다.(정보가 할 수 있는 역할에 대해서는 나중에 알아보자.) 한 사람이 다른 사람보다 훨씬 많이 알 때, 그 사람은 다른 사람의 비용으로 그가 원하는 것을 달성할 수 있다—이 경우, 정비공은 여러분 차가 실제로 필요로 하지 않는 수리에 대해 비용을 부과함으로써 더 많은 돈을 버는 데 성공한다.

여러분이 원하는 것(가능한 한 적게 지출)은 정비공의 그것(가능한 한 많이 부과)과 반대다. 만약 두 당사자의 유인이 제휴된다면, 정보 비대칭은 문제가 되지 않는다. 만약 기계에 밝은 친구가 호의로 여러분 차를 고친다면, 두 사람 모두 가능한 한 적은 비용으로 수리하기를 원한다. 차에 대해 친구보다 여러분이 덜 아는 것이 문제가 되지 않는다.

여기서, 정보 비대칭의 2가지 중요한 형태인 역선택(*adverse selection*)과 도덕적 해이(*moral hazard*)에 대해 논의할 것이다. 이러한 비대칭은 보험 산업에서 흔한 문제고, 그들이 다른 시장

에서도 역시 문제를 일으키는 것을 알게 될 것이다.

역선택과 레몬의 문제

LO 10.2 역선택을 정의하고 그것이 어떻게 비대칭 정보에 의해 초래되는지 설명하기

역선택 거래 시 구매자와 판매자가 상품의 질이나 거래 상황의 위험성에 대해 서로 다른 정보를 갖고 있을 때 발생하는 상태. 양측이 보유한 정보가 같았다면 가능했을 거래가 달성될 수 없음

예일의 학자금 대출 사례처럼, 합리적이고 효용을 극대화하는 사람들은 편익을 기대할 때 거래에 참여하기로 선택하고, 편익을 기대하지 않는 거래에 참여하지 않기로 선택한다. 두 당사자가 다른 정보를 가지고 있을 때, **역선택**(*lemons problem*)의 문제가 나타날 수 있다. 구매자와 판매자가 재화의 품질이나 상황의 위험도에 대해 다른 정보를 가지고 있을 때 **역선택**이 발생한다. 그 결과, 만약 양쪽이 동일한 정보를 가졌다면 가능했을 거래를 성사하는 데 실패해 몇몇 구매자와 판매자는 손해를 볼 수 있다.

역선택의 잘 알려진 사례 중 하나는 중고차시장의 '레몬(lemons)' 문제다. 레몬은 되풀이해 고장 나는 자동차를 의미한다. 중고차 판매자는 그들 차의 실제 특성에 대해 잠재 구매자보다 많이 알고 있기 때문에, 중고차시장에는 정보 비대칭이 존재한다. 시험 주행은 그 차가 고장 나기 전에 얼마나 오랫동안 달릴 수 있는지에 대해 반드시 말해주는 것은 아니다. 중고차 구매자는 비대칭의 불리한 입장에 있다는 것을 인식하고 있다: 그들은 중고차가 레몬인지 항상 의심하고, 그래서 만약 중고차가 고품질이라고 확신하더라도 그것에 많은 돈을 지불하지 않을 것이다. 고품질 중고차의 판매자는 적게 받게 될 것이라는 것을 의미한다.

반면, 레몬의 판매자는 여전히 그 차의 가치보다 더 받게 될 것이다. 그 이유를 보기 위해, 단지 2가지 형태의 차로 구성된 중고차시장을 가정하자: 레몬과 고품질 차('플럼(plums)'이라 부른다). 만약 구매자가 어느 게 어느 건지 말할 수 있다면, 그들은 플럼에 대한 한 가지 가격과 레몬에 대해 더 낮은 가격을 설정할 것이다. 그러나 만약 구매자가 플럼과 레몬을 구별할 수 없다면, 각각을 얻을 가능성을 반영해 한 가지 평균 가격을 제안해야 할 것이다. 그 가격은 보장된 플럼에 대해 그들이 지불하려는 가격보다 낮을 것이지만(레몬을 얻을 기회가 있기 때문에), 보장된 레몬에 대해 그들이 지불하려던 가격보다 높을 것이다(플럼을 얻을 기회가 있기 때문에).

만약 여러분이 소유한 차가 레몬이라는 것을 안다면, 높은 가격에 그것을 판매할 가능성에 마음이 끌릴 것이다. 그러나 만약 여러분이 소유한 차가 플럼이라는 것을 안다면, 그것의 가치보다 적게 판매하기를 원하지 않을 것이다. 시간이 지나, 결과적으로 시장에는 더 많은 레몬과 더 적은 플럼이 있을 것이다. 구매자가 레몬을 얻을 가능성이 증가한 것을 알아채면, 그들은 더 낮은 가격을 제안할 것이고, 이것은 시장에 진입하려는 플럼 판매자에게 덜 매력적일 것이다. 중고차시장에서 차의 선택은 점점 더 구매자의 관점에서 역으로 가게 되는 악순환이 된다. 이것은 완벽히 작동하지만 이제 막 중고가 된 차는 대리점에서 새로 제공된 정확히 동일한 차보다 훨씬 적은 가치를 지니는 이유를 설명한다. 이제 막 중고가 된 차의 구매자는 판매자를 신뢰할 만한지 잘 모른다.

역선택의 또 다른 사례는 보험회사와 고객 간 정보 비대칭 때문에 보험시장에서 발생한다. 주어진 가격에서, 그들이 더 많이 청구할 것을 알기 때문에, 그들이 부주의하다는 것을 아는 운전자는 신중한 운전자보다 더 열렬하게 자동차보험을 구매하려고 할 것이다. 고객의 선택은 보험회사의 관점에서 역으로 가게 된다.

이 문제가 어떻게 레몬의 문제와 유사한 방법으로 발생하는지 알아보기 위해, 이러한 상황에 대해 보험회사가 어떻게 반응하는가?라고 질문해보자. 보험 계약자의 평균 위험에 따라 보험료를 책정하면, 더 위험한 운전을 하는 운전자가 보험을 계약한다는 것은 평균 위험이 올라가고, 따라서 보험료도 올라가야 한다. 다음으로, 신중한 운전자라는 것을 아는 소비자는 높아진 보험료에 대해 보험 계약에 덜 흥미를 보일 것이다. 다시 평균 위험이 올라가고, 그래서 보험료는 다시 올라가야 한다: 레몬 사례와 마찬가지로 악순환이 존재한다.

최고의 시나리오에서조차, 양쪽 모두가 더 좋아질 수 있는 거래의 성사에 실패하고 잉여를 얻지 못하기 때문에 역선택은 시장의 효율성을 감소시킨다. 왜 그런지 보기 위해, 내 중고차가 플럼인지 아는 나는 8000달러에 판매를 수락할 의사가 있고, 여러분은 보장된 플럼에 대해 1만 달러를 지불할 의사가 있다고 가정하자; 우리는 9000달러에 거래를 합의했고, 각각은 1000달러의 잉여 가치를 누린다. 그러나 여러분은 내 차가 레몬인 위험에 직면하기 때문에, 당연하게도 단지 6000달러를 제안할 의사가 있다; 거래는 성사되지 않고, 우리 모두는 손해를 본다. 최악의 시나리오에서, 10장의 앞부분에서 본 학자금 대출 분산 프로그램에서처럼, 역선택에 의한 악순환은 시장이 완전히 무너지게 할 수 있다(즉, 시장 실패 발생).

주인–대리인 문제와 도덕적 해이

LO 10.3 도덕적 해이를 정의하고 그것이 어떻게 비대칭 정보에 의해 초래되는지 설명하기

정보 비대칭은 선택이 이루어지고 두 당사자들이 합의에 도달한 후 다른 문제를 야기하기도 한다. 한 사람이 다른 사람에게 과제를 맡길 때, 이런 형태의 문제가 종종 발생한다. 주인-대리인 문제에서, **주인**(principal)은 **대리인**(agent)에게 과제를 맡긴다.

주인 또는 원금 다른 사람에게 일을 맡긴 사람 또는 재무에서는 대여되거나 투자된 원래 금액

대리인 다른 사람을 대신해 업무를 수행하는 사람

비대칭 정보에 의해 발생하는 주인-대리인 문제의 가장 기본적인 사례는 고용주(주인)와 근로자(대리인)의 관계다. 각 근로자는 자신이 얼마나 열심히 일하는지 알지만 고용주는 모르기 때문에 비대칭이 존재한다. 주인은 일반적으로 대리인이 하는 일을 내내 감시할 없기 때문에, 과제에 대해 주인이 원하는 것보다 덜 노력하려는 유인이 있다.

간단히 말해, 상사가 보고 있지 않을 때 근로자는 태만하려는 유인을 가지고 있다. 만약 아무도 눈치채지 못한다면 온라인 게임을 하거나 자주 휴식을 취할 것이다. 그들 행동의 모든 결과에 직면하지 않을 때, 사람들이 좀 더 위험하게 행동하거나 계약을 위반하는 경향을 **도덕적 해이**(moral hazard)라고 한다. 도덕적 해이에서는, 행동의 비용을 부담하는 사람이 바람직하지 않은 것으로 간주하는 행동을, 사람들이 하게 된다.

도덕적 해이 사람들이 행동의 결과에 완전한 책임을 지지 않아도 될 때 계약을 어기거나 더 위험한 방향으로 행동하는 경향

더 잘 감시해 정보 비대칭을 교정하면 도덕적 해이를 피할 수 있다. 만약 상사가 근로자들이 정말 얼마만큼의 노력을 기울였는지 알 수 있다면, 상사는 꾸준하게 노력을 유지하기 위한 그들의 유인을 관리할 수 있다. 누군가 여러분 직장의 컴퓨터 활동을 가까이에서 감시하고 만약 여러분이 온라인 게임을 하다 들켰을 때 월급이 공제되거나 해고된다는 것을 안다면, 아마도 그 직장의 생산성은 상당히 증가할 것이다.

그러나 그러한 정보 비대칭을 교정하는 것이 항상 가능한 것은 아니다. 모든 형태의 직장이 도덕적 해이를 피할 만큼 충분히 가까이에서 상사가 근로자를 감시할 수는 없다. 보험시장도 마찬가지로 도덕적 해이는 흔한 문제다. 예를 들어, 여러분이 차에 도난 보험을 들었다면 차가 도

난당했을 때 보험회사가 거의 모든 비용을 댈 것임을 알기에, 안전한 장소에 주차하고 문이 잠겼는지 재확인할 만큼 신중하지 않을 것이다. 아이러니하게도, 자동차 도난 보험을 드는 것은 실제로 자동차가 도난당할 가능성을 더 높이고 보험회사의 비용을 상승시킨다. 여러분이 어디에 주차하는지 그리고 차문을 잠그는 데 얼마나 주의를 기울이는지 보험회사가 감시할 방법은 없다. 그러나 사례를 통해 알아보기의 '날씨는 속일 수 없다'에서 설명하는 작물 보험처럼, 때때로 보험회사가 도덕적 해이를 피할 수 있는 절묘한 방법이 있다.

사례를 통해 알아보기

날씨는 속일 수 없다

하누만수는 36세의 농부로 그의 어머니와 아내, 두 자녀와 함께 인도 아난타푸르(Anantapur)에 살고 있다. 세계 인구의 3분의 1이 그러하듯이, 그들은 생계를 위해 농업에 의존하며 작은 땅에서 작물을 재배하고 있다.

2009년은 하누만수와 그의 가족에게 좋지 못했다. 오랜 가뭄으로 작물 재배에 실패했을 때, 기댈 수 있는 저축이 없었다. 하누만수는 단지 식비를 충당하기 위해 마을 대금업자에게 빌려야 했다. 부채는 계속 늘어났고, 대금업자는 대출을 갚으라며 그를 괴롭히기 시작했다.

만약 하누만수와 같은 농부에게 보험이 있었다면, 이러한 상황에 도움이 되었을 것이다. 그들의 생계는 확실히 불안한 상황이다; 한 번의 흉작이 엄청난 충격을 주기도 한다. 농부에게 보험을 제안하려는 초기 시도에서, 보험회사는 낮은 작물 수확량에 대해 농부에게 보상했다. 만약 한 농부의 밭이 일정량보다 적게 수확했다면, 보험회사는 그 차이를 그에게 변상할 것이다.

이러한 체계는 도덕적 해이를 당하기 쉽다는 것이 드러났다. 비록 그들이 작물 수확에 실패하더라도 돈을 얻을 수 있다는 것을 농부들이 알았기 때문에, 농사에 시간과 노력을 덜 투자하려는 유인을 가졌다. 그들은 잡초 뽑기에 덜 부지런하고, 값비싼 비료에 인색했다. 보험회사는 농부들이 필요한 노력을 다했다는 것을 확실히 하기 위해 그들을 감시할 방법이 없었다. 그 결과, 보험의 도입으로 농업 손실은 실제적으로 늘어났고, 보험회사가 그 비용을 부담했다.

최근, 보험회사는 새로운 아이디어를 구상하고 있다. 그들은 낮은 작물 수확량 대신 낮은 강우량에 대비해 농부를 보호하는 보험을 판매하고 있다. 그러한 접근의 이점은 농부가 강우량을 통제할 수 없다는 것이다. 강우량 패턴이 작물 수확과 높은 상관관계가 있는 한, 보험회사는 그들에게 정말로 돌발적인 작물 실패에 대비해 보호를 제안할 것이다. 만약 한 농부가 잡초를 뽑거나 작물을 제때 심지 않아서 단순히 작물에 실패한다면, 보험회사는 그 영수증에 당황하지 않아도 된다.

강우 보험으로 농부는 덜 취약하게 되고, 도덕적 해이의 함정을 피하면서, 그러나 그들은 여전히 밭에서 시간과 노력을 투자하고 그들의 생산을 극대화하려는 유인을 가지고 있다.

Source: http://www.e-pao.net/GP.asp?src56..171009.nov09.

도덕적 해이와 역선택–혼란 피하기

도덕적 해이와 역선택이 종종 같이 발생하므로 사람들은 때때로 혼동한다. 부주의한 운전자는 자발적으로 자동차보험을 구매할 가능성이 높다(역선택); 자동차 보험을 든 운전자는 부주의할 가능성이 높다(도덕적 해이). 명확하게 하기 위해 다음을 기억하자:

- 역선택은 사람이나 재화의 **관찰되지 않는 특성**과 관련이 있고, 당사자들이 합의에 이르기 이전에 발생한다.
- 도덕적 해이는 **행동**에 대한 것이고 당사자들이 자발적으로 합의에 이른 **이후**에 발생한다.

비록 역선택과 도덕적 해이가 동일한 거래의 다른 단계에서 나타날 수 있더라도, 자동차보험처럼 둘 중 하나만 나타날 수도 있다.

어떻게 가능한지 보기 위해, 2가지 문제를 다 가진 학자금 대출 프로그램 사례로 돌아가서 생각해보자. 우선, 학자금 대출 분산 체계가 의무적이었다고 상상해보자. 고소득이 기대되는 학생들이 빠져나갈 수 없기 때문에 역선택의 문제를 제거한다. 그러나 모든 참여자가 지급액을 회피할 수 있는 것이 여전히 가능하기 때문에, 도덕적 해이 문제는 남는다. 이제 참여는 선택사항이지만, IRS가 대학교에 소득을 신고하는 것을 지원하기로 합의[1]했고 높은 수입의 동문에 대해 효율적으로 거두어들일 수 있는 대안적인 시나리오를 검토해보자. 이 계획은 도덕적 해이 문제를 줄이지만, 역선택은 아니다. 10장의 뒷부분에서 정보 비대칭으로부터 발생하는 이러한 문제들이 교정될 수 있는 방법을 알아볼 것이다.

✓ 개념 확인하기

- ❒ 만약 양 당사자가 같은 것을 원한다는 합의가 있다면, 정보 비대칭이 문제가 되지 않는 이유는 무엇인가? **[LO 10.1]**
- ❒ 중고차의 실제 품질을 확인하기 위한 구매자의 무능력이 어떻게 레몬의 문제를 야기하는가? **[LO 10.2]**
- ❒ 감사를 더 잘하는 것이 어떻게 도덕적 해이 문제를 해결할 수 있는가? **[LO 10.3]**

정보 문제 해결하기

정보 문제를 해결하는 방법을 살피기 전에, 그들이 항상 해결해야 할 가치가 있는 것은 아니라는 점을 짚고 넘어가야 한다. 정보를 획득하는 비용이 엄두도 못 낼 정도로 높기 때문에 때때로, 덜 알려진 대로 두는 것이 최적이다. 예를 들어, 여러분이 완전히 이해하지 못하는 차 수리에 대해 정비공에게 지불할 때, 여러분이 원한다고 해서 제동 장치가 어떻게 작동하는지 배울 수 없는 일도 아니고, 혹은 다른 정비공을 불러 평가를 검토하고 수리가 필요하다는 것을 확인할 일도 아니다. 그렇게 하기 위해 여러분은 많은 시간과 노력을 필요로 한다. 상충관계는 그 정도 가치가 없다. **더 많은 정보를 얻기 위한 기회비용이 얼마지?**라고 자신에게 질문하라. 대부분은 기계적 전문 지식을 얻기 위한 기회비용이 불필요한 수리에 대해 가끔 발생하는 비용보다 현저하게 높다.

그러나 종종 정보 비대칭에 의해 발생한 문제를 해결하려는 노력은 가치가 있다. 이 절에서 거래에 직접적으로 관련된 사람들에 의해 취해지는 선별, 신호 발송, 평판 쌓기와 통계적 차별 사용 접근법과 정부와 관련된 2가지 방법을 고려할 것이다.

선별

LO 10.4 선별과 신호 발송을 구별하고 각각의 적용 기술하기

선별 다른 사람의 사적 정보를 드러내기 위해 취하는 행동

만약 여러분이 정보 비대칭의 불리한 입장에 있다는 것을 안다면, 여러분이 원하는 정보에 대해 상대방에게 항상 질문하려고 할 것이다. 그들이 진실을 말해주기를 단순히 희망하기보다, 여러분 역시 그들은 알고 여러분은 모르는 정보를, 심지어 그것을 알지도 못한 채 그들이 드러내게 만드는 상황처럼 현명한 방법을 찾을 수 있다. 다른 사람의 사적인 정보를 드러내기 위해 취하는 행동을 **선별**(screening)이라고 한다. 이러한 맥락에서, 사적인 것은 반드시 개인적인 혹은 난처한 것을 의미하는 것은 아니다; 정보가 공적인 것 혹은 모두가 이용할 수 있는 것은 아니라는 것을 단순히 의미한다.

직장의 후보자 면접은 채용 의사결정을 개선하는 선별의 고전적인 사용이다. 고용주는 여러분의 학력, 경력과 기술에 대해 간단히 질문하고 여러분이 진실을 말하기를 희망한다. 그러나 후보자는 부정적인 정보를 숨기려는 유인을 가지고 있기 때문에, 다수의 고용주는 또한 더 적극적인 선별 방법을 사용한다. 한 가지 방법은 추천서를 요청하는 것이고, 쉽게 좋은 추천서를 제공할 수 없는 지원자는 고용주가 원하는 사적인 정보의 일부를 드러내는 것이다. 다른 방법은 지원자에게 그들의 기술에 대한 특정한 시험을 수행하거나, 혹은 약물조사를 요구하는 것이다. 만약 지원자가 시험에 실패하거나 혹은 거절한다면, 이것 역시 유용한 사적 정보를 드러내는 것이다.

자동차 보험회사가 다른 면책금액(*deductibles*)을 제안하는 이유를 궁금해한 적이 있는가?(면책금액은 보험회사가 청구사항을 처리하기 전에 보험 계약자가 지불해야 하는 금액이다) 이런 실행은 단지 서로 다른 고객에게 맞춰 서로 다른 상품을 제공하는 것의 문제는 아니다. 대신, 자주 사고를 내는 경향이 있는 운전자를 그들 스스로 드러내게 만드는 장치다. 난폭한 운전자는 자신의 차가 사고와 연관될 가능성이 높다는 것을 알고 있다. 빈번한 사고가 예상되는 운전자는 높은 면책금액 계획을 선택하지 않을 것이다; 그것은 매우 비싸게 될 것이다. 그러나 신중한 운전자는 높은 면책금액을 가질 의사가 있다; 결국, 그는 빈번한 사고를 낼 것을 예상하지 않는다. 다른 면책금액을 제안하는 것은 난폭한 운전자를 걸러낸다. 그러한 선별로 보험회사는 신중한 운전자에게 낮은 월 보험료를 제공할 수 있게 되고, 그리하여 역선택의 문제를 피할 수 있도록 돕는다.

이것은 물론 보험회사가 비대칭 정보의 문제를 해결하려고 애쓰는 유일한 방법은 아니다. 사실 이 문제를 해결하는 것은 보험산업에서 중요하고, 더 찾아보기의 '위험 관리'에서 설명하는 것처럼 대부분의 사람들은 그것으로 경력을 쌓아간다.

더 찾아보기

위험 관리

어떻게 해야 자동차 보험료를 낮출 수 있을까? 학교에서 좋은 성적을 거두는 것이 첫 번째 단계다. 여성, 25세 이상, 혹은 결혼 또한 도움이 된다. 여러분이 자동차보험에 가입할 때 대리인은 이 같은 모든 요소에 대해 질문할 것이고, 그에 맞춰 보험에 가입할 가격을 책정할 것이다. 보험

요율은 위험 관리를 전문으로 하는 사람들에 의해 발전되어왔다. 사실, 전체 직업은 서로 다른 산업과 상황에서 위험을 평가하는 데 전념해왔다. 보험시장에서는 그것을 인수(*underwriting*)라고 부른다; 일반적으로는 보험계리학(*actuarial science*)이라고 한다. 더 자세히 알고 싶다면 10장 끝부분의 QR코드를 스캔하거나 온라인을 통해 읽기를 계속하라.

신호 발송

사람들이 사적인 정보를 공유하지 않을 때 선별이 유용하다. 때때로, 비록 더 많은 정보를 가진 당사자가 너무도 기꺼이 그것을 공유할지라도. 예를 들어, 만약 최상의 상태인지 알고 있는 중고차를 판매하고 있다면, 나는 이러한 정보를 잠재 구매자인 여러분과 기쁘게 공유할 것이다. 우리 모두는 우리를 괴롭히는 정보 비대칭을 제거하기를 바란다. 레몬을 판매하는 누군가 역시 그 차가 최고 품질이라고 주장할 것이기 때문에, 문제는 정보를 공유하기 위해 신뢰할 수 있는 방법이 부족하다는 것이다. 이것을 알면, 여러분이 나를 믿을 이유가 없다.

좋은 중고차를 가진 판매자는 어떻게 잠재 구매자에게 그것이 레몬이 아니고, 그래서 높은 가격을 요구할 수 있다고 증명할 것인가? 신뢰할 만한 신호의 한 가지 방법은 차가 레몬이 아니라는 것을 브랜드 대리점을 통해 입증하는 것이다. 대리점이 차의 결함을 점검하고, 만약 검사를 통과하면, 품질 인증서와 보증서와 함께 판매를 제안한다. 인증서는 그 차가 좋은 것이라고 구매자를 안심시키고, 판매가가 높은 가격을 받을 수 있게 해준다. 이러한 해결책은 시장의 비효율성을 교정하고, 구매자와 판매자 모두에게 가치 있는 거래를 더 많이 성사시킨다.

신호 발송 자신의 사적 정보를 드러내기 위해 취하는 행동

사람들이 고의든 아니든 그들 자신의 사적인 정보를 드러내는 행동을 취할 때, 그들은 **신호 발송**(signaling)을 한다. 신호 발송은 많은 상황에서 발생한다; 여러분은 경제학 수업을 수강해 그것을 하기도 한다. 교육에 대한 신호 발송이론은 대학교 학위가 중고차의 품질을 인증하는 것과 같다고 주장한다: 그것은 여러분이 똑똑하고, 열심히 일하며, 과제를 완료할 수 있다는 것을 잠재적인 고용주에게 신뢰할 만한 신호를 보내는 것이다. 비록 그들이 학교에서 배운 것이 그 일자리와 거의 관련성이 없더라도, 대부분의 고용주가 대학교 학위의 후보자를 선호하는 이유다.

성공적인 긍정적 신호의 핵심은 쉽게 위조되지 않는 것이다. 신뢰할 만한 신호가 되기 위해, 접근하기 어렵게 만들거나 혹은 제외되어야 할 사람들에게 매력이 없는, 일종의 메커니즘이나 비용이 수반되어야 한다. 중고차 인증서의 경우, 공평한 제3자가 차를 점검한다. 레몬 판매자는 신청하지 않을 것이다. 대학교 학위의 경우, 입학심사와 등록금 모두 충분히 재능을 가지고 있지 않고 열심히 하지 않는 지원자들의 의욕을 꺾을 것이다. 이론적으로, 입학 과정이 더 까다롭고 등록금이 더 비쌀수록 학위는 잠재 고용주에게 보내는 더 강력한 신호다.

신호는 부정적이거나 긍정적일 수 있다. 예를 들어, 형편없이 옷을 입는 것은 부정적인 신호고, 잘 차려입는 것은 긍정적일 수 있다. 사실, 외모는 한 여성이 새로운 자선단체를 만드는 데 동기부여를 할 만큼 중요한 신호다; 사례를 통해 알아보기의 '성공을 위한 옷차림'을 읽어보자.

사례를 통해 알아보기

성공을 위한 옷차림

외모는 감춰진 정보에 신호를 보내는 중요한 방법 중 하나다. 여러분이 좋아하는 밴드의 이름이 적힌 티셔츠를 입는 것은 만나는 모든 사람에게 특정한 종류의 음악을 좋아한다는 신호를 보낸다. 그것을 입음으로써 새로운 친구를 만들 수도 있다. 그러나 취업 면접에서 같은 티셔츠를 입는 것은 여러분의 음악적 선호에 대해서보다 전문성 부족에 대해 더 많은 신호를 보낸다.

물론, 취업 면접에서 티셔츠를 입은 사람이 정장을 입은 후보자보다 더 자격이 있을 수도 있다. 그러나 정장을 입은 사람은 전문가처럼 보이기 위해 노력하는 것이고, 세부 사항에 대한 주의와 생산적인 근로자일 것 같다는 것을 나타낼 수 있는 일반적인 사무실 관행과의 익숙함을 신호로 보낸다. 이력서가 아무리 우수해도 첫 번째 후보자의 전문가답지 못한 차림은 직장을 얻지 못할 수 있다.

이러한 신호 발송 문제에 대한 대답은 간단하다: 만약 좋은 사무직 일자리를 얻고 싶다면 정장을 입어라. 어떤 사람들에게는 직장을 얻기 전에 새 정장을 구입하는 것이 재정적으로 불가능할 수도 있다. 예를 들어, 직무교육훈련을 성공적으로 완료한 사회적 약자는 새로운 정장을 마련하지 못할 수도 있다.

성공을 위한 옷차림 비영리단체 설립자인 낸시 루블린(Nancy Lublin)은 이러한 문제를 깨달았다. 그 단체는 곤경에 처한 여성들에게 의류를 제공하는데, 그 의류는 취업 면접 동안 그들의 전문성에 신호를 보내는 것에 도움이 될 것이다. 여성들은 다른 사회 서비스 프로그램에 의해 성공을 위한 옷차림에 보내진다. 이제 성공을 위한 옷차림 제휴로 100개 이상의 드레스가 취업 면접에 입을 전문가다운 의류를 제공, 비대칭 정보 문제를 교정하기 위해 여성들을 돕고 있다.

Source: http://www.dressforsuccess.org/whatwedo.aspx.

평판

LO 10.5 평판이 어떻게 정보 문제를 해결하는 데 도움이 되는지 설명하기

중고차 거래와 같이, 지금까지 1회 상호작용에 영향을 주는 비대칭-정보 문제에 초점을 맞추어 왔다. 그러나 종종 상호작용은 9장(게임 이론과 전략적 사고)의 반복 게임처럼 되풀이해 발생한다. 예를 들어, 중고차 중개인은 매일 중고차를 판매한다. 사람들이 신뢰성(혹은 그것의 결여)에 대한 평판을 발전시키게 됨에 따라, 이러한 반복은 정보 문제에 대한 새로운 해결책을 가능하게 할 수 있다.

일상적으로 고객에게 불필요한 수리비를 부과하는 정비공을 생각해보자. 때로는, 고객 중 한 사람이 차 수리에 대해 잘 아는 친구에게 또다시 의견을 부탁할 것이고, 정비공이 과다하게 청구한 것을 알게 될 것이다. 그 정비공은 이후 좋지 않은 평판을 얻게 된다. 이러한 위험은 더 많이 알고 있는 당사자가 정보 비대칭의 불공평한 이점을 얻지 않게 할 유인을 만들어낸다. 거래에서 불공평한 이점을 취하는 것의 **기회비용은 무엇인가?** 만약 모든 사람들이 결코 알아내지 못한다면, 대답은 '없다'일 것이다. 그러나 여러분의 명성과 더불어 기회비용은 미래에 가치 있는 사업상의 손해다.

이베이에서 무엇인가를 구매하는 것에 대해 망설이다 판매자의 사용자-피드백 점수를 알고 안심한 적이 있는가? 만약 그렇다면, 비대칭 정보의 문제를 극복하는 평판의 힘을 이해할 것이다. 좋은 평판은 신호 발송의 특별한 형태의 하나로 볼 수 있다. 대학교에서 학위를 얻는 것처럼, 좋은 평판을 쌓는 것은 비용이 들고 시간이 걸리는 사업일 수 있다.

통계적 차별

LO 10.6 통계적 차별이 어떻게 정보 문제를 해결하는 데 사용되는지 설명하기

특정한 새로운 상황을 자세히 알아볼 시간이 없을 때, 경험에 근거한 법칙에 의지할 것이다. 저녁식사로 멕시코 식당 혹은 바로 옆집 햄버거 중 선택한다고 가정하자. 2개의 식당에 대해 아는 것이 없고, 지역 의견이나 온라인 평가를 검색한 뒤 선택하기에는 배가 너무 고프다. 그러다 근처에 훌륭한 멕시코 음식으로 알려진 곳이 있다는 것을 기억한다. 멕시코 식당을 선택하는 것이 이치에 맞는다. 물론 운이 나빠서, 이 **특정한** 멕시코 식당이 어쩌다 보니 끔찍할 수도 있다. 여기서 일반화를 이용하는 것은 완벽히 합리적이다: 만약 이웃 식당이 훌륭한 멕시코 음식으로 평판이 나 있다면, 여러분은 이 특정한 멕시코 식당이 훌륭할 것이라는 상당히 좋은 기회를 가진다.

관찰된 특성에 근거한 일반화에 의해 정보의 간격을 메우는 것을 **통계적 차별**(statistical discrimination)이라고 한다. 우리 대부분이 매번 하는 것이다. 키아누 리브스(Keanu Reeves) 주연의 액션영화, 톰 행크스(Thomas Hanks) 주연의 로맨틱 코미디, 혹은 필립 세이모어 호프만(Philip Seymour Hoffman) 주연의 심리극 중에서 선택한다고 가정하자. 여러분은 특정 영화에 대해 잘 모르지만, 전형적으로 가장 좋아하는 영화 장르에 근거해 가장 재미있을 것 같은 영화를 말할 수 있다. 레몬 문제로 돌아가서, 일반적으로 그 브랜드의 차가 오래되어도 괜찮은 경향이 있다는 것을 여러분이 알고 있기 때문에, 다른 것보다 특정한 중고차를 사는 것을 선호할 수 있다. 멕시코 식당에서처럼 운이 나쁠 수도 있다(여러분이 산 그 특정한 차가 레몬으로 판명될 수도 있다). 그러나 이런 방법으로 일반화하는 것은 정보 비대칭의 불리한 입장에 대한 합리적인 반응이다.

통계적 차별 누락된 정보를 보완하기 위해 관찰 가능한 특성들을 일반화함으로써 선택 사항들을 가려내는 과정

통계적 차별은 정보 문제를 따지는 데 논란의 여지가 있는 방법일 수도 있다. 식당이나 영화 혹은 중고차 같은 것을 선택하는 것보다 종종 훨씬 덜 친절할 수 있다. 관찰할 수 있는 특성에 대해 일반화하는 것의 문제는 단순히 음식이나 영화, 브랜드 자동차의 유형뿐만 아니라, 인종, 나이, 성별 혹은 종교의 문제다. 통계적 차별이 합리적일 수 있다고 말하는 것은 그것이 항상 훌륭하고, 윤리적이고, 심지어 합법적이라는 것을 의미하지는 않는다. 단지 사람들이 특정 그룹에 속하기 때문에, 합리적인 통계적 차별은 개인의 기회를 제한할 수 있다. 몇 가지 사례로, 어떻게 생각하십니까?의 '스프레이 페인트에서 자동차보험까지'를 읽어보자.

어떻게 생각하십니까?

스프레이 페인트에서 자동차보험까지

2007년, 뉴욕 시는 21세 이하에게 스프레이 페인트의 판매를 금지했다(금지는 나중에 항소법원에 의해 번복되었다). 금지의 근거는 무엇인가? 낙서로 남의 재산의 외관을 훼손하기 위해 스프

레이 페인트를 사용하는 반달스(Vandals, 고의에 의한 공공 재산의 파괴자)는 통계적으로 21세 이하일 가능성이 높다.

이러한 금지는 정보 문제에 대한 반응이었다: 만약 시 당국이 어느 개인이 재산의 외관을 훼손하기 위해 스프레이 페인트를 원하는지 알았다면, 간단히 그 사람들에게 판매하는 것을 금지할 수 있었다. 물론, 시 당국은 이런 정보를 갖고 있지 않았다. 대신, 경험에 근거한 법칙을 사용해 이런 의도를 품을 가능성이 높은 사람들의 범주에 대해 스프레이 페인트 판매를 금지했다. 만약 여러분이 학교 미술 과제를 위해 스프레이 페인트를 사기를 원하는, 법을 준수하는 19세라면 이러한 법에 꽤 짜증날 것이다.

통계적 차별은 또한 스프레이 페인트를 구매할 수 없는 것보다 훨씬 더 거슬리게 할 수도 있다. 외관이 훌륭한 차를 소유했지만, 경찰에 의해 계속 차를 세워야 하는 성공한 젊은 흑인 남자라고 생각해보자. 혹은 추가적인 보안 조사를 위해 공항에서 종종 지목되는 턱수염을 기른 무슬림이라고 상상하자. 통계적 차별의 2가지 사례는 논란의 여지가 많다. 통계적 차별의 몇 가지 사례는 완전히 금지될 정도로 논란의 여지가 있다. 예를 들어, 젊은 여성들은 통계적으로 다른 근로자들에 비해 가정을 이루기 위해 직장을 그만둘 가능성이 더 높다. 그러나 남성을 고용하는 것을 선호하는 이유로, 이에 대해 언급하는 고용주는 성차별로 고소당할 위험에 처할 수 있다.

하지만 나이와 성별에 관련된 통계적 차별의 다른 사례는 거의 반대가 없다. 10장에서 이미 그러한 사례를 만났다: 자동차보험의 비용. 여러분이 대단히 신중한 젊은 남자 운전자라면, 다른 젊은 남자들이 통계적으로 난폭하게 운전하고 사고를 낼 가능성이 더 높기 때문에, 여러분 차 보험에 대해 더 많이 부담할 것이다.

자동차 보험시장에서 나이와 성별 관련 차별은 수긍하지만, 취업시장에서는 그러지 않는 이유는 무엇인가? 10대에게 스프레이 페인트 판매를 금지하는 것보다 자동차보험에서 젊은 남자에게 더 부과되는 것이 덜 불공평한 것인가?

어떻게 생각하십니까?

1. 젊은이에게 낙서 관련 재료 판매를 금지하는 것은 수긍할 만한 것인가? 혹은 통계적 차별의 불공평한 형태인가?
2. 법률 제정의 기초로 통계적 차별이 사용되어야 하는가?
3. 경찰이 때때로 다른 사람들보다 몇몇 민족 혹은 인종 사람들에게 더 많이 차를 세우게 하는 것으로 비난을 받고 있다. 경찰에 의한 인종 프로파일링(profiling, 피부색, 인종 등을 기반으로 용의자를 추적하는 수사 기법)이 정당한 것인가?

Source: Maeve Reston, "To fight graffiti, L.A. Council may restrict spray paint sales," http://latimesblogs.latimes. com/lanow/2009/07/la-council-weighs-getting-tougher-on-graffiti-outlawing-spray-can-sales-to-minors.html.

규제와 교육

LO 10.7 정보 비대칭 문제를 극복하는 데 교육과 규제의 사용과 한계 토의하기

거래 당사자들이 그들 자신이 가진 정보 비대칭 문제를 해결할 수 없고, 그들이 충분히 많은 사람들에게 부정적인 효과를 가질 때 정부는 때때로 개입할 것이다.

정부는 2가지 방법으로 정보 비대칭 문제를 해결하는 데 도움이 될 수 있다. 한 가지는 더 적은 정보를 가진 당사자에게 누락된 정보를 제공하거나 혹은 정보를 더 가진 당사자에게 정보를 드러내도록 요구하는 것이다. 예를 들어, 여러분이 미국에서 살 수 있는 거의 모든 포장된 음식은 재료와 영양 성분을 기재하고 있다. 이는 식품 생산자에게 사적 정보를 알려주도록 요구하는 미국식품의약국(FDA)의 규제 결과다. 이러한 규제는 중요하고(소비자들은 그들이 먹는 것에 대해 알기 원한다), 정부의 개입 없이 해결하기 힘든 정보 비대칭을 교정한다. 이러한 간섭이 없다면 발생할 수 있는 문제의 종류를 살펴보기 위해 사례를 통해 알아보기의 '역선택? 브랜드화와 규제된 우유'를 읽어보자.

사례를 통해 알아보기

역선택? 브랜드화와 규제된 우유

일반우유, 2% 저지방, 1% 저지방, 혹은 탈지우유? 미국 소비자들은 식료품점에 가서 특정 지방 함량을 표시한 우유를 찾는 것을 당연하게 생각한다. 그러나 전 세계의 소비자들은 대부분 그렇지 않다. 고품질, 정확히 표시된 우유는 생산자와 소비자 사이의 잠재적인 정보 비대칭을 극복하는 공공 규제의 결과다. 역선택이 우유시장에 어떤 영향을 미치는지 더 자세히 알고 싶다면, 10장 끝부분의 QR코드를 스캔하거나 온라인을 통해 읽기를 계속하라.

정브 공개법은 좋게 들리지만, 그들이 항상 잘 작동하는 것은 아니다. 때때로, 너무 적은 정보를 가진 소비자 문제를 정반대 문제, 정보 과다로 대체할 수 있다. 정보 공개법 덕에, 휴대폰부터 처방 약과 주택 담보까지 모든 것에는 여러 페이지의 규칙, 면책과 기술적인 정보가 딸려 있다. 당연히, 소비자들은 대부분 작은 글씨를 읽으려고 애쓰지 않는다. 대신, 판매사원의 설명에 결정의 근거를 둔다. 2000년 초, 법은 은행과 대출 중개인들에게 무책임한 담보 합의로부터 미국인을 보호하기 위해 주택대출 약관을 공개하도록 요구했다. 대부분의 경우, 대출자들은 공개하도록 강제된 정보를 읽지 않거나 이해하지 못했다.

23장에서는 정보 과다의 이러한 상황에서 사람들의 선택사항을 만들어내기 위해 몇몇 기관이 어떻게 작동하는지 배울 것이다. 그들의 목표는 사람들이 직면한 선택을 단순화하고 더 나은 결정을 내리도록 도우려고 노력하는 것이다.

정부가 정보 문제를 따지기 위해 공공 규제를 사용할 수 있는 두 번째 방법은 시장이나 프로그램에 참여하는 것을 강제하는 것이다. 강제적으로 참여해 역선택으로 인한 시장 실패를 막는다. 그 시장의 기능이 공익이 된다고 생각될 때, 정부는 이것을 선택한다. 예를 들어, 역선택이 어떻게 자동차보험료를 올리는지를 배웠다. 신중한 운전자는 보험이 그 가치에 비해 너무 비싸다는 결론을 내린다. 이러한 결정은 우리가 앞서 논의한 대로 악순환을 유발할 수 있다: 난폭한 운전자만 보험을 원하고, 그래서 보험료가 계속 오르고, 결국 시장 붕괴를 가져온다. 정부는 만약 운전자들이 도로 사고를 일으킨다면, 그들이 무고한 희생자에게 배상할 수 있기를 원하고, 그래서 모든 주(state)는 운전자들이 제3자에게 법적 책임을 보장하는 적어도 최소 수준의 보험을 사도록 요구하고 있다(이것은 역선택의 문제를 해결하지만, 도덕적 해이는 해결하지 않는다: 보험 가입 운전자는 여전히 부주의하게 운전할 가능성이 더 높다).

정부의 자동차 보험시장에 강제로 참여하는 것의 한 가지 효과는 만약 신중한 운전자들이 참여하지 않기로 선택하는 경우보다 보험료를 낮게 유지하는 것이다. 이러한 추론은 정책입안자가 의무적인 건강보험 보장이 의료서비스 비용을 줄이는 데 효과가 있으므로 추진되어야 한다고 제안한다. 강제적인 보장이 의료보험 시장의 역선택을 극복한다는 발상이다(반대자들이 법원에서 주장해온 것처럼, 부정적인 면은 강제적인 보험이 그들 자신의 보험을 선택하려는 사람들의 자유를 약화시킨다는 것이다). 10장에서 토의한 몇몇 의료 관련 논의를 위해, 어떻게 생각하십니까?의 '얼마만큼의 정보가 과다한 것인가?'를 읽어보자.

어떻게 생각하십니까?

얼마만큼의 정보가 과다한 것인가?

지금까지 보험시장에서 역선택 문제에 초점을 맞춰왔다. 그들의 위험에 대해 소비자가 보험회사보다 더 많이 알고 만약 위험률이 낮다면 보험을 구매하지 않는 것을 선택하기 때문에 역선택이 발생한다. 정반대 상황에 대해서는 어떤가—보험회사가 그들 고객보다 더 많이 알고 있다면 어떤가? 만약 보험회사가 엄청나게 높은 보험료를 부과해 효과적으로 특정 개인의 보험을 거절한다면 어떤가? 이러한 논의를 더 자세히 알고 싶다면 10장 끝부분의 QR코드를 스캔하거나 온라인을 통해 읽기를 계속하라.

✓ 개념 확인하기

- ❒ 선별과 신호 발송의 차이는 무엇인가? **[LO 10.4]**
- ❒ 좋은 평판을 가진 판매자가 저품질의 재화를 제공하는 것에 대해 평판을 잃을 게 없는 판매자보다 다른 기회비용에 직면하는 이유는 무엇인가? **[LO 10.5]**
- ❒ 결정을 내릴 때 누락된 정보를 채우기 위해 관찰할 수 있는 특성을 사용하는 것은 어떤 개념인가? **[LO 10.6]**
- ❒ 너무 작은 활자가 어떻게 공공-정보공개법의 목표를 약화시키는가? **[LO 10.7]**

결론

사람들은 자신이 아는 것에 근거해 결정을 내리지만, 때때로 좋은 결정을 내리는 데 충분한 정보를 갖지 못한다. 완전 시장 이면의 핵심적인 가정의 하나는 개인들이 완전한 정보를 가진다는 것이다. 이것이 사실이 아닐 때, 개인은 반드시 한계 편익과 한계 비용이 일치하는 결정을 내릴 수 있는 건 아니다. 대부분의 상황에서 정보 비대칭이 한 사람이 다른 사람의 이점을 취할 수 있도록 한다는 것을 10장에서 배웠다. 다른 경우, 사람들이 다른 사람과 거래하는 것을 두려워하기 때문에 시장이 붕괴될 수도 있다. 역선택과 도덕적 해이 같은 문제는 창의적인 프로그램 혹은 비즈니스 모델이 생겨나는 것을 무산시킬 수 있다.

만약 올바르게 사용된다면, 선별과 신호 발송은 이러한 비효율성을 교정하고 잉여를 증가시킬 수 있다. 통계적 차별 역시 도움이 될 수 있지만, 의도하지 않은 부정적인 면을 가진다. 때때로 정부는 많은 사람들에게 영향을 미치는 정보 문제를 교정하기 위해 개입한다. 그러나 정부 규제의 성공 여부는 사람들이 이해하고 그들에게 이용 가능한 정보를 사용하기 위한 동기부여가 되어 있는지에 달려 있다.

주요 용어

대리인 p.291
도덕적 해이 p.291
선별 p.294
신호 발송 p.295
역선택 p.290
완전 정보 p.289
정보 비대칭 p.289
주인 또는 원금 p.291
통계적 차별 p.297

요약

LO 10.1 정보 비대칭을 정의하고 그것이 경제적 의사결정에 문제가 되는 이유 설명하기

정보 비대칭은 한 사람이 다른 사람보다 더 많이 알고 있다는 것을 의미한다. 비대칭 정보가 더 많이 아는 사람이 더 적게 아는 사람의 비용으로 목적을 달성하도록 하기 때문에, 비대칭 정보는 문제를 유발한다. 만약 두 당사자의 유인이 제휴된다면, 정보 비대칭은 문제가 되지 않는다.

LO 10.2 역선택을 정의하고 그것이 어떻게 비대칭 정보에 의해 초래되는지 설명하기

재화의 품질이나 상황의 위험도에 대해 구매자와 판매자가 다른 정보를 가지고 있을 때 역선택이 발생한다. 그 결과, 몇몇 구매자와 판매자는 만약 두 당사자가 동일한 정보를 가졌다면 가능할 수 있었던 거래를 완성하는 데 실패한다. 역선택은 사람과 재화의 관찰되지 않은 특성과 관련되어 있고, 두 당사자가 합의에 이르기 전에 발생한다.

LO 10.3 도덕적 해이를 정의하고 그것이 어떻게 비대칭 정보에 의해 초래되는지 설명하기

그 행동의 비용을 부담하는 사람에 의해 바람직하지 않은 것으로 간주되는 행동에 참여하기 위해, 사람들이 불완전한 감시나 혹은 실행을 기회로 활용할 때 도덕적 해이가 발생한다. 역선택과 대조적으로 도덕적 해이는 행동과 관련이 있고, 두 당사자가 합의에 이른 뒤에 발생한다. 고용주-근로자의 관계처럼, 주인이 대리인에게 과제를 맡기지만 대리인의 행동을 관찰할 수 없을 때 일반적으로 발생한다.

LO 10.4 선별과 신호 발송을 구별하고 각각의 적용 기술하기

선별은 사적 정보를 드러내도록 하여, 자료를 수집하거나 분석하는 것과 관련된 정보 비대칭을 교정하는 한 가지 방법이다. 일반적인 사례는 고용할 때 취업 후보 인터뷰와 추천서를 점검하거나, 혹은 다른 특성을 가진 사람들에게 관심을 끄는 보험 상품을 제공하는 것을 포함한다. 사람들이 그들의 사적 정보를 유지하려는 유인을 가지므로 얻어진 정보가 신뢰할 수 있다면, 선별은 최고로 작동한다.
신호 발송은 자신의 사적 정보를 드러내기 위해 행동을 취하는 것과 관련된 정보 비대칭을 교정하는 한 가지 방법이다. 일반적인 사례는 중고차의 인증, 석사 학위 취득, 성공을 위한 옷차림 등을 포함한다. 더 많은 정보를 가진 당사자가 정보 비대칭을 제거하는 것을 선호하는 경우 신호 발송은 유용하다. 신호가 믿을 수 있기 위해서는, 접근하기 어렵게 만들거나 혹은 제외되어야 할 사람들에게 매력이 없는 메커니즘이나 비용이 수반되어야 한다; 그렇지 않다면, 모든 사람들이 신호를 사용할 것이고, 의미가 퇴색된다.

LO 10.5 평판이 어떻게 정보 문제를 해결하는 데 도움이 되는지 설명하기

평판을 발전시키려는 잠재성은 더 많이 알고 있는 당사자가 정보를 덜 가진 당사자에게 공평하고 호의적인 방법으로 행동하기 위한 유인을 만든다. 감춰진 정보는 종종 시간이 지나 알려지기 때문에, 정보를 덜 가진 사람을 지속적으로 이용한 사람은 좋지 않은 평판을 얻게 되고, 소비자들은 그와 사업하는 것을 피할 것이다. 좋은 평판은 비즈니스 혹은 사람이 과거에 상대방을 잘 대우해왔다는 신호다.

LO 10.6 통계적 차별이 어떻게 정보 문제를 해결하는 데 사용되는지 설명하기

통계적 차별은 누락된 정보를 메우기 위해 관찰할 수 있는 특성에 근거, 일반화해 선택을 구별하는 한 가지 방법이다. 특정 정보가 누락되었을 때, 경험에 근거한 법칙과 통계적 평균에 근거한 추론은 합리적인 의사결정 수단으로 사용할 수 있다. 그러나 완전한 정보가 이용 가능하지 않을 때 그들이 최선의 선택일지라도, 통계적 평균은 반드시 정확한 것도 아니고, 추론이 통계적 차별을 사용해 만들어지는 것도 아니다.

LO 10.7 정보 비대칭 문제를 극복하는 데 교육과 규제의 사용과 한계 토의하기

정보 문제가 만연하고 사회에 확연히 부정적인 효과를 가질 때, 정부는 누락된 정보를 제공하거나 다른 사람들이 사적 정보를 드러내도록 요구해 때때로 간섭할 것이다. 이러한 간섭의 효과성은 정부의 요구조건이 얼마나 잘 시행되는지 그리고 사람들이 그들이 받은 정보를 얼마나 잘 이해하는지에 달려 있다. 몇 가지 사례로, 정부는 심각한 역선택 문제에 대응하기 위해 시장이나 프로그램에 참여하는 것을 강제한다.

복습문제

1. 10장 맨 앞의 학자금 대출 프로그램에 대한 설명으로 돌아가자. 그 대학교의 모든 학생들이 완전히 이타적이고 저소득 졸업생에 대한 부채를 줄이려는 대학교의 목표를 공유한다고 가정하자. 정보 비대칭은 이러한 상황에서 문제를 초래하는가? 왜인가 혹은 왜 아닌가? **[LO 10.1]**
2. 여러분이 첫 주택을 구매하기 위해 시장에 있다고 가정하자. 여러분이 가격 범위 내에서 좋아하는 집을 발견했고, 전 소유주로부터 직접 구매한다. 이 상황에서 정보 비대칭을 기술하라. 이러한 정보 불균형에서 이익을 얻을 것 같은 사람이 누구인지 설명하라. **[LO 10.1]**
3. 오픈 바(얼마든지 마실 수 있는)에 대해 클럽은 정액을 부과한다. 역선택 문제를 기술하라. **[LO 10.2]**
4. 등록기간 동안 공시된 수업 설명에는 숙제가 강사에 의해 수정되기보다는 완료 혹은 미완료로 성적을 매긴다고 언급한다. 역선택 문제를 기술하라. **[LO 10.2]**
5. 오픈 바(얼마든지 마실 수 있는)에 대해 클럽은 정액을 부과한다. 도덕적 해이 문제를 기술하라. **[LO 10.3]**
6. 여러분이 베이글 가게를 소유하고 있고, 하루에 한 번 방문한다고 가정하자. 회사 정책에 따르면, 근로자들은 그들이 먹은 모든 베이글에 대해 지불해야 한다. 이 상황에서 도덕적 해이가 문제될 것 같은 이유는 무엇이고, 그것을 방지하기 위해 무엇을 할 수 있는가? **[LO 10.3]**
7. 대학교 입학과정은 선별과 신호 발송 모두와 관련된다. 각각의 사례를 들어라. 누가 선별을 하는가? 누가 신호 발송을 하는가? **[LO 10.4]**
8. 남자 대학생들의 클럽(fraternity)이나 여자 대학생들의 클럽(sorority)에 가입하는 것이 정교하거나 어려운 의식 절차를 포함하는 이유를 설명하라. **[LO 10.4]**
9. 월터는 에밀리에 대한 그의 헌신에 대해 신호 보내기를 원한다. 그에겐 75달러가 있고, 에밀리를 위한 팔찌나 혹은 그녀의 이름을 새기는 문신을 고려 중이다. 어느 것이 더 효과적인 신호인가? **[LO 10.4]**
10. 광고는 종종 만족한 고객의 추천을 포함하고 있으며, 고객은 그들이 받은 재화나 서비스의 특성을 행복하게 설명한다. 광고주는 재화나 서비스의 직접적인 설명보다 이런 기술을 사용하는 이유는 무엇인가? **[LO 10.5]**
11. 두 강사가 이번 학기에 선택과목을 제공한다. 한 강사는 여러 해 동안 그 대학에서 가르쳐왔다. 다른 강사는 새로 왔다. 어느 강사에게, 이번 학기 수업평가가 가장 중요할 것인가? 이유를 설명하라. **[LO 10.5]**
12. 생명보험시장을 고려하자. 보험회사가 보험료를 책정하기 위해 사용하는 통계적 차별의 사례를 들어라. **[LO 10.6]**
13. 자동차 보험시장을 고려하자. 보험회사가 학생 운전자에게 그들의 성적을 물어보는 이유는 무엇인가? **[LO 10.6]**
14. 정부는 제약회사에 의약품 상표에 정확한 화학 제조법을 인쇄하라고 요구하는 것을 고려 중이고, 그래서 소비자는 그들이 섭취하는 것을 정확하게 알게 될 것이라고 가정하자. 새로운 공개 규칙은 평균적인 소비자에게 이익이 될 것 같은가? 여러분의 추론을 설명하라. **[LO 10.7]**
15. 어떤 사람들은 의무적인 건강보험이 의료 서비스 비용을 줄일 수 있다고 주장해왔다. 이러한 주장을 설명하라. 비용 절감을 약화시킬 수 있는 의무적인 보장이 해결하지 못하는 문제는 무엇인가? **[LO 10.7]**

응용문제

1. 다음 중 어떤 상황에서 정보 비대칭이 문제를 야기할 것 같은가? **[LO 10.1]**
   a. 택시기사는 그들의 승객보다 목적지까지 가는 가장

짧은 길을 알고 있다.

b. 관리자는 성과금만 받는 그들의 판매 직원들을 항상 감독할 수 없다(즉, 직원은 그들이 판매한 총판매 가치의 %로 받는다).

2. 다음 중 어떤 상황에서 정보 비대칭이 문제를 야기할 것 같은가? **[LO 10.1]**
   a. 부모는 훌륭한 대학지원서를 작성하는 법에 대해 자녀보다 더 잘 알고 있다.
   b. 온라인으로 호텔방을 예약하는 사람들은 그들이 예약한 방의 품질에 대해 호텔 관리자보다 덜 알고 있다.
3. 다음 중 어떤 상황이 역선택과 관련된 것 같은가? **[LO 10.2]**
   a. 수업시간에 비상소집을 받은 후, 교수는 나머지 시간에 학생들을 자율로 남기고 떠난다.
   b. 학기 시작 이후, 학생들은 그것이 아니라는 것을 깨달았지만, 그 수업은 쉽게 A를 받을 수 있는 것으로 평판이 나 있다.
   c. 그 수업은 물리학 전공자에게는 필수지만, 생물학 전공자에게는 선택이다.
4. 다음 중 어떤 상황에서 역선택이 문제가 아닌가? **[LO 10.2]**
   a. 기업은 근로자에게 단체 의료보험을 구매하는 기회를 제안한다.
   b. 기업은 근로자에게 단체 의료보험을 구매하라고 요구한다.
   c. 의료보험 보장은 치과 치료를 포함하지 않는다.
5. 다음 중 어떤 상황이 도덕적 해이와 관련된 것 같은가? **[LO 10.3]**
   a. 수업시간에 비상소집을 받은 후, 교수는 나머지 시간에 학생들을 자율로 남기고 떠난다.
   b. 학기 시작 이후, 학생들은 그것이 아니라는 것을 깨달았지만, 그 수업은 쉽게 A를 받을 수 있는 것으로 평판이 나 있다.
   c. 그 수업은 물리학 전공자에게는 필수지만, 생물학 전공자에게는 선택이다.
6. 다음 중 어떤 정부 정책에서 도덕적 해이가 문제가 아닌가? **[LO 10.3]**
   a. 정부는 홍수로 그들의 집을 잃은 주택 소유주에 대해 재해 지원을 제공한다.
   b. 정부는 근로자들이 해고될 때 실업보험을 제공한다.
   c. 정부는 사회 서비스에 지불하기 위해 세금을 올린다.
   d. 정부는 병원 측에 응급실에 오는 누구든 보험 여부와 상관없이 치료하라고 요구한다.
7. 다음 각 상황에 대해 선별이나 신호 발송과 관련이 있는지 말하라. **[LO 10.4]**
   a. 자동차 정비소와 모텔은 그들이 AAA 인증이라고 광고한다.
   b. 고용주는 고용하기 전에 면접 대상자의 페이스북(Facebook)이나 마이스페이스(MySpace)의 프로필을 점검한다.
   c. 지원자는 공무원이 되기 전에 시험을 통과해야 한다.
   d. 사람들은 브랜드 이름이나 로고가 크게 쓰인 비싼 옷을 입는다.
8. 제인은 온라인 데이트 서비스를 사용한다. 다음 각 활동에 대해, 제인이 선별인지 혹은 신호 발송인지를 말하라. **[LO 10.4]**
   a. 제인은 오직 금연자의 프로필만 본다.
   b. 제인은 그녀의 프로필에 자원봉사 활동을 기술한다.
   c. 제인은 그녀의 관심거리로 미술관과 외국 영화를 열거한다.
   d. 제인은 자신의 집에서 40km 이내에 살고 있는 상대를 기대하고 있다.
9. 평판의 효과를 고려해 시나리오 a와 시나리오 b 중 여러분이 더 잘 대우를 받을 것 같은 것은 무엇인가? **[LO 10.5]**
   a. 여러분은 자동차 정비공에게 여러분이 막 이사 왔다고 말한다.
   b. 여러분은 자동차 정비공에게 여러분이 이사를 간다고 말한다.
10. 평판의 효과를 고려해 시나리오 a와 시나리오 b 중 여러분이 더 잘 대우를 받을 것 같은 것은 무엇인가? **[LO 10.5]**
    a. 여러분은 온라인 벼룩시장에 광고한 개인에게 중고차를 구매하려 한다.
    b. 여러분은 지역 대리점에서 중고차를 구매하려 한다.
11. 대학 입학에서, 다음의 어떤 것이 통계적 차별의 사례인가? 적용되는 것을 모두 선택하라. **[LO 10.6]**
    a. 대학은 표준화된 시험에서 요구하는 최저 점수가 있다.
    b. 대학은 여자 대학이다.
    c. 대학은 장학금 제공에 순위를 매기기 위해 고등학교 성적을 사용한다.
    d. 대학은 3명의 추천서를 요구한다.

12. 자동차 보험시장에서, 다음 어떤 것이 통계적 차별의 사례인가? 적용되는 것을 모두 선택하라. **[LO 10.6]**
    a. 보험료는 보험자의 우편번호에 근거해 조정된다.
    b. 보험료는 보험자의 자동차의 색깔에 근거해 조정된다.
    c. 보험료는 보험자의 운전 기록에 근거해 조정된다.
    d. 보험료는 보험자의 자동차 모델에 근거해 조정된다.
13. 어떤 공공 규제 접근이 의약품 소비자에게 정보를 제공하는데 좀 더 효과적일 것 같은가? **[LO 10.7]**
    a. 제약회사가 TV 광고에 약의 중요한 부작용을 열거하라고 요구한다.
    b. 제약회사가 신약 개발 중 실시한 의료시험 연구 결과의 전문을 온라인에 공시하라고 요구한다.
14. 어떤 공공 규제 접근이 식당에서 식사하는 소비자에게 정보를 제공하는 데 좀 더 효과적일 것 같은가? **[LO 10.7]**
    a. 식당이 보건위생 검사에서 탈락할 때, 시청에 공고문을 기재한다.
    b. 보건위생 검사에 탈락한 식당의 출입문에 공고를 게시한다.

미주

1. 분명히 말한다: 대안적인 시나리오는 완전히 가상적이다—IRS(미국 국세청)는 시나리오에서 기술하는 활동에 관여하는 것이 법적으로 허락되지 않는다.

◀ 세계의 모바일 윈도우–이 장의 내용과 관련된 응용사례를 찾으려면 여러분의 스마트폰으로 이 코드를 스캔하라. (QR코드 리더가 필요하면, 여러분의 앱스토어에서 ScanLife를 활용하라.)

여러분의 모바일 앱스토어를 방문하여 Karlan and Morduch Study Econ app.을 다운로드 하라. ▶

Study Econ McGraw Hill

Chapter 11

시간과 불확실성

학 습 목 표

LO 11.1 돈이 미래보다 현재에 더 가치 있는 이유와 이자율이 어떻게 이러한 관계를 나타내는지 설명하기

LO 11.2 주어진 이자율에서 시간에 따른 복리 계산하기

LO 11.3 미래 총액의 현재가치 계산하기

LO 11.4 기대값을 이용해 선택의 비용과 편익 평가하기

LO 11.5 위험 회피가 어떻게 보험시장을 가능하게 하는지 설명하기

LO 11.6 위험 관리를 위한 분산과 다각화의 중요성 설명하기

LO 11.7 역선택과 도덕적 해이가 보험에 제기하는 도전 기술하기

대학교는 가치가 있는가?

2012년 대통령 선거운동이 본격적으로 속도를 냄에 따라, 적어도 공화당 미트 롬니(Mitt Romney)와 민주당 버락 오바마(Barack Obama)가 동의할 수 있는 한 가지가 있었다: 양쪽 모두 연방 학자금 대출의 이자율이 1년에 3.4%로 동결해야 한다고 생각한 것이다.[1] 대학교에 다니는 선택과 관련해 정부는 재정 부담을 제한해야 한다고, 두 후보자는 느끼는 것 같았다.

많은 학생들에게 학자금 대출은 단지 정치적 화두만은 아니다. 학자금 대출 부채 총액은 이제 약 1조 달러까지 올라갔고, 미국 대학생의 약 3분의 2는 약간의 부채를 가지고 대학을 졸업한다.[2] 대출 이자는 결국 빌린 돈보다 더 많이 상환해야 한다는 것을 의미한다. 그것이 가치가 있을까? 2011년에 25세 이하 학사 학위자의 절반 이상이 자격에 맞는 직업을 찾을 수 없었다.[3]

대학을 다니기 위해 대출하는 것에 대해 어떻게 생각해야 하는가? 대학에 다니기로 하는 결정은 관련된 상충관계를 따져보고, 대학 학위의 비용과 편익이 여러분의 시간과 돈을 다른 일에 사용하는 것보다 더 가치 있다고 결정하는 것을 의미한다. 만약 여러분이 대학에 가기 위해 대출을 받는다면, 지금 당장 상당한 금액을 얻기 위해 미래 수수료(이자)를 지불할 가치가 있다고 결정해야 한다. 대출 여부에 따라, 여러분의 시간과 등록금은 부동산이나 창업에 동일한 금액을 투자하거나 혹은 더 많은 시간을 공부보다 일하는 데 소비하는 것과 같은, 다른 선택사항보다 대학에 지출하는 것이 더 낫다고 믿어야 한다.

많은 사람들에게 대학에 가는 결정의 적어도 일부는 예상되는 미래 수입에 달려 있다. 대학 교육으로 여러분의 마음을 풍요롭게 하고 더 많은 보수를 받는 직장을 얻기 위한 여러분의 기회를 증가시킬 기술을 가르치는 것에 의해 미래에 성공하는 것을 기대한다. 여러분의 추가적인 수

입이 대출의 이자 비용을 충당하는 것보다 더 많을 것으로 확신하는 게 분명하다. 이러한 수입이 대출한 돈을 다른 데 투자하고 대신 즉시 일을 시작해 발생할 수 있는 것보다 더 클 것으로 여러분은 또한 확신하는 게 분명하다. 많은 사람들에게 이것은 좋은 추측이다. 그러나 특히 경제가 불안정할 때, 항상 불확실성이 있다. 불확실한 미래의 비용과 편익 같은 선택에 대해 경제학은 생각하는 방법을 제공한다.

불확실한 미래의 비용과 편익을 따지기 위해 여러분에게 요구되는 결정을 내릴 때, 여러분은 2가지 문제에 직면한다. 첫 번째는 시간에 따라 돈의 가치가 변하기 때문에, 현재의 비용(대학 등록금)과 미래의 편익(더 높은 월급)을 직접 비교할 수 없다. 11장에서는 이것들을 정확하게 비교하기 위해 이자율을 사용하는 방법을 소개할 것이다.

두 번째 문제는 미래가 불확실하다는 것이다. 예를 들면, 여러분의 대학 학위에도 불구하고 수입이 더 많아지지 않을 가능성이 항상 있다. 다음 절에서는 미래에 대한 결정을 내릴 때 위험을 다루는 방법을 살펴본다. 11장의 마지막 부분에서 몇 가지 위험은 다각화와 분산을 통해 어떻게 관리될 수 있는지 알게 될 것이다

많은 중요한 인생 결정을 이해하기 위해 11장에서 작동하는 아이디어를 이용할 수 있다: 주택이나 자동차를 사기 위해 혹은 창업하기 위해 대출할지 여부; 자동차 사고나 도난에 대비해 보험에 가입할지 혹은 질병으로 일할 수 없게 되는 경우 자녀를 부양하기 위해 보험에 가입할지 여부; 그리고 미래에 소득을 얻기 위한 희망으로 약간의 기회나 주식, 부동산, 퇴직연금 같은 기타에 투자해야 할지 여부 등.

시간에 따른 가치

10장에서는 각 선택사항의 편익과 기회비용을 따져 결정을 내리는 것에 대해 공부했다. 편리하게도, 많은 결정은 즉각적인 상충관계와 관련되어 있다. 즉, 비용과 편익이 동시에 발생한다. 여러분은 바리스타에게 돈을 주고, 대신 바로 커피를 받는다.

11장에서는 한때 발생하는 비용과 다른 때 발생하는 편익과 관련된, 더 까다로운 의사결정에 대해 **상충관계는 무엇인가?**라는 질문을 적용할 것이다.

시간이 중요

LO 11.1 돈이 미래보다 현재에 더 가치 있는 이유와 이자율이 어떻게 이러한 관계를 나타내는지 설명하기

선택에 대한 비용과 편익이 다른 시기에 발생한다면, 왜 문제가 되는가? 다음의 시나리오를 고려하자: 여러분은 경합에서 1등 상을 받았다. 축하한다! 상금으로, 다음 중에서 선택할 수 있다.

선택 A: 지금 10만 달러를 받을 수 있다.
선택 B: 10년 후에 10만 달러를 받을 수 있다.

여러분은 무엇을 선택할 것인가? 추측컨대, 여러분은 선택 A를 택할 것이다. 만약 여러분이 지금 10만 달러를 택한다면, 대학 교육에 지불하거나 신형 포르쉐를 사거나, 혹은 아프리카 말

라리아 지역에 살고 있는 사람들이 건강하게 살 수 있도록 살충제 처리 모기장 수만 개를 기부하는 것과 같이 당장 즐거운 일이나 유용하게 사용할 수 있다. 이런 일들을 하기 위해 왜 10년을 기다려야 하는가?

심지어 그 돈으로 당장 무엇인가를 하려는 의향이 없더라도, 여러분은 여전히 A를 택하는 것이 더 좋다. 그 돈으로 무엇을 할 것인지 생각하는 동안 여러분은 그것을 저축해둘 수 있다. 대분의 사람들은 동일한 돈을 나중에 갖는 것보다 지금 갖는 것을 택할 것이다: 역으로, 대부분의 사람들은 즉각적으로 부담해야 하는 것보다 지연되는 비용을 선호한다. 많은 사람들이 신용카드로 물건을 사는 이유다.

즉각적인 편익과 지연된 비용에 대한 이러한 선호는 돈이 미래보다 현재에 더 가치가 있다는 것을 말해준다. 이것은 우리가 다른 시기에 발생하는 비용과 편익을 간단하게 일치시킬 수 없다는 것을 의미한다. 시간에 지나 발생하는 상충관계를 따져보기 위해, 시간에 따른 돈의 가치 변화를 반영하는 방법이 필요하다.

이자율

돈의 가치는 미래보다 현재에 얼마나 더 많은가? 이제 여러분은 경합에서의 승리로 다음과 같은 선택을 할 수 있다고 가정하자.

선택 A: 지금 10만 달러를 받을 수 있다.
선택 B: 10년 후에 100만 달러를 받을 수 있다.

어떤 것을 선택할 것인가? 지금 10만 달러를 택하고 싶겠지만, 많은 사람들은 아마도 100만 달러를 손에 쥐기 위해 10년을 기다릴 것이다. 이렇게 스스로에게 질문하자: 여러분이 A보다 B를 선택하도록 설득하기 위해 얼마를 제안해야 할 것인가? 10만5000달러? 20만 달러? 35만 달러? 500만 달러? 사람들은 저마다 다른 대답을 할 것이다. 10년 후보다 지금 여러분이 돈을 갖는 것의 가치가 얼마나 더 많은지에 달려 있다. 만약 여러분이 수중에 현금을 갖는 것을 강하게 선호한다면, 여러분이 기다리도록 설득하기 위해 미래에 더 많은 돈을 제안해야 한다. 만약 여러분이 더 참을성이 있다면, 우리는 그렇게 많은 돈을 제안하지 않아도 된다.

그러나 이러한 개인적 선호는 어디서 오는 걸까? 기회비용의 관점에서 이 질문에 대해 생각해보자. 돈을 얻기 위해 미래까지 기다리는 기회비용은 무엇인가? 그러는 동안 여러분이 그 돈으로 다른 것을 할 수 있었던 것의 가치다.

예를 들어, 은행이 여러분이 대학에 가도록 돈을 빌려줄 때, 그것은 대신에 그 돈으로 다른 생산적인 것을 하는 기회비용을 포기하는 것이다. 그리하여, 만약 은행이 지금 여러분에게 돈을 주기를 원한다면, 미래에 대출을 상환할 때 무엇인가 추가적인 것을 지불하기로 합의해야 한다. 여러분에게 돈을 빌려주는 은행의 기회비용은 대출에 부과되는 **이자율**로 나타난다. 이자율은 특정한 기간 동안 돈을 빌리는 가격, 빌리는 달러당과 시간 단위당 %로 표시된다. 이자율은 미래보다 오늘 은행에 얼마나 더 돈이 가치 있는지를 말해준다. 수중에 들어오는 현금을 얼마나 강하게 선호하는지에 따라, 서로 다른 은행은 서로 다른 이자율로 대출을 제안한다.

이자율 특정 기간 동안 빌린 돈의 가격으로서 단위 시간 및 단위 화폐 당 백분율로 표현됨

이해를 돕기 위해

현실 세계에서, 이자율은 또한 대출자가 융자금을 변제하지 않을 것이라는 위험과 물가상승의 위험을 반영한다. 단순화하기 위해, 물가상승을 무시하고, 모든 대출금은 상환되는 것이 확실하다고 가정한다. 이것은 이자율의 기본인, 돈을 얻기 위해 기다려야 하는 **기회비용**에 초점을 맞추도록 해준다.

여러분이 은행에 저축할 때, 은행은 일반적으로 예치금에 대한 이자를 지불한다. 본질적으로, 은행은 예금주인 여러분에게 돈을 빌린다. 여러분 역시 기회비용을 가지고 있다. 그것은 은행에 예치하는 대신 그 돈으로 할 수 있었던 다른 것의 가치다. 다시, 각각의 개인에게 이것은 다를 것이다. 누군가는 1% 이자율로 돈을 예치해 행복할 것이고, 또 다른 사람들은 5%를 제공받지 않는 한 그 돈으로 다른 무엇인가를 하기를 선호한다. 이자율은 미시경제학뿐 아니라 거시경제학에서 중요한 개념이고, 이 책의 뒤에서 더 자세히 다룰 것이다. 이제, 개인적인 의사결정에 이자율이 중요한 이유에 초점을 맞춘다.

일반적으로, 이자율은 지정된 기간에 걸쳐 통상 1년, 총금액의 %로 표현된다. 예를 들어, 만약 1000달러 대출금의 이자율이 1년에 5%라면, 1년 후에 대출자는 본래의 1000달러에 1000달러의 5% 이자를 상환해야 함을 의미한다:

$$\$1000 + (\$1000 \times 5\%) = \$1000 \times 1.05 = \$1050$$

이자율 r과 함께, 한 기간 말에 X 대출금의 가치에 대한 일반적인 공식은 다음과 같다:

방정식 11–1

$$\text{이자를 포함한 대출금의 가치} = (X \times 1) + (X \times r) = X \times (1 + r)$$

다른 가격과 마찬가지로, 이자율을 단위당 비용으로도 생각할 수 있다. 5%의 연이율은 여러분이 갚아야 할 모든 돈에 대해 대출금의 가격이 1년에 0.05달러라고 말하는 것과 같다. 이자율은 시간 단위당, 달러당 가격이다.

방정식 11–2

$$\text{이자율: } r = \frac{\$\text{당 가격}}{\text{시간}}$$

복리 계산

LO 11.2 주어진 이자율에서 시간에 따른 복리 계산하기

연이율 5%는 1년간 1000달러를 대출하는 비용이 50달러라는 것이다. 그렇다면 2년간 혹은 5년간 혹은 10년간 1000달러를 대출하는 비용은 얼마인가?

불행하게도, 1년에 50달러인 것만큼 간단하지 않다. 이자 역시 원래 금액뿐만 아니라 이자에 누적되기 때문이다. 5% 이자를 제공하는 은행 계좌에 1000달러를 예치한다고 해보자(은행이 효과적으로 여러분으로부터 돈을 빌린다고 기억하자). 1년 후에 여러분은 1050달러를 갖게 된

다. 2년째에, (본래의 1000달러가 아니라) 1050달러에 대해 5%를 얻는다, 그것은 52.50달러다. 2년 후 여러분은 1100달러가 아니라 1102.50달러를 갖게 된다.

$$\begin{aligned} \text{1년:} \quad & (\$1000 \times 1.05) = \$1050 \\ \text{2년:} \quad & (\$1000 \times 1.05) \times 1.05 \\ & = \$1000 \times (1.05)^2 = \$1102.50 \end{aligned}$$

이미 얻은 이자에 대해 지불되는 이자의 누적의 과정을 **복리 계산**(compounding)이라 한다. 시간이 지남에 따라, 복리 계산은 큰 효과를 가질 수 있다. 만약 원금 1000달러 예금이 지속적으로 매년 50달러로 증가할 것으로 기대한다면, 20년 후 은행에서 2000달러를 얻는 것을 기대한다. 그러나 복리 계산 덕에 5% 이자 수익은 여러분이 $\$1000 \times (1.05)^{20} = \$2,653.29$를 누적할 수 있도록 돕는다. 복리 계산으로, 이자율 r로 n 기간 동안의 초기 예금(PV)의 미래가치를 알기 위한 일반적인 공식은 다음과 같다.

복리 계산 기존에 지급된 이자에 추가적인 이자가 붙어 이자가 축적되는 과정

방정식 11-3

$$\text{총액의 미래가치} = FV = PV \times (1 + r)^n$$

여러분의 돈이 기대하는 것보다 더 크게 늘어난다는 의미이기 때문에, 복리 계산은 투자자에게 희소식이다. 만약 여러분의 1000달러가 매년 50달러씩 늘어난다면, 여러분의 돈이 2배가 되는 데 20년이 걸리는 대신, 5% 이자율로 가치가 2배가 되는 데에는 14년이 갓 넘을 정도로 걸린다. 시간에 따른 복리 계산을 추정하는 속성 방법을 위해, 사례를 통해 알아보기의 '70의 법칙'을 읽어보자.

사례를 통해 알아보기

70의 법칙

'70의 법칙'은 시간에 따른 복리 계산의 효과를 추정하기 위한 빠르고 쉬운 수단이다. 투자가 2배의 가치가 되는 데 걸리는 시간은 대략적으로 70의 기간을 기간당 이자율로 나누는 것이다. 그러므로 만약 예금에 매년 5% 이자율을 얻는다면, 예금이 2배 가치가 되기 위해서는 약 70 ÷ 5 = 14년이 걸릴 것이다. 70의 법칙에 대해 더 자세히 알고 싶다면, 11장 끝부분의 QR코드를 스캔하거나 온라인을 통해 읽기를 계속하라.

저축하는 사람에게 복리 계산이 좋은 것처럼 신용카드나 개인 융자처럼, 특히 이자율이 5%보다 훨씬 높을 때 대출자에게는 위험할 수 있다. 연방정부가 보장하는 학자금 대출은 현재 1년에 6.8%를 유지하는 반면, 개인 학자금 대출은 18% 정도의 비용이 들 수 있다. 만약 여러분이 대출에 대한 지불을 유지하지 못한다면, 복리 때문에 지불되지 않은 이자는 더 많은 이자를 초래하고, 부채는 빠르게 통제불능 상태가 될 수 있다.

현재가치

LO 11.3 미래 총액의 현재가치 계산하기

대학에 가는 결정은 장래에 더 많은 월급을 얻을 것으로 예상되는 편익에 대한 보상으로 즉각적인 비용인 등록금, 숙식과 월급을 얻기보다 공부하는 데 보내는 시간을 수락한다는 의미다. 이자율이 지연되는 편익에 대한 기회비용을 나타낸다는 것을 알게 되면, 11장 도입부에서의 질문에 대한 답에 좀 더 가까이 갈 수 있다: 대학의 지연된 편익이 즉각적인 비용보다 클지 여부를 어떻게 알 수 있을 것인가?

경제학자들은 현재가치 합과 미래가치 합을 비교하기 위해 이자율을 사용한다. 앞에서, 당장 10만 달러를 갖는 것보다 10년 기다리는 것을 선호하기 전에 얼마를 제안받아야 하는지에 대해 질문했다. 연 수익 8%로 그 돈을 투자할 수 있다고 여러분이 생각하고 있다고 하자. 8% 이자율로 10년간의 10만 달러의 미래가치는 $\$100{,}000 \times (1.08)^{10} = \$215{,}892.50$라는 것을 계산할 수 있다.

현재가치 미래의 특정 금액이 현재 갖는 가치

만약 미래가치를 안다면, **현재가치**(present value)를 계산하기 위해 이 방정식을 역시 재배치할 수 있다. 현재가치는 미래에 얻게 될 특정한 금액이 오늘 갖는 가치다. 만약 투자가 10년 후 여러분에게 21만5892.50달러를 지불할 것임을 여러분이 알았고, 시간에 따른 이자율이 8%라는 것을 알았다면, 여러분은 그 투자의 현재가치를 $\$215{,}892.50 \div (1.08)^{10} = \$100{,}000$으로 계산할 수 있다. 더 일반적으로, 만약 r이 연 이자율이라면, 이자율 r로 n년간 받는 FV의 총액의 현재가치를 계산하는 공식은 다음과 같다:

방정식 11–4

$$\text{총액의 현재가치} = PV = \frac{FV}{(1+r)^n}$$

많은 사람들이 평생 동안 일해서 100만 달러를 얻을 수 있다는 것은 놀라운 일이다(그러나 시간당 8달러로 하루 16시간씩 30년간 일해야 한다).

© Dan Piraro, May 20, 2009, bizarrocomics.com. Used with permission.

이 공식은 〈방정식 11-3〉을 간단히 다른 방법으로 쓴 것이라는 데 주목하자. 현재가치와 미래가치의 관계는 항상 이자율과 기간에 의해 주어진다. 만약 여러분이 현재가치를 안다면, 미래가치를 알기 위해 복리 이자율로 곱해서 계산할 수 있다. 만약 여러분이 미래가치를 안다면, 현재가치를 알기 위해 복리 이자율로 나누어서 계산할 수 있다. 현재가치는 미래 비용이나 편익을 오늘 수중의 동등한 금액으로 바꾸어준다. 이러한 정보는 미래 금액을 바로 즉각적인 금액과 비교할 수 있도록 해준다.

여러분의 학자금 대출 결정으로 돌아가자. 만약 여러분이 대학 학위를 갖지 못한다면, 여러분은 120만 달러(1년에 4만 달러로 총 30년간) 총소득을 얻을 것이라고 기대한다고 하자. 만약 여러분이 대학 학위를 가진다면, 1년에 추가적으로 2만 달러를 얻을 것으로 기대하고 총소득은 180만 달러로 증가한다. 그래서 만약 여러분이 대학에 가면 30년간 일해서 추가적으로 60만 달러(2만 달러 × 30)를 얻는다고 기대한다. 미래 60만 달러의 가치는 현재 얼마인가? 여러분은 지금으로부터 5년 후에 첫 번째 직장을 얻고, 5% 이자율로 돈을 투자할 수 있는 것으로 기대한다고 하자. 여러분이 대학에 감으로써 얻는 추가적인 60만 달러의 현재가치는 다음의 계산으로 지금 당장 25만 2939 달러와 동등하다는 것을 계산할 수 있다:

$$\$20,000/(1.05)^5 + \$20,000/(1.05)^6 + \$20,000/(1.05)^7 + \cdots + \$20,000/(1.05)^{34}$$

계산에 따라, 대학에 가기 위해 25만2939달러보다 적게 지불하는 한, 미래 편익은 현재 비용을 초과할 것이다. 사실, 이러한 계산의 더 현실적인 형태는 여러분이 당장 등록금 전액을 지불하지 않아도 되기 때문에, 대학에 가는 것이 훨씬 더 호의적인 것으로 보여진다. 물론, 이는 예일 뿐이다. 여러분의 기대되는 직장 경력, 어디에 살지와 기타 적절한 변수에 근거해 가능한 소득에 대한 예측을 통해, 여러분 자신의 상황에 맞는 비교를 계산할 수 있다.

편익과 기회비용이 다른 시기에 발생할 때, 현재가치와 미래가치를 변환하는 것을 아는 것은 다른 많은 결정에도 유용하다. 만약 여러분이 은퇴할 때 특정한 소득 수준을 원한다면, 현재 퇴직연금에 얼마를 저축해야 할 것인가? 만약 여러분이 사업을 운영한다면, 새로운 기계에 투자하는 것을 가치 있게 만들기 위해 얼마의 미래 판매의 가치를 필요로 하는가? 〈방정식 11-3〉과 〈방정식 11-4〉의 4가지 변수 중 3가지를 안다면 이러한 종류의 비용과 편익을 비교할 수 있다: 기간, 이자율, 비용과 편익의 현재가치 혹은 미래가치 둘 중 하나.

✓ 개념 확인하기

- ❒ 대출기관에 대출의 이자율은 무엇을 나타내는가? **[LO 11.1]**
- ❒ '70의 법칙'은 무엇인가? **[LO 11.2]**
- ❒ 미래 총액과 그것의 현재가치의 관계를 결정하는 2가지 요소는 무엇인가? **[LO 11.3]**

위험과 불확실성

만약 여러분이 걱정이 많은 사람이라면, 대학에 대한 비용과 편익 분석의 한계나 문제에 주목해 왔을 것이다. 대학에 다닌 결과로 만약 소득이 여러분이 기대하는 것만큼 증가하지 않는다면, 무슨 일이 일어날 것인가?

이 사례처럼, 여러분이 직면할 가장 중요한 인생의 결정 몇 가지는 현재의 비용과 편익에 비해 불확실한 미래의 비용과 편익에 영향을 주는 것과 관련이 있다. 우리는 미래에 무슨 일이 일어날지에 대해 경험에서 우러난 추측을 할 수 있지만, 이러한 추측이 빗나갈 가능성이 항상 있다. 시간에 따른 돈의 가치 변화는 미래에 대한 의사결정을 할 때 단지 하나의 도전이다; 위험은 또 다른 것이다.

위험은 무엇인가?

한 사건이나 선택의 비용과 편익이 불확실할 때, **위험**은 존재한다. 인생의 모든 것에는 약간의 불확실성이 내포되어 있다. 비행기를 탈 때, 중요한 항공편 연결을 놓치는 비행기 연착이 있을 수 있다. 중고차를 샀는데, 수리비가 많이 드는 것으로 판명 날 수도 있다. 기업에 투자했는데, 주식 가격이 폭락할 수도 있다. 대학 교육에 투자했는데, 경기 불황으로 대우가 좋은 직장을 찾기 어려울 때 졸업할 수도 있다. 위험을 평가하는 것은 다른 가능한 결과에 대해 생각하고, 미래

위험 어떤 사건이나 선택에 따른 비용이나 편익이 불확실한 상황

의 비용과 편익에 대한 최선의 추측이 잘못될 수 있다는 것을 받아들일 것을 요구한다.

이해를 돕기 위해

유사해 보이지만, 몇몇 경제학자들은 종종 '위험'과 '불확실성'을 구별한다. 위험은 다른 결과가 발생할 확률을 아는 상황을 나타낸다. 예를 들면, 우리는 동전을 던졌을 때 앞면이 나올 가능성이 50%라는 것을 안다. 동전 던지기로 내기를 하는 것은 위험을 수반한다. 혹은 항공기 안전을 고려해보자: 비록 여러분이 숫자를 살피기를 원하지 않더라도(그들은 실제적으로 꽤 안심시킨다), 연방항공국은 비행기 안전에 대한 광범위한 통계를 수집한다; 누구나 다음번 항공편 추락의 가능성에 대해 합리적인 추측을 할 수 있다.

이러한 사례는 확률을 알지 못하고, 심지어 측정할 수 없는, 불확실성의 상황과 대조를 이룬다. 예를 들면, 대학에 가는 결정은 서로 다른 종류의 경력에서 여러분 미래의 수입과 행복에 대해 불확실성을 수반한다. 심지어 최고의 경제학자들도 경제의 건전성이 10년 혹은 20년 후에 어떨지 정확하게 예측할 수 없다.

여러분이 위험과 불확실성에 초점을 맞춘 과목을 수강할 때, 이러한 차이는 중요할 수도 있다. 그러나 11장의 나머지에서, 사건이 발생하는 확률을 알고 있는 선택을 나타내기 위해 위험과 불확실성 용어를 교대로 사용할 것이다.

기대값

LO 11.4 기대값을 이용해 선택의 비용과 편익 평가하기

무엇인가가 어떻게 나타날지 확실하게 알 수 없을 때, 우리는 종종 그것이 한쪽 방향 대 다른 쪽 방향으로 나타날 **가능성**(*likelihood*)에 대해 무엇인가를 말할 수 있다. 만약 다른 결과가 얼마나 가능할지와 각 결과의 재정적 영향을 추정할 수 있다면, 위험을 고려한 단일 비용과 편익 수치를 찾아낼 수 있다. 그 수치를 **기대값**(expected value)이라고 한다. 기대값은 미래 사건 각각의 가능한 결과의 평균이고, 그것의 발생 확률을 가중해 계산된다.

기대값 미래에 발생 가능한 사건들의 결과를 그 사건의 발생 확률을 가중치로 하여 평균을 낸 가치

좀 더 현실적으로 대학 교육의 편익을 분석하기 위해 기대값을 사용할 수 있다. 물론 현실에서 여러분은 수없이 많은 가능한 직업경력 경로를 따를 수 있다. 그러나 단순화하기 위해, 대학 학위 없이 단지 2개의 가능성이 열려 있다고 하자. 대학 학위 없이 여러분은 2개의 가능성을 가진다:

- 30년 동안 150만 달러를 만드는 직업경력의 기회 50%(1년에 5만 달러)
- 30년 동안 90만 달러를 만드는 직업경력의 기회 50%(1년에 3만 달러)

대학 학위 취득은 새로운 직업 선택의 범위를 열어준다고 가정하자. 대학 학위로, 여러분은 3개의 가능성을 가진다:

- 240만 달러를 만드는 직업경력의 기회 50%
- 150만 달러를 만드는 직업경력의 기회 25%
- 90만 달러를 만드는 직업경력의 기회 25%

표 11-1
결과의 확률

교육 수준에 따른 평생 수입	90만 달러	150만 달러	240만 달러
대학 학위 없음	50%	50%	0%
대학 학위	25%	25%	50%

〈표 11-1〉은 이러한 가능성을 보여준다. 가능한 직업경력 경로의 어느 것이 현실이 될지는 확실하게 알 수 없다. 그러나 각각의 확률을 알기 때문에, 대학 학위 여부에 따른 미래 소득의 기대값을 측정할 수 있다. 의사결정의 기대값에 대한 일반적인 공식은 사건(S) 각각의 가능한 결과에 그것이 발생할 확률 P를 곱하고 n개의 다른 결과를 모두 더해서 찾아낸다:

방정식 11–5

$$\text{기대값} = EV = (P_1 \times S_1) + (P_2 \times S_2) + \ldots + (P_n \times S_n)$$

이 공식을 이용해 대학 학위 없이 여러분 소득의 기대값은 다음과 같다:

$$EV = (50\% \times \$1{,}500{,}000) + (50\% \times \$900{,}000) = \$1{,}200{,}000$$

대학 학위에 따른 여러분 소득의 미래가치를 알아내기 위해 같은 방법을 적용해 다음과 같이 얻는다:

$$\begin{aligned} EV &= (25\% \times \$1{,}500{,}000) + (25\% \times \$900{,}000) + (50\% \times \$2{,}400{,}000) \\ &= \$1{,}800{,}000 \end{aligned}$$

앞의 추정치와 달리, 이러한 수치들은 여러분의 소득이 대학 학위 없이 얻는 것보다 대학 학위로 더 낮게 될 위험을 포함한다. 항상 가능성이 있다. 여러분이 운이 나쁠 수 있다. 그러나 행운이 있을지 혹은 없을지 미리 알 수 없지만, 여전히 여러분의 기대 소득에 근거해 선택을 내릴 수 있고, 그것은 학위로 인해 60만 달러 더 높일 수 있다.

기대값은 미래 결과가 불확실할 때마다 결정을 내리는 데 유용한 수단이다. 예를 들면, 퇴직연금에 투자할 때 그 연금이 얼마나 빠르게 증가할지 확실하게 알 수 없지만, 기대값의 계산은 저축하기 위해 얼마를 필요로 하는지 결정하는 데 도움이 된다. 다른 사항 중 선택할 때, 가장 높은 기대값의 사항을 반드시 선택하기를 항상 원할 필요는 없다. 여러분은 또한 각 선택사항 최악의 결과를 고려하고, 최악의 결과에 대한 위험이 용납할 수 없을 정도로 높은지 결정하기를 원할 것이다.

위험 성향

LO 11.5 위험 회피가 어떻게 보험시장을 가능하게 하는지 설명하기

어떤 것이 다른 것보다 더 위험할 수 있다. 예를 들면, 골프를 칠 때는 부상에 대한 위험이 매우 낮지만 스키를 탈 때는 상당한 위험이 있다. 유사하게, 여러분이 투자하는 어떤 것이 다른 것보다 손해 위험이 더 높을 수 있다. 저축예금이나 국채에 돈을 투자하는 것은 손해에 대해 매우 낮은 위험이 수반된다; 벤처기업에 투자하거나 주식시장에 관여하는 것은 일반적으로 훨씬 더 높

은 위험이 수반된다.

위험회피적 위험이 결부된 상황에 연루되는 것을 꺼리는 성향

위험추구적 위험이 결부된 상황에 연루되는 것을 즐기는 성향

사람들은 위험 활동에 참여할 의사에 대해 서로 다른 수준을 가진다. 일반적으로 위험을 택하는 데 낮은 의사를 가진 사람은 **위험회피적**(risk-averse)이라고 한다. 높은 수준의 위험을 즐기는 사람들은 **위험추구적**(risk-seeking)이다. 특정 아이스크림 맛에 대한 선호나 여러분의 여유 시간을 옷이나 콘서트에 보내는 선호처럼, 위험에 대한 이러한 태도는 개인의 선호다.

비록 재정적 위험을 택하는 기호가 다를지라도, 사람들은 일반적으로 다음의 감각에서 위험회피적이라고 경제학자들은 믿고 있다: 동일한 기대값을 가지는 2개의 선택사항에 직면할 때, 그들은 위험이 낮은 것을 선호할 것이다. 경합으로 돌아가서, 여러분이 우승자라고 하자. 상금으로 다음 선택사항을 제안한다.

선택 A: 동전을 튕겨 던진다. 앞면이 나오면 상금은 10만1달러다. 뒷면이 나오면 상금은 9만 9999달러다.

선택 B: 동전을 튕겨 던진다. 앞면이 나오면 상금은 20만 달러다. 뒷면이 나오면 아무것도 얻지 못한다.

2가지 선택사항은 10만 달러의 기대값을 가진다(확인하기 위해 계산을 해보라). 사람들은 일반적으로 위험회피적이고, 비록 2가지 선택사항이 동일한 기대값을 갖더라도 많은 사람들은 선택 A를 선호한다는 것을 함축한다고 경제학자들은 말한다(분명히, 비록 모든 사람들이 선택 A를 선택하지 않을지라도. 만약 그런 경우라면 아무도 카지노에 가지 않고, 룰렛 휠(roulette wheel)에 그들의 내기 돈을 쌓아 큰 기회를 노리지 않을 것이다).

달리 말하면, 선택 B의 기대값은 많은 사람들이 아무것도 얻지 못하는 위험을 수락하기 위해서는 가치가 더 커야 한다. 만약 여러분이 선택 A를 택했다면, 선택 B로 바꾸려면 선택 B의 가치가 얼마나 증가해야 하는가를 자신에게 물어보라. 아마도 25만 달러?(그러면 선택 B의 기대값은 12만5000달러로 올라간다) 100만 달러(선택 B의 기대값은 50만 달러)는 어떤가? 대답은 위험에 대한 여러분의 개인적인 기호에 달려 있고, 개인마다 다를 것이다. 비록 경합에서 여러분이 우승할 것 같지 않지만, 위험과 기대값의 이러한 상충관계는 주식, 퇴직연금, 채권이나 부동산에 투자하는 것에 대해 생각할 때마다 여러분이 내려야 하는 선택의 종류다.

✓ 개념 확인하기

❐ 미래 사건의 기대값은 어떻게 계산되는가? **[LO 11.4]**

❐ 사람들이 위험회피적인 경향이 있다고 경제학자들이 말하는 이유는 무엇인가? **[LO 11.5]**

보험과 위험 관리

사람들은 미래의 불확실성에 대해 다양한 방법으로 대처한다. 한 가지 접근은 간단하게 필요한 것보다 더 큰 위험을 부담하는 것을 회피하는 것이다. 만약 여러분이 스키를 타다가 다치는 위험을 원하지 않는다면, 스키를 타지 않으면 된다! 그러나 인생의 몇몇 위험은 피할 수 없고, 몇몇 위험한 활동은 스키 타는 것처럼 피할 수 있지만, 인생의 즐거움이 덜하다. 그래서 사람들은 그들의 삶에서 직면하는 위험을 관리하는 방법을 개발해왔다.

위험을 관리하는 흔한 방법 중 하나는 보험에 가입하는 것이다. 보험 정책은 그들 삶의 몇 가지 측면에서 불확실성을 줄이기 위해 사람들이 지불하는 상품이다. 예를 들어, 만약 여러분이 스키를 즐긴다면, 경사면에서 추락해 다리가 부러졌을 때 병원으로 이송하는 헬기 비용을 보장하는 보험에 가입할 수 있다. 보험회사가 예기치 못한 비용 발생을 보장할 것이라도 합의하는 대신에, 보험 상품은 일반적으로 정기적인 수수료를 지불해야 한다.

보험시장

여러분은 삶에서 직면하는 흔한 위험과 관련된 다양한 종류의 보험을 접했을 것이다. 자동차의 손상이나 혹은 다른 사람에게 손상을 초래하는 위험을 관리하기 위한 자동차보험이 있다. 의료보험은 질병이나 부상의 위험을 관리한다. 주택 소유주나 세입자의 보험은 여러분의 재산이 파괴되거나 도난당하는 위험을 관리한다. 이러한 보험 상품을 제공하는 회사는 만약 사람들이 이러한 불운한 사건을 경험했다면 고객이 지불해야 하는 비용을 보장하는 대신 수수료인 **보험료**(*premium*)를 징수한다.

일반적으로, 사람들이 보험에 지불하는 금액은 그것의 기대값보다 높다. 예를 들어, 자동차 보험으로 1년에 1000달러를 지불한다고 가정하자. 어느 해에는 1만 달러의 비용이 드는 사고에 처할 1%의 가능성과 20만 달러의 비용이 드는 사고의 0.1%의 가능성이 있다고 가정하자. 만약 보험 정책이 이러한 사고의 모든 비용을 보장한다고 가정하면, 주어진 어느 해의 보장 금액의 가치는 300달러다:

$$\begin{aligned} EV &= (1\% \times \$10{,}000) + (0.1\% \times \$200{,}000) \\ &= \$100 + \$200 = \$300 \end{aligned}$$

300달러 기대값을 위해 1000달러를 지불하는 것은 사람들을 완전히 속이는 것인가? 사실, 그렇지 않다. 많은 사람들이 추가적인 비용 가치가 있는 보험을 찾을 만큼 충분히 위험회피적이다. 700달러가 헛되이 쓰이는 것은 아니다. 만약 비용이 많이 드는 자동차 사고를 당하면, 여러분이 그 비용 때문에 파산하지 않을 것임을 아는 것, 그것은 마음의 평화에서 오는 효용을 사는 것이다. 사람들이 보험에 대해 일반적으로 지불하려는 의사가 있는 이유는 화재로 집과 모든 재산을 대체하거나 병에 걸려 장기 병원 치료의 비용을 충당하기 위해 충분한 돈을 마련하는 데 곤란을 겪기 때문이다. 보험은 만약 갑자기 엄청난 비용을 지불해야 할 일이 생겼을 때, 파산에 직면하거나 필요한 서비스에 대해 지불할 수 없게 되지 않는다는 것을 확신하게 해준다.

사실, 만약 보험 정책의 기대값이 지불된 보험료와 일치한다면, 보험회사는 장기간 사업을 유지할 수 없다: 보험회사는 아무 이윤도 없이 그들이 보험료로 받은 거의 동일한 금액을 지불하게 된다. 오직 사람들이 위험을 관리하는 서비스에 대해 지불하려는 추가적인 금액으로부터 이윤을 낼 수 있기 때문에 그 산업이 존재한다.

몇몇 사람들은 매우 특이한 위험의 보장에 대해 지불하기도 한다. 몇 가지 특이한 보험 정책을 알고 싶다면 다른 관점에서 보기의 '홀인원 보험?'을 읽어보자.

다른 관점에서 보기

홀인원 보험?

자동차, 주택과 의료보험은 많은 사람들이 직면하는 위험과 관련되기 때문에 가장 흔한 보험 상품이다. 그러나 보험은 크고 예기치 않은 비용과 관련된 무엇인가에 대해 적절할 수 있고, 시장은 신체 일부 보험부터 골프에서 홀인원(hole-in-one)을 치게 되었을 때 발생하는 축하 비용에 대비한 보험까지 훨씬 더 특이한 위험을 보장하기 위해 발전해왔다. 더 자세히 알고 싶다면 11장 끝부분의 QR코드를 스캔하거나 온라인을 통해 읽기를 계속하라.

위험의 분산과 다각화

LO 11.6 위험 관리를 위한 분산과 다각화의 중요성 설명하기

보험은 삶에 내재된 위험까지 줄여주지는 않는다. 자동차 보험에 가입하는 것은 사고의 가능성을 줄게 할 수 없다(다음 절에서 배우게 되겠지만, 사실 사고가 더 많아지도록 할 수 있다). 대신, 그러한 사고의 비용을 재분배해 완전히 타격을 입는 것으로부터 어떤 개인을 보호해주기 때문에 보험이 작동한다. 이러한 재분배는 2가지 메커니즘을 통해 발생한다.

위험 분산 각 개인의 위험을 집합적으로 흡수하기 위해 사람들을 한 집단으로 조직하는 것

위험을 재분배하는 첫 번째 메커니즘은 분산이다. 사람들이 각 개인이 직면한 위험 비용을 공동으로 흡수하기 위해 그들 스스로 집단을 조직할 때 **위험 분산**(risk pooling)이 발생한다. 이는 보험회사가 작동하도록 하는 기본 원칙이다. 주어진 기간에, 그들의 보험료를 지불하고 청구하지 않은 다른 많은 고객이 있기 때문에 회사는 한 사람의 비상사태를 쉽게 흡수할 수 있다.

예를 들면, 한 회사가 100만 명의 고객을 유지하고 있다고 가정하자. 회사의 이윤은 잠시 제쳐두고, 이것은 다른 고객에게 발생한 사고의 비용에 대해 100만 분의 1을 지불할 것을 모든 고객들이 합의한 것에 해당한다. 대신, 모든 고객은 사고가 그들에게 발생할 때 비용의 100만 분의 99만9999를 지불하지 않아도 된다는 확신을 가진다. 분산은 발생하는 사고의 위험을 줄이지는 않는다; 단지 비용을 재분배할 뿐이다.

위험 분산의 한 가지 사례는 학자금 대출을 상환하기 위해 영국과 다른 국가들에서 사용된 방법으로부터 비롯된다. 그들 교육의 비용에 대해 학생 개인들이 책임을 떠안기보다는, 모든 학생들은 정부가 지원하는 회사로부터 대출금을 얻는다. 학생들이 그렇게 하기 위해 졸업 후 충분한 돈을 얻을 때에만 그 회사는 상환받아야 한다. 어떻게 생각하십니까?의 '대학 학위가 청산하지 않은 위험을 누가 부담해야 하는가?'에서 이러한 체계의 이점과 문제에 대해 알 수 있다.

어떻게 생각하십니까?

대학 학위가 청산하지 않은 위험을 누가 부담해야 하는가?

대학 학위에도 불구하고, 여러분이 보수가 좋은 직업을 결코 얻지 못할 가능성에 대비해 보험에 가입할 수 있다고 가정하자: 만약 급여가 일정 수준 이상으로 결코 오르지 않는다면, 보험회사는 대학에 가기 위해 여러분이 인출한 대출금을 상환할 것이다. 그러한 보험 상품을 사는 것에

관심이 있는가?

실제로, 이것은 정확히 영국과 같은 몇몇 국가에서 시행 중인 학자금 대출 체계의 종류다. 학생들은 정부가 지원하는 회사에서 대출을 받고, 그들이 일정 금액 이상으로 얻기 시작할 때에만 대출금을 상환한다. 만약 그들의 수입이 그 수준에 결코 도달하지 않는다면, 대출금은 결국 탕감된다.

이러한 대출 체계에 대한 지지자들은 더 많은 젊은이들이 대학에 가도록 격려한다고 말한다: 교육을 받고 대출금을 상환하기 위해 분투해야 하는 부채에 그들이 처하게 될 것이라는 두려움을 가질 필요가 없다. 비평가들은 결국 대학에 가지 않은 사람들을 포함하는 납세자들이 좋은 보수의 직업을 얻는 데 실패한 졸업생에게 보조금을 주게 되는 것이라고 지적한다.

몇몇 사람들은 이러한 체계를 '대졸자 세금(graduate tax)'으로 대체하는 것을 제안하고 있다. 이 제안에 따라 대학 교육은 무료이고, 일정 총액 이상을 얻는 대학 졸업자에 대한 추가적인 소득세 징수에 의해 상환된다. 대학에 대해 모든 납세자가 비용을 부담하도록 요청하는 대신, 오직 대학에 간 사람이 책임을 지는 것이다.

사실상, 이것은 대학 교육이 청산하지 않은 위험을 누가 부담해야 하는가에 대한 논쟁이다. 영국은 현재 납세자가 부담하고 있다. 대졸자 세금 제안에 따라, 위험은 대학에 간 모든 사람들에게 분산될 것이다. 미국에서는 일반적으로 학생들 당사자나 가족들이 부담하고 있다. 사회복지사나 시인이 되기로 결정한 사람들의 교육을 위해 다른 사람들이 지불해야 하는가? 다른 한편으로, 사회 서비스나 예술에 대해 열정을 추구하는 학생들의 의욕을 꺾어 전체 사회가 무엇인가를 잃게 되기 때문에 사회가 지불해야 하는가?

어떻게 생각하십니까?

1. 대출금을 상환하기에 충분할 만큼 돈을 벌지 못한 사람들에 대해 누가 대학 교육의 비용을 부담해야 하는가?
2. 특정한 전공이나 전문직으로 간 사람들에 대해 등록금이 탕감되어야 하는가? 만약 여러분이 그렇게 생각한다면, 이런 유형의 프로그램으로 어떤 전공과 전문직이 선택되어야 할지 어떻게 선택할 수 있는가?

위험을 관리하는 두 번째 메커니즘은 다각화다. 위험 **다각화**(diversification)는 어느 한 개인의 특정한 위험의 충격을 줄이기 위해, 위험이 다른 다수의 자산이나 사람들에 걸쳐 공유되는 과정을 나타낸다. 다각화는 달걀을 한 바구니에 담지 않는 것이고, 개인과 기업에 의해 행해질 수 있다. 예를 들면, 만약 한 회사에 가진 돈을 모두 투자한다면, 여러분은 그 회사의 운세에 의존할 수밖에 없다. 만약 그 회사가 파산한다면, 여러분도 그렇게 될 것이다. 대신, 많은 사람들은 여러 회사에 더 적은 돈을 투자해 다각화하는 것을 선택한다. 한 회사가 실패하면 약간의 돈을 잃겠지만, 전부는 아니다. 위험을 분산하는 것처럼, 여러분의 위험을 다각화하는 것은 좋지 않은 일이 일어날 가능성을 바꾸지는 않는다. 단일의 운이 없는 사건으로 완전히 파산하지는 않게 된다는 것을 의미한다.

다각화 다양한 자산이나 사람들에게 위험이 분산되도록 하여 특정 위험이 한 개인에게 미치는 충격을 감소시키는 과정

다각화의 핵심은 위험이 가능한 한 관련이 없어야 한다는 것이다. 예를 들어, 보험회사가 오직 한 유형의 보험, 샌프란시스코 지진에 대비한 주택보험만 판매한다고 가정하자. 만약 한 고

객의 주택이 지진으로 붕괴된다면, 그 동일한 지진이 다수의 다른 고객의 주택도 붕괴할 것이기 때문에, 샌프란시스코에 살고 있는 주택 소유주에게 이것은 그들의 위험을 분산하기 위한 분별 있는 방법이 아닐 것이다. 보험회사는 당장 청구해오는 고객들을 상대해야 하며 금세 파산에 이를 것이다. 다시 말하면, 샌프란시스코에 있는 한 집의 지진 피해의 위험은 샌프란시스코에 있는 다른 집의 지진 피해의 위험과 **높은 상관관계**를 가진다(양(+)의 **상관관계**는 일이 함께 발생하는 경향이 있다는 것을 의미한다는 것을 기억하자).

이러한 문제를 회피하기 위해, 보험회사는 뉴저지에서 자동차보험과 플로리다에서 허리케인(hurricane)보험도 판매할 것이다. 한 국가의 서로 다른 지역에서의 지진, 자동차 사고와 허리케인은 관련되어 있지 않다(*uncorrelated*): 그들의 어느 것도 그중 하나가 발생할 때 거의 발생할 것 같지 않다. 보험회사는 다른 지역에 다른 상품을 판매해 위험을 다각화하고 있다. 만약 샌프란시스코의 지진 이후에 그것을 보장해야 한다면, 그러한 비용은 다른 지역에서 계속 징수하는 보험료로 충당될 것이다.

요즘은 새로운 테니스 라켓이나 휴대폰에 대한 보험을 종종 제안하기도 한다. 그 당시에, 그것을 사는 것이 좋은 생각인지 여러분은 모를 것이다. 만약 휴대폰이 부서진다면, 보험은 완전히 가치가 있다; 만약 휴대폰이 수년간 지속된다면, 여러분은 전혀 보험이 필요 없었다. 다른 관점에서 보기의 '소 잃고 외양간 고치기'에서 기술했듯이, 그 사건 이후 몇 년 동안 보험을 사는 결정을 검토하는 것은 최선이 아니다.

다른 관점에서 보기

소 잃고 외양간 고치기(Hindsight is 20/20)

세탁기가 고장났을 때 교체해주는 연장된 보증제도(extended warranty)를 구매했다고 가정하자. 그런데 얼마 후 실제로 세탁기가 고장났다. 여러분은 상당히 기쁠 것이다. 이제 20년 동안 미시시피 삼각주(Mississippi Delta)에 살면서 홍수보험을 지불한 후, 단 한 번의 홍수도 경험하지 않고 이사를 간다고 상상하자. 여러분은 돈을 버린 것처럼 느낄 것이다. 세탁기 보증제도는 옳은 결정이고, 홍수보험은 잘못된 결정이었을까? 너무 서둘러 결정을 내리진 말자. 두 경우 모두 실제로 일어난 일은 초기 결정이 옳은 것이었는지 여부와 아무 관련이 없다.

결정을 내릴 때 옳은 것처럼 보이는 결정은 돌이켜 생각해보면, 끔찍하게 잘못된 것일 수도 있다. 미래에 대한 결정이 옳았는지 여부를 판단하기 위해 여러분이 뒤늦은 깨달음의 편익을 필요로 할 것 같다. 그러나 그러한 결정에 대해 생각하는 것은 잘못된 방법이다. 그 당시에 이용할 수 있는 최선의 정보를 고려해 그들이 옳았는지 혹은 잘못되었는지를 판단해야 한다.

보험에 대한 결정에서, 2가지 정보가 결정적이다: 여러분이 대비해 보험에 가입하려는 사건이 얼마나 가능할 것인가? 그리고 만약 발생한다면 얼마나 비극적일 것인가? 미시시피 삼각주는 홍수가 났을 때 피해가 상당히 심각할 테고 복구하는 데 엄청난 비용이 들 것이다. 따라서 홍수보험에 가입한 것은 비록 그것을 사용하지 못했을지라도, 옳은 결정이었다. 다른 한편으로, 만약 여러분이 덴버의 언덕 꼭대기에 산다면, 홍수보험에 가입하는 건 그리 똑똑한 일이 아니다. 홍수 피해는 감당할 수 없을 만큼 비싸지만, 홍수가 날 가능성은 적다.

세탁기는 어떤가? 세탁기 비용은 450달러고, 판매원은 월 12.50달러에 보험을 제안한다고 가정하자. 이것은 1년에 150달러고, 만약 적어도 3년 동안 세탁기가 잘 작동한다면(상당히 가능성이 높다), 여러분은 이미 새로운 것을 살 만큼 충분히 저축했다. 만약 여러분이 운이 나빠 그전에 고장이 난다면, 이는 재난일 것이다: 또 다른 세탁기를 사기 위해 450달러 돈을 들여야 하는 것에 짜증이 날 테지만, 여러분을 파산시키지는 않는다. 극단적으로 위험회피적이 아닌 한, 비록 세탁기가 2년째에 고장이 난 것으로 판명되더라도, 그 가격에 보험을 거절하는 것은 옳은 결정이다.

사건 이후, 여러분이 보험에 가입하게 하는 미래에 대한 불확실성은 해결된다. 그러나 그것은 여러분의 결정을 추후에 한 번 더 생각해야 한다는 것을 의미하지는 않는다. 만약 덴버 언덕 꼭대기에 자리한 주택이 갑자기 불어난 물로 피해를 당한다면, 여러분은 운이 나쁜 사람이다. 그러나 홍수보험에 가입할지 여부에 대해 잘못된 결정을 내릴 필요는 없었다.

보험 문제

LO 11.7 역선택과 도덕적 해이가 보험에 제기하는 도전 기술하기

분산과 다각화로 위험을 관리하는 것은 좋은 생각이다. 그러나 역선택과 도덕적 해이라는 2가지 중대한 문제가 있다. 10장에서 이러한 생각들을 상세하게 논의했지만, 보험과 위험 관리에 대해 생각할 때 특히 결정적이다.

보험회사가 직면하는 첫 번째 문제는 **역선택**(adverse selection)이다. 재화의 품질이나 상황의 위험도에 대해 구매자와 판매자가 다른 정보를 가지고 있고, 이러한 비대칭 정보가 양쪽이 동일한 정보를 가졌다면 가능했을 거래 성사를 실패하게 할 때 나타나는 상태를 이 개념이 기술한다. 보험 맥락에서, 역선택은 더 높은 위험을 가진 사람이 보험에 가입하려고 하는 경향을 나타낸다. 예를 들어, 자동차 보험에서 감춰진 정보는 보험회사가 누가 난폭한 운전자인지 모른다는 것이고, 매력적이지 않은 상품은 난폭한 운전자에 대한 보험 정책이다. 만약 여러분 스스로가 끔찍한 운전자라는 것을 알면, 가능한 한 많은 자동차보험에 가입하려고 할 것이다; 만약 여러분이 흡연을 하고, 패스트푸드만 먹으며 운동을 하지 않는다면 의료보험 가입에 열성적인 고객일 것이다.

역선택 거래 시 구매자와 판매자가 상품의 질이나 거래 상황의 위험성에 대해 서로 다른 정보를 갖고 있을 때 발생하는 상태. 양측이 보유한 정보가 같았다면 가능했을 거래가 달성될 수 없음

만약 보험회사가 고객의 모든 것을 알고 있다면, 역선택은 문제가 아니다. 보험회사는 간단하게 위험이 높은 고객에게 더 많은 보험료를 부과할 것이다. 보험회사는 잠재 고객에게 그들의 운전 기록, 흡연 습관 등에 대해 끊임없이 질문을 할 수 있다. 그러나 고객은 여전히 종종 보험회사보다 관련된 위험 요소에 대해 훨씬 더 많이 안다. 결과는 보험회사가 특정한 고객이 얼마나 위험한지 정확히 평가하고 적절한 가격을 부과하는 데 힘든 시간을 보낸다. 이러한 비용을 충당하기 위해, 보험회사는 일반적으로 모든 소비자에게 더 높은 가격을 부과하게 될 것이다. 그 결정은 낮은 위험을 가진 개인에게 보험이 훨씬 덜 좋은 거래일 것이다. 만약 이것이 해결되지 않는다면, 역선택은 덜 위험적인 개인이 구매할 가치가 있는 보험 계약을 찾기 어렵게 만들 수 있다.

두 번째 문제는 **도덕적 해이**(moral hazard)다. 행동에 대한 결과가 나타나지 않을 때, 사람들은 더 위험하게 행동하거나 계약을 위반하는 경향이 있다. 예를 들어 만약 도난에 대비해 자동차보험에 가입했다면 안전해 보이지 않는 곳에 주차하는 것에 대해 마음 쓰지 않을 것이다.

도덕적 해이 사람들이 행동의 결과에 완전한 책임을 지지 않아도 될 때 계약을 어기거나 더 위험한 방향으로 행동하는 경향

이 문제는 특히 의료보험에서 심각하다: 의료 비용이 보장된다는 것을 아는 사람들은 자신이 지불해야 한다면 결코 구매하지 않을 치료와 검사를 요구할 것이다. 어떻게 생각하십니까?의 '의료보험이 예방 치료를 포함해야 하는가?'에서 기술한 것처럼, 이러한 경우 보험은 실제적으로 위험의 기대비용을 증가시킬 수 있다.

어떻게 생각하십니까?

의료보험이 예방 치료를 포함해야 하는가?

미국에서 세간의 이목을 끄는 정치적 논쟁 중 하나는 꾸준히 증가하는 의료 비용을 억제하는 방법에 관한 것이다. 치솟는 의료 지출은 다수의 요소에 기인하는데, 비만과 고령 인구의 증가, 꾸준히 증가하는 의사에 대한 의료 과실 책임 등이 포함된다.

비용을 억제하기 위해 많은 사람들이 제안해온 한 가지 전략은 사람들이 예방적 의료를 하는 유인을 증가시키는 것이다. 치료하는 데 가장 고가인 2가지 암과 당뇨를 포함해 많은 질병에서 조기 발견과 예방 치료에 돈을 지출하는 것은 장래에 초래될 훨씬 높은 비용을 방지할 수 있다. 예방 치료는 또한 만성질환의 고통을 줄일 수 있다.

다른 한편으로, 도덕적 해이가 작동하기 시작한다. 만약 의료보험이 있는 사람들이 예방 치료를 할 자격이 주어진다면, 실제로 필요하지 않은 모든 종류의 비싼 검사와 예방 치료를 요구할 것이다. 몇몇 사람들은 이러한 지출의 증가는 미래에 대한 절약의 편익을 무효화할 것이라고 우려한다.

어떻게 생각하십니까?

1. 정부 정책은 보험회사가 예방 치료를 보장하도록 권장해야 하는가?
2. 보험회사는 그들이 어떤 수술을 보장하는지 선택할 수 있어야 하는가?

✓ 개념 확인하기

- ❒ 사람들이 보험에 대해 보장의 기대값보다 종종 더 지불하려는 의사가 있는 이유는 무엇인가? **[LO 11.5]**
- ❒ 위험 분산과 위험 다각화의 차이는 무엇인가? **[LO 11.6]**
- ❒ 도덕적 해이가 보험 보장의 비용을 증가시킬 수 있는 이유는 무엇인가? **[LO 11.7]**

결론

인생의 중요한 결정 몇 가지는 오늘의 비용과 편익 대비 불확실한 미래의 비용과 편익을 따져보는 것과 관련이 있다. 11장에서는 이러한 의사결정을 도울 수 있는 수단에 대해 살펴보았다. 다른 시기에 발생하는 비용과 편익에 대해 생각할 때, 이자율은 여러분이 비슷한 것들을 비교할 수 있도록 해준다. 기대값은 주어진 불확실성에서 최선의 선택사항이 무엇인지에 대해 여러분이 생각하는 것을 도울 수 있다. 분산이나 다각화를 통해 위험을 관리하는 것은, 만약 발생한다면 최악의 시나리오로서 전체 비용을 부담하는 것을 회피할 수 있도록 해준다.

주요 용어

요약

LO 11.1 돈이 미래보다 현재에 더 가치 있는 이유와 이자율이 어떻게 이러한 관계를 나타내는지 설명하기

생산적인 기회에 즉각적으로 소비하거나 투자할 수 있기 때문에, 돈은 미래보다 현재에 더 가치가 있다. 이자율은 일정한 시간 단위 동안 돈을 빌리는 비용이다. 그것은 일반적으로 기간당 %로 표현된다. 이자율은 돈을 대출하는 기회비용에 대해 대출기관에 보상할 필요가 있는 금액이다. 다시 말하면, 빌려주지 않았다면 대출기관이 다른 것에 투자해 얻을 수 있는 금액이다.

LO 11.2 주어진 이자율에서 시간에 따른 복리 계산하기

복리는 이전에 얻는 이자에 지불되는 추가적인 이자로부터 결과된 누적의 과정이다. 복리 이자로, 과거에 얻은 이자 지급이 미래 기간에 이자를 더 누적하기 때문에, 얻게 되는 이자 금액은 기간마다 증가한다. 복리 이자를 포함하는 총액의 미래가치를 $FV = PV \times (1 + r)^n$으로 계산한다.

LO 11.3 미래 총액의 현재가치 계산하기

현재가치는 미래의 일정한 금액의 돈이 현재 얼마의 가치가 있는지를 나타낸다. 총액의 미래가치 공식을 $PV = FV/(1 + r)^n$로 재배치해 계산할 수 있다. 다른 시기에 발생하는 비용과 편익을 그들의 현재가치로 변환하는 것은 여러분에게 가치의 공통 단위를 주고, 비슷한 것을 비교할 수 있게 해준다.

LO 11.4 기대값을 이용해 선택의 비용과 편익 평가하기

위험은 미래에 대한 불확실성(일이 여러분이 기대한 것처럼 나타나지 않을 가능성) 때문에 존재한다. 다수의 가능한 결과에 대해 선택의 가치를 이해하기 위해, 그것의 기대값을 계산한다. 기대값은 발생할 확률에 의해 가중된, 모든 가능한 미래가치의 평균이다. 기대값은 선택사항을 비교할 때 위험을 설명할 수 있게 해준다.

LO 11.5 위험 회피가 어떻게 보험시장을 가능하게 하는지 설명하기

사람들은 위험을 부담하려는 의사의 정도가 다르다. 위험을 부담하는 것에 대해 높은 의사를 가진 사람들은 위험추구적이라고 한다; 위험을 부담하는 것에 대해 낮은 의사를 가진 사람들은 위험회피적이다. 2가지 선택이 동일한 기대값을 가질 때, 그들이 덜 위험적인 것을 선호할 것이라는 협의의 의미에서, 사람들은 일반적으로 위험회피적이다. 이러한 경향은 한계효용 체감의 개념에 의해 설명된다: 거액의 손해에 의한 효용 손해가 동일한 금액을 얻는 편익보다 더 크다.

보험은 위험을 관리하는 흔한 전략이다. 보험 정책은 그들 삶의 여러 측면의 불확실성을 줄이기 위해 사람들이 지불하도록 만든다. 누군가 다른 사람이 예기치 못한 비용 발생을 충당할 것이라고 합의하는 대신, 그러한 상품은 일반적으로 정기적인 수수료(보험료)를 지불해야 한다. 보험은 무엇인가 나쁜 일이 발생하는 위험을 줄이지는 못한다; 피보험자에 대한 사건 비용이 낮을 것이라는 것을 단순히 보장한다. 위험 회피는 보험시장의 수익성을 높인다: 사람들은 나쁜 일의 실제 기대비용에 더하여, 그런 일이 발생한 비용으로부터 그들을 보호하기 위해 지불할 의사가 있다.

LO 11.6 위험 관리를 위한 분산과 다각화의 중요성 설명하기

위험 분산은 다수의 사람들이 각 개인이 직면한 위험 비용을 공동으로 흡수하기 위해 그들 스스로 집단을 조직하는 것과 관련된, 위험을 관리하는 전략이다. 위험 분산은 나쁜 일이 발생할 위험을 줄이지 못한다; 단지 발생한 사건에서 특정 개인의 비용을 줄인다.

다각화는 큰 위험을 더 작은 관련 없는 것으로 대체하는 것과 관련된, 위험을 관리하는 또 다른 전략이다. 어느 한 사람의 투자 실패 비용은 그리 크지 않고, 모두 다 같이 실패하는 다수의 다른 투자의 기회는 적고, 그래서 거액을 손해 보는 위험은 줄어든다. 분산처럼, 다각화는 나쁜 일이 일어날 가능성을 바꾸지는 않는다; 단지 어느 단일 사건과 관련된 비용을 줄인다.

LO 11.7 역선택과 도덕적 해이가 보험에 제기하는 도전 기술하기

보험 체계에 의해 직면한 한 가지 도전은 더 높은 위험을 가진 사람이 보험에 가입하려는 경향이 있는 역선택이다. 만약 보험회사가 정확하게 위험한 고객을 확인할 수 있다면, 역선택은 문제가 아닐 것이다; 보험회사는 간단하게 위험이 더 높은 고객에게 더 많이 부과할 것이다. 그러나 고객은 종종 관련된 위험 요소에 대해 보험회사가 아는 것보다 훨씬 더 많이 안다.

도덕적 해이는 보험회사의 또 다른 도전이다. 도덕적 해이는 사람들이 그들의 위험이 보험으로 보장된다는 것을 알 때, 더 위험한 방법으로 행동할 것이라는 사실을 의미한다.

복습문제

1. 안나는 오늘 200달러를 받거나 한 달 후 230달러를 받는 것에 무차별하다. 다음 달에 그녀의 기회비용에 대해 이것이 시사하는 것은 무엇인가? 수지를 맞추기 위해, 안나가 그달에 200달러를 빌려주고 부과할 필요가 있는 이자는 얼마인가? **[LO 11.1]**
2. 콜턴은 오늘 100달러와 3개월 후 150달러의 선택이 있다. 파라는 오늘 100달러와 3개월 후 125달러의 선택이 있다. 콜턴은 오늘 100달러를 선택한다. 파라는 3개월 후 125달러를 선택한다. 비록 콜턴이 기다리면 더 많이 얻을 수 있다고 할지라도, 파라가 지급을 연기하는 사람인 이유는 무엇인가? **[LO 11.1]**
3. 여러분의 숙모가 여러분을 위해 2000달러를 투자한다고 가정하자. 원금이 2배가 될 때까지 여러분은 그 돈을 찾을 수 없다. 여러분 숙모의 투자는 복리 연이율로 10%다. 숙모가 여러분을 위해 투자한 돈에 접근할 수 있기 전에 얼마의 시간이 걸리는지 대략적으로 추정하라. **[LO 11.2]**
4. 여러분은 은행으로부터 1000달러를 2년 동안 대출하는 것을 고려하고 있다. 복리 연이율 1%와 전체 2년 기간에 대해 고정이율 2% 중 하나로 지불할 수 있다. 어느 선택이 더 좋은 거래인가? 이유는 무엇인가? **[LO 11.2]**
5. 투자가 미래에 플러스 수익을 얻을 것이라는 것을 여러분이 알고 있다고 가정하자. 그 투자의 현재가치를 아는 것이 중요한 이유는 무엇인가? **[LO 11.3]**
6. 여러분이 친구에게 가구를 판매하는데 친구가 선불로 지불하기 어려워 내년에 월 할부로 지불하겠다고 제안한다고 가정하자. 이러한 제안의 현재가치를 계산하기 위해 어떤 정보가 필요한가?(힌트: 현재가치의 공식을 생각해 보라) **[LO 11.3]**
7. 제약회사가 신약 개발 투자를 고려 중이다. 만약 신약 개발에 성공한다면 그 회사는 많은 수익을 낼 수 있다. 그러나 정부 규제기관에 의해 그 약이 승인되지 않을 약간의 위험이 있다. 만약 이런 일이 발생하면, 그 회사는 전체 투자액을 손해 보게 될 것이다. 투자 여부를 평가하는 관리자로서 이러한 위험을 어떻게 고려할지 그 회사에 조언하라. **[LO 11.4]**
8. 여러분은 내일 중요한 시험이 있다. 오늘 밤 공부하기로 계획을 했지만 여러분의 친구가 콘서트 입장권이 있다며 같이 가자고 초대한다. 콘서트에 가기 위해 시험에서 B 맞는 것을 수락할 의사를 가지고 있다. 만약 여러분이 공부를 하지 않으면 35% 확률로 90점, 35% 확률로 80점(B를 얻기 위해 필요한 점수), 25% 확률로 75점, 5% 확률로 60점을 얻을 것이라고 여러분은 추정한다. 여러분은 콘서트에 갈 것인가? 왜 가는지 혹은 왜 가지 않는지 설명하라. **[LO 11.4]**
9. 한 회사가 좀비 공격에 대비해 보험을 제안한다는 것을 들었을 때, 알리는 격분한다: "좀비는 실제가 아니다! 이 회사는 사람들을 이용하는 것이다." 좀비 존재의 가능성을 인정하는 일 없이, 보험회사의 윤리에 대해 대안적 관점을 제공하라. **[LO 11.5]**
10. 줄리아는 120달러 기대값의 보험 정책에 대해 500달러를 지불한다. 이것이 줄리아에게 합리적인 선택인 이유를 설명하라. **[LO 11.5]**
11. 아이오와에 사는 농부의 옥수수 수확량은 오로지 강우량에 달려 있다고 가정하자. 또한 아이오와 주의 모든 지역은 어느 해에 모든 다른 지역만큼 거의 동일한 양의 비를 얻는다고 가정하자. 아이오와 옥수수 농부는 위험에 노출되는 것을 줄이기 위해 효과적으로 분산을 사용할 수 있는가? 왜인가 혹은 왜 아닌가? **[LO 11.6]**
12. 다른 회사로부터 심한 경쟁에 직면한 보험회사는 보험 구성을 단순화하고 그 주(state)의 홍수보험 전문이 되어 더 많은 보험정책을 판매하는 전략을 고려 중이다. 그 회사의 관리자는 판단한다, "이 주의 모든 사람들이 홍수보험을 구매하고, 그래서 선호하는 보험회사가 되기 위해 우리의 노력을 집중하자." 이 전략을 평가하라. **[LO 11.6]**

13. 경제가 더 나빠지고 많은 사람들은 해고될 것을 걱정하고 있다고 가정하자. 근로자들은 이러한 위험에 대비해 보험으로 보호하고자 한다. 보험회사가 해고보험을 제안할 수 없게 만드는 2가지 문제를 확인하고 설명하라. **[LO 11.7]**
14. 백페달은 하루 단위로 자전거, 헬멧과 기타 장비를 대여하는 자전거 대여점이다. **[LO 11.7]**
    a. 백페달은 자전거 대여 시 하루에 10달러로 선택적인 헬멧 대여를 제안한다. 놀랍게도, 점포 관리자는 헬멧을 대여하지 않은 사람보다 헬멧을 대여한 고객이 자전거 사고가 더 높다는 것에 주목해왔다. 경제적 개념을 이용해 이러한 현상을 설명하라. 헬멧을 대여하지 않은 고객은 또한 자신 소유의 헬멧도 없다고 가정한다.
    b. 백페달은 자전거 대여 시 헬멧을 무료로 제공하는 것을 고려 중이다. 이 새로운 정책이 어떻게 'a'에서 확인한 논의에 영향을 주는지 설명하라.

응용문제

connect ECONOMICS

1. 은행이 저축예금에 대해 3% 연이율을 제공한다. 만약 오늘 560달러를 예치한다면, 그해 말에 여러분은 얼마의 이자를 얻을 것인가? **[LO 11.1]**
2. 여러분은 350달러를 가지고 있고, 친구는 빌리기를 원한다. 만약 친구에게 빌려주지 않는다면, 그해 말에 392달러를 지급받는 기회에 투자를 할 수 있다. 이러한 2가지 선택의 무차별을 위해 친구는 여러분에게 얼마의 연이율을 제안해야 하는가? **[LO 11.1]**
3. 만약 여러분이 복리 연이율로 3% 이자를 제공하는 저축계좌에 500달러를 예치하고 그 돈을 인출할 수 없다면, 3년 말에 여러분이 그 계좌에서 가질 것으로 기대하는 돈은 얼마인가? **[LO 11.2]**
4. 복리 연이율로 12%를 부과하는 신용카드에 300달러의 부채가 있다고 가정하자. 2년 말에, 여러분은 얼마의 빚을 지고 있는 것인가? 추가적인 부과나 납입금은 없다고 가정한다. **[LO 11.2]**
5. 여러분의 저축 계좌는 현재 3만2300달러다. 여러분은 2년 전 저축 계좌를 개설했고, 여러분이 예치한 초기 금액에 추가하지 않았다. 만약 여러분의 저축이 복리 연이율로 2%를 얻고 있다면, 여러분의 초기 예치금은 얼마인가? **[LO 11.3]**
6. 여러분은 사업을 운영하고 있으며, 새로운 서비스를 제공하려고 고려 중이다. 만약 여러분이 새로운 서비스를 제공한다면, 향후 2년 동안 매년 6만 달러의 이윤을 창출할 것으로 기대한다. 새로운 서비스를 제공하기 위해, 새로운 설비에 대해 대출금을 필요로 할 것이다. 5%의 연이율을 가정하라. 최대 대출금은 얼마인가? **[LO 11.3]**
7. 여러분은 직장에서 집으로 운전을 하고 있고, 교통 체증으로 꼼짝도 못하게 된다. 집으로 가는 일상적인 길을 벗어나 덜 막히는 좀 더 긴 경로를 택하는 것을 고려 중이다. 그러나 여러분의 일상적인 경로, 짧은 길이 막히지 않을 약간의 기회가 있다는 것을 안다. 〈표 11P-1〉에 근거해 각 선택사항의 기대값(집에 도착하는 시간(분))을 계산하라. **[LO 11.4]**
8. 북포키즈는 4개의 학군에서 방과 후 독서 프로그램을 운영하는 비영리단체다. 북포키즈는 새로운 도서를 사기 위해 모금 행사를 계획하고 있다. 지난번에 열린 모금 행사에서 기부자들은 그들이 기부하기를 원하는 학군을 명시할 수 있었다. 〈표 11P-2〉는 평균 기부액과 각 학군에 간 기부액의 비중(%)을 보여준다. 추정으로써 지난번 모금 행사를 이용해 4개 학군 모두의 평균 기부금의 기대값은 무엇인가? **[LO 11.4]**

표 11P–1

	많지 않은 교통량	보통의 교통량	복잡한 교통량
경로 1에서 접하게 될 확률	30%	20%	50%
경로 1의 운전 시간	10분	30분	60분
경로 2에서 접하게 될 확률	50%	50%	0%
경로 2의 운전 시간	20분	40분	80분

표 11P–2

	평균 기부액 (달러)	기부액의 비중 (%)
북서 학군	25	15
남동 학군	50	30
서부 학군	15	20
남부 학군	12	35

9. 코라는 자동차보험에 가입할 때 2가지 선택이 있었다. 선택 A가 더 높은 기대값을 가졌지만, 코라는 선택 B를 택했다. 다음 목록에서, 이러한 정책과 코라가 위험을 부담할 의사에 대해 무엇을 가정할 수 있는가? 적용되는 모든 것을 점검하라. **[LO 11.5]**
   a. 선택 B가 더 위험하다.
   b. 선택 A가 더 위험하다.
   c. 코라는 위험추구적이다.
   d. 코라는 위험회피적이다.
10. 여러분은 2가지 유형의 의료보험 중 하나를 구매하려고 고려 중이다. 내년에 중병에 걸릴 가능성이 1%이고, 의료비로 6만7500달러가 들 것이라고 추측한다; 보통의 질병에 걸릴 가능성이 9%이고, 의료비로 2500달러가 들 것이다; 정기검진 가능성이 90%이고, 의료비로 500달러가 들 것이다. 한 유형의 건강보험은 응급만 보장한다; 중병에 대해서만 보장하고, 보통의 질병이나 건강검진 비용은 보장하지 않는다. 다른 유형은 보통의 질병과 건강검진 비용은 보장하지만, 지급 한도가 정해져 있고, 그래서 중병의 비용은 보장하지 않을 것이다. **[LO 11.5]**
   a. 응급만 보장하는 보험 지불금의 기대값은 얼마인가?
   b. 지급 한도가 정해진 보험 지불금의 기대값은 얼마인가?
   c. 어느 선택사항이 더 위험회피적인가?
11. 다음 각각의 시나리오에 대해, 분산이나 다각화 중에서 어느 것이 더 조짐이 좋은 위험 완화 전략인지 말하라. **[LO 11.6]**
   a. 고용주로부터 월급과 의료보험을 받고, 또한 그들의 저축을 그 회사의 주식에 투자한 근로자
   b. 만약 주택이 화재로 전소되면 재산을 잃을 것을 걱정하는 가족
   c. 건조한 해에 실패하기 쉬운, 동일한 작물을 재배하는 이웃 농부
12. 도난이나 재해에 대비해 보험에 가입하려는 2가지 재산이 있다; 800달러 비용이 든 새로운 자전거와 감정가가 5만5000달러인 유산 상속된 그림. 그림이 더 가치가 있지만, 자전거는 야외에 보관해야 하고 도난이나 재해를 당할 위험이 훨씬 더 크다. 오직 한 가지 보험에만 들 수 있다. 어느 것을 선택하겠는가? 이유는 무엇인가? **[LO 11.6]**
13. 다음 각각의 시나리오가 역선택이나 혹은 도덕적 해이에 의해 발생한 보험 문제인지를 말하라. **[LO 11.7]**
   a. 주택소유자보험을 가진 사람들은 다른 사람보다 그들의 연기 탐지기의 건전지를 덜 교체할 가능성이 있다.
   b. 위험한 취미를 즐기는 사람들은 다른 사람보다 생명보험에 가입할 가능성이 높다.
   c. 부모가 젊을 때 돌아가신 사람들은 다른 사람보다 의료보험에 가입할 가능성이 높다.
   d. 자동차보험에 책임보장을 든 사람들은 다른 사람보다 사고를 회피하기 위해 덜 조심한다.
14. 모든 미국인이 의무적으로 의료보험에 가입하도록 요구하는 것은 미국 의료보험 개혁 논쟁의 논란이 많은 부분이다. 의무 보장 찬반에 대한 다른 주장은 제쳐놓고, 이러한 정책이 역선택 혹은 도적적 해이, 혹은 둘 다를 줄이는가 혹은 모두 아닌가? **[LO 11.7]**

미주

1. B. Greene, "Obama, Romney Agree on Extending Student Loan Interest Rate Cut," *U.S. News and World Report*, April 23, 2012, http://www.usnews.com/news/articles/2012/04/23/obama-romney-agree-on-extending-stafford-interest-rate-cut.
2. 상게서
3. 계산에서 분모의 윗첨자가 5부터 시작하는 이유는, 그 사례에서, 여러분은 5년까지 월급을 얻기 시작하지 않는다. 즉, 대학 졸업 이후 시작한다.
4. The reason the superscripts in the denominators in the computation begin with 5 is that in the example, you don't start earning your salary until year 5—that is, after college is over.

참고문헌

http://professionals.collegeboard.com/profdownload/cb-policy-brief-college-stu-orrowing-aug-2009.pdf
http://www.census.gov/prod/2002pubs/p23-210.pdf

◀ 세계의 모바일 윈도우-이 장의 내용과 관련된 응용사례를 찾으려면 여러분의 스마트폰으로 이 코드를 스캔하라. (QR코드 리더가 필요하면, 여러분의 앱스토어에서 ScanLife를 활용하라.)

여러분의 모바일 앱스토어를 방문하여 Karlan and Morduch Study Econ app.을 다운로드 하라. ▶

Appendix F

핵심 수학: 복리 계산

학습목표

LO F.1 돈의 시간가치를 계산하기 위해 복리 계산 이용하기

복리 계산

LO F.1 돈의 시간가치를 계산하기 위해 복리 계산 이용하기

11장에서, 복리 이자를 이용해 돈의 미래가치를 계산하는 법을 배웠다. 한 기간에 얻은 여러분 돈의 이자는 다음 기간에 그것의 이자를 얻기 때문에 복리가 발생한다. 단일 투자에 이자율을 곱하는 것은 충분히 간단하지만 이자를 더한 원금이 계속 변하기 때문에, 시간에 따라 투자의 증가를 계산하는 것은 더 복잡하다. 모든 기간에, 이자율에 초기 투자 더하기 이전 기간에 얻은 이자를 곱해야 한다.

미래가치

10% 이자율로 100달러를 지금 투자한다고 하자. 4년 후 인출할 계획이며, 이자는 연이율 복리로 계산된다. 4년 후 여러분의 투자 가치는 얼마가 될 것인가?

복리 이자를 설명하기 위해, 우선 매년의 가치를 계산하자. 이러한 계산은 근본적으로 퍼센트 변화를 계산하는 것이다. 10% 이자는 여러분이 투자한 원금이 한 기간(이 경우, 1년)에 얼마만큼 변화하는지 나타낸다.

1년: $100.00 + ($100.00 × 0.10) = $110.00
2년: $110.00 + ($110.00 × 0.10) = $121.00
3년: $121.00 + ($121.00 × 0.10) = $133.10
4년: $133.10 + ($133.10 × 0.10) = $146.41

각 연도에, 전년도에 얻은 이자를 그 다음 해에 초기 투자에 포함한다는 것을 주목하자. 다시 말해 초기 투자가 아닌, 초기 투자 더하기 전년도에 얻은 이자에 이자율을 곱한다.

매년 계산을 하는 대신, 공식을 사용할 수 있다. 복리를 이용한 돈의 미래가치를 계산하는 일반 공식은 다음과 같다:

방정식 F-1

$$\text{미래가치} = FV = PV \times (1+r)^n$$

*PV*는 초기 투자의 현재가치고, *FV*는 투자의 미래가치이며, *r*은 이자율이고, *n*은 현재와 미래 기간의 수다.

복리 이자에 대해 공식을 사용해 다시 문제를 풀어보자. 우선, 연산의 순서를 기억하자:

PEMDAS
P: 가장 안쪽에서 바깥쪽 괄호
E: 지수
MD: 왼쪽에서 오른쪽으로 곱셈과 나눗셈
AS: 왼쪽에서 오른쪽으로 덧셈과 뺄셈

그러므로, *PV*로 초기 투자 100달러와 *n*으로 4년을 넣고, 다음 순서에 따라 *FV*를 푼다(힌트: 계산기를 사용할 수 있다).

$$FV = PV \times (1 + r)^n$$
$$FV = 100 \times (1 + 0.1)^4$$
$$FV = 100 \times (1.1)^4$$ (괄호 안 연산으로 시작한다는 것을 기억하자)
$$FV = 100 \times 1.4641$$ (이제 지수를 적용한다)
$$FV = \$146.41$$

4년 후 여러분의 100달러 투자는 146.41달러의 가치일 것이다.

이자율이 변화할 때 문제가 어떻게 변하는지 보자. 이제 이자율이 5%일 때 여러분 100달러 투자의 미래가치를 계산하자. 여전히 연이율 복리로 4년간 투자한다.

1년: $100.00 + ($100.00 × 0.05) = $105.00
2년: $105.00 + ($105.00 × 0.05) = $110.25
3년: $110.25 + ($110.25 × 0.05) = $115.76
4년: $115.76 + ($115.76 × 0.05) = $121.55

이제, 공식을 사용해 다시 문제를 풀자.

$$FV = 100 \times (1 + 0.05)^4$$
$$FV = 100 \times (1.05)^4$$
$$FV = 100 \times 1.2155$$
$$FV = \$121.55$$

4년 후 여러분의 100달러 투자는 121.55달러의 가치일 것이다.

투자뿐만 아니라 빌린 돈의 가치를 계산하는 데에도 같은 방법을 사용한다. 초기 투자 대신, 빌린 원금을 넣을 수 있다. 이자율은 여러분 투자가 증가하는 비율이라기보다 부채가 증가하는 비율이다. 그 외에 계산은 정확하게 일치한다.

여러분이 월 이율 10%로 1000달러를 빌렸고, 상환하는 데 5개월을 기다린다고 가정하자.

이자는 월 이율 복리라고 가정하자. 각 달에 여러분의 부채는 얼마만큼 누적될 것인가?

1개월: \$1,000.00 + (\$1,000.00 × 0.10) = \$1,100.00

2개월: \$1,100.00 + (\$1,100.00 × 0.10) = \$1,210.00

3개월: \$1,210.00 + (\$1,210.00 × 0.10) = \$1,331.00

4개월: \$1,331.00 + (\$1,331.00 × 0.10) = \$1,464.10

5개월: \$1,464.10 + (\$1,464.10 × 0.10) = \$1,610.51

이제 공식을 사용해 다시 문제를 풀자.

$$FV = 1{,}000 \times (1 + 0.1)^5$$
$$FV = 1{,}000 \times (1.1)^5$$
$$FV = 1{,}000 \times 1.61051$$
$$FV = 1{,}610.51$$

5개월 후 여러분은 1610.51달러 혹은 원금의 1.5배보다 많은 빚을 지게 될 것이다.

응용문제

1. 만약 연이율 복리 10% 이자율로 250달러를 투자한다면, 3년 후 여러분은 얼마만큼을 갖게 될 것인가? **[LO F.1]**
2. 연이율 복리 3% 이자율로 500달러를 투자한다고 가정하자. **[LO F.1]**
   a. 10년 후 여러분은 얼마만큼을 갖게 될 것인가?
   b. 20년 후 여러분은 얼마만큼을 갖게 될 것인가?
   c. 50년 후 여러분은 얼마만큼을 갖게 될 것인가?
3. 고리대금업자로부터 50달러를 빌린다고 가정하고, 그는 월 이율 복리 5% 이자율을 부과한다. **[LO F.1]**
   a. 만약 여러분이 1개월 안에 상환한다면, 여러분은 얼마를 빚지게 될 것인가?
   b. 만약 여러분이 1년 안에 상환한다면, 여러분은 얼마를 빚지게 될 것인가?
   c. 만약 이자율이 6%로 오르고 부채를 상환하기 위해 1년을 기다려야 한다면, 여러분은 얼마나 더 빚지게 될 것인가?

Part Four

기업의 의사결정

제4부의 6개 장(章)에서는

기업의 선택과 결정을 소개한다. 매일 아침이면 약 1억2,000만 명의 미국인들이 일어나 600만 개 이상의 서로 다른 사무실, 가게, 공장, 그 밖의 회사로 일하러 간다. 600만 개 회사들은 만드는 제품, 운영 방식이 다양하나 중요한 공통점을 가지고 있다.[1] 대부분의 회사들이 피고용인들과 물리적 자원을 관리하면서 고객의 필요를 충족하는 데 초점을 맞추고 있다. 이런 일을 하면서, 대체로 경쟁에서 밀리지 않기 위해 열심히 일한다. 그 과정에서 많은 어려운 결정을 해야 한다. 거대한 기업의 CEO가 되어 어떤 제품에 투자하고, 새로운 공장은 어디에 설립하고, 어떤 사람을 고용하고, 경쟁사가 가격을 낮춘 후 가격을 인하할 것인가를 결정하는 경우를 상상해 보라. 다음 장에서는 기업들이—크고 작은 기업들—이런 선택을 어떻게 하는지 설명한다.

12장은 수입과 비용을 간단하게 살펴보는 것으로 시작한다. 비용의 형태를 이해하는 것은 기업이 직면하는 선택에 통찰력을 줄 수 있다. 사업을 하면서 지불해야 하는 비용의 유형들이 이윤을 극대화하기 위해 얼마나 생산하고, 언제 사업을 계속할지 중단할지에 대한 선택을 하도록 한다.

또한 기업들은 시장에서 직면하는 경쟁에 대해 알아야 한다. 어떤 시장은 많은 기업들이 동일한 물건을 팔려고 하는 치열한 전쟁터다. 다른 시장에는 소수의 기업만 있다. 어떤 시장은 전혀 경쟁에 직면하지 않는 한 개의 기업이 지배한다. 13 · 14 · 15장은 여러 다른 유형의 시장 특징과 각 시장에서 기업들이 어떻게 행동하는지 설명한다.

무엇을 팔든 상관없이, 회사는 재화나 서비스를 생산하기 위해 원재료, 장비, 근로자와 같은 투입물에 지불해야 한다. 이러한 것을 생산요소라 하며 16장의 주요 관심사다. 생산요소 시장에 대한 이해는 기업이 얼마나 생산하고 어떤 투입요소를 사용할 것인가뿐 아니라 왜 어떤 직업은 다른 직업보다 더 많이 버는지 설명할 수 있다.

17장은 사업이 국제화될 때 어떤 일이 발생하는지 설명한다. 국제무역은 미국의 소비자와 회사를 전 세계에 있는 사람 또는 생산자들과 연결해준다. 이 장에서는 국제화, 무역, 정부 정책이 다른 나라의 근로자와 소비자 후생에 미치는 영향뿐 아니라, 왜 어떤 재화는 한 나라에서 생산되어 다른 나라로 판매되는지에 대해 살펴본다.

미주

1. 기업과 고용에 관한 데이터 출처는 2009년 U.S. Bureau of the Census, Statistics for U.S. Business, http://www.census.gov/econ/susb/

Chapter 12

생산비용

학습목표

LO 12.1 총수입, 총비용 그리고 이윤 정의하기

LO 12.2 고정비용과 가변비용의 차이를 설명하고 각각의 예 찾기

LO 12.3 명시적 비용과 암묵적 비용의 차이를 설명하고 각각의 예 찾기

LO 12.4 경제적 이윤과 회계적 이윤을 계산하고 그 차이의 중요성 설명하기

LO 12.5 한계생산을 정의하고 왜 한계생산이 체감하는지 설명하기

LO 12.6 총비용, 평균비용 그리고 한계비용을 정의하고 그래프로 그리기

LO 12.7 기업이 장기와 단기에 따라 왜 다른 비용에 직면하는지 설명하기

LO 12.8 규모에 대한 수확을 정의하고 생산 결정에 미치는 시사점 설명하기

여러분은 처방약에 얼마나 지불하는가?

미국의 거대 제약회사인 화이자(Pfizer)는 콜레스테롤 저감제인 리피토(Lipitor®)로 2006년에 130억 달러를 벌어들였다. 이 약은 심근경색과 뇌졸중 가능성을 낮추며, 2006년 기준 4500만 명 이상의 미국인이 매일 복용한다.[1] 당시에는 리피토 1정당 약 2.70달러에 판매되었다. 한 알을 생산하는 비용—원료, 포장, 임금 등—은 이 액수의 아주 작은 부분으로 대체로 10센트 정도다.[2] 이처럼 큰 마크업(markup) 덕분에 이 약은 제약회사에 많은 이익을 가져다준다. 10년 동안 리피토의 판매는 화이자 수입의 거의 4분의 1을 차지했다.[3] 화이자에는 아주 좋은 소식이지만 고객들은 생산비가 거의 안 드는 약에 2.70달러를 지불한 것이다. 고객들은 바가지를 쓴 듯한 기분이 들기 쉽다. 그러나 정말 그럴까?

이 질문에 대해 정확하게 답하는 것이 정책입안자에게 중요하다. 정책입안자는 제약회사에 새로운 약을 만들 유인을 주면서 소비자들이 구매할 수 있는 약을 제공하는 편익 간에 균형을 맞추어야 한다. 만약에 약을 생산하는 데 들어가는 원료와 노동만 고려한다면, 실제 비용의 정확한 내용을 파악하지 못한다. 리피토를 만드는 화학공식은 하늘에서 그냥 떨어진 것이 아니다. 화이자의 기술개발 부서에서 고안하고, 개선하고 수년간 테스트를 했다. 이러한 과정은 막대한 비용이 소요되는 사업이다. 회사에서 종종 새로운 약을 개발하기 위해 10년을 소요하고 10억 달러 정도 연구비용을 지출하는 것으로 추정되기도 한다. 개발한 약 중 겨우 일부만 판매용으로 승인받는다. 판매용으로 승인받은 약 중 겨우 일부만 리피토같이 잘 팔리는 상품이 된다. 화이자의 기술개발 담당자의 말에 따르면 그가 담당하는 팀에서 1년에 5000개의 화학물질(chemical compounds)을 개발하고, 그중 겨우 6개 정도가 사용 인가를 받기 전 임상실험까지 간다.[4] 화이자는 리피토 개발비용뿐 아니라, 판매까지 가지 못하는 모든 약들을 개발하면서 현재 발생하는 비용까지 회수할 수 있는 판매 수입이 필요하다.

제약회사가 왜 자사 제품에 이토록 높은 가격을 매기는지 생각할 때 기술개발(R&D) 부서를 운영하는 비용을 고려해야 한다. 이 비용은 화이자가 한 해에 얼마나 많은 약을 생산하든 동일하다. 리피토 1만 개를 생산하든 100억 개를 생산하든 기술개발 시설을 운영하는 비용에는 아무런 차이가 없다. 경제학자들은 이런 비용—생산량과 상관없이 일정한 비용—을 고정비용이라고 한다. 이에 반해 생산량 수준에 따라 달라지는 비용—약을 생산하는 원료와 생산에 사용한 노동—을 가변비용이라 한다.

이 장에서 고정비용과 가변비용 간 차이가 제약산업과 그 밖의 산업에서 기업 행동 방식의 많은 부분을 설명한다는 것을 보게 될 것이다. 비용, 수입, 이윤을 측정하는 상이한 방법과 이런 것들이 생산 결정에 어떤 영향을 미치는지 논의할 것이다. 앞장에서 살펴본 공급곡선 결정 요인을 상세하게 살펴볼 것이다. 비용과 이윤의 세세한 부분을 이해하는 것은 사업을 운영하거나 기업에 투자할지 여부를 결정할 때 매우 중요하다.

리피토와 같은 약을 구매할 때 무엇을 지불하는가? 이 장에서 배운 방법은 이 질문에 답할 수 있게 할 것이다. 또한 기업이 직면하는 비용을 엄밀하게 이해하는 것이 어떻게 세상의 가장 심각한 질병을 해결하는 유인을 창출하는 데 도움이 되는지 볼 것이다.

사업의 구성요소: 수입, 비용, 이윤

회사에서 사람들은 종종 "가장 중요한 것은 최종 결산 결과(bottom line)다"라는 말을 종종 한다. 이 말의 의미는 이윤을 얻는 것이 사업의 중심 목표라는 것이다('최종 결산 결과'라는 용어는 회계에서 유래한다—기업의 손익계산서 마지막 줄에 이윤이 표시된다). 모든 활동—경영, 엔지니어링, 마케팅—이 어떤 방식으로든 가능한 한 많은 이윤을 창출하고자 한다.

또한 경제학자들은 기업의 목표가 이윤 극대화라고 가정한다. 효용 추구가 개인의 의사결정의 동인이듯이 이윤 동기가 기업의 행동을 이해하는 데 중심이 된다. **기업은 무엇을 원하는가라는** 질문에 대한 답은 이윤을 극대화하고자 한다는 것이다.

추가적인 목표가 있거나 있다고 주장하는 회사들이 있을 수 있다. 어떤 회사는 '2개의 최종 결과(double bottom line)' 또는 '3개의 최종 결과(triple bottom line)'를 말하기도 한다. 그들이 말하고자 하는 것은 돈뿐만 아니라 사회적 또는 환경적 영향에도 가치를 둔다는 것이다. 그러나 사회적, 환경적 목표를 달성하기 위해 이윤의 일부를 희생하는 기업일지라도 생존하기 위해서는 여전히 이윤을 창출해야 한다. 전반적으로 이윤 동기는 대부분의 기업의 행태를 설명하는 데 유용하다.

이윤은 수입과 비용의 차이

LO 12.1 총수입, 총비용 그리고 이윤 정의하기

이윤을 정의하기 위해서는 수입과 비용이라는 경제적 개념에서 시작해야 한다. 재화와 서비스 판매 대가로 기업이 받는 금액이 **총수입**이다(4장에서 논의되었듯이 총수입은 판매량에 단위 가격을 곱해서 구한다). 재화와 서비스를 생산하기 위해 사용한 생산요소에 기업이 지불한 금액이 **총비용**이다. 총비용은 임대료, 임금, 원자재, 광고 등과 같이 지속적으로 발생하는 지출뿐만 아니라 기계 구매와 같이 한 번 발생하는 지출을 포함한다. 달리 표현하면, 총비용은 기업이 제품을 만들기 위해 지불하는 모든 것을 포함한다.

총수입 기업이 재화나 서비스의 판매로부터 거둔 금액으로 판매 수량에 단위당 판매 가격을 곱해서 계산

총비용 재화와 서비스를 생산하기 위해 사용한 생산요소에 기업이 지불한 금액

수입과 비용은 기업이 얼마나 많은 이윤을 얻는가를 결정한다. 가장 단순하게 표현하면 〈식 12-1〉처럼 **이윤**은 총수입과 총비용의 차이이다.

이윤 총수입과 총비용의 차이

식 12–1

$$\text{이윤} = \text{총수입} - \text{총비용}$$

불행히도 실제 기업의 이윤을 계산하는 것이 이렇게 단순한 경우는 거의 없다. 복잡성을 이해하기 위해 수입과 비용 두 부분으로 나누어보자. 수입은 상대적으로 측정하기가 간단하다. 〈식 12-2〉에서 볼 수 있듯이 수입은 기업이 판매하는 제품의 양에 판매 가격을 곱한 것과 같다.

식 12–2

$$\text{수입} = \text{수량} \times \text{가격}$$

단순화를 위해 화이자가 리피토 한 가지만 만든다고 가정해보자. 리피토를 개당 2.70달러에 50억 개를 팔고 있는 경우를 가정하자. 〈식 12-2〉를 사용해 기업의 총수입은 다음과 같이 계산된다:

$$\text{수입} = 50\text{억 개} \times \$2.70 = \$135\text{억}$$

물론 한 가지 제품만 생산하는 기업은 별로 없다. 여러 제품을 생산하는 경우 수입은 〈식 12-2a〉에서 볼 수 있듯이 기업이 생산하는 모든 제품의 수량과 가격을 곱한 것과 같다.

식 12–a

$$\begin{aligned}\text{수입} &= \text{수량} \times \text{가격}\\ &= (Q_1 \times P_1) + (Q_2 \times P_2) + \ldots + (Q_n \times P_n)\end{aligned}$$

이제 화이자가 리피토와 세레브렉스(Celebrex®)라고 하는 관절염 치료제 두 종류의 약을 판다고 가정하자. 리피토는 개당 2.70달러에 50억 개, 셀레브렉스는 개당 1.25달러에 20억 개를 판매한다고 하자. 〈식 12-2a〉를 이용해 총수입을 계산하면 다음과 같다.

$$\begin{aligned}\text{수입} &= (50\text{억 개} \times \$2.70) + (20\text{억 개} \times \$1.25)\\ &= \$130\text{억} + \$25\text{억} = \$160\text{억}\end{aligned}$$

수입을 계산하는 것은 대체로 단순하다. 이윤을 계산할 때 비용은 까다로운 요소다. 다음 절

에서 다른 유형의 비용—특히 기회비용—을 측정하는 것은 복잡하지만, 생산과 관련한 중요한 의사결정에 커다란 차이를 가져온다는 것을 보게 될 것이다.

고정비용과 가변비용

LO 12.2 고정비용과 가변비용의 차이를 설명하고 각각의 예 찾기

고정비용 산출량에 따라 변하지 않는 비용

비용을 계산할 때 첫 번째 복잡한 요인은 고정비용과 가변비용을 구분하는 것이다. **고정비용**은 산출량에 따라 변하지 않는 비용이다. 화이자의 경우 기술개발 부서를 운영하는 것은 고정비용이며, 약이 팔리든 팔리지 않든 무조건 발생한다. 어떤 경우에는 생산을 시작하기 전에 고정비용이 한 번 선불로 지급된다. 예를 들어, 피자 가게를 시작하는 경우 첫 번째 피자를 만들기 전에 오븐을 구매하기 위해 선불로 한 번 지급해야 한다. 고정비용은 지속적으로 지불할 수도 있다. 피자 사업을 위해 가게를 임대한 경우 얼마나 많은 피자를 만들어 파느냐와 상관없이 매달 임대료를 지불해야 한다.

가변비용 산출량에 따라 변하는 비용

반면 **가변비용**은 산출량에 따라 달라진다. 여러 유형의 노동비용과 생산을 위해 사용하는 원료 등이 이 비용에 포함된다. 제약회사의 가변비용에는 약에 들어가는 화학물질, 포장 재료, 약을 만들고 포장하는 공장에서 일하는 사람들의 임금이 포함된다. 피자 가게의 가변비용은 피자 반죽, 토핑, 포장 박스, 일하는 사람의 임금이다. 더 많은 약이나 피자를 생산하기 위해서는 원재료를 더 많이 구매해야 하고, 더 많은 사람을 고용해야 하며 총가변비용이 증가한다.

기업이 아무것도 생산하지 않으면—생산을 멈춘 경우—가변비용은 0이다. 그러나 여전히 고정비용은 존재한다. 화이자가 미국식품의약국(Food and Drug Administration)에서 판매용으로 인정받지 못한 약을 개발한 경우, 이 약에서 발생하는 가변비용은 0이다. 그러나 연구와 관련된 고정비용은 이미 발생했으며, 이 약이 승인을 받아 대량으로 생산이 되든 안 되든 동일하다. 피자 가게에서 피자 생산을 중단할 경우, 일하는 사람이나 원재료에 더 이상 지불하지 않는다. 그러나 임대 계약이 끝날 때까지 임대료는 지불해야 한다.

표 12-1
기업의 총비용

약의 생산량이 증가함에 따라 가변비용도 증가한다. 그러나 고정비용은 생산량이 아주 커져도 일정하다.

약 생산량 (100만)	고정비용 (달러)	가변비용 (달러)	총비용 (달러)
0	1,000,000	0	1,000,000
10	1,000,000	100,000	1,100,000
20	1,000,000	200,000	1,200,000
30	1,000,000	300,000	1,300,000
40	1,000,000	400,000	1,400,000
50	1,000,000	500,000	1,500,000
60	1,000,000	600,000	1,600,000
70	1,000,000	700,000	1,700,000
80	1,000,000	800,000	1,800,000

총비용은 모든 고정비용과 가변비용을 합한 것이다. 〈표 12-1〉은 가상적인 제약회사의 총비용이 생산량이 증대됨에 따라 어떻게 변하는지 보여주고 있다. 이름에서 알 수 있듯이 고정비용은 생산량이 증가될 때 일정하며, 가변비용은 추가 생산에 따라 증가한다.

지금까지 기업 관점에서 가변비용과 고정비용에 대해 논의했지만, 좀 더 개인적인 의사결정에도 이러한 비용이 고려된다. 고정비용과 가변비용의 중요성을 다른 시각에서 보기 위해 다른 관점에서 보기의 "아이들 '생산'"을 읽어보자.

다른 관점에서 보기

아이들 '생산'

아이들을 키우는 것은 돈이 많이 드는 사업이지만, 많은 비용이 단지 한 번 발생한다. 아이가 한 명이든 5명이든 상관없이 사람들은 높이가 조절되는 식탁의 구매, 소아과 의사 찾기, 유아에게 안전한 집 만들기 등의 비용을 지불한다. 이런 비용은 아이들을 키우는 고정비용이라고 할 수 있다. 이후에는 각 아이들로부터 가변비용만 발생한다. 노벨 경제학상을 수상한 게리 베커(Gary Becker)는 가족에 대한 논문(*A Treatise on the Family*)에서 아이들 '생산'을 이해하는 데 경제학을 이용할 수 있다고 주장했다. 더 자세히 알고 싶다면 이 장 끝부분의 QR코드를 스캔하거나 온라인을 통해 읽기를 계속하라.

명시적 비용과 암묵적 비용

LO 12.3 명시적 비용과 암묵적 비용의 차이를 설명하고 각각의 예 찾기

1장에서 진짜 비용은 **기회비용** 또는 어떤 것을 얻기 위해 포기하는 것의 가치라고 배웠다. 따라서 경제학자는 기업의 비용을, 산출물을 생산하기 위해 기업이 포기하는 모든 것이라고 본다.

기업을 운영하는 기회비용은 두 부분으로 구성된다. 첫 번째는 고정비용과 가변비용으로 우리가 흔히 비용이라고 생각하는 모든 것을 포함한다. 이것들이 **명시적 비용**이며, 기업은 돈을 지불해야 한다. 임대료, 임금, 원재료, 기계 등 이 모든 것을 얻기 위해 기업은 누군가에게 지불을 해야 한다.

명시적 비용 기업의 금전 지출을 유발하는 비용

반면 **암묵적 비용**은 잃어버린 기회를 나타내는 비용이다. 만약 기업이 자원을 다른 곳에 투자했더라면 발생할 수 있었던 기회들이다.

암묵적 비용 포기된 기회를 반영하는 비용

예를 들어 화이자가 월 4000달러에 창고를 임대해 전 세계로 운송하기 전에 약 상자들을 보관한다고 가정하자. 이것은 **명시적 비용**이고, 창고를 사용하는 비용을 누군가에게 지불해야 한다. 그러나 만약 화이자가 창고를 소유하고 같은 목적으로 사용한다면, 임대료를 지불하지 않아 화이자에 명시적 비용으로 0이 발생한다. 창고를 사용하는 비용이 하나도 없다는 것을 의미하는가? 그렇지 않다. 그 창고를 다른 회사에 임대해 월 4000달러의 임대 수입을 올릴 수도 있다. 화이자는 창고에 약 상자를 보관하는 대신 다른 사람에게 빌려주고 4000달러를 벌 수도 있었다. 이런 방식으로 돈을 벌지 않겠다는 결정은 **암묵적 비용**이다. 일단 암묵적 비용을 고려하면 약 상자를 보관하는 것은 창고를 소유했든 소유하지 않았든 4000달러의 비용을 발생시킨다.

거의 모든 기업에 발생하는, 특히 주목해야 할 비용은 사업을 시작할 때 투자된 금액의 기회비용이다. 피자 가게를 열어 운영하기 위한 초기 자금으로 10만 달러가 필요하다고 가정하자. 만약 은행에서 10만 달러를 대출받으면 10%의 이자를 지불해야 할 것이다. 이 1만 달러는 명시적 비용이다. 만약 여러분이 은행 계좌에 이미 10만 달러를 가지고 있다면? 이 돈을 초기 자본으로 사용하는 경우 명시적 비용은 없어 다른 사람에게 지불할 필요가 없다. 그러나 암묵적 비용은 발생한다: 은행 계좌에 그 돈을 그냥 두거나 다른 곳에 투자했더라면 얻을 수 있었던 이자를 포기한 것이다.

사업에 사용한 어떤 생산요소—창고, 장비, 현금—도 소득이 발생하도록 다르게 사용될 수 있었다. 기업에 발생하는 총비용을 고려하기 위해서는 이런 각 생산요소의 기회비용에 대해 생각해야 한다. 다음에서 볼 수 있듯이, 명시적 비용과 암묵적 비용의 구분은 기업의 이윤을 어떻게 계산하는가에 커다란 영향을 준다.

경제적 이윤과 회계적 이윤

LO 12.4 경제적 이윤과 회계적 이윤을 계산하고 그 차이의 중요성 설명하기

회계적 이윤 총수입 – 명시적 비용

대체로 기업이 이윤을 보고할 때 우리가 보는 것은 **회계적 이윤**이다. 이것은 〈식 12-3〉처럼 총수입에서 명시적 비용을 뺀 것이다.

식 12–3

$$\text{회계적 이윤} = \text{총수입} - \text{명시적 비용}$$

경제적 이윤 총수입에서 모든 기회 비용을 뺀 금액. 총수입–(명시적 비용+암묵적 비용)

명시적 비용만 고려할 경우 실제 회사가 얼마나 잘 운영되고 있는가를 호도할 수 있다. 좀 더 분명하게 이해하기 위해서는 〈식 12-4〉와 같은 기업의 **경제적 이윤**—총수입에서 모든 기회비용을 뺀 것—에 대해 논의할 필요가 있다.

식 12–4

$$\text{경제적 이윤} = \text{총수입} - \text{명시적 비용} - \text{암묵적 비용}$$

두 이윤의 차이가 왜 중요한지 보기 위해 〈그림 12-1〉의 주장을 살펴보자. 만약 CEO가 A이사의 조언에 귀 기울인다면 회사 투자자에게 회계적 이윤을 보고할 것이다. 그러나 투자자가 만족스러워할 것이라고 기대한다면, 달갑지 않은 놀라움에 직면할 것이다. 투자자들은 경제적 이윤에 더 관심이 있다. B이사처럼 투자자들은 이 회사가 다른 곳에 투자했더라면 돈을 더 많이 벌 수 있다고 생각할 것이다. 경제적 이윤과 회계적 이윤 간 차이를 아는 것은 실제 세상에서 대부분의 기업이 살아남느냐 망하느냐의 문제다. '최종 결산 결과를 넘어'라는 다른 관점에서 보기에서 논의되듯이 예외들이 있다.

그림 12-1

사업 결정에서 이윤 정의하기 이윤의 정의가 차이를 가져온다. 투자에 따른 회계적 이윤이 막대할지라도, 경제적 이윤은 작거나 심지어 음수일 수 있다.

Source: ⓐ Monkey Business Images/shutterstock.com

다른 관점에서 보기

최종 결산 결과를 넘어

휴스트 파워 시스템(Hust Power System)은 쌀을 도정할 때 남은 껍질로부터 전기를 생산하는 혁신적 기술을 사용한다. 이 회사는 전력이 공급되지 않는, 쌀을 재배하는 인도의 시골 마을에 사는 약 3억5000만 명을 대상으로 전기를 팔고자 한다. 안정적인 전기 공급으로 그 지역에 사는 사람들의 생활이 개선될 뿐만 아니라, 마을 사람들은 이 기술의 부산물—재—을 다음 쌀 재배를 개선하는 비료로 사용할 수 있다.

버지니아 대학의 MBA 졸업생들이 시작한 휴스트 파워 시스템은 사회적 기업의 한 예다. 이 회사는 이윤을 추구하기는 하나 사회적 목적을 달성하는 것도 중요하다. 영향력 있는 사상가인 C. K. 프라하라드(C. K. Prahalad)는 아직 손대지 않은 최상의 사업 기회가 '피라미드 맨 밑'에 있는 수십억 명의 아주 가난한 사람들에게 서비스를 제공하는 데 있다고 주장했다. 사회적 기업이 이런 기회를 포착해 경제적 이윤을 창출할 때, 사회적 목적에 관심이 없는 투자자일지라도 관심을 보인다.

그러나 사회적 기업이 다 그런 것은 아니다. 회계적 이윤을 만들지는 몰라도 경제적 이윤을 얻지 못할 수 있다. 이윤에만 관심을 보이는 투자자들은 사회적 기업에 투자하지 않을 것이다. 다른 곳에서 돈을 벌 수 있기 때문이다. 휴스트 파워 시스템이 이런 상황에 놓인다면 다른 형태의 투자를 찾아야 생존할 수 있을 것이다. 쌀을 재배하는 인도 마을 사람들의 삶을 개선하고 환경적 대의를 돕는다는 점이 마음에 들어 낮은 수익도 기꺼이 받아들이는 투자자들이 필요하다.

사회적 기업은 자선사업과는 다른 개념이다. 결국 사회적 기업에 투자하는 사람들은 여전히 이윤을 얻기 바란다. 그러나 회계적 이윤과 경제적 이윤의 차이를 뚜렷하게 보지 못할 때 사회적 기업과 자선사업의 차이는 희미해진다. 다른 곳에 투자하는 경우보다 낮은 수익이 발생하는 기업에 투자함으로써 투자자들은 사실상 손실을 보는 것이다. 따라서 경제적 이윤을 창출하지 못하는 사회적 기업은 자선사업과 마찬가지로 투자자들의 박애주의적 성향에 의존한다.

Source: http://www.acumenfund.org/investment/husk-power-systems.html; C. K. Prahalad, *The Fortune at the Bottom of the Pyramid: Eradicating Poverty through Profits* (Upper Saddle River, NJ: Pearson, 2006); Jonathna Morduch, "Not so fast: The realities of impact investing," Americans Quarterly, Fall 2011.

✓ 개념 확인하기

- ❒ 한 가지 재화만 생산하는 기업의 수입을 어떻게 계산하는가? **[LO 12.1]**
- ❒ 기업이 산출량을 2배로 증가시킬 때 고정비용은 얼마나 증가되는가? **[LO 12.2]**
- ❒ 식당 주인이 자신의 식당에서 일하는 경우, 암묵적 비용은 얼마나 되는가? **[LO 12.3]**
- ❒ 회계적 이윤과 경제적 이윤 간 차이는 무엇인가? **[LO 12.4]**

생산함수

생산함수 투입요소의 양과 산출량 간의 관계

기업은 소비자가 원하는 재화나 서비스를 만들어내기 위해 다른 재료들을 결합해 가치를 창출한다. 생산과정에 들어가는 재료—원자재, 노동, 기계, 시간, 아이디어—가 투입요소다. 생산되는 재화와 서비스가 산출물이다. 투입요소의 양과 산출량 간의 관계를 **생산함수**라고 한다.

한계생산

LO 12.5 한계생산을 정의하고 왜 한계생산이 체감하는지 설명하기

생산과정은 원하는 산출물을 얻기 위해 일정한 방식으로 투입요소를 결합하는 일종의 요리법같이 생각할 수 있다. 그러나 요리와 비교하는 것은 정확하지 않다. 요리법을 따를 때 중요한 것은 재료의 비율이다. 4인용 요리법으로 8명을 위한 요리를 만들 때, 대체로 재료를 그냥 2배로 늘린다. 이처럼 단순하게 늘리거나 줄이는 방법이 대체로 기업에는 적용되지 않는다. 때때로 기업은 생산요소를 2배로 늘려 2배 이상의 산출물을 얻을 수 있다. 어떤 경우에는 산출물을 2배로 증대시키기 위해 생산요소를 2배 이상 증가시켜야 한다.

왜 그런가 보기 위해 피자 가게를 생각해보자. 단순화를 위해 노동이라는 한 가지 투입요소에 초점을 맞춘다. 혼자 피자 가게에서 일하는 경우 피자를 많이 만들 수 없다. 재료를 준비하거나 주문을 받거나, 결제 처리를 위해 끊임없이 멈춰야 한다. 한 사람을 더 고용해 노동 투입량을 2배로 늘리면 아마도 피자 생산을 2배 이상 증대시킬 수 있을 것이다. 두 사람이 다른 일로 바꾸느라 낭비되는 시간을 줄일 수 있을 것이다. 세 번째 사람이 추가되면 생산성은 더 올라갈 것이다. 한 사람은 고객을 대응하고, 또 다른 사람은 재로 준비에만 집중하고 나머지는 피자를 만드는 일만 할 수 있다.

그러나 반대 논리가 적용되는 시점이 있다. 현재 5명이 일하고 있다고 가정해보자. 만약 5명

을 더 고용하면 어떻게 되겠는가? 주방은 비좁아질 것이고, 종업원들이 움직일 때 서로 방해가 될 뿐이다. 주인은 새 종업원이 규정을 잘 따르고 있는지, 주문이 잘못 들어가지 않는지, 종업원이 딴짓을 하지 않는지 등을 감시하는 데 더 많은 시간을 할애해야 한다. 5명이 일할 때보다 10명이 일할 때 피자를 더 많이 생산하기는 하겠지만 아마도 2배가 되지는 않을 것이다.

한 명을 추가 고용해 피자를 생산할 때 증가된 피자의 양이 종업원의 **한계생산**이다. 일반적으로 투입요소의 한계생산은 투입요소 한 단위를 추가로 투입해 발생한 산출물의 증가분이다. 〈표 12-2〉는 피자 가게의 경우를 보여준다. 혼자 피자 50개를 생산할 수 있다고 하자. 추가로 한 명을 더 고용하면 180개의 피자를 만들 수 있다. 한계생산은 130개의 피자다. 세 번째 사람을 고용하면 360개의 피자를 만들 수 있다. 한계생산은 180개의 피자다.

한계생산 생산요소 한 단위를 추가 투입함으로써 발생한 산출량의 증가분

그러나 세 번째 사람 이후부터 추가 고용으로 생산이 살짝 덜 증가된다. 9명을 고용하고 있는 경우, 열 번째 사람은 겨우 피자 45개를 증가시킨다. 이는 생산의 공통적 원리인 **한계생산 체감**(diminishing marginal product)을 나타낸다. 이 원리는 투입요소의 양이 증가함에 따라 투입요소의 한계생산이 감소한다는 것이다.

한계생산 체감 투입요소의 한계생산은 투입 요소의 양이 증가함에 따라 감소한다는 원칙

〈그림 12-2〉처럼 생산 함수를 그래프로 나타낼 수 있다. 이 그래프는 〈표 12-2〉에 있는 첫 번째, 두 번째 열 데이터를 그린 것이다. 종업원의 수는 x축에, 피자 생산량은 y축에 나타냈다. 한계생산은 총생산곡선의 기울기로 나타난다. 생산량이 적은 경우, 종업원을 추가로 투입함에 따라 곡선은 가파르게 변한다. 이는 한계생산이 처음에는 증가되나 한계생산 체감 원칙이 작동되면서 곡선의 기울기는 점차 완만해진다는 것을 보여준다.

한계생산 체감을 시각적으로 볼 수 있는 또 다른 방법은 추가 투입된 종업원에 의해 추가하는 피자의 수를 그래프로 그리는 것이다. 〈그림 12-3〉은 처음 종업원 몇 명이 추가되었을 때 한계생산 곡선이 증가했다가 감소하는 것을 보여준다. 이 그래프는 **평균생산**—종업원당 피자 생산량—도 보여준다. 평균생산은 총생산을 종업원의 수로 나눈 것이다. 새로운 종업원의 한계생산이 현재 평균생산보다 크면 평균생산은 증가한다. 새로운 종업원의 한계생산이 현재 평균생산보다 적어지는 순간 종업원당 평균 피자 개수는 감소하기 시작한다.

표 12-2
총생산과 한계생산

피자 가게의 경우 처음 몇 명의 종업원은 한계생산을 증가시킨다. 그러나 곧 한계생산 체감이 나타나 추가되는 종업원이 총 생산에 기여하는 정도가 줄어든다.

노동 (종업원 수)	총생산 (피자 개수)	노동의 한계생산 (피자 개수)
0	0	0
1	50	50
2	180	130
3	360	180
4	480	120
5	575	95
6	660	85
7	735	75
8	800	65

그림 12-2

생산함수

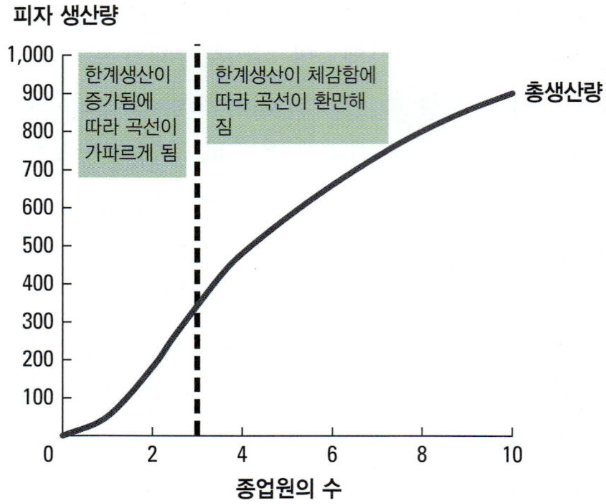

생산함수 그래프는 처음에 종업원 몇 명을 고용했을 때 한계생산이 증가된 후 감소하기 시작하는 것을 보여준다. 산출물의 양이 아주 적은 경우, 추가되는 종업원의 한계생산은 총생산함수의 기울기가 증가되는 것에서 볼 수 있듯이 이전 종업원보다 많았다. 더 많은 종업원이 추가됨에 따라 한계생산은 감소하기 시작한다.

그림 12-3

평균생산과 한계생산

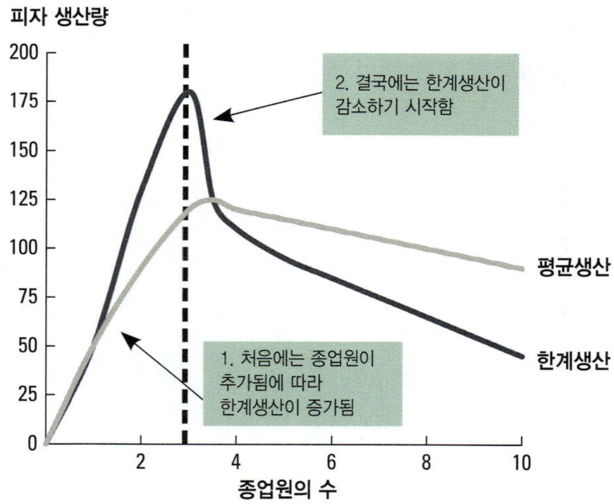

처음에 종업원 몇 명이 추가됨에 따라 한계생산을 증가한다. 그러나 종업원의 수가 증가됨에 따라 한계생산 체감 원칙이 작동한다. 한계생산 곡선이 평균생산 곡선을 교차할 때 평균생산은 감소하기 시작한다.

한계생산은 1장에서 먼저 논의된 합리적인 의사결정의 중요한 측면과 연결된다. 사람들은 한계적 의사결정을 한다. 사람들은 모 아니면 도라는 식으로 선택하기보다는 상충관계(trade-off)를 따져본다. 다음 장에서는 기업 역시 '한계적으로' 생산 결정을 한다는 것을 알게 될 것이다. 즉, 기업이 추가 고용을 할 것인지, 다른 공장을 건설할 것인지 하는 결정을 할 때 투입요소의 한계생산과 한계비용을 비교한다.

✓ 개념 확인하기

- ❒ 10명을 고용하고 있는 회계법인이 회계사 한 명을 더 고용하려고 한다. 추가 고용으로 주당 고객의 수가 30명에서 32명으로 늘었다. 새로운 회계사의 한계생산은? **[LO 12.5]**
- ❒ 산출량이 적을 때 한계생산은 증가하나 클 때는 감소하는 이유는 무엇인가? **[LO 12.5]**

비용곡선

지금까지 기업의 생산 측면에 대해 살펴보았다. 기업은 어떤 투입요소를 얼마나 사용할까에 대한 의사결정을 한계에서 한다는 것을 알았다. 이 결정 다음에 기업은 생산하는 산출물의 양을 결정한다.

물론 생산의 다른 측면은 비용이다. 기업이 투입요소의 사용을 조절해 산출물을 증가시킬 때, 이 결정과 관련된 비용이 발생한다. 일반적으로 투입요소의 비용이 한계생산이 체감하는 시점에 도달했다고 해서 감소하지는 않는다. 10번째 종업원이 생산에 기여하는 정도가 적다고 할지라도 첫 번째 종업원만큼 임금비용이 발생한다.

이 절에서는 기업이 총비용, 평균비용, 한계비용 개념을 어떻게 사용하는지 살펴보고자 한다.

총비용, 평균비용 그리고 한계비용

LO 12.6 총비용, 평균비용, 그리고 한계비용을 정의하고 그래프로 그리기

〈그림 12-3〉의 평균생산 곡선을 보면, 종업원당 평균 피자의 개수가 3명에서 4명 사이의 종업원을 고용하는 경우 가장 많다는 것을 알 수 있다. 이는 비용을 최소화하기 위해 3명 또는 4명의 종업원을 고용해야 한다는 것을 의미하는가? 꼭 그렇지는 않다. 고정비용을 잊지 말아야 한다.

총비용과 평균비용. 피자를 몇 개 만들든 추가적인 고용비용은 일정하다고 가정하자. 임금은 주당 200달러다. 고정비용—피자의 생산량과 상관없이 지불해야 하는 비용—도 있다. 단순화를 위해 가게 임대료라는 한 가지 고정비용만 있다고 가정하자. 임대료는 300달러라고 하자. 총비용은 〈식 12-5〉에서 보듯이 고정비용과 가변비용의 합이다. 한 사람을 고용한 경우 총비용은 \$300 + \$200 = \$500다. 2명을 고용한 경우 총비용은 \$300 + (\$200 + \$200) = \$700이다. 이런 식으로 계속 계산하면 〈표 12-3〉과 같은 데이터를 얻을 수 있다.

식 12–5

$$\text{총비용} = \text{고정비용} + \text{가변비용}$$

평균 고정비용 고정비용을 산출량으로 나눈 것

평균 가변비용 가변비용을 산출량으로 나눈 것

평균 총비용 총비용을 산출량으로 나눈 것

〈표 12-3〉에는 **평균 고정비용**(average fixed cost), **평균 가변비용**(average variable cost) 그리고 **평균 총비용**(average total cost)도 있다. 이런 비용을 어떻게 계산하는가? 〈식 12-6〉에서 볼 수 있듯이 단순히 3가지 유형의 비용—고정, 가변, 총비용—을 산출량으로 나눈다. 우리의 예에서 산출량이란 피자 생산량이다. 경제학 관련 글이나 이 책의 후반에서 이러한 비용을 종종 AFC, AVC 그리고 ATC로 간략하게 표기한다.

식 12–6

$$\text{평균 고정비용(AFC)} = \frac{\text{고정비용}}{\text{산출량}}$$

식 12–7

$$\text{평균 가변비용(AVC)} = \frac{\text{가변비용}}{\text{산출량}}$$

식 12–8

$$\text{평균 총비용(ATC)} = \frac{\text{총비용}}{\text{산출량}}$$

〈표 12-3〉에는 많은 숫자가 나열되어 있다. 그래프를 이용해 각 비용을 시각화해보자. 〈그림 12-4〉에서 고정비용(임대료)은 피자 생산량과 상관없이 300달러로 일정하다. 가변비용

표 12–3 생산비용

피자 생산량과 상관없이 고정비용을 지불해야 한다. 피자 생산은 가변비용, 노동비용에 따라서만 달라진다. 총비용은 고정비용과 가변비용의 합이다. 추가로 피자 하나를 더 생산하는 한계비용은 가변비용의 증가분을 피자 생산 증가분으로 나눈 것이다.

노동 (종업원 수)	총생산 (피자 개수)	고정 비용 (달러)	평균 고정비용 (달러/피자)	가변비용 (달러)	평균 가변비용 (달러/피자)	총비용 (달러)	평균 총비용 (달러/피자)	한계생산 (피자 개수)	한계비용 (달러/피자)
0	0	300	–	0	–	300	–	–	–
1	50	300	6.00	200	4.00	500	10.00	50	4.00
2	180	300	1.67	400	2.22	700	3.89	130	1.54
3	360	300	0.83	600	1.67	900	2.50	180	1.11
4	480	300	0.63	800	1.67	1,100	2.30	120	1.67
5	575	300	0.52	1,000	1.74	1,300	2.26	95	2.11
6	660	300	0.45	1,200	1.82	1,500	2.27	85	2.35
7	735	300	0.41	1,400	1.90	1,700	2.31	75	2.67
8	800	300	0.38	1,600	2.00	1,900	2.38	65	3.08
9	855	300	0.35	1,800	2.11	2,100	2.46	55	3.67
10	900	300	0.33	2,000	2.22	2,300	2.55	45	4.44

그림 12-4
총비용곡선

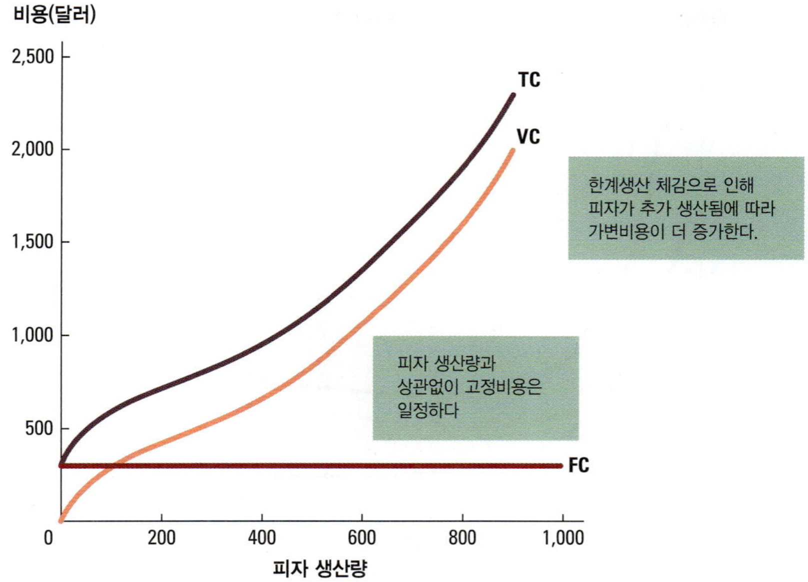

총비용곡선이 증가하는 기울기는 한계생산 체감 원칙을 나타낸다. 추가 고용은 이전과 동일한 비용을 유발하나 더 적은 양의 피자가 생산에 추가된다. 물론 고정비용은 피자 생산량과 상관없이 동일하다. 총비용곡선은 가변비용과 고정비용의 합이다.

(VC)은 처음 몇몇 종업원의 한계생산이 증가되므로 처음에는 덜 가파르게 시작된다.

한계생산 체감 원리가 작동됨에 따라 〈그림 12-4〉에서 가변비용 곡선은 점차 가파르게 된다. x축을 따라 산출량이 추가됨에 따라 y축에 표시된 비용이 이전보다 더 크게 변한다. 한계비용이 증가되는 패턴은 한계생산 체감의 필연적인 다른 형태다. 투입요소 한 단위당 생산성이 감소함에 따라 산출물 한 단위를 얻기 위해 더 많은 비용이 든다.

평균비용 곡선이 〈그림 12-5〉와 같을 때 어떤 일이 일어나는지 살펴보자. 첫 번째로 눈에 띄는 것은 평균 고정비용(AFC) 곡선이 아래로 향한다는 점이다. 고정비용이 일정하게 유지되므로 산출량이 증가됨에 따라 생산 단위당 고정비용은 감소하기 때문이다. 평균 가변비용(AVC)은 U자 형태다. 처음 고용한 몇몇 종업원의 한계생산이 증가하므로 처음에는 감소한다. 한계생산 체감 원리가 작동됨에 따라 상승한다.

실제로 알고 싶은 것은 **피자당** 비용이다. 이를 위해서는 고정비용과 가변비용을 모두 고려해야 하므로 평균 총비용(ATC)을 봐야 한다. 이 비용도 AVC 곡선만큼 두드러지지는 않지만 U자 형태다. 그 이유는 얼마간은 AVC의 증가분이 AFC의 감소분과 상쇄되기 때문이다. 데이터 표를 보면 평균 가변비용이 3명 내지 4명을 고용했을 때 가장 낮았다(피자당 1.67달러). 그러나 평균 총비용은 5명을 고용했을 때 가장 낮다(피자당 2.26달러). 이 차이는 평균 고정비용을 추가한 효과 때문이다. 4명에서 5명으로 고용을 늘릴 때 평균 고정비용은 평균 가변비용이 증가되는 것보다 더 감소한다. 그 결과 5명을 고용해 피자를 만드는 것이 더 싸다. 이는 몇 명을 고용

그림 12-5
평균 비용곡선

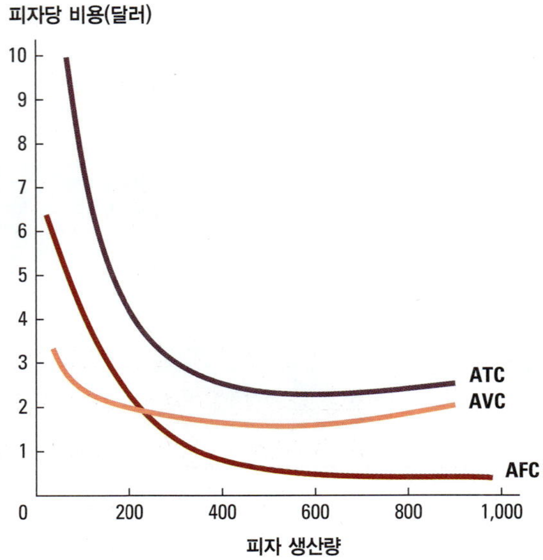

이 그림은 평균 비용곡선의 주요 특성을 보여준다. 평균 고정비용(빨간색 선)은 생산량이 증가됨에 따라 항상 감소한다. 동일한 비용을 더 많은 생산 단위에 분산시키기 때문이다. 평균 가변비용(분홍색 선)은 생산요소의 한계생산을 반영해 처음에는 감소하다가 증가된다. 평균 총비용(보라색 선)은 두 비용을 단순하게 합한 것이다. 평균 가변비용의 증가가 평균 고정비용의 감소에 의해 상쇄되는 정도가 달라짐에 따라 평균 총비용도 U자 형태다.

할 것인가 하는 결정을 할 때 평균 생산만 고려하는 것이 잘못된 것일 수 있다는 점을 보여준다.

한계비용 한 단위의 산출물을 추가로 생산할 때 발생하는 비용

한계비용. 몇 명을 고용할 것인가를 결정하는 또 다른 방법은 **한계비용**을 보는 것이다. 기업은 한계적으로 결정을 하므로 추가로 한 단위 더 생산할 때 추가적인 비용이 얼마인가를 봐야 한다.

이것이 한계비용(MC)이다. 생산의 한계비용은 〈식 12-9〉처럼 총비용의 변화를 산출량의 변화로 나누어 구한다.

식 12–9

$$\text{한계비용} = \frac{\text{총비용의 변화}}{\text{산출량의 변화}}$$

$$MC = \frac{\Delta\text{총비용}}{\Delta\text{산출량}}$$

〈그림 12-6〉에서 볼 수 있듯이 한계비용 곡선은 U자 형태다. 이것은 앞에서 본 한계생산 곡선(〈그림 12-3〉)을 뒤집어놓은 것이다. 한계비용은 처음에는 감소하다가(한계생산이 증가하므로) 증가한다(한계생산이 감소하므로). 데이터 표를 보면 현재 2명을 고용하고 있다면 한 명을 추가로 더 고용하는 경우 피자 한 단위 추가의 한계비용은 1.11달러다. 만약 이미 9명을 고용하

그림 12-6
한계비용 곡선

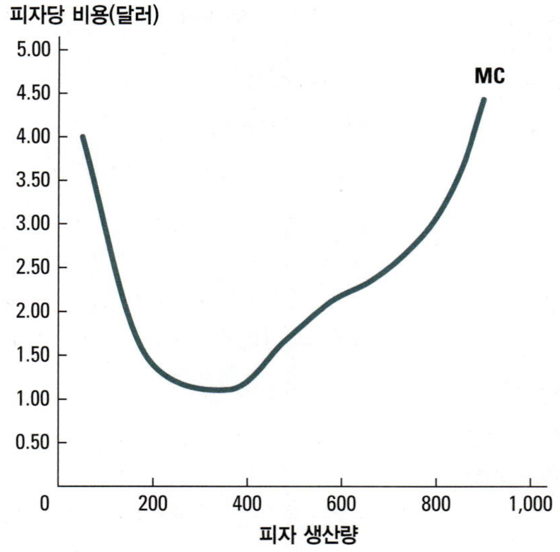

한계비용 곡선은 한계생산 곡선이 뒤집힌 형태다. 생산요소가 생산에 기여하는 정도와 상관없이 추가적인 생산요소 비용은 동일하기 때문이다. 처음에 한계생산이 증가함에 따라 한계비용은 감소한다; 한계생산 체감의 원리가 작동됨에 따라 한계비용은 증가한다.

그림 12-7
한계비용 곡선과 평균비용 곡선

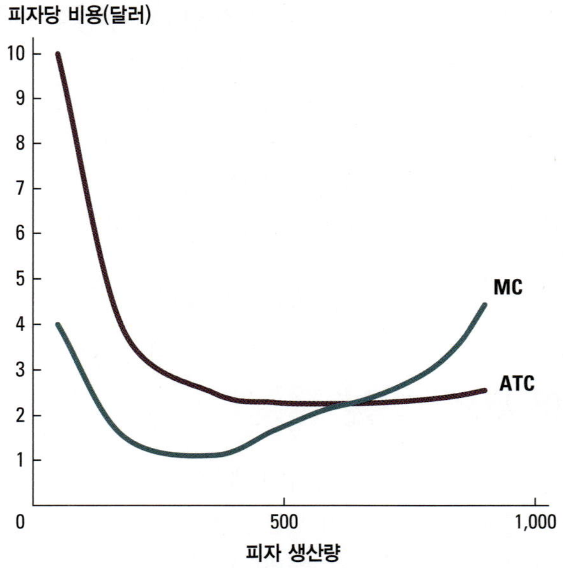

피자를 추가로 생산하는 한계비용이 평균 총비용보다 적을 때 추가로 피자를 생산하는 것은 평균 총비용을 감소시킬 것이다. 피자를 추가로 생산하는 한계비용이 평균 총비용보다 큰 경우 추가로 피자를 생산하는 것은 평균 총비용을 증가시킬 것이다. 따라서 한계비용 곡선은 평균 총비용 곡선의 최저점에서 평균비용 곡선과 교차한다.

표 12-4
일반적인 비용

비용	설명	계산법
총비용(TC)	기업이 재화와 서비스 생산에 사용하는 모든 생산요소(고정과 가변요소)에 지불하는 금액	TC = FC + VC
고정비용(FC)	산출량에 따라 변하지 않는 비용	—
가변비용(VC)	산출량에 따라 변하는 비용	—
명시적 비용	회사가 돈을 지불하는 비용	—
암묵적 비용	잃어버린 기회를 나타내는 비용	—
평균 고정비용(AFC)	고정비용을 산출량으로 나눈 것	AFC = FC ÷ Q
평균 가변비용(AVC)	가변비용을 산출량으로 나눈 것	AVC = VC ÷ Q
평균 총비용(ATC)	총비용을 산출량으로 나눈 것	ATC = TC ÷ Q
한계비용(MC)	추가로 산출물 한 단위를 더 생산할 때 발생하는 추가적인 비용	MC = ΔTC ÷ ΔQ

고 있다면, 10번째 종업원을 고용하는 경우 피자당 한계비용은 4.44달러가 된다. 만약 피자를 4.20달러에 팔고 있다면, 10번째 종업원을 고용하면 안 된다.

마지막으로 〈그림 12-7〉에 평균 총비용 곡선과 한계비용 곡선을 같이 그려보자. 한계비용(MC) 곡선은 ATC 곡선의 최저점을 지난다. 만약 한 단위 더 생산하는 한계비용이 현재 평균 총비용보다 적다면, 추가로 생산하는 것은 평균비용을 낮출 것이다. 반대로 추가로 생산함에 따른 한계비용이 현재 평균 총비용보다 많다면 추가로 생산하는 것은 평균비용을 증가시킨다.

한계비용과 평균 총비용 개념은 다음 장에서 볼 수 있듯이 생산 결정에 아주 중요하다. 복습을 위해 〈표 12-4〉에 여러 가지 유형의 비용을 정리했다.

✓ 개념 확인하기

- ❒ 평균 총비용과 한계비용의 차이는 무엇인가? **[LO 12.6]**
- ❒ 산출량이 증가함에 따라 일반적으로 왜 한계비용은 증가하는가? 어떤 경우 한계비용이 감소하는가? **[LO 12.6]**
- ❒ 한계비용 곡선이 평균 총비용 곡선의 최저점을 지나는 이유는 무엇인가? **[LO 12.6]**

단기와 장기에서의 생산

3장과 4장에서 시간이 길어질수록 공급이 더 유연해진다는 것을 배웠다. 상식적인 설명은 뭔가를 하는 데 시간이 걸린다는 것이다. 기업이 생산을 조절하기 위해서는 공장을 새로 짓거나, 새로운 자산을 취득하거나, 더 많은 사람을 고용해야 한다. 이러한 활동은 결코 하룻밤 사이에 일어날 수 없다. 단기와 장기에 발생하는 비용의 차이는 생산을 조절하는 데 필요한 시간을 반영한다.

장기비용

LO 12.7 기업이 장기와 단기에 따라 왜 다른 비용에 직면하는지 설명하기

어떤 비용이 '고정되어' 있는지 여부는 시간의 길이를 어느 정도로 보느냐에 따라 달라진다. 피자 가게의 임대료를 생각해보자. 만약 이달에 피자를 덜 생산하기로 해도 여전히 월 임대료를 지불해야 한다. 임대 계약이 만료되면 기업은 더 작고, 싼 곳으로 옮기기로 결정할 수 있다. 임대비용은 단기에는 고정되어 있으나, 장기에는 그렇지 않다.

공장 근로자와 피자 가게 종업원은 가변비용의 예다. 이런 유형의 근로자들은 규정된 시간만큼 일하되 유연한 교대 시스템에 따라 일한다. 고용 만료 통보 기간이 짧은 편이며, 새로운 근로자들을 오래 훈련시킬 필요는 없다. 연구를 하는 과학자의 경우는 전혀 다르다. 따라서 단기적으로 화이자가 공장에서 일하는 근로자의 수를 늘리거나 줄이는 것은 쉽다. 그러나 기술개발 부서의 규모를 줄이거나 늘리는 것은 장기에나 가능하다.

장기란 얼마나 긴 시간을 의미하는가? 경제학자들은 장기를 며칠 또는 몇 달, 또는 몇 년 이런 식으로 생각하지 않는다. 대신 회사가 원한다면 얼마나 길든 모든 비용을 변화시킬 수 있을 만큼 긴 시간을 의미한다. 이는 기업의 유형과 생산 유형에 따라 달라진다. 피자 가게의 경우 장기는 아마도 그리 길지 않을 것이다. 예를 들어, 임대 기간이 1년일 수 있다. 1개월 단위로 계획을 수립할 때 고정되어 있는 비용이 1년 단위로 계획을 수립할 때는 가변적이 된다. 5년이나 10년에 걸쳐 운영 결정을 할 필요가 있는 화이자 같은 회사에는 맞지 않다. 새로운 연구소, 공장이나 창고를 건립하거나 오래된 것을 철거하는 데는 시간이 걸린다.

이 장에서 지금까지 살펴본 비용곡선은 단기 비용곡선이다. 모든 비용이 가변적인 장기에는 비용곡선이 어떻게 생겼는지 알아보자.

규모에 대한 수확

LO 12.8 규모에 대한 수확을 정의하고 생산 결정에 미치는 시사점 설명하기

ATC 곡선이 왜 U자 형태인가? 처음에는 추가적인 투입요소의 한계생산이 증가되어 평균비용이 감소한다. 그러나 곧 한계생산 체감의 원리가 작동된다. 그러면 한계생산이 감소하고 평균비용이 증가하기 시작한다. 장기에도 비슷한 일이 발생한다. 기업이 장기 계획을 세울 때, 어떤 규모로 운영하고 싶은지 고려한다. 더 큰 곳으로, 아니면 더 작은 가게로 옮겨야 할까? 공장을 더 지어야 할까, 일부 공장을 닫아야 할까? **규모에 대한 수확**(*returns to scale*)은 산출량과 평균 총비용 간 관계를 보여준다.

처음에는 작은 기업이 대규모로 운영할 때 평균비용을 낮출 수 있었을 것이다. 이 경우 이 기업은 **규모의 경제**(economies of scale)를 누리고 있다. 예를 들어, 피자 가게를 하나가 아니라 10개를 소유하고 있다면, 재료를 대량 구매해 할인을 받도록 교섭할 수 있을 것이다. 메뉴판을 인쇄하는 회사도 10배 많이 인쇄하기 때문에 메뉴판당 덜 받을 수 있다. 10배 사용량이 늘어났음에도 홈페이지를 운영하는 비용은 약간만 더 지불해도 된다.

규모의 경제 산출량이 증가할 때 평균 총비용은 감소하는 현상

그러나 크다고 해서 항상 더 좋은 것은 아니다. 규모의 증대가 평균비용을 더 높이는 시기가

올 수 있다. 전 세계에 퍼져 있는 수만 개의 피자 체인을 운영하는 경우를 생각해보자. 비용을 일정 수준에 묶어놓기에는 물류비용이 워낙 엄청나게 커서 더 적은 국가에서 더 적은 수의 체인점을 운영하는 경우보다 비용이 높을 수 있다. 기업이 규모를 증대시킴에 따라 평균비용이 증가되는 상황에 놓일 때 **규모의 불경제**(diseconomies of scale)가 발생한다.

규모의 불경제 산출량이 증가하면 평균 총비용도 증가하는 현상

규모 수확 불변 평균 총비용이 산출량과 관계없이 일정한 현상

이런 극단적인 경우 평균비용이 더 올라가거나 떨어지지 않는 다양한 규모가 있을 수 있다. 이 경우 기업에 **규모 수확 불변**(constant return to scale)이 발생한다.

〈그림 12-8〉은 장기 ATC 곡선을 이용해 규모의 경제와 불경제를 보여주고 있다. 기업이 규모를 확장해 규모의 경제를 달성할 수 있다면 이 기업의 장기 ATC 곡선은 하향한다. 이는 산출량이 증대됨에 따라 ATC가 감소함을 보인다. 기업이 규모를 확장해 규모의 불경제가 발생하는 경우 이 곡선은 우상향한다. 산출량이 증가됨에 따라 ATC가 증가됨을 보인다. 장기 ATC 곡선은 종종 중간에 평평한 부분이 있는 것으로 표현된다. 이 평평한 부분이 규모 수확 불변이 발생하는 다양한 산출량 수준을 나타낸다.

사례를 통해 알아보기의 '월마트와 규모 경제'는 한 회사가 어떻게 규모의 경제를 통해 이득을 취하는지 보여준다.

한 기업의 장기 ATC 곡선은 단기 ATC 곡선보다 넓은 영역의 산출량을 포함한다. 단기에는 모든 기업이 작은 비용 곡선에 머물 수밖에 없다. 고정 투입요소의 한정된 용량에 의해 제약을 받는다. 장기 비용곡선은 다양한 크기의 기업이 다양한 규모에서 생산을 하는 여러 단기 ATC 곡선상의 점들로 구성된 것으로 생각할 수 있다. 규모를 늘리거나 줄임으로써 기업은 한 단기 ATC 곡선에서 다른 곡선으로 장기 ATC 곡선을 따라 움직인다.

그림 12-8

규모의 경제와 불경제

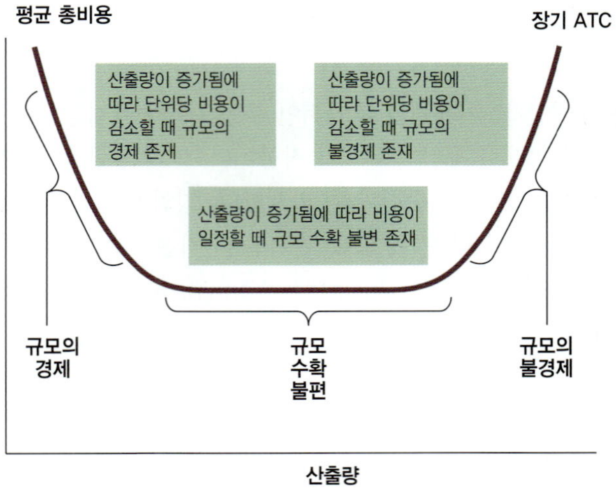

생산을 늘려 규모의 경제를 달성할 수 있을 때, 장기 ATC 곡선이 우하향해 산출량이 증가됨에 따라 ATC는 감소한다. 생산을 늘려 규모의 불경제가 발생하는 경우, 곡선이 우상향해 산출량이 증가됨에 따라 ATC는 증대한다. 장기 ATC 곡선이 중간에서 평평한데 이는 기업이 규모 수확 불변을 달성하는 다양한 산출량 수준을 나타낸다.

사례를 통해 알아보기

월마트와 규모 경제

2억 명 이상의 미국인들이 매년 월마트에서 물건을 구입한다. 자동차 부품부터 식료품, 처방약, 자금 이체까지 모든 것을 구매한다. 월마트는 알칸사에서 단일 할인 매장으로 시작했다. 미국 전역에 3500개 매장으로 확장됐으며, 다른 나라에도 매장이 있다.

월마트의 성공은 주로 낮은 가격에 다양한 제품을 공급하는 능력에 기인한다. 매장이 많다는 것은 월마트가 엄청난 규모의 구매를 한다는 것을 의미한다. 그 결과 낮은 도매 가격을 교섭할 수 있으며, 이는 규모 경제의 예가 된다. 소규모 가게들은 월마트의 협상력에 대적할 수 없다.

그러나 월마트는 규모의 불경제가 발생할 수 있었던 여러 문제를 해결했다. 규모가 증대됨에 따라 물류 문제가 증가된 것이다. 이런 문제 중 하나가 수천 개 매장의 재고 관리를 어떻게 하느냐 하는 것이다. 1000만 개의 제품을 싸게 구매했다 하더라도 조지아 주에서 재고가 바닥났는데 오리건 주 창고에 이 제품이 쌓여 있다면 별 의미가 없다. 월마트는 정교하게 컴퓨터로 처리되는 재고 관리 시스템에 투자해 이 문제를 최소화했다. 이 시스템은 재고를 추적하고 매장에 필요한 제품이 진열될 수 있도록 도왔다.

월마트와 비슷한 문제에 직면한 많은 대형 기업의 공통적 성장통은 사업 관행에 대한 조사 건수가 증가되는 것이다. 조그만 가게에서 일하는 사람들에게 보험을 제공하느냐에 대해 사람들은 별 관심이 없다. 그러나 월마트가 미국에서 가장 큰 고용주가 됨에 따라(2009년 미국에서 140만 명이 관련되어 있음), 임금과 복리후생제도에 대해 많은 사람들이 의문을 제기하기 시작했다. 기업의 규모가 커짐에 따라 인적자원정책이 국가적 표준과 부합하는지 확인하기 위해 시간을 할애해야 한다. 이는 근로자에게 도움이 될 수 있으나 사업 관점에서는 규모의 불경제가 될 수 있다.

Source: "Helping People Live Better Fact Sheet," http://investors.walmartstores.com/phoenix.zhtml?c=112761&p=irol-newsArticleID=1345359&highlight=Walmart; "Frenquently Asked Questions,"Walmart corporate website, http://investors.walmartstores.com/phoenix.zhtml?c=112761&p=irol-faq.

〈그림 12-9〉는 이러한 생각을 보여준다. 사실 기업이 장기 비용곡선을 따라 움직인다는 것은 더 큰 규모나 더 작은 규모의 단기 비용곡선을 선택하는 것이다.

기업이 규모를 증대하거나 감소시켜 평균비용을 낮출 수 없을 때, **효율적 규모**(efficient scale)에서 운영된다. 이 규모에서 평균 총비용이 최소화되는 산출량을 생산한다. 사람들은 때때로 특정 산업이 '커다란 규모의 경제'를 갖고 있다고 말한다. 이렇게 말하는 것은 그 산업의 특징이 대규모 기업에 유리하다는 것을 의미한다. 제약산업이 좋은 예다. 화이자 같은 회사는 잘 팔리는 약을 만들 기회가 될 수 있는 새로운 약 개발에 필요한 연구개발 예산을 유지하기 위해서 규모가 커야 한다.

효율적 규모 평균 총비용이 가장 적을 때의 산출량

이는 다시 이 장을 시작할 때 던진 질문으로 돌아가게 한다. 화이자는 생산비용이 거의 들지 않는 콜레스테롤 저감제 리피토를 2.70달러에 팔면서 소비자를 속이고 있는 것인가? 논의를 위해 어떻게 생각하십니까?의 '이윤 동기와 고아 약(orphan drugs)'을 읽어보자.

그림 12-9
장기 평균 총비용

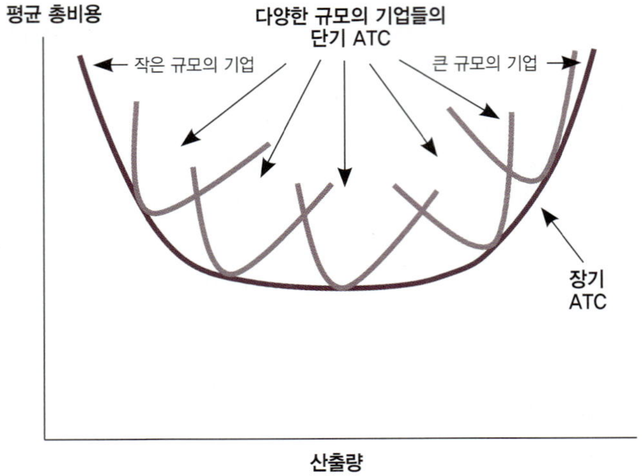

단기 ATC 곡선은 장기 ATC 곡선보다 더 적은 영역의 산출량을 포함한다. 기업의 규모는 단기에 얼마나 많이 생산할 수 있는지를 제한한다. 장기 비용곡선은 다양한 규모의 기업들의 단기 ATC 곡선상 점들로 구성되었다고 생각할 수 있다. 규모를 증가시키거나 감소시킴으로써 기업들은 한 단기 ATC 곡선에서 다른 곡선으로 장기 ATC 곡선을 따라 움직인다.

어떻게 생각하십니까?
이윤 동기와 고아 약

화이자와 같은 제약회사는 매년 기술개발 고정비용으로 수십억 달러를 사용한다. 2012년 화이자의 R&D 예산은 약 70억 달러였다. 이 돈의 대부분은 개발된 약이 유용하지 않은 것으로 판명난다는 의미에서 '버려진다'. 그러나 이 회사는 많은 약을 실험해보아야만 유용한 약인지 아닌지 알 수 있다. R&D 고정비용으로 막대한 돈을 사용할 수 있는 유일한 방법이 리피토와 같은 성공적인 의약품에 제조비용보다 훨씬 높은 가격을 부과하는 것이다.

리피토와 다른 약들은 단순히 화학식이다. 연구 결과 어떤 화학적 공식이 콜레스테롤을 낮추는 데 유용한다는 것이 발견되면 다른 회사들은 '지네릭스(generics)'라는 완전히 똑같은 약을 만들 수 있다. 경쟁 기업들은 지네릭스를 불과 몇 센트에 팔아 이윤을 남길 수 있다. 낮아진 가격으로 더 많은 사람들이 약을 구할 수 있게 되고, 혜택을 볼 수 있게 된다. 그러나 이는 화이자가 더 많은 새로운 치료법을 찾기 위해 R&D에 사용할 수 있는 자금을 빼앗을 것이다.

대부분의 정부는 제약회사에 새로운 치료법을 개발할 유인을 주는 것이 좋다고 본다. 그래서 화학식을 특허로 보호한다. 하지만 효과적인 치료를 위해 비싼 가격을 지불해야 하는 사람들도 생각해야 하므로 의약품에 대한 특허는 한정된 기간 동안만 인정된다. 예를 들어, 리피토에 대한 특허는 15년간 유지된다. 특허 기간 동안 리피토의 지네릭스를 만드는 회사는 법을 위반하는 것이다. 이 특허는 2011년에 만료되어 지네릭스를 만드는 회사들이 시장에 진입해 화이자보다 낮은 가격에 팔고 있다. 이 방식은 제약회사가 초기에 한정된 기간 동안 지속적인 R&D 비용을 지불하기 위해 잘 팔리는 약에서 충분한 이윤을 얻을 수 있도록 한다.

이와 같은 이윤 동기 모형에 의해 여러 가지 놀라운 약들이 개발되었다. 최근 미국 정부는 눈썹을 늘리고 짙게 하는 처방 치료까지 승인했다. 이로 인해 이 방식에 대한 의문이 제기되기 시작했다. 여전히 많은 치명적인 질병의 치유법을 찾아야 하나 백신이나 치료법을 개발하기 위해 필요한 R&D 투자가 제대로 이루어지지 않는 경우가 많다.

예를 들어, 매년 저소득 국가에 살고 있는 10억 명이 말라리아와 폐렴구균병에 걸린다. 그러나 의약품 개발자들은 거의 관심이 없다. 이런 질병을 치료하는 약을 종종 '고아 약'이라고 부른다. 누구도 개발의 주체가 되려고 하지 않기 때문이다. 제약회사는 치료법을 찾아도 높은 이윤을 기대할 수 없기 때문에 이러한 병에 대한 치료법을 연구하지 않는다. 만약 희귀한 질병이라면 극소수의 사람들만 약을 구매할 것이다. 병으로 고생하는 사람들이 가난하다면, R&D 비용 회수에 필요한 높은 가격에 약을 구매할 수 없다. 이것이 제약회사가 눈썹 길이에 대한 불만족처럼, 사람들이 치료를 위해 기꺼이 돈을 지불하는 덜 심각한 병을 치료하는 의약품을 개발하는 이유다.

어떤 사람들은 이 결과가 시장 제도가 제대로 작동하는 것을 의미한다고 본다. 가장 높은 수요가 있는 재화에 희소한 자원을 배분하고 있다. 또 다른 사람들은 주요 사망 원인에 대한 치료법을 찾는 대신 '사소한' 질병에 대한 연구를 우선시하는 것은 비도덕적이라고 본다.

고아 질병 문제를 해결하기 위한 방법으로 도입촉진사업(AMC; Advanced Market Commitment)이라는 것이 있다. 이 방법은 정부나 자선단체가 고아 질병을 치료하기 위해 약이 일단 개발되면, 최소한의 양을 구매하기로 약속하는 것이다. 이런 약속이 부유한 환자들에게 영향을 미치는 질병의 경우와 비슷한 기술개발 유인을 기업에 제공할 수 있다고 본다. AMC 활용에 대해 게이트 재단(Gates Foundation)의 노력을 살펴보자. http://www.gatefoundation.org/vaccines/Pages/advanced-market-commitments-vaccines.aspx.

어떻게 생각하십니까?

1. 제약회사와 그 회사의 주주들은 고아 질병을 치료하는 약을 개발해야 하는 도덕적 의무감을 느껴야 하는가?
2. 정부가 개입해 AMC에서 연구를 수행하는 기업에 지불해야 하는가? 사적인 자선단체가 책임을 가져야 하는가?

Source: http://media.pfizer.com/files/annualreport/2008/annual/review2008.pdf;http://www.nytimes.com/2012/05/02/business/pfizer-profit-declines-19-after-loss-of-lipitor-patent.html.

✓ 개념 확인하기

❒ 장기에는 고정비용이 가변비용이 되는 이유는? **[LO 12.7]**

❒ 규모 수확 불변인 경우 평균 총비용 곡선의 모양은 어떻게 되겠는가? **[LO 12.8]**

결론

이 장에서는 기업이 재화나 서비스를 생산할 때 발생하는 비용에 대해 살펴보았다. 투입요소, 산출물 그리고 비용 간 관계를 이해하는 것은 기업의 수입과 함께 비용이 이윤을 결정하기 때문에 중요하다. 이윤 추구는 얼마나 생산할 것인가와 사업을 계속할 것인지를 포함한 모든 기업의 의사결정에 동인이 된다.

다음 몇 개 장에서는 시장의 공급곡선을 결정하는 기업 행태에 대해 자세히 알아볼 것이다. 생산함수, 여러 가지 유형의 비용 이윤 계산 방법을 기억하기 바란다. 이를 토대로 기업의 선택과 시장구조에 대해 계속 설명할 것이다.

주요 용어

가변비용 p.334
경제적 이윤 p.336
고정비용 p.334
규모 수확 불변 p.348
규모의 경제 p.347
규모의 불경제 p.348
명시적 비용 p.335
생산함수 p.338
암묵적 비용 p.335
이윤 p.333
총비용 p.333
총수입 p.333
평균 가변비용(AVC) p.342
평균 고정비용(AFC) p.342
평균 총비용(ATC) p.342
한계비용(MC) p.344
한계생산 p.339
한계생산 체감 p.339
회계적 이윤 p.336
효율적 규모 p.349

요약

LO 12.1 총수입, 총비용 그리고 이윤 정의하기

재화와 서비스를 생산하는 과정에 사용되는 모든 투입요소에 대해 기업이 지불한 총액이 총비용이다. 재화와 서비스를 판매한 대가로 받은 총액이 총수입이다. 이윤은 비용과 수입의 차이다.

LO 12.2 고정비용과 가변비용의 차이를 설명하고 각각의 예 찾기

고정비용은 생산량에 따라 달라지지 않는다. 종종 고정비용은 생산이 시작되기 전에 한 번, 선불로 지급된다. 공장을 구매하거나 새로운 제품을 개발하기 위해 연구자를 고용하는 것이 그 예다. 가변비용은 산출량에 따라 달라진다. 원재료 비용과 종종 근로자의 임금이 그 예다.

LO 12.3 명시적 비용과 암묵적 비용의 차이를 설명하고 각각의 예 찾기

명시적 비용은 건물에 대한 임대료, 근로자의 임금, 원료 그리고 기계 등과 같이 기업이 돈을 지불해야 하는 것이다. 암묵적 비용은 돈을 지불하거나 의무를 지지 않는다. 기업이 돈을 지출하는 대신 투자를 한다든가, 재화를 생산하는 대신 공장을 임대하는 것처럼 자원을 다른 방법으로 사용했더라면 발생했을 수입의 잃어버린 기회를 나타낸다.

LO 12.4 경제적 이윤과 회계적 이윤을 계산하고 그 차이의 중요성 설명하기

경제학자들은 비용을 기회비용으로 생각하기 때문에 이윤을 계산할 때 명시적 비용과 암묵적 비용을 모두 고려한다. 기업의 경제적 이윤은 총수입에서 명시적인 것과 암묵적인 것을 포함한 모든 기회비용을 뺀 것이다. 이에 반해 회계사는 현금 지출이 발생한 비용만을 다룬다. 기업의 회계적 이윤은 총수입에서 명시적 비용을 뺀 것이다. 경제적 이윤은 명시적 비용과 암묵적 비용을 총수입에서 뺀 것이기 때문에 일반적으로 회계적 이윤보다 적다.

LO 12.5 한계생산을 정의하고 왜 한계생산이 체감하는지 설명하기

생산 과정에 사용되는 재료—원료, 노동, 기계, 시간, 아이디어—가 투입요소다. 생산되는 재화와 서비스는 산출물이다. 투입요소의 양과 산출물 양의 관계를 생산함수라고 한다.

투입요소의 한계생산은 투입요소 한 단위를 더 투입해 발생하는 산출량의 증가다. 많은 경우 투입요소의 한계생산은 투입량이 증가함에 따라 감소하며, 이를 한계생산 체감이라고 한다.

LO 12.6 총비용, 평균비용 그리고 한계비용을 정의하고 그래프로 그리기

평균비용은 비용을 총산출량으로 나눈 것이다. 기본적인 평균비용은 평균 총비용(ATC)이며 총비용을 산출량으로 나눈 것과 같다. 평균 고정비용(AFC)이나 평균 가변비용(AVC)을 사용하기도 하는데 고정비용이나 가변비용을 산출량으로 나눈 것과 같다.

생산의 한계비용(MC)은 총비용의 변화분을 산출량의 변화분으로 나눈 것이다. 달리 표현하면 다음 단위의 산출물을 생산하는 가변비용이다.

LO 12.7 기업이 장기와 단기에 따라 왜 다른 비용에 직면하는지 설명하기

시간이 흐름에 따라 기업은 자산이나 생산 과정을 변화시킬 수 있다. 그래서 단기에는 고정되어 있는 비용이 장기에는 변한다. 기업의 장기 비용곡선은 고정비용의 증가된 유연성을 나타낸다. 장기에는, 단기에 고정되어 있던 투입요소의 양을 변화시켜 작은 기업이 생산 용량을 증대함으로써 더 큰 기업처럼 보일 수 있다.

LO 12.8 규모에 대한 수확을 정의하고 생산 결정에 미치는 시사점 설명하기

평균 총비용곡선은 U자 모양이다. 곡선이 하향하는(즉, 산출량이 증가됨에 따라 ATC가 감소한다) 산출량 수준에서 규모의 경제가 나타난다. ATC 곡선이 상향하는 산출량 수준에서 규모의 불경제가 나타난다. 평균 총비용이 생산량에 따라 변하지 않을 때—장기 곡선의 평평한 중간 부분처럼—규모 불변 수확이 나타난다. 기업은 효율적 규모에 도달하기 위해 생산을 늘리거나 줄일 유인이 있다.

복습 문제

1. 경제학자들은 기업이 이윤을 극대화하는 것을 목적으로 한다고 가정한다. 비영리조직(not-for-profit organization)의 경우도 합리적인 가정인가? **[LO 12.1]**
2. 3종류의 의약품을 만드는 제약회사의 이윤을 평가한다고 가정하자. 이윤을 계산하기 위해 어떤 정보가 필요한가? **[LO 12.1]**
3. 제약회사의 비용은 공장 근로자의 임금, 연구자의 연봉, 화학물질, 창고 그리고 종이와 포장 비용을 포함한다. 이 비용 중에서 단기에 고정되어 있는 비용과 변하는 비용은 무엇인가? **[LO 12.2]**
4. 더스틴은 케이터링 사업을 시작하려 한다. 케이터링 사업에서 발생할 수 있는 한 번 발생하는 고정비용, 지속적으로 발생하는 고정비용과 가변비용의 예를 제시하라. **[LO 12.2]**
5. 어떤 가게 주인이 자신의 남편과 여동생이 공짜로 가게에서 일하기 때문에 가게 운영비용을 낮출 수 있다고 한다. 정말로 그들이 공짜로 일하는 것인가? 그 이유를 설명하라. **[LO 12.3]**
6. 더스틴은 케이터링 사업을 시작하려 한다. 케이터링 사업을 할 때 발생하는 명목적 비용과 암묵적 비용의 예를 제시하라. **[LO 12.3]**
7. 식당 주인이 가게를 계속 운영해야 할지 아니면 다른 방법으로 시간과 돈을 투자해야 할지 결정하려 한다. 회계적 이윤과 경제적 이윤의 차이를 설명하고, 이 차이가 식당 주인의 결정에 왜 중요한지 설명하라. **[LO 12.4]**
8. 자영업자가 이윤을 과대평가하는 경우가 많은 이유를 설명하라. **[LO 12.4]**
9. 테이블 간격이 넓은 식당에서 종업원을 한 명만 고용하고 있는 경우를 가정하자. 한 사람을 더 고용하는 경우 한계생산이 증가될 수 있음을 매니저에게 설명하라. **[LO 12.5]**
10. 한계생산이 감소하는 경우 총산출량은 감소하는가? 설명하라. **[LO 12.5]**
11. 회사에서 산출량을 증가시켜 이윤을 더 얻을 수 있는지 결정하려고 한다. 이 결정에 고려해야 할 비용은 한 단위 더 생산했을 때 발생하는 한계비용일 뿐 평균 총비용이 아님을 설명하라. **[LO 12.6]**
12. 산출량과 총비용이 〈표 12Q-1〉과 같다. 3개를 생산하다 4개를 생산하는 경우 한계생산은 증가하는가, 아니면 감

표 12Q-1

산출량	총비용(달러)
0	40
1	64
2	86
3	111
4	139
5	169

소하는가? 어떻게 알 수 있는가? **[LO 12.6]**

13. '장기에는 고정비용이 없다'는 문장의 의미를 설명하라. **[LO 12.7]**
14. 제약회사가 규모를 확대하고자 하나 단기에는 생산능력에 제약이 있다고 가정하자. 이 제약을 장기에 해결할 수 있는 방법을 설명하라. **[LO 12.7]**
15. 규모에 대한 수확 불변인 산업이 '딱 적당한 규모'인 이유를 설명하라. **[LO 12.8]**
16. 제약산업에서 규모의 경제가 나타나는 이유를 설명하라. **[LO 12.8]**

응용문제

connect ECONOMICS

1. 미용실에서 3가지 서비스를 제공한다: 커트, 염색 그리고 스타일링. 미용실에서 커트는 40달러, 염색은 65달러, 스타일링은 30달러다. 지난달에 이 미용실은 68건의 커트, 34건의 염색, 22건의 스타일링을 했다. 한 달 동안 총비용이 2843달러라면 이윤은 얼마인가? **[LO 12.1]**
2. 리사는 임대한 사무실에서 일하는 자영업자로 물리치료사다. 리사는 치료당 250달러를 받는다. 지난달 리사의 비용은 장소와 장비 임대비용으로 1200달러, 임금 3500달러, 재료비 1800달러다. 리사의 지난달 이윤이 2000달러라면 고객은 몇 명이었겠는가? **[LO 12.1]**
3. 케이트는 케이크 가게를 운영한다. 매달 지출 항목은 다음과 같다. 각 비용이 단기에 고정비용인지 가변비용인지 표시하라. **[LO 12.2]**
   a. 재료(밀가루, 버터, 설탕)
   b. 제빵사(요리사)
   c. 임대료
   d. 장비 구입비(오븐)
   e. 대출금 이자
4. 자동차 정비소의 주간 비용은 임대료 500달러, 정비사당 주급 400달러, 수리 건당 부품비 30달러다. 각 정비사는 주당 자동차 3대를 수리할 수 있다. **[LO 12.2]**
   a. 〈표 12P-1〉에 비용을 채워라.
   b. 일주일에 자동차 15개를 수리하는 경우 총비용은 얼마인가?
   c. 일주일에 자동차 한 대도 수리하지 않는 경우 총비용은 얼마인가?

표 12P-1

수리 건수	고정비용 (달러)	가변비용 (달러)	총비용 (달러)
0			
3			
6			
9			
12			
15			
18			
21			
24			

5. 파올라는 새로운 사업을 구상하고 있다. 아래 제시된 생산요소들이 암묵적 비용에 포함되는지, 명시적 비용에 포함되는지, 아니면 비용이 아닌지 표시하라. **[LO 12.3]**
   a. 임대료
   b. 임금
   c. 본인 소유 장비
6. 파올라는 새로운 사업을 구상하고 있다. 아래 제시된 생산요소들이 암묵적 비용에 포함되는지, 명시적 비용에 포함되는지, 아니면 비용이 아닌지 표시하라. **[LO 12.3]**
   a. 대출금
   b. 저축을 사용한 투자
   c. 기부받은 물품
7. 케리는 조경사업을 하고 있다. 아래 제시된 생산요소와 관련된 비용이 고정인지 가변인지, 암묵적인지 명시적인지 나타내고, 비용이 회계적 이윤에만 영향을 미치는지, 경제적 이윤에만 영향을 미치는지, 둘 다 영향을 미치는지 설명하라.**[LO 12.2, 12.3,12.4]**
   a. 조경사
   b. 본인의 정원에서 가져온 식물
   c. 트럭 사용료
   d. 본인 소유 잔디 깎는 기계
8. 작년에 제러드는 자전거 수리점을 운영하기 위해 연봉 6만 달러의 직장을 그만뒀다. 제러드는 수리 건당 65달러를 받으며, 작년에 3,000건의 수리를 했다. 제러드의 연간 생산 비용은 임대료, 임금, 장비를 포함한다. 제러드는 임대료 5만 달러, 임금 10만 달러를 지불했다. 제러드는 수리점에서 나오는 이윤을 가져가며 공식적으로 임금을 받지 않는다. 제러드는 장비를 사기 위해 연 이율 5%로 2만 달러를 빌렸다. **[LO 12.4]**

a. 제러드의 회계적 이윤은 얼마인가?

b. 제러드의 경제적 이윤은 얼마인가?

9. 투입요소를 한 단위 더 추가했을 때 산출물이 증가되지 않는 경우, 생산함수의 기울기는 얼마인가? **[LO 12.5]**

10. 웨비는 웹 개발 회사다. 웨비의 월간 웹사이트 개발 생산함수는 〈표 12P-2〉와 같다. **[LO 12.5]**

a. 한계생산 표를 채워라.

b. 웹 개발자의 한계생산은 언제부터 감소하는가?

11. 웨비는 웹 개발 회사다. 웨비의 월간 웹사이트 개발 생산함수는 〈표 12P-3〉과 같다. 웨비는 사무실과 장비 임대료로 매달 4000달러를 지불한다. 각 개발자에게는 매달 2000달러를 지불한다. 다른 생산비용은 없다. 생산비용 표를 채워라. **[LO 12.6]**

12. 기업의 산출량, 가변비용, 총비용은 〈표 12P-4〉와 같다. **[LO 12.6]**

a. 이 장에서 배운 식을 이용해 한계비용을 계산하라.

$$\frac{\Delta 총비용}{\Delta 수량}$$

b. $\frac{\Delta 가변비용}{\Delta 수량}$ 을 구하라.

13. 학장이 고려하는 비용은 채점자, 교수, 교실, 분필비용이다. 이 비용 중 어떤 비용이 장기에 가변적이 되겠는가? **[LO 12.7]**

14. 애완견 가게와 동물병원 중에서 어떤 경우 장기가 더 길겠는가? **[LO 12.7]**

15. 투입요소가 15% 증가하는 회사를 가정하자. 각 시나리오별로 기업이 규모의 경제, 규모의 불경제 또는 규모에 대한 수확 불변 중 어디에 해당하는지 설명하라. **[LO 12.8]**

a. 산출량이 15% 증가했다.

b. 산출량이 15%보다 적게 증가했다.

c. 산출량이 15%보다 더 증가했다.

16. 기업의 장기 총비용은 〈표 12P-5〉와 같다. **[LO 12.8]**

표 12P-2

개발자	웹사이트	한계생산
0	0	
1	2	
2	6	
3	14	
4	20	
5	24	
6	26	

표 12P-4

수량	가변비용(달러)	총비용(달러)
0	0	100
10	50	150
20	80	180
30	120	220
40	180	280
50	260	360

표 12P-3

개발자	웹사이트	FC	VC	TC	AFC	AVC	ATC	MC
0	0							
1	2							
2	6							
3	14							
4	20							
5	24							
6	26							

표 12P-5

산출량	장기 총비용(달러)
0	18
1	24
2	28
3	30
4	34
5	40
6	48
7	63
8	80

a. 규모의 경제가 발생하는 산출량 범위는?
b. 규모에 대한 수확 불변이 발생하는 산출량 범위는?
c. 규모의 불경제가 발생하는 산출량 범위는?

미주

1. http://www.forbes.com/sites/matthewherper/2011/04/19/americas-most-popular-drugs/
2. http://yourlife.usatoday.com/health/medical/treatments/story/2011-11-29/Pfizer-maneuvers-to-protect-Lipitor-from-generics/51475288/1
3. http://www.nytimes.com/2011/11/30/health/generic-lipitor-sets/-off-an-aggressive-push-by-pfizer.html?ref=lipitordrug.
4. Bruce Roth, http://money.cnn.com/magazines/fortune/fortune_archive/2003/01/20/335643/index.htm

◀ 세계의 모바일 윈도우—이 장의 내용과 관련된 응용사례를 찾으려면 여러분의 스마트폰으로 이 코드를 스캔하라. (QR코드 리더가 필요하면, 여러분의 앱스토어에서 ScanLife를 활용하라.)

여러분의 모바일 앱스토어를 방문하여 Karlan and Morduch Study Econ app.을 다운로드 하라. ▶

Chapter 13

완전 경쟁

학습목표

- **LO 13.1** 완전 경쟁시장의 특징 설명하기
- **LO 13.2** 평균수입, 한계수입, 총수입 계산하기
- **LO 13.3** 기업의 최적 산출량 찾기
- **LO 13.4** 기업의 조업 중단, 퇴출 결정과 두 결정의 차이 설명하기
- **LO 13.5** 동질적인 기업들이 경쟁하는 완전 경쟁시장에서 단기 공급곡선 도출하기
- **LO 13.6** 동질적인 기업들이 경쟁하는 완전 경쟁시장에서 장기 공급곡선을 도출하고 이윤을 추구하는 기업에 대한 시사점 설명하기
- **LO 13.7** 장기 공급곡선이 우상향할 수 있는 이유 설명하기
- **LO 13.8** 수요의 변화가 장기 균형에 미치는 영향 계산하기

기차 옆 다양성

활발하게 움직이는 시장을 생각할 때 부산한 뉴욕거래소장 이미지가 떠오른다. 그러나 아주 멀리 있는 흥미로운 시장 풍경이 있는 곳으로 잠시 여행을 떠나보자. 서아프리카의 카메룬(Cameroon) 남쪽에 위치한 야오운데(Yaoundé)에서 북쪽에 위치한 마로우아(Maroua)로 가는 장거리 기차를 타고 있다고 생각해보자. 가끔 마을 근처 역에 기차가 멈춘다. 많은 승객들이 타고 내리지는 않는다. 대부분 큰 도시에서 다른 도시로 가는 중이다. 이 여행은 오랜 시간이 걸리고 기차에는 식당 칸이 없다. 여행객은 음식과 음료수가 필요하다. 정착역마다 상인들이 기차 옆으로 다가와 간식거리를 팔려고 한다.

팔 수 있는 음식은 제한적이다. 어떤 상인은 작고 잘 익은 바나나를 판다. 또 다른 상인은 껍질 일부를 벗겨 손님이 손으로 눌러 즙을 마실 수 있도록 한 오렌지를 판다. 소금물에 담갔다 말린 땅콩을 파는 상인도 있다. 불에 구운 옥수수나 플랜테인(plantain, 덜 단 바나나의 일종)도 살 수 있다. 승객들이 창밖을 보고 무엇을 살까 고민하고 상인들에게 돈을 지불함에 따라 상인들은 기차 옆에 자리 잡기 위해 몸싸움을 벌인다.

흥정을 많이 하지는 않는다. 모두 주어진 가격을 알고 받아들이는 것처럼 보인다. 어떤 상인이 구운 옥수수를 현행 가격보다 높은 가격에 팔려고 하면 승객들은 다른 많은 상인 중 한 명에게 살 수 있다. 어떤 승객이 더 낮은 가격을 지불하려고 하면 상인들은 다른 승객에게 쉽게 팔 수 있다. 결국 모든 승객은 원하는 간식을 사고 기차는 다시 출발한다. 상인들은 집으로 돌아가 다른 기차가 새로운 승객을 태우고 오기를 기다린다.

이 풍경은 이 장에서 설명하게 될 경제학자가 **완전 경쟁**이라 부르는 상황과 현실에서 발견할 수 있는 가장 근접한 것이다. 이 책에서 공부할 많은 개념처럼 완전 경쟁시장은 현실에서 쉽게 찾을 수 없는 단순화된 모형이다. 그럼에도 실제 세상이 어떻게 작동하는지에 대해 많은 것을 이야기해준다. 또 경제학의 기적 중 하나를 보여준다: 적절한 공급과 수요를 결정하는 가격을 신호로 하고, 정부의 간섭 없이 잘 작동하는 시장이 어떻게 재화와 서비스를 낮은 가격에 대규모로 공급할 수 있는지 보여준다.

이 장에서는 완전 경쟁시장에서의 기업 행태를 살펴볼 것이다. 얼마나 생산하고 언제 생산을 중단할지에 대한 기업의 의사결정을 살펴볼 것이다. 기업들은 이윤을 추구하지만, 장기에는 완전 경쟁시장의 기업은 경제적 이윤을 얻지 못하게 된다는 것을 보게 될 것이다. 기업의 의사결정에 대한 이해는 단기와 장기 공급곡선 형태를 결정하는 요인들을 분석할 수 있게 한다.

경쟁이 어떻게 작동하는가를 보여 경쟁이 왜 소비자에게 이익이 되는지 알아볼 것이다. 장거리 기차 여행객들이 경쟁 덕에 싸고 신선한 간식을 살 수 있듯이, 경쟁의 힘은 수백만 개의 제품과 서비스를 수십억 명의 사람들이 사용 가능하도록 한다.

경쟁시장

이 장에서는 기업이 어떻게 생산 결정을 하는지 논의할 것이다. 분석에 앞서, 기업이 경쟁시장에서 영업하고 있다는 경제학자들이 종종 사용하는 가장 중요하고 강력한 가정을 분해해보아야 한다. 경쟁시장의 중요성을 경제학자의 첫 번째 질문인 **기업이 원하는 것과 제약은 무엇인가?**를 통해 분석할 수 있다. 앞장에서 기업이 **원하는** 것은 이윤 극대화임을 봤다. 그러나 경쟁시장에서 영업하는 경우 이 목표를 달성하기 위한 능력에 아주 구체적인 **제약**이 생긴다.

경쟁시장의 특징

LO 13.1 완전 경쟁시장의 특징 설명하기

경쟁시장 완벽한 정보를 갖춘 가격 수용적 구매자와 판매자가 동일한 재화나 서비스를 거래하는 시장

가격 수용자 시장가격에 영향을 미칠 수 없는 구매자 또는 판매자

3장에서 **경쟁시장**의 2가지 핵심적인 특성을 논의할 때 경쟁시장의 개념을 다루었다. 첫째, 구매자와 판매자가 완전 정보를 가진 **가격 수용자**다. 이들은 가격에 영향을 미칠 수 없다. 현행 가격이 현행 가격이다. 두 번째, 재화는 표준화되어 있다. 많은 시장이 어느 정도 해당되지만 완전하게 기준을 충족하지는 않는다. 경제학자들은 **완전 경쟁시장**이라는 개념을 이 2가지 핵심적 특성을 충족하는 이상적인 시장 모형을 나타내는 데 사용한다.

완전 경쟁시장의 2가지 핵심적 특성을 간략하게 복습해보자. 그런 다음 핵심적이지는 않지만 중요한 세 번째 특성을 추가할 것이다.

개인은 현행 가격에 영향을 미칠 수 없다. 만약 여러분이 기차 안에 가득한 배고픈 승객들에게 구운 옥수수를 파는 유일한 공급자라면, 굉장히 좋은 위치에 있는 것이다. 배가 너무나 고픈 누군가는 살 것임을 알기에 가격을 아주 높게 부를 수 있다. 마찬가지로 여러분이 기차 내 유일한 승객이고 많은 상인들이 구운 옥수수를 팔려고 한다면, 아주 좋은 위치에 있다. 상인 중 옥수수를

파는 것이 너무나 절박해 낮은 가격에 팔 상인이 있다고 생각하고 아주 낮은 가격에 사겠다고 할 수 있다

대부분의 시장에서 판매자와 구매자는 자기가 원하는 가격을 설정할 수 있는 위치에 있지 않다. 대신 대부분 어느 정도 경쟁에 직면해 있다. 그럼에도 가격을 정할 어느 정도의 능력은 있을 수 있다. 여러분이 이 기차역에서는 유일한 옥수수 판매자지만 승객들이 30분 뒤에 도착하는 역에는 많은 상인들이 있다는 것을 알고 있다고 가정해보자. 30분 정도 참을 수 없을 만큼 아주 배가 고픈 승객들에게는 어느 정도 높은 가격에 팔 수 있을 것이다. 그러나 경쟁의 존재로 원하는 가격을 부과할 수 있는 능력에 제약을 받는다.

완전 경쟁시장의 첫 번째 핵심적 특성은 경쟁자가 아주 많아 구매자와 판매자가 가격을 설정할 수 있는 능력이 없다는 점이다. 대체로 이는 시장에 많은 수의 구매자와 판매자가 있다는 것을 의미한다. 이런 시장에서 개별 시장 참여자가 결정하는 양은 시장 전체 규모의 비해 너무 적어 시장가격에 영향을 미칠 수 없다. 대신 판매자와 구매자는 현행 가격을 받아들여야 한다. 구매자와 판매자는 가격 수용자로 현행 가격에 '순응'해야 한다. 가격 수용자에 반대되는 경우는 **시장지배력**(market power)을 가지고 있거나 시장가격에 두드러지는 영향을 미칠 수 있는 능력이다.

시장지배력 시장가격에 두드러지는 영향력을 행사할 수 있는 능력

재화와 서비스가 표준화되어 있다. 완전 경쟁시장의 두 번째 핵심적 특성은 거래되는 재화와 서비스가 표준화되어 있다는 것이다. 재화가 표준화된 경우 재화 간 교체가 가능하다. 구매자는 가격이 동일하다면 한 판매자 제품보다 다른 판매자의 제품을 더 선호할 이유가 없다. 생산자들은 시장가격에 제품을 팔아야 한다는 것을 의미한다. 만약 더 비싸게 팔면 하나도 팔지 못할 것이고, 더 낮은 가격에 팔 유인은 없다.

현실에서는 제품이 품질, 브랜드, 취향 등으로 차별화되어 있으므로 일반적으로 이렇지는 않다. 기차역과 비슷한 경우로 고속도로 휴게소에서 햄버거를 먹는 경우를 상상해보자. 맥도널드로 가겠는가, 아니면 버거킹으로 가겠는가? 선택은 햄버거 가격에 의해서만 결정되지 않고 어떤 햄버거를 더 좋아하느냐에 따라 결정될 것이다. 맥도널드의 햄버거나 버거킹의 햄버거는 비슷하지만 똑같지는 않다. 재화가 표준화되지 않은 경우, 생산자는 상이한 가격을 부과할 수 있다. 카메룬 기차역에서 구운 옥수수를 파는 상인들은 이러한 위치에 있지 않다. 브랜드도 없으며 판매되는 구운 옥수수는 동일하다.

광물이나 목재 같은 자연 자원은 표준화된 재화로 생각할 수 있다. 동일한 가격일 때 구매자는 금이 미국 금광에서 왔는지 우즈베키스탄 금광에서 왔는지, 또는 원유가 사우디아라비아 사막 유전에서 왔는지 캐나다의 타르샌드에서 왔는지 신경 쓰지 않는다. 몇 가진 특성만 충족한다면 금은 금이고, 원유는 원유다. 이처럼 표준화된 재화를 종종 범용재(*commodities*)라고 한다.

표준화된 재화가 주는 시사점은 완전 경쟁시장에서 정보의 비대칭성이 없다는 것이다. 누구나 자신들이 거래하고 있는 것에 대해 정확하게 안다. 시장을 경쟁적으로 유지하는 데 지식의 중요성에 대해 알기 위해 사례를 통해 알아보기의 '바자 경쟁'을 읽어보자.

사례를 통해 알아보기

바자 경쟁

바자(Bazaar)는 전 세계에서 가장 활기차고 다채로운 곳이다. 여행객들은 과일, 꽃, 가구, 직물처럼 특정한 유형의 제품에 특화된 거대한 바자를 보고 놀라곤 한다. 많은 도시에 수백 개, 심지어 수천 개 가게들이 동일한 가격에 동일한 제품을 판매하는 거대한 시장이 있다.

이러한 경향을 이해하기 어려울 수 있다. 우리는 미국에서 비슷한 것들을 보곤 한다. 예를 들어, 한 마을의 모든 자동차 딜러들이 같은 도로에 위치할 수 있다. 이는 다른 브랜드 차를 시험 운전하고 싶어 하는 잠재적인 고객을 끌어들일 기회를 증가시킨다. 그러나 쉐보레 딜러 옆에 있는 포드 딜러 옆에 혼다 딜러가 있다는 것과 같은 가격에 같은 제품을 파는 100개 작은 가게가 있는 것은 같지 않다. 다른 제품을 찾기 위해서는 다른 바자로 가야 한다. 전형적인 미국의 쇼핑몰이나 쇼핑센터처럼 한 곳에서 필요로 하는 다양한 물건을 살 수 있는 것이 소비자에게 더 좋지 않을까? 많은 경쟁에 직면하는 것보다 특별한 유형의 제품을 파는 유일한 판매자가 될 수 있는 곳에서 가게를 운영하는 것이 더 낫지 않을까?

이러한 질문에 대한 답은, 바자는 건강한 시장 경쟁을 보장하기 위한 옛날 방식이라는 점이다. 어떤 제품을 여러 판매자들이 얼마에 팔고 있는지 보기 위해 구글에서 검색을 할 수 있기 전에는, 가게에 가서 직접 물어보지 않고는 그 물건의 가격을 알 방법이 없었다. 게다가 시장에 가기 위해서는 엄청난 시간을 투자해야 한다. 따라서 만약 특정 지역에 한 재화를 파는 가게가 단 한 개인 경우 소비자들은 그 가게에서 파는 것밖에 살 수 없을 것이다. 이를 아는 가게 주인은 가격을 높이고자 하는 강력한 유인을 가진다.

소비자로서 가게가 하나뿐인 곳에 가서 물건을 구매하겠는가, 아니면 100개의 동일한 가게들 옆에 있는 가게로 가겠는가? 모두가 표준화된 제품을 판매한다면, 100개의 가게들 간 경쟁으로 가격이 최대한 내려갈 것이라고 확신할 수 있다. 가게 주인들은 소비자들이 경쟁이 활발한 곳에 있는 가게를 선호한다는 것을 안다. 따라서 동일한 제품을 판매하는 100개의 다른 가게 옆에 가게를 여는 것이 타당하다.

요약해보면, 바자는 아주 이상한 것이 아니다. 이는 경쟁이 일어나도록 보장하는 오래된 방식이다.

Source: John McMillan, *Reinventing the Bazaar: A Natural History of Markets*(New York: W.W. Norton, 2002)

기업들은 자유롭게 진입하고 퇴출할 수 있다. 가격 수용적인 구매자와 판매자가 표준화된 재화를 거래한다는 것은 완전 경쟁시장을 정의하기에 충분하다. 그러나 완전 경쟁시장의 또 다른 특성은 장기에 시장이 작동하는 방법을 이해하는 데 중요하다. 이 특성은 기업이 자유롭게 시장에 진입하고 퇴출할 수 있다는 것이다. 이는 새로운 기업이 생겨 재화와 서비스를 생산하고, 현재 운영 중인 기업이 조업 중단을 결정할 수 있다는 것을 의미한다.

기업이 자유롭게 진입하고 퇴출하는 정도가 시장 간 차이를 설명한다. 기차역에 구운 옥수수 시장은 완전 경쟁시장에 근접하나, 원유시장은 그렇지 않은 이유를 이해하는 데 도움이 된다. 구운 옥수수 장사를 시작하는 것은 아주 쉽다. 필요한 것은 숯, 그릴 그리고 옥수수다. 정유회사를 설립하는 것은 훨씬 어렵다. 온갖 비싼 장비와 전문 기술이 필요하다. 이러한 진입 필요요건은 현재 정유회사들이 인위적으로 높은 가격을 유지하기 위해 상대적으로 담합하기 쉽게 한다. 이는 정유시장이 경쟁시장의 '가격 수용성'이라는 필요한 조건이 충족되지 못하도록 한다. 구운 옥수수 판매자들이 이와 같은 행동을 하기는 어려울 것이다. 새로운 가게가 나타나서 담합한 가게보다 낮은 가격에 판매할 것이기 때문이다.

일반적으로 시장 진입이 자유로운 경우 현재 영업 중인 기업들은 긴장 상태를 늦추지 않는다. 기업이 새로운 경쟁 기업의 진입에 반응함에 따라 혁신, 비용 절감, 품질 개선이 이루어진다. 이론적으로 자유로운 진입과 퇴출은 경쟁시장의 핵심적인 조건은 아니다. 그러나 실제로는 이 조건이 없는 경우 담합의 가능성으로 시장에서 경쟁 상태가 유지되지 않는 경향이 있다.

실제 사례에서 완전 경쟁의 모든 가정을 충족하는 시장은 거의 없음을 기억하자. 그럼에도 완전 경쟁은 유용한 가정이다. 이는 구매자와 판매자 간 상호작용을 설명하는 토대를 제공하고 대부분의 시장에서 중요한 역할을 한다. 우선은 단순화된 모형을 가지고 설명할 것이나 설명이 계속됨에 따라 전체적인 그림이 좀 더 복잡해질 것이다.

완전 경쟁시장에서의 수입

LO 13.2 평균수입, 한계수입, 총수입 계산하기

완전 경쟁의 특성은 당연해 보이지 않는 결론에 도달하게 한다. **완전 경쟁시장에서 생산자들은 시장가격에 영향을 미치지 않으면서 팔고 싶은 만큼 팔 수 있다.** 이는 가격 수용자의 정의와 소비자가 다른 생산자가 생산한 표준화된 제품에 대해 무차별하다는 사실에서 도출할 수 있다. 이 2가지 중요한 가정은 기업이 생산량을 결정할 때 자신의 결정으로 인해 시장가격이 올라가거나 내려갈지, 구매자가 있을지 여부를 걱정하지 않는다는 것이다. 기업이 얻을 수 있는 수입을 계산할 때 경쟁시장에 속한 기업들은 시장가격에서 어떤 생산량이든 팔 수 있다고 가정할 수 있다.

이해를 돕기 위해

경쟁시장에서 어떻게 모든 기업이 팔고 싶은 만큼 팔 수 있는 것일까? 모든 기업이 조금씩 더 생산하면 판매량이 수요량을 능가해 가격이 인하되지 않겠는가?

이론적으로는 그렇다. 그러나 이로 인해 결론이 달라지지 않을 2가지 이유가 있다. 첫째, 기업이 무한정 생산하려고 하지 않을 것이다. 한계생산 체감('생산비용' 부분에 있는)을 기억하라. 기업이 더 많이 생산함에 따라 비용은 증가된다. 이 장에서 나중에 보게 되겠지만, 이는 기업이 더 이상 생산하고 싶어하지 않는 때가 온다는 것이다.

두 번째로 개별 기업의 의사결정에 대한 것임을 기억하라. 정의상 완전 경쟁시장에서 개별 기업은 시장 전체 규모에 비해 아주 작아서 생산량을 증가시켜도 총공급량은 무시할 수 있을 정도로 조금 증가된다. 개별 기업의 생산량 결정은 이처럼 총공급량에 아주 작은 영향을 미치기 때문에 가격 변화는 사실상 없다.

여러분이 카메룬 마을에 살고 있으며 기차 여행객을 대상으로 구운 옥수수 판매 사업을 시작한다고 가정해보자. 여러분의 수입은 얼마인가? '생산비용' 부분에서 총수입에 대해 살펴보았다. 이는 기업이 단위당 받는 가격에 판매량을 곱한 것이다. 이 경우 기업은 구운 옥수수라는 한 가지 재화만 판매한다. 따라서 총수입은 구운 옥수수 가격에 판매량을 곱한 것 또는 $P \times Q$다.

표 13-1 경쟁시장에서 기업의 수입

경쟁시장에서 기업은 가격 수용자이기때문에 단위당 가격은 일정하다.

(1)	(2)	(3)	(4)	(5)
옥수수 수량 (묶음)	가격 (세파프랑)	총수입 (세파프랑)	평균수입 (묶음당 세파프랑)	한계수입 (세파프랑)
1	1,000	1,000	1,000	1,000
2	1,000	2,000	1,000	1,000
3	1,000	3,000	1,000	1,000
4	1,000	4,000	1,000	1,000
5	1,000	5,000	1,000	1,000

예를 들어 구운 옥수수가 한 묶음당 1000세파프랑(카메룬 통화 단위)이고 5묶음을 생산한다면, 총수입은 5000세파프랑이다.

〈표 13-1〉은 완전 경쟁시장에서 기업의 수입을 나타낸다. 여기에서 기업은 구운 옥수수 생산 가게다. 표의 세 번째 열은 총수입을 나타낸다. 기업이 경쟁시장에서 가격 수용자이기 때문에 가격은 생산량과 관계없이 일정하다. 그래서 만약 생산량이 한 묶음에서 3묶음으로 3배 늘어나면, 수입은 1000세파프랑에서 3000세파프랑으로 역시 3배 증가한다.

평균수입 총수입을 판매량으로 나눈 것

한계수입 재화 한 단위의 추가 판매로 발생하는 수입

수입을 측정하는 2가지 방법을 고려해보자. 평균수입과 한계수입이다. **평균수입**은 총수입을 판매량으로 나눈 것이다. 총수입은 $P \times Q$다. 따라서 평균수입은 $(P \times Q)$를 Q로 나눈 것으로 P가 된다. 다시 말해 한 가지 재화를 생산하는 기업의 경우 평균수입은 재화의 가격과 같다.

한계수입은 재화 한 단위를 추가로 판매해 발생하는 수입이다. 위의 예에서 재화 한 단위는 항상 $1 \times P = P$만큼 수입을 발생시키므로, 한계수입은 시장가격이다. 경쟁시장에 있는 기업의 경우 한계수입은 재화의 가격과 같다.(그러나 시장이 경쟁적이지 않은 경우, 재화를 한 단위 더 생산하는 것이 시장가격에 영향을 미칠 수 있다.)

수입 측정을 어떻게 계산하는가에 대한 이해를 향상시키기 위해서는 온라인 대화형 그래픽 도우미를 이용하라.

수량과 가격으로부터 직접 평균수입과 한계수입을 계산함으로써 이러한 법칙을 〈표 13-1〉에서 확인할 수 있다. 네 번째 열에 표시된 평균수입은 세 번째 열의 값(총수입)을 첫 번째 열에 있는 값(수량)으로 나눈 것과 같다. 다섯 번째 열에 표시된 한계수입은 수량이 증가됨에 따라 총수입을 다음 행에 있는 총수입에서 차감해 계산할 수 있다. 모든 수량에서 평균수입과 한계수입 모두 경쟁시장에서 가격 수용자인 기업의 가격과 같다는 것을 확인할 수 있다.

✓ 개념 확인하기

- ❒ 경쟁시장의 2가지 핵심적 특성은 무엇인가? **[LO 13.1]**
- ❒ 경쟁시장의 생산자가 생산량을 증가시키면 시장가격은 어떻게 되는가? **[LO 13.1]**
- ❒ 경쟁시장에서 한계수입과 가격은 어떤 관계가 있는가? **[LO 13.2]**

이윤과 생산 결정

이윤 추구는 기업의 행태를 결정하는 가장 중요한 원동력이다. 경쟁시장 분석에서, 이 가정은 기업이 여러 상황에서 얼마나 생산하고자 하는지 예측할 수 있도록 한다. 다음 절에서는 '생산비용' 부분에서의 논의를 사용해 이를 경쟁시장에서의 수입을 이해하는 것과 연관 지어 설명할 것이다.

생산량 결정

LO 13.3 기업의 최적 산출량 찾기

다른 모든 기업과 마찬가지로 구운 옥수수 판매회사도 이윤을 극대화하고자 한다. 경쟁시장에서 이 기업은 가격 수용자이기 때문에 가격에 영향을 미칠 수 없다. 생산요소—원료, 숯, 노동—시장 역시 완전 경쟁적이라고 가정한다. 따라서 주어진 산출량 수준에서 옥수수당 기업의 수입과 비용은 이 기업이 통제할 수 없는 요인에 의해 결정된다.

이윤에 영향을 미치면서 이 기업이 유일하게 할 수 있는 선택은 생산량을 결정하는 것이다. 이 기업은 가격을 낮추지 않고 원하는 양을 다 팔 수 있기 때문에 수입을 극대화하는 양을 생산해야 한다고 가정하기 쉽다. 그러나 이윤은 수입뿐 아니라 비용에 의해서도 결정된다.

〈표 13-2〉에 총수입, 총비용, 기업이 생산하는 옥수수에서 발생하는 이윤(수입-비용)을 표시했다. 총비용에 고정비용과 가변비용이 포함되어 있다는 것을 인식하는 것이 중요하다. 이 경우 고정비용에는 요리기구비용, 월세 등이 포함된다. 기업은 총수입, 총비용과 이윤을 보고, 매일 3묶음 아니면 4묶음을 생산해 이윤을 극대화할 수 있는지 본다. 이 두 생산량에서 이윤은 400세파프랑이다. 수입을 극대화하기 위해서는 2묶음보다 더 생산해야 하지만 5개까지 생산하지는 말아야 한다는 것을 알 수 있다. 3개나 4개 중 최적 생산량을 결정할 수 있는가?

완전 경쟁시장에서 한계수입은 일정하다는 것을 이미 알고 있다(〈표 13-1〉 참고). 〈표 13-2〉에서 다섯 번째 열은 구운 옥수수 판매회사의 한계수입을 나타낸다. 비용 역시 중요한데 여섯

표 13-2 수입, 비용, 이윤

수입이 증가됨에 따라 비용도 증가되나 수입과 비용의 관계가 이윤이 극대화되는 생산량을 결정한다.

(1)	(2)	(3)	(4)	(5)	(6)	(7)
옥수수 양 (묶음)	총수입 (세파프랑)	총비용 (세파프랑)	이윤 (세파프랑) ((2)−(3))	한계수입 (세파프랑)	한계비용 (세파프랑)	한계이윤 (세파프랑) ((5) − (6))
1	1,000	1,200	−200	1,000	500	500
2	2,000	1,800	200	1,000	600	400
3	3,000	2,600	400	1,000	800	200
4	**4,000**	**3,600**	**400**	**1,000**	**1,000**	**0**
5	5,000	4,800	200	1,000	1,200	−200

번째 열에서 볼 수 있듯이 한 묶음에서 2묶음으로 생산량을 늘렸을 때 한계비용은 600세파프랑이고 3묶음으로 늘렸을 때 한계비용은 800세파프랑이다. 한계수입은 동일하지만 한계비용은 증가한다는 점에서 아주 중요한 사실을 발견한다. **기업은 한계비용이 한계수입보다 낮은 한 계속 생산해야 한다. 두 비용이 같아지는 순간 생산을 멈춰야 한다.**

이것이 옥수수를 몇 개나 구워야 하는가 하는 결정에 도움을 준다는 것을 보기 위해, 한계 이윤(한계수입 – 한계비용)을 보여주는 〈표 13-2〉 일곱 번째 열을 보기 바란다. 앞서 보았던 2묶음에서 3묶음으로 구운 옥수수 생산량을 늘리는 결정(이윤 극대화 관점에서만 본 경우)을 확인할 수 있다. 2묶음을 생산하는 경우 한계수입은 1000세파프랑이고 한계비용은 600세파프랑이기 때문에 한계 이윤은 400세파프랑이다. 3묶음을 생산하는 경우, 한계수입은 동일(1000세파프랑)하고 한계비용은 800세파프랑이기 때문에 한계 이윤은 200세파프랑이다. 추가로 한 묶음을 더 굽는 것이 양의 한계 이윤을 발생시키므로 2묶음에서 3묶음으로 생산을 늘리는 것은 타당하다. 이는 앞서 결정을 다시 확인한다.

기업이 4묶음을 생산하고 있다면 5묶음으로 생산을 늘려야 할까? 이 경우 한계비용은 1200세파프랑이나 한계수입은 1000세파프랑으로 한계 이윤은 −200세파프랑이다. 한 묶음을 더 생산함으로써 200세파프랑의 손실이 발생하므로 계속 4묶음을 생산해야 한다.

이러한 계산 방식으로 얼마를 생산해야 하는지를 결정하는 원칙을 찾을 수 있다. **이윤을 극대화하는 생산량은 마지막 단위의 한계수입이 한계비용과 완전히 동일한 생산량이다.** 〈표 13-2〉에서 4묶음의 옥수수가 여기에 해당한다. 기업이 이 양보다 더 생산하면 이윤이 감소하기 시작할 것이다. 〈그림 13-1〉은 〈표 13-2〉에 있는 값들을 그래프 형태로 그려서 이를 시각적으로 보여준다. '생

그림 13-1
최적 생산량 선택

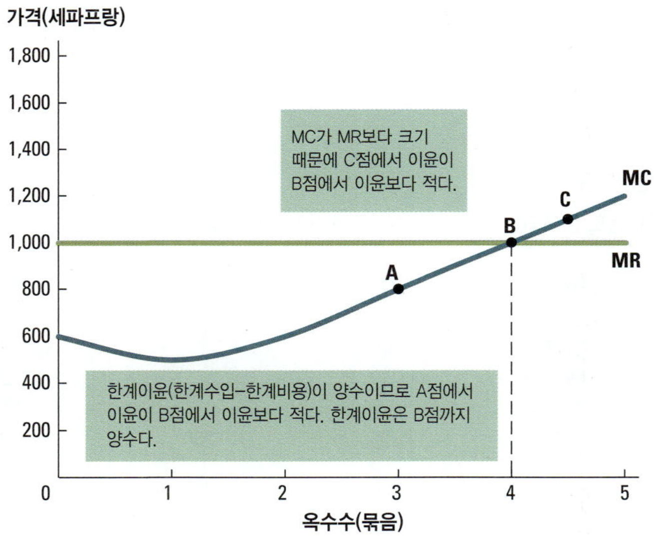

이윤을 극대화하는 생산량은 마지막 단위의 한계수입이 한계비용과 완전히 똑같아지는 생산량이다. 한계수입이 한계비용보다 크면 추가로 생산함으로써 기업은 총이윤을 증대시킨다. 한계비용이 한계수입보다 크면, 추가적인 생산에 따른 이윤의 변화는 음의 값이 된다.

표 13-3 가격이 변한 경우 수입, 비용, 이윤

가격이 하락할 때 이 기업은 몇 묶음의 옥수수를 팔든 더 이상 이윤을 얻지 못한다.

(1)	(2)	(3)	(4)	(5)	(6)	(7)
옥수수 양 (묶음)	총수입 (세파프랑)	총비용 (세파프랑)	이윤 (세파프랑) ((2)−(3))	한계수입 (세파프랑)	한계비용 (세파프랑)	한계이윤 (세파프랑) ((5) − (6))
1	800	1,200	−400	800	500	300
2	1,600	1,800	−200	800	600	200
3	**2,400**	**2,600**	**−200**	**800**	**800**	**0**
4	3,200	3,600	−400	800	1,000	−200
5	4,000	4,800	−800	800	1,200	−400

산비용' 부분에서 보았듯이 생산량의 증가에 따라 한계비용이 증가되어 한계비용(MC) 곡선은 우상향한다. 가격 수준에서 수평선은 한계수입(MR)을 나타낸다. 한계수입과 한계비용이 만나는 점이 이윤을 극대화하는 생산량이다.

가격의 변화는 기업의 생산량 결정을 변화시킬 수 있다. 그 이유를 보기 위해 옥수수 가격이 어떤 이유에서 800세파프랑으로 하락했다고 해보자. 예를 들어, 구운 옥수수가 건강에 나쁘다는 루머가 확산되면, 기차 여행객들이 옥수수를 덜 구매하려고 할 것이다. 〈표 13-3〉에서는 새로운 시장가격에서 이윤이 어떻게 변했는지 보여준다. 이번에는 4묶음이 아니라 3묶음을 생산하는 경우 한계수입과 한계비용이 같아진다. 가격의 하락으로 현재 기업은 이윤을 얻기보다는 손실을 보게 된다. 여전히 이 방법은 도움이 된다. 〈표 13-3〉에 따르면 생산을 3묶음으로 줄인 경우 손실이 더 작아지는 것을 알 수 있다.

조업 결정

LO 13.4 기업의 조업 중단, 퇴출 결정과 두 결정의 차이 설명하기

기업의 생산량 결정에서 가장 극단적인 경우는 생산을 전혀 하지 않는 것이다. 〈그림 13-1〉에서 시장가격이 하락할 때 어떤 변화가 생기는지 생각해보자. 그래프에서 수평인 MR 곡선이 아래로 내려오고, MC 곡선과 더 낮은 가격과 수량에서 교차한다. 이미 〈표 13-3〉에서 가격 하락이 이윤을 극대화하는 수량을 감소시킨다는 것을 보았다. 시장가격이 얼마나 하락하면 기업이 생산을 전혀 하지 않겠는가?

MC 곡선을 다시 그리고 이번에는 AVC와 ATC 곡선을 추가하자.('생산비용' 부분에서 보았듯이) MC 곡선은 AVC와 ATC의 최소점을 지나간다. 기업의 가변비용과 총비용의 차이는 고정비용이다. 생산을 얼마나 하든 기업은 이 비용을 지불해야 한다. 심지어 생산을 전혀 하지 않는 경우에도 지불해야 한다. 구운 옥수수 사업에서 고정비용은 굽는 기계 구입비용, 장비를 설치할 장소의 임대료를 포함할 수 있다. 가변비용—생산량에 따라 변하는 비용—은 숯, 재료, 노동을 포함할 수 있다.

완전 경쟁시장에서 시장가격은 기업의 평균수입과 동일하다. 평균수입(즉, 시장가격)이 평균 총비용보다 높은 한, 총수입은 총비용보다 많을 것이고 기업은 이윤을 얻을 것이다. 그러나 시장가격이 ATC 곡선 아래로 떨어지면, 기업이 이윤을 얻을 수 있는 산출량 수준은 없다. 손실을 볼 수밖에 없다. 생산을 중단해야 한다는 것을 의미하는가?

답은 '생산비용' 부분에서 배운 **장기**와 **단기** 중 어느 기준으로 생각하느냐에 따라 달라진다. 기업이 생산을 중단하는 경우, 생산량이 0이기 때문에 **가변비용**은 발생하지 않는다. 그러나 단기에는 고정비용이 있다. 생산량을 0으로 줄인다고 해서 비용이 감소하지 않는다. 이미 발생했고 되돌려 받거나 회수할 수 없는 비용을 매몰비용(sunk cost)이라고 한다. 대지나 대형 기계류 같은 고정비용은 단기에는 대체로 매몰비용이다. 이 비용은 몇 개를 생산하든, 생산을 하거나 안 하거나 지불해야 한다. 따라서 **고정비용은 단기에 조업 중단 여부 결정과 무관하다.**

이 결정은 전적으로 가변 생산비용에 따라 달라진다. 시장가격이 ATC보다 낮지만 AVC보다 높은 경우, 단기에 기업은 계속 생산해야 한다. 계속 생산하므로 가변비용보다 더 많은 수입을 얻는다. 기업은 시장가격이 MC 곡선과 교차하는 수준에서 생산해야 한다. 이 수준에서 이윤이 극대화(또는 이 경우에는 손실 최소화)된다. 이 생산량에서 기업은 손실을 보지만, 생산을 전혀 하지 않는 경우보다 손실 규모가 더 작다.

그렇지만 시장가격이 AVC 곡선 아래로 떨어지면, 단기에 생산을 중단하는 것이 타당하다. 기업은 고정비용을 지불해야 할 뿐 아니라 생산 단위마다 추가적인 손실을 볼 것이다. 손실을 최소화하는 생산량은 0이다. 이 수준에서 고정비용으로 인한 손실은 피할 수 없다. 그러나 적어도 기업은 수입보다 비용이 더 많이 드는 옥수수를 추가로 구워서 더 큰 손실을 보지는 않아도 된다.

조업 중단 규칙은 다음과 같다.

식 13–1 조업 중단 규칙

$$\text{조업 중단 if } P < AVC$$

조업 중단 가격보다 높은 가격에서, 기업의 단기 공급곡선은 〈그림 13-2〉에서 볼 수 있듯이 MC 곡선과 같다. 각 가격에서 기업은 이윤을 극대화하는 생산량을 공급할 것이다. 이윤을 극대화하는 생산량은 한계비용과 한계수입이 같아지는 생산량이다. 완전 경쟁시장에서 한계수입은 가격과 동일하기 때문에 MC 곡선을 따라 각 가격에 대응하는 수량을 찾는 방식으로 쉽게 찾을 수 있다. 조업 중단 가격 아래에서 기업은 전혀 생산하지 않을 것이다.

기업이 장기에 의사결정을 하는 경우 추론방식이 다르다. 장기에서, 모든 비용은 가변적이다. 임대 계약이 만료된 후 재계약을 하지 않고 기계를 팔 수도 있다. 따라서 장기에 시장을 떠날지 여부를 결정할 때, 기업은 평균수입이 평균 **총**비용보다 큰지를 고려해야 한다. 만약 시장가격이 ATC 곡선의 최저점보다 낮은 경우, 기업은 시장에서 퇴출이라는 장기 결정을 해야 한다. 퇴출 결정 규칙은 다음과 같다.

식 13–2 퇴출 규칙

$$\text{퇴출 if } P < ATC$$

그림 13-2
단기 공급곡선과 조업 중단 규칙

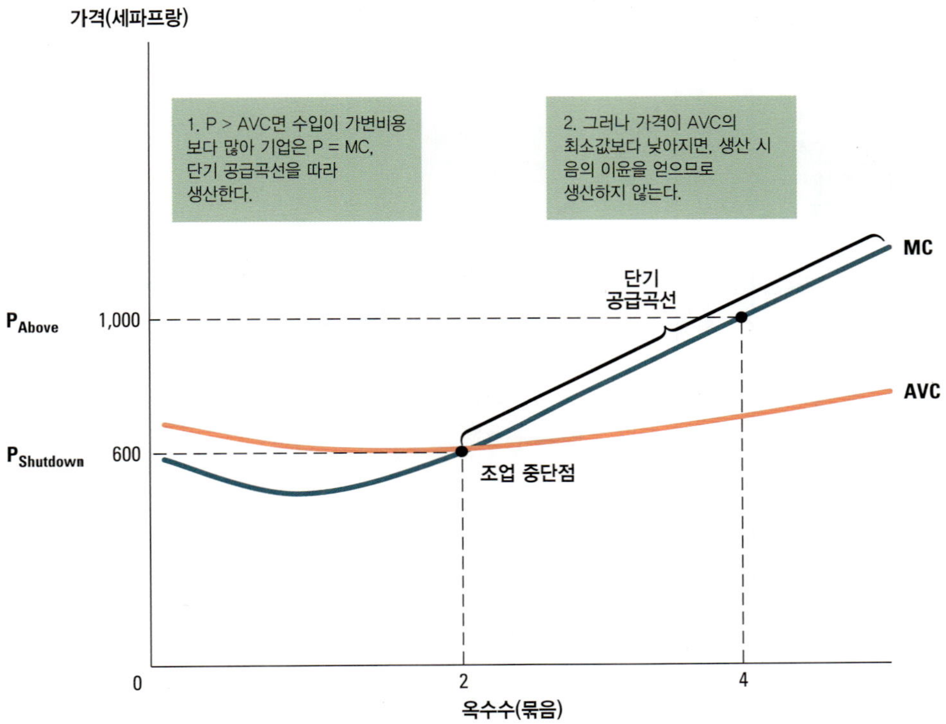

AVC 위에 위치한 MC 곡선은 기업의 단기 공급곡선을 나타낸다. AVC와 MC가 교차하는 점보다 높은 가격에서 기업은 가격과 MC 곡선이 교차하는 생산량을 생산할 것이다. AVC의 최소점보다 낮은 가격에서 생산하는 경우 손실이 발생하므로 기업은 생산하지 않는다.

기업의 장기 공급곡선을 나타내는 〈그림 13-3〉에 퇴출 규칙을 표시했다. 가격이 평균 총비용보다 높은 경우, 기업은 가격과 한계비용이 교차하는 점에서 생산을 할 것이다. 더 낮은 가격에서는 생산하지 않기로 하고 시장에서 퇴출할 것이다.

장기 의사결정을 할 때 기업은 시장가격이 **장기**에 낮은 수준으로 유지될 것인지 여부를 고려해야 한다. 시장가격이 단기에만 하락하고, 장기에 다시 상승할 것이라고 생각하면 영구히 시장에서 퇴출하는 것은 말이 되지 않는다. 이 추론 방식은 가격이 AVC보다 낮을 때 왜 단기에 잠시 생산을 멈추는지, 영구히 시장에서 퇴출하는 장기 결정을 하지 않는지를 설명한다. 기업은 가변비용이 발생하지 않도록 할 수 있으나(근로자 일시 해고, 재료 구매 중단), 가격이 다시 상승할 것으로 기대하면서 기계나 공장을 유지해 생산을 재개할 수 있는 가능성을 열어놓을 수 있다.

✓ 개념 확인하기

- ❒ 이윤을 극대화하는 생산량 수준에서 비용과 수입의 관계는 무엇인가? **[LO 13.3]**
- ❒ 매몰 비용이 기업의 조업 중단 결정에 어떻게 영향을 미치는가? **[LO 13.4]**
- ❒ 장기에 기업이 언제 시장에서 퇴출하는가? **[LO 13.4]**

그림 13-3
장기 공급곡선과 퇴출 규칙

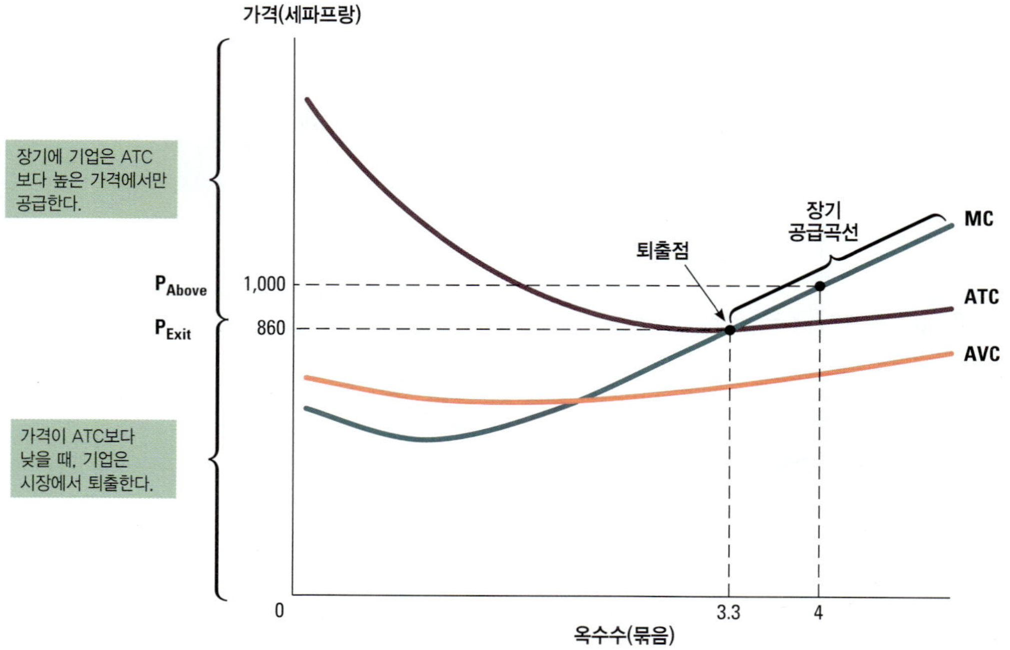

장기에 기업은 퇴출함으로써 가변비용뿐만 아니라 고정비용도 피할 수 있다. 가격이 평균 총비용보다 낮은 경우 기업은 시장에서 퇴출해야 한다. 반대로 가격이 평균 총비용보다 높으면 기업은 시장으로 진입해야 한다.

공급곡선 이해하기

이 책에서 공급곡선은 가격과 시장 공급량 간의 관계를 나타내는 데 사용했다. 지금까지 이 장에서는 주어진 가격하에서 개별 기업의 비용이 생산량 결정에 어떤 영향을 미치는지 살펴보았다. 이제 이 2개를 연관 지어보자. 이렇게 함으로써, 시장의 공급곡선이 주어진 가격에서 일정량을 생산하고자 하는 수많은 공급자들의 개별적인 선택의 합을 나타낸다는 것을 알 수 있다. 기업은 단기와 장기에서 다르게 생산 결정을 한다. 개별 기업의 선택은 단기와 장기 시장 공급곡선 간의 차이를 발생시킨다.

단기 공급

LO 13.5 동질적인 기업들이 경쟁하는 완전 경쟁시장에서 단기 공급곡선 도출하기

단기에는 시장에서 조업하는 기업의 수가 고정되어 있다고 가정한다. 주어진 가격에서 공급되는 재화의 총량은 개별 공급자가 공급하고자 하는 양의 합이다. 단순하게 하기 위해 현재 구운 옥수수 기업은 동일하다고 가정한다. 각 기업은 동일한 자원, 동일한 기술 등을 가지고 있어 주어진 가격에서 다른 기업들과 동일한 양을 공급하고자 한다.

그림 13-4

기업과 시장 공급곡선

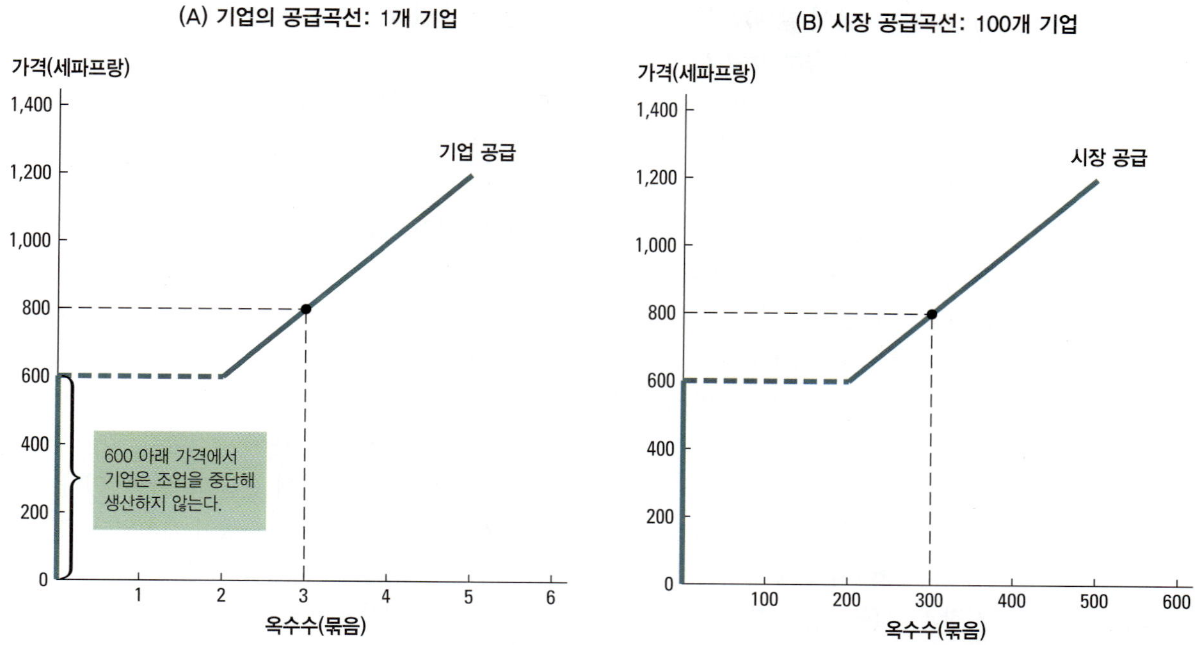

가격이 상승함에 따라 개별 기업은 더 많은 양을 공급하고자 할 것이다. 가격은 MR과 같고, 최적 생산량은 임의의 가격에서 MR과 MC가 동일한 생산량이다. 개별 최적 생산량–가격 조합은 생산곡선 위 점이다.

총공급량은 개별 기업의 공급량을 합한 것이다. 시장에 동일한 100개 기업이 있는 경우, 임의의 가격에서 시장 공급은 개별 기업 공급량의 100배가 된다.

〈그림 13-4〉 (A)는 구운 옥수수 판매회사 중 한 곳의 공급곡선을 나타낸다.(〈그림 13-2〉에 있는 단기 공급곡선과 같다. AVC 곡선과 교차하는 점 이후에 위치한 MC 곡선이다.) 현재 100개 기업이 구운 옥수수시장에서 영업을 하고 있으며, 각 기업은 동일한 공급곡선을 가지고 있다. 총공급량은 각 기업이 공급하는 양의 단순 합계다. 〈그림 13-4〉 (B)에는 시장 공급곡선을 나타냈다. 각 가격 수준에서 총공급량은 개별 기업 공급량의 100배다.

장기 공급

LO 13.6 동질적인 기업들이 경쟁하는 완전 경쟁시장에서 장기 공급곡선을 도출하고 이윤을 추구하는 기업에 대한 시사점 설명하기

단기와 장기 공급의 핵심적인 차이는 장기에는 기업들이 진입하고 퇴출할 수 있다고 가정한 것이다. 기업의 수는 고정되어 있지 않으며, 환경에 따라 변한다. 앞에서 가격이 ATC 곡선의 최저점보다 낮아지는 경우 기업이 시장에서 퇴출한다는 것을 보았다. 이 점에서 기업은 손실을 본다. 반대로 시장가격보다 낮은 ATC 수준에서 생산할 수 있다면 기업은 진입하고자 한다. 다시 말해, 시장에 있는 기업들이 이윤을 얻으면 더 많은 새로운 기업이 진입한다.

이 시점에서 **회계적 이윤**과 **경제적 이윤**의 차이를 기억할 필요가 있다. 기업들이 경제적 이윤을 얻고 있으면 수입이 총비용보다 많다. 총비용은 다른 사업에 투자했더라면 벌 수 있었던 돈 같

은 기회비용을 포함한다. ATC 곡선이 기회비용도 포함한다는 점을 이해하는 것은 무엇이 기업으로 하여금 시장에 진입하고 퇴출하도록 만드는지 이해하는 데 도움이 된다.

경제적 이윤이 발생한다는 것은 벌 수 있는 돈이 있다는 것을 나타낸다. 이런 신호에 다른 기업들은 어떻게 반응하겠는가? 이윤을 얻을 수 있는 기회를 잡기 위해 시장에 진입할 것이다. 기차 여행객에게 땅콩이나 오렌지를 파는 것보다 구운 옥수수를 팔아 돈을 더 많이 벌 수 있다면, 오렌지와 땅콩을 팔던 기업들도 비용이 아주 크게 발생하지 않으면 구운 옥수수 판매로 전환할 것이다.

그러나 더 많은 기업들이 구운 옥수수 시장에 진입함에 따라 어떤 일이 생기겠는가? 주어진 가격에서 팔고자 하는 총량이 증가한다. 기업의 수는 공급을 결정하는 비가격 요인 중 하나임을 3장에서 배웠다. 더 많은 기업은 공급의 증가를 의미하고 전체 공급곡선이 오른쪽으로 이동한다. 공급이 증가하고 수요가 변하지 않으면 시장 균형은 더 낮은 가격과 더 많은 양으로 이동한다.

새로운 균형은 시장에 있는 기업들의 이윤에 어떤 영향을 미칠까? 이윤이란 수입에서 비용을 제한 것이다. 시장 균형가격이 떨어짐에 따라 수입은 감소하고 이윤도 감소한다. 양의 경제적 이윤이 발생하는 한, 이윤을 얻기 위해 여전히 더 많은 기업이 시장에 진입할 유인이 있다. 따라서 기업들이 시장에 진입해 공급량을 증대시키고 시장가격이 떨어지는 과정이 계속된다. 결국 가격이 너무 낮아져 경제적 이윤이 0—달리 표현하면 $P = ATC$—이 된다. 이때 기업은 구운 옥수수 시장과 다른 사업 기회 간에 무차별해진다. 더 이상 이 시장에 진입할 유인이 없다.

ATC가 기회비용을 포함한다는 것을 이해한다면, 기업이 왜 반대의 결정을—시장에서의 퇴출—하는지 잘 이해할 수 있다. 가격이 ATC 아래로 떨어지는 경우, 기업은 여전히 회계적 이윤을 얻고 있을 수도 있다. 그러나 경제적 이윤은 음의 값을 갖는다. 다른 기회를 찾아감으로써 더 많은 돈을 벌 수 있다. 다른 곳에 투자하기 위해 시장에서 퇴출할 유인이 있다.

일부 기업들이 시장을 떠나면 어떤 일이 생길까? 주어진 가격에서 공급되는 양이 감소하고, 공급곡선이 왼쪽으로 이동해 새로운 시장 균형은 더 적은 양과 높은 가격에서 형성된다. 가격이 상승함에 따라 이윤 역시 증가한다. 이 과정은 경제적 이윤이 0이 될 때까지 지속되고 더 이상 기업이 시장에서 퇴출하지 않는다. 기업들이 구운 옥수수시장과 다른 사업 기회 사이에서 무차별해진다.

시장의 진입과 퇴출 과정에 대한 이해를 통해 몇 가지 결론을 얻을 수 있다. 완전 경쟁시장의 경우 장기에 (1) 기업의 경제적 이윤은 0이고, (2) 기업은 효율적 규모에서 생산하며, (3) 공급이 완전 탄력적이다. 각각의 경우를 살펴보자.

기업의 경제적 이윤은 0이다. 완전 경쟁시장에 있는 기업들은 0의 경제적 이윤을 얻는다는 첫 번째 결론은 놀랍게 보일지 모른다. 장기에 회사가 회계적 이윤을 얻지 못하고 있음을 의미하지는 않는다. 이는 단지 기업이 다른 시장에서 영업한다고 해서 더 많은 회계적 이윤을 얻을 수 있는 것이 아니라는 것을 의미한다.

하지만 완전 경쟁시장은 실제 세계에 잘 존재하지 않는다. 다음 절에서 왜 첫 번째 결론이 현실에서 거의 일어나지 않는지 그 이유를 알아본다.

기업은 효율적 규모에서 생산한다. 장기에 경쟁시장의 기업은 효율적 규모에서 생산한다는 경쟁시장의 기업에 대한 두 번째 결론은 첫 번째보다 덜 직관에 덜 반하지만, 그럼에도 강력하다. '생산비용' 부분에서 기업의 **효율적 규모**는 평균 총비용이 최소화되는 생산량임을 배웠다.

이 결론에 도달하기 위해서는 앞서 논의한 3가지 내용을 합칠 필요가 있다. 첫째, 기업의 최적 생산은 가격(즉, 한계수입)과 한계비용이 일치되는 점이다. 둘째, 한계비용 곡선은 평균 총비용곡선의 최소점을 지난다. 마지막으로, 장기에 경제적 이윤은 0이 된다는, 다시 말해 가격이 평균 총비용과 같아진다는 것을 보았다. 이 3가지를 결합시키면 어떤 결과가 생기겠는가?

$$P = MR = MC$$
$$MC = ATC\text{의 최소값}$$
$$P = ATC$$

이는 P = MC = ATC가 됨을 나타낸다. 세 곡선의 교점은 〈그림 13-5〉처럼 단 한 곳에서 이루어진다. MC = ATC의 최소값이다. 기업이 이 조건을 충족하는 점에서 생산을 할 때, 장기 평균 총비용을 최소화하는 양을 생산한다. 다시 말해, 효율적 규모에서 생산한다.

공급이 완전 탄력적이다. 장기 경쟁시장에 대한 세 번째 결론은 앞에 두 결론에서 직접 도출된다. 앞에서 경제적 이윤이 0임을 보였다. 이것이 사실이기 위해서는 가격이 ATC의 최소값과 같아야 한다. 만약 어떤 이유로 시장 균형이 이 가격에서 멀어지면, 그로 인해 발생하는 양 또는 음의 이윤은 기업들을 시장으로 진입시키거나 퇴출시킨다. 이러한 진입과 퇴출은 가격이 경제적 이윤을 0으로 만드는 수준이 될 때까지 공급량을 늘리거나 줄인다. 결국 장기에는 가격이 어떤 수량에서나 동일하다. 이는 공급곡선이 〈그림 13-6〉처럼 수평이 된다는 것이다. 4장에서 수평인 공급곡선은 **완전 탄력적**임을 배웠다. 생산자는 시장가격에서 어떤 양이든 공급할 것이다. 따라서

그림 13-5

기업은 장기에 효율적 규모에서 영업한다

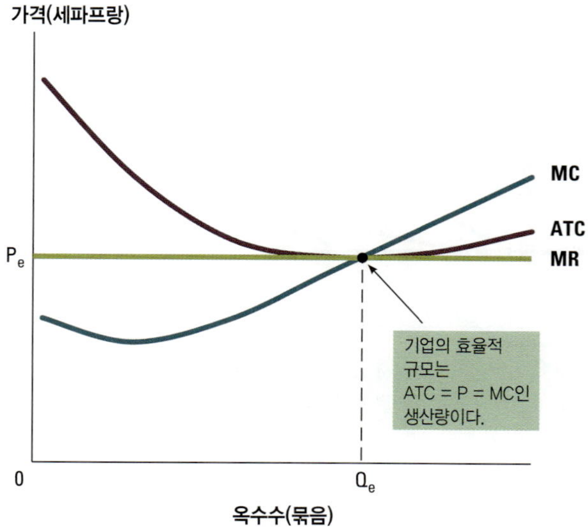

장기에 경쟁시장의 기업은 효율적 규모에서 영업한다. 기업의 효율적 규모는 평균 총비용이 최소화되는 생산량으로 P = MC = ATC가 성립한다.

그림 13-6

완전 탄력적인 장기 공급곡선

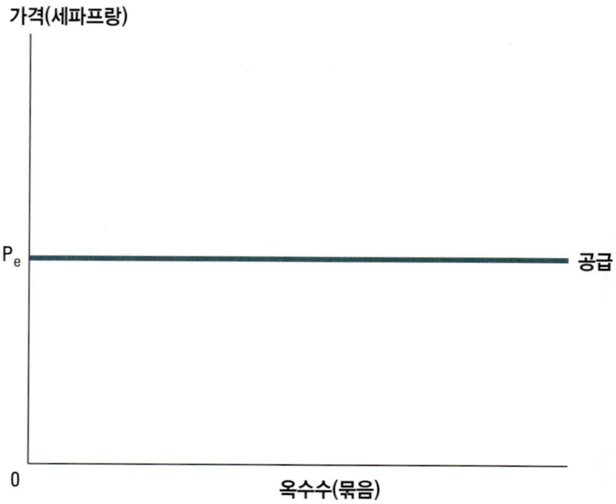

어떤 이유에서 시장이 ATC 최소값과 같은 가격에서 벗어나면, 그로 인해 발생하는 양 또는 음의 이윤으로 기업들이 시장에 진입하거나 퇴출해 균형가격에 다시 도달할 때까지 공급량을 늘리거나 줄인다. 그래서 장기에 가격은 어떤 수량에서도 같으며, 공급곡선은 수평이 된다.

이론적으로 경쟁시장에서 재화의 가격은 장기에 변할 수 없다.

왜 장기 시장 공급곡선은 우상향할 수 없으나, 우상향하는가

LO 13.7 장기 공급곡선이 우상향할 수 있는 이유 설명하기

장기에 공급자들이 어떻게 행동하는가에 대한 이론을 보았다. 그러나 이 이론에 따르면 우리가 실제 관찰하는 것과 잘 맞지 않는 몇몇 예측이 있다. 재화나 서비스의 가격이 변하지 않는다고 가정하는 것은 현실성이 떨어진다. 왜 가격이 장기에 완전히 일정한 수준에 머물지 않는가를 보이기 위해 앞서 논의한 모형에 몇 가지 작은 변화를 추가하고자 한다.

모형에 대한 주요한 수정은 모든 기업이 동일한 비용 구조를 가지고 있다는 가정을 제거하는 것이다. 실제로 이런 경우는 거의 없다. 어떤 기업은 다른 기업보다 투입요소를 좀 더 효율적으로 산출물로 전환할 수 있다. 새로 진입한 기업이 오랜 시간 경험을 축적한 기업과 같은 수준의 낮은 비용에 도달할 수 있다고 기대하는 것은 현실성이 떨어진다. 더 높은 비용을 가진 새로운 기업은 가격이 높을 때만 시장에 진입할 것이다. 따라서 실제로 장기 공급곡선은 우상향할 것이다. 새로운 기업이 진입해 총공급량이 늘어나기 위해서는 가격이 상승해야 하기 때문이다.

실제로 가격은 현재 시장에서 영업 중인 모든 기업이 아니라 가장 비효율적인 기업의 ATC의 최소값과 같다. 모든 기업의 비용이 동일하다는 단순한 가정을 없애므로 마지막 절에서 도달했

그림 13-7

생산비용 변화로 인한 시장 진입

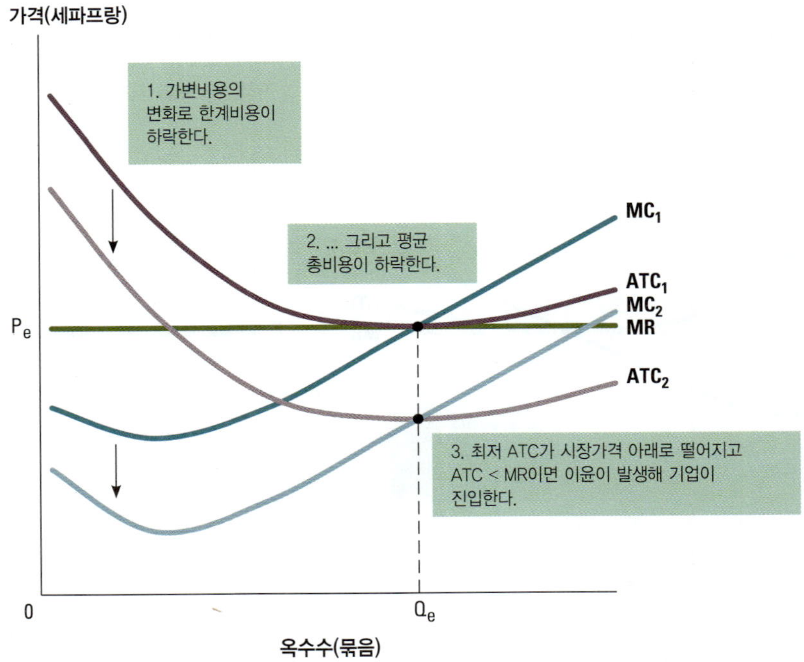

기술과 생산과정이 개선됨에 따라 ATC가 감소할 수 있다. 가격은 장기에 ATC의 최소값과 같아지므로, 생산비용이 하락함에 따라 가격은 떨어진다.

던 완전 경쟁시장에서 기업은 0의 경제적 이윤을 얻는다는 놀라운 결론이 뒤집힌다. 시장에 마지막으로 진입한 기업은 이 기업의 ATC와 가격이 동일하기 때문에 0의 경제적 이윤을 얻는다. 그렇지만 ATC가 낮은 좀 더 효율적인 기업은 양의 경제적 이윤을 얻을 수 있다.

시장에 있는 모든 기업이 동일한 ATC를 가지고 있을지라도 장기에 가격이 변할 수 있는 두 번째 이유가 있다. 시간이 지남에 따라 평균 총비용 자체가 변한다. 혁신적인 기업은 항상 생산비용을 낮출 수 있는 더 나은 생산과정과 새로운 기술을 찾는다. 효율적인 새로운 방식으로 옥수수를 구우면, 숯의 사용량을 반으로 줄일 수 있는 경우를 가정해보자. 이는 구운 옥수수 회사의 가변비용을 낮춰 〈그림 13-7〉처럼 MC와 ATC 곡선 모두 낮아질 것이다. 이는 다시 이윤을 증대시킬 것이며, 이는 새로운 기업이 진입하고자 하는 유인을 제공하고, 이는 공급량을 증대시키고, 가격을 하락시킬 것이다.

장기 비용을 낮추는 기술 혁신에 대해 알고 싶다면 사례를 통해 알아보기의 '포드가 어떻게 세상을 변화시켰는가'를 읽어보자.

사례를 통해 알아보기

포드가 어떻게 세상을 변화시켰는가

자동차시장은 완전 경쟁시장이 아님에도(브랜드와 자동차 모양이 달라 재화가 표준화되어 있지 않음), 다른 면에서 정의를 근접하게 충족시킨다. 많은 구매자와 판매자가 있기 때문이다. 자동차가 덜 복잡하고 조립하기 쉬웠던 자동차산업 초기에는 새로운 기업이 시장에 진입하는 것이 상대적으로 쉬웠다. 그 결과 초기에는 현재보다 더 많은 자동차회사가 있었다.

약 100년 전에 포드사(Ford Company)는 자동차 조립 라인을 혁신적으로 사용해 자동차산업에 대변혁을 가져왔으며 비용을 낮췄다. 한 조립 라인에서 개별 근로자는 볼트를 조이거나 용접하는 것과 같은 생산의 작은 단계에 특화했다. 생산되는 제품은 완성이 될 때까지 라인을 따라 움직이고 각 근로자들은 각자의 위치에서 맡은 생산 단계의 일부인 작업을 완성시켰다. 조립 라인은 각 근로자가 한 가지 작업만 아주 잘하도록, 즉 특화하도록 했다.

1900년 초 포드는 대표적 자동차인 모델 T를 생산할 때 조립 라인을 활용해 선구적인 역할을 했다. 포드는 생산 과정을 가능한 한 효율적으로 만들기 위해 7년 동안 조금씩 조정했다. 그 결과 포드는 모델 T를 경쟁사의 차보다 아주 낮은 비용으로 생산해 낮은 가격에 팔 수 있었다. 그 결과 높은 시장점유율을 차지했다. 포드가 생산 과정에서 이룬 기술 혁신은 이 회사가 단기간에 전 세계에서 지배적인 자동차 생산회사가 될 수 있도록 했다.

포드의 경쟁사들은 경쟁력을 유지하기 위해 조립 라인을 도입할 수밖에 없었다. 1930년경 조립 라인을 도입하지 않은 250개 이상 자동차 제조사가 파산했다. 조립 라인을 도입해 살아남은 포드의 경쟁사들은 포드와 가격 경쟁을 할 수 있었으며 더 많은 혁신 유인을 제공했다.

이 경쟁과 혁신의 순 결과는 중산층 소비자도 구매할 수 있는 수준으로 자동차가 저렴해졌다는 것이다. 이는 미국의 사회적, 지리적 풍경을 엄청나게 바꿔놓았다.

수요 변화에 대응

LO 13.8 수요의 변화가 장기 균형에 미치는 영향 계산하기

실제 장기 공급곡선이 완전 탄력적이지 않을 수 있음을 보았다. 그러나 이 장의 마지막 절에서는 단순화된 가정을 유지할 것이다. 이 가정을 유지해도 장기 완전 경쟁시장에서 수요의 변화가 균형에 어떻게 영향을 미치는가를 살펴볼 수 있다. 현실 세계에서 완전 경쟁은 거의 볼 수 없음에도 이 단순화된 모형에서 이론적으로 어떤 일이 일어나는지 이해하는 것은 유용하다. 이것을 알면, 뒷장에서 현실이 모형과 달라질 때 왜 이것이 중요한지 이해할 수 있을 것이다.

예를 들어 구운 옥수수에 대한 수요가 변화했다고 가정해보자. 어떤 요인에 의해 수요가 변할까? 구운 플랜테인과 같은 대체재의 가격이 변한 경우가 가능하다. 올해 플랜테인 농사가 좋지 않아 가격이 올랐다고 가정해보자. 플랜테인이 비싸지면 대체로 여행객들은 옥수수를 더 사고 싶어 할 것이다. 이는 옥수수의 수요곡선을 오른쪽으로 이동시킨다. 이 이동에 대해 시장은 어떻게 반응하겠는가?

〈그림 13-8〉의 (A)는 수요가 변하기 전 구운 옥수수시장을 보여준다. 우상향하는 단기 공급곡선과 수평인—적어도 이론적으로—완전 경쟁시장의 장기 공급곡선을 모두 보여주고 있다. 플랜테인 가격이 상승하면 (B)에서 볼 수 있듯이 옥수수의 단기 수요곡선은 D_1에서 D_2로 이동한다. 균형점이 단기 공급곡선을 따라 올라가 구운 옥수수는 더 높은 가격에 더 많은 양이 거래된다.

더 높은 가격은 구운 옥수수회사가 경제적 이윤을 얻고 있음을 의미하므로, 더 많은 기업이 시장에 진입할 유인이 생긴다. (C)에서 볼 수 있듯이 단기 공급곡선은 더 많은 기업이 진입함에 따라 S_1에서 S_2로 오른쪽으로 이동한다. 시장 균형가격은 장기 공급곡선에 도달할 때까지 새로운 수요곡선을 따라 내려온다. 이 점에서 구운 옥수수회사는 더 이상 경제적 이윤을 얻지 못하

그림 13-8

수요 변화에 대응

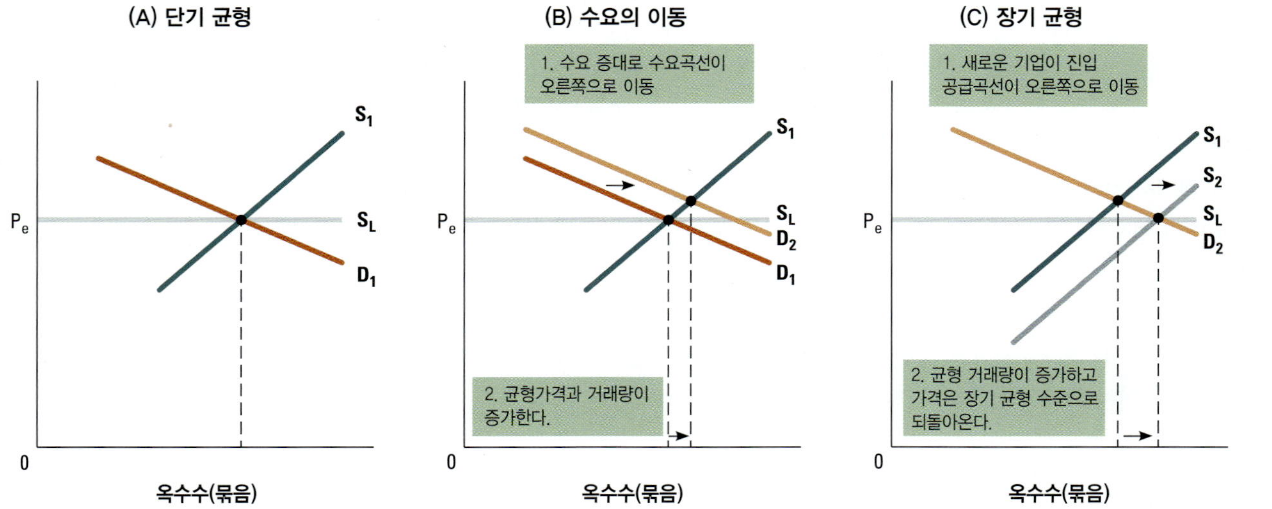

최초에 균형가격과 거래량은 수요곡선과 장기 공급곡선이 교차하는 지점에 형성되어 있다(그림 (A)). 외부적인 변화에 의해 수요가 증대되면, 단기에는 가격과 수량이 장기 균형에서 벗어난다(그림 (B)). 그러나 장기에는 기업의 진입으로 공급이 증대되어 장기 균형 수준으로 가격이 낮아진다(그림 (C)).

고 더 이상 새로운 기업은 진입하지 않는다.

장기에 수요곡선이 오른쪽으로 이동한 최종 결과는 가격의 변화 없이 거래량이 증가하는 것이다. 가격은 평균 총비용의 최소값과 동일한 수준으로 유지된다.

✓ 개념 확인하기

- ❒ 새로운 기업이 시장에 진입하도록 하는 요인은 무엇인가? **[LO 13.6]**
- ❒ 완전 경쟁시장에서 기업은 장기에 왜 효율적 규모에서 영업을 하는가? **[LO 13.6]**
- ❒ 기업들이 동일한 비용 구조를 갖지 않은 경우 왜 장기 공급곡선이 우상향하겠는가? **[LO 13.7]**
- ❒ 시장 수요곡선이 오른쪽으로 이동하는 경우 완전 경쟁시장에서 균형가격과 거래량은 어떻게 되겠는가? **[LO 13.8]**

결론

이 장에서는 경쟁시장의 기업 행태를 견인하는 목표와 제약에 대해 알아보았다. 기업은 이윤을 극대화하는 생산량을 선택할 것이다. 단기에는 수입이 가변비용에 미치지 못하는 경우 조업을 중단할 것이다. 장기에는 수입이 총비용에 미치지 못하는 경우 시장을 떠날 것이다.

이 분석은 경쟁시장에서의 장기 공급에 대한 놀라운 결과를 도출한다. 기업은 0의 경제적 이윤을 얻고, 효율적 규모에서 영업을 하며, 장기 공급은 이론적으로 완전 탄력적이라는 것이다. 기업은 자유롭게 시장에 진입하거나 퇴출해 주어진 가격에서 공급량을 조절한다.

기업의 선택은 가격을 낮추고 필요에 따라 공급이 반응할 수 있도록 하여 소비자에게 혜택을 준다. 그러나 현실의 시장이 완전 경쟁적이라고 보장할 순 없다. 기업은 시장지배력을 행사하거나 완전히 표준화되지 않은 재화를 공급할 수 있다. 시장으로의 자유로운 진입이나 퇴출을 막는 장벽이 있을 수 있다. 완전 경쟁이 어떤 모습인지 이해한 후, 다음 여러 장에서 완전 경쟁 가정이 완화되었을 때 기업의 행태가 어떻게 변하는지 볼 수 있다.

주요 용어

가격 수용자 p.358
경쟁시장 p.358
시장지배력 p.359
평균수입 p.362
한계수입 p.362

요약

LO 13.1 완전 경쟁시장의 특징 설명하기

완전 경쟁시장은 2가지 핵심적 특성과 핵심적이지는 않지만 중요한 한 가지 특성을 가지고 있다. 완전 경쟁시장의 첫 번째 핵심적 특성은 구매자와 판매자의 수가 아주 많다는 것이다. 두 번째는 판매자가 표준화된 재화를 공급하고 있어 구매자는 주어진 가격에서 한 공급자를 다른 공급자보다 선호할 이유가 없다는 것이다. 마지막으로 경쟁시장에서 기업들은 자유롭게 시장에 진입하고 퇴출할 수 있다.

LO 13.2 평균수입, 한계수입, 총수입 계산하기

총수입은 판매되는 재화의 수량에 가격을 곱한 것이다. 평균수입은 총수입을 수량으로 나눈 것으로, 달리 표현해 평균수입은 가격과 같다. 한계수입은 추가로 재화를 한 단위 더 판매함으로써 발생하는 수입이다. 경쟁시장에서 기업의 한계수입은 재화의 가격과 같다.

LO 13.3 기업의 최적 산출량 찾기

이윤을 극대화하는 생산량은 마지막 단위의 한계수입이 한계비용과 완전히 똑같은 수량이다. 달리 표현하면 한계비용곡선과 한계수입곡선이 교차하는 생산량이다. 이 양보다 더 생산하거나 덜 생산하면 이윤은 감소할 것이다.

LO 13.4 기업의 조업 중단, 퇴출 결정과 두 결정의 차이 설명하기

기업이 생산하지 않는 2가지 방법이 있다. 첫 번째는 임시로 조업을 중단해 한 단위도 생산하지 않으나 미래에 다시 생산을 재개할 가능성을 남겨놓는 것이다. 두 번째는 시장에서 퇴출해 영구히 조업을 중단하는 것으로 현재뿐 아니라 미래에도 생산을 하지 않는 것이다. 평균수입이 평균 가변 생산비용보다 작은 경우 기업은 조업을 중단해야 한다. 장기에는 가격이 평균 총비용보다 작은 경우 시장에서 퇴출해야 한다.

LO 13.5 동질적인 기업들이 경쟁하는 완전 경쟁시장에서 단기 공급곡선 도출하기

단기에는 시장 내 기업의 수가 고정되어 있다고 가정한다. 주어진 가격에서 총 공급량은 조업 중인 개별 공급자가 공급하고자 하는 양을 단순히 합한 것이다.

LO 13.6 동질적인 기업들이 경쟁하는 완전 경쟁시장에서 장기 공급곡선을 도출하고 이윤을 추구하는 기업에 대한 시사점 설명하기

단기 공급과 장기 공급 간 핵심적인 차이는 장기에는 기업이 시장에 진입하거나 퇴출할 수 있다고 가정하는 것이다. 따라서 경제적 이윤이 0이 아니면 기업은 시장에 진입하거나 퇴출해 이윤이 0이 될 때까지 공급을 늘리거나 줄인다. 이로부터 기업은 0의 경제적 이윤을 얻으며, 효율적 규모에서 영업을 하고, 공급은 완전히 탄력적이라는 3가지 결론이 도출된다.

LO 13.7 장기 공급곡선이 우상향할 수 있는 이유 설명하기

완전 탄력적인 공급이라는 가정은 장기에 가격이 평균 총비용의 최소값과 같아야 한다는 점에 근거한다. 그러나 시간이 흐름에 따라 평균 총비용 자체가 변할 수 있다. 새로운 생산 과정과 기술로 더 낮은 비용으로 생산을 할 수 있게 된다. 또한 기업들이 자원의 희소성이나 기술 등으로 상이한 생산비용을 가지고 있는 경우, 더 높은 비용의 기업이 시장에 진입할 수 있도록 가격은 더 많은 양에서 더 높아야 한다.

LO 13.8 수요의 변화가 장기 균형에 미치는 영향 계산하기

단기에 경쟁시장의 기업들은 수요의 변화에 반응한다(3장에서 설명한 방식으로). 수요가 증가하면 가격과 공급량이 증가한다. 그러나 이로 인해 이미 시장에 있는 기업들은 양의 경제적 이윤을 얻게 되고 효율적 규모보다 더 많이 생산한다. 장기에는 다른 기업들이 이에 반응해 시장에 진입하고 가격은 다시 장기 균형 수준으로 되돌아간다.

복습문제

1. 공예품 박람회에 갔다가 소비자들이 판매자들과 가격을 흥정하는 모습을 봤다. 이로부터 이 시장의 경쟁 정도에 대해 어떻게 말할 수 있는가? 다음으로 5일장에 가려고 계획 중이라고 가정하자. 공예품 박람회보다 가격 흥정이 더 있을 것이라고 생각하는가, 아니면 덜할 것이라고 생각하는가? 이유를 설명하라. **[LO 13.1]**
2. 금 장신구시장에는(금광석 시장과 달리) 다양한 디자인, 스타일, 품질의 제품이 있다. 경쟁시장의 특성 중 금 장신구시장이 충족하지 못하는 것은 무엇인가? 다른 생산자로부터 구매하고자 하는 소비자의 최대 지불 의사 금액에 어떤 영향을 미치는가? **[LO 13.1]**
3. 도넛 가게의 매니저가 오늘 220개 도넛을 팔았고 총수입은 220달러이며, 평균수입은 0.90달러라고 한다. 무엇이 잘못되었는가? **[LO 13.2]**
4. 어떤 기업의 산출량이 시장 규모의 비해 작다고 가정하자. 이는 기업의 한계수입이 시장가격과 같다는 것을 의미하는 이유를 설명하라. **[LO 13.2]**
5. 도넛 가게 매니저가 도넛을 개당 1달러에 팔고 있으며, 현재 판매량을 볼 때 추가로 도넛을 생산하려고 하면 개당 0.80달러의 비용이 발생할 것이라고 한다. 여러분은 매니저에게 도넛의 생산을 늘리라고 하겠는가, 아니면 줄이라고 하겠는가? **[LO 13.3]**
6. 한 기업이 경쟁시장에서 영업 중이며 한계수입 = 한계비용이 되는 점에서 생산해 이윤을 극대화하고 있다. 이 시장에 있는 소비자의 소득이 감소되었다고 하자.(재화는 정상재) 이 기업의 이윤을 극대화하는 생산량은 어떻게 되겠는가? **[LO 13.3]**

7. 어떤 식당 주인이 점심시간에도 열 것인가 고민 중이다. 이 가게는 저녁에 비해 점심때 손님이 아주 적으며, 수입은 재료 구입비와 인건비를 겨우 충족한다. 이 식당 주인에게 어떻게 조언을 하겠는가? 이유를 설명하라. **[LO 13.4]**
8. 어떤 면에서 이윤 극대화와 손실 최소화가 동일한가? 어떤 면에서 다른가? **[LO 13.4]**
9. 경쟁적인 직물시장에서 기업의 이윤을 극대화하는 생산량은 100만 야드다. 이 기업이 이 산업을 대표한다고 할 때, 총공급을 기업의 수로 어떻게 나타내겠는가? **[LO 13.5]**
10. 개별 기업의 가변비용이 감소된 경우 시장 공급은 어떻게 되겠는가? **[LO 13.5]**
11. 항공산업이 장기 균형 상태에 있는데 유가 상승으로 운항비용이 증가되었다고 가정하자. 장기에 항공사의 수는 어떻게 되겠는가? 설명하라. **[LO 13.6]**
12. 〈그림 13Q-1〉는 어떤 산업에 있는 기업의 비용구조를 대표하는 한 기업의 비용구조를 나타낸다. 이 시장이 장기 균형에 도달하는 과정을 설명하라. **[LO 13.6]**
13. 아이오와 주에서 옥수수를 재배하는 농부는 아주 경쟁적인 국제 옥수수시장의 생산자다. 이들은 또한 전 세계에서 가장 비옥하고 생산적인 땅을 가지고 있다. 아이오와 주 농부들이 장기에 양의 경제적 이윤을 얻을 수 있겠는가? 그 이유를 설명하라. **[LO 13.7]**
14. 한 산업의 기업들이 동일한 비용구조를 가지고 있으며, 이 산업은 장기 균형 상태에 있다. 이윤 동기로 인해 어떻게 더 낮은 시장가격에 도달할 수 있는지 설명하라. **[LO 13.7]**
15. 한 시장이 장기 균형 상태에 있고 이 시장의 기업들은 동일한 시장구조를 가지고 있다. 이 시장에서 수요가 감소되었다고 가정하자. 일부 기업이 시장에서 퇴출함에 따른 개별 기업의 이윤 극대화 생산량 변화와 어떻게 장기 균형으로 되돌아가는지 설명하라. **[LO 13.8]**
16. 한 시장이 장기 균형 상태에 있고 이 시장의 기업들은 동일한 시장구조를 가지고 있다. 이 시장에서 수요가 증가되었다고 가정하자. 일부 기업이 시장에 진입함에 따른 개별 기업의 이윤 극대화 생산량 변화와 어떻게 장기 균형으로 되돌아가는지 설명하라. **[LO 13.8]**

그림 13Q-1

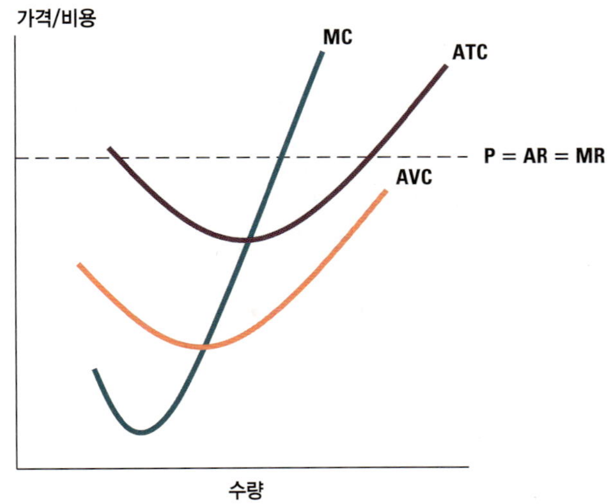

응용문제

1. 생수시장과 음료수시장 모두 많은 수의 구매자와 판매자가 있다고 가정하자. 이 중 어느 시장이 더 경쟁적이겠는가? **[LO 13.1]**
2. 철강시장과 자동차시장 모두 많은 수의 구매자와 판매자가 있다고 가정하자. 이 중 어느 시장이 더 경쟁적이겠는가? **[LO 13.1]**
3. 해당되는 것을 모두 골라보자. 완전 경쟁시장에서 MR = **[LO 13.2]**
   a. 가격
   b. 평균수입
   c. 총수입
   d. $\frac{\Delta 총수입}{\Delta 수량}$
4. 달라는 장미 가격이 5달러인 경쟁적인 시장에서 장미를 팔고 있다. 〈표 13P-1〉의 수입 표를 모두 채워라. **[LO 13.2]**

표 13P-1

장미 수	총수입 (달러)	평균수입 (달러)	한계수입 (달러)
1			
2			
3			
4			
5			

표 13P-2

소고기량 (lb.)	총수입 (달러)	총비용 (달러)	이윤 (달러)	한계수입 (달러)	한계비용 (달러)	한계이윤 (달러)
0	0	4		—	—	—
1	5	6				
2	10	9				
3	15	14				
4	20	22				

그림 13P-1

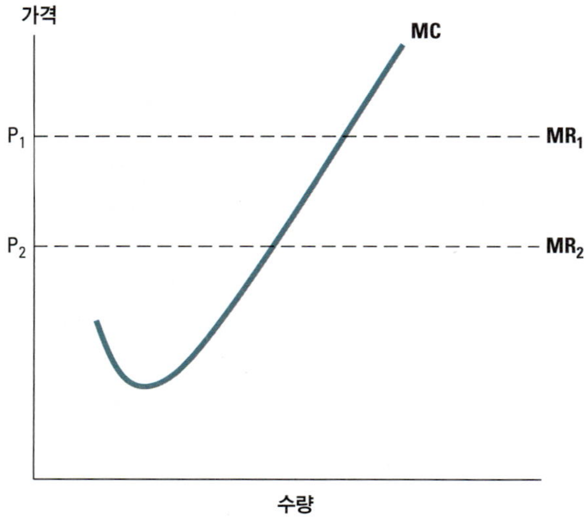

5. 폴리나는 경쟁시장에서 쇠고기를 팔고 있으며 파운드당 쇠고기 가격은 5달러다. 총수입과 총비용은 〈표 13P-2〉와 같다. **[LO 13.3]**
   a. 표를 채워라.
   b. 한계수입과 한계비용이 일치하는 수량은?
6. 〈그림 13P-1〉에서 가격이 P_1일 때 이윤을 극대화하는 생산량을 찾아 Q_{max1}이라고 표시하라. 가격이 P_2일 때 이윤을 극대화하는 생산량을 찾아 Q_{max2}라고 표시하라. **[LO 13.3]**
7. 〈표 13P-3〉은 알파카 울을 생산하는 전형적인 기업의 월간 평균 가변비용(AVC), 평균 총비용(ATC), 한계비용(MC)을 나타낸다. 알파카 울 산업은 경쟁적이다. **[LO 13.4]**

   아래 제시된 각각의 시장가격에서 이윤을 극대화는 생산량을 찾고 이윤이 양수인지, 음수인지, 0인지 제시하라. 또한 이 회사가 단기에 생산을 해야 하는지 아니면 조업 중단을 해야 하는지 설명하라.

표 13P-3

수량 (울 단위)	AVC (달러)	ATC (달러)	MC (달러)
0	—	—	—
1	20.00	30.00	20.00
2	17.00	22.00	14.00
3	16.70	20.00	16.00
4	17.00	19.50	18.00
5	18.00	20.00	22.00
6	22.33	24.00	44.00

	Q_{max}	이윤 (+,−,0)	단기에 생산? (예/아니요)
a. $16.00:	______	______	______
b. $18.00:	______	______	______
c. $22.00:	______	______	______

그림 13P-2

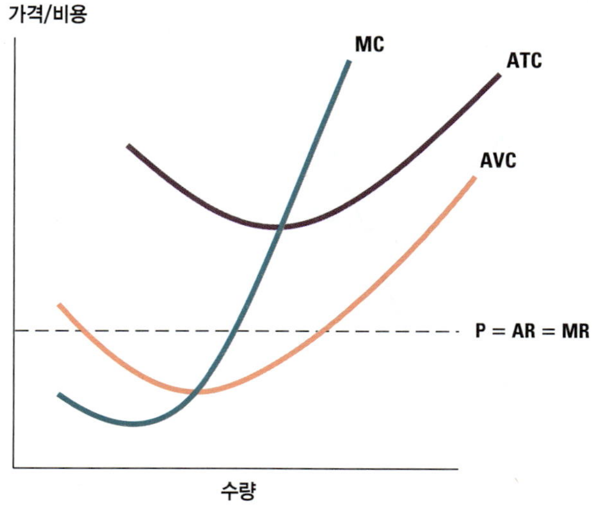

8. 어떤 기업의 한계비용, 평균 가변비용(AVC), 평균 총비용(ATC)이 〈그림 13P-2〉와 같다. 그래프에 주어진 비용구조와 가격에서 기업의 단기 생산량을 표시하라. 이 기업은 양의 이윤을 얻는가, 음의 이윤을 얻는가? 기업의 이윤(또는 손실)을 그래프에 표시하라. **[LO 13.4]**
9. 개별 기업의 비용곡선이 〈그림 13P-3〉과 같다. **[LO 13.4]**
   a. 〈그림 13P-3〉 (A)에 기업의 단기 공급곡선을 표시하라.
   b. 〈그림 13P-3〉 (B)에 기업의 장기 공급곡선을 표시하라.
10. 사과의 시장 공급량이 2400개다. 만약 동일한 생산구조를 가진 60명의 사과 생산자가 있다면, 각 생산자는 몇 개의 사과를 공급하겠는가? **[LO 13.5]**

그림 13P-3

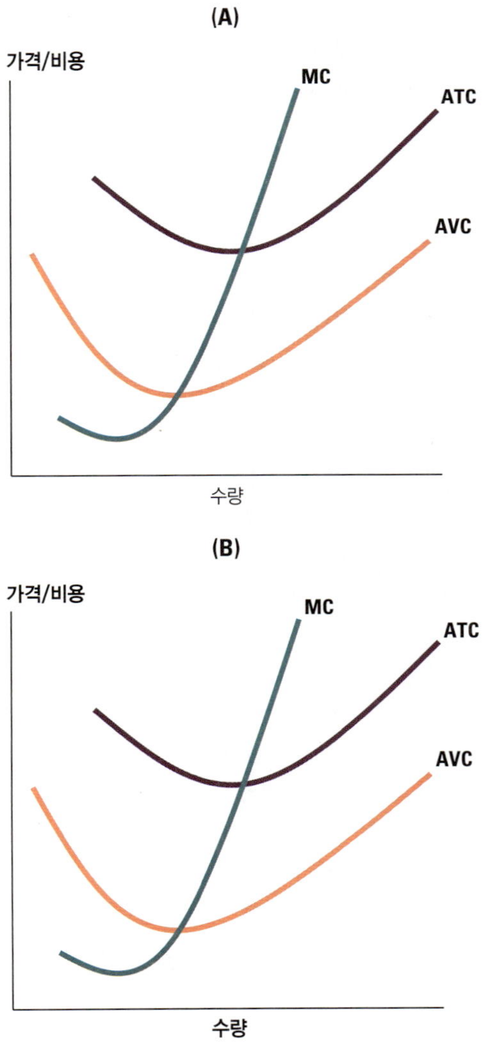

11. 한 산업에 동일한 비용구조를 가진 다수의 기업이 있으며 '전형적인 기업'은 〈그림 13P-4〉 (A)와 같은 비용구조를 가지고 있다. 가격은 P_1이다. (A)를 이용해 단기 시장 공급곡선을 (B)에 그리고, 각 그림에 균형가격에서 기업의 산출량과 시장 산출량을 보여라. 기업의 산출량은 q_1, 시장 산출량은 Q_1으로 표시하라. **[LO 13.5]**
12. 알파카 울 제조업체의 월간 평균 가변비용, 평균 총비용, 한계비용이 〈표 13P-3〉과 같다. 산업 내 모든 기업들은 이 기업과 동일한 비용을 가지며, 이 산업은 장기 균형 상태에 있다. 시장가격은 얼마인가? **[LO 13.6]**
13. 〈그림 13P-5〉가 나타내는 산업은 동일한 비용구조를 가진 다수의 기업으로 구성되어 있으며, 규모에 대한 수확불변이 발생하고 있다. **[LO 13.6]**
    a. 단기 시장 공급곡선을 그려라.
    b. 장기 시장 공급곡선을 그려라.
14. 한 기업의 비용이 〈표 13P-4〉와 같다. 이 시장에서의 가격은 110달러다. 이 시장은 장기 균형 상태에 있는가? 그

그림 13P-4

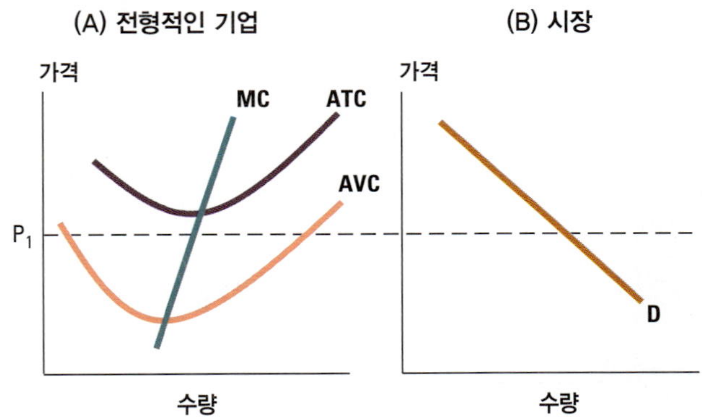

표 13P-4

수량	VC (달러)	MC (달러)	AVC (달러)	TC (달러)	ATC (달러)
0	0	—	—	1,000	—
10	500	50	50	1,500	150
20	900	40	45	1,900	95
30	1,700	80	57	2,700	90
40	4,400	270	110	5,400	135
50	8,000	360	160	9,000	180
60	14,000	600	233	15,000	250

그림 13P-5

(A) 전형적인 기업

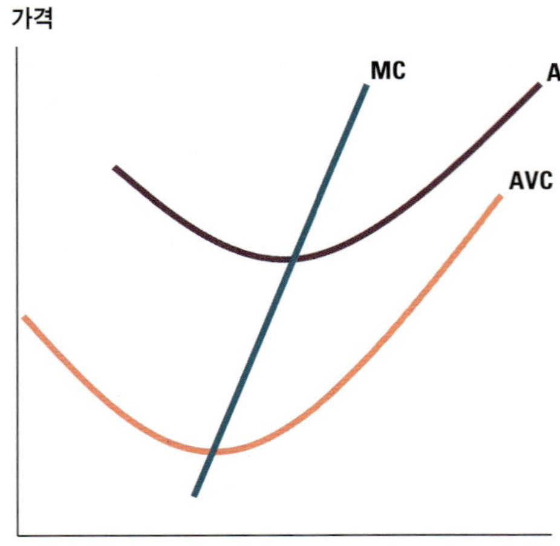

(B) 시장

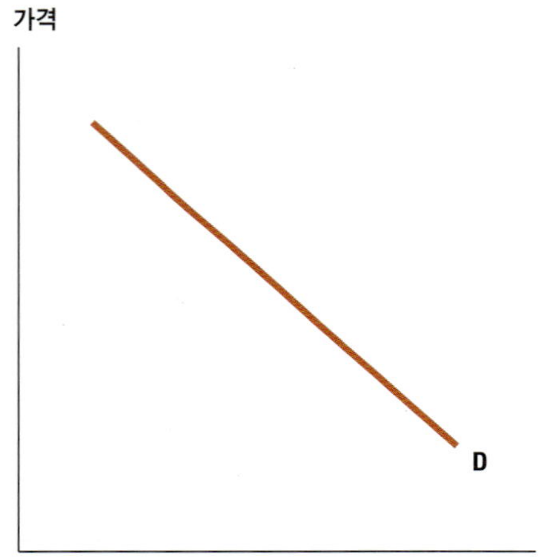

런지, 아닌지, 아니면 결정할 수 없는지 답하라. **[LO 13.7]**

15. 컬링은 빙판에 화강암 재질의 스톤을 굴리면서 하는 운동이다. 동계 올림픽으로 컬링에 대한 관심이 높아졌다. 그 결과 컬링 스톤에 대한 수요가 증가되었다. 컬링 스톤은 블루 트레포(Blue Trefor)라는 화강암으로 만든다. 블루 트레포 매장량은 한정되어 있으며 다른 종류의 화강암

그림 13P-6

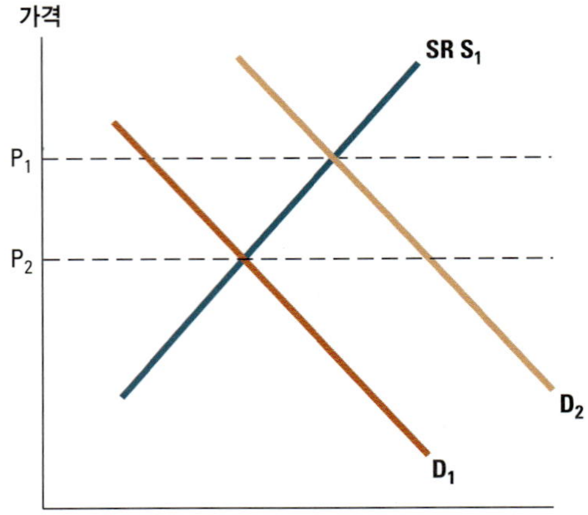

은 좋은 대체재가 아니다. 컬링 스톤에 대한 수요 증가가 지속되면, 장기 균형가격은 상승하겠는가 하락하겠는가, 아니면 변화가 없겠는가? **[LO 13.7]**

16. 〈그림 13P-6〉에 나타난 산업은 동일한 비용구조를 가진 다수의 기업으로 구성되어 있으며, 규모에 대한 수확 불변이 발생하고 있다. 수요가 D_1에서 D_2로 변해 단기에 가격이 P_2에서 P_1로 상승한 경우를 생각해보자. **[LO 13.8]**
   a. 시장이 조정되어 장기 균형 상태로 돌아간 후 새로운 단기 공급곡선을 그려라.
   b. 장기 공급곡선을 그려라.

17. 고급 초콜릿시장이 장기 균형 상태에 있고 경제 불황으로 소비자의 재량 소득이 감소했다고 가정하자. 초콜릿은 정상재고 초콜릿 생산자들은 동일한 비용구조를 가지고 있다고 가정한다. **[LO 13.8]**
   a. 수요는 어떻게 변하겠는가? 오른쪽으로 또는 왼쪽으로 이동하겠는가, 아니면 이동하지 않는가?
   b. 단기에 초콜릿 생산자의 이윤은 어떻게 변하겠는가? 증가하겠는가 감소하겠는가, 아니면 변화가 없겠는가?
   c. 단기 공급곡선은 어떻게 변하겠는가? 증가하겠는가 감소하겠는가, 아니면 변화가 없겠는가?
   d. 장기 공급곡선은 어떻게 변하겠는가? 증가하겠는가 감소하겠는가, 아니면 변화가 없겠는가?

◀ 세계의 모바일 윈도우—이 장의 내용과 관련된 응용사례를 찾으려면 여러분의 스마트폰으로 이 코드를 스캔하라. (QR코드 리더가 필요하면, 여러분의 앱스토어에서 ScanLife를 활용하라.)

여러분의 모바일 앱스토어를 방문하여 Karlan and Morduch Study Econ app.을 다운로드 하라. ▶

Chapter 14

독점

학습목표

LO 14.1 독점이 존재하는 이유를 열거하고 어떻게 진입 장벽을 만드는지 설명하기

LO 14.2 독점이 수요에 의해 제약받는 이유 설명하기

LO 14.3 독점의 이윤을 극대화하는 가격과 생산량 계산하기

LO 14.4 독점으로 인한 총사회 경제적 순손실 계산하기

LO 14.5 독점에 대응하는 일반적인 공공정책의 찬반론 논하기

LO 14.6 기업이 가능하다면 가격차별을 하고자 하는 유인 설명하기

다이아몬드는 항상 영원하지는 않다

다이아몬드는 아마도 사치재의 궁극적인 상징일 것이다. 다이아몬드는 언젠가부터 낭만적인 굳은 약속(commitment)과 거의 동의어가 되었다. 미국에서 예비 신부 중 80% 이상이 평균 비용 3000달러 상당의 다이아몬드 약혼반지를 받는다. 또한 사회 전반에 걸쳐 다이아몬드는 과시적 소비와 동일시된다. 호화로운 뉴욕 사회부터 LA 힙합 스타까지 사람들은 부와 사회적 지위를 나타내기 위해 다이아몬드 장신구를 사용한다.

왜 다이아몬드가 이런 특징을 갖게 되었는가? 다이아몬드는 비싸다. 다이아몬드 장신구를 하고 있는 사람들은 가장 좋은 것을 가질 수 있음을 보여준다. 다이아몬드는 왜 비싼가? 희소해서 귀하기 때문이라고 생각할 수 있다. 그런데 다이아몬드는 생각만큼 희귀하지 않다. 매년 수만 파운드의 다이아몬드가 생산된다.

다이아몬드가 왜 이토록 비싼 것일까? 그 답은 역사상 가장 성공적인 기업 중 하나인 드비어스(De Beers)와 관련이 있다. 1세기 이상 드비어스는 전 세계 다이아몬드시장을 거의 모두 지배하기 위해 공격적인 사업 전략을 펼쳤다. 또한 제품에 대한 수요를 증대시키기 위한 기발한 마케팅 방법을 사용했다. 세계 거의 모든 다이아몬드를 통제하면서, 드비어스는 경쟁시장의 가격수용적인 기업과 정반대 기업이 되었다. 시장지배력이 워낙 커서 실질적으로 다이아몬드 시장가격을 정할 수 있었다. 드비어스는 일정 시점에서 시장에 풀리는 다이아몬드의 양을 선택함으로써 가격을 정했다.

드비어스는 다이아몬드가 정말로 귀했던 1870년대에 시작되었다. 매년 인도와 브라질 강바닥과 정글에서 소량의 다이아몬드가 발견되었다. 다이아몬드는 비싸고 소수의 진짜 엘리트 계층만 다이아몬드 장신구를 소유할 수 있었다. 그러다 영국 광부들이 남아프리카에서 엄청난 양의 품질 좋은 다이아몬드 매장층을 발견했다. 이는 어마어마한 돈을 벌 수 있는 엄청난 기회처

럼 보일 것이다. 그러나 위험도 있었다. 만약 다이아몬드가 시장에 쏟아져나오면 공급량은 치솟고 가격은 하락할 것이다. 그러다 보면 다이아몬드를 소유하는 것이 더 이상 부자들만의 전유물이나 명망을 높이는 것이 되지 않아 사람들이 기꺼이 지불하고자 하는 액수가 감소할 것이다. 이러한 선호의 변화는 수요를 움직일 것이고, 이로 인해 가격은 더 낮아질 것이다. 사람들의 다이아몬드 구매량은 많아지겠지만, 판매자는 돈을 많이 벌지 못할 것이다.

세실 로디스(Cecil Rhodes)라는 사업가가 다른 광산 소유자들과 함께 드비어스라는 단일 회사를 만들었다. 새로 발견된 모든 다이아몬드 광산—거의 모든 세계 다이아몬드 생산—을 관리해 드비어스는 소량의 다이아몬드만 시장에 풀릴 수 있도록 하여 가격을 높은 수준으로 유지했다. 이러한 방법으로 드비어스는 다량의 다이아몬드를 생산해 아주 낮은 가격에 파는 경우보다 훨씬 더 많은 돈을 벌게 되었다.

이 장에서는 드비어스와 같은 독점 기업이 이윤을 극대화하는 최적 수량과 가격을 결정하는 방법에 대해 살펴볼 것이다. 또한 독점 기업은 시장을 통제해 이윤을 얻지만, 소비자는 손실—대체로 총잉여 감소—을 본다는 것을 배울 것이다. 이러한 이유로 정부는 대체로 독점력을 제한하기 위해 우리가 살펴볼 다양한 정책을 사용한다. 강력한 드비어스조차 이러한 압력에 저항할 수 없었다. 드비어스는 현재 세계 다이아몬드시장의 겨우 40%—여전히 높은 수준이지만 전성기때와는 많이 다르다—를 통제하고 있다.

이러한 독점 기업의 모습은 완전 경쟁 모형과 다르다. 많은 기업들이 서로 경쟁하는 시장을 넘어 경제를 구성하는 시장의 범위와 다양성을 보기 시작한다.

독점은 왜 존재하는가?

대부분의 기업은 어느 정도 경쟁에 직면한다. '완전 경쟁' 부분에서 기업이 너무나 많은 경쟁에 직면해 현재 시장가격을 그냥 받아들일 수밖에 없는 경우 어떤 일이 발생하는지 살펴보았다. 이 장에서는 기업이 **경쟁이 전혀 없어** 가격을 완전하게 통제할 수 있는 경우 어떤 일이 발생할지 질문할 것이다.

독점 가까운 대체재가 없는 재화나 서비스를 생산하는 유일한 기업

경제학자들은 이런 기업을 **독점**이라고 부른다. **독점**(*monopoly*)이라는 단어는 **유일한 판매자**라는 뜻에서 유래했고, 가까운 대체재가 없는 재화나 서비스를 생산하는 유일한 기업을 나타낸다. 한 기업이 시장을 100% 통제하는 경우 **완전 독점**이라고 한다. 시장을 100%보다 약간 적게 지배하는 경우에도 여전히 **독점력**(*monopoly power*)을 가진다. 예를 들어, 20세기 내내 드비어스는 다이아몬드시장의 80~90%를 장악했다. 완전 독점은 아니지만 높은 독점력을 행사해 다이아몬드 가격을 거의 완벽하게 통제할 수 있었다.

가까운 대체재가 없다는 것이 독점 정의의 핵심이다. 예를 들어, 물을 판매하는 독점의 경우 가격을 거의 마음대로 정할 수 있고 사람들은 그 가격을 지불하는 것 외에 선택의 여지가 없다. 물은 가까운 대체재가 없다. 오렌지 주스를 판매하는 독점의 경우에는 이와 같은 힘이 없다. 가격을 너무 높게 책정하면, 오렌지 주스 대신 사과 주스를 마시면 되기 때문이다.

드비어스 성공의 핵심 요인 중 하나는 많은 사람들이 다이아몬드를 대체할 만한 것이 없다고 믿도록 한 것이다. 이는 인상적인 성과다. 기본적으로 다이아몬드는 장신구로 사용하기 좋은 반짝이는 돌일 뿐이다. 루비, 사파이어, 에메랄드(그리고 천연 다이아몬드와 구분할 수 없는 인공 다이아몬드)와 같은 것들이 가까운 대체재여야 한다. 드비어스가 다이아몬드 가격을 높게 유지했다면, 왜 사람들은 다른 돌을 사지 않는 것인가? 그 답은 드비어스가 아주 교묘하게 다이아몬드 마케팅을 했다는 데 있다. '다이아몬드는 영원하다'는 유명한 문구는 1938년부터 1950년대까지 미국에서 선보인 드비어스 광고 캠페인에서 고안된 것이다. 한 세대 내에, 드비어스는 다이아몬드가 인정된 약혼의 상징이라는 생각을 갖게 했다. 일본에서도 같은 전략을 사용해 다이아몬드가 현대적이고 서구적인 스타일을 나타내는 것으로 광고했다. 1967년부터 1981년 사이 다이아몬드 약혼반지를 낀 일본 신부들의 수가 5%에서 60%로 증가했다.

요즘은 대부분의 여성들이 다른 보석이나 인공 다이아몬드 약혼반지를 받으면 실망하곤 한다. 다이아몬드는 정말 아름답지만, 선호 강도는 드비어스에서 일하는 사람들의 수십 년에 걸친 교묘한 마케팅을 반영한다.

진입 장벽

LO 14.1 독점이 존재하는 이유를 열거하고 어떻게 진입 장벽을 만드는지 설명하기

기업들이 왜 독점이 되고 싶어 하는지 이해하는 것은 쉽다. 그러나 높은 시장지배력을 획득한 어떤 기업도 경쟁의 힘으로 인해 대체로 힘이 약화된다. 결국 경쟁시장에서 한 기업이 높은 가격을 책정할 때, 더 낮은 가격을 책정하는 다른 기업들이 나타난다. 다이아몬드시장과 같은 독점 상황에서 다른 기업이 시장에 진입해 독점 기업의 높은 가격보다 낮은 가격을 매김으로써 이윤을 얻을 수 있다. 따라서 우리는 **왜 아무도 그러지 않을까?** 하는 질문을 던지게 된다.

독점시장의 주요 특징은 독점 기업 외 다른 기업이 시장에 진입하는 것을 막는 장벽이 있다는 것이다. 이 장벽들로 인해 독점 기업은 경쟁자가 더 낮은 가격을 책정할 것이라는 두려움 없이 가격과 수량을 결정할 수 있다. **진입 장벽**은 완전 경쟁시장을 특징 짓는 **자유로운 진입과 퇴출**에 반대된다.

진입 장벽은 희소한 자원, 규모의 경제, 정부 개입 그리고 시장을 선도하는 기업의 공격적인 사업 전략이라는 4가지 형태를 띤다:

희소한 자원. 가장 쉽게 생각할 수 있는 진입 장벽은 생산에 필요한 주요 자원이나 투입요소의 희소성이다. 일반적인 독점력의 원인은 아니지만, 초기 다이아몬드시장이 이 경우에 해당된다. 다이아몬드는 제한된 지역의 땅에서 나온다. 만약 한 기업이 모든 다이아몬드 광산을 소유하면(1870년대 드비어스가 실질적으로 그랬듯이), 생산 과정을 통제할 수 있다. 새로운 기업은 어떤 식으로든 광산에 대한 통제권을 얻지 못하면 시장에 진입할 수 없다. 때로는 한 기업이 아니라 한 국가가 가까운 대체재가 없는 희소 자원을 통제한다. 이 경우 사례를 통해 알아보기의 '중국의 희토류'에서 볼 수 있듯이 경제 정책 쟁점은 외교적 관계와 얽히게 된다.

사례를 통해 알아보기

중국의 희토류

아이패드나 스마트폰 같은 터치스크린을 사용하는 기기들은 이제 일상생활의 한 부분이 되었다. 이것들은 현재 인듐 주석 산화물(indium tin oxide)이라 불리는 금속 혼합물(metallic compound)에 의존한다. '희토류(rare earth)' 원소를 필요로 하는 것은 터치스크린만이 아니다. 많은 최첨단 그린 에너지와 국방 기술도 필요로 한다. 중국은 모든 희토류 원소의 95%를 장악하고 있다. 실질적으로 전 세계에 독점적으로 공급하고 있다. 더 자세히 알고 싶다면 이 장 끝부분의 QR코드를 스캔하거나 온라인을 통해 읽기를 계속하라.

규모의 경제. '완전 경쟁' 부분에서 **규모의 경제**—기업이 산출량을 증대시킴에 따라 평균비용이 감소하는 경우—에 대해 배웠다. 어떤 산업에서는 규모의 경제가 워낙 강력해서 둘이나 그 이상 기업들 간 경쟁 자체가 말이 되지 않기도 한다. 이 경우 필요한 기반시설(infrastructure)을 더 만드는 것은 지나친 낭비다.

예를 들어, 전력산업에 경쟁을 도입하고자 하는 경우 무엇이 필요한지 생각해보자. 많은 기업이 발전소와 동일한 지역에 전기를 공급하기 위한 거대한 송전망을 구축해야 한다. 이런 체계를 설립하는 것은 기업에 아주 막대한 비용을 발생시킨다. 전력산업에서는 한 단위의 전력을 공급하기 위해 필요한 가변비용에 비해 높은 고정비용이 발생한다. 이 때문에 가장 많은 전기를 판매할 수 있는 기업이 고정 비용을 더 널리 분산시킬 수 있다. 이렇게 함으로써, 이 기업은 고정비용은 동일하나 생산량이 적은 기업에 비해 단위당 비용이 더 낮아진다. 그 결과 주어진 지역 내에서 한 개의 거대 기업이 모든 전기를 공급하는 데 비교우위를 갖게 된다.

자연독점 한 개의 기업이 전체 수요량을 생산할 수 있는 시장

전력 공급은 **자연독점**의 한 예다. 자연독점은 한 기업이 전체 수요량을 다수의 기업보다 더 낮은 가격에 생산할 수 있는 시장이다. 수돗물 공급과 천연가스가 자연독점의 또 다른 예다. 이들은 새로운 진입 기업이 또 건설하기에는 아주 비싼 파이프망을 통해 공급된다. 또 다른 예는 대중교통이다. 주요 도시를 연결하는 새로운 선로를 건설해 철도사업에 진입하고자 하는 경우를 생각해보면 알 수 있다.

자연독점이라는 용어는 역설적이게도 독점이 경쟁의 '자연스러운' 결과라는 사실에 기인한다. 전력 공급자나 철도 공급자는 새로운 경쟁 기업이 진입하는 것을 걱정할 필요가 없다. 다른 기업들도 진입할 유인이 없다. 독점보다 더 높은 생산비용이 발생할 것이기 때문이다. 따라서 막대한 고정비용이 실질적인 진입 장벽을 만든다.

정부는 종종 독점력 남용을 막기 위해 자연독점에 개입한다. 이 장의 뒷부분에서 어떻게 하는지 알아볼 것이다.

정부 개입. 정부는 존재하지 않을 수 있는 독점을 만들거나 유지할 수 있다. 예를 들어, 미국의 많은 주에서 주류 판매 독점이 정부에 의해 만들어졌다. 이란에서는 혁명수비대(Revolutionary Guard Corps)라고 하는 군대의 엘리트 부서(branch)가 정유와 가스산업뿐만 아니라 건설산업도 통제하고 있다. 정부는 대체로 공공이익을 위해 독점을 만들었다고 말한다. 어떤 경우에는 실제 이유가 내부자들의 이익을 위한 것이 아닌가 하는 비판에 직면하기도 한다.

정부는 때로는 국유 기업(state-owned firms)에 독점력을 준다. 다른 기업이 시장에 들어올 수 없도록 법적으로 막거나, 국유 기업을 전폭적으로 지원해 민간 기업이 효과적으로 경쟁할 수 없도록 하는 방식으로 이루어진다. 물론 모든 국유 기업이 독점인 것은 아니다. 예를 들어, 민간 항공사와 경쟁하는 항공사를 소유하고 있는 정부가 있다.

정부는 지적재산권 규제를 통해 사적 독점을 발생시키거나 유지할 수 있다. 특허와 저작권은 발명했거나 창작한 사람에게 일정 기간 동안 생산하고 판매할 수 있는 배타적 권리를 준다. 예를 들어, 특허는 다른 제조업체가 화학식을 사용할 수 없도록 하여 제약회사가 특정 약 시장에서 잠시 독점으로 행동하도록 한다. 이는 특허권자가 가격을 올리고 더 많은 이윤을 얻을 수 있도록 한다. 특허가 만료되면 정부의 독점 보호는 끝난다. 그러면 경쟁 기업들이 동일한 의약품의 복제 약을 생산해 가격을 낮출 수 있다.

예술, 영화, 음악과 같은 창조적 작업은 주로 지적재산권법에 의해 보호를 받는다. 예를 들어, 허가받지 않은 영화 복사본을 배포하는 것을 불법으로 하여 정부는 영화 제작사들이 만든 영화의 다운로드 판매에 대한 합법적인 독점권을 준다. 그 결과 누구나 영화를 복사하고 판매할 수 있는 경우에 비해 영화 다운로드 비용이 비싸진다.

지적재산 보호를 통해 독점을 만드는 것은 사회에 비용과 편익을 발생시킨다. 긍정적인 측면은 기업에 사람들의 삶을 풍요롭게 하는 제품을 생산할 수 있게 하는 연구와 창조적 활동에 투자할 유인을 준다는 것이다. 만약 누구나 합법적으로 영화를 다운로드해 팔 수 있다면, 영화사는 특수효과에 수백만 달러를 사용하지 않을 것이다. 부정적인 측면은 나중에 이 장에서 보게 되겠지만 독점은 경쟁시장일 때 가격보다 더 높은 가격을 부과해 소비자 잉여를 감소시킨다. 대부분의 경우 총잉여를 감소시킨다. 사회적 비용이 사회적 편익보다 더 큰지 여부에 대한 치열한 논쟁이 있으며, 구체적인 상황에 따라 달라질 것이다.

공격적인 전술. 전 세계 다이아몬드 광산의 수가 한정되어 있다는 것이 드비어스가 다이아몬드 산업에서 오랫동안 독점력을 행사할 수 있었던 유일한 이유는 아니다. 다른 기업들이 다른 나라에서 새로운 다이아몬드 매장지를 찾음에 따라 드비어스는 계속해서 경쟁의 힘으로부터 독점력을 지켜야 했다. 어떻게 새로운 기업이 가격을 낮추지 못하도록 할 수 있는가?

드비어스는 여러 가지 전술을 사용했다. 새로운 다이아몬드 매장지를 발견한 기업을 아예 구매하려고 했다. 다이아몬드를 생산하는 국가와 배타적인 합의를 했다. 공격적인 설득 방법을 사용하는 것도 꺼리지 않았다. 드비어스는 독립적인 다이아몬드 생산자와 거래하는 모든 기업들을 제재했다. 드비어스가 사용한 제재 방법은 다이아몬드시장의 규모가 작은 기업에 치명적일 수 있다.

예를 들어, 1970년대 이스라엘 다이아몬드 상인들이 부를 축적하기 위한 안전한 방법으로 다이아몬드를 모으기 시작했다. 드비어스는 이를 좋아하지 않았다. 만약 이스라엘 상인들이 한꺼번에 다이아몬드를 팔아버리는 경우 가격이 하락할 것을 우려했다. 드비어스는 이스라엘 상인들에게 대변인을 보내 대량 구매를 중단할 것을 요구했다. 만약 중단하지 않으면, 이들이 '구경(sightings)'이라고 하는 초청자에게만 허용되는 배타적인 다이아몬드 판매에 참여하는 것을 막겠다고 위협했다. 결국 포기할 때까지 많은 다이아몬드 거래상들이 저항했다. 저항했던 거래상들은 이에 대한 값을 톡톡히 치렀다. 이스라엘 다이아몬드 산업은 심한 타격을 입어 근로자의 4분의 1이 일자리를 잃었다.

지역 시장에서 독점력을 획득하거나 유지하기 위해 공격적인 전술을 사용한 것으로 고발된 최근 기업 사례는 월마트다. 이 회사는 **약탈적 가격 책정**(*predatory pricing*)—경쟁사가 사업을 접을 때까지 일시적으로 가격을 낮춘 것—을 했다는 이유로 여러 번 고소를 당했다. 소송 결과는 나라마다 달랐다. 알칸사와 멕시코 법원은 위법 행위가 없다고 보았으나, 독일 법원은 궁극적으로 월마트가 저가 정책으로 경쟁을 약화시켰다고 판단했다. 다른 소송들은 법정 밖에서 합의가 이루어졌다. 약탈적 가격 책정은 단기 손실을 감수할 수 있는 대기업이 소기업을 시장에서 몰아내기 위한 방법이다. 이렇게 함으로써 독점력을 획득할 수 있으며, 이후 대기업은 자신이 설정하는 가격을 통제할 수 있게 된다.

독점력을 유지하기 위한 모든 전술이 더 작은 규모의 경쟁자들에게 나쁜 것만은 아니다. 예를 들어, 구글은 세계 인터넷 검색 시장의 5분의 4를 통제하고 있지만 더 나은 검색 알고리즘을 가진 새로운 기업에 추월당할 수 있다는 것을 안다. 구글은 전망이 있어 보는 검색 기술 발명을 사들여 독점적 지위를 유지하고자 한다. 많은 웹 사업가들이 구글, 페이스북, 마이크로소프트, 애플 등과 같은 거대 기업이 막대한 금액으로 사주기를 바라면서 열심히 사업을 시작한다.

✓ 개념 확인하기

- ❒ 희소한 자원이 어떻게 진입 장벽을 만드는가? **[LO 14.1]**
- ❒ 규모의 경제가 어떻게 진입 장벽을 만드는가? **[LO 14.1]**
- ❒ 진입 장벽을 만드는 정부 정책의 예를 제시하라. **[LO 14.1]**

독점에 대한 이해

독점이 **원하는 것**과 **제약**에 대한 이해로부터 독점의 행태 분석을 시작해야 한다. 다른 기업들과 마찬가지로 독점도 이윤을 극대화하기 원한다. '완전 경쟁' 부분에서 보았듯이, 완전 경쟁시장에서 기업이 직면하는 제약은 기업의 생산 결정이 시장가격에 영향을 미칠 수 없다는 것이다. 독점에 이와 같은 제약은 없으나 시장 수요곡선에 의해 **제약**을 받는다. 이 절에서는 제약이 왜 존재하는지 그리고 독점 기업이 이윤을 극대화하는 생산 결정을 어떻게 하는지에 대해 살펴볼 것이다.

독점 기업과 수요곡선

LO 14.2 독점이 수요에 의해 제약을 받는 이유 설명하기

완전 경쟁시장에서 시장 수요곡선은 우하향하지만 개별 기업의 수요곡선은 수평이다. 이는 기업의 생산 결정이 시장가격에 영향을 미치기에는 개별 기업이 너무 작기 때문이다. 개별 기업은 시장가격에서 원하는 만큼 판매할 수 있다. 그러나 만약 가격을 조금 높이려고 하면, 경쟁 기업이 더 낮은 가격을 제시할 것이므로 하나도 팔지 못하게 된다. 보라색 다이아몬드에 대한 수평의 수요곡선을 보여주는 〈그림 14-1〉 (A)처럼 이를 수평선으로 나타낼 수 있다. 보라색 다이아몬드는 유색 다이아몬드 중 가장 희귀하다. 매년 호주에 있는 아가일 다이아몬드 광산에서 엄선된 소량만 채굴된다. (A)는 완전 경쟁시장에서 캐럿당 2500달러에 판매되고 있는 보라색 다이

그림 14-1

경쟁적인 수요곡선과 독점적인 수요곡선 비교

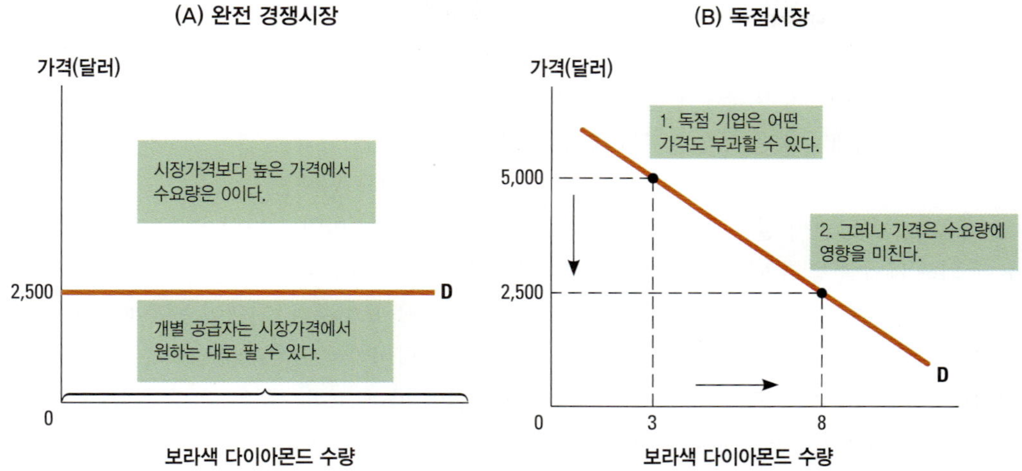

완전 경쟁시장에서, 개별 공급자는 시장가격에서 벗어날 수 없다. 시장가격에서 판매하고자 하는 양은 수요량에 영향을 미치지 않는다.

독점시장에서, 독점 기업은 가격은 높이거나 낮춰도 재화를 판매할 수 있다. 그러나 가격 결정은 수요량에 영향을 미친다.

아몬드를 판매하는 한 기업의 수요 함수를 나타낸다.

그에 반해 (B)에서 볼 수 있듯이 유일한 생산자인 독점은 우하향하는 시장 수요곡선에 직면한다. 독점 기업은 더 싸게 물건을 판매할 다른 경쟁자가 없기 때문에 원하는 어떤 가격에서도 판매를 할 수 있다. 그러나 여전히 수요곡선에 의해 제약을 받는다. 당연히 높은 가격에 많은 양을 팔고 싶어 할 것이다. 그러나 높은 가격에 대해 소비자들이 어떻게 대응하겠는가? 수요의 법칙에 따르면, 다른 조건이 일정할 때 가격이 올라감에 따라 수요량은 감소한다. 독점 기업은 수요곡선상에 있는 어떤 가격-수량 조합도 선택할 수 있지만, 곡선상에 있지 않는 조합을 선택할 수는 없다(주어진 가격에서 소비자에게 더 사거나 덜 사도록 강요할 수 없다). 독점 기업은 다이아몬드당 5000달러에 팔 수 있으나 3개라는 아주 적은 양만 팔 수 있다. 또는 5개 다이아몬드를 더 판매해 총 8개를 팔 수 있지만 다이아몬드당 2500달러로 가격을 낮춰야 한다.

드비어스는 판매액이 수요에 의해 제약을 받는다는 것을 인식하고 있었다. 그렇기 때문에 시장의 공급 쪽을 통제하는 것을 넘어 앞서 언급한 마케팅 방법을 통해 수요곡선을 밖으로 이동시키기 위해 많은 투자를 한 것이다.

이해를 돕기 위해

이 장에서는 때때로 독점이 '가격을 선택'한다고 할 것이다. 어떨 때는 독점이 판매할 수 있는 재화의 수량을 통제한다고 말할 것이다. 이 2가지 선택은 동일한 것이라는 것을 이해하는 것이 중요하다. 각각의 가능한 가격은 수요곡선에 있는 특정한 수량에 대응되며, 반대도 성립된다. 독점은 가격을 설정하고 그 가격에서 소비자들이 수요하는 수량을 구매하도록 하여 시장을 통제할 수 있다. 또는 공급량을 제약하고 가격이 수요량과 공급량이 일치되도록 조정되게 해 시장을 통제할 수 있다. 따라서 독점이 가격을 선택하든, 공급량을 선택하든 상관없이 가격과 수량의 조합은 동일하게 나타난다.

독점 수입

LO 14.3 독점의 이윤을 극대화하는 가격과 생산량 계산하기

독점이 이윤을 추구하는 과정을 이해하는 첫 번째 단계는 독점이 벌어들이는 수입을 계산해보는 것이다. 드비어스가 미국에서 판매하는 다이아몬드 가격을 선택할 수 있다고 가정하자. 모형의 단순화를 위해 우선은 동일한 크기(1캐럿 보라색 다이아몬드)와 품질의 다이아몬드를 판매한다고 해보자. 각각의 가능한 가격에서 수입이 얼마나 발생하겠는가?

〈표 14-1〉 첫 번째 열은 드비어스가 고려하고 있는 가격의 범위를 나타낸다. 드비어스는 수요에 의해 제약을 받기 때문에 각 가격에서 미국 소비자들이 사고자 하는 양을 그대로 받아들여야 한다. 두 번째 열은 각 가격에서 다이아몬드의 수요량을 보여준다. 가격이 높을 때, 소비자는 소량의 다이아몬드를 수요한다. 예를 들어, 드비어스가 다이아몬드당 6000달러를 부과할 경우 단 한 사람만 다이아몬드를 구매한다. 가격이 하락함에 따라 소비자들은 더 많은 양을 수요한다. 가격 1500달러에서 소비자는 10개의 다이아몬드를 구매할 것이다. 표에서 첫 번째와 두 번째 열에 있는 가격과 수량을 그래프로 그리면 시장 수요곡선이 된다.

각 가격에서 드비어스가 얻는 총수입은 단순하게 가격과 수량을 곱한 것으로 세 번째 열에 나타냈다. 가격이 올라가고 수량이 감소함에 따라 총수입은 처음에 증가했다가 감소한다. 4장에서 수요가 가격 탄력적인 영역에서 총수입이 증가한다는 것을 배웠다. 수요가 가격 비탄력적인 영역에서는 총수입이 감소한다.

표 14-1 독점의 수입

독점이 선택하는 가격은 수요량에 영향을 미쳐 총수입에도 영향을 미친다.

(1)	(2)	(3)	(4)	(5)
가격 (달러/다이아몬드)	**판매량** (보라색 다이아몬드)	**총수입** (달러)	**평균수입** (달러/다이아몬드)	**한계수입** (달러)
6,500	0	0	—	—
6,000	1	6,000	6,000	6,000
5,500	2	11,000	5,500	5,000
5,000	3	15,000	5,000	4,000
4,500	4	18,000	4,500	3,000
4,000	5	20,000	4,000	2,000
3,500	6	21,000	3,500	1,000
3,000	7	21,000	3,000	0
2,500	8	20,000	2,500	−1,000
2,000	9	18,000	2,000	−2,000
1,500	10	15,000	1,500	−3,000

네 번째 열에 표시된 평균수입은 판매되는 다이아몬드당 드비어스가 얻는 수입이다. 총수입을 판매량으로 나누어 계산한다. 이는 총수입이 수량과 가격의 곱이라는 식을 단순히 재배치한 것이다. 따라서 경쟁시장과 마찬가지로 평균수입은 가격과 같다.

그러나 경쟁시장의 기업과 달리 독점 기업의 **한계수입**은 가격과 같지 않다. 한계수입은 추가로 한 단위 더 판매함으로써 발생하는 수입이다. 특정 수량에서 발생하는 총수입에서 한 단위 덜 판매할 때 발생하는 총수입을 빼서 한계수입을 계산한다. 예를 들어 〈표 14-1〉에서 5개 다이아몬드로부터의 총수입은 2만 달러고 4개 다이아몬드로부터의 총수입은 1만8000달러다. 따라서 다섯 번째 다이아몬드를 판매해 얻는 한계수입은 \$20,000 − \$18,000 = \$2,000다.

경쟁시장에서 개별 기업은 시장가격에 영향을 미치지 않으면서 원하는 수량을 판매할 수 있다. 한 단위 더 판매해서 얻게 되는 추가적인 수입은 항상 가격과 같다. 따라서 경쟁시장에서 한계수입은 가격과 같다. 그러나 독점시장에서는 독점이 추가로 한 단위 더 생산하면 시장가격은 하락한다. 이 효과로 인해 추가로 한 단위 더 생산하는 것은 총수입에 2가지 영향을 준다.

1. **수량효과**: 첫째, 추가적으로 한 단위 더 판매해 얻는 수입으로 인해 총수입이 증가한다.
2. **가격효과**: 둘째, 이전에 비해 현재 판매되는 모든 수량을 더 낮은 가격에 팔아야 하므로 총수입이 감소한다.

드비어스가 판매량을 증가시켰을 때 어떤 효과가 더 크게 나타나는지에 따라 총수입은 증가할 수도, 감소할 수도 있다. 만약 가격효과가 없다면(완전 경쟁시장처럼) 한계수입은 수량효과에 의해서만 결정되어 가격과 같을 것이다. 그러나 가격효과는 항상 수량효과와 반대 방향으로 작동해 수입을 감소시킨다. 따라서 독점시장에서 한계수입은 첫 번째 단위가 판매될 때를 제외하고 항상 가격보다 낮다. 첫 번째 단위의 경우 평균수입과 한계수입은 모두 가격과 같다.

〈그림 14-2〉는 보라색 다이아몬드 시장에서 드비어스의 총수입, 평균수입, 한계수입곡선을 보여준다. 평균수입은 각 판매량에서 가격과 같다. 달리 말해, 평균수입곡선은 시장 수요곡선과 같다. 한계수입은 첫 번째 단위가 판매된 후 항상 가격보다 낮기 때문에 한계수입 곡선은 평균수입곡선 아래에 위치한다.

〈표 14-1〉과 〈그림 14-2〉는 한계수입이 때로는 음수가 될 수 있음을 보여준다. 여기에서 사용한 예의 경우 다이아몬드가 7개(〈그림 14-2〉에서 한계수입곡선이 x축을 지나는 점)를 넘어가면 음수가 된다. 〈그림 14-2〉에서 한계수입이 0보다 낮아진다는 것은 무엇을 의미하는가? 가격효과에 대해 다시 한 번 생각해보자. 음의 한계수입은 가격효과가 수량효과보다 커서 추가로 한 단위 더 생산하는 것이 총수입을 감소시킨다는 것을 의미한다. 따라서 MR 곡선이 x축을 지나는 점은 수입 극대화 생산량을 나타낸다. 이 예의 경우 총수입은 수량이 7개가 될 때 최대가 된다(〈표 14-1〉은 6개를 생산하는 경우에도 동일한 총수입을 얻음을 보여준다).

수입은 중요하지만 기업이 진짜로 관심을 갖는 것은 이윤을 극대화하는 것이다. 그렇다면 독점 기업은 어떻게 이윤을 극대화할 수 있겠는가?

가격과 판매량을 선택해 이윤 극대화. 드비어스는 한 시점에서 판매용으로 풀리는 다이아몬드의 수량으로 다이아몬드 시장에 통제력을 행사했다. 이 통제력을 유지하기 위해 수년간 수십억 달러 가치의 다이아몬드를 비축하고 있었다.

그림 14-2

독점의 총수입, 평균수입, 한계수입

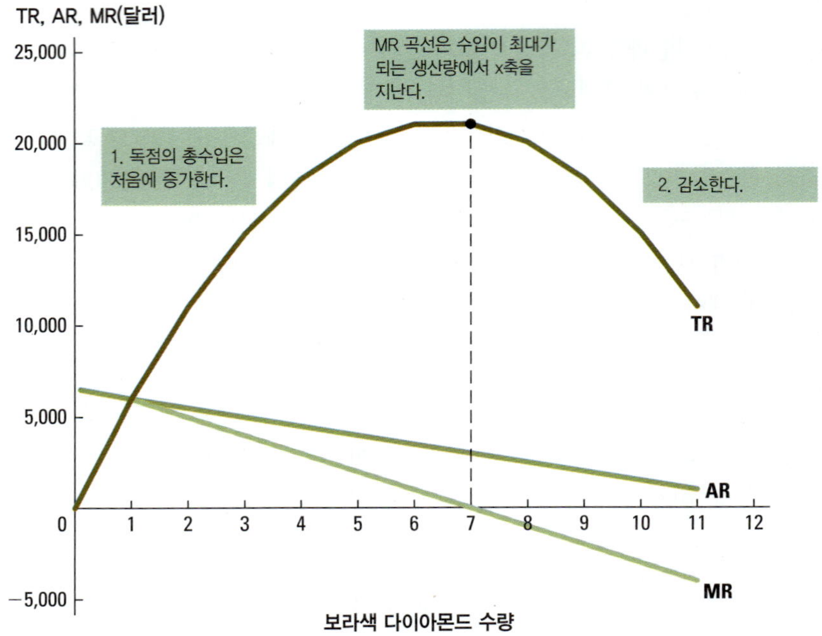

독점이 가격을 올림에 따라 총수입(TR)은 처음에는 증가하다가 감소한다. 총수입은 한계수입(MR-옅은 녹색선)이 0이 될 때 최대가 된다. 추가적으로 한 단위 더 판매하는 것이 마지막 단위에서 얻었던 수입보다 적은 수입을 가져오므로 평균수입(AR 또는 가격)은 항상 한계수입보다 높다.

이 비축의 목적은 다이아몬드 판매량이 이윤을 극대화하는 다이아몬드의 양과 항상 같도록 하기 위한 것이다. 때로는 이윤을 극대화하는 양이 총가용한 다이아몬드 양보다 적어, 시장에 일부가 풀리지 못하도록 하는 것이 드비어스에 좋다. 독점 기업이 어떻게 이윤을 극대화하는 가격-수량 조합을 선택할 수 있는가? 어쩌면 놀랍게 느낄 수 있지만, 완전 경쟁시장의 기업과 동일한 방식으로 이 문제에 접근한다.

〈그림 14-3〉은 드비어스의 가상비용과 수입곡선이다. 이들 곡선의 일반적인 형태는 '완전 경쟁' 부분에서 보았기 때문에 친숙할 것이다. 독점의 곡선과 완전 경쟁시장의 곡선 간 유일한 의미 있는 차이는 한계수입과 평균수입이 독점 기업의 경우 우하향한다는 것이다(경쟁시장에서 이 곡선들은 시장가격 수준에서 수평이다). 경쟁시장처럼 독점의 이윤을 극대화하는 생산량은 한계수입곡선과 한계비용곡선이 교차하는 점이다. 왜 그럴까?

추가적인 한 단위 생산이 기업의 이윤에 기여하는 정도는 한계수입과 한계비용의 차이다. 한 단위 생산에 따른 한계수입이 한계비용보다 많은 경우, 이 단위를 생산하는 비용보다 더 많은 판매 수입이 발생한다. 따라서 기업의 이윤을 증대시킨다. 반대로 한계수입이 한계비용보다 적으면 어떻게 되겠는가? 이 경우 한 단위 더 생산하는 비용이 수입보다 많고 기업은 한 단위 더 생산함으로 손실을 본다.

'완전 경쟁' 부분에서 사용했던 한계적인 의사결정 분석이 여기에 그대로 적용된다.

그림 14-3
독점 기업의 비용곡선

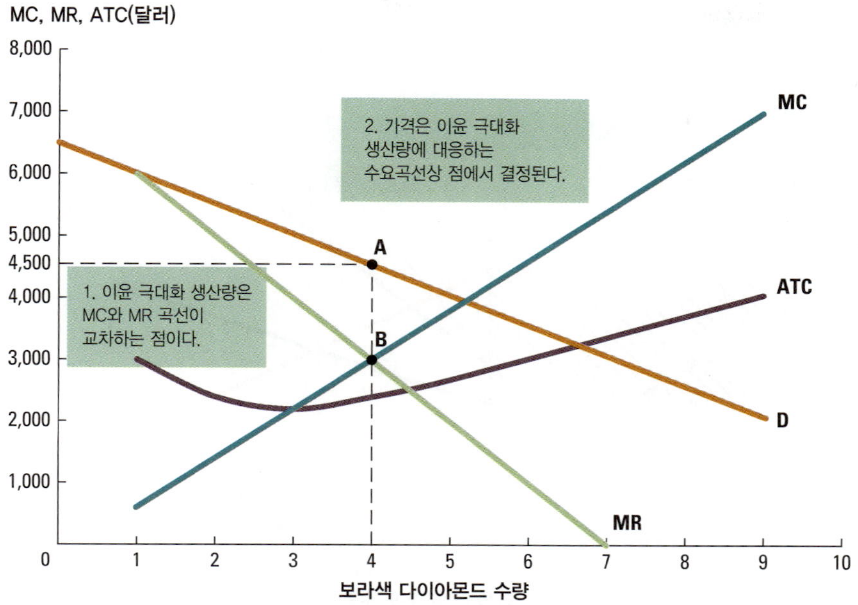

독점 기업은 수량과 그 수량을 생산하는 가격을 선택할 수 있다. 이윤을 극대화하기 위해서 독점 기업은 항상 한계비용과 한계수입이 일치되는 양을 생산할 것이다. 그리고 수요에 따라 이 수량에 맞는 가격을 정한다.

- 한계수입과 한계비용곡선이 교차하는 수준보다 적은 생산량에서 MR은 MC보다 많다. 이 점에서 드비어스는 한 단위 더 판매함으로써 더 많은 이윤을 얻을 수 있다.
- 한계수입과 한계비용곡선이 교차하는 수준보다 많은 생산량에서, 기업은 추가적인 다이아몬드 판매로부터 손실을 본다. 이 점에서 드비어스는 판매량을 줄임으로써 이윤을 더 얻을 수 있다.

따라서 드비어스는 생산량을 증가시킴으로써 이윤을 더 이상 증가시킬 수 없을 때까지 생산량을 증가시켜야 한다(이는 MR = MR가 되는 곳으로 〈그림 14-3〉의 점 B다). 그리고 손실이 발생하기 직전에 생산을 중단해야 한다.

MR=MC가 되는 점에서 생산하는 경쟁시장의 기업과 동일하게 의사결정을 하는 독점 기업 간에는 중요한 차이점이 있다. 경쟁시장에서 한계수입은 가격과 같다. 독점의 경우 가격은 한계수입보다 높다. 따라서 최적 생산량에서 가격은 항상 한계수입보다 높다. 이윤을 극대화하는 가격은 이윤을 극대화하는 수량에 대응되는 수요곡선상 가격이다. 〈그림 14-3〉의 A점이다.

> 이윤을 극대화하는 가격과 수량을 어떻게 계산하는가에 대한 이해를 향상시키기 위해서는 온라인 대화형 그래픽 도우미를 이용하라.

독점의 이윤을 극대화하는 가격이 한계수입보다 높다는 것은 독점이 어떻게 장기에 양의 경제적 이윤을 얻을 수 있는지 이해하는 데 핵심이 된다. 경쟁시장의 기업은 장기에 P = MC = ATC인 점에서 생산을 한다. 만약에 가격이 MC보다 높다면, 다른 기업들이 시장에 진입해 이윤이 0이 되고 더 이상 기업들이 진입할 유인이 없어질 때까지 공급이 늘어나고 가격이 하락할 것이다. 그러나 독점시장에서는 처음에 독점이 가능하도록 했던 진입 장벽 때문에 다른 기업들

그림 14-4
독점 이윤

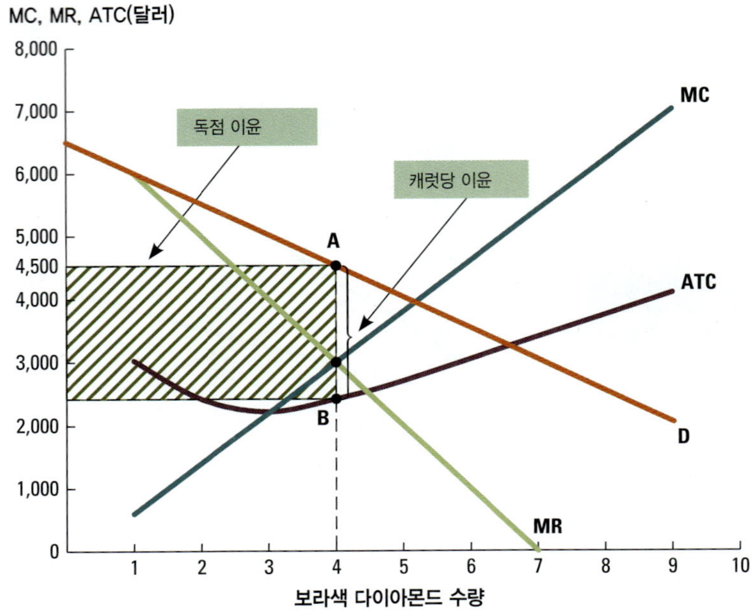

독점 기업은 이윤을 극대화하는 수량에 대응하는 수요곡선상 A점에서 가격을 정한다. 독점 기업의 이윤은 가격과 평균 총비용(B점)의 차이에 판매량을 곱한 것과 같다. 다시 말해, 이윤 = (P − ATC) × Q 또는 빗금친 직사각형의 면적이다.

이 진입할 수 없다. 그 결과 독점 기업은 평균 총비용보다 높은 가격을 유지할 수 있다.

이윤을 계산하는 식은 다음과 같다.

$$이윤 = (P - ATC) \times Q$$

따라서 가격이 ATC보다 높다면, 장기일지라도 이윤은 양수가 될 것이다.

동일한 사실을 〈그림 14-4〉 그래프에서 볼 수 있다. 드비어스의 이윤은 빗금친 직사각형의 면적과 같다. 이 직사각형의 길이는 이윤을 극대화하는 산출량과 같다. 높이는 이윤을 극대화하는 가격과 평균 총비용의 차이와 같다. 또한 이 크기(2250달러, 그림에서 A와 B의 차이)는 평균 다이아몬드 판매로 얻는 이윤이라고 생각할 수 있다.

이 분석은 드비어스가 왜 독점력을 유지하고자 하는 강한 유인을 가지고 있는지를 보여준다. 시장에 진입해 다이아몬드의 가격을 낮출 다른 생산자가 없다는 사실은 드비어스에 비용보다 더 높은 가격을 유지할 수 있는 능력을 부여한다. 독점력은 다시 장기에 경제적 이윤을 얻을 수 있도록 한다.

✓ 개념 확인하기

- ❒ 독점이 원하는 임의의 가격–수량 조합에서 판매할 수 없는 이유는 무엇인가? **[LO 14.2]**
- ❒ 독점의 경우 한계수입이 가격보다 적은 이유는 무엇인가? **[LO 14.3]**
- ❒ 독점이 장기에 양의 경제적 이윤을 얻을 수 있는 이유는 무엇인가? **[LO 14.3]**

독점의 문제와 공공정책 해결법

2000년 이후 드비어스의 다이아몬드산업에 대한 통제력은 약화되었다. 세계 다이아몬드시장에서 80% 넘던 시장점유율이 거의 40%로 하락했다. 이는 부분적으로 드비어스의 통제권 밖에 있는 캐나다와 러시아에서 대규모의 다이아몬드 채굴이 이루어졌기 때문이다. 또한 부분적으로는 드비어스가 독점력을 행사하는 것을 막고자 하는 정부와 다이아몬드 소비자의 증가된 압력 때문이다. 미국과 유럽에서 일련의 소송 후 드비어스는 일부 국가에서 영업이 금지되었으며, 다른 국가에서는 대규모 벌금을 지불하거나 관행을 바꿔야 했다. 2004년까지 드비어스 경영진은 미국에 사업 목적으로 여행하는 것이 허용되지 않았다.

독점은 독점 기업에는 좋지만 다른 사람들에게는 그렇지 않다. 소비자들은 더 비싼 가격에, 더 적은 양의 다이아몬드를 소비한다. 이러한 시장 비효율성은 총잉여를 감소시킨다. 이 절에서는 독점의 존재가 어떻게 후생 비용을 유발하는지 볼 것이다. 독점을 막거나 소비자에게 미치는 영향을 약화시키기 위해 정부가 사용하는 공공정책에 대해 살펴볼 것이다. 이러한 정책적 대응은 완전하지 않고 종종 논란이 된다. 서로 다른 정책 대응의 비용과 편익을 비교하기 전에 독점력의 후생비용을 살펴보도록 하자.

독점의 후생비용

LO 14.4 독점으로 인한 총사회 경제적 순손실 계산하기

왜 정책입안자들은 독점을 좋지 않게 생각할까? 수량은 적게, 가격은 높게 유지할 수 있는 독점의 힘은 일반적으로 사회에 그리고 특히 소비자들에게 좋지 않은 영향을 미친다. 왜 그런지 알아보기 위해 독점 기업의 생산 결정을 다시 한 번 살펴보자.

경쟁시장에서 균형가격과 수량은 총잉여를 극대화한다. 달리 말해 시장이 효율적이다. 〈그림 14-5〉는 가상적인 한계수입과 한계비용곡선과 더불어 다이아몬드의 시장 수요곡선을 보여 준다. 이 시장에서 효율적인 생산 수준은 얼마인가? '완전 경쟁' 부분에서 경쟁적인 기업의 공급 곡선은 평균 총비용곡선 위에 놓인 한계비용곡선과 같다고 했다. 효율적인 수량은 공급(한계비용)과 수요가 만나는 곳으로 (A)의 C점이다. 이보다 더 많은 양에서는, 소비자 잉여의 증가가 생산자 잉여의 감소보다 적기 때문에 총잉여가 감소한다. 이보다 더 적은 양에서도, 총잉여는 감소하는데 소비자 잉여의 감소가 생산자 잉여의 증가보다 크기 때문이다.

그러나 독점은 한계수입과 한계비용이 교차하는 〈그림 14-5〉 (B)에 표시된 B점에서 생산한다. 이 수량은 경쟁시장에서 나타나는 효율적인 생산량보다 적어 총후생이 극대화되지 않음을 보여준다. 생산자 잉여는 경쟁시장의 경우보다 많지만 소비자 잉여는 적다. 독점은 이윤을 얻는 반면 소비자는 잉여를 잃는다. (B)에 총잉여 손실을 경제적 순손실로 나타냈다('효율성' 부분에서 조세의 후생비용에 대해 논의했을 때와 마찬가지로).

독점의 비용에 대한 이러한 설명은 실증적 주장(positive statement)이다. 즉 실제 상황이 어떠하다는 주장이다. 실제 상황이 어떠해야 한다는 규범적 주장(normative statement)과는 다르다. 어떤 독점을 유지하는 이점이 잉여 손실로 인한 후생비용을 능가한다고 보는 경우도 있다. 많은 사람들이 빈곤층에게 혜택을 주거나, 군대나 경찰력을 유지하기 위해서는 조세로 인한

그림 14-5

독점시장에서의 경제적 순손실

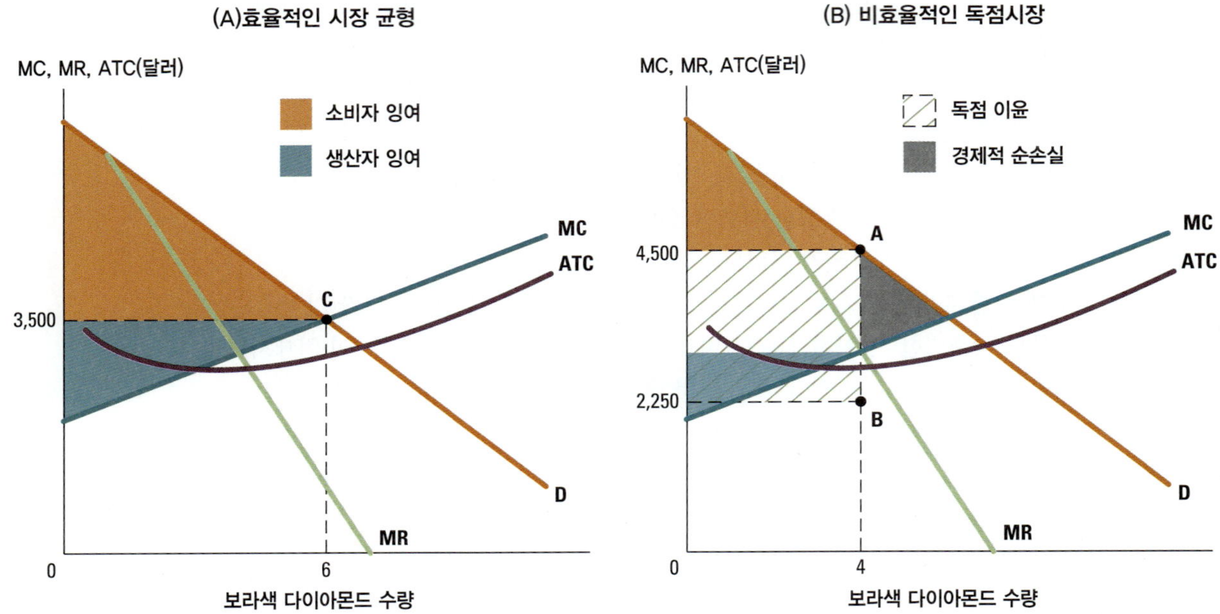

경쟁시장은 균형가격과 수량(C점)이 달성된다. 시장이 균형 상태에 있을 때 총잉여는 극대화되고 경제적 순손실은 없다.

독점은 한계수입과 한계비용이 같은 점(B점)에서 생산한다. 이 수량은 시장 균형 수량보다 적기 때문에 독점 이윤은 소비자 잉여의 일부를 가져간다. 더 적은 양의 거래가 발생하고 사회에는 경제적 순손실이 발생한다.

경제적 순손실을 감수할 가치가 있다고 생각하는 것과 비슷하다. 효율성을 극대화하는 것이 다른 목적을 능가한다고 할 수 있는 원칙은 없다.

하지만 많은 국가에서 유권자나 정책입안자들은 독점이 대체로 나쁘다는 규범적 판단을 해왔다. 이는 놀라운 일이 아니다. 총잉여를 극대화한다는 것은 사회의 자원을 효율적으로 사용한다는 것을 의미하고, 독점에 초과 이윤을 주는 것을 달갑게 여기는 사람들은 거의 없다. 결국, 유권자들은 독점 기업의 소유자보다는 소비자일 가능성이 더 높다.

독점 기업이 항상 돈 많고 규모가 큰 기업을 의미하는 것은 아니다. 호의적으로 느껴지는 독점의 예는 '가난한 독점 기업'이라는 다른 관점에서 보기를 참조하자.

다른 관점에서 보기

가난한 독점 기업

무하마드 유누스(Muhammad Yunus)가 2006년 노벨 평화상을 수상했을 때, 그라민 은행(Grameen Bank)은 전 세계에서 누구나 다 아는 은행이 되었다. 이 은행은 수백만 명의 비도시 지역 방글라데시인이 금융 서비스에 접근할 수 있도록 해준 것으로 명성이 높다. 또 그라민은 동일한 지역 내 사람들이 처음으로 전화기를 사용할 수 있도록 했다.

그라민은 엉망인 비도시지역 인프라와 자원의 제약을 가진 국가에서 이 목적을 달성하기 위해 독창적인 사업 모형을 사용했다. 오랜 고객들을 지역 통신 사업자로 모집했다. 그리고 이들이 소규모 전화 가게(phone kiosk)를 시작할 수 있도록 420달러를 빌려주고 사업을 할 수 있도록 훈련시켰다. 또한 사업자들에게 신용으로 할인된 전화 통화 시간을 팔고 이를 마을 주민들에게 팔도록 했다.

방글라데시 마을의 전화 서비스에 대한 수요는 엄청났으며 전화 가게는 번창했다. 농부와 상인들이 사업 관련 주문을 관리하고 지역 시장에서의 가격을 지속적으로 파악하기 위해 전화를 사용했다. 가족들을 일자리를 찾아 도시로 떠난 일가 친척들과 계속 연락을 하기 위해 전화를 사용했다.

그라민의 사업자들이 시골 마을에 처음으로 전화 서비스를 도입했기 때문에 이들에게 경쟁은 없었다. 그라민은 처음에 각 마을에 전화 가게 사업자를 하나만 두었다. 이렇게 함으로써, 예전에는 전화 서비스가 없던 시장에 본의 아니게 지역 독점을 만들었다. 이는 사업자들에게 엄청난 이득을 가져왔다. 이들 사업자는 방글라데시 평균 소득의 두세 배나 되는 이윤을 얻을 수 있었다. 말할 것도 없이 이 새로운 소득의 창출로 사업자들은 기록적인 시간 내에 대출금을 갚았다. 전화 서비스에 대한 수요를 인식하고, 아마도 건전한 경쟁으로 혜택을 볼 수 있을 것으로 생각해서 그라민은 각 마을의 다수의 사업자를 설립하기 시작했다.

'독점 기업'이라는 용어를 들으며, 경쟁을 짓밟으면서 부자가 되어가는 거대 기업을 떠올릴지 모른다. 그라민의 전화 사업자의 현실은 이러한 스테레오 타입과 전혀 다르다. 전화 사업자는 실제 독점 사업가지만 그들 또한 빈곤에 시달리는 마을 주민으로 가족의 삶을 개선하기 위해 노력하고 있는 것이다. 독점 그 자체가 나쁜 것은 없다는 것을 기억하라. 독점 기업에 돌아가는 사회후생 이득과 나머지 사회에 발생하는 경제적 순손실을 비교 형량하는 것이 중요하다.

Source: http://www.grameentelecom.net.bd/about.html

공공정책 대응

LO 14.5 독점에 대응하는 일반적인 공공정책의 찬반론 논하기

정책입안자들은 독점에 대응해 다양한 정책을 개발해왔다. 현존하는 독점을 분할하거나, 새로운 독점의 발생을 막거나 독점력이 소비자에게 미치는 영향을 약화시키는 것에 초점을 맞췄다. 각 방법은 편익뿐만 아니라 비용도 수반한다. 일부 경제학자들은 아무것도 하지 않는 것이 종종 최선의 대응이라고 주장한다. 각 유형의 정책을 논의할 때 찬반 논리에 비판적인 시각을 견지하기 바란다.

경쟁법. 독점 규제는 미국 내에서 꽤 오랫동안 세간의 이목이 집중된 정치적 쟁점이다. 19세기 후반, '트러스트(trusts)'라고 불리는 거대 기업이 산업 전반을 지배하기 시작했다. 증대되는 이힘을 억누르기 위해 의회는 셔먼법(Sherman Antitrust Act)을 1890년에 통과시켰다. 이 법은 연방정부가 반경쟁적 행위를 하는 기업을 조사하고 처벌하도록 규정했다. 가격 담합과 입찰 담합 같은 행위가 포함된다. 20세기 초는 미국에서 주요 반독점 활동 시기다. 루스벨트 대통령은 특히 '트러스트를 막는 자(trustbuster)'로 유명했다. 셔먼법에 근거해 경쟁을 약화시키는 독점적 관행을 하는 기업들은 열심히 기소했다. 수년간 정부는 셔먼법을 이용해 철도, 정유, 알루미

늄, 담배, 통신산업과 같은 여러 산업에서 독점을 분할했다.

셔먼법은 여전히 영향력을 가지고 있다. 1990년대 말 마이크로소프트의 인터넷 익스플로러 외 인터넷 브라우저를 사용하는 것은 흔치 않았다. 1999년 미국 정부는 마이크로소프트가 반경쟁적 행위를 했다고 소송을 제기했다. 인터넷 익스플로러와 마이크로소프트 윈도를 결합해 이 기업이 부당하게 경쟁사 웹 브라우저를 시장에서 퇴출시키고자 했다는 의혹이 있다는 것이다(마이크로소프트사는 결국 정부와 합의하고 반경쟁적인 행위를 하지 않기로 했다). 오늘날 크롬, 파이어팍스, 사파리 등 여러 인터넷 브라우저와 개선된 버전의 인터넷 익스플로러를 사용할 수 있다.

경쟁법이 별다른 영향을 미치지 못한 사례를 알고 싶다면 사례를 통해 알아보기의 '로커 대(對) 티켓마스터'를 읽어보자.

사례를 통해 알아보기

로커 대(對) 티켓마스터

미국에서 주요 콘서트나 쇼에 가본 사람은 누구나 티켓마스터(Ticketmaster)를 통해 표를 구매할 때 지불하는 엄청난 수수료와 요금을 경험해보았을 것이다. 여러 수수료를 합하면 표 액면가의 20~40%에 이른다.

티켓마스터는 미국 표 판매산업에서 유일한 지배적 기업이다. 예를 들어 30개 NHL팀 중 27개, 30개 NBA팀 중 28개 팀이 티켓마스터를 통해서만 표를 판매한다. 국가의 주요 콘서트장과 극장들 역시 비슷한 협정을 맺고 있다. 배타적인 계약이 티켓마스터 사업 전략의 중요한 요소다. 이와 같은 계약으로 인해 경쟁자들은 시장에 경쟁 발판을 만들기 어렵다. 많은 사람들이 티켓마스터가 표 판매시장에서 사실상(de facto) 독점이 되었다고 느낀다.

이는 팬들을 위해 낮은 수준으로 표 값을 유지하고 싶어 하는 음악가들을 화나게 했다. 2개의 그룹이 티켓마스터를 상대로 소송을 제기하기도 했다. 1994년에는 펄잼(Pearl Jam)이 티켓마스터의 의심되는 독점적 관행과 높은 마크업(markups)을 법무부에 신고했다. 하지만 이 그룹의 소송은 성공하지 못했다. 2003년 스트링 치즈 인시던트라는 잼밴드가 티켓마스터를 상태로 소송을 제기했다. 공연장과의 배타적 계약은 독점적이고 셔먼법을 위반한 혐의가 있다는 것이다. 이 사건은 법정 밖에서 합의가 이루어졌으며, 그 결과는 공개되지 않았다.

티켓마스터의 힘은 오래 지속되지 않을 수 있다. 온라인으로 콘서트표를 판매하는 에틱스와 티켓플라이 같은 새로운 사이트가 많이 생겨 티켓마스터와 경쟁하기 위해 노력 중이다. 이 사이트들은 밴드에게는 낮은 예약 수수료를, 팬들에게는 낮은 표 값을 제시하고 있기 때문에 모든 측에—물론 티켓마스터를 제외—이득이 될 수 있다.

Source: http://www.rollingstone.com/music/news/string-cheese-incident-eliminate-service-for-summertour-20120302;http://latimesblogs.latimes.com/music_blog/2010/08/ticketmaster-a-new-era-of-transperancy-or-smoke-mirrors-html.

미국 정부는 독점이 생기는 것을 처음부터 막기 위해 셔먼법과 관련법인 1914년 제정된 클레이톤법(Clayton Antitrust Act)을 사용해왔다. 법무부는 2개 기업이 합병한 후 그 기업이 지나치게 많은 시장지배력을 갖게 되면, 이 합병을 막을 수 있다. 이러한 사례로 1997년 법부무가 합병을 막은 사무용품 회사인 오피스 디폿(Office Depot)과 스태플(Staples) 간 합병과 2011년

무산된 AT&T와 T-Mobile 간의 합병이 있다.

최근에는 정부가 합병을 잘 막지 않는다. 그보다는 잠재적인 합병을 조사하고 허가하는 경우가 더 많다. 예를 들어, 2008년 델타 항공사가 노스웨스트 항공사와 합병해 세계에서 가장 큰 항공사가 되었다. 2012년에는 유나이트와 컨티넨털이 합병해 새로운 글로벌 일인자가 되었다. 이들의 합병은 법무부의 허가로 이루어졌다. 법무부는 다른 경쟁 항공사들의 충분한 압력으로 경쟁이 유지될 수 있다고 판단했다. 게다가 이 합병으로 공항 운영과 항공기단 조직 비용이 절약되어 실제로 고객들에게 이익이 된다고 보았다.

때로는 경쟁 정책이 정치적으로 사용되거나 더 많은 비효율성을 유발한다는 비판을 받기도 한다. 어떻게 경쟁 정책 조치가 시장에서 비효율성을 유발할 수 있는가? 의도치 않게 자연독점을 분할시킬 수 있다. 또는 거대 기업을 효율적인 규모보다 작은 규모로 운영되는 여러 개 작은 기업으로 분할시킬 수 있다. 서로 다른 규제자들은 이런 결정들을 다르게 다룬다. 예를 들어, 마이크로소프트의 경우 미국에서 사건이 합의되고 한참이 지났는데 여전히 유럽에서 반독점 소송에 직면해 있다.

공공 소유(public ownership). 자연독점은 정책입안자에게 특별한 문제를 유발한다. 한편으로 독점 기업은 다수의 경쟁적인 생산자들이 생산하는 것보다 더 적은 비용으로 생산할 수 있다. 다른 한편으로는 자연독점일지라도 한계비용보다 높은 가격에서 생산해 경제적 순손실을 유발한다.

정부의 해결 방법 중 하나는 공기관으로 자연독점을 운영하는 것이다. 자연독점의 공공 소유 사례는 우편을 배달하는 미국의 우편 서비스(Postal Service)와 철도 서비스를 제공하는 암트랙(Amtrak)이 있다. 자연독점의 공공 소유화 논리는 정부가 이윤을 극대화하기보다는 공공의 이익을 위한다는 것이다. 사기업에 비해 더 광범위한 서비스를 제공할 수 있다. 예를 들어, 정부지원 독점은 국내 어느 곳에나 우편을 배달하겠지만, 사적 독점은 배달 비용이 많이 드는 외진 지역에는 배달하지 않을 수 있다.

공기업 독점은 규제를 받지 않는 독점보다 더 낮은 가격을 설정할 수 있다. 〈그림 14-6〉 (A)는 이 경우를 보여준다. 이 경우 규제받는 가격은 평균 총비용보다 높으나 규제를 받지 않는 독점이 설정하는 가격보다 낮다. 독점이 규제를 받지 않는 경우 보다 낮은 가격이 설정될지라도 여전히 약간의 경제적 순손실이 발생한다. (B)는 경제적 순손실을 최소화하기 위해 정부가 어떻게 자연독점가격을 규제하는지를 보여준다. 경제적 순손실이 0인 경쟁시장에서 기업은 P=MC인 점에서 생산을 한다. 그러나 자연독점의 경우 생산량이 증가됨에 따라 ATC가 감소하므로 모든 생산량 수준에서 MC가 ATC보다 낮다. 그 결과 가격을 한계비용과 동일한 수준에서 설정하는 자연독점은 (B)에서 보듯이 손실을 본다.

그러나 자연독점을 공적으로 소유하는 경우 이 역시 문제가 있다. 정치인들이 경쟁시장에서 보다 낮은 수준으로 가격을 낮춰야 한다는 압력을 느낄 수 있다. '효율성' 부분에서 보았듯이, 이렇게 하면 공급 부족이 발생하고 사람들은 이 가격에 공급할 수 있는 수준보다 더 많은 양을 수요한다. 공기업은 또한 어디에 위치할 것인가 또는 어떤 제품을 만들 것인가와 같은 사업 결정을 정치적 관심에 따라 할 수 있다. 아마도 가장 중요한 것은 이윤 유인이 없기 때문에 공기업은 효율성을 증진시키거나 더 나은 서비스 또는 더 낮은 비용에 제공할 유인을 감소시킬 수 있

그림 14-6

자연독점의 가격 규제

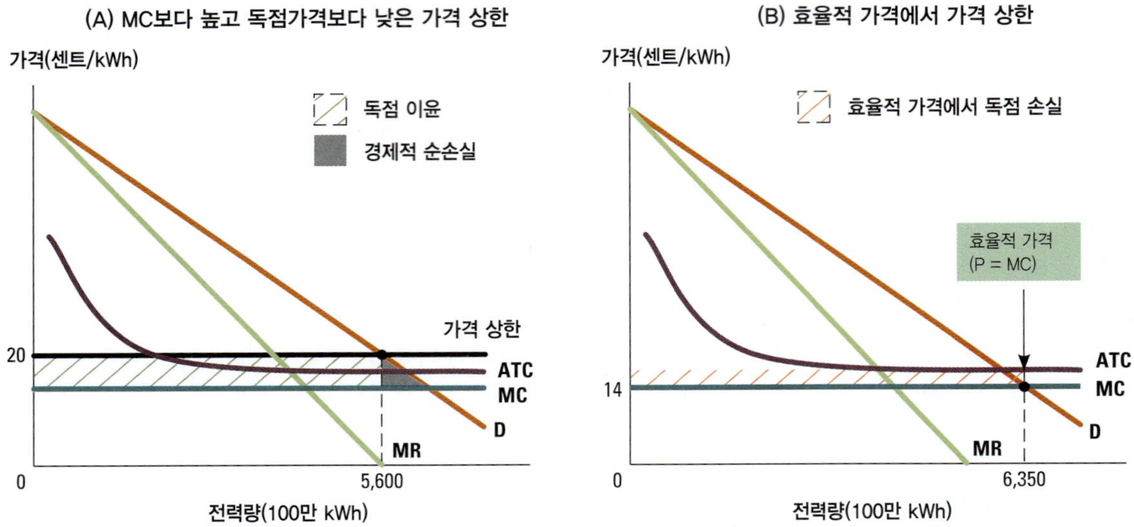

가격 상한(20센트)이 자연독점의 평균 총비용보다 높게 설정되면, 기업은 이윤을 극대화하기 위해 가격과 평균수입이 만나는 점에서 생산할 것이다. 약간의 경제적 순손실은 남아 있다.

경쟁시장에서 경제적 순손실은 없고 P = MC 점에서 효율적인 가격이 형성된다. 이 점에서 생산하는 공기업은 손실을 본다.

다. 물론 모든 기업이 이윤을 얻어야 한다는 규칙은 없다.(암트랙과 미국 우편 서비스 모두 2011년에 손실을 봤다.) 만약 비효율적인 공기업이 충분히 많은 사람들이 기꺼이 지불한 가격에 서비스를 제공할 수 없다면, 조세 수입으로 손실을 보충해야 계속 사업을 할 수 있다.

이러한 우려들로 인해 독점의 공공 소유는 흔하지 않다. 1980년대 이후 특히 유럽에서 항공사, 통신사, 공익사업과 같은 많은 정부 운영회사들이 민영화되고(즉, 사기업에 판매되었다) 대신 규제를 받는다.

규제. 정책입안자들이 공적 소유까지는 원치 않는 경우, 흔히 사용하는 중간 단계 방식은 자연독점의 행태를 규제하는 것이다. 규제 방식은 자연독점이 부과할 수 있는 가격을 통제하는 것이다. 공익 사업시장에서 종종 사용하는 방식이다. 예를 들어, 많은 정부가 사적 독점 기업들이 전기, 수도, 가스 공급을 하도록 허용하고 있으나 기업들이 부과할 수 있는 가격에 상한을 둔다.

이론적으로 이런 통제 방식은 공적 소유와 같은 효과를 가져올 수 있다. 가격 상한을 ATC에 맞춤으로써 규제자는 자연독점이 0의 경제적 이윤을 얻도록 하여 기업에 손실이 발생해 시장에서 퇴출하지 않도록 하면서 경제적 순손실을 가능한 한 적게 줄일 수 있다. 불행히도 현실은 이렇게 간단하지 않다. 기업들은 실제 생산비용에 관한 유용한 정보를 규제자에게 주는 것을 피하고자 하는 유인을 가지고 있다. 정보의 부족은 규제자가 적절한 가격 수준을 결정하는 것을 어렵게 만든다. 자연독점을 민영화하자는 논리는 유인과 관련되어 있다. 사기업은 공기업보다 혁신과 비용 절감을 통해 이윤을 증대하고자 하는 유인이 더 강하고, 이러한 절감은 소비자에게 낮은 가격으로 이어진다. 그러나 규제자가 가격을 너무 낮게 설정해 모든 비용 감소분이 소비자에게 간다면, 기업은 비용 절감 유인이 없을 것이다. 만약 규제자가 독점 기업의 비용을 회수하기에 충분하지 않은 수준에서 가격을 설정하면 기업들은 사업을 접게 될 것이다.

수직적 분리. 자연독점에 대한 흔한 또 다른 대응 방식은 산업을 '수직적으로' 분할하는 방법을 찾아 일부분에 경쟁을 도입하는 것이다. 독점을 '수평적으로' 분할해 동일한 제품을 판매하는 다수의 기업으로 만들기보다, '수직적' 분할은 본래 기업을 생산 과정에서 서로 다른 단계에서 영업하는 기업으로 분리한다. 예를 들어, 전기 공급은 자연독점이나 발전은 아니다. 뉴질랜드와 같은 나라의 정책입안자들은 전력산업을 수직적으로 분할해 공급에서 발전을 분리했다. 기업들이 발전에서는 경쟁하지만, 가정과 기업에 전기를 공급하기 위해서는 모두 동일한 망을 사용한다.

비슷하게, 영국 같은 나라에서는 철도산업을 수직적으로 분할했다. 열차 서비스를 제공하는 다수의 경쟁사들이 동일한 선로를 이용해 열차를 운행한다. 이는 다른 회사의 열차가 동시에 다른 방향으로 달리지 않도록 적극적인 규제가 필요하다. 이런 방식은 열차 서비스를 제공하는 회사와 선로를 관리하는 독점이 지연에 대한 책임을 서로에게 미루도록 할 수 있다는 비판도 있다.

무대응. 독점시장에 대한 다양한 개입 방식에 대한 찬반론을 보면, 일부 경제학자들은 독점에 대한 최선의 대응 방식은 때로는 전혀 대응하지 않는 것이라고 한다. 아무것도 하지 않는 것이 언제나 올바른 해결 방법이 될 수 있을까? 만약 규제를 만들기 너무 어렵거나 효과적으로 관리할 수 없다면 아무것도 하지 않는 것이 나을 수도 있다. 만약 정부의 시장 개입이 부패나 정치적으로 잘못 다루어질 수 있다면, 아무것도 안 하는 것이 나을 수도 있다. 이것이 독점력이 비효율성을 유발한다는 것을 부인하는 것은 아니다. 대신 때로는 개입으로 인해 유발되는 문제가 더 심각할 수 있다는 것이다.

✓ 개념 확인하기

- ❒ 왜 독점이 경제적 순손실을 유발하는가? **[LO 14.4]**
- ❒ 독점의 공적 소유가 가지는 잠재적 문제점은 무엇인가? **[LO 14.5]**

독점력과 가격차별

어떤 시장에서나 일부 소비자들은 시장가격보다 더 많이 지불하고자 할 것이다. 이들은 기꺼이 지불하고자 하는 가격보다 낮은 가격에 물건을 구매해 소비자 잉여를 얻는다. 만약 여러분이 기업을 운영한다면, 동일한 제품을 서로 다른 소비자에게 다른 가격에 팔 수 있기를 바라지 않을까? 지불 의사가 높은 소비자에게는 높은 가격을 매겨 그들의 소비자 잉여를 생산자 잉여로 전환시킬 수 있다. 기업이 독점력을 더 많이 가질수록, 더욱 이렇게 할 수 있다.

가격차별이란 무엇인가?

LO 14.6 기업이 가능하다면 가격차별을 하고자 하는 유인 설명하기

동일한 제품을 다른 가격에 판매하는 것을 **가격차별**이라고 한다. 이는 지불 의사에 따라 소비자들을 '차별하는 것'과 관련이 있다. 가격차별의 예는 우리 주변에 많다. 대중교통이나 영화표 구매 시 학생증을 보여주고 할인받아본 적이 있는가? 이것이 가격차별의 예다. 정상가를 지불한 사람들과 동일한 제품을 사지만 기업이 대체로 학생들의 지불 의사 액수가 낮다고 보기 때문에

가격차별 같은 상품에 대해 구입자에 따라 다른 가격을 부과하는 행위

할인을 받는다.

기업은 어떻게 동일한 제품을 서로 다른 소비자에게 다른 가격에 팔 수 있는가? 완전 경쟁시장에서는 가능하지 않다. 완전 경쟁시장에서 기업은 평균 총비용과 같은 가격에서 제품을 판매하고 0의 경제적 이윤을 얻는다. 학생들에게 할인가를 제공할 수 없다. 그렇게 하면 음의 이윤을 얻게 될 것이다. 일반인에게 더 높은 가격을 부과할 수도 없다. 그렇게 하면 경쟁사로 가버릴 것이기 때문이다.

완전 경쟁 모형에서 벗어나면 가격차별이 가능하다. 기업이 어느 정도 시장지배력을 갖게 될 때마다 소비자들의 다양한 지불 의사 액수를 이용할 방법을 찾는다. 예를 들어, 왜 옷가게에서 주기적으로 세일을 하는지 생각해보자. 이렇게 함으로써 2가지 가격을 부과할 수 있다. 새로운 상품이 출시됐을 때 그 상품을 사기 위해 기꺼이 더 많이 지불하고자 하는 소비자에게 높은 가격을 부과한다. 세일이 시작될 때까지 기다리는 소비자에게는 낮은 가격을 매긴다. 비슷한 방식으로 극장은 늦은 오후 시간대의 표를 싸게 판다. 이렇게 해서 가난하지만 시간은 많은 사람들을 낮 시간대로 끌어들인다. 바쁜 사람들은 대체로 저녁시간대에 더 높은 가격을 기꺼이 지불하려 하고, 지불할 능력도 있다.

기업이 독점력을 가질수록 더 가격차별을 할 수 있다. 예를 들어, 대학생들은 종종 매장이나 온라인을 통해 구매하는 경우보다 학교를 통해 컴퓨터 소프트웨어를 훨씬 싼 값에 구입할 수 있음을 알고 종종 놀란다.(학교 홈페이지를 확인해봐라. 할인을 찾을 수 있다고 확신한다.) 대학을 통해 워드, 엑셀, 파워포인트 같은 마이크로소프트 오피스 제품을 구매할 때 종종 반값에 살 수 있다.

가격차별 : 스페인어를 읽지 못하는 관광객은 더 많이 지불

Source: © The McGraw-Hill Companies, Inc./ Mark Dierker, photographer.

마이크로소프트 오피스는 'OpenOffice' 같은 오픈소스 대체재가 있지만 많은 사람들에게 이 제품은 가까운 대체재가 아니다. 이들 무료 제품은 오피스의 전 범위에 걸친 기능을 수행하지 못한다. 만약 마이크로소프트 오피스를 사용하는 다른 사람과 문서를 공유하려고 한다면 마이크로소프트 오피스가 필요하다.

마이크로소프트는 독점력을 사용해 서로 다른 그룹의 지불 의사 금액의 차이를 이용할 수 있다. 단순화를 위해 마이크로소프트가 오피스의 잠재적 고객으로 3개 그룹이 있다는 것을 안다고 가정하자: 학생은 75달러, 일반인은 150달러, 사업가는 225달러를 지불한 의사가 있다. 각 그룹별로 100만 명의 잠재적 소비자가 있으며, 〈그림 14-7〉에 정형화된 수요곡선으로 나타냈다. 각 가격에서 마이크로소프트가 팔 수 있는 수량에는 한계가 있다.

물론 현실에서는 그룹 내에서 사람들의 지불 의사 액수는 차이가 있다. 예를 들어, 어떤 학생은 75달러 이상 지불하려 하지만 다른 학생은 덜 지불하려 할 수 있다. 하지만 단순화를 위해, 일단은 모든 학생, 모든 일반인, 모든 사업가가 동일하다고 가정하자. 오피스를 생산하는 데는 5000만 달러의 고정비용이 발생하고(예를 들어 기술개발에 지불하는 비용), 가변비용은 사실상 0이라고 가정하자(0은 현실과 거리가 있지만 소프트웨어를 복사하는 비용은 많지 않다). 가변비용이 없기 때문에 마이크로소프트의 이윤은 단순히 TR−FC다.(가변비용이 0인 경우 한계비용도 0이다.)

그림 14-7
마이크로소프트 오피스에 대한 수요

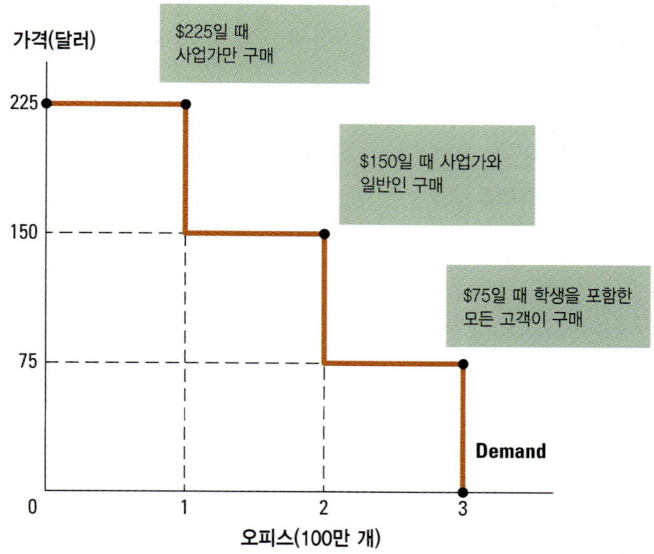

단순화된 수요곡선은 완벽하게 분리된 시장의 수요를 보여준다. 이 예에서 각 그룹의 모든 멤버는 동일한 지불 의사를 가지고 있다. 모든 사업가는 225달러 또는 그 이하, 모든 일반인은 150달러 또는 그 이하, 모든 학생은 75달러 또는 그 이하를 지불할 의사가 있다.

마이크로소프트는 오피스 가격을 어떻게 매기겠는가? 75달러를 가격으로 하면 300만 명의 잠재적 소비자들이 구매할 것이고, 이윤은 다음과 같다:

$$\begin{aligned} \text{이윤} &= TR - FC \\ &= (3{,}000{,}000 \times \$75) - \$50{,}000{,}000 \\ &= \$225{,}000{,}000 - \$50{,}000{,}000 = \$175{,}000{,}000 \end{aligned}$$

만약 마이크로소프트가 가격을 150달러로 하면 어떻게 되겠는가? 〈표 14-2〉에 나타나 있듯이 200만 명의 소비자만 구매할 것이다. 이 경우 기업의 이윤은 2억5000만 달러가 된다. 만약 225달러에 팔면, 100만 명의 사업가만 구매할 것이고 이윤은 1억7500만 달러가 된다.

마이크로소프트사가 단일 가격을 취해야 한다면 이윤을 극대화하기 위해서는 150달러를 선

표 14-2 가격차별을 하지 않는 경우 이윤

만약 마이크로소프트가 단일 가격을 매기는 경우, 최선의 선택은 150달러로 이 경우 극대화된 이윤은 2억5000 달러다. 하지만 이 선택은 75달러 이상 지불할 의사가 없는 학생 계층을 배제할 것이다.

가격(달러)	개수	총수입(달러)	고정비용(달러)	이윤(달러)
75	3,000,000	225,000,000	50,000,000	175,000,000
150	2,000,000	300,000,000	50,000,000	250,000,000
225	1,000,000	225,000,000	50,000,000	175,000,000

택해야 한다. 그러나 150달러에 판매함으로써 지불 의사 액수가 낮은 학생 소비자를 다 잃게 된다. 또한 사업가 소비자들이 지불했을 추가적인 75달러를 얻을 수 있는 기회를 놓친다. 만약 세 그룹 소비자들의 지불 의사 액수와 동일한 가격을 매길 수 있다면, 마이크로소프트사에 최고일 것이다. 이 경우 이윤은 다음과 같다.

$$\begin{aligned}\text{이윤} &= TR - FC \\ &= [(1{,}000{,}000 \times \$225) + (1{,}000{,}000 \times \$150) + (1{,}000{,}000 \times \$75)] - \$50{,}000{,}000 \\ &= \$450{,}000{,}000 - \$50{,}000{,}000 \\ &= \$400{,}000{,}000\end{aligned}$$

마이크로소프트가 학생에게는 좀 더 낮은 가격을, 사업가에게는 좀 더 높은 가격을 부과할 수 있다면 추가적으로 1억5000만 달러($400,000,000 − $250,000,000)의 이윤을 얻을 수 있다. 시장지배력을 가진 기업이 왜 가격차별을 하고 싶어 하는지 알 수 있다. 학생에게는 좋은 소식이다(적어도 독점가격 책정의 경우).

완전 가격차별. 소비자층을 학생, 일반인, 사업가 이렇게 세 그룹으로 나누는 것은 대략적인 차별 방법이다. 실제로는 3가지 유형의 소비자만 있는 것은 아니다. 수백만 명의 소비자들이 자신만의 지불 의사 액수를 가지고 있다. 마이크로소프트가 개별 소비자별로 그들의 지불 의사 액수와 동일한 가격을 정확하게 부과해 가격차별을 할 수 있다면 어떻겠는가?

〈그림 14-8〉은 많은 소비자들의 다양한 지불 의사 금액(3개 집단의 소비자가 아니라)을 나타내는 매끄러운 수요곡선을 나타낸다. (A)는 마이크로소프트가 가격차별을 하지 않는 경우—오피스의 가격을 150달러 단일 가격으로 하는 경우—를 나타낸다. 녹색으로 칠해진 면적이 이윤

그림 14-8

가격차별

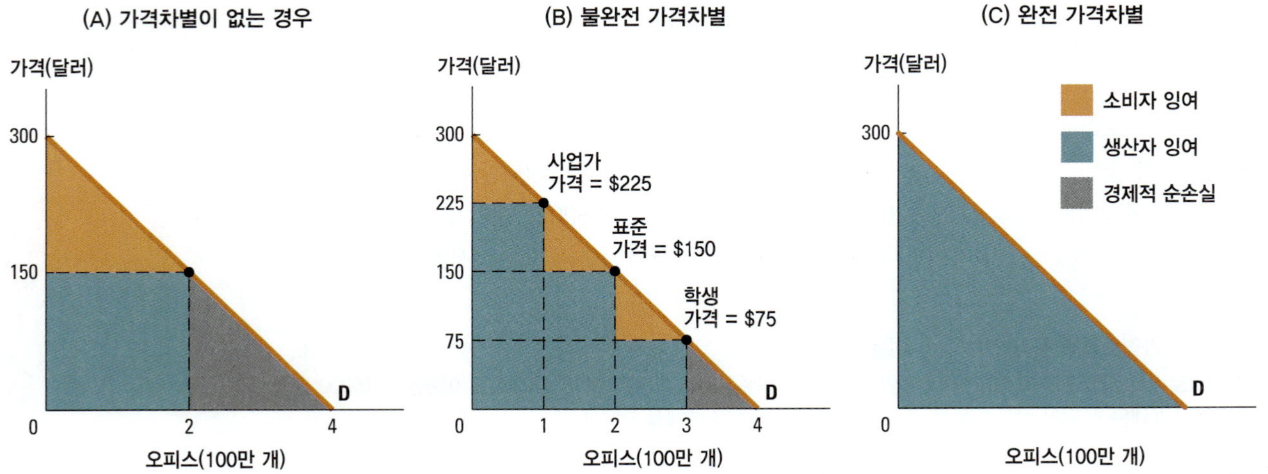

가격차별이 없는 경우, 마이크로소프트는 모든 소비자에게 단일 가격인 150달러를 부과한다.

불완전 가격차별을 하는 경우, 마이크로소프트는 학생과 다른 소비자들로부터 이윤을 얻는다. 그러나 모든 학생들이 동일한 지불 의사 액을 가지고 있지 않기 때문에 약간의 상호 이익이 되는 거래(회색으로 칠해진 영역)가 발생하지 않는다.

만약 마이크로소프트가 개별 소비자에게 지불 의사 액과 동일한 가격을 매기면, 회사는 모든 거래에서 이윤을 얻을 것이며 (A)에 표시된 경제적 순손실과 소비자 잉여가 사라진다.

을 나타낸다. 금색으로 칠해진 면적은 150달러 이상 지불할 의사가 있었던 소비자들이 얻게 되는 소비자 잉여를 나타낸다. 회색 면적은 경제적 순손실을 나타낸다. 이는 발생했더라면 상호 이득이 되었을 것이나 발생하지 않은 거래를 나타낸다. 오피스 가격이 150달러에서 0 사이였다면 기꺼이 구매했을 소비자들을 나타낸다.

〈그림14-8〉 (B)는 마이크로소프트가 세 그룹의 소비자들을 가격차별하는 경우를 나타낸다. 마이크로소프트의 이윤(생산자 잉여)을 나타내는 파란색으로 칠해진 영역의 크기는 증가된다. 동시에, 150달러 이상을 지불할 의사가 있는 소비자 그룹의 소비자 잉여는 감소한다. 그러나 $75~150 사이에서 지불할 의사가 있었던 소비자들은 약간의 소비자 잉여를 얻는다. 마지막으로 경제적 순손실은 $75~0 사이에서 발생할 수 있었으나 발생하지 못한 상호 이득이 되는 거래만큼 감소한다.

〈그림14-8〉 (C)는 마이크로소프트가 완전하게 가격차별할 수 있는 경우를 나타낸다. 마이크로소프트의 이윤을 나타내는 영역은 더 커진다. 소비자 잉여는 더 이상 발생하지 않는다. 모든 소비자는 자신의 지불 의사액과 동일한 가격을 지불한다. 소비자 잉여는 모두 생산자 잉여로 전환된다. 하지만 경제적 순손실도 발생하지 않는다. 대신 모든 가능한 상호 이익이 되는 거래가 발생한다. 즉 시장이 효율적이다. 기업이 더욱 완전하게 가격차별을 하게 될수록, 더 많은 이윤이 발생하고 시장은 더욱 효율적이 된다. 효율성은 잉여의 배분—소비자에게 잉여가 가야 하느냐 생산자에게 가야 하느냐를 포함—에 대해서는 아무런 언급이 없고 단지 총잉여가 극대화되었는지 여부만 본다.

그런데 왜 독점은 개별 소비자에게 상이한 가격을 매기지 않는 것인가? 다음에서 볼 수 있듯이 이런 방식에는 분명한 문제점들이 있다.

현실에서의 가격차별. 현실에서 가격차별을 하려고 하는 경우, 첫 번째 문제는 소비자를 구분하는 것이다. 마이크로소프트의 가격차별 전략은 누군가 단순히 '나는 학생이다'라고 하면 더 낮은 가격이 부과되는 경우 제대로 작동하지 않는다. 기업은 누가 학생인지 확인할 수 있는 방법이 필요하다. 이 문제를 피하기 위해, 마이크로소프트는 대학과 계약을 맺어 대학이 누가 학생인지 파악할 책임을 지도록 한다. 일반적으로 학생들은 할인된 가격에 소프트웨어를 구매하기 위해 대학 웹사이트를 통해 학번이나 다른 입증 방법을 입력해야 한다. 비슷하게 매표소에서 학생 할인표를 구매하고자 하는 경우 학생증을 제시하라는 요구를 받을 것이다.

가격차별을 하고자 하는 기업이 직면하는 두 번째 문제는 많은 제품이 재판매될 수 있다는 것이다. 여러분이 알고 있는 누군가가 150달러에 마이크로소프트 오피스를 구매하려고 할 때 학생 중 일부가 더 낮은 가격에 학생용을 구매해 불법적으로 더 높은 가격에 재판매하고 싶어 할 수 있다. 이런 문제를 방지하기 위해, 부정행위를 하는 사람들을 처벌할 수 있는 방법이 있어야 한다. 그래서 마이크로소프트는 사업용으로 학생용 오피스를 사용하는 경우 법적으로 대응한다. 마찬가지로, 극장은 학생들이 학생표를 대량 구매해 학생이 아닌 사람들에게 판매하는 것을 막을 수 있는 방법이 필요하다. 예를 들어, 학생표를 가지고 입장하기 전에 학생증을 보여달라고 요구할 수 있다.

많은 재화들이 소프트웨어나 극장표처럼 쉽게 추적할 수 있는 것은 아니다. 만약 애플이 아이폰을 18세 미만인 소비자에게 50% 할인을 한다고 가정해보자. 이 방법은 18세 미만의 많은 소비자들이 아이폰을 사고 싶어 하나 정가를 지불할 능력이 안 되는 경우 이윤을 증대시키는 좋은 방법처럼 보일 수 있다. 그러나 고등학생이 아이폰을 사서 어른들에게 이득을 남기고 재판매해 돈을 벌 수 있을 것이다. 18세가 넘는 소비자 중 누구도 애플에서 직접 구매하려고 하지 않을 것이므로 상이한 가격을 제시할 유인이 없다.

완전 가격차별을 하고 싶어 하는 기업이 직면하는 어려움은 엄청나다. 개별 소비자의 마음을 읽고 얼마까지 기꺼이 지불하려고 하는지에 대한 정확한 느낌을 가질 수 있어야 한다. 마이크로소프트가 잠재적인 소비자의 마음을 읽고 기꺼이 지불하고자 하는 액수와 동일한 가격을 부과하고 싶어 하지만 이는 사실상 불가능하다.

가격차별을 시행하는 사람들은 가격을 정하기 전에 소비자들을 아주 잘 파악한다. 다른 관점에서 보기의 '인력거 타기: 가격차별과 비대칭 정보'를 읽어보자.

다른 관점에서 보기

인력거 타기: 가격차별과 비대칭 정보

관광지에서는 관광객들에게 엄청나게 높은 가격을 부과한다. 인도에서 택시와 인력거 운전자들이 특히 외국인처럼 보이거나, 부자처럼 보이거나, 뭔가 뭔지 모르는 듯 보이는 승객에게 현지인보다 아주 높은 요금을 받는 것으로 유명하다. 이로 인해 인력거 운전자와 외국인 관광객들이 엉터리 영어와 즉석에서 만든 수화를 섞어 요금에 대해 흥정하는 끊임없는 대치 상황이 발생한다. 이 상식의 근저에 있는 경제학적 힘은 무엇인가?

한 가지 설명 방법은 관광객들이 심한 정보의 비대칭성으로 인해 피해를 본다는 것이다. 관광객들은 종종 목적지가 얼마나 멀리 있는지, 표준적인 '현지' 가격이 얼마나 되는지 전혀 모른다. 운전자들이 관광객들보다 '공정한' 가격에 대해 더 잘 알기 때문에 수입을 증대시키기 위해 정보의 비대칭성을 이용할 수 있다.

현지인과 관광객 지불 가격의 차이를 가져오는 또 다른 요인은 이들의 지불 의사액이 다르다는 것이다. 부유한 국가에서 온 관광객들은 대체로 대부분의 인도인들보다 동일한 재화와 서비스에 대해 기꺼이 더 많이 지불할 의사가 있다. 100루페가 현지인이 지불하는 가격의 2배 이상일지라도 뉴욕에서 온 사람은 100루페(약 2달러)에 인력거를 타고 델리를 돌아다는 것이 아주 싸다고 생각할 수 있다(뉴욕에서라면 25달러가 들 수 있다).

왜 운전자들 간 경쟁으로 인해 요금이 경쟁 수준으로 떨어지지 않는 것일까? 가격차별은 시장지배력을 가진 생산자만 사용할 수 있었다. 한 명의 인력거꾼은 시장에서 별다른 영향력이 없을 것이지만 특정 지역 내 인력거꾼들은 종종 카르텔(Cartel, 유사 산업 분야의 담합 형태)처럼 운영한다. 경쟁을 하기보다는 서로 가격을 깎지 않겠다는 지속적인 합의가 있다.

그러나 관광객들이 불만스러워할 날도 얼마 남지 않았다. 인도의 점점 더 많은 도시에서 인력거꾼들에게 가격차별에 치명적인 방식인 요금 미터기를 사용하도록 하고 있다.

✓ 개념 확인하기

- ❒ 기업이 가격차별 유인이 있는 이유는 무엇인가? **[LO 14.6]**
- ❒ 완전 가격차별에 대한 실제적인 장애 요인을 나열하라. **[LO 14.6]**

결론

독점은 경쟁시장에서의 가격보다 높은 수준에서 가격을 유지하기 위해 시장지배력을 사용하여 소비자 잉여를 양의 경제적 이윤으로 바꾸고 사회적 총후생을 낮춘다. 이는 후생을 증진시키기 위해 독점을 규제하거나 분할하고자 하는 정책입안자들에게 까다로운 문제가 된다. 실질적으로 더 많은 비효율성을 유발하지 않고 이 목적을 달성하는 것은 어렵다. 독점과 관련된 문제를 해결하기 위한 정책들은 가격을 잘못된 수준에 설정하거나 자연독점을 분할해 가격을 높이는 것과 같은 위험에 직면한다.

진짜 완전 독점인 경우는 거의 없기 때문에 어려운 상황은 더욱 복잡해진다. 대신 많은 시장이 완전 독점에서 완전 경쟁까지의 스펙트럼에서 어느 정도 시장지배력을 가진 기업을 포함한다. 이러한 범위에 있는 시장을 '불완전 경쟁적'이라고 한다. 불완전 경쟁시장구조의 작은 차이가 기업들이 어떻게 행동하는지에 큰 차이를 만들 수 있다. 이러한 차이는 정책입안자에게 어려움을 줄 수 있다. 다음 장에서, 불완전 경쟁의 2가지 형태를 살펴볼 것이다.

주요 용어

가격차별 p.399 독점 p.382 자연독점 p.384

요약

LO 14.1 독점이 존재하는 이유를 열거하고 어떻게 진입 장벽을 만드는지 설명하기

독점시장의 주요 특성은 독점 기업 이외 다른 기업이 시장으로 진입하는 것을 막는 장벽이 있다는 것이다. 진입 장벽은 다음과 같은 4가지 형태를 띤다: 희소한 자원, 규모의 경제, 정부 개입, 주도적인 기업의 공격적인 사업 전술.

주요 자원이나 투입요소의 희소성은 시장에 진입하기 위해 필요한 자원을 얻기 어렵다는 것을 의미한다. 시장에서 규모의 경제 효과가 큰 경우, 기업들의 진입 유인이 없다. 왜냐하면 독점보다 더 높은 생산비용이 발생하기 때문이다. 어떤 독점은 공적 소유나 지적 재산의 보호를 통해 정부의 힘에 의해 만들어지거나 유지된다. 마지막으로 어떤 독점은 더 작은 규모의 기업들이 시장에 발을 디딜 수 없도록 자신의 규모와 공격적인 전술을 사용한다.

LO 14.2 독점이 수요에 의해 제약을 받는 이유 설명하기

시장에 존재하는 유일한 기업으로서 독점은 시장 수요곡선에 의해 자신이 팔 수 있는 가격-수량 조합에 제약을 받는다. 다른 조건이 일정할 때, 가격이 증가함에 따라 수요량은 감소한다. 독점은 수요곡선상에 있는 어떤 가격-수량 조합도 선택할 수 있지만 곡선 밖에 있는 점은 선택할 수 없다. 이는 소비자들이 주어진 가격에서 수요하고자 하는 것보다 더 많이 또는 더 적게 사도록 하는 것이기 때문이다.

LO 14.3 독점의 이윤을 극대화하는 가격과 생산량 계산하기

독점은 경쟁시장의 기업과 같은 방식으로 이윤을 극대화하는 생산량을 결정한다. 즉, 한계수입과 한계비용이 일치하는 생산량을 생산한다. 가격은 수요곡선상에서 이윤을 극대화하는 생산량에 대응하는 가격이다. 그러나 경쟁시장의 기업과 달리, 독점가격은 한계수입보다 높으며, 따라서 이윤 극대화점에서 한계비용보다 높다. 이는 독점이 양의 경제적 이윤을 획득함을 의미한다.

LO 14.4 독점으로 인한 총사회 경제적 순손실 계산하기

경쟁시장에서 균형가격과 수량은 총잉여를 극대화한다. 그러나 독점의 이윤 극대화 생산량은 경쟁시장의 효율적 수량보다 적다. 이는 소비자 잉여는 더 낮은 반면, 총잉여가 극대화되지 않고 생산자 잉여가 경쟁적 수준보다 높음을 의미한다. 독점으로 인한 경제적 순손실은 완전 경쟁 시 총잉여에서 독점 시 총잉여를 뺀 것과 같다.

LO 14.5 독점에 대응하는 일반적인 공공정책의 찬반론 논하기

정책입안자들은 현존하는 독점을 분할하거나, 새로운 독점이 형성되는 것을 막거나, 독점력이 소비자에게 미치는 영향을 줄이기 위해 다양한 정책 수단을 개발해왔다. 경쟁법은 정부가 반경쟁적 행위를 하는 기업에 소송을 제기하고 시장지배력을 지나치게 높이는 합병을 막을 수 있도록 한다. 자연독점의 공적 소유는 규모의 경제로 인한 비용 이점은 유지하나, 품질 개선과 비용 절감을 견인할 수 있는 이윤 동기를 없앤다. 가격 규제는 가격을 일정 수준으로 유지하면서 자연독점의 비용 이점을 유지할 수 있으나, 실제로는 올바른 수준의 가격을 설정하는 것이 어렵다. 어떤 경우에는 아무것도 하지 않는 것이 실제로는 독점에 대한 최선의 대응일 수 있다.

LO 14.6 기업이 가능하다면 가격차별을 하고자 하는 유인 설명하기

가격차별은 동일한 제품에 대해 소비자에게 상이한 가격을 부과하는 것이다. 가격차별은 기업이 개별 소비자의 지불 의사액과 근접한 가격을 개별 소비자에게 부과할 수 있도록 해 소비자 잉여를 생산자 잉여로 전환시키고 기업의 이윤을 증가시킨다.

복습문제

1. 경쟁이 기업에 혁신하고 더욱 비용 효과적인 생산 방식을 찾고자 하는 유인을 제공해 비용을 절약시킨다면, 왜 어떤 시장에서는 경쟁자 없이 단일 기업이 경쟁에 직면했을 때보다 더 낮은 비용에 생산을 하겠는가? **[LO 14.1]**
2. 어떤 도시에 핏 펀(Fit Fun)이라고 하는 한 개의 기업이 모두 소유한 피트니스센터 체인이 있다고 가정하자. 새로운 기업이 이 도시에 피트니스센터를 개장할까 고민 중이다. 핏 펀이 독점을 유지하기 위해 사용할 수 있는 공격적인 전술의 예를 제시하라. **[LO 14.1]**
3. 드비어스와 지역 수도회사는 다이아몬드시장과 수도시장에서 각각 독점 기업이다. 두 독점이 가격을 15% 올리기로 결정하면 어떤 기업의 총수입이 하락하겠는가? 그 이유는? **[LO 14.2]**
4. 이전에는 경쟁시장이던 시장에 한 기업이 생산 독점권을 받았다. 이 시장의 수요는 변하지 않았으나 모든 소비자들이 동일한 생산자로부터 구매해야 할 때, 새로운 독점 기업이 시장이 경쟁적이었을 때보다 덜 생산하는 이유는 무엇인가? **[LO 14.2]**
5. 한 발명가가 부작용 없이 사람들의 눈 색깔을 바꿀 수 있는 새로운 화학물질을 발견했다고 가정하자. 이 발명가는 이 화학물질에 대해 특허권을 갖고 있기 때문에 새로운 눈의 색을 바꾸는 제품에 대한 독점을 갖고 있다. 그러나 이 사람은 발명가일 뿐 사업가는 아니다. 이 사람이 이윤을 극대화하기 위해서는 눈의 색을 바꾸는 제품의 가격을 어떻게 설정해야 하는지 설명하라. **[LO 14.3]**
6. 독점 기업이 새로운 장비를 구입해야 하고 고정비용이 증가되었다고 가정하자. 이 경우 독점의 이윤을 극대화하는 생산량과 이윤은 어떻게 되겠는가? **[LO 14.3]**
7. 1980년대까지 AT&T는 통신 서비스시장을 독점하고 있었다. AT&T가 전국적인 통신망을 설치하는 고정비용으로 인해 규모의 경제 효과가 크기 때문에 자신은 자연독점이고, 독점으로 인한 경제적 순손실이 없다고 주장한다고 가정하자. 자연독점이 어떻게 경제적 순손실을 유발할 수 있는지 설명해 이 주장을 반박하라. **[LO 14.4]**
8. 여러분이 시장 후보에게 자문을 하고 있다고 가정하자. 이 후보의 공약은 독점가격으로 인해 소비자가 피해를 보기 때문에 독점 공급자에 대한 강한 반대를 포함하고 있다. 이 후보에게 어떤 독점 기업은 그냥 놔두는 것이 나을 수 있다는 다른 관점을 제시하라. **[LO 14.4]**
9. 국회에서 모든 독점은 평균 총생산비용 이상 가격을 매길 수 없다는 법을 제정하려고 한다. 국회의원에게 이 방법의 찬반 의견을 설명하라. **[LO14.5}**
10. 국회에서 모든 독점에 경쟁시장에서의 가격인 효율적인 가격을 설정하도록 하는 법을 제정하려고 한다. 국회의원에게 이 법이 통과되면 자연독점에 보조금을 줘야 하는 이유를 설명하라. **[LO 14.5]**
11. 한 작은 마을에 라이브 공연을 하는 극장과 인도 음식점이 하나씩 있다. 극장과 인도 음식점 중 어디가 가격차별하기 더 수월하겠는가? **[LO 14.6]**
12. 미술관에서 어린이, 학생, 일반인, 노인들에게 상이한 입장료를 받지만 기념품 가게에서는 모든 소비자 그룹이 동일한 가격을 지불한다. 미술관이 입장료는 가격차별하면서 기념품은 가격차별을 하지 않는 이유를 설명하라. **[LO 14.6]**

응용문제

1. 미국의 우편 서비스는 소비자 우편함 접근에 대한 배타적인 권리를 통해 부분적으로 독점을 유지한다. 희소한 자원, 규모의 경제, 정부 개입, 공격적 전술 중 어떤 유형의 진입 장벽이 이 상황을 잘 설명하는가? **[LO 14.1]**
2. 다음 중(만약에 있다면) 어떤 시나리오가 자연독점의 결과인가? **[LO 14.1]**
   a. 유전자적으로 조작된 종자에 대한 특허권자는 파종 기간 사이에 종자를 모은 농부에게 소송을 제기할 수 있도록 허용되어 있다.
   b. 미국에서 의사들은 의사 면허 없이 진료할 수 없다.
   c. 볼티모어에서 필라델피아까지 철도 서비스를 한 회사가 제공한다.
   d. 석탄 매장량이 많은 국가에서 석탄은 주요 에너지원이다.
3. 까다로운 인증 조건으로 인해 네이처 크런치는 친환경적이지 않은 농산물이 많이 생산되는 지역에 유일하게 인증받은 친환경 농산물 생산자다. 이윤 극대화 관점에서 네이처 크런치가 정부에 로비를 벌여 친환경 인증 조건을 완화시키는 것이 나은가, 아니면 가게에 친환경이라는 표시를 분명하게 하도록 하는 것이 나은가? **[LO 14.2]**
4. 네이처 크런치는 친환경적이지 않은 농산물이 많이 생산되는 지역에 유일하게 인증받은 친환경 농산물 생산자다. 다음 중 어떤 시나리오가 네이처 크런치의 이윤을 증대시키겠는가? 해당되는 것을 모두 골라라. **[LO 14.2]**
   a. 화학적으로 처리된 식물에 영향을 미치는 병충해
   b. 화학적 살충제 비용의 증대
   c. 화학적으로 처리된 식물의 환경적 폐해에 대한 새로운 보고서
   d. 친환경 농산물과 친환경적이지 않은 농산물 간에 영양상 차이가 없다는 새로운 보고서
5. 〈표 14P-1〉은 독점 기업의 수요와 한계비용을 나타낸다. **[LO 14.3]**
   a. 총수입(TR)과 한계수입(MR) 칸을 채워라.
   b. 이윤 극대화 생산량은 얼마인가?
   c. b에서 구한 생산량에서 가격은 얼마인가?
6. 〈표 14P-2〉는 독점 기업의 수요와 한계비용을 나타낸다. **[LO 14.3]**
   a. 총수입(TR)과 한계수입(MR) 칸을 채워라.
   b. 이윤 극대화 생산량은 얼마인가?
   c. b에서 구한 생산량에서 가격은 얼마인가?

표 14P-1

Q	P(달러)	TR(달러)	MR(달러)	MC(달러)
0	10			—
1	9			2
2	8			2
3	7			2
4	6			2
5	5			2
6	4			2
7	3			2
8	2			2
9	1			2
10	0			2

표 14P-2

Q	P(달러)	TR(달러)	MR(달러)	MC(달러)
0	8			—
1	7			1
2	6			2
3	5			3
4	4			4
5	3			5
6	2			6
7	1			7
8	0			8

7. 〈그림 14P-1〉은 독점 기업의 수요곡선, 한계수입, 한계비용을 나타낸다. **[LO 14.3, 14.4]**
   a. 이윤을 극대화하는 생산량은 얼마인가?
   b. a에서 구한 생산량에서 독점가격은 얼마인가?
   c. 독점생산/가격에서 효율성 비용(경제적 순손실)은 얼마인가? 숫자로 답하고 그래프에 이 영역을 표시하라.
   d. 독점생산/가격에서 소비자 잉여는 얼마인가? 그래프에 이 영역을 표시하라.
   e. 독점 결과와 효율적 결과를 비교했을 때 소비자 잉여 손실은 얼마인가? 숫자로 답하라.

그림 14P-1

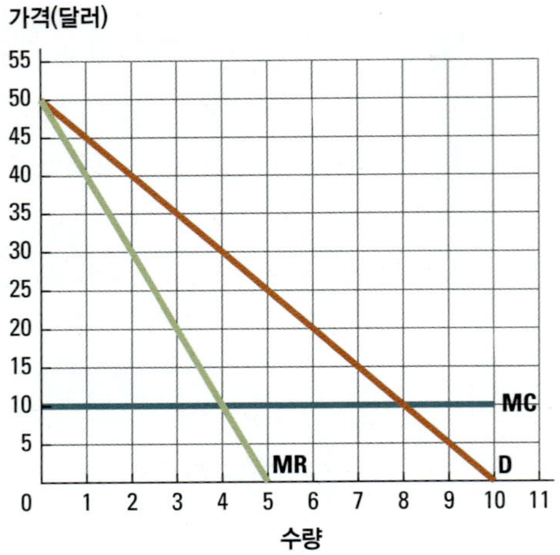

그림 14P-2

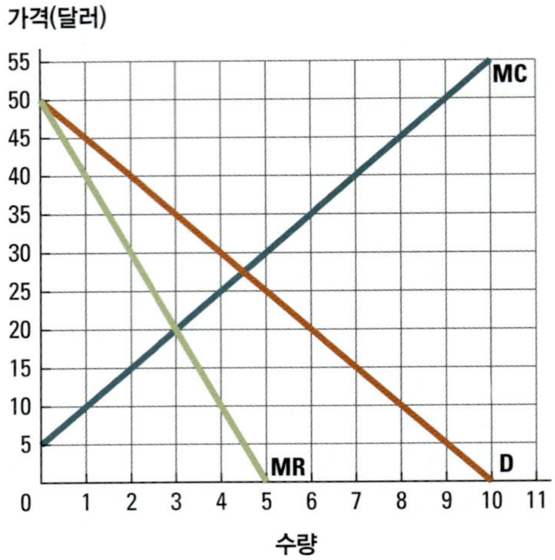

8. 〈그림 14P-2〉는 독점 기업의 수요곡선, 한계수입, 한계비용을 나타낸다. **[LO 14.3, 14.4]**
   a. 이윤을 극대화하는 생산량은 얼마인가?
   b. a에서 구한 생산량에서 독점가격은 얼마인가?
   c. 독점생산/가격에서 효율성 비용(경제적 순손실)은 얼마인가? 숫자로 답하고 그래프에 이 영역을 표시하라.
   d. 독점의 생산/가격에서 소비자 잉여는 얼마인가? 그래프에 이 영역을 표시하라.
   e. 독점 결과와 효율적 결과를 비교했을 때 소비자 잉여 손실은 얼마인가? 숫자로 답하라.
9. 〈그림 14P-3〉을 이용해 다음 질문에 답하라. **[LO 14.5]**
   a. 독점가격하에서 이윤은 양의 값을 갖는가, 음의 값을 갖는가, 아니면 0인가?
   b. 정부가 가격을 평균 총비용에 맞추는 규제(P=ATC)를 하는 경우, 이윤은 양의 값을 갖는가, 음의 값을 갖는가, 아니면 0인가?
   c. 정부가 효율적인 가격 수준으로 규제하는 경우, 이윤은 양의 값을 갖는가, 음의 값을 갖는가, 아니면 0인가?
   d. 이 기업은 자연독점인가?
10. 〈그림 14P-4〉를 이용해 다음 질문에 답하라. **[LO 14.5]**
   a. 이 독점 기업이 규제를 받는다면, 평균 총비용 규제(P=ATC)와 효율적 가격 규제 중 어떤 것을 선호하겠는가?
   b. 이 기업은 자연독점인가?
11. 독점 기업이 완전 가격차별할 수 있는 방법을 발견했다고 가정하자. 이 경우 소비자 잉여는 얼마인가? 효율성 비용

그림 14P-3

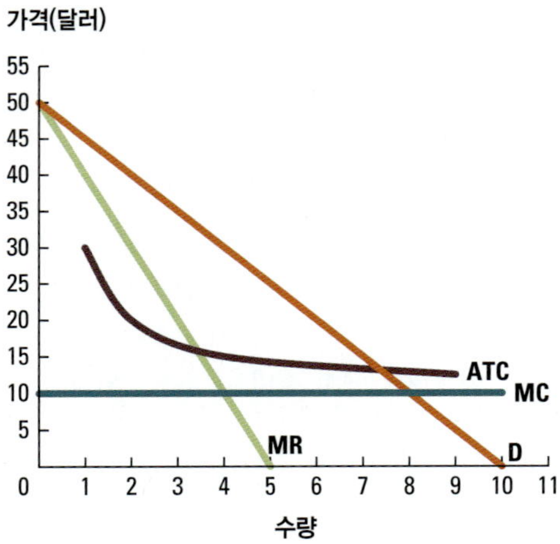

그림 14P-4

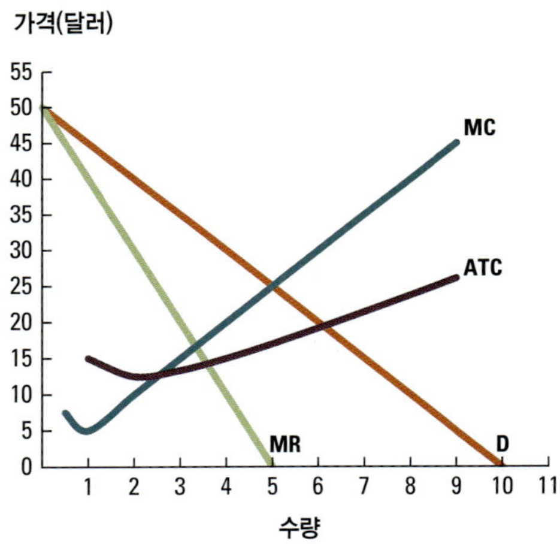

은 얼마나 발생하는가? **[LO 14.6]**

12. 대학교 음악당에서 개최되는 음악회에 다음과 같은 세 유형의 소비자가 온다고 가정하자: 학생, 직원, 교수. 각 그룹은 표에 대한 상이한 지불 의사액을 갖고 있다. 각 그룹 내에서 지불 의사액은 동일하다. 음악회를 개최하는 고정비용 1000달러가 발생하고 가변비용은 없다. **[LO 14.6]**

    각 콘서트에 대해

    - 20달러까지 지불할 의사가 있는 학생 140명
    - 35달러까지 지불할 의사가 있는 직원 200명
    - 50달러까지 지불할 의사가 있는 교수 100명

    a. 음악당에서 단일 가격만 부과할 수 있다면, 가격을 얼마로 책정해야 하는가?
    b. 이 가격에서 이윤은 얼마인가?
    c. 음악당에서 가격차별을 할 수 있어 학생용 가격과 직원/교수용 가격 이렇게 두 종류의 가격을 책정할 수 있다면, 이윤은 얼마인가?
    d. 음악당에서 완전 가격차별을 할 수 있어 학생, 직원, 교수 각각에게 다른 가격을 매길 수 있다면 이윤은 얼마인가?

참고문헌

http://www.nytimes.com/2008/08/09/business/worldbusiness/09nocera.html?_r=1&ref=business

http://www.idexonline.com/portal FullNews.asp?id=27380

http://www.theatlantic.com/doc/198202/diamond

http://articles.latimes.com/2007/aug/26/world/fg-guards26?pg=1

http://www.washingtonpost.com/wp-dyn/content/article/2008/10/29/AR2008102903505.html

http://www.nytimes.com/1997/07/01/business/office-depot-and-staples-merger-halted.html?pagewanted=1

http://money.cnn.com/2000/08/25/europe/diamonds/

http://newsandinsight.thomsonreuters.com/Legal/News/2011/12_-_December/Court_affirms_$295_million_De_Beers_settlement/

◀ 세계의 모바일 윈도우–이 장의 내용과 관련된 응용사례를 찾으려면 여러분의 스마트폰으로 이 코드를 스캔하라. (QR코드 리더가 필요하면, 여러분의 앱스토어에서 ScanLife를 활용하라.)

여러분의 모바일 앱스토어를 방문하여 Karlan and Morduch Study Econ app.을 다운로드 하라. ▶

Chapter 15

독점적 경쟁과 과점

학습목표

LO 15.1 과점과 독점적 경쟁을 정의하는 특성 열거하기

LO 15.2 단기 독점적 경쟁 기업의 이윤 극대화 가격과 수량 계산하기

LO 15.3 장기 독점적 경쟁시장 설명하기

LO 15.4 독점적 경쟁의 후생비용 분석하기

LO 15.5 제품 차별이 광고와 브랜드 만들기에 미치는 영향 설명하기

LO 15.6 과점 기업의 전략적 생산 결정 설명하기

LO 15.7 과점 기업들의 담합 유인과 담합이 유지되지 못하는 이유 설명하기

LO 15.8 과점시장에서 생산자 후생, 소비자 후생, 사회 전체 후생을 독점과 완전 경쟁 경우와 비교하기

다음 중 어떤 것들이 다른 것들과 마찬가지인가?

음악가 토비 키스, 비요크, 카니예 웨스트의 공통점은 무엇인가? 약간의 힌트를 주면 드레이크가 데스 캡 포 큐티와 트레이시 채프먼과 공통되는 것과 같은 것이다. 또한 샤키라와 밥 딜런의 공통점이고 디셈버리스츠와 롤링 스톤스의 공통점이다.

각 그룹의 아티스트는 미국 음악시장의 80% 이상을 차지하는 4개 주요 음반사에 속해 있다. 유니버설 뮤직(유니버설), 소니 뮤직 그룹(소니), 워너 뮤직 그룹(워너), EMI 그룹(EMI) 이렇게 4개의 음반사는 각각 10%에서 30%의 시장을 점유하고 있다. 만약 음반을 발매한 성공적인 음악가가 되고 싶다면, 이들 음반사 중 한 곳과 일할 때 성공 가능성이 훨씬 높다.

항상 이랬던 것은 아니다. 1950년대와 1960년대에는 작은 음반사를 통해 이름을 알린 유명한 스타들이 많았다. 샘 필립스라는 앨라배마 라디오 진행자가 멤피스에서 저렴한 가게 앞 공간에서 선 레코드를 시작했다. 곧 이 사람은 당시에 무명이었던 엘비스 프레슬리, 조니 캐시, 비비 킹과 계약을 했다. 포드사의 어셈블리 라인에서 일하던 베리 코디는 디트로이트에서 소액의 가계 대출로 모타운 레코드를 만들어 마빈 게이, 스티비 원더 같은 스타를 만들어냈다. 지난 10년간 인터넷으로 인해 음악 배포 방식에 대변혁이 일어남에 따라 4개 주요 음반사와 독립적인 새로운 방식으로 음악가들이 스스로 홍보할 수 있게 되었다. 그러나 여전히 록앤롤 초기 시절처럼 작은 음반사에서 성공하는 음악가는 흔하지 않다.

13장과 14장에서는 시장구조의 극단적 형태인 독점과 완전 경쟁에 대해 공부했다. 이 장에서는 음악산업—예나 지금이나—이 왜 이 두 모형에 적합하지 않은지 알아볼 것이다. 대신, 음악

산업은 다소 경쟁적이지만 완전 경쟁적이지 않은 시장이다. 이런 형태의 시장구조는 현실에서 아주 흔하다.

특히 **불완전 경쟁**적인 두 유형의 시장구조를 살펴볼 것이다. 하나는 독점적 경쟁이고 다른 하나는 과점이다. 이들 시장구조가 상호 배타적인 것은 아니다. 앞으로 보겠지만, 음악산업을 포함한 많은 산업이 두 시장의 특성을 모두 가지고 있다.

시장구조를 이해하는 것은 성공적으로 사업을 운영하는 데 핵심적이다. 사업가는 가격을 어느 정도 재량적으로 설정할 수 있는지, 다른 기업의 행태에 얼마나 관심을 가져야 하는지 알기 위해 어떤 유형의 시장에 속해 있는지 알아야 한다. 경쟁 압력이 얼마나 강한지, 어떤 유형의 경쟁에 직면하는지에 따라 사업 전략이 달라질 것이다. 시장구조를 이해하는 것은 소비자나 정책입안자로서 좋은 선택을 하고자 할 때도 가치가 있다. 예를 들어, 기업의 광고 선택을 이해하거나, 언제 '반경쟁적'인 사업 관행을 규제하는 것이 좋은지 결정하는 데 도움이 된다. 이 장에서 소개할 개념은 사업가, 소비자, 정책입안자들이 직면한 선택을 이해하는 데 도움이 될 것이다.

어떤 종류의 시장인가?

음악산업은 어떤 종류의 시장인가? 이 질문은 음반사 중역에서부터 소비자, 법무부 반독점 전문 변호사에 이르기까지 모든 사람에게 50억 달러짜리 질문이다. 답을 하기 위해 시장구조의 범위를 정의하는 2가지 특성인 기업의 수와 제품의 다양성에 초점을 맞출 것이다.

우선 기업의 수로부터 시작해보자. 〈그림 15-1〉은 음악산업에서 4개 음반사가 지배적이라는 것을 보여준다. 이 음반사 중 어느 한 회사도 드비어스가 20세기 다이아몬드시장을 지배했던 식으로 산업을 지배할 만큼 충분히 크지는 않다. 이는 음악산업이 독점은 아니라는 것을 보여준다.

그림 15-1

음악산업의 시장점유율 음악산업은 4개 거대 기업이 지배한다. 이들 기업의 음반 판매액은 시장의 80%를 넘는다. 기업의 규모가 워낙 커서 이들 기업의 행동이 전체 음악시장에 영향을 미친다.

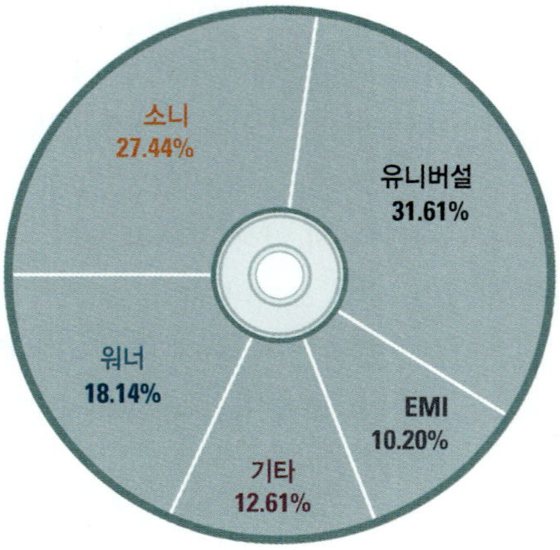

완전 경쟁적이지도 않다. 소수의 거대 기업에 의해 시장이 장악되고 있기 때문이다. 또한 다양한 제품을 포함하고 있다. 수천 개의 작은 음반사가 경쟁을 하고 있을지라도 음악은 표준화된 제품이 아니기 때문에 이 시장은 완전 경쟁적이지 않다. 카니예 웨이스트 음반이나 더 신의 음악 파일은 비슷한 점이 많다. 둘 다 공통적인 디지털 인코딩 포맷으로 데이터 압축 기술을 사용해 음악을 디지털화한 것이다. 재생하면 둘 다 악기와 사람의 소리를 낸다. 이 둘은 음악산업이라는 동일 산업에 있는 제품으로 간주해도 될 만큼 충분히 비슷하다. 그러나 분명히 표준화된 제품은 아니다. 적어도 두 음악가의 팬들에게는 그렇다.

소수의 거대 기업과 제품의 다양성이라는 음악산업의 2가지 특징이 독점과 완전 경쟁이라는 극단적 모형 사이에 놓인 2가지 시장구조를 정의하는 특징이다. 과점과 독점적 경쟁이라고 하는 시장구조는 현실에서 흔하다. 많은 산업에서 두 모형의 특징이 발견되지만, 각 모형을 개별적으로 이해해 기업이 어떻게 행동하는가에 대한 효과적인 예측을 할 수 있다.

과점과 독점적 경쟁

LO 15.1 과점과 독점적 경쟁을 정의하는 특성 열거하기

과점은 소수의 기업이 존재하는 시장이다.(어원은 '소수의 판매자'라는 그리스어에서 유래한다.) 기업은 완전히 표준화되었을 수도 그렇지 않았을 수도 있으나, 비슷해서 경쟁 관계에 있는 재화나 서비스를 판매한다. 과점의 예로 무선통신 사업자(미국 시장은 AT&T, Verizon, T-Mobile, Sprint 이렇게 4개 회사가 장악하고 있다)와 패스트푸드 햄버거(맥도널드, 버거킹, 롯데리아)를 들 수 있다.

과점 유사한 재화나 서비스를 파는 기업이 소수만 존재하는 시장

과점을 정의하는 특징 중 하나는 기업과 경쟁 기업들 간 전략적 상호작용이 성공 여부에 중요한 영향을 미친다는 것이다. 특히 개별 기업이 설정하는 가격과 수량이 다른 기업의 이윤에 영향을 미친다. 이는 완전 경쟁시장이나 독점과 대비된다. 완전 경쟁시장에서 다른 기업의 행동은 시장에 영향을 미칠 수 없다. 진짜 독점 기업이라면 다른 경쟁 기업들이 없다(대체재를 만들기 위해 노력 중인 기업이 없다면).

과점 기업을 운영하고 있다면, 경쟁 기업을 지속적으로 주시하는 것이 중요하다. 롯데리아의 주주라면 맥도널드가 새로운 버거를 출시했는지, 버거킹이 음료수 할인 행사를 하고 있는 지를 CEO가 전혀 모르고 있다면 별로 좋아하지 않을 것이다.

과점의 또 다른 특징은 어느 정도 진입 장벽이 존재한다는 것이다. 진입 장벽은 독점이 존재할 수 있도록 한다. 새로운 다이아몬드 공급원 없이 다이아몬드 사업을 시작해 드비어스와 경쟁할 수 없다. 이에 반해 완전 경쟁시장에는 진입 장벽이 없다고—새로운 기업이 시장에 진입하기 쉽다—가정한다. 과점의 경우는 이 중간이다. 무선통신 사업을 시작하는 것은 가능하지만 인프라 구축에 많은 비용이 든다. 전국적인 버거 체인 시장에 진입하는 것은 가능하지만 기존 브랜드에 대한 고객 충성도를 극복하는 것은 어렵다.

독점적 경쟁은 많은 기업이 비슷하지만 약간 차별화된 제품을 판매하는 시장이다. 완전 경쟁의 특징 중 하나는 소비자들이 경쟁 기업의 제품들 간에 차이가 없다고 보는 것이다. 독점의 특성은 제품에 대한 가까운 대체재가 없다는 것이다. 이 두 극단적인 경우 중간에 비슷하지만 완

독점적 경쟁 비슷하지만 약간 다른 재화나 서비스를 파는 기업들로 구성된 시장

전하지는 않은 대체재가 있는 제품을 생산하는 시장이 있다. 소비자들은 약간 더 지불할 의사는 있지만 가격 차이가 아주 커지면 대체재를 선택할 것이다.

독점적 경쟁이라는 용어가 모순적으로 들릴지 모르지만, 이 용어는 이런 시장에 있는 기업이 제한된 의미에서 일종의 독점력을 가지고 있다는 것을 나타낸다. 예를 들어, 1950년대 선 레코드는 엘비스의 음반 판매를 독점하고 있었다. 만약 엘비스의 레코드를 사고 싶다면 선에서 살 수밖에 없었다. 열성적인 엘비스의 팬들은 기꺼이 다른 음악가들보다 엘비스의 음반을 사기 위해 더 지불할 의사가 있을 것이다. 그래서 선은 가격을 설정할 수 있는 어느 정도의 힘은 가지고 있지만 크지는 않다. 만약에 선이 엘비스의 레코드 가격을 너무 많이 올리면, 대부분의 사람들은 그 돈을 저축하거나 다른 음악가의 음반을 살 것이다.

독점적 경쟁은 현실의 많은 시장을 묘사한다. 예를 들어, 하겐다즈의 모회사인 제너럴 밀스는 하겐다즈 브랜드 아이스크림을 독점적으로 팔지만, 일반적인 아이스크림에 대해서는 독점이 아니다. 만약 하겐다즈를 아주 좋아한다면, 추가로 좀 더 지불할 수 있을 것이다. 그러나 가격 차이가 아주 커지면, 나뚜르 같은 다른 브랜드의 아이스크림으로 바꿀 것이다. 비슷하게 좋아하는 식당 음식에 대해 약간 더 지불할 의사가 있을 수 있지만, 가격이 너무 높으면 차선책에 만족할 것이다.

과점과 독점적 경쟁은 음악산업처럼 종종 함께 관찰된다. 과점은 **기업의 수**에 관한 것이고 독점적 경쟁은 **제품의 다양성**에 관한 것이다. 따라서 다른 특성 없이 하나만 나타날 수 있다. 과점은 제품이 표준화된 경우에 존재할 수 있다. 독점적 경쟁은 소규모의 많은 기업이 존재할 때 나타날 수 있다. 이런 이유로 두 시장을 개별적으로 살펴볼 것이다.

✓ 개념 확인하기

❐ 과점과 독점적 경쟁의 차이점은 무엇인가? **[LO 15.1]**

독점적 경쟁

완전 경쟁 모형에서 기업은 경제적 이윤을 얻지 못한다. 따라서 경제적 이윤을 얻을 수 있는 독점적 경쟁에서 사업하기 원하는 것은 놀랍지 않다.

독점적 경쟁 기업은 어떻게 경제적 이윤을 얻을까? 소비자들이 자사 제품과 경쟁사 제품이 다르다고 인식하도록 만든다. 다시 말해, 기업은 경쟁사의 제품과 비슷하지만 어떤 면에서 더 매력적인 제품을 제공해야 한다. 이런 과정을 **제품 차별화**라고 한다. 이는 실제 많은 사업에서 핵심적인 전략을 형성한다.

제품 차별화 서로 비슷하지만 완전한 대체재는 아닌 제품들이 존재하는 상태

어떤 경우에는 진짜 혁신을 통해 제품 차별화가 이루어진다. 1950년대 활동했던 많은 음반사가 그 예다. 이들은 충성도가 높은 팬들을 끌어들일 수 있는 새롭고, 흥미진진하고, 차별화된 예술가를 발굴하고 만들어가기 위해 경쟁했다. 열정적인 엘비스 팬일수록, 엘비스의 음반과 다른 음악가의 음반이 대체 가능하다고 생각하지 않는다. 음반의 대체 가능성이 낮을수록, 선은 판매액 감소에 대한 우려 없이 가격을 더욱 높게 책정할 수 있다. 선 레코드의 설립자는 멤피스와 그 주변에서 과거에 놓쳤던 많은 재능을 발견했다. 그는 인종차별이 있었던 시기에 백인 중심적인 음악산업에서 배제되었을 흑인 음악가들과 기꺼이 일했다. 이렇게 함으로써, 록앤롤이

탄생하도록 도왔다—재능을 알아봤을 뿐만 아니라 이를 새로운 것으로 만들었다.

진짜 혁신이 있었는지 여부와 상관없이, 기업은 자사 제품이 독특하다고 고객들을 설득하고자 한다. 실제 제품이 다른 제품과 별다른 차이가 없을지라도 제품이 다르다고 소비자들이 믿도록 하여 특정 브랜드에 대해 더 많이 지불하도록 할 수 있다. 이에 대한 논의는 나중에 다시 하기로 한다.

단기 독점적 경쟁

LO 15.2 단기 독점적 경쟁 기업의 이윤 극대화 가격과 수량 계산하기

제품 차별화는 독점적 경쟁 기업들이 완전한 대체재가 없는 재화를 생산할 수 있게 한다. 단기적으로, 이는 기업이 독점 기업처럼 행동할 수 있게 한다. 장기적으로는 상황이 다르다. 단기와 장기의 차이가 독점적 경쟁을 이해하는 핵심이다.

첫째, 독점적 경쟁 기업이 독점 기업처럼 행동할 수 있는 단기를 살펴보기로 하자. 〈그림 15-2〉는 단기 생산 결정을 나타낸다.

1. 기업은 우하향하는 수요곡선에 직면한다. 독점 기업처럼 독점적 경쟁 기업들은 수요량의 변화 없이 가격을 조절할 수 없다.
2. 생산에 고정비용과 가변비용 모두 발생한다고 가정할 때, 기업은 U자 형태의 평균 총비용(ATC)곡선에 직면한다.
3. 이윤 극대화 생산량은 한계수입(MR)과 한계비용(MC)이 만나는 점이다. 이윤 극대화 가격은 이 수량에 대응되는 수요곡선상 가격에 의해 결정된다.

그림 15-2
단기 독점적 경쟁

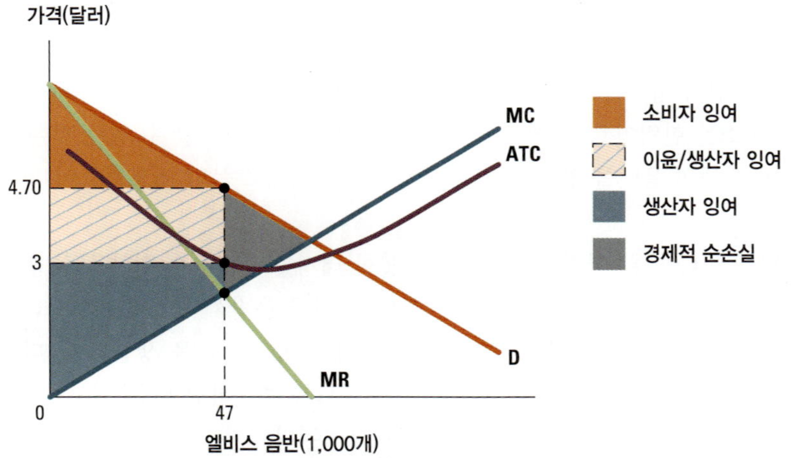

단기 독점적 경쟁시장에서 기업은 한계수입과 한계비용이 같아질 때까지 생산할 것이고 수요곡선에 대응되는 가격을 부과한다. 이 경우 기업은 이윤을 얻으나 경제적 순손실이 발생한다.

이해를 돕기 위해

선 레코드는 아주 경쟁적인 시장에 규모가 작은 회사였다. 그런데 왜 완전 경쟁시장의 작은 기업처럼 수평적 수요 함수에 직면한 가격 수용자가 아닌 것인가? 왜 단기에 우하향하는 수요곡선에 직면하는가?

여기에서 핵심은 시장의 범위를 어떻게 정의하느냐 하는 것이다. 선 레코드는 음반시장에 비해 상대적으로 규모가 작았다. 하지만 엘비스 음반시장에서는 규모가 크다–사실상, 독점. 엘비스 음반을 원하는 소비자들은 선에서만 구매할 것이다. 선은 엘비스 음반시장에서 가격 수용자가 아니고 우하향하는 수요곡선에 직면한다.

수요곡선의 가파름 정도는 엘비스 음반과 다른 음반 간 대체 가능성 정도에 의해 일부 결정된다. 만약 구매자가 이 두 음반이 아주 가까운 대체재라고 인식한다면? 이 경우, 선이 가격을 조금만 올려도 다른 음반을 구매할 것이므로 수요곡선은 완만한다. 반면 팬들이 엘비스에게 아주 높은 충성도를 보인다면? 이 경우 대부분의 소비자들은 가격이 오르더라도 엘비스 음반 구매를 포기하지 않을 것이므로 수요곡선은 가파를 것이다.

다시 말해, 제품의 차별화 정도가 낮을수록, 개별 기업의 수요 곡선이 완전 경쟁 기업의 수평적인 수요곡선과 비슷해진다. 제품을 더 많이 차별화함으로써–예를 들어 엘비스 같은 아주 뛰어난 음악가를 발굴하고 팬들의 충성도를 높임으로써–기업은 단기에 직면하는 수요곡선의 가파름 정도를 증대시킬 수 있다.

요약하면, 독점적 경쟁 기업은 단기에 양의 경제적 이윤을 얻을 수 있다. 이렇게 하기 위해서, 한계 수입과 한계비용이 같은 점에서 생산해 독점 기업처럼 행동한다.

장기 독점적 경쟁

LO 15.3 장기 독점적 경쟁시장 설명하기

단기에 나타나는 이런 비슷함에도 불구하고, 독점적 경쟁 기업은 독점 기업이 직면하지 않는 커다란 문제에 봉착한다. 다른 기업들이 시장에 진입할 수 있다는 것이다. 현재 기업들이 양의 이윤을 얻고 있다면, 다른 기업들은 시장에 진입할 유인이 있다.

물론, 다른 기업이 시장에 진입해 완전히 똑같은 제품을 생산하는 것이 항상 가능한 것은 아니다. 결국 엘비스는 한명이고 선 레코드 소속이다. 다른 기업들이 할 수 있는 것은 엘비스 같은 음악가를 찾아 이들의 음반을 엘비스 음반의 가까운 대체재로 음악 애호가들이 생각하도록 하는 것이다.

이는 음악산업이나 다른 산업에서 제품들이 봇물 터지듯 등장하는 경향을 설명한다. 독창적 스타일의 새로운 음악가가 나타나 큰 인기를 얻으면, 다른 음반사에서 비슷한 스타일의 음악가들과 계약을 하려고 몰려든다. 최신 유행 패션회사에서 새로운 옷을 생산하면, 다른 회사에서 비슷한 옷을 생산하기 위해 몰려든다. 애플이 아이패드를 출시하면 다른 회사들이 터치스크린의 태블릿을 생산하기 위해 몰려든다. 이런 식으로 계속된다.

더 많은 기업이 진입하는 경우, 현재 영업 중인 각 기업의 수요에 어떤 변화가 생기는가? 3장에서, 대체재를 구할 수 있는지 여부가 수요를 결정하는 요인 중 하나임을 보았다. 더 많은 기업이 본래 제품과 비슷한 제품을 만들면 소비자들은 더 다양한 대체재를 가질 수 있다. 소비자가 선택할 수 있는 제품이 많아짐에 따라 원래 제품에 대한 수요는 줄어든다. 기업의 수요 함수는 왼쪽으로 이동한다.

현재 시장에 있는 기업들이 이윤을 획득하고 있는 한, 더 많은 기업이 비슷한 대체재를 갖고 진입할 것이다. 그 결과, 수요곡선은 계속 왼쪽으로 이동할 것이다. 이 과정은 잠재적 기업이 더 이상 시장에 진입할 유인이 없어질 때까지 계속될 것이다. 언제 이렇게 되겠는가? 현재 영업 중인 기업들이 더 이상 경제적 이윤을 얻지 못할 때까지다.

시장에 있는 기업들이 단기에 손실을 보고 있는 경우에는 반대 논리가 적용된다. 기업은 음의 이윤을 얻고 있을 때 시장을 떠날 유인을 가질 것이다. 퇴출함에 따라 남아 있는 기업에 대한 수요가 증가되어 이들 기업의 수요 함수가 오른쪽으로 이동할 것이다. 이 과정은 장기에 기업이 손익분기점에 도달해 퇴출할 유인이 더 이상 없을 때까지 계속될 것이다. 음악산업에서 이와 비슷한 현상이 나타난다. 어떨 때는 너무나 많은 연주가들이 비슷한 음악을 발표해 틈새시장이 과포화 상태가 된다.

장기에 독점적 경쟁시장의 기업은 완전 경쟁시장의 기업과 같은 상황에 처하게 된다. 이윤이 0이 된다. 이윤이 0이라는 것은 총수입이 총비용과 완전히 같은 것을 의미한다. 단위당으로 보면 이윤이 0이라는 것은 가격이 평균 총비용(ATC)과 같다는 것이다. 〈그림 15-3〉이 이 상황을 보여준다. ATC 곡선이 ATC = P가 되는 바로 그 점에서 수요곡선에 접한다. 이 점은 이윤 극대화 생산량을 나타내고 최적 생산점이다.

MR이 MC와 교차하는 생산량에서 ATC가 수요곡선과 접한다. 이윤이 0이 된다는 것과 같다. 만약 ATC가 최적점에서 수요곡선과 정확하게 접하지 않는다면, 이윤은 양수거나 음수일 것이다. 예를 들어 ATC가 수요곡선보다 위에 놓이면, 이는 비용이 가격보다 높다는 것을 의미

그림 15-3
장기 독점적 경쟁

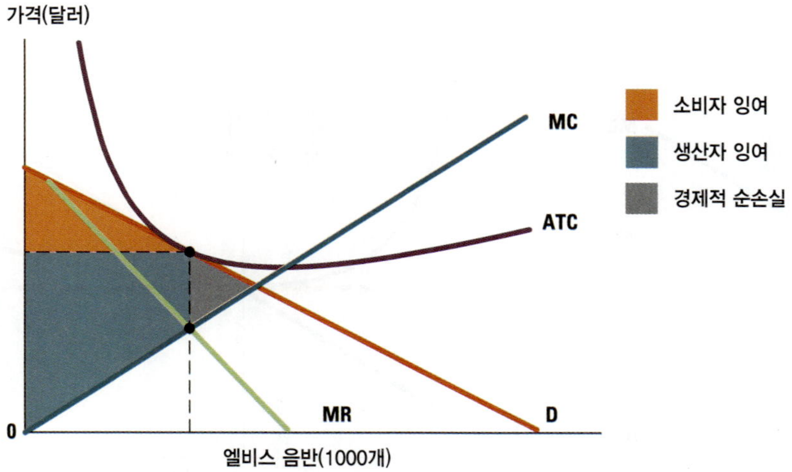

장기 독점적 경쟁시장에서, 기업들이 시장에 진입해 모든 시장 참여 기업들의 이윤이 0이 될 때까지 수요를 감소시킨다. 엘비스의 회사는 한계비용이 한계수입과 일치되는 점까지 생산할 것이다. 이윤이 0이기 때문에 이 점은 평균 총비용곡선이 수요곡선에 접하는 곳에서의 생산량과 같다.

하므로 기업은 손실을 보고 시장에서 퇴출할 것이다. 다른 한편으로 ATC가 수요곡선과 여러 점에서 만나면, 비용은 가격 아래일 것이며 기업은 이윤을 얻을 것이다. 이는 기업들이 시장으로 진입하도록 할 것이다. 수요곡선을 왼쪽 또는 오른쪽으로 이동시키는 이러한 진입과 퇴출 과정은 이 관계가 나타날 때까지 지속된다.

장기 독점적 경쟁은 독점과 공통적 특성이 일부 있으며, 완전 경쟁과 같은 특성도 있다. **독점**처럼 독점적 경쟁 기업은 우하향하는 수요곡선에 직면한다. 이런 곡선이 의미하는 것은 한계수입이 가격보다 낮다는 것이다. 이는 다시 한계비용 역시 가격보다 낮다는 것을 의미한다. 그러나 **완전 경쟁** 기업처럼 독점적 경쟁 기업은 장기에 0의 경제적 이윤을 얻는다.

이러한 차이는 2가지 중요한 시사점을 준다:

1. **독점적 경쟁 기업은 효율적 규모보다 적은 수준에서 운영한다.** 방금 설명했듯이, 독점적 경쟁 기업의 장기 최적 생산점은 ATC 곡선과 수요곡선이 접하는 점이다. 수요곡선이 우하향하기 때문에 〈그림 15-4〉 (A)에서 보듯이 이 점은 항상 ATC 곡선에서 평균비용이 하락하는 구간에 위치한다.

   이는 〈그림 15-4〉 (B)에서 볼 수 있듯이 기업의 최적 생산량이 ATC 곡선의 최소점이 되는 완전 경쟁시장의 경우와 비교된다.

   기업들이 평균 총비용(완전 경쟁시장처럼)이 최소화되는 양을 생산할 때, 기업은 **효율적 규모**에서 영업을 한다고 한다. 이에 반해 독점적 경쟁 기업은 효율적 규모보다 적게 생산해 이윤을 극대화한다. 달리 말하면, 기업이 **초과 설비**를 갖고 있다는 것이다.

그림 15-4
독점적 경쟁과 완전 경쟁 비교

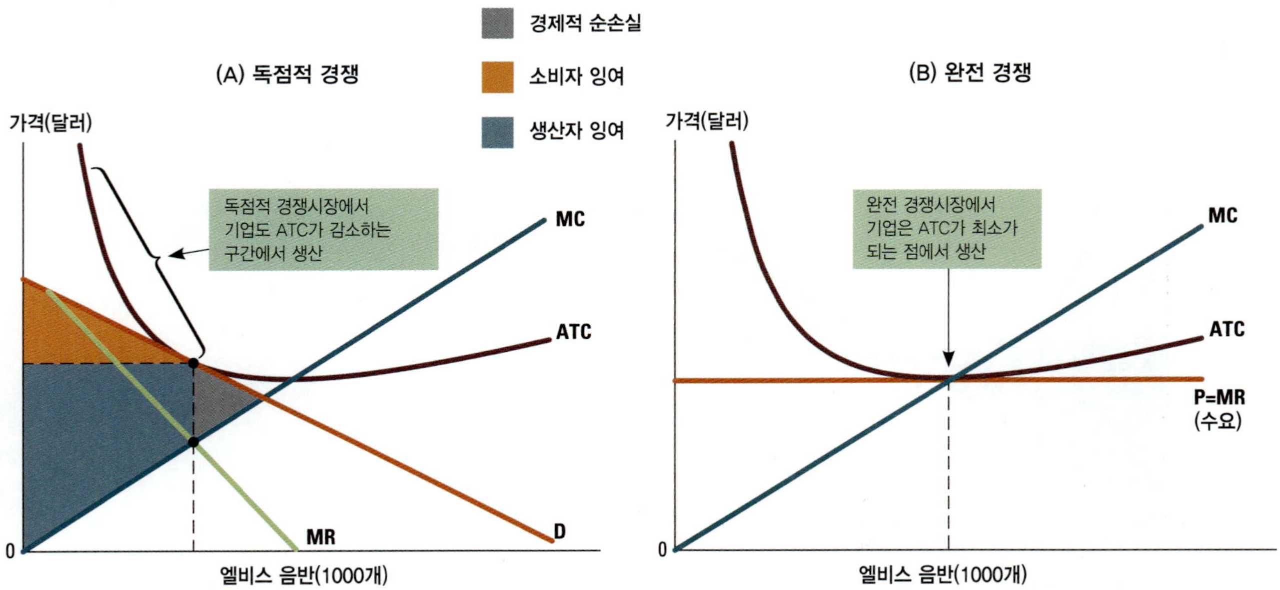

독점적 경쟁시장에서, 기업은 ATC가 수요곡선과 접하는 점에서 생산한다. 이 점에서 기업은 더 생산함으로써 ATC를 감소시킬 수 있으나, 그렇게 하면 이윤이 감소하므로 줄이지 않는다. 그 결과 기업은 효율적 규모보다 적은 수준에서 생산을 한다.

완전 경쟁시장에서, 기업은 ATC가 최소화되는 양을 생산한다. 비용을 증가시키지 않고는 더 생산하거나 덜 생산할 수 없기 때문에 이는 효율적 선택이다.

2. **독점적 경쟁 기업들은 더 판매하기를 원한다.** 완전 경쟁시장에서 가격은 한계비용과 동일하다. 만약 기업이 이 가격에서 더 판다면, 한계비용은 가격보다 높아질 것이고 이윤은 감소할 것이다.

   이에 반해 독점적 경쟁 기업은 평균 총비용과 같으나 한계비용보다는 높은 가격에서 판매한다.(〈그림 15-4〉 (A) 참조.) 만약을 가격을 낮추지 않고 기업이 추가로 판매할 수 있다면, 추가 단위는 비용보다 더 높은 수입을 창출해 기업의 이윤을 증대시킬 것이다. 달리 말해, 완전 경쟁 모형에서 벗어나면 기업들은 광고나 브랜드 알리기를 통해 더 많은 고객을 모으는 전술을 취할 유인이 있다.

계속적인 혁신의 필요성. 독점적 경쟁에 대한 장기 분석은 또 다른 흥미로운 시사점을 준다. 현재 판매되고 있는 제품과 더욱더 비슷한 대체재를 가진 경쟁자들이 진입할 때 어떻게 대응하겠는가? 기존의 기업들은 자사의 제품 차별화 시도를 증가시키고자 할 것이다. 끊임없이 차별화하는 새로운 방법을 찾으므로 독점적 경쟁 기업은 장기에 이윤을 창출하는 것이 가능하다.

끊임없는 혁신의 필요성이 음반사들이 왜 계속 새로운 재능을 찾는지를 설명한다. 이는 많은 산업에서 기업들이 새로운 제품을 출시하고 제품을 광고하는 데 많은 노력을 기울이는 이유를 설명한다. 만약 이런 노력을 기울이지 않으면 경쟁자가 쫓아와 경제적 이윤이 사라질 것이다. 경쟁자보다 한 발 앞서갈 수 있는 진정으로 혁신적인 기업은 항상 약간 다른 것을 제공함으로써 경제적 이윤을 유지할 수 있다.

이러한 이유로 경제학자들은 대체로 경쟁이 혁신을 제고한다고 믿는다. 이에 반해 독점 기업은 혁신할 유인이 크지 않다. 고객들이 더 새롭고 더 나은 제품을 만드는 기업으로 이동할 위험이 없기 때문이다.

독점적 경쟁의 후생비용

LO 15.4 독점적 경쟁의 후생비용 분석하기

완전 경쟁 균형가격과 수량에서 벗어나는 경우 항상 그렇듯이 독점적 경쟁은 비효율적이다. 기업들은 한계비용보다 높은 가격에서 이윤을 극대화하고, 거래량은 완전 경쟁 경우보다 적다. 이는 경제적 순손실이 있음을 의미한다. 즉, 시장에서 총잉여가 극대화되지 않는다.

이 문제를 해결할 방법이 있는가? '독점' 부분에서 정책입안자들이 독점의 후생비용 문제를 다루는 방법에 대해 논의했고, 성공하기는 어렵다는 것을 보았다. 불행히도 독점적 경쟁시장에서 효율성 증대를 위해 규제하는 것은 더욱 어렵다. 정의상 이 시장에는 많은 기업이 있으며, 약간 다른 많은 제품을 생산한다. 기업의 비용을 측정하고 모든 기업의 가격을 규제하고자 하는 것은 엄청난 일이다.

대신 정부는 시장에 있는 모든 기업에 단일 가격을 정한 후 경쟁의 자연적 힘에 맡길 수 있다. 독점적 경쟁 기업들은 0의 경제적 이윤을 얻기 때문에, 낮은 가격으로 규제하면 더 적은 비용에 생산할 수 없는 기업들은 시장에서 퇴출될 것이다.

이러한 규제는 뚜렷한 비용을 수반한다. 소비자들이 더 낮은 가격에 더 많은 비슷한 제품을 구매할 수 있을지라도, 제품 다양성이 일부 줄어듦에 따라 손해를 볼 것이다. 소비자들의 다양한 취향에 맞는 수십 또는 수백 개의 비슷한 제품 대신, 모든 사람들이 줄어든 선택에 만족해야 한다. 다섯 종류의 햄버거 중에서 선택을 하다가 3개 중에서만 선택할 수 있지만 약간 싸진 경우에 대해 어떻게 생각하는가?

대부분의 정부는 독점적 경쟁으로 인한 경제적 순손실에 대해 크게 관여하지 않는다. 설사 뭔가를 할 수 있을지라도, 소비자들이 가격이 낮아진 댓가로 선택할 수 있는 제품이 줄어든 것에 대해 어떻게 생각할지 분명하지 않다.

제품 차별, 광고 그리고 브랜드 만들기

LO 15.5 제품 차별이 광고와 브랜드 만들기에 미치는 영향 설명하기

제품 차별화는 기업들이 단기에 경제적 이윤을 얻을 수 있도록 한다. 따라서 기업들은 자사 제품과 경쟁사 제품이 쉽게 대체될 수 없다고 고객을 설득하고자 할 유인이 있다. 기업은 제품을 진짜로 다르게 만들거나, 소비자들이 제품이 다르다고 믿도록 함으로써 소비자들을 설득할 수 있다. 광고는 소비자에게 제품 간 차별성을 알려주는—또는 납득시키는—전략이다. 더 찾아보기의 '광고의 시대'에서 볼 수 있듯, 이는 경제학을 넘어서는 창의적 사고와 관련된다.

더 찾아보기

광고의 시대

특정한 브랜드의 공책을 선택하도록 하는 것은 무엇인가? 교실에 갖고 들어가는 에너지 음료는? 좋아하는 미백 치약은? 여름휴가용 소설책은? 누군가 특정 제품과 브랜드가 다른 사람에게 의식하지 못하게 하면서 매력적으로 보일 수 있도록 하는 방법을 알아내기 위해 많은 시간과 노력을 투입한다. 만약 창의성과 사업 열정을 가진 사람이라면, 광고업에 종사하는 것이 안성맞춤일 수 있다. 더 자세히 알고 싶다면 이 장 끝부분의 QR코드를 스캔하거나 온라인을 통해 읽기를 계속하라.

광고가 좋은 것이냐, 나쁜 것이냐는 논란 거리다. 한편으로는 광고가 소비자에게 유용한 정보를 줄 수 있다. 광고를 통해 새로운 제품 또는 기술에 대해 알 수 있거나, 원하는 것을 판매하는 곳을 찾을 수 있거나, 언제 세일을 하는지 또는 어떤 스타일이나 풍미를 선택할 수 있는지 등을 알 수 있다. 일반적으로 광고는 이러한 정보를 기분 좋고 이해하기 쉬운 형태로 무료로 불편하지 않게 제공한다. 어느 곳에서 세일을 하는지 알아내기 위해 이 가게 저 가게 돌아다니거나, 영화가 언제 개봉하는지 여부를 알기 위해 매일 인터넷을 검색할 필요가 없다. 대신, 기업이 이런 정보를 소비자들에게 주기 위해 돈을 들일 것이다.

만약 광고의 주요 효과가 제품과 가격에 대한 유용한 정보를 제공하는 것이라고 생각한다면, 광고는 가치 있는 역할을 한다. 더 많은 정보는 시장에서 경쟁을 증대시킬 것이다. 소비자는 기업이 비싼 경쟁사 제품과 가까운 대체재인 더 저렴한 제품을 언제 판매하는지 알 수 있다. 이는 가격을 하락시키고, 시장이 완전 경쟁 경우와 비슷해지도록 할 것이다.

반면, 광고가 솔직한 사실의 나열로 구성되는 경우는 거의 없다. 대신 광고회사는 광고를 보

는 사람들이 광고되는 제품에 대해 좋은 느낌을 갖도록 하기 위해 무엇이든 한다. 광고는 멋진 시간을 보내고 있는 아름다운 사람이나 가족이 함께하는 감동적인 시간이나 흥분을 자아내는 놀라운 모습과 특수 효과를 보여준다. 종종 이러한 묘사는 광고되는 제품과 거의 관련이 없거나 전혀 관련이 없다. 대신 제품에 특정 이미지나 감정을 연관시키고자 의도된 것이다. 행복한 연인이 로맨틱한 장소에서 포옹하고 있는 이미지는 회사의 보석 장신구의 품질에 대해 아무런 정보를 주지 않는다. 그렇지만 사랑에 빠지는 것과 새 귀고리를 받는 것 간에 강한 정신적 연상을 만든다. 이런 종류의 광고가 작동할 수 있고 작동한다는 예로 사례를 통해 알아보기의 '무엇이 실제 대출을 받도록 하는가?'를 읽어보자.

사례를 통해 알아보기

무엇이 실제 대출을 받도록 하는가?

광고는 보는 사람들이 제품에 대해 좋은 느낌을 갖고 좋은 느낌이 연상되도록 만들어진다. 예를 들어, 어떤 광고는 새 차를 매력적인 친구들과의 신나는 모험의 순간과 연결시킬 수 있다. 그러나 광고가 얼마나 큰 차이를 가져올까? 잠재적인 고객들이 광고 의도를 꿰뚫어보지 않을까?
제품의 가격이 경제적으로 중요한 만큼 감정이 정말 중요한가? 몇몇 경제학자들(이 책의 저자 중 한 명 포함)이 소비자 대출 광고를 대상으로 이 질문에 대한 답을 줄 연구를 했다. 실험에서, 남아프리카의 한 대부업자가 이메일을 통해 수만 명의 과거 고객들에게 광고를 보냈다. 이 광고는 우편물의 외형과 내용뿐만 아니라 대출을 받을 수 있는 이자율도 달랐다. 상이한 우편물에 매력적인 여성의 이미지, 사용 가능한 대출 종류, 이자율에 대한 정보, 휴대전화 당첨권을 다르게 조합해 포함했다.

예상대로, 고객들은 낮은 이자율을 광고한 이메일에 반응해 대출을 받는 경우가 많았다. 그러나 광고에 매력적인 여성의 사진이 있는 경우 더 많이 대출을 받는 경향 또한 보였다. 사실 매력적인 여성의 사진을 포함시키는 것은 이자율을 25% 낮추는 것과 같은 수준의 수요 증가를 보였다!

물론 고객들에게 25% 더 싼 대출 이자를 받겠느냐, 매력적인 여성의 사진을 잠깐 보겠느냐고 직접적으로 물었다면, 대부분 더 싼 대출을 선택했을 것이다. 우편에 대한 반응이 달랐다는 사실은 영리하게 고안된 광고에 직면했을 때, 경제적 정보는 사람들이 의사결정을 하는 데 투입되는 단지 한 가지 요인임을 보여준다.

Source: Marianne Bertrand, Dean Karlan, Sendhil Mullainathan, Eldar Shafir, and Jonathan Zinman, "What's Advertising Content Worth? Evidence from a Consumer Credit Marketing Field Experiment," *Quaterly Journal of Economics* 125, no.1 (2010), pp.263-306

만약 광고의 주요 효과가 유용한 정보를 제공하는 것이 아니라 고객들이 제품이 실제보다 더 다른 것처럼 믿도록 하는 것이라면 어떻겠는가? 이 관점에서, 광고는 소비자가 비슷한 제품으로 교체할 의사를 줄인다. 그 결과 기업들은 한계비용에 더 높은 마크업(markup)을 부과할 수 있다. 이는 다시 시장 전체 가격을 올린다.

그렇다면 어떤 것이 광고의 주요 효과인가? 답은 간단하지 않다. 광고가 주로 유용한 정보를 제공하기 위한 것인지 직감적인 반응을 유발하기 위한 것인지는 아마도 시장에 따라 다를 것이다. 그러나 때로는 어떤 효과가 강한가에 대한 실마리를 입법자가 광고를 금지하고자 했을 때 생산자들의 반응으로부터 얻을 수 있다.(담배, 처방약, 술, 법률 서비스, 성형에 대한 광고 금지를 제안했다.) 만약 생산자들이 광고 금지에 대해 강하게 반대한다면, 이는 아마도 광고가 소비자들로 하여금 제품이 실제보다 더 다르다고 인식하도록 한다고 믿기 때문일 것이다. 금지에 대한 반응이 없거나 심지어 지지하는 경우 이 산업에서 광고는 주로 소비자에게 정보를 제공하고 경쟁을 촉진하는 역할—기존 기업들이 원치 않는 것—을 했기 때문일 것이다.

시그널로서의 광고. 종종 광고로부터 얻을 수 있는 제품에 대한 실제 정보가 무엇인지 알기는 어렵다. 어떤 무선통신망이 다른 것보다 빠르다고 말하도록 많은 돈을 지불받은 배우를 우리가 왜 믿어야 하는가? GEICO의 녹색 애니메이션 도마뱀이 자동차보험에 대해 무엇을 알겠는가? 그렇지만 때로는 분명하게 언급되지 않았을지라도 광고가 소비자들에게 유용한 정보를 담고 있을 수 있다.

비대칭 정보의 문제('정보' 부분에서 논의된)에 대해 생각해보자. 기업은 자사 제품의 실제 품질에 대해 소비자보다 더 많이 안다. 소비자들은 가장 좋은 제품을 찾고 싶어 하고, 가장 좋은 제품을 만드는 회사는 소비자들에게 자사 제품을 알리고 싶어 한다. 그러나 소비자들은 좋은 품질의 제품을 만든다는 기업의 말을 그대로 믿을 수 없다. 좋은 품질의 제품을 만드는 기업과 나쁜 품질의 제품을 만드는 기업 모두 자사의 제품이 최고라고 말할 유인이 있다. 좋은 품질의 제품을 만드는 회사는 자사 제품의 품질을 신뢰할 수 있게 시그널할 수 있는 방법이 필요하다. 광고를 만드는 데 비용이 들기 때문에 광고가 이런 역할을 할 수 있다.

기업의 관점에서 광고를 할지 여부를 생각해보자. 음반사에서 유망한 새로운 음악가와 계약을 맺고 이 음악가의 첫 번째 앨범을 들으면 사람들이 좋아할 것이라고 확신한다고 가정하자. 이 회사는 많은 이목을 끄는 TV 광고에 막대한 돈을 사용하면, 많은 사람이 앨범을 구매할 것이라고 계산한다; 사람들이 너무 좋아해서 친구들에게 알리고 콘서트표, 팬 물품, 미래 발매 앨범을 구매할 것이다; 그 결과 음반사는 1000만 달러의 이윤을 얻을 것이다. 만약 회사가 잘못 판단한 것이라면, 사람들은 앨범을 좋아하지 않고 회사는 광고에 쏟아부은 비용을 회수할 수 없으며 500만 달러의 손실을 볼 것이다. 제품이 좋은 경우 광고 지출은 훌륭한 투자지만 그렇지 않는 경우 엉망인 투자다.

다른 한편으로 음반사가 새로운 앨범의 품질에 대해 확신하지 못한다면 이 결정은 어떻게 보일까? 회사가 앨범 홍보를 하지 않아도 사람들이 이 앨범을 구매하고 마음에 들어 친구들에게 알릴 가능성은 여전히 있다. 그러나 판매액은 대대적인 TV 광고를 할 경우보다 적을 것이다. 만약 사람들이 광고하지 않은 앨범을 좋아한다면 음반사는 200만 달러를 번다고 하자. 앨범을 구매한 사람들이 좋아하지 않는 경우 어떻게 될까? 음반사는 앨범 제작에 들어간 돈을 날리겠지만 겨우 5만 달러다. 음반사가 앨범에 대해 자신이 없다면 광고를 하지 않는 것이 낫다. 사람들이 좋아하지 않는 경우 적어도 음반사는 광고를 할 경우보다 손실이 훨씬 적다. 광고를 할 것인가 말 것인가 하는 결정을 〈그림 15-1〉에 결정 트리로 나타냈다.

이제 소비자의 관점에서 기업의 광고 여부 결정에 대해 생각해보자. 소비자는 최종 결과—기업이 광고를 했는지 안 했는지—만 볼 수 있고 제품의 실제 품질은 알 수 없다. 그러나 소비자는 광고를 신뢰할 만한 시그널로 볼 수 있다. 음반사가 새로운 음악가의 앨범을 위해 막대한 돈을 많은 이목을 끄는 TV 광고에 투자한 것을 보면, 이 음반사가 새 앨범을 사람들이 좋아할 것이라는 자신감을 가지고 있다고 합리적으로 결론 내릴 수 있다. 따라서 광고에 근거해 소비자가 제품을 구매하는 것은 아주 합리적일 수 있다. 광고가 시그널로 유용한지 평가하는 중요한 요

그림 15-5

품질의 시그널로서의 광고 만약 음반사가 팬들이 앨범을 좋아하지 않을 것이라고 생각하면, 광고를 했을 때 실제로 손실을 볼 것이다. 합리적인 음반사는 좋은 앨범이라고 생각되는 앨범만 광고하기로 결정할 것이므로 소비자는 홍보 노력을 앨범 품질에 대한 시그널로 사용할 수 있다.

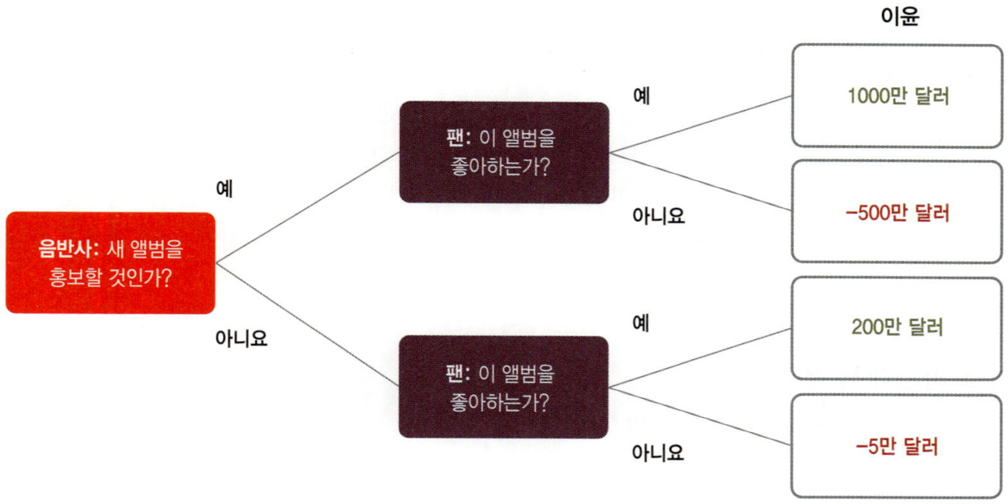

소는 광고의 내용이 아니라 얼마나 많은 비용을 들였는가 하는 것이다. 광고에 비용을 많이 들일수록, 더 많은 소비자들이 기업이 좋은 제품을 만들었기 때문에 만족스러워하는 고객과 계속 거래를 할 수 있을 것이라고 확신한다고 가정할 수 있다.

브랜드 만들기(branding). 2009년 주방에서 일하는 2명의 도미노피자 직원이 유튜브에 고객에게 음식을 배달하기 전에 자신들이 다양한 방법으로 음식을 오염시키는—자세한 내용은 밝히지 않겠다—동영상을 올렸다(이 이야기가 세상에 알려졌을 때, 동영상을 만든 직원들은 장난이었으며 어떤 음식도 고객에게 제공되지 않았다고 주장했다). 해당 직원들은 당장 해고되었지만, 도미노 브랜드는 손상되었다. 이 사건 이후 시행된 소비자 설문조사에서 며칠 만에 브랜드 인식이 긍정적에서 부정적으로 뚜렷한 하향세를 보였다. 신속한 대응과 도미노 브랜드 이미지를 회복에 도움을 줄 수 있는 영리한 홍보가 필요했다.

이 이야기는 소비자들이 강한 브랜드를 제품 품질에 대한 암묵적 보장이라고 생각하는 것이 왜 합리적일 수 있는지를 보여준다. 지켜야 할 평판이 없는 기업은 나쁜 품질의 제품을 판매하는 데 따른 파장에 대해 별로 신경 쓰지 않을 수 있다. 그러나 도미노와 같은 기업은 강한 브랜드를 만들기 위해 신중하게 생각하고 열심히 일했던 수년간의 시간이 단 한 건의 불미스러운 사건으로 헛수고가 될 수 있다. 소비자들은 이런 기업은 브랜드 평판에 손상이 가는 경우 잃는 것이 많다는 것을 알기 때문에, 강한 브랜드를 가진 기업들은 모든 지역과 회사의 운영 단계에서 품질 관리를 강하게 할 것이라고 생각할 수 있다.

또한 이런 이유로 브랜드는 잘 모르는 상황에서 유용한 정보를 제공할 수 있다. 낯선 도시에 온 관광객은 현지 식당에서 판매하는 음식과 음료의 품질에 대한 정보가 거의 없을 수 있다. 그러나 만약 스타벅스를 본다면 예상 가능한 품질의 비슷한 음료를 살 수 있을 것이라고 자신 있게 가정할 수 있다. 실제로는 현지 차를 파는 곳이 스타벅스보다 나을 수 있지만, 관광객은 그것을 모른다. 현지 경쟁 제품을 선택해 위험을 감수하는 것보다 스타벅스 브랜드의 알려진 품질을 선택하는 것이 합리적일 수 있다.

그러나 결정을 할 때 브랜드 이름에 의존하는 것이 항상 합리적인 것은 아니다. 브랜드가 제품의 품질이나 차이에 대해 잘못된 인식을 주입할 수도 있다. 예를 들어, 브랜드 제약회사는 브랜드 제품과 지네릭 제품이 동일한 유효성분으로 만들어졌고 동일한 의료 효과가 있음에도 지네릭 제품보다 훨씬 높은 가격을 매긴다. 이 경우 강한 브랜드는 진입 방벽을 형성해 소수의 주요 기업들이 상당한 시장점유율을 보유하고 있는 과점구조로 시장구조를 바꾼다. 과점이 어떻게 작동되는가를 보기 전에, 제품의 차별화를 위해 브랜드를 사용하는 것이 얼마나 중요한지 보여주는 경우로 다른 관점에서 보기의 '코카 콜라, 펩시 그리고 그다지 비밀이 아닌 제조법'을 읽어보자.

다른 관점에서 보기

코카 콜라, 펩시 그리고 그다지 비밀이 아닌 제조법

광고에서 코카 콜라는 '비밀 제조법'에 대해 유난을 떤다. 2명의 직원이 2007년 펩시에 비밀 제조법을 팔려고 했을 때, 펩시가 경쟁사가 제품을 만드는 법에 대해 알게 되어 반가워했을 것으로 생각할지 모른다. 하지만 펩시는 정보 구매를 거절했을 뿐 아니라 FBI와 공조해 정보원이 되려고 했던 사람들을 체포했다. 왜 그런 것일까?

이 질문에 답하기 위해서는 콜라산업의 구조를 이해해야 한다. 코카 콜라와 펩시는 1세기 이상 경쟁해왔다. 코카 콜라는 콜라시장의 80% 정도를 가지고 있으며 펩시는 20%를 차지하고 있다. 따라서 콜라산업은 과점이다. 2개의 기업이 지배적이고 새로운 콜라 제조업체가 글로벌 시장에 진입하기 어려울 것이다. 이는 코카 콜라와 펩시가 성공적으로 강한 브랜드를 구축했기 때문이다. 소비자들이 새로운 콜라로 바꾸게 하는 것은 어려울 것이다.

그러나 콜라시장은 독점적 경쟁 특징 또한 가지고 있다. 각 회사는 제품 차별을 강조해 고객 기반을 늘리고 고객 충성도를 높이고자 한다. 많은 블라인드 시음 테스트(blind taste test)에서 대부분의 사람들이—한 브랜드의 열혈 팬이라고 하는 사람들조차—어떤 제품을 마시고 있는지 모르는 상태에서 제품을 구분할 수 없었다. 이는 광고가 사람들로 하여금 제품이 실제보다 더 차이가 있는 것처럼 느끼게 하는 데 주로 사용된 분명한 예처럼 보인다.

펩시가 코카 콜라의 비밀 제조법을 사서 전 세계가 볼 수 있도록 공개한다면 어떤 일이 생길까? 이 정보는 새로운 기업이 콜라시장에서 진입하기 수월하게 할 것이다. 새로운 기업은 자사 제품이 코카 콜라와 동일하다고 광고할 수 있다. 차별화되지 않은 제품을 가진 새로운 기업의 진입은 완전 경쟁 모형에 가까운 형태로 시장을 바꿀 것이다. 그 결과 코카 콜라의 가격은 하락할 것이다. 이는 코카 콜라에 재앙이 될 것이나 펩시에도 나쁜 소식일 것이다. 새로운 콜라는 펩시 제품의 가까운 대체재가 될 것이다. 펩시 고객의 일부는 더 싸고, 차별화되지 않은 콜라로 바꿀 것이다. 이러한 시나리오에서 펩시는 고객과 이윤을 잃을 것이다.

그런데 왜 펩시는 제조법을 사서 비밀로 하고 자사의 콜라를 코카 콜라와 동일한 맛이 나도록 만드는 데 사용하지 않은 것일까? 어쨌든 펩시의 20%에 비해 코카 콜라는 80%의 시장을 선점하고 있다는 것은 코카 콜라가 뭔가 잘하고 있다는 것이 분명하다. 펩시의 문제는 코카 콜라라는 브랜드가 확고하기 때문에, 코카 콜라 고객이 같은 가격에 동일한 맛이 나는 펩시로 바꿀 이유가 없다는 것이다. 펩시는 코카 콜라 고객을 끌어오기 위해 가격을 낮춰야 할 것이고, 이 과정에서 실제 펩시의 맛을 좋아하는 충성도가 높은 20%의 고객에게 높은 가격을 부과할 수 있는 능력을 잃을 것이다. 만약 펩시가 제조법을 사는 선택을 했다면, 동일한 경제적 이윤을 얻지 못했을 것이다.

윤리적 측면에서 펩시는 올바른 선택을 했다. 그러나 펩시의 선택이 경제적 관점에서도 왜 영리했는지 볼 수 있다. 펩시의 이윤 극대화 결정은 코카 콜라의 비밀 제조법을 알게 되는 기회를 무시하고 대신 자사 제품의 차별화를 계속하는 것이었다.

Source: http://www.nytimes.com/ref/business/20070527_COKE-GRAPHIC.html; http://freakonomics.blogs.nytimes.com/2006/07/07/how-much-would-pepsi-pay-to-get-cokes-secret-formula/.

✓ 개념 확인하기

- ❒ 제품 차별이 어떻게 독점적 경쟁 기업이 시장 지배력을 얻을 수 있게 하는가? **[LO 15.2]**
- ❒ 독점적 경쟁시장에서 단기와 장기는 어떻게 다른가? **[LO 15.2]**
- ❒ 독점적 경쟁 기업이 왜 항상 판매량을 증대시키고자 하는가? **[LO15.3]**
- ❒ 효율성을 증진시키기 위해 독점적 경쟁시장을 규제하는 것이 왜 어려운가? **[LO 15.4]**
- ❒ 소비자가 광고에 의존해 구매 의사결정을 하는 것이 합리적일 수 있는 이유는 무엇인가? **[LO 15.5]**
- ❒ 기업이 브랜드를 개발하고 싶어 하는 이유는 무엇인가? **[LO15.5]**

과점

유니버설 뮤직 중역의 일상적인 의사결정은 어떻게 하면 가능한 한 많은 이윤을 낼 수 있는가에 따라 달라진다. 생각해야 할 것이 아주 많다: 어떤 새로운 음악가와 계약을 해야 할까? 발매 예정 음반을 어떻게 홍보해야 할까? CD나 합법적인 다운로드 가격을 얼마 정도로 해야 고객들이 불법 다운로드를 받지 않고 구매할까? 최근 싱글 음반이 라디오에서 많이 나오도록 하려면 무엇을 해야 할까?

이러한 결정에는 공통적인 것이 있다: 누가 경쟁자인지 안다는 것이다. 소니, EMI, 워너와 경쟁해 이기고자 한다. 경쟁사의 경영진, 음악가 목록을 알고 유통과 광고 거래에 대해 적어도 조금은 안다. 아마도 준비하고 있는 새로운 앨범에 대해 조금은 알 것이다. 소규모 독립적인 회사들도 주의 깊게 보고 있을 수 있으나, 진짜 관심을 갖고 있는 대상은 주요 회사들일 것이다. 다시 말해, 3명의 아주 뚜렷한 경쟁자들과 게임을 하고 있다.

이는 완전 경쟁시장의 경우와 뚜렷하게 대비된다. 완전 경쟁시장에서는 가격 수용자로서 수십, 수백 또는 심지어 수천 개의 다른 기업과 경쟁한다. 완전 경쟁 기업들은 주어진 시장가격에서 얼마나 생산할까라는 단 한 가지 선택만 한다. 반면 과점 기업들은 가격과 수량에 대해 경쟁자들의 예측되는 선택을 고려한 **전략적 선택**을 한다. 과점을 분석하면서, '게임이론과 전략적 사고' 부분에서 배운 **게임이론**을 사용할 것이다.

경쟁하는 과점

LO 15.6 과점 기업의 전략적 생산 결정 설명하기

단순화된 음악산업의 예를 이용해 과점 분석을 시작해보자. 단순하게 하기 위해, 유니버설과 워너라고 하는 2개의 음반 제작사(엄밀히 말해, 2개의 기업만 있는 과점은 **복점**(*duopoly*)이라고 한다)만 있다고 가정하자. 음악이 표준화된 재화라고 가정해 소비자는 유니버설이 발매한 음악과 워너에서 발매한 음악에 대해 무차별하다. 앞에서 왜 이게 전적으로 맞지 않는지에 대해 논의했음에도 과점 분석을 분명하게 하기 위한 합리적인 단순화다. 각 제작사가 워낙 많은 음악가들을 보유하고 있어 어떤 장르의 팬들도 두 경쟁 제작사에서 취향에 따라 비슷한 대체재를 찾을 수 있을 것이다.

〈그림 15-6〉은 앨범에 대한 시장 수요와 이에 대응되는 수요곡선을 보여준다. 예상했듯이, 가격이 하락함에 따라 앨범의 수요량은 증가한다. (A)에 있는 표의 세 번째 열은 각 가격-수량 조합에 대응되는 총수입을 보여준다. 첫 번째 열에 있는 수량은 **전체 시장**에서의 총수요량을 나타내므로 3열은 두 기업의 결합된 수입이다. 각 기업이 음악가와 계약하고 앨범을 녹음하기 위해 1억 달러의 고정비용을 지불해야 한다고 가정한다. 또한 단순화를 위해 새 앨범을 만드는 한계비용은 0이라고 가정하자.

'완전 경쟁' 부분에서의 완전 경쟁 모형에서, 가격이 한계비용이 될 때까지 하락한다는 것을

그림 15-6
앨범에 대한 수요

(A) 수요와 수입

	앨범 (100만)	가격 (달러)	수입 (100만 달러)
	40	20	800
	50	18	900
	60	16	960
독점	70	14	980
	80	12	960
	90	10	900
	100	8	800
	110	6	660
	120	4	480
	130	2	260
완전 경쟁	140	0	0

(B) 수요곡선

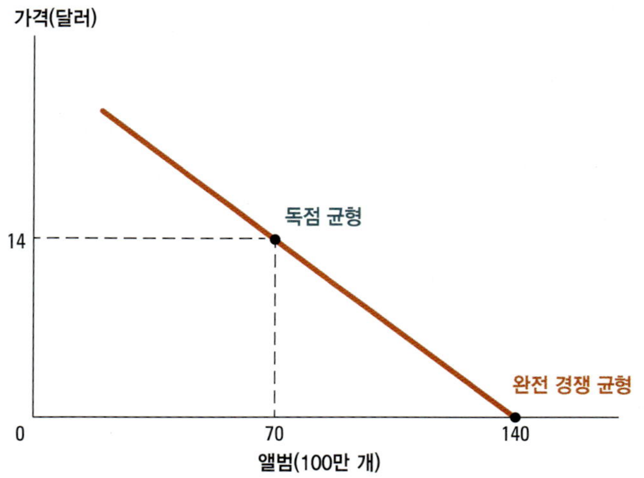

독점이 앨범을 생산하는 경우, 기업은 이윤을 극대화하는 수량을 생산할 것이다. 완전 경쟁의 경우 가격은 한계비용까지 하락할 것이므로 이 경우 가격은 0이다.

보았다. 한계비용이 0이라고 가정했으므로 완전 경쟁시장균형에서는 가격 0에 1억4,000개가 판매될 것이다(물론, 장기에는 앨범이 공짜일 수 없다. 음반 제작사가 고정비용을 회수할 수 없을 것이기 때문이다. 고정비용이 회수될 수 있는 수준까지 가격이 올라갈 때까지 기업들이 퇴출한다). 이는 이미 알고 있는 내용을 달리 표현한 것이다. 완전 경쟁 모형에서 어떤 기업도 경제적 이윤을 얻지 못한다.

이에 반해 시장이 독점이라면 어떻게 되겠는가? '독점' 부분에서 독점 기업은 이윤을 극대화하는 가격과 수량 조합을 선택한다는 것을 봤다. 표에서 이 점은 가격 14달러에 7,000만 장의 앨범을 파는 것이다. 독점 기업의 이윤은 8억8000만 달러가 될 것이고, 이는 총수입 9억8000만 달러에서 고정비용 1억 달러를 제한 것이다.

시장에 유니버설과 워너 2개의 기업이 있는 경우 어떻게 되겠는가? 독점의 생산 선택이 이윤을 극대화하기 때문에, 두 기업이 할 수 있는 최선은 공동으로 독점처럼 행동하는 것이다. 각 기업이 3,500만 개의 앨범을 생산하면, 총판매량은 7,000만 개가 될 것이고 각 제작사는 3억9000만 달러의 이윤을 얻을 것이다.

$$\text{TR} - \text{TC}$$
$$(3{,}500\text{만 개} \times \$14) - 1\text{억 달러} = 3\text{억}9000\text{만 달러}$$

그럴듯하지 않은가? 그러나 워너의 CEO가 약삭빠르게 유니버설 CEO 모르게 500만 개를 더 생산하기로 결정했다고 하자. 시장에서 CD의 총판매량은 7,500만 개로 증가되어 가격은 13달러로 하락한다. 그러나 생산량이 똑같지 않고 이제 워너는 4,000만 개, 유니버설은 3,500만 개를 판매한다. 그 결과 워너의 이윤은 4억2000만 달러로 증가된다. 그러나 유니버설은 3,500만 개의 앨범을 1달러 더 낮은 가격에 팔아야 하므로 이윤이 3500만 달러로 감소한다.

$$\text{워너의 이윤} = (4{,}000\text{만 개} \times \$13) - 1\text{억 달러} = 4\text{억}2000\text{만 달러}$$
$$\text{유니버설의 이윤} = (3{,}500\text{만 개} \times \$13) - 1\text{억 달러} = 3\text{억}5500\text{만 달러}$$

유니버설의 CEO는 좋아하지 않을 것이다. 만약 이 CEO가 500만 개를 몰래 시장에 더 공급하면 어떻게 되겠는가? 총판매량은 8,000만 개가 될 것이고 가격은 12달러로 더 하락할 것이다. 이제는 개별 제작사는 3,500만 개가 아니라 4,000만 개 앨범을 앨범당 2달러 더 싸게 판다.

$$\text{개별 제작사의 이윤} = (4{,}000\text{만 개} \times \$12) - 1\text{억 달러} = 3\text{억}8000\text{만 달러}$$

각 제작사는 3,500만 개 앨범을 생산하기로 협조했을 때보다 더 상황이 나빠졌지만, 유니버설은 보복으로 어느 정도 성공했다. 이런 논리로 판매량은 계속 증가하고 가격은 떨어진다. 이제 워너의 CEO는 4,500만 개 앨범을 생산하기로 하여 가격은 11달러로 하락하고 이윤은 3억9500만 달러로 증가한다. 하지만 유니버설 CEO도 같은 방식으로 대응해 각 기업은 실제 4,500만 개 앨범을 가격 10달러에 판매하고, 3억5000만 달러라는 더 낮은 이윤을 얻는다. 과점 기업들 간 경쟁은 완전 경쟁처럼 가격과 이윤을 독점 수준 이하로 떨어뜨린다.

그러나 완전 경쟁과 달리 과점 경쟁은 반드시 효율적 수준으로 이윤을 하락시키지는 않는다. '독점' 부분에서 한 단위를 추가로 더 생산할 것인지 결정하는 독점 기업은 2가지 효과를 비교해야 한다는 것을 배웠다.

- **수량효과**: 한계비용보다 높은 가격에서 한 단위 더 판매하는 것은 기업의 이윤을 증대시킨다.
- **가격효과**: 추가적인 생산은 시장 내 총수량을 증가시키고 시장가격을 하락시킨다. 기업은 더 낮은 가격에 판매해 판매 단위당 더 낮은 이윤을 얻는다.

과점에서도 동일한 효과가 발생한다: 수량효과가 가격효과를 능가할 때, 산출량의 증가는 기업의 이윤을 증가시킬 것이다. 이 경우, 이윤을 극대화하는 기업은 산출량을 증대시킬 것이다.

그러나 수량효과가 가격효과를 능가하지 못하는 경우, 기업은 산출량을 증대시킬 유인이 없다. 워너 CEO의 다음 생산량 결정에 대해 생각해보자. 추가로 500만 개 앨범을 더 생산하며, 3억5000만 달러의 이윤을 여전히 얻을 것이다(5,000만 개 × $9 = 4,500만 개 × $10). 수량효과(추가로 500만 개를 판 경우)는 정확하게 가격효과(1달러 더 낮은 가격)와 상쇄된다. CEO는 생산을 증가시킬 유인이 없다.

유니버설도 동일한 결정에 직면한다. 그래서 두 기업 모두 4,500만 개 앨범을 생산하는 데서 멈추기로 할 것이다. 이 경우 시장균형은 가격 10달러에 9,000만 개를 파는 것이다.

물론 실제로 음악산업에 2개의 기업만 있지는 않고 4개 기업이 있다. 그러나 원리는 완전히 똑같다. 이윤을 극대화하는 독점 생산량—14달러에 7,000만 개—을 4개 기업이 똑같이 나누어 생산하는 것에서 시작해보자. 각 기업은 1,750만 개 앨범을 생산하고 2억4500만 달러의 수입에서 고정비용 1억 달러를 제외한 1억4500만 달러의 이윤을 얻는다.

TR − TC

(1,750만 개 × $14) − 1억 달러 = 1억4500만 달러

그러나 개별 기업은 할 수만 있다면, 설사 다른 기업의 이윤과 시장 전체의 이윤을 감소시킬지라도 자신의 이윤을 증가시킬 유인이 있다. 수량효과가 가격효과를 능가하는 한, 각 기업은 계속 산출량을 증대시킬 것이다.

이제 2개가 아니라 4개 기업이 있다고 하면 가격효과는 더 작아진다. 2개 기업이 균등하게 시장을 나눈 경우, 한 기업이 생산량을 20% 증대시키면 시장 전체 총공급량은 10% 증가한다. 두 기업이 각각 3,500만 개를 생산한다면, 한 기업의 산출량을 20% 증가시킬때 700만 개 앨범이 증가된다. 앨범 총생산량은 10% 증가되어 7,000만 개에서 7,700만 개가 된다.

4개 기업 사이에 균등하게 나누어진 시장에서 한 기업이 산출량을 20% 증가시키면 시장 전체 총수량은 겨우 5% 증가한다. 총수량의 증가가 작으면 작을수록, 시장가격에 대한 하향 압력은 더 작아진다. 기업의 수가 많을수록 가격효과가 더 작아진다. 따라서 개별 기업은 수량효과와 가격효과가 같아지기 전에 생산량을 더 증대시킬 것이다.

시장에 있는 기업의 수가 몇 개가 되든지, 과점 기업은 추가 단위가 이윤에 미치는 긍정적인 수량효과가 부정적인 가격효과와 완전히 같아질 때까지 산출량을 계속 증가시킬 것이다.

가격효과와 수량효과를 이용해 과점 기업의 생산 결정을 분석하는 것은 중요한 일반적인 생각을 부각시킨다: 과점 기업의 생산 결정은 자신의 이윤뿐만 아니라 다른 기업의 이윤에도 영향을 미친다는 것이다. 이윤을 증대시키는 수량효과는 더 생산하는 기업에만 발생한다. 그러나 이윤을 감소시키는 가격효과는 시장 내에 있는 모든 기업에 영향을 미친다. 한 기업의 이윤을 증대시키는 결정이 시장 전체 결합된 이윤을 감소시킨다.

이는 일반적인 경제 진실의 한 예다. 개별 경제 주체(개인이나 회사)가 결정에 따른 모든 이익과 비용을 가져갈 때, 합리적으로 최적의 선택을 한다. 그러나 어떤 결정이 다른 사람에게 비용이나 이익을 유발할 때, 개인의 합리적 선택이 반드시 전체에 최적이 되는 것은 아니다. 과점의 경우, 다른 기업들이 한 기업의 생산량 증대라는 합리적 선택에 따른 비용을 부담해야 한다. 이에 대해서는 외부 효과와 공공재에 대해 논의할 때 더 자세히 다룰 것이다.

경쟁 또는 담합?

LO 15.7 과점 기업들의 담합 유인과 담합이 유지되지 못하는 이유 설명하기

만약 과점이 어떻게 작동하는지 이해하지 못한다면, 워너나 유니버설의 CEO가 되지 못한다. 이들은 '게임이론과 전략적 사고' 부분에서 배운 죄수의 딜레마와 같은 전략적 '게임' 상황에 처해 있다는 것을 알고 있는 똑똑한 사람들이다. 우리의 단순화된 예에서, 기업들은 서로 경쟁하느냐 아니면 서로 힘을 합쳐 독점 기업처럼 행동할 것인가 하는 2가지 선택에 직면한다. 가격과 수량에 대한 결정을 함께하기로 하는 행동을 **담합**이라고 한다. 이미 보았듯이, 워너와 유니버설이 서로 경쟁하기로 했을 때, 각각 4,500만 개의 앨범을 생산해 3억5000만 달러의 이윤을 얻게 된다. 만약 답함을 하면, 각각 3,500만 개의 앨범을 생산하고 3억9000만 달러의 이윤을 얻는다. 담합으로 기업은 더 많은 이윤을 얻을 수 있는데, 왜 모든 기업이 담합하지 않는가?

담합 기업들이 가격이나 수량을 공동으로 결정하는 행위

유니버설 CEO가 앨범을 얼마나 생산할까 결정할 때, 전략적으로 생각해 워너의 CEO가 무슨 생각을 할까 스스로에게 물어볼 것이다. 워너가 3,500만 개 앨범을 생산하기로 한다면 어떻게 할까? 〈그림 15-7〉의 보수 행렬을 보자. 행렬의 첫 번째 행을 보면, 유니버설 역시 3500만 개를 생산할 때 3억9000만 달러를 벌 것이다. 만약 4,500만 개를 생산하면 4억4000만 달러를 벌 것이다. 유니버설의 선택은 분명하다. 더 많이 생산해 더 많은 이윤을 얻는 것이다.

그러나 워너 역시 4,500만 개 앨범을 생산하기로 결정하면 어떻게 될까? 하단 행을 보면, 유니버설이 3,500만 개 앨범을 생산하면 3억2000만 달러를 이윤으로 얻지만, 4,500만 개를 생산하면 워너의 이윤은 3억5000만 달러가 된다. 역시 선택은 분명하다. 유니버설의 CEO는 자신의 선택 중에서 워너가 무슨 선택을 하든 4,500만 개의 앨범을 생산해야 한다.

〈그림 15-7〉에 묘사된 전략적 선택을 살펴보면, 2가지 사실을 알 수 있다. 첫째, 이미 계산했듯이, 두 기업은 서로 경쟁할 때 담합할 때보다 이윤이 더 낮다. 경쟁으로 판매량이 담합을 통해 달성할 수 있는 이윤을 극대화하는 독점 생산량보다 많아지기 때문이다.

둘째, 개별 기업은 다른 기업이 어떤 선택을 하든 상관없이 담합 합의를 위반하고 경쟁할 유인이 있다. 워너의 입장에서 선택을 살펴보자. 만약 워너가 유니버설이 '독점' 생산량인 적은 양을 생산할 것이라고 예측한다면, 담합보다 경쟁을 함으로써 5000만 달러를 더 벌 수 있다(어떻게 알 수 있는가? 〈그림 15-7〉 상단 왼쪽 사각형에 있는 이윤과 아래 왼쪽 사각형에 있는 워너의 이윤을 비교해보라). 만약 워너가 유니버설이 '경쟁적' 생산량인 많은 양을 생산할 것이라고 예측한다면, 담합 합의를 성실하게 유지하는 것보다 경쟁을 함으로써 더 많은 이윤을 얻을 수 있다.(아래 오른쪽 사각형의 3억5000만 달러와 상단 오른쪽 사각형의 3억2000만 달러를 비교해보라.)

그림 15-7

죄수의 딜레마로서의 과점 생산 음반 제작사의 담합 결정은 죄수의 딜레마라고 하는 게임으로 모형화할 수 있다. 두 기업은 담합하기로 합의하고 적게 생산하는 경우 더 높은 이윤을 얻을 수 있음에도 불구하고, 각 기업은 합의를 위반하고 더 많은 이윤을 얻고자 하는 유인이 있다.

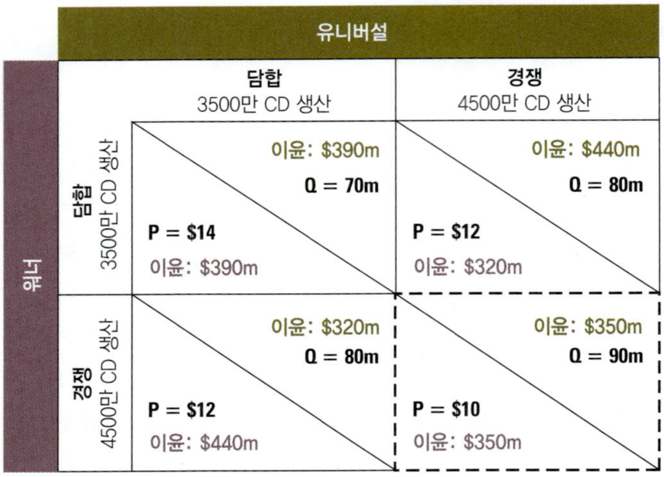

우월전략 게임 상황에서 다른 참가자들이 무슨 전략을 쓰든 관계없이 가장 좋은 전략

상대방의 전략과 상관없이 한 전략이 항상 가장 좋은 결과를 가져오면, 그 전략을 **우월전략**이라고 한다. 과점에서 경쟁은 유니버설의 우월전략이다. 불행히도, 동일한 계산법에 의해 워너에게도 경쟁이 우월전략이다. 그 결과 두 기업은 담합보다 경쟁을 선택, 4,500만개의 앨범을 생산하고 3억5000만 달러의 이윤을 얻는다.

내쉬균형 다른 게임 참가자들의 선택이 주어져 있을 때 각 게임 참가자가 최선의 전략을 구사한 결과 달성되는 균형

모든 참여자들이 우월전략을 가지고 있는 경우, 그 결과를 **내쉬균형**이라고 한다. 이는 다른 모든 참가자들의 선택이 주어진 상태에서 모든 참가자들이 최상의 전략을 선택한 결과다.(내쉬균형은 기업들이 우월전략이 없는 경우에도 달성될 수 있지만, 이 경우에는 우월전략이 있다.) 내쉬균형에 도달했을 때 누구도 전략을 변경해 균형을 깨뜨릴 유인이 없기 때문에 내쉬균형은 중요하다.

그러나 '게임이론과 전략적 사고' 부분에서 보았듯이, 두 CEO는 이 딜레마에서 벗어나는 방법이 있다. 핵심은 한 번만 결정하는 것이 아니고 같은 기업들이 계속해서 선택하는 것이다. 유니버설 CEO가 상호작용이 '반복 게임'이라고 일단 인식하면 유인이 달라진다. 워너의 CEO는 약속을 지키는데 유니버설은 약속을 지키지 않는다면 올해 5000만 달러의 이윤을 더 얻을 것이다. 그러나 다음 해에는 워너가 경쟁적인 생산 수준으로 보복을 할 것이 분명하다. 따라서 이후 매년 4000만 달러의 이윤이 감소할 것이라는 것을 안다: 담합할 경우 3억9000만 달러의 이윤을 얻지만 경쟁적 균형에서는 3억5000만 달러의 이윤을 획득한다. 미래 이윤을 고려했을 때, 처음에 두 기업이 다른 기업이 담합하기로 한 최초 합의를 유지할 것이라는 쪽에 운을 맡길 수 있다. 두 기업 모두 약속을 지키면, 계속 협조해 매년 3,500만 개의 CD를 생산할 것이다.

카르텔 생산량이나 가격을 집단적으로 결정하는 담합 기업들

이런 종류의 전략이 종종 기업의 **카르텔**—수량이나 가격을 집단적으로 결정하기 위해 공모한 다수의 기업들—을 유지해주는 접착제 같은 역할을 한다. 잘 알려진 카르텔로는 OPEC(Organization of the Petroleum Exporting Countries)가 있다. 회원국들은 시장가격

을 조절하고 이윤을 극대화하기 위해 원유 생산량을 제한하기로 합의한다. 각 회원국이 경쟁하는 것보다 담합하는 것이 장기적으로 이득이 됨을 알고 있다는 것이 OPEC를 유지하기에 충분하다. 미래 이윤에 대한 관심이 개별 회원국이 원유를 더 많이 생산해 단기 이윤을 추구하지 않도록 한다. OPEC가 전 세계 원유 공급을 통제할 수는 없지만, 국제 원유가에 강력한 힘을 행사한다.

카르텔이 과점 기업들에 이득이 된다면, 왜 더 많은 기업이 카르텔을 만들지 않는 것일까? 이유는 간단하다. 카르텔은 대체로 불법이다. 어떤 국제 법정도 국제 원유시장에서 OPEC의 담합을 멈출게 할 힘이 없다. 그러나 대부분의 국가에서 가격이나 수량에 대해 합의하는 기업의 행위를 금지하고 있다. 만약 적발되면 벌금과 제재를 받는다.

과점과 공공정책

LO 15.8 과점시장에서 생산자 후생, 소비자 후생, 사회 전체 후생을 독점과 완전 경쟁 경우와 비교하기

'독점' 부분에서 미국은 '반경쟁' 행위를 금지하는 엄격한 법을 가지고 있다는 것을 보았다. 과점 기업이 담합을 제안하는 것도 실제 발생했는지 여부와 상관없이 불법이다. 담합을 이토록 우려하는 이유는 과점에는 좋지만 나머지에게 나쁘기 때문이다. 가상 예에서 워너와 유니버설이 담합할 때, CD 가격은 14달러다. 경쟁을 할 때는 가격이 겨우 10달러다. 음악을 구매하는 대중은 워너와 유니버설이 담합하기보다 경쟁하는 경우에 더 좋다.

독점의 경우, 경제적 순손실—시장균형에서 효율적인 경우보다 가격이 높고 수량이 적어 발생하지 않은 거래로 인해 유발된 경제적 순손실—이 발생한다. 〈그림 15-8〉은 여러 경쟁 수준에서 생산자 잉여, 소비자 잉여, 경제적 순손실을 비교하고 있다. 마지막 두 그래프—담합과 독점—는 동일하다. 경쟁적 과점의 시장 결과는 독점과 완전 경쟁시장의 중간이기 때문에, 경제적 순손실이 여전히 존재하지만 담합이 있는 경우보다 적다.

정부는 기업들의 담합을 막는 데 열심이고, 당연히 기업은 적발되지 않고 담합을 유지하기에 열심이다. 예를 들어, 1960년 미국 정부는 중장비를 공급하고자 하는 기업들의 연간 입찰 기록을 검토했다. 정부는 이전 3년간 47개 제조업체가 동일한 입찰가를 적어 냈다는 것을 발견했다. 이는 제조업체들이 몰래 입찰 담합을 하고 있었다는 것을 보여준다. 이들은 순서대로 실제 경쟁을 할 때보다 훨씬 높은 가격에 최저 입찰가를 제출했다. 이 카르텔로 인해 미국 납세자들은 매년 1억7500만 달러의 비용을 카르텔이 붕괴될 때까지 부담한 것으로 추정되었다.

✓ 개념 확인하기

- ❒ 과점시장의 균형이 경쟁시장보다 비효율적인 이유는 무엇인가? **[LO 15.6]**
- ❒ 과점시장의 두 기업이 담합을 함으로써 이득을 볼 수 있는 이유는 무엇인가? **[LO 15.7]**
- ❒ 담합이 합법적일지라도 기업들이 담합하기 어려운 이유는 무엇인가? **[LO 15.7]**
- ❒ 과점시장에서 기업의 수가 증가됨에 따라 경제적 순손실은 어떻게 되겠는가? **[LO 15.8]**

그림 15-8

다양한 경쟁 강도에 따른 경제적 순손실 완전 경쟁과 담합/독점은 경제적 순손실 스팩트럼의 양 끝을 나타낸다. 경쟁적 과점은 그 사이에 놓인다. 담합이나 독점의 경우보다 경제적 순손실이 작지만 완전 경쟁처럼 경제적 순손실이 사라지지는 않는다.

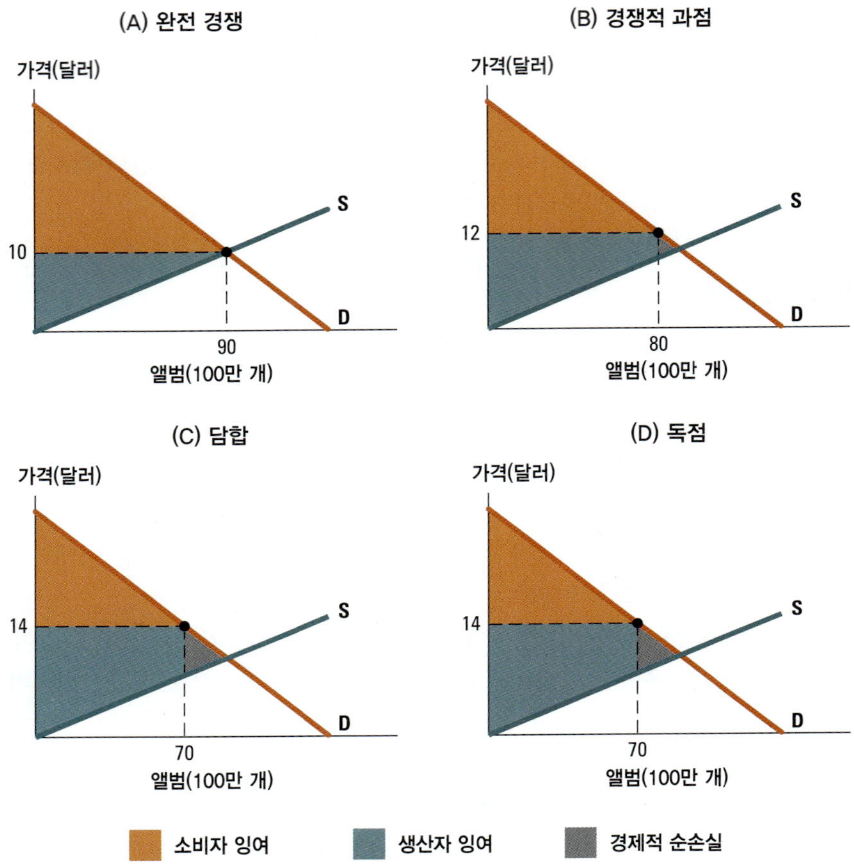

결론

앞장에서는 시장구조의 양 극단에 위치한 완전 경쟁과 독점에 대해 살펴보았다. 이 장에서는 그 사이에 있는 회색 지역인 불완전 경쟁에 대해 배우고 독점적 경쟁과 과점으로 분류되는 산업의 특징을 배웠다. 이런 시장구조에 대한 이해는 사업가가 최적의 생산과 가격 책정을 하는 데 도움이 된다. 또한 이러한 지식은 소비자가 기업의 행태와 현실에서 흔히 보는 많은 광고를 이해하는 데 도움이 된다.

시장구조는 기업들이 어떻게 결정을 하는지에 대한 많은 것을 알게 해주지만, 여전히 아직 살펴보지 않은 다른 많은 요인이 있다. 지금까지는 기업들이 주어진 재화를 얼마나 생산하는가에 초점을 맞추었다. 다음 장에서는 생산요소 시장이 기업의 생산 결정에 어떤 중요한 역할을 하는지 살펴보고자 한다.

주요 용어

과점 p.413
내쉬균형 p.430
담합 p.429
독점적 경쟁 p.413
우월전략 p.430
제품 차별화 p.414
카르텔 p.430

요약

LO 15.1 과점과 독점적 경쟁을 정의하는 특성 열거하기

현실 세계에서 대부분의 시장은 시장구조 모형에 완벽하게 맞지는 않지만, 기업의 수와 제품 다양성에 따라 시장을 분류하는 것이 유용할 수 있다. 과점은 비슷한 재화나 서비스를 판매하는 소수의 기업이 있는 시장을 나타낸다. 이 경우 기업들은 경쟁자를 알고 개별 기업은 어느 정도 가격을 설정할 수 있는 힘을 가지고 있으나 전체 시장을 통제할 수 있는 기업은 없다. 이에 반해 독점적 경쟁은 비슷하지만 약간 차별화된 재화와 서비스를 생산하는 다수의 기업이 있는 시장을 나타낸다. 이 기업들은 반드시 가격 수용자인 것은 아니지만 장기에 여전히 경쟁에 직면한다.

LO 15.2 단기 독점적 경쟁 기업의 이윤 극대화 가격과 수량 계산하기

단기에 독점적 경쟁 기업은 독점처럼 행동한다. 우하향하는 수요곡선에 직면하고 소비자 수요량의 변화를 가져오지 않고는 가격이 변화할 수 없다. 이윤 극대화 생산량은 한계수입(MR) 곡선과 한계비용(MC)곡선이 교차하는 점이다. 이윤 극대화 가격은 이 수량에 대응하는 수요곡선에 있는 점에서 결정된다.

LO 15.3 장기 독점적 경쟁시장 설명하기

장기에 독점적 경쟁은 독점과 공통적 특성을 가지고 있으며 완전 경쟁과 공통적 특성도 있다. 독점처럼 독점적 경쟁 기업은 우하향하는 수요곡선에 직면한다. 이는 한계수입이 가격보다 낮다는 것을 의미한다. 이는 한계비용 역시 가격보다 낮다는 것을 의미한다. 그러나 완전 경쟁시장의 기업처럼 독점적 경쟁 기업은 장기에 0의 경제적 이윤을 얻는다.

LO 15.4 독점적 경쟁의 후생비용 분석하기

완전 경쟁 균형가격과 수량에서 벗어나는 경우 그렇듯이 독점적 경쟁은 비효율적이다. 한계비용보다 더 높은 가격에서 이윤이 극대화되기 때문에 상호 이득이 되는 거래 중 일부가 발생하지 않는다. 이는 경제적 순손실이 발생함을 의미한다. 즉, 시장에서 총잉여가 극대화되지 않는다. 그러나 효율성을 증진시키기 위해 독점적 경쟁시장을 규제하는 것은 어렵고, 대체로 제품 다양성의 손상을 수반한다.

LO 15.5 제품 차별이 광고와 브랜드 만들기에 미치는 영향 설명하기

생산자는 소비자가 자사 제품이 다른 비슷한 제품과 다르다고 믿도록 하기 위해 광고에 투자한다. 다른 재화와 대체가 잘 안 될 것으로 보일수록, 가격이 인상되었을 때 소비자들이 다른 제품으로 덜 바꾼다. 따라서 생산자는 실제 제품을 다르게 만들든지, 다르다고 소비자가 믿도록 함으로써 자사 제품을 차별화할 유인이 있다. 광고와 브랜드 만들기를 통해, 기업들은 소비자에게 분명하게 필요한 정보를 주거나 제품의 품질을 시그널한다.

LO 15.6 과점 기업의 전략적 생산 결정 설명하기

과점 기업들은 다른 경쟁자의 예측되는 선택을 고려해 가격과 수량에 대한 전략적 선택을 한다. 경쟁시장의 가격 수용자인 기업과 달리, 과점 기업의 생산량은 시장가격에 영향을 미친다. 추가적인 생산으로 인한 이윤의 증가를 수량효과라고 한다. 추가적인 생산이 시장가격을 낮춰 이윤을 감소시키는 것을 가격효과라고 한다. 대체로 과점 기업은 긍정적인 수량효과가 부정적인 가격효과를 능가하는 한 산출량을 증대시킬 것이다.

LO 15.7 과점 기업들의 담합 유인과 담합이 유지되지 못하는 이유 설명하기

과점 기업은 전체 시장의 이윤을 극대화하는 양보다 더 많이 생산할 유인이 있어 가격을 낮추고 경쟁자에게 비용을 유발한다. 담합을 함으로써 기업들은 독점 생산량과 동일한 양을 생산해 수입을 나눠 이윤을 극대화할 수 있다. 그러나 경쟁을 함으로써 더 많은 이윤을 얻을 수 있기 때문에 개별 기업은 항상 합의를 깨고자 할 유인이 있다.

LO 15.8 과점시장에서 생산자 후생, 소비자 후생, 사회 전체 후생을 독점과 완전 경쟁 경우와 비교하기

과점의 경쟁적 균형은 완전 경쟁시장과 독점의 결과 중간에 놓이는 수량과 가격이다. 균형이 경쟁적 시장과 같지 않기 때문에 과점에서 약간의 경제적 순손실이 발생하고 소비자 잉여의 감소로 생산자 잉여가 증가된다. 과점이 담합할 때, 균형은 독점 결과와 같고 더 많은 경제적 순손실과 더 많은 생산자 잉여가 나타난다.

복습문제

1. 과점 기업(소수의 경쟁자가 있는)이 경쟁시장의 생산자(다수의 경쟁자가 있는)보다 경쟁 기업이 무엇을 하는지 더 관심을 갖는 이유를 설명하라. **[LO 15.1]**
2. 어떤 시장에 진입 장벽은 별로 없고 많은 기업이 있다면, 기업들이 어떻게 양의 경제적 이윤을 얻을 수 있을까? 이런 유형의 시장에 있는 기업이 경제적 이윤을 유지하기 위해 사용할 수 있는 전략을 설명하라. **[LO 15.1]**
3. 다른 조건이 일정할 때, 맥도널드, 버거킹, 롯데리아 모두 햄버거를 생산한다. 그러나 맥도널드 햄버거를 선호하는 소비자는 다른 햄버거를 불완전한 대체재로 생각한다. 이 경우 맥도널드는 단기에 어떻게 가격을 설정하겠는가? 가격, 한계수입, 한계비용의 관계를 설명하라. **[LO 15.2]**
4. 지미 추 디자이너의 구두를 생각해보자. 어떤 관점에서 볼 때 지미 추의 경쟁자가 많다고 할 수 있는가? 어떤 관점에서 볼 때 지미 추의 경쟁자가 없다고 할 수 있는가? **[LO 15.2]**
5. 식당에서는 관련되지만 차별화된 제품을 판매한다. 장기에 새로운 식당이 진입하고 성공적인 경쟁 식당의 요리법과 분위기를 모방한다. 장기에 식당은 가격을 어떻게 책정할 것이라고 생각하는가? 가격과 평균 총비용의 관계를 설명하라. 식당은 경제적 이윤을 얻겠는가? **[LO 15.3]**
6. 완전 경쟁시장과 독점적 경쟁시장에서 기업이 양의 경제적 이윤을 획득할 때, 가격이 ATC와 같아져 이윤이 0이 될 때까지 다른 기업들이 진입한다. 이러한 유사점에도 불구하고 완전 경쟁시장에서는 총잉여가 극대화되지만, 독점적 경쟁시장에서는 극대화되지 않는다. 이 차이점을 설명하라. **[LO 15.3]**
7. 완전 경쟁시장이던 뉴욕의 핫도그 노점시장이 고급 핫도그, 저렴한 핫도그, 이국적인 핫도그 노점상이 등장해 각자 약간씩 차별화된 제품을 팔기 시작함으로써 독점적 경쟁시장이 되었다고 가정하자. 다른 노점상의 핫도그들은 불완전 대체재가 되었고, 도시 내에 많은 노점상들이 있다고 할 때, 변화 전 후 생산자 잉여, 소비자 잉여, 총 사회 후생을 비교하라. **[LO 15.4]**
8. 스마트폰 시장이 비효율적이라고 할 때, 스마트폰 소비자들이 가격 규제를 원치 않을 수 있는 이유를 설명하라. **[LO 15.4]**
9. 슈퍼마켓에서 판매하는 제품을 인식해 필요한 정보를 제공해주는 앱을 스마트폰에 설치할 수 있다고 가정하자. 이 앱은 해당 제품이 어디에서 어떻게 만들어졌는지, 다음 세일은 언제인지 등을 알려준다. 이런 경우 제품을 판매하는 회사는 광고를 할 필요가 있겠는가? 그 이유를 설명하라. **[LO 15.5]**
10. 광고비용이 소비자가 어떤 브랜드의 제품을 구매할지 결정하는 데 영향을 줄 수 있는 이유를 설명하라. **[LO 15.5]**
11. e-리더기 시장이 교보, 영풍, 반디앤루니스, 애플에 의해 통제를 받는 과점이라고 가정하자. 교보가 생산량을 증가시킬지 고려 중이다. 시장가격에 어떤 영향을 미치겠는가? 각 기업의 이윤에 어떤 영향을 미치겠는가? **[LO 15.6]**
12. 완전 경쟁시장, 독점시장, 과점시장의 효율성을 비교하라. 개별 기업의 동일한 이윤 극대화 행위가 이 세 유형의 시장에서 상이한 효율성 수준으로 이어지는 이유를 설명하라. **[LO 15.6]**
13. OPEC는 원유시장의 약 3분의 2를 통제하는 12개 국가로 구성되어 있다. 이 카르텔은 회원국에 생산량을 할당한다. 회원국이 할당량보다 더 생산하고 싶어 할 수 있는 이유를 설명하라. 만약 그렇다면 다른 OPEC 회원국은 어떻게 대응할 것으로 생각되는가? **[LO 15.7]**
14. 이사벨라는 재학 중인 대학 친구들을 위한 IT 솔루션을 운영하고 있으며, 경쟁자는 프랑코 한 명이다. 이사벨라와 프랑코는 담합해 독점 수준의 생산을 하기로 합의했다. 둘 다 1학년이고 나머지 3년 동안 사업을 운영하고자 할 때, 이 합의는 유지되겠는가? 만약 프랑코가 다음 해에 다른 대학으로 옮길 생각이라면 답이 달라지겠는가? **[LO 15.7]**
15. 미국 우편 서비스(USPS)는 가정용 우편배달을 맡고 있는 정부 독점 기업이나 다른 배달 서비스에서는 FedEx,

UPS, DHL과 같은 경쟁 사기업이 있다. 다음 시나리오별로 발생하는 생산자 잉여, 소비자 잉여, 전체 사회 후생의 차이를 설명하라. **[LO 15.8]**

a. USPS가 모든 형태의 우편과 소포 서비스에 대한 독점이다.

b. 소비자가 가정용 우편배달을 위해 USPS, UPS, FedEx, DHL 중에서 선택할 수 있다.

c. 무수히 많은 지역과 전국 우편 배달 서비스 사업자가 있다.

16. 정부가 대체로 독점적 경쟁시장보다 과점을 규제하는 데 더 관심을 갖는 이유를 설명하라. **[LO 15.8]**

응용문제

1. 다음과 같은 시장에서 생산자가 많은지 적은지, 동질적인 제품을 생산하는지 차별화된 제품을 생산하는지 보여라. 어떤 시장이 과점인가? 어떤 시장이 독점적 경쟁시장인가? **[LO 15.1]**

   a. 대학교육

   b. 소매 휘발유시장

2. 한 시장에서 판매되는 재화에 대한 설명에 맞는 시장 유형을 찾아라. **[LO 15.1]**

   a. 재화의 불완전 대체재가 존재한다.

   b. 재화의 대체재가 없다.

   c. 재화가 표준화되었을 수도, 그렇지 않을 수도 있다.

3. 인터스코프는 특징적인 이미지와 패션 스타일로 홍보하는 레이디 가가의 음악을 판매한다. 레이디 가가의 엄청난 성공을 볼 때, 내년 말에 많은 음악가들이 그녀의 스타일을 따라 하거나 비슷하게 할 것으로 예상된다. 현재 레이디 가가 MP3에 대한 공급과 수요는 〈그림 15P-1〉과 같다.

   a. 단기에 이윤 극대화 가격과 수량은 얼마인가?

   b. 장기에 수요곡선은 어떻게 되겠는가?

   c. 장기에 이윤 극대화 가격은 어떻게 되겠는가?

4. 〈그림 15P-2〉는 독점적 경쟁인 스마트폰 시장을 나타낸다. **[LO 15.3]**

   a. 단기에 생산자는 양의 이윤을 얻는가, 음의 이윤을 얻는가?

   b. 장기에 이 생산자의 경제적 이윤은 증가하는가, 아니면 감소하는가?

5. 〈그림 15P-3〉은 독점적 경쟁시장인 샴푸시장을 나타낸다. **[LO 15.4]**

   a 단기에 샴푸 가격과 수량은 얼마인가?

   b. 효율적인 샴푸의 가격과 수량은 얼마인가?

   c. 경제적 순손실을 나타내라.

그림 15P-1

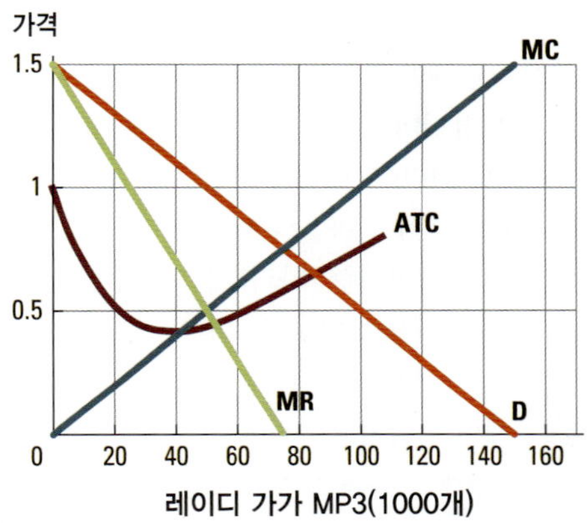

그림 15P-2

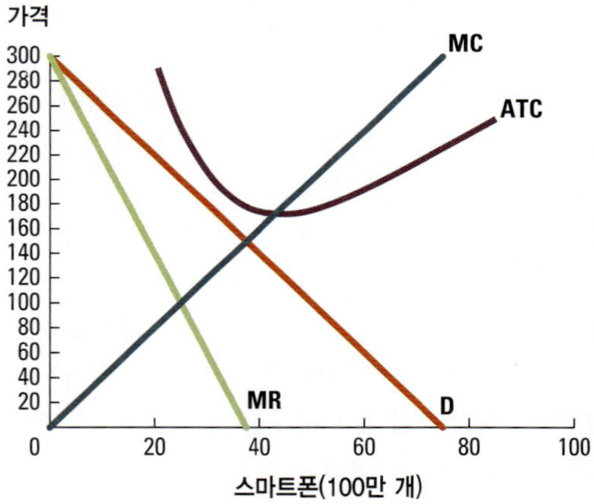

그림 15P-3

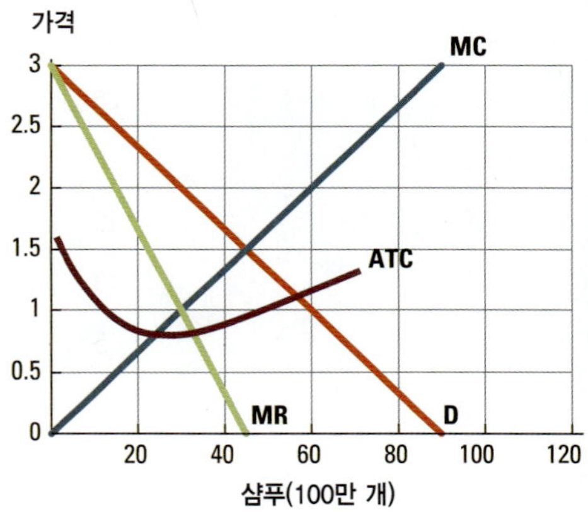

6. 버거킹 햄버거와 레이디 가가의 MP3 중 어떤 재화의 경제적 순손실이 총후생에 비해 작을 것으로 생각되는가? 그 이유를 설명하라. **[LO 15.4]**
7. 음악가와 햄버거 생산자 중 누가 광고 금지에 대해 더 강하게 반응할 것으로 생각되는가? 그 이유를 설명하라. **[LO 15.5]**
8. 독점적 경쟁시장에서 기업을 운영하는 경우를 가정하자. 자사 제품에 대해 유명인사의 보증을 받는 것과 최대 경쟁사와 직접적으로 경쟁할 기업의 진입을 지지하는 전략 중 어느 것이 경제적 이윤을 유지하기에 더 나은가? 그 이유를 설명하라. **[LO 15.5]**
9. 〈표 15P-1〉은 과점시장에서 거래되는 재화의 월 수요를 나타낸다. 이 시장의 두 제품은 각각 5000달러의 고정비용이 있다. 한계비용은 없다. **[LO 15.6]**
   a. 만약 독점 생산량을 반반씩 생산하는 경우 과점 기업의 월 이윤은 얼마인가?
   b. 만약 과점 기업 A가 200개를 더 생산하기로 한다면, 과점 기업 A와 B 각각의 월 이윤은 얼마인가?
10. 〈그림 15P-4〉는 과점시장에서 거래되는 재화의 월 수요곡선을 나타낸다. 고정비용은 없다. **[LO 15.6]**
   a. 두 과점 기업이 독점 생산량을 반반씩 생산하는 경우 월 이윤은 얼마인가?
   b. 두 과점 기업이 독점 생산량을 반반씩 생산하는 경우 경제적 순손실은 얼마나 발생하는가?
   c. 만약 과점 기업 A가 10개를 더 생산하기로 한다면, 과점 기업 A와 B 각각의 월 이윤은 얼마인가?
   d. 만약 과점 기업 A가 10개를 더 생산하기로 한다면, 경제적 순손실은 얼마나 발생하는가?

표 15P－1

수량	가격(달러)
400	30
600	25
800	20
1,000	15
1,200	10
1,400	5
1,600	0

그림 15P-4

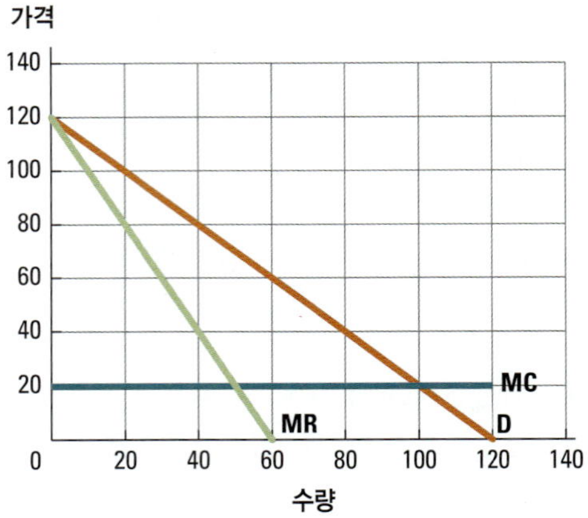

그림 15P-5

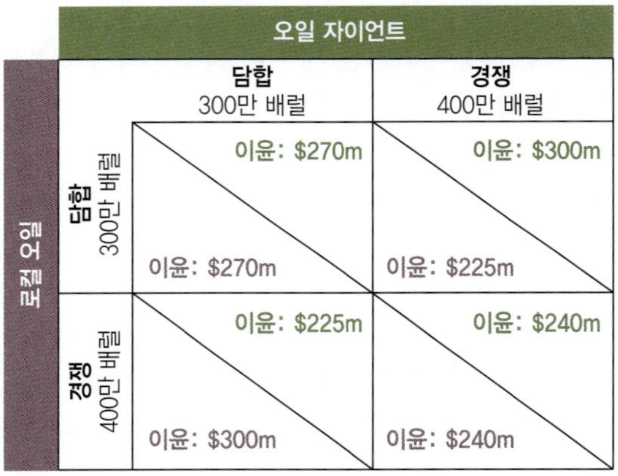

11. 〈그림 15P-5〉에서 볼 수 있듯이 오일 자이언트와 로컬 오일은 복점 기업이다. 이 두 기업이 가격을 높게 유지하기 위해 원유 생산량을 줄이기로 합의했다. **[LO 15.7]**
   a. 각 기업의 우월전략은 무엇인가?
   b. 이 게임을 한 번만 하는 경우, 내쉬균형은 무엇인가?
   c. 두 기업 모두 게임이 여러 번 반복될 것을 알고 있다고 가정하자. 게임 결과는 어떻게 되겠는가?
12. 워너 뮤직과 유니버설 뮤직이 복점 기업이고 현재 매년 새로운 음악가를 10명으로 제한하고 있다. 각 음악가는 곡당 1.25달러에 200만 곡을 판매한다. 그러나 각 음반 제작사는 매년 20명의 음악가와 계약할 수 있다. 만약 한 음반 제작사가 음악가의 수를 20명으로 증가시키고 다른 회사는 변화시키지 않을 때, 곡당 가격은 0.75달러로 하락하고 개별 음악가는 300만 곡을 판다. 두 음반 제작사 모두 음악가의 수를 20명으로 증대시키면, 곡당 가격

그림 15P-6

		유니버설 뮤직	
		담합 ?	경쟁 ?
워너 뮤직	담합 ?	? / ?	? / ?
	경쟁 ?	? / ?	? / ?

은 0.30달러로 하락하고 개별 음악가는 400만 곡을 판다. **[LO 15.7]**

a. 각 시나리오별 수입을 〈그림 15P-6〉에 표시하라.

b. 이 게임을 한 번만 하는 경우, 각 회사는 몇 명의 음악가와 계약을 하고 곡당 가격은 얼마가 되겠는가?

c. 매년 이 게임을 한다면, 각 회사는 몇 명의 음악가와 계약을 하고 곡당 가격은 얼마가 되겠는가?

13. 새로운 제품이 개발되어 특허를 가진 독점 기업이 공급한다고 가정하자. 독점의 경우와 비교해 다음 각 시나리오의 경우 소비자 잉여, 생산자 잉여, 총잉여가 증가, 감소, 또는 동일한지 표시하라. **[LO 15.8]**

a. 새로운 기업이 비슷한 제품을 개발해 원래 있었던 기업과 담합을 한다.

b. 새로운 기업이 비슷한 제품을 개발해 원래 있었던 기업과 경쟁을 한다.

c. 특허가 만료된다.

14. OPEC와 음악산업 중에서 어떤 경우 정부가 개입해 가격을 규제할 수 있을 때 총후생 증가가 더 크게 나타나겠는가? 그 이유를 설명하라. **[LO 15.8]**

참고문헌

Peter J. Alexander, "Product variety and market structure: A new measure and a simple test," *Journal of Economic Behavior & Organization* 32, issue 2(1997, pp.207-214

http://www.peterjalexander.com/images/Market_Structure_and-Product_Variety.PDF

http://query.nytimes.com/gst/fullpage.html?res=9A04E4DD173FF935A2575C0A96F9C8B63&ref=dominos-pizza-inc

Richard A. Peterson and David G. Berger, "Measuring industry concentration, diversity, and innovation in popular music," *American Sociological Review* 61, no. 1 (February 1996, pp.175-178), http://www.jstor.org/stable/2096413

◀ 세계의 모바일 윈도우–이 장의 내용과 관련된 응용사례를 찾으려면 여러분의 스마트폰으로 이 코드를 스캔하라. (QR코드 리더가 필요하면, 여러분의 앱스토어에서 ScanLife를 활용하라.)

여러분의 모바일 앱스토어를 방문하여 Karlan and Morduch Study Econ app.을 다운로드 하라. ▶

Chapter 16

생산요소

학습목표

LO 16.1 생산요소를 정의하고 생산요소가 생산에 어떻게 기여하는지 살펴보기

LO 16.2 생산요소에 대한 수요를 그래프로 그리고 한계생산과 어떤 관계가 있는지 설명하기

LO 16.3 생산요소의 공급곡선을 그리고 노동공급이 어떻게 결정되는지 설명하기

LO 16.4 생산요소의 균형가격과 거래량이 어떻게 결정되는지 설명하기

LO 16.5 그래프를 이용해 공급과 수요가 이동할 때의 효과를 분석하고 이들 곡선이 이동하는 이유에 대해 설명하기

LO 16.6 인적자본을 정의하고 노동시장에서 인적자본이 얼마나 중요한지 설명하기

LO 16.7 토지 및 자본시장과 노동시장의 유사성과 차이에 대해 설명하기

LO 16.8 임금이 왜 시장 균형 수준을 상회할 수 있는지를 설명하는 2가지 이유를 규명하고 이것이 노동시장에 미치는 영향에 대해 기술하기

LO 16.9 불완전 노동시장이 형성되는 다양한 이유를 설명하고 이것이 노동자와 고용주에게 미치는 영향에 대해 기술하기

캘리포니아의 노동시장

2012년, 야구 선수 앨버트 퓨졸스는 로스앤젤레스의 에인절스 구단 소속으로 연봉 1200만 달러를 받고 경기를 치렀다. 그가 에인절스 구단과 2011년에 체결한 계약은 10년간 2억5400만 달러를 보장한다. 2012년 봄과 여름, 다른 무리의 노동자들 또한 힘든 육체적 작업이 필요한 일을 하고 있었지만, 그들의 소득은 훨씬 낮았다. 캘리포니아는 수만 명의 농부들을 평균 1만9000달러의 연봉에 고용한다.

물론, 야구와 농업에는 많은 차이가 있다. 그러나 피상적으로 야구선수들은 농부들과 공통된 점이 없지 않다. 이들은 모두 20~30대의 청년으로, 대부분 미국이 아닌 곳에서 태어났다. 이들은 힘든 육체 노동을 하며, 학교에서보다는 직업 내 훈련을 받는다.

그렇다면 앨버트 퓨졸스는 왜 오렌지나 토마토를 수확하는 사람보다 1000배 이상의 보수를 받을까? 뿐만 아니라, 퓨졸스는 왜 다른 메이저리그 야구선수들보다 훨씬 더 높은 소득을 올리는가?(다른 야구선수들이 안됐다고 생각할 필요는 없다—그들의 평균 연봉 또한 300만 달러가 넘는다) 야구선수들은 다른 프로 운동선수들—캘리포니아에서 이들의 평균 월급은 약 12만 5000달러다—에 비해 왜 더 많은 보수를 받는가?

여러분은 그 답을 알고 있으리라 생각한다. 앨버트 퓨졸스가 에인절스 구단과 계약을 체결

할 당시 그는 야구에서 가장 상위권에 속하는 선수 중 한 명이었다. 많은 보수를 받는 것은 당연하다. 모든 사람들이 다 그처럼 야구를 잘할 수 있는 것은 아니다. 이는 다른 프로 야구선수들 모두에게 일반적으로 적용되는 말이다. 만약 전국에 특별한 기술을 지닌 사람들이 몇 명 안 된다면 그들만이 할 수 있는 일에 대해 높은 보수를 요구하는 건 당연하다. 나아가, 미국인들은 야구 경기 관람을 좋아하고 잘하는 야구 경기를 보기 위해 돈을 지불할 용의가 있다. 우리는 토마토와 오렌지도 좋아하지만, 만약 농부들이 연 수백만 달러를 받는다면 소비자들은 저녁값으로 상당액을 지불해야 할 것이다. 이와 유사하게, 캘리포니아에서 최고의 프로 라켓볼 선수는 앨버트 퓨졸스보다 훨씬 낮은 보수를 받는다. 이는 그의 숙련도가 보다 떨어지거나 높은 수준의 라켓볼 선수 공급이 많기 때문이 아니다. 사람들이 야구만큼 라켓볼을 보려고 하지 않기 때문이다. 이 현상에 대한 경제적인 설명은 노동이—강타를 치거나, 수비를 하거나 수확을 하는지와 상관없이—야구 경기 또는 토마토와 같이 소비자가 원하는 제품을 생산하는 데 필요한 요소이기 때문이다. 이러한 재화를 생산하는 데 투입된 노동도 재화시장 자체와 긴밀히 연관된 방식으로 시장에서 매매된다. 노동자들에게 주어지는 보수는 그러한 종류의 노동을 공급하는 노동자와 그 노동자들을 투입해 만든 재화에 대한 수요에 의존한다.

이 장에서는 생산요소시장에 대해 논의할 것이다. 경제학자들은 보통 생산요소를 노동, 토지, 자본 등 3가지로 구분한다. 이 시장은 정부 정책뿐 아니라 소비재시장에 의해서도 결정된다. 요소시장이 수요와 공급에 의해 어떻게 지배되는지 알면 기업들이 어떤 요소를 얼마큼 사용할 것인지에 대한 결정을 어떻게 내리는지 이해할 수 있다. 이는 모든 사업자에게 매우 중요한 결정이다. 새로운 기계를 구매하는 것이 가치가 있는 것일까, 아니면 추가 인원을 고용하는 것이 좋을까? 어떻게 알 수 있을까?

요소시장을 이해하는 것, 특히 노동시장을 이해하는 것은 소득구조를 설명하는 핵심이 된다. 서로 다른 생산요소를 소유하는 것이 소득에 어떤 영향을 미치며 사람들의 소득이 왜 제각각 다른지 설명할 것이다. 따라서 이 장은 소득 불평등을 이해하는 데 초석이 될 것이다. 대부분의 사람들의 주요 생계수단은 노동을 판매하는 것이기 때문에 여기서는 임금 격차를 설명하는 데 주력할 것이다. 앨버트 퓨졸스와 농부 또는 라켓볼 선수 또는 배관공 또는 여러분의 차이는 왜 발생하는가? 이 장은 여러분이 근로자, 고용주 또는 투표권자로서 노동시장을 이해할 수 있는 분석 도구를 제공할 것이다.

생산요소: 토지, 노동, 자본

LO 16.1 생산요소를 정의하고 생산요소가 생산에 어떻게 기여하는지 살펴보기

여러분이 야구 경기 관람권을 구매했을 때 정작 대가를 지불한 대상은 무엇일까? 야구 경기는 선수들, 관리자, 심판, 감독, 관람권 판매자, 청소부들의 시간과 기술을 요구한다. 경기를 치를 때는 경기장, 주차장, 훈련장, 스피커, 대형 화면, 야구공과 글로브, 기타 기구도 필요하다.

야구 경기를 만들어낼 때 또는 토마토 또는 다른 어떤 재화나 용역을 생산해내는 데 드는 재료를 **생산요소**라고 한다. 노동, 토지, 자본 등 3가지의 생산요소를 생각해볼 수 있다. 노동은 피

생산요소 재화나 서비스의 생산에 투입되는 요소들

고용인이 일한 시간이며, 토지가 이들이 일한 장소다. **자본**은 새로운 재화를 만들기 위해 제조된 재화다. 야구 경기를 만들어내기 위해 필요한 자본은 야구 방망이, 조명, 단체복, 비디오 화면 같은 기구들이다. 토마토를 생산하는 데 드는 자본은 종자, 비료, 관개시설, 수확한 토마토를 운송할 트럭들이다.

자본 다른 재화의 생산에 이용되는 장비나 설비

생산요소를 사용해 만드는 재화와 마찬가지로 생산요소 또한 시장에서 매매된다. 요소시장에서 판매자는 생산요소를 소유한 사람들이다. 구매자는 재화나 용역을 공급하기 위해 생산요소를 사용하기를 원하는 기업들이다. 각 생산요소의 가격은 수요와 공급에 의해 결정된다.

이 절에서는 요소시장을 지배하는 생산결정이 어떻게 이루어지는지, 그리고 요소시장이 다른 시장과 비교해 어떻게 다른지 설명할 것이다. 요소시장이 소비재시장과 어떻게 연계되어 있으며, 각 요소의 생산에 대한 기여를 어떻게 측정하는지도 살펴볼 것이다. 이러한 분석은 기업들이 어떻게 생산에 대한 결정을 내리는지, 그리고 궁극적으로는 왜 야구선수가 농부보다 더 많은 임금을 받는지 파악하는 데 필요할 것이다.

파생 수요

기업은 각 생산요소를 얼마나 사용해야 할지 어떻게 알 수 있을까? 로스앤젤레스의 에인절스는 경기에서 이기고 싶었기 때문에 퓨졸스의 노동을 원했으며, 그에 대해 대가를 지불할 용의가 있었다. 이는 다시 야구 경기 관람권과 방송권의 가치를 높이고 이는 다시 팬들에게 제공된다. 야구선수에 대한 수요는 팀이 경기를 제공하고자 하는 선택에서 파생된 것이며, 이는 최종 제품의 가치에 야구선수들이 얼마나 기여했는지에 따라 달라진다.

마찬가지로, 농부가 토마토를 수확하기 위해 얼마나 많은 일꾼을 고용할지 결정하거나 새로운 관개시설에 투자할지 여부를 결정할 때, 또는 토마토를 심기 위해 추가로 토지를 획득해야 할지를 결정할 때 그는 토마토시장을 고려할 것이다. 토마토 수확을 위해 필요한 일꾼, 관개시설, 토지 등에 대한 농부의 수요는 토마토시장에서 파생된 것이다. 소비자들이 더 많은 토마토를 원하면 토마토 생산에 사용되는 생산요소에 대한 수요가 증가할 것이다. 만약 소비자들이 더 적은 양의 토마토를 원하면 토마토 생산에 사용되는 생산요소에 대한 수요도 감소할 것이다. 이 때문에 생산요소에 대한 수요를 **파생 수요**라고 한다.

한계생산성

'생산비용' 부분에서 생산요소의 투입량과 생산량의 관계를 나타내는 생산함수에 대해 논의했다. 예를 들어, 더 많은 노동자를 고용한 농장에서는 더 많은 토마토를 생산할 수 있다. 한 단위 추가적인 투입요소가 추가로 만들어내는 생산량을 **한계생산**이라고 한다. 그림으로 보면 한계생산은 사용되는 투입요소에 따른 생산량을 표기한 총생산곡선의 기울기라고 생각하면 된다. 〈그림 16-1〉은 토마토 생산에 사용되는 노동의 한계생산을 보여준다. 추가로 한 명의 노동자가 더 고용되었을 때 그 고용자가 추가로 생산하는 토마토가 그 노동자의 한계생산이다. 한계생산은 토지나 자본 같은 다른 생산요소에도 적용된다.

한계생산 생산요소 한 단위를 추가 투입함으로써 발생한 산출량의 증가분

투입요소의 한계생산성은 대체로 체감한다는 것을 상기하라. 다시 말해, 주어진 토지에서 10번째 노동자는 일반적으로 첫 번째 노동자보다 농장의 생산량에 기여하는 바가 적다. 이는 노동

그림 16-1
노동의 한계생산

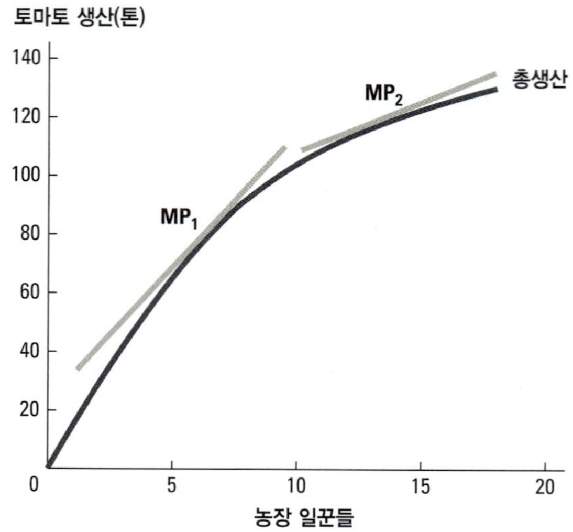

더 많은 노동자를 고용할수록 농장은 더 많은 토마토를 수확할 수 있다. 추가로 고용된 노동자는 기존의 노동자보다 토마토 수확에 기여하는 것이 덜하다. 노동자 수가 증가할수록 총생산량은 증가하지만 노동의 한계생산성은 감소한다.

에 대한 수요를 설명할 때 아주 중요한 사실이다.

적정 투입요소 조합의 선택

어떤 경우, 기업들은 생산요소의 조합을 선택할 때 한 생산요소를 다른 생산요소로 대체할 수 있다. 예를 들어, 토마토 수확은 수작업으로 할 수도 있고 기계로 할 수도 있다. 농부는 많은 노동자를 고용함으로써 기계는 투입하지 않을 수도, 아니면 소수의 노동자만을 고용함으로써 더 많은 기계를 투입할 수도 있다. 이는 모든 재화의 생산에 다 적용되는 것은 아니라는 점에 주목하자. 야구 경기의 경우 소수의 선수만 고용해 야구 방망이를 더 많이 사용할 수 있는 것은 아니다.

이윤을 추구하는 기업이라면 각 생산요소의 가격에 따라 이윤을 극대화할 수 있는 투입요소 조합을 선택할 것이다. 농기계 가격은 세계적으로 유사하지만 농노동의 임금은 차이가 많이 난다. 빈곤한 경제에서는 보통 인건비가 저렴해 농부들은 많은 노동자를 고용하므로 소수의 기계만을 구매한다. 부국에서는 인건비가 더 비싸므로 소수의 노동만을 고용하는 대신 더 많은 기계를 구매한다. 이를 달리 말하면 빈곤국에서는 농업이 **노동집약적**이고 부국에서는 **자본집약적**이라는 것이다.

✓ 개념 확인하기

- ❒ 자동차 수리에 들어가는 각 생산요소의 예를 들어보라. **[LO 16.1]**
- ❒ 노동수요는 무엇으로부터 '파생'되었는가? **[LO 16.1]**
- ❒ 노동자의 한계생산과 기업의 총생산량은 어떤 관계가 있는가? **[LO 16.1]**

노동시장과 임금

이제 생산요소시장에 대해 생각해볼 수 있는 몇 가지 개념이 생겼다. 이러한 개념들을 이용해 노동과 자본시장에 대해 좀 더 자세히 살펴볼 것이다. 먼저 노동에 대한 수요를 살펴본 후 노동공급에 대해서도 살펴본다.

노동시장에 대한 분석을 시작하기 전 좀 익숙해져야 할 것이 있다. 첫째, 노동을 '공급'하는 것은 개인 노동자들이다. 이들 노동자들을 이용해 재화를 생산하는 기업은 노동의 '수요자'다. 이는 기업이 공급자이고 개인이 수요자인 보통의 상황과는 정반대다.

둘째, 노동자들이 받는 임금은 바로 노동의 '가격'이다. 사람들이나 그들의 재능을 이야기할 때는 '가격'이라는 용어를 거의 쓰지 않지만 임금은 재화나 용역시장에서 가격이 하는 역할을 노동시장에서 동일하게 한다. 노동시장에서는 두 용어가 정확하게 일치한다. 임금은 단순히 노동의 가격이다.

노동에 대한 수요

LO 16.2 생산요소에 대한 수요를 그래프로 그리고 한계생산과 어떤 관계가 있는지 설명하기

토마토 농부가 얼마나 많은 노동자를 고용해야 할지를 어떻게 결정하는지 살펴보자. 간단히 하기 위해, 토마토 농장이 경쟁적인 시장에서 이윤을 극대화하는 기업이라고 가정한다. 많은 다른 토마토 농장이 있어서 각각 시장에서 주어진 가격에 토마토를 팔고 노동시장에서 노동자를 고용한다면 이는 합리적인 가정이다. 또한 모든 노동자들의 생산성이 동일하다고 가정한다.

농장에서 몇 명의 노동자를 고용할지는 무엇으로 결정되는가? 농장 주인이 무엇을 원하는지와 어떤 제약이 있는지 고려해보자. 농장 주인은 농장의 이윤을 극대화하고 싶어 한다. 경쟁적인 시장에서 기업은 마지막으로 생산한 단위로부터 얻는 수입이 그 생산비용과 동일해지는 지점까지 생산하는 것으로 이윤을 극대화한다는 것을 상기하라. 따라서 토마토 농장 주인은 마지막으로 생산된 1톤의 한계수입이 한계비용과 같아질 때까지 토마토를 생산하고 싶어 한다.

농장은 경쟁적인 시장에서 정해진 가격을 수용하므로 농장 주인이 토마토 가격을 통제하거나 노동자들의 임금을 통제할 수 없다. 토마토 가격이나 임금 모두 이윤에 영향을 준다고 해도 말이다. 따라서 이윤을 극대화하는 것은 적정한 생산량을 결정하는 것이라 해도 무방하다.

토지나 트랙터 또는 다른 투입요소가 특정 수준으로 고정되어 있다면, 농장의 생산량은 〈표 16-1〉의 가상 기업의 경우와 마찬가지로 고용된 노동자 수와 각 노동자의 한계생산성으로 결정될 것이다. 표는 노동자 수(첫 번째 열)에 따라 생산된 생산량(열3)과 마지막으로 고용된 노동자로 인해 발생한 한계비용(열6)을 알려준다. 그 한계비용이 바로 노동자의 임금이다. 이 예에서 임금은 노동자 1명당 2만 달러이며 이는 시급 10달러로 주 40시간, 연 50주 일한 임금에 해당한다.

고용된 각 노동자는 총생산에 기여하며, 이것이 그 노동자의 한계생산(열2)이다. 한계생산은 노동자가 추가될수록 감소하는 것을 볼 수 있다. 처음 고용된 노동자 군은 많은 양의 토마토를 수확할 수 있다. 농장에 더 많은 노동자가 투입될수록 일하는 데 서로 방해가 된다.

얼마나 많은 노동자를 고용할지는 결국 추가로 고용된 노동자가 만들어내는 수입이 그 노동자를 고용하는 데 드는 비용보다 큰지 여부에 따라 결정된다. 따라서 각 노동자가 만들어내는

표 16-1 노동생산성과 비용

(1)	(2)	(3)	(4)	(5)	(6)	(7)
노동자 수 (L)	노동의 한계 생산*	토마토 생산량 (Y)	토마토 가격(달러) (P)	한계생산 가치† (달러)	연 임금(달러) (W)	한계 이윤†† (달러)
0	0톤/노동자	0톤	톤당 2,000	0	20,000	—
1	15	15	2,000	30,000	20,000	10,000
2	14	29	2,000	28,000	20,000	8,000
3	13	42	2,000	26,000	20,000	6,000
4	12	54	2,000	24,000	20,000	4,000
5	11	65	2,000	22,000	20,000	2,000
6	10	75	2,000	20,000	20,000	0
7	9	84	2,000	18,000	20,000	−2,000
8	8	92	2,000	16,000	20,000	−4,000
9	7	99	2,000	14,000	20,000	−6,000

* 한계생산 = 생산량의 변화 / 노동의 변화
†한계생산가치 = 한계생산 x 가격
††한계생산가치 − 임금

한계생산가치 투입요소의 한계생산에 그 생산물의 가격을 곱한 것

한계노동생산과 한계수입을 어떻게 계산하는지 이해를 돕기 위해 온라인 그래프 학습자료를 활용하라.

한계수입을 알아야 한다. 이 가치를 찾기 위해서는 단순히 한계생산(즉, 두 번째 열에 표시된, 추가 노동자가 추가로 생산한 생산량, MPL)을 토마토의 시장가격(열4)으로 곱하면 된다. 달리 말하면, 노동자의 한계생산을 달러 가치로 변환한 것이다(표의 열5에서 보여주는 바와 같이). 추가 투입요소로 생산한 한계생산을 생산량의 가격으로 곱한 것을 **한계생산가치**라 한다.(이는 때로 **한계수입생산물**이라 하기도 한다.) 예를 들어 농장이 여덟 번째로 고용한 노동자의 한계생산이 토마토 8톤이고 토마토의 시장가격이 톤당 2000달러라고 하자. 그렇다면 그 노동자의 한계생산가치는 1만6000달러가 되는 것이다.

경쟁적인 기업의 입장에서 생산물의 가격은 언제나 동일하다. 이는 한계생산가치가 노동자를 추가로 고용할 때마다 감소한다는 것을 시사한다. 생산물의 가치에는 변동이 없는 반면, 노동자의 한계생산은 감소하기 때문이다.

표에서 보듯이 3명의 노동자를 고용하는 것은 가장 합리적이다. 세 번째 노동자는 26만 달러어치 토마토를 생산하지만 여기에 드는 비용은 단지 2만 달러뿐이다. 따라서 세 번째 노동자를 고용함으로써 6000달러의 한계이윤을 남길 수 있다. 다음 2명의 노동자를 고용하는 것도 합리적이다. 각각의 노동자가 받는 임금보다 만들어내는 수익이 더 많다.

농장에서는 노동자 고용을 언제 중단하는 것이 좋을까? 경쟁적인 기업은 한계생산가치가 한계비용보다 크거나 같다면 계속 노동자를 고용해야 한다. 위의 예에서, 토마토 농부는 한계생산가치가 2만 달러인 여섯 번째 노동자를 고용해야 한다. 그러나 한계생산가치가 단지 1만8000달러에 불과해 그 노동자를 고용하는 데 들어가는 비용인 2만 달러보다 적은 일곱 번째 노동자는 고용하면 안 된다.

그림 16-2
한계생산가치와 노동수요 곡선

(A) 한계생산가치

노동 (노동자 수)	VMPL (달러)
1	30,000
2	28,000
3	26,000
4	24,000
5	22,000
6	20,000
7	18,000
8	16,000
9	14,000

(B) 한계생산가치는 노동수요와 동일하다

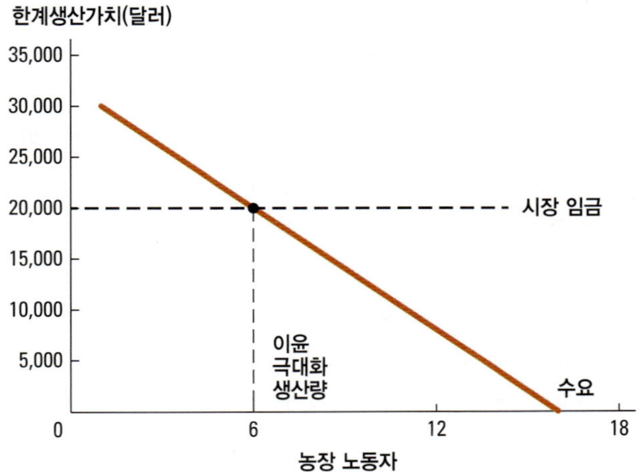

노동자의 한계생산가치는 노동자 수가 증가할수록 감소한다. 특정 임금 수준의 노동수요는 한계생산가치와 임금이 동일해지는 지점의 노동자 수다. 그 결과는 우하향하는 수요곡선으로, 노동수요는 임금이 감소할수록 증가한다.

〈그림 16-2〉는 한계생산가치와 고용인 수의 관계를 그림 형태로 보여준다. 〈표 16-1〉의 (A)는 각 노동자의 한계생산가치를 보여준다. (B)는 이를 그래프로 그린 것이다. 추가적인 노동자의 한계생산이 체감함에 따라 각 노동자에 해당하는 한계생산가치 점들을 이어놓은 곡선은 우하향함을 볼 수 있다. 기업들이 결정하는, 이윤을 극대화하는 노동자 수는 몇 명인가? 답은 한계생산가치와 시장 임금 수준이 교차하는 지점이다. 이 지점에서는 마지막으로 고용된 노동자의 한계생산가치가 한계이윤보다 높거나 동일하다.

주어진 임금 수준에서 이윤을 극대화하는 노동자 수는 단 하나뿐이다. 임금이 증가하거나 감소하면, 기업은 이에 따라 노동자 수요를 조정한다. 다양한 임금 수준에서 이윤을 극대화하는 노동자 수를 그래프화함으로써 전체 수요곡선을 도출할 수 있다. 이 수요곡선은 한계생산가치 곡선과 완전히 동일해 보인다. 곡선의 각 지점에서 임금은 마지막으로 고용한 노동자의 한계생산가치와 동일하기 때문에 한계생산가치 곡선에 이에 상응하는 점이 있다.

〈그림 16-2〉의 노동수요곡선은 단지 토마토 농장의 노동수요곡선일 뿐이지만 전체 노동시장의 총노동수요곡선을 도출하는 것은 간단하다. 제3장에서 소비재의 수요에 대해 한 것과 마찬가지로, 시장에 존재하는 모든 기업의 노동수요량을 더하면 된다.

노동공급

LO 16.3 생산요소의 공급곡선을 그리고 노동공급은 어떻게 결정되는지 설명하기

여느 시장에서와 마찬가지로 노동에 대한 수요만 이야기하는 것은 줄거리의 반밖에 말하지 않은 것과 같다. 궁극적으로 균형 고용인 수와 임금은 수요와 공급 간 상호작용으로 결정된다. 노동의 공급은 대부분의 재화나 용역의 공급보다는 좀 더 복잡하지만, 역시 기본적으로는 기업에

노동을 공급하는 비용과 편익에 따라 결정된다.

어느 한 사람이—예를 들어 캘리포니아의 한 농부가—일주일에 몇 시간을 일해야 할지 결정하려고 하는 상황을 고려해보자. 주 편익은 일을 하여 얻을 수 있는 시간당 임금이다. 노동자들은 일을 많이 하여 돈을 많이 버는 선택을 할 수도 있지만, 좀 더 많은 여가 시간을 즐기기 위해 일할 기회를 포기할 수도 있다.

일의 비용은 무엇인가? 노동을 공급하는 사람의 '비용'을 계산하는 것은 편익을 계산하는 것보다는 좀 어렵다. 노동자들은 한 시간의 노동을 '생산'하기 위해 어떤 투입요소를 구입하지 않아도 되기 때문에 노동자의 노동공급 비용을 기업의 생산비용과 직접 비교할 수 없다. 대신, 우리는 노동 한 시간에 대한 노동자의 기회비용에 대해 생각해볼 필요가 있다. 만약 여러분이 한 시간을 추가로 일한다면 여러분은 그 시간에 할 수 있었던 다른 활동을—운동을 하거나, 페이스북을 보거나, 세탁을 하는 등—포기한 것이다. 경제학자들은 보통 일이 아닌 모든 활동을 여가로 분류한다. 집안일을 하거나 시내에서 볼일을 보는 것 등이 그다지 여유롭거나 즐거워 보이지 않아도 이는 모두 여가에 포함된다. 일의 비용은 따라서 여가를 즐길 기회를 포기하는 것이다.

이해를 돕기 위해

단순함을 위하여, 우리는 노동자들이 노동을 시간 단위로 공급한다고 말한다. 물론 현실 세계에서는 개인이 노동 시간을 정하지는 않는다. 노동자는 보통 고용주에게 40시간 대신 자신이 39시간 또는 41시간 일하겠다고 통보할 수 없다. 개인이 선택할 수 있는 것은 전일제로 일할지 아니면 시간제로 일할지, 일을 할지 아니면 아예 하지 말지 여부, 그리고 초과 근무를 할지 또는 두 번째 직업을 가질지 여부 등만을 결정할 수 있다. 그럼에도 장기적으로 볼 때, 그리고 대단위 노동자 군을 살펴볼 때 총노동공급은 상당한 유연함을 보이며 평균 시간을 단위로 분석하는 것이 대부분의 변화를 반영한다고 볼 수 있다. 우리는 계속 노동자들이 노동시간을 선택하는 것으로 표현을 할 것이지만 노동공급 결정은 이보다는 훨씬 더 많은 범위의 선택을 하는 것임을 염두에 두어야 한다.

특정한 고용주를 위해 일하는 것은 또 다른 종류의 기회비용과 관련이 있다. 한 사람이 농장에서 한 시간 더 일을 하기로 결정하는 것은 임금을 받을 수 있는 다른 종류의 직업을 갖는 것, 예를 들면 건설근로자나 바텐더로 일하는 것을 포기하는 것이다. 포기한 직업의 기회비용이 농장에서 일을 더 해서 얻는 편익을 상회하는지 여부를 결정할 때에는 단지 다른 직종에서 제시하는 임금뿐 아니라 다른 모든 비금전적 혜택도 고려해야 한다. 노동자들은 건강보험, 쾌적한 노동환경, 새로운 기술을 배울 수 있는 기회 등 비금전적 혜택에 많은 가치를 부여한다. 호주의 퀸즐랜드 관광청은 혜택의 비중이 매우 큰 일자리를 하나 제시하고 있다. 이 꿈의 직장에 대한 더 자세한 내용은 다른 관점에서 보기의 '세계에서 가장 좋은 일자리'를 참고하자.

다른 관점에서 보기

세계에서 가장 좋은 일자리

2009년, 호주 퀸즐랜드 관광청은 '세계에서 가장 좋은 일자리'에 대해 광고했는데, 아름다운 해밀턴 섬의 대보초를 보살피는 일이었다. 관리자는 일광욕을 즐기고, 스노클링을 하며, 수백만 달러 상당의 집을 임대료 없이 사용할 수 있는 대가로 15만 호주달러(약 11만 달러)의 임금을 받는다. 그 대신 관리자는 섬에서 경험한 모험에 대해 리포터와 인터뷰를 하고 블로그에 글을 올려야 할 책임이 있다. 어떤 사람들은 이 '세상에서 가장 좋은 일'을 무료로라도 하고 싶어 할 것이다. 이에 대해 더 자세히 알고 싶다면 이 장의 끝에 있는 QR코드를 스캔하거나 온라인에서 읽기를 계속하라.

한 시간 더 일을 할지 여부는 그로 인한 편익(임금 및 다른 모든 비금전적 혜택)과 기회비용(여가 또는 다른 일의 포기)을 비교해 결정된다. 만약 편익이 비용보다 크다면 노동자가 한 시간을 더 일할 것으로 예상할 수 있다. 이 논리는 추가적인 한 시간의 노동에 대한 편익이 그 비용과 정확히 일치할 때까지 적용된다. 그 시점이 되면 노동자는 그 다음 한 시간을 일하는 데 쓸지 아니면, 여가를 즐기는 데 쓸지에 대해 중립적인 상태가 된다.

임금이 증가하면 노동량의 공급은 어떻게 변하는가? 대부분의 시장에서는 가격이 증가하면 공급량이 증가한다. 따라서 임금이 높아지면 일의 혜택이 증가하는 것이므로 사람들이 더 많이 일을 하려 할 것이며, 이에 따라 노동공급량이 늘어난다는 것은 매우 합리적이다.

이 관계는 시장에 존재하는 **모든 노동자**에 대해 적용 가능하다. 임금이 증가하면 더 많은 사람들이 일의 편익이 비용보다 크다는 것을 발견하고 노동을 공급하려는 사람의 수가 증가한다. 이 관계는 〈그림 16-3〉의 노동공급곡선에서 나타난다. 시장의 공급곡선은 모든 개인의 노동공급곡선을 합산해 도출할 수 있다.

가격과 소득의 영향. 노동공급곡선에는 그러나 다른 공급곡선과는 다른 한 가지 특징이 있다. 일반적으로는 임금이 높을수록 공급하는 노동량이 증가하지만, 항상 그렇지는 않다. 높은 임금은 추가적인 한 시간의 노동으로 인한 편익을 높여주지만, 편익만큼 가시적이지는 않아도 노동의 기회비용 또한 증가시킨다.

왜 그런지를 알기 위해서는 개인의 노동공급 결정 요인을 다시 살펴보아야 한다. 기회비용이 왜 증가하는지의 핵심은 여가는 쓸 돈이 있을 때 훨씬 즐겁다는 사실에 있다. 만약 임금이 증가하면 더 많은 돈이 생기므로 여러분은 그 돈을 여가시간을 즐기는 데 쓰는 것을 선호할지도 모른다. 어쩌면 시간당 임금이 증가하면 오히려 일을 좀 덜하고 싶어질지 모른다. 만약 이러한 경우라면 임금 증가는 실제로 노동공급을 줄이게 된다.

경제학자는 노동자가 증가하는 임금에 어떻게 반응하는지에 영향을 주는 이러한 상반된 동기를 기술하기 위해 두 용어를 사용한다. **가격효과**는 임금 증가에 따른 노동공급 증가를 지칭한다. **소득효과**는 소득 증가로 증가한 여가에 따른 노동공급 감소를 지칭한다.

〈그림 16-4〉에서 소득과 가격효과가 노동공급 결정에 미치는 영향을 볼 수 있다. 이러한 분석은 '소비자 행위' 부분에서 예산 제약하에서 구매 결정을 고려할 때 본 소득 및 대체효과와 유사하다. 이 경우, 노동자는 한정된 시간에 의해 제약을 받는다. 1년에는(윤년이 아닌) 8,760시간이 있다. 노동자들이 잠을 자고 밥을 먹는 데 일정한 시간이 필요하다는 전제하에 1년에 약 5,000시간 일을 할 수 있다고 하자. 초기 시간당 임금이 10달러라면, 노동자는 (A)에서 진한 초록색 선이 대표하는 예산 제약을 당면하게 된다. 노동자는 수입 없이 연 5,000시간의 여가를 즐기는 것과 여가 없이 5만 달러의 소득을 벌거나, 그 중간의 어떤 상황 중에서 선택할 수 있다. 노동자가 개인 선호도에 따라 2만 달러를 벌고 3,000시간의 여가를 보내기로 결정했다고 하자. 임

그림 16-3
노동의 공급

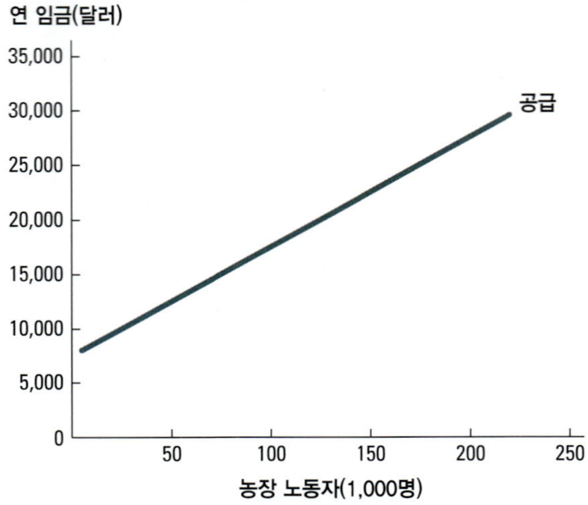

사람들은 일반적으로 가격이 증가할수록 그 제품이나 서비스를 더 많이 제공한다. 노동을 제공하는 노동자 또한 다르지 않으므로 익숙한 우상향하는 공급곡선이 도출된다.

금이 증가하면 예산 선은 바깥쪽으로 회전한다. 임금이 시급 10달러에서 17달러로 증가한다고 하자(엄청난 임금인상이다). 이제 노동자는 수입 없는 5000시간의 여가와 주간 여가가 전혀 없는 8만5000달러의 소득 간 선택할 수 있는 연초록 선상 위에 있다.

〈그림 16-4〉 (A)는 **가격효과**가 소득효과보다 클 경우 노동자가 임금 증가에 어떻게 반응하는지 보여준다. 이 노동자는 새로운 예산 제약하에서는 5만1000달러의 수입을 벌고 단지 2,000시간의 여가만을 가진다. 달리 말하면 1,000시간의 노동시간을 추가로 공급해 (새로운 임금 수준에서) 1만 7000달러의 추가 소득을 올린다. 여기서 임금인상은 노동공급량의 증가를 유발한다. 오른쪽 그림은 왼쪽의 여가시간을 특정 임금 수준에서 노동자가 제공하는 노동시간을 보여주는 노동공급곡선으로 전환한 것이다. 가격효과가 소득효과를 상회한다는 사실은 우상향하는 노동공급곡선에 반영되어 있다.

〈그림 16-4〉 (B)는 **소득효과**가 가격효과보다 큰 경우를 보여준다. 이 노동자는 같은 임금인상에 대해 2만5000달러의 수입을 벌고 3,500시간의 여가를 보내는 것으로 반응한다. 여기서는 임금인상이 노동자로 하여금 500시간 덜 일하게 만들었다. 소득효과가 가격효과를 상회하면 노동공급곡선은 우하향한다.

개인이 추가 여가시간 아니면 추가 소득 중 무엇으로부터 더 큰 효용을 얻을지에 따라 두 경우 모두 합리적인 반응이 될 수 있다. 이러한 선호도가 가격효과와 소득효과의 상대적인 크기를 결정한다.

현실 세계에서는 이 두 효과 중 어느 것이 더 지배적인가? 소득효과는 결정을 하는 데 분명히 영향을 미치지만 대부분의 경우 가격효과가 더 지배적이다. 일반적으로 사람들은 임금인상에 대해 더 많이 일하는 것으로 반응한다. 따라서 이후부터는 임금 증가에 따라 노동공급량이 증가하는 우상향하는 노동공급곡선을 사용한다.

그림 16-4

임금인상에 따른 소득 및 가격효과

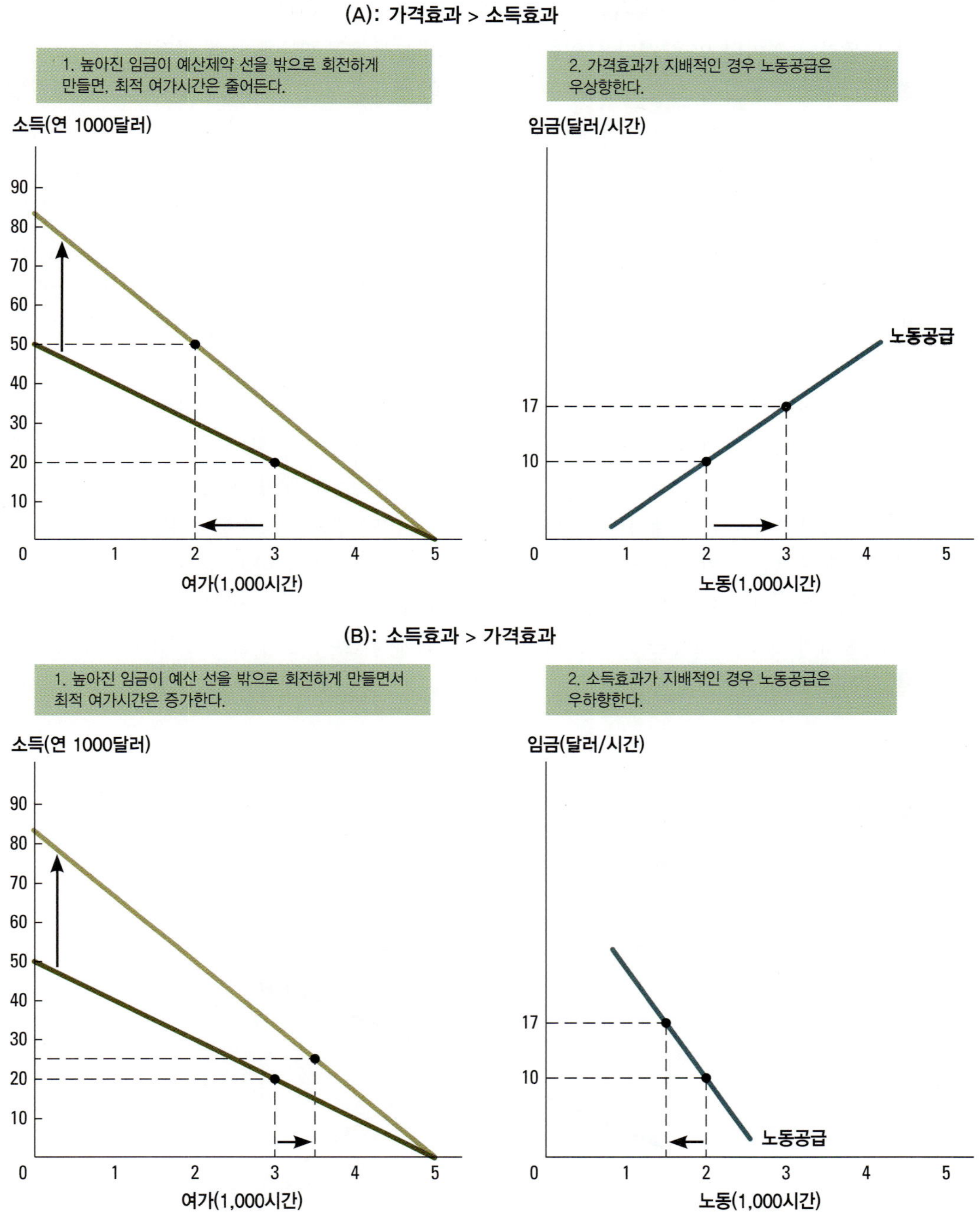

가격효과는 임금 증가에 따라 노동공급이 늘어나는 반응을 일컫는다. 소득효과는 동일한 임금 증가에 따라 노동공급이 줄어드는 반응을 말한다. 어느 효과가 더 지배적인지에 따라 총노동공급곡선이 위를 또는 아래를 향한다.

균형을 향하여

LO 16.4 생산요소의 균형가격과 거래량이 어떻게 결정되는지 설명하기

한 노동자가 얼마나 많은 시간을 일할지는 개인의 노동공급곡선에 따라 결정된다. 이윤을 극대화하는 수의 노동자를 고용하고자 하는 한 농부의 선택은 기업 단위의 수요곡선으로 나타낼 수 있다. 노동시장이 전반적으로 어떻게 작동하는지 보기 위해서는 모든 개인의 공급곡선과 모든 기업의 수요곡선을 합산해 시장 수준의 공급과 수요를 도출해야 한다.

노동시장에서 균형 임금과 노동량을 구하는 과정은 매우 익숙해 보일 것이다. 모든 경쟁적인 시장에서와 마찬가지로 균형점은 공급과 수요곡선이 교차하는 지점에서 형성된다. 〈그림 16-5〉는 캘리포니아의 토마토 농장에 대한 노동시장의 균형을 보여준다. 이 점에서 노동공급량은 캘리포니아 토마토 농부의 노동수요량과 동일하다. 농장 노동자들은 연 2만 달러를 받고 농부는 12만5,000명의 노동자를 고용한다.

노동시장은 임금과 노동량이 동기부여에 따라 자유롭게 조정될 수 있다는 가정하에 여느 시장에서 균형이 형성되는 과정과 동일한 과정을 거쳐 균형에 도달한다. 예를 들어, 농장 노동자의 임금이 시간당 11.5달러(주당 40시간, 연 50주라고 할 때 대략 연 2만3000달러)라고 하자. 그 가격이라면 주어진 한계생산가치에 따라 농부는 10만 명의 노동자를 고용한다. 그러나 그 임금이라면 주어진 기회비용하에서 16만3,000명의 노동자가 일을 하고 싶어 한다. 노동공급량이 수요량을 상회하기 때문에 시장은 불균형 상태에 있다. 일을 하고 싶어 하는 일부 노동자들은 실업 상태에 있거나 원하는 것보다 적은 시간을 일해야 한다. 달리 말하면, 농장 노동은 초과공급 상태에 있는 것이다.

그림 16-5
노동시장 균형

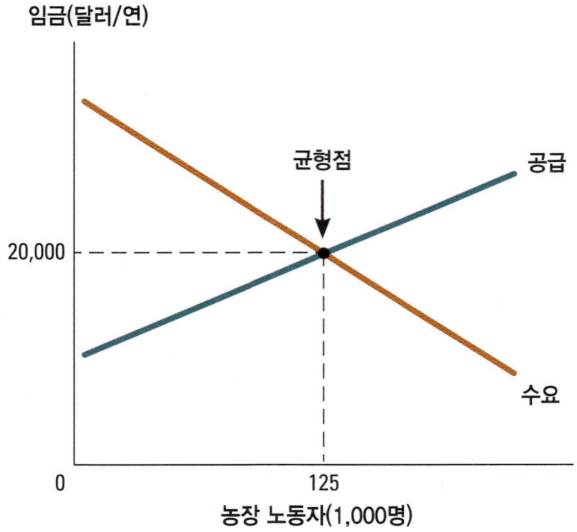

경쟁적인 노동시장에서는 노동의 가격(즉, 임금)은 노동에 대한 공급곡선과 수요곡선이 교차하는 점에서 결정된다. 이 예에서는 노동시장은 임금이 연 2만 달러일 때 균형에 도달한다. 균형점에서 12만5,000명의 노동자가 고용된다.

여러분이 농장 주인이라면 이러한 상황에 어떻게 대처할 것인가? 많은 실업자들과 더 많이 일할 의사가 있는 사람들이 많다는 사실을 안다면 여러분은 기존 임금에 비해 낮은 임금을 제시해볼 수 있을 것이다. 만약 더 저렴한 비용으로 일을 마칠 수 있다면 여러분은 불만이 없으리라. 임금이 시급 15달러에서 10달러로 감소하면 농장 주인의 노동수요량은 증가할 것이다. 일부 노동자들은 시급 10달러에라도 일할 용의가 있으나 다른 노동자들은 기회비용이 일의 편익을 상회한다고 느낄 것이다. 후자의 경우 이들은 시급 10달러에는 일하지 않을 것이다. 따라서 노동공급량은 감소하는 반면 노동수요량은 증가할 것이므로 시장은 균형에 도달하게 된다.

만약 임금이 시장 균형 수준 이하로 감소할 경우 정반대 현상이 나타난다. 농부들의 노동수요량은 노동자들이 공급하고자 하는 양보다 많다. 농부들이 더 높은 임금을 제시해야 노동공급량은 늘어나고 수요량은 감소해 그들이 필요로 하는 노동량을 확보할 수 있다. 이 과정은 임금이 노동공급량과 수요량을 일치시켜 균형에 이를 때까지 지속될 것이다.

노동시장 균형을 어떻게 도출하는지 이해를 돕기 위해 온라인 그래프 학습자료를 활용하라.

공급과 수요의 이동

LO 16.5 그래프를 이용해 공급과 수요가 이동할 때의 효과를 분석하고 이들 곡선이 이동하는 이유에 대해 설명하기

제3장의 수요와 공급 모형에서와 같이 노동에 대한 공급과 수요곡선은 가격이 아닌 다른 결정 요인으로 인해 왼쪽 또는 오른쪽으로 이동할 수 있다. 노동시장에서 그러한 요인은 기술, 노동시장에 대한 규제 또는 다른 외부적 요인을 포함한다.

예를 들어, 많은 캘리포니아 농장 노동자들은 미국에 불법적으로 체류하는 사람들이다. 가끔 미국의 관련 당국은 멕시코와의 국경 보호를 강력히 하는 등 불법이민에 대한 대대적인 단속을 한다. 이는 주어진 특정 임금 수준에서 노동공급을 줄이는 외부적 변화 요인이라고 볼 수 있다. 왜 그런지 보기 위해서는 먼저 잠재적인 멕시코 농장 농부들이 국경 보호 강화 조치에 어떻게 반응할 것인지 예상해보아야 한다. 매우 위험하고 비용이 높은 이동 후에 국경에서 잡혀 추방될 가능성이 높아진다면 캘리포니아 농장에 노동을 공급하는 기대가치는 감소한다. 이러한 선택에 당면하면 일부 노동자들은 국경을 넘지 않을 것이다. 그럼에도 국경을 넘는 일부 사람들은 국경에서 추방될 것이다.

따라서, 기존의 임금에서 국경 보호 강화 조치는 보호가 소홀했을 때와 비교하면 총노동공급을 줄이는 요인이 된다. 〈그림 16-6〉에서와 같이 이러한 노동공급의 감소를 공급곡선 전체가 왼쪽으로 이동하는 것으로 표현할 수 있다. 균형점은 수요곡선상에서 더 위로 올라가, E_1에서 E_2로 상향 조정된다. 새로운 균형점에서는 노동공급량은 더 적고 임금은 더 높다.

2000년대 초반, 실제로 캘리포니아에서는 불법이민에 대한 대대적인 단속이 있었다. 그러나 캘리포니아 농장 노동자들의 임금은 이 시기에 증가하지 않았다. 적어도 미국 전체에 걸쳐 임금이 평균적으로 증가한 것보다 더 많이 오르지는 않았다. 왜일까? 현실에서의 이러한 데이터가 우리의 모형이 잘못되었음을 의미하는 걸까? 반드시 그렇지는 않다. 같은 시기에 노동수요곡선을 왼쪽으로 이동시키는 다른 요인이 있었을 수 있다. 예를 들어, 농장 주인들이 임금을 인상시키는 불법이민에 대한 단속에 어떻게 반응했을지 고려해보자. 앞에서 본 것과 마찬가지로 기업들은 때로는 한 생산요소를 다른 생산요소로 대체할 수 있다. 노동비용 증가에 당면한 농부들

그림 16-6

노동공급의 감소

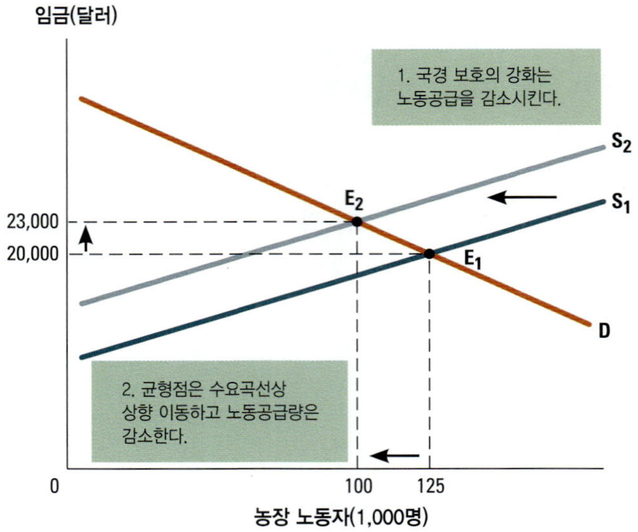

외부 환경의 변화로 인해 국경 통제 정도가 변하면 노동자의 이해관계도 변하여 노동공급곡선이 이동한다. 이 경우 통제의 강화로 인해 공급곡선이 왼쪽으로 이동하고 균형 노동공급량은 12만5,000명에서 10만명으로 감소하는 한편 균형임금은 2만 달러에서 2만3000달러로 상승한다.

은 이윤 극대화를 위해 노동자 고용을 줄이고 그 대신 농기계에 대한 투자를 늘리기로 결정했을 수 있다.

노동공급 및 수요곡선이 어떻게 움직이는지 이해를 돕기 위해 온라인 그래프 학습자료를 활용하라.

기계를 늘리는 것은 소규모 농장 노동자 그룹의 생산성을 엄청나게 개선할 수 있다. 그러나 한계노동생산물은 노동자 수가 늘어날수록 빠르게 체감한다. 기계를 운영할 수 있는 소수의 노동자를 확보한 이후 추가로 노동자를 투입하는 것은 수확량 증가에 별로 기여하지 못한다. 그러한 한계노동생산물의 감소는 어느 임금 수준에서든 노동수요량의 감소로 이어져 전체 노동수요곡선을 왼쪽으로 이동시킨다. 〈그림 16-7〉에서 보는 바와 같이 균형점이 공급곡선상에서 하향 이동해 새로운 균형점(그림에서 E3)에 도달하면 노동량도 감소하고 임금도 감소한다. 새로운 균형점에서는 불법이민에 대한 단속이 이루어지기 이전에 비해 더 적은 수의 총 농장 노동자가 고용된다는 점에 주목하라(12만5,000명에 비해 8만5,000명). 임금은 그러나 그전 수준에 비해 거의 같은 수준에 머물고 있다.

이와 같은 상황은 지난 한 세기 동안 여러 번 반복되었다. 불법이민 단속은 농장 노동가격을 높이는 위협으로 작용하였고 이에 따라 농부들은 기계의 이용을 늘려 농장 작업의 노동집약도를 감소시켰다. 임금상승은 또한 기업들이 새롭고 더 효과적으로 작물을 심고 수확하는 기술을 개발할 동기를 부여했으며, 이로 인해 필요한 노동자의 수는 더욱 감소되었다. 요즘 토마토 농장에서 사용되는 절단기나 분류기 등은 농장 주인들이 수작업으로 수확했을 때에 비해 10분의 1의 노동자로 동일한 양을 생산할 수 있도록 해준다.

그림 16-7

노동수요의 감소

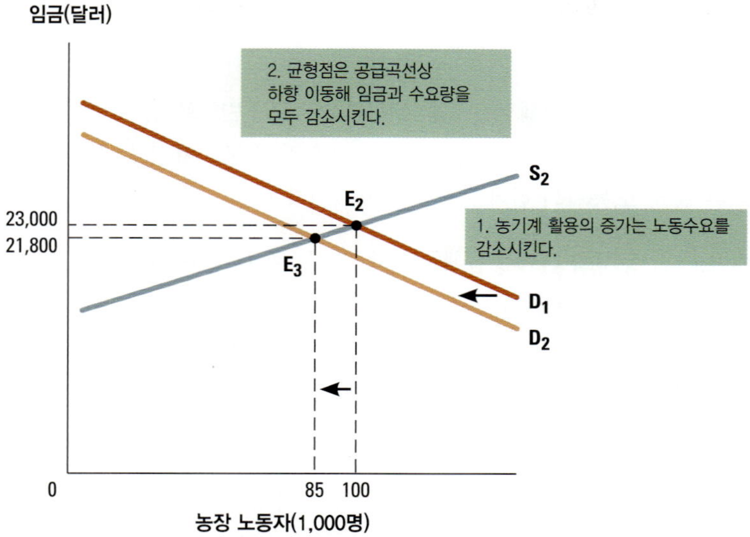

농기계의 사용이 증가하면 노동의 한계생산이 감소하여 노동수요곡선은 왼쪽으로 이동한다. 균형 노동수요량은 10만 명에서 8만5,000명으로 감소하고 균형임금도 2만 3000달러에서 2만1800달러로 감소한다.

이해를 돕기 위해

여론에 따르면, 기술은 노동자를 대체한다. 이는 농기계와 같이 어떤 경우에는 맞는 말이지만 항상 그렇지는 않다. 예를 들어, 인터넷이 연구조교들의 생산성에 미치는 영향을 생각해보자. 인터넷이 보급되기 전에는 교수가 연구조교에게 데이터를 좀 검색해보라고 요청하면 조교들은 도서관에서 몇 날 며칠 동안 자료를 뒤져야 했다. 지금은 검색엔진을 통해 몇 분 만에 일을 끝낼 수 있다. 여러분은 인터넷이 보급된 후에는 아마도 농부들이 동일한 양의 작물을 수확하기 위해 더 적은 수의 노동자를 고용한 것과 마찬가지로 교수들이 동일한 양의 일을 위하여 더 적은 수의 연구조교를 고용했을 것으로 예상할 것이다.

그러나 여기에는 좀 다른 동력이 작용한다. 인터넷 보급 전에는 교수가 연구조교에게 임금을 지급하기 전에 일부 데이터가 정말 필요했을 수 있다. 인터넷이 있는 경우 교수는 어떤 데이터가 좀 흥미로워 보인다면 정말 필요하지 않아도 이를 요청할 수 있다. 그 결과 교수의 데이터에 대한 욕구가 증가했으며, 이는 종종 연구조교의 노동에 대한 수요를 이전에 비해 증가시키는 것이다.

노동수요와 공급의 결정 요인

앞에서 우리는 노동공급과 수요를 결정하는 근본적인 결정 요인에 대한 2가지 사례인 이민 정책과 기술 변화에 대해 논의했다. 여러 다른 외부 요인 또한 노동공급 및 수요곡선을 이동시킬 수 있다.

노동수요의 결정 요인. 노동수요곡선의 근본적인 결정 요인에 대해 생각할 때 중요한 열쇠는 수요가 노동의 한계생산가치에 의해 결정된다는 것이다. 한계생산가치를 증가시키는 모든 상황이 수요 증가로 이어질 것이다. 반대로 한계생산가치를 감소시키는 상황은 수요 감소로 이어질 것이다. 일반적으로 노동수요곡선을 이동시키는 3가지 요인은 다른 생산요소의 공급, 기술, 생산물 가격의 증가다.

다른 생산요소의 공급. 노동의 한계생산은 **다른 생산요소의 공급 변화**로 인해 변할 수 있다. 예를 들어 가솔린 공급이 감소해 가솔린 가격이 증가하고 가솔린 소모량이 많은 농기계의 이용이 줄어든다고 하자. 이는 농장 노동자의 한계생산을 증가시킨다.

기술. 기술 변화 또한 노동자의 한계생산에 영향을 준다. 종종 기술 변화는 노동 확대적이다. 이는 노동의 한계생산 증가를 의미한다. 노동의 한계생산이 증가하면 노동수요도 증가한다. 토마토 수확 기계와 같은 다른 기술 변화는 노동 절약적이다. 이는 노동의 한계생산이 감소함을 의미한다. 노동의 한계생산이 감소하면 노동수요 또한 감소한다.

생산물의 가격. 마지막으로 노동수요는 생산물의 가격에 의해 영향을 받는다. 경기 하락으로 신선한 토마토에 대한 수요가 감소해 가격이 감소한다고 가정하자. 농장 노동자들의 한계생산이 변하지 않는다고 해도 한계생산의 가치는 감소하므로 노동수요곡선은 왼쪽으로 이동한다. 이와 유사하게 만약 토마토 가격이 증가한다면 노동의 한계생산가치도 증가하고 노동수요곡선은 오른쪽으로 이동한다.

노동공급의 결정 요인. **노동공급**의 결정 요인을 생각할 때 핵심은 주어진 임금하에서 노동의 공급은 **노동자의 수**와 **노동을 제공하는 데 드는 기회비용**에 따라 노동공급이 결정된다는 것이다. 노동의 기회비용을 증가시키거나 노동자의 수를 감소시키는 변화는 노동공급을 감소시켜 공급곡선을 왼쪽으로 이동시킬 것이다. 노동의 기회비용을 감소시키거나 노동자 수를 증가시키는 변화는 노동공급곡선을 오른쪽으로 이동시킬 것이다. 노동공급의 결정 요인에는 문화와 인구, 그리고 다른 기회들이 포함된다.

문화. 노동에 대한 **문화적 태도**는 노동공급의 한 요인이 된다. 예를 들어, 여성들이 집 밖에서 일하는 것은 50년 전에 비해 오늘날에는 훨씬 수용 가능한 것이다. 이와 유사하게, 지난 한 세기 동안 인종차별이 감소해 유색인종에게 많은 전문직종의 기회가 열리게 되어 제한되어 있던 분야에 이들이 노동을 공급할 수 있게 되었다. 일부 논평가들은 다른 나라에 비해 미국 사람들이 장시간 일하는 것은 열심히 일하는 것이 사회적 신분을 상징한다고 믿기 때문이라고 한다. 만약 여러분이 지속적으로 바쁘다면 여러분은 중요한 사람일 것이다. 만약 이러한 문화적 영향이 존재하는 것이 맞는다면, 미국인들은 주어진 모든 임금 수준에서 더 많은 노동시간을 공급할 것이다.

인구. 노동공급이 변할 수 있는 또 하나의 경로는 노동 가능 연령대 인구의 변화다. 노동공급에 대한 인구의 영향은 단순하다. 잠재적 노동자의 수가 증가하면 다른 모든 것이 동일할 때, 총 노동공급은 더 많아질 것이다.

인구의 변화는 출산율과 사망률의 변화에 의해 촉발될 수 있다. 예를 들어 제2차 세계대전 이후 베이비 붐이 일어났다. 베이비 붐 세대는 1960년대와 1970년대에 노동시장에 진입했는데 이에 따라 노동공급이 불어났다. 이번 세기는 베이비 붐 세대가 은퇴 시기에 봉착하면서 특정 산업에서 문제가 발생할 수 있을 정도로 노동공급이 급감할 수 있다.

한 국가로 이민자들이 유입되는 것(또는 이민자들이 송출되는 것)은 노동공급에 인구 변화와 유사한 영향을 줄 수 있다. 이민의 경제적 영향에 대한 좀 더 미묘한 논의는 어떻게 생각하십니까?의 '미국은 이민자들의 나라가 되어야 하는가?'를 참고하라.

어떻게 생각하십니까?

미국은 이민자들의 나라가 되어야 하는가?

주장하건대, 미국 경제는 세계의 다른 어떤 경제에 비해 다른 나라를 떠나온 거대한 이민노동자 물결로 인해 영향을 받았다 (〈그림 16-8〉 참조).

1850년대에는 독일 농부들이 미국 중서부에 정착했다. 중국 노동자들은 1880년대에 대륙을 가로지르는 철도를 건설했다. 남유럽 및 동유럽에서 온 이민자들은 20세기 초 미북부 공장들의 활력소가 되었다.

그러나 미국은 수백만 명을 돌려보냈다. 미국에서 합법적으로 일을 하기 위해서는 시민이 아닌 경우 비자가 필요하다. 가치 있고 희소한 기술이 없는 한—최고의 야구선수라든가 과학자, 의사—비자를 받을 수 있으리라는 보장이 없다. 이러한 어려움에 당면한 많은 사람들은 미국에 비자 없이 입국해 일을 해보려고 시도한다. 오늘날 약 800만 명이 미국에서 비자 없이 일하고 있는 것으로 추정된다.

이민은 사람들을 강력한 감정의 소용돌이에 빠트린다. 이민이 유입국 국민에게 경제적으로 긍정적인지 아니면 부정적인지에 대해 의견이 일치하지 않기 때문에 격론이 일어난다. 종종 이민자들은 원주민보다 낮은 임금을 받고 일할 의향이 있다. 이는 보다 저렴한 노동자를 고용할 수 있게 되는 사업자들과 재화와 용역을 보다 저렴한 비용으로 구매할 수 있는 소비자들에게는 좋은 일이다. 경제학자들은 보통 이민이 자원(이 경우 사람과 그들의 재능)을 가장 효율적으로 사용될 수 있는 곳으로 이동시킴으로써 효율과 경제성장을 촉진한다고 주장한다. 따라서 대부분의 경제학자들은 장기적으로는 이민이 새로운 일자리를 창출할 것이라고 믿는다. 그러나 이는 직장을 잃게 되어 다른 산업, 또는 다른 지역에서 새로운 직장을 구해야 하는 원주민 노동자에게는 그리 큰 위로가 되지 못한다.

이 문제는 의견의 차이가 단지 경제적 우려에 의해 발생하는 것이 아니라 문화적 그리고 철학적 태도에 따른 것이기 때문에 매우 복잡하다. 일부 사람들은 미국인이 직장을 잃지 않게 하기 위해 좀 더 높은 가격을 지불하는 것이 가치 있다고 믿는다. 다른 사람들은 지금 시민들의 조상이 과거에 올라탄 사다리를 걷어차는 것이 과연 공정한지 의문을 제기한다. 미국이 기회의 땅으로 인식되어 세계에서 이민자들이 계속 몰려오는 한 이 논쟁은 끝나지 않을 것이다.

어떻게 생각하십니까?

1. 이민이 원주민에게 미치는 부정적 영향에 대해 정부가 대응할 책임이 있는가?
2. 미국에서 일하고 싶어 하는 모든 사람들이 합법적으로 일할 수 있도록 허용해야 하는가? 어느 선에서 제한을 두어야 하며, 왜 그러한 제한을 두어야 하는가?

Sources: http://www.usafis.org/green_card/prev_years.asp; http://www.dhs.gov/files/statistics/publications/LPR09.shtm.

다른 기회들. 일을 할지 여부는 노동의 기회비용에 따라 결정되기 때문에 노동자들이 선택할 수 있는 **다른 차선의 기회들**은 특정 산업의 노동공급을 증가시키거나 감소시킬 수 있다. 예를 들어, 유통이나 서비스업에서 보다 높은 임금이나 더 좋은 노동환경이 존재하는 경우 농장에 대한 노동공급은 줄어들 수 있다. 이와 유사하게 한 산업의 불황은 다른 산업을 상대적으로 더 매력적으로 보이게 만들어 그 산업에 대한 노동공급량이 늘어날 수 있다.

이 논의에서 놓친 것은? 인적자본

LO 16.6 인적자본을 정의하고 노동시장에서 인적자본이 얼마나 중요한지 설명하기

한 경제 내의 모든 노동이 단일 시장에서 동일한 균형에 도달하는 것은 아니다. 어쨌든 야구선수들에 대한 임금과 농장 노동자에 대한 임금은 같지 않다. 하지만 야구선수 시장과 같은 특정한 동일 시장 내에서도 노동자 간 지급되는 임금에는 차이가 있다. 이 장의 앞에서 언급한 앨버트 퓨졸스라는 야구선수는 같은 팀의 매우 유사한 위치에서 경기하는 중앙 수비수 피터 부르조가 받는 임금의 24배를 받는다. 왜 이러한 차이가 생기는가?

인적자본 근로자의 생산성을 결정하는 기술, 지식, 경험, 능력 등의 집합

위의 논의에서 빠진 것은 **인적자본**이라는 개념이다. 인적자본은 노동자의 생산성을 결정하는 일단의 숙련도, 지식, 경험, 재능을 말한다. 학교에서 강의를 들음으로써 여러분은 인적자본을 축적하고 있다. 인적자본은 노동자의 생산성을 결정한다. 인적자본이 노동시장에 미치는 영향은 결정적이어서 어떤 경우 경제학자들은 이를 제4의, 그리고 가장 중요한, 생산요소로 간주하기도 한다. 노동자들은 서로 각각 다르며, 받는 임금도 다르다. 이는 노동자들의 생산성이 인적자본에 의해 결정되며, 노동자들은 각기 보유하고 있는 인적자본의 정도나 종류가 다르기 때문이다.

앨버트 퓨졸스와 같이 높은 임금을 받는 선수와 다른 보다 '생산성'이 낮은 선수들의 차이는 태생적인 재능의 차이에서 비롯되는 것인가, 아니면 인적 특성 또는 성실함 또는 경험에서 비롯되는 것인가? 진실을 말하자면, 이에 대해서는 쉽게 말할 수 없다는 것이다. 인적자본은 이 모든 요소를 두루 포함할 수 있다.

어떤 종류의 인적자본은 노동자들을 다양한 직업을 보다 생산적으로 해낼 수 있게 해준다. 근면성실한 노동관, 숫자에 밝은 것, 다른 사람들과 잘 지내는 능력 등이 그 예다. 다른 종류의 인적자본은 특정한 직종이나 작업에 특화되어 있다. 예를 들어 의과대학에 가는 것은 좋은 배관공이나 화가, 또는 컴퓨터 기술자가 되는 데 반드시 도움이 되지는 않는다. 상위권의 프로 운동선수들은 종종 자신들의 인적자본을 다른 분야로 전환하는 데 어려움을 겪는다. 운동선수로서는 아주 뛰어나지만 감독이나 관리자 또는 TV 예능인으로서는 가망이 없을 수 있다.

인적자본은 노동시장이 실제로는 유사한 재능을 가진 노동자들을 위한 여러 개의 상호 연결된 노동시장이라는 것을 이해할 수 있도록 해준다. 두 직종 간 요구되는 재능이 유사할수록 노동자와 고용주는 한 종류의 재능을 다른 재능으로 대체할 수 있는 여지가 크며, 두 노동시장은 더욱 긴밀히 연결된다. 예를 들면, 캘리포니아의 많은 농장 노동자들은 농장 대신 호텔 산업에서 요구되는 인적자본을 가지고 있을 수 있다. 두 시장 간 노동이 대체되는 경우 두 시장은 동일한 또는 유사한 균형임금을 지급할 것으로 예상할 수 있다.

왜 그러한지는 〈그림 16-9〉에서 볼 수 있다. (A)에 나타난 것처럼 캘리포니아 호텔 객실에 대

그림 16-8
미국으로의 이민자 유입: 1820~2008

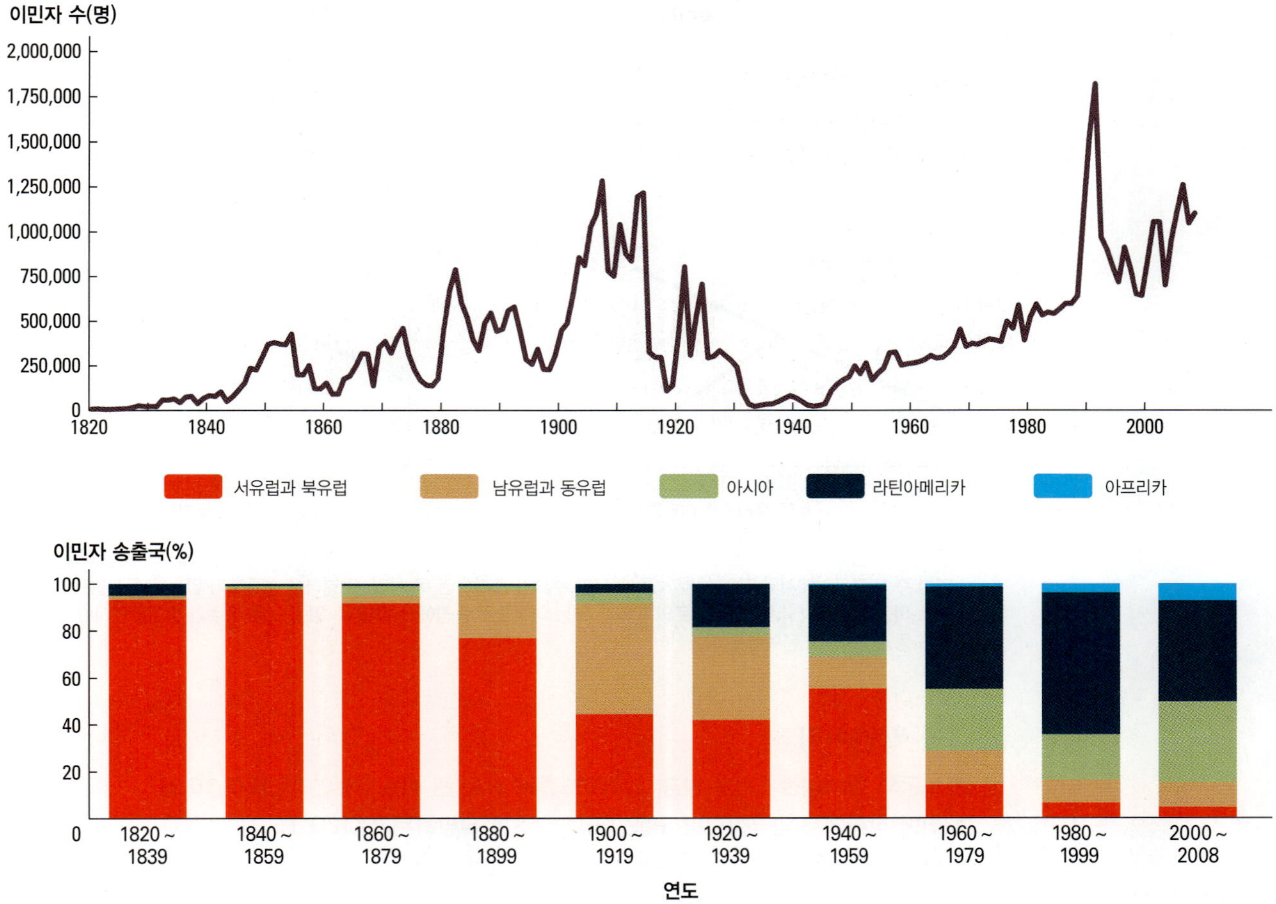

Sources: http://www.migrationinformation.org/datahub/charts/historic.1.shtml; U.S. Department of Homeland Security; http://www.dhs.gov/files/statistics/publications/LPR08.shtm.

한 수요가 증가해 호텔 노동자에 대한 수요가 증가했다고 하자. 수요의 증가로 호텔 산업의 임금이 상승한다. 만약 농장 노동에 비해 호텔 노동에 더 높은 임금이 지급된다면 두 종류의 노동을 모두 할 수 있는 노동자들은 호텔에서 일하기를 선호할 것이다. (B)에 나타난 바와 같이 그들이 호텔 산업으로 이동하면서 농장 노동의 공급은 감소해 그 노동시장에서의 임금은 상승한다. 이 과정은 농장임금과 호텔임금이 같아질 때 중단된다.

이와는 달리 농장 노동 또는 호텔 노동공급의 등락은 야구 경기에 대한 앨버트 퓨졸스의 월급에는 아무런 영향을 주지 않을 것이다. 그의 직업은 아주 다른 인적자본을 필요로 하기 때문이다. 노동자들은 자신과 유사한 또는 대체 가능한 인적자본을 가진 사람들과만 경쟁한다. 어떤 노동자가 희소한 기술이나 뛰어난 재능을 지녔다면 그 노동시장에서의 공급은 저조하다. 그러한 희소한 재능이 홈런과 같이 소비자들이 높은 가치를 부여하는 것일 때 한계생산가치는 매우 높아진다. 낮은 공급과 높은 수요는 소수의 선수와 높은 임금이라는 메이저리그 야구선수 시장에서 볼 수 있는 균형 상태를 유발한다.

그림 16-9
상호 연결된 노동시장

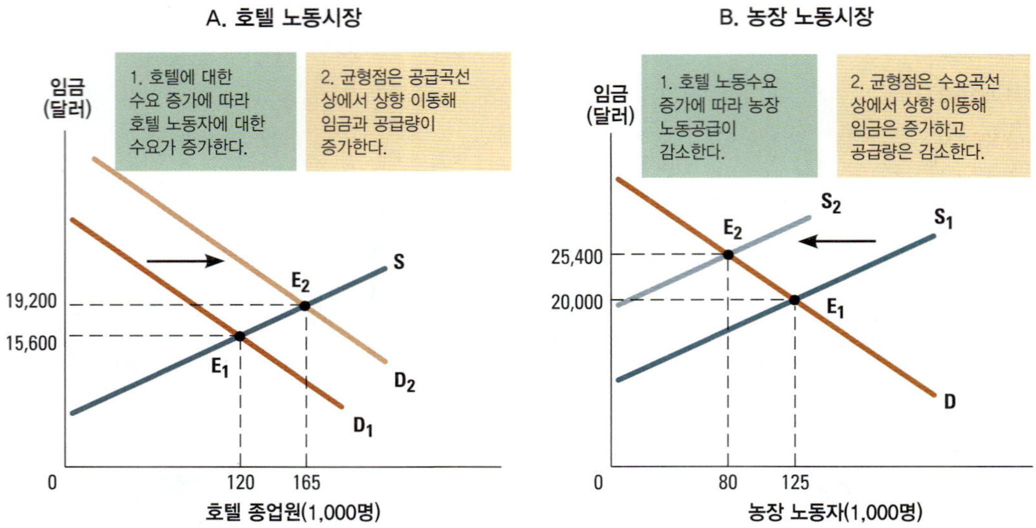

두 다른 직종에서 유사한 인적자본을 요구하는 경우 한 노동시장에서의 수요 변화는 다른 시장에서의 노동공급에 영향을 미칠 수 있다. (A)에서와 같이 호텔 노동에 대한 수요가 증가하면 두 산업 간 별다른 선호도가 없는 노동자들은 호텔 산업으로 이동할 것이다. 다른 산업으로의 이러한 노동 이동으로 농장에서 일할 수 있는 노동자 수가 줄어들면서 (B)에서와 같이 노동공급곡선이 왼쪽으로 이동한다.

✓ 개념 확인하기

- ❒ 노동의 한계생산가치와 임금, 그리고 노동수요의 관계는 무엇인가? **[LO 16.2]**
- ❒ 어떤 상황에서 임금상승이 노동공급의 감소를 유발하는가? **[LO 16.3]**
- ❒ 다른 모든 것이 동일할 때, 노동수요가 증가하면 균형 임금과 노동량은 어떻게 변하는가? **[LO 16.4]**
- ❒ 다른 모든 것이 동일할 때 인구 증가 후 노동공급곡선은 어느 방향으로 이동하는가? **[LO 16.5]**
- ❒ 사람들이 인적자본을 축적할 수 있는 방법에는 어떤 것이 있는가? **[LO 16.6]**

토지와 자본

이제 노동에서 다른 두 주요 생산요소인 토지와 자본으로 관심을 돌려보자. 만약 여러분이 농부라면 동일한 면적의 캘리포니아 소노란 사막과 캘리포니아에서 가장 비옥한 센트럴 밸리에 대해 동일한 가격을 지불하겠는가? 만약 여러분이 야구 구단을 소유하고 있다면, 경기를 하기 위해 도심에서 약 80km 떨어진 경기장과 도심의 경기장에 동일한 임대료를 지불할 것인가? 두 경우 모두, 한 종류의 토지는 다른 종류에 비해 한계생산성이 더 높다. 그렇다면 생산자들은 더 높은 생산성의 토지를 위해 더 많은 비용을 지불할 것이라고 예상할 수 있다.

이러한 상황이 암시하듯, 토지와 자본시장에 대한 분석은 일부 차이는 있지만 노동시장 분석과 매우 유사하다. 이 절에서는 토지와 자본시장을 독특하게 만드는 특징에 대해 살펴볼 것이다. 또 생산요소의 소유가 한 사람의 소득을 어떻게 결정하는지 알아본다.

자본가: 그들은 누구인가?

자본이란 까다로운 개념이다. 어떤 때는 자본이라는 용어가 기계와 같은 물리적 자본을 의미하지만 또 다른 때는 금융 자본을 의미한다. '그는 창업을 위해 초기 자본이 필요하다'에서처럼 말이다. 물론, 이에 더해 우리가 앞에서 논의한 인적자본도 있다.

이러한 용어의 사용은 서로 관련이 있다. 자본이라는 용어가 때로 금융자산을 지칭하는 데 쓰이는 것은 그 돈이 사업에 투자될 수 있고, 또 그 투자금은 물리적 자본을 구입하는 데 활용될 수 있기 때문이다. 따라서 '자본가'는 물리적 자본을 소유한 사람이다. 때로 이러한 소유는 공장을 소유하는 것과 같이 직접적이다. 많은 경우, 소유는 주식을 통해 한 기업 및 그 물리적 자본을 부분적으로 소유하는 것과 같이 간접적이다.

일반적으로 사람들이 투자를 한다고 말할 때는 물리적 자본을 사려고 하는 다른 사람에게 돈을 빌려준 것을 의미한다. 따라서 누구든지 주식시장에 투자하거나, 채권이나 증권을 매입하거나, 은퇴자금으로 계좌를 만든 사람들은 모두 자본가다. 이는 전체 인구의 상당한 비중을 대표한다. 이 정의를 따른다면, 미국의 경우 전체 인구의 절반이 조금 넘는 사람들이 '자본가'다.[1]

토지와 자본시장

LO 16.7 토지 및 자본시장과 노동시장의 유사성과 차이에 대해 설명하기

토지와 자본시장에 대해 더 논의하기 전에 먼저 노동시장과의 중요한 차이에 대해 주목할 필요가 있다. 기업이 토지나 자본을 이용하고 싶을 때 그 방식을 선택할 수 있다. 기업은 토지나 자본을 사거나, 아니면 임대할 수 있다. 따라서 토지나 자본의 가격을 말할 때는 구매가와 임대료를 구분해야 한다. **임대료**는 생산자가 생산요소를 특정 기간이나 특정 업무에 사용하기 위해 지불하는 가격이다. **구매가**는 생산자가 생산요소에 대한 영구적 소유권을 갖기 위해 지불하는 가격이다. 임대료와 구매가 모두 토지와 자본시장을 이해하는 데 중요한 개념이다.

임대료 일정 기간 동안 특정 업무에 생산요소를 사용하기 위해 지불하는 가격

임대시장. 토지와 자본의 임대료는 노동시장에서 임금이 결정되는 것과 유사하게 결정된다. 월마트가 전일제 출납원을 고용할 때 실제로는 주당 40시간의 출납원의 노동을 '임대'하는 것이다. 월마트가 건물을 빌리거나 돈을 빌릴 때도 임대를 하는 것이다. 돈을 빌리는 경우, 자본의 임대료는 대출금에 대한 이자다.

구매가격 생산요소의 영구적 소유권을 갖기 위해 지불하는 가격

노동과 마찬가지로 토지나 자본에 대한 수요는 각 단위의 한계생산가치에 의해 결정된다. 그 어떤 기업도 임대료에 비해 생산량에 대한 기여가 더 적은 토지나 기계를 임대하지는 않을 것이다. 반대로, 토지나 자본의 공급량은 이들의 기회비용에 의해 달라진다. 다른 모든 시장에서와 마찬가지로 임대시장에서 시장 균형가격과 거래량은 공급과 수요가 교차하는 지점에서 형성된다.

생산요소시장 분석에서 경제학자들은 노동자나 자본의 소유자들이 노동이나 기계를 요소시장에 공급해 얻는 이익을 지칭하기 위해 **경제적 지대**라는 표현을 사용한다. 〈그림 16-10〉에서 보여주는 임대시장에서 공급곡선 아래, 그리고 균형 임대료 위 사이의 면적이 경제적 지대다. 이는 임대료에서 생산요소를 공급하는 데 드는 비용을 차감한 것이다. 만약 앨버트 퓨졸스가 900만 달러에 경기를 할 의사가 있다면, 그의 실제 연봉인 1200만 달러와의 차이가 퓨졸스가 얻는 경제적 지대다.

경제적 지대 근로자나 자본 소유자가 생산 요소시장에 노동력 및 자본을 공급하고 얻는 이득

그림 16-10

토지와 자본 임대시장에서의 경제적 지대

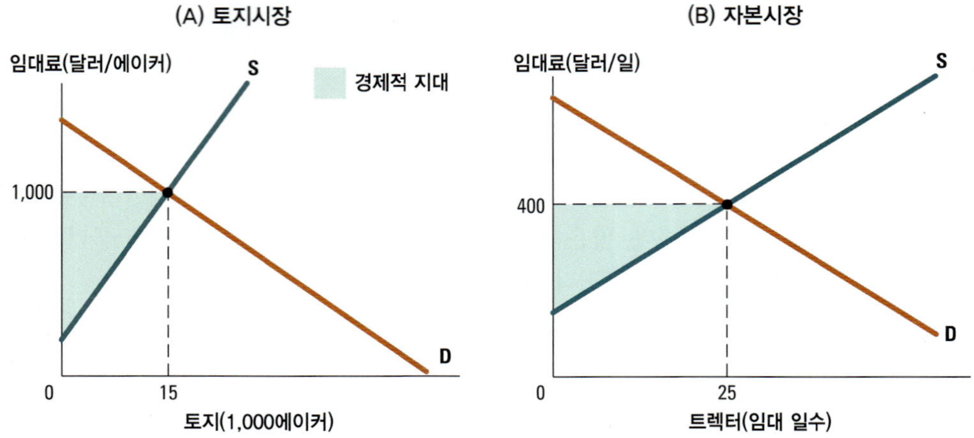

노동시장에서처럼 토지나 자본시장에서도 공급곡선과 수요곡선이 교차하는 지점에서 균형가격과 거래량에 도달한다. 공급곡선 위, 그리고 균형 임대료 아래 사이의 면적을 경제적 지대라고 한다.

색칠된 면적은 익숙해 보일 것이다. 3장에서는(그리고 다른 장에서도) 이를 **생산자 잉여**라고 정의했다. 이 개념은 같은 개념이지만 생산요소시장에서는 **경제적 지대**라는 용어를 사용한다. 나중에, 이러한 이득(요소소득 분배와 관련해)이 경제에서 어떤 역할을 하는지 논의할 것이다.

이해를 돕기 위해

경제적 지대를 일상생활에서 사용하는 **임대료**와 혼동하지 않도록 해야 한다. 일상생활에서 임대료는 관련이 있지만 좀 더 일반적인 의미로 사용된다. 일상생활에서 임대료는 지주에게 그들의 토지나 자본을 이용할 수 있는 혜택에 대해 지불하는 돈을 의미한다. 때로 경제적 지대와 임대료의 전통적인 용어 사용과 그 의미가 중복되기도 한다. 예를 들어, 건축업자가 짓고 있는 건물에 창틀을 넣기 위해 도구(자본재)를 임대하는 경우, 그 도구를 빌려주는 사람은 이 거래에서 경제적 지대를 얻는다.

구매시장. 토지나 자본의 임대는 생산요소를 이들의 장기적인 가치에 대한 걱정 없이 특정 기간 동안 사용할 수 있도록 해준다. 반대로, 토지나 자본을 구매하는 경우 잠재적 소유자는 이러한 자산의 장기적인 생산성에 대해 고려해야 한다. 토지나 자본에 대해 얼마의 가격을 지불할지 결정하기 위해서는 시간이 지남에 따라 이들의 한계생산이 어느정도가 될지 예측해야 한다. 그런 다음 미래에 기대되는 소득의 흐름이 어느 정도일지 평가해 자산의 비용과 비교해야 한다('시간과 불확실성' 부분에서 이와 관련된 분석도구를 탐구한다). 영리한 판매자는 나름대로 합리적인 가격을 책정하기 위해 이와 유사한 계산을 할 것이다.

요소소득 분배

사람들은 대부분 적어도 생산요소를 한 가지는 소유하고 있다. 여러분이 일을 할 수 있다면, 여러분은 노동을 소유하는 것이며 이를 생산자에게 임금을 받고 임대할 수 있다. 많은 사람들은 또한 자본이나 토지를 소유하고 있다. 이러한 생산적인 자원을 소유하는 것이 소득을 결정하며, 이는 다시 재화나 용역을 구매할 수 있는 능력을 결정한다. 따라서 누가 무엇을 소유하는지, 그리고 이로부터 얼마만큼의 소득을 벌어들이는지는 핵심적인 질문이다.

경제학자들은 여러 다른 생산요소로부터 사람들이 얻는 소득의 형태를 일컬어 **요소소득 분배**라 한다. 달리 말하면, 요소소득 분배는 토지나 자본에 비해 사람들이 노동으로부터 얻는 소득이 어느 정도인지를 보여준다. 〈그림 16-11〉은 미국의 요소소득 분배를 보여준다. 미국의 경우 대부분의 소득은(약 70%) 노동으로부터 온다(그림에서는 '고용인에 대한 보상'으로 나타난다). 기업의 이윤, 이자율, 임대료는 모두 물리적 자본의 소유자에게로 돌아간다. 경영자의 소득은 소유자가 사업에 투입한 모든 노동과 자본요소를 모두 반영한다. 놀라운 것은, 지난 한 세기 동안 엄청난 경제적 그리고 기술적 변화에도 불구하고 요소소득 분배가 그다지 많이 변하지 않았다는 점이다.

생산요소의 소득 간 큰 불평등은 때로 불공평해 보인다. 새롭게 등장한 공장들이 유럽의 경제구조를 변화시키던 19세기에 글을 쓰던 칼 마르크스는 노동자들의 소득이 공장 소유주에 비해 너무 적다는 사실에 격렬히 분노했다. 마르크스의 관점에서는 자본의 소유자들은 노동을 통해 소득을 얻는 사람들을 착취하는 것이었으며, 그는 노동자들이 자본주의 체제에 반기를 들 것을 촉구했다. 마르크스의 아이디어는 노동자에게 더 많은 권력을 주겠다는 미명 아래 유럽, 러시아, 중국 등에서 일어난 혁명을 포함해 지난 두 세기 동안 발생한 몇몇 정치적 격변에 영감을 제공했다. 그러나 이 모든 경우, 자본주의가 다시금 지배적인 경제체제로 복귀했다.

자본주의의 승리가 모든 정책 논쟁이 끝났음을 의미하는 것은 아니다. 마르크스의 판단은 **규범적**인 것이었다. 그의 아이디어는 이 장에서 소득이 효율적이고 경쟁적인 시장에서 토지, 노동, 자본이 생산성에 의해 어떻게 분배되는지 **실증적**으로 분석한 것과는 다른 것이다. 생산성은 다시 소비자들이 그러한 생산요소들을 이용해 생산한 생산물에 얼마나 많은 돈을 지불할 의사가 있는지에 의해 정의된다. 우리의 목표는 경쟁적인 요소시장이 자원을 어떻게 분배하는지를 기술하는 것이다. 우리의 분석은 전반적으로 기존의 요소소득 분배가 공평한지 또는 그렇지 않은지

그림 16-11

요소소득 분배 미국에서는 소득의 대부분이 노동에 대한 보상으로 주어진다. 기업 이윤, 이자, 임대료 등은 모두 물리적 자본을 소유하는 사람들에게 돌아가는 한편 경영자 소득은 자영사업에 노동과 자본을 투입한 개인 사업자에 대한 보상이다.

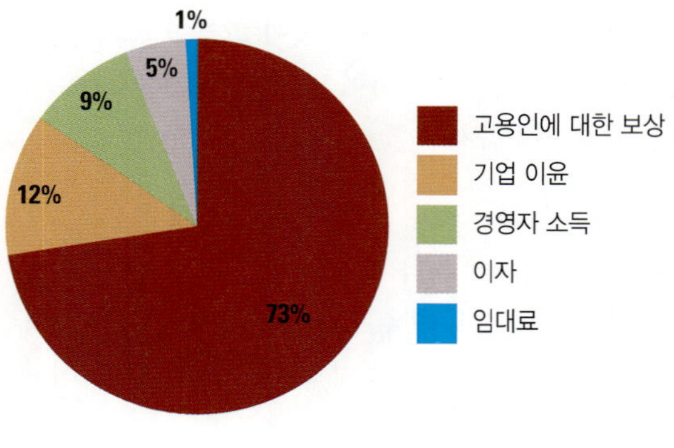

Source: Bureau of Economic Analysis, National Income and Product Accounts.

를 시사하지 않는다. 앨버트 퓨졸스와 다른 프로 운동선수들이 농장 노동자들에 비해 훨씬 소득이 많은 것이, 또는 특정한 자본의 소유자가 다른 사람들에 비해 소득이 훨씬 높은 것이 옳거나 그른 것인지는 각자의 가치에 따라 판단할 사안이다.

어떻게 생각하십니까?의 '일과 임금, 그리고 사회적 가치'는 생산성이 어떻게 보상받는지에 대한 논쟁의 일례를 소개한다.

어떻게 생각하십니까?

일과 임금, 그리고 사회적 가치

사람들은 대부분의 직업에서 노동자가 생산성에 따라 임금을 받는다는 것을 불편하게 생각하지 않는다. 예를 들어, 특별히 재능이 뛰어난 프로 야구선수(그리고 축구선수, 농구선수, 하키선수)들은 동료 선수들보다 많은 소득을 번다는 것, 어려운 사건에서 지속적으로 승소하는 변호사가 다른 변호사에 비해 더 높은 수임료를 요구하는 것, 기업의 수익에 크게 기여하는 영업사원에게 그에 상응하는 보상을 해주는 것을 수용하는 경향이 있다. 일반적으로 높은 임금은 높은 생산성에 대한 보상이자 더 높은 생산성을 촉진하는 동기부여를 한다고 본다.

그러나 어떤 직업의 경우 성과에 대한 보상은 그 일의 성격과 어울리지 않아 보인다. 예를 들어, 목사가 새로운 교인을 교회로 인도할 때마다 돈을 받는다는 것은 좀 이상해 보인다. 그렇다고 그러한 일이 생기지 않는다는 것은 아니다. 북캐롤라이나 대학의 연구자들이 오클라호마의 연합감리교 기록을 찾아본 결과 목사들에게 교회로 인도한 새 신도들로 인해 증가한 수입의 평균 3%에 해당하는 임금인상이 주어졌다. 이는 포천 500개사 최고경영자의 연봉이 기업 성과에 의존하는 것과 유사하다. 단지 목사의 연봉이 훨씬 작을 뿐이다.

교사에 대한 성과급과 관련된 논쟁은 특히 격렬하다. 미국 대부분의 지역에서 교사들의 연봉은 주로 교사 경험 연수에 의존한다. 성과급을 옹호하는 사람들은 교사들에게 표준화된 방식으로 측정한 학생들의 성과에 따라 보상이 주어져야 한다고 주장한다. 이들은 그러한 체제가 좋은 교사들에게 보상하고 더욱 열심히 가르칠 동기를 부여한다고 주장한다. 반대론자들은, 성과급은 교사들이 시험성적이 잘 나오도록 하는 데만 치중하고 보다 깊이 있는 개념이나 어려움을 겪고 있는 학생들을 도와주는 것을 외면하게 한다고 주장한다.

이와 관련된 논쟁은 비영리단체에 종사하는 사람들, 특히 극빈자를 도와주는 사람들의 임금에 대한 것이다. 어떤 사람들은 좋은 성과에 대해 높은 임금으로 보상하는 것은 일 잘하는 사람들을 모집할 수 있어서 비영리단체가 도움이 필요한 사람들을 더 효과적으로 도울 수 있다고 주장한다. 반대론자들은 비영리단체에 종사하는 사람들이 그들이 도와주는 사람들보다 더 많은 소득을 버는 것은 적절하지 않으며, 또한 그리하여 발생하는 소득 격차로 인해 비영리단체 직원들이 빈곤한 사람들의 상황을 잘 이해하지 못할 것이라고 주장한다.

어떻게 생각하십니까?

1. 성과급은 어떤 직종에서는 수용되어야 하나 특정 직종에서는 허용되지 말아야 하는가?
2. 만약 학생들의 인격이 향상되는 데 도움을 주고 학습에 대한 영감을 심어주는 등 학생의 성과에 대해서 좀 더 전반적인 평가가 가능하다면 교사들에 대한 성과급이 지금처럼 논란의 대상이 되지는 않을 것인가?

3. 금전적 보상의 강화가 교사나 목사 같은 사회적 직업의 성격을 근본적으로 바꿀 수 있을까? 만약 그렇다면 그것은 바람직한 것일까? 그로 인해 잃어버리는 것은 무엇일까?

Source: http://www.slate.com/id/2258794/.

✓ 개념 확인하기

- ❒ 자본의 구매가격과 임대료의 차이는 무엇인가?
- ❒ 물리적 자본은 금융적 자본과 어떻게 연결되어 있는가?

노동시장의 현실

이제 3가지 생산요소에 대해 모두 살펴보았으므로 이후에는 앞에서 설명한 완전 경쟁시장에서의 노동시장에 비해 현실은 어떤지 다시 한 번 살펴볼 것이다. 여기서 살펴볼 중요한 측면 중 하나는 정부 정책이다. 노조가 시장 결과에 영향을 미칠 수 있는 힘도 고려해야 할 대상이다. 또 다른 고려가 필요한 측면은 인구 규모의 변화다. 간단한 완전 경쟁 노동시장 모형은 중요한 기준을 제시하지만 여기서는 여러분이 평생 당면할 좀 더 현실적인 상황에 대해 살펴볼 것이다.

최저임금과 효율 임금

LO 16.8 임금이 왜 시장 균형 수준을 상회할 수 있는지를 설명하는 2가지 이유를 규명하고 이것이 노동시장에 미치는 영향에 대해 기술하기

앞에서 설명한 노동공급과 수요 모형은 임금의 가장 중요한 결정 요인을 설명하는 데 손색없으며, 대부분의 노동시장 모습을 비교적 정확하게 보여준다. 그러나 이 모형에 대한 주목할 만한 예외로 최저임금과 효율 임금이 있다. 이 둘은 임금이 균형 시장 수준을 상회하게 만든다.

미국의 경우 연방정부가 모든 고용주들이 최저임금 또는 그 이상의 임금을 지불하도록 요구한다(2012년 최저임금은 시간당 7.25달러였다). 일부 주정부에서는 더 높은 최저임금을 요구한다(2012년 워싱턴 주의 최저임금은 시간당 9.04달러였다). 최저임금은 논란이 많은 주제다. 지지자들은 보통 최저임금이 저임금 노동자들을 무자비한 고용주들로부터 보호하고 일정한 생활수준을 보장하기 위해 필요하다고 주장한다. 반대론자들은 최저임금은 정부가 자유시장에 개입하는 한 형태로 사업비용을 높이고 그 과정에서 실업의 원인을 제공한다고 주장한다. 경제적인 분석가로서 이렇듯 상반된 주장을 어떻게 평가할 것인가?

첫째, 실증적 분석과 규범적 분석을 구분해야 한다. 최저임금법이 노동시장에 어떤 영향을 미칠 것인지 물어보는 것으로 시작해보자. 최저임금법은 제6장에서 논의한 최저가격제의 한 예다. 최적가격을 부과하면 균형 수준에 비해 수요량은 감소하고 공급량은 증가한다. 달리 말하면, 일자리의 수보다 더 많은 사람들이 일하기를 원하기 때문에 실업이 발생한다는 것이다. 이러한 상황이 〈그림 16-12〉에 나타나 있다. 최저가격을 부과하는 것은 기존에 직장이 있는 사람들에게는 좋은 소식이지만, 균형임금이라면 고용되었겠으나 더 이상 고용되지 못하는 사람들에게는 나쁜 소식이다.

그림 16-12
최저임금

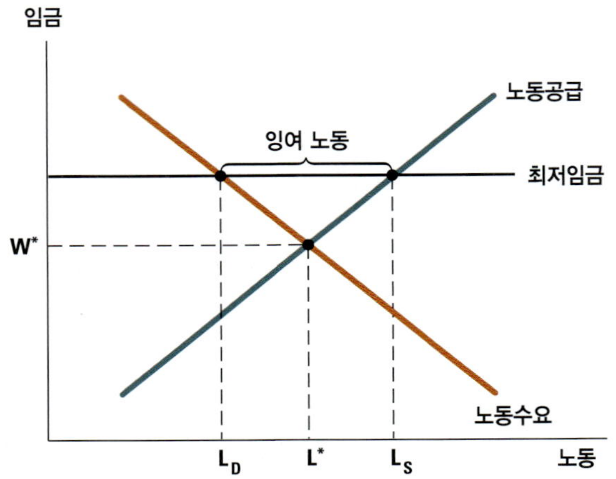

사람들이 기업에서 고용하고자 하는 것보다 더 많은 노동을 공급한다면 노동시장에는 잉여 노동자들이 생기는데, 이를 실업이라고 한다.

그러나 이러한 분석은 노동시장이 완벽히 효율적이라고 가정한다. 만약 시장이 이미 비효율적이어서 최저임금이 균형임금 아래에 있다면, 실업을 야기하지는 않을 것이다. 그보다는 최저임금으로 인해 고용자로부터 노동자에게로 잉여가 이전될 것이다.

최저임금법이 실제 노동시장에 어떤 영향을 미치는지는 명확하지 않다. 때로는 최저임금이 실업을 유발한다. 다른 경우에는 누가 고용되는지에 가장 큰 영향을 준다. 최저임금이 증가하면 비숙련 노동에 비해 숙련 노동이 상대적으로 저렴해지기 때문에 고용자들은 경험이 더 많고 숙련도가 높은 노동자들은 더 많이 고용하고 젊고 숙련도가 낮은 노동자들은 덜 고용하게 될 것이다. 이러한 결과가 좋은 것인지 아니면 나쁜 것인지 여부를 판단하는 것은 규범적인 사안이고 그것은 여러분이 스스로 판단해야 한다.

균형임금보다 임금이 더 높게 올라가는 또 다른 이유는 일부 고용주들이 노동자의 생산성을 높이기 위해 자발적으로 더 많은 임금을 지급하기 때문이다. 경제학자들은 이러한 임금제도를 **효율 임금**이라 한다. 효율 임금이 노동자의 생산성을 높이는 방법은 2가지다. 첫째, 균형임금보다 높은 임금을 벌 수 있는 것은 노동자로 하여금 기업에 남아 있을 동기를 부여한다. 따라서 기업은 매번 새로운 노동자들을 훈련시키는 데 시간과 자원을 투입해야 할 필요 없이 경험이 많고 훈련을 잘 받은 노동자들을 잡아둘 수 있다.

효율 임금 근로자의 생산성을 향상시키기 위해 시장 임금 수준보다 높게 책정된 임금

두 번째 방법은 첫 번째 방법의 변형된 형태다. 만약 노동자가 기업을 떠남으로써 잃어버리는 것이 많다면 그 노동자는 해고되지 않도록 열심히 일할 것이다. 효율 임금은 상사가 노동자들을 지속적으로 감독할 수 없을 때 합리적이다. 예를 들어, 일주일에 한두 번만 가게에 들르는 가게 주인처럼 말이다. 만약 매장 직원이 시장임금을 받는다면 이 직원은 게으름을 피울 가능성이 높다. 만약 게으름을 피운 것이 발각되어 해고된다면 동일한 시장임금을 받을 수 있는 다

른 직장에서 일을 할 수 있기 때문이다. 그렇지만 이 직원이 시장 균형임금보다 충분히 더 높은 임금을 받는다면 상사에게 발각될 가능성이 아주 작다고 하더라도 이는 더 높은 비용을 초래한다. 특별히 보상이 높은 직장에서 해고되는 것이기 때문이다.

결과적으로 노동자들은 경제적 유인에 반응한다. 직장을 떠나거나 해고되는 것이 더 높은 비용을 초래하게 되면 노동자들은 남기 위해 열심히 일한다. 이는 양쪽 모두에게 좋은 일이다. 사업자들은 보다 생산성이 높은 노동자들을 잡아둘 수 있고, 노동자들은 높은 임금을 받을 수 있다. 이것이 효율 임금이 첫 조립라인(헨리 포드는 노동자들에게 1914년 당시 시장임금의 2배를 주었다)에서부터 오늘날의 고수익 변호사들에게 적용되어온 이유다.

그렇긴 하지만, 효율 임금은 효율 임금이 적용되는 노동자들에게만 좋은 거래다. 효율 임금은 최저임금이 실업을 유발할 수 있는 것처럼 임금을 균형임금 수준보다 높게 유지되도록 하여 실업을 야기한다. 만약 높은 임금의 직장이 있다면 여러분은 행복할 것이다. 그러나 여러분이 실업 상태에서 취업을 하기 위해 애쓰고 있다면 아마도 효율 임금의 존재를 경계의 눈초리로 바라볼 것이다.

기업도시, 조합, 노동법

LO 16.9 불완전 노동시장이 형성되는 다양한 이유에 대해 설명하고 이것이 노동자와 고용주에게 미치는 영향에 대해 기술하기

재화와 용역에 대한 시장이 항상 완전히 경쟁적이지 않은 것처럼, 노동시장도 마찬가지다. 현실의 어떤 노동시장에서는 고용주에게 시장지배력이 있어 임금을 낮춰 더 많은 이윤을 가져간다. 다른 경우에는 노동자에게 시장지배력이 있어 임금이 높아진다. 나아가 사업장에 대한 정부 규제는 시장에 비용이나 마찰을 초래할 수 있다.

먼저 고용주에게 시장지배력이 있는 경우를 고려해보자. 보통은 시장지배력이 있는 기업을 독점적이나 과점적이라고 할 것이다. 그러나 이 경우 기업이 구매자(노동시장에서 노동을 구입하는)이기 때문에 새로운 용어가 필요하다. 구매자는 하나뿐이고 판매자는 많은 시장을 **수요독점**이라고 한다. 독점자가 가격을 경쟁시장에 비해 높게 유지할 수 있다면 수요독점적 고용주는 임금(즉, 노동의 가격)을 경쟁 수준보다 낮은 수준으로 끌어내릴 수 있다. 실제로 프로 야구선수 시장은 야구단 규제가 1970년대에 변경되기 전까지 전형적인 수요독점시장이었다. 이러한 규제 변화가 프로 야구선수시장에 어떤 영향을 미쳤는지 보기 위해서는 사례를 통해 알아보기의 '프로 야구의 수요독점과 경쟁'을 읽어보라.

수요독점 판매자는 많고 구매자는 하나뿐인 시장

때로는 한 기업이 어떤 지역에서 가장 크거나, 또는 소수의 기업 중 하나일 때 시장지배력을 가질 수 있다. 역사적으로 보면 그러한 상황은 주요 기업의 사업장 주변에 도시가 생성될 때 발생했다. 이러한 '기업도시'는 탄광이나 철강공장이 일자리의 주요 원천이던 아팔라치아에서 흔히 찾아볼 수 있다. 종종 기업은 식료품 가게를 포함해 그야말로 도시의 모든 것을 소유했다. 보다 최근의 좀 덜 극단적인 예로는 자동차회사 3사의 성공에 의존하는 디트로이트나 마이크로소프트가 소재한 워싱턴의 레드몬드 등을 들 수 있다.

사례를 통해 알아보기

프로 야구의 수요독점과 경쟁

오늘날, 프로 운동선수들은 높은 보수를 위해 팀에서 팀으로 이적한다. 그러나 이것이 언제나 가능했던 것은 아니다. 1879년에서 1976년까지 프로 야구선수들은 계약서의 '보류조항'에 의해 자신이 속한 팀에 예속되어 있었다. 이 조항은 선수들이 다른 팀으로부터의 제시를 고려하지 못하게 했다. 달리 말하면, 메이저리그 야구단은 수요독점자였다.

이 경우 임금은 어떻게 될까? 더 자세히 알고 싶다면 이 장의 끝에 있는 QR코드를 스캔하거나 온라인에서 계속 읽어보기 바란다.

노동자들 또한 시장지배력을 획득할 수 있다. 그들이 시장지배력을 갖는 경우 임금을 시장균형 수준보다 높게 끌어올릴 수 있다. 시장지배력을 획득하는 것은 원자재 시장에서 카르텔이 형성되는 것과 같이 노동자들이 단결해 언제 노동을 공급할지에 대한 결정을 단체로 하는 것이다. 노동조합이 노동자들을 이러한 목적으로 조직하는 일반적인 기제다. 임금을 올려(또는 비금전적 혜택을 개선하기 위해서는) 노동자들을 위해 잉여의 일부를 획득하기 위해서는 특정 노동시장에서 노조가 독점 또는 거의 독점을 하고 있어야 한다. 그렇지 않다면 일자리에 대한 경쟁으로 인해 경쟁시장에서와 마찬가지로 임금이 시장균형 수준으로 다시 내려앉을 것이다. 노조 독점의 중요성은 1987년 미국 프로미식축구연맹(NFL) 파업이 여실히 보여주고 있다. 연맹 소속 미식축구선수들이 파업을 하자 축구단 소유주들은 단순히 다른 선수들로 이들을 교체해버렸다. 팬들은 교체 선수들로만 이루어진 팀들을 탐탁지 않게 여겼지만 경기는 TV에 중계되었고 팀과 소유주들은 수익을 낼 수 있었다. 파업을 하던 연맹 소속 선수들은 그들이 독점적 지위를 갖지 못했으므로 팀이 그들 없이 경기를 할 수 있음을 깨달았고, 이는 그들의 파업 종료를 설득하는 데 도움이 되었다.

일반적으로 노조의 조합원 수가 많을수록 더 힘이 크다. 이런 이유로 노조는 많은 경우 여러 노동시장에 걸쳐 형성된다. 미국에서 가장 큰 노동조합인 '노동 총연맹 산업별 조합회의(AFL-CIO)'는 13개 조합의 연맹으로 비행기 조종사에서부터 벽돌공, 배우와 경찰에 이르는 1300만 노동자를 대표한다. 다른 대규모 노동조합 연맹은 공무원을 대표하는 노조인 미국공무원노조연맹(AFGE; American Federation of Government Employees)과 교육 관련된 부문에 종사하는 사람들을 대표하는 미국교육협회(NEA; National Education Association)다.

마지막으로 정부의 노동시장 개입은 일반 재화와 용역시장에서와 마찬가지로 임금과 고용이 시장균형에서 벗어나게 할 수 있다. 최저임금에 대해서는 이미 논의했다. 〈그림 16-13〉에 요약되어 있는 다른 종류의 규제도 노동시장에 영향을 줄 수 있다. 노동자들이 다치지 않도록 하는 안전표준 같은 규제는 상대적으로 논란의 대상은 아니지만 비용을 유발하므로 고용에 대해 일정한 세금으로 작용한다.

변화하는 인구구조

앞에서 이민이 노동시장에 영향을 미칠 수 있음을 보았다. 출생률의 증가나 감소 또한 전반적인

그림 16-13

20세기 미국의 주요 노동법

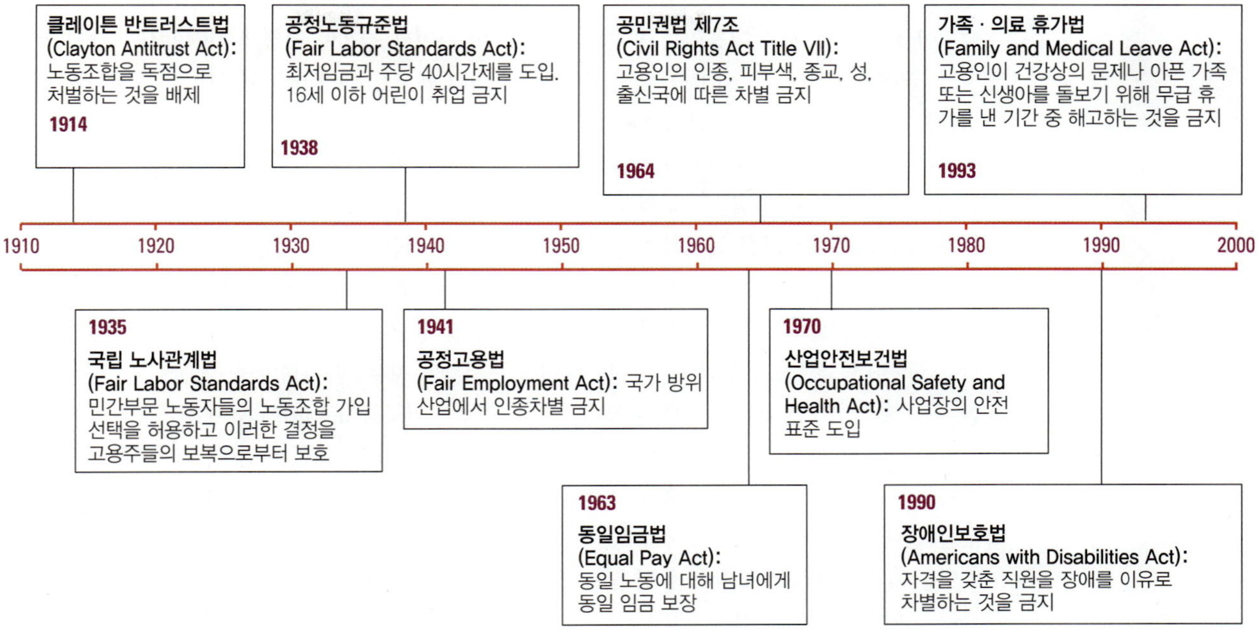

Sources: http://www.bls.gov/opub/cwc/cm20030124ar02p1.htm; http://www.library.gsu.edu/spcoll/pages/pages.asp?ldID=105&guideID=515&ID=3900.

노동공급과 경제성장에 심대한 영향을 줄 수 있다. 인구가 줄어드는 국가들은 생산에 필요한 충분한 노동력이 없을 수 있으며 재화와 용역에 대한 충분한 수요를 뒷받침해줄 수 있는 소비자도 너무 적을 수 있다. 과도한 인구성장 또한 우려된다. 과잉인구는 환경에 부담을 주고 정부가 교육이나 다른 서비스를 충분히 제공할 수 있는 능력을 무력화한다. 또한 높은 출생률은 부모들이 자녀들의 교육과 발전에 원하는 만큼 투자하기 어렵게 만든다. 이러한 투자의 결핍은 결국 미래 노동력의 인적자본 감소(따라서 생산성의 하락)로 이어진다.

증가하던 인구가 급격히 감소하기 시작하면 그 결과는 대체로 소수의 노동자가 많은 노인인구를 부양해야 함을 의미한다. 미국은 현재 출생률이 감소하고 의료의 발달로 수명이 늘어나면서 이러한 상황에 봉착해 있다. 1940년에는 은퇴한 한 명의 수혜자당 160명의 근로자가 사회보장 프로그램에 보험료를 지급하고 있었다. 오늘날에는 은퇴자 한 명당 단 3명의 가입자가 사회보장 프로그램에 보험료를 지급하고 있다. 베이비 붐 세대의 노동자들이 은퇴 연령에 이르고 있으나 노동시장에 진입해 이들을 부양해야 할 그 이후 세대는 숫자가 상대적으로 적다.

인구변화가 경제에 미치는 심각한 영향 때문에 많은 정부들은 출산을 장려하거나 그 반대인 정책을 도입한다. 이러한 정책의 찬반론에 대해서는 어떻게 생각하십니까?의 '인구정책과 국부'를 참고하자.

어떻게 생각하십니까?

인구정책과 국부

신생아를 보면서 처음 떠올리는 생각이, 미래에 이 아이가 경제에 어떻게 기여할지에 대한 것은 아닐 것이다. 그러나 오늘의 출생률은 미래 노동력의 규모를 결정하기 때문에 많은 국가에서 출생률을 높이거나 낮추기 위한 정책을 도입한다.

많은 유럽 국가에서는 인구가 줄고 있다. 이는 매년 아기가 태어나는 숫자보다 사망하는 사람들이 더 많음을 의미한다. 이에 따라 유럽 정부들은 아이를 더 많이 낳도록 보육에 대한 보조금을 지급하고 육아휴가를 넉넉히 허용하고 자녀에 대한 세금 혜택을 제공한다.

중국은 정반대의 문제에 당면한 적이 있다. 인구 폭발로 인해 국가가 국민들에게 충분한 식량과 주택을 공급할 수 있는 능력이 위협받은 것이다. 일부 지역에서 지금은 폐지됐지만 1979년 중국은 한 자녀 정책을 집행했다. 이 정책하에서 도시 거주자는 한 자녀 이상을 둘 경우 높은 세금을 내야 했다. 이 정책은 논란의 대상이었지만 중국의 인구증가 억제에 기여했다는 데에는 이견이 없다. 1950년 중국의 평균적인 여성은 6명의 아이를 낳았다. 지금은 단지 2명을 낳는다. 많은 사람들이 중국의 믿기 어려운 경제성장(중국의 소득은 2세대 만에 2,000% 이상 증가했다)은 일부분 인구정책 덕분이라고 생각한다.

인구정책은 심각한 부작용을 낳을 수 있다. 중국과 인도에서는 지방정부 관리들이 출생률을 낮추기 위해 위협이나 강제 불임수술 등 가혹한 방법을 동원했다고 보고되고 있다. 남아선호 사상이 강한 지역에서는 여성들이 성별 낙태를 하거나 여아 살해까지 자행되고 있다. 중국의 한 자녀 정책에 반대하는 사람들은 증가하는 성간 격차에 주목했다. 2020년이면 남성이 여성을 2400만 명 정도 앞지를 것으로 추정된다. 반대로, 이 법의 옹호자들은 중국이 과잉인구로 인한 부담을 덜고 가족들이 자녀의 교육에 투자하도록 격려했다고 주장한다.

어떻게 생각하십니까?

1. 정부가 경제적 이유로 부모에게 아이를 낳거나 낳지 말도록 권장하는 것이 옳은 일인가? 여러분이라면 사람들을 빈곤으로부터 구제하는 것과 사람들의 사생활과 자기결정권의 중요성 간 어디에 무게중심을 둘 것인가?
2. 만약 정부가 인구증가에 영향을 미치는 역할을 한다면, 어떠한 정책을 도입하는 것이 적절한가? 어떤 정책이 선을 넘는 것인가?
3. 중국은 한 자녀 정책 대신 어떤 정책을 도입할 수 있었을까? 여러분이라면 인구과잉이 경제에 미치는 영향에 대해 심각한 우려가 있는 나라에 어떤 정책을 제시할 것인가?

Sources: http://data.un.org/Data.aspx?q=china&d=PopDiv&f=variableID%3A54%3BcrID%3A156%2C948; http://news.bbc.co.uk/2/hi/8451289.stm.

✓ 개념 확인하기

- ❐ 고용주는 왜 효율 임금을 지급하려고 할까? **[LO 16.8]**
- ❐ 노동시장이 수요독점인 경우 임금은 어떻게 될까? **[LO 16.9]**
- ❐ 출생률이 증가하면 미래 노동력의 규모는 어떻게 될까? **[LO 16.9]**

결론

어떤 사람들은 왜 다른 이들보다 더 많은 돈을 버는가? 이는 경제학과 정치학의 가장 근본적인 질문 중 하나다. 시장이 경쟁적인 경우 모든 사람들은 그들이 통제하는 생산요소의 생산성에 비례한 소득을 올린다. 대부분의 사람들의 경우 이는 소득이 자신의 노동자로서의 생산성에 달려 있음을 의미한다. 노동자의 생산성은 보통 '인적자본'을 결정하는 기술, 교육, 재능 등과 긴밀한 연관이 있다. 농부의 경우 토지의 생산성 또한 중요하다. 투자자의 경우 소득은 금융자본의 생산성으로 결정된다. 경쟁적인 시장은 경제에 기여한 만큼 노동을 보상하는 놀라운 능력을 지녔다.

이 절에서는 익숙한 수요와 공급 분석도구를 이용해 생산요소의 가격을 도출할 수 있음을 보았고, 사업자가 재화와 용역을 생산하기 위해 각 요소를 얼마나 사용할지 어떻게 결정하는지 살펴보았다. 그들의 선택은 한계생산성과 각 요소의 가격 모두에 달려 있다. 이후의 장에서 공공정책과 집합적 의사결정이 추가되면 토지, 노동, 자본시장에 어떤 상황이 전개될지 살펴볼 것이다.

주요 용어

경제적 지대 p.459
구매가격 p.459
생산요소 p.440
수요독점 p.465
인적자본 p.456
임대료 p.459
자본 p.441
한계생산 p.441
한계생산가치 p.444
효율 임금 p.464

요약

LO 16.1 생산요소를 정의하고 생산요소가 생산에 어떻게 기여하는지 살펴보기

재화나 용역을 생산하기 위해 투입되는 재료를 생산요소라 한다. 생산요소는 토지, 노동, 자본(다른 새로운 재화를 만들 수 있는 이미 만들어진 재화) 등 3가지 주요 범주로 나눌 수 있다. 생산요소는 시장에서 수요와 공급으로 정해지는 가격과 양으로 빌리거나 또는 사고팔 수 있다. 기업은 이윤을 극대화하는 조합의 생산요소를 선택해 생산한다.

LO 16.2 생산요소에 대한 수요를 그래프로 그리고 한계생산과 어떤 관계가 있는지 설명하기

생산요소에 대한 수요는 생산요소가 기업의 생산에 기여하는 정도에 따라 결정된다. 1단위 추가적인 생산요소에 따라 증가하는 생산량으로 노동의 (또는 토지의, 또는 자본의) 한계생산성을 측정할 수 있다. 따라서 한계생산가치는 추가로 고용된 노동자 한 명이 만들어내는 수입이다. 기업은 임금이 한계생산가치와 같아질 때까지 노동자를 고용한다(이 시점에서 한계수입이 한계비용과 동일해진다). 만약 고용인 수에 대해 변하는 한계생산가치를 그림으로 그린다면 우하향하는 곡선이 도출되며, 이는 곧 노동에 대한 수요곡선이다.

LO 16.3 생산요소의 공급곡선을 그리고 노동공급은 어떻게 결정되는지 설명하기

생산요소의 공급은 주어진 시장에서 생산요소를 이용하는 데 따르는 기회비용에 의해 결정된다. 특정 노동시장에서 노동공급의 기회비용은 노동자가 그 시간에 대신 할 수 있었을 다른 일이나 또는 즐겼을 여가시간이다.

임금의 증가는 노동공급에 가격효과와 소득효과 등 두 상반된 영향을 미친다. 다른 모든 조건이 동일하다면 가격효과는 노동공급량의 증가를 가져온다. 소득효과는 노동자가 더 많은 여가시간을 추구하게 되어 노동공급량의 감소를 가져온다. 일반적으로 가격효과는 소득효과를 상회하며, 이는 노동공급곡선이 우상향함을 의미한다.

LO 16.4 생산요소의 균형가격과 거래량이 어떻게 결정되는지 설명하기

생산요소 시장은 수요곡선과 공급곡선이 교차하는 지점에서 균형에 도달하며, 이 지점에서 노동공급량은 노동수요량과 동일하다.

LO 16.5 그래프를 이용해 공급과 수요가 이동할 때의 효과를 분석하고 이들 곡선이 이동하는 이유에 대해 설명하기

노동공급과 수요를 결정하는 근본적인 결정 요인들이 변하면 균형점도 이동한다. 노동수요의 결정 요인은 다른 생산요소, 기술 변화, 재화 가격을 포함해 한계생산가치에 영향을 미치는 모든 것들이다. 노동공급의 결정 요인에는 문화, 인구, 다른 기회의 가능성 등이 포함된다.

LO 16.6 인적자본을 정의하고 노동시장에서 인적자본이 얼마나 중요한지 설명하기

경제학자들은 3가지 주요 생산요소에 더해 네 번째 주요 생산요소라 할 수 있는 인적자본에 주목한다. 인적자본이란 사람들이 하는 일에 투입되는 기술, 지식, 경험, 재능 등을 의미한다. 노동자들은 각각 보유하는 인적자본의 정도나 종류에 차이가 있기 때문에 각기 다르다. 어떤 종류의 인적자본은 노동자들을 광범위한 업무에 걸쳐 더욱 생산적으로 만든다. 인적자본의 차이는 사람들 간 임금, 그리고 따라서 소득 격차를 결정 짓는 핵심 요인이다.

LO 16.7 토지 및 자본시장과 노동시장의 유사성과 차이에 대해 설명하기

토지와 자본시장은 노동시장과 유사하지만 가장 큰 차이는 토지와 자본은 노동과 달리 빌릴 수 있을 뿐 아니라 사고팔 수도 있다는 것이다. 임대료는 생산자가 특정 기간이나 업무에 생산요소를 이용하기 위해 지불해야 하는 가격이다. 구매가격은 생산자가 영구적인 소유권을 획득하기 위해 지불하는 가격이다. 자본이라는 용어는 물리적 자본뿐 아니라 금융적 자본을 지칭할 때도 사용된다. 사람들이 주식시장이나 기업에 돈을 투자하면, 이들은 기업의 물리적 자본의 일부에 대한 소유권을 보유하게 되는 것이다.

LO 16.8 임금이 왜 시장균형 수준을 상회할 수 있는지를 설명하는 2가지 이유를 규명하고 이것이 노동시장에 미치는 영향에 대해 기술하기

임금이 시장균형 수준을 상회하는 가장 흔한 이유는 최저임금과 효율 임금 2가지다. 최저임금은 최저가격이다. 효율적인 노동시장의 경우 최저가격은 노동의 초과 공급과 실업을 야기한다. 효율 임금은 고용주가 고용인의 생산성을 높이기 위해 자발적으로 지급하는 것으로, 시장균형 임금보다 높다.

LO 16.9 불완전 노동시장이 형성되는 다양한 이유에 대해 설명하고 이것이 노동자와 고용주에게 미치는 영향에 대해 기술하기

재화나 용역시장이 항상 완전 경쟁적이지는 않은 것처럼 노동시장도 언제나 완전 경쟁적이지는 않다. 노동시장에 고용주가 단 하나밖에 없을 때 고용주는 수요독점자다. 수요독점자에게는 임금을 시장균형 밑으로 끌어내릴 수 있는 시장지배력이 있다. 노동자들 또한 서로 연대해 공동으로 노동공급량을 결정한다면 균형 수준 이상으로 임금을 끌어올릴 수 있는 시장지배력을 보유할 수 있다. 규제를 통해 정부 또한 노동시장에 비용을 초래할 수 있다.

복습문제

1. 패스트푸드 음식점에 투입되는 생산요소는 무엇인가? 토지, 노동, 자본의 예를 들어보라. **[LO 16.1]**
2. 자동차 제조업자가 미국과 멕시코에 각각 생산공장 하나를 운영하고 있다고 하자. 자동차 제조업자는 각 공장에서 동일한 모델과 양의 자동차를 생산하지만 멕시코에서는 미국에 비해 더 많은 노동자를 고용한다. 왜 지역별로 이러한 고용인 수의 차이가 존재하는지 설명해보라. **[LO 16.1]**
3. 여러분이 꽃 배달 사업을 하고 있으며 대학생들을 배달 직원으로 고용한다고 하자. 여러분은 직원을 한 명 더 고용할지 여부를 고민하고 있다. 추가 고용이 이윤을 증가시킬지 아니면 감소시킬지 여부를 결정하기 위해 필요한 정보는 무엇인가? **[LO 16.2]**
4. 크리스티나는 경쟁적인 노동시장에서 IT 컨설팅 기업을 운영하고 있다. 최근 그는 컨설턴트 한 명을 추가로 고용한다면 주당 5명의 의뢰인을 더 받을 수 있다는 결정

을 내렸다. 그녀의 목적이 이윤 극대화라면 그녀가 컨설턴트 한 명을 왜 추가로 고용하지 않았는지 설명하라. **[LO 16.2]**

5. 은퇴하신 할머니가 너무 무료한 나머지 시간제로 일을 해볼지 고려하고 있다고 하자. 기회비용이라는 개념을 이용해 할머니께 시간제 취업에 대해 어떻게 결정을 내릴지 조언하라. **[LO 16.9]**
6. 재키와 새미나는 같은 병원에서 일하는 간호사다. 두 사람은 동일한 임무와 경험 및 동일한 업무평가를 받고 있다. 같은 직장에서 새미나가 재키보다 왜 월급이 더 높은지 예를 들어 설명하라. **[LO 16.3]**
7. BMW의 효과적인 광고로 인하여 BMW의 수요가 증가하고 가격이 치솟았다고 하자. 자동차 제조업에서 노동에 대한 수요는 어떻게 변할 것인가? 균형임금과 노동수요량은 어떻게 변할지 설명하라. **[LO 16.4]**
8. 커피가게 주인이 바리스타를 고용하는 대신 자동 엑스프레소 기계로 전환하려 한다고 치자. 기계는 인간보다 2배 효과적이다. 기계 1개당 고정비용은 고용인 1명의 연봉에 해당한다. 노동에 대한 균형가격과 수요량이 어떻게 변할지 설명하라. **[LO 16.9]**
9. 레오는 자전거 수리점을 운영하고 있다. 최근 살펴본 기록에 따르면 그는 2013년에도 2009년에 고용했던 수와 동일한 수의 노동자를 고용하고 있음을 발견했다. 그러나 임금은 (물가를 감안하고도) 2009년과 2013년 사이 상당히 증가했다. 이 기간 동안 노동에 대한 공급에 변화는 없다고 가정하자. 2013년에 레오가 왜 더 많은 임금을 지급해야 하는지 2가지 가능한 설명을 제시하라. **[LO 16.5]**
10. 전통적으로 여성을 차별하는 노동시장을 생각해보라. 새로운 법이 여성 차별을 금지한다고 하자. 그렇다면 이 산업에서 남성 근로자의 임금은 어떻게 변할 것인가? **[LO 16.5]**
11. 여러분 친구가 의사가 되고 싶어 한다. 이 목표를 달성하기 위해 요구되는 인적자본은 무엇인지 기술하라. **[LO 16.6]**
12. 매디슨은 전일제로 취업 중이지만 학교로 돌아가 석사학위를 따야 할지 고민 중이다. 매디슨이 이 결정을 어떻게 내려야 할지 논하라. **[LO 16.9]**
13. 애리엘은 새 식당을 열기 위해 장소를 물색 중이다. 그는 동네에서 2개 가능한 장소 중 선택할 수 있다. 한 곳은 빌릴 수 있고 다른 한 곳은 구매할 수 있다. 둘 중 어디를 선택할지 애리엘에게 조언을 한다면 어떤 사항들을 고려해야 할 것인가? **[LO 16.6]**
14. 여러분이 친척으로부터 방금 얼마간의 토지를 상속받고 이것으로 무엇을 할지 고민하고 있다고 하자. 상속받은 토지 바로 옆의 토지를 소유한 농부가 여러분의 토지를 구매할 것을 제안한다고 하자. 여러분은 어떤 결정을 할 것인가? 이 결정을 내릴 때 어떤 사항들을 고려해야 할 것인가? **[LO 16.7]**
15. AT&T와 같은 대형 통신회사는 보수를 위해 기술자를 소비자의 집으로 주기적으로 파견한다. 이들은 숙련 노동자지만 보통은 일을 하면서 배우기 때문에 고도의 기술을 습득할 때까지는 시간이 좀 걸린다. 더욱이 그들을 항시 감독할 수는 없다. 통신회사가 효율 임금을 적용하는 것이 기술자들의 생산성을 높이는 데 왜 도움이 될 수 있는지 설명하라. **[LO 16.7]**
16. 임모칼리 노동자 연맹은 현재의 농장 노동자 임금은 착취 수준이라고 주장한다. 연맹은 농장 노동자를 위한 최저임금 설정을 지지하고 있다. 최저임금이 농장의 고용 결정에 어떤 영향을 미칠지 설명하라. 이 정책은 농장 노동자에 도움이 되는가? **[LO 16.8]**
17. 농장이 노동자에게 의료보험 혜택을 제공할 것을 의무화하는 법이 통과되었다고 하자. 노동자들은 의료보험 혜택을 중요하게 여긴다고 가정하자. 새 법이 발효하면 농장 노동자의 균형임금은 어떻게 변할 것인가? 이제 노동자들이 의료보험 혜택에 별다른 가치를 부여하지 않는다고 가정하자. 농장 노동자의 균형임금이 어떻게 변할 것인지에 대한 답이 달라지는가? **[LO 16.9]**
18. 일군의 고등학교 친구들이 동일한 패스트푸드 음식점에서 일한다고 하자. 이들은 모두 관리자를 싫어한다. 한 친구가 시험을 보거나 데이트가 있는 경우 시간이 있는 다른 친구와 일하는 시간을 서로 바꾸지 못하게 하기 때문이다. 친구 중 한 명이 관리자가 이 정책을 바꾸지 않는다면 모두 담합해 직장을 그만두자고 제안한다. 관리자는 파업을 피하기 위해 정책을 바꿀 것인지 설명하라. **[LO 16.9]**

응용문제

connect ECONOMICS

1. 최근 일부 대학 졸업생들이 학교 기숙사에 거주하는 학생들을 위해 이사 서비스를 개시했다. 이들은 이미 3명을 고용하고 있으며, 한 명을 더 고용할지 고민하고 있다. 종업원에 대한 시급은 한 명당 18달러다. 평균 이사 시간은

3시간이다. 이사업체는 현재 1주당 3건의 이사를 담당하고 있으나 종업원이 한 명 더 늘면 1주당 5건의 이사를 소화할 수 있다. 업체는 이사 한 건당 80달러를 받는다. **[LO 16.1, 16.2]**

a. 신규로 고용되는 종업원의 한계생산은 얼마인가?
b. 한계생산가치는 얼마인가?
c. 이사업체는 네 번째 종업원을 고용하는 것이 바람직한가?

2. '신선채소'는 플로리다에서 완전 경쟁 상태하에 운영 중인 많은 소규모 농장 중 하나다. 농장 노동 또한 완전 경쟁적인 시장이며 '신선채소'는 원하는 수의 노동자를 일당 20달러에 얼마든지 고용할 수 있다. 토마토를 수확하는 노동자의 하루 생산성은 〈표 16P-1〉에서와 같다. 만약 토마토 1kg당 5달러에 판매된다면 '신선채소'는 몇 명의 노동자를 고용할 것인가? **[LO 16.1, 16.2]**

3. 더스틴의 노동공급곡선은 〈그림 16P-1〉과 같다. **[LO 16.3]**

a. 임금이 5달러에서 6달러로 증가한다면 더스틴의 노동공급 결정에서 가격효과가 지배적인가, 아니면 소득효과가 지배적인가?
b. 임금이 7달러에서 8달러로 증가한다면 더스틴의 노동공급 결정에서 가격효과 아니면 소득효과가 지배적인가?

4. 사샤는 주당 가용한 60시간 중 일을 할지 아니면 여가를 즐길지 선택할 수 있다. 임금은 시간당 8달러다. **[LO 16.3]**

a. 사샤의 소득과 여가에 대한 예산제한선을 그려라.
b. 임금이 시간당 10달러로 증가하는 경우 사샤의 새로운 예산제한선을 그려라.
c. 임금이 시간당 8달러에서 10달러로 증가하면 사샤의 여가시간은 20시간에서 15시간으로 줄어든다. 사샤의 노동공급곡선은 이 임금 증가에 따라 우상향하는가, 아니면 우하향하는가?

5. 여러분이 노동을 투입요소로 사용해 그림이 그려진 티셔츠에 특화한 사업자라고 하자. 〈표 16P-2〉에 근거해 노동공급과 수요곡선을 그리고 시장균형 임금과 노동량을 도출하라. **[LO 16.4]**

6. 〈표 16P-3〉에 근거해 다음의 각 임금 수준에서 노동시장에 어떤 일이 벌어질지 3가지 중 선택해 답하라. **[LO 16.4]**

a. 시간당 8달러: 초과 노동공급, 초과 노동수요 또는 균형

표 16P-1

노동	토마토 생산량 (kg)	노동의 한계생산	한계생산 가치
0	0	—	—
1	12		
2	22		
3	30		
4	35		
5	38		
6	40		

그림 16P-1

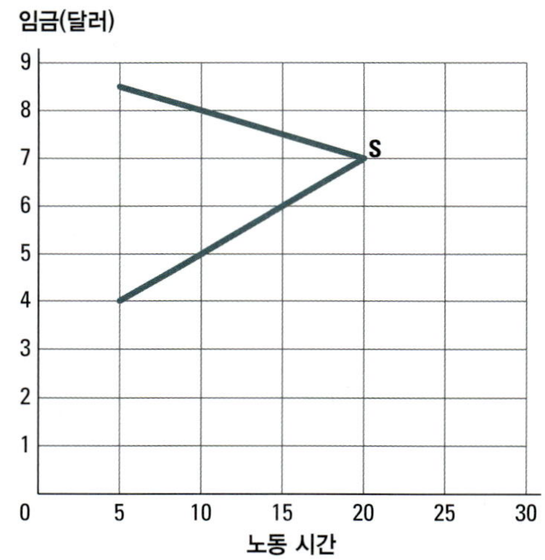

표 16P-2

시간당 임금(달러)	시간
8	10
9	14
10	18
11	22
12	26
13	30
14	34
15	38
16	42

표 16P-3

임금 (달러)	공급량	수요량
3	2,000	5,000
4	3,000	4,500
5	4,000	4,000
6	5,000	3,500
7	6,000	3,000
8	7,000	2,500
9	8,000	2,000

b. 시간당 3달러: 초과 노동공급, 초과 노동수요 또는 균형

c. 시간당 5달러: 초과 노동공급, 초과 노동수요 또는 균형

7. 다음 상황에서 노동공급곡선이 어느 방향으로 이동할지 규명하라. **[LO 16.5]**

a. 섬유산업 숙련 노동자들이 대거 이민해 오는 국가

b. 유사한 기술을 요구하는 다른 산업에서 임금이 증가

c. 시간이 지남에 따라 추가로 관리가 요구되는 새로운 기계가 등장해 노동의 한계생산성 증가

8. 〈그림 16P-2〉는 섬유산업에서의 노동공급과 수요를 보여준다. 다음의 각 상황에서 공급 또는 수요곡선의 이동이 있는 경우 이를 그리고 그 결과 균형임금과 노동량이 증가하는지, 아니면 감소하는지 설명하라. **[LO 16.5]**

a. 원래의 균형점은 어디인가?

b. 이민과 다른 직장에서의 실업 증가 등으로 인해 섬유산업 노동자의 인구가 1만5000명 증가해 노동공급곡선이 오른쪽으로 이동한다.

c. 구입자가 스스로 티셔츠에 그림을 입혀 입을 수 있게 하는 신기술이 등장해 섬유산업 노동자의 한계생산이 감소했다. 노동수요곡선이 왼쪽으로 이동해 모든 가격대에서 노동수요가 1만 명 감소했다.

9. 패스트푸드 연쇄점들이 좀 더 건강한 식자재를 사용하기 시작해 패스트푸드에 대한 수요가 증가했다고 하자. 이에 따라 패스트푸드 서비스 종업원에 대한 수요도 〈그림 16P-3〉에서처럼 증가했다. **[LO 16.6]**

a. 패스트푸드 산업에서 새로운 균형임금과 노동량은 무엇인가?

b. 소매상 판매원에게 요구되는 기술이 패스트푸드 음식점 종업원에게 요구되는 기술과 유사하다고 하자. 만약 노동자들이 두 직업 중 어느 하나에 대한 선호도가 전혀 없다면 소매상 판매원에 대한 임금은 어떻게 될 것인가?

10. 어느 도시에서 가장 규모가 큰 고용자가 자동차 제조 공장과 비행기 제조 공장이라고 하자. 비행기 제조를 위해 자동차 제조업에서는 아직 익숙지 않은 기술이 요구된다. 기술자들이 두 제조업종 간 선호도가 없다고 가정하자. **[LO 16.6]**

a. 다른 모든 조건이 동일하다면, 어느 공장에서 기술자들에게 더 많은 임금을 지불할 것인가?

b. 자동차 제조업에서 비행기 제조업이 사용하는 기술을 도입하고 이 기술을 사용할 수 있도록 자사 기술자들

그림 16P-2

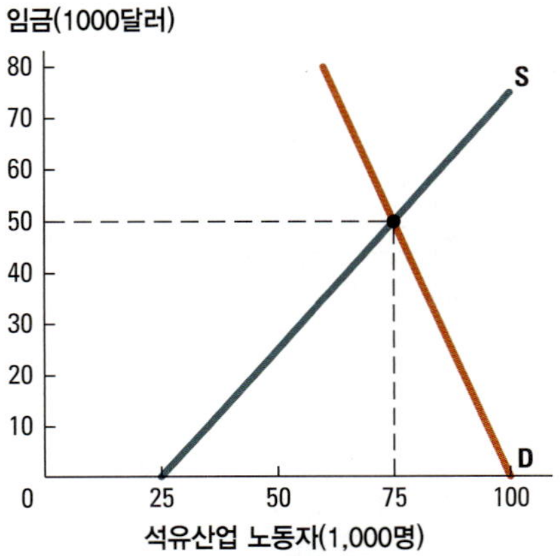

그림 16P-3

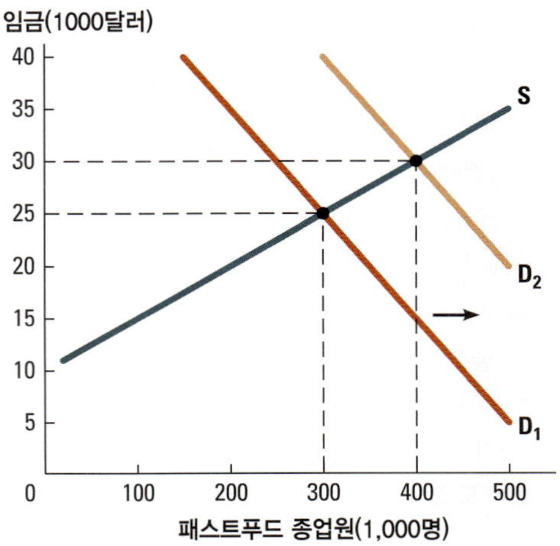

그림 16P-4

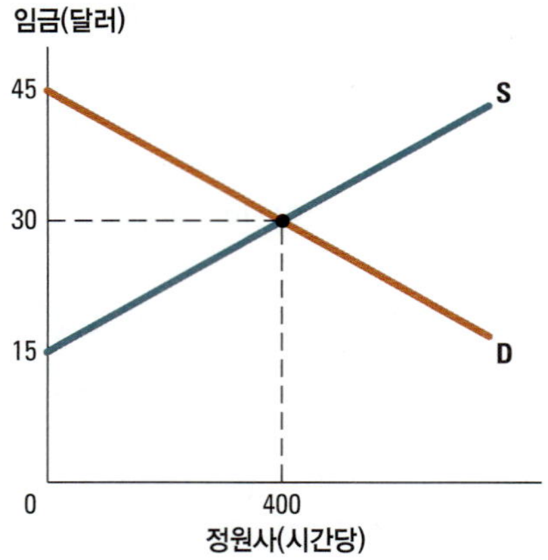

을 훈련시킨다고 하자. 두 업종 간 임금 격차는 어떻게 변할 것인가?

11. 〈그림 16P-4〉는 정원사들에 대한 지역 노동시장을 보여준다. 이 시장에서 경제적 지대의 가치는 얼마인가? **[LO 16.7]**
12. 생산요소시장의 다음 여러 측면에 해당하는 특징들은 무엇인가? 보기에서 골라 답하라. **[LO 16.7]**

    생산요소에 대한 수요 ______________.

    경제적 지대 ______________.

    생산요소 구매시장 ______________.

    자본의 임대료 ______________.

    소득 ______________.

    a. 생산자 잉여와 유사한 개념
    b. 자산의 장기적 생산성에 의해 영향 받는
    c. 대출금에 대한 이자율
    d. 생산요소에 대한 소유로 인해 결정됨
    e. 한계생산가치에 의해 결정됨
13. 〈그림 16P-5〉는 정비공에 대한 지역 노동시장을 보여준다. 최저임금이 각각 다음과 같을 때 노동공급량과 수요량은 얼마인가? **[LO 16.8]**
    a. 균형점에서?
    b. 임금이 1만5000달러일 때?
    c. 임금이 2만 달러일 때?
14. 식료품 가게에서 소비자가 구매한 물건을 가방에 담아주는 사람들에 대한 노동시장은 〈그림 16P-6〉에서 보는 바와 같이 경쟁적이다. 새로운 연방법 도입에 따라 최저임금이 시간당 10달러로 높아졌다고 하자. **[LO 16.8]**
    a. 법이 도입되기 전 균형임금은 얼마였나?
    b. 균형임금에서 노동의 총소득은 얼마인가?
    c. 최저임금 수준에서의 고용량은 얼마인가?
    d. 최저임금 도입 후 노동의 총소득은 얼마인가?
15. 예산 부족으로 인해 정부가 가족 규모에 비례해 세액을 공제하는 현행 정책을 자녀가 하나거나 그 이상인 가족에 대한 일률적인 세액공제로 변경한다고 상상하자. **[LO 16.9]**
    a. 시간이 지남에 따라 이 인구의 평균 나이는 어떻게 될까?
    b. 시간이 지남에 따라 노동 가능 인구의 규모는 어떻게 될까?
16. 아래의 각 상황에서 임금이 시장균형 수준을 상회할 것인가, 아니면 하회할 것인가? **[LO 16.9]**
    a. 어느 한 도시에서 한 개 사업체를 제외하고 전부 폐업했을 경우

그림 16P-5

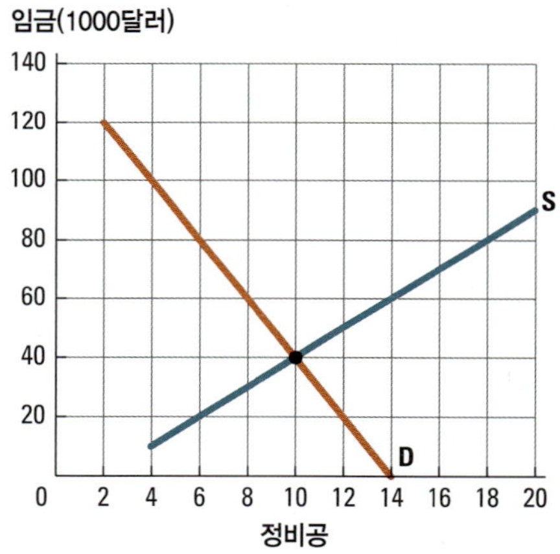

그림 16P-6

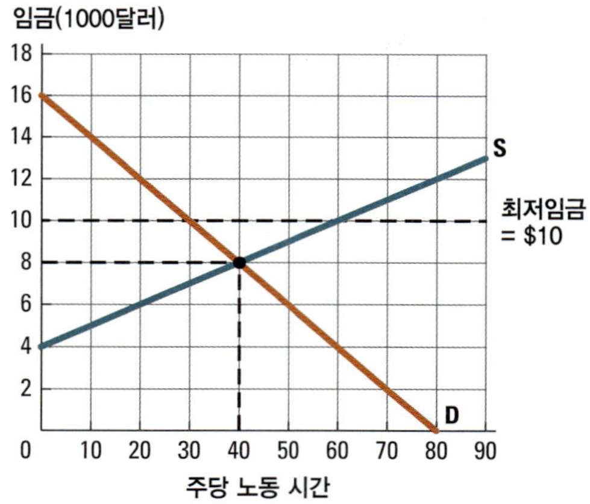

b. 실리콘밸리의 모든 소프트웨어 엔지니어들이 노동조합을 결성하고 파업을 하는 경우

c. 어느 한 도시에서 주요 식료품 연쇄점이 다른 모든 식료품 가게들을 인수하는 경우

미주

1. http://www.gallup.com/poll/147206/stock-market-investments-lowest-1999.aspx

참고문헌

http://espn.go.com/mlb/player/_/id/4574/albert-pujols

http://www.bls.gov/oes/current/oes452092.htm

http://www.bls.gov/oes/current/oes272021.htm

http://www.ers.usda.gov/Briefing/LaborAndEducation/FarmLabor.htm

http://www.nytimes.com/2006/09/22/washington/22growers.html?_r = 1&scp = 1&sq = Pickers%20Are%20Few,%20and%20Growers%20Blame%20Congress&st = cse

http://www.aflcio.org/aboutus/thisistheaflcio/convention/2005/upload/fastfacts.pdf

◀ 세계의 모바일 윈도우–이 장의 내용과 관련된 응용사례를 찾으려면 여러분의 스마트폰으로 이 코드를 스캔하라. (QR코드 리더가 필요하면, 여러분의 앱스토어에서 ScanLife를 활용하라.)

여러분의 모바일 앱스토어를 방문하여 Karlan and Morduch Study Econ app.을 다운로드 하라. ▶

Chapter 17

국제무역

학습목표

LO 17.1 비교우위를 정의하고 국가 차원에서 비교우위가 발생하는 몇 가지 근본적인 이유 생각해보기

LO 17.2 한 국가가 자급자족 상태에서 무역으로 전환할 때 그 국가가 순수입국이 될지, 아니면 순수출국이 될지 그 결정 요인 살펴보기

LO 17.3 시장개방 이후 잉여의 변화와 이득의 분배가 어떻게 변하는지 계산하기

LO 17.4 관세가 무역량, 가격, 잉여의 분배에 미치는 영향에 대해 설명하기

LO 17.5 수입 할당이 무역량, 가격, 잉여의 분배에 미치는 영향에 대해 설명하기

LO 17.6 무역이 요소소득 분배에 미치는 영향에 대해 설명하기

LO 17.7 세계시장에서 환경 또는 노동에 대한 기준을 설정하는 것이 얼마나 도전적인지 논의하기

레소토제 셔츠

2000년경 아프리카 남단의 아주 작은 나라 레소토에서는 갑자기 월마트, 올드 네비, 레비 스트라우스, 케이마트 등을 포함한 기업들에 티셔츠와 청바지를 생산해 납품하는 사업이 번창하기 시작했다. 레소토는 인구가 200만 명이 채 안 되는 텍사스의 한 도시인 휴스턴보다 작은 나라다. 티셔츠와 청바지산업이 번창하는 곳에서는 면화가 재배될 것으로 예상되지만, 그곳에서는 면화가 자라지 않는다. 사실 가장 낮은 곳이 해발 약 1,400m로 전반적으로 산악지대인 그곳에서 자랄 수 있는 것은 별로 없다. 레소토에서 생계를 위해 가장 흔히 할 수 있는 일은 염소를 기르거나 다이아몬드 광산에서 일하는 것이다. 레소토는 내륙국이어서 재화를 실어 나르는 것은 어려운 일이다. 즉, 바다로 통하는 항구가 없다. 게다가 주요 공항이 있는 것도 아니다. 전반적으로 레소토는 갑자기 의류 수출 기지가 번창할 만한 곳이 아니다. 더욱 이상한 점은, 많은 의류 공장을 대만계 기업들이 소유하고 있다는 것이다.

대만 사업가들이 왜 최종 판매지인 미국에서 수천 킬로미터 떨어진 레소토에서 의류를 생산하고 있을까? 2000년에 무엇이 바뀌었길래 이렇게 예상치 못한 무역 형태가 번창한 것일까?

이 장에서는 2장에서 시작한 이야기를 이어나간다. 그 이야기는 의류 생산이 지난 200년간 어떻게 임금이 낮은 곳을 따라 이동해갔는지에 대한 것이다. 2장까지는 중국이 세계에서 가장 규모가 큰 의류 생산지였으며, 미국의 많은 소비자들은 중국 공장에서 만들어진 셔츠를 입었다. 중국이 의류 생산에 성공할 수 있었던 것, 그리고 레소토가 갑자기 의류 생산지로 부상할 수 있

었던 것은 오로지 단 하나의 핵심 사실에 근거한다. 미국 소비자가 중국과 레소토에서 생산한 의류를 구매할 수 있다는 것이다. 어쩌면 너무 뻔해 보이는 것이지만, 해외에서 재화를 구매할 수 있게 된 것은 상대적으로 최근의 일이다. 지난 세기에 운송이 엄청나게 발달하기 이전에는 대량의 재화를 국내로 다시 반입하는 것은 말할 나위 없고, 먼 곳의 무역 상대국에 접근하는 것 자체가 어려웠다.

근대의 운송과 통신기술은 국제무역을 훨씬 수월하게 한다. 그러나 무역의 양태는 복잡하게 얽힌 국제협정에 의해서도 변해왔다. 예를 들어, 지난 40여 년의 대부분 기간 동안 섬유의류의 국제무역은 엄격히 규제되었다. 다자간섬유협정(MFA; Multifiber Arrangement)(실제로는 양자 간 체결된 여러 개의 협정으로 구성된)은 어느 나라가 어느 나라에 어떤 종류의 의류를 얼마만큼 수출할 수 있는지 그 한도를 구체적으로 설정한 것이다. 돌이켜보면, 국제적으로 그렇게 구체적인 규정을 했다는 것이 우스꽝스러울 지경이다. 중국 기업은 미국에 얼마만큼의 양말을 수출하는 것이 허용되었을까? 양모 스웨터는? MFA에는 이 모든 것이 규정되어 있었는데, 그 답이 '미국인이 원하는 만큼의 모든 양말과 양모 스웨터'는 결코 아니었다. 달리 말하면, 미국과 중국 간 일정 수준의 의류 무역이 있었지만 제한 없는 자유 무역은 아니었다는 것이다. 유사한 제한이 대부분의 주요 의류 생산국에 적용되었다.

동시에, 미국은 일부 국가들을 다자간섬유협정의 제한에서 제외하는 협약을 체결했다. 멕시코와 중미 국가들과의 자유무역협정에서 의류무역에 대한 제한이 제외되었다. 레소토를 포함해 아프리카 극빈국에 특혜무역국 지위를 부여한 2000년의 '아프리카의 성장과 기회를 위한 법(AGOA; African Growth and Opportunity Act)'도 마찬가지다. 대만 의류업체들은 MFA 때문에 대만에서 생산한 티셔츠와 청바지를 미국에 팔 수 없지만 레소토에서 생산하면 가능하다는 것을 재빨리 알아차리고 생산지를 레소토로 옮겼다.

무역정책이 이렇게 혼란스럽게 얽혀 있는 상황이 그리 오래가지는 않았다. 2005년이 되자 다자간섬유협정에 설정되어 있던 제한들의 기한이 서서히 만료되어 자유로운 섬유의류 무역이 회복되었다. 이는 소비자에게 어떤 영향을 가져왔는가? 아시아와 미국의 노동자들에게는 어떤 영향이 있었는가? 그리고 작은 나라 레소토에는 어떤 영향을 미쳤는가? 뒤에서 설명하겠지만, 이는 아시아 공급자들에게는 좋은 일이었으나 레소토에는 나쁜 일이었다.

이 장에서는 무역이 여러 다른 나라의 가격, 노동자, 소비자에게 어떤 영향을 미치는지 살펴볼 것이다. 무역은 일부 국가와 산업에 엄청난 이익을 주지만 패배를 안겨주기도 한다. 기업가에게는 이러한 무역의 세계를 잘 헤쳐나가는 것이 부와 부도의 사이를 가르는 일이 될 수도 있다. 노동자가 받는 임금이나 소비자가 내야 하는 가격 또한 무역의 큰 영향을 받지만, 이러한 영향을 처음부터 확연하게 알아보기란 어려울 수도 있다.

복습: 왜 무역을 하나?

국가 간 자유무역이 왜 이루어지지 않는지 그 연유를 따지기 전에 국가들이 왜 애초에 무역을 하고 싶어 할지에 대해 먼저 간략히 복습해보자. 2장에서 학습한 기초적인 경제 개념을 사용해 시장이 원활하게 기능할 경우 어떤 재화가 언제 어느 곳에서 만들어질지, 그리고 무역으로 인해 어떤 이익이 있을지 예측할 수 있다.

비교우위

LO 17.1 비교우위를 정의하고 국가 차원에서 비교우위가 발생하는 몇 가지 근본적인 이유 생각해보기

미국은 아시아 전역에서 의류를 수입하고 있으며, 특히 중국인민공화국에서 많이 수입하고 있다. 이 사실은 우리에게 무엇을 말해주는가? 이는 너무도 당연히, 중국 기업과 미국 소비자들이 이러한 무역을 통해 무언가 얻을 것이 있다는 것을 알려준다. 알다시피, 자율적인 교환은 잉여를 증가시켜 교환에 참여한 양측 모두 그 이전에 비해 나은 상태가 된다.

또한 위의 사실은 적어도 의류 생산의 경우 중국이 미국에 비해 어떤 장점이 있다는 것을 말해준다. 그렇지 않다면 미국은 자체적으로 옷을 만들 것이다. 중국은 어떤 장점이 있을까? 이는 단순히 중국 기업이 미국 기업에 비해 더 생산적임을 의미한다. 이것이 정말이라면 중국이 미국에 대해 의류 생산에서 **절대우위**에 있다고 할 수 있다. **절대우위**란 동일한 자원을 가지고 다른 나라에 비해 특정한 재화를 더 많이 만들어낼 수 있는 능력을 말한다. 예를 들어, 동일한 수의 노동자들이 더 많은 티셔츠를 만들어낼 수 있다는 의미다.

하지만 절대우위가 누가 무엇을 만들지 결정 짓는 것은 아니라는 점을 상기하라(2장의 내용). 이는 **비교우위**에 의해 정해진다. **비교우위**란 다른 이에 비해 더 저렴한 기회비용으로 생산할 수 있는 능력을 말한다. 중국 기업이 미국에서 의류를 판매할 수 있다는 것은 중국이 의류생산에서 반드시 미국에 비해 더 생산성이 높다는 것을 말해주지는 않는다. 그러나 분명한 점은, 중국이 티셔츠를 생산하는 데 드는 기회비용이 미국보다 낮다는 것이다.(절대우위와 비교우위에 대한 복습을 위해서는 34페이지에서 시작하는 부분 참조.)

무역의 이득

만약 티셔츠를 만드는 미국 노동자들의 생산성이 적어도 중국 노동자들에 버금가는 수준이라면 미국 기업들은 왜 중국에서 티셔츠를 수입할까? 간단히 말해, 두 국가 모두 자국이 비교우위를 가지는 재화의 생산에 특화한다면 이득을 볼 수 있다. 한 가지 재화에 특화하더라도 양국은 각국의 소비자들이 원하는 재화의 조합을 무역으로 얻을 수 있다. 특화와 무역의 결과 양국 모두에서 증가하는 후생을 **무역의 이득**이라고 한다.

무역의 이득이 어떻게 발생하는지 자세히 알아보기 위해 〈표 17-1〉에서 보는 바와 같이 무역 전의 생산과 소비를 무역 후와 비교해보자. 간단한 예를 위해 가상의 수치를 사용하지만 이는 현실을 반영하기에 충분하다. 간략하게, 2장에서와 마찬가지로 단 2개 국가, 미국과 중국에서, 단 2가지 재화, 밀과 의류를 만든다고 전제한다. 무역을 하지 않는 상태에서는 2가지 재화 모두를 소비하기 위해 두 재화를 모두 만들어야 한다. 이는 미국에서는 티셔츠 3억 벌과 밀 10억 톤을 생산하고, 중국에서는 티셔츠 10억 벌과 밀 20억 단위를 생산해야 함을 의미한다고 하자. 세계 총생산량은 티셔츠 13억 벌과 밀 30억 톤이다.

무역이 가능해지면 각 국가는 소비자가 원하는 재화의 정확한 조합이 아니라 자국이 비교우위가 있는 제품만 만들 수 있다. 이 예에서는 미국이 밀에 특화하고, 중국은 의류에 특화함을 의

표 17-1 무역 전과 후의 세계 생산 및 소비: 가상의 예

	국가	밀 생산량 (10억 톤)	티셔츠 생산량 (10억 벌)	밀 소비량 (10억 톤)	티셔츠 소비량 (10억 벌)
무역 전	미국	1	0.3	1	0.3
	중국	2	1	2	1
	총액	**3**	**1.3**	**3**	**1.3**
무역 후	미국	3.5	0	1.1	0.8
	중국	0	2	2.4	1.2
	총액	**3.5**	**2**	**3.5**	**2**

미한다. 그 결과 세계 생산량은 증가하고 두 국가 모두 무역 전에 비해 더 많은 양을 소비할 수 있다. 자유무역의 경우 미국은 밀 35억 톤을 만들고, 중국은 티셔츠 20억 벌을 만든다. 티셔츠의 세계 생산량은 7억 벌 늘어나고 밀은 5억 톤 증가한다. 양국은 이러한 추가 생산량을 모두의 후생이 증가하는 방식으로 나누어 가질 수 있다. 〈표 17-1〉에서 양국 모두 특화와 무역 이후 두 재화에 대한 소비가 더 많다는 것을 주목하라.(생산의 특화에 대한 계산을 어떻게 하는지 복습하기 위해서는 2장의 〈표 2-1〉을 보라.)

비교우위의 근원

앞에서 미국과 중국 간 무역에 대해 설명한 것처럼, 언론에서는 국적을 가진 주체들의 교환으로 무역을 설명한다. 이 때문에 무역을 하려면 정부들이 모여 경제 계획자를 고용해 어느 나라에서 무엇에 특화할지 계산하게 한 후 이에 대해 합의할 것이라는 인상을 받았을지도 모르겠다. 그러나 이는 사실이 아니다. 실제로는 일상생활의 무역은 정부가 아니라 거의 전적으로 기업과 개인에 의해 이루어진다.

아틀란타나 조지아에 있는 공장에서 북경의 공장에 비해 자신들의 비교우위가 무엇인지 어떻게 알 수 있을까? 이는 '보이지 않는 손'이 작동하는 한 예지만, 무엇을 생산하고 누구와 교역을 해야 할지에 대한 올바른 결정이 자동으로 내려진다는 것을 의미하지는 않는다. 만약 여러분이 공장을 소유한다면 노동과 원자재 같은 투입 요소의 비용에 대해 연구하고 판매하려는 재화의 시장가격을 파악해 가장 이윤이 높은 대안을 계산해내야 할 책임이 있다. 이를 잘하면 이윤을 내고, 잘하지 못하면 사업이 망할 것이다. 여러분이 이러한 연구와 계산을 하고 있는 사이 북경에 있는 다른 공장 소유자들을 비롯해 전 세계의 모든 곳에서 여러분과 동일한 연구와 계산을 하고 있다. 모든 사람들이 개인 생산자로서 이윤 동기에 반응한다면 그들은 자신이 비교우위가 있는 재화를 생산하는 쪽으로 기울 것이므로 무역으로 인한 이득이 자연스럽게 발생한다.

좀 더 구체적으로 살펴보자. 지난 장에서 생산요소 가격이 어떻게 결정되는지 논의했다. 예를 들어, 여러분이 조지아 공장에서 티셔츠를 재봉할 노동자를 고용하려고 하는데 그 노동자들은 자동차 부품을 만드는 공장에 노동을 공급할 수도 있다고 하자. 만약 노동자들이 티셔츠보다 자동차 부품을 생산할 때 생산성이 더 높다면 자동차 부품 공장은 이들에게 더 높은 임금을 제시할 것이다. 이에 따라 티셔츠 생산에 공급할 수 있는 노동이 감소하면 티셔츠 생산에 대한 임금이 증가할 것이다. 이제 북경에서는 노동자들이 티셔츠 재봉 외에 좋은 대안이 별로 없다고 하자. 이들은 티셔츠 공장에서 낮은 임금을 받고도 일할 용의가 있으므로 북경의 기업들은 보다 저렴한 비용으로 티셔츠를 생산할 수 있으며, 이는 다시 이들이 만든 티셔츠를 세계시장에서 낮은 가격에 판매할 수 있도록 해준다.

이러한 방식으로 각 생산요소의 가격에는 그 요소를 이용해 만들어지는 다른 재화의 기회비용이 포함되어 있다. 티셔츠 생산에 들어가는 모든 생산요소의 가격과 세계시장에서 티셔츠가 판매되는 가격을 고려할 때, 여러분은 이렇게 낮은 가격에 티셔츠를 팔아서는 이윤을 남길 수 없다고 결론을 내린다. 시장이 조지아에 있는 여러분 공장은 티셔츠 생산에 비교우위가 없으므로 다른 것을 생산하라고 말해주는 것이다. 달리 말하면, 티셔츠를 생산하는 데 비교우위가 있는 기업만이—즉 기회비용이 가장 낮은 기업이 티셔츠를 만들어 이윤을 낼 수 있다는 뜻이다. 단순히 투입물과 생산물의 가격에 반응해 가장 이윤을 많이 낼 수 있는 재화를 생산하기로 선택함으로써 각 기업들은 자사가 비교우위가 있는 재화를 생산하게 되는 것이다.

여기까지는 다 좋다. 그렇지만 무엇이 한 나라가 자동차 부품에 비해 티셔츠, 또는 자동차 부품에 비해 컴퓨터 프로그램 또는 다른 무엇을 생산하는 데 기회비용이 가장 낮아지게 하는가? 경제학자들은 천연자원과 기후, 생산요소의 부존, 기술 등 어느 재화를 특정한 나라에서 생산할 때 비용에 영향을 미치는 몇 가지 국가 특성에 주목한다.

천연자원과 기후. 하와이는 러시아에 비해 왜 파인애플 재배에 비교우위가 있을까? 이유는 간단하다. 하와이는 따뜻하고, 러시아는 주로 춥기 때문이다. 기후와 천연자원의 다양성은 비교우위를 결정하는 중요한 요인이다. 예를 들어, 캘리포니아의 특정 지역과 프랑스는 토질과 날씨의 복잡한 조합으로 인해 품질 좋은 포도주를 만들어낼 수 있는 포도를 재배하는 데 적합하다. 기후와 지리는 생산지에서 재화를 다른 곳으로 옮기는 데 드는 운송비용에 영향을 준다. 예를 들어, 좋은 항구를 갖춘 국가는 레소토와 같이 규모가 큰 소비시장에서 먼 내륙국에 비해 다양한 재화를 교역하기가 더 수월하다.

부존자원. 여러 다른 자원의 상대적 풍부함은 어떤 나라가 다른 나라에 비해 특정 재화를 더 잘 만들 수 있도록 해준다. 예를 들어, 뉴질랜드나 아르헨티나와 같이 인구에 비해 토지가 넓은 국가는 **토지집약적** 산업인 목축업에 비교우위가 있을 수 있다. 홍콩이나 일본과 같이 자본은 풍부하지만 토지는 얼마 없는 경우 전자제품이나 금융서비스, 또는 바이오 의료 연구 같은 보다 자본집약적 산업에 비교우위가 있을 수 있다.

부존자원은 2장에서 본 것처럼 지난 2세기 동안 어떻게 의류 생산이 저렴한 노동비용에 따라 이 국가에서 저 국가로 전 세계를 옮겨 다니게 되었는지 설명하는 데 도움이 된다. 의류 제조는 자본이나 기술을 상대적으로 덜 요구하는 노동집약적 과정이다. 초기에 의류 생산을 주도했던 국가들에서 노동자들이 점점 많은 교육을 받으면서 숙련노동과 자본에 비해 저렴한 노동은 상대적으로 희소하게 되었다. 따라서 비교우위는 다른 생산요소에 비해 저렴한 노동이 더 많은 국가로 옮겨가게 되었다.

기술. 기술도 비교우위에 영향을 줄 수 있다. 시간이 지남에 따라 기술은 한 국가에서 다른 국가로 확산되는 경향을 보이며 이에 따라 기회비용이 수렴한다. 그러나 어느 한 특정 시점에서는 어느 한 나라에서 개발된 기술이나 생산과정은 그 나라에 임시적으로 비교우위를 부여할 수 있다. 2장에서 동력직기의 발명은 영국이 의류 생산에 대해 비교우위를 가질 수 있도록 해주었지만, 이 신기술이 미국으로 빠르게 전파되면서 초기의 우위를 불식시킨 것을 보았다.

불완전 특화

국제무역 분석에서 비교우위를 국가 수준에서 논의했다. 그러나 어느 나라든 모든 국민이 한 가지 직종에 종사하는 곳은 없다. 모든 미국인이 밀을 생산하지는 않으며, 모든 중국인이 티셔츠를 만드는 것도 아니고, 뉴질랜드 사람이라고 해서 모두 양 떼를 방목하는 것은 아니다. 만약 특화와 무역을 해서 엄청난 이득을 챙길 수 있다면 왜 각 국가들은 한 가지 재화만 생산하지 않는 것일까?

답은 2개 부분으로 이루어져 있다. 첫째, 한 국가 내의 경제가 완전히 자유로운 것은 아닌 것처럼 국가 간 무역도 완전히 자유로운 것은 아니다. 이 장의 후반부에서 논의하겠지만, 특화는 안보, 전통, 비합리적인 정치 등 비경제적인 고려를 반영하는 무역협정에 의해 제한된다. 그러한 제한과 정치적 고려는 특화를 제약한다.

둘째, 무역이 완전히 자유롭더라도 한 국가 내에서도 지역 간 천연자원, 기후, 자원의 상대적 부존 정도가 다를 수 있으므로 국가들은 완전히 특화를 하지는 않게 된다. 예를 들어 캘리포니아에서는 포도주를 생산하는 것이 합리적이지만, 알래스카에서는 그렇지 않다. 앨라배마에서는 자동차를 만드는 기회비용이 적지만 맨해튼 도심에서는 높다. 아이오와 대부분의 지역은 밀을 재배하기에 적합한 비옥한 토지를 가졌지만, 네바다는 그렇지 않다. 우리는 일반적으로 중국이 티셔츠에 비교우위가 있고 미국은 밀 생산에 비교우위가 있다고 말할 수 있지만, 중국에서 특별히 밀 생산에 적합한 토질을 가진 지역의 밀 생산 기회비용은 티셔츠 생산의 기회비용보다 적다. 중국의 그 지역에서는 밀을 생산하고 더 필요한 밀만 미국에서 수입하는 것이 합리적이다.

✓ 개념 확인하기

- ❒ 절대우위와 비교우위는 어떤 차이가 있는가? 이 중 한 나라가 어떤 재화에 특화할지 결정하는 것은 어느 것인가? **[LO 17.1]**
- ❒ 비교우위를 결정하는 주요 특성은 무엇인가? **[LO 17.1]**

자급자족경제에서 자유무역으로

개인 구매자와 판매자 간의 자유 교환과 마찬가지로 국가 간 자유무역은 잉여를 극대화해 양국 모두에게 이득을 준다. 그러나 단순히 '미국이 무역으로부터 이익을 얻는다'라고 말하는 것은 미국이 여러 다른 산업, 기업과 개인으로 구성되어 있다는 사실을 호도하는 것이다. 실제로는 **총이득**이 **총손실**에 비해 더 크다고 하더라도 이들의 일부는 무역으로 인해 득을 보지만 일부는 피해를 볼 것이다. 무역의 영향을 좀 더 자세히, 그리고 누가 어떤 방식으로 이득을 보는지 보다 명확히 이해하기 위해서는 더 깊이 알아봐야 한다.

무역이 전혀 없는 세상을 상상해보는 것으로부터 시작해보자. 외부인들과의 무역이 없는 자립적인 경제를 **자급자족 경제**라고 한다.

미국이 자급자족 경제라고 하자. 이는 미국이 아무것도 수입하거나 수출할 수 없음을 의미한다. **수입**은 다른 나라에서 생산된 재화나 용역을 국내에서 소비하는 것을 말한다. **수출**은 자국에서 생산된 재화나 용역을 다른 나라에서 소비하는 것을 말한다. 자급자족 경제하에서는 국외에서 생산된 것이 국내에서 판매될 수 없고, 국내에서 생산된 것이 국외에서 판매될 수 없다.

무역이 없다면 미국의 티셔츠 시장은 어떤 모습일까? 국내시장은 이전의 장에서 사용했던 동일한 공급곡선과 수요곡선을 이용해 기술할 수 있다. 〈그림 17-1〉의 공급곡선은 오로지 국내 의류 생산자만을 포함하고 수요곡선도 오로지 국내 소비자만을 포함한다. 무역이 없는 상태에서 가격과 티셔츠의 판매량은 공급과 수요곡선이 교차하는 지점에서 결정된다. 이는 우리가 이제까지 해왔던 분석과 동일하다. 미국 소비자들과 생산자들은 3억 벌의 티셔츠를 25달러에 사고 팔 것이다.

자급자족 경제 외부와의 거래 없이 자립적인 경제

수입 다른 나라에서 생산되고 국내에서 소비되는 재화와 서비스

수출 국내에서 생산되고 다른 나라에서 소비되는 재화와 서비스

순수입국이 되다

LO 17.2 한 국가가 자급자족 상태에서 무역으로 전환할 때 그 국가가 순수입국이 될지, 아니면 순수출국이 될지 그 결정요인 살펴보기

LO 17.3 시장개방 이후 잉여의 변화와 이득의 분배가 어떻게 변하는지 계산하기

미국은 다른 나라들과 무역을 하고 있지 않지만 다른 모든 나라들은 의류를 서로 자유롭게 무역하고 있다고 가정해보자. 이는 미국 밖에서는 티셔츠가 세계가격에 거래되고 있으며, 이 가격은 미국 내 가격과 반드시 동일할 필요는 없음을 의미한다. 실제로 세계가격은 단지 15달러라고 하자.

그림 17-1
자급자족 경제의 티셔츠에 대한 국내 공급과 수요

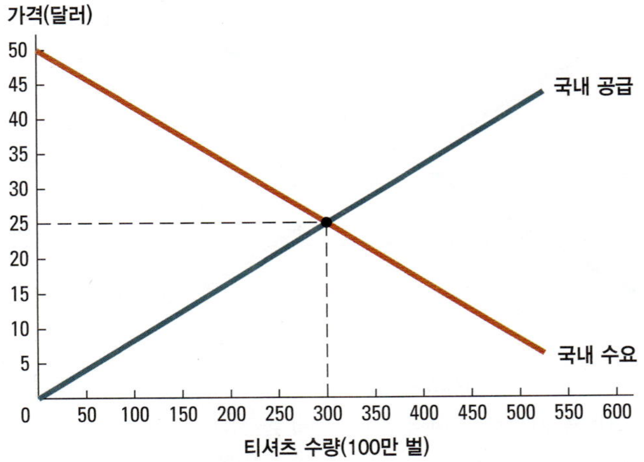

자급자족 경제에서 국내가격과 티셔츠의 생산량은 국내 공급곡선과 국내 수요곡선이 교차하는 지점에서 결정된다.

이해를 돕기 위해

실제로는 티셔츠에 대해 하나의 세계가격이라는 것은 없다. 다양한 이유로 멕시코 농촌에서 티셔츠 한 벌의 가격은 뉴욕 시에서보다 저렴할 것이다. 그러나 자유무역하에서 결정되는 하나의 국제시장 세계가격이라는 아이디어는 복잡한 상황을 간단하게 기술하는 데 유용하다. 이는 자유롭게 교환이 이루어지는 그 어떤 종류의 시장가격과도 유사하다. 시장가격보다 높은 가격에 재화를 팔려고 시도하는 판매자는 다른 판매자에게 모든 고객을 빼앗길 것이다. 만약 여러분이 미국 기업이라면, 미국 밖에서 도매업자에게 수출할 때 받을 수 있는 가격을 세계가격으로 생각하는 것이 유용할 것이다.

만약 미국 정부가 의류무역을 개방하기로 결정한다면 우리의 자급자족 예는 어떻게 될 것인가? 국내가격은 25달러이고 세계가격은 15달러인데 갑자기 티셔츠가 국경을 넘어 자유롭게 교역될 수 있다면? 미국 소비자들은 더 이상 국내산 티셔츠를 사기 위해 15달러 이상 지불할 이유가 없다. 그 대신 그들은 단순히 외국에서 티셔츠를 수입할 것이다. 미국 내 시장에서 티셔츠 가격은 15달러로 내려갈 것이다. 가격이 15달러로 낮아지면 미국 소비자들은 더 많은 티셔츠를 사려고 할 것이다. 그러나 가격이 낮아짐에 따라 그 가격에 티셔츠를 공급할 의지가 있는 미국 생산자의 수도 감소한다. 낮아진 가격은 수요량을 높이고, 공급량은 낮춘다. 그 차이는 외국에서 수입하는 티셔츠로 메워진다.

국내 공급곡선과 수요곡선은 이동하지 않았다는 점을 주목하자. 무역은 주어진 가격에 소비자가 구매하기를 원하는 수량이나 생산자가 판매할 의지가 있는 수량에 영향을 주지 않는다. 다만, 무역은 소비자들이 국내 수요와 국내 공급이 일치하지 않는 가격에 구매할 수 있도록 해준다. 물론, 균형가격에서 총공급량은 총수요량과 여전히 동일하다. 단지 그 공급의 일부가 국제시장에서 조달되었을 뿐이다.

그림 17-2

순수입국이 되다

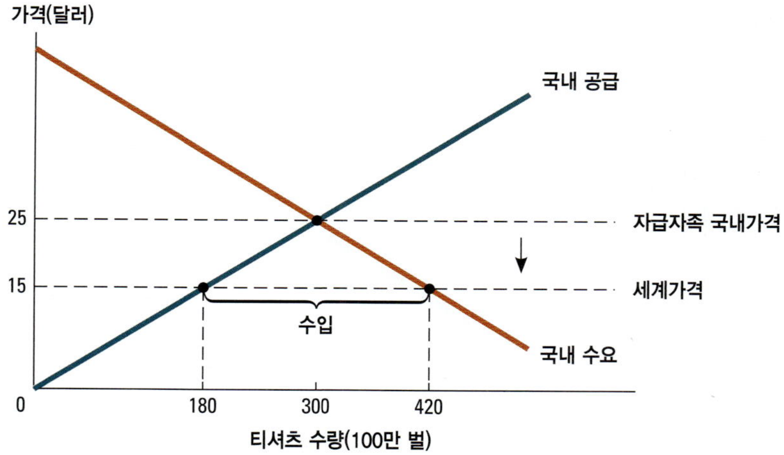

한 국가가 시장을 국제무역에 개방하고 국제가격이 국내가격보다 낮다면, 국내가격은 국제가격 수준으로 내려갈 것이다. 낮아진 가격에서 국내 수요량은 증가하지만 국내 공급량은 감소한다. 수입이 국제가격에서의 국내 수요량과 공급량의 차이를 메워준다.

새로운 자유무역 균형에서 15달러의 가격에 미국 소비자들은 티셔츠를 4억2000만 벌 구매하고 미국 공급자들은 1억8,000만 벌을 판매하며, 2억4,000만 벌을 외국으로부터 수입한다. 미국은 이제 티셔츠의 순수입국이 된 것이다.

무역은 미국의 티셔츠 구매자와 판매자의 후생에 어떤 영향을 주는가? 자유무역으로 인해 누가 이득을 보고 누가 피해를 보는가? 〈그림 17-3〉은 미국이 티셔츠의 자급자족 상태에서 자유무역으로 전환하면서 티셔츠시장에서 소비자와 생산자 잉여가 어떻게 변하는지 보여준다. (A)는 자급자족 경제하의 소비자와 생산자 잉여를 보여준다. (B)는 무역 이후 무엇이 가능한지를 보여준다. 영역 A, B, D는 무역 전에도 그리고 후에도 누군가의 잉여라는 것에 유의하라. 영역 A는 항상 소비자 잉여다. 영역 D는 항상 생산자 잉여다. 영역 B는 무역 전에는 미국 생산자가 향유하는 잉여였으나 무역 후에는 미국 소비자들이 향유하게 된다.

영역 C는 무역 후 미국 소비자들이 낮아진 세계가격에 더 많은 티셔츠를 살 수 있게 되어 새롭게 발생하는 잉여다. 전반적으로 자유무역은 총잉여를 영역 C만큼 증가시킨다. 티셔츠 구매자의 잉여 증가가 티셔츠 생산자의 잉여 손실보다 크므로 미국이 전반적으로 무역으로 인해 이득을 보았다고 말할 수 있다. 그러나 이것이 미국에서 모든 사람들의 후생이 더 높아졌음을 의미하지는 않는다. 티셔츠 소비자는 무역으로 인해 많은 이득을 보았지만, 티셔츠 생산자들은 피해를 본 것이다.

순수출국이 되다

자유무역을 하면 생산자들은 항상 피해를 보고 소비자들은 항상 이득을 보는가? 오로지 세계가

그림 17-3

순수입국의 후생 변화

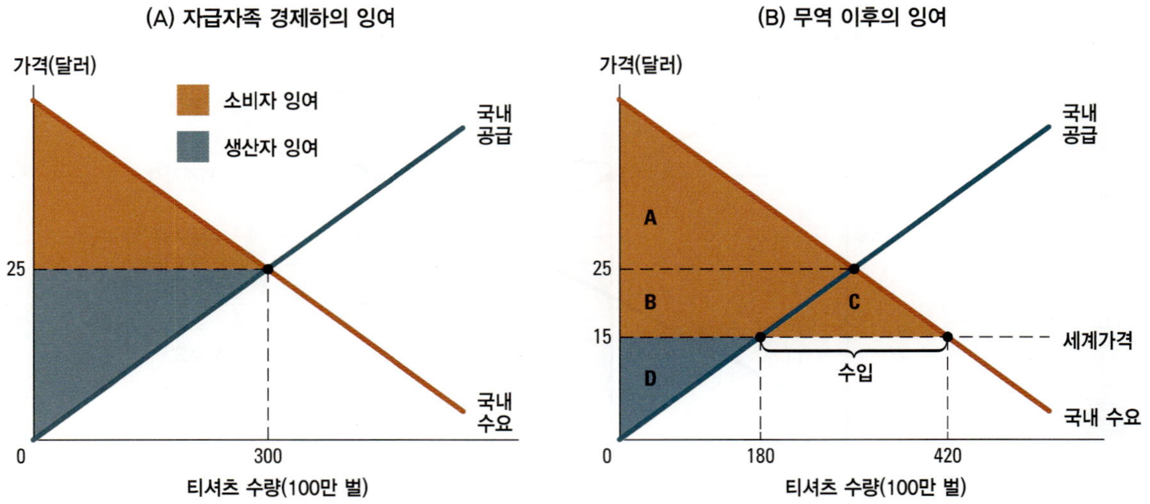

자급자족 경제하에서 소비자 잉여는 금색으로 칠해진 영역이며 생산자 잉여는 파란색으로 칠해진 영역이다.

자유무역이 시작되고 티셔츠의 순수입국이 되면 티셔츠시장에서 소비자 잉여는 증가하고 생산자 잉여는 감소한다. 그림 (B)에서 소비자 잉여는 (B + C)로 증가한다. 생산자 잉여는 B만큼 감소한다. 총잉여는 (A + B + C + D)다. 영역 C가 잉여의 순증가분을 나타낸다.

격이 국내가격보다 낮을 경우 그렇다. 세계가격이 국내가격보다 높은 경우에는 그 반대의 상황이 전개된다. 미국이 국제무역에 시장을 개방하고 밀과 같이 세계가격이 국내가격보다 높을 때 어떤 일이 발생하는지 살펴보자.

〈그림 17-4〉는 미국에서 밀에 대한 국내 공급과 수요곡선을 보여준다. 티셔츠와 마찬가지로 무역에 대한 제한이 풀리기 전 국내가격과 밀 거래량은 공급과 수요곡선이 교차하는 지점에서 형성된다. 미국 소비자들은 1톤당 200달러에 6,000톤의 밀을 구매한다. 그러나 외국에서는 1톤의 밀이 260달러에 팔린다. 미국의 밀 생산자들은 자유무역이 시작되면 이러한 국내외 가격 차에 대해 어떻게 반응할 것인가? 그들은 외국 소비자에게 그들이 팔 수 있는 만큼을 전부 260달러에 팔 수 있기 때문에 국내에서 더 낮은 가격에 밀을 판매할 동기가 없다. 따라서 만약 미국 소비자들이 밀을 구매하기를 원한다면 그들도 260달러를 지불해야 한다.

미국 농부들은 세계가격인 톤당 260달러에는 더 많은 양의 밀—8,000만 톤—을 생산할 의향이 있다. 그러나 가격이 올라가면 미국 소비자들의 수요량은 단지 4,000만 톤으로 감소한다. 이 둘의 차이인 4,000만 톤은 해외에 판매하게 된다. 이 새로운 균형점에서는 밀 가격이 더 높으며 미국은 밀의 순수출국이 된다.

밀의 순수출국이 되는 것은 미국 소비자와 생산자들의 후생에 어떤 영향을 주는가? 〈그림 17-5〉는 자급자족(그림 (A))과 자유무역(그림 (B))하에서 밀 시장에서의 잉여를 보여준다. 다시, 영역 A, B, C, E, F는 무역 이전 그리고 그 이후에도 누군가에게 귀속되는 잉여를 나타낸다. 영역 A는 항상 소비자 잉여다. 영역 (E + F)는 항상 생산자 잉여다. 영역 (B + C)는 미국 소비자들이 무역 전에 향유했으나 무역 후에는 생산자들이 향유하는 잉여를 대표한다. 영역 D는 무역으로 인해 생성된 추가적인 잉여이며, 이는 생산자들에게 돌아간다. 무역은 생산자들로 하여금 더

그림 17-4
순수출국이 되다

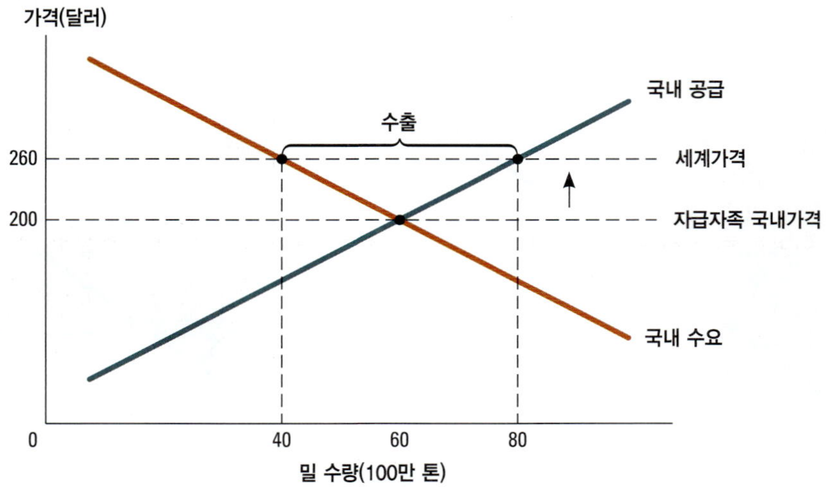

시장을 무역에 개방했을 때 세계가격이 국내가격보다 높다면, 국내가격은 세계가격 수준으로 증가한다. 더 높아진 가격에서는 국내 공급량은 증가하지만 수요량은 감소한다. 국제가격과 동일한 가격하에서 초과 공급은 국내 공급량과 수요량의 차이를 만회하기 위해 수출된다.

그림 17-5

순 수출국의 후생효과

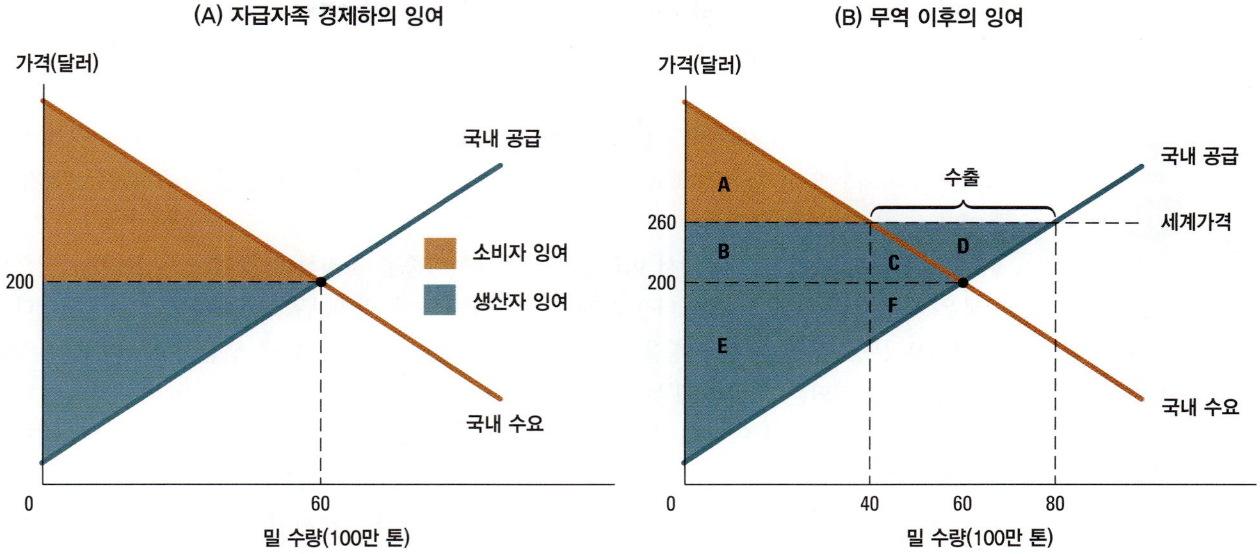

무역이 없는 경우 소비자들의 잉여는 금색으로 칠해진 삼각형이며, 소비자들의 잉여는 파란색으로 칠해진 부분이다.

무역에 시장을 개방하고 밀의 순수출국이 된 이후 밀 시장에서 소비자 잉여는 감소하고 생산자 잉여는 증가한다. 그림 (B)에서 생산자 잉여는 영역 (B+C+D)만큼 증가한다. 소비자 잉여는 영역 (B+C)만큼 감소한다. 총잉여는 이제 (A+B+C+D+E+F)다. 잉여의 순증가는 영역 D다.

높은 가격에 더 많은 밀을 팔 수 있게 해주기 때문이다.

총잉여는 영역 D만큼의 순증가를 보여준다. 따라서 무역 후 균형은 무역 전 균형보다 효율적이다. 미국은 전반적으로는 후생이 증가한다. 그렇지만 미국 내 모든 사람들의 후생이 증가하는 것은 아니다. 밀 생산자들은 이득을 보았지만, 소비자들은 피해를 본 것이다.

대국과 소국의 차이

만약 여러분이 수요와 공급을 결정하는 외부 요인에 대해 논의한 3장을 주의 깊게 읽었다면 자급자족 경제에서 자유무역으로 전환하는 과정에 대한 위의 분석에 의문이 생길지도 모르겠다. 여러분은 다음과 같은 질문을 할 것이다. 자유무역이 시작되면 미국 소비자들이 세계시장에서 구입을 하게 되면서 티셔츠에 대한 세계 수요가 증가하고 세계가격을 높이는 요인이 되지 않을까? 또 미국 밀 농부들이 세계시장에 참여하면 국제 밀 공급이 증가하고, 이는 세계가격을 하락시키는 요인이 되지 않을까?

좋은 질문들이다. 답은 미국이 전체 세계시장 규모에 비해 얼마나 큰지에 달려 있다. 이 맥락에서 '크다'는 것은 무엇을 의미하는가? 경쟁적인 시장의 용어를 사용하자면 앞의 예에서 우리는 미국이 세계시장에서 가격 수용자라고 가정을 한 것이다. 미국인들이 얼마나 많은 양을 생산하거나 소비하기로 결정했는지가 세계시장에 아무 영향을 미치지 않는다는 것이다. 구매자나 판매자 모두 시장의 전체 규모에 비해 너무 작다면 가격 수용자여서 가격에 영향을 미칠 수 있는 시장지배력이 충분하지 않다는 것을 상기하라.

달리 말하면 미국이 일부 재화의 세계시장에서 가격 수용자라는 것은 미국이 공급하거나 수요하는 양이 세계적으로 거래되는 재화의 전체 양에 비해 아주 적다는 것이다. 어떤 시장에서는 미국이 가격 수용자가 될 만큼 거래 규모가 작을 것이다. 예를 들어, 아시아에서 인기가 좋은 맛있는 과일 리치시장을 생각해보자. 미국에서는 리치를 재배하는 사람들, 리치를 먹는 사람들도 별로 없다. 미국 정부가 리치의 수출입을 금지하다 이를 해제하고 자유무역을 허용한다고 상상해보라. 이것이 리치의 세계가격에 큰 영향을 주겠는가? 아마도 아닐 것이다. 미국 내에서 생산되거나 소비되는 양은 세계적으로 거래되는 리치의 양에 비하면 그 비중이 아주 적을 것이기 때문이다.

그러나 상당히 많은 시장에서 미국은 분명히 큰 비중을 차지하는 경제다.(사실, 전반적으로 미국은 세계에서 가장 큰 경제다.) 만약 미국이 티셔츠나 밀의 무역을 중단하기로 결정한다면 이 결정은 분명 세계가격에 영향을 줄 것이다. 왜? 미국이 이들 재화를 생산하고 소비하는 양이 세계적으로 거래되는 양에 비해 무시할 수 없을 정도로 많기 때문이다.

이는 우리의 분석에 약간의 수정이 필요함을 의미한다. 〈그림 17-6〉은 세계 티셔츠 시장의 공급과 수요를 보여준다.(세계시장의 공급 및 수요곡선을 〈그림 17-1, 17-2, 17-3〉의 국내시장 공급 및 수요곡선과 혼동하지 말기 바란다.) 미국이 자급자족 경제에서 자유무역으로 전환하면 세계 수요곡선은 오른쪽으로 이동한다. 미국 티셔츠 소비자들이 세계시장에 참여하기 때문이다.(세계 공급곡선 또한 조금 오른쪽으로 이동한다. 미국 티셔츠 생산자들 또한 세계시장에 진입했기 때문이다.) 새로운 균형점을 찾기 위해서는 새로운 공급과 수요곡선이 어디서 교차하는지 알아야 한다. 전체적으로는 수요가 증가한 정도가 공급이 증가한 정도에 비해 더 크기 때문에 미국이 세계시장에 참여한 결과, 티셔츠의 세계가격이 15달러에서 17달러로 증가한 것을 볼 수 있다.

그림 17-6

대국이 세계가격에 미치는 영향

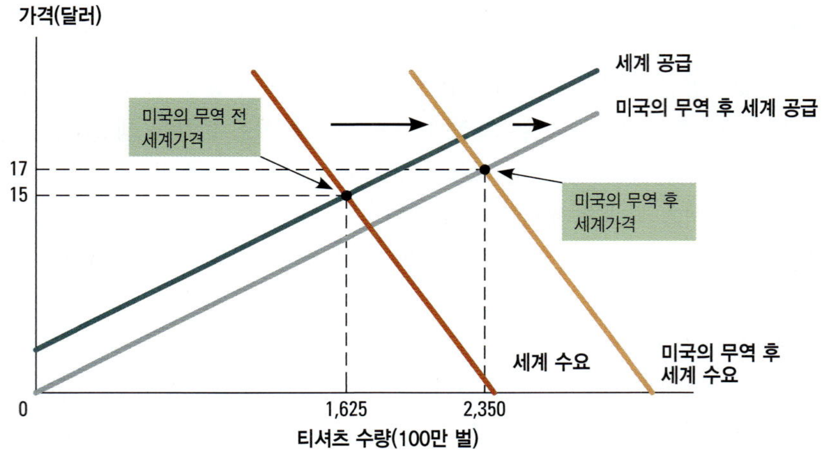

미국과 같은 대규모 경제가 세계 티셔츠시장에 진입하면 그 재화의 국제 공급과 수요에 영향을 미친다. 미국은 해당 세계가격에서 티셔츠의 순수입국이므로 세계 수요곡선의 이동은 세계 공급곡선의 이동보다 더 크다. 그 결과는 티셔츠의 가격 및 거래량 모두 증가하는 것이다.

그림 17-7

자급자족 경제에서 무역으로 전환: 대국의 경우

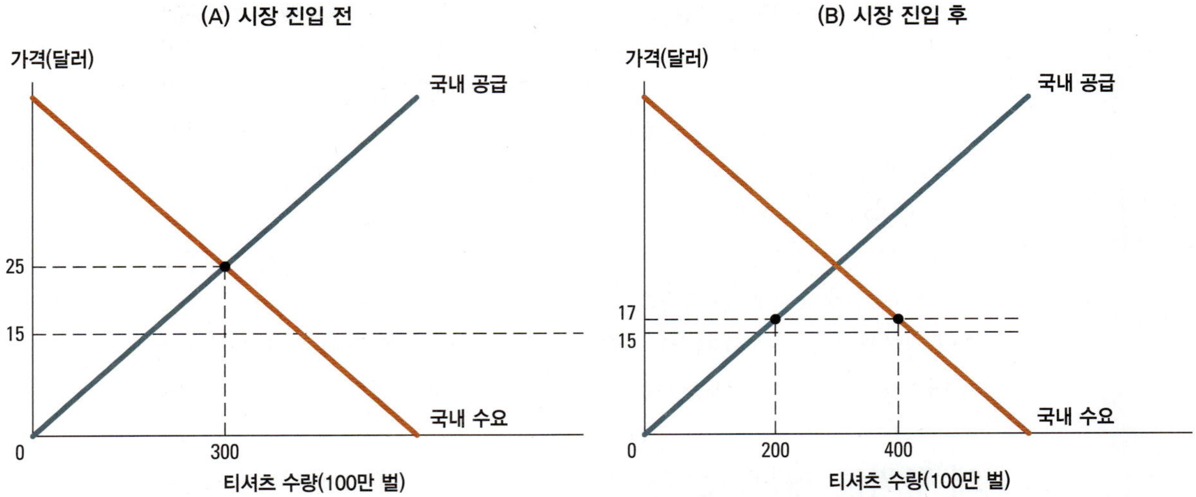

자급자족 경제하에서 미국은 25달러에 셔츠 3억 벌을 생산한다.

만약 미국이 대국으로서 세계시장에 진입한다면 이로 인해 세계가격은 15달러에서 17달러로 증가한다. 미국의 국내가격은 자급자족의 경우에 비해 역시 감소하지만 미국이 가격 수용자로서 세계시장에 아무런 영향을 미치지 못한 경우에 비교하면 감소 정도는 더 적다.

이는 미국의 티셔츠 생산자와 소비자들에게 어떤 의미인가? 〈그림 17-7〉은 미국이 자급자족 경제에서 자유무역으로 전환하기로 결정해 세계가격이 증가하면 실제로 어떤 일이 일어나는지 보여준다. 궁극적인 결론은 이전과 동일하다. 미국의 티셔츠 가격은 감소하고 국가 전체적으로는 후생이 증가하나 미국의 티셔츠 생산자들은 피해를 본다. 하지만 〈그림 17-3〉과 비교하면 미국이 세계시장에서 가격 수용자였던 경우보다 수입량이 조금 적은 것을 알 수 있다. 미국에서 잉여의 전체적인 증가도 더 적으며, 티셔츠 생산자의 피해도 조금 덜하다.

우리의 분석에 이러한 미세한 수정을 추가하고 나면 미국이 자급자족 경제에서 자유무역으로 전환하는 것은 미국 밖에 있는 티셔츠 생산자나 소비자에게도 영향을 준다는 것을 알 수 있다.

미국의 세계시장 진입이 셔츠 가격을 증가시켰기 때문에 다른 나라의 소비자들도 15달러가 아닌 17달러를 지불해야 하고, 이는 그들이 향유하던 잉여를 축소시킨다. 해외 티셔츠 생산자들은 그러나 상승한 가격과 거래량에 따라 더욱 높은 잉여를 만끽할 수 있다. 만약 우리가 밀에 대해 똑같은 분석을 수행한다면 미국의 세계시장 진입으로 인해 세계 밀 가격이 하락하는 결과를 발견할 것이다. 이는 해외 밀 소비자들에게는 좋은 소식이지만, 해외 밀 생산자들에게는 나쁜 소식이다.

✓ 개념 확인하기

- ❒ 자급자족 경제란 무엇인가? **[LO 17.2]**
- ❒ 만약 한 나라가 시장을 개방했을 때 해당 재화의 국내가격이 세계가격보다 낮다면 그 나라는 해당 재화의 순수입국이 될 것인가, 아니면 순수출국이 될 것인가? **[LO 17.2]**
- ❒ 어느 나라가 어느 한 재화의 순수출국이라면 국내 생산자 잉여는 어떻게 변할 것인가? **[LO 17.3]**

무역에 대한 제한

지금까지의 간단한 분석만으로도 무역을 제한하거나 또는 그 제한을 푸는 것은 사람들의 관점에 따라 다르게 받아들여질 것이라는 점을 알 수 있다. 미국의 티셔츠 생산자들이나 해외 밀 농부들은 미국이 자급자족 경제에서 자유무역으로 전환하는 것을 반대하겠지만, 미국의 밀 농부나 해외의 티셔츠 생산자들은 환영할 것이다. 또 한편으로는 밀로 만든 식품을 많이 먹는 미국인들이나 해외의 티셔츠 구매자들은 자유무역으로의 전환을 반대하겠지만, 티셔츠를 많이 구매하는 미국인들이나 밀을 좋아하는 해외 소비자들은 환영할 것이다.

국제무역에 대한 논쟁은 무역을 완전히 배제한다거나 또는 완전히 자유로운 무역을 하자는 것이 아니기 때문에 더욱 복잡해진다. 상당량의 재화와 용역이 국가 간 교역되고 있지만 그 교역의 대부분은 심하게 규제되고 있다. 무역이 가격과 무역량에 어떤 영향을 미치는지, 그리고 누가 이득을 보고 누가 피해를 보는지 이해하려면 이러한 무역 규제에 대한 이해가 필요하다.

왜 무역을 제한하는가?

앞에서 무역은 효율을 증대시킨다는 점을 설명했다. 무역은 국가가 순수입국이 되든 순수출국이 되든 상관없이 항상 총잉여를 증가시킨다. 그럼에도 모든 국가는 무역을 어느 정도 제한하며, 어떤 국가는 매우 심하게 제한한다. 무역이 총후생을 증가시킨다면 왜 국가들은 무역을 제한하는 것일까?

보호주의 교역을 제한하는 정책에 대한 선호

무역 자유화 무역 제한을 줄이는 정책이나 행위

어떤 경우에는 무역의 제한은 국제 정치에 따른 것이지만 (다음 장에서 논의한다) 대부분의 경우는 자유무역으로 인해 잉여의 손실을 겪거나, 또는 그럴 것이라고 생각하는 사람들을 보호하기 위한 것이다. 이 때문에 무역을 제한하는 법을 **보호무역**이라고도 하며, 이러한 무역을 제한하는 정책을 선호하는 것을 **보호주의**라고 한다. 반대로, 무역에 대한 제한을 풀고 자유무역을 촉진하는 정책이나 행위를 **무역 자유화**라고 한다. 이 절에서는 국제무역을 제한하는 2가지 흔한 수단인 관세와 할당제도에 대해 살펴보고 이들이 잉여의 분배에 어떤 영향을 미치는지 분석할 것이다.

관세

LO 17.4 관세가 무역량, 가격, 잉여의 분배에 미치는 영향에 대해 설명하기

관세 수입품에 부과되는 세금

관세는 오로지 수입된 재화에만 부과되는 세금이다. 다른 세금과 마찬가지로 관세는 경제적 손실을 유발하므로 비효율적이다. 관세를 통해 공공기금이 형성되기는 하지만 보통 이것이 관세의 목적은 아니다. 관세의 가장 중요한 전형적인 목적은 국내 생산자의 이익을 보호하는 것이다.

예를 들어, 2002년부터 3년간 미국은 수입 철강 제품에 많게는 판매가의 30%에 달하는 세금을 부과했다. 이 관세는 명시적으로 미국 내 철강산업을 위해 시행된 것이었다. 조지 부시 대통령은 이 관세의 도입을 천명하면서 다음과 같이 설명했다:

> "…임시적인 긴급 수입 제한 조치는 미국 철강산업과 노동자들을 돕기 위한 것으로 대규모로 밀어닥치는 외국 철강 제품에 적응할 수 있는 기회를 제공한다. 이러한 구제조치는

우리 경제에 피해를 주지 않으면서도 철강산업 노동자들과 철강산업에 의존하는 지역사회, 그리고 철강산업이 적응할 시간을 벌어줄 것이다."[1]

철강 관세는 이 같은 목적을 달성했을까? 한번 살펴보자. 2002년 초 철강 1톤의 가격은 약 250달러였다. 30% 관세가 부과됨에 따라 미국에서 철강을 판매하는 해외 기업들은 수입할 수 있는 특혜를 위해 정부에 75달러를 지급해야 했다. 해외 철강 생산자들은 새롭게 발생하는 이러한 비용에 어떻게 반응할까? 그들은 미국에서 철강을 톤당 325달러 이하의 가격으로는 더 이상 팔지 않을 것이다. 75달러의 관세를 지급하고 나면 해외 생산자들은 그 이전 수준의 가격인 250달러를 받는 셈이다. 다른 나라에서 이 가격에 얼마든지 판매할 수 있다면 그들이 왜 미국에서만 톤당 250달러 이하로 판매할 것인가?

미국 내 철강 생산자들은 어떻게 반응할까? 325달러가 자급자족할 때의 국내가격보다 아직도 적다는 가정하에, 그들에게는 관세가 부과되지 않음에도 325달러 이하로 판매할 이유가 없다.

〈그림 17-8〉에서처럼 관세는 세계가격이 톤당 325달러로 증가하는 것과 정확히 동일한 효과를 가져온다. 새로운 높은 가격은 국내 생산을 생산곡선상 더 높은 곳으로 끌어 올린다. 국내 생산자들은 아직도 소비자들이 그 가격에 원하는 수량만큼 다 생산하지는 않지만 가격이 톤당 250달러였을 때에 비하면 더 많이 생산할 용의가 있다. 공급량과 수요량의 차이는 여전히 수입으로 메워지지만 그 차이는 관세 부과 이전보다 적다.

관세 부과 결과 국내 철강 생산자들은 잉여의 증가를 향유한다. 어쨌든, 이것이 바로 부시 전 미국 대통령이 성취하고자 한 것이다. 생산자들이 더 높은 가격에 더 많은 양을 판매해 얻는 잉여 증가는 〈그림 17-9〉에서 영역 C로 나타난다. 이는 자동차산업이나 건설산업 등과 같은 국

그림 17-8

수입 철강에 대한 관세효과

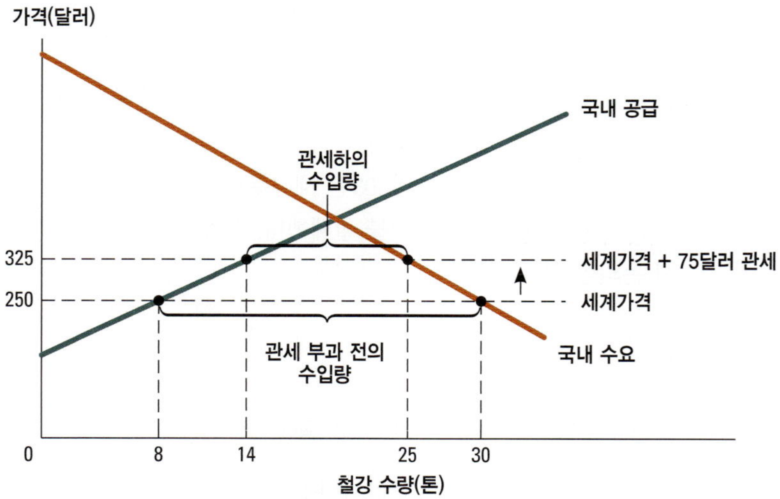

관세 부과 전 세계가격은 250달러다. 관세가 75달러라면 세계가격은 실질적으로 325달러로 증가하게 된다. 가격이 증가함에 따라 국내 공급이 증가하는 반면, 국내 수요는 감소한다. 그 결과 수입량은 감소한다.

그림 17-9

관세의 국내 후생효과

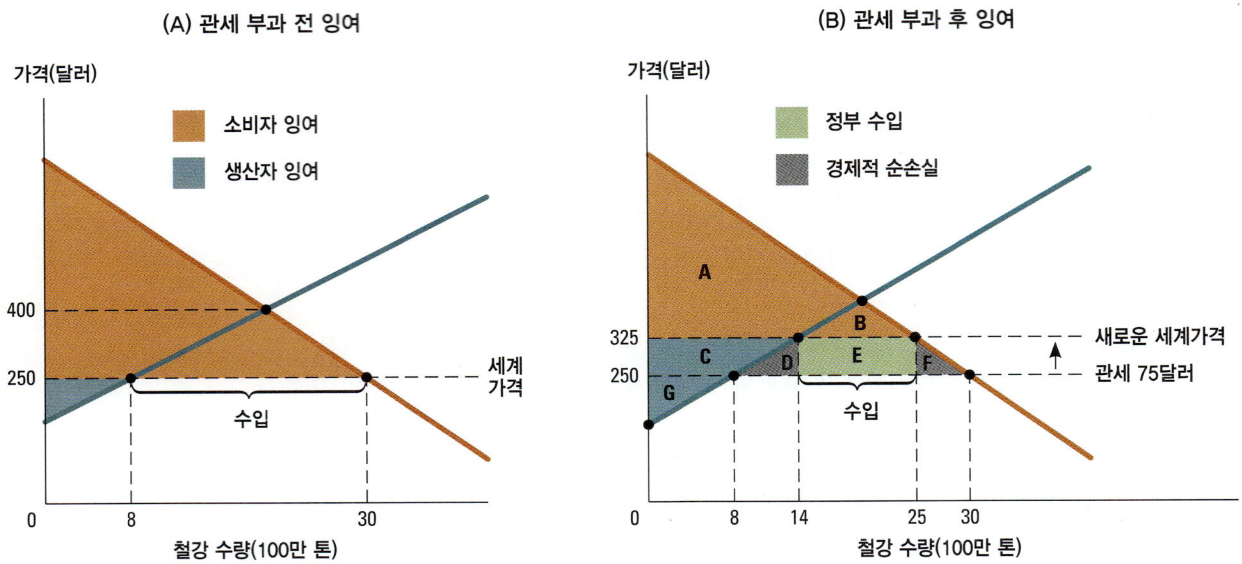

관세가 없는 경우 세계가격은 250달러다. 소비자 수요는 철강 3,000만 톤이고 국내 생산자는 800만 톤을 판매할 용의가 있다.

관세는 생산자 잉여를 영역 C만큼 증가시키고 소비자 잉여는 영역(C + D + E + F)만큼 감소시킨다. 영역 E는 정부의 관세수입이며 한편 영역(D + F)는 경제적 순손실이다. 소비자 잉여 감소가 생산자 잉여와 정부 수입이 증가한 것보다 더 크다는 점에 주의하라.

내 철강 구매자의 잉여 감소를 의미하는 것임에 주목하라. 이들은 영역 C로 나타나는 잉여분을 생산자에게 내어줄 뿐 아니라 영역 D, E, F에 해당하는 잉여도 잃게 된다. 이러한 소비자 잉여의 일부는 관세의 형태로 정부 수입으로 전환되지만 (영역 E), 영역 D와 F는 경제적 순손실에 해당한다. 달리 말하면, 관세가 철강 생산자들과 정부에 주는 이익은 국내 철강 소비자들의 잉여 손실보다 작다.

그렇다면 철강 관세는 '경제에 피해를 주지 않으면서' 철강산업을 돕겠다던 애초의 목적을 정확하게 달성하지 못했다고 볼 수 있다. 궁극적으로 철강 관세를 부과한 것은 옳은 결정이었을까? 이에 대한 답은 철강 수요자인 자동차산업이나 건설산업의 피해에 비해 미국 철강산업의 이익에 얼마나 큰 가치를 부여하는지에 따라 달라진다.

어쨌든, 철강 관세는 그리 오래가지 못했다. 2003년 세계무역기구는 미국의 철강 관세가 무역협정 위반이라고 판결했고, 부시 대통령은 관세를 철폐했다. 세계무역기구의 역할에 대해서는 이 장의 후반부에서 다시 논의할 것이다.

할당

LO 17.5 수입 할당이 무역량, 가격, 잉여의 분배에 미치는 영향에 대해 설명하기

수입 할당 특정 재화를 수입할 수 있는 양의 한도

1970년대부터 2005년까지 의류무역을 규제해온 다자간섬유협정(MFA)은 관세와 다른 종류의 무역 제한 수단, 즉 할당을 사용했다. **수입 할당**이란 특정 재화의 수입량을 일정 수준으로 제한하는 것을 말한다. MFA하에서 국가들은 다른 종류의 의류에 대해 각기 다른 정도의 할당량을

부여받았다. 예를 들면, 중국이 미국에 수출할 수 있는 면 티셔츠의 양은 얼마, 파키스탄이 수출할 수 있는 양은 얼마, 방글라데시는 얼마 등으로 정해져 있었다.

할당의 간단한 예로 시작해보자. 미국에 수입될 수 있는 청바지의 총량은 한정되어 있다(지금은 이 한도가 청바지 생산국별로 어떻게 분배되는지는 신경 쓰지 말자. 이에 대해서는 곧 다시 언급할 것이다). 〈그림 17-10〉은 자유무역의 경우라면 세계가격이 25달러일 때 국내 청바지 생산자들은 청바지 5억 벌을 공급할 용의가 있음을 보여준다. 그 가격이라면 미국 소비자들의 청바지 수요량은 13.5억 벌이다. 따라서 공급과 수요의 차이인 8.5억 벌의 청바지가 수입될 것이다. 그러나 총수입량을 5억 벌로 제한하는 할당이 설정되어 있다면 어떤 일이 발생할까? 할당으로 인해 발생한 국내 공급과 수요의 차이를 해소하려면 국내 청바지 가격은 25달러에서 32달러로 상승해야 한다.

할당의 효과는 관세의 효과와 매우 유사하다는 점을 주목하라. 미국 내의 가격은 세계가격을 상회하는 수준으로 상승한다. 그 결과 국내 수요량은 감소하고 국내 공급량은 증가하며 수입량은 감소한다. 더 높은 가격에 더 많은 청바지를 팔 수 있게 된 국내 생산자의 잉여는 증가하는 반면, 국내 소비자는 높은 가격 때문에 살 수 있는 청바지가 몇 벌 안 되므로 잉여가 감소한다. 그 결과 경제적 순손실(영역 D와 F)이 발생한다.

그러나 관세와 할당의 영향 간에는 중요한 차이점이 존재한다. 누가 세계가격과 국내가격의 차이로 인해 이득을 보는지가 다르다. 관세하에서는 정부가 수입량에 국제가격과 국내가격 차이를 곱한 금액만큼의 관세 수입을 가져간다. 할당하에서는 이 금액은 수입할 권한을 가진 사업자에게 돌아간다. 예를 들어, 정부가 청바지 수입권을 방글라데시 정부에 부여한다면 방글라데

그림 17–10

관세의 국내 후생효과

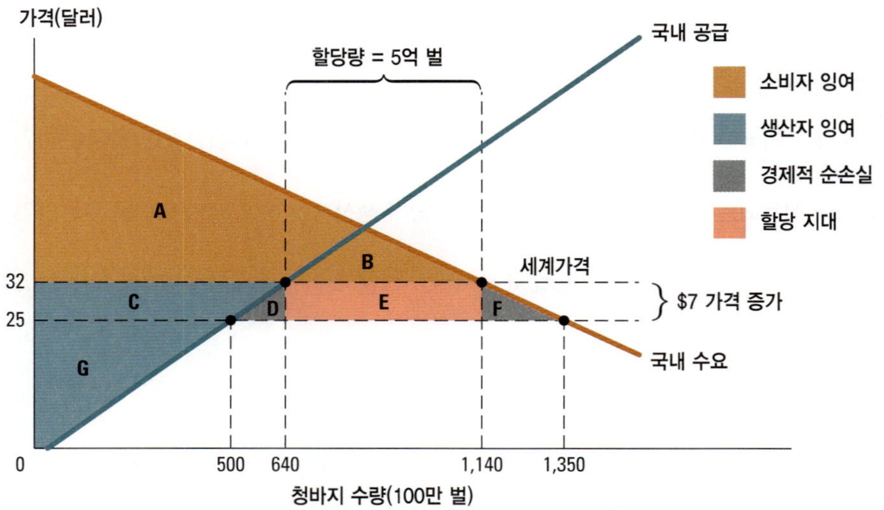

할당 설정 이전 가격이 25달러일 때 국내 수요(13억5,000만 벌)와 공급(5억 벌)의 차이는 8억 5,000만 벌의 청바지를 수입하여 메울 수 있다. 수입 할당량이 5억 벌로 한정되면 수입으로 이 차이를 다 메울 수 없어 국내가격은 32달러로 상승한다. 그 결과 생산자 잉여는 영역 C만큼 증가하고 소비자 잉여는 영역(C + D + E + F)만큼 감소한다. 할당 지대 E는 수입권을 가진 사람에게 귀속되며 영역(D + F)는 경제적 순손실이다.

수입 할당 지대 수입 할당제 하에서 수입권을 보유한 사람이 얻는 이윤

시 정부는 그 권한을 원하는 기업에 분배할 수 있다. 따라서 관세하의 관세 수입이 할당제에서는 외국 기업이나 정부의 이윤으로 변하며 그 이윤을 **할당 지대**라고 한다. 특정 국가에 어떤 제품을 어느 만큼 수입해올 권리를 누구에게 부여할지는 협상가들이 무역협정의 구체적 사항을 협상할 때 결정해야 하는 골칫거리 중 하나다.

관세와 할당의 차별적 면제. 때로 부국들은 빈곤한 국가들을 도와주기 위해 관세와 할당을 면제해주기도 한다. 앞서 언급한 레소토는 미국의 아프리카 성장 및 기회법(AGOA)에 따라 미국에 의류를 수출할 때 관세나 할당을 적용받지 않는다. 이러한 정책은 과연 레소토에 유리하게 작용할까?

레소토는 중국이나 방글라데시의 대규모 청바지 제조업체에 비하면 청바지 생산의 기회비용이 높다.(그렇지 않다면 레소토는 AGOA법 이전에 이미 청바지를 생산해 수출하고 있었을 것이다.) 만약 할당제도가 없었다면 레소토는 청바지를 전혀 생산하지 못했을 것이다. 그러나 앞서 말했듯이 할당은 가격을 상승시킨다. 다자간섬유협정에 의한 할당은 가격을 레소토의 기회비용 이상으로 상승시켰다. 한편, 대만 기업들은 대만에서 생산한 청바지를 수출할 수 없게 되었으므로 레소토에 공장을 설립해 그들이 원하는 양의 청바지를 얼마든지 수출할 수 있게 되었다. 할당제는 미국 소비자나 대만 생산자에게는 피해를 주었지만, 특혜무역 지위에 따라 레소토의 제조업자나 노동자들에게는 일시에 국제시장에서 경쟁할 수 있는 능력을 주었다.

이 이야기의 반전은 미국이 의류에 대한 무역 제한을 풀기 시작하면서 시작되었다. 레소토는 다시 아시아의 저비용 생산국과 경쟁하는 상황에 당면하게 되었다. 2005년 다자간섬유협정이 만료될 즈음 레소토 경제의 70%가량은 의류와 섬유 수출에 의존하는 상태였기 때문에 경쟁이 심화되자 레소토는 큰 타격을 입었다. 다자간섬유협정이 만료되고 자유무역으로 전환하게 된 것은 효율성의 향상과 전반적인 세계 후생 증대를 가져왔다. 이는 미국 소비자와 대만 생산자들에게는 아주 좋은 소식이었다. 그렇지만 그 이득이 보편적인 것은 아니었다. 무역정책은 자유무역이든 무역의 제한이든 항상 승자와 패자를 만들어내게 마련이며, 이 경우 패자는 레소토였다.

✓ 개념 확인하기

- ❒ 수입품에 부과되는 관세는 그 재화를 생산하는 국내 생산자 잉여에 어떤 영향을 주는가? **[LO 17.4]**
- ❒ 수입품에 적용되는 할당은 그 재화를 생산하는 국내 생산자 잉여에 어떤 영향을 주는가? **[LO 17.5]**
- ❒ 관세 수입과 할당 지대는 어떤 측면에서 유사하고 어떤 측면에서 서로 다른가? **[LO 17.5]**

무역협정

폐쇄 경제가 무역을 자유화하면 어떤 일이 발생하는지, 그리고 관세나 할당이 부과되거나 제거되면 어떤 일이 발생하는지 이해했을 것이다. 이제 이러한 일이 왜 발생하는지 알아보자. 미국의 정치인들이 왜 관세 부과를 통해 미국 내 철강 생산자들을 보호하고 싶어 하는지, 또는 할당 면제 등을 통해 빈곤한 아프리카 국가들을 왜 도우려 하는지에 대해서는 이미 설명했다. 이 절에서는 그러한 결정이 어떻게 정치적 또는 도덕적 동기에 따라 이루어지는지, 그리고 경제적 분석

이 어떻게 이의 시사점을 분석하는 데 이용될 수 있는지 좀 더 깊이 논의해보자.

국제 노동과 자본

LO 17.6 무역이 요소소득 분배에 미치는 영향에 대해 설명하기

자유무역주의자와 보호주의자들 간 정쟁은 언제나 격렬했으며 이는 지금도 지속되고 있다. 미국의 보호주의자들은 자유무역주의자들을 미국 내 근면한 노동자들의 일자리를 해외로 내몬 주범이라고 비난한다. 자유무역주의자들은 보호주의자들을 소비자 희생의 대가로 대기업을 지원한다고 비난한다. 유권자와 정치가들은 어째서 무엇이 가장 바람직한지에 대해 합의에 이르지 못하는 것일까?

앞에서 무역 자유화에 따라 국가 전체는 이득을 보지만 일부 구성원들은 피해를 입는다는 것을 보았다. 일반적으로 자유무역은 국내에 풍부한 생산요소에 대한 수요를 증대시키는 반면, 국내에서 희소한 생산자원의 공급은 늘린다. 달리 말하면, 자유무역은 국가 간 생산요소의 공급과 수요를 균등하게 만들며 이는 국가 간 (임금과 같은) 요소 가격의 수렴을 가져온다. 그 결과 국내의 희소 자원 소유자들은 경쟁 심화에 따라 피해를 입고 풍부 자원의 소유자들은 수요 증가로 인해 이득을 본다.

6장에서 논의했듯이, 사람들은 생산요소의 소유를 통해 수입을 얻는다. 국제무역에 따른 요소 가격의 변화는 한 국가 내의 소득분배에 큰 영향을 미친다. 무역이 어떻게 희소요소 소유자와 풍부요소 소유자 간 균형을 깨뜨렸는지 방글라데시와 미국의 예를 들어보자.

방글라데시는 토지 규모로 보면 매우 작은 나라이나 인구 측면에서 보면 큰 나라다. 일리노이나 아이오와와 유사한 면적에 미국 인구의 절반 정도 되는 인구가 산다고 상상해보라. 국제무역이 성행하기 이전 방글라데시의 지주들은 풍부하게 공급되는 저렴한 노동을 이용해 희소한 자원인 토지에 대한 통제권에 따른 큰 이익을 누렸다. 달리 말하면, 토지는 노동에 비해 희소했다. 국제무역을 통해 나라가 점차 세계 시장과 밀접하게 연결되면서 저렴한 노동을 활용하려는 섬유기업들이 찾아들었다. 방글라데시가 섬유산업에서 얻은 소득은 토지가 덜 희소한 외국으로부터 식량을 수입하기에 충분하게 되었다. 그 결과 임금은 증가한 반면 지대는 하락했다. 지주와 노동자의 상대 소득은 이에 상응하게 변했다.

미국에서는 요소소득의 분배가 좀 더 미묘하게 변했다. 기술에 대한 상식이 높고 교육을 많이 받은 국민을 보유한 미국에는 과학자, 금융 전문가, 엔지니어 등 숙련 노동이 상대적으로 풍부하다. 다른 나라에 비하면 비숙련 노동은 그리 많지 않다. 무역이 별로 없던 상황은 비숙련 노동에게 유리한 것이었다. 희소한 생산요소인 비숙련 노동의 임금은 숙련 노동에 비해 크게 증가했다. 예를 들어, 1950년대 미국은 공장 노동자들에게 천국이나 다름없었다. 그러나 최근 수십년간 무역이 천문학적으로 증가하면서 이 균형이 깨졌다. 경제학자들은 이 변화가 최근에 소득불평등이 증가한 현상을 부분적으로 설명해준다고 생각한다. 자유무역에 따라 고숙련 노동에 대한 수요가 증가하고 그 결과 그들의 소득이 증가했다는 것이다.

이를 보면 방글라데시나 미국의 일부 집단이 왜 무역을 반기지 않는지 알 수 있다. 물론, 위에서 본 바와 같이 무역은 효율과 총잉여를 높인다. 따라서 무역의 결과 경제는 성장할 것이 예상되며 경제가 성장하면 일자리가 늘어나게 마련이다. 이론적으로는 무역으로 인해 일자리를 잃

게 된 사람들은 시간이 지나면 새로운 일자리를 구할 수 있어야 한다. 그렇지만 한 직종에 10년 또는 20년간 종사한 사람이 다른 종류의 일을 하기 위해 이직을 하고 새로운 훈련을 받는다는 것을 두려워하거나 싫어할 것이라는 점은 이해가 간다.

그렇다면 미국의 공장 노동자들과 같은 희소 생산요소의 소유자들을 보호하기 위해 무역을 제한해야 할까? 무역을 자유화하거나 제한하는 정책은 어느 경우에나 승자와 패자를 동시에 만들어낸다는 것을 기억하라. 무역을 제한하면 이번에는 미국의 주주와 방글라데시의 공장 노동자가 패자가 될 것이며, 경제는 전반적으로 축소될 것이다. 무역정책에 대한 논쟁은 결코 외국의 경쟁으로부터 자국 국민을 보호하는 데 그치지 않는다. 그 논쟁은 각 국내에서의 이익 배분에 대한 논쟁이기도 하다.

WTO와 무역 중재

2009년, 프랑스와 미국 사이에 일어난 '치즈 전쟁'에 대해 들어본 적이 있는가? 아마 들어보지 못했을 것이다. 총성이 울리지도 않았고, 적어도 저자가 알기로는 육체적으로 다친 사람도 없었다. 그러나 치즈 전쟁은 무역에 대한 제한이 어떻게 통제불능 상태로 치달을 수 있는지 보여주는 사례다.

역설적으로 치즈 전쟁은 쇠고기 때문에 시작되었다. EU는 인공 호르몬 처리가 된 쇠고기 수입을 금지했고, 대부분의 미국 쇠고기가 이에 해당되었다. 미국이 이 무역 제한에 반대했다는 것은 놀랍지 않다. 한 나라가 다른 나라의 무역 제한에 불만이 있다면 어떤 조치를 취할 수 있는가? 불만을 가진 국가는 **세계무역기구**(WTO)에 호소할 수 있다. 세계무역기구는 무역협정을 집행 및 감독하는 동시에 자유무역을 촉진하기 위해 설립된 국제기구다. WTO는 기구의 결정을 강제할 수 있는 군대 또는 다른 권력 수단이 있는 건 아니지만, 많은 국가들이 자율적으로 WTO에 가입해 원칙적으로 무역을 자유화하고 WTO 결정에 따르기로 합의했다.

세계무역기구 자유무역을 촉진하고 무역협정 준수를 보장하기 위해 설립된 국제기구

WTO는 쇠고기 수입 분쟁 관련법과 증거를 검토하는 등 판사 역할을 했다. WTO 규정은 수입 제한을 허용하지만 단지 공중보건과 안전보호에 한해서만 그러하다. 미국은 쇠고기의 인공 호르몬이 건강에 위협적이라는 증거가 전혀 없기 때문에 EU의 수입 금지는 불법이라고 주장했다. 2008년, WTO는 미국의 손을 들어주는 판결을 내렸다. EU는 보통 WTO의 판결에 따르지만 인공 호르몬에 관한 견해가 너무도 강경한 나머지 이번에는 수입 금지 해제를 거부했다.

미국은 이에 프랑스산 로커포트 치즈에 300%의 관세를 부과하는 것으로 대응했다. 이에 대한 맞대응으로 프랑스 의회는 미국의 코카 콜라 관련 제품에 높은 세금을 부과하는 것에 대해 논의했다. 이러한 보복성 싸움은 결국 무역 협상가들이 합의하면서 끝나게 되었다. 미국이 EU의 인공 호르몬 쇠고기 수입 금지를 인정하는 대신 EU는 비호르몬 쇠고기를 더 많이 수입하기로 한 것이다.

이러한 보복성 조치들은 대체로 상징적인 것이다. 미국은 로커포트 치즈의 주요 수요자가 아니다. 하지만 이 사례는 국가들이 무역 제한에 대해 합의에 이르지 못하면 어떤 사태가 벌어질 수 있는지 잘 보여준다. 충분한 경제학적 지식을 갖춘 대부분의 국가 지도자들은 무역 장벽은 서로 해가 된다는 것을 잘 알고 있다(적어도 총잉여의 감소를 가져온다는 측면에서). 그러나 정치 권력 쟁취 또는 유지가 이해의 중심에 있는 경우 무역 규제와 그에 대한 보복이 가해지는 악

순환의 나쁜 행태가 굳어지기 쉽다. WTO는 바로 그러한 무역 전쟁이 확대되는 것을 방지하기 위해 설립되었다.

노동과 환경 기준

LO 17.7 세계시장에서 환경 또는 노동에 대한 기준을 설정하는 것이 얼마나 도전적인지 논의하기

EU의 인공 호르몬 쇠고기에 대한 저항은 보다 거대한 문제의 한 예다. 각국은 자국 경제를 관리하기 위한 고유의 법과 정책을 마련해두고 있다. 여기에는 안전과 관련된 정책, 노동 기준, 환경 규제, 세제, 기업지배구조 관련법과 그 외 다양한 것들이 포함된다. 불편한 사실은, 이러한 법과 정책이 국가 간 큰 차이를 보인다는 것이며, 이는 무역 마찰의 빌미가 될 수 있다.

좋은 예로, 미국에서 판매되는 많은 의류는 미국에서는 불법으로 간주되는 방법으로 생산된 것이다. 여러분이 지금 입고 있는 의류도 아동들이 공장에서 일하는 나라에서 만들어졌을 것이다. 그런 나라에서는 최저임금이 아주 적거나 아예 없을 것이며, 화학약품이나 섬유 염색제가 식수에 무단 방출될 것이다. 이러한 상황은 미국 소비자들에게는 수용 불가능한 것이지만 무엇이 '수용' 가능한지는 각자의 관점에 따라 다를 수 있다. 유럽 소비자들은, 예를 들어 유전자 조작 식품의 상업적 규모에 분노하지만 미국에서는 유전자 조작 식품이 완전히 합법적이며 그에 대한 논란이 상대적으로 적다.(여러분이 만약 미국에서 빵을 먹는다면 분명 유전자 조작된 밀로 만든 빵일 것이다.)

이질적인 기준의 문제는 2가지 주요 방식으로 접근할 수 있다. 하나는 정책 결정자들이 명시적으로 수입과 관련된 법을 제정하는 것이고 다른 하나는 소비자가 자율적으로 구매 결정을 하는 것이다.

수입 기준. 국가 간 다른 노동이나 환경 기준 문제를 해결하는 방법 중 하나로 일부 국가에서 채택한 해결책은 단순히 수입품에 대해서도 일정한 기준을 적용하는 것이다. 이러한 정책을 집행하는 주요 경로는 2가지가 있다. **모든 수입품에 일정한 기준**을 일괄적으로 적용하거나, 아니면 **특정 국가**의 수입품에만 해당 기준을 적용하는 것이다.

수입품에 일괄 기준을 적용하는 것은 보통 생산국의 노동자에 미치는 영향보다는 수입국 소비자에게 미치는 영향이 이슈가 되는 경우다. 예를 들면, 미국의 경우 수입식품은 미국 소비자의 건강을 보호하기 위한 일정한 기준을 충족해야 한다. 해적 영화나 음반과 같이 미국의 저작권이나 특허법을 위반하는 제품 또한 수입이 제한된다.

특정 국가에만 적용되는 수입 기준은 흔치 않다. 이러한 기준은 전형적으로, 노동 또는 환경문제와 같이 원산국가 내의 생산 과정과 연관이 있는 이슈가 관련된 경우 적용된다. 그런 경우 이러한 기준들은 해당 국가와의 자유무역협정에 포함된다. 미국, 캐나다, 멕시코 간 체결된 북미자유무역협정(NAFTA)의 일부인 북미노동협력협정(NAALC; North American Agreement on Labor Cooperation)이 그 예다. NAALC는 이 세 국가들 간 장기적으로 일련의 노동 기준을 설정하기 위해 협력한다는 것에 대한 합의를 표현한 것이다. 이 기준들은 아동노동 폐지, 직장 내 부상 방지, 최소임금 강제, 성별 간 동일 임금 지급 등 다양한 이슈에 대한 것을 포함한다. NAALC는 그러나 세 국가가 이 문제에 대해 완전히 동일한 기준을 유지할 것

을 요구하지는 않는다. 예를 들어, 멕시코의 최저임금이 미국의 최저임금과 동일하게 설정될 수는 없다. 그 대신, 협정은 각국이 자국의 노동법을 집행할 것을 요구할 뿐이다. 나아가, 각국이 다른 나라가 협정에 부합하도록 강제할 수 있는 능력은 상당히 제한되어 있다.

규제의 목적이 환경오염과 같은 국제적인 문제를 해결하기 위한 것이라면 국가별 법규를 제정하는 것은 오히려 문제를 더 심각하게 만들 수 있다. 이러한 상황이 어떻게 발생할 수 있는지에 대해 다른 관점에서 보기의 '환경 규제는 환경에 해가 되는가?'를 읽어보자.

다른 관점에서 보기

환경 규제는 환경에 해가 되는가?

한 국가의 환경 규제가 전 세계 환경의 질을 개선하는가? 답은 명확해 보인다. 오염을 제한하는 법이 어떻게 오염 감소에 기여하지 않을 수 있을까? 그러나 이는 가능한 일이다. 한 국가의 규제는 규제가 없는 다른 나라로 환경오염 산업이 이전하도록 하여 세계적으로 오염이 증가할 수 있다. 이러한 현상을 **오염 구축**(*pollution displacement*)이라고 한다.

각 기업이 어디에서 영업을 할지 결정할 때 해당 생산지에서 당면하게 될 생산비용을 고려하기 마련이다. 이러한 비용에는 현지 임금이나 이자율 등 많은 요소를 포함하지만 규제 순응 비용도 포함한다. 환경 기준이 엄격한 국가의 경우 기업들은 청정 기술, 안전한 폐기물 처리 등에 드는 비용을 지불해야 한다. 다른 모든 것이 동일하다면 더 엄격한 환경 규제를 갖춘 나라에서 생산비용이 더 높을 것이다. 즉, 기업들은 보다 환경 규제가 적고 생산비용이 낮은 국가로 이전할 수밖에 없다.

물론, 다른 모든 것이 완전히 동일한 경우는 드물다. 예를 들어, 캐나다는 모두베기(개벌)를 방지하고 개울을 보호하며, 야생동물 생태계를 보전하기 위해 기업들의 무단 벌목을 규제하는 등 상대적으로 엄격한 환경 기준을 가지고 있다. 반대로 인도네시아는 벌목을 훨씬 느슨하게 규제한다. 그러나 캐나다에서는 기업 운영에서 엄격한 규제를 상쇄할 만한 이점이 존재한다. 고숙련 노동과 보다 나은 교통체제의 존재가 그것이다. 모든 것을 고려할 때 벌목회사는 캐나다에서 영업하는 것의 이득이 비용을 상회한다고 결정할 수 있다.

이제 캐나다 의회에서 벌목산업을 규제하는 더욱 엄격한 환경 규제를 통과시켰다고 상상해보자. 이는 캐나다에서의 비용을 증가시키고 벌목회사들은 인도네시아로 이전하기로 결정한다. 캐나다에서는 벌목이 줄고 인도네시아에서는 벌목이 증가하는 상황의 순효과는 벌목이 환경에 미치는 부정적 효과를 증대시킬 수 있다는 것이다.

이와 유사한 현상은 기업이 환경 규제가 덜 엄격한 국가로 생산을 이전하지 않는 경우에도 발생할 수 있다. 환경 규제가 덜 엄격한 국가에서 이미 영업을 하고 있던 기업들이 보다 저렴한 가격에 공급할 수 있게 되어 시장점유율을 늘릴 수 있다. 어떤 경우든 결과는 마찬가지다. 한 국가의 환경 규제를 더욱 엄격하게 하는 것이 환경 규제가 덜 엄격한 국가에서 더 많은 생산이 이루어지도록 유도한다. 순효과는 세계적으로 총오염의 양이 증가하는 것일 수 있다.

다행히 이러한 현상이 자주 일어나는 것은 아니다. 예를 들어, 미국의 경우 석탄을 이용해 전력을 생산할 때 발생하는 부산물인 이산화황 배출을 제한하기 위해 1990년 청정대기법(Clean Air Law)을 제정한 후에도 발전회사들이 해외로 이전한 경우는 거의 없다. 왜일까? 해외에서 발전된 전력을 수입하는 것은 매우 어렵고 비싸서 소비자와 근접한 지역에서 전력을 생산하는 것에 큰 이점이 있기 때문이다. 이러한 경우 환경 규제가 원래 의도한 효과를 발휘한다.

공정(한) 자유무역. 수입품 기준에 대한 규제가 없어도 소비자들은 어떤 제품을 살지 선택할 수 있다. **공정무역 운동**은 소비자들에게 관련 정보를 제공해 선택에 영향을 미치기 위한 시도다. 공정무역에서는 최소임금이나 안전한 노동 환경에서 생산된 제품, 그리고 환경에 과도한 피해를 주지 않는 방식으로 생산된 제품 등 일정한 조건을 충족하는 제품을 인증하고 상품 표시를 한다. 공정무역 기준을 충족하는 생산은 보통 비용이 더 높으므로 공정무역 인증 제품 또한 더 비싸다. 개인 소비자들은 이렇게 특정한 방식으로 생산된 제품을 더 비싼 가격에 구매하는 것이 가치가 있는 것인지 여부를 결정해야 한다.

일부 소비자들이 공정무역 제품을 구매하기 위해 더 높은 가격을 지불할 용의가 있다는 사실은 생산자들이 차별화된 제품을 만들 이유가 있음을 의미한다. 다자간섬유협정이 2005년 만료되어 레소토의 의류산업이 아시아의 경쟁에 당면하자 레소토가 선택한 생존 전략 중 하나는 생산공장의 기준을 제고하고 공정무역을 표방하는 것이었다.

어떤 경우에는 운동가들이 개인의 선택에 영향을 주어 산업 기준을 바꾸기 위해 노력한다. 예를 들어, 1990년대 운동가들은 전 세계 나이키 공장의 열악한 노동 환경을 강조하며 소비자들이 나이키 신발을 불매할 것을 촉구했다. 이 캠페인의 목적 중 하나는 나이키로 하여금 생산 과정에 더 높은 기준을 적용하도록 하기 위한 것이었다. 2012년, 운동가들은 위험한 노동 환경이 폭로된 후 아이패드와 다른 인기 좋은 전자제품이 조립되는 중국 공장을 감사하도록 애플사에 압력을 가했다.

금수 조치: 외교정책으로서의 무역

어떤 경우에는 무역 제한이 경제적 동기로 유발된 것이 아니다. 그 대신 국가들은 무역을 외교정책의 수단으로 사용하기도 한다. 무역이 후생을 증대시키고 해당 국가에서 생산하지 못하는 제품을 향유할 수 있도록 해주기 때문에 무역을 제한하는 것은 일종의 벌칙으로 생각할 수 있다. 한 나라에 정치적 압력을 가하기 위해 행해지는 무역의 제한 또는 금지를 **금수 조치**라고 한다.

금수 조치 어떤 나라에 정치적 압력을 가하기 위해 무역을 제한하거나 금지하는 것

예를 들어, 북한이 2009년 핵실험을 강행했을 때 유엔안보이사회는 다른 국가들이 북한과 무기를 교역하는 것을 금지하는 결의안을 채택했다. 그러한 무역 제한은 다른 나라에 군사적 행동을 하는 것에 대한 하나의 대안이 될 수 있다. 이란에 대해서도 무기나 핵 물질의 교역을 금지하는 금수 조치가 적용되었다.

다른 경우에는 원천적으로 위험하지 않은 재화나 용역이 금수 조치의 대상이 된다. 1990년의 걸프 전쟁과 2003년 미국 주도의 침략 사이에 유엔은 이라크에 매우 광범위한 금수 조치를 적용했다. 이 금수 조치는 의료품과 식량을 제외한 '모든 원재료와 생산품'이 대상이었다. 유엔은 왜 이라크의 일반 시민이 자동차나 티셔츠 같은 소비재를 갖지 못하도록 했을까? 유엔은 이라크 국민이 물품 부족에 대해 너무 화가 나서 민중 봉기를 일으킬까 두려워진 정부가 정책을 바꿀 것을 기대한 것이다. 이와 유사한 예에 대해 어떻게 생각하십니까?의 '쿠바에 대한 금수 조치 해제?'를 읽어보자.

어떻게 생각하십니까?

쿠바에 대한 금수 조치 해제?

1960년, 피델 카스트로가 집권한 직후 미국은 쿠바에 경제적 금수 조치를 가했다. 쿠바와의 거의 모든 무역을 금지하는 것에 더해 이 금수 조치는 미국 시민의 쿠바 여행을 제한했다. 쿠바 경제는 이로 인해 연 6억8500만 달러의 손해를 보는 것으로 추정되었다.

지지자들은 이러한 금수 조치만이 쿠바를 직접 군사적으로 침략하지 않으면서도 쿠바의 정치적 변화를 촉구할 수 있는 유일한 효과적 수단이라고 믿었다. 무역을 할 수 있는 기회를 박탈하면 쿠바 시민들이 카스트로 정권에 반대하는 봉기를 일으킬 것이라고 믿었다. 쿠바계 미국인 국립재단(Cuban American National Foundation)은 금수 조치를 해제하는 것은 '쿠바 국민의 경제적 자유, 시민으로서의 자유, 인간적 자유를 박탈하는 것을 지속하라는 선고와 같다'고 주장했다.

반대론자들은 1960년 이래 금수 조치가 쿠바 정부에 변화를 가져오는 데 실패했다고 주장한다. 이들은 자유무역과 여행을 통해 쿠바인과 미국인 간 좀 더 친밀한 관계를 형성하는 것이 금수 조치보다 효과적인 정치적 수단이라고 믿는다. 또한 금수 조치의 경제적 비용이 쿠바에 한정되지 않는다는 점을 강조한다. 미국상공회의소는 금수 조치가 미국 경제에 매년 12억 달러의 피해를 입히는 것으로 추정했다.

최근에는 금수 조치의 일부가 완화되었다. 2000년 이후 미국은 인도적 목적의 농산물과 의약품의 판매를 허용했다. 2009년에는 쿠바계 미국인의 쿠바 여행과 쿠바로의 송금에 대한 제한을 완화했고 쿠바는 미주 기구(Organization of American States)에 재가입하는 것이 허용되었다. 미국과 쿠바는 2014년 12월 국교 정상화를 선언한 뒤 부분적으로 관계 정상화 수순을 밟아왔다. 2015년 미국은 쿠바를 테러 지원국 명단에서 제외했으며, 양국 대사관도 다시 개설했다. 그러나 2016년 3월 오바마 대통령의 역사적인 쿠바 방문에도 불구하고 전면적인 금수 조치 해제는 이에 반대하는 공화당이 다수를 차지하는 상황에서는 아직 어려울 것으로 보인다.

어떻게 생각하십니까?

1. 금수 조치는 외국 국민에게 고난을 초래함으로써 외국 정부에 압력을 가하도록 기획된 것이다. 정치적 목적의 달성이라는 미래 가치를 시민에게 고난을 강제하는 현재의 비용과 비교할 수 있는가?
2. 쿠바에 대한 금수 조치는 미국이 외교정책 목표를 추구하는 효과적인 방법인가?

Source: http://www.canf.org/issues/a-new-course-for-u.s.-cuba-policy/ 및 연합뉴스 2016.3.22. "미-쿠바 '새 시대 열자' 공감…금수 조치 해제 등 난제 '수두룩'"

✓ 개념 확인하기

- ❒ 경제를 개방하면 국내의 희소한 생산자원 가격은 어떻게 변하는가? 풍부 자원의 국내가격은 어떻게 변하는가? **[LO 17.6]**
- ❒ WTO는 무엇을 하는 기구인가? **[LO 17.6]**
- ❒ 금수 조치의 목적은 무엇인가? **[LO 17.7]**

결론

이 장에서는 특화와 교환을 통해 큰 이득이 발생할 수 있다는 경제적으로 가장 강력한 통찰력 중 하나에 대해 자세히 살펴보았다. 이는 개인이나 기업뿐 아니라 국가에도 적용되는 진리다.

국가 전체 차원에서는 무역으로 인한 총이득이 보통 증가하지만 이해집단 간 또는 산업 간 무역 이득의 분배가 현실에서는 아주 중요한 문제다. 무역으로 인한 승자도 있고 패자도 있기 때문이다. 특히 단기적으로는 말이다. 희망하는 바는 무역으로 인해 궁극적으로 모든 사람들의 후생이 나아지는 것이지만, 이를 위해서는 정치적으로 책임 있는 해결책이 필요하다.

모든 국가에서 자국의 이해집단과 산업을 국제 경쟁으로부터 보호하기 위해 관세나 할당과 같은 무역 제한 제도를 어느 정도 사용하고 있다. 환경과 노동 기준 같은 일부 국내 정책 또한 무역에 영향을 미칠 수 있다.

무역이 국경을 넘어 이루어지기 때문에 국제교역에 영향을 미치는 공공정책의 역할은 이제까지 우리가 다룬 국내적인 주제에서보다 더 명확히 나타난다. 다음 장에서는 국내 및 국제적인 차원에서 공공정책이 경제에 영향을 미치는 다른 방식에 대해 알아볼 것이다.

주요 용어

요약

LO 17.1 비교우위를 정의하고 국가 차원에서 비교우위가 발생하는 몇 가지 근본적인 이유 생각해보기

비교우위란 어떤 재화나 용역을 다른 이들에 비해 더 낮은 기회비용으로 생산할 수 있는 능력을 일컫는다. 절대우위는 주어진 자원으로 다른 이들에 비해 더 많이 생산할 수 있는 능력을 말한다. 교역을 위해 어느 나라가 어떤 재화를 만들 것인지는 절대우위보다는 비교우위로 결정된다.

각 국가가 자국이 비교우위를 가지는 재화에 특화하고 다른 국가와 교역을 하는 것이 가장 효율적인 경제 체제다. 기후, 천연자원, 자원의 상대적 부존 정도, 기술 등과 같은 특성이 한 나라가 어떤 재화나 용역에 비교우위가 있을지를 결정한다. 한 국가 내에서도 기후나 인구, 기술 등이 전국적으로 일정한 것은 아니므로 국가들이 완전히 특화하지 않고 여러 다양한 종류의 재화를 생산하는 것도 효율적일 수 있다.

LO 17.2 한 국가가 자급자족 상태에서 무역으로 전환할 때 그 국가가 순수입국이 될지, 아니면 순수출국이 될지 그 결정 요인 살펴보기

한 나라가 다른 나라와 교역하지 않는 자급자족 경제에서 무역을 하는 상태가 되면 세계가격과 국내가격 간 차이가 이 나라가 순수입국이 될지 아니면 순수출국이 될지를 결정한다. 만약 세계가격이 국내가격보다 저렴하다면 개방과 동시에 국내가격이 세계가격 수준으로 하락한다. 이 경우, 국내 공급으로는 하락한 가격에서 창출되는 수요를 더 이상 모두 충족할 수 없다. 부족분은 수입으로 충당되며 이 나라는 순수입국이 된다. 만약 세계가격이 더 비싸다면 개방과 함께 국내가격도 증가하게 된다. 국내 공급은 가격 상승으로 인해 감소한 수요보다 커진다. 이 나라는 초과 공급을 수출하는 순수출국이 된다.

LO 17.3 시장개방 이후 잉여의 변화와 이득의 분배가 어떻게 변하는지 계산하기

시장이 잘 작동하는 상황에서는 한 나라가 무역을 하기 시작하면 총잉여가 증가한다. 증가한 잉여의 국내 배분은 그 나라가 순수입국인지, 순수출국인지에 따라 달라진다. 순수입국의 경우, 더 많은 재화를 더 낮은 가격에 구매할 수 있게 되므로 소비자 잉여는 증가한다. 생산자 잉여는 더 낮은 가격에 더 적은 양을 판매하게 되므로 줄어든다. 순수출국의 경우 더 적은 양의 재화를 더 높은 가격에 구매해야 하므로 소비자 잉여는 줄어들지만 생산자 잉여는 증가한다. 두 경우 모두 총잉여가 증가해 자급자족 경제보다는 무역이 더 효율적이라고 할 수 있다.

LO 17.4 관세가 무역량, 가격, 잉여의 분배에 미치는 영향에 대해 설명하기

공공기금을 형성하고 국내 생산자를 위해 소득을 재분배하기 위해 정부는 관세를 활용한다. 관세는 수입품에 부과되는 세금으로 다른 어떤 세금과 마찬가지로 비효율성과 경제적 순손실을 유발한다. 관세는 국내가격을 증가시켜 수요량 감소를 유발한다. 이에 따라 국내 공급량은 증가하고 수입량은 감소한다. 더 높은 가격에 더 많이 판매할 수 있게 된 국내 생산자들은 잉여의 증가를 만끽하고, 정부는 관세수입을 얻는다. 그러나 국내 소비자들은 더 높은 가격에 더 적은 양을 구매해야 하므로 잉여가 줄어들며 총잉여는 감소한다.

LO 17.5 수입 할당이 무역량, 가격, 잉여의 분배에 미치는 영향에 대해 설명하기

할당은 특정 재화가 수입될 수 있는 양을 제한한다. 할당이 국내가격과 거래량에 미치는 영향은 관세와 유사하다. 국내가격은 증가하고, 공급량은 감소하며 수입량도 감소한다. 국내 생산자는 더 높은 가격에 판매할 수 있으므로 잉여가 증가하는 반면 국내 소비자들은 더 적은 양을 더 높은 가격에 구매해야 하므로 잉여가 감소한다. 잉여의 일부분은 수입권을 가진 자에게 돌아가며, 이를 할당 지대라 한다.

LO 17.6 무역이 요소소득 분배에 미치는 영향에 대해 설명하기

국제무역은 국가 간 생산요소에 대한 수요와 공급을 일치시킨다. 대체로 무역은 국내에서 풍부한 요소에 대한 수요를 증가시키는 동시에 국내에서 희소한 생산요소의 공급을 늘린다. 그 결과 국내에서 희소한 자원의 가격은 해외로부터의 경쟁으로 인해 감소하고 희소 생산요소 소유자들의 잉여는 감소한다. 반대로, 국내에서 풍부한 자원의 가격은 수요 증가로 인해 증가하고 풍부 생산요소 소유자들의 잉여는 증가한다.

LO 17.7 세계시장에서 환경 또는 노동에 대한 기준을 설정하는 것이 얼마나 도전적인지 논의하기

각국은 자국 경제를 관리하기 위해 고유한 일련의 법과 정책을 마련해두고 있다. 이러한 규제들은 국가마다 차이가 있으며 이는 경제 행위가 국경을 넘어 이루어질 경우 마찰의 소지가 될 수 있다. 정책입안자와 소비자는 이러한 기준의 불합치 문제를 해소하기 위해 여러 방식으로 접근한다. 그 범위는 수입품에 대해 법으로 명시적인 기준을 적용하는 것에서부터 소비자들의 자율적인 결정에 맡기는 것까지 다양하다.

복습문제

1. 무역 상대국보다 밀 생산성이 더 높은 국가가 어떤 상황에서 밀을 수입하게 될까? **[LO 17.1]**
2. 토지 규모와 소득 수준이 비슷하나 서로 다른 산업에 특화하는 두 국가를 상상해보자. 어떤 국가 특성이 이들 국가의 비교우위를 결정할까? **[LO 17.1]**
3. 양말을 생산하는 것은 노동집약적이고 위성을 생산하는 것은 자본집약적이다. 만약 인도에 노동이 풍부하고 미국에는 자본이 풍부하다면 미국은 어떤 재화를 수출할 것인가? 무역은 미국의 섬유산업 노동자에게 이로운가? **[LO 17.2]**
4. 이집트가 천연가스 세계시장에 대해 무역을 개방하기를 원한다고 하자. 이집트가 천연가스의 순수입국이 될지 또는 순수출국이 될지는 무엇으로 결정되는가? 이집트가 순수출국이 된다면 국내 공급은 국내 수요와 동일한가, 더 적은가 아니면 더 큰가? **[LO 17.2]**
5. 무역장벽이 제거된 후 만약 아르헨티나가 쇠고기 순수출국이 된다면 아르헨티나의 총후생은 자급자족 경제 상태에 비해 어떻게 변하는가? 아르헨티나의 목장 경영자 후생은 더 나아질까, 아니면 더 나빠질까? 소비자들의 후생은 어떻게 변할까? **[LO 17.3]**
6. 한 나라가 무역 자유화를 한 후 쇠고기 순수출국이 되었다고 하자. 국내 쇠고기 소비자들 입장에서는 이 나라가 세계시장에서 대국인 것이 더 바람직한가, 아니면 소국인

것이 더 바람직한가? **[LO 17.3]**

7. 멕시코가 자국의 자동차산업을 미국과 일본의 경쟁으로부터 보호하고 싶어 한다고 하자. 수입 자동차에 대한 관세가 이 목적을 달성하는 데 어떻게 도움이 되는가? 관세는 국내 생산자와 소비자 잉여에 어떤 영향을 미치는가? **[LO 17.4]**
8. 〈그림 17-9〉를 참조하라. 영역 D가 왜 경제적 순손실인지 설명하라. 영역 F에 대해서도 설명하라. **[LO 17.4]**
9. 멕시코가 관세가 아니라 할당을 이용해 자국의 자동차산업을 보호하려 한다고 가정하자. 그 결과는 관세와 비교해 어떻게 다른가? **[LO 17.5]**
10. 할당 제한이 면제되었던 수출국이 다른 국가에 적용되던 할당이 제거되면 어떤 영향을 받게 되는지 설명하라. **[LO 17.5]**
11. 멕시코에서는 경작 가능 토지에 비해 노동이 상대적으로 풍부하다. 미국, 캐나다, 멕시코 간 무역을 자유화하는 북미자유무역협정(NAFTA) 체결로 멕시코 내에서는 누가 이득이고 누가 피해를 보는지 설명하라. **[LO 17.6]**
12. 만약 자본이 국내적으로 희소하다면 그 나라에서 자본가들은 자유무역주의자인가, 아니면 보호주의자인가? **[LO 17.6]**
13. 영국이 수입품의 노동 기준에 대한 입장을 취하려 한다고 하자. 총리는 모든 수입품에 대해 일정한 노동 기준을 충족할 것을 요구하는 일괄 기준을 도입한다. 이 정책으로 이득을 보는 사람들은 누구인가? 이는 영국과 영국으로 수출하는 국가들에 어떤 문제를 유발하는가? **[LO 17.7]**
14. 미국이 북한 정부에 정치적 압력을 가하기 위해 북한에 대해 금수 조치를 취한다고 하자. 이 금수 조치가 미국의 생산자에게 어떤 영향을 미칠 것인지 고려해보라. 어떤 경우 그들은 이러한 금수 조치에 동의할 것인가? 만약 반대한다면 그 이유는 무엇일까? **[LO 17.7]**

응용문제

Mc Graw Hill connect ECONOMICS

1. 만약 한 나라에서 비숙련 노동이 상대적으로 풍부하고 토지나 자본은 희소하다면 이 나라는 다음 중 어느 산업에 비교우위가 있을 가능성이 높은가? 해당되는 모든 답에 체크하라. **[LO 17.1]**
   a. 식품 서비스
   b. 섬유
   c. 농업
   d. 금융 서비스
2. 가나가 옥수수 생산에 대한 비교우위를 잃어버렸다고 하자. 다음 중 무엇이 이를 설명할 수 있는가? 해당되는 모든 답에 체크하라. **[LO 17.1]**
   a. 가나에서 개발된 옥수수 가공 기술이 다른 옥수수 생산국으로 확산
   b. 세계 옥수수 수요의 감소
   c. 가나로 저렴한 노동 이민자 유입
   d. 가나 내에 비숙련 서비스 일자리 증가
3. 자급자족 경제하의 미국에서 철강 공급과 수요를 나타내는 〈그림 17P-1〉을 이용해 다음 수치를 계산하라. **[LO 17.2]**
   a. 자급자족 경제하의 균형가격과 철강 거래량은 얼마인가?
   b. 무역 이후 국내 공급량이 1억5000이라고 하자. 국내 수요량은 얼마이고 세계가격은 얼마인가?
   c. 미국은 철강 순수출국인가, 순수입국인가?
   d. 철강의 수입 또는 수출량은 얼마인가?
4. 〈표 17P-1〉은 태국의 국내 쌀 공급과 수요를 나타낸다. **[LO 17.2]**
   a. 자급자족 경제하에서 국내 공급량과 가격은 얼마인가?
   b. 세계 쌀 가격이 1kg에 1.25달러다. 만약 태국이 쌀 무역을 시작한다면 새로운 국내 쌀 가격은 얼마인가? (힌트: 태국은 세계시장에 비해 작은 쌀 생산자다)
   c. 국내 생산자들이 공급하는 쌀의 양은 얼마인가?
   d. 국내 소비자들의 쌀 수요량은 얼마인가?

그림 17P-1

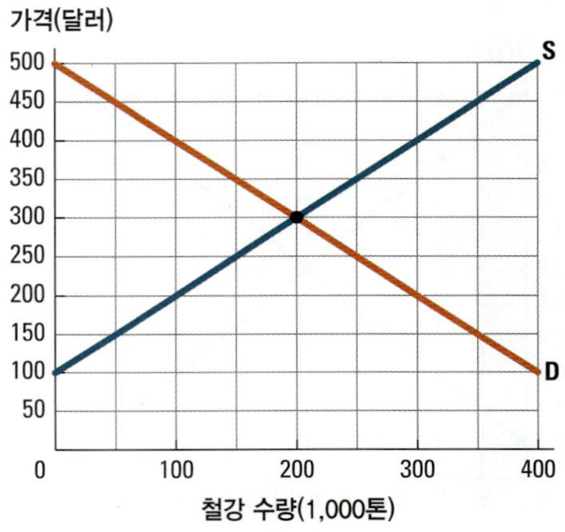

표 17P-1

쌀 가격 (달러/kg)	수요량 (100만 kg)	공급량 (100만 kg)
3.50	2,100	3,300
3.25	2,150	3,200
3.00	2,200	3,100
2.75	2,250	3,000
2.50	2,300	2,900
1.25	2,350	2,800
1.00	2,400	2,700
0.75	2,450	2,600
0.50	2,500	2,500
0.25	2,550	2,400

5. 과테말라가 세계 닭고기시장에서 차지하는 비중은 작다. 〈그림 17P-2〉에 근거해 다음에 답하라. **[LO 17.3]**
   a. 자급자족 경제하의 생산자와 소비자 잉여를 계산하라.
   b. 닭고기의 세계가격이 1kg당 0.3달러라고 가정하자. 만약 과테말라가 무역을 시작한다면 국내 소비량과 생산량은 얼마인가? 수입량은 얼마인가?
   c. 무역 이후의 생산자와 소비자 잉여를 계산하라. 무역 이후 누구의 후생이 더 나아졌는가?
6. 과테말라가 세계 닭고기시장에서 차지하는 비중은 작으며 과테말라는 무역에 완전히 개방되어 있다. 닭고기 수입에 1kg당 0.1달러의 관세가 부과된다고 하자. 〈그림 17P-2〉에 근거해 다음에 답하라. **[LO 17.4]**
   a. 관세하에 과테말라의 닭고기 소비량과 생산량은 얼마인가? 수입량은 얼마인가?
   b. 관세가 철폐되는 대신 닭고기 사료의 세계가격이 상당히 증가한다고 하자. 이로 인해 세계 닭고기 가격은 1kg당 0.3달러에서 0.4달러로 증가한다. 이제 과테말라에서 닭고기 거래량은 얼마인가? 수입량은 얼마인가?
   c. 두 상황의 효율성을 비교하라. 관세로 인한 경제적 순손실과 사료 가격 증가로 인한 경제적 순손실을 계산해보라.
7. 〈그림 17P-3〉은 미국의 밀시장을 보여준다. 미국이 자국의 밀산업을 보호하기 위해 외국산 밀에 1단위당 관세 1달러를 부과한다고 하자. 밀의 세계가격은 1단위당 4달러다. **[LO 17.4]**
   a. 관세가 부과된 이후 소비자와 생산자 잉여를 그래프로 표시하라.
   b. 미국 정부가 징수하는 관세 수입은 얼마인가?
   c. 관세와 관련된 경제적 순손실을 그래프로 표시하라.
8. 〈그림 17P-3〉을 보고 답하라. **[LO 17.5]**
   a. 세계가격을 4달러에서 5달러로 올리려면 밀에 대한 수입 할당을 얼마로 설정해야 하는가?
   b. 수입 할당에 따른 국내 생산자 잉여의 증가를 그래프에 표시하라.
   c. 할당으로 인해 발생한 경제적 순손실을 그래프로 나타내라.
9. 한 나라에서 커피에 대해 관세를 부과한다고 하자. 〈그림

그림 17P-2

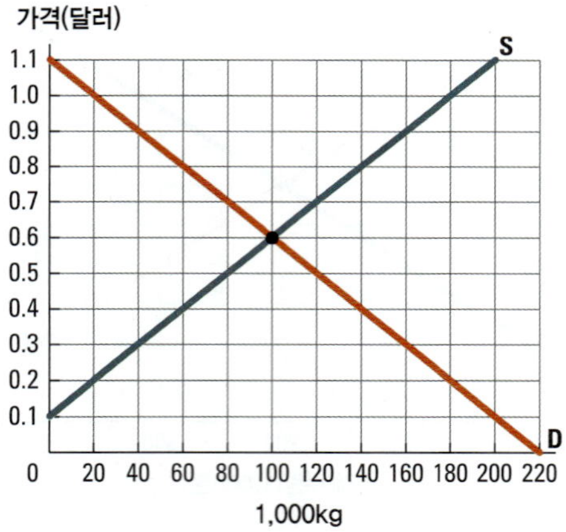

그림 17P-3

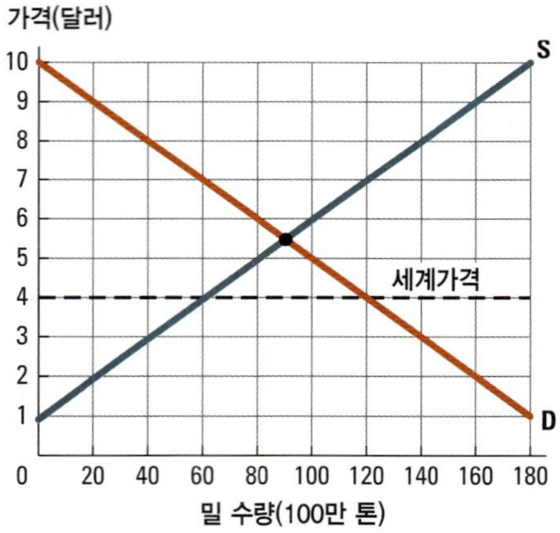

그림 17P-4

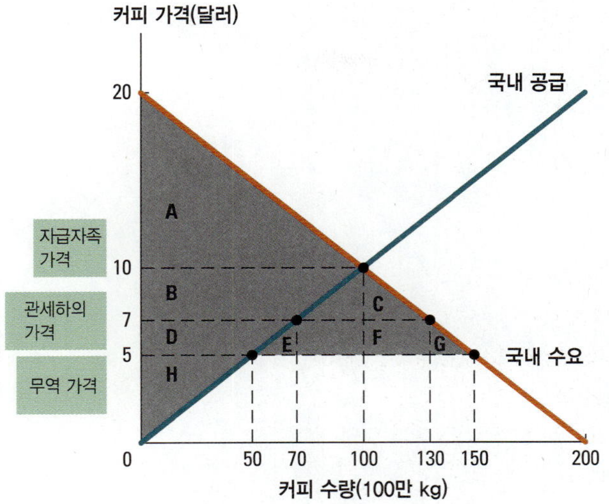

17P-4〉의 수요-공급 도표를 이용해 다음에 해당하는 영역을 표시하라. **[LO 17.3. 17.4, 17.5]**

a. 자급자족하의 소비자 잉여에 해당하는 영역은 어디인가? 생산자 잉여는?

b. 무역 이후, 어느 영역이 소비자 잉여 증가에 해당되는가? 생산자 잉여 손실에 해당되는 영역은?

c. 무역 이후, 만약 관세가 부과된다면 어느 영역이 국내 생산자 잉여 증가에 해당되는가? 국내 소비자가 잃어버리는 잉여는 어느 부분인가?

d. 관세하에서 어느 영역이 정부 수입에 해당되는가?

e. 관세 부과 결과 발생하는 경제적 순손실을 대표하는 영역은 어느 부분인가?

f. 관세 대신 수입 할당이 이용되었고 가격이 7달러로 상승한다면 수입 할당량은 얼마인가?

10. 자본이 희소하고 대부분의 산업이 비숙련 노동집약적인 한 국가가 자급자족 경제에서 벗어나 자유무역으로 전환했다고 하자. 다음 중 어떤 상황이 발생할 것으로 예상되는가? 해당되는 모든 답에 체크하라. **[LO 17.6]**
    a. 자본에 대한 소득(잉여)는 감소한다.
    b. 노동에 대한 임금이 증가한다.
    c. 노동자와 자본가 간 소득 격차가 더욱 벌어진다.

11. 두 국가가 새로운 농업 무역협정을 체결할지 고민하고 있다고 하자. 국가 A는 비숙련 노동이 풍부하고 토지가 희소하다. 국가 B는 경작 가능 토지가 풍부하고 인구가 적다. 어느 나라에서 지주들이 자유무역협정을 지지할 것인가? 어느 나라에서 노동자들이 자유무역협정을 지지할 것인가? **[LO 17.6]**

12. 한 나라에서 자본은 풍부하지만 노동은 희소하다고 하자. 어느 집단, 자본가 아니면 노동자가 금수 조치로 인해 더 많은 피해를 볼 것인가? **[LO 17.7]**

13. 국내 생산자들에게 환경 기준을 요구하는 것과 모든 수입품에 대해 일괄적인 환경 기준을 적용하는 것 중 어느 정책이 더 많은 '오염 구축' 효과를 유발할 것인가? **[LO 17.7]**

미주

1. http://georgewbush-whitehouse.archives.gov/news/releases/2002/03/20020305-6.html .

참고문헌

http://www.economist.com/node/9516043?story_id = 9516043

http://www.fas.org/sgp/crs/misc/RL32333.pdf

http://www.telegraph.co.uk/news/worldnews/europe/france/4306018/France-targets-Coca-Colain-escalating-cheese-wars.html

◀ 세계의 모바일 윈도우-이 장의 내용과 관련된 응용사례를 찾으려면 여러분의 스마트폰으로 이 코드를 스캔하라. (QR코드 리더가 필요하면, 여러분의 앱스토어에서 ScanLife를 활용하라.)

여러분의 모바일 앱스토어를 방문하여 Karlan and Morduch Study Econ app.을 다운로드 하라. ▶ Study Econ McGraw Hill

Part Five

공공경제학

제5부의 6개 장(章)에서는

기술혁신, 환경, 불평등, 사회보장 등을 포함해 미시경제학이 어떻게 중요한 정책 문제의 해결을 도울 수 있는지에 관해 알아볼 것이다.

지금까지의 분석은 특정 시장의 구매자와 판매자에 초점을 맞췄으나, 때로는 다른 사람들의 이해가 걸려 있기도 하다. 매연물질을 배출하는 공장이 기후변화에 영향을 미치면 모든 사람들이 그 비용을 부담하게 된다. 또는 긍정적인 예를 들면, 여러분이 독감 예방주사를 맞아 교정에 독감이 퍼지는 것을 예방한다면 여러분의 같은 반 친구들이 그 편익을 누리게 된다. 18장은 외부효과라고 알려진 이러한 종류의 비용과 편익을 다룬다. 외부효과는 어떤 재화나 서비스에 대해 사회 최적량에 비해 너무 많은 수요를 유발하거나 또는 너무 적은 양을 공급한다.

제19장은 자유시장에서는 과소 공급 또는 초과 수요가 발생하는 2가지 특별한 종류의 재화, 공공재와 공유자원에 대해 설명한다. 공공재는 국방과 같이 시장에 자유롭게 맡겨두면 너무 적게 공급되는 경향이 있다. 공유자원은 이와는 정반대의 문제를 유발한다. 개인 또는 개별 기업은 사회적으로 최적인 양보다 더 많은 공유자원을 소비하려는 경향을 보인다. 호수의 물고기를 남획하는 것이 전형적인 사례다. 각 개인이 좀 더 적은 수의 물고기를 잡는다면 장기적으로 어장을 보호하게 되어 모든 사람의 후생이 증가할 수 있음에도 각 개인은 어획량을 줄일 동기가 없다. 조세, 보조금, 할당 등을 통해 이러한 동기를 어떻게 교정할 수 있는지 살펴본다.

세금 내는 것을 즐거워하는 사람은 없겠지만, 대부분의 사람들은 정부가 공원을 만들고 고속도로를 건설하며 교사와 경찰을 채용하는 등 시민들에게 여러 기초적인 서비스를 제공하기 위한 재원 마련을 위해 세금이 필요하다는 것을 인정한다. 20장은 조세의 역할, 납부자에 대한 조세 부담, 세금이 어떻게 특정 문제들을 다른 방법보다 더 잘 해결하는지 살펴본다.

21장은 빈곤, 불평등과 관련된 사실과 정책을 분석한다. 왜 일부 가계는 빈곤한 반면, 다른 가계는 부자인지 살펴보고 새로운 연구 결과가 이러한 소득 격차를 줄이는 데 어떤 시사점을 주는지 기술한다. 이 장 끝부분에서는 경제학적 혜안을 빌려 차별의 문제를 살펴본다.

어떠한 주제를 막론하고, 정책 선택에는 경제와 정치 두 분야가 연관되어 있다. 이를 염두에 두고 22장에서는 정치체계를 경제학의 관점에서 통찰해본다. 사람들이 왜 투표를 하는지, 정치인이 왜 부패하는지, 대통령이 경제에 어떻게 영향력을 행사할 수 있는지 등 근본적인 정치 문제를 경제적 분석으로 어떻게 풀어낼 수 있는지를 보인다.

23장은 정책 논의에 영향을 주는 일단의 새로운 아이디어를 선보인다. '선택설계' 개념은 선택의 틀을 어떻게 설정하느냐가 어떤 결정을 내리게 되는지에 영향을 줄 수 있다는 아주 단순한 통찰에 근거한다. 사람들이 연금저축이나 에너지 절약 같은 목표를 달성할 수 있도록 돕게끔 기획된 '옆구리 찌르기'를 정책입안자들이 어떻게 활용하는지 논의한다.

모두 미시경제학이 어떻게 크고 작은 문제들을 해결하는 데 활용될 수 있는지를 보여준다.

Chapter 18

외부효과

학습 목표

LO 18.1 외부비용과 외부편익이 경제적 결정을 내려야 하는 사람들의 비용–편익 비교에 어떤 영향을 주는지 설명하기

LO 18.2 부정적 외부효과가 시장가격 및 거래량에 미치는 영향을 계산하고 그로 인한 잉여의 변화 측정하기

LO 18.3 긍정적 외부효과가 시장가격 및 거래량에 미치는 영향을 계산하고 그로 인한 잉여의 변화 측정하기

LO 18.4 개인이 사적으로 외부효과 문제를 어떻게 해결할 수 있는지 기술하고 이러한 방식이 왜 항상 유용하지 않은지 설명하기

LO 18.5 조세나 보조금이 외부효과에 대응하기 위해 어떻게 사용될 수 있는지 알아보고 그러한 해결책의 장단점에 대해 논의하기

LO 18.6 수량 규제가 외부효과에 대응하기 위해 어떻게 사용될 수 있는지 알아보고 그러한 해결책의 장단점에 대해 논의하기

LO 18.7 거래 가능한 허가권을 통해 어떻게 외부효과에 대응할 수 있는지 알아보고 그러한 해결책의 장단점에 대해 논의하기

자동차 문화의 비용

캘리포니아는 자동차 문화 그 자체다. 미국의 첫 번째 모텔은—또는 '자동차 호텔'—1925년 캘리포니아에서 생겨났다. 로스앤젤레스와 샌프란시스코 사이 기착지로 작용한 모텔의 아이디어는 미국 전체로 확산되었다. 로스앤젤레스에 기반을 둔 제이 리노(Jay Leno)는 캘리포니아 사람들이 얼마나 자신의 차량을 사랑하는지 보여주는 극적인 예다. 리노는 25대의 코르벳을 포함해 약 100대의 자동차를 소유하고 있다.

그러나 이러한 문화에 따르는 부작용도 적지 않다. 로스앤젤레스는 통근자들로 가득 찬 정체된 고속도로로 악명이 높다. 로스앤젤레스는 또한 미국에서 대기오염이 가장 심각한 도시 중 하나다. 교통체증에 막혀 있다면 도로의 다른 차들이 여러분에게 비용을 유발한다고 믿게 하는 데 별로 설득이 필요하지 않을 것이다.(물론 여러분 또한 다른 사람들에게 비용을 유발하는 교통 혼잡에 기여하고 있다.) 마찬가지로, 여러분이 만약 LA 시민이라면 매일 배기가스를 마심으로써 이 도시의 자동차 문화에 대한 대가를 치르고 있다.

앞에서 사람들이 자신의 후생을 극대화하고자 개인적인 결정을 하는 경우 경쟁적인 시장은 효율적이며 요술 같은 보이지 않는 손을 통해 총잉여가 극대화된다는 것을 배웠다. 이는 오로지

시장의 판매자와 구매자의 잉여만 고려할 경우 적용된다. 많은 경우 이는 타당한 가정이다. 그러나 가끔은—혼잡한 고속도로에서 운전하는 것처럼—한 사람의 결정이 다른 사람들에게 실질적인 영향을 미치는 경우가 있다.

이 장에서는 구매나 판매와 직접적인 연관이 없는 사람들에게 영향을 주는 거래에 대해 살펴본다. 이러한 경우 시장은 더 이상 효율적으로 작동하지 않는다. 즉, 개인의 선택이 다른 사람들에게 비용이나 편익을 유발하는 경우 시장은 총잉여를 극대화하는 데 실패한다.

이러한 시장실패를 교정하고 효율을 회복할 수 있는 방법에 대해서도 살펴본다. 캘리포니아의 휘발유세가—1갤런당 50센트로 미국에서 두 번째로 높은 수준—한 예다. 앞으로 살펴볼 것처럼, 이러한 세금은 부분적으로는 운전자들이 운전대를 잡기 전 다른 사람들에게 유발하는 비용을 고려하도록 강제하는 시도다. 교통체증과 매연에 대한 적절한 정책을 수립하는 데 대해 많은 논란이 있으나, 대부분의 경제학자들은 이러한 경우 정부가 해결책의 일부분이 되어야 한다는 데 동의한다. 이 장에서는 외부효과가 있는 경우 조세 및 다른 규제들이 어떻게 개인 결정의 진정한 비용을 반영하도록 가격을 변화시켜 효율을 실제로 증가시킬 수 있는지 살펴본다.

외부효과란?

자동차를 운전하는 것에 대해 생각해보자. 여러분이 운전석에 앉을 때마다 매번 의식적으로 계산을 하지는 않겠지만 적어도 무의식적으로는 근원적인 이해 득실을 따져볼 것이다. 한편으로는 자동차를 타고 가는 편익이 있다. 한 장소에서 다른 장소로 빠르고 쉽게 이동할 수 있다. 다른 한편으로는 비용이 있다. 휘발유 비용을 충당해야 하고, 자동차는 마모될 것이며, 통행료와 도착지에서의 주차요금 등도 있다.

자, 이제 여러분이 생각해보지 않은 다른 종류의 비용을 고려해보자. 자동차를 주행하는 거리에 따라 휘발유가 소모되며 이는 대기를 오염시킨다. 만약 여러분이 도로의 유일한 운전자라면 그 비용은 미미할 것이나 다른 많은 운전자들이 있는 경우 그 비용은 적체된다. 매연물질은 두 종류의 비용을 초래한다. 하나는 지역적인 것이고, 다른 하나는 지구적인 것이다. 지역적으로는 매연물질 수준이 높아지면서 지역 대기를 오염시키고 건강 문제를 유발한다.

휘발유 연소에 따른 지구 차원의 비용은 이산화탄소의 생성이다. 이산화탄소는 태양의 열기를 지구 대기에 가둬 지구를 천천히 데우는, 지구온난화를 유발하는 온실가스다. 온도 상승으로 인해 빙하와 만년설이 녹아 해수면이 높아질 뿐 아니라 세계 전역에서 강수 유형이 바뀌기도 한다. 역사적으로 지구 온도에 등락이 있어왔지만, 대부분의 과학자들은 오늘날 인간의 온실가스 배출이 지구온난화에 기여한다는 데 동의한다.

여러분은 자동차를 타고 어디를 가고자 할 때마다 이러한 비용을 고려하는가? 그런 사람들은 별로 없을 것이다. 휘발유가 연소되면서 발생한 매연은 운전과 관련된 외부효과다. 이는 다른 운전자 이외의 사람에게 비용을 초래하기 때문이다. 운전자들이 자신에게 돌아오는 비용 이외에 이러한 유형의 비용도 감안했다고 치자. 그렇다면 그들의 비용 편익 비교는 약간 변화될 것이며, 순효과는 그들이 운전을 좀 덜하는 것이 될 것이다. 이는 외부효과의 존재가 사람들로 하여금 사회적 관점에서 최적인 것보다 더 많이 운전하게끔 유인했음을 시사한다. 외부효과의 파장은 경제학에서 발견되는 흔한 문제다. 배기가스 배출은 약 100만 가지의 작은 외부효과가 매일 쌓여 큰 문제를 만들어낼 수 있음을 보여주는 사례다.

외부비용과 편익

LO 18.1 외부비용과 외부편익이 경제적 결정을 내려야 하는 사람들의 비용-편익 비교에 어떤 영향을 주는지 설명하기

외부효과에 대해 명확하게 이해하려면 먼저 새로운 용어들이 필요하다. 휘발유 비용이나 자동차의 마모, 통행료, 주차비 등은 운전자 자신이 감당해야 할 비용이다. 일반적으로 경제적 결정을 내리는 사람에게 이렇게 직접 유발되는 비용을 **개인비용**이라 한다. 대기오염 비용은 운전자 자신이 개인적으로 부담하는 것이 아니므로 개인비용이 아니다. 개인 운전자가 유발하는 대기오염의 비용을 전혀—또는 대부분을—부담하지 않기 때문이다. 대기오염, 또는 그 어떤 비용이라도 원인 유발자 이외의 그 누군가가 대가 없이 그 비용을 부담해야 했다면, 그것은 **외부비용**이다.

개인비용 의사 결정자가 직접적으로 부담하는 비용

외부비용 비용을 유발한 사람 이외의 사람에게 그에 대한 보상 없이 부과된 비용

사회적 비용 어떤 결정의 전체 비용으로서 개인비용과 외부비용을 모두 포함함

개인비용에 외부비용을 더한 것을 **사회적 비용**이라고 한다. (왜 '총비용'이 아닐까? 총비용은 생산비용을 일컫는 용어이기 때문이다. 또한 사회적 비용이라는 용어는 이 사안을 우리가 사회적 관점에서 바라보고 있다는 것을 명확히 해준다.) 예를 들어, 여러분이 시끌벅적한 파티를 주최하기로 결정했다고 가정하자. 개인비용은 음식과 다음 날의 청소 비용을 포함할 수 있다. 외부비용은 시끄러운 파티로 인해 잠을 설치게 하거나 공부를 방해해 이웃을 짜증나게 하는 것을 포함한다. 사회적 비용은 이 2가지의 비용을 합한 것이다.

외부효과가 항상 나쁜 것만은 아니다. 한 사람의 행동이 다른 사람에게 해가 되기보다는 도움이 되는 경우도 많다. 여러분이 집을 새로 칠하고 지저분한 앞마당을 정리하기로 결정했다고 상상해보라. 분명히 여러분은 이 결정으로부터 득을 본다. 여러분은 깨끗해진 집과 정리된 앞마당으로 인해 심미학적 기쁨을 만끽하고 주택의 가치는 상승할 것이다. 이러한 편익은 이 결정을 한 본인이 직접 향유하는 것이기 때문에 **개인편익**이다. 그러나 여러분의 이웃도 여러분의 결정으로 편익을 향유하게 된다. 그들은 자신들이 전혀 비용을 치르지 않았음에도 좀 더 좋아 보이는 동네에 산다는 즐거움을 느끼며 그들 부동산의 가치도 조금 오를 수 있다. 아무런 보상 없이 원인을 유발한 사람이 아닌 누군가에게 편익이 발생하는 경우 이를 **외부편익**이라고 한다.

개인편익 의사 결정자에게 직접적으로 부여되는 편익

외부편익 편익을 유발한 사람 이외의 사람에게 그에 대한 대가 없이 부여된 편익

사회적 편익 어떤 결정의 전체 편익으로서 개인편익과 외부편익을 모두 포함함

개인편익과 외부편익을 합한 것을 **사회적 편익**이라고 한다. 예를 들어, 여러분이 독감 예방주사를 맞고 손도 자주 씻기로 결정했다고 가정하자. 여러분이 독감에 걸릴 확률이 낮아진 것은 여러분의 개인편익이다. 외부효과는 여러분이 다른 사람에게 독감을 옮길 확률 또한 낮아졌다는 것이다. 사회적 편익은 이 두 효과—여러분과 다른 사람들 사이에 독감이 유행할 가능성이 전반적으로 낮아진 것—를 합한 것이다.

외부비용과 외부편익을 통틀어 **외부효과**라고 한다. 외부비용은 부정적 외부효과, 그리고 외부편익은 긍정적 외부효과다. 외부효과는 경제학에서 매우 중요한 개념이다. 외부효과는 시장실패가 발생하는 가장 흔한 원인이다. 이 지점부터는 이 절에서 학습한 용어를 사용해 개인의 관점에서 결정한 것이 최적인 선택과 사회 전체의 관점에서 최적인 선택을 구별할 것이다.

외부효과 비용이나 편익을 유발한 사람 이외의 사람에게 그에 대한 보상이나 대가 없이 주어진 비용이나 편익

특정한 행동으로 유발된 외부비용과 편익의 크기는 장소, 시간, 수량 또는 다른 많은 요소에

의해 변할 수 있다. 예를 들어, 여름날 정오에 운전을 하는 것은 밤에 운전을 하거나 겨울에 운전을 하는 것보다 대기오염을 더 많이 유발할 수 있다. 햇빛이 오염물질을 만들어내는 데 중요한 요소이기 때문이다. 좋은 동네에서 황폐해진 주택 하나를 새로이 칠하는 것이 마을 전체가 황폐한 지역에서 주택 하나를 새로 칠하는 것보다 이웃의 부동산 가치를 올리는 데 더 크게 기여할 것이다. 그러나 간단히 하기 위해 이 장에서는 대체로 외부효과가 **일정하고 예측 가능한** 외부비용과 편익을 가정할 것이다.

네트워크 외부효과 어떤 재화의 추가 이용자나 어떤 활동의 추가 참가자가 다른 사람들이 그 재화나 활동에 대해 느끼는 가치에 미치는 영향

마지막으로, 앞에서 설명한 2가지 유형에 깔끔하게 해당되지 않는 특별한 종류의 외부효과가 있다. 바로 **네트워크 외부효과**인데, 이는 어떤 재화의 추가적인 이용자나 행위의 추가적인 참여자가 다른 사람이 동일한 재화를 이용하거나 행위에 참여해 얻는 가치에 영향을 주는 현상을 일컫는다. 네트워크 외부효과는 사람들이 단지 특정 그룹에 참여함으로써 다른 사람들에게 도움을 주거나 해를 줄 수 있음을 시사한다.

네트워크 외부효과는 긍정적일 수도, 부정적일 수도 있다. 우리는 이미 부정적인 네트워크 외부효과의 사례를 본 적이 있다. LA에서 퇴근시간에 운전을 하는 사례다. 추가적인 한 명의 운전자가 LA 도로 네트워크를 사용하기로 결정할 때마다 다른 도로 사용자들에게 **부정적인 네트워크 외부효과**를 유발한다. 여러분도 무선 인터넷을 사용할 때 부정적인 네트워크 외부효과를 경험해보았을 것이다. 추가적인 사용자로 인해 대역 폭이 붐비게 되면 다른 사람들의 접속 속도가 느려진다.

긍정적인 네트워크 외부효과는 흔히 기술, 특히 통신기술과 관련이 있다. 중요한 역사적 사례는 전화다. 전화는, 다른 대부분의 통신기기와 마찬가지로 다른 사람도 사용을 해야 비로소 유용해진다. 전화를 보유한 사람이 많지 않았을 때는 전화가 있더라도 단지 제한된 사람들과 연락을 주고받을 수 있었을 뿐이다. 전화가 흔해지면서 더 많은 사람들과 연락을 주고받을 수 있게 되면서 전화는 더욱 유용해졌다. 전화 네트워크에 가입자가 한 명 추가될수록 다른 사람들에게 전화가 더욱 쓸모 있게 되었다. 즉, 긍정적 네트워크 외부효과가 발생한 것이다.

사회적 매체 네트워크는 좀 더 최근의 예다. 페이스북이나 링크드인, 또는 트위터에 더 많은 사람들이 가입할수록 가입으로 인한 편익이 더 커진다. 거꾸로, 이러한 서비스에 가입하는 사람들은 다른 사람들에게 이 서비스를 더욱 유용한 것으로 만들어준다. 긍정적 네트워크 외부효과는 엄청나서 페이스북 같은 소셜 네트워크 서비스는 실질적으로는 자연 독점에 가깝다. 사용자들은 다른 모든 사람들이 가입한 네트워크에 가입하려고 하기 때문에 일정한 임계치의 사용자 수가 달성되면 다른 경쟁자가 시장에 진입하기란 극히 어려워진다.

부정적 외부효과와 '너무 많은' 것의 문제

LO 18.2 부정적 외부효과가 시장가격 및 거래량에 미치는 영향을 계산하고 그로 인한 잉여의 변화 측정하기

대기오염은 외부비용이므로 개인 운전자의 관점에서는 운전 비용이 사회 전체적 관점에서 본 실질적 비용에 비해 적어 보일 수 있다. 운전자들은 외부비용을 감안하지 않기 때문에 만약 그들이 모든 비용(오염으로 인한 모든 비용을 포함한)을 감당해야 하는 경우에 비하면 더 많은 운전을 하기로 결정할 것이다.

이것이 왜 문제가 되는가? 이는 사람들이 운전을 '너무 많이' 하게 됨을 의미한다. 즉, 개인 행위의 사회적 비용을 모두 감안할 경우에 비해 더 많이 운전을 한다는 것이다. 외부효과가 있는 경우 자유시장은 더 이상 사회 전체의 총잉여를 극대화하는 방식으로 자원을 배분하지 않는다. 왜 이러한 현상이 발생하는지 이해하기 위해 캘리포니아 휘발유시장에서의 수요 공급에 대해 면밀히 관찰해보자.

캘리포니아에서 휘발유 판매가 전혀 규제되지 않는다고 상상해보자. 휘발유세도 없고 배기가스 배출 기준도 없다고 말이다. 주어진 특정 가격에서, 다른 어떤 시장에서와 마찬가지로, 일단의 운전자들이 휘발유 1리터를 구매해 얻는 개인편익이 개인비용을 상회한다고 결정했다고 치자. 이러한 상황은 〈그림 18-1〉의 (A)의 캘리포니아 운전자의 휘발유 수요곡선으로 대표된다.

휘발유 1리터의 외부비용을 어떻게 수량화할 수 있는가? 대기오염이 전 세계에 미치는 분산된 영향을 금액으로 환산하기는 쉽지 않다. 결국 오염으로 피해를 받는 사람들이 이를 회피하기 위해 얼마나 많은 대가를 지불할 용의가 있는지가 이 문제의 본질이다. 달리 말하면, 오염으로 영향을 받는 사람들에게 얼마를 지불해야 오염을 수용할 것인지 하는 것이다. 오염의 비용이 1리터에 1달러로 추정된다고 가정하면, 휘발유의 사회적 비용은 시장가격 더하기 1달러의 오염 외부비용이다.

문제는 운전자들이 휘발유 구매량을 결정할 때 단지 개인비용만을 감안한다는 것이다. 만약 매 리터에 대한 사회적 비용까지 지불해야 한다면 구매가 비용-편익 비교에서 그다지 유리해 보이지 않을 것이므로 보다 적은 양의 휘발유 구입을 선택할 것이다. 이는 (B)에서와 같이 새로운 수요곡선을 원래의 수요곡선보다 외부비용만큼 아래에 그려주는 것으로 나타낼 수 있다. 이 사

그림 18-1

부정적 외부효과의 내부화에 따른 수요 감소

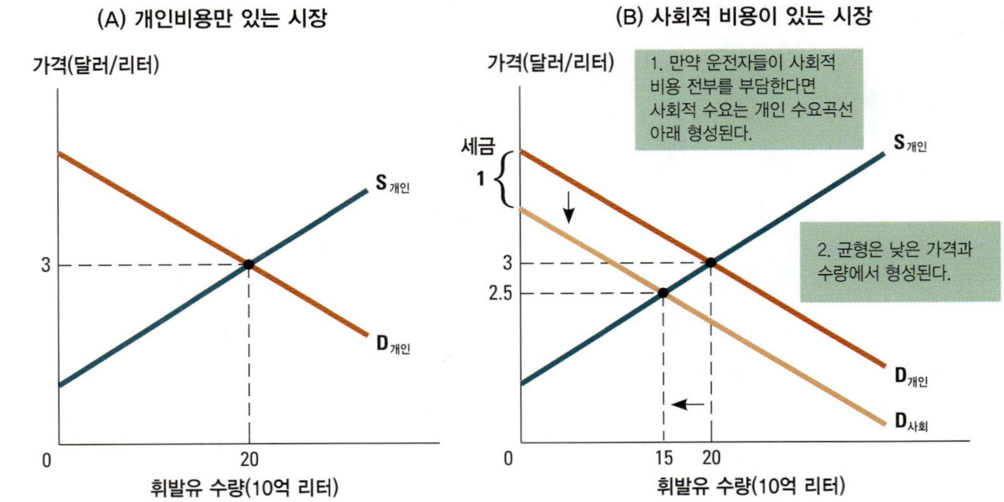

규제가 없는 경우 휘발유시장에서는 개인비용과 편익에 근거해 균형이 형성된다.

운전자가 오염의 외부비용까지 감안하도록 강제하는 경우 휘발유에 대한 새로운 수요곡선은 개인비용만 감안했을 때의 수요곡선 밑에서 형성된다. 시장 균형은 사회적 비용과 편익에 근거해 보다 낮은 가격과 거래량에서 형성된다.

회적 수요곡선은 운전자들이 외부비용을 자신의 의사결정에 포함시켰을 때 그들이 고려할 선택지를 반영한다. 주어진 시장가격에서 운전자들의 수요량은 보다 적어질 것이다. 그들은 실제 시장가격에 외부비용을 충당하기 위한 1달러를 더한 가격이 그들이 최종적으로 지불해야 할 가격임을 알고 있기 때문이다.

어떻게 하면 운전자들이 외부비용을 고려하도록 강제해 사회적 수요곡선상에서 움직이게 할 수 있을까? 가장 직접적인 대안은 휘발유세를 도입하는 것이다. 1리터당 1달러의 세금을 부과한다면 운전자들은 말 그대로 시장가격에 사회적 수요곡선이 대표하는 외부비용을 더한 가격을 지불하는 것이다. 휘발유세가 도입되면 균형점은 공급곡선과 사회적 수요곡선이 교차하는 지점으로 하향 이동하고 균형가격과 거래량은 감소한다. 새로운 균형에서 시장가격은 내려가지만 세금을 포함하면 운전자들이 실제로 지불한 가격은 더 높다는 것에 주목하라. 궁극적으로는 더 적은 양의 휘발유가 구매되었다. 이 사례는 매우 중요한 결론을 보여준다. **운전자들이 대기오염의 외부비용까지 포함한 휘발유 값의 전부를 지불해야 한다면, 그들의 선택은 더 적은 양의 휘발유를 사는 것이다.**

6장에서 조세와 관련해 세금은 언제나 잉여가 줄어드는 효과를 가져온다고 언급한 바 있다. 그러나 외부비용이 존재하는 경우, 세금은 시장을 더욱 효율적으로 만들어 잉여를 늘릴 수 있다. 어떤 차이가 있는가? 답은 세금은 **휘발유 구매자와 판매자**가 향유하는 잉여를 줄인다는 데 있다.

왜 그런지는 〈그림 18-2〉를 보면 알 수 있다. (A)는 운전자가 휘발유의 개인비용만 지불하는 비규제시장에서의 소비자와 생산자 잉여를 보여준다. 빨간 사선으로 처리된 면적이 오염된 공기를 마신 사람들이 잃어버린 잉여를 나타낸다. 이는 1리터당 외부비용(1달러)과 총소비된 휘발유 양을 곱한 값인 200억 달러다. (B)는 운전자들이 차에 휘발유를 채울 때마다 오염으로 고통받는 이들에게 1달러를 지불하도록 하면 어떻게 될지를 보여준다. 소비자와 생산자 잉여가 감소한 것은 분명하지만, 이제는 오염된 공기를 마시는 사람들의 잉여 손실을 차감하지 않아도 된다.

총잉여는—즉, 시장에 직접 참여한 사람들의 잉여뿐 아니라 사회 전체의 잉여는 어떻게 변화했을까? 첫째, 규제되지 않은 시장에서의 소비자와 생산자 잉여를 더한 값에서 다른 사람들의 잉여 손실을 제한다. 〈그림 18-2〉의 (A)를 근거로, 부정적 외부효과가 존재하는 경우 총잉여는 다음과 같이 계산된다:

수식 18–1 부정적 외부효과가 존재하는 경우의 총잉여

총잉여	=	소비자 잉여	+	생산자 잉여	−	외부비용
	=	A	+	B	−	C
	=	200억 달러	+	200억 달러	−	200억 달러
	=	200억 달러				

운전자들이 휘발유의 사회적 비용을 지불해야 한다면—즉 오염 외부효과가 운전자의 결정에 '내부화' 되었다면—총잉여를 계산하는 것은 간단하다. 〈그림 18-2〉의 (B)에 근거해 소비자와 생산자 잉여를 합하면 총잉여는 다음과 같다:

수식 18–2 부정적 외부효과가 내부화된 경우

총잉여	=	소비자 잉여	+	생산자 잉여
	=	X	+	Y

그림 18-2

시장 외부효과가 존재하는 경우 총잉여를 극대화하는 데 실패한다

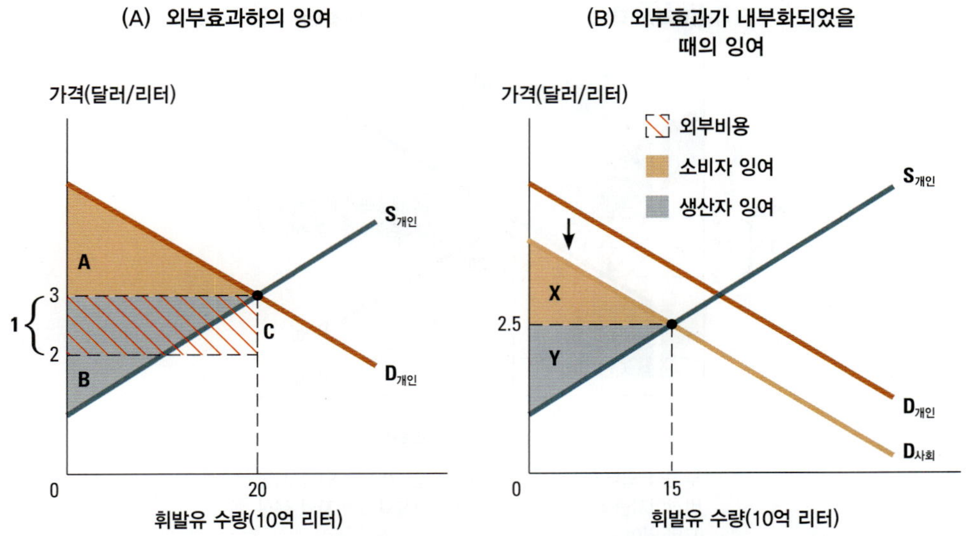

부정적 외부효과가 존재하는 경우, 외부비용으로 인해(이 사례에서는 오염) 시장에 직접 참여하지 않는 사람들이 겪는 잉여의 손실을 소비자와 생산자 잉여에서 제한다.

만약 외부효과를 내부화할 수 있다면, 휘발유시장에서 소비자와 생산자 잉여는 모두 감소한다. 그러나 오염으로 고통받는 사람들에게 부과된 외부비용은 이제 사라졌다.

= 112.5억 달러 + 112.5억 달러

= 225억 달러

궁극적으로 운전자들이 오염의 외부비용을 자신들 결정에 내부화한 경우에 비해 개인비용만을 고려하는 경우 총잉여가 25억 달러(225억 − 200억) 감소한 것을 알 수 있다. 〈그림 18-3〉을 통해 부정적 외부효과가 존재하는 경우 잉여가 항상 줄어든다는 것을 확인할 수 있다. 파란색 영역이 외부효과가 내부화되었을 때의 휘발유 소비자 및 생산자의 손실이다. 이는 리터당 1달러의 세금을 지불해야 하는 비용과 이제는 거래되는 휘발유의 양이 줄어들었다는 것을 모두 반영한다. 빨간 사선으로 처리된 영역은 운전자들이 휘발유의 외부비용으로 지불한 리터당 1달러를 받은 사람들의 잉여 증가를 나타낸다(200억 달러). 노랑과 파란색의 영역을 합한 값은 빨간 사선 영역과 동일하다(이들은 동일한 높이와 넓이를 가지고 있기 때문이다). 따라서 노란색 영역은 빨간색과 파란색 영역—잉여의 증가에서 잉여의 손실을 차감—의 차이를 나타낸다. 잉여의 순증가는 25억 달러다.

누가 득을 보고 누가 손해를 보는가? 운전자들은 휘발유를 덜 구매하며 운전을 위해 더 많은 비용을 지불하게 되므로 소비자 잉여는 감소한다. 생산자들은 휘발유 판매량이 줄어들기 때문에 잉여가 감소한다. 그렇다면 누가 외부효과의 내부화로 인해 득을 보는가? 이 시장에 구매자나 판매자로 참여하지 않은 다른 사람들이다. 휘발유 소비량 감소로 인해 이들에게 부과되던 외부비용이 감소했다. 외부비용을 시장에 참여하지 않은 사람들로부터 참여하는 사람들에게 전환함으로써 효율성이 향상된다.

그림 18-3

부정적 외부효과를 내부화하면 총잉여가 증가한다

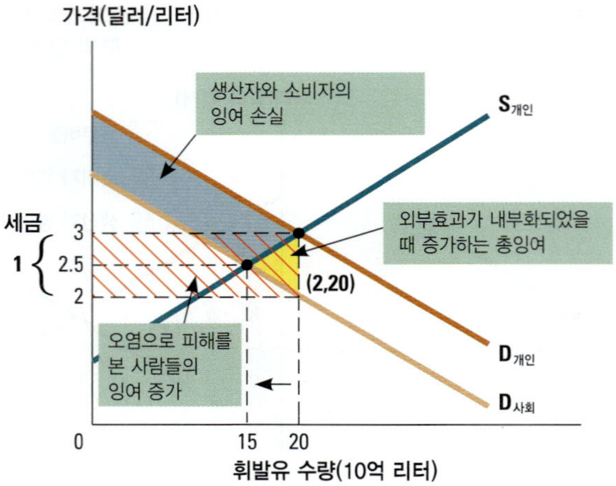

부정적 외부효과가 내부화되면 오염 감소로 인한 시장 비참여자들의 잉여 증가는 휘발유시장의 소비자와 생산자의 잉여 손실보다 크다.

지금까지 수요곡선 위주로 부정적 외부효과 문제를 분석했다. 그러나 동일한 분석을 공급측면에서도 손쉽게 수행할 수 있다. 예를 들어 채굴한 원유를 정제해 운전자들에게 판매하는 기업들을 생각해보자. 자동차가 주행을 시작하기도 전에 채굴과 정제 그 자체가 오염을 유발한다. 만약 이러한 기업들이 개인비용뿐만 아니라 생산의 사회적 비용을 지불해야 한다면, 이들 기업들은 그 어떤 주어진 가격에서도 보다 적은 양을 공급하려 할 것이기 때문에 '사회적' 공급곡선은 원래 시장 공급곡선보다 위에 형성될 것이다. 위의 분석에서와 마찬가지로 균형 거래량은 감소한다.

긍정적 외부효과와 '너무 적은' 것의 문제

LO 18.3 긍정적 외부효과가 시장가격 및 거래량에 미치는 영향을 계산하고 그로 인한 잉여의 변화 측정하기

긍정적 외부효과는 좋은 것이라고 생각하기 쉽다. 부정적 외부효과는 잉여를 감소시키므로 긍정적 외부효과는 그 반대가 아닐까? 하지만 그렇지 않다. 긍정적 외부효과 또한 거래량을 효율적인 균형 수준에서 벗어나게 하여 총잉여를 감소시킨다.

여러분의 집 외벽을 페인트로 칠할 것인지 결정하는 것에 대해 생각해보자. 집의 소유자는 개인편익이(부동산 가치의 증가, 좀 더 예쁘게 보이는 집) 개인비용보다(집을 칠하는 데 드는 시간과 비용 또는 다른 사람을 고용하는 비용) 크면 집을 칠할 것이다. 그러나 이는 이웃에게 돌아가는 편익을 고려하지 않은 결정이다. 이웃들 또한 부동산 가치의 증가와 더 깔끔해 보이는 동네로 인해 득을 본다. 그 결과 집은 '너무 조금' 칠해진다. 즉, 집 소유주와 칠장이 이외 사람들의 잉여를 고려한 총잉여를 극대화하는 양에 비해 너무 적다는 것이다.

집을 칠하는 것의 외부편익은 다양하겠지만, 한번 어림셈을 해보자. 외부편익이 페인트 작업

한 건당 500달러라고 하자. 달리 말하면, 이웃은 여러분의 허름한 집 때문에 동네 분위기 전체가 침울해지는 것을 피하기 위해 500달러를 지불할 용의가 있다는 것이다. 집주인이 집을 칠할 때마다 500달러가 이웃들의 은행 계좌에서 집주인 은행 계좌로 이체되어 외부편익을 개인편익으로 전환하는 것이 가능하다고 상상해보자. 실제로 이런 일이 발생한다면 집주인의 이해 득실은 달라질 것이다. 집을 칠하는 것의 편익은 증가할 것이며 비용은 동일할 것이다. 이러한 변화에 집주인은 어떻게 반응할 것인가? 또다시 새로운 수요곡선을 도입해 개인의 선택지와 사회적 선택지의(외부편익을 포함하는) 차이를 나타낼 수 있다. 주어진 시장가격에서 집주인은 마치 가격이 외부편익만큼 감소한 것처럼 행동할 것이다. 〈그림 18-4〉에서와 같이 이는 원래 수요곡선에서 500달러 위에 새로운 수요곡선을 더해줌으로써 나타낼 수 있다. 이에 따라 균형점은 공급곡선상에서 더 높은 가격-거래량 조합으로 상향 이동할 것이다. 운전자들로 하여금 외부비용을 감안하도록 강제하는 것이 세금을 부과하는 것과 흡사한 것과 같이 집주인이 페인트칠을 할 때 외부편익까지 고려하도록 강제하는 것은 보조금의 경우와 흡사하다. 이것은 놀라운 일이 아니다. 우리가 긍정적 외부효과를 내부화하기 위해 상상해본 과정은 실질적으로 이웃들이 여러분의 페인트 작업을 위해 500달러의 보조금을 지급한 것과 같다.

6장에서 잘 작동되고 있는 시장에서는 보조금이 잉여를 감소시킨다고 배우지 않았는가? 물론이다. 그러나 긍정적 외부효과의 존재는 시장이 잘 작동하지 않고 있다고 말해주고 있다. 외부효과가 없는 시장에서는 개인비용과 편익이 사회적 비용 및 편익과 동일하기 때문에 시장 균형에서 총잉여가 극대화된다. 외부효과가 있는 경우 개인편익은 사회적 편익보다 적다. 이웃들이 지불하는 보조금은 실제로 이를 잘 작동하는 시장으로 만든다. 보조금이 없이는 사회적 최적량보다 적은 수의 집들이 칠해질 것이다.

그림 18-4

긍정적 외부효과를 내부화하는 것이 수요를 증가시킨다

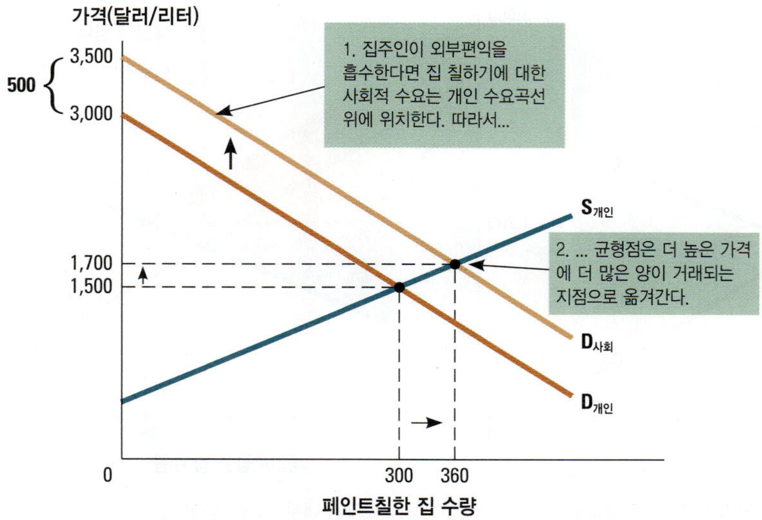

만약 집주인이 집을 칠하는 것의 외부편익을 내부화할 수 있다면, 새로운 수요곡선이 원래의 수요곡선 위에서 형성되며, 시장은 사회적 비용과 편익에 근거한, 더 높은 거래량에서 새로운 균형점에 도달한다.

긍정적 외부효과가 잉여에 미치는 효과를 분석하는 것은 본질적으로 부정적 외부효과를 분석하는 것의 반대다. 긍정적 외부효과하에서 총잉여를 규명하기 위해 먼저 더 낮은 균형가격과 거래량에서의 소비자 및 생산자 잉여를 계산한다. 여기에 시장 참여자 외 사람들의 외부편익 가치를 더해준다. 〈수식 18-3〉과 〈그림 18-5〉의 (A)는 긍정적 외부효과하의 총잉여가 어떻게 계산되는지 보여준다.

수식 18-3 긍정적 외부효과가 존재하는 경우의 총잉여

총잉여 =	소비자 잉여	+	생산자 잉여	+	외부편익
=	A	+	B	+	C
=	22만 5000달러	+	15만 달러	+	15만 달러
=	52만 5000달러				

만약 이웃들이 집을 칠하는 집주인에게 500달러를 이전해 긍정적 외부효과를 내부화하는 것이 가능하다면 상호 이익이 되는 거래가 늘어날 것이다. 이는 〈그림 18-5〉의 (B)에 나타난 것처럼 생산자와 소비자 잉여를 증가시킨다. 다른 한편으로는 이웃들은 더 이상 아무런 잉여를 누리지 못한다. 그들은 새로 칠을 한 집으로 인해 500달러의 편익을 향유하기는 하지만 이제는 무상이 아니라 500달러를 지불해야 한다. 긍정적 외부효과가 내부화되는 경우 페인트칠 시장에서 총잉여를 규명하기 위해서는 단순히 새로운 균형점에서의 소비자와 생산자 잉여를 더하기만 하면 된다.

그림 18-5

긍정적 외부효과는 비효율을 유발한다

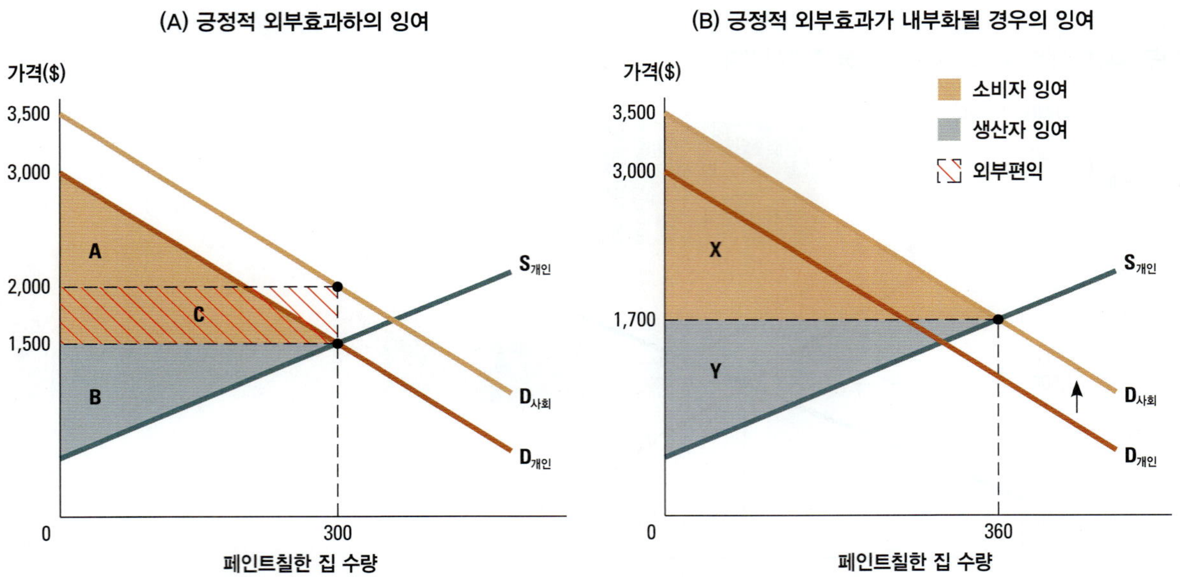

긍정적 외부효과가 존재하면 시장 비참여자가 (영역 C로 대표되는) 얻는 외부편익이 소비자와 생산자 잉여에 더해진다.

긍정적 외부효과가 내부화되면 총잉여는 증가한다. 칠을 하게 되는 집의 수가 증가하기 때문에 생산자 및 소비자 잉여가 증가하며, 이는 이웃들에게 발생한 무상 외부편익의 손실보다 크다.

수식 18-4 긍정적 외부효과가 내부화된 이후의 총잉여

총잉여 = 소비자 잉여 + 생산자 잉여
= X + Y
= 32만4000달러 + 21만6000달러
= 54만 달러

긍정적 외부효과가 내부화된 경우 총잉여는 그 전에 비해 1만5000달러 더 높다. 달리 말하면, 긍정적 외부효과는 비효율을 유발했고 총잉여를 1만5000달러만큼이나 감소시킨 것이다. 〈그림 18-6〉을 통해 긍정적 외부효과는 항상 잉여를 감소시킨다는 것을 확인할 수 있다.

어쨌거나 집을 페인트칠한 집주인은 이제 외부효과(파란색 영역)를 차지할 수 있게 되어 소비자 잉여가 증가했으며 이는 외부효과가 내부화되기 전 시장에 참여하지 않은 사람들의 잉여와 동일한 크기다(빨간색 영역). (힌트: 이 영역들은 같은 모양은 아니지만 외부효과에 해당하는 높이와 외부효과하에서의 소비량에 해당하는 넓이가 동일하다.)

이러한 이득과 손실은 완전히 상쇄된다. 이는 시장에 참여하지 않는 사람들로부터 시장 참여자들에게로의 직접적인 이전에 해당한다. 그러나 수요곡선의 변화는 거래량의 증가를 가져오기도 한다. 이는 외부효과하에서는 집을 칠하지 않았을 집주인들이 이제는 그렇게 할 것임을 의미하며 거래량 증가에 따라 소비자와 생산자는 추가적인 이득을 얻을 수 있다(연두색 영역). 따라서 외부효과의 내부화로 인한 잉여 증가는 손실을 상회한다.

그림 18-6

긍정적 외부효과를 내부화하는 것은 총잉여를 항상 증가시킨다

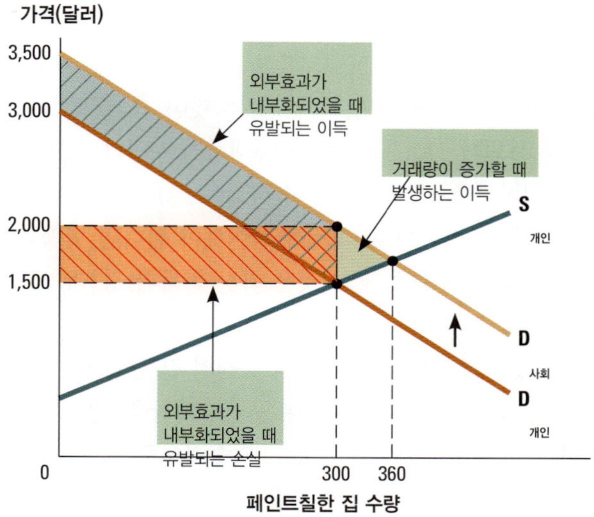

긍정적 외부효과가 내부화되면 외부효과(빨간색 영역)가 소비자 잉여(파란색 영역)가 된다. 이 두 면적은 동일한 크기이기 때문에 이 대체로 인한 순잉여의 증가는 없다. 그러나 이에 더하여 외부효과를 내부화하면 추가적인 거래가 발생해 생산자 및 소비자 잉여가 모두 증가하게 된다(연두색 영역).

동일한 긍정적 외부효과를 보조금을 적용해 내부화할 수도 있다. 칠 작업을 할 때마다 동네 이웃으로부터 500달러의 팁을 받는 전문적인 칠장이가 있다고 생각해보자. 만약 이러한 방법으로 개인편익뿐 아니라 주택 페인팅 서비스 공급의 사회적 편익을 모두 획득할 수 있다고 한다면 주어진 가격에서 칠장이가 서비스를 제공할 용의가 더 크므로 전체 공급곡선이 상향 이동할 것이다. 이는 앞의 분석에서와 마찬가지로 균형 거래량을 증가시킬 것이다.

✓ 개념 확인하기

- ❒ 긍정적 외부효과와 부정적 외부효과의 차이는 무엇인가? **[LO18.1]**
- ❒ 네트워크 외부효과는 다른 외부효과와 어떻게 다른가? **[LO18.1]**
- ❒ 소비자가 유발하는 부정적 외부효과는 수요곡선에 어떤 영향을 미치는가? 이는 동일한 시장에서 외부효과가 내부화될 경우에 비해 균형가격과 거래량을 어떻게 변화시키는가? **[LO 18.2]**
- ❒ 생산자가 유발하는 부정적 외부효과는 공급곡선에 어떠한 영향을 미치는가? 이는 동일한 시장에서 외부효과가 내부화될 경우에 비해 균형가격과 거래량을 어떻게 변화시키는가? **[LO 18.2]**
- ❒ 긍정적 외부효과는 외부효과가 없는 동일한 시장에 비해 균형가격, 수량을 어떻게 변화시키는가? **[LO 18.3]**
- ❒ 외부효과는 총잉여를 증가시키는가, 아니면 감소시키는가? **[LO 18.2, 18.3]**

외부효과에 대한 대처

지금까지 외부효과는 총잉여를 감소시키지만 이 문제는 외부비용과 편익을 개인의 비용과 편익으로 전환해 해결할 수 있음을 배웠다. 운전자들에게서 돈을 받아 오염으로 고통받는 사람들에게 주든가, 사람들이 지저분한 이웃집을 칠하는 데 보조금을 주게끔 강제하는 방법으로 효율성을 되찾을 수 있다. 만약 외부효과로 유발된 문제들을 제거할 수 있다면 이런 문제들이 왜 지속되는 것일까?

이번 절에서는 외부효과 문제의 해결법을 기술하는 것이 그 실행보다 쉽다는 것을 볼 것이다. 외부비용과 편익은 분산되어 있고, 복잡하며 통제하기 어렵다. 해결 방법은 경제적 결정자들이 경험하는 비용과 편익이 그들 선택의 진정한 사회적 비용 및 편익과 동일할 것을 보장해야 한다. 만일 영향을 받는 모든 사람들이 이 과정에 참여해야 한다면 몇백만 또는 몇십억 명의 사람들 간 조정이 이루어져야 할지도 모른다. 이것은 가장 똑똑한 정책입안자들도 풀기 어려운 까다로운 문제다.

외부효과에 대한 해결 방법을 찾는 데 효율성과 공정성 간 갈등이 있을 수 있다. 시장이 효율적으로 작동한다고 말하는 것은 단지 시장이 잉여를 극대화함을 의미한다. 그 잉여가 어떻게 분배되는지에 대해서는 아무것도 시사하는 바가 없다. 기술적으로는 견고해 보이는 어떤 해결 방법이 불공정할 수도 있으므로 (오염을 유발하는 사람들에게 세금을 부과하는 대신 오염을 유발하지 않는 것에 대해 보상을 주는 것과 같이) 이러한 제안은 정치적으로 성공하지 못할 것이다.

정부가 이러한 문제의 해결을 위해 어떤 시도를 하는지 살펴보기 전에 정부가 개입을 하는 것이 필요한지 여부를 먼저 생각해보자. 특정한 상황에서는 개인들이 스스로 외부효과에 대해 대응할 능력이 있어 스스로 시장의 효율성을 복구할 수 있다.

사적 해결책

LO 18.4 개인이 사적으로 외부효과 문제를 어떻게 해결할 수 있는지 기술하고 이러한 방식이 왜 항상 유용하지 않은지 설명하기

친구가 점심으로 먹고 있는 참치 샌드위치에서 정말 고약한 냄새가 난다고 가정해보자. 여러분 앞에서 참치 샌드위치를 먹는 이 행위는 여러분에게 부정적 외부효과를 유발하고 있다. 여러분은 어떻게 할 수 있을까? 친구에게 좀 나중에 점심을 먹으라고 요청할 수 있으나 친구가 거절할 수 있다. 만약 정말 견디기 힘들다면 여러분은 친구에게 돈을 주며 샌드위치를 나중에 먹으라고 할 수도 있을 것이다. 실제로는 좀 이상한 행동이지만, 원칙적으로는 외부효과를 제거할 수 있는 정당한 대안 중 하나다. 어쨌든 정부 개입 없이 개인 간에 스스로 외부효과를 처리하지 말라는 법은 없다.

경제학자들은 개인이나 기업의 행동만으로는 시장의 효율성을 담보하기 충분하지 않은 상황에 대해 보통 '시장실패'라는 용어를 적용한다. 한 영향력 있는 경제이론은 사람들이 스스로 외부효과 문제를 해결할 수 있게 되는 상황을 제시한다. 근본적인 논리는 실제로 상당히 직관적이다. '보이지 않는 손'이라는 아이디어는 개인이 다른 사람들과 상호 이익이 되는 거래를 추구한다고 말한다. 상호 이익이 되는 거래는 언제나 누군가에게 이득을 주기 때문에 낭비되지 않아야 한다. 그 결과 모든 사리를 추구하는 사람들의 행위를 합하면, 이득을 얻기 위한 모든 기회가 이용된 것이며 총잉여는 극대화된다.

앞서 본 사례의 외부효과는 잉여를 감소시킨다. 따라서 이는 어디선가에서, 어떤 이유로든 상호 이득이 되는 거래가 아직도 이용될 여지가 남아 있다는 것이다. 예를 들어, 대기오염의 비용을 부담하는 사람들의 손실은 이러한 비용을 부담할 필요가 없는 운전자들이 얻은 이득을 상회한다는 것이다. 그렇다면 좀 이상한 아이디어를 하나 제시해보겠다. 오염으로 고통받는 사람들이 운전자들에게 운전을 좀 덜하라고 돈을 준다면 어떨까? 휘발유를 덜 사용함으로써 잉여가 증가하는 만큼 상호 이득이 되는 거래가 존재함을 의미한다. 만약 운전 감소로 운전자들의 잉여가 94억 달러 줄어들고 캘리포니아 주민의 잉여가 100억 달러 증가한다면 캘리포니아 주민들이 운전자들에게, 예를 들어 운전하지 않는 대가로 97억 달러를 주면 어떨까? 운전의 양, 즉 오염의 양은 효율적인 균형 상태로 감소할 것이며 사회 전체의 총잉여는 극대화될 것이다.

외부효과가 존재하는 경우에도 개인이 사적 거래를 통해 효율적인 균형에 도달할 수 있다는 아이디어는 경제학자 로널드 코즈의 이름을 따서 **코즈 정리**라고 부른다. 여기에는 2가지의 핵심적인 가정이 필요하다. 상대방에게 대가를 지불한다는 집행 가능한 합의(또는 계약)를 할 수 있어야 하며 거래비용이 없어야 한다.

코즈 정리 외부효과가 존재하는 경우에도 거래비용이 없으면 개인들이 사적 거래를 통해 효율적인 균형을 달성할 수 있음을 보인 정리

흔히 이 두 가정은 성립되기 어렵다. 3,800만 명이나 되는 캘리포니아 주민을 모두 모아서 오염 방지를 위해 각기 지불할 용의가 있는 금액을 자발적으로 지불하게 하고, 이를 주행 감소에 합의한 운전자들에게 재분배한 후 이들이 합의를 잘 지켰는지 감시할 수 있는 정교한 조직을 한번 상상해보라. 조정과 집행 비용이 외부효과의 잉여 손실보다 더 커지는 시점이 올 것이며, 이러한 방식은 실행할 가치가 없다.

이 사례는 코즈 정리의 두 번째 결점을 보여준다. 사적 해결 방식은 잉여를 극대화하는 양의 휘발유가 거래되는 효율적인 결과를 가져온다. 그러나 이 방식에서 잉여가 배분되는 양태는 앞

에서 우리가 상상했던 방식에서 운전자들이 오염에 대한 보상으로 캘리포니아 주민에게 리터당 1달러를 지불해야 했던 것과는 매우 다르다. 그 대신 이 방식에서는 캘리포니아 주민이 운전자들에게 주행을 덜 하는 것에 대해 보상한다. 주민들은 외부효과하에서보다는 잉여가 증가하지만 운전자들이 오염 유발에 대한 대가를 치르는 경우의 잉여에는 한참 못 미친다.

각 해결 방식은 모두 효율적이지만 무엇이 '공정'한지와 누가 무엇을 할 '권리'가 있는지에 대한 전제는 다르다는 점을 주목하자. 한 경우에는 운전자들이 오염을 유발할 권리가 있다는 전제하에 그 행위를 하지 않는 것에 대해 보상을 받는다. 다른 경우에는 주민들이 오염되지 않은 공기를 마실 권리가 있다는 전제하에 오염을 수용하는 데 대한 보상을 받는다. 코즈 정리는 효율성이란 단지 총잉여를 극대화하는 데 것에 대한 것일 뿐이라는 점을 상기시킨다. 잉여의 '공정'한 분배를 확보하는 것에 대해서는 말해줄 수 있는 것이 없다.

이러한 논리는 시장실패를 해결하기 위해 누가 누구에게 보상을 해야 하는지를 결정하는 것은 왜 주로 경제학이 아니라 정치적, 법적, 철학적 문제인지를 설명해준다. 자신에게 영향을 주는 어떤 행위를 하도록 또는 하지 않도록 누군가에게 돈을 지불하는 것이 비록 돈을 지불하는 사람의 잉여를 증가시킨다 해도 많은 경우 사람들은 이것이 공정하지 않다고 느낀다. 〈에린 브로코비치〉는 자신이 사는 지역에서 어느 대기업이 지하수를 오염시키고 있다는 것을 발견하고 대항하는 한 여인에 대한 실화를 그린 영화다. 지하수 오염은 암 유발률을 높이고 다른 건강 문제를 야기한다는 혐의를 받고 있다. 에린은 이 기업이 오염을 멈추고 이 사실을 은폐하기 위해 피해 가족에게 지불하던 보상 또한 멈추도록 하기 위해 법적 캠페인을 벌인다. 이와 달리 에린 브로코비치가 코즈 정리에 따라 이웃들을 조직해 기업들에 오염을 유발하지 못하도록 돈을 지불했다면 어땠을까? 영화를 본 사람들은 그리 감동적이고 훈훈한 이야기라고 여기지 않았을 것이다.

사람들은 보통 효율적인 균형에 도달하는 것뿐 아니라 균형에 도달하는 과정과 누가 혜택을 받는지에 대해서도 관심을 가진다. 만약 여러분이 이웃을 찾아가 긍정적 외부효과에 대해 설명하고 그들이 여러분의 집을 칠하는 데 드는 비용에 기여해야 한다고 제안한다면 그들은 아마도 문전박대할 것이다. 코즈 정리가 적용되는 한 사례를 다른 관점에서 보기의 '무과실 이혼법이 이혼율을 증가시키는가?'를 통해 알아보자.

다른 관점에서 보기

무과실 이혼법이 이혼율을 증가시키는가?

1969년 캘리포니아 주는 미국에서 가장 처음으로 '무과실' 이혼을 합법화했다. 무과실법 이전에 이혼은 배우자가 간통, 유기, 학대 등 무언가 잘못을 저질러서 '과실'이 있다고 입증되어야만 허용되었다. 만약 부부 양측이 모두 이혼을 원한다면 법정에서 한쪽에 과실이 있는 것처럼 거짓 증언할 수 있었다. 그러나 어느 한쪽만 이혼을 원할 경우 헤어질 방법이 없었다. 무과실 이혼법하에서는 어느 한쪽이 원하는 경우 배우자의 동의 없이 또는 과실을 입증할 필요 없이 이혼이 가능하다.

그렇다면 이러한 법률상의 변화가 이혼율의 증가에 기여할 것으로 예상할 수 있을까? 언뜻 답은 '그렇다'일 것이다. 이전에는 배우자가 동의하기 전에는 이혼하기가 힘들었지만, 이제는 상대적으로 쉽다. 그러나 코즈 정리는 다른 관점을 보여준다. 코즈 정리에 따르면 이혼율은 그대로 유지되는 반면, 부부 간에 잉여의 분배가 달라질 것이라고 예측한다.

이러한 예측이 어떻게 가능한지 보기 위해 부부 중 한 명이 이혼을 원하고 다른 한쪽은 원하지 않는 경우를 상상해보라. 이전 법률하에서는 이혼을 원하는 측이 이혼을 원하지 않는 배우자가 법정에서 거짓말을 하도록 설득하기 위해 더 높은 위자료나 더 강한 자녀 방문 권리 등을 제시하는 등 양보를 해야 했다. 이혼을 원하지 않는 배우자는 아무런 양보를 할 필요가 없었다.

무과실 이혼이 도입된 이후 이러한 상황은 역전되었다. 이혼을 원하지 않는 배우자가 결혼의 가치를 높이기 위해 극적으로 행실을 고치거나 심각한 잘못을 바로잡는 등 이혼을 원하는 배우자에게 뭔가를 제시해야 하는 상태가 되었다. 코즈 정리는 법이 바뀐 후에도 그 이전에 비해 이혼 건수가 궁극적으로는 대체로 비슷할 것으로 예측한다. 다만 이제는 이혼을 원하는 배우자의 협상력이 증가하며, 결혼을 유지하려는 배우자가 양보를 해야 한다.

공교롭게도 무과실법 도입 이후 이혼율은 실제로 그리 많이 증가하지 않았다. 잠시 이혼율이 급증하기는 했지만 곧 무과실법 이전 수준으로 복귀했다. 이 사례의 경우에는 적어도 코즈 정리가 정확한 예측을 했다.

Source: J. Wolfers, "Did unilateral divorce laws raise divorce rates? A reconciliation and new results," *American Economic Review* 96, no. 5 (2006).

조세와 보조금

LO 18.5 조세나 보조금이 외부효과에 대응하기 위해 어떻게 사용될 수 있는지 알아보고 그러한 해결책의 장단점에 대해 논의하기

사적 해결 방식에 드는 비용과 조정의 어려움 때문에 사람들은 많은 경우 외부효과를 극복하기 위해 공공정책에 의지한다. 앞에서 사람들이 경제적 결정을 할 때 사회적 비용이나 편익을 감안하도록 강제하는 효과는 조세와 보조금의 효과와 흡사하다고 설명했다. 그렇다면 외부효과 문제를 해결하기 위한 가장 근본적인 공공정책이 외부효과를 세금이나 보조금으로 상쇄시키는 것과 긴밀한 관련이 있다는 것은 놀라운 일이 아니다.

세금을 통한 부정적 외부효과의 상쇄. 배기가스로 인한 대기오염 문제로 돌아가보자. 앞에서 우리는 LA의 대기오염 외부효과 문제를 운전자가 사용한 휘발유 리터당 1달러를 받아 오염 피해자에게 보상해주는 방식을 상상했다. 실제로, 세계의 많은 정부가 운전자들에게 세금을 부과해 사회적 비용을 고려하도록 강제한다. 오리건 주는 1909년 미국에서 처음으로 휘발유에 세금을 부과했으며 연방정부는 1930년대부터 휘발유에 세금을 부과했다. 정부는 도로공사에 필요한 재원 조달을 위해 휘발유 과세를 통해 일반 수입을 올리려는 의도였지만 이러한 세금은 운전의 부정적 외부효과를 상쇄하기도 했다.

부정적 외부효과를 상쇄하기 위한 세금은 아서 피구(Arthur Pigou)라는 경제학자의 이름을 본떠 **피구세**라 불린다. 다른 피구세는 탄소세뿐 아니라 주세나 담뱃세 등과 같은 '죄악세'를 포함한다. 〈그림 18-7〉의 (A)에 나타난 것처럼 부정적 외부효과의 결과는 수요곡선 $D_{개인}$이 소비자들이 사회적 비용을 감안했을 경우의 수요곡선 $D_{사회}$에 비해 더 높다는 것이다. 다른 모든 세

피구세 외부 불경제를 교정하기 위한 세금

금과 마찬가지로 피구세의 효과는 상품의 실제 가격을 높이는 것이다. 이에 따라 새로운 수요곡선이 원래 수요곡선 아래에서 형성된다. 수요곡선이 충분히 하향 이동하면 균형 거래량을 효율적인 수준까지 낮출 수 있다. 즉, 시장이 총잉여를 극대화할 수 있게 된다.

피구세가 소비자에게 부과되는지, 아니면 생산자에게 부과되는지에 따라 그 결과를 공급 측면에서 설명하는 것도 동일하게 타당하다. 피구세가 생산자에게 부과되는 경우 새로운 공급곡선이 원래 공급곡선 위에서 형성된다. 궁극적인 효과는 동일하다. 가격은 증가하고 거래량은 효율적인 수준으로 감소한다.

그러나 피구세는 외부효과에 대한 완벽한 해결 방법이 아니다. 2가지 문제가 있다. 첫째, 세금을 적절한 수준에 설정하는 문제가 있다. 앞에서 살펴본 바와 같이 외부비용을 수량적 가치로 정확히 측정하기는 매우 어렵다. 우리의 사례에서 1리터의 휘발유 연소로 유발되는 외부비용이 1달러로 추정되었으므로 1리터당 1달러의 피구세를 설정하기로 하자. 만약 이 추정치가 틀려서 외부효과가 이보다 더 높다면, 세금을 너무 낮게 설정한 셈이 된다. 이 경우 시장은 효율적인 균형에 좀 더 가까워지기는 하겠지만, 여전히 비효율적인 상태에 머물게 된다. 만약 이 추정치가 너무 높다면, 세금은 너무 높게 설정된 셈이 된다. 새로운 균형 거래량은 너무 높은 것이 아니라 너무 낮아서 비효율적이게 된다.

두 번째 문제는 세금은 소비자로부터 생산자와 정부로 잉여를 전환하는 데 효과적이지만, 소비자들이 외부비용을 감당할 수 있도록 정부가 도움을 줄 수 있다는, 또는 도움을 줄 용의가 있다는 보장이 없다. 피구세로 형성된 재원이 때로는 보상으로 이용되기도 하지만 대부분은 그렇

그림 18–7

세금을 통한 부정적 외부효과의 상쇄

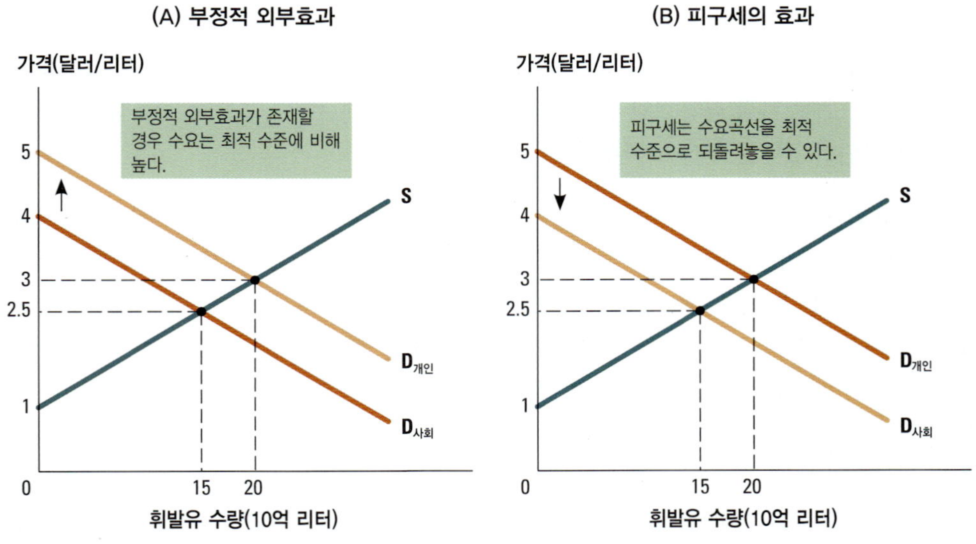

부정적 외부효과하에서는 수요곡선($D_{개인}$)이 사회가 전반적으로 원하는 수준($D_{사회}$)보다 높다. 그 차이가 바로 외부비용이다. 사회적인 관점에서 보면 개인이 자신만의 선호만을 고려해 결정하는 수요량은 효율적인 수준에 비해 너무 많다.

피구세는 부정적 외부효과를 상쇄한다. 세금이 외부비용과 동일한 수준으로 설정된다면 세금의 효과와 부정적 외부효과는 정확히 상쇄되며, 세금으로 인해 거래량이 효율적인 수준으로 감소한다.

지 않다. 캘리포니아 주민이 낸 세금이 호흡기 질환을 앓고 있는 사람들을 위한 치료센터 건립에 사용되는 것이 '공정'할 것이다. 그러나 세제 수입이 이러한 방식으로 오염 피해자에게 재분배되든 말든 세금은 휘발유시장을 효율적인 균형으로 움직여 사회 전체의 총잉여를 극대화한다. 잉여의 분배는 총잉여의 극대화와는 완전히 다른 문제임을 상기하라.

보조금을 통한 긍정적 외부효과의 상쇄. 세금이 외부비용을 상쇄할 수 있는 것처럼 보조금은 소비자나 생산자가 긍정적 외부효과로 혜택을 볼 수 있도록 도와준다. 만약 정부가 집을 칠하는 것이 이웃에게 500달러어치의 외부편익을 창출한다고 계산한다면, 집을 칠하고자 하는 사람들에게 정부가 500달러의 보조금을 주면 된다. 〈그림 18-8〉에서 보는 바와 같이 보조금에 따라 새로운 수요곡선이 원래의 수요곡선 위에 추가되어 시장을 효율적인 균형으로 이끈다.

피구세에서와 마찬가지로 효율성의 증가가 반드시 공정성과 일치하지는 않는다는 점을 상기하라. 보조금은 사회의 총잉여를 극대화할 것이다. 그러나 잉여의 분배는 정부가 어디에서 필요한 보조금을 조달하는지에 달렸다. 아마도 아름다운 동네로 인해 가장 득을 많이 보는 것은 집주인들이므로 보조금이 부동산세로 조달되는 것이 공정할 것이지만, 보조금 재원이 일반 세금으로 조달된다 하더라도 총잉여는 마찬가지로 극대화된다.

외부효과를 해결하기 위해 보조금을 사용하는 공공정책은 눈에 잘 띄지는 않지만, 어디에서 찾아볼지 안다면 매우 광범위하게 사용되고 있으며 중요하다는 것을 알게 될 것이다. 한 사례는 집을 칠하는 것보다는 훨씬 중대한 교육이다. 만약 부모들이 자녀를 학교에 보내기 위해 교육비를 지출해야 한다면, 많은 부모들이 교육의 기회비용이 너무 높다고 결정할 수 있다. 그러나 아

그림 18-8
보조금을 통한 긍정적 외부효과의 상쇄

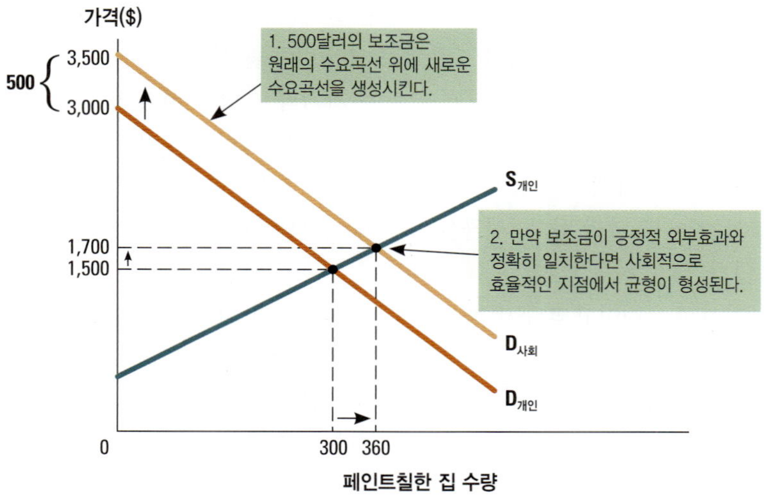

만약 정부가 집을 칠하는 사람들에게 500달러의 보조금을 지급한다면 원래의 수요곡선 위에 새로운 수요곡선이 생겨난다. 만약 보조금이 페인트칠한 외부편익과 정확히 일치한다면 균형은 사회적으로 효율적인 지점에서 형성된다.

이들을 교육시키면 온갖 종류의 외부편익을 가져온다. 교육을 받으면 경제적 생산성이 증가해 사회 기여도가 높아지고 사회 참여도가 높은 시민으로 자라날 가능성이 크다. 이 때문에 정부는 공립학교를 설립하고 교육비를 보조하는 것이다.

대학에서 종종 교정 내 소규모 서비스에 보조금을 지급하는 것을 볼 수 있을 것이다. 예를 들면, 감기 확산 방지를 위한 예방주사 서비스라든가 대학 컴퓨터 네트워크의 감염을 방지하기 위한 컴퓨터 바이러스 백신 프로그램 공급 등이다. 두 경우 모두 적용되는 논리는 온전히 시장에만 맡겨두면 학생들이 예방주사나 백신 프로그램을 너무 적게 구매할 것이라는 점이다. 즉, 학생들은 전 교정의 총잉여를 극대화하는 수준보다 낮은 가격을 지불할 것이라는 의미다.

세금과 마찬가지로 긍정적 외부효과를 보조금을 통해 해결하기 위해서는 외부비용이나 편익을 정확히 수량화해야 한다. 만약 보조금이 너무 적게 책정된다면—예를 들어 집을 칠하기 위한 보조금으로 50달러만 준다면—칠을 하게 되는 수는 비효율적으로 적을 것이다. 만약 보조금이 너무 높게 책정된다면—예를 들어 5000달러—이 또한 총잉여를 극대화하지 못한다. 추가적으로 칠해진 집들로 인해 증가한 사회적 편익이 보조금에 투입된 비용보다 적을 것이기 때문이다.

할당제와 규제

LO 18.6 수량 규제가 외부효과에 대응하기 위해 어떻게 사용될 수 있는지 알아보고 그러한 해결책의 장단점에 대해 논의하기

만약 우리가 사회적 최적량을 알고 있다면—예를 들어 어느 정도의 오염을 수용할 용의가 있는지—세금을 부과하는 대신 단순히 수량을 규제하면 되지 않을까? 캘리포니아 주는 효율적인 휘발유의 총량을 계산해 각 주민에게 각각 그 일부를 할당하면 된다. 이러한 접근법은 오염의 총량을 통제하는 데 세금을 부과하는 것과 동일한 결과를 가져올 것이다.

그러나 어쩌면 놀랍게도, 효율적인 수준으로 총소비량을 제한하는 것이 시장을 효율적으로 만들지는 않는다. 보이지 않는 손의 진짜 마술은 가격과 수량을 효율적인 수준으로 유도하는 것뿐만 아니라 이를 달성하기 위해 지불 용의가 가장 높은 사람에게 자원을 배분하는 기제를 활용한다는 것이다. 잉여 극대화는 얼마만큼의 휘발유가 거래되는지에만 달려 있지 않고 누가 휘발유를 사고파는지에도 달려 있다. 세금은 시장이 이러한 분류 역할을 하도록 허용하지만 할당제는 그렇지 않다.

할당제가 왜 비효율적이고 피구세는 그렇지 않은지 보기 위해 시장을 축소해 단 2명의 운전자만 있다고 가정하자. 운전자 A는 아주 크고 연료가 많이 드는 레인지로버를 출퇴근용으로 사용한다. 파이러스 하이브리드를 소유한 운전자 B는 출근은 걸어서 하지만 주말에는 자동차를 타고 국립공원에 가기를 좋아한다. 1리터당 3달러라면 두 운전자는 모두 우연히도 매달 60리터를 구매한다. 하지만 운전자들의 선호도나 운전의 이유가 다르고, 연비가 다른 차를 소유하고 있기 때문에 휘발유에 대한 각 소비자의 수요는 달라 보인다.

〈그림 18-9〉는 각각의 운전자가 추가적인 한 단위의 휘발유에서 얻는 순편익을 나타낸다. 달리 말하면, 그 리터의 한계편익과 한계비용의 차이를 나타낸다. 예를 들어, 휘발유 가격이 리터당 3달러라면, 파이러스 소유자는 20리터째 휘발유에 3.8달러까지 지불할 용의가 있으며 이로

그림 18-9

할당제는 세금에 비해 비효율적이다

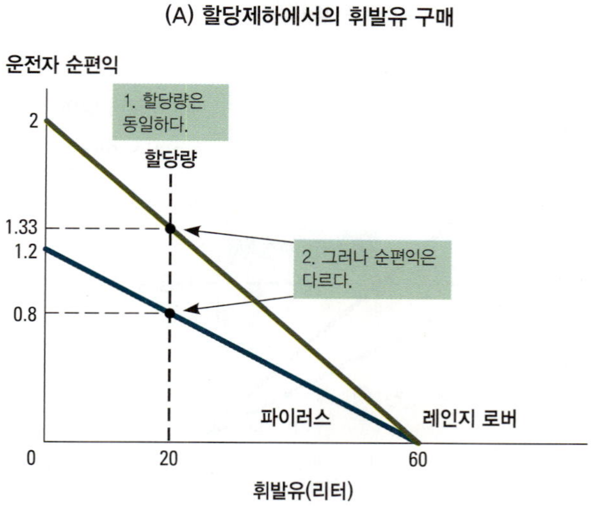

할당제는 두 운전자 모두 개별 소비를 주당 20리터로 감소하도록 강제한다.

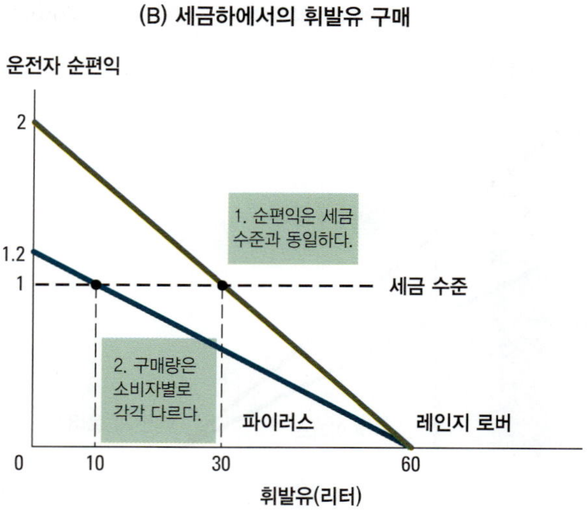

세금은 두 운전자 모두 휘발유 소비를 각자의 한계편익이 1달러가 될 때까지 구매를 줄이게 한다. 이 지점에서 두 운전자가 구매하는 휘발유 총량은 할당제에서와 동일하다.

인해 0.8달러의 순편익을 얻는다. 레인지로버 소유자는 20리터째 휘발유에 4.33달러를 지불할 용의가 있으며, 따라서 이로 인해 1.33달러의 순편익을 얻는다.

일반적인 상황이라면 두 운전자 모두 추가적인 리터의 순편익이 0이 될 때까지, 즉 매달 60리터의 휘발유를 구매한다(즉, 한계비용이 한계편익과 동일해지는 지점). 〈그림 18-9〉의 (A)는 이들의 할당량이 각각 매달 20리터로 제한되면 어떤 일이 벌어질지 보여준다. 두 운전자 모두 더 많은 휘발유를 사고 싶어 할 테지만 추가적인 1리터를 구매하기 위해 레인지로버 소유자는 1.33달러까지 지불할 용의가 있는 반면, 파이러스 소유자는 단지 0.8달러까지만 지불할 용의가 있다.

반대로, 〈그림 18-9〉의 (B)는 휘발유세가 도입된다면 두 운전자에게 어떤 일이 생길지 보여준다. 만약 세금이 1리터당 1달러라면, 각 운전자는 추가로 구매한 리터의 순편익이 세금까지 감안해 0이 될 때까지 휘발유를 구매한다. 세금이 1달러인 이와 같은 경우에는 세전 편익이 1달러임을 의미한다. 세금하에서는 두 운전자의 휘발유 구매량이 다르며, 둘 다 그 이상의 휘발유를 구매할 의사가 없다.

세금하에서 두 운전자가 소비한 휘발유의 총량은 할당제하에서의 총량과 동일한 40리터인 점에 주목하라. 그럼에도 할당제에서보다는 세금하에서 잉여가 더 높다는 것을 〈그림 18-10〉에서 볼 수 있다. 할당제는 두 운전자의 휘발유 소비 합계 총량이 세금의 경우와 동일하게 만들지만 이를 비효율적으로 달성하는 것이다. 잉여를 계산해보면 두 운전자의 합계 잉여가 할당제하에서는 54에 불과한데 비해 세금하에서는 56이다.

그림 18-10

피구세는 잉여를 극대화하지만 할당제는 그렇지 않다

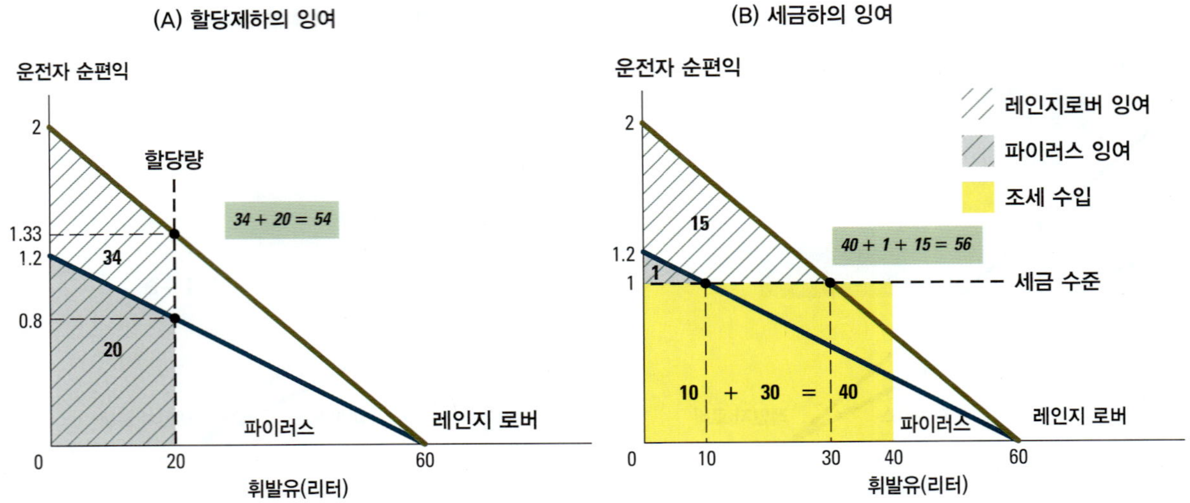

할당제는 두 운전자가 휘발유에서 얻는 개별 편익이 다름에도 모두 동일한 수준으로 구매를 줄이도록 한다.

세금의 경우, 두 운전자 모두 리터당 1달러를 추가로 지불해야 하기 때문에 휘발유 소비로 인한 잉여가 감소한다. 그러나 한계편익이 0이 될 때까지 구매할 수 있다는 사실은 휘발유세 수입을 합해 총잉여가 할당제하에서보다 크다는 것을 의미한다.

거래 가능 허가권

LO 18.7 거래 가능한 허가권을 통해 어떻게 외부효과에 대응할 수 있는지 알아보고 그러한 해결책의 장단점에 대해 논의하기

거래 가능 허가권 사거나 팔 수 있는 생산 또는 소비의 할당

여러분은 이제 할당제 체계를 어떻게 개선하면 좋을지 알아차렸을 것이다. 두 운전자가 추가적인 리터의 휘발유를 위해 지불할 용의가 다르다는 사실은 상호 이익이 되는 무역의 여지가 있음을 암시한다. 레인지로버 소유자가 파이러스 소유자에게 0.8달러보다 많고 1.33달러보다는 낮은 금액을 지불하고 1리터의 할당량을 추가로 확보할 수 있다면 두 운전자 모두 그전에 비해 후생이 증가할 것이다. 일단 총할당량을 설정하고 사람들이 서로 할당된 허가권을 사고팔 수 있게 허용한다면 어떨까? 이러한 방법은 정책입안자들이 세율을 설정하는 대신 총량을 선택할 수 있게 하는 동시에 지불 용의가 가장 높은 사람에게 할당이 돌아가도록 보장해준다. 생산 또는 소비에 대한 할당량을 사고팔 수 있도록 하는 것을 **거래 가능 허가권**이라고 한다.

할당제에서와 같이 거래 가능 허가권 체제에서는 효율적인 거래량에 도달하게 된다(물론 총할당량이 적절한 수량이라는 것을 전제로 한다). 세금과 마찬가지로, 거래 가능 허가권은 잉여를 극대화한다. 하지만 피구세와 거래 가능 허가권 간에는 한 가지 차이가 있다. 피구세는 정부 세수입을 유발하지만 거래 가능 허가권은 개인 간 할당량을 사고파는 시장을 만들어낸다. 정부가 초기의 할당량을 판매함으로써 수입을 거둘 수 있겠지만 그러한 제도가 도입된 경우, 보통은 소비자나 생산자에게 무료로 배분되며, 그 이후 사람들 간 거래가 발생한다.

미국에서 탄소세를 도입하는 것이 좋을지, 아니면 거래 가능한 탄소 배출권을 도입할 것인지에 대한 최근의 정책 토론에 대해, 사례를 통해 알아보기의 '할당-거래법 논쟁'을 읽어보자.

사례를 통해 알아보기

할당–거래법 논쟁

오염과 온실가스는 승용차 함께 타기나 백열전구를 에너지 효율이 높은 전구로 바꾸는 것과 같은 간단한 방법으로 감소시킬 수 있다. 그러나 과학자들은 기후변화를 늦추려면 보다 획기적인 감소가 필요하다고 주장하고 있다. 지구 온도를 산업화 이전 온도에서 3.5도 이상 높은 수준으로 안정시키기 위해서는 대기의 탄소가 2000년 수준의 50~80%로 감소해야 한다. 가장 큰 표적은 화석연료를 사용하는 공장과 자동차에서 뿜어내는 배기가스다.

실질적 측면에서 보면 이러한 감소는 2가지 주요 방법으로 달성할 수 있다. 첫째는 많은 경제학자들이 가장 선호하는 탄소세다. 2009년 미의회에 제출된 대부분의 제안은 대기로 방출되는 1톤의 탄소당 약 15달러의 일률과세로 시작할 것을 제시하고 있다. 그 이후 매년 10달러씩 증가해 최종적으로는 톤당 약 100달러까지 증가한다. 레스터 브라운(Lester Brown) 지구정책연구소(Earth Policy Institute) 소장은 그 정도의 과세로는 지구온난화를 극복할 수 없을 것이라고 한다. 대안으로 그는 톤당 20달러로 시작해 240달러까지 증가하는 훨씬 높은 수준의 세금을 권고한다. 경제학자들은 이러한 세금은 '상류'에 부과되어야 한다고 주장한다. 공장이나 운전자들이 탄소를 배출할 때 과세하기보다는 화석연료가 생산되거나 수입될 때 부과되어야 한다는 의미다(예를 들어 톤당 15달러의 세금은 1갤런당 약 4센트에 상응한다). 이러한 세금은 화석연료에 대한 수요를 떨어뜨릴 것이다. 공장, 사업체, 일반 운전자들이 화석연료를 덜 소비하면, 이산화탄소 배출량도 줄어들 것이다. 정부는 세금으로 인한 수입을 거둘 수 있다.

이에 대한 대안은 탄소 배출권 시장을 창출하는 것이다. 이 방법은 총탄소 배출량을 일정 수준으로 제한한 후 사업체 간 배출권을 거래할 수 있도록 하기 때문에 '할당-거래'라 불린다. 2009년의 왁스만-마르키(Waxman-Markey) 기후변화법안은 2050년까지 탄소 배출을 2005년 대비 86% 감소시키는 야심찬 목적을 달성할 수 있는 방법으로 이러한 할당-거래 제도를 제안했다.

이 목적을 어떻게 달성할 수 있을 것인가? 첫째, 연간 허용되는 최대한의 탄소배출량 한도를 설정한다. 초기에는 이 한도가 현재 수준의 탄소 배출과 거의 유사할 것이다. 시간이 지남에 따라 목적을 달성할 수 있는 수준으로 이 한도를 점점 낮추어나간다는 것이다.

그 다음에 '거래'의 단계가 도래한다. 기업에 사고팔 수 있는 일정한 배출권이 주어진다. 적은 비용으로 낮은 탄소 배출을 달성할 수 있는 청정 기업들은 남는 배출권을 배기가스를 줄이기 어렵거나 비용이 많이 드는 기업에 팔 수 있다. 만약 많은 기업들이 배기가스 배출을 감소시키기 어려워 탄소 배출권에 대한 수요가 증가하면 배출권의 가격이 올라갈 것이다. 청정 신기술이 생겨나고 도입되면서 배출을 감소시키는 데 드는 비용도 줄어들 것이며, 이에 따라 배출권에 대한 수요가 감소해 가격 인하로 이어질 것이다.

할당-거래 프로그램은 처음에는 기업에 배출권을 경매에 부치는 방식으로 기획될 수 있다. 경매 수입은 정부가 가져간다. 왁스만-마르키 법안에서는 85%의 탄소 배출권은 무료로 배급하도록 하고 있다. 탄소 배출권은 매우 가치가 있으므로 배출권을 배급받을 수 있는 운 좋은 기업들은 정부 덕에 그야말로 횡재를 하는 셈이다.

누가 수입을 가져가든 그 문제는 차치하고, 경제학자들은 보통 위에 제안된 2가지 방식 모두 비슷한 결과를 가져온다고 말할 것이다. 두 방법 모두 생산비를 높여 소비자 가격을 증가시키므로 소비자들에게 부담이 된다. 예를 들면, 식량을 농장에서 가계로 운송하려면 배기가스를 배출하는 트럭이나 배를 사용해야 하므로 탄소 비용이 높아지면 슈퍼마켓에서 파는 식량 가격도 증가한다. 비판자들은 이러한 높은 가격이 경제를 둔화시키고 실업을 증가시킬 것을 우려한다.

물론 경제학자들에겐 공공정책에 대한 최종 결정권이 없다. 하원에서 겨우 통과된 뒤 왁스만-마르키 법안은 2009년 상원에서 부결되었고 이후 집행된 적이 없다.(탄소세 또한 아직 존재하지 않는다.) 그러나 2011년 캘리포니아는 미국에서 처음으로 주의 관할하에 탄소 할당-거래 프로그램을 도입했다. 2013년부터 많은 캘리포니아 산업에 대해 배출할 수 있는 탄소의 한도를 강제할 수 있게 되었다.

Sources: http://www.time.com/time/health/article/0,8599,1700189,00.html ; http://www.carbontax.org/progress/carbon-tax-bills/ ; http://www.arb.ca.gov/cc/capandtrade/capandtrade.htm .

외부효과 해소를 위한 공공정책

경제학자들이 외부효과를 해결하기 위해 세금이나 거래 가능 허가권을 제안할 때에는 외부효과를 유발하는 행동에 대해서가 아니라 외부효과 그 자체에 대한 세금을 제시한다. 이 장에서는 휘발유세에 대해 길게 얘기했는데 이 세금은 오염을 유발하는 상품에 대한 것이지, 오염 그 자체에 대한 것이 아니다. 이상적으로는, 환경정책은 최종 재화—배출된 탄소—에 직접 적용되어야 할 것이다. 그래야 그 정책이 축산에서부터 발전소 운영, 벽난로에서 장작을 때우는 것까지, 탄소를 배출해 외부효과를 유발하는 모든 활동에 적용될 수 있다. 그러나 이러한 여러 출처에서 배출되는 탄소를 측정하는 것은 현실적으로 너무 어렵다. 휘발유에 세금을 부과하는 것은 차선책이다. 최선책은 전혀 불가능할지도 모른다.

오염을 직접 측정하기 어렵기 때문에 많은 정책이 개별 제품과 과정을 대상으로 하고 있다. 예를 들어 보통 자동차에 이산화질소, 일산화탄소, 미연소된 탄화수소의 배출을 감소시키는 특정한 기술인 촉매 변환 장치를 장착하도록 요구한다. 지방정부는 종종 에너지 절감용 전구의 사용이나 재활용을 위해 보조금을 지급하고 또는 스모그가 심한 계절이나 건조한 상태로 인해 산불이 특별히 위험할 때에는 장작 때기를 금하기도 한다. 개별 활동에 초점을 맞추는 것의 약점은 소비자와 생산자에 대한 동기부여가 외부효과 극소화 목적과 일치하지 않을 위험이 있다는 것이다.

예를 들어, 1975년 미국 정부는 승용차에 *CAFE* **표준**이라는 연료 효율 표준을 도입했는데 오염을 줄이는 것이 목적이었다. 그러나 이 규제는 소형 트럭에는 낮은 기준이 적용되도록 설계되어 있었다. 결과는? 승용차 제조업자들은 승용차에 적용되는 기준을 회피하기 위해 소형트럭이라고 분류될 수 있을 만한 크기와 무게의 차를 생산하기 시작했다. 승용차의 평균 연료 효율은 감소하기는커녕 실제로는 증가했다.

오염을 직접 표적으로 하는 정책은 청정한 기술 및 생산 과정의 개발을 고무할 뿐 기업들이 규제를 교묘히 피해갈 수 있는 기회를 주지 않는다. 사실 소비자와 생산자는 오염을 유발하지 않고 활동할 수 있는 새로운 방식을 찾아낼 동기가 얼마든지 있다. 이는 세금을 내야 하거나 또는 허가권을 사는 것을 피할 수 있게 하고 궁극적으로는 최종 정책 목표와 동기를 일치시킨다. 개인 시민의 탄소 발자국을 감시하는 것은 매우 어려운 일이나 대규모 공장이 유발하는 오염을 감독하는 것은 상대적으로 쉽기 때문에 탄소세나 거래 가능한 탄소 배출권 제도는 개인보다는 기업에 적용되는 것이 보다 합리적이다.

✓개념 확인하기

- ❐ 코즈 정리에 의거해 사적으로 외부효과를 해결하기 위해서는 어떤 조건들이 필요한가? **[LO 18.4]**
- ❐ 보조금은 긍정적인 외부효과 아니면 부정적인 외부효과를 해소하기 위해 사용되는가? **[LO 18.5]**
- ❐ 부정적인 외부효과를 교정하기 위한 보다 효율적인 방법은 무엇인가? 할당인가, 아니면 세금인가? **[LO 18.6]**
- ❐ 보통 할당과 거래 가능한 할당의 차이는 무엇인가? 어느 방식이 더 효율적인가? 왜 그러한가? **[LO 18.7]**

결론

일반적으로 우리는 시장의 보이지 않는 손이 적절한 양을 적절한 사람들에게 배분해 총잉여를 극대화할 것이라고 믿는다. 그러나 한 사람의 선택이 다른 사람들에게 비용이나 편익을 유발한다면 어떤 일이 발생할까? 자유시장의 결과는 이상적이지 못할 가능성이 있으며, 해당 활동이 너무 많이 또는 너무 적게 발생할 수 있다.

이 장에서 소개된 사례에서 볼 수 있듯이, 긍정적 또는 부정적 외부효과는 경제 생활에서 흔히 나타나는 현상이다. 외부효과는 기후변화, 오염, 황폐된 마을, 교육정책 관련 논의의 이론적 배경을 제공한다. 때로는 개인이 상대방에게 외부효과를 일으키는 행위를 하거나 하지 못하도록 돈을 지불하는 사적 해결 방법을 찾을 수도 있다. 그렇지만 이러한 사적 합의를 조정하고 집행하는 데 드는 비용은 많은 경우 편익을 압도적으로 상회한다.

보통은 조세나 보조금 같은 정부정책이 경제를 왜곡할 것으로 생각하지만 이러한 경우에는 실제로 효율을 증가시킬 수 있음을 보았다. 이는 세금과 보조금이 구매자와 판매자가 외부비용과 외부편익의 가치를 감안하게 함으로써 외부효과를 상쇄할 수 있기 때문이다. 언뜻 할당제는 부정적 외부효과의 문제인 '너무 많은' 공급을 상쇄할 수 있는 간단한 방법으로 보이지만 사람들이 할당량을 서로 사고팔 수 있도록 허용하지 않으면 잉여를 극대화하지 못한다.

다음의 '공공재와 공유자원' 장에서는 외부효과와 밀접한 관련이 있는 다른 도전에 대해 살펴본다. 재화가 공동으로 소유되는 경우, 개인은 자신의 행동이 공유자원에 미치는 영향을 고려할 동기가 극히 제한되어 있다. 이는 시장실패로 귀결되며 이를 해결하기 위한 정책은 이 장에서 논의한 것과 매우 흡사하다.

주요 용어

개인비용 p.511
개인편익 p.511
거래 가능 허가권 p.528
네트워크 외부효과 p.512
사회적 비용 p.511
사회적 편익 p.511
외부비용 p.511
외부편익 p.511
외부효과 p.511
코즈 정리 p.521
피구세 p.523

요약

LO 18.1 외부비용과 외부편익이 경제적 결정을 내려야 하는 사람들의 비용–편익 비교에 어떤 영향을 주는지 설명하기

해당 행위를 하지 않은 어떤 사람에게 보상 없이 부과되는 모든 비용은 **외부비용**에 해당한다. 해당 행위를 하지 않은 어떤 사람에게 대가 없이 주어지는 편익은 **외부편익**이라고 한다. 외부비용과 외부편익을 통틀어 **외부효과**라 하며, 전자는 **부정적 외부효과**, 후자는 **긍정적 외부효과**라 부른다. 경제 행위자에게 직접 부여되는 비용이나 편익은 **개인비용 또는 편익**이며 외부효과를 포함한 총비용을 **사회적 비용**이라 한다.

LO 18.2 부정적 외부효과가 시장가격 및 거래량에 미치는 영향을 계산하고 그로 인한 잉여의 변화 측정하기

부정적 외부효과는 개인비용을 사회적 비용보다 저렴하게 만들어 개인비용만을 부담해도 되는 각 개인이 주어진 모든 가격대에서 비효율적으로 많은 수량을 수요하거나 공급하게 한다. 부정적 외부효과가 존재하는 경우 시장 균형은 효율적인 수준보다 높은 거래량을 초래해 총잉여 극대화에 실패한다. 시장가격이 사회적 비용에 비해 너무 낮게 형성되는 것이다. 잉여의 손실은 이러한 결정의 외부비용을 떠안게 되는, 시장에 직접 참여하지 않는 사람들이 부담하게 된다.

LO 18.3 긍정적 외부효과가 시장가격 및 거래량에 미치는 영향을 계산하고 그로 인한 잉여의 변화 측정하기

긍정적 외부효과는 어떤 결정의 개인편익을 사회적 편익보다 적게 만들어 개인편익만을 향유하는 각 개인이 주어진 모든 가격대에서 비효율적으로 낮은 수량을 수요하거나 공급하게 한다. 긍정적 외부효과가 존재하는 경우 시장 균형은 효율적인 수준보다 낮은 거래량을 초래해 총잉여 극대화에 실패한다. 시장가격이 사회적 편익에 비해 너무 높게 형성되는 것이다. 잉여의 손실은 더 많은 재화가 거래되었다면 후생이 증가했을, 시장에 직접 참여하지 않은 사람들이 부담하게 된다.

LO 18.4 개인이 사적으로 외부효과 문제를 어떻게 해결할 수 있는지 기술하고 이러한 방식이 왜 항상 유용하지 않은지 설명하기

외부효과가 존재하는 경우에도 개인이 사적 거래를 통해 효율적인 균형에 도달할 수 있다는 아이디어를 **코즈 정리**라고 한다. 외부효과가 잉여를 극대화하는 데 실패하므로 이론적으로는 외부비용을 부담하거나 외부편익을 향유하는 사람들이 다른 사람들에게 효율적인 수량을 사거나 팔도록 돈을 지불하면 모든 사람들의 후생이 증가할 수 있다. 그러나 이 이론은 사람들이 합의 내용을 실제로 지키며 거래비용이 없다는 것을 가정하고 있다.

LO 18.5 조세나 보조금이 외부효과에 대응하기 위해 어떻게 사용될 수 있는지 알아보고 그러한 해결책의 장단점에 대해 논의하기

부정적 외부효과를 상쇄하기 위한 세금을 **피구세**라고 한다. 부정적 외부효과를 정확하게 상쇄하기 위해서는 세금을 외부비용과 일치시켜 균형 거래량을 줄여야 한다. 이와 유사하게 보조금은 긍정적 외부효과를 상쇄해 더 높은 균형 거래량에 도달할 수 있게 한다. 세금이나 보조금이 적절한 수준에 책정되면 외부효과가 정확히 상쇄될 수 있고 시장은 효율적이게 된다.

LO 18.6 수량 규제가 외부효과에 대응하기 위해 어떻게 사용될 수 있는지 알아보고 그러한 해결책의 장단점에 대해 논의하기

부정적 외부효과로 인한 비효율적으로 높은 소비를 상쇄하기 위한 할당제를 통해 효율적인 거래량을 확보할 수 있지만 실제로 잉여를 극대화하지는 못한다. 잉여 극대화와 효율성을 달성하는 것은 거래량이 어느 정도인지뿐 아니라 누가 재화를 사고파느냐에도 달려 있다.

LO 18.7 거래 가능 허가권을 통해 어떻게 외부효과에 대응할 수 있는지 알아보고 그러한 해결책의 장단점에 대해 논의하기

생산이나 소비에 대한 할당량을 사거나 팔 수 있도록 한 것이 **거래 가능 허가**다. 할당제에서와 마찬가지로 거래 가능 허가 체제에서도 허가 총량이 적절한 수준에 책정되어 있다면 효율적인 거래량에 도달할 수 있다. 할당제와 달리, 그러나 세금과는 마찬가지로 거래 가능 허가는 지불 용의가 가장 높은 사람에게 판매함으로써 잉여를 극대화한다. 정부는 초기에 설정된 할당량을 판매해 수익금을 확보할 수 있으나 보통 소비자나 생산자에게 무료로 배급하는 경우가 더 많다. 이들은 나중에 할당받은 허가를 서로 거래한다.

복습문제

1. 이 장에 포함되어 있지 않은 외부효과의 예를 들어라. 이는 긍정적 외부효과인가, 부정적 외부효과인가? 경제적 결정을 내리는 사람들은 누구이고, 외부비용을 부담하고 외부편익을 향유하는 것은 누구인가? **[LO 18.1]**
2. 개를 입양하는 결정에 대해 생각해보자. 개를 입양하는 행동에 따른 개인비용, 개인편익, 외부비용, 외부편익은 각각 무엇인가? **[LO 18.1]**
3. 담배를 피우는 데 따르는 개인비용과 개인편익은 무엇인가? 외부비용은? 만약 흡연자들이 담배의 사회적 비용을 지불한다면 담배에 대한 수요는 어떻게 변하는가? **[LO 18. 2]**
4. 미국 농부가 남서부에서 토지를 관개하면 지하의 소금이 콜로라도 강으로 녹아든다. 콜로라도 강의 염도가 너무 높아져서 강 하류 인근의 멕시코 농부들이 더 이상 땅을 관개하지 못하게 되자 멕시코에서의 농작물 수확은 큰 피해를 보았다. 이 상황이 왜 부정적 외부효과에 해당하는지, 왜 너무 많은 관개를 유도하는지, 미국 농부가 외부효과를 내부화한다는 것이 어떤 의미인지 설명하라. **[LO 18.2]**
5. 만약 교육이 개인편익도 있지만 사회에 외부편익을 유발하기도 한다면 왜 최적량보다 적은 양의 교육이 이루어지는지 설명하라. **[LO 18.3]**
6. 손을 씻는 것은 전염성 질병의 확산을 방지해 보건의 외부편익을 유발한다. 만약 사람들이 손을 씻을 때마다 약간의 보상을 받는 프로그램이 만들어질 수 있다면 특정 시점에서 병에 걸린 사람의 수에 어떤 영향을 미칠 것인가? **[LO 18.3]**
7. 지미는 전자기타의 음량을 최고로 높이는 것을 좋아하지만 그의 이웃은 지미의 연주를 듣는 것을 싫어한다. 지미와 그의 이웃은 이 문제를 사적으로 어떻게 해결할 수 있을까? 사적 해결을 어렵게 만드는 잠재적 요소에 대해 설명해보라. **[LO 18.4]**
8. 펠릭스와 오스카는 같은 방을 같이 쓰는 친구다. 오스카가 너무 지저분해 서로 이에 대한 합의가 이루어지지 않으면 펠릭스는 이사를 나갈 계획이다. 이들이 사적 해결에 도달하기 위해서는 오스카가 펠릭스에게 지저분함에 대한 대가를 보상하든가 아니면 펠릭스가 오스카에게 청소비를 지불하는 것 중 어느 상황이 되어도 상관이 없는가? **[LO 18.4]**
9. 여러분이 경제정책 자문을 한다고 가정해보자. 환경단체가 최대한으로 높은 탄소세를 도입하도록 압력을 가하고 있는 반면 산업단체에서는 탄소세 도입을 막으라고 압력을 가하고 있다. 양측 모두 자신들의 입장이 경제적으로 더 합리적이라고 주장하고 있다. 그들에게 가장 효율적인 세금의 수준이 무엇인지, 그리고 너무 많거나 적은 세금이 왜 비용을 유발하는지 설명하라. **[LO 18.5]**
10. 어떤 상황에서 세금이 시장을 덜 효율적으로 만드는가? 어떤 상황에서 세금이 시장을 보다 효율적으로 만드는가? **[LO 18.5]**
11. 시애틀 시에서는 쓰레기 무료 수거를 매주, 한 가정당 쓰레기 한 통으로 제한하고 있다. 추가적인 쓰레기 수거에는 요금을 부과한다. 이것이 쓰레기를 줄이는 가장 효율적인 방법인가? 왜, 또는 왜 아닌가? **[LO 18.6]**
12. 환경 효과 분석에 따르면 호주의 더글러스 항 인근의 산호초는 매주 20번의 스쿠버다이빙 관광을 감당할 수 있다고 결론 내렸다고 가정하자. 스쿠버다이빙 관광 건수를 주당 20번으로 한정하는 할당을 설정하는 것에 대한 찬성과 반대 의견에 대해 논의해보라. **[LO 18.6]**
13. 시애틀 시에서는 쓰레기 무료 수거를 매주, 한 가정당 쓰레기 한 통으로 제한하고 있다. 추가적인 쓰레기 수거에는 요금을 부과한다. 시애틀 시 어느 한 동네에서 한 통의 할당량 이상이 필요한 가족들이 그룹을 조직해 할당량 미달인 가정에 쓰레기를 버려달라고 돈을 지불한다고 가정하자. 이것이 이 정책의 효율성에 변화를 주는가? **[LO 18.7]**
14. 정부가 공장이 배출하는 대기오염을 제한할 2가지 정책을 고려하고 있다고 가정하자. 하나는 생산자에게 세금을 부과하는 것이고, 또 다른 하나는 생산자에게 다른 생산자들과 거래가 가능한 배출권을 배급하는 것이다. 만약 두 정책 모두 동일한 수준의 오염 감소를 유도한다면 생산자들이 거래 가능 배출권을 선호할 이유는 무엇인가? **[LO 18.7]**

응용문제

Mc Graw Hill connect ECONOMICS

1. 다음 상황이 주로 외부비용을 유발하는지, 아니면 외부편익을 유발하는지 답하라. **[LO 18.1]**
   a. 한 인기 높은 호숫가 휴양지에서 낚시하기
   b. 팩스 기계 구입
   c. 에이즈 백신 개발을 위한 연구
   d. 복잡한 공원의 벤치에 자리를 차지하고 앉기
   e. 쓰레기 무단 배출

f. 여러분의 애완견을 중성 수술시키는 것

2. 여러분이 1000달러의 상금이 걸린 크리스마스 전등 전시 대회에 참여할지 고민하고 있다고 가정하자. 다음 상황이 개인비용, 개인편익, 외부비용 또는 외부편익에 해당하는지 밝혀라. 적용되는 모든 항목에 표시하라. **[LO 18.1]**
   a. 여러분 집 앞길의 교통 혼잡과 주차 어려움 증가
   b. 크리스마스 전등으로 인한 전기료 증가
   c. 크리스마스 전등 전시 대회 우승

3. 주당 담배에 대한 수요와 공급은 〈그림 18P-1〉에서 보는 것과 같다. **[LO 18.2]**
   a. 흡연은 비흡연자에게 한 갑당 6달러의 외부비용을 유발한다고 가정하자. 소비자가 외부효과를 내부화할 경우 형성될 수요곡선을 그려라.
   b. 주당 몇 갑의 담배가 소비되는가?
   c. 담배의 효율적인 거래량은 얼마인가?
   d. 외부효과가 내부화될 수 있다면 총잉여의 증가는 얼마인가?

4. 〈그림 18P-2〉는 미국 농부가 땅을 관개해서 얻는 한계편익을 보여준다. 1에이커의 땅을 관개하기 위해서는 100달러가 소요된다. 각 에이커는 콜로라도 강을 오염시키는 염분 1리터를 발생시킨다. 멕시코 농부들이 농작물을 관개하기 위해 강물의 염도를 희석시키는 데는 1리터당 50달러가 발생한다. **[LO 18.2]**
   a. 그래프에 관개의 한계 개인비용을 그려라.
   b. 그래프에 관개의 한계 사회적 비용을 그려라.

그림 18P-1

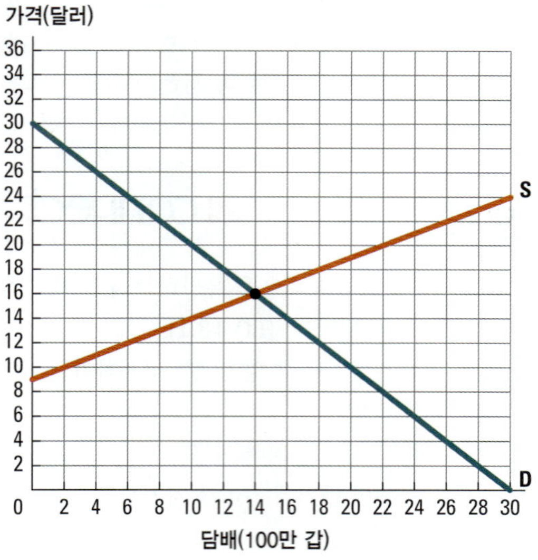

그림 18P-2

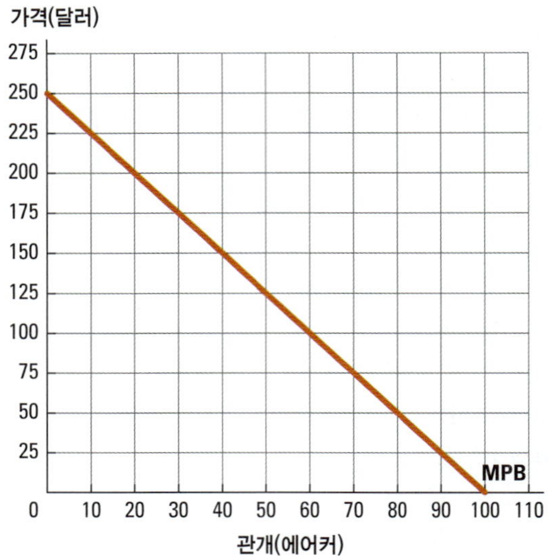

   c. 미국 농부는 몇 에이커의 땅을 관개할 것인가?
   d. 효율적인 수준의 관개는 무엇인가?
   e. 외부효과가 내부화될 수 있다면 총잉여는 얼마가 될 것인가?

5. 〈그림 18P-3〉은 개인비용과 편익에 근거한 나무 심기에 대한 수요와 공급을 보여준다. 나무들은 탄소를 흡수하며, 이는 나무들이 기후변화를 유발하는 오염을 상쇄하는 데 도움을 준다는 것을 의미한다. **[LO 18.3]**
   a. 나무 한 그루가 흡수하는 탄소양의 가치가 4달러라고 하자. 나무의 사회적 편익에 근거해 나무 심기에 대한 공급곡선을 그려라.

그림 18P-3

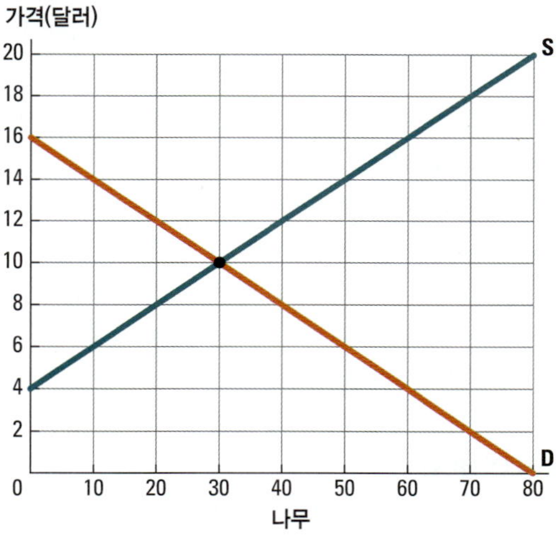

b. 사회적 편익을 무시한다면 몇 그루의 나무가 심어질 것인가?

c. 사회적으로 적절한 나무의 수는 얼마인가?

d. 공급자가 나무를 심어서 발생하는 외부편익의 가치 4달러를 확보할 수 없다면 손실되는 잉여는 얼마인가?

6. 〈그림 18P-4〉는 개인비용과 개인편익에 근거한 응급처치 훈련에 대한 수요와 공급을 보여준다. **[LO 18.3]**

a. 응급처치 훈련으로 인한 외부편익이 6달러라고 가정하자. 사회적 편익에 근거한 응급처치 훈련에 대한 수요곡선을 그려라.

b. 훈련의 사회적 편익을 무시한다면 몇 시간의 응급처치 훈련이 이루어질 것인가?

c. 사회적으로 최적인 응급처치 훈련 양은 얼마인가?

d. 소비자가 훈련을 받음으로써 발생하는 외부편익 6달러를 확보하지 못한다면 발생하는 잉여 손실은 얼마인가?

7. 여러분의 이웃은 절대로 잔디를 깎지 않는다. 여러분은 이웃에게 잔디 깎기를 강제할 법적 수단이 없지만 이웃집 앞마당이 지저분해져서 동네 전체가 보기 흉해지면 여러분 집의 부동산 가치도 떨어진다. 여러분 집의 가치는 5000달러 감소하고 이웃이 매주 한 번 잔디를 깎는 데 드는 시간의 가치는 1000달러다. 여러분이 이웃에게 3000달러를 주고 잔디를 깎도록 합의한다고 가정하자. 이 합의는 잉여에 어떤 영향을 주는가? **[LO 18.4]**

a. 합의는 여러분의 잉여만을 증가시킨다.

b. 합의는 이웃의 잉여만을 증가시킨다.

c. 합의는 여러분의 잉여는 증가시키지만 이웃의 잉여는 감소시킨다.

d. 합의는 이웃의 잉여는 증가시키지만 여러분의 잉여는 감소시킨다.

8. 로드 아일랜드의 존슨 숲에는 1000여 마리의 큰 박쥐가 서식하는 동굴이 있다. 박쥐 똥은 산도가 높아서 많은 자동차의 외관을 훼손한다. 존슨 숲 박쥐의 비행 반경은 존슨 및 포스터 등 2개 소도시를 포함한다. 존슨 시 주민은 박쥐를 없애는 데 40만 달러의 가치를 부여한다. 포스터 주민은 50만 달러의 가치를 부여한다. 병충해 방제 전문가는 박쥐를 없애기 위해서는 45만 달러가 소요될 것으로 추정한다. 다음의 어떤 상황이 성공적으로 박쥐를 없앨 수 있을 것인가? 적용되는 모든 사항에 표시하라. **[LO 18.4]**

a. 박쥐 박멸에 기여하기 위해 포스터 시가 존슨 시에 50만 달러를 지급한다.

b. 박쥐 박멸에 드는 비용을 포스터 시와 존슨 시가 동일하게 나눈다.

c. 존슨 시는 박쥐 박멸에 아무것도 기여하지 않는다.

9. 지방정부가 아이들의 보건이 큰 외부효과를 낳으므로 가족들이 소아과를 방문할 수 있도록 보조금을 지급하기로 결정했다. 그러나 정부는 얼마만큼의 보조금을 주어야 할지 잘 모른다. 〈그림 18P-5〉는 소아과 방문에 대한 현재 수요곡선과 D_2, D_3, D_4 곡선으로 대표되는 3개의 대안이 되는 보조금을 보여준다. **[LO 18.5]**

그림 18P-4

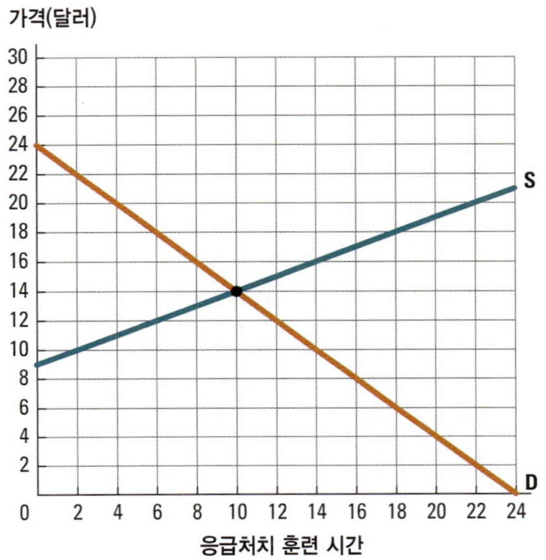

그림 18P-5

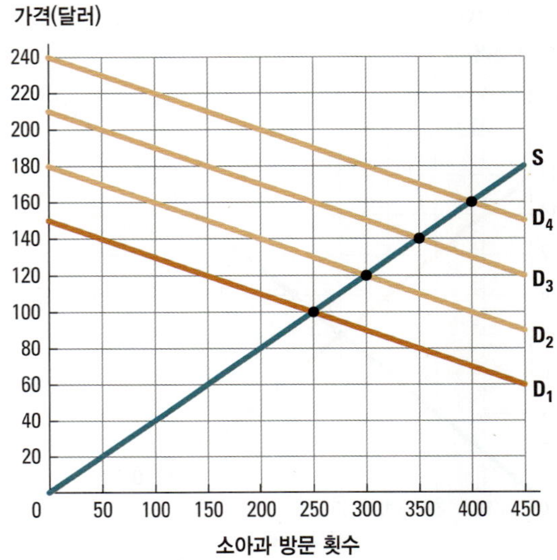

a. 필요한 수준의 보조금이 D_3이라고 가정하자. 만약 보조금이 D_2 또는 D_4였다면, 효율적인 결과에 비해 총잉여가 얼마나 줄어드는가?

b. 사회적으로 최적인 소아과 방문 횟수는 무엇인가?

10. 〈그림 18P-6〉은 하루에 엘도라도 호수에서 수상스키를 탈 수 있는 허가권의 시장을 보여준다. 만약 각 허가당 호수를 훼손하는 정도가 4달러라고 가정하자. **[LO 18.5]**

a. 정부 개입이 없을 경우 이 시장에서의 잉여 손실을 계산하라.

b. 스키 허가 공급자에게 정부가 12달러의 세금을 부과한다고 가정하자. 개입이 없는 상황에 비해 순잉여의 증가 또는 세금으로 인한 손실은 얼마인가?

c. 사회적으로 최적인 수상스키 수준은 얼마인가?

11. 7월 4일에는 주택가에서도 불꽃놀이가 법적으로 허용된다고 가정하자. 불꽃놀이는 안전하다는 판정을 받았지만 소음 공해가 심하므로 제한적으로 사용되어야 한다. 제니와 살로는 가족들을 위해 불꽃놀이를 하고 싶다. 〈표 18P-1〉은 제니와 살로가 구매하는 각 폭죽의 순한계편익을 보여준다. **[LO 18.6]**

a. 만약 한 명당 폭죽 30개가 할당된다면, 마지막 폭죽의 한계편익은 얼마인가?

b. 제니와 살로가 구입하는 폭죽 양과 동일한 수준의 폭죽 수를 구매하게 하는 세금은 얼마인가?

c. 세금하에서는 세금을 감한 마지막 폭죽의 순한계편익이 얼마인가?

12. 많은 지방자치제에서는 대부분 쓰레기로 버려지고 배수구를 막히게 하고 나뭇가지에 걸리는 비닐봉투의 환경 영향에 대해 우려하고 있다. 어떤 소도시에서 비닐봉투에 세금을 부과하든가 아니면 시민 한 명당 할당받는 한도를 정하려고 한다. 신디와 칼은 2명의 평균적인 시민으로 모두 시장을 볼 때 비닐봉투를 사용한다. 〈그림 18P-7〉은 이들 각각이 봉투를 사용해 얻는 순한계편익을 보여준다. **[LO 18.6]**

a. 할당제하에서 마지막으로 2명이 각각 구입하는 봉투의 한계편익은 얼마인가?

b. 세금하에서 각 소비자가 구입하는 봉투는 몇 개인가? 이들 각각이 마지막 봉투에서 얻는 한계편익은 얼마인가? 세금을 감한 후의 한계편익은 얼마인가?

c. 여러분이라면 이 소도시가 비닐봉투에 대한 할당제 또는 세금 중 무엇을 도입할 것을 권하겠는가?

그림 18P-6

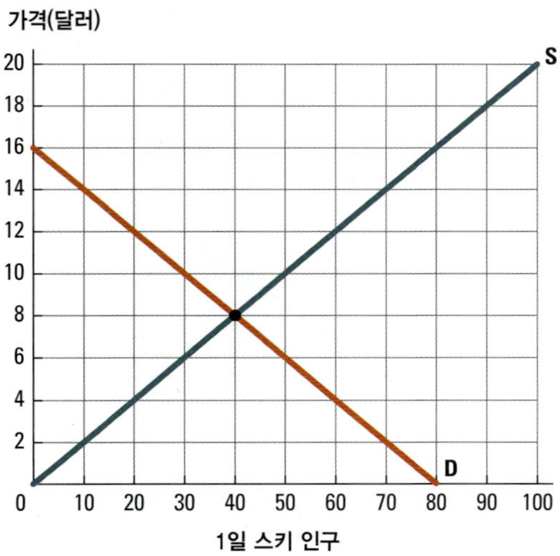

그림 18P-1

순한계편익	제니의 소비량	살로의 소비량
10	0	0
9	10	5
8	20	10
7	30	15
6	40	20
5	50	25
4	60	30
3	70	35
2	80	40
1	90	45
0	100	50

13. 〈표 18P-2〉는 3개 기업의 현재 탄소 배출량과 탄소 배출 감소 비용을 보여준다. 정부는 할당-거래 정책을 도입해 탄소 배출을 규제하고 있다. 총할당량은 180톤의 탄소이며 각 기업은 초기에 60톤의 탄소에 해당하는 거래 가능한 배출권을 지급받는다. **[LO 18.7]**

a. 어느 기업(들)이 배출권을 구매할 것인가? 누구로부터 얼마의 배출권을 구매하는가?

b. 판매하는 기업이 손익 균형을 이루려면 최소한 받아야 할 금액은 얼마인가?

14. 이스트 강에서 운영되는 주요 연락선 업체는 3개다. 각 업체는 매년 100단위의 오염을 유발한다. 각 업체의 오염을

그림 18P-7

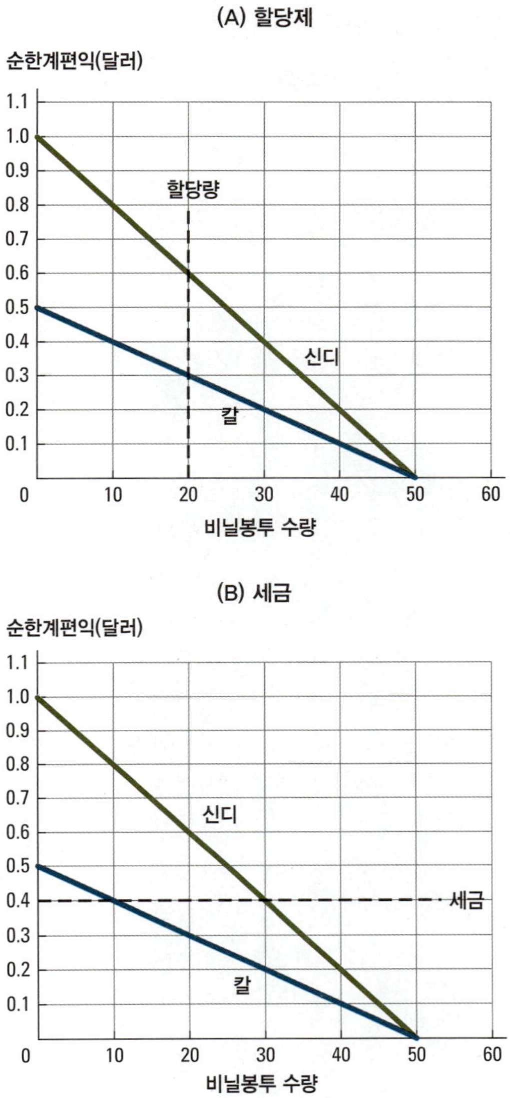

줄이기 위한 비용은 〈표 18P-3〉과 같다. **[LO 18.7]**

a. 정부는 오염 수준을 50% 낮추기로 결정하고 각 업체에 오염을 반으로 줄이도록 요구한다. 각 연락선 업체의 오염 감소 비용은 얼마이고 오염 감소의 총비용은 얼마인가?

b. 만약 정부가 각 업체에 50개의 거래 가능 허가증을 배급한다고 하자. 각 허가증은 연락선 업체가 1단위의 오염을 유발할 수 있도록 허용한다. 어느 연락선 업체가 허가증을 구매할 것인가? 누구에게서 얼마나 구입할 것인가?

c. 거래 가능 허가증 체제하에서는 오염 감축의 총비용이 얼마인가?

표 18P-2

기업	현재 탄소 배출량 (톤)	1톤당 탄소 배출 감소 비용 (달러)
A	80	150
B	100	200
C	70	50

표 18P-3

	1단위당 탄소 오염 감소 비용 (달러)
연락선 A	1,500
연락선 B	2,500
연락선 C	1,800

미주

1. *Advancing the Science of Climate Change*, National Research Council (Washington, DC: The National Academies Press, 2010).
2. 사람들이 어떤 결정을 내릴 때 사회적 비용을 감안하도록 강제받는 경우를 도표로 분석하는 방식은 6장에서 세금의 효과를 도표로 분석한 것과 흡사함을 알 수 있다(〈그림 6-7과 6-9〉 참조).
3. http://ntl.bts.gov/lib/32000/32700/32779/DOT_Climate_Change_Report_-_April_2010_-_Volume_1_and_2.pdf .

◀ 세계의 모바일 윈도우-이 장의 내용과 관련된 응용사례를 찾으려면 여러분의 스마트폰으로 이 코드를 스캔하라. (QR코드 리더가 필요하면, 여러분의 앱스토어에서 ScanLife를 활용하라.)

여러분의 모바일 앱스토어를 방문하여 Karlan and Morduch Study Econ app.을 다운로드 하라. ▶

Study Econ McGraw Hill

Chapter 19

공공재와 공유자원

학 습 목 표

LO 19.1 여러 다른 종류의 재화를 경합성과 배제 가능성에 따라 정의하기

LO 19.2 무임승차 문제와 그 결과에 대해 알아보기

LO 19.3 공유지의 비극과 그 결과에 대해 알아보기

LO 19.4 사회규범이 언제, 그리고 어떻게 공공재 및 공유자원과 관련된 문제를 효과적으로 해결할 수 있는지 설명하기

LO 19.5 각종 정부 규제가 공공재 및 공유자원과 관련된 문제를 해결하는 데 어떻게 사용될 수 있는지 알아보기

LO 19.6 재산권의 확대가 언제, 그리고 어떻게 공공재 및 공유자원과 관련된 문제를 효과적으로 해결할 수 있는지 설명하기

신 공유지의 비극

1910년, 동아프리카 대초원 지대에는 약 30만 마리의 코뿔소가 자유롭게 돌아다니고 있었다. 100년 후, 그곳에 남아 있는 코뿔소는 2,000마리에 불과했다. 인구가 증가하면서 인간이 코뿔소의 서식지를 잠식해간 것이 왜 이러한 현상이 발생했는지 부분적으로 설명해주지만, 코뿔소 개체 수가 몰락한 진짜 원인은 코뿔소가 사냥감으로서 매우 높은 가치를 지녔기 때문이다. 1900년대 초, 수천 명의 맹수 사냥꾼들이 유럽과 미국 등지에서 스포츠의 목적으로 코뿔소를 사냥하기 위해 몰려들었으며, 전 미국 대통령 루스벨트도 그중 한 명이었다. 요즘은 코뿔소 사냥이 대체로 불법화되었지만, 코뿔소 뿔의 밀매가 여전히 성행하고 있다. 아시아 일부 지역에서는 코뿔소 뿔이 전통의약품의 원료이며 동일한 무게의 금보다 더 가치가 있다. 그 결과 특정 코뿔소 종—북부 흰코뿔소—는 멸종 위기에 처해 있다.

밀렵꾼들은 왜 코뿔소가 멸종에 이를 정도로 그토록 많이 사냥하는 것일까? 코뿔소가 멸종되면 그것으로 밀렵꾼의 이윤도 끝장날 텐데 말이다. 밀렵꾼들은 앞으로 수년간 뿔을 생산해낼 수 있도록 코뿔소 개체 수를 정성스럽게 관리하기를 원하지 않을까? 이 장에서 살펴보겠지만, 문제는 어떤 특정인이 코뿔소를 소유한 것이 아니기 때문에 아무도 그 가치를 유지하려는 동기가 없다는 데 있다. 그 대신 모두들 재빨리 뛰어들어 코뿔소가 사라지기 전에 한몫 챙기기에 혈안이 될 뿐이다.

동아프리카에서 코뿔소가 거의 멸종되었다는 것은 비단 생물학자나 자연 예찬론자들에게만 문제가 되는 것은 아니다. 이는 경제적 비효율성을 보여주는 매우 중요한 사례이기도 하다. 모

든 재화가 경쟁적인 시장을 통해 효율적으로 배분되는 것은 아니며, 이 장에서는 시장실패가 발생하는 2가지 주요 재화 유형에 대해 살펴볼 것이다. 첫 번째 부류는 코뿔소 또는 다른 야생동물 같은 공유자원으로, 이들은 궁극적으로 과소비되어 고갈된다. 두 번째 부류는 국방, 공중보건, 도로, 교육, 연구 등과 같은 공공재로 궁극적으로 충분한 공급이 이루어지지 않는다. 두 경우 모두 문제의 원인은 사람들이 자신이 소비하는 것에 대해 지불할 것을 강제할 수 없기 때문이다. 이로 인해 발생하는 문제와 이에 상응하는 해결책 모두 앞에서 논의한 외부 비용 및 편익과 관련이 있다.

코뿔소들이 완전히 사라질 운명에 처한 것은 아니다. 공유자원을 보호하고 공공재를 보급하기 위한 일단의 정책은 매우 효과적임이 증명되었다. 그 결과, 남아프리카의 코뿔소 개체군은 동아프리카의 코뿔소 개체군과는 정반대의 추세를 보이고 있다. 남아프리카의 경우 1900년경 20여 마리밖에 남아 있지 않던 흰코뿔소가 지금은 2만 마리에 달한다. 무엇이 이러한 차이를 만들었을까? 해결책의 일부분은 역설적이게도 코뿔소 사냥을 권장하는 것이었다. 단, 자신이 소유한 사유지에서만 코뿔소 사냥을 허용했다. 남아프리카 정부는 또한 잘 보호된 국립공원을 설립했다. 이 장에서는 이와 같은 정부 행위의 사례 및 다른 사려 깊게 기획된 공공정책이 공공재와 공유자원을 효율적으로 배분하는 데 얼마나 큰 도움을 주는지 살펴볼 것이다.

재화의 속성

LO 19.1 여러 다른 종류의 재화를 경합성과 배제 가능성에 따라 정의하기

어떤 종류의 재화가 코뿔소와 같이 과소비에 시달리는 경향을 보이는가? 강물은 그러한 경향을 보이지만 오렌지 주스는 그렇지 않다. 바다의 물고기는 그러한 경향을 보이지만 농장에서 기르는 닭은 그렇지 않다. 공공도서관의 컴퓨터는 그러한 경향을 보이지만 개인 소유의 휴대용 컴퓨터는 그렇지 않다. 여기서 공통된 요인은 무엇인가?

첫째로 주시할 것은 강물, 바다의 물고기, 공공 도서관의 컴퓨터는 보통 한 개인이 소유하는 것이 아니라는 점이다. 그 대신, 이러한 재화들은 국가 또는 지역사회가 공동으로 소유한다.

더 나아가, 우리는 재화가 어떻게 사용되는지와 시장이 재화를 효율적으로 배분하는지 여부를 결정하는 2가지 중요한 속성을 특정할 수 있다:

배제 가능성 재화나 서비스의 소유자가 대가를 지불하지 않는 사람을 해당 재화나 서비스의 이용에서 배제할 수 있는 속성

경합성 한 사람이 소비하면 다른 사람은 소비를 못하거나 소비를 줄일 수밖에 없는 재화의 속성

사적재화 배제 가능성과 경합성이 있는 재화

- 재화가 **배제 가능**한 경우, 판매자는 대가를 지불하지 않은 사람들이 그 재화를 사용하지 못하도록 할 수 있다.
- 재화가 **경합적**인 경우, 한 사람이 그 재화를 소비하면 다른 사람은 그 재화를 소비하지 못하거나 소비를 줄일 수밖에 없다.

이 책에서 논의한 대부분의 재화는 배제성과 경합성이 모두 존재하는 **사적재화**(private goods)다. 그러나 많은 재화는 이 둘 중 하나 또는 2가지 속성 모두 가지고 있지 않다. 이러한 재화의 유형에 대해 기술하기 전에 배제 가능성과 경합성이라는 아이디어에 대해 좀 더 탐구해 보자.

배제 가능한 재화

배제 가능성은 소유자가 재화에 대한 가격을 강제할 수 있도록 해주기 때문에 중요하다. 만약 사람들이 어떤 재화를 소비하는 것을 막을 수 없다면, 그들은 그 재화를 사용하기 위해 대가를 지불할 이유가 없다. 예를 들어, 가로등은 배제 불가능 재화다. 가로등이 일단 인근 지역에 세워진 후에는 누구든 그 길을 지나가게 되면 대가를 지불했는지 여부와 관계없이 혜택을 받을 수 있다. 대가를 지불하지 않은 사람에게 가로등의 혜택을 받지 못하도록 할 수 있는가? 경찰관을 대기시켰다가 특별한 검은 색안경을 쓰게 만들 것인가? 눈을 감게 한다면? 담을 세워 격리를 시킬 것인가? 대부분의 경우 일부 사람들은 가로등의 혜택을 누리게 하고 일부는 그러지 못하게 하는 것을 상상하기 어렵다.

배제 가능성은 그러나 정도의 문제다. 도로를 생각해보라. 다리, 터널, 주요 고속도로는 각각 입구에 통행료 징수소를 설치해 사용을 배제시킬 수 있지만 대부분의 도로에서 이는 실용적인 선택이 아니다. 모든 진입로에 징수소를 설치해 사람들이 도로를 지나가기 전에 반드시 통행료를 내도록 만들 수는 없다.

소비의 경합성

경합성은 누가 재화를 소비하면 그 재화는 '소진'되는 것과 상관이 있다. 코뿔소 뿔은 경합적인 재화다. 누가 코뿔소를 먼저 사냥해 뿔을 잘라버리면, 다른 사람은 그 코뿔소를 동일한 목적으로 또는 다른 어떤 목적으로도 사용할 수 없다. 이는 다른 많은 재화, 실은 대부분의 재화도 마찬가지다. 한 어선이 물고기를 잡았다면 그 물고기들을 다른 어선이 또 잡을 수는 없다. 어떤 사람이 가게에서 청바지를 한 벌 샀다면, 그 가게에는 나중에 온 손님이 살 수 있는 청바지 한 벌이 줄어든 것이다.

비경합적인 재화는 어떤 유형의 재화인가? 앞에서 살펴본 가로등은 배제 불가능한 동시에 비경합적이기도 하다. 가로등으로 밝혀진 길을 두 사람이 걸어갈 때 한 사람이 걸어갈 때와 똑같은 수준의 밝기를 향유할 수 있다. 라디오에서 흘러나오는 노래는 비경합적이다. 한 사람이 그 소리를 듣는다고 해서 노래 소리가 '소진'되지 않기 때문에 다른 사람이 들을 수 없게 되지는 않는다. 일반적으로 지식과 기술은 비경합적이다. 무언가 새로운 것이 고안되거나 발명되었을 때 모든 사람들이 그로부터 혜택을 받을 수 있기 때문이다.

경합성 또한 정도의 문제라고 할 수 있다. 도로에 대해 다시 한 번 생각해보자. 사람들의 왕래가 드문 시골길은 아마도 소비의 경합성이 없을 것이다. 만약 한 사람 더 그 길을 사용한다고 하더라도 다른 사람이 그 길을 사용하는 데 아주 조금의 영향밖에 미치지 못할 것이다. 그러나 매우 혼잡한 고속도로는 경합적인 재화의 속성을 가지고 있다. 고속도로에 진입하는 추가적인 차량은 교통량을 증가시키고 이에 따라 다른 차량의 속도가 떨어지며 다른 운전자들이 느끼는 고속도로의 가치가 감소하게 된다.

햇볕은 공공재다. 비경합적이며 배제 불가능하다.

PEANUTS © 1994 Peanuts Worldwide LLC. Dist. By UNIVERSAL UCLICK. Reprinted with permission. All rights reserved.

재화의 4가지 유형

한 재화가 배제 가능한지 또는 경합적인지 여부는 그 재화가 시장 체제를 통해 어떻게 배분되는지에 대한 중요한 시사점을 가진다. 배제성과 경합성의 2가지 개념을 결합해 〈그림 19-1〉에서 보는 바와 같이 4가지의 재화를 정의할 수 있다.

- **사적재화**는 배제 가능한 동시에 경합적이다. 이 책에서 계속 논의하듯이, 이러한 재화는 보통 경쟁적인 시장을 통해 효율적으로 배분될 수 있다.
- **공공재**는 그 명칭이 암시하는 바와 같이 사적재화와는 반대로 배제 가능하지도, 경합적이지도 않다.
- **공유자원**은 배제 가능하지는 않지만 경합적이다.
- **인위적으로 희소하게 만든 재화**는 배제 가능하지만 경합적이지는 않다.

공공재 배제 가능성과 경합성이 모두 없는 재화

공유자원 소비의 배제 가능성은 없지만 경합성은 있는 재화

이 장에서는 인위적으로 희소하게 만든 재화에 대해서는 거론하지 않는다. 이미 독점과 독점적 경쟁 부분에서 다루었기 때문이다. 본질적으로, 희소한 재화의 시장은 사적재화 시장과 동일하게 기능하며, 인접한 대체재가 없다는 것이 그 재화를 희소하게 만드는 것이다. 이러한 희소성으로 인해 판매자가 완전 경쟁시장에서 가능한 것 이상의 가격을 요구할 수 있는 지배력을 가질 수 있다.

✓ 개념 확인하기

❒ 한 재화가 배제 가능하다는 것은 어떤 의미인가? **[LO 19.1]**
❒ 한 재화가 소비의 경합성이 있다는 것은 어떤 의미인가? **[LO 19.1]**
❒ 공공재와 공유자원에는 어떤 차이가 있는가? **[LO 19.1]**

그림 19-1
재화의 4가지 유형

	배제 가능	배제 불가능
경합적	**사적재화** 비행기표, 피자, 미니밴	**공유재** 산림, 이장, 야생동물
비경합적	**인위적으로 희소하게 만든 재화** MP3, 유료 명화, 유료 웹사이트	**공공재** 개방된 소프트웨어, 교통신호, 국방

공공재와 공유자원의 문제

시장은 사적재화의 효율적 배분을 위해서는 잘 작동하지만 공공재와 공유자원을 항상 잘 배분하는 것은 아니다 그 이유는 경쟁적 기업이 부과하는 가격은 소비의 진정한 비용과 편익을 반영하지 못하기 때문이다. 공공재와 공유자원의 문제는 이렇듯 18장에서 논의한 외부효과 문제와 밀접한 연관이 있다.

여기서는 공공재와 공유자원과 연관된 2가지 특정한 유형의 문제—무임승차와 공유지의 비극—에 대해 논의할 것이다.

무임승차 문제

LO 19.2 무임승차 문제와 그 결과에 대해 알아보기

버스에 대해 생각해보자. 버스 노선을 운영하기 위해서는 비용이 든다. 운전기사에게 임금을 주어야 하며 기름도 사야 하고 버스를 유지 보수하기 위한 비용도 필요하다. 이러한 비용을 처리하기 위해 운전기사는 버스를 타는 사람들한테 요금을 받는다. 그런데 만약 어떤 사람이 요금을 내지 않기 위해 운전기사의 눈길을 피해 뒷문으로 슬쩍 승차한다면? 이 사람은 버스를 무료로 타게 되는 것이다. 이런 사람을 우리는 '무임승차자(free rider)'라 부를 수 있다.

이러한 무임승차자가 한 명이라면 그다지 큰 피해가 발생하는 것은 아니다. 이 사람이 좌석을 하나 차지하고 앉아도 근본적으로 다른 사람한테 무엇을 빼앗는 것은 아니기 때문이다. 또한 아직은 버스를 운영하는 데 드는 비용을 모두 지불하기에 충분한 사람들이 요금을 내고 있기 때문이다. 그러나 뒷문이 항상 열려 있는 버스를 한번 생각해보자. 승차자들은 요금을 내고 앞문으로 타는 것을 선택할 수도 있지만, 요금을 내지 않고 뒷문으로 타는 것을 선택할 수도 있다. 이러한 상황에서는 상당수의 무임승차자를 목격하게 될 가능성이 높다. 무임승차자들이 많아지면 버스를 운영하는 시에서는 비용을 충당하기 위한 수입이 줄어들게 된다. 너무나 많은 사람들이 무임승차를 한다면 시는 더 이상 예전처럼 많은 노선을 운영할 수 없게 된다. 하지만 버스 서비스의 공급이 감소한 것은 수요의 감소나 서비스의 가치가 하락한 것을 반영한 것이 아니다. 아직도 버스 체제의 비용을 지불하는 것을 정당화할 만큼 많은 수요가 있다. 다만, 개별 승차자들이 자발적으로 요금을 내야 할 동기가 없는 것이다.

방금 논의한 이 **무임승차 문제**는 비배제성 때문에 발생하는 것으로 공공재가 과소하게 공급되는 결과를 가져온다. 재화가 배제 가능하기 어려우면 사람들이 지불하는 대가는 실제 느끼는 가치를 다 반영하지 못하기가 쉽다. 어쨌든, 여러분도 버스 서비스의 가치를 높게 평가하고 반드시 그렇게 해야 한다면 요금을 지불할 용의가 있다 해도, 기회가 생긴다면 무료로 버스를 타려고 하지 않을까? 문제는 이러한 경우 그 재화는 효율적인 양보다 적게 공급될 것이라는 점이다.

무임승차 문제 공공재의 배제 불가능성으로 인해 공공재가 충분히 공급되지 않을 때 발생하는 문제

무임승차의 문제가 무임승차자가 버스에서 좌석을 차지하는지 여부와는 상관이 없다는 점을 주목하자. 사람들을 무제한 태울 수 있는 버스가 있다고 상상해보자. 좌석 수가 과소 공급되는 것이 아니라 버스를 운영하는 데 드는 비용을 충당할 수 있도록 요금을 지불하는 승차자가 충분하지 않다는 것이 문제다. 심지어 물리의 법칙을 거역하는 J.K. 롤링(J.K. Rowling)의 기사버스(Knight Bus)도 해리 포터에게 11시클의 요금을 부과한다.

공공재란 정의상 배제 가능하지 않은 재화이므로 무임승차 문제는 흔한 문제일 수밖에 없다. 무임승차 문제라는 말이 생겨날 정도로 대중교통은 이러한 문제의 대표적 사례다. 하지만 사람들이 이렇게 비유적으로 '무임승차'하는 많은 다른 사례들이 있다. 온갖 종류의 서비스가 무임승차 문제로 인해 과소 공급된다. '일을 보신 후 세면대를 닦아주세요'라는 팻말이 붙어 있는 공중화장실을 한번 상상해보라. 얼마나 많은 사람들이 이 말을 따를까? 물론 모든 사람들이 세면대를 닦지는 않을 것이다. 아무리 모든 사람들이 깨끗한 세면대에 일정한 가치를 부여한다고 해도 말이다. 또는, 눈이 많이 내린 날 모든 사람들이 삽을 들고 나와 길에서 눈을 치우는 데 일조할 것으로 기대되었다고 하자. 만약 모두 도왔다면 길은 짧은 시간 내에 깨끗해질 것이다. 그러나 보통 모든 사람들이 돕지는 않을 것이다. 기회가 주어진다면 사람들은 무임승차를 할 것이다. 사람들은 세면대를 닦지 않은 채 화장실을 나갈 것이며, 눈을 치우러 나가기를 선택하지 않을 것이다.

무임승차 문제에 접근하는 한 가지 방법은 무임승차자들이 다른 사람들이 버스요금을 지불하거나 공중화장실을 치우거나 또는 눈을 치우는 선택으로부터 긍정적 외부효과를 누린다고 생각하는 것이다. 외부효과를 다룬 장에서 보았듯이, 긍정적 외부효과가 존재하는 경우 재화나 서비스의 균형 공급량은 사회 총후생을 극대화하는 양보다 적다. 결과적으로, 시장에만 맡겨둔다면 대중교통, 깨끗한 공중화장실, 눈이 치워진 도로는 과소 공급된다는 것이다.

바로 뒤에서 설명하겠지만, 이러한 과소 공급 문제는 다양한 방법으로 해결될 수 있다. 재화나 서비스를 배제 가능하게 만드는 방법 (일부 대도시에서 볼 수 있는 요금제 공중화장실과 같이)이나 정부가 특정 주체에게 일정한 양의 해당 재화나 서비스를 제공할 책임을 지도록 하는 방법 (시영 제설차 운영과 같이) 등이 그 예다.

일부 중요한 공공재는 공중화장실이나 버스보다 좀 더 추상적이다. 공중보건, 위생, 일반상식, 안전 등은 모두 일상생활에 엄청난 영향을 주는 공공재다. 공중보건의 예를 고려해보자. 만약 인구의 99%가 소아마비 또는 천연두 같은 특정 질병에 대한 백신을 접종했다고 치자. 나머지 1%는 백신을 접종하지 않아도 감염될 염려가 없을 것이다. 그러나 만약 모든 이들이 무임승차자가 되어 백신 접종을 하지 않는다면 질병 확산의 위험은 매우 빨리 증가할 것이다. 예방접종을 하지 않은 사람들이 예방접종을 한 사람들 주변에서 살지 못하도록 격리하는 것은 불가능하다. 무임승차자가 너무 많아서 충분한 정도의 예방접종이 이루어지지 못한다면 모든 사람들이 감염될 가능성이 더 높아진다. 마찬가지로 군대, 경찰 또는 마을 방범대 같은 것은 모두 안전을 제공하기 위해 존재한다. 안전을 유지하는 데 아무것도 기여하지 않는 무임승차자들이 안전이라는 편익을 누릴 수 없도록 만드는 것은 쉽지 않다.

가장 추상적인 공공재 중 하나는 일반상식 또는 정보다. 모두의 혜택을 제고하는 방향으로 공공재를 둘러싼 무임승차 문제를 극복한 하나의 사례로 다른 관점에서 보기의 '위키피디아는 어떻게 작동될 수 있는 것인가?'를 참고하라.

다른 관점에서 보기

위키피디아는 어떻게 작동될 수 있는 것인가?

2001년 지미 웨일스와 래리 샌저가 온전히 사용자의 자발적인 참여로 이루어지는 무료 온라인 백과사전, 위키피디아를 개시했다. 사용자가 올리는 글에 대한 대가도 없고 감독도 없다. 누구든 위키피디아를 편집할 수 있고 기여를 하지 않아도 올려진 글을 볼 수 있다. 달리 말하면, 위키피디아는 전형적인 공공재다: 누구든 무료로 사용할 수 있으므로 배제 가능하지 않으며, 일반적으로는 어느 한 사람이 웹에 올려진 글을 읽는다고 해서 다른 사람이 웹을 사용할 수 없게 되는 것도 아니므로 경합적이지도 않기 때문이다.

우리가 공공재에 대해 알고 있는 지식을 고려할 때 위키피디아는 이래도 저래도 실패할 것이라고 생각하기 쉽다. 잘돼봤자 기고문은 과소 공급될 것으로 예상할 수 있다. 무료로 백과사전에 기고를 하기 위해 몇 명이나 시간을 허용할 것인가? 최악의 경우 기고자들은 위키피디아를 자기 잇속을 차리거나 사람들을 호도하는 정보로 도배할 것이다. 콜베르트 리포트라는 시사 풍자쇼의 사회자인 스티븐 콜버트(Stephen Colbert)는 코끼리 개체 수가 3개월간 3배로 증가했다고 코끼리에 대한 위키피디아 기사를 수정해달라고 시청자들에게 요청했다가 이로 인해 위키피디아에 접속하는 것을 금지당한 적이 있다. 콜버트의 의도는 물론 위키피디아에 기재된 '사실'이 때로는 기고자들의 변덕과 편견에 휘둘린다는 것을 지적하기 위함이었다.

위키피디아 개시 후 초기에는 이러한 예측이 사용자 참여 백과사전이라는 시도를 좌절시킬 것처럼 보였다. 기사들은 짧았고, 오류 투성이였으며 니체에 대한 것이기보다는 스타트렉에 대한 것일 가능성이 더 높았다. 그러나 10년 뒤 위키피디아 기사는 브리타니카 백과사전보다 7배나 많은 350만 개에 달하게 되었다. 일반 과학 주제에 대한 기사 45개를 무작위로 추출해 검사해본 결과 전통적인 제삼자 검토를 받는 백과사전에 비해 결코 정확성이 떨어지지 않았다. 위키피디아는 공공재의 문제인 과소 공급과 남용을 어떻게 극복할 수 있었을까?

이 질문은 다음과 같이 바꿔서 해볼 수 있다: 어떤 편익이 위키피디아를 편집하는 데 드는 시간과 노력에 따르는 비용을 능가할 수 있었을까? 이 질문을 설문을 통해 직접 물어보면 대부분의 기고자들은 '오류를 수정하기 위함'이라든가 '지식을 공유하기 위함' 등과 같이 이타적인 동기로 보일 만한 이유를 제시했다. 단 2%의 기고자만이 명성 또는 인정 등이 기사를 편집한 동기였다고 답했다. 그렇지만 이러한 겸손은 의심해볼 필요가 있다. 어쨌거나 많은 기고자들은 다른 사람들이 볼 수 있도록 자신의 이용자 이름과 편집 약력을 등록한다.

실제 기고자들의 동기가 무엇이든 위키피디아는 공공재가 당면하는 도전을 극복하기에 용이하도록 기획되었다. 기고를 하는 데 드는 비용이 상대적으로 적기 때문에(단지 '편집'을 클릭하고 수정사항을 기재한 후 '제출'을 클릭하면 된다) 남용을 잡아내기가 수월하다. 그 결과 마지막 조사에 따르면 영문판의 경우 5,000명 이하의 헌신적인 편집자들 (매달 100건 이상의 편집을 하는 사람들)이 오손 또는 남용의 사례를 정정하는 작업을 잘해내고 있다. 더욱이, 이 프로젝트는 지식 공유가 공익에 기여한다는 아이디어를 십분 활용하고 있다. 이는 기고자들의 기고 동기를 유발하며 스스로 상호 감시하게 만든다.

위키피디아뿐 아니라 다른 무상으로 개방된 자원이 더욱 유명해지면서 경제학자들도 공공재 공급과 사람들이 공공재를 공급하게 되는 동기에 대한 사고를 교정해나가고 있다.

Sources: Denise Anthony et al., "Reputation and reliability in collective goods: The case of the online encyclopedia Wikipedia," *Rationality and Society* 21, no. 3 (2009), pp. 283-306; http://upload.wikimedi.org/wikipedia/foundation/a/a7/Wikipedia_General_Survey-Overview_0.3.9.pdf ; http://stats.wikimedia.org/EN/TablesPageViewsMonthly.htm . http://stats.wikimedia.org/EN/TablesWikipediansEditsGt5.htm .

공유지의 비극

LO 19.3 공유지의 비극과 그 결과에 대해 알아보기

앞에서 살펴봤듯이 코뿔소는 경합성이 있기 때문에 공공재가 아니다. 어떤 사람이 특정 코뿔소를 이미 사냥했다면 다른 사람은 그 코뿔소를 사냥할 수 없다. 보통, 경합적인 재화를 소비하고자 한다면 그 재화를 소유한 사람에게 보상을 해야 한다. 닭고기가 먹고 싶다면 식품가게 또는 음식점 또는 양계장 주인에게 보상을 해야 한다. 하지만 토지가 개인 소유가 되어 소규모로 분할되기 이전에는 코뿔소나 물소 또는 코끼리 같은 야생동물을 사냥하기 위해 누군가에게 요금을 지불할 필요가 없었다. 누구에게도 야생동물에 대한 소유권이 없었으므로 그 누구도 보상을 강제할 수 없었기 때문이다. 달리 말하면, 야생동물은 전형적인 경합적 재화인 동시에 비배제적이다. 즉, 공유자원에 해당한다.

공유지의 비극 개인적으로는 합리적이지만 집합적으로는 비효율적인 과도한 소비로 인해 공유자원이 소모되는 현상

공유자원에 대한 수요의 특성은 무엇인가? 비배제성은 사람들로 하여금 해당 재화에 대해 가격을 지불해야 할 경우에 비해 더 많은 양을 수요하게 만든다. 공유자원은 경합적이기도 하기 때문에 누군가 소비하면 공유자원은 줄어들게 된다. 이러한 비효율적으로 높은 수요와 줄어드는 공유자원의 양이 결합해 **공유지의 비극**이라는 현상을 빚어낸다—개인적으로는 합리적이지만 사회적으로는 비효율적인 과소비로 인해 공유자원이 고갈되는 현상이다. 무임승차는 유일하게 비배제성에 의해서만 촉발되지만 공유지의 비극은 경합성과 비배제성의 조합으로 인해 발생하는 결과임에 주목하라.

어떻게 균형 거래량이 개인적으로는 합리적이지만 사회적으로는 비효율적일 수 있을까? 먼저 개인적으로 합리적인 부분을 살펴보기 위해 소비 결정을 코뿔소 사냥꾼의 관점에서 생각해보자. 편익의 측면에서 보면, 사냥꾼은 암시장에서 매우 높은 가격으로 코뿔소 뿔을 팔 수 있다. 비용으로는 사냥에 필요한 장비에 드는 비용, 사냥에 드는 시간, 불법 사냥이 적발될 위험 등이 있다. 그렇지만 코뿔소 뿔에 대해서는 누구에게도 아무런 보상을 할 필요가 없다. 그 결과, 사냥꾼은 뿔에 대한 비용을 지불해야 할 경우에 비해 더 많은 뿔을 얻기 위해 사냥을 더 많이 하게 되는 것이다.

이것은 왜 사회적으로 비효율적인가? 우리는 보통 코뿔소에는 시장가격이 매겨져 있다고 생각하지 않기 때문에 억제되지 않은 사냥이 사회 총후생을 극대화하지 않을 거라는 생각을 하기 어렵다. 그러나 공유자원을 사용하면 다른 사람들에게 부정적 외부효과를 미치게 된다. 코뿔소가 밀렵으로 인해 고갈되면 동아프리카 사람들은 지역 생태계의 핵심적인 요소를 잃게 된다. 사파리 관광에서 코뿔소를 보고자 하는 사람들의 후생은 물론이요, 사파리 관광을 통해 짭짤한 수익을 올릴 수 있는 지역주민들의 후생이 감소한다. 마지막으로, 코뿔소가 멸종되면 세계 생물다양성이 상실된다.

18장의 논리를 적용하면, 코뿔소 사냥꾼이 그들 행위의 외부 비용을 감안하도록 강제할 수 있다면 그들의 수요곡선은 하향 이동할 것이다. 그렇다면 균형 코뿔소 밀렵 양은 사회 총후생을 극대화하는 효율적인 수준으로 감소하게 될 것이다.

✓ 개념 확인하기

❒ 무임승차 문제는 공공재의 공급에 어떤 영향을 미치는가? **[LO 19.2]**

❒ 공유지의 비극은 공공자원에 대한 수요에 어떤 영향을 미치는가? 공유지의 비극이 결과적으로 균형 거래량에 미치는 영향은 무엇인가? **[LO 19.3]**

공공재와 공유자원에 대한 대응

우리는 공공재의 과소 공급과 공유자원에 대한 과수요 문제가 비효율적인 생산량과 소비량을 초래함을 보았다. 다르게 말하면, 두 재화 유형 모두 시장실패의 결과라는 것이다. 해결 방법으로는 여러 가지가 있지만 대체로 3가지 유형인 사회규범, 정부 규제와 공급, 개인 소유권 설정에 속한다.

어떤 경우에는, 사회규범을 변화시킴으로써 사람들이 사회적 이해에 부합하는 행위를 하도록 사회가 유도할 수 있다. 예를 들어, 쓰레기를 무단으로 버리는 사람들에게 창피를 주는 캠페인이나 버스에 무임승차한 사람한테 창피를 주는 것은 개인이 무엇을 최적으로 생각하는지에 대한 견해를 바꿀 수 있다. 다른 경우에는 정부가 규제나 직접 공급을 통해 시장실패 교정을 시도한다. 이는 개인의 생산량을 억제하거나 (재화가 과다 생산되는 경우) 확대(재화가 과소 생산되는 경우)해 재화의 생산량이나 소비량을 수정하기 위한 접근이다.

마지막으로, 소유권을 창출해 비배제적 재화를 배제적인 것으로 탈바꿈시키는 해결 방법이 있다. 정부 규제와 직접 공급과 같이 이러한 접근은 사회적 비용을 개인 비용으로 전환해 시장실패를 교정한다. 따라서 개인이 최적으로 행동할 때 사회적으로도 최적인 결과를 얻을 수 있다.

각 해결 방법에 대해 논의할 때, 이러한 방법들에 따라 공공재와 공유자원의 공급이나 소비를 해야 하는 사람들의 비용과 편익 간의 차이가 어떻게 바뀌는지 생각해보라. 이 두 문제가 해결될 수 있는 방법의 범위는 외부효과와 관련이 있다는 것을 알 수 있다.

사회규범

LO 19.4 사회규범이 언제, 그리고 어떻게 공공재 및 공유자원과 관련된 문제를 효과적으로 해결할 수 있는지 설명하기

공공장소가 더러워지는 것은 쓰레기를 아무 데나 버리는 것이 쉽기 때문이다. 쓰레기통을 찾기 위해 노력할 필요도 없고, 비용이 발생하거나 처벌받을 가능성도 희박하기 때문에 다른 사람들에게 미치는 부정적 외부효과를 고려할 동기가 없다. 이러한 잠재적 문제에도 불구하고 많은 공공장소가 쓰레기 없이 청결함과 쾌적함을 유지하고 있다. 이것은 어떻게 가능할까?

때로는, 특히 대도시의 경우 공공장소가 깨끗한 이유는 정부가 공익요원이나 청소부를 고용해 청소를 하게 하기 때문이다. 그러나 많은 공공장소의 경우, 특히 결속력이 높은 이웃 간에는 좀 더 간단한 기제로 인해 공공장소의 청결함이 유지된다. 지역사회의 기대 또는 부정이 그 기제다. 여러분이 만약 쓰레기를 아무 데나 버리지 않는다면 이는 여러분이 경찰에게 적발되어 벌금을 물게 되는 것이 무서워서가 아니라 그러한 행위가 좋은 일이 아니라는 것을 배웠기 때문이다.

이미 보았듯이, 무임승차나 공유지의 비극 문제 모두 사람들이 어떤 편익을 그에 상응하는 비용을 치르지 않고 누릴 수 있기 때문에 발생하는 사회적 최적과 개인적 최적 간 불일치의 문제다. 강력한 사회규범은 쓰레기를 아무 데나 버리는 사람, 무임승차자, 집앞의 눈을 치우지 않는

사람 등에게 비용이 유발되도록 하여 이러한 불일치를 교정하는 데 도움을 줄 수 있다. 비용이 반드시 금전적 형태일 필요는 없다는 것을 기억하라. 사회적 비난, 죄책감, 이웃과의 갈등 또한 비용이 될 수 있다.

예상 가능하듯이, 사회적 부정은 사람들이 서로 잘 알고, 상대방의 의견에 마음을 쓰며, 미래에도 교류할 것이 예상되는 지역에서 그 비용이 훨씬 크다. 예를 들어, 사회규범은 뉴욕의 지하철보다는 소도시의 버스에서 무임승차를 제지하는 데 더 효과적일 것이다.

일단의 특정한 '디자인 원칙'이 공공재와 공유자원 문제에 대한 비공식적이며 지역사회에 기반을 둔 해결책을 효과적으로 만든다. 이러한 원칙은 누가 공유자원에 대한 접근권이 있고 누가 없는지를 명확히 분별하는 것, 공유자원의 이용 규칙을 설정하는 데 이용자들이 참여하는 것, 이용자 간의 상호 감시 역량 등을 포함한다.

엘리노어 오스트롬(Elinor Ostrom)은 규제받지 않는 공유지가 종종 일반적 이론에 의한 예측보다 잘 관리되고 있고, 이는 강력한 지역 단체와 사회규범 때문이라는 것을 밝힌 논문으로 2009년 노벨 경제학상을 받았다. 오스트롬은 남부 캘리포니아에서 비공식 단체가 지하수를 관리하는 것을 목격한 것을 시작으로 네팔의 관개 체계, 캐냐 마사이족의 목초지 등 자원관리 주체가 시장이나 공공부문으로 명확히 구분되지 않는 경우에 대한 연구를 진행했다. 그녀의 연구는 사회규범은 때때로 공유지를 대단히 잘 관리하기에 충분히 강력할 수 있음을 보여주었다.

금지, 할당, 정부 공급

LO 19.5 각종 정부 규제가 공공재 및 공유자원과 관련된 문제를 해결하는 데 어떻게 사용될 수 있는지 알아보기

비공식 제도나 규칙이 충분하지 않은 경우에는 어떠한가? 공공재와 공유자원의 관리는 정부 개입이 생산적이고 효율을 증대할 수 있는 사례 중 하나다. 이유는 간단하다. 정부기구는 개인이나 비공식 단체와 달리 특정 자원의 소비를 제한하거나 부족한 공급량을 메울 수 있는 권한이 있다. 이렇게 광범위한 대의명분 내에서 자원을 직접 관리한다거나 공공재를 보급하는 등과 같이 정부가 개입할 수 있는 방식은 매우 다양하다. 여기서는 금지, 할당, 정부 공급 등 3가지 방식을 살펴본다.

금지와 할당. 앞에서 살펴본 사례들을 생각해보면 독자들은 비배제성 문제를 해결할 수 있는 가장 명백한 해결 방법이 거론되지 않았다고 느낄 수 있다. 공공장소를 깨끗하게 유지하려면? 쓰레기 무단 방출을 불법화하면 된다. 코뿔소나 다른 멸종위기 종이 걱정되는가? 이들을 사냥하는 것을 불법화하거나 합법적으로 사냥꾼 한 명당 사냥할 수 있는 동물의 수를 할당하면 된다.

물론 많은 나라에서 쓰레기 무단 방출은 보통 불법이며 사냥을 금지하거나 사냥 가능 수를 할당하고 있다. 그럼에도 문제가 지속되는 것을 보면 이는 명백히 완전한 해결 방법은 아니다. 왜 그런지 보려면, 어떤 행위를 불법화하는 것은 금지령을 어기거나 할당량을 초과하는 데 드는 비용을 창출함으로써 사람들이 당면하게 되는 선택지를 변화시키는 한 방법일 뿐이라는 것을 이해해야 한다. 위반자들이 당면하게 되는 비용은 위반에 따르는 벌칙과 적발 가능성에 달려 있다. 벌칙이 엄중하지 않거나 적발될 가능성이 낮다면, 사람들이 선택을 바꾸게 할 만큼 비용이 높지 않을 수 있다.

따라서 금지와 할당은 정부 당국이 감시와 처벌을 하기가 용이하지 않고 비용이 많이 드는 경우 종종 실패하고 만다. 예를 들어, 미국이나 다른 부국에서는 상대적으로 멸종위기 종을 효과적으로 보호할 수 있는, 재정도 튼튼하고 감독이 잘 이루어지는 국립공원이나 보존지구를 보유한다. 멸종위기 종으로 지정된 후 등록된 멸종위기 종의 90% 이상이 개체 수가 증가하거나 안정화되었다.

반대로, 빈곤국에서 밀렵꾼이나 생태계 파괴를 대상으로 법을 집행하는 것은 훨씬 더 어려운 일이다. 예컨대 동아프리카에 존재하는 대부분의 정부들은 전형적으로 충분한 수의 공원 관리원을 고용하거나 울타리를 만들거나 또는 야생동물을 보호하는 데 필요한 다른 조치를 취할 만한 재원이 부족하다. 코뿔소 밀렵 금지는 따라서 제한적인 효과가 있을 뿐이다.

이와는 달리 남아프리카 공화국의 경우 여러 개의 잘 관리되고 있는 대규모 국립공원에서 코뿔소와 코끼리를 효과적으로 보호하고 있다. 그 결과 코뿔소 사냥 금지는 효과적임이 증명되었다. 법을 집행할 충분한 자원이 있는 국가에서는 공유자원의 이용을 제한하는 금지나 할당은 과소비를 해결할 수 있는 간단한 공공정책 접근이다. 특히 최적 소비량이 '0'인 경우—예를 들어 멸종에 직면한 멸종위기 종—가장 적합한 방법이다.

보존이라는 것에는 어려운 도덕적인 문제와 현실적인 문제들이 얽히고설켜 있다. 특히 원칙이나 현실성 측면 모두에서, 멸종위기 종과 그 생태계의 이용을 전면적으로 금지하는 것과 사람들이 이용을 통해 소득을 올릴 수 있도록 허용하는 것에 대해 정책 입안자들 간 논쟁이 있을 수 있다. 이 문제와 관련해 좀 더 깊은 성찰을 위해 어떻게 생각하십니까?의 '환경보존 활동가들은 원칙적이어야 하나, 현실적이어야 하나?'를 읽어보자.

어떻게 생각하십니까?

환경보존 활동가들은 원칙적이어야 하나, 현실적이어야 하나?

여러분은 호랑이의 존속에 금전적 가치를 부여할 수 있는가? 코끼리는? 캘리포니아 죽음의 계곡 국립공원의 한 석회암 동굴에 살고 있는 1인치도 안 되는 아주 작은 데빌스 홀(Devil's Hole) 송사리에는? 그랜드 캐니언이나 아마존 열대우림 같은 독특한 생태계에는? 자연의 이러한 경이로움을 보존하기 위해 여러분은 얼마를 지불할 용의가 있는가?

일부 환경보존 활동가들은 원칙적으로 아름답고 유일한 생물체와 풍경의 존재에 금전적 가치를 부여하는 노력에 반대한다. 이들에게 자연은 가치 그 이상의 것이며 가격표를 붙이려는 시도 자체가 환경보호 노력을 폄하하고 방해하는 것이라고 주장한다.

다른 활동가들은 장기적으로는 위태로운 상태의 토지나 동물을 구하는 유일한 현실적인 길은 가격표를 붙이는 것이라고 생각한다. 그들은 어떤 것이 금전적 가치가 없다면, 누구도 보호하거나 유지할 동기를 갖지 못한다고 주장한다. 어떤 것의 중요성이 금전적 가치 그 이상이라고 하는 것은 아름다운 수사지만, 기능적으로는 이는 금전적 가치가 전혀 없다고 말하는 것과 동일하다는 주장이다.

후자의 입장을 고수하는 활동가들은 고갈되어가는 자원을 잘 통제하면서 이용해 소득을 올리는 것을 허용하는 프로그램을 장려한다. 이러한 실용주의 활동가들은 배제성을 개선해 환경을 보존하는 데 개인적인 동기를 활용하는 것을 선호한다. 이들은 지역 주민들이 사냥, 농업, 수렵 등을 포기해야 하므로 토지와 멸종위기 종을 보존하는 데 엄청난 기회비용을 치러야 한다는 점을 지적한다.

이러한 실용적 접근의 아주 좋은 예가 생태관광이다. 생태관광은 주민들이 관광객에게 흥미로운 식물군과 동물상을 보여주는 방법으로 돈을 벌 수 있게 하는 대안을 제시하고 자연을 보전하는 동기를 유발한다.

유사한 전략으로, 미국의 일부 비영리 그룹들은 농장주나 지주에게 소유지의 일부분을 쉬게 하는 조건으로 돈을 지불한다. 지역권(easements)이라고 알려진 이러한 계약은 지주들이 자발적으로 자신의 농장에서 할 수 있는 일을 제약하는 법적 계약을 체결하는 것을 허용한다. 예를 들어, 환경보존 그룹은 교외의 예민한 습지대를 소유하는 사람에게 일정한 금액을 지불하고 그곳에 건물을 짓지 않도록 하는 계약을 체결한다. 소유자는 습지대를 개발하지 않고 그대로 두는 것으로 소득을 올릴 수 있다. 유사한 아이디어들이 동아프리카에서도 적용되고 있다. 멸종위기 식물 종이나 훼손된 생태계를 보존하기 위해 지역주민에게 직접 또는 간접적으로 돈을 지불하거나 관광 또는 통제된 사냥이나 재배를 통해 소득을 올릴 수 있는 권한을 주는 것이다.

보존에 가격을 매기는 것이 가능하다고 생각하는 환경보존 활동가들조차도 때로는 이러한 실용적인 접근을 비판한다. 이들은 감시·감독과 집행의 어려움에 대해 우려한다. 미국은 잘 작동하는 법적 체계를 갖추고 있으나 멸종위기 종이 많거나 자연이 심하게 훼손된 나라들은 그렇지 않다. 감독 체계가 효과적이지 못한 경우 합법적인 활동과 불법적인 활동을 분별하기 어려워진다. 따라서 완전한 금지가 집행하기에 보다 수월하다.

어떻게 생각하십니까?

1. 멸종위기 종에 금전적인 가치를 부여하는 것이 좋을까? 만약 그렇다면 그 가치를 어떻게 계산해야 할까?
2. 만약 어떤 장소 또는 생물종이 공공재라면, 어떻게 하면 각 개인이 무임승차를 하는 대신 그들이 정말로 생각하는 가치를 지불할 수 있도록 할 수 있을까?
3. 공유지의 비극을 회피하기 위해 자원을 전혀 이용하지 않는 순수한 보존이라는 강경한 입장을 유지하는 것이 항상 바람직한 것일까? 아니면 제한적인 활용이라는 접근이 성공할 확률이 좀 더 높은 것일까?

정부 공급. 공유자원의 문제인 과소비로 인한 비효율을 축소하기 위해 동원되는 해결 방식은 주로 금지와 할당이나 공공재의 과소 공급 문제를 타개하기 위한 전형적인 규제적 해결책은 정부가 개입해 공공재를 직접 공급하는 것이다. 미국이나 다른 부국에서는 정부가 교통 체계, 교육과 연구, 공원, 안전 등 모든 분야에서 공공재를 제공하는 것을 볼 수 있다.

어느 경우에 정부가 직접 서비스를 제공하는 것이 합리적이고 어떤 다른 경우에 정부가 민간업자와 계약을 하여 서비스를 제공하는 것이 바람직한지, 또는 개인으로 하여금 민간 공급자에게 대가를 지불하도록 강제해야 하는지는 선의에 의한 논의의 대상이 될 수 있다. 어떤 방법을 통해 정부가 공공재를 공급하든, 2가지 공통적인 문제가 나타난다. 첫째, 어느 정도의 공공재를 공급하는 것이 적절한가? 둘째, 누가 대가를 지불할 것인가?

시장 기능이 잘 작동하는 경우 사람들은 그들이 구입한 재화의 마지막 단위로부터 얻는 한계편익이 그 한계비용과 동일해질 때까지 그 재화를 구입한다. 만약 비용이 한계편익보다 더 크다면 사람들은 구매를 덜함으로써 효용을 향상시킬 수 있다. 공공재에 대해서도 동일한 분석을 적용할 수 있다. 만약 정부가 도로 정비 등과 같은 공공재를 공급한다면, **한계 사회적 편익이 비용과 동일해질 때가 효율적인 공급량이다.**

한계 사회적 편익이란 무엇인가? 도로를 사용하는 각 개인은 도로 정비(파인 도로를 메운다든가 포장을 좀 더 자주 한다든가)로부터 일정한 한계편익을 누린다. 도로가 좋은 상태라면 그 도로를 사용하는 모든 사람들이 그 편익을 향유한다. 따라서 한계 사회적 비용은 각 개인 사용자의 한계편익을 모두 합한 것이다. 정부는 도로 정비로 인해 발생하는 비용을 계산하고 모든 사용자의 한계편익을 계산한 다음, 이 둘이 동일한 지점의 도로 정비 양을 공급하면 된다.

하지만 이러한 비용-편익 분석은 이론적으로는 쉽지만 실행에 옮기기는 어렵다. 정부가 어떻게 모든 개별 주민이 추가적인 도로 정비에 부여하는 진정한 가치를 파악할 수 있을까. 한 가지 방법은 단순히 모든 사람에게 도로 정비가 얼마나 가치 있는지를 물어보는 것이라고 생각할 수 있다. 불행히도 각 개인은 자신이 얻을 한계비용을 과대평가할 동기가 있다. 정부가 그 비용을 지불할 것이라고 생각하기 때문이다. 그 어떤 개인 사용자도 비용을 지불하지 않으므로 각 개인은 완벽하게 정비된 도로를 청원할 것이다. 이는 개인적으로 합리적인 행위가 사회적으로 비효율적인 또 다른 사례다.

공공재를 얼마나 공급할지 결정할 때 정부는 실제로 비용-편익 분석을 수행하려고 애쓴다. 그 공공재가 도로 정비든 학교든 또는 군대든 항암연구든 말이다. 이는 추가적인 한계편익이 얼마인지를 추정해야 한다는 것을 의미한다. 때로는 경제적 연구가 이러한 문제에 도움을 줄 수 있다. 예를 들어, 더 좋은 학교라든가 질병의 감소 또는 더 안전한 동네로부터 사람들이 얻는 분산된 편익을 수량화할 수 있다. 그렇지만 우리는 보통 이러한 추정은 완벽하지 않다는 것을 받아들여야 한다.

두 번째 문제는 정부의 공공재 공급 비용을 어떻게 치를 것인지를 생각해내야 하는 것이다. 누가 비용을 치를 것인지 결정하는 것은 비용을 지불하지 않는 사용자를 배제하는 것이 얼마나 수월한지에 달려 있다. 때로는 정부의 감독 권한을 이용해 실제 사용자에게 사용료를 지불하도록 강제하는 것이 가능하다. 운전자들이 내는 통행료, 버스와 기차 승차자들이 내는 요금, 공립대학에 학생들이 내는 수업료 등을 예로 들 수 있다.

다른 경우에는 이렇게 요금 지불을 강제하는 것이 어렵거나 바람직하지 않다. 모든 시민들이 '사용'하는 서비스—하수도 처리, 경찰 및 소방, 국방—의 경우 비사용자를 배제하려 노력하는 것은 그로부터 얻는 혜택보다 더 많은 비용을 초래할 수도 있다. 대신, 이러한 서비스는 보통 일반적인 세금 수입이 재원이 되며 '세금과 공공지출' 부분에서 볼 수 있듯이 이러한 세금은 서비스 그 자체와 직접적인 연관이 없다.

만약 이 장에서 부각된 환경정책의 도전에 대해 관심이 생겼다면 더 찾아보기의 '환경경제학'을 통해 이 분야의 경제학에 대해 좀 더 자세히 알아보자.

더 찾아보기

환경경제학

코뿔소나 열대우림의 보호가 되었든, 아니면 지구온난화의 방지든 공유자원과 관련된 문제들이 환경보존 핵심에 있다. 이러한 도전이 여러분의 흥미를 돋운다면 온전히 환경에 헌신하는 경제학 분야가 있다는 데 기뻐할 것이다. 자세히 알고 싶다면 이 장의 마지막 부분에는 있는 QR코드를 스캔하거나 온라인을 통해 더 많은 자료를 얻을 수 있다.

재산권

LO 19.6 재산권의 확대가 언제, 그리고 어떻게 공공재 및 공유자원과 관련된 문제를 효과적으로 해결할 수 있는지 설명하기

공공재와 공유자원은 시장에 의해 효율적으로 배분되지 않지만 사적재화는 그것이 가능하다. 그렇다면 가장 유용한 해법은 모든 재화를 개인이 소유하도록 하면 되지 않을까? 어떤 경우에는 이것이 정답이다.

공유자원을 사적재화로 전환시킨 고전적인 사례는 '공유지의 비극' 문제에 그 이름을 붙여준 바로 그 사례다. 100여 년 전 대부분의 유럽과 미국의 도시는 도시 중앙에 개방된 녹초지를 보유하고 있었다. 녹초지는 모든 사람들이 사용했지만, 그 누구의 소유도 아니었다. 농부들은 이러한 공유지에 가축을 방목할 수 있었다. 이 이야기의 결말은 여러분이 이미 알고 있는 것과 같다. 도시 공유지는 공유자원이었으며, 각 농부는 더 많은 가축을 방목할 동기만 있으되 다른 사람들도 사용할 수 있도록 공유지의 가치를 보존하기 위해 자신의 방목을 제한할 동기는 없었다. 녹초지는 폐허가 되었으며, 사람들은 더 가난해졌다.

궁극적으로 이러한 공유지의 비극에 대한 해결책은 의외로 간단하다. 첫째로 해야 할 점은, 누가 언제 어디서 얼마만큼 방목을 할 수 있는지 규칙을 제도화하는 것이다. 마지막 단계는 녹초지를 개인이 소유하는 작은 구획으로 나누어 사람들이 자기 땅에서만 방목하도록 만드는 것이다. 뉴잉글랜드의 경우 많은 도시들이 아직도 도시 공유지에서 유래한 작은 '녹지'를 보유하고 있다. 물론 양이나 소가 그곳에 방목되는 광경을 보기는 어렵겠지만 말이다. 방목할 가축의 수 등 자신의 선택에 따르는 모든 편익과 비용을 향유 또는 감당하게 되자 각 농부는 자신의 토지에 대해 가장 효율적인 결정을 했다. 재산권의 부여가 비배제성 문제를 해결한 것이다.

공유지를 사유재산으로 전환하는 아이디어는 근대에도 많은 경우에 적용할 수 있다. 특허제도는 한 공유자원—지식—을 사유재산화한 예다. '생산비용' 부분에서 화이자의 의약품 리피토(Lipitor) 사례를 통해 살펴봤듯이 지식재산권 제도라는 아이디어의 본질은 다른 사람들이 기업의 혁신에 무임승차할 수 없도록 보장하는 것에 있다. 그러한 보호는 기업으로 하여금 새로운 지식을 창출하는 더 많은 연구를 하게 하는 동기를 증가시킨다.

이보다 더 직접적인 응용 사례도 많다. 남아프리카공화국에서 코뿔소의 복원에 기여한 것으로 인정받은 한 정책의 경우 농부들이 자신의 토지에서 야생동물을 소유할 수 있도록 허용했다. 지주들은 코뿔소와 같은 멸종위기 종을 잘 관리하고 보호하면 세금을 할인받을 수 있다. 동물을 팔든가 관광객에게 전시함으로써 소득을 올릴 수도 있다. 이러한 법의 본질은 코뿔소나 코끼리 등 몸집이 큰 동물들을 '사유재산화'해 개인이 보호에 따르는 혜택을 누릴 수 있도록 허용하는 것이다. 이는 사람들에게 밀렵꾼을 막고 코뿔소 개체 수가 늘어나게 만드는 동기를 부여한다.

점점 더 많은 정부들이 야생동물과 다른 자원 관리를 위해 이와 같이 공공과 민간 부문이 결합된 접근법을 사용하고 있다. 사유재산화는 배제성을 도입하고 비용과 편익에 대한 책임을 부

여하는 데 도움이 된다. 잔존하는 다른 외부효과는 공공정책을 통해 대응할 수 있다.

공유자원에 대해 사유재산권을 부여하는 것은 결코 단순하지 않다. 특히 사람들이 이미 해당 자원을 사용하고 있는 경우 누가 무엇을 소유하는지 판단하기 어렵다. 그 누구도 자신의 이용 권리가 감소하는 것을 반기지 않는다는 것은 놀라운 일이 아니다. 그러나 일부 명백한 실수는 피할 수 있다. 공유자원 관리의 실수를 보여주는 매우 중요한 사례로, 사례를 통해 알아보기의 '콜로라도 강은 왜 더 이상 바다로 흘러갈 수 없는가?'를 읽어보자.

사례를 통해 알아보기

콜로라도 강은 왜 더 이상 바다로 흘러갈 수 없는가?

장대한 콜로라도 강은 과거 그랜드 캐니언을 만들어냈다. 지금은 멕시코를 겨우 적신 후 캘리포니아 만에 도달하기도 전에 완전히 사라져버린다. 왜? 강이 미국의 5개 주와 6개의 댐을 지나가는 사이 건조하고 먼지가 자욱한 땅에서 농작물을 기르기 위해, 그리고 남서부에서 급속히 발전하고 있는 도시에 식수를 제공하기 위해 엄청난 양의 강물이 전환되기 때문이다. 더 자세히 알고 싶다면 이 장 끝부분의 QR코드를 스캔하거나 온라인을 통해 읽기를 계속하라.

거래 가능 허가권. 정부가 개인 재산권을 제도화할 수 있는 흔한 방법 중 하나는 거래 가능한 할당제 또는 허가권을 활용하는 것이다. 할당제는 총량을 통제할 수는 있지만 반드시 가장 효율적인 방식으로 공급량을 배분하지는 않는다. 이는 파괴적인 추출 방법을 유발하거나 할당량에 도달할 때까지 가장 먼저 많은 자원을 확보하기 위해 사람들이 몰려들게 한다.

거래 가능 허가권을 사용하는 방식은 공유자원 문제를 해결하는 방식이나 외부효과 문제를 해결하는 방식과 동일하다. 이용 가능한 자원의 총량을 설정한 뒤 개인이나 기업에 이를 할당한다. 초기 배분 후 사람들은 자신에게 할당된 양을 사거나 팔 수 있다. 거래는 가장 효율적인 수준으로 자원이 이용되는 총량을 제한하면서도 지불 용의가 가장 높은 사람에게 자원이 배분되는 것을 보장한다. 사용권을 소유한 사람들은 이제 재산권을 갖게 된 것이며, 소유자로서 공유자원이 과소비되지 않도록 관리할 동기가 생긴다.

우리는 이제 이러한 상황에 매우 익숙하다. '외부효과' 부분에서 거래 가능 배출권이 부정적 외부효과를 어떻게 타개할 수 있는지 논의했기 때문이다. 공유자원의 고갈은 부정적 외부효과에 해당하므로, 거래 가능 허가권은 공유자원을 배분하는 데도 유용하다.

거래 가능 어획권의 활용은 세계 어장을 과소비로부터 보호하기 위해 현재 진행 중인 싸움에서 고려되고 있는 방안 중 하나다. 이러한 사용권이 미국에서는 어떻게 사용되었는지는 사례를 통해 알아보기의 '북미 어장: 실패에서 배우다'에서 알아볼 수 있다.

사례를 통해 알아보기

북미 어장: 실패에서 배우다

1600년 메인 주를 방문하는 사람들은 어장이 대구로 넘쳐나서 바다에서 바구니로 퍼 올릴 수 있을 정도였다는 목격담을 남겼다. 그랜드 제방(Grand Banks)과 조지 제방(George Banks) 어장의 믿을 수 없을 정도의 풍부함은 몇백 년간 뉴펀들랜드에서 매사추세츠까지 그 일대의 연안 지역을 먹여 살렸다. 그러나 20세기 중반부터 어업 기술이 극적으로 변화하기 시작했다. 작은 어선들은 800만 파운드의 물고기를 운반하고 점보 제트를 덮어 씌울 만큼 큰 그물을 끌 수 있는 거대한 선박으로 대체되었다. 이러한 기술은 그 어느 때보다 물고기를 많이 잡을 수 있도록 해주었다. 물고기들이 번식하는 속도보다 더 빠른 속도로 말이다.

대구는 매우 가치가 있으나 규제되지 않는 공유자원이었으므로 누구든 공짜로 잡을 수 있었기 때문에 대구가 사라질 때까지 가능한 한 많이 잡을 동기가 있었다. 이러한 접근은 개인적으로는 바람직한 것이었지만 전체 어업 공동체로서는 그렇지 못하다. 개인적으로는 합리적이지만 사회적으로는 비효율적인 것이다. 당국은 할당량을 설정해 문제를 해결하려 했지만 2가지 실수를 범했다. 첫째, 급격한 어획량 감소가 어업에 의존하는 작은 도시의 경제를 망치는 것이 두려워 할당량을 너무 높게 설정했다.

둘째, 할당량은 전체 어획량을 정한 것이지, 개인 어획량을 정한 것이 아니었다. 이는 할당량이 찰 때까지 각 어민이 아직도 많은 양을 빨리 잡을 동기가 있음을 의미한다. 결과는 장비를 가득 채운 어선들이 1년 치 어획량을 며칠 안에 잡아 올리는 '물고기 잡이 경주'가 매년 벌어지는 것이었다. 어민들은 다쳤고 경주 이후 집어장에 한꺼번에 들이닥친 대구 물량으로 인해 어민들은 낮은 가격을 감수해야 했다.

이러한 정책이 실패로 돌아가자 캐나다 정부는 그랜드 제방에서 어획을 완전히 금지하기에 이른다. 그 결과 2만 명이 직장을 잃게 되었다. 연안을 따라 형성되었던 모든 작은 도시들의 경제는 침체되었다.

다행히, 그랜드 제방의 참사에서 북미의 젊은 어민들은 많은 것을 배웠다. 1995년 태평양 넙치의 어획은 교환 가능 할당 체계인 개인 어획 할당 프로그램(Individual Fishing Quota Program)의 대상이 되었다. 이 제도 및 이와 유사한 많은 프로그램에서는 (종종 '어획량 분담제'라고 불리는) 총어획량이 정해져 있으며 각 어민, 공동체 또는 어업조합에 총량의 일정한 비중을 할당한다. 매년, 규제 당국이 허용되는 총어획량을 조정한다. 이에 따라 물고기 개체 수를 신중하게 관리한다는 목적을 가지고 할당량을 배분한다.

어획 할당제는 허가를 받은 어민이 가장 편리하고 이윤이 많이 날 수 있도록 언제 어디서든 원하는 대로 어업을 할 수 있도록 허용한다. 가장 중요한 것은 할당량이 완전히 이전 가능해 자유롭게 사고팔 수 있다는 점이다. 이러한 특성은 허가권에 대한 시장을 창출하고 이는 어민들이 지속 가능한 수준에서 가장 효율적인 방식으로 어획하는 것을 보장한다. 이러한 체계는 익숙해 보일 것이다. 탄소 배출권 거래제도와 같기 때문이다.

어획량 할당제의 성공을 바탕으로, 2008년 미국의 모든 태평양 어장에서 이 프로그램을 도입했다. 이러한 성공적인 노력은 세계 어장의 전반적인 상태와 크게 대비되는 것이다. 과학자들은 현재의 관례가 지속된다면 2048년에는 상업적으로 자립 가능한 어장이 몇 개 되지 않을 것으로 예측하고 있다.

Sources: http://www.edf.org/page.cfm?tagID = 3332 ; http://www.nefsc.noaa.gov/history/stories/groundfish/grndfsh1.html ; http://hmapcoml.org/publications/ .

✓ 개념 확인하기

- ❒ 사회규범이 잠재적인 무임승차자가 당면한 이해 득실을 어떻게 바꿀 수 있는가? **[LO 19.4]**
- ❒ 왜 거래 가능 할당제가 전통적인 할당제보다 더 효율적인가? **[LO 19.5]**
- ❒ 공유자원에 사유재산권을 부여하는 것이 어떻게 공유지의 비극을 해결할 수 있는가? **[LO 19.6]**

결론

공공재와 공유자원은 시장실패를 유발하는 중요한 요인이다. 대체로, 규제되지 않는 공공재는 비배제성으로 인해 과소 공급이 발생하는 무임승차 문제에 직면할 것이다. 반대로, 규제되지 않는 공유자원은 비배제성과 과소비가 결합되어 자원이 고갈되는 공유지의 비극에 희생될 것이다.

이러한 도전은 다양한 해결책을 통해 극복할 수 있다. 어떤 경우에는 강력한 사회규범이나 지역 단체가 시장실패를 교정하기에 충분할 정도로 배제성을 개선하고 무임승차나 과소비의 비용을 높일 수 있다. 다른 경우에는 정부가 개입해 금지나 할당 제도를 통해 자원 이용의 제한을 강제할 수 있다. 때로는 단순히 정부가 직접 공공재를 공급해 과소 공급에 대응하는 것이 합리적이기도 하다.

대체로, 이용을 제한하는 것은 충분히 강력한 감시와 집행이 이루어져야 실효성이 있다. 그렇지 못한 곳에서는 사유재산화 또는 공공-민간 복합 해결책이 배제성을 개선하고 자원의 이용을 관리하고자 하는 개인의 동기를 유발할 수 있다. 다음 장에서는 정부가 공공재 및 다른 서비스 제공의 재원을 어떻게 조달하는지 그 실질적이고 자세한 내용을 살펴볼 것이다.

주요 용어

경합성 p.540
공공재 p.542
공유자원 p.542
공유지의 비극 p.546
무임승차 문제 p.543
배제 가능성 p.540
사적재화 p.540

요약

LO 19.1 여러 다른 종류의 재화를 경합성과 배제 가능성에 따라 정의하기

어떤 재화가 배제적인 경우, 대가를 지불하지 않는 사람은 그 재화를 사용할 수 없도록 만들 수 있다. 어떤 재화가 경합적인 경우, 한 사람이 그 재화를 소비하면 다른 사람은 소비할 수 없거나 소비할 수 있는 양이 줄어든다. 이 책에서 논의하는 대부분의 재화는 배제적인 동시에 경합적인 사적재화다. 공공재는 사적재화와 정반대로 비배제적이고 비경합적이다. 공유자원은 경합적이지만 배제적이지는 않다. 인위적으로 희소하게 만든 재화는 배제적이지만 경합적이지는 않다.

LO 19.2 무임승차 문제와 그 결과에 대해 알아보기

무임승차 문제는 비배제성이 공공재의 과소 공급을 유발함으로써 비롯된다. 어떤 재화에 대한 접근이 쉽게 배제될 수 없다면 개인은 이에 대한 대가를 치를 동기가 없게 된다. 따라서 공공재의 공급은 대가를 지불하지 않고 편익을 향유할 수 있게 되는 무임승차자에게 상당한 긍정적 외부효과를 미친다. 이 긍정적 외부효과에 따라 공급곡선이 왼쪽으로 이동하게 되고 균형 거래량은 비효율적으로 감소한다.

  b. 런던 시가 시내에서 운행하는 모든 차량에 통행료를 부과하는 것
  c. 외부인 출입이 제한된 주택지의 주택 소유자들에게 여름에는 일주일에 한 번씩 반드시 잔디를 깎도록 요구하는 내규를 승인하는 것
  d. 국립공원 서비스가 에버글레이드 습지의 입장료를 인상하는 것

10. 정부가 공급하는 다음의 재화들을 생각해보라. 이 중 어느 것에 (사용자가 직접 요금을 지불하는 것에 반해) 일반적인 세금으로 재정지원을 할 필요가 있는가? **[LO 19.5]**
  a. 가로등
  b. 공원
  c. 불꽃놀이
  d. 공공 라디오 방송
  e. 도서관

11. 어느 작은 도시에서 설문조사를 한 결과 시민들이 공중의 안전, 연례 불꽃놀이, 더 많은 지역 수영장에 더 많은 자원을 투입하기를 원하는 것이 밝혀졌다. 위 3가지 시민 요청 사항 중 재산권을 설정해 민영화할 수 있는 것은 어떤 것인가? **[LO 19.6]**

12. 각 사례에서 다음 중 어떤 방식이 공유자원을 관리하거나 공공재를 공급하기 위해 도입되는 것인지 설명하라: 사회 규범, 할당제, 거래 가능 허가증, 정부 공급, 재산권 설정. **[LO 19.4, LO 19.5, LO 19.6]**
  a. 어느 비영리 단체가 빗물 배수관에 물고기 그림과 함께 '이 물은 바다로 흘러갑니다'라는 표시를 하여 모든 사람들을 상기시키는 것
  b. 어느 시에서 재활용이 가능한 유리, 종이, 플라스틱 등을 시민의 현관에서 무료로 수거하는 프로그램을 시작하는 것
  c. 영국에서는 지자체 쓰레기 처리 당국이 매년 매립지에 묻을 수 있는 총량의 비율을 할당받는다. 이러한 비율은 지자체 간 거래가 가능하다.
  d. 예전에는 대초원 지대를 자유롭게 돌아다니던 들소를, 지금은 목장에서 상업적 목적으로 기르고 있다.

미주

1. Elinor Ostrom, Governing the Commons: The Evolution of Institutions for Common Action (New York: Cambridge University Press, 1990).
2. http://esasuccess.org/report_2012.html#.UA8e_WHOwro

참고문헌

http://wwf.panda.org/what_we_do/where_we_work/project/projects/index.cfm?uProjectID = ZA0032&source = ge

http://www.economist.com/node/16941705?story_id = 16941705 http://www.nature.org/aboutus/howwework/conservationmethods/privatelands/conservationeasements/about/easementaction.html

http://nobelprize.org/nobel_prizes/economics/laureates/2009/ostrom_lecture.pdf

◀ 세계의 모바일 윈도우—이 장의 내용과 관련된 응용사례를 찾으려면 여러분의 스마트폰으로 이 코드를 스캔하라. (QR코드 리더가 필요하면, 여러분의 앱스토어에서 ScanLife를 활용하라.)

여러분의 모바일 앱스토어를 방문하여 Karlan and Morduch Study Econ app.을 다운로드 하라. ▶

Chapter 20

과세와 정부예산

학습목표

LO 20.1 과세의 주요 정책 목표 설명하기

LO 20.2 경제적 순손실과 과세 행정부담이 조세의 비효율에 미치는 영향 설명하기

LO 20.3 가격효과와 수량효과를 고려해 세금 인상의 세수효과 계산하기

LO 20.4 비례세, 누진세, 역진세 구분하기

LO 20.5 미국의 세수 원천과 다양한 세목의 역할 살펴보기

LO 20.6 정부예산의 주요 특징 및 수입과 지출 관계 알아보기

세금을 내서 행복한가?

선거기간 중 유권자들은 대부분 자기집 마당에 지지하는 후보의 표지판을 세운다. 밝은 색과 슬로건으로 그들은 지지하는 후보자의 이름을 알리려고 노력한다. 그런데 2003년, 미네소타 주의 일부 유권자 사이에 이전에 볼 수 없던 표지판이 등장했다. 지지하는 정치인의 이름 대신 '살기 좋은 미네소타를 위해 기꺼이 세금을 내자(Happy to pay for a better Minesota)'라는 슬로건을 내건 것이다.

당시 미네소타의 주지사는 증세 없이 주정부의 균형예산을 달성하겠다는 공약을 내세워 당선되었다. 그러나 이색적인 표지판을 내건 미네소타의 부부는 특정 후보자 또는 정당을 지지하는 대신 증세가 반드시 나쁜 선택만은 아니라는 견해를 다른 사람들과 공유하고자 했다. 그들은 증세를 통해 미네소타가 균형 재정을 달성하고 공공 서비스를 유지할 수 있는 것으로 판단했다.

'기꺼이 세금을 내자(happy to pay)'는 캠페인은 세금 인하를 요구하는 유권자들의 통상적인 주장에 반하는 것이기 때문에 사람들의 주목을 끌었다. 미국에서는 2009~2010년에 미국의 정치를 강타한 '티파티 운동(Tea Party)'으로 유권자들은 종종 정부 프로그램과 세금 인하를 요구한다. 일부 유권자들은 세금 인하와 함께 좋은 도로와 학교, 그리고 여타의 공공 서비스를 요구하기도 한다. 실제로 정부는 재정지출을 충당하기 위해 세금을 올리는 대신 차입을 할 수 있다. 그러나 빌린 돈은 언젠가는 갚아야 하기 때문에 정부는 부채를 상환하기 위해 조만간 세금을 더 걷어야 할 것이다.

투표할 때마다, 여러분은 세금에 대해 서로 다른 견해를 지닌 후보자들을 보게 된다. 20장에서는 정부 재정과 관련된 쟁점들을 체계적으로 정리할 수 있도록 도와주는 과세와 재정지출의 일

반 원칙을 설명한다. 18장에서는 외부성이 존재할 때, 조세를 이용해 시장실패를 보정하고 경제잉여를 증대시킬 수 있다는 점을 확인했다. 하지만 시장이 이미 효율적으로 작동하고 있을 때, 세금은 경제잉여를 감소시킬 수 있다는 것을 확인하기도 했다. 여기서는 조세의 다양한 효과를 살펴볼 것이다: 세금을 얼마나 증대시킬 것인가, 얼마나 많은 비효율을 초래할 것인가, 세금을 누가 부담할 것인가. 개별 세목에 대한 찬반 양론을 검토해 여러분이 세금과 관련된 주요 쟁점을 파악하고 정확한 정보에 기초해 투표할 수 있는 판단의 도구를 제공할 것이다.

왜 세금을 내는가?

LO 20.1 과세의 주요 정책 목표 설명하기

납세자들은 종종 4월 15일이 되면 근심이 가득해진다. 연방세를 납부하는 날이기 때문이다. 미네소타에서 세금을 지지하는 납세자와 달리 미국의 많은 시민들은 정부의 세금 징수에 불만을 토로한다. 2010년 4월 15일 미 전역에서 다수의 티파티 회원들이 했던 것처럼 일부 납세자들은 세금에 반대해 가두시위를 벌이기도 한다. 왜 유권자들은 세금을 부과함에도 불구하고 정부를 지지하는가? 세금 납부에 대한 대가는 무엇인가? 앞장에서 세금의 2가지 영향에 대해 살펴보았다: 세수 증대와 구매자와 판매자의 선택 행위 변경.

- **세수 증대:** 조세의 1차적 용도는 정부 수입을 증대시키는 것이다. 정부는 세금으로 국방과 고속도로 등 다양한 공공재와 공공 서비스를 국민에게 제공한다. 공립학교와 도로 등과 같이 세금을 재원으로 하는 대부분의 프로그램들은 경제잉여를 증가시키고 경제성장을 촉지하려는 의도를 갖고 추진된다. 다른 프로그램들은 식료품, 보건, 주택 등과 같이 인간의 기본적인 욕구를 충족시키기 위해 제공되기도 한다. 어떠한 서비스가 세금으로 조달되어야 하는지에 대해서 의견이 일치할 순 없지만, 최소한 일부 서비스들이 세금으로 제공되어야 한다는 점에 대해 대부분의 사람들은 동의한다.
- **선택 행위의 변경:** 세금은 경제 주체들의 유인 체계에 영향을 주기 때문에 그들의 선택 행위를 변화시킨다. 세금은 구매자의 지불 가격과 판매자의 수취 가격 사이에 차이를 초래해 균형 소비량을 감소시킨다. 이러한 효과는 세수 증대를 위한 세제개편의 부수효과지만, 어떤 경우에는 정책의 직접적인 목적이기도 하다. 술, 담배 그리고 휘발유에 부과하는 세금은 부분적으로 그러한 재화의 수요를 감소시키려는 정책 목표를 갖는다.

〈그림 20-1〉은 이러한 조세의 2가지 효과를 요약해 제시하고 있다.

18장(외부성)에서 공기오염과 같은 부정적인 외부효과가 존재할 때, 세금은 시장에서 생산되는 균형 산출량을 감소시켜 사회 전체적으로 경제잉여를 증가시킬 수 있다는 점을 확인했다. 하지만 6장(정부 개입)에서는 이미 효율적으로 작동하는 시장에서 세금의 도입은 경제적 순손실(deadweight loss)을 초래한다는 점을 확인했다. 경제적 순손실은 통상 과세비용(cost of taxation)으로 간주된다. 때때로 정부는 시장이 효율적으로 작동할 때에도 어떤 구매 행위를 위축시키기 위해 세금을 활용한다. 그러한 세금이 경제잉여를 증가 또는 감소시키는지 토론하기 위해 다른 관점에서 보기의 '죄인을 사랑하듯 죄악세를 사랑하라'는 사례를 읽어보자.

그림 20-1

세수를 증가시키고 행위를 변화시키는 조세

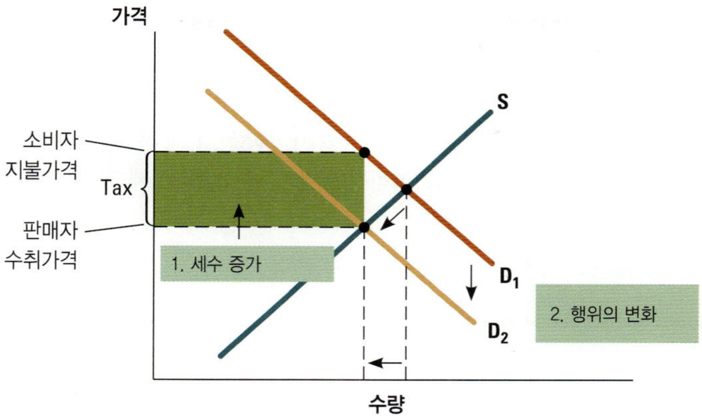

조세는 균형 거래량을 감소시키고, 구매자와 판매자의 가격에 조세 격차를 발생시켜 시장을 위축시킨다. 또한 조세는 새로운 균형 거래량에 세율을 곱한 것만큼의 조세수입을 증가시킨다.

다른 관점에서 보기

죄인을 사랑하듯, 죄악세를 사랑하라

교사, 목사, 부모 또는 정치인들은 사람들이 자신에게 가장 좋은 것을 항상 알고 있지는 않다고 여러분에게 말할 것이다. 하지만 경제학자들은 사람들의 행위로부터 그들의 효용을 극대화시키는 것이 무엇인지 알 수 있다는 전제, 즉 7장(소비자 행위)에서 배운 현시 선호(revealed preference)의 개념으로부터 출발한다. 예를 들면, 사람들이 담배를 피우거나 술을 마시는 행위로부터 우리는 그들의 진정한 선호를 알 수 있다. 그럼에도 대부분의 사람들은 술과 담배에 부과하는 세금에 찬성한다. 이러한 정책은 종종 '죄악세(sin tax)'라 불린다.

죄악세 도입의 잠재적 동기는 다양하다. 그중 하나는 부정적 외부효과를 억제하는 것이다: 간접흡연과 음주운전과 관련된 비용이 존재한다. 일부 유권자들은 흡연과 음주 자체를 용인하지 않기 때문에 죄악세를 지지한다. 죄악세를 찬성하는 사람들은 종종 세금을 활용해 흡연과 음주를 줄일 경우 도덕적 목적을 달성할 수 있다고 믿는다.

경제학자들은 다른 각도에서 접근한다. 여러분의 생각과 달리 그들은 흡연가와 애주가의 만족(well-being)도 고려해야 한다고 주장한다. 흡연과 음주의 감소로 지역사회가 보다 쾌적해질 수 있지만, 흡연가와 애주가들은 높아진 세금으로 손해를 본다. 따라서 적정한 정책은 흡연가와 애주가의 비용과 지역사회 전체 편익의 상대적 크기에 따라 달라진다.

하지만 행동경제학의 발전으로 죄악세의 경제적 분석에 보다 미묘한 견해가 대두되었다. 흡연과 음주는 여타의 경제적 행위와 다르다는 것이다. 일부 사람들은 금연과 금주를 원하지만, 자기통제 또는 중독성으로 인해 완전히 끊기까지 매우 어려운 시간을 보낸다는 것이다. 이러한 상태에서는 표출된 선호가 사람들이 진실로 원하는 것이 아닐 수 있다. 행동경제학의 도움으로 경제학은 특별한 환경에서 어떻게 죄악세가 죄인들의 처지를 개선할 수 있는지 설명할 수 있다.

경제학자 조너던 그루버와 센힐 뮬라이나단은 담배세가 인상됨에 따라 미국과 캐나다 시민들의 행복도가 어떻게 변했는지를 연구했다. 그들의 연구에 따르면, 담배세의 인상으로 금연자들이 더 행복해졌다.

왜 그런가? 어떤 행위를 중지하려고 하지만 자기통제의 문제를 갖는 사람들에게 죄악세는 일종의 긍적적인 개입 기제로 작동할 수 있기 때문이다. 담배 가격이 비싸질수록 흡연에 대한 반감이 커지고, 사람들에게 흡연에 대한 유혹을 극복할 수 있는 동기부여를 제공하기 때문이다. 공공정책에 대응하는 사람들의 행태적이고 심리적인 반응에 대한 경제학자들의 이해가 증진됨에 따라 우리는 조세의 다양한 기능에 대해 더 많이 알게 된다. 죄악세로 손해를 보았다고 생각하는 사람들 가운데 일부는 오히려 혜택을 본 승자로 판명되었다.

Source: Jonathan Gruber and Sendhil Mullainathan, "Do cigarette taxes make smokers happier?" *Advances in Economic Policy and Analysis* 5, issue 1(2005).

과세의 2가지 목적이 세수 증대와 선택 행위의 변경임을 기억하자. 사람들은 그러한 목적을 달성하기 위해 적절한 수단일 경우에도 조세에 반대할 수 있지만, 앞에서 언급한 2가지 목적은 과세에 대한 비용과 편익에 대한 논의의 출발점을 제공한다.

사람들이 특정한 목적에 동의할 경우에도 그것을 달성함에 있어 어떤 세목은 다른 세목보다 더 효과적일 수 있다. 이 장에서는 상이한 과세 방식의 직접적인 효과와 부수적인 효과를 평가할 것이다. 유권자로서 여러분은 조세에 대한 객관적인 지식을 활용해 어떤 공공서비스를 지원하고 어떤 유형의 행태가 억제되어야 하는지 명확하게 판단할 수 있다.

✓ 개념 확인하기

- ❒ 조세의 부과는 소비량을 증가 또는 감소시키는가? **[LO 20.1]**
- ❒ 왜 효율적인 시장에서 조세는 경제잉여를 감소시키지만, 부정적인 외부효과가 존재할 경우에는 경제잉여를 증가시키는가? **[LO 20.2]**

과세의 원리

미국에서 버몬트를 제외한 주정부는 균형 예산을 요구한다. 따라서 만약 여러분이 거주하는 주의 주지사가 주정부를 발전시키려는 야심찬 계획을 갖고 있다면 주의원과 주지사는 소요 재원을 확보하기 위해 요금 또는 세금을 인상할 것이다. 주지사가 세금을 삭감하는 경우에도 그/그녀는 어떤 세목을 대상으로 얼마나 줄일 것인지 결정해야 한다. 이때 경제적 문제는 경제를 건강하게 유지하는 방식으로 세금을 관리하는 것이다. 모든 조세가 같지 않으며, 일정한 규모의 세수입을 확충하기 위한 세제개편은 다양할 수 있다. 이 장에서는 세금이 경제에 미치는 충격을 분석하는 방법에 대해 학습한다. 다양한 세목의 비용과 편익을 분석함에 있어 특히 유용한 3가지 개념은 효율성, 조세수입, 그리고 조세귀착이다. 조세의 비용과 편익을 평가하는 분석도구로 이러한 개념을 설명할 것이다.

효율성: 조세의 초과비용은 얼마인가?

LO 20.2 경제적 순손실과 과세 행정부담이 조세의 비효율에 미치는 영향 설명하기

어떤 조세의 비용과 편익을 고려할 때, 비용은 납세자들이 지불해야 하는 세금이고, 편익은 그러한 세수입으로 제공하는 서비스로 간주하려는 경향이 있다. 하지만 앞장에서 살펴본 조세의 분석으로부터 문제가 그렇게 간단하지 않다는 것을 알 것이다. 조세는 경제적 행위를 변화시켜 공급과 수요를 적정 수준으로부터 이동시키는 바, 우리는 그러한 변화를 고려해야 한다. 더욱이 징세 과정에서 비용이 발생한다.

비효율을 발생시킨다는 이유로 세금을 나쁘다고 주장할 수만은 없다. 세금은 그 자체로 비효율을 발생시키지만, 조세수입은 다른 비효율을 개선하기 위해 사용될 수 있다. 순효과는 개별 세목과 세수의 용처에 따라 상이하다. 여기서는 조세가 초래할 수 있는 2가지 유형의 비효율을 설명한다.

첫 번째 유형의 비효율은 경제적 순손실(deadweight loss)로 납세자의 상실된 잉여와 조세수입 사이의 차이에 해당한다. 두 번째 유형의 비효율은 세금을 징수하고 관리하는 노력으로서 행정부담(administration burden)이다. 우리는 이러한 2가지 비용을 어떻게 계측할 수 있는지 알아볼 것이다.

경제적 순손실. 효율적인 시장에서 조세가 잉여를 감소시킨다는 것은 6장(정부 개입)에서 설명했다. 이러한 잉여의 감소가 **경제적 순손실**이다. 경제적 순손실은 시장에서의 거래량이 조세부과로 인해 균형거래량 이하로 감소하기 때문에 발생한다.

경제적 순손실 거래량이 시장의 균형 거래량보다 적어서 발생하는 총잉여의 상실분

조세부과로 인해 시장에서 감소된 잉여의 총량과 경제적 순손실을 구분하는 것이 중요하다. 구매자와 판매자가 상실한 잉여 가운데 조세수입으로 귀속된 것은 공공서비스의 재원으로 사용되기 때문에 비용이 아니다. 조세수입으로 생산된 공공서비스는 그 혜택을 받는 시민들에게 잉여를 제공한다. 때때로 조세부담자가 공공서비스의 수혜자이기도 하지만 양자가 반드시 일치하는 것은 아니다. 조세수입으로 생산된 잉여는 정부 정책을 통해 다른 사람에게 이전될 수는 있어도 사회 전체적으로 손실은 아니다.

반면 경제적 순손실은 조세부과로 인해 사라진(disappear) 가치다. 구매자와 판매자 중 어느 누구도 그로부터 아무런 편익을 취하지 못하고, 그저 상실된 잉여다.

효율적인 시장에서 조세의 부과로 인해 발생하는 경제적 순손실의 가치를 측정하는 방법을 청바지시장을 통해 간략히 알아보자. 한 벌당 50달러 가격의 청바지시장에서 균형거래량은 400만 벌이라고 가정하자. 논의를 단순화하기 위해 옷에 대해 가격의 일정 비율이 아니라 일정 금액이 판매세로 부과된다고 하자. 〈그림 20-2〉에서는 청바지 한 벌당 20달러의 세금이 부과되는 경우를 보여주고 있다.

무슨 일이 발생할 것인가? 세금부과로 인해 수요곡선이 그만큼 아래로 이동할 것이다. 이유: 주어진 시장가격에서 소비자가 지불해야 하는 실제 가격은 20달러 상승했다. 조세부과로 판매자가 수령하는 시장가격 40달러와 구매자가 지불하는 가격 60달러 사이에 조세격차(tax wedge)가 발생한다. 수요곡선의 하향 이동으로 공급곡선을 따라 시장가격이 하락하고, 균형거래량은 감소한다. 조세부과로 인해 청바지 판매량이 100만 벌 감소한다. 이러한 판매량의 감소

그림 20-2

경제적 순손실을 초래하는 세금

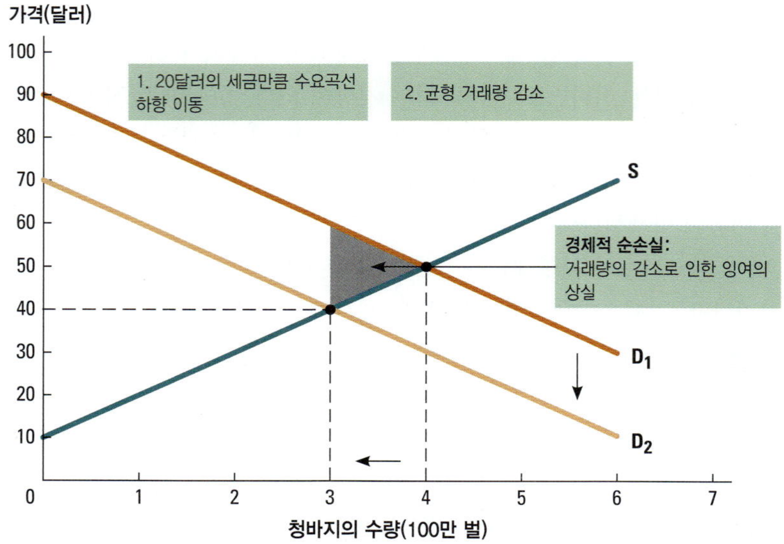

청바지에 20달러의 세금을 부과하면 수요곡선이 아래로 이동하고, 공급곡선을 따라 균형점이 이동해 균형 거래량은 400만 벌에서 300만 벌로 감소한다. 청바지의 거래가 100만 벌 감소함에 따라 사라진 잉여의 크기가 경제적 순손실이다.

로 인해 상실된 소비자 잉여와 생산자 잉여의 합이 경제적 순손실이다.

조세부과로 인한 경제적 순손실의 양은 구매자와 판매자가 가격 변화에 얼마나 민감하게 반응하는가에 따라 달라진다. 다시 말하면, 경제적 순손실의 크기는 수요와 공급의 가격탄력성에 의존한다. 수요와 공급곡선이 탄력적일수록 가격 인상에 따른 균형거래량의 감소 폭이 더 크고, 경제적 순손실도 더욱 커진다. 〈그림 20-3〉에서 보듯이 조세의 규모가 동일한 경우에도 수요의 가격탄력성이 클수록 경제적 순손실을 나타내는 삼각형 면적이 더 커진다. 이것은 과세의 일반원칙이다: 가격 변화에 대한 사람들의 반응 정도가 작은 부문에 과세할 때 경제적 순손실을 최소화할 수 있다.

이러한 논의는 생산요소시장에도 그대로 적용할 수 있다. 일반적으로 사람들은 조세가 부과되는 분야에서 활동하기를 기피한다. 예를 들면, 소득세로 인해 사람들은 추가 근로를 하지 않으려 한다. 소득세로 인해 어느 정도로 비효율이 발생하고, 조세수입이 얼마나 증가할 것인가는 사람들의 가격에 대한 반응도에 달려 있다. 달리 말하면, 임금에 부과하는 세금에 반응해서 근로자들의 노동공급량이 얼마나 감소할 것인가의 문제다(정책입안자들은 특히 이러한 질문에 관심을 갖는다).

만약 사람들의 선택에 영향을 미치지 않는 방식으로 과세를 하는 것이 경제적 순손실을 최소화하는 것이라면, 왜 이러한 아이디어를 실제로 적용하지 않는가? 사람들의 경제 행위와 무관하게 모든 사람에게 동일한 금액을 부과하는 조세는 **정액세**(lump-sum tax) 또는 **인두세**(head tax)다. 정액세가 가장 효율적인 이유를 이해하기 위해 납세자들이 세금에 대해 어떻게 반응할 것인지를 생각해보자. 만약 직업, 소득수준, 소비 행위와 무관하게 모든 사람에게 연간 1000달

정액세(인두세) 납세자의 경제적 행위나 여건에 상관없이 각 납세자에게 같은 액수로 매겨지는 세금

그림 20-3

가격탄력성과 함께 증가하는 경제적 순손실

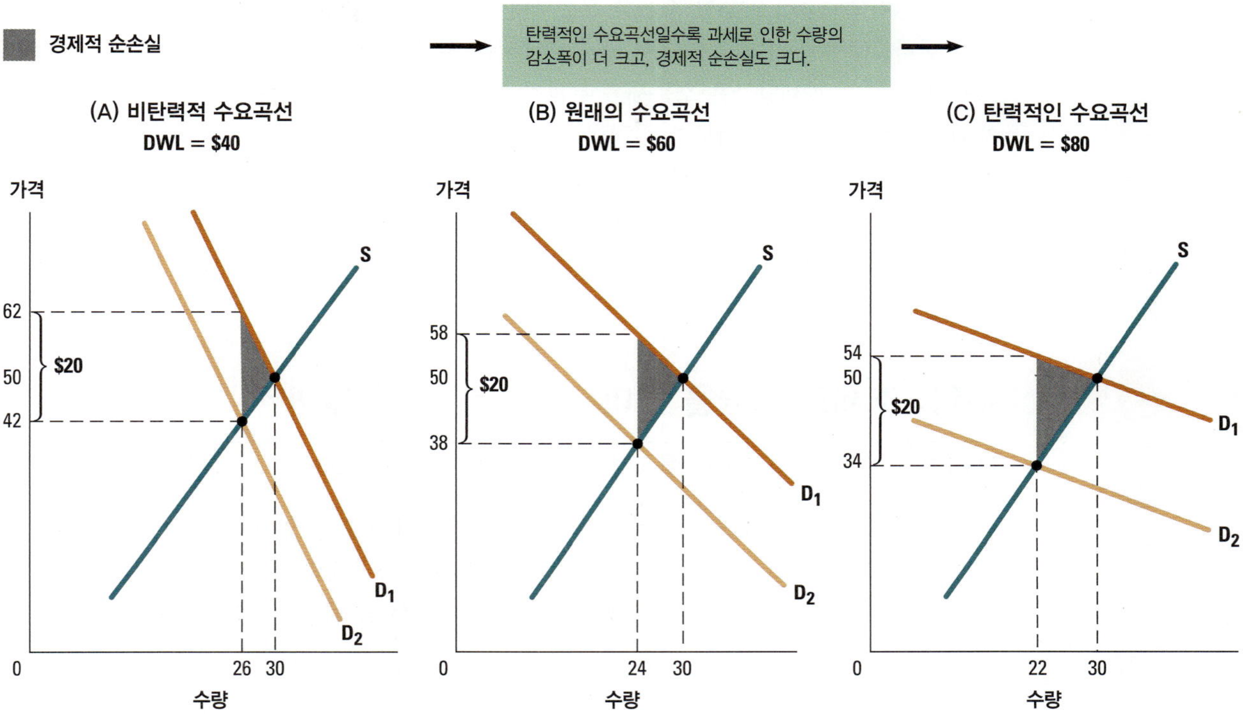

비탄력적인 수요곡선의 경우, 20달러의 세금으로 균형거래량이 30벌에서 26벌로 감소. 경제적 순손실의 총가치는 40달러

원래의 수요곡선의 경우, 20달러의 세금으로 균형거래량이 30벌에서 24벌로 감소. 경제적 순손실의 총가치는 60달러

탄력적인 수요곡선의 경우, 동일한 20달러의 세금으로 균형거래량이 30벌에서 22벌로 크게 감소. 경제적 순손실의 총가치는 80달러

러의 세금을 똑같이 부과한다면, 사람들의 선택 행위를 변화시킬 아무런 유인이 존재하지 않는다. 만약 과세의 유일한 목적이 효율성의 극대화와 경제적 순손실의 극소화에 있다면 인두세가 답일 것이다. 하지만 인두세가 가장 효율적일지라도 많은 사람들은 부자와 가난한 사람을 구분하지 않고 모든 사람에게 동일한 금액의 세금을 부과하는 것은 공정하지 못하다고 생각한다. 또한 인두세를 적용할 경우 세금의 크기는 가장 가난한 시민들의 지불 능력에 의해 제약을 받기 때문에 징수할 수 있는 전체 세수 규모도 작아진다. 이러한 이유로 인해 현실적으로 정액세는 거의 찾아보기 어렵다.

행정부담. 세금을 징수하고 관리하는 행위는 시장의 효율성 여부와 상관없이 비용을 초래한다. 누군가는 세금을 징수하고, 납세를 강제하며, 세금을 관리하는 일을 수행해야 한다. **행정부담**(administrative burden)은 조세의 집행과 관련된 물류비용으로 세금고지서를 부과하고 이행을 강제하는 과세당국의 시간과 금전적 비용을 포함한다. 또한 행정부담에는 세금고지서를 관리하고, 자문을 위해 회계사와 세무사를 고용하는 납세자의 시간과 금전적 비용을 포함한다. 예를 들면, 2012년 미국 연방정부는 국세청(Internal Revenue Service)의 운영을 위해 133억 달러를 지출해 2조5000억 달러의 세금을 징수했다.

행정부담 세금을 징수할 때 발생하는 행정상 비용 일반적으로 조세가 복잡할수록 행정부담이 증가한다. 예를 들면, 연방소득세와 지방판매세를 비교해보자. 연방소득세를 납부하기 위해 납세자들은 복잡한 세금신고서를 작성해야 하고, 상이한 원천으로부터 발생한 소득을 분류해야 하며, 조세 감면과 공제 항목을 세부적으로 기술해야 한다. 납세 관련 자료를 준비하기 위해서는 시간이 소요되며, 가끔은 회계사와 세무사를 고용해야 한다. 과세당국은 소득세를 부과하고, 세금을 납부하지 않은 납세자들에게 이행을 강제하는 등 다양한 과세 업무를 수행해야 한다. 반면 판매세의 경우에는 비용을 전혀 유발하지 않는다고 할 수는 없지만, 징세 과정이 매우 단순하다. 상인들은 개별 구매 행위에 대해 세금을 징수해 지방정부에 납부하면 그만이다. 판매세의 경우 과세 및 징세 과정에서 큰 비용이 발생하지 않는다. 만약 효율성의 극대화가 유일한 목적이라면 단순한 조세가 복잡한 조세보다 훨씬 유리할 것이다.

수입: 조세로 세금을 얼마나 징수할 수 있을까?

LO 20.3 가격효과와 수량효과를 고려해 세금 인상의 세수효과 계산하기

세수는 과세대상에 세율을 곱하는 방식으로 간단하게 계산할 수 있다. 판매세의 경우에는 판매가액에 달러당 부과되는 세금을 곱해 세수를 계산한다. 소득세의 경우 소득에 달러당 소득세를 곱해 산출한다. 통행료 수입은 통과하는 차량 수에 통행료를 곱해 산출할 수 있다.

$$\text{조세수입} = \text{단위당 세금} \times \text{과세대상 수}$$

단, 세금을 부과함으로써 시장의 거래량이 축소된다는 점을 잊지 말아야 한다. 따라서 세전(pre-tax) 거래량에 세율을 곱해서는 안 된다. 반드시 납세자들이 세금에 반응하는 정도를 고려해 세후(post-tax) 거래량을 예측해야 한다. 〈그림 20-3〉을 다시 한 번 보자. 가격탄력적인 시장에서는 균형거래량이 더 큰 폭으로 감소하기 때문에 조세수입을 나타내는 사각형이 더 작아진다. 다른 조건이 동일하다면 수요와 공급이 가격에 대해 비탄력적인 시장에서 조세로 인한 비효율은 작고, 세수는 커질 것이다. 조세의 이러한 특성으로 인해 과세 당국은 담배와 술에 대한 과세를 선호하며, 이는 부정적 외부효과와 '죄'에 대한 고려와 함께 과세의 주된 근거이기도 하다. 이러한 재화에 대한 수요는 대단히 가격비탄력적이며, 과세를 통해 큰 규모의 세수를 확보할 수 있다. 2010년 뉴욕 주에서 담배 1갑당 1.6달러의 세금을 부과해 약 5억 달러의 세금을 징수했다.

탄력성을 이해하는 것이 매우 중요하다는 것을 보이기 위해, 여러분이 주하원으로서 갤런당 1달러의 휘발유세를 2달러로 인상하는 안을 검토한다고 가정해보자. 여러분이 거주하는 주에서는 매일 500만 갤런의 휘발유가 판매되어 500만 달러의 세금이 징수된다고 하자. 만약 계획대로 휘발류세를 인상하면 500만 달러의 휘발유세가 추가로 징수될 것인가? 그렇지 않다. 인상된 세금으로 인해 휘발유 가격이 상승하면 수요곡선이 아래로 이동하고, 균형거래량이 감소한다. 극단적인 경우 세금 인상으로 인해 세수가 감소할 수 있다. 예를 들면, 세금 인상 후 균형거래량이 200만 갤런으로 감소한다면, 갤런당 2달러의 휘발유세를 부과해 400만 달러의 세금을 징수할 것이다.

달리 말하면, 세금 인상의 상반된 효과를 함께 고려해야 한다는 것이다. 세금을 인상하면 가격효과(price effect)에 의해 판매 단위당 세금이 증가하지만, 수량효과(quantity effect)에 의해

그림 20-4

세금 인상의 가격효과와 수량효과

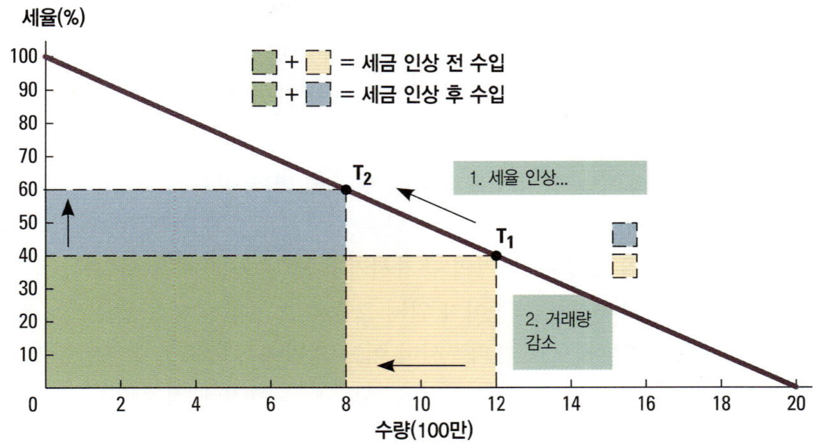

세율 인상으로 단위당 세수는 증가하지만, 세후 가격 인상으로 편매량이 감소한다. 세금이 조세수입에 미치는 영향은 수량효과와 가격효과의 상대적 크기에 따라 달라진다.

판매량이 감소한다. 〈그림 20-4〉에서 제시된 이러한 생각은 4장(탄력성)에서 논의된 가격탄력성과 민간기업 수입 간의 관계와 유사하다.

이러한 점을 일반화해 〈그림 20-5〉에서와 같이 세금이 인상됨에 따라 세수효과가 감소한다는 점을 보일 수 있다. 세율이 높아짐에 따라 점차 수량효과가 가격효과를 따라잡고, 그 결과 세수 증가율이 낮아질 것으로 기대할 수 있다. 어떤 지점에서는 세금이 너무 높아서 수량효과가 가격효과를 압도하고, 세율 인상이 오히려 세수 감소를 초래할 수 있다. 세수를 극대화하는 세율 수준은 공급과 수요의 가격탄력성에 의존한다: 공급과 수요가 가격탄력적일수록 세수 극대화 지점에 더 빨리 도달한다.

그림 20-5

세율 인상의 세수효과 세율이 상승함에 따라 초기에는 세수가 증가하지만, 일정 수준 이상으로 세율이 증가하면 세수는 감소한다. 세수 변화의 전환점에서 최대의 세금이 징수된다.

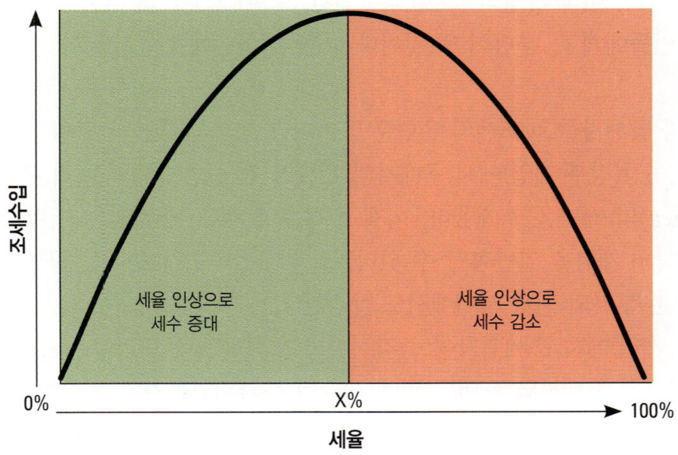

세수 극대화 지점을 넘어선 경우에는 세율을 낮추면 세수가 증가한다. 〈그림 20-5〉에 나타난 그래프는 경제학 교수 아더 래퍼의 이름을 본떠 종종 래퍼곡선(Laffer curve)이라 불린다. 1980년대 로널드 레이건 대통령의 참모로 활동한 래퍼는 미국의 세율이 너무 높기 때문에 레이건이 정치인들의 꿈을 실현시킬 수 있다고 주장했다: 세율을 낮추면서 조세수입을 증가시킬 수 있다. 마침내 레이건은 래퍼의 조언을 받아들여 1981년 대규모의 감세법안에 서명했다.

사람들이 세금에 반응해 그들의 행동을 변화시킨다는 생각은 경제학자들 사이에 논쟁의 여지가 없지만, 얼마나 그리고 어떤 방식으로 그들의 행동을 변화시킬지는 여전히 연구대상이다. 대부분의 연구는 노동공급의 조세탄력성이 매우 낮은 것으로 보고하고 있다. 래퍼의 예측과 달리 세율이 낮아져도 사람들은 노동량을 거의 증가시키지 않는다. 하지만 사람들, 특히 높은 세율에 직면한 고소득자들은 조세부담을 줄이기 위해 그들의 소득을 상이한 원천으로 재배치한다는 사실이 보고되고 있다. 결론적으로 래퍼곡선이 어느 지점에서 최고점에 도달할지 명확히 알 수는 없다. 기존의 실증분석에 따르면 40%에서 80%의 세율 구간에 걸쳐 있다. 이러한 세율은 높은 수준일 수 있지만, 이는 정부의 조세수입을 극대화하는 세율이지, 경제에 가장 좋은 최선의 세율이 아니라는 점을 분명히 할 필요가 있다.

이 장의 후반부에서 논의하겠지만 누가 얼마나 세금을 부담해야 하는지에 대한 정치적 논쟁과 관련해 과세의 가격효과와 수량효과를 이해하는 것은 매우 중요하다.

조세귀착: 누가 최종적으로 세금을 부담하는가?

LO 20.4 비례세, 누진세, 역진세 구분하기

이제 이론적으로 인두세가 다른 어떤 조세보다 효율적이라는 것을 알았을 것이다. 인두세가 효율적인 이유는 소득수준 또는 구매 행위와 무관하게 모든 납세자에게 동일한 세금을 부과하기 때문이다. 그 결과 인두세는 경제 행위에 왜곡을 초래하지 않고, 경제적 순손실을 가장 적게 유발한다. 그렇다면 왜 정부는 필요한 세수 전부를 인두세로 징수하지 않는가?

미국에서 인두세만 존재할 경우 어떤 결과가 초래될지 보기 위해 간단한 예를 들어보자. 정부가 2010년 미국 연방세수입과 유사한 규모의 2조3450억 달러의 조세를 징수한다고 하자. 미국의 납세자가 약 1억5,500만 명이기 때문에 인두세를 적용할 경우 납세자 1인당 약 1만3000달러의 세금을 내야 한다. 미국 가정의 약 20%는 연간소득이 2만 달러 이하이기 때문에 이러한 인두세는 많은 미국인들에게 큰 부담이 될 것이다. 어떤 미국인에게는 세금이 그들의 소득보다 많을 수 있다.

정책입안자들과 납세자들은 조세의 유형뿐만 아니라 누가 조세를 부담할 것인가에 대해서도 큰 관심을 갖는다. 6장(정부 개입)에서 구매자와 판매자 간 물품세의 상대적 부담을 설명하면서 **조세귀착**(incidence)의 개념을 소개했다. 이제 우리는 실제로 세금을 누가 부담하는지를 설명하기 위해 조세귀착의 개념을 일반화할 수 있다. 조세부담의 귀착 문제는 구매자와 판매자뿐만 아니라 노인과 청년, 부자와 빈자 사이에서도 발생한다.

조세귀착 세금의 부담이 누구에게 지워지는가에 대한 서술

또한 6장(정부 개입)에서 조세귀착이 즉각적이고 명시적으로 드러나는 것이 아님을 설명했다. 구매자와 판매자의 조세부담은 어느 편에 세금이 부과되었는가와 무관하게 결정된다. 이러한 생각에 따르면 조세의 **법률적** 귀착(*statutory* incidence: 누가 법적으로 납세의 책임을 지는

가)은 **경제적 귀착**(*economic* incidence: 누가 실제로 잉여의 손실을 당하는가)에 아무런 영향을 미치지 않는다. 가격 변화에 비탄력적으로 반응하는 구매자 또는 판매자가 조세를 더 부담할 것이다. 이는 곧 정책입안자들이 구매자와 판매자 간 조세부담의 전가에 영향력을 행사하지 못한다는 것을 의미한다.

법률적 귀착과 경제적 귀착의 구분은 매우 중요하다. 예를 들면, 소비자들은 계산대에서 판매세를 실제로 지불하기 때문에 세금의 법률적인 귀착자다. 하지만 판매세로 인해 소비자들의 수요가 줄어든다면 세금은 판매자들에게 영향을 미칠 것이다. 만약 판매자들이 가격을 낮춘다면 그들은 세금의 일부를 분담하게 된다. 판매자들이 명목상으로 세금을 납부하지는 않지만, 그들에게 조세의 경제적 귀착이 발생한 것이다.

마찬가지로 종업원에게 부과된 소득세는 그들을 고용하는 기업에도 영향을 미친다: 소득세가 부과된 결과 종업원들의 노동공급이 감소한다면 기업은 임금을 인상할 수 있다. 임금인상으로 주주에게 지급하는 배당금이 줄어들 수 있고, 제품의 소비자가격이 상승해 잉여의 손실이 발생할 수 있다. 요약하면, 세금을 납부하는 사람과 궁극적으로 부담하는 사람이 다를 수 있다는 것이다.

행동경제학자들은 우리의 이해를 돕는 데 기여하고 있는 바, 그들은 조세의 법률적 귀착이 사람들의 행동에 실제로 영향을 줄 수 있는 방식을 발견하기 시작했다. 사례를 통해 알아보기의 '누가 실제로 판매세를 지불하는가?'를 통해 세금에 대한 반응을 이해하는 것이 조세의 분석에 영향을 줄 수 있다는 점을 이해하게 될 것이다.

사례를 통해 알아보기

누가 실제로 판매세를 지불하는가?

미국의 50개 주 가운데 45개의 주가 소비재에 판매세를 부과한다. 판매세가 가격에 반영되는 정도는 주와 판매처에 따라 다양하다. 이러한 정책 차이의 경제적 효과를 파악하기 위해서는 이 장 끝부분의 QR코드를 스캔하거나 온라인을 통해 읽기를 계속하라.

우리는 일반적으로 정책입안자들이 소비자와 생산자 간에 조세부담을 재분배할 권한이 없다고 가정한다. 하지만 그들은 부자와 가난한 사람들 사이에서 조세부담의 경제적 귀착에 영향을 미치는 권한을 보유하고 있다. 경제학자와 정책입안자들은 조세를 3가지 범주로 구분한다: 비례세, 누진세, 그리고 역진세.

비례세(proportional tax)는 모든 납세자로부터 같은 비율(동일한 액수가 아님)의 소득을 세금으로 징수한다. 다시 말하면, 사람들은 소득에 비례해 세금을 납부한다. 정치적 맥락에서 소득에 대한 비례세는 종종 '평률세(flat tax)'로 불린다. 예를 들면, 소득에 대해 25%의 평률세를 적용할 경우 소득이 2만 달러인 사람은 소득이 20만 달러인 사람과 같은 비율로 세금을 납부할 것이다. 하지만 〈그림 20-6〉에서 보듯이 각자가 부담하는 세금의 절대 액수는 5000달러와 5만 달러로 동일하지 않다.

비례세/평률세 모든 납세자에게 같은 세율을 부과하는 소득세

현행 미국의 소득세는 비례세가 아니라 **누진세**(progressive tax)다. 만약 저소득자가 고소득

누진세 저소득층이 고소득층보다 소득 대비 더 낮은 비중의 금액을 부담하는 세금

그림 20-6

비례세, 누진세, 역진세 비례세의 경우 모든 사람들이 같은 비율의 소득을 세금으로 납부한다. 누진세의 경우 저소득자는 더 적은 금액과 비율의 소득을 세금으로 납부한다. 역진세의 경우 가난한 사람들이 부자보다 높은 비율의 소득을 세금으로 납부하며, 모든 사람들이 같은 금액의 세금을 부담하는 경우에도 역진적이다.

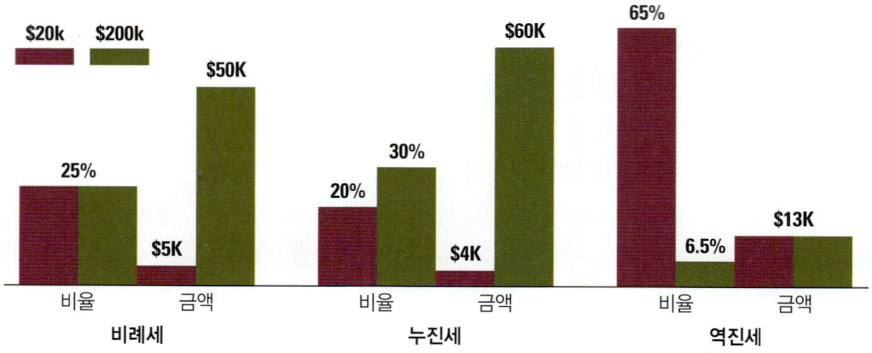

자에 비해 더 적은 금액과 비율의 소득세를 납부한다면 그러한 세금은 누진적이다. 미국의 개인 소득세는 소득수준에 따라 차등화된 '과표구간(brackets)'을 갖고 있다; 과세표준이 증가함에 따라 소득세율도 증가한다. 〈그림 20-6〉은 누진적인 소득세의 예를 제시하고 있다: 소득이 2만 달러인 사람은 20%(4000달러의 절대 금액), 소득이 20만 달러인 사람은 30%(6만 달러의 절대 금액)를 세금으로 납부한다.

역진세 저소득층이 고소득층보다 소득 대비 더 높은 비중의 금액을 부담하는 세금

조세귀착의 마지막 범주는 **역진세**(regressive tax)다. 역진세의 경우에는 저소득자가 고소득자에 비해 더 높은 비율의 소득을 세금으로 납부한다. 대부분의 국가에서는 명시적으로 역진적인 소득세를 도입하지 않고 있다. 즉, 낮은 과표구간에 속한 사람들이 더 높은 비율의 소득세를 부담하지 않도록 조세체계를 구축한다는 것이다. 하지만 다른 조세들은 여전히 역진적일 수 있다. 〈그림 20-6〉에 제시된 것처럼 정액세는 역진적이다. 만약 소득수준이 다른 2명의 납세자가 동일한 금액의 1만3000달러를 세금으로 납부해야 한다면, 고소득자와 비교할 때 저소득자는 더 높은 비율의 세금을 부담하는 것이다—저소득자는 소득의 65%를 부담하지만, 고소득자에게는 단지 소득의 6.5%에 불과하다.

상이한 조세를 비교할 때, 효율성과 귀착의 관계를 고려하는 것이 중요하다. 예를 들면, 일부 정치가들은 소득세를 모두 단일의 판매세로 대체할 것을 제안한다. 이러한 아이디어의 장점은 현행 조세체계에 비해 훨씬 단순하고 효율적이라는 것이다. 하지만 그러한 조세체계는 역진적이다: 평균적으로 저소득자는 더 높은 비율의 소득을 저축과 투자보다는 소비에 지출한다. 따라서 더 높은 비율의 소득이 판매세의 영향을 받는다. 반면, 현행의 소득세 체계는 누진적이지만 높은 행정부담과 고소득 가구에 대한 유인 효과 때문에 효율성이 떨어진다.

충분한 세수를 보장하면서 공평하고도 효율적인 조세들을 찾고자 할 때 정치가와 경제학자들이 직면하는 문제들의 일부를 이해할 수 있다. 모든 사람을 만족시키는 조세체계를 찾는 것은 대단히 어렵다. 유권자로서 여러분은 제안된 조세의 효율성에 대한 실증적(positive) 판단뿐만 아니라 조세귀착의 '공정성(fairness)'에 대한 규범적(normative) 판단도 동시에 고려해야 한다.

✓ 개념 확인하기

- ❐ 수요의 가격탄력성이 높은 재화와 낮은 재화 중 어떤 재화에 세금을 부과하는 것이 보다 효율적인가? **[LO 20.2]**
- ❐ 세수증대에 대한 세율 인상의 가격효과와 수량효과의 차이는 무엇인가? **[LO 20.3]**
- ❐ 모든 시민에게 동일하게 징수하는 100달러의 쓰레기 수거료는 역진적인가, 비례적인가, 누진적인가? **[LO 20.4]**

조세의 분류

LO 20.5 미국의 세수 원천과 다양한 세목의 역할 살펴보기

지금까지 여러 유형의 조세를 언급했지만, 어떻게 그리고 왜 그러한 조세가 부과되는지에 대해서는 자세히 설명하지 않았다. 이 절에서는 상이한 조세의 중요한 특성을 설명할 것이다. 우리는 조세수입, 효율성 그리고 조세귀착 문제를 주로 다룰 것이다.

미국 정부의 조세수입에 대한 개괄적인 설명으로부터 시작하자. 연방정부는 당해 연도 10월부터 다음 연도 9월까지의 회계연도(fiscal year)에 대해 세금을 산출한다. 2010 회계연도(2009년 10월부터 2010년 9월까지)에 연방정부는 2조3450억 달러의 세금을 징수했다.

이러한 세금을 어디서 징수했을까? 〈그림 20-7〉에는 다양한 범주의 조세와 세수 비중이 제시되어 있는데, 전체 조세수입의 90% 이상이 3개의 원천으로부터 징수되었다: 거의 동일한 비율

그림 20-7

미국 연방정부의 조세수입 미국 정부의 조세수입은 대부분 개인소득세와 사회보험 및 퇴직기여금으로 조성된다. 사회보험과 퇴직기여금의 대부분은 메디케어와 사회보장제도에 기반하고 있다.

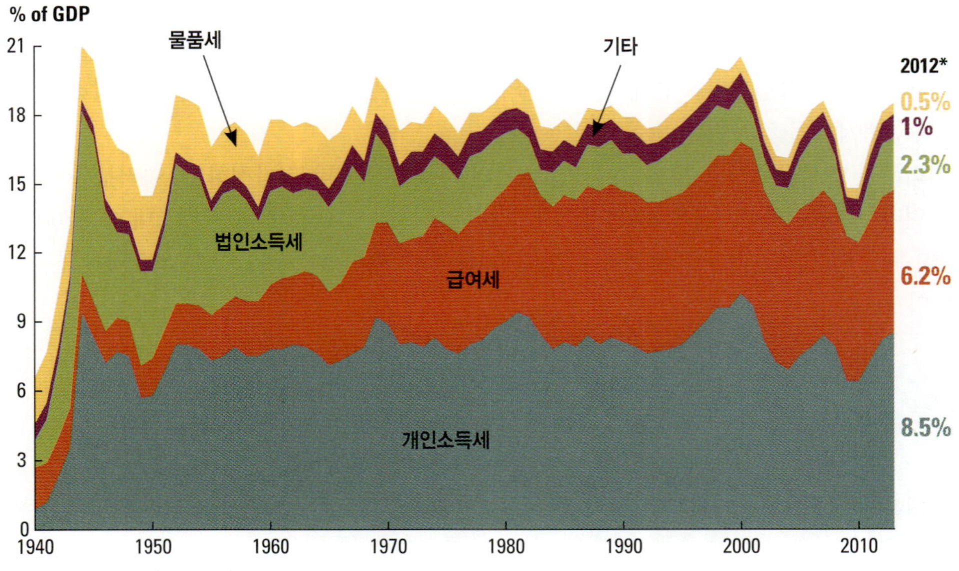

* 추정치

Source: GPO, Historical Tables, 2.3. http://www.gpo.gov/fdsys/search/pagedetails.action?granuleId=&packageId=BUDGET-2011-TAB&fromBrowse=true.

로 40% 이상의 조세수입이 개인소득세와 급여세로부터 발생했고, 세 번째로 법인소득세가 10% 이하의 조세수입을 차지했다. 이 절에서는 3대 연방조세와 기타 비중이 작은 조세에 대해 토론할 것이다. 주정부의 조세는 매우 다양하기 때문에 주로 연방세를 중심으로 설명할 것이다(많은 주정부에서 판매세는 가장 큰 세수고, 개인소득세는 두 번째로 비중이 큰 세수다).

개인소득세

소득세 개인과 기업의 소득에 부과되는 세금

소득세(income tax)는 말 그대로 개인과 기업의 소득에 대해 부과하는 조세다. 대부분의 사람들에게 임금은 소득의 가장 큰 비중을 차지한다. 다른 소득으로는 저축에 대한 이자소득, 재산의 임대소득, 투자소득, 복권 당첨금 등이 있을 수 있다.

미국에서 연방정부는 여러분의 연간 기대소득을 기준으로 연방소득세를 원천징수한다(나중에 어떤 소득에 대해서는 할증 또는 할인세율이 적용됨을 확인하게 될 것이다). 또한 대부분의 주정부들은 주소득세를 원천징수하기도 한다. 연말정산을 할 때, 여러분은 실제소득을 신고한다. 실제소득이 기대소득보다 작다면 정부는 원천징수한 세금의 일부를 돌려준다. 그 경우 여러분은 세금을 환급받는다. 반대로 실제소득이 기대소득보다 많다면, 부족한 세금을 추가로 납부해야 한다. 이러한 원천징수 방식은 납세를 위해 소득의 일부를 관리해야 하는 번거로움을 없애주기 때문에 조세징수를 간편하게 한다. 만약 정부가 세금을 원천징수하지 않고, 사람들도 세금을 납부하기 위한 위한 준비금을 잊는다면 어떤 일이 발생할지 상상해보라. 매년 4월 15일이 되면 많은 사람들이 세금을 납부할 수 없는 상황에 직면할 것이다.

여러분의 소득이 많다면, 더 높은 '과세표준'에 속한다. 각각의 과세표준에 대해서는 다른 세율이 적용되고, 높은 과세표준에 속한 사람들은 높은 세율을 적용받는다. 세율과 과세표준의 관계는 다소 복잡하다—모든 달러가 균등하게 취급되는 것은 아니다. 각 과세표준에 적용되는 세율은 **한계세율**(marginal tax rate), 즉 납세자 소득의 마지막 단위에 부과되는 세율이다.

한계세율 납세자가 벌어들인 마지막 1원에 부과된 세율

한계세율이 작동하는 원리를 보기 위해 예를 들어보자. 〈표 20-1〉은 2011 회계연도에 단신근로자의 과세표준이다. 가장 낮은 과세표준의 소득구간은 0달러부터 8700달러까지이며, 10%의 한계세율을 적용한다. 두 번째 과세표준의 소득구간은 8701달러부터 3만5350달러까지이며, 15%의 한계세율을 적용한다.

여러분이 단신근로자고 2010년에 3만 달러의 소득이 있었다고 가정하자. 여러분은 연방소득세를 얼마나 내야 할까? 처음 8700달러까지는 10% 또는 870달러의 세금을 내고, 8700달러를 초과하는 금액(3만 달러 − 8700달러 = 2만1300달러)에 대해서는 15% 또는 3195달러를 세금으로 내야 한다.

$$\begin{aligned} \$\,8{,}700 \times 10\% &= \$\quad 870 \\ +\ 21{,}300 \times 15\% &= \underline{\ \ 3{,}195} \\ \text{총납부세액} &= \$\,4{,}065 \end{aligned}$$

여러분의 한계세율은 15%지만, 평균세율은 13.55%다.

$$\frac{\$\,4{,}065}{\$30{,}000} = 13.55\%$$

과세표준(미국 달러)	한계세율(%)
0–8,700	10
8,701–35,350	15
35,351–85,650	25
85,651–178,650	28
178,651–388,350	33
388,351+	35

표 20-1
2011년 미국 개인소득세 과세표준

출처: IRS Rev.Proc. 2011-52, p. 7, http://www.irs.gov/pub/irs-drop/rp-11-52.pdf

만약 소득이 8700달러 이하라면 여러분의 평균세율은 10%이다. 일단 여러분의 소득이 8700달러를 초과하면, 소득이 증가할수록 평균세율도 높아질 것이다. 달리 말하면, 미국의 개인소득세는 누진적이다: 소득이 많을수록 납부해야 할 세금의 비율도 높아진다.

소득세가 노동공급을 감소시키는 정도는 경제학자들 사이에서 논쟁적이다. 누진적인 소득세를 주장하는 견해는 소득의 증가에 따라 노동공급이 가격에 대해 더욱 비탄력적이 된다는 아이디어에 근거하고 있다. 달리 말하면, 고소득자들은 교육수준이 높은 사람들로 급여 이외의 이유들로 인해 그들이 좋아하는 일자리에 종사하는 경향이 있다는 것이다. 그들은 단지 급여 수준이 아니라 일의 즐거움과 사회적 지위에 의해 동기부여가 되는 경향이 있다. 이러한 경우에는 고소득자에 대한 높은 한계세율이 노동시간을 큰 폭으로 감소시킬 것이라고 예단하기 어렵다. 따라서 누진세율은 경제적 순손실을 크게 발생시키지 않으면서 세수를 증대시킬 것이다. 이러한 측면은 누진적인 소득세율의 효율성에 대한 실증적 주장이지, 규범적 또는 철학적인 주장이 아님을 숙지하기 바란다.

소득세 체계에서 복잡한 많은 요소들로 인해 여러분이 납부하는 세금은 과세표준에 의해 제시된 세금과 크게 다를 수 있다. 예를 들면, 배우자, 자녀 또는 장애인과 함께 살고 있는 사람들의 조세부담은 소득이 같은 수준인 다른 사람들에 비해 적을 것이다. 기부금, 대학등록금, 영업비용 등과 같은 지출은 과세소득으로부터 공제될 수 있다. 실제로 여러분이 3만 달러를 벌어도 조정 또는 과세소득(adjusted or taxable)은 그보다 작을 것이다.

일반적으로 개인소득세는 소득의 원천을 구분하지 않지만, 예외적으로 자본이득(capital gains)에 대해서는 별도로 취급한다. 사람들은 종종 투자의 수단으로 부동산, 주식 또는 기타 금융자산을 매입한다. 사람들은 미래의 어느 시점에서 투자자산을 높은 가격에 매각해 수익을 얻고자 한다. 자산을 보유하는 동안 사람들은 배당금 또는 임대료 등의 형태로 소득을 얻고, 다른 소득과 마찬가지로 세금을 납부한다. 그러나 자산의 거래로부터 발생한 이윤, 즉 자본이득에 대해서는 다른 소득과 구분해 별도의 **자본이득세**(capital gains tax)가 부과된다.

자본이득세 투자 상품을 산 가격보다 비싸게 팔 때 발생한 소득에 부과되는 세금

미국에서 자본이득에 대한 세금은 다소 복잡하고 논쟁적이다. 하지만 분명한 사실은 자본이득에는 대부분의 다른 소득보다 낮은 세율을 적용한다는 것이다. 미의회는 2003년에 장기 자본이득에 대한 세율을 낮추었고, 2013년에 인상했다. 자본이득에 대해서 낮은 세율을 적용하는 것은 개인과 기업에 자본투자에 대한 유인을 제공해 기업가 정신을 북돋우기 위해서다. 비판자들에 따르면, 고소득계층이 자본이득으로부터 보다 많은 소득을 얻기 때문에 낮은 자본이득세율

의 혜택이 대부분 부자들에게 귀속된다.

세법은 특별조항을 통해 일부 투자 활동을 보상하고 있다. 예를 들면, 1년 이상 보유한 자산에 대해서는 단기 보유자산에 비해 낮은 세율을 적용한다. 또한 주거용으로 소유한 주택의 매각에 대해서는 기타 부동산보다 낮은 세율을 적용한다.

급여세

급여세 피고용자에게 지급된 임금에 부과된 사회보장세

미국에서는 근로소득만을 대상으로 과세하는 세목이 있는데, 급여로부터 직접 공제하므로 **급여세**(payroll tax)라 불린다. 급여세는 사회보장과 메디케어(Social Security and Medicare)의 재원으로 사용된다.

미국에서 급여세는 고용주와 종업원에게 2분의 1씩 부과한다. 종업원의 기여금은 급여명세서에 FICA 원천징수로 표시된다(FICA; Federal Insurance Contribution Act). 고용주는 종업원 기여분을 원천징수해 종업원을 대신해 연방정부에 납부한다. 동시에 고용주는 그들의 부담분을 연방정부에 직접 납부한다(물론 조세의 법률적 귀착은 경제적 귀착과 같지 않다. 실증연구에 따르면 급여세의 대부분은 임금하락을 통해 궁극적으로 종업원이 부담한다). 자영업자라면 고용주와 종업원 기여금에 해당하는 부분을 모두 납부해야 한다. 〈그림 20-7〉에서 보는 것처럼 FICA는 연방정부 수입의 큰 부분을 차지하고 있다.

미국에서 급여세는 몇몇 측면에서 개인소득세와 다르다. 첫째, 급여세는 임금 또는 자영업자 소득과 같은 근로소득에 대해서만 부과한다. 따라서 급여세는 투자와 증여로부터 발생한 소득에 대해서는 적용하지 않는다. 둘째, 2013년에 모든 임금소득자는 11만3700달러를 소득 상한으로 6.2%의 사회보장 급여세와 1.45%의 메디케어 급여세를 납부해야 한다.

가장 중요한 차이는 미국의 급여세가 정부의 특별 프로그램과 직접 연계되어 있다는 것이다. 소득세는 일반 정부의 수입으로 귀속되어 정부예산으로 배분되지만, FICA는 은퇴자에게 소득과 의료급여를 제공하는 사회보장과 메디케어에 대한 직접적인 기여금이다. 일하는 동안 FICA를 납부한 사람들이 은퇴 시 사회보장과 메디케어에 대한 급여 자격을 부여받기 때문에 급여세는 은퇴에 대비한 일종의 강제된 저축이다.

하지만 부담과 급여 사이의 관계는 간접적이다. 정부는 여러분의 기여금을 보관했다가 은퇴 시 돌려주는 것이 아니다. 미국의 사회보장제도는 현재 경제활동 인구가 부담한 기여금으로 은퇴자의 급여를 충당하는 부과방식(pay-as-you-go model)을 채택하고 있다. 노인이 받는 급여는 그들이 경제활동을 하던 시기의 소득수준(따라서 FICA 부담금)에 기반한 복잡한 산식을 통해 결정된다. 은퇴 후 여러분에게 지급되는 사회보장급여는 다음 세대에 의해 지불된다. 경제활동 인구보다 은퇴자가 더 빨리 증가하면 이러한 사회보장제도는 심각한 문제에 봉착하게 된다. 이 문제는 뒤에서 다시 설명할 것이다.

FICA는 역진적인 조세로 간주된다. 앞에서 확인했듯이 11만100달러 이상을 버는 사람들은 소득이 증가할수록 총소득의 더 낮은 비율을 급여세로 납부한다. 하지만 이것은 급여세의 본질에 내재된 특성이 아니다. 급여세의 소득상한제를 폐지하거나, 높은 임금소득자에게 높은 한계세율을 적용하는 방식으로 급여세 체계를 개편할 수 있다.

급여세가 역진적인 것으로 간주되는 두 번째 이유는 다음과 같다: 급여세는 임금소득에 대해

서만 부과하고, 이자와 투자소득 등에 대해서는 부과하지 않는다. 일반적으로 고소득자의 소득에서 이자와 투자소득이 차지하는 비중이 높기 때문에 총소득의 비중에서 보면 고소득자들은 급여세를 적게 부담한다고 할 수 있다. 하지만 사회보장급여는 누진적이다: 경제활동 시기의 소득수준이 높을수록 은퇴자들은 더 많은 금액을 지급받지만, 소득 대비 급여 비율은 더 낮아진다.

법인소득세

개인과 마찬가지로 기업도 세금을 납부하며, 법인소득세가 가장 대표적이다. 미국에서 법인소득세는 누진적이다: 작은 기업일수록 더 낮은 비율의 세금을 부담한다. 연방소득세는 가장 소규모의 기업에 대해 15%의 세금을 부과하기 시작해 소득이 1800만 달러 이상인 기업에 대해 최고 35%의 한계세율을 적용한다. 전부는 아니지만 대부분의 주정부도 법인소득세를 부과한다; 최고 세율은 6%에서 10% 사이에 존재한다.

기업은 법인소득세를 납부할 법적 책임이 있지만, 법인세는 주주(낮은 배당금을 통해), 종업원(낮은 임금을 통해), 소비자(높은 소비자가격을 통해) 등에 의해 다양한 방식으로 부과한다.

기타 조세

소득세에 더해 소비세를 부담한다. **판매세**(sales tax)는 구매한 재화 또는 서비스의 가치를 근거로 부과된다. 많은 주정부들은 일반판매세(general sales tax)를 부과하고 있지만, 음식과 의류 등의 필수재에 대해서는 세금을 면제하기도 한다. 종종 주정부는 휘발유와 담배 같은 품목을 대상으로 **물품세**(excise tax)로 지칭되는 개별판매세(separate sales tax)를 부과하기도 한다.

판매세 구매된 재화나 서비스의 가치에 부과되는 세금

물품세 특정 재화나 서비스의 판매 시 발생하는 세금

미국에서는 연방소비세가 존재하지 않지만, 판매세는 주정부 조세수입의 거의 절반을 차지한다. 실제로 2009년에 판매세는 주정부 조세수입의 거의 절반을 차지했는데, 판매세의 약 3분의 2는 일반소비세, 나머지 3분의 1은 술, 보험료, 휘발류, 담배 등에 부과하는 물품세에 의해 조성되었다. 하지만 이러한 평균적인 수치는 주정부 간에 존재하는 다양한 편차를 드러내지 못한다. 예를 들면, 캘리포니아의 판매세는 8% 정도지만 미네소타, 뉴햄프셔, 그리고 오리건 주 등에서는 판매세를 부과하지 않는다.

많은 사람들에게 주택은 가장 가치 있는 품목이다. **재산세**(property tax)는 주택 또는 기타 자산에 대한 추정 가치를 과세대상으로 한다. 재산세는 미국 전역에서 지방정부의 주요 세원이다. 예를 들면, 재산세는 종종 공립학교의 재원으로 사용된다. 지방정부의 과세당국은 몇 년에 한 번씩 재산 가치를 평가하고, 그 재산 가치의 일정 부분을 재산세로 징수한다(미국에서 재산세는 연방정부 또는 주정부 차원에서 징수하지 않는다).

재산세 주택이나 다른 재산의 평가 가치에 부과되는 세금

앞에서 설명한 조세들은 미국의 주요 세목을 포괄하며, 그 수입은 연방정부와 주정부 조세수입의 상당 부분을 차지한다. 이외에도 연방정부예산의 작은 부분을 차지하지만, 때때로 과도한 정치적 논란을 일의키는 조세들이 있다. 특정 재화의 수입에 부과하는 관세, 대규모 금융재산의 증여에 대한 과세(비영리단체에 대한 기부금이 아닌 경우), 상속재산에 대한 과세 등이다. 특히 유산세 또는 '사망세'로 알려진 상속세(estate tax)는 최근에 사회적 쟁점으로 부각되었다. 어떻게 생각하십니까?의 '죽음, 세금, 그리고 사망세'를 읽어보자.

어떻게 생각하십니까?

죽음, 세금, 그리고 사망세

세금은 뜨거운 정치적 쟁점의 대상이다. 이 장에서는 주로 조세의 실체와 분석 방법에 대해 알아보았다. 사람들은 종종 조세의 실증분석 결과에 대해 동의하지 않기도 하지만, 과세에 대한 논쟁은 주로 규범적인 의견 불일치에 의해 촉발된다. 미국의 조세정책 가운데 정치적으로 의견이 대립되는 가장 뜨거운 쟁점은 상속세다. 상속세는 피상속인이 죽어서 상속인에게 금전 또는 자산을 넘겨줄 때 부과된다. 상속세에 반대하는 사람들은 종종 그것을 '사망세(death tax)'라고 부른다.

상속세는 다음과 같이 적용된다: 피상속인이 사망한 후 그의 상속재산이 평가되고, 상속재산의 가치에 의해 세율이 결정된다. 2013년 기준으로 상속재산의 가치가 525만 달러 이하면 상속세가 부과되지 않는다. 상속재산이 면세점을 넘어서면 최저 10%에서 최고 40%의 한계세율을 적용해 과세한다. 배우자가 사망한 경우와 가족 소유의 농장과 같은 특별한 상황을 고려해 상속세를 공제하기도 한다. 따라서 미국에서는 아주 일부의 부유층만이 상속세를 낸다. 미국 변호사협회의 추정에 따르면, 2011년에 사망한 미국인의 0.5% 이하만 상속세의 영향을 받았다.

그렇다면 극히 일부의 미국인에게만 부과하는 상속세에 대해 왜 그리도 말이 많은 걸까? 하나의 가능성은 '사망세'라는 용어를 대중화한 상속세 반대자들에 의해 초래된 혼란스러움이다. 결국에는 모든 사람들이 죽기 때문에 여러분은 모두가 '사망세'를 내야 한다고 생각할 수 있다. 그런데 과연 그런가? 실제로 그와 같은 오해가 존재한다는 증거가 있다: 어떤 여론조사에 따르면 설문에 응답한 유권자의 거의 절반이 유산세가 대부분의 미국 가정에 적용된다고 잘못 생각하고 있었다. 만약 사망세 대신 '물려받은 재산에 대한 세금(inherited-wealth tax)'이라는 용어가 대중화되었다면 그러한 혼란은 크게 줄어들었을 것이다.

이러한 가능성은 차치하고라도 상속세는 신경을 거스르는 사안인데, 재산을 재분배하는 조세의 역할에 대해 정치적이고 도덕적인 차원에서 의견의 불일치가 나타나기 때문이다. 상속세 반대자들은 사람들이 그들의 돈으로 원하는 것을 할 권리를 가져야 한다고 주장한다. 저축을 하건 아니면 자녀들에게 넘겨주건 그것은 소유자의 권리라는 것이다. 어떤 이들은 상속세가 불공정한 이중과세라고 주장한다. 소득이 발생한 단계에서 세금을 냈는데, 생의 마지막 단계에서 그것을 이양할 때 다시 세금을 내야 한다는 것이다(물론 상속세가 이중과세라면 우리는 이미 4~5차례 중복과세되고 있는 셈이다. 급여세, 소득세, 소비세, 물품세, 그리고 재산세는 모두 일정 시점에서 우리 소득의 일부를 떼어간다).

백만장자 워런 버핏을 포함해 상속세 지지자들의 주장에 따르면, 각 세대들이 상속재산으로 살기보다는 그들 자신의 장점을 활용해 그들 나름의 방식대로 살아가도록 인센티브를 제공하는 것이 경제와 사회를 위해 더 건강한 방식이다.

어떻게 생각하십니까?

1. 여러분은 상속세에 대한 찬반 의견 가운데 어느 견해를 지지하는가? 세대 간에 재산을 이전하는 사람들의 능력에 제한을 두어야 한다고 생각하는가?
2. 여러분에게 권한이 주어진다면 상속세에 대해 무엇을 개편할 것인가? 상속세를 폐지할 것인가? 한계세율을 높이거나 공제를 낮춰 더욱 누진적인 세금으로 개편할 것인가?

Source: http://www.nytimes.com/2010/12/18/your-money/taxes/18wealth.html; http://www.irs.gov/businesses/small/article/0,,id=98968,00.html; http://home.gwu.edu/~jsides/estatetax.pdf.

✓ 개념 확인하기

- ❐ 과세표준에 적용되는 한계세율과 과세표준에 속한 납세자들이 최종적으로 지불하는 평균세율 간에 차이가 발생하는 이유는 무엇인가? **[LO 20.5]**
- ❐ 왜 FICA는 역진적인가? **[LO 20.5]**
- ❐ 일반소비세와 개별소비세의 차이점은 무엇인가? **[LO 20.5]**

정부예산

LO 20.6 정부예산의 주요 특징 및 수입과 지출 관계 알아보기

미국 연방정부는 2012년 2.3조 달러의 수입을 확보했다. 그것은 엄청난 규모의 돈이기 때문에 실제로 어느 정도를 의미하는지 보여주기가 어렵다. 조세수입을 쉽게 이해할 수 있도록 도와주는 몇 가지 방법이 있다. 이 장 앞부분의 평률세 실험에서 납세자들이 균일하게 세금을 부담한다면 총조세수입을 확보하기 위해 납세자들은 평균 1만3000달러의 세금을 내야 하는 것으로 추산되었다.

조세수입의 이해를 위해 이용되는 통상적인 방식은 조세수입 규모를 경제 규모와 비교하는

그림 20-8

세계의 조세수입 GDP 대비 조세수입의 비중은 국가 간 조세를 비교하는 방식이다. 국민들에게 다양한 사회서비스를 제공하는 부유한 국가들은 재원 조달을 위해 GDP의 큰 부분을 세금으로 징수한다(미국의 자료에는 사회보장과 기타 사회프로그램에 대한 기여금이 포함되어 있지 않다. 만약 이러한 프로그램이 포함되면 미국의 수치는 GDP 대비 약 22%까지 증가할 것이다).

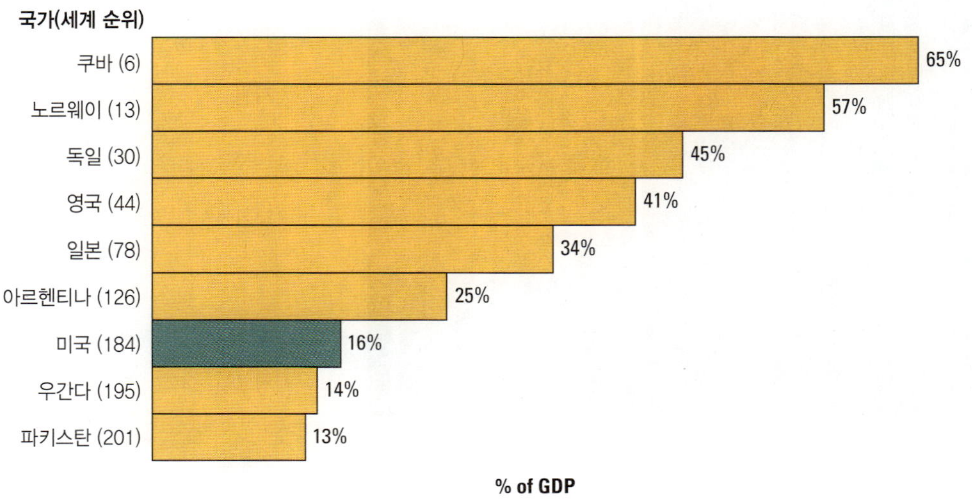

출처: 215개 국가의 2012년 GDP 대비 비율 추정: www.cia.gov/library/publications/the-world-factbook/fields/2221.

것이다. 국내총생산(GDP)은 개별 국가의 경제 규모를 측정하는 방법이다. 2012년 미국의 연방정부 조세수입은 대략 GDP의 16%였다.

미국과 다른 나라들의 조세수입 규모를 비교하는 것은 연방정부의 세수 규모를 이해하는 또 하나의 좋은 방법이다. 〈그림 20-8〉에서 보듯이 저소득국가에서 대체로 GDP 대비 조세수입의 비중이 낮다. 고소득국가, 특히 정부의 복지급여가 큰 국가에서 GDP 대비 조세수입의 비중이 큰 경향을 보이고 있다(미국은 이 기준에서 볼 때 매우 예외적인 경우다). 예를 들면, 노르웨이는 GDP의 50% 이상을 세금으로 징수한다. 반면 우간다 정부의 조세수입은 GDP의 14%에 불과하다.

재정지출

재정수입과 재정지출의 관계는 매우 복잡하다. 재정지출은 재정수입에 의해 조달되어야 한다. 정부는 수입을 초과해 지출을 영원히 지속할 수 없다. 또한 대부분의 정부지출은 정부수입과 직접적으로 연계되어 있지 않고, 특정 조세와도 독립적인 관계를 유지한다. 특정한 시기와 장소에서 징수된 조세수입은 다른 시기와 장소의 재정지출을 위해 비축되거나 이전될 수 있다. 또한

그림 20–9

미국의 연방정부지출 미국의 예산 배분은 국가사업에 대응하는 방식으로 변해왔다. 2차 세계대전 당시에는 국방비 지출이 가장 컸지만, 최근에는 미국 인구가 고령화됨에 따라 보건과 사회보장지출이 증가했다.

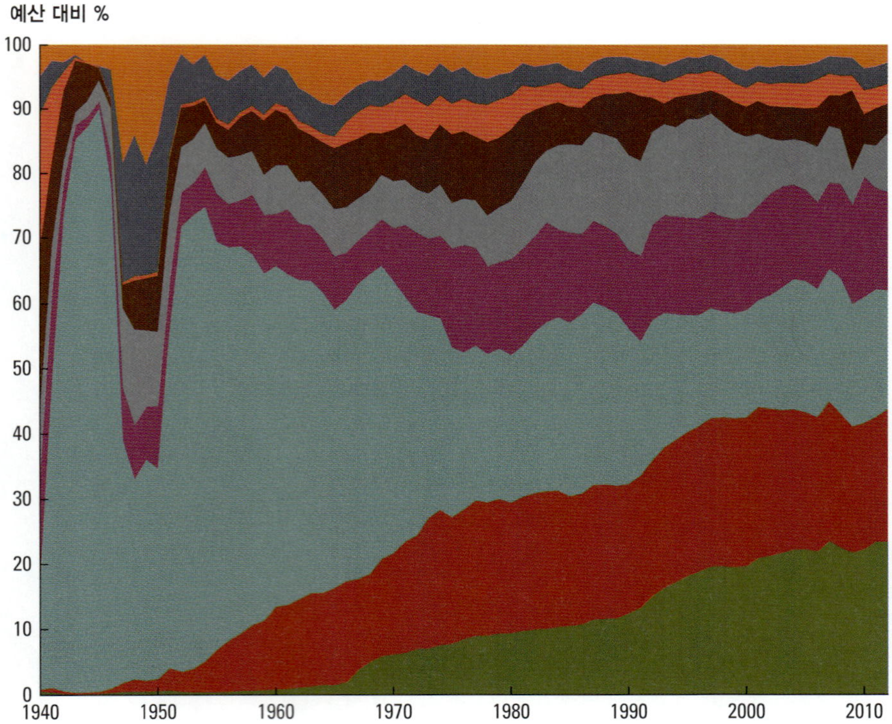

기능	예산 대비 % (2012)
기타	2.7
퇴역군인	3.3
교육 · 사회 서비스	3.1
자원	4.7
순이자	9.1
소득보장	15.0
국방	18.2
사회보장	20.5
보건지출	23.4

Source: Budget of the United States FY 2012, http://www.gpo.gov/fdsys/pkg/BUDGET-2012-TAB/pdf/BUDGET-2012-TAB.pdf.

정부는 현재의 재정지출을 위해 미래의 재정수입을 담보로 차입을 할 수 있다.

〈그림 20-9〉는 미국 정부가 조세수입을 어떻게 지출하는지 보여주고 있다. 최근에는 보건지출이 정부지출의 가장 큰 비중을 차지하고 있다. 사회보장은 독립 프로그램에 대한 정부지출 중 가장 큰 비중을 차지한다. 사회보장은 급여세로 재원을 조달하고 65세 이상의 노인에게 소득을 지급한다. 국방은 정부지출 중 세 번째로 큰 비중을 보이고 있다. 네 번째로 큰 비중의 정부지출 프로그램은 복지급여, 공공임대주택, 식품권 등과 같이 저소득자를 위한 복지 프로그램이다.

미국의 연방정부지출 가운데 흥미로운 특징은 지출이 거의 재량적이지 않다는 것이다. **재량적 재정지출**(discretionary spending)은 군비, 공공건축과 도로건설, 과학 및 의료연구 등과 같이 매년 승인이 요구되는 정부지출이다.

재량적 재정지출 매년 의회의 승인을 받아야 하는 공공 지출

대부분의 연방정부지출은 비재량적이며, 법에 의해 강제된 의무지출 프로그램에 재정을 지원한다. 사회보장, 노인의료보험, 복지 프로그램 등은 수급 자격이 부여된 **법정지출**(Entitlement spending)의 사례들이다. 이러한 재정지출 프로그램에서는 나이, 소득, 기타 요소에 기반해 급여의 수급 자격이 주어진다. 수급 자격이 요구되는 프로그램의 경우 법적 기준에 근거해 자격이 부여된 수급자의 수에 따라 재정지출 규모가 자동으로 변동한다. 따라서 법정지출 프로그램에 대한 재정지출은 수급 자격 조건과 법에서 정한 급여 수준의 변경에 의해서만 감소될 수 있다.

법정지출 법에 규정된 계획에 의해 자동으로 발생하는 공공지출

여러분은 〈그림 20-9〉에 포함되지 않은 일부 항목에 대해 다소 의아해할 수도 있다. 일상에서 접하게 되는 많은 수의 공공서비스는 대체로 주정부와 지방정부의 예산으로 지원된다. 예를 들면, 공교육은 거의(전부는 아니지만) 주정부와 지방정부의 재원으로 제공된다. 경찰, 소방, 자동차 등록, 쓰레기 수거 등의 공공서비스 또한 주정부와 지방정부의 예산으로 제공된다. 학자금 융자와 국립공원 보조 등과 같이 예산지원을 받는 공공 프로그램의 경우 연방정부의 예산에서 차지하는 비중은 매우 작다.

균형예산

여러 해에 걸쳐 연방정부의 재정지출은 재정수입을 초과했다. **재정적자**(budget deficit)는 정부의 재정지출이 재정수입을 초과한 상태고, 반대로 재정수입이 재정지출을 초과하면 **재정흑자**(budget surplus)가 발생했다고 한다. 재정적자와 재정흑자 규모는 흔히 GDP 대비 비율로 산출한다. 그래서 연방정부의 조세수입이 2.1조 달러고 재정지출이 3.5조 달러인 경우 재정적자의 절대 금액은 1.4조 원이지만, 통상적으로 GDP 대비 10%의 재정적자로 표현한다(1.4조 달러/미국 GDP 14조 달러). 〈그림 20-10〉에서 알 수 있듯이, 미국은 역사적으로 재정적자와 재정흑자를 반복해왔다.

재정적자 정부가 거둬 들인 세수를 초과해 쓴 정부지출의 양

재정흑자 정부지출을 초과해 거둬들인 세수의 양

여러분은 최근에 재정흑자보다는 재정적자를 더 많이 목격했을 것이다. 많은 사람들은 가계의 빚이 쌓이는 것을 걱정하듯이 재정적자가 증가하는 것에 대해 우려한다. 부채는 언젠가는 상환되어야 하고, 부채의 보유기간이 길어질수록 이자 지급도 더 늘어난다. 이러한 이유로 일부 사람들은 당해 연도의 재정수입 한도 내에서 재정지출을 허용하는 균형예산법을 선호한다. 사실 대부분의 주정부는 정도의 차이는 있지만 일종의 균형예산을 요구받고 있다.

얼핏 보면 균형예산은 다툼의 여지없이 훌륭한 아이디어로 생각된다. 균형예산은 정책입안자로 하여금 책임 있는 재정정책을 채택하도록 강제해 장기적으로 부채가 증대하는 것을 방지

그림 20-10

최근 미국의 재정흑자와 재정적자 미국은 과거 30년 동안 대부분 재정적자 상태였다. 역사적으로 볼 때, 재정적자는 경기침체와 상관관계를 갖지 않지만, 가장 최근의 대규모 재정적자는 불황기에 발생했다.

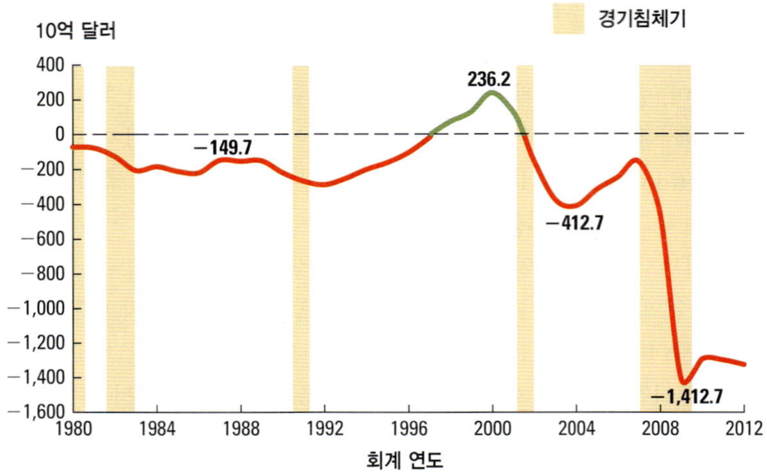

Source: Economic Report of the President, http://www.gpoaccess.gov/eop/tables10.html table B78; and NBER, http://www.nber.org/cycles/cyclesmain.html.

할 수 있다. 그렇다면 왜 모든 정부들이 매년 균형예산을 실현하지 않는가?

실제로 매년 균형예산을 달성하는 것은 어려울 수 있다. 가장 잘 편성된 예산으로도 특정 연도의 재정수입이 계획된 지출과 정확히 일치하리라는 보장은 없다. 예를 들면, 예상하지 못한 경기침체 시 어떤 일이 발생하는지 생각해보라. 사람들이 일자리를 잃고 기업들의 이윤이 감소하면 정부의 개인소득세 및 법인소득세 수입은 기대했던 것보다 작아질 수밖에 없다. 또한 사람들의 소비가 감소함에 따라 소비세 수입도 적어질 것이다. 동시에 사람들의 소득이 감소하고 실업급여 또는 식품권의 수급자가 증가함에 따라 수급 자격이 부여된 프로그램의 재정지출이 증가할 것이다. 따라서 경제가 좋지 않을 때 균형재정을 달성하기 위해서는 재량적 재정지출을 급격히 감축시키는 것 외에 달리 방도가 없다. 하지만 일부 경제학자들은 경기침체기에는 경기부양을 위해 재정지출을 증가시켜야 한다고 주장한다.

이러한 이유로 많은 경제학자들은 정부가 매년 균형재정을 달성하려고 해서는 안 된다고 주장한다. 대신 그들은 경기대응적(over the business cycle) 재정운용을 옹호한다. 간단히 말하면 경제가 좋을 때에는 재정흑자를, 경제가 나쁠 때에는 재정적자를 시현하는 방식으로 장기적인 재정균형을 모색해야 한다는 것이다. 달리 말하면, 정부도 좋은 시절에는 저축을 하여 나쁜 시기에 지출하는 책임 있는 가계와 같이 행동해야 한다는 것이다.

합리적으로 들리지 않는가? 그런데 불행하게도 정책입안자들은 경제가 나쁠 때뿐만 아니라 좋을 때조차 재정지출을 요구하는 유권자와 로비스트의 압력을 받고 있다. 그 결과 정부는 때때로 지속 가능하지 않은 재정지출 유형에 얽매이게 된다. 사례를 통해 알아보기의 '사회보장의 불안한 미래'를 읽어보자.

사례를 통해 알아보기

사회보장의 불안한 미래

대부분의 미국인은 소득 가운데 일부를 사회보장과 메디케어의 기여금으로 납부한다. 이러한 2가지 프로그램은 은퇴자와 장애인, 그리고 가족들에게 연금과 의료보험급여를 제공한다. 사회보장은 매우 대중적인 프로그램으로 그것이 없다면 65세 이상 미국인의 절반은 빈곤선 이하로 떨어질 것이다.

지금까지 미국의 사회보장제도는 잘 작동해왔지만, 최근의 인구구조 변화로 인해 도전에 직면해 있다. 사회보장제도는 부과방식으로 재원을 조달한다: 현재 일하는 근로자들의 기여금으로 은퇴자들의 급여를 조달한다. 은퇴자보다 일하는 연령대의 근로자가 더 많을 때 그러한 전략은 잘 작동했다. 하지만 과거 반세기에 걸쳐 미국인의 수명은 연장되고 자녀들이 줄어들면서 문제가 불거지기 시작했다. 그 결과 은퇴자에 비해 일하는 연령대의 사람들이 감소했다. 1950년에는 은퇴자 한 명당 16명의 근로자가 있었지만, 2035년에는 단지 2명으로 줄어들 것이다.

이것은 사회보장제도를 통해 더욱 적어지는 근로자로부터의 조세수입으로 더욱 많아지는 은퇴자를 지원해야 한다는 것을 의미한다. 〈그림 20-11〉에서 보는 바와 같이 향후 10년간 사회보장지출은 증가하지만, 재정수입은 거의 변화가 없다. 또한 〈그림 20-11〉에서 과거 10년 동안 수입이 지출을 초과했음을 볼 수 있다. 그 차액이 사회보장신탁기금(Social Security Trust Fund)에 적립되고 있다는 것은 좋은 소식이다. 하지만 현재 대학생들이 은퇴 연령에 도달하기 훨씬 이전인 2037년경에 기금이 고갈될 것이라는 것은 나쁜 소식이다.

사회보장제도의 문제점을 개선하기 위해 많은 제안이 제기되었다. 일부에서는 은퇴 연령을 높이는 것과 같은 방식으로 퇴직급여의 관대성을 줄여 지출을 감축하자고 주장한다. 그러한 제도 변화를 통해 사람들은 더 오랫동안 일하고 기여금을 납부할 것이다. 2011년 의회의 연구 결과에 따르면 은퇴 연령을 2년 연장할 경우 사회보장제도는 근로자 1인당 평균 3만 달러를 절약할 수 있다.

다른 제안들은 조세수입의 증대를 주장한다. 사회보장기금으로 사용하는 급여세는 10만6800달러까지만 과세한다. 상한액을 초과하는 소득에 대해서는 과세하지 않는다. 급여세가 적용되는 소득상한을 폐지하면 고소득근로자의 급여세 부담을 효과적으로 높일 수 있다. 또 다른 방안은 모든 근로자들에게 적용하는 급여세율을 인상하는 것이다(현재 소득의 12.8%를 고용주와 종업원이 2분의 1씩 분담하고 있다).

사회보장제도는 법에 의해 급여가 정해지고 강제되는 프로그램이기 때문에 제도를 변경하기 위해서는 의회의 조치가 요구된다. 세금을 올리거나 급여를 낮추는 것은 지역주민들에게 환영을 받지 못하기 때문에 의원들은 법 개정에 소극적이다. 이 문제는 향후 한동안 쟁점으로 남아 있을 것이다.

Source: http://www.ssa.gov/pressoffice/basicfact.htm; http://www.msnbc.msn.com/id/41293592/ns/politics-more_politics/; http://www.cbo.gov/doc.cfm?index=11943&zzz=41347; http://www.gallup.com/poll/141611/americans-look-wealthy-help-save-social-security.aspx.

그림 20-11

사회보장제도의 미래 현재 사회보장제도의 수입은 급여지출보다 크다. 향후 몇십 년 동안은 수입과 지출의 차이를 보충하기 위해 사회보장신탁기금으로부터 인출할 여력이 있다. 하지만 2037년경에 기금은 고갈될 것이다.

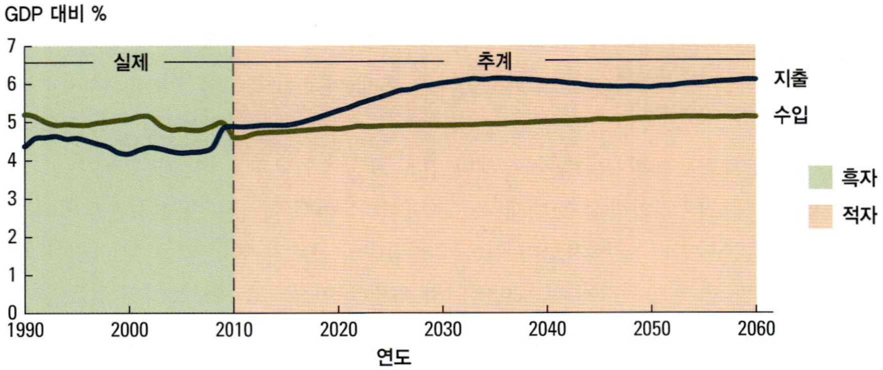

Source: Congressional Budget Office, http://www.cbo.gov/publication/41644.

✓ 개념 확인하기

- ❒ 정부예산에서 재량적, 비재량적, 수급 자격이 부여된 지출의 차이는 무엇인가? **[LO 20.6]**
- ❒ 매년 균형예산을 유지하는 것은 보기와 달리 왜 그렇게 어려운가? **[LO 20.6]**

결론

세법의 쟁점은 매우 복잡하지만, 그 기본 원리는 간단하다. 이 장에서 논의된 아이디어와 증거는 정치적 쟁점이 무엇인지를 보여준다. 조세의 함의를 이해함으로써 여러분은 개인 차원의 금전적 선택도 잘 해낼 수 있다.

조세와 관련해 경제학자들은 조세수입, 효율성, 조세귀착 사이의 상충관계에 주목한다. 달리 말하면, 얼마나 많은 돈이 세수로 걷히고, 징세비용은 어느 정도이며, 궁극적으로 누가 조세를 부담하는가 하는 문제가 관심의 대상이다. 왜 정부는 장기적으로 수입과 지출의 균형을 달성해야 하며, 왜 정부는 단기에 그렇게 하기를 원하지 않는지에 대해서도 살펴보았다.

과세에 대한 대중의 지지는 세금을 지출하는 방식에 대한 그들의 선호 여부에 의존한다. 만약 정부가 세금을 잘못 사용하거나 너무 과도하게 지출한다고 생각하면 유권자들은 감세를 원할 것이다. 정부가 보다 건강한 사회를 만들고 시민들에게 보다 좋은 기회를 제공하려고 노력한다면 유권자들은 기꺼이 세금을 부담할 것이다. 다음 장에서는 빈곤, 불평등, 공공기금의 사용 등을 둘러싼 쟁점을 다루면서 이러한 질문 중 일부를 좀 더 심도 있게 알아볼 것이다.

주요 용어

경제적 순손실 p.563	소득세 p.572	재정흑자 p.579
급여세 p.574	역진세 p.570	정액세(인두세) p.564
누진세 p.569	자본이득세 p.573	조세귀착 p.568
물품세 p.575	재량적 재정지출 p.579	판매세 p.575
법정지출 p.579	재산세 p.575	한계세율 p.572
비례세/평률세 p.569	재정적자 p.579	행정부담 p.565

요약

LO 20.1 조세의 주요 정책 목표 설명하기

조세의 가장 중요한 목적은 재정수입을 증가시키는 것이다. 정부는 재정수입으로 교육, 고속도로, 국방 같은 재화와 서비스를 제공할 수 있다. 조세의 두 번째 용도는 구매자와 판매자가 직면하는 가격 사이에 차액을 만들어 당사자의 선택 행위에 영향을 미치는 것이다. 조세의 이러한 기능은 소비를 효율적 수준으로 감축시켜 부정적 외부효과를 상쇄시킬 수 있다. 또한 조세는 외부효과와 관련되지 않은 다른 이유로 흡연과 음주 같은 특별한 행위를 위축시키는 데 사용될 수 있다.

LO 20.2 경제적 순손실과 과세 행정부담이 조세의 비효율성에 미치는 영향 설명하기

과세와 관련된 두 종류의 비효율이 존재한다: 행정부담과 경제적 순손실. 행정부담은 조세를 징수하고 납세를 감시하는 데 지출된 정부의 시간과 금전적 비용뿐만 아니라 세금신고서를 작성하거나 회계사를 고용하는 데 소요된 개인의 시간과 금전적 비용을 포함한다. 경제적 순손실은 조세로 인한 교역량의 감소로부터 발생된 잉여의 손실이다.

LO 20.3 가격효과와 수량효과를 고려해 세금 인상의 세수효과 계산하기

세율과 조세수입의 관계에는 2가지 힘이 작용한다. 세율인상은 판매 단위당 조세수입의 증가를 통해 총조세수입을 증대시킨다. 반면 세율 인상에 따른 판매량의 감소는 총조세수입을 감소시킨다. 달리 말하면, 세율의 변화는 가격효과(정부는 단위당 더 많은 세금을 징수)와 수량효과(정부는 보다 적은 수량에 과세)를 초래한다. 수량효과가 점차 가격효과를 압도하기 때문에 세율이 인상됨에 따라 조세수입 체감이 발생한다. 어떤 지점에서는 세율이 매우 높아 수량효과가 지배적이 되고, 그 결과 세율을 인상하면 오히려 조세수입이 감소한다.

LO 20.4 비례세, 누진세, 역진세 구분하기

조세귀착은 누가 세금을 부담할 것인가를 설명한다. 조세부담의 귀착을 통해 조세부담이 구매자와 판매자 중 누구에게 귀속되는지, 부자와 가난한 자들이 얼마만큼의 세금을 부담하는지 파악할 수 있다. 비례세는 모든 납세자의 소득에 대해 같은 비율로 세금을 부과한다. 누진세는 소득이 많은 사람에게 더 많은 비율의 세금을 부과한다. 반대로 역진세는 소득이 적은 사람에게 더 많은 비율의 세금을 부과한다. 조세의 경제적 귀착은 누가 궁극적으로 조세를 부담하는가를 설명하며, 그것은 법적으로 납세의 책임을 규정하는 법률적 귀착과 반드시 일치하지 않는다.

LO 20.5 미국의 세수 원천과 다양한 세목의 역할 살펴보기

미국에서 조세수입의 대부분은 개인소득세와 급여세에 기반하고 있으며, 법인소득세는 매우 작은 부분을 차지하고 있다. 개인소득세는 모든 종류의 소득에 부과되고 있으며, 소득이 많을수록 더 높은 한계세율을 적용한다. 급여세는 근로소득에 대해 단일세율을 적용하고, 사회보장과 메디케어에 직접 연계되어 있다. 개인소득세와 법인소득세는 누진적이고, 급여세는 역진적으로 간주된다. 연방정부와 달리 주정부는 조세수입의 대부분을 일반소비세와 물품세로 조달한다.

LO 20.6 정부예산의 주요 특징 및 수입과 지출 관계 알아보기

미국은 GDP의 약 15%를 조세수입으로 징수한다. 하지만 지출은 정부수입에 직접적으로 연계되어 있지 않다. 특정한 시기와 장소에서 징수된 조세수입은 다른 시기와 장소의 지출에 지급될 수 있고, 연방정부는 현재의 지출을 위해 차입할 수 있다. 대부분의 연방정부지출은 비재량적 예산 항목에 지급된다. 이러한 예산 항목에는 법률에 의해 급여가 강제되는 사회보장과 메디케어 같은 의무적 프로그램이 포함된다. 조세수입과 지출은 경제의 부침에 따라 매년 변동을 거듭해 재정적자 또는 재정흑자로 귀결된다.

복습문제

1. 근로소득세와 술에 부과되는 물품세(excise tax)는 매출은 증가시키고, 노동시장과 주류시장은 각각 위축시킨다. 이 두 세금이 서로 공통적인 기능을 지니고 있지만, 정부는 각각 다른 목적을 갖고 두 세금을 부과할 수 있다. 여러분이 생각하는 근로소득세에 대한 목적은 무엇인가? 주류세에 대한 목적은 무엇인가? **[LO 20.1]**
2. 간접흡연에 따른 부정적 외부효과를 유발하는 담배의 수요는 상대적으로 비탄력적이다. 즉, 담배의 가격이 변동했을 때, 그에 대한 수요량의 변화는 작다는 의미다. 이러한 사실을 바탕으로 여러분이 생각하기에 담뱃세가 조세의 목적을 어느 정도 실현할 것인지 설명하라. **[LO 20.1]**
3. 소득에 대한 비례세와 재산세(소유하고 있는 부동산의 가치에 대해 부과되는) 중 덜 효율적인 것은 무엇인가? 경제적 순손실과 행정부담의 측면에서 그 이유를 설명하라. **[LO 20.2]**
4. 지방정부는 보도블록을 깔기 위한 재원 마련을 위해 세금 인상을 고려하고 있다. 하루에 보도에서 걷는 거리를 야드 단위로 측정해, 이를 바탕으로 시민들에게 세금을 부과할 것을 한 시민이 제안했다. 이 제안이 갖는 명료함에도 불구하고, 이것이 왜 매우 비효율적인지 설명하라. **[LO 20.2]**
5. 탄력성을 주제로 한 토론에서, 2명의 시장 후보는 일반소비세(general sales tax)를 5%에서 7%로 증가시키는 방안에 대해 이야기하고 있다. 한 후보는 이러한 방안이 시에서 제공하는 필수적인 서비스를 유지하면서도, 세수는 늘릴 수 있을 것이라고 주장한다. 다른 후보는 이러한 소비세가 소매업자와 소비자에게 타격을 줄 것이며, 실질적으로는 경기를 침체에 빠뜨리고 세수를 감소시킬 것이라고 말한다. 이 두 후보의 견해 차이를 경제학적인 용어로 다시 설명하고, 그들 각자가 자신들의 논리를 정당화하기 위해 어떤 가정을 사용했는지 가격효과와 수량효과의 관점에서 설명하라. **[LO 20.3]**
6. 다른 모든 것이 일정할 때, 모든 재화에 대한 적정한 세율의 세금이 한 재화에 대한 고율의 세금보다 나은지 가격과 수량효과를 참조해 설명하라. **[LO 20.3]**
7. 소득이 낮은 사람들은 부유한 사람들에 비해 그들의 전반적인 소득에서 더 많은 부분을 식품과 의류 등의 구입을 위해 소비한다. 결과적으로 그들은 고소득자들보다 상대적으로 소득의 큰 비율을 지출한다. 이러한 가정하에, 8%의 일반소비세가 어떻게 역진적으로 작용하는지 설명하라. 이제, 식품과 아동의 의류가 소비세 부과 대상 품목에서 제외되었다고 가정하자. 이러한 조치는 세금을 더 역진적으로 만들겠는가? 혹은 덜 역진적으로 만들겠는가? **[LO 20.4]**
8. 당신이 TV를 켰을 때, 어떤 시의원이 소비자들로부터 너무 많은 돈을 벌어들인 자동차 매매상을 고발하는 광고를 보았다고 하자. 이러한 상황의 개선책으로 그 의원은 매매상에게 높은 세율의 세금을 부과하고, 그만큼의 세금을 자동차 구매자에게 돌려주는 법을 제안했다. 경제적 귀착과 행정부담의 측면에서 왜 이것이 구매자들에게 결코 이익이 될 수 없는지 설명하라. **[LO 20.5]**
9. 여러분의 친구 드가는 이제 막 정규직으로서의 첫해를 끝마쳤다. 그가 세금 신고서를 작성해 국세청에 제출한 후 국세청에서는 650달러의 수표가 동봉된 봉투를 그의 집으로 보냈다. 이러한 경우, 왜 그가 세금을 납부하지 않았다는 의미가 아닌지 드가에게 설명하라. **[LO 20.5]**
10. 왜 대부분의 사람들의 한계세율은 그들의 평균세율보다 높은지 설명하라. 평균세율이 한계세율보다 높다면 이것은 역진적인가, 비례적인가 혹은 누진적인가? **[LO 20.5]**
11. 한 대선후보는 자신이 당선된다면, 취임 후 몇 주 안으로 복지에 대한 법정지출을 20% 삭감할 것을 공약했다. 이 후보의 삭감 공약이 지켜지기 어려운 이유는 무엇인가? **[LO 20.6]**
12. 연방정부가 자금을 빌렸을 때, 이것은 단기에는 높은 지출 효과를 보이지만 장기적으로는 이자가 쌓이고 이를 상환해야 한다. 현재와 미래의 조세 간 상충관계가 의미하는 것은 무엇인가? 만약 시간이 지날수록 경제 규모가 커진다면 어떻게 이러한 상충관계를 변화시킬 수 있는가? **[LO 20.6]**

응용문제

1. 다음의 조세정책에 대해 생각해보라. 공공정책의 주된 목표가 세수를 높이는 것인지, 행위를 변화시키는 것인지

골라라(시장실패가 있거나 없는 경우). **[LO 20.1]**

a. 소득세
b. 담뱃세
c. 급여세
d. 기부금에 대한 세금 공제

2. 정부는 역사적으로 몇 가지 흥미로운 세금을 부과했다(http://azweird.com/ history/weirdest_taxes_in_history-731.html). 아래의 세금은 시민들의 행위를 변화시켰다. 이들 세금이 시장실패 또한 초래했는지에 대해 논하라. **[LO 20.1]**

a. 모자세: 영국 정부에서 도입한 제도로, 모든 모자의 안쪽에 도장을 찍어 이것이 합법적인 모자라는 것을 나타냈다.
b. 방귀세: 뉴질랜드에서 발의되었지만 결국에는 채택되지 않았다. 가축으로부터 배출되는 메탄가스를 감소시키기 위한 조세다.
c. 창문세: 영국의 윌리엄 3세가 부유한 세대에 더 많은 세금을 부과시킬 목적으로 주택의 창문 개수에 부과한 세금이다.
d. 겁쟁이세: 중세 영국에서 도입되었고, 나라를 지켜야 한다는 왕의 요청을 거부한 사람들에게 부과했다.

3. 정부는 새로운 물품세를 도입하고 싶어 한다. 다음 품목 중 물품세를 부과했을 때 경제적 순손실이 높거나 낮을 것으로 예상되는 품목은 무엇인가? **[LO 20.2]**

a. 술
b. 우유
c. 다이아몬드
d. 열대지방에서의 휴가
e. 양말

4. 〈표 20P-1〉은 웨어타운의 샌드위치에 대한 수요와 공급에 대한 표다. 웨어타운의 지방 정부는 모든 샌드위치 가게에 한 개의 샌드위치당 1달러의 세금을 부과함으로써 조세수입을 증가시키려고 한다. **[LO 20.2]**

a. 세금을 부과하기 전과 후의 샌드위치에 대한 수요와 공급의 그래프를 각각 그려라. 균형수량은 얼마인가? 소비자가 지불하는 가격은 얼마인가? 판매자들이 받는 가격은 얼마인가?
b. 세금을 부과하기 전과 후의 소비자 잉여와 생산자 잉여는 각각 얼마인가?
c. 웨어타운 정부가 갖게 되는 조세수입은 얼마인가?
d. 세금으로 인한 경제적 순손실은 얼마인가?
e. 샌드위치 가게들로부터 세금을 징수하는 데 35달러의 비용이 소요된다고 가정하자. 결국 공공서비스를 위해 사용할 세금에 대한 실질적인 조세수입은 얼마인가?

표 20P-1

샌드위치 가격(달러)	수요량	공급량
8.00	0	100
7.50	10	90
7.00	20	80
6.50	30	70
6.00	40	60
5.50	50	50
5.00	60	40
4.50	70	30
4.00	80	20
3.50	90	10
3.00	100	0
2.50	110	0
2.00	120	0

5. 〈그림 20P-1〉은 휘발유에 대한 가상의 시장을 보여준다. **[LO 20.3]**

a. 휘발유 1갤런당 1.5달러의 세금이 부과된다고 가정하자. 소비자가 지불하는 가격은 얼마인가? 판매자가

그림 20P-1

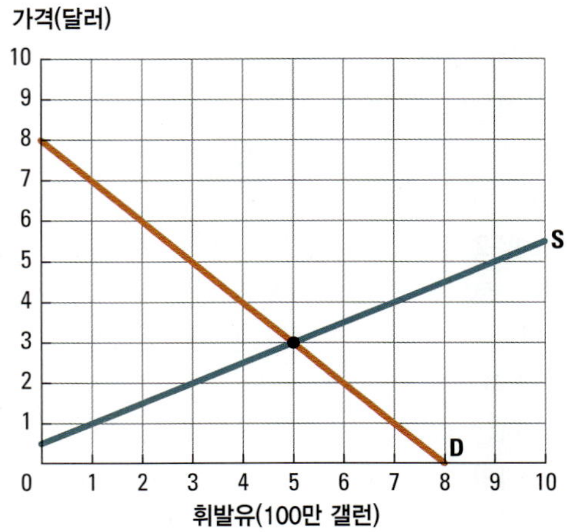

받는 가격은 얼마인가?

b. 이 세금으로 인한 정부의 조세수입은 얼마인가?

c. 휘발유세가 1갤런당 3달러로 증가했다. 휘발유세가 1.5달러일 때와 비교했을 때, 추가적인 조세수입은 얼마인가?

d. 휘발유세를 4.5달러까지 올린다면, 조세수입은 증가하겠는가, 감소하겠는가?

6. 아래와 같이 세금이 부과되었을 경우, 가격효과와 수량효과 중 어느 것이 지배적일 것인지에 대해 말하라. **[LO 20.3]**

a. 정부는 매년 판매되는 1,000만 대의 iPod에 대해 한 대당 10달러에 부과하던 세금을 20달러로 증가시켰다. iPod의 새로운 균형 거래량은 900만 대다.

b. 학교에서 풍선껌을 씹는 우려에 대한 대책으로, 정부는 껌 한 팩에 대한 세금을 한 팩당 20센트에서 30센트로 증가시켰다. 세금을 인상하기 전에는 매년 5,000만 팩이 판매되었다. 세금을 인상한 후에는 매년 4,000만 팩이 판매된다.

c. 미국인들이 커피에 중독되는 것을 우려해, 정부에서는 커피에 부과되던 세금을 5센트에서 10센트로 증가시켰다. 세금을 인상하기 전에는 매년 100억 잔의 커피가 판매되었다. 세금을 인상한 후에는 매년 50억 잔의 커피가 판매된다.

7. 아래의 세금이 각각 비례적인지, 역진적인지, 혹은 누진적인지 설명하라. **[LO 20.4]**

a. 모든 소득에 대해 부과되는 25%의 소득세

b. 3개의 구간별로 각각 한계세율이 적용되는 소득세: 5만 달러까지는 10%, 10만 달러까지는 20%, 10만 달러를 초과하는 소득은 30%

c. 지방자치 서비스를 제공하기 위해 관내에 거주하는 모든 시민에게 부과하는 연간 500달러의 세금

d. 자본이득이 100만 달러를 초과하는 사람들에게만 일률적으로 부과하는 40%의 자본이득세

e. 소득이 20만 달러 이하인 사람들에게만 부과하는 10%의 급여세

8. 〈표 20P-2〉는 한 가상적인 독립국가의 소득세에 대한 조견표다. 코너는 연간 9만5000달러를 버는 가상국가의 시민이다. 코너는 어떠한 세금 공제나 면제를 받지 않는다고 가정하자. **[LO 20.4, 20.5]**

a. 코너는 얼마의 소득세를 납부해야 하는가?

b. 코너의 한계세율은 얼마인가? 그의 조세부담률은 얼마인가?

c. 코너는 지금 자신의 직장이 마음에 들지 않아 10만 달러를 주는 관련 업계로 이직하고 싶어 한다. 코너는 새로운 직장에서 얼마의 세금을 납부해야 하는가?

d. 이 국가의 소득세는 역진적인가, 비례적인가 혹은 누진적인가?

9. 에반젤린은 가상적인 독립국가의 시민이고, 그녀의 소득과 지출에 대한 사항은 〈표 20P-3〉과 같다. 위의 〈표 20P-2〉는 이 나라의 개인소득세에 대한 조견표다. 아래의 질문에 답하기 위해, 다음과 같이 가정하자. **[LO 20.5]**

(1) 자본이득 이외의 모든 소득은 개인소득세의 범주에 포함된다.

(2) 공제가 가능한 지출은 소득세를 산출하기 전에 소득에서 제외된다.

(3) 기부금과 급여세는 세금공제가 가능하다.

(4) 급여세는 5만 달러까지의 소득에 대해서만 5%를 부과한다.

(5) 1만 달러를 초과하는 자본이득에 대해 3%의 자본이득세를 부과한다.

표 20P-2

과세표준	한계세율(%)
0–5,000	5
5,001–15,000	7
15,001–30,000	9
30,001–50,000	11
50,001–75,000	13
75,001–100,000	15
100,001–130,000	20
130,001–175,000	21
175,001+	22

표 20P-3

소득 구분	가격(달러)
임금소득	90,000
자본이득	20,000
소비지출	10,000
기부금	3,000

(6) 소비세는 6%다.

a. 에반젤린은 얼마의 급여세를 납부할 것인가?

b. 에반젤린은 얼마의 자본이득세를 납부할 것인가?

c. 개인소득세를 제외한 에반젤린의 조정된 소득은 얼마인가? 그녀는 개인소득세로 얼마를 납부해야 하는가?

d. 에반젤린은 얼마의 판매세를 납부해야 하는가?

e. 에반젤린은 총 얼마의 세금을 납부해야 하는가? 이것은 그녀 소득의 몇 퍼센트인가?

10. 〈표 20P-4〉는 2013~2016년의 GDP, 지출, 조세수입을 보여준다. **[LO 20.6]**

a. 전년도 부채에 대한 칸을 채워 넣어 표를 완성하라.

b. 각 연도별로 경제는 재정흑자를 겪었는가? 재정적자를 겪었는가?

c. 2013년에 부채는 GDP의 몇 퍼센트인가?

d. 2013년과 2016년 사이에 GDP는 몇 퍼센트 변화했는가? 부채는 몇 퍼센트 변화했는가? 동 기간 GDP 대비 부채비율은 증가했는가, 일정한가 혹은 줄어들었는가?

표 20P-4

연도	GDP(달러)	전년도 부채(달러)	당해 연도 지출(달러)	조세 수입(달러)
2013	8,500	5,100	1,200	950
2014	8,650		1,400	1,525
2015	9,000		1,800	1,500
2016	9,200		2,100	1,600

11. 〈표 20P-5〉는 2013년과 2014년 동안 어떤 경제의 GDP와 인구, 부채 그리고 1인당 GDP를 보여준다. **[LO 20.6]**

a. 각 연도별로 1인당 부채를 기입해 표를 완성하라.

b. 2013년에서 2014년 사이에, 다음의 항목은 몇 퍼센트 변화했는가? (i)GDP, (ii)인구, (iii)부채, (iv)1인당 GDP, (v)1인당 부채

c. 1인당 GDP와 1인당 부채 중 어느 것이 더 빨리 증가했는가? 이유는 무엇인가?

미주

1. 2013년부터 20만 달러(합산과세를 신청하는 부부의 경우 25만 달러)를 초과하는 임금에 대해 0.9%의 노인의료보험세를 추가했다.

더 찾아보기

http://news.minnesota.publicradio.org/features/2003/04/28_helmsm_happytopay/

http://www.irs.gov/pub/irs-drop/rp-09-50.pdf

http://www.irs.gov/taxstats/article/0,,id=171961,00.html

http://www.nytimes.com/2010/02/07/us/politics/08palin.html

http://economix.blogs.nytimes.com/2010/08/25/the-costs-of-war/Economic Report of the President

http://www.gpoaccess.gov/eop/tables10.html, Table B81

http://www.taxfoundation.org/taxdata/show/245.html

표 20P-5

연도	GDP(100만 달러)	인구(100만)	부채(100만 달러)	1인당 GDP(달러)	1인당 부채(달러)
2013	10,675,000	305.0	7,472,500	35,000	
2014	10,995,250	311.1	7,920,850	35,343	

◀ 세계의 모바일 윈도우-이 장의 내용과 관련된 응용사례를 찾으려면 여러분의 스마트폰으로 이 코드를 스캔하라. (QR코드 리더가 필요하면, 여러분의 앱스토어에서 ScanLife를 활용하라.)

여러분의 모바일 앱스토어를 방문하여 Karlan and Morduch Study Econ app.을 다운로드 하라. ▶

Chapter 21

빈곤, 불평등, 차별

학습목표

LO 21.1 상대적 빈곤과 절대적 빈곤 간 차이에 대해 이해하기

LO 21.2 소득 불평등을 측정하는 여러 다른 방법에 대해 설명하고 해석하기

LO 21.3 소득 이동성과 소득 불평등이 어떻게 다른지 이해하기

LO 21.4 빈곤과 불평등을 감축하기 위해 이용되는 공공정책을 규명하기

LO 21.5 빈곤 감소 정책에서 평등과 효율 간 상충성에 대해 설명하기

LO 21.6 소득과 임금의 인구학적 차이가 왜 반드시 차별을 시사하는 것은 아닌지에 대해 설명하기

일확천금을 얻다

억만장자들은 얼마나 부자일까? 1915년—놀라운 부의 대명사였던 록펠러, 밴더빌트, 카네기의 시대—사람들은 전체 인구 중 가장 부자인 1%가 전체 소득의 15%를 차지했다는 것에 대해 걱정했다. 오늘날 가장 부자인 1%는 전체 소득의 *20%*를 차지하고, 상위 10%가 차지하는 비중은 전체 소득의 거의 절반(48%)에 달한다. 2010년 상위 1%에 속하기 위해서는 한 가계의 소득이 35만2000달러 이상이어야 했다. 이는 대략 평균 뉴욕 시 월가 근로자가 2012년에 벌어들인 소득이다. 이는 대표적인 외과 전문의의 소득보다 10만 달러 많으며 초등학교 교사의 평균 임금보다 7배 많은 금액이다.

부자들이 더욱 부자가 되는 동안 가난한 사람들도 소득이 증가하기는 했다. 50년 전 미국인의 4분의 1은 빈곤했다. 그러나 불과 몇십 년 동안 빈곤율은 절반으로 떨어졌다. 도대체 빈곤 감소와 불평등이 어떻게 동시에 증가할 수 있을까? 빈곤자들의 소득이 늘어날 때 부자들의 소득은 더욱 빠른 속도로 늘어났기 때문이다. 경제성장으로 인해 전체 인구의 소득이 늘어났지만 그중 너무 많은 부분이 부자들에게 편중되었다. 미국의 세금 납부 현황을 연구한 경제학자 엠마뉴엘 사에즈(Emmanuel Saez)는 1993년과 2010년 사이 상위 1%의 소득이 58% 증가했음을 발견했다. 나머지 99%는 소득이 평균적으로 단지 6.4% 증가했으며, 일부는 변화가 없거나 오히려 감소했다.

이러한 추세는 세계적으로 유사해 보인다. 최근 몇십 년간 경제성장으로 인해 수백만 명이 빈곤에서 벗어났으나 세계적 불평등은 아직도 높다. 이는 대부분 국가 간 차이에 기인한 것이다. 미국에서 상대적으로 빈곤한 가정의 소득수준은 중국이나 인도의 상위층 소득수준과 맞먹는 것이다.

불평등이 문제가 되는가? 사회가 평등할수록 경제가 좋아지면 모든 사람들의 후생이 증가한다. 하지만 그렇다고 해서 가장 평등한 사회가 반드시 가장 좋은 사회라고 할 수는 없으며, 더욱이 그러한 체제하에서 가장 취약한 계층에 가장 많은 자원이 지원된다는 보장도 없다. 불평등은 사람들이 더욱 열심히 일하고 위험을 감수하도록 동기부여를 한다고 보는 견해가 있다. 이에 따르면 일과 위험부담은 일자리를 창출하고 경제성장에 기여해 빈곤자를 포함한 모든 이에게 이득이 된다.

'적정' 수준의 불평등에 대해 생각하는 것은 우리가 당면한 가장 어려운 경제적 문제다. 상위층의 성공이 하위 빈곤층에 흘러 내려갈 수 있는가? 세금과 소득 평준화를 위한 프로그램들이 근면함과 기업가 정신을 꺾어버릴 것인가?

이 장에서는 빈곤과 불평등에 대한 어려운 문제들—빈곤과 불평등을 어떻게 측정하는지, 사람들의 삶과 선택에 어떤 영향을 미치는지, 정부는 이에 대응해 어떤 정책들을 고안하는지—등을 다룰 것이다. 이러한 어려운 질문에 경제학은 어떻게 화답하는가? 여기서는 혁신적인 경제적 문제 해결 방법이 어떻게 빈곤 퇴치를 위한 새로운 접근법을 제공하는지 보여주는 사례들을 살펴볼 것이다. 많은 나라에서 뿌리 깊은 빈곤과 불평등의 양상과 밀접한 관련이 있는 차별의 경제학에 대해서도 탐구할 것이다.

이 장에서 다양한 아이디어와 사례들을 저울질하면서 유념해야 할 것이 있다. 실증적 분석과 규범적 분석의 차이다. 우리는 빈곤, 불평등, 차별의 모습이 어떠한지, 어떻게 경제에 영향을 미치는지를 이해하기 위해 실증적 분석을 활용한다. 이것은 거대한 규범적 문제와는 별개의 것이다. 규범적 질문은 '정부가 사회적 정의와 공정성의 이름으로 빈곤, 불평등, 차별을 감축하기 위해 노력해야 하나?'와 같은 것이다.

빈곤

경제학은 사람들이 자원을 어떻게 관리하는지에 대한 것이다. 물질적 자원이 부재한 상태라고 할 수 있는 빈곤은 경제학자에게는 특별한 관심거리다. 자원이 별로 없는 사람들은 부자들과는 다른 결정을 내리는가? 경제적 결정에 대해 다른 방법으로 접근하는가? 그들은 애초에 왜 빈곤한가?

물론, 빈곤은 지적 탐구의 이유가 아닌 다른 측면에서도 관심거리다. 사람들이 먹고살기 위해, 때로는 생존을 위해 고투를 벌이는 것을 보는 건 속상한 일이다. 금전적 자원 없이는 식량, 주거지, 건강 등 생필품이나 삶을 좀 더 편하게 해주는 것들을 충족시키기 어렵다. 경제적 사고는 여기서든 전 세계적으로든 필요한 사람들이 좀 더 나은 삶을 살 수 있는 방법을 제시할 수 있다.

이 장에서는 몇 가지 아이디어들이 반복적으로 등장할 것이다. 빈곤은 먹을거리가 충분하지 못한 것과 같이 절대적인 결핍의 경우에만 문제가 되는 것인가? 생존을 위해서는 충분한 부가 있지만 다른 사람들에 비해 가진 것이 상당히 적은 경우도 빈곤하다고 해야 할 것인가?

다른 주제 하나는 빈곤의 원인이 항상 분명하지 않다는 것이다. 예를 들어, 전 세계를 통틀어 교육을 별로 받지 못한 것은 빈곤과 상관이 있다. 그러나 교육을 받지 못한 것이 사람들을 빈곤하게 만드는 것인지, 아니면 빈곤한 사람들은 교육을 받을 능력이나 의지가 부족한 것인지 분별하기는 쉽지 않다. 수년간 또는 세대에 걸친 빈곤의 양상 역시 중요하다. 빈곤하게 시작해서 부자가 되거나 아니면 그 반대의 경우는 얼마나 어려운 일인가? 부모가 빈곤한 것이 어떤 영향을 미치며 인생에서 주어지는 기회에 어떤 영향을 미치는가? 우리는 빈곤의 측정, 원인, 해결 방법들을 논의하면서 이러한 근본적인 질문에 유념해야 할 것이다.

빈곤의 측정

LO 21.1 상대적 빈곤과 절대적 빈곤 간 차이에 대해 이해하기

빈곤을 정의하고 측정하는 것은 매우 간단해 보인다. 보면 다 알 수 있다. 그렇지 않은가? 그러나 국가 차원에서 빈곤을 측정하는 데에는 중요한 견해 차이가 있다. 빈곤의 정의가 다른 경우 누가 빈곤하고 그들이 어떻게 사는지에 대해 전혀 달리 묘사하게 된다.

상대적 빈곤과 절대적 빈곤. 두 가족이 있다고 생각해보자. 한 가족은 미국에 살고 있으며 연 소득이 1만5000달러다. 가족 수는 4명이며 수도, 전기, 난방이 되는 방 4개짜리 아파트에서 살고 있다. 다른 가족은 인도에 살고 있으며 연 소득이 1500달러다. 가족 수는 6명이며 방 한 칸짜리 집에서 수도와 전기 없이 살고 있다. 두 가족 모두 각국에서 주변에 살고 있는 대부분의 사람들보다는 소득이 적다. 그렇지만 미국의 가족은 인도의 가족보다 소득이 10배는 더 많다. 어느 가족이 더 '빈곤'한가?

빈곤을 정의할 때에는 먼저 절대적 측정과 상대적 측정을 구별해야 한다. **절대적 빈곤선**은 주어진 특정 시기에 고정된 어떤 특정 금액 이하의 소득으로 빈곤을 정의한다. 예를 들어, 미국의 경우 〈표 21-1〉에 나타난 것처럼 아이 3명을 가진 사람의 연 소득이 2만2350달러 이하면 빈곤선 이하에 속한다. 앞의 사례에서 본 미국 가족은 따라서 빈곤하다. 절대적 빈곤선은 보통 일정한 생필품의 비용을 기준으로 설정된다.

절대적 빈곤선 빈곤 여부를 판단하는 기준으로, 가계 소득이 그 미만이면 해당 가계가 빈곤 상태인 것으로 간주하는 소득수준

미국의 경우 공식적인 빈곤선은 식비를 기준으로 한다. 1960년대에는 공무원들이 가구 규모에 따라 적절하다고 생각되는 식사의 비용을 계산했다. 당시 중산층 사람들은 소득의 약 3분의 1을 식비에 사용하는 경향이 있는 것으로 추정되었다. 이에 따라 일정한 규모의 가족이 식비에

빈곤선(달러)	가구 규모
11,702	1
15,603	2
18,106	3
22,811	4
26,844	5
30,056	6
33,665	7

표 21-1 가족 규모에 따른 미국의 빈곤선

빈곤한 생활을 하는 미국인의 수를 측정하기 위해 미국 인구조사국은 매년 빈곤선을 결정한다. 대규모 가족은 빈곤에서 벗어나기 위해 더 많은 돈이 필요하다.

Source: http://www.census.gov/hhes/www/poverty/data/threshld/index.html (2011)

사용한 비용을 3배로 곱한 값을 빈곤선으로 설정했다. 식비나 다른 재화의 가격이 시간에 따라 증가한다는 것을 감안해 정부는 빈곤선을 매년 소비자물가(CPI; Consumer Price index)에 의거해 조정한다. CPI는 일련의 흔한 소비재의 가격 증가를 측정한다.

빈곤에 대한 미국식 정의는 식비 이외의 비용에 대해서는 정확히 고려하지 못하고 있다는 비판을 받는다. 이것이 정말로 걱정스러운 것은 대부분의 가족들이 1960년대에 비해 소득의 더욱 작은 부분을 식비에 할애하고 있기 때문이다. 이러한 변화를 감안하면 오늘날의 합리적인 생활비는 식비의 3배 이상이 될 것이다. 비판가들은 미국의 정의가 지역별 생활비의 차이 또한 고려하지 못한다는 점도 지적한다. 동일한 소득으로 한 지역에서 다른 지역에 비해 훨씬 더 많은 재화를 구매할 수 있음에도 불구하고 연방정부는 현재 단지 하나의 '공식' 빈곤선만을 가지고 있다.

최근, 미국 정부는 이러한 방법론적 도전에 대응하기 시작했다. 2011년 인구조사국(Census Bureau)은 '대안' 빈곤선을 도입했는데 이는 음식, 의류, 주거지 등의 가격과 공공요금을 기준으로 한 것으로 지역별 생활비 차이도 고려하고 있다. 이제는 빈곤을 공식 및 대안적 수치 모두로 추적해보는 것이 유용하다.

상대적 빈곤선 빈곤 여부를 판단하는 기준으로서, 빈곤층이 아닌 인구의 소득에 따라 정해짐

빈곤 측정의 다른 접근은 **상대적 빈곤선**을 기준으로 하는 것이다. 절대적 결핍을 측정하는 대신 상대적 빈곤선은 빈곤을 나머지 인구의 소득과 비교해 정의한다. 예를 들어, 영국의 경우 빈곤선은 중위 소득의 60%에 설정하고 있다. 중위 소득이란 국가 전체 소득 분포에서 정확히 중간에 있는 가계의 소득을 말한다.(즉, 이 가구에 비해 인구의 반은 소득이 더 낮고 다른 반은 소득이 더 높다.)

빈곤률 절대 빈곤선 아래 있는 인구의 비율

상대적 빈곤선을 사용하는 것은 놀라운 양상을 보여준다. 예를 들어, 영국에서 경제성장으로 인해 빈곤층의 소득이 5% 증가한다고 상상해보자. 이는 빈곤한 가정에 도움이 되겠지만 공식 빈곤선 밑의 인구 비율을 나타내는 **빈곤률**이 반드시 감소하는 것은 아니다. 사실, 만약 중위 가구의 소득이 5%보다 더 빠르게 증가하면 공식 빈곤율은 심지어 증가할 수도 있다.

절대적 빈곤과 상대적 빈곤의 측정은 각각의 가치가 있다. 절대적 빈곤선은 음식, 주거, 의류 등 생필품을 소비할 수 있는 가족의 능력을 측정한다. 사회의 다른 사람들이 얼마나 잘사는지와는 상관없이 이러한 기초적인 생필품을 살 형편이 안 되는 사람들을 빈곤하다고 정의하는 것이다. 반대로, 상대적 빈곤선은 사람들이 자신을 절대적인 어떤 기준보다는 주변 사람들과 비교하려는 성향이 있다는 점을 반영한다(이러한 개념에 대한 복습을 위해서는 '소비자 행위' 부분을 참고). 이는 빈곤을 여러분이 굶고 있는지가 아니라 다른 사람들의 생활수준을 어느 정도 쫓아가고 있는지로 정의한 것이다.

누가 빈곤한가? 공식적인 연방 빈곤선을 기준으로 미국 가정의 절대적 빈곤 수준에 초점을 맞춰보자. 미국의 경우 2010년, 4,620만 명—인구의 15.1%—가 공식 빈곤선 이하에서 생활했다. 이는 역대 가장 낮은 수치인 2000년의 11.3%에서 증가한 것이다. 오늘날 미국의 빈곤은 정부가 이를 추적하기 시작한 1950년대에 비하면 현저히 다른 양상을 보이고 있다. 〈그림 21-1〉에서 보는 바와 마찬가지로 1959년에는 인구의 거의 4분의 1이 빈곤한 상태였다. 1960년대와 1970년대 초에 이 수치는 급감했다. 이 시기부터는 빈곤율이 11%에서 15% 사이에서 변동을 보여왔다.

1960년대에는 무엇이 변화했는가? 중요한 요소 중 하나는 경제성장이다. 1959년에서 1973

그림 21-1

시간에 따른 미국의 빈곤 1960년대 이후 경제성장과 정부 지원에 힘입어 빈곤율이 약 10% 감소했다. 1970년대 이후에는 빈곤율이 대체로 10%에서 15% 사이에서 변동을 보여왔다. 미국의 인구가 1960년대 이후 거의 2배로 증가했음에도 빈곤한 사람의 수는 수백만 명 증가한 것에 불과하고 1960년에 비해 오늘날 빈곤한 어린이의 수는 실제로 더 적다.

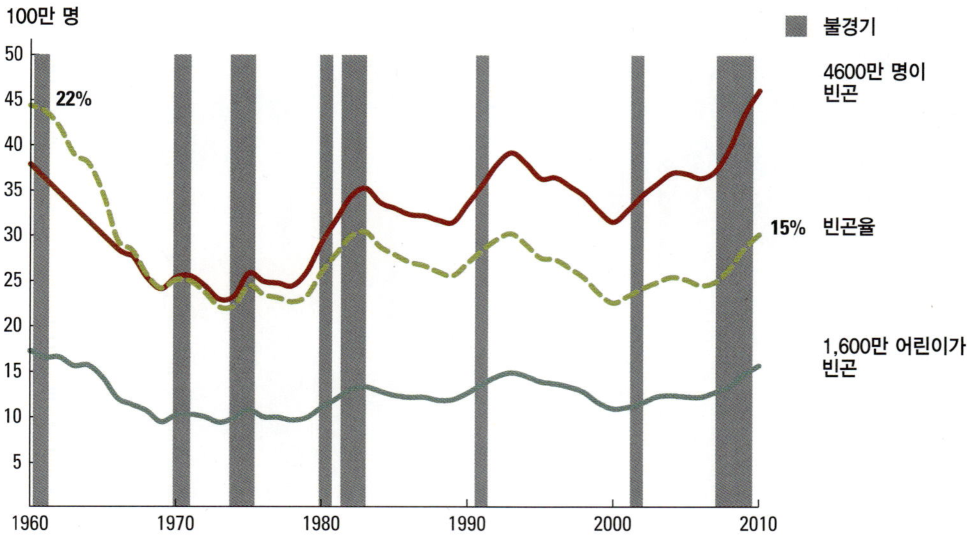

Source: U.S. Census Bureau, *Historical Poverty Tables* (2009), http://www.census.gov/hhes/www/poverty/data/historical/people.html.

년 사이 미국 경제의 총규모는 연평균 4.4% 증가했다(반대로, 1974년에서 2010년 사이에는 평균 증가율이 2.7%밖에 되지 않았다). 미국 빈곤선이 상대적인 것이 아니고 절대적 측정치이기 대문에 경제성장에 따라 하위 소득계층의 소득이 증가하면서 미국의 공식 빈곤율은 꾸준히 하락했다.

1960년대에 빈곤층 지원을 위한 새로운 정부 프로그램도 크게 기여했다. 예를 들어, 1960년과 1965년 사이 사회보장연금 증가는 노인층 사이의 빈곤율을 35%에서 10%로 감축하는 데 기여했다.

노인층의 빈곤율은 개선되었을지 몰라도 다른 연령층에서는 높은 빈곤율이 유지되고 있다. 〈표 21.2〉는 오늘날 흑인 및 히스패닉계 미국인의 빈곤율은 백인에 비해 2배—약 25% 대 10%—나 높다. 그러나 비록 빈곤율이 더 낮다고 해도 흑인이나 히스패닉계에 비해 빈곤한 생활을 하는 백인의 총수는 더 많다는 점에 유의하자. 미국에는 흑인이나 히스패닉계에 비해 백인이 더 많기 때문이다. 다른 주요한 사실 하나는 가장이 여성인 경우 가계가 빈곤할 가능성이 특히 높다는 점이다.

빈곤의 모든 경험이 동일한 것은 아니다. 가장 근본적 차이는 만성적인 빈곤과 일시적인 빈곤이다. 둘 간의 본질적인 차이는 항상 빈곤한 것과 단기적으로 빈곤한 것의 차이인 것이다. 연구결과에 따르면 빈곤선 이하에서 생활하는 사람들 중 단지 3% 정도만이 어느 한 해에 만성적으로 빈곤한 것으로 나타나고 있다. 만성적 빈곤은 보통 3년 내지 그 이상의 기간 동안 빈곤한 상태로 정의한다. 일시적 빈곤은 보통 한 해에 적어도 두 달 연속 빈곤이 지속될 경우로 측정된다.

표 21-2
2011년 미국 빈곤의 모습

다양한 그룹이 빈곤선 이하에서 산다. 히스패닉계, 흑인, 미혼 여성, 아이들의 빈곤율이 가장 높다. 기혼 가정의 경우가 빈곤율이 가장 낮은 반면 모자 가정의 빈곤율은 가장 높다. 모자 가정 여성의 3분의 1이 빈곤하다.

Source: U.S. Census Bureau poverty data, 2011,http://www.census.gov/hhes/www/poverty/data/incpovhlth/2011/.pdf,Tables 3 and 4.

인구학적 특징	빈곤자 수 (100만 명)	해당 인구학적 군의 빈곤자 비중 (%)
백인*	19.2	9.8
흑인	10.9	27.6
히스패닉계	13.2	25.3
아시아계	2.0	12.3
남성	20.5	13.6
여성	25.7	16.3
기혼	3.7	6.2
미혼 여성	4.9	31.2
미혼 남성	1.0	16.1
18세 이하	16.1	21.9
18세~64세	26.5	13.7
65세 이상	3.6	8.7

*비히스패닉계 백인

빈곤의 국제적 측정. 국제적인 차원에서 빈곤을 측정하는 것은 국내 차원에서 측정하는 것과 유사하다. 생활비의 차이나 부를 측정하는 상대적 기준의 차이 등도 유사하게 적용된다. 국제적 차원에서는 이러한 차이가 훨씬 크게 부각될 뿐이다.

가장 흔한 국제적 빈곤 측정치는 하루에 1.25달러 이하로 생활하는 사람들의 수다. 이는 미국의 공식 빈곤선에 비해 훨씬 낮은 것이다. 그럼에도 일부 추정에 따르면 2008년 13억 명, 또는 전 세계 인구의 5분의 1이 하루 1.25달러 이하로 생활하고 있는 것으로 나타났다. 이 중 거의 45%(5억7,000만 명)가 남아시아에 살고 있으며, 3억9,000만 명은 사하라 이남 아프리카, 그리고 거의 1억7,500만 명은 중국에 거주하고 있었다.

항상 그러하듯이 우리는 빈곤한 사람들의 절대 수와 비율 (즉, 빈곤율) 간의 차이에 대해 주의해야 한다. 가장 중요하게는 빈곤선은 각국의 가격 차이에 따라 조정을 해줄 필요가 있다. 다행히, 이러한 조정을 하는 데 유용한 **구매력평가**(PPP)**지수**라는 도구가 있다.

구매력평가(PPP)지수 서로 다른 국가 간 물가가 같은 통화로 표현되었을 때 같아야 한다는 이론

PPP지수를 만들기 위해서는 각 국가에서 가격 데이터를 수집해 국가 간 전반적인 가격 차이를 보여줄 수 있는 지수를 개발해야 한다. 이 작업의 목표는 인도의 물가는 미국보다 대체로 낮은 반면, 스웨덴의 물가는 미국보다 높다는 사실을 포착하는 것이다. 각국 사람들이 정확히 똑같은 것들을 구매하는 것이 아니기 때문에 이 과정은 완벽하지 못하다.(예를 들어, 미국 사람들은 쇠고기를 많이 먹지만 인도에서는 상대적으로 아주 조금밖에 먹지 않는다.) 그럼에도 PPP로 핵심적인 차이를 잡아낼 수 있다.

PPP지수의 도움을 받아 계산한 국제 빈곤선은 구매력평가 기준으로 실제로 1일 소득 1.25달러다. 이는 빈곤선이 미국에서 1.25달러로 살 수 있는 재화와 동일한 재화를 각국에서 살 수 있는 금액이라는 것을 의미한다. 1일 소득 1.25달러(PPP)는 15개의 가장 빈곤한 국가의 국가

그림 21-2

국가별 하루 1.25달러 이하 소득 인구 이 지도는 각국에서 구매력평가지수로 조정한, 하루 1.25달러 소득 이하로 사는 사람들의 비율을 보여준다. 이 수준은 세계은행의 극심한 빈곤의 측정치다. 대부분의 극심한 빈곤은 사하라 이남 아프리카에 집중되어 있다. 대부분의 북반구 국가들에서는 빈곤율이 매우 낮은 수준을 보인다.

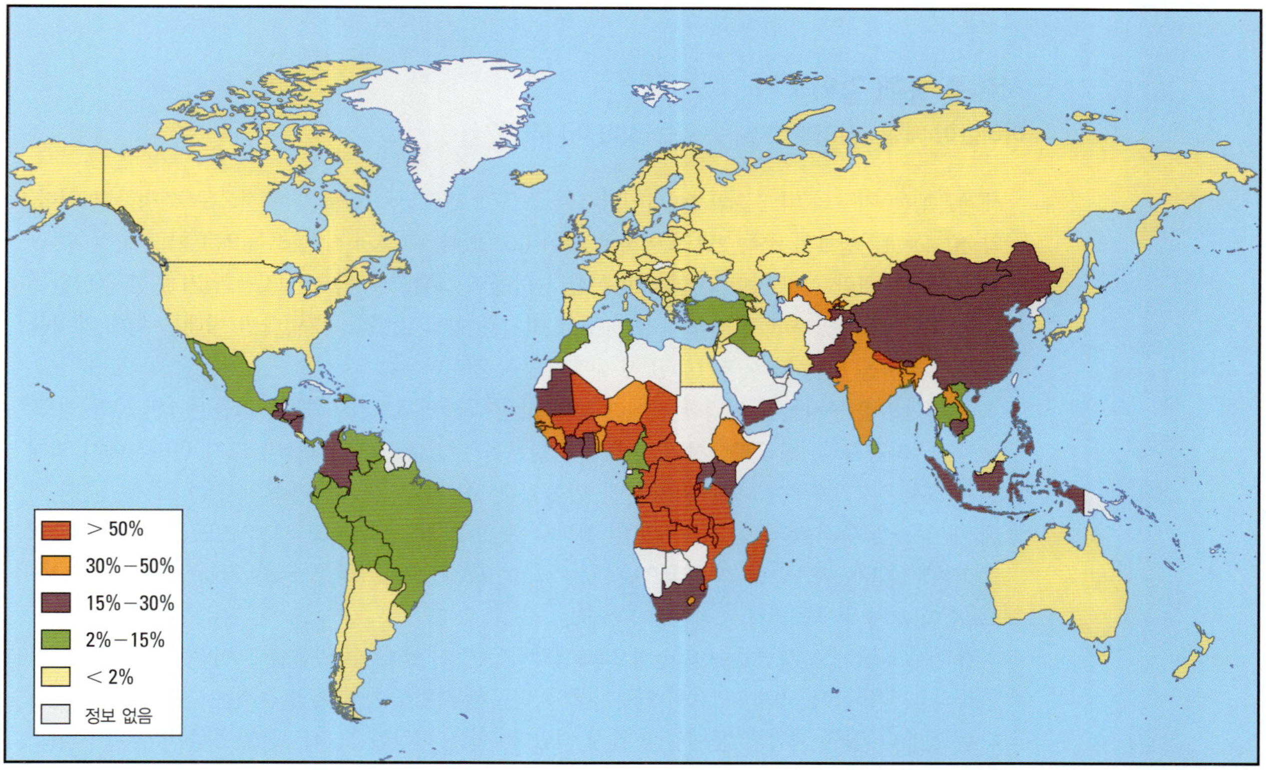

Source: Data from Human Development Report 2010, Human development statistical tables, http://hdr.undp.org/en/media/HDR_2010_EN_Tables_reprint.pdf. Map created through StatPlanet, www.statsilk.com/software/statplanet.

빈곤선의 평균을 내어 계산한 것이다. 이 낮은 빈곤선이 세계적으로 비교 가능한 절대빈곤(상대적 빈곤이 아닌)을 대표한다고 본다는 것이다. 이 빈곤선은 너무 낮아서 미국의 경우는 별로 의미가 없지만 세계적인 상황을 살펴보기에는 유용하다.

1.25달러 빈곤선을 이용해 지난 수십 년간 세계적으로 빈곤의 모습이 상당히 변모했음을 볼 수 있다. 전반적으로 빠른 경제성장으로 인해 세계 빈곤율이 50% 이상에서 25% 이하로 감소했다. 이 감소는 정말 믿기 어려운 것이다. 좀 더 구체적으로 살펴보면 이 감소는 주로 중국에서 집중적으로 일어났다. 중국의 빈곤율은 1981년 84%에서 2008년 13%로 떨어졌다. 남아시아와 중동도 상당한 감소를 보인다. 남미에서의 감소는 상대적으로 작았다. 반대로, 같은 기간 사하라 이남 아프리카의 빈곤율은 거의 변하지 않았다.

좀 더 이해를 돕기 위해 경제학자들은 1인당 1일 소득 1.25달러보다 높은 빈곤선, 가장 많게는 1인당 1일 소득 2달러의 대안적 빈곤선을 사용한다. 1.25달러나 2달러 빈곤선에 대해 잘 인식되지 않고 있는 사실은 이러한 빈곤의 정의가 해당 연도의 평균 소득을 측정한다는 것이다. 대부분의 경우 가족의 소득은 한 해 동안 이 평균치를 중심으로 변동한다. 평균 소득이 1인당 2

달러인 가족이 실제로 매일 1인당 2달러를 받는 것은 아니다. 만약 그렇다면 그들의 삶은 훨씬 편할 것이다. 그와는 달리 소득은 일이 있는지 여부, 최근 수확의 풍요로움의 정도 등과 같은 요소에 따라 매주 달라질 수 있다. 이러한 도전에 대해 자세히 알고 싶다면 사례를 통해 알아보기의 '여러분이 매일 2달러를 받을 수 있는 것이 아니라면?'을 읽어보자.

사례를 통해 알아보기

여러분이 매일 2달러를 받을 수 있는 것이 아니라면?

세계은행은 지구의 약 5분의 1이 1인당 1일 소득 1.25달러로 살아가는 것으로 추정하고 있다. 약 40%는 1인당 1일 소득 2달러 이하로 살아가고 있다. 그렇게 작은 소득으로 어떻게 살 수 있을지 상상하기란 쉽지 않다. 세계의 빈곤한 사람들이 그날그날 필요한 것을 얻기 위한 끊임없는 투쟁 속에 살고 있다고 전제하는 것이 결코 억지는 아닐 것이다. 그렇다면 미래를 위해 계획을 세우고 저축을 하는 것은 불가능한 사치에 해당할 것이다.

한 집단의 연구자들이 이러한 전제가 과연 맞는지 확인해보기로 했다. 그들은 1년 동안 인도, 남아프리카공화국, 방글라데시의 가족들과 친분을 맺었다. 농촌 마을과 도시 빈민촌에서 지내면서 그들은 각 가족에 대한 '가계부'를 만들었다. 이 가계부는 각 가족의 지출, 소득, 금전 거래 내역 등을 추적했다. 이 프로젝트의 결과물은 《빈곤자의 포트폴리오: 세계의 빈곤한 사람들은 2달러로 어떻게 살아가는가?》라는 책이다(*Portfolios of the Poor: How the World's Poor Lives on $2 per Day*: 이 교재의 공동저자 중 한 명이 저술).

결과는 놀랍게도 사람들이 일반적으로 생각하는 것이 틀릴 수 있음을 보여주었다. 빈곤한 가족들과 1년을 같이 지내봄으로써 연구자들은 빈곤한 사람들에게 돈의 문제는 단순히 소득이 낮다는 것보다 훨씬 복잡한 문제임을 알게 되었다. 실은 진정한 도전은 불안정성이다. 가족의 소득은 계절과 계절 사이, 심지어는 주 단위로, 날씨에 따라, 그리고 어느 정도 임금에 일을 찾을 수 있는지 여부 등에 따라 변했다. 우리가 1일 소득 1달러나 2달러를 말할 때 이는 연평균 소득이라는 점을 기억하는 것이 중요하다. 실제로는 소득이 하루는 5달러이고 그 다음 날은 0.5달러일 수도 있다. 장기간 동안 소득이 아예 없는 경우도 있다.

이러한 사실은 다른 놀라운 관측 결과를 설명하는 데 도움을 준다. 1인당 1일 소득 1달러 이하로 살아가는 가족이라 해도 돈을 벌자마자 완전히 다 써버리는 경우는 드물었다. 그들은 저축을 하거나 대출금을 갚는 데 그 돈을 썼다. 가족들이 비록 은행 계좌를 가지고 있지는 않았지만 집 어딘가에 저축한 돈을 숨겨놓거나 이웃끼리 비공식적인 '저축클럽'을 만들었다. 생각해보면 이는 완벽하게 이치에 맞는 행동이다. 만약 여러분이 이러한 한계선상에서 살고 있어 다음 주가 어떤 상태가 될지 알 수 없다면 이렇게 안전판을 만들어놓는 것은 매우 중요하다.

연구자들이 보기에 가장 근본적인 것은 가장 빈곤한 가족의 경우에도 활발히 돈을 관리하고 있었다는 것이다. 가족들은 항상 여러 다른 포트폴리오를 구성하고 있었다. 방글라데시에서는 3분의 1의 가족이 연중 10가지 또는 그 이상의 금융 전략을 구사하고 있었다. 인도의 경우 평균 매 2주마다 저축이나 대출 같은 새로운 금융관계를 시작하는 것으로 나타났다. 대부분의 가족들이 수동적으로 자신의 처지를 수용하기보다는 다양한 해결책을 활용해 상황을 개선하기 위해 노력하고 있었다.

문제는 그러한 '해결책'이 종종 믿을 수 없거나, 비싸거나, 불완전하다는 것이다. 이웃이 빌려간 돈을 갚지 못할 수도 있다. 도둑이 들어 저축한 돈을 가져가버릴 수도 있다. 은행에서 소액대출에 대해 높은 금리를 책정할 수도 있다.

가계부 프로젝트는 숨겨진 빈곤의 비극을 조명해준다. 빈곤한 사람들은 위험과 힘든 시절에 대비해 활발히 돈을 관리하려고 하지만 믿을 수 있는 금융 서비스의 도움을 받지 못한다는 것이다. 달리 말하면, 그들은 소득의 빈곤뿐 아니라 '도구의 빈곤함'을 겪고 있다. 빈곤한 가족들은 비록 소득이 낮은 상태에 머물더라도 좀 더 나은 금융적 도구가 있다면 삶을 개선할 수 있을 것이다.

Source: Daryl Collins, Jonathan Morduch, Orlanda Ruthven, and Stuart Rutherford, Portfolios of the Poor: *How the World's Poor Live on $2 a Day* (Princeton, NJ: Princeton University Press, 2009).

사람들은 왜 가난한가?

경제학자들과 정책입안자들이 빈곤의 결과에 대응을 하는 것이 아니라 그 뿌리를 근본적으로 뽑아낼 수 있는 정책을 고안하기 위해서는 누가 가난한지뿐 아니라 그들이 왜 가난한지를 이해해야 한다.

물론, 실제 세계는 믿을 수 없을 정도로 복잡한 만큼 빈곤의 원인도 다양하다. 빈곤은 일련의 나쁜 상황, 나쁜 선택, 악운 또는 그 모든 것이 종합된 결과일 수 있다. 그렇지만 우리는 몇 가지 공통 요소가 빈곤에 빠질 위험을 높이고, 또 빈곤으로부터 헤어나오는 것을 더 힘들게 한다는 것을 관측을 통해 할 수 있다.

빈곤의 대물림. 빈곤한 가정에서 자란 사람들은 그들도 빈곤해질 가능성이 높다. 이유는 간단하다. 빈곤한 부모는 다음 세대에 물려줄 돈이 제한되어 있다. 2가지 다른 경제적 아이디어—인적자본과 사회적 네트워크—는 좀 더 미묘한 기제들을 내포하고 있다.

인적자본 근로자의 생산성을 결정하는 기술, 지식, 경험, 능력 등의 집합

인적자본이란 근로자의 생산성을 결정하는 일련의 숙련도, 지식, 경험, 재능 등을 말한다. 인적자본은 좋은 교육을 받고 건강을 유지하며 직장에서 경험을 습득하면서 축적된다. 주변 사람들을 지켜보며 학습을 하는 것도 인적자본 형성에 도움이 된다. 근로자들은 다른 정도와 유형의 인적자본을 가지고 있어 서로 다른 작업에 대해 생산성이 더 높을 수도 또는 더 낮을 수도 있으며, 이에 따라 더 많은 돈을 벌기도 하고 더 적게 벌기도 한다.

여러분은 아마도 주변에서 배경은 초라하지만 교육을 잘 받고 성공한 전문가들을 알고 있거나 들어서 알고 있을 것이다. 그러나 다양한 이유로 배경이 빈곤한 아이들은 전형적으로 인적자본을 습득할 기회가 적다는 증거들이 있다. 여러분이 자라난 환경이 여러분의 숙련도나 능력에 영향을 미친 다양한 경로를 한번 생각해보라. 여러분 이웃에는 얼마나 좋은 학교들이 있었는가? 여러분은 규칙적으로 건강검진을 받았는가? 식구 중 누군가가 숙제를 도와줄 수 있었는가? 주변에서 대학에 가도록 적극 권했는가? 여름방학 동안 일을 하는 대신 새로운 기술을 익히기 위해 무급 인턴십을 할 여유가 있었는가?

이처럼 원인과 결과를 구분하기 어려운 경우가 많다. 낮은 인적자본이 빈곤의 원인인가(낮은 인적자본을 가진 사람들이 직장에서 생산성이 낮아 돈을 적게 벌기 때문에) 아니면 빈곤이 낮은 인적자본을 초래하는가?(빈곤한 상황에서 자랐기 때문에 교육, 의료, 비공식 학습 기회 등에 대한 기회가 적었기 때문에) 인과관계는 양쪽으로 흐를 가능성이 높다. 낮은 인적자본이 빈곤의

원인인 경우 학교를 개선하고 직업훈련을 제공하며 의료 서비스를 강화하는 것과 같은 정책으로 이러한 인과관계를 깨는 것이 도움이 될 수 있다.

가족의 빈곤이 대물림되는 경로는 더욱 미묘할 수 있다. 경제적 연구에 따르면 모든 소득 계층에서 사람들은 사회적 네트워크를 통해 직장을 찾고 다른 기회들도 포착한다. 이러한 맥락에서 우리가 말하는 사회적 네트워크는 페이스북 같은 것이 아니다. 그보다는 실제 세상에서 부모의 친지, 이웃, 지역의 지인들이 취직 기회에 대해 알려주는 것을 말한다. 문제는 여러분 주변 사람들이 직업이 없거나 여러분이 원하는 직종에 종사하는 것이 아니라면 이들이 어떻게 취직을 하는 데 도움이 될 수 있겠냐 하는 것이다. 만약 주변 사람들이 돈이 별로 없다면 여러분의 새로운 사업에 어떻게 재원을 제공할 수 있겠는가? 사례를 통해 알아보기의 '빈곤지역에서 탈출하기'는 가족들을 빈곤이 높은 지역에서 이주시켜 사람들로 하여금 새로운, 고자원의 사회적 네트워크에 접근할 수 있도록 도와주는 프로그램이다. 아직까지 성과는 엇갈리지만, 고무적이다.

사례를 통해 알아보기

빈곤지역에서 탈출하기

공영주택에서 자라는 것이 그곳에 사는 사람들의 기회를 제한하는가? 공영주택의 의도는 가족들에게 안정적인 저가의 주거지를 제공하는 것이다. 그러나 이렇게 빈곤이 심하고 실업률이 높은 지역에서 사는 것이 실제로는 빈곤을 고착화하는 결과를 가져오는 것은 아닐까? 공영주택에서 사는 주민들이 다른 곳으로 이사하면 더 나은 삶을 살 수 있을까?

이에 대한 해답을 얻기 위해 경제학자들이 미국 주택 및 도시개발국(US Department of Housing and Urban Development)과 협력해 '기회를 향하여(Moving to Opportunity)'라는 프로그램을 만들었다. 이 프로그램은 미국 5개 도시에서 국영주택 주민이면 참여할 수 있는 주택복권이다. 프로그램은 새로운, 덜 빈곤한 지역으로 이사 갔을 때의 영향을 다른 영향으로부터 격리할 수 있도록 고안되었다. 이 프로그램과 그 결과에 대해 좀 더 자세히 알고 싶다면 이 장 끝부분의 QR코드를 스캔하거나 온라인을 통해 읽기를 계속하라.

빈곤의 덫 가난한 사람들이 가난한 상태에 머물러 있게 되는 기제

빈곤이 빈곤을 부르다. 아마도 '부익부 빈익빈'이란 말을 들어보았을 것이다. 앞에서 설명했듯이, 인적자본을 습득하는 어려움이나 취업 기회를 찾는 것의 어려움이 이 말을 진실로 만들 수 있다. 그러나 가족 배경을 불문하고 일단 이미 빈곤해진 상태에서는 개인이 스스로 빈곤으로부터 헤어나오기 힘들게 하는 자기강화의 기제가 존재할 수도 있다. 이러한 기제를 **빈곤의 덫**이라고 하는데, 이는 빈곤한 사람들이 왜 계속 빈곤한 상태인지 이해하도록 도울 수 있다.

병약함은 빈곤의 덫의 대표적 사례다. 이러한 함정은 미국보다는 저소득 국가와 더 연관이 있다. 여러분이 빈곤한 농촌지역에서 살고 있으며 생계를 위해 다른 사람의 농장에서 농사일을 하고 있다고 가정하자. 이는 힘든 육체적 노동이다. 어떤 이유에 의해서—흉년 또는 낮은 작물 가격, 질병, 사고—여러분이 빈곤에 빠지게 되고 충분한 식량을 구할 수 없게 되었다고 하자. 여러분은 영양실조로 인해 더욱 병약해지며 이는 여러분이 더 이상 효과적으로 노동을 할 수 없게 된다는 것을 의미한다. 이는 다시 소득을 벌 수 있는 능력을 감소시키고, 그렇게 되면 다시 취할 수 있는 식량이 더 적어지고, 이로 인해 더욱 허약해지는 것이 반복된다. 빈곤하다는 사실

이 건강과 생산성을 유지하기 어렵게 만들고 그 악순환의 고리를 끊고 탈출하는 것은 너무 어려울 수 있다.

부국에서도 사람들에게 영향을 주는 많은 빈곤의 덫이 있다. 여러분이 실직해서 월세를 낼 수 없게 되어 갑자기 노숙자가 되었다고 가정하자. 여러분은 새로운 일자리를 찾고 싶지만 지원서에 주소를 어떻게 기입하겠는가? 인터뷰를 하기 위해 어디서 목욕을 하고 옷을 갈아입을 것인가? 육체적 노동은 아니지만 이것도 영양실조와 유사한 종류의 악순환인 것이다. 직장이 없다는 것은 실제로 직장을 찾는 것 자체를 어렵게 만든다.

다른 종류의 빈곤의 덫은 이 책의 첫머리에 소개되었다. 방글라데시의 빈곤한 사람이 이윤의 가능성이 있는 사업 기회가 있으나 필요한 자본을 빌릴 수 없는 사례를 논의했다. 은행은 대출자가 가치 있는 자산을 담보로 (투자가 부실해질 경우에 대비해) 제공할 수 있어야 대출을 해준다. 문제는 빈곤한 사람들은 대체로 담보로 맡길 자산이 없다는 것이다. 따라서 아주 좋은 아이디어가 있다고 해도 이를 실행할 수 있는 자금을 빌릴 수 없다. 이러한 빈곤의 덫을 **신용 제약**이라고 한다. 이는 어떤 사람이 대출과 이자를 상환할 것으로 예상됨에도 대출을 받을 수 없는 현상을 일컫는다. 신용 제약은 빈곤 그 자체가 진전을 가로막는 또 하나의 경로다.

신용 제약 어떤 사람이 원리금을 상환할 능력이 있음에도 돈을 빌릴 수 없을 때

금융 부문이 발달한 미국의 경우에도 담보가 없거나 신용기록이 불량한 사람들은 대출을 받기 어렵다. 때로는 이러한 잠재적 대출자들은 정말로 대출을 상환하지 못할 위험이 높거나 부실한 사업 아이디어를 가지고 있다. 그러나 위험이 적고 이윤 창출 기회를 가지고 있는 사람들도 담보가 없거나 신용기록이 없으면 대출을 받기 어렵다. 아무리 재능이 많더라도 빈곤한 사람들은 신용 제약 때문에 이윤 창출이 가능한 투자를 하기 어렵게 될 수밖에 없고, 그 결과 소득의 사다리를 타고 올라갈 수 없다. 인적자본 문제가 쉽게 해결될 수 없는 이유가 바로 이 신용 제약 때문이다. 재능이 많은 아이가 교육이나 인턴십에 투자할 수 있는 돈을 빌릴 수 없는 것이다. 돈을 빌릴 수 있다면 이러한 기회가 나중에 더 좋은 직업과 높은 임금의 형태로 충분히 상환 가능한데도 말이다.

지역 내 빈곤. 세상에는 어렵긴 하지만 더 많은 돈을 벌 기회가 있고 아주 편안한 삶을 살 수도 있는 곳들이 있다. 그런데 다른 곳에서는 적어도 대부분의 사람들에게는 이러한 기회가 아예 없을 수도 있다. 인구의 3분의 1, 또는 절반 이상이 빈곤하고 여러분이 아는 대부분의 사람들이 취업을 위해 발버둥치는 사회에서 산다는 것은 어떤 것일까?

예를 들어, 전기요금을 내기 어려운 처지에 놓인 것과 전기료를 낼 수 있음에도 아예 전기선 자체가 깔려 있지조차 않은 곳에서 사는 차이를 생각해보라. 또는 취업할 수 있는 기회가 별로 없는 곳에서 직장을 찾아야 한다면 어떨까? 좋은 사업 아이디어가 있다 해도 사업허가를 받는 데 2년씩 걸리고 엄청난 뇌물을 써야 하는 나라에서 산다면 어떨까? 이러한 상황은 세계의 많은 개도국에 존재한다.

부국의 경우에도 지역에 팽배한 빈곤은 개인이 당면한 것 이상의 문제들을 야기한다. 이러한 지역에서는 대중교통이 제약되어 있을 수 있고, 취업 기회가 희귀하며 학교의 질도 평균 이하이기 십상이다. 대부분의 사람들이 빈곤한 경우 지방정부는 충분한 세금을 거둘 수 없고 이 때문에 이 지역의 사회기반시설, 일자리, 학교 등에 투자하기 어려워진다. 따라서 빈곤 해소를 위한 장기적인 방안은, 경제를 성장시키는 것과 사람들에게 기회의 폭을 넓혀주는 것이다.

✓ 개념 확인하기

- ❒ 절대적 빈곤과 상대적 빈곤의 기준 간 차이는 무엇인가? **[LO 21.1]**
- ❒ 가장 흔히 사용되는 국제적 빈곤선은 무엇이며 이것이 구매력평가로 조정되어야 하는 이유는 무엇인가? **[LO 21.1]**
- ❒ 신용 제약은 무엇이고 이것이 왜 빈곤의 덫의 예가 되는가? **[LO 21.1]**

불평등

미국은 지난 수십 년간 빈곤이 감소해왔다. 그러나 주로 부자들의 소득이 많이 증가한 결과 소득 불평등은 증가했다.

불평등은 중요한 문제인가? 어떤 사람들은 전반적인 경제성장이 소득 분배보다 더 중요하다고 주장한다. 이러한 관점을 지닌 사람들은 만약 모든 사람들의 소득이 증가한다면 증가의 상대적인 속도는 그다지 중요하지 않다고 지적한다. 다른 사람들은 일부 사람들이 부를 독차지하고 다른 사람들은 조금밖에 소유하지 못하는 것은 근본적으로 정의롭지 못하다고 믿기 때문에 불평등 그 자체에 대해 관심을 가진다. 불평등의 정도는 상위층 사람들이 열심히 일할 동기가 있는지 또는 하위층 사람들이 인적자본에 투자할 자원이 있는지 등 경제에 어떤 일이 벌어지고 있는지를 알려주는 중요한 요소가 된다. 이 절에서는 불평등을 어떻게 측정하고 불평등이 경제성장과 안정성과 관련이 있는지에 대해 논의한다. 또한 국가 간 불평등이 어느 정도인지, 그리고 빈곤한 상태에서 부자가 되는 것 또는 그 반대가 얼마나 쉽거나 어려운지에 대한 증거를 살펴본다.

불평등의 측정

LO 21.2 소득 불평등을 측정하는 여러 다른 방법에 대해 설명하고 해석하기

미국의 모든 성인을 소득 금액 순으로 줄 세운다고 상상해보자. 이 사람들의 키가 그들의 소득과 비례하도록 만들자. 평균 소득을 소유하는 사람의 키는 평균에 해당하고, 소득이 높을수록 키도 더 크다. 자, 이제 이 사람들이 이 순서대로 큰길에서 한 시간 동안 행진을 하도록 한다. 이 행진을 구경하는 구경꾼들은 무엇을 보게 될까?

행진의 첫 번째 사람은 머리가 땅밑에 있어 보이지 않을 것이다. 이들은 손실을 보는 사업을 소유하고 있다. 그 다음에는 몇 센티미터 안 되는 아주 조그만 사람이 지나가는 것을 볼 것이다. 이들의 소득은 아주 적다. 이들은 실업 중일 수도 있고 또는 소득이 아주 적을 것이다. 30분 정도 지났을 때 행진의 반 정도가 지나간 후에도, 지나가는 사람들의 키는 아직도 허리쯤밖에 되지 않는다. 중간 부분을 차지하고 있는 이들은 최저임금을 버는 근로자, 소매 판매원, 비숙련 사무직 등을 대표한다. 숙련된 상인이나 사무직 근로자들도 키가 아직 평균 이하다. 마침내, 40분 정도 지나자 지나가는 사람들은 성인의 평균 키에 도달한다. 행진의 마지막 10분 동안, 우리는 3m가 넘는 거인을 보기 시작한다. 이들은 전문의, 법률가, 과학자 등이다. 그 다음은 30여 m가 되는 기업 임원들이 지나간다. 그 다음 지나가는 사람들은 300여m에 달하는 유명 영화배우, 프로 운동선수다. 행진의 마지막 몇 초쯤에는 나라에서 가장 부자인 몇 사람이, 땅에서 1,000여m

위로 머리를 쳐들면서 지나간다(마크 저커버그, 빌 게이츠, 워런 버핏, 안녕하세요?).

이 행진은—경제학자 잰 펜(Jan Pen)이 처음 상상했던—미국의 소득 분배를 가시화한 것이다.[4] 이는 사람들의 키를 비유로 해서 전체 인구의 상대적인 소득을 볼 수 있게 한다. 이 행진의 모습은 소득 분배의 몇 가지 현저한 특징을 보여준다. 평균 키와 소득의 사람들은 행진의 중간 정도가 훨씬 지나서 모습을 드러낸다. 부자들은 정말로 부자다. 단지 아주 가난한 사람들에 비해서뿐만 아니라 고소득의 전문가 집단과 비교해서도 그렇다.

이러한 행진의 비유는 시각적으로 매우 뛰어나지만, 경제학자들에게는 소득 분배를 측정하기 위한 좀 더 정교한 방법이 필요하다. 가장 간단한 방법은 행진자들을 동일한 크기의 5개 그룹으로 나누는 것이다. 미국의 대략적인 인구와 맞먹는 3억 명을 막 넘어선 나라에서 첫 번째 그룹은 6,000만 명의 가장 빈곤한 사람들이며, 두 번째 그룹은 그 다음 6,000만 명이며 이런 식으로 하면 5번째 그룹은 가장 부자인 6,000만 명이다. 나라 전체를 5개 그룹으로 나누었으므로 각 그룹은 5분위 수, 즉 전체 인구의 20%다.

이러한 5분위 수를 이용해 소득 불평등을 측정할 수 있는 다양한 통계를 만들어낼 수 있다. 〈표 21-3〉은 미국의 관련 통계를 보여준다. 첫째, 각 5분위 수 내의 평균 소득을 알 수 있다. 둘째, 모든 사람들의 소득을 더한 다음 각 5분위 수의 사람들이 전체 소득에서 차지하는 비중을 알 수 있다. 만약 소득이 완전히 동등하게 분배되어 있다면, 즉 모든 사람들의 소득이 동일하다면 각 5분위 수가 대표하는 전체 인구의 20%가 전체 소득의 20%를 차지할 것이다.

하지만 세계 어디에서든 소득이 완벽히 동일하게 분배되는 곳은 없다. 상위 5분위는 항상 불균형적으로 큰 비중의(20% 이상의) 소득을 차지하며 하위 5분위는 불균형적으로 낮은 (20%보다 적은) 비중을 차지한다. 미국의 경우 상위 20%가 전체 소득의 50% 이상을 차지하는 한편 가장 빈곤한 20%는 전체 소득의 단지 3.3%밖에 차지하지 못한다.

소득 불평등은 **로렌츠 곡선**(Lorenz Curve)을 통해 시각적으로 요약할 수 있다. 로렌츠 곡선은 인구 비중 대비 그들이 번 누적 소득을 그래프로 그린 것이다. y축은 인구의 누적 비중을 나타내고, x축은 누적 소득의 비중을 나타낸다.

로렌츠 곡선 소득 분포에 대한 도표적 표현으로서 백분율 단위의 인구와 해당 백분율까지 인구의 누적 소득 백분율을 연결시켜 나타냄

표 21-3

5분위 수 소득분포

미국은 평등한 소득분포를 가지고 있지 않다. 상위 20%와 하위 20%의 평균소득은 18만 달러 이상 차이가 난다. 상위 20%는 미국 전체 소득의 절반 이상을 차지하고 있는 반면, 상위 1%는 세전 소득의 거의 5분의 1을 차지한다.

5분위	평균 세전 소득($)	세전 소득 비중(%)
최하위 20%	18,400	4.0
두 번째 5분위	42,500	8.4
세 번째 5분위	64,500	13.1
네 번째 5분위	94,100	19.3
최상위 20%	264,700	55.9
상위 1%	1,873,000	19.4

Source: http://www.cbo.gov/publications/collections/tax/2010/AverageFedTaxRates2007.pdf.

그림 21-3
로렌츠 곡선

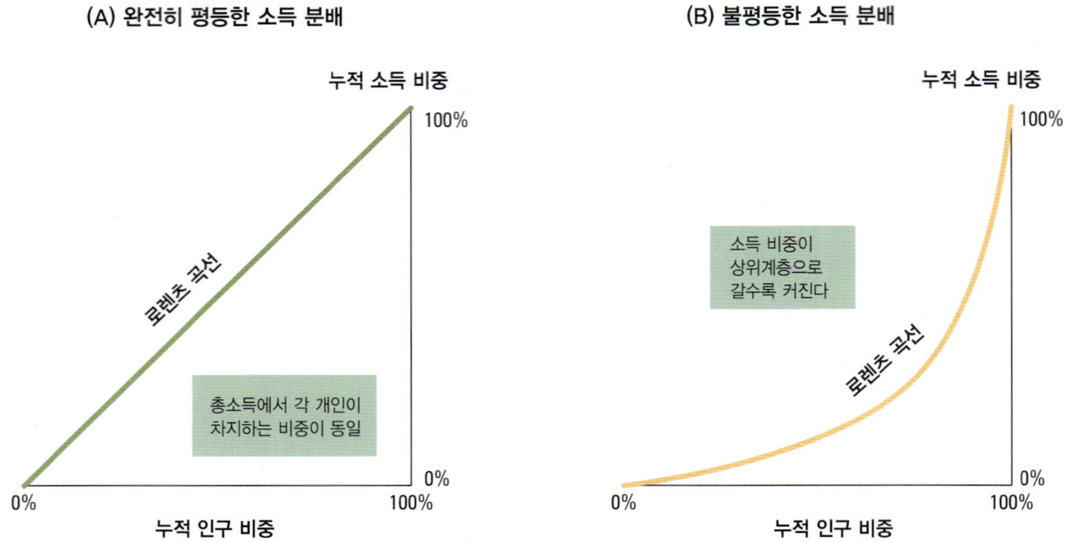

소득 분배가 완전하게 평등한 경우 추가적인 각 1%의 인구는 소득의 1%를 번다. 이 경우 로렌츠 곡선은 수평선과 45도 각을 형성한다.

소득이 평등하게 분배되어 있지 않은 경우 소득 하위 부분에서 추가적인 각 1%의 인구가 버는 소득은 전체 소득의 1%에 미치지 못한다. 소득 상위 부분에서는 추가적인 각 1%의 인구는 전체 소득의 1% 이상의 소득을 올린다. 이러한 소득 분배는 로렌츠 곡선을 오목한 모양으로 만든다.

로렌츠 곡선을 가장 잘 이해할 수 있는 방법은 〈그림 21-3〉의 (A)에 나타난 것처럼 모든 사람들이 정확하게 동일한 금액을 버는 경우 곡선은 기울기 1을 가진 직선이 된다는 점을 이해하는 것이다. 즉, 인구의 20%가 소득의 20%를 벌고, 인구의 73%는 소득의 73%를 벌게 되는 것이다. 그러나 소득이 평등하지 않게 분포되어 있다면 로렌츠 곡선은 U자 모양으로 불룩하게 안쪽으로 구부러진다. (B)에 나타난 것처럼 가장 빈곤한 1%의 인구가 버는 소득은 전체 소득의 1%에 미치지 못하고 가장 부자인 1%의 인구가 버는 소득은 전체 소득의 1%보다 많다.

지니 계수 소득 불평등을 측정하는 지표로, 0에서 1 사이의 숫자로 표현되며 숫자가 높을수록 소득 불평등 정도가 심함을 의미함

로렌츠 곡선은 최종적으로 보다 정확하게 불평등을 측정할 수 있는 지표인 **지니 계수**를 계산할 수 있게 해준다. 지니 계수는 로렌츠 곡선을 하나의 수치로 표현하는 방식으로 불평등을 측정한다. 구체적으로 지니 계수는 로렌츠 곡선과 완전 평등선 사이의 면적 (〈그림 21-4〉의 면적 A)을 총면적 (그림에서 면적 A와 면적 B를 더한 면적)으로 나눈 값과 동일하다. 이 계산 방식이 소득 불평등을 단 하나의 수치로 측정할 수 있게 해준다.

만약 모든 사람들이 동일한 소득을 벌고 있어 소득이 완전히 평등하게 분배되어 있다면 지니 계수는 0이 될 것이다. 로렌츠 곡선 자체가 완전 평등선과 동일해지므로 두 선 사이의 면적은 0이다. 만약 한 사람이 모든 소득을 벌고 나머지 사람들은 아무 소득도 없다면 지니 계수는 1이 될 것이다. 현실적으로 소득 분배는 항상 이러한 양극 사이의 어딘가에서 결정된다. 지니 계수가 1에 근접할수록 소득 분배는 더 불평등하다.

그림 21-4
지니 계수

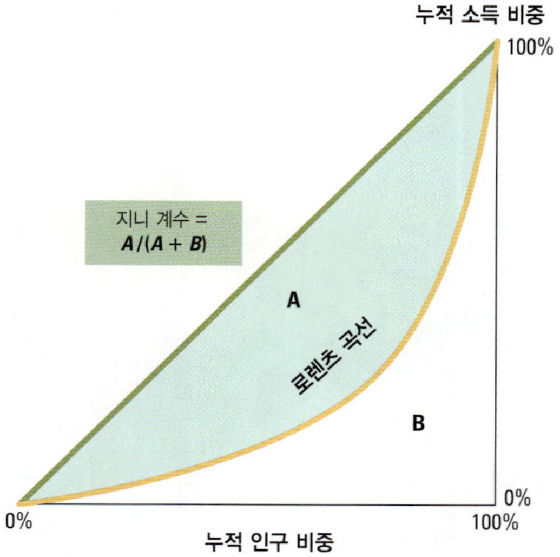

지니 계수는 완전 평등선과 로렌츠 곡선 사이의 면적을 측정해 계산한다. 이는 A/(A+B)로 대표된다. 불평등이 심할수록 로렌츠 곡선이 U자 모양에 더 가까워진다. A 면적이 클수록 지니 계수는 더 커진다.

미국과 세계의 불평등

이제 소득 불평등을 측정할 수 있는 도구가 있는 만큼 국가 간, 그리고 시간에 따라 소득 분배가 어떻게 다른지 비교해보자.

대부분의 국가에서 지니 계수는 0.25~0.6의 범위에 속한다. 〈그림 21-5〉에서 볼 수 있듯이 소득 분배는 지역별로 유사한 경향을 보인다. 유럽의 경우 소득 불평등은 대부분 상대적으로 낮은 편이다. 남미나 남아프리카는 상대적으로 높은 소득 불평등을 보인다.

불평등의 세계적 양상은 최근 10여 년간 변화해왔다. 평균 국민소득 기준으로 보았을 때 국가 간 소득 불평등은 감소해왔다. 경제성장에 따라 10억여 명의 사람들이, 특히 중국과 인도에서 빈곤을 벗어났다. 그럼에도 미국의 가장 빈곤한 5%의 사람들은 미국을 제외한 세계 인구의 70%보다 평균적으로 더 부유하다. 국내에서의 소득 불평등은 대체로 증가하는 추세다. 이것은 부국과 빈곤국, 그리고 경제성장이 높은 국가와 거의 성장이 없는 국가들에 공통적으로 나타나는 추세다.

중국에서는 1980년대 이래 견실한 경제성장을 경험하면서 지니 계수가 상당히 증가했다. 그런데 인도나 다른 아시아 국가의 경우 유사한 정도의 성장을 했음에도 소득 불평등은 크게 변하지 않았다. 지니 계수는 기본적으로 30년 전 수준 그대로다. 〈표 21-4〉는 4개 국가에 대해 각국 내의 소득 분배 현황을 보다 구체적으로 5분위로 측정해 보여준다. 이를 통해 미국과 스웨덴(유럽의 부국 중 하나), 우간다(아프리카의 빈국), 브라질(남미의 중소득국)을 비교해보자. 우간다의 소득 분배는 미국과 가장 유사하다. 물론 분배되는 소득의 총액은 훨씬 적다. 스웨덴의 평균

그림 21-5

세계 각국의 지니 계수 지니 계수는 불평등을 측정하는 방식 중 하나다. 서구 유럽은 대체로 낮은 지니 계수와 소득 불평등을 보인다. 남미와 남아프리카는 훨씬 더 높은 지니 계수를 보인다.

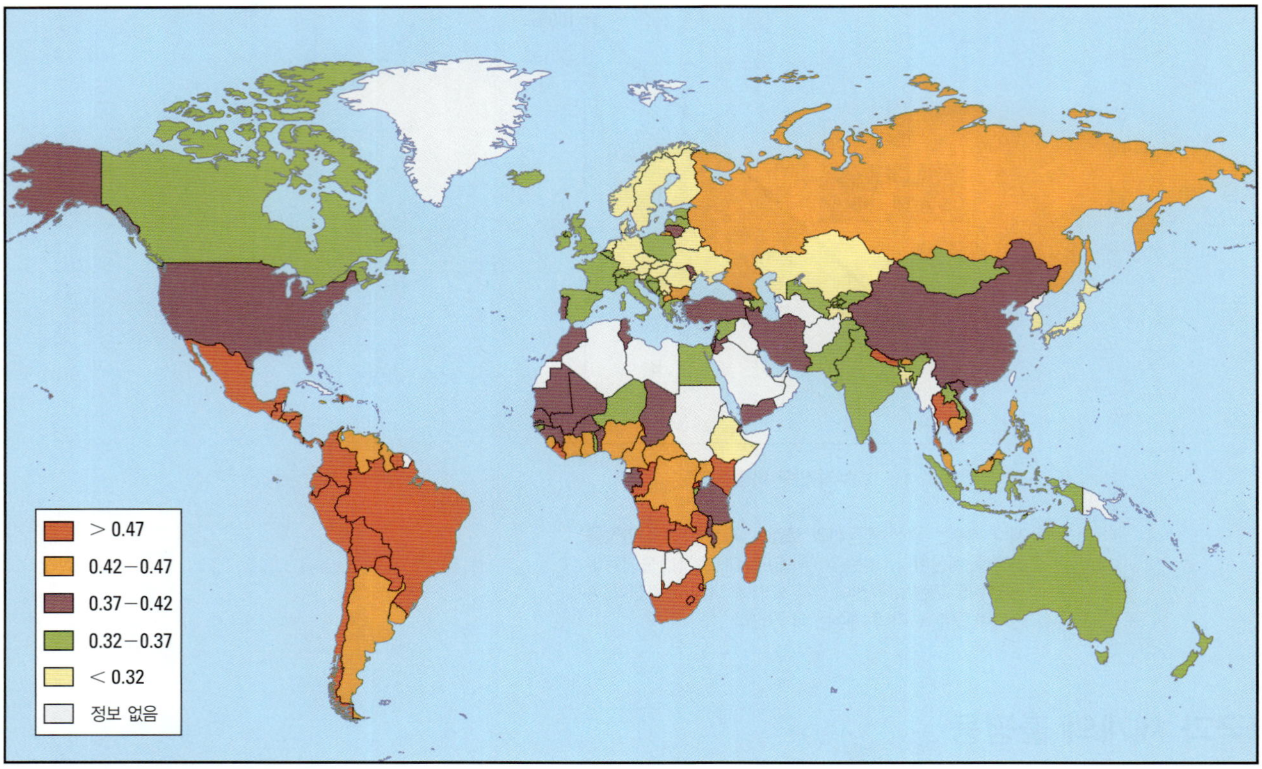

Source: Data from Human Development Report 2010, Human development statistical tables, http://hdr.undp.org/en/media/HDR_2010_EN_Tables_reprint.pdf. Map created through StatPlanet, www.statsilk.com/software/statplanet.

소득은 미국과 유사하지만 그 소득 분배 양상은 미국과 매우 다르다. 스웨덴의 경우 최하위 5분위 인구의 소득은 미국의 거의 3배에 달한다.

무엇이 이렇게 큰 국가 간 소득 차이를 유발하는가? 정부가 국가 예산을 통해 소득을 어느

표 21-4

국가 간 소득 분배 비교

다양한 국가에서 여러 다른 계층의 사람들이 보유하는 소득을 비교하는 것도 불평등을 측정하는 한 방법이다. 비교 대상국 중 스웨덴이 가장 평등하고 브라질은 가장 불평등하다.

	국가 총소득에 차지하는 비중			
	미국	스웨덴	우간다	브라질
최상위 5분위	50.2	37.0	50.7	58.6
네 번째 5분위	23.4	22.7	20.0	19.0
중간 5분위	14.6	17.6	13.8	12.4
두 번째 5분위	8.5	14.0	9.64	7.13
최하위 5분위	3.3	9.1	5.84	2.85

Sources: U.S. data: U.S. Census Bureau Current Population Report: Consumer Income (2010). All other data: World Bank WDI. Figures are from the latest available data (U.S. 2010, Sweden 2000, Uganda 2009, and Brazil 2009).

정도 재분배하는가가 한 가지 요인이다. 예를 들어, 많은 유럽 국가의 경우 부자에 대한 세금이 미국에 비해 높다. 빈곤층에 대한 공공 서비스와 소득 지원 또한 더 높다. 그 결과 세후의 소득 분배는 세금이 지급되고 공공 서비스가 제공된 이전 시점에 비해 더 평등해진다.

경제학자들은 또한 국가 내 불평등을 증가시키는 큰 요인으로 숙련편향 기술 변화를 지목한다. 이 말은 아주 복잡해 보이지만, 그 의미는 단순하다. 지난 50년간, 경제성장의 과실이 주로 교육을 많이 받은 고숙련 노동자에게 돌아갔다는 것이다. 이러한 기술 변화에 국가 간 무역이 증가한 것을 감안하면 (이는 외국의 저임금 국가에서 더 많은 육체적이고 기계적인 작업을 하는 것을 허용한다), 어떤 결과가 도출될 것인가? 부국의 사람들은 점점 더 첨단기술, 고숙련, 높은 교육 수준의 작업에 특화하게 되고 그에 따르는 엄청난 이득을 누린다. 첨단기술, 고숙련, 높은 교육 수준의 작업을 할 만한 위치에 있지 못한 사람들은 상대적으로 피해를 본다는 것이다.

불평등 대비 이동성

LO 21.3 소득 이동성과 소득 불평등이 어떻게 다른지 이해하기

우리가 소득 불평등에 대해 느끼는 감정은 종종 기회의 평등에 대한 가정과 밀접한 관련이 있다. 만약 모든 사람들에게 성공할 수 있는 기회가 공평하게 주어진다면 많은 사람들은 누구는 성공을 하고 누구는 그렇지 않다는 사실이 그렇게 중요하다고 느끼지 않을 것이다. 소득 불평등과 기회의 관계에 대해 생각해보기 위한 한 가지 방법은 **소득 이동성**을 보는 것이다. 소득 이동성이란 시간이 지남에 따라 경제적 상황을 개선할 수 있는 능력을 말한다. 소득 이동성을 측정하면 한 사람이 가난하게 시작해서 부자가 되거나 또는 그 반대일 경우의 개연성에 대해 알 수 있다.

소득 이동성 시간이 흐름에 따라 개인의 경제적 여건이 개선될 수 있는 정도

이동성을 측정하기 위한 표준적인 방법은 사람들의 소득을 그들 부모의 소득과 비교하는 것이다. 이 방법의 아이디어는 만약 기회가 정말 평등하다면 부모가 부자였는지 가난했는지는 중요하지 않다는 것이다. 빈곤의 경우와 마찬가지로 소득 불평등은 절대적 그리고 상대적 측면 모두에서 측정할 수 있다. 절대적 측면에서는 자식의 소득이 부모의 소득보다 높은지를 비교해볼 수 있다. 상대적 측면에서는 소득 분포에서 자식이 차지하는 위치가 부모의 위치보다 높은지를 비교해볼 수 있다. 두 측정치 모두 중요하다.

미국은 20세기 동안 높은 절대적 이동성을 보였다. 미국이 상대적으로 높은 경제성장을 이루었다는 것을 고려하면 이는 별로 놀라운 일이 아니다. 최근까지 모든 세대가 평균적으로 부모 세대에 비해 더 많이 벌었으며 더 오래 살았다. 그러나 상대적인 측면에서는 미국의 소득 이동성은 훨씬 낮았다. 아버지가 최하위 계층에 속한 사람들의 거의 반이 자기 자신이 최하위 소득 계층으로 전락했으며 10분의 1보다 적은 수의 사람들이 최상위 5분위로 뛰어올라 '무일푼에서 거부'식의 신분상승을 했다(반대로, '완벽한' 소득 이동성은 최하위 계층에 속하는 아버지를 가진 사람들 5명 중 한 명이 다른 각각의 5분위로 상승함을 시사한다). 최고위층의 경우 부유한 가정에 태어난 혜택이 소멸되는 데는 평균 6세대가 걸린다. 달리 말하면, 6대조 할아버지까지 거슬러 올라가야 소득 분배에서 조상이 차지하는 위치가 현 세대의 위치를 추정하는 데 아무런 설득력을 가지지 못한다는 것이다. 반대로, 노르웨이의 경우는 단지 3세대밖에 걸리지 않는다. 〈그림 21-6〉은 미국의 이동성이 다른 몇 개 부국에 견줄 만한지 비교해본 것이다.

그림 21-6

부국의 소득 이동성 여기서는 세대 간 소득 탄력성(부모와 자식의 소득 간 관계)으로 이동성을 측정했다. 예를 들어 캐나다의 경우 미국에 비해 2.5배 더 이동성이 컸다. 전반적으로, 스칸디나비아 국가들과 캐나다는 경제적 이동성이 매우 높은 반면, 미국과 영국은 그렇지 못하다.

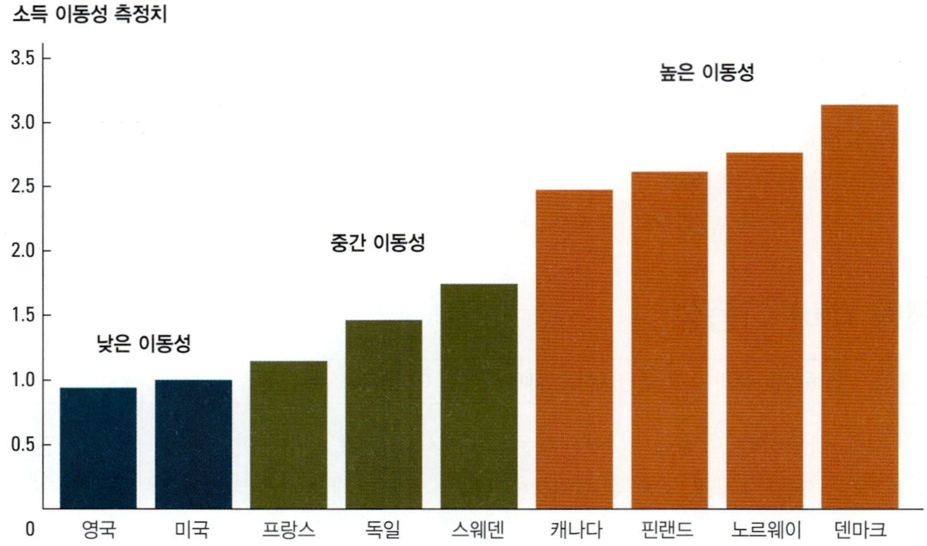

Sources: http://www.economicmobility.org/assets/pdfs/EMP%20American%20Dream%20Report.pdf; http://www.economicmobility.org/assets/pdfs/EMP_InternationalComparisons_ChapterIII.pdf.

✓ 개념 확인하기

- ❒ 로렌츠 곡선 도표에서 x축과 y축의 변수들은 각각 무엇인가? **[LO 21.2]**
- ❒ 한 국가의 지니 계수가 '0'이라는 것은 어떤 의미인가? 지니 계수가 1이라면 어떤 의미인가? **[LO 21.2]**
- ❒ 소득 이동성은 무엇인가? **[LO 21.3]**

빈곤과 불평등에 대한 정책

부국이든 빈곤국이든 대부분의 정부들은 빈곤과 불평등을 어느 정도 줄이는 것을 목표로 한다. 그렇지만 이를 어떻게 달성해야 할지에 대해서는 의견이 엇갈린다. 이는 어렵고 논란이 많은 정책 분야이기도 하다. 어떤 사람들은 부유한 사람들의 부를 가난한 사람에게 나누어주는 것이 정의롭다고 느끼지만 다른 사람들은 이를 약탈이라고 느낀다. 일부는 결과보다는 기회를 평등하게 하는 것에 초점을 둔다. 다른 이들은 직업을 잃거나 병약한 사람들을 위해 안전망을 만드는 것에 초점을 둔다. 정책 목표에 대해 동의하는 경우에도 목표 달성을 위해 어떻게 하면 가장 좋은 정책을 기획할 수 있는지에 대해서는 합의가 이루어지지 않을 수도 있다. 이 부분에서는 빈곤을 타파하기 위한 정책을 둘러싼 동기와 기획 문제들에 대해 논의한다.

공공정책의 목표

어떻게 정책을 수립할 것인가 논의하기 앞서 우리가 먼저 해야 할 일은 정책입안자들이 무엇을 성취하려고 하는지에 대해 논의해야 한다. 빈곤과 불평등을 감축하는 것이 왜 바람직한가? 어떤 사람들은 집도 없이 굶주림에 시달리는 사람들에 대한 염려와 같은 인도주의적 이유를 든다. 다른 사람들은 경제에 대한 폐해와 대부분의 인구가 질 좋은 교육, 보건 및 은행 등 기본적인 서비스에 대한 접근이 불가능했을 때 발생하는 사회적 불이익에 초점을 맞춘다. 또 다른 사람들은 엄격하게 실용주의적으로 접근한다. 빈곤이 너무 심하고 불평등이 확연한 나라는 폭력, 정치적 또는 경제적 불안정이 발생할 경향이 있기 때문이다.

빈곤과 불평등에 대한 공공정책 접근을 경제발전, 안정망 구축, 재분배 등 3가지 유형으로 분류할 수 있다. 어느 목표를 지향하는지가 공공정책 기획에 중요한 시사점을 제시한다.

경제발전. 많은 경우 정책입안자들은 미래 경제성장에 박차를 가할 투자처를 찾는다. 이러한 정책을 경제발전 유형으로 분류할 수 있다. 정책의 목표는 당장 빈곤에 영향을 미치는 것뿐 아니라 경제 전체를 위한 성장을 만들어내는 것이다. 흔한 예로 교육, 직업훈련, 사회간접자본 등에 투자하는 공공정책을 들 수 있다. 이러한 정책은 경제성장과 미래의 기회 증가를 통해 간접적으로 빈곤 감축에 도움을 준다. 이러한 정책은 대부분 단기적으로는 서비스를 제공하고 장기적으로는 성장에 기여하는 2개의 목표를 동시에 달성하는 데 도움을 준다. 예를 들어, 교육은 그 자체로서 매우 중요한 재화로 인식된다. 대부분의 사람들은 자식들이 교육을 받을 수 있다는 그 자체에 가치를 둔다. 그러나 정부의 관점에서 이는 경제발전을 위한 도구이기도 하다. 교육을 잘 받은 아이들은 보다 생산성이 높은 일꾼으로 성장해 경제에도 기여하며 그 자신도 빈곤해지거나 실직할 가능성이 적다. 유사하게, 쇠퇴하고 있는 도시의 번화가를 활성화하기 위한 계획에도 또한 2가지 목표가 있을 수 있다. 단기적으로는 그곳에 사는 것을 좀 더 쾌적하게 해주는 결과가 있는 한편, 장기적으로는 새로운 주민과 사업을 유인함으로써 도시 경제를 개선하고 빈곤을 줄일 수 있다.

안전망 구축. 이 장에서는 일시적 빈곤과 만성적 빈곤의 차이에 대해 살펴보았다. 대부분의 사람들은 인생의 어느 시점에서 질병, 가족의 죽음, 실업 등과 같은 아주 어려운 시기를 겪기 마련이다. 빈곤의 언저리에서 사는 사람들의 경우에는 이런 어려움 중 하나가 그 사람을 빈곤에 완전히 빠트리기에 충분할 수 있다.

많은 정책들이 이러한 일시적인 어려움으로 인한 일시적 빈곤으로부터 보호받을 수 있도록 설계되었다. 이러한 종류의 정책을 크게 **사회보장보험**으로 분류할 수 있다. 이러한 제도하에서는 사람들이 공동의 재원에 지급을 하면 특정 상황에서 혜택을 받을 수 있는 자격이 생긴다. 미국의 경우 중요한 예로 실업보험(Unemployment Insurance), 사회보장(Social Security), 의료보장(Medicare)제도 등을 들 수 있다.

사회보장보험 사람들이 공동 기금에 납입하고 특정 조건에 해당될 때 혜택을 받을 수 있는 정부 제도

이러한 제도를 통틀어 '사회보장보험'이라고 한다. 많은 사람들의 위험을 통합하는 민간 보험 프로그램과 공통된 특징이 있기 때문이다(보험에 대한 좀 더 일반적인 논의를 위해서는 '시간과 불확실성' 부분을 다시 찾아보라). 예를 들어, 실업보험은 전체 노동자들의 위험을 통합하는 것이다. 다수의 노동자들이 직장이 있고 세금을 내므로 이 제도를 통해 소수의 실업자들에게 혜

택을 제공할 수 있다. 사회보장제도나 의료보험제도 또한 마찬가지지만 이러한 제도는 시간을 뛰어넘어 위험을 통합한다. 두 제도 모두 나중에 은퇴하면 혜택을 받는다는 전제하에 젊은 노동자들이 지급한다.

민간 보험과 다른 한 가지 차이는 사회보장보험의 경우 보통 요구되는 자격 조건을 충족하는 모든 사람들에게 혜택이 주어진다는 것이다. 예를 들어, 젊은 시절 일할 때 세금을 낸 사람이라면 은퇴 후 또는 장애를 겪게 될 때 사회보장과 의료보장제도의 혜택을 받을 수 있다. 더 오래 살거나 의료비용이 더 든다고 추가로 보험료를 낼 필요는 없다.

재분배. 어떤 정책들은 빈곤 또는 불평등 해소를 명시적인 목표로 하고 자원의 재분배를 추구한다. 예를 들어, 노숙자 쉼터와 무료급식 보급소(푸드뱅크, food bank) 등은 장기적인 경제성장과는 별로 상관이 없다. 그 대신, 지금 당장 쉴 곳과 먹을 곳이 없는 사람들에게 편안함과 안전을 제공하기 위한 것이다. 마찬가지로 정부 지원 주택, 식권, 저소득 가구를 위한 의료보험인 메디케이드(Medicaid)와 다른 많은 프로그램들은 장기적인 차원에서 빈곤층에게 자원을 제공한다. 대부분의 사람들은 사회 부유층의 자원을 이용해 빈곤층에게 최소한의 생계 수준을 보장해 주는 것이 이러한 정책의 주목적이라고 보고 있다.

복지국가

LO 21.4 빈곤과 불평등을 감축하기 위해 이용되는 공공정책 규명하기

'복지국가'라는 용어는 정부가 시민들의 후생을 증진시킬 책임이 있다는 아이디어를 말한다. 미국에서 복지국가의 기본은 1930년대 대공황에 대응하기 위한 뉴딜 정책의 일부분으로 시작했다. 미국 정부는 사회보장제도와 '민간 자연보호 대원(Civilian Conservation Corp)'[1]을 포함한 다양한 프로그램을 실시했다. 이 프로그램들은 늘어나는 빈곤층과 실직한 근로자들을 돕기 위해 실시되었다. 이를 시초로 미국은 모든 사람들에게 최소한의 생계 수준을 보장하는 것을 돕기 위한 다양한 프로그램을 실시했다. 이러한 프로그램들은 빈곤층이 식량을 살 수 있도록 돕기 위한 식권에서부터 헤드 스타트(Head Start)와 같은 유아 교육 프로그램까지, 광범위한 분야에 분포되어 있다. 이 절에서는 이 중 좀 더 중요한 경제 후생 정책을 논의하고, 이러한 정책들이 경제 발전을 위한 것인지, 아니면 사회보장보험 또는 분배의 목적을 가진 것인지에 대해 논의할 것이다.

누진 과세. 정부는 빈곤과 불평등에 대해 공공지출 및 조세 2가지 모두를 통해 대응할 수 있다. 미국 연방소득세는 누진세다. 이는 정부가 소득이 적은 사람일수록 더 낮은 세율을 적용한다는 의미다. 소득이 높은 사람들은 소득이 적은 사람들에 비해 소득의 더 큰 부분을 세금으로 납부하게 된다. 그 결과 부유층과 빈곤층 간 세후 소득 격차는 세전에 비해 더 적게 된다.

'조세와 공공지출' 부분에서 논의했듯이, 판매와 지불 급여세 같은 다른 유형의 세금은 역진적인 경우가 있다. 그러나 대부분의 미국 연방 조세 부담은 대체적으로 누진적이다. 세제 정책 중 하나인 근로소득세액공제제도(EITC; Earned Income Tax Credit)는 특히 빈곤층에 미치는 영향이 크다. 근로소득세액공제제도는 말 그대로 소득이 낮은 경우 세액공제 대상 조건이 충족되는데, 공제는 소득 금액과 가계 규모에 비례한다. 가계 소득이 높을수록 공제액이 많으며, 이

는 전체 연방세액에서 차감된다. 소득이 매우 낮은 사람들의 경우 공제액이 적용 세액보다 많을 수 있는데, 이 경우 그 차액이 가정에 환급된다. EITC는 저소득층에 소득을 지원하면서도 일을 할 동기를 부여하는 방법이다.

소득 지원. 정부가 빈곤층에 자금을 지원하는 것을 일컬어 보통 '복지'라고 한다. 실제로 미국의 경우 '복지'라고 불리는 어떤 하나의 프로그램이 있는 것이 아니다. 그보다 복지는 각 주에 의해 실시되는 다양한 소득 지원 정책을 통틀어 지칭하는 용어다.

1996년 미의회는 연방정부의 복지 제공 역할을 크게 바꾸는 법을 통과시켰다. 그때까지 미 연방 정부는 부양 아동들이 있는 가정을 위한 프로그램인 'Aid to Families with Children (AFDC)'을 실시했다. 이름에서도 알 수 있듯이 이 프로그램은 아이들이 있는 빈곤층 가정에 돈을 주었다. 자격 요건은 어떤 식으로든 아이들에 대한 '부모의 지원이 부재'해야 한다는 것으로 보통은 부모가 이혼을 하거나 미혼모(부)인 경우를 말한다. 각 주는 가구 규모별로 자격 요건이 되는 소득수준과 수혜액을 결정했다. 누구든 자격 요건을 갖춘다면 혜택을 받을 수 있었다. 이 프로그램하에서 각 주는 비용을 충당하기 위해 연방정부로부터 무제한으로 지원금을 환급받았다.

AFDC는 '조건 없는' 현금 보조 프로그램이다. 그 누구라도 자격 조건만 충족하면 지원금의 사용처에 대한 그 어떤 제한 없이 재정 지원이 제공되었다. 반대로, 1996년 AFDC를 대체한 빈곤 가정을 위한 일시적 지원(Temporary Assistance to the Needy)은 **조건부 현금 이전** 프로그램이다. 이 프로그램하에서는 특정한 행위를 하는 사람들에게 한해 재정 지원이 제공된다. 요구되는 정확한 조건은 주마다 각기 다르다. 일반적으로, 수급자는 최장 5년 동안 혜택을 받을 수 있으며 프로그램에 가입한 지 2년 이내에 일을 시작해야 하고 주당 일을 해야 하는 최소한의 시간이 정해져 있다. 이러한 조건들은 복지의 성격을 재분배 프로그램에서 사회보장보험 프로그램으로 바꾸어놓았다. 이러한 프로그램들은 장기적인 소득 지원을 제공하기보다는 사람들이 일시적인 어려움을 견뎌내는 것을 돕기 위한 것이다.

조건부 현금 이전 특정 행동을 취한 사람들에게만 금전적 지원이 주어지는 계획

조건부 현금 이전은 미국 내외에서 점차 인기 있는 반빈곤 전략으로 자리 잡게 되었다. 많은 경우 재정 지원의 조건으로 자녀의 건강과 교육에 투자할 것이 요구된다. 이러한 조건부 현금 이전 프로그램은 재분배 목표와 경제발전 목표를 결합한 것이다. 인적자본 투자를 진흥하기 위한 프로그램에 대해 더 자세히 알고 싶다면 다른 관점에서 보기의 '스스로 자신을 돕도록 돈을 주다'를 읽어보자.

다른 관점에서 보기

스스로 자신을 돕도록 돈을 주다

여러분이 학교에서 공부를 잘하는 대가로 돈을 받을 수 있다면 어떤 일이 발생할까? 상상컨대, 여러분은 아마도 다음 기말시험을 잘 보기 위해 몇 시간 더 공부할 것이다. 뉴욕 시가 시험성적이 좋은 학생들에게 상금을 주는 프로그램을 만들게 된 배경에는 이러한 논리가 숨어 있다. '기회 NYC(Opportunity NYC)'라는 보다 큰 프로그램의 일환인 이 프로그램은 조건부 현금 이전 프로그램의 한 예다. 조건부 현금 이전 프로그램은 학교 가기나 보건소에 좀 더 자주 가기 등 정부가 사회적 편익이 발생한다고 생각하는 행동을 하는 것의 대가로 혜택을 제공한다.

조건부 현금 이전 프로그램은 전 세계에서 실시되고 있다. 멕시코의 경우 오포튜니다스

(Opportunidas, 이전의 Progressa) 프로그램은 빈곤한 가정이 자녀들을 반드시 학교에 보내고 정기적으로 의사의 진료를 받게 하도록 하기 위해 돈을 지급했다. 브라질에서는 자녀들이 예방 주사를 맞고 학교 출석률이 85%가 넘으면 어머니들에게 돈을 주었다. 조건부 현금 이전 프로그램에 대해 더 자세히 알고 싶거나 이러한 프로그램이 실제로 그 목적을 달성하는지 확인하기 위해서는 이 장 끝부분의 QR코드를 스캔하거나 온라인을 통해 읽기를 계속하라.

Source: http://web.worldbank.org/WBSITE/EXTERNAL/TOPICS/EXTSOCIALPROTECTION/EXTSAFETYNETSANDTRANSFERS/0,,contentMDK:20615138~menuPK:282766~pagePK:148956~piPK:216618~theSitePK:282761,00.html.

실물 보조 복지 수급자에게 현금이 아닌 특정 재화나 서비스를 직접 공급하는 지원

실물 보조. 현금 보조와 달리 많은 정부 프로그램은 **실물 보조**와 관련이 있다. 이러한 프로그램들은 빈곤 가정에 현금보다는 재화와 서비스를 직접 제공한다. 미국의 경우, 흔한 실물 보조로 공공주택, 학교 급식, 메디케어를 통한 진료 혜택 등을 들 수 있다. 많은 경우 실물 보조는 특정한 상품에만 적용되는 상품권의 형태를 띤다. 예를 들어, 영양 보조 지원 프로그램(이전의 식품권 프로그램)은 허용된 식품만 구매할 수 있는 상품권을 대상 가정에 보내준다.

실물 보조 프로그램들은 그 설계상 현금 보조 프로그램들보다 더 제약적이다. 빈곤 가정이 소득 지원을 받는 경우 무엇이든 가정이 원하는 재화나 서비스를 구매할 수 있다. 똑같은 가정이 실물 보조를 받는 경우 그 보조금을 어떻게 사용할지에 대한 선택이 이미 정해져 있다. 만약 우리가 사람들은 자신의 후생을 극대화하기 위해 고민한 후 선택을 한다고 믿는다면 실물 보조는 비효율적이다. 어쨌든 현금은 수급자가 자신에게 가장 혜택이 많은 재화를 고를 수 있는 유연성을 제공한다. 그렇다면 정부는 왜 실물 보조를 선호할까? 한 가지 이유는 수급자가 보조금을 사치성 재화나 주류 또는 마약과 같이 사회적으로 비난받는 재화를 구매하지 못하게 해야 하기 때문이다.

사회보험. 사회보험 프로그램은 사람들이 일시적인 어려움을 극복하는 것을 돕도록 설계되어 있지만 이러한 프로그램들은 사람들이 노년, 장애 등 장기적인 상태에 대응할 수 있도록 돕기도 한다. 앞에서 살펴보았듯이, 이러한 프로그램들에서 정부의 역할은 민간 보험사와 유사하다. 정부는 근로자의 개인 분담금을 모으고, 어떤 상황의 사람들이 혜택을 받을 수 있는지 그 자격요건을 정하고, 혜택이 배당되는 과정을 운영 및 감시한다.

미국의 가장 중요한 사회보험 프로그램은 다음과 같다:

- 사회보장제도: 은퇴자와 장애자에게 연금을 제공한다.
- 메디케어: 은퇴자와 장애자에게 의료보험을 제공한다.
- 실업보험: 실업자들에게 단기적인 소득 지원을 지급한다.

장애와 실업에 대한 지원이 사회보험의 한 예라는 것은 쉽게 알 수 있다. 만약 여러분이 직장을 잃거나 사고를 당하는 등 일을 할 수 없는 상태에 처했을 때 정부가 개입해 일상적인 생활비를 충당할 수 있도록 정기적으로 소액을 제공해주는 것이다.

은퇴자를 위한 연금은 예기치 못한 상황에 대비하기 위한 민간보험보다는 공동 저축 프로그램에 더 가깝다. 그럼에도 노인들이 당면하게 되는 상황은 불확실할 수 있다. 언제 은퇴를 하게 될지, 어떤 의료 혜택이 필요하게 될지, 생활비는 얼마가 들지, 퇴직수당에 의존해 얼마나 오래

살게 될지 알 수 없다. 때문에 퇴직수당은 보편적으로 사회보장보험의 하나로 받아들여지고 있다. 앞의 장에서 본 바와 같이 이러한 프로그램은 노년의 빈곤을 줄이는 중요한 역할을 한다.

평등과 효율 간 상충성

LO 21.5 빈곤 감소 정책에서 평등과 효율 간 상충성에 대해 설명하기

공공복지 프로그램은 많은 비용을 유발할 수 있으며, 이는 세금으로 충당해야 한다. '조세와 공공지출' 부분에서 보았듯이 보통 세금이 높을수록 경제적 순손실도 커진다. 평등을 추구하는 것(즉, 더 높은 수준의 소득 평등성)은 세금이 증가해서 발생하는 비효율을 감수해야 한다는 것을 의미한다.

복지 프로그램 자체가 선택의 왜곡을 가져와 비효율이 발생할 수도 있다. 빈곤 감소를 목표로 하는 어떤 정부 프로그램들은 보편적이기 때문에 빈곤 여부와 상관없이 모든 사람들이 수급 자격이 있다. 공립학교가 한 예다. 많은 프로그램은 그러나 **수급 자격 심사** 절차를 거친다. 수급 자격 심사는 복지 수급자의 소득을 혜택의 수급 자격 기준으로 삼는다. 수급 자격을 검사하는 목적은 가장 필요로 하는 사람에게 자원이 적중될 수 있도록 하기 위함이다. 많은 경우 수급 자격 심사는 자격 충족/불충족과 같은 단순한 분류보다 더 복잡하다. 예컨대 앞에서 설명한 근로소득세액공제제도하에서는 아주 낮은 소득수준에서는 근로소득이 증가할수록 세액공제가 커지다가 소득이 빈곤선 이상으로 증가하면 감소하기 시작한다. 여기에는 빈곤 기준선의 아주 밑에 있는 가정보다 빈곤선 바로 아래 있는 가정이 기초 재화나 서비스의 지원을 덜 필요로 할 것이라는 생각이 깔려 있다.

수급 자격 심사 복지 수급자의 소득을 혜택의 수급 자격 기준으로 삼는 심사

불행히도 수급 자격 심사는 경제적 동기를 왜곡시킬 수 있다. 간단한 수급 자격 심사를 상상해보자. 만약 여러분의 소득이 빈곤선 바로 밑에 있다면 여러분은 연 5000달러의 현금 보조를 받을 자격이 있다. 그러나 여러분의 소득이 빈곤선 이상이면 자격이 없다. 이제 여러분이 비상근직으로 일하며 빈곤선 바로 아래에서 생활하고 있다고 가정하자. 직장 상사가 주당 5시간씩 더 일할 수 있는 기회를 제공한다고 치자. 이를 수용하면 소득은 연 3000달러로 증가해 빈곤선 바로 위로 올라가게 만든다. 그 결과 정부의 지원금 5000달러는 받을 수 없게 된다. 가감을 하면 결국 2000달러만큼 더 빈곤해진다. 여러분은 이러한 상황에 어떻게 반응할 것인가? 몇 시간 더 일하는 것을 수용할 것인가? 여기서는 고려하지 않은 좀 더 많은 혜택(예를 들면 경험을 쌓는다든가 상사의 마음에 들게 되어 미래의 취업 전망이 좋아진다든가 하는)이 없다면 대부분의 사람들은 더 많은 시간을 일하고도 더 낮은 소득을 받기를 원하지는 않을 것이다.

수급 자격 심사를 좀 더 정교하게 설계함으로써 이러한 왜곡된 동기를 교정할 수 있다. 예를 들어, 혜택을 엄격하게 단번에 중단하는 것보다는 근로소득세액공제제도에서처럼 소득이 증가할수록 수급액을 단계적으로 줄여나갈 수 있다. 이런 경우 소득이 조금 증가한 결과로 큰 혜택이 사라지는 현상은 없게 된다. 일반적으로 저소득층에 지원이 보다 좁게 설정되어 있는 경우 잠재적 비효율성이 더 커지게 된다. 이러한 예들이 왜 경제학자들이 빈곤정책과 관련해 평등의 편익과 효율 손실 간 비교가 필요하다고 생각하는지를 보여준다.

그렇다고 빈곤정책이 언제나 비효율적인 것만은 아니다. 신용 경색을 완화하는 것 같은 어떤 정책들은 평등과 효율을 동시에 개선할 수 있다. 이 경우는 시장 실패를 해소하는 것이기 때문

에 빈곤 해소에 따른 비용이 없다. 그러나 상반된 효과와 의도하지 않은 결과의 잠재적 가능성에 대해 이해하는 것은 빈곤정책을 설계할 때 감안해야 할 중요한 사안이다.

✓ 개념 확인하기

- ❒ 사회보장보험이란 무엇인가? **[LO 21.4]**
- ❒ 조건 없는 현금 보조와 조건부 현금 이전의 차이는 무엇인가? **[LO 21.4]**
- ❒ 수급 자격 심사란 무엇인가? **[LO 21.5]**

차별

여러분은 왜 여기서 차별을 논의하는지 의아해할 수 있다. 여러 측면에서 차별은 빈곤과 소득 평등과는 동떨어진 주제다. 빈곤한 사람들이 전부 차별받는 것도 아니고 그 반대인 것도 아니다. 이러한 주제들을 같은 장에서 논의하고자 하는 이유는, 과거에는 이 2가지가 종종 밀접한 관련이 있었기 때문이다. 언제 차별과 빈곤, 그리고 평등 간 상관이 있는지, 언제 그러한 상관관계가 없는지, 그리고 어떻게 그 차이를 알 수 있는지 이해하는 것은 중요하다.

차별 인종, 성(性), 연령 등 관찰가능한 일반적인 특성을 기준으로 배경이 비슷한 사람들에게 서로 다른 기회를 부여하는 것

경제학자들은 **차별**을 인종, 성, 나이 등 관찰 가능한 특성을 일반화하고 그에 근거해 선택을 하는 관습으로 이해한다. 그러나 사람들은 여러분의 민족적 배경, 외모, 성적 성향, 여러분이 좋아하는 음악의 종류 또는 여러분이 어떤 유형의 사람인지를 일반화할 수 있는 그 어떤 다른 특성들을 근거로 차별할 수도 있다. '정보' 부분에서는 차별은 충분한 정보가 없을 경우 결정을 하는 데 유용한 수단이 될 수 있다고 말했다. 그렇지만 일상적인 언어에서 '차별'이란 보통 '불공정하거나 불법적인 차별'을 의미한다.

경제학자들은 두 집단의 평균적 차이에 근거한 통계적 차별은 어떤 경우 합리적이라는 것을 인정한다. 예를 들어, 한 고용주가 젊은 지원자와 나이가 많은 지원자 중 누구를 뽑을 것인지 빨리 결정해야 하는 상황이라고 상상해보자. 고용주는 후보자 중 젊은이를 선택하기로 결정한다. 젊은이는 더 건강하기 때문에 결근을 덜할 것이라고 믿기 때문이다. 완전한 정보 없이 결정을 해야 하는 상황에서 고용주는 자신이 중년층과 청년층의 평균적인 차이에 대해 평소 가지고 있던 지식에 근거해 합리적인 추측을 한 것이다. 두 개인의 건강에 대한 좋은 정보가 없다면 이는 이해 가능한 전략이다. 그렇다고 이것이 그러한 결정을 사회적 관점에서 볼 때 공정하거나 효율적인 것으로 만들어주지는 않는다. 능력 있는 개인이 차별로 인해 기술의 습득, 교육, 차별이 없을 경우 올랐을 지위 등에서 배제되면 사회에 피해를 준다. 요컨대 통계적 차별은 개인 고용주의 입장에서는 합리적일 수 있으나 그렇다고 해서 그러한 전략이 올바르다거나, 사회적으로 효율적이라고 할 수는 없다. 그러한 전략은 심지어는 불법일 수도 있다.

노동시장에서의 차별에 대한 측정

LO 21.6 소득과 임금의 인구학적 차이가 왜 반드시 차별을 시사하는 것은 아닌지에 대해 설명하기

미국 역사에서 차별이 중대한 역할을 했다는 것은 부인할 수 없다. 현재에도 차별이 중요한 문제인가? 놀라운 일이지만, 지금은 차별이 사람들의 경제적 기회와 성공에 어느 정도의 영향을

표 21-5 미국의 인종과 성별 소득

미국에서 개인 소득의 중앙값은 그 분포가 인종과 성에 따라 다르다.

집단	남성(달러)	여성(달러)
아시아계	36,267	23,612
백인	34,047	20,947
전체	32,137	20,831
흑인	23,203	19,700
히스패닉계	22,233	16,269

Source: U.S. Census Bureau Current Population Survey, **Table P2: Race and Hispanic Origin of People by Mean Income and Sex, http://www.census.gov/hhes/www/income/data/historical/people/.**

미치는지 단언하기 어렵다.

이 물음에 답하기 위해 여러 다른 인구학적 집단 간의 성취를 비교하는 것으로 시작해볼 수 있다. 〈표 21-5〉는 성인의 평균 소득은 성별 그리고 인종별 집단 간 차이가 아직도 크다는 것을 보여준다. 이러한 차이가 노동시장에서의 차별 때문일 수도 있지만 많은 다른 설명도 가능하다. 예를 들면, 평균적으로 백인 남성은 교육 수준이 다른 집단에 비해 높다. 높은 수준의 교육이 더 높은 생산성의 원인이거나 이에 대한 신호이므로 이것이 더 높은 임금을 설명해줄 수 있다. 이와 유사하게 여성은 남성에 비해 아이를 낳으면 노동시장을 탈퇴할 가능성이 더 높으므로 평균적으로 경력이 더 짧다.

상관관계와 인과관계를 혼동하지 않도록 조심해야 한다. 이 경우 소득은 인종 및 성과 관련이 있다. 그렇다고 이것이 반드시 인종과 성에 근거한 차별이 임금 격차의 원인임을 의미하지는 않는다. 1장까지 거슬러 올라가는 개념인 누락된 변수가 이러한 상관관계를 만들어내는 것일 수 있다. 이러한 다른 요소들은 소득과 인종 및 성 모두와 관련이 있지만 교육, 경력, 직업의 선택 등 우리가 관찰할 수 없는 것들을 포함할 수 있다.

이러한 다른 요소 간의 차이가 왜 발생하는지 그 원인을 알지 못한다는 것을 기억하는 것 또한 중요하다. 남녀 간의 임금 격차가 대부분 직업의 선택으로 설명될 수 있다고 가정해보자. 예컨대 남성은 주로 의사가 될 가능성이 높고, 여성은 간호원이 될 가능성이 높다. 의사가 평균적으로 간호원보다 소득이 더 높으므로 이는 남녀 간 소득 격차에 기여한다. 그러나 이는 여성이 왜 간호원이 될 가능성이 더 높은지에 대해서는 설명해 주지 않는다. 어쩌면 이는 사회적 압력의 산물일 수도 있고 유연한 근무 시간의 필요성 때문일 수도 있으며, 또는 여자아이와 남자아이를 키우는 방법의 차이 때문일 수도 있다. 이러한 설명들 또한 부분적으로는 일종의 차별의 함수일 수 있다.

연구자들이 노동시장에서 임금 격차에 영향을 미칠 수 있는 한 요소에 대해 혁신적인 방법으로 검증한 것에 대해 읽어보려면 사례를 통해 알아보기의 '에밀리와 그레그가 라키샤와 자말보다 더 고용할 만한가?'를 읽어보자.

사례를 통해 알아보기

에밀리와 그레그가 라키샤와 자말보다 더 고용할 만한가?

많은 기업에서 자사가 얼마나 직장 내 다양성을 중시하는지 선전하려 애쓰거나 자사는 '기회 균등 고용자'임을 굳이 선언한다. 1964년 제정된 미국의 공민권법(Civil Rights Act) 제VII장은 고용 시 인종, 피부색, 종교, 성 또는 출신국에 따른 차별을 금지했다. 그러나 많은 기업들의 선의와 직장 내 인종차별을 금지하는 법적 조치에도 불구하고 인종 간 고용과 소득수준 간 차이는 아직도 매우 크다. 이러한 차이가 아직도 남아 있는 고용주에 의한 차별 때문인가?

이 질문에 답하기 위해 경제학자 마리안 버트렌드(Marianne Bertrand)와 샌딜 물레이너선(Sendhil Mullainathan)은 취업 지원 절차 시 인종차별이 존재하는지 검증하기 위한 연구를 수행했다. 그들은 구직 광고를 낸 고용주들에게 가상의 지원자들에 대한 이력서를 작성해 발송했다. 어떤 이력서에는 백인을 암시하는 이름인 에밀리 월시나 그레그 베이커 같은 이름을 썼다. 다른 이력서에는 전통적인 흑인 이름인 라키샤 워싱턴이나 자말 존스와 같은 이름을 써 넣었다. 이름의 차이를 제외하면 '백인'과 '흑인' 이력서들의 실제 자격이나 경력 등은 평균적으로 유사했다.

연구자들은 백인 이름의 경우 (그 이외의 자격은 동일한) 답신을 받을 가능성이 50%나 더 높은 것을 발견했다. 평균적으로 에밀리와 그레그는 고용주의 답신을 받기 위해 10개의 이력서를 보내면 되었다. 하지만 라키샤와 자말은 15개를 보내야 했다.

더구나 흑인 이름은 추가된 자격에 대해 더 적은 보상을 받았다. '에밀리' 이력서의 경우 교육을 더 많이 받고 경력이 높을수록 이보다 못한 자격의 '에밀리'에 비해 27% 더 많이 답신을 받았다. 반대로, 높은 자격의 흑인 이름을 가진 이력서의 경우 그보다 못한 자격의 이력서에 비해 8%의 답신밖에 더 많이 받지 못했다. 달리 말하면, 흑인 지원자들은 구직 과정에서 동일한 성취에 대해 더 적은 보상을 받는다는 것이다. 이러한 격차는 교육이나 기술 습득에 시간과 비용을 투자하는 것에 대해 여러 다른 인종의 실제 청년들에게 매우 다른 동기를 부여한다.

Sources: http://www.eeoc.gov/laws/statutes/titlevii.cfm ; Title VII of the 1964 Civil Rights Act; http://www.economics.harvard.edu/faculty/mullainathan/files/emilygreg.pdf .

자유시장에서는 차별이 줄어드는가?

차별이라는 아이디어가 효율적이고 잘 기능하는 시장의 모형과 어울리는 것인가? 특정한 상황에서 시장은 차별을 제거하는 데 일조할 수 있다. 예를 들어, 어느 가게 주인이 키가 180cm가 넘는 사람들에 대해 특이한 편견을 가지고 있다고 상상해보자. 그는 키가 큰 직원을 고용하거나 키가 큰 고객들에게 판매하는 것을 거부한다. 시장에서 그와 같이 유별난 편견을 가진 다른 사람들은 없으므로 다른 경쟁 가게 주인들은 그의 편견을 이용하고자 할 것이다. 그들은 유능하지만 우연히 키가 큰 직원들을 고용하고 편견이 있는 가게 주인이 거부한 고객들을 받을 것이다. 만약 시장이 경쟁적이라면 차별을 하는 가게 주인은 시장에서 밀려날 것이다. 경쟁자들이 그의 비효율적인 선택으로 인해 득을 보기 때문이다.

그러나 다른 상황에서 차별은 효율적인 시장과 연관된다. 예컨대 20세기 중 대부분의 시기에서 가게 주인이 흑인을 차별하는 것은 예외가 아니라 일반적인 일이었다. 다른 경쟁자들과 백인 고객들이 이러한 차별에 동의하고 이를 지지하는 이상, 불행히도 차별을 유지하는 것이 그들의 이해와 맞아떨어졌다. 예를 들어 1940년대에 흑인들이 백인들과 함께 카운터에 앉을 수 있도록 허용한 가게 주인은 편견을 가진 백인과 거래가 끊길 위험을 감수해야 했다. 고객의 선호에 맞춰 업소들이 차별을 하는 경우, 차별은 효율성에 역행하지 않는다(물론, 그렇다고 그것이 도덕적으로 올바르다거나 수용 가능하다는 것은 아니다).

차별의 장기 효과

공민권법이 1964년에 통과되면서 많은 형태의 차별이 불법화되었지만 이것이 그 이전에 수십 년간 자행된 차별의 영향을 완전히 해소해주지는 못했다. 차별은 적극적인 차별 그 자체가 중단된 이후에도 오랫동안 그 영향이 사람들과 시장에 남아 있을 수 있다.

앞에서 교육수준의 차이가 소득수준의 인종별 차이를 설명해줄 수 있다고 지적했다. 그렇다면 우리는 다음 질문을 해야 할 것이다. 왜 어떤 인종집단은 평균 교육수준이 다른 인종 집단에 비해 더 높거나 낮은 것인가? 많은 사회적, 문화적, 경제적 이유들이 있을 수 있으나 부분적으로는 분명히 수십 년 전 이루어진 차별의 결과가 지속되는 것일 수 있다.

가장 기본적인 차원에서 보면, 1940년대 미국에서 태어난 흑인은 아마도 대부분의 교육을 인종적으로 분리된 학교에서 받았을 것이다. 그러나 역사적인 차별의 지속되는 영향은 차별정책하에서 자라나지 않은 새로운 세대에게도 미칠 수 있다. 중요한 예의 하나는 인종별로 분리된 공동체다. 이 장에서 사람들이 인생에서 만나는 기회는 그들을 둘러싸고 있는 인적자본에 의해 영향을 받는다는 아이디어를 논의했다. 한때 특정 인종, 출신 국가 또는 종교에 속하는 사람들이 차별을 경험하고 이에 따라 좋은 교육을 받거나 경력을 쌓거나 기술을 익히기 어려웠다고 상상해보자. 이러한 적극적인 차별이 중단된 후에도 이들은 계속 같은 동네에서 모여 살게 된다고 상상해보자. 이러한 동네에서 자라난 아이들은 교육수준이 낮고 경력도 적은 어른들로 둘러싸이게 되고, 이는 그들의 인적자본 발전에 영향을 준다. 이것이 다양한 인종의 사람들이 대학에 입학할 수 있도록 또는 고용될 수 있도록 기회를 보장하는 '적극적 조치' 프로그램을 도입하는 이유 중 하나다. 이에 대해서는 어떻게 생각하십니까?의 '대학 입학을 위한 적극적 조치'에서 설명하고 있다.

어떻게 생각하십니까?

대학 입학을 위한 적극적 조치

1961년 존 케네디 대통령은 정부 입찰자들에게 '인종, 종교, 피부색 또는 출신 국가에 상관없이 지원자를 고용하는 것을 보장하기 위한 적극적 조치를 도입'할 것을 요구했다. 여기서 처음 사용된 용어인 '적극적 조치'는 인종차별을 방지하기 위한 조치를 의미한다. 시간이 지남에 따라 이 용어는 소수 집단에 속한 사람들에게 우선순위를 주는 일반적인 제도를 일컫는 것으로 진화했다.

가장 격렬한 논쟁 중 하나는 대학 입학을 위한 적극적 조치에 대한 것이다. 1970년대 이후 많은 대학들은 입학생 중 여성과 소수 인종의 숫자를 늘리기 위해 '긍정적 차별'을 실시했다. 처음에는 이 같은 많은 정책은 전체 모집의 15%를 백인이 아닌 학생들에게 보장하는 것과 같은 특정 인종에 대한 할당제 형태를 띠었다. 대법원은 이러한 할당제가 헌법에 위배된다고 판결했으나 (1978년 캘리포니아 대학 대 바케 사건) 이보다 덜 명시적인 형태의 인종적 적극적 조치는 허용했다. 미시건 대학(2003년 그라츠 대 볼링어)이 관련된 사건에서는 치열한 법정 공방이 벌어졌는데, 법원은 학생들의 다양성을 추구하기 위한 것이라면 다원적인 입학 결정에서 인종이 '긍정적' 요인으로 작용하는 것은 수용 가능하다고 판결했다. 그러나 법원은 이는 25년 후에는 불필요한 단기적인 해법이라는 견해를 밝히기도 했다.

입학을 위한 적극적 조치를 지지하는 사람들은 보통 2가지 아이디어에 의존한다. 첫째, 다양한 학생군을 이루는 것은 본질적으로 가치 있는 것이고 교육적 목적에 기여한다. 둘째, '긍정적 차별'은 세대를 넘어 지속되고 있는 역사적 효과의 '부정적 차별'에 대응하는 임시적 조치다.

반대하는 사람들은 '긍정적 차별'이란 있을 수 없다고 주장한다. 이들은 누가 피해를 보고 누가 도움을 받는지를 떠나 인종에 따라 차별하는 것은 절대로 잘못된 것이라고 느끼며 잘못된 행동을 또 다른 잘못된 행동으로 바로잡을 수는 없다고 느낀다. 또 다른 사람들은 만약 적극적 조치가 역사적인 불리함에 대응하기 위한 의도라면 인종차별보다는 좀 더 넓은 관점에서 이루어져야 한다고 주장한다. 예를 들어, 다음과 같은 문제의식이 필요하다는 것이다—빈곤한 백인 광부의 아들이 부유한 흑인 신경외과의사의 아들보다 가족 배경이 불리한가?

어떻게 생각하십니까?

1. 요즘 미국 대학에 입학하는 학생들이 과거의 인종 또는 성차별에 의해 영향을 받았다면, 어떤 방식으로 차별을 받는가? 인적자본에 대한 투자, 사회적 네트워크, 경제적 이동성 등에 대해 생각해보라.
2. 만약 일부 학생들이 역사적인 차별로 부정적 영향을 받았다면 대학에 입학하는 것이 이들이 노동시장에 뛰어들기 전에 불리함을 교정시키는 효율적인 수단으로 작용하는가? 이러한 정책의 득과 실이 무엇인지에 대해 어떻게 생각해야 하는가? 사회나 경제의 다른 지점에서 이러한 불리함을 상쇄할 수 있는 조치를 취할 수 있는가?

✓ 개념 확인하기

- ❒ 경제학자들은 차별을 어떻게 정의하는가? **[LO 21.6]**
- ❒ 인구학적 집단 간 소득 격차가 왜 반드시 차별을 암시하는 것은 아닌 것인가? **[LO 21.6]**

결론

빈곤, 불평등, 차별의 뿌리를 이해하는 것은 경제학자들과 정책입안자 모두에게 중대한 문제다. 지적 관점에서 볼 때 이러한 주제는 시장과 제도가 정말로 어떻게 작동하는지 이해할 수 있게 해준다. 또한 평균 소득이나 국민생산 같은 피상적인 통계가 아니라 누가 얼마나, 그리고 왜 부를 갖게 되는지 이해할 수 있게 해준다. 정책입안자나 관심 있는 시민의 관점에서는 이러한 주제는 도전적인 경제적 및 사회적 이슈다. 공정한 사회는 어떤 사회인가? 어느 정도의 빈곤이 수용 가능한가? 기회의 평등이 소득 분배 그 자체보다 중요한가?

이 장에서는 빈곤, 불평등, 이동성, 차별의 측정이 매우 까다로울 수 있음을 배웠다. 절대적 측정 또는 상대적 측정에 더 관심이 있는지를 결정하고, 지역별 차이에 대한 조정을 하며, 우리가 관심을 갖는 인과관계를 분별해내야 한다. 다음 장에서는 이러한 정책과 다른 정책 이슈들이 정치적 세계에서 어떻게 다루어지고 있는지에 대한 문제로 관심을 돌릴 것이다. 정책 선택을 하는 일은 단순히 사실을 파헤치고 목적을 설정하는 것보다 훨씬 더 복잡한 문제임을 알게 될 것이다. 정치체계 그 자체는 수립되는 경제정책의 형태에 엄청난 영향을 준다.

주요 용어

구매력평가(PPP)지수 p.594
로렌츠 곡선 p.601
빈곤율 p.592
빈곤의 덫 p.598
사회보장보험 p.607
상대적 빈곤선 p.592
소득 이동성 p.605
수급 자격 심사 p.611
신용 제약 p.599
실물 보조 p.610
인적자본 p.597
절대적 빈곤선 p.591
조건부 현금 이전 p.609
지니 계수 p.602
차별 p.612

요약

LO 21.1 상대적 빈곤과 절대적 빈곤 간 차이에 대해 이해하기

절대적 빈곤선은 빈곤을 일정 금액 이하의 소득으로 정의한다. 빈곤선은 주어진 특정 시기에 특정 금액으로 설정된다. 보통 이 금액은 일정한 생필품의 비용을 기준으로 정한다. 반대로 상대적 빈곤선은 나머지 인구의 소득에 비해 빈곤을 정의한다. 미국의 공식 빈곤선은 절대적 빈곤을 기준으로 한 것으로 1960년대 식비를 기준으로 한다. 미국의 빈곤율은 최근 10여년간 전체 인구의 10%에서 15% 사이에서 변동을 보여왔다. 가장 흔히 사용되는 국제 빈곤선도 절대 빈곤선으로, 구매력평가를 기준으로 하여 한 사람당 1일 1.25달러다. 이 측정치를 기준으로 하면 세계 인구의 대략 4분의 1이 빈곤한 상태에 있다. 절대적 빈곤선은 실제로 재화와 서비스를 가질 수 있는지를 측정한다. 상대적 빈곤선은 다른 사람들에 비해 경제적 상황이 어떤지, 그 중요성을 더 잘 보여준다.

LO 21.2 소득 불평등을 측정하는 여러 다른 방법에 대해 설명하고 해석하기

소득 불평등은 흔히 인구의 각 5분위의 평균 소득 또는 각 5분위가 총소득에서 차지하는 비중으로 요약된다. 소득 불평등은 또한 로렌츠 곡선으로 불리는 도표로 측정할 수 있다. 이 도표는 인구 비중 대비 그들이 번 누적 소득을 그린 것이다. 지니계수는 로렌츠 곡선과 완전 평등선 사이의 면적을 완전 평등선 아래의 총면적으로 나눈 것으로, 불평등을 하나의 수치로 요약해준다.

LO 21.3 소득 이동성과 소득 불평등이 어떻게 다른지 이해하기

소득 이동성은 경제적 상황을 시간에 따라 개선할 수 있는 능력이다. 소득 이동성을 측정하는 것은 가난하게 시작해 부자가 될 수 있는 개연성, 또는 그 반대의 개연성을 보여준다. 소득 이동성은 절대적 그리고 상대적 측면 모두에서 측정할 수 있다. 절대적 측면에서는 한 사람의 소득이 그 부모의 소득보다 높은지를 볼 수 있다. 상대적 측면에서는 한 사람의 소득이 전체 소득 분포에서 차지하는 위치가 그 부모의 위치보다 높아졌는지를 볼 수 있다.

LO 21.4 빈곤과 불평등을 감축하기 위해 이용되는 공공정책 규명하기

빈곤과 불평등 감소를 위해 4가지 주요 정책이 사용된다. 누진과세는 부자에 대한 세율을 빈곤한 사람들에 대한 세율보다 높게 유지해 양 집단 간 소득 격차를 줄여 소득 불평등을 감소시킨다. 소득 지원에는 조건부 현금 이전과 직접 현금 보조, 2가지 형태가 있다. 두 형태 모두 정부가 가정에 현금을 지급한다. 실물 보조는 빈곤한 사람들에게 현금 대신 재화와 서비스를 제공한다(가장 흔한 것은 식품권과 공공주택이다). 노년층에 각각 소득 지원과 건강관리를 제공하는 사회보장제도와 메디케어 등을 포함한 사회보장보험 프로그램은 전체 인구의 위험을 통합한다.

LO 21.5 빈곤 감소 정책에서 평등과 효율 간 상충성에 대해 설명하기

수급 자격 심사를 거친 프로그램들은 수급 자격을 수급자의 소득수준 기준으로 정의한다. 많은 경우, 수급 자격 심사는 단순히 자격 충족/불충족 같은 분별만 하는 것이 아니라 수급자가 얼마를 지급받을 자격이 있는지에 대한 결정과도 관련이 있다. 그러나 소득이 증가할수록 혜택이 줄어드는 경우 추가적인 소득을 위해 일하려는 동기는 저하된다. 효율의 손실이 없이 모든 사람들이 소외되지 않도록 할 수 있는 방법은 없다. 따라서 경제학자들은 빈곤정책은 평등의 편익과 효율 손실 간 균형을 이루는 것이 필요하다고 본다. 이러한 평등과 효율 사이의 상충성은 반빈곤 프로그램들을 위한 조세로 인해 발생한 비효율 때문에 유발되기도 한다.

LO 21.6 소득과 임금의 인구학적 차이가 왜 반드시 차별을 시사하는 것은 아닌지에 대해 설명하기

미국에서 성인의 소득은 인종과 성별로 큰 차이가 난다. 이러한 차이는 노동시장에서 차별의 결과일 수 있다. 이는 또한 소득과 인종 및 성 모두와 연관된 다른 요소들인 교육, 경력, 직업 선택 등에 의한 결과일 수도 있다. 차별로 인한 영향을 관찰 불가능한 이런 다른 요소들의 영향으로부터 분리해내는 것은 쉽지 않다.

어떤 상황에서는 시장이 차별을 제거하는 데 도움을 준다. 소비자 선호가 차별과 이질적인 경우 (또는 차별이 소비자 선호에 아무런 의미가 없는 경우) 시장은 차별을 하는 사람들이 이윤을 낼 수 있는 기회를 잃어버리게 만들 것이다. 그러나 소비자가 차별에 동조하는 경우 차별과 효율적인 시장은 공존할 수 있다.

복습문제

1. '웨스트 윙'이라는 TV 방송물의 시즌3 시리즈에서 연방정부는 400만 명이 추가로 빈곤한 것으로 분류되는 방식으로 미국의 빈곤 측정치를 재정하는 것을 고려한다. 대통령은 이 경우 자신의 행정부가 국가를 더욱 빈곤한 상태로 몰고 갔다는 비난을 받을까 우려한다. 이러한 변화가 절대적 빈곤 측정치 아니면 상대적 빈곤 측정치의 변화를 반영한 것인지 또는 둘 중 어느 것인지 알 수 없는지에 대해 설명하라. **[LO 21.1]**
2. 델리시아의 상대적 빈곤은 소득 분포에서 하위 10%에 해당하는 사람들이 빈곤하다는 정의로 측정된다. 델리시아의 정치인이 5년 이내에 빈곤율을 반으로 감소시킬 것이라고 약속한다고 가정하자. 델리시아의 빈곤 통계를 감안할 때, 왜 이러한 약속이 절대로 지켜지지 못할 것인지 설명하라. 정치인이 목표를 달성할 수 있는 대안의 빈곤 측정치를 제시해보라. **[LO 21.1]**
3. 두 국가가 동일한 지니 계수를 가지고 있으면서도 소득 분포는 다를 수 있는가? 여러분이 어떻게 결론에 도달했는지를 설명하라. **[LO 21.2]**
4. 소득 불평등이 왜 세계적으로 감소하는 동시에 각 국내에서는 증가할 수 있는지 설명하라. **[LO 21.2]**
5. 다음 중 어느 국가에서 소득 이동성이 더 높은가? 설명하라. **[LO 21.3]**
   a. 빈곤율이 25%이며 이 중 80%가 만성적 빈곤 상태인 국가
   b. 빈곤율이 30%이며 이 중 20%가 만성적 빈곤 상태인 국가
6. 어느 한 경제에서 인구의 80%가 부모의 소득보다 더 높은 소득을 올리며 40%는 부모와 다른 소득 5분위에 속하게 된다고 가정하자. 처음 통계는 소득 분포에 대해 무엇을 알려주는가? 두 번째 통계는? **[LO 21.3]**
7. 2010년 3월 버락 오바마 대통령은 '환자 보호와 저렴한 의료법(Patient Protection and Affordable Care Act)'에 서명했다. 이 법은 보험회사 측에 가입 전에 질환을 가진 환자들에게 보험을 제공할 것을 요구했다. 이 조치가 이 장에서 논의한 빈곤 감소에 대한 접근법 중 어느 것에 해당하는지 구분하고 그 이유를 설명하라. **[LO 21.4]**
8. 만약 조건 없는 현금 보조가 조건부 현금 이전과 동일한 효과를 가져온다면 둘 중 어느 방법이 정부로 하여금 더 효과적으로 빈곤을 감소시킬 수 있게 하는가? 이 질문에 답하기 위해 행정비용에 대한 지식을 사용하라. **[LO 21.4]**
9. 존 롤스는 '최대-최소' 원리로 유명한 철학자다. 이 원리에 따르면 사회는 최소한의 자원을 가진 사람들의 지위를 최대화해야 하며 단지 불평등 수준에만 초점을 두어서는 안 된다는 것이다. 예를 들어, 롤스는 하위 10%가 2만8000 달러를 벌고 상위 10%가 4만 달러를 버는 사회보다 하위 10%가 연 3만 달러를 벌고 상위 10%가 200만 달러를 버는 사회를 더 선호한다는 것이다. 평등의 편익과 효율 손실의 비교에 따라 롤스가 다음 중 어느 것을 선호할지 설명하라. **[LO 21.5]**

a. 성장을 제한하나 평등을 달성하는 재분배
b. 성장을 촉진하나 불평등을 초래하는 성장

10. 여러분의 교수가 이제부터 어느 한 시험에서라도 60% 이하의 성적을 받는 사람은 복습 강의를 들을 자격을 주겠다고 결정했다. 만약 복습 강의를 들으면 10%의 추가 점수가 주어질 것이다. 여러분은 이 정책에 대해 문제의식을 느끼고 교수에게 그 대신 복습 강의에 가는 학생들은 그들의 실제 점수와 60% 간 차이의 50%를 받아야 한다고 제시한다. 이 상황에서 왜 평등의 편익과 효율의 손실 간 비교를 해야 할 필요가 있는지 설명하라. **[LO 21.5]**
11. 어느 한 산업에서 남성이 여성보다 많은 임금을 받으면서도 남성에 대한 차별이 존재할 수 있는가? 만약 그렇지 않다면 왜 그렇지 아니한가? 만약 그렇다면 왜 그러한지 예를 들어보아라. **[LO 21.6]**
12. 다음의 각 상황에서, 고용주가 나이에 대한 차별을 할 가능성이 있다고 생각하는가? 왜 그런지, 또는 왜 그렇지 않은지 설명하라. **[LO 21.6]**
    a. 경제개발 기업이 소송을 전문으로 하는 나이 많은 변호사 대신 지금 막 수백만 달러 상당의 도심지 부동산 개발 사업에 대한 사건을 완료한 젊은 변호사를 고용하는 것
    b. 대규모 직매장에서 다른 매장에서 10년간 고객 대응 경력을 쌓은 30세 여성 대신 80세 여성을 고객 대응을 위해 고용하는 것
    c. 대학 도시 인근의 최신 유행을 따르는 스무디 바의 점주가 그 가게에서 3년간 일하던 대학원생을 해고하고 그 대신 대학교 3학년생을 고용한 것
13. 제키 로비슨은 1947년 야구에서 인종차별을 뛰어넘었으며 이는 향후 12년간 모든 주요 야구 팀들이 인종차별을 없애고 통합 팀을 운영하게 되는 계기를 마련했다. 이 사례에서 시장은 왜 차별을 제거하는 방향으로 작동했는지 설명하라. **[LO 21.6]**
14. 일부 경제학자들은 '외모 지상주의' 또는 외모에 따른 차별의 영향에 대해 연구했다. 시장이 외모 지상주의를 장려하는 사례와 외모 지상주의를 타파하는 사례를 제시해보라. **[LO 21.6]**

응용문제

McGraw Hill connect ECONOMICS

1. 〈표 21P-1〉은 각 4인으로 구성된 20개 가구의 소득을 보여준다. **[LO 21.1]**
    a. 4인 가구를 기준으로 이 가구 중 몇 퍼센트가 국가 빈곤선인 1만8250달러 이하에 속하는가?
    b. 하위 20% 가구의 평균 소득은 얼마인가?
    c. 어느 빈곤 측정치(국가 빈곤선 또는 하위 5분위)가 더 높은 빈곤율을 나타내는가?

표 21P-1

가계 소득 1 ~ 10(달러)	가계 소득 11 ~ 20(달러)
30,000	10,000
11,000	41,000
88,000	21,500
17,000	78,000
21,000	25,000
75,000	13,000
24,000	103,000
81,000	149,000
52,000	76,000
44,000	27,000

2. 〈표 21P-2〉는 10개 가구의 2020년과 2021년의 소득을 보여준다. 정부가 절대적 빈곤선 1만 달러 이하와 상대적 측정치인 하위 40% 소득자 2개의 빈곤 측정치를 고려하고 있다고 가정하자. **[LO 21.1]**

표 21P-2

가계	2020년 소득(달러)	2021년 소득(달러)
1	20,000	20,050
2	8,000	9,000
3	13,000	13,000
4	33,000	34,000
5	2,000	2,500
6	7,500	8,000
7	9,050	10,100
8	80,000	85,000
9	40,000	42,000
10	3,000	3,100

표 21P-3

국가	지니 계수	하위 10%의 소득 비중	상위 10%의 소득 비중
아르헨티나	46.13	1.24	33.29
칠레	52.06	1.53	42.77
엘살바도르	48.33	1.03	37.00
혼두라사	56.95	0.43	42.4
파나마	52.03	1.26	40.49
파라과이	51.04	1.01	38.95
우간다	44.3	2.35	36.1

a. 절대적 빈곤 측정치를 사용한 2020년의 빈곤율은 얼마인가? 2021년에는? 양 연도간 빈곤율은 증가했는가 감소했는가, 아니면 그대로인가?

b. 상대적 빈곤 측정치를 사용한 2020년의 빈곤율은 얼마인가? 2021년에는? 양 연도간 빈곤율은 증가했는가 감소했는가, 아니면 그대로인가?

c. 절대적 측정치와 상대적 측정치 중 어느 것이 2020년에 더 높은 빈곤율을 나타내는가? 2021년에는?

d. 이제 정부가 빈곤율을 물가에 비례해 조정하기로 결정했다. 물가가 2020년에서 2021년까지 5% 증가했다고 가정하자. 절대적 측정치에 의한 2021년의 빈곤율은 얼마인가? 절대적 측정치에 의한 2021년의 빈곤율은?

3. 〈표 21-4〉의 소득 분포를 사용해 다음 질문에 답하라. **[LO 21.2]**

a. 스웨덴과 브라질 중 어느 나라의 지니 계수가 더 높은가?

b. 하위 5분위에서 중간 5분위까지 브라질의 로렌츠 곡선은 스웨덴의 로렌츠 곡선 위에 있는가, 아니면 밑에 있는가?

4. 〈표 21P-3〉에 나타난 여러 나라의 다양한 2009년 빈곤 측정치를 살펴보라(데이터의 출처는 세계은행이다). **[LO 21.2]**

a. 지니 계수를 이용해 가장 불평등이 심한 나라에서 가장 낮은 나라 순으로 순위를 매겨라(지니 계수가 높을수록 불평등이 더 높다).

b. 상위 10분위 대비 하위 10분위 비율을 이용해 불평등이 심한 나라에서 가장 낮은 나라 순으로 순위를 매겨라.

c. 총소득에서 상위 10%의 인구가 소유하는 소득 비중을 이용해 불평등이 심한 나라에서 가장 낮은 나라 순으로 순위를 매겨라.

5. 다음 상황들이 가능한지 여부를 결정하라. **[LO 21.3]**

a. 상대적 측정치에 의한 빈곤율은 높지만, 소득 이동성은 낮으며 소득이 완전히 평등한 경우

b. 절대적 측정치에 의한 빈곤율은 높고, 소득 이동성은 없으며 소득이 완전히 평등한 경우

c. 절대적 측정치에 의한 빈곤율도 높고 소득 이동성도 높으며 소득의 평등도 높은 경우

d. 상대적 측정치에 의하면 빈곤이 전혀 없고, 소득 이동성도 높으며 소득이 완전히 평등한 경우

표 21P-4

1세대 소득 (40세일 때)(달러)	2세대 소득 (40세일 때)(달러)
800	2,225
9,120	2,105
12,830	1,380
1,275	1,140
6,260	10,200
1,600	11,880
4,150	1,250
2,200	15,000
975	420
3,590	5,630

6. 〈표 21P-4〉의 왼쪽 열은 40세의 10명에 대한 소득 데이터를 보여준다. 오른쪽 열은 그들 자녀들 중 한 명이 역시 40세 때일 때의 소득(물가상승을 감안한)을 보여준다. **[LO 21.3]**
   a. 두 번째 세대 중 얼마나 많은 사람들이 그들 부모보다 더 높은 소득 5분위에 속하는가?
   b. 두 번째 세대 중 얼마나 많은 사람들이 그들 부모보다 더 낮은 소득 5분위에 속하는가?
   c. 부모가 가장 낮은 5분위에 속하는 사람들 중 몇 명이나 자녀가 가장 높은 소득 5분위에 속하게 되었나?
7. 다음의 사회정책들을 빈곤 감축을 위한 접근법인 경제 발전, 사회 안전망, 재분배 중 하나로 분류해보라. **[LO 21.4]**
   a. 짐바브웨 정부가 재산권을 재설정해 전통적으로 소외되었던 흑인 짐바브웨 국민에게 백인이 보유한 토지에 대한 접근을 보장해준 것
   b. 미국 정부가 제2차 세계대전에서 새로이 돌아온 상이군인들을 위해 GI법에 의한 보상의 일환으로 대학 비용을 지원하는 것
   c. 칠레 정부가 사회보장 체계를 민영화하는 것. 새로운 체계는 민간 계정을 설정해 최소한 소득의 10%의 보험료를 지급하도록 요구하는 것. 이 금액은 민간 주체가 투자하는 데 사용되며 각 개인이 은퇴할 때 상환된다.
8. 어떤 여성이 주 400달러를 받고 주당 40시간을 연 50주간 일한다고 상상하자. 이 여성은 현재 소득이 2만1000달러 이하인 사람에게 해당되는 복지 프로그램을 수혜할 자격이 있고, 그에 따라 연 800달러를 받는다. 연 소득이 2만1000달러 이상인 사람들은 이러한 프로그램의 혜택을 받을 수 없다. 만약 이 여성이 승진을 하게 되면 그녀의 임금은 시간당 25센트 인상된다. **[LO 21.4]**
   a. 승진 이전 그녀의 총소득은 얼마인가?
   b. 만약 그녀가 승진하게 된다면 총소득은 얼마인가?
   c. 더 높은 소득을 원한다면 이 여성은 승진을 하는 것이 좋은가?
9. 조 노시탈 대통령은 방금 내년 경제에 대한 여러 시나리오를 구상한 보고서를 발표했다. 〈표 21P-5〉는 이 보고서에 담긴 여러 수준의 GDP 성장, 소득 평등, 세율 등을 보여준다. **[LO 21.5]**
   a. 소득 분포가 가장 평등한 것에서부터 가장 불평등한 순으로 시나리오에 순위를 매겨라(소득 불평등은 상위 10분위 평균 소득을 하위 10분위 소득으로 나눈 비율로 측정).
   b. 2010년과 2011년 사이 GDP 성장이 가장 높은 순으로 시나리오에 순위를 매겨라.
   c. 어느 시나리오에서 GDP 성장과 소득 불평등이 상충되지 않는가?
10. 다음 중 어느 것이 수급 자격 심사를 거친 것인가? **[LO 21.5]**
   a. 한 지역의 공립대학교에서 SAT 성적이 98번째 백분위 수 이상 되는 개인에게 장학금을 지급하기 시작한 것
   b. 영국에서 개인의 기존 저축액에 비례해 연금 혜택을 지급하기로 결정한 것
   c. 정부가 국내산 컴퓨터를 구입한 모든 사람들에게 세금 공제를 제공하기로 결정한 것
   d. 캐나다에서 자동차를 보유하지 않은 사람에게 대중교통 비용의 반을 지급하기로 결정한 것
11. 〈표 21P-6〉은 각각 동일한 지위에 있는 4쌍의 남성과 여성의 가상 급여를 보여준다. 표는 또한 근로자가 특정 능력을 보유한 경우 이와 관련된 평균 소득 증가도 보여준다. 이러한 능력이 일을 잘하는 데 필요한 유일한 것이라

표 21P–5

시나리오	2010년 GDP (10억 달러)	평균 세율 (%)	하위 10% 근로자의 평균 총소득(달러)	상위 10% 근로자의 평균 총소득(달러)	2011년 GDP (10억 달러)
A	14.1	16	25,000	100,000	14.6
B	13.0	40	35,000	80,000	13.2
C	16.5	30	27,000	90,000	17.2
D	18.0	45	40,000	95,000	18.1

표 21P-6

	성	교육 연수	경험	봉급(달러)
산업 평균 보수		교육 1년당 1000달러	경험 1년당 2000달러	초봉 5만 달러
A	남성	5	10	75,000
	여성	3	8	69,000
B	남성	0	5	60,000
	여성	2	7	70,000
C	남성	3	5	63,000
	여성	3	7	63,000

고 가정하자. 이러한 평균치를 이용해 각 쌍에 대해 성차별이 있는지 여부를 결정하라. 만약 있다면, 누구에 대해 차별이 있는지, 그리고 그 격차가 금액 기준으로 얼마나 큰지 말하라. **[LO 21.6]**

12. 미국의 경우 일하는 여성은 남성이 버는 것의 4분의 3을 번다. 이 통계치에 대한 다음의 각 설명을 고려하고 이 설명들이 실제로 사실을 설명할 수 있는지 없는지에 대해 논하라. **[LO 21.6]**
    a. 여성은 임금이 적은 직업을 선택한다(예를 들어, 의사보다는 간호사가 된다).
    b. 여성은 승진이나 임금 인상 고려 대상 선정 시 차별을 받는다.
    c. 여성은 남성에 비해 평균적으로 교육이나 경력이 더 높다.
    d. 여성은 고용 과정 시 차별을 받는다.
    e. 여성은 고용 과정에서 적극적 조치에 의한 혜택을 입는다.
13. 다음 예에서 자유시장은 차별을 장려할 개연성이 높은가, 아니면 방지할 개연성이 높은가? **[LO 21.6]**
    a. 녹음은 하지만 청중 앞에서는 절대 연주하지 않는 교향악단의 지휘자가 여성 음악가를 고용하기를 거부하는 경우
    b. 인종차별이 심하던 시기의 남아프리카공화국(수십 년간 인종차별이 합법이었고 백인 유권자 사이에서는 인기가 높았던)에서 백인 사업가가 흑인 지원자를 백인 고객과 거래하는 관리직에 고용하기를 거부하는 경우
    c. 화성 문화에서는 파란 머리가 가장 아름답다고 여겨지기 때문에 한 화성 모델회사에서 머리가 파란 모델만을 선호하는 것

표 21P-7

상품	지역 출신자만 고용하는 기업의 제품만을 구입하는 고객 비중	지역 출신자만 고용하는 가계의 비중
잠옷 바지	50	70
나비넥타이	70	50
요요	10	5

14. 가상의 도시에서 판매되는 여러 다른 종류의 재화를 보여주는 〈표 21P-7〉을 살펴보라. 내국인과 외국인을 차별하기를 거부하는 새로운 경쟁자가 시장에 진입했다고 상상하자. 각 시장(잠옷 바지, 나비넥타이, 요요)의 주어진 환경에 비춰 신규 진입자가 이 도시에서 잘해나갈 것인지 여부를 결정하라. **[LO 21.6]**

미주

1. 월가의 소득에 대한 보고서: http://www.osc.state.ny.us/press/releases/oct12/100912.htm . Survey on salaries in America by occupation (Bureau of Labor Statistics, U.S. Department of Labor: http://www.bls.gov/oes/current/oes_nat.htm. Accessed October 2012.

2. 상위 1%에 대한 소득 데이터 출처는 Emmanuel Saez, "*Striking it Richer: The Evolution of Top Incomes in the United States* (2009년과 2010년 추정치를 포함)," University of California, Berkeley, March 2, 2012, http://elsa.berkeley.edu/~saez/saez-UStopinocmes-2010.pdf.
3. Data are from Shaohua Chen and Martin Ravallion, "An update to the World Bank's estimates of consumption poverty in the developing world," Development Research Group, World Bank (03-01-12). Available at http://siteresources.worldbank.org/INTPOVCALNET/Resources/Global_Poverty_Update_2012_02-29-12.pdf .
4. http://www.theatlantic.com/magazine/archive/2006/09/the-height-of-inequality/5089/ .

참고문헌

http://www.census.gov/prod/2010pubs/p60-238.pdf
http://www.nber.org/aginghealth/summer04/w10466.html
http://www.bea.gov/national/index.htm#gdp
http://www.irp.wisc.edu/publications/focus/pdfs/foc262g.pdf
http://www.princeton.edu/~deaton/downloads/presidential%20address%2019january%202010%20all.pdf
http://www.economicmobility.org/assets/pdfs/EMP%20American%20Dream%20Report.pdf
http://www.economicmobility.org/assets/pdfs/EMP_InternationalComparisons_ChapterIII.pdf
http://www.census.gov/prod/2011pubs/p70-123.pdf
http://web.worldbank.org/WBSITE/EXTERNAL/EXTDEC/EXTRESEARCH/0,,contentMDK:21882162~pagePK:64165401~piPK:64165026~theSitePK:469382,00.html

역자 미주

1 1933년에서 1942년까지 미국에서 실시된 일종의 공익근무요원제도. 17세에서 28세 사이의 미혼 실직 남성을 대상으로 뉴딜 정책의 일환으로 실시되었는데 이들은 정부소유의 농촌 지역에서 자연보호와 개발을 위한 작업에 투입되었다(위키피디아 https://en.wikipedia.org/wiki/Civilian_Conservation_Corps, 2016. 2. 9).

◀ 세계의 모바일 윈도우–이 장의 내용과 관련된 응용사례를 찾으려면 여러분의 스마트폰으로 이 코드를 스캔하라. (QR코드 리더가 필요하면, 여러분의 앱스토어에서 ScanLife를 활용하라.)

여러분의 모바일 앱스토어를 방문하여 Karlan and Morduch Study Econ app.을 다운로드 하라. ▶

Chapter 22

정치적 선택

학습목표

LO 22.1 중위투표자 정리의 예측과 가정 설명하기

LO 22.2 '이상적인' 투표제도의 특징을 나열하고 어떤 기준이 실제 제도에 의해 충족되는지 평가하기

LO 22.3 '합리적인 투표자'라는 개념에 대한 문제점을 논하고 합리적 무지라는 개념 정의하기

LO 22.4 이익은 소수에게 집중되고 비용은 다수에게 분산되는 정책이 지속되는 이유 설명하기

LO 22.5 민주적인 체제에서 부패와 지대 추구가 지속되는 이유 설명하기

뜨거운 감자인 지구온난화

21세기가 시작된 이래 기후변화를 둘러싼 논쟁은 미국 정치의 대표적인 논란거리다. 과학자와 경제학자들이 이와 관련된 문제들에 전문가적 의견을 제시하면서 논쟁에 참여하게 되었다. 경제학자들은 지구과학적 측면에서 이 문제를 평가하기에는 적절하지 않으나, 부정적인 외부 효과를 해결하는 문제는 익숙한 경제적 문제다.

탄소 배출과 관련된 외부 효과를 해결하고자 하는 2가지 경제적 해법에 대한 논쟁이 지속되고 있다. 첫 번째 방법은 탄소세를 기업에 부과해 배출 저감 유인을 제공하는 것이다. 두 번째 방법은 '배출권거래' 정책으로 기업에 배출할 수 있는 권리를 부여한 후, 필요에 따라 할당된 배출권을 사거나 팔 수 있도록 하는 것이다. 2가지 정책 모두 탄소연료 사용 가격을 높여 배출 총량을 줄이고자 하는 것이다.

그러나 2가지 정책 모두 국회를 통과하지 못했다. 왜 그런 것일까? 합리적이고 상황을 잘 이해하는 사람들이 탄소세와 배출권거래제도의 장점이나 그 필요성에 대해 동의하지 못했을 수도 있다. 그러나 법안이 통과되지 못한 것은 과학보다는 구태의연한 정치와 관련이 있다.

정치적 성향과 상관없이 대부분의 경제학자들은 탄소세가 배출권거래제도보다 더 단순하고 투명하며 효율적인 해결 방법이라고 생각한다. 그러나 많은 정책입안자들은 어떠한 형태의 '세금'이라도 그것을 지지하는 것은 정치적 자살 행위라고 봤다. 대신 일부 정책입안자와 전력회사는 기업에 공짜로 배출권을 할당해주는 배출권거래제도안을 더 선호했다. 그러나 끝내 배출권거래제도안마저 부결되었다. 통과 시 난방비와 연료비가 상승되어 유권자들을 화나게 할 것을 우려한 결과다.

앞서 여러 장에서 정부가 어떻게 시장 실패를 교정하고 총잉여를 증대시킬 수 있는지 살펴보

았다. 탄소세와 배출권거래제도를 둘러싼 논란은 경제이론을 정부 정책으로 전환하는 것이 얼마나 힘든가를 보여주는 한 예다. 그래서 경제학도들은 정치 과정을 통해 정책이 어떻게 형성되는가를 이해하는 데 관심을 가진다. 경제학이란 결국 자원을 어떻게 배분하는가를 연구하는 것이고, 정부는 자원 배분에서 중요한 역할을 한다.

선거정치를 이해하는 가장 기본적인 경제 모형은 사람들이 합리적이고 완전 정보를 가지고 있다는 경제학의 기본 가정에서 출발한다. 유권자가 정책에 대한 선호와 후보자에 대한 완전 정보를 가지고 있으며, 자신의 선호에 가장 근접한 선거공약을 가진 후보자에게 투표한다고 가정한다. 일단 후보자가 당선된 후에는 선거공약을 그대로 시행한다고 가정한다. 이런 방법으로 합리적인 투표자는 직접 공공정책 형태를 결정한다.

그러나 현실세계는 훨씬 더 복잡하다. 투표자는 필요한 모든 정보를 가지고 있지 않다. 정치가들은 종종 유권자보다는 자신의 이익을 추구한다. 어떤 정책안에 의해 큰 이익을 볼 수 있는 소수 집단(예를 들어 탄소세 경우 전력회사)이 결과에 막대한 영향력을 행사할 수도 있다.

이러한 현실 이해를 돕기 위해 이 장에서는 정치적 선택의 경제적 모형을 수립할 것이다. 단순히 표를 합산해 정책 판단을 내리는 것이 왜 쉽지 않은지에 대해 논의할 것이다. 투표자가 합리적이고 관련 내용을 잘 알고 있으며, 자신의 선호 체계에 따라 투표를 한다는 가정이 갖는 문제점을 지적할 것이다. 선거 후 정책 선택에 대해 살펴볼 것이며, 유권자의 선호가 왜 반드시 정책으로 반영되지 않는지에 대해 논의할 것이다. 마지막으로, 정치적 구조가 정책 결과에 어떤 영향을 미치는지 알아보고, 국가 경제에 영향을 미치는 미국 정치구조의 구체적인 특징을 자세히 살펴보고자 한다.

선거의 경제학

우선 전형적인 투표자가 광범위한 정책 이슈에 대해 분명한 의견을 가지고 있으며 매 선거마다 모든 후보자의 입장을 알고 있다고 가정하자(이 가정의 현실성을 평가하기 위해 간단한 퀴즈 하나를 내겠다. 여러분 지역구 국회위원의 사형제도나 세금에 대한 입장을 알고 있는가? 이러한 질문에 대해 자신 있게 답할 수 있는 사람은 정치가를 포함해 거의 없을 것이다). 설사 이러한 가정이 현실적이라 하더라도 선거가 어떻게 전개될 것이라고 생각하는가? 단순화된 모형에서 시작해 2가지 중요한 측면에서 좀 더 현실적으로 만들고자 한다.

중간에 맞추기: 중위투표자 정리

LO 22.1 중위투표자 정리의 예측과 가정 설명하기

정치적 후보자들이 의견의 일치를 보는 경우가 그렇지 않은 경우보다 많다고 생각되지 않는가? 논쟁할 때는 서로 다른 입장을 견지했음에도 실제로는 후보자들이 비슷한 정책 아이디어로 수렴하는 것 같지 않은가? 만약 그렇게 생각한다면, 정치적 의사결정에 대한 경제학의 기본이론이 그 이유를 설명하는 데 도움이 될 수 있다.

국방비로 얼마를 사용해야 하는가와 같은 단일 사안에 대한 정책 질문을 가정해보자. 또한

모든 투표자들은 이에 대한 나름대로 선호가 있다고 가정하자(국방비로 더 많이 지출해야 한다든가 줄여야 한다든가 하는). 개별 투표자는 자신의 선호와 가장 가까운 정책 공약을 제시한 정치인에게 투표할 것이다. 계산을 쉽게 하기 위해 투표자가 7명만 있다고 생각해보자(7명의 투표자가 각각 전체 투표자의 7분의 1씩 대표하고 있다고 생각할 수 있다). 이와 같은 단순한 모형에서 선거에 출마한 2명의 후보자는 정책적 입장을 어떻게 정하겠는가?

2명의 후보자가 자신의 실제 견해를 말하는 것으로 시작한다고 가정하자. 온건파인 첫 번째 후보자는 상대적으로 적은 국방비 지출을 옹호한다. 〈그림 22-1〉 (A)에서 볼 수 있듯이 이 후보자의 입장은 세 번째와 네 번째 투표자 사이에 위치한다. 강경파인 다른 후보자는 아주 많은 국방비 지출을 선호한다. 그렇다면 선거 결과는? 강경파는 7개의 표 중에서 단지 2개의 표만 얻을 것이다. 나머지 5명의 투표자는 온건파 후보자와 좀 더 가깝다.

여러분이 강경파 후보자 선거진영에서 일한다면 어떤 조언을 하겠는가? 강경파 후보가 자신의 입장을 좀 더 왼쪽으로 움직이면(다시 말해 국방비 지출을 좀 낮추고자 하면) 네 번째, 다섯

그림 22-1

중위투표자에게 맞춤으로써 후보자는 승리한다.

(A) 극단적인 공약으로는 선거에서 진다: 단일 사안에 대해 7명의 투표자들의 순위를 매겼다. 개별 투표자는 자신의 선호와 가장 근접한 후보자에게 투표한다. 여론조사에 따르면, 극단적인 입장을 취했을 때 후보자 B는 7명의 투표자 중 단지 2명의 표만 얻을 수 있다.

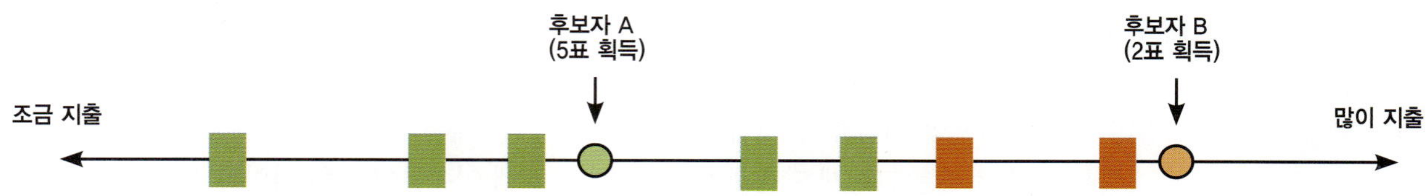

(B) 중앙으로 움직이면 더 많은 표를 얻는다: 후보자 B가 여론조사 결과를 보고 자신의 입장을 완화하기로 결정한다. 새로운 여론조사에 따르면, 3표를 얻은 후보자 A와 달리 4표를 얻어 선거에서 승리한다.

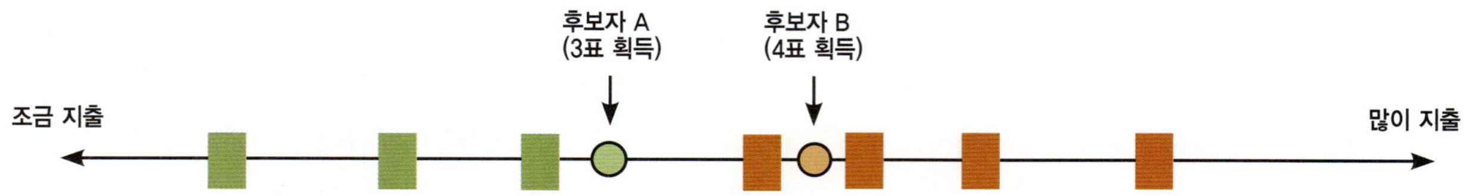

(C) 후보자들은 중위투표자에게 맞춘다: 후보자 A 역시 여론조사 결과를 보고 자신의 입장을 완화하기로 결정한다. 중위투표자에게 좀 더 맞춰감으로써 4-3으로 승리한다.

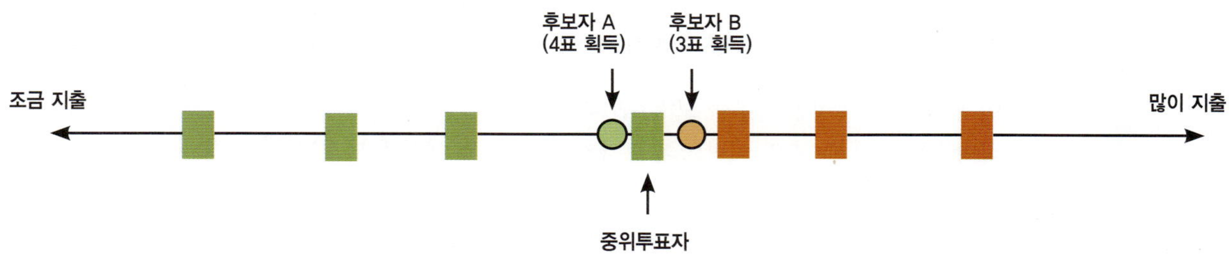

번째 표를 온건파 후보로부터 가져올 수 있고 (B)에서 볼 수 있듯이 선거에서 이긴다. 온건파 후보는 선거에서의 우위를 되찾기 위해 이러한 전략에 어떻게 대응하겠는가? (C)에서 볼 수 있듯이 오른쪽으로 움직여 네 번째 투표자의 표를 다시 가져올 수 있다.

이와 같은 선거 게임의 결과를 논리적으로 생각해보면, 2명의 후보자가 표를 가장 많이 얻을 수 있는 유일한 방법은 네 번째 투표자, 즉 중위투표자 또는 중간투표자와 동일한 입장을 취하는 것이다. 만약 둘 중 한 명이라도 이 위치에서 벗어나면, 그 후보자는 중간투표자의 표를 잃을 것이며 선거에서 지게 된다. 따라서 본인의 생각이 어떻든 선거에서 이길 가능성을 극대화하고 싶다면, 두 후보자 모두 똑같은 정책적 입장을 지지할 것이라고 예측할 수 있다.

중위투표자 정리 일정한 조건하에서 정치가가 중위투표자가 선호하는 정책을 채택함으로써 득표를 극대화할 수 있음을 보인 모형

이와 같은 단순한 모형을 **중위투표자 정리**(median-voter theorem)라고 한다. 이 정리에 따르면 몇 가지 조건이 충족될 때 정치가들은 중위투표자가 선호하는 정책 입장을 취함으로써 획득하는 표의 수를 극대화한다. 충족해야 하는 조건은 다음과 같다:

- 단일 사안에 대한 정책적 질문(더 많이 지출하느냐, 더 적게 지출하느냐와 같은)이다.
- 투표자는 항상 자신의 입장과 가장 근접한 후보자에게 투표한다.
- 후보자는 단 2명이다.
- 다수결의 원칙에 의해 승패가 결정된다.

이 모형에서 선택되는 정책은 평균적인 투표자나 다수의 투표자가 선호하는 것이 아니라 중위투표자가 선호하는 것이 될 것이다. 예를 들어 3명의 투표자는 국방비에 전혀 지출하지 않기를 바라고 3명은 예산에 50%를, 나머지 한 명은 20%를 지출하고자 하는 경우를 가정해보자. 중위투표자 정리에 따르면, 단 한 명만 예산의 20%를 국방비로 지출하는 것을 선호했음에도 국방비 지출은 예산의 20%가 될 것이다(20%가 중간이기 때문에).

물론 실제 선거는 그렇게 단순하지 않다. 많은 정책 이슈들이 단일 사안은 아니다.(국방비 지출 규모뿐만 아니라 전투기에 사용하는가, 아니면 인건비로 사용하는가 등 어떻게 사용되는가에도 관심이 있을 수 있다.) 또한 투표자들은 한 가지 정책 이슈에만 관심을 갖지는 않는다. 그럼에도 중위투표자 정리는 양당 체제에서 후보자들이 소속 정당과 상관없이 비슷한 정책을 내세우는 상황에 대한 강력한 설명을 제공한다. 또한 왜 대통령 후보자들이 선거운동 과정에서 종종 자신의 입장을 바꾸는지에 대한 설명이 된다. 예비선거에서는 상대적으로 극단적인 입장을 옹호하다 본선거에서는 좀 더 완화된 입장을 취한다.(예비선거에서는 그 당의 투표자 중 중위투표자의 마음에 들도록 하는 것이 목적이다. 본선거에서는 전체 투표자 중 중위투표자의 마음에 들고자 한다.)

만들기 어려운 완벽한 투표 체계

LO 22.2 '이상적인' 투표제도의 특징을 나열하고 어떤 기준이 실제 제도에 의해 충족되는지 평가하기

이제 좀 더 현실적인 경우를 보자. 만약 투표자가 한 개 이상의 정책에 관심이 있거나(예를 들어 국방정책과 예산), 2명 이상의 후보자가 있는 경우 어떻게 되겠는가? 선거가 좀 더 복잡해지면 투표를 하는 방식이 중요해진다.

어떻게 모든 투표자의 선호를 고려해 공정하며 일관된 방식으로 합산할 때 다수 투표자

의 의견이 이길 수 있을까? 투표자가 후보자가 아니라 관련 이슈에 대해 직접 투표하는 경우를 가정해보자. 케네스 애로(Kenneth Arrow)는 《사회적 선택과 개인적 가치(*Social Choice and Individual Values*)》라는 저서에서 '이상적인' 투표제도의 4가지 기준을 제시했다:

1. **만장일치**(Unanimity). 한 집단에 속한 모든 개인이 X 선택을 Y 선택보다 선호하면, X가 Y를 이긴다. 다시 말해 모든 사람이 국립공원에 지출하는 것보다는 교육에 지출하는 것을 선호한다면, 이상적인 투표제도는 교육에 지출하는 것이 선택되도록 설계되어야 할 것이다.
2. **독재자 부재**(No dictator). 단독으로 자신의 선호를 시행할 수 있는 힘을 가진 존재가 없다. 만약 대부분의 사람들이 교육에 지출하고자 하는데 국립공원에 모든 재원을 투입할 수 있는 힘을 가진 사람이 있다면 투표제도는 이상적이지 않다.
3. **이행성**(Transitivity). 만약 X 선택이 Y보다 선호되고 Y가 Z보다 선호된다면, 이행성에 의해 X 또한 Z보다 선호된다. 달리 표현하면 투표자들이 공원보다는 학교에 지출하기 바라고 대체에너지보다 공원에 지출하고자 하는 경우, 대체에너지에 대한 지출이 학교에 대한 지출을 이기는 투표제도는 이상적이지 않다.
4. **관련 없는 대안의 독립성**(Independence of irrelevant alternatives). 한 집단이 X 선택과 Y 선택에 대한 투표를 하는 경우 이 투표 결과는 관련이 없는 Z 선택에 대한 정보나 선호에 따라 달라지지 말아야 한다. 다시 말해, 대체에너지에 지출을 하느냐 마느냐 하는 선택이 투표자가 학교에 지출하는 것을 선호하는지, 공원에 지출하는 것을 선호하는지에 영향을 미쳐서는 안 된다.

이 모든 조건은 합리적인 듯 보인다. 이와 같은 4가지 조건을 충족하는 투표제도를 만드는 것이 간단하다고 생각할 수도 있다. 그러나 왜 그렇지 않은가를 보기 위해, 실제 몇 개의 투표제도가 얼마나 이 조건들을 충족하는지 살펴보자.

최다득표제(First-past-the post). 미국(그리고 많은 다른 나라)의 대부분 선거에서 투표제도는 단순하다. 모든 후보자들이 한꺼번에 서로 경쟁한다. 투표자는 후보자들 중에서 단 한 명에게만 투표할 수 있다. 그리고 가장 많은 득표수를 획득한 후보자가 선거에서 승리한다. 이와 같은 투표제를 **최다득표제**(*first-past-the post* 또는 *plurality voting*)라고 한다.

최다득표제는 단순하다는 장점이 있다. 투표자는 오직 선호하는 후보자만 생각하고 원하는 후보자에게 투표하기만 하면 된다. 그러나 최다득표제는 이상적인 투표제도가 아니다. '관련 없는 대안의 독립성' 또는 '제3자 문제(third-party problem)'라는 기준을 충족하지 못한다. 미국의 대부분 선거에서 주요 후보자들은 공화당과 민주당이라는 2개의 주요 정당에 속한다. 가끔 누가 이기는지 여부가 소수의 '제3의 정당'에 속한 후보자가 있는지에 따라 달라진다.

2000년 조지 부시 주지사와 엘 고어 부통령이 경쟁한 대통령 선거를 생각해보라. 소비자 대변인인 랠프 네이더(Ralph Nader) 역시 녹색당 후보로 경선에 참여했다. 네이더는 전체 투표 중 3% 미만을 획득했으나, 많은 논평가들은 네이더의 존재로 인해 부시와 고어가 접전을 벌이던 경선이 부시 쪽으로 기울었다고 본다.

선거가 선거인단제도의 작동에 따라 달라지고 플로리다 주가 선거에서 결정적 주인 것으로

그림 22-2

제3의 당 후보 문제

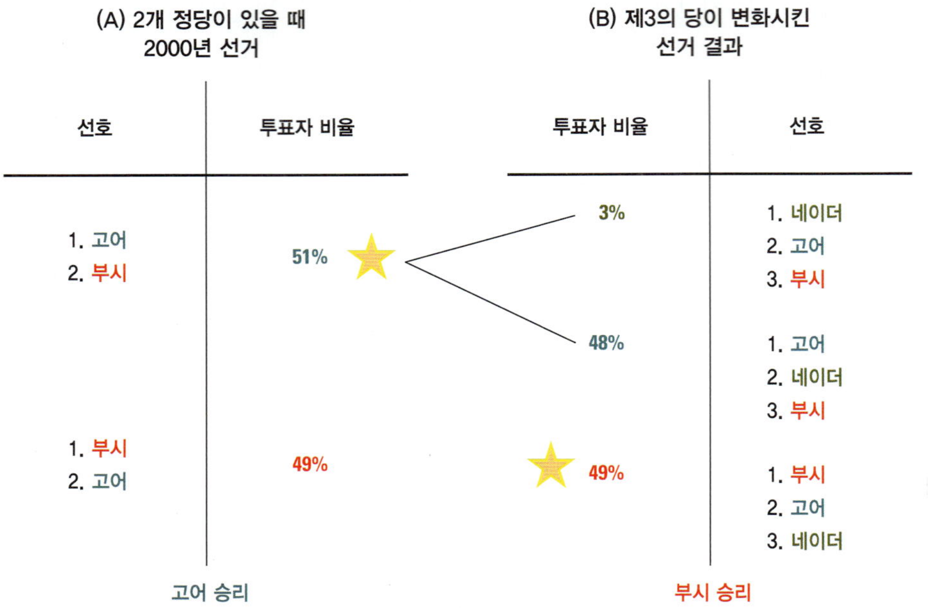

정당인 2개인 선거에서 고어는 부시보다 더 많은 사람에게 첫 번째 선택이다. 이는 고어가 선거에서 승리함을 의미한다.

네이더가 경선에 참여하면서 고어를 지지했던 사람들 중 일부가 선택을 변경한다. 고어와 부시에 대한 투표자의 선호는 똑같음에도 불구하고, 부시가 투표자 중 가장 많은 비율의 사람들에게 첫 번째 선호가 되어 선거에서 이긴다.

판명되었다. 누구든 플로리다에서 표를 많이 얻는 후보자가 대통령에 당선되었다. 〈그림 22-2〉 (A)는 플로리다 주에서 2개 주요 정당 후보에 대한 유권자 선호의 이론적 분포를 나타낸다. 이 두 후보자만을 대상으로 선택하는 경우, 이론적 모형에 따르면 고어가 플로리다에서 승리하고 선거에서 51% 대 49%로 승리한다.

〈그림 22-2〉 (B)처럼 네이더를 포함하는 경우 어떻게 되겠는가? 네이더가 포함된다고 해서 부시와 고어에 대한 유권자의 선호는 변하지 않는다. 고어보다 부시를 더 좋아하거나 부시보다 고어를 더 좋아하는 플로리다 유권자는 여전히 동일하게 생각한다. 그러나 이 예에서 네이더에게 투표한 3%의 유권자는 고어를 더 좋아했을 것이기 때문에 그 결과 부시가 플로리다에서 이기고 49% 대 48%로 선거에서 승리한다. 네이더라는 '관련 없는 대안'의 추가로 선거의 결과가 뒤바뀌었다. 최다득표제는 이상적인 투표제도 기준 중 한 가지를 충족하지 못한다.

콩도르세 역설(Condorcet paradox). 제3의 정당 문제를 어떻게 피할 수 있을까? 가능한 한 가지 방법이 **페어와이즈 다수결 투표 방식**(*pair-wise majority voting*)을 사용하는 것이다. 선택지들을 쌍을 만들어 다수를 획득한 선택이 이기는 방식에서 이름이 유래한다. 모든 선택을 쌍을 지어 '직접적인' 경합을 벌이는 경우, 가장 인기 있는 선택이 이길 것으로 예측할 수 있다. 직접적인 경기의 연속으로 이루어진 토너먼트 게임에서 최고의 테니스 선수가 이길 것으로 예측되는 것과 같다.

이 방식이 어떻게 작동하는지 보기 위해, 2000년 선거에서 투표자들에게 우선 부시와 네이더 중 하나를 선택하라고 하는 경우를 생각해보자. 더 많은 투표자가 부시가 대통령이 되기를 바랄 것이므로 첫 번째 경선에서 부시가 이긴다. 두 번째 경선에서 부시는 고어와 직접 대결을 하게 된다. 더 많은 투표자가 고어를 선호할 것이므로 고어가 대통령에 당선된다. 이 결과는 투표 순서와 상관없이 동일하다. 고어는 부시와 네이더와 언제 일대일로 경합을 하든지 둘을 이길 것이기 때문이다.

그러나 이 제도는 이행성이라고 하는 기준을 충족하지 못하는 것으로 나타난다. 그 이유를 보기 위해 공공건물에 건설비를 어떻게 사용할 것인가에 대해 투표를 하는 3명의 의원으로 구성된 시의회를 가정하자. 시의회는 3가지 선택을 할 수 있다. 감옥, 시청 또는 도서관을 건축하는 것이다. 각 시의원은 〈그림 22-3〉 (A)와 같은 선호를 가지고 있다.

만약 시의원들이 단순 투표를 한다면 3가지 선택이 동률이 된다. 선택의 폭을 줄이기 위해 페어와이즈 다수결 투표 방식을 사용하기로 했다고 가정해보자. 먼저 감옥과 시청 중 어떤 것을 선택할지 투표하기로 했다. 〈그림 22-3〉 (B)에서 볼 수 있듯이 이 경우 2-1로 감옥이 선택된다. 첫 번째 투표에서 감옥이 선택되었으므로 다음 투표에서 감옥과 도서관을 두고 투표를 하면 도서관이 선택된다. 그 결과 시의회는 도서관을 건립하기로 결정한다. 동률의 결과가 나오는 문제가 해결된 것인가?

만약 시의회가 순서를 바꾸면 어떻게 되겠는가? 예를 들어, 시청과 도서관에 대해 먼저 투표한 후 시청과 감옥에 대해 투표하는 경우를 생각해보자. 이 경우 시청보다 감옥이 선호되므로 결국 감옥이 선택된다. 사실 도서관과 감옥에 대해 먼저 투표한 후 도서관과 시청에 대해 투표

그림 22-3
콩도르세 투표 역설

(A) 3명의 시의원에 대한 선호

시의원 1:	감옥	>	시청	>	도서관
시의원 2:	시청	>	도서관	>	감옥
시의원 4:	도서관	>	감옥	>	시청

이 표는 시 건설비 예산을 사용하는 3가지 다른 사업에 대한 세 시의원의 선호 순서를 나타낸다.

(B) 선택을 고려하는 순서에 따라 선거 결과가 달라진다.

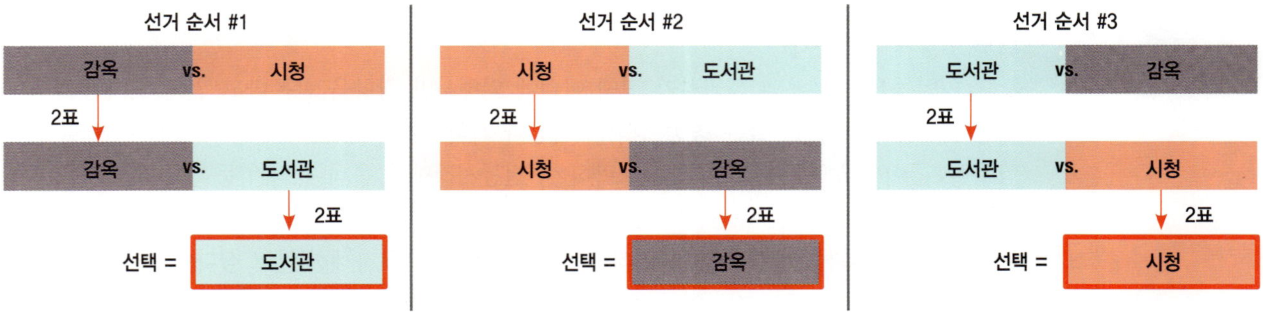

3가지 건설사업을 다른 순서로 쌍을 지으면, 최종 결과가 달라진다. 이 표는 투표 순서에 따라 어떤 건설사업도 선택될 수 있음을 보여준다. 그 결과 선택을 하는 순서를 정하는 '어젠다를 정하는' 사람이 투표 결과에 영향을 미칠 수 있는 힘을 가진다.

하면 시청이 선택될 것이다. 다시 말해 한 쌍씩 투표하는 순서를 바꿈으로써 3가지 사업 중 어떤 사업도 선택되도록 할 수 있다. 개별 선호가 이행성을 충족하더라도 이런 방식으로 집단의 선호를 합산하는 경우 이행성이 충족되지 않는다(이행성이란 X가 Y보다 선호되고, Y가 Z보다 선호된다면 X는 반드시 Z보다 선호되어야 한다는 것을 의미한다). 이를 **콩도르세 역설**(Condorcet paradox)이라고 한다.

콩도르세 역설 한 집단에 속한 개별 구성원의 선호는 이행성을 만족하지만 그 집단의 집단선호는 이행성을 만족하지 못하는 상황

이행성 원리를 충족하지 못해 투표제도가 이상적이지 않은 경우, 어젠다를 결정하는 힘이 때로는 최종 결과를 만드는 데 결정적이다. 예를 들어, 의제가 시의회 투표에 상정되는 순서를 정하는 사람이 상당한 권력을 행사한다.

애로의 불가능성 정리(Arrow's impossibility theorem). 선거를 치르는 2가지 방법을 살펴보았다. 그 밖에도 정치학자, 사회과학자, 경제학자들에 의해 수년 동안 고안되어온 많은 제도들이 있다. 몇 가지 예를 들면 다음과 같다.

- 최다득표제의 변형으로 1, 2위 득표자를 대상으로 2차 투표를 하는 것
- '즉석결선투표(instant-runoff)'제도로 가장 선호하는 후보자에게 한 표를 행사하는 대신 투표자들이 모든 후보자들을 자신의 선호에 따라 순서를 매기는 방법
- '승인투표(approval voting)'로 다수의 후보자에게 투표하는 방법
- 보다 계산법(Borda count)으로 스포츠팀의 순위를 매기는 데 주로 사용되는 방법

각 방법에 대해 자세히 살펴보지는 않을 것이다. 각 방법마다 장점이 있으나 이상적인 투표방식으로는 부족한 문제점 역시 가지고 있다.

사실상 경제학자 케네스 애로는 그의 저서 《사회적 선택과 개인적 가치》에서 앞서 언급한 기준을 모두 충족하면서 투표자의 선호(3개 이상의 선택 중에서 고르는 경우 가정)를 합할 수 있는 투표제도는 존재하지 않음을 증명했다. 이를 **애로의 불가능성 정리**(Arrow's impossibility theorem)라고 한다. 애로의 정리를 증명하는 것은 이 책의 범위를 벗어나지만, 주요 메시지는 기억해둘 만한다: 어떤 투표 방식도 완벽하지 않다.

애로의 불가능성 정리 어떠한 투표 체계도 3개 이상의 대안에 대해 이상적인 투표 체계의 속성을 만족하면서 투표자의 선호를 종합해 반영할 수 없음을 보인 정리

정치 참여와 '합리적 투표자' 신화

LO 22.3 '합리적 투표자'라는 개념에 대한 문제점을 논하고 합리적 무지라는 개념을 정의하라.

지금까지는 투표자가 합리적이며 완전 정보를 갖고 있다고 가정했다. 만약 투표자가 그렇지 않다면 어떻게 되겠는가?

정치인들은 대부분의 유권자가 정책 이슈에 의해서만 영향을 받는다고 믿는 것처럼 행동하지 않는다. 대신 정치인들은 종종 정책적 입장과 거의 관련이 없는 전술을 사용한다. 예를 들어 악수하기, 아기에게 뽀뽀하기, 중상모략하기, 전통시장에서 음식 사먹기 등을 들 수 있다. 선거가 내용을 잘 알고 있는 유권자의 합리적인 정책 판단이 아닌 다른 요인에 의해 흔들릴 수 있다는 것을 연구 결과들이 보여준다. 이러한 요인에 대해 좀 더 자세히 알고 싶다면 사례를 통해 알아보기의 '액면가-잘생긴 정치인이 이길 수도'를 읽어보자.

사례를 통해 알아보기

액면가-잘생긴 정치인이 이길 수도

1960년 선거에서의 공개 토론은 최초로 TV에 방송된 대통령 선거 토론이었다. 그전에는 라디오에서만 방송되었다. 후보자 중 한 명이던 존 F. 케네디 상원위원은 그 차이를 이해했다. 그는 구릿빛 피부에 생기 있고, 아주 편안한 모습으로 나타났다. 그의 상대였던 리처드 닉슨 부통령은 그렇지 못했다. 닉슨은 토론하기 몇 시간 전까지 선거운동을 하면서 돌아다녔다. 피곤한 모습에, 면도도 제대로 하지 않은 상태로 나타나 메이크업 전문가의 도움도 거절한 채, 창백하고 땀투성이에 거뭇거뭇 수염이 자란 상태로 방송에 나갔다. 들리는 소문에 따르면, 토론이 끝난 후 그의 어머니가 어디 아프냐고 전화했다고 한다.

외모에 나타난 이 커다란 차이는 유권자에게 엄청난 영향을 미쳤다. TV 토론을 시청한 유권자들은 압도적으로 케네디가 토론에서 승리했다고 보았다. 라디오에서 토론을 들은 유권자들은—후보자들의 외모를 보지 못하고 소리만 들은—닉슨이 승리했다고 생각했다. TV 시청자들의 의견이 우세해 토론 직후 케네디는 여론조사에서 앞섰으며, 결국 선거에서 승리했다.

투표자가 합리적이고 후보자의 정책적 소견에 근거해 투표를 한다면, 이 결과를 설명하기 어려울 것이다. 누구도 닉슨이 대통령직을 수행하지 못할 정도로 아프다고 심각하게 생각하지 않았다. 구릿빛 피부는 일반적으로 정치적 역량을 나타내는 의미 있는 지표로 여겨지지 않는다. 그러나 외모는 선거정치의 중요한 부분이다.

이 결과는 공식적인 연구에 의해서 지지받는다. 호주 선거에 대한 한 연구에 따르면, 평범하게 생긴 후보자보다 매력적으로 생긴 후보자가 일관되게 약 1.5~2% 더 득표한다. 핀란드와 독일 선거에 대한 연구에서도 비슷한 결과가 나타났다.

왜 외모가 투표자에게 영향을 미치는 것일까? 한 가지 설명은 후광 효과다. 후광 효과는 개인의 한 특성을 인식하는 데 다른 특성이 영향을 주는 심리적 편이(bias)다. 예를 들어, 투표자가 매력적인 외모의 후보자가 좀 더 지적이라든가, 좀 더 능력이 있다고 생각하는 것과 같은 이치라고 할 수 있다.

투표자가 후보자에 대해 아는 것이 별로 없어 '정보가 적은' 선거에서 외모가 더 영향을 미치는 것으로 나타난다는 연구 결과가 있다. 투표자가 후보자에 대한 실제적인 정보를 더 얻음에 따라 후광 효과는 약해진다.

Source:http://people.anu.edu.au/andrew.leigh/pdf/BeautifulPoliticians.pdf; http://webscript.princeton.edu/~tlab/wp-content/publication/Todorov_Science2005.pdf; http://www.ifo.de/portal/page/portal/DocBase_Content/WP/WF-CESifo_Working_Paper/wp-cesifo-2007/wp-cesifo-2007-05/cesifo1_wp2002.pdf

투표자가 완전한 정보를 갖지 못했다고 비난할 것은 아니다. 어쨌든 쟁점이나 후보자에 대해 알기 위해서는 시간이 필요하고, 여기에 사용하는 시간을 다른 곳에 사용할 수 있다. 정보 수집에 시간을 쏟는 것이 별로 가치 없었을 수도 있다. 경제학자들은 이를 **합리적 무지**(rational ignorance)라고 한다. 정보를 수집하는 기회비용이 그 편익보다 더 큰 경우 무지한 상태로 남기로 선택하는 것을 의미한다. '공공재와 공유자원' 부분에서 개인적으로 합리적인 것이 반드시 사회적으로 최적이 되는 것은 아님을 보았다. 좋은 통치가 정보를 제대로 갖춘 투표자에 의해 만들어지는 공공재라고 본다면, 이는 과소 공급될 것으로 예상할 수 있다.

합리적 무지 정보를 수집하는 기회비용이 그 편익보다 크기 때문에 무지한 상태로 남아 있기로 선택하는 것

투표 그 자체도 비용이 수반된다. 투표장까지 가는 시간, 줄 서서 기다리는 시간, 투표지에 표기를 하는 시간을 다른 일에 사용할 수도 있다. 이러한 기회비용을 능가하는 투표의 편익은 무엇인가? 가장 뻔한 대답은 선거 결과에 영향을 미쳐 자신이 원하는 대표자가 정부에서 활동하는 것이다. 그러나 한 표가 선거 결과에 차이를 가져올 수 있는 확률은 아주 낮다. 지난 100년간 미국의 국회의원 선거에서, 한 표에 의해 결정된 경우는 딱 한 번이다. 10억 명이 투표한 4만 건이 넘는 주 의원선거에서, 7번만 단 한 표에 의해 선거가 결정되었다. 결국 미국 선거에서 10만 표 중 단 1표가 선거 결과를 변화시키는 데 중심적인 역할을 한 것이다. 다시 말해, 개인이 행사하는 한 표가 의미가 없을 확률이 99.999%인 것이다. 합리적인 사람이라면 그 시간을 더 나은 용도로 사용하지 않을까?

실제 유권자 수가 적고 선거가 아주 치열할 것 같은 경우 투표자들이 투표에 더 많이 참여하는 것으로 나타난다는 연구가 있다. 이러한 결과는 결정적인 한 표를 행사할 가능성이 투표 여부 결정에 영향을 준다는 것을 나타낸다. 그러나 단지 시간비용과 결정적인 한 표 행사의 가능성만으로 투표를 보는 경우 핵심을 놓칠 수 있다. 어쩌면 투표자는 투표에서 '명시적 이득'을 얻는다. 다시 말해, 자신의 표가 결정적 역할을 할지 말지와 상관없이 시민 활동 참여를 통해 효용을 얻는다. 또는 투표자들이 개인적으로 별다른 이익이 없을지라도, 투표를 통해 민주주의 과정에 기여한다는 이타적인 동기에 의해 투표를 하는 것일 수도 있다.

또 다른 이론은 사람들이 부분적으로 시민으로서 '의무를 다해야' 한다는 사회적 압력에 반응해 투표를 할 수 있다고 제시한다. 예를 들어, 투표율이 아주 높은 스위스에서 투표소로 가는 대신 우편을 통해 투표를 할 수 있도록 하자, 작은 마을에서의 투표율이 떨어졌다. 겉으로 보기에는 이해할 수 없는 결과다. 우편을 통한 투표는 투표 시간을 아주 많이 줄인다. 한 가지 설명은 스위스의 작은 마을에 사는 사람들은 자신이 시민의 의무를 수행하고 있다는 것은 다른 사람이 알아주기 바라면서 투표를 한다는 것이다. 다른 사람들이 투표를 했는지 볼 수 없게 되자, 사람들의 투표할 유인이 줄어들었다는 것이다.

✓ 개념 확인하기

- ❒ 중위투표자 정리를 다면적인 정책 문제에 적용할 수 있는가? **[LO 22.1]**
- ❒ 투표제도가 관련 없는 대안의 독립성 조건을 만족해야 한다는 의미는 무엇인가? **[LO 22.2]**
- ❒ 투표자가 무지한 상태를 유지하는 것이 합리적인 이유는 무엇인가? **[LO 22.3]**

정책수립의 경제학

누가 선출되는가는 봤으니 이제 정책이 어떻게 만들어지는가를 살펴보기로 하자. 여기에서는 한 이슈에 대해 강한 의견을 가진 소수의 유권자들이 다른 의견을 가진 다수의 집단을 설득할 수 있는지를 살펴보고자 한다. 또한 정책입안자의 이해관계와 유인을 통해 어떻게 그들의 행동을 예측할 수 있는지 살펴보고자 한다.

분산된 비용, 집중된 편익

LO 22.4 이익은 소수에게 집중되고 비용은 다수에게 분산되는 정책이 지속되는 이유 설명하기

'공공재와 공유자원' 부분에서 국립공원과 치안 같은 공공재가 시장에서 효율적으로 배분되지 않는다는 것을 배웠다. 문제는 비용을 지불하지 않은 사람까지 포함해 모두에게 편익이 발생되는 재화나 서비스에 대해 사람들은 자발적으로 비용을 지불하려고 하지 않는다는 것이다. 이를 '무임승차자' 문제라고 하며, 사람들이 '지불할 필요가 없는데 왜?'라고 생각할 때 발생된다. 만약 많은 사람들이 이렇게 생각하면, 모든 사람들이 다른 사람들이 비용을 지불하기를 바랄 것이므로 유용한 재화나 서비스가 과소 공급된다.

동일한 논리를 정치적 지지와 약속에 적용할 수 있다. 사람들이 '귀찮은 일은 하지 않으면서도 다른 사람들이 해결함에 따라 편익을 누릴 수 있는데, 개인적으로 관여할 필요가 있을까?'라고 생각할 때 비효율성이 발생할 수 있다. 문제는 많은 사람들이 지지를 보여주지 않으면 가장 좋은 생각이 이기지 못할 수 있다는 것이다.

모든 사람들이 더 나아질 수 있는 해결 방안에 도달하기 위해 개인이 집단적으로 행동해야 하는 상황을 **집단행동의 문제**(collective-action problems)라고 한다. 이러한 상황에서 한 집단에 속한 사람들은 개인적으로는 합리적이지 않은 행동으로부터 이득을 얻는다.

집단행동의 문제 개인적으로 수행하기에는 합리적이지 않은 행동이 집단적으로 수행하면 이득이 되는 상황

그러나 집단적으로 행동하는 데는 비용이 따른다. 집단이나 캠페인을 조직하고 바쁜 사람들의 관심을 끌기 위해서는 시간과 돈이 소요된다. 그 결과 더 큰 조직이 필요할수록, 성공적으로 집단적인 행동을 조정하기 더 힘들고, 더 비용이 든다. 조정하는 데 따른 총편익이 클지라도, 개별 구성원이 얻을 수 있는 편익은 아주 작을 수 있다.

두 아이디어를 결합하면 커다란 집단을 조직하기 위해서는 더 많은 비용과 구성원당 더 작은 편익이 수반된다는 것이다. 따라서 성공적으로 집단적인 행동을 할 수 있는 가능성은 큰 집단일수록 낮다. 이는 흥미로운 예상으로 이어진다. 만약 두 집단이 한 정책에 대해 다른 의견을 가지고 있는 경우, 구성원당 더 높은 편익을 누리는 작은 집단이 원하는 바를 달성할 가능성이 더 높다는 것이다.

예를 들어, 사기업이 관광버스를 운행하는 국립공원을 가정해보자. 이 공원을 방문하는 많은 사람들이 관광버스가 자연을 파괴하고 야생동물에게 해를 끼친다고 생각한다. 몇몇 사람들이 공원 내 관광 규제를 강화하기 위한 운동을 조직한다. 이에 관광버스 회사들은 새로운 규제 제안에 대항하기 위해 협동한다. 어떤 집단이 좀 더 효과적으로 조직화하고 공원 운영에 대한 의견에 영향을 미칠 수 있느냐에 의해 결과가 좌우된다.

관광버스를 운영하는 회사는 많지 않다. 이들이 서로 행동을 조율하는 것은 쉬울 것이다. 또한 개별적으로 제약 없이 공원을 사용함으로써 얻는 이득이 크다고 생각할 수 있다. 따라서 이에 대항하기 위해 많은 자원을 기꺼이 투입하고자 할 것이다. 버스 운영에 제약을 가함으로써 가끔 공원을 찾는 많은 사람들에게 더 많은 총편익이 발생할지라도, 개인당 편익은 훨씬 작다. 공원 방문객들이 탄원서에 서명을 하거나 이메일을 보낼 수 있지만 대부분은 관광버스 운영자들만큼 열심히 싸울 만큼 강한 의지가 있지는 않을 것이다. 버스회사에 유리한 정책에 따른 편익은 관광버스회사 소유주들에게 집중되어 있다. 반대 정책의 비용은 사적인 공원 방문객 사이에 분산되어 있다. 이러한 차이에 의해, 관광버스 소유자들이 원하는 결과가 나타날 가능성이

높을 것으로 예상할 수 있다.

정책 싸움에서 집중된 편익을 가진 집단이 분산된 비용을 가진 집단을 이길 것이라는 이론은 여러 곳에 응용된다. 경제학자들은 다수의 유권자 이익과 일치하지 않는 정책이 유지되는 이유를 설명하는 데 이 이론을 사용한다. 예를 들어, 농가 지원금이나 농산물에 대한 무역보호정책이 지속되는 것에 때로는 의아하게 생각할 수 있다. 이러한 정책들은 식품 가격과 다수의 유권자들이 지불해야 하는 세금을 높인다. 왜 투표자들은 이러한 정책을 없애는 공직자를 선출하지 않는 것일까?

한 가지 이론은 일반 투표자는 우유와 설탕 가격이 조금 오르고, 세금이 약간 오르는 것과 같은 작은 비용에 직면한다는 것이다. 동시에 소수의 농가와 농산물회사는 높은 이익을 얻는다. 작은 집단에 속하는 구성원들은 이러한 큰 이익을 얻기 위해 로비하고 홍보 활동을 하는 것이 쉽고 개인적으로 가치 있다고 생각한다. 식료품가격이 조금 오르는 것을 막기 위해 전 투표자들을 조직하는 것은 아주 어려울 것이다.

부패와 지대 추구

LO 22.5 민주적인 체제에서 부패와 지대 추구가 지속되는 이유 설명하기

정책에 대한 경제적 분석을 하기 위해서는 정책입안자가 그들만의 이해관계, 편견, 우선순위가 있다는 것을 고려해야 한다. 다시 말해, 그들만의 필요와 제약이 있다는 것이다. 물론 우리는 모든 정책입안자가 공공의 이익을 위해 자신들의 최선의 판단력을 사용하고 싶어 한다고 생각한다. 그러나 어떤 정책입안자들은 개인적 이익이나 자신의 친구나 가족들의 이익을 증진시키고 싶어 한다. 이런 경우 반대 세력과 감시조직이 이들이 어떤 행동을 하고 있는지 알아내고 투표자들이 관심을 가지도록 하는 역량에 의해서만 제약을 받을 것이다. 극단적으로 공직자들이 개인적 이익을 위해 정부의 힘을 사용하는 것이 부패다.

지대 추구 사회 전체의 잉여를 증대시키지 않으면서 특정 개인이나 집단의 잉여를 증가시키기 위해 특권을 추구하는 행위

좀 더 일반적으로 말해, 정부는 지대 추구를 가능하게 해서 낭비와 비효율을 창출할 수 있다. **지대 추구**는 사회 전체의 잉여를 증대시키지 않으면서 특정 개인이나 집단의 잉여를 증대시키는 특권을 추구하는 행위다.

종종 이러한 행위는 다른 집단이 접근할 수 없는 배타적 이익이나 계약을 얻기 위한 로비와 관련된다. 다른 측면에서 보면, 아직은 이러한 이득을 얻지 못하고 있으나 얻고 싶어 하는 집단의 로비와 관련된다. 로비 활동으로 무역 규제—예를 들어, 수입업자를 막고자 하는 국내 철강업자—가 만들어진다. 또 다른 로비 활동은 자격증 정책—예를 들어 의사의 수를 제약하고 싶어 하는 의사들 보호—에 영향을 미친다. 막대한 정치후원금은 대체로 로비 활동으로, 어떤 규제나 자격증으로부터 이득을 얻는 집단을 위해 영향력을 행사하고자 하는 노력의 일환이다. 이러한 지대 추구와 로비는 합법적이지만, 자원의 낭비가 될 수 있다.

왜 공직자를 선출하는 과정에서 지대 추구와 부패를 막지 못하는가? 만약 어떤 정치인이 자신의 선거구 주민에게 해가 되거나 선거구민을 희생해 자신의 이익을 증진시키는 정책을 시행할 때, 다음 선거에서 왜 분노한 유권자에 의해 낙선되지 않는가? 왜 부패한 관료가 항상 파면되는 건 아닌가? 현실은 공직자가 어떤 사람인지, 무엇을 하고 있는지에 대한 정보를 얻기에 비용이 너무 높다. 어떤 유권자가 부패를 적발하기 위해 공공지출을 살펴볼 시간이 있는가? 특정 기업

이 자격이 충분해서 정부와의 계약에 성공했는지, 아니면 이 기업을 시장의 친한 친구가 소유하고 있기 때문인지를 분석할 만큼 관심이 있는 유권자가 몇 명이나 되겠는가?

물론 정치적 경쟁자는 선거 전에 현직자가 잘못한 것들을 들춰내고, 유권자에게 알릴 유인을 가지고 있다. 그러나 이러한 폭로는 선거운동의 난장판 속에서 사라진다. 또한 유권자들은 경쟁자가 현직자보다 더 믿을 만한지 확신할 수 없다. 블로그, TV, 라디오, 신문 등과 같은 뉴스 매체가 부패를 폭로하는 데 중요한 역할을 할 수 있다. 그러나 상대적으로 자유로운 사회에서조차 미디어는 복합적인 유인에 직면할 수 있다: 기자들은 정부 내에서 무슨 일이 일어나는지에 대한 정보를 제공하고자 하는 공직자의 자발성에 어느 정도 의존하고 있다. 만약 기자가 사소한 문제를 들춰내면 갑자기 정보원이 더 이상 우호적이지 않게 될 수 있다.

관료 포획(*bureaucratic capture*)은 부패와 지대 추구가 발생할 수 있는 구체적인 통로다. 이는 정부 내 자리를 피규제 대상 집단과 친밀한 관계가 있는 사람들로 채우는 것이다. 물론 특정 정책 분야에 실무적인 경험이 있는 사람을 임명하는 것은 타당하다. 그러나 규제자와 피규제자 사이에 가까운 유대를 갖는 것은 편견이나 개인적 동조를 가져올 수 있다. 2008년 금융위기 이후 미국 증권거래위원회(SEC; Securities and Exchange Commission)의 자본시장 감독 유효성에 대한 의문이 제기된 것을 예로 들 수 있다. SEC가 위기를 약화시킬 수 있었던 규제를 집행하는 데 실패했다고 비판하기도 한다. 이러한 실패는 금융산업과 밀접한 관계가 있는 사람들이 SEC에서 일하고 있었기 때문이라고 본다.

부패는 지대 추구보다 한 단계 더 나아간 것이다. 부패는 불법이기에 본질적으로 감춰져 있다. 그 결과 실제로 얼마나 부패가 일어나고 있고, 부패를 줄이기 위한 가장 효과적인 방법이 무엇인가를 찾아내기 어렵다. 그렇기 때문에 부패로 보이는 정부 활동을 개혁하기 위한 노력은 투명성에 달려 있다고 본다. 이 이론에 따르면 정부의 활동에 대해 일반인들이 더 많이 알수록, 부패 행위와 부패한 정치인을 찾아내고 쫓아낼 수 있다는 것이다. 하지만 부패와 관련된 문제는 투명성 문제 이상일 수 있다. 사례를 통해 알아보기의 '인도네시아에서의 부패 감시'에서 부패를 측정하고 줄이고자 하는 독특한 시도에 대해 논의한다.

사례를 통해 알아보기

인도네시아에서의 부패 감시

수십 년 동안 인도네시아는 수하르토(Suharto)라는 아주 부패한 정권을 유지해온 독재자가 통치해왔다. 국제적 감시기구인 국제투명성기구(Transparency International)에서 수하르토를 20세기 가장 부패한 통치자로 언급했다. 그가 1998년에 쫓겨났음에도 뿌리 깊은 부패 관습은 인도네시아에 여전히 존재한다. 세계에서 네 번째로 인구가 많은 국가인 인도네시아에서 민주적 제도를 개선하고 빈곤을 퇴치하고자 할 때 정부가 공공자금을 본래의 목적에 맞게 사용하도록 하는 것이 시급한 문제다.

KDP(Kecamatan Development Program)는 인도네시아에서 가장 큰 공공사업 프로그램이다. 이 사업은 농촌지역에 돈을 공급하고 그 돈을 어떻게 사용할 것인가를 결정한다. 종종 마을에서는 더러운 길을 포장하기로 결정하지만, 도로건설사업은 가장 부패에 취약한 것으로 간주된다. 어떻게 자금이 오용되는 것을 최소화하고 마을에서 생산적으로 돈이 사용될 수 있도록 할 수 있는가? 한 가지 방법은 정부 관료가 사업을 감사하도록 하는 것이다. 또 다른 가능성은 지역 계획가에게 공개된 지역 모임에서 지출에 대해 설명하도록 하는 것이다. 어떤 방법이 더 성공적으로 부패를 감소시킬 수 있겠는가?

경제학자 벤 올켄(Ben Olken)은 이러한 질문의 답을 찾고자 했다. 그의 아이디어는 도로 포장사업에 얼마의 비용이 소요되는가에 대한 객관적인 추정치를 얻는 것이다. 그 다음에 추정비용과 실제 소요된 비용을 비교한다. 비교를 통해 낭비와 부패 정도를 합리적으로 측정할 수 있다. 올켄은 서로 다른 마을에서 도로 포장에 사용된 실제 비용을 추정하기 위해 공학자들을 고용했다. 그런 다음 임의로 도로를 건설 중인 마을을 선택해 서로 다른 유형의 사업 관리를 받도록 했다. 어떤 곳은 회계 감사를 받도록 하고, 또 다른 곳은 지역 모임의 개입을 증가시키는 노력을 하도록 했다. 또 어떤 곳은 전혀 관리를 받지 않았다.

올켄의 연구 결과에 따르면 자금의 4분의 1 이상이 사라졌지만, 정부 감사를 받도록 한 마을에서는 사라진 자금이 거의 3분의 1로 줄었다. 감사 비용이 사라진 자금의 평균 감소분보다 작았기 때문에, 올켄은 모든 사업에 대해 감사를 하는 것이 비용 효과적이라고 보았다.

한편으로, 지역사회의 참여를 높이는 것은 부패에 미치는 영향이 작았다. 이 사업은 지역사회 모임에 더 많은 지역주민이 참여하도록 하는 데는 성공적이었다. 그러나 참여의 증가가 전체 유용 자금 수준에 미치는 평균적인 효과는 없었다. 한 가지 구체적이고 흥미로운 예외는 있었다. 지역사회의 참여 증가로 자금 유용이 줄어든 유일한 영역은 노동비용이었다. 지역주민들은 도로 공사장에서 일하고 있기 때문에 노동비용 관리에 직접적으로 관심을 갖고 있었다. 그 외에 지역주민들은 지도자들이 규칙을 따르도록 하는데 별다른 영향력을 행사하지 못하는 것으로 나타났다.

Source: Ben Olken(2007), "Monitoring Corruption: Evidence from a Field Experiment in Indonesia," *Journal of Political Economy* 115((2): 200-249; http://news.bbc.co.uk/2/hi/3567745.stm;http://www.nytimes.com/2008/01/28/world/asia/28suharto.html?pagewanted=1.

제도의 중요성: 정치구조가 결과에 영향을 미치는 방식

18세기에 폴란드 의회는 **리베룸 베토**(*liberum veto*)('나는 자유롭게 금지한다'라는 라틴어)를 사용했다. 언제든지 의회 멤버는 니에 포즈발라!(*Nie pozwala*!)('나는 허용하지 않는다')라고 말할 수 있는 권리가 있었다. 이러한 행동은 현재 회기를 끝내고 지금까지 통과된 모든 법이 무효가 되도록 했다. 그 의도는 새로운 법에 대해 만장일치가 이루어지도록 하기 위한 것이었다.

쉽게 상상할 수 있듯이 이 제도는 종종 혼돈 상태를 빚었다. 결국 외세가 이 제도를 이용하고 폴란드 의회를 매수해 원치 않는 법은 '*Nie pozwala*'라고 외쳐 반대하도록 하여, 폴란드의 정치 체계가 멈추도록 했다. 결국 **리베룸 베토**는 사라졌다. 여전히 그 교훈은 적절하다: 게임의 규칙은 결과에 중대한 영향을 미칠 수 있다.

여기에서 논의하기에는 정치구조의 측면이 너무도 많다(자세한 내용은 정치학 교수에게 맡기기로 한다). 그러나 3가지 중요한 내용을 짚고 넘어가자. 이 3가지는 유권자의 선호가 정책 선택으로 전환되는 과정에 특히 중요한 영향을 미친다.

정당의 수. 첫 번째는 생존이 가능한 정당의 수다. 일당 독재 국가를 제외한 거의 모든 국가가 정당의 수를 명시적으로 정하고 있지 않다. 일반적으로 미국에서 사용하는 최다득표제는 양당체제로 이어진다. 후보자는 선거에서 이기기 위해 최다득표를 해야 하기 때문에 제3의 당은 꾸준히 20% 득표를 하더라도 선거에서 한 번도 이기지 못할 수 있다. 그 결과 작은 정당이 정책 수립에 영향을 미치기 바란다면 더 큰 정당과 통합할 유인이 있다. 그렇게 함으로써 선거에서 이길 수 있는 충분한 득표를 할 수 있는 가능성을 높이고 정책 수립에 영향을 미칠 수 있다.

그에 반해 많은 국가가 **비례대표**(*proportional-representation*)제도를 채택하고 있다. 이 제도에서는 전국적으로 20%를 득표한 정당은 의회에서 20% 정도의 의석을 확보한다. 소수 정당은 자기만의 위치를 만들어낼 수 있다. 그런 다음 선출된 후 다른 정당과 연합하면서 정책 수립에 영향을 미칠 수 있다.

비례대표제도와 비교해 양당제도는 좀 더 중도적인 정치로 이끈다고 여겨진다(중위투표자 정리 참고). 또한 두 정당은 많은 사람들을 대표해야 하기 때문에 때로는 하나의 공약 안에 시행하기 어려운 정책 조합을 담기도 한다. 예를 들어, 미국에서 적은 정부 지출을 지지하는 사람들은 종종 공화당을 지지하나, 이 유권자들이 사회문제에 대해서는 다양한 의견을 가질 수 있다. 그 결과 정책에 대한 선호가 다른 사람들이 투표를 할 때, 타협을 해야 한다(예를 들어 낮은 세율과 동성애 결혼을 지지하는 경우 정당 투표 시 어떤 이슈가 더 중요한가를 선택해야 한다).

반면 비례대표제도는 정책수립 과정에 좀 더 다양한 견해를 포함시킬 수 있다고 여겨지며 유권자들은 다양한 공약 중 선택을 할 수 있다. 그러나 이 제도의 문제점 중 하나는 소수 극단적인 정당이 과도한 힘을 행사할 수 있다는 것이다. 거대 정당이 절대다수표를 획득하지 못한 경우, 다수당이 되기 위해 소수당에 통치연합(governing coalition)에 참여할 것을 요청해야 한다. 정치적 지지를 교섭하는 과정에서 소수 정당은 대부분 사람의 선호가 반영되지 않을지라도 자신들의 정책 중 일부가 시행되어야 한다고 주장할 수 있다.

임기 제한(term limit). 살펴볼 만한 두 번째 정치구조의 특정은 **임기 제한**이다. 임기 제한은 공직자가 일정 기간 이상 공직을 유지할 수 없도록 한다. 예를 들어, 미국 대통령은 연속으로 두 번 이상 대통령직을 유지할 수 없다. 이 법은 한 사람이 권력을 너무 오랫동안 유지할 수 없도록 하여 부패 유인을 줄인다고 여겨진다.

그러나 어떤 경우에는 반대 결과가 나타날 수 있다고 추정되기도 한다. 자신이 어떤 행동을 하든지 임기가 끝나면 공직에서 물러나야 한다는 것을 알고 있는 정치인은 올바른 행동을 할 유인이 적다.

예를 들어, 브라질에서 시장은 두 번만 할 수 있다. 재선을 염두에 둔 첫 번째 임기의 시장은 상대적으로 깨끗하게 행동할 이유가 있지만, 임기가 끝나면 어떤 행동을 하든지 시장직에서 물러나야 한다는 것을 알고 있는 시장은 이런 유인이 적다. 2명의 경제학자에 의한 최근 연구 결과에 따르면 재선을 앞두고 있는 시장들의 경우 두 번째 임기 시장에 비해 자금 유용이 27% 낮은 것으로 나타났다. 만약 이 연구 결과가 맞다면 임기 제한을 없애 부패로 인한 손실을 1억6000만 달러를 줄일 수 있다. 이는 볼사 패밀라(Bolsa Familai)라는 저소득층을 돕기 위한 브라질의 가장 큰 사회활동에 소요되는 자금의 거의 반에 해당되는 금액이다.

증가된 참정권(Increased enfranchisement). 마지막으로 중요한 정치구조의 특징은 **참정권**, 즉 누가 투표할 권리가 있느냐 하는 것이다. 과거에는 대부분 국가에서 남성이면서 재산을 가진 사람만이 투표할 수 있었다. 역사적으로 투표할 수 있는 사람들을 통제하는 것은 다른 집단, 특히 여성, 인종적, 종교적 소수 집단, 빈민층을 권력에서 배제하기 위해 사용한 중요한 수단이다. 투표권이 보편적일 때도 인두세, 읽고 쓸 수 있어야 한다든가 또는 투표를 어렵게 하는 다른 요인들로 인해 빈민층이나 교육을 받지 못한 사람들이 투표권을 행사하는 데 제약을 받았다. 이러한 규칙들은 다른 사람들의 희생을 감수하면서 투표할 수 있는 사람들의 이해를 대변하는 정치 체계를 만들었다.

그러나 상황에 따라 투표를 할 수 없는 경우도 있다. 투표장에 갈 수 없거나 투표장에 가서 투표용지를 읽을 수 없는 사람들은 사실상 투표권이 박탈되었다고 볼 수 있다. 작은 변화를 통해 참정권을 증진시킬 수 있는 경우로 사례를 통해 알아보기의 '빈곤층의 투표 참여가 빈곤층을 돕는다'를 읽어보자.

사례를 통해 알아보기

빈곤층의 투표 참여가 빈곤층을 돕는다

정치인들이 투표를 할 것 같은 사람들에게 더 많은 관심을 기울이는 것은 당연하다. 그러나 대부분의 나라에서, 빈곤층이 부유층보다 투표할 가능성이 더 낮다; 그 결과 정치인들은 빈곤층의 필요나 관심사에 별 관심이 없다.

브라질에서 처음에는 직접적인 방법으로 이 문제에 접근했다: 정부는 단순히 모든 시민이 투표할 것을 요구했다. 불행히도 전 인구의 23%가 읽거나 쓸 줄 몰랐다. 그들은 종종 후보자들이 표기된 투표용지를 읽는 데 고생했다. 그 결과 투표용지의 약 4분의 1이 잘못 표기되어 무효표로 처리되었다. 사실상 가장 가난한 투표자들의 대부분이 투표를 함에도 여전히 투표권이 박탈된 것이나 마찬가지였다.

다음으로 브라질의 공무원들은 문맹인 빈곤층 투표자들이 투표하기에 수월한 방법을 찾았다. 그들은 전화기와 비슷하게 생긴 전자투표 기계를 고안했다. 각 후보자는 고유의 숫자를 가지고 있다; 투표를 마치기 전에 투표자가 기계에 입력한 고유번호에 해당되는 후보자의 이름과 사진을 제시했다. 이 새로운 기술의 도입으로 정확하게 기표된 투표가 11% 증가되었다. 이 변화는 특히 가난한 지역과 전통적으로 빈민층의 지지를 받던 정당에 대한 투표에서 뚜렷했다. 이전에는 투표에 포함되지 못했던 수백만의 빈민층 유권자들이 갑자기 이론적으로뿐만 아니라 실질적으로 참정권을 부여받았다.

이 갑작스러운 참정권 부여가 정책에 어떤 영향을 미쳤을까? 빈민층이 자신들이 원하는 정치인에게 투표할 수 있게 된 후로 자신들을 돕는 정책을 시행하는 공직자들을 선택할 수 있게 되었다. 토마스 후지와라(Thomas Fujiwara)의 연구에 따르면 전자투표 기계가 도입된 직후 공공보건에 소요되는 예산액이 50% 증가되었다. 후지와라는 공공보건 지출액 증가가 신생아의 체중 증가 등과 같이 건강 상태의 증진으로 이어졌음을 보였다.

브라질의 경험은 빈곤층의 참정권을 증진시키기 위해 반드시 복잡한 정부 계획이나 정치구조의 변화가 필요한 것은 아님을 보여준다. 필요한 것은 작은 기술 변화일 수 있다.

Source: Thomas Fujiwara(2011), "Voting Technology, Political Responsiveness, and Infant Health: Evidence from Brazil," Princeton University working paper http://www.princeton.edu/~fujiwara/papers/elecvote_site.pdf.

✓ 개념 확인하기

- ❐ 총편익이 일정할 때 대규모 집단이 소규모 집단에 비해 집단행동의 문제를 극복하기 더 어려운 이유는 무엇인가? **[LO 22.4]**
- ❐ 지대 추구와 부패는 어떻게 다른가? **[LO 22.5]**
- ❐ 최다득표제하에서 제3의 소수 정당이 생존하기 어려운 이유는 무엇인가?

결론

경제학도로서, 우리는 정책이 어떻게 만들어지는지 관심이 있다. 이는 정책 그 자체가 의사결정의 중요한 영역이기도 하고 경제에 미치는 영향 때문이다. 이 장에서는 단순화된 정치적 선택 모형에서 시작했다. 투표자가 완전 정보를 가지고 있으며 합리적이다; 투표자는 자신의 입장과 가장 맞는 투표자를 선택한다; 후보자는 선출된 후 정책 공약을 성실하게 수행한다.

그 다음에 정치적 선택에 대한 좀 더 미묘한 모형을 공부했다. 첫째, 투표자가 완전 정보를 가지고 있고 합리적일지라도 선거를 통해 개별 투표자의 견해를 합산하는 것은 투표를 단순하게 합계하는 것처럼 간단하지 않다는 것이다. 사실 이상적인 투표 체계가 충족하는 아주 기본적인 기준들조차 만족시킬 수 있는 과정이 존재하지 않는다. 둘째, 투표자들이 얼마나 합리적이고 관련 내용을 잘 알고 있는지, 그리고 합리적인 사람이 과연 투표를 할 것인가 대해 의문을 제기했다. 그리고 정부 관리들이 편견과 이해관계에 의해 잘못을 저지를 수 있는 사람임을 보았다. 이러한 많은 편견이 정치제도의 규칙에 의해 형성되고, 이러한 규칙이 정책 결과에 어떤 영향을 미치는지 보았다.

다음 장에서는 정책입안자들이 때로는 근본적인 정책 변화 없이, 어떻게 결과에 영향을 미치는지 살펴보고자 한다. 때로는 정책이 제시되는 방법이 퇴직연금과 같은 중요한 문제와 아침으로 무엇을 먹을까와 같은 단순한 문제에 대한 선택에 중요한 변화를 가져올 수 있다.

주요 용어

애로의 불가능성 정리 p.632	지대 추구 p.636	콩도르세 역설 p.632
중위투표자 정리 p.628	집단행동의 문제 p.635	합리적 무지 p.633

요약

LO 22.1 중위투표자 정리의 예측과 가정 설명하기

중위투표자 정리는 정치인들이 중위투표자가 선호하는 정책 입장을 취함으로써 득표수를 극대화함을 보여준다. 이 정리는 몇 가지 가정에 기초하고 있다: 단일 정책 문제; 투표자들은 항상 자신의 입장과 가장 근접한 입장을 가진 후보자에게 투표; 2명의 후보자만 존재; 다수결의 원칙에 의해 승자 결정 등이다. 이러한 조건하에 중위투표자 정리는 양당 체제의 후보자들이 선거에서 승리할 가능성을 극대화하기 위해 비슷한 정책적 입장을 취해야 함을 제시한다. 둘째, 선택된 정책은 평균적인 투표자나 다수의 투표자가 원하는 것이라기보다는 중위투표자가 선호하는 것이 될 것이라고 예측한다. 중위투표자 정리는 투표자들이 다면적 이슈나 한 가지 기준으로 측정될 수 없는 이슈에 관심을 갖는 경우에는 성립하지 않는다.

LO 22.2 '이상적인' 투표제도의 특성을 나열하고 어떤 기준이 실제 제도에 의해 충족되는지 평가하기

애로의 불가능성 정리는 이상적인 투표 체계가 갖춰야 할 4가지 기본적인 기준을 충족시키면서 3개 이상의 선택에 대한 투표자들의 선호를 총합할 수 있는 체계는 없다는 것을 보인다. 4가지 기본적인 기준은 만장일치, 이행성, 관련 없는 대안의 독립성 그리고 독재자가 없다는 것이다. 예를 들어, 미국에서 사용되는 최다득표제는 관련 없는 대안의 독립성 기준에 어긋난다; 제3의 당 후보자의 존재가 선거 결과를 바꿀 수 있다. 페어와이즈 다수결 투표는 이행성 기준에 어긋나, 선거의 최종 결과가 선택이 제시되는 순서에 따라 달라진다.

LO 22.3 '합리적 투표자'라는 개념에 대한 문제점을 논하고 합리적 무지라는 개념 정의하기

가장 단순한 정치적 의사결정에 관한 경제적 모형은 투표자가 완전 정보를 가지고 있으며 합리적이라고 가정한다. 그러나 투표는 정책 이슈에 대한 정보를 얻고 투표하러 가는 시간비용을 유발한다. 한 사람의 투표가 실제로 선거 결과를 바꿀 가능성은 아주 낮다; 투표에 따른 이득 또한 낮다. 많은 사람들이 제대로 알지 못하고 투표하러 가거나, 투표를 전혀 하지 않는 것은 놀랍지 않다. 정보를 수집하는 데 소요되는 비용이 이득을 능가할 때, 제대로 알지 못한 채 투표하는 것은 합리적 무지의 한 예다. 사람들이 일반적으로 완벽하게 합리적이지 않으므로, 후보자 선택 시 때로는 편견을 가지고 있고 합리적이지 않은 요인에 의해 영향을 받는다고 봐야 한다.

LO 22.4 이익은 소수에게 집중되고 비용은 다수에게 분산되는 정책이 지속되는 이유 설명하기

종종 정부는 무임승차자 문제나 공유지의 비극 문제를 극복하고 사람들이 함께 일할 수 있도록 조정하는 역할을 한다. 이러한 것을 집단행동의 문제라고 하는데, 개인적으로 합리적이지 않은 행동으로부터 일단의 사람들이 이득을 얻는 경우다. 집단적 행동은 편익이 소수 집단에 속한 사람들에게 집중되는 경우 더 수월하고, 편익이 다수의 집단에 퍼지는 경우 더 어렵다. 개인이 얻을 수 있는 잠재적인 이득이 작은 경우, 조직하는 비용이 더 크기 때문이다. 그 결과 상반되는 정책으로부터 두 집단이 이득을 얻는 경우, 좀 더 집중된 비용이나 편익이 발생하는 집단이 우세할 것으로 예상할 수 있다. 정책 싸움에서 집중된 편익을 갖게 되는 집단이 분산된 비용을 갖는 집단을 이긴다는 이론은 종종 다수의 유권자들의 이익과 일치하지 않는 것처럼 보이는 정책이 유지되는 이유를 설명하는 데 사용된다.

LO 22.5 민주적인 체제에서 지대 추구와 부패가 지속되는 이유 설명하기

부패는 개인적인 이득을 얻기 위해 공직자가 자신의 지위를 이용해 권력을 사용하는 것이다. 지대 추구는 전체 이익을 증가시키지 않으면서 개인의 이익만 증가시키는 방식을 추구하는 행동이다. 이는 정치인의 부패를 포함할 수 있으나 자신의 이득을 위해 정책을 만드는 정치적 행동도 포함한다. 단순한 정치 모형에서, 공직자를 선출하는 과정에서 지대 추구와 부패를 막을 수 있다고 생각할 수 있다. 그러나 투표자들은 정책의 세세한 내용과 선출된 공직자의 행동을 계속해서 파악하기 어렵다. 이러한 투명성의 결핍이 현실에서 부패를 감시하고 처벌하는 것을 어렵게 하는 것일 수 있다. 관료 포획(bureaucratic capture)이 부패와 지대 추구가 발생할 수 있는 구체적인 통로다. 관료 포획을 통해 정부직이 규제 대상이 되는 산업이나 집단과 밀접한 관계가 있는 사람들에 의해 채워진다.

복습문제

1. 세금 관련 이슈에 대해 2명의 후보 중 한 명을 선택해야 하는 선거를 가정하자. 여론조사에 따르면 세금에 대한 유권자들의 선호는 다음과 같다.

세율(%)	선호하는 유권자 비율(%)
세금 없음	10
10	20
20	40
25	30

후보자 A는 20% 세율을 제안했으며, 후보자 B는 15%를 제안했다. 중위투표자 정리에 따르면 누가 선거에서 이기겠는가? **[LO 22.1]**

2. 누가 공공주택 지원을 받아야 하는가(예를 들어 빈곤 가구, 아이가 있는 연로하고 빈곤한 가구 등)에 대한 세 후보들의 입장을 예측하고자 한다. 중위투표자 정리를 이

용해 분석할 수 있는가? 그 이유를 이 상황이 중위투표자 정리 가정 중 어디에 맞는지에 근거해 설명하라. **[LO 22.1]**

3. 투표제도를 연구하면서 한 제도가 이상적인 투표제도의 4가지 기준 중 다음 3가지를 충족한다는 것을 발견했다: 이행성, 독립적 대안의 무관련성, 만장일치. 이와 같은 정보를 가지고 이 제도에 대한 그 밖에 무엇을 알 수 있는가? 어떻게 확신할 수 있는가? **[LO 22.2]**
4. 매년 어느 마을의 주민들은 마을 공원에 예산을 10% 사용할 것인지, 15% 사용할 것인지 결정하기 위해 모인다. 만약 모든 주민들이 같은 비율에 투표하면 그 비율만큼 사용한다. 그러나 전해에 다른 비율에 합의했다면 평균값을 지출한다. 이 경우 이상적인 선거제도의 특징 중 어떤 것이 충족되지 않는가? **[LO 22.2]**
5. 끊임없이 미디어의 관심을 받는 대통령 선거와 잘 알려지지 않은 지방의원 선거를 비교해보자. 어떤 경우 유권자들이 정보를 제대로 갖기 위해 비용을 더 많이 지불해야 하며, 그 이유는 무엇인가? 어떤 경우 투표에 따른 이득이 더 높으며, 그 이유는 무엇인가? **[LO 22.3]**
6. 선거제도에 다음과 같은 변화가 발생할 때 투표가 증가할지, 감소할지 설명하라. **[LO 22.3]**
   a. 투표 전, 투표자들에게 현안 문제에 대한 30분짜리 영상을 보여줘 관련 현안에 대한 정보를 증대시킨다.
   b. 스마트폰 앱을 이용한 문자 투표가 가능하게 되었다.
   c. 투표 후, 투표자는 자신이 어떤 후보자를 선택했는지 모두가 알 수 있는 작은 핀을 받을 수 있다.
7. '국제무역' 부분에서 특정 의류회사가 생산한 옷을 미국과 유럽에서 수입하는 것을 금지하는 무역 제약에 대해 논의했다. 이러한 정책이 대다수의 유권자들이 좋아하지 않음에도 유지될 수 있는 이유를 설명하라. **[LO 22.4]**
9. 집단적 행동 문제는 지대 추구 유인을 증가시키는가, 아니면 감소시키는가? 의견을 설명하라. **[LO 22.5]**
10. 선거 가능 연령 제한이 지대 추구를 유발할 수 있는 이유를 설명하라. **[LO 22.5]**

응용문제

McGraw Hill connect ECONOMICS

1. 지방선거에 출마한 두 후보가 교육비에 얼마를 지출해야 하는가에 대한 정책 입장을 정립하고자 한다. 교육비 지출 수준에 따른 투표자의 수는 다음 표와 같다.

교육비 예산 비중(%)	투표자의 수
1	40
5	80
9	110
13	150
17	220
21	180
25	90

중위투표자 정리에 따르면, 이 지역에서 교육비로 얼마나 지출하겠는가? **[LO 22.1]**

2. 축구팀에서 주당 훈련 횟수에 따라 주장을 선출하고자 한다. 주당 훈련 횟수에 따라 선호하는 선수들의 수는 다음 표와 같다.

주당 훈련 횟수	선호하는 선수의 수
2	10
4	11
6	10
8	10

   a. 벅, 짐, 브라이언 3명 중에서 주장을 뽑고자 하는 경우 중위투표자 정리를 적용할 수 있는가?
   b. 마지막 순간에 벅이 주장 경선에서 물러나기로 결정했다. 그렇다면 중위투표자 정리를 사용할 수 있는가?
   c. 벅이 후보 사퇴한 상태에서 중위투표자 정리를 사용해 결과를 예측할 수 있다면, 이 팀은 주당 몇 번 훈련을 하겠는가? 만약 중위투표자 정리를 사용할 수 없다면, 제외될 수 있는 답 2개는 무엇인가?
   d. 투표하기 전에 2명의 선수가 더 추가되었다. 둘 다 주당 10회 훈련을 선호한다. 벅이 제외된 경우 결과를 예측하기 위해 중위투표자 정리를 사용할 수 있다면 이 팀은 주당 몇 회 훈련을 하겠는가? 이 정리를 사용할 수 없다면 제외될 수 있는 답 2개는 무엇인가?

3. 3명의 친구가 저녁으로 무엇을 먹을지 결정하고자 한다. 쌀국수, 파스타, 햄버거, 스시 중에서 고를 수 있다. 세 사람의 선호는 다음과 같다. **[LO 22.2]**

   가비: 쌀국수 > 파스타 > 스시 > 햄버거
   아놀드: 파스타 > 햄버거 > 스시 > 쌀국수
   줄리: 스시 > 햄버거 > 쌀국수 > 파스타

   a. 다수결의 원칙에 따라 쌀국수와 파스타 중 하나를 결정한 후 결정된 음식과 햄버거 중 하나를 결정한다. 그중 선택된 음식과 스시 중 하나를 선택한다. 이러한 방식으로 선택하는 경우 어떤 음식을 먹겠는가?
   b. 스시와 햄버거 중 하나를 선택한 후 선택된 음식과 파스타 중 하나를 선택하고 마지막으로 선택된 것과 쌀국수와 비교해 선택하는 경우 어떤 음식을 먹겠는가?
   c. 이 경우 이상적인 선거제도 기준 중 어떤 기준에 위배되는가?

4. 결선 투표에서, 첫 번째 투표에서 과반수 이상을 획득한 후보자가 없는 경우 상위 득표 후보 2명에 대해 두 번째 투표를 한다. 결선에서 후보자 A, B, C, D에서 투표자들의 선호가 다음과 같다. **[LO 22.2]**

   12명: A > B > C > D
   8명 : C > B > D > A
   10명 : D > B > C > A
   4명 : B > D > A > C

   a. 첫 번째 투표에서 과반수를 넘는 득표를 하는 후보가 있는가? 만약 그렇다면 어떤 후보인가? 그렇지 않다면 두 번째 투표에 어떤 후보가 진출하고 누가 당선되겠는가?
   b. 후보자 A가 경선 사퇴를 했다고 가정하자. 첫 번째 투표에서 과반수를 넘는 득표를 하는 후보자가 있겠는가?
   c. 이 상황은 관련 없는 대안의 독립성 가정에 위배되는가?

5. 합리적인 투표자 이론에 따르면, 다음과 같은 경우 투표자 수가 증가하겠는가, 아니면 감소하겠는가? **[LO 22.3]**
   a. 전자투표 기계의 도입으로 투표 과정이 빨라지고 덜 복잡하게 되었다.
   b. 하루 종일 뉴스에서 선거가 접전을 이루고 있어 겨우 몇천 표 차이로 선거 결과가 결정될 것이라고 강조한다.
   c. 투표소의 수가 증가되었다.
   d. 여론조사원들이 선거 며칠 전에 현직자가 압도적으로 승리할 것이라는 예측을 했다.

6. 다음 내용이 합리적 무지를 나타내는지 결정하라. **[LO 22.3]**
   a. 덕은 지난 분기 자신의 퇴직연금 계정의 수익률이나 계정을 구성하는 투자 형태를 모른다.
   b. 샐리는 핵물리학자들이 감독하는 국가위원회에서 결정한 핵에너지 규제에 대한 새로운 조항에 대해 모른다.
   c. 짐은 시 도급업자들의 허가권에 대해 새로운 규제를 지지해야 할지 모른다.
   d. 톰은 매일 불법주차를 하면서도 주차위반 요금이 얼마인지 모른다.

7. 다음의 경우 누가 이득을 얻고 누가 비용을 부담하는지 밝히고, 비용과 이익이 집중되어 있는지 분산되어 있는지 밝혀라. 이 결과에 따라 누가 원하는 결과를 얻을 수 있는지 예측하라. **[LO 22.4]**
   a. 고무 생산업자들이 정부에 로비를 하여 저렴한 외국산 고무 수입을 막아 소비자 제품의 가격이 올랐다.
   b. 정부가 동부 주요 도시를 연결하는 고속철 건설을 위해 휘발유세를 갤런당 1센트 인상했다.

8. 다음 각 경우에 대해 집단적 행동 문제가 존재하는지 결정하라. **[LO 22.4]**
   a. 분산된 이득, 분산된 비용
   b. 분산된 이득, 집중된 비용
   c. 집중된 이득, 분산된 비용
   d. 집중된 이득, 집중된 비용

9. 지대 추구, 부패, 관료 포획 중 다음과 같은 상황에 가장 적합한 것을 골라보자(한 가지 이상 적용될 수 있는 경우 가장 적합한 것을 골라라). **[LO 22.5]**
   a. 가장 낮은 가격에 입찰하지 않았음에도 담당 공무원이 뇌물을 받고 자신의 친구가 운영하는 회사와 계약을 맺도록 했다.
   b. 노인 단체가 노인들을 위한 공공 셔틀 운행에 더 많은 예산을 지불하도록 로비를 했다.
   c. 대통령이 전직 투자은행장을 금융감독원장에 임명했다.
   d. 교원 봉급 예산을 증가시켜주는 대가로 교원 노조장이 특정 정치 후보를 지지했다.

10. 다음과 같은 변화가 지대 추구를 증대시킬지, 감소시킬지 결정하라. **[LO 22.5]**
    a. 스마트폰의 보급으로 광범위하게 정보에 접근할 수 있게 되었다.

b. 판사가 정치인이 500달러 이상 가치의 선물을 받은 경우 보고하도록 한 법을 폐기했다.
c. 국회에서 로비스트가 이전에 일했던 산업을 규제하는 정부에 고용되기 전에 적어도 2년 동안 관련이 없는 직종에 있어야 한다는 법을 통과시켰다.

참고문헌

http://www.washingtonpost.com/wp-dyn/content/article/2007/03/31/AR2007033101040.html

http://grad.econ.ubc.ca/fujiwara/jmp.pdf

http://www.fec.gov/pubrec/fe2008/2008presgeresults.pdf

http://www.nytimes.com/2005/11/06/magazine/06freak.html?pagewanted=1

http://www.econ.upf.edu/~funk/papers/Signalling_Manuscript.pdf

http://citeseerx.ist.psu.edu/viewdoc/download?doi=10.1.1.65.3703&rep=rep1&type=pdf

http://press-pubs.uchicago.edu/founders/documents/v1ch13s7.html

http://www.econ.berkeley.edu/~ffinan/Finan_Termlimits.pdf

http://www.britannica.com/EBchecked/topic/339388/liberum-veto

http://www.economist.com/blogs/freeexchange/2011/09/climate-policy

◀ 세계의 모바일 윈도우–이 장의 내용과 관련된 응용사례를 찾으려면 여러분의 스마트폰으로 이 코드를 스캔하라. (QR코드 리더가 필요하면, 여러분의 앱스토어에서 ScanLife를 활용하라.)

여러분의 모바일 앱스토어를 방문하여 Karlan and Morduch Study Econ app.을 다운로드 하라. ▶

Chapter 23

공공정책과 선택설계

학습목표

LO 23.1 선택설계를 정의하고 넛지가 개인의 의사결정에 어떤 영향을 미칠 수 있는지 설명하기

LO 23.2 완전 정보와 합리적 선택모형과 맞지 않는 여러 가지 인간의 의사결정 방식을 나열하고 설명하기

LO 23.3 맹약수단에 대한 수요가 합리적임을 설명하기

LO 23.4 임의기준규칙이 사람들의 선택에 미치는 영향과 정책적 시사점 서술하기

LO 23.5 프레이밍이 정보를 받아들이는 방식에 미치는 영향과 정책적 시사점 서술하기

미래를 위해 저축하기

많은 미국인이 급여세로 사회보장금에 '강제로' 적립하는 것 외에 은퇴를 대비한 저축을 거의 하지 않는다. 이것만 놓고 보면 이 사실이 반드시 이상하지는 않다. 어쩌면 많은 사람들이 그 이상 저축하고 싶어 하지 않는 것일 수 있다. 그러나 이상한 점은 대부분 미국인들이 더 저축하고 싶다고 말한다는 것이다.

사람들은 저축을 더 하고 싶다면서 왜 그러지 않는 것일까? 전형적으로 경제학자들은 사람들이 저축에 대해 합리적이고 합목적적인 의사결정을 한다고 가정한다. 사람들은 소득이 높을 때 저축을 하고 소득이 낮거나 은퇴 등으로 소득이 사라졌을 때 저축에서 소비를 한다. 현시선호 이론에 근거해 경제학자들은 사람들이 어떤 선택을 하든 그 선택은 그들과 그들이 처한 상황에서 '올바른' 선택이라고 추론한다. 어떤 사람이 가끔 그달에 계획한 액수만큼 저축하지 않는 경우, 미래에 조금 더 저축을 하여 조정할 것으로 간주한다. 장기적으로 볼 때, 사람들의 행동과 그 의도가 일치될 것으로 기대한다.

그러나 어떤 사람들은 당장의 유혹에 넘어가 장기적인 저축 목표에 반하는 실수를 지속적으로 한다고 가정하자. 그들은 어떤 달에 잘못 계산한 것이 아니라, 수년 동안 원했던 것보다 적게 저축하는 것이다. 자녀 교육비나 은퇴 후 생활을 유지하기 위해 원했던 만큼 은행에 저축하지 못했을 수 있다. 그들이 심사숙고하고 계획할 때, 더 나은 선택을 하도록 할 수 있는 방법이 있을까? 경제학자인 슬로모 베나치(Shlomo Benartzi)와 리처드 탈러(Richard Thaler)는 사람들이 자신의 한계를 극복하고 저축을 더 많이 할 수 있는 프로그램을 고안했다.

내일을 위해 더 저축하자(Save More Tomorrow 또는 SMarT™)라고 하는 방법은 근로자들이 미래 보수 인상분의 일정 부분을 비과세 연금저축 계좌에 입금되도록 약정하는 선택을 할

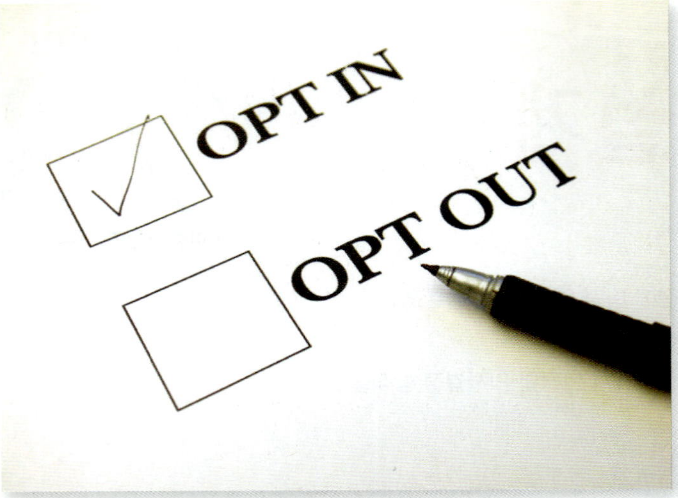

Source: © The McGraw-Hill Companies, Inc./Mark Dierker, photographer.

수 있게 한다. 베나치와 탈러는 사람들 대부분이 저축을 더 하기 위해 현재 보수의 일정 부분을 줄이는 것처럼 현재 갖고 있는 것을 포기하는 것을 싫어함을 인식했다. 저축의 증가분을 미래 보수 증가분과 연계시킴으로 SMarT는 사람들이 더 저축하기 위해 뭔가를 '포기해야 한다'는 느낌 없이 저축을 하도록 도와준다(가능한 한 신축적으로 운영하기 위해 이 프로그램은 사람들이 나중에 생각을 바꾸거나, 원하면 저축 약정을 취소하거나 저축률을 낮출 수 있도록 허용한다).

사람들이 이미 최적의 저축 선택을 하고 있다면, SMarT와 같은 프로그램은 아무 효과가 없을 것이다. 그러나 SMarT 프로그램에 참여한 사람들의 저축률이 몇 년 후 거의 4배로 증가되었다. 소득의 3.5%였던 저축률이 13.6%로 증가했다. 이 같은 증가는 사람들이 원하는 것보다 적게 저축하고 있었으나, 원하는 수준의 저축을 하게 하기 위해서는 약간의 넛지(nudges)가 필요했다는 것을 보여준다. SMartT는 근로자들이 적어도 2가지 다른 유형의 저축을 방해하는 정신적 요인을 극복하도록 도와주도록 고안되었다.

첫 번째로 SMarT는 **현상유지 편향**(*status-quo bias*)을 이용한다. 우리는 종종 아주 쉬워도 뭔가를 변화시키기 위해 적극적으로 행동하는 것을 주저한다. SMarT는 아무런 행동을 하지 않는 것이 미래 저축의 증가로 이어지도록 했다. 생각을 바꾸고 싶다면 쉽게 바꿀 수 있으나, 저축하는 것을 기본 선택으로 해서 사람들이 저축할 가능성을 높였다.

두 번째로 SMarT는 많은 사람들이 지금 저축하기 위해 현재 소비를 포기하고 싶어 하지 않지만, 더 먼 미래의 저축을 위해 미래 소비는 기꺼이 줄인다는 점을 활용했다. 왜 그런가? 지금 당장 저축을 더 한다는 것은 현재 우리를 유혹하고 있는 것들을 포기해야 한다는 것을 의미한다. 나중에 저축을 한다는 것은 지금 당장 저축하는 것만큼 고통스럽지는 않기 때문에, 미래에 저축하는 것에는 좀 더 기꺼이 동의한다.

SMarT 프로그램은 단순히 선택지를 제시하는 방법을 바꿔 사람들의 행동에 영향을 미칠 수 있으며 정신적 편향(mental biases)을 극복하고 후회하지 않도록 도와줄 수 있다는 것을 보여준다. 탈러와 공동 연구자 카스 선스테인(Cass Sunstein)은 이러한 생각에 대해 선택설계라는 용어를 붙였다. 사람들이 선택을 하는 환경을 어떻게 설계할 것인가를 비판적으로 생각할 때 우리는 **선택설계**(*choice architecture*)에 참여하고 있는 것이다. 《넛지: 똑똑한 선택을 이끄는 힘(*Nudge:Improving Decisions about Health, Wealth, and Happiness*)》이라는 책에서 탈러와 선스테인은 정책과 제품의 구조가 개별적인 의사결정의 결과에 영향을 미친다는 생각을 널리 알리고 있다. 그들은 장기적으로 사람들을 더 행복하게 만들 선택을 하도록 사람들은 가볍게 '넛지'하는 방법으로 정책과 제품을 설계하는 것이 가능하다고 주장한다. 탈러와 선스테인은 사람들에게 무엇을 해야 한다고 지시하는 것은 원하지 않는다. 대신 사람들이 자유롭게 선택을 하도록 하면서 더 나은 선택을 하는 것이 좀 더 쉬워질 수 있도록 만들고 싶어 한다.

이 장에서는 선택설계가 어떻게 작동하는지 설명할 것이다. 경제적 선택을 구성하는 심리적 편향의 설명으로 시작하고자 한다. 그런 다음 정책입안자, 기업, 모든 종류의 선택 설계자들이 사람들이 원한다고 말하는 선택 방향으로 이끄는 데 도움이 되도록 어떻게 생각을 실행하는지 살펴본다.

선택설계와 넛지

때때로 사람들은 스스로 올바른 선택이 아니라고 생각하는 행동을 한다. 저축을 하고 싶다고 하면서도, 저축 계좌를 전혀 개설하지 않을 수 있다. 다이어트를 하는 것이 좋다고 생각하면서도, 몸에 좋지 않은 음식을 계속 먹을 수 있다.

이러한 내용은 '행동경제학' 부분에서 처음 접했다. 여기에서는 정책입안자가 사람들이 좀 더 나은 선택을 하도록 넛지하는 제품과 정책을 어떻게 설계하는가 보기 위해 행동경제학에서 얻은 통찰력을 적용할 것이다.

왜 넛지를 사용하는가?

LO 23.1 선택설계를 정의하고 넛지가 개인의 의사결정에 어떻게 영향을 미칠 수 있는지 설명하기

사람들의 의사결정이 선택지가 어떻게 제시되는가에 따라 달라질 수 있다는 증거들이 점점 늘고 있다. **선택설계**—사람들이 의사결정을 하는 맥락과 과정의 구조—가 실제 의사결정을 변화시키고 그 결과 최종 결과를 변화시킬 수 있다. 선택설계는 선택의 순서, 상이한 선택들이 묘사되는 방식 등과 같은 요소에 초점을 맞춘다.

선택설계 사람들이 결정을 내리는 맥락과 과정의 구성

'선택설계자(choice architects)'는 의사결정 환경을 형성하는 위치에 있는 사람들이다. 이들은 사람들의 선택 결과에 영향을 미칠 수 있기 때문에, 이들이 어떻게 이 영향력을 행사해야 하는가에 대한 질문을 던져야 한다. 벤 아저씨가 피터 파커(또는 스파이더맨)에게 말했듯이 '엄청난 힘은 엄청난 책임을 수반한다(with great power comes great responsibility).' 어떤 사람들은 선택설계자들이 '중립적'이 되어 가능한 그들의 힘을 적게 사용하는 것을 목표로 해야 한다고 말할 수 있다.

그러나 상세히 살펴보면, 대부분의 경우 중립적 정책이라는 것이 무엇을 의미하는지 분명하지 않다. 예를 들어, 대형 할인점에서 눈높이 선반과 같이 잘 보이는 위치에 있는 상품을 더 많이 구입하는 경향이 있다는 연구 결과가 있다. 어떤 방식으로 상품을 진열하든 어떤 상품은 눈높이 선반에 놓이고 다른 상품은 그렇지 못하다. '중립적' 진열이란 있을 수 없다. 그러나 어떤 상품을 눈높이에 진열할 것인가를 결정할 수 있다. 이 경우 선택설계의 힘이 작동한다.

정책이 중립적일 수 없다면, 무엇이 중립적일 수 있을까? 대형 할인점 매니저의 경우, 이에 대한 답은 쉽다. 매니저는 이윤을 극대화하는 상품을 눈높이에 진열하고 싶어 한다. 이 경우 그 결정은 아주 어렵다. 선택설계자는 그들이 생각하기에 사회에 좋은 선택을 하도록 설계해야 하는가? 아니면 사람들이 자신들에게 좋다고 생각하는 것들을 선택하도록 설계해야 하는가? 이 장에서는 주로 정책이 어떻게 사람들의 선택에 영향을 미칠 수 있는가를 설명하는 데 초점을 맞춘다. 이 도구들의 적절한 사용에 관한 문제는 그대로 두겠다.

넛지 사람들의 행위를 예상 가능한 방향으로 바꾸기 위해 교묘하게 선택설계를 이용하는 것

탈러와 선스테인은 **넛지**(nudge)라는 용어를 경제적 유인을 크게 변화시키지 않고 의도적이고 예측 가능한 방법으로 사람들의 행동을 변화시키는 선택설계의 시행을 묘사하는 데 사용한다. 달리 말하면, 넛지는 특정한 방향으로 살짝 미는 것으로, 다른 방향으로 가고 싶은 사람은 여전히 그렇게 할 수 있다. 예를 들어, SMarT 프로그램은 사람들이 더 많이 저축하도록 넛지하지만, 여전히 사람들에게는 생각을 바꾸고 더 낮은 저축률을 선택할 수 있는 자유가 있다. 식료품 가게에서 눈높이에 어떤 상품을 진열해 고객으로 하여금 그 상품을 구매하도록 넛지하지만, 고객은 여전히 더 높은 선반이나 낮은 선반에 진열된 상품을 구매할 수 있다.

넛지는 때로는 전통적인 방법보다 덜 비싸고 덜 강압적인 방법으로 공공정책 목표를 달성하게 할 수 있다. 만약 사람들을 사회적으로 바람직한 방향으로 넛지할 수 있다면, 왜 굳이 강력한 쿼터를 정하거나 세금을 높이거나 어떤 것을 위법하다고 할 필요가 있을까? 다음에서 성공적이고 비용 효과적인 넛지에 대한 수리적 사례를 볼 것이다. 이는 사람들이 실제 그들이 선호하는 선택을 할 수 있도록 돕는다. 무엇보다 중요한 것은 엄격한 규칙과 달리 넛지는 여전히 다른 선택을 하고 싶어 하는 사람들에게 선택의 자유를 남겨놓는다는 것이다. 사례를 통해 알아보기의 '비료 사용 확정하기'라는 개발도상국의 넛지 사례를 읽어보자.

사례를 통해 알아보기

비료 사용 확정하기

서케냐(Western Kenya)에서는 많은 사람들이 농작물을 재배하며 살아간다. 그러나 토양이 척박하다. 그 결과 최저생계 수준을 유지하는 농부들은 일반적으로 하루에 1달러 정도 번다. 땅에 비료를 조금 뿌리면 수확량을 48% 증가시킬 수 있다. 비료 사용에 따른 이득이 비료비용을 능가하고, 농부들도 이러한 이득을 잘 알고 있다. 그러나 여전히 이 지역 농민들의 55%가 비료를 사용해본 적이 없다. 왜 그런 것일까?

분명한 이유가 있다: 어쩌면 농부들이 비료를 살 수 없기 때문이다. 이러한 설명은 전형적인 정책 대응으로 이어졌다. 즉 비료에 막대한 보조금을 지급하는 것이다. 동아프리카 국가 중 하나인 잠비아에서는 전체 공공 예산 중 2%를 비료 보조금으로 사용하고 있다.

그러나 경제학자 에스더 두플로(Ester Duflo), 마이클 크레머(Michael Kremer), 조너던 로빈슨(Jonathan Robinson)은 다른 이유가 있을지 모른다고 생각했다. 농민들에게 물어보니 대부분 비료를 사용하려고 했고 수확 시기에는 비료를 살 여력이 된다고 답했다. 그러나 파종기가 도래하면 돈이 충분하지 않게 되어 비료를 포기한다. 은퇴 후를 위해 저축을 많이 하고자 하지만 지금 당장의 소비를 줄이기 어려워하는 많은 사람들처럼, 케냐 농민들도 파종기에 비료를 사기 위해 수확기에 저축을 하는 데 어려움이 있었다.

이런 문제에 대해 3명의 경제학자들은 농민들이 비료 사용 의지를 관철하도록 도울 수 있는 넛지를 만들었다. 이 넛지는 농민들이 1년 중 다른 시기에 비료를 살 수 있는 기회를 제공하는 것이다. 현장 연구원들은 농민들이 수입이 있을 때 지불하고, 다음 파종기에 비료 배달을 보증하는 바우처를 팔았다.

아니나 다를까, 연구원들이 수확 직후 농민들을 방문했을 때 비료 구매가 60% 증가했다. 비료 바우처로 인해 농민들이 돈이 있을 때 비료 값을 지불해 비료 사용을 확정할 수 있었다. 물론 농민들이 석 달 동안 돈을 저축할 수도 있지만, 구속력이 없어서 종종 저축하지 않게 된다.

이는 시기 선택이 중요함을 나타낸다. 초기 방문 시 지불하는 대신 농민들이 며칠 뒤에 바우처를 살 수 있게 했을 때 비료를 산 농민들의 비율이 반 이상 줄었다. 비수기에 바우처를 살 수 있었던 농민들은 가격이 50% 낮아도 비료를 잘 사지 않았다.

이 결과는 비료 사용 증가를 위한 정부의 값비싼 지원금에 대한 대안을 제시한다. 좀 더 넓게 볼 때, 이는 세계에서 가장 가난한 사람들에게도 실질적인 변화를 만들 수 있는 선택설계를 보여준다(이 경우는 비료 구매에 대한 농민들의 선택 시기를 바꾼 선택설계). 이 농민들은 이미 비료를 구매하는 것이 본인들에게 좋다는 것을 알고 있었다. 필요한 것은 넛지였다.

Source: Esther Duflo, Michael Kremer, and Jonathan Robinson. 2001. "Nudging Farmers to Use Fertilizer: Theory and Expreimental Evidence from Kenay." *American Economic Review*, 101(6):2350-90. DOI:10.1257/aer101.6.2350

'나쁜' 선택이란?

이 장에서 '실수'나 '나쁜 선택'을 말할 때, 해당 선택의 장점에 대한 우리의 견해를 반영하지 않는다. 대신 '실수'를 선택하는 사람의 관점에서 정의한다. 실수란 선택한 사람이 나중에 후회하는 선택이다.

경제학자가 좋은 선택과 나쁜 선택에 대해 어떻게 생각하는지 잠시 살펴볼 필요가 있다. 경제학은 사람들이 다양한 선호를 갖고 있다는 것을 감안한다. 그래서 다른 사람에게 좋은 선택이 무엇인지 말하기 어렵다. 어떤 사람에게 다이어트를 포기하는 것은 체중 감량만큼 가치가 있다. 또 다른 사람에게는 그렇지 않을 수 있다. 대체로 경제학은 사람들이 상충되는 것들을 비교해보고 자신의 효용을 극대화하는 선택을 한다고 가정한다. 전통적인 경제학 관점에서('소비자 행위' 부분에서 본 현시선호(*revealed preference*)에서 볼 수 있듯이) '나쁜' 선택이란 없다. 정의상 사람들은 자신에게 가장 좋은 것을 선택한다고 가정하기 때문이다.

고액 대출을 받아 엄청난 빚을 지게 된 사람을 생각해보자. 심리학자는 이 사람이 자기 통제를 못하는 충동적 구매자라고 결론 지을지 모른다. 그러나 경제학자는 일반적으로 이 사람의 선호로 설명될 수 있다는 가정에서 시작한다. 예를 들어, 이 사람이 현재 소비에 대한 아주 강한 선호를 갖고 있다면 이 사람은 현재 많은 물건을 사기 위해 미래 지불 의무를 선택함으로써 합리적으로 효용을 극대화하고 있다는 것이다.

이러한 전통적 경제학 접근 방법이 이 책의 중심이 되는 이유가 있다. 우선 사람들은 자신의 이익에 따라 행동하려고 시도하는 경향이 있다는 합리적이고 단순한 가정에 기초하고 있다. 또한 사람들이 자신을 위해 가장 좋은 것이 무엇인지 종종 알고 있으며, 적어도 다른 사람보다는 더 잘 안다는 선의의 해석을 한다. 그러나 행동경제학, 선택설계, 넛지를 공부해 심리학에서 배운 것을 경제학 접근 방식과 결합할 수 있다. 사람들이 항상 자신에게 가장 좋은 선택을 한다는 단순한 가정을 벗어나 그 이상 나아갈 수 있다.

하지만 이는 우리를 어려운 처지에 놓이게 한다. 다른 사람이 보기에 이상한 결정을 할 때 단지 이 사람이 다른 선호를 가졌기 때문인가? 아니면 실제 이 사람이 실수를 한 것인가? 행동경제학적 접근 방식은 둘 다 가능하다고 본다. 누가 무엇이 '나쁜' 선택이라고 결정할 수 있는가? 이웃 사람들? 부모님? 정책입안자? 어떻게 그리고 언제 이들의 의견을 실천해야 하는가? 이러한 질문에 답하는 것은 그 자체만으로 교과서 한 권이 될 수 있고, 여기에서 다루지는 않는다. 대신

'나쁜 선택'과 '실수'라는 표현은 의사결정자 스스로가 나중에 나쁜 결정 또는 실수를 했다고 하는 경우에만 사용한다.

사람들이 저지르는 실수

LO 23.2 완전 정보와 합리적 선택모형과 맞지 않는 여러 가지 인간의 의사결정 방식을 나열하고 설명하기

일단 사람들이 자신의 후생 수준을 극대화하고자 하나 때로는 실수를 한다는 것을 인정하고 나면 이러한 실수들이 일반적이고 예측 가능한 방식으로 발생한다는 것을 발견하기 시작한다. 여기에서는 사람들의 의사결정에서 나타나는 중요한 편향을 분류한다. 다음 절에서 선택설계가 어떻게 이런 통찰력을 작동시킬 수 있는지에 대한 더 많은 사례를 보고자 한다.

유혹(temptation). '행동경제학' 부분에서 사람들이 유혹과 미루는 습관과 얼마나 싸우는지 보았다. 경제학자와 정책입안자 입장에서 어떤 일을 하겠다고 하면서—저축을 하겠다, 다이어트를 하겠다, 금연을 하겠다 등—다르게 행동하는 사람들을 어떻게 이해할 것인가? 경제 모형은 유혹을 일종의 인격 분리 문제로 본다. 즉 우리는 오늘 무엇을 하겠다는 것에 대한 선호와 미래에 무엇을 하겠다는 것에 대한 별개의 선호를 갖고 있다.

시간 불일치 오직 결정의 시점이 다름으로써 무엇을 원하는지에 대한 마음을 바꾸는 상황

단지 결정 시점이 다르기 때문에 우리가 원하는 것에 대한 생각을 바꾸는 상황을 **시간 불일치**(time inconsistency)라는 용어로 나타낸다. 사람들이 현재 선호하는 것은 단지 미래 선택이 훨씬 뒤이기 때문에 미래에 선호하는 것과 불일치한다. 상황에 중요한 변화가 생겨 사람들의 선호가 다르다면 시간 불일치가 아니다. 예를 들어, 휴가 중 건강에 좋지 않은 음식을 먹고 휴가가 끝난 다음 주부터 다이어트를 시작하겠다고 하면, 이는 시간 불일치가 아니다. 시간 불일치는 다음 주부터 다이어트를 시작하기로 하고, 시작할 때가 되었을 때 다시 다음 주에 시작하겠다고 계속 미루는 것이다. 이 경우 사람들의 선호가 단지 시간의 흐름에 따라 바뀐 것이다. 이 장의 앞부분에서 보았듯이, 불일치는 SMarT 프로그램이 해결에 도움이 되고자 하는 일반적인 편향 중 하나다.

제한된 계산 능력(limited processing power). '정치적 선택' 부분에서 정치적 쟁점에 대한 정보를 완전하게 알고자 하지 않는 것이 왜 합리적인가에 대해 배웠다. 새 컴퓨터를 사기 전에 이것저것 비교해보겠지만, 컴퓨터 기술에 대한 세계적인 전문가가 되는 사람은 소수다. 어떤 것이 나에게 가장 적합한가에 대해 잘못된 결정을 하는 것이 가능한가? 물론 그렇다. 하지만 나에게 아주 잘 맞는 모델을 찾기 위해 1년 동안 컴퓨터를 탐색하는 것이 정말 가치 있는가? 아마도 그렇지 않을 것이다. 완벽하게 나에게 맞는 컴퓨터를 선택하지 못할 위험을 감수하는 대신 이 기간 동안 할 수 있는 더 가치 있는 일들을 생각해보라.

그럼에도 때로는 우리의 무지를 아주 신중하게 고려하지 않으며, 나쁜 선택에 따른 결과는 심각하다. 우리는 단지 선택과 관련한 복잡한 정보에 압도당했을지 모른다. 예를 들어, 은퇴 후 안락한 삶을 위해 일생의 어떤 시점에서 얼마를 저축해야 하는가 하는 문제는 경제학교수들조차도 답하기 어려운 질문이다. 심리학 연구는 많은 복잡한 정보 처리가 수반되는 선택이 단순한 정보가 요구되는 선택보다 더 나쁜 결과를 가져오는 경향이 있음을 보인다.

어려운 결정일지라도 연습을 통해 완벽해질 수 있다. 그러나 불행히도 인생의 많은 중요한

결정은 연습해볼 수 없다. 저녁에 무엇을 먹을까와 같은 익숙한 선택은 쉽다. 이러한 선택은 서로 다른 수술법 중 무엇을 선택할 것인가 또는 퇴직연금을 어떻게 투자할 것인가와 같은 간헐적으로 하는 선택에 비해 쉽다. 어느 정도 다른 선택으로부터 얻을 수 있는 효용을 알 수 있을 만큼 충분하게 여러 번 저녁을 먹어보았기 때문이다. 퇴직연금 투자하는 법, 서로 다른 수술법이 5년 후 어떤 영향을 미칠지, 어떤 대학에 가야 하는지와 같이 간혹 직면하는 상황에서 실수할 가능성이 높다.

사용할 수 있는 정보를 개인적으로 의미 있는 것으로 전환하는 방법이 분명하지 않은 경우 특히 그렇다. 어떤 대학에 갈 것인지 결정할 때 평균 수능 점수, 졸업생 수, 교수와 대학생 비율 같은 통계와 이야기들을 잔뜩 얻을 수 있다. 이러한 정보들을 어떤 대학에 입학했을 때 즐겁고 생산적인 삶을 살 수 있을지에 대한 예측으로 전환할 수 있을 때 본인에게 유용하다. 특히 자신에게 궁극적으로 무엇이 중요한지 확신할 수 없는 경우 이 문제는 더 심각해진다. 대학에 가본 적이 없는데 자신이 수강생 규모에 신경을 쓸지 어떻게 안다는 말인가?

변화 기피(reluctance to change). 사람들은 흐름에 맡긴다. 변경하는 것이 쉬울지라도 다른 선택을 하기보다는 현재 상황을 유지하려는 경향이 있다. 경제학자는 이를 **현상유지 편향**(status-quo bias)이라고 한다. 앞에서 본 SMarT 사례에 나타난 공통적 실수 중 하나다.

현상유지 편향 다른 대안으로 옮겨가는 것이 힘들지 않은데도 현재 상황에 머무르는 경향

의사결정 영역에서 현상유지 편향이란 기본선택—선택하는 사람이 적극적으로 결정을 하지 않으면 자동으로 발생하는 것—이 중요하다는 것을 의미한다. 현상유지 편향의 예로, 온라인 제품의 무료 체험을 신청했다고 생각해보자. 대부분의 경우 취소하지 않으면 무료 체험 기간이 끝나면서 자동으로 그 제품을 신청하는 것으로 될 것이다. 많은 사람들이 취소하려고 계획했지만 잊어버리고 실제 원하지도 않는 것에 지불을 하게 된다.

현상유지 편향의 흥미로운 변화는 **보유효과**(endowment effect)다. 이는 단지 자신이 갖고 있다는 이유 때문에 이미 갖고 있는 것에 대해 더 높은 가치를 부여하는 경향이다. 잘 알려진 실험에 따르면, 심리학자 대니얼 캐너먼(Daniel Kahneman), 경제학자 잭 네치(Jack Knetsch)와 리처드 탈러는 한 집단에 머그컵을 나누어줬다. 그런 다음 컵을 갖고 있지 않는 집단에 머그컵 하나에 얼마를 지불하겠느냐고 물었다(모든 머그컵을 보고 품질을 평가할 수 있었다). 또한 머그컵을 갖고 있는 집단에 속한 사람들에게 얼마를 주면 머그컵을 포기할 수 있는지 물었다. 평균적으로 학생들이 비슷한 취향을 갖고 있다면(임의로 집단을 나누었기 때문에 합리적 가정으로 볼 수 있음) 머그컵의 가치가 거의 비슷할 것을 예상할 수 있다. 그러나 이 실험에서 머그컵을 받은 학생들이 그렇지 않은 학생들보다 머그컵에 더 높은 가치를 부여했으며 2배 이상 차이를 보였다.

보유효과 사람들이 단지 자신이 갖고 있다는 이유 때문에 어떤 것에 더 가치를 부여하는 경향

보유효과는 이득을 추구하기보다는 손실을 피하기 위해 더 노력하는 사람들의 일반적인 성향인 **손실 기피**(loss aversion)와 관련이 있다. 손실 기피와 '시간과 불확실성' 부분에서 다룬 위험 기피(risk aversion)를 혼돈하지 말아야 한다. 위험 기피는 확실한 결과를 불확실한 결과보다 선호하는 것이다. 대신 손실 기피는 사람들이 일반적으로 100달러를 얻기 위해서보다 100달러를 잃지 않기 위해 더 많은 노력을 기울일 것임을 보인다.

손실 기피 이득을 추구하기 위해서보다 손실을 회피하기 위해 더 노력하는 사람들의 경향

프레이밍의 중요성(framing matters). 선택설계자는 어떤 것이 손실처럼 느껴지느냐 아니면 이득처럼 느껴지느냐 하는 것이 프레이밍되는 방식에 따라 달라진다는 것을 안다. 예를 들어, 신용

카드 결제 시 현금보다 약간 높은 가격을 부과하는 경우를 생각해보자. 이것은 현금 '할인'이라 볼 수도 있고 신용카드 '수수료'라고 볼 수도 있다. 사람들은 할인을 받는 것보다 수수료를 내지 않는 것에 더 신경을 쓴다고 알려져 있다. 따라서 '신용카드 수수료'라고 하는 경우 현금 '할인'이라고 하는 경우보다 현금으로 더 많이 지불할 것으로 예상할 수 있다.

프레이밍이 가용한 선택의 본질을 변화시키지 않을 때조차, 선택이 제공되는 방식에 따라 사람들이 반응하는 경우는 많다. 두 대학 중 한 대학을 선택하는 경우를 생각해보자. 대학 A에서는 "졸업 후 3개월 이내에 80% 학생이 취업을 했습니다!"라는 학교 소개 책자를 보냈다. 대학 B는 "졸업하고 3개월 후 20% 학생이 취업을 하지 못했습니다"라는 학교 소개 책자를 보냈다. 여러분이라면 어떤 대학을 선택하겠는가?

대학 A와 B는 동일한 취업률을 보이고 있으나 대학 A가 분명히 학교 소개를 더 잘했다. 합리성에만 근거하면, 안내 책자를 본 사람들은 두 대학 모두 80%의 졸업생이 취업하고 20%가 취업하지 못했다는 것을 볼 수 있어야 한다. 그러나 우리의 잠재의식 속 정보처리 체계는 이 정보를 다르게 해석한다. 사람들은 부정적인 프레이밍(미취업 졸업생 강조)보다 긍정적인 프레이밍(성공적인 졸업생 강조)에 더 반응한다.

✓ 개념 확인하기

- ❒ 넛지가 사람들이 더 나은 선택을 하도록 하는가? **[LO 23.1]**
- ❒ 시간 불일치성으로 미루는 경향을 설명하라. **[LO 23.2]**
- ❒ 보유효과가 무엇인가? **[LO 23.2]**

선택설계 수단

선택설계자가 사람들이 직면하는 선택을 설계하는 데 사용하는 수단에 대해 알아보자. 수단에 대해 논의를 하는 것이지, 꼭 결과를 지지한다는 것은 아님을 기억하자.

맹약수단

LO 23.3 맹약수단에 대한 수요가 합리적임을 설명하기

단순화된 세계에서, 일반적으로 더 많은 선택을 갖는 것이 좋은 것이라고 생각한다. 대체로 본인이 싫어하는 선택을 무시하는 데 비용이 들지 않는다. 그래서 최상의 시나리오에서 우리는 새롭고 좋은 선택을 얻고, 최악의 시나리오에서는 새롭고 나쁜 선택을 모두 무시하고 전과 동일한 상태에 머문다.

그러나 시간 불일치성을 이해하는 경우 어떤 사람은 합리적으로 자신의 선택지를 줄이기 원할 수 있음을 보여준다. 여러분이 일주일 이내에 다이어트를 시작하려고 하나, 미래의 여러분은 다이어트를 계속 늦추고자 하는 유혹을 받을 것이라는 것을 안다. 그래서 다음 주에는 집 안에 어떤 몸에 좋지 않은 음식도 남아 있지 않도록 당장 조치를 취하고자 할 수 있다. 선택할 수 있는 음식의 수를 줄임으로써 미래의 자신이 나쁜 선택을 하기 어렵도록 만들 수 있다.

'행동경제학' 부분에서 사람들이 미래에 더 나은 선택을 할 수 있도록 자발적으로 미래 선택 폭을 줄이는 수단의 예를 공부했다: 장기 과제에 대한 개인적인 기한을 정하는 것, 정기적으로 예금을 해야 하는 저축 계정을 개설하는 것 또는 많은 시간을 낭비하게 하는 웹사이트 접근을 제한하는 브라우저 확장을 설치하는 것 등이다.

이러한 자발적인 메커니즘을 **맹약수단**(commitment device)이라고 한다. 이 수단은 계획에 따르는 것을 수월하게 하기 위해 자발적으로 사람들이 선택할 수 있는 것을 제약한다. 어떤 맹약수단은 다음 주에 다이어트를 시작할 때 먹을 것이 없도록 이번 주에 몸에 안 좋은 음식을 사지 않는 것과 같은 일상적인 것이다. 어떤 수단은 공식적인 정책이나 제품이다. 예를 들어, 월급쟁이들은 고용주들이 자동으로 미래 임금에서 연금 적립을 공제하도록 서명할 수 있다.

맹약수단 자발적으로 추후의 선택을 제약함으로써 미래에 더 나은 결정을 내릴 수 있도록 하는 전략이나 방법

맹약수단은 사람들이 유혹을 극복할 수 있도록 도와주는 선택설계의 한 예다. 어떤 맹약수단은 벗어나기 힘든 강한 맹약을 가지고 있으며, 어떤 것은 바꾸기 쉬운 약한 맹약을 가지고 있다. 어떤 것이 다른 것보다 본질적으로 더 낫다고 할 수는 없다. SMarT는 약한 맹약수단이다. 이것은 저축 계획에 약속하지만 그 결정을 나중에 번복하기 쉽다. 경제적 통찰력을 볼 수 있는 한 가지 방법은 맹약수단을 자신 안에 있는 나쁜 것(vices)의 가격을 높이거나 좋은 것(virtues)의 가격을 낮추는 수단으로 생각하는 것이다.

정보 선전과 공개 법칙

선택은 어렵고 처리 능력이 한정되어 있기 때문에 우리는 종종 어림짐작에 의존한다. 어림짐작은 복잡한 정보를 좀 더 단순하고 친근한 틀로 변화시키는 데 도움이 된다. 어림짐작 방법은 선택에 도움을 주는 정신적 지름길인 **휴리스틱**(heuristic)의 한 예다. 어떤 것은 아주 개인적이다. 예를 들어, 어떤 사람은 새로운 식당에 가서 처음 보는 메뉴를 접했을 때 항상 매운 음식을 선택한다. 그러나 연구자들은 많은 사람들이 선택할 때 사용하는 몇 가지 공통적인 휴리스틱을 발견했다.

휴리스틱 의사결정에서의 정신적 지름길

가장 잘 알려진 휴리스틱은 앵커링(*anchoring*)이다. 이는 알려진 '앵커'점에서 시작해 잘 알려지지 않은 양을 추정하는 것이다. 예를 들어, 추수감사절 휴가를 위해 오마하에서 뉴올리언스까지 비행기로 가는 비용을 추정하도록 요청받았다고 해보자. 그러면 시카고에서 휴스턴까지 비행요금과 같이 관련성이 있으면서 여러분이 이미 알고 있는 숫자에서부터 시작할 것이다. 그런 다음 오마하와 뉴올리언스가 실제 얼마나 떨어져 있는지 확신할 수 없고 추수감사절 기간에는 항공료가 대체로 비싸다는 것을 알기 때문에 이 숫자에 조금씩 더한다든가 하는 방식으로 이 숫자를 기준으로 뭔가를 할 것이다. 이것은 추측을 하는 대략적인 방법이나 항공료가 얼마나 하는지 전혀 몰라 앵커점이 없는 사람보다는 좀 더 실제 비용에 근접하게 추정할 것이다.

그러나 연구 결과에 따르면 사람들은 의식하지 못한 채 근접한 어떤 숫자도 앵커점으로 삼는 경향이 있다. 예를 들어 "오마하에서 뉴올리언스까지 항공료가 얼마나 될지 추측해봐. 200달러보다 비쌀 것 같아?"라고 물으면, "그것보다 더 들 것 같은데. 300달러?"라고 말할지 모른다. 그러나 "오마하에서 뉴올리언스까지 항공료가 얼마나 될지 추측해봐. 600달러보다 쌀 거 같아?"라고 물으면 "600달러는 좀 비싼 거 같은데. 한 500달러 정도?"라고 말할지 모른다. 질문은 바뀌지 않았지만, 앵커점 제시로 추측을 바꾸었다.

앵커링은 예측 가능한 방식으로 선택에 왜곡을 가져올 수 있다. 자선단체가 모금하는 방식을 생각해보라. 자선단체는 종종 우편으로 자선모금 요청을 하면서 기부금 액수를 제시한다. 제시된 금액 대신 원하는 금액을 쓸 수 있음에도 사람들은 50 · 100 · 500달러를 제시하는 경우 1 · 5 · 10달러가 제시된 경우보다 더 많이 기부한다. 자선단체의 영민한 선택설계자는 단지 홈페이지나 우편물에 금액을 제시는 방식을 다르게 함으로써 사람들이 더 많이 기부하도록 넛지할 수 있다(물론 균형을 잘 잡아야 한다. 만약 앵커점을 너무 높게 설정하면 사람들에게 부담을 주어 기부를 전혀 하지 않게 만들 위험이 있다).

선택설계자는 구체적인 상황에서 특정한 선택을 하도록 넛지해 선택에 영향을 미칠 수 있다. 예를 들어, 환경보호청(EPA; Environmental Protection Agency)에서는 수십 년 동안 자동차 제조업체에 모델별로 도심 연비와 고속도로 주행 연비를 보여주는 표준화된 형식의 스티커를 사용하도록 했다. 그러나 일반인은 연비를 그들에게 실제 중요한 사실로 변환하지 못할 수 있다: 매년 휘발유 구입에 얼마나 사용하는가? 100마일을 주행하기 위해 휘발유가 얼마나 필요한가? 이것들을 유용한 정보로 변화시키는 것이 중요함을 인식하고, EPA는 사람들이 더 나은 선택을 하도록 스티커의 형식을 개선해왔다.

정보를 다른 방식으로 제시해 사람들이 빚지지 않도록 할 수 있는가? 2007~2009년 불황기 때 많은 가계가 과도한 신용카드 빚으로 어려움에 처했다. 연방정부는 이미 수수료, 이자율 등에 대한 자세한 정보를 공개하도록 했다. 그러나 많은 사람들은 신용카드 신청서와 사용명세서에 작은 글씨로 적힌 긴 내용을 자세히 읽지 않거나 이해하지 못한다. 이러한 문제점을 인식한 의회는 2010년에 발효된 신용카드 해명, 책임, 공개에 관한 법(CARD Act; Credit Card Accountability, Responsibility, and Disclosure Act)을 통과시켰다. 이 법은 신용카드 이용대금 명세서에 이자율과 카드 사용과 관련한 다른 조건들을 명시하고, 또한 이 정보를 소비자가 이해할 수 있도록 전환할 것을 요구한다. 예를 들어, 모든 신용카드 이용 대금 명세서에 최소 결제액만 갚는 경우, 전체 신용카드 사용액을 다 갚기 위해 얼마나 걸리는지 표시하도록 했다. 또한 3년 이내에 모든 사용액을 갚기 위해서는 매달 얼마를 갚아야 하는지 표시해야 한다.

신용카드회사보다는 '급여일 대출업자(payday lenders)'가 고객들이 이 서비스 사용 여부를 결정할 때 도움이 되는 정보를 공급하지 않는다고 종종 비난을 받는다. 급여일 대출업자는 다음 월급이 들어올 때까지 필요한 지출을 할 수 있게 돕기 위해 높은 수수료, 높은 이자율, 단기 대출을 제공한다. 만약 이 대출을 빨리 갚지 않는 경우 액수는 급속도로 불어난다. 최근에 연구자들이 사람들이 급여일 대출을 받을 때 실제 자신들이 어떤 상황에 처하게 되는지 이해하고 있는지 알아내고자 노력했다. 어떤 결과가 나타났는지 보기 위해 사례를 통해 알아보기의 '급여일 대출은 약탈적인가?'라는 글을 읽어보자.

새로운 형식의 EPA 스티커(아래 스티커)는 연비가 좋은 차로 소비자들을 넛지하기 위해 추정 연간 연료비를 표시한다.

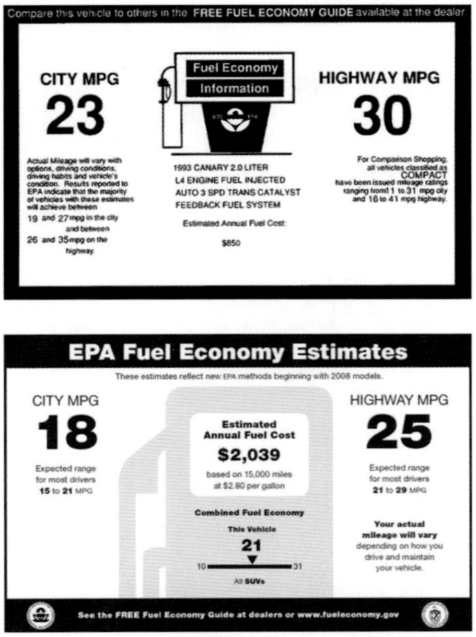

Source: www.epa.gov/fueleconomy

사례를 통해 알아보기

급여일 대출은 약탈적인가?

돈은 다 썼는데 아직 한 달의 반 정도밖에 지나지 않았다. 이 경우 어떻게 할 것인가? 몇 주 후 월급을 받으면 갚는 조건으로 현금 대출을 해주는 '급여일 대출업자(payday lender)'를 찾아갈 수 있다.

급여일 대출업자는 대체로 100달러를 빌리면 약 15달러의 수수료를 부과한다. 만약 15달러가 별로 큰 돈이 아닌 듯 싶으면 여러분은 땅콩 효과(*peanuts effects*)라는 심리적 편향에 빠진 것일 수 있다. 이 효과는 총금액과 비교할 때 큰 액수임에도 불구하고 작은 액수를 무시하는 경향이다. 사실 15달러 수수료는 연 이자율로 환산하면 400% 정도로 일반적인 신용카드 이자율의 20배에 이른다. 비판가들은 급여일 대출업자가 이렇게 높은 수수료율을 부과하여 정보를 갖지 못한 고객이 좋지 않은 금융적 선택을 하게 된다고 본다. 급여일 대출 고객이 비합리적인 선택을 하고 있는 것인지에 대해 더 자세히 알고 싶으면 이 장 마지막에 있는 QR코드를 스캔하거나 온라인으로 가서 읽어보라.

임의기준규칙

LO 23.4 임의기준규칙이 사람들의 선택에 미치는 영향과 정책적 시사점 서술하기

앞에서 사람들은 선택을 해야 하는 여러 상황에서 현재의 선택이나 최초의 선택을 유지하는 경향이 있음을 보았다. 자유롭게 선택을 바꿀 수 있음에도 종종 그러지 않는다. 예를 들어, 고용주가 기본형 은퇴 플랜에 여러분을 가입시켰다면 여러 가능한 선택 사항 중 스스로 선택하기보다는 이 플랜을 유지할 가능성이 높다. 이와 같은 시작점이 되는 선택을 **임의기준규칙**(Default rules)이라고 한다. 이것은 능동적인 선택을 하지 않으면 자동으로 작동되는 것을 규정한다.

임의기준규칙 사람들이 능동적인 결정을 내리지 않을 때 자동으로 발효되는 대안을 정의한 규정

예를 들어, 많은 근로자들이 401K 계정이라고 하는 은퇴 저축 계정을 가지고 있다. 어떤 고용주는 피고용인의 기여분에 맞춰준다. 대체로 회사는 피고용인이 적립하는 금액의 반 정도를 월급의 일정 퍼센트까지 추가한다. 이것은 대체로 좋은 조건이다: 회사가 맞춰주는 기여분은 '공짜 돈'이고, 계정에서 인출할 때까지 이것에 대한 세금을 연기할 수 있다. 그러나 대체로 401K 은퇴 계정에 가입하기 위해 서류를 작성해야 하고, 이 계정에 가입할 수 있는 사람 중 많은 비율이 가입을 하지 않는다. 많은 경우 기본 선택은 '기여분 없음'이고 많은 사람들이 이 기본 선택을 유지한다.

선택설계는 간단한 해답을 제시한다. 기본 선택을 바꿔 모든 신입사원들이 자동으로 가입하도록 하는 것이다. 401K 계정에 납입하고 싶지 않으면 납입하지 않겠다고 선택할 수 있으며, 납입하고자 하는 경우 서류를 작성할 필요가 없다.

임의기준규칙을 바꿈으로써 행동을 바꿀 수 있다는 생각은 예상치 못한 곳에 적용되어왔다. 한 예로 사례를 통해 알아보기의 '누가 장기 기증자가 되지 않고 싶은가?'라는 글을 읽어보자.

사례를 통해 알아보기

누가 장기 기증자가 되고 싶지 않은가?

미국에서 현재 11만 명 이상의 사람들이 건강한 신장과 폐 같은 장기 기증을 기다리고 있다. 많은 이식수술(1년에 약 3만 건)이 시행되고 있으나 9,000명 이상의 사람들이 장기를 기다리다 죽는다. 피상적으로 볼 때, 수요와 공급 간에 불일치가 왜 발생하는지 알기 어렵다. 많은 미국인이 장기 기증을 지지한다고 말한다. 많은 사람들이 매년 건강한 장기를 가진 채 죽기 때문에 이식을 위한 장기의 공급은 충분해야 한다. 그러나 그렇지 않다.

가장 큰 이유는 사람들에게 장기 기증에 대해 질문하는 방식에 있다. 장기 기증과 관련된 규정은 주마다 다르다. 대부분의 경우 운전면허증을 발급받거나 갱신할 때 장기 기증자가 되겠느냐고 물어본다. 다시 말해, 장기 기증자가 되기 위해서는 적극적으로 선택해야 한다. 기본 선택은 장기 기증자가 되지 않는 것이다. 그 결과 장기 기증을 지지하는 사람들이 90%임에 반해, 성인 중 단지 37%만 장기 기증자로 등록한다.

몇몇 정책입안자들이 다른 제도를 제시했다. 장기 기증을 원치 않는 사람들이 선택해 참여하지 않도록 하면 어떻겠는가? 잠정적 동의라는 이 제도는 장기 기증을 기본 선택으로 한다. 옵트아웃(out-out)제도를 가지고 있는 국가들의 장기 기증률은 놀랍도록 높다. 독일은 옵트인(opt-int)제도를 채택하고 있는데 인구 중 단 12% 정도만 장기를 기증하겠다고 등록했다. 옵트아웃 제도가 있으며 인구 중 99%가 장기 기증을 등록하고 있는 인접국 오스트리아와 이 수치를 비교해보라. 벨기에에서는 잠정적 동의 입법이 통과된 후 3년 이내에 신장 기증이 2배나 증가했다.

미국에서도 비슷한 연구 결과가 발표되었다. 연구자들은 사람들을 두 집단으로 나누었다. 각 집단에 다른 주로 이사하고 장기 기증자로 등록할지 여부를 결정해야 하는 상황에 처해진 경우를 상상해보라고 했다. 한 집단에는 기본 선택이 장기 기증이었다. 이 집단의 80% 이상이 기본 선택을 유지했다. 다른 집단에는 기본 선택이 장기 기증자가 되지 않는 것이었다. 단지 50% 정도만 기본 선택을 유지했다. 단순히 임의기준규칙을 바꾸는 것만으로 (가상의) 기증자 등록 수에 있어 30% 포인트 차이를 가져왔다.

임의기준규칙을 바꾸지 않을지라도, 장기 기증에 대해 물어보는 방식의 미묘한 차이가 결과의 커다란 차이와 관련되어 있다. 가장 높은 기증률(60~80%)을 보이는 주에서 운전면허증을 발급받거나 갱신할 때 교통국 근무자에게 장기 기증자가 되기 원하는지 물어보는 것을 의무화했다. 기증률이 낮은 주(23% 기증률을 가지고 있는 미시간 같은 주)에서는 지원자가 자발적으로 장기 기증자가 되기 원한다고 하거나 면허증 갱신 서류에서 표시할 곳을 찾아야 한다. 누가 장기 기증자가 되기 원하는지 알아보고자 하는 경우, 그 답은 어떻게 질문을 하느냐에 달려 있다.

Sources:http://www.econlib.org/library/Columns/y2009/Tabarroklifesaving.html;http://optn.transplant.hrsa.gov/;http://nudges.org/2010/10/10/how-required-choice=for-organ-donation-actually-works-in-practice/;http://www.dangoldstein.com/papers/DefaultsScience.pdf;http://www.hks.harvard.edu/fs/aabadie/pconsent.pdf.

선택 프레이밍

LO 23.5 프레이밍이 정보를 받아들이는 방식에 미치는 영향과 정책적 시사점 서술하기

이 장에서는 선택 프레이밍에 따라 사람들의 결정이 달라질 수 있는 예들을 보았다. 사실 사기업의 마케터들은 행동경제학자들이 '넛지'와 '선택설계'에 관해 이야기하기 훨씬 전부터 알고 있었다. '독점적 경쟁과 과점' 부분에서 보았듯이 광고 제작자는 제품을 프레이밍하는 것이 중요하다는 것을 알고 있다: 제품에 젊고 아름다운 사람들이 열대섬에서 놀고 있는 것을 연상시킬 때 해당 제품이 젊음, 아름다움 또는 열대섬과 관련이 없을지라도 더 많은 사람들이 구매하도록 할 것이다. 프레이밍이 사람들의 선택에 영향을 미치도록 할 수 있는 방법은 다양하다. 특히 공공정책과 관련된 2가지에 초점을 맞출 것이다: 사회규범(social norms)과 손실 기피(loss aversion)다.

만약 여러분이 세금을 내도록 설득하는 일을 맡은 정책입안자라면 어떤 방법을 사용하겠는가? 세금을 납부하지 않는 경우 벌금이 얼마인지 알리는 공익광고를 할 수 있으나 더 강력한 방법이 있다: 대부분의 사람들이 세금을 납부한다는 것을 알리는 것이다. 선택을 사회규범 형태—즉 다른 사람들이 하는 것—로 프레이밍하는 경우 사람들은 다수에 따르는 경향이 있다. 대부분의 사람들이 남과 다르게 보이고 싶어 하지 않는다.

사회규범에 따르는 압박은 선택설계에서 양날의 검이 될 수 있다. 더 많은 젊은이들이 투표에 참가하도록 하기 위해 '단지 20%의 젊은이들이 지난 선거에 투표했다'고 알려 문제점을 부각시킬 수 있다. 그러나 불행히도 이 방법은 실제로 문제를 더 악화시킨다. 이 사실을 알고 난 후, 젊은이들이 '내가 투표를 안 하는 것이 대수야. 다른 사람들도 안 하는데'라고 결론 지을 수 있다.

일단의 독창적인 연구자들이 가구 에너지 소비를 줄이기 위해 사회규범의 힘을 이용하려고 노력하면서 비슷한 문제와 씨름했다. 다른 관점에서 보기의 '웃는 얼굴을 위해 에어컨을 꺼라'라는 글을 보면 그 결과에 놀라게 될 것이다.

다른 관점에서 보기

웃는 얼굴을 위해 에어컨을 꺼라

미국인들은 주택 냉·난방을 위해 엄청난 에너지를 사용한다. 이것이 반드시 '나쁜' 선택은 아니다. 그런데도 많은 사람들이 에너지를 덜 사용하고 싶다고 하며, 에너지회사는 에너지 사용을 줄일 수 있도록 하는 다양한 기술을 시도해왔다. 에너지 사용량이 많은 경우 가격을 올리기도 했으며, 소비 줄이기로 '약속'하도록 요청하기도 한다. 사람들에게 에너지 사용량 목표를 설정하도록 하는 것만으로도 소비량을 4%에서 7.5% 정도 절감할 수 있다는 연구 결과가 있다. 사람들이 얼마나 잘했는가에 대한 피드백을 제공해 감소량을 12%까지 증대시켰다.

연구자들은 더 쉽고 저렴한 방법이 있지 않을까 고심했다. 사회규범의 위력을 이용해 에어컨을 얼마나 세게 돌릴까 하는 선택을 프레이밍하면 어떨까? 사람들에게 여러분은 이웃들보다 전기를 더 많이 사용하고 있다고 말해주면 어떨까?

캘리포니아의 산마르코에서 한 가지 실험을 했다. 수백 명의 가정에 지난 2주 동안 이웃 평균 에너지 소비와 비교해 얼마다 에너지를 사용했는가를 통지해주었다. 아니나 다를까, 이 정보에

반응해 평균 소비량보다 더 많이 소비한 가구들은 소비량을 줄였다. 불행히도 평균보다 적게 소비한 가구들은 실제 소비량을 증대시켰다! 다시 말해 고소비층과 저소비층이 중간으로 움직였으며 이를 '부메랑 효과'라 명명했다. 어쩌면 소비량이 적었던 소비자들은 에어컨을 켜서 좀 더 편안하게 지내도 된다고 느꼈을 수 있다. 아니면 좋든 싫든 다른 사람처럼 하고 싶었을 수도 있다.

이것은 풀어야 할 문제였다. 어떻게 하면 저소비층이 더 많이 소비하지 않도록 하면서 고소비층에게 전기를 덜 사용하도록 만들 수 있을까? 그 답은 아주 쉬웠다: 연구자들은 평균보다 덜 소비한 소비자의 통지서에는 웃는 얼굴을 표시했다. 평균보다 많이 사용한 가구의 통지서에는 찡그린 얼굴을 표시했다. 고소비층의 감소량은 증대되고 저소비층의 부메랑 효과는 사라졌다.

사람들의 가장 기본적인 충동은 평균이 되는 것이지만, 이 충동은 극복할 수 있다. 평균보다 낮게 되는 것이 좋은 것이라고 사람들에게 알려줄 방법을 찾기만 하면 된다.

Sources: Hunk Allcott, "Social norms and energy conservation," *Journal of Public Economics*(2011), DOI:10.10106/j.jpubeco.2011.03.003;P.W.Schultz, J. Nolan, R. Cialdini, N. Goldstein, and V. Griskevicius, "The constructive, destructive, and reconstructive power of social norms," *Psychological Science* 18(2007), 429-434.

우리는 이미 선택 설계자가 손실 기피를 어떻게 사용할 수 있는가에 대한 몇 가지 사례를 보았다: 미래 임금 증가와 저축을 묶은 SMarT 프로그램, '현금 할인'과 '신용카드 수수료' 간 차이가 그 예다. 때때로 손실이냐 이득이냐 하는 것은 관점에 따라 달라진다. 법학대학원과 학생 채무에 대한 한 연구에 따르면, 프레이밍과 손실 기피를 결합하는 것이 워낙 강력해 학위를 받은 후 어떤 직업을 선택할지와 같은 인생에서 중요한 선택에서도 이득과 손실에 대한 인식을 바꿀 수 있다는 것을 발견했다. 좀 더 자세한 내용은 사례를 통해 알아보기의 '장학금, 부채 탕감 그리고 공공 서비스'라는 글을 읽어보자.

사례를 통해 알아보기

장학금, 부채 탕감 그리고 공공 서비스

어쩌면 이미 이 이야기를 들었을 수도 있다. 젊고 야망에 찬 법학 대학원생이 지구 환경을 보존하거나 가난한 사람을 위한 법률 서비스를 제공하는 데 갓 취득한 학위를 사용하고자 한다. 그러나 환경변호사나 국선변호사의 생활이 작고 비좁은 아파트에서 살면서 도시락을 먹는 것임을 알고 난 후 법인을 고객으로 하는 연봉이 높은 민간 법률회사를 선택했다.

이런 선택을 너무 비난하지 말자. 이 사람은 단지 빚 갚는 것을 걱정했을 수 있다. 법학도들을 상대로 한 전국적인 설문조사에 따르면, 66%의 학생들이 법학대학원에 다니는 동안 누적된 빚을 갚아야 하기 때문에 연봉이 낮은 '공익'을 위한 직업은 고려하지 않을 것이라고 답했다. 더 많은 학생들이 공익적인 직업을 선택하도록 하기 위해 일부 법학대학원은 '소득에 따른 채무상환 도움' 프로그램을 만들었다. 이것은 졸업 후 공익적인 직업을 선택한 사람들의 채무 지불을 학교가 돕겠다고 약속하는 것을 근사하게 표현한 것이다.

뉴욕 대학 법학대학원은 프레이밍이 직업 선택에 어떤 영향을 미치는지 보기 위해 약간의 변화를 준 실험을 했다. 더 자세히 알고 싶다면 이 장 끝에 있는 QR코드를 스캔하거나 온라인으로 가서 읽어보라.

✓ 개념 확인하기

- ❐ 휴리스틱은 무엇인가? **[LO 23.3]**
- ❐ 왜 현상유지 편향이 임의기준규칙이 중요함을 시사하는가? **[LO 23.4]**
- ❐ 선택설계자는 선택을 프레이밍하기 위해 사회규범을 어떻게 사용하는가? **[LO 23.5]**

결론

광고업자는 판매액이 매력적인 경제적 약속을 하는 것 이상에 의존한다는 것을 안다. 거래의 성사는 종종 올바른 심리적인 지점을 건드렸을 때 이루어진다. 최근에 경제학자들은 문제를 푸는 방식에 심리를 도입하기 시작했으며, 이는 사람들이 덜 후회할 만한 선택을 하도록 도와주는 실제적인 방법을 제시하고 있다.

선택은 종종 선택지가 제시되는 방법에 의해 영향을 받는다. 거의 모든 제시 방식이 미묘하게 사람들을 한 선택지나 다른 선택지로 이끌어 선택 프레임워크가 실제로 중립적이기는 어렵다. 이 장에서 어떻게 선택설계자가 사람들이 편향을 극복하고 자발적으로 더 만족스러운 선택을 할 수 있도록 선택지를 제시하는지 보았다.

선택설계자가 사람들이 더 나은 선택을 할 수 있도록 '넛지'하는 방법 몇 가지를 살펴보았다. 종종 이러한 넛지는 단순하며 비싸지 않다: 표현하는 말을 바꾸거나 제공되는 정보를 좀 더 분명하게 하는 것; 기본 선택의 재설정; 바람직한 행동 궤적에 맹약하는 방법을 제공하는 것 등이다. 심사숙고해 사용할 때 넛지는 기업이 더 많은 이윤을 얻을 수 있도록 하며, 정책입안자가 경제적, 사회적 목표를 달성할 수 있도록 한다. 행동경제학에서 얻을 수 있는 가장 두드러진 교훈은 선택설계의 작은 변화가 때로는 행동의 큰 변화로 이어진다는 것이다.

주요 용어

넛지 p.650	선택설계 p.649	임의기준규칙 p.657
맹약수단 p.655	손실 기피 p.653	현상유지 편향 p.653
보유효과 p.653	시간 불일치 p.652	휴리스틱 p.655

요약

LO 23.1 선택설계를 정의하고 넛지가 개인의 의사결정에 어떤 영향을 미칠 수 있는지 설명하기

선택설계는 사람들이 의사결정을 하는 환경을 설계하는 것이다. 사람들의 선택은 선택지가 제시되는 방법에 의해 영향을 받는다는 증거가 있기 때문에 선택설계는 중요하다. 사람들이 합리적으로 효용을 극대화한다는 생각은 유용한 단순 가정이지만, 사람들이 자신의 후생 수준을 높이기 위해 노력하는 중에 실수를 하기도 한다. 사람들은 올바른 선택이 아니라고 본인들도 동의할 선택을 한다. 넛지는 사람들에게 강요하거나 직면한 경제적 유인을 근본적으로 변화시키지 않고 사람들의 행동에 영향을 미치는 선택설계의 한 부분이다. 넛지는 사람들이 더 나은 선택을 하도록 스스로의 결점을 극복할 수 있도록 사용될 수 있다.

LO 23.2 완전 정보와 합리적 선택모형과 맞지 않는 여러 가지 인간의 의사결정 방식을 나열하고 설명하기

사람들은 공통적이고 예측 가능한 방식으로 실수를 한다. 시간 불일치성—결정 시기 때문에 자신이 원하는 것을 바꾸는 상황—은 미루는 버릇이나 유혹을 설명하는 데 도움이 된다.

사람들은 또한 정보를 처리하는 능력에 한계를 가진다. 결정해야 할 내용이 복잡하거나, 익숙하지 않거나 가용한 정보와 실제 중요한 결과의 관계가 분명하지 않은 경우 실수를 더 많이 한다.

일반적으로 사람들은 변화에 어려움을 느끼고, 현재 상황을 선호하는 경향이 있으며 손실을 피하고 싶어 하며 자신이 갖고 있는 것에 대해 그렇지 않은 것보다 더 높은 가치를 둔다. 마지막으로 선택은 표현하는 말과 같이 사소한 세부사항을 포함해 선택지가 제시되는 방식에 의해 영향을 받는다.

LO 23.3 맹약수단에 대한 수요가 합리적임을 설명하기

맹약수단은 자발적으로 자신의 선택을 제약함으로써 미래에 좋은 선택을 할 수 있도록 맹약하는 전략과 수단이다. 만약 어떤 사람이 자신의 시간 불일치를 인식하고 있다면, 선택사항이 적은 것(또는 나쁜 선택을 좀 더 비싸게 하는 것)을 선호할지 모른다. 이러한 전략은 미래에 유혹에 지게 될 가능성을 줄이는 데 도움이 될 수 있다. 그 결과 자발적으로 맹약수단을 선택하도록 하는 것이 실제 사람들의 후생이 증가되도록 돕는다.

LO 23.4 임의기준규칙이 사람들의 선택에 미치는 영향과 정책적 시사점 서술하기

사람들은 머그컵이든 퇴직연금에 투자하는 기본 선택이든 자신에게 주어진 것을 고수하는 경향이 있다. 이 사실은 제품이나 정책에서 임의기준규칙이 사람들의 선택에 영향을 미치는 힘이 있다는 것을 뜻한다. 임의기준규칙이란 적극적인 선택을 하지 않았을 때 자동으로 발효되는 선택을 정한다. 임의기준규칙은 사람들을 특정한 결과로 넛지할 수 있다.

LO 23.5 프레이밍이 정보를 받아들이는 방식에 미치는 영향과 정책적 시사점 서술하기

사람들은 프레이밍이 가능한 선택의 실체를 바꾸지 않을지라도, 선택이 프레이밍되는 방법에 반응한다. 선택설계자는 정보를 제공하는 맥락이나 방법을 통해 특정한 선택을 하도록 사람들을 유도할 수 있다. 예를 들어, 사람들은 다른 사람들도 하고 있다고 생각하는 것을 더 할 가능성이 높다. 주변 사람들과 비교해 자신이 어떻게 하고 있는지에 대한 정보를 제공함으로써 더 열심히 하게 하거나 그렇지 않게 할 수 있다.

복습문제

1. 쓰레기를 버리다 적발된 사람에게 200달러의 벌금을 부과하는 것은 넛지인가? 그 이유를 설명하라. **[LO 23.1]**
2. 아들에게 살 수 있는 자동차 목록을 보여주는 부모를 가정하자. 만약 이 목록에 다른 자동차를 추가한다면 아들의 선택설계에 영향을 미치는가? 그 이유를 설명하라. **[LO 23.1]**
3. 내년에 월급 중 5%는 저축하기로 계획을 세웠다. 그런데 회사가 부도가 났고 월급이 30% 삭감되어 저축을 전혀 하지 못했다. 이것은 시간 불일치성의 예인가? 그 이유를 설명하라. **[LO 23.2]**
4. 첫 월급을 받고 스티브는 자동차를 사기로 결정했다. 몇 시간 동안 연비부터 마력까지 각 차량의 사양을 검토한 후 이런 기준을 완벽하게 충족하는 차를 찾는 것을 포기하고 첫 번째 방문한 매장에서 가장 멋져 보이는 차를 샀다. 이 사례에서 나타나는 제한된 합리성 측면을 설명하라. **[LO 23.2]**
5. stickK.com 사이트(이 책의 저자 중 한 명이 시작)에서 매주 체중 감량 목표를 충족하겠다고 약속하고 목표치를 충족하지 못하면 벌금으로 본인이 낸 돈을 몰수당하는 계약에 서명할 수 있다. 합리적인 사람이 왜 체중 감량을 하지 못하면 자발적으로 돈을 내고, 이것이 맹약전략이 될 수 있는 이유를 설명하라. **[LO 23.2]**
6. 맹약수단에 대한 합리적 수요에 기여하는 요인 중 하나가 시간 불일치성 문제다. 제한된 처리 능력이 이 수요에 어떻게 기여하는지 설명하라. **[LO 23.3]**
7. 많은 온라인 구독 서비스가 '자동 갱신' 정책을 취하고 있어 현재 구독 기간이 끝나면 자동으로 한 해 더 연장해 요금이 청구된다. 왜 이러한 임의기준규칙이 온라인회사의 유용한 경영 전략인지 설명하라. **[LO 23.4]**
8. 사람들이 의사결정을 할 때 임의기준규칙이나 보유효과에 의해 영향을 받도록 하는 심리적 편향에 대해 설명하라. **[LO 23.4]**
9. 10대들이 마약을 사용하지 못하도록 하고자 하는 TV 공익광고를 생각해보자. 공익광고가 초점을 맞춘 것은 많은 10대들이 이미 마약을 사용하고 있다는 것이다. 이 공익광고 제작자는 이를 통해 문제의 심각성을 강조하고자 한다. 10대에게 부정적인 마약 메시지를 주기 위한 프레이밍 전략이 역효과를 낼 수 있는 이유를 설명하라. **[LO 23.5]**
10. 친구와 외식을 하고자 하는 경우를 가정해보자. 집에서 먹는 것보다 단지 5달러 더 든다고 프레이밍하는 것이 더 현명한가, 아니면 다른 식당보다 5달러 덜 들 거라고 프레이밍하는 것이 더 현명한가? **[LO 23.5]**

응용문제

1. 아래 상황에서 사람들의 행동의 변화가 넛지 때문인지, 경제적 유인의 실제적인 변화 때문인지 판단하라. **[LO 23.1]**
   a. 출산율이 낮은 국가에서 5세 이하 아동에게 무료 아이돌봄 서비스를 제공하기로 결정했다.
   b. 비영리단체에서 10대 소녀들에게 그들이 학교에 다니고 후원 모임에 참석하고 임신하지 않은 주에 상징적인 작은 보상(예를 들어 5달러)을 준다며 대대적인 운동을 벌였다.
   c. 인구가 급속히 증가하고 있는 국가에서 2명 이상 자녀를 출산한 가정에 높은 벌금을 부과한다.
   d. 정부에서 TV 광고를 통해 저비용 피임법을 여성들에게 알렸다.
2. 다음 각 변화가 선택설계의 변화를 나타내는지 결정하라. **[LO 23.1]**
   a. 손님에게 디저트 메뉴를 보여준 후 웨이터가 메뉴에는 없는 다른 선택이 있다고 말했다.
   b. 식사를 하기 전에 디저트 메뉴를 보여준다.
   c. 가격이 표시되지 않은 메뉴를 보여준다.
   d. 감자튀김의 양이 아주 적다고 말한 후 손님에게 감자튀김을 추가 주문하겠느냐고 묻는다.
3. 다음 각 사례에 대해 **시간 불일치성, 제한된 처리 능력, 현상유지 편향, 프레이밍** 중 어디에 해당하는 표시하라. **[LO 23.2]**
   a. 50달러에 좋은 와인을 산 후 20년 동안 식료품 저장실에 보관해왔다. 그동안 와인이 숙성되고 그 가치는 250달러로 올라갔다. 250달러에 동일한 와인을 살 생각이 전혀 없으면서도 이 사람은 이 와인을 팔기보다는 마시고자 한다.
   b. 매일 밤 오전 7시로 알람을 맞춘 후 매일 아침 적어도 4번은 스누즈(snooze) 버튼을 누른다.
   c. 수술 후 생존율에 대해 들은 사람들이 사망률을 들은 사람보다 더 많이 수술을 받는다(두 경우 모두 사망률은 동일함에도 불구하고).
4. 다음 사례들이 손실 기피를 나타내는지 결정하라. **[LO 23.2]**
   a. 은퇴 시기가 다가옴에 따라 5년 이내에 확실한 금액의 돈을 확보하고 싶어 수익률과 위험이 낮은 상품에 투자한다.
   b. 도박사는 동전을 던져서 앞면이 나오면 40달러를 벌지만, 뒷면이 나오면 50달러를 잃는 게임에 참여하지 않는다.
   c. 옛날 것보다 2배나 편안하고 귀여운—담요 선택 시 고려하는 유일한 2가지 기준—새로운 담요를 줘도 아이가 옛날 담요를 포기하지 않는다.

다음 내용은 문제 5번, 6번, 7번에 사용된다: 클로키는 여러분이 스누즈 버튼을 누르면 침대 옆에 놓인 탁자에서 굴러 떨어져 달아난다. 알람이 다시 울렸을 때는 침대 반대편 어딘가로 숨어 알람을 끄려면 침대에서 일어날 수밖에 없도록 한다.

5. 클로키는 시간 불일치성을 해결하는 데 도움을 주는 맹약 수단이다. 다음 중 어느 시간 사이에 사람이 시간 불일치성 선호를 가지고 있어 클로키의 도움이 필요한가? **[LO 23.3]**
   a. 스누즈 버튼을 누른 시간과 알람이 다시 울린 시간 사이
   b. 전날 알람을 맞춘 시간과 알람이 울린 시간 사이
   c. 실제 아침에 일어난 시간과 다음 날을 위해 알람을 맞춘 시간 사이
6. 다음 중 어느 것이 클로키가 도움이 되는 선호의 불일치성 영역인가? **[LO 23.3]**
   a. 최적의 알람 소리 크기
   b. 잠자리에 들 시간
   c. 아침에 일어나는 시간
   d. 알람을 침대용 탁자에 놓아야 하는가, 아니면 침대 건너편에 놓아야 하는가 하는 것
7. 시간 불일치적인 선호를 가진 사람이 클로키에 기꺼이 얼마를 지불하겠는가? **[LO 23.3]**
   a. 일반적인 알람도 마찬가지로 작동할 것이므로 전혀 지불하지 않는다.
   b. 제시간에 일어날 수 있도록 해주는 클로키는 효용을 증대시키므로 어느 정도 지불하고자 한다.
   c. 알람을 끄기 위해 일어나서 찾아야 하므로 효용이 감소되어 클로키를 사용하려면 돈을 받아야 한다.
8. 다음 중 맹약수단에 관심을 갖는 것에 대한 합리적인 이유가 되지 못하는 것은? **[LO 23.3]**
   a. 이 수단이 시간 불일치성 문제를 해결할 수 있다.
   b. 현재 선택을 제약함으로써 미래에는 더 많지만 바람직하지 않은 선택 사이에서 결정하는 수고를 덜 수 있다.
   c. 현재 선택을 제약하는 것은 지금 당장 알 수 없지만 잠재적으로 더 나은 선택을 고려할 수 있는 가능성을 제거한다.

d. 이 수단은 현재 선택하고 싶지만 나중에는 그렇지 않은 선택을 하도록 돕는다.

9. 다음 중 임의기준규칙에 대한 설명으로 맞는 것을 골라라(한 개 이상 고를 수 있다). **[LO 23.4]**
   a. 기본 선택은 유지력을 가지고 있다. 기본 선택에서 벗어나기 위해 변호사를 고용하거나 다른 선택을 하는 것에 대한 충분한 이유가 있다는 것을 정부에 증명해야 하기 때문에 대체로 비용이 아주 많이 든다.
   b. 기본 선택에서 빠져나오는 것이 힘들수록, 사람들은 기본 선택에 좀 더 유지하는 경향이 있다.
   c. 기본 선택이 유지력을 갖는 이유 중 하나는 사람들이 종종 '기본 선택'과 '추천 선택'을 동일시하기 때문이다.
   d. 임의기준규칙은 사람들이 기본 선택에 대해 알고 있을 때에만 선택에 영향을 미친다.

10. 다음 사례 중 기본 선택이 미치는 영향을 보여주는 것을 골라라(한 개 이상 고를 수 있다). **[LO 23.4]**
   a. 의사가 치료를 계속 받을 것을 권유하나 최종 결정은 환자에게 달려 있다.
   b. 웹사이트에 가입할 때 '페이스북에 있는 친구들과 나의 활동 공유하기'가 자동으로 선택된다.
   c. 동물보호소에 데려오는 반려동물은 주인이 원하지 않는다고 하지 않으면 중성화된다.
   d. 무선전화기 사용자가 처음에 특별한 기능을 설치할지 말지 선택해야 한다. 이 사용자에게 대부분의 사람들이 이 기능을 설치했다고 알려준다.

11. 여러 사람들에게 다음 2가지 시나리오 중 어떤 것을 좋아하는지 물어보았다: (A) 인플레이션이 없는 세상에서 3% 임금 인하, (B) 6% 인플레이션이 있는 세상에서 3% 임금 인상 **[LO 23.5]**
   a. A 선택에서 실질임금은 얼마나 증가 또는 감소되는가? B 선택의 경우는 어떤가?
   b. 프레이밍과 손실 기피에 대해 알고 있는 여러분은 대부분의 사람이 어떤 선택을 선호할 것이라고 생각하는가?
   c. b에서의 답을 고려할 때, 실질 노동비용을 낮추고자 하는 고용주라면 인플레이션이 있는 경우와 없는 경우 중 어떤 경우를 선호하겠는가?

12. 선택의 프레이밍에 근거해 사람들이 가장 많이 선택할 것 같은 문장을 골라라. **[LO 23.5]**
   a. 주식투자:
      i. 수익에 대한 불확실성이 낮은 주식에 투자하라.
      ii. 수익에 대한 확실성이 높은 주식에 투자하라.
   b. 자동차 구매:
      i. 동일 제조업체의 바로 위 사양보다 5000달러 싼 2만 달러의 차를 구매하라.
      ii. 동일 제조업체의 바로 아래 사양보다 5000달러 비싼 2만 달러의 차를 구매하라.
   c. 영화 선택:
      i. 150명 중 100명이 별점 5개를 준 영화를 보러 가라.
      ii. 150명 중 50명이 별점 5개 미만을 준 영화를 보러 가라.
   d. 수업 선택
      i. 50%의 수강생이 A를 받은 수업을 선택하라.
      ii. 50%의 수강생이 A를 받지 못한 수업을 선택하라.

참고문헌

Cass Sunstein and Richard Thaler, Nudge(New Haven: Yale University Press, 2008)

http://www.anderson.ucla.edu/faculty/shlomo.benartzi/smartjpe226.pdf

http://kgt.bme.hu/targyak/hagyomanyos/BMEGT30SZ84/irod/thaler_khaneman_knetsch_coase_theorem.pdf

http://bucks.blogs.nytimes.com/2010/02/22/what-the-credit-card-act-means-for-you/

http://ca.lifehacker.com/5780575/limit-visits-to-time+wasting-web-sites-and-give-your-willpower-a-break

◀ 세계의 모바일 윈도우—이 장의 내용과 관련된 응용사례를 찾으려면 여러분의 스마트폰으로 이 코드를 스캔하라. (QR코드 리더가 필요하면, 여러분의 앱스토어에서 ScanLife를 활용하라.)

여러분의 모바일 앱스토어를 방문하여 Karlan and Morduch Study Econ app.을 다운로드 하라. ▶

Part Six

거시경제학 자료

제6부의 2개 장(章)에서는

거시경제학의 주제와 2개의 중요한 거시경제학적 개념, 국내총생산(GDP)과 소비자물가를 소개할 것이다.

여러분은 10년 내에 얼마나 더 잘 살게 될 것이라고 생각하는가? 20년 내에는? 여러분의 대답은 이미 고려하고 있는 선택, 특히 어디에 살고, 가족계획과 경력 등의 선택에 부분적으로 달려 있다.

물론, 미래 재무 상태 또한 여러분이 통제할 수 없는 힘에 달려 있다. 어떤 힘은 경제적인 것으로, 얼마나 많은 직업을 구할 수 있는지, 주택가격은 어떻게 변할지, 그리고 시간이 지남에 따라 물가는 얼마나 빨리 오를지 등과 같다. 이러한 힘은 개인이 내리는 수많은 매일의 결정이 어떻게 전체 경제를 형성하기 위해 합산되는지에 대한 학문인 거시경제학의 주안점이다. 경제성장, 인플레이션, 호황 및 불황과 실업에 관한 학문이다.

24장에서는 국내총생산(GDP)의 산출을 다루는데, 이는 거시경제학의 가장 유용한 측량이며, 한 국가의 경제활동량을 개괄하는 것이다. 전체 경제성장과 경제의 기복을 추적할 때, 경제학자들이 처음으로 살피는 수치다.

25장에서는 거시경제적 기록 관리의 또 다른 주요 부분을 다룬다: 소비자물가. 수십 년 전 청량음료는 10센트였고, 새 차를 수백 달러에 구입할 수 있었다. 오늘날엔 더 많은 비용을 지불해야 하지만, 물가와 함께 소득이 증가해왔기 때문에 더 나빠졌다는 것을 의미하는 건 아니다. 소비자물가에 대한 계산은 거시적 그림의 중요한 부분을 제공한다.

거시경제학 학문을 통해 우리가 발전해나감에 따라, GDP의 개념과 물가수준의 변화는 반복해서 거론될 것이다; 이는 경제의 건전성과 방향성에 대한 질문에 대답하기 위한 유용한 수단이다. 24장과 25장은 국가 전체의 부와 후생수준뿐만 아니라 여러분의 직업이나 소득에 영향을 주는 힘에 대한 통찰력을 제공한다.

Chapter 24

국부(國富)의 측정

학습목표

LO 24.1 GDP를 산출하기 위해 최종 재화와 서비스의 시장가치를 이용하는 것의 중요성을 정당화하고, GDP의 각 구성요소가 중요한 이유 설명하기

LO 24.2 한 경제의 가치화에 대한 지출과 소득 접근법의 등가 설명하기

LO 24.3 GDP를 산출하기 위해 사용되는 3가지 접근법을 설명하고, 지출 접근법에 포함되는 소비의 범주 열거하기

LO 24.4 실질과 명목 GDP의 차이를 설명하고, GDP 디플레이터 계산하기

LO 24.5 1인당 GDP와 실질 GDP의 연간 성장률의 의미를 계산하고 설명하기

LO 24.6 가계 내 생산, 지하경제, 환경 악화와 후생수준 등을 포함해 GDP의 한계에 대해 논의하기

그것은 땅콩을 세는 것 이상이다

만약 전 세계의 구조를 바꾸는 경제적 변화의 목록을 만든다면, 중국 경제의 급속한 성장이 첫 번째일 것이다. 1978년, 중국 지도자가 중국 경제 체계를 개방한다고 했을 때 세계 15위 경제 규모였다. 이후 중국 경제의 규모는 2배가 되었고 또 2배, 2배, 그리고 다시 2배가 되었다. 2011년 중국 경제는 약 6조 달러 규모를 기록했고, 일본을 넘어 전 세계 두 번째 경제 규모가 되었다. 급속한 경제성장은 일자리를 만들 수 있고, 빈곤을 줄일 수 있고, 생활수준을 개선할 수 있다. 중국에서, 국제 빈곤선(하루 1인당 1.25달러) 이하로 살고 있는 인구의 비중은 1978년의 80% 이상에서 오늘날 20% 이하로 감소했다.

중국만큼 극적인 방식은 아니지만, 최근 수십 년간 경제성장은 전 세계의 생활수준을 향상시켜왔다.

국가 경제의 건전성은 어느 나라에서나 일상생활에 강력한 효과를 가진다. 경제가 잘 작동할 때 일자리는 풍부하고, 많은 사람들은 안전하게 잘 살 수 있다. 경제가 형편없이 작동할 때 일자리는 부족해지고, 사업은 문을 닫고, 사람들은 고군분투한다. 정치인들이 경제를 확장시키기 위한 최선의 계획을 논의하기 위해 대부분의 에너지를 소비하는 것은 당연하다. 뒷장에서 이러한 논의에 사용된 다수의 아이디어와 용어에 대해 논의할 것이다.

그러나 우선, 근본적인 질문에 대답할 필요가 있다: 경제의 '규모'를 어떻게 측정할 것인가? 만약 그것에 대답을 할 수 있다면 중국 경제와 다른 국가들의 경제를 비교할 수 있고, 시간이 지남에 따라 경제가 성장하는지, 혹은 아닌지 결정할 수 있다. 중국이 6조 달러 경제라고 말하는 것은 정말로 무슨 의미인가?

이러한 질문에 대답하기 위해서는 약간의 신중한 계산이 요구된다. 미국에서 일어나는 많은 거래 중 하나를 생각해보자. 여러분이 식료품점에 갔을 때 땅콩버터 한 병을 샀다고 가정하자. 여러분이 그 다음에 땅콩버터와 젤리 샌드위치까지 생각하지 않더라도, 여러분의 구매는 경제 규모에 기여한다.

땅콩버터 한 병이 여러분의 쇼핑 카트에 담기기 전에 일어난 일에 대해 생각해보자: 조지아의 작은 농장에서 한 농부가 땅콩을 재배했다. 그 농부는 아틀란타의 도매업자에게 땅콩을 팔았다. 그 도매업자는 오하이오에 있는 땅콩버터 공장에 그것을 팔았고, 그곳에서 땅콩버터 한 병을 생산하기 위해 땅콩과 다른 재료가 혼합된다. 그 공장은 식료품점 체인에 땅콩버터를 팔았고, 여러분 가까이에 있는 상점에 배달되었다.

농부들, 회계사, 트럭 운전사, 관리인, 식료품점의 출납계 직원 등 많은 사람들이 그 땅콩버터를 생산하기 위해 고용되었다. 땅콩 농장, 도매업자, 공장, 운송회사와 지역의 상점 등 많은 회사 역시 땅콩버터로부터 이윤을 얻었다. 분명히, 땅콩버터를 제조하고 구매하는 활동은 경제에 가치를 추가한다. 얼마인지 측정할 수 있을까?

땅콩은 씨앗으로부터 수확된 땅콩, 땅콩버터, 식료품점 선반 위의 땅콩버터 한 병 등 여러 단계를 거쳤다. 각 단계에서 땅콩은 한 기업의 산출물로서 팔렸고, 다른 기업의 투입재로 구매되었다. 경제에 합산되는 땅콩버터의 가치를 계산하기 위해 모든 개별 판매를 합산해야 할 것인가? 아니다. 만약 그렇게 한다면, 땅콩의 가치를 더 많이 계산하는 셈이다. 모든 판매는 단지 하나의 최종 물품인 땅콩버터를 위한 단계였다. 그렇다면 경제에 합산되는 땅콩버터의 총가치는 어떻게 계산할까?

Source: © The McGraw-Hill Companies, Inc./Elite Images

경제학자들이 처음으로 미국 경제의 가치를 계산하기로 했을 때, 총가치를 어떻게 계산할 것인지가 1920년대와 1930년대 경제학자들이 직면한 문제였다. 소비자에게 도달하기 이전에 한 번 이상 되팔린 물품을 이중 계산하는 일 없이, 경제의 전체 가치에 이르는 모든 경제활동을 어떻게 합산할 것인가?

해법은 **국민소득계정**(*national income accounting*)이라는 체계이고, 노벨상 수상자인 시몬 쿠즈네츠(Simon Kuznets)와 리처드 스톤(Richard Stone)에 의해 고안되었다. 24장에서, 국가 경제의 가치를 계산하기 위해 이러한 체계를 사용하는 법을 배우게 될 것이다. 한 국가의 총산출물을 측정하는 데 왜 이것이 유용하고, 또 가장 일반적으로 사용되는 측정이 왜 약간의 한계를 갖는지 알게 될 것이다. 나중에 경제성장, 실업과 경제의 호황과 불황을 설명하는 데 이러한 아이디어를 사용할 것이다.

한 경제의 가치화

경제학은 전통적으로 크게 미시경제학과 거시경제학의 2가지 분야로 구분된다. **미시경제학**은 개인과 기업이 자원을 어떻게 다루는지와 관련된 학문이다. 미시경제학에서는 한 개인의 예산, 혹은 한 기업의 생산비용, 혹은 한 특정 재화의 가격에 초점을 맞춘다. 다른 한편으로, 거시경제학은 경제 성장, 실업, 인플레이션 같은 논의에 집중해 광범위한 경제를 다루는 학문이다. **거시경제학**에서는 국가 차원에서 모두 합친 소비, 생산과 가격에 대해 이야기하고, 전체 경제에 대한 이러한 합산된 힘의 효과에 대해 살펴본다.

거시경제학 지역적, 국가적, 국제적 규모의 경제를 연구하는 경제학의 분야

미시경제학과 비교해 거시적 개념은 때때로 의사결정과 우리가 직면하는 도전으로부터 거리가 먼 것 같지만, 거시경제학적 논의는 우리의 일상생활에 엄청난 충격을 준다. 꾸준한 경제성장, 안정된 물가, 낮은 실업률일 때 사람들의 생활은 더 나아지는 경향이 있다. 반면, 장기적인 침체, 인플레이션, 높은 실업률은 가족들과 지역사회에 큰 손해를 입힐 수 있다.

앞에서 우리 시대 가장 중요한 거시경제적 논의의 하나인 중국 경제의 놀라운 성장에 대해 소개했다. 그러나 중국 경제 규모가 얼마나 큰지 어떻게 알 수 있는가? 미국 경제 규모보다는 작지만, 일본보다는 크다는 것을 어떻게 알 수 있는가? 중국의 경제 규모가 2배가 되었다는 것은 무슨 의미인가? 이러한 중요한 논의에 대해 말하기 위해서는 국가 경제의 '규모' 혹은 '가치'를 측정하는 수단이 필요하다. 우리가 대답한 질문에 근거해 이러한 측량이 왜 거시경제학에서 가장 중요하고 일반적으로 사용되는 것 중 하나인지 알게 될 것이다. 한 국가 경제의 규모는 그 국가의 평균적인 생활수준을 알게 해준다. 또한 시간에 따른 변화를 관찰해 한 경제가 나아가는 방향성을 측정할 수 있게 해준다.

그것을 측정하는 다양한 방법이 있기 때문에, 한 경제의 '규모' 혹은 '가치'가 의미하는 바를 신중하게 생각해야 한다는 것을 24장의 뒷부분에서 알게 될 것이다. 소비할 수 있는 여력을 관찰하거나 구성원들이 벌어들이는 것을 관찰해 한 가족의 경제 상태를 측정한 것처럼, 지출 혹은 소득을 관찰해 국가 경제의 상태를 측정할 수 있다. 결국, 이것들은 동일한 것이 되고, 그 경제에서 생산된 모든 것의 총가치의 단일한 측정이 된다.

한 국가 경제의 가치를 측정하기 위해 가장 일반적으로 사용되는 측량은 **국내총생산**(GDP)이다. 국내총생산은 주어진 기간 동안 한 국가 안에서 생산된 모든 최종 재화와 서비스 시장가치의 합이다. 이것은 정의에 대한 중요하고 통찰력 있는 언급이다. 경제학자들이 어떻게 GDP를 계산하는지 보기 전에, 잠시 그것의 구성요소를 분석해보자.

국내총생산 한 국가에서 일정 기간 생산된 모든 최종 재화와 서비스의 시장가치의 총합

GDP에 대한 정의 분석하기

LO 24.1 GDP를 산출하기 위해 최종 재화와 서비스의 시장가치를 이용하는 것의 중요성을 정당화하고, GDP의 각 구성요소가 중요한 이유 설명하기

GDP의 정의는 4개의 중요한 부분이 있다:

- 시장가치,
- 최종 재화와 서비스의,
- 한 국가 안에서 생산된,
- 주어진 기간 동안에.

각각 한 번에 하나씩 구분해 그 중요성을 설명해보자.

시장가치(Market values). 만약 땅콩버터 6억8,000만 병, 마이크로소프트 워드 1억300만 부, 이

발 4억 2,100만 번 등과 같이 모든 단일 재화와 서비스를 열거해 경제의 산출물을 측정한다면, 더 배우지 않아도 된다. 이러한 목록은 수천 장 나올 수 있다. 그다지 흥미롭지도 않다. 다른 것들을 생산하는 경향이 있는 국가 경제의 전체 규모를 비교하는 데에도 유용하지 않다. 수많은 땅콩버터를 생산하는 미국 경제와 수많은 토르티야를 생산하는 멕시코 경제를 비교하고자 한다면, 어떻게 할 것인가?

분명히 땅콩버터, 토르티야, 소프트웨어, 이발과 기타 다른 모든 재화와 서비스의 생산을 공통 단위로 변환할 필요가 있고, 그래야 그것들을 합산할 수 있다. 그 공통 단위가 그들의 **시장가치**이고, 미국에서는 달러로 측정된다.

최종 재화와 서비스(Final goods and services). 땅콩버터 한 병에 800개가량의 땅콩이 들어간다고 생각하자. 조지아의 땅콩 농부는 그것들을 아틀란타 도매업자에게 12센트에 판매한다. 도매업자는 그것들을 오하이오 땅콩버터 공장에 24센트에 판매한다. 땅콩버터 공장은 그것들을 식료품점에 1.85달러에 판매한다. 최종적으로, 식료품점은 땅콩버터 한 병(18온스)을 여러분에게 3.40달러에 판매한다. 이러한 과정은 GDP에 얼마를 기여한 것인가?

만약 우리가 간단히 모든 거래를 합산한다면, 그 땅콩버터 한 병은 GDP에 5.61달러($0.12 + $0.24 + $1.85 + $3.40) 기여했다고 생각할 수 있다. 그러나 만약 그렇다면 땅콩버터 생산은 최종적으로 팔린 가격보다 더 많이 GDP에 기여한 셈이다. 그것이 옳을 리가 없다. 만약 그것이 옳다면, 단지 동일한 땅콩버터를 동일 달러로 되풀이해 거래하고 각각의 '거래'를 합산해 경제를 성장시킬 수 있다.

이중 계산을 피하기 위해 중간재(intermediate goods)와 서비스의 가격은 무시해야 한다. 즉, 땅콩버터 공장에 팔린 땅콩 원료처럼, 단지 다른 것을 생산하기 위해 사용된 재화와 서비스는 무시해야 한다. 대신에 최종 재화와 서비스(소비자에게 팔린 것들)의 지출만 계산하고자 한다. 이 경우, 유일한 최종 재화는 여러분이 상점에서 구입한 땅콩버터 한 병이다. 가격이 3.40달러이므로, 이만큼이 여러분의 구매가 GDP에 기여한 것이다.

한 국가 안에서 생산된(Produced within a country). GDP에 계산되는 재화와 서비스는 생산자의 시민권이 아닌, **생산 지역**의 관점에서 정의된다. 따라서 만약 미국 회사가 멕시코에 공장을 갖고 있다면, 그 공장에서 생산된 재화의 가치는 미국 GDP가 아닌, 멕시코 GDP에 계산된다. 프랑스에서 일하는 미국 시민은 프랑스 GDP에 기여한다. 비슷하게, 미국에서 일하는 프랑스 시민이나 멕시코 시민은 미국 GDP에 기여한다.

만약 그들의 생산 지역에 상관없이 모든 미국 회사가 생산한 것의 가치를 측정하고 싶다면, 그것은 무엇인가? 이 경우, **국민총생산**(GNP)이라는 측량을 사용한다. GNP는 세계 어느 곳에서 생산되는지에 상관없이, 주어진 기간 동안 한 국가의 **영주권자**에 의해 생산된 모든 최종 재화와 서비스 및 보유된 자본의 시장가치의 합산이다. (1) 한 국가의 기업과 영주권자에 의해 얻은 전 세계 소득을 포함하고, (2) 국내에서 일하는 재외국인에 의해 생산된 것을 배제한다는 점만 제외하면 GDP와 유사하다.

국민총생산 한 국가에서 일정 기간 생산된 모든 최종 재화와 서비스의 시장가치의 총합(GDP)과 그 국가의 영구 거주자에 의해 소유된 자본의 합

주어진 기간 동안에(Given period of time). 이론적으로, 1일, 1개월, 1년 등 어느 기간이든 경제의 산출물을 계산할 수 있다. 사람들이 말하는 GDP는 일반적으로 연간 수치다. 그러나 1년은

경제가 어떻게 돌아가는지 업데이트하기 위해 기다리기에는 긴 시간이다. 그래서 GDP는 일반적으로 1년에 4번, 분기별로 계산한다.

일반적으로, 중요한 것은 가장 최근의 분기 정보를 이용한 연간 GDP의 측정이다. 그러나 경제는 좀처럼 1년 내내 동일한 속도로 굴러가지 않기 때문에, 이번 분기의 GDP에 단지 4를 곱할 수는 없다. 예를 들면, 12월에는 사람들이 선물도 많이 사고 여행도 자주 하기 때문에, 다른 달에 비해 경제활동이 활발하다. 그러므로 이러한 계절적 패턴을 확인하기 위해 분기 GDP를 조정할 필요가 있다. 이것이 분기 GDP는 일반적으로 **연간 비율로 계절 조정된 추정치**로서 보여지는 이유다. 예측할 수 있는 계절적 패턴을 감안해 만약 경제가 현재의 속도로 지속된다면 연간 GDP가 얼마가 될지 알 수 있다.

생산과 지출과 소득이 동일하다

LO 24.2 한 경제의 가치화에 대한 지출과 소득 접근법의 등가 설명하기

국내총생산이라는 용어를 정의했다. 이제 그것을 어떻게 측정할 것인가? 우선, 경제의 규모에 대해 이야기할 때 진정으로 의미하는 것인 그 경제에 있는 사람들이 만드는 '물건'의 수량에 초점을 맞추자. 경제학자들은 '물건'을 **산출물**이나 **생산품**으로 언급하고, 재화와 서비스 모두를 포함한다. 사실 미국 3분기 산출물은 재화가 아닌 서비스다. 재화와 서비스의 수천 장 목록을 단순히 열거하는 것은 별 의미가 없다. 그래서 어떻게 달러 가치로 환산할 수 있을 것인가? 이러한 질문에 접근하는 2가지 방법이 있다.

재화와 서비스의 시장가치는 사고 팔리는 가격이다. 만약 우리가 이중 계산을 하지 않도록 중간재 소비는 생략하고, 사람들이 최종 재화와 서비스를 사기 위해 소비한 모든 화폐를 합산한다면, 그 총액이 그 경제에서 판매된 모든 산출물의 시장가치일 것이다. 다른 말로, **총지출**을 측정해 총산출물을 측정할 수 있다.

물론, 모든 거래는 재화와 서비스를 소비한 구매자뿐 아니라 판매를 통해 소득을 얻는 판매자도 포함한다. 한 사람의 지출은 바로 다른 사람의 **소득**으로 해석할 수 있으며, 모든 사람의 소득을 합산해 생산물을 측정할 수 있다. 1장에서 기술한, 〈그림 24-1〉에서 반복되는 **경제순환모형**(*circular flow model of the economy*)을 기억한다면 익숙할 것이다.

가계는 재화와 서비스시장에서 기업으로부터 물건을 산다. 그 다음에 기업은 그들이 수익을 낸 돈의 일부를 생산요소시장에서 근로자의 임금과 토지 소유자의 임대료를 지불하기 위해 사용한다. 각각의 거래에서, 한쪽의 지출은 다른 쪽의 소득이다.

경제순환모형은 경제의 중요한 단순화다(예를 들면, 세금으로 지불된 돈 혹은 소비 대신 저축된 돈은 어떤가?). 한 경제에서 지출이나 소득으로 측정하는 것에 상관없이, GDP에 대해 같은 수치를 가져야 한다는 것을 보여준다:

$$\text{국민생산} = \text{국민지출} = \text{국민소득}$$

이 균등식은 거시경제학에서 중요한 부분 중 하나다.

그림 24-1
경제순환모형

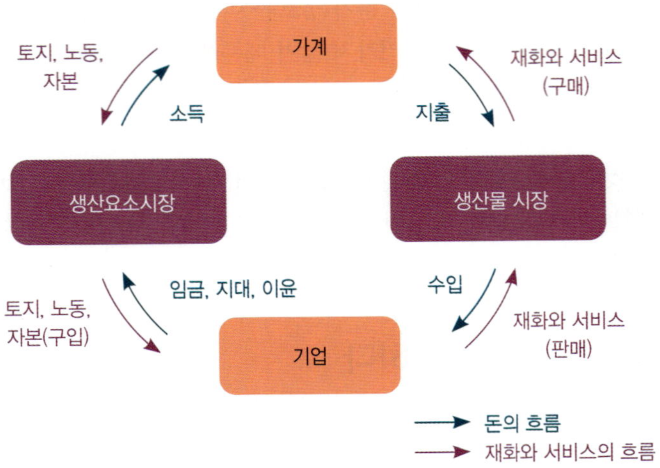

GDP 측정 접근법

LO 24.3 GDP를 산출하기 위해 사용되는 3가지 접근법을 설명하고, 지출 접근법에 포함되는 소비의 범주 열거하기

생산, 지출과 소득의 균등은 말 그대로 사실이고, 만약 생산된 모든 재화가 국내에서 판매되고, 모든 것은 만들어지자마자 소비되는 **폐쇄경제**(closed economy)라면, 명백한 방법이다. 현실 경제는 더 복잡하지만, 각 부분을 어떻게 정의하는가에 대해 좀 더 세밀하게 계산하는 한, 근본적인 균등은 여전히 유효하다.

한 가지 문제는 국제무역이다. 일단 수입과 지출을 고려하기 시작하면, 한 국가의 지출은 다른 국가의 소득으로 해석될 수 있다. 또 재화가 생산되지만 팔리지 않는다면 무슨 일이 발생할까? 이 절에서는 GDP 측정의 다양한 접근법에 대해 생각해볼 것이고, 경제학자들이 어떻게 이러한 문제를 다루는지 알아볼 것이다.

지출 접근법

지출 방법을 사용해 산출물을 측정하기 위해 지출 범주를 세분화한다. 이중 계산을 원하지 않으므로, 기업이 최종 재화와 서비스로 변환하기 위해 단지 구매한, 생땅콩과 땅콩 공장 근로자의 노동 같은 중간 생산물은 포함하지 않는다. 그러나 다음 것들은 포함한다:

- 대부분의 최종 재화와 서비스는 가족이 구매하는 식료품 혹은 의류 혹은 이발처럼, 소비하려는 사람들에 의해 구매된다.
- 농부가 땅콩 재배에 도움이 되는 새 트랙터를 구입하거나 땅콩 공장이 새 땅콩 분쇄기를 구입하는 것처럼, 기업은 미래 생산의 **투자**로서 어떤 재화를 구매한다. 이것들을 계산하는

이유는 트랙터와 기계는 땅콩버터 한 병을 생산하는 데 '소모'되지 않지만, 생땅콩은 땅콩버터 한 병을 생산하는 데 소모된다.

- **정부**의 지출비를 계산할 때는 전투기부터 도로 보수용 아스팔트, 공항 보안 검색대의 판독 장치 속으로 들어가는 플라스틱 통 등 모든 것이 포함된다.
- 만약 미국 경제의 산출물에 관심이 있다면, 미국에서 생산되고 외국인에게 구매된, 수출되는 재화와 서비스를 분명히 계산하고자 한다. 그러나 **수입**된, 미국 밖에서 생산된 물품에 대해 미국인의 지출로 계산하기를 원하지 않는다. 이러한 이유로, 수출량에서 수입량을 빼고, 지출을 계산하기 위해 그 결과인 **순수출**을 사용한다.

총지출을 알아내기 위해 소비, 투자, 정부구매와 순수출 등 4가지 범주를 모두 합산한다. 각각을 좀 더 자세히 살펴보자.

소비(consumption). 첫 번째 범주인 소비는 개인과 가계에 의한 재화와 서비스에 대한 **소비**를 측정한다. 음식과 의류 같은 비내구재부터 컴퓨터와 자동차 같은 내구재, 개인 교습과 배관 작업 같은 서비스까지, 여러분이 구매한 거의 모든 것을 포함한다. 만약 여러분이 임대료나 대학등록금을 지불한다면, 그 또한 소비에 포함된다.

소비 민간의 개인이나 가계의 재화나 서비스에 대한 지출

소비되는 것은 새것이어야 한다. 이러한 필요조건은 되풀이해서 동일한 땅콩버터 한 병을 단순히 재판매해 경제를 성장시키는 비논리적인 결론을 회피하게 한다. 예를 들면, 만약 여러분이 이베이에서 중고 카메라를 산다면, 카메라가 새것으로 팔릴 때 카메라의 초기 구매가 이미 GDP에 기록되었기 때문에 중고 카메라 자체는 경제 규모에 계산되지 않는다. 그러나 판매자가 이베이에 지불하는 수수료는 소비로 계산되고, 판매자가 여러분에게 카메라를 배송하기 위해 페덱스에 지불하는 가격 또한 계산된다.

투자(investment). 두 번째 범주인 **투자**는 공장, 기계류, 재고와 같이 생산적인 투입재에 대한 소비를 포함한다. 그것들을 소비하기보다는, 미래에 다른 재화와 서비스를 생산하기 위해 이러한 구매를 사용할 계획이 있는 사람들이나 기업에 의해 구입된 재화를 의미한다. 다른 재화나 서비스의 생산을 위해 사용될 기계나 공구 같은 물품인 **자본재**(capital goods)도 포함한다. 또한 재화와 서비스를 공급하는 데 관련된 창고 같은 건물과 건축물도 포함한다.

투자 공장, 기계, 재고 등 생산적인 투입 요소에 대한 지출

새로 지은 주택 역시 투자로 계산된다는 것을 주목할 필요가 있다. 그에 반해, 만약 여러분이 주택을 임대한다면 지출은 소비가 된다. 왜 다른가? 새로 지은 공장이 지금과 미래에 산출물을 생산할 것처럼, 새로 지은 주택은 지금과 앞으로 몇 년간 주거 (혹은 임대) 공간으로 제공될 것이다. 그러나 주택을 임대할 때, 여러분은 거기서 살게 하는 서비스에 대해 소유주에게 그것을 지불하는 것이다. 여러분은 '주거 공간' 서비스를 소비하는 것이지만 그 주택은 다른 사람이 소유한 것이고, 여러분을 위해 미래 수익을 창출하는 것은 아니기 때문에 여러분은 투자를 만드는 것은 아니다.

투자재는 새것일 때만 계산된다는 점을 강조할 필요가 있다. 투자재로서 기존 공장이나 중고 공구를 사는 것은 계산하지 않는다. 여러분에게 집을 판매하는 부동산업자의 서비스는 소비로 계산되지만, 기존 주택의 개인 구매는 계산하지 않는다.

이해를 돕기 위해

금융시장에서 사고 팔리는 주식, 채권, 뮤추얼 펀드(mutual funds)와 기타 상품을 '투자'라고 한다. 마치 이러한 금융상품이 GDP 안에 'I' (투자) 용어상 계산되어야 하는 것 같지만, 2가지 이유로 **그들은 GDP의 일부로 계산되지 않는다.** 첫째, 만약 여러분이 뉴욕 증권 거래소를 통해 제너럴 모터스의 주식을 산다면, 여러분의 돈은 제너럴 모터스로 가지 않는다. 대신, 여러분은 제너럴 모터스 주식을 팔기로 결정한 다른 투자자로부터 주식을 사는 것이다(주식을 사는 것과 다른 금융 '투자'를 만드는 것에 대해 경제학자들이 어떻게 생각하는지는 30장에서 소개할 것이다).

두 번째 문제는 GDP 계산에 주식 구매를 포함하는 것은 이중 계산의 또 다른 형태다. 만약 누군가 주식을 살 때마다 매번 GDP에 합산한다면, 동일한 땅콩버터 한 병을 앞뒤로 통과하는 것처럼, 주식을 가진 사람이 동일한 몫을 되풀이해서 단순히 재판매해 경제가 성장하는 것처럼 보인다.

마지막으로, 투자에 대한 정의는 또한 '구입'의 덜 분명한 형태인 재고에 대한 소비를 포함한다. 생산, 소득과 지출이 균등할 때, 생산되지만 팔리지 않은 재화를 어떻게 다룰지의 문제를 야기했다. **재고**(inventory)가 대답이다: 회사가 지금 생산했지만, 미래에 판매하기 위해 가지고 있는 재화의 비축이다. 만약 포드가 올해 자동차를 제조하지만 그 차는 내년까지 주차장에 있다면, 그 차는 포드 재고의 일부가 된다. 만약 애플이 아이패드 꾸러미를 만들었지만, 공매를 위해 새로운 모델을 방출하는 시간이 될 때까지 그것을 창고에 보관한다면, 그들은 애플 재고의 일부가 된다.

재고 회사가 생산했으나 즉각 팔지 않은 재화의 축적

한 재화가 회사의 재고에 편입될 때는 제조회사는 미래를 위해 비축하기 위해 그것을 '산' 것처럼 취급한다. 그런 '판매'의 가치는 그해의 투자 계산에 포함된다. 다음 해에 소비자가 아이패드를 살 때 무슨 일이 발생하는가? 동일한 아이패드를 2개의 다른 년도 GDP에 계산하기를 원하지 않는다. 그래서 그것이 소비로 계산됨과 동시에, 그것의 가치는 애플의 재고에서 제외될 것이다. 이러한 2개의 거래는 상쇄되고, 구매는 GDP에 순증가를 초래하지 않는다는 의미다.

정부구매 재화와 서비스에 대한 중앙정부와 지방정부의 지출

정부구매(government purchases). 소비의 다음 범주인 **정부구매**는 정부에서 구매된 모든 재화와 서비스를 나타낸다. 이것은 재화(예를 들면, 가로등의 새 전구 구매)와 서비스(가로등을 보수하는 공무원의 노동을 구매)에 대한 '소비' 형태의 모든 구매를 포함한다. 또한 '투자' 형태의 구매(예를 들면, 공무원이 미래에 가로등을 보수하는 데 사용할 트럭 구매)도 포함한다. 사실, 이 범주의 소비에 대한 기술적인 이름은 '정부 소비지출과 총투자'다. 여기서는 간단히 **정부구매**라는 용어로 사용할 것이다.

그러나 정부지출(government spending)의 한 가지 중요한 범주는 정부구매로 계산되지 않는다. 그것은 사회보장 혹은 유사한 프로그램을 통해 단순히 자원을 개인에게 이전하는 소비다. 고령자가 식료품을 사기 위해 사회보장 수표로 돈을 소비할 때 그 소비는 개인 소비로 계산되고, 정부로부터 고령자에게 지불된 것은 정부구매로 계산되지 않는다.

순수출(net exports). 소비의 3가지 범주인 소비, 투자와 정부구매는 국내에서 생산된 것뿐만 아니라 해외에서 생산된 재화와 서비스에 대한 소비를 포함한다. 미국 GDP에 대해 생각해보자. 소비에 대한 계산은 미국 사람들이 해외에서 제조된 재화(스코틀랜드로부터 수입한 스웨터)를 구매하는 경우를 포함한다. 만약 미국 내에서 생산된 재화의 가치를 측정하려고 한다면, 이러한 소비는 계산하지 않는다. 반면, 미국에서 제조되고 해외 판매를 위해 수출된 재화와 서비스에

대해 다른 국가의 사람들이 소비하는 것은 계산한다.

이러한 2가지 힘은 반대 방향으로 작용한다: 수입에 대한 국내 소비는 GDP 계산에서 제외해야 하고, 반면 수출에 대한 국제 소비는 합산되어야 한다. 수출과 수입을 결합해 이러한 국제 거래를 **순수출** 혹은 'NX'라는 한 가지 용어로 단순화할 수 있다. 순수출은 국내에서 생산되어 해외에서 소비된 재화와 서비스의 가치에서 해외에서 생산되어 국내에서 소비된 재화와 서비스를 제외한 것이다. 만약 수출이 수입보다 많으면, NX는 양(+)이다. 만약 수입이 수출보다 많으면, NX는 음(−)이다.

순수출 수출−수입. 국내에서 생산되고 해외에서 소비된 재화와 서비스의 가치에서 해외에서 생산되고 국내에서 소비된 재화와 서비스의 가치를 뺀 것

소비, 투자, 정부구매와 순수출 등 4가지 범주의 지출을 모두 합산할 때, 총액은 한 국가에서 생산된 모든 재화와 서비스에 대한 지출과 동일하게 될 것이고, 그 다음으로 그 생산의 가치와 동일하다. 이 방정식은 다음과 같다.

방정식 24−1

$$\text{지출} = C + I + G + NX = \text{생산}$$

〈그림 24-2〉에서 알 수 있듯이, 소비는 미국 지출의 단연코 가장 큰 단일 범주지만, 투자와 정부구매 역시 중요하다. 미국의 거주자는 그들이 해외에 판매하는 것보다 해외로부터 더 많이 구매한다. 순수출은 2011년 총 GDP의 −3.8%로서, 음(−)인 이유다. 다시 말해, 2011년에 외국인이 미국산 재화를 구매해 미국 생산자가 얻게 된 것보다 미국 소비자는 수입품을 더 많이 소비했고, 그 차이는 GDP의 3.8%와 같다. 만약 수출이 수입보다 많으면, 이 수치는 양(+)이 된다.

그림 24−2

미국 GDP 내역 이 그림은 소비, 투자, 정부구매와 순수출(수출−수입)을 모두 합산해 GDP를 계산하는 지출 방법을 보여주고 있다. 미국에서, 현재 수입은 수출보다 많고, 그래서 순수출의 가치는 음(−)이고 총액에서 뺀다.

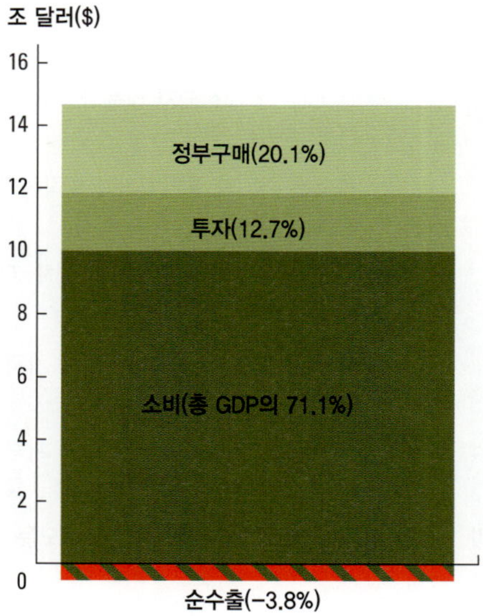

Source: Table 1.10, Gross Domestic Income by Type of Income (2011), http://www.bea.gov/iTable/iTable.cfm?ReqID=9&step=1.

GDP에 무엇이 포함되고, 지출 방법에서 계산되지 않는 것은 무엇인지를 이해하는 것은 약간의 연습을 필요로 한다. 이해를 좀 더 돕기 위해, 〈표 24-1〉은 24장에 나온 몇몇 사례를 요약한 것이다.

소득 접근법

국가 경제의 가치에 대해 생각하는 다른 방법은 그 국가에 있는 모든 사람들이 얻는 소득을 합산하는 것이다. 이 방법으로 한 경제의 가치를 평가하기 위해 근로자가 얻는 임금, 자본 투자로 얻는 이자, 토지와 재산으로 얻는 임대료와 기업이 얻는 이윤을 합산한다(약간의 추가적인 기술적 조정 추가). 이것들은 한 국가에 있는 사람들이 얻은 모든 종류의 소득을 포함하고, 다음의 방정식으로 나타낼 수 있다:

방정식 24-2

$$\text{소득} = \text{임금} + \text{이자} + \text{임대료 소득} + \text{이윤}$$

이러한 **소득 방법**은 수입과 수출 없이도 한 경제의 지출 방법과 동일한 결과를 가져올 것이다. 모든 거래에는 소비하는 구매자뿐만 아니라 같은 양의 소득을 얻는 판매자가 있다. 만약 여러분이 휘발유를 사기 위해 20달러를 소비한다면, 동일한 20달러는 여러분에게는 지출이고 주유소 소유주에게는 소득이다. 지출 접근법은 이런 거래의 한 측면에서 모든 것을 합산한다. 이제, 소득 접근법은 동일한 거래의 다른 측면에서 모든 것을 합산하고, 동일한 액수가 된다.

그 국가 밖에서 발생한 어느 거래를 이 방정식에 합산하기를 원할 때, 무슨 일이 발생할 것인

표 24-1
GDP인가?

상황	GDP 범주	왜 그런가?
새 디지털카메라 구입	소비	새로운 재화나 서비스의 구매는 항상 GDP에 계산된다.
이베이에서 중고 카메라 구입	계산되지 않음	그것이 새것일 때 이미 계산되었기 때문에 중고품으로서, 카메라는 GDP에 계산되지 않는다. 카메라 판매로 이베이에 지불된 수수료는 소비로 계산된다.
새 주택 구입	투자	주택은 가치가 증가하거나 하락하므로, 투자로서 생각하는 것이 이치에 맞는다.
아파트 임대	소비	주택 소유주에게 서비스에 대해 지불하는 것이므로, 소비로 계산된다.
애플이 아이패드 꾸러미를 제조하지만, 내년까지 그것을 판매하지 않는다.	투자	애플이 재고의 일부로 이것을 가지고 있으므로, 투자의 일부로 계산된다.
제너럴 모터스 주식 구입	계산되지 않음	주식은 한 소유주로부터 다른 사람에게 돈이 이전되는 것이다. 주식을 포함하는 것은 이중 계산의 문제를 초래한다.
TSA는 공항 보안을 위해 플라스틱 통을 구입한다.	정부 소비	정부 소비로서, 정부에 의한 모든 소비와 투자 구매는 GDP에 계산된다.
이웃집 아이 돌보기	계산되지 않음	원칙적으로, GDP에 포함되어야 하지만, 그러한 소득은 보통 IRS에 보고되지 않고, 그래서 공식 통계에 포함되지 않는다.

그림 24-3

지출 접근법에서 지출과 소득 합산 그것이 소비, 투자, 정부, 혹은 해외(수출)를 위한 구매든, 국내에서 생산된 모든 것은 GDP에 합산된다. 그 국가 밖의 지출을 나타내기 때문에, 해외에서 생산되고 국내에서 구매된 재화(수입)는 GDP에서 제외된다. 외국 생산자와 외국 구매자 간 거래는 국내 생산이나 지출에 포함되지 않으므로 GDP 계산에 들어가지 않는다.

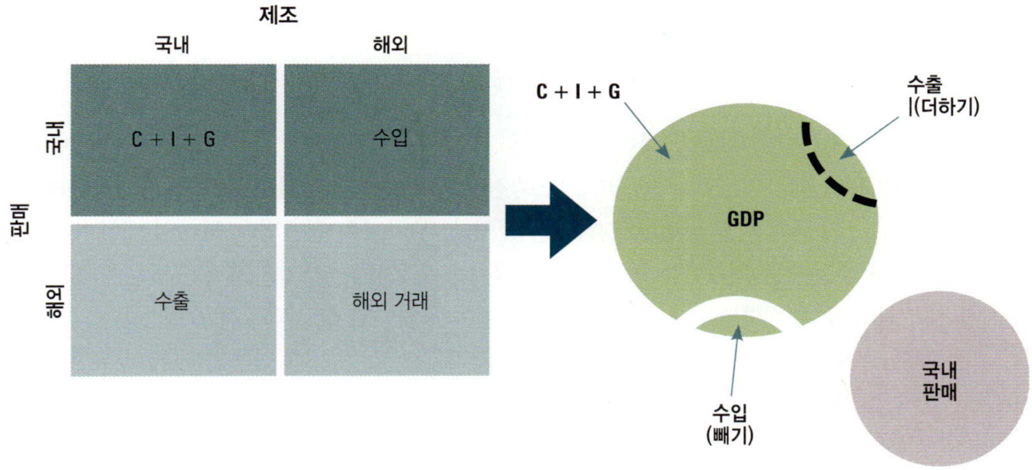

가? 순수출은 국제무역을 하는 한 경제에서 지출과 소득을 같게 만드는 것이다. 〈그림 24-3〉은 2×2 행렬(matrix)의 시각적 도구를 사용해 소득과 지출 접근법에 대해 어떻게 생각할 수 있는지를 보여준다: 미국에서 생산된 재화가 수출될 때, 그것은 다른 국가의 지출이고 미국의 소득이다. 미국 사람들이 다른 국가에서 제조된 재화에 돈을 소비할 때, 그것은 미국의 지출이고, 다른 국가의 소득이다.

'부가가치' 접근법

다음으로 넘어가기 전에, 경제학자들이 때때로 경제 산출물을 측정하기 위해 사용하는 제3의 접근법인 **부가가치 접근법**에 대해 언급하고자 한다. 지출 접근법은 중간재(재화와 서비스)가 아닌, 최종 재화와 서비스의 거래만을 고려해 이중 계산의 문제를 해결한다. 예를 들면, 식료품점으로부터 땅콩버터 한 병의 소비자 구매를 계산하지만, 땅콩 도매업자로부터 땅콩버터 공장의 땅콩 구매는 계산하지 않는다. 대신, 만약 모든 거래를 관찰하고 그 경제에 그들이 추가한 가치만을 계산한다면 어떻게 될 것인가?

이러한 접근법 이면의 이유를 알아보기 위해 땅콩버터로 돌아가자. 땅콩버터 생산 과정의 각 단계에서, 생산품의 판매 가치와 그것이 들어간 투입재 가치의 차이를 관찰하자. 이러한 차이는 그 생산 단계의 '부가가치'로 표현된다. 예를 들면,

- 농부는 씨앗, 농지와 물을 사용해 땅콩을 재배해 그 경제에 가치를 더한다. 간단히 하기 위해, 농부는 투입재에 대해 아무것도 지불하지 않았다고 가정하자. 그 경제의 부가가치는 농부가 도매업자에게 땅콩을 판매해 얻은 0.12달러에서 투입재의 가치를 제외한다, 여기서 0으로 가정한다.

- 만약 도매업자가 0.12달러에 땅콩을 사고, 땅콩버터 공장에 그것을 0.24달러에 판매한다면, 농부와 공장을 연결하도록 도움으로써 도매업자는 그 경제에 0.12($0.24−$0.12)달러를 더한다.
- 땅콩버터 공장은 땅콩을 버터로 만들고 그것을 병에 담아 가치를 더한다. 만약 공장이 한 병당 1.85달러를 얻을 수 있다면, 1.61($1.85−$0.24)달러의 가치를 그 경제에 더한다.
- 식료품점은 땅콩버터를 소비자와 가까운 지역으로 운송해 가치를 더하고, 병당 3.40달러에 여러분이 살 수 있도록 하므로 1.55($3.40−$1.85)달러의 부가가치를 더한다.

최종 부가가치를 알아보기 위해, 간단히 각 과정의 단계의 부가가치를 합산한다: $0.12 + $0.12 + $1.61 + $1.55 = $3.40. 식표품점에 있는 땅콩버터의 최종 가격과 동일하다는 것을 알 수 있고, 그것은 지출 방법으로 계산된 것이다. 부가가치 접근법은 하나의 대안이고, 땅콩의 이중 계산의 문제를 회피하는 방법으로 동일하게 유효하다. 부가가치 접근법은 지불된 총 가치를 세분화할 수 있게 하고, 생산 과정의 각 단계에서 얼마가 창출되는지 알 수 있다.

기존 재화의 재판매에 포함된 서비스에 대해 생각할 때, 부가가치 접근법은 특히 유용하다. 예를 들면 중고 카메라, 기존 주택과 회사 주식은 GDP에 계산되지 않지만 이베이, 부동산업자와 증권 중개인에 의해 제공된 관련 서비스는 계산된다. 부가가치는 이것이 왜 그런지에 대해 생각하는 데 도움이 된다. 증권 중개인은 주식 구매와 관련된 문서 업무를 처리해 가치를 더한다. 부동산업자는 주택이 판매 중임을 광고하고, 잠재 고객에게 보여주고, 판매 협상을 도와줌으로써 가치를 더한다. 이베이는 구매자와 소비자를 연결해 가치를 더한다. 일반적으로, 중고 재화의 판매와 관련된 모든 중개인은 이러한 재화를 공급하고 편리한 방법으로 판매를 가능하게 해 가치를 더한다.

GDP를 계산하는 데 왜 3가지 방법이 있고, 한 가지 대신 다른 것을 언제 사용할지를 어떻게 알 수 있을 것인가? 3가지 접근법은 결과적으로 동일한 숫자가 되지만, 다른 조각들이 어떻게 큰 그림을 이루는지에 대해 각각은 약간 다른 그림을 제공한다. 소비자 활동 대 정부구매에 대해 알기를 원하는가? 지출 접근법을 이용하면 알 수 있다. 소득 접근법은 생산품의 다른 요소의 상대적 중요성에 대해 알게 해준다. 생산의 각 단계에서 부가가치를 계산하는 것은 이중 계산의 문제를 해결하고, 기존 재화의 재판매를 명확하게 하는 데 특히 유용하다. 많은 국가들은 GDP를 계산하기 위해 3가지 접근법을 모두 사용하며, 정책입안자와 연구자들은 경제활동의 전체 그림을 얻을 수 있다.

✓ 개념 확인하기

- ❒ 최종 재화와 서비스만 GDP에 계산되는 이유는 무엇인가? 중고 판매가 계산되지 않는 이유는 무엇인가? **[LO 24.1]**
- ❒ 한 국가의 총소득은 그 국가에서 생산된 재화의 총지출과 일치하는 이유는 무엇인가? **[LO 24.2]**
- ❒ 소비지출과 투자지출의 차이는 무엇인가? **[LO 24.3]**
- ❒ 재고는 지출의 어떤 범주에 속하는가? **[LO 24.3]**
- ❒ 지출 접근법에서 중간재의 판매는 GDP에 계산되는가? **[LO 24.3]**
- ❒ GDP 계산은 부동산업자가 기존 주택을 판매해 얻은 부가가치를 어떻게 설명하는가? **[LO 24.3]**

경제를 비교하기 위해 GDP 이용하기

미국 GDP는 2005년 12.5조 달러에서 2009년 14조 달러로 증가했다. 이것은 미국 사람들이 2005년에 비해 2009년에 더 많은 재화와 서비스를 생산했다는 것을 의미하는가? 혹은 가격이 상승했기 때문에, 동일한 것에 대해 우리가 더 지불했다는 것을 의미하는가? GDP는 생산된 재화와 서비스의 수량(산출물), 그들의 시장가치(가격) 양쪽 모두의 함수다.

흔히, GDP의 증가는 2가지 구성요소인 산출물의 증가와 가격 상승 증가의 결과다. 시간이 지남에 따라 국가 경제의 건전성을 비교하거나 혹은 다른 국가들의 경제를 비교하기 위해 GDP를 사용하고자 한다면, 성장의 얼마만큼이 각 요소에 기인하는지 알 필요가 있다.

실질 대 명목 GDP

LO 24.4 실질과 명목 GDP의 차이를 설명하고, GDP 디플레이터 계산하기

GDP는 시간이 지남에 따라 산출물의 가치 변화를 추적할 수 있게 해준다. 그러나 만약 다른 연도의 GDP의 수준만 비교한다면, 차이가 생산의 변화인지 혹은 가격의 변화인지 혹은 둘 다의 변화인지 확신할 수 없다. 생산의 변화에 초점을 맞추기 위해서는 새로운 측정이 필요하다. 가격 변화는 통제하면서 오로지 산출물에 초점을 맞춘 GDP 측정을 나타내기 위해 실질 *GDP*(*real GDP*)라는 용어를 사용한다. 공식적으로, **실질 GDP**는 **불변** 가격(constant prices)에서 가치 평가된 재화와 서비스에 근거해 계산된다. 이러한 불변 가격은 특정한 연도로 주어진다. 예를 들면 2010년 가격으로 2014년의 산출물을 가치 평가하는 것에 의해 실질 GDP를 측정할 수 있다.

실질 GDP 재화와 서비스의 가치를 불변 가격으로 평가한 GDP

만약 가격 변화에 대한 통제 없이 GDP를 발표한다면, 이것은 **명목 GDP**(nominal GDP)에 대해 이야기하는 것이다. 명목 GDP는 현재 가격(current prices)(생산 그 당시의 현재)에서 가치 평가된 재화와 서비스에 근거해 계산된다. 그리하여 명목 GDP 측정에서, 2014년의 산출물은 2014년 가격으로 가치 평가된다.

명목 GDP 재화나 서비스를 현재 가격으로 평가한 GDP 계산 방식

명목과 실질 GDP 계산. 실제로 실질과 명목 GDP 측정의 차이를 알기 위해, 오직 두 재화만 있는 하나의 경제를 상상해보자: 피자와 스파게티. 논의를 쉽게 하기 위해, 가상의 경제를 피제타(Pizzetta)라고 부르자. 2010년에 피제타는 가격 10달러에 500만 피자와 가격 8달러에 스파게티 2000만 접시를 생산했다. 〈표 24-2〉는 이러한 산출물을 보여준다. 2011년, 피자와 스파게티는 각각 600만과 2200만 접시로 증가했고, 가격은 그대로였다. 2012년, 피제타는 동일한 피자와 스파게티 접시를 생산했지만, 가격이 올랐다. 2013년에 수량과 가격 모두 증가했다.

명목 GDP를 계산하기 위해 〈표 24-2〉 6열에서 보여주는 것처럼, 주어진 연도에 생산된 각 재화의 수량을 그해의 가격으로 곱한다. 피제타의 명목 GDP는 2010년과 2011년 사이에 증가했고, 2012년과 2013년에도 증가했다. 명목 GDP가 말하지 않는 것은 무엇인가? 만약 명목 GDP만 본다면 한 해(2011년)의 증가는 더 늘어난 산출물 때문이고, 반면 또 다른 해(2012년)의 증가는 산출물 증가 없이 오직 가격 상승 때문이라고 말할 수 없다.

실질 GDP(불변 가격으로 평가된 GDP)를 계산하기 위해서는 기준 연도를 선택해야 한다. 기준 연도에, 명목 GDP과 실질 GDP는 같다. 모든 다른 연도에서, 그해에 생산된 재화의 수량

을 기준 연도의 가격에 곱한다. 본질적으로 가격은 변하지 않고, 반면 수량은 증가하거나 줄어든다. 이러한 방법은 가격 상승으로부터 산출물의 증가를 분리시킨다. 2010년을 기준 연도라고 가정하자. 2011년, 실질 GDP의 증가는 실제로 명목 GDP의 증가(2억3600만 달러)와 동일하다는 것을 〈표 24-2〉에서 알 수 있다. 그것은 이치에 맞는다. 2개 연도 사이에 가격은 변하지 않았고, 따라서 기준 연도 가격은 현재 연도 가격과 동일하다.

그러나 2011년과 2012년 사이에 명목과 실질 GDP 사이에 차이가 나타난다. 가격 상승으로 명목 GDP는 증가한다(피자와 스파게티 가격이 각각 2달러씩 증가했다). 그러나 산출물이 변하지 않았기 때문에 실질 GDP는 그대로다.

2012년과 2013년 사이에 가격과 산출물이 모두 증가했기 때문에, 명목과 실질 GDP 모두 증가한다. 그러나 실질 GDP의 증가(3400만 달러)는 명목 GDP의 증가(7400만 달러)보다 작다. 그것이 무엇을 말하는 것인가? 명목 GDP 증가 7400만 달러 중에서 오직 3400만 달러가 산출물 증가에 기인한다; 나머지는 가격 상승에 기인한다.

요약하면, 실질 GDP는 한 경제의 산출물 변화를 분리시키고, 반면 명목 GDP는 산출물과 가격 모두의 변화를 포함한다. 그 결과, 일반적으로 경제학자들과 정책입안자는 기준점으로 실질 GDP 숫자를 사용한다.

표 24-2 실질 대 명목 GDP 증가 계산하기 명목 GDP는 모든 최종 재화와 서비스의 시장가치의 합이고, 그것은 각 산출물의 수량과 그것의 당해 연도 시장 가격을 곱해서 계산한다. 실질 GDP를 계산하기 위해, 기준 연도의 그들의 가격에서 재화와 서비스를 가치 평가하기를 원한다. 가격이 동일하게 유지될 때, 명목 GDP와 실질 GDP는 동일 비율로 증가한다. 만약 가격이 상승하면, 명목 GDP가 실질 GDP보다 클 것이다.

(1)	(2)	(3)	(4)	(5)	(6)	(7)	(8)
연도	**파자** (100만)	**파자 가격**($)	**스파게티** (100만)	**스파게티 가격**($)	**명목 GDP** (100만$)	**2010년 가격의 실질 GDP**(100만$)	**무슨 일이 일어나는가?**
2010 (기준 연도)	5	10	20	8	(5 × $10) + (20 × $8) = **$210**	(5 × $10) + (20 × $8) = **$210**	기준 연도에, 명목 GDP와 실질 GDP는 정의에 의해 일치한다.
2011	6	10	22	8	(6 × $10) + (22 × $8) = **$236**	(6 × $10) + (22 × $8) = **$236**	산출물은 증가하고 가격은 불변일 때, 명목과 실질 GDP는 동일 비율로 증가한다.
2012	6	12	22	10	(6 × $12) + (22 × $10) = **$292**	(6 × $10) + (22 × $8) = **$236**	가격이 상승하고 산출물은 불변일 때, 명목 GDP는 증가하지만, 실질 GDP는 불변한다.
2013	7	13	25	11	(7 × $13) + (25 × $11) = **$366**	(7 × $10) + (25 × $8) = **$270**	산출물과 가격이 모두 증가할 때, 명목과 실질 GDP는 다른 비율로 증가한다.

GDP 디플레이터

실질 GDP를 계산해 가격 상승으로부터 산출물의 증가를 분리시킬 수 있다. 그러나 우리가 관심을 갖는 것이 가격 상승이라면 어떻게 될 것인가? **GDP 디플레이터**(GDP deflator)는 실질과 명목 GDP의 비율을 사용해 한 경제의 전체 가격 변화를 측정한다. GDP 디플레이터는 다음과 같이 계산한다:

GDP 디플레이터 실질 GDP와 명목 GDP의 비율을 이용해 경제 전반의 물가상승을 측정하는 지표

방정식 24-3

$$\text{GDP 디플레이터} = \frac{\text{명목 GDP}}{\text{실질 GDP}} \times 100$$

앞에서, 명목과 실질 GDP의 차이는 현재 가격과 기준 연도 가격의 차이라는 것을 설명했다. 만약 가격이 어떻게 변했는지에 대해 알기를 원한다면, 각 재화의 현재와 기준 연도 가격을 비교해 항상 바로 비교할 수 있다. 그러나 그것은 총 GDP를 발표하는 대신 모든 재화와 서비스의 목록을 열거하는 것과 같다: 부정확한 것은 아니지만, 오래 걸리고, 지루하고, 전체로서 그 경제에 무슨 일이 벌어지는지 요약하는 데 크게 기여하는 것도 아니다. GDP 디플레이터는 전체 경제를 통해 가격이 어떻게 변해왔는지를 요약하는 한 가지 방법이다. 그것은 각 개별 재화와 서비스의 가격 변화를 찾아내, 그 재화나 서비스가 얼마만큼 생산되는지에 따라 그것들을 합한다. 다시 말하면, GDP 디플레이터는 그 경제에서 모든 개별 가격 변화의 가중평균이다.

GDP 디플레이터 방정식은 현재 산출물의 기준 연도 가치와 현재 산출물의 당해 연도 가치의 비율이다. 기준 연도에는, 현재 가격이 기준 연도 가격이기 때문에 GDP 디플레이터는 항상 100과 일치한다. 그리하여 기준 연도에는 명목 GDP와 실질 GDP가 일치한다. 만약 가격이 상승하면 명목 GDP는 실질 GDP보다 크게 되고, 디플레이터는 100보다 커진다. 그래서 주어진 연도에 GDP 디플레이터가 115라면, 전체 가격 수준은 기준 연도보다 15% 더 높다는 것을 추론할 수 있다. 만약 가격이 하락하면, 디플레이터는 100보다 작을 것이다. 유사하게, 기준 연도 1년 전을 관찰한다면, 가격이 낮을 때 디플레이터는 100보다 작을 것이다. 〈표 24-3〉은 2010~2013년에 가상의 피제타의 GDP 디플레이터를 보여준다.

표 24-3

GDP 디플레이터와 인플레이션율 계산하기 명목과 실질 GDP를 이용해 시간이 지남에 따라 가격 변화를 측정하는 GDP 디플레이터를 계산할 수 있다. 기준 연도에 100으로 책정되고, 가격이 상승함에 따라 디플레이터의 가치 역시 증가한다. GDP 디플레이터를 이용해 물가의 % 변화인 인플레이션을 계산할 수 있다.

연도	명목 GDP (100만$)	실질 GDP (100만$)	디플레이터	인플레이션
2010	210	210	$\frac{\$210}{\$210} \times 100 = \mathbf{100}$	—
2011	236	236	$\frac{\$236}{\$236} \times 100 = \mathbf{100}$	(100 − 100)/100 = **0%**
2012	292	236	$\frac{\$292}{\$236} \times 100 = \mathbf{123}$	(123 − 100)/100 = **23%**
2013	366	270	$\frac{\$366}{\$270} \times 100 = \mathbf{136}$	(136 − 123)/123 = **10.6%**

GDP 디플레이터라는 이름은 인플레이션과의 관계로부터 얻어진다. 인플레이션에 대해서는 나중에 더 자세히 알아볼 것이다. 사실 1장 전체에서, 이 주제를 다룬다. 여기에서는, 인플레이션이 전체 가격 수준의 변화 속도를 설명한다는 것으로 충분하다. 인플레이션은 기준 연도 대비 상승이라기보다는 전년 대비 물가 상승의 관점에서 정의된다. 그래서 어느 두 해의 GDP 디플레이터의 증가를 관찰해 인플레이션을 계산할 수 있다. 예를 들면 〈표 24-3〉에서처럼 2012년과 2013년의 피제타 인플레이션율(물가상승률)은 다음과 같다:

$$\text{인플레이션율} = \left[\frac{(\text{디플레이터}_{2013} - \text{디플레이터}_{2012})}{\text{디플레이터}_{2012}}\right] \times 100$$
$$= \left[\frac{(136-123)}{123}\right] \times 100$$
$$= 10.6\%$$

GDP 디플레이터는 물가수준 변화를 측정하는 간단한 방법 중 하나다. 가격 변화를 통제해 명목 GDP의 '바람을 빼게 한다(deflate).' 정부의 공식 통계에서 GDP 디플레이터는 실제적으로 **가중평균지수**(*chain-weighted index*)인, 보다 정교한 방법을 사용해 계산된다. 기본적인 계산은 여기서 설명한 간단한 접근법과 동일하다.[1] 25장에서 전체 물가수준의 변화에 대해 알아볼 것이다.

경제적 건전성을 평가하기 위해 GDP 이용하기

LO 24.5 1인당 GDP와 실질 GDP의 연간 성장률의 의미를 계산하고 설명하기

경제를 비교하기 위해 어떻게 GDP를 이용할 것인가? 물론, 상대적인 규모를 보기 위해 나란히 있는 두 국가의 GDP를 살펴볼 수 있다. 높은 GDP는 규모가 큰 경제를 의미한다. 〈그림 24-4〉는 세계 각국의 GDP를 보여준다. 미국은 단연코 경제 규모가 가장 큰 국가이고, 중국이 그 뒤를 잇는다.

그러나 만약 우리가 알고 싶은 것이 이들 국가의 1인당 평균 소득이라면, GDP와는 다를 수 있다. 그것은 국가의 인구수가 매우 다르기 때문이다. 중국의 GDP는 미국의 3분의 1 이상이지만, 인구수는 4배 이상 많다. 인도는 미국보다 4배 많은 인구지만, GDP는 단지 10분의 1 수준이다. 중국과 인도가 얻는 총소득은 훨씬 더 많은 사람들이 전역에 퍼져 있기 때문에, 1인당 평균 소득은 더 낮다. 또 노르웨이는 미국보다 훨씬 작은 경제 규모지만, 인구수 또한 훨씬 적기 때문에, 노르웨이의 1인당 평균 소득은 실제적으로 미국인보다 높다.

1인당 GDP 한 경제의 GDP를 인구로 나눈 수치

1인당 GDP(GDP per capita). 만약 한 국가에서 한 사람당 얼마만큼 생산되는지에 대한 방법을 얻고 싶다면 인구수로 GDP를 나눌 필요가 있다. 이것이 **1인당 GDP**다('per capita'는 간단히 한 사람당을 의미한다). 〈그림 24-5〉는 전 세계 국가의 1인당 GDP를 보여준다. 이 지도와 〈그림 24-4〉를 비교할 때 가장 분명한 형태는, 잘 살지만 작은 나라들인 유럽과 중동은 위로 올라가고 반면 중국, 브라질과 인도처럼 인구가 많은 국가들은 내려간다.

1인당 GDP는 유용한 척도다. 예를 들면 스위스의 1인당 GDP가 6만7246달러고, 반면 아이티(Haiti)는 단지 673달러라는 것을 아는 것은 두 국가 간 생활 차이에 대해 많은 것을 제안한

그림 24-4

전 세계의 GDP(2011) 전체적인 명목 GDP 관점에서 상위 10개 국가는 인구가 많으면서 빈곤한 국가뿐만 아니라(중국과 인도), 인구수가 많은 국가(미국)와 적은 국가(영국) 등 잘 사는 국가들을 포함한다.

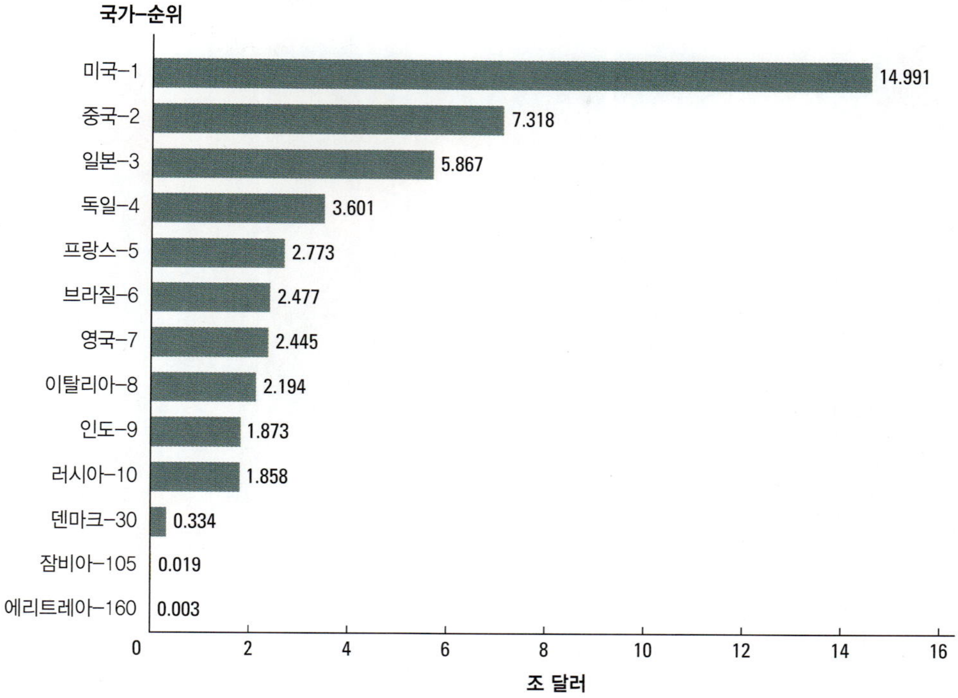

Source: World Bank World Development Indicators 2012, World Bank

다. 그러나 1인당 GDP가 모든 것을 말해주는 것은 아니다. 첫째로, 평균 소득의 측정이다; 소득이 어떻게 분배되는지에 대해서는 아무것도 말해주지 않는다. 다수의 극심한 빈곤과 한 명의 부자 엘리트 국가가 모든 사람들이 중간 정도의 생활수준인 국가보다 1인당 GDP가 더 높을 수 있다.

둘째, 그 국가에서 주어진 돈으로 무엇을 살 수 있는지에 대해서도 말해주지 않는다. 동일 재화가 어떤 국가에서는 다른 국가에 비해 더 비쌀 수도 있다. 예를 들면, 미국과 네덜란드의 1인당 GDP는 4만7000달러가량이다. 다수의 재화와 서비스는 미국에서보다 네덜란드에서 더 비싸다. 네덜란드에서의 1달러로는 미국에서 1달러로 살 수 있는 것만큼 살 수 없다. 생계비의 차이에 대해 설명할 때, 네덜란드 1인당 GDP의 실질 가치는 4만1000달러로 하락해 미국의 그것보다 낮아진다.

역으로, 많은 빈곤 국가들은 부자 국가에 비해 생계비가 더 저렴하다. 이것은 모든 단일 물품의 비용이 더 적다는 의미는 아니고, 전반적으로 생계비가 더 적다. 생계비 차이에 대한 설명 없이 1인당 GDP를 관찰하는 것은 빈곤 국가의 빈곤을 실제보다 더 가난해 보이도록 한다. 예를 들면 미국이나 네덜란드에서 연간 3000달러 소득으로 사는 것은 거의 불가능하다. 다른 한편으로, 탄자니아나 방글라데시 일부에서는 그 돈으로 괜찮은 정도의 기본 생활을 할 수 있다. 25장에서는 이러한 물가수준의 차이에 대해 설명하는 주제로 돌아갈 것이다. 이제, 1인당 GDP는 단

그림 24-5

전 세계 1인당 GDP(2010년 미국 달러 기준)

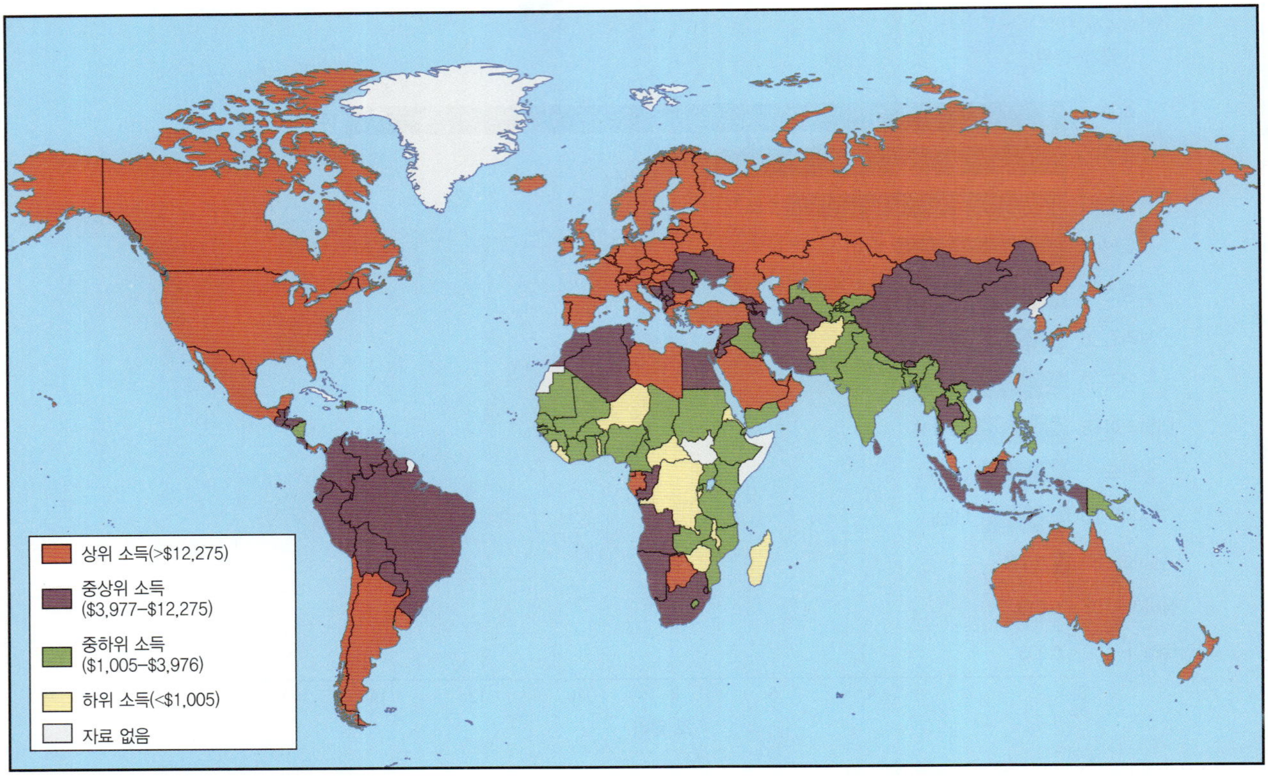

Sources: The World Bank, *World Development Indicators 2010* Data Set, data.worldbank.org. Map made by StatPlanet: http://www.statsilk.com/maps/world-stats-open-data.

지 재화와 서비스를 소비하는 사람들의 실제 능력을 이해하는 출발점이라는 것을 기억하자.

GDP 성장률(GDP growth rates). GDP를 사용하는 가장 일반적인 것 중 하나는 시간에 지남에 따른 변화를 추적하는 것이다. 일반적으로 성장률 면에서 GDP의 변화에 대해 이야기한다. 한 기간으로부터 다음 기간, 일반적으로 연간 혹은 분기별의 실질 GDP의 % 변화로서 종종 측정된다. 예를 들어, 미국의 실질 GDP가 한 해 14조 달러에서 그 다음 해에 14.5조 달러(불변 가격)로 증가했다면 연간 성장률은 다음과 같다:

$$\text{GDP 성장률} = \left[\frac{(\$14.5\text{조} - \$14\text{조})}{\$14\text{조}}\right] \times 100 = 3.6\%$$

만약 경제 규모가 줄어들게 된다면, 성장률은 음(−)이 될 것이다. 예를 들어, 미국 경제는 2008년과 2009년 사이에 줄어들었고, 연간 실질 GDP 성장률은 −2.4%였다.

GDP 성장률을 다양한 방법으로 생각해볼 수 있다. 우선, 동일 국가에서 매년 경제성장이 얼마나 변화하는지 생각해보자. 경기의 축소는 중대한 사건이다. 사람들이 실제적으로 전년에 했던 것보다 덜 생산한다는 것을 의미한다.

경기침체 경기가 두드러지게 하강하는 시기

경제가 수축하는 기간에 대한 특별한 용어가 있다. **경기침체**(recession)는 경제활동이 현저하게 감소하는 기간이다. '현저하게 감소한다'는 것에 대한 엄격한 규칙은 없지만, 경기침체는 일반적으로 GDP 하락, 실업 증가와 파산 증가 수로 표시된다. **불황**(depression)은 심각하고 확장된 경기침체다. 역시 경기침체가 불황이 될 때에 대한 엄격한 규칙은 없다. 해리 트루먼 대통령 재임기간과 로널드 레이건 대통령 재임기간 동안 다음과 같은 농담이 회자됐다. "경기침체는 이웃이 실직할 때다; 불황은 여러분이 실직할 때다."

불황 경기침체가 극심하거나 장기화될 때

미국에서 국립경제조사국(NBER; National Bureau of Economic Research)에서 경제학자들의 위원회에서 그렇게 부를 때, 경기침체 혹은 불황은 '공식적'으로 고려된다. 그 국가는 정부 통계에 기록하기 이전에 장기간 경기침체 효과를 때때로 느낀다: 사람들이 직업을 잃기 시작하고, 사업은 판매 하락을 경험한다. 예를 들면 2008년 경기침체 때 NBER이 그것을 확인하기 거의 1년 전에 언론 매체는 '경기침체'라는 단어를 사용했다.

경기침체는 여러분이 생각하는 것만큼 실제로 드문 것은 아니다. 〈그림 24-6〉은 1960년에서 2010년 사이의 50년 동안 미국에서 8번의 경기침체가 있었다는 것을 보여준다. 전반적으로, 동일한 기간 동안 미국 실질 GDP는 현저하고 꽤 착실하게 성장해왔다는 것도 알 수 있다. 1990년대와 2000년대 초기는 특별히 경기침체가 없는 시기였고, 단지 2번의 비교적 짧고 가벼운 GDP 하락이 있었다. 2008년 경기침체는 훨씬 깊게 GDP가 하락했고, 훨씬 오래 지속되었다.

경제성장을 관찰하는 또 다른 방법은 서로 다른 국가들이 얼마나 빠르게 성장하는지를 비교하는 것이다. 〈그림 24-7〉에서 알 수 있듯이, 고도 성장률이 상위 총 GDP나 상위 1인당 GDP와 반드시 연관된 것은 아니다. 미국과 유럽처럼, 세계에서 부유한 국가들의 실질 GDP 성장은 최근에 상대적으로 느리다(훨씬 높은 출발 수준임에도 불구하고). 훨씬 빠른 성장은 중위 소득 국가나 빈곤 국가에서 발생하는데, 중국이 이끌고 남아시아와 동아프리카가 그 뒤를 잇고 있다.

그림 24-6

시간에 따른 미국의 실질 GDP 실질 GDP는 1960년 이후 착실하게 증가해왔고, 과거 50년 동안 4배 이상 가치가 증가했다. 회색 막대는 경제활동이 느려지는 경기침체를 보여준다.

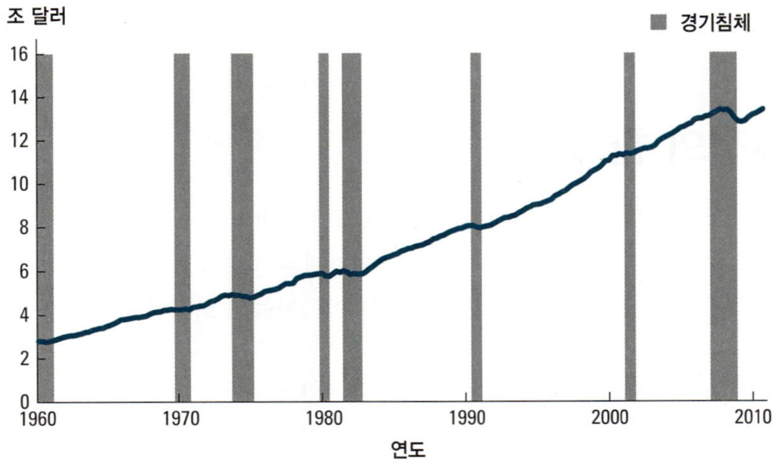

Sources: Bureau of Economic Analysis, http://www.bea.gov/national/index.htm#gdp (quarterly real GDP); and http://www.nber.org/cycles/cyclesmain.html (recession dates).

그림 24-7

전 세계의 GDP 성장(2010) 전체 소득 지도와 대조적으로, 빈곤 국가가 선진국보다 평균적으로 더 빠르게 성장한다.

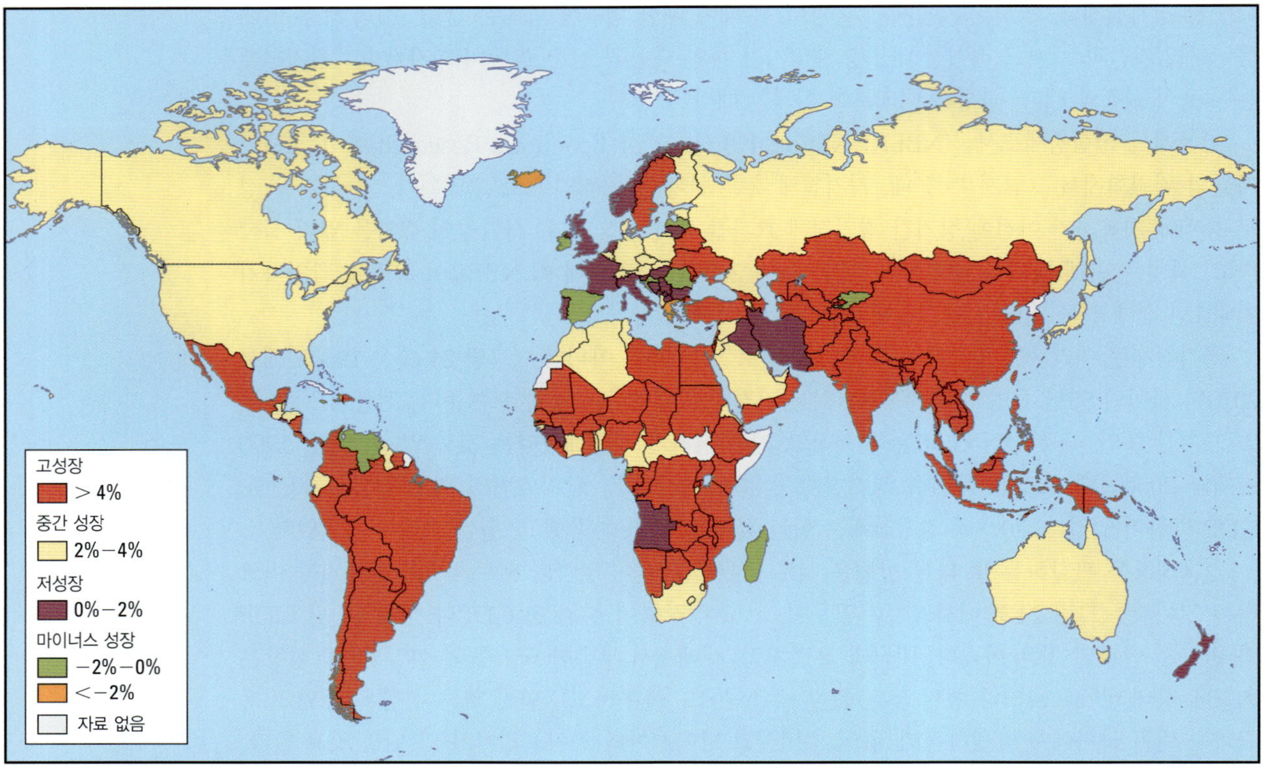

Source: StatWorld, http://www.statsilk.com/maps/world-stats-open-data.

✓ 개념 확인하기

- ❒ 실질과 명목 GDP 차이는 무엇인가? **[LO 24.4]**
- ❒ 만약 A국이 B국보다 높은 GDP지만, B국의 1인당 GDP가 더 높다면 이것은 무엇을 의미하는가? **[LO 24.5]**

GDP 측정의 한계

GDP는 한 경제의 규모를 측정하는 강력하고 다목적인 방법이다. 서로 다른 국가에서 사람들이 얼마나 생산하는가? 1인당 평균 소득은 얼마인가? 경제는 성장하고 있는가? 얼마나 빨리? 이러한 질문에 대답할 때 GDP를 이용하는 것은 거시경제학자들의 도구상자에서 가장 중요한 측정 중 하나다.

그러나 중요한 모든 것을 단지 하나의 숫자로 측정될 수 있다고 기대해서는 안 된다. 이 절에서는, GDP로부터 고의로 배제된 경제활동의 여러 형태에 대해 논의할 것이다. 또한 경제적 후생수준의 측면과 GDP로 포착되지 않는 것에 대해 살펴본다. GDP는 한 경제의 건전성과 방향성을 설명하는 데 가장 좋은 방법이지만 다른 지표와 더불어 그것을 보완함으로써 좀 더 풍부한 그림을 얻을 수 있다.

데이터 도전

LO 24.6 가계 내 생산, 지하경제, 환경 악화와 후생수준 등을 포함해 GDP의 한계에 대해 논의하기

비평가가 GDP 이면의 것을 봐야 한다고 주장할 때, GDP 계산이 경제활동의 어떤 중요한 형태를 배제시킨다고 지적한다. GDP는 최종 재화와 서비스의 시장가치를 측정하지만, 시장에서 거래되지 않거나 정부에 보고되지 않는 어떤 것도 포함하지 않는다. 그것은 가계 내 생산, 지하경제와 환경 악화 같은 비시장 외부성 등 경제활동의 3가지 중요 범주가 GDP의 일부로 계산되지 않는다는 것을 의미한다.

가계 내 생산(home production). 일반적으로 한 가계 내에서 생산되어 소비되는 재화와 서비스인, 가계 내 생산은 GDP에 포함되지 않는다. 만약 여러분이 외식을 하면, 여러분의 식사는 GDP의 일부다; 만약 집에서 식사를 하면, 그것은 아니다. 만약 여러분이 집을 청소하기 위해 청소 서비스를 이용하면, 그것은 GDP의 일부다; 만약 여러분이 청소하면, 그것은 아니다.

유사하게, 여러분이 그것을 판매하느냐 혹은 스스로 소비하느냐에 따라 동일 재화는 GDP의 일부거나 아니다. 만약 집 마당에서 수확한 채소를 농산물 직거래 장터에서 판매한다면, 그것은 GDP의 일부다; 만약 그것을 먹는다면, 그것은 아니다. 만약 할머니가 스웨터를 짜서 생일선물로 여러분에게 준다면, 그것은 GDP의 일부가 아니다; 만약 할머니가 뜨개질한 것을 이베이 혹은 이스티에서 판매한다면, 그것은 GDP의 일부다.

가계 내 생산은 대부분의 장소에서 경제활동의 주요한 구성요소이고, 한 국가와 다른 국가를 어떻게 비교할 수 있는지를 변화시킨다. 상대적으로 빈곤한 국가에서, 많은 사람들은 작은 농장에서 스스로 음식을 기르고, 도구와 의류를 만든다. 이러한 예에서, 공식적인 GDP 측정은 실제 생산의 상당한 비중을 놓치게 된다. 심지어 부유한 국가에서도, 자녀 양육과 부모 돌봄 같은 상당수의 돌봄 노동의 가치는 계산되지 않는다. 몇몇 경제학자들은 이러한 노동의 가치를 수량화하기 위한 노력을 기울여왔다. 더 상세하게는, 다른 관점에서 보기의 '전업주부의 가치 평가하기'를 읽어보자.

다른 관점에서 보기

전업주부의 가치 평가하기

1970년대와 1990년대의 미국과 독일의 GDP 성장을 비교해보면, 미국이 독일보다 더 많이 성장했다는 것을 알 수 있다. 이는 그 기간 동안 미국에서의 생활이 독일보다 좋아졌다는 것을 의미하는가? 가계 내 생산의 추정은 이러한 질문에 대해 흥미로운 해결의 실마리를 던져준다.

30년간 미국과 독일의 중요한 차이 중 하나는 노동 인구수의 변화다. 1970년대, 비슷한 비중의 독일인과 미국인이 임금 근로자였다; 1990년대에, 더 높은 비중의 미국인이 직장을 가졌다. 이러한 차이는 미국 노동력에서 여성 경제활동참가율의 증가에 의해 주로 설명될 수 있다. 더 많아진 노동력은 GDP를 더 크게 만든다.

그러나 더 커진 GDP가 반드시 미국이 '더 좋아진다'는 것을 의미하는 것은 아니다. 1970년대 집에 머물던 여성이 아무것도 하지 않고 빈둥거린 것은 아니다. 그들은 가사일을 처리하고, 가족을 돌보고, 가내 소비를 위한 재화를 재배하고 만들고, 그들 공동체에 자원봉사자로 일하는 등 활동을 해왔다. 이는 분명 가치 있는 활동이지만, 자녀를 돌보고 과자를 굽기 위해 집에 머무르는 어머니나 아버지는 GDP에 아무런 기여도 하지 못한다. 그러나 그들이 직장에 다니고, 자녀를 돌보기 위해 누군가를 고용하고, 가게에서 과자를 살 때, 이것들은 GDP에 합산된다. 그러므로 1990년대 독일 대비 미국 GDP의 증가로부터, 더 많은 재화와 서비스가 미국에서 생산되고 있다는 결론을 내릴 수 없다. 어떤 재화와 서비스가 간단하게 가계 내 생산의 계산되지 않는 영역에서 GDP에 기록되는 영역으로 이동할 수 있을 것인가?

사실, 연구는 이것이 그 사례라고 제안한다. 임금 근로, 가계 내 생산과 자원봉사를 합산할 때, 미국인과 독일인은 1주당 거의 같은 숫자다. 그러나 독일 근로자는 미국인에 비해 5.3시간 덜 임금 근로를 하고, 6시간 더 가계생산을 한다. 가계 내 생산의 추정은 독일의 고용률이 더 낮은 것이 반드시 전반적으로 생산이나 생활수준이 더 낮은 것은 아니라는 것을 제안한다.

가계 내 생산에 대한 고려는 또한 경기침체를 바라보는 방법을 변화시킬 수 있다. 2008년에 미국 GDP는 하락했지만, 가계 내 생산은 올라갔다. 재정 압박을 느껴, 외식 대신 집에서 만들어 먹었고, 텃밭을 가꾸고, 누군가를 고용하는 대신 스스로 수리를 했다. 경제가 잘 작동하고 있을 때, 사람들의 선택은 스스로 하기보다는 누군가 고용하는 것을 선호하고, 그래서 경기침체는 분명히 사람들의 후생수준을 줄인다고 제안한다. 그러나 가계 내 생산의 가치를 수량화하기 위한 노력을 이끌어온 경제학자 낸시 폴브레(Nancy Folbre)는 공식적인 GDP가 제안하는 만큼 거의 후생수준이 줄어들지 않았다고 주장한다.

Sources: http://economix.blogs.nytimes.com/2009/05/04/including-home-production-gdp-might-not-look-so-bad ; http://www.nber.org/papers/w8797.pdf ; http://www.economics.harvard.edu/faculty/alesina/files/Work%20and%20Leisure%20in%20the%20U.S.%20and%20Europe.pdf .

지하경제(underground economy). 다수의 재화와 서비스는 공식적인 기록 밖의 물밑으로 판매된다. 이러한 거래는 **지하경제**를 형성한다.

금지된 약물, 제한된 무기, 멸종 위기 동물과 식물 등 불법인 재화와 서비스의 거래를 예로 들 수 있다. 불법인 재화와 서비스의 판매는 **암시장(black market)**의 일부다. 암시장 거래는 불법이기 때문에 물론, 그들은 정부나 세금 당국에 보고되지 않는다. 그 결과, 정부 통계에 누락되고, 공식 GDP의 일부로 계산되지 않는다. 원칙적으로, 암시장 활동은 GDP 계산에 속한다.

합법적이지만 때때로 정부에 보고되지 않는 경제적 거래도 있다. 보고하지 않는 것은 우발적이거나 세금 부담을 회피하기 위해 계획적이거나 둘 중 하나다. 예를 들면 여러분이 고등학생일 때 약간의 돈을 받고 이웃의 잔디밭을 깎기 위해 고용되거나, 아이 돌보기나 심부름을 한 적이 있는가? 만약 그 돈을 미국국세청(IRS)에 신고하지 않았다면, **회색시장(gray market)**으로 알려진 것에 참가한 것이다. 암시장과 공식적 경제 사이의 어딘가에 존재하기에 그렇게 부른다.

회색시장 거래는 암시장 거래가 계산되지 않는 동일한 이유로 GDP에 계산되지 않는다: 보고되지 않으면 정부 통계에 나타나지 않는다. 그리고 만약 정부 통계에서 누락되면 GDP에 계산될 수 없다.

비록 암시장과 회색시장 거래가 보고되지 않더라도, 연구자들은 GDP 계산에서 누락된 것에 대한 수치를 얻기 위해 그들을 수량화하려고 한다. 지하경제가 다수의 국가에서 총경제의 상당한 부분을 설명한다는 것으로 판명났다. 전 세계 평균적으로, 지하경제는 GDP의 3분의 1가량의 가치다. 이러한 평균은 변화의 폭이 크다. 예를 들면, 미국에서 지하경제는 단지 GDP의 7~8%로 평가된다. 나이지리아에서는 GDP의 절반 이상으로 추정되고, 몇몇 라틴아메리카 국가에서는 3분의 2이상이다.[3]

이러한 형태에 대한 일반적인 설명은 합법적으로 사업을 하는 비용을 반영한다. 몇몇 국가에서, 극단적으로 높은 세금을 지불해야 하거나 관료적 형식주의를 통해 공무원에게 뇌물을 주어야 한다. 합법적으로 사업을 하는 비용이 높을 때, 사람들은 다른 통로를 통해 사업을 수행하려고 할 가능성이 높다. 그러한 국가에서 GDP는 경제의 실제 규모가 상당히 과소평가된다. 나이지리아의 경우, 공식적인 GDP 숫자가 50% 증가하는 것을 의미한다.[4]

환경적 외부성(environmental externalities). 전력회사가 석탄 사용에 의해 대기오염을 초래한다고 가정하자. 전력 생산은 GDP에 계산된다. 그것은 전력 사용에 대해 가계가 지불하는 가격으로 나타난다. 혹은 투입재로서 전기를 사용해 다른 기업이 만드는 재화와 서비스의 가격으로 표현된다.

몇몇 경제학자들은 측량으로서의 GDP가 오염과 관련된 비용을 누락한다고 생각한다. 그들은 경제활동의 **부정적 외부성**(negative externalities)을 설명할 필요가 있다고 주장한다. 어떤 의미에서는, 부정적 산출물(negative output)로서 부정적 외부성의 가치를 생각할 수 있다. 그들은 사람들에게 피해를 주고 따라서 음(−)의 가치를 가지지만, 생산이나 지출 측정에 계산되지 않은 최종 '재화'다.

경제 통계를 다루는 사람들은 갈수록 부정적 외부성의 가치를 GDP에 포함시키기 위해 노력하고 있다. 몇몇 국가는 **녹색 GDP**(green GDP)를 계산하기 위해 노력하고 있다. GDP의 대안적인 측정은 보통으로 GDP에 계산되는 산출물에서 생산의 환경적 비용을 제외한다.

녹색 GDP GDP에 대한 대안적 지표로서 일반적으로 GDP에 포함되는 것으로 간주되는 산출물로부터 그 생산의 환경비용을 차감한 것

중국과 인도같이 빠르게 성장하는 몇몇 국가에서, 환경 악화를 막기 위해 준수하는 규칙은 소수에 불과하다. 2007년에 중국 정부가 녹색 GDP를 계산하려고 시도했을 때, 약간의 놀랄 만한 결과가 나왔다. 오염에 대해 조정할 때, 중국 다수의 지방에서의 급상승하는 GDP 성장률은 거의 0으로 하락했다. 정부가 녹색 GDP 계획을 단념하게 하는 불편한 결과였다. GDP 측정의 정치적 시사점에 대해 우려하는 것은 중국 정부만은 아니다. 정치와 국민 계정의 교차점에 대해 알아보기 위해, 다른 관점에서 보기의 'GDP 측정의 정치적 음모'를 읽어보자.

다른 관점에서 보기

GDP 측정의 정치적 음모

GDP가 경제의 전반적인 건전성의 측정으로서 널리 여겨짐에 따라, 정치인들은 재선 기회에 도움이 되도록 하기 위해 GDP 숫자가 가능한 한 튼튼해 보이도록 만들려는 동기부여를 가지고 있다. 그 결과, 경제를 측정하는 최선의 방법이 무엇인지에 대한 문제는 경제학자의 소관이 아니게 된다. 그것은 역시 매우 정치적일 수 있다.

이것의 완벽한 사례가 녹색 GDP다. GDP가 환경적 생산의 부정적 외부성을 포착하지 않는다는 것을 파악함에 따라, 미국경제분석국(BEA; Bureau of Economic Analysis)의 관리는 경제활동의 좀 더 '완벽한(complete)' 측정을 계산하는 방법을 연구하기 시작했다. 이러한 방법은 일반적인 GDP 방정식에서 움직였다: C + I + G + NX. 새로운 GDP 계산 '녹색'이 만든 것은 전반적인 환경적 비용에 대항해 이러한 생산의 가치를 가중하는 것이다. 석유를 퍼내고 석탄을 캐는 것과 같은 재생 불능 자원의 소비와 오염으로부터 약간의 비용도 포함된다.

뉴스에서 발표한 이러한 숫자를 우리가 보지 못한다는 것을 의식할 것이다. 왜 볼 수 없는가? BEA는 그 프로젝트를 지속하기 위해 지원이 필요했고, 의회의 승인이 필요했다. 국립과학아카데미는 그 제안을 지지했지만, 국회의원들은 거부했다. 녹색 GDP의 측정이 그 경제가 성장하는 것이 아니라 오히려 줄어들고, 강력한 로비를 하는 산업이 그 책임을 지게 될 것에 대해 우려하는 것 같다.

대조적으로, 프랑스에서는 유사한 노력이 최상의 지원을 받았다. 전 프랑스 대통령 니콜라 사르코지(Nicolas Sarkozy)는 거창하게 이름 붙은 '경제사회 진보의 측정 위원회(Commission on the Measurement of Economic and Social Progress)'에 2명의 노벨 경제학상 수상자인 아마르티아 센(Amartya Sen)과 조지프 스티글리츠(Joseph Stiglitz)를 포함해 여러 명의 저명한 경제학자들을 채용했다.

위원회는 2009년 9월 300페이지의 보고서를 출판했는데, 12개의 권고사항으로 요약돼 있다. 전반적인 후생수준에 대해 좀 더 포괄적으로 사용될 수 있는 건강, 교육, 환경, 소득 불평등 상태의 측정도 포함돼 있다. 이러한 측정은 결코 공식적으로 계산되지 않는다. 그러나 OECD (Organisation for Economic Co-operation and Development)의 더 나은 삶 지수(Better Life Index)와 같이 이미 정교하게 만든 측정에서 프랑스 점수가 얼마인지를 보는 것에 의해 대략 추측할 수 있다: 프랑스는 34개 OECD 회원국 중 18위였다. 이러한 순위는 동일한 국가가 1인당 GDP 규모로 순위를 매겼을 때 프랑스가 위치한 것보다 7계단 아래다.

만약, 사르코지 대통령이 세계 무대에서 프랑스에 유리한 새로운 측량을 희망했다면, 이러한 계산의 형태는 결코 답이 되지 못할 것이다. 앞서 살펴본 것처럼, GDP의 전통적인 측정은 경제학자들에 의해 선호되는 측량법 이상의 것이고, 정치인들에게도 상당히 유용할 수 있다.

Sources: www.oecd.org/thebetterlifeindex ; http://www.nytimes.com/2010/05/16/magazine/16GDP-t.html?pagewanted 5 all ; http://www.stiglitz-sen-fitoussi.fr/en/index.htm .

GDP 대 후생수준

GDP는 한 국가의 생활수준에 대해 많은 것을 말해주지만, 모든 것을 말해주는 것은 아니다. 여러분이 전혀 모르는 한 국가에서 살 수 있는 기회를 제공받았다고 가정하자. 1인당 GDP에 의해 측정된 그 국가의 평균 소득을 파악하는 것이 빠른 방법 중 하나다. 그곳의 삶의 질에 대해 파악하기 위해 다음으로 어떤 자료를 찾을 것인가? 삶의 질은 추상적이어서 그것을 어떤 숫자로 표현하기는 어려운 일이다. 그러나 영아 혹은 아동 사망률(영아와 아동이 얼마나 사망하는지), 식자율(얼마나 많은 사람들이 읽을 수 있는지), 기대 여명(사람들이 얼마나 오래 사는지) 같은 측량은 그 나라 생활수준에 대한 더 큰 그림을 제공한다.

1인당 GDP가 높은 국가는 다른 측량에 대해서도 잘하고 있을 가능성이 높다는 것을 추정할 수 있다. 부유한 국가일수록, 더 좋은 의료 서비스와 교육을 제공한다는 말은 대체로 맞다. 〈표 24-4〉에서 알 수 있듯이, 1인당 GDP는 이러한 삶의 질 측정과 높은 상관관계를 가진다. 그러나 상관관계는 완벽하지 않다: 아프리카 서해안에 자리한 기니를 보자. 브라질, 불가리아와 중국은 기니보다 더 가난한 나라들이지만, 아동과 고령자의 의료 서비스수준은 훨씬 높다.

1인당 GDP가 사람들의 행복과 완벽히 연관되어 있지 않다고 예상하는 데에는 타당한 이유가 있다. 명백한 사례를 보자: 사람들이 더 많은 휴가나 여유시간을 가질 때, 재화를 만들거나 서비스를 제공하기 위해 일하지 않게 된다. 일하지 않는 시간이 많을수록 GDP는 줄어들지만, 휴가는 일반적으로 사람들을 더 행복하게 한다. 이런 의미에서, 최우선 순위로서 GDP 성장을 추구하는 것은 다른 면에서 적어도 단기적으로, 삶의 질을 향상시키는 것과 반대가 된다.

만약 우리가 관심을 갖는 것이 한 경제의 더 많은 산출물이 아니라, 구성원의 행복이라면 행복을 곧장 측정할 수 있을 것인가? 사람들은 체계적인 방법으로 행복을 측정하기 위해 노력해 왔다. 하지만 단지 진행 중일 뿐 누구도 GDP를 대체할 만한 측정 방법을 찾지 못했다. 그들이 개발해온 측정 중 하나가 삶의 만족도 지수(Life Satisfaction Index)다(〈표 24-4〉의 마지막 열

표 24-4 GDP와 행복의 기타 측정과의 비교

GDP는 한 국가의 평균 소득을 측정하기 위해 흔히 사용되는 반면, 생활수준의 모든 측면을 포착할 수는 없다. 전반적으로 영아 사망률, 식자율과 기대여명 같은 행복과 생활수준 측량은 1인당 GDP와 상관이 있지만, 극단적인 경우 기니처럼 극적으로 엇갈리기도 한다.

국가	1인당 GDP (현재 미국 달러)	식자율 (15세 이상 인구의 비율)	0세에서의 기대 여명(세)	아동 사망률 (5세 이하 1000명당 사망자 수)	삶의 만족도 지수 (0~10)
노르웨이	**79,089** (4)	—	**80.5** (13)	**4** (8)	**8.1** (6)
미국	**45,989** (12)	—	**78** (36)	**8** (37)	**7.8** (10)
적도 기니	**15,397** (44)	**93** (49)	**50.1** (172)	**167** (189)	—
브라질	**8,230** (61)	**90.0** (63)	**72.2** (102)	**29** (109)	**7.6** (24)
불가리아	**6,423** (69)	**98.3** (28)	**72.7** (94)	**12** (61)	**4.4** (111)
중국	**3,744** (103)	**93.7** (43)	**72.7** (95)	**26** (102)	**5.2** (94)
말리	**691** (160)	**26.2** (130)	**50** (184)	**193** (195)	**3.7** (120)
	가치 (국가 순위)				

Sources: 2009 World Bank WDI, http://data.worldbank.org/data-catalog/world-development-indicators (GDP per capita); http://www.earth.columbia.edu/sitefiles/file/Sachs%20Writing/2012/World%20Happiness%20Report.pdf (Life Satisfaction Index), 2010; U.N. World Population Prospects, 2010 Revision, http://esa.un.org/wpp/Excel-Data/mortality.htm (Life Expectancy, Child Mortality).

을 보라). 1인당 GDP와 행복의 상관관계는 사실 완벽과는 거리가 멀다. 예를 들면 불가리아 사람들은 평균 소득보다 덜 행복한 것 같다; 말리의 국민은 더 행복한 것 같다. 행복의 측정에 대해 더 알아보기 위해 사례를 통해 알아보기의 '돈으로 행복을 살 수 있을까?'를 읽어보자.

사례를 통해 알아보기

돈으로 행복을 살 수 있을까?

'돈으로는 행복을 살 수 없다'는 말을 들어봤을 것이다. 사실일까? 그 대답은 얼마만큼의 돈인지와 행복을 어떻게 정의하는지에 달려 있다.

우선, 어떤 사람이 행복한지 여부를 어떻게 말할 수 있는가? 연구자들은 대개 사람들에게 어떻게 느끼는지 물어보는 것에 의존할 뿐이다. 결혼한 사람일수록, 종교를 가진 사람일수록, 건강한 사람일수록 더 행복한 경향이 있다고 연구 결과는 보여준다. 소득 역시 중요한 요소다.

그러나 원인관계(causation)와 상관관계(correlation)의 차이를 기억할 필요가 있다. 부와 삶의 만족도가 연관되어 있다는 사실은 돈이 더 많은 것이 행복을 유발한다는 것을 의미하지는 않는다. 사실, 시간이 지남에 따라 같은 국가를 관찰할 때, 국가가 더 잘 살게 됨에 따라 사람들이 반드시 더 행복하다고 할 수는 없다. 예를 들면 미국은 50년 전보다 현재의 1인당 GDP가 훨씬 높다. 그러나 연구자들은 미국인들이 50년 전보다 현저히 더 행복하지 않다는 것을 밝혀왔다. 이러한 결과에 대한 가능한 설명 중 하나는 사람들이 자연스럽게 라이프스타일과 물질적 풍요를 부모나 조부모가 아닌, 또래와 비교하는 경향이 있다는 것이다.

한 국가 내에서 개인의 돈과 행복의 관계는 어떤가? 미국에서의 연구는 행복과 돈은 어느 정도 상관관계가 있다는 것을 알아냈다. 그 정도는 7만5000달러가량의 연간 소득 수준이다. 그 소득 아래에서, 더 많은 돈은 평균적으로 더 높은 행복 수준과 관련되어 있다. 그 소득 위에서, 그것은 훨씬 덜 분명하다. 돈으로 행복을 살 수 있는지 여부는 그들에게 행복한지를 묻는 방법에 달려 있다.

일반적으로, 연구자들은 2가지 방법을 사용한다. 하나는 "요즘 여러분의 삶에 얼마나 만족하는가?"와 같이 질문하는 것이다. 일반적으로 삶의 만족도(life satisfaction) 측정은 소득과 더불어 계속 올라간다. 다시 말해, 75만 달러를 얻는 누군가는 7만5000달러를 얻는 누군가보다 만족한다고 연구자에게 말할 가능성이 높다.

다른 방법은 그 전날 느꼈던 감정에 대해 사람들에게 질문하는 것이다. 예를 들면, 어제 행복을 느꼈나? 즐거움? 화? 스트레스? 걱정? 여기서, 전반적으로 7만5000달러를 얻는 누군가는 2만5000달러를 얻는 누군가보다 긍정적인 감정을 경험할 가능성이 높다는 것을 알아낼 수 있다. 그러나 75만 달러를 얻는 누군가는 7만5000달러를 얻는 누군가보다 긍정적인 감정과 덜 부정적인 성향을 보고하지는 않았다. 비록 돈으로 항상 행복을 살 수 있는 것은 아니지만, 어느 정도까지는 도움이 된다는 것을 알 수 있다.

Sources: Angus Deaton, "Income, health, and well-being around the world: Evidence from the Gallup World Poll," *Journal of Economic Perspectives*, 2008; http://economix.blogs.nytimes.com/2009/03/10/the-happiest-states-ofamerica/; http://www.princeton.edu/~deaton/downloads/deaton_kahneman_high_income_improves_evaluation_August2010.pdf .

✓ 개념 확인하기

- ❒ 가계 내 생산이 무엇인가? **[LO 24.6]**
- ❒ 만약 생산으로 야기된 환경 훼손을 계산에 넣는다면, GDP가 하락하는 이유는 무엇인가? **[LO 24.6]**
- ❒ 1인당 GDP와 함께 삶의 질을 측정하기 위해 흔히 사용되는 보완적인 측량에는 어떤 것이 있는가? **[LO 24.6]**

결론

GDP는 강력하고 다목적 측량 중 하나다. 거시경제학에서 가장 흔히 사용되는 수단의 하나라는 데에는 타당한 이유가 있다. 한 경제의 규모와 참가자들의 평균 소득을 간단히 측정한다. 또 시간이 지남에 따라 혹은 국가 간 비교도 가능하다. 국민소득 계정 체계는 산출물, 지출과 소득이 어떻게 연결되어 있는지에 대한 그림과 그 경제에서 매일 발생하는 수십억의 거래를 합산하는 구조를 보여준다.

명목과 실질 GDP의 비교를 통해 성장하는 경제에서 가격 상승 대 산출물 증가의 역할을 구분할 수 있다. GDP 디플레이터와 인플레이션은 시간에 따른 전체 물가수준의 변화를 추적한다. 인플레이션은 거시경제학의 주요 과제이며, 다음 장에서 배울 것이다. 비록 소득 분배나 삶의 질에 대해 말해주지 않지만, 1인당 GDP는 한 국가 내에서 평균 소득의 의미를 제공한다. 마지막으로, 실질 GDP 성장률의 계산은 경제가 어느 방향으로 움직이는지 말해주고, 이는 경기침체나 불황의 중요한 지표 중 하나다.

다음 장에서는 물가 변화와 생계비를 측정하기 위해 경제학자들이 사용하는 수단에 대해 깊이 알아볼 것이다. 이러한 수단을 GDP와 결합할 때, 국민 경제와 국제 경제를 설명하고 분석하는 거시경제적 측량의 메뉴를 갖게 된다.

주요 용어

1인당 GDP p.682
GDP 디플레이터 p.681
거시경제학 p.669
경기침체 p.684
국내총생산(GDP) p.669
국민총생산(GNP) p.670
녹색 GDP p.689
명목 GDP p.679
불황 p.685
소비 p.673
순수출 p.675
실질 GDP p.679
재고 p.674
정부구매 p.674
투자 p.673

요약

LO 24.1 GDP를 산출하기 위해 최종 재화와 서비스의 시장가치를 이용하는 것의 중요성을 정당화하고, GDP의 각 구성요소가 중요한 이유 설명하기

다수의 재화와 서비스는 여러 생산 단계를 거치고, 소비자의 손에 들어오기까지 많은 기업을 거친다. 그러나 GDP를 계산할 때, 이중 계산을 피하기 위해 오직 최종 재화나 서비스의 가치만 고려해야 한다. 생산 과정의 각 단계에서 더해지는 가치는 최종 생산물의 가격에 포함될 것이다.

한 국가 경제의 가치를 측정하기 위해 가장 흔히 사용되는

변수는 국내총생산 혹은 GDP다. GDP는 주어진 기간 동안 한 국가에서 생산된 모든 최종 재화와 서비스의 시장가치 총합이다. GDP에 계산되는 재화와 서비스는 생산자의 시민권이 아니라, 생산 지역의 측면에서 정의된다. GDP는 일반적으로 연간 혹은 분기별(3개월)로 계산된다; 그 기간 안에 생산된 오직 새로운 재화와 서비스만 계산된다. 분기별 GDP 추정치는 일반적으로 계절 조정된 연간 비율로 주어지는데, 그것은 만약 그 경제가 예상된 계절적 형태를 계속 따른다면, 연간 GDP는 현재 분기의 산출물에 근거해 추정될 것이다.

LO 24.2 한 경제의 가치화에 대한 지출과 소득 접근법의 등가 설명하기

경제학자들은 한 국가의 경제 규모에 대해 3가지 방법으로 생각한다: 얼마나 생산되는지(산출물), 얼마나 소비되는지(지출), 그리고 얼마만큼의 소득이 얻어지는지(소득). 이러한 3가지 방법 모두 합계가 동일한 결과가 된다. 총산출물은 달러 기준으로 한 경제에서 생산된 것의 가치고, 이것은 이러한 산출물 판매 가격과 동일하며, 이것은 사람들이 이러한 산출물을 사기 위해 소비한 것과 동일하다. 그러므로 산출물의 가치는 지출과 일치한다. 모든 거래에는 구매자와 판매자가 있으므로 한 사람의 지출은 바로 다른 사람의 소득으로 해석된다; 따라서 소득과 지출은 일치한다.

LO 24.3 GDP를 산출하기 위해 사용되는 3가지 접근법을 설명하고, 지출 접근법에 포함되는 소비의 범주 열거하기

한 경제의 규모를 계산하는 지출 접근법은 그 경제에서 생산된 재화와 서비스의 모든 소비를 합산하고, 수입에 의한 소비를 뺀다. 지출을 4가지 범주로 세분화할 수 있다: 소비(C)는 개인과 가족에 의해 소비된 재화와 서비스의 지출을 측정한다. 투자(I)는 미래의 다른 재화와 서비스를 생산하기 위해 구입된 모든 재화를 포함한다. 정부구매(G)는 모든 차원의 정부에 의해 소비나 투자를 목적으로 구입된 재화와 서비스다. 마지막으로, 순수출(NX)은 국내에서 생산된 재화와 서비스의 해외 소비에서 해외에서 생산된 재화와 서비스의 국내 소비를 제외한다. 이러한 범주의 총합은 소득(Y)과 같고, 지출은 다음의 방정식으로 표현된다. $Y = C + I + G + NX$

소득 접근법은 한 국가의 모든 사람들이 얻은 소득을 합산하는데 임금(근로자가 얻은), 이자(자본 투자로 얻은), 임대 소득(토지와 부동산으로 얻은)과 이윤(기업이 얻은)이다.

부가가치 접근법은 그 경제의 생산 각 단계에서 추가로 얻은 가치를 설명한다. 이러한 접근법은 전체 GDP에 대한 그 경제의 모든 거래의 기여도를 경제학자들이 조사하는 데 도움이 된다. 또 오직 각 거래의 가치 부분만 등록되고, 중간 재화와 서비스의 총가격은 등록하지 않기 때문에 이중 계산의 문제를 해결한다.

다수의 국가들은 GDP를 계산하기 위해 3가지 접근법을 모두 사용하며, 따라서 정책입안자와 연구자는 경제활동의 전체 그림을 얻을 수 있다.

LO 24.4 실질과 명목 GDP의 차이를 설명하고, GDP 디플레이터 계산하기

GDP는 생산된 재화와 서비스의 수량(산출물), 그들의 시장가치(가격)의 함수다; GDP의 증가는 둘 중 하나 혹은 두 요소 모두가 증가한 결과다. 산출물 증가의 역할을 분리하기 위해 가격 변화를 통제할 수 있다. 실질 GDP는 불변 가격으로 가치 평가된 재화와 서비스에 근거해 계산된다. 명목 GDP는 현재 가격으로 가치 평가된 재화와 서비스에 근거해 계산된다. 만약 가격 변화를 측정하고 싶다면 GDP 디플레이터를 계산할 수 있고, 이것은 실질과 명목 GDP의 비율을 사용해 한 경제의 전체 가격 증가를 종합하는 측정이다.

LO 24.5 1인당 GDP와 실질 GDP의 연간 성장률의 의미를 계산하고 설명하기

1인당 GDP는 총 GDP를 한 국가의 인구수로 나눈 것이다. 이것은 그 경제의 평균 소득이나 1인당 생산성을 말해준다. 시간변화에 따른 경제의 변화를 추적하기 위해, 실질 GDP 성장률을 계산할 수 있고, 그것은 한 기간에서 다음 기간 동안 일반적으로 연간 혹은 분기별 실질 GDP의 % 변화로 측정된다. 경제가 줄어들 때, 성장률은 음(−)이고, 이것은 그 경제가 경기침체인지 불황인지 여부를 결정하는 데 사용되는 주요 지표 중 하나다.

LO 24.6 가계 내 생산, 지하경제, 환경 악화와 후생수준 등을 포함해 GDP의 한계에 대해 논의하기

GDP는 한 국가의 평균 생활수준을 대략적으로 측정하지만, 부의 분배에 대해서는 알 수 없다. 게다가 그 경제의 3가지 중요한 부분은 고의적으로 GDP에 포함되지 않는다: 가계 내 생산(한 가구 내에서 생산되고 소비되는 재화와 서비스); 지하경제(불법 거래, 혹은 정부에 단순히 신고되지 않은 합법적 거래); 정기적인 생산이나 소비 측정에서 완전히 설명되지 않는 외부성(환경오염 같은). GDP가 높을수록 건강, 교육과 삶의 만족도 같은 행복의 다른 지표도 높을 가능성이 있지만, 그것들을 보장하지는 않는다.

복습문제

1. 미국 자동차 딜러는 매년 중고차와 새 차를 판매한다. 그러나 오직 새 차 판매만이 GDP에 계산된다. 중고차 판매가 계산되지 않는 이유는 무엇인가? **[LO 24.1]**
2. 속담에 '사과와 오렌지를 비교할 수 없다'는 말이 있다. 경제학자들이 GDP를 계산할 때, 그들이 사과와 오렌지를 비교할 수 있는가? 설명하라. **[LO 24.1]**
3. 미국인이 캐나다에서 생산된 재화를 구매할 때, 캐나다인은 미국인 지출로부터 소득을 얻는다. 캐나다 산출물과 미국인 지출의 가치는 캐나다 GDP 혹은 미국 GDP에 계산되는가? 이유는 무엇인가? **[LO 24.2]**
4. 경제학자들은 때때로 '경제순환'모형으로 그 경제를 설명한다. 경제순환모형의 가장 기본적인 형태에서, 기업은 근로자를 고용하고 임금을 지불한다. 그 다음에 근로자는 기업으로부터 재화와 서비스를 구매하기 위해 임금을 사용한다. 경제순환모형이 한 경제를 가치 평가하는 지출과 소득 방법의 등가성을 어떻게 설명하는가? **[LO 24.2]**
5. 2011년, 야구선수의 평균 연봉은 300만 달러였다. 매년 야구선수들이 그들의 소득 모두를 재화와 서비스에 소비하고 전혀 저축하지 않는다고 가정하자. 모든 야구선수들의 소득 총액과 야구선수들의 지출 총액이 같은 이유를 논의하라. **[LO 24.2]**
6. 다음 각각에 대해 GDP 계산을 위한 지출 접근법에서, 소비, 투자, 정부구매, 순수출 혹은 해당 사항 없음 중에서 해당하는 것을 결정하라. 대답에 대해 설명하라. **[LO 24.3]**
   a. 법원청사 건설
   b. 택시 탑승
   c. 택시회사의 택시 구입
   d. 학생의 교과서 구입
   e. 지방채권의 거래(시나 주정부에 의해 제공된 금융 투자의 한 형태)
   f. 한 회사가 해외 광물 구입
7. 만약 자동차회사가 올해 많은 차를 생산했지만, 그들이 새로운 모델 출시 연도에 그것을 방출할 때까지 창고에 보관하고 있다면, 만약 그 차들을 바로 판매했을 때와 비교할 때 올해의 GDP는 더 높아지는가, 낮아지는가, 혹은 동일한가? 이유는 무엇인가? 한 해 동안 차를 보관하기 위한 선택은 그들이 속하는 지출의 범주를 바꾸는가? **[LO 24.3]**
8. 부가가치 방법은 중간 투입재(즉, 다른 재화의 생산에 사용될 산출물)의 가격을 택하고, 각각의 생산비용은 제외한다. 이 방법에서, 각 단계에서 추가된 가치(판매 가치 − 생산에 들어간 가치)만 합산된다. 이러한 방법이 최종 재화와 서비스의 가치만 계산하는 표준 방법과 같은 결과를 가져오는 이유를 설명하라. **[LO 24.3]**
9. 화가가 그림을 그릴 때 추가한 가치를 결정하려고 한다고 상상하자. 재료비로 200달러를 지출한 후 500달러에 그 그림의 사본 한 장을 판다고 가정하자. 그 다음에 10개의 사본을 만들기 위해 50달러를 지출해, 각각을 100달러에 판매한다. 그림의 부가가치는 얼마인가? 만약 그 다음에, 한 회사가 100장의 사본을 각각 50달러에 판매하기 위해 한 장당 10달러를 지출한다면 부가가치는 얼마인가? 그러면 화가가 추가한 가치는 얼마인가? 만약 미래에 얼마나 많은 그림 사본이 팔리는지 알려져 있지 않다면, 부가가치를 오늘 결정할 수 있는가? 왜 그런가, 왜 아닌가? **[LO 24.3]**
10. 기자회견장에서, 작은 국가의 대통령이 5년 동안 매년 10%씩 GDP가 성장하는 것을 보여주는 도표를 설명하고 있다. 이러한 성장은 그의 경제 정책의 탁월함을 보여준다고 주장한다. 그러나 명목 GDP를 사용한 도표다. 이 도표의 잘못은 무엇인가? 만약 여러분이 기자회견장의 기자라면, 그 국가의 경제성장에 대한 좀 더 명확한 그림을 얻기 위해 어떤 질문을 할 것인가? **[LO 24.4]**
11. 작년부터 올해까지 GDP 디플레이터가 10% 증가했다고 가정하자. 즉, 올해의 물가상승률은 10%다. 그 경제에 무슨 일이 일어났다는 것을 의미하는가? 실질 GDP 성장률에 대해 물가상승률이 시사하는 것은 무엇인가? **[LO 24.4]**
12. 경험이 부족한 연구자가 두 국가의 평균 생활수준을 시험해보고자 한다. 그렇게 하기 위해, 두 국가의 GDP를 비교한다. 이러한 비교가 그 국가의 평균 생활수준에 대한 정확한 측정을 가져오지 않는 2가지 이유는 무엇인가? **[LO 24.4, 24-5]**
13. 2010년, 국제통화기금(International Monetary Fund)에 따르면, 인도는 세계 10위의 명목 GDP, 135위의 1인당 명목 GDP, 5위의 실질 GDP 성장률 국가였다. 인도 경제에 대해 이러한 지표 각각이 말해주는 것은 무엇이고, 인도의 생활과 다른 국가들의 생활을 어떻게 비교할 수 있는가? **[LO 24.5]**

14. 중국은 빠르게 성장하고 있다. 관료주의와 영업 규제는 높은 수준이고, 환경 규제는 낮은 수준이며, 전통적 기업가 정신이 강하다. 중국의 공식적인 GDP 추정치가 그 국가 경제활동의 상당한 비중을 놓치고 있는 다양한 이유에 대해 논의하라. **[LO 24.6]**
15. 대학생 한 명이 운전 도중 문자메시지를 주고받았고, 2000달러의 손해를 입은 자동차 사고를 냈다고 가정하자. 그 학생이 자동차를 수리한다고 가정하면, 이러한 자동차 사고가 GDP를 증가시키는가? 감소시키는가? 혹은 그대로 유지하는가? 후생수준의 측정으로서 GDP를 이용하는 것에 대해 여러분이 제안하는 것은 무엇인가? **[LO 24.6]**

응용문제

1. 광부가 금 덩어리를 발견하고 그것을 채광회사에 500달러에 판매한다. 채광회사는 그것을 녹이고 정제해 보석 세공사에게 1000달러에 판매한다. 보석 세공사는 그것으로 목걸이를 만들어 백화점에 1500달러에 판매한다. 최종적으로, 백화점은 그 목걸이를 고객에게 2000달러에 판매한다. 이러한 거래의 결과로 GDP는 얼마나 증가했는가? **[LO 24.1, 24.3]**
2. 〈표 24P-1〉은 셔츠를 제조하는 생산 과정 각 단계에서 투입재의 가격과 산출물의 가격을 보여준다. 각 단계는 그 국가 내에서 이루어진다고 가정하자. **[LO 24.1, 24.3]**
   a. 표준 지출 방법을 사용해 GDP에 대한 이 셔츠의 총 기여는 얼마인가?
   b. 만약 부가가치 방법을 사용한다면(즉, 생산 과정의 각 단계에서 생산자가 추가한 가치를 총합, 산출 가격 − 투입 가격), GDP에 대한 이 셔츠의 기여는 얼마인가?
   c. 부가가치에 대한 조정 없이, 중간재와 최종 재화 모두의 가격을 잘못 합산한다면, GDP에 이 셔츠가 기여하는 것에 대해 무엇을 알아낼 수 있는가? 실제 기여보다 얼마만큼 과대평가하는가?
3. 미국 정부가 다수의 빈곤한 가정에 소득 지원을 한다. 다음 각각의 측면에서 이러한 정책은 GDP에 어떻게 기여하는가? **[LO 24.2]**
   a. 소득 지원에 대한 정부의 지출은 GDP의 일부로 계산되는가? 만약 그렇다면, 어떤 지출 범주에 속하는가?
   b. 가족이 이 돈으로 식료품을 구입할 때, 이러한 지출은 GDP의 일부로 계산되는가? 만약 그렇다면, 어떤 지출 범주에 속하는가?
   c. 만약 이 돈으로 새 주택을 구입한다면, 이것은 GDP의 일부로 계산되는가? 만약 그렇다면, 어떤 지출 범주에 속하는가?
4. 각각의 경제에 대해 다음 정보가 주어졌을 때, 누락된 변수를 계산하거나 계산할 수 없는지를 결정하라. **[LO 24.2, 24.3]**
   a. 만약 C = 201억 달러, I = 35억 달러, G = 52억 달러, NX = −10억 달러라면, 총소득은 얼마인가?
   b. 만약 총소득이 1조 달러고, G = 0.3조 달러, C = 0.5달러라면, I는 얼마인가?
   c. 만약 총지출이 6750억 달러, C = 4330억 달러, I = 1050억 달러, G = 750달러라면, NX는 얼마인가? 수출은 얼마만큼인가? 수입은 얼마만큼인가?
5. 〈표 24P-2〉를 이용해 다음을 계산하라. **[LO 24.2, 24.3]**
   a. 총 국내생산과 1인당 GDP
   b. 총 GDP의 %로서 각각의 소비, 투자, 정부구매와 순수출
   c. 1인당 소비, 1인당 투자, 1인당 정부구매와 1인당 순수출
6. 다음의 경제활동이 각각 어떤 범주에 속하는지 결정하라: 소비(C), 투자(I), 정부구매(G), 순수출(NX) 혹은 GDP에 포함되지 않음. **[LO 24.3]**
   a. 시카고 시장이 공채를 사용해 새로운 경기장을 건설

표 24P-1

	면화 농부(달러)	섬유 회사(달러)	재봉과 날염(달러)
투입재	0	1.10	3.50
산출물의 가치	1.10	3.50	18.00

표 24P-2

부문	가치(100만)
소비	$770,000
지출	$165,000
정부구매	$220,000
순수출	−$ 55,000
인구수	50

할 것을 인가한다.

b. 학생이 아파트 임대료를 지불한다.

c. 부모가 자녀의 대학 등록금을 지불한다.

d. 어떤 사람이 일본에서 생산된 토요타 신차를 구매한다.

e. 어떤 사람이 토요타 중고차를 구매한다.

f. 어떤 사람이 미국에서 생산된 제너럴 모터스 신차를 구매한다.

g. 한 가족이 새로 건축된 주택단지의 주택을 구입한다.

h. 미국 군대가 사병에게 지불한다.

i. 브라질 택시기사가 미국에서 생산된 포드 차를 산다.

j. 차량관리당국이 운전면허증 인쇄를 위해 새로운 기계를 구입한다.

k. 10월에 워싱턴 주에서 수확한 사과가 12월에 미시시피의 식료품점에서 팔린다.

l. 휴렛패커드는 컴퓨터를 생산한 뒤 다음 해에 판매하기 위해 다른 주에 있는 창고에 보관한다.

7. 〈표 24P-3〉은 아주 작은 국가의 경제활동을 보여준다. 지출 접근법을 사용해 다음을 결정하라. **[LO 24.1]**

a. 소비

b. 투자

c. 정부구매

d. 순수출

e. GDP

8. 금융 위기로 촉발된 최근의 경기침체 동안, 미국 경제는 엄청난 고통을 당했다. 경기침체로, 미국 GDP는 14조 달러에서 12.5조 달러로 하락했다고 가정하자. 미국 GDP의 이러한 감소는 소비 1조 달러 감소와 투자 0.5조 달러 감소 때문이다. 미국 정부는 정부구매를 증가시켜 이러한 경기침체에 반응했다. **[LO 24.3]**

a. 정부구매가 소비, 투자 혹은 순수출에 아무런 영향이 없었다고 가정하자. 만약 현재의 행정부가 GDP가 다시 14조 달러로 돌아가기를 원한다면, 정부 소비를 얼마만큼 증가시켜야 하는가?

b. 많은 경제학자들은 정부 소비의 증가는 곧바로 GDP를 증가시킬 뿐만 아니라, 소비 증가를 유도한다고 믿고 있다. 만약 정부 소비가 1조 달러 증가한다면, GDP를 14조 달러로 되돌아가기 위해 얼마만큼의 소비가 증가해야 하는가?

9. 〈표 24P-4〉는 파라과이의 소득을 요약해 보여준다고 가정하자. **[LO 24.3]**

표 24P-3

활동	총가치 ($1000)
가족이 식료품을 산다	600
전자회사가 HD 영사기를 가정에 판매한다	100
개인 트레이너가 줌바 수업을 제공한다	5
커스터드 스탠드는 피스타치오 아이스크림을 판매한다	2
경찰서는 새 차를 구입한다	500
시장은 새로운 교육 예산을 편성한다	300
엘리베이터 제조회사는 새 공장을 짓는다	600
지역 사업가는 멕시코로부터 옥수수를 구입한다	400
스포츠 장비 회사는 캐나다 팀에 하키 장갑을 판매한다	200
자전거 가게는 중고 탄소섬유 자전거를 판매한다	200
지역 증권중개인은 고객을 위해 거래를 실행한다	2,000

a. 이윤을 계산하라.

b. 소득 접근법을 사용해 파라과이의 GDP를 계산하라.

c. 만약 부가가치 접근법을 사용한다면 GDP는 얼마인가?

d. 만약 지출 접근법을 사용한다면 GDP는 얼마인가?

10. 〈표 24P-5〉는 도로 자전거 생산의 투입재와 산출물의 가격을 보여준다. **[LO 24.3]**

a. 원자재의 공급자에 의해 추가된 부가가치는 얼마인가?

표 24P-4

범주	가치($10억)
임금	8.3
이자	0.7
총사업지출	21.0
총사업수입	30.0

표 24P-5

원자재	제조	공사	소매상 판매
• 타이어 한 개용 고무($20) • 프레임용 알루미늄($80) • 기타 부품 재료($70)	• 타이어 제조사는 각각 $30에 타이어를 판매 • 자전거 프레임과 부품 제조사는 총 $250에 산출물을 판매	• 자전거 정비공은 모든 것을 합쳐 $350에 자전거를 판매	• 소매상은 $500에 자전거를 판매

b. 타이어 제조사에 의해 추가된 부가가치는 얼마인가?

c. 프레임과 부품 제조사에 의해 추가된 부가가치는 얼마인가?

d. 자전거 정비공에 의해 추가된 부가가치는 얼마인가?

e. 자전거 가게에 의해 추가된 부가가치는 얼마인가?

f. GDP에 대한 자전거의 총기여는 얼마인가?

11. 미국이 사과, 바나나와 당근 3가지 재화만 생산한다고 가정하자. 3가지 재화의 가격과 생산량은 〈표 24P-6〉에 열거되어 있다. **[LO 24.4]**

a. 3가지 재화의 경제에서 미국 GDP를 계산하라.

b. 워싱턴 주에 가뭄이 들었다고 가정하자. 이러한 가뭄은 생산된 사과의 수량을 2로 감소시킨다. 다른 모든 가격은 그대로라고 가정하면, 새로운 미국의 GDP를 계산하라.

c. 다시 한 번, 3가지 재화의 가격과 생산량은 〈표 24P-6〉이라고 가정하자. 이제 주어진 상황에서 당근 판매자는 당근의 가격이 너무 낮고 따라서 가격을 올리기로 결정한다. 만약 미국 GDP가 60달러라면, 당근의 새 가격은 얼마여야 하는가?

12. 〈표 24P-7〉에 근거해 매년 명목 GDP, 실질 GDP, GDP 디플레이터와 물가상승률을 계산하고, 표에서 누락된 부분을 채워라. 기준 연도는 2010년이다. **[LO 24.4]**

13. 영국 경제는 노트북과 책 2가지 재화를 생산한다고 가정하자. 2010년과 2011년의 생산량과 가격은 〈표 24P-8〉에서 보여준다. **[LO 24.4]**

a. 기준 연도가 2010년이고, 그래서 2010년에 실질 GDP와 명목 GDP가 일치한다고 가정하자. 만약 2010년 영국의 실질 GDP가 1만5000달러라면, 책의 가격은 얼마인가?

b. a의 답을 이용해 만약 명목 GDP의 성장률이 10%라면, 2011년에 얼마만큼의 책이 생산되어야 하는가?

c. a와 b의 답을 이용해 2011년의 실질 GDP는 얼마인

표 24P-6

재화	생산량	가격(달러)
사과	5	2.00
바나나	10	1.00
당근	20	1.50

표 24P-7

연도	오렌지 수량	오렌지 가격(달러)	비치볼 수량	비치볼 가격(달러)	명목 GDP(달러)	실질 GDP(달러)	GDP 디플레이터	물가 상승률(%)
2010	500	1.00	850	5.00				
2011	600	1.50	900	7.50				
2012	750	1.65	1,000	8.25				

표 24P-8

연도	생산량	가격(달러)
2010	노트북 = 50 책 = 1,000	노트북 = 200 책 = ?
2011	노트북 = 100 책 = ?	노트북 = 150 책 = 10

표 24P-9

	2008			2009		
	명목 GDP ($10억)	실질 GDP ($10억)	인구수	명목 GDP ($10억)	실질 GDP ($10억)	인구수
아르헨티나	328.03	383.48	39,746,000	310.17	386.68	40,134,000
이집트	162.44	123.21	75,200,000	188.61	128.97	76,800,000
독일	3,651.62	2,100.54	82,013,000	3,338.68	2,002.46	81,767,000
가나	28.53	11.27	22,532,000	26	11.8	23,108,000
미국	14,319	13,228.65	304,718,000	14,119	12,880.53	307,374,000

표 24P-10

연도	실질 GDP ($10억)	인구수
2009	10	1.0
2010	12	1.1

가? 2010년과 2011년 사이의 실질 GDP 성장률은 얼마인가?

14. 〈표 24P-9〉에 근거해 2008년과 2009년의 1인당 명목 GDP와 2년 사이의 실질 GDP 성장률을 계산하라. 2008년과 2009년에 경기침체를 경험한 국가는 어디인가? **[LO 24.5]**

15. 〈표 24P-10〉은 2009년과 2010년의 가상 국가의 실질 GDP와 인구수를 설명한다. **[LO 24.5]**
    a. 2009년과 2010년의 1인당 실질 GDP는 얼마인가?
    b. 실질 GDP 성장률은 얼마인가?
    c. 인구수 증가률은 얼마인가?
    d. 1인당 실질 GDP 성장률은 얼마인가?

16. 〈표 24P-11〉은 5개국의 인구수와 지출뿐만 아니라 가계 내 생산, 지하경제와 환경적 외부성의 가치를 보여준다. **[LO 24.5, 24.6]**

표 24P-11

국가	G(달러)	G(달러)	G(달러)	순수출(달러)
보헤미아	9,800,000,000	230,000,000	950,000,000	−120,000,000
실레지아	450,000,000	78,000,000	100,000,000	13,000,000
바바리아	2,125,000,000	319,000,000	597,000,000	134,000,000
작센	2,750,000,000	75,000,000	1,320,000,000	−45,000,000
오스만 제국	6,225,000,000	567,000,000	1,435,000,000	1,000,000

국가	인구수	가계 내 생산(달러)	지하경제(달러)	환경적 외부성(달러)
보헤미아	1,200,000	1,250,000,000	5,770,000,000	−1,560,000,000
실레지아	160,000	75,000,000	128,000,000	−45,000,000
바바리아	425,000	386,000,000	1,450,000,000	−523,000,000
작센	760,000	146,000,000	250,000,000	−820,000,000
오스만 제국	800,000	432,000,000	654,000,000	−396,300,000

a. 각국의 GDP와 1인당 GDP를 계산하라.
b. 각국의 가계 내 생산, 지하경제와 환경적 외부성의 규모를 GDP의 %로 계산하라.
c. 각국의 가계 내 생산, 지하경제와 환경적 외부성의 가치를 포함해 총합과 1인당 'GDP+'를 계산하라.
d. 총합과 1인당 GDP로 국가의 순위를 매기고, 다시 총합과 1인당 'GDP+'로 국가의 순위를 매겨라. 2개의 리스트를 비교하라. 가장 큰 경제와 가장 작은 경제는 동일한가, 혹은 다른가?

17. 부모가 지역 회사에서 일해 연간 2만 달러의 소득을 얻는다고 가정하자. 그들은 자녀를 돌보기 위해 직장을 포기하기로 결정한다. 자녀는 연간 1만 달러로 베이비시터가 돌본다. 이러한 행동으로 GDP는 올라가는가? 떨어지는가? 혹은 그대로 유지되는가? 그리고 GDP 변화는 얼마만큼인가(만약 변한다면)? **[LO 24.6]**

미주

1. 가중평균지수(chain-weighted index)에 대해 더 자세히 알고 싶다면, 연방준비제도의 설명을 확인하라.
2. 어떤 한계점 아래, 어떤 자영업자의 소득은 신고할 필요가 없고, 따라서 신고 누락은 반드시 세금법에 위반하는 것은 아니다. 어떤 경우 만약 신고되지 않으면, 이러한 활동은 GDP 계산에 포착되지 않는다.
3. http://www.econ.jku.at/members/Schneider/files/publications/2011/IEJ_NewEstimates_ShadEc_World.pdf.
4. 상계서

참고문헌

http://www.nationalpeanutboard.org/classroomfunfacts.php

http://www.google.com/products/catalog?hl=en&q=peanut+butter+creamy&bav=on.2,or.r_gc.r_pw.,cf.osb&um=1&ie=UTF-8&tbm=shop&cid=4012369132325874587&sa=X&ei=6ceWT5CTIcHX0QGtqJ3KDg&ved=0CJcBEJwVKAAwAQ

http://www.nytimes.com/2010/08/16/business/global/16yuan.html

http://data.worldbank.org/indicator/NY.GDP.MKTP.KD?page=5 [China GDP stats]

http://data.worldbank.org/indicator/SI.POV.DDAY[China poverty stats]

http://www.bea.gov/national/pdf/NIPAhandbookch1-4.pdf

http://www.bea.gov/newsreleases/national/gdp/2011/pdf/gdp4q10_3rd.pdf

http://nordhaus.econ.yale.edu/documents/Env_Accounts_052609.pdf

http://lsfiwi.wiso.uni-potsdam.de/projekte/schattenwirtschaft/Working%20Group%207/03%20Buehn_Schneider_Shadow_Economies_potsdam2010.pdf

http://www.nytimes.com/2007/08/26/world/asia/26china.html?pagewanted=2

◀ 세계의 모바일 윈도우—이 장의 내용과 관련된 응용사례를 찾으려면 여러분의 스마트폰으로 이 코드를 스캔하라. (QR코드 리더가 필요하면, 여러분의 앱스토어에서 ScanLife를 활용하라.)

여러분의 모바일 앱스토어를 방문하여 Karlan and Morduch Study Econ app.을 다운로드 하라. ▶

Chapter 25

생계비

학습목표

LO25.1 장바구니를 정의하고 가격 변화를 추적하는 데 장바구니 중요성 설명하기

LO25.2 소비자물가지수를 계산하고 이를 이용해 생계비 변화 측정하기

LO25.3 인플레이션 측정에 통계청이 당면하는 2가지 주요 문제점과 통계청의 대응에 대해 서술하기

LO25.4 3가지 방법을 이용해 인플레이션율을 계산하고 이를 이용해 명목변수를 실질변수로 표현하기

LO25.5 구매력평가 설명하기

LO25.6 물가지수를 이용해 구매력평가가 적용된 변수를 계산하고 다른 장소의 생계비 비교하기

담배 피우지 말아주세요

매사추세츠 주의 통근 기차 안에 붙은 표지판과 광고들 사이에는 작은 공고문이 있다. 공고문에는 '담배를 피우지 마시오—General Laws 272장 43A조—10일 이하의 금고 또는 100달러 이하의 벌금에 처할 수 있음'이라고 쓰여 있다. 이러한 종류의 공고문은 여러분이 보고 바로 잊어버리게 마련이다. 그러나 해당 범죄와 2가지 처벌(감옥에서의 열흘 또는 100달러의 벌금)을 생각해보면 꽤나 균형이 맞지 않는 상충관계를 깨달을 것이다. 분명 대부분의 사람들은 감옥에 가지 않기 위해 하루에 10달러 내는 쪽을 선택할 것이다. 한쪽이 다른 한쪽에 비해 명백하게 나쁘다면 도대체 왜 2개의 선택 사항을 제시하는 것일까?

이렇게 2개의 처벌을 제시하는 것의 배경에는 금연법이 제정된 1968년의 시대 상황이 있다. 당시 허쉬사의 초콜릿바는 5센트였고 콘플레이크 한 통은 29센트였다. 오늘날 콘플레이크 한 통은 3.79달러다. 1968년 당시에는 100달러를 벌기 위해서는 맥도널드에서 거의 8일은 일해야 했다. 오늘날에는 시간당 7.25달러의 최저 임금으로 이틀 정도면 100달러를 벌 수 있다.

물가나 임금은 지금이 1968년보다 명백하게 훨씬 높다. 벌금이 최초로 책정될 때 100달러는 큰돈이었다. 또한 100달러를 벌려면 오랜 시간이 걸렸다. 시간이 흘러 물가가 오르면서 100달러로 살 수 있는 것은 점점 줄어들었고, 100달러라는 벌금의 기회비용 역시 떨어졌다. 반대로, 열흘은 여전히 열흘이다. 결과적으로 금연법 제정 당시에는 비등했던 벌금과 금고형이 지금은 그렇지 않게 된 것이다.

흡연 벌금의 사례는 중요한 점을 시사한다. 오늘의 1달러가 과거의 1달러와 매우 다르다는 것이다. 좀 더 일반적으로 말하면 '달러'란 그저 단어나 종이 쪽지에 불과하다는 것을 알 수 있

다. 정말 중요한 것은 그 돈으로 살 수 있는 것이 무엇인가다. 그리고 같은 액수의 돈으로 살 수 있는 것은 시간이 지나면서 변한다. 1달러로 무엇을 살 수 있는가는 **생계비**의 문제다. 예를 들어 생계비가 올랐다면 이는 살 수 있는 재화나 서비스를 전반적으로 살펴봤을 때 예전보다 지금 1달러로 살 수 있는 것이 줄어들었다는 뜻이다.

이 장에서는 가격 변화를 측정하는 가장 중요한 지표들을 공부할 것이다. 앞부분에서는 시간에 따라 변하는 물가를 어떻게 측정할 것인지 배우고, 뒷부분에서는 각 나라마다 왜 물가가 다른지, 그리고 이 차이를 어떻게 측정할 것인지 살펴본다. 이 과정에서 여러분은 자신의 월급이 넉넉한지 부족한지부터 국민연금의 규모에 대한 논쟁이나 지구상에 가난한 사람들이 얼마나 많은지에 대한 논의까지, 생계비가 개입되는 문제의 범위가 매우 넓다는 것을 알게 될 것이다.

생계비

앞장에서는 산출물의 규모를 국가 차원에서 어떻게 측정할 것인지 논의했다. 이제 거시경제학적 데이터의 두 번째 기둥인 물가를 다루기로 한다. 앞장에서는 산출물 변동을 보기 위해 물가 변화로부터 독립적인 실질 GDP를 계산했다. 이 장에서는 물가 변화 자체에 초점을 맞춘다.

국민 경제의 물가를 측정하는 것은 '1달러(원이나 유로, 엔, 페소 등)의 가치는 무엇인가?'라는 질문에 답하는 데 도움이 된다. 이 질문은 보기보다 까다롭다. 1달러로 살 수 있는 것은 물가가 오르거나 떨어짐(주로 오르기는 한다)에 따라 달라진다. 또한 여러분이 어디에 있느냐에 따라서도 달라진다. 일반적으로 1달러로 살 수 있는 것은 도시에서보다 지방에서 더 많다.

물론 사람들이 오늘날 버는 돈도 과거보다 늘어났다. 그리고 평균적으로 도시에 사는 사람들이 지방에 사는 사람들보다 많이 번다. 만약 높은 소득이 높은 물가와 동반되는 것이라면, 사람들이 실제로 사고 싶은 것을 살 수 있는 능력은 변함이 없는 것인지도 모른다. 따라서 생계비를 이해하는 것의 핵심은 전체 그림을 보는 것이다.

만약 물가와 소득이 전 세계 모든 곳에서 같은 비율로 오른다면 생계비를 추적하는 것은 간단한 회계적 문제가 될 것이다. 물가가 흥미롭고 중요한 거시경제적 주제인 이유는 실제로 시간과 장소에 따라 물가가 다른 속도로 변한다는 사실 때문이다. 예컨대, 특정 시점에서 임금은 소비재의 가격보다 더 천천히 오를 수도 있는데, 이 경우 사람들이 물건을 살 수 있는 능력은 사실상 감소하게 된다. 또는 학자금 대출로 5000달러의 빚이 있다면 물가가 상승할 때 그 빚의 실질 가치(그 빚을 갚기 위해 포기해야 하는 재화와 서비스의 양)는 감소한다. 또 다른 예로, 여러분이 비슷한 일자리를 도시와 지방에서 각각 구할 수 있을 때 받을 수 있는 임금뿐만 아니라 해당 지역의 생계비 역시 고려해야 한다. 사례를 통해 알아보기의 '뉴욕 시와 아이오와 시의 생계비'에서 볼 수 있듯이 생계비의 차이는 한 나라 안에서조차 다를 수 있다.

사례를 통해 알아보기

뉴욕 시와 아이오와 시의 생계비

"나는 잠들지 않는 도시에서 잠이 깨고 싶어요." 프랭크 시나트라는 노래했다. "그 도시의 일부가 되고 싶어요. 뉴욕, 뉴욕."

그러나 잠들지 않는 도시에서 잠이 깨는 것은 비싸다. 현재 뉴욕 시는 미국에서 가장 비싼 도시다. 방 한 개 있는 수수한 아파트 월세가 수천 달러씩 한다. 미국의 평균 집값이 15만 달러 정도인데, 뉴욕 시 중심부인 맨해튼의 평균 집값은 100만 달러가 넘는다. 다른 것들도 역시 비싸다. 뉴욕의 '값싼' 식사가 15달러 가까이 한다. 온라인 가격 추적 회사인 넘베오(Numbeo)에 따르면, 전채—주요리—후식의 저녁식사는 1인당 70달러 정도 든다고 한다.

CNNMoney 웹사이트에는 미국 여러 도시의 생계비를 비교해볼 수 있는 생계비 계산기가 있다(http://money.cnn.com/calculator/pf/cost-of-living/). 이에 따르면 맨해튼의 식료품비는 아이오와 시보다 50% 비싸고, 주거비는 300% 비싸다. 아이오와 시에서는 방 한 개 있는 아파트 월세가 600달러 정도인데, 이 돈으로는 맨해튼에서 드레스룸 크기의 아파트도 구하지 못한다.

하지만 뉴욕 사람들이 돈을 더 잘 벌기는 한다. 미국 통계국의 최근 자료에 따르면 뉴욕 시 거주 가구 소득의 중간값이 5만173달러인데, 아이오와 시 가구 소득의 중간값은 3만8361달러다. 30%의 소득 차이가 있는 것이다.

이 정도의 소득 차이면 꽤 큰 것이지만, 소득 차이는 물가 차이의 반 이하다. 즉, 아이오와 시의 중간 수준 가구가 뉴욕 시의 중간 수준 가구보다 훨씬 더 잘사는 것이다. 최소한 살 수 있는 재화와 서비스의 양에서는 말이다.

그렇다면 왜 뉴욕 시를 선택해 살고 싶어 하는 사람들이 있는 것일까? 왜 모두가 아이오와 시 같은 곳으로 이사하지 않을까? 맨해튼을 선택한 사람들이 그로부터 매년 수천 달러 가치의 어떤 추가적인 효용을 얻고 있다는 것을 유추할 수 있다. 하지만 '잠들지 않은 도시'에 사는 것이 선호사항이 아니라면 다른 곳에서 더 큰 행복과 더 값싼 식사를 누릴 수 있을 것이다.

Source: www.numbeo.com ; http://www.bestplaces.net/col ; http://shine.yahoo.com/event/green/simple-life-inmanhattan-a-90-square-foot-home-2472666 ; http://factfinder.census.gov/home/saff/main.html?_lang=en

이러한 예에서 알 수 있듯이, 물가 변화는 사람들의 경제적 유인과 선택에 실질적인 영향을 미친다. 물가 변화는 여러분의 임금, 저축이나 대출, 거주하는 지역에 따른 생활, 또 수많은 다른 결정의 상대적 가치를 결정한다. 여러분의 미시경제학적 선택의 가치를 모두 더하면 큰 거시경제학적 영향을 구할 수 있다.

시간 변화에 따른 물가 변화 측정

'물가' 변화를 추적한다는 것이 무슨 뜻일까? 사람들이 사는 재화나 서비스는 매우 다양하고, 각기 가격도 다르다. 어떤 물건은 가격이 오르고, 또 다른 물건은 가격이 떨어질 수 있다. 어떤 것은 가격이 크게 변하는데, 어떤 것은 미동도 없을 수 있다. 월세는 안정적인데 휘발유는 비싸진다든지, 아이폰의 새 기종이 출시되면서 이전 기종 아이폰 가격은 떨어지거나, 옷값은 작년에 비해 크게 오르지 않았는데 통신비는 지붕을 뚫고 나갈 상황일 수 있다. 전반적인 생계비가 어떻게 변화했는지 이해하려면, 많은 재화나 서비스의 가격 변화를 한 개의 숫자로 요약하는 것이 필요하다. 그런데 그전에 어떤 재화와 서비스를 관찰할 것인가를 결정해야 한다. '장바구니'의 개념은 다른 시간과 장소에서의 물가를 비교하는 방법을 제시한다.

장바구니

LO 25.1 장바구니를 정의하고 가격 변화를 추적하는 데에 장바구니의 중요성 설명하기

장바구니 고정된 수량의 특정 재화와 서비스의 목록

각기 다른 시점과 장소의 생계비를 비교하려면 주거, 식료품, 의류, 교통, 여가 등 많은 재화와 서비스의 가격을 한꺼번에 고려해야 한다. 이를 위해 정말 긴 구매물품 목록과 비슷한 '**장바구니**'를 만든다. 장바구니의 목록은 보편적인 소비자의 지출 내역과 대충 맞아떨어지는 특정 재화와 서비스의 고정 수량을 표시한 것이다.('보편적' 소비자가 누구인지는 뒤에서 다시 논의한다.) 우리의 목표는 이 목록에 들어간 재화와 서비스를 사는 비용이 어떻게 변하는지 아는 것이다. 해당 재화와 서비스, 그리고 그 수량을 고정했기 때문에 장바구니 비용이 변한다면 그것은 구매품목의 변화나 수량의 변화 때문이 아니라 오로지 가격 변화 때문임을 알 수 있다.

예를 통해 알아보자. 여러분은 평소 시장에서 자주 사는 4가지 식료품에 대한 지출이 작년보다 올해 늘었다는 것을 느꼈다.

	작년 가격(달러)	**올해 가격**(달러)
빵 (덩어리)	3.00	3.15
우유 (ℓ)	2.50	2.55
쇠고기 (100g)	3.50	3.64
당근 (100g)	1.00	1.25

작년보다 식료품 가격은 얼마나 증가했을까? 이는 여러분이 어떤 품목을 보느냐에 달렸다. 빵 가격은 5% 올랐고, 우유는 2%, 쇠고기는 4%, 당근은 25%나 올랐다.

참고:
백분율 변화를 계산하는 식은 $\left[\frac{(X_2 - X_1)}{X_1}\right] \times 100$이다. 따라서 빵 가격의 변화를 예로 계산하면, $\frac{(\$3.15 - \$3)}{\$3} \times 100$ = 5%다.

하지만 여러분의 관심사는 식료품 비용이 전체적으로 얼마나 증가했는지일 것이다. 그러려면 여러분이 보편적으로 각 품목을 얼마나 사는지 알아야 한다. 예를 들어, 평소에 빵 한 덩어리, 우유 1ℓ, 쇠고기 300g, 당근 100g을 산다면,

2012년 비용 = ($3.00 × 1) + ($2.50 × 1) + ($3.50 × 3) + ($1.00 × 1) = $17.00
2013년 비용 = ($3.15 × 1) + ($2.55 × 1) + ($3.64 × 3) + ($1.25 × 1) = $17.87

$$\text{2012년부터 2013년간 **가격 상승**} = \left[\frac{(17.87 - 17.00)}{17.00}\right] \times 100 = 5.1\%$$

이와 같은 방법을 '**장바구니 접근법**'이라고 한다. 장바구니 접근법은 여러분이 같은 품목을 같은 수량 산다고 가정하고 장바구니의 비용 변화를 측정하는 것이다. 이렇게 하면 장바구니의 총비용이 시간이 지남에 따라 어떻게 바뀌었는지 하나의 숫자로 나타낼 수 있다.

예를 들어 장바구니 접근법은 각 품목의 가격 인상률(빵 5%, 우유 2%, 쇠고기 4%, 당근 25%)을 단순 평균하는 것보다 훨씬 타당하다. 가격 인상률의 단순 평균을 구하면 장바구니 접근법과 전혀 다른 결과가 나온다.

가격 상승의 부정확한 계산:

$$= \frac{(5\% + 2\% + 4\% + 25\%)}{4}$$

$$= 9\%$$

당근을 사는 데 쇠고기나 우유, 빵만큼 돈을 쓰지는 않을 것이다. 따라서 당근 가격이 상대적으로 많이 올랐더라도 가격 인상률의 단순 평균이 보여주는 것처럼 지출에 큰 영향을 미치지는 않는다. 우리는 '식료품 가격이 얼마나 올랐을까?'라는 질문에 대한 타당한 답을 원한다. 그리고 정말 알고 싶은 것은 여러분이 평소처럼 장을 봤는데 돈을 얼마나 더 써야 할 것인가다.

물론 대부분의 사람들이 항상 같은 물건과 수량을 사지는 않는다. 특히 가격이 변한다면 더욱 그렇다. 앞에서 가격이 오르면 수요량은 감소한다고 배웠다. 현실에서도 쇠고기 가격이 오르면 쇠고기를 덜 사고, 당근 가격이 폭등하면 대신 감자를 살 수도 있다. 하지만 장바구니 내용물을 바꿀 수 있다면 장바구니 비용에는 가격 변화뿐만 아니라 우리의 소비 행위 변화까지 반영된다. 가격 변화에만 초점을 맞추기 위해 장바구니의 내용물은 고정되어야 한다. 비록 이러한 단순화 과정이 완전히 현실적이지는 않더라도 말이다. 이 장의 뒷부분에서 이러한 문제점을 어떻게 해결하는지 논의하게 될 것이다. 일단 지금은 장바구니 접근법으로 보편적 소비자가 구매하는 많은 품목의 가격 변화가 하나의 숫자로 대표될 수 있다는 것을 이해하면 된다.

소비자물가지수

LO 25.2 소비자물가지수를 계산하고 이를 이용해 생계비 변화 측정하기

장바구니 접근법으로 생계비의 변화를 추적할 수 있다. 생계비 변화를 요약하기 위해 '물가지수'를 만들 수 있는데, **물가지수**는 일정한 장바구니의 비용이 기준 기간이나 장소와 비교해 얼마나 오르거나 떨어졌는지 보여주는 지표다.

물가지수 일정한 장바구니의 비용이 기준 기간이나 장소와 비교해 얼마나 오르거나 떨어졌는지 보여주는 지표

소비자물가지수 대표적인 가계가 구매하는 재화와 서비스 묶음의 비용을 추적하는 지표. 한국에서는 통계청에서 산출함

일반적으로 이용되는 생계비 변화 추적 지표는 **소비자물가지수**(CPI; Consumer Price Index)다. 소비자물가지수는 한국의 보편적 가계가 소비하는 재화와 서비스 장바구니의 비용 변화를 추적한다. 한국에서는 정부 기관인 통계청이 계산한다.

소비자물가지수를 계산하는 방법은 비교적 간단하다. 첫째, 통계청이 보편적 가계가 구매할 만한 재화와 서비스의 장바구니를 정한다. 둘째, 매달 국내 여러 지역의 다양한 장소에서 해당 재화와 서비스의 가격 정보를 수집한다. 셋째, 통계청은 가격 정보를 이용해 장바구니의 비용을 계산한다.

소비자물가지수는 기준 연도에 대비해 장바구니의 비용 증감을 측정한다. 예를 들어, 기준 연도가 2012년일 때, 장바구니의 비용이 2012년에 4만 달러였고 2013년에 4만400달러가 되었다고 하자. 2012년 대비 2013년 소비자물가지수는 다음 식을 이용해 계산한다.

식 25–1

$$\text{CPI} = \frac{\text{장바구니의 관심 연도 비용}}{\text{장바구니의 기준 연도 비용}} \times 100$$

$$= \left(\frac{\text{장바구니}_{\text{관심 연도}}}{\text{장바구니}_{\text{기준 연도}}}\right) \times 100$$

$$= \left(\frac{\text{장바구니}_{2013}}{\text{장바구니}_{2012}}\right) \times 100$$

$$= \left(\frac{\$40,400}{\$40,000}\right) \times 100 = 101$$

계산식에 따르면 기준 연도의 소비자물가지수는 항상 100이다. 기준 연도 이후의 연도에 장바구니의 비용이 기준 연도보다 높으면 지수는 100보다 클 것이다. 장바구니의 비용이 기준 연도보다 낮으면 지수는 100보다 작게 된다. 위의 예에서 2012년이 기준 연도일 때, 소비자물가지수는 100에서 101로 커졌다. 다시 말하면, 보편적 가계가 소비하는 장바구니의 비용, 즉 생계비가 1% 증가한 것이다.

소비자물가지수는 과거 어느 때의 생계비와 현재의 생계비가 어떻게 다른지 알 수 있게 해준다. 〈그림 25-1〉에 나타난 바와 같이 소비자물가지수는 지속적으로 상승해왔다.

HINT

〈그림 25−1〉에서 기준 연도는 1984년이다. 즉, 1984년의 소비자물가지수는 100이고, 다른 연도의 지수는 1984년과 비교한 수치를 보여준다. 예컨대, 소비자물가지수가 105면 1984년에 비해 물가가 5% 높다는 뜻이다. 다른 연도가 기준 연도로 이용되었다면 어떨까? 그림의 소비자물가지수 선 모양은 정확히 같을 테지만, 지수의 수치는 기준 연도에 맞춰 변동되어야 할 것이다.

그림 25−1

1913∼2011년 소비자물가지수 물가는 20세기 전반기보다 후반기에 더욱 급격하게 증가했다. 자료의 첫 50년 동안 물가는 3배가 되었다. 반면 2011년의 물가는 1963년의 7배가 되었다.

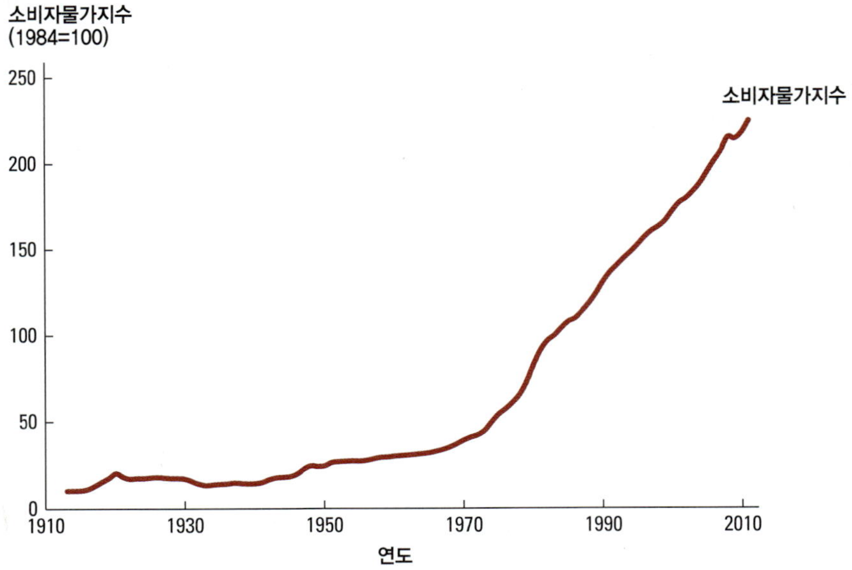

Source: U.S. Bureau of Labor Statistics Historical Data, http://www.bls.gov/cpi/.

가격 변화 측정의 문제점

LO 25.3 인플레이션 측정에 통계청이 당면하는 2가지 주요 문제점과 통계청의 대응에 대해 서술하기

소비자물가지수의 개념은 명확하지만 현실에 적용하는 데에는 2가지 큰 문제점이 있다. 첫째는 어떤 재화와 서비스가 장바구니에 포함되어야 소비자물가지수가 가장 넓은 범위 국민의 평균적인 소비를 반영할 수 있을 것인가에 관한 것이다. 둘째는 시간에 따른 변화를 어떻게 특정할 것인가의 문제다. 다음의 간단한 질문을 생각해보자. 만약 컴퓨터가 10% 비싸졌는데 동시에 10% 빨라졌다면, 컴퓨터의 가격은 상승한 것인가? 이 절에서는 이러한 문제들을 고민해본다.

무엇을 포함할 것인가? 첫째 질문은 가격 변화를 측정하기 위해 어떤 재화나 서비스가 장바구니에 포함되어야 할 것인가다. 여러분의 옆집에서는 당근을 좋아하는데, 여러분은 쇠고기를 좋아할 수 있다. 결과적으로 여러분의 식료품 영수증은 옆집과 매우 다를 것이고 당근과 쇠고기 가격 변화에 따라 다른 속도로 증가할 것이다. 사람들은 각기 다른 것들을 사기 때문에 모두의 생계비 변화를 완벽하게 대표할 숫자 한 개란 도저히 존재할 수 없다. 가장 좋은 방법은 '보편적' 가계를 대표할 만한 장바구니를 찾는 것이다.

그렇다면 어떤 가계가 보편적인가? 예컨대 한국의 소비자물가지수는 농어가를 제외한 1인 이상 전국 가구가 소비하는 재화와 서비스의 평균을 바탕으로 하고 있다. 소비자물가지수는 다양한 연령대와 상황의 사람들의 소비를 포괄해야 하기 때문에, 특정 가계의 정확한 소비 지출을 나타내기보다는 매우 광범위한 한국 소비자들의 평균을 내는 것이다. 따라서 특정 가족의 생계비는 무엇을 얼마나 소비하는가에 따라 소비자물가지수보다 더 많이 또는 더 적게 오를 수 있다. 〈그림 25-2〉는 2011년 미국 도시 소비자 가계의 평균 지출을 8개의 주요 항목으로 분류한 것이다.

시간에 따른 변화: 대체와 혁신. 소비자물가지수와 같은 물가지수는 장바구니에 포함된 재화와 서비스의 종류와 수량을 고정한 상태에서 순수한 가격 변화를 측정한다. 그러나 이런 방식으로 정확한 가격 변화를 측정하는 데에는 다른 종류의 정확성 상실 비용이 발생한다. 장바구니를 고정하게 되면 소비자의 행위 변화로부터 가격 변화만 정확하게 가려낼 수는 있다. 하지만 사람들의 실제 행위가 많이 바뀌면 고정된 장바구니가 더 이상 보편적 가계의 소비를 정확하게 대표하지 못하는 문제점이 생긴다. 물가지수는 선호나 가격 변화에 따라 가계가 다른 재화나 서비스를 소비할 수 있다는 사실을 고려해야 한다. 시간이 지나면서 소비 행태가 변하는 원인에는 크게 2가지가 있다. 대체와 혁신이다.

'대체'는 상대 가격이 변할 때 사람들이 비슷한 재화나 서비스로 옮겨가는 것을 말한다. 다른 채소의 가격은 별로 변한 것이 없는데 당근 값만 25% 오른다면 사람들은 당근은 덜 사고 다른 채소를 더 살 것이다. 극장에서 보는 영화 값은 오르는데 인터넷으로 다운받아 볼 수 있는 영화 값은 내린다면 사람들은 전보다 집에서 더 많이 영화를 보고 극장에는 덜 갈 것이다. 만약 장바구니가 비싸진 품목을 덜 사는 사실을 반영하지 못한다면 생계비의 실제 변화를 과대 추정하게 될 것이다.

장바구니가 시간이 지남에 따라 바뀌어야 하는 두 번째 이유는 **'혁신'**이다. 새로운 재화와 서비스가 소개되면 사람들의 소비 행위는 변한다. 예를 들어, 제1차 세계대전 당시 미국에서 소비

그림 25-2

CPI에 나타난 도시 소비자의 지출 이 막대그래프는 소비자물가지수 계산에 포함된 각 항목의 가격에 어떤 가중치가 부여되는지 보여준다. 소비자물가지수의 가장 큰 구성요소는 40%가 넘는 주거비용이다. 다음으로 큰 것들은 교통비와 식료품비이며 이 둘을 합쳐 CPI의 약 3분의 1이 된다. 이외의 항목이 나머지 4분의 1을 차지한다.

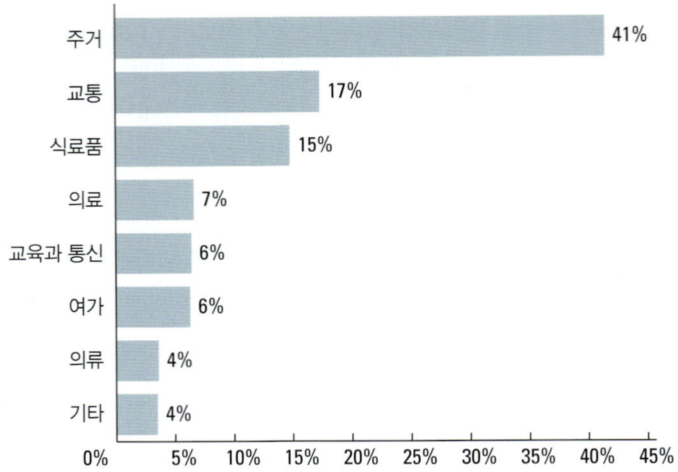

Source: U.S. Bureau of Labor Statistics, http://www.bls.gov/cpi/cpi_riar.htm.

자물가지수가 처음 계산되었을 때에는 냉장고, 세탁기, 전화, 컴퓨터 등 현재 대부분의 미국 가계가 한 번쯤은 구매하는 많은 물건이 포함되어 있지 않았다. 많은 물건이 당시에는 아예 발명되기 전이어서 살 수조차 없었다. 어떤 것들은 존재하긴 했지만 아직 일반적인 소비자를 대상으로 한 물건들이 아니었다.

실제로 통계청에서는 대체와 신제품의 영향을 반영하기 위해 소비자물가지수 산출에 바탕이 되는 장바구니를 개편한다. 장바구니를 개편한다는 것은 '고정된' 재화와 서비스의 조합을 비교한다는 원래 의도는 약화시키지만, 그 목적은 특정 '생활수준'을 누리는 데 들어가는 비용을 파악하는 것이다. 비교의 안정성과 현실성 사이에 균형을 맞추는 장바구니를 구성하는 것은 까다로운 판단을 요하는 일이다.

대체나 혁신이 아니더라도 기존 제품이 개선되는 것도 비슷하게 까다로운 문제를 일으킨다. 예컨대, 요즘의 자동차는 1950년대 자동차보다 더 안전하고, 고장도 덜 나며 더 많은 기능들이 부가되어 있다. 그렇다면 요즘의 자동차가 1950년대의 자동차보다 비싸진 요인을 기본적인 제품 가격이 올라간 것과 제품의 질이 향상되어 가치가 올라간 것으로 어떻게 구분할 수 있을 것인가?

만약 높은 가격이 높은 질을 반영하는 것이라면 진정한 생계비는 사실 올라가지 않았을 수도 있다. 반대 상황을 가정해보자. 만약 자동차의 가격은 그대로인데 성능이 향상되었다면, 같은 비용에 더 좋아졌으니 생계비가 떨어졌다고 생각할 것이다. 같은 이유에서 자동차의 성능이 개선되면서 가격이 오른다면 생계비는 변함이 없을 수 있다. 비용을 더 지불하지만 개선된 성능으로 더 좋아졌기 때문이다. 문제는 가격 변화에서 질 변화가 차지하는 비중을 어느 정도로 보느냐는 것이다. 통계청에서는 품질 변화의 문제를 반영하기 위해 제한적으로 '**헤도닉 품질 조정 기법**'이란 것을 쓰기도 한다. 이 기법은 품질 변화의 영향을 '제외한' 가격 변화를 추정한다.

매달 소비자물가지수를 발표하기 위해 통계청은 전국 37개 도시의 수많은 가계들에 연락하거나 방문해 가격 정보를 모으고 세밀한 계산을 해낸다. 최근 구글은 인터넷 가격 검색을 통해 덜 정확하지만 훨씬 간단한 물가지수 접근 방법을 내놨다. 사례를 통해 알아보기의 '구글물가지수'를 읽어보자.

사례를 통해 알아보기

구글물가지수

어느 날 할 배리언(Hal Varian)이라는 유명한 경제학자의 후추갈이가 망가졌다. 배리언은 새 후추갈이를 사기 위해 물건의 가격을 비교 검색해주는 구글 쇼핑(Google Shopping)을 찾아 들어갔다. 그러나 배리언은 곧 어마어마한 가격 정보를 수집하는 데 구글이 이용될 수 있겠다는 것을 깨닫게 되고 딴짓을 하기 시작한다.

배리언은 경제적 자료의 금광을 찾은 셈이었다. 갑자기 후추갈이는 완전히 잊어버리게 된다. "내가 첫 번째로 하고 싶었던 일은 물가지수를 새로 만드는 거였어요"라고 배리언은 회상한다. 마침 배리언은 구글의 수석 경제학자였기 때문에 자신의 구상을 실현할 수 있었다. 2010년 10월, 배리언은 구글이 인터넷으로 찾은 물가 정보를 이용해 생계비 변화를 측정하는 구글물가지수(GPI; Google Price Index)를 만든다고 발표했다. 구글물가지수와 소비자물가지수가 어떻게 다른지, 어떤 장단점이 있을지에 대해 알고 싶다면 이 장 뒷부분의 QR코드를 스캔하거나 온라인에서 읽기를 계속하라.

✓ 개념 확인

- ❒ 장바구니의 목적은 무엇인가? **[LO 25.1]**
- ❒ 물가지수란 무엇인가? **[LO 25.2]**
- ❒ 소비자물가지수가 농어촌 사람들이 직면하는 물가 변화를 반영하는가? **[LO 25.3]**
- ❒ 인플레이션 계산을 어렵게 하는 2가지 문제점을 들어보라. **[LO 25.4]**

물가지수의 이용

이제 물가 변화를 어떻게 측정하는지 이해했을 것이다. 그러면 이 지식으로 무엇을 해야 할까? 앞장에서 GDP에 대해 공부할 때도 지적했지만, 많은 경제 변수들은 가격 변화를 고려하지 않은 명목 수치로 표현될 때 불완전한 정보를 주는 경우가 많다. 물가지수는 명목변수를 실질변수로 바꾸는 데 쓰인다. 물가지수를 이용하면 소득이나 산출물과 같은 근본적인 변수들의 변화에서 가격 변화만 가려내 빼고 기준 연도에 대비한 증감을 계산할 수 있다. 전반적 물가수준 변화의 양을 나타내는 '**인플레이션율**'은 거시경제학의 중심 개념 중 하나다. 이 절에서는 인플레이션율을 어떻게 계산하고 이용하는지 공부한다.

인플레이션율 전반적 물가수준 변화의 양

인플레이션율

LO 25.4 3가지 방법을 이용해 인플레이션율을 계산하고 이를 이용해 명목변수를 실질변수로 표현하기

인플레이션율은 한 해에서 그 다음 해로의 소비자물가지수 변화를 백분율로 나타낸 것이다.

식 25-2 소비자물가지수 방식

$$\text{인플레이션율} = \left[\frac{CPI_{연도2} - CPI_{연도1}}{CPI_{연도1}}\right] \times 100$$

〈표 25-1〉은 1984년을 기준 연도로 한 2005~2010년 소비자물가지수의 증가를 보여준다. 기준 연도 이후 물가가 얼마나 올랐는지 알고 싶다면 소비자물가지수의 변화가 직접적인 답을 준다. 예를 들어, 2005년 소비자물가지수 195.3은 2005년 물가수준이 기준 연도인 1984년에 비해 95.3% 높다는 의미다.

그러나 만약 1984년이 아니라 2005년과 2006년을 비교하고 싶다면 어떻게 해야 할까? 여러분이 인플레이션에 관한 뉴스를 접할 때의 인플레이션율은 보통 그전 연도로부터의 변화로 표현된다. 각 연도 물가의 백분율 변화는 다음과 같이 계산할 수 있다.

$$\text{인플레이션율}_{2006} = \left[\frac{CPI_{2006} - CPI_{2005}}{CPI_{2005}}\right] \times 100$$

$$= \left[\frac{201.6 - 195.3}{195.3}\right] \times 100 = 3.2\%$$

인플레이션율이 3.2%라는 것은 전반적인 물가수준이 2005년에서 2006년 사이에 그러한 비율로 증가했다는 의미다.

여러분이 경제 관련 언론 보도를 자주 접한다면 2가지 인플레이션 측정 방식에 대해 들어봤을 것이다. 즉, 일반적 인플레이션과 근원 인플레이션이다.

- **(일반적) 인플레이션**은 보편적 소비자의 전체 장바구니에 대한 가격 변화를 측정한다. 지금까지 공부한 인플레이션이 바로 일반적 인플레이션이다.

표 25.1
인플레이션율의 계산

인플레이션율을 계산하기 위해서는 특정 연도의 소비자물가지수에서 그 전 연도의 소비자물가지수를 빼고, 그 뺀 것을 그 전 연도 소비자물가지수로 나누면 된다. 대부분의 연도에서 물가가 올랐는데, 2009년에는 음(−)의 인플레이션, 즉 디플레이션이 발생했다.

연도	CPI	계산	인플레이션율(%)
2005	195.3	—	
2006	201.6	$\frac{201.6-195.3}{195.3}\times 100$	3.2
2007	207.3	$\frac{207.3-201.6}{201.6}\times 100$	2.8
2008	215.3	$\frac{215.3-207.3}{207.3}\times 100$	3.8
2009	214.5	$\frac{214.5-215.3}{215.3}\times 100$	−0.4
2010	218.1	$\frac{218.1-214.5}{214.5}\times 100$	1.6
2011	224.9	$\frac{224.9-218.1}{218.1}\times 100$	3.1

Source: U.S. Bureau of Labor Statistics

- **근원 인플레이션**은 장바구니에서 식품과 에너지 비용을 제외하고 가격 변화를 측정한 것이다.

어째서 다른 방식의 인플레이션을 쓰는 것일까? 다른 상품들과 비교할 때 식품과 에너지는 가격 변동이 심한 편이다. 소비자물가지수가 계산될 시점에서 식품이나 에너지 가격이 매우 높거나 매우 낮을 수 있기 때문에 식품과 에너지를 포함할 경우 전반적인 물가의 실제 변화를 과대평가 또는 과소평가할 가능성이 있다. 하지만 식품과 에너지는 대부분의 가계 지출에서 큰 비중을 차지한다. 장바구니에서 이들을 뺄 경우 생계비 이해의 큰 부분을 놓치는 것이다. 따라서 일반적 인플레이션과 근원 인플레이션을 동시에 봐야만 경제 내에서 벌어지는 일에 대해 더 정확한 감을 잡을 수 있다.

일반적 인플레이션과 근원 인플레이션의 차이는 좀 더 일반적인 생각을 일깨운다. 즉, 새로운 장바구니나 물가지수를 이용해 인플레이션을 측정할 수 있다는 점이다. 그 결과 도출된 인플레이션율은 다른 장바구니의 가격 변화를 반영하게 될 것이다. 소비자물가지수는 소비자들이 지불하는 가격에 그 초점이 있다.

대안이 될 수 있는 물가지수로서 **생산자물가지수**(*PPI; Producer Price Index*)는 기업이 구매하는 재화와 서비스의 가격을 측정한다. 생산자물가지수는 산업용 기계와 같이 일반적인 사람들이 소비하는 장바구니에는 들어 있지 않은 품목을 포함한다. 투입물의 가격이 오르면 소비자들이 그 최종 생산물을 살 때의 가격이 오르게 마련이므로, 생산자물가지수는 미래 소비자 가격을 예측하는 데 좋은 자료가 될 수 있다. 어떤 지수를 쓰든 인플레이션은 '**한 해에서 그 다음 해로의 지수 변화를 백분율**로 나타낸 것'이다. 인플레이션율을 계산하는 데 쓸 수 있는 또 다른 대안은 이전 장에서처럼 GDP 디플레이터를 이용하는 것이다. GDP 디플레이터는 **한 국가 안에서 생산된 모든 것의** 가격 변화를 측정한다. 하지만 GDP 디플레이터는 석유처럼 해외에서 생산되지만 보편적인 가계의 생계비에 실질적인 영향을 미치는 재화들은 포함하지 않을 수 있다. GDP 디플레이터와 소비자물가지수의 또 다른 점은 GDP 디플레이터는 매년 경제 내에서 생산되는 실제 수량을 바탕으로 계산되지만 소비자물가지수는 고정된 장바구니를 이용한다는 점이다.

소비자물가지수, 생산자물가지수, GDP 디플레이터 모두 유용하다. 다만 다른 것을 측정할 뿐이다. 실제로는 이 3가지 지수를 이용한 인플레이션율은 꽤나 가깝게 움직인다. 〈그림 25-3〉은 3가지 지수를 이용한, 과거 50년 동안의 미국의 인플레이션율을 나타낸 것이다.

명목변수의 조정

소득과 같은 변수가 시간이 흐름에 따라 어떻게 변했는지 알고 싶을 때가 있다. 이를 위해서는 소비자물가지수(또는 다른 물가지수)를 이용해 명목변수를 실질변수로 바꿔야 한다.

만약 여러분의 할아버지가 젊었을 때 얼마나 벌었는지 말해준다면 여러분은 깜짝 놀랄 것이다. 예를 들어, 미국에서 1969년에 연봉이 2만520달러였다면 그분은 매우 편안한 삶을 영위하고 아이들을 대학에 보내면서도 은퇴를 위한 저축을 할 수 있었다. 그러나 2013년에 그 정도 연봉은 미국 연방 정부가 정한 4인 가족의 빈곤선에도 미치지 못한다.

1969년의 소득으로 누릴 수 있었던 구매력을 현재 유지하기 위해서는 얼마나 벌어야 할지 계산해보자. 시간 흐름에 따라 구매력이 변한 정도를 비교하고 싶을 때는 과거 어느 시점에서의

그림 25-3

소비자물가지수, 생산자물가지수, GDP 디플레이터를 이용한 미국의 인플레이션율(1960~2010년) 이 도표는 과거 50년 동안의 3가지 주요 인플레이션 측정치를 보여준다. 세 측정 방식 모두 물가의 등락에 유사한 흐름을 보이고 있다. 생산자물가지수가 가장 급격한 변화를 보이고, GDP 디플레이터가 가장 적은 변화를 보인다.

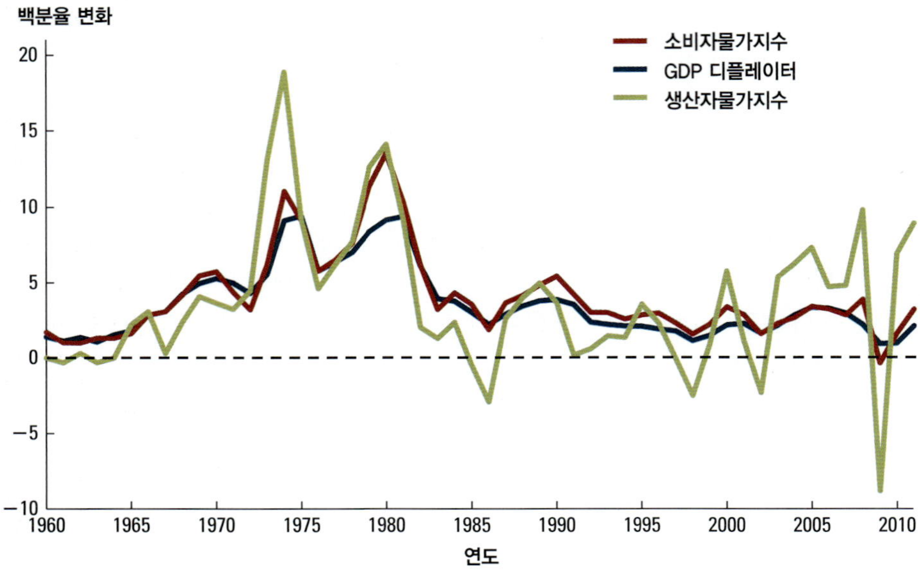

Source: U.S. Federal Reserve Bank of St. Louis—FRED, http://research.stlouisfed.org/fred2/.

명목 소득을 실질 소득으로 환산해야 한다. 〈식 25-3〉은 과거의 금액이 지금의 가치로 어떻게 환산될 수 있는지 보여준다.

식 25-3 연도X의 소득을 연도Y의 가치로 바꾸기

$$\text{실질가치}_{\text{연도Y}} = \text{명목 가치}_{\text{연도X}} \times \left(\frac{\text{CPI}_{\text{연도Y}}}{\text{CPI}_{\text{연도X}}}\right)$$

1969년 2만520달러의 구매력을 2009년 가치로 환산하기 위해 이 수식을 적용해보자. 〈식 25-3a〉에 나타난 것처럼 2만520달러에 2009년 소비자물가지수와 1969년 소비자물가지수의 비율을 곱하면 된다.

식 25-3a 1969년의 소득을 2009년의 가치로 바꾸기

$$\text{실질가치}_{2009} = \text{명목 가치}_{1969} \times \left(\frac{\text{CPI}_{2009}}{\text{CPI}_{1969}}\right)$$
$$= \$20,520 \times \left(\frac{214.5}{36.7}\right)$$
$$= \$119,933$$

이 수치가 의미하는 것이 무엇일까? 1969년에 2만520달러로 살 수 있었던 재화와 서비스의 양을 2009년에도 누리고 싶다면 11만9933달러가 필요하다는 뜻이다.

연도	상위 20%의 평균 소득(달러)	소비자물가지수 (1982 – 84 = 100)	2009년 가치
1969	20,520	36.7	$ 20,520 × $\left(\frac{214.5}{36.7}\right)$ = **$119, 933**
1979	43,265	72.6	$ 43,265 × $\left(\frac{214.5}{72.6}\right)$ = **$127,828**
1989	85,529	124.0	$ 85,529 × $\left(\frac{214.5}{124.0}\right)$ = **$147,951**
1999	135,250	166.6	$135,250 × $\left(\frac{214.5}{166.6}\right)$ = **$174,136**
2009	170,844	214.5	**$170,844**

표 25-2

명목변수의 환산 1969년의 평균 소득은 2009년보다 매우 낮아 보이지만, 이를 지금의 가치로 환산하면 그 차이는 놀랍도록 줄어든다.

Sources: U.S. Census, updated August 15, 2012. http://www.census.gov/hhes/www/income/data/historical/household/index.html. U.S. Bureau of Labor Statistics, updated December 15, 2012 ftp://ftp.bls.gov/pub/special.requests/cpi/cpiai.txt

이러한 종류의 계산은 어떤 기준 연도나 어떤 명목변수에도 적용할 수 있다. 예를 들어 부유층의 소득 증가 중 어느 정도가 실질 소득의 증가이고 어느 정도가 인플레이션 때문인지 알고 싶다고 해보자. 〈표 25-2〉의 둘째 열은 미국 소득 상위 20% 인구의 평균 소득을 보여준다. 셋째 열은 소비자물가지수를, 넷째 열은 소비자물가지수를 이용해 2009년 기준으로 환산한 소득의 구매력을 비교해 보여주고 있다. 이 표에 따르면 생계비가 증가했지만 소득 상위 20%의 미국인들의 소득은 생계비보다 빠른 속도로 증가했음을 알 수 있다. 다시 말해, 명목 소득 증가의 일정 부분은 인플레이션에 기인하지만 구매력의 실질 증가도 있었다는 것이다.

과거에 있었던 일을 현재와 비교할 때 인플레이션 조정을 거치는 것과 거치지 않는 것은 큰 차이가 있다. 그러한 사례를 다른 관점에서 보기의 '가장 부유한 미국인?'에서 논의해보자.

다른 관점에서 보기

가장 부유한 미국인?

역사상 가장 부유한 미국인으로 누구를 꼽을 수 있을까? 빌 게이츠? 게이츠는 컴퓨터 운영체계를 처음으로 만들어 마이크로소프트라는 거대 소프트웨어 기업을 키운 사람이다. 가장 부유했을 때, 게이츠의 재산은 1010억 달러를 넘었다. 이 수치는 미국 역사상 어떤 사람도 가져보지 못한 금액이다. 그런데 게이츠가 역사상 가장 부유한 미국인인지는 더 자세히 살펴볼 필요가 있다.

역사적 자료를 훑어보면 한 세대의 가장 부유한 사람들의 명목 재산은 과거로 갈수록 줄어드는 것을 알 수 있다. 1937년에 사망한 존 록펠러(John D. Rockefeller)의 재산은 게이츠와 비교해 보잘것없어 보이는 14억 달러였다. 철로와 운송업으로 유명한 코넬리어스 밴더빌트(Cornelius Vanderbilt)는 1877년 사망 당시 1억 달러의 재산이 있었던 것으로 알려져 있다. 모피 거래를 사실상 독점하고 있었던 존 제이콥 애스터(John Jacob Astor)의 최종 재산은 1948년 당시 2000만 달러였다고 한다. 명목 수치만 고려한다면 빌 게이츠가 어느 누구보다 부유한 것으로 보인다.

이 숫자들을 인플레이션에 조정하면 이야기는 달라진다. 현재의 억만장자의 생계비를 과거 사람들의 생계비와 비교하는 것은 쉬운 일은 아니다. 일단 보편적인 억만장자가 구매할 만한 장바구니를 알아내야 하는데, 1848년에 애스터가 부가티(Bugatti) 스포츠카를 산다면 얼마가 들었을지, 1877년에 밴더빌트가 개인 전용기를 산다면 얼마가 들었을지 알 수가 없다. 이러한 것들은 당시에 존재하지 않았기 때문이다.

그럼에도 불구하고 몇몇 경제학자들이 역사적으로 부유했던 사람들의 재산을 2006년 기준으로 환산해보았다. 그 결과 록펠러가 확실한 1위를 차지했다. 록펠러가 2006년에 살아 있었다면 3050억 달러의 재산을 누리고 있을 것으로 추정되었다. 철강 거물 앤드루 카네기(Andrew Carnegie)는 2810억 달러, 밴더빌트는 1680억 달러인 것으로 나타났다. 1848년에 2000만 달러인 애스터의 재산도 2006년에는 1100억 달러 가치로 계산되었다. 결과적으로 빌 게이츠는 과거의 갑부들을 넘지 못했다.

Sources: http://www.forbes.com/2007/09/14/richest-americans-alltime-biz_cx_pw_as_0914ialltime_slide_2.html; http://money.cnn.com/galleries/2007/fortune/0702/gallery.richestamericans.fortune/index.html

인플레이션에 대한 조정: 물가연동

임금이 인플레이션을 좇아간다고 어떻게 확신할 수 있을까? 거시경제학의 한 기본적 이론에 따르면 시간이 충분히 흐르면 임금은 자연적으로 인플레이션의 영향을 상쇄할 만큼 오른다고 한다. 따라서 인플레이션이 사람들의 행복이나 경제적 선택과 관련이 없어야 맞다.

하지만 대부분의 경제학자들이 어떤 것들의 가격은 급격하게 변하는데 경제의 다른 부분들은 그를 맞춰나가지 못하는 기간이 있다는 사실을 인정한다. 만약 물가가 임금보다 빨리 오른다면 사람들은 생활수준이 떨어지는 경험을 할 것이다. 물가가 다음 주나 다음 달에 더 높을 것이 걱정된다면 모든 사람들이 지금 물건을 사두고 싶은 강력한 유인을 갖게 된다. 이러면 인플레이션이 경제적 선택을 왜곡하기 시작한다. 이 문제는 인플레이션에 관한 장에서 더 자세히 다루기로 하고, 여기에서는 인플레이션이 야기하는 문제를 완화하는 데 인플레이션을 어떻게 측정하느냐가 중요한 과정임을 공부한다.

소비자물가지수 적용의 실용적인 사례 한 가지는 정부의 각종 지급을 물가에 연동시키는 것이다. 아이다 매이 풀러(Ida May Fuller)라는 사람은 미국의 공적 연금 제도의 최초 수혜자였는데, 그녀가 1940년 은퇴했을 때 매달 받은 돈은 22.54달러였다. 그 후 10년 동안 지급 금액은 매달 22.54달러로 고정되어 있었다. 1950년이 되었을 때 그동안의 인플레이션 때문에 22.54달러의 실제 가치는 반 정도 떨어져서 1940년 구매력으로 환산하면 13.37달러어치의 재화와 서비스를 살 수 있는 정도밖에 되지 않았다.

미국 공적 연금 제도의 초창기에는 인플레이션이 전혀 반영되지 않았다. 은퇴자들은 죽을 때까지 같은 명목 금액을 지급받을 것을 각오하고 있었다. 1950년 의회는 풀러와 같은 은퇴자들이 직면한 문제점을 인식하게 되었다. 1935년 공적 연금법(Social Security Act)이 제정되었을 때 루스벨트 대통령은 공적 연금 제도가 "빈곤에 시달리는 노년 생활로부터 보통 국민들을 어느 정도 보호할 수 있는 수단"이 되기를 바란다고 밝혔다. 그러나 매년 생계비가 오름에 따라 공적 연금 지급액의 실질가치가 떨어지는 상황에서는 빈곤으로부터 노년층을 보호하는 데에는 한계가 있었다. 그 결과 의회는 법을 개정해 지급액의 실질가치를 2배로 인상했다.

물가연동 인플레이션에 따라 복지 급여 등이 자동으로 증가하는 운영 방식

1950년에서 1974년 사이에 의회는 공적 연금법을 몇 년에 한 번씩 개정했다. 매번 연금 지급액 수준은 생계비에 맞춰 증가했다. 그러나 그러한 증액은 간헐적이었고 국회의원들의 공조가 필요한 일이었다. 1975년 의회는 물가연동이라는 색다른 해결책을 내놓았다. '**물가연동**'은 인플레이션에 따라 복지 급여 등이 자동으로 증가하는 운영 방식을 말한다. 그러한 지급액은 '물가에 연동되었다'고 표현된다. 의회는 공적 연금 지급액이 소비자물가지수에 직접적으로 연동되도록 했다. 소비자물가지수가 5% 증가하면 공적 연금 지급액의 명목 가치도 5% 증가하는 것이

다. 그 결과 공적 연금 지급액은 1975년부터 생계비 변화와 보조를 맞춰 대부분의 연도에서 증가하게 되었다.

미국에서 물가연동된 지급액은 보통 **'생계비 조정 지급액'** 또는 COLA(Cost-Of-Living Adjustments)라고 불린다. 대부분의 임금이나 소득은 노동조합에 의해 체결된 경우가 아니면 물가에 연동되지 않는데, 공적 연금은 COLA를 갖고 있기 때문에 수백만의 은퇴자들이 그 혜택을 받고 있다. 유럽의 경우 많은 정부들이 공무원의 임금과 은퇴자들의 연금에 COLA를 적용한다.

물가연동의 필요성은 명확하다. 지급액의 실질가치가 시간이 지나도 유지되기를 바란다면 지급액이 자동으로 물가에 맞게 조정되도록 해야 하는 것이다. 다른 방법은 매번 법이나 계약을 바꾸는 것인데, 힘은 더 들고 결과는 불확실한 방법이다. 그렇다고 물가연동에 문제가 전혀 없는 것은 아니다. COLA가 만병통치약은 아닌 몇 가지 이유에 대해 어떻게 생각하십니까?의 'COLA, 약인가 독인가?'에서 알아본다.

어떻게 생각하십니까?

COLA, 약인가 독인가?

생계비 조정 지급액 또는 COLA(Cost-Of Living Adjustments)는 지난해에 발생한 인플레이션을 상쇄할 수 있도록 증가된 지급액이다. 생계비 변화를 반영하지 않으면 월급이나 연금으로 살 수 있는 것들은 꾸준히 감소할 수밖에 없다. 인플레이션이 지급액의 가치를 먹어버리기 때문이다.

미국에서 공적 연금을 받는 5400만 명에게 적용되는 COLA는 전통적으로 CPI-W라는 것에 의해 결정된다. CPI-W는 도시와 사무직 근로자들과 관련한 물가를 반영하는 소비자물가지수의 한 종류다. 일부 사람들은 공적 연금의 COLA는 도시나 사무직 근로자가 아니라 노년층의 실제 지출 행위에 더 민감하게 반응하는 방법을 이용해야 한다고 주장한다. 예를 들어, 2010년과 2011년에는 CPI-W에 변동이 없었기에 은퇴자들은 COLA에 해당하는 지급액을 받지 못했다. 그러나 두 해 모두에서 의료 서비스비용 증가는 연 5%를 넘었다. 그 결과 은퇴자들이 받는 공적 연금의 실질가치는 감소했다. 이를 해결할 한 가지 방법은 노년층에 해당하는 장바구니를 별도로 만들어 이용하는 것이다. 그 경우 예컨대 의료비용은 CPI-W 계산에 반영된 5~6%가 아니라 11%가 될 것이다.

최저 임금 결정에도 COLA가 적용되어야 한다는 주장이 있다. 생계비는 매년 오르는데, 미국 연방정부가 정한 최저 임금은 의회가 결정해야 바꿀 수 있기 때문이다. 〈그림 25.4〉에서 볼 수 있는 것처럼 최저 임금은 물가를 따라 증가하지 못했다. 그 결과 최저 임금의 실질가치는 1960년대부터 감소해왔다. 현재 최저 임금의 실질가치는 1938년 제도가 도입된 당시에 비해 거의 2배가 되었지만, 1968년과 비교하면 시간당 3달러 정도 적다.

워싱턴 주, 버몬 주, 콜로라도 주와 같은 몇몇 주에서는 물가를 반영해 연방 최저 임금보다 높은 수준의 최저 임금을 정하고 있다. 그 덕분에 최저 임금의 실질가치는 유지되고 있지만, 이 조정에 반대하는 측에서는 경제 상황에 따라 최저 임금을 변경시킬 수 있는 정책적 신축성을 잃었다고 비판하고 있다. 경기가 좋지 않을 때에도 최저 임금이 저절로 증가한다면 고용이 감소할 수도 있기 때문이다.

어떻게 생각하십니까?

1. COLA가 공적 연금에 적합한 도구인가? 최저 임금에 대해서는 어떠한가?
2. 이 장 첫머리의 사례에서 매사추세츠 주 기차 안 흡연 시 벌금과 같은 것도 COLA를 적용하는 것이 좋을까? 그렇다면 벌금은 어떻게 계산되어야 할까?

Source: http://www.nytimes.com/2011/03/27/opinion/27sun2.html?_r=1

✓ 개념 확인하기

- ❒ 인플레이션 측정의 주된 3가지 방법은 무엇인가? **[LO 25.4]**
- ❒ 미국 공적 연금 제도는 지급을 생계비 변화에 어떻게 조정하는가? **[LO 25.4]**

장소에 따른 물가 차이 고려

지금까지 할아버지 세대가 우리 세대보다 빵 한 덩어리를 사는 데 돈을 더 적게 낸 사실을 어떻게 이해할 것인지 공부했다. 그렇다면 빵 한 덩어리를 사는 데 현재 미국보다 멕시코에서 돈을 더 적게 내는 사실은 어떻게 이해할까? 빵 한 덩어리가 아이오와 시에서 뉴욕 시보다 더 싼 것은? 물가가 시간이 흐름에 따라 변하는 것을 경제적 변수에 반영해야 하는 것처럼 물가가 장소에 따라 다른 것을 고려해야 할 때도 있다.

앞장에서 구매력평가(purchasing power parity)가 언급된 바 있다. 구매력평가는 다양한 장소의 생계비를 비교할 수 있는 도구다. 여기서는 구매력평가가 어떻게 적용되는지 살펴본다.

그림 25-4

최저 임금의 실질가치 1940년대부터 의회가 명목 최저 임금이 인플레이션을 좇아가도록 변경하면서 최저 임금의 실질가치는 부침을 거듭했다. 전반적으로 최저 임금의 실질가치는 1938년에서 1960년대까지는 꾸준히 오르다 이후에는 감소해왔다.

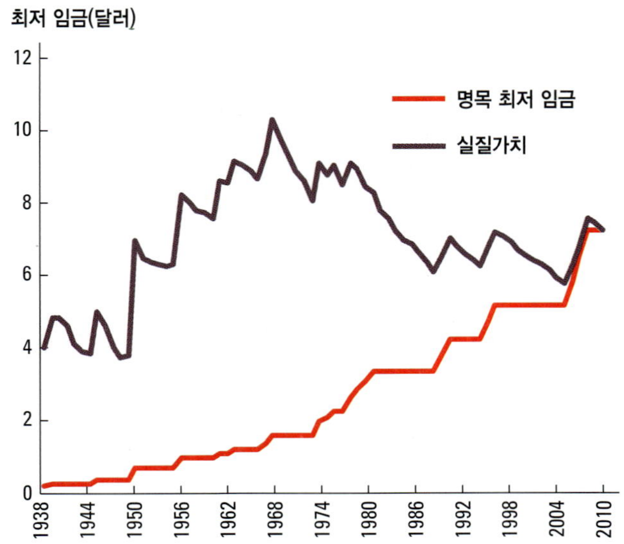

Source: U.S. Department of Labor, BLS (2010).

구매력평가

LO 25.5 구매력평가 설명하기

이론적으로 재화는 환율을 적용해 환산한다면 어디에서나 같은 가격이어야 한다. 청바지 한 벌이 미국보다 멕시코가 싸다고 해보자. 그렇다면 누군가 미국에서 멕시코까지 가서 달러를 페소로 바꾼 뒤 청바지를 사서 미국으로 다시 돌아와 팔면 이익을 남길 수 있지 않을까?

원칙적으로는 그렇다. 그 사람은 미국에서의 청바지 공급이 증가하고 멕시코에서 청바지 수요가 증가한 결과 두 나라에서의 청바지 가격이 같아질 때까지 그러한 사업을 계속할 수 있을 것이다. 두 나라에서 가격이 같아지면 어느 누구도 청바지를 해외에서 사올 유인이 없다. 즉, 구매력은 공통의 화폐로 표현되었을 때 이론적으로 어디에서나 같아야 하는 것이다. 이러한 생각을 '**구매력평가**(PPP; purchasing power parity)'라고 한다.

구매력평가 서로 다른 국가 간 물가가 같은 통화로 표현되었을 때 같아야 한다는 이론

그러나 현실에서 구매력평가는 거의 항상 정확하게 맞아떨어지지는 않는다. 전반적인 물가지수는 미국보다 멕시코가 낮다. 100달러를 페소로 환전해 멕시코에서 물건을 산다면 미국에서 100달러로 살 수 있는 것보다 대부분 많다. 왜 그런가? 3가지 주요한 요소, 거래비용, 거래 불가 재화나 서비스, 교역 제한 등 때문이다. 간단히 살펴보자.

- **거래비용:** 구매력평가가 성립하지 않는 한 가지 이유는 거래비용 때문이다. 재화를 옮기려면 비용이 든다. 그러나 구매력평가의 차이는 운송비용으로 설명할 수 있는 것보다 대체로 크다. 거래비용에는 운송비용 이외에 다른 것들도 있다. 예를 들어, 다른 나라에서 판매자를 찾는 것은 시간과 돈이 든다. 두 나라의 가격 차이가 크지 않고 다른 나라에서 거래하는 비용이 높다면 손익을 따졌을 때 할 만한 거래가 아닐 수 있다.
- **거래 불가 재화나 서비스:** 어떤 재화나 서비스는 한 곳에서 다른 곳으로 옮길 수 없거나 옮기기 어려울 수 있다. 예를 들어, 아이오와 시의 아파트를 사서 맨해튼으로 옮길 수는 없는 노릇이다. 이탈리아에서 피자를 사서 북다코타 주로 옮길 수는 없다(가능은 하지만 그 피자가 북다코타 주에 도착했을 때에는 먹을 만한 상태가 아닐 것이다). 뉴올리언스에 살면서 인도에서 머리를 자를 수는 없다(물론 인도까지 날아가 머리를 자를 수는 있겠지만 머리 자르는 비용으로 아끼는 얼마에 비해 거래비용이 너무 많이 들 것이다).
- **교역 제한:** 국제 교역은 공짜가 아니다. 국제 교역에는 종종 관세나 교역 제한 조치들이 있어서 국경을 넘는 교환의 비용을 올리거나 어렵게 만든다. 이러한 제한들은 사람들이 다른 나라의 싼 물건을 사는 것을 방해한다.

이러한 3가지 이유 때문에 개별 재화와 서비스의 가격이나 전반적인 물가수준이 장소에 따라 상당히 다른 것을 종종 볼 수 있다. 예를 들어, 달러의 구매력은 미국에서보다 멕시코에서 높고 스위스에서는 낮다. 각기 다른 나라의 소득이나 비용을 비교하고 싶을 때는 마치 각기 다른 기간의 생활수준을 비교할 때 물가에 대해 조정하듯이 명목 가격들을 조정할 필요가 있다. 다른 장소의 물가를 비교하기 위해 경제학자들은 구매력지수를 개발해왔다.

구매력지수

LO 25.6 물가지수를 이용해 구매력평가가 적용된 변수를 계산하고 다른 장소의 생계비 비교하기

시간에 따라 변하는 물가수준을 설명하기 위해 물가지수를 쓰듯이, 각기 다른 장소의 물가 차이를 설명하기 위한 물가지수를 만들 수 있다. 방법론은 비슷하다. 첫째, 국가별로 물가를 비교할 수 있는 재화와 서비스로 구성된 장바구니를 만든다. 둘째, 장바구니에 있는 품목들의 가격을 조사해 각 나라의 장바구니의 구매비용을 계산한다. 셋째, 어떤 기준 대비 각 나라의 장바구니 비용을 보여주는 지수를 계산한다.

간단한 예로, 맥도널드의 빅맥 햄버거 가격을 생각해보자. 경제 전문 주간지 〈이코노미스트〉에서는 120개 나라에 대해 빅맥 지수(Big Mac Index)라 불리는 지수를 만들었다. 빅맥이 생계비를 대표하는 장바구니는 아니지만 맥도널드의 국제적 생산과 재료 조달 정책 때문에 나라에 관계없이 비슷한 제품이라는 이점이 있다. 또한 빅맥의 생산에는 쇠고기, 빵, 양상추, 노동력, 광고, 부동산 같은 다양한 투입요소가 들어간다.

빅맥 지수는 미국을 기준 국가로 삼아 다른 나라의 빅맥 가격을 비교한다. 미국에서 빅맥 가격은 2012년에 4.2달러였는데, 멕시코에서는 37페소였다. 구매력평가이론이 맞으면 빅맥의 실질 가격은 미국과 멕시코가 같아야 한다. 그 경우 달러와 페소의 교환 비율은 1달러에 8.81페소다(37페소÷4.2달러). 현실에서 달러와 페소의 공식 환율은 1달러에 13.68페소였다. 이때 빅맥 지수는 공식 환율인 13.68과 구매력평가에 의해 예측된 환율 8.81을 비교해 구할 수 있다.

$$\text{멕시코의 빅맥 지수} = \frac{(8.81 - 13.68)\times 100}{13.68}$$

$$= \frac{-4.87\times 100}{13.68} = -36\%$$

멕시코의 빅맥 지수가 음수인 것은 무엇을 의미하는가? 그것은 멕시코의 물가수준이 구매력평가가 맞을 때 예상되는 수준보다 낮다는 것을 뜻한다. 그 결과 실질 구매력은 미국보다 멕시코가 더 높다. 달러를 페소로 바꿔 멕시코의 맥도널드에 간다면 미국에서보다 더 많이 살 수 있을 것이다. 물가가 높은 노르웨이나 호주와 같은 나라에서는 양수의 빅맥 지수가 나타날 테고 그것은 해당 국가의 물가수준이 구매력평가로 예측되는 것보다 높다는 것을 의미한다. 따라서 그러한 나라에서 실질 구매력은 미국보다 낮다. 〈그림 25-5〉는 미국을 기준으로 했을 때 다른 나라의 물가수준이 어떻게 다른지 보여준다.

빅맥 지수는 가격 차이를 측정하는 간단한 방법 중 하나다. 국가별 가격 차이를 비교하기 위해 실제로 이용되는 주된 지수는 세계은행(World Bank)의 국제 비교 프로그램(ICP; International Comparison Program) 지수다. ICP 지수는 국가별 생계비를 충분히 반영할 만한 광범위한 장바구니를 이용한다. 문제는 장바구니를 어떻게 구성하는가다. 다른 나라에 사는 사람들은 문화, 기후, 종교 등의 이유로 다른 것들을 소비한다. 따라서 어디서나 '보편적'인 소비조합을 찾는다는 것은 불가능하다. 구매력평가 방식은 개선의 여지가 있지만, 불완전한 구매력평가 자료라도 자료가 없는 것보다는 낫다.

그림 25-5

빅맥 지수 빅맥 지수는 국가별 구매력 차이를 측정하는 한 가지 방법이다. 빅맥 지수에 따르면 중국과 아시아의 국가들의 생계비가 낮은 편이다. 부유한 국가들의 생계비는 미국과 비슷하거나 높다.

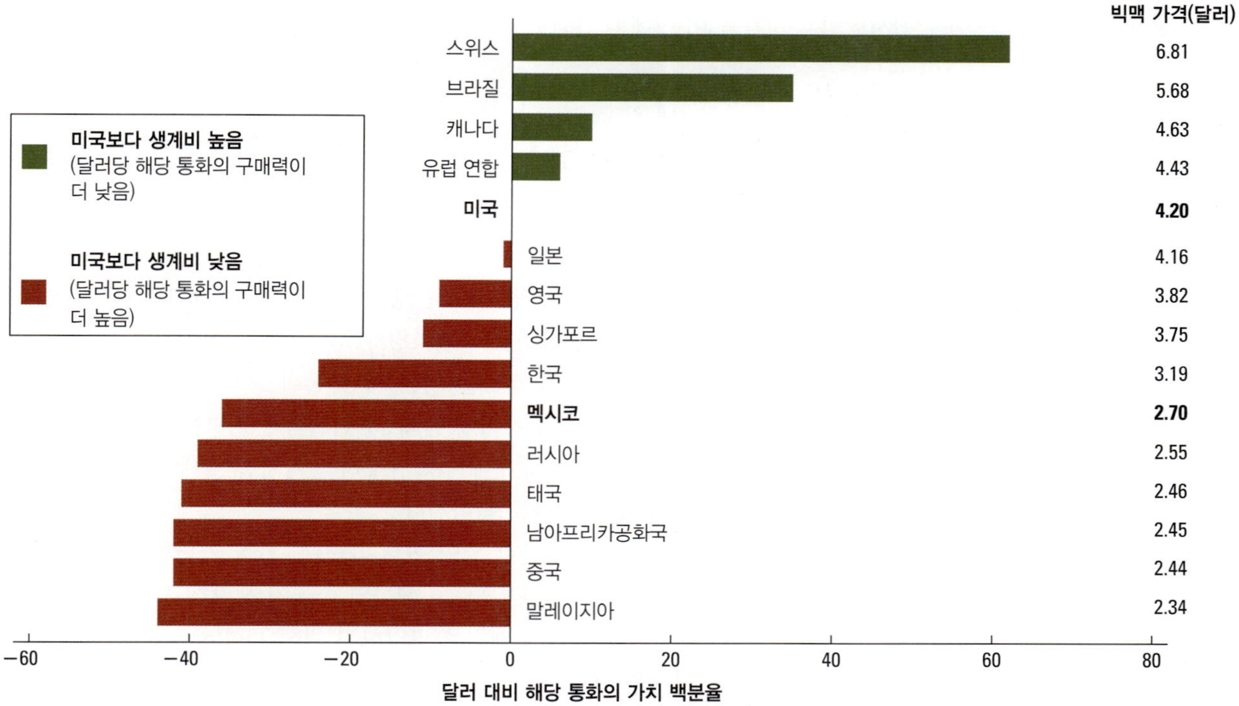

Source: The Big Mac Index © The Economist Newspaper Limited, London (January 12, 2012). Used with permission.

구매력평가 조정

전 세계의 1인당 GDP를 비교한다고 해보자. 통계 자료로부터 알고 싶은 것은 각 국가의 평균 생활수준의 차이다. 생계비가 국가마다 다르다면 1인당 명목 GDP 비교만으로는 평균 생활수준의 차이를 알기 어렵다.

구매력평가 조정(PPP-adjustment)은 국가 간 물가의 차이를 반영해 경제적 통계 수치를 다시 계산하는 작업을 말한다. 그 결과 도출된 변수들을 '구매력평가 조정된' 변수라 부른다. 물가지수를 이용한 구매력평가 조정은 소비자물가지수 같은 물가지수를 이용해 생계비 증가를 조정하는 것과 매우 비슷하다.

구매력평가 조정 국가 간 물가의 차이를 반영해 경제적 통계 수치를 다시 계산하는 작업

이해를 돕기 위해 미국과 멕시코의 구매력평가 조정된 1인당 GDP를 계산해보자. 2011년 미국의 1인당 명목 GDP는 4만8442달러였다. 멕시코는 1만64달러였다. 세계은행의 PPP 지수에 따르면 달러의 구매력은 미국이 멕시코보다 34.4% 낮았다. 달리 말하면, 평균적으로 멕시코의 재화나 서비스가 미국보다 34.4% 싸다는 것이다(이 수치가 빅맥 지수의 결과와 비슷하다는 점을 주목하기 바란다).

구매력평가 조정된 1인당 GDP를 미국에 대비해 구하기 위해서는 〈식 25-4〉를 이용할 수 있다.

식 25-4 구매력평가 조정

$$\text{구매력평가 조정 GDP} = \text{명목 달러 가치}_{\text{A국가}} \times \left[\frac{1}{(1-\text{물가수준 조정}_{\text{A국가}})}\right]$$

이제 멕시코의 수치들을 이 식에 대입해보자.

식 25-4a 멕시코의 구매력평가 조정

$$\text{구매력평가 조정 GDP} = \$10,064 \times \left[\frac{1}{(1-0.344)}\right]$$

$$= \$10,064 \times 1.5244 = \$15,341.56$$

처음에 명목 수치만 봤을 때는 멕시코 국민의 평균 생활수준은 미국에서 1만64달러를 버는 사람과 비슷할 거라고 생각했을 것이다. 하지만 구매력평가 조정된 수치에 나타난 것처럼 멕시코의 평균적 국민은 미국에서 1만5340달러 정도를 버는 사람과 비슷한 생활수준을 누리고 있다. 구매력평가 조정은 국가 간 생활수준의 차이에 대해 더 현실적인 정보를 준다. 일반적으로 물가수준은 덜 부유한 나라에서 낮기 때문에 구매력평가 조정을 거치면 덜 부유한 나라의 생활수준은 1인당 명목 GDP만을 비교할 때보다는 높아진다.

구매력을 국제적으로 비교하는 것은 간단한 일이 아니다. 특히 가장 가난한 국가 국민들의 생활수준을 달러로 환산했을 때 어떻게 현실적으로 이해하면 좋을지 생각해볼 때 그러하다. 세계은행은 전 세계 가난한 사람들의 진정한 구매력을 파악하기 위해 'Dollar-a-day'라는 수치를 발표하는데, 이 지표 산출의 어려운 점과 이를 극복하기 위한 경제학자들의 노력에 대해 사례를 통해 알아보기의 '빈곤인구 세기: 4억 명의 행방'을 읽어보자.

사례를 통해 알아보기

빈곤인구 세기: 4억 명의 행방

1.25달러로 무엇을 살 수 있을까? 껌이나 초콜릿 바, 약간의 채소를 살 수 있을지 모른다. 하루 동안 1.25달러로 살 수 있겠는가? 아마 상상하기 어려울 것이다. 하지만 세계 130억 정도의 인구가 이 이하의 금액으로 살고 있다고 추정된다. 1.25달러는 국제적 빈곤 현황을 측정하는 지표로 가장 많이 쓰이는 세계은행의 '절대 빈곤 지표'의 현재 수치다. 'Dollar-a-day 빈곤 지표'라고도 불린다.

저소득 국가를 여행하다 보면 물가가 매우 다른 것을 느낄 것이다. 1.25달러를 현지 통화로 환전하면 괜찮은 식당에서 점심을 먹을 수도, 옷을 살 수 있는 경우도 있다. 하지만 사실 1.25달러라는 빈곤 지표는 이미 구매력평가에 조정된 수치다. 달리 말하면, 빈곤 지표 1.25달러는 이 돈으로 '미국에서 살 수 있는' 것을 의미한다(초콜릿 바나 약간의 채소 같은 것 말이다).

전 세계의 많은 인구가 미국 내에서 1.25달러로 살 수 있는 것들로 생존하고 있다는 것은 믿기 어려운 일이다. 자국 통화로 표현한 저소득 국가의 소득을 달러로 조정하는 과정에서 무언가 착오가 있는 것일까?

앵거스 디턴(Angus Deaton)과 올리비에 듀프리즈(Olivier Dupriez)라는 경제학자들은 그렇다고 생각했다. 그들은 빈곤층의 생계비를 제대로 측정하기 위해서는 한 국가의 보편적 가계가 아니라 보편적인 '빈곤' 가계가 무엇을 사는지 관찰해 장바구니를 구성해 이용해야 한다고 주장한다. 그래서 '빈곤 가중 구매력평가지수(poverty-weighted purchasing power parity indexes)'를 만들었고, 이는 줄여서 PPPP나 P4라 부른다.

디턴과 듀프리즈는 좀 더 현실적인 자료로 빈곤 추정치를 사용해 빈곤층의 생계비를 더 잘 이해할 수 있다고 말했다. 예를 들어, 주거비용에 대한 열악한 자료 때문에 2005년의 경우 세계은행이 세계 빈곤 인구를 4억 명 정도 적게 추정했다고 한다. 빈곤 지표 'Dollar per day' 미만에 해당하는 인구를 계산하는 데 생계비가 중요한 역할을 하는 것이다. 절대 빈곤 지표에 대해 더 알고 싶다면 이 장 뒷부분의 QR코드를 스캔하거나 온라인으로 읽기를 계속하라.

✓ 개념 확인하기

- ❐ 거래비용이 어떻게 부분적으로 구매력평가의 차이를 설명할 수 있나? **[LO 25.5]**
- ❐ 빅맥 지수가 보이는 것은 무엇인가? **[LO 25.2]**
- ❐ 경제학자들은 왜 국제 통계를 구매력으로 조정할까? **[LO 25.6]**

결론

1달러로 무엇을 살 수 있을까? 이에 대한 대답은 올해와 내년이 다르고, 뉴욕 시와 아이오와 시에서 다르다. 특정 시점이나 장소에서의 명목 가치는 완전한 답을 줄 수가 없다. 중요한 것은 돈의 '구매력'이다. 구매력이야말로 얼마나 살 수 있는지를 결정한다.

이 장에서는 전반적인 물가수준의 변화를 추적하는 도구들을 공부했다. 이러한 도구들은 시간의 변화나 장소의 차이로 돈의 구매력이 어떻게 달라지는지 알려준다. 고정된 장바구니의 비용을 이용해 시간 흐름에 따른 상대적 물가수준 변화를 보여주는 소비자물가지수 같은 물가지수를 개발할 수도 있고, 세계은행의 국제 비교 프로그램(ICP) 지수처럼 다른 국가의 상대적 구매력을 보여주는 물가지수를 고안할 수도 있다.

이러한 물가지수를 이용하면 임금이나 소득, GDP, 이자율 같은 경제변수들을 조정해 명목가치와 실질가치의 차이를 알 수 있다. 그 결과 '오늘날의 연봉이 할아버지 세대에서는 얼마의 가치일까?'라든지, '미국과 비교해 다른 나라 사람들은 얼마나 부유할까?' 같은 질문들에 답할 수 있다. 또한 물가지수를 이용해 돈을 투자할 때나 계약할 때, 인플레이션을 반영해야 하는 정책을 만들 때 더 나은 선택을 할 수 있다.

이 장과 앞장은 거시경제학의 기본 용어와 측정 방법에 대해 소개했다. 산출과 가격에 대해 논의했고, 경제의 규모와 생계비를 어떻게 측정할지 공부했다. 다음 장에서는 거시경제학의 중심 주제 중 한 가지를 다룬다. 그것은 '왜 어떤 나라는 다른 나라보다 부유하고, 어떻게 한 나라가 부유해질 수 있는가?'다.

주요 용어

구매력평가 조정 p.719	물가지수 p.705	장바구니 p.704
구매력평가(PPP) p.717	소비자물가지수(CPI) p.705	
물가연동 p.714	인플레이션율 p.709	

요약

LO 25.1 장바구니를 정의하고 가격 변화를 추적하는 데 장바구니의 중요성 설명하기

전반적인 생계비가 얼마나 올랐는지 이해하려면 가격이 제각각 변하는 많은 재화와 서비스의 가격을 결합해 측정할 필요가 있다. 이를 위해 고정된 수량의 특정 재화와 서비스로 구성된 장바구니를 구성한다. 재화와 서비스의 품목과 수량을 고정함으로써 장바구니의 비용 변화가 소비되는 품목이나 수량 변화 때문이 아니라 오로지 가격 변화 때문에 발생하도록 할 수 있다.

LO 25.2 소비자물가지수를 계산하고 이를 이용해 생계비 변화 측정하기

물가수준의 변화를 요약하기 위해 기준 연도나 장소에 대비한 장바구니의 상대적 비용 변화를 측정하는 물가지수를 만들 수 있다. 가장 보편적인 생계비 측정 도구는 소비자물가지수(CPI)다. 소비자물가지수는 가계의 소비를 대표하는 재화와 서비스로 구성된 장바구니의 비용을 추적한다. 특정 연도의 물가지수는 그해 장바구니의 비용을 기준 연도 장바구니의 비용으로 나눈 것에 100을 곱한 것과 같다. 기준 연도에는 물가지수가 항상 100이다. 향후 장바구니의 가격이 올라가면 지수는 100보다 클 것이다. 만약 장바구니의 가격이 기준 연도보다 낮아지면 지수는 100보다 작을 것이다. 물가지수가 120이라는 것은 기준 연도보다 물가수준이 20% 높다는 것을 의미한다.

LO 25.3 인플레이션 측정에 통계청이 당면하는 2가지 주요 문제점과 통계청의 대응에 대해 서술하기

통계청이 장바구니를 구성하는 데 2가지 주요 문제점은 어떤 소비가 측정되어야 하는지 결정하는 것과 소비 자체가 시간이 지남에 따라 변하는 것을 어떻게 반영할지다. 첫 번째 문제를 해결하기 위해 소비자물가지수는 농어가를 제외한 전국 가구가 구매하는 평균적 재화와 서비스를 기반으로 한다. 또한 통계청은 2가지 지표를 발표하는데, 일반적 인플레이션(소비자물가지수 자체)과 근원 인플레이션이다. 근원 인플레이션은 장바구니에서 식품과 에너지 비용을 제외하고 가격 변화를 측정한 것이다. 식품과 에너지 비용을 제외하면 인플레이션의 중요한 부분을 빼는 것일 수 있다.

두 번째 문제는 시간이 흐름에 따라 소비 행위와 산출물이 변하기 때문에 발생한다. 만약 가격 변화에 따라 소비자가 소비 대상을 대체하는 것을 장바구니가 반영하지 않는다면 물가지수는 가격 상승을 과대평가하게 된다. 또한 물가지수는 기존 산출물의 단순한 가격 변화뿐만 아니라 혁신과 기술 진보의 결과 생산물의 질이 제고되어 사실상 가격이 하락하는 것과 같은 효과가 발생하는 것을 가려낼 필요가 있다.

LO 25.4 3가지 방법을 이용해 인플레이션율을 계산하고 이를 이용해 명목변수를 실질변수로 표현하기

인플레이션율은 한 연도에서 그 다음 연도로의 물가지수 백분율 변화를 계산함으로써 전년 대비 전반적인 물가 변화의 규모를 표현한다. 소비자물가지수를 이용한 인플레이션 추정치는 수입 소비재의 가격 변화를 포함한다. 생산자물가지수는 기업에 의해 구매되는 재화와 서비스의 가격 변화를 측정하고, 소비자 물가를 예측하는 데 도움이 된다. GDP 디플레이터는 수입품은 제외하면서 보편적 소비자의 장바구니에는 포함되지 않는 국내 산출물을 포함한다. 실제로는 소비자물가지수와 생산자물가지수, GDP 디플레이터가 비슷하게 움직인다.

물가지수가 응용되는 중요한 사례로는 서로 다른 시점에서의 화폐의 구매력을 비교하는 것이다. 물가지수를 이용해 과거의 특정 금액이 오늘날 얼마의 가치를 갖는지, 또는 오늘날의 특정 금액이 과거에는 어느 정도 가치가 있었는지 계산할 수 있다. 물가연동은 명목 가치를 실질 구매력으로 조정하는 물가지수의 중요한 적용 사례다. 돈의 구매력이 시간이 지남에 따라 변하기 때문에 각종 지급액이나 급여를 인플레이션에 연동하면 물가가 변해도 구매력은 유지될 수 있다.

LO 25.5 구매력평가 설명하기

구매력평가는 서로 다른 국가 간 물가가 같은 통화로 표현되었을 때 같아야 한다는 이론이다. 그러나 거래비용이나 거래불가 재화나 서비스, 교역 제한 등과 같은 이유로 구매력평가는 대체로 성립하지 않는다. 1달러의 실질 구매력은 장소에 따라 다르게 마련이다.

LO 25.6 물가지수를 이용해 구매력평가가 적용된 변수를 계산하고 다른 장소의 생계비 비교하기

국가마다 다른 구매력을 반영해 경제 변수들이 재계산될 때 이러한 변수들을 구매력평가 조정된 변수라고 한다. 구매력의 차이를 측정하기 위해 각 국가의 장바구니 구매비용을 비교하는 물가지수를 계산할 수 있다. 한 국가의 생계비가 기준 국가보다 낮으면 구매력평가 조정된 GDP는 명목 GDP보다 높을 것이고, 생계비가 기준 국가보다 높으면 구매력평가 조정된 GDP가 명목 GDP보다 낮을 것이다.

복습문제

1. 생계비 변화를 알고 싶을 때, 어째서 장바구니 대신 한 연도에서 다음 연도로의 각 가계의 실제 지출 변화를 이용하면 안 되는 것일까? 이런 방법으로는 전반적인 물가 수준 변화를 정확하게 계산할 수 없는 이유들을 제시하라. **[LO 25.1]**
2. 장바구니에는 여러 종류가 있다. 예를 들어, 소비자물가지수의 장바구니는 보편적 소비자가 구매하는 재화와 서비스의 가격 변화를 추적한다. 생산자물가지수는 기업이 구매하는 재화와 서비스의 가격 변화를 추적한다. 제3의 장바구니로는 주택 물가지수가 있는데, 이는 주택의 가치를 추적한다. 어떠한 상황에서 각 장바구니가 유용하겠는가? **[LO 25.1]**
3. 역사상 영화의 매출액 순위를 보면 상위는 최근 10년 내 만들어진 영화들로 점유되어 있다. 왜 그럴까?(힌트: 2008년에 만들어진 〈다크 나이트〉가 명작이라 불리는 〈바람과 함께 사라지다〉보다 정말 더 많이 팔렸을까? 아니면 다른 이유가 있는 것일까?) **[LO 25.2]**
4. 소비자물가지수의 발상을 각기 다른 지역의 물가를 비교하는 데 어떻게 이용할 수 있나? **[LO 25.2]**
5. 농부가 관심 있는 인플레이션율을 계산하기 위해서는 장바구니에 어떤 것들이 포함되어야 할까? 통계청은 왜 농부들의 구매 행위와 유사한 장바구니의 물가수준을 계산하지 않는 것일까? **[LO 25.3]**
6. 소비자물가지수가 모든 가계의 실제 생계비를 대표할 수 있나? 왜 그런지 설명해보라. **[LO 25.3]**
7. 중국의 임금이 올라서 중국에서 수입하는 장난감의 가격이 올랐다고 가정해보자. 이러한 변화가 미국의 소비자물가지수, 생산자물가지수, GDP 디플레이터에 어떤 영향을 미칠 것인가? **[LO 25.4]**
8. 소득의 성장률이 인플레이션율보다 높다면 소득의 실질 가치는 증가한 것인가? **[LO 25.4]**
9. 근로자의 급여수준을 생계비 변화에 조정한다면 생산자물가지수나 소비자물가지수 중 어떤 물가지수의 인플레이션율을 이용해야 하겠는가? 그 이유는? **[LO 25.4]**
10. 사람들이 왜 빅맥을 구매력평가 차원에서 상대적으로 싼 곳에서 사서 비싼 곳에서 팔지 않을까? **[LO 25.5]**
11. 많은 가난한 나라에서는 중산층 가정에서도 전업 집사처럼, 미국같이 부유한 나라에서는 최상류층 가정에서만 가능한 사치를 누릴 수 있다. 이러한 저비용 가사 도우미의 존재가 가난한 나라의 구매력평가 조정된 GDP 통계치에 어떤 영향을 미치는가? **[LO 25.2, 25.6]**
12. 생계비가 매우 낮은 켄터키 주의 GDP는 구매력평가에 조정했을 때가 조정하지 않았을 때보다 높을까, 낮을까? **[LO 25.6]**

응용문제

1. 행복한 바닷가 나라 라플라야의 국민들은 수영복, 자외선 차단제, 큰 수건을 사는 데 돈을 많이 쓴다. 나라 전체로 보면 매년 수영복 250벌, 자외선 차단제 600개, 큰 수건 450개가 소비된다. 〈표 25P-1〉을 이용해 다음을 계산하라. **[LO 25.1]**
   a. 2006년부터 2009년까지 각 연도의 장바구니의 총비용
   b. 위의 총비용이 매년 백분율 단위로 변한 정도
2. 보편적인 미국 소비자가 재화 A, 재화 B, 재화 C의 3가지 재화만 소비한다고 하자. 이 재화들의 가격은 〈표 25P-2〉에 있다. **[LO 25.1]**
   a. 보편적 소비자가 각 재화를 2단위씩 소비한다면, 2011년부터 2012년 사이 이 장바구니의 비용 증가율은 얼마인가?
   b. 보편적 소비자가 재화 B는 10단위, 재화 A와 재화 C는 2단위씩 소비한다면, 이 장바구니의 비용 증가율

표 25P-1

품목(소비량)	2006년 가격(달러)	2007년 가격(달러)	2008년 가격(달러)	2009년 가격(달러)
수영복 (250)	10.00	12.00	15.00	18.00
자외선 차단제 (600)	4.00	5.00	5.00	6.00
큰 수건 (400)	5.00	5.50	7.00	9.00
장바구니의 총비용				
가격 상승률	—			

표 25P-2

재화	2011년 가격(달러)	2012년 가격(달러)
A	10	15
B	5	4
C	1	2

은 얼마인가?

c. 위의 a와 b에 대한 결과를 놓고 볼 때, 장바구니와 물가 변화율에는 어떤 관계가 있는가?

3. 〈표 25P-3〉의 자료를 이용해 2005년을 기준 연도로 각 연도의 소비자물가지수를 계산하라. **[LO 25.2]**

표 25P-3

연도	장바구니의 가격(달러)	CPI	소비자물가지수 변화율
2005	20,000	100	—
2006	21,500		
2007	22,800		
2008	26,150		
2009	28,825		
2010	32,700		

4. 〈표 25P-4〉는 3가지 재화에 대해 2010~2012년 가격과 소비 수량을 보여준다. **[LO 25.2]**
   a. 표의 수량을 구매하기 위해 각 연도의 보편적 소비자가 지불해야 할 금액을 계산하라.
   b. 위의 a에서 계산한 금액을 이용할 2010년부터 2011년, 2011년부터 2012년 사이의 변화율을 계산하라.
   c. 위의 b의 답을 인플레이션 측정 지표로 이용하는 것에는 어떤 문제가 있나?
   d. 2010년을 기준 연도로 하여 소비 장바구니를 2010년 수준으로 고정했을 때 2010년에서 2011년, 2011년에서 2012년 사이의 인플레이션율을 계산하라.
   e. 기준 연도를 2011년으로 하고 소비 장바구니를 2011년 수준으로 고정했을 때 d의 계산을 반복하라.
   f. 위의 d와 e의 답이 다른 이유는 무엇인가?
5. 다음 중 어떤 재화가 소비자물가지수에 포함될 경우 시간이 지남에 따라 헤도닉 품질 조정이 필요하겠는가? **[LO 25.3]**
   a. 문서 편집 장치
   b. 휴대전화
   c. 소금
   d. 텔레비전
   e. 주택
   f. 테니스 라켓

표 25P-4

	2010		2011		2012	
재화	가격(달러)	수량	가격(달러)	수량	가격(달러)	수량
A	10	10	15	8	20	5
B	5	18	3	30	4	25
C	1	10	2	5	5	10

표 25P-5

	식품과 에너지	다른 재화와 서비스
2008	120	102
2012	105	107

6. 〈표 25P-5〉를 이용해 다음 기간에 대해 근원 인플레이션율과 일반적 인플레이션율을 구하라. 단, 일반적 인플레이션율을 구할 때 각 범주의 가중치는 같다고 가정한다. **[LO 25.2, 25.3]**
   a. 기준 연도 대비 2008년
   b. 기준 연도 대비 2012년
   c. 2008년 대비 2012년
7. 미국의 소득상 중간에 위치한 중위 가구의 소득은 1973년 9387달러였고 2010년에 4만9445달러였다. 같은 기간 소비자물가지수는 22.2에서 218.1이 되었다. **[LO 25.4]**
   a. 1973년부터 2010년 사이 중위 가구의 명목 소득 증가율을 계산하라.
   b. 1973년부터 2010년 사이 중위 가구의 실질 소득 증가율을 계산하라.
8. 〈표 25P-6〉은 5개 연도의 GDP 디플레이터와 소비자물가지수를 보여준다. 각 지수를 이용한 인플레이션율은 얼마인가? **[LO 25.4]**
9. 〈표 25P-7〉을 이용해 1000달러의 실질가치와 1000달러의 실질가치를 유지하기 위해 추가로 필요한 생계비 조정 금액을 구하라. **[LO 25.4]**
10. 소비자물가지수가 100인 작년에 제너럴 일렉트릭은 생산직 근로자들에게 시간당 10달러의 임금을 지급했다. 지난 1년간 디플레이션이 진행되어 소비자물가지수는 80으로 감소했다. **[LO 25.4]**
    a. 실질 임금을 고정하려 한다면 올해 GE가 지급할 금액은 얼마인가?
    b. 실질 임금을 10% 인상하려면 올해 GE가 지급할 금액은 얼마인가?
    c. GE가 임금을 시간당 10달러로 고정한다면 근로자들은 실질적으로 얼마를 더 받는 것인가?
11. 〈표 25P-8〉은 스타벅스 라테의 국가별 가격을 보여준다. 이 자료와 미국 내 라테 가격이 3달러인 것을 이용해 각 국가의 통화가 구매력 기준으로 얼마나 저평가 또는 고평가되었는지 계산하라. **[LO 25.5]**
12. 한 근로자가 사장에게 미국 내 다른 지사로의 전근을 요청하고 있다. 사장은 긍정적으로 답하며 클리블랜드나 마이애미 또는 뉴욕에서 일할 수 있다고 말한다. 사장은 각 도시에서의 평균 물가와 그 도시에서 일할 경우의 연봉을

표 25P-6

연도	GDP 디플레이터	GDP 디플레이션 변화율	CPI	소비자 물가지수 변화율
2005	100		100	
2006	105		104	
2007	112		110	
2008	123		113	
2009	127		120	
2005~2009	–			

표 25P-7

연도	CPI	1000달러의 실질가치	생계비 조정 지급액
2005	100	1,000	0
2006	103		
2007	105		
2008	110		

표 25P-8

국가	가격	공식 환율
태국	60바트	30바트/달러
아르헨티나	15페소	6페소/달러
영국	2파운드	0.5파운드/달러
일본	450엔	80엔/달러

표 25P-9

지사 위치	연봉(달러)	CPI
클리블랜드	80,000	100
마이애미	120,000	155
뉴욕	150,000	210

나타내는 〈표 25P-9〉와 같은 자료를 보여준다. **[LO 25.5, 25.6]**

a. 근로자가 본인의 소비 가능성을 극대화하기 위해서는 어떤 지사를 선택해야 할까?

b. 클리블랜드와 뉴욕을 무차별하게 만들려면 사장은 뉴욕 지사의 연봉을 최소한 얼마로 맞춰줘야 할까?

13. 〈표 25P-10〉의 네 국가에 대해 구매력평가 조정된 GDP를 계산하라. **[LO 25.6]**

표 25P-10

국가	GDP ($)	물가수준 조정 (%)	구매력평가 조정된 GDP
오나	10,000	6	
라이	12,700	−27	
졸포	14,100	−10	
에이본	23,400	20	

참고문헌

http://research.stlouisfed.org/publications/review/03/11/pakko.pdf

http://www.ssa.gov/history/briefhistory3.html

http://www.census.gov/hhes/www/income/data/historical/household/index.html

http://www.bls.gov/cpi/cpiursai1978_2010.pdf

◀ 세계의 모바일 윈도우–이 장의 내용과 관련된 응용사례를 찾으려면 여러분의 스마트폰으로 이 코드를 스캔하라. (QR코드 리더가 필요하면, 여러분의 앱스토어에서 ScanLife를 활용하라.)

여러분의 모바일 앱스토어를 방문하여 Karlan and Morduch Study Econ app.을 다운로드 하라. ▶

Study Econ McGraw Hill

Part Seven

경제성장과 실업

제7부의 2개 장(章)에서는…

경제성장과 실업에 대해 소개할 것이다. 경제성장에 대해 살펴봄으로써, 왜 어떤 나라는 부자가 되고 또 어떤 나라는 가난해지는지 알아본다. 실업으로 넘어가면, 일하기를 원하는 사람들이 왜 항상 일자리를 찾을 수 없는가에 대해 우리는 궁금하게 된다.

26장은 경제학에서 가장 도전적인 주제 가운데 하나에 초점을 맞춘다: 건전한 경제성장을 이루기 위해 정책과 자원이 어떻게 조합되는가? 성장은 경제 기회를 증가시키고, 동적인 사업환경을 조성하고, 그리고 사람들을 더 편안하고 안전한 삶으로 이끄는 새로운 부(富, wealth)를 만들어준다. 최근 몇 년 동안 경제성장은 수백만의 인구를 가난에서 해방시켰다. 경제성장으로 이끄는 정책들의 조합을 찾기 위해, 지난 수십 년 동안 중국의 놀라운 발전과 같은 성공 사례를 돌아보고, 생활수준을 향상시키기 위한 방법을 찾고 있는 국가들로부터 교훈적인 실례를 배운다.

27장은 실업에 대해 다룬다. 실업률은 일자리를 찾는 개개인의 노력을 반영하기도 하나, 경제의 전반적인 성장을 나타내는 중요한 척도로 여겨지기도 한다. 튼튼한 경제는 많은 이로운 점이 있다: 공장과 사업은 새로운 일자리를 만들고, 사람들은 일자리를 비교적 쉽게 찾고, 그리고 실업은 대개 낮다. 그러나 경제가 불안정해지면 기업은 생산 감축을 위해 근로자를 해고하고, 실업률은 높아진다. 경제 상태의 신호로 작동하기 때문에 실업률은 월별로 자세히 추적되고, 정부정책과 정책적 논쟁에 영향을 미친다.

Chapter 26

경제성장

학습목표

LO 26.1 물가수준과 인구의 변화를 설명하는 1인당 실질 GDP의 성장률 계산하기

LO 26.2 생산성과 성장의 상관관계를 설명하고 생산성을 결정하는 요소 열거하기

LO 26.3 한 나라의 소득수준과 소득 성장률의 차이 설명하기

LO 26.4 수렴이론의 찬반 논쟁에 대한 실증적 증거 평가하기

LO 26.5 성장을 촉진하는 정책에 대해 토론하고, 생산성과 관련된 정책 논의하기

LO 26.6 좋은 지배구조와 경제 개방이 성장을 위한 기반을 어떻게 다지는가에 대해 설명하기

경제성장이 중요한 이유

2005년과 2010년 사이에 기적이 일어났다: 5억 이상의 세계인구가 빈곤으로부터 탈출한 것이다. 다음 식사는 어디에서 할 것인가에 대한 걱정에서 더 나은 일자리를 찾거나 더 만족한 일자리에 대해 걱정하게 되었다.

무엇이 이런 기적을 촉발했을까? 인도적 간섭이나 엄청난 정부 프로그램은 아니었다. 2개의 작은 숫자였다: 중국의 11%와 인도의 8% 연평균 GDP 성장률.

최근에 이 나라들을 여행했다면, 온 나라가 기업가 정신으로 떠들썩하다는 것을 발견했을 것이다. 빌딩들과 사회 기반 시설이 우후죽순처럼 들어서고, 거대한 도시들 사이를 급속히 움직이는 사람과 재화로 고속도로는 포효하고 있다. 새로운 부(wealth)는 수백만의 사람들을 인터넷과 글로벌 소비자문화로 연결하는 가교가 되었다.

높은 경제성장률은 고층 빌딩들과 원만한 길 이상의 것을 생산했다. 중국과 일본에 새로 생겨난 중산층은 최신형 휴대전화를 구입하고 길 위에 넘쳐나는 신형 자동차를 구입하기 위해 현금으로 지불한다. 중국의 중산층 인구가 미국의 전체 인구보다 많다. 상하이(Shanghai)와 뭄바이(Mumbai)의 휘황찬란함은 지방의 생활 방식을 도시의 생활 방식으로 바꾸기 위해 공장이나 호텔의 일자리를 얻을 수 있다는 희망을 안고 가난한 농촌 지역에서 이주해오는 수백만의 사람들에게 가능성을 제공했다. 임금은 증가하고, 빈곤율은 급락했다.

이런 변화에 흥분하고 세계적인 빈곤 문제에 대한 해결책을 찾았다고 선포하기는 쉽다. 그러나 경제성장이 빈곤 문제의 해결책이라고 말하는 것은 훌륭한 의학 연구가 병을 낫게 하는 해결책이거나 수많은 터치다운 득점이 풋볼 경기에서 이기는 좋은 방법이라고 말하는 것과 다소 유사하다. 물론 이것도 중요하지만, 바라던 일을 어떻게 해낼 것인가? 이것이 어려운 일이다.

전 세계 지도자들은 경제성장을 추구한다. 더 부자가 되고, 더 건강하고, 더 편안한 삶을 즐기는 잘 교육받는 시민이 되는 것을 의미한다; 정부는 더 높은 세수(tax revenues)를; 투자자들에게는 매혹적인 기회를. 애석하게도, 우리는 경제성장에 대한 간단한 해결책이 없다. 수십 년간의 연구는 왜 어떤 나라는 부자고 또 어떤 나라는 가난한지 이해하도록 도와준다. 그러나 정책입안자들이 이에 대한 이해를 실행으로 옮기는 것이 쉽지 않다는 것을 역사가 보여주고 있다.

경제성장 추진 방안에 대한 연구는 경제학자들의 마음을 사로잡는다. 이는 경제학에서 가장 중요하고 매력적인 질문 가운데 하나이자 우리가 아직도 배우고 있는 주제다. 이 장에서는 성장 연구의 3가지 측면에 대해 설명할 것이다. 첫째, 성장이 어떻게 측정되는가에 대해 토론하고 지난 세기 동안 전 세계에 등장한 성장 유형(pattern)을 보여줄 것이다. 둘째, 성장이 왜 발생하고 저축, 자본, 노동 그리고 기술이 성장에 어떻게 기여하는가를 이해하기 위한 기본 구조를 만들 것이다. 마지막으로, 공공정책 선택이 성장에 어떻게 영향을 미치는가에 대해 자세히 파헤칠 것이다.

경제성장의 역사

지난 100년 동안, 미국의 1인당 실질 GDP는 매년 평균 2% 정도 성장해왔다. 중국과 인도의 성장과 비교하면 그다지 특별할 것도 없어 보일 것이다. 그러나 역사의 맥락에서 이는 획기적이다. 이 절에서는 왜 이것이 획기적인가에 대한 2가지 이유를 살펴보고자 한다.

세계 경제성장의 역사

LO 26.1 물가수준과 인구의 변화를 설명하는 1인당 실질 GDP의 성장률 계산하기

여러분이 1800년대에 산다고 상상해보라. 그 당시 세계의 어느 곳을 가든지, 1인당 소득은 1000년 전의 1인당 소득과 크게 다르지 않았다. 물론 성장의 가능성은 항상 주변에 존재했지만, 1세기 또는 2세기 전까지 실제로 일어날 가능성은 거의 없었다. 빠른 경제성장은 현대의 현상이다.

지난 3000년 동안의 세계인구 및 1인당 소득을 나타내는 〈그림 26-1〉을 보라. 역사적인 기록과 고고학적 근거는 고대의 물가와 생계비에 대한 일반적인 수준을 제공한다. 매우 작은 양이 발생했던, 지난 3000년 가운데 최초의 2800년을 주목하라. 인구는 천천히 증가하고, 경제는 인구의 더딘 증가 속도를 유지하는 정도로만 증가했다. 결과는 1인당 실질 소득이 거의 변화하지 않은 것으로 나타났다.

1800년대에 갑자기 세계경제의 특징은 급진적인 변화를 겪었다. 수천 년 동안 동일한 규모를 유지한 후에 성장하기 시작했다. 이런 성장은 거의 동시에 세계의 인구 폭발이 일어나면서 더욱 두드러지게 일어났다. 〈그림 26-1〉의 적색 선은(물가수준 변화를 고려한 GDP 수준이지만, 인구 규모는 고려하지 않은) 실질 GDP를 나타낸다. 청색 선은 세계의 인구성장을 나타낸다. 2개의 선을 함께 고려하면 1인당 실질 GDP를 얻는다.

1인당 실질 GDP의 성장률은 전형적으로 우리가 관심을 갖는 숫자로 보여준다; 이것은 각 개인의 실질 구매력의 변화를 설명한다. 1인당 실질 GDP 성장률의 정확한 도표를 얻기 위해서,

그림 26-1

세계 경제성장의 역사: 1인당 GDP, BC 1000년부터 AD 2000년 이 그래프의 최초 2800년 동안에는 세계의 1인당 GDP는 기본적으로 일정했다. 그 후, 산업혁명이 일어난 1800년대에는 유럽의 소득이 빠르게 성장하기 시작했다. 지난 50년 동안 세계의 1인당 GDP는 4배가 되었다.

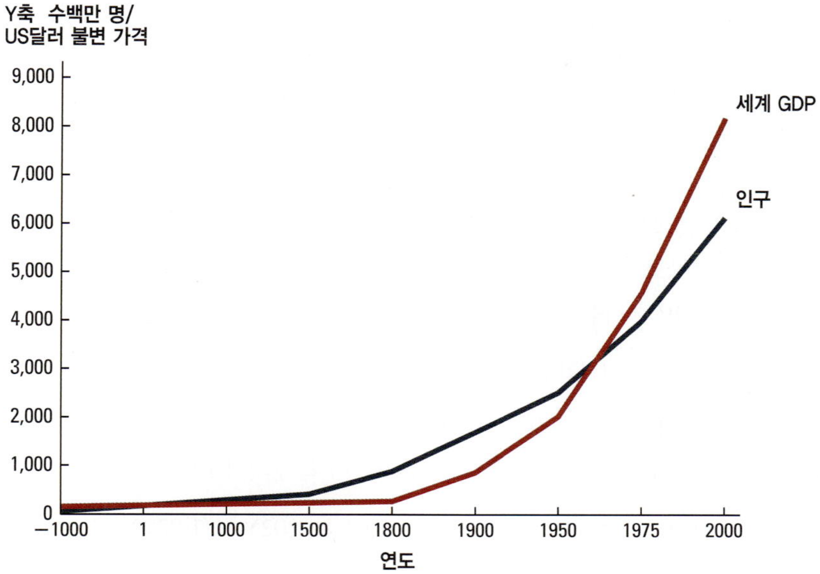

Source: http://www.j-bradford-delong.net/macro_online/ms/ch5/chapter_5.pdf.

다음과 같이 명목 GDP 성장률에서 인구와 물가 변화 둘 다를 차감할 필요가 있다:

방정식 26-1

1인당 실질 GDP 성장률 = 명목 GDP 성장률 − 인플레이션율 − 인구성장률

〈그림 26-1〉을 대략 보면, 지난 몇 세기 동안의 실질 GDP 성장은 인구성장과 보조를 맞추었을 뿐만 아니라 이를 능가했다(다시 말해, 명목 GDP는 인플레이션과 인구가 결합된 것보다 빠르게 성장했다). 결과적으로, 오늘날 세계의 1인당 평균 구매력은 200년 전의 구매력보다 30배 이상이다. 이는 사람들이 살아가는 방식에 근본적 변화가 있었다는 것을 나타낸다. 2%와 같은 성장률은 획기적으로 들리지 않을 수도 있지만, 이전의 수세기 동안 기본적으로 제로 성장이었던 것으로부터 큰 도약이다.

HINT

성장률은 대개 한 연도의 변수 수준과 이전 연도의 수준을 비교한다(성장률을 다른 시기의 구조로도 계산할 수 있더라도). 성장률의 구체적인 뜻을 구하기 위해서, 2011년 미국의 명목 GDP 성장률을 어떻게 계산하는지 살펴보자. 우선, 2011년 미국의 명목 GDP 수준(15.1조 달러)과 2010년의 수준(14.4조 달러)을 구한다. 다음으로 절대 변화(0.7조 달러의 증가)를 구하기 위해 뺀다. 성장률은 2010년 명목 GDP 수준의 변화율로 나타낸 2010년과 2011년의 절대 변화를 계산한다: (\$0.7조/\$14.4조) × 100 = 4.9%.

복리 계산과 70의 법칙

역사적으로 미국의 연 2%의 성장률은 단순하지 않은 이유는 경제성장이 일정 기간 동안 그 자체에 기반을 두고 있기 때문이다. 이런 과정은 기존에 지급된 이자에 추가적인 이자가 붙어 이자가 축적되는 것으로 저축 계정에서의 복리 계산 이자와 비슷하다. 비교적 완만한 연 성장률이 일정 기간의 시간이 지나면서 궁극적으로 경제에 큰 변화를 가져올 수 있다는 것이다. 사실, 미국의 1인당 실질 GDP는 1세기 전보다 7배가 넘는다. 〈그림 26-2〉는 이런 실질 구매력의 성장을 보여준다.

복리 계산은 처음에 제시했던 연 성장률보다 훨씬 더 큰 수치로 장기적으로 GDP의 총변화를 가져온다. 핵심 통찰력은 측정되는 성장이 매년 더 커진다는 것에 기초를 둔다. 이런 내용이 어떻게 작동하는가 알아보기 위해, 1910년의 미국 GDP를 'Y'라고 하자. 경제가 매년 2% 성장한다면 2011년에는 GDP가 다음과 같이 될 것이다:

$$GDP_{1911} = Y + (0.02 \times Y) = 1.02Y$$

수학을 단순화하기 위해, 2% 성장률은 매년 GDP가 전 연도 GDP 곱하기 1.02라는 것을 의미한다. 1912년에 기준(the base)은 그냥 Y가 아니라 더 확대되어 1.02Y가 된다:

$$GDP_{1912} = 1.02 \times GDP_{1911} = 1.02 \times 1.02Y = (1.02)^2Y$$

그림 26-2

1910~2010 미국의 1인당 실질 GDP 1910년 이래, GDP 추세는 세 번의 예외가 있지만 압도적으로 정(+)으로 나타난다. 두 번의 예외는 1930년대 초의 대공황(Great Depression)과 2007년 말부터 2009년 중반의 대불황(Great Recession)에 의해 야기되었다. 나머지 예외는 1940년대 중반의 제2차 세계대전이 끝날 무렵에 발생했다.

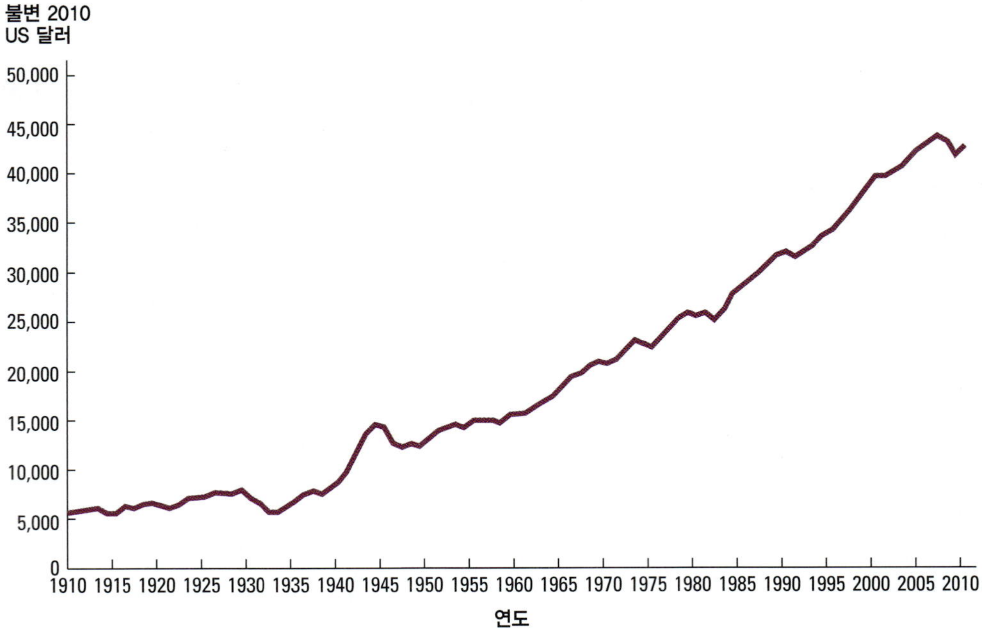

Source: Louis Johnston and Samuel H. Williamson, "What Was the U.S. GDP Then?" *Measuring Worth,* http://www.measuringworth.com/index.php, 2010.

그리고 1913년에는:

$$GDP_{1913} = 1.02 \times GDP_{1912} = 1.02 \times (1.02)^2Y = (1.02)^3Y$$

여러분은 유형(pattern)을 파악했는가? 1913년이 1910년 이후 3년이 지났기 때문에, 기준(the base)인 1910년의 GDP에다가 1 더하기 성장률의 3배를 곱함으로써, 즉 1.02의 세제곱으로 1913년의 GDP를 구한다. 이 공식을 일반화한다면, 어떤 연도 A의 1인당 GDP를 추정할 수 있다. 연도 B로부터 시작해서, 연도 B와 연도 A 간에 존재하는 연 수(years)만큼, 1 더하기 성장률을 곱한다:

방정식 26-2

$$GDP_{yearA} = GDP_{yearB} \times (1 + \text{성장률})^{(A - B)}$$

이 방정식을 지난 세기 동안의 미국 성장에 적용해보자. 1910년에 1인당 GDP는 대략 5800달러였다. 〈방정식 26-2〉에 GDPyearB 금액을 넣으면, 2010년의 1인당 실질 GDP가 대략 4만2000달러라는 것을 예측할 수 있다:

$$\text{1인당 } GDP_{2010} = \$5,800 \times (1 + 0.02)^{100} = \$42,000$$

70의 법칙이란 어떤 금액의 크기가 매년 일정한 성장률로 증가한다고 할 때 현재의 2배가 되는 데 몇 년이 걸리는지 수월하게 계산할 수 있게 해주는 간단한 계산법이다. 이 규칙이 설명하고자 하는 것은 현재의 실질 성장률에서 소득이 2배가 되기까지 소요되는 연 수는 70 나누기 성장률에 의해 구해지는 숫자와 거의 동일하다는 것이다.

방정식 26-3 70의 법칙

$$\text{소득이 2배될 때까지의 연 수} = \frac{70}{\text{실질 성장률}}$$

70의 법칙이 미국의 경험을 근사치로 얼마나 잘 나타내고 있는가? 70 나누기 2%로, 1인당 실질 GDP는 35년마다 2배가 된다는 것을 구한다. 이것이 의미하는 바는, 소득이 지난 100년 동안 거의 3번 가까이 2배가 됐어야 한다는 것이다. 1910년 1인당 실질 GDP는 3번 2배로 증가되어 4만6800달러가 됐다($5,800 × 2 × 2 × 2). 어렵지 않게 계산할 수 있는 간단한 방법으로 크게 벗어나지는 않았다.

'2배가 되는 데 걸리는 연 수(years)'의 측면에서 성장을 생각하는 것은 성장률의 작은 차이가 시간이 지나면서 어떻게 소득의 거대한 차이가 되는지를 손쉽게 인정하게 해준다. 미국의 성장률이 조금 높았다면, 즉 3.5%였다면, 어떻게 되었을까? 2%와 크게 다르지 않을지도 모르지만, 35년마다 대신 20년마다 소득이 2배가 되는 것을 의미한다. 100년이 넘는 동안 소득은 3번 대신에 5번 2배가 됐다. 그리고 평균 4만2000달러 소득 대신 미국 사람들은 평균 16만8000달러가 소득이다. 대략 2% 성장률일 때보다 4배 더 크다.

성장률의 차이가 생성할 수 있는 효과를 보기 위해, 동아시아의 믿기 어려운 경제 이야기에 대해 살펴보자. 1960년에 시작해 아시아의 4개국(홍콩, 싱가포르, 타이완, 한국)은 매년 8% 이상의 성장률을 달성했다. 실질소득이 1회 이상 10년마다 2배가 되었다! 50년 만에 이런 인상적인 경제성장은 이들 국가의 대다수 국민을 가난에서 벗어나 도약하게 만들었다. 이런 '아시아의 기적'이 다른 곳에서는 왜 발생하지 않았는가에 대한 논쟁에 대해 이해하기 위해서 사례를 통해 알아보기의 '50년의 시간이 이룩한 변화: 한국과 가나의 사례'를 읽어보자.

사례를 통해 알아보기

50년의 시간이 이룩한 변화: 한국과 가나의 사례

1960년대, 가나(Ghana)와 한국은 발전 정도가 비슷한 수준이었다. 두 나라는 아주 가난했고, 대부분의 사람들은 소규모 농장에서 간신히 생계를 꾸려나갔다. 그러나 가나는 전망이 밝았다—매년 적어도 7%씩 성장할 것이라고 대부분의 경제학자들은 예상했다.

한편, 한국에 대한 일치된 예측은 훨씬 덜 희망적이었다. 세계은행의 한국에 대한 첫 미션은 '터무니없이 낙관적'이라 불리는 성장 계획이었다; 한국은 성장이 더디고 부진할 것이라고 예상됐다. 50년 동안 빠르게 성장한 한국은 지금 정교한 제품을 만들고, 고급 전자와 자동차를 생산하는 주요 생산력이 갖추었다. 주요 브랜드로 삼성, LG, 현대와 기아가 있다. 한국은 이제 1인당 GDP가 2만2000달러 이상인 나라로, 잘사는 나라에 속한다(역자 주: 2015년 한국의 1인당 GDP는 2만7000달러임).

훨씬 더 느리기는 하지만, 가나의 경제도 성장했다. 그러나 가나의 인구는 한국의 인구보다 더 빠르게 성장했기 때문에, 1인당 평균 소득은 2000년보다 1960년에 실제 더 높았다. 오늘날, 가나는 아프리카에서 잘사는 나라들 가운데 하나지만, 한국보다는 훨씬 덜 풍족하다. 2011년 가나의 1인당 GDP는 1500달러 조금 넘었으며, 노동인구의 반 이상이 아직도 카사바나 옥수수 같은 자급용 농작물이나 코코아 같은 수출 작물을 기르는 농업 부문에서 일하고 있다.

초기의 계획대로, 한국은 가난으로부터 벗어난 반면 가나가 약속을 지키지 못한 이유는 무엇인가? 스토리는 복잡하지만, 가나는 1960년 이후 오랫동안 정치적 불안정을 겪은 것이 중요한 이유다. 경제에 대한 정부 개입은 가혹했고 외국 무역에 대한 의욕을 상실하게 했다.

한편, 한국은 시민 교육과 저축 장려에 집중했다. 정부 차원에서 수출하는 기업을 대상으로 세제혜택 및 저금리 대출과 같은 관대한 인센티브를 제공하여 수출을 지원하였다. 한국의 제조업 부문 확장은 1961~2011년의 반세기 동안 1인당 실질 GDP의 평균 성장률을 5.4%까지 이끌었다. 70의 법칙은 한국이 13년마다 2배로 성장한다고 추정한다. 다르게 말하면, 물가 상승분을 감안한, 조부모의 소득보다 13배 정도의 소득에 속하는 한국의 젊은 성인으로 구성된 현 세대를 떠나, 1961년부터 2011년까지 기간 동안 한국은 1인당 국민소득이 거의 4번 정도 2배가 되었다.

경제학자들이 성장 기적을 창조하는 아주 간단한 공식을 갖고 있지는 않다. 그러나 한국이 어떻게 성장했고 가나는 왜 성장하지 못했는지에 대한 연구를 통해, 경제성장에 대한 진정한 이해에 더 가까워질 수 있다.

Source: http://siterresources.worldhank.org/DEC/Resources/84797-1275071905763/Lessons_from_Korea_Lim.pdf; http://countrystudies.us/outh-korea/; http://www.nber.org/chapters/c8548.pdf; http://apps.cimmyt.org/english/docs/special_publ/del/3nd_EcoLec99.pdf; http://economistsview.typepad.com/economists-view/2006/03/amartya_sen_dem.html; http://databank.worldbank.org.

✓ 개념 확인하기

- ❒ 1800년 이전 세계 경제성장의 전반적인 동향은 어떠했는가? **[LO 26.1]**
- ❒ 70의 법칙이란 무엇인가? **[LO 26.1]**

생산성 결정 요인

성장은 추상적인 개념으로 보이는 듯하지만, 예를 들어 사람들의 생활수준에 큰 영향을 준다. 여러분이 미국이나 한국에 태어났다면, 여러분은 여러분의 조부모나 증조부모보다 훨씬 더 높은 생활수준을 즐길 것이다. 여러분은 키도 더 크고, 건강하고, 교육도 더 잘 받고, 더 많은 나라를 여행하고, 그리고 더 호화스럽고 편안한 생활을 영위할 것이다. 세계의 다른 지역들은 훨씬 더 더디게 성장하거나 전형 성장하지 않아서, 결과적으로 사람들은 이전 세대와 비교적 유사한 방식의 삶을 살고 있다.

시간이 흐르면서 형성되는 국가의 성장 경로와 국가들 간에 큰 차이를 결정하는 것은 무엇인가? 이 절에서는, 시간이 흐르면서 증가하는 성장률과 한 나라의 소득수준을 결정하는 요소들을 이해하기 위한 윤곽을 살펴본다. 이런 윤곽을 통해 일부 경제는 성장하게 하고, 다른 경제는 경기가 침체되게 하는 정책 선택 및 역사적 환경에 대해 토론할 때 논쟁의 근거를 갖게 된다.

생산성은 성장을 촉진한다

멀리 떨어져 있는 농장에서 다른 구성원들과 떨어져 사는 가정으로, 1인 가구를 가상해보자. 이 가정에서만 이용 가능한 재화는 이 가족의 구성원들이 스스로 생산할 수 있는 물건들이다. 만약 이 가족이 음식, 의복, 장난감 또는 집을 원한다면, 직접 농사를 짓거나 만들어야 한다. 어떤 가족 구성원은 바느질을 더 신속하게 하는 방법을 배운다고 가정해보자; 그들은 의복을 더 빨리 만들게 되고, 남은 시간을 이용하여 아이들의 장난감을 만들 수 있는 여유 시간을 갖는다. 또는 쟁기를 만들어 채소 가꾸는 일을 수월하게 할 수 있게 되면, 그로 인해 남는 여유 시간과 에너지를 이용하여 집 안에 여분의 방을 만들 수 있다. 재화의 총생산량은 증가하게 되고, 따라서 생활수준도 향상된다.

사실, 가정에서의 소비를 증가시키고 생활수준을 향상시킬 수 있는 유일한 방법은 각 개인의 생산량을 증가시키는 것이다. 우리는 이것을 **생산성**(productivity)이라고 한다. 생산성은 다양한 방법으로 측정될 수 있지만, 전형적으로는 근로자 1인당 생산량으로 측정한다.

생산성 근로자 1인당 생산량

24장 '국부의 측정'에서 알 수 있듯이, **국가 수준의 1인당 생산량**(*output per worker on a country level*)은 1인당 GDP와 같다. 농가처럼 생산한 만큼 소비하고 얻을 수 있는 자급자족 경제단위로서 국가를 생각할 수 있다. 따라서 농가의 소득과 같이, 한 나라의 소득은 그 나라에 속한 근로자들이 얼마나 생산적인가에 따라 결정된다.

물론, 요즘 자체 생산한 재화만큼 소비하는 가정이나 국가는 거의 없다. 전형적으로 가정이나 국가에서 생산하는 재화와 서비스의 일부를 판매하고, 그 판매 수익을 이용해 다른 국가나 가정에서 생산한 재화와 서비스를 구입한다. 근본적인 관계는 여전히 유지된다: 한 나라에서 더 많이 생산할수록, 그 나라는 더 많이 소비할 수 있다. 단기에는, 돈을 빌림으로써 일시적으로 생산보다 더 많은 소비를 가능하게 한다. 그러나 장기에는 부채를 갚아야 하고, 보다 많은 소비를 하기 위한 유일한 방법은 생산을 더 많이 하는 것이다.

결과적으로, 한 나라의 생활수준은 사람들의 평균 생산성에 의해 이루어진다. 1인당 생산성의 증가는 **경제성장**(*economic growth*)을 의미하는 1인당 소득의 증가로 이어진다. 따라서 이제는 다음의 질문에 주목해보자: 한 나라의 사람들을 더 생산적이게 만드는 것은 무엇인가?

생산성의 구성요소

LO 26.2 생산성과 성장 간의 상관관계 설명하기와 생산성을 결정하는 요소 열거하기

사람들을 더 생산적이게 만드는 것이 무엇이냐는 질문에 답하기 위해서, 진취적인 농가로 거슬러 올라가보자. 한 해 동안 채소 농사를 얼마나 지어야 하는지 결정하게 하는 것은 무엇인가? 이 대답은 다른 질문들과 관련되어 있다: 농사짓는 기술과 경험은 어느 정도인가? 땅은 얼마나 비옥하며, 기후는 어떤가? 쟁기와 비료를 사용하는가? 최첨단 관개 장치를 이용하는가, 아니면 강우량에 의존하는가? 최신 다수확 종자 품종을 이용하는가?

우리들 가운데 대부분은 농부가 아니다. 그러나 근로자로서 생산성을 결정하는 요소들은 같은 범주에 속한다: 쟁기나 트랙터 같은 물적자본, 농사 경험 같은 인적자본, 최첨단 도구와 농작물 품종 같은 기술, 토양의 질과 강우량 같은 자연자원.

물적자본 재화와 서비스 생산에 이용되는 장비와 구조물의 저량

물적자본(physical capital). 생산 대부분의 유형은 도구를 필요로 하고, 더 나은 도구 사용으로 근로자는 더 생산적이게 된다. 견고한 마차 쟁기를 가진 농부는 삽을 가진 농부를 능가할 것이지만, 트랙터를 가진 농부만큼 잘하지는 못할 것이다. **물적자본**은 재화와 서비스 생산에 이용되는 장비와 구조물의 저량(stock)이다. 다른 측면에서, 물적자본의 예로 제조업체의 공장과 기계, 무선 통신망의 탑과 케이블 등이 포함된다.

모든 도구, 장비와 구조물의 가치를 추가함으로써 경제의 물적자본량을 측정한다. 매년 일부 새로운 물적자본은 투자(농부가 새로운 트랙터를 구입하는 것)를 통해 추가되고, 일부 오래된 물적자본은 마모되거나 더 이상 쓸모 없게 된다(낡은 트랙터가 고장 나는 것). 새로운 투자와 오래된 자본의 은퇴를 고려해 물적자본이 경제에 얼마만큼 추가되었는지 알 수 있다.

물적자본으로 투자금액이 어디서 오는가? 일반 가구의 저축에 크게 기인한다. 여러분이 은행에 돈을 맡기면 은행은 농부들에게 대출자금으로 제공하고, 농부들은 이 자금을 이용하여 공장 및 무선 통신망 같은 새로운 장비를 구입할 수 있다. 따라서 경제의 저축 수준은 자본 투자의 중요한 결정 요인이 되며, 이런 메커니즘을 통해 미래 생산성의 결정요인이 된다. 저축 수준이 낮은 국가에서의 기업들은 공장과 사업 투자에 필요한 자금을 구하는 데 어려움을 겪게 된다. 나중에 나오는 장(章)에서 저축과 투자의 상관관계에 대해 좀 더 자세히 다룰 것이다.

인적자본 근로자의 생산성을 결정하는 기술, 지식, 경험, 능력 등의 집합

인적자본(human capital). 새로운 기계를 이용하는 것은 대개 생산에 도움이 되지만, 근로자들이 그 기계를 사용할 줄 아는 경우에만 도움이 된다. **인적자본**은 근로자의 생산성을 결정짓는 기술, 지식, 경험 그리고 재능을 나타낸다. 교육은 인적자본을 형성하는 사람들에 대해 생각하는 주요 방식 가운데 하나다. 경제학 수업을 수강하면서, 여러분은 직장에서 일할 때 여러분을 더욱 생산적이게 만들어주는 것들을 배우게 된다. 인적자본은 훈련이나 직무 경험을 통해서도 획득된다.

개인이나 나라의 인적자본은 항상 향상되지 않는다는 점을 유의하라—구식이 되기도 하고 질이 떨어지기도 한다. 예를 들어, 오랜 기간 실직한 사람들은 직장에서 가치가 있었던 기술의 일부를 잊을 수 있다.

인적자본은 동일한 물적자본량을 가진 근로자가 더 많이 생산하도록 도와주기 때문에 성장에 기여한다. 다시 말해, 사람들이 더 능률적이고 편리하게 작업하도록 해준다. 인적자본의 상

당한 증가는 지난 100년 이상의 기간 동안 미국 경제가 성장한 이유 가운데 하나다. 1세기 전에는, 평균적으로 미국인의 교육 기간이 8년 정도였다; 오늘날 미국인의 평균 교육 기간은 12년이다. 오늘날의 평균 근로자는 1세기 전의 평균 근로자보다 많이 알기 때문에 생산성이 더 높을 것이다.

1인당 GDP가 낮은 나라들은 대부분 학력 수준도 낮다. 예를 들면, 말라위나 인도 사람들은 평균 학력이 대략 5년 정도다. 학교 및 직업 훈련에 대한 더 나은 접근을 통해 그들의 인적자본에 투자하도록 도와주는 것은 많은 개발도상국가를 위해 우선해야 할 일이다.

기술(technology). 기술이라는 단어는 세련되고 새로운 소비자 가젯(gadget)의 이미지를 상기시키게 된다. 기술이 생산성에 어떻게 기여하는가를 평가할 때, 기술이라는 용어를 넓게 이해할 필요가 있다. 기술은 온갖 형태와 크기로 나온다. 인터넷 또는 휴대전화 발명과 같은 큰 발전일 수 있다. 동일한 연료로 더 멀리 여행할 수 있는 자동차를 가능하게 하는 엔진을 디자인하거나 농작물에 물을 댈 수 있는 효율적인 양수기 같은 소소한 발명일 수도 있다. 큰 기술 또는 작은 기술은 동일한 재료로 더 많은 산출물을 생산하는 것을 의미한다. 다시 말해, 더 나은 기술을 갖춘 나라는 물적 · 인적자본의 동일한 양을 가지고 더 많은 생산을 할 수 있다는 것이다.

기술의 힘을 나타내는 가장 놀라운 사례 가운데 하나는 1960년대에 시작된 아시아의 농업 변화다. 과학자들은 전통적인 종자보다 더 많은 수확량을 생산해내는 쌀과 밀 같은 농작물의 새로운 종자 변종을 개발하였다. 이런 다수확 종자 변동은 1구획의 토지에서 생산할 수 있는 식량을 2배로 생산했다. 이런 '녹색혁명'은 기근의 전망을 퇴치했을 뿐만 아니라 지난 50년 동안 아시아에 발생했던 놀라운 성장을 위한 토대를 마련하였다. 이에 대한 이야기는 후반부에서 다루게 될 것이다.

자원(natural resources). 자원은 호수, 광물, 삼림 등의 지구로부터 나오는 생산요소다. 자원은 2가지 범주로 분리될 수 있다: 재생 가능한(renewable) 자원과 재생 불가능한(nonrenewable) 자원.

- **재생 가능한 자원**은 시간이 지나면서 자연스럽게 다시 채울 수 있다. 예를 들면, 목재용으로 나무를 자른 후 그 자리에 다른 나무를 심을 수 있다. 비슷하게, 수력발전시설이 전기를 생성하기 위해 강물의 힘을 이용했을 때, 계속 흐르고 있는 강물을 '고갈시키는' 것이 아니다. 물론 어떤 자원은 다른 자원들보다 재생되는 데 오랜 시간이 걸린다. 강은 즉시 채워져 재생되지만, 나무는 다시 채워지기 위해 자라는 데 오랜 시간이 걸린다.
- 반면 석탄, 석유, 금 같은 광물은 재생되지 않는다. 땅속에서 파내어 사용하게 되면 다시 채워지지 않는다.

자원의 이용 가능성으로 전 세계 경제발전의 차이를 설명할 수 있다. 예를 들어, 미국은 넓고 비옥한 땅을 가진 축복받은 나라다. 영국은 제조업 전력 공급에 필요한 석탄에 쉽게 접근함으로써 큰 힘을 갖출 수 있었다. 그러나 자원이 다는 아니다. 일본과 스위스는 풍부한 자원이 없어도 부유한 나라다; 기니(Guinea)와 카자흐스탄(Kazakhstan)은 자원이 풍부함에도 가난한 나라다. 경제학자들은, 다른 관점에서 보기의 '지구는 최대 용량을 가지고 있는가?'에서 논의되는 것처럼, 때때로 생산성에서 자원의 중요성을 과대평가한다.

다른 관점에서 보기

지구는 최대 용량을 가지고 있는가?

누군가의 말에 따르면, 18세기 학자이자 초기 경제학자인 토머스 로버트 맬더스(Thomas Robert Malthus) 목사는 미래에 대해 다소 비관적인 견해를 가지고 있었다. 맬더스는 조만간 세계 인구가 크게 증가하여 자급할 만한 충분한 식량을 생산하지 못할 것이라고 주장하였다.

다행히 맬더스의 의견은 잘못된 것으로 밝혀졌다. 우리는 맬더스의 불길한 예측이 앞으로도 틀렸다고 주장할 수 있는가? 더 자세히 알고 싶다면 이 장 끝부분의 QR코드를 스캔하거나 온라인을 통해 읽기를 계속하라.

비율 대 수준

LO 26.3 한 나라의 소득수준과 소득 성장률의 차이 설명하기

여러분이 자동차를 운전하고 가다 가속페달을 힘껏 밟으면서 고속도로에 진입하는 중이라고 상상해보자. 여러분의 속도계는 시속 24km를 달리다가, 잠시 후 32km, 그 다음에 40km를 달리고 있다고 가리킨다. 여러분의 속도 수준은 상당히 낮은 편이지만, 비율은 높다. 이제 여러분이 고속도로를 시속 86km 속도를 고정시켜놓고 운전하고 있다고 상상해보자. 여러분은 높은 속도 수준으로 달리고 있지만, 속도는 일정하다—여러분의 비율은 0이다.

이런 비유는 부유한 나라들과 빠르게 성장하는 나라들의 차이에 대해 비교할 때 유용하다. 예를 들면, 스위스는 물적자본과 인적자본의 수준이 높고 정교한 기술에 접근하기 용이하다; 따라서 스위스는 생산성과 생활수준이 높다. 스위스의 현재 성장률은 낮지만, 높은 수준에서 시작한다. 이는 고속도로에서 속도를 고정시켜놓고 운전하는 것과 유사하다.

이와 대조적으로, 중국은 물적·인적자본수준이 낮고 최신식 기술에 접근할 수 있는 것이 덜 넓게 확산돼 있다. 결과적으로, 중국의 근로자들은 스위스의 근로자들보다 생산성이 낮으며, 중국의 1인당 GDP는 스위스보다 낮다. 그러나 소득은 중국에서 매우 빠르게 증가하고 있다. 중국은 스위스의 소득과 동일한 수준을 아직 달성하지는 못했지만, 달성하기 위한 방향으로 빠르게 움직이고 있다. 중국은 아직은 고속도로를 이미 달리고 있는 자동차만큼 빠르게 달리지는 못하지만, 높은 변화율로 고속도로에 진입하고 있는 자동차와 같다. 중국의 성장 속도수준은 계속 증가하고 있다.

미래의 성장에 영향을 줄 수 있는 정책에 대해 논의함에 따라, 소득수준과 소득증가율의 차이점은 매우 중요하다. 어떤 나라의 현재 경제수준을 가져다준 요소들은 미래의 성장으로 이끌어주는 요소들과 관련이 있을 수도, 없을 수도 있다. 예를 들어, 쿠웨이트는 지난 수십 년 동안 빠르게 성장해왔고 높은 생산성과 소득을 누렸다. 이런 성장은 엄청난 석유자원 덕분에 전적으로 가능했다. 그러나 쿠웨이트는 미래의 경제성장 전략을 석유 보존량 발굴을 토대로 하는 어리석은 정책을 시행하였다. 쿠웨이트 국민들은 사막의 어딘가에 아직 손대지 않은 석유 저장소가 있다는 희망을 갖기도 하지만, 이미 존재하고 있는 석유량 이상의 석유를 더 만들 곳은 없다.

마찬가지로, 1970년대부터 1990년대까지 미국의 경제성장률을 노동시장에서 여성의 경제활

동참가 증가로 설명했다는 내용이 있는 '국부 측정'에서 살펴보았다. 그러나 명백히, 쿠웨이트의 석유 정책처럼 집에 머물러 있는 부모님에게 일자리를 찾으라고 권하거나 현재 근로자들에게 더 긴 시간의 근로를 권장함으로써 영원한 경제성장을 이룰 수 있다고 생각하는 것은 합리적이지 않다. 조만간 집에 머물러 있는 부모님이나 초과 근무하는 근로자도 없을 것이다. 경제에서의 이와 같은 한 번의 변화는 높은 소득수준으로 이끌어주는 급성장을 야기할 수 있지만, 시간이 흐르면서 높은 변화율을 유지할 수는 없다.

이와 대조적으로, 기술의 진보는 높은 변화율을 유지할 수 있다. 발명가가 새로운 장비를 만들었을 때, 확실히 발명은 단 한 번의 변화에 의해 이루어진다. 기술이 진보를 멈춘다면, 경제는 지속적으로 성장하지 않을 것이다. 하지만 종종, 기술 진보는 더 나은 기술 진보로 이끈다. 예를 들면, 컴퓨터의 발명 이래 무어의 법칙(Moore's law)이라 불리는 현상으로, 마이크로칩의 용량이 2년마다 2배 정도가 된다. 사람들은 끊임없이 더 나은 것과 더 효율적인 방법을 찾으며, 결과적으로 사람들의 생산성은 지속적으로 증가한다.

수렴

LO 26.4 수렴이론의 찬반 논쟁에 대한 실증적 증거 평가하기

가난한 나라들은 시속 16km나 32km로 영원히 느린 속도로 달리는 자동차처럼 가난할 수밖에 없는 운명인가? 아니면 어떤 나라가 지금은 가난하다는 사실이, 자동차가 천천히 달리고 있지만 고속도로를 향해 가속하려는 자동차처럼 발전 과정의 초기에 볼 수 있는 것을 단지 의미하는가? 중국을 비롯해 저소득이지만 빠르게 성장하고 있는 다른 나라들이 미국과 스위스처럼 비슷한 수준의 부(wealth)를 궁극적으로 달성할 것인가? 만약 그렇다면, 그 나라들은 영원히 가속화를 유지할 것인가 아니면 마침내 세계의 부유한 나라들과 나란히 고속도로상에서 느린 성장률을 보일 것인가?

경제성장의 고전 모형 가운데 하나는 '적응하는' 스토리가 적합한 모형이라고 제안한다. 이 모형은 생산요소의 한계수익 감소 개념과 관련이 있다: 매우 낮은 물적자본으로 시작한 나라들은 처음부터 높은 수준의 물적자본으로 시작한 나라보다 자본 한 단위를 추가함으로써 얻게 되는 한계수익이 높아질 것이다(낮은 자본수준에 대응하는). 낮은 소득수준으로 시작하는 나라들이 높은 소득수준으로 시작하는 나라들보다 훨씬 더 빠른 증가율로 성장하는 경향이 있다는 일반적인 가정을 도출하게 된다. 낮은 수준으로부터 시작될 때, 자본의 각 추가 단위는 더 큰 이윤을 제공한다.

이 개념을 **수렴이론**(convergence theory) 또는 **따라잡기 효과**(*catch-up effect*)라고 한다. 수렴이론은 저소득 국가의 성장속도가 고소득 국가에 비해 처음에는 빠르게 성장할 것이고, 따라잡을 때까지 성장하게 되면, 모든 나라들이 동일한 성장률로 '수렴(converge)'하게 된다는 것을 의미한다. 이 이론은 나라마다 저축률, 인구증가율, 특징이 다르더라도, 비록 동일한 소득수준이 아니더라도 동일한 성장률로 수렴할 것이라고 예측한다. 다시 말해, 저소득 국가의 성장 속도가 고소득 국가에 비해 처음에는 빠르게 성장하지만, 결국 동일한 성장률로 서서히 성장할 것이다.

수렴이론 저소득 국가의 성장 속도가 고소득 국가에 비해 처음에는 빠르다 결국 같아진다는 이론

어떤 점에서는, 수렴이론이 현실 세계에서의 증거와 맞는다. 〈그림 26-3〉은 지난 20년 동안 전 세계 국가들의 성장률 차이를 나타낸다. 지도를 보면, 부유한 나라들은 대부분 천천히 증가하고 가장 가난한 나라들의 일부에서 빠른 성장률을 보이고 있다. 그러나 특히 아프리카처럼 빠르게 증가하지 않는 가난한 나라들을 지도에서 대다수 발견할 수 있다.

더욱이, 많은 경제학자들은 수렴이론이 동아시아 국가의 놀랄 만한 성장을 설명한다고 주장한다: 이 국가들은 물적 · 인적자본을 축적해 시작하면서 매우 높은 한계수익을 경험하였다. 이들 국가들은 부유한 국가들로부터 자본 흐름 및 기술의 우위를 점하였다.

그러나 다른 곳에서는, 수렴이 명확히 발생하지는 않는다. 대부분의 아프리카 국가들은 50년 전 동아시아만큼 물적 · 인적자본이 낮은 수준에서 시작하였지만, 이들 아프리카 국가들은 같은 급성장을 경험하지 못했다. 사실, 많은 국가들이 1980대와 1990년대 초에 실제로 더 가난해졌다. 엄연히, 단순히 가난한 나라로 시작하는 것이 획기적인 성장률 달성을 보증하는 것은 아니다.

다른 나라들이 침체되어 있는 반면 일부 저소득국가들이 도약하게 하는 것을 이해하기 위해, 공공정책이 경제성장에 어떤 영향을 미치는지 살펴볼 필요가 있다.

그림 26-3

1인당 세계 GDP, 1990~2010* 지난 20년 동안, 경제성장률에 심한 격차가 존재했다. 이런 성장은 동아시아에서 가장 강력한 반면, 서유럽 대부분의 국가에서는 경제성장률이 부진했다.

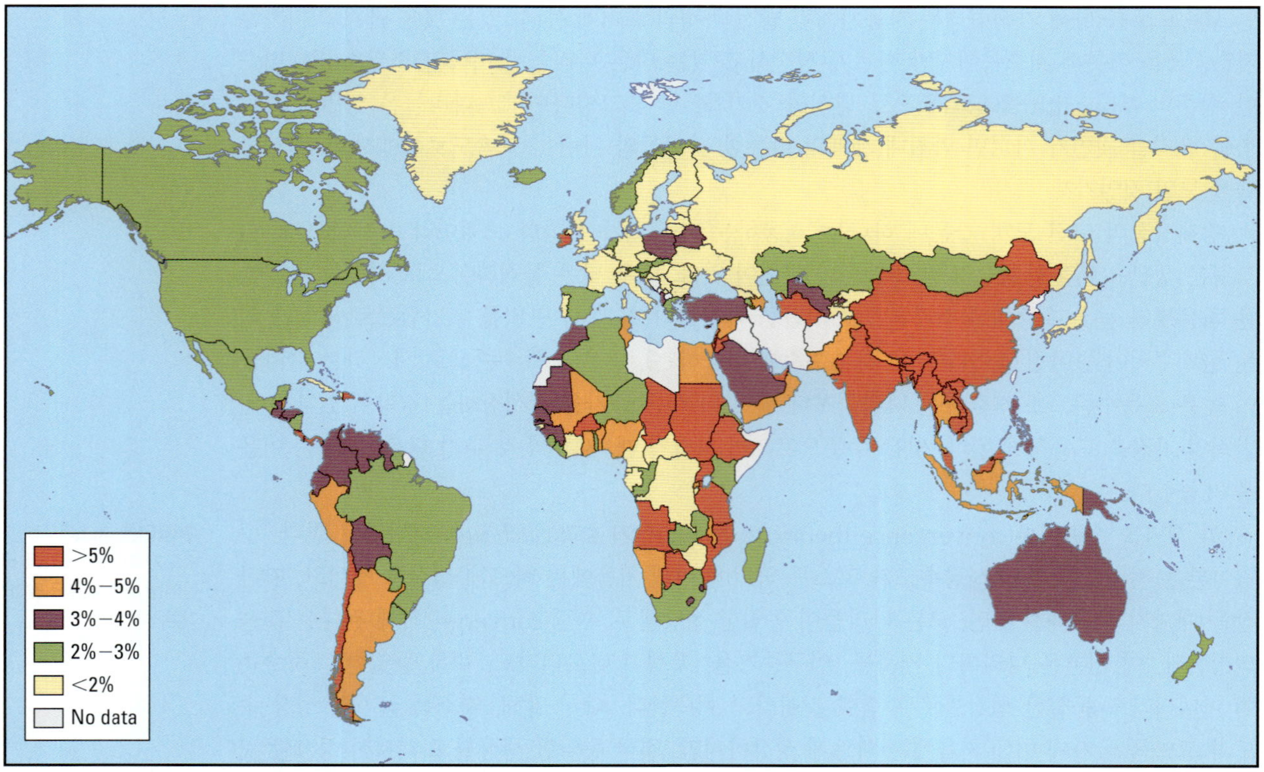

*출처: 구소련의 대부분 지역은 소련(USSR)이 몰락한 후인 1991년부터 자료 가능.

✓ 개념 확인하기

- ❒ 생산성의 주요 결정요인은 무엇인가? **[LO 26.2]**
- ❒ 경제성장 논의에서 비율과 수준은 어떻게 다른가? **[LO 26.3]**
- ❒ 수렴이론에서 성장률을 어떻게 예측하는가? 소득수준은 어떻게 예측하는가? **[LO 26.4]**

성장과 공공정책

노벨 경제학상을 수상한 로버트 루카스(Robert Lucas)는 다음의 방식으로 경제성장에 대해 생각하게 하는 가능성과 매력에 사로잡혔다:

> 인도네시아 또는 이집트의 경제처럼 인도 경제를 성장하도록 이끌어준 인도 정부의 조치가 존재하는가? 만약 그렇다면, 정확하게 어떤 정책인가? 그렇지 않다면, 인도를 만들어주는 '인도의 본질(nature of India)'은 무엇인가? 이와 같은 질문과 관련된 인류 복지를 위한 결과는 단순히 충격적이다: 일단 그 결과에 대해 생각하기 시작하면 다른 것을 생각하기 어렵다.

세계의 수십억 명이 부유한 나라에 사는 사람들은 상상조차 하기 어려운 조건에서 여전히 살아가고 있다. 최근의 역사 자료에서 한국인의 삶을 바꿔놓은 한국의 경험처럼 수십 년간의 튼튼한 경제성장을 보여준다. 성장이 시작되게 하고 유지하게 하는 것은 무엇인가? 불행히, 이 질문에 간단한 대답이라도 할 사람은 아무도 없다. 이 절에서는 성장을 촉진하거나 저지한다고 일반적으로 믿고 있는 요소에 대해 논의한다. 또한 일부 국가들이 성공적으로 수행해온 정책적 해법에 대해 살펴본다.

투자와 저축

LO 26.5 성장을 촉진하는 정책에 대해 토론하고, 생산성과 관련된 정책 논의하기

물적자본이 생산성을 증가시킨다면, 왜 국가들은 사회 기반 시설, 기계류, 자본 투자에 가능한 한 많은 돈을 투입하지 않는 걸까? 일부 국가에서는 이런 식으로 돈을 투입한다. 그러나 여기에는 기회비용이 존재한다. 더 많은 물적자본을 획득하는 국가에서 누군가는 이를 지불해야 하는데, 이는 이 돈을 소비에 지출할 수도 없다는 것을 의미한다. 이 문제를 **투자 상충관계**(investment trade-off)라고 한다—미래의 생산을 증가시키기 위해 자본 투자에 지불하고자 현재 소비를 감소시키는 대체관계를 의미한다.

투자 상충관계 현재의 소비와 미래 생산을 위한 물적자본에의 투자 간 대체

자본투자에 지불하기 위한 저축은 국내에서 조달되거나 국외로부터 조달될 수 있다. 전자는 **국내저축**(domestic savings)이라고 하며, 이는 국내소득 마이너스 소비지출과 같다. 저축은 2가지 출처로부터 나올 수 있다: 민간가계의 소득보다 적은 민간계지출 또는 정부지출을 초과하는 정부수입이다.

국내저축 한 국가 안에서 발생한 자본 투자를 위한 저축으로 국내 소득에서 소비 지출을 뺀 것과 같음

가계저축률은 〈그림 26-4〉에 제시되었듯이, 국가별로 매우 다양하다. 그래프의 오른쪽 끝을 보면, 일반 가정의 경우 수입의 무려 38%나 저축하는 국가로 중국이 해당된다. 그에 반해 미국

그림 26-4

국가별 가계저축률 저축률은 전 세계에 걸쳐 다양하다. 예를 들면, 중국은 가처분 소득의 38%를 저축하고 일본은 3% 미만을 저축한다.

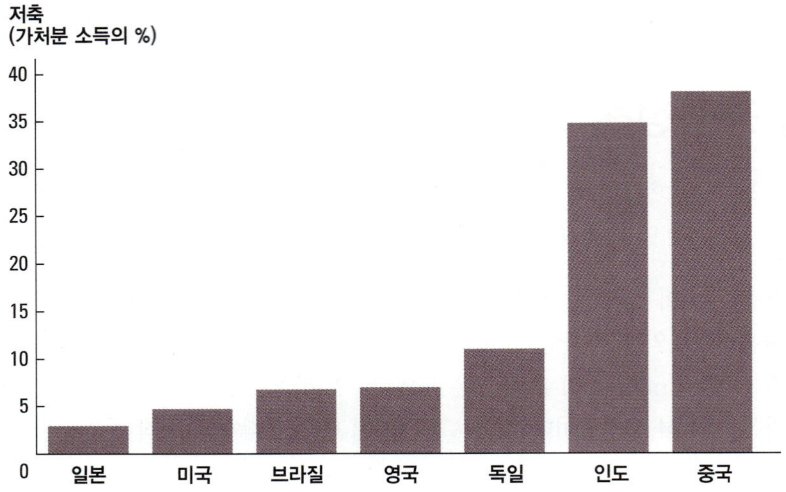

Source: OECD Economic Outlook, Volume 2012 Issue 1. Annex Table 23. http://www.keepeek.com/Digital-Asset-Management/oecd/economics/oecd-economic-outlook-volume-2012-issue-1_eco_outlook-v2012-1-en.

의 가정은 미미한 금액만을 저축한다: 2005년 가계저축률은 실제로 0 아래로 떨어졌는데, 이는 평균 가정에서 수입 이상으로 지출했다는 것을 의미한다; 2007년에 약 4%라는 좀 더 나은 저축률로 반등했다.

정부는 또한 물적자본에 투자하기 위해 정부수입(또는 차입)을 이용할 수 있다. 정부는 도로, 다리, 항구, 하수도와 같은 운영에 민간 기업이 의지할 수 있는 내부 기반시설을 위해 출자하기도 한다. 이런 사회기반시설은 성장에 큰 영향을 미칠 수 있다. 예를 들면, 대다수의 개발도상국가에서는 비록 농부들이 더 성장할 수 있었더라도, 도로 사정이 좋지 않아 상품을 시장으로 옮기는 것이 어려웠다. 많은 정부가 민간 기업의 생산성을 증진시킬 것이라는 기대에서 고속인터넷 같은 통신 기반시설에 주로 투자하고 있다.

정부는 국가의 성장에 가장 많이 기여할 수 있는 산업에도 자원을 집중한다. 일부 경제학자들은 1980년대 및 1990년대 동아시아 경제의 빠른 성장은 '산업정책'의 성공 덕분이라고 한다. 이런 정책을 통해 정부는 일부 산업을 선정해 투자와 유리한 조세 및 무역정책을 지원했다. 정부가 '승자 선택하기'에 의해 성장을 효과적으로 계획할 수 있다는 아이디어는 논란의 여지가 있다. 사례를 통해 알아보기의 '성장을 위해 계획하기'에서 거론되는 양쪽의 주장을 살펴보자.

사례를 통해 알아보기

성장을 위해 계획하기

"우리는 선진국보다 50년 또는 100년 낙후돼 있다. 10년 내에 이 차이를 따라잡아야 한다. 따라잡든지 안 하든지 둘 중 하나를 해야 하고, 안 그러면 그들이 우리를 누를 것이다." 이 문장은 옛

소련의 지도자였던 스탈린이 1931년 연설에서 주장하였다. 경제를 이끄는 시장의 보이지 않는 손에 의지하기보다, 러시아는 중앙계획처에 생산 목표치를 설정하라고 요구했다.

비록 아주 높은 목표는 달성되지 않았더라도, 다수의 공산품 생산이 2배로 증가했다.

시장경제에서도 계획을 세우고, 정부가 전략적으로 중요하다고 판단한 산업에 공적자금을 투자한다. 더 자세히 알고 싶다면 이 장 끝부분의 QR코드를 스캔하거나, 온라인을 통해 읽기를 계속하라.

자본투자 기금은 국외에서도 이루어진다. **외국인직접투자**(FDI)는 경영권에 영향을 미칠 수 있을 만큼 해외 기업의 지분을 인수하거나 조업의 일부를 해외에서 하기 위한 투자를 말한다. 예를 들어, 토요타(Toyota)가 조지아 주에 공장을 설립해 운영하는 경우, 미국에서 생산이 이루어지더라도 기계와 건물은 일본 기업이 소유하고 있다. 이와 유사하게, 미국-멕시코 국경의 멕시코 쪽에 설립된 미국 기업 소유의 공장은 멕시코에서는 외국인직접투자(FDI)로 중요한 수입원이다.

외국인직접투자(FDI) 경영권에 영향을 미칠 수 있을 만큼 해외 기업의 지분을 인수하거나 조업의 일부를 해외에서 하기 위한 투자

각국의 정부는 적극적으로 FDI를 유치하기 위해 노력하고, 국내저축이 충분하지 않을 경우 FDI를 통해 그들의 자본금을 축적하길 바란다. 외국 기업이 지역 기업에 투자했을 때 FDI의 또 다른 혜택은 인적자본이 현지의 관리자와 근로자에게 이전될 수 있다는 점이다. 외국으로부터 관리자들이 투자국으로 파견되기도 한다. 그런 경우, 관리자들은 현지 직원을 훈련시키거나 더 효율적인 절차를 수행할 수 있다.

그러나 FDI를 비난하는 의견도 있다. 투자하고자 하는 외국 기업들은 투자를 유치하기 위해 경쟁하는 수많은 정부와 종종 마주하게 된다. 외국 기업들은 어려운 협상을 밀어부치거나, 특별 조세감면이나 정부가 쉽게 받아들이기 어려운 법적 면제를 요구하기도 한다. 지역의 재능 있는 인재를 훈련시키지 않고 외국 관리자들이 파견되어 직접 운영하는 경우, 지적 또는 기술 이전이 기대하는 대로 이루어지지 않는다. 결과적으로, FDI 유치 정책은 궁극적으로 생각했던 만큼 도움이 되지 않을 수 있다.

교육과 건강

선진국에서는 의무기초교육을 무상으로 실시하고 있다. 그러나 대부분의 국가는 학교가 아주 드물거나, 학생들에게 감당할 수 없는 비용을 청구하거나, 아니면 매우 낮은 질의 교육을 단순히 제공한다. 밀레니엄 개발 목표—2015년 유엔이 개발도상국가에서의 빈곤 문제를 해결하기 위해 설정된 목표—달성을 위해 시도된 중요한 노력 가운데 하나는 국가 차원에서 무상초등교육을 제공하도록 추진해왔다.

양질의 공공교육이 모든 어린이에게 무상으로 이루지는 것이 보장되는 것은 국가 차원에서 인적자본을 증대시킬 수 있는 가장 중요한 방법 중 하나다. 교육은 읽고 쓰는 능력, 기본적인 수학, 의사소통 같은 기술—가장 기본적인 직무 이상의 일을 수행하는 데 필수적인 모든 것—을 가르친다. 또한 양질의 교육은 과학자 및 사상가, 그리고 새로운 기술과 사업 모델을 개발하는 기업가들의 인력을 구축한다.

공공정책을 사용하여 건강을 증진시키는 것은 성장에도 기여한다. 건강한 근로자는 더 생산적이고 결근을 덜하게 된다. 건강증진의 경제적 혜택이 특히 저소득국가에서는 덜 가시적이다.

예를 들어, 보건 경제학자들은 빈혈(다이어트의 결과로 인한 철분 부족)과 같은 비타민 및 무기질 결핍과 기생충을 감소시키는 것이 사람들의 정신적 · 신체적 에너지를 증진시킬 수 있다고 주장한다. 치료는 집중하는 능력을 증진시켜 어린이들은 학교에서 공부하는 것을 수월하도록 해주고, 어른들은 직장에서 최선을 다하는 것이 어렵지 않도록 도와준다.

건강 문제와 교육 기회 부족의 조합은 대개 저소득국가에서는 결합돼서 인적자본을 축적하기 어렵다. 공공정책은 공공 건강 서비스와 교육의 질을 개선함으로써 부정적인 악순환에서 벗어나도록 도와준다.

기술 개발

많은 연구와 개발은 기업, 개인 실험실 등의 민간 연구소에서 일어난다. 그러나 공공정책은 교육 시스템 및 연구 기금, 그리고 기업에서 새로운 기술을 개발하고 도입하도록 조세 구조를 통해 기술 개발을 장려하게 한다. 미국은 1년에 약 4000억 달러를 연구와 개발로 쓰고 있다. 투자의 약 500억 달러는 대학과 연구소에서 일어나지만, 대부분의 지출은 사업에 의해 행해진다.

기술의 진보는 엄청나지만, 변화가 심할 수도 있다. 새로운 농업 기술을 도입하는 녹색혁명은 아시아에서 대성공이었지만, 아프리카에서는 복잡하다. 사례를 통해 알아보기의 '아시아와 아프리카에서의 녹색혁명'에서 자세히 살펴보자.

사례를 통해 알아보기

아시아와 아프리카에서의 녹색혁명

1961년, 인도는 기근의 위험에 처해 있었다: 인구는 계속 증가했고, 더 이상 농지를 사용할 수 없었다. 모든 사람들을 어떻게 먹일 것인가? 믿을 수 없을 정도로 1985년에 기근의 망령이 인도뿐만 아니라 아시아에서도 거의 사라져버렸다. 25년 만에 농작물 생산량은 2배가 되었으며, 인구증가를 쉽게 앞질렀다.

녹색혁명이라고 하는 농업에서의 전환은 록펠러 재단과 같은 민간 자선단체에 의해 지원되어 심혈을 기울인 연구 개발의 결과였다. 필리핀의 국제쌀연구소에 의해 1968년에 개발된 '기적의 쌀' 또는 품종 IR8과 같은 새로운 농작물 품종이 나왔다. '기적의 쌀'은 전통적 품종보다는 관개 시설과 비료가 많이 필요하지만, 단위 면적당 쌀 생산량은 약 2배였다.

불행히도 녹색혁명은 아프리카에서는 일어나지 않았다. 기후, 토양 및 경작 조건이 아시아 전역에서는 유사한 반면, 아프리카에서는 상당히 달랐기 때문이다. 쌀과 밀의 다수확 품종이 아프리카에서는 그냥 자라지 않았다. 아시아의 대부분 국가에서 2배가 수확되는 쌀 품종이 에티오피아의 건조한 기후에서 또는 콩고의 적도 비에 잠겨서 시들어갈 수도 있다.

50년 전 아시아에서 비료 없이 제한된 도구를 사용하여 농사를 지었듯이, 오늘날 아프리카 농부들은 할아버지 세대의 농사법을 여전히 사용하고 있다. 아프리카에서 충분한 식량을 생산하기 위해서는 노동 인구의 대부분이 농업 분야에 종사해야 한다. 대다수의 경제학자들은 지난 반세기 동안 아시아의 경제가 아프리카의 경제보다 빠르게 성장한 이유에 대해 이런 차이가 부분적으로 설명하고 있다고 믿는다: 식량을 재배하는 데 많은 노동자가 필요하지 않게 되면, 그 노동자들은 도시의 공장에서 일하는 것처럼 다른 분야에서 일할 수 있다.

연구는 오늘날 아프리카에서 녹색혁명이 일어나도록 설정된다. 빌 & 멜린다 게이츠 재단과 록펠러 재단은 현지 여건을 개선하고 식품 품종을 맞추기 위해 노력하는 지역 단위 방식을 지원한다. 이런 새로운 작업은 아시아의 녹색혁명만큼 즉각적이거나 극적이지는 않지만, 모든 그릇에 충분한 음식을 넣을 수 있게 하여 더 큰 번영으로 이어지는 길을 따라가도록 아프리카를 돕는다.

성공의 기틀 마련하기: 좋은 정부, 재산권, 경제개방

LO 26.6 좋은 지배구조와 경제 개방이 성장을 위한 기반을 어떻게 다지는가에 대해 설명하기

누군가 트럭을 훔쳤음에도 여러분이 할 수 있는 일이 아무것도 없는 그런 나라에 살고 있다고 상상해보자. 여러분이 뇌물을 주지 않으면 경찰이 여러분을 도와주지 않을 수 있다. 경찰이 도와주더라도, 법정에서 누군가를 기소하려면 많은 돈과 5년이라는 시간이 소요될지도 모른다. 그런데도 여전히 트럭을 구입할 것인가? 여러분의 투자금을 잃을 위험보다 잠재적인 편익이 충분히 더 크다고 생각한다면 구입할지도 모른다. 그러나 여러분의 재산이 보호되고 있다고 생각했을 때보다 트럭과 다른 비싼 자본재에 확실히 덜 투자하고 싶을 것이다.

기능이 잘 작동하는 경제에서는 시행 가능한 법과 효과적이고 신뢰할 수 있는 정부 서비스가 매우 중요한데, 이는 여러 방식 가운데 단지 하나의 예다. 대부분의 국가에서는 타인의 재산권을 침해하는 사람을 처벌하고 구매자와 판매자 간 계약을 시행하기 위한 메커니즘이 있다. 경찰, 재판소, 정부 관료제 같은 제도들은 재산권을 보호하고, 분쟁을 해결하고, 그리고 사람들이 계약과 협약을 만들 수 있는 예측 가능한 법적 체계를 제공하기 위한 것이다. 그러나 이런 제도들은 다른 국가들에서보다 일부 국가에서는 더 효과적이고 신뢰할 수 있다.

리더십과 제도에서의 안정성은 효용성만큼 중요하다. 장악해서 집권할 새로운 지도자가 나올 좋은 기회가 있다고 생각했다면 돈이 많이 드는 신규 공장을 건립하길 원할 것인가? 수익성을 결정하는 조세정책과 법규가 매월 변하는 사업에 투자하는 위험을 감수하겠는가?

많은 경제학자들은, 좋은 정부란 경제성장에 중요한 영향을 미치고, 또한 다른 나라들이 침체되는 반면 왜 어떤 나라들은 빠르게 성장하는가에 대해 우리가 이해하도록 도와준다고 믿는다. 어떻게 정부를 발전시키는가는 까다로운 질문이기는 하다. 이는 부패를 해결하고, 법원을 좀 더 효율적으로 만들고, 정치인의 힘을 제한하는 등 효율적인 정책을 고안하기 위해 도전해볼 만하다.

정부정책은 국가가 거래하기 위해 얼마나 개방해야 하는가를 결정하기도 한다. 기업들은 정부가 외국 제품에 관세를 부과함으로써 경쟁으로부터 기업을 보호할 필요가 있다고 종종 주장한다. 그러나 '아시아의 기적'에 해당하는 국가들은 수출품에 초점을 맞춘 '대외교역중심' 정책과 산업 정책을 접목함으로써 성공했다. 이 책의 후반부에서는 자유거래에 대해 토론하고, 대부분의 경제학자들이 개방경제를 유지하는 것이 이득이라고 믿는 이유에 대해 토론할 것이다.

여러 가지 문제를 동시에 해결해야 하는 정부

살아가며 많은 일이 발생하듯이, 공공정책을 통해 성장을 촉진하는 다른 방식 간에 상충관계(trade-offs)가 존재한다. 대부분의 정부—특히 저소득 국가들의 정부—는 교육과 건강과 고속

도로와 더 나은 경찰을 위해 모두 동시에 지불할 만한 여력이 없다. 불행히도 이는 악순환이다: 부자일수록, 미래에 부자가 되는 데 도움이 되는 물건들을 구매할 능력이 있다. 가난할수록, 부자로 만들어줄 수 있는 물건들을 구매할 능력이 없다.

이 장의 앞부분에서 성장과 더 높은 미래 소득에 기여할 물적 · 인적자본 그리고 연구에 대한 투자와 현재의 소비 간에 상충관계가 존재한다고 언급했다. 저소득 국가일수록, 이런 상충관계는 더 어려워진다. 부자인 사람들보다 더 많은 세금을 내거나 주어진 금액을 저축하기 위해 하루에 1달러 또는 2달러로 검소하게 살아가는 사람들에게는 더 어렵다. 이런 논리는 앞서 말한 것처럼 악순환이 된다. 만약 여러분이 좋은 법원 시스템에 대해 지불할 여유가 없거나 트랙터나 컴퓨터에 투자할 여력이 없다면, 빈곤에서 빠져나오기 더 어렵다는 것을 알게 될 것이다. 이런 '빈곤의 덫(poverty trap)'은 기반 시설과 인적자본 개발을 지원하거나 융자를 제공하는 해외 원조의 주요 정당성 가운데 하나다.

왜 국가에서는 한 번에 한 분야—예를 들면, 우선 기반시설에 제한된 자원을 중점적으로 투자하고 그 다음에 교육이나 건강, 등의 순서—에 투자하지 않는 걸까? 이는 그렇게 간단하지 않다. 성장은 종종 경제의 많은 측면에서 동시에 발생하는 개선을 요구한다. 예를 들어, 새로운 기술을 성장으로 전환하는 것은 종종 충분한 인적자본이 있어서 이를 이용하는 인구를 필요로 하기도 하고, 때로는 특수한 기반시설을 요구하기도 한다. 인터넷을 기반으로 하는 경제를 세우기 위해 노력하는 국가를 상상해보자. 만약 불가능하지는 않지만, 인구의 대다수가 문맹이거나, 아니면 불충분한 발전 때문에 전력망이 규칙적인 정전을 경험한다면, 인터넷 기반 경제는 어려울 것이다. 상업을 촉진하기 위한 인터넷의 힘을 연결하는 것과 이에 따른 성장은 교육, 컴퓨터 능력, 전력망, 신뢰할 수 있는 우편제도, 결제 방법에서의 동시 개선을 요구한다.

정부가 직면한 또 다른 상충관계는 경제성장을 추구하기 위해 자연환경을 얼마나 많이 희생하는가다. 어떻게 생각하십니까?의 '저소득 국가는 고소득 국가처럼 환경친화적이어야 하는가?'는 이런 특별한 상충관계를 분석하고 있다.

어떻게 생각하십니까?

저소득 국가는 고소득 국가처럼 환경친화적이어야 하는가?

유럽의 산업혁명 동안 섬유, 철강, 다른 제품들이 꾸준한 흐름으로 생산됨에 따라 공장에서는 오염물질을 대기로 분출하였다. 발전소는 서유럽과 미국 전역에 점으로 표시된 석탄 도시에 의해 연료를 공급하였다. 광부들과 공장 근로자들은 비슷하게 폐 질환과 오염된 공기 및 안전하지 않은 근로 조건과 관련된 건강 문제로 종종 사망하였다. 확인되지 않은 오염이 시작된 지 수년이 지나 조건은 더욱 나빠졌고, 런던의 경우 만성적인 스모그에 시달렸는데, 해를 가리는 날들이 도시 전체를 덮었다. 1952년에는 특히 심한 스모그 사건으로 4,000여 명이 사망했다. 돌이켜 생각해보면, 유럽의 산업화로 인한 환경 및 건강 문제는 심각해 보인다. 그렇더라도, 그 당시 부와 경제력이 막대하게 증가했다는 것이 본질적인 부분이었다.

지난 50년 동안 기술은 발전했고, 기업들은 훨씬 적은 오염을 발생시키는 에너지와 제품을 생산하게 됐다. 오늘날 개발도상국가들은 초기의 산업 변화를 기록했던 그 고통스러운 과정을 반드시 밟아야만 하는 것은 아니다. 그럼에도 중국 경제의 급성장은 스모그, 유독물질의 강, 그리고 공장에서 때때로 실제 폭발이 일어나서 수천 명이 사망하고 오염물질로 대기가 가득했던 상황을 수반하고 있다. 왜 중국의 기업들은 오늘날 가능한 청정 기술이면서 새로운 기술을 선택하지 않는 걸까?

2가지 이유가 있다. 첫째, 청정 기술을 획득하는 것이 엄중한 무역 정책이나 지적재산권법 때문에 항상 간단하지 않다. 둘째, 이런 기술이 접근 가능하더라도 매우 비싸다. 유럽과 미국의 공장과 발전소가 오늘날 상대적으로 청결한 이유는 새로운 기술이 오래되고 지저분한 방법보다 항상 저렴하기 때문이 아니다. 오히려, 이는 종종 이런 국가들의 정부에서 엄격한 규정을 도입했기 때문이다. 이때 정부는 기업들에게 환경 영향을 완화하고 근로자와 이웃들의 안정과 건강을 보호할 것을 요구한다.

중국과 다른 개발도상국가들에 대한 질문은 다음과 같다: 우리는 엄격한 환경법을 도입해서 기업들이 비싼 청정 기술을 사용하길 원하는가? 아니면 환경적인 손상이 있더라도 저렴한 방식을 사용함으로써 가능한 신속하게 경제를 성장시키길 원하는가?

대다수의 고소득 국가들은 인도 및 중국과 같이 빨리 성장하는 국가들이 오늘날 가능한 청정 기술을 사용함으로써 환경을 보호해야 한다고 주장한다. 개발도상국가들의 생산은 다른 국가에도 영향을 주는 막대한 양의 온실가스를 방출한다고 지적하였다. 예를 들면, 비록 중국 경제가 미국 경제의 3분의 1 정도가 간신히 되더라도, 중국은 이미 세계에서 이산화탄소를 가장 많이 생산하는 국가다. 기후변화를 통해 이 효과는 세계 도처에서 대재앙이 될 수 있다.

한편, 개발도상국가들은 청정 기술을 사용해야 하는 규정으로 인해 제품이 더 비싸게 되고 세계경제에서 경쟁력이 약화되는 상황을 맞이한다. 개발도상국가들은 선진국들이 자신들의 산업혁명 동안 온실가스를 방출함으로써 기후변화 문제를 만들었으며, 저소득 국가가 지불하도록 기대하는 것은 불공평하다고 주장한다. 무엇이 더 '인도적인' 정책인가 역시 명확하지 않다; 경제성장이 빈곤을 감소시키고 고통을 감소시키며, 엄격한 규정이 성장 둔화와 더딘 빈곤 감소를 의미할 가능성이 있다는 것을 관찰해왔다.

이 난국을 해결하는 것을 돕기 위해, 유엔은 '녹색기후기금'을 출범시켰다. 2020년을 시작으로, 기금은 개발도상국가들에게 매년 1000억 달러가 분배되어, 부분적으로 그들이 청정 기술을 획득하고 지불하도록 도울 것이다. 기금은 경제성장과 관련된 환경오염의 일부를 방지하도록 도와줄 것이지만 아마도 모든 문제를 해결하지는 못할 것이다.

어떻게 생각하십니까?

1. 모든 나라들은 동일한 환경 규제를 준수해야 하는가?
2. 고소득 국가는 저소득 국가에서 청정 기술을 획득하도록 도와줄 책임이 있는가?
3. 만약 더딘 성장을 의미하는 경우 청정 기술을 시행할 가치가 있는가?

Sources: http://www.reuters.com/article/2011/04/15/us-climate-fund-idUSTRE73E3WG20110415 ; http://www.cnbc.com/id/43139649 ; http://news.bbc.co.uk/2/hi/uk_news/england/2545759.stm ; http://www.nytimes.com/2010/07/29/world/asia/29china.html ; http://www.law.duke.edu/journals/dltr/articles/2009dltr001.html .

✓ 개념 확인하기

- ❒ 국내저축으로부터 영향을 받는 경제성장의 결정 요인은? **[LO 26.5]**
- ❒ 경찰의 보호와 효율적인 법원이 경제성장에 문제가 되는 이유는? **[LO 26.6]**

결론

경제성장은 고소득 국가를 더 부자로 만든다; 경제성장은 저소득 국가도 부자로 만들기 위한 강력한 방식으로서도 나타난다. 이 장에서는 경제성장을 어떻게 정의하고 측정하는가를 검토했으며, 성장이 왜 중요한지 살펴보았다. 복리 계산 때문에, 성장률에서의 작은 증가조차도 장기 소득수준에는 큰 영향을 미친다. 2% 대신 3.5%로 증가하는 국가는 100년 후 약 4배의 부를 이룰 것이다.

성장하기 위해, 국가는 구성요소들을 함께 사용할 필요가 있다: 물적자본에 투자할 저축, 건강하고 숙련된 근로자, 적절한 기술, 지원을 아끼지 않는 공공정책 및 제도. 모든 정부들은 곤란한 상충관계에 직면한다: 국가에서는 건강, 교육, 기반시설에 얼마나 투자해야만 하는가? 사람들이 투자하게 하기 위해서 정부는 안전한 법적 환경을 어떻게 만들 수 있는가? 사람들이 인적자본을 얻게 하고, 더 나은 기술에 투자하게 하고, 일자리에서 더 생산적이게 하고, 더 부자가 되게 하고, 더 많은 물적자본을 감당할 수 있게 하는 등 목표는 긍정적인 순환이다.

이런 과정은 쉽지 않지만, 중요하다. 정책입안자, 기업, 근로자들이 함께 효과적으로 투자를 위한 적절한 환경을 수립한다면, 그들의 기여는 미래 세대의 번영을 위한 기초를 제공할 것이다.

주요 용어

국내저축 p.741
물적자본 p.736
생산성 p.735
수렴이론 p.739
외국인직접투자(FDI) p.743
인적자본 p.736
투자 상충관계 p.741

요약

LO 26.1 물가수준과 인구의 변화를 설명하는 1인당 실질 GDP의 성장률 계산하기

시간이 지남에 따라 성장이 복리로 계산된다는 사실은 소득에 총효과가 어떻게 될 것인가를 연간 성장률을 살펴보고 단순히 구별하기 어렵다. GDP 성장률은 인구성장을 고려하지 않고 설명하기도 하고 때로는 인플레이션을 고려하지 않기도 한다. 실질 GDP 성장률을 구하기 위해 명목 성장률에서 인구 성장률과 인플레이션 성장률 둘 다를 뺀다.

국민경제성장은 시간이 지나면서 그 자체를 기반으로 한다. 결과는 2%처럼 비교적 보통의 연 성장률인데, 실제로는 시간이 지나면서 꽤 큰 성장률을 더한다. GDP가 소득을 증가시킨다는 성장률은 70의 법칙을 통해 발견할 수 있다: 한 국가에서 소득을 2배로 증가시키는 데 얼마나 걸리는가를 계산하기 위해 실질 GDP 성장률로 70을 나누면 된다.

LO 26.2 생산성과 성장의 상관관계 설명하기와 생산성을 결정하는 요소 열거하기

한 나라에서 더 많이 소비하고 더 높은 생활수준을 영위하는 유일한 방법은 그 나라의 생산성을 증가시키는 것이다—근로자당 생산량. 생산성은 1시간 일하는 단위 또는 한 사람의 근로자가 얼마나 생산하는가와 상관없이 노동 단위에 따라 측정할 수 있다. 노동 생산성에 영향을 주는 구성요소는 물적자본, 인적자본, 기술 및 자원이다.

LO 26.3 한 나라의 소득수준과 소득 성장률 간의 차이 설명하기

경제발전 측면에서 2가지 중요한 차이가 있다. 하나는 복지후생수준(level)에 대한 것이다. 물적·인적자본량이 매우 높은 수준에 속하는 미국이나 스위스 같은 나라들은 발전 수준이 높다고 한다. 다른 차이는 경제성장률(rate)에 대한 것이다. 미국이 발전 수준이 높다고 하는 반면, 미국의 GDP성장률은 중국의 GDP 성장률만큼 빠르지 않다. 수준은 한 나라가 현재 얼마나 부유한가를 말해주기 때문에 중요하다. 비율은 한 나라의 부가 증가하기 위해 얼마나 빠른가를 말해주기 때문에 중요하다.

LO 26.4 수렴이론의 찬반 논쟁에 대한 실증적 증거 평가하기

수렴이론은 소득수준이 낮은 상태에서 시작한 국가들이 소득수준이 높은 국가들보다 더 빠르게 증가해 따라잡아서 동일한 성장률로 수렴한다는 것을 예측한다.

일부 방식에서, 수렴이론은 실제 세계에서의 증거를 충족시킨다. 1960년대 이래로 엄청난 성장을 경험한 4대 동아시아국가들은 물적·인적자본 수준이 낮은 상태에서 시작했지만, 고소득 국가들로부터 자본 흐름과 기술을 이용하여 유리한 입장에 있었다. 그러나 대부분의 아프리카 국가들은 동아시아 국가들의 50년 전 수준보다 물적·인적자본수준이 낮거나 유사했지만, 높은 성장률을 경험하지 못했다.

LO 26.5 성장을 촉진하는 정책에 대해 토론하고, 생산성과 관련된 정책 논의하기

미래의 생산을 증가시키기 위해 자본 투자에 지불하고자 현재 소비를 감소시켜야 하는 것을 투자 상충관계(investment trade-off)라고 한다. 자본 투자에 지불하기 위한 자금은 국내 저축 또는 국외에서 조달되는 외국인직접투자(FDI)가 된다.

정책의 다양성은 경제성장을 촉진할 수 있다. 교육은 가장 기본적인 직무 이상의 일을 수행하는 데 필수적인 것으로, 읽고 쓰는 능력, 기본적인 수학, 의사소통과 같은 기술을 가르친다. 교육은 또한 국가가 기술적인 연구와 개발을 착수할 수 있도록 필요로 하는 훈련과 기술을 발전시키기 위한 방식이다. 공공 건강 시스템은 적절하고, 건강하고, 일할 수 있는 인구의 비중을 증가시킴으로써 성장에도 기여할 수 있다. 공공정책은 또한 교육시스템, 연구 조사를 위한 기금, 기업들이 새로운 기술을 개발하고 도입하게 하는 조세 구조를 통해 기술 발전을 장려할 수 있다.

LO 26.6 좋은 지배구조와 경제 개방이 성장을 위한 기반을 어떻게 다지는가에 대해 설명하기

기능이 잘 작동하는 경제에서는 시행 가능한 법과 효과적이고 신뢰할 수 있는 정부 서비스가 매우 중요하다. 자신이 소유한 자원을 통제할 수 있는 능력을 가진 사람들은 재산권 제공이 가장 중요하다. 대부분의 국가들은 최소한 부분적으로 재산권을 보호하기 위해 고안한 기반시설 및 제도를 가지고 있다. 법원은 구매자와 판매자 간에 계약을 실시한다. 법원은 또한 형사사법제도를 통해 타인의 재산권을 침해하는 사람들의 처벌에 대한 책임이 있다.

복습문제

1. 왜 인플레이션이 1인당 명목 GDP의 실질 가치를 감소시키는지 설명하라. **[LO 26.1]**
2. 정책입안자들이 1인당 실질 GDP의 장기적인 성장을 유발하는 정책에 대해 토론할 때, 그들은 종종 인구 증가율을 감소시키는 목적의 정책을 언급한다. 이것이 만약 효과가 있다면, 왜 이 정책은 장기적인 성장을 일으키는가? 또한 이 정책과 관련된 잠재적인 비용은 무엇인가? **[LO 26.1]**
3. 70의 법칙은 부유한 나라와 가난한 나라 모두 동일한 성장률을 지닐 때, 두 나라 중 어느 나라에서 소득의 더 큰 증가를 예측하는가? 왜 그런가? **[LO 26.1, 26.3]**
4. 왜 많은 부유한 나라들은 이미 매우 높은 수준의 물적자본 및 인적자본 수준을 달성하였음에도 지속적으로 성장할 수 있는가? **[LO 26.2]**
5. 젊은 시절에 여러분은 한 번에 많은 금액을 저축하겠는가, 아니면 빠른 비율로 증가하는 저축을 여러 개 가입하겠는가? **[LO 26.3]**
6. 여러 국가들의 지난 20년간 성장률을 보았을 때(〈그림 26-3〉 참조), 아프리카와 아시아 개발도상국들의 소득 수준이 서유럽의 수준으로 수렴하는 현상이 나타나는가? 그 이유는 무엇인가? **[LO 26.4]**
7. 미국 남부는 평균적으로 북부 지방보다 가난하다. 남부 지역의 주들은 또한 평균적으로 북부 지방의 주들보다 1인당 실질 GDP의 높은 성장률을 보인다. 이러한 사실을 이용하여 수렴이론이 사실인지 아닌지 도출하라. 고려되어야 하는 다른 요소들에는 어떤 것들이 있는가? **[LO 26.4]**
8. 많은 사람들은 기술을 개발하는 것에는 큰 비용이 들지만, 기술을 이전하는 비용은 적다고 생각한다. PC를 예로 들어보자: 개인용 컴퓨터를 위해 사용되는 기술은 개발되기까지 한 세대가량의 시간이 걸렸고, 천문학적인 비용이 들었다. 그러나 이제는 PC의 개발이 완성되었기 때문에, 사람들은 전보다 쉽게 PC를 구입하고, PC가 주는 이로움을 누리고 있다. 이러한 상황을 고려할 때, 미국(전

통적으로 새로운 기술을 개발하는)과 중국(전통적으로 개발된 기술을 수용하는)의 성장이 지닌 함축적 의미는 무엇인가? **[LO 26.4, 26.5]**

9. 미국의 낮은 저축률은 물적자본의 축적을 얼마나 제한하는가? **[LO 26.5]**
10. 가난한 나라들이 산적한 문제들을 즉시 해결해야 한다는 깨달음은, 원조국이 개도국에게 다수의 적은 투자를 해야 한다는 이론에서 벗어나 빅 푸시(Big Push) 개념으로 전환시켰다. 이러한 빅 푸시 이론은 대규모 원조가 가난한 나라들을 성장시키기보다는 오히려 상황을 악화시킨다는 것이다. 가난한 나라의 자생력을 훼손하고 지속적으로 의존하도록 만드는 원조정책은 가난한 나라의 개발에 도움이 되지 않는다는 것이다. 많은 문제점들을 한 번에 해결할 수 있을 만큼의 거대 자본을 지원하는 내용을 수반한다. 실제로 필요한 원조는 너무 규모가 커서 다른 국가들이 이 기부금을 지불할 여력이 있는 유일한 국가들일지도 모른다. 이 이론과 관련된 상충관계는 무엇인가? **[LO 26.5]**
11. 육지로 둘러싸이고 천연 자원이라고는 거의 없는 스위스가 어떻게 세계에서 가장 부유한 나라 중 하나가 되었는가? 반면 넓은 영토와 전략적으로 중요한 광물 자원이 풍부한 콩고는 어떻게 세계에서 가장 가난한 나라 중 하나가 되었는가? **[LO 26.2, 26.5, 26.6]**
12. 왜 언론의 자유가 경제성장에 중요한가?(언론과 정부의 관계에 대해 생각해보라.) **[LO 26.6]**

응용문제

1. 〈표 26P-1〉의 빈칸을 채워라. **[LO 26.1]**
2. 〈식 26-1〉은 다음과 같다.

1인당 실질 GDP 성장률 = 1인당 명목 GDP 성장률 − 물가상승률 − 인구 증가율

표 26P-2

연도	명목 GDP(달러)	GDP 디플레이터	실질 GDP(달러)	인구
2012	1,000,000	1.00	1,000,000	1,000
2013	1,050,000	1.02	1,029,412	1,005

이 수식은 정확한 1인당 GDP 성장률의 근사치이며, 따라서 약간의 오류를 내포하고 있다. 그러나 이 단순화된 수식은 사용하기 쉬울 뿐만 아니라, 물가상승률과 명목 GDP 증가율, 인구 증가율이 낮다면 오류가 적어져 유용한 근사값이다. 〈표 26P-2〉는 가상 국가의 2년간 명목 GDP, 실질 GDP, GDP 디플레이터, 인구를 보여준다. **[LO 26.1]**

a. '생계비' 부분을 참조해 〈표 26P-2〉의 실질 GDP가 정확한 수치인지 증명하라.
b. 이 국가의 2012년과 2013년의 1인당 실질 GDP를 구하라.
c. 2012년과 2013년 사이의 1인당 실질 GDP 증가율을 구하라.
d. 명목 GDP 증가율, GDP 디플레이터 증가율 및 인구 증가율을 구하라.

3. 아래의 각 성장률에 따라 70의 법칙을 사용하여 (ⅰ) 소득이 2배가 되는 데까지 얼마나 오래 걸릴 것인지(ⅱ) 만약 각국의 1인당 소득이 모두 1000달러에서 시작됐다면 30년 후의 소득은 얼마가 될 것인지 계산하라. **[LO 26.2]**

a. 4%
b. 7%
c. 2.5%
d. 10%
e. 3%

표 26P-1

국가	명목 GDP 성장률(%)	인구 성장률(%)	인플레이션(%)	1인당 실질 GDP 성장률(%)
스베아	5	3		−1
보니페이	2	1	0	
체어스		2	7	4
드리프턴	5	0	−1	
에스티파눅가	7		3	3

표 26P-3

국가	2005 1인당 GDP(달러)	2010 1인당 GDP(달러)
볼리비아	3,664	4,592
중국	4,102	7,519
차나	2,007	2,615
아르헨티나	10,860	15,854
브라질	8,603	11,239

4. 각 상황에 따라 다음의 사건이 생산성을 증가시킬지, 감소시킬지 답하라. 그리고 각 사건이 영향을 미치는 생산성의 결정요인에 대해 말하라. **[LO 26.2]**
   a. 지방 정부는 새운 학교를 설립했다.
   b. 새로운 학교의 선생님들은 어린 학생들을 위한 수업을 열었다.
   c. 제조업자는 그의 조립 라인에 로봇을 설치했다.
   d. 연구팀은 보다 효율적인 관개 시스템을 고안했다.
   e. 탄산음료 회사는 그들의 제품에 사용할 새로운 지하수원을 발견하였다.
   f. 교수는 새롭게 개정된 경제학 교과서를 집필했다.
   g. 다수의 사람들은 의료 시설을 이용하지 않는다.
   h. 근로자는 기술공이 되기 위해 사내 훈련을 받는다.
5. 〈표 26P-3〉에 따르면 어느 국가가 2010년에 가장 높은 소득수준을 보이는가? 2005년에서 2010년 사이에, 가장 높은 소득 성장률을 기록한 나라는 어디인가? 이들 국가 간의 소득은 수렴하는 것 같이 보이는가? **[LO 26.3, 26.4]**
6. 루이지애나의 가구당 소득의 중간값은 대략 연간 5만 2000달러인 반면, 매사추세츠의 가구당 소득은 대략 7만 9000달러다. 그러나 루이지애나의 1인당 실질 GDP 성장률은 매사추세츠보다 더 높다. (각 3%, 2%). **[LO 26.3, 26.4]**
   a. 여러분의 1인당 소득을 극대화하려면 앞으로 몇 년 동안 어느 주에서 거주해야 하는가?
   b. 여러분의 1인당 소득을 극대화하려면 장기적으로 어느 주에서 거주해야 하는가?
7. 〈표 26P-4〉의 세 국가는 충분한 시간이 주어졌을 때 동일한 경제 발전 수준으로 수렴하는가? **[LO 26.3, 26.4]**
8. 다음의 각 예시를 보고 각 사건들이 경제성장을 저해할 것인지, 촉진할 것인지 기술하라. 그리고 이들이 증가시키거나 감소시키는 생산성의 결정요인에 대해서도 말하라. **[LO 26.2, 26.5]**

표 26P-4

국가	1인당 소득 (달러)	1인당 실질 GDP 성장률
안소니아	5,000	7.0
트럼불	7,500	4.5
셀턴	10,000	2.0

   a. 학생들이 학교에 다니는 것을 요구하지 않는다.
   b. 새로운 발명품의 특허를 승인한다.
   c. 견고한 기반 시스템을 건설한다.
   d. 지방의 강과 천이 오염되도록 허가한다.
9. 미 정부의 정책입안자들은 1인당 실질 GDP를 증가시키기 위한 법을 입안하기 위해 노력했다. 이 법들은 전형적으로 3가지 중 하나인데, 아래 나열된 것과 같다. 3가지 관점에서, 이들 법 혹은 정부의 정책이 지닌 의도를 말하라. **[LO 26.5]**
   a. 기술 개발을 촉진하기 위해 기업의 연구와 개발에 대한 투자를 장려한다.
   b. 물적자본의 축적을 촉진하기 위해 개인의 저축을 장려한다.
   c. 인적자본의 축적을 촉진하기 위해 개인의 교육에 대한 투자를 장려한다.
10. 아래의 각 상황이 나타내는 경제 내의 안정적인 환경을 조성하기 위한 제도에 대해 말하라. **[LO 26.6]**
   a. 누군가 여러분의 자동차를 절도하였지만, 곧 체포되었다.
   b. 여러분은 여러분의 고용주가 고용계약을 위반한 것에 대해 제소하였다.

미주

1. Reprinted from Journal of Monetary Economics 22, Robert E. Lucas, "On the mechanics of economic development," 3-42, July 1988, with permission from Elsevier.
2. National Science Foundation, Science and Engineering Statistics 2012, Chapters 4 and 5, http://www.nsf.gov/statistics/seind12/c0/c0i.htm.

참고문헌

J. Bradford DeLong and Martha Olney, Macroeconomics, 2nd edition (New York: McGraw-Hill/Irwin, 2005).

Ralph Landau, Timothy Taylor, and Gavin Wright, eds., The Mosaic of Economic Growth (Palo Alto, CA: Stanford University Press, 1996).

◀ 세계의 모바일 윈도우-이 장의 내용과 관련된 응용사례를 찾으려면 여러분의 스마트폰으로 이 코드를 스캔하라. (QR코드 리더가 필요하면, 여러분의 앱스토어에서 ScanLife를 활용하라.)

여러분의 모바일 앱스토어를 방문하여 Karlan and Morduch Study Econ app.을 다운로드 하라. ▶

Chapter 27

실업과 노동수요

학습목표

LO 27.1 경제학자들이 고용과 실업을 어떻게 측정하는지 설명하기

LO 27.2 균형보다 높은 임금이 어떻게 실업을 야기하는지 설명하기

LO 27.3 경제에 자연실업률이 존재하는 이유 설명하기

LO 27.4 경기적 실업이 존재하는 이유 설명하기

LO 27.5 임금이 균형수준까지 내려가는 것을 멈추게 하는 요인 알아보기

LO 27.6 정책입안자가 실업보험을 계획했을 때 직면하게 되는 과제 설명하기

실업 상태에 있다는 것은 무엇을 의미하는가?

릭 알렉산더(Rick Alexander)는 코네티컷에서 30년 동안 주택복원사업을 성공적으로 운영한 훌륭한 건축업자다. 2008년, 연로한 부모님의 건강이 악화되자 그는 사업을 정리하고 부모님을 보살피기 위해 플로리다로 이사했다. 그는 공인무역자격증과 경력이 있었기에 일자리 찾는 것이 어렵지 않을 것이라 생각했다. 처음에는 건설현장의 감독관 자리를 찾았지만 실패했다. 다음에는 눈높이를 낮춰 목재 도매상이나 목재 집하장에서 일자리를 찾았고, 그 다음으로 철물점의 아무 일자리나 지원했다. 하지만 그는 계속 거절당했다. 그는 자신의 사업을 시작하려고 노력했지만, 플로리다의 주택시장이 어려움을 겪고 있었기에 이윤을 창출할 만큼 충분히 판매할 수 없었다. 구직에 지친 릭 알렉산더는 일자리 찾는 것을 포기했다.[1]

알렉산더의 사례는 좌절감을 느낄 정도로 흔한 일인데, 특히 경기침체기에는 일상적인 일이다. 어려운 시기에 일자리를 찾는 것은 쉬운 일이 아니다. 2009년 10월, 경기침체가 공식적으로 끝난 후 4개월이 지났을 때, 미국의 실업률은 10% 가까이 증가했다. 실업은 인구 구성의 특정 집단에서 훨씬 더 높았다. 고교 졸업장이 없는 젊은 세대의 실업률은 30% 가까이 됐다.[2] 대학 졸업자들도 일자리를 찾기 위해 고군분투했고, 결국 부모님의 집으로 들어가 살게 되었다.

물론, 실업은 경제가 침체되지 않을 때도 존재한다. 일자리에서 일자리로 이동할 때 단기간의 실업 상태를 야기하는 노동시장에서의 자연적인 교체(natural churning)는 경제생활에서 정상적으로 일어나는 일이다. 심지어 경기침체가 아니더라도, 지역에서의 실업은 공장이 문을 닫거나 폐쇄했을 때를 비롯해 지역 고용주들의 요구가 바뀌었을 때도 발생한다. 이런 실업은 해고된 노동자들의 기술을 필요로 하는 일자리를 찾을 수 없을 때 더 악화된다. 역설적으로, 최저임금법과 노동조합 설립 같은 노동자를 보호하기 위해 계획된 정책들이 실업을 발생시키기도 한다; 이러한 정책들은 기존의 노동자를 도와주기도 하지만, 실직한 노동자들의 구직 활동을 더

어렵게 하기도 한다.

약간의 실업은 불가피하기도 하지만, 너무 많은 실업은 개인에게나 경제 전체로서도 심각한 결과를 가져온다. 실업의 한 가지 결과는 경제의 성장 잠재력의 일부—실업자의 시간과 기술—가 사용되지 않는 것이다. 다른 결과는 훨씬 더 개인적이다. 릭 알렉산더의 사례는 장기 실업이 개인적으로 얼마나 고통스러운 경험일 수 있는지 단적으로 보여준다. 실업은 미래에 대해 불확실성을 가져오고, 특히 자신과 가족을 도와주려고 할 때 큰 절망감을 느끼게 할 수 있다. 기존의 연구 결과에 따르면 실업 상태는 심각한 경기침체 및 미약한 자아 존중감과 상관관계가 있다. 실업은 잠재적으로 심각한 사회적 · 심리적 결과를 초래하는 경제 문제다.

일자리의 상실은 개인에게 정신적으로 충격이 될 수 있지만, 구직의 어려움은 대체로 개인이 통제할 수 없는 거시경제적 힘에 의해 형성된다. 이러한 힘은 무엇인가? 이런 질문들은 경제학자들에게 수수께끼를 던진다.

우리는 현재의 가격에서 수요량과 공급량이 일치하는 균형 상태에 도달한 시장으로부터 논의를 시작한다. 실업이 존재한다는 사실은 현재의 임금수준에서 기업이 원하는 노동수요보다 사람들이 노동을 더 많이 공급하고자 한다는 것을 의미한다. 실업이 제거될 때까지 임금이 하락하지 않는 이유는 무엇인가? 이 장에서는 임금이 균형수준까지 하락하지 않는 이유에 대해 탐색한다. 또 노동시장이 균형 상태일 때 실업이 존재하는 이유에 대해서도 알아본다. 나아가 실업의 다양한 원인을 구별함으로써 문제 해결을 위한 여러 가지 전략의 논리를 살펴볼 것이다.

실업의 정의와 측정

실업의 측정은 일하지 않는 사람들을 단순히 집계하는 것보다 더 복잡하다. 릭 알렉산더가 적극적으로 일자리를 구할 때 그는 실업자에 포함된다. 반면 알렉산더의 은퇴한 부모님은 일자리를 갖고 있지 않지만, 일자리를 구하는 데 관심이 없다. 이와 같은 2가지 형태의 무직 상태를 어떻게 구별하는가? 알렉산더와 같은 처지에 있는 누군가가 낙망해 구직 활동을 포기했다면, 이러한 상황을 어떻게 표현할 것인가? 명확하고 일관된 방식으로 실업을 정의하는 것은 근본적 문제를 파악하기 위해 중요한 첫 단계다.

실업 일하고자 하나 취업을 못한 상황

실업(unemployment)은 일하고자 하지만 일자리를 찾을 수 없을 때 발생한다. 사람들은 다양한 이유로 실업 상태에 있다: 예를 들면, 구직자들이 갖고 있는 관련 기술이 부족하기도 하고, 높은 연봉을 요구하기도 한다; 때로는 적합한 기술과 적절한 야망이 있지만 여전히 현재 시장에서 직장을 구하지 못한다. 정부의 실업에 대한 정의는 이런 모든 상황을 포착하려고 한다. 고용통계 수집을 담당하는 정부기관인 노동통계국(BLS; Bureau of Labor Statistics)은 다음과 같은 방식으로 실업을 정의한다:

> 조사 주간을 포함한 4주 동안 적극적으로 일을 찾았으며, 임시로 아픈 것을 제외하고는 일할 수 있었고, 해당 기간 동안 일자리가 없었던 16세 이상의 사람들.[3]

이런 정의는 미국의 노동부에서 다음과 같은 3가지 기준을 충족시키는 경우에만 실업자로 계산한다는 것을 의미한다:

1. 이전의 주에 전혀 일하지 않았다.
2. 일자리를 제안받았을 때 일할 수 있었다.
3. 일자리를 찾기 위한 노력을 했다.

실업 측정하기

LO 27.1 경제학자들이 고용과 실업을 어떻게 측정하는지 설명하기

이 절에서는 노동통계국(BLS)의 공식 발표나 신문에서 보게 되는 실업 통계를 이해하기 위해 필요한 모든 사항을 종합적으로 살펴볼 것이다. 이런 보고들은 비즈니스와 정치 세계에서 매우 영향력이 있다; 모든 사람들은 경제의 건실한 상태를 말해주는 실업에 대한 최신 정보를 알고자 한다.

우선, 인구의 주요 집단에 대해 정의할 필요가 있다. **생산가능인구**(*working-age population*)는 16세 이상의 인구를 말한다. 이 부류에는 군인이나 교도소 또는 정신병원에 수용된 사람들을 제외한 모든 성인이 포함된다.

하지만 16세 이상의 모든 사람들이 일하기를 원하는 것은 아니다. 실업의 공식적 정의에서는 '일할 수 있고' 동시에 '일자리를 찾기 위해 구체적인 노력을 하는' 사람들만 계산하기를 원한다. 전일제 학생이나 아이들을 돌보기 위해 집에 머무는 부모들은 실업자에 포함시키지 않는다는 것을 의미한다. 장애로 인해 일할 수 없는 사람들이나 재산을 상속받아 일보다는 물려받은 재산으로 살아가는 사람들도 포함하지 않는다. 미국에서는 은퇴자들도 실업자에 포함되지 않는다.(어떤 나라는 16~64세로 '생산가능인구'를 정의하지만, BLS는 나이에 상한을 두지 않는다.)

만약 은퇴자와 가사활동을 전담하는 부모들을 제외한 생산가능인구에 대해 알아보고 싶다면, **경제활동인구**(*labor force*)에 대해 이야기해야 한다. **경제활동인구**는 생산가능인구 중 취업 또는 실업 상태인 사람들로 구성된다. 다시 말해, 경제활동인구는 현재 일하고 있거나, 일하기를 원하면서 일자리를 적극적으로 찾는 사람들을 모두 포함한다.

경제활동인구 생산가능인구에 해당되고 취업 상태거나 구직 상태인 사람들

이제 **실업률**(unemployment rate)을 정의하기 위해 필요한 숫자들을 갖고 있다. 실업률은 경제활동인구 가운데 실업자가 차지하는 백분율이다.

실업률 실업자를 경제활동인구로 나눈 비율

방정식 27–1

$$\text{실업률} = \frac{\text{실업자}}{\text{경제활동인구}} \times 100$$

$$= \frac{\text{실업자}}{(\text{취업자}+\text{실업자})} \times 100$$

〈표 27-1〉은 2006년 12월과 2011년 12월 미국 경제의 실업자와 취업자의 공식 통계다. 첫 번째 날짜(2006년 12월)는 미국의 경기침체가 시작되기 바로 직전이다. 5년 후의 자료는 극심한 불황이 오랫동안 노동시장에 영향을 미칠 수 있다는 링거링효과(lingering effect)를 보여준다. 5년에 걸쳐 실업자의 수는 6,762,000명에서 13,097,000명으로 크게 증가했다.

〈표 27-1〉에 제시된 실업자 수를 경제활동인구로 나누면 실업률을 구할 수 있다.

표 27-1
미국 고용통계

생산가능인구와 경제활동인구가 증가함에도 불구하고, 2006년부터 2011년까지 취업자는 감소하고 실업자는 증가했다.

출처: 노동통계국, 표 A.1. 성별 및 연령별 민간인 인구의 계절조정 고용상태(2012년 6월 16일 접속). http://www.bls.gov/cps/tables.htm.

월	생산가능인구 (군인, 교도소 및 정신병원 수용자 제외)	경제활동인구	취업자	실업자
2006년 12월	230,108,000	152,732,000	145,970,000	6,762,000
2011년 12월	240,584,000	153,887,000	140,790,000	13,097,000

2006년 12월 실업률:

$$\frac{6,762,000}{152,732,000} \times 100 = 4.4\%$$

2011년 실업률:

$$\frac{13,097,000}{153,887,000} \times 100 = 8.5\%$$

2011년의 실업률은 2011년 말에 일하기를 원했던 미국인의 약 8.5%가 일자리를 구할 수 없다는 것을 말해준다.

실업률은 국민경제에서 일어나는 전반적인 사정에 대해 설명해주지만, 누가 영향을 받는지에 대해서는 말해주지 않는다. 일반적으로, 실업률은 교육수준, 성별, 나이, 인종에 따라 크게 다르다. 평균적으로 젊은 사람들은 나이 든 사람들보다 실업률이 높고, 교육을 덜 받은 사람들은 교육을 더 받은 사람들보다 실업자가 될 가능성이 더 높다. 〈그림 27-1〉은 2003~2011년에 인구집단의 유형별 실업률을 보여준다.[4]

경제활동참가율 생산가능인구 중 경제활동인구의 비중

또한 **경제활동참가율**(labor-force participation rate)을 살펴봄으로써 경제 상태에 대한 흥미로운 점을 배울 수 있다:

방정식 27-2

$$\text{경제활동참가율} = \frac{\text{경제활동인구}}{\text{생산가능인구}} \times 100$$

이 그림을 통해 인구의 어떤 부류가 일하기를 원하고, 실제 누가 일하고 있는가를 알 수 있다. 경기침체기에는 대체로 경제활동참가율이 감소한다. 실질자들 가운데 일부는 릭 알렉산더처럼 결국에는 구직을 포기한다. 일단 이들이 적극적으로 구직 활동을 하지 않는다면 그들은 더 이상 경제활동인구로 간주되지 않는다. 다른 사람들은 학교로 돌아가거나, 조기 퇴직을 하거나, 구직 대신 가정주부가 되는 선택을 하기 때문에 경기침체기에 경제활동참가인구에서 제외되기도 한다.

〈표 27-1〉에 근거해 2006년 12월의 경제활동참가율을 측정할 수 있다:

$$\frac{152,732,000}{230,108,000} \times 100 = 66.4\%$$

이 수치는 2006년 12월 생산가능인구 가운데 66.4%가 경제활동인구였다는 것을 의미한다. 2011년 12월에 경제활동참가율은 다음과 같았다:

그림 27-1
인구집단별 실업률

(A) 성별 실업률

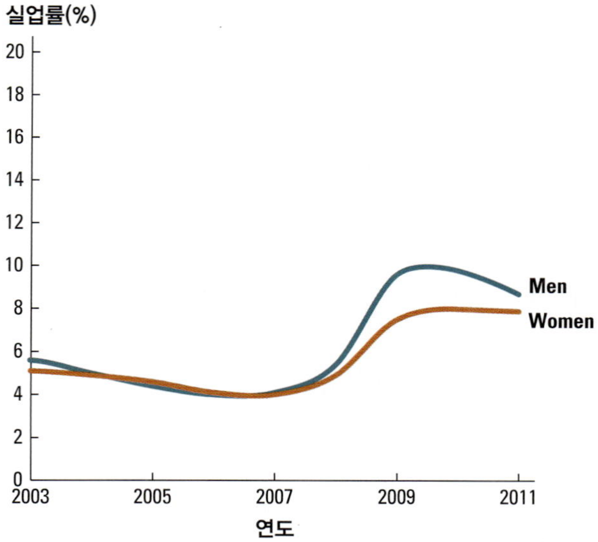

최근의 경기침체가 시작되기 전까지 남여의 실업률은 비슷했다. 경기침체 이후에는 남성들의 실업률이 더 높았다.

(B) 연령별 실업률

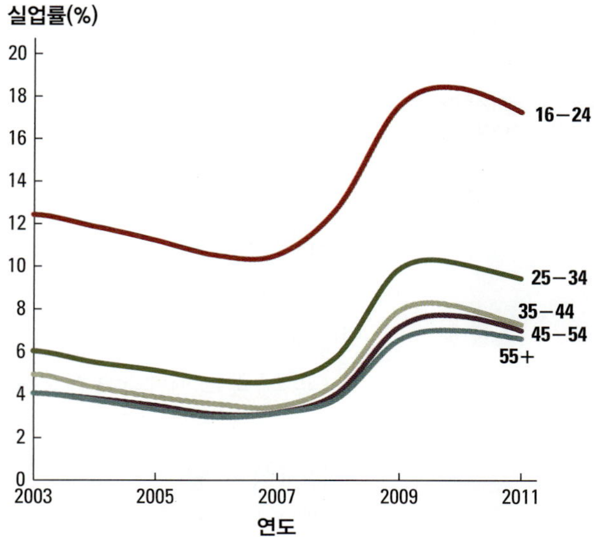

일반적으로 젊은이들의 실업률이 높다.

(C) 인종별 실업률

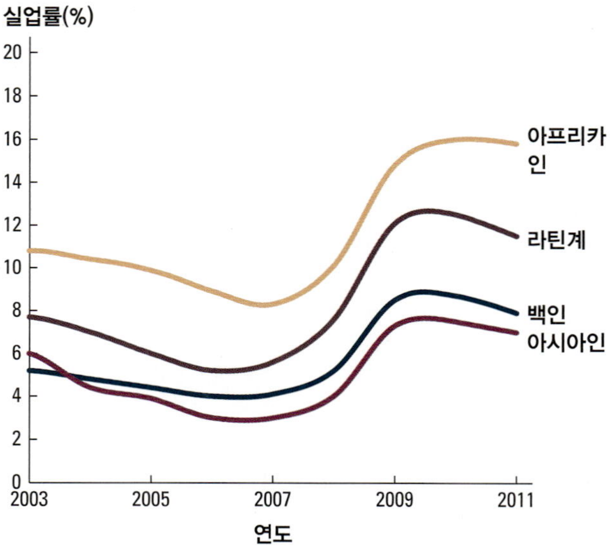

전반적으로 실업률 변화의 경향은 모든 인종에서 유사하게 나타났지만, 아프리카계 미국인의 실업률이 훨씬 더 높았다.

(D) 교육수준별 실업률

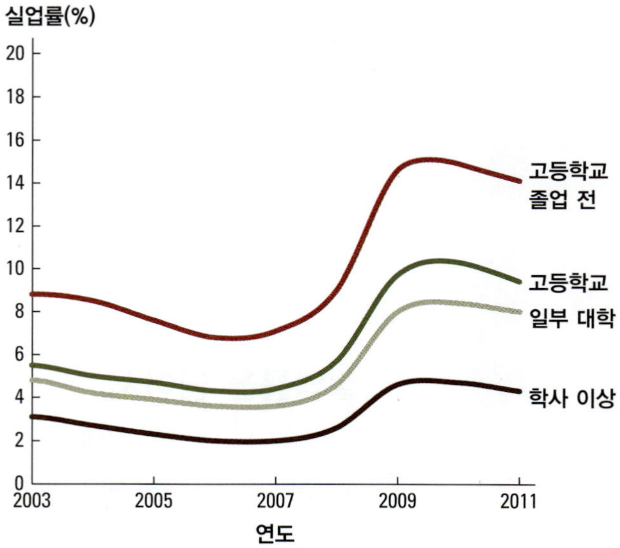

교육이 높을수록 일자리를 갖게 될 가능성이 더 크다.

출처: 노동통계국, 표 A.2 인종별, 연령별 및 성별 민간인 인구의 고용상태(2013년 4월 16일 접속), http://www.bls.gov/cps/tables.htm.

표 27-2

2006년과 2011년 미국의 고용

경기침체로 인해 실업률이 증가한 반면, 경제활동가참율은 감소했다.

출처: 노동통계국(2012년 6월 17일 접속), http://www.bls.gov/cps/tables.htm.

	실업률(%)	경제활동참가율(%)
2006년 12월	4.4	66.4
2011년 12월	8.5	64.0
변화	+4.1	−2.4

$$\frac{153,887,000}{240,584,000} \times 100 = 64.0\%$$

5년 동안, 생산가능인구의 2.4%가 경제활동참여를 그만두었다. 최소한 이들 가운데 일부는 경제활동인구로 있었다면 실직했을 가능성이 높기 때문에 실업률은 고용에 미치는 경기침체의 영향을 과소평가할 수 있다.

〈표 27-2〉는 미국 노동시장의 2가지 다른 지표를 보여준다.

잠재적 혼란

실업에 대해 토론할 때, 사람들은 **퍼센트포인트**(*percentage point*) 변화에 대해 종종 언급한다—4.4%에서 8.5%로 증가했을 때, 실업률이 4.1%포인트 증가했다고 하는 것처럼. 때때로 사람들은 4.1%포인트 대신 4.1%만큼 실업이 증가했다고 표현해 실업의 변화에 대해 부정확하게 전달한다. 비록 사람들이 무엇을 의미하는지 짐작하더라도 그러한 표현에는 큰 차이가 있다.

원한다면, 퍼센트포인트보다 %로 실업의 변화를 이야기할 수도 있다. 예를 들어, 4.4에서 8.5로의 변화는 93% 증가한 것이다. 이는 기술적으로 정확하지만, 경제학자가 이런 방식으로 이야기하는 것을 듣는 경우는 드물다.

퍼센트포인트로 이야기할 경우 변화의 정도를 설명하기 쉬워진다: 예를 들어, 여러분이 실업률이 4.1%포인트 증가했다고 들었다면, 경제활동인구 1,000명마다 41명이 일자리를 잃게 된다는 것을 의미한다. 그런데 여러분이 실업률이 93% 증가했다고 들었다면, 그 변화가 실제로 얼마나 악화되었는지 알 수 있는 방법이 없다. 93%의 변화는 아주 작은 변화를 나타내는 것으로 1%에서 1.93%로의 변화일 수도 있고, 또는 큰 변화를 내포하는 것으로 10%에서 19.3%로의 변화일 수도 있다. 이런 이유 때문에 통계학자들과 경제학자들은 실업에 대해 토론할 때 퍼센트가 아니라 퍼센트포인트로 변화를 보고한다.

실업률을 넘어서

실업률은 노동시장의 상태를 요약하기 위해 종종 사용되지만, 상당한 한계가 있다. 가장 분명한 것은, 이 장이 시작될 때 소개된 릭 알렉산더와 같은 사람들은 포함하지 않는다. 알렉산더가 일자리를 적극적으로 찾는 동안, 그는 실업자에 포함된다. 그가 구직에 대한 희망을 포기했을 때, 그는 경제활동인구에서 탈락했고, 더 이상 실업자로 산입되지 않았다.

이것은 언어적 의미의 속임수처럼 보인다. 알렉산더가 이력서를 제출하는 데 시간을 보내면서 취업에 대해 낙관적인 느낌을 가지고 있을 때에는 실업자로 측정하지만, 취업에 대해 비관적으로 바뀌고 일자리 탐색을 포기했을 때에는 실업자로 포함되지 않는 이유는 무엇인가? 사실, 노동통계국은 알렉산더와 같은 사람을 **실망실업자**(discouraged workers)로 표현한다. 실망실

실망실업자 노동시장의 상황 때문에 구직을 포기한 사람

실업의 분류	2006년 12월 실업률(%)	2011년 12월 실업률(%)
U1: 장기실업자 (15주 이상)	1.4	5.0
U2: 실직자 + 임시 고용자	2.1	4.9
U3: 실업자	4.4	8.5
U4: 실업자 + 실망실업자	4.6	9.1
U5: 실업자, 실망실업자 + 한계적으로 추가된 노동자	5.2	10.0
U6: 실업자, 실업실업자, 한계적으로 추가된 노동자 + 불완전취업자	7.9	15.2

표 27-3

실업의 6가지 측정

경제의 총실업은 좁은 의미 또는 넓은 의미로 측정할 수 있다. BLS는 만성적인 실직자들만 포함하는 가장 좁은 의미(U1)로부터 전일제로 일하기를 원하지만 시간제로 일하고 있는 사람들을 포함하는 가장 넓은 의미(U6)에 이르기까지 6가지의 주요 지표를 보고한다. 신문에서 전형적으로 인용하는 '공식' 실업률은 U3다.

출처: BLS, 표 A-15, 계절 조정된 실업과 불완전취업의 대체 측정 (2011년 6월 17일 접속), http://www.bls.gov/cps/tables.htm.

업자란 지난해에는 일자리를 찾았지만 노동시장의 상황 때문에 구직을 포기한 사람이다.

실망실업자는 누가 경기침체에 의해 영향을 받는가에 대해 보다 포괄적인 견해를 제공한다. 시간제 직장에서 일하지만 전일제로 일하기를 원하는 사람은 어떤가? 그런 사람들은 **불완전취업**(underemployed) 상태에 있다고 한다. 일자리는 있지만 기술수준에 맞는 적절한 일자리가 아닌 직장에서 일하는 노동자들도 마찬가지다—예를 들면, 법대를 졸업했는데, 법 관련 일자리는 구할 수 없고, 마지못해 스타벅스에서 바리스타로 일하고 있는 법대 졸업생의 경우가 이에 해당된다. 노동통계국(BLS)은 불완전취업의 첫 번째 종류(여러분이 일하기를 원하는 시간보다 덜 일하는 경우)에 관한 자료는 수집하지만, 안타깝게도 두 번째 종류(여러분의 능력보다 낮은 수준의 일자리에서 일하는 경우)에 관한 자료는 수집하지 못한다.

불완전취업자 원하는 것보다 적게 일하고 있거나 숙련 수준에 못 미치는 일을 하고 있는 근로자

사실, 노동통계국(BLS)은 〈표 27-3〉에 제시된 것처럼, 실업에 대해 6가지 다른 지표를 제공한다. 첫 번째 2개의 지표는 '협의'의 실업률을 나타내는데, 장기간 실업 상태에 있는 사람들(U1), 최근 직장을 잃었거나 임시 고용된 사람들(U2)을 포함한다. '공식적' 실업률은 U3다. 네 번째 지표는 실업자에 실망실업자를 더한 것이다. 다섯 번째 지표는 '한계적으로 추가된' 노동자를 더한 것이다. 이런 사람들은 어떤 면에서 보면 실망실업자다—일하기를 **원하고**, 지난해의 어떤 시점에서 구직 활동을 했다. 그러나 어떤 이유로 지난 4주 동안 구직 활동을 하지 못했기 때문에 그들은 실업의 엄격한 정의를 충족하지 않는다. 마지막 정의인 U6는 전일제 일자리를 찾고 있지만 시간제 일자리에서 일하는 불완전취업자를 포함한다.

실망실업자들은 실업자로 포함되지 않는다.
© Tony Biddle, Perfect World Design.

실업의 측정에 추가 범주를 더하면 노동시장에 관한 큰 그림을 그리는 데 도움이 된다. 실업을 가장 넓은 의미로 해석할 경우, 즉 실망실업자와 한계적으로 추가된 노동자 및 불완전취업자를 포함할 경우에

는 2011년에 15% 이상의 경제활동인구가 원하는 만큼 일하지 못한 것으로 나타났다. 2006년에 이 수치는 약 8% 수준이었다.

경기침체기에 발생한 주목할 만한 변화는 장시간 실업 상태에 있는 사람들의 비율이 증가했다는 것이다. 2006년에 15주 이상 실업 상태에 있었던 사람들은 경제활동인구의 1.4%에 불과했는데, 이는 전체 실업자들의 4분의 1 수준이다. 2011년에는 이 숫자가 증가해 경제활동인구의 5%가 되었는데, 이는 전체 실업자 3분의 2 정도에 달하는 규모다. 이런 변화를 통해서 볼 때, 경기침체기의 실업은 전직 기간에 경험하는 짧은 실직 기간만이 아니라, 장기간에 걸친 구직 능력의 취약함을 반영하고 있다.

데이터는 어디서 오는가?

미국의 실업에 대한 정보의 주요 출처는 가구조사이며, 가구를 방문해 취업 여부와 소득금액에 대해 설문조사한다. 노동통계국에 의해 수행되는 이 조사는 경제활동인구조사(CPS; Current Population Survey)로 불린다. BLS의 고용인들은 약 6만 가구를 조사한다. 정확하지는 않지만—매월 미국의 모든 가구를 설문조사하기 위해서는 엄청난 비용이 필요할 것이다—표본의 크기는 전반적으로 경제에 대해 신뢰할 만한 추정을 하기에 충분하다.

이 조사는 연중 진행되며, BLS는 이 자료를 이용해 계절조정 실업률을 분석한다. 예를 들면, 여러분이 훈련된 스키 강사라면 8월보다는 2월에 더 쉽게 일자리를 구할 수 있을 것이다. 농장 노동자와 건설 노동자도 계절 변화에 의해 영향을 받는다. BLS는 경제 조건의 변화로부터 예상되는 계절적 유형을 구별하기 위해 **계절조정**(*seasonally adjusted*)실업 통계를 공표한다. BLS에 대해 더 자세히 알고 싶다면 다음 사례를 참고하라.

여러분을 어디로 이동시키는가?

노동경제학자

미국 연방 정부에 고용된 경제학자들 가운데 약 4분의 1이 노동통계국(BLS)에서 일한다. 여러분이 실업 문제의 전문가가 되기를 원한다면, 즉 어떻게 실업을 측정하고, 실업에 대해 무엇을 해야 하는가를 연구하려면 BLS는 가장 적합한 직장이다. 더 자세히 알아보고 싶다면 이 장 끝부분의 QR코드를 스캔하거나 온라인을 통해 읽기를 계속하라.

✓ 개념 확인하기

- ❒ 경제활동참가율은 어떻게 측정되는가? **[LO 27.1]**
- ❒ 실망실업자들은 실업 상태에 포함되는가? **[LO 27.1]**
- ❒ 불완전취업과 실업은 어떻게 다른가? **[LO 27.1]**

노동시장의 균형

LO 27.2 균형보다 높은 임금이 어떻게 실업을 야기하는지 설명하기

실업의 존재는 다소 수수께끼다. 노동은 다른 재화나 용역처럼 시장에서 구입되고 판매된다. 노동시장에는 기업이 고용하길 원하는 노동수요, 개인이 일자리를 구하는 노동공급, 그리고 임금에 해당하는 가격이 존재한다. 대부분의 시장에서는 시장이 균형 상태에 도달할 때까지 가격이 조절된다고 기대한다. 이때의 균형점에서 공급량과 수요량은 일치한다. 이런 단순한 모형이 노동시장에서 일어나는 것을 모두 설명해줄 수 없다는 것을 실업의 존재가 보여준다. 이 절에서는 단순모형의 예측을 알아본다. 다음 절에서는 임금이 균형수준보다 높거나 현실 세계의 마찰로 인해 노동에 대한 수요 또는 공급이 경제 변화에 완벽하게 조정되지 못할 때, 실업이 발생할 수 있다는 것을 보일 것이다.

다른 시장에서와 마찬가지로 노동시장도 수요곡선과 공급곡선으로 표현된다. 노동에 대한 수요는 생산을 위해 노동을 필요로 하는 기업으로부터 비롯된다. 〈그림 27-2〉의 A에 묘사된 **노동수요곡선**(labor demand curve)은 모든 기업의 총노동수요량과 임금률의 관계를 보여준다. 다른 조건이 변하지 않고 그대로라면, 기업은 임금이 낮을 때 더 고용하고 임금이 높을 때 덜 고용하길 원한다.

노동수요곡선 경제의 모든 기업들의 총노동수요량과 임금 간의 관계를 보여주는 도표

노동공급은 일할 능력이 있으면서 노동시장에 참여하기로 선택한 사람들로부터 비롯된다. 앞에서 살펴본 바와 같이, 잠재적으로 일할 수 있는 모든 사람이 일하기를 원하는 것은 아니다. 다른 조건이 변하지 않고 그대로라면, 경제 전반에 걸쳐 사람들은 높은 임금률에서 노동공급을 늘리고, 낮은 임금률에서는 노동공급을 줄이려고 할 것이라고 예상할 수 있다. 〈그림 27-2〉의 B

그림 27-2

노동수요와 노동공급

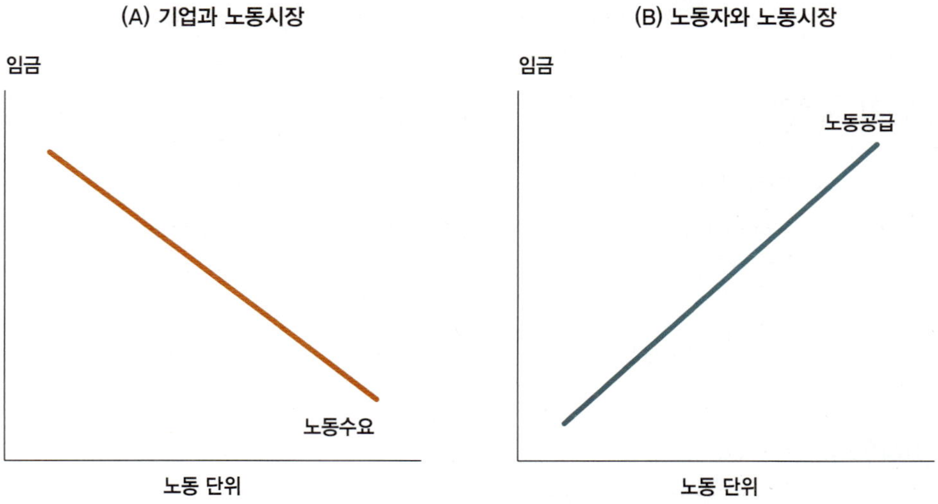

노동의 가격 또는 임금이 감소함에 따라 기업의 노동수요량은 증가한다. 이런 관계가 위의 그림으로 제시되었다.

반대로, 임금률이 증가함에 따라 노동자들은 노동공급을 증가시킬 용의가 있다. 이런 관계가 위의 그림으로 제시되었다.

노동공급곡선 경제의 총노동공급량과 임금 간의 관계를 보여주는 도표

에 묘사된 **노동공급곡선**(labor supply curve)은 경제의 총노동공급량과 임금률의 관계를 보여준다.

〈그림 27-3〉에 제시된 바와 같이 노동에 대한 수요곡선과 공급곡선이 함께 노동시장을 묘사한다. 다른 시장에서와 같이, 균형은 수요곡선과 공급곡선의 교차점에서 발생한다. 균형임금에서 수요량은 공급량과 같은데 이는 현재의 임금수준에서 일하기를 원하고, 동시에 요구하는 기술을 보유한 사람은 모두 일자리를 찾을 수 있다는 것을 의미한다.

실업의 정의—일하기를 원하지만 현재의 시장임금수준에서 일자리를 찾을 수 없는 사람들—는 수요와 공급의 언어로 바꾸어 말하기 쉽다. 즉, 현재의 시장임금에서 노동공급량(이 임금에서 일하길 원하는 사람들)은 노동수요량(이 임금에서 고용하길 원하는 기업에 의해 제안된 일자리)보다 많다. 즉, 노동의 **초과공급**(*surplus*)이 존재한다.

현재의 시장가격이 균형가격보다 높았을 때 시장에서는 초과공급이 발생한다.(확인하고 싶다면 6장의 '정부 개입'을 다시 읽어보라.) 〈그림 27-4〉는 임금이 W_1일 때—즉, 균형임금수준 W^*보다 높을 때—어떻게 실업이 발생하는지 보여준다. 이런 단순모형에서, 실업은 현재의 시장임금수준에서 제안된 일자리 숫자와 일하고자 하는 사람 숫자 간의 격차를 의미한다.(그러나 우리는 모형에 아주 작은 미묘한 차이를 추가했을 때, 임금이 균형임금보다 위에 있지 않을 때도 실업이 발생할 수 있다는 것을 곧 보게 될 것이다.)

여기에 수수께끼가 있다: 임금이 균형수준 위에 있는 이유는 무엇인가? 우리는 가격이 너무 높을 때 시장에서 어떤 일이 **일어나야** 하는지 알고 있다: 시장이 균형에 도달할 때까지 가격은 감소해야 한다. 그렇다면 균형임금에 도달할 때까지 기업이 낮은 임금을 제안하거나 실업자들이 낮은 임금으로 일할 것을 제안하지 않는 이유는 무엇인가? 다음 절에서는 이런 일이 발생하지 않는 이유뿐 아니라 균형임금에서도 실업이 발생하는 이유를 살펴볼 것이다.

✓ 개념 확인하기

- ❒ 노동의 균형가격은 무엇이라 하는가? **[LO 27.2]**
- ❒ 노동시장균형에서 교차하는 두 곡선은 무엇인가? **[LO 27.2]**

실업의 구분

실업의 원인을 이해하려면 실업을 2가지로 분류해 살펴볼 필요가 있다. 첫째는 **자연실업률**(*natural* rate of unemployment)이다. 이는 어떤 경제에서 장기적으로 존재하는 정상적인 수준의 실업이다. 둘째는 **경기적 실업**(*cyclical* unemployment)이다. 경기적 실업은 장기적인 추세 주위에서 변동하는 단기 변동을 설명한다. 어느 정도의 실업은 동태적 경제에서 불가피하지만, 실업의 양은 공공정책에 의해서도 영향을 받을 수 있다는 사실에 대해 살펴볼 것이다.

자연실업률

LO 27.3 경제에 자연실업률이 존재하는 이유 설명하기

〈그림 27-3〉에 묘사된 노동시장의 단순모형은 시장이 장기 균형 상태에 있을 때 **제로**(*zero*) 실

그림 27-3

노동시장의 균형

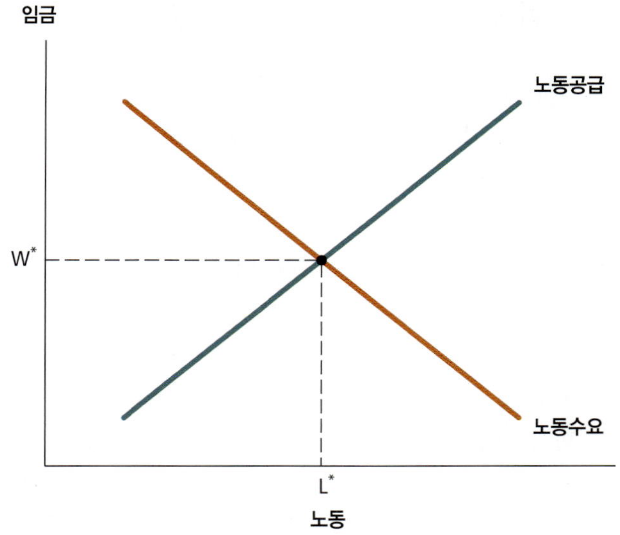

노동수요곡선과 노동공급곡선을 함께 고려하면, 노동을 구매하고자 하는 사람과 판매하고자 하는 사람들로 이루어진 노동시장을 형성한다. 다른 시장에서와 마찬가지로 두 곡선이 교차할 때 시장은 균형을 이루고, 이때 안정적인 임금이 결정되며, 노동에 대한 수요량과 공급량이 같아진다.

그림 27-4

실업이 존재하는 노동시장

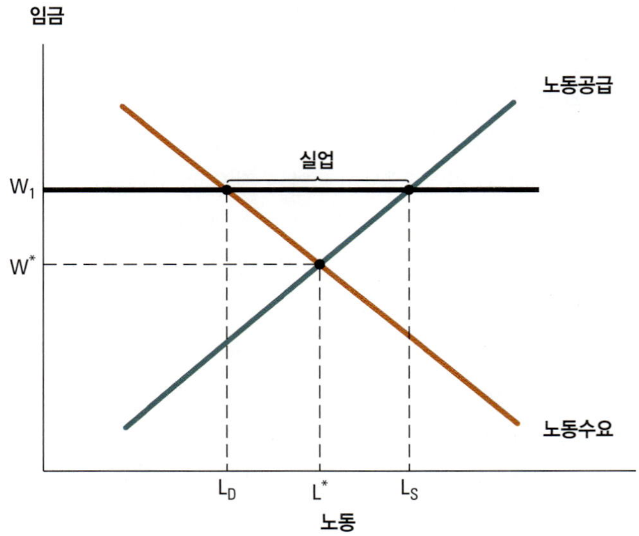

기업에서 고용하고자 하는 노동보다 노동자의 공급이 더 큰 경우, 노동시장은 노동자의 초과공급(즉, 실업)이 존재한다.

업률을 기대하는 것은 합리적이라는 것을 보여준다. 그러나 이 장 전반부의 자료는 결코 이런 경우가 발생하지 않는다는 것을 보여준다(2005년 즈음처럼, 경제가 잘 돌아갈 때에도). 대신 단기의 경제가 얼마나 좋은지 또는 나쁜지에 상관없이, 모든 경제는 약간의 실업을 경험한다. 장기에 걸쳐 경제에 지속적으로 존재하는 정상 수준의 실업을 **자연실업률**(natural rate of unemployment) 또는 **균형실업률**(*equilibrium rate of unemployment*)이라고 한다.

자연실업률 장기의 경제에서 불가피하게 발생하는 최소한의 실업률

자연실업률은 다음 3가지 요소에 의해 발생한다. 첫째는 지역을 바꾸거나 일자리 또는 경력을 바꾸는 노동자들에 의해 야기되는 실업으로 **마찰적 실업**(frictional unemployment)이다. 사람들은 새로운 일자리를 찾을 때, 모집공고를 찾고, 이력서를 제출하고, 인터뷰하고, 새로운 도시로 이사하는 등의 과정 때문에 시간이 소요된다. 일자리 이동에 걸리는 시간은 노동자들에게 제공되는 구인정보의 효과적인 전달 여부, 본인에게 가장 잘 맞는 일자리를 찾기 위해 기다리는 것이 얼마나 까다로운가의 여부, 일자리를 찾는 동안 노동자들을 지원하는 각종 자원들을 비롯해 수많은 요소에 의해 결정된다. 약간의 마찰적 실업은 피할 수 없다—이는 동태적인 경제에서 자연스럽고 건전한 일상생활의 일부이기도 하다. 어떤 분야에서 일자리가 사라지고, 다른 분야에서 새로운 일자리가 나타나면 야망 있는 노동자들은 더 나은 일자리를 찾기 위해 그들의 일자리를 떠난다.

마찰적 실업 근로자의 이주, 이직, 경력 전환 등으로 발생하는 실업

자연실업률을 초래하는 두 번째는 **구조적 실업**(structural unemployment)이다. 노동자가 제공할 수 있는 기술과 시장에서 요구하는 기술의 불일치로 나타나는 실업을 말한다. 소비자 선호는 일관되게 이동하고, 새로운 기술은 항상 발명된다. 결과적으로 오늘날 수요가 있는 기술은 내년에는 수요가 없을 수 있다. 만약 사람들이 쇠퇴하는 산업(자동차 제조업처럼)에서의 일자리로부터 성장 산업(온라인 서비스처럼)의 일자리로 쉽게 이동할 수 있다면, 구조적 실업은 존재하지 않을 것이다. 그러나 사람들의 교육수준, 직업 경험, 그리고 가족과 지역사회의 유대 등을 단기간에 바꾸기 어려운 것이 현실이다. 이런 자질과 유대로 인해 사람들은 어떤 업종과 특정 지역에서의 일자리에 더 적합하다. 변화하는 경제로 인해 회사에서 제안하는 일자리 유형과 사람들이 자격을 갖춘 일자리의 유형 간에 불일치가 발생할 수 있다.

구조적 실업 근로자가 제공할 수 있는 기술과 시장에서 요구하는 기술의 불일치로 나타나는 실업

예를 들면, 여행사의 일자리를 고려해보자. 여러분이 비행기 예약을 원한다면 아마도 온라인을 이용할 것이다. 20년 전 여러분은 여행 노선과 가격 정보를 이용해 일정표를 제공하는 여행사를 방문했을 것이다. 이제 트래블로시티(Travelocity), 카약(Kayak), 프라이스라인(Priceline), 엑스피디아(Expedia) 같은 웹사이트의 등장으로 고객들은 스스로 쉽고 빠르게 여행사의 일을 직접 할 수 있다. 결과적으로, 여행사 서비스에 대한 수요는 급격히 감소했다; 여행사 직원으로 훈련받은 사람들은 일자리를 잃었고, 이전과 동일한 지식과 기술을 사용하는 새로운 일자리를 더 이상 찾을 수 없었다.

어느 정도의 구조적 실업은 변화무쌍한 경제에서는 불가피하지만, 정부는 이를 최소화하기 위해 조치를 취할 수 있다. 하나의 방법은 실업자들에게 노동수요가 증가하고 있는 일자리에 대한 정보를 제공하는 것이다. 다른 방법은 실업자들에게 재훈련 프로그램을 제공해 구직 기회를 증가시키는 새로운 기술을 습득하도록 하는 것이다. 이런 프로그램들은 도움이 될 수 있지만, 새로운 일자리를 찾기까지는 몇 년이 걸릴 수도 있다. 만약 여러분이 중년의 자동차 제조업체 실직자라면, 아무런 사전 준비 없이 새로운 일자리를 위해 다른 지역으로 이동하는 것을 상상할 수 있겠는가?

자연실업률을 유발하는 세 번째 요소는 **실질임금** 또는 **전통적 실업**(real-wage or classical unemployment)이다. 이것은 시장청산임금수준보다 높은 임금이 지속적으로 유지될 때의 효과를 포착한 개념이다. 〈그림 27-4〉에서 보았듯이 노동시장에서 가격 하한처럼 작용하는 것은 무엇이든지 잉여노동을 창출할 것이고, 우리는 이것을 실업이라고 한다. 최저임금법, 노동조합의 단체교섭, 고용주가 균형임금보다 높은 임금을 지불하는 전략적 선택 등은 노동시장에서 가격 하한의 역할을 수행한다. 이 장의 후반부에서는 이에 대해 사례별로 살펴볼 것이다.

실질임금 또는 전통적 실업 임금이 시장청산임금수준보다 높아서 발생하는 실업

자연실업률을 발생시키는 3가지 요소의 공통된 맥락(common thread)은 현재의 경제 상태를 반영한다는 것이다. 여러분이 짐작한 대로, 경제 상태는 시간이 지나면서 변화할 수 있고, 자연실업률을 올리기도 하고 낮추기도 한다. 예를 들어, 최저임금을 시간당 10달러로 급격히 올리면 자연실업률은 확실히 증가할 것이다. 해고된 노동자를 재교육시키는 교육시스템은 자연실업률을 낮출 수 있다. 하지만 자연실업률은 경기변동에 따라 오르내리지 않는다. 단기에 나타나는 실업의 변화를 설명하기 위해서는 다른 방식의 접근이 필요하다.

경기적 실업률

LO 27.4 실업의 경기적 요소가 존재하는 이유 설명하기

경제는 시간이 흐르면서 오르내림을 경험하는데, 이는 GDP성장의 변화로 반영된다. 경제학자들은 이런 오르내림의 유형을 **경기순환**(*business cycle*)이라고 하는데, 이 주제는 28장의 '총수요와 총공급' 부분에서 추가로 논의할 것이다. 경기순환은 노동수요에 영향을 주기 때문에 실업과 밀접한 관련이 있다. 경제가 지속적으로 호황을 유지할 때, 기업이 사업을 확장함에 따라 노동자에 대한 수요는 증가한다. 경제가 후퇴할 때에는 기업 활동이 축소됨에 따라 수요는 감소한다. **경기적 실업**(cyclical unemployment)은 단기의 경기변동에 의해 발생하는 실업이다. GDP성장이 상승과 하락을 반복하는 순환적인(cycles) 경향이 있기 때문에, 이와 관련된 실업을 **경기적**(*cyclical*)이라고 한다.

경기적 실업 단기 경기변동에 의해 야기되는 실업

경기 후퇴의 효과로 총노동수요가 감소하는 경우를 가정하자. 다시 말해, 노동수요곡선이 왼쪽으로 이동한다. 단순 노동시장모형에서는 이런 변화로 인해 노동공급곡선을 따라 균형이 이동하고, 낮은 임금과 노동공급량수준에서 새로운 균형에 도달한다. 그런데 경기 후퇴기에 임금이 하락하지 않아 시장이 청산되지 않고, 그 결과 경기적 실업이 제로(zero)가 되지 않는 이유는 무엇인가? 현실 세계에서 임금은 '경직적(sticky)'이라는 것이 이에 대한 전형적인 설명인데, 이는 곧 시장임금이 경제의 변화에 느리게 반응한다는 것이다.

임금이 경직적인 이유는 다양하다. 어떤 노동자는 변경하기 어려운 계약을 할수도 있고, 노동자들이 낙망해 열심히 일하지 않을 수 있다는 생각에 고용주들은 임금을 일정하게 유지하기도 한다. 현실에서 임금 경직성의 정도는 경제학자들 사이에서 논란의 여지가 있는 주제다. 실제 임금이 시장청산임금수준보다 높아 일시적으로 경기적 실업을 초래할 수 있지만, 경제가 호황 국면으로 회귀하면 노동수요는 회복되고 경기적 실업은 감소할 것이다.

그림 27-5

미국의 주기적 실업 일반적으로 GDP성장이 낮을 때 실업률은 높아지는 경향이 있다. 실업은 GDP성장에 후행하는 경향이 있는 바, GDP성장의 변화에 이어 실업수준이 변화하지, 두 지표가 동시에 변화하지는 않는다.

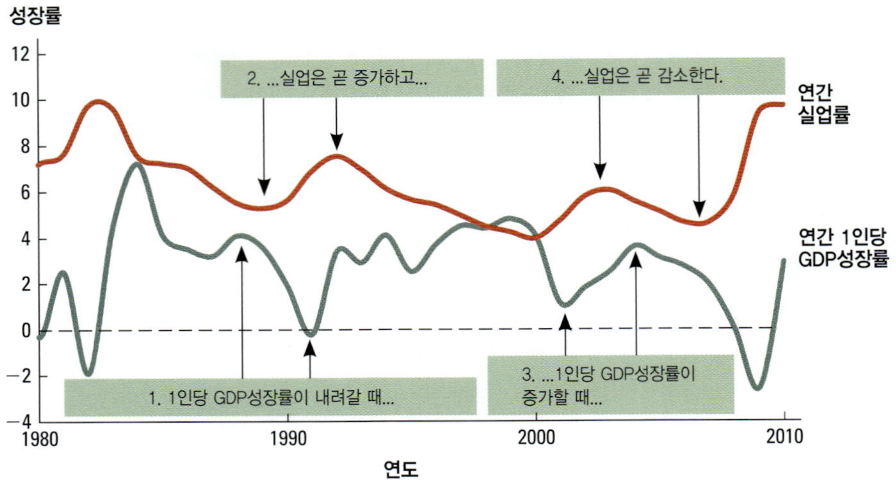

Source: BEA and BLS, accessed on the FRED (June 16, 2012).

〈그림 27-5〉는 지난 50년간 미국 경제의 GDP와 실업의 관계를 나타낸다. 성장이 하락할 때 실업은 올라가는 경향이 있다. 반대로 성장이 올라갈 때 실업은 내려가는 경향이 있다. 약간의 지연 또는 시차로 인해 실업은 **후행지표**(*lagging or trailing indicator*)가 된다. 경제의 변화가 고용의 변화로 전이되기까지는 일정한 시간이 걸린다. 고용주는 경기침체가 아주 심각하다는 것을 확인한 후에야 직원을 해고시키고, 경기 회복이 견고하다는 것을 확신할 때 비로소 노동자를 추가로 고용한다. 관망하는 동안 기업은 우선 직원의 근로시간을 감소시키거나 증가시키려고 할 것이다.

✓ 개념 확인하기

- ❒ 자연실업률은 무엇인가? **[LO 27.3]**
- ❒ 마찰적 실업과 구조적 실업의 차이를 비교하라. **[LO 27.3]**
- ❒ 경기적 실업이 변하는 경향은 무엇으로 측정하는가? **[LO 27.4]**

공공정책 및 실업에 영향을 주는 기타

실업과 관련한 문제를 처리하는 것은 어렵다. 실업은 경제의 전반적인 건실성을 평가하는 중요한 지표다. 실업을 경험한 사람들에게 실업은 개인적인 문제가 된다. 결과적으로 실업의 원인에 대한 토론은—특히 공공정책에 대한 시사점을 제시해주는 것들—격렬해질 수 있다.

이 절에서는 실업수준에 영향을 줄 수 있는 정책과 경제의 다른 요소들을 분석할 것이다. 상세히 들어가기 전에 논란이 되는 실업 관련 논쟁의 예를 하나 살펴보자—이민자들이 일자리를 차지함으로써 실업을 야기하는가? 경제학자들이 일반적으로 이에 대해 동의하지 않는 이유를 알아보기 위해 다른 시각에서 보기의 '이민이 노동시장에 미치는 영향'을 읽어보자.

다른 시각에서 보기

이민이 노동시장에 미치는 영향

미국의 노동자를 상상해보자—그의 이름은 존(John)이다. 존은 노스캘롤라이나(North Carolina) 주(州)의 샤롯테(Charlotte)에 거주한다. 그는 35세고 버스 운전기사로 일한다. 이제, 예비 이민자를 상상해보자—그의 이름은 호세(José)다. 호세는 페루(Peru)의 리마(Lima)에 사는 35세의 버스 운전기사이고, 존이 받는 임금의 4분의 1을 받는다. 호세는 샤롯테로 이사하기로 결심하고 현지 버스회사의 문을 두드린다. 그는 존이 받는 소득의 반만 받고 존의 버스를 운전하겠다고 제안한다. 임금을 절약할 수 있기 때문에 회사로서도 좋은 거래였다. 월급이 2배가 되는 호세한테도 좋은 거래였다. 안타깝게도, 50% 삭감된 월급을 받아들이지 않는다면 일자리를 잃게 되는 존한테는 좋지 않았다.(존의 회사는 노동조합이 없고, 회사가 원하면 운전기사를 고용하고 해고할 수 있다고 가정한다.)

이민자들이 미국인의 일자리를 차지하는 것에 대해 종종 듣게 되는 과장된 표현 뒤에 숨어 있는 그럴듯한 시나리오다. 단순 명쾌한 사례라고 생각되지 않는가? 글쎄, 그렇지 않다. 약간의 경제학적 논리를 적용할 경우, 중요한 몇 가지 사항을 추가할 수 있다.

먼저, 호세는 지금 샤롯테에 살고 있고, 샤롯테에서 돈을 지출하고 있기 때문에 현지 사업체에서 공급하는 재화와 용역에 대한 수요를 증가시키고 있다. 또 버스회사는 호세의 임금을 절약한 돈으로 버스 요금을 낮출 가능성이 높고, 이로 인해 승객들은 돈을 절약하게 된다. 소비자로부터 야기된 수요 증가로 현지 회사는 더 많은 노동을 고용하게 될 것이다. 이는 지금 일자리를 찾고 있는 존한테 좋은 소식이다.

물론, 이와 같이 단순한 사례는 현실의 노동시장에 미치는 이민의 복잡한 효과를 상당히 가리고 있다. 변천은 고통스럽고, 사업이 항상 완전한 유연성을 갖는 것은 아니다. 해고되어 새로운 일자리를 찾기 위해 노력해야 하는 존과 같은 사람에게는 쉬운 일이 아니다. 문제는 이민이 혼란을 초래할 수 있다는 것이다. 하지만 시간이 지나면서 이민은 현재의 노동자들로부터 일자리를 빼앗기보다는 오히려 경제를 확장할 수 있다. 새로운 노동자의 도착으로 경제활동 인구의 규모가 증가할 뿐 아니라, 생산비용을 감소시키고 재화와 용역의 수요를 증가시킴으로써 경제성장에 기여한다. 이민은 여러 가지 이유로 인해 정치적으로 뜨거운 감자다. 위의 사례는 이민이 반드시 실업을 야기한다는 단순한 주장을 경제학자들이 일반적으로 받아들이지 않는 이유를 설명하는 데 도움이 된다.

이민자들이 어떤 종류의 일자리에서는 보다 경쟁적이기 때문에 승자와 패자가 존재한다. 새로 유입된 이민자들의 다수가 건설 노동자로 일자리를 찾길 원한다고 하자. 여러분이 건설현장에서 구직하는 미국인이라면 이것은 나쁜 소식이다: 여러분은 구직이 더 경쟁적이게 되는 상황에 직면하게 되고, 이로 인해 임금은 하락한다. 하지만 여러분이 건설회사를 경영하는 미국인이라면 이는 좋은 소식이다: 건설업의 구직자가 증가하고, 이들 가운데 일부는 낮은 임금을 기꺼이 받아들일 것이다. 여러분은 더 높은 이윤을 얻게 되어 경제의 다른 부분에 지출하고, 그곳에서 노동에 대한 수요를 창출하게 될 것이다. 여러분이 주택 또는 가게를 사거나 수리하는 미국인이라면, 낮은 가격에 동일한 서비스를 제공받을 수 있기 때문에 좋은 소식이다.

과장된 표현과 감정은 전체 그림을 보는 데 방해가 될 수 있다. 정치적인 논쟁은 존이 고통받는 것처럼 즉각적인 일자리 소멸에 더 쉽게 집중한다. 확산 경향이 있는 사회의 장기적인 이득을 양적으로 측정하는 것은 어렵다. 경제학자들은 할 수 있는 한 균형감을 가지고 이런 상충관계에 있는 모든 것을 평가하려고 노력한다.

Source: Michael Clemens et al., "The Place Premium: Wage Differences for Identical Workers across the U.S. Border" (Center for Global Development Working Paper, 2008).

임금의 하락을 멈추게 하는 요인

LO 27.5 임금이 균형수준으로 내려가지 못하게 하는 요인 알아보기

앞 절에서, 장기(자연실업률을 통해)에서나 단기에서의 경기변동(주기적 실업을 통해)에 대응해 임금이 시장청산임금수준으로 떨어지지 못하게 하는 요소들에 의해 실업이 발생할 수 있다는 사실에 주목했다. 기술과 열망을 가진 모든 사람들이 일자리를 구할 수 있는 수준으로 임금이 떨어지지 못하는 이유는 무엇인가? 이 절에서는 3가지 가능한 설명을 살펴볼 것이다:

- 최저임금제를 통해 정부가 임금 하락을 막을 수 있다.
- 단체교섭을 통해 노동조합이 임금 하락을 막을 수 있다.
- 필요한 임금에 비해 높은 임금을 지불함으로써 기업 스스로 임금 하락을 막을 수 있다.

이 3가지 설명에 대해 차례차례 살펴보자.

최저임금(minimum wage). 최저임금은 기업이 노동자에게 지불하는 법적으로 허용된 가장 낮은 임금수준이다. 미국에서는 연방 최저임금이 2013년 초에 시간당 7.25달러였다; 일부 주(州)에서는 이 임금수준보다 높은 최저임금을 명령하고 있다. 이 임금은 대략 패스트푸드 레스토랑의 초보급 노동자들이 받는 임금이다.[5] 1주일에 40시간 일하면서 연방 최저임금을 받는 노동자는 세전(before taxes) 연봉이 1만5000달러를 조금 넘는다. 이런 연봉은 비록 3인 가구를 보살피기에 충분하지는 않더라도, 빈곤선 이상으로 2인 가구가 간신히 먹고살 정도다.

최저임금제를 지지하는 사람들은 노동자들이 기본 생활수준으로 살 자격이 있다고 주장한다. 또한 기업들이 노동자들에게 빈곤으로부터 벗어나기 힘든 수준의 임금을 지불하는 것은 공평하지 않다고 주장한다. 최저임금제를 반대하는 사람들은 〈그림 27-4〉에 제시된 것과 같은 그래프를 가리키는데, 이 그림이 제시하는 내용은 만약 최저임금이 균형임금수준보다 높게 되면 실업의 발생을 예상할 수 있다는 것이다. 물론 최저임금이 균형임금 이하(*below*)의 수준에서 설정된다면 아무 효과 없다; 이를 **구속력이 없는**(*nonbinding*) 최저임금이라고 한다.

최저임금이 실업을 야기하는가? 이 질문은 이론적 분석만으로는 해결될 수 없고, 데이터를 살펴볼 필요가 있다. 경제학자들은 최저임금이 실업을 야기한다는 아이디어에 대한 찬반 논쟁의 증거를 찾았으며, 논쟁은 더 치열해지고 있다. 미국의 여러 주에서 영업을 하는 패스트푸드 레스토랑의 증거에 따르면, 주 정부의 최저임금 인상으로 패스트푸드 가맹점의 직원들이 해고되지 않았다. 현실 세계의 노동시장이 〈그림 27-4〉에 제시된 모형처럼 작동하지 않는다는 것이다. 다른 사례에서 경제학자들은 최저임금으로 소규모의 실업이 발생하고, 기업들이 비숙련 청

년노동자들을 나이 든 숙련노동자로 대체하는 고용 구성의 변화가 나타났다는 것을 발견했다.

일부 경제학자들이 제기한 다른 가능성은, 최저임금이 합법적으로 고용된 사람들에게만 적용된다는 전제에서 '비밀협상' 일자리를 증가시킬 수 있다는 것이다. 다시 말해, 기업은 최저임금 미만의 임금으로 밀입국자들을 고용하거나, 정부에 보고하지 않고 현금으로 지불하는 방식으로 최저임금제에 반응한다는 것이다.

최저임금에 대한 견해는 다양하다. 만약 최저임금이 실업을 야기한다면 일자리를 찾을 수 없는 사람들은 손해를 보게 되지만, 직장에 다닌다는 것만으로도 충분히 행운인 사람들은 혜택을 받게 된다. 실업이 발생하지 않는다면 모든 노동자는 혜택을 받지만, 기업은 낮은 이윤을 창출함으로써 손해를 보게 될 것이다.

노동조합과 단체교섭(unions and bargaining). 2007년, 방송 및 시나리오 작가들은 파업에 들어갔다. 작가들은 주요 할리우드 스튜디오와 브로드웨이 극장에서 피켓 시위를 했는데, 그들이 일하는 TV쇼 프로그램 진행으로부터 창출되는 이윤의 더 큰 지분을 지급한다는 약속을 받을 때까지 일을 거부했다. 작가들의 파업이 의미하는 바는, 제작자의 입장에서는 다수의 TV쇼를 중단해야 하고, 작가들의 경우는 밀린 임금 2억8500만 달러를 포기하는 것이었다. 임금 인상과 이윤의 더 큰 지분을 확보한 작가들의 파업은 100일 후 중단되었다.

이 같은 파업은 노동조합의 존재 때문에 가능한데, 이 경우 작가들은 작가협회라는 노동조합의 구성원이었다. **노동조합**은 조합원들의 보수와 근로조건에 대해 고용주와 협상하기 위해 모인 피고용인의 집단이다. 1950년대, 미국 노동자들의 3분의 1이 노동조합에 속했지만, 오늘날 노동조합 가입률은 훨씬 낮다: 현재 모든 임금 및 봉급 노동자들의 약 12%, 약 1,500만 명의 미국인이 노동조합에 가입해 있다; 노동조합 조합원들의 절반 정도는 정부기관에서 근무한다.[6]

노동조합 임금이나 근로조건에 대해 고용주와 협상하기 위해 뭉친 피고용인의 집단

노동조합은 단체교섭을 통해 조합원들에게 혜택을 준다: 만약 불만을 품은 몇 명의 작가들만 파업을 했다면, 방송사는 다른 작가들로 빈자리를 쉽게 채웠을 것이다. 하지만 노동자들이 모두 파업에 동참한다면, 그들은 산업을 정지시킬 수 있다. 이런 위협은 노동자들이 임금 및 근로조건과 관련해 고용주들과 좀 더 유리하게 협상을 할 수 있게 해준다.

노동조합의 존재는 노동시장 및 실업에 어떤 의미를 주는가? 만약 노동조합이 유리한 협상을 이끌었다면, 임금은 균형수준 이상으로 올라갈 수 있다. 따라서 단체교섭은 실업에 대해 최저임금과 동일한 효과를 갖는다. 노동시장이 다른 시장처럼 작동한 결과, 노동조합이 조합원들을 위해 높은 임금을 협상했을 때 고용주는 원칙적으로 더 적은 노동자를 고용할 것이다. 이는 단체교섭을 통해 노동조합은 자신의 조합원들을 이롭게 하지만 비조합원들로 하여금 일을 찾기 어렵게 할 수 있다는 것을 의미한다. 노동조합의 교섭력이 강력한 경우에는 노동조합의 존재가 비조합원의 임금도 올라가게 한다는 증거가 있다. 한 가지 이유는 고용주들이 비조합원의 임금을 올려 그들로 하여금 노동조합 결성의 필요성을 느끼지 못하도록 한다는 것이다.

미국에서 노동조합의 힘은 감소하고, 다른 나라에서는 독립적인 노동조합이 제한되거나 전면 금지되고 있다. 임금인상 외에도 노동조합은 근로조건을 안전하게 하고 노동자들이 건강보험, 연금, 휴가와 같은 혜택을 받을 수 있도록 노력한다. 임금과 관련한 노동조합의 역할에 대한 견해는 노동시장이 공정 임금의 결정에 어느 정도 기여하고 있는지, 실업자와 취업자의 후생에 어느 정도 비중을 둘 것인지에 대한 여러분의 판단에 달려 있다.

효율임금(Efficiency wages). 시장청산임금보다 높은 수준의 임금을 지급하는 것이 기업의 현명한 결정이라면 어찌 되는가? 임금이 시장청산임금수준보다 높은 또 다른 이유는 일부 기업이 보통의 임금 이상으로 노동자에게 임금을 지급하길 **원하기** 때문이다. 그들은 왜 높은 임금을 지불하는가? 2가지 이유가 있다:

- 첫째, 높은 수준의 임금은 이직을 줄이고, 광고와 면접 및 신입직원 훈련에 지출되는 경비를 절약할 것이다.
- 둘째, 노동자들의 일자리 상실에 대한 두려움이 더 커지기 때문에 그들은 현재의 일자리 유지를 위해 더욱 열심히 일할 것이다.

효율임금 근로자의 생산성을 향상시키기 위해 시장임금수준보다 높게 책정된 임금

특히기술이 부족하고 노동자의 동기가 중요한 부문에서는 통상의 경우보다 높은 임금을 지급하는 것이 기업에 유리하고 효율적일 수 있다. 그 아이디어는 생산성을 극대화하기 위해 긍정적인 동기부여를 준다는 것이다: 직장 이동은 생산성을 해친다. 또한 일자리를 지키기 위해 더 많이 노력하는 노동자는 분명히 생산성도 향상시킨다. 생산성을 높이기 위해 의도적으로 시장임금수준보다 높게 책정된 임금을 **효율임금**이라고 한다. 헨리 포드(Henry Ford)는 디트로이트의 포드 자동차회사에서 효율임금을 도입한 것으로 유명하다. 1914년, 포드는 이직과 잦은 결근을 줄이기 위해 노동자의 임금을 2배로 올렸고, 그 결과 회사의 생산성과 수익성이 크게 향상되었다.

경기침체기에 효율임금이 어떻게 임금하락을 막을 수 있는가? 여러분이 10명의 직원과 함께 회사를 경영하고 있으며, 경기침체로 인해 임금을 10% 삭감해야 한다고 상상해보라. 여러분은 어떤 결정을 할 것인가: 모든 직원에게 10%의 임금 삭감을 받아들이라고 할 것인가, 아니면 한 명의 직원을 해고할 것인가? 여러분은 후자를 선택하는 것이 더 낫다고 생각할 수도 있다. 물론, 한 명의 직원은 떠나지만, 남은 9명의 직원들은 시장임금보다 더 높은 임금으로 현재의 일자리를 계속 유지하면서 더욱 열심히 일할 동기를 갖게 될 것이다. 10명의 직원이 모두 일하게 되면 임금 삭감을 받아들여 하고, 이로 인해 불만을 품을지도 모른다. 따라서 10명의 직원이 일하는 것보다 9명의 직원이 더 많이 생산할 수 있다.

그 밖에 효율임금이 실업을 양산할 수 있다는 사실에 의해 그 영향이 강력할 수 있다. 고용주가 임금 삭감보다는 노동자를 해고했을 때, 실업의 증가는 실직의 결과를 악화시킨다. 노동자가 낮은 임금으로 일하는 것보다는 실업 기간의 연장을 두려워할 때, 그들은 훨씬 더 열심히 일할 가능성이 있다.

효율임금으로 실업을 어느 정도까지 설명할 수 있는가에 대해서는 명확한 증거가 없다. 일부 경제학자들은 이것이 노동시장의 중요한 특징이라고 주장한다; 다른 경제학자들은 단순히 임금 인상이 생산성을 증가시키는 것 같지는 않다고 주장한다. 최근에 경제학자들은 효율성 임금에 더해 임금이 '공정한' 것으로 인식되는가에 의해 노동자의 노력이 결정되기도 한다는 아이디어를 제안했다.[6] '공정한' 임금을 유지할 필요로 인해 임금 삭감에 대한 고용주의 유연성이 제약을 받을 수 있다. 그 아이디어는 실험경제학의 연구로부터 지지를 받았으며, 실제의 노동시장을 대상으로 한 보다 견고한 연구를 기다리고 있다.

실업보험

LO 27.6 정책입안자가 실업보험을 계획했을 때 직면하게 되는 과제 설명하기

마찰적 실업과 구조적 실업은 정상적으로 작동하는 경제의 일부분이다. 대체로 경제학자들은 일부의 정부정책이 이런 종류의 실업에 영향을 미친다고 주장한다. 실업보험은 그러한 정책의 한가지 예다(역주: 한국에서는 고용보험이라고 한다). **실업보험**(unemployment insurance)은 실업 상태의 사람들에게 정부가 지불하는 돈이다. 실업보험은 적극적으로 구직 활동을 하고 일과 관련된 활동을 보고하는 것과 같은 수급자격 조건이 부과된다.

실업보험 실업 상태의 사람들에게 정부가 지급하는 돈

실업보험은 임금에 직접적으로 영향을 미치지 않기 때문에 임금이 균형수준에 도달하지 않는 이유에 대한 설명은 아니다. 오히려 실업보험은 사람들이 일자리를 얼마나 신속하게 구하는가에 영향을 미칠 수 있다. 이런 요인이 마찰적 실업과 구조적 실업 같은 자연실업률에 영향을 미칠 것이다. 실업보험은 구직 활동을 하는 동안 사람들에게 소득을 지급함으로써 실직을 덜 고통스럽게 만든다.

실업에 미치는 실업보험의 효과는 애매모호하다. 만약 실업보험이 관대하다면, 사람들은 힘든 일을 찾지 않을 수 있다. 첫 직장의 제안을 받아들이기보다는 오히려 더 나은 직장을 위해 기다리고, 그로 인해 구직에 보다 오랜 시간이 걸릴 수 있다. 이 같은 이유로 실업보험은 균형실업수준을 높일 수 있다.

하지만 사람들이 서둘러 일자리를 찾아야 할 필요가 없다면, 그들에게 보다 적합한 일자리를 찾을 수 있을 것이다. 고용주와 직원 간에 '더 나은 짝 짓기(better matched)'가 이루어진다면, 소수의 사람들이 직장을 떠나기 때문에 마찰적 실업이 감소할 수 있다.

어떤 효과가 더 클 것인가는 논쟁의 대상이다. 만약 사람들에게 적합한 일자리를 찾을 수 있는 충분한 시간을 제공하는 것과 그들이 비현실적인 완벽주의자가 되는 것 사이에 균형이 잡히기를 원한다면, 실업보험의 '적절한' 수준 또한 논쟁의 대상이 될 것이다.

실업보험의 금액과 기간은 국가마다 다양하다. 미국의 경우, 실업보험은 실직 이전 기간의 개인 소득에 기초하고 있다. 실업급여의 표준 기간은 26주다. 하지만 실업률이 높은 기간에는 수급 기간이 연장될 수 있다. 예를 들면, 2008~2009 경기침체기에 최대 제한은 대부분의 주에서 최대 수급 기간이 99주까지 연장되었다. 여러분의 실업급여 수급 기간이 소진되었을 때에도 여전히 실직 상태라면 어떻게 할 것인가? 미국에서 사람들은 음식 및 주택 지원과 같은 정부의 복지 프로그램으로 옮길 수 있다.

모든 나라들이 실업보험 제도를 갖추고 있는 것은 아니다. 그런 나라에서 실업자를 어떻게 지원하는가에 대해 더 자세히 알고 싶다면 사례를 통해 알아보기의 '실업과 개발도상국가들'을 읽어보자.

사례를 통해 알아보기

실업과 개발도상국가들

일부 개발도상국들의 실업수준은 매우 높다. 예를 들면, 남아프리카의 경우 가장 좁은 기준으로 측정하더라도 25% 이상의 경제활동인구가 실업자다. 개발도상국에서 실업보험은 일반적이

지 않고, 저소득 국가는 보다 긴요한 분야에 정부예산을 투입해야 한다. 그렇다면 이들 국가에서 실업자들은 어떻게 살아갈까?

일부 저소득 국가의 정부는 일자리가 없는 사람들을 지원하는 정책을 마련하고 있다. 예를 들면, 인도의 경우 지방고용보장법(National Rural Employment Guarantee Act)을 통해 성인들에게 연간 100일의 근로를 보장한다. 정부에서 제공하는 일은 도로 건설과 같은 저숙련 사업으로 최저임금을 지급하는데, 그럼에도 그것은 엄연히 직업이다. 2012년에 이 프로그램을 통해 3,800만 명에게 일자리를 제공했다.

저소득 국가에서 무직자가 선택할 수 있는 매우 일반적인 형태의 생존 방식은 다음의 2가지다. 첫 번째는 비공식 부문(informal sector)이다. 비공식 부문은 공식적인 계약과 법적 보호가 존재하지 않는 일자리를 제공한다. 이러한 일자리의 종사자들은 노점상, 가정부, 택시운전사, 직조공, 소기업 노동자 등이다. '비공식 고용의 여성: 세계화와 조직화(WIEGO; Women in Informal Employment: Globalizing and Organizing)'라는 기구는 비공식 일자리에 관한 자료를 수집하기 위해 국제노동기구(ILO)와 작업팀을 조직했다. 그들의 추정에 따르면 저소득 국가에서 비농업 부문 노동자의 2분의 1에서 4분의 3 정도가 비공식적으로 고용되어 있다. 대부분이 농부인 농업 부문의 노동자를 포함시키면 그 비율은 90%까지 오르고, 이러한 현상은 특히 남아시아와 사하라사막 이남의 아프리카 지역에서 두드러진다. 비공식 부문은 주로 시간제와 임시직 일자리를 제공하고 있으며, 실직자들에게 다른 임시직 일자리와 병행해 소득을 보전할 수 있는 기회를 제공한다.

두 번째는 대가족제도(extended family)에 의존하는 것이다. 〈가난한 사람들의 포트폴리오: 세계의 가난한 사람들은 하루에 2달러로 어떻게 살아가는가(*Portfolios of the Poor: How the World's Poor Live on $2 a Day*)〉와 같은 연구 결과를 보면(이 책의 저자 가운데 한 명이 공저자다), 정부지원이 취약한 방글라데시와 남아프리카에서는 어려운 시기에 서로 도움을 주는 복잡한 화폐 이전의 망을 이용하는데, 이는 대가족제도를 기반으로 하고 있다.

요약하면, 실업은 세계적인 문제다. 하지만 다른 수많은 문제와 마찬가지로 해법은 개별 국가 내에서 그러한 문제를 다룰 수 있는 자원에 크게 의존한다.

Sources: Government of India, Ministry of Rural Labor, Mahatma Gandhi National Rural Employment Guarantee Act, 2005: Report to the People, 2012, http://nrega.nic.in/circular/Report%20to%20the%20people_english%20web.pdf; Mari Megias, "Policy matters: The informal economy," Harvard Kennedy School, 2012, http://www.hks.har-vard.edu/news-events/news/articles/policy-matters-the-informal-economy ; and Daryl Collins, Jonathan Morduch, Stuart Rutherford, and Orlanda Ruthven, *Portfolios of the Poor: How the World's Poor Live on $2 a Day* (Princeton, NJ: Princeton University Press, 2009).

다른 요인들: 조세와 노동자 권리

실업보험은 실업률에 영향을 줄 것으로 기대할 수 있는 한 가지 정책에 불과하다. 그렇다면 실업률에 영향을 주는 다른 요소들은 무엇인가?

임금소득에 부과하는 조세도 중요하다. 다른 모든 조건이 불변인 경우 세금이 낮아지면 실업률도 감소할 것으로 예상할 수 있다. 즉, 사람들이 획득한 소득 가운데 보다 많은 부분을 가져갈 수 있다는 것을 알기 때문에 구직의 유인이 더 크다는 것이다. 하지만 일자리 탐색의 노력에 조세가 미치는 영향의 정도는 불확정적이다.

또 하나의 중요한 요소는 고용주들이 종업원을 쉽게 해고할 수 있는 정도다. 일부 국가에서는 아무런 설명도 없이 노동자를 해고할 수 있다. 다른 국가들에서 노동자들은 법적으로 보호되며, 고용주들이 정당한 해고 사유를 증명해야 한다. 노동자를 보호하는 정책으로 실업자가 증가할 것이라고 예상할 수 있다. 왜 그럴까? 만약 고용주들이 노동자를 해고하는 것이 어렵다는 것을 알게 되면 고용하기를 꺼릴 것이기 때문이다. 이러한 논쟁의 일부가 어떻게 생각하십니까?의 '시험대에 오른 청년 취업자'에 소개되어 있다.

어떻게 생각하십니까?

시험대에 오른 청년 취업자(Youth employees on Trial)

여러분이 처음으로 전문 직종의 일자리를 찾기 시작할 때 종종 커다란 도전에 직면하게 된다: 일에 대한 경험이 없다면 일자리를 찾기 어려울 수 있다. 하지만 직업을 가져보지 못했는데 어떻게 일에 대한 경험을 할 수 있는가? 이러한 이유로 청년층은 나이 든 노동자에 비해 실업률이 높다. 〈그림 27-1〉의 (B)를 보면, 청년층 실업률이 최근의 경기침체기에 20%까지 상승한 것을 알 수 있는데, 이 수치는 전체 인구를 대상으로 측정한 10%의 실업률에 비해 매우 높은 수준이다.

이러한 쟁점의 근저에는 의사소통의 문제가 놓여 있다: 처음으로 직장을 찾는 청년들은 그들의 자질이 뛰어나다는 것을 고용주에게 입증할 방법을 알지 못한다. 고용주들이 사업장에서 숙련이 입증된 노동자들을 고용할 수 있다면, 굳이 일자리 경험이 없는 청년들에게 취업 기회를 줄까? 물론 일자리 경험이 없는 청년들 가운데 일부는 훌륭한 종업원으로 판명될 수도 있다. 하지만 그들을 고용하기 이전에는 그러한 자질을 확인할 방법이 없다. 그리고 일단 누군가를 고용했다면 그들을 해고하는 데는 많은 비용과 시간이 소요되고, 심지어 법적으로 문제될 수도 있다.

뉴질랜드에서는 고용주가 채용 후 최초의 90일 동안에는 신입사원을 해고할 수 있는 새로운 제도를 도입했는데, 신입사원에게는 부당한 해고를 사유로 법적인 조치를 취할 수 있는 권한이 주어지지 않았다. 지지자들은 이러한 정책이 신규 채용에 따른 위험의 일부를 제거해 청년층의 구직을 돕는다고 주장한다. 고용주는 90일 동안 신입사원을 시험할 수 있고, 만약 맘에 들지 않으면 간단히 해고할 수 있다.

모든 사람들이 이러한 아이디어에 만족하지는 않는다. 일부 비판자들은 다른 노동자와 마찬가지로 당연히 지급해야 할 급여와 보호를 신입사원에게 제공하지 않기 대문에 젊은이들에 대한 일종의 착취 수단이라고 주장한다. 일부에서는 기업들이 노동자를 정규직으로 고용하지 않고, 견습 기간을 활용해 노동자들의 반복적인 교체에 의존할 것을 우려한다.

어떻게 생각하십니까?

1. 이러한 정책은 정보 문제를 해결하는 현명한 방법인가, 아니면 젊은이들을 착취하는 수단에 불과한가?
2. 고용주가 90일마다 새로운 노동자를 고용하고 해고하지 못하게 하는 방법은 무엇인가?

Source: New Zealand Institute of Economic Research, Inc. "90-day trial periods appear successful - NZIER Insight 25," http://nzier.org.nz/publications/90-day-trial-periods-appear-successful-nzier-insight-25 (accessed November 28, 2012).

✓ 개념 확인하기

- ❒ 정부가 최저임금을 설정하는 이유는 무엇인가? **[LO 27.5]**
- ❒ 고용주가 효율임금을 지불하는 이유는 무엇인가? **[LO 27.5]**
- ❒ 실업보험의 효과와 상충관계에 있는 것은 무엇인가? **[LO 27.6]**

결론

성인 생활의 대부분은 일을 하면서 보내기 때문에 좋은 일자리를 찾는 것은 행복해지기 위한 열쇠일 수 있다. 반면, 적당한 일자리를 찾지 못하거나 아무런 일자리도 갖지 못하는 경우 인생은 아주 비참해질 수 있다.

지금까지 공식 실업률을 측정하는 방법에 대해 알아보았다. 실업률이 노동시장의 조건에 대한 완전한 모습을 항상 제공하는 것은 아니기 때문에 경제학자들과 정책입안자들은 종종 경제활동참가율과 같은 보조 지표를 활용한다.

또 실업의 주된 이유에 대해 설명했다. 마찰적 실업과 구조적 실업은 자연스럽게 발생한다; 이러한 실업은 정부의 어떠한 정책에도 불구하고 노동시장에 존재할 것이다. 이러한 실업은 직업의 전환 또는 부문 간 일자리 이동에 의해 발생한다. 경기적 실업은 경제의 전반적인 건실함과 경기변동을 반영한다. 호황기에 일자리는 창출되고, 경기적 실업은 감소한다. 하지만 경기가 침체 국면으로 접어들면 일자리는 상실되고 경기적 실업은 증가한다.

노동시장은 다양한 측면에서 여타의 시장과 유사하다. 공급과 수요의 힘이 작동하고, 노동에 대한 공급량과 수요량이 같아지는 지점에서 균형임금이 결정된다. 하지만 차이점도 존재한다: 최저임금, 노동조합의 단체교섭, 효율임금 등으로 인해 상당 기간 실제 임금이 시장청산임금보다 높은 수준을 유지하고, 그 결과 실업이 발생한다.

노동시장의 규칙들이 전반적인 실업률에 미치는 영향은 경제학자들 사이에서 논쟁적인 주제다. 우리는 노동시장 정책이 종종 중요한 상충관계를 수반한다는 사실을 확인했다. 예를 들면, 정책입안자들은 실업급여에 얼마나 관대해야 하는가, 고용주의 노동자에 대한 해고를 얼마나 어렵게 해야 하는가 등을 결정해야 한다. 실업자에 대한 지원의 강화는 사회적 관점에서 볼 때 바람직할 수 있지만, 그러한 제도는 실업률을 증가시키기도 한다. 마찬가지로 최저임금의 인상은 노동시장의 하층에 위치한 노동자들에게 도움이 되지만, 실직자들의 구직을 더욱 어렵게 할 수도 있다. 경제학자들의 임무는 경제이론을 조심스럽게 실증분석과 연결하는 것이다.

실업은 경제의 다른 부문과 격리되어 발생하는 것이 아니다. 다음 장에서는 경제 전체의 모습을 보여주는 단순모형을 만들기 위해 실업의 개념을 물가수준과 국민소득이라는 2개의 거시경제 변수와 결합할 것이다.

주요 용어

경기적 실업 p.765
경제활동인구 p.755
경제활동참가율 p.756
구조적 실업 p.764
노동공급곡선 p.762
노동수요곡선 p.761
노동조합 p.769
마찰적 실업 p.764
불완전취업자 p.759
실망실업자 p.758
실업 p.754
실업률 p.755
실업보험 p.771
실질임금 또는 전통적 실업 p.765
자연실업률 p.764
효율임금 p.770

요약

LO 27.1 경제학자들이 고용과 실업을 어떻게 측정하는지 설명하기

어떤 사람이 실업자로 간주되기 위해서는 3가지 조건을 충족시켜야 한다: (1) 생산가능인구 중 민간인일 것; (2)전 주에 일을 하지 않았을 것; (3) 적극적으로 일을 찾았을 것. 경제학자는 **실업률**로 실업을 측정한다. 이 수치는 실업자를 경제활동인구로 나눈 것이다. 경제활동참가율은 생산가능인구 중 일을 하거나 일자리를 찾는 사람의 비중이다. 일을 하지 않지만 학생, 가정주부, **실망실업자** 등과 같이 적극적으로 일자리를 찾지 않는 사람들은 경제활동인구로 간주되지 않는다. 그들의 기술과 지식을 이용하지 못하는 일자리에서 일하는 사람들은 불완전 고용으로 간주된다.

LO 27.2 균형보다 높은 임금이 어떻게 실업을 야기하는지 설명하기

다른 시장과 마찬가지로 노동시장도 수요곡선과 공급곡선으로 표현된다. 경제에 존재하는 모든 기업으로부터의 총노동수요는 노동수요곡선으로 대표된다. 전반적으로 임금이 하락할 경우 기업들은 고용을 증가시키지만, 반대로 임금이 상승하면 고용을 감소시키려 하는데, 이것이 바로 노동수요곡선이 우하향하는 이유다. 총노동공급은 노동공급곡선에 의해 대표된다. 사람들은 높은 임금수준에서 노동공급을 증가시키지만, 낮은 임금수준에서는 감소시키려 할 것이다. 이러한 관계로 인해 노동공급곡선은 양의 기울기를 갖는다. 균형은 노동에 대한 수요곡선과 공급곡선이 만나는 임금(노동의 가격)수준에서 이루어진다. 시장임금이 시장균형 위에서 형성될 때 실업이 발생한다; 그것은 부풀려진 임금수준에서 나타나는 초과노동이다.

LO 27.3 경제에 자연실업률이 존재하는 이유 설명하기

경제에는 장기간 지속되는 자연수준의 실업이 존재한다. 이러한 자연실업률은 동태적인 경제에서 피할 수 없는 실업의 규모다. 다른 모든 것이 정상인 경우에도 경제에 일정 수준의 실업이 존재하는 2가지 이유가 있다: 실업은 사람들이 직업 또는 지역을 변경하는 경우처럼 **마찰적** 이유로부터 초래된다. 실업은 임금의 조정 능력에 영향을 주는 정부 정책처럼 구조적 이유로 인해 발생하기도 한다. 또한 구조적 실업은 기술의 발전 때문에 실직한 사람들도 포함하는데, 기술 발전으로 인해 기업이 요구하는 숙련과 노동자들이 보유한 숙련 사이에 불일치가 발생한다.

LO 27.4 실업의 경기적 구성요소가 존재하는 이유 설명하기

경제에서 GDP의 변화와 관련된 실업도 존재한다. GDP가 정상수준보다 높을 때, 실업률은 균형수준보다 낮아진다. 반대로 GDP가 정상수준보다 낮을 때, 실업률은 균형수준보다 높아진다. 이러한 유형의 실업을 **경기적 실업**이라고 한다.

LO 27.5 임금이 균형수준까지 내려가는 것을 멈추게 하는 요인 알아보기

실업률 수준에 영향을 주는 많은 요소들이 있다. 노동시장에서 임금이 균형임금수준으로 완전히 조정되지 못하는 3가지 이유가 있다: 균형임금보다 높은 최저임금; 균형임금수준 이상으로 임금을 협상하는 노동조합; 효율임금(균형임금보다 높은 기업에 의해 지불된 임금)

LO 27.6 정책입안자가 실업보험을 계획했을 때 직면하게 되는 과제 설명하기

실업보험의 구상은 궁극적으로 상충관계의 균형을 이루는 것이다. 실업급여가 관대하지 않을 경우에는 실직으로 커다란 금전적 어려움에 봉착할 수 있지만, 실업급여가 지나치게 관대하면 적극적으로 일자리를 탐색할 유인이 줄어든다. 미국에서는 구직 활동의 기피 유인을 최소화하기 위해 실업급여의 수급 기간이 짧고, 평균임금의 일부만을 지급한다. 유럽 국가들의 경우에는 실업급여의 수급 기간이 길고 평균 임금의 상당 부분을 지급한다.

복습문제

1. 1960년대에는 일하는 여성에 대한 사회적 기준이 변화했다. 그리고 가정주부였던 많은 여성이 집 밖으로 나가 일하기 시작했다. 이러한 새로운 기준이 어떻게 경제활동참가율을 변화시킬 것이라고 예상하는가? 실업률에 미치는 영향은 어떠한가? **[LO 27.1]**
2. 임금을 받고 일을 하지는 않지만, 실업률에 고려되지 않는 직업을 최소한 5가지 이상 나열하라. **[LO 27.1]**
3. 두 나라를 비교해보자. 한 국가는 무제한의 실업보험(unemployment insurance)을 제공하고, 다른 국가는 26주 동안의 실업보험을 제공한다. 왜 더 높은 수준의 실업보험을 제공하는 국가에서 더 높은 균형실업률이 나타나는지 설명하라. **[LO 27.2]**
4. 대통령이 여러분에게 조언을 구하러 왔다고 가정하자. 이 국가는 현재 실업률이 8%고, 대통령은 3%로 실업률을 낮추기를 원한다. 여러분은 경제학자로서 이 국가의 자연실업률이 5%라는 결론을 내렸다. 대통령에게 어떤 조언을 하겠는가? **[LO 27.3]**
5. 혁신은 때때로 '창조적 파괴'를 필요로 하는데, 이는 새로운 제품과 기술이 기존의 제품이나 기술을 쓸모없게 한다. 예를 들어, 개인용 컴퓨터가 개발되었을 때 타자기는 더 이상 필요 없어졌다. 그러므로 개인용 컴퓨터는 타자기를 '파괴했다'. 이러한 창조적 파괴의 과정은 종종 구조적 실업을 낳는다. 기존의 제품을 만들거나 보수했던 노동자들의 기술에 대한 수요가 없어졌기 때문이다. 여러분은 정부가 얼마나 자주 신제품이 출시돼야 하는지를 제한하는 역할이나, 새로운 제품 때문에 해고를 당한 실업자를 구제하는 역할을 해야 한다고 생각하는가? **[LO 27.3]**
6. 미국 국립경제연구소(NBER)에서 조만간 경기침체가 시작될 것이라는 보고서를 발표했다. 경기침체가 시작되면 마찰적 실업, 구조적 실업 및 경기적 실업의 수준이 어떻게 변화할 것이라고 생각하는가? 경제활동참가율에는 어떤 변화가 생길까? **[LO 27.4]**
7. 경기침체가 장시간 계속된다면 한 국가의 마찰적 실업, 구조적 실업 및 경기적 실업과 경제활동참가율에 어떤 일이 생길까? **[LO 27.4]**
8. 깊은 침체로부터 경기가 회복되기 시작한다면 한 국가의 마찰적 실업, 구조적 실업 및 경기적 실업과 경제활동참가율에 어떤 일이 생길까? **[LO 27.4]**
9. 기업이 최저임금보다 높은 수준의 임금을 지불하는 것이 합리적인지에 대해 2가지 이유를 들어 설명하라. **[LO 27.5]**
10. 프랑스의 노동법은 노동자의 해고를 매우 어렵게 하고 있으며, 심지어 기업이 경기침체기에 노동자를 해고하는 것을 불법으로 하고 있다. 이러한 법이 어떻게 마찰적 실업이나 구조적 실업 및 경기적 실업에 영향을 미치겠는가? (힌트: 노동자를 처음 고용할 때 기업의 의사결정에 이 법안이 미치는 영향에 대해 생각해보라) **[LO 27.4, 27.5]**
11. 실업은 종종 지행 혹은 후행지표로 불린다. 경제가 침체되기 시작한 이후 증가하는 경향이 있고, 다시 경기가 반등한 후 떨어지기 때문이다. 다시 말해 실업은 GDP에 후행한다. 왜 이러한 현상이 발생한다고 생각하는가? **[LO 27.5]**
12. 정부의 전통적 목표는 국민의 복지를 극대화하는 것이다. 이러한 목표를 견지했을 때, 여러분은 실업보험을 폐지하겠는가? 만약 정부의 목표가 고용을 극대화하는 것이라면 여러분의 답변은 어떻게 변화할 것인가? **[LO 27.6]**
13. 보통의 미국 경제 상황에서, 노동자는 최대 26주 동안 실업보험금을 받을 수 있었다. 그러나 불황기에 의회는 종종 실업보험금을 수령할 수 있는 기간을 늘리곤 했다. 최근의 금융위기 기간 동안, 일부 주의 노동자는 99주까지 보험금을 수급했다. 이러한 시스템의 장점과 단점을 말하라. **[LO 27.6]**

응용문제

1. 다음의 각 상황에서, 릭 알렉산더(앞에 나온 사례)는 노동통계국에 따른 노동자, 실업자 혹은 경제활동인구 중 어디에 해당되는가? **[LO 27.1]**

표 27P-1

생산가능인구	100,000
경제활동인구	60,000
실업자	10,000

a. 알렉산더는 목수로서 오랫동안 자영업을 하고 있다.
b. 알렉산더는 플로리다로 이사를 했고, 구직 활동을 하고 있다.
c. 알렉산더는 직업을 찾는 것을 단념했고, 구직을 중단했다.
d. 알렉산더는 다시 직장을 찾기 시작했다.
e. 알렉산더는 새로운 직장에서 일하는 중이다.

2. 한 경제의 데이터가 〈표 27P-1〉과 같을 때, 다음의 각 사항을 구하라. **[LO 27.1]**
   a. 실업률
   b. 경제활동참가율
3. 〈표 27P-2〉는 2003년의 데이터이고, 이들은 상호 간에 비교가 가능하도록 조정됐다. 각국의 모집단은 수천 명이다.
   a. 표의 빈칸을 채워라. **[LO 27.1]**
   b. a문항에서 여러분은 세 나라 간의 실업률이 현격하게 차이가 난다는 것을 알 수 있을 것이다. 이들 국가가 서로 다른 실업률을 보유하고 있는 이유 3가지를 밝혀라. **[LO 27.3, 27.4]**
4. 균형임금이 6달러라고 가정하자. 다음의 각 질문에 답할 수 있는 노동시장의 그래프를 그려라. **[LO 27.2]**
   a. 정부가 최저임금을 5.5달러로 책정했을 때 실업률은 증가하겠는가, 감소하겠는가, 혹은 최저임금이 도입되지 않았을 때와 같은 수준이겠는가?
   b. 정부가 최저임금을 6.5달러로 책정했을 때 실업률은 증가하겠는가, 감소하겠는가, 혹은 최저임금이 도입되지 않았을 때와 같은 수준이겠는가?
5. 어떤 국가의 노동수요 방정식은 $L_d = 30 - w$라고 가정하자. 여기서 w는 시간당 임금이다. 또한 노동공급의 방정식은 $L_s = 0.5(w)$라고 가정하자. **[LO 27.2, 27.5]**
   a. 균형임금과 균형고용수준을 구하라.
   b. 균형임금수준에서, 얼마나 많은 실업자가 생기겠는가?
   c. 만약 노동의 공급이 증가한다면, 실업자의 수는 어떻게 변화하겠는가? 노동의 수요가 감소한다면 어떻게 되겠는가?
6. w가 시간당 임금을 의미할 때, 한 기업의 노동수요의 방정식은 $L_d = 40 - 2(w)$이고, 노동공급의 방정식은 $L_s = -20 + 3(w)$이다. **[LO 27.2, 27.5]**
   a. 균형임금과 균형고용수준을 구하라.
   b. 임금이 너무 낮다고 생각한 노동자들은 파업을 결정했다. 긴박한 교섭을 마친 후, 회사는 임금을 50% 인상하기로 결정했다. 임금 상승 이후 얼마나 많은 노동자가 해고되겠는가?
7. 다음의 각 상황이 마찰적, 구조적 혹은 경기적 실업인지 분류하라. **[LO 27.3, 27.4]**
   a. 마리아는 출산휴가 후 구직을 시작했다.
   b. 존은 졸업을 하지 않은 채 고등학교를 자퇴했고, 그가 할 수 있는 어떠한 직업도 갖지 못했다.
   c. 로힛은 월 스트리스에서 일했지만, 금융위기 때 실직했다.
   d. 아담은 이제 막 새로운 도시에 정착했고, 아직 구직 중이다.
   e. 막스는 스튜어드로 일하고 싶어 하지만 항공산업계의 노조가 너무 강성해 일자리가 별로 없다.
   f. 자다는 웹 스타트업에서 근무했지만, 경기침체의 영향으로 실직했다.
8. 다음의 각 상황에서 실업률은 증가하겠는가, 감소하겠는가, 혹은 동일하겠는가? **[LO 27.5]**
   a. 기업은 균형임금보다 높은 수준의 효율적 임금을 지급하기 시작했다.

표 27P-2

국가	성인 인구	경제활동인구	취업자	실업자	실업률 (%)	경제활동참가율 (%)
일본	109,474		62,510	3,500		
프랑스		26,870		2,577		57.4
독일	70,159	39,591			9.7	

b. 노동조합에 가입하는 노동자들의 수가 감소했다.
c. 정부는 실업보험의 수령 기간을 연장했다.

9. 한 국가에서는 실업자가 실업급여를 수급할 수 있는 기간을 26주로 제한하고 있다. 여러분은 일련의 자료를 수집했고, 그 결과 실업급여를 수급한 지 26주째 되는 노동자들이 다른 실업자들에 비해 가까스로 구직에 성공했다는 사실을 알아냈다. 이러한 조사 결과는 실업보험과 연관된 경제적 유인에 대해 어떤 점을 시사하는가? **[LO 27.6]**
10. 실업급여가 노동자에게 그들의 급여가 소진될 때까지 구직을 하지 않게 하는 유인을 제공한다는 의견이 있다. 그에 따라 한 경제학자는 실업자가 직업을 구하게 되면 중단되는 26주간의 실업급여 제도 대신 실직기간에 관계없이 26주간의 급여에 해당하는 일시금을 실업자에게 제공하자는 제안을 했다. 이 제안의 장점과 단점은 무엇인가? **[LO 27.6]**

미주

1. 릭 알렉산더의 이야기는 마이클 루오의 "Out of Work, and Too Down to Search On," *The New York Times*, September 7, 2009, p. A1, New York edition.
2. http://www.nytimes.com/2009/09/07/us/07worker.html?pagewanted=2.
3. http://www.bls.gov/cps_htgm.htm
4. 2009년의 경기침체가 상이한 인구집단의 실업률에 어떻게 영향을 주었는지를 알아보기 위해서는 *New York Times*의 웹사이트 그래프를 참조하라: http://www.nytimes.com/interative/2009/11/06/business/economy/unemployment-lones.html.
5. http://www.payscale.com/research/US/Employer=McDonald%27s_Corporation/Hourly_Rate.
6. 노동통계국, http://www.bls.gov/news.release/union2.nr0.htm, January 2012.
7. http://www.jstor.org/discover/10.2307/2646924?uid=3739576&uid=2&uid=4&uid=3739256&sid=21102214111277.

◀ 세계의 모바일 윈도우–이 장의 내용과 관련된 응용사례를 찾으려면 여러분의 스마트폰으로 이 코드를 스캔하라. (QR코드 리더가 필요하면, 여러분의 앱스토어에서 ScanLife를 활용하라.)

여러분의 모바일 앱스토어를 방문하여 Karlan and Morduch Study Econ app.을 다운로드 하라. ▶

Part Eight

단기와 장기로 본 경제

제8부의 2개 장(章)에서는

경제 전체의 기본 모형을 소개한다. 앞서 살펴본 4개 장에서는시간이 지나면서 경제의 건실한 정도를 측정하는 주요 경제 개념을 소개하고, 경제가 어떻게 변화하는지를 살펴보았다. 이제는 그동안 개별적으로 논의된 내용을 종합해 살펴본다.

28장은 국민경제를 총체적으로 설명하는 모형을 소개한다. 경제에서 일어나는 모든 거래는 —여러분이 학교 가는 길에 사는 스낵으로부터 온라인 매체인 아마존(Amazon)에서 구입하는 컴퓨터 서버에 이르기까지—**총수요**(*aggregate demand*)라 불리는 수요곡선으로 나타낼 수 있다. 반면, 기업에서 생산하는 모든 것은 공급곡선으로 나타내고, 이를 **총공급**(*aggregate supply*)이라 한다. 이 두 곡선을 이용해 경제 전체의 변화, 즉 호황과 불황 같은 경기변동을 분석할 수 있다.

총수요–총공급모형을 이용해 정부정책이 국민경제에 어떻게 영향을 미치는지 분석한다. 조세 및 정부지출에 대한 정부의 결정은 29장 '재정정책'에서 다룰 것이다. 이 장에서는 조세 및 정부지출이 경제에 미치는 영향을 비교한다. 정부지출 1달러는 총 GDP에 단지 1달러만 추가되지 않는다. '승수(multiplier)'효과 덕분에, 정부가 지출 또는 조세를 변화시켰을 때 이 1달러의 효과는 경제 전반으로 확대된다. 여러분이 승수의 역할을 이해한다면, 비로소 경제정책이 무엇을 할 수 있고 할 수 없는지를 이해하기 위한 긴 여정에 들어서게 된다.

총수요와 총공급은 거시경제학에서 이용되는 중요한 개념으로, 이를 통해 획득한 기본적인 통찰력으로 경제 전체의 변화를 분석할 수 있다.

Chapter 28

총수요와 총공급

학습목표

LO 28.1 총수요의 구성요소 열거하기와 이 구성요소를 이용해 총수요곡선이 우하향하는 이유 설명하기

LO 28.2 총수요곡선의 이동을 초래하는 요소 열거하기

LO 28.3 경제의 단기와 장기 사이의 차이 설명하기

LO 28.4 단기 총공급곡선의 이동을 설명하고, 그 이동을 초래하는 요소 열거하기

LO 28.5 장기 총공급곡선의 이동을 설명하고, 그 이동을 초래하는 요소 열거하기

LO 28.6 총수요곡선 이동의 장단기효과 설명하기

LO 28.7 총공급곡선 이동의 장단기효과 설명하기

LO 28.8 공급충격과 수요충격에 대응하기 위해 정부가 사용할 수 있는 정책 선택에 대해 설명하기

부동산 거품이 터지다!

미국에서 2000년과 2007년 사이에 주택가격은 2배 이상 상승했다. 주택가격이 상승하는 것을 보면서, 은행은 예정된 결제 일정에 따라 상환할 수 있는 능력이 충분하지 않은 사람들에게도 주택담보대출(mortgage loans)을 확대했다. 은행에서는 만약 이들 '서브프라임(subprime)' 고객들에게 문제가 생긴다면, 주택 매각을 통해 대출이 상환될 수 있다고 계산했다.

주택 소유자들은 주택의 가치가 증가하는 것을 보면서 상기되기 시작했고, 새로운 자동차를 구입하거나 부엌을 새로 수리하기도 하고, 쇼핑하며 돈을 쓰기 시작했다. 짧은 시간에 경제가 과열됐다.

불행하게도, 주택 붐은 **자산가격거품**(*asset-price bubble*)의 한 사례가 됐다. 가격이 올라갈 것이라는 예상 만으로 자산을 구입했을 때 거품이 발생한다. 물론 선의의 동기로 집을 구입하기도 한다—본인이 원하는 지역에서 좋아하는 집을 구하기 위해 기꺼이 높은 가격을 지불한다. 그러나 주택 붐 기간에는 주택가격이 지속적으로 상승할 것이고 이윤이 확보되면 팔 수 있다고 믿기 때문에 많은 사람들은 높은 가격을 기꺼이 지불한다.

그러나—불가피하게—주택가격은 상승을 멈췄다. 2007년 말부터 2009년 중반까지 주택가격은 25% 하락했다. 은행은 고객들이 주택 구입을 위해 빌린 돈을 상환할 수 없다고 판단했다. 문제가 없을 것이라고 평가한 후, 적극적으로 대출해준 '서브프라임' 모기지가 갑자기 은행들에 엄청난 부담이 됐다. 설상가상으로, 대부분의 주택 가치가 은행에서 대출받을 때보다 하락했고,

심지어 은행이 담보권을 실행한 금액과 주택가격의 차이가 커서 메워지지 않았다.

거대한 손실에 직면한 은행들은 모든 종류의 신용대출을 축소했다. 이제 소비자에 대한 대출이 줄어들고 이전보다 더 비싼 이자비용을 지불해야 했다. 사업체를 운영하는 사람들도 대출이 점점 어려워지기 시작했다. 주택가격의 상승으로 행복하게 소비생활을 즐기던 소비자들의 심리가 갑자기 얼어붙고 구매 행위가 중단되었다. 이 같은 이중고, 즉 저렴한 대출 기회의 상실과 소비지출의 급격한 하락으로 기업은 어려움에 직면했다. 마침내 GDP는 하락했고, 실업률은 증가했으며, 경제는 대불황(Great Recession)으로 진입했다.

이런 격동기에 국민경제에 무슨 일이 발생했는지 어떻게 설명할 수 있을까? 주택가격, 소비자지출, 기업투자와 경제의 전반적 상태는 어떤 연관성이 있는가? 이 장에서는 전체로서의 경제가 어떻게 작동하는지 이해하기 위해 **총수요-총공급모형**을 이용할 것이다. 지금까지는 특정 재화와 서비스에 대한 개별 시장에서의 수요와 공급에 대해 살펴보았다. 그러나 거시경제학자로서, 우리는 경제의 모든 재화와 서비스에 대해 고려할 필요가 있다. 총수요와 총공급모형은 국민경제의 모든 것을 합산하는 방식으로 국민경제의 상태를 설명하는 '균형'에 이르게 한다. 우리는 이 모형을 이용해 산출량, 물가 및 고용 같은 중요한 거시경제 변수들이 어떻게 결정되며, 이들이 서로 어떻게 영향을 미치는지 알아볼 것이다.

이런 조감도는 우리로 하여금 거시경제 변수와 그에 대응하는 전략을 고려해야 하는 정책입안자와 사업가들의 관점으로 경제를 파악하게 해준다. 2009년 버락 오바마 대통령의 임기가 시작됐을 때, 주택가격이 급락해 경제가 심각해졌다. 그가 직면한 첫 번째 과제 가운데 하나는 정부의 대응책을 마련하는 것이었다. 이 장과 다음 장에서는 대통령에게 어떤 정책들이 가능한지 알아보고, 그 정책들이 국민경제에 어떤 영향을 미칠 수 있는지 살펴본다.

모두 연계시켜 종합적으로 파악하기

앞의 3개 장에서는 거시경제의 주요 특징을 측정하기 위한 분석도구에 대해 살펴보았다: 생산량(GDP), 물가 그리고 실업. 그러나 경제의 이런 측면은 상호 분리된 채로 존재하지 않는다. 이들은 거대하고 복잡한 체계의 상이한 단면들이다. 여러분은 아마도 경제의 상태를 결정하는 데 이들이 어떻게 연결되어 있는가에 대한 직관적 감각을 가지고 있을지도 모른다. 예를 들면, 경제가 '나쁘다'고 할 때, 대부분 생산 감소와 실업 증가를 떠올릴 것이다. 이와 유사하게, 여러분은 경제적 어려움과 함께 주택 또는 휘발류 같은 중요한 재화의 가격 폭락 또는 폭등과 연계시킬지도 모른다.

이 장에서는 이런 직관으로 경제모형을 구축하려고 한다. 우리는 모형을 통해 GDP와 전반적인 물가수준으로 묘사된 경제의 상태가 총수요와 총공급을 일치시키는 균형 상태에 있는지를 알 수 있다. 다소 피상적인 면에서, 수요와 공급의 미시경제학모형처럼 보일 수 있다. 거시경제학모형에서, **물가**(*price*)는 전반적인 물가수준이고, 이는 모든 재화와 서비스가격의 가중 평균으로 측정된다; **수량**(*quantity*)은 경제에서 생산된 모든 재화와 서비스의 가치로 측정된 GDP로 나타낸다. 그러나 다수의 다른 재화와 서비스가 합산된 **총**(*aggregate*)수요와 공급으로 시작하는 경우 새로운 힘이 등장한다.

총수요와 총공급모형은 생산량과 물가 및 고용이 경제균형의 일부로서 어떻게 연계되어 있는가를 보여준다. 주택가격 거품이 터지거나 자연재해 같은 사건이 경제를 강타했을 때, 어떤 일이 발생하고, 앞에서 언급한 3개의 거시경제 변수에 어떤 변화가 나타나는지를 파악하도록 해준다. 동일한 분석도구를 이용해 거품이나 재해의 영향에 대응하기 위해 시행되는 정부정책의 변화가 동일한 시스템에서 어떻게 작동하는지 볼 수 있다.

총수요

이 절에서는 거시경제의 수요 측면을 살펴본다. **총수요**(*aggregate demand*)라는 용어는 경제의 모든 재화와 서비스에 대한 전체 수요를 설명하는 바, 개별 시장의 재화와 서비스에 대한 수요를 모두 합한 것을 의미한다. 다른 항목들의 수량을 합한다는 것이 이상할지도 모르지만—말 그대로, 사과와 오렌지를 합하는—다행스럽게도, 이 문제를 해결하기 위한 분석도구를 이미 개발했다. 24장 '국부의 측정'에서는 시장가치라는 공통 단위로 표현한 경제의 모든 재화와 서비스를 합한 것으로, GDP의 개념을 소개했다. 따라서 **총수요**는 재화와 서비스의 총수요량을 시장가치로 표현한 것이다.

총수요곡선

LO 28.1 총수요의 구성요소 열거하기와 이 구성요소를 이용해 총수요곡선이 우하향하는 이유 설명하기

총수요곡선(aggregate demand curve)은 한 경제의 전반적 물가수준과 전체 수요의 관계를 나타낸다. 총수요를 그래프로 나타낼 때, 물가수준은 종축에 표시하고, 생산량(또는 GDP)은 횡축에 표시한다.

총수요곡선 한 경제의 전반적 물가수준과 전체 수요의 관계를 보여주는 곡선

총수요곡선은 TV, 헤어컷, 그리고 다른 개별 재화나 서비스에 대한 수요곡선처럼 우하향한다. 그러나 두 곡선의 유사성에 대한 이유는 보이는 것처럼 그렇게 분명하지는 않다. 예를 들어, TV에 대한 우하향의 수요곡선을 그릴 때, 모든 다른 재화의 가격은 일정하다고 가정한다. 따라서 수요곡선은 **오직** TV가격이 하락했을 때 TV의 수요량 변화를 나타낸다. 총수요에서는 다른 모든 재화의 가격을 일정하게 유지한 채 한 재화의 가격을 변화시킬 수 없다. 총수요는 모든 재화를 나타내기 때문에 우리는 물가지수 또는 인플레이션으로 측정된 모든 재화의 가격이 오르고 내릴 때 무슨 일이 발생하는지에 관심이 있다.

그러면 총수요곡선은 왜 우하향하는가? 24장 '국부의 측정'에서는 GDP가 4개의 요소로 구성되어 있다는 것을 보았다: 소비(C), 투자(I), 정부지출(G), 순수출(NX):

$$\text{GDP} = \text{생산량} = \text{총지출} = C + I + G + NX$$

이러한 4개 범주는 국민이 경제에서 지출할 수 있는 모든 방식을 설명한다. 따라서 총수요와 물가수준의 관계는 이런 지출 범주의 하나 또는 그 이상에 근거해 긴밀한 관계를 반영해야 한다. 각 구성요소가 경제의 전반적 물가수준의 변화에 어떻게 반응하는지 살펴보자.

- **소비**(consumption): 일반적으로, 물가의 변화는 부와 소득의 실질가치를 변화시

킬 것이다. 물가수준이 상승할 경우에는 고정된 달러로 동일한 양의 재화와 서비스를 구입할 수 없다. 따라서 전반적 물가수준의 상승은 실질 구매력의 차원에서 사람들의 부(wealth)를 감소시킨다. 물가가 하락할 때, 사람들은 소비를 감소시키기 때문에 전반적인 물가수준과 소비지출 간에 음(−)의 상관관계가 존재한다. **부의 효과**(*wealth effect*)라고 하는 이런 상관관계는 우하향의 총수요곡선을 설명하는 하나의 방법이다. 물가가 상승함에 따라 사람들은 부가 축소되었다고 느껴 소비지출을 줄이려고 하며, 그 결과 재화와 서비스에 대한 총수요가 감소한다.

주목할 만한 한 가지 중요한 사항이 있다: 만약 임금이 물가의 상승만큼 정확하게 증가한다면, 임금의 구매력은 전과 동일할 것이다. 대부분의 고용주들이 인플레이션에 따라 임금을 증가시킨다는 보통의 관례를 따르는데, 이 경우에는 부(wealth)의 효과가 작동하지 않는다. 그러나 지갑 속의 현금, 이자가 발생하지 않는 당좌예금과 기타 은행예금은 인플레이션으로 인한 화폐가치의 하락이 보상되지 않기 때문에 동일한 논리를 적용할 수 없다. 그래서 임금이 물가수준과 같은 속도로 증가할지라도, 대부분의 사람들은 실질 부(富)의 감소를 경험하게 될 것이고, 이는 소비를 감소시킨다.

- **투자**(investment): 물가가 상승할 때, 차입의 가격이라고 할 수 있는 이자율 또한 증가하는 경향이 있다. 이자율의 상승은 기업의 차입비용을 증가시켜 새로운 공장 건설과 자본재에 대한 투자를 감소시킨다.(30장 '금융의 기초'에서 이 개념에 대해 다시 살펴볼 것이다.) 차입 비용의 증가로 물가수준과 투자지출에 간접적인 음(−)의 상관관계가 존재한다.
- **정부지출**(government spending): 정부지출의 많은 부분은 물가수준과 독립적이다. 심지어 물가가 상승하고 하락할 때도, 정부는 사회보장급여와 공무원의 봉급에 거의 동일한 금액을 지출할 필요가 있다. 따라서 정부지출은 우하향하는 총수요곡선과 관련이 없다.
- **순수출**(net exports): 다른 나라의 물가수준이 동일하다는 가정 아래 미국의 물가가 상승하면, 미국의 재화는 다른 나라들의 재화보다 상대적으로 비싸진다. 그 결과 미국의 수입은 증가하고 수출은 감소할 것으로 예상된다. 이는 물가수준이 증가했을 때 순수출(수출-수입)이 감소한다는 것을 의미한다. 따라서 물가수준과 순수출 간에는 음(−)의 상관관계가 존재한다.

지금까지 우리는 무엇을 배웠는가? 4개 구성요소 가운데 3개(C. I, NX)로 구성된 총지출과 물가수준 간에는 음(−)의 상관관계가 존재하고, 물가수준과 네 번째 구성요소(G) 사이에는 상관관계가 존재하지 않는다는 것이다. 이런 정보를 종합적으로 고려할 때, 물가수준과 GDP에 대한 총지출 사이에는 전반적으로 음(−)의 상관관계가 존재한다고 할 수 있다. 다시 말해, 〈그림 28-1〉에 제시된 것처럼 총수요곡선은 우하향한다.

총수요곡선의 이동

LO 28.2 총수요곡선의 이동을 초래하는 요소 열거하기

물가의 변화는 총수요곡선을 따라 이동한다. 예를 들어, 물가수준이 상승하면 부의 효과(wealth effect)로 인해 사람들의 소비가 줄어들고, 전반적인 산출량이 감소한다. 그러나 총수

그림 28-1
총수요곡선

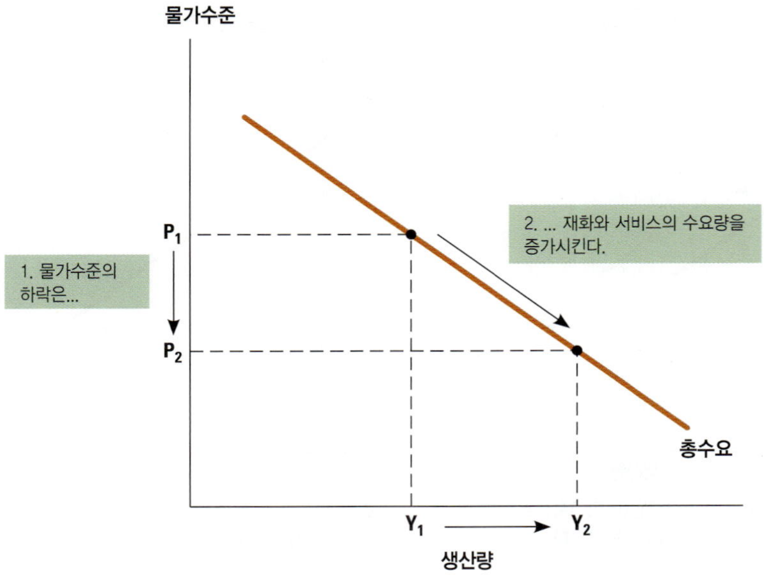

총수요곡선은 물가수준과 가계, 기업, 정부 및 세계의 나머지 국가들로부터의 수요량의 상관관계를 나타낸다. 이런 관계는 물가가 하락함에 따라 총수요량이 증가한다는 것을 보여준다.

요의 4개 구성요소(소비, 투자, 정부지출, 그리고 순수출)에 영향을 주는 비가격변화(*nonprice changes*)로 인해 총수요곡선 자체가 이동할 수 있다. 이런 비가격변화로 곡선 전체가 왼쪽 또는 오른쪽으로 이동하고, 주어진 가격수준에서 총수요가 낮아지거나 높아진다.

국민경제에서의 큰 변화는 때때로 총수요곡선의 이동으로 묘사될 수 있다. 예를 들어, 주택 거품 사례를 살펴보자. 사람들은 주택가격이 2007년 말까지 안정적으로 증가했을 때 확신을 가졌다. 주택 소유자들은 그들의 주택가치가 상승하고 있다는 것을 알았고, 이에 그들은 부자가 될 것이라고 확신했다. 그들은 더 소비하기 시작했고, 기업들은 미래에 대해 낙관적으로 전망했다. 기업들은 투자를 늘리기 시작했다. 소비자와 기업의 낙관적인 확신으로 총수요곡선은 이동했다. 소비자와 기업의 견고한 확신 때문에 소비와 투자가 증가하고, 〈그림 28-2〉의 (A)에서 보듯이 모든 물가수준에서 총수요가 증가했다.

불행하게도 주택가격의 상승은 거품으로 판명되어 급기야 2007년 말에 터지고 말았다. 주택가격은 하락하기 시작했고, 사람들은 그들이 생각했던 것처럼 부유하지 않다는 사실에 대해 걱정하기 시작했다. 이러한 걱정으로 소비자의 확신이 하락하고 소비가 줄어들었다. 이어서 기업의 관리자들은 미래의 판매량이 줄어들 것을 우려하기 시작했고, 투자를 축소하기 시작했다. 경제 전반에 만연된 확신의 하락으로 〈그림 28-2〉의 (B)에서 제시된 것처럼 총수요곡선 자체가 왼쪽으로 이동했다.

확신은 희미한 개념이지만, 주택 거품의 사례에서처럼 소비와 투자에 결정적일 수 있다. 만약 사람들이 미래소득을 긍정적으로 전망한다면, 그들은 소비를 증가시킬 것이다. 반면에 미래의 실직과 물가상승을 걱정한다면 소비를 줄일 것이고, 만일의 경우에 대비해 저축을 늘릴 것이

그림 28-2
총수요곡선의 이동

(A) 총수요의 우측 이동　　　(B) 총수요의 좌측 이동

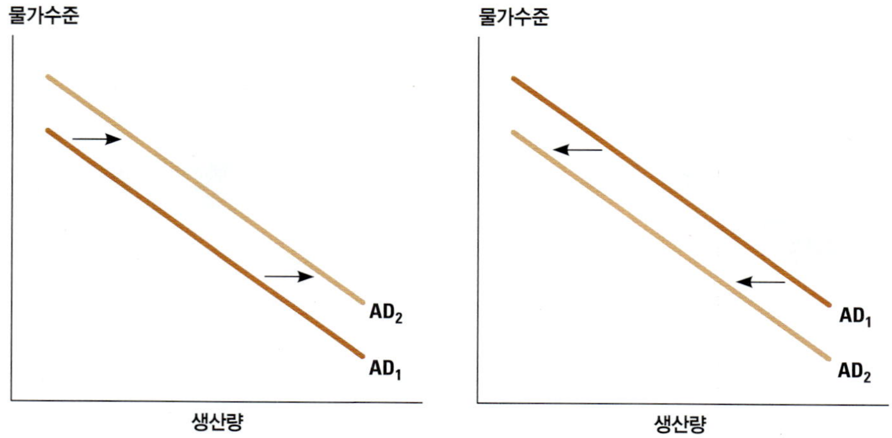

소비의 증가로 총수요곡선이 오른쪽으로 이동할 때, GDP는 모든 물가수준에서 높아진다.

소비의 감소로 총수요곡선이 왼쪽으로 이동할 때, GDP는 모든 물가수준에서 낮아진다.

다. 거의 마찬가지 이유가 기업들에도 적용된다: 만약 경제의 방향을 낙관적으로 전망한다면, 그들은 새로운 공장과 창고 및 기계에 대한 투자를 늘리려고 할 것이다. 그러나 경제에 대한 전망이 어두워지기 시작하면 관리자들은 사업 확장에 대해 관심을 덜 갖게 될 것이고, 투자도 덜 하게 된다. 소비자와 기업의 확신이 증가할 경우 총수요곡선을 오른쪽으로 이동시킬 것이고, 반면 소비자와 기업의 신뢰 감소는 총수요곡선을 왼쪽으로 이동시킨다.

조세 및 정부지출과 같은 정부정책도 총수요곡선을 이동시킬 수 있다. 소비자에 대한 감세는 소득에서 더 많은 돈을 사용할 수 있기 때문에 소비를 증가시키게 된다. 소비지출의 증가는 총수요곡선을 오른쪽으로 이동시킨다. 동일한 논리로, 증세는 소비자의 지출가능한 소득을 감소시키기 때문에 소비 욕구를 위축시키고, 그 결과 총수요곡선을 왼쪽으로 이동시킨다.

정부도 정부지출을 통해 총수요에 영향을 미칠 수 있다. 정부지출은 수요 방정식의 'G'를 통해 직접적으로 총수요를 증가시킨다. 다음 장에서 자세히 살펴보겠지만, 소비자 지출을 더 장려함으로써 수요에 간접적인 효과도 미칠 수 있다. 경기침체에 직면해 정부는 총수요를 오른쪽으로 이동시키기 위해 지출을 증가시킬 수 있다. 예를 들면, 이런 전략은 고속도로를 건설하거나, 국방비를 더 지출하거나 또는 학교에 대한 추가 지출을 편성하는 것을 포함한다. 대신 정부가 경기침체기에 정부지출을 대폭 삭감하면 총수요의 하락에 직면하게 되고, 총수요곡선은 왼쪽으로 이동할 것이다.

〈표 28-1〉은 총수요곡선을 이동시킬 수 있는 사례들을 보여준다. 가운데 열은 총수요곡선을 오른쪽으로 이동시키는 총수요 증가의 몇 가지 사례를 제시하고 있다. 세 번째 열은 총수요곡선을 왼쪽으로 이동시키는 총수요 감소의 사례들을 제시하고 있다.

소비자 신뢰의 위축으로 경제가 침체에 빠졌을 때, 정치가들은 종종 사람들에게 지출을 늘리라고 요청함으로써 경제를 회복시키고자 한다. 경기가 좋을 때, 정치가들은 다른 관점에서 보기의 '저축하라… 소비는 그만!'에서처럼 전혀 다른 조언을 한다.

표 28-1 무엇이 총수요곡선을 이동시키는가?

범주	증가(오른쪽 이동)	감소(왼쪽 이동)
소비	• 미래소득에 대한 높은 기대는 소비지출을 증가시킨다. • 감세는 소비지출을 증가시킨다.	• 미래소득에 대한 낮은 기대는 저축을 증가시키고 지출을 감소시킨다. • 이자율 증가는 대출을 꺼리게 한다.
투자	• 경제의 미래에 대한 확신은 기업들의 사업을 확장시킨다. • 소기업에 대한 세액공제는 기업들의 신차 구매를 고무시킨다.	• 경기침체에 대비하여 기업은 지출을 축소한다. • 자본에 대한 조세 증가로 투자가 감소한다.
정부지출	• 정부지출의 증가는 경기침체 이후 소비지출을 활성화시킨다.	• 부채 증가에 대한 대응책으로 정부지출의 감소는 소비지출 감소를 초래한다.
순수출	• 유럽과의 신규 자유무역협정은 미국 제품에 대한 관세와 규제를 축소시킨다. • 중국에서의 경제성장은 미국 상품과 서비스에 대한 수요를 증가시킨다.	• 다른 나라들이 미국 상품에 대한 관세를 인상하면, 미국 상품이 비싸진다. • 달러가 강해지면, 미국 상품과 서비스는 비싸지게 되므로, 국제 소비자들의 미국 상품과 서비스에 대한 수요는 감소한다.

다른 관점에서 보기

저축하라… 소비는 그만!

2009년 1월 오바마 대통령의 첫 임기가 시작됐을 때, 미국의 가계들은 경제적으로 어려웠다. 미래에 대한 걱정으로 지출을 감소하고 저축을 늘리기 시작했다. 개인 차원에서, 경제가 어려움에 처했을 때는 저축이 좋은 전략이다. 불행하게도, 경제의 건실한 상태는 사람들이 얼마나 지출하는가와 밀접한 관련이 있다. 사실, 미국 총GDP의 70% 이상이 소비지출에서 나온다. 이런 이유로 대불황의 중기였던 2009년 국회연설에서 오바마 대통령은 회복할 수 있는 가장 좋은 길은 모든 사람이 지출을 조금씩 더 늘리는 것이라고 강조했다:

> 그것은 [경기부양]에 관한 것이다. 은행을 돕는 일이 아니라, 사람들을 돕는 일이다. 신용이 회복되었을 때, 젊은 가족은 새로운 집을 살 수 있다. 그러면 일부 기업에서는 주택을 건설하기 위해 노동자들을 고용하게 될 것이다. 노동자들은 지출할 돈을 갖게 될 것이고, 대출도 받을 수 있게 되고, 그들은 마침내 자동차를 구입하거나, 자신의 사업을 시작하게 될 것이다. 투자자들은 시장으로 돌아올 것이고, 미국 가정들은 그들의 은퇴가 안전하게 보장되는 것을 보게 될 것이다. 천천히 하지만 확실하게 신뢰지수가 올라가고, 경제는 회복될 것이다.

불과 5년 전, 미국의 소비자들은 전혀 다른 메시지를 전해들었다. 2004년 연설에서, 연방준비제도 이사회(FRB) 부의장 로저 퍼거슨(Roger Ferguson)은 과다한 지출을 멈추고 저축을 늘리라고 가계에 요청했다. 그는 저축으로 인해 은행들이 미국 기업들을 대상으로 대출을 증가시킬 것이라고 설명했다:

> 생산성 증가율을 높이는 것이 미국 경제의 장기 번영을 위해 대단히 중요하다. 생산성 증가를 위해서는 적절한 수준의 투자가 요구된다. 해외저축이 현재 우리가 이용할 수 있는 투자재원이지만, 가계와 정부의 저축을 증가시켜 국내투자와 국민저축 사이의 격차를 좁

힐 수 있다면, 장기적으로 경제에 유리할 것이다.

정책입안자들이 불과 5년 전에 완전히 다른 조언을 한 이유는 무엇인가? 미국 경제는 두 연설 사이의 기간 동안 급격히 변화했다. 2004년에 경제는 잘 돌아가고 있었다. 미국 기업들은 은행 대출을 통해 투자하길 간절히 바랐지만 미국의 가계저축이 적어서 국내에서 조달할 수 있는 투자기금이 부족했다. 가계에서 저축을 더 하게 되면, 은행은 대출을 위한 자금을 확보하게 되고, 기업들은 사업을 확장시키기 위한 투자를 더 할 수 있게 된다는 논리다.

2009년까지 경제는 어려운 상황에 처해 있었다. 소비자들은 좀처럼 소비지출을 늘리지 않았다. 소비지출의 부족으로 인해 기업들은 투자를 위한 차입에 더 이상 관심을 기울이지 않았다. 만약 가계부문이 저축 대신 더 지출하도록 설득됐다면, AD곡선은 오른쪽으로 이동했을 것이다. 여기서의 논리는 다음과 같다: 수요가 증가하고 있다는 것을 감지할 경우, 기업들은 고용을 증가하고 투자를 확대할 것이다. 소비자들의 지출은 경기회복을 촉발시킬 것이다.

두 경우에서, 조언의 목적은 경제 상태를 개선하는 것이었다. 경기가 좋을 때는, 기업들이 미래를 확고히 다지기 위해 필요한 투자를 할 수 있도록 돕는 방법으로써 저축이 일리가 있다. 경기가 나쁠 때는, 추가 지출이 침체로부터 벗어나 경제가 회복하도록 도와줄 수 있다.

Sources: http://www.federalreserve.gov/boarddocs/speeches/2004/20041006/default.htm; http://www.white-house.gov/the_press_office/Remarks-of-President-Barack-Obama-Address-to-Joint-Session-of-Congress/.

✓ 개념 확인하기

- ❐ 총수요를 구성하는 지출의 4개 요소는 무엇인가? **[LO 28.1]**
- ❐ 물가수준과 총수요는 일반적으로 양(+)의 상관관계인가, 음(−)의 상관관계인가? **[LO 28.1]**
- ❐ 미국 교통부에 의해 새로 건설되는 고속도로는 총수요곡선을 왼쪽으로 이동시키는가, 오른쪽으로 이동시키는가? **[LO 28.2]**
- ❐ 증세 이후 소비지출의 감소는 총수요곡선을 왼쪽으로 이동시키는가, 오른쪽으로 이동시키는가? **[LO 28.2]**

총공급

지금까지 경제의 수요 측면에 대해 설명했는데, 이제는 경제의 다른 측면을 살펴보자. **총공급**(*aggregate supply*)은 경제활동을 하는 모든 기업의 총생산을 합한 것이다. 산출량을 생산하기 위해 기술, 자본, 노동과 같은 생산요소가 조합됐을 때 생산이 이루어진다.

총공급곡선 한 경제의 전반적 물가수준과 기업들의 전체 생산량의 관계를 보여주는 곡선

총공급곡선(aggregate supply curve)은 한 경제의 전반적 물가수준과 기업들의 전체 생산량 사이의 관계를 나타낸다. 총공급곡선은 시장공급곡선과 유사하지만 다음과 같이 2개의 중요한 차이가 있다:

1. 총공급곡선은 하나의 재화 또는 서비스라기보다는 전체로서 경제의 총생산을 나타낸다.
2. 거시경제 차원에서, 경제가 단기에 작동되는 방식과 장기에 작동되는 방식 사이에 차이가 존재한다.

단기와 장기의 차이 때문에, 2개의 다른 총공급곡선이 존재한다: 첫째는 장기의 총공급을 설

명하는데, 이를 장기 총공급곡선(LRAS)이라고 한다. 두 번째는 단기의 생산량을 기업들이 어떻게 결정하는가에 대해 설명한다; 이를 단기 총공급곡선(SRAS)이라고 한다.

단기 공급곡선과 장기 공급곡선의 차이

LO 28.3 경제의 단기와 장기 사이의 차이 설명하기

두 종류의 총공급곡선을 이해하기 위해, 경제에서 단기와 장기의 차이를 살펴볼 필요가 있다.

단기 총공급(Short-run aggregate supply). 단기는 회사들이 매 시간마다, 매일 또는 매주 내려야 하는 결정을 나타낸다. 여러분이 패스트푸드 버거 가게를 운영한다면, 단기적으로는 일주일 동안 사용할 소고기와 상추를 얼만큼 주문할 것인가 또는 각 직원이 몇 시간씩 일할 것인가를 결정해야 한다. 이런 투입요소를 선택함으로써 여러분은 생산하길 원하는 음식의 양을 결정하게 된다.

〈그림 28-3〉에서 보듯이, 단기에서 총공급곡선은 우상향한다. 이는 전반적 물가수준이 증가함에 따라, 기업들은 기꺼이 더 생산할 의사가 있다는 것을 의미한다. 왜 그럴까? 버거와 같은 최종 재화 및 서비스의 가격이 투입요소의 가격보다 더 신속하게 증가하는 경향이 있기 때문이다. 버거 가게의 수입은 비용보다 더 빠르게 증가할 수 있고, 그래서 더 생산하길 원한다.

핵심 아이디어는 물가수준이 상승했을 때, 모든 투입요소가격이 즉각적으로 증가하지 않는다는 것이다. 대신 일부 가격은 '비신축적(sticky)'인데, 이는 경제의 변화에 대응해 천천히 조정된다는 것을 의미한다. 임금은 아주 적절한 예다. 비신축적 가격이 우상향하는 기울기의 단기

그림 28-3
단기 총공급곡선

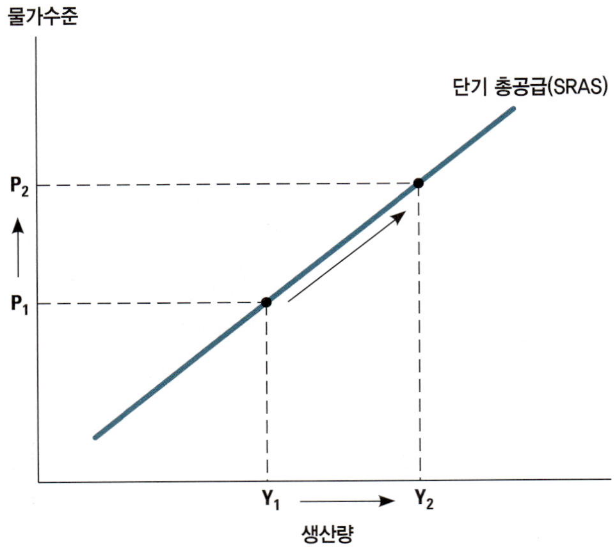

단기에는 총공급곡선이 물가 변화에 반응한다. 이것은 기업들이 가격을 기준으로 얼마나 공급할 것인지 바꿀 의사가 있다는 것을 의미한다.

총공급곡선을 초래하는 이유를 이해하기 위해, 물가수준의 갑작스러운 증가를 생각해보자. 기업들은 제품의 가격이 상승하기 때문에 수익이 증가할 것이다. 그러나 임금은 즉각 조정되지 못한다. 단기에는 버거 가게에서 높은 이윤을 창출할 수 있는데, 그 이유는 수입이 증가하지만 노동비용은 증가하지 않기 때문이다. 이런 비신축적 임금 때문에 기업들은 노동자를 추가로 고용하고 생산을 더 많이 하려고 준비할 것이다.

그러나 최종재의 가격이 즉시 변화할 수 있을 때, 투입요소의 가격이 비신축적(경직적)이어야 하는 이유는 무엇인가? 계약 또는 비공식적 관행이 임금과 다른 투입요소의 가격을 비신축적이게 한다. 예를 들어, 많은 기업이 임금을 1년에 한 번만 재평가한다; 노조가 있는 회사들은 전형적으로 한 번에 수년간의 임금수준을 결정하는 공식 노동 계약을 맺는다. 만약 직원이 임금 인상을 원하거나 고용주가 임금 삭감을 원한다면, 그들은 현재의 임금 계약이 만료됐을 때나 임금을 조율하는 다음 기간까지 기다려야 한다. 종종, 원자재는 동일한 기준으로 공급된다. 예를 들면, 패스트푸드 가맹점은 내년에 공급받게 될 소고기 대금을 현재 시점에서 공급자와 계약하게 된다.

투입요소가격에 대해서는 계약이 흔한 일이더라도, 최종재의 가격이 계약을 따르는 것은 드문 일이다. 예를 들면, 패스트푸드 가게에서 1년 동안 버거와 감자튀김을 몇 개 구입할 것인가를 지정하는 장기 계약에 동의하는 고객들을 확보하는 것은 흔한 일이 아니다. 대신 고객들은 배고플 대마다 현재 메뉴판에 있는 가격으로 구입할 버거를 찾는다. 가격을 변경하기 위해, 패스트푸드 가게는 단순히 메뉴판을 바꾸면 된다. 일반적으로, 최종재의 가격 변경이 항상 수월하지는 않더라도, 투입요소가격보다 훨씬 더 쉽게 변경할 수 있다고 가정한다.

장기 총공급(long-run aggregate supply). 이제 장기에 대해서 살펴보자. 첫 번째로 유념해야 할 점은 **장기는** 1년, 2년 또는 10년과 같은 **특정 시간이 아니라는** 것이다. 대신 투입요소(임금, 임대료, 원재료와 같은)의 가격이 경제 상황의 변화에 완전히 적응하는 데 걸리는 시간이다. 장기에, 버거 가게는 건물 임대를 재협상하고, 신입 직원을 고용하고, 그리고 새로운 임금을 협상할 수 있다.

거시경제학에서의 장단기 간의 조정 과정은 미시경제학에서 조정 과정과는 다르다. 미시경제학에서는 개별 시장에 초점을 맞추고, 중요한 조정의 문제는 수량과 관련되어 있다. 일부 비용은 단기에 투입요소의 양을 조절할 수 없기 때문에 '고정적(fixed)'이다. 고정비용을 제외한 다른 비용의 경우, 투입요소의 양을 단기에 조정할 수 있기 때문에 '가변적(variable)'이다. 예를 들면, 버거 가게의 예로 돌아가, 튀김기구 및 가열등과 같은 기본 설비는 단기의 고정비용에 해당하지만, 장기에는 새로운 설비를 구입해서 설치할 수 있다. 그에 반해 사용된 소고기의 양은 주별 버거 판매가 기록되는 대로 증가 또는 감소되는 가변비용에 해당한다.

거시경제학에서는 개별 기업에서의 **수량**(*quantities*)의 유연성보다 전체 경제를 통해 **물가**(*prices*)가 조절되는 데 걸리는 시간에 초점을 맞춘다. 장기에는 공급곡선의 모양이 어떻게 되는가? 패스트푸드 가게의 사례로 돌아가보자. 단기에는 비용이 증가하지 않으면서 수입이 증가하기 때문에 버거 가게 주인은 초과이윤을 획득한다. 그러나 이러한 상황은 지속되지 않는다. 재화의 가격이 상승하기 때문에, 튀김 전문 요리사와 종업원은 임금인상을 요구할 것이다. 기존의 계약하에 묶여 있는 투입요소의 가격은 계약이 재협상될 때 상승할 것이다.

투입요소의 가격이 조정되면 버거 가게는 더 이상 높은 이윤을 창출하지 못했다. 수입이 증가하지만, 비용도 올라간다. 이제 이윤은 가격 인상 이전의 수준으로 되돌아간다. **경제 전체를 통해 이런 동일한 과정이 발생한다.** 일단 임금과 투입요소비용이 새로운 가격수준으로 조정되면, 경제는 원래대로 돌아갈 것이다.

장기에 투입요소의 가격이 조정되면, 소비자에 의해 지불되는 재화와 서비스의 가격 변화는 총공급에 전혀 영향을 미치지 않는다. 장기 총공급곡선은 수직선이 되고, 어떠한 물가수준에서도 산출량은 동일하다. 〈그림 28-4〉는 장기 총공급곡선의 예를 보여준다.

물가가 아니라면, 장기에 공급량을 결정하는 요소는 무엇인가? 장기 총공급곡선은 경제의 **잠재산출량**(*potential output*)을 나타낸다. 경제에 있는 모든 용량이 완전히 가동될 경우 얻을 수 있는 가능한 산출량수준을 잠재산출량이라 한다. 장기 총생산곡선을 생산함수로 생각하는 것이 도움이 될지도 모른다. 생산함수는 사회의 자연자원, 노동, 자본을 결합하여 최대의 산출량을 생산하는 방법을 보여준다. 사회의 자원을 이용해 산출량을 창출하는 방법에서 무언가 바뀌었기 때문에 장기 총공급의 변화가 발생한다. 새로운 석유 저장소와 같은 새로운 자원의 발견 또는 새로운 기술 발명이 있다. 장기 총공급곡선을 오른쪽으로 안정적으로 밀어내는 과정, 즉 잠재산출량의 증가가 경제성장의 주요 동인(動因)이다.

경제가 항상 잠재산출량수준에서 생산하는 것은 아니다. 보다 적은 산출량이 생산되기도 하고 때로는 많은 산출량이 생산되기도 한다. 잠재산출량수준을 중심으로 나타나는 이러한 변동을 **경기순환**(business cycle)이라고 한다. 생산량이 잠재산출량보다 높을 때, 경제는 호황기에 있다고 한다; 생산량이 잠재산출량보다 밑에 있을 때, 경제는 침체기에 있다고 한다. 〈그림 28-5〉는 과거 50년에 걸친 미국의 경기순환을 보여준다.

경기순환 경제의 잠재 GDP 수준을 상회하거나 하회하는 GDP의 변동

그림 28-4
장기 총공급곡선

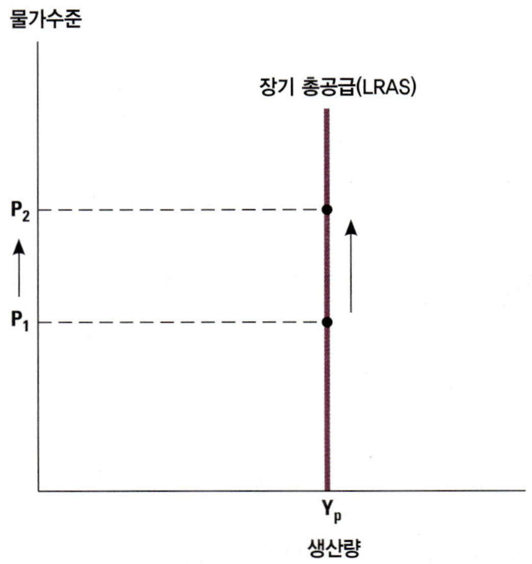

장기에, 총공급곡선은 고정돼 있다. 물가의 변화는 경제의 생산량수준에 전혀 영향을 주지 않는다.

어떻게 그런 호황을 누릴 수 있었는지에 대해 여러분은 궁금할 것이다. 총수요-총공급모형을 이용해 단기 총공급이 경제의 잠재산출량수준을 어떻게 초과할 수 있는지 살펴보자. 단기에는 정상적인 용량을 넘어 모든 생산요소를 이용해 장기의 잠재산출량 이상으로 생산이 확장될 수 있는 것으로 나타났다. 예를 들어, 기업들이 근로자들에게 밤낮으로 그들의 공장을 운영하거나 초과 근무를 요청한다면, 생산량은 일시적으로 잠재산출량수준 이상으로 증가할 수 있다.

이상의 내용이 어떻게 작동하는지를 이해하기 위해, 시험 기간 동안 학교에서 일어나는 일을 생각해보라. 여러분은 시험을 위해 벼락치기 공부를 할지도 모른다. 그 기간에 여러분은 과제물 완성을 위해 잠재적 능력 이상으로 몰입하게 된다. 중간고사를 위해 여러분은 하루에 18시간씩 공부할 수도 있지만, 이런 노력을 학기 내내 지속할 수는 없다. 벼락치기식으로 시험공부를 하면 정상적인 생활에서는 겪지 않을 비용을 치르게 된다. 그러한 비용에는 성적에 대한 걱정으로 얻는 스트레스, 너무 많은 정크 푸드의 섭취와 운동 부족, 그리고 충분한 휴식의 부족으로 인한 건강의 훼손이 포함된다. 하지만 일단 시험이 끝나면 여러분은 이런 비용으로부터 벗어나고자 할 것이고, 다음 학기에 새롭게 시작되는 평범한 일상으로 돌아갈 것이다. 다시 말해, 여러분의 잠재적인 능력으로 돌아갈 것이다.

시험 기간 동안 여러분이 용량 이상으로 능력을 발휘하여 비용을 유발시키듯이, 기업들도 총수요-총공급모형에서 잠재산출량 이상으로 가동함으로써 비용을 초래한다. 경제가 용량 이하로 가동되고 있을 때, 생산을 증가시키기는 어렵지 않다. 기업이 실업 상태에 있는 노동자를 고용할 수 있고, 비어 있는 창고를 임대할 수도 있다. 경제가 용량 전체를 가동할 때는 사정이 다르다. 단기에는 임금과 투입요소가격이 고정되어 있기 때문에, 기업은 현 직원들에게 초과근무 수당을 지불하거나 자격을 갖추지 않은 노동자를 고용해야 한다.

결국 경제가 용량 이상으로 가동될 때에는 노동 및 자본에 대한 수요의 증가로 가격이 상승할 것이다. 노동자들은 임금인상을 요구할 것이고 높은 연봉을 제안하는 회사로 떠날 것이다.

그림 28-5
경기순환

이 그래프는 지난 50년간 미국의 경기순환을 나타낸다. 이 기간 동안의 1인당 연간 실질GDP성장률이 약 3%지만 연평균 변동은 경기침체와 확장의 기간에 따라 편차가 크다.

결과적으로, 투입요소가격이 인상되어 이윤은 원래 수준으로 축소되고, 공급은 장기수준으로 감소할 것이다. 단기의 산출량 증대는 장기에 물가수준의 상승으로 귀결된다.

단기 총공급곡선의 이동

LO 28.4 단기 총공급곡선의 이동을 설명하고, 그 이동을 초래하는 요소 열거하기

생산비용이 변하면, 단기 총공급곡선은 이동할 수 있다. 유가(oil prices)가 갑자기 상승한다고 상상해보자. 기업은 경제적으로 쪼들릴 것이다. 유가의 상승으로 기업들의 생산비용이 증가할 것이다. 농부들의 경우 농작물을 수확하고 수송하는 비용이 증가하고, 운송비로 인해 생산에 필요한 투입요소의 구입비용이 상승할 것이다. 기업들은 주어진 가격수준에서 재화의 공급을 줄이려고 하기 때문에 단기 총공급(SRAS)곡선은 왼쪽으로 이동한다. 〈그림 28-6〉은 이런 이동을 보여준다.

잠재적 혼란

이 시점에서 여러분은 세계 유가의 변화가 곡선을 따라 이동하는 대신 왜 SRAS 자체의 이동을 야기하는지 궁금할 것이다. 이유는 물가와 비용의 차이와 관련이 있다. 앞서 언급했듯이, 유가의 상승으로 투입요소의 비용, 즉 생산비용이 증가하기 때문에 SRAS가 이동한다. 생산비용의 증가는 물가수준의 상승과 다르다. 생산비용의 증가가 SRAS곡선을 왼쪽으로 이동시키고, 이는 주어진 물가수준에서 생산량을 감소시킨다. 반면에, 물가수준 자체의 증가—우리가 생산하는 모든 재화와 서비스가격의 가중 평균—는 SRAS곡선상의 한 점으로부터 동일 곡선상의 다른 점으로 이동을 초래한다.

그림 28–6

단기 총공급곡선의 이동

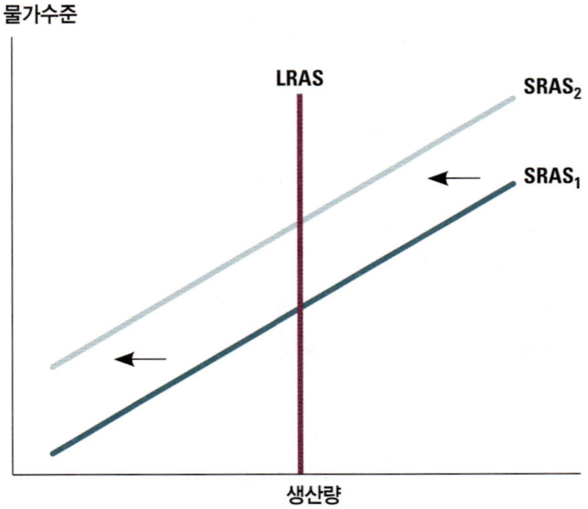

유가의 상승으로 동일한 생산량에 대해 가격이 오르고, 그 결과 총공급곡선은 (왼쪽으로) 이동한다.

공급충격 단기적으로 생산과 총공급곡선에 직접적인 영향을 미치는 중대한 사건

단기 총공급(SRAS)곡선은 생산에 직접적인 영향을 미치는 다른 중대한 사건—종종 **공급충격**(supply shocks)으로 불리는—으로 이동하게 된다. 전력망을 파괴하고 농작물을 망치는 큰 홍수가 하나의 예다. 미래의 투입요소가격에 대한 기대 또한 SRAS를 이동시킨다. 만약 기업들이 유가의 인상을 예상한다면, 공급자들은 미래에 투입요소비용이 상승할 것이라고 기대한다. 이런 믿음 자체가 재화의 공급량을 감소시킬 것이고, 그 결과 총공급곡선이 왼쪽으로 이동한다.

장기 총공급곡선의 이동

LO 28.5 장기 총공급곡선의 이동을 설명하고, 그 이동을 초래하는 요소 열거하기

장기에는, 전반적인 물가수준과 상관없이 이용 가능한 투입요소에 의해 기업의 생산수준이 결정된다. 그렇다고 장기 총공급곡선이 전혀 이동하지 않는다는 것을 의미하지는 않는다. 장기 총공급(LRAS)곡선은 생산함수와 유사하다: 토지, 기술, 자본, 노동의 결합으로 일정 수준의 산출량이 생산된다. 신기술, 개선된 운송 시스템, 경영혁신 등을 포함하여 가능한 산출량에 영향을 미치는 것은 어떤 것이든 LRAS곡선을 이동시킨다. 경제의 잠재산출량이 확장되면 LRAS곡선은 오른쪽으로 이동한다. 경제의 생산력이 떨어지면, LRAS곡선은 왼쪽으로 이동한다.

신기술의 경우를 살펴보자. 경제 전반에 걸쳐 기업들이 신기술을 도입하면, 동일한 양의 자원을 사용하여 이전보다 더 많은 양을 생산할 수 있다. 역사적인 사례로는 19세기 산업혁명 기간의 동력 방적기와 지난 20년 동안의 인터넷이 포함된다. 〈그림 28-7〉에 제시되어 있듯이 이러한 기술혁신은 LRAS곡선을 오른쪽으로 이동시킨다.

장기 총공급곡선은 경제에 있는 생산요소들의 변화로도 이동한다. 외국인 투자의 증가는 경제의 자본량을 증가시키고, 생산을 증가시켜 장기 총공급곡선을 오른쪽으로 이동시킨다. 반면

그림 28-7

장기 총공급곡선의 이동

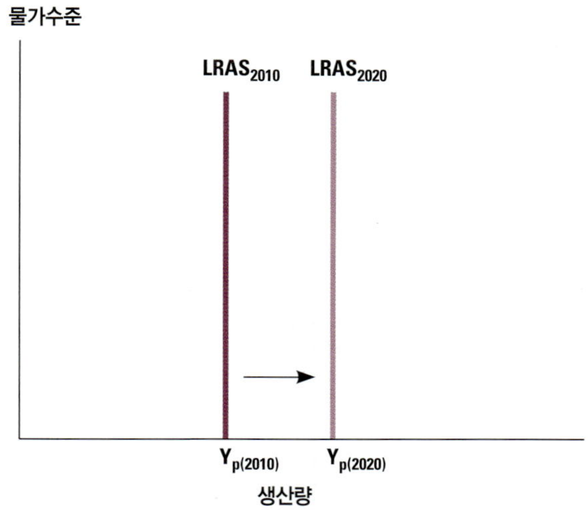

기술 증가로, 기업들은 동일한 양의 투입요소로 더 많은 재화를 생산할 수 있다. 이로 인해, 경제의 잠재생산출량수준을 나타내는 장기 총공급곡선이 바깥쪽으로 (오른쪽으로) 이동한다.

요소	LRAS증가	LRAS감소
기술	기술혁신은 동일한 양의 생산요소로 더 많은 생산을 가능하게 한다.	지식재산권을 제거하는 새로운 법률은 혁신하기 위한 유인을 감소시킨다.
자본	공장 및 기계에 대한 외국인 투자는 이용 가능한 자본을 증가시킨다.	감가상각과 자본의 마모
노동	이민은 이용 가능한 노동공급을 증가시킨다.	인구 고령화는 경제활동인구를 축소시킨다.
교육	보편적 초등교육은 모든 사람들에게 학교에 갈 수 있는 기회를 제공한다.	국가장학금의 축소
자연자원	새로운 에너지 공급원은 동일한 생산요소로 더 많은 생산을 가능하게 한다.	기후변화는 경작할 수 있는 토지를 영구히 감소시킨다.

표 28-2
무엇이 LRAS곡선을 이동시키는가?
다양한 요소들이 경제의 잠재산출량수준을 변화시켜 장기 총공급곡선을 이동시킬 수 있다.

에, 투자수준이 낮아 마모된 자본을 대체하지 못하게 되면 정반대의 결과가 초래된다: 잠재산출량은 감소하고, 장기 총공급곡선은 왼쪽으로 이동한다. 〈표 28-2〉는 장기 총공급곡선을 이동시키는 사례를 제시한다.

LRAS와 SRAS는 항상 같이 이동하는가?

장기 총공급곡선과 단기 총공급곡선이 항상 같이 이동하는가? 그렇지 않다. LRAS곡선을 이동시키는 모든 것은 SRAS곡선도 이동시킨다. 그 이유는 LRAS의 위치를 결정하는 이용 가능한 생산요소와 기술이 단기 공급에도 영향을 주기 때문이다. 예를 들어, 지난 20년 동안의 인터넷 확산은 LRAS와 SRAS 둘 다를 이동시켰다.

하지만 그 반대는 사실이 아니다. SRAS곡선을 이동시키는 모든 것이 LRAS곡선을 이동시키는 것은 아니다. 특히 미래의 물가수준에 대한 **기대의 변화**(*changes in expectations*)는 오직 SRAS곡선에만 영향을 미친다. 왜 그런지 논의하기 전, 이런 상황이 물가수준과 관련되었더라도, 총공급곡선상의 이동(총공급량의 변화)을 야기하기보다는 오히려 총공급곡선 자체를 이동(총공급의 변화)시킨다는 사실을 상기할 필요가 있다. 왜 그런가? 물가수준의 **실제**(*actual*) 변화가 아니라, 물가에 대한 **기대**(*expected*) 변화에 초점을 두기 때문이다. 단기적이든 아니면 장기적이든, 총공급곡선상의 이동을 초래하기 위해서는 물가수준에서의 실제 변화가 있어야 한다.

물가에 대한 기대는 단지 미래에 대한 추측일 뿐이다. 이런 기대는 기업의 생산 계획에 영향을 미친다. 기업들은 항상 비용의 변화를 파악하려고 한다. 그들은 미래의 어느 시점에서 물가가 상승했을 때, 노동자들이 생활비 인상에 맞추기 위해 임금인상을 요구할 것이라고 예상한다. 결과적으로, 기업들은 주어진 현재 물가수준에서 생산을 감소하고, 이는 SRAS곡선을 왼쪽으로 이동시킨다.

기대 물가수준에서의 변화가 LRAS곡선을 이동시키지 않는 이유는 무엇인가? 2가지 방법으로 이를 살펴볼 수 있다. 첫째는 LRAS의 정의, 즉 경제의 잠재산출량을 나타내는 생산함수의 표현으로부터 연유된다. 노동과 자본의 투입량, 자연자원, 기술과 같이 생산방법에 영향을 주는 요소들만이 LRAS를 이동시킬 수 있다. 기대물가는 생산함수에 포함되지 않기 때문에, LRAS를 이동시키지 못한다. 두 번째 방법은 단기 대(對) 장기의 정의를 살펴보는 것이다. 장기에 있어서 기대는 물가수준과 같은 경제변수에 완전히 통합된다. 우리의 기대가 완전히 고려되기 때문에 이동은 일어나지 않는다.

어떻게 보든, 생산방법에 영향을 주는 요소들이 SRAS곡선과 LRAS곡선을 이동시키는 반면, 기대 물가수준의 변화는 오직 SRAS곡선만을 이동시킨다. 오직 단기에서만 물가수준의 예상된 증가는 SRAS곡선을 왼쪽으로 이동시킨다; 장기에는, 이런 기대가 LRAS곡선으로 통합되어 전혀 변화가 없다. 만약 이들 변화가 경제에서의 노동자 수, 자본량 또는 토지 및 기술에 영향을 미치지 않는다면, 이들 변화는 LRAS곡선에 영향을 미치지 않는다. 장기에, 물가는 정책 또는 기대로부터의 어떤 변화도 고려하여 완전히 조정할 것이다.

✓ 개념 확인하기

- ❒ 장기 총공급곡선이 수직인 이유는 무엇인가? **[LO 28.3]**
- ❒ 경기순환이란 무엇인가? **[LO 28.3]**
- ❒ 투입요소의 비용이 감소할 때 단기 총공급곡선은 어느 방향으로 이동하는가? **[LO 28.4]**
- ❒ 토지, 노동 또는 자본의 이용 가능성이 감소할 때, SRAS곡선이 이동하는가? 어느 방향으로 이동하는가? LRAS곡선은 어떤가? **[LO 28.5]**

경제변동

지금까지 국민경제의 전체 모형을 구성하는 모든 구성요소에 대해 살펴보았다: 총수요, 단기 총공급 그리고 장기 총공급. 이제 이들을 종합해보자.

국민경제의 균형은 총수요와 총공급이 같은 점에서 이루어진다. 단기균형은 총수요곡선과 단기 총공급곡선의 교차점에서 형성된다. 그러나 장기균형에서는 같은 점에서 총수요곡선이 장기 총공급곡선 및 단기 총공급곡선과 교차한다. 이는 물가가 예상된 수준에 있고, 단기 생산량수준이 장기 잠재산출량과 같다는 것을 의미한다. 〈그림 28-8〉은 균형 상태의 거시경제를 보여준다: AD곡선, LRAS곡선 및 SRAS곡선의 교차점에서 균형 물가수준과 균형생산량수준이 결정된다.

다양한 충격이 장기균형에서 벗어나게 할 수 있다. 이런 충격은 총수요곡선이나 총공급곡선을 이동시키고, 단기에서 잠재산출량으로부터 벗어나게 한다. 하지만 장기적으로 물가는 조절되고 경제는 장기균형으로 돌아간다. 어떤 충격이 총수요곡선이나 총공급곡선을 이동시키든, 현실에서는 이런 이동이 항상 즉각적으로 명확하게 이루어지는 것은 아니다. 이 절에서는 공급 측 충격과 수요 측 충격이 산출량과 물가수준에 대해 상이한 시사점을 제공한다는 것을 보이는데, 이는 두 충격을 구분하는 데 도움이 된다.

총수요곡선 이동의 영향

LO 28.6 총수요곡선 이동의 장단기효과 설명하기

주택 거품의 사례로 돌아가보자. 2000년부터 2007년까지, 주택가격은 상승하고 있었고, 주택을 소유한 사람들은 그들의 부(wealth)도 증가할 것이라고 판단했다. 소비자 신뢰는 경제 전반에

그림 28-8
거시경제의 모형

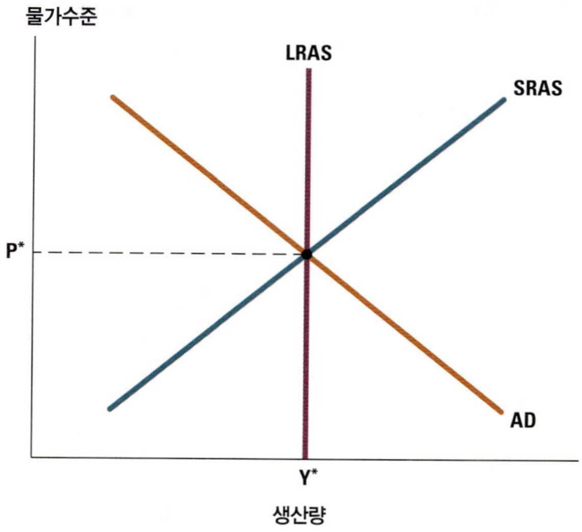

총수요곡선과 총공급곡선을 종합할 때, 전체 경제모형이 완성된다. 이 두 곡선의 교차점이 물가와 생산량의 안정된 수준을 나타내는 균형점이다.

걸쳐 증가했고, 소비 또한 증가했다. 이 장의 초반부에서 소비 증가는 총수요곡선을 오른쪽으로 이동시킨다는 것을 보았다. 이런 이동이 단기와 장기의 경제에 어떤 영향을 미칠까?

〈그림 28-9〉의 (A)는 주택 거품이 발생하던 기간에 소비의 증가가 단기의 경제에 어떻게 영향을 미치는가를 보여준다. AD곡선이 오른쪽으로 이동했을 때, 단기균형은 점 E_1(AD곡선, LRAS곡선, SRAS곡선의 교차점)에서 점 E_2(새로운 AD곡선과 AS곡선의 교차점)로 이동한다. 점 E_2는 주택경기의 호황을 반영한다. 생산량은 장기 잠재적 수준 위에 있고, 물가는 상승했다.

점 E_2는 균형점이지만, 단기균형에 불과하다. 이것을 어떻게 아는가? 장기균형은 경제의 생산요소에 의해 결정되고, 소비의 증가는 생산을 위해 이용 가능한 토지, 노동 또는 자본에 어떤 변화도 주지 않는다. 따라서 LRAS곡선은 이동하지 않는다.

경제는 장기균형으로 어떻게 회귀하는가? SRAS곡선은 장기균형으로 회복하기 위해 다시 이동해야 한다. 먼저, 주택 호황기 동안 실제 발생한 상황이 총수요-총공급모형을 이용한 분석과 다를 수 있다는 것에 대해 살펴보자. 만약 경기가 자연스럽게 상승했다면, 임금과 다른 자원 가격은 인플레이션 때문에 점차 인상하기 시작했을 것이고, 이는 기업의 생산요소비용의 인상을 야기하므로 총공급곡선을 이동시킨다. 계약이 협상되고 임금이 증가함에 따라, SRAS곡선은 균형으로 복귀할 때까지 서서히 왼쪽으로 이동한다. 이런 이동은 〈그림 28-9〉의 (B)에서 보여준다.

〈그림 28-9〉의 (B)에서 점 E_1과 점 E_3을 비교하면—최초의 장기균형으로부터 새로운 장기균형으로의 이동—생산량은 변화하지 않았지만, 물가수준은 상승했다는 것을 볼 수 있다. 다른 어떤 변화가 없다면, 소비자 신뢰의 상승으로 인한 AD곡선의 이동은 단기에 물가와 생산량을 증가시킨다. 하지만 장기에는 생산량이 원래 상태로 회복되고, 유일한 변화는 물가상승뿐이다.

〈그림 28-10〉에 제시된 것처럼, 부정적 충격이 총수요곡선을 왼쪽으로 이동시켰을 때 경제는

그림 28-9

총수요 증가의 영향

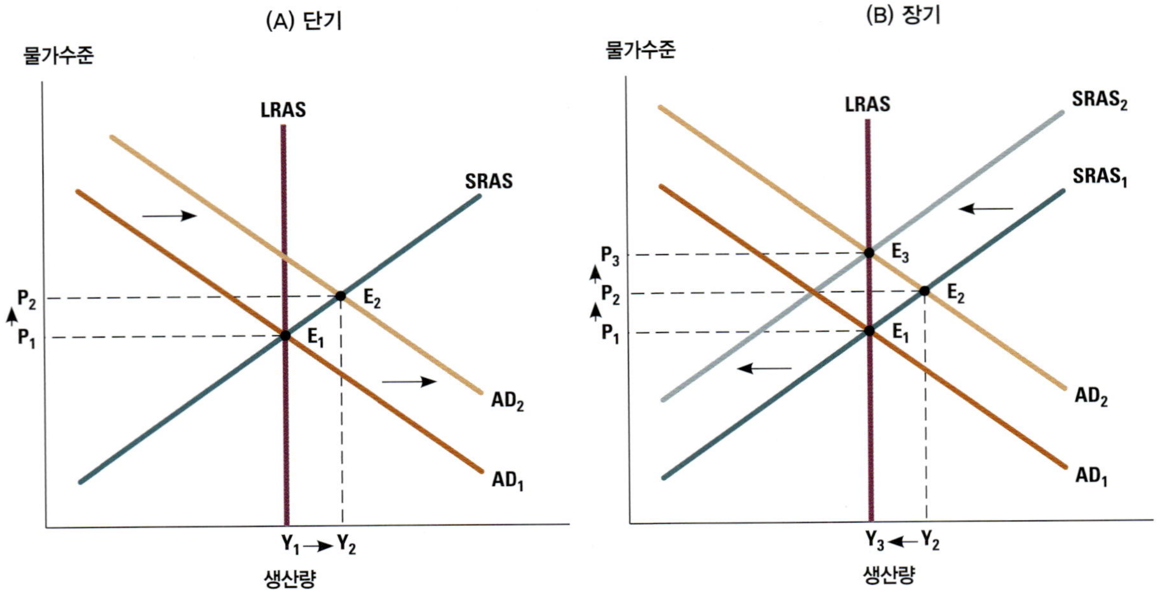

증가된 소비자 신뢰의 결과로 사람들이 소비를 더 할 때, 총수요곡선은 바깥쪽으로 이동한다. 새로운 단기균형은 점 E_2이다. 새로운 균형에서 생산량은 증가하고 물가는 상승한다.

총수요의 이동으로 인해 임금과 물가가 상승함에 따라 재화를 생산하는 비용이 증가하고, 단기 총공급곡선은 왼쪽으로 이동한다. 생산량은 원래 수준으로 회귀하고, 물가는 다시 상승한다.

그림 28-10

총수요 감소의 영향

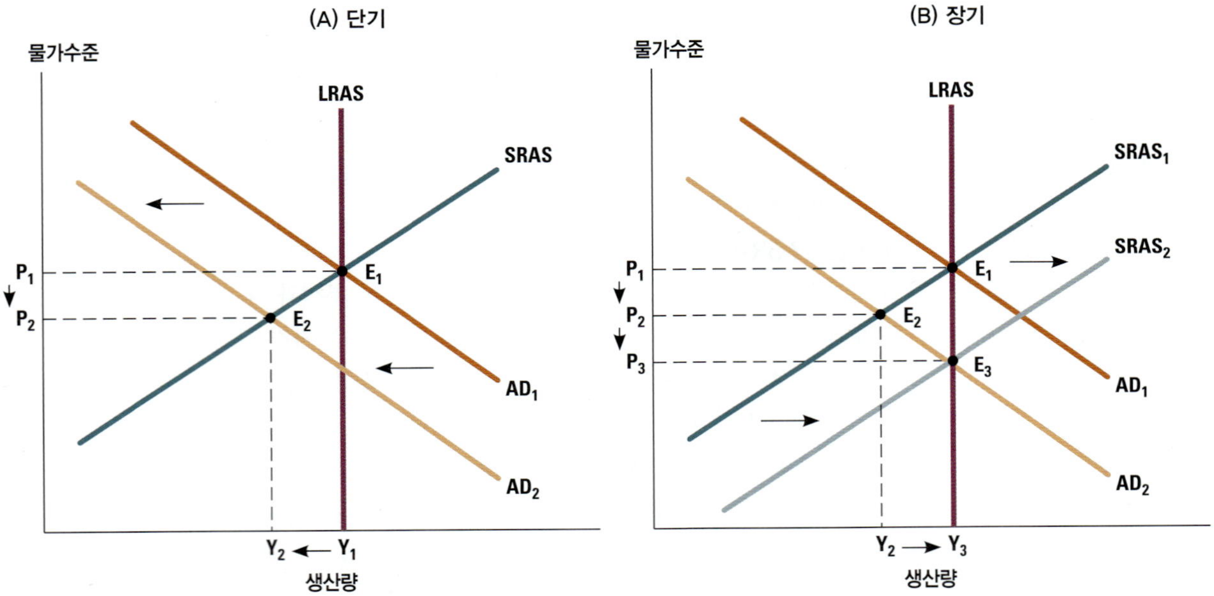

총수요 감소로 총수요곡선이 이동했을 때, 새로운 단기균형은 점 E_2로 이동한다. 점 E_2 에서 물가와 생산량 둘 다 감소했다.

생산요소가격의 하락으로 기업들의 생산비용이 감소하고, 총공급곡선은 바깥쪽으로 이동한다. 경제는 장기균형으로 회복한다. 새로운 균형점에서 생산량은 원래의 수준과 같지만, 물가는 하락한다.

정반대 상황에 있게 된다. 예를 들면, 경제가 균형 상태에서 번창하고 있었다고 가정하자. 그런데 갑자기 주택가격이 폭락했다. 소비자 신뢰는 하락했으며, 소비는 감소했고, AD곡선은 왼쪽으로 이동했다. 단기에 〈그림 28-10〉의 (A)에 나타난 바와 같이, 생산량은 잠재산출량수준 아래로 감소했다. 그러나 이런 변화는 물가를 하락시켰다. 물가가 조절되고 생산요소가격이 내려감에 따라 기업들은 생산량을 증가시켰고, 이는 〈그림 28-10〉의 (B)에 제시된 것처럼 SRAS곡선을 오른쪽으로 이동시켰다. 새로운 장기균형이 최초의 생산량수준으로 복귀됐으나 물가수준은 하락했다(점 E_3).

〈표 28-3〉은 단기와 장기에서 총수요 변화의 영향을 요약하고 있다. 수요 측 이동은 장기의 물가수준만 변화시키는 반면, 생산량은 궁극적으로 장기의 잠재산출량수준으로 돌아간다는 것이 주된 내용이다.

표 28-3
단기와 장기의 총수요 변화

수요 변화의 영향은 2가지로 구분될 수 있다. AD의 증가는 단기에 물가와 생산량을 증가시킨다; 장기에 생산량은 원래 균형수준으로 돌아가는 반면, 물가만 상승한다. 총수요가 감소하는 경우에는 반대의 결과가 나타난다.

이동	예	단기	장기
AD의 증가	정부지출의 증가: G증가	생산량 증가 물가 상승	생산량 불변 물가 상승
AD의 감소	소비자 신뢰의 감소: C감소	생산량 감소 물가 하락	생산량 불변 물가 하락

2007년 미국의 주택 거품 붕괴는 미국 경제에 지대한 영향을 주었다. 그러나 충격은 전 세계적으로 확산되었다. 하나의 사례는 미국에 있는 사람들이 해외의 친척들에게 보내는 돈을 삭감했다는 것이다. 다음 사례를 참고하라.

사례를 통해 알아보기

경기침체와 송금

병원에 가면 거기서 일하고 있는 사람들이 누구인지 주위를 둘러보라. 여러분은 필리핀 출신 간호사, 러시아 출신 의사, 인도 출신 엑스레이 기사를 보게 될지도 모른다. 사람들이 일자리를 찾아 미국으로 이동했을 때, 그들은 본국에 있는 가족을 도와주기 위해 종종 돈을 보낸다. 송금이라고 하는 이런 돈의 흐름은 상당하다. 예를 들면, 필리핀에서 GDP의 10%에 해당하는 금액이 송금으로부터 온다. 가족들은 이런 송금액을 이용해 재화와 서비스를 구입하고 새로운 사업을 시작하는 데 투자한다.

외국인 노동자들은 국내 노동자처럼 경제에 영향을 받는다. 경기가 침체 국면으로 접어들면 외국인 노동자들은 실직하고 본국으로 돈을 보낼 수 없게 된다. 송금의 감소로 인해 외국인 노동자들의 모국에서 소비와 투자가 감소하고, 총수요곡선이 왼쪽으로 이동하여 GDP에도 영향을 줄 것이다.

이는 2008~2009 경기침체기 동안 어떤 일이 발생했는가를 나타낸다. 외국인 노동자들을 많이 고용하고 있는 유럽과 미국에서 실업이 크게 증가했다. 내국인 노동자들이 영향을 받은 것처럼 외국인 노동자들도 경기하강의 영향을 받았다. 2008년, 라틴아메리카와 캐리비안에서 온 외국 노동자들은 거의 690억 달러를 모국으로 보냈다. 송금액은 2009년 640억 달러로 감소했다—

8% 정도 하락—필리핀에서, 송금액은 2006년 GDP의 13%에서 2007년과 2008년에는 GDP의 약 11%로 감소했다. 오늘날 서로 연결된 세계경제에서, 한 나라의 충격은 세계 도처로 충격의 파장이 쉽게 전달될 수 있다.

Sources: http://blogs.worldbank.org/eastasiapacific/remittances-and-the-philippines-economy-the-elephant-in-the-room; www.oecd.org/dataoecd/48/8/42753222.pdf .

총공급곡선 이동의 영향

LO 28.7 총공급곡선 이동의 장단기효과 설명하기

경제가 직면할 수 있는 충격의 다른 유형은 공급충격이다. 공급충격은 일시적이거나 영구적이다. 어떤 변화가 일시적일 때, 오직 SRAS곡선이 이동한다. 변화가 영구적일 때, LRAS곡선과 SRAS곡선 둘 다 이동한다.

우선 일시적 충격에 대해 살펴보자. 중서부에 1년 내내 가뭄이 들었고 대량의 옥수수가 피해를 입었다. 이런 충격은 〈그림 28-11〉의 (A)에서와 같이, SRAS곡선을 왼쪽으로 이동시킨다. 경제는 점 E_1의 장기균형으로부터 점 E_2의 단기균형으로 이동한다. 물가는 상승하고 생산량은 감소한다. 경제는 어떻게 조정되는가?

물가가 상승하는 반면 생산량이 감소하는 상황을 종종 스태그플레이션(*stagflation*)이라고 한다—높은 인플레이션과 결부된 경기침체. 이런 단기균형으로부터의 조정은 쉽지 않다. 임금 하락이 도움이 되지만, 대개 종업원들은 낮은 임금을 받아들이기를 꺼린다. 임금은 일반적으로 '하

그림 28-11

단기 총공급 감소의 영향: 중서부의 가뭄

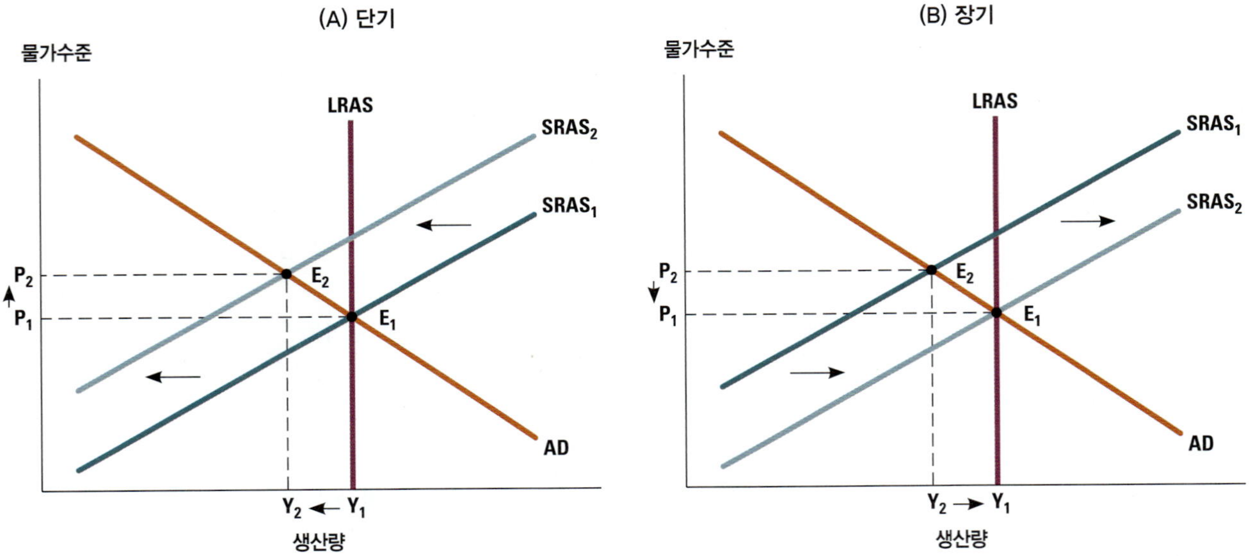

옥수수 농작물에 피해를 준 가뭄은 단기 총공급곡선을 안쪽으로 이동시킨다. 단기에 물가는 상승하고 생산량은 감소한다.

비가 다시 내리고 증가된 실업으로 임금이 하락하면서, 단기 총공급곡선은 바깥쪽으로 이동한다. 이는 물가와 생산량이 원래 수준으로 돌아왔다는 것을 의미한다.

방경직적(sticky downward)'이라고 하는데, 이는 임금이 내려가는 데 시간이 오래 걸린다는 것을 의미한다. 비신축적인 투입요소의 가격은 바람직하지 않은 균형 상태로 경제를 이끈다.

경제가 잠재산출량보다 낮은 수준에서 생산되고 임금이 천천히 하락할 때 기업들은 노동자를 해고할 것이고, 실업은 자연률보다 높아질 것이다. 만일 실업률이 높게 유지된다면, 임금은 궁극적으로 감소하기 시작할 것이다. 임금이 내려가면서, 기업의 생산비용은 감소하게 된다. 〈그림 28-11〉의 (B)에 제시된 바와 같이, 단기 총공급곡선이 다시 오른쪽으로 이동하게 된다. 궁극적으로 비용은 SRAS가 원래 수준으로 돌아오는 점까지 감소할 것이고, 경제는 최초 장기균형(점 E_1)으로 돌아가게 될 것이다.

이제 영구적인 공급충격에 대해 살펴보자. 일시적인 가뭄이 아니라 격변하는 기후 변화로 인해 중서부 농부들이 이전의 농작물 수확량을 확보하는 것이 더 이상 어렵게 됐다고 상상해보자. 중서부가 미국 식량 생산에서 없어서는 안 되는 곳이기 때문에, 다른 곳의 토지로 부족분을 메우기에는 충분하지 않다. 생산요소 가운데 하나의 손실(이 경우에는 토지)로, 〈그림 28-12〉의 (A)에서와 같이 LRAS곡선은 왼쪽으로 이동할 것이다.

이런 변화는 단기에도 영향을 미친다. 중서부에서 경작된 옥수수는 경제 전반에 걸친 재화의 생산에서 중요하다. 아침식사로 먹는 시리얼부터 자동차에 넣는 휘발유까지 모든 것이 옥수수나 옥수수로부터 나온 제품을 포함하고 있다. 식량과 다른 재화의 가격 상승은 생산비용의 증가를 초래하고, 이로 인해 SRAS는 왼쪽으로 이동한다.

SRAS곡선은 새로운 장기균형점으로 즉시 이동하지 않을 수 있다; 단기에, 균형은 오직 점

그림 28-12

장기 총공급 감소의 영향: 기후변화

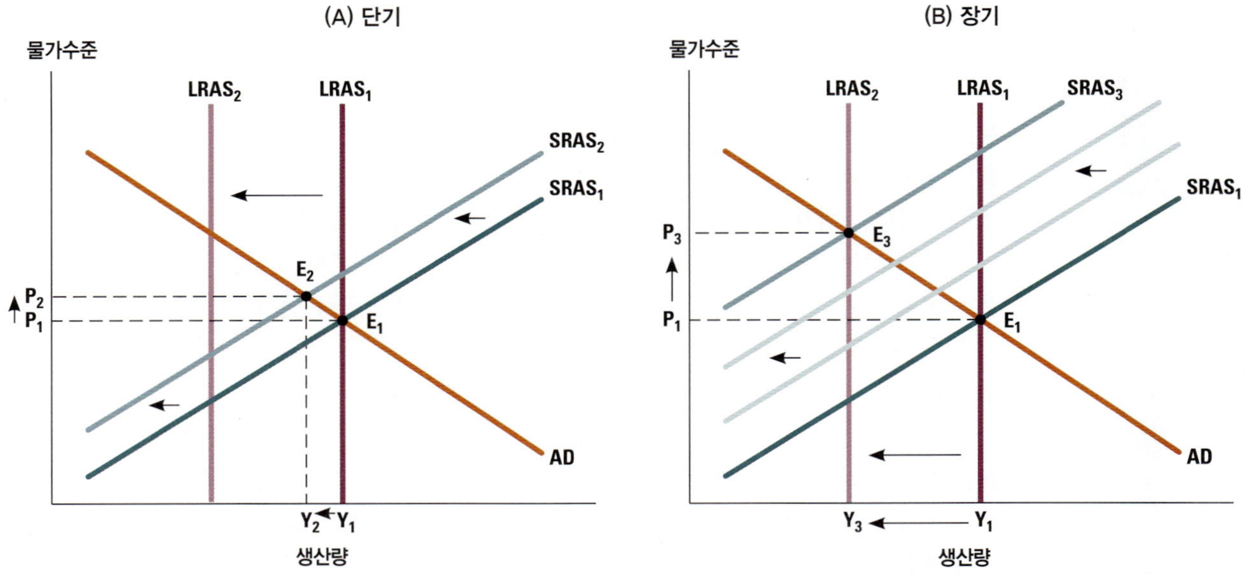

기후변화로, 경제에 미치는 영향은 가뭄에서 충격이 발생하는 것과 처음에는 유사하다. 총공급곡선은 안쪽으로 이동한다. 새로운 단기균형(점 E_2)에서, 물가는 올라가고 생산량은 떨어진다.

기후변화의 영향이 영구적이기 때문에, 장기 총공급곡선은 왼쪽으로 이동한다. 지속적으로 상승하는 물가로 인해, 단기 총공급곡선은 새로운 장기균형(점 E_3)에 도달할 때까지 왼쪽으로 이동한다. 이 균형점에서, 물가는 훨씬 많이 올라가고 생산량은 원래의 균형수준보다 훨씬 낮다.

표 28-4
수요충격과 공급충격 비교하기

한 사건이 전체 경제에 어떻게 영향을 미치는지를 결정하기 위한 첫 임무는 수요충격인지 공급충격인지 결정하는 것이다. 이는 누구에게 가장 큰 영향을 주는가와 경제에서 어떤 역할을 하는가를 파악하는 것을 의미한다.

사건	충격의 종류
유가의 일시적 상승	단기 공급충격
기술혁신	장기 공급충격
소비자 신뢰 하락	수요충격
이민의 갑작스러운 증가	장기 공급충격

E_2로 이동할 수 있다.그러나 물가가 장기균형수준 위에 있는 한, 〈그림 28-12〉의 (B)에서처럼 SRAS는 왼쪽으로 계속해서 이동한다. 이런 과정은 경제가 새로운 장기균형(점 E_3)에 도달할 때까지 지속된다. 최종적으로 물가는 올라가고 잠재산출량수준은 내려간다.

수요충격과 공급충격 비교하기

AD-AS모형은 전반적인 경제 상태를 이해하고, 충격에 대응하여 정책을 형성하는 데 강력한 도구로서의 역할을 한다. 그러나 성공적인 경제정책은 수요충격과 공급충격의 차이를 구별할 수 있는 능력에 달려 있다. 만약 여러분이 어떤 충격에 대응하여 잘못된 정책을 적용한다면, 잠재적으로 상황을 더 어렵게 만들 수 있다.

이 절은 경제에서 발생하는 사건을 분석하기 위해 AD-AS모형을 이용할 때 제기되는 2가지 주요 도전에 대해 설명한다. 첫째, 여러분이 어떤 충격을 인지했다면, 경제의 어느 측면에 영향을 줄 것인지 판단할 수 있는가? 둘째, 여러분이 경제에서 일어나는 변화를 감지했다면, 어떤 종류의 충격이 원인인지 파악할 수 있는가?

첫째, 충격이 누구에게 영향을 미칠 것인가, 그리고 경제에서 그러한 충격의 역할은 무엇인가에 대해 살펴보자. 예를 들면, 유가 상승은 재화 생산에 석유를 사용하는 사업체에 영향을 준다. 유가 변화는 경제의 공급 측에 충격이 될 것이라는 의미다. 충격이 실질적인 생산요소보다는 오히려 물가와 관련되어 있기 때문에, 장기 총공급곡선이 아니라 단기 총공급곡선에만 영향을 미칠 것이다. 반면에 여러분이 소비자나 정부지출에 영향을 미치는 충격을 알았다면, 이는 소비에 영향을 미치고, 따라서 경제의 수요 측면에 영향을 줄 것이다.

〈표 28-4〉는 수요충격과 공급충격의 몇 가지 사례를 보여준다. 각 충격에 대해, 충격이 영향을 미치는 사람들은 어느 그룹에 속하는지, 수요 측인지 공급 측인지, 그리고 장기충격인지 단기충격인지 생각해보라.

다른 방향에서 생각할 때—경제에 미치는 영향으로부터 원인을 파악하는 방식—충격의 상이한 유형들이 물가와 생산량에 어떻게 영향을 미치는가에 대해 명확한 예측이 존재한다; 이 예측들은 주요 충격에 대한 실마리를 제공할 수 있다. 예를 들면, 단기에 생산물이 감소하는 것은 총수요의 감소 또는 단기 총공급의 감소 때문일 수 있다: 총수요가 감소하는 〈그림 28-10〉의 A와 단기 총공급이 감소하는 〈그림 28-11〉의 (A)를 비교하라. 따라서 수요충격 또는 공급충격을 구별하기 위해서는 물가에 무슨 일이 발생했는가 알아볼 필요가 있다. 수요충격은 물가를 감소시킨다; 공급충격은 물가수준을 증가시킨다. 따라서 생산량이 감소하고 물가가 감소하는 경제는 수요 감소를 그 원인으로 제시한다. 한편, 생산량이 감소하고 물가가 증가하는 경제는 공급충

공급 또는 수요?	긍정적 충격	부정적 충격
수요측면	**단기:** 생산량 증가 물가 상승	**단기:** 생산량 감소 물가 하락
수요측면	**장기:** 생산량 불변 물가 상승	**장기:** 생산량 불변 물가 하락
일시적 충격: 공급측면	**단기:** 생산량 증가 물가 하락	**단기:** 생산량 감소 물가 상승
일시적 충격: 공급측면	**장기:** 생산량 불변 물가 불변	**장기:** 생산량 불변 물가 불변
영구적 충격: 공급측면	**장기:** 생산량 증가 물가 하락	**장기:** 생산량 감소 물가 상승

표 28-5
수요충격 對 공급충격
경제의 수요측면과 공급측면에 미치는 충격의 영향을 요약했다. 각 충격은 장기와 단기에 다른 영향을 미친다.

격을 그 원인으로 제시할 것이다.

때때로, 충격이 복합적으로 나타날 수 있다. 예를 들면, 2007년 미국의 주택 거품이 붕괴되었을 때, 은행과 다른 금융제도는 그들이 만든 나쁜 대출로부터 큰 손실에 직면했다. 손실을 보충해야 할 필요성과 점차 증대되는 경제에 대한 비관주의로 인해 사업체에 대한 대출이 축소되었다. 기업들의 경우 차입이 어려워지고, 차입비용도 상승했다. 사업을 운영하는 비용의 증가는 단기 공급충격이었다; 이는 단기 총공급곡선을 왼쪽으로 이동시켰다. 주택 거품이 꺼진 이후 소비자들의 지출이 감소했을 때 발생한 수요충격에 이어 공급충격이 더해졌다. 수요충격은 경제에서의 생산량수준을 더욱 감소시켰다.

또한 장기에서는 수요충격과 공급충격이 다를 수 있다. 단기 총공급곡선이 장기균형생산량수준으로 회귀하기 때문에, 수요충격이 장기의 물가수준을 변화시킨다. 공급충격의 경우 장기적으로 물가수준의 변화를 초래하지 않는다. 예를 들면, 단기 총공급곡선이 처음에 왼쪽으로 이동한다면, 물가는 조정되어 장기균형으로 회복된다.

〈표 28-5〉에서 공급충격과 수요충격의 차이를 비교한다.

경제에서 관찰되는 효과와 관련해 공급에서의 이동인지 또는 수요에서의 이동인지 알아내기 위해 사례를 통해 알아보기의 '고베 지진과 총공급'을 읽어보자.

사례를 통해 알아보기

고베 지진과 총공급

1995년 1월, 일본의 항구도시 고베에 큰 지진이 일어나 많은 사람들이 목숨을 잃었다. 빌딩과 하부구조는 파괴되고, 일본 증권시장의 가치는 폭락했다. 세계에서 발생한 가장 비용이 많이 든 자연재해 가운데 하나로, 최종 피해 금액은 일본 GDP의 약 2.5%에 달했다.

그러나 놀랍게도, 재앙 이후 15개월 만에 일본의 제조업은 지진 이전 상태의 96%로 회복되었다. 총수요-총공급모형이 일본 경제의 회복을 어떻게 설명하는가?

퍼듀 대학교의 경제학자인 조지 허비치(George Horwich)는 이 질문에 대해 연구했다. 지진은 자본을 엄청 파괴했고, 우리는 단기 총공급곡선이 왼쪽으로 이동할 것이라고 예상할 것이다. 이런 이동은 물가수준을 올리고 생산량을 감소시켜 실업률을 증가시킬 것이다. 그러나 허비치가 데이터를 검토했을 때, 그는 다른 특징을 관찰했다. 놀랍게도, 물가수준은 비교적 안정적이었고, 고용은 일정했다.

AD-AS모형의 예측과 데이터를 어떻게 일치시킬 수 있는가? 고베의 경우에는 2가지 가능성이 있다: 총공급곡선을 지진 후 몇 달 동안 신속히 오른쪽으로 이동시키거나 총수요곡선을 바깥으로 이동시키는 것이었다. 실제로 무슨 일이 일어났는지 알아내는 방법이 있다. 총수요의 증가가 일어난다면, 물가수준은 상승할 것이다. 그러나 자료에 따르면 물가수준은 일정하게 유지되거나 심지어는 하락했다. 총수요의 반응이 없었다는 증거다.

대신, 허비치는 총공급곡선이 오른쪽으로 이동했다고 주장한다.

비록 고베의 손상이 심각했지만, 일본 경제는 자원의 이동을 재배치하는 방식으로 경제의 한 부분에서 발생한 엄청난 충격을 조절할 수 있는 것처럼 보였다. 이런 조절의 과정에서, 총공급곡선은 오른쪽으로 이동했고, 경제는 원래의 위치로 돌아오게 되었다. 고베 지진에 대한 반응은 심지어 큰 공급충격에도 거시경제가 놀랍도록 빨리 적응할 수 있다는 것을 보여주었다.

Source: George Horwich, "Economic lessons of the Kobe earthquake," *Economic Development and Cultural Change* 48, no. 3 (April 2000), pp. 521–542.

✓ 개념 확인하기

- ❒ 긍정적인 수요충격은 단기균형에서의 생산을 증가시키는가, 감소시키는가? 장기균형에서는 어떤가? **[LO 28.6]**
- ❒ 총공급의 왼쪽 이동으로 물가와 생산량은 어떻게 변화하는가? **[LO 28.7]**

공공정책의 역할

LO 28.8 공급충격과 수요충격에 대응하기 위해 정부가 사용할 수 있는 정책 선택에 대해 설명하기

수요충격과 공급충격에 경제가 온전히 조절하기 위해서는 오랜 시간이 걸린다; 조정을 기다려야 하는 상황은 물가와 실업의 변화를 경험하고 있는 사람들에게 매우 불편하다. 경제가 침체기에 들어갔을 때, 유권자들은 종종 정치가들이 무언가 할 것을 요청한다. 뒤에 나오는 장에서는 재정정책과 통화정책에 대해 살펴보고 경제에서 경부의 역할을 보다 상세히 다룰 것이다. 지금부터는 정부가 경기침체로부터 경제를 회복시키기 위한 하나의 통로만을 살펴볼 것이다: 정부지출.

부정적 수요충격에 대응하는 정부지출

경제에서 일어나는 일들이 나쁘게 흐르고 있다고 상상해보라: 신문은 주택가격 하락, 대량 해고, 공장 폐쇄에 대한 기사로 가득 차 있다. 골치 아픈 뉴스가 끊임없이 전해지면서 소비자 신뢰

는 감소하고 소비는 하락한다. 〈그림 28-13〉의 (A)에서 보듯이 이런 변화는 총수요곡선을 왼쪽으로 이동시킨다. 생산량과 물가수준은 감소한다.

정부는 지출 증가로 부정적 수요충격에 대응할 수 있다. 지금까지 봐왔듯이, 정부지출 증가의 영향은 총수요곡선을 오른쪽으로 이동시킨다. 정책입안자들의 목표는 부정적인 총수요충격을 상쇄시키는 정책으로 원래의 경제 상태를 회복시키는 것이다.

이러한 시도가 그렇게 쉽지만은 않다. 실제로 총수요에 미치는 정부지출의 전반적인 영향을 측정하기가 어려울 수 있다. 더욱이 정부정책을 완벽하게 계획하여 원래의 수준으로 총수요를 되돌리기는 매우 어렵다. 〈그림 28-13〉의 (B)는 정책이 부분적으로 성공한 경우를 나타낸다: 정부지출의 증가로 AD곡선은 이전 수준의 일부만을 회복했다.

장기는 어떤가? 수요충격은 장기산출량수준에 영향을 미칠 수 없다. AD-AS모형에 따르면, 정부가 아무 일도 하지 않으면 물가가 하락하여 궁극적으로 산출량은 이전의 수준을 회복한다. 이러한 변화는 공급측면을 통해서 나타나는데, 물가의 하락으로 생산비용이 감소하면 총공급곡선은 오른쪽으로 이동한다.

정부가 경제를 부양하기 위해 지출을 증가시켰을 때, 최종 결과는 약간 다를 것이다. 이 예에서, 정부정책은 오직 부분적으로만 성공적이었기 때문에, 여전히 장기균형에 도달하기 전에도 경제가 조정돼야 한다. 조정의 과정은 이전과 같지만 정부가 아무런 조치를 취하지 않았을 때 나타나는 SRAS의 변화는 작동하지 않는다. 정부지출의 증가로 인해 이전 수준으로 산출량이

그림 28-13

부정적 수요충격에 대한 정부 대응:주택 붕괴

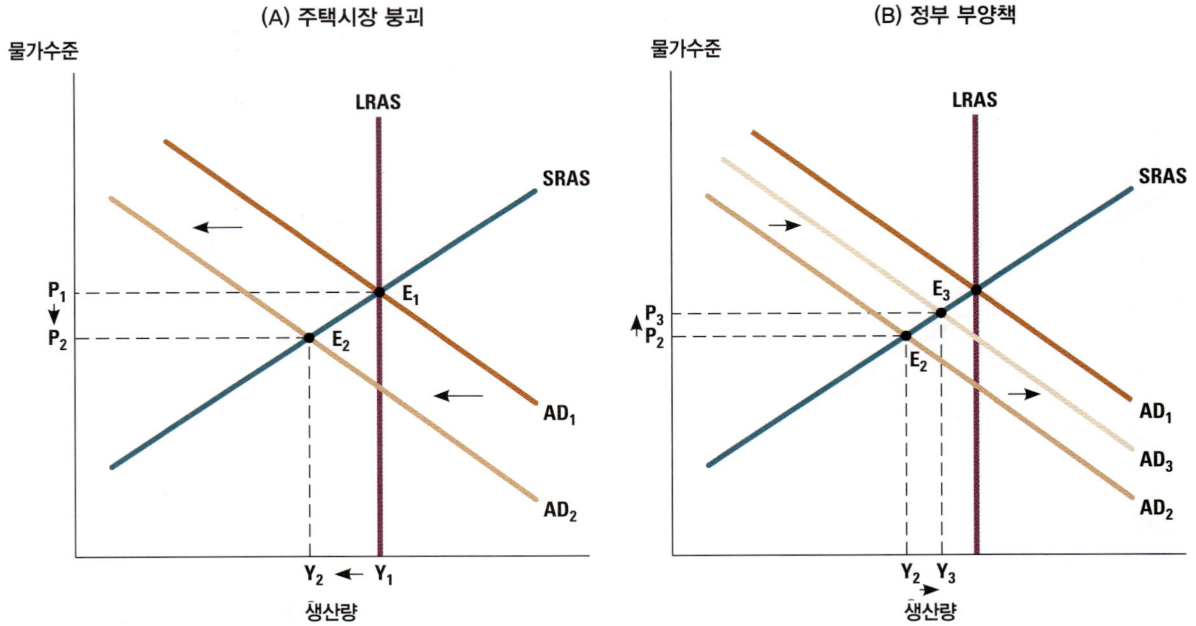

주택시장의 붕괴로 총수요는 급격히 하락하고, 총수요곡선을 안쪽으로 이동시킨다. 물가와 생산량이 감소한 수준에서 새로운 단기균형이 이루어진다.

정부가 주택시장의 붕괴에 대응해 지출을 증가시키면, 총수요는 바깥으로 다시 이동할 것이다. 새로운 균형에서 물가와 생산량은 다소 증가하지만, 장기균형에 비해서는 여전히 낮은 수준이다.

증가하지만, 정부의 개입이 존재하지 않았을 경우에 비해 물가수준은 약간 높아진다.

그 결과 고정된 소득과 재산의 구매력은 감소하게 된다. 조정의 속도를 증가시키는 것과 높은 물가를 허용하는 것 사이에 존재하는 상충관계는 경기침체기에 정부가 직면하는 중요한 도전이다.

부정적 공급충격에 대응하는 정부지출

이제는 단기 공급충격을 상상해보라: 극심한 가뭄은 옥수수 수확을 80% 감소시켰다. 〈그림 28-14〉의 (A)에 제시된 바와 같이, 단기 총공급곡선은 왼쪽으로 이동했다. 경제는 이제 점 E_2에 있다: 생산량수준은 감소했고, 물가는 상승했다. 이 경우에 정책입안자들은 곤경에 처한다. 그들이 아무런 조치를 취하지 않는다면, 경제는 높은 물가와 낮은 생산량 (스태그플레이션)에 갇히게 될 것이다. 32장 '인플레이션'에서 스테그플레이션의 도전에 대해 좀 더 자세히 다룰 것이다. 실업은 증가하고 생산량은 감소하는데 물가는 상승하고 있는 경제를 상상해보라. 벗어나기 어려운 상황이다. 특히 물가가 하향으로 조절되어야 할 때, 매우 경직적이라는 것을 기억하라.

총공급곡선이 오른쪽으로 돌아가기를 기다리는 대신, 정부는 재정지출을 증가시켜 총수요곡선을 이동시킬 수 있다. 이런 조치와 효과는 〈그림 28-14〉의 (B)에 제시돼 있다. 총수요의 이동으로 경제는 점 E_3의 새로운 단기균형으로 옮겨간다. 이제 낮은 생산량과 실업의 문제는 해소되지만, 물가는 실제 훨씬 높은 수준으로 상승한다.

그림 28-14

부정적 공급충격에 대한 정부 대응: 중서부의 극심한 가뭄

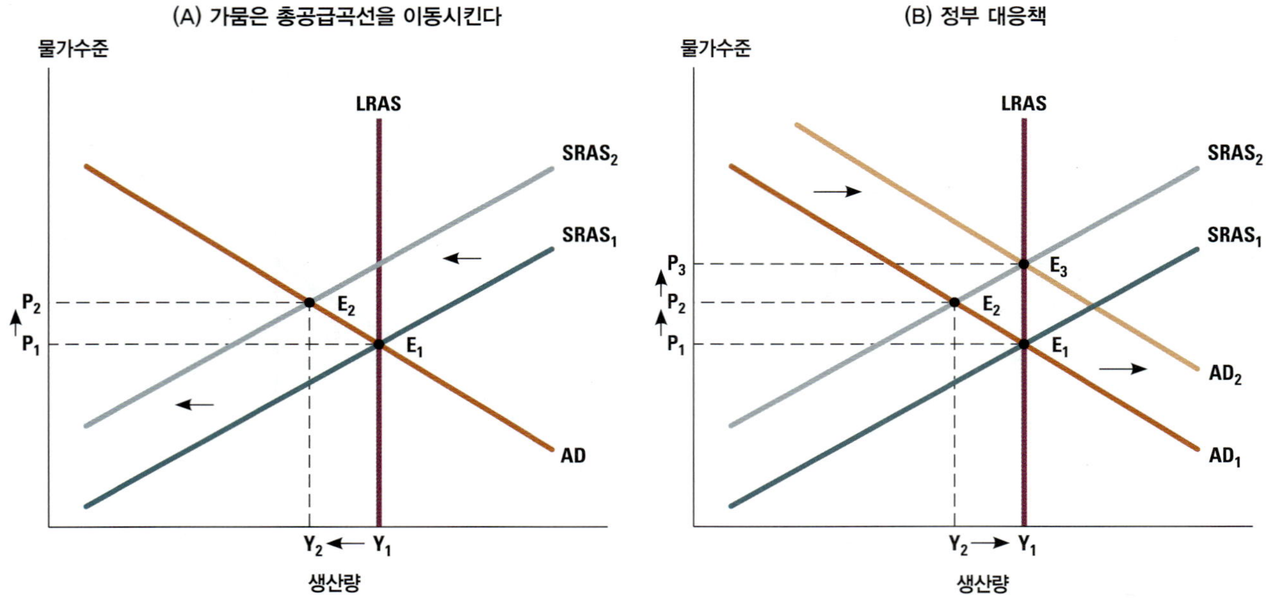

가뭄은 단기 총공급곡선을 안쪽으로 이동시키고, 이는 경제를 새로운 단기균형 쪽으로 이동시킨다. 새로운 단기균형점에서 물가는 상승하고, 생산량은 하락한다.

가뭄에 대응해 정부는 지출을 증가시키고, 이는 총수요곡선을 바깥쪽으로 이동시킨다. 원래의 균형점으로 돌아가는 대신 높은 물가수준에서 새로운 장기균형이 형성된다.

두 사례에서 보듯이 정부 개입의 장기 결과는 동일한 생산량수준에서 물가의 상승이다. 그러면 도대체 왜 정부는 개입하기를 선택하는가? 한 가지 이유는 회복의 속도와 관련된 것이다. 정부지출이 증가하지 않는다면, 조정은 길고도 고통스러운 과정일 것이다. 게다가, 물가하락이 항상 좋은 것만은 아니다. 32장 '인플레이션'에서 다루겠지만, **디플레이션**(*deflation*)이라 불리는 물가하락은 경제에 또 다른 문제를 초래한다.

요컨대, 정부지출은 단기의 수요충격을 처리하기 위해 종종 적용되는 단기적인 정책 조치라는 것이다. 정부지출은 부정적 공급충격에 대처하는 효과적이지 못한 정책이지만, 종종 정치적 압력으로 정부의 조치가 이루어질 수 있다.

✓ 개념 확인하기

❒ 정부가 지출 증가를 통해 부정적 수요충격에 대응할 때, 물가와 생산량에 미치는 장기효과는 무엇인가? **[LO 28.8]**

결론

이 장에서는 경제 전체를 설명하는 모형을 만들었다. 이 모형은 비교적 단순하지만 대단하다; 물가, 실업, GDP와 같은 주요 거시경제학의 성과들을 추동하는 요인들이 무엇인지 이해하도록 도와준다.

총수요-총공급모형은 경제를 2개 측면으로 구분한다. 수요측면은 경제에서 지출의 모든 요소로 구성된다: 소비, 투자, 정부지출, 그리고 순수출. 총수요곡선은 경제의 전반적 물가수준과 총수요의 관계를 식별한다. 경제의 공급측면에서, 총공급곡선은 경제의 전반적 물가수준과 총생산의 관계를 나타낸다.

장기에, 생산은 투입요소의 이용 가능성과 투입요소를 산출량으로 전환시키는 기술에 의해 결정된다. 장기에는 물가수준과 생산량에 상관관계가 존재하지 않는다. 단기에는 물가수준의 변화에 따라 산출량이 증가하거나 감소하는 방식으로 경제가 반응하기 때문에 단기 총공급곡선은 우상향의 기울기를 갖는다. 장기균형은 총수요곡선과 장기 총공급곡선의 교차점에서 이루어진다.

총수요곡선을 왼쪽으로 이동시킨 2007년의 주택시장 거품 붕괴 이후 미국을 짓누른 경기침체를 이해하기 위해 총수요-총공급모형을 이용했다. 또한 총수요곡선을 오른쪽으로 이동시켜 생산량과 고용을 증가시키려는 정부의 경기부양책을 이해하기 위해 이 모형을 이용했다. 다음 장에서는 경제적 충격에 대한 정책 대응을 좀 더 깊이 있게 알아보고, 정부지출과 조세의 상이한 효과에 대해서도 탐색할 것이다.

주요 용어

경기순환 p.791
공급충격 p.794
총공급곡선 p.788
총수요곡선 p.783

요약

LO 28.1 총수요의 구성요소 열거하기와 이 구성요소를 이용해 총수요곡선이 우하향하는 이유 설명하기

총수요-총공급모형은 한 경제의 물가수준과 생산량의 관계를 나타낸다. 이 모형은 2개 부문으로 구성된다: 경제의 전반적 물가수준과 전체 수요의 관계를 보여주는 **총수요곡선**과 경제의 전반적 물가수준과 전체 생산량의 관계를 보여주는 **총공급곡선**. 물가수준이 상승할 때, 소비, 투자 그리고 순수출이 모두 하락하기 때문에 총수요곡선은 우하향의 기울기를 갖는다. 생산요소가격과 임금이 조정되는 데 시간이 걸리기 때문에 단기 총공급곡선은 우상향의 기울기를 갖는다.

LO 28.2 총수요곡선의 이동을 야기하는 요소 열거하기

총수요곡선이 GDP의 정의로부터 파생되므로: Y = C + I + G + NX, GDP의 구성요소에 영향을 주는 것은 총수요곡선 자체를 이동시킬 것이다. 예를 들면, 만약 정부지출이 증가한다면, 총수요곡선은 바깥쪽으로 이동할 것이다; 만약 순수출이 감소한다면, 총수요곡선은 안쪽으로 이동할 것이다. 총수요곡선이 이동할 때, 생산량에 단기 변화가 있지만 생산량의 장기 변화는 없다. 물가수준은 단기와 장기에 변화할 것이다.

LO 28.3 경제의 단기와 장기 사이의 차이 설명하기

총공급곡선은 실제로 2개의 다른 곡선이 있다: **장기 총공급(LRAS)곡선**과 **단기 총공급(SRAS)곡선**. 장기 총공급곡선은 모든 생산요소가 이용된다면 경제가 생산할 수 있는 것을 보여준다. LRAS는 물가에 좌우되지 않기 때문에 수직이다. 단지 생산비용에만 영향을 주고 생산을 위해 이용 가능한 요소들의 양을 변화시키지 못하는 요소들이 있다. 이런 요소들의 변화들은 오직 SRAS곡선만을 이동시킬 것이다.

LO 28.4 단기 총공급곡선의 이동을 설명하고, 그 이동을 초래하는 요소 열거하기

만약 **투입요소**의 가격이 변화하면, 총공급곡선 자체가 이동할 것이다. 기업의 생산비용을 증가시키는 변화는 공급곡선을 안쪽으로(왼쪽으로) 이동시킬 것이다. 생산비용을 덜어주는 변화는 총공급곡선을 바깥쪽으로(오른쪽으로) 이동시킬 것이다.

LO 28.5 장기 총공급곡선의 이동을 설명하고, 그 이동을 초래하는 요소 열거하기

잠재산출량에 영향을 주는 요소들은 장기 총공급곡선을 이동시킬 것이다. 만약 경제의 잠재산출량이 확장된다면, 장기 총공급곡선은 바깥으로 이동할 것이다. 경제의 생산가능곡선이 위축된다면, 장기 총공급곡선은 안쪽으로 이동할 것이다.

LO 28.6 총수요곡선 이동의 장단기효과 설명하기

총수요에 긍정적 충격이 존재한다면, 물가와 생산량은 단기에 증가한다. 궁극적으로, 투입요소의 가격과 임금이 물가수준의 증가를 따라잡게 된다. SRAS곡선은 왼쪽으로 서서히 조절된다; 마침내 생산량은 감소하고 물가는 더 큰 폭으로 상승한다. 최종적으로 생산량은 원래 수준으로 돌아가고, 물가는 원래보다 높아진다. 부정적 충격에 대해, 총수요는 왼쪽으로 이동한다. 물가와 생산량은 하락한다. 오른쪽으로 이동하는 SRAS곡선의 조절은 생산량을 원래 수준으로 돌아가게 하지만, 물가는 더 하락한다.

LO 28.7 총공급곡선 이동의 장단기효과 설명하기

총공급곡선은 경제의 총공급과 물가수준의 관계다. 생산요소 또는 기술수준에 영향을 미치는 것은 무엇이든 장기 총공급곡선과 단기 총공급곡선에 영향을 줄 것이다; 이런 이동은 영구적 공급충격이다. 투입요소가격이나 사업비용에 영향을 주는 것은 무엇이든 단기 총공급곡선에 영향을 주지만, 장기 총공급곡선에는 영향을 주지 않는다; 이런 이동은 일시적 공급충격이다. 일시적 공급충격이 있을 때 물가수준과 생산량이 단기에는 변화하지만, 장기에는 변화하지 않는다. 영구적 공급충격의 경우, 물가수준과 생산량 둘 다 장기에 변화한다.

LO 28.8 공급충격과 수요충격에 대응하기 위해 정부가 사용할 수 있는 정책 선택에 대해 설명하기

충격의 유형에 따라, 정부는 정부지출을 증가시키거나 감소시키는 선택을 할 수 있다. 충격에 대한 경제의 조정작용을 기다리는 것보다 조치를 선호하기 때문에 정부는 종종 경제정책을 선택한다. 총수요의 부족은 지출 증가에 의해 보완될 수 있다. 비록 정부가 보다 신중할지도 모르지만, 총공급의 경우에도 사정은 마찬가지다. 충격의 종류에 관계없이, 정부지출의 증가로 장기에 가격이 상승할 것이다.

복습문제

1. 순수출이 없는 폐쇄경제의 총수요와 총공급모형에 대해 설명하라. 총수요는 무엇으로 이루어졌으며, 소득과 가격수준의 관계는 무엇인가? 소득과 물가수준의 단기와 장기적인 관계는 무엇인가? **[LO 28.1]**
2. 개별적인 상품에 대한 수요곡선은 소득효과와 대체효과로 인해 전형적으로 우하향한다. 왜 소득효과는 총수요곡선에 영향을 미치지 못하는가? **[LO 28.1]**
3. 대두되는 경제 낙관론과 이에 대한 확신이 총수요곡선에 미치는 영향은 무엇인가? 경기 비관론과 감소하는 경제에 대한 확신이 총수요곡선에 미치는 영향은 무엇인가? **[LO 28.2]**
4. '수요 측' 경기침체를 일으키는 사건을 몇 가지 나열하라 (총수요의 감소가 원인이 되는 침체). **[LO 28.2]**
5. 일반적으로 총수요의 구성요소 혹은 총공급의 구성요소 중 어느 것이 더 빨리 변화할 수 있는가? 설명하라. **[LO 28.3]**
6. 임금 경직성과 가격 경직성의 차이에 대해 설명하라. 어떻게 이 2가지 이론이 단기적으로 우상향하는 총공급곡선을 설명하는가? 왜 임금 경직성과 가격 경직성은 장기적인 총공급곡선에는 영향을 미치지 않는가? **[LO 28.3]**
7. '공급 측' 경기침체를 일으키는 일련의 사건을 몇 가지 나열하라(총공급의 감소가 원인이 되는 침체). **[LO 28.4]**
8. 1990년대 후반, 미국은 매우 높은 GDP 성장률과 낮은 실업률, 그리고 매우 낮은 물가상승률을 기록했다. AD-AS 모형을 바탕으로 이러한 경기 호재의 조합을 어떻게 설명할 수 있는가? **[LO 28.4, 28.5]**
9. 일반적으로 왜 장기의 경제성장이 비관적이기보다는 낙관적인가? **[LO 28.5]**
10. 소비자 신뢰가 하락했을 때, 이를 통해 단기와 장기적으로 경제가 이를 조정해나가는 메커니즘에 대해 설명하라. **[LO 28.6]**
11. 한 국가가 경제 호황의 정점에 있으며, 상당한 재정흑자 상태라고 가정하자. 대통령은 이렇듯 좋은 경제적 상황 덕분에 지금이 감세의 적기라고 주장한다. 이러한 주장에 반대하는 의견은 무엇인가? **[LO 28.6, 28.8]**
12. 한 국가가 심각한 경기불황의 가운데에 있으며, 높은 실업수준과 상당한 국가부채를 지고 있다. 대통령은 이러한 시기에 정부는 '정부의 허리띠를 질끈 동여맬' 의무가 있으며, 많은 가구들도 소비를 줄여야 하므로 정부 또한 지출을 삭감해야 한다고 주장한다. 당신은 대통령의 의견에 동의하는가? 이유는 무엇인가? **[LO 28.6, 28.8]**
13. 총수요-총공급모형을 이용해 1년간의 가뭄과 영구적인 기후변화의 차이에 대해 설명하라. 각각의 충격이 물가수준과 산출량에 미치는 장단기적 영향은 무엇인가? **[LO 28.4, 28.5, 28.7]**
14. 왜 정부는 총수요보다 총공급의 이동에 대응하는 것을 더 힘들어하는가? **[LO 28.7, 28.8]**
15. 총수요 혹은 총공급이 이동할 때마다 경제는 장기균형 상태에서 벗어나고, 총공급은 경제를 장기균형으로 되돌리기 위해 이동하는 자연스러운 경향이 있다. 만약 경제가 항상 궁극적으로는 장기균형으로 돌아온다면, 왜 정부는 여러 수단을 동원해 경제를 균형으로 되돌아오게 하는 정책을 시행하는가? **[LO 28.8]**

응용문제

Mc Graw Hill connect ECONOMICS

1. 물가수준과 총수요에 관한 다음의 각 항목들 간에는 음의 상관관계가 존재하는가, 양의 상관관계가 존재하는가, 혹은 아무런 관계가 없는가? **[LO 28.1]**
   a. 소비
   b. 투자
   c. 정부지출
   d. 순수출
2. 만약 정부가 세금을 줄인다면, 총수요의 어떤 결정요인에 영향을 미치게 되는가? **[LO 28.1]**
3. 다음의 각 충격들이 수요충격인지, 공급충격인지 밝혀라. **[LO 28.2, 28.4]**
   a. 소비자 신뢰가 하락했다.
   b. 정부지출이 증가했다.

c. 수입재화의 가격이 상승했다.
d. 원유의 가격이 상승했다.
e. 사이클론이 제조업 공장을 파괴했다.

4. 1990년대 후반, 미국은 기술 호황을 겪었다. 이 호황은 인터넷의 광대한 확장을 낳은 통신기술의 발전에서 일부 비롯되었다. 또 Y2K에 앞서 새로운 컴퓨터를 구입하고자 하는 가계와 기업에서도 일부 비롯되었다. 이러한 사건은 총수요와 총공급곡선에 어떤 영향을 미쳤는가? **[LO 28.2, 28.4]**

5. 현 경제 상황은 소비자 신뢰의 감소를 일으킨다고, 연방준비제도이사회의 의장이 발표했다고 가정해보자. 만약 정부가 정책적 대응 없이 경제가 조정되도록 놔둔다면, 장기적으로 경제에 미치는 영향은 무엇인가? **[LO 28.3]**
   a. 장기적으로 산출량은 처음 수준보다 감소할 것이고 물가수준은 하락할 것이다.
   b. 장기적으로 산출량은 처음 수준을 회복할 것이고 물가수준은 하락할 것이다.
   c. 장기적으로 산출량은 처음 수준을 회복할 것이고 물가수준은 상승할 것이다.
   d. 장기적으로 산출량은 처음 수준보다 증가할 것이고 물가수준은 상승할 것이다.

6. 다음 진술이 진실인지 거짓인지 밝혀라. **[LO 28.3]**
   a. 장기적으로 가격은 산출량에 영향을 미치지 않는다.
   b. 단기적으로 가격은 산출량에 영향을 미칠 수도 있다.

7. '수압균열법(hydraulic fracturing: fracking)'은 새롭게 개발된 기술이다. 이는 시추공이 매장되어 있는 천연 가스를 이전보다 더 많이 채굴할 수 있게 한다. 이러한 기술이 경제에 어떠한 영향을 미치겠는가?(힌트: 이것의 단기적인 효과와 장기적인 효과에 대해 생각해보라) **[LO 28.4, 28.5]**

8. 19세기와 20세기에 걸쳐 미국 경제는 잦은 부침을 겪었다. 그러나 지난 200년 동안 미국의 실질 GDP는 대략 82억 달러에서 16조 1000억 이상 성장했고, 이는 거의 2,000배에 가까운 수준이다. 이러한 성장은 어떤 곡선의 변화를 나타내는가? **[LO 28.5]**

9. 다음의 각 상황이 수요 측 충격인지, 공급 측 충격인지 혹은 두 측면이 모두 결합된 충격인지 밝혀라. **[LO 28.6, 28.7]**
   a. 물가수준과 GDP가 모두 감소했다. 그 다음 GDP는 증가했지만 물가수준은 더 하락했다.
   b. 장기적으로 경제는 동일한 수준의 산출량을 지니지만 물가수준은 상승할 것이다.
   c. 단기적으로 물가수준은 상승하지만 GDP는 감소했다.
   d. 장기적으로 GDP는 증가했고 물가수준은 하락했다.
   e. 장기적으로 GDP는 증가했고 물가수준은 동일하다.

10. 2009년, 미국 금융위기의 정점에서 실질 GDP는 3.5%가 줄었고, 소비자물가지수(CPI)는 215.3에서 214.9로 하락했다. 이런 경기침체는 총수요와 총공급의 이동 중 어느 것이 원인이 된 것인가? **[LO 28.6, 28.7]**

11. 1974년에 GDP는 0.6%만큼 감소했고, 인플레이션은 6.2%에서 11%로 증가했다. 이러한 불황은 총수요와 총공급의 이동 중 어느 것이 원인이 된 것인가? **[LO 28.6, 28.7]**

12. 다음의 각 상황들이 발생했을 때, 단기적으로 미국의 가격수준과 산출량에 어떤 일이 발생했는가를 설명하기 위해 AD-AS모형을 사용하라. 각 상황에서 경제는 장단기 균형에서 시작한다고 가정하며 총공급 혹은 총수요곡선을 적절하게 이동한다. **[LO 28.6, 28.7]**
   a. 주식시장의 붕괴는 사람들의 부를 감소시켰다.
   b. 전 세계에 걸친 민주주의의 확산은 미국에서 소비자 신뢰를 진작시켰다.
   c. 유럽 경제가 붕괴됐다.
   d. 미국은 중국과의 군비 경쟁에 돌입했으며, 이는 국방비에 대한 상당한 지출이라는 결과를 낳았다.
   e. 이란 혁명의 결과로 세계 원유 공급량의 상당한 감소가 나타났다.
   f. 테러리스트의 활동은 운송업과 금융업과 같이 생산성 있는 특정 산업에 진출할 수 있는 미국인들의 능력을 일시적으로 중지시켰다.
   g. 인텔은 전보다 빠르고 저렴한 새로운 컴퓨터 칩을 개발했다.
   h. 미국 중서부의 완벽한 여름 날씨는 옥수수, 밀 그리고 콩의 기록적인 수확을 낳았다.

문제 13~16을 풀 때, 뒤따르는 문제에 대해 답하기 위해 총공급-총수요모형을 이용하라. 각 상황에서 경제는 장단기균형에서 시작한다고 가정하며 총공급 혹은 총수요곡선은 적절하게 이동한다.

13. 주식시장의 붕괴가 사람들의 부를 감소시켰다고 가정하자. **[LO 28.6, 28.7, 28.8]**

a. 단기적으로 미국의 가격수준과 산출량은 어떻게 되겠는가?
b. 정부는 경제를 구제하기 위해 어떠한 조치도 취하지 않았다고 가정하자. 장기적으로 가격수준과 산출량은 어떻게 되겠는가?
c. 그 대신 정부가 경제를 구제하기 위한 조치를 취할 것을 결정했다고 가정하자. 당신이 추천하는 처방은 무엇인가? 왜 그런가?
d. 만약 미국 정부가 적절한 정책적 대응을 고안했다면, 장기적으로 가격수준과 산출량은 어떻게 되겠는가?

14. 전 세계에 걸친 민주주의의 확산은 미국에서 소비자 신뢰를 진작시켰다고 가정하자.
a. 단기적으로 미국의 가격수준과 산출량은 어떻게 되겠는가? **[LO 28.6, 28.7, 28.8]**
b. 정부는 경제를 구제하기 위해 어떠한 조치도 취하지 않았다고 가정하자. 장기적으로 가격수준과 산출량은 어떻게 되겠는가?
c. 그 대신 정부가 경제를 구제하기 위한 조치를 취할 것을 결정했다고 가정하자. 당신이 추천하는 처방은 무엇인가? 왜 그런가?
d. 만약 미국 정부가 적절한 정책적 대응을 고안했다면, 장기적으로 가격수준과 산출량은 어떻게 되겠는가?

15. 이란 혁명의 결과로 세계 원유 공급량이 상당히 감소했다고 가정하자. **[LO 28.6, 28.7, 28.8]**
a. 단기적으로 미국의 가격수준과 산출량은 어떻게 되겠는가?
b. 정부는 경제를 구제하기 위해 어떠한 조치도 취하지 않았다고 가정하자. 장기적으로 가격수준과 산출량은 어떻게 되겠는가?
c. 그 대신 정부가 경제를 구제하기 위한 조치를 취할 것을 결정했다고 가정하자. 당신이 추천하는 처방은 무엇인가? 왜 그런가?
d. 만약 미국 정부가 적절한 정책적 대응을 고안했다면, 장기적으로 가격수준과 산출량은 어떻게 되겠는가?

16. 미국 중서부의 완벽한 여름 날씨로 인해 옥수수, 밀, 콩의 농사가 기록적인 수확을 거두었다고 가정하자. **[LO 28.6, 28.7, 28.8]**
a. 단기적으로 미국의 가격수준과 산출량은 어떻게 되겠는가?
b. 정부는 경제를 구제하기 위해 어떠한 조치도 취하지 않았다고 가정하자. 장기적으로 가격수준과 산출량은 어떻게 되겠는가?
c. 만약 미국 정부가 기록적인 수확에 대한 대책으로 증세 또는 정부지출 증가와 같은 재정정책을 취했다면, 장기적으로 가격수준과 산출량은 어떻게 되겠는가?
d. 기록적인 수확에 대한 대책으로 증세 또는 정부지출 증가와 같은 재정정책이 시행된 경우 이와 관련된 문제는 무엇인가?

미주

1. Data from Louis Johnston and Samuel H. Williamson, "What was the U.S. GDP then?" *Measuring Worth.com*, 2011.

◀ 세계의 모바일 윈도우–이 장의 내용과 관련된 응용사례를 찾으려면 여러분의 스마트폰으로 이 코드를 스캔하라. (QR코드 리더가 필요하면, 여러분의 앱스토어에서 ScanLife를 활용하라.)

여러분의 모바일 앱스토어를 방문하여 Karlan and Morduch Study Econ app.을 다운로드 하라. ▶

Chapter 29

재정정책

학습목표

LO 29.1 긴축적 재정정책과 확장적 재정정책의 차이에 대해 설명하기

LO 29.2 재정정책이 단기 경기변동에 어떻게 대응하는지 설명하기

LO 29.3 정부가 직면한 주요 재정정책의 도전과 자동안정화 장치의 작동 방식에 대해 논의하기

LO 29.4 정부지출승수와 조세승수를 측정하고, 그 차이에 대해 설명하기

LO 29.5 정부수입과 지출이 정부예산을 어떻게 결정하는가에 대해 설명하기

LO 29.6 재정적자와 부채의 차이에 대해 설명하기

LO 29.7 정부부채의 편익과 비용 구분하기

주택가격 거품에서 대불황으로

2008년, 도처에서 경고 표시가 나타났다: 실업률이 증가하고, 경기 전망은 하락하면서 경제는 침체 국면에 접어들고 있었다. 미국 정부가 경기를 부양하기 위해 무엇을 할 수 있었는가?

민주당은 정부지출의 증대가 경기를 회복시킬 것이라고 주장했다. 그들은 일자리 창출을 위해 건설 프로젝트와 공공투자사업을 옹호했다. 반면 공화당은 개인이 금전적 어려움에 직면했을 때와 마찬가지로 정부도 허리띠를 졸라매야 한다고 주장했다. 그들이 선호하는 해법은 세금을 낮추어 사람들의 소득을 높이는 것인데, 이러한 조치로 사람들의 지출이 증가하여 수요가 진작될 것으로 기대했다.

결국에는 양자가 원하는 바를 일부만 달성했다. 대통령에 당선된 버락 오바마는 일반적으로는 '경기부양책'으로 알려진 미국의 회복과 재투자를 위한 법안(American Recovery and Reinvestment Act of 2009)에 서명했다. 경기부양책에는 세금 인하와 대규모의 정부지출 증대가 포함되었다. 그 법안의 총비용은 미국 GDP의 5%를 약간 상회하는 8000억 달러에 달했다.

부양 계획에 동의한 지 4년이 흐른 2012년 말에 이르러서도 경기가 완전히 회복하지 못했다. 그동안 수많은 사람들이 직장과 집을 잃었고, 많은 기업이 문을 닫았다. 실업률은 2009년에 10%로 최고치를 경신한 이후 2013년 8% 아래로 떨어졌다. 하지만 경기침체 이전에 비해 여전히 3%포인트 높은 수준이다.[1] 정부지출의 증가와 조세수입의 감소로 인해 미국 정부의 부채가 확대되었다. 2012년에 부채는 GDP의 100%를 넘어섰다.

경기부양책은 성공했을까, 아니면 실패했을까? 경기부양을 위한 법안이 통과되기 전과 후의 변화를 단지 비교하는 것만으로는 성공의 여부를 판단하기 어렵다. 대신 다음과 같이 질문해야

Source: Shutterstock.com

한다: 경기부양책이 입법화되지 않았다면 어떠한 일이 발생했을 것인가? 혹은 정부가 세금 인하와 정부지출의 균형 정책을 취했다면 어떤 결과가 나타났을 것인가? 실업수준과 경제의 건전성은 개선되었을까, 악화되었을까, 아니면 마찬가지였을까?

이런 질문 가운데 일부에 답하기 위해서, 앞장에서 살펴본 총수요와 총공급모형을 기반으로 조세와 정부지출이 국민경제에 미치는 영향을 분석할 수 있는 사고의 틀(framework for thinking)을 개발할 것이다. 이 장의 마지막 부분에서 여러분은 단기의 경기변동은 물론 부채와 같은 장기적인 문제에 영향을 미치는 경제정책의 찬반에 대해 논의할 수 있을 것이다. 이러한 질문은 국민경제에 대단히 중요한 시사점을 제시하며, 특히 2007년 이후 정책입안자들이 대불황으로부터 경제를 회복시키려고 노력하면서 뜨거운 쟁점으로 부각되었다.

재정정책

매년 2월에 미국 대통령과 의회는 교량 건설, 군대 지원, 의료 연구에 대한 투자 등과 같은 연방정부의 다양한 기능에 대해 얼마만큼의 재정을 지출할지 결정하는 절차를 시작한다. 동시에 의회는 연방정부의 지출을 위해 어느 정도의 세금을 징수할지 결정한다. 조세수입과 공공지출의 규모에 대한 정부의 결정을 **재정정책**(fiscal policy)이라고 한다.

재정정책 세수와 정부지출에 관한 정부의 결정

확장적 또는 긴축적

LO 29.1 긴축적 재정정책과 확장적 재정정책의 차이에 대해 설명하기

재정정책은 단순히 예산을 편성하는 것 이상의 의미를 갖는다. 얼마를 어떻게 지출할 것인가, 그리고 소요 재원을 어떻게 조달할 것인가에 대한 선택은 경제에 극적인 영향을 줄 수 있다. 정부지출이 GDP의 구성요소라는 24장 '국부의 측정'을 다시 살펴보자. 또한 정부지출은 총수요와 총공급모형에서 경제의 수요 측면을 구성하는 일부분이다:

$$\text{총수요} = C + I + G + NX$$

재정정책은 총수요를 증가시키거나 감소시키는 방식으로 경제에 영향을 끼친다. 앞장에서 본 바와 같이, 총수요곡선의 이동은 경제 전체의 산출량과 물가수준을 증가시키거나 감소시킨다. 재정정책은 2가지 경로를 통해 총수요에 영향을 준다. 첫 번째 경로는 총수요 방정식에서 'G'에 직접 영향을 주는 정부지출이다. 또한 정부지출은 총수요의 구성요소인 'C'(소비)와 'I'(투자)에 간접적으로 영향을 미칠 수 있다. 이러한 효과들은 **승수효과**(*multiplier effect*)와 **구축**(*crowding out*)**효과**를 통해 나타나는 바, 이 장의 후반부에서 다시 설명할 것이다. 정부지출의

증가는 일반적으로 총수요곡선을 바깥쪽으로(오른쪽으로) 이동시키고, 감소는 안쪽으로(왼쪽으로) 이동시킬 것이다.

재정정책이 총수요를 추동시키는 두 번째 경로는 조세정책(tax policy)이다. 조세는 총수요 방정식의 'C'(소비)를 통해 직접적으로 총수요에 영향을 미치지만, 투자와 같은 다른 요소에 의해서도 간접적으로 영향을 줄 수 있다. 개인의 소비량은 소득에 의존한다. 하지만 모든 사람들이 급료를 받기 전에 정부는 세금을 징수한다. 따라서 소비는 총소득이 아니라 세금을 납부한 후의 가처분 소득(disposable income)에 의존한다. 세율이 오르면 근로자들의 가처분 소득이 감소하기 때문에 그들의 소비가 축소될 것이다. 그 결과 총수요곡선은 안쪽으로(왼쪽으로) 이동할 것이다. 만약 세율이 낮아지면 근로자들은 집으로 더 많은 돈을 가져갈 것이고 소비도 증가할 것이다. 세율의 하락은 총수요곡선을 바깥으로(오른쪽으로) 이동시킬 것이다.

재정정책의 유형은 크게 2가지로 구분된다:

- 조세와 재정지출의 정책효과가 총수요를 증가시키면 **확장적 재정정책**(expansionary fiscal policy)이라고 한다. 정부지출의 증가와 세금 인하는 모두 확장적 효과를 나타낸다: 〈그림 29-1〉의 (A)에서 보는 바와 같이 확장적 재정정책으로 총수요곡선은 오른쪽으로 이동한다.

확장적 재정정책 총수요를 감소시키는 재정정책

- 조세와 재정지출의 정책효과가 총수요를 감소시키면 **긴축적 재정정책**(contractionary fiscal policy)이라고 한다. 정부지출의 감소와 세금 인상은 모두 긴축적 효과를 나타내어 (B)에서 보듯이 총수요곡선을 왼쪽으로 이동시킨다.

긴축적 재정정책 총수요를 감소시키는 재정정책

그림 29-1

확장적 · 긴축적 재정정책

(A) 확장적 재정정책은 AD곡선을 오른쪽으로 이동　　(B) 긴축적 재정정책은 AD곡선을 왼쪽으로 이동

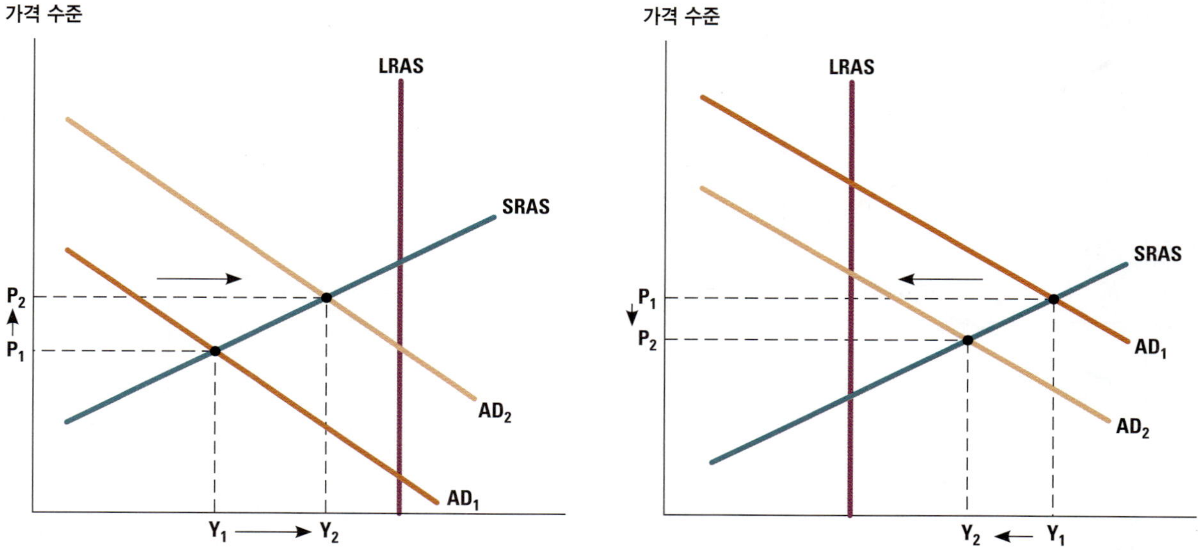

정부지출의 증가와 세금 인하는 확장적 효과를 갖는 재정정책으로 총수요곡선을 AD_1에서 AD_2로 이동시킨다. 이것은 산출량과 물가수준을 증가시킨다.

정부지출의 감소와 세금 인상은 긴축적 효과를 갖는 재정정책으로 총수요곡선을 AD_1에서 AD_2로 이동시킨다. 이것은 산출량과 물가수준을 감소시킨다.

경기변동에 대한 정책 대응

LO 29.2 재정정책이 단기 경기변동에 어떻게 대응하는지 설명하기

정책입안자들이 재정정책을 사용하려는 가장 중요한 의도 중 하나는 소비자와 기업에 해를 끼칠 수 있는 경기변동을 안정화하는 것이다. 이 절에서는 총공급과 총수요모형을 이용해 경제적 충격의 효과를 상쇄시키기 위해 재정정책이 어떻게 사용될 수 있는지 살펴볼 것이다.

앞장에서는 2007년 말 미국의 주택시장 붕괴와 같은 충격이 미국 경제에 어떤 영향을 미칠 수 있는지 알아보았다. 이러한 충격은 총수요곡선을 왼쪽으로 이동시킨다. 〈그림 29-2〉의 (A)에서 보듯이 총수요곡선은 AD_1에서 AD_2로 이동한다. 총수요의 감소로 인해 생산은 잠재산출량 이하로 떨어진다. 그 결과 국내총생산(GDP)은 Y_1에서 Y_2로 하락하고 실업자는 증가했다.

AD/AS 모형에 따르면, 이러한 충격에 대해 정부가 아무런 대응을 하지 않더라도 경제는 궁극적으로 자기조정의 과정을 거쳐 초기의 균형 상태로 회귀할 것이다. 먼저 실업의 증가로 임금과 생산비용이 하락하여 전반적인 가격 인하를 초래할 것이다. 이러한 변화로 인해 단기의 총공급곡선은 오른쪽으로 이동해 마침내 경제는 최초의 잠재산출량 수준인 Y_1에 도달할 것이다. 장기적으로 전반적인 물가수준의 하락으로 인해 산출량은 이전의 수준을 회복할 것이다.

그렇다면 왜 정치인들은 이러한 결과를 기다리지 못했는가? 고통스럽고 매우 더딘 과정일 수 있기 때문이다. 임금률은 다른 가격들과 함께 하락할 수 있지만, 27장 '실업과 노동수요'에서 그

그림 29-2

확장적 재정정책의 효과

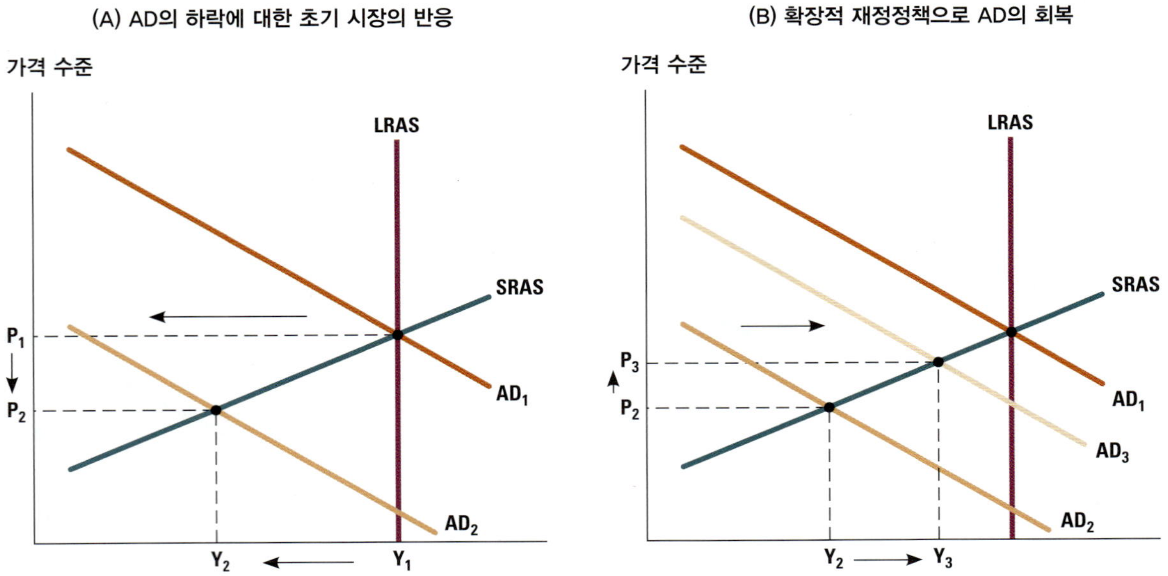

초기에 총수요의 감소로 AD 곡선이 왼쪽으로 이동한다. 새로운 균형점에서 가격과 산출량은 이전보다 낮아진다.

정부가 확장적 재정정책을 추진한다면 정부지출이 증가하여 AD 곡선을 오른쪽으로 이동시킨다(AD_2에서 AD_3로 이동). 이동 폭은 정부지출의 크기에 의존한다. 여기서는 정부지출이 산출량과 물가수준을 증가시키지만, 최초의 수준(AD_1)에는 도달하지 못한다.

러한 조정이 신속하게 또는 쉽게 발생하지 않는 이유를 확인했다.[2] 기업이 도산하고 사람들이 실직하게 되면, 그들은 정부가 어떠한 조치를 취하기를 원한다. 그들은 충분한 시간을 갖고 기다리면 문제가 해결될 것이라는 말을 듣기를 원하지 않는다. 일찍이 경제학자 존 메이너드 케인즈가 이야기했듯이 "오랜 시간이 흐르면 우리는 모두 죽는다."

이 장에서는 재정정책이 단기에도 경제에 실질적 영향을 끼칠 수 있다는 것을 확인할 것이다. 이상적으로 생각하면 정부는 오랜 시간을 기다리지 않고도 주택시장의 붕괴와 같은 충격에 대응하여 소비자와 기업가에 대한 피해를 최소화할 수 있다. 하지만 정부가 항상 사태를 개선할 수 있는 것만은 아니다. 다음 절에서 설명하는 이유들로 인해 정부는 사태를 더욱 악화시킬 수도 있다. 결과가 좋건 나쁘건 정부가 어떤 조치를 취하려고 한다면 무엇을 해야 하는가?

2007년의 주택시장 붕괴와 같은 충격으로 총수요가 감소할 경우 정부는 정부지출의 증가와 세금 인하로 총수요의 감소에 대응할 수 있다. 이러한 종류의 확장적 재정정책은 종종 '케인즈적(Keynesian)'이라고 하는데, 그 이유는 존 메이너드 케인즈가 1930년대 대공황 이후 그러한 전략을 제안했기 때문이다.

문제는 경기침체 이전의 수준으로 총수요를 회복시키기 위해 적절한 재정정책을 찾아내는 것이다. 〈그림 29-2〉의 (B)에서 보는 바와 같이 경기부양책이 완벽하게 성공적이라면 AD 곡선은 AD_2에서 AD_1으로 이동할 것이다. 경기부양책이 부분적으로 성공한다면 총수요곡선은 AD_2에서 AD_3로 일부 구간만 이동할 것이다. 하지만 부분적인 회복이 아무것도 하지 않는 것보다 나을 수 있다. 아무런 경기부양정책을 취하지 않은 경우와 비교할 때 완전한 회복에 이르기까지 걸리는 시간이 단축되고, 그만큼 충격으로 인한 고통의 시간을 줄일 수 있다.

경제가 정반대의 문제로 고통을 당하고 있다면, 즉 경제가 너무 급격하게 성장하고 있다면 정부는 무엇을 해야 하는가? 경제가 호황일 때 사람들은 종종 행복해하지만, 정책입안자들은 지나친 활황 국면이 통제할 수 없게 되는 것을 우려한다. 긴축적인 재정정책으로 경제를 누그러뜨리는 것은 다음 날 아침 손님들이 후회하는 것을 걱정하여 광란의 파티를 끝내는 것과 비슷하다. 불만이 터져 나오더라도 그것은 현명한 선택일 수 있다.

2000년대 초 · 중반의 과열된 주택시장과 같이 총수요가 치솟게 되면 〈그림 29-3〉의 (A)에서 보듯이 산출량이 증가하고 가격이 상승한다. 정부지출의 삭감과 세금인하와 같은 긴축적 재정정책으로 경제가 누그러지면서 〈그림 29-3〉의 (B)에서 보듯이 총수요곡선은 왼쪽으로 이동한다.

시차

LO 29.3 정부가 직면한 주요 재정정책의 도전과 자동안정화 장치의 작동 방식에 대해 논의하기

재정정책은 최상의 해법처럼 보일 수 있다: 정부가 아주 신속하게 경제를 원래의 상태로 되돌릴 수 있음에도 불구하고 왜 느리고 고통스러운 시간을 기다려야 하는가? 불행히도 문제가 그리 간단하지는 않다. 어떤 재정정책을 선택한다는 것은 종종 관련된 모든 정보의 편익이 결여된 경험에 입각한 추측에 불과하다. 더욱이 정책수단의 선택 시점과 집행 시점의 차이로 인해 가끔은 정책효과가 너무 늦게 나타날 수 있다.

재정정책의 집행에 따른 어려움을 알아보기 위해 경제가 달리는 버스라고 생각해보자. 여러

그림 29-3

긴축적 재정정책의 효과

(A) 과도한 AD로 경기 과열

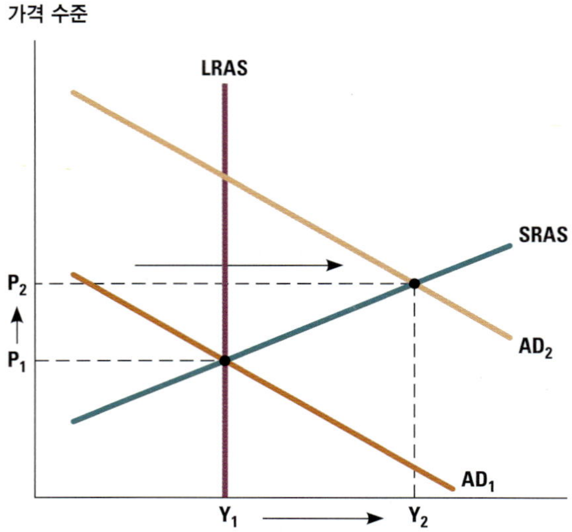

과열된 경제에서 물가수준과 산출량은 장기 균형 상태보다 높다

(B) 긴축적 재정정책은 물가수준과 산출량을 낮춘다

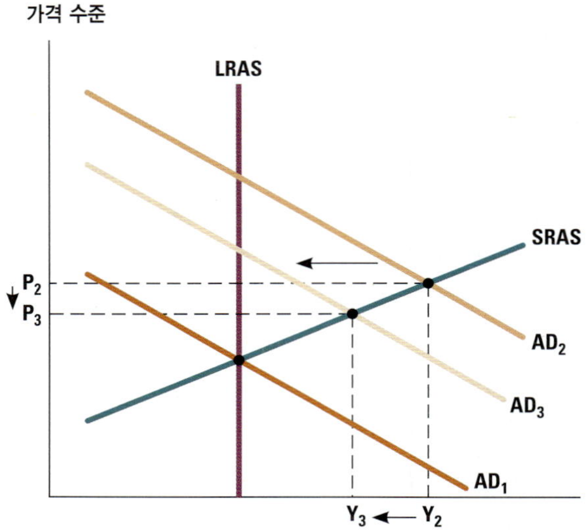

과열된 경제를 누그러뜨리기 위해서 정부는 정부지출을 삭감하거나 세금을 인상할 수 있다. 그 결과 AD 곡선은 왼쪽으로 이동한다. 이 경우에 물가수준과 산출량은 하락하지만, 경제는 여전히 장기 균형보다 높은 상태에 있다.

분이 운전기사라면 언덕을 오를 때에는 버스의 속도가 줄어드는 것을 방지해야 하고, 내리막길에서는 과속하지 않도록 속도를 조절해야 한다. 여러분은 가속페달을 밟을 수도 있고(경제의 관점에서는 확장적 재정정책을 사용하는 것임), 브레이크를 밟을 수도 있다(긴축적 재정정책을 사용하는 것임). 아주 쉽게 이해되지 않는가?

이제는 버스의 앞유리가 불투명해서 전방의 도로를 볼 수 없고, 속도계도 지금의 속도를 가리키는 것이 아니라 3구역 이전의 지나간 시점에서의 속도를 보여준다고 생각해보자. 더욱이 버스는 민주적인 방식으로 운행되기 때문에 여러분이 가속페달 또는 브레이크를 밟기 전에는 반드시 승객들의 동의를 얻어야 하고, 승객들이 결정에 이르기까지 최소한 4구역을 지나친다고 생각해보자. 마지막으로 6~12 구역을 지나서야 가속페달 또는 브레이크의 효과가 나타난다고 상상해보자.

바로 이것이 정책입안자들이 재정정책을 결정할 때 느낄 수 있는 상황과 유사한 것이다. 정책결정 과정에서 발생하는 시차는 다음의 3가지 원천으로부터 발생한다.

1. 현재의 경제상태를 이해하는 것(여러분은 버스의 전방을 볼 수 없고, 속도계는 3구역 이전의 속도를 가리킨다).
2. 정책을 결정하고 의회를 통과하는 과정(대통령이 운전기사라면 의원들은 승객들이다).
3. 정책이 경제에 영향을 미치는 데 걸리는 시간(6~12구역을 지나서야 가속페달 또는 브레이크의 효과가 나타난다).

첫 번째 쟁점은 **정보시차**(*information lag*)와 관련이 있다. 버스의 뒤 창문을 통해 언덕을 오르는지 아니면 내리막길을 달리는지 알 수 있는 것처럼 경제가 침체 또는 호황 국면에 있다는 것을 분명히 알 수 있다. 하지만 정책입안자들에게 GDP, 실업, 인플레이션 등에 대해 알려주는 자료를 수입하는 데 시간이 오래 걸릴 수 있다. 예를 들면, 3개월마다 공표되는 GDP 수치는 3~4주 이전의 경제활동을 보여주고 있다. 더욱이 이러한 수치들이 항상 정확한 것은 아니기 때문에 6개월 또는 그 이상의 시간이 지나서야 실제 수치를 알 수 있다.

3~6개월은 전반적인 경제의 추이를 기록하기에는 짧은 시간이다. 여러분은 분명히 버스 앞에 거대한 언덕이 있다는 것을 알리기보다는 그것이 실제로 작은 언덕에 불과했다는 것을 발견한 운전기사가 되기를 원한다. 국립경제조사국(National Bureau of Economic Research)이 2008년에 미국경제가 침체 국면에 있었다는 사실을 발표하기까지는 거의 1년에 걸친 자료를 분석한 뒤였다. 그때 이미 미국 경제는 100만 명이 일자리를 잃은 상태였다.

경제 상태가 얼마나 나쁜지 파악하는 데 시간이 걸리는 것처럼 경제가 침체를 벗어나고 있다는 것을 파악하는 데도 시간이 걸린다. 기업들이 고용을 늘린다는 소식이 전해질 수도 있지만, 이러한 변화가 경제에 실질적으로 영향을 주고 있는지를 확인하기까지는 몇 개월이 걸릴 수 있다. 두 경우 모두 정책입안자들은 미래를 위해 중요한 결정을 내려야 하지만, 그들이 알고 있는 것은 몇 개월 전의 경제상태일 뿐이다.

두 번째 쟁점은 **정책형성시차**(*formulation lag*)로 정책이 결정되고 의회에서 통과되기까지 걸리는 시간이다. 정책이 초안의 형태로 의회에 제출되면, 그곳에서 법안으로 만들어진다. 법안은 먼저 하원에서 논의되고, 과반수가 찬성하면 상원으로 넘긴다. 100명의 상원의원 중 과반수가 찬성하면 대통령은 법으로 승인하거나 거부할 수 있다. 만약 대통령이 거부하면 모든 절차를 다시 시작해야 한다. 535명의 의원은 표결에 임하기까지 숙려의 시간을 가질 수 있다: 미국 경제가 실제로 위험에 처한 때는 투자은행 리먼 브러더스(Lehman Brothers)가 붕괴한 2008년 가을이었다. 하지만 경기부양 법안은 2009년 1월 오바마 대통령이 취임하고 새로운 의회가 개원하고서야 통과되었다.

재정정책의 마지막 장애물은 **집행시차**(*implementation lag*)다. 제안된 정책이 의회에서 통과된 이후에도 실제로 효과를 나타내기까지는 시간이 걸린다. 기금이 지출되어 근로자를 고용하고 물건을 구매하기까지는 일정한 시간이 소요된다. 심지어 세금 인하도 효력이 발생하기까지 시간이 걸린다. 2008년에 정부는 경기침체에 대한 첫 대응으로 납세자들에게 조세 환급을 시행했지만, 1억 3000만 명의 납세자에게 수표를 발행해 전달하기까지 3개월이나 걸렸다.

정책과정에서 발생하는 3가지 시차, 즉 정보시차, 정책형성시차, 집행시차에 의해 재정정책을 훌륭히 수행하는 것은 대단히 어려운 과제다. 실제로 시차가 매우 커서 정책효과가 나타날 때쯤이면 경제가 정상을 회복하여 정책이 불필요하게 될 수도 있다.[3] 최악의 경우에는 경제가 정반대의 문제에 직면하기 시작하여 정책이 오히려 해로울 수도 있다. 이는 마치 버스가 막 언덕을 오르려 할 때 브레이크를 밟거나 언덕을 내려가려 할 때 가속페달을 밟는 것과 같다. 2009년의 경기부양책에 내재된 시차의 문제를 파악하기 위해 사례를 통해 알아보기의 '2009년 경기부양책의 흐름'을 살펴보자.

사례를 통해 알아보기

2009년 경기부양책의 흐름

2007년에 미국 경제는 경기침체에 접어들었고, 정부는 신속하게 경기부양책을 승인했다. 하지만 2011년까지도 경기부양 자금의 상당 부분이 집행되지 않았다. 왜 그렇게 오랜 시간이 걸렸는가?

정보시차의 문제부터 알아보자. 오늘날 전문가들은 미국 경제가 2011년 12월에 침체 국면에 접어들었다는 사실에 동의하지만, 1년 후인 2008년 12월에서야 공식적으로 인정되었다. 경제적 어려움에 대한 초기의 주요 대응은 조시 부시 행정부에서 통과된 2008년 2월의 경기부양법으로 납세자들에게 1회성 조세 환급을 제공하는 것이었다.

하지만 많은 사람들은 투자은행 리먼 브러더스가 파산한 2008년 9월까지 경제가 심각하게 취약하다는 사실을 인지하지 못했다. 금융체제를 안정화하기 위해 2008년 10월에 불량자산 구제 프로그램(TARP: Troubled Asset Relief Program)을 위한 비상법안이 촉구되었다. 이어서 의회는 세금 인하와 정부지출을 통해 'Main Street'를 돕기 위한 보다 포괄적인 경기부양법안을 논의하기 시작했다.

정책형성시차는 정치인들이 입법에 동의하기까지 걸리는 시간에 비해 상당히 짧았다. 미국 구제 및 회복에 관한 법(ARRA; American Relief and Recovery Act)으로 알려진 최초의 경기부양법안은 2009년 1월 의회에서 제안되었다. 그 법안은 2월 초 상원과 하원을 통과했다. 오바마 대통령이 백악관 집무실에서 취한 최초의 조치 가운데 하나가 취임한 지 1개월이 되는 2월 17일 ARRA에 서명하는 것이었다.

다음으로는 **집행시차**가 작동했다. 경기부양법안은 5240억 달러의 정부지출과 2880억 달러의 추가적인 세금 인하를 승인했다. 감세조치는 상대적으로 신속하게 집행되지만, 교량건설과 같은 공공사업의 추진에는 시간이 소요된다: 먼저 교량건설의 위치를 결정해야 하고, 다음으로 설계 등 후속 준비 작업이 필요하다. ARRA이 법으로 승인된 지 2년 차인 2011년 2월까지 '계약, 보조금, 대출'을 위해 조성된 경기부양자금의 3분의 2 이하만 지급되었다. 경기부양자금의 일부는 2016년까지 집행될 것으로 전망된다.

이러한 시차에도 불구하고 경기부양책은 작동했는가? 경기부양법안이 통과되지 않았다면 무슨 일이 벌어졌을지 확실히 알 수는 없다. 시카고 대학의 부스경영대학(University of Chicago Booth School of Business)에서 미국의 주요 경제학자들을 대상으로 설문조사를 한 결과, 응답자의 80%는 경기부양정책이 실업을 감소시키는 데 기여했다고 평가했다(4%는 동의하지 않았다). 미의회 예산국(CBO; Congressional Budget Office)은 상대적으로 낙관적인 견해를 보이고 있다. CBO에 따르면 경기부양책이 없을 경우에 비해 2010년 미국의 GDP는 1.5~4.2% 더 높았고, 실업은 0.7~1.8% 낮아진 것으로 추정된다. 이러한 단기적인 효과를 위해 대규모의 경기부양자금을 투입할 가치가 있었는가? 이에 대해서는 설문조사에 응답한 경제 전문가의 46%만이 그렇다고 답했다.

Sources: http://money.cnn.com/2011/02/17/news/economy/stimulus_bill/index.htm ; http://money.cnn.com/2009/08/04/news/economy/stimulus_spending/index.htm ; http://www.cbo.gov/ftpdocs/121xx/doc12185/05-25-ARRA.pdf; http://articles.washingtonpost.com/2012-06-06/business/35462388_1_stimulus-work-package-of-temporary-tax-tea-party-caucus .

정책 도구—재량적 정책과 자동안정화 장치

2009년의 경기부양법안은 **재량적**(*discretionary*) 재정정책의 사례다. 이는 정부가 적극적으로 정책 목표를 설정해 **채택한**(*choose*) 정책이다. 반면에 경기부양법안을 별도로 마련하지 않더라도 기존의 조세 및 정부지출 정책으로 인해 재정정책이 경제에 일정한 영향을 미칠 수도 있을 것이다. **자동안정화 장치**(automatic stabilizers)란 정책입안자가 인위적으로 개입하지 않더라도 재정정책에 영향을 미치는 조세와 정부지출을 말한다.

자동안정화 장치 경기변동에 따라 정책입안자의 개입 없이 재정정책을 통해 총수요에 영향을 미치는 세금이나 정부지출

자동안정화 장치로서의 조세. 조세가 자동안정화 장치로 기능하는 이유는 소득이 증가함에 따라 세율이 올라가는 방식으로 소득세 체계가 구성되어 있기 때문이다. 소득세법에 따르면, 여러분은 특정한 소득 구간에 대해 달리 적용하는 세율에 따라 세금을 납부해야 한다. 예를 들면, 2012년에 독신 미국인은 0~8700달러의 소득 구간에 대해 10%, 8700~3만5350달러의 소득 구간에 대해 15%, 3만5350~8만5650달러의 소득 구간에 대해서는 25% 등의 세금을 납부해야 한다.[4] 경제가 호황일 경우에는 소득이 증가하기 때문에 정책입안자의 개입 없이도 사람들은 자동으로 높은 세율의 세금을 납부한다. 이러한 상황에서 조세수입의 증가는 지출을 축소시키는 방향으로 작용하는 바, 이는 마치 정책입안자들이 의도적으로 세율을 인상하여 긴축적인 재정정책을 시행하는 것과 같다. 반대로 경제가 침체 상태에 있을 때에는 사람들의 소득이 감소하여 자동으로 낮은 세율의 적용을 받는다. 소득이 하락하여 지출이 감소하지만 이러한 세금효과로 인해 총수요의 감소 정도가 줄어든다. 이는 마치 정부가 의도적으로 세율을 낮추어 확장적인 재정정책을 집행하는 것과 같다.

자동안정화 장치를 이용하는 재정정책과 달리 조세를 통한 **재량적** 재정정책은 대부분의 경우에 정책입안자들에 의한 세율의 변화를 필요로 한다. 달리 말하면, 정책입안자들은 소득에 적용하는 세율의 조정을 결정해야 한다. 세율의 변경이라는 재량적 재정정책을 통해 경제를 적극적으로 관리할 수 있지만, 정보시차, 정책형성시차, 집행시차에 의해 정책효과가 약화될 수 있고, 심지어 반대 효과를 초래할 수도 있다. 재량적 재정정책의 효과가 나타나기까지 오랜 시간이 걸리거나 경제 현실에 대한 잘못된 이해에 기반하여 정책이 추진될 경우에 자동안정화 장치는 도움이 된다.

조세를 자동안정화 장치로 활용하는 정책은 정부가 세금으로 징수하는 달러 규모, 즉 **조세수입**(*tax revenue*)에 영향을 미치는 방식으로 그 기능이 작동된다. 자동안정화 장치는 특별한 정책 조치를 필요로 하지 않기 때문에 시차의 문제가 덜 심각하다. 더욱이 자동안정화 장치는 시차의 문제로부터 자유로운 재량적 재정정책이 의도하는 것과 같은 방향으로 경제를 밀고 간다. 예를 들면:

- 경기침체가 주된 위협 요인일 경우 조세를 통한 재량적 정책은 세율을 낮추어 지출을 독려하는 확장적 재정정책을 요구할 것이다. 하지만 경기침체기에는 소득이 감소하기 때문에 절대적 수준뿐만 아니라 소득 대비 비율의 측면에서 세금의 크기는 줄어든다.
- 과도한 인플레이션이 문제가 될 경우 조세를 통한 재량적 정책은 세율을 높여 지출을 위축시키는 긴축적 재정정책을 요구할 것이다. 하지만 호황기에 소득이 증가하면 납부하는 세금이 늘어나 조세수입이 증가하고, 총수요는 증가세가 둔화된다.

소득수준에 따라 납세자들의 과표구간(tax bracket)이 달라지기 때문에 경기변동에 따른 소득의 변화는 세금으로 납부하는 소득의 비율에 영향을 미친다. 하지만 정부가 적극적으로 세율을 변화시키려고 하지 않는 한, 다시 말하면 단지 경제 상황에 따른 소득의 변화에 의해서만 소득에서 차지하는 세금의 비율이 달라진다면 자동안정화 장치는 중요한 역할을 하게 된다. 일반적으로 세율과 조세수입의 차이를 구분할 필요가 있는데 세율의 변화를 재량정책으로, 조세수입의 변화를 자동안정화 장치로 간주하는 것은 좋은 생각이다.

자동안정화 장치로서의 정부지출. 어떤 측면에서 정부지출은 자동안정화 장치로 작용한다. 실업보험 급여와 식품지원 및 메디케이드 같은 복지 프로그램은 실업 상태 또는 저소득에 기반하여 수급 자격을 부여한다. 경제가 호황일 때 이러한 프로그램의 수급자는 줄어들기 때문에 정부지출도 감소한다. 이것은 정부가 의도적으로 지출을 낮추어 총수요를 감소시키는 긴축적 재정정책과 유사하다. 반면 경기침체기에는 보다 많은 사람들이 실업보험과 식품지원 프로그램의 혜택을 받기 때문에 이와 관련된 지출이 자동적으로 늘어난다. 정부지출이 증가하기 때문에 총수요곡선은 오른쪽으로 이동한다.

요약하면 미국 경제가 경기침체에 빠졌을 때 평균 세율은 하락하고 복지 프로그램에 대한 지출이 증가하기 때문에 재정정책은 **자동으로** 확장적이 된다. 경제가 호황기일 때에는 평균 세율이 오르고 복지 급여가 감소하기 때문에 재정정책은 **자동으로** 긴축적이 된다. 2009년에 승인된 재량적 경기부양법안은 이러한 자동안정화 효과에 더해진 것이다.

재정정책의 한계: 어디선가 필요한 돈이 마련되어야 한다

정치인들은 종종 경기침체에 대응하여 세금을 삭감한다. 그러한 결정은 사람들의 가처분 소득이 증가하면 소비지출이 증가하고, 기업 이윤이 확대되어 일자리가 늘어나며, 궁극적으로 경제가 회복되는 데 도움이 될 것이라는 아이디어에 근거하고 있다.

하지만 문제가 그렇게 간단하지만은 않다. 세금 인하는 그에 상응하는 대가를 치르게 된다. 정부는 결국 감축된 조세수입을 보충할 방안을 찾아야 한다. 세수가 삭감된 만큼 정부지출을 줄이거나 미래의 어느 시점에서 세금을 인상해야 한다. 그런데 사람들이 오늘의 세금 인하를 내일의 세금 인상으로 인식한다면 어떠한 일이 벌어질 것인가? 사람들은 세금 인하로 늘어난 소득을 바로 소비하지 않을 것이고, 경기부양 전략의 효과도 미약할 것이다.

이러한 아이디어는 **리카르도의 대등성**(*Ricardian equivalence*)으로 알려져 있다. 이 이론에 따르면 정부가 세금을 삭감하지만 지출을 줄이지 않는다면 사람들은 그들의 행동을 변화시키지 않을 것이다. 왜 그럴까? 사람들은 정부가 세금 인하로 발생한 재정 부족을 보충하기 위해 차입할 것이고, 미래의 어느 시점에서 추가된 정부부채를 상환하기 위해 세금을 올릴 것이라고 생각하기 때문이다. 달리 말하면, 납세자들은 정부지출을 유지하기 위한 돈이 어떻게든 조달되어야 한다는 사실을 알고 있다는 것이다.

납세자들은 오늘의 세금 인하로 상당한 액수의 수표를 받지만, 그들 또는 자녀와 손주들이 궁극적으로는 미래의 세금 인상으로 그것을 반환해야 한다는 사실을 알고 있다. 그래서 납세자들에게 세금 인하는 뜻밖의 수입이라기보다는 일종의 대출로 인식될 것이다. 리카르도의 대등성이론에 따르면, 합리적인 사람들은 그들이 받은 것을 지출하기보다는 미래의 세금 인상에 대비하여 저축할 것이다. 사람들이 지출하지 않고 저축한다면 소비는 증가하지 않고, 세금 인하는 총수요를 증가시키지 못할 것이다.

실제로 사람들은 그렇게 합리적이지도, 미래지향적이지도 않을 수 있다. 세금을 낮추면 지출이 증가할 수 있다. 그런 경우에는 리카르도의 대등성이 작동하지 않고, 재정정책은 의도된 확장적 효과를 보일 수 있다. 그럼에도 불구하고 리카르도의 대등성이론은 사람들이 종종 그들의 행동을 적응하는 방식으로 정부정책의 변화에 반응한다는 좋은 사례를 제시한다. 좋은 정책은 그러한 반응뿐만 아니라 그로부터 초래되는 의도하지 못한 결과를 모두 고려해야 한다. 어떤 경우에는 개인들의 합리적 반응이 너무 뚜렷해서 잘 의도된 정책이 실패할 수도 있다. 하지만 실제로 조세환급금이 담긴 봉투를 개봉할 때 대부분의 사람들은 미래의 세금 인상을 생각하지 않을 것 같다.

사례를 통해 알아보기

경기부양수표는 소비지출에 충당된다

2008년 초 미국 경제가 병들고 있다는 것이 분명해졌다. 부시 행정부는 납세자들에게 '경기부양수표(stimulus check)'를 주는 경제부양법(Economic Stimulus Act)으로 경기침체에 대응하기 시작했다. 그 수표는 우편으로 전달되었고, 아무런 조건 없이 가구의 지출에 사용할 수 있었다. 전국적으로 약 1억3,000만 가구가 총 1000억 달러에 달하는 경기부양수표를 받았다. 개인들은 300~600달러, 부부는 이 금액의 2배를 받았고, 아동이 있을 경우에는 1명당 300달러를 추가로 지급받았다.

정부는 가족이 경기부양수표를 지출해서 소비가 늘어나고, 총수요곡선이 오른쪽으로 이동하기를 희망했다. 하지만 경기부양수표를 저축하지 말고 소비해야 한다는 요구조건은 없었다. 리카르도의 대등성이론에 따르면, 합리적인 가족은 조세환급금을 저축할 것으로 예측된다. 경기부양수표를 발송할 때 정부는 이러한 경우도 고려했다.

그렇다면 실제로 무슨 일이 발생했는가? 사람들은 조세환급금의 대부분을 소비에 지출했다. 자동차와 트럭을 구매하고 쇼핑몰을 찾았다. 평균적으로 조세환급금의 50~90%를 소비에 지출했다. 전반적인 가구 소비의 증가로 총수요곡선이 오른쪽으로 이동하고, 경제를 이전의 높은 산출량 수준으로 복귀시키는 데 기여했다. 간단히 말하면 사람들은 리카르도의 대등성이론이 예측한 대로 반응하지 않았다—사람들은 전부는 아니지만 조세환급금의 상당 부분을 소비에 지출했다. 경제는 아직도 경기침체로부터 벗어나지 못했지만, 조세 환급은 경기침체에 대한 초기의 반격이라는 정책 목적에 기여했다.

Source: Jonathan Parker, Nicholas Souleles, David Johnson, and Robert McClelland, "Consumer spending and the economic stimulus payments of 2008," working paper, Kellogg School, Northwestern University, 2011, http://www.kellogg.northwestern.edu/faculty/parker/htm/research/PSJM2011.pdf; http://www.voxeu.org/index.php?q=node/1541.

✓ 개념 확인하기

- ❒ 무엇이 정부지출과 세금의 크기를 결정하는가? **[LO 29.1]**
- ❒ 어떤 유형의 재정정책이 총수요를 증가시키는가? **[LO 29.2]**
- ❒ 재정정책의 집행에 내재된 3가지 유형의 시차는 무엇인가? **[LO 29.3]**
- ❒ 소득세는 재량적 또는 자동적인 재정정책 중 어느 쪽에 속하는가? **[LO 29.4]**

승수모형

여러분이 대통령이고 2009년 1월에 취임했다고 상상해보자. 경제가 침체 국면에 있기 때문에 경기를 부양해 일자리를 창출할 경제정책을 모색하고 있다고 하자. 여러분의 경제 자문관들은 최선의 방책에 대해 의견을 달리하는 두 그룹으로 나뉘어 있다. 세금 인하를 제안하는 자문관들은 종업원들의 가처분 소득이 증가하여 지출이 늘어나면 수요가 확대될 것이라고 주장한다. 정부지출의 확대를 제안하는 자문관들은 수많은 사람들이 실직 상태에 있기 때문에 정부는 기반시설에 대한 투자로 일자리를 창출해야 한다고 주장한다. 새로 고용된 근로자들에게 지급된 소득은 음식, 의류, 에너지, 기타 필요한 물품에 대한 지출을 통해 경제로 흘러들어갈 것이다. 2가지 계획 모두 경기를 부양할 것이지만, 정부 자원이 가능하면 효율적으로 쓰일 수 있기를 원한다.

어떤 정책이 더 큰 경기부양효과를 가져다줄 것인가? 경제학자들은 정부지출 또는 세금 인하의 국민소득 증대효과를 측정하는 **승수**(*multiplier*)라는 도구를 사용하여 그러한 질문에 답할 수 있다.

승수 구하기

LO 29.4 정부지출승수와 조세승수를 측정하고, 그 차이에 대해 설명하기

여러분이 물건을 구매할 때 어떤 일이 벌어지는지를 생각해보라: 집 뒷마당에 마룻바닥을 새로 설치하기 위해 건축업자를 한 명 고용했다고 하자. 총비용은 5000달러다. 이러한 결정은 GDP에 5000달러를 더하지 않는가? 그렇다. 하지만 그게 전부가 아니다. 그 건축업자가 가족과 2주 동안 해변으로 휴가를 가기로 결정했다고 하자. 여러분이 그를 고용하지 않았다면 그는 가족과 여행을 갈 수 없었을 것이다. 그의 가족이 호텔에 숙박하면서 지불한 3000달러를 포함하여 휴가 중 지불한 돈은 모두 GDP에 포함된다. 그래서 여러분이 마룻바닥을 설치하기로 한 결정으로 인해 GDP에 더해진 돈은 5000달러가 아니라 8000달러다.

하지만 그것이 마지막은 아니다. 그 건축업자가 호텔에 숙박했기 때문에 호텔 주인은 로비에 걸어둘 그림을 사기 위해 1500달러를 지불할 수 있다고 생각했다. 이제 마룻바닥을 설치하는 여러분의 결정으로 인해 9500달러가 GDP에 더해졌다. 그림을 판 화가는 수입금 가운데 700달러를 새로운 디지털카메라 구입에 지출했다. 다시 GDP에 대한 여러분의 기여는 1만200달러로 확대되었고, 이러한 거래는 연쇄적으로 발생할 것이다. 여러분이 마루바닥을 설치하지 않았다면 아무런 변화도 발생하지 않았을 것이다. 여러분의 결정은 경제에 파급효과를 초래했고, 건축업자에게 지급한 5000달러 이상으로 GDP가 크게 증가했다. 경제학자는 이러한 소비지출의 파급

효과를 **승수효과**(multiplier effect)라고 한다. 승수효과는 어떤 사람의 소비가 다른 사람들의 소비를 증가시켜 최초의 소비지출이 경제에 미치는 충격을 증대시킬 때 나타난다.

승수효과 한 사람의 지출이 다른 사람들의 지출 증가를 일으켜 발생하는 소비지출의 증가로 최초 지출이 경제에 미치는 영향이 확대됨

승수효과는 1달러의 지출이 그 이상으로 GDP를 증가시킨다는 것을 확인시킨다. 그렇다면 얼마나 더 증가시키는가? 이것을 계산하기 위해서는 사람들이 소득 가운데 얼마만큼을 소비하는지 알아야 한다. 일반적으로 소득이 증가하면 소비도 늘어난다. 하지만 소득이 증가할 때 소비가 정확하게 얼마만큼 증가하는지를 아는 것이 중요하다. 먼저, 소비는 사람들이 세금을 납부하고 남은 소득에 근거를 두고 있다. 달리 말하면, 세전 소득이 아니라 세후 소득에 주목할 필요가 있다. 다음으로 사람들은 보통 소득의 일부를 소비하고 나머지를 저축한다. 조세 환급금과 같이 추가적인 소득이 발생했을 때 사람들은 그것의 일부만 소비할 것이다. 세후 소득이 1달러 증가할 때 늘어난 소비액을 **한계소비성향**(MPC; marginal propensity to consume)이라고 한다. 한계소비성향은 0과 1 사이의 값을 가지며, 추가적인 소득 중 소비로 지출된 부분을 가리킨다.[5] 예를 들면, 한계소비성향이 0.8이라고 하는 것은 추가적인 소득의 80%를 소비하고 나머지 20%를 저축한다는 의미다.

한계소비성향(MPC) 세후 소득이 1원 증가할 때 발생하는 소비의 증가분

정부지출의 승수효과

정부가 추가 지출을 통해 경기를 부양하려고 할 때에는 승수효과에 의존한다. 예를 들면, 정부기관이 경기부양 계획의 일환으로 새로운 컴퓨터를 구입한다고 가정하자. 정부가 5억 달러를 컴퓨터 제조업자에게 지불하면 즉시 GDP가 그만큼 증가한다. 정부지출은 GDP의 구성요소이기 때문이다. 이제 컴퓨터 회사는 그 돈으로 근로자들에게 임금을 지불하고 공장의 신축과 같은 투자 지출을 수행한다. 공장의 신축에 고용된 사람들은 경제에서 재화와 서비스의 구매를 위해 지출한다. 이러한 행위가 연속적으로 이어진다.

그렇다면 5억 달러의 컴퓨터 구입으로 GDP가 얼마나 증가했을까? **정부지출승수**(government-spending multiplier)를 계산하기 위해 한계소비성향(MPC)의 개념을 사용할 수 있는데, 정부지출승수는 정부지출이 1달러 증가했을 때 증대되는 GDP의 크기를 나타낸다.

정부지출승수 정부지출이 1원 증가했을 때 GDP가 증가하는 정도

경제 전체적으로 사람들의 평균적인 MPC가 0.8이라고 하자. 이 경우 정부지출을 통해 개인 또는 기업이 얻는 소득 1달러당 지출액은 80센트(80센트 = 1달러 × 0.8)가 될 것이다. 그 80센트는 다른 개인 또는 기업의 소득이 되어 64센트(64센트 = 80센트 × 0.8 = 1달러 × 0.8 × 0.8)의 추가적인 소비지출을 유발하고, 다시 51.2센트(64센트 × 0.8 = 1달러 × 0.8 × 0.8 × 0.8)의 추가소비로 이어진다. 정부지출 증가의 총효과를 확인하기 위해서는 각각의 추가적인 소비를 합산해야 한다: $1 + MPC + MPC^2 + MPC^3 + MPC^4 + \cdots$ 무한대로 지속. 수많은 계산을 반복한 후 총지출이 5달러 증가했음을 발견할 것이다. 다행히 다음과 같은 간단한 공식을 이용하여 동일한 결과를 얻을 수 있다:

방정식 29–1

$$\text{정부지출승수} = \frac{1}{(1 - MPC)}$$

0.8의 한계소비성향으로 정부지출승수 5를 구할 수 있다:

$$\text{정부지출승수} = \frac{1}{(1 - \text{MPC})} = \frac{1}{(1 - 0.8)} = \frac{1}{0.2} = 5$$

달리 말하면, 한계소비성향이 0.8인 경우 정부지출이 1달러 증가하면 GDP는 5달러 증가한다는 것이다. 위의 사례에 적용하면, 정부가 새로운 컴퓨터의 구입에 5억 달러를 지출하면 GDP는 추가로 25억 달러 증가할 것이다. 물론 한계소비성향이 작다면 정부지출승수도 작아질 것이다. 예를 들면 MPC가 0.6이면, 즉 세후 소득이 1달러 증가할 경우 60센트만 지출한다면 정부지출이 1달러 증가할 경우 총소득은 $\frac{1}{(1-0.6)}$ 또는 2.5달러 증가할 것이다. 이 경우 승수는 2.5이고 5억 달러의 정부지출로 인해 GDP는 12.5억 달러(1.25 × 5억 달러)만큼 증가할 것이다. GDP에 대한 정부지출의 효과는 여전히 승수만큼 증식되었지만, 높은 수준의 MPC보다는 작다.

정부 이전지출과 조세의 승수효과

정부가 새로운 컴퓨터 구입에 5억 달러를 지출하는 대신 5억 달러의 세금을 깎아주기로 했다고 가정하자. 이러한 감세조치로 사람들의 주머니에 더 많은 돈이 들어오고, 소비가 증가할 수 있다. 이러한 감세정책하에서도 승수효과가 나타난다.

조세승수 세금이 1원 증가했을 때 GDP가 감소하는 정도

감세가 GDP에 미치는 효과는 **조세승수**(taxation multiplier)를 통해 파악할 수 있다. 조세승수는 조세가 1달러 증가했을 때 감소되는 GDP의 크기를 나타낸다. 조세승수는 정부지출승수와 비슷한 방식으로 작동한다. 감세로 인해 근로자의 세후 소득이 증가하고, 소비가 늘어난다. 이러한 소비지출은 다른 사람들의 소득과 소비를 증가시키고, 이러한 가정은 계속된다.

감세의 승수효과는 정부지출의 승수효과보다 작다. 그 이유를 알아보기 위해 컴퓨터 구입에 지출된 5억 달러는 GDP 방정식(Y = C + I + G + NX)의 'G'를 통해 GDP에 직접적으로 더해진다는 것을 기억하자. 'G'의 증가에 반응하여 사람들의 소비가 증가하면 'C'에 미치는 간접적인 효과로 인해 GDP는 더 큰 폭으로 증가한다. 하지만 5억 달러의 감세는 GDP에 직접적으로 영향을 미치지 않고 'C'에 대한 간접적인 효과를 통해서만, 즉 감세조치로 늘어난 소득을 사람들이 소비해야만 비로소 GDP의 증가에 기여할 수 있다. 다시 말하면, 5억 달러의 정부지출은 바로 그 금액만큼 GDP에 더해지고, 이어서 4억 달러(5억 달러 × 0.8)의 소비가 발생하지만, 5억 달러의 감세는 직접적인 효과 없이 4억 달러의 소비가 GDP에 더해지기 시작할 뿐이다. 그 결과 감세가 GDP에 미치는 총효과는 동일한 금액의 정부지출이 유발하는 총효과보다 작다.

지출: \$5억 × $(1 + \text{MPC} + \text{MPC}^2 + \ldots)$ = \$5억 + \$4억 + \$3.2억 + ...
감세: \$5억 × $(0 + \text{MPC} + \text{MPC}^2 + \ldots)$ = \$4억 + \$3.2억 + ...

이러한 계산을 일반화해 조세승수의 공식을 도출할 수 있다. 위의 사례에서 보듯이 감세가 GDP에 직접적으로 영향을 미치지 않는다는 사실을 반영하여 정부지출승수로부터 1을 빼야 한다. 간단한 대수의 법칙을 이용하여 다음과 같은 조세승수를 구할 수 있다:

방정식 29-2

$$\text{조세승수} = \frac{-\text{MPC}}{(1 - \text{MPC})}$$

MPC가 0.8일 경우 1달러의 감세는 다음과 같이 소득을 증가시킬 것이다:

표 29-1

정부지출승수와 조세승수

한계소비성향이 동일한 경우 정부지출승수는 조세승수보다 크다. 그 차이는 한계소비성향이 낮아질수록 더 커진다.

한계소비성향 (MPC)	정부지출승수 1/(1 − MPC)	5억 달러의 정부지출로 인한 GDP 증가	조세승수 −MPC(1 − MPC)	5억 달러의 감세로 인한 GDP 증가
0.2	1.25	6.25억 달러	−0.25	1.25억 달러
0.4	1.67	8.35억 달러	−0.67	3.35억 달러
0.6	2.50	12.5억 달러	−1.50	7.50억 달러
0.8	5.00	25.0억 달러	−4.00	20.0억 달러

$$\text{조세승수} = \frac{-0.8}{(1-0.8)} = \frac{-0.8}{0.2} = -4$$

감세는 실제로 세금을 감소시키기 때문에 수학적으로는 음수로 표현한다: 이 경우에는 −5억 달러. 이러한 감세 금액에 조세승수를 적용하면 결과는 다음과 같다:

$$-4 \times -5\text{억 달러} = 20\text{억 달러}$$

따라서 5억 달러의 감세조치로 20억 달러만큼 경기가 부양되었지만, 이는 정부지출의 경기부양효과 25억 달러에 비해서는 작은 규모다. 만약 MPC가 0.8이 아니라 0.6이라면 조세승수는 −1.5이고, 그 결과 5억 달러의 감세조치로 인해 GDP는 7.5억 달러만큼 증가할 것이다:

$$\frac{-0.6}{(1-0.6)} = \frac{-0.6}{0.4} = -1.5 \text{ 그리고 } -1.5 \times -5\text{억 달러} = 7.5\text{억 달러}$$

이러한 금액은 동일한 금액의 정부지출로부터 기대할 수 있는 GDP의 증가분 12.5억 달러에 비해 작은 규모다. 모든 경우의 MPC에 대해 조세승수는 정부지출승수보다 작을 것이다.

〈표 29-1〉은 여러 수준의 한계소비성향을 가정하면서 감세와 정부지출의 GDP효과를 비교하고 있다. 산술적인 측면에서만 판단하면 감세조치보다 정부지출 확대가 경기침체에 대응하는 효과적인 방법으로 보인다. 하지만 우리는 대단히 단순한 가정하에서 이러한 논의를 진행하고 있다. 실제로 사정은 매우 복잡하고 정부지출은 부차적 효과를 초래할 수 있다. 예를 들면, 정부지출은 (정부의 차입을 통해) 민간 부문의 지출을 **구축**(*crowd out*)**하지** 않는다고 가정하고 있다.

2008년의 경기침체는 현실에서 승수효과가 어떻게 작동하는지를 파악하기가 얼마나 어려운지를 보여준 사례다. 당시 대통령 경제 자문관이던 캘리포니아 대학의 크리스티나 로머는 대규모의 정부지출을 제안했지만, 하버드 대학의 로버트 배로 같은 경제학자들은 감세를 주장했다. 그들 사이의 핵심 쟁점은 정부지출승수의 크기였다. 이 논쟁에 대해서는 다음 사례를 참고하기 바란다.

사례를 통해 알아보기

2009년 승수 대논쟁

경제학자들에게 정부지출승수와 조세승수의 크기를 물어보면 다양한 답변을 얻게 될 것이다. 승수의 크기에 대한 견해 차이로 인해 최적의 재정정책에 대한 전문가들 사이의 의견도 달라진다.

미의회 예산국(CBO; Congressional Budget Office)은 2009년 경기부양법안에서 도로와 학교의 건설 등 '삽질(shovel-ready)' 프로젝트에 대한 정부지출승수가 1.5일 것으로 예측했다. 하지만 하버드 대학의 경제학자인 로버트 배로는 보다 비관적인 입장에서 정부지출승수가 1보다 작다고 주장했다. 그는 1달러의 정부지출이 증가할 경우 GDP는 80센트 정도 증가할 것으로 생각했다.

대규모의 계획에서 1.5와 0.8은 큰 차이가 없는 것으로 들릴 수 있다. 하지만 어떤 수치를 정확한 것으로 간주하는가에 따라 동일한 경기부양책의 기대효과는 크게 달라진다. 2009년 경기부양책의 기대효과를 평가함에 있어 0.8 대신 1.5의 승수를 사용할 경우 4400억 달러의 GDP와 400만 개의 일자리가 증가하는 것으로 나타난다.

서로 다른 승수의 추정치 사이에 왜 그리 엄청난 차이가 존재하는가? 2가지의 큰 이유가 있다. 첫째, 승수가 경제의 전반적 상황에 의해 결정된다는 것이다. 정부가 100명을 고용하여 다리를 건설하는데, 경제 상황이 좋아 100명의 근로자들이 다른 일자리를 찾는 데 어려움이 없다고 가정해보자. 가장 최악의 경우에는 다리를 건설하기 위해 잠재적으로 가장 우선순위가 높은 좋은 일자리로부터 근로자를 데려와야 할 수도 있다. 그러한 경우에는 100명의 근로자를 모두 실업자로부터 고용하는 경우에 비해 정부지출의 GDP 증가효과가 매우 작을 것이다.

둘째, 경제학자들은 정부지출이 민간 부문의 투자에 긍정적으로 혹은 부정적으로 영향을 미치는지에 대해 뜨겁게 논쟁한다. 일부 경제학자들은 경기부양성 정부지출이 경제에서 자신감을 고취시켜 기업 투자를 유인한다고 주장한다. 그 결과 GDP는 증가할 것이다. 다른 경제학자들은 정부의 차입으로 이자율이 상승할 수 있다고 반박한다. 다른 조건이 일정할 경우 정부지출의 증가로 자금에 대한 수요가 증가함에 따라 차입비용, 즉 이자율이 상승할 것이다. 이자율이 오르면 기업들은 투자를 줄일 수 있고, 그 결과 GDP는 감소한다. 이러한 현상은 **구축효과**로 알려져 있다.

여러 가지 복잡한 요소들을 고려하여 경제학자들은 상이한 종류의 정부지출과 감세조치로 인해 승수의 크기가 달라질 것이라고 주장한다. 정부는 '삽질(shovel-ready)' 공공사업에 투자를 해야 하는가, 아니면 식품권 프로그램의 확장에 재정을 투입해야 하는가? 급여세와 법인세 중 어떤 세금을 낮추는 것이 좋은가? 이러한 질문에 대한 답은 어떤 프로그램이 더 큰 승수를 가져올 것인가에 달려 있다.

Sources: http://cboblog.cbo.gov/?p=1326; http://online.wsj.com/article/SB123258618204604599.html .

재정정책은 강력한 도구일 수 있다. 정부는 재정지출을 증가시키거나 감세조치를 통해 단기의 경기변동에 효과적으로 대응할 수 있다. 하지만 재정정책에는 고려해야 할 사항들이 있다: 정부와 납세자들은 도로와 교량의 건설, 그리고 세금 인하에 대해 대가를 치러야 한다. 어디서 그 돈을 마련할 것인가? 세금을 올리지 않고 지출을 증가시키거나 정부지출을 줄이지 않고 감세조치를 취한다면 정부는 종종 빚을 지게 된다. 이것은 다음 절에서 논의될 주제다.

✓ 개념 확인하기

❒ 동일한 한계소비성향하에서 정부지출승수와 조세승수 중 어느 것이 더 큰가? **[LO 29.4]**

정부예산

앞에서 정부가 재정지출과 세금의 크기를 변화시켜 경제에 개입하려는 이유를 살펴보았다. 실제로 이러한 정부의 조치는 차입을 필요로 할 수 있다. 현재 미국과 대부분의 국가들이 경험하고 있는 것처럼 정부지출이 수입보다 많다면 정부의 부채는 증가할 것이다. 이 장의 나머지 부분에서는 정부예산, 그리고 정부부채가 경제에 미칠 수 있는 영향에 대해 살펴볼 것이다.

정부수입과 지출

LO 29.5 정부수입과 지출이 정부예산을 어떻게 결정하는가에 대해 설명하기

정부예산은 개인예산과 비슷하다. 조세수입으로 돈이 들어오고 정부구매와 이전지출로 빠져나간다.(**이전지출**(transfer payments)은 재화 또는 서비스의 구매를 포함하지 않는 사회보장과 같은 프로그램을 통해 정부 계정으로부터 개인에게 돈이 이전되는 것이다. 이전지출은 GDP에 반영되지 않는다.) 2011년 정부지출 총액은 3.46조 달러였고, 정부는 조세수입으로 2.16조 달러를 조달했다. 수입과 지출의 격차, 즉 재정적자는 무려 1.3조 달러에 달했다. GDP 대비 비율을 기준으로 이 정도 규모의 재정적자는 2차 세계대전 당시 무기 구입을 위해 재정지출이 급증했던 시기와 비슷한 수준이다.

이전지출 재화나 서비스의 구매를 일으키지 않고 정부 계정의 자금이 개인에게 이전되는 것으로 공적 연금 지급 등이 해당

1.3조 달러가 실제로 어느 정도 크기인지 가늠하기 어렵기 때문에 뒷자리의 0을 몇 개 제거한 후 논의를 시작하자. 여러분이 1년에 3만4600달러를 지출하지만 2만1600달러를 벌어들인다고 생각해보자. 그 차이를 메우기 위해 여러분은 1만3000달러를 빌려야 한다. 여러분은 1만3000달러를 빌려서 행복할 것인가? 아니면 돈을 마련할 다른 방법을 찾거나 지출을 줄이거나, 2가지 방안을 모두 강구할 것인가? 미국 정부도 마찬가지의 결정에 직면해 있다.

재정적자

이처럼 미국 정부예산에서 부족한 1.3조 달러를 **재정적자**(budget deficit)라고 한다—정부가 수입을 초과하여 지출한 돈의 규모. 달리 말하면, 연간지출이 연간수입보다 많을 때 적자가 발생한다. 드물기는 하지만 정부가 흑자를 시현하는 것도 가능하다. **재정흑자**(budget surplus)는 지출을 초과하여 정부가 거두어들인 수입이다.

재정적자 정부가 거둬들인 세수를 초과해 쓴 정부지출의 양

재정흑자 정부지출을 초과해 거둬들인 세수의 양

〈그림 29-4〉는 과거 70년간 미국의 예산적자를 보여준다. 경제학자들은 종종 적자와 경제규모의 관계를 강조하기 위해 GDP의 비율로 적자 규모를 나타낸다. 1940년 이후 거의 매년 재정적자가 발생했다. 특히 적자는 정부의 전비 지출 증가로 인해 전쟁의 시기에 대규모로 발생했다. 2차 세계대전 기간 중 적자 규모는 GDP의 30%에 달했다. 그보다는 작지만 1990~1991년의 걸프전과 이라크와 아프가니스탄 간에 전쟁이 발발했던 2001년 12월 11일 이후의 기간에도 적자는 증가했다.

정부지출의 증가와 조세수입의 감소로 적자 폭이 증가할 수 있다. 1980년대 경제성장과 평화의 시기에도 GDP 대비 평균 4%에 달할 정도로 재정적자 규모가 컸다. 이것은 당시 로널드 레이건 대통령의 감세정책으로 인한 정부예산의 수입 측면에서의 변화에 기인한다. 2007년 이

그림 29-4

1940년 이후 미국 재정적자 2차 세계대전을 제외하고 미국의 재정은 1970년까지 상대적으로 균형 상태에 있었다. 그 이후 몇십 년 동안 완만하게 재정적자가 발생했다. 짧은 흑자 기간 이후 정부가 경기침체로부터 벗어나기 위해 지출을 증가시키면서 재정 불균형이 커지기 시작했다. 1940년대의 급격한 재정적자는 2차 세계대전으로 군비 지출이 증가했기 때문이다.

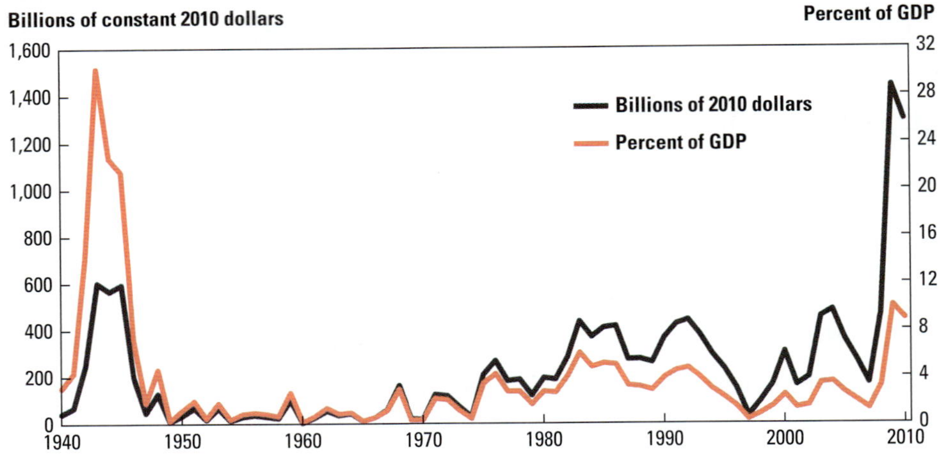

Source: White House Office of Budget and Management, Fiscal Year Budget Data, updated February 2012.

후 급격히 증가한 적자 규모에서 보듯이 경기침체 또한 적자 규모를 증대시키는 경향이 있다. 경기침체기에는 확장적 재정 정책으로 정부지출이 증가하고, 사람들의 소득과 소비가 위축됨에 따라 조세수입이 감소하는 경향이 있다. 정부지출의 증가와 조세수입의 감소가 어떻게 2011년에 적자 폭을 증가시켰는가에 대해서는 다음의 사례를 참고하라.

사례를 통해 알아보기

그리고 전망치는 …

2001년 빌 클린턴이 대통령 임기를 마쳤을 때, 정부는 흑자 상태였다. 1997년 이래 매년 연방정부의 수입이 지출을 초과했고, 점차 정부부채는 감소하고 있었다. 이러한 흑자를 지켜보면서 미 의회 예산국(CBO)은 정부가 2006년까지 부채를 모두 갚을 수 있을 것이라고 전망했다. 불행하게도 그러한 전망은 실제와 매우 다른 것으로 판명되었다. 어떤 일이 발생했고, 왜 우리가 예산에 대한 전망치로 힘들어하는지를 보다 자세하게 알기 위해서는 이 장 끝부분의 QR코드를 스캔하거나 온라인을 통해 읽기를 계속하라.

✓ 개념 확인하기

- ❒ 정부가 지출한 것보다 더 많이 거두어들였을 때를 지칭하는 용어는 무엇인가? **[LO 29.5]**
- ❒ 경기침체기에 재정적자가 증가하는 이유 3가지를 열거하라. **[LO 29.5]**

공공부채

뉴욕시 타임스퀘어의 눈부신 옥외광고와 화려한 진열대로부터 몇 구역 떨어진 곳에 미연방정부의 부채 규모를 표시하는 초라한 디지털 계기판이 있다. 시시각각 정부의 부채가 발생하면서 누적된 총부채가 증가한다. 정부가 흑자를 내는 드문 시기에 부채는 감소한다. 1990년대 말 이러한 상황이 발생했을 때 계기판의 수치를 되돌리도록 프로그램되어 있지 않았기 때문에 잠시 계기판을 멈춰야 했다.

하지만 부채가 곧 증가하기 시작했다. 이번에는 총부채가 9,999,999,999,999달러를 초과했기 때문에 숫자를 추가하기 위해 계기판을 멈추어야 했다. 2013년에 계기판의 숫자는 16조 달러를 넘어섰고, 전혀 누그러들 기미를 보이지 않았다. 16조 달러의 부채 규모는 미국 국민이 1인당 약 5만1500달러의 부채를 짊어지고 있다는 것을 의미한다. 부채 계기판을 설치한 세이머 더스트는 다음과 같이 말했다. "부채가 혹은 [뉴욕시가] 지속되는 한 계기판은 계속 존재할 것이다." 그리고 다음과 같이 덧붙였다. "그것이 사람들을 짜증나게 한다면, 그것은 제구실을 하고 있는 것이다."[6] 그렇다면 부채 규모에 대해 우리는 얼마나 짜증스러워야 하는가?

부채의 크기

LO 29.6 재정적자와 부채의 차이에 대해 설명하기

1972년에 알렉산더 해밀턴은 단 2개의 국내 은행을 설득하여 새로 형성된 미합중국에 19,608.61달러를 대출하도록 했다. 이것이 바로 미국의 **공공부채**(public debt) 회계장부에 최초로 기입된 대출이다. 공공부채는 정부가 갚아야 할 돈의 총량이다. 부채(*debt*)와 적자(*deficit*)

공공부채 특정 시점에서 정부가 진 빚의 총량

그림 29-5

1940년 이후 미국의 정부부채 낮은 수준의 적자로 인해 1980년까지 미국의 총부채는 약 2조 달러를 유지하였지만, 그 이후로 급격히 증가하기 시작했다. GDP 대비 비율을 보면 1948년 이후 1980년까지 총부채는 감소했지만, 그 이후 증가하기 시작했고, 특히 2008년에 대규모의 적자로 인해 큰 폭으로 증가했다.

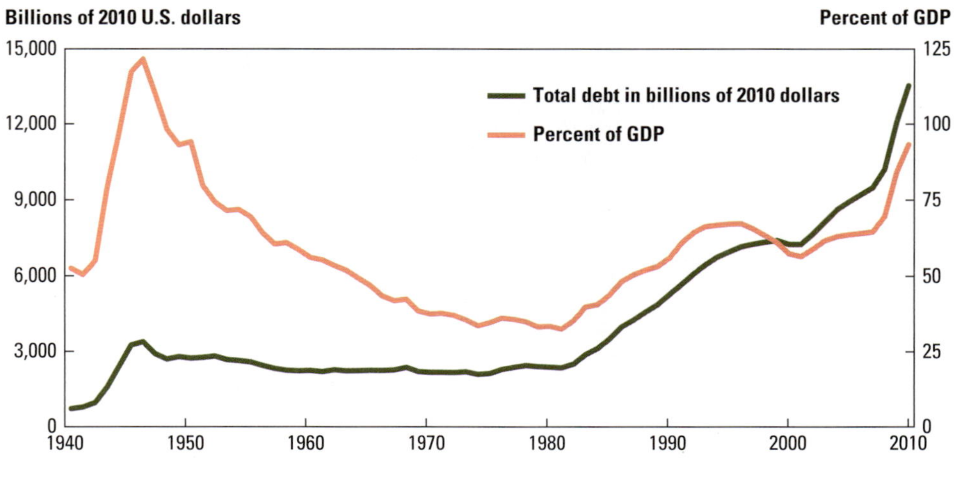

Source: U.S. Department of the Treasury, Financial Management Service, *Treasury Bulletin*, June 2012.

의 구분은 매우 중요하다. 적자는 각 회계연도에 정부수입을 초과하는 정부지출의 규모이고, 부채는 정부가 갚아야 할 부채 총액이다. 달리 말하면, 부채는 적자와 흑자의 누적 합계다.

〈그림 29-5〉는 실질 달러 기준(녹색 선)과 GDP 대비 비율(복숭아 색)의 두 측면에서 1940년 이후 정부부채의 추이를 보여준다. 이 그래프는 〈그림 29-4〉에서 보았던 연간 적자의 누적 효과를 나타낸다.

정부부채 규모를 GDP 비율로 생각하는 것이 왜 유용한지를 이해하기 위해 개인 금융의 측면에서 접근해보자. 여러분은 연간 2만 달러의 소득과 1만 달러의 부채, 그리고 10만 달러의 소득과 3만 달러의 부채 중 어느 조합을 선택할 것인가? 두 번째의 경우 부채는 첫 번째의 경우에 비해 3배지만, 연간 소득의 30%에 불과하다. 첫 번째의 경우 부채는 두 번째의 경우에 비해 작지만, 연간 소득의 50%다. 두 번째의 경우 부채는 더 많지만 상환 능력에 대해서는 걱정이 덜할 것이다. 마찬가지의 논리로 1950~1980년에 달러 기준의 부채 규모는 증가했지만, GDP 대비 부채 비율은 실제로 하락했다: 이 기간에 경제는 부채의 증가보다 더 빠른 속도로 성장했다.

대부분의 국가들은 부채를 갖고 있으며, 일부 국가들은 GDP 대비 기준으로 보아 미국보다 부채 비율이 크게 높다.(상식: 국제통화기금에 따르면 브루나이는 부채가 없는 유일한 국가다.) 〈그림 29-6〉에서 보듯이 부채 규모는 국가에 따라 다양하다. 이 중 이탈리아, 그리스, 일본의 부채 비율은 100%를 넘어서고 있다.

정부지출이 어떻게 부채로 연결되는가? 그 과정은 고객카드로 구매를 하거나 지역은행에서 대출을 받는 행위보다 더 복잡하다. 재무성 유가증권의 판매는 미국 정부가 재정을 조달하는 복잡한 방법 중 하나인데, 유가증권은 다양한 종류의 만기와 이자율로 차입금을 상환한다. 더 자세히 알고 싶다면 www.mhhe.com/karlanmorduch에 있는 정부 차입 부록을 참조하라.

그림 29-6

2010년 OECD 회원국의 부채 OECD 회원국 간에 부채 규모의 편차는 다양하다. 호주의 부채 규모는 GDP의 10% 수준으로 매우 작고, 일본은 GDP의 180%에 이른다. 회원국 대부분의 부채 규모는 20~80%다. 참고로, 여기서 인용한 수치들은 2010년 기준이며, 자료가 부재한 경우 2009년의 수치를 이용했다.

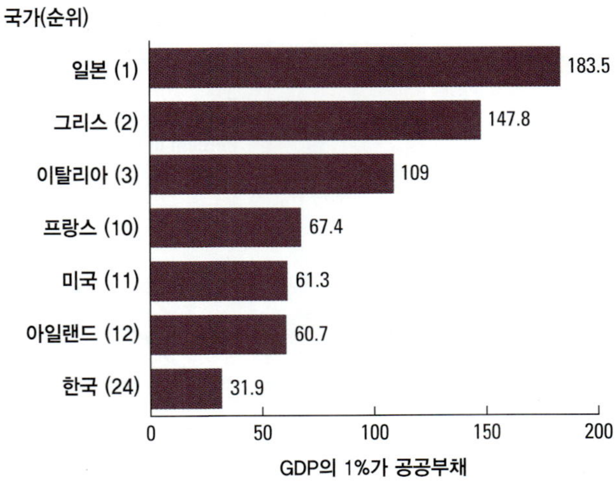

Source: OECD StatExtracts, stats.oecd.org/index.aspx, accessed June 2011.

정부부채는 좋은가, 나쁜가?

LO 29.7 정부부채의 편익과 비용 구분하기

2011년 여름, 10만 명 이상의 사람들이 아테네 거리를 행진했다. 그들은 그리스의 천문학적인 부채를 줄이려는 목적으로 정부지출을 삭감할 '긴축적인(austerity)' 정책수단에 저항하고 있었다. GDP의 1.5배에 달하는 부채는 그리스 경제에 심각한 장애물이 되었다. 하지만 대부분의 경제학자들은 정부의 안정화 기능을 위해 어느 정도의 부채가 필요하다고 생각한다. 정부부채의 비용과 편익은 무엇인가?

정부부채의 편익. 정부부채의 2가지 주요 편익이 있다. 첫 번째는 예상치 못한 사태가 발생했을 때 정부로 하여금 유연하게 대응할 수 있도록 한다는 것이다. 2005년 걸프 만을 휩쓸고 간 허리케인 카트리나로 인해 정부는 1050억 달러, 당해 연도 정부지출의 약 4%에 달하는 비용을 지출했다. 만약 비상사태에 대응하기 위해 필요한 비용을 차입하거나 전혀 대응을 하지 않는 방안 중 하나를 선택해야 한다면, 많은 사람들은 전자가 바람직하다고 말할 것이다.

부채의 두 번째 편익은 장기적으로 경제성장과 번영(그리고 아마도 높은 조세수입)을 가져올 투자 활동에 지출할 수 있다는 것이다. 여러분이 보다 좋은 일자리와 높은 소득을 기대하면서 대학 교육비를 차입하는 것과 마찬가지로, 정부가 경제성장의 촉진에 도움이 되는 교육제도에 투자하거나 사회간접자본을 건설하기 위해 차입을 하는 것은 합리적일 수 있다.

정부부채의 비용. 반면 정부부채에는 **직접비용**과 **간접비용**이 뒤따른다. 직접비용은 정부가 대출자에게 지불해야 하는 이자비용이다. 정부부채에 대한 이자지급은 꽤 큰 규모다. 과거에 이자비용은 이전지출(사회보장과 자산조사에 기반한 메디케어로 구성되며, 이들은 예산 규모에서 각각 첫 번째와 세 번째를 기록)과 국방비(두 번째로 큰 예산 항목)에 이어 네 번째로 큰 예산지출을 기록했다.

부채의 직접비용은 이자율의 영향을 받는다. 이자율이 오르면 정부부채는 더욱 비싸진다. 그런데 이자율은 정부의 부채 상환 능력에 대한 투자자들의 확신에 따라 달라진다. 이것은 일종의 악순환이 될 수 있다: 만약 투자자들이 정부의 부채 상환 능력을 의심한다면, 정부에 대출하기 전에 높은 이자율을 요구할 것이다. 높아진 이자율로 인해 부채의 부담은 더욱 커지고, 정부의 부채 상환 능력은 더욱 의심받게 된다.

투자자의 의심과 높은 이자율 사이의 자기 강화적 소용돌이로 인해 과거에 일부 정부들은 더 이상 직접비용을 지불할 수 없는 시점에서 채무 불이행을 선언했다. 미국 정부가 이러한 사태에 직면할 것이라고 생각하는 사람들은 거의 없지만, 2011년에 주요 신용평가기관인 스탠더드 앤 푸어스(Standard & Poor's)는 미국 채권의 신용등급을 AAA에서 AA+로 낮추었다. 이러한 평가는 미국 정치인들이 엄청난 규모의 정부부채를 줄이기 위해 의미 있는 시도를 할 수 있는가에 대해 약간의 의구심을 반영하는 것이기도 하다.

정부부채의 간접적 비용도 존재한다. 어떤 상황에서는 정부부채가 신용시장을 왜곡하고 경제성장을 약화시킬 수 있다. 우리는 이미 정부 차입이 민간 부문의 차입을 **구축할 수 있는** 가능성을 언급했다. 정부가 돈을 빌리면 신용에 대한 수요가 증가하고, 경제 전반에 걸쳐 신용의 가격—이자율—이 상승한다. 이자율이 오르면 투자를 원하는 기업과 새로운 주택과 차를 구입하려는 소비자의 차입비용이 증가한다.

마지막으로 누가 정부부채의 부담을 짊어지는가 하는 문제다. 정부지출을 늘리거나 세금을 낮추기 위해 정부가 차입을 증가시키면 현 세대는 이득을 얻지만, 미래 세대는 부채의 부담을 져야 한다. 정부 서비스의 비용으로 인해 우리의 아이들과 손자들이 길거리로 내몰리게 된다.

✓ 개념 확인하기

- ❐ 정부부채와 적자의 차이는 무엇인가? **[LO 29.6]**
- ❐ 민간투자에 대한 정부부채의 가능한 효과는 무엇인가? **[LO 29.6]**

결론

이 장은 정부가 경기변동에 대응하기 위해 재정정책을 변화시키려 할 수 있다는 사실에 주목하면서 시작되었다. 경제가 침체 상태에 있을 때 감세조치 또는 정부지출 증가, 그리고 2009년의 경기부양 정책처럼 2가지 정책을 동시에 시행하는 확장적 재정정책은 총수요를 증가시키고 경제회복을 촉진할 수 있다. 경기부양 정책이 실시된 이후에도 실업은 높은 수준을 지속할 수 있지만, 궁극적으로 경기부양 정책이 없었다면 실업수준이 더 높았을 것인지에 대해서는 확인할 방법이 없다.

우리는 정부가 어떻게 돈을 빌리고, 적자가 어떻게 부채를 증가시키는지에 대해서도 살펴보았다. 부채는 정부의 기능적 유연성을 증가시킬 수 있지만, 비용를 수반하며 경제성장을 위축시킬 수 있다. 또한 부채는 미래 세대의 부채 상환 부담으로 인해 공정성에 대한 문제를 제기한다.

정부가 경제에 영향을 주고자 할 경우에는 재정정책 외에 통화정책(monetary policy)을 사용할 수 있다. 다음 장에서 이 주제를 다룰 것이다.

주요 용어

공공부채 p.831
긴축적 재정정책 p.815
승수효과 p.825
이전지출 p.829
자동안정화 장치 p.821
재정적자 p.829
재정정책 p.814
재정흑자 p.829
정부지출승수 p.825
조세승수 p.826
한계소비성향(MPC) p.825
확장적 재정정책 p.815

요약

LO 29.1 긴축적 재정정책과 확장적 재정정책의 차이에 대해 설명하기

조세와 정부지출의 수준을 모두 통합해 재정정책이라고 한다. 재정정책은 확장적이거나 긴축적이다.
확장적인 재정정책은 총수요곡선을 상승시키는(오른쪽으로 이동시키는) 재정정책의 변화를 포함한다. 그것은 수요를 증가시키기 때문에 확장적이다. 확장적 재정정책은 정부지출의 증가 또는 세금 인하로 발생하며, 경기침체에 대응하는 정책이다. 긴축적 재정정책은 총수요를 감소시키는 재정정책의 변화를 포함하며, 총수요곡선을 하락시킨다.(왼쪽으로 이동시킨다.) 긴축적 재정정책은 정부지출의 감소 또는 세금 인상으로 발생하며, 과도한 인플레이션의 위협을 수반하는 달아오른 경제에 대응하는 정책이다.

LO 29.2 재정정책이 단기 경기변동에 어떻게 대응하는지 설명하기

정부는 경기변동에 대응하기 위해 재정정책을 사용할 수 있다. 경제가 침체 상태에 있을 때 정부는 수요를 진작시키기 위해 확장적 재정정책을 사용할 수 있다. 확장적 재정정책을 사용하면 경제회복을 촉진할 수 있다. 반면 경제가 과열되었을 경우 정부는 총수요를 줄이기 위해 긴축적 재정정책을 사용할 수 있다. 이러한 조치를 통해 경제는 장기 균형 상태로 회귀하게 된다.

LO 29.3 정부가 직면한 주요 재정정책의 도전과 자동안정화 장치의 작동 방식에 대해 논의하기

재정정책을 집행할 때 정부는 2가지의 잠재적 도전에 직면한다: 시차와 리카르도의 대등성. 시차는 다양한 형태로 나타난다. 정보시차(경제의 전반적인 상태에 대한 올바른 정보를 획득하는 데 소요되는 시간), 정책형성시차(모든 사람이 정책에 동의하는 걸리는 시간), 그리고 집행시차(재정정책이 경제에 영향을 미치기까지 걸리는 시간). 이러한 시차를 피해서 일부의 재정정책은 자동적으로 경제를 진작시키거나 누그러뜨린다. 예를 들면, 경제가 침체 상태에 있을 때 소득세 수입은 감소하지만, 호황 국면에서는 증가한다.
두 번째 잠재적 도전은 리카르도의 대등성이다. 이 이론에 따르면 정부가 감세조치를 취하면서 정부지출을 줄이지 않는다면, 사람들은 지출보다 저축을 늘리고, 소비는 증가하지 않기 때문에 세금 인하의 총수요 증대효과가 나타나지 않을 것이다. 정부는 재정적자를 보전하기 위해 차입을 해야 하며, 미래의 어느 시점에서는 감세조치로 발생한 부채를 상환하기 위해 세금을 인상할 것이다.

LO 29.4 정부지출승수와 조세승수를 측정하고, 그 차이에 대해 설명하기

정부지출승수는 정부지출이 1달러 늘어날 때 증가하는 산출량의 크기를 측정한다. 조세승수는 1달러의 세금 인하로 증가하는 산출량의 크기를 측정한다. 정부지출과 조세의 승수효과는 소득과 소비 사이에 존재하는 환류효과로 인해 발생한다: 정부지출의 증가 또는 감세조치로 사람들의 소득이 증가하면 소비가 증가하고, 이는 다시 누군가의 소득이 되어 소비되는 과정이 연속적으로 발생한다. 정부지출승수는 조세승수보다 크다. 정부지출은 소득에 직접적으로 영향을 주지만 조세는 소비를 통해 간접적으로 영향을 미치기 때문이다.

LO 29.5 정부수입과 지출이 정부예산을 어떻게 결정하는가에 대해 설명하기

정부예산에는 조세로 징수한 모든 수입과 정부 프로그램에 지출된 모든 돈이 포함된다. 정부수입보다 지출이 많으면 **재정적자**를 초래한다. 정부지출보다 수입이 많으면 **재정흑자**를 초래한다. 대부분의 회계연도에 정부지출은 수입을 초과한다. 최근의 경기침체에 대응한 재정정책으로 재정지출과 수입의 격차는 GDP의 약 10%로 증가하여 대규모의 재정적자를 초래했다.

LO 29.6 재정적자와 부채의 차이에 대해 설명하기

적자는 연간지출이 수입을 초과할 때 발생한다. 흑자는 연간지출이 수입보다 작을 때 발생한다. 부채는 그동안 정부가 차입한 금액의 총량이다. 부채와 적자는 밀접한 관계를 맺고 있다: 재정적자는 각 회계연도에서 정부가 차입한 돈의 액수를 알려주며, 부채는 그동안 정부가 차입해서 상환하지 않은 돈의 총액을 알려준다. 달리 말하면, 부채는 모든 적자와 흑자의 누적 합계다.

LO 29.7 정부부채의 편익과 비용 구분하기

정부는 적자를 통해 수입보다 더 많이 지출할 수 있다. 재정적자를 허용함으로써 정부는 예상치 못한 사태에 대응하여 확장적 재정정책을 집행할 수 있다. 그러나 재정적자의 비용도 존재한다. 부채에 대해서는 이자를 지급해야 하고, 정부는 돈을 효율적으로 지출하지 못할 수도 있으며, 재정적자가 이자율을 인상시켜 투자를 위축시킬 수도 있다.

복습문제

1. 높은 인플레이션으로 고통받는 국가에는 어떤 재정정책이 좋은가? **[LO 29.1]**
2. 만약 정부가 정부지출 부문을 통해 5억 달러만큼 GDP를 감소시켜 경제성장을 억제시키고자 한다면, 정부지출을 증가시켜야 하는가, 혹은 감소시켜야 하는가? 또한 정확히 5억 달러만큼 정부지출을 증가시키거나, 감소시켜야 하는가? 혹은 그 금액은 5억 달러보다 많아야 하는가, 적어야 하는가? 이것은 확장 재정정책인가, 긴축 재정정책인가? **[LO 29.1]**
3. 오바마 대통령은 2010년 11월에 연방 공무원의 임금을 2년간 동결하겠다는 발표를 할 때 다음과 같이 발언하였

다. "결국에는 작은 기업과 가계는 그들의 허리띠를 졸라야 합니다. 정부 또한 그래야만 합니다." 당시의 경제가 불황에 빠졌다고 가정해보자. 여러분이 생각했을 때, 이 정책이 의도하는 효과는 무엇인가? 이 정책은 적절한 대응이었나? 왜 그런가? **[LO 29.2]**

4. 실업률이 높고 지출(spending)은 부진할 때 시행돼야 하는 재정정책은 무엇인가? 어떻게 세금 부문을 통해 그 정책을 실행할 수 있는가? 정부지출을 통해서는? 이 정책이 총수요 측면에서 의도하는 효과는 무엇인가? **[LO 29.2]**
5. "민주주의의 문제점은 정부가 행하는 모든 조치에 대해 찬성을 구하기까지 시간이 걸리는 것이다. 만약 대통령이 의회와 이것저것 논쟁하는 일로 많은 시간을 허비할 필요가 없다면 정책이 경제에 영향을 주기까지 오랜 시간이 걸리지 않을 것이다"라고 여러분의 친구는 말했다. 친구의 의견은 옳은 것인가, 틀린 것인가? 여러분은 어떻게 대답할 것인가? **[LO 29.3]**
6. 세율과 조세수입의 차이에 대하여 설명하라. 그리고 이것들이 어떻게 경기침체와 침체기의 경제정책과 연관되어 있는지 밝혀라. 경기침체기에 세율은 증가할 것인가, 감소할 것인가? 조세수입은 어떠하겠는가? 설명하라. **[LO 29.3]**
7. 경제가 구축효과에 민감하게 반응한다면, 경제를 활성화하기 위한 방법으로 정부지출을 사용하는 것과 세금을 삭감하는 것 중 어느 것이 더 바람직한가? **[LO 29.4]**
8. 정부에서는 소득이 추가적으로 1달러 증가할 때마다 평균적으로 가구당 80%를 소비한다고 추정하였다. 그리고 이를 경제를 활성화하기 위해 정부지출이 얼마나 필요한지 결정하기 위한 근거로 사용했다. 그러나 현실에서 각 가구는 실제로 소득이 추가적으로 1달러 증가할 때마다 90%를 소비한다는 것으로 밝혀졌다. 어떻게 이것이 정부지출을 통한 확장적 재정정책에 영향을 미치겠는가? 80%를 근거로 추산한 정부지출의 규모는 너무 많은가, 적은가, 혹은 적당한가? 단기적으로 산출과 고용에 어떠한 영향을 미치겠는가? **[LO 29.4]**
9. 다른 모든 것이 일정할 때, 다음 중 총수요와 GDP에 가장 큰 영향을 주는 요인은 무엇인가?: 1억 달러의 세금 삭감 혹은 1억 달러의 정부지출 증가. 실제로도 다른 모든 것은 일정할 수 있겠는가? 왜 그런가 혹은 그렇지 않은가? **[LO 29.4]**
10. 왜 재정적자는 미국에서 2007년 이후로 매우 높은 수준인가? **[LO 29.5]**
11. 여러분은 저녁 뉴스에서 대통령이 국가 부채를 줄일 것을 발표하는 소식을 들었다. "우리는 정부와 시민 없이도 그럭저럭 해나갈 수 있도록 힘쓰고 배워야 합니다"라고 대통령이 발언했다. 어떻게 국가는 부채를 줄일 수 있을까? 정부와 시민은 어떤 영향을 받을까? **[LO 29.5]**
12. 여러분의 동료는 2011년에 미국 정부의 부채 상황에 대해 조사한 후 여러분에게 다음과 같이 말했다. "부채 수준이 매우 높기 때문에, 우리는 매년 큰 적자에 시달릴 것이다." 여러분의 동료의 분석은 유효한가? 왜 그런가? **[LO 29.6]**
13. 정부가 몇 년 동안 적자 상태에 있으면서 국채를 발행하지 않는 것이 가능한가? 여러분의 생각을 밝혀라. **[LO 29.6]**
14. 납세자들은 정부에게 더 책임감 있고 강력하게 균형 예산 정책을 집행하도록 법을 개정하도록 요구했다. 이는 정부가 더 이상 매년 거둬들이는 것 이상으로 소비하지 못하는 것을 의미한다. 이러한 법이 지니는 주요한 장점과 단점에 대하여 논의하라. **[LO 29.7]**
15. 정부부채는 경제와 국가 전반에 걸쳐 이로운가, 해로운가? 각 입장에 대한 논거를 설명하라. **[LO 29.7]**

응용문제

1. 다음의 각 정책들은 확장적 재정정책과 긴축적 재정정책 중 어느 것의 예시에 해당하는가? 총수요 측면의 효과와 연관지어 설명하라. **[LO 29.1]**
   a. 정부는 다른 지출은 그대로 유지한 채 환경보호국의 예산만을 대폭 삭감했다.
   b. 정부는 25만 달러 이상을 거둬들이기 위해 가계에 부과하는 세금을 증가시켰다.
   c. 정부는 노인의료보험의 사각지대를 해소하기 위해 더 많은 사람들이 이를 이용할 수 있도록 개선했다.
2. 경제가 너무 빠르게 성장함에 따라, 높은 총수요가 인플레이션을 유발했다. 이 경우 확장적 재정정책과 긴축적 재정정책 중 어떤 것을 추진해야 하는가? 총수요에 미치는 그 정책의 효과는 무엇인가? **[LO 29.1]**
3. 실업률이 매우 높고 정부지출은 적다고 가정하자. 다음의 질문에 답하라. **[LO 29.2]**
   a. 정부는 확장적 재정정책 혹은 긴축적 재정정책 중 어느 것을 추진해야 하는가?
   b. 정부가 추진하는 정책이 총수요곡선에 미치는 영향은 무엇인가? 총수요곡선은 오른쪽과 왼쪽 중 어디로 움

그림 29P-1

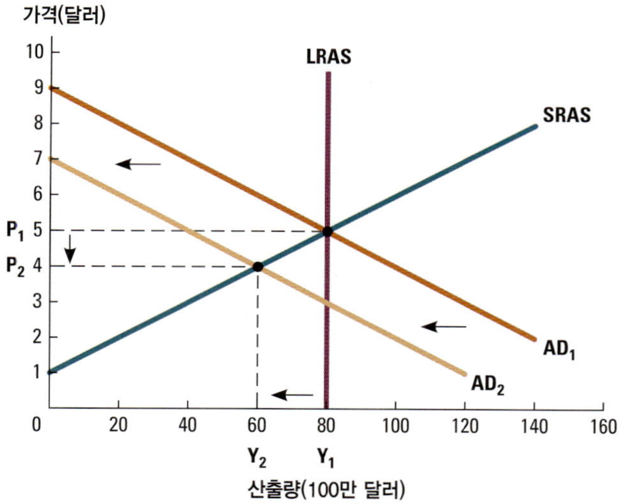

직일까?

c. 총수요의 구성요소(C, I , G, NX, 혹은 이들의 조합) 중 어느 것이 변화를 유발할 것인가?

4. 〈그림 29P-1〉의 그래프는 뉴 카프리카의 작년도 총수요(AD_1)와 올해의 총수요(AD_2)를 나타낸다. 만약 여러분이 뉴 카프리카의 대통령에게 경제 정책을 자문한다면, 여러분은 다음의 질문에 어떻게 말할 것인가? **[LO 29.2]**
   a. 현재의 산출량은 얼마인가? 잠재적 산출량은 얼마인가? 이 2가지에 차이가 존재한다면, 그것은 얼마인가?
   b. 뉴 카프리카의 경제는 호황인가, 침체인가?
   c. 여러분의 연구를 근거로 했을 때, 대통령은 확장적 재정정책과 긴축적 재정정책 중 어느 것에 집행해야 하는가? 혹은 아무런 조치도 취하지 말아야 하는가?
   d. 만약 대통령이 긴축적 재정정책을 시행한다면 총수요곡선은 어느 쪽으로 이동하겠는가?

5. "적절한 법안의 통과를 지체시키는 의회의 당파 싸움과 경기침체에 접어들고 있다는 사실을 너무 늦게 인지한 까닭에 우리의 재정정책은 성공적이지 못했다"라고 어떤 경제 전문가가 말했다. 이 전문가가 설명하는 시차의 유형은 무엇인가? **[LO 29.3]**

6. 한 국가의 정부는 낮은 고용률에 대한 대책으로 재정정책을 집행하려고 한다. 그러나 이 정책은 의도된 효과와는 정반대 결과를 낳았다. 어떻게 이런 일이 발생할 수 있는지 정책형성시차(formulation lag)와 집행시차(implementation lag)의 측면에서 설명하라. **[LO 29.3]**

7. 다음의 각 경우에 정부지출승수값을 구하라. **[LO 29.4]**
   a. 한계소비성향 (MPC) = 0.2
   b. 한계소비성향 (MPC) = 0.5
   c. 한계소비성향 (MPC) = 0.8

8. 정부지출이 2500억 달러만큼 증가했을 때 다음의 경우에 각각 주어진 MPC에 따라 GDP의 변화값을 구하라. MPC와 GDP의 변화값의 관계에 대해서도 각각 밝혀라. MPC가 증가함에 따라 GDP는 증가하는가, 감소하는가? **[LO 29.4]**
   a. 한계소비성향 (MPC) = 0.2
   b. 한계소비성향 (MPC) = 0.5
   c. 한계소비성향 (MPC) = 0.8

9. 한계소비성향이 다음과 같을 때, 정부지출승수와 조세승수를 각각 구하라. **[LO 29.4]**
   a. 한계소비성향 (MPC) = 0.2
   b. 한계소비성향 (MPC) = 0.5
   c. 한계소비성향 (MPC) = 0.8
   d. 다른 모든 것이 일정할 때, 재정정책으로 인한 정부지출의 변화와 조세 변화의 상대적 크기는 어떠한가?

10. 정부가 세금을 2500억 달러만큼 감세했을 때, 다음의 경우에 각각 주어진 MPC에 따라 GDP의 변화값을 구하라. (세금의 변화값은 2500억 달러다) **[LO 29.4]**
   a. 한계소비성향 (MPC) = 0.2
   b. 한계소비성향 (MPC) = 0.5
   c. 한계소비성향 (MPC) = 0.8

11. 피티아의 한계소비성향은 〈표 29P-1〉의 차트와 같이 소득과 연관이 있다. **[LO 29.4]**
   a. 피티아 정부는 확장적 재정정책을 시행하려 한다. 만약 감세가 모든 소득 구간에 대해 이뤄진다면, 각 구간의 조세승수값은 얼마인가?
   b. 정부는 사회기반시설을 위해 정부지출을 늘리려고 한다. 각 구간에 대한 정부지출승수의 값은 얼마인가?

12. 만약 몇 년간 국가의 재정적자가 9조 5600억을 기록했고, 정부지출은 12조 1900억이라고 한다면 올해 얼마나 많은 조세수입이 들어와야 하는가? **[LO 29.5]**

13. "정부는 너무 많이 돈을 빌려서는 안 된다. 정부부채를 보거라! 이건 갚을 수도 없으면서 신용카드를 사용하는 것과 같지 않느냐"라고 여러분의 삼촌이 말했다. 삼촌의 주장은 타당한가? 어떻게 정부부채가 개인의 신용카드 대출과 같을 수 있는가? 어떤 점에서 정부부채가 개인의 신용카드 대출과 다른가? **[LO 29.5]**

14. 이코노국은 2008년 초반에는 부채도, 재정흑자도 없었다. 2008년 말 무렵, 3억 400만 달러의 재정흑자를 보유했다. 2009년에는 4억 5200만 달러의 적자가 났다. 2010년에

표 29P–1

소득의 범위	한계소비성향	연간 소득	소득세
0–15,000	0.95	5,000	10
15,001–30,000	0.85	10,000	13
30,001–45,000	0.75	20,000	16
45,001–60,000	0.65	40,000	19
60,001–75,000	0.55	80,000	22
75,001–90,000	0.45	160,000	25
90,001 이상	0.40	1,000,000	30

는 1억 900만 달러의 흑자가 났다. 그리고 2011년의 재정 흑자 혹은 적자 규모는 알려지지 않고 있다. 만약 2011년 말에 이코노국의 부채가 총 5000만 달러라면, 2011년에는 적자인가 흑자인가? 그 규모는 얼마인가? **[LO 29.6]**

15. "국가부채가 증가할지라도 걱정하지 마십시오. 우리는 이를 채권자들에게 다시 지불하지 않아도 될 것입니다"라고 텔레비전 연설에서 대통령이 밝혔다. 어떻게 이것이 가능할까? 이런 경우에는 어떻게 정부가 부채에 대한 자금을 조달해야 하는가? **[LO 29.6]**
16. 다음 중 어느 것이 정부부채와 관련된 부정적인 영향의 예시인가? **[LO 29.7]**
    a. 이자율의 상승
    b. 세금의 인상 혹은 미래 지출의 감소
    c. 경제 내에서의 투자 증가
17 만약 정부가 0%에 가까운 이자율로 자금을 빌릴 수 있다면, 정부부채의 비용은 없는가? 여러분의 의견을 설명하라. **[LO 29.7]**

미주

1. 실업률 통계의 출처는 미국 노동통계국이다(U.S. Bureau of Labor Statistics). http://data.bls.gov/timeseries/LNS14000000 (accessed December 11, 2012)
2. '인플레이션'을 다루는 장에서는 디플레이션(deflation) 또는 전반적인 물가수준의 하락을 우려하는 다른 이유에 대해 살펴볼 것이다.
3. 대다수의 경기침체는 1년 이상 지속되지 않지만, 2007~2009 경기침체의 공식적인 기간은 14개월이다. 물론 정부의 확장적인 재정정책이 없었다면, 경기침체가 얼마나 오랫동안 지속되었을 것인가를 알기는 불가능하다.
4. www.irs.gov
5. 대부분의 논의가 한계소비성향의 관점에서 이루어지더라도, MPC와 관련된 다른 용어인 **한계저축성향**(*marginal propensity to save*)이 있다. 개별 경제주체가 다른 선택은 없는 상태에서 주어진 소득으로 소비하거나 저축할 수 있다. 따라서 한계저축성향(MPS)은 단순히 한계소비성향(MPC)의 반대에 해당한다. 한계저축성향은 1에서 한계소비성향을 뺀 것과 동일하다: MPS = 1 − MPC.
6. http://useconomy.about.com/od/usdebtand deficit/p/USA-National-Debt-Clock.htm.

참고문헌

http://www.time.com/time/business/article/0,8599,1850269.html#ixzz1OtKQCoQM

http://www.brillig.com/debt_clock/

Jonathan Parker, "On measuring the effects of fiscal policies in recessions," *Journal of Economic Literature* 49, no. 3 (2011), pp. 703-718

◀ 세계의 모바일 윈도우—이 장의 내용과 관련된 응용사례를 찾으려면 여러분의 스마트폰으로 이 코드를 스캔하라. (QR코드 리더가 필요하면, 여러분의 앱스토어에서 ScanLife를 활용하라.)

여러분의 모바일 앱스토어를 방문하여 Karlan and Morduch Study Econ app.을 다운로드 하라. ▶

Study Econ McGraw Hill

Part Nine

금융 체계와 금융기관

제9부의 4개 장(章)에서는

금융과 통화 체계 및 금융기관에 대해 알아본다. 9부에서는 월 스트리트의 증권거래인부터 지갑 속 지폐까지, 금융에 대한 모든 것들을 논의할 것이다.

30장은 금융시장의 기초적인 내용을 훑어보고 금융시장 안에서 개인과 금융기관들이 어떤 역할을 하는지 공부한다. 금융시장은 저축자와 차입자를 연결해 경제 내에서 그 시점에 돈이 가장 가치 있게 쓰일 수 있는 곳으로 흘러갈 수 있도록 한다. 그 과정에서 사람들은 미래에 대비해 자금을 운영하고 당면한 위험을 최소화한다.

31장은 화폐에 관한 장이다. 화폐는 경제가 부드럽게 돌아갈 수 있도록 돕는다. 화폐는 **교환의 매개체**로서 화폐가 있으면 껌 한 통이든, 자동차든, 열대 섬이든 살 수 있다. 화폐는 단순한 지폐나 동전 그 이상이다. 미국에서는 연방준비제도라는 기관에서 전반적인 화폐 공급을 책임진다. 연방준비제도는 이러한 힘을 이용해 부침을 겪는 경제가 이를 헤쳐나갈 수 있는 독특한 역할을 한다.

32장은 인플레이션과 실업의 미묘한 관계를 다룬다. 중앙은행의 정책입안자들은 화폐의 가치가 변동하는 것을 통제할 임무가 있다. 중앙은행은 또한 화폐 정책을 이용해 전반적인 실업 수준에 영향을 줄 수도 있다. 그러나 이러한 권력에는 책임이 따른다. 최근 역사를 보면 잘못된 화폐 정책으로 유발된 인플레이션과 실업 때문에 고통받은 국가들의 사례가 많다.

금융시장은 대체로 순조롭게 굴러가지만 금융시장 체제가 위험을 효율적으로 운영하고 신생기업에 자금을 대는 데 때때로 실패하기도 한다. 금융 체계가 어떻게 무너질 수 있는지 공부하는 것은 금융 체계가 어떻게 작동하는지 이해하는 데 도움이 될 것이다. 33장에서는 최근 수십년간 최악의 금융위기였던 2007년 미국 주택 시장에서 시작되어 전 세계를 깊은 경기침체로 몰아넣은 금융위기에 대해 알아본다.

Chapter 30

금융의 기초

학습목표

LO 30.1 금융시장을 정의하고 3가지 주요한 기능 설명하기

LO 30.2 대부자금시장을 설명하고 대부자금의 수요와 공급에 영향을 미치는 요소 이해하기

LO 30.3 채무와 지분을 구분하고 각 범주의 주된 자산 형태 정의하기

LO 30.4 금융시장의 주요 기관은 무엇인지 이해하고 각 기관 형태의 역할 설명하기

LO 30.5 금융자산의 위험과 수익률의 상충관계를 이해하고 위험이 어떻게 분석될 수 있는지 설명하기

LO 30.6 시장이 효율적이라는 가정의 진위에 대해 토론하기

LO 30.7 폐쇄경제에서는 저축과 투자가 왜 같은지 설명하기

헨리 리먼과 그의 형제들

1844년 헨리 리먼(Henry Lehman)은 앨러배마 주 몽고메리에 잡화점을 열었다. 처음엔 지역 농부들을 대상으로 식료품과 생필품을 팔다 곧 형제들이 합류해 사업을 확장해나갔다. 리먼 형제들은 지역 농장의 중개인으로 활동하며 그 지역의 면화를 사서 거리가 떨어진 시장에 판매했다. 사업이 번창하자 뉴욕에 사무실을 열고 면화 중개 업무에 커피와 다른 품목도 추가했다. 남부에 사업의 기초를 둔 관계로 남북전쟁 당시 큰 피해를 입었지만, 전쟁이 끝날 무렵에는 사업을 재편하고 앨러배마 주정부의 재정과 부채 상환 운영을 돕는 계약을 따냈다. 19세기 말에 이르러 리먼 브러더스의 중개 회사는 월 스트리트의 가장 크고 강력한 회사 중 하나가 되었다.

리먼 브러더스는 남북전쟁과 대공황, 제2차 세계대전, 경쟁자와의 잘못된 합병과 2001년 9월 11일에 공격당한 월드 트레이드 건물 바로 맞은편에 있던 본사 건물의 파괴도 이겨냈다. 그러나 이 모든 것에도 불구하고 2008년 9월 15일 부도를 선언했다. 그렇게 크고, 오래되고, 명망 있던 회사가 실패한다는 것은 상상도 할 수 없는 일이었다. 전 세계 시장은 경악했다. 그렇게 견고해 보이던 조직이, 그것도 그 전해만 해도 기록적인 이익을 낸 회사가 어떻게 순식간에 망한 걸까?

리먼의 몰락과 이를 초래한 주택시장의 붕괴, 이후 금융 체계의 충격과 대불황(Great Recession)은 우리 세대의 가장 흥미진진한 경제 이야기다. 이 모든 사건을 이해하기 위해서는 먼저 금융 체계를 알아야 한다.

금융 체계는 왜 존재할까?

재화와 서비스를 거래하는 전통적 시장은 상대적으로 단순하다. 시장은 잠재적 구매자와 판매자를 연결하는 것을 돕는다. 그에 비해 금융시장은 추상적이고 어딘가 멀리 떨어져 있다. 금융시장은 무엇을 하는가? 월 스트리트의 회사들이 파는 것은 정확히 무엇이고 누구를 대신해서 파는 것인가? 리먼 브러더스와 같은 낡은 방식의 면화 중개상이 어떻게 월 스트리트에 자리 잡게 되었을까? 사실 금융시장의 기본 목적은 다른 어떤 시장과도 같다. 금융시장은 지금 돈을 쓰고 싶은 사람(구매자)과 나중을 위해 저축하고 싶은 사람(판매자)을 연결하는 것이다. 그 과정에서 금융시장은 사람들이 미래에 대비해 자금을 운영하고 당면한 위험을 피할 수 있도록 도와준다. 금융 체계는 다양한 금융상품이 거래되는 상호 연결된 시장 안에 저축자와 차입자를 끌어들인다.

금융시장의 기본 전제는 간단하지만, 실제 거래는 매우 복잡할 수 있다. 사람들의 서로 다른 투자 및 저축 수요를 충족하기 위해 광범위한 금융상품이 존재한다. 도매상과 소매상들이 농부와 소비자를 중재하듯이 금융시장에도 저축자와 차입자를 중재하는 많은 회사와 기관들이 있다.

기업, 정부, 비정부기구(NGO; nongovernmental organization), 개인 모두 각자의 목적을 위해 금융 체계에 의존한다. 금융 체계를 통해 사람들은 필요한 자금을 원하는 만큼, 원하는 때, 최소한의 불확실성으로 구할 수 있다. 여러분이 입출금 계좌나 예금 계좌, 신용카드, 학자금 대출, 주택담보 대출, 자동차 대출 같은 것들을 이용하고 있다면 금융시장을 통해 편익을 얻고 있는 것이다. 이런 서비스들이 당연하게 느껴질 수는 있다. 하지만 리먼의 부도를 둘러싼 세계적 혼란은 잘 돌아가는 금융 체계가 얼마나 중요한지를 일깨웠다.

이 장에서는 먼저 저축자와 차입자가 참여하는 간단한 시장 모형을 통해 금융시장의 역할과 저축자와 차입자에게 일으키는 편익에 대해 알아본다. 그 다음에는 금융 체계를 3가지 다른 시각으로 접근할 것이다. 금융 체계의 기능, 참가자들, 거래하는 자산들이 그것들이다. 마지막으로 위험과 수익률 같은 금융상품의 일반적인 속성을 알아본다.

금융시장의 기능

LO 30.1 금융시장을 정의하고 3가지 주요한 기능 이해하기

월 스트리트에 대해 우리가 떠올리는 정교한 최첨단 거래는 비교적 최근의 현상이다. 기본적인 금융시장은 최소한 고대 그리스에도 존재했다. 신전에 자리 잡은 대금업자들은 예금을 받거나 여행자들을 위해 환전을 하고 대출도 했다. 어떤 사람의 부유함을 나타내는 방식은 저울로 다는 귀금속에서 정부의 상징이 찍힌 셀 수 있는 동전으로 바뀌어갔다. 주식시장은 17세기에 처음 등장했다. 금융시장은 왜 각기 다른 사회에서도 역사적으로 자연스럽고 유용한 것으로 존재해 왔을까? 금융시장이 무엇을 하기에?

금융시장이란 무엇인가?

금융시장 자금이나 재화에 대한 미래의 청구권을 거래하는 시장

금융시장에서 사람들은 자금이나 재화에 대한 미래의 청구권을 거래한다. 이러한 '청구권'은 다양한 형태를 띤다. 예를 들어, 은행에서 대출을 받으면 은행은 여러분에게 돈을 지급하고 그 대

가로 미래에 이자와 함께 원금을 은행에 갚겠다는 동의를 받는다. 어떤 회사의 주식을 사면 미래에 생기는 회사의 이윤을 나눠 받을 권리를 갖게 된다. 보험에 가입하면 정기적으로 보험료를 내고 미래에 좋지 않은 일이 생겼을 때 보험사로부터 약정된 돈을 받을 수 있다. 이 장의 뒷부분에서 금융자산의 형태에 대해 상세히 알아볼 것이다. 지금은 일단 금융시장의 청구권이 사람들로 하여금 자금을 한 시점이나 장소, 상황에서 다른 시점이나 장소, 상황으로 옮길 수 있게 하는 합의라는 사실을 이해하는 것이 중요하다.

금융시장의 핵심 배경은 어떤 시점에서든지 여유 자금이 있는 사람이 그 돈을 가장 가치 있게 쓸 사람은 아니라는 것이다. 금융시장은 자금이 매 순간 가장 높은 가치를 갖고 있는 사용처에 흘러 들어가도록 돕는다. 순조롭게 작동하는 시장은 거래에서 얻을 것이 있는 구매자와 판매자를 이어줌으로써 모두에게 이득을 준다. 금융시장에서 구매자는 지금 당장 가치 있는 것에 돈을 쓰고 싶지만 돈은 없는 사람이다. 판매자는 돈은 있지만 대가를 받는다면 다른 사람이 그 돈을 쓰도록 하고 싶은 사람이다. 구매자는 새 집을 사려는 가족이 될 수도, 학자금이 필요한 학생일 수도 있다. 새 공장을 짓고 싶은 회사나 창업하고 싶은 기업가, 공공 투자에 자금이 필요한 정부가 구매자가 되기도 한다. 판매자는 개인이든, 회사든, 정부든 현재 지출을 자제하고 미래의 수익을 바라는 누구라도 될 수 있다.

풍운의 은행 역사

오늘날 금융시장은 너무나 복잡하다. 너무 복잡해서 2008년 리먼 브러더스가 망했을 때 도대체 무슨 일이 벌어지고 있는지 이해하는 사람이 거의 없을 정도였다. 하지만 금융시장의 기원은 그렇게 복잡하지 않다. 금융시장은 은행과 저축자, 차입자로 탄생했다.

은행이 없는 세상을 상상해보자. 문제는 사람들이 돈을 버는 시점과 돈을 쓰고 싶은 시점이 일치할 때가 거의 없다는 사실이다. 이 문제는 다양하게 불거질 수 있다. 생애주기를 생각해봐도 그렇다. 예를 들어, 사람들은 대부분 일하는 시기에는 쓰는 것보다 더 많이 벌고 은퇴하면 저축한 돈으로 살고자 할 수 있다. 젊어서 돈을 벌기 전 대학에 가거나 집이나 차를 사고 싶을 수도 있다. 좀 더 단기적으로 발생하는 불일치는 월급은 한 달에 한 번 받는데 지출은 아무 때나 생긴다는 점이다. 또는 농장을 운영하는 사람이라면 수확철에만 수입이 생기는데, 지출은 파종기 등 다른 때에 발생할 수 있다.

은행은 특정 시점에서 쓰는 것보다 많이 번 사람들로부터 저축을 받아, 현재 번 것보다 많이 쓰고 싶은 사람들에게 대출을 해줌으로써 이 문제를 해결할 수 있다. 왜 이런 일에 은행이 필요할까? 왜 베개 밑에 현찰을 쑤셔 넣어놨다 가족이나 이웃에게 빌려주거나 필요할 때 가족이나 이웃에게 빌리지 않는 것일까? 사실 그렇게 하는 것이 돈을 관리하는 예전 방식이었다. 오늘날에도 세계의 많은 사람들이 현대적인 은행에 접근할 수 없어 예전 방식에 의존하고 있다.

하지만 은행은 많은 유용한 기능을 제공한다. 첫째, 은행은 저축자와 차입자의 '중개 기관'으로 작용한다. 은행이 없으면 여러분은 돈을 빌리고 싶을 때마다 아는 사람들에게 조금씩 빌리는 수고를 해야 한다. 만약 아는 사람들이 저축해둔 돈이 없으면 아예 돈을 구하지 못할 것이다. 아는 사람들이 비슷한 처지라면 돈을 빌리지 못하는 상황이 쉽게 발생할 수 있다. 여러분과 비슷한 연령대에 비슷한 일을 하거나 비슷한 농작물을 키우거나 한다면 여러분이 돈이 부족할 때 그들도 비슷한 상황일 가능성이 높다. 은행은 훨씬 넓은 범위의 사람들을 연결해 돈을 빌리고 싶을 때 저축이 있는 사람을 확보할 수 있다. 또한 은행은 여러분과 저축자 사이에 개인적 거래로 발생할 수 있는 자질구레한 일에 쓰일 시간과 노력을 절약해준다. 은행은 여러분이 저축을 원하든 대출을 원하든 모두에게 쉽고 간편한 거래 청산소를 제공한다.

둘째, 은행은 여러분이 돈이 필요한 때와 장소에서 쉽게 돈에 접근할 수 있게 해준다. 옛날에는 무언가를 사려면 말 그대로 현찰을 가지고 다녀야 했다. 무거운 금화나 은화를 들고 다니며 잃어버리거나 도둑맞을 걱정을 해야 했다. 또한 돈을 다른 사람한테 빌려주거나 투자하면, 돌려받지 못할 위험뿐 아니라 급하게 돈이 필요할 때 돌려받지 못할 가능성이 높기 때문에 더 위험했다. 예를 들어 이웃에게 돈을 빌려줬는데 내 아이가 아플 때 당장 돌려받지 못해 치료비를 내기 어려울 수도 있다. 그 때문에 돈이 있어도 굴리지 않고 만약을 위해 보관하는 것이 나았던 것이다.

은행은 이와 같은 곤란한 상황 없이 원할 때 현찰에 접근할 수 있는 **'유동성'**을 제공한다. 이러한 편익의 일정 부분은 운반상의 편의 때문에 생긴다. ATM이나 개인 수표, 직불 계좌, 신용카드 같은 것들을 통해 원할 때 쉽고 싸게 현찰을 확보할 수 있고 현찰이 필요하지 않을 때도 걱정할 필요 없다. 그러나 진짜 중요한 가치는 여러분이 필요할 때 인출할 수 없는 상황에 대한 걱정 없이 저축을 할 수 있다는 점이다. 이것이 가능한 이유는 은행에 많은 예금자들이 있어서 그들 모두가 한꺼번에 저축한 돈을 찾아갈 가능성이 매우 낮기 때문이다. 따라서 은행은 저축받은 돈의 일부만 현찰로 보유하고 대부분의 돈은 대출해서 생산적인 곳에 쓰일 수 있도록 한다. 차입자는 은행에 대출 이자를 내고, 은행은 예금에 대해 저축자에게 이자를 지급할 수 있다. 이 모든 일이 개인 저축자의 유동성을 지켜주면서 발생한다.

마지막으로 은행은 저축자와 차입자가 **'위험을 다각화'**할 수 있도록 돕는다. 여러분이 은행이 없는 상황에서 가게를 차리는 사촌에게 큰돈을 빌려줬다고 해보자. 가게가 잘되면 돈을 돌려받게 될 것이고 아무 문제없을 것이다. 하지만 가게가 부도나면 여러분의 재정 상태는 엉망이 될 것이다. 여러분이 개인 대 개인으로 돈을 맡기거나 빌리면 아무리 사람이 의도가 선하고 믿을 만하더라도 달걀 모두를 한 바구니에 담는 위험을 피할 방법이 없다. 은행은 여러분의 달걀을 여러 바구니에 분산시킨다. 은행은 많은 차입자들을 보유하고 있기 때문에 모든 차입자들이 동시에 돈을 갚지 못하는 상황이 발생할 가능성은 매우 낮다. 몇몇 차입자가 부도를 낼 수는 있지만 대부분은 갚을 것이고 어떤 개인 저축자도 실패한 투자의 짐을 모두 지지는 않을 것이다.

사실 이러한 편익을 은행만 제공하는 것은 아니다. 은행, 보험회사, 투자자들, 증권거래소, 정부기관 등 많은 기관으로 구성된 금융 체계 자체가 저축자와 차입자 사이에 **'자금을 중개'**하고 **'유동성을 공급'**하며 **'위험을 다각화'**하도록 발전해왔다. 이 개념은 이 장 전체에 걸쳐 반복해서 강조될 것이다. 다음 절에서는 '대부자금시장'이라 불리는 간략한 형태의 금융시장을 통해 구매자와 판매자가 어떻게 결합되는지 살펴본다.

✓ 개념 확인하기

- ❐ 금융시장에서 거래되는 것은 무엇인가? **[LO 30.1]**
- ❐ 은행이나 금융 체계가 저축자와 차입자에게 제공하는 3가지 주된 편익은 무엇인가? **[LO 30.1]**

대부자금시장: 간소화된 금융시장

LO 30.2 대부자금시장을 설명하고 대부자금의 수요와 공급에 영향을 미치는 요소들 이해하기

나라 전체의 돈을 벌고 쓰는 사람들을 생각해보자. 어떤 시점에라도 어떤 사람들은 돈을 빌리고 싶고 또 어떤 사람들은 저축을 하고 싶을 것이다. 얼마나 빌리고 얼마나 저축하고 싶을까? 만약 사람들이 빌리고 싶은 금액이 저축한 금액보다 많으면 어떤 대출이 승인될지 무엇이 결정할까? 금융시장에서는 저축된 자금량과 투자되는 자금량이 같아지는 수준에서 가격이 결정되어 공급과 수요의 힘이 중재된다.

현실의 금융시장에는 다양한 구매자와 판매자를 대상으로 한 각기 다른 가격의 다양한 상품이 있다. 이러한 다양성은 은행에서 제공하는 많은 계좌나 대출 상품, 신문의 경제 부문을 훑어보면 알 수 있다. 이 장의 뒷부분에서 다시 살펴보기로 하고, 여기서는 저축과 대출을 대부자금시장이라 불리는 한 시장으로 간소화해보자.

대부자금: 저축과 투자

대부자금시장은 빌려줄 돈이 있는 저축자가 투자지출 필요가 있어 돈을 빌리고자 하는 사람에게 자금을 공급하는 시장이다. '대부자금'이란 저축자와 차입자 사이에 놓여 있는 빌려주고 빌리는 자금을 말한다.

대부자금시장 저축자가 돈을 빌리고자 하는 사람에게 자금을 공급하는 시장

저축과 투자에 대해 이야기할 때에는 용어 사용에 유의해야 한다. 사람들은 주식을 사거나 은퇴를 대비해 개인 연금 계좌에 돈을 집어넣을 때 종종 돈을 '투자'한다고 표현한다. 그러나 경제학적으로 그러한 행위는 투자가 아닌 '저축'이다. **저축**은 재화나 서비스의 소비에 즉각적으로 사용되지 않는 소득의 일부분이다. 경제학에서 **투자**, 더 정확하게 **'투자지출'**은 공장, 기계, 재고 등 생산적인 투입요소에 대한 지출을 말한다.

저축 재화나 서비스의 소비에 즉각적으로 사용되지 않은 소득의 부분

투자 공장, 기계, 재고 등 생산적인 투입요소에 대한 지출

이러한 정의를 이용하면, 대부자금시장에 대한 간단한 모형을 만들 수 있다. 대부자금은 저축으로부터 공급되고 투자로부터 수요된다. 다른 모든 시장과 마찬가지로 저축과 투자는 공급량과 수요량이 같아지는 가격에서 균형을 이룬다.

대부자금의 가격

저축은 저축자의 돈을 사용할 수 있는 권리를 파는 것과 같고, 대출은 다른 사람의 돈을 사용할 권리를 사는 것과 같다. 사람들이 공급하고자 하는 저축의 양이나 수요하고자 하는 투자의 양은 그들이 받거나 줄 가격에 달려 있다.

대출의 가격은 **'이자율'**이다. 이자율은 빌려주는 사람이 빌리는 사람한테 자금 사용에 대해 부과하는 가격이다. 이자율은 대출이 상환될 때까지 단위 시간 및 단위 화폐당 백분율로 표시된다. 이자율은 자금을 빌리는 사람이 원래 빌린 돈(원금)에 더해 얼마를 더 지급해야 하는지 결정한다. 예를 들어, 100달러를 1년 동안 10%의 연 이자율로 빌렸으면 갚아야 하는 돈은 원금 100달러 더하기 이자 10달러(100달러 × 0.10)다.

이자율 특정 기간 동안 빌린 돈의 가격으로서 단위 시간 및 단위 화폐당 백분율로 표현

다른 모든 시장과 마찬가지로 우하향하는 수요곡선과 우상향하는 공급곡선이 교차하는 지

그림 30-1

대부자금시장

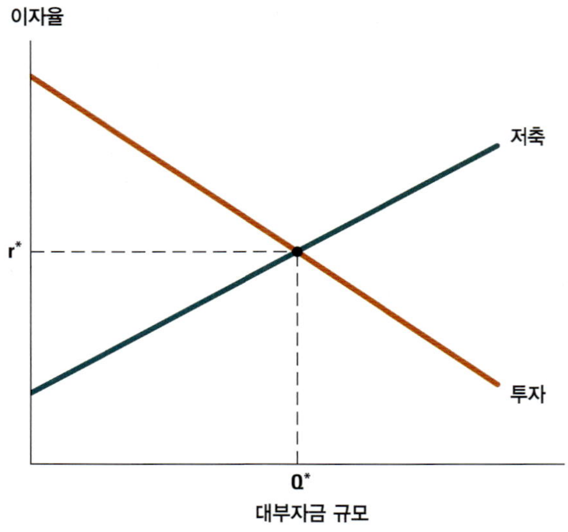

보편적인 대부자금시장은 저축곡선이 투자곡선과 교차하는 점에서 균형을 이룬다. 이 균형점에서 균형 이자율(r*)과 균형 대부자금량(Q*)이 결정된다.

점에서 균형 이자율과 균형 대부자금량이 결정된다. 대부자금시장은 〈그림 30-1〉에 표현되어 있다.

공급곡선은 왜 우상향할까? 이는 이자율이 오르면 사람들이 저축하고자 하는 양이 늘어난다는 것을 의미한다. 재화와 서비스의 시장에서도 가격이 높으면 더 많은 사람들이 해당 재화나 서비스를 공급하는 것이 이익이 된다고 생각한다. 대부자금시장에서도 마찬가지다. 핵심은 저축에 기회비용이 따른다는 사실을 깨닫는 것이다. 돈을 저축하면 지금 그만큼 소비를 할 수 없다. 사람들은 합리적으로 이러한 손익을 계산한다. 100달러를 저금한다면 미래에 어떤 금액을 받는다는 약속하에 지금 100달러어치 소비를 포기한다는 의미다. 만약 이자율이 0이라면 100달러만 돌려받을 것이다. 어떤 사람들은 이자율이 0이어도 저축하려 할 것이다. 어쩌면 지금 100달러를 더 쓰는 것보다 은퇴한 후에 100달러를 쓰는 것이 낫다고 생각할 수도 있기 때문이다. 그러나 이자율이 높아질수록 더 많은 사람들이 미래 수입을 증가시키기 위해 소비를 미루는 것이 낫다고 판단하게 될 것이다. 1년 후 101달러를 받기 위해 지금 100달러를 포기하지는 않지만 1년 후 110달러라면 포기할 수도 있다. 만약 1년 후 받을 돈이 200달러라면 더 많은 사람들이 100달러 소비를 포기할 것이고, 이는 이자율이 높아질수록 더욱 그러할 것이다.

대부자금시장의 다른 한편인 수요곡선은 우하향한다. 이자율이 하락하면 돈을 빌리는 비용이 감소해서 점점 많은 투자기회가 비용을 감당할 수 있게 되기 때문이다. 돈을 빌릴지 결정할 때 투자를 고민하는 기업이나 가계는 먼저 해당 투자의 수익률을 추정해야 한다.[2] **'수익률'**은 투자된 자금 단위당 기대되는 이익의 크기를 표시한다.

대출의 편익인 수익률이 대출 비용보다 낮다면 투자자는 돈을 갚고 나서 손해를 볼 것이다. 그 경우에는 투자를 하지 않는 것이 낫다. 수익률이 이자율보다 높으면 투자로 이윤이 생길 것이기 때문에 대출을 받는 것이 타당하다. 현실 세계에서는 다양한 수익률의 투자 기회들이 있다. 이자율이 오르면 수익률이 대출 비용보다 높은 투자 기회가 점점 줄어들 것이기 때문에 대부자금의 수요량은 감소할 것이다. 결국 익숙한 우하향하는 수요곡선을 만나게 된다.

대부자금 공급과 수요의 변화

사람들이 얼마나 저축하고 투자하고 싶은지 결정하는 요인은 시간이 지남에 따라 변하고, 국가에 따라 다르다. 이러한 요인은 대부자금시장의 공급과 수요곡선을 이동시켜 주어진 이자율에서 공급되고 수요되는 대부자금량을 변화시킨다. 그 결과 균형 이자율과 균형 대부자금량도 바뀔 것이다. 이 절에서는 저축과 투자를 결정하는 중요한 요인에 대해 논의한다.

저축의 결정 요인: 저축 결정은 소득을 지금 소비하는 데 쓸 것인가, 나중 소비를 위해 저축할 것인가의 상충관계를 반영한다. 이자율이 올라갈수록 소비 대비 저축의 가치가 올라가기 때문에 사람들은 저축 공급을 늘리고 공급곡선은 우상향한다. 그러나 이자율 이외에도 저축 공급 결정에 영향을 미치는 요인이 있다. 그러한 요인은 미래에 경제 상황이 어떠할 것인지에 대한 기대나 단순하고 검소한 삶에 대한 사회 문화적 인식 등 사람들이 소비를 미루는 데에 얼마나 관심이 있을지를 좌우하는 것들이다.

이러한 요인들이 변하면 대부자금시장의 공급곡선이 이동한다. 주어진 이자율에서 사람들이 저축을 덜 하고 싶게 만드는 변화를 상상해보자. 예를 들어, 사람들이 다음 10년 동안의 경제 상황이 좋을 것이라고 낙관한다고 해보자. 그렇게 되면 사람들은 앞으로의 취업과 소득에 대해 더 자신을 가질 것이기 때문에 지금 저축해야 할 필요성을 크게 느끼지 못할 것이다. 이러한 기대는 〈그림 30-2〉에 나타난 것처럼 공급곡선을 왼쪽으로 이동시킨다. 그 결과 대부자금시장의 균형은 수요곡선을 따라 위쪽으로 이동해 더 높은 이자율과 더 적은 저축 및 투자 규모를 야기한다. 반대로 사람들이 주어진 이자율에서 더 많이 저축하고 싶어 하는 변화가 생긴다면 공급곡선은 오른쪽으로 이동한다. 새로운 균형에서 이자율은 낮아지고 균형 저축 및 투자 규모는 많아진다.

주어진 이자율에서 사람들이 얼마나 저축을 하고 싶을지 결정하는 요인에는 어떤 것들이 있을까? 개인의 저축 결정에는 당연히 많은 사안이 결부된다. 하지만 이 장에서는 거시적 차원에서 경제에 영향을 미치는, 즉 국가 경제 전체로 저축을 더 하거나 덜 하게 만드는 요인들을 살펴볼 것이다. 이러한 요인들은 한 국가 안에서도 시간이 지나면서 변할 수 있지만 국가마다 달라서 국가별 차이점을 설명하는 데에도 도움이 된다. 예를 들어 미국의 가계는 최근 소득의 매우 적은 비율을 저축하지만 중국의 가계는 소득의 40% 이상을 저축한다. 이러한 차이의 일부는 문화적인 이유에서, 또 다른 부분은 경제적인 이유에서 발생할 것이다.

다음은 시간 흐름에 따라 또는 국가별로 저축 공급에 영향을 미치는 중요한 요인들이다.

- **문화:** 각기 다른 문화와 전통은 검소함이나 물질적인 것을 통해 부를 과시하는 경향, 다음 세대에 상속하고자 하는 성향 등에 다른 무게를 둔다. 문화적 요인은 수치화하기 어렵지만 국가마다 다른 저축률에 분명히 영향을 미친다. 예를 들어 미국은 소비 지향적인 문화를 갖고 있는 반면 중국은 전통적으로 좀 더 검소한 문화를 갖고 있다. 어떤 이자율 수준에서도 중국의 평균 저축률이 미국보다 높기 때문에 중국의 대부자금 공급곡선은 미국보

그림 30-2

저축의 결정 요인들이 변화하면 대부자금 공급곡선은 이동한다.

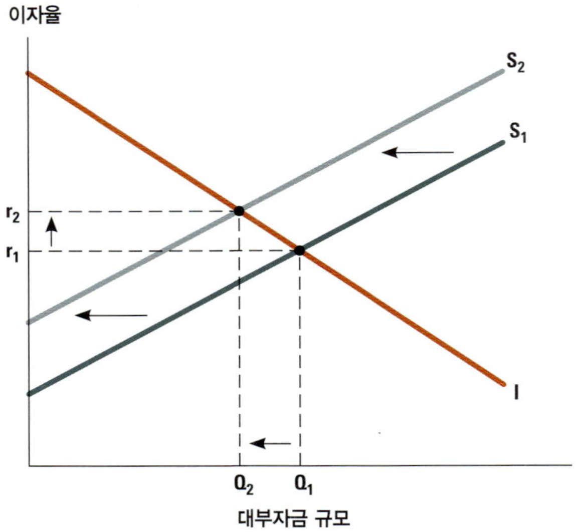

저축의 결정 요인 변화 때문에 저축 수준이 왼쪽으로 급격하게 이동하면 균형 이자율은 높아지고 균형 대부자금 규모는 감소한다.

다 훨씬 오른쪽에 있을 것이다.

- **사회 복지 정책:** 주어진 이자율에서의 저축 유인은 사람들이 실직하거나 아플 때, 장애에 처했을 때, 빈곤 상태에 처했을 때, 나이가 들었을 때 사회 복지 혜택을 받을 수 있는지, 받으면 얼마나 받는지에 영향을 받는다. 예를 들어, 중국에서는 의료 서비스나 은퇴 후 비용 등에서 본인이 부담해야 하는 부분이 크기 때문에 더 저축해야 할 필요가 있는 반면, 미국에서는 공적 의료보험과 은퇴 후 공적 연금을 받을 수 있다.(물론 공적 연금 보험료는 은퇴를 대비한 강제 저축이라 볼 수 있다. 그러나 이러한 '강제 저축'은 저축률에 포함되지 않는다.)
- **부:** 연구 결과에 따르면 부유한 가계의 저축률이 더 높다고 한다. 그러나 부와 저축의 관계는 완전히 일관된 것은 아니다. 예컨대, 가난한 가계가 부유한 가계보다 감세가 되었을 때 더 많이 저축한다는 결과도 있다. 두 결과 모두 부가 저축에 영향을 미친다는 점을 보여준다.
- **현재 경제 상황:** 사람들의 저축 결정이 경제 상황에 어떻게 반응하는지 생각할 때 현재의 경제 상황과 현재의 경제 상황이 미래에 대한 기대를 어떻게 변화시킬 것인지를 구분하는 것이 중요하다. 만약 미래에 대한 기대가 전혀 변하지 않는다면, 경기 하락 시 저축은 주어진 이자율에 대해 일반적으로 감소한다(대부자금 공급곡선이 왼쪽으로 이동한다). 경기가 좋지 않아 사람들이 직장을 잃고 소득이 낮아지면 현재 지출을 감당하기 위해 저축을 줄이거나 그간의 저축을 깰 수도 있다. 그런데 최근 경기침체에서는 오히려 저축률이 증가했다. 이를 설명하기 위해서는 다음을 고려해야 한다.
- **미래 경제 상황에 대한 기대:** 사람들은 경기침체를 현재의 상황으로서뿐 아니라 미래의 경

제 상황에 대한 나쁜 신호로 종종 받아들인다. 미래에 대한 이러한 기대는 저축률에 영향을 미친다. 즉, 사람들은 미래 소득이 더 낮아질 것이라 예상하면 다른 요인들이 같을 때 장래를 위해 더 저축하려 할 것이다.

현재 경제 상황과 미래 경제 상황에 대한 기대 간의 관계는 〈그림 30-3〉에 나타난 바와 같이 1980년대부터 2000년대 초반까지 대부분의 기간 경제 상황이 좋았을 때 왜 미국 가계의 저축률이 떨어졌는지 설명한다. 2005년까지 가계들은 평균적으로 거의 저축을 하지 않았다. 평균 저축률이 1% 정도에 불과했던 것이다. 현재 경제 상황이 좋으면 사람들이 더 저축을 할 것이라고 생각하기 쉽지만, 좋은 경제 상황은 미래에 대한 낙관을 심어줘 오히려 저축을 덜 하게 만드는 것이다. 그러나 2008년 금융위기로 경제 상황이 장애물을 만나자 저축률은 상승하기 시작했다. 이는 사람들이 경기침체를 미래에 대한 부정적인 신호로 받아들여 덜 빌리고 더 저축하게 되었다는 것을 시사한다.

투자의 결정 요인: 투자 결정은 투자로부터 창출될 잠재적 이윤과 투자금을 빌리는 비용의 상충 관계를 반영한다. 우하향하는 수요곡선은 이자율이 올라갈수록 빌린 자금을 갚는 비용을 충당할 정도로 높은 수익을 창출할 수 있는 투자 기회가 점점 감소한다는 것을 의미한다.

그러나 대부자금 공급 측과 마찬가지로 대부자금 수요에 영향을 미치는 비가격적 요인이 많다. 이러한 요인들은 주어진 이자율에서 시행할 만한 투자 기회 수를 늘리거나 줄이는 것들이다. 경제 전반적으로 잠재적인 투자의 가치를 늘리는 변화는 주어진 이자율에서 대부자금에 대한 수요량을 늘려 〈그림 30-4〉처럼 수요곡선 전체를 오른쪽으로 이동시킨다. 그 결과 균형점은 공급곡선을 따라 위로 올라가고 더 높은 이자율과 더 많은 저축과 투자 자금량에서 새로운 균

그림 30-3

1980년부터 미국 저축률 1980년대 초반 미국의 저축률은 8~10%로 높은 수준이었다. 이후 저축률은 꾸준히 감소해 2000년대 중반에는 2%까지 떨어졌다. 주택시장의 붕괴 이후 저축률은 4%대로 뛰어올랐다.

그림 30-4

투자 기회의 수익성 변화는 대부자금 수요곡선을 이동시킨다

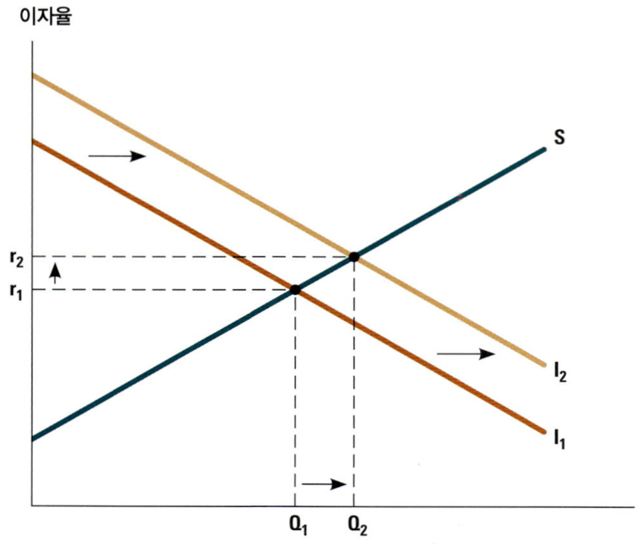

투자 수요가 증가하면 사람들은 주어진 이자율에서 더 많은 돈을 투자하고자 한다. 그 결과 대부자금시장은 더 높은 이자율과 더 많은 대부자금 규모의 새로운 균형을 이룬다.

형이 형성된다.

이자율 이외에 대부자금 수요에 영향을 미치는 핵심적 요인은 현재 시행할 수 있는 투자 기회의 미래 수익성에 대한 기대다. 미래 수익성에 대한 관점은 미래 경제 상황에 대한 전반적인 기회에 맞물려 결정된다. 2006년에는 주택시장 활황에 힘입어 경기가 좋고 소비자 수요가 컸다. 경기 호황으로 투자자들은 새로운 회사나 제품, 가게, 부동산 개발 등이 큰 이윤을 남길 것이라 기대하고 돈을 빌려 투자하려고 했다. 당시 이자율 수준에서 회사들이 돈을 더 빌리려 하자 대부자금 수요곡선은 오른쪽으로 이동했다.

2007년 후반 주택시장이 꺾이기 시작하자 정반대 상황이 발생했다. 경제 전체의 소비자 수요가 약해졌기 때문에 생산을 확대하거나 새로운 사업을 시작하고자 대출을 받을 유인이 매우 약해졌다. 대출 욕구가 떨어지자 〈그림 30-5〉처럼 대부자금 수요곡선은 왼쪽으로 이동했다.

구축 정부 차입의 증가로 인해 민간의 차입이 감소하는 현상

경기가 좋지 않을 때의 대부자금 수요에 대해 알아둘 사항이 있다. 어떤 학자들은 이러한 상황에서 정부가 돈을 더 많이 빌리면 민간 투자를 '**구축**'할 수 있다고 말한다. '**구축**'은 정부 차입의 증가로 인해 민간의 차입이 감소하는 현상이다. 〈그림 30-4〉에서와 같이, 정부가 대출에 대한 수요를 늘리면 대부자금 수요곡선이 오른쪽으로 이동해 이자율을 올릴 수 있다. 이렇게 수요곡선이 이동하면 대출의 비용을 높여 민간 투자가 감소한다는 것이다. 이러한 민간 투자의 감소는 정부가 시장에 개입할 때마다 우려를 자아내는 부분이다. 비록 2008년 이후 침체 시기에는 구축이 거의 없었다는 증거들이 있지만, 구축 가능성은 정책입안자들이 항상 심각하게 고려하는 문제다.

그림 30-5

대출 감소는 대부자금 수요곡선을 이동시킨다

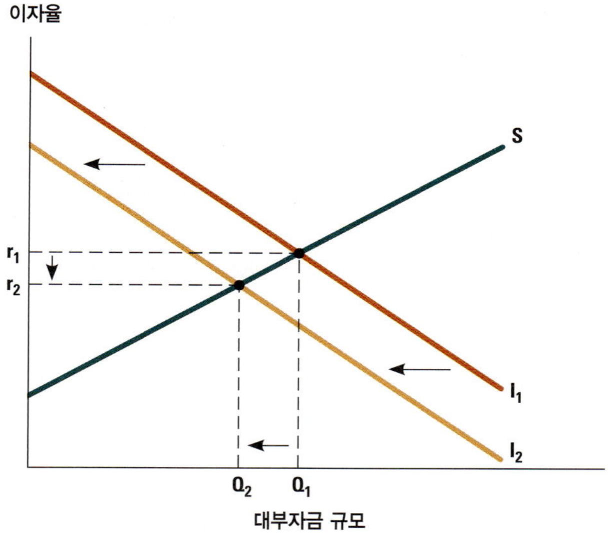

경기가 좋지 않으면 대부자금 수요는 감소한다. 주어진 이자율에서 사람들은 투자 실패에 대한 걱정으로 투자에 대한 관심이 줄어든다. 대부자금시장은 더 낮은 이자율과 더 적은 대부자금 규모의 새로운 균형을 이룬다.

모든 차입자를 위한 가격: 이자율에 대한 더 현실적인 관점

대부자금시장 모형은 금융시장 안에서의 공급과 수요의 기본적 관계를 나타낸다. 그러나 현실에서는 모든 차입자들이 공통으로 지불하는 단일한 이자율 같은 것은 없다. 대신 차입자들은 각기 다른 이자율을 지불한다. 예컨대, 개인은 업력이 긴 회사보다 더 높은 이자율을 부담하고, 누구든 미국 정부보다는 높은 이자율을 지불하게 된다. 같은 차입자라도 거래 종류에 따라 다른 이자율을 낼 수 있다. 주택 담보대출의 이자율은 신용카드 대출 이자율보다 낮게 마련이다. 그렇다면 특정 대출의 이자율은 어떻게 결정될까?

이자율의 차이는 2가지 기본 요인으로 발생한다. 첫째는 차입자가 대출을 상환하는 기간이다. 왜 상환 기간에 따라 이자율이 달라지는지는 언뜻 명확하지 않을 것이다. 빌려준 사람은 더 오랜 기간 이자를 받게 될 텐데, 그것으로 오랜 기간 대출하는 것에 대한 보상은 충분한 것이 아닐까? 사실은 부분적으로만 그렇다. 빌려준 사람은 자신의 돈을 빨리 되돌려받을 수 없는 것에 대한 **기회비용**까지 보상받고 싶어 할 수도 있다. 고정된 이자율로 20년 동안 빌려준다면 그 사람은 20년 동안 나타날 수 있는 더 좋은 투자 기회나 더 높은 이자율을 포기하고 돈을 묶어놔야 한다. 미래의 잠재적인 투자 기회는 대출 기간이 길어질수록 많아질 것이기 때문에, 빌려주는 사람은 일반적으로 대출 기간이 길수록 이러한 추가적인 기회비용에 대한 보상을 더 높은 이자율로 받고 싶어 한다.

이자율 차이를 일으키는 두 번째 요인은 거래의 위험 정도다. 거리에서 만난 낯선 사람과 잘 아는 은행 중 어디에 돈을 빌려주고 싶겠는가? 여러분은 당연히 더 잘 갚을 만한 대상에게 빌려줄 것이다.

채무불이행 차입자가 약정에 따른 부채 상환에 실패하는 것

금융시장에서 자금을 빌려주는 사람들은 차입자가 채무를 불이행할 가능성을 고려한다. '**채무불이행**'이란 차입자가 약정에 따른 부채 상환에 실패하는 것을 말한다. 만약 빌려주는 사람이 특정 차입자가 채무불이행할 것 같다고 생각하면 그러한 위험을 감당할 수 있을 만한 높은 이자율을 요구할 것이다.

때때로 대출은 주택과 같은 자산으로 보증될 수 있다. 차입자가 주택 담보대출을 채무불이행하면 빌려준 사람은 손실에 대한 보상으로 해당 주택에 대한 소유권을 가져간다. 이 때문에 주택 담보대출 이자율은 신용카드 대출 이자율보다 낮다. 주택 담보대출을 받은 사람이 채무를 불이행하면 빌려준 사람은 주택을 팔아 손실을 보전할 수 있지만(대출금 전체를 회수하지 못할 수도 있다), 신용카드 대출은 가치 있는 자산으로 뒷받침되지 않기 때문에 채무불이행할 때 빌려준 사람의 손실이 더 커지게 된다.

무위험 이자율 부도의 위험이 전혀 없는 대상에게 대출할 때 받고자 하는 이자율. 보통 미국의 국채 수익률을 근사치로 사용함

차입자가 채무를 불이행할 위험을 '**신용 위험**'이라고 한다. 신용 위험은 '**무위험 이자율**'과 비교해 계산된다. '무위험 이자율'이란 채무를 불이행할 위험이 전혀 없는 대상에게 대출할 때 받고자 하는 이자율로, 보통 미국의 국채 수익률을 근사치로 사용한다. 미국 정부의 채무불이행 가능성은 극히 낮다고 평가되기 때문이다. 다른 모든 차입자는 이보다 채무불이행 확률이 높은 것에 대한 보상으로 더 높은 이자율을 내야 돈을 빌릴 수 있다.

무위험 이자율과 특정 차입자가 내는 이자율의 차이를 '**신용 스프레드**(*credit spread*)' 또는 '**위험 할증**(*risk premium*)'이라고 한다. 이 차이는 투자자에 따라, 시점에 따라 매우 크게 벌어질 수도 있다. 예컨대, 2007년 이후 경기침체와 금융위기에 모든 차입자들의 채무불이행 가능성이 갑자기 높아지면서 신용 스프레드는 급격하게 커졌다. 대출 기간과 특정 차입자 집단의 채무불이행 확률에 대한 데이터를 가지면 그 차입자가 대부자금시장의 거래에서 지불해야 할 가격이 어느 정도일지 계산할 수 있다. 그 이자율은 일반적으로 대출 기간이 길수록, 채무불이행 확률이 높을수록 무위험 이자율 대비 더 높아진다.

✓ 개념 확인하기

- ❒ 대부자금시장에서 돈의 가격은 무엇이라 부르나? **[LO 30.2]**
- ❒ 대부자금시장에서 공급곡선을 오른쪽으로 이동시키는 요인은 어떤 것들이 있는가? **[LO 30-2]**

현대의 금융 체계

금융제도 사람들이 금융상품을 거래할 수 있는 상호 연결된 시장에 저축자, 차입자, 투자자 및 보험 제공자 등을 끌어들이는 기관의 집단

금융시장에 대한 기본 이론을 배웠으니 이제 현대 금융 체계의 핵심적 현실에 눈을 돌려보자. 대부자금에 대해 단일한 시장을 가정하는 것이 지나친 단순화라는 점은 이미 지적했다. 현실에서는 대출 기간과 위험 정도에 따라 차입자마다 다른 이자율을 부담하게 된다. '**금융제도**'를 구성하는 기관들은 금융상품을 거래할 수 있는 상호 연결된 시장에 저축자와 차입자, 투자자, 보험 제공자 등을 끌어들인다. 이 절에서는 사람들이 돈과 위험을 관리하는 데 금융 체계가 어떤 역할을 하는지 자세히 살펴본다. 또한 금융 체계에서 거래되는 중요한 상품과 이를 거래하는 사람들과 기관에 대해서도 알아볼 것이다.

금융 체계의 기능

금융시장은 자금을 가진 사람과 자금이 필요한 사람을 연결함으로써 사람들이 저축하고, 돈을 빌리고, 투자하고, 보험을 사는 것을 돕는다. 왜 이런 일들을 하기 위해 은행이나 보험회사, 주식거래소 같은 기관들이 있는 것이 좋을까? 이 장의 첫머리에서 은행이 경제에 기본적인 3가지 역할을 할 수 있다는 것을 배웠다. 즉, 은행은 저축자와 차입자 사이에 '자금을 중개'하고 '유동성을 공급'하며 '위험을 다각화'하는 것을 돕는다. 이 절에서는 이 역할을 더 확대해보고 금융 체계 전체가 어떻게 이 역할 수행에 기여하는지 살펴본다.

구매자와 판매자의 연결: 중개. 중개는 시장의 구매자와 판매자를 한데 모으는 과정이다. 여러분이 소규모 창업을 위해 돈을 빌리고 싶다고 가정해보자. 어떻게 하면 충분한 돈을 모을 수 있을까? 아는 사람을 모두 찾아 다니며 가능한 한 많이 빌려달라고 부탁할 수도 있다. 하지만 여유자금이 많은 사람을 많이 알지 않고서야 이렇게 해서 충분한 돈을 구하기는 어렵다. 만약 성공한다 하더라도 그 모든 거래를 만들고 유지하는 일은 매우 복잡하고 시간이 많이 걸릴 것이다. 은행은 이러한 거래비용을 낮출 수 있다. 은행이 있으면 여러분이 필요한 돈을 구하기 위해 설득해야 할 사람은 대출 담당자 한 사람뿐이다. 이렇게 되면 소규모의 비공식적인 많은 거래들이 크고 전문적인 한 거래로 대체되기 때문에 여러분뿐 아니라 여러분이 괴롭힐 수도 있는 가족과 친지들의 시간과 돈을 절약할 수 있다.

많은 기관이 자금을 가진 사람들과 자금이 필요한 사람들을 연결하는 '**금융중개기관**' 역할을 한다. 은행은 그러한 금융중개기관 중 하나다. 다른 금융중개기관으로는 회사의 소유 지분을 사고 싶어 하는 사람과 팔고 싶어 하는 사람을 연결해주는 주식거래소가 있다. 주식거래소도 지분의 가격에 대한 정보를 집중시키고 거래의 장을 공급함으로써 거래비용을 줄인다.

금융중개기관 자금의 공급자와 수요자를 연결해주는 기관

유동성의 공급. 금융 체계의 두 번째 중요한 기능은 유동성을 공급하는 것이다. 이 장의 앞부분에서 사람들이 왜 유동성을 중시하는지 간단히 논의했다. '**유동성**'이란 특정 자산이 얼마나 쉽고 빠르게, 가치 손실 없이 현금으로 전환되는지를 나타내는 지표다. 어떤 자산이 '**유동적**'이면 많은 가치 손실 없이 팔릴 수 있고, 그렇지 않으면 '**비유동적**'이다.

유동성 특정 자산이 얼마나 쉽고 빠르게, 가치 손실 없이 현금으로 전환되는지 나타내는 지표

자산으로서의 자동차와 주택을 생각해보자. 현금이 급히 필요할 때 무엇을 팔겠는가? 자동차를 상대적으로 더 빨리 팔 수 있을 것이다. 중고차 매매상에 차를 몰고 가서 얼마나 줄 수 있는지 물어보면 된다. 물론 급하면 좋은 가격을 받기 어렵겠지만 자동차 가치의 상당 부분을 당장 현금으로 받을 수 있다. 하지만 주택은 다르다. 부동산 중개업자를 찾아간다 하더라도 그 자리에서 현금을 받을 가능성은 거의 없다. 부동산 중개업자가 구매자를 찾는 것을 도울 수는 있지만 그러려면 시간이 걸리고, 또 거래 성사까지 해결해야 할 문제가 많다.

달리 말하면, 자동차는 주택보다 유동적이다. 왜 이렇게 유동성에 차이가 있을까? 주택은 가치를 산정하기 더 어렵고 법적으로 구매 과정이 더 복잡하다. 어떤 주택에 얼마를 매길지 정하기 전에 확인해야 할 것이 많다. 지붕이 새지는 않는지, 주변에 폐기물 처리장이 건설될 계획은 없는지 등 모든 부분을 점검해야 한다. 이에 비해 자동차는 가치를 평가하기가 훨씬 쉽다. 경험이 많은 중고차 매매상이라면 차 앞 뚜껑만 열어봐도 대략의 가격이 나올 것이다. 이 때문에 중고차시장에는 유동성 공급자의 역할을 수행할 매매상들이 있지만 부동산시장에는 유사한 사람들

이 거의 없다. 유동성 공급자는 어떤 자산을 사고팔 준비가 되어 있어 시장이 더 유동적이 될 수 있는 역할을 하는 사람이다.

금융 체계의 많은 참가자들이 시장이 유동적일 수 있는 역할을 수행한다. 주식이나 채권 같은 금융자산의 구조 자체가 유동성을 증가시키기도 한다. 여러분이 어떤 회사의 주식이나 정부의 채권을 팔고 싶다면 금융 체계에는 그것을 살 사람이 거의 항상 존재한다. 그 '사람'은 은행이거나 주식 중개인일 수도 있고 뮤추얼 펀드나 대형 금융투자자일 수도 있다. 이러한 존재는 마치 중고차 매매상처럼 시장에서 항상 사거나 팔 준비가 되어 있어 사실상 '시장을 만들기(make a market)' 때문에 '**시장 조성자**(*market maker*)'라고 한다.

유동성은 사람들의 저축 의지에 영향을 미치기 때문에 중요하다. 사람들은 일반적으로 자신이 필요할 때 돈을 이용할 수 있기를 바라기 마련이다. 시장이 유동적이지 않다면 돈이 급할 때 자산을 팔아 돈을 구할 수 없다는 것을 알기 때문에 가지고 있는 돈을 다른 사람들이 빌려갈 수 있게 하는 것 자체를 꺼릴 것이다. 그 결과 대부자금의 공급이 감소하고 이자율은 올라가며 투자가 감소해 경제의 성장이 저해될 수 있다.

위험의 다각화. 금융 체계의 세 번째 주요 기능은 위험의 분산이다. 저축자로서 여러분은 다른 개인이나 회사에 직접 돈을 빌려줄 수도 있다. 하지만 이 경우 차입자가 채무를 불이행하면 돈을 모두 잃게 될 것이다. 하지만 은행에 돈을 빌려주면 은행은 여러분뿐 아니라 다른 저축자의 돈까지 모아 많은 차입자에게 대출을 해준다. 일부 차입자가 채무불이행할 수 있지만 은행은 한 번에 모든 것을 잃지 않기 때문에 은행에 돈을 맡긴 저축자도 모두 잃게 되는 일은 없다. 즉, 은행은 위험을 '다각화'하는 것이다. '**다각화**'는 다양한 자산이나 사람들에 위험이 분산되도록 하여 특정 위험이 한 개인에게 미치는 충격을 감소시키는 과정을 말한다.

다각화 다양한 자산이나 사람들에게 위험이 분산되도록 하여 특정 위험이 한 개인에게 미치는 충격을 감소시키는 과정

다각화는 경제가 작동하기 위해 필수적이다. 모든 것을 한꺼번에 잃을까 너무 심각하게 걱정하지 않을 수 있어야 사람들이 저축을 하고 기업가들은 새로운 사업을 시작할 것이다.

주요 금융자산

LO 30.3 채무와 지분을 구분하고 각 범주의 주된 자산 형태 정의하기

금융 체계는 어떻게 자금중개, 유동성 공급, 위험 다각화의 역할을 수행할까? 이는 금융시장에서 사고파는 금융자산을 창출함으로써 가능하다. 금융자산의 종류는 좁은 지면을 통해 소개하기에는 너무 다양하기 때문에 여기에서는 주된 자산만 집중해 살펴보기로 한다.

지분. 회사의 일부를 소유하고 있어 그 회사의 이윤을 나눠 받고 있다면 여러분은 회사의 '지분을 소유'하는 것이다. 부분적 소유권을 표시하는 금융자산을 '지분'이라고 한다. '주식'은 지분자산의 또 다른 이름이다. 언론에서는 매일 주식시장에 관한 지표들을 보도한다. 한국의 KOSPI 200이나 미국의 다우존스 산업평균지수(Dow Jones Industrial Average), Standard & Poor's(S&P) 500 같은 지수들의 움직임을 집중 보도하는 TV 방송이 있을 정도다.

주식 회사 주권의 일부를 나타내는 금융자산

주식은 정확히 무엇인가? '**주식**'은 회사 주권의 일부를 나타내는 금융자산이다. 어떤 회사가 100,000주를 발행했다면, 각 주식의 소유자(**주주**, *shareholder*, *stockholder*)는 그 회사의 100,000분의 1을 소유하고 있는 것이다.

주주는 부분적 소유자로서 회사가 어떻게 운영될지에 대한 특정 측면에 대해 투표할 수 있는 권한을 갖는다. 예를 들어, 주주는 이사회를 선임한다. 주주는 배당의 형태로 소유 지분의 크기에 비례해 이윤의 일부를 받을 자격이 있다. '**배당**'은 회사의 주주 모두에게 분기나 1년에 한 번씩 지급되는 것을 말한다.

배당 회사의 주주 모두에게 분기나 1년에 한 번씩 지급되는 것

회사는 왜 주식을 발행할까? 첫째, 주식을 발행하면 빌리지 않고 자본을 구할 수 있다. 새 가게를 내고 싶어 돈이 필요한 사람이 있다고 상상해보자. 가게 주인은 은행에서 돈을 빌릴 수도 있지만 그러면 새 가게가 실패하더라도 꼬박꼬박 이자를 내야 하고 원금을 갚아야 한다. 그 대신 그 주인은 본인 가게의 지분을 일부 팔 수 있다. 그 지분을 산 사람은 가게의 주인 일부가 되어 새 가게가 잘 안 될 경우 돈을 잃을 위험을 안는 대신 새 가게의 장사가 잘되면 이윤의 일정 비율을 가질 수 있다.

주식은 또한 비유동적 자산(회사의 소유권)을 유동적인 자산(주식시장에서 팔릴 수 있는 지분)으로 바꾸는 기제다. 사업 전체의 소유권은 팔기 어렵다. 주택을 사는 것처럼 회사를 살 때는 사전에 이해해야 할 복잡한 것이 많다. 반면, 주식은 주식시장에서 비교적 작고 표준화된 금액 간격으로 쉽게 사고팔 수 있다. 개인적으로 소유한 회사는 비유동적 자산이지만 '공개된 회사'의 주식은 누구나 그 지분을 사고팔 수 있기 때문에 유동적인 자산이다.[3]

채무. 지분의 주된 대안은 채무다. 가장 간단하고 익숙한 형태의 채무는 대출이다. '**대출**'은 원금과 정해진 이자를 지급하기로 약속하고 대금자가 차입자에게 돈을 빌려주는 합의다. 은행은 주택이나 자동차 같은 것을 구입하고 싶어 하는 개인이나 투자를 원하는 기업에 대출을 해준다.

대출 원금과 정해진 이자를 지급하기로 약속하고 대금자가 차입자에게 돈을 빌려주는 합의

대출을 해주는 것은 일반적으로 주식을 사는 것보다 덜 위험하고 잠재적으로 수익이 덜 높다. 차입자가 채무를 불이행할 수는 있다. 하지만 어떤 회사에 대출을 해준 경우 빌려준 사람은 그 회사의 자산에 대해 법적으로 우선적인 청구권이 있어 주주들에 앞서 최대한 많은 대출금을 회수할 수 있다. 회사의 주식을 사면 그 돈을 모두 잃을 더 높은 위험에 노출되지만 다른 한편으로는 더 높은 수익률을 기대할 수도 있다. 만약 회사가 잘돼 큰 이윤을 거두면 주주는 그 이윤의 지분을 가져갈 자격이 있다. 대출을 해준 경우에는 그 회사가 아무리 잘되더라도 대출 합의에서 약속한 금액을 절대로 초과해서 받을 수 없다.

다른 모든 금융자산과 마찬가지로 대출도 사고팔 수 있다. 여러분이 집을 살 때 은행에서 돈을 빌렸다고 해보자. 계약서에 서명하면 여러분은 특정 날짜에 특정 이자율로 대출을 갚아야 하는 법적 책임을 지게 된다. 은행은 여러분의 그 책임을 다른 사람한테 팔 수 있다. 이를 산 사람은 대출 거래의 조건에 따라 여러분한테 돈을 받을 권리를 산 대가를 은행에 지불할 것이다.

채권 부채의 한 형태로서, 채권 발행자가 구체적인 백분율의 이자를 정기적으로 지급하고 해당 부채의 원금을 특정 만기날에 갚는 약속을 나타내는 것

대출을 더 유동적으로 만들기 위해 대출을 '**채권**'이라는 더 쉽게 거래되는 자산 형태로 표준화할 수도 있다. '**채권**'은 부채의 한 형태로, 채권 발행자가 구체적인 백분율의 이자를 정기적으로 지급하고 해당 부채의 원금을 특정 만기날에 갚는 약속을 나타내는 것이다. 이자율이 고정되어 있기 때문에 채권은 때때로 '**고정 소득 증권**(*fixed income securities*)'이라 불린다. 채권의 소유자(bondholder)는 예정된 이자(영어로는 coupon payments라 한다)를 받을 법적 권한을 갖는다. 이 이자는 일반적으로 3개월이나 6개월에 한 번씩 지급된다.[4] 채권 소유자는 또한 만기에 그 채권에 연결된 애초 대출 금액(원금, 액면가, principal, face value)을 돌려받는다. 채권의 만기는 다양하다. 한국의 회사채는 통상 3년 만기로, 미국의 회사채는 10년에서 30년의 만기로

발행된다. 국채나 지방채는 일반적으로 1년에서 10년 만기지만, 30년 만기도 발행된다. 정부나 큰 회사들은 큰 액수의 돈을 많은 대금자로부터 빌리기 위해 채권을 판다. 채권은 표준화되어 있기 때문에 사고팔기 쉬워 일반적인 대출보다 더 유동적이다.

채권은 본질적으로 대출이기 때문에 대출에 적용되는 위험과 수익 간 상충관계가 채권에도 적용된다. 채권은 일반적으로 주식보다 안전하고 수익은 더 낮은 편이다. 역사적으로 미국 국채의 (인플레이션에 보정된) 실질 수익률은 연간 평균 2% 정도였다. 다양한 지표로 살펴본 주식의 수익률은 같은 기간 7%에 가깝다. 그렇다면 왜 저축자들이 그렇게 낮은 수익률에도 불구하고 주식 대신 국채를 사는 것일까? 주식이 더 위험하기 때문이다. 정부가 채무불이행할 가능성은 거의 없는 반면, 주식 가치는 쉽사리 떨어진다.

주택 구입자들에게 나간 대출같이 표준적이지 않은 대출들을 표준화해 쉽게 거래할 수 있는 채권 같은 것으로 전환할 수 있으면 유용하지 않겠는가? '증권화(securitization)'라 불리는 방법이다. 증권화는 많은 대출을 큰 규모의 단일한 자산으로 묶어 개별 차입자가 대출을 채무불이행할 경우라도 전체적으로는 손실이 크지 않도록 위험을 줄인다. 증권화는 2000년대 초반 미국에서 특히 성행했다. 학자금 대출에서 주택 담보대출까지 모든 종류의 금융자산들이 증권화되어 유동적 자산으로 탈바꿈되면서 넓은 범위 대금자들의 관심을 끌었다. 33장에서는 대불황(Great Recession)과 리먼 브러더스의 몰락을 가져온 최근의 금융위기에 증권화가 어떻게 결정적 역할을 했는지 살펴볼 것이다.

금융위기를 일으키긴 했지만, 잘 관리된 채무는 나쁜 것이 아니다. 앞서 말했듯이, 채무는 당연하게 여기는 수많은 거래의 배경이 된다. 여러분이 새 자동차를 몰 수 있고 새 공장을 세울 수 있다면 아마도 채무의 덕을 봤을 것이다.

파생상품. 주식과 대출, 채권 등은 한 사람이나 한 회사가 다른 이에게 특정 상황에서 특정 금액을 지불하기로 합의한 금융계약의 사례들이다. 좀 더 창의적으로 생각한다면, 같은 기본적인 발상으로 훨씬 더 복잡한 계약을 만들어낼 수 있다. 예를 들어, 주택 담보대출이나 주식, 원유 가격 같은 특정 자산이나 재화의 미래가치를 바탕으로 계약을 만들 수 있다.

다른 자산의 가치를 바탕으로 만들어진 금융계약은 금융자산 중에서도 별도의 범주를 형성하고 있는데, 이를 **파생상품**이라 한다. '파생상품'은 주택 대출이나 주식, 채권, 원유 등과 같은 다른 자산의 가치에 따라 그 자산의 가치가 결정되는 종류의 자산이다.

파생상품 다른 자산의 가치에 따라 그 자산의 가치가 결정되는 종류의 자산

이러한 유형의 대표적인 사례가 '선물계약(futures contract)'이다. 선물계약을 산 사람은 판 사람에게 특정 자산의 예측된 미래 가격을 지급하기로 약속한다. 예를 들어, 선물계약을 통해 농부는 미리 정한 가격에 농작물의 전부 또는 일부를 팔기로 약속할 수 있다. 만약 농작물을 실제로 인도하는 시점에서 농작물가격이 계약한 가격보다 높으면 선물계약을 산 사람은 그 농작물을 이윤을 남기고 팔 수 있다. 농작물가격이 계약 가격보다 낮으면 농작물을 산 사람은 손해를 보지만, 농부는 계약한 가격을 받는다. 결과적으로 농부는 좋을 수도, 나쁠 수도 있는 위험을 계약 상대방한테 전가함으로써 위험을 관리하게 된다. 일반적으로 파생상품은 더 적극적으로 위험을 떠안고자 하는 사람에게 위험을 전가하는 수단이다. 파생상품에 대해 더 자세히 알고 싶다면 www.mhhe.com/karlanmorduch을 방문하자.

금융 체계의 주요 참가자

LO 30.4 금융시장의 주요 기관은 무엇인지 이해하고 각 기관 형태의 역할 설명하기

지금까지 국제적 금융 체계의 기능과 금융시장에서 거래되는 주된 종류의 금융자산에 대해 알아보았다. 이제 금융 체계가 제대로 기능하기 위해 꼭 필요한 4가지 핵심 참가자, 은행 및 다른 중개 기관, 저축자 등 기업가와 사업체, 투기적 거래자에 대해 살펴보자.

은행과 다른 금융중개기관. 은행이 필수적인 중개 기능을 한다는 것은 이미 배웠다. 좀 더 깊이 들어가면, 은행은 두 종류로 나뉜다. 상업은행과 투자은행이다.

상업은행은 흔히 말하는 '은행'이다. 은행에 예금을 할 때, 주택 담보대출이나 학자금 대출을 받을 때 우리는 상업은행과 거래를 한다. 저축자와 차입자 사이에서 중개 기관으로서 역할을 하는 것 외에도 상업은행은 유동성을 창출하는 데 기여한다. 은행 대출은 통상 상환에 몇 년씩 걸리는 비유동적 자산이다.

그러나 대부분의 저축자는 몇 년씩 자신의 돈이 묶이는 것을 바라지 않는다. 은행은 어떻게 '단기로 빌리면서' (예금자가 언제든 돈을 찾을 수 있도록 준비된 상태이면서) '장기로 빌려줄 수' (예금자들이 맡긴 돈으로 긴 기간 대출을 할 수) 있는 것일까? 핵심적인 사실은, 은행이 모든 예금자가 동시에 돈을 찾아가지는 않을 것이라 가정한다는 점이다. 따라서 은행은 예금의 일부만 인출에 대비해둔다. 만약 너무 많은 예금자가 한꺼번에 현금을 찾으려 한다면 은행은 자금이 부족하게 된다. 이것이 잠재적으로 큰 혼란을 야기할 수 있는 '뱅크런(bank run)'이라는 상황이다.

투자은행은 골드먼 삭스나 이제는 망한 리먼 브러더스와 같은 은행을 포함해 '월 스트리트'라고 통용되는 것의 일부다. 이러한 은행들은 예금을 받지도 않고 전통적인 관점의 대출을 행하지도 않는다. 대신 시장 조성자 역할을 하며 금융시장에 유동성을 공급한다. 투자은행은 회사들이 주식이나 채권을 발행할 때 팔리지 않은 주식이나 채권을 사겠다고 보증함으로써 발행을 돕는다(이 과정을 '인수(*underwriting*)'라고 한다).

미국의 대부분 은행은 상업은행이거나 투자은행이고, 동시에 2가지 일을 하지는 않는다. 이는 1930년대에 만들어진 글래스-스티걸 법(Glass-Steagall Act)에서 금지했기 때문이다. 그러나 이 법은 1999년에 폐지되었고, 이후 JP 모건 체이스나 뱅크 오브 아메리카 같은 몇몇 대형 은행은 상업은행과 투자은행을 동시에 영위하고 있다.

저축자 등. 대부분의 저축자는 금융시장에 직접적으로 접근하지는 않는다. 대신 대용물을 통해 작용한다. 즉, 저축자는 다른 사람에게 돈을 맡겨 그 사람으로 하여금 사용처를 결정하도록 하는 것이다. 이러한 대용물에는 은행, 뮤추얼 펀드, 연금기금, 생명보험회사 등이 있다. 미국 연방 준비 은행에 따르면 2011년 미국 가계가 뮤추얼 펀드에 넣어둔 돈은 5조 달러가 넘었고, 연금과 생명보험에 가입한 금액은 15조 달러 가까이 됐다고 한다.(경제학적으로 주식이나 채권 같은 자산을 사는 것은 '투자'가 아닌 저축임을 기억하자.)

'**뮤추얼 펀드**'는 자금을 맡긴 고객을 대신해서 투자 결정을 내리는 전문가가 관리하는 주식 및 다른 자산으로 구성된 자산조합을 말한다. 저축자들은 뮤추얼 퍼드에 돈을 맡김으로써 수많은 주식과 채권을 연구해야 하는 어려움을 피할 수 있다. 전문가가 대신 결정하도록 하는 것

뮤추얼 펀드 주식 및 다른 자산으로 구성된 자산조합을 자금을 맡긴 고객을 대신해서 투자 결정을 내리는 전문가가 관리하는 투자회사

이다.

뮤추얼 펀드는 여러 종류가 있다. 가장 인기 있는 것 중 하나는 **인덱스 펀드**(*index fund*)다. 인덱스 펀드는 S&P 500과 같이 광범위한 시장을 대표하는 주식을 모두 사는 펀드다. 반대로, 전문 펀드(specialized fund) 매니저는 특정 회사들을 연구하고 주식을 골라냄으로써 시장의 평균 수익률보다 높은 수익률을 거두려고 노력한다. 뮤추얼 펀드는 이러한 서비스에 대해 보수를 요구하는데, 이 보수는 전체 펀드 자산 규모의 0.1%(간단한 인덱스 펀드의 경우)에서부터 3~4%(전문 펀드처럼 많은 연구가 필요한 경우)까지 다양하다.

연금기금 퇴직자들에게 소득을 지급하기 위해 전문적으로 운용되는 자산조합

연금기금 역시 개인 저축의 주요한 몫을 차지한다. **'연금기금'**은 주로 직장과 연계되어 퇴직자들에게 소득을 지급하기 위해 전문적으로 운용되는 자산조합이다. 연금기금에는 2가지 주된 범주가 있다.

- **확정 급여형**(*defined-benefit*)—재직 기간 등 특정 수급 조건을 갖춘 근로자에게 고정된 금액 지급을 보장하는 연금
- **확정 기여형**(*defined-contribution*)—고정된 금액 지급을 보장하지 않는다. 근로자는 고정된 특정 금액을 매년 불입하고 직장의 고용주가 일정 비율을 추가한다. 확정 기여형 연금은 주식시장의 성과에 따라 지급액이 달라진다.

과거에는 확정 급여형이 주를 이뤘으나 최근에는 확정 기여형이 훨씬 흔하다.

생명보험 계약 역시 저축의 중요한 형태다. 보험 계약에 넣는 저축을 **'보험료'**라고 하며, 뮤추얼 펀드나 연금기금과 마찬가지로 이 저축을 금융시장에서 어떻게 이용할지는 전문가가 결정한다. 그러나 언제든지 현금화할 수 있는 뮤추얼 펀드나 은퇴할 때 돈을 받는 연금기금과 달리 생명보험 계약은 일반적으로 가입자가 사망했을 때 피부양자에게 지급된다.

개인이 제3자에게 저축을 맡기는 방법으로 이상의 3가지 대용물(뮤추얼 펀드, 연금기금, 생명보험)만 존재하는 것은 결코 아니다. 다른 대안으로 몇 가지만 언급하면 헤지 펀드, 사모 펀드, 벤처 캐피털 펀드 등이 있다. 그러나 사례를 통해 알아보기의 '놀라운 인덱스 펀드'에서처럼 놀랍게도 가장 간단한 방법이 가장 좋은 방법일 수도 있다.

사례를 통해 알아보기

놀라운 인덱스 펀드

많은 TV 방송이 주식부터 금까지 다양한 자산의 가격 등락을 보도하고, 서점에는 어떻게 주식시장에서 돈을 벌 것인지를 조언하는 책들로 넘쳐난다. 여러분한테 주식을 살 만한 돈이 있다면, 어떻게 이런 요란한 정보들 가운데에서 돈을 벌겠는가?

어쩌면 아예 시도를 하지 말아야 할지도 모른다. 미국의 많은 저축자들은 혁신적인 뱅가드 인덱스 펀드(Vanguard Index Fund)처럼 인덱스 펀드에 가입한다. 이제는 많은 금융회사에서 공급하는 인덱스 펀드는 500개의 주요 회사 주식으로 구성된 S&P 500 같은 주가지수의 움직임을 정확하게 따라가도록 설계된다.

인덱스 펀드는 펀드 매니저가 활발하게 운영하는 전통적인 뮤추얼 펀드에 비해 큰 이점이 있다. 유지 비용이 훨씬 적다는 것이다. 인덱스 펀드의 비용이 낮은 이유 중 한 가지는 시장 평균보

다 수익률이 높을 만한 주식을 골라내기 위해 연봉이 높은 펀드 매니저를 고용할 필요가 없다는 것이다. 대신 인덱스 펀드의 목표는 시장 평균을 따라가는 것이다. 인덱스 펀드의 두 번째 이점은 S&P 500 같은 지수를 구성하는 주식들은 변동성이 크지 않기 때문에 사고파는 횟수가 적다는 점이다. 그 결과 인덱스 펀드는 주식을 사고팔 때 부과되는 자본 이득에 대한 세금을 줄일 수 있다.

전문적인 펀드 매니저들은 인덱스 펀드가 단지 시장의 평균적 성과를 복제하려는 것이기 때문에 시장의 특정 부분 집합으로부터 거둘 수도 있는 큰 수익을 기대할 수 없다고 지적한다. 예를 들어, 1990년대 후반 닷컴이 호황일 때 첨단의 기술 기업들에 특화된 뮤추얼 펀드의 수익은 인덱스 펀드의 수익을 크게 앞질렀다.

누가 맞을까? 뱅가드 인덱스 펀드는 출시된 후 5년 동안 90% 이상의 전문 펀드보다 높은 수익률을 거두었다.

Sources: John C. Bogle, "All about Index Funds: The easy way to get started," http://www.fool.com/mutualfunds/indexfunds/indexfunds01.htm .

기업가와 사업체. 기업가와 사업체는 신규 사업을 위해 자금을 조달하는 경우가 많기 때문에 역시 금융시장의 주요한 참가자다. 엄밀히 말하면, 이들이야말로 종종 저축자의 돈을 연결해주는 전문화된 투자은행의 조언을 받아 경제학적 의미의 투자를 시행하는 사람들이다. 이러한 차입자가 없으면 금융 체계의 큰 부분이 존재할 필요조차 없을 것이다.

투기적 거래자. 금융 체계의 마지막 주요 참가자는 투기적 거래자다. 투기적 거래자는 금융 체계 안에서 독특하고도 논란의 여지가 많은 역할을 하고 있다. 투기적 거래자는 금전적 이득만을 위해 금융자산을 사고파는 사람이다. 왜 이들의 역할에 논란의 여지가 있는지 궁금할 것이다. 지금까지 우리가 논의한 다른 세 부류의 참가자(금융중개기관, 저축자, 기업가) 역시 금전적 이득을 추구하지 않던가? 물론 그렇다. 투기적 거래자가 이들과 다른 점은 투기적 거래자는 '자연적인' 구매자도 판매자도 아니고, 이윤을 얻기 위해 그 어느 쪽도 되고자 한다는 사실이다.

어떻게 생각하십니까?의 '투기적 거래자는 시장에 좋은 영향을 미치는가?'에서 요약하고 있듯이, 투기적 거래자가 건전한 금융시장에 좋을지에 대한 첨예한 논쟁이 진행 중이다.

어떻게 생각하십니까?

투기적 거래자는 시장에 좋은 영향을 미치는가?

2006년부터 2008년 사이에 밀이나 옥수수 같은 많은 필수적 재화의 가격이 사실상 2배가 되었다. 식품 가격의 급격한 상승은 부분적으로는 흉년으로 인한 공급 감소와 식품을 섭취하는 사람들로부터의 수요 증가가 결합된 결과였다. 그러나 어떤 사람들은 이것이 가격 폭등을 모두 설명할 수는 없다고 주장했다. 그들은 투기적 거래자들의 수요 증가가 가격을 밀어 올렸다고 설명했다. 즉, 투기적 거래자들이 식품을 사고 더 높은 가격에 되팔아 이윤을 남길 기회를 노리고 수요에 가담했다는 것이다. 전 교황 베네딕트 16세는 다음과 같이 투기적 거래자를 비판하기도 했다. "식품이 투기의 대상이 되고, 어떠한 규율도 도덕적 원칙도 결여된 채 오로지 이윤만 추구하는 것처럼 보이는 금융시장의 사건에 연루된 현실 앞에서 어떻게 우리가 침묵할 수 있겠습니까?"

이러한 지적에 투기적 거래자들은 어떻게 스스로를 방어할 것인가? 그들을 위한 주요 변명은 가격을 발견하는 데 기여한다는 점이다. 즉, 그들은 모든 이용 가능한 정보를 반영한 자산의 '정확한' 가격이 시장에 드러나도록 돕는다. 앞으로 6개월 후 밀의 가격은 얼마일 것인가? 투기적 거래자는 이윤을 추구하기 때문에 이러한 질문에 대한 모든 답의 미묘한 차이마저 이해하기 위해 어마어마한 노력을 쏟아붓는다. 목적은 현재 가격에 밀 선물을 사야 할 것인지, 말아야 할 것인지 알아내는 것이다. 그 결과 밀 경작 농부들과 빵집, 식료품 가게는 시장가격이 이미 최고의 정보를 반영한 것이라 믿을 수 있고 밀의 가격을 스스로 알아내기 위해 노력할 필요가 없게 된다. 이 때문에 많은 사람들은 투기적 거래자의 이러한 노력이 가치 있는 서비스라고 생각한다.

그러나 또 다른 사람들은 투기가 정반대 효과가 있다고 말한다. 투기 때문에 가격이 '정확한' 수준을 벗어나 크게 흔들릴 수 있어 시장 안의 작은 파동이 잠재적으로 파괴적인 거품과 붕괴로 이어질 수 있다고 걱정한다. 2000~2007년의 미국 주택시장 호황을 떠올려보자. 당시 주택시장 호황의 일부는 부동산 가격이 계속 오를 것이라는 기대로 투기적 거래자들이 주택을 사들였기 때문에 발생했다. 투기를 비판하는 사람들은 비슷한 일이 옥수수와 밀 가격에도 발생했다고 주장한다. 즉, 이들 가격이 계속 오르리라 기대하고 투기적 거래자들이 사들인 결과 기대가 현실이 되는 일이 생겼다는 것이다.

좀 헷갈리는 부분이 있다. 투기적 거래자가 시장을 철저하게 조사한다면 밀 가격이 과도하게 높다는 것을 깨닫고 팔기 시작하고, 곧 밀 가격은 정확한 수준으로 돌아와야 하지 않을까? 일각에서는 바로 그러한 일이 발생했다고 말한다. 다른 한편에서는 투기적 거래자들이 비록 밀 가격이 과도하게 높다는 것을 알더라도 오늘보다 내일 밀 가격이 더 오를 것이고 가격이 불가피하게 폭락하기 전에 이윤을 남기고 팔고 나올 수 있다고 자신하면 오늘 높은 가격의 밀을 살 것이라고 믿는다. '정확한' 가격이야 궁극적으로 드러나겠지만, 그것은 시장의 병적인 흥분 상태와 소비자와 저축자에의 피해가 휩쓸고 간 후일 것이다.

어떻게 생각하십니까?

1. 투기적 거래자가 금융시장에 참여함으로써 제공하는 이득은 무엇인가?
2. 투기적 거래자가 어떤 재화의 '정확한' 가격을 찾고자 하는 유인이 농부나 소비자와 같이 '자연적인' 저축자나 차입자의 유인과 일치한다고 생각하는가?
3. 식품 가격에 대해서는 경제학을 뛰어넘는 도덕적 사안이 있다는 교황의 견해에 동의하는가?

Source: http://www.nytimes.com/2008/04/10/opinion/10thu1.html .

✓ 개념 확인하기

- ❒ 어떤 종류의 금융자산이 다우존스 산업평균지수에 포함되는가? **[LO 30.3]**
- ❒ 투자자는 왜 자신의 금융투자를 다각화하기를 원할까? **[LO 30.0]**
- ❒ 은행의 두 종류는 무엇인가? **[LO 30.4]**
- ❒ 연금기금은 무엇인가? **[LO 30.5]**

자산의 평가

지금까지는 다음과 같은 질문을 언급만 해왔다: 금융자산시장의 구매자와 판매자는 어떻게 정확한 가격에 대한 합의에 이르는가? 자금의 수요자인 사업체들이 투자에 대한 기대 수익률과 차입 비용을 어떻게 비교하는지는 이미 살펴봤다. 그렇다면 자금의 공급자인 저축자들은 은행에 예금할지, 아니면 주식이나 채권을 살지 어떻게 결정하는 것일까?(주식이나 채권을 사기로 결정한다면 무엇을 살지 어떻게 결정할까?) 이 절에서는 저축자들의 의사결정에 도움이 되는 자산평가에 대한 기본 원칙을 알아본다.

위험과 수익률의 상충관계

LO 30.5 금융자산의 위험과 수익률의 상충관계를 이해하고 위험이 어떻게 분석될 수 있는지 설명하기

자산을 평가할 때 고려할 기본적 상충관계는 위험과 수익률의 상충관계다. 만약 돈을 잃을 위험이 높은 자산이라면, 저축자는 그 위험을 떠안을 만한 높은 수익률을 바랄 것이다. 〈그림 30-6〉은 주요 금융자산의 위험과 수익률의 역사적 개요를 보여준다. 그림에 나타나 있다시피 현금과 채권은 저위험, 저수익 조합을 보인다. 주식은 반대 극단이 있어 위험이 큰 편이지만 그만큼 수익률이 높다. 사람들은 각기 위험에 대한 취향이 다르다. 어떤 저축자는 저위험 채권에 돈을 넣어두는 것을 선호하지만, 투기적 거래자라면 다 잃더라도 높은 수익을 바랄 수 있다.

다각화, 시장 위험, 고유 위험. 금융자산을 구매할 때 위험을 관리하는 또 다른 방법은 자산을 다각화하는 것이다. 만약 한 회사의 주식을 사는 데 돈을 다 쓴다면 그 회사가 부도날 때 돈을 모두 잃게 된다. 여러 산업에 걸쳐 많은 회사의 주식을 사면 그 회사들이 동시에 부도가 날 가능성은 매우 낮다. 많은 서로 다른 자산의 모음인 **자산조합**(*portfolio*)은 개별 자산보다 비슷한 위험 수준에서 더 높은 수익률을 보일 수 있다.

다각화가 어떻게 작용하는지 이해를 돕기 위해 금융자산에 존재하는 두 종류의 위험에 대해 알아보자. 첫째, '**시장 위험**' 또는 '**체계적 위험**'은 경제에 전반적으로 공유되는 위험을 말한다. 예상하지 못한 인플레이션 같은 것이 시장 위험의 예가 될 것이다. 물론 어떤 사업이 다른 사업보다 예상하지 못한 인플레이션의 영향을 더 받겠지만, 모든 사업이 물가 상승의 결과를 떠안게 될 것이다.

시장(체계적) 위험 경제에 전반적으로 공유되는 위험

이 때문에 시장 위험은 다각화로도 피하기 어렵다. 예상치 못한 인플레이션의 경우, 일부라도 위험을 제거할 수 있는 방법 중 한 가지는 미국 재무성이 발행하는 인플레이션에 연계된 채권을 사는 것이다. 이 채권의 수익률은 인플레이션에 따라 달라지기 때문에 예고 없이 물가가 올라도 가치를 유지할 수 있다.

'**고유 위험**'은 시장 위험과 반대로 특정 기업이나 자산에 고유한 위험이다. 예를 들어, 특정 기업이 경영상 잘못된 결정을 내려 주가가 떨어지게 될 위험 같은 것이다. 고유 위험은 낮추기가 가장 쉽고, 심지어 다각화를 통해 제거할 수 있다. 많은 회사들의 주식을 사면 이들 회사가 동시에 실패할 가능성은 매우 낮기 때문이다.

고유 위험 특정 기업이나 자산에 고유한 위험

많은 주식으로 구성된 자산조합은 다각화로 고유 위험을 제거할 수 있다. 자산조합에 더 많

그림 30-6

금융자산의 위험과 수익 금융자산의 기대 위험과 기대 수익률에는 강한 상관관계가 있다. 현금이나 고정 소득 채권은 저위험-저수익의 조합을 보인다. 이와 달리 개발도상국의 금융자산 같은 경우 수익률이 높지만 위험 역시 크다.

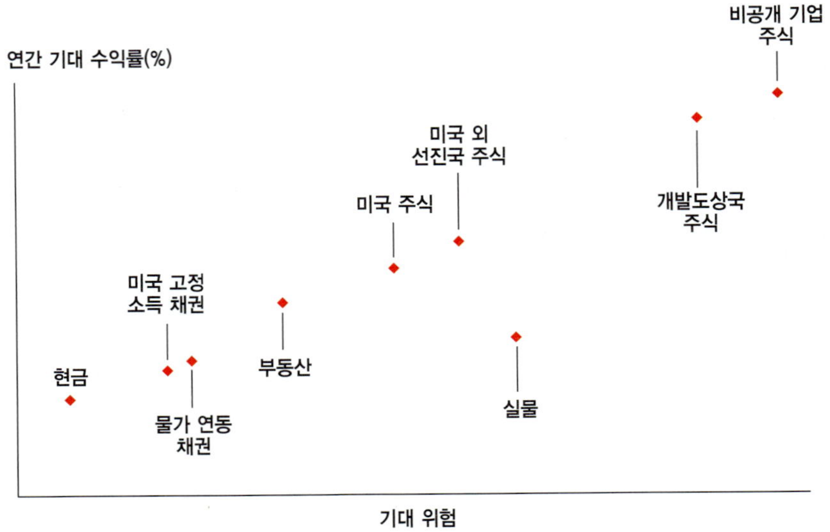

Source: http://www.nepc.com/writable/research_articles/file/2010_03_risk_parity.pdf/.

은 주식이 포함될수록 자산조합의 수익률은 떨어지지 않으면서 고유 위험은 낮아진다. 인덱스 펀드는 자연스럽게 고유 위험을 제거하는 극단적인 방법이다. 본질적으로 시장의 모든 주식에 투자함으로써 매우 높은 수준의 다각화를 이루어 고유 위험을 거의 모두 제거하는 것이다. 물론 금융시장에 돈을 집어넣은 한 어느 정도의 시장 위험은 모든 자산조합에 존재하고 다각화로도 제거할 수 없다.

표준편차 숫자들이 얼마나 퍼져 있는지 측정하는 지표

위험의 측정. 위험은 어떻게 측정할 수 있는가? 금융시장에서 가장 많이 쓰는 위험의 지표는 '**표준편차**'다. 통계학에서 빌려온 이 간단한 지표는 숫자들이 얼마나 퍼져 있는지 측정한다.

금융시장에서 위험을 측정하는 가장 간단한 방법은 시간의 흐름에 따른 자산 수익의 표준편차를 관찰하는 것이다. 즉 일이나 월, 연 단위로 해당 자산이 얼마나 많은 돈을 벌어줬는지 추적하고 그 숫자가 기간 단위로 얼마나 차이가 있는지 계산하는 방법이다. 예를 들어, 미국 주식시장의 수익률이 인플레이션 조정 후 평균적으로 연간 7% 정도지만, 특정 연도의 실제 수익률은 −80%에서 +120%까지로 변동 폭이 매우 크다. 한 해 20~30% 정도의 등락은 놀랄 일이 아닐 정도다. 이와 달리 미국 국채의 수익률은 인플레이션 조정 후 평균적으로 연간 2~3% 정도인데, 10% 이상의 이득이나 손실을 보인 적이 거의 없다. 달리 말하면 국채 수익률의 표준편차는 주식보다 훨씬 작다. 즉, 국채의 위험이 주식보다 낮다. 이러한 역사적 수치들이 미래의 주식 가격에 대한 평균적 수준에 대해 반드시 좋은 예측치를 제공하는 것은 아니다. 그러나 중요한 점은 더 높은 평균 수익률이 더 큰 위험과 결부된다는 것이다.

수익률의 예측: 효율적 시장가설

LO 30.6 시장이 효율적이라는 가정의 진위에 대해 토론하기

어떤 사람이 여러분에게 내년에 가격이 오를 것 같은 주식을 골라보라고 청했다고 해보자. 어떻게 고를 것인가? 이때 여러분이 취할 수 있는 기본적인 방법이 3가지 있다.

첫 번째 방법은 어떤 회사가 미래에 이윤을 얼마나 낼 것인지 추측하고 이를 바탕으로 그 회사의 가치가 지금 얼마인지 계산하는 것이다. 이자율은 '**현재가치**'를 '**미래가치**'로, 또는 '미래가치'를 '현재가치'로 바꾸는 데 이용된다. 어떤 회사의 미래 이윤을 추정했다면 여러분은 이 미래가치를 '**순현재가치**(net present value, 흔히 NPV라 줄여 부른다)'로 환산할 수 있다. NPV는 미래에 발생할 것으로 예상되는 현금 흐름을 현재 시점에서의 가치로 환산한 수치다. 이로부터 그 회사의 '정확한' 가격을 알 수 있다.

순현재가치(NPV) 미래에 발생할 것으로 예상되는 현금 흐름을 현재 시점에서의 가치로 환산한 수치

물론 이 방법은 새로운 문제를 제기한다. 회사의 미래 이윤을 어떻게 추측할 것인가? 전통적으로 회사의 미래 이윤은 '**기본적 분석**(*fundamental analysis*)'이라는 방법으로 예측된다. 이 방법은 개별 기업에 대한 광범위한 조사를 의미한다. 이는 재무제표 분석, 기업의 운영 방식 조사, 기업이 속한 산업에 대한 이해, 경쟁 기업 조사 등을 포괄한다. 전문화된 투자 펀드들은 이러한 연구를 수행하기 위해 수백 명의 애널리스트를 고용하기도 한다.

두 번째 방법은 '**기술적 분석**(*technical analysis*)'이다. 기술적 분석은 미래 이윤을 예측하거나 NPV를 계산하는 시도를 무시한다. 심지어 해당 주식에 대한 어떤 것도 조사하지 않는다. 대신 특정 주가의 과거 움직임을 분석해 미래 움직임을 예측하려 한다. 즉, 주가 움직임에서 패턴을 찾아내고 다음에 무슨 일이 생길지 집어내려는 것이다. 이 방식은 고도로 정교한 컴퓨터 소프트웨어의 도움으로 시행된다.

기본적 분석이나 기술적 분석 모두 매우 힘든 작업이다. 더 쉬운 방법이 있을까? 세 번째 방법이 있다. 모든 주식의 목록을 작성해 벽에 붙인 뒤 다트를 던지는 것이다. 다트가 꽂힌 곳의 주식을 사면 된다. 그다지 좋은 방법이 아니라고 생각하는가? 하지만 재무 분야의 많은 학술적 연구들이 맞으면, 이 방법의 결과는 앞의 두 방법과 차이가 없을 뿐만 아니라 훨씬 더 싸고, 빠르고, 간단한 방법이다.

세 번째 방법의 바탕에 깔린 이론을 '**효율적 시장가설**(efficient-market hypothesis)'이라 한다. 효율적 시장가설은 시장가격이 항상 모든 이용 가능한 정보를 반영하기 때문에 가장 정확한 실제 가치를 나타낸다는 견해다. 기본적 분석과 기술적 분석은 시장 평균보다 나은 성과를 내고자 한다. 이러한 분석들이 의미 있으려면 여러분이 현재 가격이 '정확한' 가격보다 높거나 낮은 주식을 찾아낼 수 있어야 한다. 효율적 시장가설은 부정확한 가격의 주식을 찾는 것은 불가능하다는 것을 뜻한다. 만약 가격이 그 주식의 진정한 가치에 대해 가능한 한 최고의 정보를 모두 반영하고 있다면 모든 주식은 이미 정확한 가격을 갖고 있고, 여러분이 어떤 주식으로 돈을 벌 수 있을지 예측하는 데 사용할 수 있는 추가 정보는 존재하지 않는다.

효율적 시장가설 시장가격이 항상 모든 이용 가능한 정보를 반영하기에 가장 정확한 실제 가치를 나타낸다는 견해

효율적 시장가설을 뒷받침하는 직관은 꽤나 명확하다. 주식시장의 주의 깊은 관찰자들이 특정 회사가 내일 우수한 영업 실적을 발표할 것이라는 정보를 가지고 있다고 하자. 그러한 발표는 일반적으로 주가를 끌어올리기 마련이므로 내일 팔아 이윤을 남길 희망으로 오늘 주식을 사는 것이 타당하다. 그 결과 주가는 내일 기대되는 수준으로 오늘 오르게 된다. 내일 발표에 대한

기대는 지금 반영되는 것이다.

그럼 내일 주가는 어떻게 될까? 효율적 시장가설에 따르면 주가의 예상 움직임은 어떤 방향도 될 수 있다. 이를 '무작위 행보'라고 한다. 내일의 주가를 예측하려는 어떤 시도도 바보짓이다. 주가가 오르거나 내리는 것과 관련된 어떤 믿을 만한 정보라도 나타난다면 그것은 이미 주가에 반영되었을 것이기 때문이다. 주가를 예측할 수 없다면 무작위로 찍어도 결과는 비슷할 것이므로 다트를 던져 주식을 고르는 것이 타당할 수도 있다.

돈 벌어줄 주식을 고르는 시도로 고액의 연봉을 받는 월 스트리트의 중개인이나 애널리스트들에게는 효율적 시장가설이 당연히 인기 없다. 그들은 어떤 사람들은 남보다 더 나은 정보를 갖고 있거나, 그 모든 복잡한 정보 조각을 하나로 합치는 능력이 더 뛰어나다고 주장한다. 하지만 오랜 기간 지속적으로 시장 평균보다 나은 수익률을 보인 사람은 거의 없다.

차익거래 시장의 비효율성을 이용해 이윤을 획득하는 과정

효율적 시장가설에 반대되는 주장 중 한 가지는 동일한 금융자산이 각기 다른 시장에서 다른 가격에 거래되는 경우가 종종 있다는 것이다. 이는 시장이 모든 정보를 이용하는 효율적인 것만은 아니라는 증거다. 만약 여러분이 그러한 자산을 동시에 가격이 낮은 곳에서 사서 높은 곳에서 팔 수 있다면 무위험의 이윤을 거둘 수 있을 것이다. 시장의 비효율성을 이용해 이윤을 획득하는 과정을 '**차익거래**'라고 한다. 어떤 펀드 매니저는 그러한 차익거래의 기회를 찾아 여러 시장을 샅샅이 뒤지는 데 특화되어 있다. 그러나 그런 기회를 포착하는 것은 엄청난 노력이 따르는 데다 자칫 큰돈을 잃을 수 있다. 하지만 우리가 아는 위험과 수익의 상관관계에 따르면 순간 포착만 잘한다면 큰 수익을 낼 수 있다.

과거 수십 년간 행동재무학으로 불리는 분야의 경제학자들 역시 효율적 시장가설의 유효성에 대해 의문을 갖기 시작했다. 그들은 월 스트리트의 애널리스트들의 실수를 이용할 여지가 있다고 믿는다. 다음 사례를 통해 알아보기의 '행동재무학과 효율적 시장가설'에서 자세히 살펴보자.

사례를 통해 알아보기

행동재무학과 효율적 시장가설

효율적 시장가설은 사람들이 좋은 정보를 갖고 있고 시장에서 주식을 사고팔 때 똑똑한 선택을 한다고 가정한다. 만약 그렇다면 주식시장에서 체계적으로 돈을 벌기는 어렵다. 모든 투자자들이 조금이라도 싼 주식을 사려고 할 것이기 때문에 남들이 간과한 원석은 존재할 수 없다.

하지만 만약 사람들이 정보를 잘 사용하지 않고 좋은 선택을 하지 않는다면? 그렇다면 사람들이 실제로 어떻게 선택을 하는지 고려해 사람들의 실수를 이용하는 전략을 수립함으로써 체계적으로 돈을 벌 수 있을지 모른다. 이것이 행동경제학의 한 분야인 행동재무학의 배경을 이루는 생각이다. 이에 대해 더 자세히 알고 싶다면 이 장 뒷부분의 QR코드를 스캔하거나 온라인을 통해 읽기를 계속하라.

✓ 개념 확인하기

- ❒ 금융시장에서 위험과 수익의 일반적인 관계는 무엇인가? **[LO 30.5]**
- ❒ 고유 위험은 시장 위험과 어떻게 다른가? **[LO 30.5]**

- ❒ 순현재가치가 현재 시장가격보다 낮은 주식을 사는 것이 좋은가? **[LO 30.5]**
- ❒ 효율적 시장가설이 예측하는 바는 무엇인가? **[LO 30.6]**
- ❒ 차익거래의 가능성은 시장이 효율적이라는 것을 의미하는가? **[LO 30.6]**

금융에 대한 국민 계정 차원의 접근

이 장의 앞부분에서 대부자금시장이 균형을 이루려면 저축(공급)이 투자(수요)와 같아야 한다고 배웠다. 이는 시장 균형이라는 미시경제학적 논리를 금융 체계에 적용한 것인데, 순수하게 거시경제학적 시각으로도 접근할 수 있다. '국부의 측정' 부분에서 소개된 국민소득 계정 방식을 통해 저축과 투자를 해석함으로써, 자금의 규모를 국민 경제 차원에서 추적하고 저축을 원천에 따라 분류할 수 있다.

저축과 투자의 항등식

LO 30.7 폐쇄경제에서는 저축과 투자가 왜 같은지 설명하기

먼저 정부와 국제 거래가 없는 간단한 경제를 가정해보자. 모든 거래는 국경 안에서 거주하는 국민 사이에만 일어난다. 이 간단한 경제의 거주 국민들은 번 돈을 어떻게 쓸까? 소득을 사용할 방법은 2가지밖에 없다. 소비하거나(지금 쓰거나), 저축하거나(나중에 쓰기 위해 남겨두거나), 달리 말하면, 소득은 소비와 저축의 합이다.

식 30–1

$$소득 = 소비 + 저축$$

정부나 국제 거래가 없는 간단한 경제에서는 모든 저축이 한 국가 안의 개인과 기업 저축의 총합인 '**민간저축**'이다.

민간저축 한 국가 안의 개인과 기업 저축의 총합

이제 이 간단한 경제의 사람들이 어떻게 소득을 올렸는지 생각해보자. 정부나 해외 부문이 없기 때문에 어떤 사람의 소득은 오로지 같은 나라의 다른 사람들이 그 사람으로부터 재화나 서비스를 구매할 때에만 발생한다. 모든 구매는 소비에 대한 지출과(음식, 의복, 자동차 같은 것들) 투자 재화에 대한 지출(공장이나 기계 같은 생산적인 투입요소) 2가지로 분류할 수 있다. 즉, 소득은 총지출과 같고, 폐쇄경제에서 총지출은 소비와 투자의 합이다.

식 30–2

$$소비 + 투자 = 소득$$

이 결과는 '국부의 측정' 부분에서 살펴본 국민 계정과 연결된다.

다음으로 저축과 투자의 관계를 알아보기 위해 〈식 30-1〉과 〈식 30-2〉를 합쳐보자. 〈식 30-1〉은 소비 더하기 저축이 소득과 같다는 것이고, 〈식 30-2〉는 소득이 소비 더하기 투자와 같다는 것이다. 이를 합치면 다음과 같다.

$$소비 + 저축 = 소득 = 소비 + 투자$$

소비가 식의 양쪽에 모두 나타나므로 지워버리면 '저축-투자의 항등식'이 도출된다.

식 30-3

$$저축(savings) = 투자(investment)$$

이 식은 흔히

$$S = I$$

라고 쓴다.

저축-투자의 항등식은 정부나 무역을 제외한 경제에서 저축은 항상 투자와 같다는 것을 보여준다.

민간저축, 정부저축, 자본 흐름

앞에서 본 간단한 경제는 정부라는 중요한 현실이 포함되어 있지 않다. 만약 정부가 지출하는 것보다 세금을 더 걷는다면 정부는 재정 흑자를 본다. 이러한 정부의 흑자는 또 다른 형태의 저축이 된다. 즉, 정부가 세금이라는 형태의 소득을 얻어 곧바로 쓰지 않고 저축을 한 것이기 때문이다. 반대로 정부가 재정 적자(세금으로 걷는 것보다 많이 지출하는 것)를 보게 되면 '음(−)의 저축(dissaving)'을 하게 된다. 이 경우 정부는 초과 지출 부분만큼 경제의 다른 부문에서 돈을 빌려야 한다.

정부저축 정부 세수와 정부지출 간 차이

정부가 세금으로 걷은 것에서 지출한 만큼 빼면 **'정부저축'**을 구하게 된다.

식 30-4

$$정부저축 = 세금 - 정부지출$$

국민저축 개인, 기업, 정부저축의 총합

정부저축과 민간저축을 합친 것, 즉 개인과 기업, 정부저축의 총합이 **'국민저축'**이다. 정부가 적자에 처하면 국민저축은 민간저축보다 적고, 정부가 흑자를 보면 국민저축은 반대로 민간저축보다 많다.

이제 간단한 경제의 거주 국민은 소득으로 3가지를 할 수 있다. 소비하거나, 저축하거나, 정부에 세금을 내는 것이다. 〈식 30-1〉에 세금을 추가해 다음 식을 얻을 수 있다.

식 30-5

$$소득 = 소비 + 민간저축 + 세금$$

거주 국민이 소득을 벌 수 있는 방법 역시 한 가지 추가된다. 재화나 서비스를 팔거나 정부가 주는 수당을 받는 것이다. 새로운 소득 원천을 〈식 30-2〉에 추가하면 다음 식을 얻는다.

식 30-6

$$소비 + 투자 + 정부지출 = 소득$$

앞에서 한 것처럼 '소득'에 이르는 두 방식을 합치면 (〈식 30-5〉와 〈식 30-6〉을 합쳐) 다음 식이 도출된다.

소득 = 소비 + 민간저축 + 세금 = 소비 + 투자 + 정부지출

양 변에서 소비를 지우면 위의 식은 다음 식으로 간략해진다.

민간저축 + 세금 = 투자 + 정부지출

이제 위의 식을 투자에 대해 정리해보자.

식 30-7

투자 = 민간저축 + 세금 − 정부지출

〈식 30-4〉로부터 세금 빼기 정부지출이 정부지출이라는 것을 알 것이다. 따라서 〈식 30-7〉은 다음과 같이 더 줄일 수 있다.

식 30-8

투자 = 민간저축 + 정부저축

따라서 다음이 성립한다.

투자 = 국민저축

달리 말하면, 국민저축은 경제 전체의 총투자와 같다.

지금까지 국제 거래는 고려하지 않았음을 상기하자. 투자와 국민저축의 항등식은 다른 나라의 경제와 교역하지 않는 경제인 '**폐쇄경제**'에서만 성립된다. 모형 경제에 추가해야 할 마지막 현실은 국제 교류를 허용하는 것이다. 이를 '**개방경제**'라고 한다.

폐쇄경제 다른 나라 경제와 교역하지 않는 경제

개방경제 다른 나라 경제와 교류하는 경제

돈이 국경을 자유롭게 넘나들 수 있으면, 두 종류의 국제적 금융거래가 일어난다. 국내에서 저축된 돈이 다른 나라에 투자되면 '**자본유출**'이 발생하고, 반대로 다른 나라의 저축이 국내 투자에 쓰이면 '**자본유입**'이 발생한다. **자본유입**(외국의 저축으로 자금이 조달된 투자)과 자본유출(외국에 투자된 국내저축)의 차이를 '**순자본유입**'이라고 한다. 순자본유입은 투자가 국민저축보다 큰 나라에서 발생한다. 반대의 경우, 국민저축이 국내 투자보다 크면 순자본유출이 생긴다.

순자본유입 자본유입(외국의 저축으로 자금이 조달된 투자)과 자본유출(외국에 투자된 국내 저축)의 차이

개방경제에서 국민저축은 투자보다 많을 수도, 적을 수도 있다. 그러나 세계경제 전체를 보면 저축은 항상 투자와 같다. 즉 한 나라의 초과 저축은 다른 나라의 투자로 흡수된다. 다른 관점에서 보기의 '저축을 더 하는 것이 항상 좋을까?'에서 현실에서의 이러한 가능성에 대해 평가해보자.

다른 관점에서 보기

저축을 더 하는 것이 항상 좋을까?

우리는 어릴 때부터 저축의 미덕에 대해 들어왔다. 많은 아이들이 의무적으로 용돈을 저금통에 넣으며 저금통을 깨서 크고 좋은 장난감을 사는 날을 고대한다.

하지만 지난 10년간 미국 사람들은 그다지 저축을 하지 않았다. 가장 주요한 부분은 정부가 지속적으로 대규모 적자를 냈다는 점이다. 가계는 평균적으로 소득의 작은 비율만 저축했고, 많은 가계가 실제로는 신용카드 빚이나 대출을 통해 번 것보다 많이 지출했다. 게다가 미국은 오

랫동안 큰 규모의 경상수지 적자를 보고 있다. 즉, 수출보다 수입을 많이 한 것이다. 이 모든 것은 미국 사람들이 과도하게 지출하고 있음을 뜻한다.

그렇다면 다른 나라가 과도하게 '저축'하기 때문에 이런 문제가 생기는 걸까? '국제적 과잉 저축(global savings glut)'이라 불리는 이러한 가설은 최근 미국 경제의 부진을 아시아와 남미 국가들의 높은 저축과 연관 짓는다.

국가들이 국경을 넘나드는 자본 흐름을 허용하면 저축은 더 이상 국내 투자와 일치하지 않는다. 경제 전체적으로 저축한 금액이 그 경제의 기업이나 개인들이 투자하고 싶은 금액보다 클 수 있는 것이다. 이런 상황이 되면 잉여 자금은 세계적으로 가장 높은 수익을 가져다주는 투자처를 찾게 마련이다. 이런 자금은 대부분 안전한 투자처라는 이유로 미국에 흘러 들어온다. 실제로 경제학자 케네스 로고프(Kenneth Rogoff)는 2007년 전 세계 초과 저축의 3분 2가 미국에 투자되었다고 추정했다.

이는 어마어마한 금액이다. 2007년 금융위기 이전에는 미국의 순자본유입(자본 유입-미국의 해외 투자)은 미국 GDP의 6% 정도였다. 연방 준비 위원회 의장 벤 버냉키(Ben Bernanke)는 이러한 자본유입 때문에 이자율이 낮게 유지되어 미국인들이 싸게 돈을 빌리게 되었다고 주장했다. 사람들은 이자율이 높았다면 사지 못할 주택을 사기 위해 빚을 졌고, 결국 낮은 차입 이자가 2000년대 중반 주택시장 호황을 야기했다는 것이다. 미국의 주택시장 거품이 정말 아시아와 남미의 근면한 저축자들 때문에 발생한 것일까? 믿기 어렵지만, 어느 정도 작용했을 수 있다.

Sources: http://www.federalreserve.gov/newsevents/speech/bernanke20110218a.htm ; Kenneth Rogoff, "Betting with the house's money," The Guardian, February 7, 2007, http://www.guardian.co.uk/commentisfree/2007/feb/07/bettingwiththehousesmoney .

✓ 개념 확인하기

- ❒ 국민저축의 구성요소는 무엇인가? **[LO 30.7]**
- ❒ 한 국가에서 유출된 자본이 유입된 자본보다 클 때를 무엇이라 하나? **[LO 30.7]**

결론

이 장에서는 금융 체계의 기본 골격을 탐구했다. 구매자가 어떻게 판매자를 찾고, 이자율이 어떻게 차입의 가격이자 대출의 수익률이 되는지, 다양한 참가자들이 서로 어떻게 작용하는지, 또한 주요 금융자산의 종류와 위험과 수익을 평가하는 방법에 대해 공부했다.

금융시장이 다른 시장과 대부분 비슷하게 작동하는 것을 배웠다. 그러나 금융시장은 때로 불가사의하고 불투명하게 움직이기도 한다. 33장 '금융위기'에서 더 많은 사례를 살펴볼 것이다.

금융시장과 금융 체계가 어떻게 작동하는지에 대한 기초적인 내용을 배웠으므로 이제 금융 체계가 전체 경제에 어떻게 들어맞는지 더 명확하게 이해함으로써 더 큰 그림을 바라볼 수 있다. 다음 장에서 화폐의 기원과 현대의 금융 체계가 어떻게 화폐를 창출하고 파괴하는지 공부할 것이다. 또한 화폐 공급에 영향을 미치는 등 금융 체계를 감독하는 사람들과 그들의 행위가 어떻게 거대하고도 미묘하게 경제성장에 영향을 미치는지 배운다.

주요 용어

요약

LO 30.1 금융시장을 정의하고 3가지 주요한 기능 이해하기

금융시장은 자금이나 재화에 대한 미래의 청구권을 거래하는 시장이다. 금융시장은 세상의 부가 가장 효과적으로 이용될 수 있는 개인이나 조직에 연결되도록 함으로써 끊임없이 이용되도록 돕는다. 잘 작동되는 금융시장은 구매자와 판매자를 효율적이고 효과적으로 연결한다. 금융시장의 구매자는 가치 있는 어떤 것에 당장 돈을 쓰고 싶지만 없는 사람이고, 판매자는 돈이 있고 대가를 받는다면 다른 사람이 그 돈을 쓰게 할 의향이 있는 사람이다.

금융시장은 저축자와 차입자 사이의 중개 기관으로 기능한다. 금융시장은 여러분이 원할 때 현금이 쉽게 이용될 수 있는 유동성의 편익을 제공한다. 또한 자금을 많은 수의 차입자에게 공급함으로써 저축자와 차입자가 위험을 다각화할 수 있게 해준다.

LO 30.2 대부자금시장을 설명하고 대부자금의 수요와 공급에 영향을 미치는 요소 이해하기

대부자금시장은 돈을 빌려주려는 사람(저축자)과 돈을 빌리려는 사람(투자지출에 돈이 필요한 사람)을 한 곳으로 모으는 가상적인 시장이다. 대부자금시장은 공급과 수요가 일치하는 가격에서 청산된다. 대부자금의 가격은 이자율이다. 대부자금 공급의 주요 결정 요인은 사람들이 어떻게 저축을 결정하는지다. 더부자금의 수요에 영향을 미치는 요인은 많은데, 국가 안의 자본 흐름의 강도나 경제 전반의 건실성 등이다.

LO 30.3 채무와 지분을 구분하고 각 범주의 주된 자산 형태 정의하기

채무와 지분은 주요 금융자산이다. 지분은 회사의 소유권을 뜻하며, 그러한 소유권의 가장 흔한 형태는 주식이다. 부분적 소유자로서 주주는 소유권의 비율에 따라 회사 이윤을 배당의 형태로 받을 자격이 있다.

채무의 가장 기본적인 형태는 대출이다. 대출은 원금과 정해진 이자를 지급하기로 약속하고 대금자가 차입자에게 돈을 빌려주는 합의다. 채권은 대출이 좀 더 쉽게 거래되고 유동성 있는 자산으로 표준화된 것이다. 채권은 큰돈을 빌리기 위해 기업이나 정부가 발행하는 채무의 한 형태다. 주식과 채권은 금융시장에서 쉽게 사고 팔리는 유동적 자산이다.

파생상품은 다른 자산의 가치에 따라 그 자산의 가치가 결정되는 종류의 금융계약이다. 파생상품의 가장 좋은 예는 선물계약이다.

LO 30.4 금융시장의 주요 기관들은 무엇인지 이해하고 각 기관 형태의 역할 설명하기

금융시장에는 다양한 참가자들이 있다. 그중 하나인 은행은 상업은행과 투자은행으로 분류할 수 있다. 여러분이 은행에 예금을 할 때, 은행에서 주택 담보대출이나 학자금 대출을 받을 때의 은행은 상업은행이다. 투자은행은 시장 조성자로 활동해 금융시장 자체에 유동성을 공급하고 회사들이 주식이나 채권을 발행하는 것(인수)을 돕는다.

금융시장에 참가하는 개인은 대용물을 통해 활동한다. 즉, 개인은 그들을 대신해 투자를 할 매체에 돈을 맡긴다. 그러한 대용물에는 뮤추얼 펀드(전문적으로 운영되는 주식이나 다른 자산의 조합), 연금기금(은퇴자에게 소득을 제공할 목적으로 전문적으로 관리되는 자산조합), 생명보험(보험자의 사망 시 피부양자에게 지급될 목적으로 보험료가 적립되는 계약) 등이 있다. 기업가와 사업체, 투기적 거래자도 금융시장의 주요한 참가자들이다.

LO 30.5 금융자산의 위험과 수익률의 상충관계를 이해하고 위험이 어떻게 분석될 수 있는지 설명하기

일반적으로 금융시장에는 위험과 수익률 간 직접적인 상관관계가 있다. 투자가 위험해질수록 잠재적인 수익은 올라간다. 전형적으로 가장 낮은 위험과 낮은 수익률을 보이는 투자처는 국채다. 주식은 이보다는 더 위험하고 동시에 더 높은 수익률을 가져올 가능성이 있다. 금융자산의 위험에는 시장 위험(시장 전체에 공유되는 위험)과 고유 위험(특정 자산이나 회사에 고유한 위험)이 있다. 자산조합은 고유 위험을 다각화를 통해 경감시킬 수 있지만, 시장 위험은 모든 자산조합에 여전히 어느 정도 남게 된다.
금융시장에서 가장 흔하게 이용되는 위험 측정의 방법은 표준편차라는 통계학적 개념이다. 표준편차는 숫자들이 얼마나 퍼져 있는지 측정하는 지표다.

LO 30.6 시장이 효율적이라는 가정의 진위에 대해 토론하기

효율적 시장가설은 시장이 효율적이라고 설명한다. 즉, 시장 가격은 모든 이용 가능한 정보를 이미 담고 있기 때문에 주식 수익을 정확하게 예측하기가 불가능하다는 것이다.

효율적 시장가설을 지지하는 사람들은 주가의 움직임을 '무작위 행보'로 본다. 무작위 행보는 통계학의 용어로, 주가와 같은 변수가 한순간에서 다음 순간으로 움직이는 양상이 완전히 예측 불가능할 때를 일컫는다. 시장 효율성을 믿지 않는 사람들은, 어떤 사람들은 다른 사람보다 더 나은 정보를 갖고 있거나 주가를 예측할 복잡한 정보 조각을 조합하는 능력이 뛰어나다고 주장한다. 때때로 시장에는 정보의 비효율성이 있어, 노련한 투자자는 각기 다른 시장에서 다른 가격에 거래되는 자산을 차익거래를 통해 이윤을 보기도 한다.

LO 30.7 폐쇄경제에서는 저축과 투자가 왜 같은지 설명하기

국제 거래가 없는 폐쇄경제에서 거주 국민은 소비하거나 저축한다. 소비되거나 저축되는 소득은 한 경제 안에서 소비지출과 투자지출을 통해 벌어진 것이기 때문에 저축(금융시장의 공급)은 필연적으로 투자지출(금융시장의 수요)과 같게 된다. 이 관계를 저축-투자 항등식이라고 한다.

복습문제

1. 금융시장에서는 누가 판매자이고, 누가 구매자인가? **[LO 30.1]**
2. 잘 발달되지 않은 금융시장을 가진 국가가 왜 경제성장을 유지하기 어려운지 설명해보라. **[LO 30.1]**
3. 어떤 회사가 채권을 발행해 새 조업 라인을 갖추는 장비를 산다면 이는 저축인가, 투자인가? 어떤 사람이 이 채권을 산다면 이는 저축인가, 투자인가? **[LO 30.2]**
4. 왜 정부는 국민의 저축을 장려할까? 정부가 저축을 장려할 성공적인 정책을 수행한다면 이자율과 투자량에 미치는 영향은 무엇일까? **[LO 30.2]**
5. 대부자금의 공급량과 실질 이자율의 관계를 설명하라. 또한 이 관계가 대부자금 모형의 공급곡선 기울기에 어떤 영향을 미칠지 설명하라. **[LO 30.2]**
6. 유명한 사이먼-얼릭 내기에서 폴 얼릭(Paul Ehrlich)은 10년 후 5개 상품의 가격이 당시보다 높을 것이라 걸고, 줄리언 사이먼(Julian Simon)은 더 낮을 것이라 걸었다. 지는 사람은 내기 시작 때 가격과 10년 후 가격의 차액을 지불해야 했다. 이 내기가 닮은 금융자산의 종류는 무엇인가? 어째서 그런가? **[LO 30.3]**
7. 증권화는 무엇인가? 증권화가 어떻게 최근 주택시장 위기를 부추겼는가? **[LO 30.3]**
8. 경제학에서는 일반적으로 은행을 어떻게 정의하는가? 어떤 종류의 은행이 이 정의에 부합하는가? 투자은행은 이 정의에 맞는가? **[LO 30.4]**
9. 인덱스 펀드는 무엇이고, 왜 금융투자자가 사고 싶어 하겠는가? **[LO 30.4]**
10. 개발도상국의 국채와 프랑스의 국채 중 어느 것이 더 위험한가? 어느 것의 수익이 더 높겠는가? **[LO 30.5]**
11. 다각화를 정의하고 다각화가 시장 위험과 고유 위험을 관리하는 데 성공적일지 논평하라. **[LO 30.5]**
12. 1990년대에 기술 및 이른바 닷컴 회사 관련 증권 가격은 고공 비행을 경험했다가 2000년대 들어 붕괴되었다. 이 사례가 효율적 시장가설을 지지하는 사례인가, 가설에 반대되는 증거인가? **[LO 30.6]**

13. 기본적 분석과 기술적 분석의 차이를 설명하라. 이 중 어떤 것이라도 효율적 시장가설에서 제안하는 바와 같은가? **[LO 30.6]**
14. 폐쇄경제의 세금수준은 국민저축에 영향을 미치는가? **[LO 30.7]**
15. 지속적인 재정적자가 폐쇄경제의 투자에 어떤 악영향을 미칠 수 있는지 설명하라. **[LO 30.7]**

응용문제

connect ECONOMICS

1. 이 장에서는 은행 체계의 3가지 주요 기능에 대해 논의했다. 다음 내용이 어느 기능에 해당하는지 분류하라. **[LO 30.1]**
   a. 아론은 낮이고 밤이고 ATM기에서 현금을 찾을 수 있다.
   b. 바바라의 거래 은행은 바바라의 모든 저축을 한 사람한테 빌려주는 대신 다양한 특성과 위험 분포를 갖는 회사들이 빌려갈 수 있게 한다.
   c. 찰리는 차가 갑자기 망가지자 은행 계좌에서 재빨리 돈을 찾아 수리공에게 지불한 뒤 다른 차를 빌렸다.
   d. 다라는 새 미용실을 차리기 위해 자금을 빌려줄 이웃을 찾는 대신 은행에서 빌렸다.
2. 여러분은 졸업 후 특이한 곳에 취직했다. 최근 건립된 바닷가 한가운데 있는 작은 섬나라 여왕의 자문을 맡게 된 것이다. 여러분은 정부와 경제에 대한 조언을 하고 여왕은 대부분의 조언을 받아들였는데, 아직 은행 체계를 갖추는 것에 대해서는 말을 듣지 않고 있다. 여왕은 은행의 존재가 경제를 더 복잡하게 만들 뿐 국민의 삶을 개선하는 데에는 별 도움이 되지 않을 거라 주장한다.

   하지만 지난 몇 달 동안 여왕이 걱정해온 이 신생 경제의 문제점들이 있다. 여왕의 다음 지적에 대해 은행의 3가지 기능 중 하나씩 언급하면서 왜 은행 체계가 해당 문제를 완화할 수 있는지 설명하라. **[LO 30.1]**
   a. "국민이 쓰고 남은 돈이 있을 때, 국민은 그 돈을 안전하게 맡기면서도 이자를 받고 싶어 한다. 하지만 대부분 국민은 그렇게 하지 못하고 있는데, 이는 돈을 빌릴 사람을 찾기도 힘들고 돈을 빌려주는 것이 괜찮겠는지 확신하기 어렵기 때문이다."
   b. "다행히 이 나라에 범죄가 적어 여분의 돈을 집에 안전하게 보관하면서 필요한 현찰만 들고 다닐 수 있다. 하지만 국민은 집에서 먼 곳에 있을 때 급하게 돈이 필요하면 돈을 가지러 가기가 너무 불편하다고 불평하고 있다."
   c. "좋은 차입자를 알고 있는 일부 국민은 대출을 해주고 이자를 받고 있다. 그런데 최근 대출 채무를 불이행한 차입자가 몇 생겼고, 그 결과 그 차입자에게 돈을 빌려준 사람은 그 돈을 모두 잃게 되었다. 그 소식에 다른 사람들도 겁을 내고 아무도 돈을 빌려주려 하지 않는다. 만약 사람들이 저축을 몇몇 다른 사람한테 빌려줄 수 있으면 안심하고 다시 대출을 시작할 텐데!"
3. 다음 각각을 경제학적 의미의 저축이나 투자로 분류하라. **[LO 30.2]**
   a. 애플 컴퓨터의 주식을 10주 샀다.
   b. 소득의 일부를 뮤추얼 펀드에 넣었다.
   c. 배송 회사가 새 트럭을 1000대 샀다.
   d. 특정 이자를 약속받고 은행으로부터 1000달러어치의 무기명 예금 증서를 샀다.
4. 다음 단어들을 이용해 대부자금시장에 대한 아래의 서술을 완성하라(수요, 공급; 왼쪽, 오른쪽; 낮아, 높아). **[LO 30.2]**
   a. 사람들이 저축을 더 적게 하도록 유도하는 변화는 대부자금의 ________을(를) ________으로 이동시킨다. 그 결과 나타난 대부자금시장의 새로운 균형에서 이자율은 _____지고 저축 및 투자된 자금량은 _____진다.
   b. 사람들이 저축을 더 많이 하도록 유도하는 변화는 대부자금의 ________을(를) ________으로 이동시킨다. 그 결과 나타난 대부자금시장의 새로운 균형에서 이자율은 _____지고 저축 및 투자된 자금량은 _____진다.
   c. 사람들이 투자를 더 많이 하도록 유도하는 변화는 대부자금의 ________을(를) ________으로 이동시킨다. 그 결과 나타난 대부자금시장의 새로운 균형에서 이자율은 _____지고 저축 및 투자된 자금량은 _____진다.
   d. 사람들이 투자를 더 적게 하도록 유도하는 변화는 대부자금의 ________을(를) ________으로 이동시킨다. 그 결과 나타난 대부자금시장의 새로운 균형에서 이자율은 _____지고 저축 및 투자된 자금량은 _____진다.

5. 다음 사례에 해당하는 금융상품은? **[LO 30.3]**
   a. 한 가계가 집을 사기 위해 돈을 빌렸다.
   b. 한 신생 회사가 자본을 조달하기 위해 투자자들에게 회사의 일부의 소유권을 살 수 있다고 제안했다.
   c. 미국 정부가 투자자들에게 지금 정부의 채무에 돈을 빌려준다면 내년에 3%의 이자를 지급하겠다고 제안했다.
6. 다음 서술은 대출, 채권, 주식 중 무엇을 설명하는가? **[LO 30.3]**
   a. 이것은 이자를 지급하고 원금은 만기에 상환된다.
   b. 이것은 발행한 회사의 소유권을 의미한다.
   c. 소규모 사업체는 이것을 투자 자금을 조달하는 데 이용한다.
   d. 이는 지분을 통한 자금 조달(equity financing)이라 볼 수 있다.
   e. 이것은 대출의 유동적 형태라고 볼 수 있다.
7. 여러분은 여가 시간에 고등학생을 대상으로 시사 정치, 경제 주제를 다루는 잡지를 돕고 있다. 그 잡지는 어렵지 않고 재미있으면서 동시에 용어를 정확히 사용하고자 한다. 잡지사 편집장은 여러분이 경제학 강의를 들은 것을 알고, 최근 주택시장의 위기 이후 저축과 투자의 역할에 대해 논의한 글 중 다음 문단을 점검해달라고 부탁했다. 다음 문단을 경제학적 용어에 맞게 고치고, 왜 고치기 전 것이 틀렸는지 편집장에게 설명해보라. **[LO 30.2, 30.3]**

   미국인들이 주식이나 채권 같은 증권을 사거나 은행에 돈을 맡기는 등의 투자를 할 때, 그들은 재화와 서비스를 생산하는 데 이용될 자산을 구매함으로써 다각화를 꾀하며 회사들에 자금을 공급한다. 필요하거나 원하는 것들을 산 후에 남은 자금이 있는 가계는 증권을 사거나 은행 계좌에 돈을 넣어 소비를 하고, 은행은 그러한 자금을 기업들에 연결시킨다. 이렇게 차입자와 대출자를 연결시킴으로써 은행은 유동성의 공급원 역할을 한다.

8. 다음 금융 체계의 참가자를 그들이 가장 관련 깊은 금융상품과 연결해보라. **[LO 30.4]**

a. 상업은행	i. 주식
b. 저축자	ii. 채권
c. 투자은행	iii. 대출

9. 금융시장의 다음 참가자들을 그들이 공급하는 유동성의 정도를 가지고 순위를 매겨보라. **[LO 30.4]**
   a. 사업체의 지분을 팔고자 하는 기업가
   b. 재할인 창구를 통해 은행에 단기 자금을 빌려주는 중앙은행
   c. 30일 이내에 돈을 찾으면 벌금이 있는 뮤추얼 펀드의 지분을 판매하는 투자은행
   d. 최소 예치금 규정이 없는 입출금 계좌를 허용하는 은행
10. 다음 중 어느 것이 금융자산의 위험을 표현하는 방법인가? **[LO 30.5]**
   a. 표준편차
   b. 연방 기금 금리(은행 간 대출 금리)
   c. 인플레이션율
   d. 이자율
   e. 베타(beta)
11. 다음 자산을 기대 수익률을 가지고 순위를 매겨보라. 그리고 기대 위험에 대해서도 순위를 매겨보라. **[LO 30.5]**
   a. 부동산
   b. 상품
   c. 미국 주식
   d. 현금
   e. 미국 채권
12. 다음의 서술의 진위를 판단해보라. **[LO 30.5]**
   a. 금융자산의 위험은 그 자산의 시간의 흐름에 따른 수익의 기대가치(평균)를 관찰해 측정한다.
   b. 시장 위험은 잘 다각화된 자산조합으로 최소화된다.
   c. 고유 위험은 시장 전반이 아니라 특정 자산에 고유한 위험이다.
   d. 잘 다각화된 자산조합은 같은 수익률의 개별 자산에 비해 덜 위험하다.
13. 여러분의 친구가 이렇게 말했다. "너 그거 알아? 이웃 나라에서 똑같은 종류와 크기의 타이어를 30달러는 싸게 살 수 있대. 이걸로 몇 년은 돈을 벌 수 있을 거야. 그 나라에 가서 타이어를 사다 여기서 팔자." 친구가 제안하는 거래를 가리키는 용어는 무엇인가? 효율적 시장가설에 따르면 이 거래가 친구가 말하는 것처럼 이윤이 남을 것으로 예상되는가? **[LO 30.6]**
14. 다음의 각 시장 사례가 효율적 시장가설의 범위 안에서 벌어지고 있는지 판단해보라. **[LO 30.6]**
   a. 세계 원유의 상당 부분을 공급하는 중동에서 사회적 불안이 발생한 다음 날 원유 가격이 하락했다.
   b. 투자자들이 외환시장에서 차익거래 기회를 잡기는 매우 어렵다.
   c. 주요 주가지수인 다우존스 산업평균지수가 새로운 경제 뉴스가 거의 없었는데도 한 주 동안 5% 변동했다.

15. 2010년 미국의 정부지출은 3.8조 달러, 조세수입은 4.5조 달러, GDP는 14.12조 달러, 소비지출은 10.5조 달러였다. 만약 미국 경제에 수출입이 전혀 없었다면 2010년 미국의 국민저축은 얼마인가? 정부저축은 얼마인가? 민간저축은 얼마인가? **[LO 30.7]**

16. 미국의 대부자금시장을 폐쇄경제의 모형으로 가정하고 다음 질문에 답해보라. **[LO 30.2, 30.7]**
    a. 미국 정부가 민간저축을 장려하기 위해 다른 상품보다 높은 수익률을 지급하는 국민저축 채권을 발행하기 시작했다. 대부자금 공급곡선은 어느 방향으로 이동하겠는가? 이자율은 상승하는가, 하락하는가? 차입은 늘겠는가, 줄겠는가?
    b. 이제 경제가 개방되었다고 가정하자. 중국의 경제 확대로 발생한 흑자로 중국 정부가 미국 국채를 사기로 결정했다. 미국 대부자금 공급곡선은 어느 방향으로 이동하겠는가?
    c. 시장에 새로운 컴퓨터 소프트웨어가 등장했는데, 이 소프트웨어는 구매자에게 투자에 대한 그럴듯한 수익률을 제시하고 있다. 대부자금시장의 어느 곡선이, 어느 방향으로 이동하겠는가?
    d. 정부가 자본 이득(주식시장에서 번 돈)에 대한 과세를 낮췄다. 어느 곡선이, 어느 방향으로 이동하겠는가?

미주

1. 이 장의 이자율은 '실질' 이자율을 의미한다. '인플레이션' 부분에서 인플레이션이 있으면 명목 이자율이 실질 이자율과 어떻게 다른지 다룬다.
2. 사람들이 주택을 구매할 때 그 주택의 기대 수익률을 어떻게 측정할지 궁금할 것이다. 계산을 위해서는 미래의 재판매 가격, 구매 비용, 세금, 사는 대신 대여할 때의 비용을 포함한 기타 비용 등이 고려되어야 한다. 그러나 이러한 편익이나 비용 외에도 사람들이 주택을 구매할 때는 수치화하기 어려운 자가 소유의 편익이나 가치가 발생하기 마련이다.
3. 공개 회사의 '공개(public)'란 단어는 일반 대중(public)에게 소유권이 개방되어 있음을 의미하며, 공공(public) 정부지출의 경우처럼 정부와 관련된 것은 전혀 아니다.
4. 과거에는 채권에 실제로 청구권(coupon)이 붙어 있어 채권 소지자가 이자를 받을 때 채권 발행자에게 그 청구권을 떼서 주었다. 이 청구권은 사람들이 물건을 살 때 흔히 쓰는 할인권(coupon)과는 전혀 다른 것이다.

참고문헌

Jeremy Siegel, *Stocks for the Long Run: The Definitive Guide to Financial Market Returns and Long-Term Investment Strategies*, 4th ed. (New York: McGraw-Hill, 2012).

◀ 세계의 모바일 윈도우-이 장의 내용과 관련된 응용사례를 찾으려면 여러분의 스마트폰으로 이 코드를 스캔하라. (QR코드 리더가 필요하면, 여러분의 앱스토어에서 ScanLife를 활용하라.)

여러분의 모바일 앱스토어를 방문하여 Karlan and Morduch Study Econ app.을 다운로드 하라. ▶

Chapter 31

화폐와 화폐 체계

학습목표

LO 31.1 화폐의 3가지 주요 기능 설명하기
LO 31.2 화폐가 갖춰야 할 특성 설명하기
LO 31.3 부분 지급준비은행의 개념과 통화승수 설명하기
LO 31.4 통화량 M1과 M2 설명하기
LO 31.5 중앙은행의 역할을 이해하고 연방준비제도의 이중 권한의 의미 설명하기
LO 31.6 연방준비제도가 통화정책을 수행하기 위해 이용하는 수단 설명하기
LO 31.7 통화정책이 어떻게 시중 이자율과 화폐 공급에 영향을 미치는지 이해하기
LO 31.8 확장 또는 긴축적 통화정책이 경제 전반에 어떤 영향을 미치는지 설명하기

담배 화폐

제2차 세계대전 당시 수백만 명의 군인들이 붙잡혀 포로수용소로 보내졌다. 공식적인 돈도 없고, 외부 경제와도 단절된 상태에서 수용소는 처음에 물물교환 체계가 작동했다. 한 군인이 여분의 비누를 갖고 있는데 연어 통조림이 너무 먹고 싶으면, 연어 통조림을 갖고 있는데 비누를 너무 갖고 싶어 하는 군인을 찾아야 하는 식이었다. 이렇게 거래 상대를 찾는 일은 때때로 가능하기도 했지만, 시간이 많이 들고 비효율적이었다.

시간이 흐르면서 해결책이 등장했다. 포로들이 담배를 화폐로 사용하기 시작한 것이다. 정형화된 가격을 갖춘 간단한 교환 체계가 형성되었다. 통조림 한 개에 담배 몇 개, 비누 한 개에 또 담배 몇 개 하는 식이다.

왜 포로들은 담배를 화폐로 사용한 것일까? 일단 담배는 비누나 연어 통조림보다 들고 다니기 훨씬 편했다. 음식과 달리 담배는 상하는 일도 없었다. 그리고 담배는 꽤나 안정적인 공급이 이뤄지고 있었다. 담배는 적십자로부터 음식이나 다른 물품과 함께 수용소로 들어와 포로들에게 배급되었다.

때때로 담배가 갑자기 많아지는 경우도 있었다. 어느 한 주 적십자가 추가적인 물품 공급을 할 때다. 담배가 많아진 군인들은 한바탕 물건 구매에 나서는데, 원하는 것을 사려고 흥정을 하다 보면 가격이 천정부지로 오르기도 했다. 그러면 비누 한 개를 사는 데 예전보다 훨씬 많은 담배가 필요했다.

하지만 만약 적십자가 물품 공급을 몇 번 놓치면 군인들은 담배를 피우기도 하기 때문에 유

Source: Getty Images

통되는 담배 숫자는 꾸준히 줄어들었다. 그러면 물건 가격들은 뚝 떨어지고 교환이 줄어들면서 전반적인 경제 활동도 감소했다. 이유는 명확하다. 점점 더 적은 담배가 유통되고 다음 공급이 언제인지 불확실한 상황에서 담배가 점점 더 희귀해졌기 때문이다. 포로들에게 담배를 쓰기보다 비축할 유인이 더 커진 것이다.

이러한 독특한 화폐 체계와 거래는 나치에 붙잡혀 포로수용소를 전전하다 연합군에 구출된 한 영국 장교 R.A. 래드퍼드(R. A. Radford)에 의해 묘사되었다. 래드퍼드는 1945년 영국으로 돌아왔을 때, '포로수용소의 경제 조직'이라는 논문을 썼다. 그 논문은 어떤 형태를 띠든 화폐가 경제 체계의 본질적 부분임을 보여준다.

제2차 세계대전 중 포로들이 담배를 화폐로 받아들이게 된 상황은 어느 경제나 마찬가지다. 화폐란 무엇인가? 화폐는 어떤 기능을 하고 어떤 문제를 해결하는가? 담배와 같은 특정 품목을 돈으로 사용하는 것이 좋은지 나쁜지, 어떤 속성이 결정할까? 화폐의 공급이 어떻게 경제 전반에 영향을 미치고, 누가 그 공급을 통제하는가?

이 장에서는 어떻게 그리고 왜 화폐가 경제에서 작동하는지 살펴볼 것이다. 그리고 돈이 그 가치를 유지할 수 있도록 하기 위해 경제학의 도구들이 어떻게 이용되는지 공부한다.

화폐

화폐가 무엇인지는 설명하지 않아도 잘 알 것이다. 매일 쓰고 있기 때문이다. 그러나 무엇 때문에 현금이 우리가 소유하고 있는 가치 있는 다른 품목들과 다른가? 자기 닭이 낳은 몇 개의 달걀을 이웃의 소에서 짠 우유와 맞바꾸는 식의 체계를 갖는 경제도 있었다. 왜 문명은 오래전에 이러한 체계를 버리고 귀금속 조각으로 거래하는 체계로 이행한 것일까? 그리고 어떻게 인쇄된 종이 조각이 반짝거리는 금속을 대체하고, 또다시 은행 컴퓨터의 기록으로 대체되게 됐을까? 이런 질문에 답하기 위해서는 화폐의 개념과 기능에 대한 좀 더 체계적인 이해가 필요하다.

화폐의 기능

LO 31.1 화폐의 3가지 주요 기능 설명하기

여러분은 화폐를 얼마나 가지고 있는가? 이런 질문을 받으면 지금 지갑 속에 있는 현금을 셀 수도 있고, 은행 잔고를 말할 수도 있다. 또는 운 좋게도 소유하고 있는 주식, 채권, 부동산 등 모

든 자산의 총가치를 계산할 수도 있다. 대부분의 정의상 화폐는 어떤 것을 사기 위해 쓸 수 있는 것으로만 구성된다. 그러한 것에는 지갑 속 현금이나 은행 잔고는 포함되지만, 주식이나 채권, 부동상 같은 다른 자산은 포함되지 않는다. 더 정확하게 말하면 **'화폐'**는 재화나 서비스를 즉각적으로 구매하는 데 주로 이용되는 자산의 집합이다.

화폐 재화나 서비스를 즉각적으로 구매하는 데 주로 이용되는 자산의 집합

화폐는 보편적으로 다음과 같은 3가지 기능을 한다. 가치저장, 교환의 매개체, 가치의 척도다.

가치저장. 화폐는 시간이 흘러도 보유하고 있는 구매력의 양을 나타내기 때문에 **'가치저장**(store of value)'의 수단이다. 100달러나 1000달러, 또는 100만 달러를 갖고 있으면 일정 수량의 재화를 취득할 수 있는 능력이 생긴다. 화폐가 가치를 저장한다는 것은 여러분이 금고에 100달러 지폐를 넣어두면 언제든 그 돈을 금고에서 꺼냈을 때 대략 100달러어치의 재화를 살 수 있으리라 기대할 수 있다는 것을 의미한다. 물론 그 가치는 절대적으로 같지는 않겠지만, 화폐를 보유하는 것은 거의 항상 시간이 흘러도 그 가치의 부를 유지하는 가장 편리한 방법이다(만약 여러분이 모든 재산을 바나나로 저장한다면 바나나가 상하면서 급속하게 재산의 대부분을 잃을 것이다). 물가가 변하면서 화폐의 가치가 어떻게 달라지는지에 대해서는 다음 장에서 공부할 것이다.

가치저장 화폐가 시간이 흘러도 보유하고 있는 구매력의 양

교환의 매개체. 화폐가 아니어도 주식이나 땅처럼 가치를 잘 저장할 수 있는 수단이 있다. 따라서 교환의 매개체로서 역할을 화폐의 기능에 추가하기로 한다. **'교환의 매개체**(medium of exchange)'란 재화나 서비스를 구매할 수 있는 화폐의 능력을 말한다. 즉, 사고 싶은 재화나 서비스를 화폐와 교환하는 거래를 할 수 있다는 뜻이다.

교환의 매개체 재화나 서비스를 구매할 수 있는 화폐의 능력

화폐가 없는 세상을 상상해보자. 그러면 원하는 것을 얻을 수 있는 유일한 방법은 **'물물교환**(barter)'이다. 물물교환은 원하는 재화나 서비스를 받는 대신 재화나 서비스를 직접 공급하는 것이다. 물물교환이 극히 비효율적인 이유는 여러분이 원하는 것을 갖고 있으면서 여러분이 갖고 있는 것을 원하는 사람을 찾아야 한다는 데 있다.

물물교환 원하는 재화나 서비스를 받는 대신 재화나 서비스를 직접 공급하는 것

이제 세상에 화폐가 등장했다. 화폐가 있으면 삶이 훨씬 수월해진다. 이제는 여러분이 갖고 있는 것(예를 들어 여러분의 노동력)을 원하는 사람을 찾기만 하면 된다. 그러면 여러분은 여러분의 노동력을 화폐와 바꿀 수 있다. 화폐가 있으면 여러분이 원하는 것을 갖고 있는 사람이 그것을 주는 대신 화폐를 받아줄 것을 알기 때문이다. 더 이상 양쪽의 필요를 모두 만족시키는 사람을 찾을 필요가 없다.

화폐는 거래비용을 획기적으로 줄이기 때문에 화폐경제는 직접적으로 물건을 거래하는 경우보다 훨씬 더 효율적이다. 화폐가 없다면 모두 상호 합의 가능한 거래 상대방을 끊임없이 찾아 헤매야 할 것이다.

가치의 척도. 가치의 척도라는 화폐의 기능은 종종 간과되지만 매우 중요한 기능이다. **'가치의 척도**(unit of account)'는 화폐가 비교의 기준이 되는 단위를 제공한다는 의미다. 화폐가 없는 경제에서 두 직장을 비교한다고 해보자. 한 농부는 여러분에게 한 주에 12개의 큰 달걀 상자를 지불하겠다고 하고, 또 다른 신발 장인은 한 주에 좋은 가죽 신발 한 켤레를 주겠다고 한다. 어느 것이 더 좋은 조건인가? 매우 어려운 문제다. 하지만 만약 한 사람은 한 주에 300달러를, 다른 한 사람은 같은 양의 일에 한 주에 400달러를 제안했다면 쉽게 비교할 수 있다. 화폐의 가치의 척도 기능 때문에 더 나은 정보를 바탕으로 결정을 내릴 수 있다.

가치의 척도 비교의 기준이 되는 단위

좋은 화폐의 조건은 무엇인가?

LO 31.2 화폐가 갖춰야 할 특성 설명하기

화폐의 기능을 이해했으니 이와 관련된 질문을 해보자. 좋은 화폐의 조건은 무엇인가? 이 질문의 정확한 답에 대해서는 경제학자마다 생각이 다르지만, 2개의 기본적인 고려사항이 좋은 출발점이 될 것이다. 좋은 화폐란 '가치의 안정성'과 '편의성'을 갖추고 있다.

가치의 안정성. 이 장을 시작할 때 담배가 화폐로 이용된 포로수용소의 사례를 통해 안정성이 얼마나 중요한지 보았다. 담배의 가치는 적십자의 물품이 예정대로 도착하는 한 꽤나 안정적으로 유지되었다. 하지만 담배 유입량이 갑자기 많아지거나 장기간 줄어들면, 수용소 경제의 기능은 교란되었다.

포로수용소의 담배처럼 초기의 화폐는 주로 안정적인 가치를 제공할 수 있는 것들이 선택되었다. 이런 화폐는 일반적으로 내구성이 강하고 화폐로 사용되는 것과 무관한 **'내재가치'**를 갖는 물체였다. 내재가치를 갖는 재화는 화폐로서의 가치는 떨어져도 여전히 다른 용도로 사용될 수 있었기 때문에 더 안정적인 가치를 갖게 마련이다.

내재가치와 가치의 안정성 때문에 화폐로 종종 사용되어온 전통적인 사례는 금이다. 금의 공급은 상대적으로 고정되어 있다. 물론 땅속에서 새로운 금이 항상 공급되긴 하지만, 이는 기존 금의 양에 비해 보통 매우 적다. 금은 내구성도 뛰어나다. 수천 년 전에 만들어진 금화가 오늘날에도 멀쩡한 상태로 발견되곤 한다. 게다가 화폐로서가 아니더라도 금의 용도는 다양하다. 예나 지금이나 사람들은 빛나는 장신구로서 금을 좋아하기에 금은 내재가치가 있다. 앞의 사례에서 담배 역시 내재가치가 있었다. 포로수용소에 담배가 공급된 이유는 많은 군인들이 담배를 피우기 때문이었다.

하지만 화폐가 내재가치를 가져야 할 이유는 없다. 1달러 지폐는 사실상 아무 내재가치가 없다. 먹거나, 피우거나, 목걸이로 착용하거나 하지 않는다. 1달러 지폐를 받는 이유는 다른 사람들도 그 가치를 인정하기 때문이다. 광범위하게 이용되는 것은 대체로 달러가 안정적인 가치를 갖는다는 사실에 기인한다. 물론 항상 그랬던 것은 아니다. 미국의 건국 초기에는 통용되는 미국 달러란 존재하지 않았다. 각 주의 은행들은 자기들만의 통화를 만들어냈다. 미국은 1792년부터 천천히 각 주의 통화가 경쟁하는 상태에서 벗어나 전국에서 통용되는 표준적인 화폐를 선호하게 되었다. 이것은 미국의 경제사에서 대단히 중대한 결정이었다.

편의성. 어떻게, 그리고 왜 금화에서 지폐로 넘어가게 되었을까? 지폐는 훨씬 **'편리'**하다. 지폐와 비교하면 금화는 무겁고 작은 단위의 물건을 구매할 때 불편하다. 1온스(약 28g)의 금화는 이 책을 쓰고 있는 현재 1500달러가 넘는다. 이 금화로는 껌 한 통이나 탄산음료 한 캔을 사기가 어렵다.

시간이 흐름에 따라 기술의 발전으로 더 편리한 화폐의 형태를 갖게 될 것이다. 사례를 통해 알아보기의 '휴대전화로 은행일 보기'에서는 개발도상국에서 개발한 기발한 화폐의 사례를 볼 수 있다.

사례를 통해 알아보기

휴대전화로 은행일 보기

여러분이 케냐의 작은 시골 마을에서 태어나고 자라 일거리를 찾기 위해 수도로 이사했다고 상상해보자. 일을 하게 되면 가족을 부양하기 위해 고향 마을로 돈을 보내고 싶을 것이다. 어떻게 할 것인가? 고향 마을엔 은행 지점이 없고, 가장 가까운 지점은 몇 시간 걸리는 거리에 있다. 여러분이 직접 지폐 다발을 가져다줄 수 있지만, 그러려면 붐비는 버스에서 하루 종일을 보내야 한다. 다른 사람한테 돈을 맡겨 보낼 수도 있지만 조만간 고향 마을에 가는 사람이 없다면?

사파리컴(Safaricom)이라는 케냐의 이동통신회사가 이 문제에 대한 답을 제시했다. 바로 M-Pesa다. M은 이동(mobile)을 뜻하고, pesa는 돈을 의미하는 케냐어다. M-Pesa를 이용하면 단순히 문자 전송으로 송금을 할 수 있다.

이 과정은 놀랍도록 간단하다. 보통 마을 시장에 자리 잡은 M-Pesa 상점에 가서 계좌에 저금을 한다. 이 돈은 금액을 전자적으로 표시한 'e-float'가 된다. 여기까지는 전통적인 은행에 저금을 한 것과 다르지 않다. 이렇게 저금을 하고 나서 일정 금액의 e-float를 다른 M-Pesa 이용자 계좌로 휴대전화 문자 전송을 이용해 보낼 수 있다. 이 때 약간의 수수료가 든다. 돈을 받는 사람은 마을의 M-Pesa 상점에 가서 다시 약간의 수수료를 내고 e-float를 현찰로 찾으면 된다. 이렇게 과정이 간단하고 M-Pesa 상점이 은행 지점보다 5배는 많아서 M-Pesa는 급속히 확산되었다. 서비스를 시작한 지 5년 만에 M-Pesa 이용자는 케냐 성인 인구의 40%가 넘는 1700만 명에 이르렀다. 연간 송금액은 케냐 GDP의 10% 정도나 된다. M-Pesa 이용자의 4분의 3은 e-float 계좌를 단순히 송금하는 데에만 이용하는 것이 아니라 저축을 위해 이용한다. 현금을 들고 다니는 것보다 안전하고 전통적인 은행보다 훨씬 접근성이 좋기 때문이다. 사파리컴은 M-Schwari라는 이자를 지급하는 저축 상품을 만들고 지방에 은행 서비스 접근을 크게 확대하고 있다.

모든 사람이 M-Pesa를 쓰지는 않기 때문에 이 서비스로 현금이 불필요하게 된 것은 아니다. 또한 송금하는 데 수수료가 붙기 때문에 현금을 이용하는 것이 나을 때도 있다.

하지만 M-Pesa는 기술 발전으로 어떻게 금융에서 소외된 지역이 연결되고 화폐의 개념이 바뀔 수 있는지 보여준다. 케냐의 성공 사례를 보고 미국을 비롯한 80개 이상 나라의 회사들에서 휴대전화를 이용한 비슷한 서비스 체계를 개발 중이다.

Source: http://siteresources.worldbank.org/AFRICAEXT/Resources/258643-1271798012256/M-PESA_Kenya.pdf ; http://www.bbc.co.uk/news/business-11793290 ; http://www.safaricom.co.ke/personal/m-pesa/m-shwari .

상품 태환 화폐와 법정 화폐

초기의 지폐는 은행에서 지정한 상품의 일정 수량으로 교환될 수 있었다. '**상품 태환 화폐**(commodity-backed money)'는 해당 화폐가 기반한 상품과 일정 비율로 교환되는 것이 법적으로 보장된 화폐를 말한다. 화폐는 보통 지폐였고, 상품은 일반적으로 금이었다.

상품 태환 화폐 해당 화폐가 기반한 상품과 일정 비율로 교환되는 것이 법적으로 보장된 화폐

미국의 달러는 남북전쟁 직후부터 1971년까지 100년 넘게 상품 태환 화폐였다. 1971년 전까지 달러를 가진 사람은 누구라도 지정된 '준비은행(reserve bank)'에 가서 언제든지 일정량의 금으로 바꿀 수 있었다. 법에 의해 준비은행은 달러를 금으로 바꿔줄 의무가 있었다.

법정 화폐 가치의 기반이 되는 물품 없이 정부 규정에 의해 만들어진 화폐

1971년 이후에는 어떻게 됐을까? 금과 같은 상품으로 가치가 뒷받침되지 않는다면 달러의 가치는 어디에서 오는 것일까? 무엇으로 지탱되는가? 사실 달러는 손에 잡히는 그 무엇으로도 지탱되지 않는다. 대신 오늘날의 달러는 '미국 정부에 대한 신뢰와 신용'이 뒷받침된다. 달리 말하면, 미국 달러는 사람들이 미국 정부가 달러를 계속 사용하고 그 가치가 대충 일정하게 유지될 것이라 믿어야 가치를 갖는다. 이러한 형태의 화폐를 가리키는 공식 용어는 '**법정 화폐**(fiat money)'다. 법정 화폐는 가치의 기반이 되는 물품 없이 정부 규정에 의해 만들어진 화폐를 말한다.(*Fiat*은 라틴어로 '그렇게 되어야만 하는'의 의미를 갖고 있다.)

'사람들이 미국 정부를 믿는 한'이라면 정확하게 미국 정부가 무엇을 할 것이라, 또는 하지 않을 것이라 믿는다는 것일까? 핵심은 정부가 안정적인 화폐 체계를 유지할 것이라는 믿음이다. 요약하면 너무 많은 새 화폐를 창출하지 않으리라는 것이다. 새 화폐를 많이 창출하면 기존 화폐의 가치가 떨어진다. 이 장 첫부분의 사례처럼 포로수용소에 예상치 못하게 많은 담배가 유입되면 담배의 가치가 떨어지는 것과 마찬가지다.

정부가 화폐의 양을 합리적으로 관리할 것이라 믿는다는 생각을 좋아하지 않는 사람들도 있다. 그들은 금본위 시절처럼 상품 태환 화폐 체계로 돌아가야 한다고 주장한다. 어떻게 생각하십니까?의 '금본위 시절로의 회귀?'에서 이에 대한 찬반 주장을 살펴보자.

어떻게 생각하십니까?

금본위 시절로의 회귀?

이따금 미국이 다시 금본위 화폐경제로 돌아가야 한다는 논의가 일어난다. 예를 들어, 2012년 공화당 대통령 후보 경선 주자였던 택사스 주 하원의원 론 폴(Ron Paul)은 금본위로의 회귀를 옹호한 고위 인사 중 한 명이었다. 그러나 많은 경제학자들은 이에 반대한다. 현재 세계의 주요국가 중 어느 곳도 통화를 금이든 다른 어떤 상품에든 묶어놓고 있지 않다.

금본위 체계를 옹호하는 쪽이 제기하는 질문은 간단하다. 이미 오랜 역사를 통해 검증된 금을 신뢰할 것인가, 아니면 실수를 범할 수 있는 정치가들로 구성된 정부를 신뢰할 것인가다. 이렇게 표현하면 문제가 간단해 보이지만, 고려해야 할 것들이 많다. 더 자세히 알고 싶다면 이 장 뒷부분의 QR코드를 스캔하거나 온라인에서 읽기를 계속하라.

✓ 개념 확인하기

- ❒ 화폐를 사용하지 않고 재화를 거래하고자 한다면 어떤 유형의 교환이 발생할까? **[LO 31.1]**
- ❒ 어떻게 담배가 상품 태환 화폐의 좋은 사례가 되는가? **[LO 31.2]**
- ❒ 미국 달러는 어떤 종류의 화폐인가? 60년 전에는 어떠했는가? **[LO 31.2]**

은행과 화폐 창출 과정

앞에서 금화가 어떻게 금으로 뒷받침되는 지폐로 대체되었는지 논의했다. 지폐 사용의 명백한 이점은, 예컨대 10개의 금화를 갖고 다니는 것보다 '금화 10개'라 쓰인 종이쪽지를 들고 다니는

것이 훨씬 쉽다는 것이다. 이보다는 덜 명백하지만 또 다른 함의는 지폐 사용으로 '**부분 지급준비 은행 체계**'란 과정을 통해 은행이 '**화폐를 창출**'할 수 있게 되었다는 점이다. 이것은 현대 금융 체계에서 가장 중요하며 직관적으로 볼 때도 까다로운 사실이다.

화폐 '창출'

LO 31.3 부분 지급준비은행의 개념과 통화승수 설명하기

은행이 어떻게 화폐를 창출하는지 이해하는 가장 쉬운 방법은 금화에서 지폐로 이행하는 경제를 상상해보는 것이다. 여러분이 고대의 어느 한 시기에 살고 있고, 모든 거래에 금화가 이용되고 있다고 가정해보자. 그 경제에서 화폐의 양은 얼마나 될까? 답은 간단하다. 금의 양을 재기만 하면 된다.

다음으로 은행이 생겨서 여러분이 가진 금화를 은행에 저장할 수 있게 되었다고 상상해보자. 금화를 은행에 맡길 때 은행은 여러분에게 '금화 한 개'라고 쓰인 종이쪽지(은행권)를 준다. 언제라도 여러분은 은행에 가서 종이를 돌려주고 금화를 받을 수 있다. 하지만 상인들이 금화 대신 은행권을 기꺼이 받을 것이기 때문에 물건을 살 때 은행권을 금화로 바꿀 필요는 없다. 은행권을 갖고 있으면 언제든 은행에서 금화로 바꿀 수 있기 때문에 상인들은 은행권이 금화와 다를 바 없다는 것을 안다. 그러면 사람들은 무거운 금화를 들고 다니는 것보다 은행권을 이용하는 것이 훨씬 편리하다는 것을 알게 될 것이다.

이제 여러분이 은행의 입장이라고 해보자. 여러분은 은행가로서 어떤 날에든 금고에 있는 1,000개의 금화 중 사람들이 와서 찾아가는 금화는 100개밖에 되지 않는다는 것을 관찰했다. 남은 900개의 금화는 아무 용도도 없이 금고에 있을 뿐이다. 그렇다면 그 금화를 이자를 받고 빌려줘서 이윤을 남기는 것은 어떨까? 그래서 여러분은 900개의 금화를 쓸 곳이 있는 사람에게 빌려주기로 했다. 가령 집을 짓는 사람이 금화를 빌려 일꾼들에게 지급했다고 하자. 일꾼들은 금화를 받자 안전하게 보관하기 위해 모두 은행에 보관하기로 한다. 일꾼들이 저금한 각 금화에 대해 은행은 '금화 한 개'라고 쓰인 은행권을 준다.

이 경제 안에 얼마의 화폐가 있을까? 〈그림 31-1〉에서 볼 수 있듯이 은행은 다시 1,000개의 금화를 갖게 되었다(10%의 지급준비금 + 대출되었다가 다시 저축된 900개의 금화). 하지만 이제는 '금화 한 개'라고 쓰인 은행권은 1,900장이 발행되었다. 사람들은 금화처럼 은행권을 기꺼이 주고받을 것이기 때문에 우리는 이 은행권을 화폐라고 충분히 생각할 수 있다. 즉, 대출을 통해 은행은 '화폐를 창출'한 것이다. 은행은 정확히 900개 금화에 해당하는 화폐를 창출했다.

오늘날의 경제에서 화폐 창출 과정은 어떻게 작동할까? 기본적인 회계 기법을 이용해 또 다른 간단한 사례를 살펴보자.

현대 경제에서의 화폐 창출. 여러분이 1000달러를 은행에 저금했다고 하자. 은행은 현금을 받아 금고에 넣고 여러분의 계좌 잔고에 1000달러를 더한다.

이제 은행은 현금이 1000달러가 있다. 그 1000달러는 은행이 소유하고 있는 '자산(asset)'이다. 하지만 은행은 또한 빚을 진 '부채(liability)'도 있다. 은행은 여러분한테 1000달러 빚을 졌고, 여러분이 원할 때 언제든지 현금을 돌려주기로 약속했다. 여러분이 요구할 때 언제든 1000

그림 31-1

간단한 화폐 창출 과정

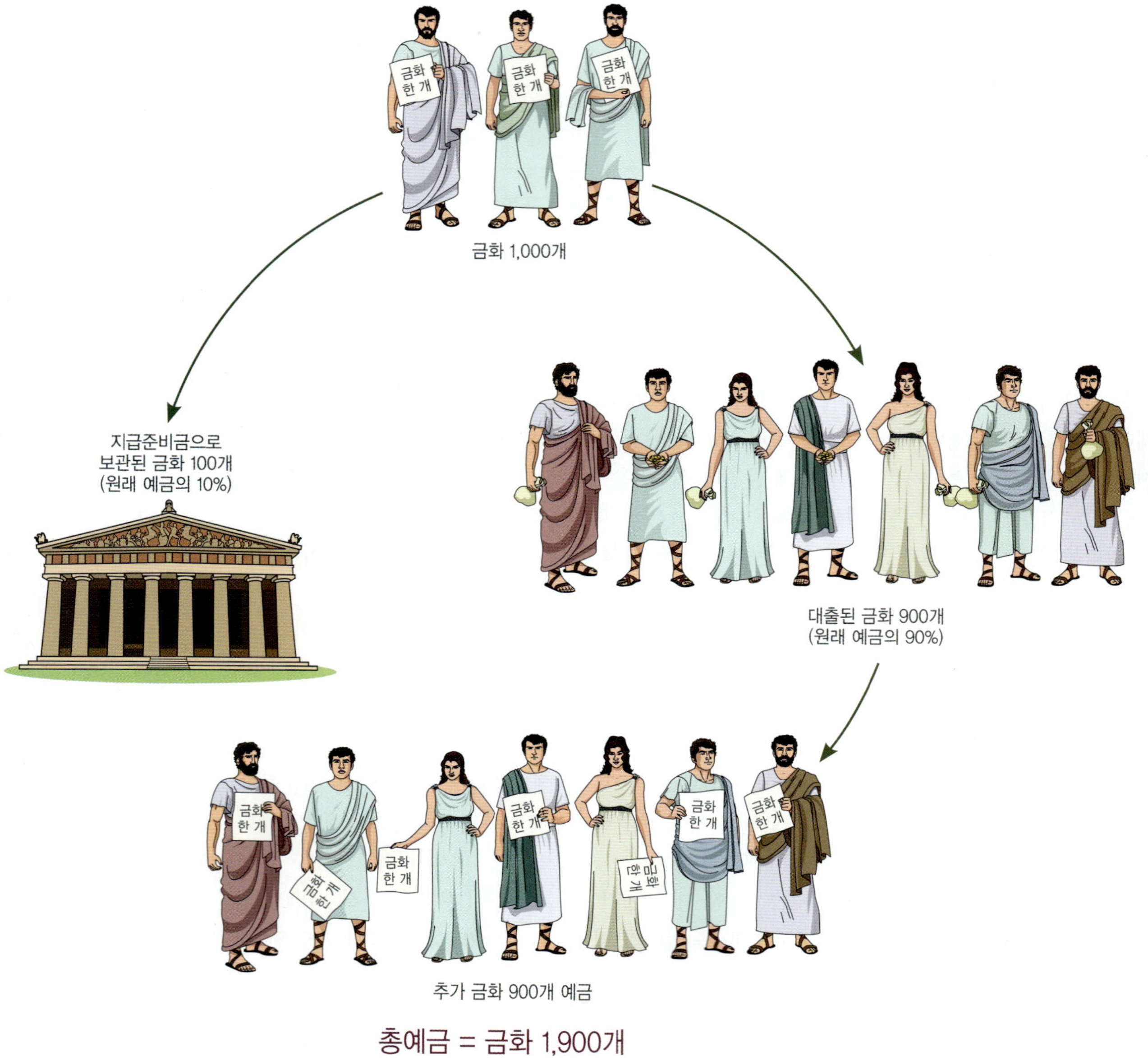

요구불 예금 예금자가 언제든지 사전 통지 없이 인출할 수 있는 종류의 은행 예금

달러를 찾을 수 있다는 사실 때문에 이러한 예금을 '**요구불 예금**(demand deposits)'이라 부른다. 요구불 예금은 예금자가 언제든지 사전 통지 없이 인출할 수 있는 종류의 은행 예금을 말한다.

은행이 돈을 버는 주된 방법은 자금을 대출하고 그 대출에 대해 이자를 받는 것이다. 따라서 은행은 (안전한 한도 내에서) 가능한 한 많이 1000달러를 대출하고 싶어 한다. 금화 은행 예에서 본 것처럼 요구불 예금 전체를 가만히 둘 필요는 없기 때문이다. 대신 은행은 예금자가 찾으러 올 때를 대비해 일정량은 남겨둔다.

은행이 금고에 남겨둔 현금은 '**지급준비금**(reserves)'이라고 한다. 실제로 현대의 미국 은행들은 지급준비금을 현금으로 두거나 미국 정부의 중앙은행인 연방준비제도에 예금해 보관한다. 앞에서 본 것처럼 대출된 자금을 통해 은행은 화폐를 '창출'한다. 연준은 은행이 예금된 금액의 특정 비율을 지급준비금으로 보관하도록 요구한다. 한 은행의 총예금액 대비 현금 지급준비금의 비율을 '**지급준비율**(reserve ratio)'이라 한다. 앞으로의 논의에서 은행은 지급준비율을 10%로 유지한다고 가정한다. 한 은행이 중앙은행에 의해 법적으로 요구받는 최소 지급준비금의 규모는 '**필요 지급준비금**(required reserves)'이라고 한다. 요구된 지급준비금을 초과해 은행이 보유하는 지급준비금은 '**초과 지급준비금**(excess reserves)'이다. 은행은 지급준비금으로 보관되지 않는 자금을 대출해 화폐를 '창출'한다.

지급준비금 은행이 현금이나 중앙은행에 예금 형태로 보유해 예금자의 인출 요구에 대응할 수 있는 자금

지급준비율 한 은행의 총예금액 대비 현금 지급준비금의 비율

필요 지급준비금 한 은행이 중앙은행에 의해 법적으로 요구받는 최소 지급준비금

초과 지급준비금 요구된 지급준비금을 초과해 은행이 보유하는 지급준비금

은행의 거래를 시각화할 수 있는 가장 쉬운 방법은 간단한 회계 도구인 'T 계정(T-account)'을 이용하는 것이다. T 계정으로 은행 거래의 결과 그 자산과 부채가 어떻게 변하는지 기록할 수 있다. 〈그림 31-2〉의 (A)는 여러분이 1000달러를 예금할 때 은행의 자산과 부채를 보여준다. T 계정의 왼쪽은 은행의 자산인데, 현재 현금 1000달러가 있다. 오른쪽은 부채인데, 은행이 여러분에게 빚진 1000달러가 표시되어 있다.

이제 새로운 손님이 은행에 와서 냉장고 살 돈 900달러를 빌리고 싶어 한다. 은행은 금고에서 현금 900달러를 빼서 손님에게 대출해준다. 〈그림 31-2〉 (B)는 은행의 새로운 상황을 보여준다. 대출은 은행의 자산이므로 은행 자산은 여전히 1000달러지만 100달러는 필요 지급준비금(앞에서 10%로 가정하기로 했다)이고 900달러는 대출이다. 자산과 부채 각각 1000달러이고 자산의 구성만 바뀌었다.

재미있는 부분은 지금부터다. 가전제품 상점에서는 냉장고를 판 돈 900달러를 현금으로 받았다. 상점 주인은 은행에 가서 그 돈을 상점의 계좌에 저금한다. 〈그림 31-2〉 (C)는 이 변화를 보여준다. 은행의 자산은 다음과 같다. 대출 900달러, 새로운 현금 900달러, 그리고 현금 필요

그림 31-2

은행은 어떻게 화폐를 창출하는가? 화폐가 은행에 예금되었다가 대출이 되면서 새 화폐가 창출된다. 이 그림의 예에서 화폐가 두 번 대출되면서 은행은 1000달러로부터 1900달러를 만들었다.

(A) 원래 예금

자산		부채	
현금:	$1,000	예금:	$1,000

(B) 은행의 첫 대출 후

자산		부채	
대출:	$900	예금:	$1,000
필요 지급 준비금:	$100		

(C) 대출금이 은행에 예금된 후

자산		부채	
대출:	$900	예금:	$1,900
새 현금:	$900		
필요 지급 준비금:	$100		

(D) 은행이 새 예금의 90%를 다시 대출한 후

자산		부채	
대출:	$1,710	예금:	$1,900
필요 지급 준비금:	$190		

지급준비금 100달러로 총 1900달러다.

은행은 총예금 1900달러에 비해 적은 현금(900달러+100달러)을 갖고 있다. 이것이 은행 입장에서 부주의한 일일까? 금화를 보관하던 고대의 은행을 떠올려보면 그렇지 않다. 일부 손님만 은행권을 금화로 바꾸어가는 것을 관찰하고 나서 고대 은행은 금화를 10%만 금고에 보관하고 나머지는 대출했다. 같은 방식으로 현대의 은행도 모든 손님들이 동시에 현금을 인출하지는 않는다는 사실에 의존한다.

손님이 예금하면 현대 은행이 금고에 필요 지급준비금 10%만 현금으로 보관한다고 하자. 경험상 그 정도면 예금자들의 현금 인출 요구에 부응하기에 충분하다. 1900달러의 부채가 있으므로(원래 예금 1000달러와 가전제품 상점 주인의 예금 900달러), 은행은 190달러를 필요 지급준비금으로 금고에 둔다(1900달러의 10%). 그러면 1710달러(1900달러의 90%)까지 대출할 수 있다는 뜻이다.

이 은행은 이미 900달러는 대출했으므로 810달러를 추가로 대출할 것이다. 이 새로운 상황은 〈그림 31-2〉 (D)에 나타나 있다.

이 과정이 언제까지 계속될까? 은행은 계속해서 대출하고 예금을 받을 것이다. 시간이 흐르면 은행의 대출은 9000달러까지 될 수 있다. 왜 9000달러인가? 여러분의 원래 예금이 1000달러였고, 은행은 10%인 100달러를 현금 필요 지급준비금으로 남겨놨다. 나머지는 대출했지만 다시 예금으로 돌아왔다.

돌아온 예금 역시 필요 지급준비금이 필요하다. 은행이 총 9000달러를 대출할 때면 예금 역시 9000달러가 되리라 기대할 수 있다. 또한 이 예금으로 10%인 900달러의 현금 지급준비금이 필요해진다. 따라서 총 필요 지급준비금은 원래 예금에 대한 100달러에 새 예금에 대한 900달러를 더해 1000달러다. 이 과정이 시작될 때 예금으로 들어온 현금 1000달러가 있으므로 이 지급준비금을 만족할 현금은 충분하다. 하지만 이것이 은행이 가진 현금의 전부이므로 더 이상 대출을 할 수는 없다. 9000달러의 대출과 1000달러의 지급준비금으로 새로운 대출의 여력은 없는 것이다. 여하튼 여러분의 1000달러는 충분히 뛰어다녔다. 은행이 그 돈으로 9000달러의 새 화폐를 창출해서 1000달러를 1만 달러로 바꿔놓은 것이다.

한 은행에서 경제 전체까지. 지금까지는 경제에 은행이 한 개뿐이어서 모두 이 은행을 통해 저금하고 돈을 빌렸다. 물론 실제로는 많은 은행이 있다. 미국의 가장 큰 은행으로는 뱅크 오브 아메리카, 체이스, 시티, 웰스 파고 등이 있다.

사례의 은행이 은행 체계 전체를 대표한다고 생각하면 사례의 논리가 여전히 적용된다. 예를 들어, 첫 번째 예금은 뱅크 오브 아메리카에 되고 그 다음은 체이스에, 그 다음은 시티에 될 수도 있다. 핵심은 대출된 돈이 궁극적으로 은행 체계 안의 어느 은행인가로 돌아온다는 것이다.

지금까지의 논의를 공식 용어를 사용해 마무리해보자. 중앙은행이 창출한 화폐량 대비 은행 체계의 대출 행태를 통해 창출된 화폐량의 배수를 '**통화승수**(money multiplier)'라고 한다. 위의 예에서 예금의 10%를 지급준비금으로 보유했다.

통화승수 중앙은행이 창출한 화폐량 대비 은행 체계의 대출 행태를 통해 창출된 화폐량의 배수

지급준비율이 100%였다면(이러한 경우를 '완전 지급준비은행 체계'라 한다), 대출은 전혀 없었을 것이다. 여러분의 원래 예금 1000달러는 은행 금고에 그냥 보관된다. 은행이 대출하지 않으면 집이나 차를 사는 데 필요한 돈을 구하기가 매우 어렵게 된다. 금융 체계 전체가 그대로 멈

출 것이다.

완전 지급준비은행 체계는 거의 보기 어렵다. 대신 은행이 지급준비금을 예금의 100% 미만으로 보유하는(지급준비율이 100%보다 적은) 은행 체계인 '**부분 지급준비은행 체계**(fractional-reserve banking)'가 보통이다. 부분 지급준비은행 체계에서는 은행에 예금된 돈의 일부분이 대출된다. 지급준비금의 규모가 통화승수의 크기를 결정한다. 간단한 형태의 근사치를 구하면, R을 지급준비율이라고 할 때 통화승수는 1/R로 계산된다.

부분 지급준비은행 체계은행이 지급 준비금을 예금의 100% 미만으로 보유하는 은행 체계

식 31–1 통화승수

$$\text{통화승수} = \frac{1}{\text{지급준비율}} = \frac{1}{R}$$

따라서 지급준비율이 10%(=0.10)면, 통화승수는 10이 된다.

$$\text{통화승수} = \frac{1}{0.10} = 10$$

부채가 1900달러일 때(원래 예금 1000달러와 가전제품 상점 주인의 예금 900달러), 은행은 필요 지급준비금으로 190달러(1900달러의 10%)를 두려 한다. 은행은 나머지 1710달러(1900달러의 90%)는 기꺼이 대출할 것이다.

900달러가 이미 대출된 상태이므로 810달러가 추가 대출된다. 〈식 31-1〉의 근사치 구하는 방식은 사람들이 은행 밖에서는 현금을 전혀 보유하지 않고, 은행은 법적으로 요구된 필요 지급준비금 외에는 모두 대출할 때 성립한다. 만약 둘 중 한 가정이라도 맞지 않으면 통화승수는 계산된 근사치보다 작을 것이다.

궁극적으로 부분 지급준비은행 체계는 우리가 아는 은행이 존재할 수 있는 근간이다. 하지만 큰 위험이 결부될 수도 있지 않을까 궁금할 것이다. 부분 지급준비가 재앙으로 가는 길은 아닐까? 만약 너무 많은 예금자들이 동시에 은행에 현금을 요구하면 어떻게 되나? 이른바 뱅크런이 발생한다. 뱅크런은 은행에 현금이 부족할 것 같다는 공포에서 발생하는 상황이다. 사례를 통해 알아보기의 '뱅크런과 은행 휴일'에서 실제 사례를 접할 수 있다.

사례를 통해 알아보기

뱅크런과 은행 휴일

2007년, 겁에 질린 수백 명의 손님들이 절박하게 본인 계좌의 돈을 인출하고자 영국은행 노던 록(Northern Rock)의 지점들 밖에 줄서 있었다. 왜 여태껏 돈을 맡겨둔 은행을 더 이상 신뢰하지 않는 것일까? 간단히 말하면, 언론에서 노던 록이 미국 주택시장 거품 동안에 만들어져 거의 가치가 없어진 대출과 금융상품에 많이 투자한 상태라고 막 보도했기 때문이다. 그러한 투자로부터의 막대한 손실로 은행은 채무 불이행 직전이었다.

영국의 은행 규제는 예금자에 대한 보호책을 갖고 있었다. 노던 록이 망하면 3만5000파운드

(약 5만5000달러)까지 정부가 저축액 대부분을 줄 터였다. 그럼에도 많은 예금자들은 약간의 위험이라도 감소하는 것보다 지금 당장 돈을 찾아가기로 결정한 것이다. 그 결과 단 이틀 동안 20억 파운드의 현금이 인출되었다고 보도되었다.

부분 지급준비 체계에서 은행은 예금자의 돈 일정 비율 이상을 지급할 충분한 현찰을 보유하고 있지 않다. 따라서 뱅크런은 심각한 문제가 되는 것이다. 역설적으로 뱅크런은 예금자들이 두려워하는 바로 그 은행 채무 불이행을 '일으킬' 수 있다. 예금자들이 한꺼번에 예금 인출을 요구하면 그 은행은 상태에 관계없이 불가피하게 채무 불이행 상황이 된다.

따라서 뱅크런에 대한 가장 중요한 대응책은 저축자들을 안심시키고 공포를 가라앉힐 시간을 버는 것이다. 1933년 3월 대공황 중에 미시간 주지사는 미시간 주에서 가장 큰 은행인 디트로이트 가디안 트러스트 회사(Guardian Trust Company of Detroit)가 영원히 문닫을 것을 두려워하고 있었다. 은행이 망하는 것을 막기 위해 주지사는 미시간 주 내의 모든 800여 개 은행 거래를 중단시키는 극단적인 방법을 썼다. 사람들은 소지하고 있는 돈으로 버틸 수밖에 없었다. 하지만 공포를 가라앉히기는커녕 더 큰 걱정에 불을 지피고 말았다. 모든 거래를 중지시켜야 은행들을 구할 수 있는 상황이라면 전체 은행 체계가 붕괴 위험에 있는 것이라고 사람들이 추측하게 된 것이다.

은행의 위기에 대한 소문이 온 나라에 퍼졌고 뱅크런이 통제할 수 없는 지경에 이르렀다. 저축은 망가지고 경제는 비틀거렸다. 의회는 재빨리 '은행 휴일(Bank Holiday)'을 통과시켜 대응했다. 나흘 동안 전국의 모든 은행이 문을 닫았다(후에 1주일로 연장되었다). 은행들이 다시 문을 열기 직전 루스벨트 대통령은 〈노변정담(fireside chats)〉이라는 라디오 프로그램에서 미국민을 향해 어떤 일이 벌어진 것인지 설명했다. 더 나아가 연방준비제도는 다시 문 여는 은행들에 무제한 통화를 공급할 것을 선언해 예금자들이 자기 예금에 대해 100% 확신을 가질 수 있도록 했다.

놀랍게도 이러한 조치는 성공했다. 은행이 다시 문을 열었을 때 공포는 이미 잦아들었고 사람들은 뱅크런 중 이미 인출했던 돈의 3분의 2를 다시 은행에 넣었다. 이 은행 휴일로부터 탄생한 것이 '글래스-스티걸법(Glass-Steagall)'에 의한 연방 예금 보험 공사(FDIC; Federal Deposit Insurance Corporation)다. FDIC는 은행이 망할 경우 정부가 10만 달러 이하 예금은 모두 보호하도록 보장한다(이후 한도는 25만 달러가 되었다).

노던 록에는 무슨 일이 생겼을까? 은행 바깥 줄이 이틀째에도 계속되자 영국 정부가 개입해 은행이 망하면 저축 전액을 받을 수 있도록 하겠다고 발표했다. 공포는 사라졌고, 노던 록은 연명할 수 있었다(하지만 미국 주택시장 붕괴로부터 돈을 너무 많이 잃어 결국 영국 정부가 인수했다). 많은 사람들이 뱅크런은 역사책 속 이야기가 되었다고 생각했지만 이러한 경험으로 오늘날의 경제에서도 뱅크런이 발생할 수 있다는 것을 알게 되었다.

Source: http://www.nber.org/papers/w12717 ; http://www.bos.frb.org/about/pubs/closed.pdf .

화폐의 측정

LO 31.4 통화량 M1과 M2 설명하기

이제 은행 체계를 통해 어떻게 화폐가 창출되는지 알게 되었으니, 앞의 질문으로 다시 돌아가보자. 화폐가 얼마나 있는가? 만약 여러분이 '그건 어떤 화폐를 따지느냐에 따라 다르다'라고 생각한다면 정확하게 맞다. 경제 내에 이용 가능한 화폐의 양인 **'화폐 공급**(money supply)'을 관리하는 것이 중앙은행의 임무고, 중앙은행은 화폐 공급의 가장 보편적인 정의들을 제시한다. 연방준비제도는 얼마나 쉽고 빠르게, 가치 손실 없이 현금으로 전환되는지, 즉 유동성에 따라 화폐를 분류한다.

화폐 공급 경제 내에 이용 가능한 화폐의 양

가장 좁은 정의의 화폐는 거래에 **'즉각적'**으로 이용될 수 있는 것들을 포함한다. 단 2가지만이 여기에 해당된다. 현금과 연준에 물리적으로 예치된 은행의 지급준비금이다(연방준비제도는 이 지급준비금에 대한 완전한 통제권을 갖고 있고, 필요할 때 즉시 현금으로 사용될 수 있도록 보장한다). 이 정의의 화폐는 때때로 '경화(*hard money*)'라고 불린다. 통화승수에 대한 논의로 되돌아가면, 경화가 바로 은행 체계 안에서 '곱해지는' 부분이다.

연준은 종종 M1과 M2라는 더 넓은 범위의 화폐 정의를 사용한다.

- **'M1'**은 현금(경화)과 요구불 예금(현금은 아니지만 대부분의 사람들이 쉽게 접근할 수 있는 예금)을 포함한다.
- **'M2'**는 M1보다 범위가 넓다. M2는 M1과 저축성 예금, 특정 기간만큼 돈이 묶여 있는 다른 종류의 금융 수단을 포함한다. 이러한 종류의 저축은 위약 수수료를 내야 현금으로 찾을 수 있기 때문에 M1보다 유동성이 낮다.(양도성 예금 증서(CD; Certificates of Deposit)는 덜 유동적인 형태의 화폐 사례다.)

M1 현금과 요구불 예금을 포함하는 화폐의 정의

M2 M1과 저축성 예금, 특정 기간만큼 돈이 묶여 있는 다른 종류의 금융 수단을 포함하는 화폐의 정의로 M1보다 유동성이 낮음

두 범주 모두 화폐 공급의 적법한 측정 지표다. 어떤 것을 사용할지는 사용 목적에 달렸다. 지출(유동성) 측면을 보고 싶으면 M1을, 저축 측면을 보고 싶으면 M2를 사용해야 한다. M2는 '승수를 거친' 화폐로 생각할 수도 있다. 특정 시점에서 M2를 경화와 비교하면 통화승수가 실제로 어느 정도 되는지 감을 잡을 수 있다. 〈그림 31-3〉은 통화승수가 비교적 안정적이었던 것

그림 31-3

경화, M1, M2 명목 수치로 봤을 때, 세 종류의 화폐 모두 꾸준히 증가해왔는데, M2의 증가율이 1995년부터 눈에 띄게 올라갔다. 화폐의 기반인 경화는 2008년 금융위기 대응 과정에서 크게 증가했다.

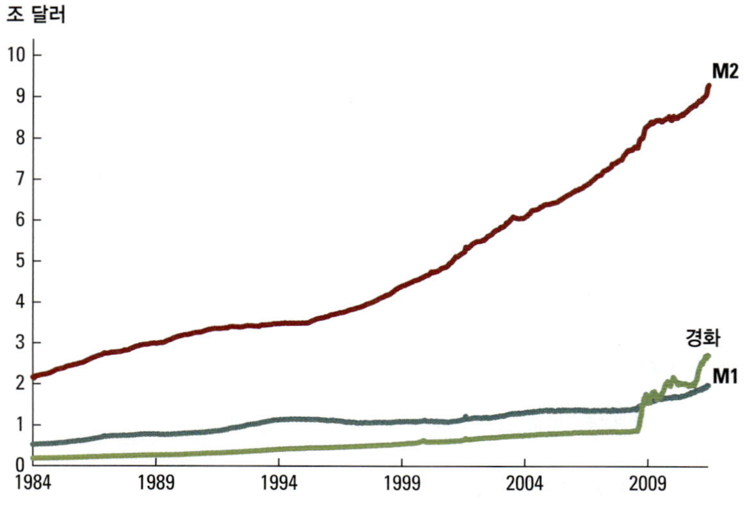

Source: Federal Reserve Economic Data, http://research.stlouisfed.org/fred2/ (accessed October 31, 2012, 2013).

을 보여준다. 2008년 연방준비제도가 금융위기를 극복하기 위해 은행에 지급준비금을 더하면서 경화가 급증했다. 그러나 은행이 대출을 꺼렸기 때문에 지급준비금이 크게 증가했음에도 불구하고 전반적인 화폐 공급은 그다지 변화가 없었다.

이쯤에서 화폐가 얼마만큼 존재할지를 누가 결정하는지 궁금할 것이다. 은행들은 M1과 M2를 결정하는 데 분명 역할을 하지만, 처음에 승수를 거칠 경화의 양은 누가 정하는 걸까? 또 누가 필요 지급준비율을 결정할까? 다음 절에서 이러한 질문들을 다룬다.

✓ 개념 확인하기

- ❒ 필요 지급준비율이 100%인 경우를 무엇이라 부르나? **[LO 31.3]**
- ❒ 통화승수는 어떻게 화폐를 창출하나? **[LO 31.3]**
- ❒ 어떤 정의의 화폐가 요구불 예금을 포함하나? **[LO 31.4]**

화폐 공급의 관리: 연방준비제도

1907년 10월 24일, 미국은 역사상 가장 심각한 금융위기를 겪고 있었다. 전국에서 수만 명의 예금자가 은행에서 빠져나가고 있어 그 누구도 안전할 수 없을 정도의 뱅크런이 발생했다. 가장 큰 은행들조차 위험했고 하루하루 연명하기에 급급했다. 이러한 혼란 중 미국의 금융 체계를 지켜내고자 한 사람이 모든 책임을 맡았다. J.P. Morgan & Co.의 대표이자 당시 가장 힘 있는 은행가였던 존 피어폰트 모건(John Pierpont Morgan)이었다. 많은 은행이 거의 쓰러지기 직전인 10월 24일 오후 1시 30분 모건은 뉴욕 주식거래소(New York Stock Exchange)의 돈이 바닥났다는 소식을 들었다. 100%의 이자를 내겠다는 사람이 있다고 하더라도 돈을 빌릴 곳이 없는 상황이었다. 주가는 곤두박질쳤다. 어떤 조치가 없으면 상장된 주식 모두가 휴지조각이 될 것이었다.

단 몇 시간 만에 모건은 당시 미국 금융계의 거의 모든 주요 인사들, 즉 주요 은행가와 자본가들을 설득했다. 재무성 장관인 조지 코틀유(George Cortelyou)조차 달려와서 이 힘 있는 은행가가 미국 경제를 몰락에서 구할 수 있을지 지켜볼 정도였다. 필요한 것은 막대한 현금이었다. 대재앙에 직면해 미국 정부는 2500만 달러를 투입했다. 존 록펠러는 즉시 1000만 달러를 제공하겠다고 했고, 필요한 경우 4000만달러까지 증액하겠다고 했다. 오후 2시 30분까지 모건은 체계를 구할 충분한 돈을 모았다.

나라를 붕괴로부터 구하는 데 금융산업의 한 거물에게 의존했다는 것은 국가가 위기에 얼마나 취약했는지 극명하게 보여준다. 6년 후인 1913년 연방준비제도가 탄생했다. 그 이후 연방준비제도는 미국 금융 체계의 작용을 조율하는 책임을 지는 중앙기관으로 자리 잡았다.

중앙은행의 역할

LO 31.5 중앙은행의 역할을 이해하고 연방준비제도의 이중 권한의 의미 설명하기

중앙은행 한 국가의 건전 경제 조성을 위해 국가의 통화 공급과 은행 체계의 기능을 조정하는 궁극적인 책임을 지는 기관

거의 모든 주요 국가에는 중앙은행이 있다. '**중앙은행**(central bank)'은 한 국가의 건전 경제 조성을 위해 국가의 통화 공급과 은행 체계의 기능을 조정하는 궁극적인 책임을 지는 기관이다.

미국의 중앙은행은 연방준비제도(연준)다. 다른 중앙은행과 마찬가지로 연준은 2가지 핵심적 기능을 한다. 화폐 공급 관리와 최종 대부자로서의 역할이다.

중앙은행의 2가지 기능을 설명하기 전에 중앙은행의 역할이 아닌 것을 이야기해보자. 중앙은행은 정부 재정의 기구가 아니다. 미국에서 세금징수, 재정지출, 부채 발행 및 전반적인 국가 재정을 관리하는 정부의 담당 기관은 재무성(Treasury department)이다. 연준이 물리적인 통화를 얼마나 인쇄할지 결정하지만, 실제 인쇄는 재무성의 조폐국(Bureau of Engraving and Printing)에서 담당한다. 짧게 말하면 재무성은 '재정정책'을 수행하고, 연준은 '**통화정책**(monetary policy)'을 수행한다. 통화정책은 특정한 거시경제적 목표를 추구하기 위해 중앙은행이 화폐 공급량을 조절하는 행위를 말한다.

통화정책 특정한 거시경제적 목표를 추구하기 위해 중앙은행이 화폐 공급량을 조절하는 행위

따라서 중앙은행의 가장 중요한 기능은 화폐 공급을 관리하는 일이다. 뒤에서 연준이 화폐 공급을 관리하는 방법을 배울 것이다. 그러나 먼저 화폐 공급 관리를 위해 중앙은행이 필요한지부터 질문해야 할 것이다. 화폐를 발행하고 관리하는 일을 왜 민간시장에 맡겨두지 않는 것일까? 최소한 원칙적으로 민간에서 발행한 화폐가 광범위하게 유통되는 것이 안 될 이유는 없다. 새로운 화폐를 창출하려는 시도에 대해서는 다른 관점에서 보기의 '비트코인이 미래의 화폐일까?'를 읽어보자.

다른 관점에서 보기

비트코인이 미래의 화폐일까?

몇몇 온라인 공동체는 그들만의 화폐를 갖고 있다. 팜빌(Farmville)은 'farm cash'를, 세컨드라이프(Second Life)는 'linden dollars'를 사용한다. 이런 가상 화폐들이 미국 달러 같은 전통적인 통화들을 대체할 가능성이 있을까? 원칙적으로 불가능하지는 않다. 그러나 현실적으로 상상하기 어려운 일이다.

앞서 좋은 화폐의 조건에 대해 논의한 것을 기억해보자. 가장 중요한 속성 중 하나는 가치의 안정성이다. 왜 사람들이 긴 세월 동안 기꺼이 금으로 부를 저장했을까? 새로운 금이 갑자기 많이 발견될 가능성이 거의 없다고 생각했기 때문이다. 금이 갑자기 많아지면 금의 가치는 떨어질 것이다. 왜 사람들이 현재는 기꺼이 미국 달러로 부를 저장할까? 연준이 갑자기 수 조의 새로운 달러를 찍어내 사람들이 보유하고 있는 달러를 값어치 없는 것으로 만들 리 없다는 타당한 신뢰를 갖고 있기 때문이다.

가상 세계에서 화폐를 '인쇄'하는 권력은 누가 갖고 있을까? 궁극적으로 그 가상 세계를 운영하는 사람들이다. 여러분은 이 사람들이 결코 새로운 가상 화폐를 많이 창출하지 않을 것이라 믿고 여러분의 평생 저축을 기꺼이 가상 화폐로 보유하고자 하겠는가? 대부분의 사람들은 그렇게 용감하지는 않을 것이다.

2009년 니카모토 사토시(Satoshi Nakamoto)라는 가명을 사용하는 의문의 프로그래머가 비트코인(Bitcoin)이라는 새로운 가상 화폐를 창출했다. 비트코인은 위에서 제기한 문제에 대한 해결책을 제시했다. 아무도 비트코인의 공급을 책임지지 않는 것이다. 대신 화폐 공급량은 수학적 알고리즘에 의해 미리 결정된 비율로 증가한다.

비트코인 초창기 사용자들은 컴퓨터를 열광적으로 사용하는 작은 공동체였고, 비트코인 한 개의 가치는 1센트의 아주 작은 부분에 지나지 않았다. 현실 세계에서 비트코인이 사용된 최초

의 사례는 라즐로 핸야크(Laszlo Hanyecz)라는 플로리다의 프로그래머가 재미로 피자 2판을 주문하고 1만 비트코인을 지불한 것이었다(그 사람은 비트코인을 또 다른 열광적 사용자에게 송금하고, 그 사람이 달러로 지불했다). 그러자 비트코인이 언론의 관심을 받게 되었고 투기적 거래자들이 비트코인을 사들이기 시작했다. 비트코인의 가치는 올라갔고, 2011년 6월에는 비트코인 한 개 가치가 27달러까지로 상승했다. 핸야크가 그 몇 달 전 피자에 지불한 1만 비트코인이 27만 달러 가치가 된 것이다. 핸야크는 말했다. "그렇게 기분이 나쁘지는 않아요. 그 피자는 정말 맛있었거든요."

비트코인의 가치가 상승하자, 해커들은 사용자의 계정에서 비트코인을 훔치는 방법을 찾기 시작했다. 2011년 7월, 당시 비트코인 거래의 90%를 처리하던 Mt. Gox라는 인터넷 사이트가 해킹을 당했다. 다른 보안 문제들이 불거지고, 한 사용자가 50만 달러 상당의 비트코인을 도난당했다고 밝혔다. 비트코인의 신뢰성이 손상되자 비트코인의 가치는 3달러 정도까지 떨어졌다. 급격한 가치 변동을 겪은 것이다. 또한 미국 규제 당국은 최근 비트코인을 이용한 돈세탁 가능성을 주목하고 있다고 사용자들에게 경고했다.

비트코인의 창시자인 니카모토 사토시는 흔적이 없지만 이 기술을 주류로 끌어올리고자 하는 비트코인 신봉자들이 여전히 많이 있다. 비트코인의 이야기가 새로운 화폐가 중앙은행을 어떻게 낡은 것으로 만드는지에 대한 서막이 될까? 아니면 이 모든 과장된 분위기를 견디지 못하고 또 하나의 온라인 아이디어로 끝날까? 비트코인 이야기는 디지털 시대에서조차 안정적이고 신뢰할 수 있는 화폐를 어떻게 유지할 것인지에 대한 오래된 문제가 여전히 매우 중요함을 보여준다.

Source: http://www.wired.com/magazine/2011/11/mf_bitcoin/all/1 ; http://www.dailytech.com/Digital +Black+Friday+First+Bitcoin+Depression+Hits/article21877.htm ; http://www.economist.com/blogs/babbage/2011/06/virtual-currency.

중앙은행의 최종 대부자 역할은 반드시 필요한 것은 아니지만 분명 매우 좋은 기능이다. 왜 그런가? 1907년 거의 단신으로 은행 체계를 살려낸 모건의 이야기로 돌아가보자. 아무도 뱅크런에 처한 은행에 돈을 빌려주려 하지 않을 때, 모건이 나서서 사람들을 동원해 최종 대부자 역할을 했다. 목전에 닥친 금융붕괴 앞에 최후의 저지선이 된 것이다. 오늘날 이것은 연준의 일이다. '금융위기' 부분에서 보게 될 것처럼 2008년 미국 금융위기 당시 연준이 한 일이 정확히 그것이다.

연방준비제도는 어떻게 작동하는가?

중앙은행의 역할에 대해 배웠으니 미국의 중앙은행인 연방준비제도가 어떻게 작동하는지 자세히 살펴보자. 연방준비제도의 조직과 연준 정책입안의 핵심 원칙에 초점을 둘 것이다.

연방준비제도 미국의 중앙은행 역할을 하는 조직으로 7명으로 구성된 연방준비제도 이사회와 12개의 지역 은행으로 이뤄진 체계

연준의 조직. **'연방준비제도(Federal Reserve)'**, 또는 짧게 연준이라 부르는 존재는 한 기관이 아니라 한 전체적 체계다. 연방준비제도는 미국의 중앙은행 역할을 하는 조직으로, 7명으로 구성된 연방준비제도 이사회와 12개의 지역 은행으로 이뤄진 체계를 말한다.

연방준비제도 이사회를 지원하기 위해 12개 지역 연방준비은행이 주요 도시에 흩어져 있다. 12개 은행이 중앙은행의 일상적인 업무를 수행한다. 지역 은행 산하에 미국의 대부분 은행이 이

른바 '구성원 은행(member bank)'으로서 연방준비제도의 구성원이자 규제 대상이 된다.

연방준비제도 이사회는 재무, 은행, 통화정책 전문가로 구성되어 있으며 14년 임기로 대통령이 임명하고 상원의 인준을 받는다. 그리고 대통령은 연방준비제도 이사회의 이사 중 한 명을 4년 임기의 의장으로 임명한다. 연방준비제도의 의장은 전 세계는 아니더라도 미국에서 가장 중요한 경제적 지위 중 하나다. 의장은 중앙은행이 수행하는 통화정책에 중대하고 직접적인 통제 권한을 갖는다.

지역 연방준비은행들은 은행장이 지휘한다. 지역 은행장은 일반적으로 그 지역의 은행산업 및 산업계에서 선택된다. 은행장은 규제 준수 상황과 통화정책 이행 등 지역 은행의 일상적인 업무를 감독할 책임이 있다.

12명의 지역 은행장 중 5명은 **연방공개시장 위원회**(*FOMC: Federal Open Market Committee*)에 참가한다. 5명 중 4명은 돌아가면서 참가하고 뉴욕 지역 은행장은 항상 참가한다. 뉴욕의 금융산업이 미국의 통화 및 금융 정책에 얼마나 중요한지 보여주는 예라고 볼 수 있다. FOMC에는 5명의 지역 은행장 외에 7명의 이사가 더 있어 총 12명이다.

FOMC는 연방준비제도에서 가장 중요한 정책입안 기구다. FOMC는 통화정책의 전반적 방향을 정하고 화폐 공급을 지도할 온전한 책임을 진다. 〈그림 31-4〉는 FOMC와 연방준비제도 이사회, 지역 은행으로 구성된 연방준비제도의 배치를 보여준다.

연방준비제도가 정부 기관치고는 다른 정부 부문과 그다지 연결되어 있지 않다는 것을 알 수 있을 것이다. 정부에 의해 임명되기는 하지만 연준이사회의 구성원들은 긴 임기를 안정되게 누릴

그림 31-4

연방준비제도 연방준비제도는 워싱턴 DC에 위치한 연방준비제도 이사회와 전국에 퍼져 있는 12개의 지역 은행으로 구성되어 있다.

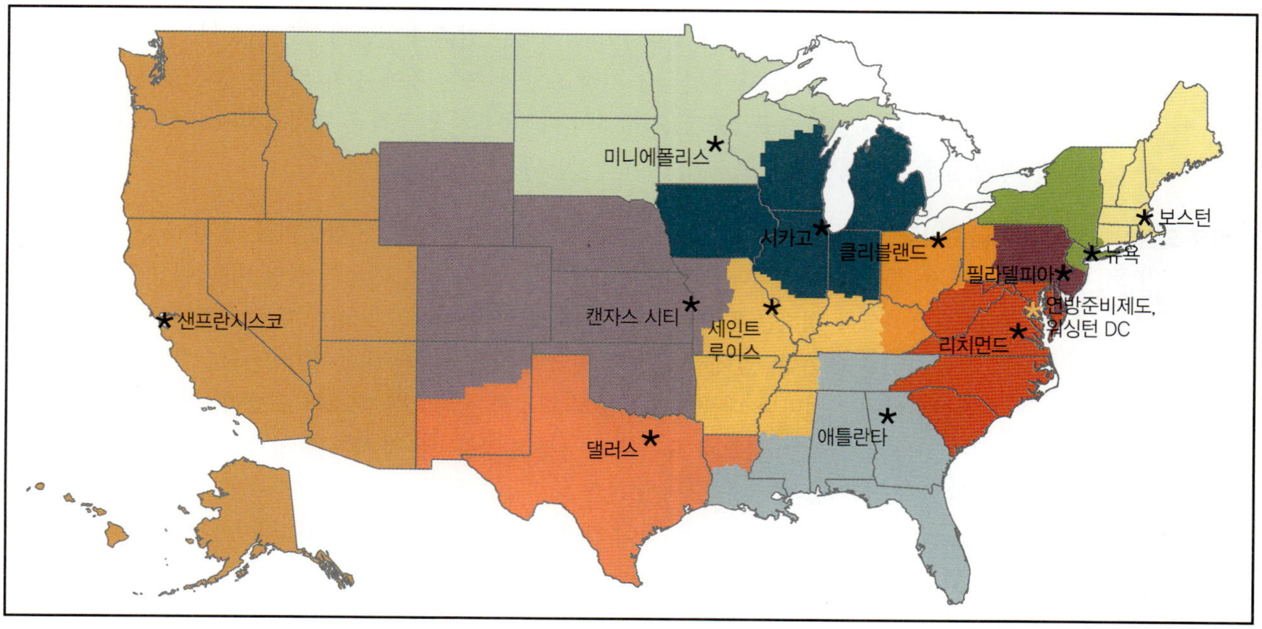

Source: http://www.federalreserve.gov/otherfrb.htm (accessed January 27, 2013).

수 있다. 그 덕분에 이사회는 정치로부터 독립적일 수 있다. 이는 우연한 일이 아니다. 모든 정당의 정치인들은 통화정책의 힘을 알기 때문에 연준의 높은 독립성이야말로 FOMC 구성원들이 정치적 압력에 휘둘리지 않기 위해 중요한 것이다. 연준이 독립적이어야, 예컨대 정부의 부채 상환 부담을 줄이기 위해 화폐 공급을 확장하는 일 같은 것을 하지 않는다. 또한 정치인이 아닌 전문적 관료들이 통화정책을 책임지고 있어야 달러의 안정성에 대한 사람들의 신뢰가 커진다.

이중 권한 미국 연방준비은행의 2가지 책임으로, 물가 안정과 완전 고용을 달성하기 위해 통화정책을 이용해야 한다는 것

연준의 정책 결정 과정. 국가 경제를 위한 통화정책 관리는 정확히 무엇을 의미하는 것일까? 연방준비제도는 '**이중 권한**(dual mandate)'이라 불리는 2가지 책임이 있다. '**물가 안정**'과 '**완전 고용**'을 달성하기 위해 통화정책을 이용해야 한다는 것이다. 첫 번째 권한은 많은 사람들이 통화정책이라 할 때 떠올리는 것이다. 경제의 필요에 맞게 안정적으로 화폐를 공급하면서 물가를 상대적으로 일정하게 유지하는 일이다. 이 권한만을 갖는 중앙은행도 많다(예를 들어, 유럽 많은 지역의 통화정책을 담당하는 유럽 중앙은행(European Central Bank)의 유일한 권한은 물가 안정이다). 그러나 미국에서는 연방준비제도에 통화정책을 이용해 완전 고용을 달성하는 목표까지 주어져 있다. 통화정책은 경제에 강력한 영향을 미칠 수 있다. 두 번째 권한은 경제가 강하고 안정되도록 이러한 영향력을 이용하라는 뜻이다. 다음 몇 개 절에서는 연준이 이 권한을 어떻게 달성하고자 하는지 공부할 것이다.

'인플레이션' 부분에서는 이 두 권한이 근본적으로 충돌할 수 있고, 연준이 이 갈등을 어떻게 관리하는지 배울 것이다.

통화정책의 수단

LO 31.6 연방준비제도가 통화정책을 수행하기 위해 이용하는 수단 설명하기

이중 권한을 달성하기 위해 연준은 화폐 공급을 관리한다. 연준이 화폐 공급량을 바꾸기 위해 쓸 수 있는 방법은 몇 가지가 있다. 이 절에서는 연준이 일반적으로 사용하는 3가지 전통적인 방법을 살펴볼 것이다. 이 방법들을 가장 드물게 쓰는 것에서 자주 쓰는 순으로 나열하면 '**지급준비금 요건**', '**재할인 창구**', '**공개시장 조작**'이다. 공개시장 조작은 통화정책의 주된 수단이고 다른 방법들은 보완적인 것으로 거의 쓰이지 않는다.

지급준비금 요건 은행이 예금의 일정 비율 이상을 지급준비금으로 보유하도록 정하는 규제

지급준비금 요건. 연준이 쓸 수 있는 가장 강력한 수단은 '**지급준비금 요건**(reserve requirement)'을 통제하는 것이다. 지급준비금 요건이란 은행이 예금의 일정 비율 이상을 지급준비금으로 보유하도록 정하는 규제다. 이 방법은 영향력의 범위가 넓기 때문에 정책입안자들은 드물게 사용하려고 애쓴다. 앞에서 은행의 지급준비율이 경제 내에 얼마만큼의 화폐가 존재할지와 그 연장선상에서 얼마나 대출이 발생할지 결정하는 중요한 요소라고 했다. 연준이 원한다면 예금의 100%를 지급준비금으로 요구해서 부분 지급준비은행 체계를 정지시킬 수도 있다. 비록 좋은 생각은 아니지만 말이다.

지급준비금 요건을 변경하는 것이 강력한 수단이기는 하지만 대부분의 경우 너무 강력한 수단이다. 지급준비금 요건을 통해 화폐 공급량을 의미 있는 수준으로 통제하려면 은행의 지급준비금을 급격하게 변동해야 할 것이고, 예상치 못한 중대한 결과가 야기될 것이다. 은행 경영자들은 특정 지급준비금 요건을 염두에 두고 계획을 세우는데, 이 요건이 갑자기 바뀌면 자금을

관리하기가 훨씬 어려워진다. 또한 지급준비금이 급격히 변하면 경제 전체에 파장이 미쳐 신용 이용과 은행 체계에 대한 신뢰에도 영향을 미친다. 그럼에도 중국과 같은 나라들에서는 통화정책의 일차적 수단으로 지급준비금 요건을 사용해왔다(그 성공 여부는 뒤섞여 있다). 미국에서는 위기가 아니면 지급준비금 요건을 바꾸지 않는다. 지급준비금 요건 변화가 확 떠미는 것이라면, 대부분의 경우 통화정책 변화는 살짝 밀어주는 정도다.

재할인 창구. 연준의 두 번째 수단은 재할인 창구다. '**재할인 창구**(discount window)'는 연방준비은행이 운영하는 대출 기구로, 어떤 은행이라도 지급준비금을 대출할 수 있도록 허용된다. 재할인 창구를 통한 대출에 적용되는 이자율을 '**재할인율**(discount rate)'이라 한다. 재할인 창구는 시장에 유동성을 공급하고 최종 대부자 역할을 수행하는 연준의 주된 수단 중 하나다. 뱅크런 같은 사유로 은행이 위험에 처하면 재할인 창구는 급전 제공을 보장한다.

재할인 창구 연방준비은행이 운영하는 대출 기구로, 어떤 은행이라도 지급준비금을 대출할 수 있도록 허용됨

재할인율 연방준비은행이 재할인 창구를 통해 은행들에 지급준비금을 대출해 줄 때 적용되는 이자율

재할인 창구가 최종 대부자로서 연준의 책임을 수행하는 데 핵심적 수단이기는 하지만 통화정책으로서는 역사적으로 거의 사용되지 않았다. 일반적으로 재할인율이 시장의 이자율보다 높아서 은행이 대출하고자 할 때 재할인 창구를 이용하지 않기 때문이다. 그러다 보니 재할인 창구를 이용한 은행은 그 은행의 재무 상태에 대해 시장의 의심을 사게 마련이다. 어떤 은행이 생존을 위해 불리한 조건에 돈을 빌려야 하는 상황이라면 위험에 처해 있을 가능성이 높기 때문이다. 이러한 낙인 때문에 은행들은 재할인 창구 이용을 꺼린다.

하지만 더 나은 대안이 없을 때가 있다. 2008년 금융위기 중 이런 낙인은 떨어져버렸다. 절박하게 현금이 필요한 은행으로서는 평판에 대한 고려보다는 돈을 빌릴 수 있는 유일한 곳으로 찾아갈 수밖에 없었다. 2008년 10월, 단 일주일 동안 은행들이 재할인 창구에서 빌려간 급전은 1170조 달러에 달했다.

공개시장 조작. 연준이 가장 많이 사용하고 중요한 마지막 수단은 공개시장 조작이다. '**공개시장 조작**(open-market operation)'은 중앙은행이 시장에서 국채를 은행에 팔거나 은행으로부터 사들이는 행위를 말한다.(실제 과정은 이 책에서 설명하는 것보다는 조금 더 우회적이지만, 핵심은 같다. 연준이 국채를 은행에 팔거나 은행으로부터 사들이는 것이다.) 이러한 거래 결과 화폐 공급은 늘거나 줄어든다.

공개시장 조작 중앙은행이 시장에서 국채를 은행에 팔거나 은행으로부터 사는 행위

연준이 화폐 공급을 늘리고 싶을 때, 한 큰 은행으로부터 채권을 사들인다. 연준은 그 대가를 지급준비금으로 지불한다. 그러면 은행은 지급준비금이 많아졌기 때문에 대출을 더 하거나 채권을 더 많이 살 수 있어서 결과적으로 화폐를 창출한다. 반대로 연준이 화폐 공급을 줄이고 싶으면, 채권을 팔고 지급준비금을 받는다. 연준은 그렇게 받은 돈을 폐기해 존재하는 경화의 양을 줄인다.

공개시장 조작은 다른 통화정책 수단에 비해 몇 가지 장점이 있다. 채권을 사고파는 거래는 매일 일어난다. 연준은 경제를 휩쓰는 변화보다는 작은 조정을 원하는 경우가 대부분이기 때문에 거래가 자주 일어난다는 사실은 공개시장 조작의 유연성을 높인다. 이렇게 일 단위로 활동을 할 수 있어서 연준은 꾸준하고 신뢰할 수 있는 정책을 편다는 평판도 유지할 수 있다.

공개시장 조작이 경제 전반에는 어떤 영향을 미칠까? 2가지 방향으로 작용한다. 첫째, 연준이 은행에 국채를 팔 때 거래 대금은 그 은행이 연준에 예치한 지급준비금으로 지불된다고 했다. 따라서 연준의 채권 판매로 은행의 지급준비금은 줄어든다. 그 결과 그 은행의 대출 여력은 떨어

진다. 한 은행의 대출 감소는 승수효과로 인해 전체 경제에 파장을 일으켜 다른 은행의 대출을 줄이고 화폐 공급의 증가율을 서서히 낮춘다. 이것이 바로 총수요를 감소시키기 위해 화폐 공급을 줄이는 수단인 '**긴축적 통화정책**(contractionary monetary policy)'의 한 중요한 방법이다.

긴축적 통화정책 총수요를 감소시키기 위해 화폐 공급을 줄이는 수단

확장적 통화정책 총수요를 증가시키기 위해 화폐 공급을 늘리는 수단

이와 반대로 연준이 국채를 살 때는 총수요를 증가시키기 위해 통화 공급을 늘리는 수단인 '**확장적 통화정책**(expansionary monetary policy)'을 편다. 연준이 한 은행으로부터 채권을 사면 연준은 그 은행의 연준 지급준비금 계좌로 지불한다. 지급준비금이 늘어난 은행은 더 많이 대출을 할 수 있고, 다른 은행의 대출까지 증가시키는 파장 효과를 일으킨다. 이것이 연준이 화폐 공급의 증가율을 높이고 확장적 통화정책을 추구하는 방법이다.

공개시장 조작이 작용하는 두 번째 방법은 한 은행이 연준에 맡겨둔 지급준비금을 다른 은행에 매우 단기로(보통 밤사이에) 빌려줄 때 물리는 이자율인 연방기금금리에 영향을 미치는 것이다. 연준은 공개시장 조작을 할 때 이 연방기금금리를 표적으로 사용한다. 즉, 국채를 팔아 연방 연방기금금리를 밀어올리고, 국채를 사서 금리를 끌어내리는 것이다.

연방기금금리와 화폐 공급. 연준은 그들의 통화정책을 설명할 때 화폐 공급의 변화로 표현하지 않는다. 대신 이자율에 초점을 둔다. 더 정확히 말하면, 연준은 연방기금금리의 '목표 수준(target)'을 발표한다. '**연방기금금리**(federal funds rate)'는 연방준비은행에 은행들이 맡겨놓은 지급준비금을 은행 간 보통 하룻밤 사이 대출할 때 적용되는 금리다.

연방기금금리 연방준비은행에 은행들이 맡겨놓은 지급준비금을 은행 간 대출할 때 적용되는 금리

은행은 특정 수준의 지급준비금을 유지하도록 규제를 받는다. 따라서 영업시간이 끝나고 지급준비금이 부족한 것이 확인되면 지급준비금에 여유가 있는 다른 은행으로부터 부족한 만큼 빌릴 수 있다. 두 은행 모두 연방준비은행에 계좌가 있으므로 이 계좌 간 이체를 통하는 방식은 쉽고도 안전하다.

연준은 연방기금금리에 어떤 영향을 미치는 것일까? 긴축적 통화정책 때 연준은 국채를 팔고 은행의 지급준비금을 가져간다. 지급준비금 공급이 줄어들면 연방기금금리는 올라간다. 왜 그럴까? 다른 모든 시장에서의 수요 공급 분석과 마찬가지로 지급준비금의 공급이 줄어들면 지급준비금을 빌리는 값은 올라가게 마련이다. 다른 이자율도 연방기금금리와 같은 방향으로 움직이기 때문에, 연방기금금리가 올라가면 다른 이자율도 일반적으로 올라가고 주택이나 차, 새 기계 등에 대한 지출이 어려워진다. 따라서 연방기금금리를 올리는 것은 경기를 식히는 긴축적 통화정책의 목적에 부합한다. 이러한 논리는 확장적 통화정책에도 적용된다. 이자율을 낮춰 경기를 자극하는 것이다.

이상의 3가지 수단이 연준의 전통적 전술이다. '금융위기' 부분에서 전통적이지 않는 수단의 사례를 논의할 것이다. 이러한 혁신은 최근 금융위기에서 금융 체계 전체를 방어하는 데 사용됐다. 새로운 정책들을 통해 연준은 세계경제의 변화하는 요구에 부응할 수단을 신속하게 조정한 것이다.

✓ 개념 확인하기

- ❒ 연방준비제도 업무를 전체적으로 감독하는 워싱턴 DC에 위치한 연준의 조직을 무엇이라고 하나? **[LO 31.5]**
- ❒ 연방준비제도의 이중 권한은 무엇인가? **[LO 31.5]**
- ❒ 연방준비제도가 통화정책을 수행하기 위해 가장 자주 사용하는 수단은 무엇인가? 다른 수단에 비해 이 수단의 장점은 무엇인가? **[LO 31.6]**

통화정책의 경제적 효과

연준의 화폐 공급 조절이 왜 위력이 있는지 이해하려면 통화정책이 경제에 영향을 미치는 기제에 대해 더 알아볼 필요가 있다. '**통화주의자**(*monetarist*)'로 불리는 경제학자들은 장기적으로 화폐 공급 변화에 따라 물가가 적응할 것이기 때문에 경제의 전반적인 생산수준에는 변화가 없으므로 통화정책은 유효하지 않다고 주장한다(따라서 통화주의자들은 '화폐는 중립적(money is neutral)'이라고 말한다). 그러나 대부분의 경제학자들은 최소한 단기에서는 연준의 화폐 공급 조절이 경기침체와 싸우고 과열된 경기를 식힐 수 있다고 생각한다. 어떻게 이런 기제가 작동하는 것일까?

통화정책은 주로 이자율 변화를 통해 경제에 영향을 미친다. 이자율이 변하면 돈을 빌리고 빌려주려는 성향이 바뀌는데, 이는 경제에 중요한 영향을 미친다. 이 절에서는 이러한 과정의 연결고리와 통화정책 수행의 어려운 점을 살펴본다.

이자율과 통화정책: 유동성 선호모형

LO 31.7 통화정책이 어떻게 시중 이자율과 화폐 공급에 영향을 미치는지 이해하기

중앙은행이 화폐 공급을 늘리거나 줄이면 공급된 화폐량과 수요된 화폐량의 균형이 바뀐다. '공급'과 '수요'라는 단어로부터 앞에서 배운 공급-수요 그래프로 그린 화폐시장을 떠올려보자.

이자율과 통화정책의 관계가 어떻게 작용하는지 이해하기 위해, 경제학자 존 메이너드 케인스(John Maynard Keynes)가 1936년에 처음으로 제안한 '**유동성 선호모형**(*liquidity-preference model*)'의 화폐 공급과 수요의 속성에 대해 알아보자.

화폐의 수요. 경제학자들은 어떤 자산을 현금으로 바꾸기 쉬울 때 '유동적'이라고 표현한다. 정의상 현금은 매우 유동적이고, 요구불 예금도 현금에 가까울 정도로 유동적이다. 일상의 지출 용도를 위해 우리는 현금이나 쉽게 접근할 수 있는 은행 계좌가 필요하다. 달리 말하면, 우리는 유동성에 대한 선호를 갖고 있다.

반대로 국채는 그렇게 유동적이지 않다. 국채가 지출을 위한 현금이 되려면 우선 팔려야 한다. 물론 국채에는 현금이 갖지 못한 중요한 장점이 있다. 이자를 낳는다는 것이다. 이자의 장점은 유동성이 낮다는 단점을 상쇄한다.

따라서 국채의 이자율이 높으면 대부분의 사람들이 현금 대신 국채 보유를 늘릴 것이다. 그리고 이자율이 떨어지면 국채의 이점이 줄어들었기 때문에 현금 보유가 상대적으로 매력적이다. 국채로부터 이자를 많이 벌지 못할 상황이면 아예 현금이나 다른 유동적인 자산만 보유하겠다고 결정할 수도 있다. 이러한 관계가 유동성 선호모형의 중심 사고다. '**유동성 선호모형**(liquidity preference model)'은 사람들이 보유하고자 하는 화폐의 양을 이자율의 함수로 보는 모형이다. 이 모형에서 화폐 수요함수는 우하향하는 모양이다. 이자율과 화폐 수요량이 음(−)의 상관관계를 보이는 것이다. 왜 그럴까? '화폐'를 이자를 지급하는 채권 같은 자산이 아닌 현금으로 생각해보자.(아무리 이자율이 높더라도 일상의 지출을 위해서는 현금이 필요하다.)

유동성 선호모형 사람들이 보유하고자 하는 화폐의 양을 이자율의 함수로 보는 모형

전체적으로 보면, 이자율이 높을 때 사람들은 화폐를 덜 수요하지만 이자율이 낮아질수록 수

요량은 증가한다. 이자율이 변할 때 화폐 수요량이 따라 변하는 것은 화폐 수요곡선상의 움직임으로 표현될 수 있다. 이자율이 오르면 더 적은 양의 화폐를 수요하고 수요곡선을 따라 왼쪽으로 움직인다. 이자율이 떨어지면 더 많은 양의 화폐를 수요하고 오른쪽으로 움직인다.

모든 변화가 수요곡선상의 움직임을 일으키는 것은 아니다. 어떤 요소들은 수요곡선 자체를 이동시킨다. 경제의 물가수준이 그러한 요소 중 하나다. 오늘날 미국의 화폐 수요는 50년 전보다 높은데, 당시보다 지금 모든 것이 더 비싸다는 간단한 이유 때문이다. 물가가 높으면 어떤 이자율 수준에라도 일상의 지출을 맞추기 위해 요구되는 화폐량도 많아진다. 이러한 수요 증가는 화폐 수요곡선을 오른쪽으로 이동시킨다.

실질 GDP 증가 역시 화폐 수요에 비슷한 영향을 미친다. 더 많은 재화와 서비스가 팔린다는 것은 그것들을 구매하기 위해 더 많은 화폐가 필요하다는 뜻이다. 실질 GDP의 감소는 반대의 효과를 일으킬 것이다. 경제활동이 감소하면 화폐도 덜 필요하다. 이러한 경제적 요소 외에도 기술의 발달 역시 작용한다. 신용카드 사용이 늘고 ATM기가 많아지면 화폐 수요가 감소한다. 사람들이 일상의 지출을 위해 지갑에 가지고 다녀야 하는 현금이 줄어들기 때문이다.

화폐 공급. 간단한 형태의 유동성 선호모형에서 화폐 공급은 연준에 의해 정해진 것으로 간주된다. 이자율에 관계없이 연준이 경제에 공급되는 화폐량을 일정하게 유지할 수 있다고 가정하는 것이다. 〈그림 31-5〉에 나타난 것처럼 이 경우 화폐 공급곡선은 수직선으로 표현된다. 따라서 화폐 공급곡선이 이동하는 것은 연준이 정책적 이유에서 화폐 공급량을 조정할 때뿐이다.

그림 31–5
유동성 선호모형

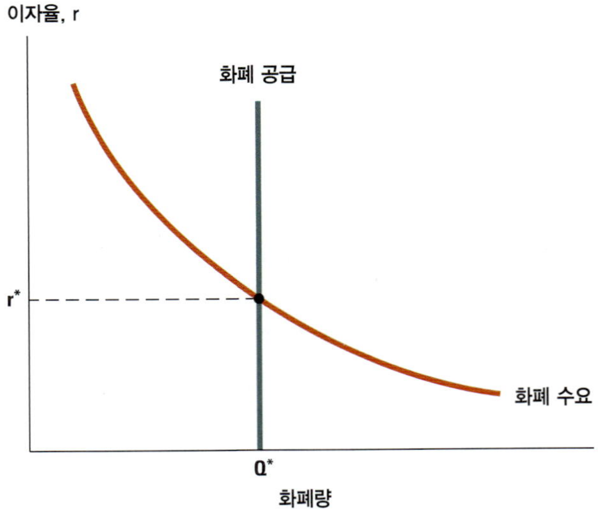

유동성 선호모형은 화폐 공급과 수요의 기본적 관계를 보여준다. 모형에서 화폐 공급은 연준에 의해 완벽하게 정해진다고 가정된다. 화폐 수요곡선은 이자율의 함수이고 우하향한다. 이자율이 높을 때 사람들은 화폐를 적게 수요하고 이자율이 떨어짐에 따라 화폐 수요량은 증가한다.

〈그림 31-5〉는 유동성 선호모형에서 화폐 공급과 화폐 수요의 기본적 관계를 보여준다. 화폐 공급과 화폐 수요가 만나는 점에서 화폐의 명시된 가격인 **'명목 이자율'**이 결정된다.

이 간단한 모형에서는 연준이 화폐 공급곡선에 대한 완벽한 통제력을 갖고 있다고 가정했지만, 현실에서 화폐 공급은 여러 가지 요인에 의해 결정된다. 현실에서는 연준이 경화 공급을 결정하면 통화승수를 통해 은행이 이로부터 궁극적으로 얼마만큼의 화폐를 창출할지 결정된다. 뒤에서 보게 되겠지만, 연준이 화폐 공급과 이자율을 정하는 능력은 결코 모형에서만큼 정확하지 않다. 그러나 연준에 의해 화폐 공급이 고정된다는 가정은 모형을 소개하는 데에는 유용하다.

앞에서 연준이 화폐 공급을 조절하는 방법에 대해 배웠는데, 화폐 공급이 변하면 화폐 공급곡선이 이동할 것이다. 화폐 공급을 증가시키는 정책은 화폐 공급곡선을 오른쪽으로 이동시킨다. 지급준비금 요건 축소, 재할인율 인하, 공개시장을 통한 국채 매입 등은 화폐 공급을 증가시킨다. 반대로 화폐 공급을 감소시키는 정책은 화폐 공급곡선을 왼쪽으로 이동시킨다. 〈그림 31-6〉에서처럼 화폐 공급이 변하면 이자율은 오르거나 내린다.

화폐 수요곡선의 기울기를 아는 것은 중요하다. 화폐 공급이 변할 때 이자율이 얼마나 변할지 결정하는 것이 수요곡선의 기울기이기 때문이다. 이자율 변화에 따라 화폐 수요량이 신축적으로 변하면(평평하고 탄력적인 수요곡선) 화폐 공급이 변했을 때 이자율이 변하는 정도는 수요곡선이 신축적이지 않을 때(가파르고 덜 탄력적인 수요곡선)보다 적을 것이다.

그림 31-6

화폐 공급곡선의 이동

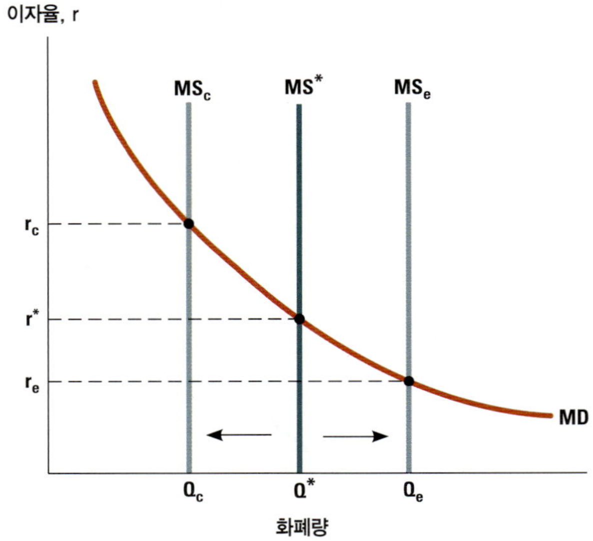

화폐 공급곡선이 오른쪽으로 이동하는 것(화폐 공급 증가)을 확장적 통화정책이라 한다(그림에서 하첨자 e로 표시되었다). 그 결과 경제에 더 많은 화폐가 존재하고 이자율은 낮아진다. 화폐 공급곡선이 왼쪽으로 이동하는 것은 화폐 공급 감소를 의미한다(그림에서 하첨자 c로 표시되었다). 경제에 화폐는 감소하고 이자율은 높아진다.

이자율과 경제

LO 31.8 확장적 또는 긴축적 통화정책이 경제 전반에 어떤 영향을 미치는지 설명하기

유동성 선호모형은 연준의 결정이 어떻게 이자율을 변화시키는지 설명한다. 연준이 화폐 공급을 늘리면 이자율은 떨어지고 화폐 공급을 줄이면 이자율은 오른다. 왜 연준이 이자율에 관여할까? 이자율이 경제에 미치는 영향이 크기 때문이다. 주택이나 자동차, 비싼 가전제품같이 목돈이 들어가는 것은 주로 돈을 빌려 구매한다. 마찬가지로 기업이 투자를 위해 돈을 빌릴 때도 이자율로 결정되는 가격을 지불해야 한다.

확장적 통화정책. 이자율 변화는 경제의 총수요와 총공급에 영향을 미친다. 이자율이 내려 사람들이 목돈 들어가는 물건을 더 사면 소비가 증가한다. 이자율이 하락하면 돈을 빌리는 것이 싸지고 저축의 보상은 적어진다. 사람들은 저축 대신 지출을 늘려 총수요 중 소비가 더 증가하게 된다.

따라서 통화정책은 정책입안자들이 경제의 건전성 변화에 대응하는 중요한 수단이다. 예를 들어 경제가 침체 상태라고 해보자. 총수요는 낮고 경제는 부진한 생산수준과 낮은 물가로 대표되는 단기균형 상태에 있다. 연준은 이자율이 낮아지면 차입과 지출이 촉진될 것을 안다. 총수요곡선이 오른쪽으로 이동하는 것이다. 연방준비제도 이사회 의장은 연준이 연방기금금리를 낮출 것이라고 발표한다. 즉 공개시장 조작을 통해 화폐 공급을 늘린다. 이러한 행위를 **확장적 통화정책**이라고 한다. 〈그림 31-7〉 (A)에서 보듯이 이 행위 결과 이자율이 낮아진다.

그림 31–7
확장적 통화정책

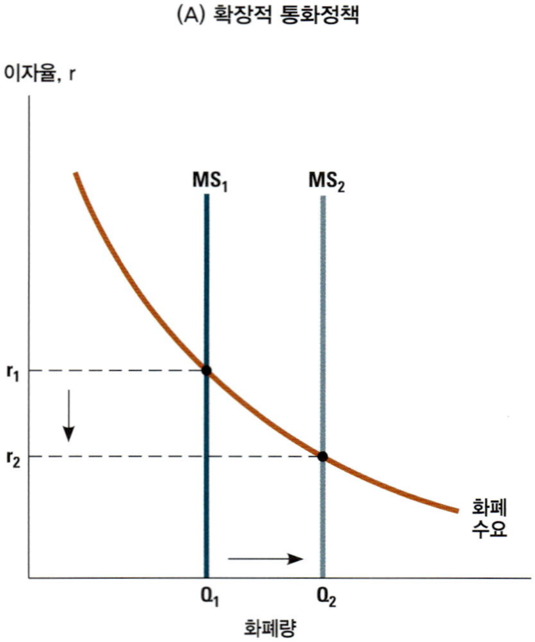

확장적 통화정책은 이자율을 낮추고 화폐량을 증가시킨다.

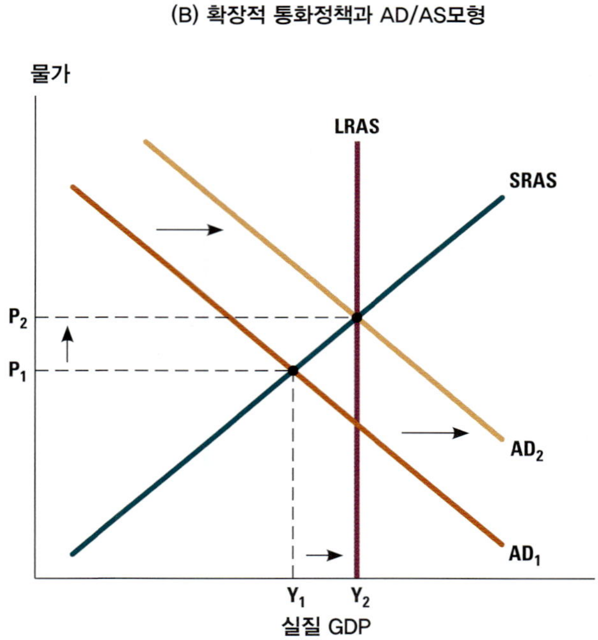

사람들이 지출과 차입을 늘린 결과 총수요가 증가한다. 이 경우 통화정책은 경제를 침체에서 끌어낼 수 있다.

앞에서 묘사된 것처럼 낮은 이자율은 차입과 지출을 자극하고 저축을 줄인다. 소비와 투자 지출의 증가로 총수요가 증가한다. 〈그림 31-7〉 (B)처럼 총수요곡선이 오른쪽으로 이동하는 것이다. 이는 궁극적으로 '재정의 기초' 부분에서 논의한 확장적 재정정책의 효과와 같다. 물가와 산출수준 모두 증가하고 경기침체에서 빠져나올 가능성이 있는 것이다.

긴축적 통화정책. 반대로 경제가 2006년 주택시장 거품 현상과 같이 과열되어 있으면 연준은 무엇을 해야 할까? 경제에 현금이 넘치므로 총수요곡선이 너무 오른쪽에 있고 물가는 높다. 생산수준도 높기 때문에 이러한 상황에서 무엇을 할지 결정하는 것은 좀 더 어렵다.

경제가 활기찬 것은 분명 좋은 일이다. 그러나 다른 한편에서 보면 경제가 지나치게 과열되었을 수도 있다. 단기적 생산수준이 장기 균형보다 높으면 물가는 불가피하게 오른다. 물가 상승은 물가를 안정적으로 유지해야 한다는 중앙은행의 권한과 충돌한다. 중앙은행의 이러한 책임은 '인플레이션' 부분에서 더 자세히 알아볼 것이다. 그러나 일단은 연준이 이러한 물가 상승이 경제에 부작용을 일으킬 것이라 걱정한다고 하자.

연준이 경기가 '과열'됐다고 판단하면 주택 거품 상황에서 그러했듯이 종종 이자율을 높인다. 이자율이 오르면 총수요는 왼쪽으로 이동하고 단기적으로 물가와 균형 생산수준이 하락한다. 〈그림 31-8〉 (A)의 긴축적 통화정책의 결과가 (B)와 같이 나타나는 것이다.

이러한 예들은 단기적인 것이라고 했다. 장기에서는 경제가 화폐 공급 변화에 적응해 전반적인 물가수준만 변하게 된다. 이러한 사실은 연준이 당면한 중대한 과제를 일깨운다. 어떻게 물가를 안정적으로 유지하면서 완전 고용을 달성할 것인가다. '인플레이션' 부분에서 보게 될 것처럼 이 2가지 목표는 종종 본질적으로 상충된다.

그림 31-8
긴축적 통화정책

(A) 긴축적 통화정책

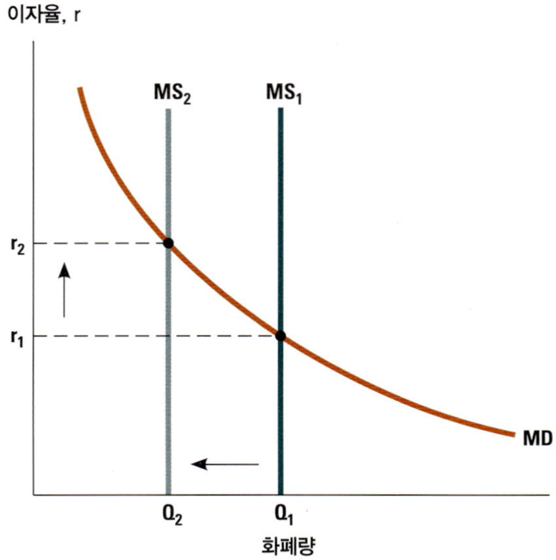

긴축적 통화정책은 이자율을 높이고 화폐량을 감소시킨다.

(B) 긴축적 통화정책과 AD/AS모형

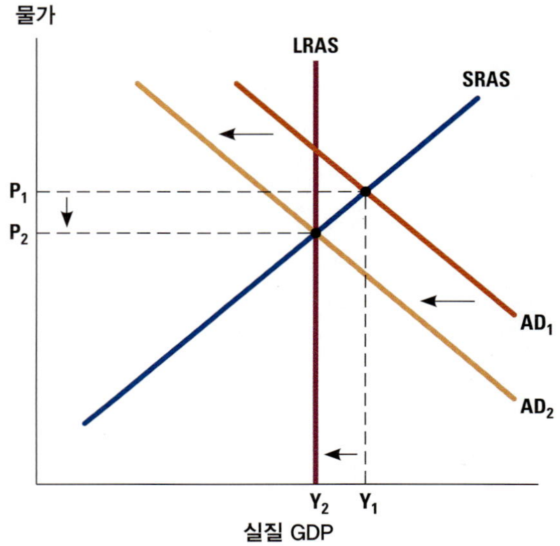

화폐 공급이 감소하면 과열된 경기를 식힐 수 있다.

통화정책의 과제와 이점. 앞에서 논의한 통화정책의 예는 이상적인 상황에서 정책이 어떻게 작동할 수 있는가를 보여준다. 하지만 실제로 이렇게 깔끔하게 정책이 작동하는 경우는 거의 없다. 재정정책의 경우에도 정책입안자들이 직면하는 현실적인 문제들, 즉 정책 효과의 시차나 불완전한 정보 등에 대해 이야기한 바 있다. 연준이 통화정책을 사용해 경제의 방향을 틀 때에도 같은 문제에 부딪친다.

비록 통화정책이 재정정책에 비해 실행에 걸리는 시간이 짧지만 연준이 바라는 효과가 나타나기까지 몇 달이 걸릴 수도 있다. 효과가 나타날 때쯤에는 경제 상황이 바뀌었을 수도 있다. 예를 들어, 확장적 통화정책이 장기 균형 생산수준을 지나도록 경기를 밀어올려 과열 현상이 될지도 모른다. 더 나쁜 상황은 이미 하락을 시작한 경기에 연준이 화폐 공급을 줄이는 긴축적 통화정책을 쓸 때다. 이러한 엇갈린 정책으로 경기침체가 더 악화될 수 있다.

그렇다 하더라도 통화정책은 전통적인 재정정책에 비해 이점이 있다. 연준은 사사건건 부딪치는 정치인들이 경제를 개선하기 위해 어떤 정책이 가장 좋을지 합의에 이르기를 기다릴 필요가 없다. 대신 연방준비제도 이사회와 공개시장 위원회가 6주에 한 번씩 만나 필요하면 통화정책을 바꾸면 된다. 게다가 연준은 적합한 정책을 적합한 시기에 적용하기 위해 전반적 경제 상황을 이해하고자 노력하는 뛰어난 경제 정책입안자로 구성되어 있다. 이러한 이점들은 높은 실업률이나 과도한 인플레이션에 맞서는 필수 무기로 통화정책이 중요한 이유다.

다시 대부자금시장으로 돌아와서…

이쯤 되면 '('금융의 기초' 부분에서 살펴본) 대부자금시장은 무슨 상관이 있을까?' 하고 궁금할지도 모르겠다. 금융시장이 차입자와 대출자를 연결하기 위해 존재한다면, 연준이 확장적 통화정책을 펼 때 낮아진 이자율로 촉발된 추가 차입은 어떻게 자금을 조달할 수 있을까? 이자율이 낮아지면 차입자로부터의 수요는 증가하는데 저축자로부터의 공급은 감소해서 대부 가능한 자금이 부족하지 않을까? 이렇게 생각하면 세상이 움직이는 방향에 대해 전혀 다른 2개의 모형을 다루는 것처럼 보인다. 한 모형에서는 연준이 화폐 공급과 수요를 관리해서 이자율을 결정하고, 다른 모형에서는 저축자와 차입자가 존재하는 시장 전체가 이들이 교차하는 지점에서 이자율을 결정하는 것이다.

〈그림 31-9〉는 경제의 동태적 움직임을 통해 이 두 모형이 어떻게 연결되는지 보여준다. 연준이 이자율을 낮출 때, 이는 차입과 경제적 생산수준을 자극한다. 생산 증가의 일부는 저축되고 저축 증가는 은행 체계 안에서 승수효과를 거친다. 그 결과 이자율 하락은 대부자금 공급을 오른쪽으로 이동시킨다. 대부자금 공급이 증가하면 새 균형에서 이자율은 낮아지고 대출은 증가한다.

사실 대부자금 공급곡선이 오른쪽으로 이동하는 정도는 그 결과로 발생하는 대부자금시장 균형 이자율이 유동성 선호모형에서 예측한 이자율 수준과 일치하는 수준이다. 종합하면, 세상을 바라보는 이 2가지 방법은 금융 체계의 발전이 더 넓은 경제에 어떤 영향을 미치는지 보여준다고 할 수 있다.

그림 31-9

유동성 선호모형과 대부자금시장의 비교

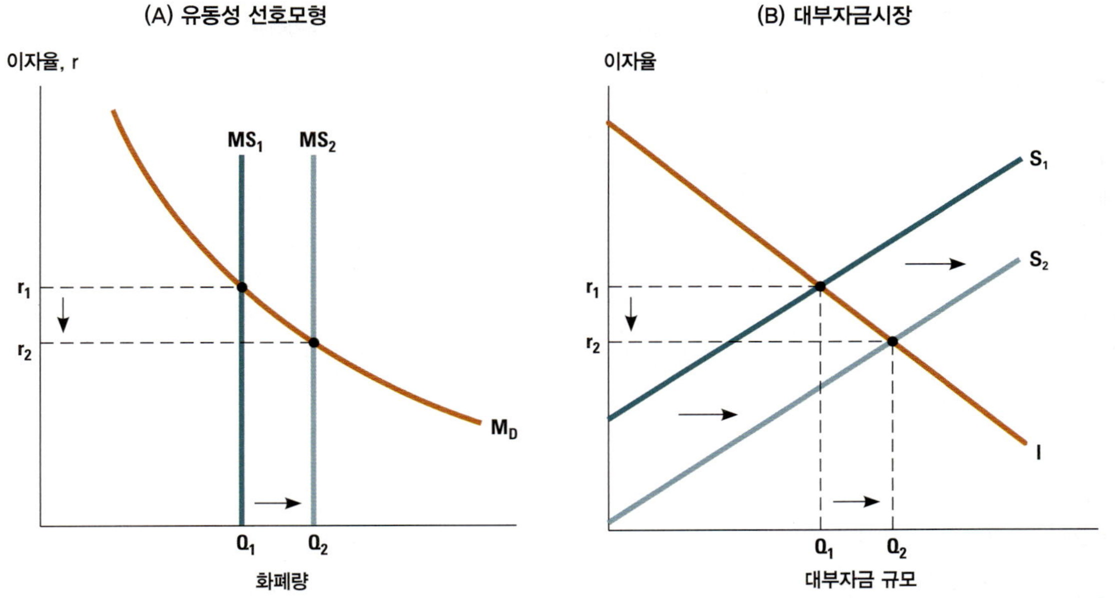

유동성 선호모형에서 연방준비제도에 의한 이자율 하락은 화폐 공급곡선을 오른쪽으로 이동시켜 경제 내 화폐량을 증가시킨다.

작동 기제는 다소 다르지만 대부자금시장에서도 비슷한 효과가 나타난다. 이자율이 하락하고 생산이 증가하면 저축이 증가해 대부자금 공급곡선이 오른쪽으로 이동한다.

✓ 개념 확인하기

- ❒ 연방기금금리란 무엇인가? **[LO 31.7]**
- ❒ 중앙은행은 경기침체 시기에 총수요를 증가시키기 위해 무엇을 해야 하는가? **[LO 31.8]**

결론

이 장에서 현대 경제의 가장 기초적인 개념 중 하나인 화폐에 대해 알아보았다. 화폐의 역할과 과거에 존재했던 다른 형태의 화폐들을 살펴봤고, 중앙은행과 민간 은행 체계가 화폐 공급량을 어떻게 결정하는지도 공부했다. 마지막으로 중앙은행이 화폐 공급을 관리하기 위해 사용하는 수단을 봤고, 이 수단들이 경제에 어떻게 중요한 영향을 미치는지 봤다.

이러한 독특한 힘 때문에 연준이나 다른 중앙은행들은 경제에 막대한 책임을 지고 있다. 다음 장들에서 보게 될 테지만, 이러한 책임은 2가지 주된 업무로 요약된다. 물가안정과 최종 대부자로서의 기능이다. 연준은 금융위기가 경제를 위협할 때 최후의 보루가 된다.

주요 용어

요약

LO 31.1 화폐의 3가지 주요 기능 설명하기

화폐의 주된 3가지 기능은 가치의 저장, 교환의 매개체, 가치의 척도다. 화폐의 중요성은 상당 부분 화폐를 이용해 재화와 용역을 살 수 있다는 교환의 매개체 역할로부터 나온다. 화폐는 또한 거래의 가치를 기록할 수 있는 방법으로서도 중요하다.

LO 31.2 화폐가 갖춰야 할 특성 설명하기

화폐는 가치의 안정성과 편의성을 갖춰야 한다. 가치가 매일 변하는 것은 좋은 가치저장 수단이 될 수 없기 때문에 화폐로서 적합하지 않다. 화폐는 또한 교환의 매개체로 기능하기 위해 광범위하게 수용되어야 한다. 미국에서는 1971년부터 금과 같은 상품을 기반으로 하는 상품 태환 화폐가 아닌 법에 의해 존재하는 법정 화폐를 사용하고 있다.

LO 31.3 부분 지급준비은행의 개념과 통화승수 설명하기

은행들은 예금자가 돈을 인출할 때를 대비해 예금의 일부를 보관해둔다. 이를 은행의 '지급준비금'이라 하고, 예금 중 지급준비금의 비율을 '지급준비율'이라 한다. 만약 지급준비율이 100%이면(완전 지급준비은행 체계) 예금 전체가 은행 금고에 남아 있으므로 대출이 전혀 일어날 수 없어 금융 체계는 멈춰버릴 것이다. '부분 지급준비은행 체계'는 지급준비율이 100% 미만인 경우로, 은행은 예금의 일부를 대출한다. 대출 과정에서 은행은 화폐를 '창출'한다. 중앙은행에서 만든 화폐 대비 은행 체계 안에서 대출로 인해 창출된 화폐의 비율을 '통화승수'라고 한다.

LO 31.4 통화량 M1과 M2 설명하기

연준은 '유동성'에 따라 화폐의 유형을 구분한다. 유동성은 어떤 자산이 얼마나 쉽고 빠르게, 가치 손실 없이 현금으로 전환되는지의 정도다. 현금과 연준에 물리적으로 보관되어 있는 지급준비금을 '경화'라고 한다. 경화는 아무런 지체 없이 거래에 이용될 수 있다. M1은 경화와 요구불 예금(현금은 아니지만 대부분의 사람들이 매우 쉽게 접근할 수 있는 화폐)을 포함한다. M2는 M1과 저축성 계좌 및 무기명 예금 증서와 같이 현금보다 유동성이 떨어지는 것들을 포함한다.

LO 31.5 중앙은행의 역할을 이해하고 연방준비제도의 이중 권한의 의미 설명하기

어느 나라의 중앙은행이나 화폐 공급 유지와 은행 체계 조율의 임무가 있다. 미국의 중앙은행인 연방준비제도는 연방준비제도 이사회와 12개 지역 은행으로 구성되어 있는데, 연준에는 이중 권한이 있다. 통화정책을 이용해 물가를 안정적으로 유지하고 완전 고용을 달성하도록 노력하는 것이다. 물가 안정은 경제의 필요에 맞춰 화폐 공급을 안정적으로 유지함으로써 급격한 물가 변동을 방지해 화폐의 구매력이 시간이 지나도 비교적 일정하게 유지되도록 하는 것을 뜻한다. 완전 고용은 총수요를 자극하거나 식히는 통화정책에 의해 영향을 받는다.

LO 31.6 연방준비제도가 통화정책을 수행하기 위해 이용하는 수단 설명하기

연준은 통화정책의 수단을 3가지 갖고 있다. 첫 번째는 은행이 지급준비금으로 보유하고 있어야 할 예금의 최소 비율인 '필요 지급준비금'을 바꾸는 것이다. 이 수단은 강력하지만 일상의 경제적 관리 방법으로는 부적합하다. 두 번째는 연준이 운영하는 대출 기구인 '재할인 창구'다. 연준은 이 창구를 통해 은행에 대출하고 대신 국채 같은 비현금 자산을 받는다. 재할인 창구를 통한 대출에 적용되는 이자율을 '재할인율'이라고 한다. 재할인 창구는 연준이 최종 대부자로서 시장에 유동성을 공급하는 주된 수단 중 하나다. 마지막으로 가장 빈번하게 사용되는 수단은 연준이 시장에서 국채를 사고파는 공개시장 조작이다. 이 과정에서 은행의 지급준비금이 바뀌고 전반적인 이자율이 영향을 받는다.

LO 31.7 통화정책이 어떻게 시중 이자율과 화폐 공급에 영향을 미치는지 이해하기

유동성 선호모형에서는 사람들이 보유하고자 하는 화폐량(화폐 수요)을 이자율의 함수로 설명한다. 이자율은 중앙은행이 조절한다. 화폐 공급량이 변하면 이자율로 나타나는 화폐의 가격 역시 변한다. 화폐 공급을 늘리면(예컨대, 연준이 공개시장에서 국채를 매입하면) 이자율은 하락한다. 화폐 공급을 줄이면(예컨대, 연준이 시장에서 국채를 매각하면) 이자율은 상승한다.

LO 31.8 확장적 또는 긴축적 통화정책이 경제 전반에 어떤 영향을 미치는지 설명하기

상황에 따라 연준은 확장적 또는 긴축적 통화정책을 쓸 수 있다. 확장적 통화정책은 이자율을 낮춘다. 이자율이 낮아지면 총수요가 증가해 경제가 확장될 수 있다. 경기가 침체 국면에 있을 때 취할 수 있는 정책이다. 긴축적 통화정책은 이자율을 높여 총수요를 위축하고 경제의 고삐를 잡는다. 인플레이션의 우려가 있을 때 취할 수 있다.

복습문제

1. 화폐가 어떻게 경제활동에 기여하고 교환 경제보다 복잡한 사회를 가능하게 하는지 설명해보라. **[LO 31.1]**
2. 제2차 세계대전 중 포로수용소에서 담배가 어떻게 화폐의 3가지 기능을 충족했는지 설명해보라. **[LO 31.1]**
3. 시간을 거슬러 올라가면 금과 같은 금속은 여러 사회에서 화폐로 종종 사용되었다. 좋은 화폐에 대한 우리의 기준을 이용해 왜 그러했는지 설명해보라. **[LO 31.2]**
4. 태평양 한가운데 자리한 얍 섬에서는 소형 자동차의 무게와 맞먹는 거대한 돌 바퀴가 통화로 사용되었다. 이 통화의 문제점은 무엇이었겠는가? **[LO 31.2]**
5. 지급준비율을 0으로 유지하는 것이 왜 바람직하지 않은지 설명해보라. **[LO 31.3]**
6. 은행이 예금의 100%를 지급준비금으로 보유한다면 필요 지급준비금과 통화승수에 의미하는 바가 무엇일까? 은행의 화폐 창출 능력에 의미하는 바는 무엇일까? **[LO 31.3]**
7. 연준이 통화정책을 수행할 때 경화와 통화승수의 역할에 대해 설명해보라. **[LO 31.4]**
8. 예금자가 어떻게 자산 보유 방법을 바꾸면 M1은 증가하면서 M2는 변하지 않을지 예를 들어보라. **[LO 31.4]**
9. 유럽 중앙은행과 다른 연준의 한 가지 핵심적 임무는 무엇인가? **[LO 31.5]**
10. 연준이 정치적으로 독립되어 있다는 것의 의미는 무엇이며, 이러한 독립성이 미국 경제에 좋다면 왜 그럴까? **[LO 31.5]**
11. 통화정책 수단 중 필요 지급준비금 변동이 미국에 일반적으로 좋은 방법이 아닌 이유를 설명해보라. **[LO 31.6]**
12. 연준이 가장 빈번하게 사용하는 통화정책 수단은 무엇인가? 대부분의 경우 이 수단이 가장 좋은 선택인 이유는 무엇인가? **[LO 31.6]**
13. 재정정책과 통화정책이 단기 총수요와 총공급 모형에서 총수요에 미치는 영향에 차이가 있는가? **[LO 31.7]**
14. 유동성 선호모형의 화폐 공급곡선의 기울기를 묘사해보라. 이러한 공급곡선에 대한 가정이 현실적인가? **[LO 31.7]**
15. 유동성 선호모형에서 화폐 수요곡선의 기울기가 중앙은행의 통화정책 영향력에 어떤 영향을 미치는가? **[LO 31.8]**
16. 유동성 선호모형을 이용해 연준이 통화정책을 통해 과도한 인플레이션의 위협에 어떻게 대응할 수 있는지 설명해보라. 이자율에의 영향과 화폐량에 대한 설명을 포함한다. **[LO 31.8]**

응용문제

connect ECONOMICS

1. 다음의 각 항목이 화폐의 3가지 기능을 만족시킬 수 있는지 판단하라. 어떤 항목이 3가지를 모두 만족시키지 못한다면, 만족하지 못하는 화폐의 기능을 최소한 하나만 설명해보라. **[LO 31.1]**

a. 소금
b. 교환 경제
c. 야구 카드

2. 여러분이 잔디 깎는 사업을 하고 있다고 가정하자. 다음 각 상황에서 관찰되는 화폐의 주요 기능을 판별하라. **[LO 31.1]**
   a. 잔디 깎는 기계에 넣을 휘발유를 사느라 직불카드를 긁었다.
   b. 잔디 깎아서 번 돈을 돼지 저금통에 넣었다.
   c. 잔디 깎는 것을 도와준 친구에게 5달러를 주었다.
   d. 세금 보고를 할 때 사업의 순이익을 계산했다.
   e. 새로 산 잔디 깎는 기계가 사업에 얼마나 보탬이 되었는지 계산했다.

3. 2004~2009년 짐바브웨는 물가가 빠르게 올라가는 초인플레이션을 겪었다. 정부가 100억 짐바브웨 달러의 지폐를 새로 발행한 것이다. 이 상황이 좋은 화폐의 조건에 미친 영향을 최소한 하나만 설명해보라. **[LO 31.2]**

4. 여러분이 발타자 왕이 다스리는 나라에 살고 있는데, 그 나라는 튤립을 가꾸기에 완벽한 조건을 갖추고 있고 왕은 튤립을 통화로 사용하자고 제안하고 있다. 왕이 말하기를 튤립은 경제 내에서 광범위하게 통용되고 있고, 수년간 가치가 있었으며 옮기기도 편하다는 것이다. 만약 여러분이 발타자의 경제 자문관이라면 튤립 사용을 권하겠는가? 그렇다면 튤립이 만족하는 좋은 화폐의 조건을 나열하고, 아니라면 튤립이 만족하지 못하는 좋은 화폐의 조건을 나열하라. **[LO 31.1]**

5. 여러분은 돼지 저금통에 있는 300달러를 꺼내 은행에 저축하기로 했다. 필요 지급준비율이 5%라면 여러분의 300달러는 경제 내에서 얼마로 증가하겠는가? **[LO 31.3]**

6. 필요 지급준비율이 15%일 때 은행 예금액이 100만 달러라고 해보자. 결과적으로 화폐 공급량은 얼마일까? 정부가 필요 지급준비율을 40%로 올리면 화폐 공급량은 어떻게 달라질까? **[LO 31.3]**

7. 다음 각 항목이 M1인지, M2인지 또는 둘 다인지 가려보라. **[LO 31.4]**
   a. 요구불 예금
   b. 달러 지폐
   c. 요구불 예금에 있는 돈
   d. 저축성 예금에 있는 돈
   e. 10만 달러 이하 양도성 예금증서
   f. 여행자 수표

8. M1과 M2의 차이로 맞는 서술을 모두 골라라. **[LO 31.4]**
   a. M1은 현금과 지급준비금을 포함하고, M2는 그렇지 않다.
   b. M2는 M1보다 화폐 공급량을 측정하는 데 더 광범위하다.
   c. 산술적으로 M1이 M2보다 크다
   d. M1에 있는 모든 요소는 M2에 있는 모든 요소보다 더 유동적이다.
   e. M2는 저축성 예금을 포함하고 M1은 포함하지 않는다.
   f. 금융위기 중 M1은 M2보다 화폐 공급량을 측정하는 데 더 안정적인 지표였다.

9. 다음 인용문은 연방준비제도 의장이었던 벤 버냉키가 한 말이다. 인용문에 언급된 이중 권한은 무엇인가? 다른 한 개는 무엇인가? **[LO 31.5]**
   "노동시장의 지속적인 부진과 느린 회복이 위원회가 매우 협조적인 통화정책을 유지하기로 결정한 중요한 이유로 남아 있다."

10. 이 장 첫 부분의 포로수용소로 돌아가보자. 중앙은행 역할을 한 것은 무엇인가? **[LO 31.5]**

11. 다음 각 서술에 해당하는 통화정책 수단은 무엇인가? **[LO 31.6]**
   a. 연준이 통화정책을 수행하는 가장 주된 방법이다.
   b. 대규모 조치가 필요한 응급상황에서 좋은 수단이다.
   c. 연준의 최종 대부자 역할을 통해 실현된다.
   d. 일상적인 통화정책으로 가장 좋은 방법이다.
   e. 이 방법의 주된 단점은 은행이 연준으로부터 돈을 빌리고 싶게 한다는 것이다.
   f. 은행이 연준과의 사고팔거나 빌리는 거래에 관심이 없을 때라도, 이 수단의 변화는 은행 경영자들에게 불편함을 끼친다.

12. 다음 각 사례에서 사용된 통화정책 수단을 판별하라. **[LO 31.6]**
   a. 중앙은행이 은행으로부터 국채를 산다.
   b. 중앙은행이 돈을 빌리는 비용을 높인다.
   c. 은행이 예금 중 은행 안에 보유하고 있어야 할 돈을 중앙은행이 바꾼다.

13. 경제가 침체돼 있어 연방준비제도가 화폐 공급을 늘리려고 한다. 다음 각각을 높여야 할까, 내려야 할까? **[LO 31.6, LO 31.7]**
   a. 필요 지급준비금
   b. 재할인율
   c. 공개시장에서 매입하는 채권

14. 〈그림 31P-1〉을 이용해 다음 질문에 답하라. **[LO 31.7]**

그림 31P-1

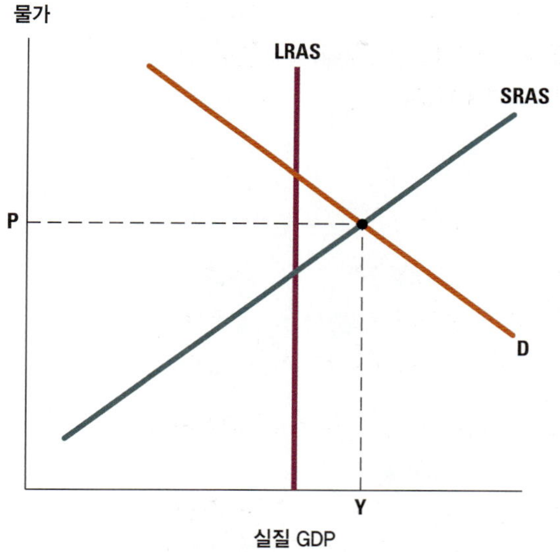

a. 이 경제의 상태는 침체, 정상, 과열 중 어디에 해당되는가?

b. 이 상황에 적합한 통화정책은 확장인가, 긴축인가?

c. 이 정책이 물가에 미치는 영향은 어떠한가? 물가는 오르는가, 내리는가?

15. 연준이 필요 지급준비금을 늘리기로 결정하면 유동성 선호모형의 다음 각 요소는 어떤 영향을 받는가? **[LO 31.8]**
    a. 화폐 공급
    b. 이자율
    c. 경제 내의 화폐량
    d. 화폐 수요곡선

16. 다음 각 상황에서 연방준비은행이 확장적 또는 긴축적 통화정책 중 어떤 것을 쓸지 판별하라. **[LO 31.8]**
    a. 실업률이 0.5%다.
    b. 기록적인 GDP 성장률을 보이고 있다.
    c. 실업률이 15%다.
    d. 인플레이션율이 10%에 이르러 최근 들어 가장 높은 수치다.
    e. 허리케인이 주요 도시를 파괴해 심각한 경기침체에 빠졌다.

미주

1. 여기에 사용한 T 계정은 회사의 자산, 부채, 자기 자본을 나타내는 재무 상태의 간소화된 형태다. 재무 상태의 원칙은 자산은 항상 부채와 자기 자본의 합과 같아야 한다는 것이다. 이 원칙은 책의 T 계정에서도 지켜지고 있다. 자기 자본이 0이라 가정한 상태에서 자산과 부채는 같아야 한다.
2. 은행이 지급준비금을 보유하는 이유는 2가지다. 첫째, 연준이 은행이 예금의 특정 비율을 지급준비금으로 보유하도록 규제한다. 법이 그러하다. 예에서 연준의 필요 지급준비율은 10%다. 둘째 이유는 규제가 아니더라도 은행이 고객의 유동성 필요를 맞춰야 한다는 것이다. 때때로 은행은 규제에서 요구하는 것보다 지급준비금을 더 많이 유지한다. 예에서 은행의 규제상 지급준비금과 고객의 필요를 맞추기 위한 지급준비금이 일치한다. 따라서 2가지 이유에서 은행은 예금의 10%를 지급준비금으로 보유한다.
3. 현실에서 지폐 일부는 저금되기보다는 현금으로 보유되지만, 통상 전체 양에 비해 무시할 만큼 적은 양이다. 물론 항상 그런 것은 아니다. 예나 지금이나 세계 곳곳에는 가까운 곳에 은행이 없거나 귀찮아서 은행을 이용하지 않는 경우도 많다.
4. Binyamin Appelbaum and Jo Craven McGinty, "The Fed's crisis lending: A billion here, a thousand there," *The New York Times*, April 1, 2011, p. B1, http://www.nytimes.com/2011/04/01/business/economy/01fed.html .
5. 2012년 11월 20일 뉴욕 주 뉴욕 시 뉴욕 경제 클럽에서 당시 연방준비제도 이사회 의장 벤 버냉키의 연설 ("The Economic Recovery and Economic Policy"), http://www.federalreserve.gov/newsevents/speech/bernanke20121120a.htm .

참고자료

Robert F. Bruner and Sean D. Carr, *The Panic of 1907: Lessons Learned from the Market's Perfect Storm* (Hoboken, NJ: John Wiley & Sons, 2007).

Stephen G. Cecchetti, *Money, Banking, and Financial Markets*, 3rd ed. (New York: McGraw-Hill/Irwin, 2011).

◀ 세계의 모바일 윈도우—이 장의 내용과 관련된 응용사례를 찾으려면 여러분의 스마트폰으로 이 코드를 스캔하라. (QR코드 리더가 필요하면, 여러분의 앱스토어에서 ScanLife를 활용하라.)

여러분의 모바일 앱스토어를 방문하여 Karlan and Morduch Study Econ app.을 다운로드 하라. ▶

Chapter 32

인플레이션

학습목표

LO 32.1 화폐중립성 설명하기

LO 32.2 인플레이션에 대한 고전이론을 설명하고 도식으로 묘사하기

LO 32.3 화폐수량설을 설명하고 이론을 인플레이션 및 디플레이션과 연관 지어 설명하기

LO 32.4 인플레이션의 경제적 결과에 대해 분석하기

LO 32.5 디플레이션의 경제적 결과에 대해 분석하기

LO 32.6 디스인플레이션과 초인플레이션을 설명하고, 이러한 상황을 초래하는 통화정책의 역할에 대해 설명하기

LO 32.7 인플레이션과 산출갭, 통화정책의 관계 설명하기

LO 32.8 인플레이션과 실업률의 관계를 분석하고, 필립스 곡선에 의해 어떻게 모형화되고 체증하지 않는 실업률에 결합되는지 설명하기

기회의 땅… 그리고 인플레이션

1800년대 말 수백만 명의 이민자들이 약속의 땅을 찾았다. 자연자원이 풍부하고 세상에서 생활수준이 가장 높은 나라로 말이다. 이민자들은 세상에서 가장 큰 도시 중 하나인 도시에서의 새로운 삶을 추구했다. 현대적인 데다 세계 어디에서도 찾기 어려운, 활기차고 다양한 문화가 뒤섞인 대도시였다. 절정기에는 이 도시의 50% 가까운 거주자가 이민자였다.

이민자들을 반긴 건 자유의 여신상이 아니다. 이 사람들은 뉴욕의 엘리스 섬을 거치지도 않았고, 맨해튼은커녕 미국 어디에도 발을 딛지 않았다. 약속의 땅은 바로 아르헨티나의 부에노스아이레스였다. 1800년대 후반부터 1900년대 초까지 500만 명이 넘는 이민자들이 유럽으로부터 제한 없는 기회의 나라로 보이는 아르헨티나에 도착했다. 1910년 아르헨티나의 1인당 GDP는 미국의 5분의 4로 높은 수준이었다. 그러나 그 후 100년 동안 아르헨티나는 경제적으로 뒤처졌고, 현재 1인당 GDP는 미국의 3분의 1보다 낮다. 어째서 이러한 격차가 생겼을까? 군사적 정변과 인기 영합적인 독재정권을 유발한 정치적 불안을 꼽을 수도 있다. 하지만 조금만 깊이 들어가보면 아르헨티나의 일상생활을 가로지르는 동일한 실마리를 찾을 수 있다. 바로 통제를 벗어난 인플레이션이다.

세계 그 어떤 나라보다 아르헨티나는 물가 상승으로 고생해왔다. 지난 75년 동안 3번의 초인플레이션('**초인플레이션**'은 극단적으로 길고 고통스러운 인플레이션 기간을 뜻한다)을 겪었다. 최악의 초인플레이션은 1980년대 말부터 1990년대 초까지인데, 절정일 때 연간 인플레이션율이

2만 %를 넘었다.(달리 말하면, 물가가 한 달이나 두 달 사이에 2배가 되었다는 뜻이다.) 만약 이런 일이 오늘날 미국에서 일어난다면, 크리스마스에 100달러인 아이팟이 2월에 200달러이고, 3월엔 400달러, 그 다음 크리스마스엔 2만 달러가 넘게 된다.

초인플레이션이 아닐 때에도 아르헨티나는 여느 나라와 다른 높은 인플레이션을 겪어왔다. 사실 지난 75년 동안 연평균 인플레이션율은 200%가 넘었다. 매년 가격이 3배가 되는 것이다. 최근 아르헨티나의 인플레이션율은 25% 정도로 떨어지긴 했다. 세계적으로 가장 높은 인플레이션율 중 하나지만, 과거에 비해서는 온건한 수준이다.

100년 전, 아르헨티나는 아메리카 대륙의 패권을 놓고 미국과 대적할 만한 존재였다. 물론 미국과 아르헨티나 간 차이를 정치나 지리적 차이 같은 한 가지만으로 설명할 수 있는 것은 아니지만, 인플레이션은 아르헨티나의 꿈이 사라진 이유와 관련이 있다. 도대체 왜 인플레이션이 경제에 그렇게 해악을 끼칠 수 있는 것일까? 그리고 왜 대부분의 경제학자들은 그 반대인 디플레이션이 더 큰 해악을 끼칠 수 있다고 생각하는 것일까?

'화폐와 화폐 체계' 부분에서 화폐가 어떻게 창출되고 화폐 공급이 전체 경제, 특히 이자율에 어떻게 큰 영향을 미칠 수 있는지 배웠다. 이 장에서는 다양한 각도에서 인플레이션을 공부한다. 물가수준 변화에 대한 이론, 다양한 형태의 인플레이션, 인플레이션이 통화정책에 미치는 영향 등을 살펴볼 것이다.

물가수준의 변화

인플레이션 경제의 물가가 전반적으로 오르는 현상

디플레이션 경제의 물가가 전반적으로 내리는 현상

근원 인플레이션 가격 변동이 심한 재화를 제외한 인플레이션 측정 방식. 한국에서는 소비자물가 조사 품목 중 곡물 이외의 농산물과 석유류(도시가스 포함) 같은 외부 충격 등에 취약한 품목을 제외하고 측정함

일반 인플레이션 평균적인 소비자가 구매하는 모든 재화를 포함한 인플레이션 지표

물가수준과 특히 그 변화는 거시경제학의 가장 중요한 개념 중 하나다. 경제의 물가가 전반적으로 오르는 현상을 '**인플레이션**(inflation)', 경제의 물가가 전반적으로 내리는 현상을 '**디플레이션**(deflation)'이라고 한다. '생계비' 부분에서 본 것처럼 미국 정부의 노동통계국(BLS)에서는 평균 도시 소비자의 구매 행위를 닮은 장바구니를 만들어 경제의 전반적 물가수준을 측정한다. 이러한 전반적 물가의 측정 지표를 소비자 물가지수(CPI)라고 한다. 인플레이션이나 디플레이션은 기준 연도 대비 장바구니 전체 비용 변화를 백분율로 계산한 것이다.

그 장바구니에서 노동통계국은 식료품이나 석유에 대한 지출은 제외하고 '**근원 인플레이션**(core inflation)'을 계산한다. 근원 인플레이션은 가격 변동이 심한 재화를 제외한 인플레이션 측정 방식이다. 소비자 물가지수를 통해 물가 변화를 측정하는 것이 노동통계국의 공식적 방식이다.

식료품과 석유가 근원 인플레이션 계산에서 제외되는 이유는 다른 대부분의 가격에 비해 가격 등락이 심하기 때문이다. 예를 들어, 2010년 석유 가격은 18.4% 올랐지만 근원 인플레이션율은 1.3%에 불과했다. 식료품과 석유 가격을 근원 인플레이션에 더하면 '**일반 인플레이션**(headline inflation)'을 구할 수 있다. 인플레이션은 평균적인 소비자가 구매하는 모든 재화를 포함한 인플레이션 지표다.

연료와 식료품 가격은 다달이 변동성이 큰 편이다. 가격 변동성이 큰 재화 때문에 발생한 물가 변동은 경제 전반의 인플레이션보다는 개별 생산시장의 충격을 반영할 뿐일 때가 있다. 따라서 경제학자들이 경제의 기저에 있는 인플레이션이 궁금할 때에는 일반 인플레이션과 근원 인플

그림 32-1

소비자물가지수(CPI)와 근원 소비자물가지수(근원 CPI)의 움직임 2001년 1월~2012년 1월. 그림은 CPI(일반 인플레이션)과 근원 CPI(근원 인플레이션)으로 표현된 실제 연간 인플레이션율이다. 근원 인플레이션이 일반 인플레이션에 비해 훨씬 더 안정적이다.

Source: BLS Data Series, January 31, 2012.

레이션을 구분한다. 〈그림 32-1〉은 근원 인플레이션이 일반 인플레이션보다 얼마나 더 안정적인지 극명하게 보여준다. 물가 변화가 평균적 소비자들에게 어떤 영향을 미치는지는 일반 인플레이션이 더 완벽하게 보여주지만, 식료품과 휘발유를 뺀 물가지표가 경제 기저의 움직임을 더 잘 보여줄 수도 있다.

화폐중립성

LO 32.1 화폐중립성 설명하기

물가가 변한다는 건 무슨 뜻일까? 이에 답하기 위해서는 '산출(*output*)'이 무엇인지 먼저 생각해 볼 필요가 있다. 한 나라의 GDP는 일정 기간 동안 발생한 지출 또는 판매를 계산한 것이다. 각 거래에서 누군가 다른 사람에게 돈을 준다. 따라서 모든 산출은 화폐의 움직임과 연계될 수 있다. 하지만 산출 자체는 어떻게 측정하는가?

산출을 화폐로 측정하는 것이 직관적이긴 하지만 문제가 있다. 만약 정부가 어느 날 '0' 몇 개를 화폐 단위에 더 붙이기로 한다면? 1달러는 100달러가 되고, 100달러는 1만 달러가 되도록 말이다. 가격이 뛰고 측정된 '산출물의 가치'는 어마어마하게 증가할 것이다. 하지만 실질 산출, 즉 거래된 재화와 서비스는 사실 변하지 않았다. 이 실질적이고 구체적인 재화와 서비스로 산출을 재고 싶다면, 탄산음료가 몇 캔, 철강이 몇 통 생산되었는지 알고 싶다면 어떻게 해야 할까?

앞장에서 보았듯이 이렇게 측정한 수량을 **'실질가치'**라고 한다. 화폐 단위가 아닌 생산된 재화와 서비스 실질 수량 계산을 나타내기 때문이다. 그러한 계산은 산출물을 사는 데 사용한 지폐에 0이 얼마나 있는지와 무관하다. 이와 반대로 무엇을 사는 데 돈이 얼마나 드는지로 측정하는 가치를 **'명목가치'**라고 한다. 물가수준의 변화를 이용해 실질가치와 명목가치를 서로 계산할 수 있다.

'생계비' 부분에서 '디플레이터'의 개념을 설명했다. 소비자물가지수나 GDP 디플레이터 같은 물가지수를 이용해 명목 가격과 실질 가격 사이를 조정하는 개념이다. 이러한 지수들을 통해 산출물의 명목 수치를 실질 수치로 전환할 수 있다. 달리 말하면, 돈으로 얼마만큼의 실물을 살수 있는지 측정할 수 있다는 뜻이다. **'물가수준**(aggregate price level)'은 GDP의 평균적 물가수준에 대한 측정이고, 실제로는 소비자물가지수나 GDP 디플레이터를 이용해 구한다.

물가수준 평균적 물가수준의 지표로, 보통 소비자물가지수(CPI)나 GDP 디플레이터를 쓴다.

앞의 가상적인 상황으로 다시 돌아가서, 만약 어느 날 정부가 지폐에 0을 2개씩 더 붙이기로 결정하면 어떻게 될까? 1달러였던 생수 한 병이 갑자기 100달러가 되고, 20달러였던 이발비가 2000달러가 될 것이다. 여러분이 시간당 9달러를 받던 도서관 사서인데 다행히 시급도 900달러로 늘어난다면 재화와 서비스의 가격 변화는 큰 차이가 없을 것이다.(중요한 주의 사항이 한 가지 있다. 이렇게 급격한 가격 변화는 실제로는 큰 혼란을 야기한다. 최소한 가게들에서는 계속해서 가격표를 다시 붙여야 할 것이다.)

이 사례는 장기적으로 볼 때 물가수준 변화가 실질 산출물에 영향을 미치지 않는다는 것을 보여준다. 모든 가격이 같은 비율로 증가했기 때문에 여러분이 시간당 9달러를 받을 때 살 수 있던 것들이 시간당 900달러를 받을 때와 다르지 않다. 전반적 물가수준이 경제의 실물 변수에는 영향을 미치지 않는다는 개념인 **'화폐중립성**(neutrality of money)'에 깔린 직관이 바로 이것이다.(그러나 앞으로 보게 될 것처럼 물가가 상승하고 이러한 물가 상승에 불확실성이 있으면 실물 변수에 영향을 미칠 수 있다. 화폐는 단기에서보다 장기에서 더 중립적이다.)

화폐중립성 전반적 물가수준이 경제의 실물 변수에는 영향을 미치지 않는다는 사상

위의 예에서 물가수준의 변화(기존보다 가격과 임금이 100배가 된 상황)는 여러분의 구매력을 깎아먹지는 않는다. 달리 말하면, 화폐 공급이 늘어나면 물가도 궁극적으로 올라 화폐의 '실질' 가치는 변하지 않는다. 가치 척도의 단위가 변하는 물가의 변화는 시간이 충분하다면 '명목' 가치만 변화시킬 뿐 실질가치를 변화시키지는 않는다.

화폐중립성은 많은 경우에 성립하지만, 앞서 이야기한 아르헨티나와 같이 극단적인 상황에서는 깨지기도 한다. 극단적이고 지속적인 인플레이션 상황은 경제 내에서 마찰을 일으키고 경제를 둔화시킨다. 물가가 빨리 변할 때에는 바뀐 물가에 대한 정보를 찾고 적용하는 비용도 올라간다.

인플레이션의 고전이론

LO 32.2 인플레이션에 대한 고전이론을 설명하고 도식으로 묘사하기

'화폐와 화폐 체계' 부분에서 경제의 물가수준은 화폐량의 영향을 받는다는 사실을 언급했다. 이제 '인플레이션의 고전이론'을 이용해 정식으로 물가와 화폐량의 관계를 설명할 것이다. 인플레이션의 고전이론은 화폐 공급과 산출(또는 GDP), 전반적인 물가수준의 관계를 묘사한다.

〈그림 32-2〉는 총공급과 총수요의 관점에서 고전이론의 기본 골격을 보여준다. 경제가 그림의 E_1과 같은 장기 균형 상태라고 가정해보자. 단기 총수요는 단기 총공급과 만나고, 이 점은 역시 경제의 잠재적 장기 총공급과도 일치한다. 만약 연방준비제도가 확장적 통화정책을 통해 화폐 공급을 늘리면 어떻게 될까? 화폐 공급이 증가하면 이자율이 하락하고 차입이 증가한다. 그 결과 총수요가 증가한다. 〈그림 32-2〉에서처럼 총수요는 오른쪽으로 이동해 단기 총공급과 교차하는 점에서 새로운 임시 균형을 만든다. 그때 산출(실질 GDP)은 증가하고, 경제는 E_2점에 있다.

그러나 화폐중립성을 보면 이 상태가 오래 지속되기 어렵다는 것을 알 수 있다. 궁극적으로 물가는 화폐 공급 증가와 비례해 오를 것이다. 현실에서는 물가가 상대적으로 '경직적(sticky)'이기 때문에 이 과정에서 시간이 좀 걸릴 수 있다.(예컨대, 물가가 오를 때 바로 임금을 재협상하기는 어렵고, 고용 계약 기간이 끝날 때나 적절한 시기까지 기다려야 한다.)

그림 32-2

인플레이션의 고전이론상 화폐 공급의 증가

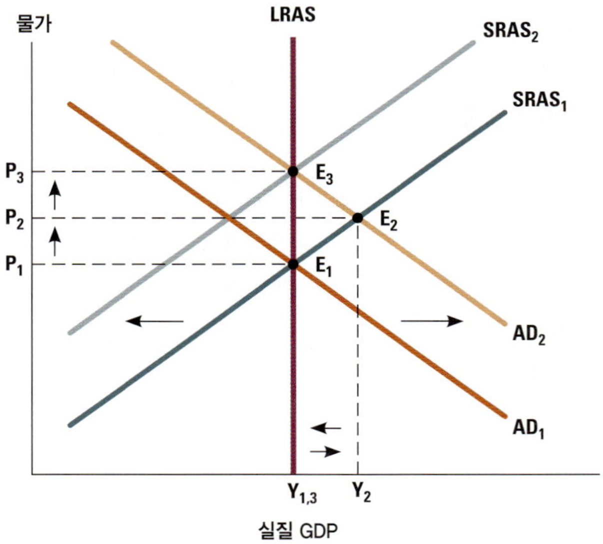

인플레이션의 고전이론에 따르면 화폐 공급이 증가할 때 장기에서 물가만 오른다. 단기에서는 총수요가 오른쪽으로 이동함에 따라 산출과 물가가 모두 증가한다. 그러나 근로자들이 더 높은 임금을 요구하면서 총공급이 왼쪽으로 이동한다. 그 결과 산출은 원래 수준으로 돌아오지만 물가는 더욱 상승한다.

물가가 오를 때까지 시간이 걸리긴 하지만, 화폐가 중립적인 한 물가가 언젠가는 오를 것이다. 명목 임금을 포함한 물가의 상승은 단기 총공급곡선을 왼쪽으로 이동시킨다. 왜 그럴까? 생산에 투입된 노동이나 다른 요소의 가격이 오르면 현재 산출 수준의 생산비용이 올라가기 때문이다. 경제는 궁극적으로 새로운 균형 E_3점에 도달한다. 이 점에서 총공급과 단기 총수요는 다시 장기 총공급수준과 정확하게 일치한다. 시작했던 수준의 실질 GDP로 그대로 돌아오는 것이다.(이 실질 GDP 수준을 '잠재산출량'이라고 한다. 이 장의 뒷부분에서 논의한다.) 결과적으로 유일한 차이점은 화폐 공급이 증가해서 화폐 가치가 떨어진 사실을 반영해 '물가가 더 높아졌다'는 것뿐이다. 달리 말하면 재화나 서비스를 사는 데 전보다 많은 돈을 지불해야 한다.('화폐와 화폐 체계' 부분에서 포로수용소에 더 많은 담배가 유입됐을 때의 영향을 상기해보자.)

인플레이션의 고전이론이 장기 균형을 설명한다는 점을 유념할 필요가 있다. 어떤 경제학자들은 궁극적인 화폐중립성을 근거로 연방준비제도가 통화정책을 통해 경제를 효과적으로 이끌 수 없다고 주장하기도 한다. 그러나 다른 학자들은 확장적 또는 긴축적 통화정책이 단기에서 경제에 상당한 영향을 준다는 실증적 증거들을 내놓는다. 이런 이유 때문에라도 단기냐 장기냐에 따라 분석에 의한 제안이 다를 수 있다.

화폐수량설

LO 32.3 화폐수량설을 설명하고 이론을 인플레이션 및 디플레이션과 연관 지어 설명하기

화폐수량설 화폐의 가치는 화폐 공급량에 따라 결정된다는 이론

인플레이션의 고전이론은 '**화폐수량설**(quantity theory of money)'이라는 관련 이론과 강하게 연결되어 있다. 화폐수량설은 화폐의 가치(그리고 물가수준)가 화폐 공급량에 따라 결정된다는 이론이다. 더 나아가 물가수준의 변화(인플레이션이나 디플레이션)를 주로 화폐 수량 변화의 결과로 본다. 화폐 공급이 증가하면 동일한 수량의 재화나 서비스에 대해 더 많은 지폐가 존재하게 되므로 물가가 상승하는 것이다. 마찬가지로 화폐 공급이 감소하면 재화나 서비스 수량은 변함이 없는데, 이들을 살 지폐는 줄어든 것이므로 물가가 떨어진다.

화폐유통속도 주어진 기간에 전체 공급 화폐가 사용자의 손을 바꿔 거치는 횟수

화폐수량설은 화폐의 회전 속도가 비교적 일정하다는 가정에 의존한다. '**화폐유통속도**(velocity of money)'는 일정 기간 동안 지폐 한 장이 사용되는 평균적 거래 횟수를 의미한다. 햄버거를 살 때 여러분이 지불한 돈의 일부는 종업원과 요리사뿐만 아니라 소를 키운 목장 주인, 햄버거 빵에서 여러분이 앉은 의자까지 관련된 모든 것의 많은 공급자들에게 나눠진다. 달리 말하면, 여러분의 소비 지출은 다른 누군가의 소득이고, 그 누군가의 소득의 최소한 일부는 또 다른 것을 사는 데 쓰인다. 직관적으로 화폐유통속도는 간단한 개념이다. 지폐 한 장이 1년에 평균 5번 쓰였으면 화폐유통속도는 5가 될 것이다.

화폐유통속도(V)는 수학적으로 물가수준(P)과 실질 생산(Y)의 곱을 화폐 공급량(M)으로 나눈 것으로 표현할 수 있다.

식 32–1 화폐유통속도

$$V = \frac{(P \times Y)}{M}$$

예를 들어, 경제 내에서 1,000단위의 산출물이 생산되었고(Y = 1,000) 물가수준은 1달러(P = 1달러), 화폐 공급량(M)은 500달러라면 유통 속도는 다음과 같다.

$$\frac{(\$1 \times 1{,}000)}{\$500} = 2$$

즉 1년 동안 공급된 화폐의 각 달러가 1000달러어치 거래를 만들기 위해 평균 2번 사용되었다는 뜻이다.

〈식 32-1〉을 다시 배열하면 경제의 화폐 총량에 그 화폐가 1년 동안 몇 번 사용되었는지(화폐유통속도)를 곱한 것은 생산물(Y)의 명목가치와 같아야 한다. 이 식을 실질 생산과 물가수준의 개념을 포함하도록 바꾸면, 화폐 총공급량에 화폐유통속도를 곱한 것은 물가와 실질 생산을 곱한 것과 같다. 이것이 바로 화폐수량설을 받치고 있는 '**수량방정식**(quantity equation)'이다.

수량방정식 M×V=P×Y, 화폐 공급량과 화폐유통속도를 실질 산출물의 화폐 가치와 연결시키는 방정식

식 32–2 수량방정식

$$(\text{화폐 공급량}) \times (\text{화폐유통속도}) = (\text{물가수준}) \times (\text{실질 생산물})$$

$$M \times V = P \times Y$$

지금까지 화폐유통속도는 비교적 일정하다고 가정해왔는데, 실제로도 그럴까? 〈그림 32-3〉은 미국 역사상 나타난 화폐유통속도를 보여준다. 자료에 따르면, 위기 때 두드러진 변화가 일시적으로 나타나긴 했지만 역사적으로 유통 속도는 비교적 안정적이었다. 실질 생산물(Y) 역시 생산 과정에 변함이 없는 한 균형에서 변하지 않을 것이다. 따라서 〈식 32-2〉에 따르면 화폐 공급량 M이 증가하면 궁극적으로 물가수준 P가 상승하고, M이 감소하면 P가 하락한다. 달리 말해 화폐 공급량이 증가하면 인플레이션이, 공급량이 감소하면 디플레이션이 발생한다.

그림 32–3

미국의 M1 유통 속도 이 도표의 전반 대부분의 기간에 명목 GDP 대비 화폐 사용량으로 나타낸 화폐유통속도는 천천히 증가하고 있다. 화폐유통속도는 1980년대와 1990년대 초반까지 6에서 8 사이를 오가다 주택시장 활황이 정점에 이르렀을 때 GDP의 10배까지 상승했다. 이후 경제가 침체에 빠지면서 속도는 감소했다.

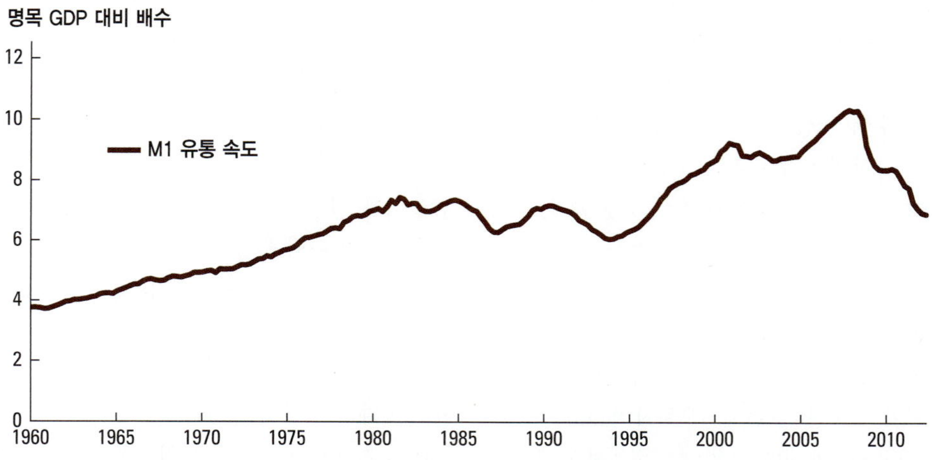

Source: Federal Reserve Bank of St. Louis, accessed from FRED economic data, August 2012, http://research.stlouisfed.org/fred2/.

화폐유통속도가 일정하지 않으면 화폐수량설은 성립할 수 없다. 경제 내에서 지폐가 손을 바꿔 옮겨 다니는 정도가 급격히 증가하거나 감소하면 화폐 공급량은 2배 증가하는데 사람들이 돈을 쓰는 속도는 반으로 떨어질 수 있다. 그러면 화폐 공급량이 2배가 될 때 기대하는 바와 같이 물가가 상승하는 것이 아니라 경제 내를 돌아다니는 화폐량이 일정해서 물가는 그다지 변하지 않을 것이다. 이러한 사례로, 연준이 2007~2009년 경기 침체기에 경제를 자극하기 위해 화폐 공급을 매우 늘린 적이 있다. 화폐유통속도가 〈그림 32-3〉에서처럼 떨어지지 않았다면 인플레이션은 실제로 관찰된 것보다 훨씬 컸을 것이다.

화폐수량설이 의미하는 것 중 하나는 화폐 공급량이 일정한데 실질 생산이 증가하면 디플레이션이 일어날 수 있다는 것이다. 논리적으로 이러한 효과는 실질 생산이 일정한데 화폐 공급량이 감소할 때와 같다. '화폐와 화폐 체계' 부분에서 본 것처럼 생산과 화폐 공급의 관계는 금본위를 반대하는 주된 논거 중 하나였다. 갑자기 금이 발견되지 않는 한 금으로 태환되는 화폐의 공급은 상대적으로 고정되어 있다. M이 변하지 않으면 경제가 확대될 때(즉, Y가 증가할 때), 다음 2가지 중 한 가지 일이 반드시 발생한다. 화폐유통속도가 증가하거나 물가가 떨어지는 것이다(2가지가 동시에 발생할 수도 있다). 화폐유통속도가 상대적으로 고정적이면 반드시 물가가 떨어져 디플레이션이 발생한다. 이 장의 뒷부분에서 디플레이션이 왜 경제에 매우 해로울 수 있는지 더 자세히 논의할 것이다.

미국의 'Where's George?'라는 웹사이트는 화폐유통속도의 개념에 생명을 불어넣는 것과 같은 일을 하고 있다. 이 사이트에서는 사용자가 달러 지폐의 일련번호를 입력하면 그 지폐가 어디를 거쳐왔는지 볼 수 있다.(다른 사람들도 그 지폐의 일련번호를 입력했다고 가정한다면 말이다.) 사례를 통해 알아보기의 'Where's George?'에서 더 자세히 살펴보자.

사례를 통해 알아보기

Where's George?

여러분이 갖고 있는 구깃구깃한 달러 지폐를 보고 이 지폐가 여러분에게 들어오기 전에 어떤 곳을 거쳤는지 궁금했던 적이 있는가? 어쩌면 여러분은 지폐에 찍힌 도장을 보고 Where's George라는 웹사이트(www.wheresgeorge.com)에 접속해봤을지도 모른다.(역주: George는 1달러 지폐에 인쇄된 조지 워싱턴의 'George'로 1달러 지폐를 의미한다.) 이제 화폐가 어떻게 작용하는지 공부했으니 이 웹사이트에서 벌어지는 일이 흥미로울 수 있다. 이용자들은 경제를 누비고 다닌 수백만 장 지폐의 모험을 추적할 수 있다. 이러한 여행을 추적하는 것이 바로 화폐유통속도를 잡아내는 것이다.

이 웹사이트는 다음과 같이 작용한다. 이용자들은 미국 지폐의 구석에 있는 일련번호를 입력한다. 만약 이 지폐가 이 사이트에 이미 입력된 적이 있으면 어디에 있었는지, 얼마나 돌아다녔는지 볼 수 있다. 만약 여러분이 그 일련번호를 입력한 첫 번째 사람이면, 그 지폐는 이제 데이터베이스에 저장되어 앞으로의 이야기가 기록될 것이다.

이 웹사이트의 통계 수치를 보면 미국에서 어떤 사람들이 돈을 갖고 있는지에 대한 재미있는 그림이 그려진다. 전체적으로 1억4,000만 장의 1달러 지폐가 입력되었는데, 대부분의 지폐가 캘리포니아와 펜실베이니아, 뉴욕에서 입력되었다. 이 주들은 인구로 볼 때 상위 5개 주 안에 속하므로 그리 놀랄 일은 아니다. 지폐 각각의 이야기는 돈이 경제를 어떻게 누비고 다녔는지 많은 것을 말해준다. 이 사이트에서는 지폐가 여행한 거리에 대한 통계 수치를 보여주고 하루에 몇 킬로미터 이동한 셈인지도 계산해서 보여준다. 대부분의 지폐가 평균적으로 하루에 8km를 여행한다.

가장 용감무쌍한 'George' 중 하나는 14개 도시를 방문하면서 7,686마일(약 1만2,298km)을 여행했고, 4년 동안 플로리다 주 탤러해시의 웨타버거라는 패스트푸드 체인점부터 사우스 캐롤라이나주 에이켄, 뉴욕의 화려한 타임스퀘어를 거쳐 오레곤 주 포틀랜드의 인기 있는 상점가를 누볐다.

대부분 지폐의 여행은 훨씬 덜 재미있다. 웹사이트에 입력된 지폐의 57%는 9개월 동안 48km에서 800km 사이를 이동했을 뿐이다. 이 웹사이트는 이용자의 입력에 의존하고 있어서 유통되는 98억 달러 지폐 중 극히 일부만 포착하고 있다. 그럼에도 이 사이트는 여러분 주머니의 구겨진 지폐가 흥미로운 모험을 했을지도 모른다는 점을 상기시킨다.

Source: http://www.wheresgeorge.com/.

물가 변동의 다른 원인

앞에서 화폐수량설로 어떻게 물가 변동을 설명하는지 공부했다. 오랜 시간이 경과하면 화폐 공급이 증가하거나 감소한 결과—화폐유통속도와 실질 생산이 일정할 때—물가가 오르거나 내린다. 그러나 경기 변동이나 생산의 핵심 자원의 갑작스러운 공급 충격에 의해서도 물가는 일시적으로 변할 수 있다.

사실 이미 첫 번째 유형의 인플레이션은 다른 장들의 경기 순환에 관한 부분에서 여러 차례 수요 견인 인플레이션으로서 공부를 했다. 경기가 활황일 때 어떤 일들이 생기는지 상기해보자. 기업들이 늘어난 수요를 맞추기 위해 급속하게 생산량을 늘리면서 재능 있는 사람들을 고용하기 위해 경쟁하고 임금이 오른다. 너무 적은 재화에 너무 많은 돈이 지출되면서 수요는 물가를 높게 끌어올린다. 물론 그 반대의 경우도 발생한다. 경기가 꺾이면 같은 수량의 재화에 더 적은 돈이 쓰이면서 물가가 밀려 내려간다. 이러한 2가지 효과로 경기가 활황일 때 물가가 올라가고, 경기가 하강하면 잠재적으로 물가가 내려간다. 인플레이션과 경기 변동, 특히 실업과의 관계는 나중에 더 자세히 살펴볼 것이다.

다른 유형의 인플레이션은 핵심 투입 요소의 가격이 급격히 상승할 때 발생하는 '비용 상승' 인플레이션이다. 비용 상승 인플레이션은 1970년대 중반 한바탕 심각하게 나타났다. 당시 세계 석유 공급의 대부분을 통제하던 기구인 OPEC가 석유 생산을 줄이기로 결정했다. 석유는 휘발유 외에도 옥수수에서 플라스틱 생산까지 절대적으로 필수적인 자원이기 때문에 석유 가격의 상승은 경제 전체의 재화 가격을 상승시켰다.

✓ 개념 확인하기

- ❒ 물가수준의 변화는 전반적인 실질 생산을 변화시키는가? **[LO 32.1]**
- ❒ 인플레이션의 고전이론에 따르면, 연방준비제도가 확장적 통화정책을 펼 때 인플레이션이 증가하겠는가, 감소하겠는가? **[LO 32.2]**
- ❒ 화폐유통속도란 무엇인가? **[LO 32.2]**

물가 변동이 왜 중요한가?

이쯤 되면 왜 물가 변동이 중요한지 궁금할 것이다. 화폐중립성이론에 따르면 경제는 달라진 명목 가격에 적응하게 마련이고 실질 생산에는 아무런 영향이 없다. 그렇다면 왜 인플레이션을 신경 쓰는가?

이 절에서 보게 되겠지만 물가수준 자체는 중요하지 않다. 하지만 물가의 변화는 경제적 행위에 큰 영향을 미친다. 또 왜 많은 경제학자들이 완만하고 예측 가능한 인플레이션은 바람직하지만, 높거나 예측할 수 없는 인플레이션이나 어떤 수준이라도 디플레이션은 경제에 해악을 끼친다고 생각하는지 알아볼 것이다.

인플레이션

LO 32.4 인플레이션의 경제적 결과에 대해 분석하기

인플레이션은 물가수준의 상승을 말한다. 만약 평균적인 물가수준이 매년 10%씩 오르면(즉, 경제의 모든 것들의 가격이 평균 10% 오르면) 경제는 연간 10%의 인플레이션율을 경험하고 있다고 표현할 수 있다. 〈그림 32-4a~4d〉는 1980년과 1990년, 2000년, 2010년에 세계 각지의 인플레이션율을 보여준다. 지난 40년간 인플레이션율은 일반적으로 하락한 것을 알 수 있다.

예측 가능한 인플레이션의 비용. 화폐가 장기에서 중립적이라면 물가가 올라가는 것이 왜 나쁠까? 어떤 물가 변화에라도 경제가 적응하지 않을까? 곧 살펴보겠지만, 인플레이션의 가장 큰 경제적 해악은 인플레이션이 야기하는 불확실성이고, 그 불확실성은 인플레이션의 정도나 시기가 예측할 수 없을 때 커진다. 하지만 물가가 매년 20% 오를 것이 확실하다고 인플레이션이 예측 가능하더라도 여전히 비용은 발생한다. 안정적이고 예측 가능한 인플레이션이 경제에 일으키는 3가지 유형의 비용, 즉 메뉴비용, 구두창비용, 세금 왜곡의 비용에 대해 알아보자.

메뉴비용 인플레이션에 맞춰 가격을 변경하는 데에서 발생하는 금전상, 시간상, 기회상 비용

첫 번째 **'메뉴비용**(menu costs)'은 인플레이션에 맞춰 가격을 변경하는 데에서 발생하는 금전상, 시간상, 기회상의 비용을 말한다. 이 비용은 가격이 변함에 따라 메뉴를 새로 인쇄해야 하는 음식점 상황에서 착안한 것이다. 자동판매기를 생산하는 회사를 상상해보자. 탄산음료 캔의 가격을 올리기 위해 기계마다 프로그램을 재설정할 사람을 보내야 한다. 웹사이트만 최신화해야 하는 회사의 경우에도 시간과 노력이 들게 마련이다.

구두창비용 인플레이션에 직면한 경제 주체들이 현금을 관리하기 위해 들이는 시간, 돈, 노력 등의 비용

두 번째 유형의 **'구두창비용**(shoe-leather costs)'은 인플레이션에 직면한 경제 주체들이 현금을 관리하기 위해 들이는 시간, 돈, 노력 등의 비용이다. 여러분이 식료품점같이 현금을 많이 취급하는 사업을 운영하고 있다고 가정해보자. 만약 물가가 안정적이면 가게에 현금을 보관해도 마음이 불편하지 않을 것이다. 그것이 편리하고 안전하다면 말이다. 물가가 크게 오르지 않는다면 현금을 들고 있다고 해서 구매력이 그다지 떨어지지 않기 때문이다. 하지만 물가가 빨리 오른다는 것을 안다면 최대한 많은 돈을 이자를 주는 은행 계좌에 넣어두려 할 것이다. 물가 상승으로 인해 돈의 구매력이 떨어지는 것을 최대한 상쇄하기 위해 이자를 받고 싶을 것이기 때문이다. 다른 불편한 점들에 더해 현금을 저축하고 인출하기 위해 은행에 들락거리는 시간을 쓸 수밖에 없다. 구두창이 닳도록 말이다.(온라인으로 은행 업무를 이용하는 경우 실제로 구두가

닮지는 않겠지만 돈을 이체하느라 시간을 써야 하는 것은 마찬가지다.)

인플레이션이 야기하는 세 번째 비용은 세금 왜곡이다. 세금 왜곡은 메뉴비용이나 구두창비용보다 미묘하지만 마찬가지로 심각할 수 있다. 세금 왜곡은 세법에서 소득의 실질 구매력이 아닌 명목 소득만 고려할 때 발생한다. 인플레이션이 있으면 소득의 구매력이 감소하는데, 정치인들이 각기 다른 세율이 적용되는 소득 구간을 인플레이션에 맞춰 조정하지 않으면 명목 소득은 올랐지만 실질 구매력은 변함없는 상황이라도 더 많은 세금을 내야 하는 불이익을 겪을 수 있는 것이다.

예를 들어, 사람들이 세금을 낼 때 한 가지 세율이 적용되고, 1년에 6만 달러 이상 소득이 있는 사람은 더 높은 세율이 적용된다고 해보자. 즉, 소득이 6만 달러 이상인 사람은 더 적게 버는 사람보다 더 많은 세금을 내는 것이다. 인플레이션율이 연간 20%면 작년에 소득이 5만 달러인 가구는 더 높은 세율이 적용되는 소득 구간에 진입하게 될 것이고 올해 더 많은 세금을 내야 할 것이다. 예전보다 실질 구매력이 커진 것도 아닌데 말이다. 세제상으로 그 가구는 더 많은 돈을 벌었다. 물론 더 많은 지폐를 쌓은 것은 사실이지만 그 지폐는 예전보다 가치가 떨어졌다는 것이 문제다. 그 가구는 인플레이션 때문에 세제상 불이익을 당한 것이다.

이론적으로 정부는 다른 세율이 적용되는 소득 구간을 인플레이션에 따라 조정할 수 있다. 그러나 실제로 이러한 일이 항상 가능한 것은 아니다. 미국의 '대안적 최소 세금(AMT; Alternative Minimum Tax)'이 한 예다. AMT는 매우 부유한 개인에게만 세금을 부과하도록 설계되었는데, 기준점을 인플레이션에 따라 조정할 수 없었기 때문에 시간이 갈수록 점점 더 많은 가구가 AMT를 내야 했다. 거의 매년 의도치 않게 이 덫에 걸린 가구들을 구제하고자 의회는 한시적 예외를 결정하기 위해 모인다.

예측되지 않은 인플레이션의 문제. 지금까지 인플레이션이 안정적이고 예측 가능하더라도 발생하는 3가지 비용에 대해 살펴봤다. 인플레이션이 예측되지 않을 때의 문제는 더 심각하다. 많은 사업체에서 단위당 이윤(profit margin, 제품 한 개를 생산하는 비용과 판매 가격의 차이)은 10%를 넘지 않는다. 만약 회사가 내년에 제품을 생산하는 데 투입되는 요소 가격이 5%가 오를지, 아니면 10%나 20%가 오를지 확신이 없다면 생산 계획은 매우 어려워진다.

불확실성은 또한 인플레이션의 '비용'을 더욱 복잡하게 만든다. 물가 변동이 이자율에 영향을 미치기 때문이다. 인플레이션 때문에 저축자에서 차입자에게 부가 이전되거나 반대 방향으로 부가 이전되는 부의 재분배 효과가 나타날 수 있다. 재분배 효과가 어떻게 나타나는지 이해하기 위해서는 '명목' 이자율과 '실질' 이자율의 차이를 상기할 필요가 있다. '**명목이자율**'은 우리가 평소에 접하는 이자율이다. 즉, 인플레이션에 조정되지 않은, 공지되는 이자율이다. 예컨대, 여러분이 은행에 예금을 하거나 대출을 받을 때 은행과 주고받는 백분율이다. 명목이자율의 사례는 신문의 금융 관련 지면이나 대출 계약서에서 찾을 수 있다. 반면 '**실질이자율**'은 인플레이션에 조정된 이자율이다. 이미 살펴본 바와 같이 인플레이션이 진행되면 지폐의 가치는 시간이 지나면서 떨어진다.

명목이자율 인플레이션에 조정되지 않은 이자율

실질이자율 인플레이션에 조정된 이자율

그렇다면 사람들이 얼마나 저축할지 결정할 때 반대 방향으로 작용하는 2가지 사항을 생각해야 한다.

- 이자가 저축액을 얼마나 늘려줄 것인가.

그림 32-4a

전 세계의 인플레이션(1980)

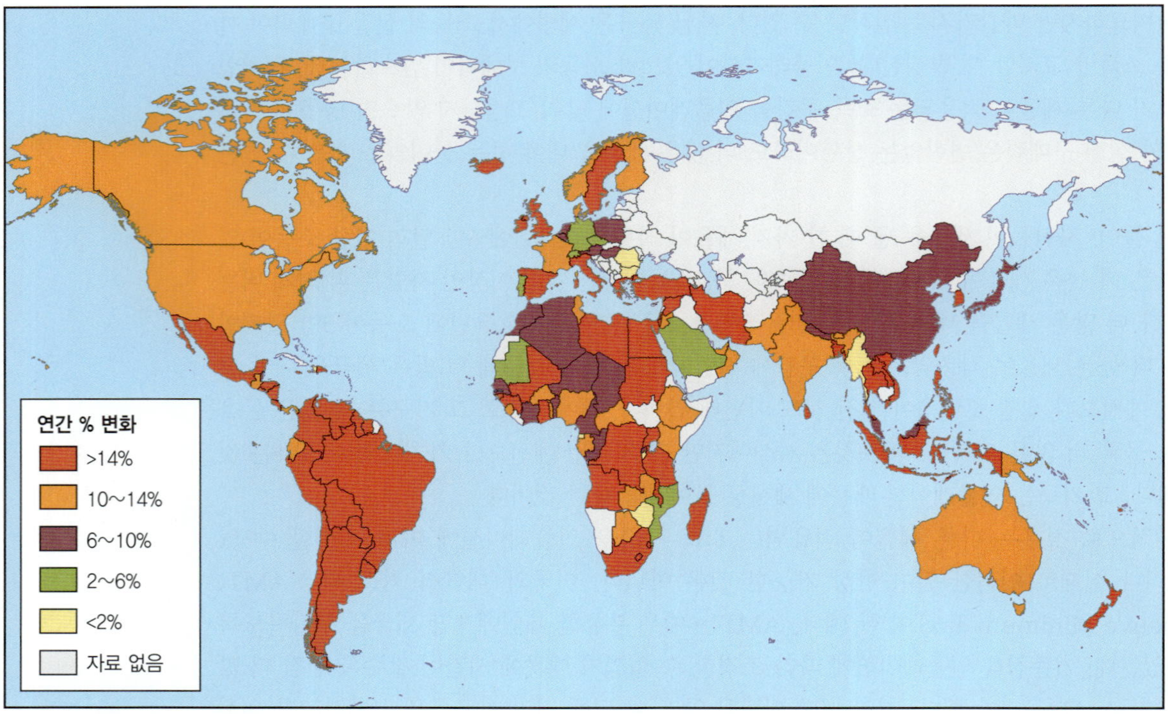

그림 32-4b

전 세계의 인플레이션(1990)

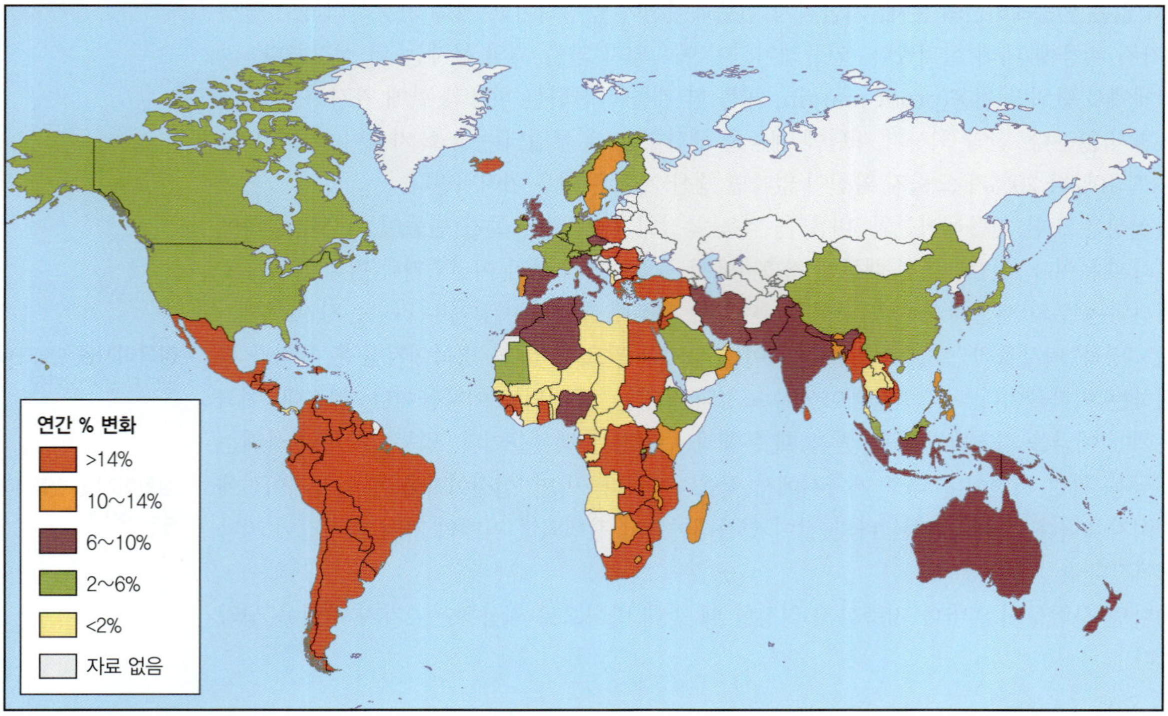

그림 주*: 국경은 1980년과 1990년, 2000년에 약간 다르다.

Source: World Bank World Development Indicators, 2012, http://data.worldbank.org/data-catalog/world-development-indicators.

그림 32-4c

전 세계의 인플레이션(2000)

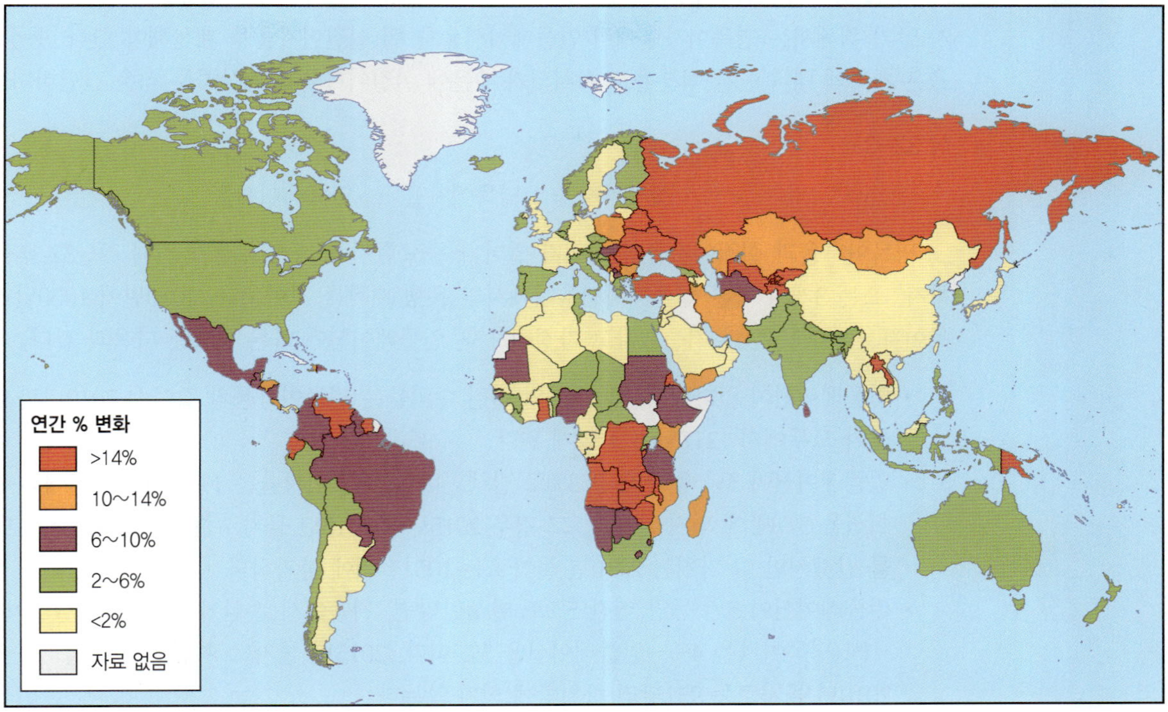

그림 32-4d

전 세계의 인플레이션(2010)

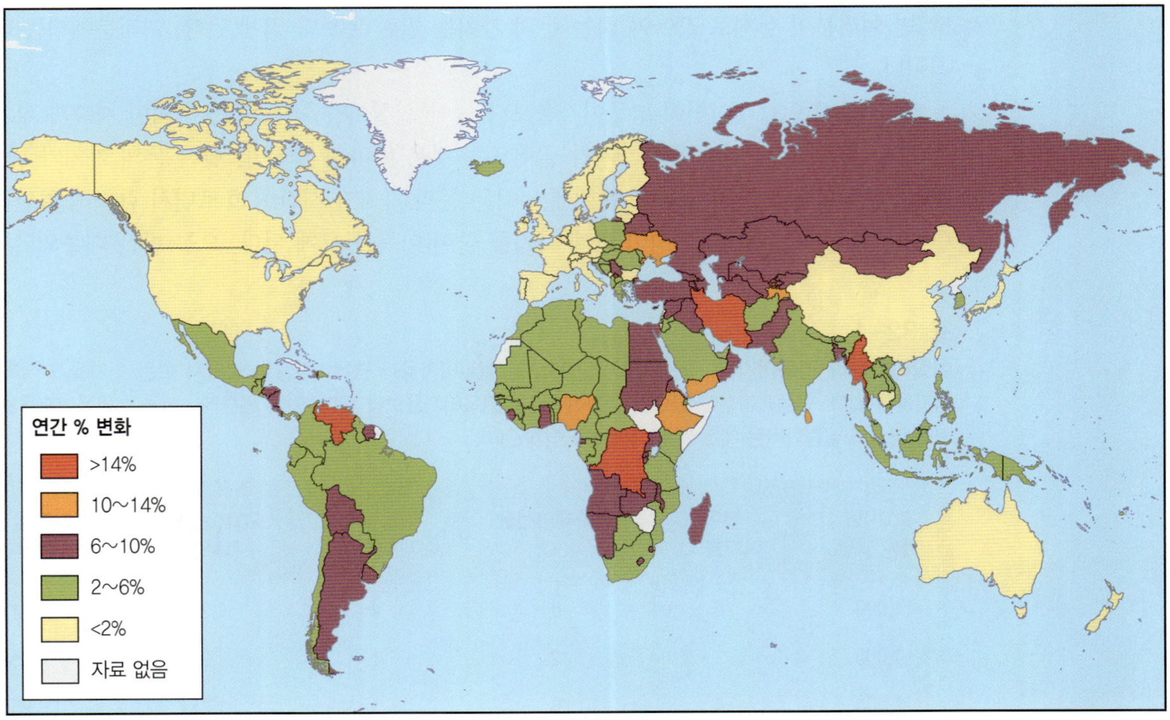

• 인플레이션이 저축 계좌 금액의 구매력을 얼마나 갉아먹을 것인가.

이 둘 중 어떤 효과가 더 클지, 즉 여러분 저축액의 가치가 시간이 흐르면서 증가할지 감소할지 알기 위해서는 명목이자율에서 인플레이션율을 뺀 실질이자율을 계산해야 한다. 통상 두 비율은 저축액 대비 연간 백분율로 표시되기 때문에 실질이자율을 계산하는 식은 간단하다.

식 32–3

$$실질이자율 = 명목이자율 - 인플레이션율$$

명목이자율과 실질이자율의 차이가 얼마나 중요한지 쉽게 이해하기 위해 〈표 32-1〉을 참고하자. 표는 3개의 다른 인플레이션율하에서의 은행 계좌를 보여준다. 2010년에 1000달러를 명목이자율 4%로 5년간 저축했다고 가정해보자. 인플레이션에 따른 결과는 다음과 같다.

- 인플레이션이 없다면, 은행 계좌의 실질 수익률은 명목이자율과 같아서 2010년과 2015년 물가 모두에서 1217달러를 받게 된다.
- 인플레이션이 5년 동안 연간 3%로 발생한다면, 실질이자율은 1%(명목이자율 4%−인플레이션율 3%)밖에 되지 않는다. 그 경우 2015년에 2015년 물가수준으로는 여전히 1217달러를 받겠지만 그 가치는 2010년 물가로는 1051달러에 불과하다.
- 인플레이션이 5년 동안 연간 5%로 발생한다면, 저축에서 손실이 발생한다. 실질이자율은 −1%(명목이자율 4%−인플레이션율 5%)이다. 2015년 물가로 여전히 1217달러를 받지만 2010년 물가로는 951달러 가치밖에 되지 않는다.

물론 정반대 상황이 대출자에게 적용된다. 여러분이 만약 2010년에 1000달러를 빌리면서 4%의 이자를 지급하기로 했다고 하자. 높은 인플레이션율은 이제 여러분 편이다. 인플레이션율이 5%면 여러분이 실제로 갚아야 하는 돈의 가치는 빌린 돈보다 적게 된다. 여러분에게는 좋은 소식이다.

달리 말해 인플레이션이 명목이자율보다 높아 실질이자율이 음(−)이 되면 저축과 부채의 가치 모두 하락한다. 저축액의 가치가 줄어드는 것은 바라지 않지만, 빚진 돈의 가치가 줄어드는 것은 반길 일이다. 저축자들은 은행에 넣어둔 돈의 가치가 시간이 흐르면서 감소해 가난해진다. 반대로 차입자는 인플레이션이 화폐 가치를 줄여 이득을 보게 된다. 오늘 받은 대출의 실질가치

표 32–1

실질이자율과 명목이자율 인플레이션이 없으면 실질이자율과 명목이자율이 같아져 보는 이자율과 실제로 받는 이자율이 같다. 인플레이션이 있으면 실질이자율은 명목이자율보다 작다. 만약 인플레이션율이 명목이자율보다 크면 저축 금액의 실질가치는 애초 저축 금액보다 작게 된다.

2010년 가치(달러)	명목 이자율(%)	인플레이션율 (%)	실질 이자율(%)	2015년 명목 가치(달러)	2015년 실질가치 (2010년 물가기준)
1,000	4	0	4	1,217	1,217
1,000	3	2	1	1,217	1,051
1,000	4	5	−1	1,217	951

가 나중에는 더 적기 때문이다. 실질가치가 감소함으로써 빚을 상환하기 더 쉬울 것이다. 따라서 인플레이션이 높으면 저축자에서 차입자로 부가 재분배된다.(그러나 이러한 손실 때문에 저축자/대출자가 대출을 하지 않기로 결정하면 차입자에게도 궁극적으로 손해가 될 수 있다.)

인플레이션이 예측 가능하다면 이러한 재분배 효과가 나타날 이유가 없다. 인플레이션이 20%로 심하다 할지라도 은행이 명목이자율을 20% 초과해 제시한다면 저축자가 돈을 잃을 일은 없다. 그러나 인플레이션 변화는 갑자기 일어나는 경우가 많기 때문에 명목이자율이 조정되는 데에는 시간이 걸리게 마련이다.(가게를 운영하는 사람이 모든 가격을 즉각 바꾸기도 어렵고, 고용주가 임금을 즉각 조정하기도 어렵다.) 게다가 앞서 말했듯이, 인플레이션의 시점이나 정도가 예측 가능할지라도 발생하는 인플레이션의 비용이 있다.

이러한 인플레이션의 경제적 결과는 돈을 빌리고 갚아야 하는 정부에도 똑같이 적용된다. 차이가 있다면 정부는 통화정책을 통해 조금이라도 인플레이션을 통제할 수 있다는 점이다. 따라서 정부로서는 인플레이션을 일으켜 빚 부담을 점차 줄여나가고 싶은 유혹을 느낄 수 있다. 이러한 전략의 장단점에 대해서는 사례를 통해 알아보기의 '인플레이션으로 부채 피해가기'에서 논의한다.

사례를 통해 알아보기

인플레이션으로 부채 피해가기

상상해보라. 여러분은 경제적으로 곤란한 상황에 놓인 한 나라의 대통령이다. 세수는 줄어들고 있으며, 경제성장 전망은 암울하기만 하다. 게다가 정부 부채는 점점 늘고 있다. 어떻게 할 것인가? 정부 지출을 줄이거나 세금을 올릴 수 있지만, 어느 방법을 쓰든 여러분의 인기는 떨어질 것이다. 다행히 여러분의 경제 수석이 제안을 한다. "돈을 찍어내면 됩니다! 그러면 부채 문제를 해결할 수 있습니다. 돈을 찍어내면 물가가 오를 것이고 인플레이션이 증가하면 정부 부채의 실질가치도 떨어질 겁니다."

짐바브웨 정부는 외국인과 공무원들에게 줘야 하는 돈이 감당할 수 없는 수준이 되자 이 방법을 썼다. 로버트 무가베(Robert Mugabe)가 이끄는 짐바브웨 정권은 경제적 곤란에서 벗어나기 위해 짐바브웨 달러를 찍어냈다. 2006년 부채를 갚기 위해 21조 짐바브웨 달러(미국 달러로 약 2억1000만 달러)를, 공무원에게 급여를 주기 위해 60조 짐바브웨 달러(미국 달러로 약 6억 달러)를 찍었다.

효과가 있었을까? 어떤 면에서는 그랬다. 짐바브웨 달러로 표시된 정부 부채는 인플레이션이 예상처럼 통제 불가능한 상태로 발생하자 거의 가치를 갖지 않게 되었다. 그러나 2008년 1100만%에 이를 정도로 믿을 수 없이 높은 인플레이션은 짐바브웨 경제를 완전히 마비시켰다. 실업률이 80%가 넘을 지경이었다.

인플레이션으로 부채를 피해가는 방법이 항상 이렇게 재난을 일으키는 것은 아니다. 온건한 수준에서는 이 전략이 어느 정도 성공을 거둘 수도 있다. 1940년대 제2차 세계대전이 끝났을 때 미국의 GDP 대비 부채 비율은 108.6%에 달했다. 달리 말하면 빚을 갚기 위해서는 1년 조금 넘는 기간 동안의 모든 국가 산출물을 동원해야 하는 상황이었다. 경제학자 조슈아 아이젠먼(Joshua Aizenman)과 낸시 메리언(Nancy Marion)에 따르면 인플레이션 덕분에 10년 만에 부채 비율이 3분의 1 이상 감소되었다. 인플레이션율은 1947년에는 14.4%나 되었다. 같은 기간 동안 전후 활발해진 경제활동으로 미국 경제는 빠른 성장을 보일 수 있었다.

그러나 경제가 튼튼할 때에도 인플레이션은 이상적인 해결책이 아니다. 부채는 대출자와의 약속이기 때문에 정부가 부채 부담을 줄이려 돈을 찍어내면 대출자는 앉아서 돈을 잃게 된다. 결국에는 인플레이션으로 부채를 벗어난 전적이 있는 정부에 아무도 돈을 빌려주려 하지 않을 것이다. 경제학자 앨런 아우어바흐(Alan Auerbach)는 향후 75년간 예측되는 53조 달러의 재정 적자 중 인플레이션으로 줄일 수 있는 부분은 5.4조 달러에 불과하다고 계산했다.

그러나 여전히 유혹적인 방법임에는 틀림없다. 빚을 줄이는 데 돈을 찍어내기만 하면 된다면 누구라도 흔들릴 것이다.

Sources: http://allafrica.com/stories/200602170023.html; http://economix.blogs.nytimes.com/2010/02/18/inflation-wont-solve-our-debt-problems/; http://sciie.ucsc.edu/workingpaper/2009/Using_Inflation_to_Erode_Debt_Nov27_09.pdf.

디플레이션

LO 32.5 디플레이션의 경제적 결과에 대해 분석하기

인플레이션의 반대는 디플레이션이다. 디플레이션은 전반적 물가수준이 지속적으로 떨어지는 상태를 말한다. 음(−)의 인플레이션으로 볼 수 있다. 디플레이션은 인플레이션에 비해 훨씬 덜 자주 일어나고, 일반적으로 최악의 경제 상황에서만 발생한다. 디플레이션은 1930년대 대공황의 특징이었다. 당시 미국의 물가는 몇 년 사이에 반으로 떨어질 정도였다. 최근에는 1990년대에 일본에서 이른바 '잃어버린 10년'으로 디플레이션이 발생했다. 일본의 디플레이션은 이후에도 계속 경제에 부담이 되고 있다.

디플레이션이 왜 문제가 될까? 한 가지 이유는 디플레이션으로 빚 부담이 증가한다는 것이다. 앞에서 본 것처럼 대부분의 대출은 명목가치로 이루어진다. 여러분이 100달러를 연 이자율 5%로 1년 동안 빌린다면 1년 후 갚을 돈은 105달러가 된다. 만약 디플레이션으로 물가가 떨어진다면 105달러의 실질가치는 더 높을 것이다. 대출을 상환하는 것이 여러분의 실질적인 구매력을 상당히 잠식하기 때문에 소비가 감소할 것이다. 다른 한편에서는 여러분 저축의 실질가치가 커질 것이다.

디플레이션으로 저축의 실질가치가 늘어난다면 왜 저축자들은 돈을 더 쓰지 않을까? 사람들이 디플레이션을 '예상'하면 더 적게 지출하고 싶을 것이기 때문이다. 왜 그런지는 간단하다. 몇 달 안에 물가가 10% 떨어질 것이라 예상한다고 해보자. 그렇다면 새 차를 지금 사겠는가, 아니면 몇 달 기다리겠는가? 디플레이션이 경제를 악화시키는 데에는 물가가 떨어질 것이라는 예상이 한몫한다. 특히 디플레이션이 지속되리라 예상하는 회사는 투자를 위해 돈을 빌리려 하지 않을 것이다. 대출의 실질가치가 증가해 대출 상환 부담이 커질 것이라고 생각하기 때문이다.

디플레이션의 진짜 결과는 소비와 투자가 모두 감소해 경제의 총수요가 감소하는 것이다. 총수요가 감소하면 물가가 하락해 디플레이션이 지속된다. 이렇게 스스로 강화되는 순환을 '디플레이션의 소용돌이(deflationary spiral)' 또는 '디플레이션의 덫(deflationary trap)'이라 부른다.

앞장에서 봤듯이 디플레이션의 위험은 통화를 금에 묶어두는 정책을 반대하는 논거다. 실제

로 19세기 말 미국에서 디플레이션의 고통은 인기 영합적 정치가들의 주된 공격 대상이었다. 금본위 제도 아래에서 물가는 매년 1~2%씩 떨어지고 있었다. 그 결과 차입자들의 빚 부담은 지속적으로 증가했으며, 차입자 대부분은 가난한 농부였다. 1896년 민주당 전당 대회에서 윌리엄 제닝스 브라이언(William Jennings Bryan)은 '금 십자가(Cross of Gold)'로 알려진 연설을 했는데, 그 내용은 금본위제가 차입자의 희생으로 저축자를 배 불리는 제도라고 비판하는 것이었다. 브라이언은 연설을 이렇게 마무리했다. "가시 면류관으로 노동자의 눈썹을 눌러서는 안 되고, 금 십자가에 인류를 못 박아서도 안 된다." 브라이언은 대신 은과 금이 같이 화폐로 쓰이는 금은 복본위제(bimetallic standard)로 회귀할 것을 지지했다. 그러면 화폐 공급이 증가해 물가가 오를 것이기 때문이다. 물가가 오르면 농부와 근로자가 빚을 갚는 것이 다소 수월해질 수 있었다. 그러나 결국 브라이언의 반대편인 윌리엄 매킨리가 대통령이 되었고 1900년 금본위제를 미국의 공식 정책으로 확고히 정착시켰다.

디스인플레이션과 초인플레이션: 인플레이션의 통제

LO 32.6 디스인플레이션과 초인플레이션을 설명하고, 이러한 상황을 초래하는 통화정책의 역할에 대해 설명하기

인플레이션 통제는 통화정책을 수행하는 중앙은행의 핵심적인 임무다. 예를 들어, 중앙은행은 7%인 인플레이션을 2%로 줄이고 싶을 수 있다. 그 결과 발생하는 '**디스인플레이션**(disinflation)'은 물가상승률이 감소하고 있지만 여전히 물가는 상승하는 기간을 말한다.(디스인플레이션을 디플레이션과 혼동하지 말아야 한다. 디플레이션은 음(−)의 인플레이션이다.) 일반적으로 디스인플레이션은 중앙은행이 긴축적 통화정책을 통해 인플레이션을 적극적으로 억제하려 할 때 쓰는 표현이다.

디스인플레이션 물가상승률이 감소하고 있지만 여전히 물가는 상승하는 기간

미국에서는 1970년대에 OPEC의 원유 수출 금지 조치의 결과 인플레이션이 연간 10%에 달했을 때 연방준비제도가 물가를 잡기 위해 디스인플레이션 수단을 쓴 것이 유명하다. 당시 비싼 상점은 이용하지 말자는 사회 운동이 있었고, 캔자스의 걸스카우트 단원들이 인플레이션과 싸우기 위해 모금 활동으로 판매하는 과자 가격을 2년 전과 같게 하기로 했다는 것이 보도될 정도였다. 그러한 노력은 물가를 잡는 데 별 소용이 없었다. 지미 카터 대통령이 1979년 폴 볼커를 연방준비제도 이사회 의장으로 임명하고 나서야 인플레이션이 잡히기 시작했다. 볼커는 전임자의 정책을 완전히 뒤집으면서 두 자릿수의 인플레이션을 잡으려면 '충격 요법'이 필요하다고 강조했다. 그러고는 공식 연방 기금 금리를 10%에서 20%로 올렸다. 당연히 경제 전체적으로 돈을 빌리는 이자율이 매우 높아졌기 때문에 경제는 깊은 침체에 빠졌다. 일군의 농부가 트랙터를 몰고 워싱턴 DC의 중심가에서 시위하며 연방준비제도 건물의 주요 출입구를 봉쇄해버렸다. 하지만 충격 요법은 결국 작동하긴 했다. 1981년 10.4%였던 인플레이션율은 1983년 5% 밑으로 떨어진 후 낮은 상태를 계속 유지하고 있다. 볼커의 대담한 시각이 단기적 고통을 유발했지만, 인플레이션의 문제를 장기적으로 해결한 것이다.

인플레이션이 얼마나 높아야 이렇게 고통스러운 수단을 동원해도 좋은지에 대해서 경제학자들의 의견은 분분하다. 어떤 나라에서는 연간 30~40%에 이르는 높은 인플레이션도 장기적으로 큰 경제적 역효과 없이 성공적으로 다스린 사례가 있다. 하지만 이렇게 높은 인플레이션은

매우 위험한 상황임에 틀림없다. 인플레이션율이 그렇게 높으면 인플레이션 자체가 극도로 불안정해서 약간의 충격에도 점점 더 심한 인플레이션을 보일 수 있기 때문이다.

초인플레이션 극단적으로 장기적이고 고통스럽게 진행되는 물가 상승

인플레이션이 통제 불가능한 상황이 되면 '**초인플레이션**(hyperinflation)'이 발생했다고 말한다. 초인플레이션은 극단적으로 장기적이고 고통스럽게 진행되는 물가 상승을 가리킨다. 초인플레이션은 무가베 정권이 2006년 정부 부채를 인플레이션으로 회피하기 위해 돈을 찍어내자마자 급속히 발생했다.

치솟는 인플레이션과 보조를 맞추기 위해 짐바브웨 정부는 단위가 큰 지폐를 계속 찍어냈다. 사진의 100조 달러 지폐는 우유 1갤런을 사는 데에도 충분하지 않았다.

Source: © Finnbarr Webster/Alamy

존 메이너드 케인스의 초창기 주된 공적 활동 중에는 제1차 세계대전을 공식적으로 종결시킨 베르사유 회담이 있다. 종전 협상 중 승전국들은 케인스의 반대에도 불구하고 독일에 막대한 배상금을 요구했다. 케인스는 회담이 끝나기도 전에 영국으로 돌아와 《**평화의 경제적 귀결**(*The Economic Consequences of the Peace*, 1919)》을 집필했다. 이 책에서 케인스는 베르사유 조약이 독일 경제가 감당할 수 없는 배상금을 요구하고 있으며, 이것이 독일에 정치적, 경제적 불안과 초인플레이션을 야기할 것이라 예측했다. 케인스의 예상은 맞았다. 비록 당시 독일의 초인플레이션이 유럽 내에서 최초도 최악도 아니었지만 엄청난 결과를 빚었다. 정치적, 경제적 불안으로 말미암아 바이마르공화국이 붕괴되고 나치 독일이 성립된 것이다.

최악의 초인플레이션은 1946년 헝가리에서 발생했다. 제2차 세계대전의 폐허 속에서 정부 지출의 15% 정도로만 세금이 걷히자 헝가리는 그 간격을 메우고자 돈을 찍어내기 시작했다. 1946년 1월 16,500,000펭고가 유통되고 있었는데, 같은 해 7월에는 그 금액이 1,730,000,000,000,000,000펭고에 달했다. 물가는 대략 15시간 만에 2배가 되었다. 당연히 이 상황은 지속될 수 없었다. 1946년 8월 정부는 펭고를 버리고 포린트를 도입했고, 이 통화는 지금도 사용되고 있다. 새 통화를 금에 연동시키면서 정부는 포린트를 대량으로 찍어내지 않을 것이라는 신뢰를 회복했다.

초인플레이션은 기대 때문에 지속될 수도 있다. 1990년대 브라질에서 물가가 상승한 것은 모두 물가가 오를 것이라 기대한 탓도 있다. 물가 상승은 위폐 도입을 포함한 이단적 계획 이후에야 잦아들었다. 이 내용은 사례를 통해 알아보기의 '가짜 돈을 이용한 진짜 계획'에서 확인할 수 있다.

사례를 통해 알아보기

가짜 돈을 이용한 진짜 계획

1993년 브라질의 이타마르 프랑코 대통령은 7개월 내에 네 번째 재무장관으로 페르난도 엔리크 카르도소(Fernando Henrique Cardoso)를 임명했다. 교체율에서 드러나듯 탐낼 만한 자리는 아니었다. 브라질의 물가는 7년 동안 꾸준히 오르고 있었고 인플레이션율은 연간 2000%에 근접하고 있었다. 카르도소가 재무장관을 계속하고 싶으면 이 초인플레이션을 하루빨리 잡아야 했다. 하지만 아무도 기대하지 않았다. 카르도소는 사회학 교수였고, 경제학에 대해서는 알지 못했다. 게다가 수년간의 실패로 브라질 사람들은 초인플레이션을 극복할 수 없을 거라 여겼다. 카르도소는 브라질의 고집스러운 초인플레이션을 어떻게 잡을지 동료들과 함께 연구하던 에드마르 바샤(Edmar Bacha)라는 경제학자에게 도움을 청했다. 물가나 임금 동결 같은 전통적인

인플레이션 퇴치 방법이 소용없다는 것을 알고 경제학자들은 정밀하지만 이단적인 방법을 제안했다. '실질가치 단위(units of real value)', 줄여서 URV라 불리는 가짜 통화 체계를 창조하자는 것이었다.

포르투갈어로 'Plano Real'이라 불리는 이 '진짜 계획(Real Plan)'은 다음과 같이 작동했다. 카르도소가 경제에 관련된 모든 사람, 즉 식료품점, 정부, 소매점, 다른 모든 사업체에서 사용하는 가격을 당시 화폐 단위인 크루제이루(cruzeiro)뿐만 아니라 URV로도 표기하도록 강제한다. 모든 계약서에도 크루제이루와 URV를 모두 표기해야 했다. 사람들이 지불하는 돈은 크루제이루지만 항상 URV로 표기된 가격을 볼 수 있었다. 환산 비율은 계속 변해 URV가 안정적으로 유지되도록 했다. 만약 가격이 2배가 되면 크루제이루와 URV의 교환 비율은 반이 되어 URV로 표기된 가격은 일정하도록 한 것이다. 우유 1리터 가격이 1,000크루제이루에서 2,000크루제이루로 오르더라도 나란히 표시된 URV 가격은 유지되었다.

어떻게 이런 간단한 산술적 요령이 물가를 잡는 데 도움이 될 수 있을까? 이 발상의 기발함은 초인플레이션의 '심리적 관성(psychological inertia)'이라는 것을 공략했다는 데 있다. 인플레이션이 계속 진행되고 정부의 모든 노력이 실패하는 것이 눈에 보이면 사람들은 상황이 그저 악화될 뿐이라는 생각에 빠지게 된다. 사업하는 사람들은 오로지 물가가 오를 것이라 예상하기 때문에 가격을 올린다. 그런 사람들이 충분히 많으면 자기 실현적 예언이 된다. 악순환이 지속되는 것이다.

'진짜 계획'은 그러한 순환 고리를 끊었다. URV로 표시된 가격이 안정적이었기 때문에 사람들은 URV 가격이 계속 안정적일 거라고 믿게 되었다. URV의 안정성에 대한 신뢰가 형성되자 정부는 신뢰를 잃은 크루제이루를 '헤알(real)'이라는 새로운 통화로 교체했다. 헤알은 지금도 사용되고 있다. 정부는 1헤알이 1URV의 가치를 갖는다고 공지했다. URV의 가치가 안정적이라는 경험을 통해 사람들은 헤알로 표시된 가격도 안정적일 것이라고 기대하게 되었다. 사람들이 가격이 안정될 것이라고 기대하자 최소한 상대적으로 가격이 안정되었다. 헤알이 도입된 첫 몇 년 이내에 인플레이션은 20% 아래로 떨어졌다.

재무장관으로서 지위가 불안정했던 카르도소는 어떻게 되었을까? 그에게 감사한 브라질 국민은 그를 다음 대통령으로 뽑았다.

Sources: http://papers.ssrn.com/sol3/papers.cfm?abstract_id 5 907924; http://www.econ.puc-rio.br/gfranco/rptpd.pdf; http://uk.reuters.com/article/2011/07/02/uk-brazil-president-idUKTRE76119A20110702.

디플레이션에 대한 완충재로서 인플레이션

디플레이션도 나쁘고 인플레이션도 나쁘다면 중앙은행은 0 인플레이션을 추구하는 것이 맞지 않을까? 실제로는 대부분의 중앙은행은 물가가 완만하게 오르도록 하는 통화정책을 선호한다. 연간 2~3% 수준으로 말이다.

왜 대부분의 경제학자들은 완벽하게 안정적인 물가보다 완만한 인플레이션을 목표로 하는 것이 더 낫다고 믿을까? 주된 이유가 3가지 있다. 첫째, 약간의 인플레이션을 용인하는 것이 디플레이션의 위험을 줄인다. 인플레이션율이 0을 살짝 웃도는 상태에서 중앙은행이 잘못 계산해서 긴축적 통화정책을 쓰게 되면 디플레이션이 발생할 것이다. 디플레이션은 경제에 심각한 충격을 줄 수 있다. 인플레이션이 어느 정도 양(+)의 수치를 보여야 중앙은행이 경제를 디플레이션의 악순환으로 밀어넣을 위험 없이 약간의 실수를 범할 수 있는 여지가 있는 것이다.

둘째, 완만한 인플레이션을 유지하면 중앙은행이 확장적 통화정책을 쓰기가 더 용이하다. 간단한 예를 들어보자. 연간 인플레이션이 3%로 건전한 수준이라고 하자. 투자자들은 투자의 실질 수익률이 양수가 되도록 이보다 높은 수준의 이자율을 원할 것이다. 통화정책 차원에서 보면 전반적인 이자율 수준이 3%나 이보다 약간 높게 형성될 것이라는 뜻이다. 이 정도 수준이면 연방준비제도가 유사시 이자율 0의 하한선에 이를 때까지 이자율을 낮출 수 있는 여유가 생긴다. 반대로 인플레이션이 0%면 명목이자율도 0에 가깝게 형성될 것이다. 이렇게 되면 경기가 침체되었을 때 중앙은행이 이자율을 낮출 여지가 거의 없게 된다.(이러한 상황을 '유동성 함정(liquidity trap)'이라 부르기도 한다. 유동성 함정은 일본이 10년 이상 처했던 주요 문제였다.) 최근 금융 위기 중 국제통화기금(IMF; International Monetary Fund)의 수석 경제학자인 올리비에 블랑샤르(Olivier Blanchard)는 중앙은행들에 인플레이션 목표를 전통적인 2%에서 4%로 높여 잡을 것을 권고했다. 그만큼의 차이로 경제가 통화정책의 도움이 필요할 때 이자율 0의 하한선에 이르기 전에 효과적으로 깊은 경기 침체와 싸울 수단이 될 수 있기 때문이다.

셋째는 완만한 인플레이션하에서 기업들이 노동시장의 수요 공급 여건이 바뀔 때 실질 임금을 조정하기가 더 쉽다는 것이다. 노동 수요가 감소하거나 노동 공급이 증가하면 균형 실질 임금은 하락한다. 물가가 안정적이면 고용주로서는 실질 임금이 떨어질 때 명목 임금을 낮춰야 한다. 근로자들은 명목 임금이 1% 줄어들면 일을 덜 열심히 하는 것으로 대응할 것이다. 그러나 근로자들은 일반적으로 인플레이션이 3%일 때 명목 임금이 2% 오르는 것에는 크게 신경 쓰지 않는 경향이 있다. 소득은 똑같이 1% 감소하지만 감소의 원인이 차이를 가져오는 것이다. 더 나아가 정식 근로 계약서가 있는 경우 명목 임금은 계약 중 바꿀 수 없다. 인플레이션이 완만하게 진행되면 기업은 명목 임금을 인플레이션보다 천천히 올려서 실질 임금을 줄일 수 있다. 따라서 낮고 안정적인 인플레이션은 더 유연한 실질 임금과 더 효율적인 노동시장이 형성되도록 노동시장의 수레바퀴에 기름칠을 하는 역할을 한다.

✓ 개념 확인하기

- ❒ 가장 높은 소득 구간에 있는 사람들은 왜 세제로 인한 인플레이션의 불이익을 걱정하지 않을까? **[LO 32.4]**
- ❒ 사람들이 향후 디플레이션이 발생할 것이라 예상하면 왜 현재 지출을 덜 하려 할까? **[LO 32.5]**
- ❒ 인플레이션율이 감소하는 것을 무엇이라 하나? **[LO 32.6]**
- ❒ 대출자는 왜 예측되지 않은 디플레이션을 좋아할까? 차입자는 왜 예측되지 않은 인플레이션을 좋아할까? **[LO 32.6]**

인플레이션과 통화정책

앞서 연방준비제도의 이중 권한에 대해 논의했다. 이중 권한은 물가를 안정적으로 유지하고 완전 고용을 달성하는 것이다. 물가의 안정성을 유지한다는 것은 인플레이션율이 지속적으로 낮다는 것을 달리 표현한 것이다. 완전 고용을 달성하는 것은 경제 내에 마찰적 실업과 구조적 실업만 있고 경기적 실업은 없다는 의미다.

이중 권한의 목표 달성

LO 32.7 인플레이션과 산출갭, 통화정책의 관계 설명하기

실제로는 이중 권한의 두 목표가 상충하는 경우가 많다. 왜 그런지는 전형적인 경기 순환에 따라 인플레이션율이 어떻게 변화하는지 생각해보면 된다. 보통 침체기에는 인플레이션이 매우 낮다. 경기가 가라앉을 때는 경제가 '잠재적인' 수준보다 적게 작동하기 때문이다. **'잠재산출량** (potential output)'이란 한 국가의 모든 인적·물적 자원이 온전히 사용될 때 생산할 수 있는 총산출물의 양을 뜻한다. 현실적으로는 마찰적 실업과 구조적 실업만 있고 경기적 실업은 없는 상태를 의미한다.

잠재산출량 한 국가의 모든 자원이 온전히 사용될 때 생산할 수 있는 총산출물의 양

한 경제의 실제산출량이 어떤 시점에서 잠재적 생산량과 다르면, 그 차이를 '**산출갭**(output gap)'이라고 한다. 생산량이 잠재적 수준보다 낮으면 산출갭은 음(−)이다. 모두가 단순히 일할 뿐 아니라 초과 근무를 할 정도로 경제가 용량 초과 상태로 작동하면, 산출갭은 양(+)이다. 〈그림 32-5〉는 미국의 산출갭 추이를 보인다.

산출갭 한 경제의 잠재산출량과 실제산출량의 차이

음의 산출갭이 발생하면 어떤 일이 생길까? 일단 공장이든 근로자든 자원이 남아돈다. 근로자는 실업 상태가 되고 공장은 돌아가지 않는다. 달리 말하면, 경제가 침체에 빠진다. 통상 침체기에는 석유 파동 같은 외부적 충격 때문이 아닌 한 인플레이션이 커질 위험이 거의 없다. 침체를 겪는 경제에서는 돈에 대한 수요가 적기 때문에 인플레이션율이 낮다. 예컨대 차입자는 침체기에 목돈이 들어가는 지출을 위해 빚을 지려고 하지 않는다. 갚을 수 있을지 자신이 없기 때문이다. 재화나 서비스에 대한 수요가 전반적으로 낮으면 기업들도 사업 확장을 위해 돈을 빌릴 유인이 적다. 만든 것을 사갈 사람이 없다고 생각하면 왜 생산하겠는가? 화폐 공급량이 변함없는 한 수요 감소는 전반적인 물가를 떨어뜨릴 뿐이다.

그림 32-5

미국의 산출갭 산출갭은 실제 GDP와 완전 고용 상태의 잠재적 GDP의 차이다. 대부분의 기간에 실제산출량은 잠재적 생산량보다 적게 머물러 있다.

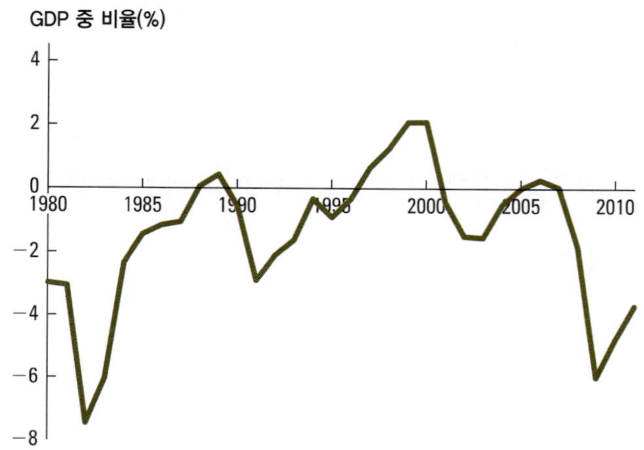

Source: IMF World Economic Outlook database, updated July 16, 2012, http://www.imf.org/external/pubs/ft/weo/2012/01/weodata/index.aspx.

양의 산출갭을 경험하고 있으면 어떤 일이 생길까? 거의 모든 사람이 고용되고 초과 근무를 한다면 새로운 근로자를 채용하는 것은 매우 비싸진다. 고용주들은 근로자를 놓고 경쟁해야 하기 때문에 근로자를 데려오려면 더 높은 임금을 제시해야 한다. 마찬가지로 기업들은 생산물에 대해 치솟은 수요를 맞추기 위해 기계, 공장 등 다른 투입물을 사는 데에서도 경쟁을 해야 하기 때문에 이러한 투입물의 가격 역시 올라간다. 경제 전반에 걸친 가격 상승은 인플레이션을 의미한다.

보다시피 산출갭과 인플레이션에는 강한 상관관계가 있다. 하지만 이것과 통화정책이 무슨 관계가 있을까? 이에 답하기 위해서는 중앙은행이 통화정책을 펼 때 무슨 일이 일어나는지 상기해야 한다.

확장적 통화정책부터 살펴보자. 경기가 침체되면 산출갭은 고용이 저조함을 의미한다. 중앙은행은 확장적 통화정책으로 이 문제를 해결할 수도 있다는 것을 안다. 화폐 공급을 늘리고 이자율을 낮추면 차입이 증가해 경제가 회복될 수 있다. 경제활동이 활발해지면 사람들은 일거리를 찾을 것이고 임무를 완수한다. 물가는 조금 오르지만 고용이 회복되는 것이다.

하지만 이는 단기 균형일 뿐이다. 재화와 서비스에 대한 수요 증가는 물가를 밀어올릴 것이다. 화폐 공급이 늘었기 때문에 같은 양의 재화를 사는 데 더 많은 돈이 쓰이는 것이다. 장기적으로 경제는 장기 균형으로 돌아온다. 고용은 감소하지만 물가는 높은 상태에 머물 것이다. 그러면 도대체 중앙은행이 한 일은 무엇인가? 중앙은행이 고용을 늘리기 위해 경제에 돈을 계속 주입할 수는 있지만, 그 이득은 오래 못 가고 인플레이션만 악화될 것이다.

인플레이션율이 정상보다 높을 때에는 정반대 상황이 전개된다. 수요로 인해 물가가 올라갈 때 경제 내의 돈은 제한된 재화에 쓰이게 된다. 기업들은 조업을 확장하기 위해 기계와 투입요소를 사려 할 것이고 근로자들도 더 높은 임금을 받게 된다. 이 경우 고용은 꽉 차고 경우에 따라 초과 근무 등의 용량 초과 상태가 나타난다. 이러한 상황에서 중앙은행이 인플레이션을 잡으려면 화폐 공급 증가율을 줄이고 이자율을 높이는 긴축적 통화정책을 펼 것이다. 앞에서 살펴본 것처럼 경제의 열기는 가라앉을 것이다. 인플레이션은 줄어들지만 경기가 주춤하고 실업이 증가한다. 그러나 결국 경제는 낮은 물가에 적응하고 장기 균형으로 돌아와 고용은 잠재산출량 수준에 맞게 회복되고 전반적인 물가만 떨어질 것이다.

결국 중앙은행은 어떤 통화정책을 이용하든 장기적으로 물가수준만 바꿀 뿐이고 고용에 지속적인 영향을 주지는 못한다. 확장적 통화정책을 통해 경제를 자극하려는 시도는 인플레이션율을 올릴 것이다. 긴축적 통화정책으로 경제를 식히려는 시도는 인플레이션율을 낮추고 디플레이션 위험을 일으킨다. 중앙은행은 이러한 상충관계 사이를 신중하게 헤쳐나가야 한다.

인플레이션과 실업

LO 32.8 인플레이션과 실업률의 관계를 분석하고, 필립스 곡선에 의해 어떻게 모형화되고 체증하지 않는 실업률에 결합되는지 설명하기

단기에서 인플레이션과 실업 사이에 상충관계가 있다는 것을 배웠다. 이 때문에 연방준비제도의 이중 권한을 달성하는 것은 쉽지 않다. 완전 고용을 보장한다는 것은 실제산출량을 잠재적 생산량에 가깝게 유지한다는 것을 뜻한다. 하지만 확장적 통화정책을 통해 완전 고용을 유지하는

것은 연방준비제도의 또 다른 권한인 물가안정을 해치는 일이 될 수 있다. 이러한 상충관계 가운데 연방준비제도는 어떻게 가장 좋은 방법을 고안해낼 수 있을까?

필립스 곡선. 1958년 A. W. 필립스(A. W. Phillips)라는 경제학자가 95년간 영국의 실업 대비 물가 변화를 그래프로 나타냈다. 그러자 뚜렷한 경향이 나타났다. 인플레이션이 높을수록 실업률은 낮고, 인플레이션이 낮을 때는 실업률이 심각한 것이다. 그러한 관계를 보여주는 선을 오늘날 '**필립스 곡선**(Phillips curve)'이라 부르고, 단기에서 인플레이션과 실업률의 관계를 보여주는 모형의 바탕이 되고 있다.

필립스 곡선 단기에서 인플레이션과 실업률의 관계를 보여주는 모형

〈그림 32-6〉은 가장 간단한 형태의 필립스 곡선을 보여준다. 이 가상의 선에 따르면, 만약 중앙은행이 0 인플레이션을 원하면 7%의 실업률을 감당해야 한다. 예컨대 중앙은행이 3% 정도의 완만한 인플레이션을 원한다면 4%의 실업률을 감수해야 한다. 실업률을 1%로 낮추고 싶으면 6%의 인플레이션율을 받아들여야 한다. 이런 간단한 서술은 산출갭과 실업률이 인플레이션과 어떤 관계인지에 대한 직관과 일치한다. 일반적으로 경제에 실업자가 많을 때 인플레이션은 낮고, 인플레이션이 심할 때 낮은 실업률이 같이 나타나는 것 말이다.

이제 〈그림 32-7〉과 같이 단기의 총수요, 총공급 모형을 이용해 이 관계를 더 자세히 살펴보자. 만약 경제가 실업률 4%와 인플레이션율 3%의 상태로 단기 균형일 때 예상보다 총수요가 증가한다면 경제는 필립스 곡선상의 좌상향으로 이동한다.

그러나 이 간단한 곡선은 중요한 요소를 놓치고 있다. 인플레이션에 대한 예상의 영향이다. 어떤 경제에서든 사람들은 지난 몇 년 동안의 전반적 인플레이션이 계속될 것이라고 예상한다. 인플레이션이 지난 몇 년 동안 매년 3% 정도 진행되었으면 3%의 인플레이션에 대한 예상은 가격으로 실현되기 마련이다. 매년 3%씩 물가가 오르면 근로자들은 당연히 봉급도 3%씩 오르리라 예상하게 되고, 3%의 인플레이션은 일종의 '기정사실'이 된다.

그림 32-6

가상의 단기 필립스 곡선

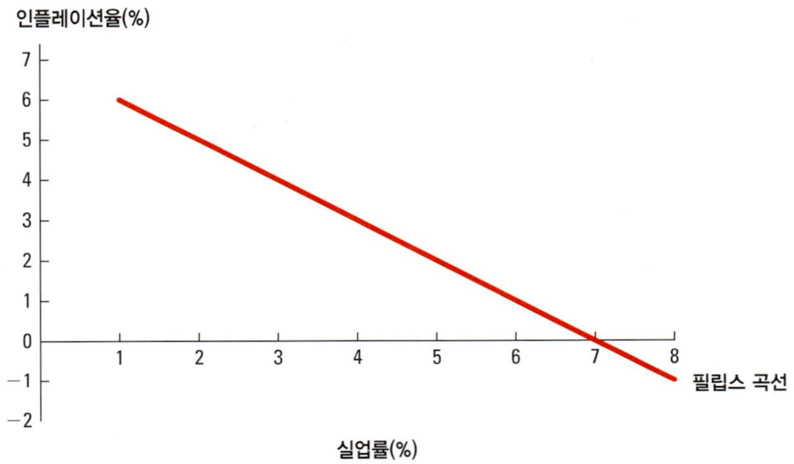

단기 필립스 곡선은 인플레이션율과 실업률의 직접적인 관계를 나타낸다. 경제가 활기를 띨 때 실업률은 낮지만 물가는 빠른 속도로 오를 것이다. 실업률이 오르면서 물가는 더 천천히 올라간다.

예상이 왜 중요할까? 〈그림 32-6〉에 나타난 경제가 4% 실업률과 3% 인플레이션율에서 '장기 균형'에 있다고 가정해보자. 이 상태에서 중앙은행이 실업률을 줄이기로 결정하고 약간 더 높은 인플레이션율을 감당하고자 한다. 화폐 공급량을 늘려 실업률은 1%로 떨어지고 인플레이션율은 6%로 오른다.

여기까지는 문제가 없다. 하지만 경제는 4%에서 장기 균형에 있었다. 〈그림 32-2〉에서 본 것처럼 경제가 이미 장기 균형 상태인데 확장적 통화정책을 추구하면, 생산량을 늘리고 그 결과 실업률을 낮출 수 있을지는 몰라도 이 효과는 단기적으로만 나타난다. 장기에서 생산량과 실업률은 이전 균형 수준으로 돌아올 것이다.

그러면 중앙은행은 실업률이 4%로 돌아온 것을 알게 되지만 이제 인플레이션은 6%를 달리고 있다. 실제로 경제가 이미 장기 균형 상태일 때 확장적 통화정책이 사용되면 필립스 곡선은 〈그림 32-8〉과 같이 바깥쪽으로 이동한다.

이제 이 경제의 사람들은 인플레이션이 6%라고 '예상'한다. 만약 중앙은행이 실업률을 1%로 낮추겠다고 고집스럽게 확장적 통화정책을 쓰면 어떻게 될까? 단기적으로는 성공할지 몰라도, 새로운 필립스 곡선에서 인플레이션은 9%에 달하게 될 것이다. 그리고 장기적으로 실업률이 다시 4%로 돌아올 때, 이제는 사람들이 인플레이션에 대한 예상을 9%로 조정할 것이기 때문에 물가는 9%에서 고착될 것이다. 궁극적으로 중앙은행의 노력 결과는 통제를 벗어나 실업률은 장기에서 결코 중앙은행이 의도한 목표에 머무르지 않으면서 점점 더 높은 인플레이션만 야기하게

그림 32–7
단기의 총수요와 필립스 곡선

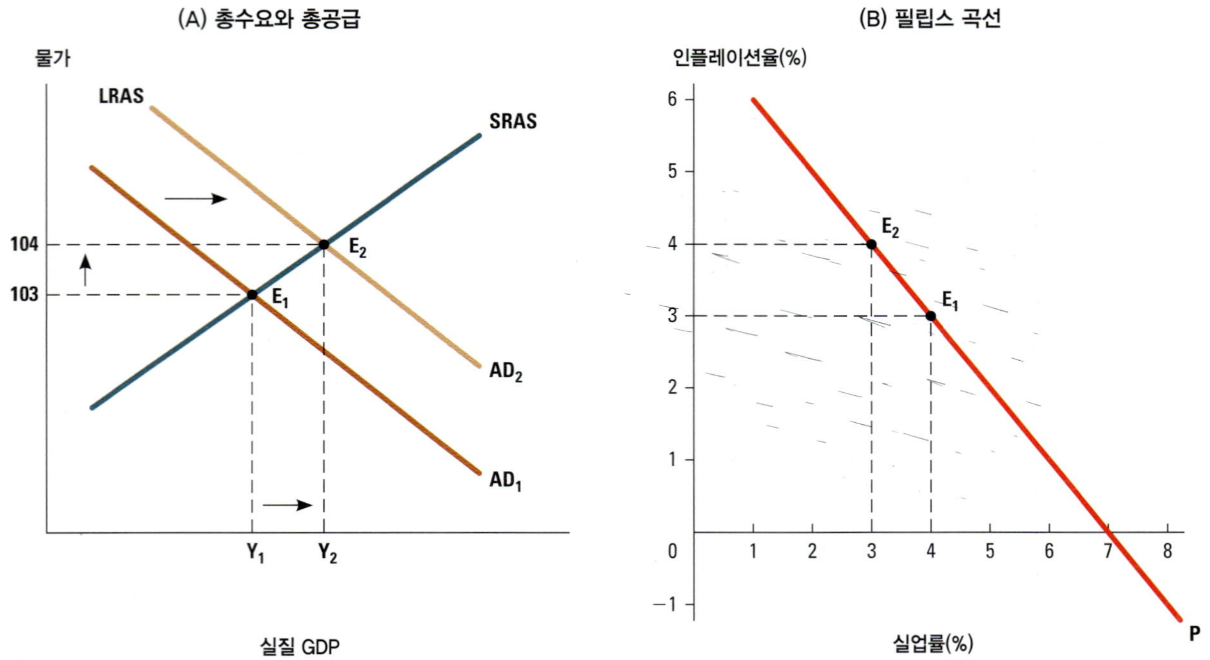

(A)는 2개의 총수요곡선에 대한 결과를 나타낸다. E_1은 더 큰 총수요곡선상의 E_2보다 더 낮은 물가와 생산량의 단기균형을 나타낸다.

경제활동이 활발할 때 필립스 곡선 위의 E_2은 그렇지 못할 때의 단기 균형을 나타내는 E_1에 비해 더 높은 인플레이션과 더 낮은 실업률의 조합을 보인다.

그림 32-8

필립스 곡선과 인플레이션 예상

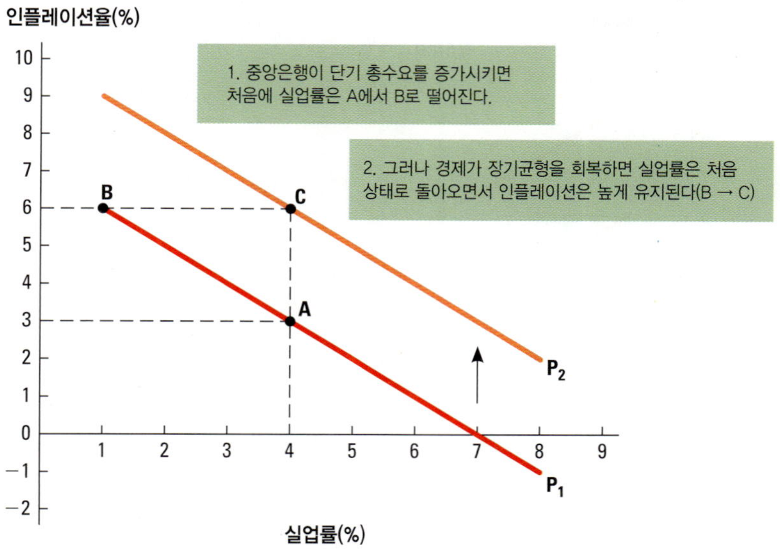

경제에 대해 이미 설정되어 있는 예상이 바뀌면 필립스 곡선은 예상 인플레이션의 변화량만큼 바깥쪽으로 이동한다. 이것은 특정 실업률에 짝지어진 인플레이션 수준이 장기에서 예상 인플레이션만큼 오른다는 의미다.

될 것이다.

이러한 효과 때문에 인플레이션 예상 변화에 따른 장기 효과 또한 반영한 개선된 필립스 곡선도 있다. 〈그림 32-9〉에는 이제부터 단기 필립스 곡선으로 분류될 전통적인 필립스 곡선과 장기 필립스 곡선이 각기 다른 인플레이션 예상 수준에 따라 그려져 있다. 그림의 두 단기 필립스 곡선은 특정 시점에서 통화정책입안자가 당면한 인플레이션과 실업 간 상충관계를 나타낸다. 그림에서 수직선은 장기 필립스 곡선으로 실업률 4%에 고정되어 있다. 이 수직선은 장기에서 이 가상 경제가 4% 미만의 실업률을 달성하는 것이 불가능함을 보여준다.

왜 그런지 이해를 돕기 위해 지금까지 여러 번 반복한 내용을 다시 거칠 것이다. 경제가 4%의 실업률을 보이면서 확장하고 있다. 경제가 확장하기 위해 기업은 더 많은 근로자가 필요하지만 실업률이 낮은 상태여서 구직자는 많지 않다. 그 결과 더 많은 근로자를 고용하는 것이 비싸진다. 노동의 가격인 임금은 노동 수요의 증가로 높아져 물가수준에 영향을 미친다. 경제 전반의 물가는 오를 것이다. 그림에서 수직선은 인플레이션이 점점 더 오르는 상황을 야기하지 않으면서 유지될 수 있는 최소한의 실업률 수준을 나타낸다.

경제학에서 이 최소한의 실업률 수준을 **'물가안정 실업률**(NAIRU; Non-Accelerating Inflation Rate of Unemployment)'이라고 한다. 물가안정 실업률은 자연 실업률이나 '완전 고용(full employment) 실업률'이라고도 불리며, 인플레이션율을 증가시키지 않는 가장 낮은 수준의 실업률이다.

물가안정 실업률 인플레이션율 증가시키지 않는 가장 낮은 수준의 실업률

물가안정 실업률은 시간이 지나면서 달라질 수 있다. 구직활동에 인터넷이 이용되는 사례를 생각해보자. 이러한 혁신의 결과 2가지 차원에서 구조적 실업이 감소하고, 물가안정 실업률 역

그림 32-9

장기 필립스 곡선

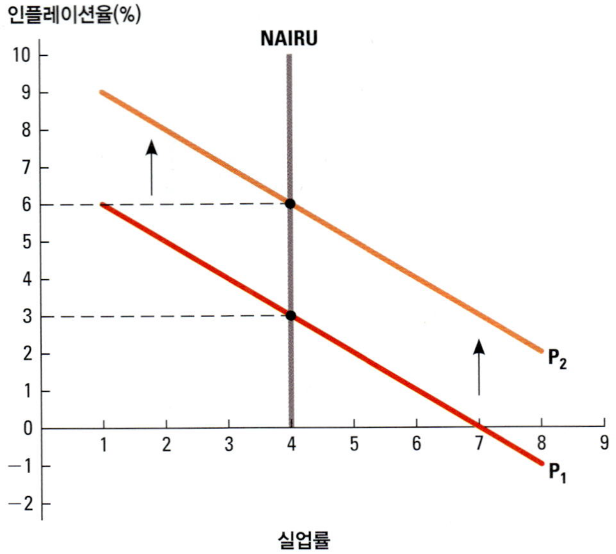

장기 필립스 곡선은 장기에서 인플레이션과 실업 간 상충관계가 나타나지 않음을 보여준다.

시 감소했다. 첫째는 구직자의 고용 기회가 증가하기 때문이다. 구인자의 목록이 게시되는 웹사이트들이 등장하기 전에는 구직자들은 지역 신문의 광고를 뒤지거나 직업 박람회 같은 곳에 참가해야 했다. 구직자들은 매우 좁은 지리적 범위 안에서만 기회를 찾을 수밖에 없었다. 그런데 인터넷으로 지리적 범위가 크게 확대되었다. 둘째는 인터넷으로 구인자가 입는 혜택이 증가했다. 오늘날 인터넷에 올린 구인 광고는 더 많은 구직자들에게 노출되고 더 넓은 범위의 적합한 후보들을 끌어들인다.

현실에서 정확한 물가안정 실업률을 계산하는 것은 어렵다. 물가안정 실업률은 실업의 구조적 요소나 규제 및 경쟁 환경, 그 외에도 다른 많은 요소의 차이 때문에 경제에 따라 다르고 시점에 따라 바뀐다. 그 결과 어떤 경제가 현재 완전 고용 상태인지 여부는 확실히 알기 어렵다. 물가안정 실업률을 정확히 알 수는 없지만 현재 실업률이 그보다 높은지, 낮은지는 비교적 빨리 알 수 있다. 만약 현재 실업률이 물가안정 실업률보다 낮으면 인플레이션은 일반적으로 가속화된다. 반대로 비자발적 실업이 증가하면 현재 실업률은 물가안정 실업률보다 높은 상태라고 할 수 있다.

현실의 필립스 곡선과 물가안정 실업률. 현실에서 물가안정 실업률과 필립스 곡선이 어떻게 적용되는지 알아보기 위해 이 장의 앞부분에서 다룬 OPEC의 원유 수출 금지 이후 통화정책 사례로 돌아가보자. 원유 수출 금지로 총공급곡선은 급격하게 왼쪽으로 이동했다. 단기 균형의 이동으로 물가는 올라가고 생산량은 줄어들었다. 분명 이 조합은 정책입안자에게 달가운 것이 아니다. 실업을 줄이기 위해서는 높은 인플레이션을 참아야 하고, 인플레이션을 잡기 위해서는 경기를 침체시킬 수밖에 없다는 뜻이기 때문이다.

1970년대 연방준비제도는 첫 번째 상황을 선택했다. 연준은 실업이 경제에 더 큰 위협이라 생각했고, 공급 충격을 입은 경제를 끌어올리기 위해 화폐 공급을 확대했다. 시간이 지나면서 인플레이션은 점점 더 심해졌지만, 실업률은 상대적으로 같은 수준에 머물러 있었다. 경제의 필립스 곡선이 더 높은 상태로 이동했던 것이다. 인플레이션이 계속될 것이라 예상되자 더 이상의 경기 부양 정책은 인플레이션과 실업률의 상충관계를 악화시킬 뿐이었다. 1970년대 말에 이르자 실업률이 높은 상태에서 인플레이션율은 두 자릿수가 되었다. 〈그림 32-10〉은 1970년대 전반 4% 정도였던 인플레이션율이 1979년 두 자릿수 숫자까지로 올라가는 동안 필립스 곡선이 위쪽으로 조정되어 올라가는 것을 보여준다.

1979년 폴 볼커는 연방준비제도 이사회 의장이 되자 물가가 상대적으로 높은 비율로 계속 오를 것이라는 예상을 깨기 위해 충격 요법이 필요하다고 판단했다. 볼커는 인플레이션과 싸우는 전통적 수단을 이용했다. 이자율을 높여 화폐 공급을 줄인 것이다. 이 단순한 정책은 효과가 있었다. 사람들이 연준이 인플레이션에 대해 강경한 입장을 취할 것이라고 믿게 되자 물가가 오르리라는 예상은 사라졌다. 불과 5년 사이에 경제의 전반적인 상황은 인플레이션과 실업 간 훨씬 더 양호한 상충관계를 보이게 되었다. 〈그림 32-11〉은 1980년의 14% 인플레이션율에서 1985년 4%으로 떨어지는 필립스 곡선의 변화를 보여준다.

필립스 곡선은 여전히 연준의 이중 권한이 현실에서 어떻게 작동하는지 이해하는 필수적인 도구다. 사실상 '완전 고용'의 권한을 완수하는 것은 고용 상태가 물가안정 실업률에 최대한 가깝게 유지되도록 하는 것을 뜻한다. 실업률을 그 이하로 떨어뜨리는 것은 인플레이션이 통제를 벗어나리라는 것을 보장할 뿐이다. 그렇게 되면 물가안정성을 유지해야 하는 다른 권한에 실패하게 된다. 반대로 실업률이 물가안정 실업률보다 높은 것은 완전 고용 유지를 실패하는 것이고, 이 또한 이중 권한을 어기는 것이다. 따라서 연준의 목표는 실업률을 물가안정 실업률에 가

그림 32-10

필립스 곡선의 상향 이동

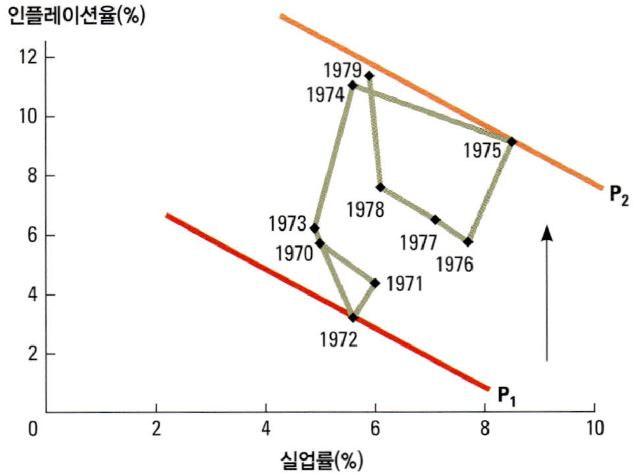

연방준비제도가 높은 인플레이션을 용인하면서 실업률을 낮추려고 했지만, 결과적으로 경제는 더 높은 수준의 필립스 곡선(P_2)으로 이동했을 뿐이다.

그림 32-11

필립스 곡선의 하향 이동

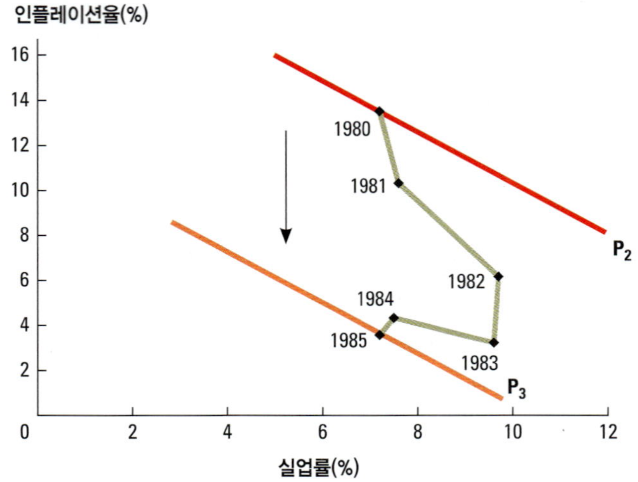

폴 볼커가 연방준비제도 이사회 의장이 될 당시 인플레이션율은 12%에 달했다. 1980년대 초반 볼커는 이자율을 높여 화폐 공급을 줄이고 인플레이션을 낮추려 노력했다. 1985년까지 경제는 더 낮은 수준의 필립스 곡선(P_3)으로 이동했다.

깝게 유지하면서 인플레이션을 통제 가능한 상태로 두는 것이다. 원유 수출 금지 당시의 상황이 시사하듯 상충관계를 관리하는 것은 쉬운 일이 아니다.

✓ 개념 확인하기

- ❒ 양(+)의 산출갭이 의미하는 바는 무엇인가? 이러한 상황에서는 결국 어떤 일이 일어나는가? **[LO 32.7]**
- ❒ 실업률이 물가안정 실업률보다 낮으면 어떤 일이 일어나는가? **[LO 32.8]**

결론

이 장에서는 경제학에서 가장 복잡한 주제 중 하나인 인플레이션에 대해 공부했다. 화폐 공급량을 잘못 관리하면 통제 불가능한 인플레이션이 유발될 수도 있고, 상대적으로 완만한 인플레이션도 건강한 경제에 심각한 영향을 미칠 수 있으며, 디플레이션이 왜 문제인지 등을 살펴봤다. 또한 저축의 가치가 유지될지, 대출을 받는 것이 좋을지를 결정하는 데 인플레이션에 대한 예상이 도움이 된다는 것도 보았다.

사람들이 인플레이션이 계속되리라고 예상하면 그러한 예상 자체가 인플레이션을 지속시키는 것 역시 공부했다. 인플레이션은 자기 실현적 예언이 될 수 있다. 심각한 인플레이션을 통제하기 위해서는 적절한 통화정책과 함께 사람들에게 물가가 떨어질 것이라는 확신을 줘야 한다.

주요 용어

요약

LO 32.1 화폐중립성 설명하기

가격은 재화의 명목가치를 표시한다. 물가수준은 경제 전반에 걸쳐 합쳐진 가격을 반영한다. 화폐중립성에 따르면 화폐 공급은 경제 전반에 걸친 물가수준에 영향을 미치지만, 장기에서는 생산량 같은 경제의 실질 변수에는 영향을 미치지 못한다. 화폐중립성은 화폐 공급량이 갑자기 2배가 되면, 명목 GDP 역시 2배가 되지만 실질 GDP는 변함이 없음을 의미한다.

LO 32.2 인플레이션에 대한 고전이론을 설명하고 도식으로 묘사하기

인플레이션의 고전이론은 화폐 공급량과 생산량, 물가수준의 관계를 설명한다. 이론에 따르면 장기적으로 화폐 공급량은 생산량에 영향을 미치지 않는다. 그러나 이론은 화폐 공급량을 조절하면 단기에서는 생산량이 변할 수 있다는 점도 보여준다. 연방준비제도가 확장적 통화정책을 쓰면 화폐 공급량을 증가시켜 총수요곡선을 오른쪽으로 이동시키고 생산량과 물가를 올릴 수 있다. 그 결과 생산비용이 증가하고 높은 물가가 유지될 것이라는 예상이 형성되면 원래 생산량 수준에서 총수요곡선과 교차할 때까지 총공급곡선은 왼쪽으로 이동한다.

LO 32.3 화폐수량설을 설명하고 이론을 인플레이션 및 디플레이션과 연관 지어 설명하기

화폐수량설은 생산량으로 잰 화폐의 가치와 그 수량의 관계를 설명한다. 수학적으로 화폐수량설은 화폐유통속도와 화폐 공급량의 곱(총지출)은 물가수준과 실질 생산량의 곱(명목 GDP)과 같다는 의미다.

화폐 수량의 변화는 물가수준에 영향을 미친다. 화폐 공급이 증가하면 인플레이션이, 화폐 공급이 감소하면 디플레이션이 발생한다.

LO 32.4 인플레이션의 경제적 결과에 대해 분석하기

인플레이션은 경제의 물가수준이 증가하는 현상이다. 장기로 보면 인플레이션은 화폐 공급량이 증가해 발생한다. 단기에서 인플레이션은 경기순환의 결과로 발생하는 경우가 더 많다. 인플레이션율이 안정적이지 않으면 시장에 불확실성을 일으켜 종종 생산량 감소를 일으킨다. 안정적인 인플레이션율이라도 경제에 메뉴비용이나 세제 왜곡 같은 비용을 유발한다.

LO 32.5 디플레이션의 경제적 결과에 대해 분석하기

인플레이션과 반대로 디플레이션은 경제의 물가수준이 감소하는 현상이다. 디플레이션은 인플레이션보다 더 위험하다고 알려져 있다. 물가가 떨어지고 있으면 차입자들은 부채를 갚기가 점점 힘들어진다. 디플레이션은 시간이 흐를수록 부채를 더 비싸게 만들어 차입자들을 채무 불이행 상황에 빠뜨릴 수 있다. 채무불이행 비율이 높으면 역으로 물가를 떨어뜨려 더 많은 채무불이행이 발생한다. 디플레이션의 악순환은 계속되고 경제를 마비시킨다.

LO 32.6 디스인플레이션과 초인플레이션을 설명하고, 이러한 상황을 초래하는 통화정책의 역할에 대해 설명하기

중앙은행이 인플레이션을 통제하는 데 성공하면 종종 디스인플레이션이 일어난다. 디스인플레이션은 인플레이션율이 양(+)이지만 감소하고 있는 경우다. 1980년대에 폴 볼커가 미국의 인플레이션을 잡기 위한 노력의 결과로 나타났던 디스인플레이션이 유명한 사례다. 중앙은행이 인플레이션을 통제하는 데 실패하면 초인플레이션이 나타날 수 있다. 초인플레이션은 물가가 극단적으로 오르는 현상이다. 초인플레이션으로 경제 위기가 발생할 수 있고 해당 국가 통화의 가치를 심각하게 떨어뜨린다.

LO 32.7 인플레이션과 산출갭, 통화정책의 관계 설명하기

중앙은행은 물가를 통제하기 위해 통화정책을 이용한다. 중앙은행은 인플레이션율이 낮으면서 양(+)인 것을 선호한다. 완전 고용 상태이면 경제는 자원을 효율적으로 사용했을 때 생산할 수 있는 생산량을 의미하는 잠재산출량을 생산하고 있다고 본다. 산출갭은 잠재산출량과 실제산출량의 격차다. 산출갭이 음(−)이면 인플레이션율은 감소한다. 그러면 중앙은행은 이자율을 낮추는 확장적 통화정책을 써서 인플레이션율이 오르고 다시 완전 고용을 달성할 수 있다. 산출갭이 양(+)이면 인플레이션율은 증가한다.

LO 32.8 인플레이션과 실업률의 관계를 분석하고, 필립스 곡선에 의해 어떻게 모형화되고 체증하지 않는 실업률에 결합되는지 설명하기

실업률과 인플레이션율의 단기적 관계는 필립스 곡선으로 모형화할 수 있다. 필립스 곡선은 실업률의 감소가 단기에서 물가상승률 증가와 동반된다는 것을 보여준다. 이러한 관계는 장기에서는 성립하지 않는데, 이는 부분적으로 물가에 대한 예상 때문이다. 중앙은행이 공격적인 확장적 통화정책을 펴서 실업을 줄이려 하면 인플레이션은 통제 불가능할 정도로 커질 수 있다. 인플레이션이 안정적으로 유지되는 실업률의 수준을 물가안정 실업률 또는 완전 고용이라고 한다.

복습문제

1. 여러분의 삼촌이 여러분에게 투자 계획을 하나 알려준다. 삼촌은 파라디시아라는 나라의 명목 GDP가 작년에 4배가 되었다며 그 나라에 투자하라고 조언한다. 실업률은 20%고 작년 인플레이션율은 500%였다. 파라디시아에 투자하는 것이 좋다고 생각하나? 화폐중립성이론을 이용해 왜 그렇게 생각하는지 설명해보라. **[LO 32.1]**
2. GDP를 화폐 가치로 측정하는 것이 좋을까, 생산량으로 측정하는 것이 좋을까? 화폐중립성이 질문에 대한 답과 어떻게 연관되는가? **[LO 32.1]**
3. 어떤 나라의 화폐가 금화라고 하자. 하루는 투기적 거래자들이 그 경제의 금화 공급을 2배로 늘릴 만한 대규모 금광을 발견했다. 단기에서 생산량과 물가수준은 어떻게 변할까? 장기에서 생산량과 물가수준은 어떻게 변할까? **[LO 32.2]**
4. 경제 분석가들이 총수요-총공급 모형을 이용해 통화정책의 단기 및 장기 효과를 설명하면, 통화정책이 장기에서 고용에 영향을 미칠 수 없다고 결론 내릴 수도 있음을 보여라. **[LO 32.2]**
5. 왜 휴가 시즌을 전후해 화폐의 유통 속도가 증가하는 걸까? 중앙은행이 이 기간의 인플레이션을 피하고 싶다면 어떤 일을 할 수 있을까? **[LO 32.3]**
6. 화폐수량설을 이용해 확장적 통화정책이 어떻게 인플레이션을 일으킬 수 있는지 설명해보라. **[LO 32.3]**
7. 여러분이 뉴욕에 아이스크림 가게를 갖고 있다고 상상해 보자. 예측하지 못한 인플레이션이 아이스크림 가게 운영에 부정적 영향을 미친다는 것을 2가지 차원으로 간단하게 설명해보라. **[LO 32.4]**
8. 인플레이션은 예측하지 못한 경우에만 해로운가? 그렇다면 왜 그런가? 그렇지 않다면 예측 가능한 인플레이션 상황에서도 발생하는 2종류의 비용을 지적해보라. **[LO 32.4]**
9. 여러분 지역구의 국회의원이 "낮은 가격을 좋아하지 않는 사람이 어디 있겠습니까?"라고 말하며 물가를 낮추는 것이 모두에게 좋을 것이라 주장하고 있다. 물가 하락이 왜 좋지 않은 결과를 초래할 수 있는지 설명해보라. **[LO 32.5]**
10. 인플레이션은 경제에 항상 나쁜 것인가? 0%의 인플레이션을 목표로 해야 할까? 언제 인플레이션이 초인플레이션이 될까? **[LO 32.5]**
11. 미국 주택시장 위기 발생 당시 미국 정부와 연준이 경제에 개입하지 않았다면 물가가 어떻게 됐을까? 경제는 그 결과 어떤 영향을 받았을까? **[LO 32.6]**
12. 디플레이션과 디스인플레이션은 같은 것인가? **[LO 32.6]**
13. 1960년대에는 1970년대에 비해 단순한 단기 필립스 곡선을 바탕으로 한 정책이 더 효과가 있었다. 더 나은 정보 이용 가능성이 이러한 결과를 초래하는 데 어떤 영향을 미쳤을까? **[LO 32.7]**
14. 산출갭이 음(−)일 때 단기적으로 적합한 통화정책은 무엇일까? 이러한 통화정책이 의도하는 이자율과 실업에의 영향은 무엇인가? **[LO 32.7]**
15. 실업률이 물가안정 실업률 수준일 때, 긴축적 통화정책이 산출갭, 인플레이션, 실업률에 미치는 영향을 설명해보라. **[LO 32.8]**

16. 단기와 장기에서 실업률 증가가 인플레이션율에 미치는 영향을 비교 및 대조해보라. **[LO 32.8]**

응용문제

McGraw Hill connect ECONOMICS

1. 다음 중 장기적으로 화폐 공급의 영향을 받는 것은? **[LO 32.1]**
   a. 명목 GDP
   b. 실질 GDP
   c. 인플레이션
   d. 실업률
2. 다음 사건들이 디플레이션, 디스인플레이션, 인플레이션 중 어떤 것을 일으킬지, 또는 물가 변화가 없을지 분석하라. **[LO 32.1]**
   a. 생물의학 산업 거품이 막 붕괴됨
   b. 새로운 기술이 경제에 도입되어 경기 활황을 일으킴
   c. 중앙은행이 긴축적 통화정책을 시행함
   d. 중앙은행이 완전 고용과 물가안정을 동시에 달성함
3. 살 빼려는 사람들의 자신감을 높여주기 위해 유명한 의상 디자이너들이 '5kg'을 '1kg'으로 다시 정의하자고 의회에 청원해 실현되었다. 새로운 체제에서는 기존의 5kg 바나나가 1kg 바나나가 되고, 250kg 고릴라의 무게가 50kg로 측정된다. **[LO 32.2]**
   a. 이러한 무게 재정의로 기존에 90kg인 사람의 무게는 얼마가 될 것인가?
   b. 사람의 무게에 명목 변화가 있었는가, 실질 변화가 있었는가?
   c. 이 상황이 화폐 공급량을 줄이는 긴축적 통화정책의 장기적 효과와 어떻게 비슷한가?(힌트: 의회는 용어 재정의를 통해 본질적으로 'kg 공급량'을 줄인 것이다)
4. "통화정책은 굉장해"라고 여러분의 친구가 말한다. "화폐 공급량과 이자율을 약간 조정해서 딱 맞는 물가수준과 생산량을 달성할 수 있잖아." 여러분의 친구는 물가와 생산량을 통제하는 중앙은행의 능력을 과장하고 있나? 왜 그렇게 생각하는가? **[LO 32.2]**
5. 여러분이 있는 기숙사에서 여러분을 기숙사 경제 안에서 사용하는 통화인 위즈코인을 다루는 중앙은행장으로 임명했다. 기숙사 내에서 위즈코인의 유통 속도는 연간 1만 거래로 일정하다고 가정하자. 현재 실질 GDP는 1,000위즈코인이고, 2,000위즈코인이 존재한다. **[LO 32.3]**
   a. 수량방정식을 구성하는 변수 M, V, P의 값은 무엇인가?
   b. 다음의 상황 변화에 나머지 변수가 어떻게 달라질지 가려보자. 단, 각 상황은 개별적으로 발생하며 화폐의 유통 속도는 계속 일정하다고 가정한다.
   (i) 실질 GDP: 화폐 공급량을 4,000위즈코인으로 증가시키고 물가는 2배로 오른다.
   (ii) 물가수준: 이전 상태에서 시작한다. 실질 GDP가 500위즈코인으로 감소하고 화폐 공급량은 변함이 없다.
   (iii) 실질 GDP: 이전 상태에서 시작한다. 갑자기 탄산음료가 부족해져 물가가 3배가 되었는데, 여러분은 위즈코인 공급을 유지하기로 결정한다.
   (iv) 실질 GDP: 이전 상태에서 시작한다. 여러분은 화폐 공급량을 5,000위즈코인으로 증가시키고, 물가는 350% 오른다.
6. 화폐수량설의 방정식을 이용해 다음 관계를 표현해보라. **[LO 32.3]**
   a. 화폐 공급량은 명목 GDP를 화폐유통속도로 나눈 것이다.
   b. 화폐 공급량의 물가수준에 대한 관계는 실질 GDP의 화폐유통속도에 대한 관계와 같다.(힌트: 화폐 공급량을 물가로 나누는 것으로부터 시작하자.)
   c. 실질 GDP는 화폐의 유통을 물가수준으로 나눈 것이다.
   d. 경제의 물가수준은 화폐 공급량과 유통 속도의 곱을 실질 GDP로 나누어 구할 수 있다.
7. 다음의 개인이 〈표 32P-1〉과 같은 세율 및 인플레이션 수준에서 내년에 소득 구간 변동에 따른 세금 인상을 겪을 것인지 판별하라. **[LO 32.4]**

표 32P-1

한계 세율(%)	소득 수준(달러)
10	0 – 10,000
15	10,001 – 30,000
18	30,001 – 50,000
20	50,001 – 100,000
23	100,001 – 150,000
25	150,001 and up

표 32P-2

나라	예측 인플레이션(%)	실제 인플레이션(%)	불확실성 점수	메뉴비용 점수	총점수	순위
케미코피아	2	4				
곤조랜드	4	5				
엘모스탄	7	8				
오스카리아	10	13				
버티고	14	14				

a. 가브리엘은 9500달러를 벌고, 인플레이션율은 5%다.
b. 쿠퍼는 16만 달러를 벌고, 인플레이션율은 20%다.
c. 샤와나는 14만 달러를 벌고, 인플레이션율은 8%다.
d. 사무엘은 4만5000달러를 벌고, 인플레이션율은 6%다.
e. 마거릿은 9만6000달러를 벌고, 인플레이션율은 6%다.

8. '과자 괴물'은 '돼지 양'과 합작해서 '과자를 원해요 회사'를 설립했다. 그들은 어떤 나라에서 사업을 시작할까 궁리하면서 인플레이션에 관한 여건으로 나라에 순위를 매기려고 한다. 인플레이션은 메뉴비용을 증가시킬 것이기 때문에 각 나라의 작년 인플레이션율 1%포인트마다 10 '메뉴비용 점수'를 부여하기로 결정한다. 또한 그들은 불안정한 인플레이션도 좋아하지 않기에 작년에 예측된 인플레이션율과 실제 인플레이션율의 차이 1%포인트마다 20 '불확실성 점수'를 부여하기로 한다. 가장 적은 총점수를 받은 나라의 순위가 가장 높을 것이다. 〈표 32P-2〉를 완성하라. **[LO 32.4]**

9. 잭은 최근 다이앤으로부터 5% 이자율로 돈을 빌렸다. 다이앤은 올해 인플레이션율은 2%, 따라서 실질이자율은 3%가 될 것으로 예상하고 있다. 빚은 올해 말에 갚기로 했다. 발생 가능한 인플레이션율에 따른 실질이자율을 보여주는 〈표 32P-3〉을 완성하라. 각 상황에서 예측되지 않은 인플레이션 수준이 잭이나 다이앤에게 이득이 될지 판별하라. **[LO 32.5]**

표 32P-3

올해 실제 인플레이션율(%)	실제 실질 이자율(%)	누구에게 이득인가?
1		
4		
0		
−2		

10. 〈표 32P-4〉의 가격이 2030년, 2031년, 2032년의 맥도널드 빅맥 햄버거 가격이고, 빅맥 가격의 변화율은 인플레이션율과 가깝다고 가정하자. 표의 네 상황 각각에 대해 다음을 계산하라. **[LO 32.5, 32.6]**
(i) 연속된 연도 간 %로 표현한 물가 변화율
(ii) 각 기간 동안 인플레이션, 디플레이션, 디스인플레이션 또는 초인플레이션이 나타나는지 여부(초인플레이션은 인플레이션율이 100%를 초과할 때라고 가정)

11. 100% 초과하는 인플레이션을 초인플레이션이라고 할 때, 〈표 32P-5〉의 각 인플레이션율을 디플레이션, 디스인플레이션, 인플레이션, 초인플레이션으로 분류하라. **[LO 32.5]**

표 32P-4

	2030년 가격(달러)	2031년 가격(달러)	2032년 가격(달러)
a.	1.00	1.02	1.03
b.	1.00	0.99	0.97
c.	0.01	0.05	1.00
d.	1.00	1.10	1.15

표 32P-5

	연도	인플레이션율(%)	분류
a.	1900	90	
b.	1901	80	
c.	1902	120	
d.	1903	40	
e.	1904	−2	

12. 여러분이 초인플레이션을 겪고 있는 북극에 가까운 '얼음 나라'에 살고 있다고 가정해보자. 여러분은 미국 회사에서 일하고 있고 미국 달러로 월 100달러를 받는다. 오늘 달러로 얼음 나라의 화폐인 얼음화를 바꾸려면 1달러당 1,000얼음화의 비율로 바꿀 수 있다. 여러분은 10달러를 매달 난방비로 지불한다. 난방비를 지불하는 대신 1얼음화 지폐들을 태울 수도 있는데, 그 경우 한 달에 100만 장을 태우게 된다. 여러분이 난방비를 지불하는 대신 얼음화를 태우기로 결정할 얼음화와 달러화 간 환율은 무엇인가? 실질 환율이 유지된다고 가정할 때, 어떤 인플레이션 수준이면 지폐를 태우는 상황이 오겠는가? **[LO 32.6]**
13. "문제는 이자율에 대해 잘못된 생각을 갖는 것이 아니었습니다." 중앙은행 관료가 소심하게 말한다. "그보다는 인플레이션율에 대해 맞는 생각을 갖지 않는 것이 문제였습니다." 이 관료의 말은 무엇을 의미하는가? 인플레이션율은 중앙은행의 이자율 목표에 어떤 영향을 미칠까? 또 인플레이션에 대한 잘못된 예측이 어떻게 통화정책을 왜곡시킬까? **[LO 32.6]**
14. 다음 각 상황에서 연준이 긴축적 또는 확장적 통화정책을 써야 할지, 통화정책에 아무런 변화도 일으키지 않아야 할지 결정하라. **[LO 32.7]**
    a. 과거 수년 동안 평균 인플레이션율이 3%였는데, 현재 인플레이션율이 10%임
    b. 산출갭이 양(+)임
    c. 실업률이 기록적으로 높음
    d. 경제가 완전 고용 상태임
    e. 경제가 디플레이션 직전임
    f. 새로운 기술로 생산량이 급증함
15. 경제가 양(+)의 산출갭을 겪고 있다고 가정하고 다음에 답하라. **[LO 32.7]**
    a. 인플레이션은 감소하는가, 증가하는가, 변화가 없는가?
    b. 실제산출량이 잠재산출량보다 많은가, 적은가?
    c. 실업률이 오르는가, 떨어지는가?
    d. 중앙은행이 확장적 통화정책을 쓰겠는가, 긴축적 통화정책을 쓰겠는가?
    e. 경제가 확대되겠는가, 위축되겠는가?
16. 경제가 양(+)의 산출갭을 겪고 있다고 가정하고 다음에 답하라. **[LO 32.7]**
    a. 인플레이션은 감소하는가, 증가하는가, 변화가 없는가?
    b. 실제산출량이 잠재산출량보다 많은가, 적은가?
    c. 실업률이 오르는가, 떨어지는가?
    d. 중앙은행이 확장적 통화정책을 쓰겠는가, 긴축적 통화정책을 쓰겠는가?
    e. 경제가 확대되겠는가, 위축되겠는가?
17. 필립스 곡선이 U=-I+20으로 주어져 있다고 가정하자. 물가안정 실업률은 10%다. 인플레이션이 15%로 변하면 단기에서 실업률은 얼마가 되겠는가? 장기에서의 실업률은 어떠한가? **[LO 32.8]**
18. 필립스 곡선에 대한 지식을 바탕으로 다음의 수량이 증가, 감소 또는 변화가 없을지 판별하라. **[LO 32.8]**
    a. 인플레이션율이 상승한 후 단기 실업률
    b. 인플레이션율이 상승한 후 장기 실업률
    c. 실업률이 감소한 후 단기 인플레이션율
    d. 실업률이 감소한 후 장기 인플레이션율

미주

1. Bob Davis, "IMF tells bankers to rethink inflation," *The Wall Street Journal*, February 12, 2010, http://online.wsj.com/article/SB10001424052748704337004575059542325748142.html.

참고문헌

"Argentina's inflation problem: The price of cooking the books," *The Economist*, February 25, 2012, http://www.economist.com/node/21548229

Marco A. Espinosa and Steven Russel, "History and theory of the NAIRU: A critical review," Federal Reserve Bank of Atlanta, *Economic Review*, Second Quarter 1997, http://www.frbatlanta.org/filelegacydocs/acfc1.pdf

◀ 세계의 모바일 윈도우–이 장의 내용과 관련된 응용사례를 찾으려면 여러분의 스마트폰으로 이 코드를 스캔하라. (QR코드 리더가 필요하면, 여러분의 앱스토어에서 ScanLife를 활용하라.)

여러분의 모바일 앱스토어를 방문하여 Karlan and Morduch Study Econ app.을 다운로드 하라. ▶

Study Econ McGraw Hill

Chapter 33

금융위기

학습 목표

LO 33.1 금융위기 발생에 비합리적 기대와 차입 투자가 어떤 역할을 했는지 설명하기

LO 33.2 서브프라임 대출 증가에 주택담보증권과 이 증권의 분할 발행이 어떤 역할을 했는지 추적하기

LO 33.3 주택가격 거품과 가계부채 증가를 야기한 요인들 분석하기

LO 33.4 주택가격 거품이 꺼지면서 어떻게 신용위기와 경기침체가 발생했는지 설명하기

LO 33.5 2008년 금융위기에 대응한 통화정책과 재정정책 설명하기

LO 33.6 이자율이 0일 때 경기를 부양할 수 있는 수단에 대해 설명하기

서브프라임의 몰락

2009년 에드먼드 앤드루스의 상황은 심각했다. 집값은 폭락했고, 집값보다 높은 주택담보대출을 떠안고 있었다. 집을 판다 해도 빚을 갚기에 충분하지 않았다. 게다가 주택담보대출에 대한 지급은 이미 3개월이나 연체되어 있었다. 다른 수백만 명의 미국인처럼 앤드루스의 주택 투자는 '물에 잠겼다.'

앤드루스는 그냥 '일반적'인 미국인이 아니었다. 《뉴욕 타임스》 경제 기자였고, 심지어 임박한 주택가격 거품을 경고하는 기사를 쓰기도 했다. 그의 책 《*Busted: Life Inside the Great Mortgage Meltdown*》에서 앤드루스는 2007년과 2008년 주택 거품이 꺼지고 수백만 명의 미국인에게 영향을 미친 주택담보대출 위기를 본인은 피할 수 있어야 했다고 썼다. 주택가격 붕괴는 전 세계적인 금융위기를 촉발했고 앤드루스는 그 희생자 중 한 명이 되었다.

2004년 앤드루스 부부는 워싱턴 DC 근교에 있는 집 한 채를 46만 달러에 샀다. 역사상 어떤 시점에라도 "나 같은 사람이 40만 달러가 넘는 집을 산다는 것은 미친 짓이었을 것이다"라고 앤드루스는 책에 썼다. 앤드루스의 소득은 전통적인 주택담보대출에서 요구하는 수준에 미치지 못했다. 그러나 위험한 차입자를 대상으로 한 특별한 '서브프라임(subprime)' 대출을 통해 소득을 증명할 필요도 없이 50만 달러까지 빌릴 수 있었다.

처음 5년간 앤드루스가 매달 내야 하는 주택담보대출 상환금은 2500달러였다. 그 돈은 앤드루스가 다달이 집에 가져오는 소득 2777달러의 대부분이었다. 1년 후 앤드루스 부부는 파산했다. 당시 5만 달러의 신용카드 빚을 지고 있는 상태였다. 하지만 집값이 살 때보다 10% 올랐기 때문에 서브프라임 대출을 더 받아 신용카드 빚을 갚을 수 있다는 말을 들었다.

전국적으로 주택담보대출 회사들은 수천 건의 주택담보대출을 모아 금융 투자자들에게 묶

음으로 파는 방법을 찾아냈다. 투자자들은 앤드루스 같은 차입자들이 대출을 상환하지 못할 위험을 떠안는 대신 높은 이윤을 거둘 수 있는 가능성을 바라는 것이었다. 일부 서브프라임 차입자들은 부도를 내겠지만 큰 비율의 차입자가 그러리라고 믿기는 어려웠다. 집값이 계속 오르고 있었기 때문에 투자자들로서는 차입자가 채무를 불이행하더라도 담보인 주택을 팔아 대출을 회수하는 데에는 문제가 없다고 생각했다. 이는 엉터리 예측으로 판명됐다.

주택시장이 붕괴되기 전 몇 년간 낙관주의가 팽배했다. 집값은 치솟고, 위험은 낮아 보였다. 그러다 믿기 어려운 일이 벌어졌다. 1930년대부터 한 번도 그런 적이 없었는데 집값이 곤두박질치기 시작한 것이다. 지속적으로 집값이 떨어지자 수백만 명의 자가 소유자들이 주택담보대출을 채무 불이행했다. 대출금은 담보인 주택들이 시장에서 평가되는 것 이상이었다. 돈이 낮은 위험의 금융상품에 넣어져 있다고 생각하던 금융 투자자들은 큰돈을 잃게 되었다. 대출은 끊기고 은행은 문을 닫았으며, 미국 경제는 '대불황(Great Recession)'에 빠졌다.

시장은 희소한 자원을 효율적으로 배분하는 데 강력한 도구다. 금융시장은 여러 가지 측면에서 이러한 시장 기제의 정수라고 볼 수 있다. 각국 정부 개입으로부터 상대적으로 자유로운 금융시장은 전문적인 투자자들이 거의 매 초 단위로 수십억 달러의 결정을 내리는 세계적인 시장이다.

그렇다면 어떻게 금융시장이 이토록 잘못될 수 있었을까? 금융시장의 실패가 어떻게 경제 전체를 흔드는 것일까? 금융위기의 공통된 원인을 이해하는 것은 시급하고도 중요한 일이 되었다.

이 장에서는 금융위기의 몇 가지 기본 개념을 공부할 것이다. 왜 금융시장에서 이따금 문제가 생기는지, 이러한 문제들을 어떻게 바로잡을 수 있는지 논의한다. 특히 주택가격 붕괴 이후 2007년 12월부터 시작된 위기를 자세히 살펴본다.

금융위기의 기원

기록으로 남은 최초의 금융 거품은 1636~1637년 네덜란드에서 발생한 '튤립 열풍'이다. 당시 튤립 구근 한 개가 다이아몬드 한 주먹보다 비쌀 정도였다. 투자자들은 나중에 더 높은 가격에 팔아 이윤을 남기기 위해 튤립 구근에 엄청난 액수의 돈을 지불했다. 하지만 몇 년이 지나자 열풍은 지나갔고 가격은 폭락했다. 튤립에 투자했던 사람들은 큰돈을 잃었다.

이러한 행태는 몇 번이고 반복되었다. 합리적으로는 도저히 설명되지 않는 수준 이상으로 가격이 오르고 오르다가 갑자기 떨어지는 것이다. 왜 이런 일이 생긴 걸까? 많은 금융위기의 배경에는 서로 연결된 2가지 개념이 자리하고 있다. 비합리적 기대(irrational expectation)와 차입 투자(leverage)다.

비합리적 기대

LO 33.1 금융위기 발생에 비합리적 기대와 차입 투자가 어떤 역할을 했는지 설명하기

30장 '금융의 기초'에서 금융시장이 자금을 어떻게 효율적으로 배분하는지 공부했다. 이상적으로는 금융시장에서 돈은 가장 가치 있게 쓰일 곳으로 언제든 흘러간다. 게다가 효율적 시장 가설에 따르면 금융시장에서는 모든 이용 가능한 정보들이 반영되어 가격이 자산의 진정한 가치

를 최대한 정확하게 반영한다. 도대체 여기 어디에 거품과 붕괴의 여지가 있는 것일까?

현실에서 시장은 종종 매우 비합리적으로 보인다. 어떤 자산의 가격은 왜 그런지 아무도 정확하게 설명할 수 없는 지경으로 부풀려질 때가 있다. 어떻게 이런 일이 생길까? 한 가지 가설은 투자자들이 때때로 '군집 본능(herd instinct)'을 따른다는 것이다. 군집 본능이란 단지 모두 그렇게 한다는 이유로 따라서 투자하는 것을 말한다. 투자자도 사람이다. 좋은 투자 결정을 내리고자 많은 정보를 수집하기는 하지만, 어느 순간 다른 사람들처럼 뭔가에 홀린 듯 감정적으로 행동할 수 있다. 거품은 투자자들이 해당 자산 가격이 계속 오를 것이라는 비합리적인 낙관론을 갖게 될 때 시작된다. 군집 본능이 실제로 있다면 효율적 시장 가설이 항상 맞는 것은 아니다. 누군가 그러한 비합리적 낙관론을 통찰하고 더 현실적인 자산 평가를 한다면 다른 사람들과 반대로 행동해서 돈을 벌 수 있을 것이기 때문이다.

비합리적 기대는 어디에서 오는 것일까? 이를 설명하는 한 가지 이론은 '최신효과(recency effect)'라 불리는 인지적 편향이다. 사람에게는 미래를 예측할 때 최근 경험을 과신하는 경향이 있다고 한다. 투자자들과 투기적 거래자들이 최근 경험을 과신하면 엄청난 계산 착오를 할 수 있다. 예를 들어, 최근 몇 년간 뛰어난 성과를 거둔 애플 컴퓨터를 생각해보자. 2005년 애플의 총이익은 13억 달러를 조금 넘었다. 그러나 맥북과 아이폰, 아이패드를 연달아 출시하면서 2010년 140억 달러가 넘는 이익을 기록했다. 불과 5년 사이에 이익이 10배 넘게 커진 것이다.

애플의 제품이 여전히 인기 있는 현재, 투자자들은 애플이 앞으로 5년, 또는 10년, 15년 후에도 그런 놀라운 성과를 계속낼 것이라고 믿을까? 5년간 10배 성장을 더 한다면 애플은 1년에 1400억 달러의 이익을 올리고, 10년 후면 1조4000억 달러를 벌어야 한다. 그 추세라면 2025년에는 현재 미국 전체의 GDP 수준인 연간 14조 달러가 된다. 이렇게 보면 애플이 과거의 성장세를 미래에도 지속할 방법은 없다는 것이 분명해진다.

이렇듯 극단적인 예측을 할 사람은 없겠지만, 경향은 우리의 생각에 영향을 미친다. 예컨대, 주택가격이 10년 동안 오르자 많은 미국인에게 집값이 떨어진다는 건 생각하기 어려운 일이 되어버렸다. 자산 거품 상황에서 모든 투자자가 비합리적 기대에 사로잡혀 있는 것은 아니다. 어떤 사람들은 가격이 너무 올랐다고 생각하겠지만 폭락하기 직전에 팔아 최대한의 이익을 남기길 바라며 불가피하게 가격 상승에 편승하는 것이다. 이러한 도박은 다른 관점에서 보기의 '투자자들은 합리적으로 거품을 부풀리는가?'에서 다룬다.

다른 관점에서 보기

투자자들은 합리적으로 거품을 부풀리는가?

2005년 6월 16일, 〈이코노미스트〉는 '하락 이후'라는 제목의 기사를 실었다. 기사는 전 세계적인 급격한 부동산 가격 상승이 거품이며, 조만간 터질 것이라고 분명히 지적했다. 문제는 언제냐는 것이었다.

> 역사적으로 금융 거품은, 주택이든 주식이든 튤립 구근이든 합리적인 사람들이 예상하는 것보다 오래 지속되었다. 언제 주택가격이 방향을 바꿀지 예상하는 것은 불가능하다. 하지만 분명히 떨어질 것이다. 호주와 영국에서는 집값이 이미 하락세다. 미국의 주택시장은 1년 정도 더 걸릴 수도 있다.

이 기사 이후에도 미국의 주택가격은 2년을 더 고공행진했다. 주택 구입자들이 그러한 경고에 완고하게 귀를 틀어막았기 때문일까? 그럴지도 모른다. 아니면 많은 투기적 거래자들이 붕괴가 올 테지만 거품이 조금은 더 부풀어 오르리라 기대하고 시장이 망가지기 직전에 팔아 최대한 이익을 내기 바라며 부동산을 사들였을 수도 있다.

어떻게 시장이 자유 낙하하기 직전에 빠져나올 수 있을까? 시점을 잘못 잡으면 심각한 타격을 입을 수 있다. 스탠리 드러큰밀러(Stanley Druckenmiller)라는 펀드 매니저는 1990년대 기술주 거품 중 충분히 빨리 팔지 않아 큰돈을 잃었다. 그는 그 실수를 야구에 빗대 "8회인 줄 알았는데, 이미 9회였다"라고 술회했다.

문제는 아무도 거품이 언제 꺼질지 정확하게 모른다는 것이다. 거품은 팔 시점이라고 결정하는 투자자의 수가 임계 수치에 도달하면 터진다. 가격이 꺾이기 시작하면 간신히 버티고 앉아 있던 사람들이 한꺼번에 팔기 시작하고 꺾이는 순간 폭락해버린다. 그 순간이 왔을 때 팔지 못하면 살 사람을 찾을 수 없을 것이다.

이러한 종류의 '벼랑 끝 전술(brinkmanship)'을 구사하는 투기적 거래자들 때문에 위기를 사전에 피하려는 정책 수단들이 꼬이게 된다. 만약 가격이 꺾이는 순간에 팔 태세를 갖추고 있는 투기적 거래자들 때문에 거품이 부풀어지는 것이라면 경착륙을 연착륙으로 바꿀 방법은 없을 것이다.

Sources: http://www.princeton.edu/~markus/research/papers/bubbles_crashes.pdf; "After the fall: Soaring house prices have given a huge boost to the world economy. What happens when they drop?" © The Economist Newspaper Limited, London (June 16, 2005).

차입 투자

차입 투자 차입금으로 투자 자금을 조달하는 방식

비합리적 기대는 거품이 왜 형성되는지 설명해준다. 하지만 거품이 터진 후 시장 붕괴가 왜 그렇게 큰 피해를 낳는지 더 살펴볼 필요가 있다. 이유 중 하나는 금융시장의 이득이나 손실을 증폭시키는 차입 투자다. 재무학에서 **'차입 투자'**는 차입금으로 투자 자금을 조달하는 방식이다.

차입 투자를 이용하면 실제로 가진 돈보다 훨씬 더 높은 가치의 투자를 할 수 있다. 투자가 잘되면 차입금을 갚고도 이윤이 남을 것이기 때문에 자기가 가진 돈만으로 투자했을 때보다 훨씬 더 많은 이윤을 남길 수 있다. 하지만 투자가 잘못되면 그래도 차입금은 갚아야 하기 때문에 내가 가진 것까지 동원해야 할 수도 있다. 금융시장이 호황일 때는 차입 투자가 수익을 배가시키지만, 시장이 망가지면 손실이 배가된다.

개인은 '증거금 계정(신용거래 계좌, margin account)'을 통해 차입 투자를 할 수 있다. 증거금 계정이 있으면 기존의 투자금을 담보 삼아 더 많은 금융자산을 사거나 현금을 인출할 수 있다. 예를 들어 '2x' 신용거래를 제공하는 계좌에 100달러를 갖고 있으면 가진 돈은 100달러지만 200달러 어치의 주식을 살 수 있다. 주가가 오르면 자기 돈만으로 벌었을 수입의 2배를 벌고 빌린 돈에 대한 이자를 뺀 만큼 이윤을 남기게 된다. 하지만 주가가 10% 하락하면 20달러를 잃게 되어 계좌의 가치는 80달러로 줄어든다. 신용거래로 주식을 사지 않았다면 계좌 가치는 90달러로만 줄어들 것이다. 이 상황은 그다지 심각해 보이지 않는다. 하지만 만약 주가가 50% 하락한다면? 그러면 200달러의 50%는 100달러이므로 가진 돈을 모두 잃는다. 주가가 50% 넘게 하락하면 주식 중개인에게 빚을 지게 된다.

현실에서는 중개인이 돈을 잃지 않기 위해 '증거금 요구(margin call)'를 한다. 증거금 계정의 주인이 돈을 잃을 것 같은 상황이 되면 중개인은 그 사람에게 주식을 팔아 빚을 갚을 것을 요구한다. 증거금 요구로 주식을 팔아야 할 때는 시장이 붕괴되는 최악의 순간인 경우가 많으므로 이 상황은 계정 주인뿐만 아니라 시장 전체에도 잠재적인 악영향을 미친다. 주가가 급락하면 증거금 요구를 촉발하고 주식의 대량 매도가 발생해 주가를 더욱 떨어뜨리는 결과를 가져오는 것이다.

회사나 은행들도 차입 투자를 할 수 있다. 이때의 손실은 개인의 증거금 계정보다는 훨씬 더 규모가 클 것이다. 예를 들어, 투자은행이나 헤지 펀드는 500만 달러를 담보로 넣고 5000만 달러의 원유 선물을 살 수 있다. 개인 투자 때와 마찬가지로 이러한 투자의 이익이나 손실은 차입 투자로 인해 몇 배로 증가한다. 만약 투자 가치가 크게 떨어지면 갚을 능력을 초과하는 빚을 지게 된다. 2008년 리먼 브러더스 투자은행은 부도 직전에 차입 투자가 많은 상태였다. 계산 방법에 따라 다르지만, 당시 리먼 브러더스의 자산 가치는 가진 자본의 16~30배에 달했다.

한도가 있고 투자자들이 위험을 숙지하고 있다면 차입 투자가 반드시 위험한 것만은 아니다. 불행히도 비합리적 기대와 차입 투자가 결합하면 잔혹한 결과가 나올 수 있다. 애플이 향후 10년간 매년 60%씩 성장할 거라 믿고 많은 돈을 빌려 투자를 했다고 해보자. 애플 주가가 언젠가 불가피하게 떨어지면 큰 손실을 볼 것이다.

비합리적 기대와 차입 거래라는 두 머리의 괴물은 대부분의 금융위기에 도사리고 있다. 다음 절에서는 악명 높은 두 번의 금융위기에서 이 두 위험 요인이 어떻게 작용했는지 살펴보자.

남해의 거품

17세기 후반 영국에서는 주식시장이 막 탄생하고 있었다. 1688년 최초로 발행된 주식 중에는 동인도회사의 것이 있었는데, 곧 있을 인도로의 항해 이윤을 나눠주겠다는 주식이었다. 1695년까지 런던의 주식거래소(Exchange Alley)에서는 비슷한 조건의 주식이 140개 회사에서 발행되었다.

남해 회사(South Sea Company)는 이러한 새로운 환경에서 출현했다. 남해 회사는 영국 정부로부터 영국과 남아메리카 간 독점 무역 권리를 받았고, 이 회사의 주식에 대한 관심은 매우 높았다. 발행한 지 하루 만에 주가는 130파운드에서 300파운드 넘게 올랐다. 회사는 주식을 더 발행했고 투자자들이 기존 주식을 담보로 더 구매하면서 가격은 300파운드에서 325파운드로 뛰었다. 1720년 7월까지 거품은 극에 달했고, 남해 회사의 주식은 1000파운드 넘는 가격에 거래되었다.

이렇게 환상적인 주가를 정당화할 만한 충분한 이윤을 어떻게 벌어들일 것인지는 분명한 적이 없었다. 남아메리카는 스페인이 지배하는 식민지들로 구성되어 있었기 때문에 영국과 남아메리카 사이에는 무역이 활발하지 않았다. 남해 회사는 무역선을 운영해도 좋다는 스페인의 동의를 바탕으로 하고 있었는데, 무역선은 1년에 한 척밖에 허용되지 않았다. 그럼에도 불구하고 남해에서 어마어마한 이익이 흘러 들어올 것이라는 근거 없는 소문이 돌았고, 투자자들은 광란에 휩싸였다.

사기꾼들은 사람들이 남해 회사 주식에 많은 돈을 쓰는 것을 보고 광란에 가담하기 결정했다. 그들은 스스로 회사를 만들어 온갖 방법으로 투자자들을 꼬드겼다. 한 회사는 멈추지 않는 바퀴를 만들겠다고 주장했다. 또 다른 회사는 '기가 막히게 좋은 이점을 활용할 텐데, 아무도 그 이점이 무엇인지는 모르는 회사' 주식을 사라며 투자자들을 초대했다. 결국 영국 의회가 혼란을 인지하고 '거품 법(Bubble Act)'으로 알려진 법을 통해 공개적으로 주식을 거래하는 회사들을 규제하기 시작했다.

이성이 회복되자 남해 회사의 주가는 현실로 돌아왔다. 많은 투자자들이 낭패했다. 투자자 중 한 사람인 유명한 수학자 뉴턴 경(Sir Isaac Newton)은 현재로 치면 500만 달러에 맞먹는 2만 파운드를 잃었다. 스스로를 탓하며 뉴턴은 자신이 "천체의 움직임은 계산할 수 있었는데, 사람들의 광기는 계산하지 못했다"며 탄식했다고 한다.

1929년의 대폭락

남해 거품 사건이 현대적 주식시장 시대의 첫 번째 금융위기라면, 최악의 사건은 1929년 10월의 주식시장 폭락일 것이다. 이 사건은 1930년대를 사정없이 파괴한 대공황(Great Depression)으로 이어졌다. 대공황 때 미국의 실업률은 25%를 넘었다.

대공황을 야기한 대폭락은 또 다른 거품에 기원을 두고 있었다. "광란의 1920년대(Roaring Twenties)"라 불린 1922~1929년의 화려하고 풍요로운 시기에 주식시장의 시가 총액은 연평균 18%씩 성장하며 3배 이상 올랐다. 이러한 주가 상승에는 어느 정도 기반이 있었다. 제1차 세계대전에서 돌아온 군인들이 노동력을 더하며 생산성을 한층 끌어올렸고, 영화나 라디오, 대량생산한 자동차 같은 새로운 기술이 흥분을 확산시켰다. 많은 사람들이 빚을 내어 주식을 사기 시작했다.

그들이 기대한 것처럼 주가가 계속 올랐다면 차입 투자는 큰 이윤을 냈을 것이다. 1920년대 대부분의 기간에 차입 투자는 꽤나 할 만한 일로 보였다. 경제학자 어빙 피셔(Irving Fisher)조차 주식시장은 '영구한 고원(permanently high plateau)'에 이르렀다고 모두에게 불명예스럽게 장담했을 정도다. 재무 장관 앤드루 멜론(Andrew Mellon)은 1929년 10월 14일에 "걱정할 이유가 전혀 없다. 번영의 높은 파도는 계속될 것이다"라고 말했다.

열흘 후 주식시장이 붕괴되었다. '검은 목요일(Black Thursday)'이라 불리는 1929년 10월 24일 대표적인 주가지수가 9% 하락했다. 은행들은 신뢰를 회복하기 위해 큰 회사들의 주식을 사들였지만, 투자자들의 전례 없이 공포에 질린 투매 사태를 막을 수는 없었다. 투매는 당연히 주가를 떨어뜨렸고, 공포는 자체적으로 영구 지속되는 문제가 되었다. 그 다음 주 월요일 주식시장은 13% 하락했고, 그 다음 날은 다시 12% 떨어졌다. 공포가 증폭되며 주식거래량은 평상시의 4배가 넘는 1640만 달러를 기록했다.

1932년 7월 바닥을 찍을 때까지 불과 3년 동안 주식 시가 총액 90%가 사라졌다. 주가가 1929년 9월의 고점을 회복한 것은 25년이나 지난 1954년이었다.

✓ 개념 확인하기

❐ 차입 투자가 왜 가격폭락의 효과를 악화시키는가? **[LO 33.1]**

❐ 1929년의 대폭락 이후 경제활동이 부진했던 시기의 이름은 무엇인가? **[LO 33.1]**

대불황: 금융위기의 사례 연구

1930년대 미국 의회는 비슷한 위기가 다시 발생하는 것을 막기 위해 몇 가지 법을 만들었다. 예를 들어 1933년 글래스-스티갈 은행법에서는 투자은행과 상업은행이 분리되도록 만들었다. 또한 은행이 실패하더라도 은행 예금은 보호될 수 있도록 연방 예금 보험 공사(FDIC; Federal Deposit Insurance Corporation)가 설립되었다. 1932년 증권거래법(Securities and Exchange Act)을 통해서는 증권거래위원회(SEC; Securities and Exchange Commission)가 만들어져 증권산업을 감독하게 되었다.

이러한 개혁으로 오랜 기간 금융시장은 상대적으로 안정된 상태로 유지되었다. 수십 년간 미국 경제는 주된 금융위기나 경기침체 없이 성장해왔다. 마치 1929년의 주식시장 붕괴는 역사적인 일이 되고 좀 더 예측 가능한 새 시대가 도래한 듯 보였다. 어쩌면 세계경제는 거품과 공포의 나날에서 벗어나게 된 것인지도 몰랐다. 2000년대 중반까지 '대안정기(Great Moderation)'라 불리는 이러한 생각들이 학계와 정책입안을 도왔다. 하지만 불행히도 그로부터 5년도 채 되지 않아 세계경제는 다시 주요 침체에 빠진다.

2008년, 대공황 이후 가장 혹독한 세계적 경기 하강을 겪었다. 제너럴 모터스나 메릴 린치와 같은 제조업과 금융산업의 거인들이 붕괴의 위험을 맞았다. 집값이 폭락하면서 수백만의 사람들이 평생 저축한 돈이 사라지는 것을 경험했고, 세계의 시장들이 주저앉았다.

이 절에서는 지금까지 배운 금융과 거시경제학적 개념을 바탕으로 금융위기의 기원과 각국 정부의 상궤를 벗어난 통화 및 재정정책을 탐구할 것이다. 여러 면에서 이번 위기의 중심에 있는 미국에 초점을 맞출 것이다. 하지만 국제적 시장 붕괴는 단순히 미국의 문제가 번져나간 것만은 아니었다. 스페인이나 아일랜드, 영국과 같은 나라에서는 세계적 위기를 부추긴 그들만의 문제를 안고 있었다.

미국 경제가 어떻게 갑자기 무너졌는지 이해하기 위해 관련된 요소들을 먼저 살펴볼 것이다. 이 요소들은 서브프라임 대출과 주택 및 주택담보대출 시장, 그리고 더 넓은 의미의 소비자 부채다.

서브프라임 대출

LO 33.2 서브프라임 대출 증가에 주택담보증권과 이 증권의 분할 발행이 어떤 역할을 했는지 추적하기

2008년 미국을 뒤흔든 금융위기를 이해하려면 주택시장에서 시작해야 한다. 제2차 세계대전 이후 이번 금융위기까지 60년이 넘는 기간 동안 미국 전역에 걸쳐 주택가격은 떨어진 적이 없었다. 경제가 침체되었을 때에도 주택가격은 떨어지지 않았다. 주택 구입은 누구에게라도 안정과 부, 아메리칸 드림을 향한 가장 안전한 투자로 여겨졌다. 연방정부조차 주택담보대출 이자를 소득세에서 공제해준다든지 주택담보대출을 확대할 목적으로 패니 메이(Fannie Mae)나 프레디 맥(Freddie Mac) 같은 회사를 설립한다든지 하는 정책을 통해 주택 소유를 격려했다.

하지만 여전히 신용도나 소득이 낮든지 직업이 안정적이지 않아 전통적인 주택담보대출을 받을 수 없는 사람들이 있었다. 그런데 '**서브프라임 주택담보대출**'이 증가하면서 이러한 사람들도 집을 살 수 있는 길이 열렸다. 서브프라임 주택담보대출은 과거 대출금을 상환하지 못한 적이

있거나 채무와 관련해 문제가 있어 신용 점수가 낮은 차입자에게 나간 대출을 뜻한다.(서브프라임(subprime)은 신용 점수가 높은 프라임(prime) 차입자의 반대말이다.) 처음에 이러한 주택담보대출은 더 많은 미국인들이 처음으로 집을 장만하는 꿈을 이루게 하는 승리자로 보였다.

대출자는 왜 이러한 서브프라임 차입자에게 돈을 빌려주려 한 것일까? 그러한 대출은 매우 위험하기 때문에 은행들은 오랫동안 서브프라임 차입자에게 대출하는 것을 경계해왔다. 그러나 그 모든 것들이 증권화의 도래로 바뀌었다. **'증권화'**는 주택담보대출이나 신용카드 대출 같은 개별 부채들을 묶어 쉽게 사고팔 수 있는 한 개의 균질한 자산으로 만드는 방식이다. 1990년대에 투자은행들은 지역 은행들로부터 주택담보대출을 사들이기 시작했다. 투자은행들은 사들인 주택담보대출 묶음으로 거래 가능한 자산 형태인 **'주택담보증권**(*mortgage-backed securities*)**'**을 만들었다. 주택담보증권의 가치는 주택담보대출로부터의 수입과 연동되었다.

증권화 개별 부채들을 묶어 한 개의 균질한 자산으로 만드는 방식

주택담보대출이 증권화되자 지역 은행들은 주택담보대출을 효과적으로 투자자들에게 팔아넘김으로써 대출에 대한 위험 노출을 줄일 수 있었다. 투자자들은 차입자들이 채무 불이행할 경우의 위험을 감수하는 대신 주택담보대출의 수입을 챙기는 셈이었다. 하지만 각 대출의 고유 위험은 한 개의 자산으로 묶이면서 분산되었기 때문에 주택담보증권의 총위험은 감소하게 되었다. 이러한 논리는 '금융의 기초' 부분에서 논의한 은행이나 보험회사가 위험을 분산하는 방식과 마찬가지다. 한 건의 대출은 차입자가 채무 불이행하면 전액이 한꺼번에 사라지지만, 100건의 대출은 모든 차입차가 동시에 채무 불이행할 가능성이 거의 없다. 은행이 1,000건의 대출을 해주면서 평균적으로 250건이 채무 불이행될 것이라 추정하면 전체 대출 묶음으로부터는 이익이 남도록 가격을 정한다.

물론 같은 결과를 얻기 위해 한 투자자가 돌아다니면서 1,000건의 개별 대출을 할 수도 있다. 하지만 그러자면 시간이 들고 각 주택담보대출의 부도 확률이 어느 정도 되는지 평가해야 한다. 주택담보증권은 위험이 분산된 한 개의 균질한 자산이고 쉽게 사고팔 수 있었다. 이 증권으로 지역 은행들은 주택담보대출의 위험을 더 높은 위험을 감당할 수 있는 투자자들에게 넘길 수 있게 되었다.

일부 은행들은 한 걸음 더 나아가 대출 묶음을 각기 다른 위험과 수익 특성을 갖는 조각으로 나누었다. 이러한 작업을 '분할 발행(tranching)'이라 부른다. 안정적이고 위험이 낮은 주택담보대출 묶음은 좀 더 위험 기피적인 투자자들에게 팔 수 있었고, 좀 더 위험한 서브프라임 주택담보대출은 위험 선호적인 투자자들에게 팔 수 있었다.

이러한 금융 마법의 핵심은 무엇인가? 주택담보증권과 분할 발행으로 인해 지역 은행들과 주택담보대출 회사들은 과거에는 너무 위험해서 거절했을 차입자에게 대출을 해주고 더 높은 수익을 추구하게 되었다. 이제 그 대출을 투자은행에 팔 수 있었고, 투자은행들은 다시 이들을 증권화해 판매함으로써 이윤을 남기게 되었다. 투자자들이 주택담보증권을 어찌나 선호하는지 지역 은행들이 충분히 빨리 대출을 할 수 없을 정도였다. 부동산 중개업자들은 손님들에게 예전 같으면 감당할 수 없을 규모의 주택담보대출을 권유했고, 어떤 주택담보대출 중개인은 서류 작업을 건너뛰어 더 많은 대출이 되도록 조장했다. 2006년까지 서브프라임 대출이 전체 주택담보대출의 20%를 차지할 정도가 되었다. 10년 전에는 거의 존재하지도 않던 대출 분류였는데 말이다. 서브프라임 주택담보대출의 폭발적 증가는 〈그림 33-1〉에 나타나 있다.

그림 33-1

서브프라임 대출시장의 성장 그림은 2001~2007년 전체 신규 주택담보대출 중 서브프라임 대출의 비중을 나타낸다. 전통적으로 새로운 서브프라임 주택담보대출은 전체 신규 주택담보대출의 10% 미만이었다. 이러한 경향은 2004년에 바뀌어 그 비율이 2배 이상 증가했다.

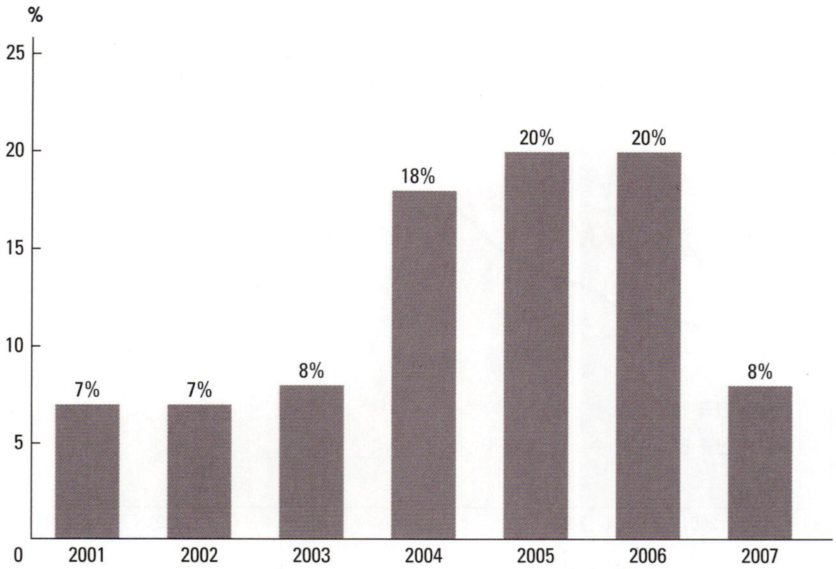

Source: The State of the Nation's Housing, Harvard University Joint Center for Housing Studies, 2008.

주택가격 거품

LO 33.3 주택가격 거품과 가계부채 증가를 야기한 요인 분석하기

싸고 이용하기 쉬운 주택담보대출이 폭발적으로 증가하면서 사람들은 더 크고 좋은 주택을 살 수 있게 되었다. 주택담보대출은 차입 투자와 같다. 주택이라는 자산 가치의 일부만 선금으로 내고 나머지는 빌려서 사는 것이다. 선금 요구는 줄어들고 대출은 싸지면서 많은 주택 소유자들이 점점 더 많이 차입 투자를 하게 되었다. 집에 대한 막대한 차입 투자 수요는 주택가격이 급등하면서 광풍처럼 커졌다. 〈그림 33-2〉는 이 기간 미국 주택가격이 급등한 것과 신규 건축 주택 수를 보인다. 부동산 거품이 최고점에 이르렀을 때 미국의 주택 소유자들은 리먼 브러더스와 비슷하게 실제 지불된 돈에 비해 매우 높은 주택 자산 '가치'를 갖고 있었다.

주택가격의 폭등은 고전적인 거품의 양상을 보였다. 사람들은 집값이 계속 오를 것이라 거대하면 집을 샀다. 은행들은 차입자들이 첫 몇 년간 주택담보대출 상환을 미룰 수 있는 특별한 유형의 주택담보대출 상품을 팔기 시작했다. 또는 처음에는 매우 낮게 시작해서 몇 년 후엔 높아지는 '미끼' 이자율을 제시하기도 했다. 집값이 오르는 한 차입자들은 돈을 내야 할 때가 올 때마다 '차환(refinance)'하면 그만이었다. 즉, 더 높은 가치를 갖는 집을 담보로 더 우호적인 조건의 신규 대출을 받는 것이었다. 그러나 집값 상승이 멈추자 수백만의 주택 소유자들은 대부분을 빚으로 산 집의 대출금을 도저히 갚을 방법이 없다는 것을 알게 되었다.

왜 이런 대출이 가능했을까? 경제학자들은 이 질문에 대한 논의를 계속하고 있다. 하지만 여

그림 33-2

주택가격 거품 붕괴 그림은 1999~2006년 주택가격의 급격한 상승을 보여준다. 가격은 2007년 초반 최고에 달한 후 급격히 떨어지기 시작했다. 파란색으로 표시된 전국 합성 지수에서 나타나듯이 거품은 전국적이었고, 7년의 기간 동안 평균 가격은 2배가 되었다. 거품의 붕괴는 신규 건축 주택 수가 갑자기 떨어지는 것으로 나타나고, 이어서 주택가격도 급락했다.

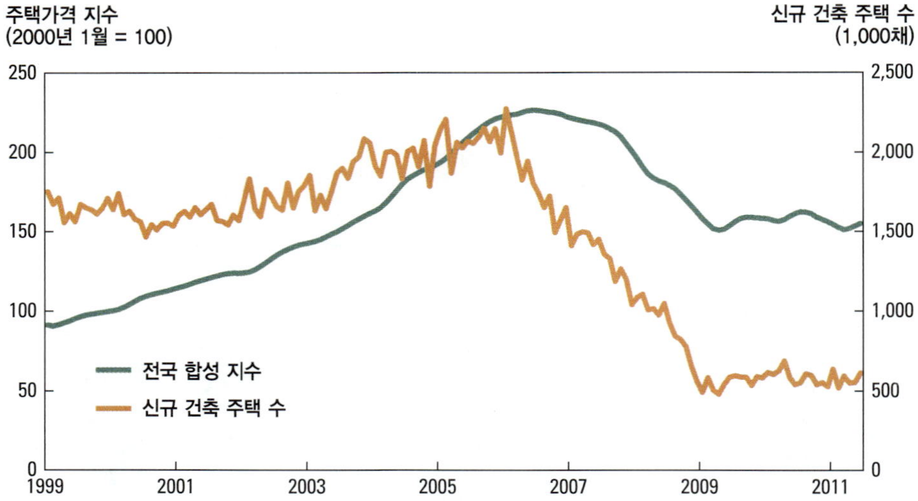

Sources: Standard and Poor's; U.S. Department of Commerce, Census Bureau, accessed on the FRED, updated June19, 2012.

러 가지 측면에서 주택 거품이 과거의 다른 거품과 다를 게 없다는 것은 분명하다. 은행과 차입자들은 그 상황에 사로잡혀 집값이 결코 떨어질 리 없다고 믿고 놀라울 정도로 위험한 대출에 동의한 것이다. 증권화는 최초 주택담보대출을 시행한 대출자들로부터 대부분의 위험을 제거함으로써 이 과정을 부추겼다.

최초 대출자의 위험을 제거한 것은 또한 차입자의 위험을 제대로 평가할 대출자의 유인도 훼손했다. 월 스트리트의 투자은행들은 지역 은행들이 수행한 개별 차입자 평가에 의존했다. 하지만 지역 은행들은 대출 수수료를 받았기 때문에 대출을 가능한 한 많이 할 유인이 있었다. 투자은행들 역시 지역 은행들이 좋은 대출을 보장하는 데에서 돈을 버는 것이 아니라 가능한 한 많은 대출을 사서 주택담보증권으로 만들어 투자자들에게 파는 것으로 수익을 올렸다. 이러한 연결고리의 어느 지점에서인가 기존의 주택담보대출로부터 몇 개의 단계가 무시된 복잡한 자산을 만들고 팔면서 사람들은 자기가 지불하는 것이 정확히 무엇인지 완전하게 이해하지는 못하고 있었는지 모른다.

투자자들은 이러한 자산의 상당수가 신용평가기관에서 AAA라는 높은 등급을 받은 것을 신뢰했다. 그러나 신용평가기관은 부분적으로 월 스트리트를 만족시키는 것으로 일거리를 구했다. 등급은 지나치게 낙관적인 것으로 드러났다. 정치인들은 더 많은 국민이 주택을 소유하는 그림에 이끌렸으나 경제학에 충분한 주의를 기울이지 않았다. 효율적으로 자금을 배분하고 위험을 분산할 목적으로 만든 도구가 역설적으로 모두가 충분한 정보를 갖추는 것을 어렵게 만들고 지나친 위험을 조사해 대출을 거절할 유인을 희석하고 말았다.

신용 구매

LO 33.4 주택가격 거품이 꺼지면서 어떻게 신용위기와 경기침체가 발생했는지 설명하기

소유하고 있는 집값이 오르자 사람들은 더 부유해진 느낌에 덜 저축하고 더 지출하기 시작했다. 많은 사람들이 소유 주택의 가치를 이용해 대출을 받고 신용카드 한도를 높였다. 앞서 공부한 총수요-총공급 모형을 보면, 소비자들이 지출 습관을 유지하기 위해 점점 더 많은 빚을 지는 이러한 새로운 지출은 총수요의 급격한 증가로 나타났다.

사실 미국의 전반적인 부채 수준은 대공황 이후 거의 지속적으로 높아지고 있었다. 그러나 주택시장이 열기를 띠고 소비자들이 차입을 늘리자 가계부채 증가에 가속이 붙었다. 〈그림 33-3〉은 미국의 가계, 기업, 금융, 정부부채의 역사적 경로를 보인다.

소비자들이 이러한 부채를 감당할 수 있었던 것은 이자율이 매우 낮았기 때문이다. 1990년대와 2000년대 대부분의 기간에 이자율은 급격히 하락했다. 하락하는 이자율은 차입의 비용을 크게 떨어뜨렸다. 소비자 부채를 분석할 때 경제학자들이 보는 지표로 부채상환율(debt service)이란 개념이 있다. **'부채상환율'**은 소비자가 빚을 갚기 위해 지출해야 하는 금액으로, 통상 가처분 소득의 백분율로 표시된다.

부채상환율 소비자가 빚을 갚기 위해 지출해야 하는 금액으로, 통상 가처분 소득의 백분율로 표시

2008년까지 20년 넘게 이자율이 떨어지면서 소비자들은 부채상환율이 크게 증가하지 않은 채 더 많은 빚을 지게 되었다. 〈그림 33-4〉는 증가하는 부채 수준과 상대적으로 안정적인 부채상환율 간 차이가 벌어지는 것을 보여준다. 증가한 부채 수준은 이자율이 낮고 집값이 높을 때

그림 33-3

미국의 부채 변화 각 색깔은 부채의 유형을, 색깔의 높이는 해당 유형의 부채 규모, 검은 선의 전체 높이는 총 부채 규모를 나타낸다. 1960년대 이후 미국의 총부채는 GDP 대비 규모가 150% 미만에서 350% 이상으로 2배 이상 증가했다. 규모 증가의 상당 부분은 정부와 금융 부문에서 왔는데, 특히 정부부채는 GDP의 한 자릿수 비중에서 100% 정도로 커졌다.

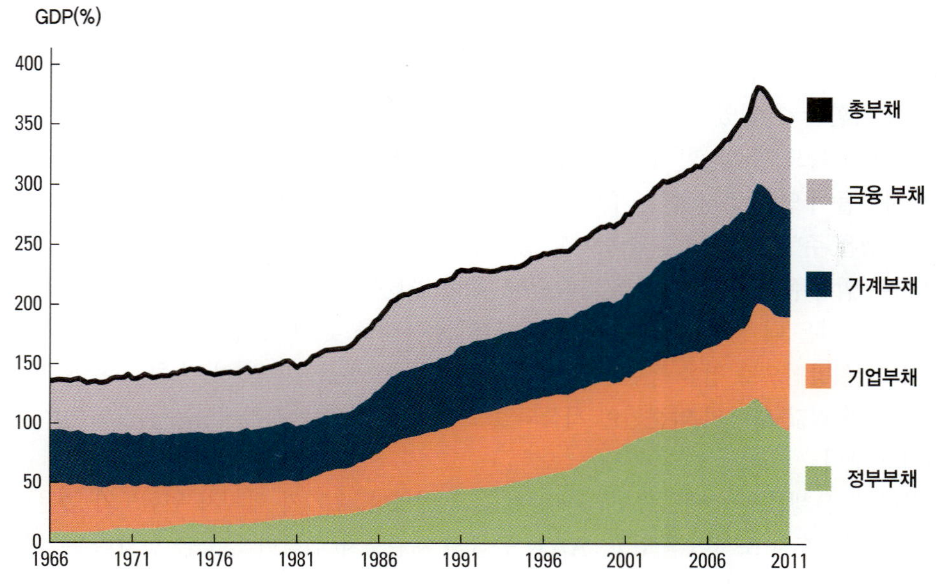

Source: Board of Governors of the Federal Reserve System, accessed on the FRED, updated June 8, 2012.

그림 33-4

부채 상환금과 총부채 가계부채가 가처분 소득의 70%에서 120%로 2배 가까이 증가했지만, 이자율이 낮았기 때문에 부채에 대한 가계의 상환금 부담은 크게 증가하지 않았다.

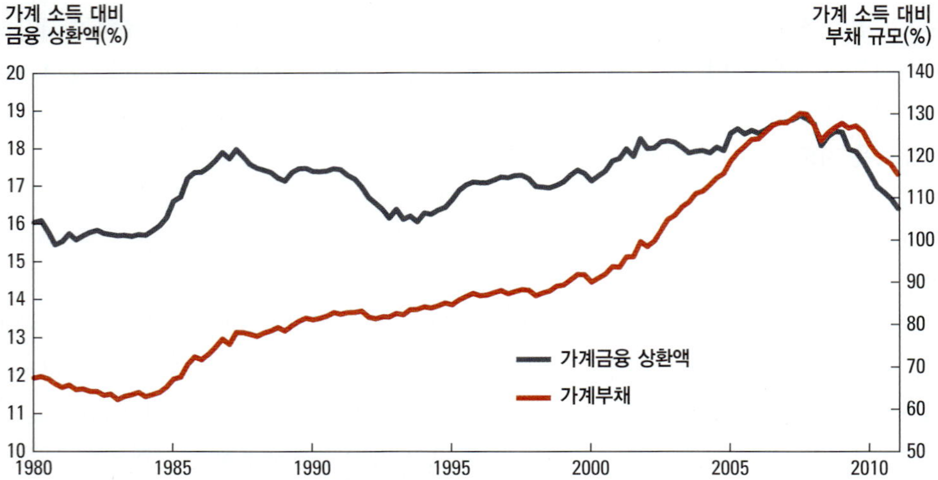

Source: Board of Governors of the Federal Reserve System, accessed on the FRED, updated June 8, 2012.

에만 유지될 수 있었다. 이 중 하나라도 예기치 못하게 바뀌면 소비자들은 심각한 상황에 처하게 될 것이었다.

위기의 시각표

붕괴는 서브프라임 주택시장에서 시작되었다. 집값이 오르는 동안 소비자들은 주택담보대출을 차환하는 것에 익숙해졌다. 즉, 더 값이 오른 집을 담보로 새 대출을 받아 기존 대출을 갚는 것이다. 종종 새 대출은 최소한 얼마간이라도 더 낮은 상환금을 내도록 구성되었고, 인상된 집값 때문에 주택 소유자는 현금을 대출받을 수 있었다. 하지만 집값은 더 이상 오르지 않았다. 네바다, 애리조나, 캘리포니아, 플로리다 등에서 오히려 집값이 떨어지기 시작하자, 소비자들은 대출을 더 이상 차환할 수 없었다.

상환금이 소득으로 감당할 수 없을 만큼 커지자 대규모 채무 불이행 사태가 발생했다. 수백만 명의 사람들이 압류를 당했다. 주택담보대출이 채무 불이행되자 주택이 은행 소유로 넘어간 것이다. 은행은 주택 소유자를 퇴거시키고 집을 팔았다.

넘쳐나는 압류주택이 주택시장을 강타했다. 주택 공급이 크게 증가했기 때문이다. 공급이 증가하자 주택가격은 더 떨어졌고 또 다른 채무 불이행 사태를 빚었다. 2중 3중의 주택담보대출을 받았거나 다른 방법으로 집을 통한 대출을 받은 사람들은 집값보다 빚이 더 큰 상황에 처했다. 채무 불이행과 집값 하락의 악순환이 시작되었고, 최악의 상황인 지역에서는 집값이 50% 이상 떨어지기도 했다.

몇 개의 큰 은행들은 주택담보채권을 많이 갖고 있었다. 위기가 닥치자 위험도가 높은 부동산 관련 투자는 휴지 조각이 되었고, AAA 등급의 채권조차 심각한 영향을 받았다. 은행들은 수조 달러를 잃었다.

주택담보채권의 구조는 불투명하고 복잡했기 때문에 어떤 은행이 가장 큰 타격을 받았는지 확인하기 어려웠다. 그 결과, 경제 전체의 차입과 대출 활동이 모두 정지해버렸다. 사람들은 누구에게도 돈을 빌려주려 하지 않았다. 가장 명망 있던 은행들마저 몰락 직전까지 갔다. 월 스트리트의 은행에 돈을 맡겨놨던 대형 기관과 회사들이 자금을 인출하기 시작하자 너도나도 먼저 자금을 찾으려고 서둘렀다. 가장 크고 가장 존중받았던 은행 중 베어 스턴스와 리먼 브러더스가 무너지자 나머지 은행들도 위험에 처해 있다고 인식되었다. 〈그림 33-5〉는 당시 초대형 은행들의 주가 폭락을 보여준다.

은행들이 대출을 하려 하지 않자 많은 사업체들이 일상적인 필요에 의한 신용을 갑자기 쓸 수 없게 되었다. 재고를 회수하고 수입품으로 가득 찬 컨테이너 배달을 받는 것 같은 간단한 일조차 거의 불가능하게 되었다. 거의 하룻밤 사이에 전 세계의 생산 능력이 감소됐다. 가장 일반적인 영업 활동을 위한 신용마저 쓸 수 없게 되자 세계경제는 비틀거렸다.

이자율 상승과 미래 경제 상황에 대한 비관론이 결합되어 소비와 투자 지출이 위축되었다. 사업체들은 투자할 대출 자금을 구하지 못했고, 사실 대부분은 투자할 마음조차 없었다. 가계는 빚을 갚느라 허덕였고, 일부는 소득이 줄고 직장을 구하기 힘들었다. 집값이 떨어졌다는 것은 사람들이 자신들이 생각했던 것만큼 부유하지 않다는 것을 의미했고, 당연히 소비를 줄였다. 소비와 투자의 감소는 총수요곡선을 왼쪽으로 이동시켰다.

수요가 감소하자 사업체들은 생산을 더 줄였다. 근로자들은 해고당했고, 다른 근로자들은 임금이 줄어들거나 근로 시간이 감축되었다. 소득이 낮아지자 지출은 감소했고, 총수요는 더 줄어들었다. 더 많은 해고 사태가 발생했다. 〈그림 33-6〉은 주택시장 붕괴로 총수요와 총공급곡선이 모두 왼쪽으로 이동한 복합적 효과를 보인다. 그 결과 경제는 새로운 균형에 도달하고, 생

그림 33-5

주요 은행의 주가 주택시장 활황 덕으로 위기가 닥칠 때까지 금융 부문의 성과는 좋았다. 많은 은행들이 불량한 자산을 많이 들고 있다고 발표하면서 좋은 시절은 끝났다. 2007년 2월부터 주가는 떨어지기 시작했고, 2008년 9월 위기가 본격화되면서 주가는 곤두박질쳤다.

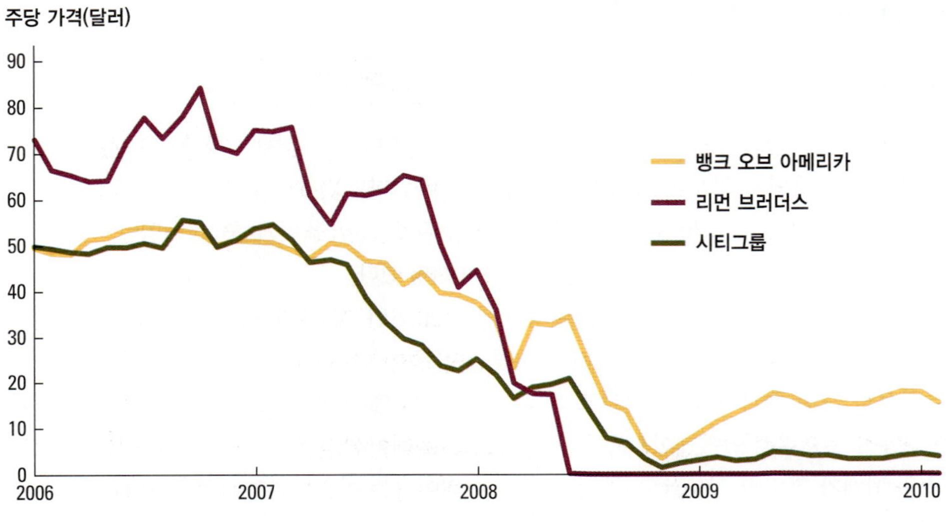

Source: Yahoo! Finance, October 4, 2011.

그림 33-6

총수요와 총공급으로 본 금융위기

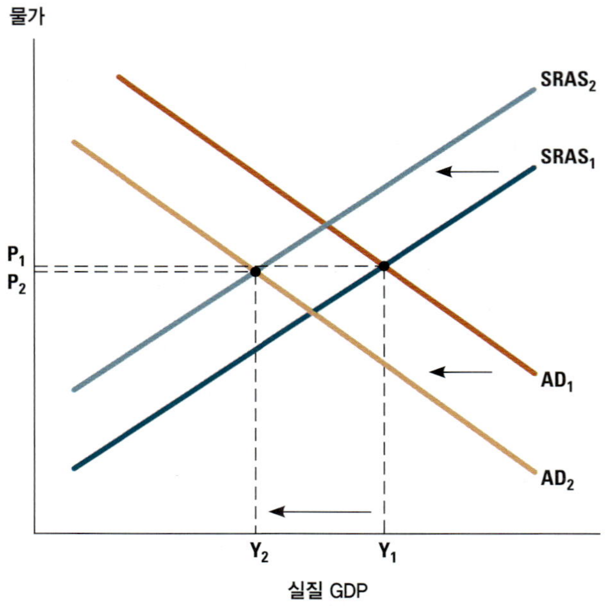

주택시장 붕괴로 총수요와 총공급곡선이 모두 왼쪽으로 이동했다. 새 균형점에서 물가는 떨어지고 생산 수준이 크게 하락했다.

산수준은 매우 하락했다. 총수요 감소의 영향이 총공급 감소의 영향보다 크기 때문에 물가 역시 떨어졌고, 경제 전체가 휘청거렸다.

부동산 거품이 터진 이후 세계경제가 75년 내 최악의 침체로 접어들기까지 2년도 걸리지 않았다. 집값이 무너지고 금융 체계의 악성 부채가 실체를 드러내자 월 스트리트의 혼란이 실물경제에까지 실업과 고통으로 번지는 것은 시간문제였다.

금융위기에 대한 즉각적 반응

LO 33.5 2008년 금융위기에 대응한 통화정책과 재정정책 설명하기

총수요와 총공급 감소의 충격으로 민간 부문이 휘청거리자 사람들은 정부가 나서서 안정을 되찾고 상황이 악화되지 않도록 조치를 취해주기를 바랐다. 앞에서 정부가 통화정책과 재정정책을 통해 어떻게 경제에 영향을 미칠 수 있는지 공부했다. 금융위기 중 정책입안자들은 재난에 가까운 경제적 붕괴를 피하고자 이러한 정책들을 사용했다.

매일 더 많은 은행들이 부도를 내는 상황에서 2008년 재정 및 통화정책의 목표는 얼어붙은 신용시장을 녹이는 것이었다. 경제학자들은 공급 부족을 먼저 해결하지 않고 총수요만 자극하는 것은 최선의 경우 효과가 없을 것이고 최악의 경우 위험할 것이라며 걱정했다. 경제성장률이 낮고 실업률이 높으면서 인플레이션율은 높은 '**스태그플레이션**'을 일으킬 우려가 있었기 때문이다.

스태그플레이션 경제성장률이 낮고 실업률이 높은데도 인플레이션이 진행되는 상황

금융 체계가 직면한 문제는 유동성과 지급 여력이라는 2개의 본질적인 사안으로부터 발생했다. 가장 시급한 사안은 유동성이었다. 어떤 은행이 손실을 볼 것인지, 다음으로 채무 불이행할

것인지 불확실한 상황에서 은행들은 서로 돈을 빌려주려 하지 않았다. 유동성이 부족하면 거래를 지속할 돈이 금융 체계 안에 충분하지 않게 된다. 부족한 유동성에 대한 걱정은 이자율로 반영되었다. 금융위기가 심각할 당시 가장 안전한 대출에 대한 이자율도 급격히 상승했다.

유동성 문제가 '최종 대부자(lender of last resort)' 기능을 하는 전 세계 중앙은행, 특히 미국 연방준비제도의 과제로 떠올랐다. 1900년대 초반 비슷한 금융위기가 미국을 흔들었을 때, 모건이라는 사람이 최종 대부자 역할을 자처해 전국적 금융 붕괴를 막았다. 2008년 연준의 존재로 상황은 전혀 다르게 전개되었다. 리먼 브러더스가 망한 직후 연준은 현금이 부족한 어떤 은행이라도 단기적으로 거의 무제한 돈을 빌려주겠다고 나섰다. EU의 중앙은행과 영국 중앙은행도 재빨리 비슷한 조치를 취해 금융 체계가 완전히 멈추는 것을 막으려 했다.

〈그림 33-7〉은 이러한 통화정책의 효과를 보인다. 금융시장의 자본 손실을 보전하기 위해 2008년 9월 연준의 자산이 급격하게 커진 것이다. 위기에 대한 대응으로 연준은 한 달 사이에 자산 규모를 2배로 늘리며 금융상품 보유를 크게 확대했다. 다양한 자산을 사들이면서 연준은 거의 1.5조 달러의 새로운 돈을 미국 경제에 투입했다. 모든 자산 종류를 연준의 재무상태표에서 확인할 수 있는 것은 아니지만, 연준이 주택시장을 지탱할 목적으로 주택담보증권을 사들이면서 2009년 초부터 이 자산의 규모가 증가한 것을 알 수 있다.

동시에 미국 재무성은 지급 여력에 문제가 있는 은행들을 해결해야 하는 어려운 과제를 시작했다. '지급 여력 문제'는 돈을 너무 많이 잃어서 불가피하게 부도를 낼 것 같은 은행을 점잖게 일컫는 말이다. 수백 개의 은행들이 이 시기에 부도가 나도록 허용됐다. 하지만 어떤 은행들은 '**대마불사**(too big to fail)'의 상황이었다. 대마불사는 은행이 지급 불능 상태에 빠졌음에도 그 은행이 자산이나 고객 규모 차원에서 너무 크거나 역사적으로 너무 중요해서 계속 영업하도

대마불사 은행이 지급 불능 상태에 빠졌음에도 그 은행이 자산이나 고객 규모 차원에서 너무 크거나 역사적으로 너무 중요해서 계속 영업하도록 허용하는 상황

그림 33-7

연방준비제도의 재무 상태 위기에 대한 대응으로 연준은 2008년 가을 한 달 사이에 자산을 2배로 증가시켰다. 연준이 주택시장을 지탱하기 위해 주택담보증권을 사들이면서 2009년 초부터 이 자산의 규모가 증가한 것이 두드러진다.

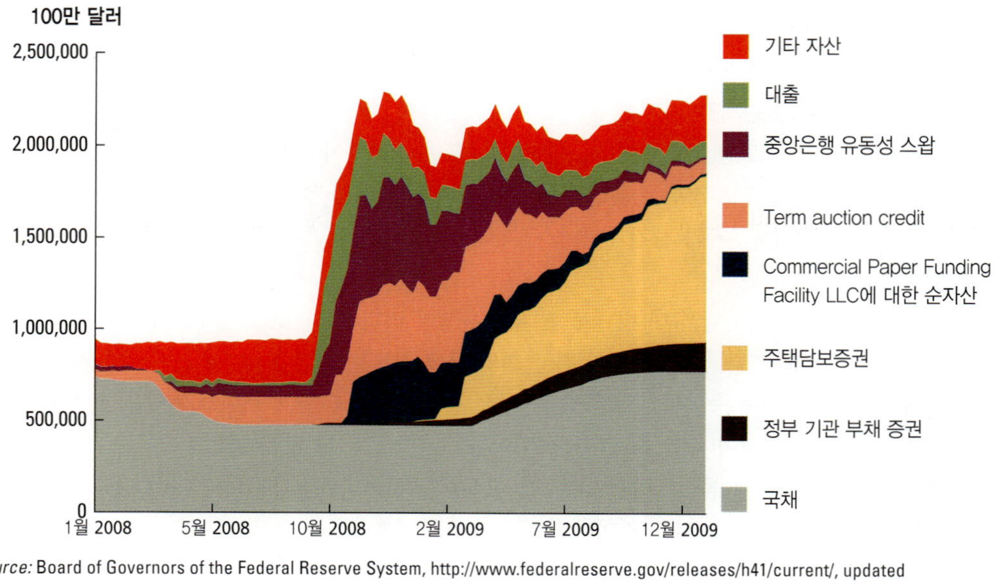

Source: Board of Governors of the Federal Reserve System, http://www.federalreserve.gov/releases/h41/current/, updated

록 정부가 허용하는 상황을 말한다. 이런 큰 은행이 망하면 고도로 통합된 금융 체계에서 도미노 효과를 일으킬 위험이 있었다.

대마불사의 은행들은 결국 정부 지출을 늘리는 재정정책을 통해 구제되었다. 이러한 노력은 '부실자산 구제 계획(TARP; Troubled Asset Relief Program)'을 통해 실행되었다. TARP는 금융위기의 첫 번째 재정정책을 대표한다. 이를 통해 7000억 달러 이상의 자금이 위기에 처한 금융기관에 투입됐다. 구제된 금융기관은 시티그룹 같은 주요 은행으로부터 AIG 같은 보험회사까지 다양했다. 경기 악화로 헤매던 자동차 제조회사 제너럴 모터스와 크라이슬러도 재무성으로부터 구제 자금을 받았다.

많은 공무원들이 이러한 구제가 경제를 살리기 위해 절대적으로 필요한 조치였다고 주장하지만, 시행되기까지 TARP를 둘러싼 토론은 격렬했다. 이러한 대규모 구제 조치로 어떤 은행들은 대마불사로 구제될 것을 알고 계속해서 위험한 영업을 할 수도 있다는 것이 주된 우려였다. 이 토론은 사례를 통해 알아보기의 '대마불사?'에서 다룬다.

사례를 통해 알아보기

대마불사?

1984년 시카고에 기반을 둔 컨티넨털 일리노이스 은행은 부도 위기에 처해 있었다. 정부와 금융규제 당국에는 2가지 대안이 있었다. 미국에서 일곱 번째로 큰 이 은행을 부도나게 두고 금융 영역에 미칠 피해를 각오하든지, 아니면 개입해서 영업을 계속할 수 있도록 필요한 현금을 공급하든지 하는 것이었다. 결과적으로 정부는 그렇게 큰 은행이 문을 닫았을 때 닥칠 결과가 두려워 컨티넨털 일리노이스 은행을 살렸다.

은행이 대마불사일 때의 문제점은 무엇인가? 다른 모든 기업과 마찬가지로 은행도 이윤을 내고 싶지만 너무 위험한 결정을 하면 부도가 날 수 있다는 제약이 있다. 그러나 만약 정부가 구제해줄 것임을 은행이 알고 있으면 위험한 행동의 단점은 감소하게 된다. 위험에 따른 수익이 나면 은행은 그 이윤을 챙기고, 위험의 대가를 치러야 할 상황이라도 모든 손실을 감당하지 않아도 되는 것이다. 따라서 은행은 더 많은 위험을 안으려 할 것이다. 도박장에 가는데 만약 다 잃으면 부모님이 구제해줄 것을 안다고 해보자. 그렇다면 모든 결과를 혼자 떠안아야 할 때보다 더 도박을 하려 하지 않겠는가?

이렇게 '앞면이 나오면 내가 이기고, 뒷면이 나오면 여러분이 지는' 상황의 문제는 정부에 딜레마를 던진다. 한편으로 정부는 은행이 망해 그 부정적 효과가 경제에 미치는 것을 바라지 않지만, 다른 한편으로는 문제가 생긴 은행을 구제해줌으로써 위험한 행동을 부추기고 싶지도 않은 것이다.

이러한 딜레마는 미국에서 네 번째로 큰 투자은행인 리먼 브러더스가 부도 위기에 처한 2008년에 초미의 관심사였다. 여러 차례의 긴급 회의 끝에 정부는 리먼 브러더스를 구제하지 않기로 결정했다. 금융 영역에 충격파가 전해졌다. 많은 분석가들이 리먼 브러더스가 대마불사라고 생각했기 때문이다. 리먼이 망한 뒤 결과가 걱정되긴 했지만, 너무 많은 위험을 안고 스스로 위험에 빠진 모든 은행이 자동적으로 도움을 받지는 않을 것이라는 신호를 시장에 보내는 것이 더 중요하다고 정부가 결론을 내린 것이다.

바로 다음 날, 보험업계의 거인 AIG가 망하기 직전이었다. 이번에는 정부가 850억 달러로 AIG를 구제했다. AIG는 미국에서 상업 및 제조업계를 대상으로 한 가장 큰 보험회사였고, 정책입안자들은 AIG가 망하면 금융 체계 전체에 광범위한 피해가 미칠 것이라 계산했다.

불과 몇 주 후에 연준은 더 많은 은행이 대마불사의 상황이라 인지하고 재무성과 함께 TARP를 수립했다. 얼마나 상황이 심각할 수 있는지 묘사하기 위해 연준의 의장인 벤 버냉키는 정치인들에게 "다음 월요일에 경제라는 것이 없을 수도" 있기 때문에 TARP가 필요하다고 설명했다.

이것이 오늘날 은행에 남긴 것은 무엇인가? 어떤 사람들은 대마불사 딜레마의 해법은 너무 큰 은행들을 작은 은행으로 쪼개 금융 체계 전체에의 피해 없이 망할 수 있도록 하는 것이라고 제안했다. 다른 사람들은 대마불사 은행을 분명히 정하고 납세자들이 감당해야 할 위험을 반영해 더 상세하게 규제되도록 해야 한다고 주장했다. 현 상태에서 딜레마는 여전하다. 부도 위기의 은행은 정부가 그 은행을 리먼 브러더스나 AIG 중 어느 쪽에 가깝다고 판단할지 긴장 속에 기다려야 할 것이다.

Source:http://www.nytimes.com/2008/10/02/business/02crisis.html; http://widerimage.reuters.com/timesofcrisis/ .

이러한 통화 및 재정정책으로 체계적 붕괴를 피하고 국제 금융 체계도 안정을 찾았다. 재무성과 연준은 심각하게 피해를 입은 은행들의 자본을 보충해주고 금융 체계에 유동성을 쏟아부어 경제의 신용을 회복하기 위해 협력했다.

이러한 조치들의 영향은 〈그림 33-6〉과 연결된 〈그림 33-8〉의 총수요와 총공급모형으로 나

그림 33-8

연방준비제도와 재무성의 개입으로 총공급이 회복됨

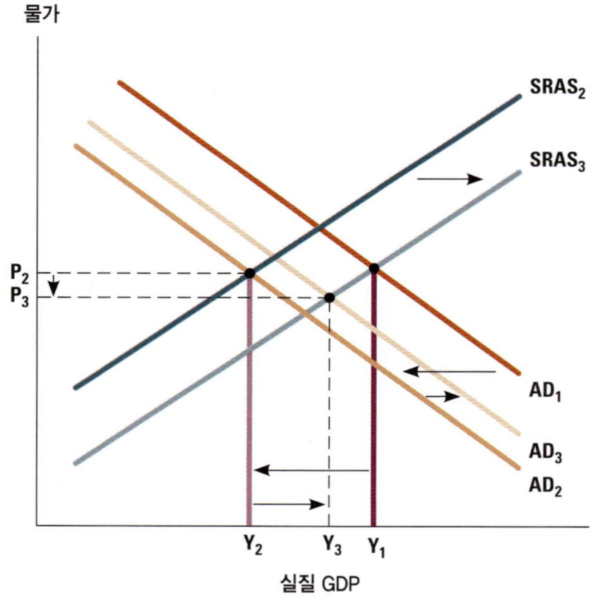

연방준비제도와 재무성은 시장에서 이용할 수 있는 신용의 급격한 감소에 대응했다. 그 결과 충분한 돈이 시장에 공급되어 총공급과 총수요를 자극했지만, 총수요 부진으로 생산수준은 위기 전인 Y_1보다 훨씬 낮다.

타낼 수 있다. 시장에서 이용할 수 있는 신용이 급격히 감소한 것에 대한 대응으로 연준은 이자율을 낮추고 재무성은 TARP를 통해 총공급이 원래 수준을 회복할 수 있도록 충분한 돈을 시장에 공급했다. 신용시장에 질서가 돌아오자 사업체들은 다시 재고 처리를 하고 영업을 확대할 수 있었다. 이러한 회복으로 SRAS 곡선이 위기 전 위치로 되돌아왔다. 그러나 총수요 부진 때문에 생산 수준은 위기 전인 Y_1보다 훨씬 낮다.

이렇게 많은 자본에도 왜 총수요 자극이 실패했는지 궁금할 것이다. 쉽게 말하면 이러한 방법들은 연방 기금 금리를 통해 수행되는 전통적인 통화정책의 목표와 달랐기 때문이다. 비정상적인 상황에서의 응급 방안으로 대부분의 자금은 위험에 처한 은행이 정상적으로 작동하기 위해 필요한 자본을 제공하는 데 쓰였다. 따라서 금융 부문은 안정을 찾아도 미국 경제는 대부분의 경기 하락 때 나타나는 전형적인 총수요 위축 문제를 겪게 되었다.

이자율 0인 상황의 경기 부양책

LO 33.6 이자율이 0일 때 경기를 부양할 수 있는 수단에 대해 설명하기

총수요가 저조할 때의 정책 처방은 비교적 명확하다. 연준은 차입과 투자 지출을 부추겨 총수요 곡선을 오른쪽으로 이동시키기 위해 이자율을 낮추는 확장적 통화정책을 쓸 수 있다. 또는 정부가 조세 감면이나 정부 지출 증가를 통해 총수요를 증가시키는 재정정책을 쓸 수도 있다.

사실 2가지 방법 모두 이용되었다. 의회와 대통령은 수요를 진작하기 위한 재정적 부양 법안을 통과시켰다. 연준은 연방 기금 금리를 위기 전 5% 약간 넘던 수준에서 2%로 낮췄다. 정부 지출 확대 후에도 수요가 약하자 연준은 연방 기금 금리를 계속 낮췄다. 2009년이 되자 경제는 특이한 상황에 처했다. 이자율은 0에 가까운데 경제가 회복되지 않은 것이다. 가계는 빚을 줄이기 위해 애쓰고 있었기에 차입이 사실상 공짜여도 소비를 위해 돈을 빌릴 생각이 없었다. 소비가 약하자 사업체들도 생산설비를 확장하기 위해 투자할 마음이 없었다. 이미 이자율이 0인 상황에서 통화정책은 실탄이 떨어진 듯했다. 이자율을 0 아래로 떨어뜨릴 수는 없는 노릇이었다.

양적 완화 화폐 공급량을 일정량 직접적으로 증가시키기 위한 정책

이런 막다른 골목에서, 정통에서 벗어난 통화정책이 출현했다. 바로 양적 완화다. '**양적 완화**(quantitative easing)'는 화폐 공급량을 일정량 직접적으로 증가시키기 위한 정책으로, 이자율을 통해 화폐 공급량을 간접적으로 조정하는 일반적인 방식과 완전히 다르다. 목적은 더 많은 돈을 경제에 푸는 것이었다. 전체적으로 연준은 1조 달러가 넘는 가치의 장기 채권을 새로 찍은 돈으로 샀다. 즉 1조 달러의 돈이 화폐 공급에 추가된 것이다. 연준은 1980년대 주택 거품 붕괴 후 일본의 전철을 밟고 싶지 않았다. 여러 해 동안 일본 경제는 약했고, 디플레이션이 반복되었다. 사례를 통해 알아보기에서 '일본의 잃어버린 10년'에 대해 알아보자.

사례를 통해 알아보기

일본의 잃어버린 10년

1980년대 일본은 앞서나가는 국가 중 하나였다. 1989년 부동산 거품이 경제에 위협이 되자 일본 중앙은행은 이자율을 높여 주택가격을 부드럽게 잡으려 했다. 그 영향은 엄청났다. 집값은 최고점 대비 87%나 하락했다. 이 충격은 경제 전체에 퍼져나갔고 주식시장을 황폐하게 만들었다. 주

택시장과 주식시장의 붕괴로 일본은 3년 치의 GDP와 맞먹는 자산이 사라졌다. 인류 역사상 평화 시에 발생한 가장 큰 자산 손실이었다.

이에 대한 대응으로 정부와 중앙은행은 금융위기와 경기침체에 이용되는 많은 전통적인 수단을 동원했다. 망하려는 은행을 구제해 자본을 확충해줬다. 하지만 그 돈은 정상적인 대출에 충분할 정도는 아니었다. 이러한 은행들은 결국 '좀비 은행'이 되었다. 지속적인 정부 구제로 명목상 살아 있지만 경제 내에서 유용한 역할을 하지는 못했다.

정부는 또한 야심 찬 경기 부양 재정 계획을 가동했는데, 대부분 지방에 다리나 길을 닦는 것이었다. 이 부양책도 경제를 살리는 데 실패했다. 어떤 사람들은 이 계획이 오해받았다고 주장하고, 다른 사람들은 실질적 효과가 나타나기도 전에 자금의 수도꼭지를 너무 일찍 잠가버렸다고 말했다.

중앙은행은 특별히 과감한 조치로 이자율을 8%에서 0으로 떨어뜨렸다. 하지만 이마저 효과가 없자 중앙은행은 더 이상 할 수 있는 것이 없다고 했다.

일본 경제는 아래로 향하는 소용돌이에 빠졌다. 집값이 높을 때 빚을 내 집을 산 주택 소유자들은 빚을 갚기 위해 지출을 줄였다. 그 결과 경제는 약해지고 물가가 떨어지기 시작했다. 디플레이션은 믿기 어려울 정도로 피해가 컸다. 소비자들은 돈 가치가 증가하면 미래에 더 많이 살 수 있다는 것을 알고 돈을 쥐고만 있었다. 물가는 더 떨어졌다.

이런 역풍에 일본 경제는 20년 동안 정체 상태에 빠졌다. 원래 '잃어버린 10년(Lost Decade)'이던 표현은 '잃어버린 세월(Lost Years)'로 바뀌었다. 그러나 일본의 경험을 자세히 연구한 한 경제학자는 경기침체의 대부분은 피할 수 있었다고 말한다. 정부가 일부 좀비 은행은 퇴출시키고, 정부 지출을 지속하고, 양적 완화 같은 대안적인 통화정책 수단을 시도할 수도 있었다는 것이다.

이러한 제안을 내놓은 경제학자는 바로 미국 금융위기 때 연방준비제도 이사회 의장이었던 벤 버냉키였다.

Source: http://www.nytimes.com/2010/05/21/opinion/21krugman.html; http://www.time.com/time/magazine/article/0,9171,1884815,00.html .

연준의 1차 양적 완화 이후 전체적인 화폐 공급량은 거의 변하지 않았다. 경기침체가 계속되자 연준은 2차 양적 완화를 시행했다. 이번에는 화폐 공급이 극적으로 증가했다. 2011년 중반까지 화폐 공급은 거의 3조 달러로 위기가 시작될 당시의 3배 수준이었다.

이렇게 어마어마한 화폐 공급의 증가는 전례 없는 일이었다. 비판하는 쪽에서는 높은 인플레이션을 야기할 거라며 걱정했다. 하지만 경제가 침체하면서 화폐 공급 증가는 약간의 차입 증가만 일으켰을 뿐이다. 왜 이런 일이 벌어졌을까? 은행이 돈을 빌려주려 하지 않고 소비자와 사업체가 차입에 관심이 없거나 할 수 없는 상황에서 통화 승수는 무너지고 만 것이다. 양적 완화가 수요를 진작하는 데 성공적이었는지는 아직 판단할 수 없다. 하지만 연준의 노력이 가뜩이나 약한 경제에 더 큰 피해를 입혔을 차입과 대출의 급격한 축소는 최소한 막아낸 듯하다.

✓ 개념 확인하기

- ❒ 서브프라임 주택담보대출은 무엇인가? **[LO 33.2]**
- ❒ 주택담보증권이 왜 서브프라임 대출을 증가시켰는가? **[LO 33.3]**

- ❒ 2007년 금융위기가 어떻게 총수요에 충격을 줬는가? **[LO 33.4]**
- ❒ '대마불사' 은행을 구제하는 것의 딜레마는 무엇인가? **[LO 33.5]**
- ❒ 중앙은행은 왜 양적 완화를 하려 하겠는가? **[LO 33.6]**

결론

이 장은 '왜 금융위기가 발생했는가?'라는 단순한 질문으로 시작했다. 보통 금융위기는 비합리적 기대와 차입 투자의 결합으로 나타난다. 이들 조합이 실물경제에 심각한 결과를 초래하는 거품을 형성하기 때문이다. 1600년대의 남해 회사 사례에서도 볼 수 있듯이 위기는 최초의 금융시장부터 발생해왔다.

비합리적 기대와 차입 투자의 위력은 서브프라임 대출시장의 혁신이 주택 소유와 가격을 급격히 올리면서 다시 수면으로 올라왔다. 2007년 부동산 거품이 터지자 금융위기가 재발했고 경제 위기가 과거의 것이 되었다는 경제학자들의 믿음도 깨졌다.

최근의 사건들은 거시경제에 대해 여전히 배울 것이 많다는 점을 시사한다. 영구히 경기 순환을 완화할 수 있을까? 전 세계적으로 의존도가 높아지는 것이 미래 위기에 어떤 영향을 미칠까? 금융시장이 더 잘 움직이기 위해 정부는 무엇을 할 수 있을까? 이러한 질문들에 대한 빠르고 쉬운 답은 없다. 하지만 이제 이러한 도전의 복잡함을 이해했을 것이다. 명백한 한 가지는, 경제는 하루아침에 무너질 수 있지만 회복하려면 훨씬 더 오랜 시간이 걸린다는 점이다.

주요 용어

대마불사 p.955	스태그플레이션 p.954	증권화 p.948
부채상환율 p.951	양적 완화 p.958	차입 투자 p.944

요약

LO 33.1 금융위기 발생에 비합리적 기대와 차입 투자가 어떤 역할을 했는지 설명하기

금융위기의 존재는 시장이 항상 모든 이용 가능한 정보를 정확하게 반영하는 것은 아니라는 것을 보여주기 때문에 효율적 시장 가설에 어긋난다. 미래에 대한 과도하게 낙관적인 예측을 바탕으로 하는 비합리적 기대가 있으면 자산이 자주 과대평가된다. 비합리적 기대가 차입 거래를 동반하면 금융위기를 유발하거나 촉진한다. 18세기 남해 거품 사건은 남아메리카 무역에 대한 비현실적인 기대로 인해 주식이 과대평가되고 허울 좋은 투자 방법을 부추긴 사례다. 몇백 년 후 '광란의 1920년대'에 이은 낙관주의와 주식시장 투자에 대한 열의는 1929년 대폭락과 10년간 경기 하락을 경험한 대공황을 일으켰다.

LO 33.2 서브프라임 대출 증가에 주택담보증권과 이 증권의 분할 발행이 어떤 역할을 했는지 추적하기

주택담보대출 시장의 증권화는 서브프라임 대출을 크게 확대시켰다. 투자은행들은 이러한 대출을 주택담보증권으로 묶어 서브프라임 대출의 위험을 분산하는 한편 더 많은 대출이 가능하도록 만들었다. 은행은 점차 이러한 증권을 각기 다른 위험과 수익 특성을 갖는 조각으로 나누어 발행했다. 이 과정으로 인해 은행은 고객의 투자 요구에 맞는 주택담보증권을 만들 수 있었다. 이 과정은 또한 정보 비대칭의 문제를 야기했고, 결국 위기를 촉발하게 되었다.

LO 33.3 주택가격 거품과 가계부채 증가를 야기한 요인 분석하기

주택담보대출의 증권화는 은행의 서브프라임 대출을 부추겼다. 그 결과 주택에 대한 수요가 올라갔고 집값도 올랐다. 동시에 주택 소유자들은 집값이 올라 더 부유하게 느끼자 매력적인 낮은 이자율에 더 많은 대출을 받아 소비 증가에 썼다.

LO 33.4 주택가격 거품이 꺼지면서 어떻게 신용위기와 경기침체가 발생했는지 설명하기

결국 주택가격 거품은 터졌다. 많은 서브프라임 차입자들은 미끼 이자율 기간이 끝나자 채무 불이행에 빠졌고, 은행들은 주택담보증권이 생각했던 가치의 일부에 지나지 않는다는 것을 알게 되었다. 많은 은행이 대출을 중단했고, 많은 은행이 망했다. 신용시장은 말라버렸다. 사업체들은 더 이상 투자에 자금을 조달할 수 없었다. 집값이 하락하자 가계는 저축을 늘리고 소비를 줄였다. 경제는 침체로 접어들었다.

LO 33.5 2008년 금융위기에 대응한 통화정책과 재정정책 설명하기

위기 대응으로 연방정부는 금융 체계를 안정시키기 위해 개입했다. 최종 대부자로서 연준은 신용을 얻을 수 없는 은행에 단기 대출을 제공했다. 이는 시장에 유동성을 공급해 총공급을 회복하기 위한 핵심적인 단계였다. 정부는 또한 부실 자산 구제 계획(TARP)을 통해 몇몇 큰 은행들을 구제해 지급 여력의 문제를 해결하고자 했다. 위기로 인해 생산이 위축되자 정부는 경기 부양책으로 총수요를 증가시킬 재정정책을 사용했다.

LO 33.6 이자율이 0일 때 경기를 부양할 수 있는 수단에 대해 설명하기

통화정책이 이자율 0인 상황에 부딪치자 연준은 화폐 공급을 일정량 증가시키도록 고안된 양적 완화를 이행했다. 두 차례의 양적 완화를 통해 연준은 3조 달러의 장기 국채를 직접 사들임으로써 화폐 공급량을 늘렸다.

복습문제

1. 친구가 여러분에게 금융 투자에 대한 자문을 구하러 왔다. 그 친구는 (a) 지난 5년간 과거 수준에 비해 대단히 좋은 실적을 낸 분야와 (b) 지난 5년간 과거 수준에 비해 대단히 나쁜 실적을 낸 분야 중 어디에 투자해야 할지 묻는다. 어떻게 조언할 것인가? 비합리적 기대가 여러분의 조언에 어떤 영향을 미치겠는가? **[LO 33.1]**
2. 차입 투자란 무엇이고, 차입 투자가 어떻게 자산 가격 거품을 악화할 수 있는가? **[LO 33.1]**
3. 주택담보증권의 분할 발행(tranching)이 어떻게 단일 서브프라임 대출보다 위험하게 될 수 있는지 설명해보자. **[LO 33.2]**
4. 주택담보증권이 어떻게 신용이 매우 낮은 사람에게도 대출이 나가도록 할 수 있는지 설명해보자. **[LO 33.2]**
5. 차입 투자가 최근 주택가격 거품에 어떤 역할을 했는지 설명해보자. **[LO 33.3]**
6. 정부정책과 정보 비대칭 문제가 어떻게 최근 주택가격 거품을 악화시켰는가? **[LO 33.3]**
7. 많은 서브프라임 차입자들이 낮은 미끼 이자율로 시작하는 '조정 가능 이자율 주택담보대출'을 이용했다. 이러한 주택담보대출을 받으면 차입자는 첫 2년은 낮은 이자율을 내고, 그 후에는 시장 이자율 수준을 낸다. 그러나 대출 서류로는 이자율이 오르리라는 것을 이해하기 쉽지 않은 경우가 있었다. 이러한 관행이 왜 집값 거품을 야기할 수 있는지 설명해보라. **[LO 33.4]**
8. 최근 주택 위기가 어떻게 총수요곡선에 영향을 미쳤는가? **[LO 33.4]**
9. 금융위기 동안 연준이 최종 대부자로서 역할을 하지 않았다면 무슨 일이 생겼겠는가? 정부 개입이 없었다면 총공급에 어떤 영향이 있었겠는가? 왜 그런가? 총수요에는 어떤 영향이 있었겠는가? 왜 그런가? **[LO 33.5]**
10. 연준이 최근 주택위기에 대응하면서 연준의 재무상태표는 어떻게 바뀌었는가? 무엇 때문에 자산 규모에 그렇게 큰 변화가 있었는지 생각해보라. **[LO 33.5]**
11. 통화정책에 고려되어야 하는 '이자율 0'인 상황이란 무엇인가? 정책을 실행하는 데 어떤 문제를 일으키는가? **[LO 33.6]**
12. 양적 완화란 무엇이며, 어떨 때 사용되는가? **[LO 33.6]**

응용문제

McGraw Hill connect ECONOMICS

1. 다음 각 내용이 비합리적 기대에 해당되는지 결정하라. **[LO 33.1]**
   a. 기술 관련 블로그에서 아마존이 애플의 아이패드와 경쟁할 만한 새 태블릿을 출시할 계획이라는 것이 밝혀지면서 아마존의 주가가 올랐다.
   b. 태블릿의 애플리케이션을 만드는 신생 기업의 CEO

표 33P-1

증거금 계정 수준	좋은 시장의 계정 가치	그저 그런 시장의 계정 가치	나쁜 시장의 계정 가치
대출 없음			
60%			
100%			
150%			
200%			

가 사람들이 정보를 소화하기에 더 편리하게 정보가 바뀌면서 정보에 대한 욕구가 무한대 증가하는 정보 전달 매체의 새로운 시대가 열릴 것이라고 주장했다. 한 경제학 블로그에서 1년 후 이 논의를 계속했는데, 예전에는 결코 가능하리라고 생각하지 않았던 투자의 수익에 대해서였다. 정보 전달 매체 회사들의 주가는 과거 수준을 50%까지 지속적으로 넘고 있으며, 영구히 올라갈 것처럼 보인다.

c. 예년과 달리 시원한 여름 이후 '아빠의 얼음과자'의 투자자들은 날씨 때문에 얼음과자에 대한 수요가 다시는 과거 수준에 결코 이르지 못할 것이라 믿고 주식을 팔기로 결정했다.

d. 법무부는 한 식료품 회사의 CEO가 회사 내에서 위법 행위를 한 혐의가 있다고 밝혔다. 회사가 소송에 들여야 할 비용은 수백만 달러가 될 수 있다. 이날 이 회사 주식 종가는 5% 떨어졌다.

2. 투자자 아이키는 증거금 계정을 열고 마이크의 뮤추얼 펀드에 1000달러를 투자했다. 계정의 조건은 증거금으로 빌린 돈을 10%의 이자로 연말까지 갚는 것이다. 아이키는 어떤 수준의 증거금을 정할지 고민하고 있다. 예를 들어 50% 수준 계정을 선택하면 최초 자금 1000달러의 50%인 500달러를 빌려 추가로 투자할 수 있다. 〈표 33P-1〉에 주어진 증거금 수준과 뮤추얼 펀드의 실적에 따른 연말 아이키의 계정 가치를 완성해보자. 마이크의 뮤추얼 펀드는 시장이 좋을 때는 40%의 수익률을, 시장이 그저 그럴 때는 5%의 수익률을 내고, 시장이 나쁠 때는 30% 손실을 본다고 가정한다. **[LO 33.1]**

3. 서브프라임 주택담보대출로 1000달러를 빌리는데, 1년 후 30% 이자와 함께 갚아야 한다고 가정하자. **[LO 33.2]**

a. 때때로 차입자는 일부만 갚을 수 있거나 아예 채무 불이행을 할 수도 있다. 〈표 33P-2〉의 상환율 아래에서 투자자들이 벌게 되는 최종 금액이 얼마인지 계산하라.(만약 상환율이 130%라면 원금 전액과 이자 30%가 모두 갚아졌다는 의미다.)

b. 투자자들은 기대 수익률이 10%는 되지 않는 한 이 대출에 투자하려 하지 않는다고 가정해보자. 최종 금액과 그 금액의 확률을 곱한 것을 모두 더해 기대 수익률을 계산하라.

4. 한 은행이 2가지 대안을 고려하고 있다. 첫 번째는 20만 달러의 주택담보대출을 10%의 부도 확률이 있는 손님한테 주는 것이고, 두 번째는 100개의 주택담보대출을 묶은 20만 달러어치의 증권을 사는 것이다. 이 증권은 〈표 33P-3〉과 같이 분할되어 있다.

각 분류 항목의 가중 위험은 대출의 비율(예를 들어, 첫 번째 줄은 40개의 대출을 포함하는데, 이는 전체의 40%(=40/100)에 해당한다)과 그 항목의 부도 확률을 곱해서 구할 수 있다. 각 대출 항목에 대해 가중 위험을 계산하라. 그리고 이 가중 위험을 모두 더해 이 금융 투자의

표 33P-2

상환율(%)	최종 금액	확률
130		0.6
110		0.1
100		0.1
50		0.1
0		0.1

전체적인 기대 부도 위험을 구하라. 만약 이 은행이 부도 위험이 6% 이하인 자산만 취하려 한다면 어떤 대안(들)을 선택할 것인가? **[LO 33.2]**

5. 〈표 33P-4〉는 2005년과 2008년의 평균 가계부채와 부채 상환액의 가상적인 수준을 보인다. 가계부채가 증가했음에도 2008년의 부채 상환액이 2005년과 같으려면 연간 이자율이 몇 %여야 하겠는가? **[LO 33.3]**
6. 〈표 33P-5〉는 한 작은 나라의 2008~2011년 소득과 부채에 대한 정보를 보여준다. 이 나라의 2007년 말 평균 가계부채는 3만4000달러였다. 이 정보를 이용해 표의 빈칸을 채워보라. **[LO 33.3]**
7. 여러분의 개인 금융 상황이 〈표 33P-6〉과 같이 요약할 수 있다고 하자. 또한 여러분의 저축은 소득과 순자산 가치의 함수라고 하자. 구체적으로 매년 저축량은 0.2I-NW와 같다. 'I'는 여러분의 소득이고, 'NW'는 순자산 가치다. **[LO 33.4]**

표 33P-6

자산		부채	
주택	$100,000	주택담보대출	$ 90,000
입출금 계좌	15,000	학자금 대출	20,000
자동차	10,000	신용카드	10,000
총자산	$125,000	총부채	$120,000

a. 여러분의 소득이 6만 달러라면 올해 얼마를 저금하겠는가?
b. 주택가격이 20% 하락했다고 가정하자. 순자산 가치는 얼마인가? 얼마를 저금하겠는가?

8. 10년 만기 재무성 채권(국채)의 이자율이 4.8%고 위험 스프레드(risk spread)가 2%일 때, 다른 형태의 상업적 대출의 평균 이자율은 얼마겠는가? **[LO 33.4]**
9. 최근 금융위기에 대응해 이용된 정책은 다음 중 어떤 것인가? 무엇이 통화정책이고, 재정정책인가? **[LO 33.5]**
   a. 이자율 인상을 통한 공격적인 인플레이션 통제
   b. 투자를 촉진하기 위한 소규모 사업체에의 직접적 단기 대출 제공
   c. 대규모의 위험한 주택담보증권을 보유한 은행의 구제
   d. 화폐 공급을 늘리기 위한 장기 채권의 구매
   e. 근로를 촉진하기 위한 공적 연금 수급 연령의 5년 상향 조정
10. 〈표 33P-7〉은 한 은행의 재무상태표를 100만 달러 단위로 표시한 것이다. **[LO 33.5]**
   a. 은행의 순자산은 얼마인가?
   b. 집값이 떨어지고 서브프라임 주택담보대출의 부도율이 올라 은행 자산 중 서브프라임 주택담보대출의 가치가 500에서 350으로 떨어졌다고 가정하자. 총자산은 얼마인가? 순자산은 얼마인가?

표 33P-3

대출 개수	채무 불이행 확률(%)	가중 위험
40	3.0	40% × 3% = 1.2%
25	11.0	
15	1.5	
20	5.0	

표 33P-4

	2005	2008
가계부채	$20,000	$80,000
연간 부채 상환액	$800	?

표 33P-5

연도	가계 소득 (달러)	금융 지급액 (달러)	소득 대비 금융 지급액 비율(%)	가계부채(달러)	소득 대비 부채 비율(%)
2008	35,000	4,000			
2009	38,500	4,200			
2010	42,000	5,000			
2011	45,250	6,200			

표 33P-7

자산(100만 달러)		**부채**(100만 달러)	
현금	$ 800	CD	$2,000
상업 대출	2,000	예금 계좌	1,500
소비자 대출	600	장기 부채	1,000
프라임 주택담보대출	800		
서브프라임 주택담보대출	500		
총자산	$4,700	총부채	$4,500

c. 서브프라임 주택담보대출의 가치가 얼마나 떨어지면 은행의 부채가 자산보다 커져 지급 불능 상태에 처하는가?

11. 잃어버린 10년 이후 일본의 경제 상황은 이자율을 통한 통화정책의 문제로 설명될 수 있다. 무슨 일이 있었는지 설명해보라. 일본의 중앙은행이 무엇을 했어야 하는지 생각해보라. **[LO 33.6]**

12. 100만 달러의 기초 화폐가 있고 통화승수가 4인 경제를 가정해보자. 현재 화폐 공급량은 400만 달러(=100만 달러×4)다. 기초 화폐가 50% 증가해 150만 달러가 되었다고 하자. 기초 화폐 증가에도 불구하고 화폐 공급량에 변함이 없으려면 통화승수가 얼마나 변해야 하는가? **[LO 33.6]**

미주

1. '선물(futures)'은 이것을 산 사람이 미래의 특정 날짜에 어떤 자산의 특정 수량을 특정 가격에 사거나 팔도록 의무를 지우는 표준화된 금융계약이다. 선물을 사는 데에는 2가지 주된 동기가 있다. 첫 번째는 '위험 회피(hedging)'다. 회사나 개인은 선물 계약을 미래가격에 대한 불확실성을 줄이기 위해 사용한다. 두 번째는 '투기(speculating)'다. 이러한 목적으로 선물을 사는 투자자들은 가격 변화의 방향을 추측하고 이로부터 이윤을 얻으려 한다.
2. 이러한 조항은 1999년 그램-리치-블라일리 법으로 뒤집어졌다.

참고 자료

http://home.uchicago.edu/~sogrodow/ homepage/paddress03.pdf

http://www.rhsmith.umd.edu/cfp/events/2011/GSE2011/papers/Explaining_the_Housing_ Bubble.pdf

◀ 세계의 모바일 윈도우-이 장의 내용과 관련된 응용사례를 찾으려면 여러분의 스마트폰으로 이 코드를 스캔하라. (QR코드 리더가 필요하면, 여러분의 앱스토어에서 ScanLife를 활용하라.)

여러분의 모바일 앱스토어를 방문하여 Karlan and Morduch Study Econ app.을 다운로드 하라. ▶

Study Econ McGraw Hill

Part Ten

국제정책 이슈들

제10부의 2개 장(章)에서는

국제금융 체계와 개발정책에 대해 소개하며, 34장에서는 국제 금융 체계에 대해 다룰 것이다. 외국에 한 번이라도 다녀왔고, 자국 통화를 다른 국가의 통화로 환전해본 경험이 있다면, 여러분은 국제금융 체계의 한 부분에 직접 참여한 것이다. 국제금융 체계는 이보다 더 심대한 의미를 지닌다. 외국에서 생산해 미국에 수입되는 모든 제품은 모두 통화의 국제무역이 있어 가능한 것이다. 이 장에서는 이러한 무역을 가능하게 하는 시장에 대해 소개한다. 국내금융 체계와 마찬가지로 국제금융 체계는 경제의 원만한 운영을 위해 반드시 필요하다. 이 장에서는 국제금융 체계가 어떻게 작동하고, 또 어떤 경우 문제를 겪는지 알아본다.

마지막 장인 35장은 긴급하면서도 거대한 질문으로 관심을 돌린다. 세계는 풍요로운데도 불구하고 왜 빈곤이 존재하는가? 이는 개발경제학의 근본적 질문 중 하나이며, 시간이 변함에 따라 경제개발에 대한 이해가 어떻게 변화되어왔는지 살펴볼 것이다. 이에 대한 최근 연구 결과와 빈곤 감소를 목표로 하는 정책과 혁신을 엄밀하게 평가하기 위한 새롭고 유망한 방법론을 소개한다. 마지막으로, 이 책에 제시한 방법에 근거해 발전시킨 해법의 사례에 대해서도 알아본다. 이러한 해법들은 사람들의 삶에 실제로 큰 차이를 가져왔다.

이 책 전반에 걸쳐 경제학자들이 어떻게 많은 질문, 결정, 정책 이슈들에 대해 이해의 실마리를 제시하는지 보았다. 조세정책 같은 사안은 분명히 경제적인 것이지만 그보다 덜 경제적인 주제도 있다. 이 책을 읽으면서, 경제적 분석 틀을 일상생활에서 겪는 문제를 해결하거나 우리를 둘러싼 세상을 탐구하기 위해 적용해보기 바란다.

Chapter 34

개방경제의 거시경제학

학습목표

LO 34.1 무역수지를 정의하고 미국의 일반적인 무역 추세 설명하기

LO 34.2 간접투자와 외국인직접투자 정의하기

LO 34.3 무역수지와 순자본유출의 연관성에 대해 설명하기

LO 34.4 국제자본 흐름이 어떻게 국제적으로 대출 가능한 자금의 수요와 공급에 의해 결정되는지 살펴보기

LO 34.5 대출 가능한 자금의 국제시장이 어떻게 국제금융 체계에서 일어나는 변화를 설명해줄 수 있는지 보기

LO 34.6 환율과 그 결정 요인을 살펴보고 환율이 무역에 미치는 영향에 대해 설명하기

LO 34.7 고정 및 변동환율을 설명하고 통화정책이 통화가치에 미치는 영향에 대해 설명하기

LO 34.8 실질환율과 명목환율의 차이에 대해 설명하기

공장에서 통계까지

애플의 아이폰은 타의 추종을 불허할 만큼 대성공을 거두었다. 2007년 7월 출시 이후 애플은 1억2,900만 대 이상의 아이폰을 전 세계에 판매했다. 여러분은 애플이 미국 기업이기에 이러한 성공이 오로지 미국만의 성공 신화라고 믿을지 모르겠다. 그렇지만 기술적으로 보면, 아이폰은 최종적으로 미국으로 선적되기 전에 중국 공장에서 부품을 조립해 생산된다.

아이폰이 중요한 것은, 미국 소비자가 아이폰 한 대를 구입할 때마다 미국의 대중국 무역적자에 기여하기 때문이다. 2010년, 미국 소비자는 중국으로부터 3650억 달러어치의 재화를 산 반면, 미국 기업들은 단지 920억 달러어치의 재화만을 중국 소비자에게 팔았다. 미국이 중국으로부터 구매하는 것과 중국에 판매하는 것의 차이는 2730억 달러라는 천문학적인 무역적자로 나타나고 있다. 2명의 경제학자가 계산을 해본 결과 아이폰 단일 품목이 미국의 대중국 무역적자에서 차지하는 정도는 19억 달러나 되었다.

이 무역적자가 정확히 무엇을 의미하는지 보기 위해 잠시 중국이 미국에 판매한 것과 동일한 양을 구매했다고 상상해보자. 어떤 일이 발생할까? 미국인은 3650억 달러를 중국 통화인 위안화로 환전해 중국산 제품 구매에 사용할 것이다. 마찬가지로 중국 사람들은 그 3650억 달러를 사용해 미국 제품을 구매한다. 모든 것이 균형을 이룬 상태다. 그러나 중국인은 실제로 단지 920억 달러만을 미국산 제품에 구매하는 데 사용한다. 그렇다면 나머지 2730억 달러는 아직도 중국 경제 어디에선가 출렁거리고 있을 것이다. 짐작하건대, 중국인들이 이 돈을 침대 밑에 묻어

두고 있을 리 없다. 그렇다면 그 돈의 종착지는 어디인가?

일부는 중국 내에서 또는 해외에서 사용되거나 가장 높은 이윤을 내기 위해 투자된다. 이 중 큰 비중이 최종적으로 미국 국채에 투자된다. 이는 이 돈이 미국 정부에 대출을 해주기 위해 사용된다는 것을 의미한다. 전반적으로 미국 정부는 미국 국채를 판매해 중국 투자자로부터 1.6조 달러 이상을 직접 조달했다. 다음에 아이폰을 보면 국제금융의 그물망 같은 연관관계를 상기해 볼 일이다.

무역의 흐름을 어떻게 설명할 수 있는가? 미국은 중국에 왜, 그리고 어떻게 이렇게 큰 빚을 지게 되었는가? 중국은 왜 미국에 돈을 빌려주는 것인가? 달러와 위안화 간의 환율은 어떻게 결정되는가? 이 장에서는 이러한 질문에 대답하기 위해 국제경제학을 탐구한다. 재화와 돈의 세계적 흐름을 살펴본 후 이와 관련된 각국의 통화가치 변화에 대해 논의한다.

국제적인 맥락에서 거시경제를 어떻게 이해해야 하는지를 보여줌으로써 이 장은 환율이나 무역수지, 국가 간 자금 흐름 등 중요한 정책 논의에 대해 조명한다.

재화와 자본의 국제적 흐름

국제무역은 전혀 새로운 것이 아니다. 3000년도 전에 중국은 지중해 연안과 페르시아 제국에 그 유명한 비단길을 따라 의류를 수출했고, 인도와 로마제국 간 향료 길을 따라 향료가 매매되었다. 크리스토퍼 콜럼버스의 탐험은 인도의 부에 좀 더 빨리 닿을 수 있는 항로를 발견하기 위한 욕구에서 비롯된 것이다. 오늘날 현대적인 통신과 수월한 교통은 재화와 자본의 국제적 흐름을 그 어느 때보다 높은 수준으로 끌어올려놓았다. 유럽의 소비자는 케냐의 화훼를 구매하고 미국인은 태국에서 수입한 새우를 저녁으로 먹으며, 중국 에너지 기업들은 컬럼비아에서 석탄을 수입한다.

이 절에서는 오늘날의 글로벌 경제에서 재화와 자본 흐름의 여러 다른 경로를 알아본다.

수입과 수출

LO 34.1 무역수지를 정의하고 미국의 일반적인 무역 추세 설명하기

먼저, 미국의 일부 무역 형태에 대해 알아보자. 〈그림 34-1〉은 지난 50년간 미국의 무역 흐름을 보여준다. 수출과 수입은 둘 다 극적으로 증가했음을 알 수 있으며 같은 기간 경제 또한 성장했다. 2010년, 재화와 서비스의 수출은 1.8조 달러 또는 GDP의 약 13%였다. 같은 해, 수입은 2.4조 달러 또는 GDP의 약 16%였다.

수출과 수입을 살펴보는 것도 흥미롭지만, 경제학자들의 관심을 가장 많이 끄는 것은 무역 흐름의 순가치, 이른바 무역수지다. **무역수지**는 수출액에서 수입액을 차감한 값이다. 1970년 이후 거의 매년 미국은 수출한 것보다 수입한 것이 더 많았다. 이렇게 무역수지 값이 음이 되는 현상을 경제학자들은 **무역적자**라고 부른다. 2010년, 무역수지는 5160억 달러 적자였으며, 이는 GDP의 4%에 근접한 것이다. 만약 한 나라가 수입한 것보다 수출한 것이 많으면 무역수지는 정의 값을 가지며 이를 **무역흑자**라고 한다. 일본, 중국, 독일과 같은 나라들은 매우 큰 무역흑자

무역수지 수출액–수입액

무역적자 수출보다 수입이 많은 금액

무역흑자 수입보다 수출이 많은 금액

그림 34-1

1960년 이후 미국의 수입, 수출, 무역수지 1975년까지 미국의 무역은 비교적 균형을 이루었다. 수입과 수출이 대체로 유사했다. 1975년 직후 수입량이 수출량을 빠르게 상회하면서 무역적자에 빠지게 되었다. 지금은 무역적자가 6000억 달러에 이른다.

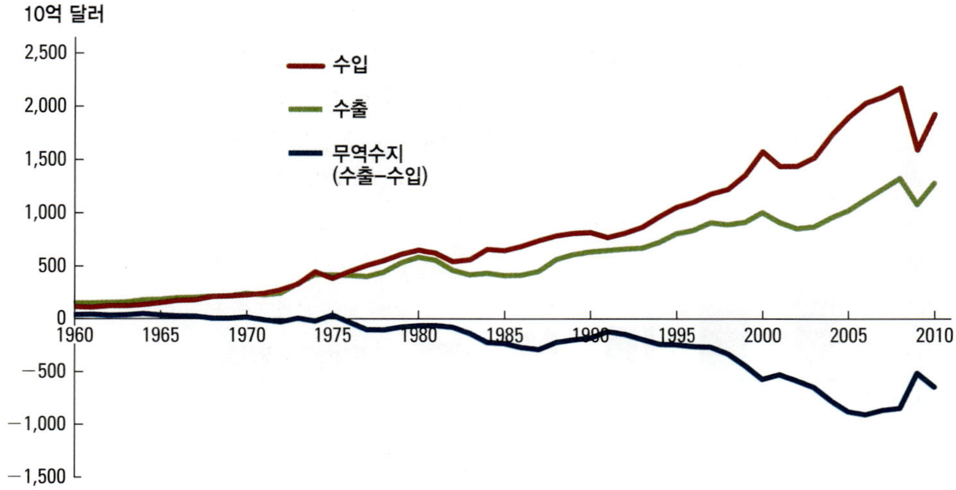

Source: U.S. Census Bureau, June 2011.

를 누리고 있다. 예를 들어, 독일의 무역흑자는 GDP의 5.6%에 달한다.

〈그림 34-1〉은 다른 모든 나라에 대한 미국의 총무역수지를 보여준다. 만약 추측을 한다면, 어느 나라가 미국의 가장 중요한 무역 상대국일까? 무역은 재화 운송이 요구되고 이는 비용을 발생시키므로, 국가들은 이웃 국가들과 무역을 하는 경향을 보인다. 이는 미국의 경우에도 적용된다. 미국의 가장 큰 무역 상대국 중 2곳은 이웃인 북쪽의 캐나다와 남쪽의 멕시코다. 이에 더해 이 두 국가와의 무역은 이들 국가 간 무역과 투자의 장벽을 제거한 북미자유무역협정(NAFTA)으로 인해 확대되었다.

물론, 〈그림 34-2〉에서 보는 것처럼 모든 무역 상대국이 이웃 국가는 아니다. 사실, 미국은 캐나다와 멕시코를 포함해 다른 어떤 나라보다 중국에서 가장 많은 재화를 수입한다. 앞서 말했듯이, 미국이 중국에서 수입하는 양은 미국이 중국에 수출하는 양보다 훨씬 많다. 이 차이가 미국의 총무역적자의 40% 이상을 유발한다. 이 장에서는 미국의 대중국 적자에 대해 어떤 설명을 할 수 있는지 살펴볼 것이다. 그중 하나는 중국 제품의 가격이 매우 낮은 경향을 보인다는 것이다. 우리는 이보다는 좀 덜 가시적 설명인 중국의 저축률이나 환율 정책에 대해서도 살펴볼 것이다.

앞에서 미국이 얼마나 많이, 어디와 무역을 하는지 보았다. 그렇다면 미국은 무엇을 교역하는가? 제2장에서 국가들이 특정 제품의 생산에 특화한 후 다른 국가들과 필요한 것을 교역하면 이득이 있음을 보았다. 무역 통계를 보면 정확히 어느 부분에서 미국의 이득이 발생하는지 알 수 있다.

미국의 수출 중 가장 큰 비중을 차지하는 것은 반도체나 산업용 기계 같은 자본재다. 미국은 2010년 4930억 달러의 자본재를 수출했다. 동시에, 미국은 5080억 달러의 자본재를 수입했다. 대부분 컴퓨터와 통신기기였다. 자본재의 무역수지는 −150억 달러다.

그림 34-2

미국의 주요 무역 상대국(2011년까지의 통계) 미국의 무역은 대부분 가장 인접한 이웃 국가인 캐나다와 멕시코와 이루어진다. 그러나 미국의 최대 무역 상대국은 멀리 떨어져 있는 중국이다. 미국과 중국 간 무역은 대부분 미국의 수입으로 이루어진다.

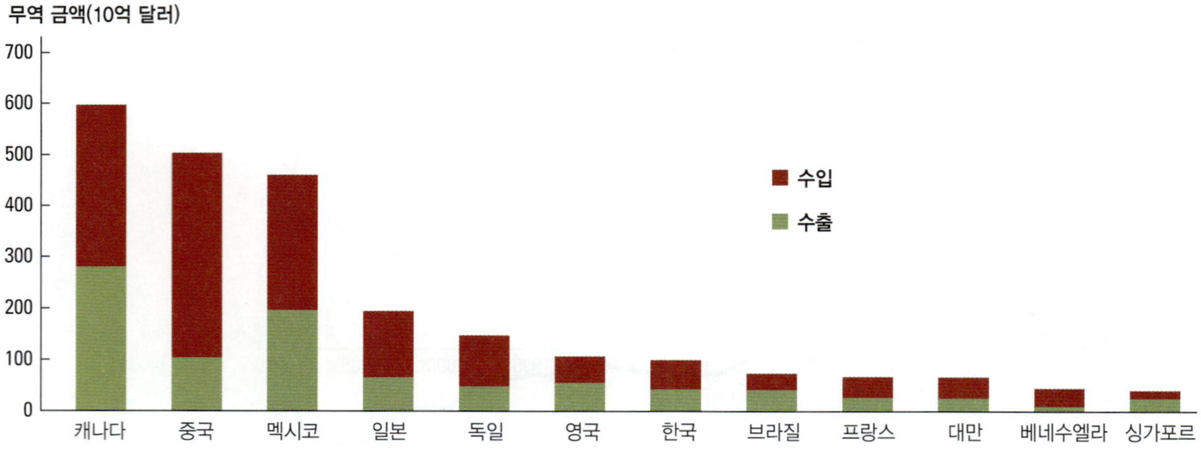

Source: U.S. Census Bureau (accessed February 12, 2013).

수입에서는 수출과 달리 의류, 의약품, 완구류 같은 소비재가 압도적인 비중을 차지한다. 소비재 부문의 무역수지 역시 적자이며, 그 정도는 훨씬 커서 수입이 5200억, 그리고 수출이 1710억으로, −3500억 달러에 달한다. 사실 여섯 부문 중에서 미국이 유일하게 무역흑자를 보이는 것은 식음료품과 사료뿐이다. 일부 미국 정부의 보조금을 받고 있는 콩과 옥수수의 높은 수출

그림 34-3

미국은 무엇을 교역하나? 미국의 수입에서 가장 큰 비중을 차지하는 것은 다른 제품의 생산에 사용되는 자본재다. 자본재는 미국의 수출에서도 가장 큰 비중을 차지하기도 한다. 수입과 수출의 가장 큰 차이는 소비재 부문에서 발생한다. 미국은 훨씬 더 많은 양의 소비재를 수입하기보다는 수출한다.

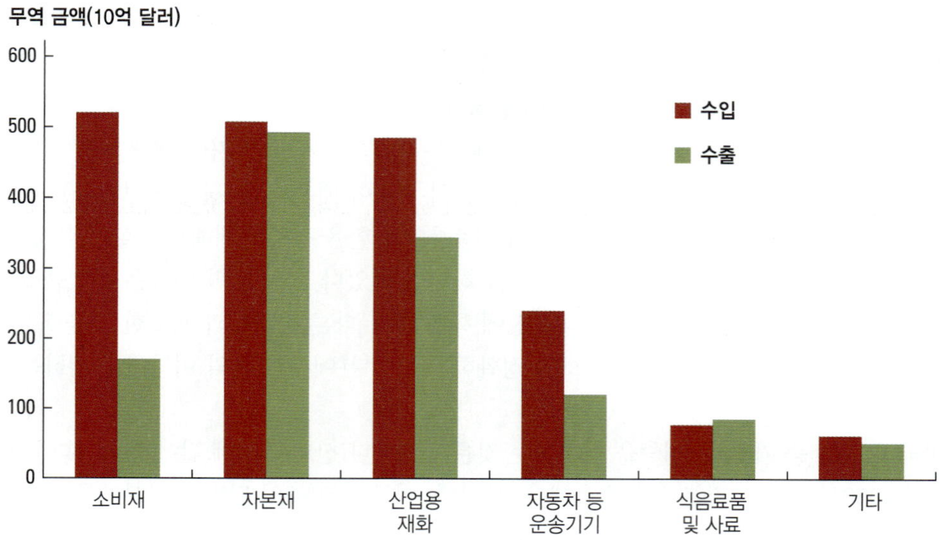

Source: U.S. Census Bureau (accessed June 27, 2011).

액이 식음료품과 사료 부문의 높은 경쟁력을 설명해준다.

외국인직접투자

LO 34.2 간접투자와 외국인직접투자 정의하기

수입과 수출은 국제경제학에서 가장 가시적이고 간단한 측면이다. 국가들은 투자와 같은 다른 측면에서도 상호작용한다. 한 기업이 다른 나라에서 일부 조업을 하거나 해외 기업에 투자를 하는 것을 **외국인직접투자**(FDI)라고 한다. 외국인직접투자는 많은 경우 경제적으로 사업성이 있다. 예를 들어, 시장을 확대하고 임금 비용을 줄이는 데 도움을 준다. 어떤 사람들은 이러한 투자는 해외에서 노동자들이 미국에서 허용되는 노동 여건보다 안 좋은 상태에서 장기간 노동해야 하는 '노동착취 공장'을 유도한다며 이를 반대한다. 외국인직접투자를 둘러싼 이러한 이슈에 대한 논의에 대해 어떻게 생각하십니까?의 '노동 착취 공장은 좋은 것인가, 나쁜 것인가?'를 읽어보자.

외국인직접투자 경영권에 영향을 미칠 수 있을 만큼 해외기업의 지분을 인수하거나 조업의 일부를 해외에서 하기 위한 투자

어떻게 생각하십니까?

노동 착취 공장은 좋은 것인가, 나쁜 것인가?

2001년, MIT의 대학원생 존 페레티는 고객들이 원하는 낱말을 하나 새겨 개인 맞춤형 신발을 제공하는 나이키 iD서비스에서 신발 한 켤레를 주문했다. 페레티는 자신의 신발에 '노동 착취 공장'이라는 단어를 새겨주기를 주문했다. 나이키는 이는 '부적절한 은어'로 나이키 iD의 조건을 위반하는 것이라며 거부했다.

페레티는 순진함을 가장해 다음과 같은 전자메일을 답변으로 보냈다.

> 웹스터 사전을 참고해 저는 '노동 착취 공장'이 은어가 아니라 사실은 표준 영어라는 것을 발견했습니다. 이 단어의 의미는 '고용된 노동자들이 저임금으로 건강에 해로운 여건에서 장기간 노동하는 공장이나 상점'이며 그 근원은 1892년으로 거슬러 올라갑니다 … 나이키의 웹사이트는 나이키 iD 프로그램이 '여러분이 누구인지 자유롭게 표현할 수 있는 선택의 자유'에 대한 것이라고 광고하고 있습니다. 나는 나이키의 자유와 자기표현에 대한 사랑을 공유합니다 … 저는 나이키가 나의 선언을 할 수 있는 자유에 가치를 부여해 제 주문을 거부한 결정을 재고해주기를 희망합니다."

누군가 '나이키 노동 착취 공장'이라는 글귀가 새겨진 신발을 신고 돌아다님으로써 나이키에 대한 나쁜 평판을 조장하기를 꺼린 나이키는 다시 한 번 거절했다. 그러나 페레티와 주고받은 전자메일의 내용이 바이러스처럼 확산되어 세계적으로 미디어의 관심을 끌게 되자 나이키의 평판은 어쨌든 나빠졌다. 페레티는 나이키가 '노동 착취 공장'을 이용해 신발을 만든다는 것에 대해 창피를 주어 신랄하게 비판할 목적이었다.(나이키의 입장에서는 노동 기준을 개선하기 위한 조치를 취하고 이를 감시하기도 했다.) 이러한 상황은 조금 역설적이라고 할 수 있다. 노동 착취 공장의 나쁜 평판에도 불구하고 노동 착취 공장이 언제나 나쁜 것인지는 명확하지 않기 때문이다.

컬럼비아 대학교의 제프리 삭스를 포함해 경제학자들은 일부 종류의 노동 착취 공장은 경제를 위해선 좋다고 주장한다. 어쨌든 사람들이 이런 곳에서 일하기로 선택했다는 사실은 이 직장

이 다른 대안보다 더 좋다는 것을 의미한다. 노동 착취 공장의 많은 노동자들은 여성인데, 이들의 대안은 노동 착취 공장의 임금보다 더 임금이 낮은 허리가 휘어지는 농사일뿐이다. 노동 착취 공장은 농업에 비해 상대적으로 안정적인 수입원을 제공하며 경제성장에 기여한다.

페레티와 나이키가 주고받은 전자메일을 확산시킨 사람들은 삭스의 이 주장에 대해 불편해할 것이다. 노동 착취 공장의 비판자들은 미국의 기준으로 보면 미미한 임금을 받기 위해 사람들이 주 80시간 이상 노동을 해야 한다는 것은 잘못된 것이라고 생각한다. 많은 경우 단순히 미국 기준으로 임금이 낮을 뿐 아니라 노동자들은 자신도 모르는 사이에 위해한 화학물질이나 위험한 기계에 노출될 수 있다. 만약 노동자들이 자신들이 부담하게 되는 위험에 대해 완벽하게 인식하고 있지 못하다면 이 문제는 비대칭 정보에 의한 시장 실패의 원인이 될 수 있다. 안전 규제가 존재하는 경우에도 노동자들은 응징에 대한 두려움 때문에 지방정부에 이의 위반을 고발하지 못할 수 있다.

어떻게 생각하십니까?

1. 부국들은 왜 빈곤국에 비해 노동 기준이 좀 더 엄격한 경향을 보이며 이러한 노동 기준은 어떻게 발전되어왔다고 생각하는가?
2. 소비자들이 해외의 노동 착취 공장에서 생산한 제품을 구매하는 것에 대해 불편하게 느낀다면, 세계적으로 최저임금을 입법하고 노동자 안전법을 도입하는 것을 지지해야 할까? 왜 그러한가, 또는 왜 그렇지 아니한가?

Source: "Making Nike Sweat," February 13, 2001, Village Voice. Voice Media Group, Inc의 허가하에 사용함.

외국인간접투자 자본시장을 통하여 경영권에 영향을 미치지 못하는 정도의 해외 기업 지분을 인수하는 투자

물론 외국에 투자하는 것은 공장과 같은 유형자산만일 필요는 없다. 종종 투자자들은 주식이나 정부가 발행한 채권과 같은 외국의 금융자산도 구입하고 싶어 한다. 이러한 유형의 투자를 외국인간접투자라고 한다. **외국인간접투자**는 자본시장을 통하여 경영권에 영향을 미치지 못하는 정도의 해외 기업 지분을 인수하는 투자를 일컫는다. 간접투자는 투자자들이 금융자산 보유를 통해 더 많은 이윤을 벌고 국내에서 가능한 금융투자에 비해 전반적인 위험을 낮출 수 있도록 해준다.

가장 규모가 큰 간접투자는 중국의 미국 국채 매입이다. 그 이유 중 하나는, 중국은 막대한 달러를 보유하고 있으므로 미 달러화로 표시된 자산을 구매하고 싶어 하기 때문이다. 중국은 왜 막대한 달러를 보유하고 있는가? 앞서 말했듯이, 미국인이 중국 제품을 구매할 때마다 대금을 지불하기 위해 누군가는 달러를 위안화와 교환해야 했기 때문이다. 이렇게 생긴 달러 보유금을 사용하는 한 가지 방법은 미국 국채를 구매하는 것이다.

순자본유출 외국에 투자된 자본의 순 유출. 내국인이 취득한 외국 자산에서 외국인이 취득한 국내 자산을 뺀 것

직접투자와 간접투자를 총계해보면 한 나라의 순투자대조표가 나온다. **순자본유출**은 외국에 투자된 자본의 순유출이다. 무역흑자인 국가들의 순자본유출은 정의 값을 가지고 있다. 무역적자인 국가들은 순자본유입 상태에 있다.

〈그림 34-4〉는 지난 40년간 미국의 순자본유출을 보여준다. 자본유출은 두 종류의 투자인 직접투자와 간접투자로 분류된다.

간접투자는 주로 은행계좌 간 이전일뿐이므로 일반적으로 국경 간 빠르게 움직일 수 있다. 외국인직접투자는 그렇게 빠르게 움직일 수 없다. 공장을 하나 인수한 후 국경을 넘어 바로 옮길 수 없기 때문이다. 그래서 간접투자는 때로 '핫 머니'라고 불린다. 자금이 한 나라에서 빠르게

그림 34-4

미국의 순자본유출 오랫동안 미국에서 간접투자와 직접투자의 흐름은 그리 크지 않았다. 그러다 기술 거품이 시작되면서 간접투자가 증가하기 시작했고, 거품이 터지면서 잠시 감소한 후 주택 거품이 꺼지면서 완전히 폭락했다. 이 충격의 여파는 가혹했다. 단 1년 만에 간접투자는 1.4조 달러에서 2000억 달러의 자금유출로 하락했다.

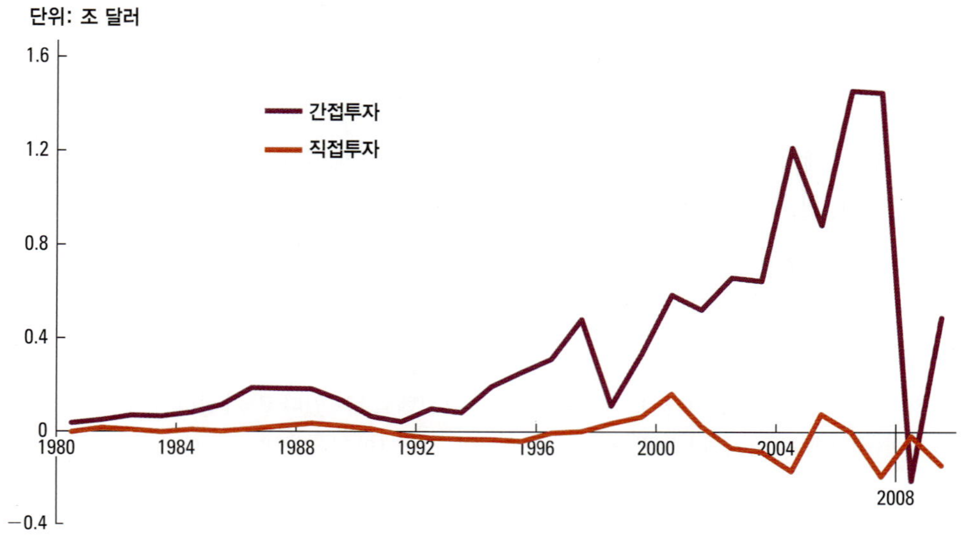

Source: U.S. Bureau of Economic Analysis (accessed June 29, 2011).

철회될 수 있기 때문이다. 해당 국가가 작은 경우 이러한 자금의 국경 간 빠른 움직임은 해당 국가의 금융시장을 압도할 수 있다.

재화, 서비스, 자본의 무역은 전 세계적으로 1조 달러에 해당한다. 무역수지와 자본의 흐름을 파악하는 것은 이러한 거래를 조직하는 것을 도와준다. 일반적으로 재화와 자본에 대한 회계를 국제수지라고 한다.

국제수지

LO 34.3 무역수지와 순자본유출의 연관성에 대해 설명하기

미국과 같은 국가는 어떻게 그런 대규모의 무역적자를 유지할 수 있을까? 사실, 유형 재화의 무역과 각종 자본은 상호 균형을 이루게 되어 있어 무역이 적자라면 자본은 흑자여야 한다. 이는 순수출액이 순자본유출액과 동일함을 보여주는 **국제수지 항등식**을 통해 알 수 있다.

국제수지 항등식 순수출액이 자본 순유출액과 항상 같음을 보여주는 등식

'국부의 측정' 부분의 소득-지출 항등식을 상기해보자. 폐쇄경제(즉, 수입도 없고 수출도 없는)하에서의 항등식은 다음과 같다:

$$Y = C + I + G$$

또한 폐쇄경제에서 저축(S)은 투자(I)와 동일함을 기억하라. 경제에는 두 종류의 저축이 있다. 가계와 기업이 사용하지 않는 민간저축과 정부가 사용하지 않고 남긴 정부저축이다. 변수들을 다시 배열하면 다음과 같다:

1. $I = Y - C - G$
2. $S = S_{민간} + S_{정부} = Y - C - G$
3. $S = I$

만약 경제를 개방하고 순수출 변수를 더하면 어떻게 될까? 그 결과는 소득-지출 항등식이라고도 알려진, GDP를 나타내는 전형적인 방정식이다:

$$Y = C + I + G + NX$$

만약 개방경제의 소득-지출 항등식을 다음과 같이 다시 배열한다면, 위와 매우 유사한 방정식이 도출된다. 단, 저축이 투자에 순수출을 더한 것과 같아진다는 점만 제외하면 말이다:

4. $I + NX = Y - C - G$
5. $S = S_{민간} + S_{정부} = Y - C - G$
6. $S = I + NX$

마지막으로, 사람들이 어디에 투자하고 싶은지 선택할 수 있다고 가정하자. 그들은 자국 내에 투자할 수 있다. 이러한 국내 투자는 위에서와 같이 I라고 지칭한다. 사람들은 또한 외국에 투자할 수도 있다. 외국에 투자한 금액은 '순자본유출'을 줄여 NCO(Net Capital Outflow)라고 부르기로 하자. 한 국가가 투자하는 총액 또는 저축은 I + NCO가 된다. 이 방정식과 위의 식(6)을 사용해 외국으로의 순자본유출이 외국으로의 순수출과 동일해짐을 알 수 있다:

7. $S = I + NCO$
8. $S = I + NX$
9. $I + NCO = I + NX$
10. $NCO = NX$

순자본유출액과 순수출액이 같다는 결과는 중요하며 이 절에서 계속 제기한 질문에 대한 답을 제공한다. 중국과 같이 재화의 수입보다 수출이 많은 국가는 필연적으로 유출되는 자본이 유입되는 자본보다 많다. 이는 중국의 높은 수출이 높은 순자본유출과 균형을 이루어야 하기 때문이다. 자본유출은 한 국가가 무역 불균형을 장기간 유지할 수 있도록 해준다. 이해하기 까다로울 수도 있으니, 간단한 예를 들어보자.

중국과 미국이 각각 처음에는 폐쇄된 경제라고 가정하자. 그렇다면 그들의 투자는 국내 투자와 동일하다. 어느 날, 미국이 중국이 생산한 특화된 건전지를 구매하기로 결정했다. 중국은 미국으로 건전지를 보내고, 미국은 중국에 1000억 달러를 보낸다.

중국 기업은 1000억 달러로 무엇을 할 것인가? 2가지를 할 수 있다. 그 돈을 미국에 그냥 두거나 (예를 들어, 미국 은행에 예금을 하거나 미국에서 주식 또는 채권을 사는 것) 또는 미국 제품(예를 들어, 경제학 도서)을 구매해 중국에 보낼 수 있다.

만약 중국 기업이 1000억 달러를 미국에 그냥 둔다면 이는 중국 기업이 미국 경제에 투자를 한 것이다. 달리 말하면, 중국으로부터 미국으로 1000억 달러의 순자본유출이 일어난 것이다. 중국으로부터 미국으로의 수출(건전지)의 가치는 1000억 달러다. 즉, 순수출은 순자본유출과 동일하다.

그림 34-5

미국에서 NCO와 NX는 동일하다 저축과 투자의 차이는 무역수지와 같다. 미국에서처럼 투자가 저축보다 더 큰 경우, 그러한 경제는 무역적자를 보일 것이다.

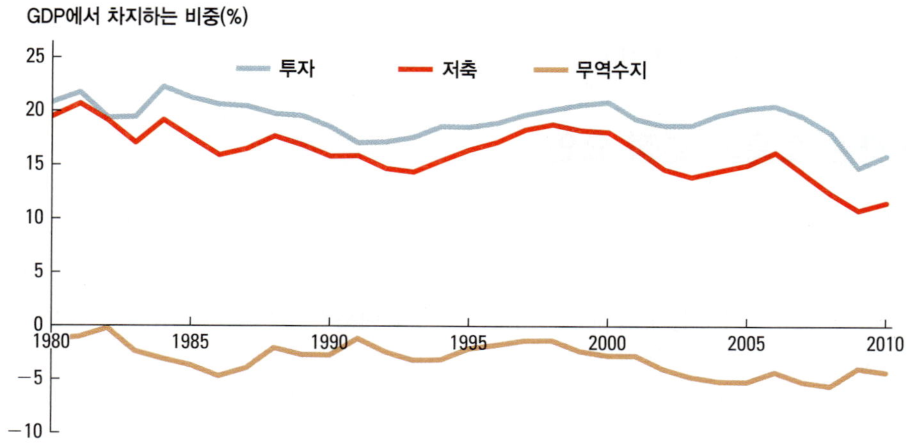

Sources: U.S. Bureau of Economic Analysis and U.S. Census Bureau (accessed June 29, 2011).

미국에서의 관점은 어떠한가? 1000억 달러의 미국 통화가 중국 소유가 되었으므로 순자본유출은 −1000억 달러다(달리 말하면, 미국으로 자본이 유입된 것이다). 미국 기업이 중국의 건전지를 구매했기 때문에 미국은 순수출이 −1000억 달러다. 미국의 경우에도 순자본유출은 순수출과 동일하다.

만약 1000억 달러를 투자하는 대신 중국 기업이 책을 사서 중국에 수출한다면 어떻게 될까? 중국의 순수출은 0이 된다. 중국 기업은 1000억 달러어치의 건전지를 수출하고 1000달러어치의 책을 수입했기 때문이다. 중국의 순자본유출 또한 '0'이다. 건전지로부터 발생한 수익을 미국에 투자하기보다는 책을 사는 데 사용했기 때문이다. 따라서 수출액은 미국에 하나도 남지 않게 된다. 즉, 중국의 경우 NX = NCO다.

이번에는 미국의 관점에서 보자. 처음에 미국이 건전지를 수입할 때 미국의 NX는 −1000억 달러지만 미국이 1000억 달러어치의 책을 수출했기 때문에 NX는 '0'이 된다. 중국으로부터 투자가 유입된 것이 없기 때문에 NCO 또한 '0'이다. 따라서 미국의 경우도 NX = NCO다.

국제수지 항등식은 한 국가의 순자본유출이 순수출의 금액과 동일하다는 것을 말해준다. 〈그림 34-5〉는 미국의 최근 저축, 투자, 순수출 추세를 보여준다. 저축과 투자의 차이가 무역수지와 거의 같다는 점에 주목하라.(측정 오차로 인한 작은 차이는 발생할 수 있다.) 앞의 방정식에서 본 바와 같이, 일반적으로 저축은 투자에 순수출을 더한 것과 같다.

✓ 개념 확인하기

- ❒ 미국의 가장 큰 무역 상대는 어느 나라인가? **[LO 34.1]**
- ❒ 간접투자란 무엇인가? **[LO 34.2]**
- ❒ 국제수지 항등식에서 순자본유출과 순수출과의 관계는 무엇인가? **[LO 34.3]**

국제자본 흐름

지난 30년간 높은 이윤의 기회를 찾아 외국에서 미국으로 돈이 바닷물처럼 쏟아져 들어왔다. 왜 어떤 경제에는 자본이 유입되고, 다른 경제에서는 자본이 유출되는가? 이 절에서는 국제자본 흐름을 설명하기 위한 모형을 개진할 것이다.

국제자본 흐름의 결정 요인

LO 34.4 국제자본 흐름이 국제적으로 대출 가능한 자금의 수요와 공급에 의해 어떻게 결정되는지 살펴보기

'금융의 기초' 부분에서 폐쇄경제하에서 대부자금시장에 대한 모형을 개발했다. 그 모형에서 균형 이자율은 국내 투자곡선과 국내 저축곡선, 즉 국내 대부자금의 수요와 공급이 교차하는 지점에서 형성되었다.

이 모형이 개방경제하에서는 어떻게 변하는가? 기본 아이디어는 동일하다. 일단 대부자금에 대한 수요와 공급이 있다. 이전과 마찬가지로 대부자금의 공급은 국내저축의 합이다. 저축은 이자율과 정의 관계에 있다. 이자율이 증가할수록 사람들은 더욱 많은 대부자금을 시장에 공급한다.

대부자금에 대한 수요처는 2곳이다. 하나는 국내에 대한 투자고, 또 다른 하나는 국제 투자다. **국내 투자**는 경제가 폐쇄되었다고 가정했을 때의 대부자금에 대한 국내시장에서와 동일하다. **국제 투자**에는 2가지 형태가 있다. 하나는 자본유입(외국의 돈이 국내에 투자될 때)이고 다른 하나는 자본유출(국내의 돈이 외국에 국제적으로 투자될 때)이다. 이 모형을 위해서는 이 모든 거래가 대부자금을 통해 이루어진다고 가정할 것이다. 자본유입에서 자본유출을 차감하면 순자본유출(NCO)이 도출된다. 이 NCO에 국내 투자를 더한 것이 개방경제에서의 대출 가능한 자금에 대한 수요다. 이 수요곡선은 어떤 모양인가?

앞에서 국내 투자는 이자율과 음의 관계에 있음을 배웠다(이자율이 낮을수록 기업들이 기계와 공장에 투자하는 것이 저렴해진다). 이 지식을 활용해 미국의 이자율이 자본유입과 유출에 어떤 영향을 줄지 직관적으로 생각해보자. 이자율이 감소한다고 가정해보자. 미국에 있는 사람들은 외국에서 더 높은 이자를 벌 수 있는 기회가 있는지 찾기 시작한다. 그 결과는 자본유출의 증가다. 그 사이, 외국에 있는 사람들은 이자 소득 감소에 따라 미국에 투자하는 것에 소극적이게 되므로 자본유입은 감소한다. 자본유출의 증가와 자본유입의 감소는 모두 같은 방향으로 움직여 순자본유출을 증가시킨다.

이제 이자율이 증가한다고 가정해보자. 이 경우, 정반대의 상황이 전개된다. 미국에 있는 사람들은 국내에 투자할 용의가 증가해 자본유출은 감소할 것이다. 동시에, 외국에 있는 사람들은 더 높은 수익 창출을 위해 미국에 더 많은 금융 투자를 하게 될 것이다. 그렇다면 자본유입은 증가한다. 자본유출 감소와 자본유입 증가는 모두 같은 방향으로 움직여 순자본유출을 감소시킨다.

이러한 결과를 〈그림 34-6〉에서와 같이 국내 투자와 결합하면 I + NCO곡선이 도출된다. 이는 개방경제하에서의 대출 가능 자금에 대한 수요다. 개방경제에서는 균형 이자율이 국내저축과 (I + NCO)곡선이 교차하는 지점에서 형성된다.

그림 34-6
확장된 대부자금시장

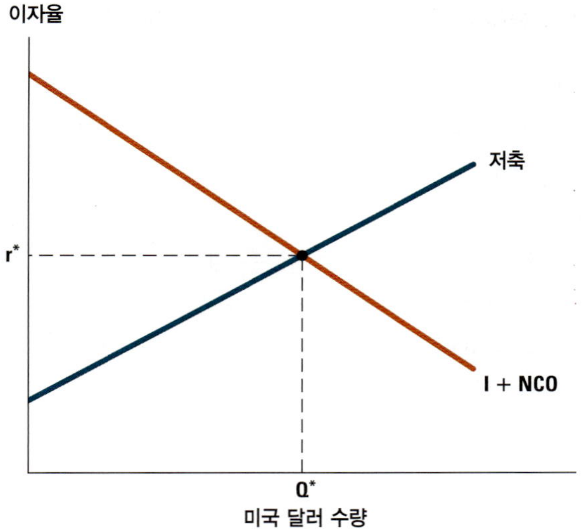

개방경제하에서는 대부자금시장이 국내 및 국제 투자, 그리고 국내 저축액 모두에 의해 결정된다. 국내 및 국제 투자는 (I + NCO) 곡선에 반영되어 있다. 이자율은 저축곡선과 (투자 + 순자본유출) 곡선이 교차하는 지점에서 결정된다.

국내 투자와 자본유입의 힘을 이해하려면 사례를 통해 알아보기의 '아이슬란드와 금융위기'를 읽어보자. 2007년, 아이슬란드의 은행들은 그들 계좌에 나라 전체의 GDP를 넘어서는 금액인 900억 달러를 보유하고 있었다. 이 은행들이 부실해지자 국가 전체가 위기에 빠지게 되었다.

사례를 통해 알아보기

아이슬란드와 금융위기

아이슬란드는 북대서양의 화산섬으로 그린란드와 영국 사이에 위치하고 있다. 인구수가 30만 명 정도에 지나지 않고 최근까지는 괴짜 가수 비욕(Bjork)의 고국으로 알려진 나라다. 그런데 2010년, 이 조용한 나라에서 발생한 금융 부문의 붕괴는 세계경제 전체를 위기 상황에 빠뜨렸다.

2000년대 초기, 아이슬란드 은행들은 소규모였으며 주로 내국인이 필요로 하는 금융 서비스를 제공하는 데 주력했다. 그러나 이후 은행산업에 대한 규제가 완화되자 아이슬란드 은행들은 전 유럽으로 사업을 확장했다. 이 과정은 아이슬란드 중앙은행이 물가를 확고히 통제하기 위해 유지한 높은 금리로 인해 촉발되었다. 앞에서 높은 이자율은 음의 NCO(즉, 순자본유입)로 이어진다는 것을 보았다. 아이슬란드의 경우에도 역시 유럽 전역에서 사람들이 아이슬란드 은행에 돈을 저축하기 위해 모여들었다. 은행들은 점점 규모가 커졌고, 결국에는 아이슬란드 전체 GDP의 6배에 달하는 900억 달러 이상의 외채가 쌓였다.

2008년 금융위기와 경기침체가 닥치자 아이슬란드의 3대 은행이 무너졌다. 저축한 예금이 증발하는 것을 지켜봐야 했다. 아이슬란드 정부가 부실 은행들을 구제해 경제 전체가 붕괴하는 것을 막을 수 있었을까? 이론적으로는 가능하지만 불행하게도 아이슬란드 은행들의 규모가 너무 커져서 정부조차 이들을 구제할 자금이 부족했다. 그 결과는 엉망이었다. 아이슬란드는 국제금융 안정성을 유지하는 데 기여하는 국제기구인 IMF에 금융 체계의 기능이 마비되지 않도록 60억 달러의 긴급구조자금을 지원해줄 것을 요청했다. 아이슬란드 경제는 2009년에만 6%나 감소했고 영국과 네덜란드 정부는 수십억 달러에 달하는 자국 국민의 예금을 환수하기 위해 법적 조치를 취했다. 아이슬란드 국민은 당연히 그들의 세금이 영국과 네덜란드 예금자들을 보상하는 데 쓰인다는 것에 대해 반발했다. 아이슬란드의 일반 국민이 은행들의 위험한 운영 방식과 무슨 상관이 있단 말인가?

아이슬란드인은 이러한 위기를 촉발시킨 정치인들을 대상으로 화를 풀었다. 수도 레이캬비크의 새로운 시장으로 부조리주의 희극배우를 뽑은 것이다. 그의 정책 공약은 무엇이었을까? '우리는 항구에 자유의 여신상 같은 비욕의 대규모 동상을 세워야 한다'는 것이다. 하지만 새로 부임한 시장은 이 계획을 집행하기 위한 예산을 아직도 구하지 못했다.

Sources: http://www.nytimes.com/2010/06/26/world/europe/26iceland.html ; debt statistics from the CentralBank of Iceland.

외국직접투자는 어떻게 작용하는가?

LO 34.5 대부자금의 국제시장이 어떻게 국제금융 체계에서 일어나는 변화를 설명해줄 수 있는지 알아보기

국제자본 흐름 모델을 사용해 외국인직접투자의 영향과 왜 많은 경우 외국인직접투자가 유익한지 살펴볼 수 있다. 요컨대 외국인직접투자는:

- 유입국에 가용한 자원을 제공함으로써 유입국 GDP를 증가시킬 수 있다.
- 투자에 대해 더 높은 수익을 올릴 수 있는 경로를 제공함으로써 유입국 GDP를 증가시킬 수 있다.
- 투자 수익률이 낮은 곳에서 높은 곳으로 자본을 이동시켜 세계경제의 효율성을 제고한다.

외국인직접투자가 어떻게 작동하는지 보기 위해 사람들이 갑자기 미국 경제에 대한 신뢰가 높아져서 그곳에 투자하기를 원한다고 상상해보자. 〈그림 34-7〉은 어떤 상황이 벌어지는지 보여준다. 선호하는 투자처가 미국으로 바뀌는 것은 개방경제하에서 대출 가능 자금에 대한 수요곡선이 왼쪽으로 이동하는 것을 의미한다. 이 이동은 순자본유출이 줄어들었음을 표시한다. 이는 경제의 균형 이자율이 하락하는 결과를 가져온다. 이자율이 하락하면 대부 자금에 대한 수요량 역시 더 적어진다.

이러한 결과는 좀 혼란스러울 수 있다. 국내 대부 자금시장에서는 국내 경제에 대한 신뢰도가 증가하면 대부 자금에 대한 수요곡선이 오른쪽으로 이동한다. 이것은 여전히 발생하는 현상이지만 개방경제하에서는 국제적인 자금 흐름의 영향이 더 크다. 개방경제하에서는 국내에 더 좋은 투자 기회가 존재한다는 것은 국내 투자자들의 돈이 계속 국내에 머무를 것을 의미한다. 대부자금에 대한 수요가 (I + NCO)로 구성되어 있는 만큼, NCO의 감소는 대부자금에 대한 수요 감소의 직접 원인이 된다. 따라서 순자본유출 감소는 대부자금에 대한 수요 감소로 이어진다.

그림 34-7

미국 경제에 대한 신뢰도 증가의 영향

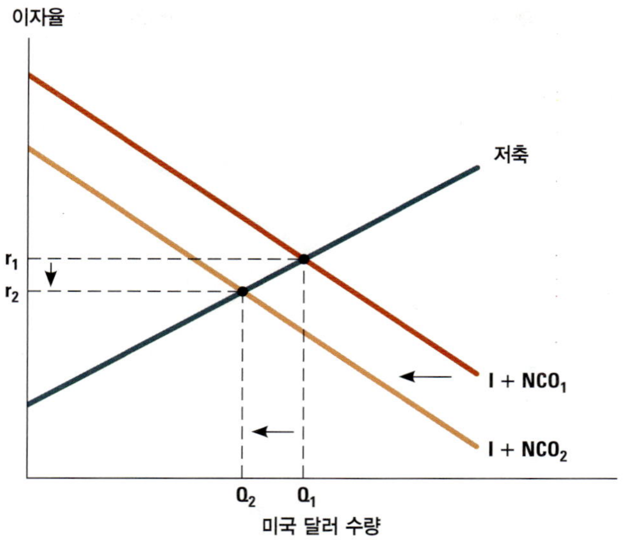

미국 경제에 대한 신뢰가 증가할 때 투자와 순자본유출이 결합된 수요곡선은 왼쪽으로 이동한다. 그 결과는 더 낮은 이자율과 더 적은 금액의 달러가 투자되는 것이다.

투자는 GDP의 중요한 요소이기 때문에 외국인직접투자의 증가는 미국 경제에 이득이 된다. 외국인 투자자들 또한 미국의 더 좋은 투자 기회로 인해 득을 보고, 이는 그들 국가 GDP에 기여한다.

외국인직접투자와 정부저축의 관계 또한 살펴볼 수 있다. 이는 미국과 중국 간 무역 불균형을 좀 더 잘 이해할 수 있도록 도와줄 것이다. 저축곡선은 민간과 정부저축을 합한 것임을 상기하라.

이 연관성을 밝히기 위해 정부저축의 감소로 이어지는 정부의 재정적자 사례를 살펴보자. 재정적자의 경우 저축곡선은 〈그림 34-8〉에서처럼 왼쪽으로 이동한다. 새로이 형성되는 균형에서 이자율은 그전에 비해 높아진다. 더 높은 이자율은 미국에 더 많이 투자할 동기를 유발한다. 자본유출은 줄어들고 더 많은 자본이 유입된다. 균형점에서 순자본유출은 감소하고 저축되는 대부자금과 투자의 양은 감소한다.

순자본유출이 더 적다고 하더라도 저축 하락으로 인해 더 높아진 이자율은 국내 투자가 감소하는 것을 의미한다. 외국과 국내저축은 국내 투자에 사용되기보다는 정부의 재정적자를 메우는 데 사용된다. 이를 정부의 재정적자가 국내 투자를 '구축'한다고 한다. 높아진 이자율이 경제에 대한 기업의 투자 감소로 이어지기 때문이다.

앞서 말했듯이, 중국은 미국 국채 매입을 통해 미국 정부의 재정적자 대부분을 메워주고 있다. 그렇지만 그 자금은 다 어디서 오는 것인가? 프린스턴 대학의 경제학자이며 미국연방준비위원회의 전 의장이었던 벤 버냉키는 중국이 저축을 너무 많이 하고 있다고 주장한다.

그림 34-8

재정적자 증가의 영향

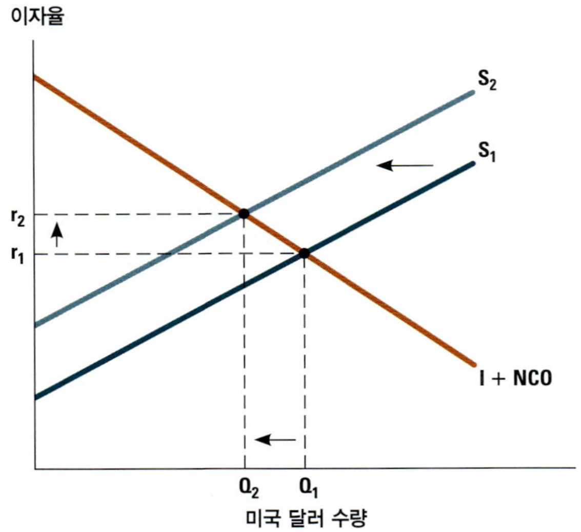

정부가 수입보다 지출이 더 많은 경우 정부는 돈을 빌려야 한다. 이는 저축곡선을 왼쪽으로 이동하게 만들며, 그 결과는 이자율의 증가와 투자량의 감소다.

한 나라가 너무 많이 저축을 할 수 있을까?

저축을 너무 많이 할 수 있다고 주장하는 것은 마치 브로콜리를 너무 많이 먹을 수 있다고 주장하는 것과 같다. 이는 아주 터무니없이 극심한 경우에나 해당되는 말이다. 그러나 어쩌면 중국은 그러한 극심한 상태에 있는 것인지도 모른다. 어쨌든 중국은 현재 GDP의 50% 이상을 저축하고 있다. 이에 비하면 미국은 총소득의 10%밖에 저축하지 않는다. 높은 국내저축은 소비 저하로 인해 자국 제품에 대한 수요를 낮게 유지할 수 있게 해준다. 중국에는 손님이 지갑을 열기를 기다리고 있는 빈 상점과 청약 미달인 주택 프로젝트들이 많다. 저축을 너무 많이 하는 것은 무역 불균형으로도 이어질 수도 있다.

이런 내용을 30장 '금융의 기초'에서도 다뤘지만 이제는 '글로벌 과잉 저축'의 영향을 평가할 수단이 있다. 저축 성향의 증가는 저축곡선을 확장시켜 균형 이자율을 감소시킨다. 다른 나라에 비해 상대적으로 낮은 중국의 이자율은 자본의 해외 유출 동기를 유발해 순자본유출이 증가한다. 이는 중국이 왜 미국에 그렇게 많이 투자하는지를 설명해준다. 이 투자의 다른 측면은 바로 중국과 미국의 대규모 무역 불균형이다.

만약 무역 불균형의 이러한 설명이 정확하다면, 무역 불균형은 어떻게 해야 해소될 수 있을까? 해결책의 한 가지는 중국이 저축을 줄이고 소비를 더 많이 하는 것이다. 그렇다면 수입은 증가하고 수출은 하락할 것이다. 다른 해결책은 미국이 저축 수준을 높이고 지출을 조금 줄이는 것이다. 미국 경제는 전반적으로 10% 정도를 저축하지만 개별 가계의 저축은 더 낮으며 (보통 5% 이하) 정부의 재정적자로 인해 정부 저축은 실제로 '0'보다 적다. 미국의 가계 또는 정부가 저축을 더 많이 함으로써 미국의 총저축이 증가한다면 미국에서 자본유출이 증가하면서 무역 불균형은 줄어들 것이다.

그러나 이와는 다른 이야기도 가능하다. 다른 사람들, 특히 정치인들은 미국과 중국의 무역 적자는 중국이 고정환율을 유지하고 있기 때문이라고 주장한다. 이에 대해서는 다음에서 살펴본다.

✓ 개념 확인하기

- ❒ 어떤 2개의 곡선이 국제 대부자금시장을 형성하는가? **[LO 34.4]**
- ❒ 대부자금시장에 대한 폐쇄경제하에서의 분석과 개방경제하에서의 분석 간 차이는 무엇인가? **[LO 34.5]**
- ❒ 정부가 적자를 줄인다면 저축곡선은 어느 방향으로 이동하는가? **[LO 34.5]**

환율

만약 여러분이 미국이 아닌 다른 나라에 미국 달러를 잔뜩 가지고 도착한다면, 현지의 일반 가게나 음식점에서 이를 자유롭게 사용하지 못할 확률이 높다. 현지에서는 현지 통화가 요구될 것이며 달러는 은행이나 환전소에서 현지 통화로 바꿀 수 있다. 이렇게 한 통화를 다른 통화로 바꿀 때 형성되는 거래가격을 환율이라고 한다. 어떤 경우에는 가진 달러에 대해 현지 통화를 많이 주어야 하는 수준으로 환율이 설정되어 있을 수 있다. 하지만 다른 경우에는 환율이 동일한 양의 현지 통화에 대해 갖고 있는 달러를 더 주어야 하는 수준으로 설정되어 있기도 하다. 외환시장은 어떻게 작동하는가?

외환시장

LO 34.6 환율과 그 결정 요인을 살펴보고 환율이 무역에 미치는 영향에 대해 설명하기

외화를 사고파는 시장을 '외환시장'이라고 한다. 휴일을 제외하고 사람들은 매일 24시간 내내 수조 달러의 외화를 거래한다. 예를 들어 달러를 유로로, 또는 유로를 멕시코 통화인 페소로 바꾼다. 다른 시장들과 마찬가지로 외환시장에도 수요와 공급, 가격, 거래량이 존재한다. 또한 다른 시장들과 마찬가지로 통화에 대한 시장에도 가격이 존재하며, 이 가격을 환율이라고 한다.

환율은 한 국가의 통화가치를 다른 국가의 통화 단위로 나타낸 것이다. 예를 들어 2011년 6월, 1미국 달러(USD)는 0.75유로 또는 6.47위안화 또는 11.84페소로 교환할 수 있었다.

환율 다른 통화로 표현된 한 통화의 가치

환율은 2가지 방법으로 나타낼 수 있다. 자국 통화를 기준으로 표시할 수도, 외국 통화 기준으로 표시할 수도 있다. 두 국가의 통화 간 환율을 분석할 때 환율은 상대 통화의 역수가 될 것이다.

> **HINT**
> 어느 비율의 역수란 단지 분모와 분자가 뒤바뀌어 분자가 분모가 되고 분모가 분자가 되는 비율을 말한다는 것을 기억하라. 즉, 3/4의 역수는 4/3이며 2의 역수는 1/2이다.

더욱이, 만약 자국 통화 1단위가 외화 6단위의 가치와 맞먹는다면, 이는 외화가 자국 통화의 1/6단위 가치와 맞먹는다고 말하는 것과 동일하다.

현실 세계에서 환율은 비율보다는 소수의 형태로 표기하는 것이 보통이지만 같은 방법이 적용된다. 만약 1달러가 0.7유로라면, 1유로는 1.43달러의 가치와 동일하다(1달러를 0.70유로로 나누면 1.43달러/유로가 된다). 만약 1달러가 90엔의 가치와 같다면 1엔은 0.01달러와 같다(1달러를 90으로 나누면 0.01달러/엔이 되기 때문이다).

이제부터는 달러를 자국 통화로 간주하는 미국의 관점에서 환율을 표기할 것이다. 역자 주) 우리나라의 경우 보통 원화 환율의 표기를 1달러당 원화로 표기한다. 따라서 우리나라의 관점에서는 환율이 상승한다는 것은 원화 가치가 하락하고 환율이 하락한다는 것은 원화 가치가 상승함을 의미한다. 이는 환율을 1달러당 외국 통화 단위로 나타낸다는 의미다. 물론 다른 나라의 관점, 예를 들어 일본의 관점에서 볼 수도 있다. 이 경우 엔이 자국 통화가 될 것이고 환율은 1엔을 구매하기 위한 달러, 위안, 유로 등 다른 통화 단위로 표시될 것이다. 이 장에서 논의하는 모든 개념은 어느 나라의 관점을 전제로 하는지와 상관없이 적용되는 것이다.

여러분은 외환시장이 여러 장소에서 열리기 때문에 외환시장 간 환율 차이가 나지 않을지 궁금해할 수 있다. 예를 들어, 외환 거래상이 멕시코 외환시장에서 달러를 페소로 환전하고, 중국 외환시장에서 페소를 위안화로 환전하고, 유럽 외환시장에서 위안화를 페소로 환전한 후 미국 외환시장에서 유로를 달러로 다시 환전해, 처음 시작할 때보다 더 많은 달러를 확보하게 되는 것이 가능할까? 이러한 가능성을 '차익거래(arbitrage)'라고 한다. 이 경우 외환시장 간 환율 차이를 기회로 금융 이득을 취할 수 있다. 이러한 거래를 통해 이득을 볼 수 있으므로 외환딜러들은 세련된 소프트웨어를 통해 세계의 어느 외환시장 간 환율 차이가 존재하는지에 대한 정보를 지속적으로 탐지한다. 이러한 차이를 목격하는 순간 즉시 그러한 차이가 없어질 때까지 통화를 거래한다. 그 결과 차익거래를 할 수 있는 기회는 순식간에 없어진다.

투기꾼들이 외환시장에서 돈을 벌 수 있는 또 하나의 방법은 환율이 시간에 따라 어느 방향으로 움직일지에 대해 내기를 하는 것이다. 미국 통화의 가치가 다른 통화가치에 비해 증가하면 **환율이 상승**한다고 한다. 환율이 상승하면 그 통화로 살 수 있는 다른 통화의 양이 증가한다. 예를 들어, 만약 미국 달러가 유로에 대해 0.7에서 0.8로 상승하면 그 결과 이전에 비해 1달러로 0.1유로를 더 구입할 수 있다.

환율 상승 다른 통화가치에 대비한 한 통화의 가치 상승

달러가 유로에 대해 가치가 상승하면 누구에게 이득이 되는가? 미국 달러로 유로화로 표시된 제품을 더 많이 살 수 있게 되기 때문에 미국 달러를 가지고 유럽에서 더 많은 제품을 사고 싶어 하는 사람들이 이득이다. 예를 들면, 파리에 간 미국 관광객은 달러가 유로에 대해 상승하면 물품 가격이 더 싸지는 것을 발견할 것이다. 예컨대 하루에 70유로 하는 프랑스 호텔의 요금은 환율이 1달러당 0.7유로라면 100달러에 해당하지만 [70유로 × ($1/0.7유로) = $100] 달러가 0.8유로로 상승하면 단지 87.5달러가 될 것이기 때문이다. [70유로 × ($1/0.8유로) = $87.5] 다른 한편으로는 프랑스에 DVD를 판매하는 미국의 한 기업은 구매자가 줄어드는 것을 경험할 것이다. 환율이 1달러당 0.7유로일 때는 하나에 15달러 하는 DVD가 파리에서 10.5유로에 팔렸지만 [$15 × (0.7유로/$1) = 10.5유로]달러가 0.8로 상승한 이후에는 12유로에 팔릴 것이기 때문이다.[$15 × (0.8유로/$1) = 12 유로]

한 통화의 가치가 다른 통화가치에 비해 감소하는 경우 **환율이 하락**한다. 앞의 사례에서 달러가치가 상승할 경우 유로의 가치가 대해 하락하였음을 논리적으로 유추할 수 있다. 또는 미국 달러가 6.5위안의 가치를 지니다 6위안의 가치만 지니게 될 경우를 상상해보자. 이 경우는 미국 달러 가치가 하락한 것이다. 예전에 비해 1달러로 구매할 수 있는 위안의 양이 줄어들었기 때문이다. 이러한 경우에는 누가 기뻐할 것인가? 미국 소비자들은 중국 제품에 대해 더 많은 대금을 지불해야 할 것이나 미국 수출업자들은 중국 소비자에게 판매하기가 훨씬 수월해질 것이다.

환율 하락 다른 통화가치에 대비한 한 통화의 가치 하락

환율과 순수출. 환율은 국제경제학의 거의 모든 측면에 영향을 미친다. 재화의 흐름도 그 예 중 하나다.

- 미국 달러의 가치가 외국 통화에 대해 상승한다면 미국 재화는 외국인에게 더욱 비싸지는 반면, 외국 재화는 미국인에게 보다 저렴해진다. 그 결과 순수출은 감소할 것으로 예상된다.
- 미국 달러의 가치가 외국 통화에 대해 하락한다면 외국 재화는 미국인들에게 더 비싸지는 반면, 외국 소비자에게 미국 제품은 보다 저렴해진다. 그 결과 순수출은 증가할 것으로 예상된다.

이러한 예측을 실증할 수 있는가? 〈그림 34-9〉는 미국의 순수출을 환율 지수(미국 달러의 평균 가치 대비 주요 무역상대국의 통화)와 비교해본 것이다. 예상한 대로 미국 달러의 가치가 다른 통화에 비해 상승한지 얼마 후 순수출도 감소하는 경향을 보인다. 이와 유사하게 미국 달러의 가치가 하락하면 수출이 증가하면서 무역적자는 감소한다. 이것이 환율이 증가하면 보통 무역적자가 증가하는 경향을 보이는 이유다. 또 환율이 감소하면 무역적자도 감소한다.

그림 34-9

미국의 무역적자와 환율 미국에서는 환율(여기서는 2005년 수준에 대비해 표시)과 무역적자 간 뚜렷한 관련이 있다. 환율이 하락하면 무역적자도 감소하는데, 이러한 영향은 시간 차이를 두고 일어난다. 이는 무역이 환율 변화에 대응하는 데 시간이 걸림을 의미한다.

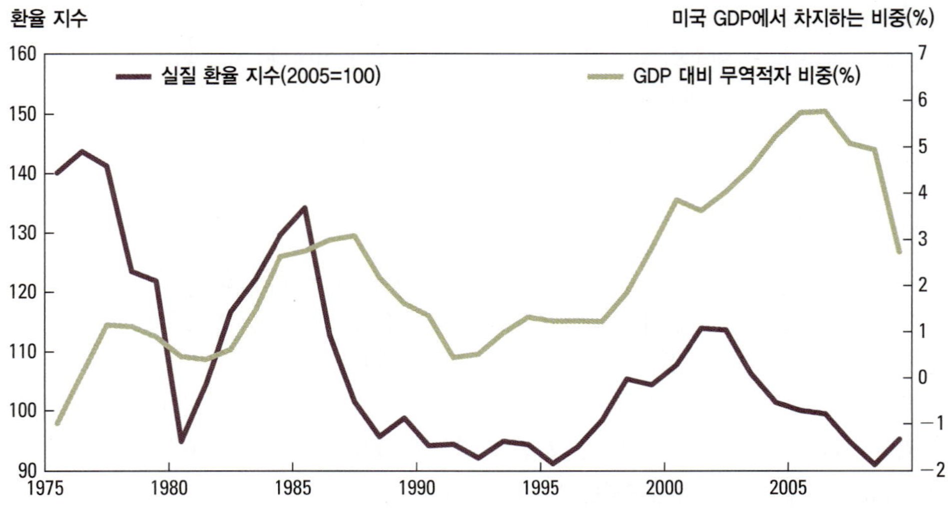

Source: The World Bank, *World Development Indicators 2011 Data Set*, data.worldbank.org (accessed July 6, 2011).

외환시장 모델

외환시장은 다른 시장들과 다를 것이 없다. 통화에 대한 수요와 공급이 있고, 수요와 공급이 일치하는 지점에서 균형가격과 거래량이 결정된다. 그렇다면 외환시장에서 수요와 공급은 어떻게 결정되는가?

수요부터 시작해보자. 외국인들 사이에 왜 미국 달러에 대한 수요가 발생할까? 이러한 수요가 발생하는 이유는 미국의 재화나 서비스를 구매하기 위해 달러를 사용하기 원하는 해외의 소비자, 기업, 정부가 있기 때문이다. 예를 들어, 영국의 한 가족이 플로리다에서 휴가를 보내기 위해 달러가 필요할 수 있다. 일본의 한 가게에서는 미국에서 만든 DVD를 일본 소비자들에게 판매하기 위해 달러가 필요할 수 있다. 중국 정부는 미국의 국채와 같은 금융자산을 구입하기 위해 달러가 필요할 수 있다.

달러에 대한 수요는 미국과 해외 이자율의 영향을 받기도 한다. 외국에 비해 미국의 이자율이 높으면 외국 자본을 미국으로 유인한다. 이러한 자산에 대한 대금은 미국 달러로 치러야 하므로 미국 달러에 대한 수요가 증가한다. 다른 한편, 만약 외국의 이자율이 미국 이자율보다 높다면, 투자자들이 달러를 팔아 외국에 투자하기 위한 통화를 살 것이므로 달러에 대한 수요는 감소할 것이다.

한 국가의 통화에 대한 수요를 결정 짓는 마지막 중요한 변수는 그 나라에 투자하는 데 따르는 위험에 대한 인식 대비 다른 국가에 투자하는 데 따르는 위험에 대한 인식이다. 만약 투자자들이 러시아, 브라질, 남아프리카공화국 같은 신흥 국가에 대한 신뢰가 높다면, 다른 모든 것이 동일한 상태에서는 그러한 나라에 더 많은 투자를 할 것이다. 만약 투자자들이 그러한 나라에 투자하는 것이 미국에 투자하는 것에 비해 위험하다고 결정한다면, 더 많은 사람들이 미국에 투자하고 싶어 할 것이며 미국 달러에 대한 수요가 증가할 것이다.

투자를 하기 위해서는 적절한 통화가 있어야 한다. 따라서 특정한 국가에 대한 투자를 유발하는 그 어떤 동기도 그 나라 통화에 대한 수요를 증가시킬 것이다.

외환의 공급에 영향을 주는 요소들은 무엇인가? 이자율과 투자 위험에 대한 인식은 여기에서도 중요하다. 만약 미국의 이자율이 외국에 비해 낮다면, 미국의 자산을 보유하고 있는 금융투자자들은 이를 팔고 외국의 금융자산을 구입하기를 원할 것이다. 이와 유사하게 만약 투자자들이 외국 경제에 대한 신뢰가 증가하면 투자자들이 미국 자산을 팔게 되어 미국 달러의 공급이 증가할 것이다. 마지막으로, 소비자 선호도 또한 한몫한다. 만약 미국 소비자들이 외국 제품을 선호한다면 그들은 달러를 팔고 외국 통화를 획득할 것이기 때문에 외환시장에서 달러의 공급이 증가한다.

〈그림 34-10〉은 달러에 대한 수요와 공급이 어떻게 균형 환율을 결정하는지 보여준다(그림 (A)). 이는 또한 균형 환율이 어떻게 순수출의 수준을 결정하는지도 보여준다(그림 (B)). 달러의 가격이 높은 경우, 외국인들은 미국에서 더 적은 양의 재화를 구매할 것이고 미국인들은 해외에서 더 많은 재화를 구매하게 될 것이다. 그 결과 순수출은 낮아지고 경우에 따라서는 적자가 될 수도 있다. 달러의 가격이 낮은 경우, 그 반대 현상이 발생한다. 미국 재화는 더 저렴해지고 외국 재화는 더 비싸진다. 따라서 순수출은 높아진다.

사례를 통해 이 모형이 실제로 어떻게 작동하는지 보자. 2003년 토요타 프리우스가 미국시장에 출시되었을 때 많은 사람들이 처음으로 대량생산된 하이브리드 자동차를 사고 싶어 안달

그림 34-10

외환시장의 균형

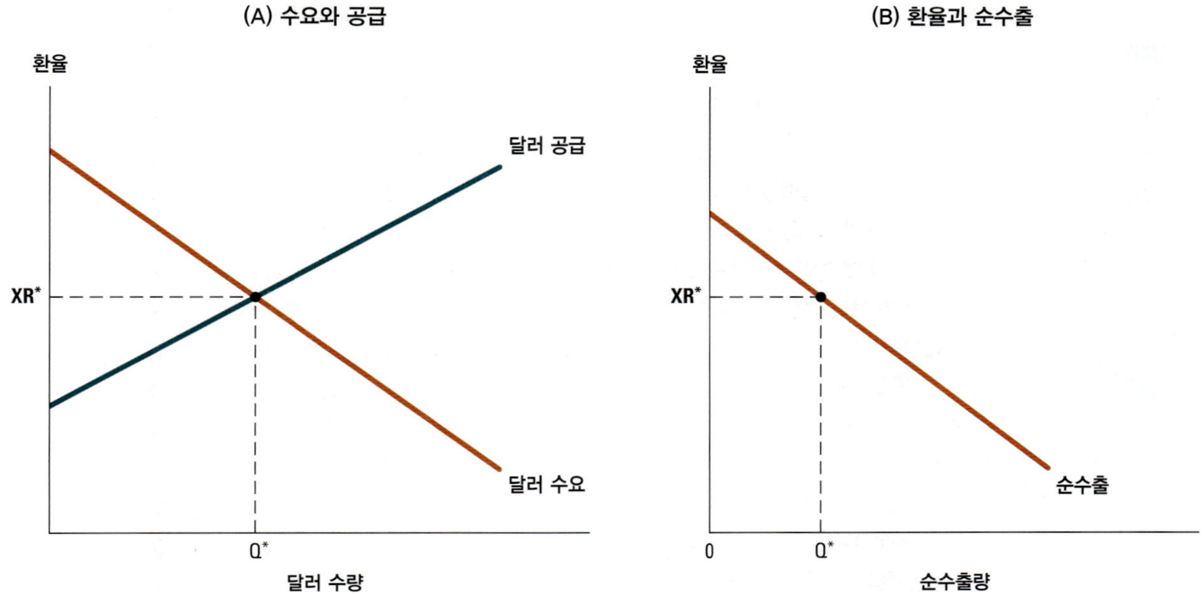

다른 시장들과 마찬가지로 외환시장에는 외환에 대한 공급과 수요가 있다. 달러의 공급량은 환율이 증가하면 증가하며 수요량은 통화의 가격이 증가하면 감소한다. 통화의 가격이 바로 환율이다.

현지 통화를 외국 통화로 교환하는 비율이 하락하면 순수출은 감소한다. 재화의 가격이 감소하면서 현지의 재화가 외국인들에게 더 매력적이게 될 것이며, 현지에서 외국 재화는 더 비싸진다.

을 했다. 프리우스가 토요타에 의해 일본에서 생산되었으므로 미국 딜러들이 프리우스를 수입하기 위해서는 달러를 일본 엔화로 환전해야 했다. 이로 인해 미국 달러의 공급곡선은 오른쪽으로 이동하게 된다. 그 결과 달러 대 엔 환율은 하락했다. 새로운 균형은 〈그림 34-11〉의 (A)에서 볼 수 있다.

이는 미국의 순수출에 어떤 영향을 미치는가? 앞에서 살펴봤듯이 순수출 곡선은 수요곡선이다. 이 곡선은 각 가격(이 경우는 환율)에서 순수출에 대한 수요를 보여준다. 미국 소비자들이 미국에서 만든 자동차보다 프리우스를 구매하기를 원한다면 이러한 선호도의 이동은 순수출 곡선을 왼쪽으로 이동시킨다(수입의 증가는 수출이 더 적어짐을 의미한다).

그러나 다른 현상이 동시에 진행된다. 미국 달러의 가치가 하락하였으므로 미국의 수출품이 더 저렴해졌고 순수출량 또한 증가한다. 〈그림 34-11〉의 (B)는 이러한 두 상반된 이동이 종합된 영향을 보여준다. 일본 자동차에 대한 선호도에 따른 영향이 환율 하락의 영향으로 상쇄된다. 어느 영향이 더 큰지에 따라 순수출의 양이 프리우스의 출시 전에 비해 증가할 수도, 또는 감소할 수도 있다. 그림에서는 이 두 영향이 완전히 상쇄되는 경우를 보여주고 있다.

이제 다른 시나리오를 상상해보자. 미국 연방준비위원회가 이자율을 높여 긴축 통화정책을 도입하기로 결정했다고 하자. 이는 달러에 대한 수요와 공급 모두에 영향을 미친다. 미국에서의 수익률이 더 높기 때문에 외국 투자자들이 미국 금융자산을 구입하고 싶어 하고 이에 따라 달러에 대한 수요가 증가한다. 동시에, 미국 투자자들은 외국에서 금융자산을 구입하기보다는 자국 경제에 투자하고 싶어 할 것이기 때문에 달러의 공급은 줄어든다. 〈그림 34-12〉 (A)에 나타난

그림 34-11

프리우스 자동차에 대한 수요

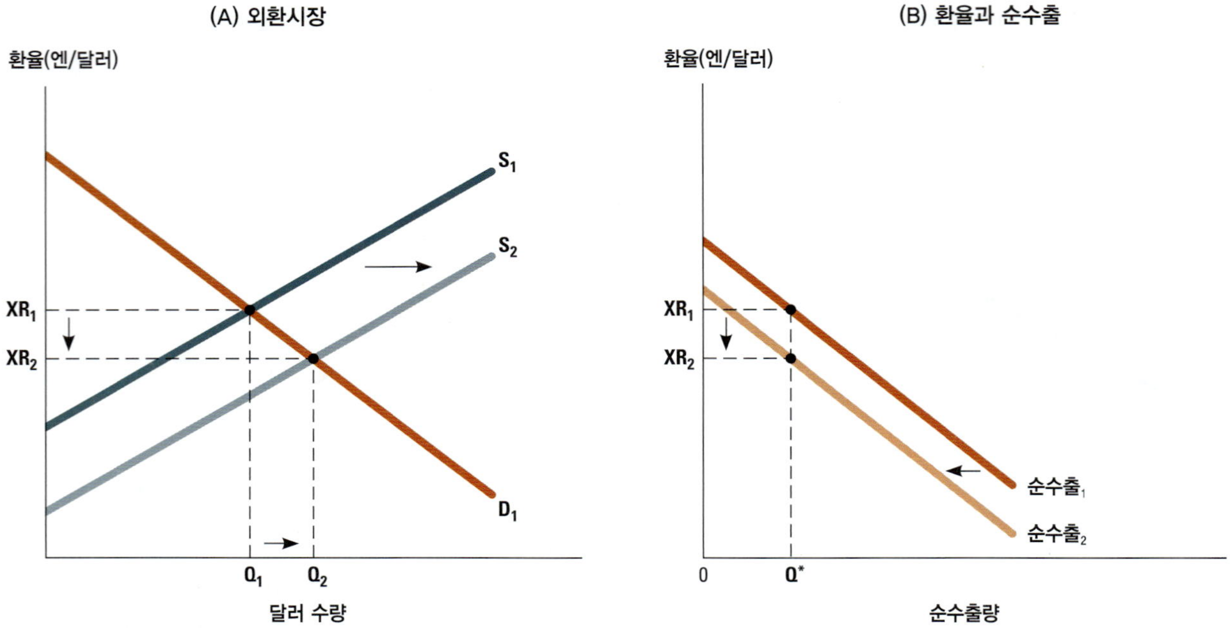

프리우스에 대한 수요가 오른쪽으로 이동하면, 사람들이 달러를 판매하고 엔화를 구매하므로 균형 상태에서 달러의 공급이 확대된다. 이로 인해 달러 거래량은 증가하지만 환율은 하락한다.

미국인들이 더 많은 자동차를 수입하기 때문에 순수출 곡선은 왼쪽으로 이동한다. 동시에 환율이 하락한다. 어느 효과가 더 큰지에 따라 순수출량은 이전에 비해 더 커질 수도 또는 더 작아질 수도 있다. 이 경우에는 두 영향이 완전히 상쇄되었다.

것처럼 이러한 이동에 따라 환율이 상승한다. 그렇지만 이 상황에서 순수출 곡선을 움직이는 요인은 전혀 없기 때문에 (B)에서 상승한 환율은 순수출의 감소를 유발한다.

통화정책을 다른 관점에서 볼 수도 있다. NX = NCO이므로 환율 인상은 NCO의 감소를 유발한다.(달리 말하면 자본유입이 발생한다.) 이자율이 증가하면 외국의 저축자들이 더 높은 수익률의 혜택을 보려 하므로 미국으로 더 많은 자본이 유입될 것이다.

외환시장 모형은 통화정책이 2가지 측면에서 총수요에 영향을 미친다는 것을 보여준다. 이자율을 올리는 것은 연방준비위원회가 과열된 경제를 식히려고 하는 것임을 기억하라. 이자율 증가는 대출 비용을 증가시켜 투자를 감소시키며, 이는 순수출의 감소를 가져온다. 순수출은 총수요의 일부이므로 이 또한 총수요가 더 줄어드는 요인이 된다.

그러나 이 결과는 시장에서 환율이 결정되는 개방경제에만 적용된다. 다음에서 보는 바와 같이 일부 정부들은 자국 통화의 환율이 시장에서 결정되는 것을 허용하지 않는다.

환율제도

LO 34.7 고정 및 변동환율을 설명하고 통화정책이 통화가치에 미치는 영향에 대해 설명하기

현재 유럽 17개국은 공동으로 유로화를 사용하고 있으나 이전에는 각각 고유의 통화가 있었다. 많은 유럽 국가들은 지리적으로 작기 때문에 여러 개의 통화가 존재하는 것은 번거로운 일이었

그림 34-12

미국의 긴축 통화정책

(A) 외환시장 (B) 순수출량에 대한 수요량 감소

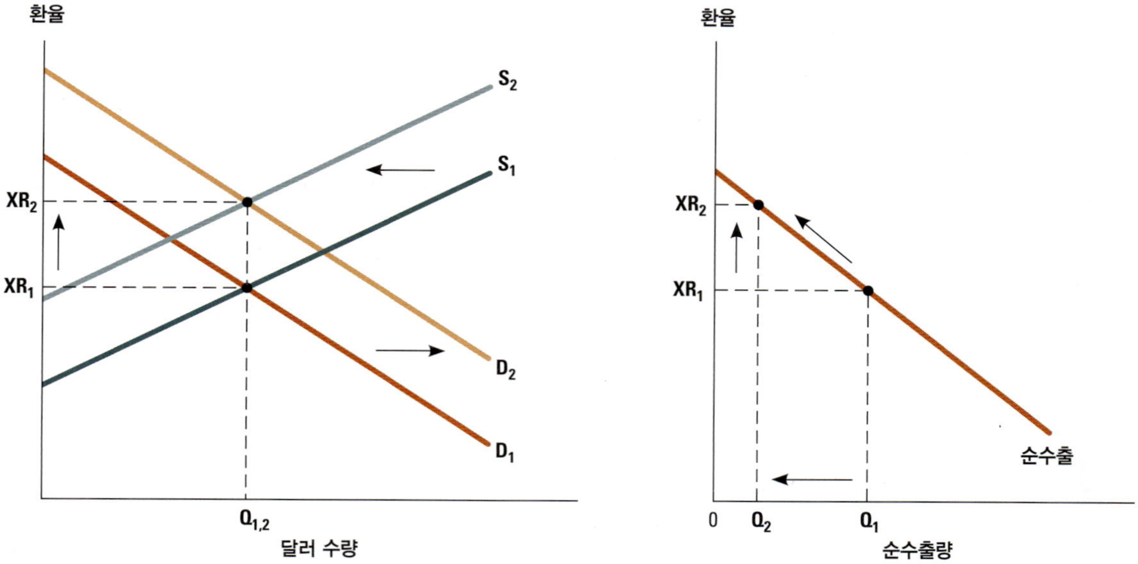

연준위가 통화공급을 줄이면 달러의 가격은 증가하며 공급은 감소한다. 수요 또한 확대되며 달러의 가격은 증가하고 달러의 거래량은 원래 거래량으로 돌아간다.

달러 환율이 증가하면서 미국 제품이 외국에서 더 비싸지고 순수출량은 감소한다.

다. 독일의 뒤셀도르프에서 벨기에의 브뤼셀까지의 여행은 240km밖에 되지 않지만 그 중간 지점인 네덜란드의 마스트리히트까지 치면 독일 마르크, 네덜란드 통화인 길더, 벨기에 프랑크 등 3개의 다른 통화가 필요하다. 이제는 관광객이 국경을 넘을 때마다 더 이상 환전의 번거로움을 겪거나 수수료를 내지 않아도 된다. 이웃 국가와 무역을 많이 하는 기업들은 더 이상 환율 변동이 원자재나 제품의 가격에 영향을 미치는 것에 대해 걱정하지 않아도 된다.

하지만 불리한 점도 있다. 이 국가들의 경제는 아주 밀접하게 연결되어 있기 때문에 유로 공동통화 지역 회원국들은 독립적인 거시정책의 운영을 일부 포기해야 했다. 예를 들어, 독일의 실업률이 낮다고 하자. 임금이 증가하면서 물가 상승에 대한 우려도 증가한다. 물가 상승을 막으려면 중앙은행이 긴축 통화정책을 펴야 한다는 것을 우리는 알고 있다. 즉, 이자율을 올려야 한다. 동시에 이탈리아는 높은 실업률을 경험하고 있다고 하자. 그곳에서는 중앙은행이 확장 통화정책을 쓸 것이다. 즉, 이자율을 낮출 것이다. 독일은 마르크를 사용하고 이탈리아는 리라를 사용하는 경우 이러한 통화정책의 차이는 두 통화 간 환율이 바뀌는 원인이 될 것이다. 이 사례에서는 리라의 가치는 하락할 것이며, 마르크의 가치는 상승할 것이다. 결과는? 이탈리아 제품은 보다 저렴해져 이탈리아의 총수요를 촉진하고 실업을 해소하는 데 기여할 것이다.

그 사이, 〈그림 34-12〉의 미국 사례에서처럼 독일 마르크 가치의 상승은 독일의 순수출 감소를 가져올 것이다. 이에 따라 총수요 또한 감소해 물가 상승 압박이 해소될 것이다. 그러나 이 국가들이 자국 고유의 통화를 버리고 유로 공동통화에 가입하는 순간 자국 내 거시경제 상황에 따른 자체적인 통화정책을 추구할 수 없게 되었다.

여러분은 이 문제가 미국의 주들 사이에는 왜 문제가 되지 않는지 궁금해할 수 있다. 위스콘신 주에서는 노동에 대한 수요 증가와 함께 가격과 임금이 상승하는 반면, 네브래스카 주는 높은 실업률을 경험하고 있다면 어떠한가? 문제는 개별적인 통화라든가 환율 변화 등의 필요 없이 스스로 해결된다. 네브래스카 주의 실업자들은 임금이 더 높은 직장을 찾아 위스콘신 주로 이동할 것이며 위스콘신 주의 기업가들은 저렴한 노동력을 찾아 네브래스카 주로 이전할 것이다. 유로 공동통화 지역과의 차이점은 네브래스카 주와 위스콘신 주와 달리 독일과 이탈리아는 사용하는 언어도 다르고 문화도 다르다는 데 있다. 이론적으로는 이탈리아 노동자들이 독일에서 일자리를 찾고 독일 기업들은 이탈리아로 이전할 수 있다. 그러나 이는 현실적으로 쉽지 않은 일이다. 적어도 미국의 주 간 이동에 비하면 분명히 쉽지 않다.

공동통화를 보유한 국가들이 항상 이웃인 것은 아니다. 사실, 남미의 작은 나라 에콰도르는 전적으로 미국 달러만 사용한다. 에콰도르와 미국 간 장벽은 이탈리아와 독일 간 장벽보다 훨씬 높아 보인다. 에콰도르와 미국은 지리적으로 훨씬 멀리 떨어져 있으며 이탈리아인들이 독일에서 합법적으로 취업할 수 있는 것과 달리 에콰도르의 실업자들은 미국에서 취업할 수 없다. 그럼에도 사례를 통해 알아보기의 '미국이 아닌 국가에서 달러를 공식 통화로 도입하는 경우'에서 논의하는 바와 같이, 에콰도르는 미국 달러를 자국 통화로 도입했다.

사례를 통해 알아보기

미국이 아닌 국가에서 달러를 공식 통화로 도입하는 경우

1998년과 1999년, 에콰도르는 자국의 통화인 수크르의 가치가 단 2개월간 50%나 떨어지는 고통스러운 금융위기를 겪었다. 단 2년의 기간 동안 에콰도르 금융기관의 70%가 파산하면서 경제 전반에 걸쳐 엄청난 충격을 안겨주었다. 금융위기 이후 이 나라의 GDP는 2년 전에 비해 반으로 감소한 1000억 달러에 불과했다.

에콰도르 정부는 수크르를 다시 사용하기보다는 기존의 수크르를 전부 달러로 교체하는 '달러화'를 하기로 결정했다. 이 정책은 에콰도르 경제를 즉시 안정시켰다. 단 3년 만에 에콰도르의 연간 물가상승률은 20%에서 2.7%로 급감했다.

그러나 달러화에도 약점은 있다. 달러화는 에콰도르 경제가 미국 경제에 결부되는 결과를 가져왔다. 미국 경제가 좋으나 나쁘나 말이다. 안정적인 통화와 낮은 임금상승률 대신 에콰도르 정부는 통화정책에 대한 통제권을 포기해야 했다. 에콰도르 정부는 불경기가 닥쳐도 달러를 찍어낼 길이 없다. 또한 과열된 경제를 식히기 위해 시중에 유통되고 있는 달러의 양을 감소시킬 수도 없다. 이러한 일들은 미국 연방준비위원회(연준위)만이 할 수 있으며, 연준위가 이러한 결정을 할 때에 에콰도르의 거시경제적 필요를 감안할 가능성은 별로 없다. 만약 미국 경제는 호황이지만 에콰도르 경제는 어려움을 겪고 있다면, 통화 공급의 긴축은 에콰도르 경제에 더욱더 해가 된다.

에콰도르는 자국 통화를 포기하고 달러화를 선택한 10개국 중 하나다. 그럼으로써 이들은 미국의 통화정책과 환율에 운명을 맡겼다. 이러한 국가 대부분은 태평양(팔라우나 마이크로네시아 등) 또는 남미(파나마, 엘살바도르, 에콰도르 등)에 흩어져 있다. 좀 극적인 조치이긴 하지만, 물가 상승이나 금융 불안정 문제가 지속되는 국가들의 경우 통화정책에 대한 통제권을 포기하는 비용은 그에 상응하는 충분한 가치가 있는 것이라고 평가되고 있다.

Sources: http://www.imf.org/external/pubs/ft/issues/issues24/; http://www.utoronto.ca/plac/pdf/Conf_5_financial/Delatorre-web.pdf.

고정 대 변동환율 제도. 달러, 유로, 페소, 엔화는 모두 **변동환율**이 적용되는 통화다. 이들 통화는 자유롭게 거래되며 그 가치는 시장에서 결정된다. 환율은 〈그림 34-13〉의 (A)에서 보는 바와 같이 외환에 대한 수요와 공급이 교차하는 지점에서 결정된다.

변동환율 시장에서 결정되는 환율

어떤 통화들은 그러나 **고정환율**제로 운영된다. 고정환율은 〈그림 34-13〉의 (B)에서 나타나는 바와 같이 정부가 설정하는데, 주로 미국 달러 또는 세계 주요 통화로 이루어진 종합 지수를 기준으로 정해진다. 고정환율은 시장 균형환율보다 높거나 낮게 설정될 수 있다.

고정환율 시장이 아니라 정부에 의해 결정된 환율

정부는 왜 자국 통화의 환율을 고정하기로 결정할까? 이러한 결정은 에콰도르가 달러화를 하기로 한 것과 유사한 발상에 의한 것이다. 이론적으로 고정환율은 훨씬 더 높은 예측성과 안정성을 가능하게 한다. 안정성이 높은 것은 외국인직접투자를 유인하는 데 도움이 되며, 국제무역에 의존하는 기업들은 자신감을 가지고 투자할 수 있게 된다. 고정환율을 어떻게 시장환율보다 높거나 낮은 상태로 유지할 수 있는가?

고정환율을 유지하기 위해서는 정부가 외국 통화를 사거나 파는 등 외환시장에 개입할 준비가 되어 있어야 한다. 예를 들어, 소비자들이 갑자기 수입 재화에 대한 욕구가 커진다고 하자. 만약 환율 변동이 허용된다면 국내 통화의 공급은 환율 하락을 유도한다. 그렇지만 환율이 고

그림 34–13

변동환율 대 고정환율

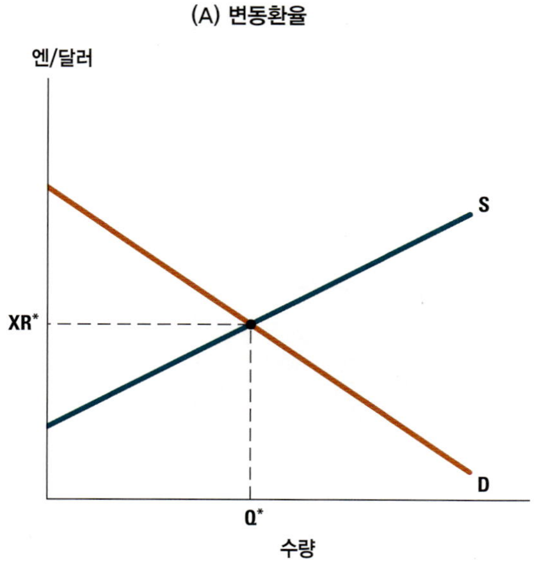

변동환율제의 경우 외환시장은 균형가격과 거래량에 의해 작동된다.

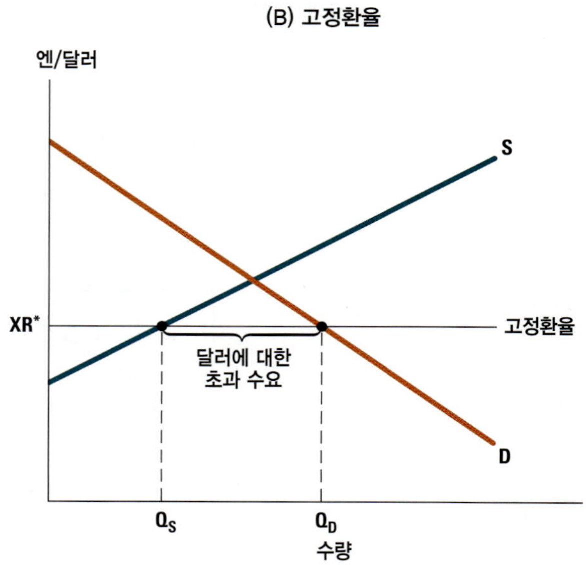

고정환율제에서 환율이 너무 낮은 상태에 설정될 경우 통화에 대한 초과 수요가 발생한다. 정부는 이에 대응해 외환을 사거나 자국 통화를 팔아야 한다.

정되어 있다면 환율이 하락하는 것은 허용되지 않는다. 정부가 외환시장에 개입해 자국 통화를 사들여야 공급 증가의 효과를 상쇄할 수 있다. 정부들은 보통 자국 통화에 대한 수요를 높이기 위해 자체 외환 보유를 활용해 자국 통화를 구입한다.

경제학자들은 환율이 고정되어 있는 경우 환율 변동에 대해 조금 다른 용어를 사용한다. 정부가 고정환율을 더 낮은 수준으로 내리는 경우 이를 통화가치하락이 아니라 **'평가절하'**라고 한다. 마찬가지로, 정부가 환율을 더 높은 수준으로 올리면 이를 통화가치의 상승 대신 **'평가절상'**이라고 한다.

고정환율을 유지하는 것은 어려운 일이다. 이는 투자자들이 한 경제의 전반적인 강건함에 대해 의구심을 가질 때 특히 그러하다. 투자자들은 투자금을 회수하기 시작할 것이며, 이에 따라 현지 통화의 공급이 증가한다. 이를 상쇄하기 위해 정부는 상당 정도의 외환 보유를 자국 통화의 수요를 떠받치는 데 사용하도록 강요당한다.

투기자라 불리는 일부 투자자들은 이와 같은 상황을 노린다. 특정 국가가 자국의 고정환율을 유지할 능력이나 의지가 없어 보이는 즉시 이들은 그 통화를 매도해 달러와 같은 다른 통화로 전환한다. 만약 이들이 통화를 빠른 속도로 투매하면 정부의 달러 및 다른 보유 외환이 바닥을 드러내게 된다. 만약 이러한 상황이 발생하면 정부는 고정환율을 유지하기 위한 노력을 포기해야 한다. 그 결과는 통화가치의 급격한 하락이다. 이 시점에서 투기자들은 저렴해진 통화를 다시 구입한다. 투기자들은 해당 통화를 높은 가격에 매도하고 낮은 가격으로 다시 매입했으므로 큰 시세 차익을 볼 수 있다. 이러한 상황이 전개되는 것을 통화가 **투기성 공격**을 받는 것이라고 말한다.

일례로 1997년 태국 바트가 투기 세력의 공격을 받았다. 태국 정부는 고정환율 정책을 고수

그림 34-14

태국 바트에 대한 투기적 공격

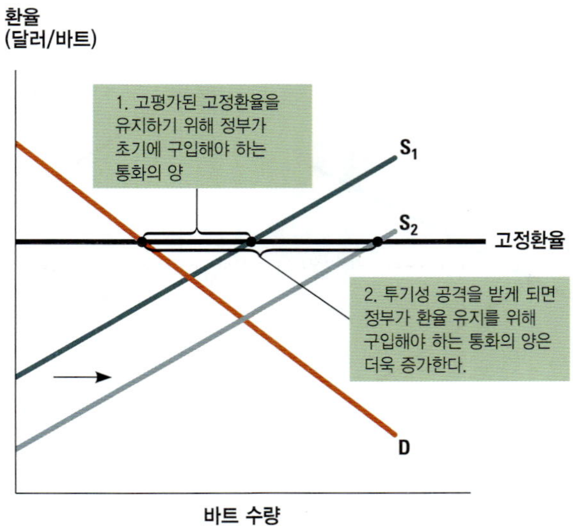

한 나라가 투기성 공격을 받게 되면 통화의 공급은 오른쪽으로 이동한다. 이는 균형 환율을 더욱 감소시켜 고정환율을 방어하려는 정부에 더 많은 지출을 하도록 압박한다.

하고 있었으므로 공격이 시작되자 보유하고 있던 외환을 사용해 바트를 구입해야 했다. 정부는 330억 달러(당시 태국 외환 보유의 90% 정도) 이상을 통화 방어를 위해 지출했다. 태국 정부는 또한 외국인 투자자들이 자본을 국외로 회수하지 않게 하기 위해 이자율도 인상했다. 그럼에도 불구하고 공격은 계속되었고 태국 정부는 결국 바트를 방어하는 데 실패했다. 유일한 선택은 통화가치가 완전히 증발하는 것을 막기 위해 고정환율제에서 변동환율제로 전환하는 것이었다. 대안은 완전히 가라앉는 것뿐이었다. 변동환율제로 전환한 이후 바트는 원래 가치의 절반을 잃어버렸다. 〈그림 34-14〉는 이러한 투기성 공격이 어떻게 환율에 압력을 가하는지 보여준다.

태국보다 경제 규모가 더 큰 국가들도 환율을 고정시키려 했다가 투기성 공격을 당했다. 사례를 통해 알아보기의 '영국 중앙은행을 흔든 사나이'에서 볼 수 있는 것처럼, 단 한 투자자의 투기성 공격이 영국 정부로 하여금 영국 파운드를 평가절하하도록 만들었다.

사례를 통해 알아보기

영국 중앙은행을 흔든 사나이

조지 소로스는 세계에서 가장 잘 알려진 투자자다. 일부 사람들에게 그는 '영국 중앙은행을 흔든 사나이'로 알려져 있다. 1992년 소로스는 영국 파운드의 평가절하에 10억 달러 이상을 걸었다. 당시 영국 파운드는 몇몇 국가 간 환율을 관리하는 환율 관리체제의 일원이었다. 만약 변동환율제가 도입되어 있었다면 파운드는 당시 시장 상황에 따라 자연스럽게 절하되어 영국 경제 부흥에 도움이 되었을 것이다. 소로스는 영국 정부가 불경기에 당면해서도 고정환율을 유지할 확고한 의지가 있는지 의심하기 시작했다. 그래서 소로스는 영국 파운드를 팔기 시작했다. 엄청나게 많은 파운드를 말이다. 영국 세금 납부자들에게 33억 달러의 비용을 치르게 한 이 사태에 대해 더 자세히 알고 싶다면 이 장 끝부분의 QR코드를 스캔하거나 온라인상을 통해 읽기를 계속하라.

거시정책과 환율

고정환율제와 변동환율제에 대해 알아보았으므로 이제 이 2개 환율제도하의 통화정책에 대해 살펴보자. 통화정책은 고정환율제보다는 변동환율제에서 보다 효과적이다. 변동환율제는 2개 핵심 변수인 투자와 순수출에 영향을 줄 수 있다. 만약 환율이 고정되어 있다면 통화정책은 단지 투자에만 영향을 미칠 수 있다.

경기불황의 상태에서 연준위가 총수요를 촉진하기 위해 통화량을 늘리고자 한다고 상상해보자. 이러한 조치에 따라 이자율이 감소하면 미국에 투자하는 것이 매력을 잃게 된다. 투자 수익률이 감소했으므로 미국 달러에 대한 수요 또한 감소할 것이다. 동시에, 투자자들이 미국의 금융자산을 파는 반면, 해외 자산을 구입하면서 미국 달러에 대한 공급은 증가할 것이다. 변동환율제의 경우라면 환율이 절하되고 순수출은 증가할 것이다.

〈그림 34-15〉는 환율이 고정되어 있다면 어떤 일이 발생할지 보여준다. 통화 공급의 증가는 자연스럽게 달러 가치의 감소를 가져올 것이다. 정부가 환율을 유지하려면 외환시장에서 자국 통화를 사들여야 한다. 이러한 달러의 구입은 환율 유지를 위해 통화 공급의 양과 정확히 일치해야 한다. 그 결과는 전체 통화 공급에 변화가 없다는 것이다. 이로써 고정환율제에 대한 핵심

그림 34-15

고정환율제에 의한 통화정책의 와해

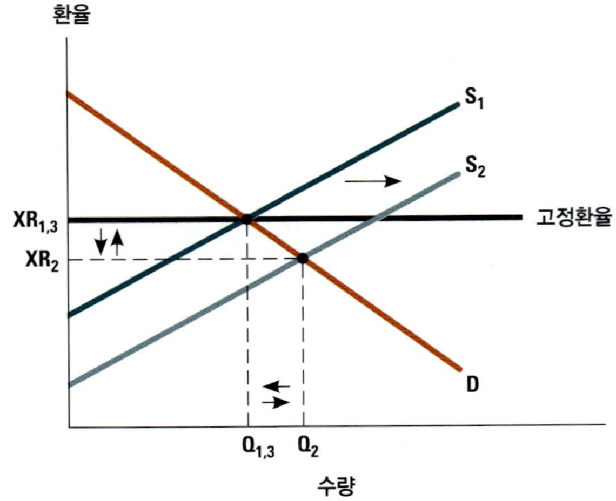

고정환율제하에서는 통화정책이 성공적일 수 없다. 통화 공급을 늘리면 통화의 공급은 늘어나고 환율은 떨어진다. 이는 고정환율제에서는 허용할 수 없는 상황이므로 정부는 환율을 높이기 위해 외환시장에서 자국 통화를 다시 사들일 수밖에 없게 된다.

에 다다를 수 있다. 고정환율제를 유지하면서 통화정책을 사용하는 것은 불가능하다.

중국 통화는 저평가되어 있나? 통화정책과 환율에 대한 논의는 이 장에서 계속 언급한 중국과 미국 간 대규모의 무역적자에 대한 두 번째 설명을 제공한다. 중국 경제가 엄청나게 팽창하는 동안 중국은 1달러당 6.5위안에 고정된 고정환율제를 유지했다. 이러한 위안화의 가치는 시장에서 형성되었을 수준보다 낮은 것이었다. 중국은 왜 그러한 환율을 유지하기를 원했을까? 저평가된 통화가치는 중국 제품을 다른 통화로 측정했을 때 더 저렴하게 만들어 중국 수출에 대한 수요 증대에 기여하기 때문이다.

중국 정부는 위안화의 가치를 낮게 유지하기 위해 외환시장에 위안화를 대규모로 팔고, 그 대가인 달러의 일부를 미국 국채를 사는 데 활용한다. 미국은 중국 통화가 의도적으로 저평가되어 있다고 주장한다. 이로 인해 중국의 수출은 미국 소비자에게 더욱 매력적이지만 미국 기업들은 중국에 수출하기가 어려워진다는 것이다. 중국 당국자들은 무역적자는 미국 정부의 재정적자와 낮은 저축 때문이라고 맞받아친다.

변동환율제가 중국과 미국 간 무역적자를 제거할 수 있을까? 만약 중국 위안화 가치가 상승하면 중국 수출 가격이 증가할 것이고 수입 가격은 내려갈 것이므로 중국의 무역수지가 감소할 것이다. 미국의 전반적인 무역수지에 대한 영향은 그러나 확실하지 않다. 미국의 중국 제품 수입은 감소할 것이지만 미국 소비자는 중국 대신 다른 국가에서 더 많이 수입할 가능성이 있다.

미국의 주장이 옳아서 중국이 수출 증대를 위해 위안화를 저평가하고 있다고 하자. 만약 낮은 환율이 수출을 위해 좋다면 '왜 모든 국가들이 그렇게 하고 있지 않은가'라는 질문을 해볼 필요가 있다. 어떨 때는 모든 국가들이 그렇게 한다. 이러한 상황을 **경쟁적 평가절하** 또는 **통화전쟁**이라고 한다. 많은 국가들이 자국 경제의 부흥을 위해 이자율을 하향 조정하는 경우가 이에 해당한다. 물론 통화가치는 다른 통화에 비례해 측정되므로 전 세계 모든 통화가 동시에 저평가되는 것은 논리적으로 불가능하다.

그렇지만 정부들이 통화를 저평가하기를 원하지 않는 이유도 있을 수 있다. 통화의 저평가는 중국의 저축이 대부분 미국에 투자되는 것처럼 저축자들이 자국보다는 해외에 투자하는 경향이 있음을 의미하는 것이기 때문이다. 이는 결코 경제를 발전시키는 가장 좋은 방법이 아닐 수 있다. 저평가된 통화의 두 번째 비용은 중국 소비자에게 외국 제품이 너무 비싸진다는 것이다.

실질환율

LO 34.8 실질환율과 명목환율 간 차이에 대해 설명하기

'생계비용' 부분에서 보았듯이, 환율만이 국가 간의 상대 가격을 결정 짓는 것은 아니다. 환전을 한 후에도 빅맥은 미국보다 스위스에서 더 비싸고, 중국보다는 미국에서 더 비쌀 수 있다.

지금까지는 한 국가의 통화가 다른 국가의 통화와 교환되는 비율인 **명목환율**에 대해 논의했다. 국제무역을 잘 이해하려면 양국의 가격을 감안한 실질환율을 살펴보아야 한다. **실질환율**은 한 국가의 재화 가치를 동일한 다른 국가의 재화 가치로 측정한 것이다.

명목환율 한 국가의 통화가 다른 나라의 화폐로 교환될 수 있는 공식 비율

실질환율 한 국가의 재화의 가치를 다른 나라의 같은 재화의 양으로 표현한 것

간단히 하기 위해, 단 하나의 재화만을 고려해보자. 미국에서는 사과 한 개에 1달러고 중국에서는 3위안이라고 하자. 명목환율이 1달러당 6위안이라고 한다면, 실질환율은 2다. 실질환율을 계산하는 정형화된 공식은 곧 설명할 텐데, 지금 당장은 이 답의 직관에 주목해보자. 1달러는 6위안으로 교환될 수 있으며, 6위안으로는 사과를 2개 살 수 있다(6위안/사과 한 개당 3위안 = 사과 2개). 미국에서는 1달러로 사과를 한개밖에 살 수 없으나 중국에서는 2개나 살 수 있다. 즉 달러의 실질가치는 미국보다 중국에서 더 높다. 1달러로 미국에 비해 중국에서 2배나 더 많은 사과를 살 수 있는 것이다.

물론, 사람들은 사과보다 더 많은 종류의 재화를 사고팔고 싶어 한다. 실질환율을 제대로 계산하기 위해서는 미국의 모든 가격을 중국의 모든 가격과 비교해야 한다. 이를 위해서는 양국의 물가지수를 알아야 한다. 물가지수는 가계의 전형적인 장바구니에 포함되는 재화를 측정한다. 실질환율은 각국의 물가수준을 이용해 환율을 '실질적인' 가치로 환산한다. 사과의 예처럼 실질환율을 계산하기 위해서는 국내 가격을 외국의 가격으로 나눈 후 명목환율을 곱하면 된다. 수식으로는 다음과 같다.

수식 34–1

$$\text{실질환율} = \text{명목환율} \times \left(\frac{\text{국내 가격 수준}}{\text{외국 가격 수준}}\right)$$

이 장에서 항상 그래왔듯이, 이 수식에서 명목환율은 1달러당 외국 통화를 기준으로 표현했음을 주목하자. 따라서 예를 들어, 전형적인 장바구니 물가가 미국에서는 100달러, 중국에서는 300위안이라고 하자. 나아가, 명목환율은 1달러당 6위안이라고 하자. 달리 말하면 1달러는 6위안과 교환된다. 이러한 정보를 사용해 실질환율은 2라고 계산할 수 있다.

수식 34-1a

$$\text{실질환율} = \text{명목환율} \times \left(\frac{\text{국내 물가}}{\text{외국 물가}}\right)$$
$$= 6\text{위안/달러} \times \left(\frac{100\text{달러}}{300\text{위안}}\right) = 2$$

달리 말하면, 실질환율은 '생계비용' 부분에서 논의한 방법인 '구매력으로 조정된 환율'이라고 할 수 있다. 즉, 만약 명목환율로 환산한 후 사과가 중국과 미국에서 동일한 가격에 판매된다면 실질환율은 1이 된다는 것이다.

PPP의 계산을 복잡하게 만드는 요소들은 실질환율의 계산도 복잡하게 만든다. 중국의 소비자들은 미국 소비자와는 다른 종류의 재화를 구입한다. 예를 들어 햄버거보다는 쌀을 더 많이 산다. 그럼에도 실질환율은 자국 통화가 해외에서 얼마나 가치 있는지 비교할 수 있는 유용한 수단이다.

✓ 개념 확인하기

- ❐ 환율이 상승한다는 것은 국내 통화가 외국 통화에 비해 더 높은 가치를 가지게 된다는 것인가, 아니면 더 낮은 가치를 가지게 된다는 것인가? **[LO 34.6]**
- ❐ 외국 재화에 대한 수요가 증가하면 외환시장에서는 어떤 상황이 발생하는가? **[LO 34.6]**
- ❐ 두 다른 국가에서 동일한 재화의 가격을 어떻게 측정하는가? **[LO 34.7]**
- ❐ 실질환율의 다른 이름은 무엇인가? **[LO 34.8]**

글로벌 금융위기

국제금융 체계는 대체적으로 잘 작동하지만 가끔 탈이 날 때가 있다. 보통은 이러한 위기를 외채위기 또는 환율위기 중 하나로 지칭한다. 이 절 전반에 걸쳐 외국인직접투자와 국제금융 흐름이 얼마나 변덕스러울 수 있는지 볼 것이다. 이는 문제가 생겼을 때 엄청난 경제적 불안정을 초래할 수 있다.

IMF의 역할

금융 체계가 붕괴된 예들을 살펴보기 전에 먼저 금융 체계를 관리하는 책임이 있는 기관인 IMF 또는 **국제통화기금**(*International Monetary Fund*)에 대해 알아보자. IMF는 제2차 세계대전 이후에 설립되었다. 유엔이나 세계은행과 같은 국제기구지만 워싱턴 DC에 소재한 IMF본부는 미국 연방준비위원회 및 미국 재무부와 아주 가까운 거리에 위치하고 있다.

많은 국가들이 금에 대해 환율을 고정시키는 금본위 제도를 운영하고 있었던 초기에 IMF의 주요 역할은 이들 국가가 고정환율을 유지할 수 있도록 도와주는 것이었다. 국가들이 환율을 유지하기 힘든 상황이 되면 IMF가 개입해 국제수지 적자를 메울 수 있도록 차관을 제공했다. 지금은 대부분 변동환율제를 채택하고 있으므로 IMF의 이러한 역할은 변했다. 오늘날 IMF는 주로 최종 대출자 역할을 담당해 민간 투자자가 대거 이탈할 경우 차관을 제공한다. 이러한 차관은 경제를 안정시키고 공포가 확산되는 것을 막는다. 그리스와 아이슬란드의 최근 금융위기가 보여주듯이 국제금융위기는 계속 발생할 수 있으며, 금융 체계에 이상이 생기면 IMF의 도움이 필요하다.

그러나 IMF는 도움이 필요한 국가들의 만병통치약이 아니다. IMF 차관은 정부가 정책을 변화시킨다는 조건하에 이루어진다. 예를 들어, 차입국은 개혁 의지를 보여주기 위해 재정적자를 줄이는 노력을 해야 한다. 많은 경우 IMF는 위기 기간 동안에도 정부들에 더욱 긴축적인 재정 및 통화정책을 강요한다고 비판을 받았다. 이러한 정책들은 경제를 더욱 깊은 침체에 빠트려 위기를 오히려 심화시킨다.

IMF 및 다른 국제기구들의 역할에 대한 논쟁은 진행 중이다. 세계화가 진행되면서 금융위기의 전염성이 더욱 커지고 있는데, 이러한 위기를 미연에 방지하기 위해서는 국제기구들을 어떻게 기획해야 할까?

외채위기

외국 자본은 대체로 공장이나 국제적인 사업 등에 투자되지만 국제금융의 많은 비중이 궁극적으로는 국가 채권을 구입하는 데 활용된다. 하지만 정부의 부채가 너무 많이 늘어나면 투자자들은 해당 정부가 과연 채무를 상환할 수 있을 것인지 걱정하게 된다. 이에 따라 투자자들은 빠르게 그 국가에서 돈을 빼내가게 된다. 왜? 정부가 채무 불이행 상태가 되면 국채에 투자했던 모든 사람들이 피해를 보게 되기 때문이다.

이와 같이 투자자들이 유치국 채무 상환 능력에 대한 신뢰가 무너진 것이 2001년 아르헨티나 사태다. 아르헨티나에서 외채위기가 시작된 배경은 1960년대와 1970년대에 진행된 다양한 산업개발 프로젝트를 위해 막대한 자금이 투입되면서부터다. 당시 아르헨티나 정부는 영국과 포클랜드 섬의 통치권을 두고 전쟁을 벌이면서 더욱 많은 부채를 지게 되었다.

부채가 증가하면서 이자 지급이 전체 재정에서 더욱 큰 비중을 차지하게 되었다. 하지만 아르헨티나는 이것만이 문제가 아니었다. 정부는 물가를 잡기 위해 환율을 미국 달러에 고정시켰지만 환율이 고평가되기에 이르렀다. 국내 산업과 무역은 아르헨티나보다 제품 가격이 저렴한 주변국으로 전환되었다. 마지막으로, 1988년 러시아에서 금융위기가 발발하자, 투자자들은 아르헨티나와 같은 신흥국에 투자하기를 더욱 꺼리게 되었다. 고평가된 통화와 투자자들의 신뢰 붕괴가 복합적으로 작용한 결과 이자율은 치솟았고, 이에 따라 신규 대출은 더욱 어렵고 비용이 많이 들게 되었다.

자본 도피를 막기 위해 정부는 재정 지출을 줄이려고 여러 번 노력을 했으나, 그러한 약속은 지켜지지 않았다. 그 결과는 고통스러운 경제적 소용돌이였다. 자본유출의 증가는 이자율을 더욱더 높였다. 높아진 이자율로 인해 상환해야 할 채무 총액은 더욱 증가했고 이는 정부 재정을 더욱 악화시켰다. 2001년에는 문제가 한 바퀴 완전히 돌아서 예금 인출 사태와 대중의 항의 시위 등으로 번지는 등 위기로 치달았다. 실업률은 20%에 달했다. 더 이상 증가하는 채무를 상환할 수 없게 된 정부는 궁극적으로 채무 상환 불이행을 선언했다.

이 상황을 이 장에서 계속 언급한 개방경제하의 대부자금시장을 통해 분석할 수 있다. 〈그림 34-16〉은 외채위기를 단계별로 보여준다. 외국인 투자자들이 투자를 철회한 후 자본유출곡선이

그림 34-16

아르헨티나의 외채위기

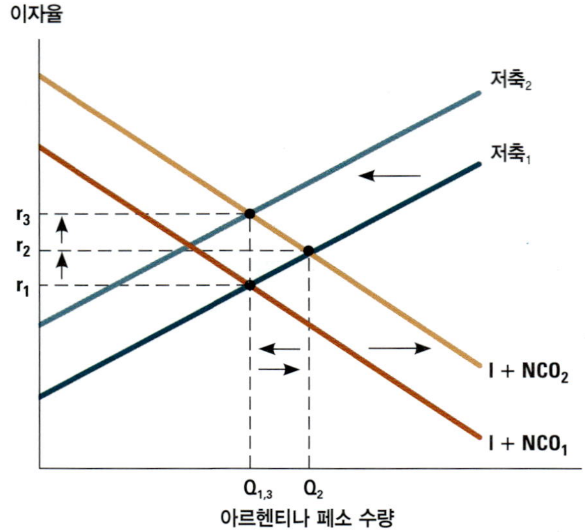

투자자들이 아르헨티나 정부가 위태롭다는 소식을 입수하자마자 아르헨티나에서 투자를 회수했으며 이는 (투자+순자본유출) 곡선을 오른쪽으로 이동시켜 이자율 증가를 초래한다. 높아진 이자율은 정부 부채의 비용 부담을 증가시켰고 이에 따라 저축이 감소했다. 이것이 더욱 높은 이자율을 촉발하면서 똑같은 과정이 다시 반복되었다.

오른쪽으로 이동했다. 이자율은 증가하고 투자는 감소했다. 이자율이 높으면 높을수록 정부의 부채는 더욱더 많은 비용을 유발했고 정부 재정적자 또한 증가했다. 재정적자가 증가하면 저축 곡선은 왼쪽으로 이동하게 되고 이는 이자율을 다시 증가시키며 투자도 더욱 감소시킨다.

환율위기

정부의 환율을 방어하는 능력에 대한 신뢰가 떨어지는 것 또한 투자자들을 위협한다. 만약 정부가 환율을 평가절하한다면, 이는 본질적으로 해당 국가에 투자를 하고 있는 투자자에게는 피해가 되는 일이다.

이를 염두에 두고 아시아 금융위기 이야기로 시선을 돌려보자. 1990년대 초, 아시아의 신흥경제국인 태국, 인도네시아, 말레이시아, 필리핀 등은 세계 투자자들로부터 많은 투자를 유치했다. 투자의 유입은 놀랄 만한 급성장으로 이어졌다.

그러나 이처럼 많은 신규 자금이 생긴 은행들은 위험이 높은 사업자들에게 돈을 대출해주기 시작했다. 행운의 기운은 이내 쇠퇴하기 시작했다. 특히 태국의 경우 대부분의 경제 지표들이 우려를 낳는 상황이 되었고 투자자들은 태국에서 투자를 철회했다. 위기는 여기에서 그치지 않았다. 세계는 밀접하게 상호 연관되어 있어 한 곳에서의 위기가 쉽게 다른 곳으로 전염되는 연쇄반응을 일으키기 때문이다. 이러한 바이러스에 대한 비유는 아주 적절한 것이다. 태국에서 문제가 발생하자, 투자자들은 즉시 이 지역의 다른 나라들에 대해서도 실제 상황을 불문하고 불안해하게 되었다. 이내 공포에 사로잡힌 투자자들이 인근의 다른 국가들에서도 투자를 철회하면서 다른 국가들도 금융위기에 빠지게 되었다. 달리 말하면, 위기는 전염성이 높다는 것이다.

1997년 태국의 금융위기 발발 이후 투기성 공격이 인도네시아, 필리핀, 한국, 말레이시아를 휩쓸었다. 태국에서와 마찬가지로 이들 국가들은 고정된 자국 통화를 방어하지 못했다. 예상대로 고정환율제를 포기하고 환율이 변동하기 시작하자마자 이들 통화들의 가치가 급격히 하락하였다. 1997년에서 1998년 사이 이들 국가의 GDP는 10% 정도 감소했다. 위기는 약 4년간 지속되었으며 수백만 명의 사람들이 고통을 받았다. 아시아 금융위기에서 얻은 다른 무엇보다 중요한 교훈은, 이동이 빠른 자본과 고정환율제의 결합은 전 대륙을 흔들 힘이 있는 대단히 파괴적인 투기성 공격을 야기한다는 것이다.

이러한 위기 이후의 문제는 어떻게 하면 자유로운 자금의 이동에 따른 유익함을 손상시키지 않고 금융위기의 전염을 방지할 수 있는가 하는 것이다. 자본 도피를 막기 위한 여러 제안 중 하나는 외환 거래에 아주 작은 세금을 부과하는 토빈 조세다. 이에 대해서는 다른 관점에서 보기의 '단기 투기성 자금 손보기'를 읽어보자.

다른 관점에서 보기

단기 투기성 자금 손보기

세계에서 가장 큰 금융시장은 매일 2조 달러 이상이 거래되는 외환시장이다. 믿기 힘들지만 이 거래의 90%는 온전히 투기성 거래라고 할 수 있다. 거래자들은 전 세계 통화의 미래 가격에 대해 내기를 한다. 통화의 거래는 믿을 수 없이 빠른 속도로 이루어진다. 찰나에 많은 돈을 벌게 될지, 아니면 모든 것을 잃게 될지 결정된다. 이러한 흐름은 엄청나게 파괴적이다.

이에 대응해 2명의 경제학자(그중 한 명은 노벨상 수상자)가 순식간에 이루어지는 외환 거래의 거래 속도를 줄이기 위한 조치를 제안했다. 더 자세히 알고 싶다면 이 장 끝부분의 QR코드를 스캔하거나 온라인을 통해 읽기를 계속하라.

결론

이 장에서는 국가들이 상호 간에 어떻게 무역과 투자를 하는지 살펴보기 위해 국가경제의 구성요소를 살펴보았다. GDP 수식에 순수출을 더하면 흥미로운 결과가 도출된다. 한 나라가 구매하는 것과 판매하는 것의 차이가 바로 외국인 투자와 동일하다. 결과적으로 한 나라가 판매하는 것보다 구매하는 것이 더 많다면 해외에서 돈을 빌려 수입의 대가를 지불해야 한다. 이 중요한 동등성을 국제수지 항등식이라 부르며 무역과 자본 흐름 간의 이와 같은 긴밀한 연관성이 미국의 무역적자와 중국에 대한 미국의 채무를 이해하는 열쇠다.

미국의 중국에 대한 적자에 대해 2가지 설명을 살펴보았는데, 이 두 설명은 동전의 양면과도 같다. 첫 번째 설명은 미국이 중국만큼 저축을 하지 않기 때문에 외국인 투자에 의존한다는 것이다. 국제수지 항등식에 의해 외국인 투자가 높으면 반드시 무역적자가 존재할 것임을 알 수 있다.

두 번째 설명은 중국 통화가 시장 환율에 비해 저평가되어 있기 때문에 중국은 인위적으로 낮아진 가격에 수출할 수 있다는 것이다. 중국 수출품의 저렴한 가격은 미국의 무역이 적자고 이를 충당하기 위해 외국에서 돈을 빌려야 함을 의미한다.

극단적인 경우 외채와 고정환율제는 한 국가를 경제 위기로 내몰 수도 있다. 세계의 상호 연결성이 점점 강해지면서 한 지역에서의 경제정책은 세계 전체로 확산될 수 있다.

거시경제학은 여러 변수가 변동하기 때문에 미시경제학에 비해 조금 추상적으로 보일 수 있다. 그러나 무역정책, 재정정책, 통화정책, 환율정책 등은 사람들의 일상생활에 영향을 준다. 그 영향을 쉽게 알아보기 어려울지라도 말이다. 다음 마지막 장에서는 이 책에서 학습한 모든 내용을 경제학에서 가장 고질적인 문제인 국제 빈곤에 적용해본다.

주요 용어

요약

LO 34.1 무역수지를 정의하고 미국의 일반적인 무역 추세 설명하기

무역수지는 수출액에서 수입액을 차감한 것이다. 이는 순수출이라고 하기도 한다. 순수출은 환율에 반응한다. 환율이 높으면 국내 생산품이 외국 제품에 비해 비싸기 때문에 순수출은 낮다. 환율이 낮으면 순수출은 높다.

LO 34.2 간접투자와 외국인직접투자 정의하기

외국인직접투자에는 두 종류가 있다. 직접투자는 해외에 공장을 건설하거나 공장을 운영하는 등 적극적인 이해를 가지고 투자하는 경우다. 간접투자는 주식이나 증권 등 금융채권에 투자하는 것으로 기업 경영은 투자 유치국 국민이 계속하는 경우다. 이 두 종류의 외국인 투자가 한 국가의 외국에 대한 투자를 측정하는 측정치인 순자본유출을 구성한다.

LO 34.3 무역수지와 순자본유출의 연관성에 대해 설명하기

무역수지와 순자본유출은 국제수지 항등식으로 연결되어 있다. 국제수지 항등식은 NX = NCO다. 이 식은 회계적 항등식이다. 만약 한 국가가 무역 불균형(무역흑자)을 경험한다면, 이는 그 국가가 외국이 자국에 지급해야 할 수출 대금을 충당할 수 있도록 돈을 빌려주고 있음을 의미한다(순자본유출).

LO 34.4 국제자본 흐름이 어떻게 국제적으로 대출 가능한 자금의 수요와 공급에 의해 결정되는지 살펴보기

순자본유출은 순자본유출에 대한 수요와 공급으로 결정된다. 순자본유출 공급은 정부저축에서 국내 투자를 차감한 것이다. 순자본유출 수요는 국내 이자율과 외국 이자율로 인해 결정된다. 국내 이자율이 높으면 외국의 자금이 유입되기 때문에 순자본유출은 낮다. 외국의 이자율이 높으면, 외국의 높은 수익 기회를 보고 유출되는 자금으로 인해 순자본유출이 높다.

LO 34.5 대출 가능한 자금의 국제시장이 어떻게 국제금융 체계에서 일어나는 변화를 설명해줄 수 있는지 보기

다양한 상황이 대부자금의 국제 공급과 수요에 영향을 미칠 수 있다. 한 경제에 대한 신뢰도 증가는 순자본유출을 중단시켜 이자율을 낮출 것이다. 정부의 재정적자로 인한 저축 감소는 대부자금의 공급을 왼쪽으로 이동시켜 이자율을 높이고 순자본유출은 감소시킨다.

LO 34.6 환율과 그 결정 요인을 살펴보고 환율이 무역에 미치는 영향에 대해 설명하기

환율은 한 통화의 가치를 다른 통화로 표현한 것이다. 국내 통화로 표시하든지 아니면 외환으로 표시하는 방법 등 2가지 방식으로 표시할 수 있다. 환율은 통화가치가 상대 통화에 대해 높아지거나 낮아짐에 따라 상승하거나 하락할 수 있다.
환율은 국내 통화에 대한 수요와 공급에 따라 결정된다. 수요와 공급은 국내 제품 및 용역과 외국 제품 및 용역에 대한 선호도, 국내 및 해외의 이자율, 국내와 외국에 투자하는 것에 대한 위험 인지도의 영향을 받는다.

LO 34.7 고정 및 변동환율을 설명하고 통화정책이 통화가치에 미치는 영향에 대해 설명하기

고정환율은 시장이 아니라 정부가 설정하는 환율이다. 보통 고정환율은 다른 안정적인 통화를 기준으로 설정된다. 이와 달리 변동환율은 시장에 의해 형성된다. 고정환율은 필연적으로 통화정책이 효과를 발휘하지 못하도록 만든다. 통화 공급의 어떤 변화도 정부가 외환시장을 통해 상쇄해야 하기 때문이다. 통화정책은 변동환율제에서는 가능하다.

LO 34.8 실질환율과 명목환율의 차이에 대해 설명하기

실질환율은 국내와 외국의 물가로 조정한 명목환율이다. 실질환율은 통화보다는 재화로 측정된다. 만약 실질환율이 1이라면, 한 나라의 재화를 다른 나라에서 동일한 물품 한 개로 교환할 수 있다는 것이다. 이러한 경우라면 양국 간 구매력이 동등하다.

복습문제

1. 유가가 상승하면 미국의 무역수지는 어떻게 변하는가? **[LO 34.1]**
2. 한 대통령 후보자가 상대 후보의 경제정책이 달러 가치를 약화시켜 미국인들이 일거리를 빼앗기게 되었다고 비판했다고 하자. 여러분은 어떻게 반응할 것인가? **[LO 34.1]**
3. 기업들은 자국 통화의 구매력이 높은 국가들에 왜 집적투자를 하고 싶어 할까? **[LO 34.2]**
4. 북미자유무역협정에 의해 처음으로 멕시코의 주식시장이 미국과 캐나다의 투자자들에게 개방되었다. 이는 멕시코의 직접 및 간접투자에 어떤 영향을 미칠까? **[LO 34.2]**
5. 만약 미국에서 재화를 생산하던 공장들이 전부 멕시코로 이전한다면 국제수지의 개선을 위해 미국에서는 어떤 일이 발생해야 하는가? **[LO 34.3]**
6. 북미자유무역협정의 비판자들은 멕시코에 미국 시장을 개방하면 미국의 모든 기업들이 모든 공장을 멕시코로 이전할 것이고, 이에 따라 미국은 멕시코에 대해 무역적자에 시달리게 될 것이라고 주장했다. 여러분의 국제무역과 순자본유출에 대한 지식을 활용해 이러한 비판에 대해 논의하라. **[LO 34.3]**
7. 신용평가기관은 국가들을 투자 위험 인지도에 따라 순위를 매긴다. 그러한 평가기관 중 하나인 스탠더드 엔드 푸어스는 2011년 미국 국채에 대한 신용등급을 하향 조정했다. 이 장에 의하면 이러한 등급 하향 조정이 순자본유출과 이자율에 어떤 영향을 가져올 것인가? **[LO 34.4]**
8. 스탠더드 엔드 푸어스가 미국의 신용등급을 하향 조정하기 전 10년 만기 미국 국채의 이자율은 2.47%였다. 1년 뒤, 이들 채권에 대한 이자율은 1.6%로 하락했다. 이 장에서의 결론과는 상반되는 듯한 이 결과를 어떻게 설명할 수 있는가? **[LO 34.4]**
9. 이자율 감소로 이어지는 정부 정책 3가지는 무엇인가? (힌트: 〈그림 34-6〉부터 〈그림 34-8〉까지 다시 살펴볼 것) **[LO 34.5]**
10. 수출하는 사람들은 왜 정부가 균형재정을 유지하기를 원하는가? **[LO 34.6]**
11. 일부 정치인들은 미국의 무역적자를 줄이기 위해 무역을 규제해야 한다고 제안한다. 미국이 변동환율제를 도입하고 있다는 전제하에, 통화의 공급과 수요의 관점에서 이러한 정책 제안에 반하는 경제적 주장을 제기해보라. **[LO 34.6]**
12. 고정환율을 운영하고 있는 국가에서 심각한 불황에 대응해 한 정치가가 고정환율제를 변동환율제로 변경할 것을 제안했다. 이러한 정책은 경제에 어떤 영향을 가져올 것인 가, 불황에 대응하는 데 적절한 정책인가? **[LO 34.7]**
13. 통화가치가 고평가되고 고정환율제를 운영하고 있는 한 국가에서 심각한 불황에 대응해 변동환율제로 전환한다고 하자. 이에 따라 누가 이득을 보고 누가 피해를 보는가? **[LO 34.7]**
14. 만약 운송비용을 극적으로 감소시키는 유가하락이 있다면 미국과 호주 간 실질환율은 어떻게 변할 것인지 논의하라. **[LO 34.8]**

15. 한 나라의 실질환율이 절상될 때 명목환율은 절하되는 것이 가능한가? 설명하라. **[LO 34.8]**

응용문제

1. 7월 미국의 총수출이 122.9달러고 총수입이 192.4달러라고 하자. 무역수지는 얼마인가? **[LO 34.1]**
2. 어느 한 나라의 GDP(Y) = 10조 달러, 소비 = 7조 달러, 정부지출 = 2조 달러, 민간투자 = 2조 달러, 세금 = 1.5조 달러다. 순수출 또는 무역수지는 얼마인가? 정부저축은 얼마인가? 순자본유출은 얼마인가? **[LO 34.1, 34.3]**
3. 2010년, 미국 투자자들은 50조 달러의 외국 자산을 매입했고 외국인들은 1000억 달러어치의 주식, 국채 등과 같은 미국 자산을 매입했다. 이에 더해 미국 사업가들은 외국의 공장 건설 및 운영 등에 1500억 달러를 직접투자했으며, 외국인은 미국에 1000억 달러를 직접투자했다. 미국의 순자본유출은 얼마인가? **[LO 34.2]**
4. 다음이 간접투자인지 아니면 직접투자인지 분류하고 설명하라. **[LO 34.2]**
   a. 나이키(미국 기업)가 캄보디아에 새로운 공장을 세웠다.
   b. 미국의 해지펀드가 브라질 제지기업의 주식 30%를 사들였다.
   c. 메르세데스-벤츠(독일 기업)가 미국 앨라배마 주에 새로운 생산설비를 건설했다.
   d. 영국 초콜릿 회사가 자사보다 작은 미국의 경쟁 기업을 인수했다.
   e. 힐튼 호텔(미국 회사)이 하와이에 휴양지를 새로 개발했다.
5. 톰은 친구들과 어떤 외딴섬에 표류하게 되었다. 이 섬에서는 코코넛을 통화로 사용하는데, 최근 인근에서 윌슨 섬을 발견하고 단 한 번의 거래를 하기로 했다. 톰 섬이 윌슨 섬에 15코코넛을 받고 어선을 팔기로 한 것이다. 톰 섬의 연 코코넛 소비량이 500코코넛, 오두막과 농사 등에 대한 국내 투자가 150코코넛이라는 전제하에 다음에 답하라. **[LO 34.3]**
   a. 톰 섬의 순수출은 얼마인가?
   b. 톰 섬의 총저축은 얼마인가?
   c. 만약 톰 섬이 윌슨 섬에서 배구 네트를 5코코넛에 수입한다고 하자. 톰 섬의 총저축은 이제 얼마인가?
   d. 톰 섬이 윌슨 섬에 있는 코코넛 나무 한 그루를 10코코넛을 주고 샀다. 이제 국제수지는 얼마인가?(힌트: 코코넛 나무는 공장에서 재화를 생산하듯 코코넛을 생산한다)
6. 지난 5년 동안 포틀랜디아의 평균 소득이 증가해 대부자금의 공급곡선이 증가해 오른쪽으로 이동하게 만들었다. **[LO 34.4]**
   a. 국내 이자율은 증가했는가, 감소했는가?
   b. 이러한 이자율의 변화를 감안할 때 GM 자동차가 이 나라에 새로운 공장을 설립할 것인가?
   c. 만약 포틀랜디아가 불황에 빠지게 되어 이자율이 감소한다면, 대부자금의 수요곡선은 어느 방향으로 움직이는가?
7. 다음의 각 상황에서 미국 달러의 수요와 공급곡선이 어떻게 움직일지 설명하라. **[LO 34.4]**
   a. 러시아에서 가뭄이 들어 밀 수확을 망치게 되었다. 그 결과 러시아는 미국으로부터 밀 수입량을 늘렸다.
   b. 볼리우드 영화가 미국에서 큰 인기를 얻으면서 외국 영화의 수입이 늘어났다.
   c. 미국 정부가 모든 정부 사무실에서 사용할 컴퓨터를 수입하지 말고 미국산 컴퓨터를 사도록 강제했다.
8. 미국 노동시장의 불안이 고조되면서 유럽 투자자들이 미국에 투자하는 것을 꺼리게 되었다고 하자. **[LO 34.5]**
   a. 미국 달러에 대한 수요와 공급곡선을 그리고 미국 노동시장 불안에 따른 변화가 수요와 공급에 어떤 영향을 미치는지를 보여라.
   b. 미국 달러의 가치는 하락하였는가, 아니면 상승하였는가?
9. 7번 문제의 각 문항에서 미국의 환율은 상승하였는가, 아니면 하락하였는가? 미국의 무역수지는 어떻게 변하는가? **[LO 34.6]**
10. 애플㈜의 회장이 기업의 모든 생산을 미국에서 중국으로 이전하기로 결정한다고 하자. **[LO 34.6]**
    a. 미국 달러의 공급은 어느 방향으로 움직이는가?
    b. 미국 달러의 수요는 어느 방향으로 움직이는가?
    c. 미국 달러의 가치는 하락하였는가, 아니면 상승하였는가?
11. 미국에서 작년 연말 가장 인기 좋은 선물이(주로 중국에서 생산되는) iPad였다면 올해 가장 인기 좋은 선물은 iPad에 사용되는 미디어 콘텐츠 제품(미국에서 만들어지는)이라고 하자. 다음 각 변수가 작년에 비해 증가할 것인지, 감소할 것인지, 아니면 변화가 없을 것인지를 규명하라. **[LO 34.6]**
    a. 달러에 대한 수요와 공급

b. 미국과 중국 간 환율
c. 미국의 순수출
d. 미국의 순자본유출

12. 2009년 3월 캐나다 달러의 가치는 0.78미국 달러에 해당했다. 2011년 4월에는 캐나다 달러의 가치가 1.06미국 달러에 해당했다. 이러한 증가는 미국과 캐나다 간 무역수지에 어떤 영향을 미칠 것인가? 왜 그런지 설명하라. **[LO 34.6]**

13. 미국 경제가 불황에 빠진다고 가정하자. 이에 대응해 연방준비위원회가 실업을 방지하기 위해 기준금리를 내린다고 하자. 변동환율제하에서 다음 각 변수들이 어떤 영향을 받을지 설명하라. **[LO 34.7]**
   a. 국내 투자
   b. 자본유입
   c. 자본유출
   d. 환율
   e. 순수출
   f. 총수요

14. 위의 문제 13을 고정환율제를 가정해 다시 설명해보라. **[LO 34.7]**

15. 마르타는 외환시장에 1만 달러를 투자할 자금이 있다. 마르타는 미국 달러(USD)를 유로(EUR)와 일본 엔화(JPY)와 교환하는 데 관심이 있다. 〈표 34P-1〉을 이용해 다음 각 상황에서 마르타가 얻을 차익 거래의 이윤 또는 손실을 계산하라(참조: 10달러 이하의 금액은 0으로 간주된다). **[LO 34.8]**

표 34P-1

환율	USD	EUR	JPY
USD	1.00000	0.78230	81.200
EUR	1.27830	1.00000	103.796
JPY	0.01232	0.00963	1.000

   a. USD → EUR → JPY → USD
   b. USD → JPY → EUR → USD

16. 온타리오 윈저에서는 맥도널드의 빅맥 햄버거가 4.16캐나다 달러이며, 국경을 넘어 디트로이트에서는 3.54미국 달러다. **[LO 34.8]**
   a. 미국과 캐나다 달러 간 명목환율은 1캐나다 달러당 0.80미국 달러다. 두 국가 간 구매력 평가가 형성되어 있는가?
   b. 미국에 구매력 평가가 형성되는 환율은 무엇인가?

17. 현재 미국-영국 환율이 1달러당 0.63파운드(파운드는 영국의 통화)이며, 평균 물가지수가 미국에서는 170, 영국에서는 140이라고 하자. 실질환율은 얼마인가? 실질환율은 달러와 파운드의 상대적 구매력에 대해 어떤 의미를 가지고 있는가? **[LO 34.8]**

18. 세상에 단 2개의 국가만이 서로 교역한다고 상상해보자. 다음의 각 상황에서 주어진 물가상승률과 명목환율을 감안할 때, 한 나라의 재화가 다른 나라의 재화보다 더 매력적일지 여부를 결정하라. **[LO 34.8]**
   a. 영국에서는 물가상승률이 8%이며 독일에서는 4%이나 영국 파운드와 유로 환율은 변하지 않는 경우
   b. 물가상승률이 미국에서는 3%이며 일본에서는 7%이고 1달러당 일본 엔화 환율이 70엔에서 80엔으로 증가하는 경우
   c. 미국에서 물가상승률이 10%이며 멕시코에서는 6%이고 멕시코 페소의 가격이 0.08달러에서 0.15달러로 상승하는 경우

참고문헌

http://www.treasury.gov/resource-center/ data-chartcenter/tic/Documents/shla2010r.pdf
http://fpc.state.gov/documents/organization/8040.pdf
http://www.fas.org/man/crs/crs-asia2.htm

◀ 세계의 모바일 윈도우–이 장의 내용과 관련된 응용사례를 찾으려면 여러분의 스마트폰으로 이 코드를 스캔하라. (QR코드 리더가 필요하면, 여러분의 앱스토어에서 ScanLife를 활용하라.)

여러분의 모바일 앱스토어를 방문하여 Karlan and Morduch Study Econ app.을 다운로드 하라. ▶

Chapter 35

개발경제학

학습목표

LO 35.1 역량 접근법이 경제개발과 어떤 관련이 있는지 설명하기

LO 35.2 경제성장과 경제개발의 관계 설명하기

LO 35.3 교육과 보건의 개선이 어떻게 인적 자원 축적에 도움이 되는지 살펴보기

LO 35.4 개발경제학에서 제도와 좋은 지배구조가 얼마나 중요한지 설명하기

LO 35.5 산업정책과 클러스터가 개발에서 어떤 역할을 하는지 평가하기

LO 35.6 이주와 송금이 개발을 어떻게 촉진하는지 평가하기

LO 35.7 해외 원조에 대한 여러 다른 찬반론 규명하기

LO 35.8 영향평가의 필요성에 대해 설명하고 영향을 측정하는 데 무작위 통제 실험의 역할에 대해 분석하기

풍요 속 빈곤

거시경제학에 대한 장에서 경제성장에 대한 많은 논의를 했다. 그러나 경제성장은 그 자체가 궁극적인 목적은 아니다. 경제가 성장해도 많은 사람들이 그 혜택을 누리지 못할 수 있다. 20세기 후반, 전 세계적으로 1인당 GDP의 평균 수준이 3배로 증가했지만 아직도 많은 사람들이 아주 작은 일을 시작할 만한 자원조차 없다.

세계은행은 극도의 빈곤을 측정하기 위해 하루 생계 소득 1.25달러를 기준으로 하고 있는데, 지구상의 인구 70억 중 약 10억이 이 빈곤선 이하로 생활하고 있으며 10억 명 이상이 이보다 단지 아주 조금 높은 소득으로 생계를 꾸리고 있다. 세계적 빈곤의 깊이와 범위는 인도적으로 주목하지 않을 수 없기도 하지만, 경제적인 수수께끼이기도 하다. 어떻게 이런 풍요로움 속에 이와 같은 빈곤이 지속될 수 있을까?

보다 비관적인 관점을 가진 사람들은 빈곤은 언제나 인생의 한 부분으로 남을 것이라고 믿는다. 그들은 수십 년간 지속된 정부 정책의 절망적 실패와 해외 원조의 낭비를 지목한다. 보다 긍정적인 사람들은 발전의 증거도 보인다고 주장한다. 정부, 비정부 기구, 지역사회 등의 지속적인 노력으로 불과 10~20여 년 전에 비해 훨씬 많은 아이들이 학교에 다니게 되었다. 유아 사망률은 1960년 이래 절반으로 감소했다. 유아 사망률이 1960년 수준이었던 때에 비하면 2006년에는 900만 명의 아이들이 돌을 기념하게 되었다.

인상적인 것은 이러한 변화가 평균소득이 증가하지 않은 곳에서도 이루어졌다는 점이다. 성장이 일반적으로 좋기는 하지만, 극빈자들은 성장이 별로 없어도 삶이 더 나아질 수 있다는 것이다.

경제가 크게 성장한다고 해서 극빈자들에게 반드시 좋은 것도 아니다. 보다 전문적으로 말하면, 전반적인 성장과 극빈층의 소득은 상관관계가 있지만 완전하게 연계되어 있는 것은 아니다.

그렇다면 극빈자들이 좀 더 나은 삶을 살 수 있도록 돕는 방법은 무엇인가? 중요한 단계 중 하나는 시장과 제도를 쉽게 접함으로써 더 많은 기회와 선택을 누릴 수 있도록 하는 것이다. 여러분이 비용을 지불하고 돈을 저축하기 위해 은행 계좌에 얼마나 크게 의존하는지 한번 생각해 보라. 전 세계 성인의 절반은 이러한 은행 계좌 없이 살아가고 있다. 은행을 쉽게 사용할 수 있도록 하면 수백만 명이 저축하고, 투자하고, 가족을 돌보는 것을 도울 수 있다. 교통수단, 보건, 교육, 기타 다른 기초 서비스를 제공하는 시장에 대한 접근 개선과 이를 뒷받침할 수 있도록 공정한 법칙을 유지하는 민감한 법적, 정치적 제도도 마찬가지다.

이러한 질문들이 이 장의 주제인 개발경제학이 탐구하는 영역이다. 개발경제학자들은 경제학 분야의 핵심적인 몇몇 문제에 대해 도전한다. 어떤 사람들 — 또는 어떤 나라들은— 은 다른 사람들에 비해 왜 더 부유한가? 다른 사람들은 왜 빈곤한가? 개발도상국에서 어떻게 하면 시장이 더 효율적으로 작동할 수 있게 하고 그 범위를 확대할 수 있을까? 자원이 희소할 때 공여자와 투자자들은 여러 다른 대안 중에서 어떤 선택을 해야 하는가?

이 장의 첫 부분에서는 경제성장과 경제개발의 관계에 대해 살펴본다. 그 다음 인적자본, 좋은 지배구조, 투자, 무역, 이주 등 이 책에서 이미 살펴본 내용에 대해 새로운 시각으로 바라보면서 개발경제학의 기초를 다진다. 마지막으로 해외 원조에 대해 살펴본다. 원조의 역사와 원조에 대한 찬반론, 그리고 개발경제학자들이 어떤 원조가 실제로 도움이 되는지 알아내기 위해 얼마나 애쓰고 있는지에 대해서 알아볼 것이다.

개발과 역량

지금까지는 **경제성장**에 대해 많은 이야기를 했다. 이 장에서는 **경제개발**에 대해 이야기한다. 경제성장과 경제개발은 밀접히 관련되어 있지만 뚜렷이 구분되는 개념이다. 경제성장은 GDP의 증가를 의미한다. 그러나 GDP만으로는 한 나라에서의 삶이 어떤 것인지 구체적으로 알 수 없다. 불평등이나 빈곤의 정도라든가, 중간층이나 빈곤층이 더 나은 상황으로 도약할 수 있는 기회가 있는지, 법원이나 병원 등 기초적인 제도는 제대로 작동하는지, 문맹률은 어느 정도인지 등에 대해서 알 수 없다는 말이다. 경제개발의 개념에는 이러한 측면들이 포함되어 있다. 개발경제학자들은 GDP 성장을 넘어 사회 모든 계층의 삶의 질에 대해 탐구한다. **역량** 접근법은 이러한 사안에 대해 생각하는 데 유용한 개념이다.

역량 접근법

LO 35.1 역량 접근법이 경제개발과 어떤 관련이 있는지 설명하기

역량 접근법은 1998년 노벨 경제학상을 수상한 아마르티아 센(Amartya Sen)에 의해 정립되었다. 그의 생각은 경제학자들이 빈곤, 불평등, 인간 개발에 대해 사고할 수 있는 분석 틀을 제공한다. **역량**이란 한 사람이 될 수 있거나 할 수 있는 어떤 것을 말한다. 무병장수할 수 있는 능력,

역량 경제적, 정치적 자유를 포함해 본인의 삶을 완전히 영위할 자유

충분한 먹을 것과 잠자리를 확보하고 교육받을 수 있는 능력, 자기 생각을 말할 수 있는 능력, 자유롭게 움직일 수 있고 폭력으로부터 자유로울 능력, 안정적이고 의미 있는 일을 하고 오락과 문화 활동을 즐길 수 있는 능력. 이 모든 것이 역량의 예다.

전반적으로 역량은 삶의 넓은 영역을 대표하는 것이다. 기본적인 생존과 건강에서부터 자기표현과 문화 활동까지 말이다. 경제성장이 경제를 확장하는 것에 초점을 맞춘다면 경제개발에 대한 능력 접근법은 그보다는 개인의 역량을 개선하는 데 초점을 두고 있다. 사람들의 활동을 제한하는 제도나 시장 실패, 그리고 역량의 제약은 가장 빈곤한 사람들에게 가장 큰 영향을 미친다.

여러분은 왜 '역량'과 같은 새로운 복잡한 용어를 사용해야 하는지 의문이 들 수도 있다. 이제까지 언급한 모든 것도 단순히 효용을 증가시키는 것이 아닌가? 도대체 왜 효용을 극대화하는 전통적인 경제적 분석 틀에서 벗어나야 하는가? 이 흥미로운 질문에 대해 보다 자세히 알기 위해서는 어떻게 생각하십니까?의 '효용과 역량'을 읽어보자.

어떻게 생각하십니까?

효용과 역량

지금까지 이 책에서 본 바로는 경제학에서 개인의 결정은 근본적으로 '효용을 극대화'하는 것이었다. 여기에는 사람들이 만족감을 주는 것들을 더 많이 얻기를 원한다는 것이 잘 반영되어 있다. 그렇다면 개발을 논할 때도 단순하게 이러한 효용 접근법을 사용하면 안 되는 것일까? 무엇 때문에 '역량 접근'이란 새로운 개념을 도입해 교육, 보건, 언론의 자유 등의 가치를 정립할 필요가 있는가? 어쨌거나 그런 것들도 사람들의 효용을 증대시키는 것 아닌가?

효용적 접근은 개인이 어떤 결정을 하는지를 분석하기에는 용이하지만 사회 전체를 위해 어떤 결정을 하는 것이 가장 좋은지에 대한 지침을 제시하지는 않는다. 효용 접근법의 초기 창시자들인 철학자 제러미 벤덤과 존 스튜어트 밀은 가장 바람직한 사회는 모든 구성원들의 집단적 효용을 극대화하는 것이라고 주장했다. 이후 다른 철학자들은 이러한 논리에 결함이 있다고 주장했다. 역량 접근법은 그중 적어도 2가지 결함에 대해 반론을 제기한다.

첫 번째 문제는 단순한 효용 극대화 접근은 기본권이라는 개념을 완전히 무시한다. 예를 들어, 만약 노예가 해방되어 누리는 효용보다 노예 주인이 노예를 부리는 것으로부터 더 많은 효용을 얻는다면 어떠한가? 그렇다면 사회는 노예제도를 허용하는 것이 마땅한가? 대부분의 사람들은 사회 전체의 효용이 조금 낮아진다 해도 자유 같은 기본권은 보존될 가치가 있다고 말할 것이다. 센이 주장한 것처럼 "행복 또는 욕구의 충족은 인간이라는 존재의 단지 한 가지 측면일 뿐이다. 역량 접근법은 삶을 좀 더 넓은 시각에서 바라봄으로써 이러한 공백을 메우기 위한 시도다." (클라크(2011)에서 인용).

둘째, 단순히 효용을 극대화하기 위한 시도는 그 효용의 분배에 대한 문제를 무시한다. 극빈한 어떤 나라의 대통령이 부국의 대통령이 개인 제트기를 타고 다니는 것을 몹시 부러워한다고 상상해보자. 개인 제트기를 소유하는 것으로부터 얻는 효용이 극심한 나머지 이것이 특정 도시에서 새로운 보건소를 지을 때 그 도시 시민들의 집단 효용보다 더 크다면 공중보건을 개선하기보다 대통령이 개인 제트기를 사는 것이 더 바람직한가? 이러한 결론을 그대로 수용하기에는 뭔가 결함이 있어 보인다.

반대로, 효용적 접근에서 너무 멀어지는 것에도 위험이 따른다. 이 경우, 빈곤한 사람들이 정말로 원하는 것보다는 온정주의적 입장에서 우리가 그들이 무엇을 원해야 하는지를 일방적으로 강요하는 것은 아닐까? 아비지트 바너지와 에스터 더플로는 저서 《빈곤경제학》에서 모로코의 어느 먼지 풀풀 나는 외딴 마을에 사는 사람의 이야기를 한다. 연구자들이 더 많은 돈이 있다면 무엇을 할지를 물으니 그는 가족들을 위해 더 영양가 있는 음식을 살 것이라고 말했다. 연구자들은 그가 이미 TV와 DVD 같은 가전제품을 소유하고 있다는 것을 지적하며 가족들이 충분히 먹을 것이 없는데도 왜 이런 것들을 샀는지 물었다. 그는 "아 ? 그렇지만 TV는 먹는 것보다 더 중요해요"라고 답했다.

어떻게 생각하십니까?

1. 개발도상국 사람들이 정말로 원하는 것이 TV일 때 과연 세계은행이나 지역 정부는 다리를 놓고, 학교와 보건소를 짓는 일에 매달리는 것이 바람직한 것일까?
2. 개발경제학자들이 효용보다는 역량에 더 초점을 맞춰야 할까?

Sources: Abhijit Banerjee and Esther Duflo, Poor Economics (New York: Public Affairs, 2011); David A. Clark, "The capability approach: Its development, critiques and recent advancements," http://www.gprg.org/pubs/workingpapers/pdfs/gprg-wps-032.pdf (accessed November 7, 2011).

경제성장과 경제개발

LO 35.2 경제성장과 경제개발의 관계 설명하기

앞장에서 중국과 같은 나라에서 성장을 통해 빈곤율을 얼마나 현저히 감축할 수 있었는지 보았다. 30년 전 중국의 평균적인 시민은 연 250달러를 버는 것에 불과했으나 지금은 약 5000달러를 번다. 교육과 보건의 평균 수준도 극적으로 증가했다. 이는 전혀 놀랍지 않다. 어쨌든 사람들이 돈이 더 많아지면 그들 자녀의 건강과 교육을 개선하는 데 더 많은 비용을 지출할 것이라고 예상할 수 있다.

그러나 GDP 성장이 모든 사람들의 건강과 교육을 당연히 개선하지는 않는다. 예를 들어, 인도에서 진행한 설문조사에 따르면 아동 영양실조의 정도가 1998년과 2005년 사이 큰 변화를 보이지 않고 있다. 이는 한 나라가 경제개발이 수반되지 않더라도 강건한 경제성장을 경험할 수 있다는 것을 명백히 보여준다. 증가한 평균 임금이 가장 빈곤한 계층의 역량을 개선하는 데 전환될 수 있도록 추가적인 정책 기제와 관심이 필요하다.

반대의 인과관계는 어떨까? 경제개발이 경제성장을 유도할 수 있는가? 이것이 가능하다는 증거는 많다. '경제성장' 부분에서 보았듯이 경제학자들은 경제성장의 근본적 원인에 대해 열띤 토론을 벌인다. 그렇지만 일반적으로 의견이 일치하는 것은 경제성장의 근본 요소는 재산소유권, 법치, 인적자본 등을 포함한다는 것이다.

✓ 개념 확인하기

- ❒ 역량의 예를 몇 가지 들어보라. **[LO 35.1]**
- ❒ 경제성장이 항상 경제개발을 유도하는가? **[LO 35.2]**
- ❒ 가장 빈곤한 사람들의 교육과 건강을 개선하는 것이 보다 부유한 사람들에게 도움이 될 수 있는 점은 무엇인가? **[LO 35.3]**

개발경제학의 기초

경제성장과 경제개발의 차이에 대해 논의한 만큼, 이제 지금까지 학습한 내용을 새로운 관점에서 다시 살펴볼 수 있게 되었다. 국가가 경제개발에 핵심적인 보건, 교육, 좋은 지배구조 등을 촉진할 수 있는 정책에는 2가지 방식이 있다는 것을 상기하라. 하나는 경제성장을 위한 전제 조건을 성립하는 것이고, 다른 하나는 경제성장의 과실을 사회 구성원들의 역량 확대로 전환하는 것이다.

인적자본

LO 35.3 교육과 보건의 개선이 어떻게 인적자본 축적에 도움이 되는지 살펴보기

전 세계의 국가들이 보건과 교육 부문에서 극적인 개선을 목격했다. 이 현상은 아시아에서 특히 두드러지며, 심지어 과거에 뒤처졌던 아프리카 국가들의 경우에도 거의 모든 아이들이 초등학교에 다니고 있다. 이는 개발과 성장 모두에 긍정적인 소식이다. 그럼에도 불구하고 매년 수백만 명의 아이들이 예방 가능한 질병으로 인해 사망하고 있다. 이는 별로 큰 비용을 들이지 않고도 빨리 개선될 수 있는 일이지만 이루어지지 않고 있다.

보건. 이러한 개선은 왜 이루어지지 않는 것일까? 문제의 일부분은 세계의 많은 곳에 보건 시설이 존재하지 않는다는 것이다. 특히 농촌지역에서는 근대적인 보건소에 가려면 먼 거리를 걸어가야 한다. 또 다른 문제는 그러한 보건소가 존재한다 해도 사람들이 이용하지 않는다는 것이다. 많은 사람들이 그보다는 자가 치료를 하거나 의료교육을 거의 받지 못했지만 근대 병원보다 저렴한 비용으로 진료를 해주고 보다 자상한 마을의 전통 '의사'를 선호한다. 중소득국인 태국에서부터 태국보다 빈곤한 가나에 이르기까지 이를 인식한 전 세계 국가들이 국가 차원의 건강보험제도를 시작했다. 보통 연 2달러 정도 하는 최소한의 보험료를 납입하고 국립의료원이나 보건소에서 기초적인 서비스를 받을 수 있다.

그럼에도 불구하고 이러한 국립 보건 프로그램들은 가능한 수준보다 덜 효과적인 경우가 많다. 인도에서 이루어진 한 연구에 따르면 지역 보건소 관계자의 평균 근무율은 40% 정도에 불과하다고 한다. 관계자들이 출근을 한다고 해도 중요한 의약품이나 말라리아 치료제인 퀴나인이 모자랄 때가 있다. 세계은행의 지시누 다스와 프린스턴의 제프리 해머는 델리에 대한 연구에서 빈곤 가구를 위한 보건소는 많지만 부유한 지역의 민간보건소에 비하면 서비스가 형편없음을 발견했다. 그 이유는 의료진이 훈련을 잘 받지 못했기 때문이 아니다. 그보다는, 빈곤한 환자들을 대상으로는 의사들이 자신의 첨단 지식보다 아래 수준의 서비스를 제공한다는 것을 다스와 해머는 발견했다. 예를 들어, 한 연구에 따르면 공공보건소의 의사들은 심장마비 현상을 보이는 환자들에게 가장 기초적인 진단조차 실시하지 않았다. 왜일까? 이는 부분적으로는 민간 의료시설의 경우 의사들은 자신의 서비스에 상응하는 수수료를 받지만 공중보건소에서는 일정한 월급을 받기 때문이다. 의사들은 소득이 환자들의 만족도에 따라 달라지는 경우 더 적절한 치료를 할 동기가 커진다.

개발경제학자들이 당면한 도전 중 하나는 내부 동기만으로는 불충분한 경우 의사들에게 적

절한 동기부여를 할 수 있는 방법을 찾아내는 것이다. 다른 한편으로는 가족들이 자녀들에게 예방주사를 맞히는 것과 같이 보다 나은 건강을 위한 선택을 하도록 동기부여를 하는 것도 필요하다. 혁신적인 하나의 예를 위해 사례를 통해 알아보기의 '렌즈콩으로 디프테리아를 치료하다'를 읽어보자.

사례를 통해 알아보기

렌즈콩으로 디프테리아를 치료하다

매년 100~200만 명의 아이들이 백신으로 쉽게 예방할 수 있는 병으로 숨진다. 아이들에게 예방접종을 맞히는 것은 또한 긍정적인 외부 효과를 유발한다. 더 많은 아이들이 예방접종을 할수록 전염병의 확산을 막아 예방접종을 하지 않은 아이들이 병에 걸릴 확률이 감소한다. 이 때문에 많은 정부와 비영리기관들이 예방접종을 매우 낮은 비용에 또는 무료로 제공한다.

불행하게도 저비용 예방접종만으로는 접종 비율을 증가시키기에 충분하지 않다. 더 자세히 알고 싶다면 이 장 끝부분의 QR코드를 스캔하거나 온라인을 통해 읽기를 계속하라.

이러한 보건 문제를 해결하는 것은 경제성장뿐 아니라 경제개발에도 큰 기여를 한다. 영양 상태가 좋고 건강한 아이들이 공부를 더 잘하고 커서는 더욱 생산성이 높은 어른이 된다. 청소년이 걸리는 전염병은 GDP에 심각한 영향을 줄 수 있다. 사하라 이남 아프리카 전역에서 AIDS 때문에 성장률이 최고 연 1.5%씩 낮아진다는 것이 밝혀진 바 있다.

하지만 이러한 보건 문제가 해결되기 위해서는 경제성장이 우선되어야 하는 것은 아닐까? 〈그림 35-1〉은 1인당 GDP로 측정한 소득과 기대수명의 관계를 보여준다. 예상되는 바와 같이 평균소득이 더 높은 나라에서 사는 사람들의 기대수명이 일반적으로 더 높았다.

그러나 이 상관관계가 완벽한 것은 아니다. 예를 들어, 베트남과 나이지리아를 비교해보라. 두 국가는 평균소득이 같지만 베트남에서 태어난 아기는 나이지리아에서 태어난 아기에 비해 27년이나 더 오래 살 것으로 기대된다. 이는 평균소득이 크게 증가하지 않는 경우에도 보건 상태를 극적으로 개선할 수 있음을 여실히 보여준다.

교육. 보건과 마찬가지로 교사, 학교, 교재에 투자해야 하는 이유는 넘쳐난다. 경제성장의 측면에서, 교육을 받은 근로자들은 더 생산성이 높다. 1년의 추가적인 학교 교육은 전체 생애에서 벌 수 있는 총수입을 10% 정도 증가시키는 효과가 있다. 역량의 측면에서는 교육 그 자체가 가치 있다고 생각될 수 있으며, 다른 역량을 키우는 데도 기여한다고 볼 수 있다. 예를 들어, 교육을 더 많이 받은 여성이 가족계획에 대해 보다 바람직한 결정을 하는 경향이 있다. 교육은 또한 한 사회를 보다 민주적으로 만들고 불평등을 줄이는 역할을 한다는 많은 증거가 있다.

1996년에는 세계적으로 1억600만 명의 어린이가 학교에 다니지 않았다. 2011년에는 이 숫자가 절반으로 감소했다. 경제성장이 좋지 않은 나라에서조차 큰 발전이 있었기 때문이다. 많은 빈곤 국가에서는 수업료를 폐지한 것이 미취학 아동 수를 줄이는 데 크게 기여했다. 수업료가 연 30달러 정도로 대체로 낮은 편이었지만 하루 1달러로 살아가는 가족들은 이조차 감당하기

그림 35-1

소득과 기대수명 전반적으로, 한 나라의 소득이 높을수록 그 나라의 기대수명이 높다. 그러나 소득이 낮은 경우는 이 관계가 완벽하지 않다. 일부 국가에서는 소득이 증가했지만 기대수명이 특별히 나아지지 않았으나 소득이 증가하지 않은 일부 국가에서는 기대수명이 높았다.

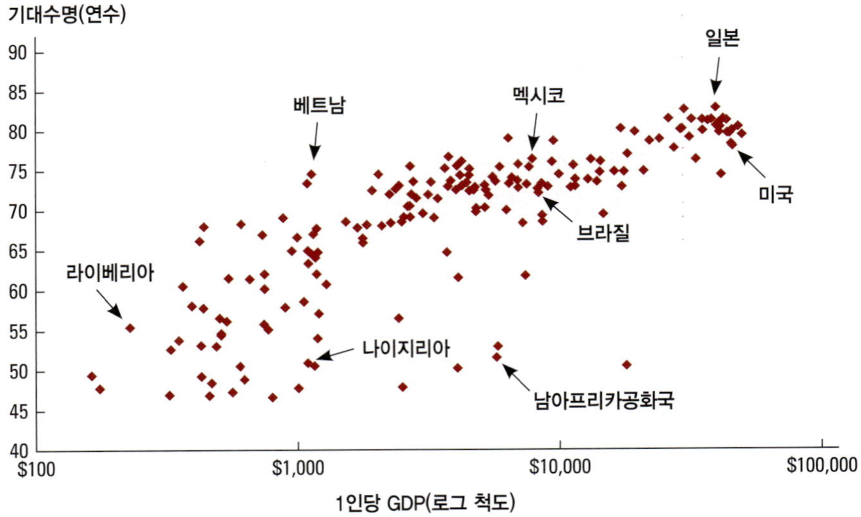

Source: The World Bank, *World Development Indicators 2011 Data Set*, data.worldbank.org.

어려웠다. 수업료가 폐지되자 더 많은 아이들이 학교에 다니게 되었다는 것은 놀랍지 않은 일이다. 예를 들어, 케냐의 경우 2003년 수업료가 폐지되자 학교에서는 전국적으로 취학 신청을 한 100여만 명의 아이들에게 자리를 찾아주기 위해 서둘러야 했다.

그런데 이는 새로운 문제를 야기했다. 비좁은 교실과 늘어난 교사들의 부담이 그것이다. 일부 국가에서는 교사 1인당 100명의 학생들을 책임져야 한다. 개발경제학자들은 최근 교육의 질을 개선하는 과제에 보다 큰 관심을 기울이기 시작했다. 모든 어린이가 초등학교에 가는 멕시코 같은 중소득 국가에서조차 91%의 어린이들이 국제 경쟁력을 가질 수 있는 정도의 수학을 배우지 못한다. 저소득 국가의 경우 이러한 현상은 더욱 심하다. 한 연구에 따르면, 가나의 경우 6학년 학생들이 기초적인 읽기와 쓰기 능력 시험에서 단순히 추측을 해서 답을 맞히는 경우와 동일한 성적을 보여주었다.

학교를 어떻게 개선할지에 대해서는 많은 방법이 있다. 개발경제학자들의 최근 연구는, 어떤 접근이 더 효과적이고 어떤 접근이 덜 효과적인지 검증하는 데 큰 발전을 보이고 있다. 기초수학과 읽기 능력에서 뒤처지는 학생들을 돕기 위해 '빈곤 퇴치를 위한 혁신(Innovations for Poverty Action)'이 인도, 케냐, 가나에서 시험한 보충수업 프로그램은 특히 성공적이었다. 이 프로그램에서는 지역 여성들을 훈련해 학습 능력이 가장 뒤처지는 학생들에게 보충수업을 실시하도록 하는 것을 포함했다. 교재 보급과 같은 다른 접근의 경우 가장 공부를 잘하는 학생들에게만 도움이 되었다. 부모들에게 자녀들의 학교의 질에 대한 정보를 제공하는 것은 아무런 영향이 없었다.

제도

LO 35.4 개발경제학에서 제도와 좋은 지배구조가 얼마나 중요한지 설명하기

제도 사람들 간 상호작용을 형성하는 인간이 만든 제약들

경제성장에 대해 학습할 때 '좋은 지배구조'에 대해 논의했다. 당연히, 좋은 지배구조는 경제개발의 핵심 요인이기도 하다. 많은 경우 역량의 발현을 위해서는 유능한, 선의의 정부 및 좋은 제도들이 필요하다. 세인트루이스에 있는 워싱턴 대학의 경제학자 더글러스 노스는(경제사에 대한 기여로 1993년 노벨상을 공동 수상) **제도**를 한 사회의 게임의 법칙 또는 보다 공식적으로는 사람들 간 상호작용하는 형태에 영향을 주는 인위적 제약이라고 정의한다. 이 정의는 문화적 규범뿐 아니라 직무 태만, 횡령, 탈세 등 정부가 집행하는 법규를 포함한다.

제도라는 용어는 흔히 정부기관(국회나 교육부 등과 같은)이나 개발기구(세계은행과 같은) 또는 국제기구(유엔과 같은)를 지칭하기 위해 사용되기도 한다. 혼돈을 피하기 위해 노스를 따라 개발경제학에서는 이런 조직을 지칭할 때 '기구'라는 표현을 사용한다.

'좋은 지배구조'의 구성요소는 정확히 무엇인가? 언뜻 이 질문은 매우 주관적인 것처럼 보인다. 어떤 사람들은 가장 좋은 정부는 사람들의 삶에 되도록이면 개입을 하지 않는, 가장 작은 정부라고 생각한다. 다른 사람들은 정부는 안정, 성장, 개발을 촉진하기 위해 경제의 많은 부문에 개입해야 한다고 생각한다. 대부분의 개발경제학자들은 가장 기초적이고 중요한 정부의 과업은 재산권과 법치를 강제할 수 있는 제도가 보장되는 안정적인 정치 체제를 만들어내는 것이라는 데 동의한다.

재산권과 법치. 여러분이 사과 한 바구니를 팔고자 한다고 치자. 그러기 위해서 여러분이 실제로 그 사과를 소유한다는 것을 증명할 필요는 없을 것이다. 여러분은 시장에 가게를 차리고, 누군가 돈을 지불하면 여러분은 그 대가로 사과를 준다. 만약 집을 팔거나 땅을 판다면 어떨까? 땅을 파는 사람이 그 땅을 소유한다는 분명한 증거가 없는 경우 여러분은 그 땅을 살 것인가? 그렇지 않을 것이다. 땅의 소유권을 증명하는 토지 권리 증서를 보고 싶어 할 것이다. 많은 국가에서 권리 증서 체제(자산의 소유권을 증명하는 법적 문서)가 잘 확립되어 있지 않다. 이제, 여러분이 땅을 소유하고 그 땅을 담보로 대출을 받고자 한다고 상상하자. 보다 효율적으로 경작하기 위해 트랙터를 사려고 말이다. 여러분이 땅을 소유한다는 것을 증명하지 않았는데도 은행이 돈을 빌려주리라 생각하는가?

페루의 경제학자이며 '자유와 민주연구원(Institute for Liberty and Democracy)'의 소장인 헤르난도 드 소토는 라틴아메리카의 취약한 권리 증서 체제는 '사장된 자본'으로 귀결된다고 주장한다. 수백만 명에 이르는 사람들이 땅이나 다른 자산을 소유할 수 있지만, 적절한 권리 증서가 없으면 그러한 자산을 현금화할 수 없다. 권리 증서는 소유자로 하여금 수십억대의 대출을 받아 창업을 하거나 농지를 개선하는 등 생산적인 투자를 할 수 있도록 해준다. 권리 증서가 있어야만 자본이 더 좋은 목적에 사용되어 '활성화'될 수 있다는 것이 소토의 주장이다. 이 주장을 지지하는 증거는 애매하다. 이는 권리 증서는 중요할 수 있지만 다른 전제조건이 함께 갖춰져야 그 효과를 발휘할 수 있음을 암시한다.

그러한 전제조건 중 하나는 **법치**다. 경찰이나 법원이 부패하거나 무능해 여러분이 도둑을 당해도 도움을 받을 수 없다면 소유권을 증명할 수 있다 한들 아무 소용이 없다. 법치는 안정과

거래를 지배하는 일련의 명확한 지침을 제공한다. 범죄가 횡행하고 정부가 도움이 안 되는 경우 또는 아예 내전이 발발하는 경우 경제성장이나 경제개발을 유지하기는 힘들어진다.

일부 국가들은 대대로 소유권과 법치와 관련된 문제들로 인해 고통받아왔다. 만약 이러한 문제들이 문화 속에 깊이 자리 잡고 있다면 이들 국가들은 좀 더 나은 지배구조로 전환하기 위한 과정을 어디서부터 시작해야 하는가? 경제학자 폴 로머가 한 가지 급진적인 방법을 제안했는데, 이에 대해서는 다른 관점에서 보기의 '도시의 건설: 처음부터 시작하다'에서 논한다.

다른 관점에서 보기

도시의 건설: 처음부터 시작하다

유엔은 향후 몇십 년 이내 30억 명의 사람들이 도시로 이주할 것으로 추정한다. 그러나 지금도 많은 도시들은 시민들에게 기초적인 서비스를 제공하는 데 어려움을 겪고 있다. 나이지리아의 라고스에서 아이티의 포르트 오 프린스에 이르기까지 1,000여만 명의 사람들이 지저분한 빈민촌에 밀집되어 있다. 이렇게 마구 확장되어가는 도시에 더 많은 사람들이 쏟아져 들어오게 하는 대신, 성장과 개발에 대해 학습한 방법을 내포하는 새로운 도시를 완전히 처음부터 건설하는 것은 어떨까? 계약 도시라고 불리는 이 방법은 뉴욕 대학의 폴 로머가 제안한 것이다. 로머가 생각하기에 이러한 신도시의 큰 이점은 처음부터 모든 것을 다시 시작할 수 있는 기회가 주어진다는 것이다. 즉, 지배구조 문제를 겪고 있는 국가에서 완전히 새로운 제도가 설립되는 것을 허용한다는 것이다. 계약 도시에 대해 더 자세히 알고 싶다면 이 장 끝부분의 QR코드를 스캔하거나 온라인을 통해 읽기를 계속하라.

민주주의는 반드시 필요한가? 연구 결과들은 경제성장과 정치적 안정 간 상관관계가 있음을 보여주지만 민주주의와의 상관관계는 명확하게 나타나지 않는다. 예전에 빈곤했던 국가에서 지속적인 성장을 이룬 많은 예가 민주주의와는 거리가 먼 정부 체제하에서 발생했다. 중국을 생각해보라. 동아프리카의 자그마한 내륙국인 르완다 또한 좋은 예다. 르완다는 지난 15년간 연 7%씩 성장하며 기초적인 건강보험을 국민에게 거의 보편적으로 제공하고 있다. 이러한 성장에도 불구하고 정부를 비판하는 언론인은 투옥되기 일쑤고 정적들은 일상적으로 괴롭힘을 당하며 선거에 참여하는 것이 배제된다. 현 대통령인 폴 카가메는 지난 선거에서 93%의 지지율로 당선되었는데, 이는 심각한 경쟁자들의 이름이 투표용지에 올라오는 것을 막은 결과다.

르완다는 상대적으로 독재적인 정권도 경제성장뿐 아니라 경제개발을 촉진할 수 있음을 보여준다. 비민주적이라는 결함에도 불구하고 정부는 때로 좋은 정책을 도입한다. 반부패법은 아프리카에서 가장 강력한 축에 든다. 또한 여성이 정치 과정에 참여할 것을 강력히 독려한 결과 르완다 의회는 세계에서 유일하게 여성 의원 수가 남성 의원 수를 상회한다.

만약 좋은 정책과 공정한 제도가 민주적인 선거를 필요로 하지 않는다면 민주주의에 대해 신경 쓸 필요가 있을까? 아르마티아 센의 역량 접근법은 민주주의를 그 자체로서 삶을 개선하고 기초적인 자유를 유지하는 데 핵심 요소로 간주해야 함을 시사한다.

투자

LO 35.5 산업정책과 클러스터가 개발에서 어떤 역할을 하는지 평가하기

'경제성장' 부분에서 투자가 성장을 촉진하는 주요 요소임을 보았다. 외국인 직접투자는 저축률이 낮은 많은 국가에서 중요한 재원이다. 개발경제학자들은 외국에서 유입되는 이러한 자본 및 국내 재원을 활용하는 가장 좋은 방법에 대해 논쟁을 벌인다. **산업정책**에서는 수입 대체 또는 수출 주도 성장이라는 2가지 전통적 전략을 사용한다. 산업정책은 또한 경제 전반에 걸쳐 연관고리를 공유하는 산업의 집적을 촉진해 동반 성장하는, 이른바 **클러스터** 전략을 사용하기도 한다. 다음에서 이러한 개념을 차례로 살펴보자.

산업정책. 1960년 한국의 1인당 GDP는 브라질의 약 2배였다. 그리고 2009년에는 4배 이상이 되었다. 이러한 성장률 간의 차이는 무엇으로 설명할 수 있는가?

산업정책 정부가 일부 산업을 다른 산업보다 우선시하는 노력

한 가지 중요한 차이는 한국의 산업정책이 성공적이었다는 것이다. **산업정책**이란 정부가 특정 산업을 다른 산업에 비해 우선시하는 노력이다. 선택된 산업의 투자를 조율함으로써 경제의 전반적인 개발을 돕고 장기적인 경제성장에 박차를 가할 수 있다는 희망에서다. 산업정책 추진을 위해 정부가 사용할 수 있는 수단에는 무역장벽, 세금 우대 조치, 보조금, 외국인 투자 유인을 위한 혜택, 연구 개발에 대한 투자가 포함된다.

전통적으로 이러한 수단은 서로 상반되는 2가지 산업정책 전략의 일부로 사용되어왔다. 그러한 산업정책 전략 중 하나가 **수입 대체** 전략이다. 이는 무역정책을 사용해 국내 산업이 국제시장에서 경쟁할 수 있을 만큼 효율적이게 될 때까지 보호하는 관행이다. 성공적인 전자산업을 일으키고자 하지만 이미 사업 기반이 확고한 국가로부터의 저렴한 수입으로 인해 신규 기업이 아예 시작조차 할 수 없다고 상상해보라. 임시적으로 무역 장벽을 설치해 저렴한 수입품을 막아 국내 전자 유치산업이 성장해 경쟁할 수 있을 시간을 벌어준다면 어떨까?

불행하게도 수입 대체는 현실 세계에서는 실패하기 쉽다. 문제 중 하나는 가격을 낮추게 하는 외국의 경쟁 없이는 국내 유치산업이 전혀 성장하지 못할 수도 있다는 것이다. 브라질 정부는 수년간 자국 컴퓨터 시장을 보호했지만 브라질산 컴퓨터는 아직도 미국이나 일본산보다 2배나 더 비싸다.

수입 대체의 또 다른 문제는 많은 경우 어느 산업을 보호할 것인지가 경제적 고려보다는 정치적 관계에 따라 결정된다는 점이다. 기업들은 자연히 자사가 속해 있는 산업이 보호받기를 원할 것이다. 이러한 욕망은 기업들이 이윤을 위해 정치인에게 영향력을 행사하려 시도하면서 높은 수준의 '지대 추구' 행위를 유발한다. 많은 경우 보호주의적 정책은 원래 의도했던 기간보다 더 오래 지속되어 납세자에게 큰 비용을 지운다.

수입 대체에 대한 이러한 문제점을 인식한 일부 아시아 국가들은 수출 주도 성장이라는 다른 전략을 취했다. 이는 처음부터 세계시장을 공략하기 위해 세금 우대와 수출보조금(수출에 대한 정부의 금전적 지원) 등을 통해 한 산업에 집중적으로 투자하는 것과 관련이 있다. 국내시장을 국제무역으로부터 단절시키는 대신 수출 주도 성장은 세계시장으로 도약할 산업들을 선택한다. 성공은 승자를 선택하는지에 달려 있는데, 한국 정부는 삼성이나 현대 같은 기업들을 지원함으로써 이를 성취했다. 그 결과 한국은 50년 만에 빈곤을 뛰어넘어 부국이 되었다. 일본, 싱가포르, 대만 등도 유사한 전략을 사용해 '아시아의 기적'을 일궈냈다.

하지만 수출 주도 성장 전략이 항상 성공하는 것은 아니다. 아시아 국가들의 예상치 못한, 전례 없는 성공에 많은 국가들이 이 전략을 모방했지만 모두 성공하지는 못했다. 국제시장은 변덕이 심하고 경쟁은 치열하다. 승자를 골라낼 수 있다면 엄청난 이득이 있지만 패자를 선택하면 비용도 엄청날 수 있다.

클러스터. 정부가 산업 부문을 어떻게 발전시킬 것인지 고려할 때 종종 취하는 전략은 어느 한 산업이 아니라 **클러스터**를 촉진하는 것이다. **클러스터**는 특정 유형의 재화를 생산하는 데 집중하는 상호 의존적인 기업, 대학, 사업체들의 교류체다. 교류체의 각 구성요소의 생산성은 각각 고립되어 생산할 때 훨씬 저조하다. 따라서 정부가 이들이 한 단지 내에 모여서 함께 생산할 수 있도록 각 구성요소를 공통적으로 지원한다면 생산성이 증가할 것이다.

클러스터 특정 유형의 재화를 생산하는 데 집중하는 상호 의존적인 기업, 대학, 사업체들의 교류체

방글라데시의 섬유산업이 성공적인 예다. 1970년대부터 정부는 운송비를 최소화할 수 있도록 상호 보완되는 기업들(직물과 봉제 사업자)이 서로 가까운 곳에 위치할 수 있도록 보장하고 기업들이 협력할 수 있도록 동기를 부여하는 등 섬유산업을 중심으로 클러스터를 발전시키기 위해 종합적인 노력을 기울였다. 기성복은 이제 방글라데시에서 수십억 달러 규모에 이르는 산업이 되었으며 2009~2010년에는 순수출소득의 77%를 차지했다.

무역

앞장에서 국제무역의 이익에 대해 학습했다. 어느 한 국가가 다른 국가에 비해 어떤 재화를 더 효율적으로 만들 수 있다면 각국은 자국이 비교우위를 가지는 재화에 특화한 후 교역을 하면 양쪽 모두 이익을 얻을 수 있다. 외국에 시장을 개방하면 다양한 새로운 제품을 향유할 수 있고, 저렴한 제품을 구매할 수 있어 돈을 절약할 수 있으며, 자신이 생산하는 제품을 사줄 새로운 고객도 발굴할 수 있다. 그렇다면 무역이 개발경제학에서 중요한 역할을 하는 것은 당연하다.

지난 10여 년 간 전 세계적으로 자유무역이 확대되었다. 개도국에서 관세(수입에 대한 세금)는 20% 이상 감소했다. 이러한 변화는 부분적으로 자유무역을 촉진하고 무역협정을 감독 및 집행하도록 기획된 세계무역기구(WTO)가 활약한 덕분이다. 그렇지만 관세 인하의 3분의 2는 각국 정부가 자체적으로 개방적인 개혁정책을 도입하거나 서로 협정을 체결한 데 기인한다.

부유한 국가들은 점차 무역이 원조보다 빈곤한 국가들의 개발을 도울 수 있는 더 강력한 수단이라고 느끼고 있다. 예를 들어, 2000년 미국 정부는 아프리카에서 수입하는 약 1,800종의 재화에 대해 특혜를 주는 아프리카 '성장과 기회법(African Growth and Opportunity Act)'을 입법화했다. 특히 의류와 섬유 같은 재화에는 관세와 할당을 면제하고 있다. 2005년에는 선진국들이 개도국의 무역 장벽을 최소화하고 수출입에 중요한 사회간접시설을 구축하기 위한 재원을 지원하기 위해 '원조를 위한 무역' 프로그램을 제공하기 시작했다. 무역과 관련한 원조는 이제 공적 개발 원조의 4분의 1 이상을 차지한다.

세계무역기구 자유무역을 촉진하고 무역협정 준수를 보장하기 위해 설립된 국제기구

이주

LO 35.6 이주와 송금이 개발을 어떻게 촉진하는지 평가하기

보다 나은 삶의 기회를 찾아 사람들은 고향에서 멀리 떨어진 도시, 지방, 국가로 이주하기도 한

다. 경제학자 마이클 클레멘스, 클로디오 몬테네그로, 란트 프리체트의 연구에 따르면 미국의 숙련 노동자는 정확히 똑같은 숙련도를 보유한 나이지리아의 노동자에 비해 15배나 더 버는 것으로 나타났다. 그렇다면 갤럽 세계 가치 설문조사에서 세계에서 가장 빈곤한 사분위에 속하는 국가의 국민이 다른 곳으로 이주하고 싶어 한다고 조사된 것이 그리 놀랍지 않다.

그러나 합법적으로 고소득 국가로 이민을 가기란 쉽지 않다. 매년 미국 다양성 비자 복권은 50만 명의 개도국 사람들에게 미국에 영구적으로 이민해 올 수 있는 기회를 무작위로 제공한다. 그리고 매년, 약 1,360만 명이 신청하지만 당첨될 확률은 3.7%에 불과하다. 이는 미국의 가장 경쟁적인 대학교에 입학할 가능성보다 낮다. 당첨되지 못한 사람들 중 일부는 좀 더 높은 임금의 일자리를 구하기 위해 멕시코에서 사막을 가로지르거나 아프리카에서 유럽까지 낡은 배를 타고 가는 것과 같은 위험한 여정에 돌입한다. 고소득 국가에 불법적으로 이주하기 위한 시도다.

실업에 대해 앞장에서 살펴봤듯이, 미국과 같은 유입국에서는 이민자의 대거 유입은 논란이 많은 이슈다. 그러나 송출국의 관점에서는 이는 개발을 촉진하기 위한 다양한 기회를 제시한다. 이주의 중요한 결과 중 하나는 송금이다(이주자가 집으로 보내는 돈). 〈그림 35-2〉에 나타난 것처럼, 일부 국가에서 송금은 주요한 금융 흐름이다. 송금을 가장 많이 받는 국가는 중국과 인도로 각각 연 500억 달러 이상을 송금 받는다.

물가 상승을 감안하고도 매년 극적으로 증가하고 있는 송금액은 세계경제에서 전반적으로 강력한 힘을 발휘하게 되었다. 1990년 물가로 조정된 송금액은 500억 달러보다 적었다. 2010년 이 수치는 3000억 달러를 넘어섰고, 이는 정부들이 원조에 지급하는 1200억 달러를 상대적으로 작아 보이게 한다. 사례를 통해 알아보기의 '고향으로 재물을 보내다'에서 논의하는 것처럼 송금이 이렇게 증가하면서 정부와 원조기구들은 이 재원의 잠재력을 어떻게 하면 완전히 실현시킬 수 있을지 고민하게 되었다.

사례를 통해 알아보기

고향으로 재물을 보내다

1980년, 에메트 코모도스는 필리핀 빈민가의 자그마한 양철 판잣집에 부인과 11살짜리 딸을 남겨두고 떠났다. 그는 7,240km 이상 떨어진 사우디아라비아로 고향에 비해 10배 이상의 임금을 지급하는 수영장을 청소하는 일을 하기 위해 떠난 것이다. 2년 사이 그는 자녀들을 대학에 보내고 복잡한 빈민가에서 멀리 떨어진 농장에 집을 지을 수 있을 만큼 돈을 벌었다. 세계에는 에메트 코모도스와 같이 고향집과 가족들에게 돈을 송금하는 이주자들이 2억 명이나 된다.

송금은 자연스럽게 소득을 증대시켜 돈을 받는 사람들이 빈곤에서 벗어나게 해줄 수 있는 잠재력이 있다. 송금의 긍정적인 그리고 별로 긍정적이지 않은 측면에 대해 더 자세히 알고 싶다면 이 장 끝부분의 QR코드를 스캔하거나 온라인을 통해 읽기를 계속하라.

송금의 편익에 더해, 이주자들은 종종 해외에서 몇 년간 일한 뒤 고국으로 돌아가는데 이들이 가져오는 새로운 아이디어와 기술은 지역 경제에 이익이 된다. 세계개발센터의 경제학자 마이클 클레멘스와 《그들의 사람들을 오게 하라》의 저자인 란트 프리체트는 세계는 이민에 대한 제약을 완화해 사람들이 보다 자유롭게 다른 지역에서 일자리를 구할 수 있도록 함으로써 큰 이득

그림 35-2

세계의 송금 추세 송금을 많이 받는 상위 10개국은 다양하다. 인도와 중국은 해외에 이주자들이 많은 대규모 국가들이다. 멕시코와 필리핀은 전통적으로 송금과 밀접한 관련이 있는 국가들로 인식되어왔다. 프랑스, 독일, 벨기에, 스페인에 대한 자료가 보여주듯 송금이 단지 부국에서 빈곤국으로만 흘러가는 것은 아니다.

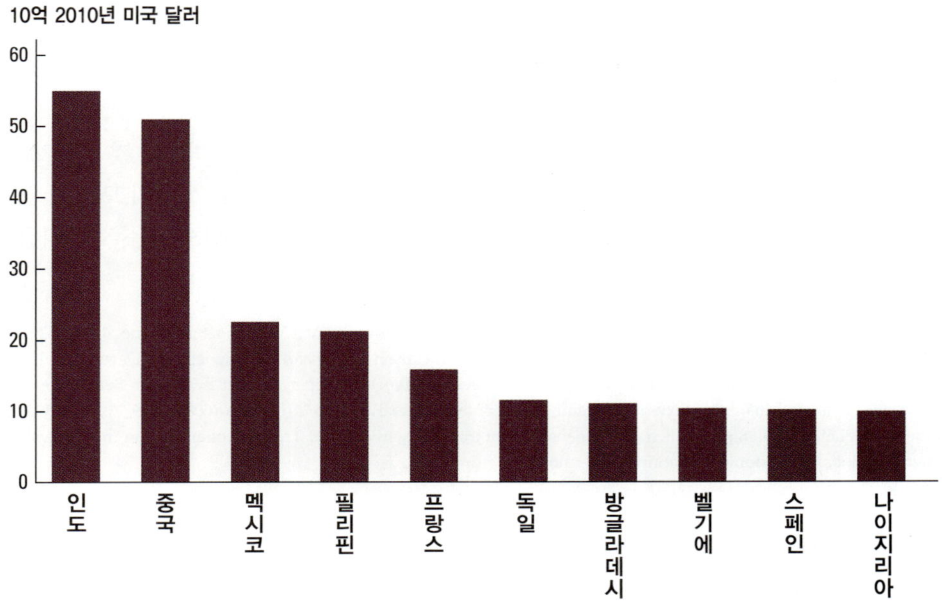

Source: Dean Yang, "Migrant remittances," *Journal of Economic Perspectives* 25, no. 3 (Summer 2011), p. 134.

을 볼 수 있다고 주장한다. 이에 대한 더 자세한 내용은 다른 관점에서 보기의 '인도에 떨어져 있는 1조 달러'를 참고하라.

다른 관점에서 보기

인도에 떨어져 있는 1조 달러

2011년 미국 앨라배마 주에서는 불법 이민자를 고용하는 고용주를 처벌하는 법인 HB56법을 통과시켰다. 이 법이 통과된 뒤 토마토 농부인 차드 스미스는 약 75헥타르에 이르는 토마토 농장에서 미국인을 고용해 토마토를 수확해야 하는 상황에 봉착했다. 그러나 토마토를 수확하는 일은 힘든 노동에 비해 임금이 저조해 대부분의 미국 노동자들은 며칠 일한 뒤 그만두고 만다. 스미스는 이주 노동자 없이는 농장을 경쟁력 있게 운영할 수 없다고 주장한다.

이 이야기는 왜 많은 연구에서 가용한 증거들이 흔히 우려되는 것처럼 저임금 직군에서 이민이 일자리를 빼앗고 임금을 낮추는 요인으로 작용한다는 것을 지지하지 않는지 보여준다. 많은 경우 이주민들은 원주민들이 하고 싶어 하지 않는 일을 한다. 반대로, 송출국에서는 노동 공급의 감소로 인해 임금이 증가한다. 한 연구는 멕시코에서 이민의 유출은 남은 저소득 노동자들의 임금을 약 8% 증가시키는 효과를 가져온다고 추정했다. 연구 결과에 따르면, 순효과는 이주의 증가로 인해 세계경제 전체의 소득이 증가한다는 것이다.

경제개발의 관점에서 보면 이주에는 다른 문제가 있다. '두뇌 유출'이다. 더 좋은 일자리를 찾아 떠나는 사람들은 당연히 그 나라에서 가장 숙련된 사람들이다. 그렇지만 존 깁슨과 데이비드 매킨지는 2011년 논문에서 이민에 대한 장벽을 낮추는 것이 실제로 빈곤국에서 숙련 노동의 수를 높일 수 있다고 결론을 내렸다. 생각해보면, 이는 합리적이다. 만약 저소득 국가의 노동자들이 이주가 가능하다는 것을 안다면 외국에서 직장을 구할 수 있는 자격을 갖추기 위한 핵심적인 기술을 획득할 동기가 더 커진다. 궁극적으로 모든 사람들이 이주하기로 결정하는 것은 아니므로 결과적으로 국내 경제에 더 많은 숙련 노동자들이 생기는 것이다. 이는 '두뇌 유출' 대신 '두뇌 확보'의 길을 열어주는 것이다.

경제학자 마이클 클레멘스의 계산에 따르면 단지 5%의 이민 장벽을 제거하는 것만으로도 전 세계적으로 소득을 약 수조 달러씩 높여준다고 한다. 전반적으로 이 5%는 기존의 모든 관세, 할당, 자본 이동에 대한 장벽을 제거하는 것보다 큰 효과가 있다. 이주를 쉽게 하는 것의 파급 효과는 해외 원조로 성취할 수 있는 그 무엇보다 클 수 있다.

Sources: Dean Yang, "Migrant remittances," *Journal of Economic Perspectives* 25, no. 3 (Summer 2011), pp. 129-152, http://pubs.aeaweb.org/doi/pdfplus/10.1257/jep.25.3.129 ; John Gibson and David McKenzie, "The Development Impact of a Best Practice Seasonal Worker Policy," Policy Research Working Paper, Impact Evaluation Series No. 48, http://www.wds.worldbank.org/external/default/WDSContentServer/IW3P/IB/2010/11/30/000158349_20101130131212/Rendered/PDF/WPS5488.pdf ; Michael Clemens: "Economics and emigration: Trillion dollar bills on the sidewalk," Center for Global Development Working Paper no. 264.

✓ 개념 확인하기

- ❒ 개발경제학자들에게 '제도'는 무엇을 의미하는가? **[LO 35.4]**
- ❒ 이 절에서 언급된 세 종류의 산업정책은 무엇인가? **[LO 35.5]**
- ❒ 송금은 무엇이며 이는 어떻게 개발을 촉진하는가? **[LO 35.6]**

해외 원조는 무엇을 할 수 있는가?

해외 원조는 논쟁을 수반하기는 하지만 오랫동안 경제개발의 일부로 여겨져왔다. 많은 국가에서 세금은 세계의 빈곤한 사람들에게 원조를 제공하는 데 투입된다. 이들 국가의 많은 국민은 또한 민간 자선단체인 옥스팜, 케어(CARE), 세이브더칠드런, 교회 단체 등에 돈을 기부한다. 사실, 민간 기부는 미국이 제공하는 전체 공적 해외 원조 예산보다 크다.

해외 원조는 왜 종종 개발 노력에서 중점적인 위치를 차지하는가? 원조는 직접적이고 직관적인 측면에서 매력적이다. 만약 사람들이 빈곤하다면 돈은 분명히 그들의 삶을 좀 더 윤택하게 만들어줄 것이다. 아이들이 학교에 다니지 않고 있는가? 가족들에게 돈을 주면 그들이 학교와 일 중 선택할 필요가 없지 않을까? 도로에 움푹 파인 곳이 많아 시장에 가거나 일터로 이동하기 어렵고 비용이 많이 드는가? 정부가 도로를 건설하고 고치는 것을 도와주면 어떨까?

이러한 기부는 기근으로 유린당한 지역에서 굶주림을 해소하는 데 쓰이든 창업자에게 자금을 지원하든 매우 중요하다. 문제는 이러한 기금을 어떻게 하면 가장 좋은 곳에 활용할 수 있는가다. 남용과 낭비에 대한 많은 사례를 감안하면 돈을 기부하는 것은 매우 불확실한 사업이다. 이 장의 뒷부분에서 기부금의 파급 효과를 가장 크게 해주는 사업을 발견하는 데 개발경제학자들이 어떤 도움을 주는지 논의할 것이다.

해외 원조의 역사

해외 원조는 제2차 세계대전의 종료와 함께 시작되었다. 미국은 전례 없는 너그러움으로 16개 유럽 국가들의 전후 재건을 돕기 위해 120억 달러를 마셜플랜의 일부로 지급했다. 이는 지금의 가치로 따지면, 1948년에서 지금까지의 물가상승률을 감안할 때 1000억 달러에 버금가는 돈이다. 물론 미국 입장에서 원조가 완전히 이타적인 것만은 아니었다. 여기에는 상당한 전략적 이기심이 결부되었다. 당시 옛 소련의 서쪽 국경에 강한 유럽 동맹국이 자리 잡고 있어야 한다는 것이 필수적인 것으로 인식되었기 때문이다.

그 후 원조는 세계의 가장 빈곤한 지역으로 전환되었으나 아직도 미국의 정치적 동기에 의해 움직였다. 1947년 트루먼 독트린은 '정복을 시도하는 소수 무장세력 또는 외부의 압력에 항거하는 자유인'들을 돕기 위해 6억5000만 달러를 약속했다. 달리 말하면, 미국은 개발을 확산시켜 공산주의의 확산을 저지하기 위해 재원을 지급할 용의가 있었다. 러시아 또한 비동맹국을 공산권으로 끌어들이기 위해 원조사업에 뛰어들었다. 미국과 러시아가 경쟁하던 '냉전' 기간 동안 개도국에서 건설된 많은 댐과 다리는 이렇게 이타심과 정치적 전략이 결합된 결과였다.

1991년 이후 냉전은 종식되었지만 해외 원조는 아직도 대체로 공공재를 건설하는 데 전용되고 있다. '외부 효과' 부분에서 살펴봤듯이, 긍정적 외부 효과를 감안하면 공공재는 부족하게 공급될 공산이 크다는 것을 상기하라. 이는 기존에 세금을 거두고 자본을 투자할 수단이 없는 국가에서 특히 그러하다. 그 결과는 한 경제 내의 저축률과 필요한 투자 금액 간 차이인 **금융 격차**다. 이 격차를 메우기 위해 원조의 많은 비중이 학교, 보건의료 체제, 사회간접시설 네트워크 등을 구축하는 데 사용된다. 원조 역사의 대부분 기간 동안 이러한 금융 격차는 얼마를 원조할지를 결정 짓는 원동력이 되어왔다.

금융 격차 한 경제의 저축률과 그 경제의 지속 가능한 성장에 필요한 투자의 양 간의 괴리

2002년 몬테레이 개발재원 회의에서 세계의 가장 산업화된 국가들의 지도자들은 자국 국민총소득(GNI, GDP에 순자본유입을 더한 금액)의 0.7%를 공식적으로는 공적 개발 원조(ODA)라 불리는 해외 원조로 지급한다는 중요한 약속을 재확인했다. 이는 미국 1개국이 적어도 연 900억 달러를 지급한다는 것을 의미한다. 그러한 거대한 규모의 자금으로 성취할 수 있는 것에 대한 기대치는 높았다. 하지만 실제 해외 원조 예산은 이 목표에 크게 미달되었다. 이 약속을 한 22개 부국 중 단지 5개 국가만이 이 약속을 지켰다. 미국은 목표 비중인 0.7%를 크게 밑돌며 OECD 국가들의 평균 금액에도 못 미치는 GNI의 단 0.2%만을 지급한다. 〈그림 35-3〉에서 볼 수 있듯이 이는 전반적인 하락 추세의 한 측면이다.

지난 50년간 원조는 총액 기준으로는 증가했지만 GDP 비중 기준으로는 꾸준히 하락해왔다. 미국은 약속에 따라 0.7%를 지급해야 할까? 이 논쟁에 대해 더 자세한 내용을 알기 위해서는 어떻게 생각하십니까?의 '미국은 더 많은 원조를 지급해야 하나?'를 읽어보자.

어떻게 생각하십니까?

미국은 더 많은 원조를 지급해야 하나?

2010년 미국 정부는 국민총소득의 약 0.2%에 해당하고 미국 연방정부 예산의 1%보다 작은 280억 달러를 공적 개발 원조로 지급했다. 그러나 '세계공공의견(World Public Opinion)'의 2010년 설문조사에서 미국 유권자를 대상으로 정부 지출의 어느 정도가 해외 원조로 사용된다고 믿

는지 묻는 질문에 대한 평균 답변은 자그마치 25%였다. 동일한 유권자들에게 국제 원조에 어느 정도로 지출하는 것이 '적절한지' 묻는 질문에 대한 답의 중앙값은 10%였다. 이는 미국이 원조로 실제 지급하는 금액의 2배에 달한다.

이것이 대부분의 미국인이 해외 원조를 많이 지급할 것을 약속하는 후보자들을 열광적으로 지원한다는 것을 의미할까? 반드시 그렇지는 않다. 2011년 1월 수행된 갤럽 조사에 따르면 미국인의 59%는 해외 원조가 감축되는 것을 바랐다. 이는 제시된 여러 다른 선택지에 대한 지지도 중 가장 높은 비중을 보이는 것이었다. 이에 비해 설문 대상 중 42%는 군사비 감축, 39%는 미국 내의 빈곤 퇴치 프로그램에 대한 예산이 감축되는 것을 원했다. 어쩌면 대부분의 미국인이 마음속 깊이 그 어느만큼의 원조도 너무 많다고 생각하는 건지도 모른다.

만약 미국이 가장 부유한 국가 중 하나라면 보다 불운한 나라에 대해 더 너그러울 의무가 있지 않은가? 어쨌거나 미국 예산의 10%는 엄청난 액수다. 원조가 조금 증가하는 것은 큰 효과를 가져올 잠재력이 있다. 많은 개발 프로그램들이 훨씬 더 작은 액수로 진행된다. 세계의 기근 지역에서 몹시 필요로 하는 식량을 제공하는 세계식량 프로그램에 연 40억 달러의 비용이 소요된다. 연 70억 달러의 투자는 세계적으로 만연한 AIDS를 2050년까지 3800만 건에서 100만 건으로 줄이기에 충분하다.

원조 감축 논의의 또 다른 한 축을 이루는 것은 미국이 국내 문제에 먼저 초점을 맞춰야 한다는 주장이다. 점점 증가하는 정부 부채를 당면하면서 미국은 어떤 세목을 늘리고 어떤 프로그램들에 대한 예산을 감축해야 할지 힘든 선택을 해야 한다. 원조에 지출된 돈은 그 대신 국내 문제를 해결하는 데 사용될 수 있다. 2011년 미국 정부는 도시 지역의 거주지 활성화를 위한 지역발전재단 지원금에서 9억4200만 달러를 깎았다. 국립과학재단(5300만 달러로 134건의 과학연구를 지원했다)과 환경보호국 예산(90억 예산의 15%)도 깎였다.

어떻게 생각하십니까?

많은 미국 정부 프로그램의 예산이 폐지되거나 깎이는 시기에 탄자니아에 건강보험을 제공하거나 아프가니스탄에 도로를 건설하거나 이라크에 병원을 짓거나 모잠비크의 농업 개발을 돕는다는 것이 합리적인가?

Sources: http://www.worldpublicopinion.org/pipa/articles/brunitedstatescanadara/670.php?lb 5 btda&pnt 5670&nid 5 &id; http://www.cbsnews.com/htdocs/pdf/poll_deficit_072909.pdf; http://www.washingtonpost.com/blogs/federal-eye/post/whats-getting-cut-in-the-fy-2011-budget/2011/04/11/AFMIynLD_blog.html .

빈곤의 덫과 새천년개발계획

빈곤의 덫 가난한 사람들이 가난한 상태에 머물러 있게 되는 기제

해외 원조 예산을 늘려야 한다고 주장하는 사람들은 원조가 빈곤의 덫을 깨는 데 도움을 준다고 단언한다. **빈곤의 덫**은 빈곤한 사람을 계속 빈곤하게 만드는 자기강화 기재다. 예를 들어, 영양이 부실하고 교육을 받지 못한 인구는 경제를 개발하는 데 필요한 에너지나 지식이 없을 가능성이 높다. 장기적으로 그들은 절대로 생계를 감당하고 자녀를 교육시킬 수 있을 만큼의 소득을 벌 수 없을 것이다. 해외 원조는, 이론적으로는 이러한 악순환을 깨고 개선이 더 큰 개선을 가져오는 선순환을 만들어낼 수 있다는 것이다.

일부 개발경제학 이론은 빈곤의 덫으로부터 탈출하려면 제도 개선을 포함해 광범위한 부문

그림 35-3

공적 개발 원조 절대금액 기준으로 공적 개발 원조(ODA)는 꾸준히 증가했다. 50년간 OECD 국가들의 원조로 지급한 금액은 3배로 증가했다. 1970년대에 설정된 GNI의 0.7%라는 목표에도 불구하고 GNI 대비 ODA 비중은 감소해 이 목표의 절반에도 도달하지 못했다.

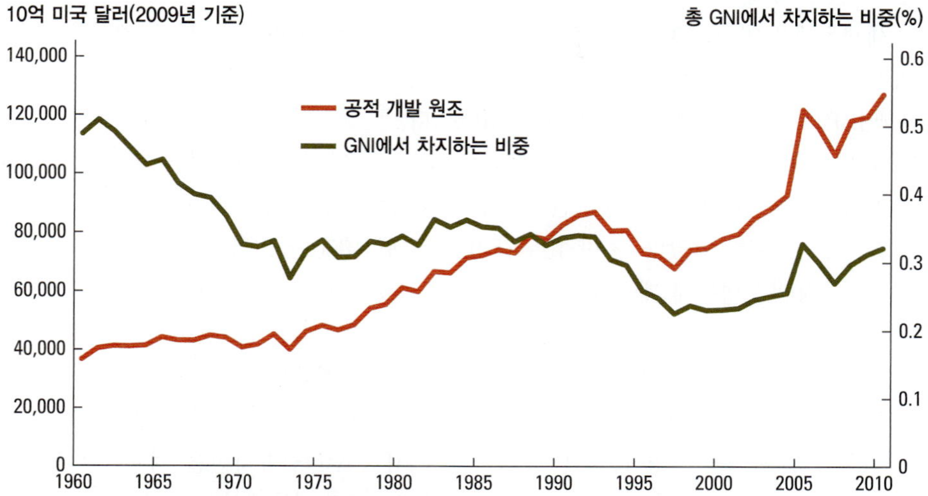

Source: http://stats.oecd.org/index.aspx?datasetcode=ODA%5FDONOR.

에 투자가 동시다발적으로 이루어져야 한다고 주장한다. 이러한 부류의 이론 중 하나는 컬럼비아 대학의 경제학자 제프리 삭스가 그의 저서 《빈곤의 종말》에서 옹호한 '빅 푸시' 이론이다. 여러 다른 부문에서 종합적인 노력이 필요하다는 이 이론이 2000년 유엔이 결정한 새천년개발계획의 배경이 되었다. 이 계획을 통해 삭스의 빅 푸시에 담긴 모든 부문에서 달성할 목표를 설정했다. 목표는 보편적인 초등교육의 확립과 하루 생계비 1달러 이하로 사는 사람들의 수를 절반으로 줄이는 것 등을 포함한다. 이를 2015년까지 달성하기로 했다. 일부는 달성되었고, 일부는 그렇지 못했다. 물론, 목표를 달성하지 못했다고 노력이 낭비된 것은 아니다. 2015년까지 보편적 초등교육이 달성되지 않았다고 하더라도 이전에 비하면 훨씬 많은 아이들이 학교에 다니고 있다.

빅 푸시 이론의 대표적 사업으로 유엔과 컬럼비아 대학의 지구연구소(Earth Institute, 제프리 삭스가 소장인)는 함께 13개의 '새천년 마을(Millenium Villages)'을 사하라 이남 아프리카 이곳저곳에 설립했다. 이 마을들의 설립 취지는 지속적이고 목표 지향적인 투자가 어떤 효과를 가져오는지 보여주기 위한 것이다. 연 1인당 110달러로 새로운 학교와 보건소를 지을 수 있고, 청결이 개선되며, 농부들은 개량 종자를 받는다. 그러나 모든 사람들이 해외 원조가 이렇게 사용되는 것이 적절하다고 생각하는 것은 아니다. 비판자들은 이러한 방식이 전지구적으로 시행되었을 때 반드시 성공할 것이라는 보장이 없고, 그렇게 하기란 또한 너무 큰 비용이 들 것이라고 주장한다. 이들은 그 대신 보다 나은 제도를 확립한다든가 신용 또는 보험시장 등의 질을 개선하는 것과 같이 보다 저렴하지만 개발에 시동을 걸 수 있는 다른 방식을 제안한다.

원조의 주요 분배 기구

부유국 정부들은 해외 원조를 어떻게 집행하는가? 많은 비중이 개발 전담기구 또는 외무부의 담당 부서를 통해 집행된다. 미국의 경우 미국 국제개발국(USAID)이 이 업무를 담당한다. 미국은 약 150억 달러에서 280억 달러를 USAID에 할당하며 이는 경제성장, 무역, 농업 등을 개선하는 데 사용된다.

세계은행 개발 도상국에 금전적 기술적 지원을 제공하기 위해 설립된 다국적 기관

다른 자원은 국제기구를 통해 집행된다. 개발도상국에 금융 및 기술 지원을 제공하는 다자기구인 **세계은행**은 연 약 23억 달러를 집행한다. 세계은행은 1948년 국제통화기금을 낳은 바로 그 브레톤 우즈 회의에 의해 설립되었으며 실제로는 두 개발기구를 포함한다. 하나는 국제부흥개발은행(IBRD), 다른 하나는 국제개발협회(IDA)다.

IBRD는 대체로 은행과 같이 작동해 중소득국과 신용이 좋은 빈곤국을 대상으로 광범위한 종류의 프로젝트에 투자하기 위해 차관을 제공한다. 반대로, IDA는 일반적으로 생각하는 전통적인 개발기구와 좀 더 닮았다. 지난 10년간 IDA는 3억1000만 명의 어린이들을 예방접종하기 위한 재원과 1300만 명에게 깨끗한 물을 보급하기 위한 재원을 지원했다. 이러한 사업은 2010년 150억 달러 규모의 예산으로 수행되었다.

유엔개발계획 개발도상국에 지식과 자원을 제공하기 위한 UN의 세계적 교류망

많은 개발사업이 우후죽순으로 생겨나고 있는 **유엔개발계획**(UNDP) 산하 기구들의 네트워크에 의해 집행되고 있다. 전반적으로 UNDP는 166개국에서 개발도상국에 정보와 자원을 제공하는 다양한 프로젝트를 운영하고 있다. 여기에는 HIV/AIDS의 확산을 억제하는 것에서부터 민주적인 제도를 구축하는 사업까지 포함되어 있다. UNDP 내부에서는 보다 목표 지향적인 유형의 원조에 특화된 조직이 존재한다. 예를 들어, 세계식량 프로그램은 2011년 73개국의 9,000만 명에게 3,700만 톤의 식량 원조를 지원했다. 이는 주로 기근으로 황폐해진 지역에 굶주림을 극복하기 위해 보내졌다. 일부 정부 원조는 또한 옥스팜이나 케어 또는 세이브더칠드런 같은 민간 비영리기구를 통해 지원된다.

해외 원조의 문제

LO 35.7 해외 원조에 대한 여러 다른 찬반론 규명하기

이렇게 거대한 규모의 원조 체계가 존재한다는 것을 감안할 때 빈곤국에 수십조 원을 나눠주는 것에 대해 모든 사람들이 동의하지 않을 것이라는 것은 어찌 보면 당연한 것이다. 유명한 경제학자들을 포함해 원조가 비효율적일 뿐 아니라 오히려 역효과를 낳는다고 믿는 반대론자들을 발견하기란 어렵지 않다. 1971년에서 1986년 동안 아이티의 대통령이었던 장 클로드 두발리에는 일반 국민이 극심한 빈곤에 시달리는 동안 상상을 불허할 정도의 사치스러운 생활을 누렸다. 두발리에는 정기적으로 아이티의 빈곤한 사람들을 국제 기부자들에게 보였으며, 그 결과 유입된 원조금의 상당 부분(혹자는 이것이 80%라고 추정)을 자신의 개인 계좌로 빼돌렸다.

해외 원조는 두발리에의 시대에 비하면 훨씬 신중하게 추적되고 있다. 이제는 원조기구와 국가들이 훨씬 강도 높은 책무성을 요구하고 있다. 그러나 문제는 아직도 지속되고 있다. 2011년 기밀문서를 공개하는 것을 주 업무로 하는 위키리크스가 미국 대사관들이 보낸 전문 25만 건을 공개했는데 이로부터 흥미로운 통찰력을 얻을 수 있다. 전문 중 하나에서는 세계 각지에서 영국 국제개발부(UK DfID)가 지원하는 프로젝트와 관련된 기금이 횡령되고 분실되었다는 사실이 드러났다. 또 한 예에서는 영국 국방부가 '평화 유지'를 위해 시에라리온에 지급한 거의 200만 달러에 가까운 금액이 시에라리온 국방부 고위급 장성들에 의해 플라즈마 TV와 사냥용 장총

구입 목적으로 횡령되었다. 케냐에서는 교육부가 '자유 교육' 프로그램을 통해 보급된 1730만 달러어치의 교재가 분실되었음을 인정했다. 우간다에서는 공무원들이 교육기금에서 거의 2700만 달러를 횡령하는 데 성공했다.

원조되는 돈이 이렇게 사라지는 것이 1970년에서 1994년까지 5000만 달러의 ODA가 지급되고도 개도국에서 실질적인 생산성 증가가 없고 경제성장도 이보다 별로 더 많이 증가하지 못한 이유일 수 있다. 다른 큰 문제 하나는 세계은행과 같은 조직이 자금이 일단 집행된 이후 그 자금이 어떻게 되는지에 대한 책임이 없다는 것이다. 아비지트 배너지는 세계은행이 역량 강화의 대표적 성공 사례로 홍보하고 있는 인도의 컴퓨터방 프로그램을 한 예로 들고 있다. 많은 경우 이 컴퓨터들은 전기가 들어오지 않거나 인터넷이 연결되지 않는 건물 속에 설치된 채 무용지물이 되고 있다. 세계은행에서 수년간 일한 경험이 있는 NYU의 경제학자 윌리엄 이스털리는 원조기구들은 대부분 불분명한 목적을 가지고 있다고 주장한다. 예를 들면, 특정하고 측정 가능한 어떤 과제를 완료하는 임무를 맡는 것이 아니라 역량을 강화한다거나, 경제성장을 촉진한다거나, 정부를 개선한다는 등 말이다. 특정성이 없는 한 이러한 기구들이 하는 일이 사실상 효과가 있는지 여부를 확인할 동기가 별로 없다는 것은 놀랍지 않다.

이스털리보다 더 원조를 강력히 비판하는 사람들도 있다. 담비사 모요는 그의 저서《죽은 원조(Dead Aid)》에서 원조는 실제로는 수원국에 해가 된다고 주장한다. 많은 국가에서 원조는 예산의 큰 비중을 차지한다. 예를 들어, 케냐에서는 1970년에서 2010년 사이 원조가 평균적으로 GDP의 10%에 달했다. 이처럼 대규모의 원조 흐름은 경제 전체에 심각한 영향을 줄 수 있다. 대표적인 것이 국내 투자를 구축하는 효과다. 또한 해외 원조가 유입되면 국내 통화로 환전되어야 하는데, 이는 국내 통화의 가격 상승을 유발해 수출 부문의 경쟁력을 훼손한다.

무상이나 상당히 할인된 가격으로 재화를 유통시키는 현물 원조 유형은 특히 역효과가 날 수 있다. 원조기구 또는 정부가 식량, 의류 또는 다른 물품을 배급하는 경우 이들은 현물을 나누어주는 것이다. 좋은 의도로 진행되는 이러한 기부가 유발할 수 있는 부작용에 대해서는 다른 관점에서 보기의 '잠비아에서는 스틸러팀이 슈퍼볼 XLV에서 이겼나?'를 참조하라.

다른 관점에서 보기

잠비아에서는 스틸러팀이 슈퍼볼 XLV에서 이겼나?

슈퍼볼 XLV 때 휘날린 꽃보라가 치워지기도 전에 승리팀 그린베이 패커스의 선수들은 '슈퍼 보울 챔피언'이라는 문구가 새겨진 티셔츠를 입고 있었다. 물론, 패커스팀이 이 문구를 새기기 위해 미식축구 경기가 끝날 때까지 기다린 것은 아니었다. 이겼을 때를 대비해 1000여 장의 티셔츠를 미리 준비해둔 것이다. 이는 경기에 진 피츠버그 스틸러팀도 마찬가지였다.

그러나 스틸러팀이 경기에 진 순간 그들이 준비한 티셔츠는 무용지물이 되었다. 누가 승리한 팀이 잘못 새겨진 티셔츠를 구매할 것인가? 미국 프로 미식축구연맹(NFL)과 월드비전이라는 자선단체가 하나의 해결책을 모색했다. 무용지물이 된 티셔츠들을 창고에서 곰팡이가 슬도록 방치하기보다는 아프리카의 빈곤한 사람들에게 보내기로 한 것이다.

이 얼마나 좋은 생각인가! 그렇지 않은가? 아프리카의 티셔츠 생산자라면 그렇게 생각하지 않을 것이다. 참고로, 아프리카에서는 티셔츠가 절실하게 필요하지 않다. 아프리카에는 공정한 가격에 의류를 공급하는 견고하고 자생적으로 성장한 의류산업 및 중고 의류시장이 존재한다. 티셔츠가 너무 비싸서 사 입지 못하는 사람들은 별로 없다. 그러니 스틸러 셔츠가 대량 유입되면 이는 도움을 주기는커녕 오히려 시장을 왜곡해 중고시장 상인들과 현지 의류 생산자들에게 피해를 줄 뿐이다. 명백히, 이들이 무료 티셔츠와 경쟁하는 것은 불가능하다.

스틸러 티셔츠를 아프리카로 운송하는 데 따른 문제점은 이것만이 아니다. 운송에는 비용이 든다. 유난히 눈에 띄는 사례 중 하나는 어느 젊은 사업자가 시작한 '셔츠 100만 벌' 캠페인이다. 운송비를 충당하기 위해 이 캠페인의 설립자는 아프리카로 보낼 셔츠 한 벌당 1달러를 기부할 것을 요청했다. 이 계획은 숭고해 보이지만 그 기회비용은 막대하다. 아프리카에서 필요로 하지도 않는 셔츠를 운송하기 위해 100만 달러를 지출하는 것이 과연 생명을 구제할 수 있는 의약품이나 모기장을 구매하는 것보다 돈을 더 효율적으로 사용하는 것일까? 엄청난 비난을 받은 후 이 프로그램은 궁극적으로 중단되었다.

위의 사례들이 주는 교훈은 개발의 긴급한 사안을 해결하는 일은 좋은 의도 이상이 필요하다는 것이다. 만약 좋은 의도만으로 이 모든 문제를 해결할 수 있었다면 원조는 이미 오래전 모든 사람을 빈곤으로부터 구제했을 것이다.

Sources: http://www.freakonomics.com/2011/02/15/what-happens-to-all-those-super-bowl-t-shirts-a-guest-postby-dean-karlan/;http://www.nber.org/papers/w17456.pdf?new_window 5 1;http://www.time.com/time/world/article/0,8599,1987628,00.html .

이러한 문제들이 모든 원조가 중단되어야 함을 의미하는가? 반드시 그렇지는 않다. 교훈은 원조를 횡령하거나 생산적으로 활용하지 못하는 취약한 정부를 개선하는 데 더 많은 노력이 필요하다는 것일지도 모르겠다. 이러한 생각은 듀크 대학의 경제학자 크레이그 번사이드와 지금은 미국 재무부에서 근무하는 데이비드 달러에 의해 검증되었다. 이들은 1980년대와 1990년대 기간 동안 건전한 재정, 통화 및 무역 정책과 강력한 법치를 도입했으되 많은 양의 원조를 받은 국가들에서는 1% 성장을 보인 반면, 나쁜 정책을 도입한 국가들은 많은 양의 원조에도 불구하고 동 기간 GDP가 1% 감소했음을 발견했다. 사실, '나쁜' 정책을 도입한 국가들의 경우 원조는 실제로 성장에 해로웠다. 앞에서 언급한 아이티의 두발리에 사례가 그 이유를 잘 보여준다. 횡령할 수 있는 원조가 흘러 들어오는 한 두발리에는 아이티의 경제를 개선해야 할 동기가 별로 없었다. 그러한 개선은 오히려 원조가 감소하거나 없어지는 상황을 초래할 것이기 때문이다.

달러와 번사이드의 연구에 대해 의구심이 제기되기도 했지만(최근의 데이터는 이들이 발견한 결과와 유사하지 않다), 그들의 논리는 원조국과 원조기구들로 하여금 원조와 정책 간의 상관관계에 대해 보다 심사숙고하게 만들었다. 2004년 미국은 '적격'한 정부에 현금을 지원하기 위해 새천년도전공사(Millenium Challenge Corporation)를 창립했다. 수원국 정부는 정당한 통치, 부패 척결, 경제 안정성 유지 등을 포함한 17가지 조건을 충족할 것이 요구된다. 지금까지 새천년도전공사는 23개국에 '협약'을 맺는 형태로 23억 달러를 지급했다.

사회적 투자

해외 원조와 관련된 대부분의 생각은 상업과는 별로 상관이 없다. 그러나 상업은 신상품을 출시하거나, 적절한 규모로 생산하거나, 영업 및 효율적인 공급 사슬을 만들어내는 데 뛰어나다. 이는 바로 가장 어려운 사회적 그리고 경제적 문제를 해결하는 데 필요한 자질들이다.

일군의 민간 투자자와 기관들이 '사회적 투자'를 통해 새로운 부류의, 사회적 목적을 염두에 둔 사업체들을 지원하고 있다. 이는 한편으로는 해외 원조의 대안이 되지만 실제로는 해외 원조를 보완할 수 있는 방법이다. 재무적 이익과 사회적 이익 모두를 창출하기 위한 투자를 **사회적 투자**라고 한다. 사회적 투자의 대상이 되는 기업을 '사회적 기업'이라고 하며, 이들은 나이로비 빈민가에서 효과적인 민간학교를 건설하는 일에서부터 남부 인도에서 빈곤층을 대상으로 하는 병원을 짓는 것까지 다양한 사업에 참여하고 있다.

사회적 투자 재무적 이익뿐 아니라 사회적 이익을 창출할 수 있는 기업에의 투자

사회적 투자의 근간을 이루는 사상은 간단하다. 시장은 인간 개발을 촉진할 수 있는 강력한 도구지만 투자자들이 빠른 재무적 이익만을 노린다면 이를 기대할 수 없다. 사회적 투자자는 그 주체가 재단, 기금 운영자들, 민간 사업자들, 또는 비영리기구가 되었든, 일반 투자자에 비해 보다 참을성이 있으며 더 큰 위험을 부담하고, 때로는 적은 재무적 이익에 만족한다. 그들의 돈이 사회적 변화를 일으키는 데 활용되었다는 확신만 있다면 말이다.

'비영리 글로벌 벤처 기금'인 어큐먼 재단은 사회적 투자의 선구자적 예로, 사회적 영향을 목적으로 하는 사업에만 투자한다. 2001년 설립 이후 어큐먼 재단은 5000만 달러를 동아프리카, 인도, 파키스탄 등지에서 보건, 주거지, 물, 에너지, 농업 관련 사업에 투자했다. 어큐먼 재단이 지원한 기업 중 하나는 약 150만 달러를 투자받은 딜라이트 디자인으로, 태양광 에너지를 사용하는 등잔을 생산하는 기업이다. 세계적으로 4명 중 한 명은 전기가 없는 환경에서 지내는데, 딜라이트 등잔은 위험한 매연을 내뿜는 등유 등잔보다 건강에 좋은 해결책이다.

어큐먼 재단의 투자는 매년 1.1조 달러에 이르는 외국인 직접투자에 비하면 약소하지만 사회적 투자는 특히 유럽에서 빠르게 증가하고 있다. 대규모 은행은 물론 대학들도 관여하기 시작했다. 예를 들어, 콜로라도 주립대학은 경영대에서 '글로벌 사회적 및 지속 가능한 기업(GSSE)' 석사과정을 운영하고 있으며 스탠퍼드 대학에서는 '극도로 알뜰한 디자인 경영' 수업을 통해 학생들이 최저소득층 소비자를 위한 제품을 디자인하도록 한다(이 그룹이 위에서 언급한 태양광 전등을 만들었다).

무엇이 효과가 있는지 어떻게 알 수 있나?

LO 35.8 영향평가의 필요성에 대해 설명하고 영향을 측정하는 데 무작위 통제 실험의 역할에 대해 분석하기

어떻게 하면 경제개발을 촉진할 수 있는지에 대한 방법은 끝없이 제안되고 있다. 새천년 프로젝트만 해도 빈곤 해소를 위한 449가지의 방법을 제시하고 있다. 여기에는 수문 모니터링 체계, 오솔길, 도로 유지, 전력망, 여성의 역량 강화, 클러스터 등이 포함되어 있다. 자원은 한정되어 있으므로 정부와 원조기구들은 빈곤 퇴치를 위해 어느 정책이 가장 바람직한지 어려운 선택을 해야 한다. 이 중에서 어느 것이 효과가 있는지 어떻게 알 수 있을까?

20세기 대부분의 시기에 개발을 위한 노력은 시행착오에 의한 방식으로 진행되어왔다. 효과가 좀 있는 것 같아 보이면 그 사업은 지속되었고, 명백한 실패라고 판단될 때에는 폐지했다. 문제는 많은 실패 사업들이 충분히 가시적으로 드러나지 않았다는 점이다. 많은 경우 원조기구들은 특정 전략이 도움이 되었는지, 해가 되었는지 전혀 알 수 없었다. 최근에는 일부 개발경제학

자들이 효과가 있을지 없을지도 모르는 사업에 무모하게 도전하면 안 된다고 주장하기 시작했다. 이들은 개발 프로그램이나 정책의 영향을 엄밀하게 평가하는 보다 정보 집약적인 접근법을 옹호한다.

영향. 영향 평가는 언뜻 아주 간단한 문제에 대한 답을 요한다. 사람들의 삶이 특정 프로그램이나 정책이 진행된 이후 그러한 프로그램이나 정책이 없었던 때에 비해 어떻게 변했는가? 해당 프로그램이나 정책 이외에 다른 어떤 것도 변한 것이 없다면 이에 대한 답은 쉽게 도출된다. 하지만 복잡한 현실 세계에서는 많은 것이 변한다.

아이들을 학교에 다니게 하고 학교에서 가능한 한 많이 배울 수 있도록 보장해야 하는 과제에 대해 고려해보자. 많은 대안과 희망적인 프로그램이 존재한다. 예를 들어, 많은 개도국의 경우 교재가 오래되어 학습 내용이 부실할 수 있기 때문에 하나의 전략은 더 나은 교재를 제공하는 것이다. 다른 전략은 학생들에게 교복을 보급하는 것이다. 수업료가 무료인 경우에도 많은 학교들이 학생들에게 교복을 입을 것을 요구한다. 이러한 비용을 가족이 감당할 수 없는 경우 자녀를 학교에 보내지 않는 부모가 많다.

얼핏 이러한 노력을 평가한다는 것은 어렵지 않아 보인다. 단지 교재나 교복을 지급받은 아이들의 시험성적을 비교해보면 될 일이다. 만약 시험성적이 그 이전에 비해 향상되었다면 좋은 일이다. 만약 그렇지 않다면 어쩔 수 없이 다시 판서를 하며 가르치는 일에 집중해야 할 것이다. 불행하게도 이는 어떤 바보라도 알 수 있는 일이다. 시험성적을 측정하는 것이 실제로 학습이 일어났는지 측정할 수 있는 의미 있는 방식인지 여부는 차치하고라도, 좋아진 시험성적이 교재나 교복의 지급 때문이 아니라 다른 이유 때문인지 어떻게 확신할 수 있을까? 만약 올해 풍년이 들어 먹을 것이 풍부해져 아이들이 학교에 있을 동안 더 이상 배를 곯지 않기 때문에 더 많이 공부할 수 있었다면? 그렇다면 교재가 변화를 일으켰다고 생각하는 것은 착오이며, 다른 곳에 더 효과적으로 사용되었을지 모르는 자원이 더 많은 교재를 구입하는 데 낭비될 수 있다.

무작위 통제 실험 실험 대상을 무작위로 대조군와 실험군으로 나눔으로써 어떤 사건이나 개입이 특정 결과에 미치는 인과관계를 평가하고자 하는 방법

이러한 문제를 회피하는 방법은 **무작위 통제 실험**(RCT)을 활용하는 것이다. 무작위 통제 실험에서는 특정 정책 개입의 효과에 초점을 맞추기 위해 사람들을 몇 개의 군으로 무작위로 나눈다. 앞서 언급한, 말라리아를 예방하기 위한 모기장(4장 '탄력성'에 제시된 '모기장 구입을 위해 돈을 지급하다' 참고) 사례는, 그러한 무작위 통제 실험의 결과다.

만약 우리가 더 많은 교재를 제공하는 것이 시험성적에 미치는 실질적인 영향을 알고 싶다면 100개의 유사한 학교를 선정한 후 50개의 학교를 무작위로 각각 두 그룹에 배정한다. 첫 번째 그룹에는 교재를 제공하지 않고, 두 번째 그룹에는 교재를 제공한다. 만약 교재가 실제로 영향을 준다면 교재가 지급된 그룹의 시험성적이 더 높을 것이다. 이 과정에서 핵심은 학교들을 무작위로 나눠야 한다는 것이다. 두 그룹의 평균이 연구 이전에 비해 유사할 것이므로 해당 정책 개입 이외에 다른 요소들은 모두 두 그룹에 동일한 영향을 줄 것이다. 이 방식은 혼란을 야기할 수 있는 다른 변수에 대해 완전히 통제를 한 것은 아니지만, 그 시작은 될 수 있다.

이러한 방식을 이용한 평가는 예상 밖의 결과를 가져올 수 있다. 만약 학생들의 참석률을 높이고자 한다면 교재나 교복보다 훨씬 효과적인 것이 있다. 구충약 제공이다. 기생충은 작고 기생적인 생물로, 만성질환을 야기해 학생들이 학교에 오지 못하게 한다. 연구 결과에 따르면, 전반적으로 구충 프로그램을 통해 초등학교 참석률이 7.5%나 높아졌다. 구충약은 또한 학생 한

명당 연 50센트밖에 들지 않아 교재나 교복보다 훨씬 저렴하게 진행할 수 있다. 국가 차원에서 운영된 멕시코의 프로그레사 안전망 프로그램은 어린이들에게 예방접종을 맞히고 학교에 보내면 가족에게 현금을 제공했는데 이는 구충약 사업에 비하면 몇 배나 더 많은 비용이 소요된다.(프로그레사와 같은 프로그램은 단지 학교 참석률을 높이는 것 이외에 다른 목표도 추구하고 있음에 유의해야 한다.) 〈그림 35-4〉는 두 프로그램을 비교 분석한 것이다. 그림은 구충약보다 비용 대비 효과적인 정책 개입이 있음을 보여준다. 연구자들이 취학률을 높이는 데 프로그램들이 얼마나 비용 대비 효과적이었는지 계산해본 결과 가장 간단한 프로그램이 가장 효과적이었음을 발견했다. 그 프로그램은 단순히 부모들에게(많은 개도국에서 부모들은 학교에 다녀본 적이 없을 수 있다) 자녀를 교육시키면 얻을 수 있는 잠재적 편익에 대해 알려주는 것이었다.

무작위 통제 실험 덕분에 정책입안자들과 프로그램 관리자들은 보다 자신 있게 가장 효과적이고 저렴한 사업에 자원을 투입할 수 있게 되었다. MIT와 하버드 대학의 경제학자들이 설립한 '압둘 라티프 자밀 빈곤 행동 실험실(J-PAL)'과 (이 책의 저자 중 한 명인) 딘 칼란이 설립한 비영리기구인 '빈곤 퇴치를 위한 혁신(IPA)' 등 두 기관이 이러한 연구에 특화하고 있다. J-PAL과 IPA는 소액 대출, 교육, 보건, 농업, 자선, 부패, 사회적 자본 등에 대해 연구를 수행하고 있다. 이들은 연구 결과를 개발사업의 운영과 결합해 성공적인 아이디어들을 지속적으로 개선하고 재현하기 위해 개발 관련 기구들과 협력하고 있다. 엄밀한 평가 덕분에 이 장에서 언급한 보완학습 프로그램은 이제 가나에서 1000여 개 학교를 목표로 확대 운영되고 있다.

위의 기관들이 세계 빈곤을 해소하기 위한 완벽한 해결책을 찾았다는 것은 아니다. 다른 많은 도구와 마찬가지로 무작위 통제 실험도 극복해야 할 과제와 한계가 있다. 통화 정책의 변화가 경제개발에 미치는 영향과 같은 일부 문제는 RCT로 평가할 수 없다. 평가가 가능한 프로그램의 경우에도 만약 다른 대륙이나, 심지어 동일한 국가의 다른 지역에서 사업이 재현되면 먼저

그림 35-4

취학률을 높이기 위한 프로그램 영향평가는 연구자들로 하여금 각 프로그램의 비용 대비 효과를 비교할 수 있도록 해준다. 부모에게 교육에 대한 편익(정보에 대한 수익)을 알려주는 것이 가장 효과적인 정책 개입이었다. 이는 100달러 지출당 20년의 교육 연수가 추가로 증가하는 효과가 있었다. 구충약 보급도 비용 대비 효과적인 프로그램이었다. 다른 프로그램들 또한 교육을 증가시키는 데 효과적이었지만 위의 프로그램에 비하면 비용이 더 들었다.

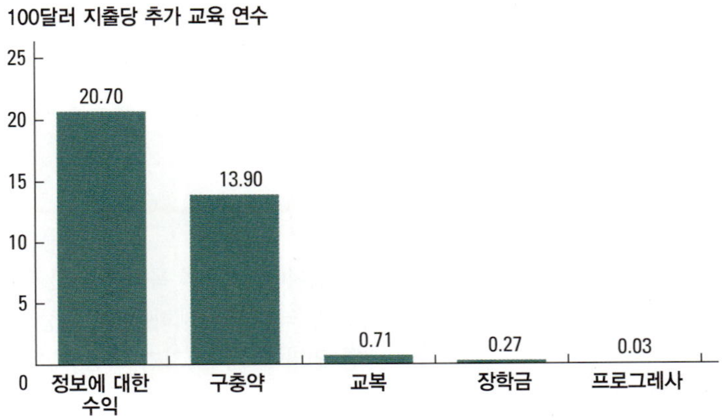

Source: http://www.povertyactionlab.org/policy-lessons/education/student-participation.

관측된 것과는 다른 영향이 나타날 수도 있다. 또한, RCT만으로는 어떤 사업이 왜 성공했는지 또는 왜 실패했는지 정확히 알 수 없다. 그럼에도 경제이론을 활용해 실험을 기획하고 다른 시기에 다른 지역에서 실험을 재현하는 것은 지식을 향상시키는 데 핵심적인 역할을 할 수 있다. 다른 종류의 분석과 함께 RCT는 지식을 축적하는 데 기여하고 있으며, 그 결과 이미 파급 효과가 클 지 모를 몇 가지 작은 정책 개입을 찾아냈다.

✓ 개념 확인하기

- ❒ 몇 개 국가들이 공적 개발 원조에 참여할 것을 약속했는가? 그중 몇 개 국가가 실제로 약속한 금액을 지불했는가? **[LO 35.7]**
- ❒ 새천년개발목표란 무엇인가? **[LO 35.7]**
- ❒ 현물 원조는 현지 생산자들에게 왜 문제가 될 수 있는가? **[LO 35.8]**
- ❒ 무작위 통제 실험이란 무엇인가? **[LO 35.8]**

결론

세계적 빈곤의 종식은 벅찬 일로 보이지만 중요한 성과가 있었으며, 지속적으로 발전이 이루어지고 있다. 가장 명백한 것은 중국 경제가 10여 년간 성장한 결과 수백만 명이 빈곤에서 벗어날 수 있었다는 것이다. 중국에서 성공한 방법은 특정 시기에 특정 지역에서 일어난 일로 이 경험을 단순히 압축해 다른 지역으로 수출할 수는 없지만, 아프리카를 포함한 다른 지역에서도 개선의 희망이 보이고 있다. 아프리카 대륙 전역에서 치열한 경쟁을 동반한 선거가 치러지고 있으며, 일부 국가들은 인상적인 성장률을 보이고 있다.

진보는 좋은 지배구조, 원조, 강화된 제도, 투자, 원조 프로그램 효과에 대한 주의 깊은 평가 등의 다양한 조합을 통해 이루어진다. 앞으로도 갈 길은 멀지만 이러한 진보는 빈곤한 사람들의 개인적 역량과 이들에게 진정으로 필요한 시장의 확장을 촉진할 것이다.

주요 용어

금융 격차 p.1017
무작위 통제 실험(RCT) p.1024
빈곤의 덫 p.1018
사회적 투자 p.1023
산업정책 p.1012
세계무역기구 p.1013
세계은행 p.1020
역량 p.1004
유엔개발계획(UNDP) p.1020
제도 p.1010
클러스터 p.1013

요약

LO 35.1 역량 접근법이 경제개발과 어떤 관련이 있는지 설명하기

개발경제학은 국제적인 빈곤의 성격과 원인을 연구하는 학문 분야다. 개발에 대한 한 가지 접근법은 아마르티야 센이 정립한 역량 접근법이다. 개발의 목적은 인간 역량의 증진에 있다. 다양한 종류의 역량이 존재하는데, 가장 기초적인 건강이나 교육에 대한 권리에서부터 자기 표현, 명망 등과 같은 개념도 포함된다.

LO 35.2 경제성장과 경제개발의 관계 설명하기

경제성장과 경제개발은 유사한 개념이지만 동일하지는 않다. 경제성장은 개발을 촉진할 수 있다. 어쨌든 사람들이 돈이 더 많다면 자녀의 건강 개선과 교육을 위해 더 많은 지출을 할 것이라고 예상할 수 있다. 일반적으로 이루어진 합의에 따르면 경제성장의 기반이 되는 재산권, 법치, 인적자본 등이 개발을 촉진한다.

LO 35.3 교육과 보건의 개선이 어떻게 인적자본 축적에 도움이 되는지 살펴보기

보다 좋은 학교와 보건소에 대한 접근의 향상은 인적자본 향상에 도움이 된다. 많은 국가에서 보편적인 초등교육과 저렴한 건강보험을 의무화해 인적자본 형성에 큰 획을 긋고 있다. 그러나 이러한 노력이 효과적이려면 그 질을 높여야 한다. 인적자본은 노동자의 생산성을 향상시키고 경제성장에 기여하기 때문에 경제개발에 중요한 요소다. 인적자본의 개선은 또한 사람들이 보다 완전한(더 많은 교육과 건강한) 삶을 누릴 수 있도록 해주는 역량 개발도 촉진한다.

LO 35.4 개발경제학에서 제도와 좋은 지배구조가 얼마나 중요한지 설명하기

개발은 주로 강력한 제도가 존재하는 곳에 뿌리를 내린다. 제도란 사람들 간 상호작용하는 형태에 영향을 주는 인위적인 제약을 일컫는다. 이에 반해 조직이란 그러한 제약에 의해 행동하는 일군의 사람들을 말한다. 개발에 중요한 여러 제도에는 강력한 재산권 체제, 법치, 좋은 정책을 집행할 수 있는 역량이 있는 정부 등이 포함된다.

LO 35.5 산업정책과 클러스터가 개발에서 어떤 역할을 하는지 평가하기

정부는 일부 산업을 다른 산업에 우대하기 위해 산업정책을 사용한다. 일반적으로 이루어지는 산업정책으로 수입 대체와 수출 주도 산업화 2가지 전략을 들 수 있다. 이에 대한 대안을 제시하는 산업정책은 클러스터다. 클러스터는 특정한 종류의 재화에 초점을 맞춘 독립된 기업, 대학, 소비자 간의 네트워크를 촉진한다.

LO 35.6 이주와 송금이 개발을 어떻게 촉진하는지 평가하기

매년 수백만 명의 사람들이 보다 높은 임금의 일자리를 찾아 자신의 고향을 등지고 이주한다. 이들이 고향의 가족들에게 보내는 돈, 소위 송금은 국제금융 흐름의 큰 비중을 차지한다. 그 결과 정부와 원조기구들은 이러한 송금이 고향의 가족들을 빈곤에서 벗어나게 해줄 수 있는 가장 좋은 대책을 강구하게 되었다.

LO 35.7 해외 원조에 대한 여러 다른 찬반론 규명하기

해외 원조는 한편으로는 사회간접시설, 보건소, 학교 등의 건설에 필요한 자금과 이러한 외부 원조가 없었다면 절대로 이루어질 수 없는 중요한 조치를 취하는 데 드는 비용을 제공할 수 있다. 다른 한편, 해외 원조는 최선의 경우 낭비가 되거나 최악의 경우에는 파괴적일 수도 있는 불안정성의 근원이 될 수 있다.

LO 35.8 영향평가의 필요성에 대해 설명하고 영향을 측정하는 데 무작위 통제 실험의 역할에 대해 분석하기

역사적으로 볼 때, 개발을 촉진하기 위한 생각은 시행착오를 겪으며 진행되었다. 효과가 있을지 없을지 모르는 프로그램에 무작정 돈을 낭비하는 대신 경제학자들은 다양한 개발 프로그램의 영향을 평가하기 시작했다. 영향 평가는 특정 프로그램이나 정책이 사람들의 삶을 어떻게 바꾸었는지 측정하기 위한 시도다.

무작위 통제 실험(RCT)은 그러한 시도의 한 방법이다. RCT에서는 정책 개입이 있었던 실험 군과 비교 대상인 통제 군을 비교해 프로그램의 효과를 측정한다.

복습문제

1. 역량과 효용은 같은 것인가? 만약 그렇다면, 경제학자들은 같은 개념에 대해 왜 두 다른 용어를 사용하는 것일까? 만약 그렇지 않다면, 그 정의와 경제적 분석에서 어느 때 각 용어를 사용하는 것이 가장 적절한지, 그 차이를 설명하라. **[LO 35.1]**
2. 다음 중 무엇이 진실이고 무엇이 거짓인지 답하라. **[LO 35.1]**
   a. 뮤지컬 관람을 볼 수 있는 기회는 역량의 한 예다.
   b. 특정 종교를 믿을 수 있는 자유는 경제개발과 직접적인 상관이 없기 때문에 역량이라고 할 수 없다.
   c. 경제학자들은 효용 극대화 접근법을 사용할 때 역량 접근을 사용할 때와 마찬가지인 결론을 내리고 동일한 조언을 권고한다.

d. 역량 접근은 사회적으로 무엇이 가장 바람직한지 분석하는 데 보다 적절하며 효용 극대화 접근은 개인에게 무엇이 가장 바람직한지 분석하는 데 더 적절하다.

3. 경제성장과 경제개발은 동일한 것인가? 왜 그러한가, 또는 왜 그렇지 아니한가? **[LO 35.2]**
4. 경제성장은 개발을 유도하는가? 또는 인과관계가 거꾸로라 경제개발이 성장을 유도하는 것인가? 설명하라. **[LO 35.2]**
5. 건강과 교육은 개발을 촉진하는 데 어떠한 방식으로 상호보완적인가? 이는 개도국에서 교육 성취도 제고를 위해 원조 자금을 사용할 수 있는 가장 좋은 방법에 대해 무엇을 시사하는가? **[LO 35.3]**
6. 더 많은 아이들에게 예방접종을 맞히는 것과 같이 보다 나은 건강 관리가 개도국에서 어떻게 더 적은 수의 아픈 아이들이라는 결과를 넘어서는 보다 전반적인 경제적인 효과를 발휘할 수 있는지 설명하라. **[LO 35.3]**
7. 여러분의 친구가 점심을 먹으며 다음과 같이 말한다: "나는 개발경제학 수업에 제출할 논문을 쓸 생각이야. 정부기구나 경제기구 등과 같은 주요 제도에 초점을 맞출 거야." 여러분의 친구는 제도라는 용어를 적절히 사용하고 있는가? **[LO 35.4]**
8. 자본은 언제 '사장'되었다고 할 수 있으며 이를 '활성화'한다는 의미는 무엇인가? **[LO 35.4]**
9. 국제무역은 경제성장 및 개발과 관련이 있다. 다른 모든 것이 동일하다면, 개방된 경제는 폐쇄된 경제보다 더 빨리 성장하는 경향이 있다. 이 정보를 전제로 할 때 한 나라가 성장과 개발을 빨리 이루기 위해서는 수입 대체 또는 수출 주도 성장 전략 중 무엇을 채택해야 하는가? 이 두 전략은 각각 순수출 부분을 통해 GDP에 어떤 영향을 미칠 것인가? **[LO 35.5]**
10. 다음은 수입 대체, 수출 주도 또는 클러스터 전략 중 어느 경우에 해당하는지 답하라. **[LO 35.5]**
    a. 자동차 제조업체와 협력해 연비가 좋은 새로운 자동차 개발을 위해 정부가 선도적인 대학에 5000만 달러의 연구 자금을 지급하는 것
    b. 국내 자동차 기업이 다른 국가에 선적하는 데 드는 비용을 충당하기 위해 5000만 달러의 보조금을 지급하는 것
    c. 해외에서 수입되는 모든 자동차에 정부가 관세를 부과하는 것
11. 소득 측면에서 이민을 가는 것은 어떻게 국내 경제에 도움이 될 수 있을까? 이민으로부터 얻을 수 있는 금전적 편익은 직접 이주를 하는 사람들에게 국한되는가? 왜 그런지, 또는 왜 그렇지 않은지에 대해 설명하라. **[LO 35.6]**
12. 이민은 송출국의 임금과 소득에 어떤 영향을 미치는가? 유입국에서는 어떠한가? **[LO 35.6]**
13. 자국 국민은 엄청난 기아에 시달리는 가운데 사치스러운 생활을 즐기는 독재자가 통치하는 어떤 국가에 미국이 직접 원조를 줄 것인지 여부에 대해 고민하고 있다고 하자. 이 국가를 원조하는 것은 왜 문제가 될 수 있는가? 이 문제에 대해 적어도 한 가지의 해결 방식을 제시하라. **[LO 35.7]**
14. 현물 원조란 무엇이며, 이는 왜 원래 도움을 주려던 나라에 오히려 해가 될 수 있는가? **[LO 35.7]**
15. 무료로 아침을 제공하는 것이 초등학교 학생들의 수학 능력을 높일 수 있는 여부를 평가하기 위해 어떤 무작위 통제 실험을 기획할 수 있는지 간략히 설명하라. **[LO 35.8]**
16. RCT를 사용해 특정 경제 프로그램의 성공 여부를 평가하는 데 3가지 취약점을 말해보라. **[LO 35.8]**

응용문제

Mc Graw Hill connect ECONOMICS

1. 중독성 있는 마약 메타엠파타민 가루를 불법적으로 만들어 공급하는 제조업자와 판매업자가 미국 중서부의 작은 도시에 살고 있다. 마약 판매업자는 마약을 판매하는 것이 주어진 시간과 자원을 이용해 그가 할 수 있는 일 중 가장 만족감을 주는 것이라고 주장한다. 효용 극대화 접근법을 이용한다면, 그가 마약을 계속 공급하도록 그대로 두어야 하는가? 역량 접근법을 적용한다면 어떠한가? 설명하라. **[LO 35.1]**
2. 벅 교수와 라이버 교수는 경제성장이 경제개발에 기여하는 역할에 대해 논쟁을 벌이고 있다. 벅 교수는 사람들의 효용은 소득과 직접적인 상관이 있으므로 개발을 위해 고려해야 할 유일한 요소는 경제성장이라고 주장한다. 라이버 교수는 소득은 개발과 직접적인 상관이 있지만 다른 요소도 고려해야 한다고 주장한다. 이 장에서 학습한 내용에 비추어 다음 중 역량 접근법을 따를 때 가장 적확한 대안을 선택하라. **[LO 35.1]**
    a. 경제개발을 측정할 수 있는 유일한 수치는 소득이므로 벅 교수가 맞다.
    b. 소득이 증가하면 항상 역량이 확장되므로 벅 교수가 맞다.

c. 경제개발에 가장 중요한 요소는 역량인데, 이는 소득과 관련이 없기 때문에 라이버 교수가 맞다.

d. 소득은 개발과 관련이 있지만 역량에 기여하는 유일한 요소는 아니기 때문에 라이버 교수가 맞다.

3. 〈표 35P-1〉는 네이션비아와 컨트리스탄이라는 두 국가의 경제 지표에 대한 연 성장률과 수준을 나타낸다. 이 성장률은 향후 상당 기간 일정할 것이라고 가정하자. 이 데이터를 활용해 다음 중 어느 것이 참이고 어느 것이 거짓인지, 또는 알 수 없는지 결정하라. **[LO 35.2]**

a. 소득은 수렴할 것이라는 이론(즉, 빈곤국의 국가 소득이 부유한 국가의 소득을 '따라잡을 것'이라는 이론)

b. 컨트리스탄은 네이션비아에 비해 더 높은 수준의 인적자본을 가지고 있다.

c. 네이션비아에서 불평등이 더 심하다.

d. 10년 이내에 컨트리스탄은 네이션비아의 인적자본 수준을 능가할 것이다.

4. 국가 A의 1인당 GDP는 2만1000달러이며 연 1.4%씩 증가하고 있다. 국가 A의 평균적인 국민은 51년 동안 살며 이 기대수명은 연 6%씩 증가하고 있다. 이에 더해 국가 A의 평균적인 국민의 교육연수는 9년이며 연 5.1%씩 증가하고 있다. 또한 현재 60%인 식자율은 2%씩 증가하고 있다.

국가 B의 경우 1인당 GDP는 4만 달러이며 이는 연 0.8%씩 증가하고 있다. 평균 기대수명은 68년이며 이는 연 2%씩 증가하고 있다. 평균 교육 연수는 10.5년이며 연 2%씩 증가하고 있다. 현재 78%인 식자율은 연 0.5%씩 증가하고 있다.

어느 국가가 더 큰 경제성장을 경험하고 있는가? 어느 국가의 국민이 더 많은 역량을 보유하고 있는가? 어느 국가가 더 많은 경제개발을 경험하고 있는가? **[LO 35.2]**

표 35P-1

지표	수준	성장률(%)
1인당 GDP—네이션비아	\$50,000	3.1
1인당 GDP—컨트리스탄	\$30,000	3.0
1인당 평균 교육 연수—네이션비아	15 years	2.0
1인당 평균 교육 연수—컨트리스탄	5 years	8.0
기대수명—네이션비아	72 years	0.5
기대수명—컨트리스탄	56 years	1.8

5. 여러분이 저소득 국가의 지도자라고 상상해보라. 여러분은 보건의료에 대한 취약한 접근이 국가의 저소득에 상당히 기여한다는 것을 규명했으며, 미국은 보다 많은 보건소를 건설하기 위해 자금을 지원하기로 했다. 이는 문제를 해결할 것인가? 왜 그런지, 또는 왜 그렇지 않은지 설명하라. 만약 그렇지 않다면 해외 원조 기금을 효과적으로 사용하기 위한 다른 대안은 무엇인가? **[LO 35.3]**

6. 학교 가는 길에 여러분이 라디오에서 작은 저소득국의 정치자가 다음과 같이 말하는 것을 듣는다: "지난 15년 간 학교에 다니는 학생들의 수가 10% 증가했다. 이들의 인적자본이 축적되었으므로 이들은 보다 생산적인 근로자로 성장할 것이 예상된다." 이 정치가의 말은 참인가 거짓인가, 아니면 둘 중 중간에 해당하는가? **[LO 35.3]**

7. 다음을 제도 또는 조직 중 하나로 분류하라. **[LO 35.4]**

a. 미국 국제개발협력국은 미국의 원조를 해외에 집행하는 정부기구다.

b. 유엔개발계획

c. 유엔 인권선언은 개인 자유에 대한 유엔 회원국 간 협정이다.

d. 유엔

e. 공개적으로 거래되는 기업들이 재무제표 정보를 제출해야 한다는 규칙을 정해놓은 사르바네스-옥슬리(SOX) 법

8. 한 국가에서 재산권 체제는 잘 정립되어 있지만 생산적인 기계에 대한 설비가 만연하고 절도범에 대한 벌칙은 거의 없다. 개발경제학자들은 이 경제에서 부족한 점이 무엇이라고 생각하는가? 이러한 취약점을 의미하기 위해 경제학자들은 어떤 용어를 사용하는가? 이 문제를 개선하기 위한 한 가지 방법에 대해 논하라. **[LO 35.4]**

9. 위틀리톤이라는 작은 내륙국이 막 농업 부문을 육성하기 시작했다. 이 부문에 종사하는 기업들은 경험과 생산 규모가 큰 다른 나라에서 농산물이 수입되는 것을 임시적으로 제한할 것을 정부에 요청했다. 수입 결과 초래되는 가격은 너무 낮아 국내 기업이 경쟁할 수 없기 때문이다. 이러한 정책을 무엇이라 하는가? 이와 연관된 부작용은 무엇이고, 이를 어떻게 하면 최소화할 수 있는가? **[LO 35.5]**

10. 무비하임이라는 작은 나라가 영화산업을 육성하고자 2가지 대안을 고려하고 있다.

 대안 A: 기업에 이주 비용을 지급하고 협업과 아이디어의 공유를 촉진하기 위해 연기학교, 영화회사, 디지털 예술가 등에 세금 혜택을 부여한다.

 대안 B: 외국 영화 수입 및 상영을 향후 10년간 금지한다.

 개발경제학자들은 위의 각 대안을 어떻게 분류하는가? 어느 대안이 장기적인 경제개발을 촉진할 가능성이 높은가? 왜 그런지 설명하라. **[LO 35.5]**

11. 남아프리카공화국에 대한 다음의 각 가상 시나리오에 대해 생각해보고 질문에 답하라. 각 상황에서 의과대학은 80%의 성공률을 가지고 있다고 전제한다. 즉, 의과대학에 진출한 사람 들 중 80%가 졸업 후 의사가 된다. **[LO 35.6]**

 a. 의사의 이민은 금지되며 의과대학에 진학하는 사람들의 수는 수식 D = 100,000 × I로 결정된다. 여기서 I는 의사의 소득을 다른 직업의 소득과 비교하는 지수다. 만약 I = 4라면, 몇 명의 학생들이 의과대학에 진학할 것인가? 남아프리카공화국에서 의사가 몇 명 늘어날 것인가?

 b. 미국이 남아프리카공화국에서 이민 오는 의사들에게 비자를 발급하기로 결정한다. 또 위 수식의 I-지수는 10으로 변한다. 남아프리카에서 교육받은 의사의 30%가 미국으로 이민을 간다고 가정하자. 몇 명의 학생들이 의과대학에 진학할 것인가? 몇 명이 의사가 될 것인가? 몇 명의 의사가 남아프리카공화국에 남을 것이며 몇 명이 미국으로 이민을 갈 것인가?

12. 〈표 35P-2〉는 2009년부터 2010년까지 개도국으로 유입된 다양한 금융 흐름의 규모를 10억 달러 기준으로 보여준다. **[LO 35.8]**

표 35P-2

금융 흐름	2009년 금액 (10억 달러)	2010년 금액 (10억 달러)
공적 개발 원조	128	119
외국인 직접투자	510	573
송금	307	324

 a. 2010년 유입된 각 종류의 금융 흐름이 공적 개발 원조(ODA)의 몇 %에 해당하는지, 그 비율이 낮은 것에서 높은 순으로 순위를 매겨라.

 b. 각 금융 흐름을 2009년부터 2010년까지 성장률이 높은 것에서 낮은 순으로 순위를 매겨라.

13. 외국인 직접투자에 특화된 한 조직의 장이 주주 모임에서 다음과 같이 발언했다. "우리의 1년 단위 프로그램은 실패였습니다. 우리는 6%의 투자 수익을 기대했으나 3%의 수익밖에 얻지 못했습니다." 사회적 투자 개념을 사용해 이 프로그램이 실패가 아니었다는 주장을 제시해보라. **[LO 35.6, 35.7]**

14. 다음 수식은 개발도상국의 금융 격차를 계산하는 한 방법을 제공한다:

$$FG = (A \times g) - I_D$$

 이 수식에서 FG는 금융 격차, A는 해당국의 초기 소득과 투자를 성장으로 변환시킬 수 있는 역량을 측정하는 변수(달러 기준), g는 성장률, ID는 현재 국내 투자다. A= 50,000,000,000달러, g = 0.08, I_D = 500,000,000라고 가정하고 다음 질문에 대해 답하라. **[LO 35.8]**

 a. 금융 격차의 규모는 어느 정도인가?

 b. 미국의 인구가 3억 명이라고 가정하자. 이 금융 격차를 해소하기 위해 각각의 미국 시민은 얼마를 지불해야 하는가?

 c. 현재 1인당 GDP가 4만5000달러라면, B에 대한 답은 1인당 GDP의 몇 %를 차지하는가?

 이제, 미국이 금융 격차에 상당하는 금액을 개발도상국에 원조한다고 가정하자. 원조를 받는 데는 행정 및 경쟁 비용이 수반된다. 특히 원조 1달러당 23%가 행정비용으로 소모된다. 또한 투자 목적으로 받은 원조 금액 1달러당 50센트는 비투자 목적으로 사용될 것이다.

 d. 미국이 수원국에 지원한 원조로 인해 투자 금액이 실질적으로 얼마나 증가하는지 계산하라.

 e. 위의 a번에서 답한 금융 격차에서 d에서 계산한 투자 금액을 차감해 계산한 새로운 금융 격차는 얼마인가?

15. 〈표 35P-3〉은 개도국에서 예방접종률을 개선할 수 있는 방안에 대한 연구 결과를 보여준다. 기초선 수치는 연구가 시작되는 시점에서의 예방접종률을 나타내는 한편, 종료선 수치는 연구가 종료되는 시점에서의 예방접종률을 나타낸다. 다음 질문에 대해 답하라. **[LO 35.8]**

 a. 어느 캠페인의 경우 통제군에 비해 예방접종률이 개선되었는가?

표 35P-3

캠페인	예방접종률(%)			
	기초선-통제군	기초선-처리군	종료선-통제군	종료선-처리군
강의	5	6	8	5
무료 보급	5	4	8	8
보조금	5	5	8	10
신문 공지	5	7	8	7

표 35P-4

캠페인	예방접종률(%)			
	기초선-통제군	기초선-처리군	종료선-통제군	종료선-처리군
강의	4	6	6	9
무료 보급	4	7	6	8
보조금	4	5	6	9
신문 공지	4	3	6	2

b. 어느 캠페인의 경우 통제군에 비해 예방접종률이 가장 크게 개선되었는가?

c. 어느 캠페인의 경우 통제군에 비해 예방접종률이 오히려 악화되었는가?

d. 어느 캠페인의 경우 통제군에 비해 예방접종률에 아무런 변화가 없었는가?

16. 〈표 35P-4〉는 개도국에서 예방접종률을 개선할 수 있는 방안에 대한 연구 결과를 보여준다. 기초선 수치는 연구가 시작되는 시점에서의 예방접종률을 나타내는 한편, 종료선 수치는 연구가 종료되는 시점에서의 예방접종률을 나타낸다. 캠페인을 가장 효과가 큰 것에서부터 가장 낮은 순으로 순위를 매겨라. 그런 다음 각 캠페인에서 1인당 소요되는 비용을 보여주는 〈표 35P-5〉를 참조하라. 〈표 35P-4〉와 〈표 35P-5〉가 제시하는 정보를 결합해 가장 비용 효과적으로 (치료 효과를 유일한 기준으로) 예방접종률을 개선한 순으로 캠페인의 순위를 매겨라.
[LO 35.8]

표 35P-5

캠페인	1인당 비용(달러)
강의	10
무료 보급	20
보조금	15
신문 공지	5

미주

1. http://blogs.ei.columbia.edu/2011/03/24/indiais-booming-so-why-are-nearly-half-of-its-childrenmalnourished-part-1/.
2. Jishnu Das and Jeffrey Hammer, "Stained mercy: The quality of medical care in Delhi," World Bank Policy Research Working Paper Series No. 3228.
3. Unpublished data from Innovations for Poverty Action.

4. Douglass C. North, "Institutions," Journal of Economic Perspectives 5, issue 1 (Winter 1991), pp. 97–112.
5. For evidence on the link between democracy and economic growth, see http://as.nyu.edu/docs/IO/2591/Development.pdf.
6. Michael Clemens, Claudio E. Montenegro, and Lant Pritchett, "The Place Premium: Wage differences for identical workers across the U.S. Border," Center for Global Development Working Paper no. 148, July 2008.
7. Michael Clemens, "Economics and emigration: Trillion dollar bills on the sidewalk," enter for Global Development Working Paper no. 264; and Lant Pritchett, Let Their People Come (Washington, DC: Center for Global Development, 2006).
8. Jeffrey Sachs, The End of Poverty (New York: Penguin Press, 2006).
9. Abhijit Banerjee, Making Aid Work (Cambridge, MA: MIT Press, 2007).
10. Dambisa Moyo, Dead Aid: Why Aid Is Not Working and How There Is a Better Way for Africa (New York: Farrar, Straus and Giroux, 2009).
11. Craig Burnside and David Dollar, "Aid, policies and growth: Revisiting the evidence," WB Policy Research Paper no. O-2834 (Washington, DC: World Bank, 2004).
12. Edward Miguel and Michael Kremer, "Worms: Identifying impact on education and health in the presence of treatment externalities," Econometrica 72, no.1 (January 2004), pp. 159–217.

참고문헌

Chapter Sources Ursula Cassabone and Charles Kenny, "The best things in life are (nearly) free: Technology, knowledge and global health," http://www.cgdev.org/content/publications/detail/1425144

Alberto Chaia et al., "Half the world is unbanked," in Robert Cull, Asli Demirgüç-Kunt, and Jonathan Morduch, eds. Banking the World (Cambridge, MA: MIT Press, 2012)

Esther Duflo and Michael Kremer, "Use of randomization in testing development effectiveness," http://econ-www.mit.edu/files/765

Richard A. Easterlin, "The worldwide standard of living since 1800," Journal of Economic Perspectives 14, no. 1 (2000), pp. 7–26, Tables 3, 5, 8, http://pubs.aeaweb. org/doi/pdfplus/10.1257/jep.14.1.7

Jonathan Morduch, "Not so fast: The realities of impact investing," America's Quarterly, Fall 2011 www.acumenfund.org

http://econ.worldbank.org/WBSITE/EXTERNAL/EXTDEC/EXTRESEARCH/0 , contentMDK:22263500~pagePK:64165401~piPK:64165026~theSitePK:469382,00.html

http://www.internationalpropertyrightsindex.org/userfiles/chapter%202%20property%20rights%20and%20economic%20development.pdf

http://www.unicef.org/publications/files/ Children_and_the_MDGs.pdf

◀ 세계의 모바일 윈도우–이 장의 내용과 관련된 응용사례를 찾으려면 여러분의 스마트폰으로 이 코드를 스캔하라. (QR코드 리더가 필요하면, 여러분의 앱스토어에서 ScanLife를 활용하라.)

여러분의 모바일 앱스토어를 방문하여 Karlan and Morduch Study Econ app.을 다운로드 하라. ▶

용어해설

ㄱ

가격상한 Price ceiling: 어떤 재화가 팔릴 수 있는 법적 최고 가격

가격 수용자 Price taker: 시장가격에 영향을 줄 수 없는 구매자나 판매자

가격차별 Price discrimination: 같은 상품에 대해 구입자에 따라 다른 가격을 부과하는 행위

가격통제 Price control: 어떤 재화에 대해 법적 최고 가격이나 최저 가격을 설정하는 규제

가격하한 Price floor: 어떤 재화가 팔릴 수 있는 법적 최저 가격

가변비용 Variable costs: 산출량에 따라 변하는 비용

가치의 척도 Unit of account: 비교의 기준이 되는 단위

가치저장 Store of value: 화폐가 시간이 흘러도 보유하고 있는 구매력의 양

개방경제 Open economy: 다른 국가 경제들과 교류하는 경제

거래 가능 허가권 Tradable allowance: 사거나 팔 수 있는 생산 또는 소비의 할당

거래비용 Transaction costs: 재화나 서비스의 거래에 동의하고 실행하는 데 발생하는 비용

거래의 이득 Gains from trade: 특화 생산된 재화와 서비스의 교환으로 개선된 결과

거시경제학 Macroeconomics: 지역적, 국가적, 국제적 규모의 경제를 연구하는 경제학의 분야

게임 Game: 최소한 2명이 연루되어 전략적으로 생각해야 하는 상황

게임이론 Game theory: 다양한 환경에서 사람들이 어떻게 전략적으로 행동하는지를 연구하는 경제학 분야

경기순환 Business cycle: 경제의 잠재 GDP 수준을 상회하거나 하회하는 GDP의 변동

경기적 실업 Cyclical unemployment: 단기 경기변동에 의해 야기되는 실업

경기침체 Recession: 경기가 두드러지게 하강하는 시기

경쟁시장 Competitive market: 완벽한 정보를 갖춘 가격 수용적 구매자와 판매자가 동일한 재화나 서비스를 거래하는 시장

경제순환모형 Circular flow model: 시장을 통해 경제 주체 간에 자원과 자금이 어떻게 순환하는지 간략하게 나타낸 모형

경제적 순손실 Deadweight loss: 거래량이 시장의 균형거래량보다 적어서 발생하는 총잉여의 상실분

경제적 유인 Incentive: 사람들이 당면한 선택의 손익 구조를 바꿈으로써 특정 방향으로 행동하도록 이끄는 수단

경제적 이윤 Economic profit: 총수입에서 모든 기회비용을 뺀 금액. 총수입-(명시적 비용+암묵적 비용)

경제적 지대 Economic rent: 근로자나 자본 소유자가 생산요소시장에 노동력 및 자본을 공급하고 얻는 이득

경제학 Economics: 사람들이 자원을 개인적으로나 집단적으로 어떻게 운영하는지 연구하는 학문

경제활동인구 Labor force: 생산가능인구에 해당되고 취업 상태거나 구직 상태인 사람들

경제활동참가율 Labor-force participation rate: 생산가능인구 중 경제활동인구의 비중

경합성 Rival in consumption(rival): 한 사람이 소비하면 다른 사람은 소비를 못하거나 소비를 줄일 수밖에 없는 재화의 속성

고유 위험 Idiosyncratic risk: 특정 기업이나 자산에 고유한 위험

고정비용 Fixed costs: 산출량에 따라 변하지 않는 비용

고정환율 Fixed exchange rate: 시장이 아니라 정부에 의해 결정된 환율

공개시장조작 Open-market operations: 중앙은행이 시장에서 국채를 은행에 팔거나 은행으로부터 사는 행위

공공부채 Public debt: 특정 시점에서 정부가 진 빚의 총량

공공재 Public good: 배제 가능성과 경합성이 모두 없는 재화

공급계획표 Supply schedule: 어떤 재화나 서비스의 가격과 공급량의 관계를 보여주는 표

공급곡선 Supply curve: 어떤 재화나 서비스의 가격과 공급량의 관계를 보여주는 도표

공급과잉(초과공급) Surplus(excess supply): 공급량이 수요량보다 많은 상태

공급량 Quantity supplied: 어떤 재화나 서비스에 대해 일정 기간 동안 주어진 가격에서 생산자가 팔고자 하는 양

공급의 가격탄력성 Price elasticity of supply: 어떤 재화나 서비스의 가격이 변할 때 그 공급량의 변화 정도

공급의 법칙 Law of supply: 다른 모든 조건이 일정할 때, 가격이 상승하면 공급량도 증가하는 공급의 특성

공급충격 Supply shock: 단기적으로 생산과 총공급곡선에 직접적인 영향을 미치는 중대한 사건

공유자원 Common resource: 소비의 배제 가능성은 없지만 경합성은 있는 재화

공유지의 비극 Tragedy of the commons: 개인적으로는 합리적이지만 집합적으로는 비효율적인 과도한 소비로 인해 공유 자원이 소모되는 현상

과점 Oligopoly: 유사한 재화나 서비스를 파는 기업이 소수만 존재하는 시장

관세 Tariff: 수입품에 부과되는 세금

교환의 매개체 Medium of exchange: 재화나 서비스를 구매할 수 있는 화폐의 능력

구두창비용 Shoe-leather costs: 인플레이션에 직면한 경제 주체들이 현금을 관리하기 위해 들이는 시간, 돈, 노력 등의 비용

구매가격 Purchase price: 생산요소의 영구적 소유권을 갖기 위해 지불하는 가격

구매력평가 Purchasing power parity (PPP): 서로 다른 국가 간 물가가 같은 통화로 표현되었을 때 같아야 한다는 이론

구매력평가 조정 PPP-adjustment: 국가 간 물가의 차이를 반영해 경제적 통계 수치들을 다시 계산하는 작업

구매력평가지수 Purchasing power parity(PPP) index: 국가 간 재화의 종합적 가격 차이를 보여주는 지수

구조적 실업 Structural unemployment: 근로자가 제공할 수 있는 기술과 시장에서 요구하는 기술의 불일치로 나타나는 실업

구축 Crowding out: 정부 차입의 증가로 인해 민간의 차입이 감소하는 현상

국내저축 Domestic savings: 한 국가 안에서 발생한 자본 투자를 위한 저축으로 국내 소득에서 소비지출을 뺀 것과 같음

국내총생산 Gross domestic product (GDP): 한 국가에서 일정 기간 생산된 모든 최종 재화와 서비스의 시장가치 총합

국민저축 National savings: 개인, 기업, 정부 저축의 총합

국민총생산 Gross national product(GNP): 한 국가에서 일정 기간 생산된 모든 최종 재화와 서비스의 시장가치의 총합(GDP)과 그 국가의 영구 거주자에 의해 소유된 자본의 합

국제수지 항등식 Balance-of-payments identity: 순수출액이 자본 순유출액과 항상 같음을 보여주는 등식

규모 수확 불변 Constant returns to scale: 평균 총비용이 산출량에 관계없이 일정한 현상

규모의 경제 Economies of scale: 산출량이 증가할 때 평균 총비용은 감소하는 현상

규모의 불경제 Diseconomies of scale: 산출량이 증가하면 평균 총비용도 증가하는 현상

규범적 주장 Normative statement: 세상이 어떻게 되어야 한다는 견해를 피력하는 주장

균형 Equilibrium: 시장의 공급량과 수요량이 같은 상태. 도표상에서는 수요곡선과 공급곡선이 교차하는 점에서 발생

균형가격 Equilibrium price: 공급량과 수요량이 같아지는 가격

균형거래량 Equilibrium quantity: 균형가격에서의 공급량과 수요량

근원 인플레이션 Core inflation: 가격 변동이 심한 재화를 제외한 인플레이션 측정 방식. 한국에서는 소비자물가 조사 품목 중 곡물 이외의 농산물과 석유류(도시가스 포함) 같은 외부 충격 등에 취약한 품목을 제외하고 측정

금수 조치 Embargo: 어떤 나라에 정치적 압력을 가하기 위해 무역을 제한하거나 금지하는 것

금융 격차 Financing gap: 한 경제의 저축률과 그 경제의 지속 가능한 성장에 필요한 투자의 양 간의 괴리

금융시장 Financial market: 자금이나 재화에 대한 미래의 청구권을 거래하는 시장

금융제도 Financial system: 사람들이 금융상품을 거래할 수 있는 상호 연결된 시장에 저축자, 대출자, 투자자 및 보험제공자 등을 끌어들이는 기관의 집단

금융중개기관 Financial intermediaries: 자금의 공급자와 수요자를 연결해주는 기관

급여세 Payroll tax: 피고용자에게 지급된 임금에 부과된 사회보장세

기대값 Expected value: 미래에 발생 가능한 사건들의 결과를 그 사건의 발생 확률을 가중치로 하여 평균을 낸 가치

기울기 Slope: 수평 거리(x 변화량) 대비 수직 거리(y 변화량)

기회비용 Opportunity cost: 어떤 것을 얻기 위해 포기해야 하는 것의 가치로서 차선 대안의 가치

긴축적 재정정책 Contractionary fiscal policy: 총수요를 감소시키는 재정정책

긴축적 통화정책 Contractionary monetary policy: 총수요를 감소시키기 위해 화폐 공급을 줄이는 수단들

ㄴ

내쉬균형 Nash equilibrium: 다른 게임 참가자들의 선택이 주어져 있을 때 각 게임 참가자가 최선의 전략을 구사한 결과 달성되는 균형

넛지 Nudge: 사람들의 행위를 예상 가능한 방향으로 바꾸기 위해 교묘하게 선택 구조를 이용하는 것

네트워크 외부성 Network externality: 어떤 재화의 추가 이용자나 어떤 활동의 추가 참가자가 다른 사람들이 그 재화나 활동에 대해 느끼는 가치에 미치는 영향

노동공급곡선 Labor supply curve: 경제의 총노동공급량과 임금 간의 관계를 보여주는 도표

노동수요곡선 Labor demand curve: 경제의 모든 기업들의 총노동수요량과 임금 간의 관계를 보여주는 도표

노동조합 Labor unions: 임금이나 근로 조건에 대해 고용주와 협상하기 위해 뭉친 피고용인의 집단

녹색 GDP Green GDP: GDP에 대한 대안적 지표로서 일반적으로 GDP에 포함되는 것으로 간주되는 산출물로부터 그 생산의 환경비용을 차감한 것

누진세 Progressive tax: 저소득층이 고소득층보다 소득 대비 더 낮은 비중의 금액을 부담하는 세금

ㄷ

다각화 Diversification: 다양한 자산이나 사람들에게 위험이 분산되도록 하여 특정 위험이 한 개인에게 미치는 충격을 감소시키는 과정

단위탄력적 Unit-elastic: 가격탄력성의 절대값이 정확히 1인 수요

담합 Collusion: 기업들이 가격이나 수량을 공동으로 결정하는 행위

대리인 Agent: 다른 사람을 대신해 업무를 수행하는 사람

대마불사 too big to fail: 은행이 지급 불능 상태에 빠졌음에도 그 은행이 자산이나 고객 규모 차원에서 너무 크거나 역사적으로 너무 중요해서 계속 영업하도록 허용하는 상황

대부자금시장 Market for loanable funds: 저축자가 돈을 빌리고자 하는 사람에게 자금을 공급하는 시장

대체 가능 Fungibility: 쉽게 교환되거나 교체될 수 있음

대체재 Substitutes: 어떤 재화와 충분히 비슷한 성격을 갖고 있어 그 재화 대신 구매될 수 있는 재화

대체효과 Substitution effect: 재화 간 상대가격이 변함으로써 발생하는 소비의 변화

대출 Loan: 원금과 정해진 이자를 지급하기로 약속하고 대금업자가 차입자에게 돈을 빌려주는 합의

도덕적 해이 Moral hazard: 사람들이 행동의 결과에 완전한 책임을 지지 않아도 될 때 계약을 어기거나 더 위험한 방향으로 행동하는 경향

독점 Monopoly: 가까운 대체재가 없는 재화나 서비스를 생산하는 유일한 기업

독점적 경쟁 Monopolistic competition: 비슷하지만 약간 다른 재화나 서비스를 파는 기업들로 구성된 시장

디스인플레이션 Disinflation: 물가상승률이 감소하고 있지만 여전히 물가는 상승하는 기간

디플레이션 Deflation: 한 경제의 전반적인 물가 하락

ㄹ

로렌츠 곡선 Lorenz curve: 소득 분포에 대한 도표적 표현으로서 백분율 단위의 인구와 해당 백분율까지 인구의 누적 소득 백분율을 연결시켜 나타냄

ㅁ

마찰적 실업 Frictional unemployment: 근로자의 이주, 이직, 경력 전환 등으로 발생하는 실업

매몰비용 Sunk cost: 지불되면 회수할 수 없는 비용

맹약수단 Commitment device: 자발적으로 추후의 선택을 제약함으로써 미래에 더 나은 결정을 내릴 수 있도록 하는 전략이나 방법

맹약전략 Commitment strategy: 향후 주어진 전략에서 벗어나면 벌칙을 받겠다고 합의하는 것

메뉴비용 Menu costs: 인플레이션에 맞춰 가격을 변경하는 데에서 발생하는 금전상, 시간상, 기회상의 비용

명목 GDP Nominal GDP: 재화나 서비스를 현재 가격으로 평가한 GDP 계산 방식

명목이자율 Nominal interest rate: 인플레이션에 조정되지 않은 이자율

명목환율 Nominal exchange rate: 한 국가의 통화가 다른 나라의 화폐로 교환될 수 있는 공식 비율

명시적 비용 Explicit costs: 기업의 금전 지출을 유발하는 비용

모형 Model: 복잡한 상황의 중요한 부분을 간략하게 나타낸 것

무역수지 Balance of trade: 수출액-수입액

무역 자유화 Trade liberalization: 무역 제한을 줄이는 정책이나 행위

무역적자 Trade deficit: 수출보다 수입이 많은 금액

무역흑자 Trade surplus: 수입보다 수출이 많은 금액

무위험 이자율 Risk-free rate: 부도의 위험이 전혀 없는 대상에게 대출할 때 받고자 하는 이자율. 보통 미국의 국채 수익률을 근사치로 사용함

무임승차자의 문제 Free-rider problem: 공공재의 배제 불가능성으로 인해 공공재가 충분히 공급되지 않을 때 발생하는 문제

무작위 통제 실험 Randomized controlled trial(RCT): 실험 대상을 무작위로 대조군와 실험군으로 나눔으로써 어떤 사건이나 개입이 특정 결과에 미치는 인과관계를 평가하고자 하는 방법

무차별곡선 Indifference curve: 소비자에게 동일한 수준의 효용을 일으키는 모든 소비조합을 나타내는 곡선

물가수준 Aggregate price level: 평균적 물가수준의 지표로, 보통 소비자물가지수(CPI)나 GDP 디플레이터 사용

물가안정 실업률 Non-accelerating inflation rate of unemployment (NAIRU): 인플레이션율을 증가시키지 않는 가장 낮은 수준의 실업률

물가연동 Indexing: 인플레이션에 따라 복지 급여 등이 자동으로 증가하는 운영 방식

물가지수 Price index: 일정한 상품 조합의 비용이 기준 기간이나 장소와 비교해 얼마나 오르거나 떨어졌는지 보여주는 지표

물량부족(초과수요) Shortage(excess demand): 수요량이 공급량보다 많은 상태

물물교환 Barter: 원하는 재화나 서비스를 받는 대신 재화나 서비스를 직접 공급하는 것

물적자본 Physical capital: 재화와 서비스 생산에 이용되는 장비와 구조물의 저량

물품세 Excise tax: 특정 재화나 서비스의 판매 시 발생하는 세금

뮤추얼 펀드 Mutual fund: 주식 및 다른

자산으로 구성된 자산 조합을 자금을 맡긴 고객을 대신해서 투자 결정을 내리는 전문가가 관리하는 투자회사

미국 국채 Treasury securities: 미국 정부에 의해 발행된 채권

미시경제학 Microeconomics: 개인과 기업이 자원을 어떻게 활용하는가를 연구하는 분야

민간저축 Private savings: 한 국가 안의 개인과 기업 저축의 총합

ㅂ

반복 게임 Repeated game: 한 번 이상 계속되는 게임

배당 Dividend: 회사의 주주 모두에게 분기나 1년에 한 번씩 지급되는 것

배제 가능성 Excludability: 재화나 서비스의 소유자가 대가를 지불하지 않는 사람을 해당 재화나 서비스의 이용에서 배제할 수 있는 속성

법정지출 Entitlement spending: 법에 규정된 계획에 의해 자동으로 발생하는 공공지출

법정화폐 Fiat money: 가치의 기반이 되는 물품 없이 정부 규정에 의해 만들어진 화폐

변동환율 Floating exchange rate: 시장에서 결정되는 환율

보완재 Complements: 함께 소비되기 때문에 한 재화를 구매한 소비자가 다른 재화도 구매할 가능성이 높을 때 그러한 재화들

보유효과 Endowment effect: 사람들이 단지 자신이 가지고 있다는 이유 때문에 어떤 것에 더 가치를 부여하는 경향

보조금 Subsidy: 어떤 재화의 생산자나 소비자에게 정부가 추가 금액을 지불하는 정책

보호주의 Protectionism: 교역을 제한하는 정책에 대한 선호

복리 계산 Compounding: 기존에 지급된 이자에 추가적인 이자가 붙어 이자가 축적되는 과정

부분지급준비은행 체계 Fractional-reserve banking: 은행이 지급준비금을 예금의 100% 미만으로 보유하는 은행 체계

부채상환율 Debt service: 소비자가 빚을 갚기 위해 지출해야 하는 금액으로, 통상 가처분 소득의 백분율로 표시됨

불완전취업자 Underemployed: 원하는 것보다 적게 일하고 있거나 숙련 수준에 못 미치는 일을 하고 있는 근로자

불황 Depression: 경기침체가 극심하거나 장기화될 때

비교우위 Comparative advantage: 다른 이들에 비해 더 낮은 기회비용으로 재화나 서비스를 생산할 수 있는 능력

비례세/평률세 Proportional/flat tax: 모든 납세자에게 같은 세율을 부과하는 소득세

비탄력적 Inelastic: 가격탄력성의 절대값이 1보다 작은 경우

빈곤률 Poverty rate: 절대 빈곤선 아래 있는 인구의 비율

빈곤선 Poverty line: 절대 빈곤선과 상대 빈곤선 참조

빈곤의 덫 Poverty trap: 가난한 사람들이 가난한 상태에 머물러 있게 되는 기제

ㅅ

사적비용 Private cost: 의사결정자가 직접적으로 부담하는 비용

사적재화 Private good: 배제 가능성과 경합성이 있는 재화

사적편익 Private benefit: 의사결정자에게 직접적으로 부여되는 편익

사회보장보험 Social insurance: 사람들이 공동기금에 납입하고 특정 조건에 해당될 때 혜택을 받을 수 있는 정부 제도

사회적 비용 Social cost: 어떤 결정의 전체 비용으로서 개인비용과 외부비용을 모두 포함함

사회적 투자 Impact investing: 재무적 이익뿐 아니라 사회적 이익을 창출할 수 있는 기업에의 투자

사회적 편익 Social benefit: 어떤 결정의 전체 편익으로서 개인편익과 외부편익을 모두 포함

산업정책 Industrial policy: 정부가 일부 산업을 다른 산업보다 우선시하는 노력

산출갭 Output gap: 한 경제의 잠재 생산량과 실제 생산량의 차이

상관관계 Correlation: 두 사건이나 변수 간 지속적으로 관찰되는 관계

상대적 빈곤선 Relative poverty line: 빈곤 여부를 판단하는 기준으로서, 빈곤층이 아닌 인구의 소득에 따라 정해짐

상품 태환 화폐 Commodity-backed money: 해당 통화가 기반한 상품과 일정 비율로 교환되는 것이 법적으로 보장된 통화

상호주의 Reciprocity: 다른 주체의 행위를 비슷한 행위로 반응하는 것

생산가능곡선 Production possibilities frontier(PPF): 한 경제가 모든 이용 가능한 자원들을 사용해 최대로 생산한 두 산출물의 모든 조합을 보여주는 직선이나 곡선

생산성 Productivity: 근로자 1인당 생산량

생산요소 Factors of production: 재화나 서비스의 생산에 투입되는 요소들

생산자 잉여 Producer surplus: 생산자가 재화나 서비스의 판매로부터 얻는 순편익으로서 생산자의 판매 의사 가격과 실제 가격의 차이로 측정

생산함수 Production function: 투입요소의 양과 산출량의 관계

선발자의 이점 First-mover advantage: 게임 상황에서 가장 먼저 선택한 사람이 뒤따라 선택한 사람에 비해 누리게 되는 편익

선별 Screening: 다른 사람의 사적 정보를 드러내기 위해 취하는 행동

선택설계 Choice architecture: 사람들이 결정을 내리는 맥락과 과정의 구성

세계무역기구 World Trade Organization (WTO): 자유무역을 촉진하고 무역협정 준

수를 보장하기 위해 설립된 국제기구

세계은행 World Bank: 개발도상국에 금전적 기술적 지원을 제공하기 위해 설립된 다국적 기관

소득세 Income tax: 개인과 기업의 소득에 부과되는 세금

소득 이동성 Income mobility: 시간이 흐름에 따라 개인의 경제적 여건이 개선될 수 있는 정도

소득효과 Income effect: 가격 하락으로 인해 실질적으로 부유해짐으로써 발생하는 소비의 변화

소비 Consumption: 민간의 개인이나 가계의 재화나 서비스에 대한 지출

소비 묶음 Bundle: 소비자가 선택할 수 있는 재화의 특정 조합

소비자물가지수 Consumer price index(CPI): 대표적인 가계가 구매하는 재화와 서비스 묶음의 비용을 추적하는 지표. 한국에서는 통계청에서 산출함

소비자 잉여 Consumer surplus: 소비자가 재화나 서비스를 구매할 때 얻게 되는 순편익으로, 지불 의사 가격과 실제 가격의 차이로 측정

손실 기피 Loss aversion: 이득을 추구하기 위해서보다 손실을 회피하기 위해 더 노력하는 사람들의 경향

수급 자격 심사 Means-tested: 복지 수급자의 소득을 혜택의 수급 자격 기준으로 삼는 심사

수량방정식 Quantity equation: M×V = P×Y. 화폐 공급량과 화폐 유통 속도를 실질 산출물의 화폐 가치와 연결시키는 방정식

수렴이론 Convergence theory: 저소득 국가의 성장 속도가 고소득 국가에 비해 처음에는 빠르다 결국 같아진다는 이론

수요계획표 Demand schedule: 어떤 재화나 서비스의 가격과 수요량의 관계를 보여주는 표

수요곡선 Demand curve: 어떤 재화나 서비스의 가격과 수요량의 관계를 보여주는 도표

수요독점 Monopsony: 판매자는 많고 구매자는 하나뿐인 시장

수요량 Quantity demanded: 어떤 재화나 서비스에 대해 일정 기간 동안 주어진 가격에서 구매자가 사고자 하는 양

수요의 가격탄력성 Price elasticity of demand: 어떤 재화나 서비스의 가격이 변할 때 그 수요량의 변화 정도

수요의 교차탄력성 Cross-price elasticity of demand: 한 재화에 대한 수요량이 다른 재화의 가격 변화에 따라 어떻게 달라지는지 측정하는 지표

수요의 법칙 Law of demand: 다른 모든 조건이 일정할 때, 가격이 하락하면 수요량은 증가하는 수요의 특성

수요의 소득탄력성 Income elasticity of demand: 소비자의 소득 변화에 수요량이 어느 정도 반응하는지 측정하는 지표

수입 Imports: 다른 나라에서 생산되고 국내에서 소비되는 재화와 서비스

수입 할당 Quota(imports): 특정 재화를 수입할 수 있는 양의 한도

수입 할당 지대 Quota rents: 수입 할당제 하에서 수입권을 보유한 사람이 얻는 이윤

수직거리 Rise: y의 변화량으로 계산되는 세로축 값의 차이

수출 Exports: 국내에서 생산되고 다른 나라에서 소비되는 재화와 서비스

수평거리 Run: x의 변화량으로 계산되는 가로축 값의 차이

순수출 Net exports: 수출-수입. 국내에서 생산되고 해외에서 소비된 재화와 서비스의 가치에서 해외에서 생산되고 국내에서 소비된 재화와 서비스의 가치를 뺀 것

순자본유입 Net capital flow: 자본유입(외국의 저축으로 자금이 조달된 투자)과 자본유출(외국에 투자된 국내 저축) 간 차이

순자본유출 Net capital outflow: 외국에 투자된 자본의 순유출. 내국인이 취득한 외국 자산에서 외국인이 취득한 국내 자산을 뺀 것

순현재가치 Net present value(NPV): 미래에 발생할 것으로 예상되는 현금 흐름을 현재 시점에서의 가치로 환산하는 방식

스태그플레이션 Stagflation: 경제성장률이 낮고 실업률이 높은데도 인플레이션이 진행되는 상황

승수효과 Multiplier effect: 한 사람의 지출이 다른 사람들의 지출 증가를 일으켜 최초 지출이 경제에 미치는 영향이 확대되는 소비지출의 증가

시간 불일치 Time inconsistency: 오직 결정의 시점이 다름으로 인해 무엇을 원하는지에 대한 마음을 바꾸는 상황

시장 Market: 특정 재화나 서비스를 거래하는 구매자들과 판매자들

시장경제 Market economy: 중앙집중적인 권력 기관의 계획이 아니라 사적인 개인과 기업의 의사결정으로 자원 배분이 이루어지는 경제

시장실패 Market failure: 효율적이고 경쟁적인 시장의 가정이 유지되지 않는 상황

시장지배력 Market power: 시장가격에 두드러지는 영향력을 행사할 수 있는 능력

신용 제약 Credit constraint: 어떤 사람이 원리금을 상환할 능력이 있음에도 돈을 빌릴 수 없을 때

신호 발송 Signaling: 자신의 사적 정보를 드러내기 위해 취하는 행동

실망실업자 Discouraged workers: 노동시장의 상황 때문에 구직을 포기한 사람

실물 보조 In-kind transfer: 복지 수급자에게 현금이 아닌 특정 재화나 서비스를 직접 공급하는 지원

실업 Unemployment: 일하고자 하나 취업을 못한 상황

실업률 Unemployment rate: 실업자를 경

제활동인구로 나눈 비율

실업보험 Unemployment insurance: 실업 상태의 사람들에게 정부가 지급하는 돈

실증적 주장 Positive statement: 세상이 실제로 어떻게 작용하는지에 대한 사실에 근거한 서술

실질 GDP Real GDP: 재화와 서비스의 가치를 불변 가격으로 평가한 GDP

실질이자율 Real interest rate: 물가 변동에 조정된 이자율

실질임금 또는 전통적 실업 Real-wage or classical unemployment: 임금이 시장 청산 임금수준보다 높아서 발생하는 실업

실질환율 Real exchange rate: 한 국가의 재화의 가치를 다른 나라의 같은 재화의 양으로 표현한 것

ㅇ

암묵적 비용 Implicit cost: 포기된 기회를 반영하는 비용

애로의 불가능성 정리 Arrow's impossibility theorem: 어떠한 투표 체계도 3개 이상의 대안에 대해 이상적인 투표 체계의 속성을 만족하면서 투표자의 선호를 종합해 반영할 수 없음을 보인 정리

양적 완화 Quantitative easing: 화폐 공급량을 일정량 직접적으로 증가시키기 위한 정책

역량 Capability: 경제적, 정치적 자유를 포함해 본인의 삶을 완전히 영위할 자유

역선택 Adverse selection: 거래 시 구매자와 판매자가 상품의 질이나 거래 상황의 위험성에 대해 서로 다른 정보를 갖고 있을 때 발생하는 상태. 양측이 보유한 정보가 같았다면 가능했을 거래가 달성될 수 없음

역진귀납법 Backward induction: 최적의 전략을 결정하기 위해 문제를 최종 선택으로부터 역순으로 분석하는 과정

역진세 Regressive tax: 저소득층이 고소득층보다 소득 대비 더 높은 비중의 금액을 부담하는 세금

연금기금 Pension fund: 퇴직자들에게 소득을 지급하기 위해 전문적으로 운용되는 자산 조합

연방기금금리 Federal funds rate: 연방준비은행(Fed)에 은행들이 맡겨놓은 지급준비금을 은행 간 대출할 때 적용되는 금리. 한국에서는 콜금리가 이에 해당

연방준비제도 Federal Reserve(the Fed): 미국의 중앙은행 역할을 하는 7명으로 구성된 연방준비제도 이사회와 12개의 지역 은행으로 구성된 체계

열등재 Inferior goods: 소득이 증가함에 따라 수요가 감소하는 재화

예산제약 Budget constraint: 소비자가 자신의 예산 내에서 살 수 있는 재화와 서비스의 조합을 나타내는 선

완전 비탄력적 수요 Perfectly inelastic demand: 수요곡선이 수직선이어서 가격에 관계없이 수요량이 일정한 수요

완전 정보 Complete information: 모든 관련된 경제 주체가 직면한 선택들에 대해 충분한 정보를 갖춘 상태

완전 탄력적 수요 Perfectly elastic demand: 수요곡선이 수평선이어서 특정 가격에서는 수요량이 어떤 수치도 될 수 있으나 가격이 상승하면 수요량이 0으로 떨어지는 수요

외국인간접투자 Foreign portfolio investment: 주식시장을 통해 경영권에 영향을 미치지 못하는 정도의 해외 기업 지분을 인수하는 투자

외국인 직접투자 Foreign direct investment(FDI): 경영권에 영향을 미칠 수 있을 만큼 해외 기업의 지분을 인수하거나 조업의 일부를 해외에서 하기 위한 투자

외부비용 External cost: 비용을 유발한 사람 이외의 사람에게 그에 대한 보상 없이 부과된 비용

외부편익 External benefit: 편익을 유발한 사람 이외의 사람에게 그에 대한 대가 없이 부여된 편익

외부효과 Externality: 비용이나 편익을 유발한 사람 이외의 사람에게 그에 대한 보상이나 대가 없이 주어진 비용이나 편익

요구불예금 Demand deposits: 예금자가 언제든지 사전 통지 없이 인출할 수 있는 종류의 은행 예금

우월전략 Dominant strategy: 게임 상황에서 다른 참가자들이 무슨 전략을 쓰든지 관계없이 가장 좋은 전략

위험 Risk: 어떤 사건이나 선택에 따른 비용이나 편익이 불확실한 상황

위험 분산 Risk pooling: 각 개인의 위험을 집합적으로 흡수하기 위해 사람들을 한 집단으로 조직하는 것

위험 선호적 Risk-loving: 위험이 결부된 상황에 연루되는 것을 마다하지 않는 성향

위험추구적 Risk-seeking: 위험이 결부된 상황에 연루되는 것을 즐기는 성향

위험회피적 Risk-averse: 위험이 결부된 상황에 연루되는 것을 꺼리는 성향

유동성 Liquidity: 특정 자산이 얼마나 쉽고 빠르게, 가치 손실 없이 현금으로 전환되는지를 나타내는 지표

유동성 선호모형 Liquidity-preference model: 사람들이 보유하고자 하는 화폐의 양을 이자율의 함수로 보는 모형

유엔개발계획 United nations development program(UNDP): 개발도상국에 지식과 자원을 제공하기 위한 UN의 세계적 교류망

이윤 Profit: 총수입과 총비용의 차이

이자율 Interest rate: 특정 기간 동안 빌린 돈의 가격으로서 단위 시간 및 단위 화폐당 백분율로 표현됨

이전지출 Transfer payments: 재화나 서비스의 구매를 일으키지 않고 정부 계정의 자금이 개인에게 이전되는 것으로 공적 연금 지급 등이 해당

이중 권한 Dual mandate: 미국 연방준비은행의 2가지 책임으로, 통화정책을 통해

물가 안정과 완전 고용을 달성하기 위해 통화정책을 이용해야 한다는 것

이타주의 Altruism: 다른 사람의 효용이 증가할 때 본인의 효용이 증가하기 때문에 취하는 행동의 동기

인과관계 Causation: 한 사건이 다른 사건을 일으켰을 때 두 사건의 관계

인적자본 Human capital: 근로자의 생산성을 결정하는 기술, 지식, 경험, 능력 등의 집합

인플레이션 Inflation: 경제의 물가가 전반적으로 오르는 현상

인플레이션율 Inflation rate: 전반적 물가수준 변화의 크기

일반적 인플레이션 Headline inflation: 평균적인 소비자가 구매하는 모든 재화를 포함한 인플레이션 지표

임대료 Rental price: 일정 기간 동안이나 특정 업무에 생산요소를 사용하기 위해 지불하는 가격

임의기준규칙 Default rule: 사람들이 능동적인 결정을 내리지 않을 때 자동으로 발효되는 대안을 정의한 규정

잉여(효율성) Surplus(efficiency): 거래로부터 누가 얼마나 편익을 얻는지를 측정하는 방식

ㅈ

자급자족 경제 Autarky: 외부와의 거래 없이 자립적인 경제

자동안정화 장치 Automatic stabilizers: 경기 변동에 따라 정책입안자의 개입 없이 재정정책을 통해 총수요에 영향을 미치는 세금이나 정부지출

자본 Capital: 다른 재화의 생산에 이용되는 장비나 설비

자본이득세 Capital gains tax: 투자 상품을 산 가격보다 비싸게 팔 때 발생한 소득에 부과되는 세금

자연독점 Natural monopoly: 한 개의 기업이 다수의 기업들보다 낮은 비용에 전체 수요량을 생산할 수 있는 시장

자연실업률 Natural rate of unemployment: 장기의 경제에서 불가피하게 발생하는 최소한의 실업률

잠재 생산량 Potential output: 한 국가의 모든 자원이 온전히 사용될 때 생산할 수 있는 총산출물의 양

장바구니 Market basket: 고정된 수량의 특정 재화와 서비스의 목록

재고 Inventory: 회사가 생산했으나 즉각 팔지 않은 재화의 축적

재량적 재정지출 Discretionary spending: 매년 의회의 승인을 받아야 하는 공공지출

재산세 Property tax: 주택이나 다른 재산의 평가가치에 부과되는 세금

재정적자 Budget deficit: 정부가 거둬들인 세수를 초과해 쓴 정부지출의 양

재정정책 Fiscal policy: 세수와 정부지출에 관한 정부의 결정

재정흑자 Budget surplus: 정부지출을 초과해 거둬들인 세수의 양

재할인율 Discount rate: 연방준비은행(Fed)이 재할인 창구를 통해 은행들에 지급준비금을 대출해줄 때 적용되는 이자율

재할인 창구 Discount window: 연방준비은행(Fed)이 운영하는 대출 기구로, 어떤 은행이라도 지급준비금을 대출할 수 있도록 허용됨

저축 Savings: 재화나 서비스의 소비에 즉각적으로 사용되지 않은 소득의 부분

전략적으로 행동하기 Behaving strategically: 목표를 달성하기 위해 본인과 다른 경제 주체 간 상호 작용을 예측해 행동하는 것

절대 빈곤선 Absolute poverty line: 빈곤 여부를 판단하는 기준으로, 가계 소득이 그 미만이면 해당 가계가 빈곤 상태인 것으로 간주하는 소득수준

절대우위 Absolute advantage: 주어진 자원으로 다른 이들보다 더 많은 재화나 서비스를 생산할 수 있는 능력

정보 비대칭 Information asymmetry: 어떤 사람이 다른 사람보다 더 많이 알고 있는 상황

정부구매 Government purchases: 재화와 서비스에 대한 중앙정부와 지방정부의 지출

정부저축 Public savings: 정부세수와 정부지출 간 차이

정부지출승수 Government-spending multiplier: 정부지출이 1원 증가했을 때 GDP가 증가하는 정도

정상재 Normal goods: 소득이 증가함에 따라 수요가 증가하는 재화

정액세(인두세) Lump-sum tax(head tax): 납세자의 경제적 행위나 여건에 상관없이 각 납세자에게 같은 액수로 매겨지는 세금

제도 Institutions: 사람들 간에 상호작용하는 형태에 영향을 주는 인위적 제약들

제로섬 게임 Zero-sum game: 한 사람이 이득을 보면 다른 사람은 그만큼 손실을 보게 되어 거래의 순가치가 0인 상황

제품 차별화 Product differentiation: 서로 비슷하지만 완전한 대체재는 아닌 제품들이 존재하는 상태

조건부 현금 이전 Conditional cash-transfer: 특정 행동을 취한 사람들에게만 금전적 지원이 주어지는 계획

조세격차 Tax wedge: 세금 때문에 발생하는 구매자가 지불한 가격과 판매자가 받은 가격의 차이

조세귀착 Incidence: 세금의 부담이 누구에게 지워지는가에 대한 서술

조세귀착 Tax incidence: 구매자와 판매자에 부과되는 세금의 상대적 부담

조세승수 Taxation multiplier: 세금이 1원 증가했을 때 GDP가 감소하는 정도

죄수의 딜레마 Prisoners' dilemma: 두 사람이 합리적 의사결정을 한 결과가 두 사람 모두에게 이상적이지 않은 결과를 가져

오는 게임 상황

주식 Stock: 회사 주권의 일부를 나타내는 금융자산

주인 또는 원금 Principal: 다른 사람에게 일을 맡긴 사람 또는 재무에서는 대여되거나 투자된 원래 금액

중간점 이용법 Mid-point method: 탄력성을 계산할 때 수요나 공급의 두 점 사이의 점 대비 백분율 변화를 측정하는 방법

중앙은행 Central bank: 한 국가의 건전 경제 조성을 위해 국가의 통화 공급과 은행 체계의 기능을 조정하는 궁극적인 책임을 지는 기관

중위투표자의 정리 Median-voter theorem: 일정한 조건하에서 정치가가 중위투표자가 선호하는 정책을 채택함으로써 득표를 극대화할 수 있음을 보인 모형

증권화 Securitization: 개별 부채들을 묶어 한 개의 균질한 자산으로 만드는 방식

지급준비금 Reserve: 은행이 현금이나 중앙은행에의 예금 형태로 보유해 예금자의 인출 요구에 대응할 수 있는 자금

지급준비금 요건 Reserve requirement: 은행이 예금의 일정 비율 이상을 지급준비금으로 보유하도록 정하는 규제

지급준비율 Reserve ratio: 한 은행의 총예금액 대비 현금 지급준비금의 비율

지니 계수 Gini coefficient: 소득 불평등을 측정하는 지표로, 0에서 1 사이의 숫자로 표현되며 숫자가 높을수록 소득 불평등 정도가 심함을 의미함

지대 추구 Rent-seeking: 사회 전체의 잉여 증가 없이 특정 개인이나 집단의 잉여를 증가시키기 위해 특권을 추구하는 행위

지불의사(유보가격) Willingness to pay (reservation price): 구매자가 어떤 재화나 서비스에 대해 지불할 의사가 있는 최대한의 가격

집단행동의 문제 Collective-action problem: 개인적으로 수행하기에는 합리적이지 않은 행동이 집단적으로 수행하면 이득이 되는 상황

ㅊ

차별 Discrimination: 인종, 성(性), 연령 등 관찰 가능한 일반적인 특성을 기준으로 배경이 비슷한 사람들에게 서로 다른 기회를 부여하는 것

차익거래 Arbitrage: 시장의 비효율성을 이용해 이윤을 획득하는 과정

차입 투자 Leverage: 차입금으로 투자 자금을 조달하는 방식

채권 Bond: 부채의 한 형태로, 채권 발행자가 구체적인 백분율의 이자를 정기적으로 지급하고 해당 부채의 원금을 특정 만기날에 갚는 약속을 나타내는 것

채무불이행 Default: 채무자가 약정에 따른 부채 상환에 실패하는 것

체계적 위험 Market(systemic) risk: 경제에 전반적으로 공유되는 위험

초과 지급준비금 Excess reserve: 요구된 지급준비금을 초과해 은행이 보유하는 지급준비금

초인플레이션 Hyperinflation: 극단적으로 장기적이고 고통스럽게 진행되는 물가 상승

총공급곡선 Aggregate supply curve: 한 경제의 전반적 물가수준과 기업들의 전체 생산량의 관계를 보여주는 곡선

총수요곡선 Aggregate demand curve: 한 경제의 전반적 물가수준과 전체 수요의 관계를 보여주는 곡선

총수입 Total revenue: 기업이 재화나 서비스의 판매로부터 거둔 수입으로, 경쟁시장에서 판매 수량에 단위당 판매가격을 곱해서 계산

총잉여 Total surplus: 재화나 서비스의 거래에 참여한 모든 사람이 받는 편익을 측정하는 지표

ㅋ

카르텔 Cartel: 생산량이나 가격을 집단적으로 결정하는 담합 기업

코즈의 정리 Coase theorem: 외부성이 존재하는 경우에도 거래비용이 없으면 개인이 사적 거래를 통해 효율적인 균형을 달성할 수 있음을 보인 정리

콩도르세 역설 Condorcet paradox: 한 집단 안의 각 개인의 선호는 이행적인데 집단의 집합적 선호는 이행적이지 않은 상황

클러스터 Clusters: 특정 유형의 재화를 생산하는 데 집중하는 상호 의존적인 기업, 대학, 사업체들의 교류체

ㅌ

탄력성 Elasticity: 소비자와 생산자가 시장 조건들의 변화에 어느 정도 반응하는지 측정하는 방식

탄력적 Elastic: 가격탄력성의 절대값이 1보다 큰 경우

통계적 차별 Statistical discrimination: 누락된 정보를 보완하기 위해 관찰 가능한 특성들을 일반화함으로써 선택 사항들을 가려내는 과정

통화승수 Money multiplier: 중앙은행이 창출한 화폐량 대비 은행 체계의 대출 행태를 통해 창출된 화폐량의 배수

통화정책 Monetary policy: 특정한 거시경제적 목표를 추구하기 위해 중앙은행이 화폐 공급량을 조절하는 행위

투자 Investment: 공장, 기계, 재고 등 생산적인 투입요소에 대한 지출

투자 상충관계 Investment trade-off: 미래의 생산을 증가시키기 위해서 자본투자에 지불하고자 현재 소비를 감소시키는 대체관계

특화 Specialization: 특정 재화 생산에 모든 시간을 쓰는 것

ㅍ

파생상품 Derivative: 다른 자산의 가치에 따라 그 자산의 가치가 결정되는 종류의 자산

판매세 Sales tax: 구매된 재화나 서비스의 가치에 부과되는 세금

판매의사 Willingness to sell: 판매자가 어떤 재화나 서비스 판매를 받아들일 의사가 있는 최소한의 가격

평균 가변비용 Average variable cost (AVC): 가변비용을 산출량으로 나눈 것

평균 고정비용 Average fixed cost(AFC): 고정비용을 산출량으로 나눈 것

평균 수입 Average revenue: 총수입을 판매량으로 나눈 것

평균 총비용 Average total cost(ATC): 총비용을 산출량으로 나눈 것

폐쇄경제 Closed economy: 다른 나라의 경제와 교역하지 않는 경제

표준편차 Standard deviation: 숫자들이 얼마나 퍼져 있는지 측정하는 지표

표준화된 재화 Standardized good: 어떤 두 단위를 비교해도 동일한 성질을 갖고 있고 서로 맞바꿀 수 있는 특성의 재화

피구세 Pigovian tax: 외부 불경제를 교정하기 위한 세금

필립스 곡선 Phillips curve: 단기에서 인플레이션과 실업률의 관계를 보여주는 모형

필요 지급준비금 Required reserves: 한 은행이 중앙은행에 의해 법적으로 요구받는 최소 지급준비금의 규모

ㅎ

한계대체율 Marginal rate of substitution (MRS): 소비자가 효용수준을 일정하게 유지하면서 두 재화 간 대체하고자 하는 비율

한계비용 Marginal cost(MC): 한 단위의 산출물을 추가로 생산할 때 발생하는 비용

한계생산 Marginal product: 생산요소 한 단위를 추가 투입함으로써 발생한 산출량의 증가분

한계생산가치 Value of the marginal product: 투입요소의 한계생산에 그 생산물의 가격을 곱한 값

한계생산 체감 Diminishing marginal product: 투입요소의 한계생산은 투입요소의 양이 증가함에 따라 감소한다는 원칙

한계세율 Marginal tax rate: 납세자가 벌어들인 마지막 1원에 부과된 세율

한계소비성향 Marginal propensity to consume(MPC): 세후 소득이 1원 증가할 때 발생하는 소비의 증가분

한계수입 Marginal revenue: 재화 한 단위의 추가 판매로 발생하는 수입

한계의사결정 Marginal decision making: 연관된 과거 선택의 편익과 비용에 구애받지 않고 어떤 선택의 추가 편익과 추가 비용만을 비교하는 결정

한계효용 Marginal utility: 재화나 서비스 한 단위의 추가 소비로 발생하는 총효용의 변화분

한계효용 체감 Diminishing marginal utility: 재화나 서비스에 대한 소비가 연속적으로 증가할 때, 소비로 발생하는 추가적인 효용은 이전 단위 소비로부터의 추가 효용보다 적은 경향이 있다는 원칙

합리적 무지 Rational ignorance: 정보를 수집하는 기회비용이 그 편익보다 크기 때문에 무지한 상태로 남아 있기로 선택하는 것

합리적 행동 Rational behavior: 가장 효과적인 방법으로 목적을 달성하는 선택을 하는 것

행동경제학 Behavioral economics: 개인의 의사결정모형을 심리학적 통찰을 이용해 확장하는 경제학의 분야

행정부담 Administrative burden: 세금을 징수할 때 발생하는 행정상 비용

현상유지 편향 Status-quo bias: 다른 대안으로 옮겨가는 것이 힘들지 않는데도 현재 상황에 머무르는 경향

현시 선호 Revealed preference: 사람들의 선호는 그들의 선택이나 행동을 관찰함으로써 결정될 수 있다는 생각

현재가치 Present value: 미래의 특정 금액이 현재 갖는 가치

화폐 Money: 재화나 서비스를 즉각적으로 구매하는 데 주로 이용되는 자산의 집합

화폐공급 Money supply: 경제 내에 이용 가능한 화폐의 양

화폐수량설 Quantity theory of money: 화폐의 가치는 화폐 공급량에 따라 결정된다는 이론

화폐유통속도 Velocity of money: 주어진 기간에 전체 공급 화폐가 사용자의 손을 바꿔 거치는 횟수

화폐중립성 Neutrality of money: 전반적 물가수준이 경제의 실물 변수에는 영향을 미치지 않는다는 사상

확장적 재정정책 Expansionary fiscal policy: 총수요를 증가시키는 재정정책

확장적 통화정책 Expansionary monetary policy: 총수요를 증가시키기 위해 화폐공급을 늘리는 수단들

환율 Exchange rate: 다른 통화로 표현된 한 통화의 가치

환율 상승 Exchange-rate appreciation: 다른 통화 가치에 대비한 한 통화의 가치 상승

환율 하락 Exchange-rate depreciation: 다른 통화 가치에 대비한 한 통화의 가치 하락

회계적 이윤 Accounting profit: 총수입-명시적 비용

효용 Utility: 사람이 어떤 것으로부터 느끼는 만족의 양을 측정하는 개념

효용함수 Utility function: 어떤 사람이 재화와 서비스의 소비조합으로부터 느끼는 총효용을 계산하는 수식

효율성 Efficiency: 사회에 가장 큰 경제적 가치를 가져오는 재화와 서비스를 생산하기 위해 기술이 허용하는 한 가장 생산적인 방식으로 자원을 이용하는 것

효율임금 Efficiency wage: 근로자의 생산성을 향상시키기 위해 시장 임금수준보다

높게 책정된 임금

효율적 규모 Efficient scale: 평균 총비용이 가장 적을 때의 산출량

효율적 생산점 Efficient points: 이용 가능한 자원을 모두 동원할 때 가능한 최대한의 생산 조합들

효율적 시장 Efficient market: 어떠한 거래도 모두를 동시에 더 만족스러운 상황으로 이끌지 못하는 방식. 즉, 어떤 사람에게 이득이 되는 거래는 다른 사람에게 손해를 끼칠 수밖에 없는 방식

효율적 시장가설 Efficient-market hypothesis: 시장가격이 항상 모든 이용 가능한 정보를 반영하기 때문에 가장 정확한 실제 가치를 나타낸다는 견해

휴리스틱 Heuristic: 의사결정에서의 정신적 지름길

희소성 Scarcity: 이용 가능한 자원으로 얻을 수 있는 것보다 많이 원하는 상태

기타

1인당 GDP GDP per capita: 한 경제의 GDP를 인구로 나눈 수치

GDP 디플레이터 GDP deflator: 실질 GDP와 명목 GDP의 비율을 이용해 경제 전반의 물가 상승을 측정하는 지표

M1: 현금과 요구불 예금을 포함하는 화폐의 정의

M2: M1과 저축성 예금, 특정 기간만큼 돈이 묶여 있는 다른 종류의 금융 수단들을 포함하는 화폐의 정의로 M1보다 유동성이 낮음

TFT전략 Tit-for-tat: 반복 게임에서 게임 참가자가 반대편 참가자가 그 전 단계에서 취한 행동을 그대로 따라 하는 전략

찾아보기

ㅅ

ㅊ

ㅋ

ㅌ

ㅍ

Study Econon Mobile App

> *Have you ever wished there was a fun way to learn **key terms** and **concepts**?*

> *Do you need more help understanding **math**?*

> *Would you like to be more **efficient when studying** for exams?*

The Study Econ mobile app was built with the student in mind. You are on the go, and your study tools should be, too!

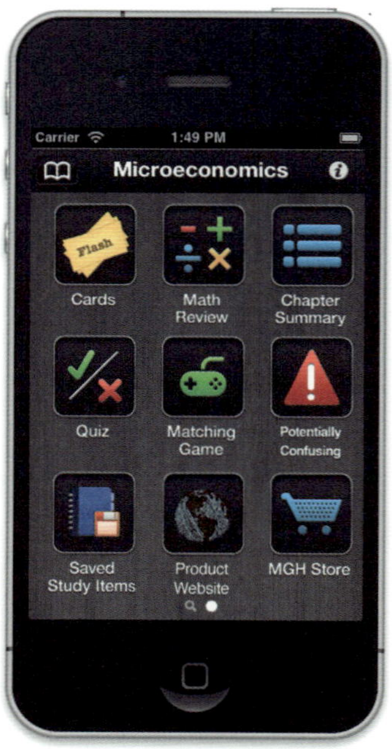

McGraw-Hill is proud to offer a new mobile study app for students learning economics from Karlan and Morduch's *Economics*. The Study Econ app that accompanies your textbook will allow you to study on the go…whether you're waiting for a class to start, sitting on a bus, or just lounging on the couch.

Features of the Study Econ mobile app include:

- Flashcards of every key term and definition from the textbook, and are customizable by chapters.
- Basic math review for those pesky formulas we sometimes forget. For example, how do you calculate a percent increase? Not sure? Well, it's in the app!
- Customizable self-quizzes that allow for more practice and feedback.
- Explanation of potentially confusing topics to help you avoid common mistakes.
- Chapter summaries for an easy and quick review of a chapter's main concepts.

Visit your mobile app store and try Study Econ today! Search "Study Econ" and download Karlan and Morduch's *Economics* mobile app.

YOU MAY BE WONDERING...

*What are all these **barcodes** in my book?*

*How do I **scan** them?*

*What kind of **content** will they lead me to?*

REAL LIFE

Comparative advantage: The good, the bad, and the ugly

You may have noticed that when you call the customer service line for many large companies, you are likely to end up speaking with someone in India or the Philippines. Thirty years ago, that was not the case—call centers for American customers were almost all located in the United States.

The United States has not become "worse" at running call centers. In fact, it may still have an absolute advantage at it. Over time, though, technology has improved the quality and lowered the cost of international phone calls. At the same time, higher education and fluency in English have become more common in other countries. As a result, the comparative advantage at running call centers has shifted, and many U.S. companies find it more profitable to move them offshore.

When jobs move overseas, people worry that the country is sliding down a slippery slope of economic decline. They ask, "Is something wrong with our schools? Have our companies lost their competitive edge?" Sometimes people mistakenly refer to this phenomenon as the United States "losing its comparative advantage." Based on what you have learned in this chapter, you know that cannot be the case. Everyone has a comparative advantage at something. If the United States no longer has a comparative advantage at running call centers, its comparative advantage has shifted to some other industry.

Wonder no more! Barcodes in Karlan/Morduch allow quick mobile access to:

- Extended versions of the book's synopsized application boxes.
- Real-world content that's applicable to the chapter you're reading.

... All of which are designed to help you get ahead in the course!

◄ Mobile Window on the World—Scan this code with your smartphone to find more applications of the chapter content. (Need a barcode reader? Try ScanLife, available in your app store.)

Using barcodes is easy:

1. You will need a barcode reader installed on your mobile device. Need a barcode reader? Try the free barcode reader app by ScanLife. Search "ScanLife" in your mobile app store to download.
2. Launch your barcode reader app and focus your mobile device's camera on any code in the book.
3. Select the resource you want to view from the menu that appears on your device.

...Yes, it's that easy!

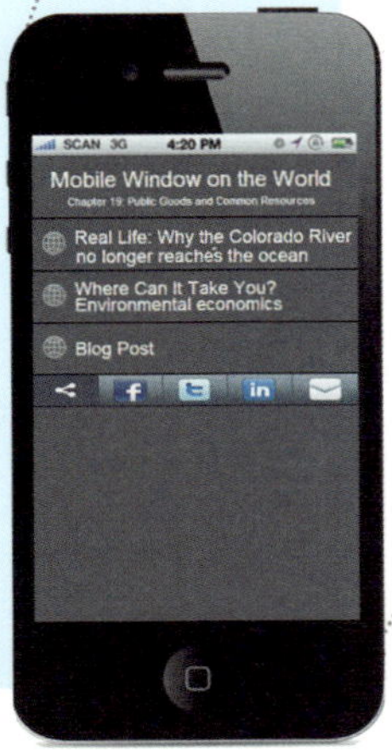

For additional resources, please visit the Online Learning Center at